합격자 수가 선택의 기준!

JN341148

2025 최신판

에듀윌 전산세무 1급 한권끝장

이론편

+무료특강

YES24 24년 10월 월별 베스트 기준 베스트셀러 1위

YES24 수험서 자격증 경제/금융/회계/물류 세무/회계(세무사회) 전산세무 1급 베스트셀러 1위

2025 개정세법 & KcLep 프로그램 완벽 반영

박진혁 저

무료특강
최신기출 해설
+개정세법
+기초회계

74개월 베스트셀러 1위 산출근거 후면표기

이론부터 실무까지 노베이스도 빠른 합격 전략!

- 최신기출 8회분+해설 무료특강
- 개정세법 특강+기초회계 특강+모든 이론 특강 전부 무료 제공
- 세법 잡는 OX노트 & 빈출분개 188선(PDF)

eduwill

에듀윌과 함께 시작하면,
당신도 합격할 수 있습니다!

대학 졸업을 앞두고 바쁜 시간을 쪼개가며
자격증을 준비하는 20대

하고 싶은 일을 다시 찾기 위해
새로운 도전을 시작하는 30대

재취업을 위해, 모두가 잠든 시간에
책을 펴는 40대

누구나 합격할 수 있습니다.
이루겠다는 '목표' 하나면 충분합니다.

마지막 페이지를 덮으면,

에듀윌과 함께
합격의 길이 시작됩니다.

회원 가입하고
100% 무료혜택 받기

가입 즉시, 전산세무회계 공부에 필요한 모든 걸 드립니다!

혜택 1 전 급수, 전 교수진의 모든 「이론 강의」

※ 에듀윌 홈페이지 → 마이페이지에서 수강코드 등록 → 나의 강의실 (신청일로부터 5일)
[무료 수강코드: 20250-416001]

혜택 2 입문자를 위한 「기초회계 특강」

※ 에듀윌 홈페이지 → 전산세무회계 → 무료특강 → 기초회계 특강 (신청일로부터 7일)

혜택 3 까다로운 세법 완벽 정리 「개정세법 특강」

※ 에듀윌 도서몰 → 동영상강의실 → '전산세무 1급' 검색

혜택 4 마무리를 위한 「기출해설 특강」

※ 에듀윌 도서몰 → 동영상강의실 → '전산세무 1급' 검색

* 배송비 별도 / 비매품

쓰면서 캐치하는 워크북 !

매일 무료배포
선착순 30명

무료배포 이벤트

※ 본 혜택은 예고 없이 변경되거나 대체될 수 있습니다.

에듀윌 전산세무회계
합격스토리

NO 베이스! 에듀윌 전산회계 1급 교재로 3주 만에 합격!

전산회계 1급 정○윤

회계 직무로 취업을 준비하기 위해 자격증을 알아보던 중 지인의 추천으로 에듀윌 교재로 시작했습니다. 실무 점수의 비중이 크지만, 시험에 합격하기 위해서는 탄탄한 이론 공부가 뒷받침되어야 합니다. 10초 암기 포인트를 활용하여 파트별 핵심 내용을 정리하였고, 출제 빈도를 확인하면서 중요한 개념을 집중적으로 공부했습니다. 또 에듀윌에서 제공하는 무료강의를 활용하여 이해가 부족한 개념을 보완하고, 이를 통해 실무 문제의 오답률을 줄이며 고득점으로, 단기간에 합격할 수 있었습니다. 에듀윌과 함께 전산세무 2급도 준비할 예정이에요~ 여러분도 에듀윌과 함께 합격의 길로!

노베이스 비전공자 전산회계 1급, 전산세무 2급 동시 합격!

전산세무 2급, 전산회계 1급 강○연

취업을 위해 전산세무회계 자격증을 알아보다가 에듀윌 전산세무회계를 알게 되었습니다. 외국어 전공으로 세무회계 분야는 기본 용어조차 모르는 노베이스였고, 두 개의 자격증을 한번에 준비하다 보니 공부량이 많았는데 무료강의를 통해 핵심이론을 익힌 후 단계별로 수록된 문제를 풀며 저의 부족한 부분을 확인할 수 있었습니다. 자연스럽게 회독을 한 덕분에 회계 1급, 세무 2급 모두 90점대의 높은 성적으로 합격할 수 있었습니다. 제공되는 여러 무료강의도 완성도가 높아서 놀랐고 합격 이후에 AT 핵심기출특강까지 활용한 덕분에 FAT 1급, TAT 2급까지 취득하여 단기간 동안 4개의 자격증을 취득할 수 있었습니다.

전산세무 2급 프리패스, 에듀윌!

전산세무 2급 이○민

회계팀 취업을 위해 에듀윌로 전산세무 2급 자격증 취득을 준비했어요. 한 번의 실패를 경험하고, 에듀윌을 만나서 2개월 동안의 공부 끝에 세무 2급 자격증 취득했어요! (처음부터 에듀윌과 함께 공부했으면 참 좋았을 걸 하는 생각이 드네요) 교재의 내용은 말할 것도 없이 깔끔하고 좋았고, 특히 부록의 활용도가 매우 컸어요! 세법 잡는 O/X 노트는 빈출 지문 위주, 그리고 O/X 정답뿐만 아니라 자세한 해설까지 수록되어 있어서 시험 직전에 빠르게 암기하기 너무 좋았어요. 덕분에 가장 걱정하던 세법 문제들을 실전에서는 막힘없이 풀 수 있었어요. 에듀윌과 자격증 취득부터 취업까지 함께한 탄탄대로, 여러분도 함께하세요!

다음 합격의 주인공은 당신입니다!

더 많은
합격 스토리

eduwill

합격생이 직접 제보한 적중 내역 시험 유형, 문제까지 출제 적중

끊임없는 기출 연구가
가장 빠른 합격을 결정합니다.

에듀윌 전산회계 2급 이론편 p.86

23 상품매출에 대한 계약금을 거래처로부터 현금으로 받고 대변에 "상품매출"계정으로 분개하였다. 이로 인해 재무상태표와 손익계산서에 미치는 영향으로 옳은 것은?

① 자산이 과소계상되고, 수익이 과소계상된다.
② 자산이 과대계상되고, 수익이 과소계상된다.
③ 부채가 과소계상되고, 수익이 과대계상된다.
④ 부채가 과대계상되고, 수익이 과대계상된다.

97회 전산회계 2급 이론 기출문제 13번

13 상품매출에 대한 계약금을 거래처로부터 현금으로 받고 대변에 "상품매출"계정으로 분개하였다. 이로 인해 재무상태표와 손익계산서에 미치는 영향으로 옳은 것은?

① 자산이 과소계상되고, 수익이 과소계상된다.
② 자산이 과대계상되고, 수익이 과소계상된다.
③ 부채가 과소계상되고, 수익이 과대계상된다.
④ 부채가 과대계상되고, 수익이 과대계상된다.

적중

에듀윌 전산회계 2급 이론편 p.34

04 다음 중 자산, 부채, 자본의 개념에 대한 설명으로 틀린 것은?

① 자산은 미래의 경제적 효익으로 미래 현금흐름 창출에 기여하는 잠재력을 말한다.
② 자본은 자산 총액에서 부채 총액을 차감한 잔여액 또는 순자산으로서 자산에 대한 소유주의 잔여청구권이다.
③ 부채는 과거의 거래나 사건의 결과로 미래에 자원의 유입이 예상되는 의무이다.
④ 복식부기를 적용 시 대차평균의 원리가 사용된다.

97회 전산회계 2급 이론 기출문제 14번

14 다음 중 자산, 부채, 자본의 개념에 대한 설명으로 틀린 것은?

① 자산은 미래의 경제적 효익으로 미래 현금흐름 창출에 기여하는 잠재력을 말한다.
② 자본은 자산 총액에서 부채 총액을 차감한 잔여액 또는 순자산으로서 자산에 대한 소유주의 잔여청구권이다.
③ 부채는 과거의 거래나 사건의 결과로 미래에 자원의 유입이 예상되는 의무이다.
④ 복식부기를 적용 시 대차평균의 원리가 사용된다.

적중

* 에듀윌 전산세무회계 97회 합격생 제보 내용 기준

처음에는 당신이 원하는 곳으로
갈 수는 없겠지만,
당신이 지금 있는 곳에서
출발할 수는 있을 것이다.

– 작자 미상

2025

에듀윌 전산세무 1급

이론편

eduwill

INTRO

머리말

세무회계 전문가로 거듭나는 필수코스
전산세무 1급으로 실무능력 완성!

국가공인 전산세무 1급은 회계팀의 주요 업무인 증빙을 통한 전표입력, 결산을 통한 재무제표 작성, 부가가치세 신고, 원천세 신고 및 연말정산, 법인세를 범위로 하고 있습니다. 때문에 전산세무 1급은 회계실무자의 업무수행에 가장 필요한 자격증이라 할 수 있습니다. 더불어 이론에만 국한된 것이 아닌 전산세무회계 프로그램을 다루는 실무능력까지 평가하기 때문에 전산세무 1급 자격증을 취득한 것은 곧 업무를 원활히 수행할 수 있는 기본적인 소양을 갖추고 있음을 증명하는 것과 같습니다.
이에 본서는 수년간의 전산세무회계 강의 경력과 세무사로서 회계 및 세무실무를 담당해 온 노하우를 최대한 반영하였습니다.

1 한 권으로 전산세무 1급을 대비한다.

본서는 한국세무사회에서 주관하는 전산세무 1급 자격시험 대비를 목적으로 출간하였으며, 이론과 실무+최신기출로 구성하여 한 권으로 준비할 수 있도록 하였습니다.

2 철저한 기출분석을 담았다.

이론에는 최신출제유형에 맞춰 THEME별로 구성하여 효율적으로 공부할 수 있도록 하였습니다. 또한, 1회부터 최근까지 출제된 모든 문제를 분석하여 앞으로 나올 문제를 빠짐없이 수록하였습니다.

3 시험에 나오는 유형을 반복 연습한다.

어려운 회계 및 세법을 쉽게 이해할 수 있도록 유용한 사례를 아낌없이 수록하였습니다. 매번 시험에 나오는 신유형은 이미 출제된 문제를 변형한 것이므로 중요한 기출문제를 난이도별로 응용하여 제시함으로써 따라하다 보면 자연스럽게 해당 프로그램의 기능을 이해하며 숙지할 수 있습니다.

이 한 권의 책으로 전산세무 1급 시험을 완벽히 대비할 수 있도록 구성하였습니다. 특히, 수험생들이 어려워하는 부분을 보완하여 보다 공부하기 쉽고 상세한 교재가 되도록 최선을 다하였습니다. 계속해서 변화하는 출제경향과 수험생 니즈에 귀 기울여 더욱 좋은 교재를 집필할 수 있도록 연구하고 노력할 것입니다.

저자 박진혁 세무사

■ 약력

에듀윌 전산세무회계 교수
한국세무사회 주관 국가공인 전산세무회계 시험관리위원장
서울사이버대학교 겸임교수
선일세무회계사무소 대표 세무사
(전) 한국세무사회 주관 국가공인 세무회계 · 기업회계 출제위원
(전) EBS 전산세무회계 교수
(전) 웅지세무대학교 교수

■ 주요 저서

분개로 익히는 기초회계원리_에듀윌
전산세무회계 시리즈_에듀윌

전산세무회계 시험이란?

1. 시험개요

전산세무회계의 실무처리능력을 보유한 전문인력을 양성할 수 있도록 조세 최고전문가인 1만여 명의 세무사로 구성된 한국세무사회가 엄격하고 공정하게 자격시험을 실시하여 그 능력을 등급으로 부여함으로써, 학교의 세무회계 교육방향을 제시하여 인재를 양성시키도록 하고, 기업체에는 실무능력을 갖춘 인재를 공급하여 취업의 기회를 부여하며, 평생교육을 통한 우수한 전문인력 양성으로 국가발전에 기여하고자 함에 목적이 있다.

2. 시험정보

- **시험구분**: 국가공인 민간자격
- **시험주관**: 한국세무사회(http://license.kacpta.or.kr)
- **합격기준**: 100점 만점에 70점 이상
- **응시자격**: 제한 없음
  (다만, 부정행위자는 해당 시험을 중지 또는 무효로 하며 이후 2년간 응시 불가능)

3. 시험방법

- **시험구성**: 이론시험 30%(객관식 4지선다형) + 실무시험 70%(KcLep 이용)
- **시험시간**

전산회계 2급	전산회계 1급	전산세무 2급	전산세무 1급
12:30 ~ 13:30(60분)	15:00 ~ 16:00(60분)	12:30 ~ 14:00(90분)	15:00 ~ 16:30(90분)

※ 시험시간은 변동될 수 있으므로 시험 전에 반드시 한국세무사회 홈페이지에서 확인하시기 바랍니다.

4. 시험장소

서울, 부산, 대구, 광주, 대전, 인천, 울산, 강릉, 춘천, 원주, 안양, 안산, 수원, 평택, 성남, 고양, 의정부, 청주, 충주, 제천, 천안, 당진, 포항, 구미, 안동, 창원, 김해, 진주, 전주, 익산, 순천, 목포, 제주

※ 상기지역은 상설시험장이 설치된 지역이나 응시인원이 일정 인원에 미달할 때는 인근지역을 통합하여 실시함

※ 상기지역 내에서의 시험장 위치는 응시원서 접수결과에 따라 시험시행일 일주일 전부터 한국세무사회 홈페이지에 공고함

5. 2025 시험일정

회차	원서접수	장소공고	시험일자	발표일자
제118회	1.2. ~ 1.8.	2.3. ~ 2.9.	2.9.(일)	2.27.(목)
제119회	3.6. ~ 3.12.	3.31. ~ 4.5.	4.5.(토)	4.24.(목)
제120회	5.2. ~ 5.8.	6.2. ~ 6.7.	6.7.(토)	6.26.(목)
제121회	7.3. ~ 7.9.	7.28. ~ 8.2.	8.2.(토)	8.21.(목)
제122회	8.28. ~ 9.3.	9.22. ~ 9.28.	9.28.(일)	10.23.(목)
제123회	10.30. ~ 11.5.	12.1. ~ 12.6.	12.6.(토)	12.24.(수)

※ 원서접수 마지막 날 마감시간 18:00

※ 시험일정은 변동될 수 있으므로 시험 전에 반드시 한국세무사회 홈페이지에서 확인하시기 바랍니다.

6. 응시원서 접수방법

- **접수방법**: 각 회차별 접수기간 중 한국세무사회 홈페이지(http://license.kacpta.or.kr)로 접속하여 단체 및 개인별 접수(회원가입 및 사진등록)
- **응시료**: 종목당 30,000원
- **환불규정**

구분	원서접수기간 중	원서접수기간 마감 후		시험당일
		1일 ~ 5일	5일 경과 시	
환불액	100% 환불	50% 환불	환불 없음(취소불가)	

7. 보수교육

- **보수교육이란?**
  - 국가공인 전산세무회계 자격증의 유효기간은 합격일로부터 5년이며 매 5년 단위로 갱신하여야 합니다.
  - 보수교육을 이수하고 자격증이 갱신등록되면 유효기간 5년이 연장됩니다.
  - 자격증을 갱신하기 위하여 유효기간 만료일 3개월 전부터 만료일까지 보수교육을 받고 자격증을 갱신하여야 합니다.

  ※ 보수교육을 이수하지 아니한 자에 한하여 그 자격이 일시정지되고, 자격증 발급이 제한됩니다. 교육기간 내에 자격증을 갱신하지 못한 자격취득자도 언제든지 보수교육을 이수하면 자격갱신 가능

- **보수교육 절차**

갱신대상 조회 → 교재 다운로드 (종목별 교재 공부) → 평가시험 → 60점 이상 자동갱신 등록 (60점 미만은 재시험)

시험 흐름 알아보기

시험장 가기 전	• 수험표, 신분증, 계산기, 필기구를 준비한다. ※ 유효신분증 – 주민등록증(분실 시 발급확인서), 운전면허증, 여권, 장애인복지카드, 청소년증(임시 발급확인서) – (사진이 부착된) 생활기록부 사본(학교 직인이 있어야 함) – (사진이 부착된) 본인 확인이 가능한 중고등학생의 학생증 – (사진이 부착된) 중고등학생의 재학증명서(생년월일과 직인이 명시되어야 함) ※ 단순기능(사칙연산)의 계산기만 사용 가능(공학용/재무용 계산기, 전자수첩, 휴대전화 사용 불가)
▼	
시험장 도착	• 시험시작 20분 전까지 고사장에 입실한다. • 지정된 자리에 착석해 키보드, 마우스 등의 장비를 점검한다.
▼	
USB 수령	• 감독관으로부터 응시종목별 기초백데이터 설치용 USB를 지급받는다. • USB 꼬리표가 본인 응시종목인지 확인하고, 수험정보를 정확히 기재한다.
▼	
시험지 수령	• 시험지가 본인의 응시종목(급수)인지의 여부와 문제유형(A 또는 B), 총 페이지 수를 확인한다. ※ 급수와 페이지 수를 확인하지 않은 것에 대한 책임은 수험자에게 있습니다.
▼	
USB 설치	• USB를 컴퓨터에 정확히 꽂은 후, 인식된 해당 USB 드라이브로 이동한다. • USB 드라이브에서 기초백데이터 설치 프로그램 'Tax.exe' 파일을 실행시킨다. • 설치시작 화면에서 [설치] 버튼을, 설치가 완료되면 [확인] 버튼을 클릭한다. 〈주의〉 USB는 처음 설치 이후, 시험 중 수험자 임의로 절대 재설치(초기화)하지 말 것
▼	
수험정보입력	• 시험정보(8자리) – 성명 – 문제유형을 정확히 입력한다. 〈주의〉 처음 입력한 수험정보는 이후 절대 수정이 불가하니 정확히 입력할 것 • [감독관 확인번호]란에서 시험 시작시간까지 입력 대기한다.
▼	
시험시작	• 감독관이 불러주는 '감독관 확인번호'를 정확히 입력하고, 시험에 응시한다.
▼	
[시험을 마치면] USB 저장	• 이론문제의 답은 메인화면에서 [STEP1 이론문제 답안작성]을 클릭하여 입력한다. • 실무문제의 답은 문항별 요구사항을 수험자가 파악하여 각 메뉴에 입력한다. • 이론과 실무문제의 답을 모두 입력한 후 [STEP2 답안저장(USB로 저장)]을 클릭하여 저장한다. 〈주의〉 USB로 저장한 이후, 답안을 수정한 경우에는 최종 시점에 다시 저장해야 한다. • 저장완료 메시지를 확인한다.
▼	
USB 제출	• 답안이 수록된 USB 메모리를 빼서, 감독관에게 제출 후 조용히 퇴실한다.

전산세무회계 자주 묻는 Q&A

시험 전

중복접수가 가능한가요?

시험시간이 중복되지 않는다면 중복접수가 가능합니다.
2개 이상의 종목을 접수한 경우, 각각 따로 접수했더라도 동일한 시험장소에서 응시할 수 있도록 배정됩니다.

시험장 선택은 어떻게?

각 시험장마다 보유 중인 PC 수량에 한계가 있어, 총 확보 좌석 중 일정비율의 좌석을 선착순으로 수험생이 직접 선택할 수 있도록 운영하고 있습니다. 각 시험장별 일정분의 지정좌석은 대개(수도권 등 일부지역의 경우) 접수 첫날 많은 접수자로 인하여 모두 소진됩니다. 지정좌석 소진 후 수험자들은 자동배정을 선택해야 하며 마감 이후 무작위로 좌석이 배정됩니다.
수도권 등 일부 광역지역의 경우는 이동거리가 먼(2시간 이상 소요) 시험장으로도 배정될 수 있음을 유의하시고 신중히 접수하시기 바랍니다.

실무 프로그램 설치 및 운영을 위한 PC 사양은?

[KcLep(케이렙)의 설치 및 운영을 위한 PC 사양]

구분	최소사양	권장사양
프로세서	펜티엄4	듀얼코어 이상
하드디스크	여유공간 1GB	여유공간 2GB 이상
메모리	512MB	2GB
운영체제	Windows XP	Windows XP 이상
해상도	1280 * 820 이상	–

시험 후

확정답안발표 및 점수확인 기간은?

시험 당일 오후 8시경에 1차적으로 (가)답안을 공개하며, 발표한 (가)답안은 최종 확정답안 발표 시까지만 확인이 가능합니다. 최종 확정답안은 (가)답안발표일로부터 3일간 답안이의신청을 접수받은 후, 출제위원회의 면밀한 검토 및 심사를 거쳐 통상 2주~3주 후에 최종 발표하고 [기출문제 다운로드] 메뉴에 게시합니다.

부분점수 및 채점기준은?

전산세무회계 실무처리능력을 검증하는 자격시험의 특성상 부분점수는 원칙적으로 없으나 하위급수 채점 시 출제의도, 풀이과정, 배점 및 난이도 등을 감안하여 [확정답안] 범위 내에서 소폭의 부분점수(감점처리)를 부여하고 있습니다. 그러나 이와 같은 부분점수도 단계적으로 축소 또는 폐지를 추진 중입니다.

STRUCTURE

구성과 특징

이론 – 시험에 최적화된 탄탄한 구성

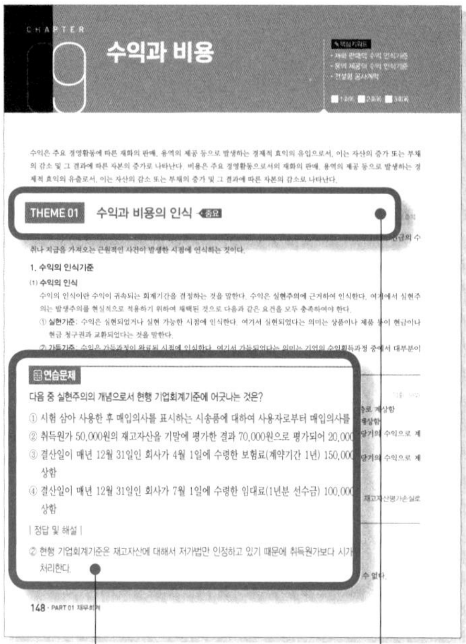

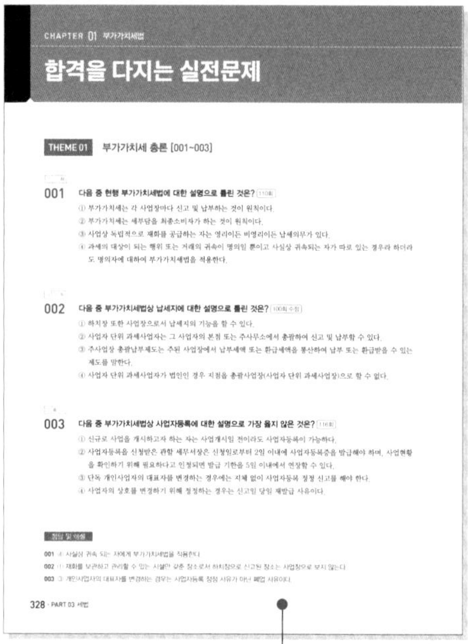

연습문제

자주 출제되는 문제를 통해 이론을 바로 확인할 수 있다.

THEME별 구성

시험에 출제되는 유형별로 묶어 구성하였다.

합격을 다지는 실전문제

각 CHAPTER별, THEME별로 기출문제와 확인 문제를 담았다.

철저한 기출분석을 통해 시험에 꼭 필요한 내용을 THEME별로 구성하고, 형광펜 표시를 통해 출제 가능성이 높은 부분을 파악할 수 있도록 하였다. 또한 어려운 용어는 이해를 돕기 위해 정의 및 설명을 첨자로 추가하였다.

실무+최신기출 – 따라만 해도 합격할 수 있는 구성

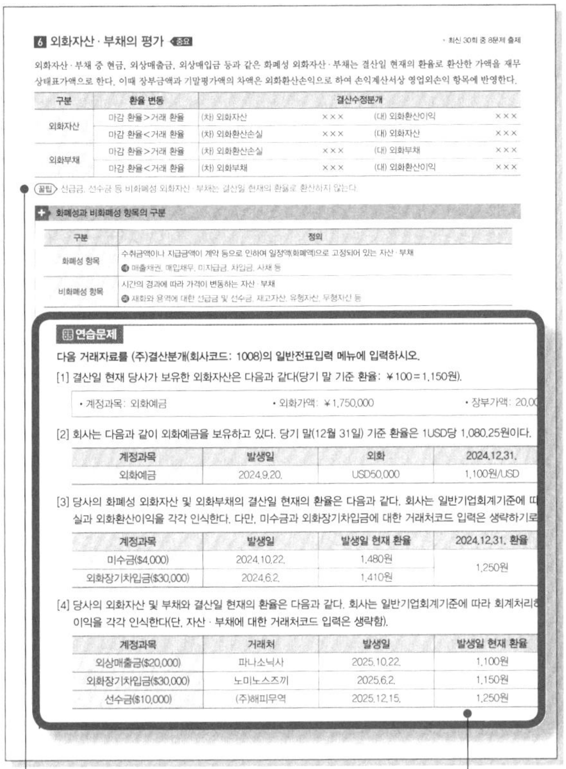

6 외화자산 · 부채의 평가 중요

· 최신 30회 중 8문제 출제

외화자산 · 부채 중 현금, 외상매출금, 외상매입금 등과 같은 화폐성 외화자산 · 부채는 결산일 현재의 환율로 환산한 가액을 재무상태표가액으로 한다. 이때 장부금액과 기말평가액의 차액은 외화환산손익으로 하여 손익계산서상 영업외손익 항목에 반영한다.

구분	환율 변동	결산수정분개			
외화자산	마감 환율>거래 환율	(차) 외화자산	×××	(대) 외화환산이익	×××
	마감 환율<거래 환율	(차) 외화환산손실	×××	(대) 외화자산	×××
외화부채	마감 환율>거래 환율	(차) 외화환산손실	×××	(대) 외화부채	×××
	마감 환율<거래 환율	(차) 외화부채	×××	(대) 외화환산이익	×××

꿀팁 선급금, 선수금 등 비화폐성 외화자산 · 부채는 결산일 현재의 환율로 환산하지 않는다.

화폐성과 비화폐성 항목의 구분

구분	정의
화폐성 항목	수취금액이나 지급금액이 계약 등으로 인하여 일정액(화폐액)으로 고정되어 있는 자산 · 부채 예 매출채권, 매입채무, 미지급금, 차입금, 사채 등
비화폐성 항목	시간의 경과에 따라 가격이 변동하는 자산 · 부채 예 재화와 용역에 대한 선급금 및 선수금, 재고자산, 유형자산, 무형자산 등

연습문제

다음 거래자료를 (주)결산분개(회사코드: 1008)의 일반전표입력 메뉴에 입력하시오.

[1] 결산일 현재 당사가 보유한 외화자산은 다음과 같다(당기 말 기준 환율: ￥100=1,150원).

• 계정과목: 외화예금 • 외화가액: ￥1,750,000 • 장부가액: 20,00

[2] 회사는 다음과 같이 외화예금을 보유하고 있다. 당기 말(12월 31일) 기준 환율은 1USD당 1,080.25원이다.

계정과목	발생일	외화	2024.12.31.
외화예금	2024.9.20.	USD50,000	1,100원/USD

[3] 당사의 화폐성 외화자산 및 외화부채의 결산일 현재의 환율은 다음과 같다. 회사는 일반기업회계기준에 따
실과 외화환산이익을 각각 인식한다. 다만, 미수금과 외화장기차입금에 대한 거래처코드 입력은 생략하기로

계정과목	발생일	발생일 현재 환율	2024.12.31. 환율
미수금($4,000)	2024.10.22.	1,480원	1,250원
외화장기차입금($30,000)	2024.6.2.	1,410원	

[4] 당사의 외화자산 및 부채와 결산일 현재의 환율은 다음과 같다. 회사는 일반기업회계기준에 따라 회계처리해
이익을 각각 인식한다(단, 자산 · 부채에 대한 거래처코드 입력은 생략함).

계정과목	거래처	발생일	발생일 현재 환율
외상매출금($20,000)	파나소닉사	2025.10.22.	1,100원
외화장기차입금($30,000)	노미노스즈끼	2025.6.2.	1,150원
선수금($10,000)	(주)해피무역	2025.12.15.	1,250원

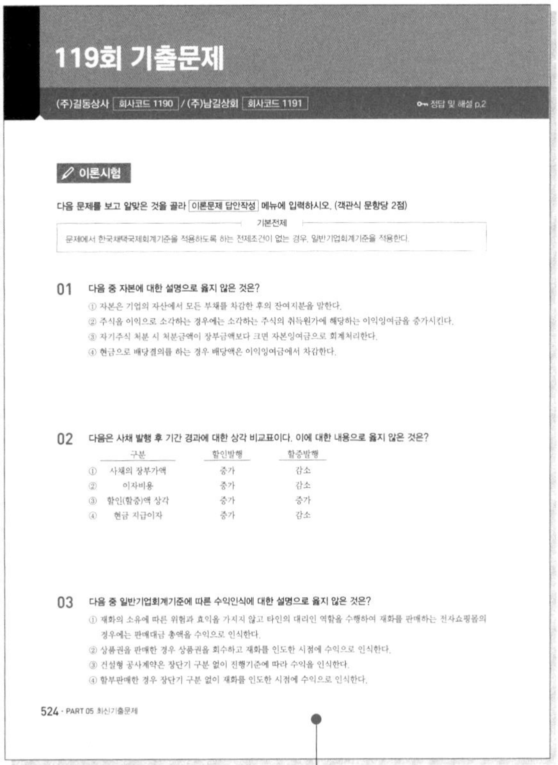

119회 기출문제

(주)길동상사 회사코드 1190 / (주)남길상회 회사코드 1191

정답 및 해설 p.2

이론시험

다음 문제를 보고 알맞은 것을 골라 이론문제 답안작성 메뉴에 입력하시오. (객관식 문항당 2점)

기본전제

문제에서 한국채택국제회계기준을 적용하도록 하는 전제조건이 없는 경우, 일반기업회계기준을 적용한다.

01 다음 중 자본에 대한 설명으로 옳지 않은 것은?

① 자본은 기업의 자산에서 모든 부채를 차감한 후의 잔여지분을 말한다.
② 주식을 이익으로 소각하는 경우에는 소각하는 주식의 취득원가에 해당하는 이익잉여금을 증가시킨다.
③ 자기주식 처분 시 처분금액이 장부금액보다 크면 자본잉여금으로 회계처리한다.
④ 현금으로 배당결의를 하는 경우 배당액은 이익잉여금에서 차감한다.

02 다음은 사채 발행 후 기간 경과에 대한 상각 비교표이다. 이에 대한 내용으로 옳지 않은 것은?

	구분	할인발행	할증발행
①	사채의 장부가액	증가	감소
②	이자비용	증가	감소
③	할인(할증)액 상각	증가	증가
④	현금 지급이자	증가	감소

03 다음 중 일반기업회계기준에 따른 수익인식에 대한 설명으로 옳지 않은 것은?

① 재화의 소유에 따른 위험과 효익을 가지지 않고 타인의 대리인 역할을 수행하여 재화를 판매하는 전자쇼핑몰의 경우에는 판매대금 총액을 수익으로 인식한다.
② 상품권을 판매한 경우 상품권을 회수하고 재화를 인도한 시점에 수익으로 인식한다.
③ 건설형 공사계약은 장단기 구분 없이 진행기준에 따라 수익을 인식한다.
④ 할부판매한 경우 장단기 구분 없이 재화를 인도한 시점에 수익으로 인식한다.

524 · PART 05 최신기출문제

꿀팁

프로그램 입력 시 주의사항, 최근 세법 개정사항 등을 수록하였다.

연습문제

기출문제 중 선별한 문제로 문제풀이를 통해 이론 습득 및 프로그램 사용법을 익힐 수 있다.

최신기출문제

4회분의 최신기출문제와 자세한 해설을 제시해 실전감각을 키울 수 있다.

저자의 실무 경험에서 나온 노하우를 담아 KcLep 프로그램을 능숙하게 사용할 수 있도록 사용방법을 상세하게 제시하였고, 실제 시험장에서 응용할 수 있는 핵심 스킬을 더하였다. 또한, 많은 문제를 통해 시험유형을 익힐 수 있도록 하였다.

KcLep 프로그램 다운로드 방법

에듀윌 홈페이지에서 다운로드 하는 경우

❶ 에듀윌(http://www.eduwill.net) 전산세무회계 홈페이지에 접속한다.
❷ 상단의 [학습자료]를 클릭한다.
❸ 좌측의 [실무 프로그램 다운로드] – [실무 프로그램] 탭에서 프로그램을 다운로드한다.
❹ 다운로드된 압축파일을 풀고 프로그램을 설치한다.

한국세무사회 홈페이지에서 다운로드 하는 경우

❶ 한국세무사회 국가공인자격시험(http://license.kacpta.or.kr) 홈페이지에 접속한다.
❷ 좌측 하단에 [케이렙(수험용) 다운로드]를 클릭하여 다운로드한다.

KcLep 프로그램 설치방법

❶ 다운로드된 KcLepSetup 아이콘을 더블클릭하여 실행한다.

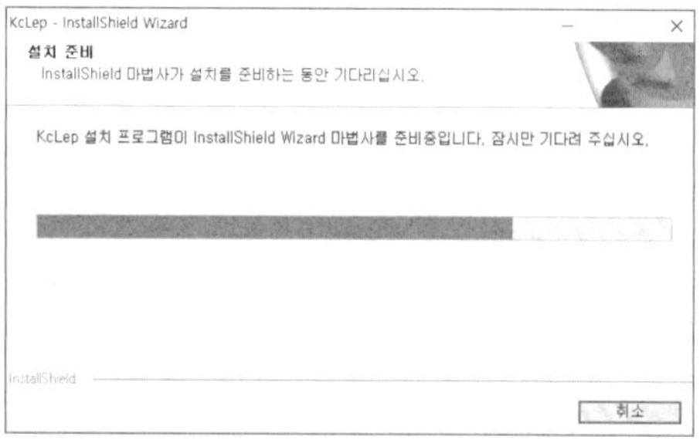

❷ 다운로드된 Setup파일을 실행해 프로그램을 설치한다.

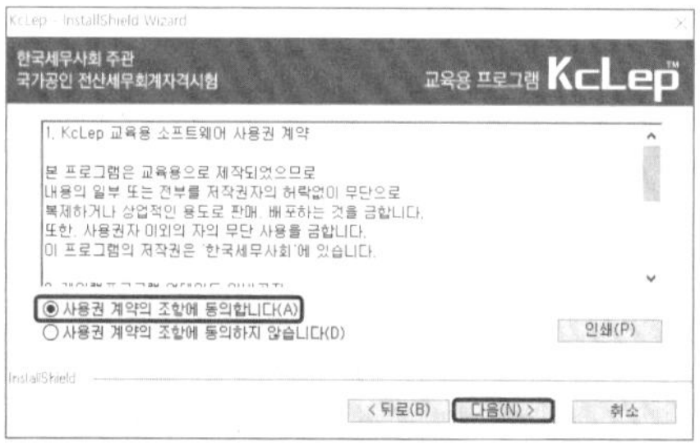

❸ 프로그램이 정상적으로 설치된 것을 확인한다.

KcLep 백데이터 설치방법

❶ 에듀윌(http://www.eduwill.net) 전산세무회계 홈페이지에 접속한다.

❷ 상단의 [학습자료]를 클릭한다.

❸ 좌측의 [실무프로그램 다운로드] – [실무 백데이터] 탭에서 '2025 전산세무 1급'을 바탕화면에 다운로드한다.

❹ 바탕화면에 생성된 파일의 압축을 풀어 실행프로그램 아이콘을 더블클릭한 후 실행을 선택하면 컴퓨터 해당 폴더(C: KcLepDB/KcLep)에 자동으로 설치가 완료된다.

〈주의〉 새롭게 설치하려는 회사의 코드번호와 동일한 회사코드가 해당 폴더에 존재하는 경우 덮어쓰기 되므로 중요한 기존 자료는 미리 따로 복사해서 관리해야 한다.

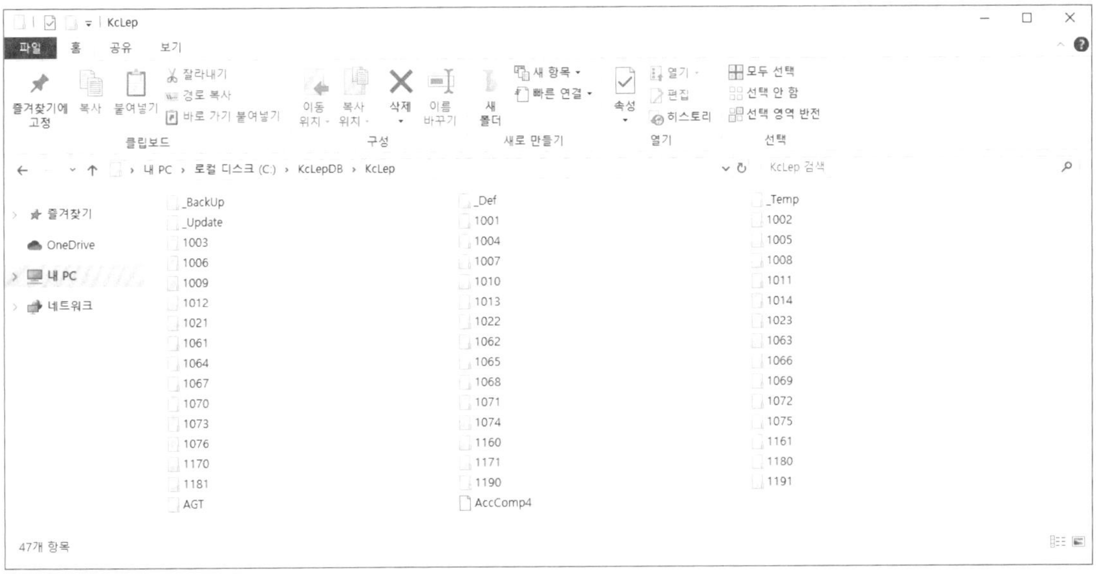

❺ 한국세무사회 KcLep 교육용 프로그램을 실행하고 로그인 화면에서 [종목선택]란에 '전산세무 1급', [드라이브]란에 'C:₩KcLepDB'를 선택하고 화면 하단의 회사등록을 클릭한다.

❻ 회사등록 메뉴 상단의 [F4. 회사코드재생성]을 클릭하면, 자동으로 실습용 데이터의 회사코드가 나타난다.

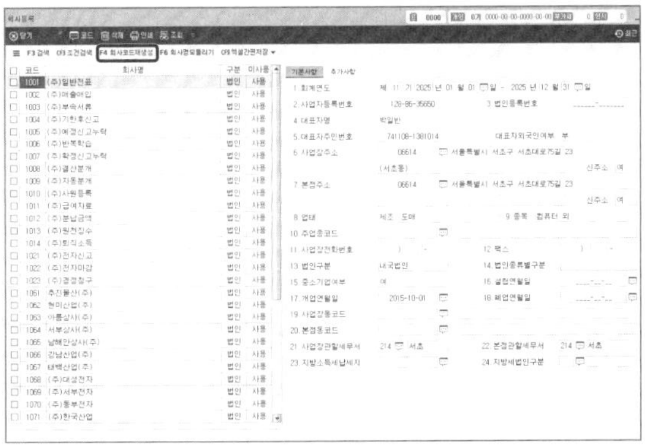

❼ 회사등록 창을 닫고 다시 KcLep 로그인 화면에서 [회사코드]란 옆의 아이콘을 클릭한다.

❽ 회사코드도움 창에서 실습하고자 하는 회사를 선택하여 프로그램을 시작한다.

CONTENTS

차례

이론

PART 01 | 재무회계

PART 02 | 원가회계

PART 03 | 세법

실무+최신기출

PART 04 | 실무시험

PART 05 | 최신기출문제

이론

PART 1

재무회계

NCS 능력단위 요소

회계상 거래 인식하기_0203120101_20v4.1
결산 준비하기_0203120104_20v4.1

학습전략

PART 01.재무회계에서는 2점 배점으로 5문제가 출제되어 총 배점은 10점이며 주로 난이도 '상'이 0~1문제, 난이도 '중'이 2~3문제, 난이도 '하'가 2~3문제 출제되고 있다. 난이도 '상'의 문제는 출제위원이 틀리라고 낸 문제이며 실제 시험장에서 푸는 것이 어렵기 때문에, 합격을 위해서는 난이도 '중' 또는 '하'인 문제에 집중하여 실수하지 않는 것이 중요하다. 재무제표의 종류 및 작성원칙, 재고자산, 유가증권, 유형자산, 사채, 자본, 수익과 비용의 인식, 회계변경에서 자주 출제된다.

CHAPTER 01

회계이론

핵심키워드
- 질적특성
- 보수주의
- 재무제표 작성원칙
- 재무제표 작성기준

■ 1회독 ■ 2회독 ■ 3회독

회계란 정보이용자(이해관계자)가 합리적인 의사결정을 할 수 있도록 경제적 정보를 식별하고 측정하여 전달하는 과정이며 정보이용자에 따라 재무회계와 관리회계, 그리고 세무회계로 분류된다.

구분	재무회계	관리회계	세무회계
정보이용자	외부 정보이용자(주주, 채권자 등)	내부 정보이용자(경영자 등)	과세관청
목적	기업 외부 이해관계자의 경제적 의사결정에 유용한 정보제공	기업 내부 이해관계자인 경영자의 관리적 의사결정에 유용한 정보제공	세금부과의 적정소득을 산출하는 것
보고수단	**일반기업회계기준**에 의해 작성된 **재무제표**	특수목적 보고서	세무보고서

THEME 01 재무회계 개념체계

▸ 최신 30회 중 4문제 출제

재무회계 개념체계란 재무보고의 목적과 기초 개념을 체계화한 것으로 재무보고 이론의 기본적인 틀을 이루는 뼈대이다. 재무회계 개념체계는 특정 회계처리방법을 정하는 것이 아니므로 **개념체계와 특정 회계기준이 상충될 때에는 회계기준을 우선으로 한다.** 재무보고의 목적으로부터 질적특성과 기본가정을 도출한 후 이를 바탕으로 회계기준을 제정한다면 산출된 회계정보는 재무보고의 목적을 달성할 수 있을 것으로 기대할 수 있다.

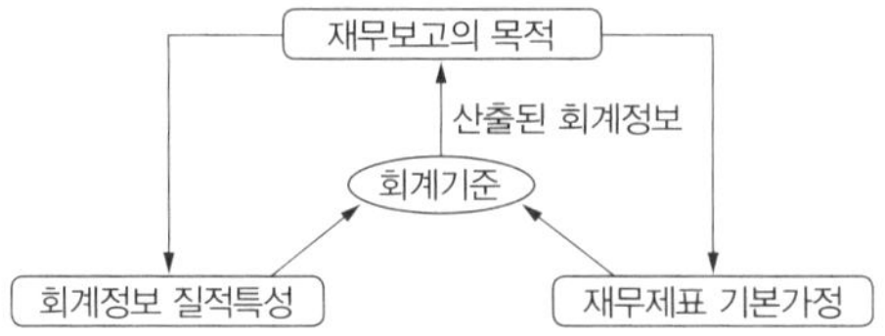

1. 질적특성

회계 목적을 달성하기 위해서는 외부 정보이용자에게 재무제표로 제공한 정보가 정보이용자들의 의사결정에 유용하게 사용되어야 한다. 회계정보의 질적특성이란 회계정보가 유용하게 쓰이기 위해 갖추어야 할 주요 속성을 말한다. 회계정보가 갖추어야 할 주요 질적특성에는 목적적합성과 신뢰성이 있으며, 기타 질적특성으로는 비교 가능성이 있다.

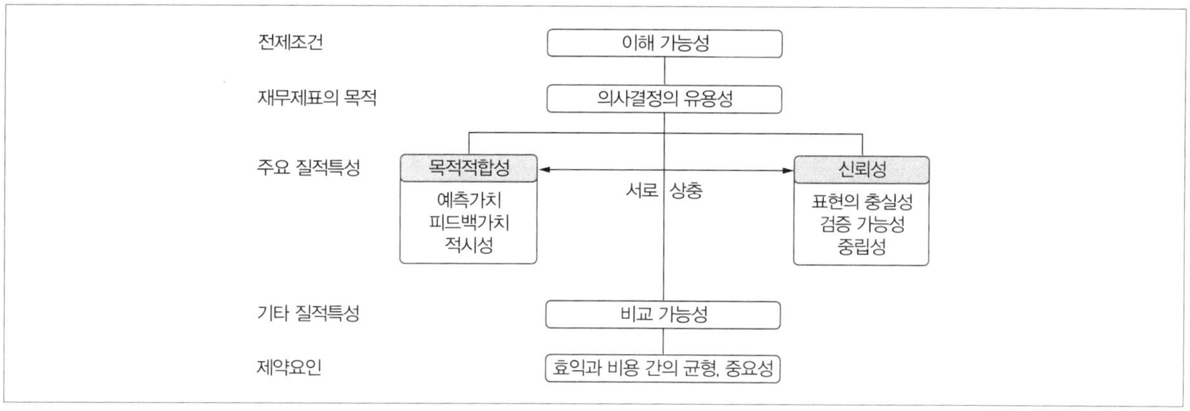

(1) 목적적합성

회계정보가 정보이용자의 의사결정에 유용하게 쓰이기 위해서는 그 정보가 의사결정의 목적과 관련되어야 한다.

구분	내용
예측가치	정보이용자가 기업실체의 미래 재무상태, 경영성과, 순현금흐름 등을 예측하는 데 그 정보가 활용될 수 있는 능력
피드백가치	제공되는 회계정보가 기업실체의 재무상태, 경영성과, 순현금흐름, 자본 변동 등에 대한 정보이용자의 당초 기대치(예측치)를 확인 또는 수정하게 함으로써 의사결정에 영향을 미칠 수 있는 능력
적시성	회계정보가 정보이용자에게 유용하게 쓰이기 위해서는 그 정보가 의사결정에 반영될 수 있도록 적시에 제공되어야 함

(2) 신뢰성

회계정보가 정보이용자의 의사결정에 유용하게 쓰이기 위해서는 신뢰할 수 있는 정보여야 한다.

구분	내용
표현의 충실성	재무제표상의 회계수치가 보고기간 종료일 현재 기업실체가 보유하고 있는 자산과 부채의 크기 및 자본의 변동을 충실히 나타내고 있어야 함
검증 가능성	동일한 경제적 사건이나 거래에 동일한 측정방법을 적용할 경우, 다수의 독립적인 측정자가 유사한 결론에 도달할 수 있어야 함
중립성	• 회계정보가 신뢰성을 갖기 위해서는 편의 없이 중립적이어야 함 • 즉 회계정보가 특정 이해관계자에게 의도적으로 유리하거나 불리하게 왜곡되어서는 안 됨

+ 한국채택국제회계기준(K-IFRS)의 질적특성

구분	구성요소
근본적 질적특성	• 목적적합성: 예측가치, 확인가치, 중요성 • 충실한 표현: 완전한 서술, 중립적 서술, 오류가 없는 서술
보강적 질적특성	비교 가능성, 검증 가능성, 적시성, 이해 가능성

(3) 질적특성 간의 상충관계

회계정보의 질적특성은 서로 상충될 수 있다. 예를 들어, 정보를 적시에 제공하기 위해 거래나 사건의 모든 내용이 확정되기 전에 보고하는 경우 목적적합성은 향상되나 신뢰성은 저하될 수 있다. 상충하는 질적 특성 간의 선택은 재무보고의 목적을 최대한 달성할 수 있는 방향으로 이루어져야 한다.

구분	목적적합성	신뢰성
자산평가	공정가치법	원가법
손익인식	발생주의	현금주의
재무보고	중간 재무제표	결산 재무제표
용역의 수익 인식	진행기준	완성기준

연습문제

다음 중 상충되는 질적특성간의 선택의 성격이 나머지와 다른 것은 무엇인가? 기출 116회

① 자산의 평가방법을 원가법이 아닌 시가법으로 선택하는 경우
② 수익인식방법을 진행기준이 아닌 완성기준으로 선택하는 경우
③ 순이익의 인식방법을 현금주의가 아닌 발생주의로 선택하는 경우
④ 정보의 보고시점을 결산기가 아닌 분기나 반기로 하여 재무제표를 작성하는 경우

| 정답 및 해설 |

② 수익인식방법을 진행기준이 아닌 완성기준으로 선택한 것은 신뢰성을 선택한 경우이며 나머지는 모두 목적적합성을 선택한 경우이다.

2. 기타 질적특성 – 비교 가능성

일반기업회계기준에 따라 재무제표를 작성하면 **기업 간 회계정보를 비교할 수 있는** 가능성이 높아지며, 당해 연도와 직전 연도를 비교하는 방식으로 재무제표를 작성하면 **기간별 비교** 가능성이 높아진다.

3. 제약요인

(1) 포괄적 제약요인 – 효익 > 비용

질적특성을 갖춘 회계정보일지라도 정보 제공 및 이용에 소요될 사회적 비용이 이에 따른 사회적 효익을 초과한다면 정보의 제공은 정당화될 수 없다.

(2) 인식을 위한 제약요인 – 중요성

중요성은 회계 항목이 정보로 제공되기 위한 최소한의 요건이다. 만약 특정 내용이 생략되거나 잘못 표시된 정보가 정보이용자의 의사결정에 영향을 미친다면 그 정보는 중요한 정보라고 할 수 있다. 또한, **중요성은 일반적으로 해당 항목의 성격과 금액의 크기로 결정되지만 어떤 경우에는 금액의 크기와 관계없이 정보의 성격 자체만으로도 중요한 정보가** 될 수 있다. 예를 들어, 실무상 소액의 소모품을 구입시점에서 자본화(자산으로 처리)하지 않고 비용처리하는 것은 정보이용자의 관점에서 중요하지 않기 때문이다.

(3) 보수주의(안정성의 원칙)

보수주의란 선택할 수 있는 회계처리방법이 둘 이상일 때 경제실체의 자산이나 이익을 과대평가하거나 과대계상할 가능성이 가장 적은 방법을 선택하는 것이다. 즉, **회계처리과정에서 선택할 수 있는 방법이 둘 이상일 때 경제실체의 자산이나 이익을 낮게 보고하는 방법을 선택함으로써 재무적 기초를 견고히 해야 한다는 관점**을 말한다. 다만, **보수주의는 논리적 일관성이 결여되어 이익조작의 가능성**이 있다.

보수주의 사례

- 인플레이션 시 재고자산 평가방법으로 선입선출법보다 후입선출법을 적용하는 경우
- 감가상각방법 선택 시 초기에 가속상각법(정률법 등)을 적용하는 경우
- 건설업에서 손실 예상 공사의 경우 공사손실충당금을 계상하는 경우
- 발생 가능성이 높은 우발이익을 이익으로 인식하지 않고 주석으로 보고하는 경우
- 연구비와 개발비 중 미래의 효익이 불확실한 것을 연구비로 처리하는 경우
- 미래의 효익이 불확실하여 광고비를 무형자산으로 하지 않고 비용으로 처리하는 경우
- 재고자산을 저가법으로 평가하는 경우

연습문제

다음 중 회계상 보수주의의 개념과 거리가 먼 사례는? 기출 99회

① 저가주의에 의한 재고자산의 평가
② 전기오류 수정사항을 손익으로 인식하지 않고 이익잉여금에 반영
③ 물가 상승 시 후입선출법에 따른 재고자산 평가
④ 발생 가능성이 높은 우발이익을 주석으로 보고

| 정답 및 해설 |

② 보수주의는 두 가지 이상의 대체적인 회계처리 방법이 있을 경우 재무적 기초를 견고히 하는 관점에서 이익을 낮게 보고하는 방법을 선택하는 것으로, 전기오류 수정사항을 이익잉여금에 반영하는 것은 보수주의와는 무관하다.

4. 재무제표(재무보고)의 기본가정

재무제표는 일정한 가정하에 작성되며, 기본가정을 기본전제, 회계공준이라고도 한다. 재무제표의 기본가정에는 기업실체의 가정, 계속기업의 가정, 기간별 보고의 가정이 있다.

(1) 기업실체의 가정

기업실체를 중심으로 하여 기업실체의 경제적 현상을 재무제표에 보고해야 한다는 가정이다. 즉, 기업은 그 자체가 인격을 가진 하나의 실체로서 존재하며, 기업의 구성원(경영자, 주주, 종업원)과 분리된 독립적인 조직일 뿐만 아니라 다른 기업과도 별개의 관계에 있다고 하는 가정이다. 예를 들어, 회사의 자산과 소유주의 자산은 분리해서 인식해야 한다. 즉, 회계의 범위를 정해 주는 가정이라 할 수 있다.

(2) 계속기업의 가정

기업실체는 기업이 계속적으로 존재하지 않을 것이라는 반증이 없는 한 실체의 본래 목적을 달성하기 위하여 계속해서 존재한다는 가정이다.

① 기업의 자산을 역사적 원가로 평가하는 근거를 제공한다.
② 유형자산의 감가상각이라는 회계절차의 근거를 제공한다.
③ 자산이나 부채의 분류표시를 유동성 순위에 따라 유동자산, 비유동자산, 유동부채, 비유동부채로 분류하는 근거를 제공한다.

(3) 기간별 보고의 가정

인위적으로 기업실체의 지속적인 경제적 활동을 일정 기간 단위로 분할하여 각 기간마다 경영자의 수탁책임을 보고해야 한다는 가정이다. 이는 발생주의 회계를 채택하는 근거가 된다.

연습문제

비품, 건물 등을 역사적 원가로 평가하고, 이를 기업에 효익을 제공하는 기간 동안 배분하여 비용으로 인식하는 회계절차와 실무를 가장 적절히 나타내주는 재무제표의 기본가정은? 기출 25회

① 기업실체 ② 계속기업
③ 기간별 보고 ④ 수익 · 비용의 대응

| 정답 및 해설 |

② 계속기업의 가정이란 기업실체는 그 목적과 의무를 이행하기에 충분할 정도로 장기간 존속한다는 가정이다. 자산은 취득시점에 지불한 금액으로 평가하며, 기업의 영업활동이 계속된다는 가정하에 해당 자산의 수명이 다하는 기간 동안 감가상각을 한다. 이는 기업실체를 계속기업으로 가정하기 때문에 가능한 것이다.

합격을 다지는 실전문제 p.28

THEME 02 재무제표의 종류 및 작성원칙 중요

▸ 최신 30회 중 14문제 출제

1. 재무제표의 종류

재무제표는 외부 정보이용자에게 기업실체에 관한 정보를 전달하는 보고수단이며 일반기업회계기준에 따라 작성될 경우에 그 사실을 주석으로 기재한다. **재무제표의 종류에는 재무상태표, 손익계산서, 현금흐름표, 자본변동표, 주석이 있다.** 주기, 시산표 및 이익잉여금처분계산서(또는 결손금처리계산서), 제조원가명세서는 포함하지 않는다.

구분	내용
재무상태표	일정 시점의 재무상태를 나타냄(정태적 보고서)
손익계산서	일정 기간의 경영성과를 나타냄(동태적 보고서)
현금흐름표	일정 기간 동안 영업활동, 투자활동, 재무활동으로 나누어 현금의 유입과 유출에 관한 정보를 제공(동태적 보고서)
자본변동표	일정 기간 동안 소유주(주주)의 투자와 소유주에 대한 분배에 관한 정보를 제공(동태적 보고서)
주석	재무제표의 해당 과목 또는 금액에 기호를 붙이고 별지에 그 내용을 간결하게 기재

2. 재무제표의 기재사항

기업명, 보고기간 종료일 또는 회계기간, 통화 및 금액 단위를 각 재무제표의 명칭과 함께 기재한다.

3. 재무제표 작성과 표시의 일반원칙

(1) 계속기업

경영진은 재무제표를 작성할 때 **계속기업으로서의 존속 가능성을 평가해야 한다.** 경영진이 기업을 청산하거나 경영활동을 중단할 의도를 가지고 있지 않거나, 그 외에 다른 현실적 대안이 없는 경우가 아니면 계속기업을 전제로 재무제표를 작성한다.

(2) 재무제표의 작성책임과 공정한 표시

재무제표의 작성과 표시에 대한 책임은 경영진에게 있다.

(3) 재무제표 항목의 구분과 통합표시

중요한 항목은 재무제표의 본문이나 주석에 그 내용을 가장 잘 나타낼 수 있도록 구분하여 표시하며, 중요하지 않은 항목은 성격이나 기능이 유사한 항목과 통합하여 표시할 수 있다.

(4) 비교재무제표의 작성

재무제표의 기간별 비교 가능성을 제고하기 위하여 전기 재무제표의 모든 계량 정보를 당기와 비교하는 형식으로 표시한다. 또한 전기 재무제표의 비계량 정보가 당기 재무제표를 이해하는 데 필요한 경우에는 이를 당기의 정보와 비교하여 주석에 기재한다. 예를 들어, 전기 보고기간 종료일에 미해결된 소송사건이 당기 재무제표가 사실상 확정된 날까지 해결되지 않은 경우 전기 보고기간 종료일에 불확실성이 존재하였다는 사실과 내용, 당기에 취해진 조치 및 결과 등을 주석에 기재한다.

(5) 재무제표 항목의 표시와 분류의 계속성

재무제표의 기간별 비교 가능성을 제고하기 위하여 재무제표 항목의 표시와 분류는 다음의 경우를 제외하고는 매기 동일해야 한다.

① 일반기업회계기준에 의하여 재무제표 항목의 표시와 분류의 변경이 요구되는 경우
② 사업의 결합 또는 중단 등으로 영업의 내용이 유의적으로 변경된 경우
③ 재무제표 항목의 표시와 분류를 변경함으로써 기업의 재무정보를 더욱 적절하게 전달 가능한 경우

또한, 재무제표 항목의 표시와 분류방법이 변경되는 경우, 당기와 비교하기 위해 전기의 항목을 재분류하고, 재분류 항목의 내용, 금액 및 재분류가 필요한 이유를 주석으로 기재한다. 다만, 실무적으로 재분류가 불가능한 경우에는 그 이유와 재분류되어야 할 항목의 내용을 주석으로 기재한다.

연습문제

다음 중 재무제표 작성과 표시의 일반원칙에 대한 올바른 설명이 아닌 것은? 기출 110회

① 재무제표의 작성과 표시에 대한 책임은 회계감사인에게 있다.
② 기업을 청산하거나 경영활동을 중단할 의도가 있지 않은 한 일반적으로 계속기업을 전제로 재무제표를 작성한다.
③ 중요한 항목은 재무제표의 본문이나 주석에 그 내용이 잘 나타나도록 구분하여 표시한다.
④ 기간별 비교가능성을 제고하기 위하여 전기 재무제표의 모든 계량 정보를 당기와 비교하는 형식으로 표시한다.

| 정답 및 해설 |

① 재무제표의 작성과 표시에 대한 책임은 경영진에게 있다.

4. 재무상태표

(1) 의의

재무상태표는 일정 시점에 현재 기업이 보유하고 있는 경제적 자원인 자산과 경제적 의무인 부채, 그리고 자본에 대한 정보를 제공하는 재무보고서로서, 정보이용자들이 기업의 유동성*[1], 재무적 탄력성*[2] 등을 평가하는 데 유용한 정보를 제공한다.

*1 유동성은 즉시 현금화되는 정도를 나타내는 척도이다.
*2 재무적 탄력성은 해당 업체의 전반적인 자금 흐름 상황에 대한 그림을 그린 후, 만약 해당 업체가 재무적으로 어려운 상황에 처할 경우에 그로 인한 자금 압박 요인을 얼마나 잘 극복할 수 있는가를 측정하는 척도이다.

재무상태표

(주)에듀윌 2025.12.31. (단위: 원)

자산	유동자산	당좌자산	부채 (타인자본)	유동부채
		재고자산		비유동부채
	비유동자산	투자자산	자본 (순자산, 자기자본)	자본금
		유형자산		자본잉여금
		무형자산		자본조정
		기타 비유동자산		기타포괄손익누계액
				이익잉여금

(2) 작성기준

작성기준	내용
유동성 배열법	자산과 부채는 유동성(현금으로의 전환 가능성)이 큰 항목부터 배열함 • 자산 배열 순서: 당좌자산, 재고자산, 투자자산, 유형자산, 무형자산, 기타 비유동자산 • 부채 배열 순서: 유동부채, 비유동부채
구분표시 또는 통합표시	• 재무상태표 항목은 자산, 부채, 자본으로 구분하고, 이해하기 쉽게 표시하며, 중요하지 않은 항목은 성격이나 기능이 유사한 항목과 통합하여 표시할 수 있음 • 반드시 구분표시해야 하는 경우 – 현금 및 현금성자산 – 자본금 중 보통주 자본금과 우선주 자본금 – 자본잉여금 중 주식발행초과금 – 자본조정 중 자기주식 – 기타포괄손익누계액(매도가능증권평가손익 등 구성요소별 구분표시) – 이익잉여금 중 법정적립금, 임의적립금, 미처분이익잉여금(미처리결손금)
총액표시	자산, 부채 및 자본은 총액에 의하여 기재함을 원칙으로 하고, 자산의 항목과 부채 또는 자본의 항목을 상계함으로써 그 전부 또는 일부를 재무상태표에서 제외하면 안 됨. 다만, 기업이 채권과 채무를 상계할 수 있는 법적 구속력 있는 권리를 가지고 있고, 채권과 채무를 순액기준으로 결제하거나 채권과 채무를 동시에 결제할 의도가 있다면 상계하여 표시 예 매출채권에 대한 대손충당금 등은 해당 자산과 부채에서 직접 가감하여 표현할 수 있으며, 이는 상계에 해당하지 않음
1년 또는 정상 영업주기 기준	• 원칙: 자산과 부채는 1년 또는 정상 영업주기를 기준으로 하여 유동자산 또는 비유동자산, 유동부채 또는 비유동부채로 구분 – 보고기간 종료일로부터 1년 이내에 상환되어야 하는 채무는 보고기간 종료일과 재무제표가 사실상 확정된 날 사이에 보고기간 종료일로부터 1년을 초과하여 상환하기로 합의한 경우에도 유동부채로 분류 – 보고기간 종료일로부터 1년 이내에 상환기일이 도래하더라도 기존의 차입약정에 따라 보고기간 종료일로부터 1년을 초과하여 상환할 수 있고 기업이 그러한 의도가 있는 경우에는 비유동부채로 분류 • 예외 – 정상적인 영업주기* 내에서 판매 또는 사용되는 재고자산과 회수되는 매출채권 등은 보고기간 종료일로부터 1년 이내에 실현되지 않더라도 유동자산으로 분류 – 정상적인 영업주기 내에 소멸할 것으로 예상되는 매입채무와 미지급비용 등은 보고기간 종료일로부터 1년 이내에 결제되지 않더라도 유동부채로 분류
잉여금 구분표시	자본거래에서 발생한 자본잉여금과 손익거래에서 발생한 이익잉여금을 구분하여 표시
미결산 항목 및 비망 계정 표시 금지	• 미결산 항목(가지급금 또는 가수금 등)은 그 내용을 나타내는 적절한 과목으로 표시 • 비망 계정은 재무상태표의 자산 또는 부채 항목으로 표시하면 안 됨

* 제조업의 영업주기는 제조과정에 투입될 재화와 용역을 취득한 시점부터 제품의 판매로 인한 현금의 회수 완료시점까지 소요되는 기간을 말한다. 숙성과정이 필요한 업종이나 자본집약적인 업종의 경우에는 영업주기가 1년을 초과할 수도 있지만 대부분 업종은 영업주기가 1년 이내이다. 정상적인 영업주기가 명확하게 확인되지 않는 경우에는 1년으로 추정한다.

연습문제

다음은 재무상태표 항목의 구분 · 통합표시에 대한 설명이다. 옳지 않은 것은? 기출 84회

① 현금 및 현금성자산은 기업의 유동성 판단에 중요한 정보이므로 별도 항목으로 구분하여 표시한다.
② 자본조정 중 자기주식과 주식할인발행차금은 통합하여 표시할 수 있다.
③ 자본잉여금은 주식발행초과금과 기타자본잉여금으로 구분하여 표시한다.
④ 자본금은 보통주 자본금과 우선주 자본금으로 구분하여 표시한다.

| 정답 및 해설 |

② 자본조정 중 자기주식은 별도의 항목으로 구분하여 표시하고, 주식할인발행차금 등은 기타 자본조정으로 통합하여 표시할 수 있다.

5. 손익계산서

(1) 의의

손익계산서는 일정 기간의 경영성과를 나타내는 표이며, 기업의 미래 현금흐름과 수익 창출 능력 등의 예측에 유용한 정보를 제공한다. 손익계산서는 다음과 같이 구분하여 표시한다. 다만, 제조업, 판매업 및 건설업 외의 업종에 속하는 기업은 매출총손익의 구분표시를 생략할 수 있다.

손익계산서

(주)에듀윌 제1기 2025.1.1.부터 2025.12.31.까지 (단위: 원)

Ⅰ. 매출액	×××
Ⅱ. 매출원가	×××
Ⅲ. 매출총손익(Ⅰ − Ⅱ)	×××
Ⅳ. 판매비와 관리비	×××
Ⅴ. 영업손익(Ⅲ − Ⅳ)	×××
Ⅵ. 영업외수익	×××
Ⅶ. 영업외비용	×××
Ⅷ. 법인세비용 차감 전 순손익(Ⅴ + Ⅵ − Ⅶ)	×××
Ⅸ. 법인세비용	×××
Ⅹ. 당기순손익(Ⅷ − Ⅸ)	×××

(2) 작성기준

작성기준	내용
발생주의	수익과 비용은 발생한 기간에 정당하게 배분되도록 인식
실현주의	수익은 실현되었거나 실현될 가능성이 높을 때 인식
수익 · 비용 대응의 원칙	비용은 관련 수익에 대응하는 기간에 인식
총액표시	수익과 비용은 일부를 상계하여 제외하지 않고 각각 총액으로 표시
구분계산의 원칙	손익은 매출총손익, 영업손익, 법인세비용 차감 전 순손익, 당기순손익으로 구분하여 표시

6. 현금흐름표

(1) 의의

현금흐름표는 기업의 현금흐름을 나타내는 표이며, 당해 회계기간에 속하는 현금의 유출 · 입 관련 내용을 표시하는 보고서로서, 보고기간 종료일 현재의 자금 동원 능력을 평가할 수 있는 자료를 제공해 준다.

(2) 구성

구분	내용	종류
영업활동 현금흐름	일반적으로 제품의 생산과 상품 및 용역의 구매 · 판매활동을 말하며 직접법 또는 간접법으로 표시하며, 직접법은 총현금 유입과 총현금 유출을 주요 항목별로 구분하여 표시하는 방법, 간접법은 당기순손익에서 조정 항목을 가감하여 표시하는 방법을 말함	• 재화와 용역의 구입에 따른 현금 유출 • 재화의 판매 및 용역의 제공에 따른 현금 유입 • 종업원과 관련되어 직 · 간접적으로 발생한 현금 유출 • 이자의 지급으로 인한 현금 유출
투자활동 현금흐름	현금의 대여와 회수활동, 유가증권 · 투자자산 · 유형자산 등의 취득과 처분활동 등	• 유형 · 무형자산 및 기타 장기성 자산의 처분에 따른 현금 유입 • 유형 · 무형자산 및 기타 장기성 자산의 취득에 따른 현금 유출
재무활동 현금흐름	재무활동으로 인한 현금흐름은 현금의 차입 및 상환활동, 신주발행이나 배당금의 지급활동 등과 같이 부채 및 자본 계정에 영향을 미치는 거래	• 주식이나 사채의 발행에 따른 현금 유입* • 사채와 차입금의 상환에 따른 현금 유출

* 현금흐름표 작성 시 사채발행으로 인한 현금 유입 시에는 발행금액으로 표시한다.

연습문제

현금흐름표에 대한 설명으로 올바른 것은? 기출 95회

가. 현금흐름표는 영업활동으로 인한 현금흐름, 투자활동으로 인한 현금흐름, 재무활동으로 인한 현금흐름으로 구분하여 표시한다.
나. 영업활동으로 인한 현금흐름은 현금의 대여와 회수활동, 유가증권, 투자자산, 유형자산 등의 취득과 처분활동 등을 말한다.
다. 재무활동으로 인한 현금흐름은 현금의 차입 및 상환활동, 신주발행이나 배당금의 지급활동 등과 같이 부채 및 자본 계정에 영향을 미치는 거래를 말한다.
라. 영업활동으로 인한 현금흐름은 직접법으로만 표시한다.

① 가, 다　② 가, 다, 라　③ 가, 나, 다, 라　④ 나, 라

| 정답 및 해설 |

① 나. 영업활동으로 인한 현금흐름은 일반적으로 제품의 생산과 상품 및 용역의 구매 · 판매활동을 말한다.
라. 영업활동으로 인한 현금흐름은 직접법 또는 간접법으로 표시한다.

7. 발생주의 회계

재무제표는 발생기준에 따라 작성되며 발생주의 회계의 기본적인 논리는 발생기준에 따라 수익과 비용을 인식한다는 것이다. 즉, 발생기준이란 기업실체의 경제적 거래나 사건에 관련된 수익과 비용을 그 현금의 유출이나 유입이 있는 기간이 아닌 당해 거래나 사건이 발생한 기간에 인식하는 것을 말한다. 다만, **현금흐름표는 발생기준이 아닌 현금기준에 따라 작성한다.**

연습문제

재무제표에 대한 설명으로 가장 옳지 않은 것은? 기출 79회

① 재무제표는 기업의 재무상태와 재무성과를 체계적으로 표현한 것으로 광범위한 정보이용자의 경제적 의사결정에 유용한 기업의 재무상태, 재무성과와 재무상태의 변동에 관한 정보를 제공한다.

② 현금이나 현금성자산으로서, 교환이나 부채 상환 목적으로의 사용에 대한 제한기간이 12개월 이내인 경우 유동자산으로 분류한다.

③ 자산과 부채 그리고 수익과 비용은 원칙적으로 상계하지 않고 총액으로 작성한다.

④ 기업은 현금기준 회계를 사용하여 재무제표를 작성한다.

| 정답 및 해설 |

④ 기업은 현금흐름의 정보를 제외하고는 발생기준 회계를 사용하여 재무제표를 작성한다.

8. 재무제표 정보의 특성과 한계

특성	한계
• 화폐 단위로 측정된 정보를 주로 제공 • 대부분 과거에 발생한 거래나 사건에 대한 정보를 나타냄	• 추정에 의한 측정치를 포함함 • 특정 기업실체에 관한 정보를 제공하며, 산업 또는 경제 전반에 관한 정보는 제공하지 않음

연습문제

재무제표를 통해 제공되는 정보의 특성과 한계에 대한 설명으로 옳지 않은 것은? 기출 113회

① 재무제표는 화폐 단위로 측정된 정보를 주로 제공한다.

② 재무제표는 대부분 과거에 발생한 거래나 사건에 대한 정보를 나타낸다.

③ 재무제표는 사실에 근거한 자료만 나타내며, 추정에 의한 측정치는 포함하지 않는다.

④ 재무제표는 특정 기업실체에 관한 정보를 제공하며, 산업 또는 경제 전반에 관한 정보를 제공하지는 않는다.

| 정답 및 해설 |

③ 재무제표는 추정에 의한 측정치를 포함한다.

합격을 다지는 실전문제 p.30

합격을 다지는 실전문제

THEME 01 재무회계 개념체계 [001~006]

상 중 하

001 회계정보의 질적특성인 목적적합성과 신뢰성에 대한 설명으로 잘못된 것은? 93회 수정

① 회계정보의 질적특성은 회계정보가 유용하게 쓰이기 위해 갖추어야 할 주요 속성을 말하며 주요 질적특성에는 목적적합성과 신뢰성, 기타 질적특성에는 비교 가능성이 있다.
② 회계정보의 질적특성은 상충될 수 있다. 만약, 유형자산을 역사적 원가로 평가하면 목적적합성은 저하되나 신뢰성은 제고된다.
③ 회계정보의 신뢰성은 과거의 의사결정을 확인 또는 수정하도록 해줌으로써 유사한 미래에 대한 의사결정에 도움을 주는 속성이다.
④ 일반적으로 반기재무제표는 연차재무제표에 비해 목적적합성은 높지만 신뢰성은 낮다.

상 중 하

002 다음의 회계정보의 질적특성 중 옳지 않은 것은? 86회

① 회계정보가 정보이용자의 의사결정에 유용하게 사용되기 위해서는 그 정보가 의사결정의 목적과 관련되어야 하는데 관련성은 예측가치, 피드백가치, 적시성 등을 기준으로 판단될 수 있다.
② 회계정보가 정보이용자의 의사결정에 유용하게 쓰이기 위해서는 편의 없이 중립적이어야 한다.
③ 정보 제공의 적시성을 추구하는 목적적합성과 정보의 신뢰성이 상충되는 경우 반드시 적시성을 우선으로 판단해야 한다.
④ 질적특성을 갖춘 회계정보일지라도 정보 제공 및 이용에 소요될 사회적 비용이 정보 제공 및 이용에 따른 사회적 효익을 초과한다면 정보의 제공은 정당화될 수 없다.

정답 및 해설

001 ③ 목적적합성의 하부 특성 중 피드백가치는 과거의 의사결정을 확인 또는 수정하도록 해줌으로써 유사한 미래에 대한 의사결정에 도움을 주는 속성이다.

002 ③ 회계정보의 질적특성은 서로 상충될 수 있으나 이런 경우 반드시 적시성을 우선하여 판단하여야 하는 것은 아니다.

상 중 하

003 다음 중 회계정보가 가져야 할 질적특성으로 제시하는 목적적합성에 대한 설명으로 옳지 않은 것은? 36회

① 회계정보가 기업실체의 재무상태, 경영성과, 순현금흐름, 자본 변동 등에 대한 정보이용자의 당초 기대치를 확인 또는 수정되게 함으로써 의사결정에 영향을 미칠 수 있는 능력을 말한다.

② 적시에 제공되지 않은 정보는 주어진 의사결정에 이용할 수 없으므로 그 정보가 의사결정에 반영될 수 있도록 적시에 제공되어야 목적적합성이 증가된다.

③ 동일한 경제적 사건이나 거래에 대하여 동일한 측정방법을 적용할 경우 다수의 독립적인 측정자가 유사한 결론에 도달할 수 있어야 한다는 특성을 그 하부 특성으로 한다.

④ 정보이용자가 기업실체의 미래 재무상태, 경영성과, 순현금흐름 등을 예측하는 데에 그 정보가 활용될 수 있는 능력을 하부 특성으로 한다.

상 중 하

004 다음 중 재무회계 개념체계에 대한 설명으로 가장 틀린 것은? 105회

① 개념체계와 일반기업회계기준이 상충될 경우에는 일반기업회계기준이 개념체계보다 우선한다.

② 회계정보의 질적특성 중 신뢰성은 예측 역할과 관련이 있다.

③ 회계정보의 질적특성 중 목적적합성은 적시성과 관련이 있다.

④ 재무제표의 기본가정 중 하나는 계속기업의 가정이다.

상 중 하

005 회계처리과정에서 둘 이상의 선택 가능한 방법이 있는 경우, 재무적 기초를 견고히 하는 관점에 따라 처리하여야 하는 원칙과 가장 거리가 먼 회계처리는? 26회

① 인플레이션 시 재고자산 평가방법을 선입선출법보다 후입선출법을 적용하는 경우

② 감가상각방법 선택 시 초기에 가속상각법(정률법 등)을 적용하는 경우

③ 건설업에서 손실 예상 공사의 경우 공사손실충당금을 계상하는 경우

④ 자산의 평가 시 저가법보다 시가법을 적용하는 경우

정답 및 해설

003 ③ • 목적적합성은 의사결정에 유용한 예측가치(④)나 피드백가치(①)를 가진 정보가 적시(②)에 제공될 때 효과적으로 달성될 수 있다.
• ③은 검증 가능성에 대한 설명으로 이는 목적적합성이 아닌 신뢰성에 해당한다.

004 ② 회계정보의 질적특성 중 신뢰성은 표현의 충실성, 중립성, 검증가능성과 관련된 개념이다.

005 ④ 안정성의 원칙(보수주의)상 자산평가 시 저가법이 시가법보다 더 보수적이다.

상 중 하

006 **보수주의 회계방침이라고 볼 수 없는 것은?** 45회

① 감가상각 초기에 있어서 정액법보다는 정률법을 선택한다.
② 발생 가능성이 높은 우발이익을 이익으로 인식하지 않고 주석으로 보고한다.
③ 유가증권의 평가 시 시가법을 적용한다.
④ 연구비와 개발비 중 미래의 효익이 불확실한 것을 연구비로 처리한다.

THEME 02 재무제표의 종류 및 작성원칙 [007~015]

상 중 하

007 **다음 중 재무제표 항목의 표시와 분류에 대한 설명으로 틀린 것은?** 90회

① 일반기업회계기준에 의하여 재무제표 항목의 표시와 분류의 변경이 요구되는 경우에는 예외적으로 재무제표 항목의 표시와 분류를 변경할 수 있다.
② 원칙적으로 재무제표의 기간별 비교 가능성을 제고하기 위하여 재무제표 항목의 표시와 분류는 매기 동일해야 한다.
③ 당기에 재무제표 항목의 표시와 분류방법이 변경되더라도 전기의 항목은 재분류하지 않는다.
④ 사업 결합 또는 사업 중단 등에 의해 영업의 내용이 유의적으로 변경되는 경우에는 예외적으로 재무제표 항목의 표시와 분류를 변경할 수 있다.

상 중 하

008 **다음 중 일반기업회계기준상 재무제표의 작성과 표시에 대한 설명으로 옳지 않은 것은?** 53회

① 재무제표는 재무상태표, 손익계산서, 현금흐름표, 자본변동표로 구성되며, 주석을 포함한다.
② 특수한 업종을 영위하는 기업의 재무제표 작성과 표시에 관한 사항은 다른 회계기준에서 정하고 있으므로 일반적인 상기업만을 그 적용 대상으로 한다.
③ 전기 재무제표의 모든 계량 정보를 당기와 비교하는 형식으로 표시하며 전기의 비계량 정보가 당기 재무제표 이해에 필요한 경우 이를 당기와 비교하여 주석에 기재한다.
④ 재무제표 본문과 주석에 적용하는 중요성의 기준은 다를 수 있으므로 본문에 통합표시한 항목이라도 주석에는 이를 구분하여 표시할 수 있다.

정답 및 해설

006 ③ 보수주의란 수익은 적게, 비용은 크게 인식하는 방법이다. 유가증권 평가 시 시가법을 적용하는 것은 보수주의와 무관하다.
007 ③ 재무제표 항목의 표시와 분류방법이 변경되는 경우에는 당기와 비교하기 위하여 전기의 항목을 재분류한다.
008 ② 일반기업회계기준상 재무제표의 작성과 표시에 대한 내용은 모든 업종의 기업에 적용한다. 다만, 특수한 업종을 영위하는 기업의 재무제표 작성과 표시에 관한 특별한 사항은 특수분야회계기준에서 정할 수 있다.

상 중 하

009 다음 중 재무제표 작성과 표시의 일반원칙에 대한 설명으로 옳은 것은? 61회 수정

① 경영진은 재무제표를 작성할 때 청산기준에 의하여 작성하여야 하고 청산의도가 없는 경우에 한하여 계속기업을 기준으로 작성할 수 있다.

② 재무제표 항목의 표시가 변경되는 경우 당기와 비교를 위하여 전기의 항목을 재분류하고, 재분류 항목의 내용, 금액 및 재분류 이유를 본문에 기재하여야 한다.

③ 재무제표가 일반기업회계기준에 따라 작성된 경우에는 그 사실을 주석으로 기재하여야 한다.

④ 재무제표에 표시하는 금액 단위는 백만원 등 천원을 초과하는 단위는 사용할 수 없다.

상 중 하

010 다음 중 재무상태표에 대한 설명으로 올바른 것끼리 짝지어진 것은? 107회

가. 재무상태표 항목은 자산, 부채, 자본으로 구분하고, 이해하기 쉽게 표시하며, 성격이나 금액이 중요하지 아니한 항목은 성격이 다른 항목에 통합하여 표시할 수 있다.
나. 재무상태표의 자산과 부채는 유동성이 큰 항목부터 배열한다.
다. 회사가 채권과 채무를 상계할 수 있는 법적 권리를 가지고 있고, 채권과 채무를 차액으로 결제하거나 동시에 결제할 의도가 있어도 총액으로 표시하여야 한다.
라. 재무상태표는 일정 시점 현재 기업이 보유하고 있는 경제적 자원인 자산과 경제적 의무인 부채, 그리고 자본에 대한 정보를 제공하는 재무보고서이다.

① 가, 나 ② 나, 다 ③ 다, 라 ④ 나, 라

상 중 하

011 다음은 자산과 부채의 유동성과 비유동성 구분에 대한 설명이다. 가장 옳지 않은 것은? 103회

① 보고기간 종료일로부터 1년 이내에 상환되어야 하는 채무는 보고기간 종료일과 재무제표가 사실상 확정된 날 사이에 보고기간 종료일로부터 1년을 초과하여 상환하기로 합의한 경우에는 비유동부채로 분류한다.

② 투자자산에 속하는 매도가능증권 또는 만기보유증권 등의 비유동자산 중 1년 이내에 실현되는 부분은 유동자산으로 분류한다.

③ 정상적인 영업주기 내에 판매되거나 사용되는 재고자산은 보고기간 종료일로부터 1년 이내에 실현되지 않더라도 유동자산으로 분류한다.

④ 단기차입금 및 유동성장기차입금 등은 보고기간 종료일로부터 1년 이내에 상환되어야 하므로 영업주기와 관계없이 유동부채로 분류한다.

정답 및 해설

009 ③ ① 계속기업의 기준이 원칙이고 청산기준은 예외적으로 적용할 수 있다.
② 재분류 항목의 내용, 금액 및 재분류 이유는 본문이 아닌 주석에 기재한다.
④ 재무제표 이용자에게 오해를 줄 염려가 없는 경우에는 금액을 천원이나 백만원 단위 등으로 표시할 수 있다.

010 ④ 가. 성격이 비슷한 항목에 통합하여 표시할 수 있다.
다. 회사가 채권과 채무를 상계할 수 있는 법적권리를 가지고 있고, 채권과 채무를 차액으로 결제하거나 동시에 결제할 의도가 있다면 상계하여 표시한다.

011 ① 보고기간 종료일로부터 1년 이내에 상환되어야 하는 채무는 보고기간 종료일과 재무제표가 사실상 확정된 날 사이에 보고기간 종료일로부터 1년을 초과하여 상환하기로 합의한 경우에도 유동부채로 분류한다.

상 중 하

012 일반기업회계기준상 손익계산서의 작성기준으로 옳지 않은 것은? 33회

① 2025년 7월 1일에 선급한 향후 1년간 보험료 10,000원을 5,000원은 비용으로 인식하고, 나머지 5,000원은 자산으로 처리하였다.

② 2025년 12월 29일 납품한 물품에 대해 대금 회수일인 2026년 1월 25일에 매출로 인식하였다.

③ 2025년 1월 1일에 60,000원을 주고 취득한 기계장치(내용연수 5년, 잔존가치 없음, 정액법 상각)에 대해 당기 감가상각비 12,000원을 인식하였다.

④ 2025년 12월 31일 외화대여금에서 발생한 외화환산이익 13,000원과 외화차입금에서 발생한 외화환산손실 9,000원을 각각 인식하였다.

상 중 하

013 현금흐름표에서 영업활동 현금흐름으로 분류되지 않는 것은? 71회

① 재화와 용역의 구입에 따른 현금 유출

② 종업원과 관련한 직·간접적으로 발생한 현금 유출

③ 이자의 지급으로 인한 현금 유출

④ 유형자산의 처분에 따른 현금 유입

상 중 하

014 다음 중 재무활동으로 인한 현금흐름의 예로 틀린 것은? 83회 유사

① 재화의 판매 및 용역의 제공에 따른 현금 유입

② 차입금의 상환에 따른 현금 유출

③ 주식이나 기타 지분상품의 발행에 따른 현금 유입

④ 자기주식의 취득에 따른 현금 유출

상 중 하

015 다음 중 일반기업회계기준상 재무제표에 대한 설명으로 틀린 것은? 91회

① 정상적인 영업주기 내에 판매되는 재고자산은 보고기간 종료일로부터 1년 이내에 실현되지 않더라도 유동자산으로 분류한다.

② 현금흐름표 작성 중 사채 발행으로 인한 현금 유입 시에는 발행금액으로 표시한다.

③ 상계 금지의 원칙에 따라 매출채권에 대한 대손충당금은 매출채권에서 직접 차감하여 표시할 수 없다.

④ 자본변동표 작성 시 자본금은 보통주 자본금과 우선주 자본금으로 구분하여 표시한다.

정답 및 해설

012 ② 발생주의 원칙에 따라 대금 회수일이 아니라 납품일인 2025년 12월 29일에 매출로 인식하여야 한다.

013 ④ 유형자산의 처분에 따른 현금 유입은 투자활동 현금흐름으로 분류된다.

014 ① 재화의 판매 및 용역의 제공에 따른 현금 유입은 영업활동으로 인한 현금흐름의 예이다.

015 ③ 매출채권에 대한 대손충당금 등은 해당 자산이나 부채에서 직접 가감하여 표시할 수 있다.

CHAPTER 02

당좌자산

핵심키워드
- 현금 및 현금성자산
- 단기매매증권 • 어음의 배서
- 대손회계

■ 1회독 ■ 2회독 ■ 3회독

THEME 01 당좌자산과 현금 및 현금성자산

▸ 최신 30회 중 1문제 출제

1. 당좌자산

판매과정을 거치지 않고 보고기간 종료일로부터 1년 이내에 현금화할 수 있는 자산을 말한다.

계정과목	내용
현금 및 현금성자산	현금+사용 제한이 없는 요구불예금+현금성자산
단기금융상품	단기적 자금운용 목적으로 소유하거나 만기가 보고기간 종료일부터 1년 이내에 도래하는 금융상품(예금 및 적금 등)
단기매매증권	단기간 내의 매매차익을 목적으로 취득한 유가증권으로 매수와 매도가 적극적이고 빈번하게 이루어지는 것
매출채권	일반적인 상거래에서 발생하는 채권(외상매출금+받을어음)
미수금	일반적인 상거래 이외의 거래에서 발생하는 채권
미수수익	발생주의에 의하여 당기에 속하는 수익 중 미수된 금액
단기대여금	보고기간 종료일부터 회수기한이 1년 이내에 도래하는 대여금
선급금	원재료 등을 매입하기 위하여 먼저 지급하는 금액(미리 지급하는 계약금)
선급비용	당기에 계상한 비용 중 보고기간 종료일 현재 미경과분으로서 1년 이내에 비용이 되는 것
가지급금	현금 지출은 있었으나, 계정과목이나 금액을 확정할 수 없을 때 처리하는 임시 계정
선납세금	미리 납부한 세금

2. 현금 및 현금성자산

현금성자산이란 큰 거래비용 없이 현금으로 전환이 용이하고 이자율 변동에 따라 가치 변동의 위험이 중요하지 않은 단기금융상품으로, 취득 당시 만기 또는 상환일이 3개월 이내인 것을 말한다.

구분		내용
현금	통화	지폐와 동전
	통화대용증권	타인발행수표, 자기앞수표, 우편환증서*(송금환증서), 만기가 도래된 국·공·사채 이자표, 배당금지급통지서 등
요구불예금		사용 제한이 없는 보통예금과 당좌예금
현금성자산		취득일로부터 만기가 3개월 이내인 금융상품

* 우편환증서는 수취인 본인이 신분증을 지참하고 가까운 우체국을 방문하면 수수료 없이 우편환증서에 기재되어 있는 금액만큼 즉시 현금으로 교환할 수 있다.

3. 현금 및 현금성자산이 아닌 항목

구분	계정과목	내용
우표	통신비	–
수입인지	세금과공과	「수입인지에 관한 법률」에 의거하며, 국가가 주체가 되어 법에 의해 규정된 과세문건에 첨부하는 것
수입증지	수수료비용	행정복지센터 등 공공기관에서 주민등록등본 등을 발급받을 때 지급하는 수수료
선일자수표	매출채권(받을어음) 또는 미수금	발행일을 미래의 특정일로 기재하여 발행한 수표, 즉 미래의 발행일에 은행에 지급한다는 당사자 간의 약속에 의하여 발행되는 것
당좌차월	단기차입금	당좌예금 잔액을 초과하여 수표를 발행하는 경우 생기는 것으로, 은행으로부터 일시적으로 차입한 금액
당좌개설보증금	장기금융상품 (특정 현금과 예금)	–

연습문제

다음 중 현금성자산의 요건을 모두 고른 것은? 기출 71회

> 가. 확정된 금액의 현금으로 전환이 용이하다.
> 나. 가치 변동의 위험이 중요하지 않아야 한다.
> 다. 만기일이 취득일로부터 3개월 이내에 도래하여야 한다.

① 가 ② 가, 나 ③ 나, 다 ④ 가, 나, 다

| 정답 및 해설 |

④ 가, 나, 다 모두 현금성자산의 요건이다.

합격을 다지는 실전문제 p.39

THEME 02 단기매매증권

▸ 최신 30회 중 7문제 출제

유가증권은 주식(지분증권)과 채권(채무증권)을 포함하며, 취득 후 단기매매증권, 만기보유증권, 지분법 적용 투자주식 및 매도가능증권 중 하나로 분류된다. 이 중 단기매매증권은 주로 단기간 내의 매매차익을 목적으로 취득하고 매수와 매도가 적극적이고 빈번하게 이루어지는 것을 말한다.

꿀팁 보고기간 종료일로부터 1년 이내에 매도 등에 의하여 처분할 것이 확실한 매도가능증권, 보고기간 종료일로부터 1년 이내에 만기가 도래하는 만기보유증권은 유동자산으로 분류한다.

1. 최초 취득

단기매매증권은 최초 인식 시 공정가치로 측정하며, 취득과 직접 관련되는 거래원가(대리인 또는 중개인에게 지급하는 수수료, 증권거래소의 수수료 등)는 당기비용(금융업 이외 일반법인의 경우 영업외비용)으로 처리한다.

2. 배당금수익과 이자수익

① **배당금수익**: 보통주나 우선주 등의 지분증권에 투자하여 현금배당을 받는 경우 배당금수익(영업외수익)으로 처리한다.
② **이자수익**: 사채나 국·공채 등 채무증권에 투자한 경우 이자수익(영업외수익)으로 처리한다.

+ 주식배당

주식배당은 순자산 변동 없이 이익잉여금을 자본에 전입하고 무상주를 교부한 거래로, 발행회사에 대한 투자회사의 몫은 변동이 없기 때문에 투자회사 입장에서 수익을 인식하지 않고 보유한 주식의 수량과 단가 변동을 비망기록한다.

3. 후속 측정

단기매매증권을 취득하여 보고기간 종료일 현재 보유하고 있으면 이를 공정가치(시가)로 평가하고, 공정가치의 변동분(미실현보유 손익)은 **단기매매증권평가손익(영업외손익)**으로 처리한다. 단기매매증권의 시가는 보고기간 종료일 현재의 종가로 한다. 다만, 보고기간 종료일의 종가가 없으면 직전 거래일의 종가를 적용한다.

4. 처분

단기매매증권의 처분으로 유가증권 보유자가 유가증권의 통제를 상실한 때에는 순처분금액(=처분금액－처분수수료)과 장부금액의 차이를 **단기매매증권처분손익(영업외손익)**으로 처리한다.

꿀팁 동일한 유가증권을 서로 다른 금액으로 여러 번 취득한 경우에는 이를 양도하는 시점에서 단가를 산정해야 할 필요가 있으며, 이 경우 단가 산정은 개별법, 이동평균법, 총평균법 또는 기타 합리적인 방법을 사용하되 일단 선택한 방법은 매기 계속 적용하여야 한다.

연습문제

(주)한국은 단기매매 목적으로 다음과 같은 (주)서울의 지분증권을 취득 및 처분하였다. (주)한국의 결산일인 2025년 12월 31일의 단기매매증권평가이익은 얼마인가? 기출 74회

- 2024.10.20. (주)서울의 주식 500주를 주당 1,800원에 취득하고 증권회사 수수료로 12,000원을 현금 지급하였다.
- 2024.12.31. (주)서울의 기말 주식의 공정가치는 주당 1,600원이었다.
- 2025.8.12. (주)서울의 주식 100주를 주당 1,700원에 처분하였다.
- 2025.12.31. (주)서울의 기말 주식의 공정가치는 주당 1,900원이었다.

① 50,000원 ② 80,000원
③ 120,000원 ④ 150,000원

| 정답 및 해설 |

③ 400주×(1,900원－1,600원)=120,000원

합격을 다지는 실전문제 p.41

THEME 03 어음의 배서

▸ 최신 30회 중 1문제 출제

어음의 배서는 어음의 소지인이 해당 어음의 만기일 이전에 어음상의 권리를 타인에게 양도하는 것이다. 즉, 어음 소지인이 어음의 뒷면에 기명날인하여 양도 의사를 표시하고 양수인에게 어음을 교부하는 것을 말한다.

1. 추심위임배서

타인이 발행한 어음의 추심(대금 회수)을 거래은행에 의뢰할 때, 어음의 뒷면에 배서하고 어음을 금융기관에 넘겨주는 것을 추심위임배서라고 한다. 이때 추심의뢰한 어음에 대해서는 소유권 이전이 아니므로 회계처리하지 않고 **추심료 지급에 대한 금액은 수수료비용(판매비와 관리비)으로 회계처리한다.**

2. 배서양도

배서양도란 수취한 어음의 만기일 전에 재고자산 매입대금이나 외상매입금을 지급하기 위하여 어음을 제3자에게 배서하여 양도하는 것을 말한다. 이 경우 **배서양도는 어음에 대한 소유권이 이전되므로 양도하는 시점에 어음상의 권리를 소멸시킨다.**

3. 부도어음

어음 소지인은 만기일 또는 그 후 2일 이내에 지급장소에서 어음을 제시하고 어음대금의 지급을 청구하여야 한다. 이때 어음금액의 지급을 거절한 것을 부도라 하고, 지급이 거절된 어음을 부도어음이라 한다. 어음이 부도되면 어음 소지인은 어음 채무자에게 어음금액, 만기일로부터 상환일까지의 법정이자, 공증인에 의한 지급거절증서 작성비 등을 청구하며, 이 금액을 정상적인 어음과 구분하기 위해 임시 계정인 **부도어음과수표(기타 비유동자산)**로 처리한다.

4. 어음할인

어음 소지자가 만기일 이전에 어음을 금융기관에 배서하고 할인료를 차감한 금액을 받아 자금을 융통할 수 있는데, 이를 어음할인이라고 한다.

+ 매각거래와 차입거래

매출채권은 다음의 요건을 모두 충족하는 경우 매각거래로 보며, 그 외의 경우에는 차입거래로 본다. 또한, **상환청구권***은 매각거래 또는 차입거래의 구분과 관계없이 행사할 수 있다.

- 양도인은 금융자산 양도 후 당해 자산에 대한 권리를 행사할 수 없어야 한다.
- 양도인은 금융자산 양도 후에 효율적인 통제권을 행사할 수 없어야 한다.
- 양수인은 양수한 금융자산에 대하여 자유로운 처분권을 갖고 있어야 한다.

* 상환청구권이란 어음이 부도나는 경우, 어음의 소지인이 어음의 유통과정에서 소지인 이전의 배서인 또는 발행인에게 지급을 청구할 수 있는 권리를 말한다.

(1) 무이자부 어음(어음 수취일부터 만기까지 이자가 없는 경우)

① **할인료의 계산**: 어음의 만기 지급금액에 대한 신용 제공기간 동안의 선이자를 계산한다.

> 만기에 수령할 어음금액 × 연 이자율 × 신용 제공일수/365(또는 366)

② **할인료의 회계처리**: 매각거래 시 매출채권처분손실로 인식하고 차입거래 시 이자비용으로 처리한다.

(2) 이자부 어음(어음 수취일부터 만기까지 이자가 있는 경우)

① 이자부 어음의 만기에 수취할 금액(만기가치)을 구한다.
② 신용 제공기간의 금융기관 할인율을 적용하여 할인료를 계산한다.
③ 만기가치에서 할인료를 차감한 금액이 할인시점에 수령할 현금 등이 된다.
④ 경과기간에 대한 이자수익을 인식한 후 매각거래인 경우 다음과 같이 회계처리한다.

(차) 현금 등	×××	(대) 받을어음(액면금액)	×××
매출채권처분손실	×××	이자수익	×××

연습문제

(주)세무는 2025년 2월 1일에 제품을 매출하고 받을어음(액면금액 10,000,000원, 만기 6개월, 이자율 연 6%, 만기 시 지급)을 수령하여 보관하다가 2025년 6월 1일에 연 12% 이자율로 은행에 할인하였다. 매각거래로 월할계산하는 경우 매출채권처분손실은? 기출 71회

① 105,000원　② 106,000원
③ 107,000원　④ 108,000원

| 정답 및 해설 |

② • 만기금액: 10,000,000원 + 10,000,000원 × 6% × 6개월/12개월 = 10,300,000원

• 할인료: 10,300,000원 × 12% × 2개월/12개월 = 206,000원

• 현금 등 수령액: 10,300,000원 – 206,000원 = 10,094,000원

∴ 매출채권처분손실 10,094,000원 – (10,000,000원 + 10,000,000원 × 6% × 4개월/12개월) = (–)106,000원

또한, 관련 분개는 다음과 같다.

(차) 현금 등	10,094,000	(대) 받을어음	10,000,000
매출채권처분손실	106,000	이자수익	200,000*

* 10,000,000원 × 6% × 4개월/12개월 = 200,000원

합격을 다지는 실전문제 p.42

THEME 04 대손회계

▸ 최신 30회 중 3문제 출제

외상매출금, 받을어음, 미수금 등의 채권이 채무자의 사망, 파산 등의 사유로 회수가 불가능하게 된 경우를 대손이라 한다.

1. 보고기간 종료일 대손충당금의 설정 및 환입

채권 회수가 불가능하게 될 경우 재무상태표상 수취채권을 순실현가능가치로 표시하기 위하여 보고기간 종료일에 대손예상액을 대손충당금으로 설정(또는 환입)하는 충당금 설정법에 따라 회계처리한다. 수취채권은 총액으로 기재한 후 대손충당금을 차감하는 형식으로 표시하거나 수취채권에서 대손충당금을 직접 차감하여 표시할 수 있다.

+ 충당금 설정법

관련 수취채권 등이 기록되는 연도의 채권 잔액으로부터 회수 불능 채권의 금액을 합리적이고 객관적인 기준에 따라 추정하여 대손충당금을 설정(또는 환입)하고, 동시에 이를 동 기간의 비용으로 회계처리하는 방법이다. 충당금 설정법에는 재무상태표 접근법과 손익계산서 접근법이 있으며, 일반기업회계기준에서는 재무상태표 접근법을 채택하고 있다.

<table>
<tr><td rowspan="2">재무상태표 접근법</td><td>연령분석법</td><td>개별 매출채권을 연령별(회수기일 경과일수)로 분류하고 각 연령그룹별로 상이한 대손율을 적용하는 방법</td></tr>
<tr><td>채권 잔액 비율법</td><td>과거의 경험이나 통계 등을 이용하여 산출한 일정한 평균대손예상률을 매출채권 잔액 전체에 곱하여 대손예상액을 산출하는 방법
시산표상 채권 잔액 × 대손율 → 재무상태표(B/S)
= 대손예상액(대손충당금)
⊖ 시산표상 대손충당금 잔액
= (+)설정액(대손상각비) → 손익계산서(I/S)
또는 (–)환입액(대손충당금 환입)</td></tr>
<tr><td colspan="2">손익계산서 접근법
(매출액 비율법)</td><td>수익 · 비용 대응의 원칙에 가장 부합하는 대손상각비 추정방식으로 매출액의 일정 비율(대손추정률)을 대손비용으로 추정하는 방법</td></tr>
</table>

[대손충당금 관련 기말수정분개]

• (+) 설정액: (차) 대손상각비 ××× (대) 대손충당금 ×××

• (–) 환입액: (차) 대손충당금 ××× (대) 대손충당금 환입 ×××

구분	매출채권	기타채권
설정	대손상각비(판매비와 관리비)	기타의 대손상각비(영업외비용)
환입	대손충당금 환입(판매비와 관리비의 차감 계정)	대손충당금 환입(영업외수익)

2. 대손 회계처리

(1) 대손 확정 시

회수 불가능 채권은 대손충당금과 상계하고, 대손충당금 잔액이 부족하면 대손상각비로 처리한다.

(차) 대손충당금	×××	(대) 매출채권	×××
대손상각비	×××		

꿀팁 대손세액을 공제받는 경우

(차) 부가세예수금	×××	(대) 매출채권	×××
대손충당금	×××		
대손상각비	×××		

(2) 대손처리한 채권 회수 시

당기 이전에 대손처리한 채권을 회수하면 대손충당금을 증가시키고, 당기에 대손처리한 채권을 회수하면 당기 대손 발생 시 회계처리한 차변 분개의 내용을 대변으로 분개하면 된다.

꿀팁 전기 대손세액을 공제받은 채권을 당기에 회수한 경우

(차) 현금 등	×××	(대) 부가세예수금	×××
		대손충당금	×××

연습문제

다음은 매출채권과 대손충당금 관련 자료이다. 기업회계기준에 따라 회계처리하였을 때 당기 재무제표에 미치는 영향에 대한 설명으로 옳지 않은 것은? 기출 78회

- 2025.1.1. 기초의 대손충당금 잔액은 300,000원이다.
- 2025.6.30. 거래처의 파산으로 매출채권 50,000원을 대손처리하였다.
- 2025.8.25. 전기에 대손처리한 채권 중 30,000원을 현금으로 회수하였다.
- 2025.12.31. 현재 매출채권 잔액은 10,000,000원, 충당금 설정률은 2%로 가정하였다.

① 당기의 대손상각비는 (−)80,000원이다.
② 기말의 대손충당금 잔액은 200,000원이다.
③ 8월 25일자 분개는 '(차) 현금 30,000 / (대) 상각채권추심이익 30,000'이다.
④ 기말재무상태표상에 매출채권에서 대손충당금을 직접 차감하여 순액으로 표시할 수 있다.

| 정답 및 해설 |

③ • 2025.6.30.

(차) 대손충당금	50,000	(대) 매출채권	50,000

• 2025.8.25.

(차) 현금	30,000	(대) 대손충당금	30,000

• 2025.12.31.

(차) 대손상각비	−80,000*	(대) 대손충당금	−80,000
또는 (차) 대손충당금	80,000	(대) 대손충당금 환입	80,000

* 10,000,000원×2%−280,000원=(−)80,000원

꿀팁 대손충당금은 해당 채권에서 차감하는 형태로 표시하거나 매출채권에서 직접 차감하여 표시할 수 있다.

합격을 다지는 실전문제 p.43

합격을 다지는 실전문제

THEME 01 당좌자산과 현금 및 현금성자산 [001~004]

상 중 하

001 다음 중 당좌자산에 대한 설명으로 옳지 않은 것은? 84회

① 당좌자산에는 현금 및 현금성자산, 단기투자자산, 선급비용 등이 포함된다.
② 당좌자산은 회계연도 말부터 1년 이내에 현금화되거나 실현될 것으로 예상되는 자산이다.
③ 당좌자산은 과거사건의 결과로 현재 회사가 통제하고 있지만, 미래에 경제적 효익이 회사로 유입될 가능성은 낮은 자원이다.
④ 매출채권, 대여금, 미수금, 미수수익 등에 대한 대손충당금은 해당 자산의 차감 계정으로 재무상태표에 표시된다.

상 중 하

002 다음 중 현금 및 현금성자산과 장기금융자산에 대한 설명으로 틀린 것은? 103회

① 현금성자산은 이자율의 변동에 따른 가치변동이 커야 한다.
② 취득일로부터 3개월 이내 만기가 도래하는 정기예금은 현금성자산으로 분류한다.
③ 결산일로부터 1년 이후 만기가 도래하는 금융상품은 장기금융자산으로 분류한다.
④ 타인발행수표는 현금으로 분류한다.

정답 및 해설

001 ③ 기업회계기준상 자산은 과거사건의 결과로 현재 회사가 통제하고 있지만 미래에 경제적 효익이 회사로 유입될 가능성이 높은 자원을 말한다. 당좌자산 또한 자산에 포함되어 해당 정의를 충족한다.

002 ① 현금성자산은 이자율의 변동에 따른 가치변동이 작아야 한다.

상 중 하

003 다음은 2025년 12월 31일 현재 재무상태표에서 발췌한 자료이다. 다음 중 현금 및 현금성자산으로 보고할 금액은 얼마인가?

• 당좌차월	50,000원	• 보통예금	15,000원
• 타인발행 당좌수표	20,000원	• 현금 시재액	23,000원
• 기일도래 공사채 이자표	7,000원	• 지점 전도금	11,000원
• 선일자수표	15,000원	• 당좌개설보증금	70,000원
• 환매채(120일 만기)	120,000원	• 금융상품	60,000원

※ 단, 금융상품은 2026년 1월 중 만기가 도래하는 채권으로 2025년 12월 중에 취득하였다.

① 88,000원 ② 136,000원
③ 144,000원 ④ 186,000원

상 중 하

004 다음은 재무제표에 공시하는 것과 관련된 사항이다. 옳지 않은 것은?

① 매출채권이란 상거래상의 채권인 외상매출금과 받을어음을 말한다.
② 금융기관이 취급하는 정기예금, 정기적금은 단기적 자금운용 목적으로 소유하거나 기한이 1년 이내에 도래하는 경우 단기금융상품이라는 계정과목으로 하여 유동자산으로 분류한다.
③ 당좌차월은 일종의 차입금에 해당되므로 유동부채로 표시하여야 한다.
④ 선일자수표는 수표에 표시된 발행일이 도래하기까지 현금 및 현금성자산으로 처리하여야 한다.

정답 및 해설

003 ② 현금 및 현금성자산에는 보통예금, 현금 시재액, 지점 전도금, 기일도래 공사채 이자표, 타인발행 당좌수표, 금융상품(취득일로부터 3개월 이내 만기 도래)이 해당된다.
∴ 15,000원+23,000원+11,000원+7,000원+20,000원+60,000원=136,000원

004 ④ 선일자수표는 매출채권 또는 미수금에 해당한다.

THEME 02 단기매매증권 [005~007]

상 중 하

005 **다음 중 단기매매증권에 대한 설명으로 옳지 않은 것은?** 118회 수정

① 단기매매증권은 최초 인식 시 공정가치로 측정하며, 취득 관련원가(증권거래소의 수수료 등)는 당기 비용으로 인식한다.

② 단기매매증권은 유동자산으로 분류한다.

③ 단기매매증권은 보고기간 종료일 현재 보유하고 있으면 이를 공정가치(시가)로 평가하며 변동분은 평가손익(영업외손익)으로 처리한다.

④ 단기매매증권은 최초 인식 시 공정가치로 측정하고, 후속 측정 시에는 상각후원가로 측정한다.

상 중 하

006 **(주)연개소문이 보고기간 종료일 현재 보유하고 있는 단기매매증권의 장부금액과 공정가치(시가)가 다음과 같을 경우 2025년 결산수정분개가 재무상태표와 손익계산서에 미치는 영향은?** 32회

구분	장부금액	공정가치
2025년 3월 1일 취득	750,000원	750,000원
2025년 12월 31일	750,000원	800,000원

	손익계산서	재무상태표
①	순이익 증가	자산 증가, 이익잉여금 증가
②	순이익 감소	자산 감소, 이익잉여금 감소
③	순이익 증가	부채 감소, 이익잉여금 증가
④	순이익 감소	부채 증가, 이익잉여금 감소

정답 및 해설

005 ④ 단기매매증권은 최초 인식 시 공정가치로 측정하고, 후속 측정 시에도 공정가치로 평가한다.

006 ① 단기매매증권의 취득원가는 750,000원, 보고기간 종료일 공정가치는 800,000원이므로 결산수정분개는 다음과 같다.

(차) 단기매매증권	50,000	(대) 단기매매증권평가이익	50,000

따라서, 손익계산서의 당기순이익이 증가하여 자본 중 이익잉여금이 증가하며, 자산도 증가한다.

상 중 하

007

(주)세무의 단기매매증권에 대한 내역은 다음과 같으며, 2025년 12월 31일 현재 1주당 공정가치는 9,000원이다. 2025년 단기매매증권으로 인한 손익은 얼마인가? 69회

일자	거래내역	1주당 가액
2025.7.10.	2,000주 취득	12,000원
2025.9.10.	1,000주 처분	13,000원

① 처분손익 없음
② 이익 1,000,000원
③ 손실 2,000,000원
④ 손실 3,000,000원

THEME 03 어음의 배서 [008~009]

상 중 하

008

매출채권의 양도란 매출채권을 회수기일 전에 금융기관 등에 매각하고 자금을 조달하는 것을 말한다. 이러한 외상매출금의 양도는 그 경제적 실익에 따라 매각거래와 차입거래로 구분할 수 있는데 다음 중 매출채권의 양도를 매각거래로 회계처리해야 하는 조건으로 볼 수 없는 것은? 51회

① 양도인은 금융자산 양도 후 당해 양도자산에 대한 권리를 행사할 수 없어야 한다.
② 양수인은 양수한 금융자산을 처분(양도 및 담보 제공 등)할 자유로운 권리를 갖고 있어야 한다.
③ 매출채권의 양도 후 양수자에게 상환청구권이 있어야 한다.
④ 양도인은 금융자산 양도 후에 효율적인 통제권을 행사할 수 없어야 한다.

정답 및 해설

007 ③ • 처분손익: 1,000주×(13,000원－12,000원)＝1,000,000원 이익
• 평가손익: 1,000주×(9,000원－12,000원)＝(－)3,000,000원 손실
∴ 1,000,000원＋(－)3,000,000원＝(－)2,000,000원 손실

008 ③ 매출채권 양도 후 양도인이 부담해야 할 위험은 양도거래에 수반된 일종의 하자 담보책임에 불과하므로 매출채권 양도 후 양수자에게 상환청구권이 있는지의 여부는 매각거래와 차입거래의 구분에 영향을 미치지 않는다.

상 중 하

009 갑사(매출처)로부터 상품대금으로 받아 보관 중이던 어음 200,000원을 을사(매입처)로부터 상품 매입대금으로 배서양도(상환청구 가능조건)하였으나, 금일 부도가 발생되었다는 통지를 받고 을사에 당좌수표를 발행하여 어음대금 및 관련 비용 30,000원을 지급하였다. 당사의 부도 관련 비용 5,000원은 현금 지급 후 갑사에 그 지급을 청구한 경우 부도어음으로 회계처리할 금액은? 94회

① 200,000원 ② 230,000원
③ 235,000원 ④ 205,000원

THEME 04 대손회계 [010~015]

상 중 하

010 (주)성진의 당기 중 대손충당금의 변동내역은 아래와 같다. 당기 말 현재 매출채권 잔액의 1%를 대손충당금으로 설정한다고 가정할 때, 다음 중 옳지 않은 것은? 100회

대손충당금

매출채권	250,000	기초 잔액	270,000
기말 잔액	250,000	현금	80,000
		대손상각비	150,000

① 당기 말 매출채권 잔액은 25,000,000원이다.
② 전기 말 매출채권 잔액은 27,000,000원이다.
③ 당기 중 대손발생액은 170,000원이다.
④ 당기 말 손익계산서상 대손상각비는 150,000원이다.

정답 및 해설

009 ③ 어음이 부도처리되면 어음 소지인은 어음 채무자에게 어음금액 부도 관련 비용을 청구하며, 이 금액을 정상적인 어음과 구분하기 위해 임시 계정인 부도어음과수표로 처리한다.
∴ 부도어음: 200,000원+30,000원+5,000원=235,000원

010 ③ 당기 중 대손발생액은 대손충당금과 상계한 매출채권 금액 250,000원이며, 상각채권을 회수한 금액은 80,000원이다.

상 중 하

011 다음은 한국(주)의 재무상태표 일부를 보고 이에 대한 오류사항을 지적한 것이다. 이에 대한 설명으로 옳지 않은 것은? 46회

재무상태표

한국(주)	2025.6.30. 현재		(단위: 원)
유동자산			956,000
현금		150,000	
매출채권	300,000		
대손충당금	(30,000)	270,000	
매도가능증권		100,000	
선급비용		16,000	
재고자산		420,000	
유형자산			580,000
토지		180,000	
기계장치(감가상각누계액 180,000원 차감한 순액)		400,000	
무형자산			450,000
자산 총계			1,986,000

① 유동자산의 배열 순서는 유동성 배열법에 따라야 하므로 현금, 매출채권, 재고자산의 순서로 보고되어야 한다.
② 기계장치는 취득원가로 기록하고 감가상각누계액을 차감하는 형식으로 보고해야 한다.
③ 매출채권은 대손충당금을 차감한 후 순액으로만 보고해야 한다.
④ 무형자산의 주요 항목을 구분하지 않고 총액으로 보고하는 것은 정보로서의 가치가 적다.

정답 및 해설

011 ③ 매출채권은 총액으로 기재한 후 대손충당금을 차감하는 형식 또는 매출채권에 대한 대손충당금을 해당 자산에서 직접 차감하는 형식으로 표시할 수 있다.

상 중 하

012 다음의 자료를 참고하여 계산한 2024년 대손상각비와 2025년 대손상각비는 각각 얼마인가? [102회]

구분	2023년 말	2024년 말
외상매출금	550,000원	300,000원
대손충당금	40,000원	20,000원
장부가액	510,000원	280,000원

- 2024년 기말 대손충당금 잔액은 기중에 외상매출금 50,000원이 대손 확정된 후의 잔액이다.
- 2025년 기중에 18,000원의 외상매출금이 대손 확정된 후, 기말 대손충당금 잔액은 12,000원이다.

	2024년 대손상각비	2025년 대손상각비
①	20,000원	12,000원
②	30,000원	12,000원
③	20,000원	10,000원
④	30,000원	10,000원

상 중 하

013 다음은 2025년 중 매출채권에 대한 대손충당금에 관한 내용이다. 2025년 말 재무상태표에 표시할 대손충당금과 2025년 손익계산서에 표시될 대손상각비는 각각 얼마인가? [83회]

- 1월 1일 기초 대손충당금: 30,000원
- 5월 27일 매출채권의 대손처리: 50,000원
- 11월 3일 전년도 대손처리된 매출채권의 회수: 5,000원
- 12월 31일 기말매출채권 잔액에 대한 대손예상액: 27,000원

	대손충당금	대손상각비		대손충당금	대손상각비
①	27,000원	27,000원	②	22,000원	27,000원
③	22,000원	42,000원	④	27,000원	42,000원

정답 및 해설

012 ④ • 2024년 대손상각비: 2024년 대손 확정액 (50,000원 − 40,000원) + 대손충당금 설정액 20,000원 = 30,000원
• 2025년 대손상각비: 기말 대손충당금 12,000원 − 기중 대손충당금 잔액 (20,000원 − 18,000원) = 10,000원

013 ④ • 5월 27일

(차) 대손충당금	30,000	(대) 매출채권	50,000
대손상각비	20,000		

• 11월 3일

(차) 현금 등	5,000	(대) 대손충당금	5,000

• 12월 31일

(차) 대손상각비	22,000	(대) 대손충당금	22,000*

* 대손예상액 27,000원 − 대손충당금 잔액 5,000원 = 22,000원

∴ 2025년 말 재무상태표에 표시할 대손충당금: 5,000원 + 22,000원 = 27,000원
2025년 손익계산서에 표시할 대손상각비: 20,000원 + 22,000원 = 42,000원

상 중 하

014 (주)태양의 2024년 말 매출채권 잔액은 15,000,000원이고, 대손충당금 잔액은 250,000원이다. 2025년 기간 중 다음 사항이 발생하였으며, (주)태양은 매출채권 잔액의 2%를 대손액으로 추정하고 있다. 2025년도 포괄손익계산서에 계상할 대손상각비는 얼마인가? 64회

- 2025년 2월 28일: 당해 연도 이전의 매출채권 중 270,000원이 회수 불능되다.
- 2025년 3월 31일: 당해 연도 이전에 상각된 매출채권 200,000원이 현금으로 회수되다.
- 2025년도 말: 매출채권 13,000,000원 중 300,000원이 회수 불능으로 판명되다.

① 225,000원　② 354,000원
③ 212,000원　④ 374,000원

상 중 하

015 (주)에듀윌은 외상매출금의 대손을 연령분석법으로 추정한다. 2025년 12월 31일 현재의 대손추정 관련 내용이 다음과 같을 때 2025년 기말에 재무상태표상에서 회사의 대손충당금은 얼마로 계상하여야 하는가?

기간	금액	대손추정률
60일 이하	10,000,000원	5%
60일 초과	5,000,000원	20%

① 300,000원　② 500,000원
③ 1,000,000원　④ 1,500,000원

정답 및 해설

014 ④ • 2월 28일

(차) 대손충당금	250,000	(대) 매출채권	270,000
대손상각비	20,000		

• 3월 31일

(차) 현금	200,000	(대) 대손충당금	200,000

• 12월 31일

(차) 대손충당금	200,000	(대) 매출채권	300,000
대손상각비	100,000		

• 12월 31일

(차) 대손상각비	254,000	(대) 대손충당금	254,000*

* (13,000,000원 − 300,000원) × 2% = 254,000원(당기 대손추정분임)

∴ 포괄손익계산서에 계상될 대손상각비: 20,000원 + 100,000원 + 254,000원 = 374,000원

015 ④ 10,000,000원 × 5% + 5,000,000원 × 20% = 1,500,000원

CHAPTER 03

재고자산

핵심키워드
- 매출원가 산정
- 재무비율 변동
- 수량 결정방법
- 단가 결정방법
- 감모손실과 평가방법

1회독 2회독 3회독

THEME 01 재고자산의 의의와 회계처리

▸ 최신 30회 중 6문제 출제

1. 재고자산의 의의와 분류

(1) 의의

재고자산이란 정상적인 영업활동과정에서 판매를 목적으로 보유하고 있는 상품 또는 제품, 제조과정에 있는 자산(재공품, 반제품), 생산이나 용역 제공과정에 사용될 자산(원재료)을 말한다. 재고자산은 1년 이내에 생산에 사용되거나 판매될 것으로 보기 때문에 유동자산으로 분류한다.

(2) 분류

재고자산은 총액으로 보고하거나 상품, 제품, 재공품, 원재료 및 저장품 등으로 분류하여 재무상태표에 표시한다. 만약, 재고자산을 총액으로 보고한 경우 그 내용을 재무제표의 주석으로 기재한다.

구분	내용
상품	상기업*1이 판매 목적으로 구입한 물건
제품	제조기업이 판매 목적으로 직접 제조한 생산물 및 부산물
재공품	제품 또는 반제품을 만들어 내기 위해 아직 제조 중인 미완성품
반제품*2	판매가 가능한 미완성품
원재료	제품을 생산하기 위해 매입한 원료, 재료 등
저장품	소모품, 수선용 부분품 및 기타 저장물
미착품	주문하였으나 운송 중에 있어 아직 도착하지 않은 재고자산
적송품	위탁자가 수탁자에게 판매를 위탁하기 위하여 발송한 재고자산
시송품	구매자가 일정 기간 사용한 후 매입 여부를 결정하는 조건으로 판매한 재고자산

*1 상기업은 제조기업으로부터 생산된 제품을 매입하여 소비자에게 판매하는 기업을 말한다.

*2 반제품은 미완성품이라는 점에서는 재공품과 유사하나, 중간과정에서 판매가 가능하다는 점에서 재공품과 차이가 있다.

2. 매입원가 계산

(1) 의의

재고자산의 취득원가는 매입원가 또는 제조원가(재료원가, 노무원가 및 기타의 제조원가)를 말하며, 취득에 직접적으로 관련되어 있고 정상적으로 발생하는 운임, 수입관세 등 기타원가를 포함한다.

또한, 성격이 상이한 재고자산을 일괄 구입한 경우에는 총매입원가를 각 재고자산의 공정가치 비율에 따라 배분하여 개별 재고자산의 매입원가를 결정한다.

재고자산의 원가에 포함되지 않는 항목(기간비용으로 인식)

- 재료원가, 노무원가 및 기타의 제조원가 중 비정상적으로 낭비된 부분
- 추가 생산단계에 투입하기 전에 보관이 필요한 경우 외의 보관비용
- 재고자산을 현재의 장소에 현재의 상태로 이르게 하는 데 기여하지 않은 관리간접원가
- 판매원가

연습문제

다음 중 발생기간의 비용으로 인식하지 않고 재고자산의 원가에 포함하여야 하는 것은? 기출 87회

① 취득에 직접적으로 관련되어 있으며, 정상적으로 발생되는 기타원가
② 추가 생산단계에 투입하기 전에 보관이 필요한 경우 외의 보관비용
③ 재고자산을 현재의 장소에 현재의 상태로 이르게 하는 데 기여하지 않은 관리간접원가
④ 판매원가

| 정답 및 해설 |

① 취득에 직접적으로 관련되어 있으며, 정상적으로 발생되는 기타원가는 재고자산의 취득원가에 포함한다.

(2) 매입원가의 차감 계정

구분	내용
매입환출 및 에누리	• 매입환출: 매입한 재고자산을 판매자에게 반품한 것 • 매입에누리: 매입한 재고자산에 파손이나 결함 등이 있어서 매입 후 결제금액을 깎는 것
매입할인*	외상대금을 약정된 할인기간 내에 지급하고 대금의 일부를 할인받는 것

* 매입할인은 (2/10, n/30)으로 표시한다. 이는 외상대금을 30일 이내 상환해야 하며, 10일 이내 조기상환할 시 외상대금의 2%를 할인받는 것을 의미한다.

포인트 거래할인(Trade Discount)

거래 시 현금할인, 제품할인 등을 제공받는 회계상 거래할인(Trade Discount)은 할인된 금액을 차감 후 나머지 금액만 회계처리하므로 장부에 표시하지 않는다.

연습문제

다음은 재고자산에 대한 설명이다. 이에 대한 설명 중 옳지 않은 것은? 기출 75회

① 판매 또는 처분이 목적이라고 해서 항상 재고자산으로 분류할 수는 없다.
② 재고자산의 취득원가는 매입원가, 전환원가 및 재고자산을 현재의 장소에 현재의 상태로 이르게 하는 데 발생한 기타원가를 모두 포함한다.
③ 재고자산의 매입원가는 매입가격에 수입관세, 매입운임 등 취득과정에 직접 관련된 기타원가를 가산한 금액이다.
④ 특정한 고객을 위한 제품 디자인원가를 재고자산의 원가에 포함하는 것은 적절하지 않다.

| 정답 및 해설 |

④ 특정한 고객을 위한 디자인원가 등은 제품원가에 포함된다.

3. 매출액 계산

손익계산서에 표시되는 매출액은 총매출액에서 매출환입 및 에누리, 매출할인을 차감한 순매출액으로 표시한다.

순매출액 = 총매출액 − 매출환입 및 에누리 − 매출할인

구분	내용
매출환입 및 에누리	• 매출환입: 판매한 재고자산 중 파손 등으로 반품되어 오는 것 • 매출에누리: 판매한 재고자산 중 결함, 불량 등의 사유로 가격을 깎아주는 것
매출할인	외상대금을 조기에 회수하여 외상대금의 일부를 할인해 주는 것

연습문제

(주)한강은 고객사인 (주)철강에 본사 제품인 기계장비를 다음과 같이 판매하였다. 이 경우 2025년 손익계산서에 반영될 매출액은 얼마인가? 기출 41회

- 11월 20일 기계장비 10대를 대당 10,000,000원에 판매 계약과 동시에 납품하였다.
- 대금은 계약일로부터 30일 내에 지급하면 2%를 할인하기로 약정하였다.
- 대금은 12월 10일 전액 회수하였다.
- 2026년 1월 5일에 2025년 11월 20일 납품한 기계장비 중 1대가 불량으로 반품되었다.
- 동 기계장비 매출과 관련한 회계처리는 일반기업회계기준에 의한다.

① 88,200,000원 ② 88,000,000원
③ 98,000,000원 ④ 100,000,000원

| 정답 및 해설 |

③ • 총매출액: 10대×10,000,000원=100,000,000원
• 매출할인: 10,000,000원×2%×10대=2,000,000원
• 매출환입은 2026년에 발생된 부분이므로 2026년 매출액에서 차감하므로 2025년 매출액에는 영향이 없다.
∴ 순매출액: 98,000,000원(2025년도 손익계산서에 반영될 매출액)

4. 매출원가 계산

매출원가=기초상품재고액+순매입액(매입금액+매입 부대비용−매입환출 및 에누리−매입할인)−타계정 대체*액−기말상품재고액

* 타계정 대체란 기업이 영업활동을 하는 과정에서 자사의 제품이나 상품을 판매 이외의 목적으로 사용하는 것을 말하며, 타계정 대체로 사용된 원가는 매출 이외의 상품 감소액이므로 매출원가 이외의 적절한 계정과목으로 대체시켜야 한다.
예 자사의 제품이나 상품의 연구·개발 목적, 접대 목적, 광고선전 목적, 종업원들의 복리후생을 위한 경우, 화재로 소실되는 경우 등

연습문제

(주)세무의 당기매출총이익률은 10%이다. 다음 자료를 보고 기말매출채권 잔액을 계산하면 얼마인가? 기출 69회

• 기초재고액	60,000원	• 기말재고액	100,000원
• 당기매입액	580,000원	• 당기현금 판매액	300,000원
• 기초매출채권	200,000원	• 당기대손 발생액	100,000원
• 당기매출채권 회수액	100,000원		

① 100,000원 ② 340,000원
③ 300,000원 ④ 440,000원

| 정답 및 해설 |

③ • 매출원가: 기초재고액 60,000원+당기매입액 580,000원−기말재고액 100,000원=540,000원
• 매출원가율: 1−당기매출총이익률 10%=90%
• 당기매출액: 매출원가 540,000원÷매출원가율 90%=600,000원
∴ 기말매출채권: 기초매출채권 200,000원+당기매출액 600,000원−당기현금 판매액 300,000원−당기대손 발생액 100,000원
−당기매출채권 회수액 100,000원=300,000원

5. 기말재고자산의 오류로 인한 재무비율 변동

구분	기말결산 시 재고자산을 과소평가한 경우
유동비율(유동자산÷유동부채)	유동자산 중 재고자산 감소 → 유동비율 감소
부채비율(부채÷자본)	재고자산 과소 → 당기순이익 과소 → 자본 감소 → 부채비율 증가

연습문제

결산 시 기말재고자산을 실제보다 과대평가한 경우에 이로 인한 유동비율과 부채비율에 대한 영향은? 기출 43회

① 유동비율 증가, 부채비율 감소
② 유동비율 감소, 부채비율 변동 없음
③ 유동비율 감소, 부채비율 증가
④ 유동비율 증가, 부채비율 변동 없음

| 정답 및 해설 |

① • 기말재고 과대계상(자산 과대계상) → 매출원가 과소계상 → 당기순이익 과대계상(자본 과대계상)
• 유동비율 = 유동자산÷유동부채 → 유동자산(재고자산) 과대계상으로 유동비율 증가
• 부채비율 = 부채÷자본 → 자본(당기순이익) 과대계상으로 부채비율 감소

합격을 다지는 실전문제 p.57

THEME 02 재고자산의 원가계산

▸ 최신 30회 중 5문제 출제

1. 재고자산의 수량 결정

구분	내용
계속기록법	재고자산의 입고와 출고가 이루어질 때마다 그 사실을 장부에 계속 기록함으로써 기중 판매량 및 재고 수량을 언제든지 파악할 수 있는 방법
실지재고조사법	기말에 남아 있는 실지재고를 조사하여 기말재고 수량을 파악하는 방법으로, 재고자산의 입고만 기록하고 출고는 기록하지 않음

2. 재고자산의 단가 결정(원가 흐름의 가정)

재고자산의 취득시기에 따라 구입단가가 계속하여 변동하는 경우 재고자산이 어떤 순서로 팔리는지를 가정한 것이 원가 흐름의 가정이다. 개별법, 선입선출법, 후입선출법, 가중평균법, 표준원가법, 소매재고법 등이 있다. **통상적으로 상호교환될 수 없는 재고 항목이나 특정 프로젝트별로 생산되는 제품 또는 서비스의 원가는 개별법을 사용하여 결정하며, 개별법이 적용되지 않는 재고자산의 단위원가는 선입선출법, 가중평균법 또는 후입선출법 등을 사용하여 결정한다.** 또한, 재고자산의 단가 결정방법은 재무제표의 주석으로 기재한다.

(1) 개별법(바코드법)

① 매출 시 실제 구입원가를 기록하였다가 매출원가로 대응시키는 방법이다.
② 원가 흐름의 가정 중 가장 정확한 방법이며, 수익 · 비용 대응의 원칙에 가장 적합하다.
③ 재고자산의 종류와 수량이 많고, 거래가 빈번한 경우에는 현실적으로 적용할 수 없다.

(2) 선입선출법(FIFO)

선입선출법이란 실제 물량의 흐름과는 관계없이 먼저 들어온 상품이 먼저 판매된다는 가정하에 계산하는 원가계산방법이다.

(3) 후입선출법(LIFO)

후입선출법이란 선입선출법과는 반대로 나중에 구입한 상품이 먼저 판매된다고 가정하는 방법을 말하며, 국제회계기준에서는 인정하지 않는다. 후입선출법을 사용하는 경우에는 재무상태표상 가액과 선입선출법 또는 평균법에 저가법을 적용하여 계산한 재고자산 평가액과의 차이를 주석으로 기재한다.

+ 선입선출법과 후입선출법의 비교

선입선출법	후입선출법
• 일반적인 물량 흐름과 일치함 • 매출원가는 과거의 원가로 계상되어 현재의 수익과 과거의 원가가 대응되므로 수익·비용 대응이 적절히 이루어지지 않음 • 물가 상승 시 순이익이 높게 계상됨 • 기말재고액이 최근에 구입한 원가로 보고되므로 재무상태표상 재고자산 금액은 시가에 가까움	• 일반적인 물량 흐름과 일치하지 않음 • 매출원가는 현재의 원가로 계상되어 현재의 수익과 현재의 원가가 대응되므로 수익·비용 대응이 적절히 이루어짐 • 물가 상승 시 순이익이 낮게 계상됨 • 기말재고액이 오래 전에 구입한 원가로 계상되므로 물가 상승 시 기말재고액이 낮게 계상됨 • 기말재고 수량이 기초재고 수량보다 적다면 오히려 실제 당기순이익이 높게 계상되는 재고청산의 문제가 발생함

(4) 가중평균법

가중평균법은 재고자산의 단가를 산정할 때 일정 기간 동안 구입한 재고자산의 단가를 평균하여 구하는 방법이다. 이때 계속기록법을 적용한 평균법을 이동평균법이라 하고, 실지재고조사법을 적용한 평균법을 총평균법이라 한다.

+ 물가 상승 시 각 방법별 결과 비교(기초재고수량≦기말재고수량)

- 기말재고자산: 선입선출법>이동평균법≧총평균법>후입선출법
- 당기순이익: 선입선출법>이동평균법≧총평균법>후입선출법
- 매출원가: 선입선출법<이동평균법≦총평균법<후입선출법

연습문제

다음은 재고자산의 원가배분방법에 대한 설명이다. 옳지 않은 것은? 기출 42회

① 선입선출법에서는 물가가 상승하고 재고층이 감소하지 않는 한 후입선출법보다 당기순이익이 과소계상된다.
② 총평균법은 기말단가기록법(실지재고조사법)으로 평균법을 적용한 방법이다.
③ 이동평균법은 계속단가기록법(계속기록법)으로 평균법을 적용한 방법이다.
④ 상품의 매입가격이 상승하는 경우에는 이동평균법이 총평균법보다 기말재고액을 높게 평가한다.

| 정답 및 해설 |

① 물가 상승 시에 재고층이 감소하지 않으면 당기순이익의 크기는 선입선출법>이동평균법≧총평균법>후입선출법 순이다.

(5) 표준원가법

표준원가법은 원가측정방법으로 평가한 결과와 실제 원가가 유사할 때에 편의상 사용할 수 있는 방법으로, 정상적인 재료원가, 소모품원가, 노무원가 및 효율성과 생산능력 활용도를 반영하여 원가를 측정한다.

(6) 소매재고법(매출가격환원법)

소매재고법이란 소매가(판매가)로 표시된 기말상품재고액에 당기의 원가율을 곱하여 기말재고액을 구하는 방법으로 매출가격환원법이라고도 한다. 이 방법은 대형마트 등 재고자산의 종류가 다양하고 단가가 낮으며 매매거래의 발생빈도가 높아 상품재고장의 기록과 기말재고실사가 불가능할 때에 사용하며, 유통업종에서만 사용할 수 있다.

소매재고법으로 기말재고금액을 산정할 때에는 이익률을 동질적인 상품군별로 적용하며, 이익률이 서로 다른 상품군은 통합하여 평균원가율을 계산해서는 안 된다.

원가율 계산식

- 평균법: $\frac{\text{기초재고원가}+\text{당기순매입원가}}{\text{기초재고매가}+\text{당기순매입매가}+\text{순인상액}-\text{순인하액}}$
- 선입선출법: $\frac{\text{당기순매입원가}}{\text{당기순매입매가}+\text{순인상액}-\text{순인하액}}$
- 저가법: $\frac{\text{기초재고원가}+\text{당기순매입원가}}{\text{기초재고매가}+\text{당기순매입매가}+\text{순인상액}}$

꿀팁 저가법으로 원가율 산정 시 평균법 계산식의 분모에서 순인하액을 차감하지 않는다.

실전 적용

(주)에듀윌은 평균법에 의한 소매재고법을 적용하여 재고자산을 파악한다. 다음 자료를 이용하여 기말재고원가와 매출원가를 추정하시오.

구분	기초재고	당기매입	당기매출
원가	53,900원	180,100원	–
판매가	77,000원	248,000원	238,000원

| 풀이 |

원가

기초재고	53,900	매출원가	?
순매입액	180,100	기말재고	?
	234,000		234,000

판매가

기초재고	77,000	매출액	238,000
순매입액	248,000	기말재고	?
	325,000		325,000

- 기말재고액(판매가): 기초재고 77,000원+순매입액 248,000원−매출액 238,000원=87,000원
- 평균법에 의한 원가율: $\frac{\text{기초재고원가}+\text{당기순매입원가}}{\text{기초재고매가}+\text{당기순매입매가}+\text{순인상액}-\text{순인하액}}=\frac{53{,}900\text{원}+180{,}100\text{원}}{77{,}000\text{원}+248{,}000\text{원}}=72\%$
- 기말재고(원가): 87,000원×원가율 72%=62,640원
- 매출원가: 234,000원−62,640원=171,360원

연습문제

재고자산의 원가결정과 관련된 설명 중 옳지 않은 것은? 기출 69회

① 소매재고법으로 기말재고금액을 산정할 경우에는 이익률이 동질적인 상품군별로 적용하되 이익률이 서로 다른 상품군은 통합하여 평균원가율을 계산하도록 한다.
② Usance Bill과 같이 연불조건으로 원자재를 수입하는 경우 발생하는 이자는 차입원가로 처리한다.
③ 재고자산의 장부금액은 시가가 취득원가보다 낮은 경우에는 별도의 승인이 없어도 시가를 평가가액으로 한다.
④ 재고자산을 저가법으로 평가하는 경우 시가는 순실현가능가치를 말하며, 이 경우 생산에 투입하기 위해 보유하는 원재료의 현행대체원가는 순실현가능가치에 대한 최선의 이용 가능치가 될 수 있다.

| 정답 및 해설 |

① 이익률이 서로 다른 상품군을 통합하여 평균원가율을 계산해서는 안 된다.

(7) 매출총이익률법

매출총이익률법이란 과거의 매출총이익률을 이용하여 판매가능액(기초재고+당기순매입액)을 매출원가와 기말재고액에 배분하는 방법이다. 즉, 과거의 평균매출총이익률(매출총이익÷매출액)을 이용하여 매출원가를 계산하고, 판매가능액에서 매출원가를 차감하여 기말재고액을 계산한다.

실전 적용

다음의 자료를 통해 매출총이익률을 사용하여 판매가능액을 매출원가와 기말상품재고액으로 배분하시오.

• 기초재고자산: 100,000원	• 당기매입액: 1,500,000원
• 당기매출액: 2,000,000원	• 당기매출총이익률: 30%

| 풀이 |

• 매출원가: 매출액×(1－매출총이익률)＝2,000,000원×(1－30%)＝1,400,000원
• 기말재고: 100,000원＋1,500,000원－1,400,000원＝200,000원
만약 보고기간 종료일 현재 창고에 화재가 발생하여 재고자산이 거의 소실되었다고 가정하고 화재를 면한 재고자산의 가치가 50,000원이라면 재고자산의 화재손실액은 150,000원(＝200,000원－50,000원)이다.

연습문제

창고에 보관 중이던 재고자산 중 화재로 인해 1,800,000원을 제외한 금액이 파손되었다. 다음 자료를 이용하여 화재로 인한 재고자산 피해액을 계산하면 얼마인가? 기출 117회

• 기초 재고자산: 23,000,000원	• 당기 매출액: 78,000,000원
• 당기 매입액: 56,000,000원	• 당기 매출총이익률: 10%

① 7,000,000원
② 7,020,000원
③ 8,000,000원
④ 8,800,000원

| 정답 및 해설 |

① • 매출원가 : 매출액×(1－매출총이익률)＝78,000,000원×(1－10%)＝70,200,000원
• 파손 시점 기말재고 추산액: 23,000,000원＋56,000,000원－70,200,000원＝8,800,000원
• 재고자산 피해액: 8,800,000원－1,800,000원＝7,000,000원

합격을 다지는 실전문제 p.58

THEME 03 재고자산의 감모손실과 평가손실 중요

▸ 최신 30회 중 8문제 출제

재고자산감모손실은 도난, 분실, 파손, 증발, 마모 등으로 기말재고자산의 수량이 감소한 경우이며, 재고자산평가손실은 재고자산의 취득원가보다 현재 판매가격이 더 하락한 경우를 의미한다.

1. 재고자산감모손실

재고자산감모손실이란 기말재고자산의 장부상 수량보다 실제 수량이 부족한 경우를 말한다. 감모의 원인으로는 정상적인 이유와 비정상적인 이유가 있다.

(1) 정상적인 감모손실

정상적인 감모손실은 영업활동을 수행하는 과정에서 항상 나타나는 것이므로 원가성이 있다고 보아 매출원가로 처리한다.

(차) 매출원가	×××	(대) 상품	×××

(2) 비정상적인 감모손실

비정상적인 감모손실은 부주의, 도난, 분실, 파손 등이 원인이 되어 나타나는 것이며, 예상 외로 발생한 손실이므로 영업외비용으로 처리한다.

(차) 재고자산감모손실(영업외비용)	×××	(대) 상품	×××

연습문제

(주)세무의 2025년 기말재고자산 내역이 다음과 같을 때, 2025년 매출총이익에 미치는 영향을 바르게 설명한 것은? 기출 63회

- 장부상 재고자산: 500개
- 단위당 원가: 1,000원(시가 900원)
- 조사에 의한 실제 재고 수량: 400개
- 재고자산감모손실의 10%는 비정상적 발생

① 매출총이익이 40,000원 감소한다.
② 매출총이익이 90,000원 감소한다.
③ 매출총이익이 130,000원 감소한다.
④ 매출총이익이 140,000원 감소한다.

| 정답 및 해설 |

③ • 재고자산감모손실(정상분): 100개×1,000원×90%=90,000원
• 재고자산평가손실: (1,000원－900원)×400개=40,000원
• 매출원가에 영향을 주는 것은 재고자산감모손실 정상분과 재고자산평가손실 금액의 합계이다.

2. 재고자산평가손실(저가법)

재고자산은 취득원가를 장부금액으로 한다. 다만, 재고자산의 시가가 취득원가보다 하락한 경우에는 저가법을 사용하여 재고자산의 장부금액을 결정한다. 예외로 원재료의 경우 완성될 제품의 시가보다 높을 때 그 생산에 투입하기 위해 보유하는 원재료에 대해서는 저가법을 적용하지 않는다. 여기서 시가는 순실현가능가치를 말하며, 생산에 투입하기 위해 보유하는 원재료의 현행대체원가는 순실현가능가치에 대한 최선의 이용 가능치가 될 수 있다.

구분		기말재고자산의 평가
원재료 외 재고자산(상품, 제품, 재공품)		Min[원가, 순실현가능가치*1]
원재료	관련 제품 평가손실 ○	Min[원가, 현행대체원가*2]
	관련 제품 평가손실 ×	원가

*1 순실현가능가치=정상판매가격－추정판매비용
*2 현행대체원가=현재 구입하는 가격

(1) 적용방법

재고자산 평가를 위한 저가법은 항목별로 적용한다. 그러나 재고 항목들이 서로 유사하거나 관련 있는 경우에는 항목들을 통합하여 적용할 수 있다(조별기준). 단, 총액기준으로는 적용할 수 없다.

(2) 회계처리

① 재고자산의 시가가 장부금액 이하로 하락하여 발생한 평가손실은 재고자산의 차감 계정으로 표시하고 매출원가에 가산한다.

(차) 매출원가	×××	(대) 재고자산평가충당금 (재고자산의 차감 계정)	×××

② 저가법을 적용한 후 평가손실을 초래했던 상황이 해소되어 새로운 시가가 장부금액보다 상승한 경우에는 최초의 장부금액을 초과하지 않는 범위 내에서 평가손실을 환입하고 매출원가에서 차감한다.

(차) 재고자산평가충당금 (재고자산의 차감 계정)	×××	(대) 재고자산평가손실환입 (매출원가에서 차감)	×××

꿀팁 재고자산감모손실(수량 부족)과 재고자산평가손실(가치 하락)이 동시에 발생하면 재고자산감모손실을 먼저 인식한다.

연습문제

다음은 성격과 용도가 다른 3가지 품목의 기말제품과 기말원재료 관련 자료이다. 다음 자료를 이용하여 저가법에 의한 재고자산평가손실을 계산하면 얼마인가? (단, 저가법을 적용할 수 있는 객관적 사유가 발생했다고 가정함) 기출 50회

• 기말제품

품목	취득원가	예상 판매가격	예상 판매비용
제품 갑	500,000원	550,000원	60,000원
제품 을	800,000원	850,000원	30,000원
제품 병	1,000,000원	900,000원	100,000원

• 기말원재료금액은 600,000원이고 기말 현재 원재료는 500,000원에 구입할 수 있으며 완성될 제품은 원가 이상으로 판매될 것으로 예상되지 않는다.

① 200,000원
② 300,000원
③ 310,000원
④ 330,000원

| 정답 및 해설 |

③ 제품의 시가는 순실현가능가치(= 정상적인 영업과정의 예상 판매가격 – 예상 추가원가와 판매비용)이고 원재료의 시가는 현행대체원가이다. 다만, 원재료의 경우 완성될 제품의 원가 이상으로 판매될 것으로 예상되면 그 생산에 투입하기 위해 보유하는 원재료에 대해서는 저가법을 적용하지 않는다.

품목	취득원가	순실현가능가치	평가손익
제품 갑	500,000원	490,000원	(10,000원)
제품 을	800,000원	820,000원	–
제품 병	1,000,000원	800,000원	(200,000원)
원재료	600,000원	500,000원	(100,000원)
합계	2,900,000원	2,610,000원	(310,000원)

합격을 다지는 실전문제 p.62

THEME 04 재고자산에 포함될 항목의 결정 ◀중요

▶ 최신 30회 중 6문제 출제

보고기간 종료일 현재 정확한 매출액과 매출원가를 산정하기 위해 재고자산의 법률적인 소유권 및 계약조건 등을 고려하여 기말 재고자산에 포함될 항목을 결정해야 한다. 일반적인 재고자산의 수익 인식시점은 판매시점(인도시점)이므로 보고기간 종료일 현재 보유하고 있는 재고자산은 기업의 자산이다.

구분	내용
미착품	• 선적지 인도조건: 상품이 선적된 시점에 소유권이 구매자에게 이전되기 때문에 미착품은 구매자의 재고자산에 포함됨 • 도착지 인도조건: 상품이 목적지에 도착해야 소유권이 구매자에게 이전되기 때문에 미착품은 판매자의 재고자산에 포함됨
시송품	회사가 소비자에게 인도하였지만, 소비자의 매입의사에 따라 판매가 결정되는 시용상품은 소비자가 매입의사를 표시하기 전까지는 회사의 기말재고자산에 포함됨
적송품	위탁자(회사)가 판매를 위해서 수탁자에게 인도하고, 수탁자가 보관 중인 상품은 수탁자가 판매하기 전까지는 위탁자의 기말재고자산에 포함됨 꿀팁 위탁판매를 위해 수탁자가 보관 중인 상품은 수탁자 입장에서 기말재고자산에서 제외되지만, 재고실사 시 포함되어 있으므로 재고자산가액에서 차감한다.
할부판매 재고	할부판매계약에 따라 고객에게 인도된 재고자산은 판매시점(인도시점)에 대금이 모두 회수되지 않더라도 판매자의 재고자산에서 제외됨
반품률이 높은 재고자산	반품률을 합리적으로 추정 가능한 경우에는 인도시점에 회사의 재고자산에서 제외되며, 그렇지 않은 경우에는 매입자의 인수수락이 있거나 반품기간이 종료될 때까지 회사의 재고자산에 포함됨
상품권 판매	상품권을 발행한 시점에 재고자산을 인도한 것이 없으므로 판매자의 재고자산에 포함하며 선수금으로 처리하였다가 상품권을 회수한 시점에 판매자의 재고자산에서 제외됨
저당상품	저당권이 실행되어 소유권이 이전되기 전까지는 담보 제공자의 재고자산에 포함됨

연습문제

창고의 기말상품재고액은 4,000,000원이며 아래의 사항은 고려되어 있지 않다. 아래에 제시된 사항을 추가로 고려하여 정확한 기말상품재고액을 계산하면 얼마인가? 기출 79회

- 목적지 인도조건으로 매입하여 기말 현재 운송 중인 미착품: 150,000원
- 위탁판매로 수탁자에게 출고된 상품: 300,000원(현재 수탁 판매된 상품은 없음)
- 구매자에게 시송판매된 상품으로 구매자가 보관 중인 상품: 500,000원(기말 현재 100,000원에 대해서는 구매자가 매입의사를 표시함)
- 할부로 판매한 할부판매상품: 2,100,000원(상품의 하자로 300,000원 할인)

① 4,000,000원 ② 4,550,000원
③ 4,700,000원 ④ 4,400,000원

| 정답 및 해설 |

③ • 목적지 인도조건의 미착품은 매입자의 재고자산에 포함되지 않는다.
• 위탁판매의 경우 수탁자가 보관 중인 상품은 재고자산에 포함된다.
• 시송품은 매입자가 매입의사를 표시하기 전까지 판매자의 재고자산에 포함된다.
• 할부판매상품은 대금이 회수되지 않았더라도 인도시점에 판매자 재고자산에서 제외된다.
∴ 기말상품재고액: 4,000,000원 + 300,000원 + 400,000원 = 4,700,000원

합격을 다지는 실전문제 p.65

합격을 다지는 실전문제

THEME 01 재고자산의 의의와 회계처리 [001~003]

상 중 하

001 다음 중 재고자산에 대한 설명으로 옳지 않은 것은? 91회

① 정상적인 영업과정에서 판매를 위하여 보유하거나 생산과정에 있는 자산 또는 서비스 제공과정에 투입될 원재료나 소모품의 형태로 존재하는 자산을 말한다.

② 재고자산은 취득원가를 장부금액으로 한다. 다만, 시가가 취득원가보다 낮은 경우에는 시가를 장부금액으로 한다.

③ 보험료는 재고자산의 취득과정에서 정상적으로 발생했다 하더라도 매입원가에 가산하지 않는다.

④ 성격이 상이한 재고자산을 일괄 구입한 경우에는 총매입원가를 각 재고자산의 공정가치 비율에 따라 배분하여 개별 재고자산의 매입원가를 결정한다.

상 중 하

002 다음의 재고자산에 대한 설명 중 옳지 않은 것은? 88회

① 재고자산이란 정상적 영업활동과정에서 판매 목적으로 보유하고 있거나 판매를 목적으로 제조, 생산과정에 있거나 사용될 자산을 말한다.

② 재고자산은 1년 이내의 기간에 생산에 사용되거나 판매되는 것으로 보기 때문에 유동자산으로 분류한다.

③ 적송품이란 위탁자가 수탁자에게 판매를 위탁하기 위하여 발송한 재고자산을 말한다.

④ 재고자산의 취득원가는 매입원가 또는 제조원가를 말하며, 취득과 관련하여 발생하는 운임 및 수입관세 등은 취득원가와는 별도로 판매비와 관리비로 인식한다.

정답 및 해설

001 ③ 취득과정에서 정상적으로 발생한 보험료는 매입원가에 가산한다.

002 ④ 재고자산의 취득원가는 매입원가 또는 제조원가를 말하며, 취득에 직접적으로 관련되어 있고 정상적으로 발생하는 운임, 수입관세 등 기타원가를 포함한다.

상 중 하

003 다음 자료를 이용하여 상품판매기업인 (주)한결의 사업연도 말 재무상태표에 표시될 매출채권을 계산하면 얼마인가? 76회

- 당기매출총이익은 1,800,000원이다.
- 전기 말 매출채권 잔액은 800,000원이다.
- 당기매출채권 회수액은 2,000,000원이다.
- 전기 말 상품 잔액은 700,000원이다.
- 당기상품매입액은 2,500,000원이다.
- 당기 말 상품 잔액은 850,000원이다.
- 당기현금매출액은 750,000원이다.
- 현금매출액을 제외하고는 모두 외상매출이고, 대손상각은 고려하지 않기로 한다.

① 1,600,000원 ② 1,750,000원
③ 2,200,000원 ④ 2,350,000원

THEME 02 재고자산의 원가계산 [004~013]

상 중 하

004 다음 중 재고자산의 단위원가를 결정할 때 수익 · 비용의 대응이 가장 정확한 방법은? 58회

① 후입선출법 ② 선입선출법
③ 가중평균법 ④ 개별법

정답 및 해설

003 ③ • 매출원가: 700,000원+2,500,000원−850,000원=2,350,000원
- 매출액: 2,350,000원+1,800,000원=4,150,000원
- 외상매출액: 4,150,000원−750,000원=3,400,000원

∴ 기말매출채권: 800,000원+3,400,000원−2,000,000원=2,200,000원

004 ④ 개별법은 재고자산별로 매입원가 등을 결정하는 방법이므로 수익 · 비용의 대응이 가장 정확하다.

상 중 하

005 다음의 대화 내용을 완성할 경우 빈칸에 들어갈 말로 옳은 것은? 38회

김 부장: 올해 총매출액은 이미 결정되었는데… 요즘 계속되는 물가 상승으로 인하여 이번 결산 시 재고자산 평가 및 재고 수량 결정방법이 고민인데… 당기순이익을 작게 계상하는 방법은 무엇인가?
최 대리: 물가 상승 시에는 (㉠)을 적용하면 (㉡)보다 당기순이익이 작게 계상됩니다, 부장님!
박 과장: 물론 최 대리의 의견도 맞습니다만 (㉠) 적용 시 기말재고자산의 수량이 기초재고 수량보다 (㉢)면 오히려 실제 당기순이익보다 높게 계상되는 재고청산의 문제도 고려해야 합니다.
김 부장: 그럼, 두 사람의 의견을 종합하여 결정합시다.

	㉠	㉡	㉢
①	후입선출법	선입선출법	많아진다
②	선입선출법	후입선출법	많아진다
③	선입선출법	후입선출법	적어진다
④	후입선출법	선입선출법	적어진다

상 중 하

006 다음 중 재고자산에 대한 설명으로 옳지 않은 것은? 49회

① 재고자산의 가격이 계속 상승하고 재고자산 매입 수량이 판매 수량보다 큰 경우에 재고자산을 가장 낮게 보수적으로 평가하는 방법은 후입선출법이다.
② 후입선출법에 의해 원가를 배분할 경우 기말재고는 최근에 구입한 상품의 원가로 구성된다.
③ 실지재고조사 중 정상적인 재고자산감모손실이 발생하는 경우에는 손익계산서상 매출원가에 가산한다.
④ 재고자산의 시가가 취득원가보다 하락한 경우에는 저가법을 사용하여 재고자산의 재무상태표가액을 결정한다.

정답 및 해설

005 ④ 물가 상승 시에는 일반적으로 나중에 구입한 재고가 매출원가로 대체되는 후입선출법이 선입선출법보다 당기순이익이 작게 계상되나, 후입선출법하에서 기말재고 수량이 기초재고 수량보다 적다면 오히려 실제 당기순이익이 높게 계상되는 재고청산의 문제도 발생한다. 이러한 재고청산의 문제로 경영자는 기말에 의도적으로 재고매입을 조절하여 당기순이익을 결정하려는 비경제적인 의사결정을 할 가능성이 크다.

006 ② 후입선출법은 현행수익에 대하여 현행원가가 대응되며, 기말재고는 과거의 상품원가로 구성된다.

상 중 하

007 다음 중 재고자산의 분류와 공시에 대한 설명으로 가장 옳지 않은 것은? 96회

① 재고자산은 총액으로 보고하거나 상품, 제품, 재공품, 원재료 및 소모품 등으로 분류하여 재무상태표에 표시한다.

② 재고자산을 총액으로 보고한 경우 그 내용을 재무제표의 주석으로 기재한다.

③ 선입선출법을 사용하여 재고자산의 원가를 결정한 경우에는 재무상태표상 가액과 후입선출법 또는 평균법에 저가법을 적용하여 계산한 재고자산 평가액과의 차이를 주석으로 기재한다.

④ 재고자산의 원가결정방법은 재무제표의 주석으로 기재한다.

상 중 하

008 다음은 재고자산의 원가배분방법 중 선입선출법에 대한 설명이다. 옳지 않은 것은? 15회

① 일반적인 물량 흐름과 원가 흐름의 가정이 일치한다.

② 매출원가는 오래 전에 구입한 상품의 원가로 구성되고 기말재고는 최근에 구입한 상품의 원가로 구성된다.

③ 기초재고 수량과 기말재고 수량이 같고 물가가 상승하는 경우 현재 수익에 현재 원가가 대응되므로 후입선출법보다 낮은 이익을 계상하게 된다.

④ 재무상태표상 재고자산가액은 시가에 가깝다.

상 중 하

009 다음은 재고자산의 원가배분방법 중 평균법에 대한 설명이다. 옳지 않은 것은? 14회

① 이동평균법은 계속단가기록법(계속기록법)으로 평균법을 적용한 방법이다.

② 총평균법은 기말단가기록법(실지재고조사법)으로 평균법을 적용한 방법이다.

③ 상품의 매입가격이 상승하는 경우에는 이동평균법이 총평균법보다 기말재고액을 높게 평가한다.

④ 총평균법에 비해 이동평균법은 현행원가의 변동을 단가에 민감하게 반영시키지 못한다.

정답 및 해설

007 ③ 후입선출법을 사용하여 재고자산의 원가를 결정한 경우에는 재무상태표상 가액과 선입선출법 또는 평균법에 저가법을 적용하여 계산한 재고자산 평가액과의 차이를 주석으로 기재한다.

008 ③ 기초재고 수량과 기말재고 수량이 같고 물가가 상승할 때 선입선출법은 현재 수익에 과거의 원가가 대응되므로 후입선출법보다 높은 이익을 계상하게 된다.

009 ④ 이동평균법은 매입할 때마다 단가를 재산정하므로 총평균법에 비해 현행원가의 변동을 단가에 민감하게 반영시킨다.

상 중 하

010 실지재고조사법을 적용하는 기업에서 연말에 상품을 외상으로 구입하고, 이에 대한 기록은 다음 연도 초에 하였다. 또한 기말재고실사에서도 이 상품이 누락되었다. 이러한 오류가 당기의 계정에 미치는 영향으로 옳은 것은? 62회

	자산	부채	자본	당기순이익
①	영향 없음	과소계상	과대계상	과대계상
②	영향 없음	과대계상	과소계상	과소계상
③	과소계상	과소계상	영향 없음	영향 없음
④	과소계상	과소계상	영향 없음	과대계상

상 중 하

011 다음은 일반기업회계기준상 재고자산에 대한 설명이다. 옳지 않은 것은? 31회 수정

① 특정 프로젝트별로 생산되는 제품의 원가는 선입선출법을 사용하여 결정한다.
② 재고자산을 저가법으로 평가하는 경우 제품, 재공품의 시가는 순실현가능가액을, 생산과정에 투입될 원재료의 시가는 현행대체원가를 말한다.
③ 재고자산의 시가가 취득원가보다 하락한 경우에는 저가법을 적용한다.
④ 재고자산 평가를 위한 저가법은 종목별로 적용하며 총액기준으로 적용할 수 없다.

상 중 하

012 (주)우리의 2025년 1월 1일 현재 기초제품재고액은 250,000원이며, 2025년 중 당기제품제조원가는 1,400,000원, 매출액은 1,560,000원이다. (주)우리의 매출총이익률은 매년 30%로 일정한데 2025년 말 실사 결과 기말제품재고액은 160,000원으로 밝혀졌다. 제품 횡령액의 추정원가는 얼마인가? 68회

① 290,000원　　② 398,000원
③ 412,000원　　④ 424,000원

정답 및 해설

010 ③ 자산과 부채가 동시에 누락되었으므로 자산과 부채는 과소계상되나, 자본과 당기순이익에는 영향이 없다.

011 ① 특정 프로젝트별로 생산되는 제품의 원가는 개별법을 사용하여 결정한다.

012 ② • 매출원가: 매출액 1,560,000원×(1－매출총이익률 30%)＝1,092,000원
• 횡령액 추정원가: 기초제품재고액 250,000원＋당기제품제조원가 1,400,000원－매출원가 1,092,000원－기말제품재고액 160,000원 ＝398,000원

상 중 하

013 (주)중앙의 2025년 1월 1일 현재 기초상품재고액은 300,000원이며, 2025년 중 당기매입원가는 1,500,000원, 매출액은 1,760,000원이다. (주)중앙의 매출총이익률은 매년 30%로 일정한데 재고자산 실사 결과 재고자산가액이 398,000원으로 밝혀졌다. 2025년 말 실사 결과 재고자산감모손실은 얼마인가? 73회

① 200,000원 ② 170,000원
③ 165,000원 ④ 161,000원

THEME 03 재고자산의 감모손실과 평가손실 [014~020]

상 중 하

014 다음의 재고자산에 대한 설명 중 옳지 않은 것은? 85회

① 평가손실을 초래했던 상황이 해소되어 새로운 시가가 장부금액보다 상승한 경우에는 최초의 장부금액을 초과하지 않는 범위 내에서 평가손실을 환입한다.
② 재고자산평가손실의 환입은 영업외수익으로 분류한다.
③ 재고자산은 정상적인 영업과정에서 판매를 위하여 보유하거나 생산과정에 있는 자산, 생산 또는 서비스 제공과정에 투입될 원재료나 소모품의 형태로 존재하는 자산을 말한다.
④ 재고자산의 매입원가는 매입금액에 매입운임, 하역료 및 보험료 등 취득과정에서 정상적으로 발생한 부대원가를 가산한 금액이다.

상 중 하

015 다음 중 재고자산에 대한 설명으로 옳은 것을 모두 고르시오. 82회

가. 매입과 관련된 할인, 에누리 및 기타 유사한 항목은 매입원가에서 차감한다.
나. 재고자산이 손상을 입은 경우에도 재고자산의 시가는 원가 이하로 하락할 수 없다.
다. 재고자산은 취득원가를 장부금액으로 한다. 다만, 시가가 취득원가보다 낮은 경우에는 시가를 장부금액으로 한다.
라. 재료원가 중 비정상적으로 낭비된 부분은 원가에 포함되지 않고 발생기간의 비용으로 인식한다.

① 가, 다 ② 가, 나, 다
③ 가, 나, 다, 라 ④ 가, 다, 라

정답 및 해설

013 ② • 매출원가: 매출액 1,760,000원×(1－매출총이익률 30%)＝1,232,000원
• 장부상 재고자산: 기초재고 300,000원＋당기매입원가 1,500,000원－매출원가 1,232,000원＝568,000원
∴ 재고자산감모손실: 장부상 재고자산 568,000원－기말재고 398,000원＝170,000원

014 ② 재고자산평가손실의 환입은 매출원가에서 차감한다.

015 ④ 재고자산의 시가가 취득원가보다 하락한 경우에는 저가법을 사용하여 재고자산의 장부금액을 결정한다. 재고자산이 손상을 입으면 재고자산의 시가가 원가 이하로 하락할 수 있다.

상 중 하

016 (주)제주돈의 기말재고자산의 실사 결과 실제 재고 수량은 1,200개로 확인되었다. 기말재고와 관련된 내역이 다음과 같을 때, 재고자산감모손실과 재고자산평가손실은 각각 얼마인가? 70회

- 장부상 재고: 1,500개
- 취득원가(장부금액): @100원
- 추정판매가액: @110원
- 추정판매비용: @40원

	감모손실	평가손실
①	30,000원	36,000원
②	30,000원	84,000원
③	33,000원	84,000원
④	33,000원	36,000원

상 중 하

017 다음은 (주)한결의 상품 관련 자료이다. 기말결산분개로 올바르게 회계처리한 것은? 99회

- 장부상 수량: 2,000개
- 실제 수량: 1,500개
- 장부상 단가: 4,000원
- 단위당 판매 가능금액: 5,200원
- 단위당 판매비용: 1,500원
- 단, 재고자산의 감모는 전액 비정상적으로 발생하였다.

①	(차) 재고자산감모손실	2,000,000	(대) 상품	2,000,000
	매출원가	450,000	재고자산평가충당금	450,000
②	(차) 재고자산감모손실	2,450,000	(대) 상품	2,450,000
③	(차) 매출원가	2,000,000	(대) 재고자산평가충당금	3,500,000
	재고자산감모손실	1,500,000		
④	(차) 매출원가	450,000	(대) 상품	450,000

정답 및 해설

016 ① • 재고자산감모손실: (1,500개 − 1,200개) × 100원 = 30,000원
• 재고자산평가손실: 1,200개 × {100원 − (110원 − 40원)} = 36,000원

017 ① • 재고자산감모손실: (2,000개 − 1,500개) × 4,000원 = 2,000,000원
• 매출원가: {4,000원 − (5,200원 − 1,500원)} × 1,500개 = 450,000원

상 중 하

018 2025년에 개업한 (주)세무의 기말재고자산 평가와 관련하여 다음 자료가 재무제표에 미치는 영향에 대한 설명으로 옳지 않은 것은? [81회]

• 기말재고자산 수량을 검토한 결과 감모손실이 1,000,000원 발생하였으며 감모손실의 90%는 정상적인 것이다. • 기말재고의 시가와 장부금액을 비교한 결과 시가가 500,000원 증가하였다는 사실을 확인하였다.

① 재무상태표상 재고자산가액이 500,000원 감소된다.
② 손익계산서상 당기순이익은 1,000,000원이 감소한다.
③ 손익계산서상 매출원가는 900,000원이 증가한다.
④ 재고자산감모손실(영업외비용)은 100,000원이다.

상 중 하

019 다음은 (주)우리의 2025년 재고자산 관련 자료이다. 매출액이 200,000원인 경우, 2025년 매출총이익은 얼마인가? [107회]

• 기초상품재고액: 30,000원 • 기말상품재고액: 50,000원(정상감모손실 10,000원을 차감한 후의 금액이다) • 당기매입액: 100,000원

① 100,000원　② 110,000원
③ 120,000원　④ 130,000원

정답 및 해설

018 ① 재고자산은 이를 판매하여 수익을 인식한 기간에 매출원가로 인식한다. 재고자산의 시가가 장부금액 이하로 하락하여 발생한 평가손실은 재고자산의 차감 계정으로 표시하고 매출원가에 가산한다. 그러나 시가가 장부금액보다 상승한 평가이익은 반영하지 않는다. 재고자산의 장부상 수량과 실제 수량의 차이에서 발생하는 감모손실의 경우 정상적으로 발생한 감모손실은 매출원가에 가산하고, 비정상적으로 발생한 감모손실은 영업외비용으로 분류한다. 관련 사례에 대한 회계처리는 다음과 같다.

(차) 매출원가	900,000	(대) 재고자산	1,000,000
재고자산감모손실	100,000		

∴ 재고자산가액은 1,000,000원 감소한다.

019 ③ • 매출원가: 기초상품재고액 30,000원 + 당기매입액 100,000원 – 기말상품재고액 50,000원 = 80,000원
• 정상적 감모손실은 원가성이 있다고 판단하여 매출원가로 처리한다.
∴ 매출총이익 120,000원 = 매출액 200,000원 – 매출원가 80,000원

상 중 하

020 다음 내용을 반영하기 전 (주)나성의 기말재고자산은 600,000원(1,000개×600원)이었다. 다음 자료를 고려하면 (주)나성의 매출원가는 어떻게 변화하는가? 52회

- 장부상 재고 수량: 1,000개
- 재고의 취득원가: 600원
- 재고의 시가: 540원
- 실제 재고 수량: 950개(재고자산 감모 수량 중 20개는 비정상적 감모임)

① 매출원가는 87,000원 증가한다.
② 매출원가는 75,000원 증가한다.
③ 매출원가는 57,000원 증가한다.
④ 매출원가는 18,000원 증가한다.

THEME 04 재고자산에 포함될 항목의 결정 [021~025]

상 중 하

021 다음의 자료를 이용하여 재무상태표상 재고자산으로 표시될 장부가액을 계산하면 얼마인가? 116회

구분	장부상 수량	실제 수량	단위당 장부가액	단위당 순실현가능가치
상품	800개	700개	2,500원/개	3,000원/개
제품	2,100개	2,100개	5,000원/개	4,000원/개
재공품	1,000개	1,000개	800원/개	1,000원/개

① 10,950,000원　　② 11,200,000원
③ 11,500,000원　　④ 13,050,000원

정답 및 해설

020 ② 정상감모에 의한 재고자산감모손실과 재고자산평가손실은 매출원가에 포함한다.
- 정상적인 재고자산감모손실: 30개×600원=18,000원
- 재고자산평가손실: 950개×(600원−540원)=57,000원

∴ 매출원가 증가액: 18,000원+57,000원=75,000원

021 ① • 상품 : 700개×2,500원/개=1,750,000원
- 제품 : 2,100개×4,000원/개=8,400,000원
- 재공품 : 1,000개×800원/개=800,000원

∴ 1,750,000원+8,400,000원+800,000원=10,950,000원

상 중 하

022 다음 중 판매자의 재고자산에 포함되지 않는 것은? 57회

① 상대방이 구매의사를 표시하지 않은 시용판매 상품
② 위탁판매로 수탁자가 창고에 보관 중인 상품
③ 장기할부판매계약으로 계약금만 수령하고 인도한 상품
④ 상품권 판매액에 상응하는 상품으로서 결산일 현재 상품으로 교환되지 않은 상품

상 중 하

023 2025년 12월 31일 결산일 현재 창고에 있는 기말재고자산을 실사한 결과, 창고에 보관 중인 기말재고자산은 20,000,000원으로 확인되었다. 다음의 추가사항을 고려하여 정확한 기말재고자산을 계산하면 얼마인가? 109회

- FOB 선적지인도기준에 의하여 매입한 상품 중 결산일 현재 운송 중인 상품: 4,000,000원
- 결산일 현재 적송품 3,000,000원 중 60%는 수탁자가 판매하지 아니하고 보관 중이다.
- 시용매출을 위하여 고객에게 인도한 상품 6,000,000원 중 고객이 구입의사를 표시한 상품은 4,000,000원이다.
- 당해 회사가 수탁판매를 위하여 창고에 보관하고 있는 미판매 수탁상품: 5,000,000원

① 22,200,000원
② 22,800,000원
③ 23,000,000원
④ 24,000,000원

정답 및 해설

022 ③ 할부판매계약에 따라 인도한 상품은 인도시점에 대금을 모두 회수하지 않더라도 재화가 인도되었으므로 매수자의 재고자산에 해당한다.

023 ② 기말재고자산: 창고 보관 기말재고 20,000,000원+미착 매입재고 4,000,000원+미판매 적송품 3,000,000원×60%+구매의사 미표시 시용매출상품 2,000,000원−미판매 수탁상품 5,000,000원=22,800,000원

상 중 하

024 2025년 12월 31일 현재 다음 자료를 통하여 기말재무상태표상 재고자산으로 기록될 금액은 얼마인가? 45회

> 가. 회사에 보관 중인 재고자산 실사에 의한 가액(라 항의 상품가액 포함): 55,000,000원
> 나. 매입한 상품 중 FOB 선적지 인도기준에 의해 운송 중인 상품: 5,000,000원
> 다. 위탁판매를 위한 수탁자가 보관 중인 미판매 상품: 7,000,000원
> 라. 수탁판매를 위하여 보관하고 있는 미판매 상품: 8,000,000원
> 마. 시용매출을 위하여 고객에게 인도한 상품(구입의사 표명일: 2026.1.3.): 4,000,000원

① 55,000,000원　② 63,000,000원
③ 64,000,000원　④ 71,000,000원

상 중 하

025 다음 중 재고자산의 회계처리와 관련된 설명으로 옳지 않은 것은? 36회

① 선적지 인도기준의 미착품에 대한 운송비, 보험료 등을 매입자가 부담한 경우 이를 매입자의 재고자산에 가산한다.
② 재고자산에 저가법을 적용함으로써 발생한 재고자산평가손실은 매출원가에 가산하며, 재고자산에서 차감하는 형식으로 표시한다.
③ 도착지 인도기준의 미착품에 대한 운송비, 보험료 등을 판매자가 부담한 경우, 판매자의 손익계산서에 판매비와 관리비로 보고한다.
④ 재고자산의 장부상 수량과 실제 수량의 차이에서 발생하는 모든 재고자산감모손실은 영업외비용으로 처리한다.

정답 및 해설

024 ② • 나. 선적지 인도기준의 상품은 선적시점에 소유권이 이전되므로 기말재고자산에 포함된다.
• 다. 위탁판매의 경우 소유권의 이전 없이 판매를 의뢰한 상태이므로 수탁자가 판매하기 전까지 재고자산은 위탁자의 소유로 기말재고자산에 포함된다.
• 라. 수탁판매를 위하여 보관 중인 상품은 위탁자의 재고자산이며, 재고실사 시 포함되어 있으므로 재고자산가액에서 제외하여야 한다.
• 마. 시용매출을 위하여 고객에게 인도한 상품은 고객의 구입의사 표명시점에 소유권이 이전되므로 기말재고자산가액에 포함한다.
∴ 55,000,000원 + 5,000,000원 + 7,000,000원 − 8,000,000원 + 4,000,000원 = 63,000,000원

025 ④ 재고자산감모손실 중 원가성이 있다고 판단되는 부분은 매출원가에 가산하고, 원가성이 없다고 판단되는 부분은 영업외비용으로 처리한다.

CHAPTER 04

투자자산

핵심키워드
- 유가증권의 후속 측정
- 유가증권의 분류 변경

1회독 2회독 3회독

비유동자산은 장기적인 투자수익을 얻거나 장기간 영업활동에 사용할 목적으로 보유하고 있는 자산으로, 투자자산, 유형자산, 무형자산, 기타 비유동자산으로 분류한다. 이 중 투자자산은 기업이 장기적인 투자수익이나 부수적 기업활동인 타 기업 지배 등을 목적으로 장기간 보유하는 자산이다.

구분	내용
장기 금융상품	금융기관이 취급하는 정기예금, 정기적금 및 기타 정형화된 상품 등으로 장기적 자금운용을 목적으로 소유하거나 만기가 보고기간 종료일로부터 1년 이후에 도래하는 것 • 장기성 예금: 금융기관이 취급하는 정기예금, 정기적금 및 기타 정형화된 상품 등으로 만기가 보고기간 종료일로부터 1년 이후에 도래하는 예금 • 특정 현금과 예금: 당좌거래를 개설한 은행에 예치한 당좌개설보증금 등 장기금융상품 중 사용이 제한된 예금
장기 투자증권	비유동자산으로 분류되는 만기보유증권과 매도가능증권을 통합하여 장기투자증권으로 표시 • 만기보유증권: 만기가 확정된 채무증권으로서 상환금액이 확정되었거나 확정이 가능한 채무증권을 만기까지 보유할 적극적인 의도와 능력이 있는 유가증권 • 매도가능증권: 단기매매증권이나 만기보유증권으로 분류되지 않는 유가증권
지분법 적용 투자주식	투자회사가 피투자회사에 유의적인 영향력을 행사할 수 있어 지분법으로 평가하는 주식. 즉, 투자회사가 직접 또는 지배·종속회사를 통하여 간접적으로 피투자회사의 의결권 있는 주식을 20% 이상 보유하고 있다면 명백한 반증이 있는 경우를 제외하고는 유의적인 영향력이 있는 것으로 봄
장기대여금	회수기한이 보고기간 종료일로부터 1년 이후에 도래하는 대여금
투자부동산	시세차익을 얻기 위하여 보유하고 있는 부동산
퇴직연금 운용자산	기업이 사외의 금융기관에 일정 금액을 적립하고 근로자는 퇴직한 뒤 연금 또는 일시금으로 수령하는 제도로서, 퇴직금의 사외적립을 통해 근로자의 퇴직금 지급재원을 안전하게 보장해 주는 제도

THEME 01 유가증권의 최초 측정과 후속 측정 및 처분 중요

▸ 최신 30회 중 10문제 출제

1. 최초 측정(취득원가)

유가증권의 취득원가는 유가증권을 취득하기 위하여 실제 지급하는 매입가격에 취득 부대비용을 가산한 가액으로 한다. 단, 단기매매증권의 증권거래 수수료, 세금 등 거래원가는 수수료비용으로 처리한다. 또한 채권을 이자 지급일 사이에 취득하는 경우에는 취득가액에 기간 경과분 발생이자가 포함되어 있으므로 이를 미수수익의 과목으로 구분하여 회계처리한다.

(차) 매도가능증권 등	×××	(대) 현금 등	×××
미수수익	×××*		

* 기간 경과분(직전 이자 지급일~취득일)에 대한 액면이자액을 처리한다.

연습문제

다음 자료를 보고 해당 국채의 취득원가를 구하시오. 기출 94회

- 국채 액면가액 및 액면이자율: 1,000,000원, 연 12%(월할계산)
- 국채 발행일 및 발행가액: 2025년 1월 1일, 950,000원
- 취득일 및 취득가액: 2025년 7월 1일, 1,020,000원

① 1,000,000원 ② 950,000원
③ 1,020,000원 ④ 960,000원

| 정답 및 해설 |

④ • 국·공채를 발행일 이후에 취득한 경우, 기일 경과분 이자에 해당하는 금액은 지급한 대가에서 차감하여 미수수익으로 계상하고, 나머지 금액을 유가증권의 취득원가로 한다.
- 미수수익: 1,000,000원×12%×6개월/12개월=60,000원
- 취득원가: 1,020,000원−60,000원=960,000원

2. 후속 측정(기말평가)

① 단기매매증권과 매도가능증권은 공정가치로 평가한다. 다만, 매도가능증권 중 시장성이 없는 지분증권의 공정가치를 신뢰성 있게 측정할 수 없으면 취득원가로 평가한다.

② 단기매매증권에 대한 미실현 보유 손익은 단기매매증권평가손익(영업외손익)으로 처리한다. 매도가능증권에 대한 미실현 보유 손익은 매도가능증권평가손익(기타포괄손익누계액)으로 처리하고, 당해 매도가능증권에 대한 기타포괄손익누계액은 매도가능증권을 처분하거나 손상차손을 인식하는 시점에 일괄로 당기손익에 반영한다.

③ 만기보유증권은 상각 후 원가로 평가하여 재무상태표에 표시한다. 만기보유증권을 상각 후 원가로 측정할 때에는 장부금액과 만기 액면금액의 차이를 상환기간에 걸쳐 유효이자율법으로 상각하여 취득원가와 이자수익에 가감한다.

+ 유가증권의 분류

- 지분증권(주식): 기업 자본에 투자하여 회사 지분에 대한 권리를 나타내는 증권

구분	보유 목적	분류	최초 측정	후속 측정
단기 매매증권	단기매매 목적	유동	공정가치 (거래원가는 비용처리)	공정가치 평가 (당기손익)
지분법 적용 투자주식	유의적인 영향력 (20% 이상)	비유동	공정가치+거래원가	지분법
매도 가능증권	기타(장기투자 목적)	비유동 또는 유동	공정가치+거래원가	공정가치 평가* (기타포괄손익누계액)

* 시장성이 없는 지분증권의 공정가치를 신뢰성 있게 측정할 수 없을 때에는 취득원가로 평가한다.

- 채무증권

구분	보유 목적	분류	최초 측정	후속 측정
단기 매매증권	단기매매 목적	유동	공정가치 (거래원가는 비용처리)	공정가치 평가 (당기손익)
만기 보유증권	만기보유 목적	비유동 또는 유동	공정가치+거래원가	상각 후 원가법
매도 가능증권	기타(장기투자 목적)	비유동 또는 유동	공정가치+거래원가	공정가치 평가 (기타포괄손익누계액)

연습문제

다음 중 회사가 보유한 시장성 있는 매도가능증권에 대한 기말평가를 일반기업회계기준에 따라 회계처리한 경우에 대한 설명으로 옳지 않은 것은? 기출 33회

① 매도가능증권의 기말평가 여부와 상관없이 당기순이익은 항상 일정하다.
② 매도가능증권의 기말평가 여부에 따라 자본금은 달라진다.
③ 매도가능증권의 기말평가 여부에 따라 매도가능증권의 장부금액은 달라진다.
④ 매도가능증권평가이익을 손익계산서에 반영한 경우에도 재무상태표상의 자본은 변동 없다.

| 정답 및 해설 |

② 매도가능증권의 평가손익은 기타포괄손익누계액 항목으로서 당기순이익에는 영향이 없으며 평가손익만큼 당기 매도가능증권의 장부금액은 변동한다. 또한, 재무상태표상의 자본금은 '발행주식 수×액면금액'으로 계산하므로 평가 여부와 상관없이 일정하다. 만약 실수로 평가이익이 손익계산서에 반영되어도 결국 당기순이익이 재무상태표상 자본에 반영되므로 자본의 최종적인 가액은 변동이 없다.

3. 처분

단기매매증권의 평가손익과 처분손익은 발생한 기간에 손익계산서의 손익 항목으로 반영하지만, 매도가능증권은 처분손익(처분금액－취득원가)이 발생한 기간에만 손익계산서의 손익 항목으로 반영한다. 매도가능증권은 단기 시세차익을 목적으로 투자한 것이 아니므로 매도가능증권평가손익은 손익계산서에 반영하지 않고 자본 중 기타포괄손익누계액의 항목으로 유보하였다가 처분 시 비로소 손익계산서의 손익 항목(처분금액－취득원가)으로 반영한다. 따라서, **매도가능증권의 평가이익과 평가손실은 서로 상계하며, 매도가능증권평가손익은 처분 시 처분손익에 반영한다.**

실전 적용

[1] 2024년 12월 31일(장부금액<공정가치): 보고기간 종료일 현재 보유하고 있는 2024년도에 취득한 매도가능증권의 장부금액은 1,000,000원이며, 공정가치는 1,050,000원이다.

| 풀이 |

(차) 매도가능증권	50,000	(대) 매도가능증권평가이익(자본 중 기타포괄손익누계액)	50,000

[2] 2025년 12월 31일(장부금액>공정가치): 보고기간 종료일 현재 보유하고 있는 전기에 취득한 매도가능증권의 장부금액은 1,050,000원이며, 공정가치는 900,000원이다(단, 매도가능증권평가이익 50,000원이 재무상태표에 계상되어 있다고 가정함).

| 풀이 |

(차) 매도가능증권평가이익	50,000	(대) 매도가능증권	150,000
매도가능증권평가손실(자본 중 기타포괄손익누계액)	100,000		

연습문제

다음 중 (주)한결의 2025년 매도가능증권 처분손익은 얼마인가? 기출 92회

• 2024년 3월 1일 (주)한결은 매도가능증권(상장주식)을 1,200,000원에 취득하였다.
• 2024년 12월 31일 현재 보유하고 있는 매도가능증권 관련 계정 잔액은 다음과 같다.

재무상태표

매도가능증권	1,500,000	매도가능증권평가이익	300,000

• 2025년 9월 30일 매도가능증권 중 일부(70%)를 900,000원에 처분하였다.

① 150,000원 손실
② 150,000원 이익
③ 60,000원 손실
④ 60,000원 이익

| 정답 및 해설 |

④ 처분손익: 처분금액 900,000원－취득원가(1,500,000원－300,000원)×70%＝60,000원 이익

또한, 분개는 다음과 같다.

(차) 현금	900,000	(대) 매도가능증권	1,050,000
매도가능증권평가이익	210,000	매도가능증권처분이익	60,000

4. 손상차손

손상차손은 유가증권 발행회사의 신용위험이 증가하여 유가증권의 공정가치를 회복할 수 없는 경우로, 유가증권으로부터 회수할 수 있을 것으로 추정되는 금액(회수 가능액)이 취득원가보다 적은 경우 손상차손을 인식할 것을 고려하여야 한다. 즉 보고기간 종료일마다 손상차손이 발생한 객관적인 증거가 있는지를 평가해야 하며, 그러한 증거가 있는 경우 손상이 불필요하다는 명백한 반증이 없는 한 회수 가능액을 추정하여 손상차손을 인식하고 해당 손상차손은 당기손익에 반영해야 한다. 만약 손상 전 매도가능증권평가손익이 남아 있는 경우에는 해당 매도가능증권평가손익을 제거한 후 매도가능증권손상차손에 반영한다.

유가증권 손상차손 = 회수 가능액 − 취득원가

실전 적용

(주)에듀윌은 2024년 1월 1일에 (주)파산의 주식인 매도가능증권을 100,000원에 취득하여 보유 중이나 2025년도에 (주)파산이 금융기관으로부터 당좌거래 정지처분을 받아 당해 주식은 회수 가능액이 30,000원으로 평가되었다. 2024년 보고기간 종료일 현재 (주)파산의 주식에 대한 공정가치가 다음과 같은 경우 각각의 상황별로 (주)에듀윌의 2025년 보고기간 종료일 손상차손을 인식하는 회계처리를 하시오.

[1] (주)파산 주식의 2024년 보고기간 종료일 현재 공정가치: 140,000원

| 풀이 |

(차) 매도가능증권평가이익	40,000	(대) 매도가능증권	110,000
매도가능증권손상차손(영업외비용)	70,000*		

* 회수 가능액 30,000원 − 취득원가 100,000원 = (−)70,000원

[2] (주)파산 주식의 2024년 보고기간 종료일 현재 공정가치: 70,000원

| 풀이 |

(차) 매도가능증권손상차손(영업외비용)	70,000*	(대) 매도가능증권평가손실	30,000
		매도가능증권	40,000

* 회수 가능액 30,000원 − 취득원가 100,000원 = (−)70,000원

연습문제

다음 중 매도가능증권에 대한 회계처리방법으로 잘못된 것은? 기출 86회

① 매도가능증권의 취득원가는 취득시점에 제공한 대가에 매입수수료나 이전비용 등의 거래원가를 가산한 금액으로 한다.
② 매도가능증권의 공정가치와 장부금액의 차액은 매도가능증권평가이익(손실)의 과목으로 자본 항목(기타포괄손익누계액)으로 분류한다.
③ 매도가능증권을 매각하는 경우에는 매도가능증권평가이익(손실) 잔액을 먼저 상계한 후 투자자산처분이익(손실) 또는 매도가능증권처분이익(손실)의 계정과목으로 인식한다.
④ 매도가능증권은 보고기간 종료일마다 평가하여 손상차손이 발생한 객관적인 증거가 있는 경우 손상차손을 인식하고 해당 손상차손은 자본 항목으로 분류한다.

| 정답 및 해설 |

④ 매도가능증권의 손상차손금액은 당기손익에 반영한다.

합격을 다지는 실전문제 p.73

THEME 02 유가증권의 분류 변경

▶ 최신 30회 중 1문제 출제

유가증권은 취득한 후에 단기매매증권, 만기보유증권, 매도가능증권 중 하나로 분류한 후에 보고기간 말마다 분류의 적정성을 재검토하여야 한다. 만약 유가증권의 보유 의도와 보유 능력에 변화가 발생한 경우에는 다음과 같이 유가증권의 분류를 변경하여야 한다.

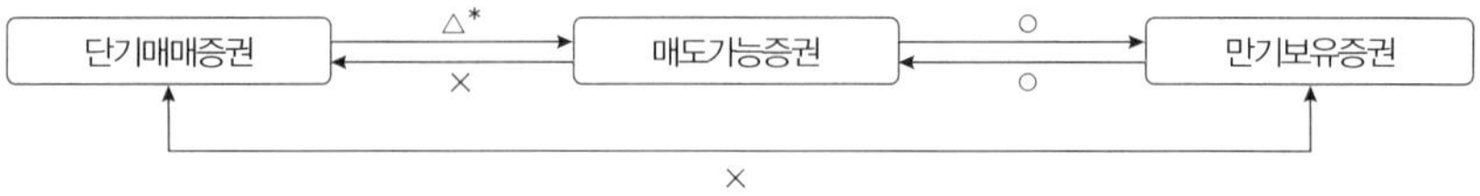

* 단기매매증권의 상장폐지 등 시장성을 상실한 경우에만 가능하다.

① 단기매매증권은 다른 범주로 재분류할 수 없으며, 다른 범주에 속한 유가증권의 경우에도 단기매매증권으로 재분류할 수 없다. 다만, 예외적으로 더 이상 단기간 내의 매매차익을 목적으로 보유하지 않는 단기매매증권은 매도가능증권이나 만기보유증권으로 분류할 수 있으며, 단기매매증권이 시장성을 상실한 경우에는 매도가능증권으로 분류하여야 한다.
② 매도가능증권은 만기보유증권으로, 만기보유증권은 매도가능증권으로 재분류할 수 있다.
③ 유가증권 과목의 분류를 변경할 때에는 재분류일 현재의 공정가치로 평가한 후 변경한다.
④ 투자자산에 계상되어 있는 만기보유증권이나 매도가능증권이 보고기간 종료일부터 1년 이내에 만기가 도래하거나 처분할 것이 확실한 경우에 유동자산으로 분류한다(유동성 대체).

연습문제

다음 중 유가증권에 대한 설명으로 옳지 않은 것은? 기출 41회

① 매도가능증권으로 분류된 경우에도 보고기간 종료일로부터 1년 이내에 만기가 도래하거나 처분할 것이 거의 확실한 경우에는 유동자산으로 분류한다.
② 단기매매증권의 평가손익은 그 영향이 중요한 경우에는 당기손익으로 처리하고, 중요하지 않은 경우에는 자본 항목으로 처리하여야 한다.
③ 채무증권이 만기보유증권으로 분류되는 경우에는 상각 후 원가로 평가하여야 한다.
④ 매도가능증권인 채무증권을 만기보유증권으로 분류 변경하는 경우 분류 변경 시까지 발생한 매도가능증권의 미실현손익 잔액은 계속 자본 항목으로 처리한다.

| 정답 및 해설 |

② 단기매매증권의 평가손익은 중요성에 관계없이 당기손익으로 처리한다.

합격을 다지는 실전문제 p.78

합격을 다지는 실전문제

THEME 01 유가증권의 최초 측정과 후속 측정 및 처분 [001~009]

상 중 하

001 다음은 회사가 보유하고 있는 유가증권에 대한 자료이다. 이에 대한 설명으로 옳지 않은 것은? 76회

- (주)한결물산 발행 주식: 1,000주
- 취득 당시 주당 취득가액: 5,000원
- 12월 31일 현재 주당 시가: 4,000원
- 단기매매증권이나 매도가능증권으로 분류 가능하다.

① 유가증권의 분류방법과 상관없이 배당 가능 이익은 동일하다.
② 매도가능증권으로 분류할 경우 재무상태표상 자본이 1,000,000원 감소한다.
③ 어떤 경우든 모두 당기 말 재무상태표상 유가증권의 장부금액은 동일하다.
④ 단기매매증권으로 분류할 경우 당기순이익이 1,000,000원 감소한다.

상 중 하

002 (주)금강은 5월 3일 코스닥상장법인 업체 주식을 1,200,000원에 취득하고 이를 매도가능증권으로 분류 회계처리하였다. 12월 31일 공정(시장)가격이 600,000원으로 하락한 경우 이를 일반기업회계기준에 따라 회계처리한다면 재무제표에 어떤 영향을 미치는가? 57회

① 부채가 증가한다.
② 자산 총액은 불변이다.
③ 유동자산이 증가한다.
④ 자본이 감소한다.

정답 및 해설

001 ① 단기매매증권으로 분류되는 경우 배당 가능 이익이 1,000,000원만큼 감소하지만, 매도가능증권의 경우에는 변동이 없다.

002 ④ 매도가능증권이 공정가치로 평가되면 미실현손익인 매도가능증권평가손실은 자본의 차감 항목으로 회계처리한다.

(차) 매도가능증권평가손실 (자본 차감 항목)	600,000	(대) 매도가능증권	600,000

상 중 하

003 **다음 중 일반기업회계기준상 유가증권에 대한 설명으로 옳지 않은 것은?** 114회 수정

① 유가증권은 증권의 종류에 따라 지분증권과 채무증권으로 분류할 수 있다.

② 지분증권은 단기매매증권과 매도가능증권으로 분류할 수 있으나 만기보유증권으로는 분류할 수 없다.

③ 만기보유증권으로 분류되지 않은 채무증권은 단기매매증권과 매도가능증권 중의 하나로 분류한다.

④ 유가증권의 양도에 따른 실현손익을 인식하기 위해 양도한 유가증권의 원가를 결정할 때에는 총평균법과 이동평균법 중 하나의 방법을 선택하여 매기 계속 적용한다.

상 중 하

004 **(주)다우의 주식을 단기간 매매차익을 목적으로 하지 않고 2024년 6월 5일에 10,000원에 취득하였다. 동 주식의 2024년 12월 말 공정가치는 10,700원, 2025년 12월 말 공정가치는 10,300원이다. 2025년 12월 말 기타포괄손익으로 분류되는 평가손익의 잔액은 얼마인가?** 94회

① 평가이익 300원　　② 평가이익 400원

③ 평가손실 300원　　④ 평가손실 400원

정답 및 해설

003 ④ 양도한 유가증권의 원가는 개별법, 총평균법, 이동평균법 또는 이외의 합리적인 방법을 사용할 수 있다.

004 ① 매도가능증권의 평가이익과 평가손실은 서로 상계하여 자본 중 기타포괄손익누계액 항목으로 처리한다.

- 2024년 보고기간 종료일 회계처리

(차) 매도가능증권	700	(대) 매도가능증권평가이익	700*

* 당기 말 공정가치 10,700원 – 취득원가 10,000원 = 700원

- 2025년 보고기간 종료일 회계처리

(차) 매도가능증권평가이익	400*	(대) 매도가능증권	400

* 당기 말 공정가치 10,300원 – 전기 말 공정가치 10,700원 = (–)400원

∴ 2025년 평가 시 전년도 기타포괄손익 평가이익 중 400원은 당기 말의 기타포괄손익 평가손실과 상계처리되므로 남은 잔액은 300원이다.

상 중 하

005 회사가 2025년에 취득한 갑주식(현재 유가증권시장에 상장되어 거래되고 있음)은 매도가능증권이나 회계 담당자의 실수로 단기매매증권으로 분류하여 기업회계기준에 따라 기말평가를 하였다. 갑주식의 시가가 하락하는 경우 재무제표에 미치는 영향은? 51회

	자산	자본	당기순이익		자산	자본	당기순이익
①	불변	불변	감소	②	불변	감소	불변
③	감소	불변	감소	④	감소	감소	불변

상 중 하

006 기업회계기준상 회사가 취득한 유가증권의 평가방법에 대한 설명으로 옳지 않은 것은? 45회

① 만약 유가증권을 사채로서 만기까지 보유할 목적이라면 만기보유증권으로 분류하고 상각 후 취득원가로 평가하여 재무상태표에 표시한다.
② 만약 유가증권이 단기매매증권으로 분류되었다면 공정가치로 평가한다.
③ 만약 유가증권이 시장성이 없는 지분증권으로서 공정가치를 신뢰성 있게 측정할 수 없는 경우에는 취득원가로 평가한다.
④ 만기보유증권을 상각 후 원가로 평가하는 경우 상각방법은 유효이자율법과 정액법 중 선택하여 적용한다.

정답 및 해설

005 ① • 단기매매증권이나 시장성 있는 매도가능증권에 대한 기말평가기준은 공정가치법이다. 단기매매증권의 평가손익은 당기손익으로, 매도가능증권의 평가손익은 자본 항목인 기타포괄손익누계액으로 처리한다. 따라서, 단기매매증권이나 매도가능증권도 모두 자산 계정이므로 계정 분류와 상관없이 갑주식의 장부금액은 일정하고, 취득 시보다 공정가치가 하락한 경우 당기순이익은 매도가능증권으로 분류한 경우보다 감소한다.
• 단기매매증권평가손실은 영업외비용이므로 당기손익(이익잉여금)을 감소시키며 결국 자본을 감소시킨다. 또한, 매도가능증권평가손실은 자본조정 계정에 속하는 자본의 차감 계정이므로 자본을 감소시킨다. 따라서, 자본은 계정 분류 여부와 상관없이 일정하다.

006 ④ 만기보유증권을 상각 후 원가로 측정할 때에는 취득원가와 만기 액면금액의 차이를 상환기간에 걸쳐 유효이자율법으로 상각하여 취득원가와 이자수익에 가감한다.

상 중 하

007 다음은 당기 중 취득한 유가증권 관련 자료이다. 해당 유가증권을 단기매매증권으로 분류하는 경우와 매도가능증권으로 분류하는 경우 기말 손익계산서상에 계상되는 당기손익에 미치는 영향은 각각 얼마인가? 106회

- 취득 주식 수: 2,000주
- 1주당 취득가액: 10,000원
- 취득 시 발생한 증권거래수수료: 30,000원
- 1주당 기말 평가액: 12,000원

	단기매매증권	매도가능증권
①	3,970,000원	4,000,000원
②	4,000,000원	3,970,000원
③	4,000,000원	0원
④	3,970,000원	0원

상 중 하

008 다음 중 (주)세무가 취득한 매도가능증권의 최초 취득원가는 얼마인가? 91회

- 2024년 3월 1일 (주)세무는 매도가능증권(상장주식, 시장성 있음)을 취득하였다.
- 2025년 12월 31일 현재까지 보유기간 중 추가 취득 및 처분한 주식은 없으며, 공정가치로 평가하였다.
- 2024년과 2025년의 부분 재무상태표는 다음과 같다.

부분 재무상태표
2024.12.31. 현재

매도가능증권	1,500,000	매도가능증권평가이익	200,000

부분 재무상태표
2025.12.31. 현재

매도가능증권	1,400,000	매도가능증권평가이익	100,000

① 1,300,000원
② 1,400,000원
③ 1,500,000원
④ 1,700,000원

정답 및 해설

007 ④ • 단기매매증권: 2,000주×(12,000원 − 10,000원) − 30,000원 = 3,970,000원
• 매도가능증권: 0원(∵ 매도가능증권평가이익은 기타포괄손익누계액이므로 당기손익에 영향을 미치지 않음)

008 ① 취득원가: 공정가치 1,400,000원 − 매도가능증권평가이익 100,000원 = 1,300,000원

상 중 하

009 **다음의 자료는 회사가 보유하고 있는 시장성 있는 매도가능증권의 취득, 평가, 배당금 수령 및 처분에 대한 내용이다. 해당 매도가능증권의 거래와 관련하여 2025년 회계연도의 당기순이익 증가액과 총자본의 증가액은 얼마인가?** 77회

- 취득일: 2024.5.2.
- 취득원가: 20,000,000원
- 2024.12.31. 현재 시가: 22,000,000원
- 2025.3.20. 매도가능증권 관련 현금배당금 수령액: 3,000,000원
- 2025.6.7. 해당 매도가능증권 처분에 의한 현금 수령액: 25,000,000원
- 모든 사항은 일반기업회계기준에 따라 회계처리하였으며, 취득 시나 처분 시에 추가적으로 발생한 비용은 전혀 없다고 가정한다.

	당기순이익 증가액	총자본의 증가액
①	8,000,000원	6,000,000원
②	6,000,000원	6,000,000원
③	8,000,000원	8,000,000원
④	6,000,000원	8,000,000원

정답 및 해설

009 ① • 2024.5.2. 취득 시 회계처리

(차) 매도가능증권	20,000,000	(대) 보통예금 등	20,000,000

• 2024.12.31. 회계처리

(차) 매도가능증권	2,000,000	(대) 매도가능증권평가이익 (기타포괄손익누계액)	2,000,000

• 2025.3.20. 회계처리

(차) 현금	3,000,000	(대) 배당금수익	3,000,000

• 2025.6.7. 회계처리

(차) 현금	25,000,000	(대) 매도가능증권	22,000,000
매도가능증권평가이익	2,000,000	매도가능증권처분이익	5,000,000

• 당기순이익 증가액: 배당금수익 3,000,000원 + 매도가능증권처분이익 5,000,000원 = 8,000,000원
• 총자본의 증가액: 당기순이익 8,000,000원 − 매도가능증권평가이익 2,000,000원 = 6,000,000원

THEME 02 유가증권의 분류 변경 [010~011]

상 중 하

010 다음 중 유가증권에 대한 설명으로 옳지 않은 것은? 43회 수정

① 단기매매증권은 유동자산으로 분류되며 단기투자자산 등의 과목으로 통합하여 재무상태표에 표시할 수 있다.

② 유가증권은 만기보유증권, 단기매매증권, 매도가능증권 중의 하나로 분류하며, 분류의 적정성은 취득일을 기준으로 하여 변경이 불가능하다.

③ 단기매매증권이나 만기보유증권으로 분류되지 않는 유가증권은 매도가능증권으로 분류하여 원칙적으로 투자자산으로 분류한다.

④ 보고기간 종료일로부터 1년 이내에 만기가 도래하는 만기보유증권은 유동자산으로 분류한다.

상 중 하

011 유가증권에 대한 설명 중 옳은 것은? 30회

① 동일한 주식도 보유 목적에 따라 유동자산이나 투자자산으로 분류된다.

② 단기매매증권의 보유기간 중 발생하는 배당금은 취득원가에 가산한다.

③ 단기매매증권의 보유기간 중 공정가치 변동액은 미실현손익이므로 당기손익으로 인식할 수 없다.

④ 단기매매증권은 시장성을 상실한 경우에도 다른 유가증권 과목으로 분류할 수 없다.

정답 및 해설

010 ② 유가증권 분류의 적정성은 보고기간 종료일마다 재검토하여 분류를 변경할 수 있다.

011 ① ② 단기매매증권의 보유기간 중 발생하는 배당금은 배당금수익으로 처리한다.
③ 단기매매증권의 보유기간 중 공정가치 변동액은 당기손익으로 인식한다.
④ 단기매매증권이 시장성을 상실한 경우에는 매도가능증권으로 분류한다.

CHAPTER 5

유형자산

핵심키워드
- 취득원가
- 유형자산의 교환
- 정부보조금
- 감가상각
- 손상차손 및 재평가

1회독 2회독 3회독

유형자산이란 물리적 형체가 있는 자산으로서 재화의 생산, 용역의 제공, 타인에 대한 임대 또는 자체적으로 사용할 목적으로 보유하고, 1년을 초과하여 사용할 것이 예상되는 자산이다. 유형자산으로 인식하기 위해서는 다음의 요건을 모두 충족해야 한다.

① 자산에서 발생하는 미래 경제적 효익이 기업에 유입될 가능성이 매우 높다.

② 자산의 원가를 신뢰성 있게 측정할 수 있다.

구분	내용
토지	대지, 임야, 전답, 잡종지 등(매매 목적으로 보유하는 토지, 비업무용 토지 제외)
건물	영업활동에 사용하는 점포, 창고, 사무소, 공장 등의 건물과 냉난방, 통신 및 기타의 건물 부속설비 등
구축물	토지 위에 건설한 건축물 이외의 설비로서 교량, 저수지, 댐, 상하수도, 터널, 정원 등
기계장치	영업활동에 사용하는 기중기 등의 운송설비와 기타의 부속설비
건설 중인 자산	유형자산의 건설을 위한 재료비, 노무비 및 경비(건설을 위해 지출한 도급금액을 포함하며, 건설이 완료되었을 때 건물 등의 유형자산으로 대체)
차량운반구	영업활동에 사용되는 승용차, 트럭 등 육상운반구
비품	영업활동에 사용할 목적으로 보유한 물품이며 사용기간이 1년 이상인 책상, 의자, 컴퓨터, 노트북, 에어컨, 온풍기 등
기타	이외에 선박, 건설용 장비 등

THEME 01 유형자산의 취득원가 중요

▸ 최신 30회 중 14문제 출제

유형자산의 취득원가는 매입가액, 제작원가 또는 경영진이 의도하는 방식으로 자산을 가동하기 위해 필요한 장소와 상태에 이르게 하는 데 직접 관련된 원가를 포함하며, 매입할인 등이 있는 경우에는 이를 차감하여 산출한다.

1. 외부 구입

유형자산을 외부에서 구입할 때 취득원가는 매입가액에 유형자산이 본래의 기능을 수행하기까지 발생된 부대비용은 가산하고 매입할인은 차감하여 계산한다.

> 취득원가 = 매입가액 + 부대비용 − 매입할인 등

(1) 유형자산의 취득원가에 포함되는 부대비용

① 설치장소 준비를 위한 지출, 설치비

② 외부 운송 및 취급비

③ 설계와 관련하여 전문가에게 지급하는 수수료

④ 취득세 등 유형자산의 취득과 직접 관련된 제세공과금(단, 자동차세, 재산세 등은 보유와 관련된 세금이므로 취득원가에 포함하지 않고 세금과공과로 처리)

⑤ 유형자산이 정상적으로 작동되는지 여부를 시험하는 과정에서 발생하는 원가(단, 장비의 시험과정에서 생산된 시제품 등 시험과정에서 생산된 재화의 순매각금액은 당해 원가에서 차감함)

⑥ 유형자산의 취득과 관련하여 국·공채 등을 불가피하게 매입할 때 당해 채권의 매입금액과 일반기업회계기준에 따라 평가한 현재가치의 차액

⑦ 자산의 취득, 건설, 개발에 따른 복구원가에 대한 충당부채

(2) 유형자산의 원가가 아닌 예

① 새로운 시설을 개설하는 데 소요되는 원가 예 건물 구입 후 내부 청소비용

② 새로운 상품과 서비스를 소개하는 데 소요되는 원가 예 광고 및 판촉활동과 관련된 원가

③ 새로운 지역에서 또는 새로운 고객층을 대상으로 영업하는 데 소요되는 원가 예 직원 교육훈련비

④ 관리 및 기타 일반간접원가

⑤ 자가건설과정에서 원재료, 인력 등의 낭비로 인한 비정상적인 원가

연습문제

다음 중 일반기업회계기준상 유형자산에 관한 설명으로 틀린 것은? 기출 109회

① 자산에서 발생하는 미래 경제적 효익이 기업에 유입될 가능성이 매우 높은 경우 유형자산으로 인식한다.

② 유형자산을 가동하기 위해 필요한 장소와 상태에 이르게 하는 데 직접 관련된 원가를 포함하여 취득원가를 산출한다.

③ 유형자산인 건물의 구입 즉시 지출한 내부 관리비용, 청소비용도 유형자산의 취득원가이다.

④ 1년 이상 소요되는 유형자산 건설에 사용된 차입원가는 기간비용으로 처리하는 것이 원칙이나, 일반기업회계기준상 자본화 대상 요건을 충족하면 당해 자산의 취득원가에 산입한다.

| 정답 및 해설 |

③ 유형자산을 사용·가동하기 위해 필요한 장소와 상태에 이르기까지 직접 관련된 원가는 취득원가에 포함하지만, 구입 후 개설하는 데 소요되는 원가 등은 비용으로 인식되어야 한다.

2. 자가건설

유형자산을 외부에서 구입하지 않고 자가건설하는 경우의 취득원가는 당해 유형자산의 건설이나 제조에 사용된 재료비, 노무비 및 경비 등으로 한다.

취득원가 = 제작원가 + 부대비용 − 매입할인 등

(1) 회계처리

유형자산을 건설하기 위해 소요된 재료비, 노무비 및 경비 등의 발생액은 건설 중인 자산으로 집계하였다가 건설 완료 시 건설 중인 자산의 잔액을 건물 등 해당 유형자산으로 대체한다.

(2) 차입원가(금융비용)의 자본화

유형자산, 무형자산 및 투자부동산과 제조 등의 기간이 1년 이상 소요되는 재고자산(이하 '적격자산')의 제작·매입·건설에 사용된 차입금의 차입원가는 기간비용(이자비용)으로 처리하는 것이 원칙이나 일반기업회계기준상 자본화 대상 요건을 충족하면 당해 자산의 취득원가에 산입한다. 차입원가의 회계처리방법은 모든 적격자산에 대하여 매기 계속하여 적용하고, 정당한 사유 없이 변경하지 않는다.

① **자본화 개시시점**: 차입원가의 자본화는 다음의 조건이 모두 충족되는 시기에 인식한다.

- 적격자산에 대한 지출이 있었다.
- 차입원가가 발생하였다.
- 적격자산을 의도한 용도로 사용하거나 판매하기 위한 취득활동이 진행 중이다.

② **자본화 종료시점**: 차입원가의 자본화는 적격자산을 의도된 용도로 사용하거나 판매 가능한 상태에 이르게 하는 데 필요한 대부분의 활동이 완료된 시점에서 종료한다. 즉, 수익창출활동이 개시되는 시점이 금융비용 자본화의 종료시점이 된다.

③ **특정 차입금* 관련 금융비용의 자본화**: 자본화할 금융비용은 평균지출액으로 산정한다. 평균지출액은 연초에 한번 지출된 것으로 가정할 경우 연평균지출액으로 환산한 금액을 의미한다. 또한, 자본화기간(자본화 개시시점~자본화 종료시점) 동안 특정 차입금으로부터 발생한 금융비용에서 동 기간 동안 특정 차입금의 일시운용으로 발생한 일시투자수익을 차감한 금액을 자본화한다.

자본화 대상 차입원가=자본화기간 중 발생한 특정 차입금의 금융비용−특정 차입금의 일시투자수익

* 특정 차입금은 적격자산을 취득할 목적으로 직접 차입한 자금을 말한다.

④ **일반 차입금* 관련 금융비용의 자본화**: 적격자산의 취득을 위한 자금에 일반 차입금도 포함되었다면 차입금 중에서도 특정 차입금을 먼저 사용하고 일반 차입금을 나중에 사용하였다고 가정한다.

* 일반 차입금은 일반적인 목적으로 차입한 자금 중 자본화 대상자산의 취득에 소요되었다고 볼 수 있는 자금을 말한다.

실전 적용

(주)에듀윌은 2025년 10월 1일 건설 중인 건물의 공사대금을 전액 차입금으로 조달하였으며 해당 차입금과 관련된 이자비용 1,000,000원을 현금으로 지급하였다.

| 풀이 |

(차) 건설 중인 자산	1,000,000	(대) 현금	1,000,000

꿀팁 건물의 건설 중에 발생한 이자비용은 건물을 취득하기 위한 부대비용이므로 해당 자산의 취득원가로 처리한다.

연습문제

다음은 공장 건설과 관련한 내역이다. 당사의 결산일은 12월 31일이다. 2025년 4월 1일에 공사를 시작하여 2027년 5월 31일 준공 예정으로 특정 차입금은 540,000원(차입기간: 2025.4.1.~2026.12.31.)이고 연 이자율은 10%이다. 특정 차입금 중 120,000원은 2025년에 6개월간 연 8%의 투자수익률로 일시 투자하였다. 특정 차입금과 관련하여 2025년도에 자본화 대상 차입원가는 얼마인가? (이자비용은 월할상각함)

기출 92회

① 35,700원 ② 40,500원
③ 49,200원 ④ 54,000원

| 정답 및 해설 |

① • 자본화기간 중 발생한 특정 차입금의 금융비용: 540,000원×10%×9개월/12개월=40,500원
• 특정 차입금의 일시투자수익: 120,000원×8%×6개월/12개월=4,800원
∴ 자본화 대상 차입원가: 40,500원−4,800원=35,700원

3. 증여 또는 무상취득

기업은 주주나 정부 또는 지방자치단체로부터 종종 유형자산을 증여받는 경우가 있다. 증여 등 무상으로 취득한 자산은 당해 자산의 공정가치에 취득 부대비용을 가산하여 취득원가로 계상한다. 이때 취득자산의 공정가치는 자산수증이익 과목으로 하여 영업외수익으로 처리한다.

(차) 유형자산	×××	(대) 자산수증이익	×××

4. 일괄 구입

일괄 구입이란 한 금액으로 두 종류 이상의 자산을 구입하는 경우를 말하며, 모두 사용할 목적이라면 일괄 구입대금을 각 유형자산들의 공정가치를 기준으로 안분하여 취득원가를 계상한다.

(1) 새 건물을 신축하기 위해 토지와 건물을 일괄 구입하는 경우

새 건물을 신축하기 위해 기존 건물이 있는 토지를 일괄 구입하고 그 건물을 철거하는 경우에는 토지만을 구입한 것이므로 건물의 취득원가는 없다. 또한, 기존 건물의 철거 관련 비용(철거과정에서 발생된 잔존폐물의 매각수익은 차감) 및 토지 정지비용은 토지 구입을 위한 불가피한 지출이므로 토지의 취득원가에 가산한다.

토지원가 = 일괄 구입대금 + 건물 철거비용 − 잔존폐물 매각대금 + 토지 정지비용 + 취득세

(2) 사용 중인 기존 건물을 철거한 후 새 건물을 신축하는 경우

새 건물을 신축하기 위하여 사용 중인 기존 건물을 철거하는 경우 그 건물의 장부금액은 유형자산처분손실로 계상하고, 철거비용은 전액 당기비용으로 처리한다. 즉, 건물의 대가를 받지 않고 처분한 것으로 본다.

(차) 감가상각누계액	×××	(대) 건물	×××
유형자산처분손실	×××		

연습문제

건물을 신축하기 위하여 기존에 사용 중이던 건물(취득금액 500,000,000원, 감가상각누계액 450,000,000원)을 철거하고 철거비용 10,000,000원을 지출한 경우 당기손익에 미치는 영향은 얼마인가? 기출 69회

① 10,000,000원 감소
② 60,000,000원 감소
③ 50,000,000원 감소
④ 영향 없음

| 정답 및 해설 |

② 건물을 신축하기 위하여 사용 중인 기존 건물을 철거하는 경우 처분손실 50,000,000원(=500,000,000원−450,000,000원), 철거비용 10,000,000원 모두 당기비용으로 처리한다.

5. 국 · 공채의 강제 매입

유형자산 취득과 관련하여 국 · 공채를 불가피하게 강제 매입할 때 당해 채권의 매입금액과 일반기업회계기준에 따라 평가한 현재가치(공정가치)의 차액은 유형자산의 취득원가에 포함한다.

(차) 단기매매증권 등	×××	(대) 현금 등	×××
차량운반구	×××		

6. 유형자산의 교환으로 인한 취득

(1) 이종 자산 간의 교환

서로 다른 용도의 자산과 교환하여 취득한 유형자산의 취득원가는 교환을 위하여 제공한 자산의 공정가치로 측정한다. 다만, 교환으로 제공한 자산의 공정가치가 불확실한 경우에는 교환으로 취득한 자산의 공정가치를 취득원가로 할 수 있다. 또한, 자산의 교환에 현금 수수액이 있는 경우에는 현금 수수액을 반영하여 취득원가를 결정한다.

① 계산식

취득원가 = 제공한 자산의 공정가치 ± 현금 수수액

② 회계처리(장부금액 < 공정가치)

(차) 유형자산(신)	×××	(대) 유형자산(구)	×××
감가상각누계액	×××	유형자산처분이익	×××

연습문제

(주)한결은 사용하던 기계장치를 (주)승원의 차량과 교환하기로 하였다. 동 기계장치는 취득가액 10,000,000원, 감가상각누계액 8,500,000원이고, 추가로 500,000원을 현금으로 지급하였다. 제공한 기계장치의 공정가치가 1,700,000원인 경우 취득한 차량운반구의 취득가액은 얼마인가? 기출 75회

① 2,200,000원 ② 1,700,000원
③ 1,500,000원 ④ 1,300,000원

| 정답 및 해설 |

① (차) 차량운반구	2,200,000*	(대) 기계장치	10,000,000
감가상각누계액	8,500,000	현금	500,000
		유형자산처분이익	200,000

* 공정가치 1,700,000원 + 현금 지급액 500,000원 = 2,200,000원

(2) 동종 자산 간의 교환

동일한 업종 내에서 유사한 용도로 사용되는 동종 자산과 교환하여 취득한 유형자산의 취득원가는 교환을 위하여 제공한 자산의 장부금액으로 한다. 또한, 자산의 교환에 현금 수수액이 있는 경우에는 현금 수수액을 반영하여 취득원가를 결정한다.

① 계산식

> 취득원가 = 제공한 자산의 장부금액 ± 현금 수수액

② 회계처리

(차) 유형자산(신)	×××	(대) 유형자산(구)	×××
감가상각누계액	×××		

합격을 다지는 실전문제 p.92

THEME 02 정부보조금(국고보조금)으로 취득한 자산의 회계처리

▸ 최신 30회 중 3문제 출제

1. 정부보조금(국고보조금)의 인식요건

정부보조 등으로 유형자산을 무상 또는 공정가치보다 낮은 대가로 취득하였을 때, 그 유형자산의 취득원가는 취득일의 공정가치로 한다. 정부보조금은 다음 모두에 대한 합리적인 확신이 있을 때 인식한다.

① 정부보조금에 부수되는 조건을 준수할 것이다.
② 보조금을 수취할 것이다.

2. 정부보조금(국고보조금)의 구분

구분		회계처리
상환의무가 없는 경우	자산 관련 보조금	• 상환의무가 없는 정부보조금은 유형자산의 취득원가에서 차감하는 형식으로 표시 • 그 자산의 내용연수에 걸쳐 감가상각비와 상계하며, 해당 유형자산을 처분하는 경우에는 그 잔액을 처분손익에 반영
	수익 관련 보조금	당기손익에 반영
상환의무가 있는 경우		장기차입금 등으로 처리

3. 상환의무가 없는 자산 관련 보조금의 회계처리

구분	회계처리			
정부보조금 현금 수령 시	(차) 현금 등	×××	(대) 정부보조금*	×××
			(현금의 차감 계정)	
	* 정부보조금 = 정부보조금 해당액 × 취득자산 감가상각비 ÷ 감가상각 대상 금액			
관련 유형자산 취득 시	(차) 유형자산	×××	(대) 현금 등	×××
	정부보조금	×××	정부보조금	×××
	(현금의 차감 계정)		(유형자산의 차감 계정)	
결산 시	(차) 감가상각비	×××	(대) 감가상각누계액	×××
	정부보조금	×××	감가상각비	×××
	(유형자산의 차감 계정)			
자산 처분 시 (장부금액 < 처분금액)	(차) 현금 등	×××	(대) 유형자산	×××
	감가상각누계액	×××	유형자산처분이익	×××
	정부보조금	×××		
	(유형자산의 차감 계정)			

실전 적용

[1] 2024년 12월 1일: 정부보조금 50,000원이 보통예금 계좌에 입금되었다. 해당 보조금은 기계장치 취득에 사용할 예정이다.

| 풀이 |

(차) 보통예금	50,000	(대) 정부보조금(보통예금 차감 계정)	50,000

부분 재무상태표

보통예금	50,000
정부보조금	(50,000)
	0

[2] 2025년 1월 1일: 기계장치를 100,000원에 취득하고 보통예금 계좌에서 이체하였다.

| 풀이 |

(차) 기계장치	100,000	(대) 보통예금	100,000
정부보조금(보통예금 차감 계정)	50,000	정부보조금(기계장치 차감 계정)	50,000

부분 재무상태표

기계장치	100,000
정부보조금	(50,000)
	50,000

[3] 2025년 12월 31일: 잔존가치는 없으며 2년간 정액법으로 상각한다.

| 풀이 |

(차) 감가상각비	50,000	(대) 감가상각누계액	50,000
정부보조금(기계장치 차감 계정)	25,000	감가상각비	25,000*

* 50,000원 × 50,000원 ÷ 100,000원 = 25,000원

부분 재무상태표

기계장치	100,000
감가상각누계액	(50,000)
정부보조금	(25,000)
	25,000

[4] 2026년 1월 1일: 기계장치를 30,000원에 처분하고 현금을 수취하였다.

| 풀이 |

(차) 감가상각누계액	50,000	(대) 기계장치	100,000
정부보조금(기계장치 차감 계정)	25,000	유형자산처분이익	5,000
현금	30,000		

연습문제

12월 말 결산인 (주)정한은 2023년 7월 1일 기계장치를 500,000원에 취득(추정내용연수 10년, 잔존가치 없음, 정액법 상각)하였으며, 정부로부터 상환의무가 없는 50,000원의 보조금을 받았다. 2025년 7월 1일에 동 기계장치를 300,000원에 처분할 시 유형자산처분손익은 얼마인가? (단, 기계장치의 장부금액을 결정할 때 취득원가에서 정부보조금을 차감하는 원가차감법을 사용함) 기출 76회

① 처분이익 40,000원 ② 처분손실 40,000원
③ 처분이익 60,000원 ④ 처분손실 60,000원

| 정답 및 해설 |

④ • 감가상각 후 기계장치: 500,000원 − (500,000원 − 0원) × 2년/10년 = 400,000원
• 정부보조금 잔액: 50,000원 − 50,000원 × 2년/10년 = 40,000원
∴ 유형자산처분손익: 300,000원 − (400,000원 − 40,000원) = (−)60,000원 손실

합격을 다지는 실전문제 p.96

THEME 03 취득 이후의 지출 및 감가상각 중요

▸ 최신 30회 중 8문제 출제

1. 취득 이후 지출

유형자산을 취득한 이후에 그 자산과 관련된 수선유지비용, 확장 · 증설비용, 재배치 및 이전비용 등 추가적인 지출이 발생한다. 이때 발생하는 지출은 유형자산의 인식기준(미래 경제적 효익의 유입가능성이 매우 높고 그 원가를 신뢰성 있게 측정할 수 있을 것)을 충족하는 경우에는 자본적 지출(취득원가에 가산)로 처리하고, 충족하지 못한 경우에는 수익적 지출(당기비용)로 처리한다.

(1) 자본적 지출

자본적 지출이란 생산능력 증대, 내용연수 연장, 상당한 원가 절감 또는 품질 향상을 가져오는 지출을 말하며, 발생한 지출액을 유형자산의 취득원가에 가산한 후 감가상각으로 처리하여 비용화시킨다.

① 회계처리

(차) 유형자산	×××	(대) 현금 등	×××

② 예시

- 본래의 용도를 변경하기 위한 제조
- 엘리베이터, 냉난방장치, 피난시설 등의 설치
- 본래의 용도로 이용가치가 없는 자산 등의 복구
- 개량, 확장, 증설 등
- 철골 보강 공사비

(2) 수익적 지출

수익적 지출이란 자산의 원상회복이나 수선유지를 위한 지출 등을 말하며, 발생한 지출액을 **당기비용**으로 처리한다.

① 회계처리

(차) 수선비 등	×××	(대) 현금 등	×××

② 예시

- 건물 벽의 도장
- 파손된 유리창, 기와의 대체
- 소모된 부속품 교체
- 자동차 타이어의 교체
- 일반적인 소액 수선비

+ 취득 후 지출을 잘못 계상한 경우의 영향

구분	손익계산서상 비용	재무상태표상 자산	당기순이익
자본적 지출(자산) → 수익적 지출(비용)	과대	과소	과소
수익적 지출(비용) → 자본적 지출(자산)	과소	과대	과대

연습문제

유형자산 취득 후의 지출액은 자산(자본적 지출) 또는 비용(수익적 지출)으로 인식될 수 있다. 다음 중 가장 틀린 설명은? 기출 105회

① 자본적 지출이란 내용연수의 연장 등 자산의 가치를 증대시키는 지출액을 말한다.
② 상가 건물 취득 후 지출된 벽면 도색을 위한 지출액은 수익적 지출에 해당한다.
③ 자본적 지출을 수익적 지출로 처리한 경우 당기순이익은 과대계상된다.
④ 수익적 지출을 자본적 지출로 처리한 경우 자본은 과대계상된다.

| 정답 및 해설 |

③ 자본적 지출을 수익적 지출로 처리한 경우 비용이 과대계상되어 당기순이익은 과소계상된다.

2. 감가상각

감가상각이란 감가상각 대상 금액(원가－잔존가치)을 그 자산의 내용연수(예상 사용기간) 동안 수익 · 비용을 합리적으로 대응하기 위하여 체계적인 절차에 따라 비용으로 배분하는 절차를 말하며, 자산을 평가하는 과정이 아니라 원가를 배분하는 과정이다. 또한, 감가상각비가 유형자산의 제조와 관련된 경우에는 제조원가로, 그 밖의 경우에는 판매비와 관리비로 계상한다.

+ 감가상각의 3요소

- 원가: 자산을 취득하기 위하여 자산의 취득시점에서 지급한 현금 및 현금성자산 또는 제공하거나 부담하는 대가의 공정가치
- 잔존가치: 내용연수가 종료되는 시점에 그 자산의 예상처분가액에서 예상처분비용을 차감한 금액
- 내용연수: 자산의 예상 사용기간 또는 자산으로부터 획득할 수 있는 생산량이나 이와 유사한 단위

(1) 감가상각의 회계처리

감가상각의 회계처리시점은 보고기간 종료일이며 간접법으로 회계처리한다. 간접법은 차변에 감가상각비, 대변에 감가상각누계액을 기입하는 방법으로 유형자산의 원가에는 변화를 주지 않는다. 즉, 재무상태표에 표시할 때에는 자산의 차감적 평가 계정인 감가상각누계액을 이용하여 해당 유형자산에서 차감하는 형식으로 표시하는 방법이다.

(2) 감가상각의 계산방법

일반기업회계기준에서는 정액법, 정률법, 연수합계법, 생산량비례법 등 합리적인 방법으로 감가상각하여야 한다고 규정함으로써 어떠한 감가상각방법이든 그 방법이 합리적이라고 인정되면 허용하고 있다. 새로 취득한 유형자산은 기존 동종의 자산과 동일한 감가상각방법을 적용하되 감가상각방법 변경 사유가 발생하면 회계추정의 변경으로 회계처리한다.

① **정액법**: 자산의 내용연수 동안 감가상각비를 매 회계기간 일정하게 인식하는 방법이다.

매기 감가상각비 = (취득원가 − 잔존가치) × 1/내용연수

② **정률법**: 매기 미상각 잔액(장부금액)에 일정한 상각률을 곱하여 감가상각비를 계산하는 방법이다.

매기 감가상각비 = 미상각 잔액(취득원가 − 감가상각누계액) × 정률(%)

③ **연수합계법**: 감가상각 대상액을 내용연수 합계에 대한 연차역순의 구성비로 배분하여 감가상각비를 배분하는 방법이다.

매기 감가상각비 = (취득원가 − 잔존가치) × 잔여 내용연수/내용연수 합계

꿀팁 취득 초기 감가상각비의 크기: 정액법 < 연수합계법 < 정률법

④ **생산량비례법**: 자산의 예상조업도 또는 예상생산량에 근거하여 감가상각비를 계산하는 방법이다.

매기 감가상각비 = (취득원가 − 잔존가치) × 실제생산량/추정 총생산량

⑤ **이중체감법**: 내용연수의 역수(1/n)에 200%를 곱하여 상각률(2/n)을 구한 후 정률법과 같은 방법으로 감가상각비를 계산하는 방법이다. 이중체감법은 마지막 상각기간에 잔존가치를 제외한 장부금액만을 감가상각비로 계산하는 조정이 필요하다.

매기 감가상각비 = 미상각 잔액(취득원가 − 감가상각누계액) × 2/내용연수

+ 정액법과 가속상각법

정액법은 매기 동일한 금액을 감가상각하는 방법이며, 가속상각법은 초기에는 많은 감가상각비를, 후기에는 적은 감가상각비를 비용으로 보내는 방법이다. 가속상각법에는 정률법, 연수합계법, 이중체감법이 있다.

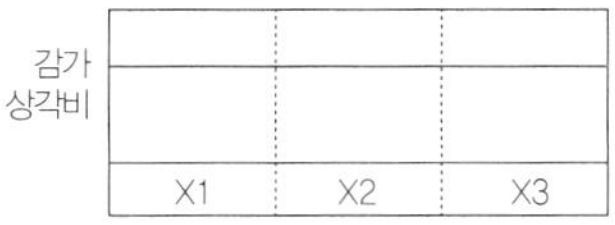

〈정액법〉

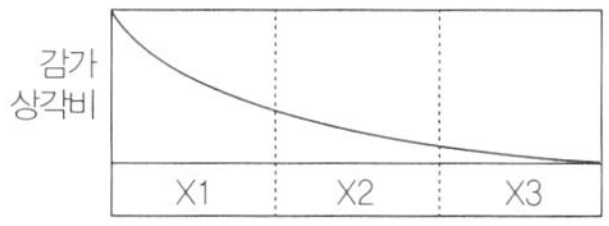

〈가속상각법〉

(3) 감가상각을 하지 않는 것

감가상각은 영업활동에 사용되어 수익을 창출하며 가치가 감소하는 것에만 해당하므로 자산을 사용하여 수익이 창출되지 않거나 가치가 감소하지 않는 것은 감가상각을 하지 않는다.

구분	계정과목	비고
유형자산	토지	
	건설 중인 자산	
	폐기 예정인 자산	
투자자산	투자 목적의 부동산	투자부동산
재고자산	판매 목적의 부동산	

연습문제

유형자산의 감가상각방법 중 정액법, 정률법 및 연수합계법 각각에 의한 2차연도 감가상각비를 바르게 비교한 것은? 기출 106회 수정

• 기계장치 취득원가: 15,000,000원(1월 1일 취득)	• 내용연수: 5년
• 잔존가치: 취득원가의 5%	• 정률법 상각률: 0.451

① 정률법 > 정액법 = 연수합계법
② 정률법 > 연수합계법 > 정액법
③ 연수합계법 > 정률법 > 정액법
④ 연수합계법 = 정액법 > 정률법

| 정답 및 해설 |

③ • 정액법: (취득원가 15,000,000원 − 잔존가치 750,000원) × 1년/5년 = 2,850,000원
• 정률법
  – 1차연도 감가상각비: 취득원가 15,000,000원 × 상각률 0.451 = 6,765,000원
  – 2차연도 감가상각비: (취득원가 15,000,000원 − 감가상각누계액 6,765,000원) × 상각률 0.451 = 3,713,985원
• 연수합계법
  – 1차연도 감가상각비: (취득원가 15,000,000원 − 잔존가치 750,000원) × 5년/15년 = 4,750,000원
  – 2차연도 감가상각비: (취득원가 15,000,000원 − 잔존가치 750,000원) × 4년/15년 = 3,800,000원

(4) 유휴설비 등의 감가상각 여부

① **일시 유휴 중인 유형자산:** 감가상각을 하되 해당 감가상각비는 영업외비용으로 처리한다.
② **사용이 중지되어 처분 예정인 유형자산:** 사용을 중단한 시점의 장부금액으로 표시한다. 즉, 감가상각을 하지 않는 대신 투자자산으로 재분류한 후 손상차손 발생 여부를 매 보고기간 종료일에 검토한다.
③ **감가상각이 완료되었으나 아직 사용 중인 유형자산:** 감가상각이 완료되었으므로 폐기하거나 처분할 때까지 잔존가치 또는 비망가액으로 기재한다.

합격을 다지는 실전문제 p.97

THEME 04 유형자산의 손상차손, 재평가 및 처분

1. 유형자산의 손상차손

(1) 손상차손의 인식

유형자산의 진부화 및 시장가치의 급격한 하락 등으로 그 유형자산의 사용 및 처분으로부터 기대되는 미래의 현금흐름 추정 총액이 장부금액에 미달하면 장부금액을 회수 가능가액으로 조정하고 그 차액을 유형자산손상차손으로 처리한다. 이때, 회수 가능가액은 순공정가치와 사용가치 중 큰 금액을 말한다. 또한, 손상차손은 즉시 당기손익(비용)으로 인식하고 손상차손의 합계액을 손상차손누계액으로 하여 유형자산의 취득가액에서 차감하는 형식으로 표시한다.

(차) 유형자산손상차손(영업외비용)	×××	(대) 손상차손누계액	×××

재무상태표

유형자산	×××	
감가상각누계액	(×××)	
손상차손누계액	(×××)	

(2) 손상차손의 환입

회수 가능액이 회복되어 손상차손이 환입되는 경우에는 손상차손환입이라는 계정과목으로 당기손익(수익)을 처리한다. 손상차손환입으로 증가된 장부금액은 과거에 손상차손을 인식하기 전 장부금액의 감가상각 후 잔액을 초과할 수 없다.

(차) 손상차손누계액	×××	(대) 손상차손환입(영업외수익)	×××

실전 적용

(주)에듀윌은 2024년 1월 1일 잔존가치 0원, 내용연수 5년인 기계장치를 1,000,000원에 현금으로 구입하여 정액법으로 감가상각하기로 하였다. 2024년 12월 31일 (주)에듀윌은 해당 기계장치의 손상징후가 있어 손상검사를 실시하여 회수 가능액을 추정한 결과 순공정가치가 400,000원, 사용가치가 300,000원이었고, 2025년 12월 31일 기계장치의 회수 가능액은 700,000원이었다. 각 시점별로 회계처리하시오.

| 풀이 |

• 2024.1.1.

(차) 기계장치	1,000,000	(대) 현금	1,000,000

• 2024.12.31.

(차) 감가상각비	200,000	(대) 감가상각누계액	200,000
유형자산손상차손	400,000*	손상차손누계액	400,000

* 장부금액 800,000원(=1,000,000원−200,000원)−회수 가능액 400,000원(=Max[순공정가치 400,000원, 사용가치 300,000원])=400,000원

• 2025.12.31.

(차) 감가상각비	100,000*1	(대) 감가상각누계액	100,000
손상차손누계액	300,000*2	손상차손환입	300,000

*1 400,000원÷4=100,000원

*2 Min[회수 가능액 700,000원, 손상차손을 인식하기 전 장부금액의 감가상각 후 잔액 600,000원(=1,000,000원−200,000원×2)]−환입시점 장부금액 300,000원(=400,000원−100,000원)=300,000원

연습문제

한국채택국제회계기준하에서 유형자산 관련 용어에 대한 설명 중 옳지 않은 것은? 기출 72회

① 감가상각: 자산의 감가상각 대상 금액을 그 자산의 내용연수에 걸쳐 체계적으로 배분하는 것

② 내용연수: 기업이 자산을 사용할 수 있을 것으로 예상하는 기간이나 자산에서 얻을 것으로 예상하는 생산량 또는 이와 비슷한 단위 수량

③ 잔존가치: 자산이 이미 오래되어 내용연수 종료시점에 도달하였다는 가정하에 자산의 처분으로부터 현재 획득할 금액에서 추정 처분 부대원가를 차감한 금액의 추정치

④ 회수 가능액: 자산을 취득하기 위하여 자산의 취득시점이나 건설시점에서 지급한 현금 또는 현금성자산이나 제공한 기타 대가의 공정가치

| 정답 및 해설 |

④ 원가에 대한 설명이다. 회수 가능액은 자산의 순공정가치와 사용가치 중 더 많은 금액을 말한다.

2. 인식시점 이후의 측정

유형자산을 취득한 시점에는 취득한 원가를 측정하지만 취득시점 이후에는 원가모형이나 재평가모형 중 하나를 회계정책으로 선택하여 유형자산을 분류별로 동일하게 적용한다.

(1) 원가모형

최초 인식 후에 유형자산은 취득원가에서 감가상각누계액과 손상차손누계액을 차감한 금액을 장부금액으로 한다.

(2) 재평가모형

최초 인식 후에 공정가치를 신뢰성 있게 측정할 수 있는 유형자산은 재평가일에 공정가치에서 이후의 감가상각누계액과 손상차손누계액을 차감한 재평가금액을 장부금액으로 한다. 재평가는 보고기간 종료일에 자산의 장부금액이 공정가치와 중요하게 차이가 나지 않도록 주기적으로 수행한다. 즉, 매 보고기간 종료일마다 재평가를 해야 하는 것이 아니라 3년 또는 5년마다 재평가할 수 있다.

① 재평가차익(재무상태표상 기타포괄손익누계액): 유형자산의 장부금액이 재평가 후 증가하면 증가액을 재평가차익으로 하여 기타포괄손익누계액 항목에 반영한다. 만약 과거에 당기손실로 인식한 재평가손실이 있으면 재평가손실을 우선 상계한다.

실전 적용

(주)에듀윌은 2024년 초에 토지를 100,000원에 취득하였다. 이 토지는 2024년 말에 110,000원으로 재평가되었고, 2025년 말에 80,000원으로 재평가되었다. 각 시점별 회계처리를 하시오.

| 풀이 |

• 2024.1.1.

(차) 토지	100,000	(대) 현금	100,000

• 2024.12.31.

(차) 토지	10,000	(대) 재평가차익(기타포괄손익)	10,000*

* 공정가치 110,000원 – 장부금액 100,000원 = 10,000원

• 2025.12.31.

(차) 재평가차익(기타포괄손익)	10,000	(대) 토지	30,000*
재평가손실(영업외비용)	20,000		

* 장부금액 110,000원 – 공정가치 80,000원 = 30,000원

② 재평가손실(손익계산서상 영업외비용): 유형자산의 장부금액이 재평가 후 감소하면 감소액은 재평가손실로 하여 영업외비용 항목에 반영한다. 만약 과거에 기타포괄손익누계액으로 인식한 재평가차익이 있으면 재평가차익을 우선 상계한 후 나머지 금액을 재평가손실에 반영한다.

실전 적용

(주)에듀윌은 2024년 초 토지를 100,000원에 취득하였다. 이 토지는 2024년 말에 90,000원으로 재평가되었고, 2025년 말에 120,000원으로 재평가되었다. 각 시점별 회계처리를 하시오.

| 풀이 |

• 2024.1.1.

(차) 토지	100,000	(대) 현금	100,000

• 2024.12.31.

(차) 재평가손실(영업외비용)	10,000*	(대) 토지	10,000

* 장부금액 100,000원 – 공정가치 90,000원 = 10,000원

• 2025.12.31.

(차) 토지	30,000*	(대) 재평가이익(영업외수익)	10,000
		재평가차익(기타포괄손익)	20,000

* 공정가치 120,000원 – 장부금액 90,000원 = 30,000원

연습문제

다음 중 유형자산의 재평가에 대한 설명으로 옳지 않은 것은? 기출 57회

① 유형자산에 대하여 재평가일 현재의 공정가치로 재평가한 이후에는 더 이상 감가상각은 수행하지 않는다.
② 특정 유형자산을 재평가할 때에는 해당 자산이 포함되는 유형자산 분류 전체를 재평가하여야 한다.
③ 재평가된 자산의 공정가치가 장부금액과 중요하게 차이가 나는 경우에는 추가적인 재평가가 필요하다.
④ 유형자산의 장부금액이 재평가로 인하여 감소되는 경우 재평가로 인한 기타포괄손익을 먼저 차감한 후 당기손익으로 인식하여야 한다.

| 정답 및 해설 |

① 재평가모형의 경우 재평가일의 공정가치로 해당 자산금액을 수정하고, 당해 공정가치에서 재평가일 이후의 감가상각누계액과 손상차손누계액을 차감한 금액을 장부금액으로 공시한다. 재평가한 이후에도 감가상각을 계속 수행한다.

3. 유형자산의 처분

유형자산의 내용연수가 끝나는 시점 또는 그 이전 시점이더라도 유형자산이 더 이상 미래 경제적 효익을 기대할 수 없을 것이라고 판단되면 이를 처분하게 된다. 이때 처분시점에서 처분한 자산의 장부금액(원가 – 감가상각누계액)을 제거하고, 처분금액과의 차액을 유형자산처분손익(영업외손익)으로 인식한다. 회계기간 중에 처분이 이루어지면 처분시점의 장부금액은 기초시점부터 처분일까지의 감가상각비를 고려한 후의 금액으로 한다. 즉, 회계기간 중에 처분이 이루어지면 먼저 기초부터 처분일까지의 감가상각비를 계상하여 감가상각누계액을 계산한 후 처분에 관한 회계처리를 한다.

(1) 처분금액 > 장부금액

(차) 현금 등	×××	(대) 유형자산	×××
감가상각누계액	×××	유형자산처분이익	×××

(2) 처분금액 < 장부금액

(차) 현금 등	×××	(대) 유형자산	×××
감가상각누계액	×××		
유형자산처분손실	×××		

합격을 다지는 실전문제 p.100

합격을 다지는 실전문제

THEME 01 유형자산의 취득원가 [001~009]

상 중 하

001 다음 중 유형자산의 취득원가에 대한 설명으로 옳지 않은 것은? 86회 수정

① 새 건물을 신축하기 위하여 기존 건물이 있는 토지를 취득하고 그 건물을 철거하는 경우 기존 건물의 철거 관련 비용은 건물의 취득원가에 포함한다.
② 다른 종류의 자산과의 교환을 위하여 제공한 자산의 공정가치가 불확실한 경우에는 교환으로 취득한 자산의 공정가치를 취득원가로 할 수 있다.
③ 유형자산을 사용하거나 이전하는 과정에서 발생하는 원가는 당해 유형자산의 장부금액에 포함하여 인식하지 않는다.
④ 새로운 상품과 서비스를 소개하는 데 소요되는 원가는 유형자산의 취득원가에 포함하지 않는다.

상 중 하

002 다음 중 유형자산의 취득원가에 포함되지 않는 것은? 103회

가. 새로운 상품과 서비스를 소개하는 데에 발생하는 지출액
나. 유형자산이 정상적으로 작동하는지 여부를 시험하는 과정에서 발생하는 지출액
다. 유형자산의 설치장소 준비를 위하여 발생하는 지출액
라. 자산을 보유하면서 원상복구를 위해 발생되는 지출액

① 가 ② 나, 다
③ 다, 라 ④ 가, 라

정답 및 해설

001 ① 새 건물을 신축하기 위하여 기존 건물이 있는 토지를 취득하고 그 건물을 철거하는 경우 기존 건물을 철거하면서 발생한 비용에서 철거된 건물의 부산물 판매로 수취한 금액을 차감한 금액은 토지의 취득원가에 포함한다.

002 ④ • 가. 당해 취득자산으로 생산되는 제품을 소개하는 데 소요되는 원가는 광고 및 판촉활동과 관련된 비용이므로 판매비와 관리비에 해당된다.
• 라. 자산을 보유하면서 원상복구를 위해 발생되는 지출액은 취득 후 수익적 지출에 해당하므로 당기비용으로 처리한다.

상 중 하

003 다음 중 유형자산의 취득원가에 대한 설명으로 옳지 않은 것은? [55회 수정]

① 자산의 취득, 건설, 개발에 따른 복구원가에 대한 충당부채는 유형자산을 취득하는 시점에 해당 유형자산의 취득원가에 반영한다.

② 유형자산의 설계와 관련하여 전문가에게 지급하는 수수료는 유형자산의 취득원가에 해당된다.

③ 유형자산이 경영진이 의도하는 방식으로 가동될 수 있으나 아직 실제로 사용되지 않은 경우에 발생하는 원가는 유형자산의 원가로 인식하지 않는다.

④ 자산의 교환에 현금 수수액이 있는 경우 유형자산의 취득원가는 교환을 위하여 제공한 공정가치로 결정한다.

상 중 하

004 다음은 일반기업회계기준상 유형자산의 취득원가에 대한 설명이다. 옳지 않은 것은? [116회 수정]

① 토지와 건물을 모두 사용할 목적으로 일괄 구입한 경우 토지와 건물 각각의 공정가치를 기준으로 안분하여 취득원가를 계상한다.

② 무상으로 취득한 자산은 당해 자산의 공정가치에 취득 부대비용을 가산하여 취득원가로 계상한다.

③ 유형자산의 취득과 관련하여 국·공채 등을 불가피하게 매입하는 경우 당해 채권의 매입가액과 기업회계기준으로 평가한 현재가치와의 차액은 유형자산의 취득원가에 포함한다.

④ 건물을 신축하기 위하여 사용 중인 기존 건물을 철거하는 경우 그 건물의 장부금액과 철거비용은 취득원가에 포함한다.

상 중 하

005 다음 중 차입원가의 자본화에 대한 설명으로 옳지 않은 것은? [88회]

① 차입원가 자본화는 유형자산, 무형자산 및 투자부동산과 특정 요건을 충족하는 재고자산(적격자산)에 대하여 적용이 가능하다.

② 차입원가의 회계처리방법은 매 회계기간마다 각 적격자산별로 새로운 방법으로 반드시 변경하여 적용하여야 한다.

③ 차입원가의 자본화는 적격자산에 대한 지출이 있었고, 차입원가가 발생하였으며, 적격자산을 의도한 용도로 사용하거나 판매하기 위한 취득활동이 진행 중이라는 조건이 모두 충족되는 시기에 인식한다.

④ 차입원가의 자본화는 적격자산을 의도된 용도로 사용하거나 판매 가능한 상태에 이르게 하는 데 필요한 대부분의 활동이 완료된 시점에서 종료한다.

정답 및 해설

003 ④ 자산의 교환에 현금 수수액이 있는 경우에는 현금 수수액을 반영하여 취득원가를 결정한다.

004 ④ 건물을 신축하기 위하여 사용 중인 기존 건물을 철거하면 그 건물의 장부금액은 처분손실로 반영하고, 철거비용은 당기비용으로 처리한다.

005 ② 차입원가의 회계처리방법은 모든 적격자산에 대해 매기 계속하여 적용하고, 정당한 사유 없이 변경하지 않는다.

상 중 하

006 다음은 (주)충현의 신축 건물 건설과 관련한 내역으로 당사의 결산일은 12월 31일이다. 2025년도 공사대금 평균 지출액(공사기간 2025.4.1.~2026.5.31.)은 350,000원, 특정 차입금은 720,000원(차입기간 2025.4.1.~2026.5.31., 연 이자율 10%)이다. 2025년도에 일반 차입금의 자본화 대상 차입원가는 얼마인가? (이자비용은 월할상각함) 96회

일반 차입금 종류	차입금액	차입기간	연 이자율
대한은행	300,000원	2024.7.1.~2025.12.31.	8%
신라은행	200,000원	2025.1.1.~2025.12.31.	10%

① 0원 ② 46,500원
③ 45,756원 ④ 48,258원

상 중 하

007 다음 자료에서 토지 취득원가는 얼마인가? 92회

• 토지 취득대금	50,000,000원
• 토지 취득세 및 등기비용	2,300,000원
• 토지상의 구건물 철거비용	3,500,000원
• 구건물 철거에 따른 철골 등 매각대금	1,000,000원
• 토지 보유분 재산세	400,000원

① 50,000,000원 ② 52,300,000원
③ 54,800,000원 ④ 55,800,000원

정답 및 해설

006 ① • 공사대금은 특정 차입금, 일반 차입금 순으로 지출된 것으로 가정한다. 다음과 같이 일반 차입금으로 공사대금을 지출한 금액이 없으므로 일반 차입금에 대한 자본화 대상 차입원가는 '0원'이다.
• 일반 차입금 지출액: 공사대금 평균 지출액 350,000원 − 특정 차입금 평균 지출액 720,000원×9개월/12개월 = −190,000원

007 ③ 토지 취득원가: 50,000,000원 + 2,300,000원 + (3,500,000원 − 1,000,000원) = 54,800,000원

상 중 하

008 (주)한결은 사용하던 승용차를 (주)승원의 기계장치와 교환하기로 하였다. 동 승용차의 장부금액은 1,500,000원(취득가액 10,000,000원)이고, 추가로 400,000원을 현금으로 지급하였다. 승용차의 공정가치가 1,700,000원인 경우 당기의 유형자산처분손익은 얼마인가? 73회

① 이익 600,000원 ② 손실 600,000원

③ 이익 200,000원 ④ 손실 200,000원

상 중 하

009 (주)세무는 사용하던 마스크 제조기계를 (주)회계의 차량과 교환하기로 하였다. 동 마스크 제조기계의 취득가액은 200,000,000원, 감가상각누계액은 90,200,000원이고, 추가로 (주)세무는 (주)회계로부터 현금 100,000,000원을 수령하였다. 마스크 제조기계의 공정가치가 120,000,000원인 경우 이 교환거래가 (주)세무의 당기손익에 미치는 영향으로 올바른 것은? 99회

① 당기순이익 10,200,000원 증가 ② 당기순이익 10,200,000원 감소

③ 당기순이익 9,800,000원 증가 ④ 당기순이익 9,800,000원 감소

정답 및 해설

008 ③ 다른 종류의 자산과 교환하여 취득한 유형자산의 취득원가는 교환을 위하여 제공한 자산의 공정가치로 측정한다. 자산의 교환에 현금 수수액이 있는 경우에는 현금 수수액을 반영하여 취득원가를 결정한다.

(차) 기계장치	2,100,000	(대) 차량운반구	10,000,000
감가상각누계액	8,500,000*	현금	400,000
		유형자산처분이익	200,000

* 취득가액 10,000,000원 – 장부금액 1,500,000원 = 8,500,000원

009 ① 다른 종류의 자산과의 교환으로 취득한 유형자산의 취득원가는 교환을 위하여 제공한 자산의 공정가치로 측정한다. 다만, 교환을 위하여 제공한 자산의 공정가치가 불확실한 경우에는 교환으로 취득한 자산의 공정가치를 취득원가로 할 수 있다. 자산의 교환에 현금 수수액이 있는 경우에는 현금 수수액을 반영하여 취득원가를 결정한다.

(차) 차량운반구	20,000,000	(대) 기계장치	200,000,000
감가상각누계액	90,200,000	유형자산처분이익	10,200,000
현금	100,000,000		

THEME 02 정부보조금(국고보조금)으로 취득한 자산의 회계처리 [010~012]

상 중 하

010 다음은 기계장치와 관련된 자료이다. 이에 대한 설명 및 회계처리로 옳지 않은 것은? [115회]

> • 1월 2일 정부보조금(상환의무 없음) 1,000,000원이 보통예금 계좌에 입금되었다.
> • 1월 15일 기계장치를 2,000,000원에 취득하고 대금을 보통예금 계좌에서 이체하여 지급하였다.
> • 12월 31일 잔존가치는 없으며 5년 동안 정액법으로 월할 상각하였다(1개월 미만은 1개월로 한다).
> • 12월 31일 기계장치 취득을 위한 정부보조금은 자산차감법으로 인식하기로 한다.

① 1월 2일 정부보조금 1,000,000원은 보통예금의 차감 계정으로 회계처리한다.

② 1월 15일

(차) 기계장치	2,000,000원	(대) 보통예금	2,000,000원
정부보조금(보통예금차감)	1,000,000원	정부보조금(기계장치차감)	1,000,000원

③ 12월 31일

(차) 감가상각비	400,000원	(대) 감가상각누계액	400,000원
감가상각누계액	200,000원	정부보조금(기계장치차감)	200,000원

④ 12월 31일 재무상태표상 기계장치의 장부가액은 800,000원이다.

상 중 하

011 다음은 기계장치와 관련된 12월 31일 현재의 계정내용이다. 이에 대한 설명으로 옳지 않은 것은? [65회]

> • 기계장치는 2023년 1월 1일에 취득하였으며, 내용연수는 5년, 상각방법은 정액법을 적용한다.
> • 정부보조금은 건설기계 취득 시 즉시 수령하였다.
> • 건설기계 취득원가: 1,000,000원
> • 2024년 12월 31일 현재 감가상각누계액 계정 잔액: 400,000원
> • 2024년 12월 31일 현재 정부보조금 계정 잔액: 300,000원
> • 2025년 1월 1일에 건설기계를 550,000원에 처분하였다.

① 2025년 건설기계의 처분이익은 150,000원이다.
② 2023년 수령한 정부보조금 총액은 500,000원이다.
③ 2023년 당기순이익에 미치는 영향은 100,000원이다.
④ 2023년 말 건설기계의 장부금액은 400,000원이다.

정답 및 해설

010 ③ 12월 31일

(차) 감가상각비	400,000원	(대) 감가상각누계액	400,000원
정부보조금(기계장치차감)	200,000원	감가상각비	200,000원

④ 12월 31일 재무상태표상 기계장치의 장부가액
= 기계장치 2,000,000원 − 감가상각누계액 400,000원 − 정부보조금 800,000원 = 800,000원

011 ① 2025년 초 건설기계의 처분이익: 550,000원 − 300,000원 = 250,000원
② 정부보조금은 내용연수인 5년 동안 감가상각비와 상계처리된다. 취득 후 2년이 지난 2025년 말 정부보조금은 2/5를 차감한 잔액 300,000원(3/5)이므로 2023년 수령한 정부보조금은 500,000원이 된다.
③ 2023년 말의 회계처리는 다음과 같으므로 2023년 당기순이익에 미치는 금액은 100,000원이다.

(차) 감가상각비	100,000	(대) 감가상각누계액	200,000
정부보조금	100,000		

④ 2023년 말 건설기계의 장부금액: 1,000,000원 − 200,000원 − 400,000원 = 400,000원

상 중 하

012 기계장치에 대한 자료가 다음과 같을 때 2025년 감가상각비로 계상하여야 할 금액은 얼마인가? 105회

• 기계장치 취득원가: 1,000,000원	• 정부보조금 수령액: 300,000원
• 취득일자: 2024년 7월 1일	• 내용연수: 5년
• 상각방법: 정액법	• 잔존가치: 없음
• 기계장치 취득과 관련하여 정부보조금을 수령하고, 이를 자산차감법으로 인식한다.	

① 70,000원 ② 100,000원
③ 140,000원 ④ 200,000원

THEME 03 취득 이후의 지출 및 감가상각 [013~017]

상 중 하

013 유형자산과 관련된 일반기업회계기준의 설명 중 옳지 않은 것은? 40회

① 새로 취득한 유형자산에 대한 감가상각방법은 동종의 기존 유형자산에 대한 감가상각방법과 상관없이 선택하여 적용한다.
② 다른 종류의 자산과의 교환으로 유형자산을 취득하는 경우 유형자산의 취득원가는 교환을 위하여 제공한 자산의 공정가치로 측정한다.
③ 건물을 신축하기 위하여 사용 중인 기존 건물을 철거하는 경우 그 건물의 장부금액은 제거하여 처분손실로 반영하고, 철거비용은 전액 당기비용으로 처리한다.
④ 유형자산의 진부화 또는 시장가치의 급격한 하락 등으로 인하여 유형자산의 미래 경제적 효익이 장부금액에 현저하게 미달할 가능성이 있는 경우에는 손상차손의 인식 여부를 검토하여야 한다.

정답 및 해설

012 ③ • 기계장치 감가상각비: 1,000,000원 ÷ 5년 = 200,000원
• 정부보조금 상각비: 300,000원 ÷ 5년 = 60,000원
∴ 2025년 감가상각비: 기계장치 감가상각비 200,000원 − 정부보조금 상각비 60,000원 = 140,000원

013 ① 감가상각방법은 매기 계속하여 적용하고, 정당한 사유 없이 변경하지 않는다. 새로 취득한 유형자산에 대한 감가상각방법도 동종의 기존 유형자산에 대한 감가상각방법과 일치시켜야 한다.

상 중 하

014

신규로 취득한 건물에 대하여 회사는 정액법을 사용하여 감가상각비를 계상하고자 한다. 그러나 담당자의 실수로 정률법을 사용하여 회계처리하였을 때 기말재무제표에 미치는 영향으로 옳은 것은? 101회 유사

	건물의 장부금액	당기순이익	감가상각비
①	과대계상	과대계상	과대계상
②	과대계상	과소계상	과소계상
③	과소계상	과대계상	과소계상
④	과소계상	과소계상	과대계상

상 중 하

015

(주)백두산이 전기 7월 1일에 구입한 기계장치의 감가상각비(정률법 상각)에 대한 내용은 다음과 같다. 기계장치의 취득가액은 얼마인가? 80회

- 회계연도: 1월 1일부터 12월 31일까지
- 기계장치 취득가액: ?원
- 내용연수: 10년
- 정률법에 의한 상각률: 0.2
- 당기 감가상각비: 1,800,000원
- 당기 말 감가상각누계액: 2,800,000원
- 취득 후 월할계산방식에 따라 감가상각비를 계상하였다.

① 9,000,000원
② 10,000,000원
③ 14,000,000원
④ 20,000,000원

정답 및 해설

014 ④ 첫해의 감가상각비는 정액법에 의한 상각비보다 정률법에 의한 상각비가 크다. 따라서 건물의 장부금액이 과소계상되며 감가상각비의 과대계상으로 당기순이익이 과소계상된다.

015 ② • 기계장치 취득가액을 x로 두면, {x − 전기 말 감가상각누계액(2,800,000원 − 1,800,000원)} × 상각률 0.2 = 당기 감가상각비 1,800,000원
∴ x = 10,000,000원

상 중 하

016

다음은 (주)세무의 차량 구입에 대한 내역이다. 차량의 취득원가와 2025년 감가상각비로 옳은 것은? 82회

- (주)세무는 2025년 10월 1일 영업 목적 승용차를 50,000,000원에 취득하다.
- 차량취득세 및 등록 부대비용이 1,750,000원 발생하다.
- 차량 구입 후 자동차 타이어를 스노우타이어(1,000,000원)로 교체하였으며, 이 중 50%를 자동차 대리점으로부터 지원받다.
- (주)세무의 차량운반구의 잔존가치는 0원이고 내용연수는 5년이며, 감가상각방법은 정액법으로 월할상각한다.
- (주)세무의 회계처리는 기업회계기준을 따르되 이익을 최소화하는 방향으로 한다.

	취득원가	감가상각비
①	52,750,000원	2,637,500원
②	51,750,000원	2,587,500원
③	51,750,000원	10,350,000원
④	52,250,000원	2,612,500원

상 중 하

017

다음은 (주)세계의 2025.12.31. 현재 고정자산 명세서의 일부이다. 빈칸에 들어갈 금액으로 맞는 것은? (단, 해당 자산의 잔존가치는 없음) 102회

고정자산 명세서

(주)세계 2025.12.31. 현재 (단위: 원)

자산명	취득일자	기초가액	당기 증감	기말 잔액	감가상각누계액	내용연수	상각방법
비품	2025.10.1.	(1)	0	2,375,000	(2)	5년	정액법

	(1)	(2)
①	3,000,000원	625,000원
②	2,500,000원	125,000원
③	2,750,000원	375,000원
④	2,666,667원	291,667원

정답 및 해설

016 ② • 취득원가: 50,000,000원 + 1,750,000원 = 51,750,000원
∵ 차량용 스노우타이어 교체비용은 즉시 비용으로 처리한다.
∴ 감가상각비: 51,750,000원 ÷ 5년 × 3개월/12개월 = 2,587,500원

017 ② • (1) 기초가액을 x로 두면, x − 당기 감가상각비(x × 1년/5년 × 3개월/12개월) = 기말 잔액 2,375,000원
∴ x = 2,500,000원
• (2) 감가상각누계액: 기초가액 2,500,000원 − 기말 잔액 2,375,000원 = 125,000원

THEME 04 유형자산의 손상차손, 재평가 및 처분 [018~020]

상 중 하

018 **다음 중 일반기업회계기준상 유형자산에 대한 설명으로 옳지 않은 것은?** 32회

① 유형자산의 순매각가액과 사용가치 중 작은 금액인 회수 가능액이 장부금액에 미달하는 경우 장부금액을 회수 가능액으로 조정하여야 한다.

② 유형자산의 폐기 또는 처분으로 발생하는 손익은 처분가액과 장부금액의 차액으로 결정하며 영업외손익으로 인식한다.

③ 신규 사업을 착수하여 발생한 독립된 새로운 사업부문에 대하여 기존과 다른 감가상각방법을 사용하는 경우에는 이를 회계변경으로 보지 않는다.

④ 감가상각 시 잔존가치는 자산의 취득시점에 추정하고 물가 변동에 따라 이를 수정하지 않는다.

상 중 하

019 **다음 중 유형자산과 관련된 설명으로 옳지 않은 것은?** 69회

① 새로 취득한 유형자산은 기존 동종의 자산과 동일한 감가상각방법을 적용하되 감가상각방법 변경 사유가 발생한 경우 회계정책 변경으로 회계처리한다.

② 감가상각방법은 해당 자산으로부터 예상되는 미래 경제적 효익의 소멸행태에 따라 선택하고, 일반적으로 매기 계속 적용함이 원칙이다.

③ 손상된 유형자산에 대하여 제3자로부터 보상금을 받는 경우 그 보상금은 수취할 권리가 발생하는 시점에 당기손익으로 반영한다.

④ 유형자산의 폐기로 발생하는 손익은 처분가액과 장부금액의 차액으로 결정한다.

정답 및 해설

018 ① 회수 가능액은 순매각가액과 사용가치 중 큰 금액을 말한다.

019 ① 감가상각방법 변경 사유가 발생하면 회계추정의 변경으로 회계처리한다.

상 중 하

020 (주)백두산이 전기 7월 1일에 구입한 기계장치를 2025년 12월 31일 6,000,000원에 매각하였다. 기계장치와 관련된 자료가 다음과 같을 때 기계장치의 처분손익은 얼마인가? 84회

- 회계연도: 1월 1일부터 12월 31일까지
- 기계장치 취득가액: ?원
- 내용연수: 5년
- 정액법에 의한 상각률: 0.2
- 당기 감가상각비: 1,800,000원
- 당기 말 감가상각누계액: 2,700,000원
- 잔존가액: 0원
- 취득 후 월할계산방식에 따라 감가상각비를 계상하였으며, 당기 감가상각비를 계상한 후 매각하였다.

① 처분손실 300,000원
② 처분이익 300,000원
③ 처분이익 3,000,000원
④ 처분손실 3,000,000원

정답 및 해설

020 ① • 취득가액을 x라고 가정하면, (x − 잔존가치 0원)×상각률 0.2 = 당기 감가상각비 1,800,000원

∴ x = 9,000,000원

• 처분손익: 양도가액 6,000,000원 − 장부금액(취득가액 9,000,000원 − 당기 말 감가상각누계액 2,700,000원) = −300,000원
(∴300,000원 손실)

CHAPTER 6

무형자산과 기타 비유동자산

핵심키워드
- 무형자산의 인식요건
- 영업권
- 연구단계와 개발단계
- 무형자산의 상각

■ 1회독 ■ 2회독 ■ 3회독

무형자산이란 물리적 실체가 없지만 기업이 영업활동에 장기간 사용할 목적으로 보유하는 비화폐성 자산을 말한다. 무형자산은 물리적 실체가 없으며, 미래 수익 창출 능력에 고도의 불확실성이 존재한다는 점을 제외하고는 유형자산과 동일한 기능을 수행한다.

THEME 01 무형자산과 기타 비유동자산

▸ 최신 30회 중 4문제 출제

1. 무형자산의 특징과 인식

(1) 무형자산의 특징

무형자산의 특징은 식별 가능성, 자산에 대한 통제, 미래 경제적 효익이다.

① 식별 가능성

특정 자산을 구체적인 개별 자산으로 식별할 수 있는지를 나타내는 개념이며, 기업 전체나 일부 자산과 분리하여 처분 또는 대여할 수 있는 개별적 가치를 가지고 있어야 함을 의미한다.

② 자산에 대한 통제

특정 기업이 그 무형자산을 통해 창출할 수 있는 미래 경제적 효익을 배타적으로 확보할 수 있고, 제3자가 그 효익에 접근하는 것을 제한할 수 있어야 한다. 즉, 고정고객이나 고객의 충성도 등은 특정 기업에 미래 경제적 효익을 제공하지만 통제 가능성이 없으므로 무형자산으로 계상할 수 없다.

③ 미래 경제적 효익

미래 경제적 효익은 기업에 유입될 가능성이 매우 높고 이를 신뢰성 있게 측정할 수 있어야 한다. 무형자산의 미래 경제적 효익의 확실성 정도에 대한 평가는 기업의 내부 자체적 증거보다 외부 증거에 더 큰 비중을 둔다.

(2) 무형자산의 인식기준

무형자산의 정의를 충족하고 그 자산의 원가를 신뢰성 있게 측정할 수 있으며 미래 경제적 효익이 기업에 유입될 가능성이 매우 높다면 무형자산으로 인식한다. 만약, 미래 경제적 효익이 기대되더라도 무형자산의 정의와 인식기준을 충족하지 못한다면 그 지출은 발생한 기간의 비용으로 인식한다.

① 창업비, 개업비 또는 사업개시비용

② 사업이전비 또는 조직개편비용 등

(3) 무형자산의 취득원가

무형자산을 최초로 인식할 때에는 원가로 측정한다. 개별 취득하는 무형자산의 원가는 다음의 항목으로 구성된다.

① 구입가격

② 자산을 의도한 목적에 사용할 수 있도록 준비하는 데 직접 관련된 원가

연습문제

다음 중 무형자산 관련 설명으로 옳지 않은 것은? 기출 70회

① 무형자산은 미래 경제적 효익이 있는 비화폐성 자산으로서 산업재산권, 저작권, 개발비 등과 사업 결합에서 발생한 영업권을 포함한다.
② 영업권의 회수 가능가액이 장부금액에 미달하고 그 미달액이 중요한 경우에는 이를 당기비용으로 처리하며, 손상된 영업권은 추후 회복할 수 없다.
③ 무형자산의 미래 경제적 효익의 확실성 정도에 대한 평가는 기업의 외부 증거보다 내부 자체적 증거에 더 큰 비중을 둔다.
④ 무형자산에 대한 대금 지급기간이 일반적인 신용기간보다 긴 경우에는 무형자산의 구입원가는 현금 구입 상당액이 된다.

| 정답 및 해설 |

③ 무형자산의 미래 경제적 효익의 확실성 정도에 대한 평가는 내부 자체적 증거보다 외부 증거에 더 큰 비중을 둔다.

2. 무형자산의 종류

(1) 영업권

영업권은 우수한 경영진, 특유의 제조기법, 오랜 명성, 뛰어난 판매조직, 탁월한 입지조건, 기업의 좋은 이미지 등 타 기업에 비해 유리한 장점을 집합한 무형의 자원을 말한다. 즉, 영업권은 동종 산업의 다른 기업보다 평균 이상의 이익을 얻을 수 있는 무형자산으로, 초과 수익력을 의미한다. 영업권은 발생유형에 따라 자가창설영업권과 매수영업권으로 구분할 수 있다.

① **자가창설영업권**: 기업 내부적으로 스스로 평가하여 재무상태표에 자산으로 계상하는 영업권이다. 자가창설영업권은 취득원가를 신뢰성 있게 측정할 수 없고 기업이 통제하고 있는 식별 가능한 자원이 아니기 때문에 일반기업회계기준에서 무형자산으로 인정하지 않는다.

② **매수영업권**: 외부에서 구입한 영업권으로, 합병, 영업 양수 등의 경우에 유상으로 취득한 것을 말하며, 합병 등의 대가가 합병 등으로 취득하는 순자산의 공정가치를 초과하는 금액이 매수영업권에 해당한다. 영업권의 회수 가능액이 장부금액에 미달하고 그 미달액이 중요한 경우는 이를 당기비용으로 처리하며, **손상된 영업권은 추후 회복할 수 없다.**

> 매수영업권 = 합병 등의 대가로 지급한 금액 − 취득한 순자산의 공정가치

(2) 개발비

개발비는 신제품, 신기술 등을 개발하면서 발생한 비용으로 개별적으로 식별 가능하고 미래의 경제적 효익을 확실히 기대할 수 있는 것을 말한다. 기업의 내부 프로젝트는 연구활동과 개발활동으로 구분되며, 연구단계에서 발생한 비용은 연구비 과목으로, 개발단계에서 발생한 비용은 개발비 또는 경상개발비 과목으로 처리한다. 만약 무형자산을 창출하기 위한 내부 프로젝트를 연구단계와 개발단계로 구분할 수 없으면 그 프로젝트에서 발생한 지출은 모두 연구단계에서 발생한 것으로 본다.

① 연구단계와 개발단계의 구분

연구단계	• 새로운 지식을 얻고자 하는 활동 • 연구 결과 또는 기타 지식을 탐색, 평가, 최종 선택 및 응용하는 활동 • 재료, 장치, 제품, 공정, 시스템, 용역 등에 대한 여러 가지 대체안을 탐색하는 활동 • 새롭거나 개선된 재료, 장치, 제품, 공정, 시스템, 용역 등에 대한 여러 가지 대체안을 제안, 설계, 평가 및 최종 선택하는 활동
개발단계	• 생산이나 사용 전의 시제품과 모형을 설계, 제작, 시험하는 활동 • 새로운 기술과 관련된 공구, 주형, 금형 등을 설계하는 활동 • 상업적 생산 목적으로 실현 가능한 경제적 규모가 아닌 시험공장을 설계, 건설, 가동하는 활동 • 신규 또는 개선된 재료, 장치, 제품, 공정, 시스템이나 용역에 대하여 최종적으로 선정된 안을 설계, 제작, 시험하는 활동

연습문제

다음 중 개발활동과 관련된 지출에 해당하는 것은? 기출 74회

① 생산이나 사용 전의 시제품과 모형을 설계, 제작 및 시험하는 활동과 관련된 지출
② 새롭거나 개선된 재료, 장치, 제품, 공정, 시스템, 용역 등에 대한 여러 가지 대체안을 제안, 설계, 평가하는 활동과 관련된 지출
③ 새로운 지식을 얻고자 하는 활동과 관련된 지출
④ 연구 결과 또는 기타 지식을 탐색, 평가, 최종 선택 및 응용하는 활동

| 정답 및 해설 |

① 나머지 항목(②, ③, ④)은 연구활동과 관련된 지출이다.

② 회계처리

구분		회계처리
연구단계에서 발생한 지출		연구비 과목으로 하여 발생한 기간에 판매비와 관리비로 처리
개발단계에서 발생한 지출	자산 인식요건 충족 ○	개발비(무형자산)로 계상
	자산 인식요건 충족 ×	경상개발비 과목으로 하여 발생한 기간에 판매비와 관리비로 처리

(3) 소프트웨어

자산 인식요건을 충족하는 소프트웨어를 구입하여 사용할 때 구입비용은 소프트웨어 과목으로 하여 무형자산으로 인식하지만, 내부에서 개발된 소프트웨어에 소요된 원가가 자산 인식요건을 충족하면 개발비 과목으로 하여 무형자산으로 처리한다.

(4) 산업재산권

산업재산권이란 법률에 의하여 일정 기간 독점적, 배타적으로 이용할 수 있는 권리를 말하며, 특허권, 실용신안권, 디자인권 및 상표권 등이 해당된다.

(5) 기타의 무형자산

구분	내용
라이선스	상표 · 특허 · 제조 기술 등을 독점적으로 사용할 수 있는 권리
프랜차이즈	본사와 계약한 가맹점이 일정한 관할지역 내에서 본사의 재화나 용역을 독점적으로 생산 · 판매할 수 있는 권리
저작권	문학, 학술, 예술의 범위에 속하는 창작물인 저작물에 대하여 저작권자나 그 권리 승계인이 행사하는 독점적, 배타적 권리
임차권리금	토지나 건물의 임대차에 부수하여 그 부동산이 가지는 특별한 장소적 이익의 대가로서 임대인이 임차인으로부터 수취하는 대가
광업권	일정한 광구에서 보존하는 광물을 독점적, 배타적으로 채굴하여 취득할 수 있는 권리
어업권	일정한 수면에서 독점적, 배타적으로 어업을 경영할 수 있는 권리

3. 기타 비유동자산

비유동자산 중 투자자산 및 유형자산, 무형자산에 속하지 않는 자산을 말한다.

(1) 임차보증금

기업이 건물이나 창고 등을 장기간 임차하는 경우에는 일반적으로 보증금을 내는데, 임차료 미지급액이 없는 상태라면 계약 만료시점에 보증금을 되돌려 받을 권리가 있으므로 기타 비유동자산으로 분류한다.

① 지급 시 회계처리

(차) 임차보증금	×××	(대) 현금 등	×××

② 회수 시 회계처리

(차) 현금 등	×××	(대) 임차보증금	×××

(2) 전세권

전세금을 지급하고 타인의 부동산을 그 용도에 따라 사용하고 이익을 얻을 수 있는 권리를 말한다.

(3) 장기매출채권

일반적인 상거래에서 발생한 매출채권 중 만기가 보고기간 종료일부터 1년 이후에 도래하는 것이다.

(4) 장기미수금

유형자산의 매각 등 일반적인 상거래 이외의 거래에서 발생하는 채권으로, 만기가 보고기간 종료일로부터 1년 이후에 도래하는 것이다.

(5) 부도어음과 수표

부도어음은 만기가 되어 지급을 청구하였으나 지급 불능이 된 어음을 말한다. 어음이 부도처리되면 어음 소지인이 어음금액을 청구할 수 있는데, 이때 청구하는 금액은 어음금액, 만기일에서 상환일까지의 법정이자, 공증인에 의한 지급거절증서 작성비용 등의 합계액을 말한다.

(차) 부도어음과 수표	×××	(대) 받을어음	×××
		현금 등	×××

합격을 다지는 실전문제 p.107

THEME 02 무형자산의 상각

▸ 최신 30회 중 4문제 출제

1. 상각기간

무형자산의 상각 대상 금액(원가－잔존가치)은 그 자산의 추정내용연수 동안 체계적인 방법에 의하여 비용으로 배분한다. 무형자산의 상각기간은 독점적, 배타적인 권리를 부여하고 있는 관계 법령이나 계약에 정해진 경우를 제외하고는 20년을 초과할 수 없다. 상각은 자산을 사용할 수 있을 때부터 시작한다.

2. 상각방법

무형자산의 공정가치 또는 회수가능액이 증가하더라도 상각은 원가에 기초한다. 상각은 합리적인 방법으로 하며, 그 방법에는 정액법, 정률법, 연수합계법, 이중체감법, 생산량비례법 등이 있다. 다만, 합리적인 상각방법을 정할 수 없는 경우에는 정액법을 사용한다.

3. 재무제표 표시

무형자산은 취득원가에서 무형자산 상각누계액을 직접 차감하여 표시(직접법)할 수도 있고, 취득원가에서 무형자산 상각누계액을 별도로 사용하여 차감하는 형식으로 표시(간접법)할 수도 있다. 일반기업회계기준에서는 무형자산의 표시방법으로 직접법과 간접법을 모두 허용하고 있다.

(1) 직접법

(차) 무형자산 상각비	×××	(대) 무형자산	×××

(2) 간접법

(차) 무형자산 상각비	×××	(대) 무형자산 상각누계액	×××

꿀팁 무형자산 상각비는 무형자산이 제조와 관련된 경우에는 제조원가로, 그 밖의 경우에는 판매비와 관리비로 계상한다.

4. 잔존가치

무형자산의 잔존가치는 없는 것(0원)을 원칙으로 한다. 다만, 상각기간이 경제적 내용연수보다 짧은 경우에는 상각기간 종료시점에서 제3자가 그 자산을 구입하는 약정이 있거나 그 자산에 대한 거래시장이 존재하여 잔존가치가 거래시장에서 결정될 가능성이 매우 높다면 잔존가치를 인식할 수 있다.

연습문제

다음 중 일반기업회계기준상 무형자산에 관한 설명으로 옳지 않은 것은? 기출 86회

① 무형자산의 상각기간은 독점적, 배타적인 권리를 부여하고 있는 관계 법령이나 계약에 정해진 경우를 제외하고는 20년을 초과할 수 없다.
② 무형자산의 잔존가치는 취득가액의 5%를 원칙으로 한다.
③ 무형자산의 상각은 자산이 사용 가능한 때부터 시작한다.
④ 무형자산의 공정가치 또는 회수 가능액이 증가하더라도 상각은 원가에 기초한다.

| 정답 및 해설 |

② 무형자산의 잔존가치는 없는 것을 원칙으로 한다.

합격을 다지는 실전문제 p.109

합격을 다지는 실전문제

THEME 01 무형자산과 기타 비유동자산 [001~006]

상 중 하

001 일반기업회계기준상 무형자산의 특징이 아닌 것은? 90회

① 권리의 법적 집행 가능성 ② 기업의 통제
③ 식별 가능성 ④ 미래 경제적 효익

상 중 하

002 다음 중 무형자산이 아닌 것은? 21회

① 소프트웨어 ② 개발비
③ 경상개발비 ④ 상표권

상 중 하

003 다음 중 기업회계기준상 무형자산에 관한 설명으로 틀린 것은? 99회

① 프로젝트의 연구단계에서는 미래 경제적 효익을 창출할 무형자산이 존재한다는 것을 입증할 수 없기 때문에 연구단계에서 발생한 지출은 무형자산으로 인식할 수 없고 발생한 기간의 비용으로 인식한다.
② 새롭거나 개선된 재료, 장치, 제품, 공정, 시스템, 용역 등에 대한 여러 가지 대체안을 제안, 설계, 평가 및 최종 선택하는 활동은 연구단계에 속하는 활동이다.
③ 새롭거나 개선된 재료, 장치, 제품, 공정, 시스템 및 용역 등에 대하여 최종적으로 선정된 안을 설계, 제작 및 시험하는 활동은 개발단계에 속하는 활동이다.
④ 무형자산을 창출하기 위한 내부 프로젝트를 연구단계와 개발단계로 구분할 수 없는 경우에는 그 프로젝트에서 발생한 지출은 모두 개발단계에서 발생한 것으로 본다.

정답 및 해설

001 ① 권리의 법적 집행 가능성은 무형자산의 특징이 아니다.
002 ③ 경상개발비는 당기비용으로 처리한다.
003 ④ 무형자산을 창출하기 위한 내부 프로젝트를 연구단계와 개발단계로 구분할 수 없는 경우 그 프로젝트에서 발생한 지출은 모두 연구단계에서 발생한 것으로 본다.

상 중 하

004 (주)발산의 영업부장인 박영철은 신제품의 개발과 관련된 비용을 다음과 같이 지출하였다. 재무상태표에서 무형자산인 개발비로 계상되는 것은? 35회

가. 새로운 지식을 얻고자 하는 활동비용
나. 생산 전 시작품과 모형 제작비용
다. 개선된 장치, 제품 등에 대한 대체안을 제안, 설계, 평가와 관련된 비용
라. 상업적 생산 목적이 아닌 소규모의 시험공장을 설계, 건설 및 가동하는 비용
마. 새로운 기술과 관련된 공구, 금형, 주형 등을 설계하는 활동비용

① 1개　　② 2개
③ 3개　　④ 4개

상 중 하

005 일반기업회계기준의 무형자산과 관련된 내용 중 옳지 않은 것은? 49회 유사

① 제조와 관련 있는 개발비 상각액은 판매비와 관리비로 처리해야 한다.
② 프로젝트의 연구단계에서는 미래 경제적 효익을 창출한 무형자산이 존재한다는 것을 입증할 수 없기 때문에 연구단계에서 발생한 지출은 무형자산으로 인식할 수 없고, 발생한 기간의 비용으로 인식한다.
③ 새로운 지식을 얻거나 연구 결과 또는 기타 지식을 탐색, 평가, 최종 선택 및 응용하는 활동은 연구단계에 속하는 활동의 예이다.
④ 무형자산의 상각기간은 독점적, 배타적인 권리를 부여하고 있는 관계 법령이나 계약에 정해진 경우를 제외하고는 20년을 초과할 수 없으며, 상각은 자산을 사용할 수 있을 때부터 시작한다.

상 중 하

006 다음 중 무형자산에 대한 설명으로 옳지 않은 것은? 58회

① 무형자산을 다른 비화폐성 자산과 교환하여 취득하는 경우 제공한 자산의 공정가치를 취득원가로 한다.
② 무형자산의 인식은 취득시점에 검토되어야 하며, 취득 또는 완성 후에 증가, 대체, 수선을 위해 발생한 원가는 고려하지 않는다.
③ 국고보조금에 의해 무형자산을 공정가치보다 낮은 대가로 취득하는 경우에는 취득일의 공정가치를 취득원가로 한다.
④ 사용을 중지하고 처분을 위해 보유하는 무형자산은 상각을 중단하고 손상차손 여부를 검토한다.

정답 및 해설

004 ③ '가, 다'는 연구단계에 속하는 활동의 사례로서 당기비용으로 처리하고, '나, 라, 마'는 개발단계에 속하는 활동의 사례로서 개발비(무형자산)로 처리한다.

005 ① 제조와 관련 있는 개발비 상각액은 제조원가로, 그 외에는 판매비와 관리비로 처리해야 한다.

006 ② 무형자산의 인식은 취득 또는 완성 후에 증가, 대체, 수선을 위해 발생한 원가에도 적용한다.

THEME 02 무형자산의 상각 [007~010]

상 중 하

007 **다음 중 무형자산에 대한 회계처리와 보고방법에 대한 설명으로 옳지 않은 것은?** 107회

① 무형자산은 당해 자산의 법률적 취득 시점부터 합리적인 기간 동안에 정액법, 연수합계법, 체감잔액법, 생산량비례법 등 기타 합리적인 방법을 적용하여 상각한다.

② 자산에서 발생하는 미래경제적효익이 기업에 유입될 가능성이 매우 높고, 자산의 원가를 신뢰성 있게 측정할 수 있는 경우만 무형자산으로 인식한다.

③ 무형자산의 상각기간은 독점적 · 배타적인 권리를 부여하고 있는 관계 법령이나 계약에 정해진 경우를 제외하고는 20년을 초과할 수 없다.

④ 무형자산의 장부금액은 무형자산의 취득원가에서 상각누계액과 손상차손누계액을 차감한 금액으로 기록한다.

상 중 하

008 **다음은 일반기업회계기준상 무형자산에 관한 설명이다. 옳지 않은 것은?** 44회

① 기업 내부에서 개발된 소프트웨어의 경우 자산 인식요건을 충족하는 경우에는 개발비의 과목으로 하여 무형자산으로 처리한다.

② 법인 설립 시 발생하는 등기비용 등의 창업비용은 당기비용으로 처리한다.

③ 무형자산에 대한 상각은 5년의 기간 내에 정액법으로 상각한다.

④ 무형자산의 상각방법은 정액법, 정률법, 연수합계법, 생산량비례법 등 합리적인 방법으로 상각한다.

상 중 하

009 **일반기업회계기준에서는 무형자산의 상각방법으로 경제적 효익이 소비되는 행태를 합리적인 방법으로 나타낼 수 있어야 하며, 구체적으로 정액법, 체감잔액법(정률법 등), 연수합계법, 생산량비례법 등을 들고 있다. 합리적인 상각방법을 정할 수 없는 경우 규정하고 있는 상각방법은?** 15회

① 정액법
② 생산량비례법
③ 연수합계법
④ 정률법

정답 및 해설

007 ① 무형자산의 상각은 자산이 사용 가능한 때부터 시작한다.

008 ③ 무형자산의 상각은 그 자산의 추정내용연수 동안 체계적인 방법을 적용하여 비용으로 배분하며, 상각기간은 20년을 초과할 수 없다.

009 ① 무형자산은 정액법, 체감잔액법(정률법 등), 연수합계법, 생산량비례법 등 기타 합리적인 방법을 적용한다. 이때 합리적인 상각방법을 정할 수 없는 경우에는 정액법으로 상각한다.

상 중 하

010 다음 무형자산에 대한 설명 중 옳은 것을 모두 고른 것은?

> 가. 자산에서 발생하는 미래 경제적 효익이 기업에 유입될 가능성이 매우 높고, 자산의 원가를 신뢰성 있게 측정할 수 있는 경우에 무형자산을 인식한다.
> 나. 내부적으로 창출한 영업권은 자산으로 인식하지 않는다.
> 다. 무형자산의 상각 대상 금액을 내용연수 동안 체계적으로 배분하기 위해 다양한 방법을 사용할 수 있다.
> 라. 무형자산의 사용이나 처분으로부터 미래 경제적 효익이 기대되지 않을 때 재무상태표에서 제거한다.

① 라 ② 나, 라
③ 가, 나, 라 ④ 가, 나, 다, 라

정답 및 해설

010 ④ '가, 나, 다, 라' 모두 옳은 설명이다.

CHAPTER

07 부채

핵심키워드
- 현재가치
- 사채의 발행
- 충당부채
- 퇴직급여
- 퇴직연금
- 환율 변동 효과

1회독 2회독 3회독

THEME 01 부채의 정의와 분류

▸ 최신 30회 중 2문제 출제

부채란 과거의 거래나 사건의 결과로서 현재 기업이 부담하고 있고 그 이행에 자원의 유출이 예상되는 의무이다. 부채는 1년 또는 정상영업주기를 기준으로 유동부채와 비유동부채로 분류한다. 일반기업회계기준에 의하면 보고기간 후 1년 이상 결제를 연기할 수 있는 무조건의 권리를 가지고 있지 않은 부채는 유동부채로 분류하며 장기차입약정을 위반하여 채권자가 즉시 상환을 요구할 수 있는 채무는 보고기간 종료일과 재무제표가 사실상 확정된 날 사이에 상환을 요구하지 않기로 합의하더라도 유동부채로 분류한다.

구분		내용
유동부채	매입채무	일반적인 상거래에서 발생한 채무(외상매입금+지급어음)
	미지급금	일반적인 상거래 이외의 거래에서 발생한 채무로서, 보고기간 종료일로부터 1년 이내에 상환기일이 도래하는 채무
	예수금	최종적으로 제3자에게 지급해야 할 금액을 기업이 거래처나 종업원에게 미리 받아 일시적으로 보관하는 금액
	가수금	현금을 받았으나 계정과목이나 금액을 확정할 수 없는 경우
	선수금	제품 등을 판매하기로 하고 미리 받은 계약금
	단기차입금	금융기관 등에서 차입한 당좌차월과 보고기간 종료일로부터 1년 이내에 상환될 차입금
	미지급세금 (당기법인세부채)	회사가 납부하여야 할 법인세 부담액 중 아직 납부하지 못한 금액
	미지급비용	발생주의에 의하여 이미 발행한 비용으로 아직 지급하지 않은 것
	선수수익	이미 받은 수익 중에서 차기 이후에 속하는 금액
	유동성 장기부채	장기차입금 등 비유동부채 중 보고기간 종료일로부터 1년 이내에 만기가 도래한 것
	미지급배당금	배당결의일 현재 미지급된 현금 배당액
비유동부채	사채	거액의 장기자금을 조달하기 위하여 발행한 차입채무
	장기차입금	보고기간 종료일로부터 1년 이후에 지급할 조건으로 현금을 빌려온 금액
	퇴직급여충당부채	장래에 종업원 퇴직 시 지급하게 될 퇴직금 준비액
	장기성 매입채무	일반적인 상거래에서 발생한 장기의 외상매입금 및 지급어음
	장기미지급금	일반적인 상거래 이외의 거래에서 발생한 채무로서, 보고기간 종료일로부터 1년 이후에 상환기일이 도래하는 채무
	임대보증금	임대차계약 시 임대인이 임차인에게 받은 보증금

연습문제

다음 중 일반기업회계기준에 따른 유동부채에 대한 설명으로 틀린 것은? 기출 112회

① 보고기간 종료일로부터 1년 이내에 상환되어야 하는 단기차입금 등의 부채는 유동부채로 분류한다.

② 보고기간 후 1년 이상 결제를 연기할 수 있는 무조건의 권리를 가지고 있지 않은 부채는 유동부채로 분류한다.

③ 기업의 정상적인 영업주기 내에 상환 등을 통하여 소멸할 것이 예상되는 매입채무와 미지급비용 등의 부채는 유동부채로 분류한다.

④ 장기차입약정을 위반하여 채권자가 즉시 상환을 요구할 수 있는 채무는 보고기간 종료일과 재무제표가 사실상 확정된 날 사이에 상환을 요구하지 않기로 합의하면 비유동부채로 분류한다.

| 정답 및 해설 |

④ 장기차입약정을 위반하여 채권자가 즉시 상환을 요구할 수 있는 채무는 보고기간 종료일과 재무제표가 사실상 확정된 날 사이에 상환을 요구하지 않기로 합의하더라도 유동부채로 분류한다.

합격을 다지는 실전문제 p.121

THEME 02 사채 중요

▸ 최신 30회 중 12문제 출제

1. 현재가치 평가

화폐의 시간가치는 명목가액상 동일한 화폐금액이라 할지라도 측정하는 시점에 따라 그 평가가치가 달라진다. 이자를 고려해야 하기 때문에 미래에 받게 될 현금가치와 현재의 현금가치는 동일하지 않다. 일반기업회계기준은 명목가치와 현재가치의 차이가 유의적인(중요한) 경우에는 현재가치 평가를 원칙으로 한다.

(1) 미래가치

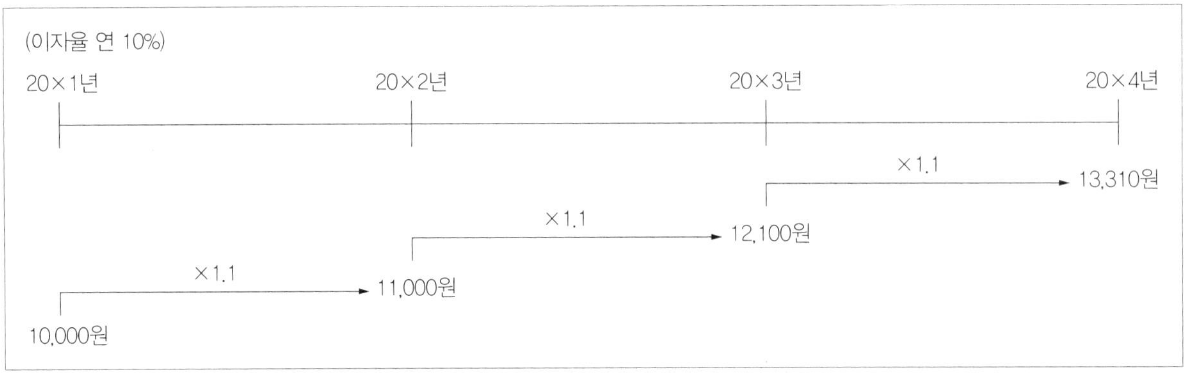

이자율 연 10%와 복리이자방식을 가정할 경우 현재의 10,000원은 1년 후에 11,000원(=10,000원×1.1), 2년 후에 12,100원(=10,000원×1.1^2), 3년 후에 13,310원(=10,000원×1.1^3)이 된다. 즉, 현재 10,000원의 미래가치는 1년 후 11,000원, 2년 후 12,100원, 3년 후 13,310원이 된다.

(2) 현재가치

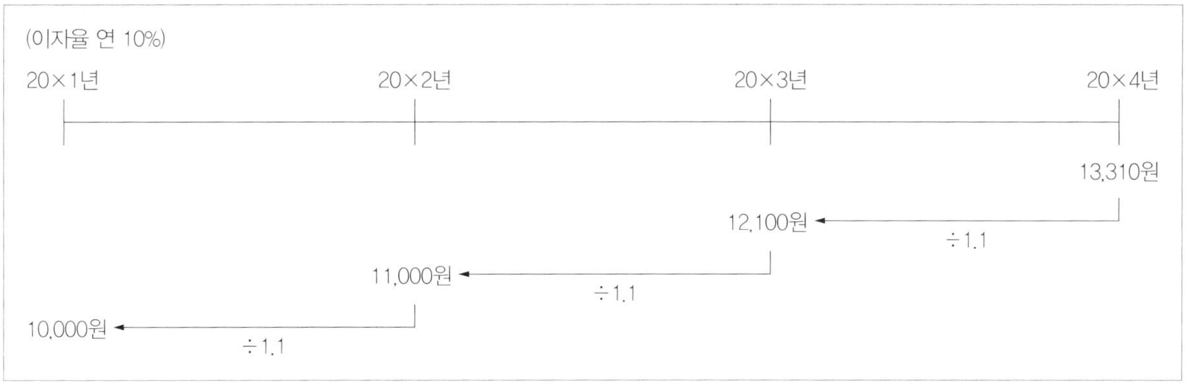

현재가치에서 미래가치를 구할 때 이자율만큼 곱한다. 미래가치에서 현재가치를 구할 때는 이자율만큼 나누어 계산하면 된다. 즉, 이자율이 10%라고 가정할 때 3년 뒤 13,310원의 현재가치는 10,000원(=13,310원÷1.1^3), 2년 뒤 12,100원의 현재가치는 10,000원(=12,100원÷1.1^2), 1년 뒤 11,000원의 현재가치는 10,000원(=11,000원÷1.1)이 된다.

+ 현가계수와 연금현가계수(미래 현금흐름을 현재가치로 계산할 때 필요한 계수)

- 현가계수: 미래 현금흐름을 시장이자율로 할인하여 현재의 가치로 계산하기 위한 계수
  예 1년 후 1,100원을 10% 할인한 현재가치 계산식 '1,100원÷(1+0.1)' 중 1÷(1+0.1)을 미리 계산한 것
- 연금현가계수: 일정 기간에 걸쳐 동일하게 연속된 금액의 현재가치를 계산하기 위한 계수이며, 매기 현가계수의 누적된 금액
  예 3기 연금현가계수=1기 현가계수+2기 현가계수+3기 현가계수

2. 사채

사채란 기업이 장기간 거액의 자금 조달을 목적으로 채무증권(상환금액을 증서로 표시)을 발행하여 다수의 제3자로부터 차입하는 부채를 의미한다. 기업은 은행에서 차입을 통해 자금을 마련할 수 있으나, 일반적으로 대규모의 자금을 장기간 안정적으로 차입하기는 쉽지 않다. 사채는 이러한 문제를 해결해 주는 기업의 자금 조달(차입) 수단이다. **발행자 입장에서는 비유동부채인 사채에 해당하며, 투자자 입장에서는 채무증권에 해당하여 취득 목적에 따라 단기매매증권, 매도가능증권, 만기보유증권으로 분류한다.**

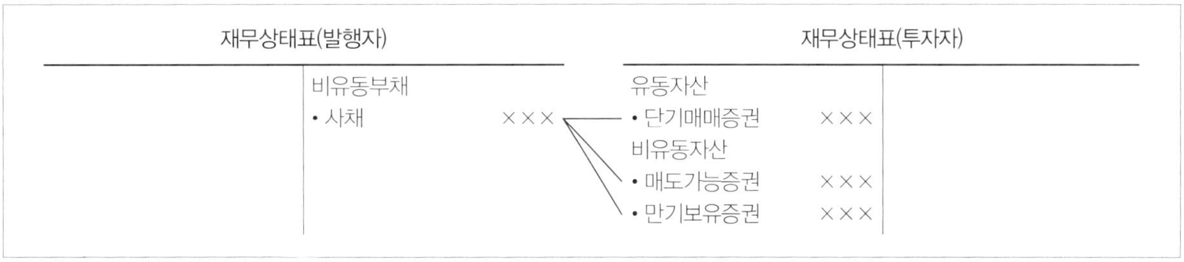

3. 사채의 발행

사채의 발행금액이 액면금액과 일치하면 액면발행, 액면금액에 미달하면 할인발행, 액면금액을 초과하면 할증발행이라고 한다.

구분	이자율 관계	사채 발행자의 총이자비용
액면발행	시장이자율=액면이자율	현금 지급액
할인발행	시장이자율>액면이자율	현금 지급액+할인액
할증발행	시장이자율<액면이자율	현금 지급액-할증액

+ 이자율

- 시장이자율: 자본시장에서 자금의 수요와 공급이 균형을 이루는 점에서 결정되는 이자율을 의미하며, 일반적으로 사채 발행 당시의 시장이자율을 유효이자율이라고 하는데, 이는 사채의 발행가액과 사채의 미래 현금흐름의 현재가치를 일치시켜 주는 이자율이다.
- 액면이자율: 사채 권면액에 표시된 약정이자율을 의미한다.

(1) 할인발행(시장이자율>액면이자율)

20×1년 1월 1일 액면 1,000,000원, 액면이자율 10%, 시장이자율 12%, 만기는 3년, 이자는 매년 말 지급으로 사채를 할인발행한 경우 발행금액(현재가치)은 951,963원이다.

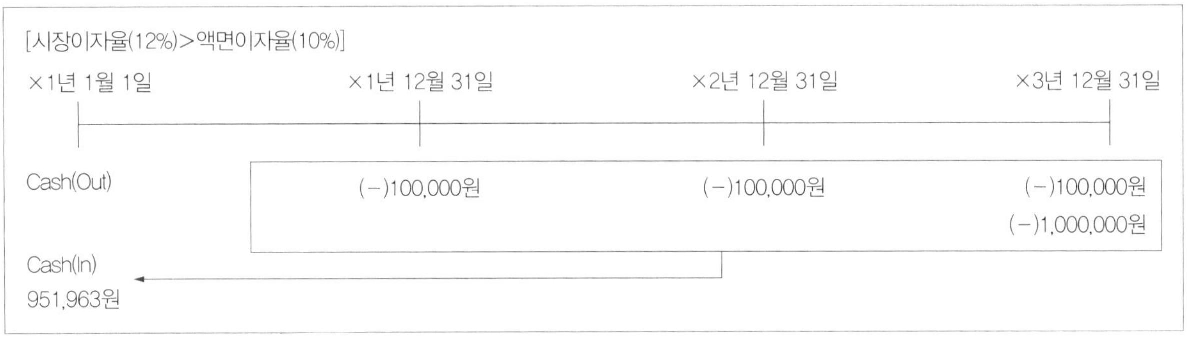

① 유효이자율법*을 적용한 상각표: 일반기업회계기준에서는 사채 액면금액의 차감 계정인 사채할인발행차금에 대해 유효이자율법을 적용하여 상각하고, 그 금액을 이자비용에 가산하도록 규정한다.

* 유효이자율이란 사채의 발행금액과 사채 미래 현금흐름의 현재가치를 일치시키는 이자율을 말하며, 투자자 입장에서는 사채에 투자함으로써 얻으려고 하는 기대수익률, 발행자 입장에서는 사채를 행함으로써 부담하게 되는 실질이자율을 의미한다.

구분	유효이자(12%)	액면이자(10%)	상각액	장부금액
20×1년 1월 1일	−	−	−	951,963원
20×1년 12월 31일	114,236원*1	100,000원	14,236원*2	966,199원*3
20×2년 12월 31일	115,944원	100,000원	15,944원	982,143원
20×3년 12월 31일	117,857원	100,000원	17,857원	1,000,000원

*1 951,963원×12%=114,236원
*2 114,236원−100,000원=14,236원
*3 951,963원+14,236원=966,199원

② 사채 발행자의 회계처리: 사채할인발행차금은 사채의 액면금액에서 차감하여 표시하며, 유효이자율법에 따라 각 연도에 인식할 이자비용과 각 이자 지급일에 지급할 액면이자의 차이만큼 상각한다. 유효이자율법으로 사채발행차금을 상각하는 경우 기초 장부금액에 대한 이자비용의 비율(유효이자율)은 매년 동일하다.

구분	발행자			
20×1년 1월 1일	(차) 현금 사채할인발행차금	951,963 48,037	(대) 사채	1,000,000
20×1년 12월 31일	(차) 이자비용	114,236	(대) 현금 사채할인발행차금	100,000 14,236
20×2년 12월 31일	(차) 이자비용	115,944	(대) 현금 사채할인발행차금	100,000 15,944
20×3년 12월 31일	(차) 이자비용 사채	117,857 1,000,000	(대) 현금 사채할인발행차금 현금	100,000 17,857 1,000,000

③ **사채 투자자의 회계처리**: 해당 사채를 만기까지 보유할 목적으로 매입한 것으로 가정하면 분개는 다음과 같다. 만기보유증권은 상각 후 원가로 평가하여 재무상태표에 표시한다. 만기보유증권을 상각 후 원가로 측정할 때에는 장부금액과 만기 액면금액의 차이를 상환기간에 걸쳐 유효이자율법에 의하여 상각하여 취득원가와 이자수익에 가감한다.

구분	투자자			
20×1년 1월 1일	(차) 만기보유증권	951,963	(대) 현금	951,963
20×1년 12월 31일	(차) 현금 만기보유증권	100,000 14,236	(대) 이자수익	114,236
20×2년 12월 31일	(차) 현금 만기보유증권	100,000 15,944	(대) 이자수익	115,944
20×3년 12월 31일	(차) 현금 만기보유증권 현금	100,000 17,857 1,000,000	(대) 이자수익 만기보유증권	117,857 1,000,000

(2) 할증발행(시장이자율＜액면이자율)

20×1년 1월 1일 액면 1,000,000원, 액면이자율 12%, 시장이자율 10%, 만기는 3년, 이자는 매년 말 지급으로 사채를 할증발행한 경우 발행금액(현재가치)은 1,049,737원이다.

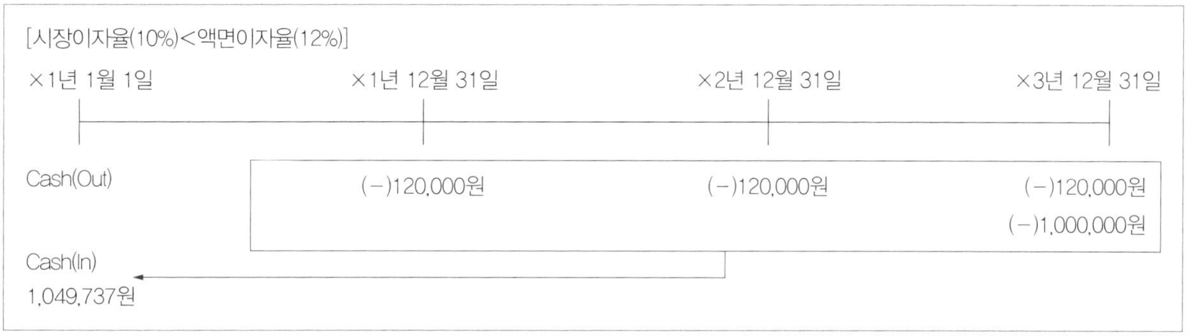

① **유효이자율법을 적용한 상각표(환입표)**: 일반기업회계기준에서는 사채 액면금액의 가산 계정인 사채할증발행차금에 대해 유효이자율법을 적용하여 환입하고, 그 금액을 이자비용에 차감하도록 규정한다.

구분	유효이자(10%)	액면이자(12%)	상각액	장부금액
20×1년 1월 1일	−	−	−	1,049,737원
20×1년 12월 31일	104,974원*1	120,000원	15,026원*2	1,034,711원*3
20×2년 12월 31일	103,471원	120,000원	16,529원	1,018,182원
20×3년 12월 31일	101,818원	120,000원	18,182원	1,000,000원

*1 1,049,737원×10%＝104,974원

*2 120,000원－104,974원＝15,026원

*3 1,049,737원－15,026원＝1,034,711원

② **사채 발행자의 회계처리**: 사채할증발행차금은 사채의 액면금액에 가산하여 표시하며 유효이자율법에 따라 각 연도에 인식할 이자비용과 각 이자 지급일에 지급할 액면이자의 차이만큼 환입한다.

구분	발행자			
20×1년 1월 1일	(차) 현금	1,049,737	(대) 사채 사채할증발행차금	1,000,000 49,737
20×1년 12월 31일	(차) 이자비용 사채할증발행차금	104,974 15,026	(대) 현금	120,000

20×2년 12월 31일	(차) 이자비용 사채할증발행차금	103,471 16,529	(대) 현금	120,000
20×3년 12월 31일	(차) 이자비용 사채할증발행차금 사채	101,818 18,182 1,000,000	(대) 현금 현금	120,000 1,000,000

③ 사채 투자자의 회계처리

구분	투자자			
20×1년 1월 1일	(차) 만기보유증권	1,049,737	(대) 현금	1,049,737
20×1년 12월 31일	(차) 현금	120,000	(대) 이자수익 만기보유증권	104,974 15,026
20×2년 12월 31일	(차) 현금	120,000	(대) 이자수익 만기보유증권	103,471 16,529
20×3년 12월 31일	(차) 현금 현금	120,000 1,000,000	(대) 이자수익 만기보유증권 만기보유증권	101,818 18,182 1,000,000

+ 할인발행과 할증발행의 상각표 비교

구분	사채의 장부금액	현금 지급이자	이자비용	할인(할증)액 상각
할인발행	증가	일정	증가	증가
할증발행	감소	일정	감소	증가

(3) 사채발행비

사채발행비란 사채를 발행하는 데 직접 소요된 지출을 말하며, 사채권 인쇄비, 광고비, 수수료 등이 이에 해당한다. 사채발행비는 사채 발행으로 인해 조달된 현금을 감소시키므로 사채 발행시점의 사채 발행가액에서 직접 차감한다. 즉, 액면발행하거나 할인발행한 경우에는 사채할인발행차금으로 계상하며, 할증발행한 경우에는 사채할증발행차금에서 차감한다.

4. 사채의 조기상환

사채 발행회사가 만기일 전에 사채를 상환하는 것을 조기상환이라 하며, 사채의 조기상환 시 현금상환액과 장부금액을 비교하여 사채상환손익으로 처리한다.

① 사채의 장부금액<현금 상환액: 사채상환손실(영업외비용)

② 사채의 장부금액>현금 상환액: 사채상환이익(영업외수익)

연습문제

(주)세무는 아래와 같은 사채를 발행하였다. 2027년 12월 31일에 사채의 장부금액은 얼마인가? (단, 사채할인발행차금은 유효이자율법에 따라 상각하고 소수점 이하는 절사함) 기출 81회

- 발행일: 2025년 1월 1일
- 만기일: 2029년 12월 31일
- 액면금액: 1,000,000원
- 액면이자율: 10%
- 발행금액: 927,880원
- 유효이자율: 12%
- 이자 지급일: 매년 12월 31일

① 961,915원 ② 966,163원
③ 1,000,000원 ④ 1,038,283원

| 정답 및 해설 |

② • 2025년 말 장부금액: 927,880원+(927,880원×12%−100,000원)=939,225원
• 2026년 말 장부금액: 939,225원+(939,225원×12%−100,000원)=951,932원
• 2027년 말 장부금액: 951,932원+(951,932원×12%−100,000원)=966,163원

5. 금융상품(금융자산과 금융부채)

(1) 용어 정리

구분	내용
금융상품	거래당사자에게 금융자산과 금융부채를 동시에 발생시키는 계약
금융자산	현금, 소유지분에 대한 증서 및 현금(또는 다른 금융자산)을 수취하거나 유리한 조건으로 금융자산을 교환할 수 있는 계약상의 권리 예 현금 및 현금성자산, 매출채권, 미수금, 대여금, 유가증권 등
금융부채	현금(또는 다른 금융자산)을 지급하거나 불리한 조건으로 금융자산을 교환해야 하는 계약상의 의무 예 매입채무, 미지급금, 차입금, 사채 등

(2) 회계처리

① **최초 인식**: 금융자산이나 금융부채는 금융상품의 계약당사자가 되는 때에만 재무상태표에 인식한다. 금융자산이나 금융부채는 최초 인식 시 공정가치로 측정하며 공정가치는 일반적으로 거래가격을 말한다.

② **금융상품 일괄 매입**: 둘 이상의 금융상품을 일괄하여 매입한 경우에는 공정가치를 보다 신뢰성 있게 측정할 수 있는 금융상품의 공정가치를 우선 인식한 후 매입가액의 잔여액으로 나머지 금융상품을 인식한다.

③ **후속 측정**: 금융자산이나 금융부채의 후속측정은 상각후원가로 측정하는 것이 일반적이다. 금융상품의 현금흐름에 대한 추정 변경 또는 재협상 등으로 현금흐름이 변경되는 경우에도 금융자산의 순장부금액이나 금융부채를 상각한 후 원가를 조정한다.

④ **금융자산 제거**: 금융자산은 다음 요건을 모두 충족하는 경우에는 양도자가 금융자산에 대한 통제권을 이전한 것으로 보아 매각거래로, 이외의 경우에는 금융자산을 담보로 한 차입거래로 인식한다. 또한, 금융자산의 이전이 담보거래에 해당하는 경우에는 해당 금융자산을 담보제공자산으로 별도 표시하여야 한다.

+ 금융자산의 매각거래로의 인식요건

- 양도인은 금융자산 양도 후에 당해 양도자산에 대한 권리를 행사할 수 없어야 한다.
- 양수인은 양수한 금융자산을 처분(양도 및 담보 제공 등)할 자유로운 권리를 갖고 있어야 한다.
- 양도인은 금융자산 양도 후에 효율적인 통제권을 행사할 수 없어야 한다.

⑤ **금융부채 제거**: 소멸하거나 제3자에게 양도한 금융부채의 장부금액과 지급한 대가의 차액은 당기손익으로 인식한다.

연습문제

다음 중 일반기업회계기준상 금융상품에 대한 설명으로 틀린 것은? 기출 97회

① 금융자산이나 금융부채는 최초 인식 시 공정가치로 측정한다.
② 최초 인식 시 금융상품의 공정가치는 일반적으로 거래가격이다.
③ 소멸하거나 제3자에게 양도한 금융부채의 장부금액과 지급한 대가의 차액은 당기손익으로 인식한다.
④ 금융자산을 양도한 후에도 양도인이 해당 양도자산에 대한 권리를 행사할 수 있는 경우, 해당 금융자산을 제거하고 양도인의 권리를 주석으로 공시한다.

| 정답 및 해설 |

④ 금융자산을 양도한 후 양도인이 양도자산에 대한 권리를 행사할 수 있는 경우 해당 금융자산을 담보로 한 차입거래로 본다.

합격을 다지는 실전문제 p.121

THEME 03 충당부채

▸ 최신 30회 중 4문제 출제

1. 충당부채의 정의 및 인식요건

(1) 충당부채의 정의

충당부채는 과거사건이나 거래의 결과로 생긴 현재 의무로서, 지출의 시기 또는 금액이 불확실한 부채를 말하며 충당부채와 관련하여 필요한 내용은 주석에 기재하여 공시하여야 한다.

(2) 충당부채의 인식요건

충당부채는 다음의 요건을 모두 충족하는 경우에 인식한다.

① 과거의 사건이나 거래의 결과로 현재 의무가 존재한다.
② 당해 의무를 이행하기 위하여 자원이 유출될 가능성이 매우 높다.
③ 그 의무의 이행에 소요되는 금액을 신뢰성 있게 추정할 수 있다.

(3) 우발부채

우발부채는 부채로 인식하지 않고 의무를 이행하기 위하여 자원이 유출될 가능성이 아주 낮지 않은 한 주석으로 기재한다. 의무를 이행하기 위하여 자원이 유출될 가능성이 아주 낮은 경우에는 주석으로 생략할 수 있으나 계류 중인 중요한 소송사건, 타인에게 제공한 지급보증 또는 이와 유사한 보증이 있는 경우에는 그 내용을 주석으로 공시해야 한다.

+ 충당부채와 우발부채의 비교

구분	유출 가능성	금액의 신뢰성 있는 측정	재무상태표(B/S)상 표시
충당부채	매우 높음	측정 가능	부채 표시
우발부채	어느 정도 있음	측정 가능 또는 측정 불가능	주석 공시

(4) 우발자산

우발자산은 자산으로 인식하지 않고 자원의 유입 가능성이 매우 높은 경우에만 주석에 기재한다.

2. 충당부채의 측정

① 충당부채로 인식하는 금액은 현재 의무의 이행에 소요되는 지출에 대한 보고기간 말 현재 최선의 추정치여야 한다. 현재 의무를 이행하기 위하여 소요되는 금액에 대한 최선의 추정치는 보고기간 말에 의무를 직접 이행하거나 이해관계가 없는 제3자에게 이전시키는 경우에 지급해야 하는 금액으로서 세전 금액이다. 충당부채는 보고기간 종료일마다 그 잔액을 검토하

고, 보고기간 종료일 현재 최선의 추정치를 반영하여 증감을 조정한다.

② 충당부채의 금액에 대한 최선의 추정치는 관련된 사건과 상황에 대한 불확실성을 고려하여야 한다.

③ 충당부채의 명목금액과 현재가치의 차이가 중요하면 의무를 이행하기 위하여 예상되는 지출액의 현재가치로 평가한다.

④ 충당부채를 발생시킨 사건과 밀접하게 관련된 자산의 처분차익이 예상되면 당해 처분차익은 충당부채 금액을 고려하지 않는다.

3. 충당부채의 사용

충당부채는 최초의 인식시점에서 의도한 목적과 용도에만 사용하여야 한다. 다른 목적으로 충당부채를 사용하면 상이한 목적을 가진 두 가지 지출의 영향이 적절하게 표시되지 못하기 때문이다.

연습문제

일반기업회계기준에 따른 충당부채에 대한 설명 중 옳지 않은 것은? 기출 79회

① 충당부채로 인식하는 금액은 현재 의무의 이행에 소요되는 지출에 대한 보고기간 말 현재 최선의 추정치여야 한다.

② 충당부채를 발생시킨 사건과 밀접한 자산의 처분차익이 예상되는 경우에 동 처분차익은 충당부채 인식에 고려하여야 한다.

③ 충당부채를 인식하기 위해서는 과거사건이나 거래가 발생하여 현재 의무가 존재하여야 한다.

④ 충당부채의 명목가액과 현재가치의 차이가 중요한 경우 의무이행을 위해 지출될 예상액의 현재가치로 평가한다.

| 정답 및 해설 |

② 충당부채를 발생시킨 사건과 밀접한 자산의 처분차익이 예상되는 경우에 자산의 예상처분차익은 고려하지 않는다.

합격을 다지는 실전문제 p.125

THEME 04 퇴직급여 및 퇴직연금의 회계처리

▸ 최신 30회 중 4문제 출제

1. 퇴직급여충당부채

(1) 퇴직급여충당부채의 설정

결산 시 재무상태표에 표시될 퇴직급여충당금은 퇴직급여추계액(전 종업원이 일시 퇴직 시 지급할 퇴직금의 합계)으로 하도록 규정하고 있다. 따라서 매 기말 퇴직급여추계액과 이미 계상된 퇴직급여충당부채 잔액의 차이를 추가로 차변에 퇴직급여 계정, 대변에 퇴직급여충당부채 계정으로 계상한다. 또한, 급여 규정의 개정과 급여의 인상으로 퇴직금 소요액이 증가되었을 때에는 당기분과 전기 이전분을 일괄하여 당기비용으로 인식한다.

(차) 퇴직급여	×××	(대) 퇴직급여충당부채	×××*

* 추가설정액 = 퇴직급여추계액 − 퇴직급여충당부채 설정 전 잔액

(2) 퇴직급여 지급 시

퇴직금 지급 시에는 퇴직급여충당부채와 우선 상계하고 기설정된 퇴직급여충당부채를 초과하는 금액은 퇴직급여 계정을 사용해서 당기비용으로 처리한다. 만약 퇴직금에 대한 퇴직소득세가 있는 경우에는 원천징수하여 해당 금액을 대변에 예수금 계정으로 처리하고 차감 후 잔액만 지급해야 한다.

(차) 퇴직급여충당부채	×××	(대) 예수금	×××
퇴직급여	×××	현금 등	×××

2. 퇴직연금

기업은 종업원 퇴직 시 종업원의 퇴직금 수급권을 보장하기 위해 퇴직연금제도에 가입한다. 퇴직연금제도란 기업이 금융기관에 일정 금액을 적립하고 근로자는 퇴직한 뒤 연금 또는 일시금으로 수령하는 제도로서 '확정기여형'과 '확정급여형'이 있다.

구분	확정기여형(DC형)		확정급여형(DB형)	
위험 부담	종업원 부담		회사 부담	
납입 시	(차) 퇴직급여 (대) 현금 등	××× ×××	(차) 퇴직연금운용자산 (대) 현금 등	××× ×××
운용수익	회계처리 없음		(차) 퇴직연금운용자산 (대) 이자수익	××× ×××
퇴사 시	회계처리 없음		(차) 퇴직급여충당부채 (대) 퇴직연금운용자산	××× ×××

(1) 확정기여형(적립금 → 퇴직급여)

기업은 사전에 정해져 있는 부담금을 근로자의 개인별 계좌에 정기적으로 적립하면 근로자가 직접 적립금을 운용하여 그 결과에 따라 장래의 퇴직급여가 달라지는 제도이다. 기업은 계약에 의해 근로자가 근무하는 기간 동안 약정된 금액을 금융기관 등에 납입하면 퇴직금 지급의무가 종료된다. 즉, 확정기여형을 채택하고 있는 기업은 금융기관 등에 약정된 금액을 납입할 때 퇴직급여 계정으로 처리하며 퇴직금과 관련된 추가적인 납부의무를 부담하지 않는다.

(2) 확정급여형(적립금 → 퇴직연금운용자산)

근로자가 받을 퇴직급여가 노사합의로 사전에 정해지고 회사는 정해진 부담금을 매년 정기적으로 납입 · 운용하는 제도이다. 기업의 운용 성과에 따라 기업이 부담하는 퇴직금비용 부담액이 변동하게 되며, 근로자는 퇴직 시 확정된 퇴직급여를 일시금 또는 연금의 형태로 받게 된다. 확정급여형 퇴직연금제도로 운용되는 자산은 기업이 직접 보유하고 있는 것으로 보아 퇴직연금운용자산 계정으로 퇴직급여충당부채에서 차감 표시한다. 단, 퇴직연금운용자산이 퇴직급여충당부채를 초과하는 경우에는 그 초과액을 투자자산으로 표시한다.

연습문제

일반기업회계기준상 퇴직급여에 관한 다음의 설명 중 옳지 않은 것은? 기출 68회

① 확정기여형 퇴직연금제도를 설정한 경우에는 당해 회계기간에 대하여 기업이 납부하여야 할 부담금을 퇴직급여(비용)로 인식한다.
② 확정급여형 퇴직연금제도에서 퇴직급여충당부채는 보고기간 말 현재 전 종업원이 일시에 퇴직할 경우 지급하여야 할 퇴직금에 상당하는 금액으로 한다.
③ 확정급여형 퇴직연금제도에서 운용되는 자산은 기업이 직접 보유하고 있는 것으로 보아 회계처리한다.
④ 급여 규정의 개정과 급여의 인상으로 퇴직금 소요액이 증가되었을 경우에는 당기분과 전기 이전분을 안분하여 당기분에 대해서만 당기비용으로 인식한다.

| 정답 및 해설 |

④ 급여 규정의 개정과 급여의 인상으로 퇴직금 소요액이 증가되었을 경우에는 당기분과 전기 이전분을 일괄하여 당기비용으로 인식한다.

합격을 다지는 실전문제 p.126

합격을 다지는 실전문제

THEME 01 부채의 정의와 분류 [001]

상 중 하

001 다음 중 부채의 정의에 대한 설명으로 옳지 않은 것은? 80회

① 부채의 정의를 충족한다면 금액의 추정이 불확실하더라도 부채로 인식한다.
② 부채는 과거의 거래나 그 밖의 사건에서 발생한다.
③ 현재 의무를 이행하기 위해서는 미래 경제적 효익이 내재된 자원을 희생하게 된다.
④ 경제적 효익이 내재된 자원이 기업으로부터 유출됨으로써 이행될 것으로 기대되는 현재의 의무이다.

THEME 02 사채 [002~011]

상 중 하

002 (주)강원은 자금 조달의 목적으로 아래와 같이 사채를 발행하였다. 2025년 12월 31일에 상각될 사채할인발행차금은 얼마인가? (단, 소수점 이하는 절사함) 93회

- 발행일: 2023년 1월 1일
- 만기일: 2027년 12월 31일
- 액면금액: 1,000,000원
- 액면이자율: 10%
- 발행금액: 927,880원
- 유효이자율: 12%
- 이자 지급일: 매년 12월 31일

① 11,345원 ② 14,231원
③ 12,707원 ④ 15,939원

정답 및 해설

001 ① 부채를 인식하기 위해서는 금액을 신뢰성 있게 추정할 수 있어야 한다.

002 ② • 2023년 말: 927,880원×12%－100,000원＝11,345원
• 2024년 말: (927,880원＋11,345원)×12%－100,000원＝12,707원
∴ 2025년 말 사채할인발행차금: (939,225원＋12,707원)×12%－100,000원＝14,231원

상 중 하

003 다음은 (주)삼진이 발행한 사채와 관련한 자료이다. 사채 발행과 관련된 설명으로 맞는 것은? (단, 단수차이로 인해 오차가 있다면 가장 근사치를 선택함) 97회

- 사채 발행내역
  - 사채 액면금액: 2,000,000원
  - 표시이자율: 10%
  - 시장이자율: 8%
  - 사채 발행일자: 2025년 1월 1일
  - 사채 만기일자: 2027년 12월 31일
- 현가계수표

할인율 / 기간	단일금액 1원의 현재가치		정상연금 1원의 현재가치	
	8%	10%	8%	10%
3년	0.7938	0.7513	2.5771	2.4868

① 사채 발행 시 사채 계정으로 계상할 금액은 2,103,020원이다.
② 사채 발행 시 사채할증발행차금은 103,020원이다.
③ 2025년 말 사채할증발행차금 환입액은 39,951원이다.
④ 2026년 말 사채할증발행차금 환입액은 37,582원이다.

상 중 하

004 다음 중 사채가 할증발행되고 유효이자율법이 적용되는 경우에 대한 설명으로 옳지 않은 것은? 114회 수정

① 사채할증발행차금 상각액은 매년 감소한다.
② 사채 이자비용은 매년 감소한다.
③ 사채의 장부가액은 초기에는 크고, 기간이 지날수록 작아진다.
④ 사채발행 시점에 발생한 사채발행비는 비용으로 처리하지 않고, 사채의 발행시점의 사채 발행가액에서 직접 차감한다.

정답 및 해설

003 ② 사채 발행가액: (2,000,000원×0.7938)+(200,000원×2.5771)=2,103,020원, 할증발행이므로 사채할증발행차금은 103,020원이다.
① 사채 발행 시 사채 계정으로 계상할 금액은 2,000,000원이다.
③ 2025년 말 사채할증발행차금 환입액: 2,103,020원×8%−2,000,000원×10%=31,758원
④ 2026년 말 사채할증발행차금 환입액: (2,103,020원−31,758원)×8%−2,000,000원×10%=34,299원

004 ① 사채할증발행차금 상각액은 매년 증가한다.

상 중 하

005 사채의 시장이자율보다 액면이자율이 낮은 사채를 발행하고, 매년 유효이자율법에 의해 사채발행차금을 상각하는 경우 다음 설명 중 옳지 않은 것은? 104회

① 사채는 할인발행되고, 사채의 장부금액은 액면금액보다 적다.
② 사채의 장부금액은 매년 증가한다.
③ 사채발행차금의 상각액은 매년 증가한다.
④ 기초 장부금액에 대한 이자비용의 비율은 매년 감소한다.

상 중 하

006 다음 중 사채에 관한 설명으로 틀린 것은? 109회

① 사채 액면금액의 차감 계정인 사채할인발행차금에 대해 유효이자율법을 적용하여 상각하고, 그 금액을 이자비용에 가산하도록 규정한다.
② 발행자의 입장에서 사채는 비유동부채로 분류한다.
③ 사채발행비란 사채를 발행하는 데 직접 소요된 지출을 말하며, 사채발행가액에서 직접 차감한다.
④ 사채의 조기 상환 시 현금상환액보다 장부금액이 큰 경우 사채상환손실(영업외비용)로 처리한다.

상 중 하

007 (주)캉캉은 아래의 조건으로 사채를 발행하였다. 다음 중 사채의 발행방법 및 장부가액, 상각(환입)액, 이자비용의 변동으로 올바른 것은? (단, 사채이자는 유효이자율법에 따라 상각 및 환입한다) 110회

• 발행일: 2025년 1월 1일	• 이자는 매년 말 지급
• 액면가액: 5,000,000원	• 표시이자율: 연 8%
• 만기: 3년	• 유효이자율: 연 10%

발행방법	장부가액	상각(환입)액	이자비용
① 할인발행	매년 증가	매년 감소	매년 감소
② 할인발행	매년 증가	매년 증가	매년 증가
③ 할증발행	매년 감소	매년 감소	매년 증가
④ 할증발행	매년 감소	매년 증가	매년 감소

정답 및 해설

005 ④ 유효이자율법으로 사채발행차금을 상각하면 기초 장부금액에 대한 이자비용의 비율(유효이자율)은 매년 동일하다.

006 ④ 사채의 조기 상환 시 현금상환액보다 장부금액이 큰 경우 사채상환이익(영업외수익)으로 처리한다.

007 ② 유효이자율이 표시이자율보다 높으므로 할인발행에 해당한다. 사채 할인발행의 경우 장부가액은 매년 증가하고, 상각액과 이자비용도 매년 증가한다.

상 중 하

008 다음 중 사채의 발행에 대한 설명으로 옳지 않은 것은? (115회)

① 사채를 할인발행하여 정액법으로 상각하는 경우 매년 사채할인발행차금 상각액은 동일하다.
② 사채의 액면이자율이 시장이자율보다 큰 경우에는 할증발행된다.
③ 시장이자율이란 유효이자율로서 사채의 발행시점에서 발행가액을 계산할 때 할인율로 적용될 수 있다.
④ 사채를 할증발행하여 유효이자율법으로 상각하는 경우 매년 사채의 실질이자는 증가한다.

상 중 하

009 (주)한결은 2025년 1월 1일에 아래와 같이 사채를 발행하였으며, 동 사채를 2025년 12월 31일 980,000원에 조기상환하였다. 2025년에 인식할 사채상환손실은 얼마인가? (사채할인발행차금은 유효이자율법에 따라 상각하고 소수점 이하는 절사함) (75회)

• 액면금액: 1,000,000원	• 액면이자율: 8%
• 이자는 매년 말 후급	• 만기: 3년
• 사채 발행 시 유효이자율: 10%	• 사채 발행금액: 950,263원

① 14,711원
② 15,026원
③ 95,026원
④ 109,737원

상 중 하

010 사채를 할인발행한 경우 만기까지의 이자비용으로 알맞은 것은? (16년 8월 특별)

① 표시이자 합계액
② 표시이자 합계액+사채할인발행차금 상각액
③ 표시이자 합계액－사채할인발행차금 상각액
④ 사채할인발행차금 상각액

정답 및 해설

008 ④ 사채의 장부가액이 매년 감소하므로 사채의 실질이자도 매년 감소한다.

009 ① • 2025.12.31. 사채 장부금액: 950,263원+(950,263원×10%－1,000,000원×8%)=965,289원
• 사채상환손실: 상환금액 980,000원－장부가액 965,289원=14,711원 손실
• 2025.12.31. 회계처리

(차) 이자비용	95,026	(대) 현금	80,000
		사채할인발행차금	15,026
(차) 사채	1,000,000	(대) 사채할인발행차금	34,711
사채상환손실	14,711	현금	980,000

010 ② 사채와 관련된 미래 현금흐름(=만기 액면금액+표시이자 합계액)을 사채 발행 당시의 시장이자율로 할인한 현재가치와 미래 현금흐름의 차이가 만기까지의 이자비용이 된다. 즉, 사채 할인발행 시 이자비용 총액은 표시이자 합계액과 사채할인발행차금의 합계액이다.

상 중 하

011 다음 중 금융자산과 금융부채에 대한 설명으로 옳지 않은 것은? 87회 수정

① 금융자산이나 금융부채의 후속측정은 상각후원가로 측정하는 것이 일반적이다.
② 채무증권의 발행자가 채무증권의 상각후취득원가보다 현저하게 낮은 금액으로 중도상환권을 행사할 수 있는 경우 만기보유증권으로 분류될 수 없다.
③ 둘 이상의 금융상품을 일괄하여 매입한 경우에는 공정가치를 보다 신뢰성 있게 측정할 수 있는 금융상품의 공정가치를 우선 인식한 후 매입가액의 잔여액으로 나머지 금융상품을 인식한다.
④ 금융상품의 현금흐름에 대한 추정 변경 또는 재협상 등으로 현금흐름이 변경되는 경우에도 금융자산의 순장부금액이나 금융부채 상각 후 원가를 조정하면 안 된다.

THEME 03 충당부채 [012~014]

상 중 하

012 다음 중 우발부채와 충당부채에 대한 설명으로 가장 옳지 않은 것은?

① 우발부채는 의무를 이행하기 위하여 자원이 유출될 가능성이 아주 낮지 않는 한 부채로 인식한다.
② 충당부채는 과거사건이나 거래의 결과에 의한 현재의무로서, 지출의 시기 또는 금액이 불확실하지만 그 의무를 이행하기 위하여 자원이 유출될 가능성이 매우 높고 당해 금액을 신뢰성 있게 추정할 수 있는 의무를 말한다.
③ 현재 의무를 이행하기 위하여 소요되는 금액에 대한 최선의 추정치는 보고기간 말에 의무를 직접 이행하거나 이해관계가 없는 제3자에게 이전시키는 경우에 지급해야 하는 금액으로서 세전 금액이다.
④ 충당부채로 인식하기 위해서는 현재의무가 존재하여야 할 뿐만 아니라 그 의무의 이행을 위한 자원의 유출 가능성이 매우 높아야 한다.

상 중 하

013 다음 중 충당부채 및 우발부채에 관한 설명으로 옳지 않은 것은? 61회

① 충당부채의 명목금액과 현재가치의 차이가 중요하더라도 명목가치로 평가한다.
② 우발부채는 부채로 인식하지 않고 주석으로 기재한다.
③ 판매를 촉진하기 위해 포인트 또는 마일리지제도를 시행하는 경우 충당부채를 인식할 수 있다.
④ 충당부채는 최초의 인식시점에서 의도한 목적과 용도에만 사용하여야 한다.

정답 및 해설

011 ④ 금융상품의 현금흐름에 대한 추정 변경 또는 재협상 등으로 현금흐름이 변경되는 경우에는 금융자산의 순장부금액이나 금융부채 상각 후 원가를 조정한다.
012 ① 우발부채는 부채로 인식하지 않고 의무를 이행하기 위하여 자원이 유출될 가능성이 아주 낮지 않는 한 주석으로 기재한다.
013 ① 충당부채의 명목금액과 현재가치의 차이가 중요한 경우에는 의무를 이행하기 위하여 예상되는 지출액의 현재가치로 평가한다.

상 중 하

014 일반기업회계기준의 충당부채와 우발자산 · 부채에 대한 설명이다. 옳지 않은 것은? (40회 수정)

① 충당부채와 관련하여 필요한 내용은 주석에 기재하여 공시하여야 한다.

② 자원의 유출을 초래할 현재 의무가 불확실하거나, 현재 의무가 존재하지만 그 금액을 신뢰성 있게 추정할 수 없는 우발부채는 부채로 인식되지 않는다.

③ 우발자산은 원칙적으로 자산으로 인식하지 않고 자원의 유입 가능성이 매우 높은 경우에만 자산으로 인식한다.

④ 충당부채는 보고기간 종료일마다 그 잔액을 검토하고, 보고기간 종료일 현재 최선의 추정치를 반영하여 증감 조정한다.

THEME 04 퇴직급여 및 퇴직연금의 회계처리 [015~017]

상 중 하

015 다음 중 퇴직급여 및 퇴직연금의 회계처리에 대한 설명으로 옳은 것은? (110회)

① 확정기여형 퇴직연금제도에서 운용되는 자산은 기업이 직접 보유하고 있는 것으로 보아 회계처리한다.

② 확정급여형 퇴직연금제도는 퇴직연금 납입 외 운용수익이 발생하거나 종업원 퇴직 시에는 회계처리 할 것이 없다.

③ 확정기여형 퇴직연금제도에서는 퇴직급여충당부채와 퇴직연금미지급금은 인식하지 않고 퇴직연금운용자산만 인식한다.

④ 확정기여형 퇴직연금에 납부해야 할 기여금은 이미 납부한 기여금을 차감한 후 부채(미지급비용)로 인식한다.

정답 및 해설

014 ③ 우발자산은 자산으로 인식하지 않고 자원의 유입 가능성이 매우 높은 경우에만 주석에 기재한다. 상황이 변화하여 자원이 유입될 것이 확정된 경우에는 그러한 상황 변화가 발생한 기간에 관련 자산과 이익으로 인식한다.

015 ④ ① 확정급여형 퇴직연금제도에서 운용되는 자산은 기업이 직접 보유하고 있는 것으로 보아 회계처리한다.

② 확정급여형 퇴직연금제도는 퇴직연금 납입 외 운용수익이 발생하거나 종업원 퇴직 시에는 다음과 같은 회계처리가 필요하다.

• 운용수익 발생 시:	(차) 퇴직연금운용자산	×××	(대) 퇴직연금운용수익	×××
• 퇴사 시:	(차) 퇴직급여충당부채	×××	(대) 퇴직연금운용자산	×××

③ 확정기여형 퇴직연금제도에서는 퇴직연금운용자산, 퇴직급여충당부채 및 퇴직연금미지급금은 인식하지 아니한다.

상 중 하

016 **다음 중 퇴직급여에 대한 설명으로 가장 옳지 않은 것은?** 117회

① 확정급여형 퇴직급여 제도에서 퇴직연금 운용자산이 퇴직급여 충당부채를 초과하는 경우에는 그 초과액을 투자자산으로 표시한다.

② 확정급여형 퇴직급여 제도에서는 운용수익이 발생하는 경우에 이자수익으로 표시한다.

③ 확정기여형 퇴직급여 제도에서는 회사가 납부하여야 할 부담금을 퇴직급여(비용)로 인식한다.

④ 확정기여형 퇴직급여 제도에서는 운용에 관한 내용은 모두 회사가 결정하고 책임진다.

상 중 하

017 **「근로자퇴직급여보장법」에 의한 퇴직연금에는 확정급여형(DB형)과 확정기여형(DC형)이 있다. 일반기업회계기준에 따른 확정급여형(DB형)의 회계처리 중 옳지 않은 것은?** 93회

① 회사가 퇴직연금의 부담금 1,000,000원을 납부하면서 수수료 40,000원을 퇴직연금 운용사업자에게 보통예금에서 계좌이체하였다.

(차) 퇴직연금운용자산	1,040,000	(대) 보통예금	1,040,000

② 회사가 연금운용사업자로부터 퇴직연금운용수익을 100,000원 수령하였다.

(차) 퇴직연금운용자산	100,000	(대) 퇴직연금운용수익	100,000

③ 보고기간 종료일 현재 종업원이 퇴직하면서 퇴직일시금의 수령을 선택한다고 가정하고 이때 지급하여야 할 퇴직일시금에 상당하는 금액을 측정하여 퇴직급여충당부채로 5,000,000원을 인식하였다.

(차) 퇴직급여	5,000,000	(대) 퇴직급여충당부채	5,000,000

④ 종업원이 퇴직연금에 대한 수급요건 중 가입기간 요건을 갖추고 퇴사하였으며, 일시금 1,000,000원을 선택하였다. 일시금 1,000,000원 중 퇴직연금 운용사업자가 지급한 금액은 600,000원이고 회사가 지급할 금액 400,000원을 계좌이체하였다.

(차) 퇴직급여충당부채	1,000,000	(대) 퇴직연금운용자산	600,000
		보통예금	400,000

정답 및 해설

016 ④ 확정기여형 퇴직급여 제도에서는 운용에 관한 내용은 모두 종업원이 결정하고 책임진다.

017 ① 퇴직연금 운용사업자에게 지급하는 지급수수료는 부담금 납입 시 운용관리회사에 납부하는 운용관리수수료이므로 당기비용으로 회계처리한다.

CHAPTER 08

자본

핵심키워드
- 자본의 구분
- 신주발행
- 자기주식
- 감자
- 배당

■1회독 ■2회독 ■3회독

기업은 경영활동을 하는 데 필요한 자금을 조달하는 원천으로 자기자본과 타인자본에 의존하게 된다. 일반적으로 타인자본을 부채라고 하고, 자기자본을 자본이라고 한다. 자기자본은 기업의 자산에서 부채를 차감한 후에 남는 순자산을 말한다.

THEME 01 자본의 구분 중요

▸ 최신 30회 중 7문제 출제

1. 자본금(주식 수×@액면금액)

기업이 발행한 발행주식 수에 1주당 액면금액을 곱한 금액을 말한다. 보통주 자본금과 우선주 자본금으로 구분하며, 보통주와 우선주는 배당금 지급 및 청산 시의 권리가 상이하기 때문에 자본금을 구분하여 표시하여야 한다.

2. 자본잉여금

주주와의 거래에서 발생하여 자본을 증가시키는 잉여금을 말하며, 자본잉여금은 주식발행초과금과 기타자본잉여금(감자차익, 자기주식처분이익)으로 구분하여 표시한다.

3. 자본조정

당해 항목의 성격으로 보아 자본거래에 해당하나 최종 납입된 자본으로 볼 수 없거나 자본의 가감 성격으로 자본금이나 자본잉여금으로 분류할 수 없는 항목이다. 자기주식을 제외한 자본조정 항목은 기타자본조정으로 통합하여 표시할 수 있다.

① (−)항목: 주식할인발행차금, 감자차손, 자기주식처분손실, 자기주식, 배당건설이자*[1], 신주청약증거금*[2]

② (+)항목: 미교부주식배당금, 출자전환채무*[3]

*[1] 개업 전 일정한 기간 내에 이익잉여금 없이 주주에게 배당한 금액은 배당건설이자 과목으로 하여 자본조정의 별도 계정과목으로 회계처리한다.

*[2] 신주청약증거금이란 투자자들이 신주를 청약하면서 납입한 금액을 말하며 주식이 발행되기 전까지 자본조정으로 처리된다.

*[3] 출자전환이란 기업의 부채를 주식으로 전환하는 것을 말한다. 이러한 출자전환에 합의하였으나 출자전환이 즉시 이행되지 않는 경우 조정 대상 채무라고 한다.

4. 기타포괄손익누계액

손익거래 중 손익계산서에 포함되지 않는 미실현손익을 말한다.

종류	내용
매도가능증권 평가손익	매도가능증권으로 분류된 주식이나 채권을 보고기간 종료일에 공정가치로 평가함에 따라 발생하는 평가손익을 말하며, 매도가능증권을 처분하는 시점에서 처분손익에 가감함
재평가차익 (재평가잉여금)	유형자산을 보고기간 종료일에 평가한 경우 공정가치의 상승분
파생상품 평가손익	현금흐름 위험회피를 목적으로 투자한 파생상품에서 발생하는 평가손익
해외사업 환산손익	해외지점 등의 외화표시 자산·부채를 현행 환율법에 의하여 원화로 환산하는 경우에 발생하는 환산손익

5. 이익잉여금

손익계산서에 보고된 손익과 다른 자본 항목에서 이입된 금액의 합계액에서 배당 등으로 처분된 금액을 차감한 잔액을 말한다.

① **기처분이익잉여금**: 이익준비금, 임의적립금(사업확장적립금, 감채적립금, 결손보전적립금 등)

② **미처분이익잉여금**: 배당 등으로 처분할 수 있는 이익잉여금

연습문제

다음 자료를 보고 재무상태표의 자본 총계를 구하면? 기출 40회

• 자본금	50,000,000원	• 감자차익	800,000원
• 주식발행초과금	5,200,000원	• 자기주식처분손실	600,000원
• 매도가능증권평가이익	700,000원	• 매도가능증권처분손실	500,000원
• 미처분이익잉여금	7,800,000원	• 자기주식	3,000,000원

① 67,500,000원 ② 63,900,000원
③ 60,900,000원 ④ 60,400,000원

| 정답 및 해설 |

③ • 매도가능증권처분손실은 손익계산서의 영업외비용 항목이다.
• 자본 총계: 자본금 50,000,000원+주식발행초과금 5,200,000원+감자차익 800,000원+매도가능증권평가이익 700,000원−자기주식처분손실 600,000원−자기주식 3,000,000원+미처분이익잉여금 7,800,000원=60,900,000원

합격을 다지는 실전문제 p.137

THEME 02 자본거래의 회계처리 중요

▸ 최신 30회 중 9문제 출제

1. 주식의 발행(증자)

주식회사는 사업 확장이나 부채 상환에 필요한 자금을 조달하기 위해 주식을 발행한다. 주식을 발행하면 증가한 발행주식 수에 주당 액면금액을 곱한 만큼 자본금이 증가하게 된다.

(1) 액면발행(발행금액=액면금액)

액면금액과 동일한 금액으로 주식을 발행하는 경우를 말한다.

(차) 현금 등	×××	(대) 자본금	×××

(2) 할인발행(발행금액<액면금액)

액면금액보다 싼 금액으로 주식을 발행하는 경우를 말한다. 발행금액이 액면금액에 미달하면 그 미달액은 주식할인발행차금으로 처리하며, 이는 자본조정에 해당한다. 주식할인발행차금이 발생할 당시에 장부상 주식발행초과금이 존재하면 주식발행초과금의 범위 내에서 우선 상계한다. 만약 미상계된 잔액이 있으면 자본에서 차감하는 형식으로 기재하며 이익잉여금의 처분으로 상각한다.

(차) 현금 등	×××	(대) 자본금	×××
주식할인발행차금	×××		

(3) 할증발행(발행금액>액면금액)

액면금액보다 비싼 금액으로 주식을 발행하는 경우를 말한다. 발행금액이 액면금액을 초과하면 그 초과액은 주식발행초과금으로 처리하며, 이는 자본잉여금에 해당한다. 만약 주식발행초과금이 발생할 당시에 장부상 주식할인발행차금 미상각액이 존재한다면 발생된 주식발행초과금의 범위 내에서 상계한 후 잔액을 주식발행초과금으로 처리한다.

(차) 현금 등	×××	(대) 자본금	×××
		주식발행초과금	×××

(4) 신주발행비

신주발행비는 주식을 발행할 때 발생한 수수료, 법률 및 회계 자문료, 모집광고료, 주권 인쇄비 등의 비용으로, 주식의 할증발행 시 주식발행초과금에서 차감하고, 액면발행 또는 할인발행 시 주식할인발행차금에 가산한다. 반면, 중도에 포기한 자본거래 비용은 당기손익으로 인식한다.

(5) 현물출자

유형자산 등의 현물을 취득하는 대가로 주식을 발행하여 교부하는 것을 말한다. 이 경우 유형자산의 취득원가는 제공받은 현물의 공정가치(발행주식의 공정가치)로 한다.

연습문제

증자 전 자본내역이 다음과 같은 상황에서 보통주 100주를 주당 5,600원에 현금발행하고, 주식발행비용 40,000원은 현금으로 지급한 경우 증자 후 자본 총액은 얼마인가? 기출 68회

• 자본금: 2,500,000원(보통주 500주, @5,000원)	• 주식할인발행차금: 10,000원

① 2,990,000원 ② 3,000,000원
③ 3,010,000원 ④ 3,020,000원

| 정답 및 해설 |

③ (차) 현금	520,000	(대) 자본금	500,000
		주식할인발행차금	10,000
		주식발행초과금	10,000

∴ 자본 총액: (2,500,000원 − 10,000원) + (500,000원 + 10,000원 + 10,000원) = 3,010,000원

2. 자기주식 매매거래

자기주식이란 발행회사가 유통 중인 자사의 주식을 매입해서 소각하지 않고 보유하고 있는 주식을 말한다. 매입한 자사의 주식은 취득원가를 자기주식 계정과목으로 처리하며, 이는 자본에서 차감하는 형식으로 기재한다. 이러한 자기주식을 처분할 때 처분금액이 취득원가를 초과하면 발생한 이익은 자본잉여금에 해당하는 자기주식처분이익으로 처리한다. 반면, 처분금액이 취득원가보다 적으면 발생한 손실은 자본조정에 해당하는 자기주식처분손실로 처리한다. 자기주식처분이익이 있는 상황에서 자기주식처분손실이 발생하면 자기주식처분이익을 먼저 감소시키고 부족한 금액을 자기주식처분손실로 처리한다. 자기주식처분손실은 자본에서 차감하는 형식으로 기재하고 이익잉여금 처분으로 상각되지 않은 자기주식처분손실은 향후 발생하는 자기주식처분이익과 우선적으로 상계한다. 즉, 자기주식처분이익과 자기주식처분손실은 재무상태표에 동시에 계상할 수 없다.

(1) 취득시점

(차) 자기주식	×××	(대) 현금 등	×××

(2) 처분시점

① 취득금액<처분금액

(차) 현금 등	×××	(대) 자기주식	×××
		자기주식처분이익	×××

② 취득금액>처분금액

(차) 현금 등	×××	(대) 자기주식	×××
자기주식처분손실	×××		

연습문제

다음은 (주)세무의 자본내역이다. (주)세무가 보유하고 있는 자기주식(취득가액은 주당 40,000원) 100주를 주당 60,000원에 처분한 경우 분개 시 자기주식처분이익 계정과목의 금액은 얼마인가? 기출 99회

- 보통주 자본금: 49,500,000원(9,900주, 주당 5,000원)
- 자기주식처분손실: 1,000,000원
- 자기주식: 4,000,000원
- 감자차손: 1,300,000원
- 처분 전 이익잉여금: 39,300,000원

① 1,000,000원 ② 2,000,000원
③ 3,000,000원 ④ 4,000,000원

| 정답 및 해설 |

① 자기주식에 대한 처분손실에서 먼저 상계처리하고 나머지는 자기주식처분이익으로 처리한다.

(차) 현금 등	6,000,000	(대) 자기주식	4,000,000
		자기주식처분손실	1,000,000
		자기주식처분이익	1,000,000

3. 주식소각(감자)

자본금을 감소시키는 것을 감자라 하며, 이는 자사의 주식을 매입하여 소각하는 경우를 말한다. 주식의 환급금액이 액면금액보다 적으면 자본잉여금에 해당하는 감자차익으로 처리하고, 반대로 환급금액이 액면금액보다 크면 자본조정인 감자차손으로 처리한다. 감자차익이 있는 상황에서 감자차손이 발생하면 감자차익을 먼저 감소시키고 부족한 금액을 감자차손으로 처리한다. 이익잉여금처분으로 상각되지 않은 감자차손은 향후 발생하는 감자차익과 우선적으로 상계한다. 즉, 감자차익과 감자차손은 재무상태표에 동시에 계상될 수 없다.

(1) 액면금액<환급금액

(차) 자본금	×××	(대) 현금 등	×××
감자차손	×××		

(2) 액면금액>환급금액

(차) 자본금	×××	(대) 현금 등	×××
		감자차익	×××

연습문제

(주)세무의 자본 총액은 자본금 100,000,000원뿐이다. 자기주식 100주(액면금액 주당 5,000원)를 주당 6,000원에 취득하여 50주는 주당 7,000원에 매각하고, 50주는 소각한 경우 자본 총액은 얼마인가? 기출 72회

① 99,800,000원 ② 99,750,000원
③ 99,900,000원 ④ 99,850,000원

| 정답 및 해설 |

② • 취득 시

(차) 자기주식	600,000	(대) 현금	600,000

• 매각 시

(차) 현금 등	350,000	(대) 자기주식	600,000
자본금	250,000	자기주식처분이익	50,000
감자차손	50,000		

∴ 자본 총액: 100,000,000원 − 600,000원 + 600,000원 − 250,000원 + 50,000원 − 50,000원 = 99,750,000원

합격을 다지는 실전문제 p.140

THEME 03 이익잉여금처분계산서와 배당 회계처리 중요

▸ 최신 30회 중 6문제 출제

1. 이익잉여금

(1) 이익잉여금의 의의

이익잉여금이란 기업의 영업활동 등에 의하여 창출된 이익으로서 사외에 유출되거나 자본에 전입하지 않고 사내에 유보된 금액을 말한다.

(2) 이익잉여금의 분류

이익준비금, 기타법정적립금, 임의적립금 그리고 미처분이익잉여금으로 구분할 수 있다.

종류	내용
이익준비금	상법 규정에 따라 적립한 법정적립금으로, 회사가 금전배당을 하는 경우 이익준비금이 자본금의 1/2에 달할 때까지 금전배당액의 1/10 이상을 적립한 금액
기타법정적립금	상법 이외의 기타 법령이나 규정에 따라 사내에 강제로 유보된 금액으로, 재무구조개선적립금, 기업합리화적립금이 있었으나 모두 폐지되어 현재 기타법정적립금에 해당하는 항목은 없음
임의적립금	사업확장적립금, 감채기금적립금, 결손보전적립금 등 법령이 아닌 기업 임의로 일정한 목적을 위하여 정관의 규정이나 주주총회 결의에 따라 적립한 금액
미처분이익잉여금 (또는 미처리결손금)	• 미처분이익잉여금: 기업이 벌어들인 이익 중 배당금이나 다른 잉여금으로 처분되지 않고 남아 있는 이익잉여금 • 미처리결손금: 기업이 결손을 보고한 경우에 보고된 결손금 중 다른 잉여금으로 보전되지 않고 이월된 부분

(3) 이익잉여금처분계산서 양식

주식회사가 벌어들인 이익의 처분내역과 처분 후 남아 있는 이익의 잔액이 얼마인지 알려주기 위해 작성하는 보고서가 이익잉여금처분계산서이다. 특히, 이익잉여금처분계산서의 이익잉여금처분 항목인 배당은 기말재무상태표에 나타나지 않으며 재무상태표는 이익잉여금처분 전의 재무상태를 표시한다.

이익잉여금처분계산서

(주)에듀윌	2025년 1월 1일~2025년 12월 31일	(단위: 원)
Ⅰ. 미처분이익잉여금		60,000,000
전기이월 미처분이익잉여금	50,000,000	
회계정책변경의 누적 효과	±	
중대한 전기오류수정손익	±	
중간배당금*[1]	−	
당기순이익	10,000,000	−
Ⅱ. 임의적립금 등의 이입액		60,000,000
Ⅲ. 이익잉여금처분액		(16,000,000)
이익준비금	1,000,000	
현금배당	10,000,000	
주식배당	5,000,000	
사업확장적립금 등	−	
주식할인발행차금	−	
감자차손	−	
자기주식처분손실	−	
상환주식*[2]상환액	−	
Ⅳ. 차기이월 미처분이익잉여금		44,000,000

*[1] 중간배당금은 회계기간 중 이사회 결의에 따라 금전 등으로 배당할 수 있다.

*[2] 상환주식이란 발행 당시부터 일정 기간 후 회사의 이익으로 소각하기로 예정되어 있는 주식을 말한다.

연습문제

다음 중 아래의 이익잉여금처분계산서에 대한 설명으로 옳지 않은 것은? 단, 제8기의 기말 자본금은 3억원, 이익준비금 잔액은 10,000,000원이며, 상법 규정에 따른 최소한의 이익준비금만 적립하기로 한다. 기출 111회

이익잉여금처분계산서

제8기 2025.1.1.부터 2025.12.31.까지

처분예정일 2026.3.12. (단위: 원)

과목	금액	
Ⅰ. 미처분이익잉여금		108,000,000
1. 전기이월미처분이익잉여금	40,000,000	
2. 전기오류수정이익	8,000,000	
3. 당기순이익	60,000,000	
Ⅱ. 임의적립금 등의 이입액		10,000,000
1. 결손보전적립금	10,000,000	
Ⅲ. 이익잉여금처분액		(B)
1. 이익준비금	(A)	
2. 현금배당	30,000,000	
3. 주식할인발행차금	5,000,000	
Ⅳ. 차기이월 미처분이익잉여금		80,000,000

① 2025년에 전기오류수정사항을 발견했으며 이는 중대한 오류에 해당한다.
② 2025년도 손익계산서상 당기순이익은 108,000,000원이다.
③ (B)의 이익잉여금처분액 총액은 38,000,000원이다.
④ 2025년 재무상태표상 주식발행초과금 잔액은 없다.

| 정답 및 해설 |

② 손익계산서상 당기순이익은 60,000,000원이다.

① 전기오류수정사항 중 중대한 오류는 이익잉여금에 반영한다.

③ (A)는 현금배당액의 1/10인 최소금액으로 3,000,000원이며, (B)는 38,000,000원(미처분이익잉여금 108,000,000원+임의적립금 등의 이입액 10,000,000원−차기이월 미처분이익잉여금 80,000,000원)이다.

④ 주식할인발행차금은 주식발행초과금과 우선 상계하고, 미상계잔액이 있으면 자본에서 차감하는 형식으로 기재하며 이익잉여금의 처분으로 상각한다.

---

2. 배당

배당이란 기업이 주주에게 한해 이익의 처분 항목으로 지급하는 것으로, 배당방법에는 현금배당과 주식배당이 있다.

(1) 현금배당

현금으로 배당금을 지급하는 것으로 일반적인 형태의 배당이다.

① **배당결의일**: 정기주주총회에서 주주들의 배당을 결의하는 날이다. 주주총회일에 주주들이 얼마의 배당을 받을 것인지 결의하고 결의 즉시 배당을 지급하지 않으므로 다음과 같이 회계처리한다.

(차) 미처분이익잉여금(자본 감소)	×××	(대) 미지급배당금(부채 증가)	×××

꿀팁 전산세무회계 프로그램에서는 미처분이익잉여금 대신에 '375.이월이익잉여금' 계정과목으로 처리한다.

② **배당지급일**: 배당금으로 결의된 금액을 실제로 지급한 날이며, 다음과 같이 회계처리한다.

(차) 미지급배당금(부채 감소)	×××	(대) 현금(자산 감소)	×××

③ **현금배당을 받는 주주 입장**: 보통주나 우선주 등의 주식에 투자하면 배당금수익을 얻을 수 있으며, 현금배당은 배당금을 받을 권리와 금액이 확정되는 시점인 주주총회일에 영업외수익에 해당하는 배당금수익으로 처리한다.

(차) 현금	×××	(대) 배당금수익	×××

(2) 주식배당

주식을 발행한 회사가 이익잉여금을 현금으로 배당하지 않고 주식으로 배당하는 것을 말한다. 이 경우에는 발행주식의 액면금액을 배당액으로 하여 자본금이 증가한 것만큼 이익잉여금이 감소하므로 **자본 총계는 변함이 없다**. 단, 주식배당을 받는 투자회사의 입장에서는 발행회사에 대한 지분에는 변동이 없기 때문에 수익으로 인식하지 않고 보유주식의 수량과 단가의 변동을 비망기록한다.

① **배당결의일**

(차) 미처분이익잉여금(자본 감소)	×××	(대) 미교부주식배당금(자본 증가)	×××

꿀팁 전산세무회계 프로그램에서는 미처분이익잉여금 대신에 '375.이월이익잉여금' 계정과목으로 처리한다.

② **배당교부일**

(차) 미교부주식배당금(자본 감소)	×××	(대) 자본금(자본 증가)	×××

연습문제

회사의 이익잉여금을 현금배당 또는 주식배당으로 배당함에 있어, 배당의 종류별로 주식 발행회사 입장에서의 자본 변동사항과 주주인 투자법인의 배당수익 인식 여부에 대한 설명으로 옳은 것은? 기출 34회

	주식 발행회사 자본 변동사항		주주인 투자법인 배당수익 인식 여부	
	현금배당	주식배당	현금배당	주식배당
①	감소	변동 없음	수익 인식	수익 인식
②	감소	변동 없음	수익 인식	수익 불인식
③	변동 없음	감소	수익 불인식	수익 불인식
④	변동 없음	감소	수익 불인식	수익 인식

| 정답 및 해설 |

② 주식 발행회사의 입장에서 현금배당은 이익잉여금이 감소하여 자본은 감소하지만 주식배당은 이익잉여금이 자본금으로 위치만 이동하므로 자본은 변동이 없다. 또한 주주인 법인(투자회사)의 입장에서 현금배당은 배당수익으로 인식하지만 주식배당은 배당수익으로 인식하지 않으며 주식 수량을 증가시켜 주당 취득가액을 낮추기만 한다.

3. 무상증자

이익준비금 등의 법정적립금이나 자본잉여금을 자본에 전입하고 기존 주주들에게 신주를 교부하는 것을 말한다. 무상주를 발행하면 자본금이 증가한 것만큼 자본잉여금 등이 감소하므로 주식배당과 마찬가지로 자본 총계는 변함이 없다. 또한, 무상증자로 신주를 교부받는 투자회사의 입장에서는 주식배당과 마찬가지로 발행회사에 대한 투자회사의 몫에는 변동이 없기 때문에 수익으로 인식하지 않고 보유주식의 수량과 단가의 변동을 비망기록한다.

(차) 자본잉여금 등(자본 감소)	×××	(대) 자본금(자본 증가)	×××

합격을 다지는 실전문제 p.144

THEME 04 주식분할, 주식병합

▸ 최신 30회 중 1문제 출제

1. 주식분할, 주식병합의 정의

주식분할이란 1주당 액면금액을 낮춤으로써 주식 수를 늘리는 것을 말하며, 주식 수가 증가하는 대신에 액면금액은 감소한다. 주식병합은 여러 개의 주식을 병합하여 발행주식 수를 줄이는 것을 말하며, 주식 수가 감소하나 액면금액은 증가한다. 주식분할과 주식병합은 주식 수와 액면금액만 변동할 뿐 자본금, 자본잉여금, 이익잉여금, 자본 총계, 상대 주주의 부에는 변동이 없다.

2. 주식배당, 무상증자, 주식분할, 주식병합의 비교

구분	주식배당	무상증자	주식분할	주식병합
자본금	증가	증가	불변	불변
자본잉여금	불변	감소 가능	불변	불변
이익잉여금	감소	감소 가능	불변	불변
자본 총계	불변	불변	불변	불변
주식 수	증가	증가	증가	감소
액면금액	불변	불변	감소	증가
상대 주주의 부	불변	불변	불변	불변

연습문제

다음 중 자본금의 변동이 없는 거래를 모두 고른 것은? 기출 72회

가. 회사는 주식 1주를 2주로 분할하였다.
나. 회사는 주주총회 결의를 통하여 이익잉여금을 적립하였다.
다. 회사는 주주총회 결의를 통하여 주주에게 현금배당을 하였다.
라. 회사는 주주총회 결의를 통하여 주식배당을 실시하였다.

① 가, 라
② 나, 다
③ 나, 다, 라
④ 가, 나, 다

| 정답 및 해설 |

④ 주식배당은 자본 총계는 변동이 없으나 자본금이 증가한다. 주식분할과 이익잉여금 적립은 자본과 자본금에 변동이 없으며, 현금배당은 자본금은 변동이 없으나 자본 총계는 감소한다.

합격을 다지는 실전문제 p.146

합격을 다지는 실전문제

THEME 01 자본의 구분 [001~009]

상 중 하

001 자본에 영향을 미치는 거래에 해당하지 않는 것은? 58회

① 1,000주를 주당 100,000원에 증자하였다.
② 12월에 상여금 100,000,000원을 현금으로 지급하였다.
③ 화재로 공장 건물이 훼손되었다.
④ 상품 운반용 트럭을 구입하고, 현금으로 지급하였다.

상 중 하

002 다음은 일반기업회계기준에 따른 자본에 대한 설명이다. 옳지 않은 것은? 74회

① 액면금액을 초과하여 주식을 발행하는 경우 그 액면금액을 초과하는 금액은 주식발행초과금으로 하여 자본잉여금으로 계상한다.
② 일반기업회계기준의 자본은 자본금, 자본잉여금, 자본조정, 기타포괄손익누계액, 이익잉여금(또는 결손금)으로 구성된다.
③ 자기주식은 자본조정에 표시하고 자본의 가산 항목이다.
④ 자기주식처분손실은 자기주식처분이익이 있는 경우 우선 상계처리하고, 잔액은 자본조정으로 계상한다.

정답 및 해설

001 ④ ① 증자 → 자본 증가, ② 비용 발생 → 자본 감소, ③ 비용 발생 → 자본 감소

002 ③ 자기주식은 자본의 차감 항목이다.

상 중 하

003 **다음 중 재무상태표상의 자본에 대한 설명으로 옳은 것은?** 103회

① 자본금은 법정자본금으로서 발행주식 수에 발행금액을 곱하여 계산한다.

② 보통주 자본금과 우선주 자본금은 자본금으로 통합하여 표시할 수 있다.

③ 자본잉여금은 주주와의 거래에서 발생하여 자본을 증가시키는 잉여금으로, 주식발행초과금, 자기주식처분이익, 감자차익, 감자차손을 포함한다.

④ 자본조정은 당해 항목의 성격으로 보아 자본거래에 해당하나 최종 납입된 자본으로 볼 수 없거나 자본의 가감 성격으로 자본금이나 자본잉여금으로 분류할 수 없는 항목이다.

상 중 하

004 **다음 중 일반기업회계기준상 자본에 관한 설명으로 옳지 않은 것은?** 114회 수정

① 기업이 현물을 제공받고 주식을 발행하는 경우에는 특별한 경우가 아니면 제공받은 현물의 공정가치를 주식의 발행금액으로 한다.

② 자기주식을 취득하는 경우 액면금액을 자기주식의 과목으로 하여 자본조정으로 회계처리한다.

③ 청약기일이 경과된 신주청약증거금은 신주납입액으로 충당될 금액을 자본조정으로 회계처리하며, 주식을 발행하는 시점에서 자본금과 자본잉여금으로 회계처리한다.

④ 재무상태표상의 자본조정에는 감자차손, 주식할인발행차금, 자기주식이 포함된다.

상 중 하

005 **일반기업회계기준 중 자본조정에 대한 설명이다. A, B, C, D에 들어갈 말이 알맞게 연결된 것은?** 55회

자본조정 중 (A)은 별도 항목으로 구분하여 표시한다. (B), (C), (D) 등은 기타 자본조정으로 통합하여 표시할 수 있다.

	(A)	(B)	(C)	(D)
①	주식할인발행차금	자기주식	감자차손	자기주식처분손실
②	자기주식	주식할인발행차금	감자차손	자기주식처분손실
③	자기주식	자기주식	주식할인발행차금	자기주식처분손실
④	자기주식처분손실	자기주식	감자차손	자기주식처분손실

정답 및 해설

003 ④ ① 자본금은 발행주식 수에 액면가액을 곱하여 계산한다.
② 보통주 자본금과 우선주 자본금은 권리와 배당액이 다르기 때문에 통합하여 표시할 수 없다.
③ 감자차손은 자본조정에 해당한다.

004 ② 기업이 매입 등을 통하여 취득하는 자기주식은 취득원가를 자기주식의 과목으로 하여 자본조정으로 회계처리한다.

005 ② 자기주식을 제외한 자본조정 항목은 기타 자본조정으로 통합하여 표시할 수 있다.

상 중 하

006 다음 중 자본조정 항목은 몇 개인가? 110회

• 감자차손	• 해외사업환산이익	• 매도가능증권평가손실	• 미처리결손금
• 감자차익	• 주식할인발행차금	• 자기주식처분손실	• 자기주식

① 1개 ② 2개
③ 3개 ④ 4개

상 중 하

007 다음 중 자본 항목의 구성요소에 대한 예시로 옳지 않은 것은? 83회

① 자본잉여금: 주식발행초과금, 감자차익
② 자본조정: 감자차손, 자기주식처분손실
③ 기타포괄손익누계액: 매도가능증권평가이익, 출자전환채무
④ 이익잉여금: 이익준비금, 미처분이익잉여금

상 중 하

008 당기순손익과 총포괄손익 간의 차이를 발생시키는 항목을 모두 고른 것은? 59회

㉠ 매도가능증권평가이익	㉡ 단기매매증권평가이익
㉢ 재평가손실	㉣ 해외사업장외화환산손익
㉤ 자기주식처분이익	㉥ 현금흐름 위험회피 파생상품 평가손익

① ㉠, ㉡, ㉣ ② ㉠, ㉣, ㉥
③ ㉡, ㉢, ㉤ ④ ㉣, ㉤, ㉥

정답 및 해설

006 ④ 감자차손, 자기주식처분손실, 자기주식, 주식할인발행차금은 자본조정에 해당한다.
- 자본잉여금: 감자차익
- 이익잉여금: 미처리결손금
- 기타포괄손익누계액: 매도가능증권평가손실, 해외사업환산이익

007 ③ 출자전환채무는 자본조정 항목에 해당한다.

008 ② 당기순손익과 총포괄손익 간의 차이를 발생시키는 항목은 기타포괄손익에 해당한다.

상 중 하

009 다음 중 기타포괄손익누계액에 해당하는 것을 모두 고른 것은? 79회

㉠ 매도가능증권평가손익	㉡ 재평가잉여금
㉢ 해외사업환산손익	㉣ 자기주식처분이익
㉤ 현금흐름 위험회피 파생상품 평가손익	㉥ 주식할인발행차금

① ㉠, ㉡, ㉥
② ㉠, ㉡, ㉢, ㉣
③ ㉠, ㉡, ㉢, ㉤
④ ㉠, ㉡, ㉢, ㉤, ㉥

THEME 02 자본거래의 회계처리 [010~019]

상 중 하

010 다음 중 자본회계에 대한 설명으로 옳지 않은 것은? 76회

① 자기주식처분손실은 자기주식처분이익으로 계상된 기타자본잉여금과 우선적으로 상계하고, 그 잔액은 자본조정으로 계상한다.
② 주식을 할인발행하는 경우에는 자본을 실질적으로 증가시킨다.
③ 무상증자와 주식배당은 총자본에 영향을 주지 않는다.
④ 자기주식을 소각할 경우 자기주식의 취득원가와 최초 발행금액의 차이를 감자차손 또는 감자차익으로 분류한다.

상 중 하

011 다음 중 자기주식의 회계처리에 대한 설명으로 옳지 않은 것은? 71회

① 자기주식 처분 시 처분이익이 발생하는 경우 이전에 처분손실이 없다면 자본잉여금 총액의 증감은 발생하지 않는다.
② 자기주식처분손실은 자기주식처분이익으로 계상된 기타자본잉여금과 우선적으로 상계한다.
③ 자기주식을 소각할 경우 자기주식의 취득원가와 최초 액면금액의 차이를 감자차손 또는 감자차익으로 분류한다.
④ 자기주식을 취득하는 경우 취득원가를 자본조정으로 계상하고, 자본에서 차감하는 형식으로 기재하도록 하고 있다.

정답 및 해설

009 ③ ㉣ 자기주식처분이익은 자본잉여금, ㉥ 주식할인발행차금은 자본조정에 해당한다.

010 ④ 자기주식을 소각할 경우 자기주식의 취득원가와 최초 액면금액의 차이를 감자차손 또는 감자차익으로 분류한다.

011 ① 자기주식처분이익은 자본잉여금에 해당하므로 총액은 증가하게 된다.

상 중 하

012 다음 중 자본에 대한 설명으로 가장 옳지 않은 것은? (116회 수정)

① 자본은 기업활동으로부터의 손실 및 소유자에 대한 배당으로 인한 주주지분 감소액을 차감한 내용을 포함하고 있다.

② 이익잉여금(결손금) 처분(처리)으로 상각되지 않은 주식할인발행차금은 향후 발생하는 주식발행초과금과 우선적으로 상계한다.

③ 기업이 현물을 제공받고 주식을 발행한 경우에는 제공받은 현물의 공정가치를 주식의 발행금액으로 하는 것이 원칙이다.

④ 지분상품을 발행하거나 취득하는 과정에서 발생한 등록비 및 기타 규제 관련 수수료, 법률 및 회계자문 수수료, 주권인쇄비 및 인지세와 같은 여러 가지 비용은 당기손익으로 인식한다.

상 중 하

013 자본에 대한 설명으로 틀린 것은? (97회 수정)

① 주주로부터 현금을 수령하고 주식을 발행하는 경우에 주식의 발행금액이 액면금액보다 크다면 그 차액을 자본잉여금으로 회계처리한다.

② 기업이 주주에게 순자산을 반환하지 않고 주식의 액면금액을 감소시키거나 주식 수를 감소시키는 경우에는 감소되는 액면금액을 감자차익으로 하여 자본잉여금으로 회계처리한다.

③ 중도에 포기한 자본거래 비용은 주식할인발행차금에 가산한다.

④ 자기주식 소각 시 취득원가가 액면금액보다 작은 경우에는 그 차액을 감자차익으로 하여 자본잉여금으로 회계처리한다.

상 중 하

014 다음의 설명 중 옳은 것을 모두 고른 것은? (78회)

가. 주식배당액의 10% 이상을 자본금의 1/2까지 적립하여야 한다.
나. 자본 증자 시 발생한 등록세는 세금과공과로 처리한다.
다. 주식발행초과금은 주식을 액면금액보다 초과 발행하는 경우 발생한다.
라. 매도가능증권평가손익은 자본 항목이다.

① 가, 다, 라　　② 나, 라
③ 가, 다　　④ 다, 라

정답 및 해설

012 ④ 지분상품을 발행하거나 취득하는 과정에서 등록비 및 기타 규제 관련 수수료, 법률 및 회계자문 수수료, 주권인쇄비 및 인지세와 같은 여러 가지 비용이 발생한다. 이러한 자본거래비용 중 해당 자본거래가 없었다면 회피가능하면서 자본거래에 직접 관련되어 발생한 추가비용은 주식발행초과금에서 차감하거나 주식할인발행차금에 가산한다.

013 ③ 중도에 포기한 자본거래 비용은 당기손익으로 인식한다.

014 ④ 가. 주식배당이 아닌 현금배당의 10% 이상을 자본금의 1/2이 될 때까지 적립하여야 한다.
나. 자본 증자 시 발생한 등록세는 주식할인발행차금으로 처리하여야 한다.

상 중 하

015 (주)세무의 감자 전 자본내역은 다음과 같다. (주)세무가 발행 중인 보통주 1,000주를 주당 6,000원에 매입 소각한 경우, 감자 후 감자차익 또는 감자차손은 얼마인가? 65회

> • 보통주 자본금: 50,000,000원(10,000주, 주당 5,000원)
> • 감자차익: 300,000원 • 처분 전 이익잉여금: 17,000,000원

① 감자차익 700,000원 ② 감자차익 300,000원
③ 감자차손 300,000원 ④ 감자차손 700,000원

상 중 하

016 다음의 자본내역을 바탕으로 자기주식(취득가액: 1주당 50,000원) 100주를 1주당 80,000원에 처분한 경우 재무상태표상 자기주식처분이익 잔액은 얼마인가? 단, 다음 자료는 자기주식 처분 전 자본내역이다. 111회

> • 보통주 자본금: 99,000,000원(9,900주, 주당 10,000원) • 자기주식처분손실: 1,000,000원
> • 자기주식: 5,000,000원 • 감자차손: 1,300,000원 • 미처분이익잉여금: 42,000,000원

① 1,000,000원 ② 2,000,000원
③ 3,000,000원 ④ 4,000,000원

정답 및 해설

015 ④ 감자차손 발생(취득금액>액면금액) 시 감자차익에서 먼저 상계처리한 후 나머지는 감자차손으로 처리한다.

(차) 자본금	5,000,000	(대) 자기주식	6,000,000
감자차익	300,000		
감자차손	700,000		

016 ② • 이익잉여금(결손금) 처분(처리)으로 상각되지 않은 자기주식처분손실은 향후 발생하는 자기주식처분이익과 우선적으로 상계한다.

• 회계처리:

(차) 현금 등	8,000,000원	(대) 자기주식	5,000,000원
		자기주식처분손실	1,000,000원
		자기주식처분이익	2,000,000원

∴ 자기주식처분이익 잔액 2,000,000원 = 처분가액 8,000,000원 − 장부가액 5,000,000원 − 자기주식처분손실 1,000,000원

상 중 하

017 다음과 같은 거래를 한 경우 각각의 회계처리가 자본에 미치는 영향으로 옳지 않은 것은? 48회

주식발행 (액면발행)	• 증자일: 2025년 6월 4일 • 발행주식 수: 1,000주 • 액면금액(발행금액): 5,000원 • 주식발행비용: 100,000원 • 2025년 1월 1일 현재 재무상태표상 주식발행초과금: 5,000,000원
자기주식 (취득과 매각)	• 2025년 7월 4일 자기주식 최초 취득 – 발행주식 수: 100주 – 취득가액: 주당 6,000원(액면금액 5,000원) • 2025년 7월 20일 자기주식 처분 – 발행주식 수: 100주 – 처분가액: 주당 6,500원

① 주식발행으로 인하여 자본금은 증가하였다.
② 주식발행으로 인하여 자본잉여금은 변동이 없다.
③ 자기주식 취득으로 자본금은 변동이 없다.
④ 자기주식 처분으로 인하여 자본잉여금은 증가하였다.

상 중 하

018 (주)세금의 자본 항목은 자본금으로만 구성되어 있다. 자기주식 1,000주(액면금액 주당 500원)를 주당 600원에 취득하여 500주는 주당 700원에 매각하고, 나머지 500주는 소각한 경우 증감 등 변동사항이 없는 자본 항목은 무엇인가? 86회

① 자본금
② 자본잉여금
③ 자본조정
④ 기타포괄손익누계액

정답 및 해설

017 ② • 2025년 6월 4일

(차) 현금 등	5,000,000	(대) 자본금	5,000,000
주식발행초과금	100,000	현금 등	100,000

∴ 주식발행으로 인하여 자본잉여금이 감소하였다.

• 2025년 7월 4일

(차) 자기주식	600,000	(대) 현금 등	600,000

• 2025년 7월 20일

(차) 현금 등	650,000	(대) 자기주식	600,000
		자기주식처분이익	50,000

∴ 자기주식 처분으로 인하여 자본잉여금은 증가하였다.

018 ④ • 자기주식 취득 시 회계처리

(차) 자기주식(자본조정)	600,000	(대) 현금 등	600,000

• 자기주식 매각 시 회계처리

(차) 현금 등	350,000	(대) 자기주식(자본조정)	300,000
		자기주식처분이익(자본잉여금)	50,000

• 자기주식 소각 시 회계처리

(차) 자본금	250,000	(대) 자기주식(자본조정)	300,000
감자차손(자본조정)	50,000		

상 중 하

019 (주)한결은 2025년 2월에 자기주식 100주를 주당 6,000원에 취득하였으며, 3월에 자기주식 200주를 주당 7,000원에 취득하였다. 한편 4월에는 자기주식 100주를 특수관계인으로부터 무상증여받았다. 이후 (주)한결은 9월에 보유하고 있던 자기주식 중 200주를 주당 5,100원에 매각하였다. 처분한 자기주식의 단가를 총평균법으로 계산할 경우 (주)한결이 인식해야 할 자기주식처분손익은 얼마인가? 85회

① 처분이익 20,000원　② 처분이익 33,333원
③ 처분손실 280,000원　④ 처분손실 333,333원

THEME 03 이익잉여금처분계산서와 배당 회계처리 [020~026]

상 중 하

020 2025년 기말 (주)백두산의 당기 이익잉여금처분계산서의 내용이다. 설명 중 틀린 것은? 76회

<u>이익잉여금처분계산서</u>

제5기 2025.1.1.부터 2025.12.31.까지
처분 예정일: 2026.2.25.

과목	금액	
Ⅰ. 미처분이익잉여금		550,000,000
1. 전기이월 미처분이익잉여금	500,000,000	
2. 전기오류수정손실	50,000,000	
3. 당기순이익	100,000,000	
Ⅱ. 임의적립금 등의 이입액		30,000,000
1. 사업확장적립금	30,000,000	
Ⅲ. 이익잉여금처분액		(　　　)
1. 이익준비금	(　　　)	
2. 현금배당	100,000,000	
Ⅳ. 차기이월 미처분이익잉여금		(　　　)

※ 자본금은 10억원, 이익준비금의 잔액은 3억원이며, 상법 규정에 의하여 최소한의 금액으로 이익준비금을 적립하기로 한다.

① 당기 말(2025.12.31.) 재무상태표상 미처분이익잉여금은 550,000,000원이다.
② 당기 말(2025.12.31.) 재무상태표상 사업확장적립금 잔액은 전기보다 30,000,000원 감소한다.
③ Ⅲ.이익잉여금처분액 총액은 110,000,000원이다.
④ 손익계산서상 당기순이익은 100,000,000원이다.

정답 및 해설

019 ① • 자기주식의 단가: (100주×6,000원+200주×7,000원)÷(100주+200주+100주)=5,000원
• 자기주식처분이익: 200주×(5,100원−5,000원)=20,000원

020 ② 이익잉여금처분계산서상 임의적립금 등의 이입액과 이익잉여금처분액에 대한 회계처리는 처분 예정일인 2026년 2월 25일에 이루어진다. 따라서 당기 말 재무상태표상 사업확장적립금의 잔액은 변동이 없다.

상 중 하

021 다음 중 이익잉여금처분계산서상 'Ⅲ.이익잉여금처분액'에 표시되는 항목이 아닌 것은? 81회

① 주식배당
② 상환주식 상환액
③ 주식할인발행차금의 상각
④ 중간배당

상 중 하

022 다음 중 이익잉여금에 대한 설명으로 옳지 않은 것은? 113회

① 이익잉여금이란 기업의 영업활동 등에 의하여 창출된 이익으로써 사외에 유출되거나 자본에 전입하지 않고 사내에 유보된 금액을 말한다.
② 미처분이익잉여금이란 기업이 벌어들인 이익 중 배당금이나 다른 잉여금으로 처분되지 않고 남아 있는 이익잉여금을 말한다.
③ 이익준비금은 상법 규정에 따라 적립하는 법정적립금으로, 금전배당을 하는 경우 이익준비금이 자본총액의 1/2에 달할 때까지 금전배당액의 1/10 이상을 적립하여야 한다.
④ 이익잉여금처분계산서는 미처분이익잉여금, 임의적립금등의이입액, 이익잉여금처분액, 차기이월미처분이익잉여금으로 구분하여 표시한다.

상 중 하

023 일반기업회계기준의 이익잉여금처분계산서의 이익잉여금처분 항목에 대한 설명 중 옳지 않은 것은? 37회

① 법정적립금 및 임의적립금으로의 적립은 차기이월 이익잉여금을 감소시키고 이익잉여금의 총계도 감소시키나 자본 총계에는 영향을 미치지 않는다.
② 현금배당은 차기이월 이익잉여금, 이익잉여금 총계 및 자본 총계 모두를 감소시킨다.
③ 주식배당은 차기이월 이익잉여금 및 이익잉여금 총계를 감소시키나 자본 총계에는 영향을 미치지 않는다.
④ 배당건설이자나 주식할인발행차금의 상각은 차기이월 이익잉여금을 감소시키고 이익잉여금 총계도 감소시키나 자본 총계에는 영향을 미치지 않는다.

상 중 하

024 유가증권 보유 및 발행 시 회계처리로 옳지 않은 것은? 60회

① 현금배당수입은 배당금수익으로 처리한다.
② 주식배당수입은 배당금수익을 인식하지 않으며, 주당 취득가액은 변화 없다.
③ 주식발행회사의 경우 주식배당은 자본에 변화가 발생하지 않는다.
④ 주식발행회사의 경우 현금배당은 자본을 감소시킨다.

정답 및 해설

021 ④ 중간배당은 미처분이익잉여금란에 기재한다. 한편, 상환주식 상환액은 기중에 미처분이익잉여금(또는 임의적립금)의 감소로 회계처리하지만 이익잉여금처분계산서상에는 이익잉여금처분액란에 기재한다.

022 ③ 이익준비금은 자본총액이 아닌 자본금의 1/2에 달할 때까지 적립한 금액을 말한다.

023 ① 법정적립금 및 임의적립금으로의 적립은 차기이월 이익잉여금은 감소시키나, 이익잉여금 총계와 자본 총계에 영향을 미치지 않는다.

024 ② 주주인 법인(투자회사)의 입장에서 현금배당은 배당수익으로 인식하지만 주식배당은 배당수익으로 인식하지 않으며 주식 수를 증가시켜 주당 취득가액을 낮춘다.

상 중 하

025 (주)세무는 이익잉여금 중 이익준비금을 재원으로 하여 무상증자를 하였다. 무상증자에 따른 자본의 변동이 옳은 은 것은? 77회

	자본금	자본잉여금	이익잉여금
①	증가	증가	불변
②	증가	불변	감소
③	불변	증가	불변
④	불변	불변	감소

상 중 하

026 다음의 자료를 이용하여 기말자본금을 계산하면 얼마인가? 112회

> 1. 10,000주를 1주당 12,000원에 증자했다.(주식의 1주당 액면금액은 10,000원이며, 주식발행일 현재 주식할인발행차금 10,000,000원이 있다)
> 2. 자본잉여금 10,000,000원을 재원으로 무상증자를 실시했다.
> 3. 이익잉여금 10,000,000원을 재원으로 30%는 현금배당, 70%는 주식배당을 실시했다.(배당일 현재 이익준비금은 자본금의 2분의 1만큼의 금액이 적립되어 있다)
> 4. 전기말 재무상태표상 자본금은 30,000,000원이다.

① 147,000,000원　② 150,000,000원　③ 160,000,000원　④ 167,000,000원

THEME 04 주식분할, 주식병합 [027~030]

상 중 하

027 자본거래에 대한 다음 설명 중 옳은 것은? 63회

① 무상증자는 발행주식 수가 증가하고 주식병합은 그 수가 감소하나, 모두 총자본에 영향은 없다.
② 자기주식을 처분 시 발생하는 자기주식처분손익은 영업외손익으로 처리한다.
③ 주식분할은 총자본에 영향을 주지 않지만, 주식배당은 총자본을 증가시킨다.
④ 주식을 할인발행하는 경우에는 실질적으로 자본이 감소한다.

정답 및 해설

025 ② 무상증자 시에는 주식의 액면금액을 주식의 발행금액으로 한다. 이익잉여금 항목인 이익준비금을 재원으로 하여 무상증자를 한다고 했으므로 이익잉여금은 감소하고 자본금은 증가하지만 자본잉여금에는 영향을 미치지 않는다.

(차) 이익잉여금	×××	(대) 자본금	×××

026 ①

• 유상증자:	(차) 현금 등	120,000,000원	(대) 자본금	100,000,000원
			주식할인발행차금	10,000,000원
			주식발행초과금	10,000,000원
• 무상증자:	(차) 자본잉여금	10,000,000원	(대) 자본금	10,000,000원
• 배당:	(차) 이익잉여금	10,000,000원	(대) 자본금	7,000,000원
			현금	3,000,000원

• 기중 자본금 변동: 유상증자 100,000,000원 + 무상증자 10,000,000원 + 주식배당 7,000,000원 = 117,000,000원
∴ 기말 자본금 147,000,000원 = 30,000,000원 + 기중 자본금 변동 117,000,000원

027 ① ② 자기주식처분이익은 자본잉여금이며, 자기주식처분손실은 자본조정에 해당한다.
③ 주식분할과 주식배당은 총자본에 영향을 주지 않는다.
④ 주식을 할인발행하면 실질적으로 자본이 증가한다.

상 중 하

028 다음 중 옳은 것을 모두 고르시오. 73회

가. 무상증자는 발행주식 수가 증가하고 주식병합은 그 수가 감소하나, 모두 총자본에 영향은 없다.
나. 유상증자하는 경우 자본금이 증가하고 이익잉여금이 감소한다.
다. 주식분할은 총자본에 영향을 주지 않지만, 주식배당은 총자본을 증가시킨다.
라. 감자차손이 발생한 경우 감자차익이 먼저 계상되어 있으면 감자차익과 우선 상계하고, 미상계된 감자차손을 인식한다.

① 가, 라
② 가, 나
③ 나, 라
④ 나, 다

상 중 하

029 다음 중 자본금과 자본 총계의 변동이 없는 거래를 모두 고른 것은? 102회

가. 이익잉여금 적립
나. 주식병합
다. 주식배당
라. 현금배당

① 가
② 가, 나
③ 가, 나, 다
④ 가, 나, 다, 라

상 중 하

030 상호 연관성이 없는 다음 거래 중 자본이 증가하는 것을 모두 고른 것은? 16년 8월 특별

가. 기존 주주들에게 주식배당을 실시하다.
나. 주식을 액면금액보다 적은 금액으로 할인발행을 하다.
다. 주당 액면을 분할하여 1주를 5주로 만드는 주식분할을 실시하다.
라. 일시적으로 취득하여 보관하던 자기주식을 취득가격보다 10% 높은 가격으로 모두 매각하다.

① 가, 나
② 다, 라
③ 가, 다
④ 나, 라

정답 및 해설

028 ① 나. 유상증자는 자본금이 증가하지만 이익잉여금은 불변이다.
다. 주식분할과 주식배당은 총자본에 변화를 주지 않는다.

029 ② 주식배당은 자본금이 증가하고, 자본 총계는 변동이 없다. 현금배당은 자본금의 변동은 없으나 자본 총계는 감소한다.

030 ④ 주식배당과 주식분할은 자본의 변동에 영향을 미치지 않는다.

CHAPTER 09

수익과 비용

핵심키워드
- 재화 판매의 수익 인식기준
- 용역 제공의 수익 인식기준
- 건설형 공사계약

■ 1회독 ■ 2회독 ■ 3회독

수익은 주요 경영활동에 따른 재화의 판매, 용역의 제공 등으로 발생하는 경제적 효익의 유입으로서, 이는 자산의 증가 또는 부채의 감소 및 그 결과에 따른 자본의 증가로 나타난다. 비용은 주요 경영활동으로서의 재화의 판매, 용역의 제공 등으로 발생하는 경제적 효익의 유출로서, 이는 자산의 감소 또는 부채의 증가 및 그 결과에 따른 자본의 감소로 나타난다.

THEME 01 수익과 비용의 인식 중요

▸ 최신 30회 중 9문제 출제

수익과 비용은 발생주의에 따라 인식한다. 발생주의란 현금의 수취나 지급시점에 수익과 비용을 인식하는 것이 아니라 현금의 수취나 지급을 가져오는 근원적인 사건이 발생한 시점에 인식하는 것이다.

1. 수익의 인식기준

(1) 수익의 인식

수익의 인식이란 수익이 귀속되는 회계기간을 결정하는 것을 말한다. 수익은 실현주의에 근거하여 인식한다. 여기에서 실현주의는 발생주의를 현실적으로 적용하기 위하여 채택된 것으로 다음과 같은 요건을 모두 충족하여야 한다.

① **실현기준**: 수익은 실현되었거나 실현 가능한 시점에 인식한다. 여기서 실현되었다는 의미는 상품이나 제품 등이 현금이나 현금 청구권과 교환되었다는 것을 말한다.

② **가득기준**: 수익은 가득과정이 완료된 시점에 인식한다. 여기서 가득되었다는 의미는 기업의 수익획득과정 중에서 대부분이 거의 완료되어 수익에 대한 경제적 권리를 주장하기에 충분한 정도의 의무를 수행하였을 때를 말한다.

연습문제

다음 중 실현주의의 개념으로서 현행 기업회계기준에 어긋나는 것은? 기출 34회

① 시험 삼아 사용한 후 매입의사를 표시하는 시송품에 대하여 사용자로부터 매입의사를 전달받은 날에 매출로 계상함
② 취득원가 50,000원의 재고자산을 기말에 평가한 결과 70,000원으로 평가되어 20,000원의 평가이익을 계상함
③ 결산일이 매년 12월 31일인 회사가 4월 1일에 수령한 보험료(계약기간 1년) 150,000원 중 9개월분만 당기의 수익으로 계상함
④ 결산일이 매년 12월 31일인 회사가 7월 1일에 수령한 임대료(1년분 선수금) 100,000원 중 6개월분만 당기의 수익으로 계상함

| 정답 및 해설 |

② 현행 기업회계기준은 재고자산에 대해서 저가법만 인정하고 있기 때문에 취득원가보다 시가가 하락한 경우에만 재고자산평가손실로 처리한다.

(2) 재화 판매의 수익 인식기준

재화를 판매하여 발생한 수익은 다음 조건을 모두 충족할 때 인식한다.

① 재화의 소유에 따른 유의적인 위험과 보상이 구매자에게 이전된다.
② 판매자는 재화를 판매한 후에는 소유권이 있을 때 행사하는 통상적인 수준의 관리나 효과적인 통제를 할 수 없다.

③ 수익금액을 신뢰성 있게 측정할 수 있다.
④ 경제적 효익의 유입 가능성이 매우 높다.
⑤ 거래와 관련하여 발생했거나 발생할 원가를 신뢰성 있게 측정할 수 있다.

<table>
<tr><th>구분</th><th>수익 인식기준</th></tr>
<tr><td>위탁판매</td><td>수탁자가 제3자에게 판매한 시점</td></tr>
<tr><td>시용판매</td><td>고객이 매입의사를 표시한 시점</td></tr>
<tr><td>상품권</td><td>상품권을 회수하고 재화를 인도한 시점(상품권 발행시점에는 선수금 처리)</td></tr>
<tr><td>설치 및 검사조건부</td><td>• 원칙: 설치 및 검사가 완료되는 시점
• 예외: 다음의 경우에는 구매자가 재화를 인수한 시점
① 설치과정이 성격상 단순한 경우
② 이미 결정된 계약금액을 최종적으로 확인하기 위한 목적만으로 검사가 수행되는 경우</td></tr>
<tr><td>할부판매</td><td>인도시점(장단기 구분 ×)</td></tr>
<tr><td>반품조건부판매</td><td>• 반품률 추정 가능: 인도시점
• 반품률 추정 불가: 구매자의 인수 수락, 반품기간 종료시점</td></tr>
<tr><td>정기간행물 구독</td><td>• 가액 동일: 구독기간에 걸쳐 정액법으로 인식
• 가액 상이: 예상 총판매가액에 대한 발생 품목가액의 비율로 인식</td></tr>
<tr><td>임대업, 대행업,
전자쇼핑몰 등</td><td>기업이 재화의 소유에 따른 위험과 효익을 가지지 않고 타인의 대리인 역할을 수행하여 재화를 판매하는 경우에는 판매대금 총액을 수익으로 계상할 수 없고 판매수수료만 수익으로 인식
<table>
<tr><th>구분</th><th>수익 인식</th></tr>
<tr><td>임대업</td><td>임차인으로부터 수취하는 임대료만 수익 인식</td></tr>
<tr><td>대행업</td><td>수출업무를 대행하는 종합상사는 판매수수료만 수익 인식</td></tr>
<tr><td>전자쇼핑몰</td><td>전자쇼핑몰 운영회사는 관련수수료만 수익 인식</td></tr>
</table></td></tr>
<tr><td>부동산판매</td><td>법적 소유권이 구매자에게 이전되는 시점</td></tr>
</table>

연습문제

일반기업회계기준에 따른 아래의 수익 인식기준 중 틀린 것은? 기출 99회 수정

① 위탁판매의 경우 위탁자는 수탁자가 해당 재화를 제3자에게 판매한 시점에 수익을 인식한다.
② 구매자에게 제한적인 반품권이 부여된 거래에서 반품 가능성이 불확실하여 추정이 어려운 경우에는 구매자가 재화의 인수를 공식적으로 수락한 시점 또는 재화가 인도된 후 반품기간이 종료된 시점에 수익을 인식한다.
③ 설치과정이 단순한 설치 및 검사조건부 판매의 경우에는 구매자가 재화를 인수한 시점에 수익을 인식한다.
④ 수출업무를 대행하는 종합상사는 수출대금 전체를 수익으로 계상해야 한다.

| 정답 및 해설 |

④ 수출업무를 대행하는 종합상사는 판매를 위탁하는 회사를 대신하여 재화를 수출하는 것이므로 판매수수료만을 수익으로 계상해야 한다.

(3) 용역 제공의 수익 인식기준

용역을 제공하여 발생한 수익은 용역 제공 거래의 성과를 신뢰성 있게 추정할 수 있을 때 진행기준에 따라 인식하며, 다음 조건이 모두 충족될 때 인식한다.

① 거래 전체의 수익금액을 신뢰성 있게 측정할 수 있다.
② 경제적 효익의 유입 가능성이 매우 높다.
③ 진행률을 신뢰성 있게 측정할 수 있다.
④ 이미 발생한 원가 및 거래의 완료를 위하여 투입하여야 할 원가를 신뢰성 있게 측정할 수 있다.

구분	수익 인식기준
용역매출	장단기 모두 진행기준 적용
건설형 공사계약	장단기 모두 진행기준 적용
설치수수료	재화의 판매에 부수되는 설치의 경우를 제외하고는 설치의 진행률에 따라 수익 인식
소프트웨어	주문개발하는 소프트웨어의 대가로 수취하는 수수료는 진행기준에 따라 수익 인식
수강료	강의기간에 걸쳐 수익 인식
입장료	예술 공연 등에서 발생하는 수익은 행사가 개최되는 시점에 인식
광고수수료	• 광고매체수수료: 광고 또는 상업방송이 대중에게 전달될 때 인식 • 광고제작수수료: 광고 제작의 진행률에 따라 인식

연습문제

용역 제공으로 인한 수익은 용역 제공 거래의 성과를 신뢰성 있게 추정할 수 있을 때 진행기준에 따라 인식한다. 다음 중 용역 제공 거래의 성과를 신뢰성 있게 추정하기 위한 조건은 모두 몇 개인가? 기출 75회

• 거래 전체의 수익금액을 신뢰성 있게 측정할 수 있다.
• 경제적 효익의 유입 가능성이 매우 높다.
• 진행률을 신뢰성 있게 측정할 수 있다.
• 이미 발생한 원가 및 거래의 완료를 위하여 투입하여야 할 원가를 신뢰성 있게 측정할 수 있다.

① 1개
② 2개
③ 3개
④ 4개

| 정답 및 해설 |

④ 다음 조건을 모두 충족하는 경우에는 용역 제공 거래의 성과를 신뢰성 있게 추정할 수 있다고 본다.
• 거래 전체의 수익금액을 신뢰성 있게 측정할 수 있다.
• 경제적 효익의 유입 가능성이 매우 높다.
• 진행률을 신뢰성 있게 측정할 수 있다.
• 이미 발생한 원가 및 거래의 완료를 위하여 투입하여야 할 원가를 신뢰성 있게 측정할 수 있다.

+ 용역 제공 거래에 진행기준을 적용하지 않는 경우

• 용역 제공 거래에서 이미 발생한 원가와 그 거래를 완료하기 위해 추가로 발생할 것으로 추정되는 원가의 합계액이 해당 용역거래의 총수익을 초과하면 그 초과액과 이미 인식한 이익의 합계액 전액을 당기손실로 인식한다.
• 용역 제공 거래의 성과를 신뢰성 있게 추정할 수 없으면 발생한 비용의 범위 내에서 회수할 수 있는 금액을 수익으로 인식한다.
• 용역 제공 거래의 성과를 신뢰성 있게 추정할 수 없고 발생한 원가의 회수 가능성이 낮으면 수익을 인식하지 않고 발생한 원가를 비용으로 인식한다. 거래의 성과를 신뢰성 있게 추정하는 것을 어렵게 만들었던 불확실성이 해소되면 진행기준을 재적용할 수 있다.

연습문제

다음의 용역 제공 거래에 대하여 진행기준을 적용하지 않는 경우에 대한 서술 중 옳지 않은 것은? 기출 83회

① 추정원가의 합계액이 총수익을 초과하는 경우에는 그 초과액과 이미 인식한 이익의 합계액을 전액 당기손실로 인식한다.
② 용역 제공 거래의 성과를 신뢰성 있게 추정할 수 없는 경우에는 발생한 비용의 범위 내에서 회수 가능한 금액을 수익으로 인식한다.
③ 용역 제공 거래의 성과를 신뢰성 있게 추정할 수 없고 발생한 원가의 회수 가능성이 낮은 경우에는 수익을 인식하지 않고 발생한 원가를 비용으로 인식한다.
④ 거래의 성과를 신뢰성 있게 추정하는 것을 어렵게 만들었던 불확실성이 해소된 경우라 하더라도 해당 거래에 대해서는 진행기준을 재적용할 수 없다.

| 정답 및 해설 |

④ 거래의 성과를 신뢰성 있게 추정하는 것을 어렵게 만들었던 불확실성이 해소되면 진행기준을 재적용할 수 있다.

(4) 이자 · 배당금 · 로열티의 수익 인식기준

자산을 타인에게 사용하게 함으로써 발생하는 이자, 배당금, 로열티 등의 수익은 다음 조건을 모두 충족하는 경우에 인식한다.

① 수익금액을 신뢰성 있게 측정할 수 있다.
② 경제적 효익의 유입 가능성이 매우 높다.

구분	수익 인식기준
이자수익	원칙적으로 유효이자율을 적용하여 발생기준에 따라 인식
배당금수익	배당금을 받을 권리와 금액이 확정되는 시점에 인식
로열티수익	관련된 계약의 경제적 실질을 반영하여 발생기준에 따라 인식

2. 수익의 측정

(1) 원칙

수익은 재화의 판매, 용역의 제공이나 자산의 사용에 대하여 받았거나 받을 대가의 공정가치로 측정하며, 매출환입 및 에누리, 매출할인은 차감한다.

(2) 장기할부판매의 경우

대부분의 판매대가는 현금 또는 현금성자산의 금액이다. 그러나 판매대가가 재화의 판매 또는 용역의 제공 이후 장기간에 걸쳐 유입되는 경우에는 공정가치가 명목금액(미래에 받을 금액의 합계액)보다 작을 수 있다. 예를 들어 무이자로 신용판매를 하거나 액면이자율이 시장이자율보다 낮은 이자율의 판매대가의 어음을 받는 경우에는 판매대가의 공정가치가 명목금액보다 작아진다. 이때 공정가치는 명목금액의 현재가치로 측정하고 공정가치와 명목금액의 차액은 현금 회수기간에 걸쳐 이자수익으로 인식한다.

3. 비용의 인식기준

지출한 금액은 결국 비용이 된다. 비용은 수익 · 비용 대응의 원칙에 따라 수익을 인식하는 회계기간에 대응하여 인식한다.

(1) 직접대응

비용의 직접대응이란 특정 재화나 용역을 생산하거나 구입하면서 지출된 금액이 어느 시점에 수익으로 창출되는지를 직접 알 수 있으면 그 시점에 맞추어서 비용을 인식하는 방법이다.

예 재고자산의 매출원가

(2) 기간대응

특정 수익과의 직접적인 인과관계를 명확히 알 수 없지만 발생한 원가가 일정 기간 동안 수익 창출 활동에 기여한 것으로 판단되면 해당하는 기간에 합리적이고 체계적으로 배분하는 것을 말한다.

예 유형자산의 감가상각비

(3) 당기비용

당기에 발생한 원가가 미래에 경제적 효익을 제공하지 못하거나 미래 효익의 가능성이 불확실하면 발생 즉시 비용으로 인식하는 방법이다.

예 일반관리비, 광고선전비

합격을 다지는 실전문제 p.155

THEME 02 건설형 공사계약

▸ 최신 30회 중 4문제 출제

건설형 공사는 일반적으로 여러 회계기간에 걸쳐 진행되기 때문에 공사수익과 공사원가를 공사가 수행되는 회계기간에 적절히 배분해야 한다. 따라서 도급금액에 공사진행률을 곱하여 공사수익을 인식하고, 동 공사수익에 대응하여 실제 발생한 원가를 공사원가로 계상하는 진행기준을 사용한다.

1. 공사진행률

(1) 원칙

공사진행률은 총공사예정원가에 대한 실제 공사비 발생액(토지의 취득원가와 자본화 대상 금융비용 등은 제외)의 비율로 계산함을 원칙으로 한다. 이 경우 진행기준에서는 매 회계기간마다 누적으로 공사수익과 공사원가를 추정하므로 공사진행률도 당기까지 수행된 누적공사진행률로 산정한다.

> 공사진행률(%) = 당기까지 실제 누적공사원가 ÷ 총공사예정원가 × 100

(2) 예외

공사수익의 실현이 작업시간이나 작업일수 또는 기성공사의 면적이나 물량 등과 보다 밀접한 비례관계에 있고, 전체 공사에서 이미 투입되었거나 완성된 부분이 차지하는 비율을 객관적으로 산정할 수 있는 경우에는 그 비율을 공사진행률로 할 수 있다.

2. 공사수익

(1) 원칙

당기 공사수익은 도급금액(총계약금액 + 보상금 + 장려금 ± 계약변경)에 보고기간 종료일 현재의 공사진행률을 곱한 누적공사수익에서 전기 말까지 인식한 누적공사수익을 차감하여 계산한다. 이미 수익으로 인식한 금액에 대해서는 추후에 회수 가능성이 불확실해지는 경우에도 수익금액을 조정하지 않고 회수 불가능하다고 추정되는 금액을 비용으로 인식한다. 즉, 공사수익으로 인식된 공사미수금이 추후 회수 불가능하게 되면 기존의 공사수익을 수정하는 것이 아니라 대손비용으로 처리하는 것이다.

> 당기 공사수익 = 도급금액 × 공사진행률 − 전기 말 누적공사수익

(2) 예외

공사 결과를 신뢰성 있게 추정할 수 없을 때에는 진행기준을 적용할 수 없다. 즉, 진행률 등을 합리적으로 추정할 수 없으면 공사원가 중 회수할 수 있는 범위 내에서 공사수익을 인식하고, 발생한 공사원가를 당기비용으로 인식한다.

3. 공사원가

공사원가는 공사수익에 대응하여 실제로 발생한 비용을 말한다. 다만, 잔여 공사기간 중에 발생이 예상되는 공사원가의 합계액이 동 기간 중 인식할 공사수익의 합계액을 초과하면 해당 초과액을 당기비용인 공사손실충당부채전입액으로 인식하고 공사원가에 포함하여 보고한다.

실전 적용

2025년 초에 (주)에듀윌은 서울시와 건물을 건설하는 계약을 체결하였다. 총공사계약금액은 10,000,000원이며, 이 건설활동과 관련된 자료가 다음과 같을 때, 매년 인식해야 할 공사수익과 공사원가 및 공사이익을 계산하시오.

구분	2025년	2026년	2027년
당기 발생원가	4,000,000원	3,104,000원	1,896,000원
추가 발생원가 추정액	4,000,000원	1,776,000원	–
총공사예정원가	8,000,000원	8,880,000원	9,000,000원

| 풀이 |

구분	2025년	2026년	2027년
누적공사원가	4,000,000원	7,104,000원*2	9,000,000원*3
총공사예정원가	8,000,000원	8,880,000원	9,000,000원
공사진행률	50%	80%	100%
누적공사수익	5,000,000원*1	8,000,000원	10,000,000원
전기 말 누적공사수익	–	5,000,000원	8,000,000원
당기공사수익	5,000,000원	3,000,000원	2,000,000원
공사원가	4,000,000원	3,104,000원	1,896,000원
공사이익	1,000,000원	–104,000원	104,000원

*1 10,000,000원×50%=5,000,000원

*2 4,000,000원+3,104,000원=7,104,000원

*3 7,104,000원+1,896,000원=9,000,000원

연습문제

(주)디엘은 2024년 1월 1일부터 3년간 (주)미래의 사옥을 신축하는 계약을 체결하고 공사를 진행하고 있으며 관련 자료는 다음과 같다. 해당 공사의 수익인식기준으로 진행기준을 적용할 경우 (주)디엘이 인식할 2025년의 공사손실은 얼마인가? 기출 101회

- 계약금액: 100,000,000원
- 사옥 신축 관련 원가 자료는 다음과 같다.

구분	2024년	2025년	2026년
당기 발생공사원가	38,000,000원	46,000,000원	21,000,000원
추가 소요추정원가	57,000,000원	21,000,000원	
누적 진행률	40%	80%	100%

- 2024년에 인식한 공사이익은 2,000,000원이다.

① 5,000,000원　② 6,000,000원

③ 7,000,000원　④ 8,000,000원

| 정답 및 해설 |

③

구분	계산 근거
2025년 누적발생원가	38,000,000원＋46,000,000원＝84,000,000원
총공사예정원가	105,000,000원(＝38,000,000원＋46,000,000원＋21,000,000원)
공사진행률	80%(＝84,000,000원÷105,000,000원×100)
공사수익	40,000,000원(＝100,000,000원×80%－100,000,000원×40%*)
공사원가	47,000,000원[＝46,000,000원＋(105,000,000원－100,000,000원)×(1－80%)]
공사손실	7,000,000원

* 38,000,000원÷(38,000,000원＋57,000,000원)×100＝40%

또는 총공사손실 5,000,000원(＝총공사원가 105,000,000원－총공사수익 100,000,000원)＋2024년 공사이익 인식액 2,000,000원＝7,000,000원

합격을 다지는 실전문제 p.157

합격을 다지는 실전문제

THEME 01 수익과 비용의 인식 [001~007]

상 중 하

001 다음 중 발생주의에 따른 회계처리로 볼 수 없는 것은? 42회

① 상품 매출 시 수익의 인식을 인도기준으로 처리하는 경우
② 매출채권에 대한 대손의 인식을 충당금 설정법에 따르는 경우
③ 결산 시 장부상 현금 잔액과 실제 현금 잔액의 차이를 당기손익으로 처리하는 경우
④ 유형자산에 대하여 감가상각비를 계상하는 경우

상 중 하

002 다음 중 기업회계기준상 수익의 인식에 대한 설명으로 옳지 않은 것은? 38회 수정

① 재화 판매 시 거래 이후에도 판매자가 관련 재화의 소유에 따른 위험의 대부분을 부담하는 경우에는 아직 수익을 인식해서는 안 된다.
② 수강료 수익의 인식은 용역 제공 완료시점, 즉 강의 용역의 제공이 완료되는 시점인 강의 종료일에 인식해야 한다.
③ 제품 공급자로부터 받은 제품을 인터넷상에서 경매하고 수수료만을 수취하는 인터넷 쇼핑몰 운영회사의 수익은 제품 판매대가가 아닌 수취수수료뿐이다.
④ 재화의 소유에 따른 위험과 효익을 가지지 않고 타인의 대리인 역할을 수행하여 재화를 판매하는 경우에는 판매대금 총액을 수익으로 계상하지 않고 판매수수료만 수익으로 인식한다.

정답 및 해설

001 ③ 현금의 유입이나 유출과 관계없이 수익 또는 비용이 발생하여 수익 또는 비용을 계상하는 것을 발생주의라고 한다. ③은 현금과부족이라는 임시 계정을 재무상태표에 계상할 수 없어 잡이익이나 잡손실로 처리하는 것으로서 발생주의와는 관계가 없다.

002 ② 수강료는 발생기준에 따라 강의기간 동안 수익으로 인식한다.

상 중 하

003 **일반기업회계기준에 따른 수익 인식기준에 대한 설명으로 옳지 않은 것은?** 104회 수정

① 정기간행물 등과 같이 그 가액이 매기간 비슷한 품목을 구독신청에 의해 판매하는 경우에는 구독기간에 걸쳐 정액법으로 수익을 인식한다.

② 위탁판매의 경우 위탁자는 수탁자가 제3자에게 해당 재화를 판매한 시점에 수익을 인식한다.

③ 장기할부판매의 경우에는 기간에 걸쳐 수익으로 인식한다.

④ 부동산의 판매수익은 법적 소유권이 구매자에게 이전되는 시점에 인식한다.

상 중 하

004 **일반기업회계기준에 따른 수익의 인식기준에 관한 다음 설명 중 옳지 않은 것은?** 67회 수정

① 로열티수익은 관련된 계약의 경제적 실질을 반영하여 발생기준에 따라 인식한다.

② 이자수익은 원칙적으로 유효이자율을 적용하여 발생기준에 따라 인식한다.

③ 용역의 제공으로 인한 수익은 용역 제공 거래의 성과를 신뢰성 있게 측정할 수 있을 경우에도 완성기준에 따라 인식한다.

④ 예술 공연 등에서 발생하는 입장료 수익은 행사가 개최되는 시점에 인식한다.

상 중 하

005 **(주)세무는 컴퓨터 소프트웨어 제조회사로 소프트웨어를 판매한 후 1년간 프로그램을 업데이트해 주고 있다. 2025년 10월 1일 소프트웨어를 200,000원에 판매하였다. 판매대금 중 50,000원은 업데이트와 관련된 대가이다. (주)세무가 소프트웨어 판매와 관련하여 2025년에 인식할 수익은 얼마인가?** 118회

① 50,000원 ② 150,000원

③ 162,500원 ④ 200,000원

정답 및 해설

003 ③ 대가가 분할되어 수취되는 할부판매는 이자부분을 제외한 판매가격에 해당하는 수익을 판매시점에 인식한다.

004 ③ 용역의 제공으로 인한 수익은 용역 제공 거래의 성과를 신뢰성 있게 측정할 수 있을 때 진행기준에 따라 인식한다.

005 ③ 제품 판매가격에 판매 후 제공할 용역에 대한 식별 가능한 금액이 포함되어 있는 경우에는 그 금액을 이연하여 용역이 수행되는 기간에 걸쳐 수익으로 인식한다.

∴ 소프트웨어 판매수익 150,000원 + 업데이트 용역수익 50,000원 × 3개월/12개월 = 162,500원

상 중 하

006 다음 중 수익의 인식에 관한 설명으로 옳지 않은 것은? (88회)

① 상품권을 판매한 경우 수익은 물품 등을 제공 또는 판매하여 상품권을 회수한 시점에 인식한다.
② 배당금수익은 수익금액을 사전에 결정하기 어렵기 때문에 배당금을 수취한 시점에 인식한다.
③ 이미 수익으로 인식한 금액에 대해서는 추후에 회수 가능성이 불확실해지는 경우에도 수익금액을 조정하지 않고 회수 불가능하다고 추정되는 금액을 비용으로 인식한다.
④ 용역 제공 거래의 성과를 신뢰성 있게 측정할 수 없는 경우에는 발생원가의 범위 내에서 회수 가능한 금액을 수익으로 계상하고 발생원가 전액을 비용으로 인식한다.

상 중 하

007 다음은 일반기업회계기준에 따른 수익의 인식기준에 대한 설명이다. 가장 옳지 않은 것은? (92회)

① 이자수익은 원칙적으로 유효이자율을 적용하여 발생기준에 따라 인식한다.
② 공사진행률은 실제 공사비 발생액을 토지의 취득원가와 자본화 대상 금융비용 등을 포함한 총공사예정원가로 나눈 비율로 계산함을 원칙으로 한다.
③ 용역의 제공으로 인한 수익은 용역 제공 거래의 성과를 신뢰성 있게 추정할 수 있을 때 진행기준에 따라 인식한다.
④ 수익은 재화의 판매, 용역의 제공이나 자산의 사용에 대하여 받았거나 또는 받을 대가의 공정가치로 측정한다.

THEME 02 건설형 공사계약 [008~015]

상 중 하

008 공사수익과 관련된 다음 설명 중 옳지 않은 것은? (24회 수정)

① 공사진행기준이란 공사진행 정도에 따라 총계약금액을 공사기간별로 배분하여 수익으로 인식하는 방법을 말한다.
② 장기공사뿐 아니라 단기공사계약에 대하여도 진행기준에 의해 수익을 인식할 수 있다.
③ 기업회계기준은 공사진행률 계산방법으로 오직 원가비율에 의한 방법만을 인정하므로 작업일수나 면적 비율을 사용하여 공사진행률을 계산하면 안 된다.
④ 건설형 공사계약의 공사수익은 최초에 합의된 계약금액과 건설공사 내용의 변경이나 보상금 등의 지급에 따라 추가될 수익 중 발생 가능성이 매우 높고 신뢰성 있는 측정이 가능한 금액으로 구성된다.

정답 및 해설

006 ② 배당금수익은 수익금액을 사전에 결정하기 어렵기 때문에 주주로서 배당받을 권리가 확정되는 시점에 인식한다.

007 ② 공사진행률은 실제 공사비 발생액을 토지의 취득원가와 자본화 대상 금융비용 등을 제외한 총공사예정원가로 나눈 비율로 계산함을 원칙으로 한다.

008 ③ 공사수익의 실현이 작업시간이나 작업일수, 기성공사의 면적이나 물량 등과 보다 밀접한 비례관계에 있고, 전체 공사에서 이미 투입되었거나 완성된 부분의 비율을 객관적으로 산정할 수 있는 경우에는 그 비율을 공사진행률로 할 수 있다.

상 중 하

009 현행 일반기업회계기준상 수익의 인식에 대한 설명으로 옳지 않은 것은? 31회

① 수익은 재화의 판매, 용역의 제공이나 자산의 사용에 대하여 받았거나 또는 받을 대가의 공정가치로 측정하며, 매출에누리와 할인 및 환입은 수익에서 차감한다.

② 공정가치는 명목가액의 현재가치로 측정하며, 공정가치와 명목가액의 차액은 현금 회수기간에 걸쳐 이자수익으로 인식한다.

③ 재고자산의 판매거래 이후에도 판매자가 관련 재화의 소유에 따른 위험의 대부분을 부담하는 경우에는 그 거래를 아직 판매로 보지 않으며 수익을 인식하지 않는다.

④ 용역 제공 거래의 진행률 결정은 고객으로부터 받은 중도금 또는 선수금에 기초하여 계산된 적절한 진행률로 한다.

상 중 하

010 (주)세무는 2023년 7월 1일 (주)한라의 사옥을 신축하기로 계약하였는데, 총공사대금은 200,000,000원이며, 공사가 완료된 2025년까지 사옥의 신축과 관련된 자료는 다음과 같다. (주)세무의 수익 인식에 진행기준을 적용할 경우 2025년에 인식하여야 할 공사수익은 얼마인가? 87회

구분	2023년	2024년	2025년
당기 발생 공사원가	45,000,000원	90,000,000원	48,000,000원
추가소요 추정원가	140,000,000원	45,000,000원	–
공사대금 청구액	60,000,000원	100,000,000원	40,000,000원

① 30,000,000원　　② 40,000,000원

③ 50,000,000원　　④ 100,000,000원

정답 및 해설

009 ④ 용역 제공 거래의 진행률은 다양한 방법으로 결정할 수 있다. 고객으로부터 받은 중도금 또는 선수금에 기초하여 계산한 진행률은 작업진행 정도를 반영하지 않을 수 있으므로 적절한 진행률로 보지 않는다.

010 ③

구분	계산 근거
2024년 누적발생원가	135,000,000원(=45,000,000원+90,000,000원)
2024년 총공사예정원가	180,000,000원(=135,000,000원+45,000,000원)
2024년 공사진행률	75%(=135,000,000원÷180,000,000원×100)
2025년 공사수익	50,000,000원(=200,000,000원−200,000,000원×75%)

상 중 하

011 **다음 자료를 보고 장기용역 제공에 따른 2025년 당기손익을 구하시오.** 93회

- 용역 제공기간: 3년
- 계약기간 총수익: 1,200,000원
- 용역 제공 관련 원가

구분	2024년	2025년	2026년
당기 발생원가	700,000원	500,000원	300,000원
추가소요 추정원가	300,000원	300,000원	0원
손익인식액	이익 140,000원	?	

① 0원
② 240,000원 손실
③ 380,000원 손실
④ 440,000원 손실

정답 및 해설

011 ④

구분	계산 근거
누적발생원가	1,200,000원(=700,000원+500,000원)
총공사예정원가	1,500,000원(=1,200,000원+300,000원)
공사진행률	80%(=1,200,000원÷1,500,000원×100)
공사수익	120,000원(=1,200,000원×80%-1,200,000원×70%*)
공사원가	560,000원[=500,000원+(1,500,000원-1,200,000원)×(1-80%)]
공사손실	440,000원

* 700,000원÷(700,000원+300,000원)×100=70%

또는 총공사손실 300,000원(=총공사원가 1,500,000원-총공사수익 1,200,000원)+2024년 공사이익 인식액 140,000원=440,000원

상 중 하

012 (주)고양은 2023년 1월 3일 (주)민진의 사옥을 신축하기로 계약하였으며 관련 자료는 다음과 같다. (주)고양의 수익 인식에 진행기준을 적용할 경우 2025년에 인식하여야 할 공사이익은 얼마인가? 90회

1. 계약금액: 150,000,000원
2. 사옥 신축 관련 원가 자료는 다음과 같다.

구분	2023년	2024년	2025년
당기 발생 공사원가	20,000,000원	52,000,000원	47,000,000원
추가소요 추정원가	80,000,000원	48,000,000원	–
공사대금 청구액	40,000,000원	60,000,000원	50,000,000원

① 3,000,000원
② 8,000,000원
③ 13,000,000원
④ 39,000,000원

상 중 하

013 (주)한결은 2024년 1월 3일 총공사계약금액 100,000,000원으로 (주)서동의 사옥을 신축하기로 계약하였다. 공사가 완료된 2026년까지 사옥의 신축과 관련된 자료는 다음과 같다. (주)한결의 수익 인식에 진행기준을 적용할 경우 2025년에 인식하여야 할 공사수익은 얼마인가? 78회

구분	2024년	2025년	2026년
당기 발생 공사원가	16,000,000원	29,000,000원	47,000,000원
추가소요 추정원가	64,000,000원	45,000,000원	–
공사대금 청구액	30,000,000원	50,000,000원	20,000,000원

① 10,000,000원
② 20,000,000원
③ 30,000,000원
④ 50,000,000원

정답 및 해설

012 ③

구분	계산 근거
2024년 누적발생원가	72,000,000원(＝20,000,000원＋52,000,000원)
2024년 총공사예정원가	120,000,000원(＝72,000,000원＋48,000,000원)
2024년 공사진행률	60%(＝72,000,000원÷120,000,000원×100)
2025년 공사수익	60,000,000원(＝150,000,000원－150,000,000원×60%)
2025년 공사원가	47,000,000원
2025년 공사이익	13,000,000원

013 ③

구분	계산 근거
누적발생원가	45,000,000원(＝16,000,000원＋29,000,000원)
총공사예정원가	90,000,000원(＝45,000,000원＋45,000,000원)
공사진행률	50%(＝45,000,000원÷90,000,000원×100)
공사수익	30,000,000원(＝100,000,000원×50%－20,000,000원)
공사원가	29,000,000원
공사이익	1,000,000원

상 중 하

014

(주)세무는 2025년 7월 1일부터 2년간 교량을 건설하는 계약을 체결하고 공사를 진행하고 있다. 총계약수익은 300,000원, 총계약원가는 240,000원이다. 다음의 진행기준에 따른 수익 인식표를 참조하여 빈칸에 들어갈 값으로 알맞은 것은? 84회

회계연도	누적계약 건설원가	누적건설 계약진행률	수익	비용	이익
2025년	72,000원	(1)	(3)	72,000원	18,000원
2026년	192,000원	(2)	(4)	120,000원	30,000원
2027년	240,000원	100%	60,000원	48,000원	12,000원

	(1)	(2)	(3)	(4)
①	30%	80%	90,000원	150,000원
②	24%	64%	72,000원	192,000원
③	30%	80%	90,000원	240,000원
④	24%	64%	72,000원	120,000원

상 중 하

015

(주)한결은 시립수영장 신축공사 도급계약을 광역시와 체결하였다. 도급금액은 500,000,000원이며, 2024년 투입된 공사비는 60,000,000원, 2025년 투입된 공사비는 100,000,000원이다. 2025년 누적진행률이 40%일 경우 (주)한결의 2025년도 총공사예정원가는 얼마인가? 81회

① 60,000,000원 ② 100,000,000원
③ 160,000,000원 ④ 400,000,000원

정답 및 해설

014 ①

구분	계산 근거
2025년 누적진행률	30%(=72,000원÷240,000원×100)
2026년 누적진행률	80%(=192,000원÷240,000원×100)
2025년 수익	90,000원(=300,000원×30%)
2026년 수익	150,000원(=300,000원×80%−90,000원)

015 ④ 2025년 공사진행률 40%=누적공사원가(전기 60,000,000원+당기 100,000,000원)÷총공사예정원가 x×100
∴ 총공사예정원가 x=400,000,000원

CHAPTER 10

회계변경과 오류수정

핵심키워드
- 정당한 회계변경
- 오류수정
- 회계정책의 변경
- 회계추정의 변경

■ 1회독 ■ 2회독 ■ 3회독

THEME 01 회계변경 중요

▶ 최신 30회 중 12문제 출제

1. 회계변경의 의의

회계변경이란 기업이 처한 경제적, 사회적 환경의 변화 및 새로운 정보의 입수에 따라 과거에 채택한 회계기준이 현재 기업의 재무상태나 경영성과를 적정하게 표시하지 못할 경우 과거에 인정한 일반기업회계기준에서 새로 인정한 다른 일반기업회계기준으로 변경하는 것을 말한다.

(1) 정당한 회계변경 사유 ○

① **기업환경의 중대한 변화**: 합병, 사업부 신설, 대규모 투자, 사업의 양수도 등 기업환경의 중대한 변화로 총자산이나 매출액, 제품의 구성 등이 현저히 변동됨으로써 종전의 회계정책을 적용하면 재무제표가 왜곡되는 경우

② **업계의 합리적인 관행 수용**: 동종 산업에 속한 대부분의 기업이 채택한 회계정책 또는 추정방법으로 변경함에 있어서 새로운 회계정책 또는 추정방법이 종전보다 더 합리적이라고 판단되는 경우

③ **기업의 최초 공개**: 증권거래소 혹은 코스닥시장에 상장을 통하여 기업을 최초로 공개하기 위하여 공개시점이 속하는 회계기간의 직전 회계기간에 회계변경을 하는 경우

④ **기업회계기준의 제·개정**: 기업회계기준의 제정, 개정 또는 기존의 기업회계기준에 대한 새로운 해석에 따라 회계변경을 하는 경우(단, ④의 경우를 제외하고는 회계변경의 정당성을 기업이 입증해야 함)

(2) 정당한 회계변경 사유 ×

① 세법 개정으로 회계처리를 변경해야 하는 경우

② 이익을 조정할 목적으로 변경한 경우

③ 주식회사의 외부감사에 관한 법률에 의해 최초로 회계감사를 받는 경우

④ 과거에는 발생한 경우가 없는 새로운 사건이나 거래에 대한 회계정책을 선택하거나 회계추정을 하는 경우 등

연습문제

다음 중 정당한 회계변경의 사유가 아닌 것은? 기출 100회

① 합병, 대규모 투자 등 기업환경의 중대한 변화로 종전의 회계정책을 적용하면 재무제표가 왜곡되는 경우

② 주식회사의 외부감사에 관한 법률에 의해 최초로 회계감사를 받는 경우

③ 일반기업회계기준의 제정, 개정 또는 기존의 일반기업회계기준에 대한 새로운 해석에 따라 회계변경을 하는 경우

④ 동종 산업에 속한 대부분의 기업이 채택한 회계정책 또는 추정방법으로 변경함에 있어서 새로운 회계정책 또는 추정방법이 종전보다 더 합리적이라고 판단되는 경우

| 정답 및 해설 |

② 주식회사의 외부감사에 관한 법률에 의해 최초로 회계감사를 받는 경우는 정당한 회계변경의 사유가 아니다.

2. 회계변경의 유형

(1) 회계정책의 변경

일반기업회계기준에서 회계정책의 변경을 요구하는 경우 회계정책을 변경할 수 있다. 또한, 회계정책의 변경을 반영한 재무제표가 거래, 기타 사건 또는 상황이 재무상태, 재무성과 또는 현금흐름에 미치는 영향에 대하여 신뢰성 있고 더 목적적합한 정보를 제공하는 경우 회계정책을 변경할 수 있다. **회계정책의 변경은 회계방법이 변경되는 것이며, 소급법을 적용한다.**

① 재고자산의 원가 흐름의 가정을 선입선출법에서 후입선출법으로 변경

② 금융상품의 원가 흐름에 따라 총평균법에서 이동평균법으로 변경

③ 유형자산의 평가방법을 원가모형에서 재평가모형으로 변경 등

(2) 회계추정의 변경

회계추정의 변경이란 기업환경의 변화, 새로운 정보의 획득 또는 경험의 축적에 따라 지금까지 사용해 오던 회계적 추정치의 근거와 방법 등을 바꾸는 것을 말한다. 즉, 회계추정의 변경은 숫자가 변경되는 것이며, 회계처리방법은 전진법을 적용한다. 또한, 회계추정을 변경한 때에는 변경내용, 그 정당성 및 그 변경이 당기 재무제표에 미치는 영향을 주석으로 기재한다.

① 수취채권의 대손추정률의 변경

② 감가상각자산의 잔존가치나 내용연수추정의 변경

③ 감가상각방법(감가상각자산에 내재된 미래경제적효익의 기대소비 형태)의 변경

④ 산업재산권의 효익 제공기간을 변경

⑤ 광물자원에 대한 추정매장량의 변경

⑥ 재고자산의 진부화 여부에 대한 판단과 평가의 변경 등

연습문제

다음 중 일반기업회계기준상 회계정책의 변경에 해당하는 것은? 기출 107회

① 재고자산 원가흐름의 가정을 선입선출법에서 후입선출법으로 변경한 경우

② 재고자산의 진부화 여부에 대한 판단과 평가를 변경한 경우

③ 감가상각자산에 내재된 미래 경제적 효익의 기대소비 형태를 변경한 경우

④ 수익인식 방법을 현금주의에서 발생주의로 변경한 경우

| 정답 및 해설 |

① 회계정책의 변경에는 재고자산 평가방법의 변경 및 유가증권의 취득단가산정방법 변경 등이 있다.

- 수익인식방법을 현금주의에서 발생주의로 변경한 것은 오류 수정에 해당한다(기업회계기준의 잘못된 적용).
- 회계추정의 변경에는 대손의 추정, 재고자산의 진부화 여부에 대한 판단과 평가, 우발부채의 추정, 감가상각자산의 내용연수 또는 감가상각자산에 내재된 미래 경제적 효익의 기대소비 형태의 변경(감가상각방법의 변경) 및 잔존가액의 추정, 광물자원에 대한 추정매장량의 변경 등이 있다.

3. 회계변경의 회계처리방법

(1) 소급법

① 의의: 회계변경을 한 회계연도의 기초시점에서 당해 회계변경이 이익잉여금에 영향을 미친 누적 효과*를 계산하여 새로운 회계정책이 처음부터 적용된 것처럼 소급하여 과거의 재무제표를 수정하는 방법이다. 소급법은 새로운 회계방법의 채택으로 인한 **누적 효과를 계산하여 미처분이익잉여금을 수정하고, 전기의 재무제표를 새로운 원칙을 적용하여 수정한다.**

* 누적 효과란 변경 전 방법을 적용한 때의 기초 미처분이익잉여금과 변경 후 방법을 적용한 때의 기초 미처분이익잉여금의 차이를 말한다.

② 장점: 회계변경의 영향이 재무제표에 충분히 반영되므로 **재무제표의 비교 가능성이 유지된다.**

③ 단점: 과거의 재무제표를 새로운 회계처리방법에 따라 수정하므로 **재무제표의 신뢰성이 저하된다.**

(2) 당기일괄처리법

① 의의: 기초시점에 새로운 회계방법의 채택으로 인한 누적적 영향을 계산한 누적 효과를 회계변경수정손익으로 당기손익계산서에 계상하는 방법이다.

② 장점: 과거의 재무제표를 수정하지는 않기 때문에 재무제표의 신뢰성이 제고된다.

③ 단점: 회계변경에 따른 효과를 당기손익에 반영하므로 이익 조작 가능성이 있고 재무제표의 비교 가능성이 저하된다.

(3) 전진법

① 의의: 과거의 재무제표는 수정하지 않고 변경된 새로운 회계처리방법을 당기와 미래기간에 반영시키는 방법이다. 회계변경을 전진적으로 처리하는 경우에는 그 변경의 효과를 당해 회계연도 개시일에 적용한다.

② 장점: 이익 조작 가능성이 방지되며, 과거의 재무제표를 수정하지 않기 때문에 재무제표의 신뢰성이 제고된다.

③ 단점: 변경 효과를 파악하기 어렵고 재무제표의 비교 가능성이 저하된다.

+ 회계변경의 회계처리방법 비교

구분	소급법	당기일괄처리법	전진법
회계처리	신방법으로 소급 수정하되 신방법과 구방법의 차이를 미처분이익잉여금에 반영	신방법과 구방법의 차이를 당기손익에 반영	신방법을 당기와 미래기간에 반영
과거의 재무제표	수정함	수정하지 않음	수정하지 않음
장점	비교 가능성 유지	신뢰성 유지	신뢰성 유지
단점	신뢰성 저하	비교 가능성 저하	비교 가능성 저하
기업회계기준	회계정책의 변경, 중대한 오류	중대하지 않은 오류	회계추정의 변경

4. 일반기업회계기준

① 회계정책의 변경에는 소급법을 적용하고, 회계추정의 변경에는 전진법을 적용하도록 규정한다.

② 회계정책과 회계추정의 변경 효과를 구분하기 어려운 경우 이를 회계추정의 변경으로 본다.

③ 회계정책과 회계추정의 변경이 동시에 이루어지면 소급법을 먼저 적용한 후에 전진법을 적용한다.

④ 회계정책의 변경에 따른 누적 효과를 합리적으로 결정하기 어려우면 전진법을 적용한다.

연습문제

다음 중 회계변경의 회계처리방법에 대한 설명으로 옳지 않은 것은? 기출 114회

① 당기일괄처리법은 재무제표의 신뢰성이 높아지는 장점을 가지고 있다.
② 전진법은 변경된 새로운 회계처리방법을 당기와 미래기간에 반영시키는 방법이다.
③ 소급법의 경우 변경효과를 파악하기 어렵고 재무제표의 비교가능성이 저하된다.
④ 당기일괄처리법은 회계변경의 누적효과를 당기손익에 반영하는 방법이다.

| 정답 및 해설 |

③ 전진법의 단점에 대한 설명이다. 소급법의 경우 재무제표의 비교가능성이 유지되고 회계변경의 영향이 재무제표에 충분히 반영되어 파악하기 쉽다.

합격을 다지는 실전문제 p.167

THEME 02 오류수정

▸ 최신 30회 중 6문제 출제

오류수정은 전기 또는 그 이전의 재무제표에 포함된 회계적 오류를 당기에 발견하여 이를 일반기업회계기준에 맞게 수정하는 것을 말하며, 오류수정의 내용은 주석으로 공시한다. 회계상 오류가 발생하면 기업실체의 재무상태나 경영성과가 왜곡되므로 오류가 발견되는 즉시 이를 수정하여 재무제표의 유용성을 증대시켜야 한다.

1. 오류수정의 사례

① 수익 인식방법을 현금주의에서 발생주의 방법으로 변경
② 재고자산 평가 시 매출총이익률법에서 선입선출법으로 변경
③ 재고자산 평가 시 최종 매입원가법에서 선입선출법으로 변경

구분	내용
자동조정 오류	회계오류가 발생한 회계연도와 그 다음 회계연도의 장부가 마감되면서 당해 회계오류가 두 회계연도에 걸쳐 상쇄되어 수정분개의 필요가 없는 오류 예 당기 말 재고자산 과대·과소계상 오류, 선급비용, 선수수익, 미수수익, 미지급비용 등의 과대·과소계상 오류 등
비자동조정 오류	별도의 수정분개를 하지 않는 한 회계기간이 경과되더라도 발생한 오류가 자동으로 상쇄되지않는 오류 예 감가상각 계산의 오류, 투자부동산 오류 등

연습문제

장부의 오류 중 재무상태표와 손익계산서 오류는 자동조정 오류와 비자동조정 오류로 구분된다. 다음 중 자동조정 오류가 아닌 것은?

기출 96회

① 미지급비용 오류
② 투자부동산 오류
③ 선수수익 오류
④ 재고자산 오류

| 정답 및 해설 |

② 자동조정 오류는 회계오류가 발생한 다음 회계연도의 장부가 마감된 경우 회계오류가 자동적으로 상계되어 오류수정 분개가 필요 없는 오류를 말하며, 투자부동산 오류는 투자부동산이 판매될 때까지 오류가 상계되지 않는다.

2. 오류수정의 유형

(1) 중대한 오류

중대한 오류는 재무제표의 신뢰성을 손상할 수 있는 매우 심각한 오류이며, 이는 정보이용자의 의사결정에 왜곡을 줄 수 있다. 중대한 오류인 경우에는 소급법을 적용하여 전기오류수정손익을 미처분이익잉여금에 반영하고 재무제표를 재작성한다.

(차) 미처분이익잉여금	×××	(대) 관련 계정과목	×××
관련 계정과목	×××	미처분이익잉여금	×××

(2) 중대하지 않은 오류

당기에 발견한 전기 또는 그 이전 기간의 중대하지 않은 오류는 당기의 손익계산서에 영업외손익 중 전기오류수정손익으로 보고한다. 즉, 중대하지 않은 오류인 경우에는 당기일괄처리법을 적용한다.

(차) 전기오류수정손실	×××	(대) 관련 계정과목	×××
관련 계정과목	×××	전기오류수정이익	×××

연습문제

일반기업회계기준상 오류수정에 관한 내용이다. 옳지 않은 것은? 기출 42회

① 당기에 발견한 전기 또는 그 이전 기간의 중요하지 않은 오류는 영업외손익으로 처리한다.
② 오류수정이란 기업회계기준의 잘못된 적용 등 전기 또는 그 이전의 재무제표에 포함된 회계적 오류를 당기에 발견하여 이를 수정하는 것을 말한다.
③ 비교재무제표를 작성하는 경우 중대한 오류의 영향을 받는 회계기간의 재무제표 항목은 수정하여 재작성한다.
④ 오류수정의 내용은 주기로 표시한다.

| 정답 및 해설 |

④ 오류수정의 내용은 주석으로 공시한다.

합격을 다지는 실전문제 p.170

합격을 다지는 실전문제

THEME 01 회계변경 [001~008]

상 중 하

001 기업환경의 불확실성하에서 미래의 재무적 결과를 사전적으로 예측한 값을 새로운 정보의 획득 및 경험의 축적에 의해 그 근거와 방법 등을 변경하는 것은 무엇인가? 70회

① 회계정책의 변경
② 오류수정
③ 우발부채 및 우발자산
④ 회계추정의 변경

상 중 하

002 다음 중 회계추정의 변경에 해당하는 것은? 16년 8월 특별

① 재고자산의 평가방법을 선입선출법에서 이동평균법으로 변경하였다.
② 유형자산의 평가방법을 원가모형에서 재평가모형으로 변경하였다.
③ 금융상품의 평가방법을 원가 흐름에 따라 총평균법에서 이동평균법으로 변경하였다.
④ 유형자산의 감가상각방법을 정액법에서 정률법으로 변경하였다.

정답 및 해설

001 ④ 회계추정의 변경은 기업환경의 변화, 새로운 정보의 획득 또는 경험의 축적에 따라 지금까지 사용해 오던 회계적 추정치의 근거와 방법 등을 바꾸는 것을 말한다. 회계추정은 기업환경의 불확실성하에서 미래의 재무적 결과를 사전적으로 예측하는 것을 말한다.

002 ④ 감가상각방법은 자산의 미래 경제적 효익이 소비되는 형태를 반영하여 결정되므로 기업이 특정 방법을 임의적으로 선택할 수 있는 것이 아니다. 감가상각방법은 자산의 미래 경제적 효익이 소비되는 형태에 적합한 방법이 무엇인지 판단하고 그 방법만을 사용해야 한다. 즉, 감가상각방법의 변경은 회계추정의 변경에 해당된다.

상 중 하

003 다음 중 회계변경에 대한 설명으로 옳지 않은 것은? 45회

① 재고자산에 대한 평가방법을 최종 매입원가법에서 기업회계기준상 평가방법인 선입선출법으로 변경하는 경우 이를 회계변경으로 본다.

② 판매제품에 대한 품질보증비용을 지출연도의 비용으로 처리하다가 그 중요성이 증대됨에 따라 이를 충당금 설정법을 적용하여 회계처리하는 경우는 회계변경으로 보지 않는다.

③ 유형자산 중 상각 대상 자산의 내용연수에 대한 추정을 새로운 정보의 획득으로 인하여 변경하는 회계추정의 변경도 회계변경에 해당한다.

④ 유형자산에 대한 감가상각방법을 정당한 사유에 의하여 정액법에서 정률법으로 변경하는 경우 이를 회계변경으로 본다.

상 중 하

004 다음 중 일반기업회계기준의 회계정책 및 회계추정의 변경과 관계없는 것은? 53회

① 재고자산 평가에서 매출총이익률법을 선입선출법으로 변경하는 경우

② 매출채권에 대한 대손설정비율을 변경하는 경우

③ 고정자산의 감가상각방법을 정률법에서 정액법으로 변경하는 경우

④ 산업재산권의 효익 제공기간을 변경하는 경우

상 중 하

005 다음 중 회계변경에 대한 설명으로 옳지 않은 것은? 88회

① 회계정책의 변경에 따른 누적 효과를 합리적으로 결정하기 어려운 경우에는 회계변경을 전진적으로 처리하여 그 효과가 당기와 당기 이후의 기간에 반영되도록 한다.

② 회계정책의 변경과 회계추정의 변경이 동시에 이루어지는 경우에는 회계정책의 변경에 의한 누적 효과를 먼저 계산하여 소급 적용한 후, 회계추정의 변경 효과를 전진적으로 적용한다.

③ 회계정책 변경을 전진적으로 처리하는 경우에는 그 변경의 효과를 당해 회계연도 종료일에 적용한다.

④ 변경된 새로운 회계정책은 소급하여 적용한다. 전기 또는 그 이전의 재무제표를 비교 목적으로 공시할 경우에는 소급 적용에 따른 수정사항을 반영하여 재작성한다.

정답 및 해설

003 ① 일반기업회계기준상 인정하지 않는 최종 매입원가법을 기업회계기준에서 인정하는 선입선출법으로 변경하는 것은 회계변경이 아니라 오류수정에 해당한다.

004 ① 재고자산 평가에서 매출총이익률법을 선입선출법으로 변경하는 것은 인정되지 않는 회계기준에서 인정되는 회계기준으로 변경하는 경우에 해당하므로 오류수정에 해당한다.

005 ③ 회계정책 변경을 전진적으로 처리하는 경우에는 그 변경의 효과를 당해 회계연도 개시일부터 적용한다.

상 중 하

006 **다음 중 일반기업회계기준을 따른 회계변경에 대한 내용으로 옳은 것은?** 84회

① 변경된 새로운 회계정책은 전진법을 적용한다.

② 회계정책 변경의 누적 효과를 합리적으로 결정하기 어려워 전진적으로 처리하는 경우에는 그 변경의 효과를 다음 해 회계연도 개시일부터 적용한다.

③ 회계변경의 속성상 그 효과를 회계정책의 변경 효과와 회계추정의 변경 효과로 구분하기가 불가능한 경우에는 이를 회계정책의 변경으로 본다.

④ 회계추정의 변경은 전진적으로 처리하여 그 효과를 당기와 당기 이후의 기간에 반영한다.

상 중 하

007 **일반기업회계기준에 따라 (주)백두산은 기계장치에 대한 감가상각방법을 정률법에서 정액법으로 변경하고자 한다. 다음의 자료를 이용하여 당기 감가상각비를 계산하면 얼마인가? (단, 상각방법의 변경은 일반기업회계기준에 따른 정당한 사유에 의한 것이며, 정액법 적용 시 잔존가액은 없는 것으로 가정함)** 74회

• 취득가액: 500,000,000원 • 내용연수: 10년
• 기초 감가상각누계액: 250,000,000원 • 경과연수: 2년
• 기초 감가상각누계액은 기업회계기준에 따라 정확히 계상한 것으로 가정한다.

① 25,000,000원 ② 50,000,000원
③ 31,250,000원 ④ 62,500,000원

상 중 하

008 **(주)해원이 제3기 1월 1일에 기계장치를 2,500,000원에 취득하여 내용연수 5년, 잔존가치 없이 정액법으로 감가상각하다가 제5기 1월 1일에 기계장치에 대한 자본적 지출 300,000원을 지출하여 기계장치에 대한 내용연수가 잔존가치 없이 제8기 12월 31일까지로 연장되었다. 제5기 기계장치에 대한 감가상각비는 얼마인가? (회계기간은 매년 1월 1일부터 12월 31일까지로 함)** 63회

① 380,000원 ② 400,000원
③ 430,000원 ④ 450,000원

정답 및 해설

006 ④ ① 변경된 새로운 회계정책은 소급하여 적용한다.
② 회계정책 변경을 전진적으로 처리하는 경우에는 그 변경의 효과를 당해 회계연도 개시일부터 적용한다.
③ 회계변경의 속성상 그 효과를 회계정책의 변경 효과와 회계추정의 변경 효과로 구분하기가 어려운 경우에는 이를 회계추정의 변경으로 본다.

007 ③ 감가상각방법의 변경은 회계추정의 변경으로서 회계처리는 전진법을 적용한다. 전진법은 기초시점의 장부금액을 새로운 취득가액으로 보고 잔여 내용연수 동안 감가상각을 한다.
∴ 감가상각비: (500,000,000원 − 250,000,000원) ÷ (10년 − 2년) = 31,250,000원

008 ④ 회계추정의 변경(내용연수의 변경)은 전진적으로 처리하여 그 효과를 당기와 그 이후의 기간에 반영한다.
• 제3기~제4기 감가상각비: 2,500,000원 × 2/5 = 1,000,000원
• 제5기 감가상각비: (2,500,000원 − 1,000,000원 + 300,000원) × 1/4 = 450,000원

THEME 02 오류수정 [009~015]

상 중 하

009 **다음은 회계변경과 오류수정에 대한 설명이다. 옳지 않은 것은?** 90회 수정

① 중대한 오류는 손익계산서의 손익을 심각하게 왜곡시키는 오류를 말한다.

② 감가상각비 산정오류는 회계처리에 대한 오류의 내용 중 회계기간의 변경에 따른 자동조정적 오류가 아니다.

③ 당기에 발견한 전기 또는 그 이전 기간의 중요하지 않은 오류는 당기손익에 반영한다.

④ 회계추정을 변경한 경우에는 변경내용, 그 정당성 및 그 변경이 당기 재무제표에 미치는 영향을 주석으로 기재한다.

상 중 하

010 **회계변경과 오류수정에 대한 설명 중 옳은 것은?** 78회 수정

① 유형자산의 감가상각방법을 정당한 사유로 정률법에서 정액법으로 변경하는 것은 회계추정의 변경으로 본다.

② 매출채권에 대한 대손설정률을 2%에서 1%로 변경하는 것은 회계정책의 변경이다.

③ 당기에 발견한 전기 또는 그 이전 기간의 중요하지 않은 오류는 미처분이익잉여금에 반영한다.

④ 매기 동일한 회계정책 또는 회계추정을 사용하면 비교 가능성이 저하되어 재무제표의 유용성이 상실된다.

상 중 하

011 **기말 현재 당기순이익은 10,000,000원으로 계상되어 있다. 아래의 내용을 추가로 고려할 경우 최종적으로 계상될 당기순이익은 얼마인가?** 104회

> ㉠ 보통예금으로 외상매입금 20,000,000원을 지출하였다.
> ㉡ 외상매출금 5,000,000원을 보통예금으로 수령하였다.
> ㉢ 사무실 화재보험료 1,200,000원을 12월 1일에 일시 납입했고, 이에 대한 선급비용은 1,100,000원으로 계상되어 있다(보험기간은 2025년 12월 1일~2026년 11월 30일이며, 선급비용은 월할계산함).

① −10,000,000원 ② −5,000,000원
③ 8,900,000원 ④ 10,000,000원

정답 및 해설

009 ① 중대한 오류는 재무제표의 신뢰성을 심각하게 손상할 수 있는 매우 중요한 오류를 말한다.

010 ① ② 대손설정률 변경은 회계추정의 변경이다.
③ 당기에 발견한 과거의 중요하지 않은 오류는 당기손익에 반영한다.
④ 매기 동일한 회계정책 또는 회계추정을 사용하면 비교 가능성이 증대되어 재무제표의 유용성이 향상된다.

011 ④ ㉠ 외상매입금(20,000,000원) 지출액은 손익에 영향을 주지 않는다.
㉡ 외상매출금(5,000,000원) 수령액은 손익에 영향을 주지 않는다.
㉢ 선급비용으로 계상된 화재보험료(1,100,000원)는 연간 총보험료 1,200,000원에 대하여 월할계산된 금액이므로 손익에 영향을 주지 않는다.

상 중 하

012 **(주)갑 법인은 전기에 기계장치에 대한 감가상각비 5,000,000원을 실수로 결산에 반영하지 못하였다. 이러한 사실을 당해 연도 초에 발견하였으며, 이에 대하여 정상적으로 수정 회계처리하였고, 당기 말 감가상각비는 정확하게 반영되었다. 이에 대한 설명으로 옳지 않은 것은?** 46회

① 발견된 오류가 중대한 오류가 아니라면 당해 연도 당기순이익은 5,000,000원만큼 적게 계상된다.

② 발견된 오류가 중대한 오류라면 당해 연도 당기순이익에는 영향이 없다.

③ 당기 말 재무상태표상 기계장치에 대한 장부금액은 정확하게 반영되어 있다.

④ 당기 말 재무상태표상 자본의 합계액은 5,000,000원만큼 적게 계상된다.

상 중 하

013 **(주)서울의 당기 수정 전 시산표와 수정 후 시산표의 일부이다. 빈칸에 들어갈 금액이 옳지 않은 것은?** 100회

계정과목	수정 전 시산표		수정 후 시산표	
	차변	대변	차변	대변
미수수익	(㉮)		45,000원	
소모품	8,000원		(㉰)	
선급보험료			15,000원	
미지급급여				13,000원
이자수익		65,000원		85,000원
급여	(㉯)		44,000원	
소모품비			5,000원	
보험료	25,000원		(㉱)	

① ㉮ 25,000원　　② ㉯ 31,000원

③ ㉰ 3,000원　　④ ㉱ 15,000원

정답 및 해설

012 ④ • 발견된 오류가 중대한 경우

(차) 이익잉여금 5,000,000　　(대) 감가상각누계액 5,000,000

• 발견된 오류가 중대하지 않은 경우

(차) 전기오류수정손실 5,000,000　　(대) 감가상각누계액 5,000,000

∴ 전기의 오류사항과 당기의 수정사항이 합쳐져 당기 말 재무상태표상 자본의 합계액은 정확한 금액으로 계상된다.

013 ④ • 결산분개는 다음과 같다.

(차) 선급보험료 15,000　　(대) 보험료 15,000

• 위 분개를 수정 후 시산표에 적용하면 선급보험료가 15,000원이고 보험료 계정 잔액은 10,000원이 된다.

상 중 하

014

세무상사의 결산 시 다음과 같은 당기순이익이 산출되었으나 몇 가지 누락사항을 발견하고 수정하였다면 수정 후 정확한 당기순이익은 얼마인가? 19회

• 수정 전 당기순이익	5,880,000원	• 감가상각비 누락	1,000,000원
• 선급임차료 누락	500,000원	• 재고자산 과소계상	130,000원
• 수정 전 재고자산 평가액	500,000원	• 수정 후 재고자산 평가액	630,000원

① 5,510,000원　② 4,250,000원
③ 4,510,000원　④ 7,510,000원

상 중 하

015

(주)월드니스는 회계감사를 받으면서 다음과 같은 오류사항을 발견하였다. 오류수정 전 2025년 회계연도 당기순이익은 500,000원이고 법인세 효과는 고려하지 않는다고 가정할 경우, 오류수정 후 당기순이익은 얼마인가? 74회

(가) 기말재고자산: 2024년 50,000원 과대계상, 2025년 30,000원 과소계상
(나) 감가상각비: 2025년 10,000원 과소계상

① 550,000원　② 570,000원
③ 600,000원　④ 620,000원

정답 및 해설

014 ① 수정 전 당기순이익 5,880,000원 − 감가상각비 누락 1,000,000원 + 선급임차료 누락 500,000원 + 재고자산 과소계상 130,000원* = 5,510,000원

* 기말 수정 전 잘못 된 재고자산 평가액이 500,000원이며 기말 수정 후 올바른 재고자산 평가액이 630,000원이므로 재고자산이 130,000원 증가하게 된다. 이는 수정 전 장부상 기말재고자산은 130,000원 과소계상을 의미한다. 재고자산(상품) T계정을 연상하면 차변의 합계금액은 변함이 없지만 기말 재고자산이 130,000원 증가하면 손익계산서 매출원가가 130,000원 감소하므로 수정 후 당기순이익은 130,000원 증가하게 된다.

015 ② • (가) 기말재고자산 2024년 50,000원 과대계상

전기 말 재고자산은 당기초에 이월되므로 전기말 재고자산이 50,000원 과대계상인 경우 당기초 재고자산이 50,000원 과대계상, 판매가능액이 50,000원 과대계상되므로 매출원가 50,000원 과대계상, 당기순이익 50,000원 과소계상이 된다. 따라서, 당기 말 오류를 수정한다면 오류수정 후 이익은 50,000원이 증가한다.

• (가) 기말재고자산 2025년 30,000원 과소계상

당기 말 재고자산 30,000원 과소계상은 오류를 수정하게 되면 당기 말 재고자산이 30,000원 증가하게 된다. 당기 말 재고자산이 30,000원 증가하면 당기 말 매출원가가 30,000원 감소하기 때문에 당기순이익이 30,000원 증가한다.

• (나) 감가상각비 : 2025년 10,000원 과소계상

감가상각비가 10,000원 과소계상이므로 비용을 증가시키면 오류 수정 후 이익은 10,000원이 감소하게 된다.

∴ 수정후 당기순이익: 500,000원 + 50,000원 + 30,000원 − 10,000원 = 570,000원

CHAPTER 11

특수회계

핵심키워드
- 보고기간 후 사건
- 이연법인세회계
- 중소기업 회계처리 특례
- 환율 변동 효과

1회독 2회독 3회독

THEME 01 보고기간 후 사건

보고기간 후 사건은 보고기간 말과 재무제표가 사실상 확정된 날 사이에 발생하여 기업의 재무상태에 영향을 미치는 사건이다. 재무제표가 사실상 확정된 날은 정기주주총회 제출용 재무제표가 이사회에서 최종 승인된 날을 말한다. 다만, 주주총회에 제출된 재무제표가 주주총회에서 수정 · 승인된 경우에는 주주총회일을 말한다.

1. 수정을 요하는 보고기간 후 사건

수정을 요하는 보고기간 후 사건은 보고기간 말 현재 존재하였던 상황에 대한 추가적 증거를 제공하는 사건이다. 재무제표상의 금액에 영향을 주는 사건을 말하며, 그 영향을 반영하여 재무제표를 수정한다. 재무제표에 이미 인식한 추정치는 그 금액을 수정하고, 재무제표에 인식하지 않은 항목은 이를 새로이 인식한다.

① 보고기간 말 현재 이미 자산의 가치가 하락되었음을 나타내는 정보를 보고기간 말 이후에 입수하는 경우, 또는 이미 손상차손을 인식한 자산에 대하여 손상차손금액의 수정이 필요한 정보를 보고기간 후에 입수하는 경우
② 보고기간 말 이전에 존재하였던 소송사건의 결과가 보고기간 후에 확정되어 이미 인식한 손실금액을 수정하여야 하는 경우
③ 보고기간 말 이전에 구입한 자산의 취득원가 또는 매각한 자산의 금액을 보고기간 후에 결정하는 경우
④ 보고기간 말 현재 지급하여야 할 의무가 있는 종업원에 대한 이익분배 또는 상여금 지급금액을 보고기간 후에 확정하는 경우
⑤ 전기 또는 그 이전 기간에 발생한 회계적 오류를 보고기간 후에 발견하는 경우

2. 수정을 요하지 않는 보고기간 후 사건

수정을 요하지 않는 보고기간 후 사건은 보고기간 말 현재 존재하지 않았으나 보고기간 후에 발생한 상황에 대한 증거를 제공하는 사건을 말하는 것으로, 그 사건에 대해서는 재무제표상의 금액을 수정하지 않는다. 예로는 사업합병이나 사업부문을 처분한 경우, 유가증권의 시장가격이 보고기간 말과 재무제표가 사실상 확정된 날 사이에 하락한 경우가 있다. 이러한 경우 보고기간 말 현재의 상황과 관련된 것이 아니라 보고기간 말 후에 발생한 상황이 반영되어야 하므로 재무제표에 인식한 금액을 수정하지 않는다.

연습문제

다음 중 재무상태표일 후 발생한 사건에 대하여 기업회계기준에서 수정을 요하는 사항이 아닌 것은? 기출 67회

① 보고기간 종료일 현재 이미 자산의 가치가 하락되었음을 나타내는 정보를 보고기간 종료일 이후 입수한 경우
② 이미 손상차손을 인식한 자산에 대해 계상한 손상차손금액의 수정을 요하는 정보를 보고기간 종료일 후에 입수한 경우
③ 전기 또는 그 이전 기간에 발생한 회계적 오류를 보고기간 종료일 후에 발견한 경우
④ 기업합병이나 사업부문을 처분한 경우

| 정답 및 해설 |

④ 기업합병이나 사업부문을 처분한 경우는 수정을 요하지 않는 사건에 해당한다.

합격을 다지는 실전문제 p.179

THEME 02 중소기업 회계처리 특례

중소기업의 회계처리 부담을 완화하기 위하여 「중소기업기본법」에 따라 중소기업은 일반기업과 다른 회계처리 특례를 허용한다. 다만, 상장법인과 금융회사는 이 규정을 적용할 수 없다.

구분	내용
지분증권의 평가	시장성 없는 지분증권은 취득원가로 평가 가능
현재가치 평가	장기연불조건의 매매거래 및 장기금전대차거래 등에서 발생하는 채권 · 채무는 현재가치로 평가하지 않고 명목금액을 재무상태표금액으로 평가함
단기용역매출	1년 내의 기간에 완료되는 단기용역매출 및 단기건설용역은 완성기준으로 수익 인식 가능 꿀팁 장기용역공급은 무조건 진행기준
내용연수 및 잔존가치의 결정	유형자산 및 무형자산의 내용연수 및 잔존가치는 법인세법 규정을 따를 수 있으며, 법인세법 외에 다른 법령에서 정하는 내용연수와 잔존가치도 허용함
장기할부판매	토지 또는 건물 등을 장기할부조건으로 처분할 때에는 당해 자산의 처분이익을 할부금 회수기일이 도래한 날에 실현되는 것으로 처리함
법인세비용	법인세비용은 법인세법 등의 법령에 의하여 납부하여야 할 금액으로 처리함
지분법 평가	유의적인 영향력을 행사할 수 있는 지분증권에 대해서 지분법을 적용하지 않을 수 있음

연습문제

다음 중 일반기업회계기준상 중소기업 특례에 대한 설명으로 옳지 않은 것은? 기출 33회

구분	회계처리 대상	일반원칙	중소기업특례
①	법인세비용 계상	이연법인세회계 적용	납부세액을 비용 계상
②	장기할부판매	인도기준 수익 인식	할부금 회수기일 도래기준
③	장기용역 공급	진행기준 강제 적용	완성기준 적용 가능
④	지분법 적용 투자주식	지분법 평가	시가 평가 가능

| 정답 및 해설 |

③ 단기용역 공급에 한하여 완성기준을 적용할 수 있을 뿐 장기용역 공급 시에는 중소기업의 경우에도 진행기준을 적용하여야 한다.

합격을 다지는 실전문제 p.180

THEME 03 이연법인세회계

▸ 최신 30회 중 4문제 출제

이연법인세회계란 일반기업회계상 자산 · 부채와 세법상 세무기준액이 일치하지 않음으로써 발생하는 일시적 차이의 세금 효과를 차기 이후의 기간에 배분하는 절차를 말한다. 즉, 일반기업회계기준과 법인세법 간의 인식방법과 시기에 차이가 존재하므로 법인세 실제 부담액과 손익계산서의 법인세비용 간의 불일치가 발생하게 된다. 이러한 불일치를 조정하는 계정과목이 이연법인세자산 또는 이연법인세부채이다.

1. 용어의 정의

구분	정의
회계이익	일반기업회계기준에 의해 산출된 법인세비용 차감 전 순이익
과세소득	회계이익에 가산조정과 차감조정을 반영한 이후의 금액
법인세 부담액	법인세법에 의하여 각 회계연도에 부담할 법인세 등
세무기준액	세무회계상 자산과 부채
일시적 차이	일반기업회계상 장부금액과 세무기준액과의 차이

2. 일시적 차이

일시적 차이란 특정 회계연도에 발생한 차이로 인해 미래 회계기간의 과세소득 결정 시 가산 또는 차감됨으로써 소멸되는 차이를 말한다. 이연법인세회계의 대상은 영구적 차이가 아닌 일시적 차이만 해당한다.

(1) 가산할 일시적 차이(이연법인세부채)

가산할 일시적 차이는 회계기간 종료일 세무조정으로 과세소득 산출과정에서 차감되었으나 자산·부채가 회수·상환되는 미래기간의 과세소득을 증가시키는 일시적 차이이다. 가산할 일시적 차이는 미래의 법인세 부담액이 증가하므로 이연법인세부채로 재무상태표에 표시한다.

> 이연법인세부채 = 가산할 일시적 차이 × 입법화된 미래세율

(2) 차감할 일시적 차이(이연법인세자산)

차감할 일시적 차이는 회계기간 종료일 세무조정으로 과세소득 산출과정에서 가산되었으나 자산·부채가 회수·상환되는 미래기간의 과세소득을 감소시키는 일시적 차이이다. 차감할 일시적 차이는 미래의 법인세 부담액이 감소하므로 이연법인세자산으로 재무상태표에 표시한다.

> 이연법인세자산 = 차감할 일시적 차이 × 입법화된 미래세율

(3) 법인세비용의 계산

손익계산서에 계상할 법인세비용은 법인세 부담액에 이연법인세 변동액을 가감하여 산출한다.

> ① 법인세 부담액(미지급법인세) = (법인세비용 차감 전 순이익 ± 영구 · 일시적 차이) × 당기법인세율
> ② 이연법인세 당기변동액 = 당기 말 이연법인세* − 전기 말 이연법인세
> * 누적일시적 차이 × 미래예상세율
> ③ 법인세비용 = ① ± ②

연습문제

다음 자료에 의하여 2025년도의 법인세비용을 구하면 얼마인가? 기출 94회

(1) 당기에 발생한 차이와 실현되는 시기는 다음과 같다.

구분	2025년	2026년
재고자산 평가감	40,000원	(40,000원)
기업업무추진비 한도 초과액	160,000원	−
법인세율(단일세율임)	10%	20%

(2) 2025년 초 이연법인세 잔액은 없으며, 법인세비용 차감 전 순이익은 2,000,000원이다.
(3) 미래의 과세소득은 충분하다고 가정한다.

① 196,000원 ② 208,000원
③ 212,000원 ④ 228,000원

| 정답 및 해설 |

③ (차) 법인세비용 212,000 (대) 미지급세금(미지급법인세) 220,000*1
이연법인세자산 8,000*2

*1 (2,000,000원+40,000원+160,000원)×10%=220,000원
*2 40,000원×20%=8,000원

3. 측정

① 차감할 일시적 차이는 미래기간의 과세소득을 감소시키므로 차감할 일시적 차이를 활용할 수 있을 만큼 미래기간의 과세소득이 충분할 경우에만 차감할 일시적 차이의 법인세 효과가 실현될 수 있다. 즉 차감할 일시적 차이가 활용될 수 있는 가능성이 매우 높은 경우에만 이연법인세자산으로 인식하며 이연법인세자산의 실현 가능성은 보고기간 종료일마다 재검토되어야 한다.
② 이연법인세부채는 실현 가능성을 검토하지 않고 항상 부채로 인식한다.
③ 이연법인세자산과 부채는 보고기간 종료일 현재까지 확정된 세율에 기초하여 당해 자산이 회수되거나 부채가 상환될 기간에 적용될 것으로 예상되는 세율을 적용하여 측정하여야 한다.
④ 이연법인세자산과 부채는 미래 일시적 차이의 소멸시점을 추정하기 어렵기 때문에 현재가치로 평가하지 않는다.

4. 재무상태표 표시방법

이연법인세자산과 부채는 일시적 차이의 예상 소멸시기에 따라 유동 항목 또는 비유동 항목으로 분류한다. 또한, 동일한 유동항목 및 비유동 항목 구분 내의 이연법인세자산과 이연법인세부채는 동일한 과세당국과 관련된 경우 각각 상계하여 표시한다.

연습문제

다음 중 법인세 회계처리에 대한 설명으로 옳지 않은 것은? 기출 85회

① 차감할 일시적 차이가 활용될 수 있는 가능성이 매우 높은 경우에만 이연법인세자산을 인식하여야 한다.
② 가산할 일시적 차이란 자산·부채가 회수·상환되는 미래기간의 과세소득을 감소시키는 효과를 가지는 일시적 차이를 말한다.
③ 원칙적으로 모든 가산할 일시적 차이에 대하여 이연법인세부채를 인식하여야 한다.
④ 이연법인세자산과 부채는 보고기간 말 현재까지 확정된 세율에 기초하여 당해 자산이 회수되거나 부채가 상환될 기간에 적용될 것으로 예상되는 세율을 적용하여 측정하여야 한다.

| 정답 및 해설 |

② 가산할 일시적 차이란 자산·부채가 회수·상환되는 미래기간의 과세소득을 증가시키는 효과를 가지는 일시적 차이를 말한다.

합격을 다지는 실전문제 p.180

THEME 04 환율 변동 효과

▸ 최신 30회 중 3문제 출제

1. 기능통화, 외화 및 표시통화의 정의

종류	정의
기능통화	영업활동이 이루어지는 주된 경제 환경의 통화 예 중국지점의 위안화
외화	기능통화 이외의 다른 통화
표시통화	재무제표를 표시할 때 사용하는 통화이며, 기업은 어느 나라 통화든지 표시통화로 사용 가능

2. 화폐성 항목과 비화폐성 항목의 정의

종류	정의
화폐성 항목	수취금액이나 지급금액이 계약 등으로 인하여 일정액(화폐액)으로 고정되어 있는 외화자산·부채 예 매출채권, 매입채무, 미지급금, 차입금, 사채 등
비화폐성 항목	화폐성 항목이 아닌 자산과 부채로서 일정 수량의 재화 또는 용역 자체의 거래와 관련된 권리와 의무 예 재화와 용역에 대한 선급금 및 선수금, 재고자산, 유형자산, 무형자산 등

3. 보고기간 말 환산

화폐성 항목은 마감 환율로 환산하고 외환차이를 당기손익으로 인식하며 비화폐성 항목은 역사적 원가로 측정(예 유형자산의 원가법)하는 것과 공정가치로 측정(예 유형자산의 재평가모형)하는 것에 따라 환율 변동 효과 처리방법에 차이가 있다.

구분		환산방법	회계처리
화폐성 항목		마감 환율로 환산	화폐성 항목은 마감 환율로 환산한 금액을 재무상태표에 계상
비화폐성 항목	역사적 원가 측정	거래일의 환율로 환산하므로 외환차이×	회계처리×
	공정가치 측정	공정가치가 결정된 날의 환율로 환산	• 공정가치 평가손익을 당기손익으로 인식 → 외환차이를 당기손익으로 처리 • 공정가치 평가손익을 기타포괄손익으로 인식 → 외환차이를 기타포괄손익으로 처리

꿀팁 유형자산의 재평가모형에서 생기는 평가이익은 기타포괄손익으로 인식한다. 재평가모형에 따른 유형자산이 외화로 측정된다면 공정가치가 결정된 날의 환율로 재평가금액을 환산하고 환산 시 발생하는 외환차이도 기타포괄손익으로 인식한다.

4. 결제시점

구분	외환차이
화폐성 항목	외환차이는 외화채권의 회수 또는 외화채무 상환 시 환율 변동으로 인한 이익과 손실을 의미하며, 외환차익 또는 외환차손은 손익계산서의 영업외손익으로 처리 • 발생 및 결제가 동일한 회계기간에 이루어지는 경우: 외환차이[외화금액×(결제일 환율－거래일 환율)]를 당기 영업외손익으로 처리 • 발생 및 결제가 동일한 회계기간에 이루어지지 않는 경우: 외환차이[외화금액×(결제일 환율－직전 보고기간 말 외화환산 시 환율)]를 당기 영업외손익으로 처리
비화폐성 항목	• 공정가치 평가손익을 당기손익으로 인식: 외환차이를 당기손익으로 처리 • 공정가치 평가손익을 기타포괄손익으로 인식: 외환차이를 기타포괄손익으로 처리

연습문제

기업회계기준에 따른 외화자산 · 외화부채의 환산 및 상환에 관한 설명으로 옳지 않은 것은? 기출 98회

① 화폐성 외화자산은 보고기간 종료일 현재 적절한 환율로 환산한 가액을 재무상태표가액으로 한다.
② 외환차익 또는 외환차손은 외화자산의 회수 또는 외화부채의 상환 시에 발생하는 차손익으로 한다.
③ 외화환산손실은 결산일에 화폐성 외화자산 또는 화폐성 외화부채를 환산하는 경우 환율 변동으로 인해 발생하는 환산손익으로 판매비와 관리비에 해당한다.
④ 비화폐성 외화부채는 원칙적으로 당해 부채를 부담한 당시의 적절한 환율로 환산한 가액을 재무상태표의 가액으로 한다.

| 정답 및 해설 |

③ 외화환산손실은 결산일에 화폐성 외화자산 또는 화폐성 외화부채를 환산하는 경우 환율 변동으로 인해 발생하는 환산손익으로 영업외손익에 해당한다.

합격을 다지는 실전문제 p.181

합격을 다지는 실전문제

THEME 01 보고기간 후 사건 [001~002]

상 중 하

001 다음 중 재무제표의 수정을 요하는 보고기간 후 사건으로 볼 수 있는 것은 모두 몇 개인가? 100회

가. 보고기간 말 현재 이미 자산의 가치가 하락되었음을 나타내는 정보를 보고기간 말 이후에 입수하는 경우
나. 보고기간 말 이전에 존재하였던 소송사건의 결과가 보고기간 후에 확정되어 이미 인식한 손실금액을 수정하여야 하는 경우
다. 유가증권의 시장가격이 보고기간 말과 재무제표가 사실상 확정된 날 사이에 하락한 경우

① 0개
② 1개
③ 2개
④ 3개

상 중 하

002 일반기업회계기준상 보고기간 말과 재무제표가 사실상 확정된 날 사이에 발생한 사건은 당해 재무제표를 수정하는 사건과 수정을 요하지 않는 사건으로 구분할 수 있다. 이에 따라 다음과 같은 사건이 발생하였을 경우 당해 재무제표를 수정하여야 하는 것은 모두 몇 개인가? 40회

㉠ 전기부터 진행 중이던 소송에 대한 확정판결로 손해배상금을 10억원 지급하여야 한다.
㉡ 기중에 시송품으로 반출된 제품에 대한 재고가액 5억원이 누락된 것을 발견하였다.
㉢ 회사가 보유한 단기매매증권의 시장가격이 10% 하락하였다.

① 0개
② 1개
③ 2개
④ 3개

정답 및 해설

001 ③ 다.는 유가증권의 시장가격이 보고기간 말과 재무제표가 사실상 확정된 날 사이에 하락한 것은 수정을 요하지 않는 보고기간 후 사건의 예이다. 이 경우 시장가격의 하락은 보고기간 말 현재의 상황과 관련된 것이 아니라 보고기간 말 후에 발생한 상황이 반영된 것이다. 따라서 그 유가증권에 대해서 재무제표에 인식한 금액을 수정하지 않는다.

002 ③ ㉠, ㉡은 재무제표를 수정하여야 하며, ㉢은 보고기간 종료일 현재의 상황과 관련된 것이 아니고 그 이후에 발생한 상황이 반영된 것이므로 재무제표를 수정하지 않는다.

THEME 02 중소기업 회계처리 특례 [003]

상 중 하

003 **다음 중 일반기업회계기준상 중소기업 회계처리 특례와 거리가 먼 것은?** 25회

① 모든 지분증권은 취득원가로 평가할 수 있다.
② 장기연불조건의 매매거래 및 장기금전대차거래 등에서 발생하는 채권 및 채무는 명목가액을 재무상태표가액으로 할 수 있다.
③ 법인세비용은 법인세법 등의 법령에 의하여 납부하여야 할 금액으로 할 수 있다.
④ 유형자산과 무형자산의 내용연수 및 잔존가액의 결정은 법인세법의 규정에 따를 수 있다.

THEME 03 이연법인세회계 [004~006]

상 중 하

004 **다음 중 자산, 부채의 장부금액과 세무기준액의 일시적 차이에 해당하는 이연법인세에 대한 설명으로 옳지 않은 것은?** 115회 수정

① 납부해야 할 법인세가 회계상 법인세비용을 초과하는 경우 이연법인세자산을 인식한다.
② 공정가치로 평가된 자산의 장부금액이 세무기준액보다 크면 이연법인세자산으로 인식하여야 한다.
③ 영업권의 상각이 과세소득을 계산할 때 손금으로 인정되지 않는 경우에는 이연법인세부채를 인식하지 않는다.
④ 당기에 취득한 유형자산의 감가상각방법이 회계상 정률법을 적용하고, 세무상 정액법을 적용할 경우 당기에는 이연법인세자산으로 인식한다.

상 중 하

005 **다음은 법인세회계의 측정에 대한 설명이다. 틀린 것은?** 92회

① 이연법인세자산은 보고기간 말 현재까지 확정된 세율에 기초하여 당해 자산이 회수될 기간에 적용될 것으로 예상되는 세율을 적용하여 측정하여야 한다.
② 이연법인세자산과 부채는 현재가치로 할인하여 측정한다.
③ 회사가 납부할 법인세 부담액은 각 보고기간 말 현재의 세율과 세법을 적용하여 측정한다.
④ 이연법인세부채는 일시적 차이의 소멸 등으로 인하여 미래에 추가적으로 부담할 법인세로 측정한다.

정답 및 해설

003 ① 시장성 없는 지분증권만 취득원가로 평가할 수 있다.

004 ② 공정가치로 평가된 자산의 장부금액이 세무기준액보다 크다면 그 차이가 가산할 일시적 차이이며 이연법인세부채로 인식하여야 한다. 예를 들어, 장부상 단기매매증권평가이익을 법인세법상 익금으로 인정되지 않는 경우 당장 세금을 줄이는 효과가 있으므로 이는 추후 과세소득을 증가시키는 이연법인세부채로 인식하여야 한다.

① 납부해야 할 법인세가 회계상 법인세비용을 초과하는 경우 당장 세금을 더 낸 경우이므로 이는 추후 과세소득을 감소시키는 이연법인세자산으로 인식한다.

(예시)	(차) 법인세비용	200원	(대) 미지급세금	300원
	이연법인세자산	100원		

③ 영업권의 상각이 과세소득을 계산할 때 손금으로 인정되지 않는 경우에는 당장 세금을 더 내야 하므로 추후 과세소득을 감소시키는 이연법인세자산으로 인식한다.
④ 당기에 장부상 정률법을 적용하는 경우 세무상 정액법을 적용하는 경우 장부상 비용 중 일부를 손금에 산입할 수 없다. 손금으로 인정되지 않는 경우에는 당장 세금을 더 내야 하므로 추후 과세소득을 감소시키는 이연법인세자산으로 인식한다.

005 ② 이연법인세자산과 부채는 현재가치로 할인하지 않는다.

상 중 하

006 일반기업회계기준서상 이연법인세에 대한 설명으로 옳지 않은 것은? 39회

① 이연법인세자산과 부채는 현재가치로 할인하지 않는다.
② 동일한 유동 및 비유동 구분 내의 이연법인세자산과 이연법인세부채는 동일한 과세당국과 관련된 경우에는 각각 상계하여 표시한다.
③ 자산, 부채의 장부금액과 세무가액의 일시적 차이에 대하여 원칙적으로 이연법인세를 인식하여야 한다.
④ 당해 연도의 법인세율과 차기 이후부터 입법화된 세율이 상이한 경우 이연법인세자산, 부채의 인식은 당해 연도의 법인세율과 차기 이후부터 입법화된 세율의 평균세율을 적용하여 측정한다.

THEME 04 환율 변동 효과 [007~011]

상 중 하

007 기업회계기준에서는 화폐성 항목의 외화자산, 외화부채를 결산 기말 현재의 환율로 환산하여 당기 손익에 반영하도록 하고 있다. 다음 중 환산손익이 발생하지 않는 것은? 30회

① 현금
② 매출채권
③ 선수금
④ 매입채무

상 중 하

008 다음 중 외화자산 및 외화부채의 환율 변동 효과와 관련된 설명으로 옳지 않은 것은? 58회 수정

① 모든 외화자산 및 외화부채는 보고기간 종료일 현재의 적절한 환율로 환산한 가액을 재무상태표가액으로 한다.
② 외화환산손익은 결산일에 화폐성 외화자산 또는 화폐성 외화부채를 환산하는 경우 발생하는 환산손익을 말한다.
③ 외환차손익은 외화자산의 회수 또는 외화부채의 상환 시에 발생하는 차손익을 말한다.
④ 화폐성 항목의 외환차손익 또는 외화환산손익은 외환차이가 발생한 회계기간의 손익으로 인식한다.

정답 및 해설

006 ④ 이연법인세자산과 부채는 보고기간 종료일 현재까지 확정된 세율에 기초하여 당해 자산이 회수되거나 부채가 상환될 기간에 적용될 것으로 예상되는 세율을 적용하여 측정하여야 한다.

007 ③ 선수금은 비화폐성 항목이다.

008 ① 화폐성 외화항목만 보고기간 종료일 현재의 적절한 환율로 환산한 가액을 재무상태표가액으로 한다.

상 중 하

009 일반기업회계기준상 외화자산과 외화부채에 대한 환율 변동 효과의 내용으로 옳지 않은 것은? 53회 수정

① 외화란 기능통화 이외의 다른 통화를 뜻한다.
② 기능통화로 외화거래를 최초로 인식하는 경우에 거래일의 외화와 기능통화 사이의 현물 환율을 외화금액에 적용하여 기록한다.
③ 역사적 원가로 측정하는 비화폐성 외화 항목은 거래일의 환율로 환산한다.
④ 외화환산손실은 결산일에 화폐성 외화자산 또는 화폐성 외화부채를 환산하는 경우 환율 변동으로 인해 발생하는 환산손익으로 판매비와 관리비에 해당한다.

상 중 하

010 다음 중 일반기업회계기준상 외화자산 및 외화부채에 대한 설명으로 옳지 않은 것은? 117회

① 역사적 원가로 측정하는 비화폐성 외화 항목은 거래일의 환율로 환산한다.
② 비화폐성 항목에서 발생한 손익을 기타포괄손익으로 인식하는 경우 그 손익에 포함된 환율변동 효과는 당기손익으로 인식한다.
③ 공정가치로 측정하는 비화폐성 외화 항목은 공정가치가 결정된 날의 환율로 환산한다.
④ 화폐성 항목의 외환차손익은 손익계산서의 영업외손익으로 처리한다.

상 중 하

011 다음 중 일반기업회계기준상 외화자산과 외화부채 관련 회계처리에 대한 설명으로 잘못된 것은? 113회

① 화폐성 외화자산인 보통예금, 대여금, 선급금은 보고기간 종료일 현재의 적절한 환율로 환산한 가액을 재무상태표가액으로 한다.
② 비화폐성 외화부채는 원칙적으로 당해 부채를 부담한 당시의 적절한 환율로 환산한 가액을 재무상태표 가액으로 한다.
③ 외화표시 매도가능채무증권의 경우 외화환산손익은 기타포괄손익에 인식한다.
④ 외화채권을 회수하거나 외화채무를 상환하는 경우 외화금액의 원화 환산액과 장부가액과의 차액은 외환차손익(영업외손익)으로 처리한다.

정답 및 해설

009 ④ 화폐성 항목의 결제시점에 발생하는 외환차손익 또는 화폐성 항목의 환산에 사용한 환율이 회계기간 중 최초로 인식한 시점이나 전기의 재무제표 환산시점의 환율과 다르기 때문에 발생하는 외화환산손익은 그 외환차이가 발생하는 회계기간의 영업외손익으로 인식한다. 단, 외화표시 매도가능채무증권의 경우 동 금액을 기타포괄손익에 인식한다.

010 ② 비화폐성 항목에서 발생한 손익을 기타포괄손익으로 인식하는 경우 그 손익에 포함된 환율변동 효과도 기타포괄손익으로 인식한다.

011 ① 선급금은 비화폐성 자산이다.
- 화폐성 자산 : 현금, 예금, 외상매출금, 받을어음, 대여금, 미수금, 유가증권
- 비화폐성 자산 : 선급금, 재고자산, 고정자산, 투자유가증권

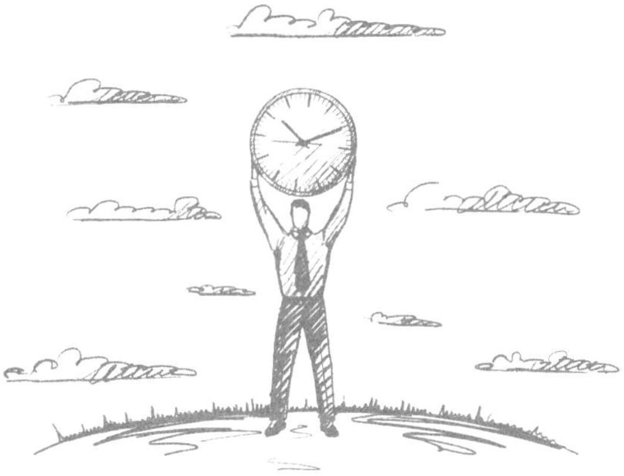

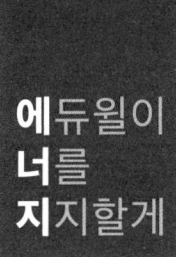

시작하는 데 있어서
나쁜 시기란 없다.

– 프란츠 카프카(Franz Kafka)

이론

PART 02

원가회계

NCS 능력단위 요소

원가요소 분류하기_0203020103_17v3.1
원가배부하기_0203020103_17v3.2
원가계산하기_0203020103_17v3.3

학습전략

PART 02.원가회계에서는 2점 배점으로 5문제가 출제되어 총 배점은 10점이며 주로 난이도 '상'이 0~1문제, 난이도 '중'이 2~3문제, 난이도 '하'가 2~3문제 출제되고 있다. 계산문제에 대한 출제비중이 높은 편이므로 문제 유형별 틀에 맞추어 계산하는 연습이 필요하다. 원가의 분류, 원가의 흐름, 부문별 원가계산, 개별원가계산, 종합원가계산, 결합원가계산, 표준원가계산이 자주 출제되며, 출제범위가 넓지 않기 때문에 빠짐없이 꼼꼼하게 학습하는 것이 중요하다.

CHAPTER 01

원가회계의 기본개념

핵심키워드
- 원가의 분류
- 기본원가
- 가공원가
- 원가행태
- 원가의 흐름
- 제조원가명세서

□ 1회독 □ 2회독 □ 3회독

THEME 01 원가의 개념과 분류 중요

▸ 최신 30회 중 23문제 출제

1. 원가와 원가회계의 개념

원가란 재화나 용역을 얻기 위해서 희생된 경제적 자원을 화폐 단위로 측정한 것을 의미한다. 즉, 제조회사가 제품을 생산하기 위해 지출한 모든 금액의 합계를 말한다. 이를 측정 · 분류 및 기록하는 것을 원가회계라 하고, 이를 집계하여 분류 · 계산하는 과정을 원가계산이라 한다.

2. 원가회계의 목적

원가회계는 정보이용자의 다양한 의사결정과 재무제표 작성에 필요한 원가정보와 자료 제공을 목적으로 한다. 즉, 정보이용자가 요구하는 상이한 목적에 따라 상이한 원가정보가 제공되는 것이다.

① 재무제표 작성에 필요한 원가정보의 제공

② 원가 통제에 필요한 원가정보의 제공

③ 경영의사결정에 필요한 원가정보의 제공

3. 원가회계의 영역

① 제품원가계산: 재무회계적 성격

② 계획 · 의사결정, 통제 · 성과평가: 관리회계적 성격

+ 재무회계와 관리회계의 차이점

구분	재무회계	관리회계
목적	외부 정보이용자의 경제적 의사결정에 유용한 정보를 제공하는 외부 보고	내부 정보이용자의 관리적 의사결정에 유용한 정보를 제공하기 위한 내부 보고
정보이용자	외부 이용자(주주, 채권자)	내부 이용자(경영자)
보고 수단	재무제표	일정한 기준 없음
시간적 관점	객관적이고 과거 지향적	미래 지향적

4. 원가의 분류

(1) 발생형태에 따른 분류

① 재료비: 제품 생산을 위하여 소비된 원재료의 가액을 말한다.

② 노무비: 제품 생산을 위하여 투입된 노동력의 대가를 말한다.

③ 경비(제조경비, 제조간접비): 제품 생산에 소비된 원가요소 중 재료비와 노무비를 제외한 나머지 모든 원가를 말하며, 제조원가에 산입하는 방법에 따라 월할제조경비, 측정제조경비, 지급제조경비, 발생제조경비로 구분한다.

(2) 추적 가능성에 따른 분류

구분	내용
직접원가	특정 제품에 직접 추적할 수 있는 원가요소, 즉 특정 제품을 만들기 위해 직접 관련이 있는 원가
간접원가	특정 제품에 직접 추적할 수 없는 원가요소, 즉 둘 이상의 제품을 만들기 위한 공통원가

연습문제

(주)침대나라는 침대를 제조 및 판매하는 회사이다. 제조 및 판매활동과 관련하여 발생한 다음 항목들의 원가분류로 옳은 것은?

기출 60회

- 목재침대 1개를 만들기 위해서는 합판목재 4개(1개당 10,000원)가 필요하다.
- 둘 이상의 제품생산에 필요한 기계의 감가상각비는 연간 1,000,000원이다.

① 목재원가: 직접재료비, 고정원가
② 목재원가: 직접재료비, 변동원가
③ 기계 감가상각비: 제조간접비, 변동원가
④ 기계 감가상각비: 직접재료비, 고정원가

| 정답 및 해설 |

② 목재원가는 직접재료비, 변동원가이고, 기계 감가상각비는 제조간접비, 고정원가이다.

(3) 제조활동과의 관련성에 의한 분류

구분	직접원가(추적 가능성 ○)	간접원가(추적 가능성 ×)
재료비	직접재료비	간접재료비
노무비	직접노무비	간접노무비
경비	직접경비	간접경비

① 제조원가(제품원가): 제조원가는 발생형태와 추적 가능성의 복합적 기준에 따라 직접재료비, 간접재료비, 직접노무비, 간접노무비, 직접경비, 간접경비로 구분한다. 실무에서는 재료비와 노무비는 대부분 직접비에 해당하고, 제조경비의 대부분은 간접비에 해당하므로 원가를 직접재료비, 직접노무비, 제조간접비로 분류할 수 있다.

구분	내용
직접재료비	특정 제품에 직접적으로 추적할 수 있는 원재료 사용액을 말하며, 간접재료비는 제조간접비에 해당함
직접노무비	특정 제품에 직접적으로 추적할 수 있는 노동력 사용액을 말하며, 간접노무비는 제조간접비에 해당함
제조간접비	특정 제품에 직접적으로 추적할 수 없는 원가를 말하며, 간접재료비, 간접노무비, 감가상각비(공장분), 보험료, 수선비, 동력비 등이 해당됨

+ 기본원가와 가공원가

- 기본원가(직접원가, 기초원가)

기본원가(직접원가) = 직접재료비 + 직접노무비

- 가공원가(전환원가)

가공원가(전환원가) = 직접노무비 + 제조간접비

원가구성도

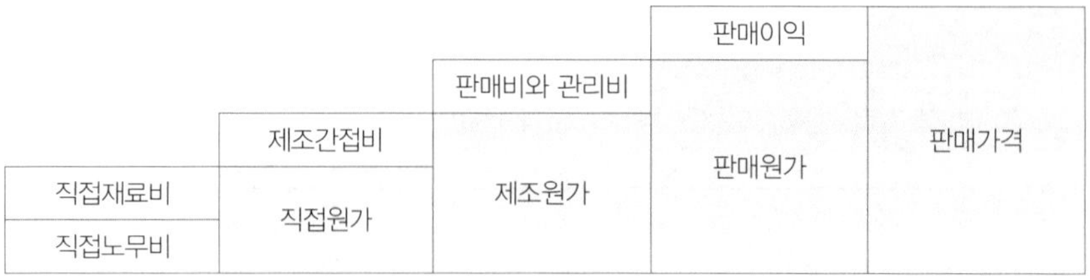

연습문제

다음의 원가 자료를 이용하여 기초(기본)원가를 계산하면 얼마인가? 기출 59회

- 당기총제조원가는 20,000,000원이다.
- 직접재료비는 당기총제조원가의 35%이다.
- 제조간접비는 직접노무비의 60%이다.

① 5,600,000원 ② 6,860,000원
③ 7,140,000원 ④ 15,125,000원

| 정답 및 해설 |

④ • 직접재료비: 20,000,000원×35%=7,000,000원
• 직접노무비를 x라 하면, 직접노무비+제조간접비=$x+0.6x$=13,000,000원, 직접노무비(x)=13,000,000원÷1.6=8,125,000원
• 기초원가: 직접재료비 7,000,000원+직접노무비 8,125,000원=15,125,000원

② **비제조원가(기간비용)**: 기업의 제조활동과 직접적인 관련이 없는 원가로 판매비와 관리비를 의미하며, 이는 제품원가를 구성하지 않으므로 발생한 즉시 비용처리하는 기간비용에 해당한다.

제조원가와 판매비와 관리비의 비교

제조원가	판매비와 관리비
• 공장 관리자 및 사원의 인건비 • 공장 사무실의 운영비 • 공장의 전력비, 가스수도료 • 공장 유형자산의 감가상각비 • 공장 건물의 보험료	• 본사 사무실 관리자 및 사원의 인건비 • 본사 사무실의 운영비 • 본사의 수도광열비 • 본사 유형자산의 감가상각비 • 본사 건물의 보험료

실전 적용

다음 자료를 보고 제품제조원가를 계산하시오(단, 건물은 모두 공장분이며, 수도광열비는 공장과 영업부에서 50%씩 사용하고 있음).

• 재료 소비액	200,000원	• 공장 임금	150,000원
• 건물 감가상각비	2,000원	• 수도광열비	30,000원
• 본사 직원의 여비교통비	4,000원	• 영업부 급여	150,000원
• 기계 감가상각비	5,000원		

| 풀이 |

제품제조원가: 재료 소비액 200,000원+건물 감가상각비 2,000원+공장 임금 150,000원+기계 감가상각비 5,000원+수도광열비 30,000원×50%=372,000원

(4) 원가행태에 따른 분류

원가행태란 조업도 수준의 변동에 따라 일정하게 변화하는 원가 발생액의 변동 양상을 의미하며, 원가는 원가행태에 따라 변동원가와 고정원가로 분류된다. 여기서 조업도란 일정 기간 동안 기업의 설비능력을 이용한 정도를 나타내는 지표로 생산량, 직접노동시간, 기계 작업시간 등이 있다.

① **변동비**: 조업도의 변동에 비례해서 증감하는 총원가를 변동비라고 하고, 이는 다시 변동비와 준변동비로 구분된다. 직접재료비와 직접노무비는 무조건 변동비에 해당한다.

- **변동비**: 조업도의 변화에 정비례하여 변동하는 총원가를 의미한다. 변동비는 조업도의 증감에 따라 원가 총액은 증감하나 단위당 원가는 조업도의 변동에 관계없이 일정하다.

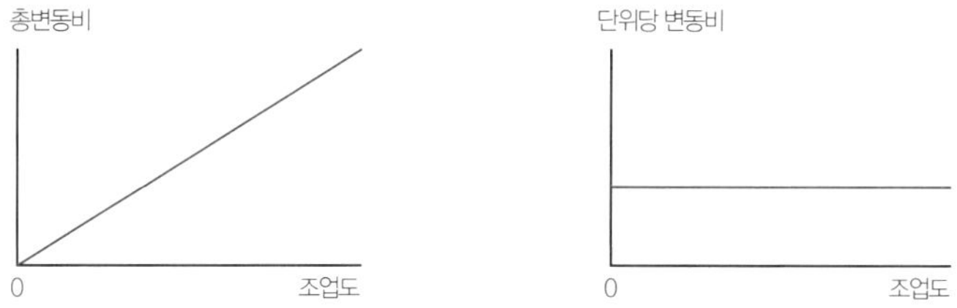

〈총변동비 기준〉 〈단위당 변동비 기준〉

- **준변동비**: 조업도의 변화에 관계없이 일정한 총원가가 고정원가와 변동원가의 두 부분으로 구성된 원가를 의미하며, 전력비 등이 이에 해당된다. 준변동비는 변동비와 고정비가 혼합된 원가이므로 혼합원가라고도 한다.

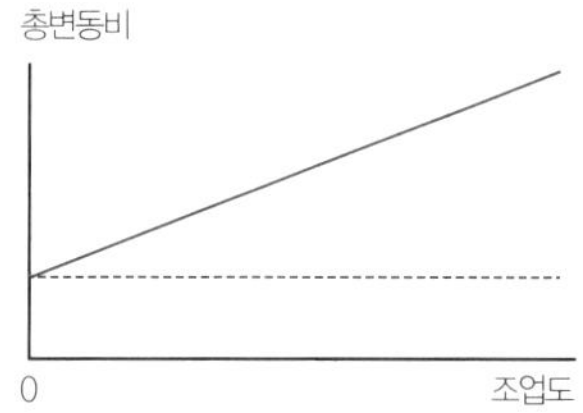

② **고정비**: 조업도의 변동에 관계없이 일정하게 발생하는 총원가를 의미하며, 이는 다시 고정비와 준고정비로 구분된다.

- **고정비**: 조업도의 변동에 관계없이 일정한 총원가를 의미한다. 고정비는 조업도의 변동과 무관하게 원가 총액은 일정하나 단위당 원가는 조업도의 증감에 반비례한다.

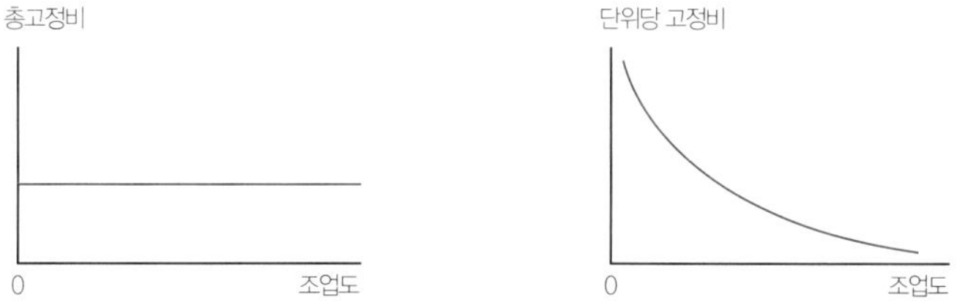

〈총고정비 기준〉 〈단위당 고정비 기준〉

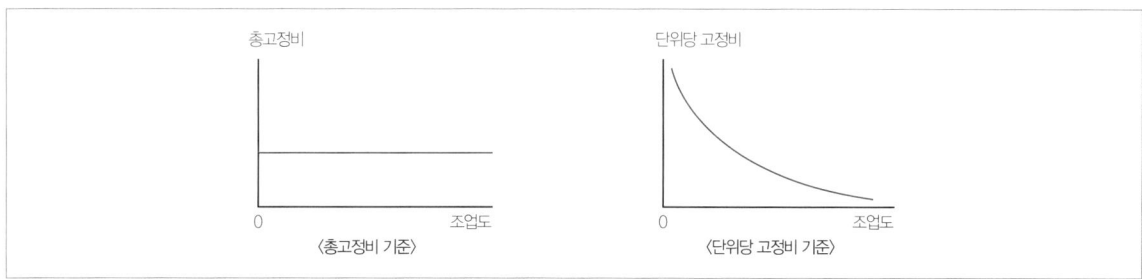

- **준고정비**: 특정 범위의 조업도 내에서는 총원가가 일정하지만 조업도가 특정 범위를 벗어나면 일정액만큼 증가 또는 감소하는 원가를 의미한다. 준고정비는 계단형의 형태를 취하기 때문에 계단원가 또는 단계원가라고도 한다.

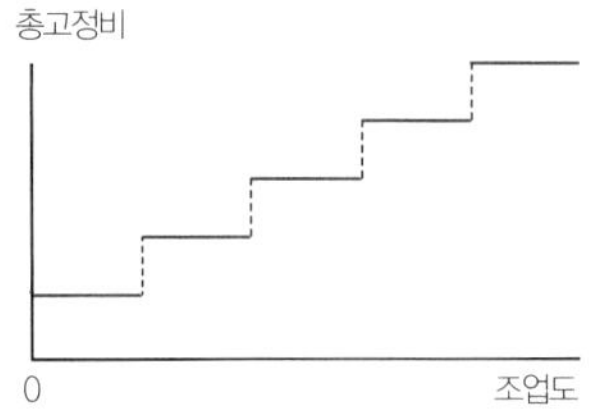

+ 조업도의 증감에 따른 원가행태

구분	총원가	단위당 원가
변동원가	조업도 증감에 비례해서 증감	조업도 관계없이 일정
고정원가	조업도 관계없이 일정	조업도 증감에 반비례해서 증감

연습문제

다음은 조업도 증감에 따른 총원가와 단위당 원가의 행태를 요약한 표이다. 빈칸에 들어갈 말을 알맞게 짝지은 것은? 기출 94회

조업도	총원가		단위당 원가	
	변동비	고정비	변동비	고정비
증가	증가	(1)	일정	(2)
감소	감소	(3)	일정	(4)

	(1)	(2)	(3)	(4)
①	일정	감소	일정	증가
②	감소	일정	증가	일정
③	증가	일정	감소	일정
④	일정	증가	일정	감소

| 정답 및 해설 |

① 조업도가 증가하면 총원가의 고정비는 일정하고 단위당 원가의 고정비는 감소한다. 조업도가 감소하면 총원가의 고정비는 일정하고 단위당 원가의 고정비는 증가한다.

(5) 의사결정과의 관련성에 따른 분류

① **기회원가(기회비용)**: 자원을 다른 대체적인 용도로 사용할 경우 얻을 수 있는 최대 금액을 의미한다. 즉, 회계장부에는 기록되지 않지만 의사결정에 영향을 미치는 관련원가이다.

② **매몰원가**: 과거의 의사결정으로 인하여 이미 발생한 원가로서 대안 간에 차이가 발생하지 않는 원가를 의미한다. 이는 의사결정과 관계없는 비관련원가이다.

③ **회피 가능 원가와 회피 불가능 원가**: 의사결정에 따라 회피할 수 있는 원가를 회피 가능 원가, 의사결정과 무관하게 발생하여 회피할 수 없는 원가를 회피 불가능 원가라 한다.

연습문제

아래 자료를 보고 A씨의 현재 의사결정에 관한 매몰원가를 구하시오. 기출 80회

- A씨는 이번에 취업을 목적으로 전산세무 1급 자격증과 영어공부를 시작하려 한다.
- 이미 A씨는 대학교 1학년 때 전산회계 1급 자격증을 취득하였고 그와 관련된 교재 구입비로 30,000원을 지출하였다.
- 현재는 전산세무 1급 자격증 취득과 영어공부를 위해 수험서적 및 어학서적을 각각 25,000원과 40,000원에 구입하려 한다.
- 인터넷 강의를 수강하기 위해 수강료를 알아본 결과 6개월 수강료는 100,000원이며 인강을 신청할 경우 교재 구입비를 10% 할인받을 수 있다.

① 25,000원 ② 30,000원
③ 40,000원 ④ 100,000원

| 정답 및 해설 |

② 매몰원가는 이미 과거에 발생한 원가로, 의사결정에 영향을 미치지 않는 원가이다. 따라서 대학교 1학년 때 지출한 전산회계 1급 교재 구입비 30,000원이 매몰원가이다.

합격을 다지는 실전문제 p.195

THEME 02 원가의 흐름 중요

▸ 최신 30회 중 29문제 출제

1. 제조원가의 흐름

제조기업의 경영활동은 각종 원재료, 노동력 및 생산설비 등을 구입하는 구매활동, 구입한 원재료와 노동력 등을 투입하여 제품을 제조하는 제조활동, 그리고 완료된 제품을 판매하는 판매활동이라는 일련의 과정을 거치게 된다. 이러한 일련의 과정에 투입된 원가는 '원가 발생 → 변형 → 소멸'의 과정을 거치게 되는데 이 과정을 원가 흐름이라고 한다. 아래와 같이 제조활동에 투입된 제조원가는 재공품 계정에 집계되며, 제품이 완성되면 완성된 제품의 제조원가는 제품 계정에 대체된다. 제품이 판매되면 판매된 제품의 원가는 다시 매출원가 계정으로 대체된다.

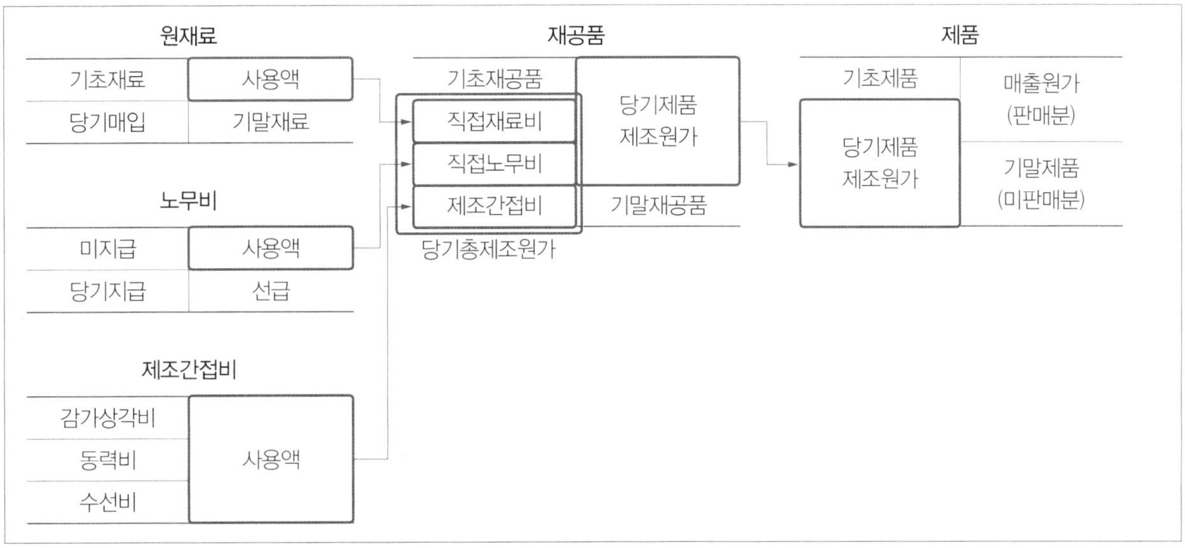

2. 재공품 계정

재공품이란 생산과정에 있는 미완성품을 의미한다. 재공품 계정의 차변은 기초재공품과 당기에 발생된 직접재료비, 직접노무비, 제조간접비의 합계액(당기총제조원가)이 기입되며, 재공품 계정의 대변은 완성된 제품의 제조원가인 당기제품제조원가와 기말재공품 계정이 기입된다.

(1) 당기총제조원가

당기의 제조과정에 투입된 모든 제조원가이다. 즉, 당기에 발생하여 재공품 계정에 집계된 직접재료비, 직접노무비, 제조간접비의 합계액이다.

당기총제조원가 = 직접재료비 + 직접노무비 + 제조간접비

(2) 당기제품제조원가

당기에 완성된 제품의 제조원가이다. 즉, 재공품 중에서 완성되어 제품으로 대체되는 부분에 해당한다.

당기제품제조원가 = 기초재공품재고액 + 당기총제조원가 − 기말재공품재고액

실전 적용

다음은 (주)에듀윌의 당기 원가계산 자료이다. 매출원가를 구하시오.

• 직접재료비	350,000원	• 기초재공품	150,000원	• 기초제품	140,000원
• 가공비	500,000원	• 기말재공품	100,000원	• 기말제품	120,000원

| 풀이 |

재공품

차변	대변
기초재공품 (150,000원)	당기제품제조원가 (900,000원)
직접재료비 (350,000원)	
가공비 (500,000원)	기말재공품 (100,000원)
합계: 1,000,000원	합계: 1,000,000원

제품

차변	대변
기초제품 (140,000원)	매출원가 (920,000원)
당기제품제조원가 (900,000원)	기말제품 (120,000원)
합계: 1,040,000원	합계: 1,040,000원

3. 제품 계정

제품이란 제조과정이 완료된 완성품을 의미한다. 제품 계정의 차변은 기초제품재고액과 당기에 완성된 제품의 원가인 당기제품제조원가를 기입하며, 제품 계정의 대변은 당기에 판매된 제품의 원가인 매출원가와 미판매된 제품의 원가인 기말제품원가를 기입한다. 매출원가는 기초제품재고액과 당기제품제조원가의 합계액에서 기말제품재고액을 차감한 금액이다.

매출원가 = 기초제품재고액 + 당기제품제조원가 − 기말제품재고액

연습문제

다음의 자료를 이용하여 당기제품제조원가를 계산하시오. 기출 73회

- 당기원재료매입은 90,000원이며, 기말원재료재고는 기초에 비해서 40,000원이 증가했다.
- 노무비는 직접재료비의 210%를 차지한다.
- 제조간접비는 가공비의 30%를 차지한다.
- 기초재공품은 당기총제조원가의 40%이다.
- 기말재공품은 기초재공품의 1.5배이다.

① 102,000원
② 105,000원
③ 160,000원
④ 240,000원

| 정답 및 해설 |

③ • 직접재료비: 기초재료 + 당기매입 90,000원 − 기말재료(= 기초재료 + 40,000원) = 50,000원
- 직접노무비: 50,000원 × 210% = 105,000원
- 제조간접비 = (105,000원 + 제조간접비) × 30% → 제조간접비 × 70% = 31,500원
  ∴ 제조간접비 = 45,000원
- 당기총제조원가: 50,000원 + 105,000원 + 45,000원 = 200,000원
- 기초재공품: 200,000원 × 40% = 80,000원
- 기말재공품: 80,000원 × 150% = 120,000원

∴ 당기제품제조원가: 기초재공품 80,000원 + 당기총제조원가 200,000원 − 기말재공품 120,000원 = 160,000원

4. 제조원가명세서와 손익계산서

제품의 생산요소를 투입한 후 제품으로 전환되는 과정까지의 원가 흐름은 모두 재공품 계정으로 집계되며, 재공품 계정의 당기제품제조원가를 구하는 명세서를 제조원가명세서라고 한다. 또한, 제조원가명세서의 당기제품제조원가는 손익계산서상 매출원가의 당기제품제조원가와 일치해야 한다.

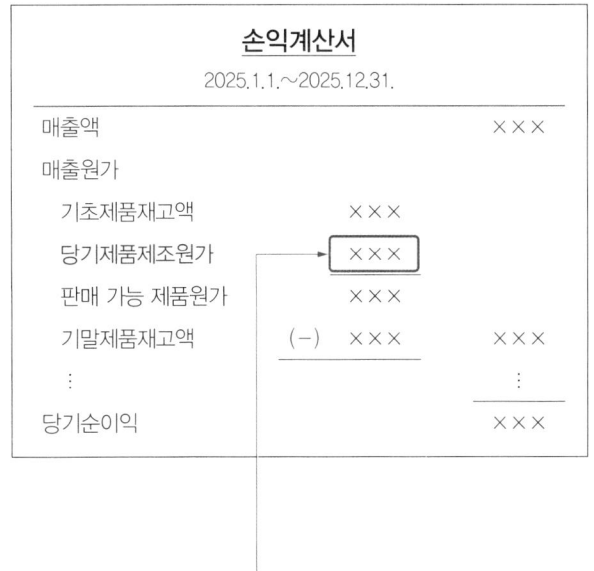

제조원가명세서

2025.1.1.~2025.12.31.

직접재료비		
기초재료매입액	×××	
당기매입액	×××	
사용 가능 재료	×××	
기말재료재고액	(−) ×××	×××
직접노무비		×××
제조간접비		×××
당기총제조원가		×××
기초재공품재고액		×××
합계		×××
기말재공품재고액		(−) ×××
당기제품제조원가		×××

손익계산서

2025.1.1.~2025.12.31.

매출액		×××
매출원가		
기초제품재고액	×××	
당기제품제조원가	×××	
판매 가능 제품원가	×××	
기말제품재고액	(−) ×××	×××
⋮		⋮
당기순이익		×××

연습문제

다음 중 (주)지리산의 제조원가명세서 자료에 대한 설명으로 틀린 것은? 기출 87회

제조원가명세서		
Ⅰ. 원재료비		65,000,000
(　　　)	(　　　)	
당기매입	68,000,000	
기말원재료재고	7,000,000	
Ⅱ. 노무비		9,000,000
Ⅲ. 제조간접비		13,000,000
Ⅳ. (　　　)		(　　　)
Ⅴ. (　　　)		2,000,000
Ⅵ. 합계		(　　　)
Ⅶ. (　　　)		11,000,000
Ⅷ. (　　　)		(　　　)

① 기초원재료재고는 4,000,000원이다.
② 당기총제조원가는 87,000,000원이다.
③ 기초재공품재고액은 2,000,000원이다.
④ 당기제품제조원가는 11,000,000원이다.

| 정답 및 해설 |

④ 당기제품제조원가는 78,000,000원이다.

제조원가명세서		
Ⅰ. 원재료비		65,000,000
기초원재료재고	4,000,000	
당기매입	68,000,000	
기말원재료재고	7,000,000	
Ⅱ. 노무비		9,000,000
Ⅲ. 제조간접비		13,000,000
Ⅳ. 당기총제조원가		87,000,000
Ⅴ. 기초재공품재고액		2,000,000
Ⅵ. 합계		89,000,000
Ⅶ. 기말재공품재고액		11,000,000
Ⅷ. 당기제품제조원가		78,000,000

합격을 다지는 실전문제 p.200

합격을 다지는 실전문제

THEME 01 원가의 개념과 분류 [001~015]

상 중 하

001 다음 중 원가관리회계의 기본개념에 대한 설명으로 옳지 않은 것은? 47회

① 직접원가로 분류되는 원가가 많아질수록 제품원가계산의 정확성은 높아진다.
② 간접원가의 경우 인과관계가 높은 배부기준을 사용할수록 제품원가계산의 정확성은 높아진다.
③ 직접재료원가에 직접노무원가를 합한 금액을 기초원가라 한다.
④ 당기제품제조원가는 직접재료비, 직접노무비, 제조간접비의 합으로 이루어진다.

상 중 하

002 다음 중 직접노무원가가 포함되는 원가를 올바르게 표시한 것은? 115회

	기본원가	가공원가	제품원가	기간비용
①	○	○	○	×
②	○	○	×	×
③	○	×	×	×
④	×	○	×	×

상 중 하

003 다음 중 원가에 대한 설명으로 맞는 것은? 105회

① 가공원가란 직접재료원가를 제외한 모든 원가를 말한다.
② 특정 제품 또는 특정 부문에 직접적으로 추적 가능한 원가를 간접비라 한다.
③ 변동원가 총액은 조업도에 비례하여 감소한다.
④ 직접재료원가와 직접노무원가는 가공원가에 해당한다.

정답 및 해설

001 ④ 당기제품제조원가는 기초재공품원가에 당기총제조원가를 더하고 기말재공품원가를 뺀 금액이다. ④는 당기총제조원가에 대한 설명이다.

002 ① • 기본원가 = 직접재료원가 + 직접노무원가
• 가공원가 = 직접노무원가 + 제조간접원가

003 ① ② 특정 제품 또는 특정 부문에 직접적으로 추적 가능한 원가를 직접비라 한다.
③ 변동원가 총액은 조업도에 비례하여 증가한다.
④ 가공원가는 직접노무원가와 제조간접원가의 합이므로 직접재료원가는 가공원가에 해당하지 않는다.

상 중 하

004 공장 가동에 필요한 가스를 공급하기 위하여 사용되는 LNG가스의 원가행태 분류를 바르게 연결한 것은 어느 것인가? 69회

① 변동원가－제품원가－기초원가
② 준고정원가－기간원가－기초원가
③ 고정원가－기간원가－가공원가
④ 변동원가－제품원가－가공원가

상 중 하

005 다음 중 원가의 분류와 관련된 설명으로 가장 잘못된 것은? 107회

① 준고정원가는 일정한 조업도 범위 내에서는 고정원가와 같이 일정한 원가이나 조업도가 일정 수준 이상 증가하면 원가 총액이 증가한다.
② 준변동원가는 관련범위 내에서 조업도와 관계없이 총원가가 일정한 부분과 조업도의 증감에 비례하여 총원가가 변동되는 부분이 혼합되어 있다.
③ 변동원가는 조업도가 증가하면 총변동원가는 비례하여 증가하며 단위당 변동원가도 증가한다.
④ 고정원가는 조업도가 증가하는 경우 관련범위 내에서 총고정원가는 일정하나 단위당 고정원가는 감소한다.

상 중 하

006 일정 기간 관련 범위 내에서 조업도 수준의 변동에 따라 총원가가 일정한 모습으로 변동할 때 그 모습을 원가행태라고 한다. 원가행태에 대한 설명으로 틀린 것은? 104회

① 변동원가는 관련 범위 내에서 조업도의 변동에 정비례하여 총원가가 변동하는 원가를 말하며, 단위당 변동원가는 조업도의 변동에 관계없이 일정하다.
② 준고정원가는 조업도와 관계없이 발생하는 고정원가와 조업도의 변동에 비례하여 발생하는 변동원가로 구성된 원가를 말한다.
③ 고정원가의 단위당 원가는 조업도의 증감과 반대로 변동한다.
④ 관련 범위 내에서 조업도의 변동에 관계없이 총원가가 일정한 원가를 고정원가라고 하며, 총원가는 조업도의 변동에 아무런 영향을 받지 않는다.

정답 및 해설

004 ④ LNG가스는 공장 가동비율(변동)만큼 제품 제조에 들어가는 제조간접비(가공)에 해당한다.

005 ③ 변동원가는 조업도가 증가하면 총원가는 비례하여 증가하며, 단위당 원가는 일정하다.

006 ② 준변동원가는 조업도와 관계없이 발생하는 고정원가와 조업도의 변동에 비례하여 발생하는 변동원가로 구성된 원가를 말한다. 반면, 준고정원가는 특정 범위의 조업도에서 일정하지만 조업도가 특정 범위를 벗어나면 일정액만큼 증가하는 원가를 말하며, 계단원가라고도 한다.

상 중 하

007 회사는 생산능력이 500단위인 생산설비를 임차하여 사용하고 있다. 매년 수요량이 증가함에 따라 그때마다 생산설비를 추가 임차하고 있다. 생산설비 1대당 임차료는 500,000원이다. 이 설명에 맞는 그래프는 어느 것인가? 62회

①
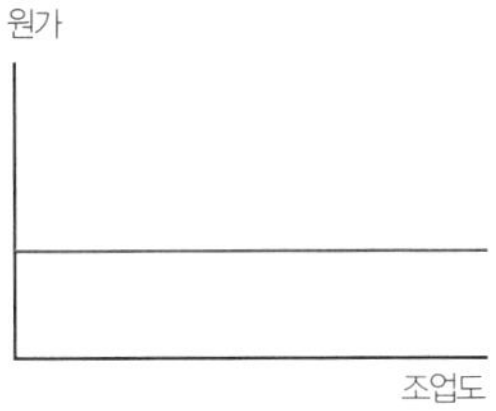

②
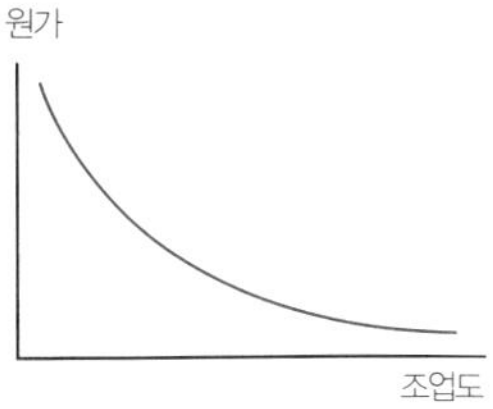

③
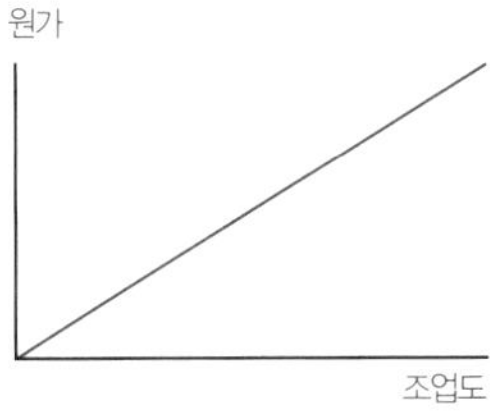

④
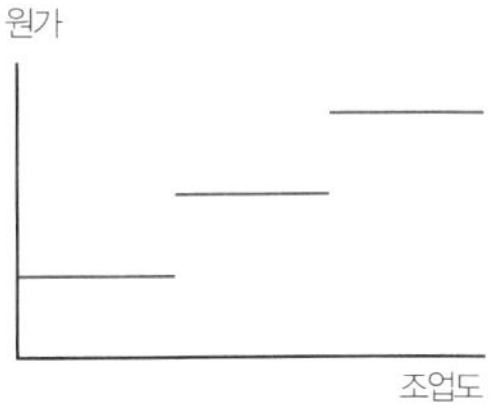

상 중 하

008 다음 중 원가의 분류에 대한 설명으로 옳지 않은 것은? 55회

① 두 가지 이상의 제품을 제조하는 공장의 경리직원에게 급여를 지급하는 경우 이는 간접노무원가에 해당한다.
② 원가를 발생형태에 따라 분류하는 경우에 임금과 급료 등 인간 노동력의 소비액을 노무원가라고 한다.
③ 관련 범위 내에서 공장의 임차료와 같은 고정원가는 조업도가 증가하여도 단위당 고정원가는 일정하다.
④ 변동원가는 조업도가 증가함에 따라 총원가는 증가하지만 단위당 원가는 일정하다.

상 중 하

009 아래의 그래프가 표시하는 원가행태와 그 예를 가장 적절하게 표시한 것은? 112회

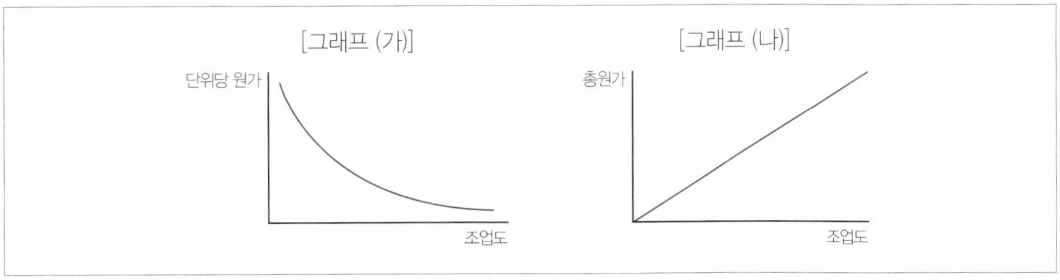

① [그래프 (가)]: 변동원가, 커피 제조의 원두
② [그래프 (나)]: 고정원가, 생산직원의 급여
③ [그래프 (가)]: 고정원가, 기계장치 감가상각비
④ [그래프 (나)]: 변동원가, 공장 임차료

정답 및 해설

007 ④ 500단위마다 생산설비를 추가하므로, 준고정비에 해당한다.

008 ③ 단위당 고정원가는 조업도의 증감에 반비례한다.

009 ③ 그래프(가)는 고정원가, 그래프(나)는 변동원가를 표현하는 그래프이다. 변동원가의 예로는 커피 제조의 원두가 있으며, 고정원가의 예로 기계장치 감가상각비, 공장 임차료가 있다.

상 중 하

010 다음 중 원가에 대한 설명으로 옳지 않은 것은? 72회

① 간접원가란 특정한 원가 대상에 직접 추적할 수 없는 원가이다.

② 경영자가 미래의 의사결정을 위해서는 과거 지출된 원가의 크기를 고려하여야 하므로 매몰원가 역시 관련원가에 해당한다.

③ 변동원가는 조업도가 증가할 때마다 원가 총액이 비례하여 증가하는 원가이다.

④ 회피 불능 원가란 선택이나 의사결정을 할 때 그 발생을 회피할 수 없는 원가이다.

상 중 하

011 다음 중 원가를 의사결정과 관련하여 분류한 것으로 옳지 않은 것은? 91회

① 관련원가란 특정 의사결정과 관련이 있는 원가를 말하며, 비관련원가란 특정 의사결정과 관련이 없는 원가를 말한다.

② 매몰원가는 의사결정을 할 때 어떤 대안을 선택하든지 회복할 수 없으므로 미래의 의사결정에 고려하지 말아야 한다.

③ 기회비용은 자원을 현재 용도 이외의 다른 용도로 사용했을 경우 포기해야 하는 대안들 중 효익이 가장 큰 것을 말한다.

④ 기회비용은 의사결정을 할 때 반드시 고려되어야 하며, 재무제표에 그 추정액을 주석으로 기재한다.

상 중 하

012 다음 중 원가의 분류에 대한 설명으로 가장 옳지 않은 것은? 114회

① 원가행태에 따른 분류로서 직접재료원가, 직접노무원가, 제조간접원가로 구성된다.

② 원가의 추적가능성에 따른 분류로서 직접원가와 간접원가로 구성된다.

③ 원가의 발생행태에 따른 분류로서 재료원가, 노무원가, 제조경비로 구성된다.

④ 의사결정의 관련성에 따른 분류로서 관련원가, 매몰원가, 기회원가 등으로 구성된다.

상 중 하

013 창고에 보관 중이던 오래된 제품 3,000,000원을 현재 상태로 처분하면 800,000원에 처분할 수 있으나 900,000원을 추가로 투입하여 수리한 후 1,900,000원에 처분할 수 있다고 할 때, 수리 후 처분에 따른 기회비용은 얼마인가? 116회

① 800,000원 ② 900,000원

③ 1,000,000원 ④ 1,900,000원

정답 및 해설

010 ② 매몰원가는 이미 발생된 과거의 원가로, 회수가 불가능하고 미래 의사결정에 영향을 미치지 않는 비관련원가이다.

011 ④ 기회비용은 의사결정을 할 때에 반드시 고려하지만, 회계장부에는 기록하지 않는다.

012 ① 원가행태에 따른 분류로서 변동원가, 고정원가, 준변동원가, 준고정원가로 구성된다.

013 ① 기회비용이란 어느 한 대안을 선택함으로써 다른 대안은 포기할 수밖에 없다면 이때 포기해야 하는 대안에서 얻을 수 있는 효익을 말한다. 따라서 수리 후 처분을 선택하여 오래된 제품을 현재 상태에서 처분하는 방법을 포기하게 되므로 기회비용은 현재 상태에서 처분할 수 있는 가액인 800,000원이 된다.

상 중 하

014 다음 중 원가의 분류와 관련된 내용 중 옳지 않은 것은? 50회 유사

① 관련 범위 내에서 조업도의 변화에 따라 총원가가 비례하여 변동하는 원가를 변동원가라고 하고 이 경우 단위당 변동원가는 일정하다.

② 공장의 전력비는 준변동원가로서 관련 범위 내에서 조업도와 관계없이 총원가가 일정한 부분과 조업도의 변화에 따라 총원가가 비례하여 변동하는 부분이 혼합되어 있다.

③ (주)민후는 노후화된 기계장치를 가지고 있다. 노후화된 기계장치는 현재 1,000,000원에 처분 가능하나 수리비 3,000,000원을 지급하면 5,000,000원에 처분 가능하다. (주)민후가 수리하여 기계장치를 처분하기로 한 경우 수선 후 처분에 따른 기회비용은 1,000,000원이다.

④ 2025년 1월 1일에 현금 20,000,000원을 지급하고 구입한 기계장치가 노후화되어 2026년 3월 1일에 신기계를 구입할 것인지, 노후 기계장치를 수리하여 계속 사용할 것인지를 결정하려고 한다. 신기계의 구입가액은 25,000,000원이고, 노후 기계장치의 수리비는 3,000,000원이라고 할 때 매몰원가는 없다.

상 중 하

015 다음의 자료에서 '매몰원가'와 최선의 방안 선택에 따른 '기회원가'는 얼마인가? 110회

(주)백골은 10년 전에 취득한 기계장치(취득가액 25,000,000원)의 노후화를 경쟁력 저하의 원인으로 판단하고 아래와 같은 처리방안을 고려하고 있다.

구분	소프트웨어만 변경	장비까지 변경	그대로 사용
기대 현금유입	20,000,000원	80,000,000원	4,000,000원
기대 현금유출	10,000,000원	50,000,000원	1,000,000원

	매몰원가	기회원가
①	25,000,000원	50,000,000원
②	25,000,000원	30,000,000원
③	25,000,000원	10,000,000원
④	3,000,000원	10,000,000원

정답 및 해설

014 ④ 매몰원가는 이미 발생한 원가로 의사결정에 영향을 미치지 않는 원가이다. ④에서 기계장치의 취득원가인 20,000,000원이 의사결정에 영향을 미치지 않는 매몰원가이다.

015 ③ 매몰원가는 과거에 발생한 원가로서 현재의 의사결정에 영향을 미치지 못하는 원가를 말하며, 기회원가는 하나의 대안을 선택할 때 선택되지 못한 대안 중 순현금유입액이 가장 큰 것을 말한다. 따라서 매몰원가는 과거의 기계장치 취득가액 25,000,000원이며, 기회원가는 "소프트웨어만 변경"의 순현금유입액 10,000,000원이다.

구분	소프트웨어만 변경	장비까지 변경[선택]	그대로 사용
기대 현금유입	20,000,000원	80,000,000원	4,000,000원
기대 현금유출	10,000,000원	50,000,000원	1,000,000원
순현금유입	10,000,000원	30,000,000원	3,000,000원

THEME 02 원가의 흐름 [016~034]

상 중 하

016 다음의 자료를 이용하여 직접재료원가와 직접노무원가를 구하시오. 105회

• 기초제품재고액: 2,000,000원	• 기말제품재고액: 3,000,000원
• 기초재공품원가: 2,500,000원	• 기말재공품원가: 1,000,000원
• 가공원가: 직접재료원가의 150%	• 제조간접원가: 직접노무원가의 200%
• 매출원가: 3,000,000원	

	직접재료원가	직접노무원가
①	500,000원	1,000,000원
②	800,000원	1,600,000원
③	1,000,000원	500,000원
④	1,600,000원	800,000원

상 중 하

017 영업부문과 생산공장이 동일 건물에 소재하는 (주)한국의 당기 발생비용과 재고자산 관련 자료가 다음과 같을 경우 당기제품제조원가는 얼마인가? 75회

• 직접재료원가: 3,500,000원	• 직접노무원가: 7,500,000원
• 공장 감독자 급여: 250,000원	• 기타 제조간접원가: 500,000원
• 기초재공품재고액: 2,500,000원	• 기말재공품재고액: 2,000,000원
• 전기료 총액(영업부문 40%, 제조부문 60% 배부): 500,000원	
• 감가상각비 총액(영업부문 20%, 제조부문 80% 배부): 1,250,000원	

① 13,550,000원
② 13,850,000원
③ 14,550,000원
④ 14,850,000원

정답 및 해설

016 ③ • 당기제품제조원가: 기말제품 3,000,000원 + 매출원가 3,000,000원 − 기초제품 2,000,000원 = 4,000,000원
• 당기총제조원가: 당기제품제조원가 4,000,000원 + 기말재공품 1,000,000원 − 기초재공품 2,500,000원 = 2,500,000원
• 당기총제조원가 2,500,000원 = 직접재료원가 + 가공원가 = 직접재료원가 + 직접재료원가 × 150% = 직접재료원가 × 250%
∴ 직접재료원가 = 1,000,000원
• 당기총제조원가 2,500,000원 = 직접재료원가 1,000,000원 + 직접노무원가 + 제조간접원가
= 직접재료원가 1,000,000원 + 직접노무원가 + (직접노무원가 × 200%)
= 직접재료원가 1,000,000원 + (직접노무원가 × 300%)
∴ 직접노무원가 = 500,000원

017 ① 당기총제조원가: 3,500,000원 + 7,500,000원 + 250,000원 + 500,000원 + (500,000원 × 60%) + (1,250,000원 × 80%) = 13,050,000원
∴ 당기제품제조원가: 2,500,000원 + 13,050,000원 − 2,000,000원 = 13,550,000원

상 중 하

018 (주)태화의 원가 관련 자료가 아래와 같을 때 직접재료원가는 얼마인가? 110회

• 기초원가	950,000원	• 가공원가	1,200,000원
• 기말재공품	250,000원	• 기초재공품	100,000원

• 매출액은 2,000,000원으로 매출총이익률은 20%이다.
• 기초제품과 기말제품은 없는 것으로 한다.

① 400,000원 ② 550,000원
③ 800,000원 ④ 950,000원

상 중 하

019 (주)한국은 개별원가계산제도를 채택하고 있다. 제품 A의 제조와 관련한 다음의 자료에서 기말원재료재고액은 얼마인가? 98회

• 당기총제조원가: 5,000,000원
• 당기제품제조원가: 4,900,000원
• 기초원재료: 1,000,000원
• 당기원재료매입액: 3,000,000원
• 제조간접원가는 직접노무원가의 80%가 배부되었는데 이는 당기총제조원가의 25%에 해당한다.

① 1,812,500원 ② 1,762,000원
③ 2,187,500원 ④ 1,952,000원

정답 및 해설

018 ② • 매출원가: 매출액 2,000,000원×매출원가률(1－20%)＝1,600,000원
※ 기초 및 기말제품이 없으므로 당기제품제조원가와 매출원가는 동일하다.
• 당기총제조원가: 당기제품제조원가 1,600,000원＋기말재공품 250,000원－기초재공품 100,000원＝1,750,000원
∴ 직접재료원가 550,000원＝당기총제조원가 1,750,000원－가공원가 1,200,000원

019 ① • 제조간접원가: 5,000,000원×25%＝1,250,000원
• 제조간접원가 1,250,000원＝직접노무원가×80% → 직접노무원가: 1,250,000원÷80%＝1,562,500원
• 직접재료원가: 5,000,000원－1,562,500원－1,250,000원＝2,187,500원
∴ 기말원재료재고액: 1,000,000원＋3,000,000원－2,187,500원＝1,812,500원

상 중 하

020 다음 자료를 이용하여 당기원재료매입액을 구하시오. 106회

Ⅰ. 재료원가	
기초원재료재고액	25,000,000원
기말원재료재고액	17,000,000원
Ⅱ. 노무원가	25,000,000원
Ⅲ. 제조간접원가	30,000,000원
Ⅳ. 당기총제조원가	가공원가의 200%

① 47,000,000원 ② 48,000,000원
③ 49,000,000원 ④ 50,000,000원

상 중 하

021 2024년 1월 5일 영업을 개시한 (주)포항은 2024년 12월 31일에 직접재료재고 5,000원, 재공품재고 10,000원, 제품재고 20,000원을 가지고 있었다. 2025년에 영업실적이 부진하자 이 회사는 동년 6월에 재료와 재공품재고를 남겨두지 않고 제품으로 생산한 뒤 싼 가격으로 처분하고 공장을 폐쇄하였다. 이 회사의 2025년의 원가를 큰 순서대로 정리하면? 68회

① 매출원가 > 당기제품제조원가 > 당기총제조원가
② 매출원가 > 당기총제조원가 > 당기제품제조원가
③ 당기총제조원가 > 당기제품제조원가 > 매출원가
④ 모두 금액이 같다.

정답 및 해설

020 ① • 당기총제조원가: (노무원가 25,000,000원 + 제조간접원가 30,000,000원) × 200% = 110,000,000원
• 당기재료원가: 당기총제조원가 110,000,000원 − 노무원가 25,000,000원 − 제조간접원가 30,000,000원 = 55,000,000원
∴ 당기원재료매입액: 기말원재료재고액 17,000,000원 + 당기재료원가 55,000,000원 − 기초원재료재고액 25,000,000원 = 47,000,000원

021 ① '당기직접재료매입 + 직접노무원가 + 제조간접원가'를 x라고 하면
• 당기총제조원가 = x + 5,000원
• 당기제품제조원가 = x + 15,000원
• 매출원가 = x + 35,000원

상 중 하

022 (주)종로의 2025년 기초재고자산은 다음과 같다. 2025년 중 직접재료매입액은 150,000원, 직접노무원가 발생액은 실제 가공원가의 60%이며 제조간접원가 실제 발생액은 50,000원이다. 기중 매출액은 500,000원이며 실제 매출총이익률은 25%이다. 2025년 기말재고자산(직접재료+재공품+제품)의 총합계는 얼마인가? [70회]

• 직접재료	39,000원
• 재공품	52,000원
• 제품	40,000원

① 31,000원 ② 39,000원
③ 50,000원 ④ 75,000원

상 중 하

023 매출원가율이 매출액의 75%일 때, 다음 자료를 이용하여 기초재공품 가액을 계산하면 얼마인가? [117회]

• 당기매출액 : 20,000,000원	• 기초재공품 : ?	• 기말재공품 : 2,200,000원
• 직접재료원가 : 3,200,000원	• 직접노무원가 : 4,500,000원	• 제조간접원가 : 4,000,000원
• 기초제품 : 3,000,000원	• 기말제품 : 2,800,000원	

① 5,300,000원 ② 11,700,000원
③ 14,800,000원 ④ 17,000,000원

상 중 하

024 기말재공품은 기초재공품보다 20,000원 감소하였고, 기말제품은 기초제품보다 30,000원 증가하였다. 당기총제조원가가 840,000원인 경우 당기매출원가는 얼마인가? [16년 8월 특별]

① 810,000원 ② 820,000원
③ 830,000원 ④ 860,000원

정답 및 해설

022 ① • 제조간접원가: 가공원가 125,000원×40%=50,000원
• 매출원가: 500,000원×75%=375,000원
∴ 기말재고자산 총합계: 39,000원+150,000원+125,000원+52,000원+40,000원−375,000원=31,000원

023 ①

제품

기초제품	3,000,000	매출원가	15,000,000
당기제품제조원가	14,800,000	기말제품	2,800,000

• 매출원가=20,000,000원×75%=15,000,000원

재공품

기초재공품	?	당기제품제조원가	14,800,000
직접재료원가	3,200,000	기말재공품	2,200,000
직접노무원가	4,500,000		
제조간접원가	4,000,000		

∴ 기초재공품=5,300,000원

024 ③ 당기제품제조원가: 당기총제조원가 840,000원+20,000원=860,000원
∴ 당기매출원가: 당기제품제조원가 860,000원−30,000원=830,000원

상 중 하

025 다음의 자료를 바탕으로 당기제품제조원가를 계산하면 얼마인가? 107회

- 기초원재료재고는 50,000원이며, 당기에 원재료 200,000원을 매입하였다.
- 기말원재료재고는 기초에 비해서 20,000원이 감소하였다.
- 원재료는 모두 직접재료원가에 해당한다.
- 직접노무원가는 직접재료원가의 200%이다.
- 제조간접원가는 직접노무원가의 150%이다.
- 기초재공품재고는 100,000원이다.
- 기말재공품재고는 기초재공품재고의 200%이다.

① 1,200,000원　② 1,220,000원
③ 1,250,000원　④ 1,300,000원

상 중 하

026 (주)경기의 원가 관련 자료가 아래와 같을 때 당기제품제조원가는 얼마인가? 100회

- 기초재공품: 20,000원
- 기초원가: 50,000원
- 기말재공품: 30,000원
- 가공원가: 70,000원
- 제조간접원가는 직접노무원가의 1.5배만큼 비례하여 발생한다.

① 79,000원　② 80,000원
③ 81,000원　④ 82,000원

정답 및 해설

025 ② • 기말원재료: 기초원재료 50,000원 − 20,000원 = 30,000원
• 직접재료원가: 기초원재료 50,000원 + 당기매입액 200,000원 − 기말원재료 30,000원 = 220,000원
• 직접노무원가: 직접재료원가 220,000원 × 200% = 440,000원
• 제조간접원가: 직접노무원가 440,000원 × 150% = 660,000원
• 당기총제조원가: 직접재료원가 220,000원 + 직접노무원가 440,000원 + 제조간접원가 660,000원 = 1,320,000원
∴ 당기제품제조원가 1,220,000원 = 기초재공품 100,000원 + 당기총제조원가 1,320,000원 − 기말재공품 200,000원

026 ④ • 기초원가: 직접재료원가 + 직접노무원가 = 50,000원
• 가공원가: 직접노무원가 + 제조간접원가 = 70,000원
• 직접노무원가: 가공원가 70,000원 × 1/(1 + 1.5) = 28,000원
• 직접재료원가: 기초원가 50,000원 − 직접노무원가 28,000원 = 22,000원
• 제조간접원가: 가공원가 70,000원 − 직접노무원가 28,000원 = 42,000원
• 당기총제조원가: 직접재료원가 22,000원 + 직접노무원가 28,000원 + 제조간접원가 42,000원 = 92,000원
∴ 당기제품제조원가: 기초재공품 20,000원 + 당기총제조원가 92,000원 − 기말재공품 30,000원 = 82,000원

상 중 하

027 **다음의 자료를 바탕으로 당월의 기말제품재고액을 구하시오.** 93회

- 당월의 기말재공품재고액은 기초에 비해 100,000원 증가
- 당월의 기말제품재고액은 기초에 비해 50,000원 감소
- 당월의 총제조원가: 3,100,000원
- 판매가능제품액: 3,250,000원

① 100,000원 ② 150,000원
③ 200,000원 ④ 300,000원

상 중 하

028 **생산부서에서 사용하는 고정자산의 감가상각비를 판매비와 관리비로 회계처리할 경우에 대한 설명으로 옳은 것은? (단, 기말재고자산은 없음)** 112회 유사

① 당기총제조원가가 증가된다.
② 매출원가가 증가된다.
③ 판매비와 관리비가 감소된다.
④ 매출총이익이 증가된다.

정답 및 해설

027 ③ • 당기제품제조원가: 기초재공품재고액 + 당월 총제조원가 3,100,000원 – 기말재공품재고액(= 기초재공품재고액 + 100,000원)
→ 당기제품제조원가 = 3,000,000원
• 판매가능제품액 3,250,000원 = 기초제품재고액 + 당기완성품제조원가 3,000,000원
→ 기초제품재고액 = 250,000원
∴ 기말제품재고액: 기초제품재고액 250,000원 – 50,000원 = 200,000원

028 ④ ① 감가상각비가 당기총제조원가에 포함되지 않아 감소된다.
② 매출원가에 감가상각비가 포함되지 않아 감소된다.
③ 판매비와 관리비에 감가상각비가 포함되어 증가된다.

상 중 하

029

(주)한결은 2025년 4월 중 작업량 1,000개가 제시된 작업지시서 #105의 생산과 관련하여 다음과 같이 원가가 발생하였으며, 기초재고 및 기말재고는 없다. 한편, 제품의 최종 검사과정에서 150개의 불량품이 발생하였다. 불량품은 총원가 20,000원을 투입하여 재작업한 후 정상제품으로 전환되었다. 작업지시서 #105와 관련하여 발생한 정상제품의 단위당 원가는? 84회

- 직접재료원가: 40,000원
- 직접노무원가: 25,000원
- 제조간접원가 배부액: 30,000원

① 95원 ② 111.7원
③ 115원 ④ 135.2원

상 중 하

030

다음은 2025년 5월 (주)세무의 재공품 계정이다. 재공품 계정을 이용하여 추정할 수 있는 내용으로 옳지 않은 것은? 43회

재공품

월초 재공품	250,000	제품	4,180,000
재료비	2,300,000	월말 재공품	640,000
노무비	1,800,000		
제조간접비	470,000		
	4,820,000		4,820,000

① 당월의 직접재료비는 2,300,000원이다.
② 당월 말 현재 재공품은 640,000원이다.
③ 당월 제품 매출원가는 4,180,000원이다.
④ 당월 간접재료비, 간접노무비, 간접경비의 합계액은 470,000원이다.

정답 및 해설

029 ③ • 작업지시서 #105의 원가 합계

직접재료원가	40,000원
직접노무원가	25,000원
제조간접원가배부액	30,000원
재작업원가	20,000원
합계	115,000원

• 정상제품의 단위당 원가: 115,000원÷1,000개 = 115원

030 ③ 4,180,000원은 당기 중에 완성된 제품에 대한 원가인 당기제품제조원가로서 매출원가는 재공품 계정이 아닌 제품 계정에서 알 수 있는 정보이다.

상 중 하

031 다음 중 매출원가와 당기총제조원가가 동일해지는 경우는? (88회)

	기초재공품	기말재공품	기초제품	기말제품
①	13,000원	32,000원	43,000원	24,000원
②	15,000원	30,000원	40,000원	5,000원
③	18,000원	40,000원	18,000원	40,000원
④	22,000원	13,000원	15,000원	30,000원

상 중 하

032 다음 중 제조원가명세서에 대한 설명으로 옳지 않은 것은? (106회)

① 제조원가명세서의 당기제품제조원가는 손익계산서의 제품 매출원가 계산 시 반영된다.
② 제조원가명세서는 당기총제조원가를 구하는 과정을 나타내는 보고서이다.
③ 당기총제조원가는 직접재료원가, 직접노무원가, 제조간접원가의 총액을 나타낸다.
④ 제조원가명세서 항목 중 기말원재료와 기말재공품은 재무상태표에 영향을 미치는 항목이다.

상 중 하

033 다음 중 제조원가명세서상 당기제품제조원가에 영향을 미치지 않는 거래는 무엇인가? (113회)

① 당기에 투입된 직접노무원가를 과대계상하였다.
② 기초 제품 원가를 과소계상하였다.
③ 당기에 투입된 원재료를 과소계상하였다.
④ 생산공장에서 사용된 소모품을 과대계상하였다.

정답 및 해설

031 ① • 매출원가 = 기초제품 + 당기제품제조원가 − 기말제품
• 당기제품제조원가 = 기초재공품 + 당기총제조원가 − 기말재공품
즉, '매출원가 = 기초제품 + 기초재공품 + 당기총제조원가 − 기말재공품 − 기말제품'이므로 기초재고(재공품 + 제품)와 기말재고(재공품 + 제품)가 동일할 경우 매출원가와 당기총제조원가는 동일하다.

032 ② 제조원가명세서는 당기총제조원가가 아닌 당기제품제조원가를 구하는 과정을 나타내는 보고서이다.

033 ② 기초 제품 원가의 계상 오류는 손익계산서상 제품 매출원가에 영향을 미치지만, 제조원가명세서상 당기제품제조원가에는 영향을 미치지 않는다.

상 중 하

034 다음 중 (주)백두산의 제조원가명세서 자료에 대한 설명으로 옳지 않은 것은? [74회]

제조원가명세서		
Ⅰ. 원재료비		20,000,000
(　　　)	2,000,000	
당기매입	23,000,000	
(　　　)	(　　　)	
Ⅱ. 노무비		15,000,000
Ⅲ. 경비		8,000,000
Ⅳ. 당기총제조비용		(　　　)
Ⅴ. (　　　)		2,000,000
Ⅵ. 합계		(　　　)
Ⅶ. (　　　)		5,000,000
Ⅷ. (　　　)		(　　　)

① 손익계산서의 매출원가 계산에 당기제품제조원가로 반영되는 금액은 40,000,000원이다.

② 기말원재료금액은 5,000,000원이다.

③ 재무상태표에 반영될 기말재고자산가액 중 기말원재료 및 기말재공품의 합계액은 10,000,000원이다.

④ 기초재공품가액은 5,000,000원이다.

정답 및 해설

034 ④ 기초재공품가액은 2,000,000원이다.

제조원가명세서		
Ⅰ. 원재료비		20,000,000
기초원재료	2,000,000	
당기매입	23,000,000	
기말원재료	5,000,000	
Ⅱ. 노무비		15,000,000
Ⅲ. 경비		8,000,000
Ⅳ. 당기총제조비용		43,000,000
Ⅴ. 기초재공품		2,000,000
Ⅵ. 합계		45,000,000
Ⅶ. 기말재공품		5,000,000
Ⅷ. 당기제품제조원가		40,000,000

CHAPTER 02

원가계산

핵심키워드

- 부문별 원가계산
- 개별원가계산
- 종합원가계산
- 결합원가계산
- 표준원가계산

■1회독 ■2회독 ■3회독

THEME 01 원가계산절차 중요

▸ 최신 30회 중 24문제 출제

1. 원가계산의 의의

원가계산이란 제품에 소비된 원가를 집계하는 계산절차를 말한다.

요소별 원가계산 ⇨ 부문별 원가계산 ⇨ 제품별 원가계산

(1) 요소별 원가계산

요소별 원가계산은 원가를 발생형태에 따라 재료비, 노무비, 제조경비의 세 가지 원가요소로 분류하여 집계하는 것이다. 현실적으로 재료비와 노무비는 대부분 직접비에 해당하고 제조경비는 대부분 간접비에 해당하므로 원가를 직접재료비, 직접노무비, 제조간접비로 분류하여 집계한다.

(2) 부문별 원가계산

부문별 원가계산은 요소별 원가계산에서 집계된 원가 중 제조간접비를 원가의 발생장소인 부문별로 구분하여 집계하는 절차이다. 직접재료비와 직접노무비는 해당 제품에 직접 부과하여 제품의 원가를 집계하는 반면, 제조간접비는 여러 제품의 제조를 위해 공통적으로 발생한 원가이므로 특정 제품에 직접 부과할 수 없다. 따라서, 제조간접비는 원가의 발생장소인 부문별로 구분하여 집계하였다가 일정한 배분기준에 따라 제품에 배분하는 절차를 따라야 한다.

(3) 제품별 원가계산

제품별 원가계산은 요소별 원가계산에서 집계한 직접재료비와 직접노무비를 해당 제품에 직접 부과하고, 부문별 원가계산에서 집계한 제조간접비를 일정한 배분기준에 따라 각 제품별로 배분하여 원가를 구하는 것을 말한다.

2. 원가계산의 종류

원가계산제도는 원가의 집계방법에 따라 개별원가계산과 종합원가계산으로, 원가의 측정방법에 따라 실제원가계산, 정상원가계산, 표준원가계산으로, 원가의 구성내용에 따라 전부원가계산, 변동원가계산으로 분류된다. 이러한 분류는 서로 독립적으로 쓰이는 것이 아니라 각 분류기준별로 회사의 실정에 맞게 조합하여 함께 적용이 가능하다.

(1) 집계방법에 따른 분류

제품별로 원가를 집계하는 방법에 따라 개별원가계산과 종합원가계산으로 구분할 수 있다.

구분	내용
개별원가계산	항공기, 선박, 특수 기계의 주문생산처럼 다양한 제품을 소량 생산하는 경우에 적합함
종합원가계산	제지업, 제과업 등 단일 제품을 연속적으로 대량 생산하는 경우에 적합함

(2) 원가측정에 따른 분류

원가의 측정방법에 따라 실제원가계산, 정상원가계산, 표준원가계산으로 구분할 수 있다.

구분	실제원가계산	정상원가계산	표준원가계산
직접재료비	실제원가	실제원가	표준원가
직접노무비	실제원가	실제원가	표준원가
제조간접비	실제원가 (실제배부기준×실제배부율)	예정배부액 (실제배부기준×예정배부율)	표준원가

(3) 원가계산 범위에 따른 분류

원가의 구성내용에 따라 전부원가계산과 변동원가계산으로 구분할 수 있다.

① **전부원가계산(외부보고)**: 고정제조간접비를 포함한 모든 제조원가를 제품원가로 처리한다.

② **변동원가계산(내부관리)**: 고정제조간접비를 제외한 변동제조원가(직접재료비＋직접노무비＋변동제조간접비)만을 제품원가에 포함시키고 고정제조간접비는 기간비용으로 처리한다.

<table>
<tr><th colspan="2">구분</th><th>전부원가계산</th><th>변동원가계산</th></tr>
<tr><td colspan="2">직접재료비</td><td rowspan="4">제품원가</td><td rowspan="3">제품원가</td></tr>
<tr><td colspan="2">직접노무비</td></tr>
<tr><td rowspan="2">제조간접비</td><td>변동제조간접비</td></tr>
<tr><td>고정제조간접비</td><td>기간비용</td></tr>
</table>

연습문제

다음 중 개별원가계산의 특징이 아닌 것은? 기출 96회

① 다품종을 주문에 의해 생산하거나 동종 제품을 일정 간격을 두고 비반복적으로 생산하는 업종에 적합하다.

② 개별원가계산은 제조간접비의 배부가 필요하므로 변동원가계산제도를 채택할 수 없다.

③ 조선업에서 사용하기 적당하며, 작업원가표를 사용하면 편리하다.

④ 제조간접원가는 작업별로 추적할 수 없어 배부율을 계산하여 사용한다.

| 정답 및 해설 |

② 개별원가계산과 변동원가계산은 함께 적용 가능하다.

3. 원가의 배분과 배분기준

원가배분이란 공통원가 또는 간접원가를 집계하여 합리적인 배분기준으로 제품 또는 부문 등의 원가 대상에 대응시키는 과정을 말한다. 원가 대상과 배분될 원가 사이에 직접적인 관계가 존재하지 않는다면 합리적인 기준을 설정하여 인위적으로 배분해야 한다. 가장 이상적인 배분기준은 인과관계기준이며 수혜기준, 부담능력기준 등이 있다.

배부기준	내용
인과관계기준	• 제품 등 원가 대상과 배분하려는 원가 사이에 추적할 수 있는 인과관계가 존재하면 인과관계에 따라 원가를 배분하는 기준 • 가장 이상적임
수혜기준	원가 대상이 배분 대상이 되는 공통원가로부터 제공받은 경제적 효익의 크기에 비례하여 원가를 배분하는 기준
부담능력기준	• 원가 대상이 원가를 부담할 수 있는 능력에 따라 원가를 배분하는 기준 • 즉, 수익성이 높은 제품이 낮은 제품보다 더 많은 원가를 배분받는 것이며, 매출액과 원가발생 간에 밀접한 인과관계가 있을 때에만 사용할 수 있음

원가 대상, 원가집합, 원가동인

- 원가 대상: 직접적인 대응이나 간접적인 대응을 통하여 원가가 집계되는 활동이나 항목을 말하며, 의사결정 목적에 따라 다양하게 선택된다.
  예 제품, 부문, 활동, 작업 등
- 원가집합: 원가 대상에 직접적으로 추적할 수 없는 간접원가들을 모아둔 것으로, 여기에 집계된 원가는 둘 이상의 원가 대상에 배분되어야 할 공통원가이다.
- 원가동인: 원가 대상에 의해 총원가의 변화를 유발하는 요인을 의미한다.

PART 02

연습문제

원가회계의 용어에 대한 설명으로 옳지 않은 것은? 기출 56회

① 원가배분이란 공통적으로 발생한 원가를 집계하여 합리적인 배분기준으로 원가 대상에 배분하는 과정을 말한다.
② 원가 대상이란 원가정보의 활용 목적에 따라 원가를 집계하고 측정할 필요가 있는 객체(목적물)를 말한다.
③ 원가집합이란 원가 대상에 직접적으로 추적할 수 있는 원가를 집계하는 단위를 말한다.
④ 원가동인이란 원가 대상에 의해 총원가의 변화를 유발하는 요인을 의미한다.

| 정답 및 해설 |

③ 원가집합이란 원가 대상에 직접적으로 추적할 수 없는 원가를 집계하는 단위를 말한다. 제조간접원가가 대표적인 원가집합에 해당한다.

4. 부문별 원가계산의 절차

원가부문은 제조활동에 직접 참여하는 제조부문과 이들 제조부문에 전력, 수선, 식당 등의 용역을 제공할 뿐 제조활동에 직접 참여하지 않는 보조부문으로 구성되어 있다. 제조기업의 부문별 원가계산을 하는 절차는 다음과 같이 4단계로 나누어진다.

부문 개별비를 각 부문에 부과 ⇨ 부문 공통비를 각 부문에 배분 ⇨ 보조부문비를 각 제조부문에 배분 ⇨ 제조부문비를 각 제품에 배부

(1) 부문 개별비의 부과

부문 개별비란 특정 부문 책임자의 인건비나 특정 부문에서만 사용하는 기계장치의 감가상각비 등 제품에는 추적이 어려운 제조간접비이나 특정 부문에 직접 추적할 수 있는 원가를 말한다.

(2) 부문 공통비의 배분

부문 공통비란 여러 부문에서 공동으로 사용하는 비용 중 각 부문에 직접 추적할 수 없는 간접비를 말한다. 각 부문에 부문 개별비를 부과한 이후에는 다음의 배분기준을 이용하여 부문 공통비를 제조부문과 보조부문에 배분해야 한다.

부문 공통비	배분기준
전기료, 가스료, 수도료	각 부문의 전기, 가스, 수도 사용량
운반비	각 부문의 운반 횟수
종업원 후생부문	각 부문의 종업원 인원수
기계장치의 감가상각비	각 부문의 기계 사용시간
공장 건물의 감가상각비, 임차료, 재산세	각 부문의 면적 비율

연습문제

다음 중 보조부문의 원가배분에서 배분기준으로 적합하지 않은 것은? 기출 95회

① 전력부분: 사용한 전력량
② 수선유지부: 면적
③ 구매부분: 주문 횟수
④ 인사관리부: 종업원 수

| 정답 및 해설 |

② 수선유지부는 면적보다는 수선 횟수가 배분기준으로 적합하다.

(3) 보조부문비의 배분

부문 개별비를 부과하고 부문 공통비를 배분하면 보조부문의 제조간접비 발생액을 알 수 있다. 보조부문비는 제품이 직접 통과하지 않으므로 각 제품에 직접 배분하지 않고 제조부문에 배분해야 한다.

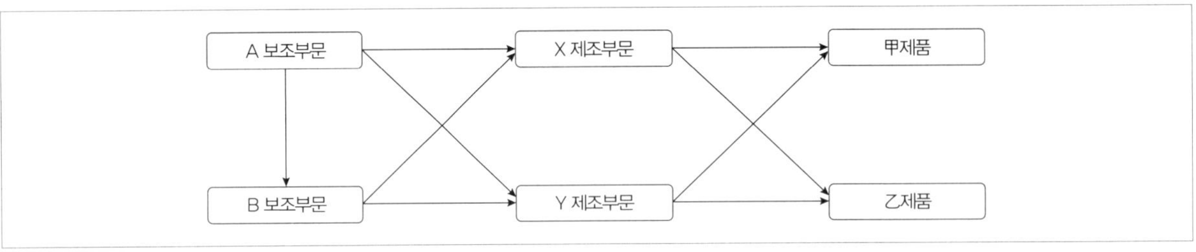

① **보조부문 상호 간의 용역수수관계의 인식 정도에 따른 배분방법**: 보조부문이 두 개 이상일 때 보조부문 간의 용역수수를 어떻게(얼마나) 고려하느냐에 따라서 직접배분법, 단계배분법, 상호배분법으로 구분할 수 있다.

- **직접배분법**: 보조부문 상호 간에 행해지는 용역의 수수를 완전히 무시하고 보조부문원가를 각 제조부문이 사용한 용역의 상대적 비율에 따라 제조부문에 직접 배분하는 방법이다. 보조부문 상호 간의 용역수수관계가 중요하지 않은 경우에 적용하며 가장 간단한 방법이다.

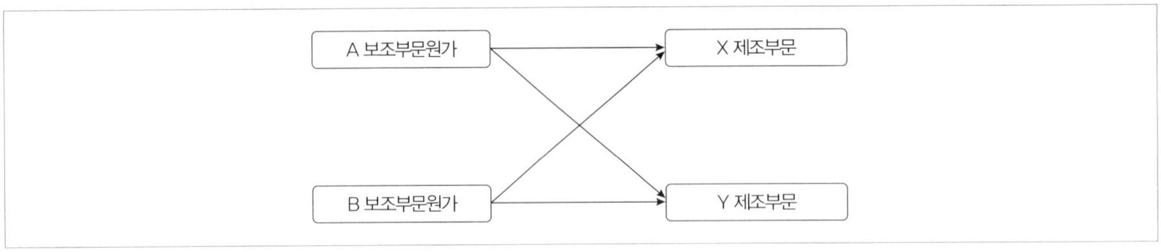

연습문제

다음은 보조부문원가에 관한 자료이다. 보조부문의 제조간접비를 다른 보조부문에는 배분하지 않고 제조부문에만 직접 배분할 경우 수선부문에서 조립부문으로 배분될 제조간접비는 얼마인가? 기출 59회

구분		보조부문		제조부문	
		수선부문	관리부문	조립부문	절단부문
제조간접비		80,000원	100,000원	–	–
부문별 배분율	수선부문	–	20%	40%	40%
	관리부문	50%	–	20%	30%

① 24,000원
② 32,000원
③ 40,000원
④ 50,000원

| 정답 및 해설 |

③ 80,000원×40%÷(40%+40%)=40,000원

- **단계배분법**: 보조부문원가의 배분순서를 정하여 그 순서에 따라 단계적으로 보조부문원가를 다른 보조부문과 제조부문에 배분하는 방법이다. 즉, 단계배분법에서는 보조부문 한 개의 원가만을 다른 보조부문에 배분하여 보조부문 간의 용역수수관계를 일부 인식하는 방법으로 직접배분법과 상호배분법의 절충적인 방법이다.

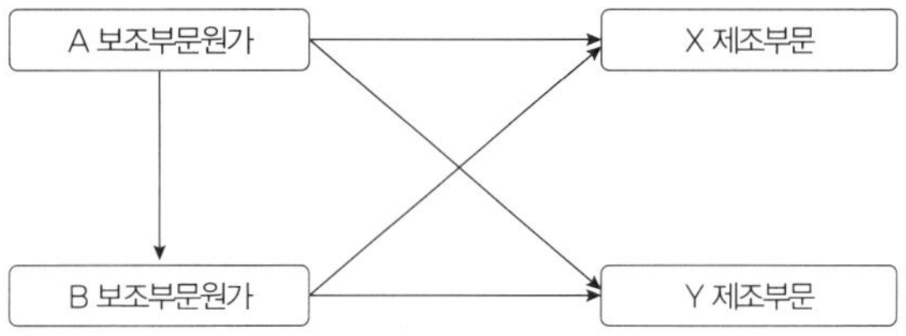

연습문제

(주)관세에는 보조부문 X, Y와 제조부문 A, B가 있다. 보조부문과 제조부문에 관한 자료는 다음과 같다. 단계배분법을 이용하여 보조부문의 원가를 제조부문에 배분할 경우, 제조부문 A에 배분된 금액은 얼마인가? (단, 배분순서는 X → Y 순) 기출 79회

사용부문 / 제공부문	보조부문		제조부문		총제공량	보조부문원가
	X	Y	A	B		
X	0개	1,200개	600개	600개	2,400개	50,000원
Y	0개	0개	1,000개	1,000개	2,000개	35,000원

① 42,500원
② 43,500원
③ 52,500원
④ 60,000원

| 정답 및 해설 |

① • X 부문 → A: 50,000원×600개÷2,400개 = 12,500원
• X 부문 → B: 50,000원×600개÷2,400개 = 12,500원
• X 부문 → Y: 50,000원×1,200개÷2,400개 = 25,000원
• Y 부문 → A: (35,000원+25,000원)×1,000개÷2,000개 = 30,000원
• Y 부문 → B: (35,000원+25,000원)×1,000개÷2,000개 = 30,000원
∴ A 제조부문 배분금액: 12,500원+30,000원 = 42,500원

- **상호배분법**: 보조부문 간의 상호 관련성을 전부 고려하는 배분방법이다. 보조부문 사이에 용역수수관계가 존재할 때 각 보조부문 간의 용역수수관계를 연립방정식을 통해 계산한 다음, 이를 이용하여 보조부문원가를 배분하는 방법이다. 즉 보조부문 간의 용역수수관계를 완벽하게 고려하여 가장 정확한 계산을 할 수 있다. 이론적으로 가장 타당하지만 계산이 매우 복잡하다.

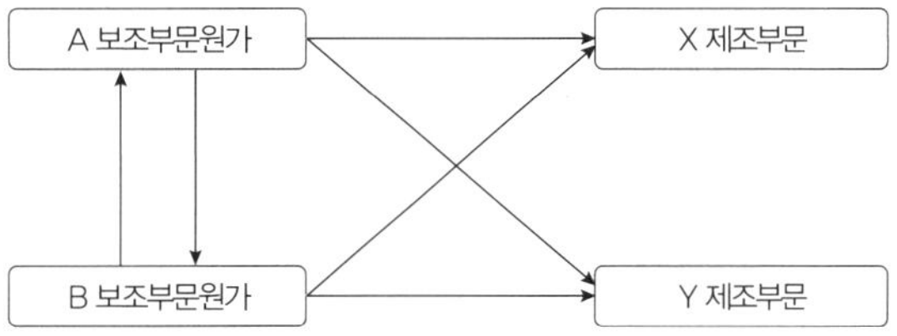

연습문제

(주)스피드의 공장에는 두 개의 보조부문(식당부문, 전력부문)과 제조부문(절단부문, 조립부문)이 있다. 상호배분법에 의해 보조부문의 원가를 제조부문에 배부할 경우 절단부문에 배부될 보조부문의 원가는 얼마인가? 기출 98회

구분	보조부문		제조부문		합계
	식당부문	전력부문	절단부문	조립부문	
식당부문	–	20%	30%	50%	100%
전력부문	10%	–	60%	30%	100%
발생원가	400,000원	900,000원	2,000,000원	2,500,000원	5,800,000원

① 500,000원 ② 550,000원
③ 660,000원 ④ 750,000원

| 정답 및 해설 |

④ 식당부문원가 = x, 전력부문원가 = y라 하면,
x = 400,000원 + 0.1y, y = 900,000원 + 0.2x
연립방정식을 계산하면,
x = 400,000원 + 0.1 × (900,000원 + 0.2x)
x = 400,000원 + 90,000원 + 0.02x
0.98x = 490,000원
∴ x = 500,000원, y = 1,000,000원
절단부문에 배부될 보조부문원가: (500,000원 × 0.3) + (1,000,000원 × 0.6) = 750,000원

실전 적용

(주)에듀윌의 공장에는 두 개의 보조부문인 식당부문, 수선부문 및 두 개의 제조부문인 절단부문과 조립부문이 있다. 각 부문의 용역수수관계와 발생원가(제조간접비)는 다음과 같다.

사용 \ 제공	보조부문		제조부문		합계
	식당	수선	절단	조립	
식당	–	20%	50%	30%	100%
수선	50%	–	10%	40%	100%
발생원가	20,000원	10,000원	30,000원	40,000원	100,000원

[1] 보조부문비를 직접배분법을 이용하여 제조부문에 배분하시오.
[2] 보조부문비를 단계배분법(식당부문의 원가를 우선배분)을 이용하여 제조부문에 배분하시오.
[3] 보조부문비를 상호배분법을 이용하여 제조부문에 배분하시오(소수점 이하는 반올림함).

| 풀이 |

[1] 직접배분법

구분	보조부문		제조부문	
	식당	수선	절단	조립
배분 전 원가	20,000원	10,000원	30,000원	40,000원
식당	(20,000원)		12,500원	7,500원
수선		(10,000원)	2,000원	8,000원
배분 후 원가	0원	0원	44,500원	55,500원

[2] 단계배분법

구분	보조부문		제조부문	
	식당	수선	절단	조립
배분 전 원가	20,000원	10,000원	30,000원	40,000원
식당	(20,000원)	4,000원*1	10,000원	6,000원
수선		(14,000원)	2,800원*2	11,200원*3
배분 후 원가	0원	0원	42,800원	57,200원

*1 20,000원×20%=4,000원

*2 14,000원×10%÷(10%+40%)=2,800원

*3 14,000원×40%÷(10%+40%)=11,200원

[3] 상호배분법

식당부문을 x, 수선부문을 y라 하면, x=20,000원+0.5y, y=10,000원+0.2x

→ 연립방정식을 계산하면, x=27,778원, y=15,556원

구분	보조부문		제조부문	
	식당	수선	절단	조립
배분 전 원가	20,000원	10,000원	30,000원	40,000원
식당	x	0.2x	13,889원*1	8,333원*2
수선	0.5y	y	1,556원*3	6,222원*4
배분 후 원가	0원	0원	45,445원	54,555원

*1 27,778원×0.5=13,889원

*2 27,778원×0.3=8,333원

*3 15,556원×0.1=1,556원

*4 15,556원×0.4=6,222원

꿀팁 어떤 방법을 사용하더라도 보조부문비 총액은 모두 제조부문에 배분된다. 재고가 존재하지 않는다면 제품의 총원가는 어떤 방법으로 배분하더라도 같기 때문에 회사의 총이익 역시 배분방법의 변화에 영향을 받지 않는다.

② **보조부문의 원가행태에 의한 구분 여부에 따른 배분방법**: 보조부문의 원가행태에 의한 구분 여부에 따라 단일배분율법과 이중배분율법으로 구분할 수 있다.

단일배분율법	• 보조부문비를 변동원가와 고정원가로 구분하지 않고 하나의 배분기준을 사용하여 배분하는 방법 • 계산은 간편하지만 정확한 배분이 이루어지지 않음
이중배분율법	• 보조부문비를 고정비와 변동비로 구분하여 각각 다른 배분기준으로 배분하는 방법 • 일반적으로 변동비는 실제 용역 제공량을 기준으로 배분하고, 고정비는 최대 용역 제공 가능량을 기준으로 배분함

보조부문비를 제조부문에 배분하는 방법

보조부문용역 수수관계에 따른 배분방법과 원가행태에 따른 배분방법은 두 가지 방법을 혼용하여 사용할 수 있으므로 보조부문비를 제조부문에 배분하는 방법은 6가지이다.

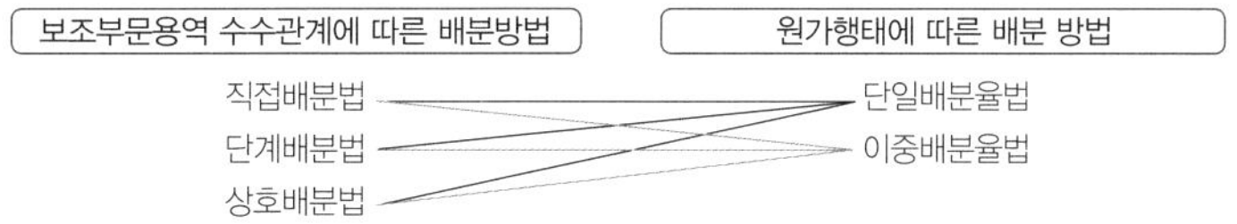

실전 적용

(주)에듀윌의 공장에는 하나의 보조부문인 동력부문과 두 개의 제조부문인 절단부문과 조립부문이 있다. 동력부문은 제조부문인 절단부문과 조립부문에 전력을 공급하고 있다. 각 제조부문의 월간 최대 사용 가능량과 1월의 실제 사용량은 다음과 같다.

구분	절단부문	조립부문	합계
최대 사용 가능량	100kWh	100kWh	200kWh
실제 사용량	60kWh	40kWh	100kWh

1월 중 발생한 원가는 다음과 같다.

구분	보조부문	제조부문		합계
	동력부문	절단부문	조립부문	
변동원가	10,000원	16,000원	14,000원	40,000원
고정원가	20,000원	30,000원	10,000원	60,000원
합계	30,000원	46,000원	24,000원	100,000원

[1] 단일배분율법으로 보조부문비를 제조부문에 배분하시오.
[2] 이중배분율법으로 보조부문비를 제조부문에 배분하시오.

| 풀이 |

[1] 단일배분율법

구분	보조부문	제조부문		합계
	동력부문	절단부문	조립부문	
배분 전 원가	30,000원	46,000원	24,000원	100,000원
동력부문비	(30,000원)	18,000원*	12,000원	0원
합계	0원	64,000원	36,000원	100,000원

* 30,000원×60kWh÷(60kWh+40kWh)=18,000원

[2] 이중배분율법

• 변동비 배분

구분	보조부문	제조부문		합계
	동력부문	절단부문	조립부문	
배분 전 원가	10,000원	16,000원	14,000원	40,000원
동력부문비	(10,000원)	6,000원*	4,000원	0원
합계	0원	22,000원	18,000원	40,000원

* 10,000원×60kWh÷(60kWh+40kWh)=6,000원

• 고정비 배분

구분	보조부문	제조부문		합계
	동력부문	절단부문	조립부문	
배분 전 원가	20,000원	30,000원	10,000원	60,000원
동력부문비	(20,000원)	10,000원*	10,000원	0원
합계	0원	40,000원	20,000원	60,000원

* 20,000원×100kWh÷(100kWh+100kWh)=10,000원

연습문제

(주)우성의 보조부문에서 발생한 변동제조간접원가는 1,000,000원, 고정제조간접원가는 2,000,000원이다. 이중배분율법에 의하여 보조부문의 제조간접원가를 제조부문에 배분할 경우 수선부문에 배분될 제조간접원가는 얼마인가? 기출 68회

구분	실제 기계시간	최대 기계시간
조립부문	4,400시간	8,800시간
수선부문	3,600시간	7,200시간

① 1,500,000원 ② 1,350,000원
③ 1,100,000원 ④ 450,000원

| 정답 및 해설 |

② 1,000,000원×3,600시간÷8,000시간+2,000,000원×7,200시간÷16,000시간=1,350,000원

5. 제조부문비의 배부

직접재료비와 직접노무비는 개별 제품과의 인과관계에 따라 직접 대응시킬 수 있으나 제조간접비는 인과관계를 추적할 수 없기 때문에 집계한 후에 일정 배부기준에 따라 제품에 배부하여야 한다.

(1) 공장 전체 제조간접비 배부율

공장 전체의 총제조간접비를 공장 전체의 단일 배부기준으로 나누어 제조간접비 배부율을 산정한 후에 제품에 제조간접비를 배부하는 방법이다. 공장 전체 제조간접비 배부율은 공장 전체 총제조간접비를 사용하여 배부율을 계산하므로 보조부문의 제조간접비를 제조부문에 배분하지 않는다. 따라서, 공장 전체 제조간접비 배부율을 적용하는 경우 보조부문과 제조부문을 구분할 필요가 없다.

- 공장 전체 제조간접비 배부율=공장 전체 총제조간접비÷공장 전체 단일 배부기준
- 제조간접비 배부=공장 전체 배부기준×공장 전체 배부율

(2) 부문별 제조간접비 배부율

보조부문비를 제조부문에 배분하면 제조부문에는 자체적으로 발생한 제조간접비와 보조부문으로부터 배분받은 금액이 함께 집계되는데, 이 집계액을 각 제조부문의 특성에 맞는 배부기준으로 나누어서 각 제조부문별로 서로 다른 제조간접비 배부율을 산정하여 제품에 배부하는 방법이다.

- 부문별 제조간접비 배부율=제조부문별 제조간접비÷제조부문별 배부기준
- 제조간접비 배부=부눈별 배부기준×부문별 제조간접비 배부율

연습문제

부문별 원가계산에 대한 설명으로 옳지 않은 것은? 기출 50회

① 보조부문 간의 용역수수관계가 중요한 경우 직접배분법을 적용하여 부분별 원가를 배분하게 되면 원가배분의 왜곡을 초래할 수 있다.
② 보조부문원가를 제조부문에 배분하는 방법 중 상호배분법은 보조부문 상호 간의 용역수수관계를 고려하여 배분하는 방법이다.
③ 보조부문원가를 제조원가부문에 배분하는 방법 중 단일배분율법과 이중배분율법은 원가행태에 따른 원가배분방법인데 이중배분율법과 직접배분율법은 서로 혼용하여 사용할 수 없다.
④ 부문별 제조간접비 배부율의 장점은 각 제조부문의 특성에 따라 제조간접원가를 배부하기 때문에 보다 정확한 제품원가를 계상할 수 있다는 것이다.

| 정답 및 해설 |

③ 보조부문의 용역수수관계에 따른 배분방법과 원가행태에 따른 배분방법은 두 가지 방법을 혼용하여 사용할 수 있다.

합격을 다지는 실전문제 p.241

THEME 02 개별원가계산 중요

▶ 최신 30회 중 13문제 출제

기업이 제품원가를 계산하는 경우에 기업의 생산형태에 따라 원가계산방법이 달라진다. 특정 제품을 개별적으로 생산하는 기업에 적용하는 원가계산방법을 개별원가계산이라 하고, 동종 제품을 연속적으로 대량 생산하는 기업에 적용하는 원가계산방법을 종합원가계산이라 한다.

1. 개별원가계산의 의의

개별원가계산은 기업에서 생산하는 제품의 종류나 규격이 다양하여 개별 작업별로 구분하여 원가를 계산하는 방법이다. 이는 조선업, 건설업, 기계제조업 등 여러 종류의 제품을 고객의 요구에 따라 소량으로 주문생산하는 기업의 원가계산에 적합하다.

(1) 제조지시서

제조지시서는 고객이 주문한 특정 제품의 제조를 작업현장에 명령하는 문서를 말한다.

제조지시서

No. 제조지시인 (인)

다음과 같이 제품을 제조하여 주십시오.

주문처: 납기일:

• 완성요구일 ㅇ월 ㅇ일 • 제조착수일 ㅇ월 ㅇ일 • 제조완성일 ㅇ월 ㅇ일

제품명	규격	수량	적요

(2) 작업원가표

작업원가표는 제품의 원가를 개별 작업별로 구분하여 집계할 때 사용하는 표이며, 개별원가계산제도의 기본적인 요소이다. 제조원가를 직접재료비, 직접노무비, 제조간접비로 구분하여 기록하므로 제조원가를 제조직접비(직접재료비와 직접노무비)와 제조간접비로 구분하는 것이 중요하다.

작업원가표

작업번호 ______________　　생 산 량 ______________

품　　목 ______________　　완 성 일 ______________

시 작 일 ______________

일자	직접재료비	직접노무비	제조간접비	합계

2. 개별원가계산의 절차 및 배부

(1) 개별원가계산의 절차

개별원가계산은 제조간접비를 각 제품별로 어떠한 배부기준에 따라 배부하는지가 핵심이다. 직접비(직접원가)는 추적할 수 있으므로 발생과 동시에 각 제품에 부과하고 간접비는 원가를 추적할 수 없으므로 일정한 방법으로 간접 배부한다.

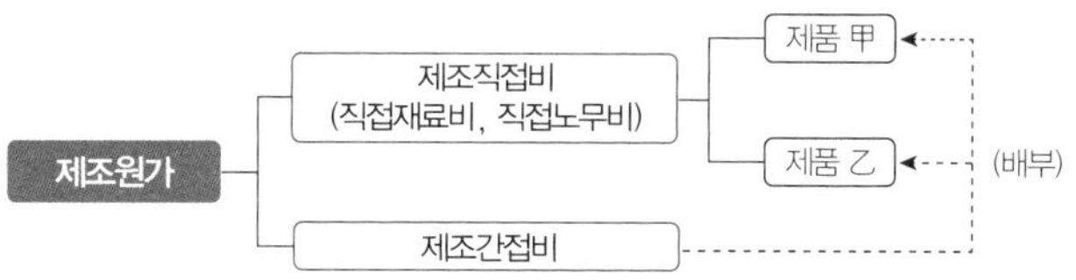

(2) 제조간접비의 배부

제조간접비는 여러 제품을 생산하기 위하여 공통적으로 발생한 제조원가이기 때문에 발생과 동시에 각 개별 작업에 부과할 수 없고 기말에 제조간접비를 적당한 배부기준에 따라 각 작업원가표에 배부한다. 제조간접비를 각 작업에 배부할 때에는 무엇을 배부기준으로 할 것인지가 중요하다. 일반적으로 많이 사용하는 배부기준은 직접노무비, 직접노동시간, 기계시간 등이 있다.

(3) 제조간접비의 배부율

제조간접비는 개별 제품이나 작업에 배부하기 위하여 다음과 같은 제조간접비 배부율을 사용해야 한다. 만약 공장 내에 두 개 이상의 제조부문이 있다면 제조간접비를 개별 제품 등에 배부하는 방법으로는 공장 전체 제조간접비 배부율, 또는 부문별 제조간접비 배부율을 적용하는 두 가지 방법이 있다.

> 제조간접비 배부율＝제조간접비÷배부기준(조업도)

연습문제

(주)중앙은 개별원가계산을 실시하고 있다. 제조간접원가는 직접노무원가의 120%이다. 작업 #201에서 발생한 직접재료원가는 1,764,000원이며, 제조간접원가는 1,058,400원이다. 또한, 작업 #301에서 발생한 직접재료원가는 294,000원이며 직접노무원가는 735,000원이다. 작업 #201에서 발생한 직접노무원가 및 작업 #301의 총제조원가는 얼마인가? 기출 66회

	#201의 직접노무원가	#301의 총제조원가		#201의 직접노무원가	#301의 총제조원가
①	2,116,800원	2,263,800원	②	1,270,000원	2,263,800원
③	1,058,400원	1,234,800원	④	882,000원	1,911,000원

| 정답 및 해설 |

④ • #201의 직접노무원가: 1,058,400원×1/1.2＝882,000원
 • #301의 총제조원가: 294,000원＋735,000원＋735,000원×1.2＝1,911,000원

3. 실제개별원가계산과 정상개별원가계산

(1) 실제개별원가계산의 개요

실제개별원가계산은 직접재료비, 직접노무비뿐만 아니라 제조간접비까지 실제발생액을 기준으로 제품에 배부하는 방법이다. 실제개별원가계산의 문제점은 다음과 같다.

① **원가계산의 지연:** 실제 제조간접비가 월말 또는 기말에 집계되기 전에는 제조간접비 배부율을 산정할 수 없으므로 제품이 완성되어도 제품의 원가를 계산할 수 없다.

② **제품원가의 변동성:** 월별로 제조간접비 발생액과 실제 조업도가 상이하므로 실제배부율도 매월 다르게 계산된다. 동일한 작업시간이 투입되는 제품이더라도 월별로 배분되는 제조간접비에 차이가 나므로 제품원가가 월별로 변동되는 문제점이 있다. 즉, 동일한 제품이더라도 동일한 작업에 배부되는 제조간접비가 월별, 계절별로 차이가 발생하여 단위당 원가가 상이하다.

(2) 정상개별원가계산 개요

정상(예정)개별원가계산이란 직접재료비, 직접노무비는 실제발생액을 기준으로 제품에 배부하고, 제조간접비는 회계연도 전에 미리 결정된 제조간접비 예정배부율을 이용하여 예정배부액을 제품에 배부하는 방법이다. 제조간접비를 예정배부하므로 제조과정이 완료되면 회계기간 중에도 즉시 완성된 제품의 원가계산이 가능하며, 기간별로 제품원가가 변동되는 문제점을 해결할 수 있다.

(3) 실제개별원가계산과 정상개별원가계산의 비교

구분	실제개별원가계산	정상개별원가계산
주요 정보이용자	외부 정보이용자	내부 정보이용자(경영자)
원가계산의 시점	회계연도의 기말	제품 생산 완료시점(적시성)
직접재료원가, 직접노무원가	실제발생액 배부	실제발생액 배부
제조간접원가 배부방법	실제배부기준량×실제배부율	실제배부기준량×예정배부율

(4) 제조간접비 예정배부율

제조간접비 예정배부율 = 제조간접비 예산 ÷ 예정조업도(배부기준)

실전 적용

정상개별원가계산제도를 채택하고 있는 회사의 배부기준인 기계시간을 이용하여 제품 甲의 원가를 계산하시오.

구분	제품 甲	제품 乙	제품 丙	계
직접재료비	30,000원	30,000원	40,000원	100,000원
직접노무비	28,000원	22,000원	50,000원	100,000원
기계시간	50시간	30시간	20시간	100시간
예상 기계시간	60시간	50시간	30시간	140시간
제조간접비				150,000원
제조간접비 예산				140,000원

| 풀이 |

- 제조간접비 배부율(기계시간): 예산 140,000원÷예정 140시간 = 1,000원/기계시간
- 제품 甲의 제조간접비: 1,000원/기계시간×기계시간 50시간 = 50,000원
- 제품 甲의 원가: 직접재료비 30,000원 + 직접노무비 28,000원 + 제조간접비 50,000원 = 108,000원

연습문제

(주)한결에서 6월에 수행한 3개의 작업 관련 자료는 다음과 같으며, 실제 제조간접원가 발생액은 55,800원, 제조간접원가 예정배부율은 직접노동시간당 9원이다. 작업 #601과 #602는 6월에 완성되었고, 작업 #603은 미완성 상태인 경우, 작업 #601에서 생산한 제품의 단위당 원가 및 (주)한결의 기말재공품원가를 계산하시오. 기출 76회

구분	작업번호		
	#601	#602	#603
생산량	4,000개	3,600개	3,000개
직접노동시간	2,400시간	2,000시간	1,800시간
직접재료원가	9,000원	7,400원	2,800원
직접노무원가	19,200원	16,000원	14,400원

	단위당 원가	재공품 원가
①	12.86원	35,200원
②	12.45원	35,200원
③	12.86원	33,400원
④	12.45원	33,400원

| 정답 및 해설 |

④ • #601의 단위당 원가: (9,000원+19,200원+2,400시간×9원)÷4,000개=12.45원
• #603의 재공품 원가: 2,800원+14,400원+(1,800시간×9원)=33,400원

(5) 배부차이 조정방법

제조간접비 실제발생액과 예정배부액에 차이(제조간접비 배부차이)가 발생하면 회계연도 말에 비례배분법, 매출원가조정법, 영업외손익법 등으로 배부차이를 조정하여 실제원가로 외부에 보고한다.

제조간접비 배부차이=실제발생액−예정배부액
• 실제발생액<예정배부액 ⇨ 과대배부(초과배부, 유리한 차이)
• 실제발생액>예정배부액 ⇨ 과소배부(부족배부, 불리한 차이)

실전 적용

12월 중에 제조간접비 예정배부액은 완성 후 미판매된 제품 甲 50,000원, 미완성된 제품 乙 30,000원, 완성 후 판매된 제품 丙 20,000원이다.

구분	제품 甲	제품 乙	제품 丙	계
직접재료비	30,000원	30,000원	40,000원	100,000원
직접노무비	28,000원	22,000원	50,000원	100,000원
기계시간	50시간	30시간	20시간	100시간
예상 기계시간	60시간	50시간	30시간	140시간
제조간접비				150,000원
제조간접비 예산				140,000원

[1] 제조간접비 예정배부 시의 회계처리를 하시오.
[2] 12월 말에 집계된 제조간접비 실제발생액은 150,000원이다. 실제발생액을 회계처리하시오.
[3] 12월 말에 과소배부액 50,000원을 제조간접비 배부차이 계정으로 대체하는 회계처리를 하시오.
[4] 12월 말에 제조간접비 배부차이를 원가요소별 비례배분법으로 조정하시오.

| 풀이 |

[1] (차) 제품(甲)	50,000	(대) 제조간접비	100,000
재공품(乙)	30,000		
매출원가(丙)	20,000		
[2] (차) 제조간접비	150,000	(대) 현금	150,000
[3] (차) 제조간접비 배부차이	50,000	(대) 제조간접비	50,000
[4] (차) 제품(甲)	25,000*1	(대) 제조간접비 배부차이	50,000
재공품(乙)	15,000*2		
매출원가(丙)	10,000*3		

*1 50,000원×50,000원÷(50,000원+30,000원+20,000원)=25,000원
*2 50,000원×30,000원÷(50,000원+30,000원+20,000원)=15,000원
*3 50,000원×20,000원÷(50,000원+30,000원+20,000원)=10,000원

연습문제

세무상사는 직접노동시간을 기준으로 제조간접비를 예정배부하고 있다. 당기의 제조간접비 예산액은 2,000,000원, 예산조업도는 1,000,000시간이다. 제조간접비 실제발생액은 3,070,000원이고 실제 조업도는 1,500,000시간이다. 제조간접비 배부차액은 얼마인가?

기출 82회

① 70,000원(과소배부) ② 70,000원(과대배부)
③ 50,000원(과소배부) ④ 50,000원(과대배부)

| 정답 및 해설 |

① • 예정배부율: 2,000,000원÷1,000,000시간=2원/시간
• 예정 제조간접비: 1,500,000시간×2원/시간=3,000,000원
• 불리한 차이(과소배부): 실제 3,070,000원−예정 3,000,000원=70,000원

① 비례배분법

- **총원가비례배분법**: 배부차이를 예정배부한 기말재공품, 기말제품, 매출원가의 상대적 비율에 따라서 안분하는 방법이다.
- **원가요소별 비례배분법**: 배부차이를 예정배부한 기말재공품, 기말제품, 매출원가에 포함된 제조간접비의 비율에 따라서 안분하는 방법이다. 가장 정확한 방법이며, 차이를 조정한 기말재공품, 기말제품, 매출원가의 금액은 실제원가계산에 의한 금액과 일치하게 된다.

구분	차변		대변	
과소배부액 조정	재공품 제품 매출원가	××× ××× ×××	제조간접비 배부차이	×××
과대배부액 조정	제조간접비 배부차이	×××	재공품 제품 매출원가	××× ××× ×××

연습문제

(주)경남은 제조간접원가 과대배부액 800,000원을 총원가비례배분법을 사용하여 배부하고 있다. 다음의 자료를 바탕으로 기말재공품의 가액을 구하면 얼마인가? 기출 79회

구분	기말재공품	기말제품	매출원가
직접재료비	3,000,000원	1,000,000원	2,000,000원
직접노무비	1,500,000원	1,500,000원	2,000,000원
제조간접비	2,500,000원	1,500,000원	1,000,000원
합계	7,000,000원	4,000,000원	5,000,000원

① 7,350,000원
② 4,650,000원
③ 6,650,000원
④ 3,650,000원

| 정답 및 해설 |

③ 800,000원×7,000,000원÷16,000,000원=350,000원
∴ 7,000,000원－350,000원=6,650,000원

② **매출원가조정법**: 배부차이 전액을 매출원가에서 가감하는 방법이다.

구분	차변		대변	
과소배부액 조정	매출원가	×××	제조간접비 배부차이	×××
과대배부액 조정	제조간접비 배부차이	×××	매출원가	×××

③ **영업외손익법**: 배부차이 전액을 영업외손익으로 가감하는 방법이다.

구분	차변		대변	
과소배부액 조정	잡손실	×××	제조간접비 배부차이	×××
과대배부액 조정	제조간접비 배부차이	×××	잡이익	×××

연습문제

당기 초에 영업을 개시한 (주)현화는 정상개별원가 계산방법을 채택하고 있으며, 당기 말 재고자산가액 및 매출원가는 다음과 같다. 당기의 제조간접원가 배부차이가 1,000,000원 과소배부인 경우 각 배부차이 조정방법에 따라 당기손익에 미치는 영향을 바르게 연결한 것은? 기출 84회

구분	기말재공품	기말제품	매출원가	합계
직접재료비	1,000,000원	1,200,000원	800,000원	3,000,000원
직접노무비	3,000,000원	4,000,000원	1,500,000원	8,500,000원
제조간접비	1,500,000원	2,000,000원	1,000,000원	4,500,000원
합계	5,500,000원	7,200,000원	3,300,000원	16,000,000원

	매출원가조정법	총원가비례배분법	원가요소별 비례배분법
①	800,000원 감소	281,250원 감소	200,000원 감소
②	1,000,000원 감소	222,222원 감소	206,250원 감소
③	1,000,000원 감소	206,250원 감소	266,666원 감소
④	1,000,000원 감소	206,250원 감소	222,222원 감소

| 정답 및 해설 |

④ 당기손익에 미치는 영향은 매출원가에 추가로 배부되는 차액을 계산하여 산출한다.

- 매출원가조정법: 1,000,000원 전액 매출원가에 배부 → 당기손익 1,000,000원 감소
- 총원가비례배분법: 1,000,000원×3,300,000원÷16,000,000원=206,250원 매출원가에 배부 → 당기손익 206,250원 감소
- 원가요소별 비례배분법: 1,000,000원×1,000,000원÷4,500,000원=222,222원 매출원가에 배부 → 당기손익 222,222원 감소

합격을 다지는 실전문제 p.247

THEME 03 종합원가계산 중요

▸ 최신 30회 중 36문제 출제

1. 종합원가계산의 개요

종합원가계산은 단일 종류의 제품을 연속적으로 대량 생산하는 업종에 적합한 원가계산방법으로 화학공업, 식품가공업, 제지업, 자동차 생산업과 같은 산업분야에 사용된다. 재료비와 가공비의 원가투입시점이 다르기 때문에 원가요소의 분류가 재료비와 가공비로 단순화된다.

(1) 직접재료비

종합원가에서 직접재료비는 일반적으로 공정 초기에 전량 투입한다.

(2) 가공비(직접노무비+제조간접비)

종합원가에서 직접노무비와 제조간접비를 더한 가공비는 공정 전반에 걸쳐서 투입하는 원가로 진행률에 따라 산정한다.

개별원가계산과 종합원가계산의 차이

개별원가계산	종합원가계산
• 다품종 소량 생산 업종에 적합함 • 고객의 주문에 따라 제품을 생산하는 업종에 적합함(건설업, 조선업, 항공기 제작업 등) • 제조원가는 각 작업별로 집계되며 그 작업에서 생산된 제품 단위에 원가를 배분함 • 개별작업에 대한 작업원가표가 개별원가계산의 기초가 됨 • 원가계산과정이 복잡하나 정확성은 더 높음 • 제조간접비 배부가 핵심	• 소품종 대량 생산 업종에 적합함 • 대량으로 연속 생산하는 업종에 적합함(화학업, 식품가공업 등) • 제조원가는 각 공정별로 집계되며 그 공정을 통과한 제품 단위에 원가를 배분함 • 각 제조공정에 대한 제조원가보고서가 종합원가계산의 기초가 됨 • 상대적으로 계산이 부정확함 • 완성품 환산량 계산이 핵심

연습문제

다음 중 개별원가계산과 종합원가계산에 대한 설명으로 옳지 않은 것은? 기출 73회

	구분	개별원가계산	종합원가계산
①	단점	상대적으로 과다한 노력과 비용이 발생함	상대적으로 제조원가의 계산이 부정확함
②	원가계산방법	대상 기간 총원가를 총생산량으로 나누어 단위당 제조원가를 계산	제품별, 작업지시서별로 집계된 원가에 의하여 제조원가를 계산
③	대상 업종	다품종 소량 생산 기업	소품종 대량 생산 기업
④	계산 과제	제조간접원가의 배부	기말재공품의 평가

| 정답 및 해설 |

② 기간별 원가계산은 종합원가계산, 제품별 원가계산은 개별원가계산에 해당된다.

(3) 완성품 환산량

완성품 환산량은 산출물의 완성 정도를 측정하는 개념으로, 공정에서의 모든 노력이 완성품으로 나타났을 경우 생산되었을 완성품의 개수를 말한다. 즉, 재공품 수량을 완성품 환산량으로 집계한다.

2. 종합원가계산의 절차

종합원가계산은 당기완성품원가와 기말재공품원가를 산출하기 위해 다음과 같이 5단계로 나누어 계산하며, 이는 계산과정에서의 오류를 최소화하기 위한 방법이다.

(1) [1단계] 물량 흐름의 파악

물량의 흐름을 파악한다.

(2) [2단계] 완성품 환산량 계산

재료원가와 가공원가의 완성품 환산량을 계산한다.

(3) [3단계] 배분할 원가의 요약

재료원가와 가공원가의 배분할 원가를 집계한다.

구분	배분할 원가
선입선출법	당기 발생원가
평균법	기초재공품총원가+당기 발생원가

(4) [4단계] 완성품 환산량 단위당 원가계산

재료원가와 가공원가의 완성품 환산량 단위당 원가를 구한다.

(5) [5단계] 원가의 배분

완성품과 기말재공품원가를 계산한다.

3. 종합원가계산의 방법

종합원가계산의 방법은 선입선출법과 평균법으로 나누어서 볼 수 있다.

(1) 선입선출법

선입선출법은 기초재공품을 먼저 가공하여 완성시킨 후에 당기 착수 수량을 가공한다고 가정한다. 즉, 기초재공품원가와 당기 발생원가를 명확히 구분하여 완성품원가는 기초재공품원가와 당기 발생원가로 구성되어 있고, 기말재공품원가는 당기 발생원가로만 구성되어 있다고 가정한다.

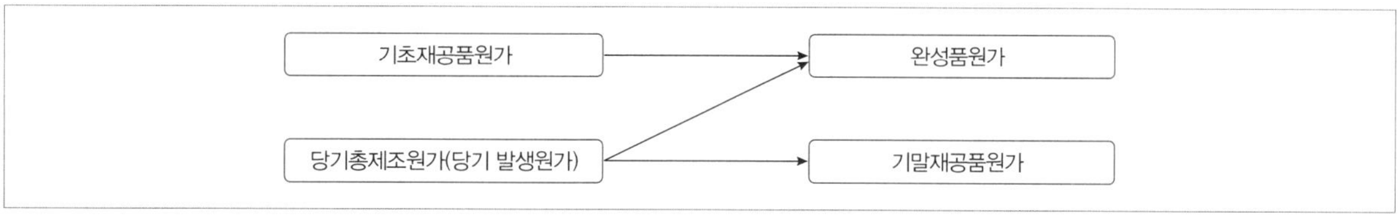

실전 적용

(주)에듀윌은 단일 제품을 대량으로 생산하고 있다. 원재료는 공정 초기에 모두 투입되고, 가공비는 공정 전반에 걸쳐 균등하게 발생한다. 1월의 원가계산에 대한 자료는 다음과 같다. 선입선출법으로 완성품원가와 기말재공품원가를 계산하시오.

기초재공품	수량	400개
	재료비	120,000원
	가공비	36,000원
	완성도	60%
당기 착수	수량	1,000개
	재료비	370,000원
	가공비	156,000원
당기 완성	수량	1,200개
기말재공품	수량	200개
	완성도	40%

| 풀이 |

• 물량 흐름 파악

1/1	400개(60%)	완성량	1,200개
착수량	1,000개	12/31	200개(40%)

• 완성품 환산량

구분	직접재료비	가공비
기초완성품	0개	160개
당기 착수 완성품	800개	800개
기말재공품	200개	80개
완성품 환산량	1,000개	1,040개

• 완성품 환산량 단위당 원가
  – 직접재료비: 370,000원÷1,000개=@370원
  – 가공비: 156,000원÷1,040개=@150원
• 원가계산
  – 완성품: 800개×@370원+960개×@150원+120,000원+36,000원=596,000원
  – 기말재공품: 200개×@370원+80개×@150원=86,000원

연습문제

다음의 내용을 참조하여 (주)명성의 당기 가공원가 발생액을 계산하시오. 기출 73회

• (주)명성은 선입선출법에 의한 종합원가계산을 적용하고 있다.
• 당기 가공원가에 대한 완성품 단위당 원가는 15원이다.
• 기초재공품은 300단위 완성도 20%이다.
• 기말재공품은 600단위 완성도 80%이다.
• 당기 착수 수량은 3,000단위이며, 당기 완성 수량은 2,700단위이다.

① 34,500원 ② 46,800원 ③ 28,500원 ④ 51,300원

| 정답 및 해설 |

② (당기 완성 수량 2,700단위－기초재공품 환산량 300단위×20%＋기말재공품 환산량 600단위×80%)×15원＝46,800원

(2) 평균법

평균법은 기초재공품의 제조를 당기 이전에 착수하였음에도 불구하고 당기에 착수한 것으로 가정한다. 따라서 평균법은 기초재공품원가와 당기 발생원가를 구분하지 않고 동일하게 취급하여 완성품과 기말재공품에 안분계산하는 방법이다.

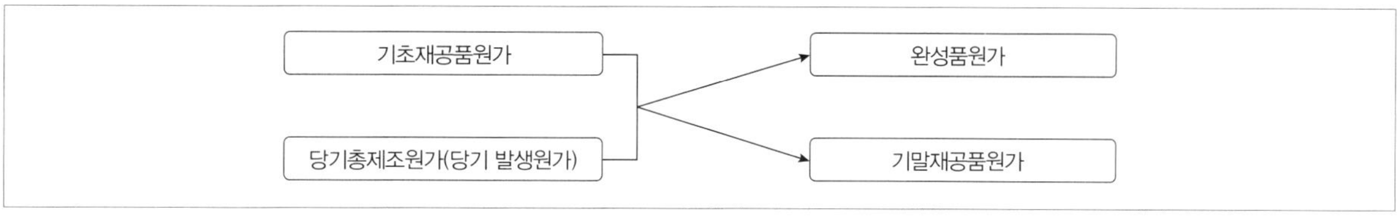

실전 적용

(주)에듀윌은 단일 제품을 대량으로 생산하고 있다. 원재료는 공정 초기에 모두 투입되고, 가공비는 공정 전반에 걸쳐 균등하게 발생한다. 1월의 원가계산에 대한 자료는 다음과 같다. 평균법으로 완성품원가와 기말재공품원가를 계산하시오.

기초재공품	수량	400개
	재료비	120,000원
	가공비	48,800원
	완성도	60%
당기 착수	수량	1,000개
	재료비	370,000원
	가공비	168,800원
당기 완성	수량	1,200개
기말재공품	수량	200개
	완성도	40%

| 풀이 |

• 물량 흐름 파악

1/1	400개(60%)	완성량	1,200개
착수량	1,000개	12/31	200개(40%)

• 완성품 환산량

구분	직접재료비	가공비
완성품	1,200개	1,200개
기말재공품	200개	80개
완성품 환산량	1,400개	1,280개

• 완성품 환산량 단위당 원가
  - 직접재료비: (120,000원+370,000원)÷1,400개=@350원
  - 가공비: (48,800원+168,800원)÷1,280개=@170원
• 원가계산
  - 완성품: 1,200개×@350원+1,200개×@170원=624,000원
  - 기말재공품: 200개×@350원+80개×@170원=83,600원

연습문제

(주)융도는 종합원가계산을 채택하고 있다. 기말재공품의 평가에는 평균법을 사용하며, 모든 원가는 공정 전체를 통하여 균등하게 발생한다. 기말재공품원가는 얼마인가? 기출 75회

- 기초재공품: 300단위, 원가 340,000원, 완성도 60%
- 당기 투입원가: 2,700,000원
- 당기 완성품 수량: 700단위
- 기말재공품 수량: 150단위, 완성도 40%

① 200,000원 ② 220,000원
③ 240,000원 ④ 260,000원

| 정답 및 해설 |

③ • 완성품 환산량: 700단위+150단위×40%=760단위
• 단위당 원가: (2,700,000원+340,000원)÷760단위=4,000원
∴ 기말재공품원가: 150단위×40%×4,000원=240,000원

(3) 선입선출법과 평균법의 비교

기초재공품이 없다면 당기총제조원가만 완성품원가와 기말재공품원가에 배부되고, 기말재공품이 없다면 기초재공품원가와 당기총제조원가가 모두 완성품원가에 배부된다. 즉, 기초재공품 또는 기말재공품이 없다면 평균법과 선입선출법으로 계산한 결과는 동일하다.

구분	선입선출법	평균법
기본가정	기초재공품을 먼저 가공 및 완성한 후 당기 착수 수량을 가공함	전기에 이미 착수한 기초재공품의 기완성도를 무시하고 기초재공품도 당기에 착수함
기초재공품의 완성도	고려 ○	고려 ×
배분 대상 원가	당기 발생원가	총원가(기초재공품원가 + 당기발생원가)
장점	당기의 성과를 이전의 기간과 독립적으로 평가하므로 원가 통제상 유용한 정보 제공	계산이 용이함

꿀팁 선입선출법과 평균법의 수량 차이는 기초재공품의 완성품 환산량의 차이이다.

연습문제

다음 중 종합원가계산에 대한 설명으로 틀린 것은? 기출 106회 수정

① 기초재공품이 없는 경우 종합원가계산에 의한 원가배부 시 평균법과 선입선출법의 결과가 동일하다.
② 평균법에 비해 선입선출법은 당기의 성과를 이전의 기간과 독립적으로 평가할 수 있다.
③ 선입선출법은 전기에 이미 착수한 기초재공품의 기완성도를 무시하고 기초재공품이 당기에 착수한 것으로 가정하여 원가계산을 한다.
④ 선입선출법과 평균법 모두 완성품환산량을 계산하는 과정이 있다.

| 정답 및 해설 |

③ 평균법은 전기에 이미 착수한 기초재공품의 기완성도를 무시하고 기초재공품이 당기에 착수한 것으로 가정하여 원가계산을 한다.

4. 공손품과 작업폐물

(1) 공손품(불합격품)

공손품은 작업공정에서 발생한 불량품을 의미하며 정상공손과 비정상공손으로 구분된다. 실무에서는 일정 비율을 정하여 그 범위 내에서 발생하는 것은 정상공손으로 간주하고 그 범위를 초과하여 발생하는 것은 비정상공손으로 본다.

구분	정상공손	비정상공손
의의	능률적인 생산작업조건에서도 공정의 성격상 피할 수 없는 공손	작업자의 부주의나 생산계획의 미비 등 능률적인 생산작업조건에서는 피할 수 있는 공손
처리	현재의 기술수준으로는 개선할 수 없는 공정상의 결함으로 인하여 발생한 것이므로 제조원가(완성품원가 또는 기말재공품원가)에 포함	제조활동을 효율적으로 수행하였다면 방지할 수 있는 원가이므로 발생 즉시 영업외비용으로 처리

또한, 원가계산을 할 때에는 먼저 물량을 파악한 후 원가 흐름의 가정에 따라 원가배부를 하므로 원가배부를 하기 전에 물량을 파악한다. 정상공손 수량은 실제의 물량흐름인 선입선출법에 의해 파악해야 원가관리와 통제에 적합하다. 즉, 원가흐름의 가정과 관계없이 실제의 물량흐름인 선입선출법에 의해 정상공손 수량을 계산하므로 평균법과 선입선출법으로 계산한 정상공손 수량은 동일하다.

+ 공손품 회계의 기본가정

- 공손은 검사시점에서 일시에 발생하고 검사시점 이후에는 발생하지 않는다.
- 선입선출법에서는 공손이 모두 당기에 착수한 물량에서 발생하는 것으로 가정한다.

(2) 작업폐물

작업폐물은 가구제조업의 나무토막 등 생산에 사용된 원재료에서 남아 있는 찌꺼기와 조각을 의미하며, 공손품과는 다른 개념이다. 작업폐물이 발생하면 작업폐물의 판매가치 평가액만큼 제조원가를 감소시켜야 한다. 즉, 작업폐물이 특정 제품과 관련된 것이라면 직접재료비를 감소시키고, 여러 제품의 제조과정에서 발생한 것이라면 제조간접비를 감소시킨다.

실전 적용

(주)에듀윌의 제조 관련 자료가 다음과 같고, 정상공손은 완성품 수량의 10%라고 할 때, 정상공손과 비정상공손 수량을 구하시오.

- 기초재공품: 500개
- 당기 착수량: 1,200개
- 기말재공품: 300개
- 공손 수량: 200개

| 풀이 |

- 당기 완성: 기초재공품 500개 + 당기 착수량 1,200개 − 기말재공품 300개 − 공손 수량 200개 = 1,200개
- 정상공손: 당기 완성 1,200개 × 10% = 120개
- 비정상공손: 공손 수량 200개 − 정상공손 수량 120개 = 80개

재공품

기초	500	완성	1,200
착수	1,200	공손 ┌ 정상	120
		└ 비정상	80
		기말	300
	1,700		1,700

연습문제

다음 공손품과 작업폐물에 대한 설명 중 옳지 않은 것은? 기출 56회

① 정상공손이란 제조공정상 필수 불가결하게 발생된 것으로 추가적인 작업을 통하여 제품이나 재공품의 원가로 구성된다.
② 비정상공손은 정상적이고 효율적인 상황에서는 발생되지 않으며 작업자의 부주의나 생산계획의 미비 등으로 인하여 발생되는 것이므로 영업외비용으로 회계처리를 한다.
③ 기초재공품 600개, 당기 착수 수량 1,400개, 당기 완성 수량 1,700개, 기말재공품 수량 200개이고 정상공손품은 완성품의 5%로 할 때 비정상공손품의 수량은 10개이다.
④ 작업폐물은 제품의 제조과정에서 발생된 원재료의 부스러기를 말하는데 이러한 작업폐물의 평가액은 발생부문의 제조원가에서 차감하거나 필요에 따라 당해 제품의 제조원가에서 차감할 수 있다.

| 정답 및 해설 |

③ • 공손품의 수량: (600개+1,400개)−(1,700개+200개)=100개
• 정상공손품의 수량: 1,700개×5%=85개
• 비정상공손품의 수량: 100개−85개=15개

합격을 다지는 실전문제 p.255

THEME 04 결합원가계산 중요

▸ 최신 30회 중 9문제 출제

1. 결합원가계산의 개요

동일한 원재료를 투입하고 동일한 제조공정으로 가공한 후에 일정 시점에서 동시에 생산되는 서로 다른 종류의 제품을 결합제품이라 한다. 동일한 원재료를 동일한 제조공정으로 가공하면서 발생하는 원가를 결합원가라 한다. 결합원가계산이란 결합원가를 결합제품에 어떤 방법으로 배분할 것인가를 결정하고 그에 따라 결합제품 각각에 대하여 제품원가를 결정하는 것이다.

2. 용어 정리

(1) 결합제품(연산품)

동일한 종류의 원재료를 투입하여 동시에 생산되는 두 종류 이상의 서로 다른 제품을 말한다.

산업	원재료	연산품
낙농업	생우유	버터, 치즈, 생크림
화학공업	나프타	에틸렌, 메탄, 프로필렌
정육업	돼지	베이컨, 햄, 돼지갈비
석유산업	원유	휘발유, 등유, 경유

(2) 주산물과 부산물

결합제품은 상대적 판매가치의 중요성에 따라 주산물과 부산물로 구분할 수 있다. 결합제품 중에서 상대적으로 판매가치가 큰 제품을 주산물, 주산물의 제조과정에서 부수적으로 생산되는 제품으로서 상대적으로 판매가치가 작은 제품을 부산물이라고 한다. 예를 들면, 주조공장의 밀찌꺼기 등이 부산물에 해당된다.

(3) 분리점

분리점은 연산품을 개별적으로 식별할 수 있는 시점을 가리킨다.

(4) 추가 가공원가

분리점 이후에 추가 가공과 관련하여 발생하는 원가이다.

연습문제

다음은 원가계산방법에 대한 설명으로 아래의 빈칸에 각각 들어갈 말로 옳은 것은? 기출 101회

> 동일한 제조공정에서 동일한 종류의 원재료를 투입하여 서로 다른 2종 이상의 제품이 생산되는 것을 연산품이라 한다. 이러한 연산품이 개별적으로 식별 가능한 시점을 (㉠)이라 하고, (㉠)에 도달하기 전까지 연산품을 제조하는 과정에서 발생한 원가를 (㉡)라 한다.

	(㉠)	(㉡)
①	식별 가능점	결합원가
②	식별 가능점	추가 가공원가
③	분리점	추가 가공원가
④	분리점	결합원가

| 정답 및 해설 |

④ 연산품이 개별적으로 식별 가능한 시점을 분리점이라 하고, 분리점에 도달하기 전까지 연산품을 제조하는 과정에서 발생한 원가를 결합원가라 한다. 추가 가공원가는 분리점 이후의 추가 가공과 관련하여 발생하는 원가이다.

3. 결합원가의 배분방법

(1) 물량기준법

물량기준법은 각 결합제품의 물리적 단위인 수량 · 무게 · 부피 · 면적 등의 물량을 기준으로 결합원가를 배분하는 방법이며 제품의 판매가치를 알 수 없을 때 유용하게 사용된다.

실전 적용

1월에 (주)에듀윌은 화학재료를 가공하여 3 : 2의 비율로 연산품 A, B를 생산하기 시작하였다. 한 달 동안 원재료 10,000L를 투입하여 제품 A 6,000L, 제품 B에 4,000L로 가공하는 데 다음과 같은 원가가 발생하였다.

> • 직접재료비: 200,000원
> • 직접노무비: 60,000원
> • 제조간접비: 40,000원

물량기준법으로 결합원가를 배분하시오.

| 풀이 |

• 제품 A: 300,000원×6,000L÷10,000L＝180,000원
• 제품 B: 300,000원×4,000L÷10,000L＝120,000원

연습문제

(주)세무는 화학재료를 가공하여 제품을 생산하는 업체이다. 다음의 생산원가 자료를 참조하여 6월 제품 A와 제품 B에 대하여 물량기준으로 결합원가를 배분한 후 각 제품의 매출총이익을 구하시오. 기출 71회

[6월 생산원가 자료]
- 당사는 화학재료를 가공하여 4 : 1의 비율로 연산품 A와 B를 생산한다.
- 6월 한 달 동안 원재료 10,000L를 투입하여 제품 A 8,000L와 제품 B 2,000L로 가공하였다.
- 6월에 발생한 원가는 재료비 500,000원, 노무비 150,000원, 제조간접비 100,000원이다.
- 연산품 L당 판매가격은 제품 A가 80원, 제품 B가 70원이다.
- 6월에 생산된 제품 A와 B는 6월에 전량 판매되었다.

	제품 A 매출총이익	제품 B 매출총이익
①	40,000원	△10,000원
②	20,000원	10,000원
③	△10,000원	40,000원
④	30,000원	△20,000원

| 정답 및 해설 |

①

구분	제품 A	제품 B	계
물량	8,000L	2,000L	10,000L
배부율	80%	20%	100%
결합원가 배부액	600,000원*1	150,000원*2	750,000원

*1 750,000원(재료비 500,000원+노무비 150,000원+제조간접비 100,000원)×80%=600,000원

*2 750,000원×20%=150,000원

- 제품 A 매출총이익: 640,000원－600,000원=40,000원
- 제품 B 매출총이익: 140,000원－150,000원=△10,000원

(2) 분리점에서의 상대적 판매가치법

상대적 판매가치법은 분리점에서의 개별 제품의 상대적 판매가치를 기준으로 결합원가를 배분하는 방법이며 분리점의 판매가치를 계산할 때에는 판매량이 아닌 생산량을 사용한다.

실전 적용

1월에 (주)에듀윌은 화학재료를 가공하여 3 : 2의 비율로 연산품 A, B를 생산하기 시작하였다. 한 달 동안 원재료 10,000L를 투입하여 제품 A 6,000L, 제품 B에 4,000L로 가공하는 데 다음과 같은 원가가 발생하였다.

- 직접재료비: 200,000원
- 직접노무비: 60,000원
- 제조간접비: 40,000원
- 연산품의 1L당 판매가격: A제품－@60원, B제품－@10원

상대적 판매가치법으로 결합원가를 배분하시오.

| 풀이 |

- 제품 A: 300,000원×{6,000L×@60원÷(6,000L×@60원+4,000L×@10원)}=270,000원
- 제품 B: 300,000원×{4,000L×@10원÷(6,000L×@60원+4,000L×@10원)}=30,000원

(3) 순실현가치법

순실현가치법은 분리점에서의 순실현가치를 기준으로 결합원가를 배분하는 방법이다. 결합제품을 분리점에서 바로 판매할 수 없어서 추가 가공할 때에는 분리점에서 추가 가공 후의 판매가치를 추정하여 순실현가치를 계산한다. 순실현가치는 개별 제품의 최종 판매가격에서 분리점 이후의 추가적인 가공원가, 판매비와 관리비를 차감한 후의 금액을 말한다.

순실현가치 = 최종 판매가격 − 추가 가공원가 − 추가 판매비와 관리비

실전 적용

1월에 (주)에듀윌은 화학재료를 가공하여 3 : 2의 비율로 연산품 A, B를 생산하기 시작하였다. 한 달 동안 원재료 10,000L를 투입하여 제품 A 6,000L, 제품 B 4,000L를 가공하는 데 다음과 같은 원가가 발생하였다. 또한, 제품 A는 분리점에서 L당 60원에 판매되지만, 제품 B는 판매시장이 형성되어 있지 않다. 50,000원을 투입하여 추가 가공하면 제품 B 4,000L를 단위당 35원에 판매할 수 있다.

- 직접재료비: 200,000원
- 직접노무비: 60,000원
- 제조간접비: 40,000원

순실현가치법으로 결합원가를 배분하시오.

| 풀이 |

- 제품 A: 300,000원×{360,000원÷(360,000원+90,000원*)}=240,000원
- 제품 B: 300,000원×{90,000원÷(360,000원+90,000원)}=60,000원

* 4,000L×35원−50,000원=90,000원

연습문제

(주)세무는 홍삼을 가공하여 건강기능 식품원액과 화장품원액 및 비누원액을 생산한 후 추가 가공을 거쳐 홍삼엑기스와 화장품 및 미용비누를 생산하고 있다. 세 가지 제품에 공통적으로 투입된 결합원가는 24,000,000원이다. 이 경우 순실현가치법에 의할 때 화장품에 배부될 결합원가는 얼마인가? 기출 80회

구분	홍삼엑기스	화장품	미용비누
생산 수량	2,000개	4,000개	6,000개
최종 판매가	13,000원	6,000원	2,000원
추가 가공원가	4,000,000원	6,000,000원	2,000,000원

① 4,800,000원　② 7,999,999원
③ 8,640,000원　④ 10,560,000원

| 정답 및 해설 |

③

구분	홍삼엑기스	화장품	미용비누	계
순실현가치	22,000,000원*1	18,000,000원*2	10,000,000원*3	50,000,000원
배부율	44%	36%	20%	100%
결합원가 배부액	10,560,000원	8,640,000원	4,800,000원	24,000,000원

*1 2,000개×13,000원−4,000,000원=22,000,000원
*2 4,000개×6,000원−6,000,000원=18,000,000원
*3 6,000개×2,000원−2,000,000원=10,000,000원

PART 02

(4) 균등이익률법

균등이익률법이란 각 개별 제품의 판매가격 대비 매출총이익률이 동일하도록 결합원가를 배부하는 방법이다. 이 방법은 조건이 같다면 추가 가공비가 높은 제품에 결합원가가 적게 배부된다. 균등이익률법으로 결합원가를 배분하는 절차는 다음과 같다.

절차	내용
1단계	모든 결합제품의 최종 판매가치 합계액에서 결합원가와 추가 가공원가의 합계액을 차감하여 전체 매출총이익 계산
2단계	전체 매출총이익률(=전체 매출총이익÷전체 매출) 계산
3단계	각 결합제품의 최종 매출액에서 매출총이익률을 곱하여 개별 제품의 매출총이익 계산
4단계	각 결합제품의 최종 판매가치에서 개별 제품의 매출총이익과 분리점 이후의 추가 가공원가를 차감하여 결합원가 배분액 계산

실전 적용

(주)에듀윌은 당월 중 결합 생산공정을 통해 연산품 X와 Y를 생산한 후 각각 추가 가공을 거쳐 최종 제품 A와 B로 전환하여 모두 판매하였다. 연산품 X와 Y의 단위당 추가 가공원가는 각각 100원과 150원이며, 최종 제품과 관련된 당월 자료는 다음과 같다(단, 각 연산품의 추가 가공 전후의 생산량 변화는 없음).

구분	제품 A	제품 B
생산량	1,000단위	2,000단위
제품 단위당 판매가격	500원	400원

당월 결합원가가 510,000원일 때, 균등매출총이익률법으로 당월 중 연산품 X에 배분될 금액을 구하시오.

| 풀이 |

- 전체 매출총이익: 1,300,000원－910,000원＝390,000원
  - 회사 전체 수익: 제품 A 수익 1,000단위×500원＋제품 B 수익 2,000단위×400원＝1,300,000원
  - 회사 전체 원가: 결합원가 510,000원＋추가 가공원가 1,000단위×100원＋2,000단위×150원＝910,000원
- 전체 매출총이익률: 390,000원÷1,300,000원×100＝30%
- 연산품 X의 매출총이익: 500,000원×30%＝150,000원
- 연산품 X에 배분될 결합원가: 제품 A 수익 500,000원－매출총이익 150,000원－추가 가공원가 100,000원(1,000단위×100원)＝250,000원

4. 부산물 회계처리

부산물의 회계처리방법은 크게 생산시점에서 부산물의 가치를 인식하는 방법(생산기준법)과 판매시점에서 부산물의 가치를 잡이익으로 처리하는 방법(판매기준법)이 있다.

(1) 생산기준법

부산물이 생산되는 시점에 순실현가치로 평가하여 주산물에 배분되는 결합원가에서 차감하는 방법이다. 즉 부산물의 순실현가치를 최초 결합원가에서 차감하여 주산물에 배분하는 방법이며, 부산물의 가치를 순실현가치로 표시하므로 부산물의 판매손익은 인식하지 않는다.

(2) 판매기준법

부산물에 결합원가를 배분하지 않고 부산물이 판매될 경우 판매이익을 잡이익으로 계상하는 방법이다. 따라서 최초 결합원가는 모두 주산물에만 배분된다.

합격을 다지는 실전문제 p.265

THEME 05 표준원가계산 중요

▸ 최신 30회 중 25문제 출제

1. 표준원가계산의 개요

표준원가란 효율적인 작업조건하에서 제품을 생산할 때 달성할 수 있는 원가를 말한다. 표준원가는 사전에 과학적이고 합리적인 방법으로 산정한 원가로서, 달성되어야 할 목표원가를 의미한다.

구분	실제원가계산	정상원가계산	표준원가계산
직접재료비	실제원가	실제원가	표준원가
직접노무비	실제원가	실제원가	표준원가
제조간접비	실제원가 (실제배부기준×실제배부율)	예정배부액 (실제배부기준×예정배부율)	표준원가

2. 표준원가계산의 유용성과 한계점

(1) 유용성

① 표준원가를 이용하면 실제원가를 집계하기 전에 제품의 원가를 계산할 수 있으므로 신속한 원가정보의 제공이 가능하다.

② 표준원가계산이란 실제원가와 표준원가를 비교하여 생산부문의 성과를 평가하고, 이를 통하여 원가를 통제하는 시스템이다. 따라서 표준에서 벗어난 것을 중점적으로 관리할 수 있는 예외에 의한 관리가 가능하다.

③ 표준원가는 제품의 수량만 파악되면 원가 흐름의 가정 없이도 제품원가의 계산이 쉽다.

(2) 한계점

① 표준원가계산제도에 있어 표준원가의 선정이 과학적, 객관적으로 설정하기가 쉽지 않으며, 표준원가를 설정하는 데 상당한 시간과 비용이 소요된다.

② 표준원가계산제도는 내부 의사결정을 위한 제도로서 일반기업회계기준에서는 인정하지 않는다.

③ 표준원가와 실제원가에 상당한 차이가 있는 경우에는 표준원가를 실제의 상황에 맞게 조정하여야 한다.

예 기말에 원가차이를 매출원가에서 조정할 경우, 불리한 차이는 매출원가에 가산하고 유리한 차이는 매출원가에서 차감

④ 표준원가는 수시로 수정해야 하는 원가이다. 업데이트하지 않으면 미래원가계산이 왜곡될 수 있다.

⑤ 표준원가는 재무적 측정치만을 강조하고 비재무적 측정치(품질 또는 납기 등)를 고려하지 않는 경향이 있어 표준원가로 지나치게 원가를 통제하면 오히려 품질 하락 등을 초래할 수 있다.

연습문제

다음 중 표준원가에 대한 설명으로 옳지 않은 것은? 기출 82회

① 표준원가란 사전에 합리적이고 과학적인 방법에 의하여 산정된 원가를 뜻한다.
② 표준원가가 설정되어 있으면 계획과 예산 설정이 용이하다.
③ 표준원가와 실제원가가 차이 나는 경우 원가 통제가 불가능하다.
④ 원가 흐름의 가정 없이 제품의 수량만 파악되면 제품원가 계산을 신속하고 간편하게 할 수 있다.

| 정답 및 해설 |

③ 표준원가와 실제원가의 차이를 효과적으로 통제할 수 있다.

---

3. 표준원가계산의 절차

① [1단계] 표준원가(표준가격×표준수량)의 설정: 과학적인 방법으로 표준원가를 설정한다.

② [2단계] 차이분석: 설정된 표준원가와 실제 발생원가를 비교하여 차이를 분석한다.

③ [3단계] 차이조정: 차이분석의 결과를 성과평가에 반영하고 실제원가와의 차이를 조정한다.

4. 원가차이분석

원가차이분석이란 표준원가와 실제원가의 차이를 분석하여 원가 통제와 성과평가에 유용한 정보를 제공하는 것을 말한다. 표준원가보다 실제원가가 적으면 유리한 차이(Favorable Variance)가, 표준원가보다 실제원가가 많으면 불리한 차이(Unfavorable Variance)가 발생한다. 유리한 차이는 이익을 증가시키는 차이이며, 불리한 차이는 이익을 감소시키는 차이이다.

(1) 직접재료비 차이분석

직접재료비 차이는 실제 발생한 직접재료비와 표준 직접재료비의 차이이며, 가격차이와 능률차이(수량차이)로 구분된다.

① 가격차이: 직접재료의 수량을 실제수량(AQ)으로 고정시킨 상태에서 실제가격(AP)과 표준가격(SP)의 차이로, 이를 구입시점에서 분리하는 경우와 사용시점에서 분리하는 경우가 있다.

- 구입시점에서 분리하는 경우: 재료 구입시점에서 가격차이를 분석하는 경우 구입한 수량을 기준으로 계산한다. 원재료에 대한 구입권한이 구매관리자에게 있으므로 가격차이에 대한 정보에 신속히 대응하기 위해서는 구입시점에서 분리하는 것이 바람직하다. 따라서 일반적으로 직접재료비의 가격차이는 사용시점이 아닌 구입시점에 분석을 한다.

실제 직접재료 구입원가 AQ′×AP	실제 구입 수량에 대한 표준원가 AQ′×SP	실제 사용 수량에 대한 표준원가 AQ×SP	표준 직접재료비 SQ×SP
직접재료비 가격차이		직접재료비 수량(능률)차이	

* AQ′: 실제 구입 수량, AQ: 실제 사용 수량, AP: 실제단가, SP: 표준단가
* SQ: 표준사용량(실제생산량에 대한 표준사용량)=실제생산량×생산량 단위당 표준사용량

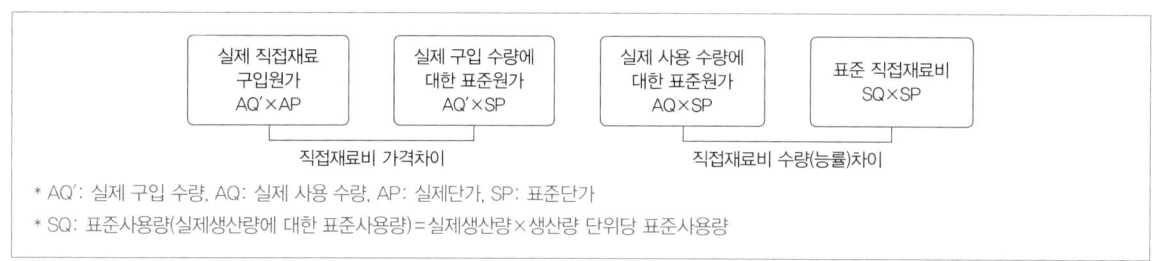

- 사용시점에서 분리하는 경우: 재료 사용시점에서 가격차이를 분석하는 경우 사용한 수량을 기준으로 계산하며 직접재료비의 가격차이를 원재료 구입시점에서 분리하든 사용시점에서 분리하든 직접재료비의 능률차이에는 영향을 주지 않는다.

실제 직접재료 사용원가 AQ×AP	실제 사용 수량에 대한 표준원가 AQ×SP	표준 직접재료비 SQ×SP
직접재료비의 가격차이	직접재료비의 수량(능률)차이	

* AQ: 실제 사용 수량, AP: 실제단가, SP: 표준단가
* SQ: 표준사용량(실제생산량에 대한 표준사용량)=실제생산량×생산량 단위당 표준사용량

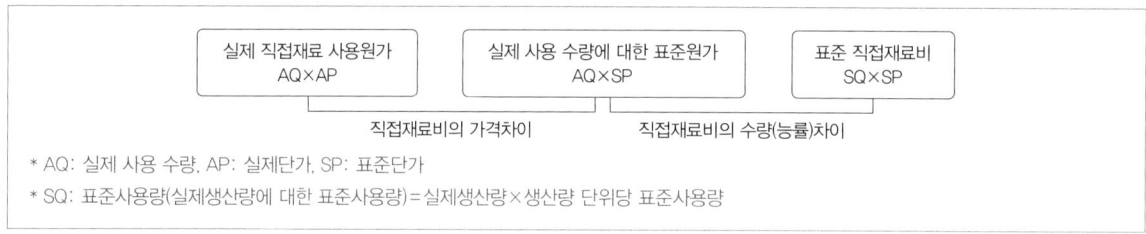

② 능률차이: 직접재료의 가격을 표준가격(SP)으로 고정시킨 상태에서 직접재료의 실제투입량(AQ)과 실제 산출량에 허용된 표준투입량(SQ)의 차이이다.

실전 적용

(주)에듀윌은 표준원가제도를 채택하고 있다. 직접재료의 표준수량은 제품 단위당 3kg이며, 표준가격은 1kg당 100원이다. 2025년 4월 중에 100개의 제품을 생산하였으며, 직접재료 200kg을 35,000원에 구입하였다. 가격차이를 재료 구입시점에서 분리할 경우, (주)에듀윌의 2025년 4월의 재료비 가격차이와 수량차이를 계산하시오(단, 직접재료는 240kg을 사용함).

| 풀이 |

AQ′×AP	AQ′×SP
35,000원	200kg×100원=20,000원

가격차이 15,000원(불리)

AQ×SP	SQ×SP
240kg×100원=24,000원	100개×3kg×100원=30,000원

수량차이 6,000원(유리)

연습문제

표준원가계산을 적용하는 (주)LK전자의 2025년 3월 중 재료비에 대한 원가 자료는 다음과 같다. 재료비의 가격차이와 수량(능률)차이는 얼마인가?

기출 97회

• 예상생산량: 5,000단위	• 실제생산량: 5,500단위
• 실제수량: 160,000kg	• 실제단가: 550원/kg
• 표준수량: 30kg/단위	• 표준단가: 520원/kg

	가격차이	수량차이
①	4,800,000원(불리)	2,600,000원(불리)
②	4,800,000원(유리)	2,600,000원(유리)
③	4,800,000원(불리)	2,600,000원(유리)
④	4,800,000원(유리)	2,600,000원(불리)

| 정답 및 해설 |

③ • 가격차이: 실제수량 160,000kg×(실제가격 550원－표준가격 520원)＝4,800,000원(불리)
• 수량차이: (실제수량 160,000kg－표준수량 5,500단위×30kg)×표준가격 520원/kg＝2,600,000원(유리)

(2) 직접노무비 차이분석

직접노무비 차이는 실제 발생된 직접노무비와 실제 산출량에 허용된 표준 직접노무비와의 차이를 말하며, 이는 임률차이와 능률차이로 구분한다. 임률차이는 직접노동시간을 실제시간으로 고정시킨 후 실제임률과 표준임률의 차이를 말한다. 반면, 능률차이는 임률을 표준임률로 고정시킨 후 실제시간과 실제 산출량에 허용된 표준시간과의 차이를 구하는 것을 말한다.

실제 직접노무비 AQ×AP	실제 노동시간에 대한 표준원가 AQ×SP	표준 직접노무비 SQ×SP
직접노무비 임률차이		직접노무비 능률차이

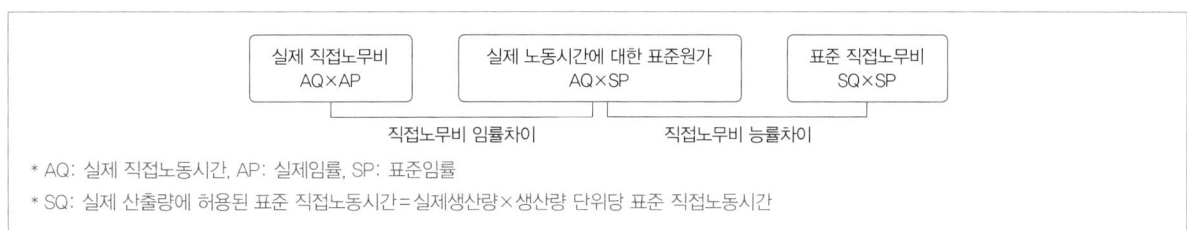

* AQ: 실제 직접노동시간, AP: 실제임률, SP: 표준임률
* SQ: 실제 산출량에 허용된 표준 직접노동시간＝실제생산량×생산량 단위당 표준 직접노동시간

실전 적용

다음은 (주)에듀윌의 3월 중 직접노무비에 대한 자료이다.

• 실제 발생한 직접노무비: 30단위×11시간×10,000원＝3,300,000원
• 실제생산량: 30단위
• 생산량 단위당 표준 직접노동시간: 10시간
• 직접노무비 표준임률: 시간당 9,000원

직접노무비 임률차이와 능률차이를 계산하시오.

| 풀이 |

AQ×AP	AQ×SP	SQ×SP
3,300,000원	30단위×11시간×9,000원 ＝2,970,000원	30단위×10시간×9,000원 ＝2,700,000원

임률차이 330,000원(불리)　　능률차이 270,000원(불리)

연습문제

(주)전북의 당기 11월 직접노무비가 다음과 같을 경우, 직접노무비의 능률차이는 얼마인가? 기출 77회

• 직접노무비 임률차이: 50,000원(유리)	• 실제 직접노무비 발생액: 142,000원
• 실제 직접노동시간: 48,000시간	• 표준 직접노동시간: 46,000시간

① 3,840원 불리 ② 3,840원 유리
③ 8,000원 불리 ④ 8,000원 유리

| 정답 및 해설 |

③

AQ×AP	AQ×SP	SQ×SP
142,000원	48,000시간×4원 =192,000원	46,000시간×4원 =184,000원

임률차이 50,000원(유리) 능률차이 8,000원(불리)

(3) 변동제조간접비 차이분석

변동제조간접비 총차이는 변동제조간접비의 소비차이와 능률차이로 구분된다. 소비차이는 변동제조간접비의 실제발생액과 실제 투입시간에 허용된 표준변동원가와의 차이를 말한다. 능률차이는 실제 투입시간에 허용된 표준 변동제조간접비와 실제 산출량에 허용된 표준 변동제조간접비와의 차이를 말한다.

실제 변동제조간접비 AQ×AP	실제 조업도에 대한 표준 변동제조간접비 AQ×SP	표준 변동제조간접비 SQ×SP

변동제조간접비 소비차이 변동제조간접비 능률차이

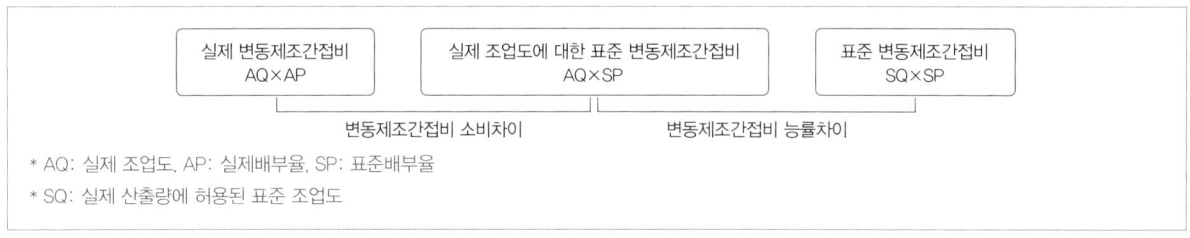

* AQ: 실제 조업도, AP: 실제배부율, SP: 표준배부율
* SQ: 실제 산출량에 허용된 표준 조업도

실전 적용

(주)에듀윌은 표준원가계산제도를 적용하여 성과평가를 하고 있다. 당기 변동제조간접비와 관련된 표준원가는 다음과 같다. 기중 3,000단위를 생산하였으며, 변동제조간접비 실제발생액은 81,200원(실제 기계시간 29,000시간)이다.

• 단위당 표준기계시간: 10시간	• 변동제조간접비 표준배부율: 기계시간당 3원

변동제조간접비의 소비차이와 능률차이를 계산하시오.

| 풀이 |

AQ×AP	AQ×SP	SQ×SP
81,200원	29,000시간×3원 =87,000원	3,000단위×10시간×3원 =90,000원

소비차이 5,800원(유리) 능률차이 3,000원(유리)

연습문제

다음은 (주)로마의 당기 제조활동과 관련된 자료이다. (주)로마의 당기 변동제조간접원가 능률차이는? 기출 47회

- 단위당 표준 직접노무시간: 3시간
- 실제 직접노무시간: 15,000시간
- 생산된 제품 단위: 4,200개
- 표준 변동제조간접원가: 표준 직접노무시간당 5원
- 실제 변동제조간접원가: 60,000원

① 12,000원(유리)　② 12,000원(불리)
③ 15,000원(유리)　④ 15,000원(불리)

| 정답 및 해설 |

② 변동제조간접원가 능률차이: (15,000시간 − 3시간 × 4,200개) × 5원 = 12,000원(불리)

(4) 고정제조간접비 차이분석

고정제조간접비 총차이는 예산차이와 조업도차이로 구분된다. 고정제조간접비는 조업도와 상관없이 일정하게 발생한다. 투입과 산출관계가 존재하지 않으므로 가격차이와 능률차이로 분리할 수 없다. 따라서 통제 목적상 실제발생액과 예산을 총액으로 비교하여 그 차이를 예산차이로 관리한다. 반면, 제품원가계산 목적상 고정제조간접비의 예산과 배부액의 차이를 조업도차이라고 한다. 이는 기준조업도와 실제 산출량에 허용된 표준조업도와의 차이를 말한다.

고정제조간접비 실제발생액	고정제조간접비 예산 (기준조업도 × 예정배부율)	고정제조간접비 배부액 (표준조업도 × 예정배부율)
예산차이 (실제발생액 − 예산)	조업도차이 (예산 − 배부액)	

실전 적용

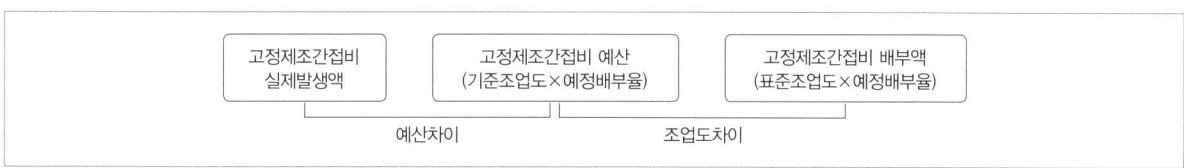

(주)에듀윌은 표준원가제도를 채택하고 있다. 단위당 고정제조간접비 계산 시 사용하는 기준조업도는 200단위, 예산생산량은 220단위, 실제 생산량은 250단위이다(기초와 기말재공품 없음). 제품 단위당 고정제조간접비 예정배부율은 30원, 실제발생액은 7,200원이다. 고정제조간접비 예산차이와 조업도차이를 계산하시오.

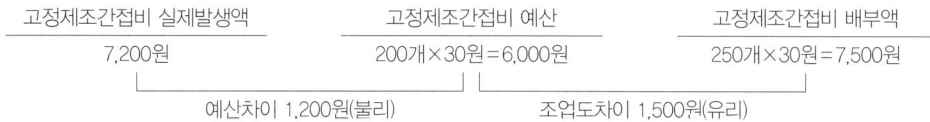

| 풀이 |

고정제조간접비 실제발생액	고정제조간접비 예산	고정제조간접비 배부액
7,200원	200개 × 30원 = 6,000원	250개 × 30원 = 7,500원

예산차이 1,200원(불리)　조업도차이 1,500원(유리)

연습문제

(주)전산은 원가관리를 위하여 표준원가계산 방식을 채택하고 있다. 고정제조간접원가 표준배부율은 월 10,000개의 예산생산량을 기준조업도로 하여 계산하며 기준조업도 수준에서 월 고정제조간접원가의 예산은 500,000원이다. 제품 단위당 표준원가는 50원이며(표준수량 1시간, 표준가격 50원), 실제 생산량 및 실제 발생한 고정제조간접원가는 각각 9,000개, 600,000원일 경우 고정제조간접원가의 총차이는 얼마인가? 기출 115회

① 150,000원 불리
② 150,000원 유리
③ 100,000원 불리
④ 100,000원 유리

| 정답 및 해설 |

①

실제 발생원가	기준조업도×표준배부율	표준조업도×표준배부율
600,000원	10,000개×1시간×50원 =500,000원	9,000개×1시간×50원 =450,000원

예산차이 100,000원(불리) 조업도차이 50,000원(불리)

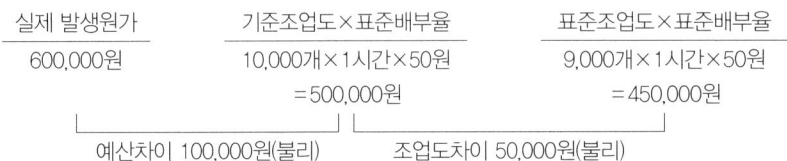

∴ 고정제조간접원가 총차이 : 150,000원 불리

합격을 다지는 실전문제 p.270

합격을 다지는 실전문제

THEME 01 원가계산절차 [001~016]

상 중 하

001 다음 중 원가의 회계처리와 흐름에 대한 설명으로 옳은 것을 고르시오. 99회

가. 원가계산의 절차는 원가요소별 계산 → 생산부문별 계산 → 제품별 계산의 순서로 이루어진다.
나. 다품종 소량 생산시스템은 종합원가계산에 적합하다.
다. 전기 미지급된 노무비를 당기에 지급하면, 당기 노무비로 계상한다.
라. 제조간접비가 제조부문과 관리부문에 동시에 발생할 경우, 많은 비중을 차지하는 부문으로 처리한다.

① 가　② 나
③ 다　④ 라

상 중 하

002 원가배분의 목적으로 옳지 않은 것은? 42회

① 회사의 미래 계획 수립 또는 자원배분과 관련된 의사결정을 하기 위해서이다.
② 책임원가계산제도의 형성에 따른 조직구성원에 대한 동기부여와는 관련이 없다.
③ 재고자산, 매출원가를 정확히 산출하여 주주, 채권자 등 이해관계자들에게 합리적인 정보를 제공하기 위해 원가를 배분한다.
④ 계약금액 등을 결정함에 있어서 발생한 원가를 정당화할 수 있다.

정답 및 해설

001 ① 나. 다품종 소량 생산시스템은 개별원가시스템에 적합하다.
다. 전기 미지급 노무비를 당기에 지급하면 전기의 노무비로 계상해야 한다.
라. 제조간접비가 제조부문과 관리부문에 동시에 발생하면 합리적 배부기준에 의해 배부한다.

002 ② 정확한 원가배분을 통해 경영자나 종업원들에게 바람직한 동기를 부여하고 그들의 성과를 평가한다.

상 중 하

003 다음 중 부문별 원가계산에 대한 설명으로 옳지 않은 것은? 39회

① 보조부문 상호 간의 용역수수관계가 중요하지 않은 경우 직접배분법을 사용한다.
② 공장 건물의 보험료와 같은 부문간접비를 각 부문의 종업원 수에 따라 배부한다.
③ 상호배분법은 보조부문의 원가배부 순서에 관계없이 배부원가가 일정하다.
④ 부문별 원가계산은 제조간접비의 효율적인 배부를 그 목적으로 한다.

상 중 하

004 다음 중 매출액과 원가의 발생 간에 밀접한 인과관계가 있는 경우에만 사용되어야 하는 원가배분기준은? 54회

① 수혜기준 ② 공정성기준
③ 부담능력기준 ④ 경영자율기준

상 중 하

005 다음 중 개별원가계산에 대한 설명으로 가장 옳은 것은? 108회

① 단계배분법을 적용할 경우, 배분이 끝난 보조부문에는 다시 원가를 배분하면 안 된다.
② 제조간접원가를 배부할 때 공장전체배부율을 적용하면 더욱 정확하게 보조부문원가를 배분할 수 있는 장점이 있다.
③ 제조원가 배분기준을 선택할 때는 원가의 상관관계보다 주주의 이익을 먼저 고려해야 한다.
④ 상호배분법은 배분순서를 고려하면 더욱 정확한 결과를 얻을 수 있다.

상 중 하

006 보조부문별 원가계산 시 보조부문원가를 제조부문에 배분하는 방법에 대한 설명으로 틀린 것은? 104회

① 보조부문 상호 간의 용역수수를 인식하는지 여부에 따라 직접배분법, 단계배분법, 상호배분법으로 구분된다.
② 보조부문 간의 용역수수관계가 중요한 경우 직접배분법을 적용하여 부문별 원가를 배분하게 되면 원가배분의 왜곡을 초래할 수 있다.
③ 제조간접비를 부문별 제조간접비 배부율에 따라 배부하는 경우 각 제조부문의 특성에 따라 제조간접원가를 배부하기 때문에 공장 전체 제조간접원가 배부율에 따라 배부하는 것보다 정확한 제품원가를 계산할 수 있다.
④ 상호배분법은 보조부문의 원가배분 순서에 따라 배분원가가 달라진다.

정답 및 해설

003 ② 공장 건물의 보험료는 각 부문의 점유면적에 따라 배부되어야 한다.

004 ③ 매출액과 원가의 발생 간에 밀접한 인과관계가 있는 경우에만 사용되어야 하는 원가배분기준은 부담능력기준이다.

005 ① ② 각 부문별로 별도의 배부기준을 적용하여 제조간접원가를 배분할 경우, 더욱 정확하게 보조부문원가를 배분할 수 있다.
③ 제조원가 배분기준을 선택할 때는 원가의 상관관계를 먼저 고려하여야 한다.
④ 상호배분법은 보조부문 상호간의 용역수수를 전부 고려하므로 보조부문원가를 정확하게 배분할 수 있으며, 배분순서를 고려할 필요가 없다.

006 ④ 상호배분법은 원가배분 순서에 관계없이 배분원가가 일정하다.

상 중 하

007 다음 중 부문별 원가계산에 대한 설명으로 잘못된 것은? 107회

① 보조부문의 원가를 제조부문에 배분하는 방법 중 단일배분율법과 이중배분율법은 원가행태에 따른 원가배분 방법으로 이중배분율법과 직접배분율법은 서로 혼용하여 사용할 수 있다.

② 보조부문 원가를 제조부문에 배분하는 방법 중 상호배분법은 보조부문 상호간의 용역수수관계를 고려하여 배분하는 방법이다.

③ 보조부문간의 용역수수관계가 중요한 경우 직접배분법을 적용하여 부문별 원가를 배분하게 되면 원가배분의 왜곡을 초래할 수 있다.

④ 부문관리자의 성과평가를 위해서는 단일배분율법이 이중배분율법에 비해 보다 합리적이라고 할 수 있다.

상 중 하

008 다음 중 보조부문원가를 제조부문에 배부하는 방법에 대한 설명으로 옳지 않은 것은? 91회

① 직접배분법은 보조부문 상호 간에 용역수수관계를 전혀 인식하지 않는 방법이다.

② 보조부문원가를 변동원가와 고정원가로 구분없이 배분하는 방법을 이중배분율법이라 한다.

③ 단계배분법을 사용하는 경우 가장 먼저 배부되는 보조부문원가는 다른 보조부문에도 배부될 수 있다.

④ 상호배분법은 보조부문 상호 간에도 원가를 배분하는 방법으로서 보조부문 상호 간의 용역수수관계가 중요한 경우에 적용한다.

상 중 하

009 다음 중 원가배분에 관한 설명으로 옳지 않은 것은? 67회

① 보조부문 상호 간에 용역수수관계를 모두 인식하는 원가배분방법은 상호배분법이다.

② 부문관리자의 성과평가를 위해서는 단일배분율법이 이중배분율법보다 합리적이라고 할 수 있다.

③ 어떤 원가동인을 원가배분기준으로 선택할 때 원가동인이 발생원가와의 인과관계를 잘 반영하지 못하는 경우 제품원가계산이 왜곡될 수 있다.

④ 원가배분기준 중 인과관계기준이 공평성을 달성하는 데 가장 이상적인 배분기준이다.

정답 및 해설

007 ④ 부문관리자의 성과평가를 위해서는 이중배분율법이 보다 합리적이라고 할 수 있다.

① 보조부문원가의 원가형태에 의한 배분방법이 용역수수관계인식에 따라 'a.직접배분법', 'b.단계배분법', 'c.상호배분법' 3개로 분류되고, 원가형태에 따라 'd.단일배분율법'과 'e.이중배분율법'으로 분류되므로 총 6가지 조합이 가능하다. 따라서, 'a.직접배분율법'과 'e.이중배분율법'의 혼용이 가능하다.

008 ② 보조부문원가를 변동원가와 고정원가로 구분하여 각각 다른 배분기준을 적용하여 배분하는 방법을 이중배분율법이라 한다.

009 ② 부문관리자의 성과평가를 위해서는 이중배분율법이 단일배분율법보다 합리적이라고 할 수 있다.

상 중 하

010 다음 중 부문별 원가계산에 대한 설명으로 가장 틀린 것은? (103회)

① 제조간접비를 정확하게 배부하기 위해 부문별로 분류, 집계하는 절차이며 배부방법에 따라 총이익은 달라지지 않는다.
② 단계배분법은 보조부문 상호 간의 용역수수관계를 일부만 반영한다.
③ 보조부문이 하나인 경우 변동제조간접비와 고정제조간접비의 구분에 따라 단일배분율법과 이중배분율법이 있다.
④ 상호배분율법은 보조부문비의 배부가 배부순서에 의해 영향을 받지 않는다.

상 중 하

011 원가배분과 관련된 다음 설명 중 옳지 않은 것은? (46회)

① 제조간접원가가 전체 제조원가에서 차지하는 비중이 클수록 다양한 원가배분기준을 설정하여야 정확한 원가계산이 가능하다.
② 원가배분기준으로 선택된 원가동인이 원가 발생의 인과관계를 잘 반영하지 못하는 경우 제품 원가계산이 왜곡될 가능성이 있다.
③ 경제적 의사결정과 동기부여 등을 위해서는 이중배분율법을 사용하는 것이 보다 바람직하다.
④ 공장 전체 제조간접비 배부율을 이용할 경우에도 보조부문원가를 먼저 제조부문에 배분하여야 한다.

상 중 하

012 다음 중 부문별 원가계산에 대한 설명으로 옳지 않은 것은? (78회)

① 보조부문원가를 제조부문에 배분하는 방법 중 단계배분법은 보조부문 간의 용역수수관계를 완벽하게 고려하여 배분하는 방법이다.
② 부문별 제조간접비 배부율의 장점은 각 제조부문의 특성에 따라 제조간접원가를 배분하기 때문에 보다 정확한 제품원가를 계상할 수 있다는 것이다.
③ 부문별 원가계산은 부문별 원가요소를 집계한 후 보조부문비를 제조부문에 배분하고 제조부문비를 제품에 배분하는 절차로 이루어진다.
④ 재고가 존재하지 않는다면 어떠한 방법으로 배분하더라도 총이익은 달라지지 않는다.

정답 및 해설

010 ① 재고가 존재할 경우 배부방법에 따라 총이익이 달라진다.
011 ④ 공장 전체 제조간접비 배부율을 이용할 때에는 보조부문원가를 배분할 필요가 없다.
012 ① 보조부문원가를 제조부문에 배분하는 방법 중 보조부문 간의 용역수수관계를 완벽하게 고려하는 방법은 상호배분법이다.

상 중 하

013 (주)세무는 두 개의 서비스부문과 두 개의 제조부문으로 구성되어 있다. 서비스부문의 일반관리부문 원가를 종업원 수로 먼저 배부하고 배송부문 원가를 점유면적으로 배부하는 단계배분법을 사용할 때 서비스부문의 원가를 배부한 후 절삭부문의 총간접원가를 구하시오(단, 자가소비용역은 무시할 것). 85회

구분	서비스부문		제조부문	
	일반관리	배송	절삭	연마
간접원가	60,000원	80,000원	70,000원	85,000원
종업원 수	10명	20명	30명	50명
점유면적	100평	50평	200평	300평

① 50,000원　② 54,800원
③ 120,000원　④ 124,800원

상 중 하

014 보조부문의 원가를 단계배분법에 따라 제조부문에 배분할 때 조립부문에 배분될 보조부문의 원가는 얼마인가? (단, 동력부문의 원가를 먼저 배분할 것) 105회

소비부문 / 제공부문	보조부문		제조부문	
	동력부문	수선부문	절단부문	조립부문
배분 전 원가	200,000원	120,000원	350,000원	400,000원
동력부문	–	20%	50%	30%
수선부문	60%	–	10%	30%

① 90,000원　② 96,000원
③ 120,000원　④ 180,000원

정답 및 해설

013 ④ • 일반관리부문에서 절삭부문으로 배분: 60,000원×30명÷(20명+30명+50명)=18,000원
• 배송부분에서 절삭부분으로 배분(일반관리부분에서 배송부분으로의 배분도 고려): {60,000원×20명÷(20명+30명+50명)+80,000원}×200평÷(200평+300평)=36,800원
∴ 절삭부문의 총간접원가: 70,000원+18,000원+36,800원=124,800원
[참고] 자가소비용역이란 자기부문이 생산한 용역은 자기부문이 소비하는 것을 말한다. 예를 들어 식당부문이 생산한 음식을 식당부문에서 근무하는 종업원이 먹는 경우 등이 해당한다. 보조부문에서 발생한 모든 원가는 궁극적으로 다른 부문에 배분되어야 하기 때문에 자기부문 소비용역은 보조부문의 원가배분에서는 별도로 고려하지 않고 있다. 즉, 자가소비용역은 무시하고 용역제공비율을 계산한 후 이를 기초로 보조부문원가를 제조부문에 배분한다.

014 ④ • 동력부문 원가배분
– 수선부문 배분액: 200,000원×20%=40,000원
– 절단부문 배분액: 200,000원×50%=100,000원
– 조립부문 배분액: 200,000원×30%=60,000원
• 수선부분 원가배분
– 절단부문 배분액: (120,000원+40,000원)×10%/40%=40,000원
– 조립부문 배분액: (120,000원+40,000원)×30%/40%=120,000원
∴ 조립부문에 배분될 보조부문의 원가: 동력부문 60,000원+수선부문 120,000원=180,000원

상 중 하

015 (주)민후상사는 한 개의 보조부문과 두 개의 제조부문을 통해 제품을 제조하고 있다. 각 부문에 대한 자료가 다음과 같을 때 이중배분율법에 의하여 도색부문에 배분될 변동원가 금액과 조립부문에 배분될 고정원가 금액의 합계 금액은 얼마인가? 51회

구분	보조부문	제조부문		합계
	전력부문	도색부문	조립부문	
변동원가	5,000,000원	3,000,000원	4,000,000원	12,000,000원
고정원가	8,000,000원	2,000,000원	3,000,000원	13,000,000원
최대 사용 가능비율		3,000kW	2,000kW	5,000kW
실제 사용비율		400kW	600kW	1,000kW

① 6,800,000원
② 5,200,000원
③ 6,200,000원
④ 7,800,000원

상 중 하

016 (주)세무의 전력부문은 조립부문 및 도색부문에 용역을 공급하고 있다. 전력부문에서 발생된 원가는 변동비가 200,000원이고 고정비가 300,000원이다. (주)세무가 전력부문에서 발생된 원가를 이중배분율법에 의하여 조립부문 및 도색부문에 배부할 경우에 다음 중 옳지 않은 것은? (단, 실제 제공시간 및 최대 제공시간은 다음과 같다고 가정함) 48회

구분	조립부문	도색부문	합계
실제 제공시간	400시간	600시간	1,000시간
최대 제공시간	900시간	600시간	1,500시간

① 조립부문에 배부된 변동원가는 80,000원이다.
② 도색부문에 배부된 고정원가는 120,000원이다.
③ 도색부문보다 조립부문에 배부된 원가가 20,000원 많다.
④ 도색부문에 배부된 총배부원가는 260,000원이다.

정답 및 해설

015 ② • 변동원가의 배분(실제 사용비율 기준으로 배분)
- 도색부문: 5,000,000원×40%=2,000,000원
- 조립부문: 5,000,000원×60%=3,000,000원

• 고정원가의 배분(최대 사용 가능비율 기준으로 배분)
- 도색부문: 8,000,000원×60%=4,800,000원
- 조립부문: 8,000,000원×40%=3,200,000원

∴ 도색부문에 배분될 변동원가와 조립부문에 배분될 고정원가의 합계 금액: 2,000,000원+3,200,000원=5,200,000원

016 ④

구분	변동원가(실제시간 기준)	고정원가(최대시간 기준)	총배부원가
조립부문	80,000원(40%)	180,000원(60%)	260,000원
도색부문	120,000원(60%)	120,000원(40%)	240,000원
합계	200,000원	300,000원	500,000원

THEME 02 개별원가계산 [017~037]

상 중 하

017 다음의 실제개별원가계산과 정상개별원가계산의 상대적인 비교 내용 중 옳지 않은 것은? 87회

	구분	실제개별원가계산	정상개별원가계산
①	주요 정보이용자	외부 및 내부 정보이용자	내부 정보이용자(경영자)
②	원가계산의 시점	회계연도 기말	제품 생산 완료시점
③	직접재료원가 · 직접노무원가	실제발생액	예상발생액
④	제조간접원가 배부방법	실제배부기준량×실제배부율	실제배부기준량×예정배부율

상 중 하

018 다음 중 정상개별원가계산에 대한 설명으로 옳지 않은 것은? 106회

① 기본원가는 실제 발생한 원가를 사용하고, 제조간접원가는 예정배부액을 사용하여 원가를 계산하는 방법이다.
② 실제개별원가계산에 비해 신속한 원가계산을 할 수 있다.
③ 기초에 미리 예측한 제조간접원가 예산액을 실제조업도로 나누어 예정배부율을 계산한다.
④ 제조간접원가 실제발생액과 예정배부액의 차이를 조정하는 배부차이 조정이 필요하다.

상 중 하

019 정상개별원가계산제도를 채택하고 있는 (주)인천은 기계시간을 배부기준으로 제조간접원가를 배부한다. 다음 자료를 이용하여 제품 A와 제품 B의 제조원가를 계산하면 얼마인가? 113회

구분	제품 A	제품 B	계
직접재료원가	500,000원	700,000원	1,200,000원
직접노무원가	1,000,000원	1,200,000원	2,200,000원
실제기계시간	60시간	50시간	110시간
예상기계시간	50시간	50시간	100시간

• 제조간접원가 예산 1,000,000원
• 제조간접원가 실제 발생액 1,100,000원

	제품 A	제품 B
①	2,000,000원	2,400,000원
②	2,160,000원	2,450,000원
③	2,100,000원	2,400,000원
④	2,000,000원	2,450,000원

정답 및 해설

017 ③ 정상개별원가계산도 직접재료원가와 직접노무원가는 예상발생액이 아닌 실제발생액을 적용한다.

018 ③ 정상개별원가계산은 제조간접원가 예산을 예정조업도로 나누어 예정배부율을 계산한다.

019 ③ • 제조간접원가 예정배부율: 제조간접원가 예산 1,000,000원÷예정조업도 100시간=10,000원/기계시간
• 제품 A 제조간접원가 배부액: 실제 60시간×10,000원=600,000원
– 제품 A 제조원가: 500,000원+1,000,000원+600,000원=2,100,000원
• 제품 B 제조간접원가 배부액: 실제 50시간×10,000원=500,000원
– 제품 B 제조원가: 700,000원+1,200,000원+500,000원=2,400,000원

상 중 하

020

(주)용마는 예정개별원가계산을 채택하고 있다. 제조간접원가는 기계시간을 기준으로 배부한다. 2025년 초 원가계산팀은 정상 기계시간 80,000시간, 총제조간접원가 560,000원이 발생할 것으로 예상했다. 2025년 실제 기계시간이 70,000시간이라고 할 때, 제조간접비 예정배부율과 재공품 계정에 배부되는 제조간접원가는 각각 얼마인가? 63회

	예정배부율	재공품 제조간접원가		예정배부율	재공품 제조간접원가
①	7원	560,000원	②	7원	490,000원
③	8원	490,000원	④	8원	640,000원

상 중 하

021

(주)수원은 정상개별원가를 사용하여 직접노무시간을 기준으로 제조간접원가를 배부하고 있다. 다음 2025년의 자료를 참고로 하여 연간 예산 직접노무시간을 계산하면 얼마인가? 66회

- 제조간접원가 실제발생액은 11,800,000원이다.
- 제조간접원가 과소배부액은 1,720,000원이다.
- 실제 직접노무시간은 36,000시간이다.
- 연간 제조간접원가 예산은 9,800,000원이다.

① 34,000시간
② 35,000시간
③ 36,000시간
④ 37,000시간

상 중 하

022

부산상사는 직접노동시간을 기준으로 제조간접원가를 예정배부하고 있다. 당기 제조간접원가 예산액은 5,000,000원이며, 실제 발생액은 5,200,000원이다. 예산조업도는 1,000,000시간이며, 실제조업도는 1,300,000시간이다. 당기의 제조간접원가 배부차액은 얼마인가? 108회

① 1,200,000원(과대배부)
② 1,300,000원(과대배부)
③ 1,200,000원(과소배부)
④ 1,300,000원(과소배부)

정답 및 해설

020 ② • 예정배부율: 560,000원÷80,000시간=@7원
• 재공품 제조간접원가: @7원×70,000시간=490,000원

021 ② • 제조간접원가 예정배부율: (11,800,000원−1,720,000원)÷36,000시간=@280원
• 연간 예산 직접노무시간: 9,800,000원÷@280원=35,000시간

022 ② • 예정배부율: 제조간접원가 예산 5,000,000원÷예산조업도 1,000,000시간=5원/시간
• 제조간접원가 예정배부액: 실제조업도 1,300,000시간×예정배부율 5원=6,500,000원
∴ 제조간접원가 배부차액 1,300,000원(과대배부)=예정배부액 6,500,000원−실제발생액 5,200,000원

상 중 하

023 (주)세무는 직접노무시간을 기준으로 제조간접원가를 배부하고 있다. 해당 연도 초 제조간접원가 예상액은 3,000,000원이고 예상 직접노무시간은 10,000시간이다. 실제 직접노무시간이 11,500시간일 경우 당기의 제조간접원가는 250,000원 과대배부라고 한다. 당기 말 현재 실제 제조간접원가 발생액은 얼마인가? 117회

① 3,000,000원 ② 3,200,000원
③ 3,250,000원 ④ 3,700,000원

상 중 하

024 (주)오늘은 제조간접비를 직접노무시간으로 예정배부하고 있다. 당초 제조간접비 예산 금액은 600,000원, 예산 직접노무시간은 3,000시간이며 당기 말 현재 실제 제조간접비는 640,000원이 발생하였다. 제조간접비의 배부차이가 발생하지 않을 경우 실제 직접노무시간은 얼마인가? 87회

① 3,200시간 ② 3,100시간
③ 3,000시간 ④ 2,900시간

상 중 하

025 당 회사는 예정배부법을 사용하여 제조간접비를 배부하고 있다. 배부차이를 확인한 결과 과대배부금액이 300,000원 발생하였다. 해당 배부차이를 총원가비례법에 따라 처리할 경우 조정 후의 기말재공품 가액은 얼마인가? 93회

구분	기말재공품	기말제품	매출원가
직접재료비	300,000원	400,000원	1,100,000원
직접노무비	500,000원	800,000원	1,500,000원
제조간접비	200,000원	250,000원	950,000원
합계	1,000,000원	1,450,000원	3,550,000원

① 950,000원 ② 1,050,000원
③ 3,372,500원 ④ 3,727,500원

정답 및 해설

023 ② • 예정배부율: 3,000,000원/10,000시간=300원/시간
• 예정배부액: 11,500시간×300원/시간=3,450,000원
∴ 3,450,000원−250,000원(과대배부)=3,200,000원

024 ① • 예정배부율: 예산 제조간접비 600,000원÷예산 직접노무시간 3,000시간=200원/시간당
• 실제 직접노무시간: 실제 제조간접비 640,000원÷예정배부율 200원/시간당=3,200시간

025 ① • 1,000,000원+1,450,000원+3,550,000원=6,000,000원
• 과대배부 300,000원의 기말재공품 배부액: 300,000원×1,000,000원÷6,000,000원=50,000원
∴ 조정 후 기말재공품 가액: 1,000,000원−50,000원=950,000원

상 중 하

026 다음의 자료를 이용하여 제조간접원가 과소배부액 1,000,000원을 매출원가조정법을 적용하여 배부할 경우 기말재공품의 가액은 얼마인가? 53회

구분	재공품	완성품	매출원가
직접재료비	1,000,000원	1,500,000원	500,000원
직접노무비	1,000,000원	1,500,000원	2,000,000원
제조경비	1,000,000원	1,000,000원	500,000원
계	3,000,000원	4,000,000원	3,000,000원

① 2,700,000원
② 3,000,000원
③ 3,300,000원
④ 3,600,000원

상 중 하

027 (주)한국은 정상개별원가계산제도를 사용하여 원가계산을 실시하고 있으며, 제조간접비는 직접작업시간을 기준으로 배부하고 있다. 원가계산 시 제조간접비 배부차이 조정 전 매출원가에 포함된 제조간접비 배부액은 1,400원이다. 기말에 제조간접비 배부차이를 매출원가에서 전액 조정하는 경우 조정 후 매출원가에 포함되는 총제조간접비는 얼마인가? 74회

- 예상 총제조간접비: 2,500원
- 예상 총직접작업시간: 500시간
- 실제 총제조간접비: 1,800원
- 실제 총직접작업시간: 300시간

① 1,680원
② 1,500원
③ 1,700원
④ 1,750원

정답 및 해설

026 ② 매출원가를 일괄조정할 경우 제조간접원가 과소배부액은 매출원가조정법에 따라 배부된 금액을 매출원가에 가산하므로, 재공품 금액은 변화가 없다.

(차) 매출원가	1,000,000	(대) 제조간접비 배부차이	1,000,000

027 ③
- 예정 제조간접비 배부율: 2,500원÷500시간=5원
- 예정 제조간접비 배부액: 5원×300시간=1,500원
- 제조간접비 배부차이: 1,800원−1,500원=300원 과소

∴ 매출원가에 포함되는 총제조간접비: 1,400원+300원=1,700원

상 중 하

028 정상원가계산제도하에서 제조간접비의 배부차이를 총원가비례배분법으로 조정하고 있으나 만약 배부차이 전액을 매출원가에서 조정한다면 이 경우 매출총이익의 변화에 대한 설명으로 옳은 것은? 72회

• 과소배부액	2,000,000원	• 기말재공품	2,000,000원
• 기말제품	2,000,000원	• 매출원가	6,000,000원

① 900,000원 감소
② 800,000원 감소
③ 700,000원 감소
④ 600,000원 증가

상 중 하

029 제조간접비 예정배부율법에 의하여 원가계산을 하고 있으며 기말에 제조간접비 배부차액을 총원가비례법에 의하여 조정하고 있을 때 다음 자료에 대한 설명으로 옳지 않은 것은? 40회

매출원가	기말재공품	기말제품
50,000원	20,000원	30,000원
기말재공품을 감소시키는 제조간접비 배부차액 조정액은 3,000원이다.		

① 예정배부된 제조간접비가 15,000원 과대배부되었다.
② 배부차액 조정으로 당기순이익이 7,500원 증가한다.
③ 재무상태표에 기록될 재고자산가액은 47,000원이다.
④ 매출원가가감법보다 당기순이익이 7,500원 적다.

정답 및 해설

028 ② • 총원가비례배분법으로 조정하는 경우 기말재공품과 기말제품에 배부될 금액:

$$2{,}000{,}000원 \times \frac{2{,}000{,}000원 + 2{,}000{,}000원}{2{,}000{,}000원 + 2{,}000{,}000원 + 6{,}000{,}000원} = 800{,}000원$$

• 제조간접비 배부차이를 매출원가배부법으로 조정할 경우 총원가배부법에 비해 매출원가가 800,000원 증가한다. 즉, 매출총이익은 800,000원 감소한다.

029 ③

구분	금액	원가요소 비율	제조간접비 배부차액
매출원가	50,000원	50%	7,500원
기말재공품	20,000원	20%	3,000원
기말제품	30,000원	30%	4,500원
합계	100,000원	100%	15,000원

① 제조간접비 배부차액 조정액이 기말재공품을 감소시킨다는 점에서 제조간접비가 과대배부되었음을 확인할 수 있다.
② 당기순이익은 매출원가에서 조정되는 배부차액만큼 증가한다.
③ 재무상태표에 기록될 재고자산가액은 기말재공품 17,000원과 기말제품 25,500원으로 총 42,500원이다. 이는 각 자산별로 배부될 배부차액을 차감한 잔액의 합이다.
④ 매출원가가감법에서는 배부차액 전액이 매출원가에서 조정되므로 매출원가가 35,000원으로 계상되나 총원가비례법에서는 매출원가 42,500원으로 계상되어 당기순이익은 매출원가가감법보다 7,500원 적다.

상 중 하

030 (주)한라는 정상원가계산(Normal Costing)을 적용하고 제조간접비 배부차이를 기말재고자산 및 매출원가에 포함된 제조간접비 예정배부액에 비례하여 조정할 경우 실제 발생한 제조간접비는 얼마인가? [42회]

구분	매출원가	기말재공품	기말제품
배부차액 조정 전 원가	5,000,000원	1,000,000원	2,000,000원
예정배부된 제조간접비	400,000원	300,000원	100,000원
제조간접비 배부차액 조정 시 기말제품에 차감된 금액은 3,000원이다.			

① 776,000원
② 788,000원
③ 812,000원
④ 824,000원

상 중 하

031 당사는 제조간접원가를 직접노무원가에 비례하여 예정배부하고 있다. 당기 제조간접원가 배부차이 계정의 대변 잔액이 53,000원인 경우 다음 자료에 의하여 당기 직접노무원가 실제발생액을 계산하면 얼마인가? [52회]

- 당기 제조간접원가 실제발생액: 2,691,000원
- 당기 제조간접원가 예상액: 2,800,000원
- 당기 직접노무원가 예상액: 4,000,000원

① 3,914,000원
② 3,920,000원
③ 3,930,000원
④ 3,944,000원

정답 및 해설

030 ① • 제조간접비 배부차이 내역

구분	매출원가	기말재공품	기말제품	합계
예정배부된 제조간접비	400,000원	300,000원	100,000원	800,000원
배부차액 배분비율	50%	37.5%	12.5%	100%
과대배부액	?	?	3,000원	A

• A: 3,000원 ÷ 12.5% = 24,000원

∴ 실제 발생 제조간접비: 800,000원 − 24,000원 = 776,000원

031 ② • 제조간접원가 배부차이 계정의 대변 잔액이 53,000원이라는 것은 과대배부액이 53,000원임을 의미한다.

• 제조간접원가 배부액: 2,691,000원 + 53,000원 = 2,744,000원

• 제조간접원가 배부율: 2,800,000원 ÷ 4,000,000원 = 0.7

∴ 직접노무원가 실제발생액: 2,744,000원 ÷ 0.7 = 3,920,000원

상 중 하

032 제조간접비 배부차이를 처리하는 다음의 방법 중 기말재공품, 기말제품, 매출원가에 포함된 제조간접비와 총원가의 비율이 현저히 다를 경우 가장 유용하며 상대적으로 정확한 방법은? 69회

① 매출원가조정법　　② 영업외손익법
③ 총원가비례배분법　　④ 원가요소별 비례배분법

상 중 하

033 제조간접비 과소배부액을 매출원가조정법과 원가요소별 비례배분법으로 정리하는 경우에 대한 설명으로 잘못된 것은? 16년 8월 특별

① 원가요소별 비례배분법이 매출원가조정법보다 매출원가가 더 크게 계상된다.
② 당기순이익은 원가요소별 비례배분법이 매출원가조정법에 비하여 크게 계상된다.
③ 매출원가조정법의 경우 재무상태표상의 자산이 상대적으로 적게 계상된다.
④ 재무상태표상의 자본은 원가요소별 비례배분법이 더 크게 계상된다.

상 중 하

034 제조간접비 (부족)배부차이 100,000원을 배부한다고 할 때, 매출원가조정법과 총원가비례배분법, 원가요소별 비례배분법 중 순이익이 가장 적게 나타나는 방법은? 76회

① 매출원가조정법　　② 총원가비례배분법
③ 순이익에는 영향을 미치지 않음　　④ 원가요소별 비례배분법

상 중 하

035 (주)한남은 정상개별원가계산을 사용하고 있다. 제조간접원가의 불리한 차이 20,000원이 발생한 경우에 대한 설명으로 잘못된 것은? 51회

① 제조간접원가 실제발생액이 예정배부액보다 크다면 과소배부가 이루어진 것이고, 이는 곧 불리한 차이를 의미한다.
② 비례배분법을 사용한다 하더라도 기말원재료가액은 달라지지 않는다.
③ 비례배분법은 원가요소별 비례배분법과 총원가비례배분법으로 나누어진다.
④ 불리한 제조간접원가 차이를 배부할 경우 매출원가조정법보다 영업외손익법이 당기순이익을 보다 더 크게 나타낸다.

정답 및 해설

032 ④ 원가요소별 비례배분법은 기말재공품, 기말제품, 매출원가에 포함된 제조간접비의 비율에 따라 배부차이를 배분하는 방법이다.

033 ① 원가요소별 비례배분법은 각 항목별로 비례하여 배부하는 방법으로서 매출원가조정법보다 배부액이 상대적으로 적기 때문에 매출원가도 더 적게 계상된다.

034 ① 매출원가조정법은 배부차이를 전액 매출원가에 가산하기 때문에 순이익이 셋 중 가장 적게 나타난다.

035 ④ 매출원가조정법과 영업외손익법은 기말재고자산에 차이 금액을 배부하지 않기 때문에 당기순이익에 미치는 효과는 동일하다.

상 중 하

036

다음의 정상개별원가계산의 배부차이 조정 방법 중 당기순이익에 미치는 영향이 동일한 것끼리 짝지어진 것은? (단, 기말재고가 있는 것으로 가정함) 111회

가. 총원가비례배분법	나. 원가요소별 비례배분법
다. 매출원가조정법	라. 영업외손익법

① 가, 다
② 나, 라
③ 다, 라
④ 모두 동일

상 중 하

037

(주)정상의 제조간접비 예정배부 및 작업별 제조원가는 다음과 같다. 2025년 중 작업번호가 #201, #202, #203인 세 가지 작업을 시작하여 #201, #202가 완성되었고, #201은 판매되었다. 2025년 중 제조간접비 실제발생액은 1,200,000원이었다. 제조간접비 배부차이를 매출원가조정법, 비례배분법, 영업외손익법으로 회계처리할 경우 매출총이익을 가장 크게 하는 방법은? 47회

구분	#201	#202	#203	합계
직접재료비	150,000원	150,000원	200,000원	500,000원
직접노무비	250,000원	150,000원	100,000원	500,000원
제조간접비	500,000원	300,000원	200,000원	1,000,000원
합계	900,000원	600,000원	500,000원	2,000,000원

① 영업외손익법
② 비례배분법
③ 매출원가조정법
④ 모두 동일하다.

정답 및 해설

036 ③ 매출원가조정법과 영업외손익법은 배부차이 전액을 각각 매출원가와 영업외손익으로 가감하는 방법으로 당기순이익에 미치는 영향이 동일하다.

037 ① 제조간접비를 과소배부하면 매출원가조정법은 전액이 매출원가로, 비례배분법은 일부가 매출원가로 처리(일부는 제품 및 재공품에 배분)되는 반면, 영업외손익법은 전액이 영업외비용으로 처리된다. 따라서 영업외손익법의 경우 매출원가로 배분되는 금액이 전혀 없으므로 매출총이익이 가장 크게 계산된다.

THEME 03 종합원가계산 [038~066]

상 중 하

038 **다음 중 개별원가계산과 종합원가계산에 대한 설명으로 가장 옳은 것은?** [109회]

① 개별원가계산은 소품종 대량 생산에 적합한 원가계산이다.
② 개별원가계산은 상대적으로 제조원가 계산이 부정확하다.
③ 종합원가계산은 고객의 주문에 따라 제품을 생산하는 건설업, 조선업 등의 업종에 적합하다.
④ 종합원가계산은 완성품 환산량 계산이 필요하다.

상 중 하

039 **다음 중 종합원가계산에 대한 설명으로 가장 적절하지 않은 것은?** [107회]

① 동일한 종류의 제품을 대량 생산하는 연속생산형태의 기업에 적용된다.
② 직접원가와 제조간접원가의 구분이 중요하다.
③ 제품 원가를 제조공정별로 집계한 다음 이를 완성품과 기말재공품에 배분하는 절차가 필요하다.
④ 제품 원가를 제조공정별로 집계한 다음 이를 그 공정의 생산량으로 나누어서 단위당 원가를 계산한다.

상 중 하

040 **다음 중 개별원가계산과 종합원가계산에 대한 설명으로 가장 틀린 것은?** [104회]

① 개별원가계산은 다품종 소량 생산에, 종합원가계산은 소품종 대량 생산에 적합한 원가계산방식이다.
② 개별원가계산은 정확한 원가계산이 가능하나, 종합원가계산은 원가계산의 정확도가 떨어진다.
③ 개별원가계산은 완성품 환산량을 산정해야 하며, 종합원가계산은 제조간접비를 배부해야 한다.
④ 개별원가계산은 조선업, 항공기 제조업 등의 업종에 주로 사용되나, 종합원가계산은 자동차, 전자제품 등의 업종에서 주로 사용되는 원가계산방식이다.

정답 및 해설

038 ④ ① 개별원가계산은 다품종소량생산에 적합한 원가계산이다.
② 개별원가계산은 상대적으로 계산이 복잡하나, 정확성은 높다.
③ 개별원가계산은 건설업, 조선업, 고객의 주문에 따라 제품을 생산하는 업종에 적합하다.

039 ② 종합원가계산에서는 재료원가와 가공원가의 구분이 중요하다.

040 ③ 개별원가계산은 제조간접비의 배부를 해야 하며, 종합원가계산은 완성품 환산량을 산정해야 한다.

상 중 하

041 다음 중 개별원가계산과 종합원가계산에 대한 설명으로 옳지 않은 것은? [115회]

① 종합원가계산은 원가 집계가 공정별로 이루어진다.
② 개별원가계산은 대상기간의 총원가를 총생산량으로 나누어 단위당 제조원가를 계산한다.
③ 개별원가계산은 공통부문원가를 합리적으로 배분하는 것이 필요하다.
④ 개별원가계산의 단점은 상대적으로 과다한 노력과 비용이 발생한다는 것이다.

상 중 하

042 개별원가계산과 종합원가계산에 대한 설명이다. 옳지 않은 것은? [53회]

① 개별원가계산은 공통 부문원가를 합리적으로 배분하는 것이 필요하다.
② 기초재공품이 없는 경우 종합원가계산에 의한 원가배분 시 평균법과 선입선출법은 결과가 동일하다.
③ 종합원가계산은 공정별 원가계산(Process Costing)방식과 결합원가계산(Joint Costing)방식으로 나눌 수 있다.
④ 종합원가계산의 평균법과 선입선출법 중 실제 물량 흐름에 보다 충실한 방법은 선입선출법이다.

상 중 하

043 다음은 종합원가계산에 대한 설명이다. 옳지 않은 것은? [52회 수정]

① 완성품 환산량이란 완성품으로 환산한 수량을 의미하며 수량에 원가투입 정도(완성도)를 곱하여 계산된다.
② 종합원가계산 시 평균법은 기초재공품 모두를 당기에 착수, 완성한 것으로 가정한다.
③ 항공기 제작업, 건설업 등에 적합한 원가계산방식이다.
④ 종합원가계산은 원가를 재료비와 가공비로 구분하여 계산한다.

상 중 하

044 종합원가계산에 대한 순서를 바르게 배열한 것은? [56회]

A. 단위당 원가계산	B. 완성품 환산량의 계산
C. 물량의 흐름 파악	D. 원가의 배분

① C−A−B−D
② C−B−D−A
③ C−D−B−A
④ C−B−A−D

정답 및 해설

041 ② 개별원가계산방법은 제품별, 작업지시서별로 집계된 원가에 의하여 제조원가를 계산한다.

042 ③ 종합원가계산을 공정별 원가계산(Process Costing)이라고도 하므로, 종합원가계산과 공정별 원가계산은 같은 원가계산방법이다. 결합원가계산은 종합원가계산과는 다른 원가계산방식이다.

043 ③ 항공기 제작업, 건설업 등에 적합한 원가계산방식은 개별원가계산방법이다.

044 ④ 종합원가계산은 '물량의 흐름 파악 → 완성품 환산량의 계산 → 단위당 원가계산 → 원가의 배분' 순으로 한다.

상 중 하

045

(주)한결은 단일 제품을 대량으로 생산하고 있다. 원재료는 공정 초기에 모두 투입되고 가공비는 공정 전반에 걸쳐 균등하게 발생하며, 기말재공품의 평가는 평균법을 사용한다. 당기 원가계산에 대한 자료는 다음과 같다. 당기 완성품과 기말재공품 평가에 적용할 재료비와 가공비의 완성품 환산량 단위당 원가는 각각 얼마인가? 83회

기초재공품(완성도: 60%)	• 수량: 400개	• 재료비: 100,000원	• 가공비: 40,000원
당기 발생원가	• 착수량: 1,600개	• 재료비: 300,000원	• 가공비: 130,000원
당기 완성량	1,500개		
기말재공품(완성도: 40%)	500개		

	재료비	가공비		재료비	가공비
①	200원	150원	②	200원	200원
③	250원	200원	④	200원	100원

상 중 하

046

(주)한세는 단일 제품을 생산하고 있으며, 종합원가계산제도를 채택하고 있다. 재료는 공정이 시작되는 시점에 전량 투입되고 가공원가는 공정 전체에 걸쳐 균등하게 투입된다. 평균법에 의하여 계산된 기말재공품의 원가는 얼마인가? 87회

- 기초재공품 수량: 120단위(완성도: 50%, 직접재료원가: 36,000원, 가공원가: 66,480원)
- 당기 투입 수량: 280단위(직접재료원가: 100,000원, 가공원가: 210,000원)
- 기말재공품 수량: 80단위(완성도: 80%)

① 70,180원
② 73,280원
③ 76,380원
④ 79,480원

정답 및 해설

045 ④

구분	재료비	가공비
당기 완성 1,500개	1,500개	1,500개
기말 500개(40%)	500개	200개
합계	2,000개	1,700개
총원가	100,000원 + 300,000원 = 400,000원	40,000원 + 130,000원 = 170,000원
완성품 환산량 단위당 원가	400,000원 ÷ 2,000개 = 200원	170,000원 ÷ 1,700개 = 100원

046 ② • 재료비 환산량 단위당 원가: (36,000원 + 100,000원) ÷ (320단위 + 80단위) = 340원
• 가공비 환산량 단위당 원가: (66,480원 + 210,000원) ÷ (320단위 + 80단위 × 80%) = 720원
∴ 기말재공품 원가: 80단위 × 340원 + 80단위 × 80% × 720원 = 73,280원

상 중 하

047

당사는 평균법에 의한 종합원가계산제도를 채택하고 있다. 직접재료는 공정 초에 전액 투입되고, 가공원가는 공정 전반에 균등하게 투입되며, 공손은 공정 말에 발견된다. 가공원가의 완성품 환산량을 다음 자료에 의하여 계산하면? 65회

- 기초재공품: 300,000단위(완성도 20%)
- 완성품 수량: 6,800,000단위
- 기말재공품: 680,000단위(완성도 50%)
- 당기 착수량: 7,600,000단위
- 정상공손 수량: 420,000단위

① 7,170,000단위
② 7,320,000단위
③ 7,490,000단위
④ 7,560,000단위

상 중 하

048

당사는 종합원가계산으로 원가를 계산하고 있다. 직접재료원가는 공정 초기에 전액 투입하고 가공원가는 공정 전체에 걸쳐 균등하게 투입하는 경우 평균법으로 기말재공품 직접재료원가를 계산하면 얼마인가? 54회

- 기초재공품: 수량 30단위, 가공도 40%, 직접재료원가 264,000원, 가공원가 628,000원
- 당기 투입: 수량 450단위, 직접재료원가 1,272,000원, 가공원가 2,628,000원
- 기말재공품: 수량 40단위, 가공도 30%

① 118,000원
② 128,000원
③ 138,000원
④ 148,000원

정답 및 해설

047 ④ 가공원가 완성품 환산량: 6,800,000단위 + 420,000단위 + 680,000단위 × 50% = 7,560,000단위

048 ② 직접재료원가는 초기에 전액 투입되므로 환산량 개념이 아닌 수량 개념을 이용하여야 한다.

- 당기 완성량: 30단위 + 450단위 − 40단위 = 440단위
- 직접재료원가 완성품 환산량: 440단위 + 40단위 = 480단위
- 직접재료원가 완성품 환산량 단위당 원가: (264,000원 + 1,272,000원) ÷ 480단위 = 3,200원

∴ 기말재공품 직접재료원가: 3,200원 × 40단위 = 128,000원

상 중 하

049 재료비 및 가공비가 공정 전반에 걸쳐 균등하게 발생하는 경우 완성품 단위당 원가를 평균법으로 계산하면 얼마인가? 49회

구분	월초 재공품	당월 제조원가	당월 완성품	월말 재공품
재료비	27,000원	123,000원		
가공비	52,000원	158,000원		
수량	80개(완성도 50%)		250개	100개(완성도 50%)

① 1,000원
② 1,100원
③ 1,150원
④ 1,200원

상 중 하

050 다음 자료를 참고하여 선입선출법에 의한 종합원가제도를 채택하고 있는 (주)오늘의 직접재료비의 완성품 환산량을 구하시오. 102회

- 직접재료는 공정 초기에 50%가 투입되고, 나머지는 공정이 50% 진행된 시점부터 공정 진행에 비례적으로 투입된다.
- 공손은 없는 것으로 가정한다.
- 기초재공품은 100단위이며 완성도는 40%이다.
- 당기 착수량은 5,000단위이고 완성품 수량은 5,000단위이다.
- 기말재공품은 100단위이며 완성도는 45%이다.

① 4,950단위
② 5,000단위
③ 5,050단위
④ 5,100단위

상 중 하

051 (주)한국은 10월부터 새로운 제품을 생산하기 시작하였다. 10월 중에 2,000단위를 착수하여 1,600단위를 완성하고, 400단위는 10월 31일 현재 작업이 진행 중이다. 원재료는 공정 초기에 모두 투입되고, 가공비는 공정 전반에 걸쳐 균등하게 발생한다. 기말재공품의 완성도가 35%일 경우 재료비와 가공비의 완성품 환산량은 얼마인가? 71회

① 재료비 1,740개, 가공비 1,740개
② 재료비 1,900개, 가공비 1,000개
③ 재료비 2,000개, 가공비 1,740개
④ 재료비 2,000개, 가공비 2,000개

정답 및 해설

049 ④ (27,000원 + 123,000원) ÷ (250개 + 50개) + (52,000원 + 158,000원) ÷ (250개 + 50개) = 1,200원

050 ② 100단위 × 50% + 4,900단위 × 100% + 100단위 × 50% = 5,000단위

051 ③ • 재료비 완성품 환산량: 1,600개 + 400개 = 2,000개
• 가공비 완성품 환산량: 1,600개 + 400개 × 35% = 1,740개

상 중 하

052 다음 자료를 이용하여 당기 가공원가 발생액을 계산하면 얼마인가? [115회]

- 당사는 선입선출법에 의한 종합원가계산을 도입하여 원가계산을 하고 있다.
- 재료원가는 공정의 초기에 전량 투입되고, 가공원가는 공정의 진행에 따라서 균일하게 발생한다.
- 기초재공품: 1,000개(가공원가 완성도 60%)
- 당기착수분: 9,000개
- 기말재공품: 2,000개(가공원가 완성도 50%)
- 가공원가에 대한 완성품환산량 단위당 원가: 10원

① 80,000원 ② 84,000원
③ 100,000원 ④ 110,000원

상 중 하

053 당 회사는 선입선출법에 의한 종합원가계산으로 제품원가를 계산한다. 당기 발생 가공비는 7,200,000원이며, 가공비 완성품 단위당 원가는 8,000원이다. 다음 자료를 보고 기말재공품의 완성도를 구하시오(단, 가공비는 공정 전반에 걸쳐 균등하게 발생함). [103회]

구분	수량	완성도
기초재공품	300개	30%
당기 완성품	900개	100%
기말재공품	100개	?

① 60% ② 70%
③ 80% ④ 90%

정답 및 해설

052 ② • 기초재공품 완성품환산량: 1,000개×(100%–60%)=400개
• 당기착수분 완성품환산량: 7,000개×100%=7,000개
• 기말재공품 완성품환산량: 2,000개×50%=1,000개
∴ 완성품환산량은 8,400개이다.
• 가공원가 발생액: 8,400개×10원/개=84,000원

053 ④ • 가공비 완성품 환산량: 7,200,000원÷8,000원=900단위
• 기말재공품의 완성도를 x라 하면, 300개×(100%－30%)+(900개－300개)+(100개×x)=900단위
∴ x=90%

상 중 하

054 다음은 선입선출법에 의한 종합원가계산을 적용하고 있는 (주)한세의 당기 생산 관련 자료이다. 아래의 자료를 이용하여 기초재공품의 완성도를 계산하면 얼마인가? (단, 가공비는 균등하게 발생하고, 당기 발생 가공비는 200,000원, 완성품의 가공비 단위당 원가는 20원임) 100회

구분	수량	완성도
기초재공품	2,000개	?
당기 착수	9,000개	
기말재공품	1,000개	80%

① 40%
② 50%
③ 60%
④ 70%

상 중 하

055 종합원가계산에 대한 선입선출법과 평균법에 대한 설명이다. 이 중 잘못된 것은? (단, 원재료는 공정 착수 시점에 전량 투입되며, 가공원가는 공정 전반에 걸쳐 균등하게 투입된다고 가정함) 57회

① 성과평가 측면에서 유리한 방법은 선입선출법이다.
② 선입선출법에서는 기초재공품의 완성도를 고려해야 하지만, 평균법에서는 기초재공품의 완성도를 고려하지 않아도 된다.
③ 선입선출법이든 평균법이든 기말재공품의 완성도를 실제보다 높게 평가한 경우 완성품원가는 실제보다 낮게 계산된다.
④ 기말재공품의 완성도에 따라 선입선출법과 평균법의 원가배분 결과가 다르게 나타난다.

상 중 하

056 다음 중 종합원가계산의 선입선출법 및 평균법에 대한 설명으로 옳지 않은 것은? 114회

① 종합원가계산의 평균법과 선입선출법 중 실제 물량흐름에 보다 충실한 방법은 선입선출법이다.
② 기초재공품이 없는 경우 종합원가계산에 의한 원가 배분 시 평균법과 선입선출법의 결과는 동일하다.
③ 선입선출법과 평균법 모두 완성품환산량을 계산하는 과정이 있다.
④ 기말재공품의 완성도는 선입선출법에서만 고려 대상이고, 평균법에서는 영향을 미치지 않는다.

정답 및 해설

054 ① • 당기 완성품 수량: 기초재공품 2,000개 + 당기 착수 9,000개 − 기말재공품 1,000개 = 10,000개
• 가공비 완성품 환산량: 당기 발생 가공비 200,000원 ÷ 완성품 가공비 단위당 원가 20원 = 10,000개
• 기초재공품 완성품 환산량: 당기 완성품 수량 10,000개 − 당기 착수 당기 완성품 수량 8,000개 − 기말재공품 완성품 환산량 800개 = 1,200개
∴ 기초재공품 완성품: 1 − 1,200개 ÷ 2,000개 = 40%

055 ④ 기초재공품의 완성도에 따라 선입선출법과 평균법의 결과가 다르게 나타난다. 이에 반해 기말재공품의 완성도는 선입선출법과 평균법의 원가배분 결과에 영향을 미치지 않는다.

056 ④ 기말재공품의 완성도는 선입선출법, 평균법에서 모두 고려해야 하는 대상이다.

상 중 하

057 종합원가계산의 평균법에 의한 경우 당기제품제조원가는 다음과 같다. 선입선출법을 적용하는 경우의 당기제품제조원가는 얼마인가? 53회

• 기초재공품: 0개	• 당기 착수량: 10,000개
• 완성품: 7,000개	• 기말재공품: 3,000개(완성도 50%)
• 당기 착수재료비: 500,000원	• 당기 가공비: ?원
• 당기제품제조원가: 1,050,000원	

※ 원재료는 공정 초기에 투입되며, 가공비는 일정하게 투입된다.

① 1,050,000원 ② 1,100,000원
③ 1,150,000원 ④ 1,200,000원

상 중 하

058 (주)환상은 평균법에 의한 종합원가계산을 이용한다. 기초에 비해 기말에 재공품 잔액이 증가하였다. 그러나 기초와 기말의 재공품 물량이 동일하다면 다음 설명 중 옳지 않은 것은? 52회

① 전년도에 비해 생산직 직원에 대한 임률이 증가하였다.
② 기초재공품 완성도에 비해 기말재공품 완성도가 더 높다.
③ 전년도에 비해 고정제조간접원가가 증가하였다.
④ 재공품 생산 착수량이 전년도에 비해 증가하였다.

상 중 하

059 종합원가계산제도하에서 재료 Y는 70% 진행시점에 투입되며 가공원가는 일정하게 투입된다. 80%가 완료된 재공품의 완성품 환산량에는 어떤 원가가 포함되는가? 40회

	재료원가	가공원가		재료원가	가공원가
①	불포함	불포함	②	포함	포함
③	포함	불포함	④	불포함	포함

정답 및 해설

057 ① 기초재공품재고액이 없는 경우에는 평균법과 선입선출법에 의한 당기제품제조원가가 같다. 따라서 선입선출법을 적용하면 당기제품제조원가도 1,050,000원이다.

058 ④ 기초와 기말의 재공품 수량은 같으나 원가가 상승한 이유로 ①, ②, ③ 모두 해당된다. ④는 기말재공품원가가 상승한 이유를 설명할 수 없다.

059 ② 재공품의 완성도가 80%이므로 재료 Y의 재료원가는 70% 시점에 전량 투입되며, 가공원가는 완성품 대비 80% 투입되었다.

상 중 하

060 다음 중 공손에 대한 설명으로 옳지 않은 것은? [117회 수정]

① 비정상공손은 정상적이고 효율적인 상황에서는 발생되지 않는 것으로 작업자의 부주의나 생산계획의 미비 등으로 인하여 발생되는 것이므로 영업외비용으로 처리한다.
② 정상공손은 제조원가(완성품원가 또는 기말재공품원가)에 포함된다.
③ 공손품수량을 산정할 때는 원가 흐름의 가정과 상관없이 선입선출법에 의해 계산한다.
④ 공손품은 생산에 사용된 원재료로부터 남아 있는 찌꺼기나 조각을 말하는데 판매가치가 거의 없다.

상 중 하

061 다음 중 공손품에 대한 설명으로 올바른 것은? [96회 수정]

가. 공손품이란 품질 및 규격이 표준에 미달하는 불합격품을 말한다.
나. 정상공손은 작업자의 부주의, 생산계획의 미비 등의 이유로 발생한다.
다. 비정상공손은 생산과정에서 불가피하게 발생하는 공손을 말한다.
라. 기말재공품이 공손품 검사시점을 통과하지 못한 경우 정상공손원가를 전액 완성품에만 배부한다.

① 가, 나, 다, 라
② 가, 나, 다
③ 가, 라
④ 가

상 중 하

062 다음 자료를 이용하여 계산한 정상공손 수량과 비정상공손 수량은 각각 몇 개인가? (단, 정상공손은 완성품 수량의 2%라 가정함) [102회]

- 기초재공품 수량: 25,000개
- 당기 착수량: 90,000개
- 기말재공품 수량: 12,500개
- 기초제품 수량: 20,000개
- 제품 판매 수량: 90,000개
- 기말제품 수량: 30,000개

	정상공손	비정상공손
①	1,200개	1,300개
②	2,000개	500개
③	1,000개	1,000개
④	2,300개	200개

정답 및 해설

060 ④ 생산에 사용된 원재료로부터 남아 있는 찌꺼기나 조각은 작업폐물에 대한 설명이다.

061 ③ 정상공손은 생산과정에서 불가피하게 발생하는 공손을 말하고, 비정상공손은 작업자의 부주의, 생산계획의 미비 등의 이유로 발생한 공손을 말한다.

062 ② • 제품 완성품 수량: 제품 판매 수량 90,000개+기말제품 수량 30,000개−기초제품 수량 20,000개=100,000개
• 공손 수량: 기초재공품 수량 25,000개+당기 착수량 90,000개−제품 완성품 수량 100,000개−기말재공품 수량 12,500개=2,500개
• 정상공손 수량: 100,000개×2%=2,000개
• 비정상공손 수량: 2,500개−2,000개=500개

상 중 하

063 (주)성심은 단일 종류의 제품을 대량 생산하고 있다. 다음 자료를 바탕으로 평균법에 의한 기말재공품원가를 구하면 얼마인가? (단, 직접재료원가는 공정 초기에 모두 투입하고, 가공원가는 공정 전반에 걸쳐 균등하게 발생하며 공손품원가를 정상품의 제조원가에 포함하여 처리함) 111회

- 기초재공품: 300개(완성도 60%), 직접재료원가 120,000원, 가공원가 200,000원
- 당기착수: 900개, 직접재료원가 314,400원, 가공원가 449,750원
- 당기완성품: 1,000개
- 기말재공품: 100개(완성도 50%)
- 정상공손은 완성품 수량의 10%이며, 품질검사는 공정의 완료시점에 실시한다.

① 64,450원
② 74,600원
③ 92,700원
④ 927,000원

상 중 하

064 (주)수원산업은 평균법에 의한 종합원가계산을 실시하고 있다. 재료는 공정 초기에 전량 투입되고 가공비는 제조진행에 따라 균등하게 발생한다. 다음 자료를 이용하여 정상공손 수량과 비정상공손 수량을 계산하면 각각 얼마인가? (단, 검사는 완성도 50%인 시점에서 실시하고, 당기 검사에서 합격한 수량의 10%는 정상공손으로 간주하며 기말재공품의 완성도는 70%임) 39회

- 기초재공품: 500개(완성도 60%)
- 당기 착수량: 6,500개
- 완성품 수량: 5,200개
- 공손품: 800개

	정상공손 수량	비정상공손 수량
①	570개	230개
②	520개	280개
③	600개	200개
④	620개	180개

정답 및 해설

063 ① • 직접재료원가 완성품 환산량: 완성품 1,000개+정상공손 100개+기말재공품 100개=1,200개
- 가공원가 완성품 환산량: 완성품 1,000개+정상공손 100개+기말재공품 50개=1,150개
- 직접재료원가 완성품 환산량 단위당 원가: (120,000원+314,400원)÷1,200개=@362원
- 가공원가 완성품 환산량 단위당 원가: (200,000원+449,750원)÷1,150개=@565원

∴ 기말재공품원가 64,450원=100개×@362원+50개×@565원

064 ① • 기말재공품 수량: 500개+6,500개−5,200개−800개=1,000개
- 기말재공품의 완성도가 70%이므로 당기에 검사하여 합격한 수량에 포함시켜야 하고, 기초재공품 500개는 전기에 이미 통과하였으므로 제외시켜야 한다.
- 당기에 검사하여 합격한 수량: 5,200개+1,000개−500개=5,700개

∴ 공손품 800개 중에서 정상공손은 570개(=5,700개×10%)이고, 비정상공손은 230개(=800개−570개)이다.

상 중 하

065 **종합원가계산 시 기말재공품의 완성도가 과소평가된 경우에 대한 설명으로 옳은 것은?** 80회

① 기말재공품의 완성품 환산량이 과대계상된다.
② 당기순이익이 과대계상된다.
③ 기말재공품의 원가가 과대계상된다.
④ 완성품 환산량 단위당 원가가 과대계상된다.

상 중 하

066 **(주)명지는 전기 초에 영업을 개시하였다. 전기와 당기의 기말재공품 수량 및 완성도가 같을 경우, 선입선출법에 의한 완성품 환산량과 평균법에 의한 완성품 환산량을 비교하면?** 67회

	전기	당기
①	같다.	같다.
②	선입선출법이 크다.	평균법이 크다.
③	평균법이 크다.	선입선출법이 크다.
④	같다.	평균법이 크다.

THEME 04 결합원가계산 [067~076]

상 중 하

067 **다음 중 결합원가계산에 대한 설명으로 틀린 것은?** 105회

① 부산물 회계처리에서 생산기준법은 부산물을 생산하는 시점에 부산물을 인식하나, 판매기준법은 부산물을 판매하는 시점에 부산물을 인식한다.
② 순실현가치법에서 배분 대상이 되는 원가는 분리점에 도달하는 시점까지 발생한 결합원가뿐만 아니라 분리점 이후에 발생한 추가 가공원가도 포함된다.
③ 판매가치기준법은 연산품의 분리점에서의 판매가치를 기준으로 결합원가를 배분하는 방법이다.
④ 균등이익률법에서는 조건이 같다면 추가 가공비가 높은 제품에 더 적게 결합원가가 배부된다.

정답 및 해설

065 ④ 완성품 환산량의 감소로 완성품 환산량 단위당 원가가 과대계상된다. 또한, 기말재공품의 완성도가 과소평가되면 기말재공품 원가가 과소계상되어 매출원가가 과대계상되고 당기순이익이 과소계상된다.

066 ④ • 평균법과 선입선출법에 의한 완성품 환산량의 차이는 기초재공품에 기인한다.
• 평균법의 완성품 환산량 = 선입선출법의 완성품 환산량 + 기초재공품의 완성품 환산량
• 전기: 기초재공품이 없음 → 평균법의 완성품 환산량 = 선입선출법의 완성품 환산량
• 당기: 기초재공품이 있음 → 평균법의 완성품 환산량 > 선입선출법의 완성품 환산량

067 ② 순실현가치법에서 배분 대상이 되는 원가는 분리점에 도달하는 시점까지 발생한 결합원가이고, 분리점 이후에 발생한 추가 가공원가는 포함되지 않는다.

상 중 하

068 다음 중 결합원가의 배분에 대한 설명으로 옳지 않은 것은? 116회 수정

① 분리점 판매가치법에서 분리점의 판매가치를 계산할 때에는 생산량이 아닌 판매량을 사용한다.

② 결합원가를 순실현가치법에 따라 배분할 때 순실현가치란 개별 제품의 최종 판매가격에서 분리점 이후의 추가 가공원가와 판매비와 관리비를 차감한 후의 금액을 말한다.

③ 이익극대화를 위한 추가 가공 여부에 대한 의사결정 시에는 이미 배분된 결합원가는 고려하지 않는다.

④ 분리점은 결합제품이 개별 제품으로 식별 가능한 제조과정 중의 한 시점을 말한다.

상 중 하

069 다음 중 연산품과 부산물의 원가계산에 관한 설명으로 옳지 않은 것은? 61회

① 물량기준법은 제품의 판매가격을 알 수 없는 경우에는 사용할 수 없다.

② 주산물이란 동일 공정에서 생산되는 결합제품 중 상대적으로 판매가치가 큰 제품을 말한다.

③ 순실현가치법에서는 분리점에서 중간제품의 판매가치를 알 수 없는 경우에도 적용할 수 있다.

④ 균등이익률법은 매출총이익률이 같아지도록 결합원가를 배분하기 때문에 개별 제품의 매출총이익률과 기업 전체의 매출총이익률이 같아진다.

상 중 하

070 (주)보람은 주산물 A와 부산물 B를 생산하고 있으며 부산물 B의 처분액을 전액 영업외수익으로 반영하고 있다. (주)보람이 발생한 제조원가를 모두 주산물 A에만 부담시키는 회계처리를 하는 경우 이로 인하여 미치는 영향으로 옳지 않은 것은? 99회

① 매출원가 과대계상

② 매출총이익 과소계상

③ 영업이익 과소계상

④ 당기순이익 과소계상

정답 및 해설

068 ① 분리점 판매가치법에서 분리점의 판매가치를 계산할 때에는 판매량이 아닌 생산량을 사용한다.

069 ① 물량기준법은 제품의 판매가격을 알 수 없는 경우에도 사용할 수 있다.

070 ④ 주산물 A의 제조원가가 과대계상되어 영업이익이 과소계상되는 만큼 영업외수익이 과대계상되어 당기순이익은 영향을 받지 않는다.

- 주산물 A 제조원가 과대계상 → 매출원가 과대계상 → 매출총이익 과소계상 → 영업이익 과소계상
- 부산물 B 제조원가 미배분 → 영업외수익 과대계상
- 영업이익 과소계상+영업외수익 과대계상 → 당기순이익 영향 없음

상 중 하

071

연산품 A, B, C에 대한 결합원가 600,000원을 순실현가치기준법에 의하여 배부하는 경우 전체 제품의 매출총이익은 얼마인가? 112회

제품	생산량	판매단가	추가 가공원가
A	100kg	2,000원/kg	20,000원
B	200kg	1,500원/kg	30,000원
C	200kg	2,500원/kg	50,000원

① 300,000원　② 500,000원
③ 600,000원　④ 700,000원

상 중 하

072

(주)한국은 동일한 원재료를 투입하여 동일한 공정에서 제품 A, B, C의 등급품을 생산하고 있다. 세 가지 제품에 공통적으로 투입된 결합원가가 1,000,000원이라고 할 때, 순실현가치법에 의하여 제품 A에 배부될 결합원가 금액은 얼마인가? 108회

구분	A	B	C
생산 수량	50개	90개	30개
분리점에서의 단위당 판매가격	500원	300원	800원
추가 가공원가	1,000원	8,000원	
최종 판매가격(단위당)	800원	500원	

① 240,000원　② 340,000원
③ 370,000원　④ 390,000원

정답 및 해설

071 ①

구분	생산량	판매단가	판매가격	추가 가공원가	순실현가치	배부액
A	100kg	2,000원/kg	200,000원	20,000원	180,000원	120,000원
B	200kg	1,500원/kg	300,000원	30,000원	270,000원	180,000원
C	200kg	2,500원/kg	500,000원	50,000원	450,000원	300,000원
합계	500kg		1,000,000원	100,000원	900,000원	600,000원

∴ 매출총이익: 1,000,000원 − 100,000원 − 600,000원 = 300,000원

072 ④

구분	순실현가치	배부 비율	결합원가 배부액
A	50개×800원 − 1,000원 = 39,000원	39%	390,000원
B	90개×500원 − 8,000원 = 37,000원	37%	370,000원
C	30개×800원 = 24,000원	24%	240,000원
합계	100,000원	100%	1,000,000원

상 중 하

073 회사는 결합제품 A, B, C를 생산하고 있다. A의 결합원가 배부액은 얼마인가? (72회)

- 제품 A: 생산량 400단위, 총판매가치 205,000원, 추가 가공원가 47,500원
- 제품 B: 생산량 250단위, 총판매가치 325,500원, 추가 가공원가 168,000원
- 제품 C: 생산량 480단위, 총판매가치 220,000원, 추가 가공원가 85,000원
- 제품 C의 결합원가 배부액은 120,000원이다.
- 결합원가 배부는 순실현가치법을 사용한다.

① 95,000원 ② 105,000원
③ 120,000원 ④ 140,000원

상 중 하

074 다음 중 결합원가계산 및 부산물 등에 대한 설명으로 옳지 않은 것은? (113회 수정)

① 동일한 원재료를 투입하여 동일한 제조공정으로 가공한 후에 일정 시점에서 동시에 서로 다른 종류의 제품으로 생산되는 제품을 결합제품이라 한다.
② 주산물의 제조과정에서 부수적으로 생산되는 제품으로써 상대적으로 판매가치가 적은 제품을 부산물이라고 한다.
③ 부산물을 판매기준법에 따라 회계처리 하는 경우 부산물에는 결합원가를 배분하지 않고 부산물이 판매될 때 판매이익을 잡이익으로 계상한다.
④ 순실현가치법은 개별 제품의 추가적인 가공원가를 고려하지 않고 최종 판매가격만을 기준으로 결합원가를 배분하는 방법이다.

정답 및 해설

073 ④

구분	순실현가능가치	배부율	결합원가 배부액
제품 A	205,000원 – 47,500원 = 157,500원	35%	140,000원
제품 B	325,500원 – 168,000원 = 157,500원	35%	140,000원
제품 C	220,000원 – 85,000원 = 135,000원	30%	120,000원
합계	450,000원	100%	400,000원

074 ④ 순실현가치법은 분리점에서의 순실현가치를 기준으로 결합원가를 배분하는 방법이다. 순실현가치는 최종 판매가격에서 추가 가공원가와 추가 판매비와관리비를 차감한 후의 금액이다.

상 중 하

075 (주)현상이 제품 A, B, C에 대한 결합원가 300,000원을 순실현가능가치(NRV)법에 의하여 배부하는 경우 제품 C의 매출총이익은 얼마인가? (단, 기초재고자산은 없음) 85회

제품	생산량	판매량	단위당 판매가격	분리점 후 추가 가공원가(총액)
A	200단위	180단위	3,000원	90,000원
B	50단위	50단위	2,000원	40,000원
C	100단위	70단위	1,000원	70,000원

① 10,500원 ② 24,500원
③ 38,500원 ④ 50,500원

상 중 하

076 연산품 원가계산 시에는 재고자산의 평가와 매출원가의 산정을 위하여 결합원가를 개별 제품에 배분하여야 하며 일반적으로 다음의 방법을 적용한다. 기초 및 기말재고자산이 없다고 가정할 경우 각 방법 적용 시 회사의 당기순이익이 가장 큰 순서대로 나열된 것은? 28회

㉠ 물량기준법
㉡ 분리점에서의 판매가치기준법
㉢ 순실현가치기준법
㉣ 균등이익률법

① ㉠=㉡=㉢=㉣ ② ㉠>㉡>㉢>㉣
③ ㉠<㉡<㉢<㉣ ④ ㉠<㉡=㉢<㉣

정답 및 해설

075 ①

구분	순실현가능가치	배부액	단위당 원가	매출총이익
A	200단위×3,000원−90,000원 =510,000원	255,000원	(255,000원+90,000원)÷200단위 =1,725원	(3,000원−1,725원)×180단위 =229,500원
B	50단위×2,000원−40,000원 =60,000원	30,000원	(30,000원+40,000원)÷50단위 =1,400원	(2,000원−1,400원)×50단위 =30,000원
C	100단위×1,000원−70,000원 =30,000원	15,000원	(15,000원+70,000원)÷100단위 =850원	(1,000원−850원)×70단위 =10,500원
합계	600,000원	300,000원		

076 ① 기초, 기말재고자산이 없다면 회사 전체의 당기순이익은 어떠한 방법을 사용하여도 동일하다.

THEME 05 표준원가계산 [077~095]

상 중 하

077 **다음 중 표준원가계산에 대한 설명으로 옳지 않은 것은?** 84회 수정

① 표준원가계산이란 기업이 사전에 설정해 놓은 표준원가를 이용하여 제품원가를 계산하는 방법을 말한다.
② 실제원가와 표준원가의 차이가 명확하지 않기 때문에 성과평가에 사용하기 어렵다는 단점이 있다.
③ 원가흐름의 가정이 필요 없어 제품원가계산 및 회계처리가 신속하다.
④ 표준원가계산을 사용하면 실제원가계산의 문제점인 제품 단위당 원가는 변동하지 않는다.

상 중 하

078 **다음 중 표준원가계산의 유용성과 한계에 대한 설명으로 틀린 것은?** 106회

① 표준원가의 설정에 시간과 비용이 많이 소요되지 않는다.
② 사전에 설정해 놓은 표준원가를 이용하여 제품원가계산을 하므로 신속한 제품원가계산이 가능하다.
③ 표준원가는 재무적 측정치(원가 통제)만을 강조하고 비재무적 측정치(품질 등)를 무시한다.
④ 실제원가와 표준원가와의 차이를 분석함으로써 성과평가에 유용하다.

상 중 하

079 **다음 중 표준원가계산의 유용성에 대한 설명으로 옳지 않은 것은?** 16년 8월 특별

① 표준원가는 재무적 측정치보다 비재무적 측정치(품질 또는 납기 등)를 더 중요시한다.
② 제품원가계산을 신속하고 간편하게 할 수 있다.
③ 표준원가와 실제원가의 차이를 분석하여 예외에 의한 관리가 가능하다.
④ 표준원가계산은 기업이 연초에 수립한 계획을 수치화하여 예산을 편성하는 데 기초가 된다.

정답 및 해설

077 ② 표준원가계산방법은 실제원가와 표준원가의 차이를 분석함으로써 성과평가에 유용하다는 장점이 있다.
078 ① 표준원가계산에서는 표준원가의 설정에 시간과 비용이 많이 소요된다.
079 ① 표준원가는 재무적 측정치만을 강조하고 비재무적 측정치(품질 또는 납기 등)를 고려하지 않는 경향이 있어 표준원가에 의한 지나친 원가 통제는 오히려 품질 하락 등을 초래할 수 있다.

상 중 하

080 다음 중 원가회계에 대한 설명으로 옳지 않은 것은? 61회

① 전부원가회계에서는 변동제조원가뿐만 아니라 고정제조원가까지도 포함하여 원가계산을 한다.
② 정상원가회계에서 직접재료비와 직접노무비는 실제원가로 계산되지만, 제조간접비는 예정배부율을 사용하여 제품에 배부된다.
③ 개별원가회계는 제품별로 원가계산을 하게 되므로 원가를 직접비와 간접비로 구분하며, 이 중에 공통원가인 간접비는 합리적인 배부기준에 의해 제품별로 배부한다.
④ 표준원가회계는 주로 대외적인 보고 목적으로 사용되는 원가회계방법이다.

상 중 하

081 다음 중 표준원가계산의 장단점에 대한 설명으로 옳지 않은 것은? 64회

① 원가 목표를 설정하고 실제발생액을 비교해서 원가 능률을 높일 수 있다.
② 사전에 설정된 표준원가를 적용함으로써 예산편성시간을 절약할 수 있다.
③ 적정원가의 산정에 객관성을 갖기 힘들고 많은 비용이 든다.
④ 표준원가는 수시로 수정할 필요가 없어서 미래원가계산에 대하여 왜곡이 없다.

상 중 하

082 다음 중 표준원가계산과 관련된 설명으로 옳지 않은 것은? 113회

① 표준원가를 이용하여 원가계산을 하기 때문에 원가계산을 신속하게 할 수 있다.
② 원가 요소별로 가격표준과 수량표준을 곱해서 제품의 단위당 표준원가를 설정한다.
③ 기말에 원가차이를 매출원가에서 조정할 경우 유리한 차이는 매출원가에서 차감한다.
④ 표준원가계산제도를 채택하면 실제원가와는 관계없이 항상 표준원가로 계산된 재고자산이 재무제표에 보고된다.

정답 및 해설

080 ④ 표준원가회계는 사전에 설정된 표준가격 및 표준사용량을 이용하여 제품원가를 계산하는 방법으로 대외 보고를 목적으로 하지 않는다.
081 ④ 표준원가는 수시로 수정해야 하는 원가이다. 업데이트를 하지 않으면 미래원가계산이 왜곡될 수 있다.
082 ④ 표준원가와 실제원가가 상당한 차이가 있는 경우에는 표준원가를 실제의 상황에 맞게 조정하여야 한다.

상 중 하

083 **다음 중 표준원가계산과 관련된 설명으로 옳지 않은 것은?** [109회]

① 표준원가계산은 변동원가계산제도와 종합원가계산제도에 적용할 수 있으나 전부원가계산제도에서는 적용할 수 없다.

② 표준원가계산은 예산과 실제원가를 기초로 차이를 분석하여 예외에 의한 관리를 통해 효율적인 원가통제가 가능하다.

③ 과학적이고 객관적인 표준원가를 설정하는 것이 쉽지 않고, 표준원가를 설정하는데 시간과 비용이 많이 든다.

④ 표준원가계산제도를 채택하더라도 표준원가와 실제원가가 상당한 차이가 있는 경우에는 표준원가를 실제의 상황에 맞게 조정하여야 한다.

상 중 하

084 **다음 중 표준원가계산제도와 관련된 설명으로 옳지 않은 것을 모두 고르시오.** [49회]

> ㉠ 원가 발생의 예외에 의한 관리를 할 수 없다.
> ㉡ 직접재료원가의 차이를 원재료 구입시점에서 분리하든 사용시점에서 분리하든 직접재료원가 능률차이에는 영향을 미치지 않는다.
> ㉢ 기말에 원가차이를 매출원가에서 조정할 경우 불리한 차이는 매출원가에 가산하고 유리한 차이는 매출원가에 차감한다.
> ㉣ 제품의 완성량만 파악하면 표준원가를 산출할 수 있으므로 신속하게 원가정보를 제공할 수 있다.
> ㉤ 직접재료원가 능률차이 계산식은 '(표준소비량－실제소비량)×실제가격'으로 표현할 수 있다.

① ㉠, ㉡
② ㉡, ㉢
③ ㉢, ㉣
④ ㉠, ㉤

상 중 하

085 **다음 중 표준원가계산에 대한 설명으로 옳지 않은 것은?** [48회]

① 표준원가계산방법을 선택한 경우에는 실제원가와 상관없이 표준원가로 계산된 재고자산의 금액을 재무상태표 금액으로 결정하여야 한다.

② 표준원가계산은 사전에 객관적이고 합리적인 방법에 의하여 산정한 원가를 이용하되 그 표준원가는 회사 사정을 고려하여 현실적으로 달성 가능하도록 설정하여야 한다.

③ 표준 직접재료원가 설정 시 표준소비가격은 과거 및 현재의 시장가격과 장래에 예측되는 가격동향 등 제반 경제적 여건을 고려하여 설정하여야 한다.

④ 표준원가계산 시 표준원가와 실제 발생원가의 차액인 원가차이는 원가계산 기간별로 산정하여야 한다.

정답 및 해설

083 ① 표준원가계산은 변동원가계산제도와 종합원가계산제도 뿐만 아니라 전부원가계산제도에서도 적용할 수 있다.

084 ④ ㉠ 표준원가분석은 실제발생액을 집계하여 이를 표준과 비교하여 차이를 산출하고 구체적인 원인별로 차이를 분석할 수 있으므로 원가 발생의 예외에 의한 관리를 할 수 있다.
㉤ 직접재료원가 능률차이 계산식은 '(표준소비량－실제소비량)×표준가격'으로 표현할 수 있다.

085 ① 표준원가법 등의 원가측정방법은 그러한 방법으로 평가한 결과가 실제원가와 유사한 경우에 편의상 사용할 수 있다. 즉, 표준원가계산방법을 선택한 경우에도 실제원가로 계산된 재고자산의 금액을 재무상태표 금액으로 결정해야 한다.

상 중 하

086 다음 표준원가계산제도와 관련된 설명 중 옳지 않은 것은? 98회 수정

① 종합원가계산제도에서 적용할 수 있다.
② 기말에 원가차이를 매출원가에서 조정할 경우 불리한 차이는 매출원가에서 차감하고 유리한 차이는 매출원가에 가산한다.
③ 표준원가계산에서 불리한 차이란 실제원가가 표준원가보다 큰 것을 의미한다.
④ 조업도 차이는 고정제조간접원가 차이분석 시 확인할 수 있다.

상 중 하

087 다음 괄호 안에 들어갈 용어가 알맞게 연결된 것은? 40회

- (가)은 사전에 객관적이고 합리적인 방법에 의하여 산정한 원가를 이용하여 제조원가를 계산하는 경우에 적용한다.
- (나)은 동일 종류 또는 다른 종류의 제품을 연속하여 반복적으로 생산하는 생산형태에 적용한다.
- (다)은 원가요소의 실제발생액을 비목별 계산을 거쳐 원가부문별로 계산한 후 제품별로 제조원가를 집계한다.

	(가)	(나)	(다)
①	표준원가계산	실제원가계산	종합원가계산
②	실제원가계산	종합원가계산	표준원가계산
③	표준원가계산	종합원가계산	실제원가계산
④	실제원가계산	표준원가계산	종합원가계산

상 중 하

088 다음 중 표준원가계산에 대한 설명으로 가장 옳지 않은 것은? 118회 수정

① 표준원가는 과학적이고 객관적으로 간단하게 설정할 수 있다.
② 표준원가는 제품의 수량만 파악되면 원가 흐름의 가정 없이도 제품원가의 계산이 쉽다.
③ 표준원가를 이용하면 실제원가를 집계하기 전에 제품의 원가를 계산할 수 있으므로 신속한 원가 정보 제공이 가능하다.
④ 표준원가계산제도는 내부 의사결정을 위한 제도로서 기업회계기준에서는 인정되지 않는다.

정답 및 해설

086 ② 기말에 원가차이를 매출원가에서 조정할 때 불리한 차이는 매출원가에 가산하고 유리한 차이는 매출원가에서 차감한다.

087 ③ (가)는 표준원가계산, (나)는 종합원가계산, (다)는 실제원가계산을 설명하고 있다.

088 ① 표준원가의 선정은 과학적, 객관적으로 설정하는 것이 쉽지 않다.

상 중 하

089 다음의 자료를 참조하여 직접노무비의 가격차이와 능률차이를 구하시오. 102회

• 표준 직접노무비(@300원, 10시간)	3,000원
• 이달의 실제 자료	
– 제품 생산량	120개
– 실제 직접노무비(@330원, 1,000시간)	330,000원

	가격차이	능률차이		가격차이	능률차이
①	30,000원 유리	60,000원 유리	②	30,000원 불리	60,000원 유리
③	30,000원 유리	60,000원 불리	④	30,000원 불리	60,000원 불리

상 중 하

090 (주)데코의 당기 직접노무원가에 관한 내용이 다음과 같을 경우, 직접노무원가 능률차이는 얼마인가? 108회

• 실제 직접노동시간 50,000시간
• 표준 직접노동시간 48,000시간
• 직접노무원가 임률차이 200,000원(유리)
• 실제 직접노무원가 발생액 2,800,000원

① 120,000원 유리
② 120,000원 불리
③ 504,000원 유리
④ 504,000원 불리

정답 및 해설

089 ②

AQ×AP	AQ×SP	SQ×SP
1,000시간×@330원 =330,000원	1,000시간×@300원 =300,000원	1,200시간(=120개×10시간)×@300원 =360,000원

가격차이 330,000원－300,000원 =30,000원(불리)

능률차이 300,000원－360,000원 =60,000원(유리)

090 ②

AQ×AP	AQ×SP	SQ×SP
2,800,000원	50,000시간×60원=3,000,000원	48,000시간×60원=2,880,000원

임률차이 200,000원 유리

능률차이 120,000원 불리

• 표준임률 SP: $\frac{\text{실제 직접노무원가 발생액 2,800,000원} + \text{유리한 임률차이 200,000원}}{\text{실제 직접노동시간 50,000시간}}$ =60원/시간

∴ 직접노무원가 능률차이(불리한 차이) 120,000원=(실제 직접노동시간 50,000시간－표준 직접노동시간 48,000시간)×표준임률 60원

상 중 하

091 (주)시후의 2025년 11월 직접노무비에 관한 내용이 다음과 같을 경우, 직접노무비 임률차이는 얼마인가?

107회

• 실제 직접노무비 발생액: 180,000원	• 실제 직접노동시간: 33,000시간
• 표준 직접노동시간: 34,000시간	• 직접노무비 능률차이: 5,000원(유리)

① 유리한 차이 5,000원　　② 불리한 차이 5,000원
③ 불리한 차이 12,000원　　④ 불리한 차이 15,000원

상 중 하

092 표준원가계산제도를 채택하고 있는 (주)운주의 직접노무비 관련 자료는 다음과 같다. (주)운주의 직접작업시간은 얼마인가? 95회

• 표준임률: 직접작업시간당 5,000원	• 실제임률: 직접작업시간당 6,000원
• 표준직접작업시간: 2,000시간	• 능률차이(유리): 1,000,000원

① 1,800시간　　② 2,000시간
③ 2,200시간　　④ 2,250시간

정답 및 해설

091 ④ • 표준가격(SP): 능률차이 5,000원÷(34,000시간－33,000시간)＝5원
• 실제 노무비 발생액 180,000원－실제 노무비 배부액 165,000원＝불리한 차이 15,000원

AQ×AP	AQ×SP	SQ×SP
180,000원	33,000시간×5원 ＝165,000원	34,000시간×5원 ＝170,000원

임률차이 15,000원(불리)　능률차이 5,000원(유리)

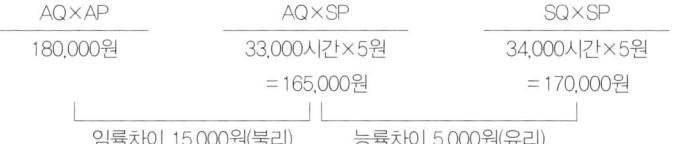

092 ① 직접작업시간 x×표준단가 @5,000원 ＝9,000,000원　　표준사용시간 2,000시간×표준단가 @5,000원 ＝10,000,000원

능률차이 1,000,000원(유리)

직접작업시간 x×표준단가 @5,000원＝9,000,000원
∴ 직접작업시간: 9,000,000원÷5,000원＝1,800시간

상 중 하

093 표준원가제도하에서 다음 자료를 참고하여 실제 발생한 노무시간 및 실제 시간당 임률은 얼마인가? 90회

- 시간당 표준임률: 5,000원
- 제품단위당 표준시간: 1시간
- 실제 제품 생산량: 2,000개
- 능률차이: 150,000원(불리)
- 임률(가격)차이: 609,000원(유리)

	실제 노무시간	실제 시간당 임률
①	2,030시간	5,300원
②	2,030시간	4,700원
③	1,970시간	5,300원
④	1,970시간	4,700원

상 중 하

094 표준원가계산상의 다음 자료에서 고정제조간접원가의 예산차이는 얼마인가? 71회

- 고정제조간접원가 표준배부율: 20원/단위
- 기준조업도: 20,000단위
- 실제 조업도: 22,000단위
- 고정제조간접원가 실제발생액: 500,000원

① 100,000원 불리
② 100,000원 유리
③ 60,000원 불리
④ 60,000원 유리

상 중 하

095 기초 및 기말재공품과 기초제품이 없고 판매량이 동일하다는 가정하에 표준원가계산에서 불리한 배부차이를 조정하는 방법 중 영업이익이 가장 크게 표시되는 방법은 무엇인가? 93회

① 매출원가조정법
② 영업외손익법
③ 총원가기준법
④ 원가요소기준법

정답 및 해설

093 ② • 능률차이: (실제시간 − 표준시간 2,000시간) × 표준임률 5,000원 = 150,000원
∴ 실제시간 = 2,030시간
• 임률(가격)차이: (표준임률 5,000원 − 실제임률) × 실제시간 2,030시간 = 609,000원
∴ 실제임률 = 4,700원

094 ①

고정제조간접비 실제발생액	고정제조간접비 예산	고정제조간접비 배부액
500,000원	20,000단위 × 20원 = 400,000원	−

예산차이 100,000원(불리) −

095 ② 기초 및 기말재공품과 기초제품이 없고 판매량이 동일하다면 매출원가조정법, 총원가기준법, 원가요소기준법은 불리한 배부차이가 매출원가로 배분되며, 영업외손익법만 영업외비용으로 배분된다. 따라서 영업이익이 가장 크게 표시되는 것은 영업외손익법이다.

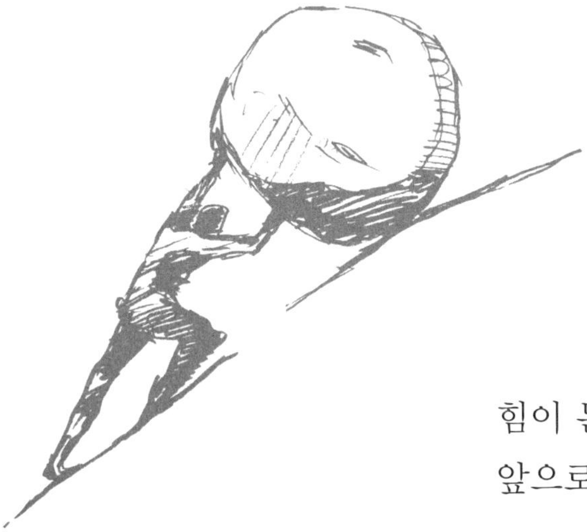

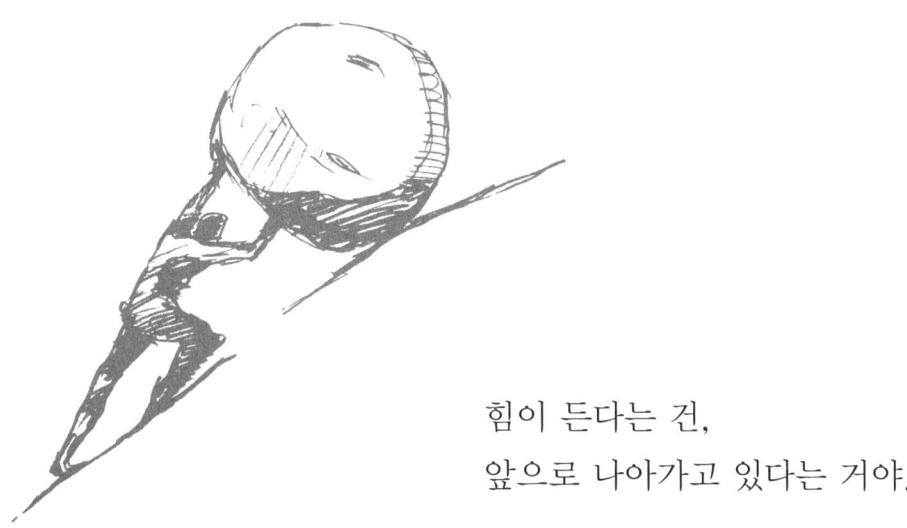

힘이 든다는 건,
앞으로 나아가고 있다는 거야.

– 안정은, 『오늘도 좋아하는 일을 하는 중이야』, 서랍의 날씨

이론

PART 3

세법

NCS 능력단위 요소

세금계산서 발급 · 수취하기_0203020205_20v5.1
부가가치세 부속서류 작성하기_0203020205_20v5.2
부가가치세 신고하기_0203020205_20v5.3
금융소득 원천징수하기_0203020204_20v5.1
사업소득 원천징수하기_0203020204_20v5.2
근로소득 원천징수하기_0203020204_20v5.3
근로소득 연말정산하기_0203020204_20v5.6
과세 대상소득 확정하기_0203020213_20v5.1
세법상 수입금액 확정하기_0203020213_20v5.2

학습전략

PART 03.세법에서는 2점 배점으로 5문제가 출제되어 총 배점은 10점이다. 주로 난이도 '상'이 1~2문제, 난이도 '중'이 2~3문제, 난이도 '하'가 1~2문제 출제되고 있다. CHAPTER별로는 부가가치세법 1~2문제, 소득세법 1~2문제, 법인세법 2문제가 출제되고 있다. 최근에는 계산문제에 대한 비중이 낮으며, 최신 개정된 세법에 대한 문제가 출제되고 있다. 또한 출제범위가 넓기 때문에 과거 기출문제 중 자주 출제되는 문제유형 중심으로 선택적 학습을 하는 것이 효율적이다.

CHAPTER 01

부가가치세법

핵심키워드

- 간주공급
- 영세율과 면세
- 과세표준
- 매출세액
- 세금계산서
- 매입세액

■ 1회독 ■ 2회독 ■ 3회독

THEME 01 부가가치세 총론

▸ 최신 30회 중 7문제 출제

1. 부가가치세의 정의

부가가치세(VAT; Value Added Tax)란 재화나 용역의 생산 또는 유통단계에서 발생되는 부가가치에 부과되는 조세이다. 여기서 부가가치란 생산 또는 유통단계에서 사업자가 독립적으로 창출한 가치이다. **부가가치세법은 과세의 대상이 행위 또는 거래의 귀속이 명의일 뿐이고 사실상 귀속되는 자가 따로 있는 경우 사실상 귀속되는 자에게 적용한다.**

2. 부가가치세의 특징

구분	내용
국세	국가가 과세권을 가지고 부과하는 세금임(≠지방세) [비교] 지방세: 시·군·구청 등 지방자치단체가 과세권을 가지고 부과하는 세금
일반소비세	부가가치세법상 면세로 열거되어 있지 않은 모든 재화와 용역의 소비에 포괄적으로 과세하므로 일반세이며, 소비를 담세력으로 하므로 소비세에 해당함(≠개별소비세) [비교] 개별소비세: 보석, 귀금속 등 사치품 등에 추가 과세
소비형 부가가치세	소비 지출에 해당하는 부가가치만을 과세 대상으로 하는 소비형 부가가치세를 채택함
전단계 세액공제법	부가가치세는 매출세액에서 전단계에 지급한 매입세액을 공제하는 전단계 세액공제법을 채택함(≠전단계 거래액공제법)
간접세	납부는 각 단계의 사업자가 하지만 실질적인 세부담은 최종 소비자가 지게 됨(≠직접세) [비교] 직접세: 납세의무자=담세자 예 소득세, 법인세 등
다단계 거래세	각 거래단계마다 증가하는 부가가치에 대하여 사업자가 부가가치세를 징수하도록 하는 다단계 거래세에 해당함(≠단단계 거래세)
소비지국 과세원칙	수출의 경우 영세율을 적용하므로 완전면세하고, 수입재화에 대해서는 과세하므로 결국 국내소비에 대하여만 과세하는 소비지국 과세원칙을 채택함(≠생산지국 과세원칙)
물세	납세의무자나 부양가족의 교육비·의료비 등 인적사항을 전혀 고려하지 않음(≠인세)
신고납세제도	원칙적으로 납세의무자의 과세표준 신고에 의해 납세의무가 확정됨(≠정부부과제도)
종가세	일정한 금액으로 계산되는 과세표준에 세율을 곱하여 세금을 부과함
비례세	10% 단일비례세율을 채택하고 있으나 수출 등 외화 획득 사업에는 영(0)의 세율을 적용함

연습문제

다음은 부가가치세에 대한 설명이다. 타당하지 않은 것은? 기출 13회

① 부가가치세의 세부담자는 최종 소비자지만, 부가가치세의 납세의무자는 사업자이다.
② 이론상 부가가치세는 부가가치를 과세하는 물건으로 하는 조세로서, 생산단계 또는 각 거래단계에서 생성한 부가가치에 과세하는 것이다.
③ 현행 부가가치세법은 전단계 거래액공제법을 적용하여 매출액에서 매입액을 차감하여 세율을 적용한 후, 납부세액을 계산한다.
④ 부가가치세법에서 재화라 함은 재산적 가치가 있는 모든 유체물과 무체물을 말한다.

| 정답 및 해설 |

③ 우리나라 부가가치세법은 매출세액에서 전단계에 지급한 매입세액을 공제하는 전단계 세액공제법을 채택하고 있다.

3. 납세의무자

부가가치세를 납부할 의무가 있는 자는 사업자 또는 재화를 수입하는 자이다.

(1) 사업자

사업자란 영리 목적의 유무와 관계없이 사업상 독립적으로 재화 또는 용역을 공급하는 자를 말한다. 사업자는 과세사업자와 면세사업자로 구분된다. 과세사업자는 부가가치세가 과세되는 재화 또는 용역을 공급하는 사업자이며, 면세사업자는 미가공 농·축·수·임산물 등 부가가치세가 면제되는 재화 또는 용역을 공급하는 사업자이다.

① 사업자의 구분

구분		기준	거래증빙
과세사업자	일반과세자	직전 1역년의 공급대가*가 1억400만원 이상인 자	세금계산서 또는 영수증
	간이과세자	직전 1역년의 공급대가*가 1억400만원 미만인 자(법인 제외)	
면세사업자		부가가치세법상 사업자가 아니므로 신고·납부의무가 없음	계산서 또는 영수증

* 공급대가 = 공급가액 + 부가가치세

+ 사업자의 요건

- 영리 목적 유무 불구: 국가, 지방자치단체 등과 같은 비영리단체 납세의무 ○
  예 우체국택배와 KTX 등은 국가가 운영하지만 동일 업종 타 기업과의 과세형평을 위해서 과세된다.
- 사업성: 계속적이고 반복적으로 공급
  예 청산 중에 있는 내국법인은 계속등기 여부에 불구하고 사실상 사업을 계속하는 경우 납세의무 ○
  [비교] 일반개인이 가정에서 사용하던 중고노트북을 판매하는 경우에는 과세하지 않는다.
- 독립성: 인적 또는 물적 독립성
  [비교] 회사에 고용되어 종속된 근로자가 근로계약에 따라 근로를 제공하는 경우에는 독립성이 없으므로 과세하지 않는다.

② 사업자에 따른 거래증빙

구분	거래증빙
일반과세자	• 원칙: 세금계산서 발급 • 예외: 영수증 발급 대상 사업*을 하는 사업자는 영수증 발급
간이과세자	[유형 Ⅰ] 신규사업자와 직전연도의 공급대가 합계액이 4,800만원 미만인 자 • 원칙: 영수증 발급 • 예외: 없음 [유형 Ⅱ] 직전연도의 공급대가 합계액이 4,800만원 이상 1억 400만원 미만인 자 • 원칙: 세금계산서 발급 • 예외: 영수증 발급 대상 사업을 하는 사업자는 영수증 발급
면세사업자	계산서 또는 영수증

* 영수증 발급 대상 사업에는 소매업, 음식점업, 숙박업 등 최종 소비자를 대상으로 하는 업종이 해당된다.

꿀팁 면세사업자는 세금계산서를 발급할 수 없다.

(2) 재화를 수입하는 자

소비지국 과세원칙에 따라 수입 통관 시 세관장은 모든 재화(면세 대상 제외)에 10% 세율을 부가가치세로 과세한다. 또한, 재화를 수입하는 자는 사업자 여부에 관계없이 부가가치세 납세의무(수입목적 · 사용용도 불문)가 있다.

연습문제

다음 중 부가가치세법상 납세의무에 대한 설명으로 가장 잘못된 것은? 기출 108회

① 청산 중에 있는 내국법인은 계속등기 여부에 불구하고 사실상 사업을 계속하는 경우 납세의무가 있다.
② 영리 목적 없이 사업상 독립적으로 용역을 공급하는 자도 납세의무자에 해당한다.
③ 사업자가 아닌 자가 부가가치세가 과세되는 재화를 개인적 용도로 사용하기 위해 수입하는 경우에는 부가가치세 납세의무가 없다.
④ 부가가치세는 납세의무자와 실질적인 담세자가 일치하지 않는 간접세이다.

| 정답 및 해설 |

③ 재화를 수입하는 자는 사업자 여부에 불문하고 납세의무가 있다.

4. 과세기간

일반적으로 부가가치세의 과세기간은 1년을 2과세기간으로 나누어 매 6개월을 1과세기간으로 하고 있으며, 다시 각 과세기간을 예정신고기간과 과세기간 최종 3월(실무에서의 확정신고기간)로 구분하여 신고 · 납부하도록 하고 있다. 단, 신규사업자와 폐업자 및 간이과세자는 예외로 한다.

(1) 일반적인 경우

구분	과세기간	예정신고기간 및 과세기간 최종 3월		신고 · 납부기한
제1기	1.1.~6.30.	예정신고기간	1.1.~3.31.	4.25.
		과세기간 최종 3월	4.1.~6.30.	7.25.
제2기	7.1.~12.31.	예정신고기간	7.1.~9.30.	10.25.
		과세기간 최종 3월	10.1.~12.31.	익년 1.25.

(2) 이외의 경우

구분	과세기간	신고·납부기한
간이과세자	1.1.~12.31.	종료일의 다음 날부터 25일 이내 (또는 다음 연도 1월 25일)
신규사업자	사업 개시일*~당해 과세기간의 종료일	종료일의 다음 날부터 25일 이내
사업 개시 전 등록의 경우	등록 신청일~당해 과세기간의 종료일	종료일의 다음 날부터 25일 이내
폐업자	당해 과세기간의 개시일~폐업일	폐업일이 속하는 달의 다음 달 25일 이내

* 제조업의 사업 개시일은 재화의 제조를 개시하는 날을 의미한다.

5. 납세지

납세지는 납세의무자가 납세의무를 이행하고 세무관청이 과세권을 행사하는 기준이 되는 장소이다. 부가가치세는 사업장마다 신고·납부해야 하므로 사업장을 납세지로 하고 있다. 사업장은 사업자가 사업을 하기 위해서 전부 또는 일부를 거래하는 고정된 장소를 말한다.

(1) 사업장의 범위

구분	사업장
광업	광업사무소의 소재지
제조업	최종 제품을 완성하는 장소(다만, 제품의 포장만 하거나 용기에 충전만 하는 장소는 제외)
건설업, 운수업, 부동산 매매업	• 법인: 그 법인의 등기부상 소재지(∵ 각각의 건설현장 등을 사업장으로 하면 건설현장마다 신고해야 하는 실무상 어려움을 고려함) [비교] 건설하는 장소 × • 개인: 그 업무를 총괄하는 장소(∵ 개인은 등기부 ×) [비교] 부동산 소재지 ×
부동산 임대업	당해 부동산의 등기부상 소재지(∵ 각각의 부동산 등기부상 소재지에서 계속·반복적으로 부가가치가 창출됨)
무인자동판매기를 통해 재화·용역을 공급하는 사업	해당 업무를 총괄하는 장소 [비교] 자판기 설치장소 ×
비거주자, 외국법인	비거주자 또는 외국법인의 국내 사업장
사업장이 없는 경우	사업자의 주소 또는 거소
기타규정	사업장 외의 장소도 사업자가 신청하면 사업장으로 등록할 수 있음(다만, 사업자가 신청하여 설치한 무인자동판매기는 납세지로 할 수 없음)

+ 직매장·하치장·임시사업장

구분	내용
직매장	직매장은 판매행위가 이루어지므로 사업장에 해당함
하치장	• 하치장은 재화를 보관·관리하는 장소를 말하며, 판매행위가 이루어지지 않으므로 사업장에 해당하지 않음 • 하치장 설치 신고는 하치장 설치일로부터 10일 이내에 하치장 관할 세무서장에게 해야 함
임시사업장	• 임시사업장은 박람회, 기타 행사장소를 말하며, 기존 사업장에 포함되는 것으로 함 • 임시사업장을 개설하려는 자는 임시사업장 개설 신고서를 해당 임시사업장의 사업 개시일로부터 10일 이내에 임시사업장의 관할 세무서장에게 제출해야 함(다만, 임시사업장의 설치기간이 10일 이내인 경우에는 신고하지 않아도 됨)

연습문제

부가가치세법상 납세지에 관한 설명으로 옳지 않은 것은? 기출 70회

① 부가가치세는 사업장마다 신고 · 납부하여야 하며 사업장 소재지가 납세지가 된다.
② 건설업을 영위하는 법인사업자는 그 법인의 등기부상의 소재지를 납세지로 한다.
③ 부가통신사업자의 사이버몰을 이용하여 재화 · 용역을 공급하는 통신판매업에 있어서는 당해 부가통신사업자의 주된 사업장 소재지를 납세지로 하는 것이 원칙이다.
④ 무인자동판매기를 통하여 재화 · 용역을 공급하는 사업은 사업자의 신청에 의하여 무인자동판매기의 설치장소를 납세지로 할 수 있다.

| 정답 및 해설 |

④ 무인자동판매기를 이용하여 재화 · 용역을 공급하는 사업은 그 사업에 관한 업무를 총괄하는 장소가 사업장이므로 사업자의 신청에 따라 무인자동판매기를 설치한 장소는 납세지로 할 수 없다.

(2) 주사업장 총괄납부제도 및 사업자 단위 과세제도

구분		주사업장 총괄납부제도	사업자 단위 과세제도
개념		둘 이상의 사업장이 있을 때 사업장의 납부세액 또는 환급세액을 통산하여 주된 사업장에서 납부하거나 환급받는 제도(∵ 사업자의 자금 부담 완화)	둘 이상의 사업장이 있을 때 사업장이 아닌 사업자 단위로 모든 납세의무를 이행하는 제도(∵ 납세자의 편의 제고)
효과		납부(환급)만 총괄	모든 의무(등록, 세금계산서 수수, 세액계산, 신고, 납부, 수정신고 등)를 총괄
주사업장		• 법인: 본점 또는 지점 선택 가능 • 개인: 주사무소(분사무소 ×)	• 법인: 본점(지점 ×) • 개인: 주사무소(분사무소 ×)
신청 및 포기	신규 사업자	주된 사업장의 사업자등록증을 받은 날로부터 20일 이내 총괄납부 신청	사업 개시일로부터 20일 이내 사업자 단위로 사업자 등록 신청
	계속 사업자	• 신청 및 포기하고자 하는 과세기간 개시 20일 전까지 신청 및 포기 신고를 해야 하며 승인은 불필요함 • 사업장이 하나인 사업자가 추가로 개설하는 사업장의 사업 개시일이 속하는 과세기간부터 총괄납부제도나 사업자 단위 과세제도를 적용받고자 할 경우 추가 사업장의 사업 개시일로부터 20일 이내에 변경 신청 가능	

연습문제

다음 중 부가가치세법상 주사업장 총괄납부제도와 사업자 단위 과세제도에 대한 설명으로 옳지 않은 것은? 기출 88회

구분	주사업장 총괄납부제도	사업자 단위 과세제도
① 개념	둘 이상의 사업장이 있을 때 사업장의 납부세액 또는 환급세액을 통산하여 주된 사업장에서 납부하거나 환급받는 제도	둘 이상의 사업장이 있을 때 사업장이 아닌 사업자 단위로 모든 납세의무를 이행하는 제도
② 효과	납부(환급)만 총괄	모든 의무(등록, 세금계산서 수수, 세액계산, 신고, 납부 등)를 총괄
③ 주사업장	• 법인: 본점 또는 지점 중 선택 가능 • 개인: 주사무소에서만 가능	• 법인: 본점에서만 가능 • 개인: 주사무소에서만 가능
④ 신청	신규사업자는 주된 사업장의 사업 개시일로부터 20일 이내 총괄납부 신청	신규사업자는 사업 개시일로부터 20일 이내 사업자 단위로 사업자등록 신청

| 정답 및 해설 |

④ 주사업장 총괄납부제도의 경우 신규사업자는 주된 사업장의 사업자등록증을 받은 날로부터 20일 이내에 총괄납부를 신청할 수 있다.

개정세법 반영

(3) 사업자등록 신청 및 미등록 가산세

구분	내용
사업자등록 신청	• 사업자는 사업장마다 사업 개시일로부터 20일 이내에 사업장 관할 세무서장에게 등록하여야 함[다만, 신규로 사업을 개시하고자 하는 자는 사업 개시일 전이라도 등록 가능(∵ 사업을 준비하는 과정에서 발생하는 매입세액을 공제해 주기 위함)] • 사업자등록 신청을 사업장 관할 세무서장이 아닌 다른 세무서장에게도 할 수 있으며 이 경우 사업장 관할 세무서장에게 신청한 것으로 봄(∵ 납세자 편의를 위함) • 보정: 등록신청의 내용을 보정할 필요가 있다고 인정되는 때에는 10일 이내의 기간을 정하여 보정으로 요구할 수 있음 • 직권등록: 사업자가 사업자등록을 하지 않거나 국외사업자 등이 간편사업자등록을 하지 아니하는 경우에는 납세지 관할 세무서장이 조사하여 직권으로 등록할 수 있음 • 등록거부: 사업개시 전 등록신청을 한 자가 사업을 사실상 개시하지 않을 것으로 인정되는 때에는 등록을 거부할 수 있음
등록증 발급	• 사업자등록 신청을 받은 세무서장은 신청일로부터 2일 이내(토요일, 공휴일, 근로자의 날 제외)에 발급하여야 함 • 다만, 사업장 현황 파악이 필요하다고 인정되는 때에는 발급기한을 5일 이내(토요일, 공휴일, 근로자의 날 제외)로 연장 가능
사업자등록 의무 위반에 대한 불이익	• 미등록 가산세: 사업 개시일로부터 20일 이내에 사업자등록을 신청하지 않으면 가산세(공급가액의 1%) 부과 • 타인 명의 등록 가산세: 타인의 명의로 사업자등록을 하거나 그 타인 명의의 사업자등록을 이용하여 사업을 영위하는 것이 확인되면 가산세(공급가액의 2%) 부과 • 등록 전 매입세액 불공제: 사업자등록 신청 전의 매입세액은 매출세액에서 공제하지 않음[다만, 공급시기가 속하는 과세기간이 끝난 후 20일 이내에 등록을 신청하면 등록 신청일부터 공급시기가 속하는 과세기간 기산일(1.1. 또는 7.1.)까지 역산한 기간 내의 것은 공제]
사업자등록 정정	사업자는 등록사항에 변동이 발생한 때에는 지체 없이 정정 신고를 해야 하며, 사업자등록 정정 신고를 받은 관할 세무서장은 신청일 당일 또는 신청일부터 2일 이내(토요일, 공휴일, 근로자의 날 제외)에 사업자등록증을 정정하여 재발급해야 함
사후관리	• 휴업·폐업신고: 사업자등록을 한 사업자는 휴업 또는 폐업을 한 경우 사업장 관할 세무서장에게 지체 없이 신고하여야 함 • 말소: 사업자등록 신청을 한 사업자가 폐업 또는 사실상 사업을 시작하지 아니하게 되는 일정한 경우 사업장 관할 세무서장은 지체 없이 사업자등록을 말소하여야 함

✚ 사업자등록 정정 사유에 대한 재발급일

신청일 당일	• 상호 변경 • 통신판매업자의 사이버몰 명칭 또는 인터넷 도메인 이름 변경
신청일부터 2일 이내	• 법인의 대표자 변경(반면, 개인사업자 대표자 변경은 폐업 사유) • 상속(증여 ×)으로 인한 사업자 명의 변경 • 사업장 이전(반면, 사업자의 자택주소 변경은 정정 사유 ×) • 공동사업자의 구성원 또는 출자 지분의 변경 • 임대인, 임대차 목적물·면적, 보증금, 임대차 기간의 변경 • 사업자 단위 과세사업자의 적용 사업장 변경, 종된 사업장 신설·이전·휴업·폐업

[참고] 주소지 변경 시 사업자등록 정정 신고 없이 자동 정정 허용: 사업장과 주소지가 동일한 사업자가 사업자등록을 신청하면서 주소지 이전 시 사업장이 함께 이전하는 것에 동의한 경우에는 사업자가 주소지를 이전하는 때에 사업자등록 정정 신고서를 제출한 것으로 본다.

연습문제

다음 중 부가가치세법상 사업자등록에 대한 설명으로 옳지 않은 것은? 기출 106회

① 상속으로 사업자의 명의가 변경되는 경우 기존 사업자는 폐업 신고를 하고 상속인의 명의로 새로이 사업자등록을 하여야 한다.
② 사업장마다 사업 개시일부터 20일 이내에 사업자등록을 신청하여야 한다.
③ 사업자등록을 한 사업자는 휴업 또는 폐업을 하는 경우 지체 없이 신고하여야 한다.
④ 사업자등록 신청을 하였으나 사실상 사업을 시작하지 아니하게 되는 일정한 경우 사업장 관할 세무서장은 지체 없이 사업자등록을 말소하여야 한다.

| 정답 및 해설 |

① 상속으로 사업자의 명의가 변경되는 경우 등록사항 변경 신고를 하여야 한다.

합격을 다지는 실전문제 p.328

THEME 02 과세 대상

▸ 최신 30회 중 2문제 출제

재화 또는 용역의 공급 및 재화의 수입은 과세 대상에 해당하며 재화 또는 용역의 공급은 사업자가 계약상 · 법률상 모든 원인에 대하여 재화 또는 용역을 인도 · 양도하는 것을 말한다. 다만, 용역의 수입은 세관을 통과하지 않아 사용소비의 파악이 어렵기 때문에 과세 대상으로 규정하지 않는다.

구분	사업자 여부	과세 대상	비고
재화의 공급	사업자 ○	○	재화의 무상공급 과세 ○
용역의 공급		○	용역의 무상공급 과세 × (일정한 경우 제외)
재화의 수입	사업자 ○, × 모두 가능	○	
용역의 수입		×	실체 파악 ×

1. 재화의 공급

재화란 재산으로서 가치가 있는 물건 및 권리를 말한다. 단, 화폐대용증권(수표 · 어음), 유가증권(주식 · 채권), 상품권은 과세 대상 재화에 해당하지 않는다.

[비교] 화폐대용증권(수표 · 어음), 유가증권(주식 · 채권), 상품권은 과세 대상 재화에 해당하지 않지만 온라인 게임머니는 과세 대상 재화에 해당한다.

구분	내용
재화의 실질공급	계약상 또는 법률상의 모든 원인에 따라 재화를 인도하거나 양도하는 것으로, 매매계약, 가공계약, 교환계약, 현물출자 등이 해당됨
재화의 간주공급	재화의 실질공급에 해당하지는 않지만 과세형평을 위해 부가가치세 과세 대상이 되는 재화의 공급으로 간주하는 것 • 자가공급 • 개인적 공급 • 사업상 증여 • 폐업 시 잔존재화
재화의 무상공급	당해 재화의 시가를 과세표준으로 하여 과세함

+ 재화의 공급에 해당하지 않는 것

구분	내용
담보 제공	담보 제공은 채권 담보의 목적에 불과하므로 재화의 공급으로 보지 않음(단, 담보로 제공된 재화가 채무불이행 등의 사유로 담보권자 또는 제3자에게 인도되는 경우에는 재화의 공급에 해당함)
손해배상금	사업자가 지체상금 · 변상금 등 각종 원인에 의해 받은 손해배상금
사업의 포괄적 양도	사업장별로 그 사업에 관한 모든 권리와 의무를 포괄적으로 승계시키는 것(∵ 양도자가 양수자에게 부가가치세를 거래징수한 후 납부하면 양수자는 해당 금액을 공제 또는 환급을 받기 때문에 국가 입장에서 실익이 없음)
조세의 물납	사업자가 사업용 자산을 「상속세 및 증여세법」, 「지방세법」의 규정에 따라 물납하는 것(∵ 현금이 없어 세금을 건물 등으로 납부하면 국가로부터 부가가치세를 거래징수하여 다시 국가에 납부하게 되므로 실익이 없음)
공매 · 경매	「국세징수법」에 따른 공매(수의계약에 따라 매각하는 것 포함) 및 「민사집행법」에 따라 경매로 재화를 인도 또는 양도하는 것(∵ 재화의 소유권을 이전당한 사업자는 파산 등의 사유로 부가가치세를 체납하는 경우가 많으나 매입자만 매입세액을 공제받음으로써 세수입이 감소됨) [비교] 사적경매 등: 재화의 공급에 해당
수용	「도시 및 주거환경정비법 등의 법률」에 따른 수용절차에 있어서 수용 대상인 재화의 소유자가 수용된 재화에 대한 대가를 받는 경우(∵ 공익사업을 위해 불가피하게 수용되는 것을 고려)

연습문제

다음 중 부가가치세법상 과세 대상에 해당하는 것은? 기출 86회

① 사업자가 사업용 자산을 「상속세 및 증여세법」, 「지방세법」의 규정에 의해 물납하는 경우
② 경매, 수용, 현물출자와 그 밖의 계약상 또는 법률상의 원인에 따라 재화를 인도하거나 양도하는 경우
③ 「민사집행법」에 따라 경매로 재화를 인도하거나 양도하는 경우
④ 질권, 저당권 또는 양도 담보의 목적으로 동산, 부동산 및 부동산상의 권리를 제공하는 경우

| 정답 및 해설 |

② 사적경매, 현물출자 등 그 밖의 계약상 또는 법률상의 원인에 따라 재화를 인도하거나 양도하는 경우에는 과세 대상에 해당한다.

2. 용역의 공급

용역이란 재화 외의 재산 가치가 있는 모든 역무(노동력, 서비스) 및 그 밖의 행위(임대, 대여)를 말한다. 단, 전(밭) · 답(논) · 과수원 · 목장용지 · 임야 · 염전의 임대(∵ 기초생활과 관련)와 공익사업 관련 지역권*1 · 지상권*2 설정 및 대여사업(∵ 공익사업 지원)은 과세 대상에서 제외한다.

*1 지역권은 자기 토지의 이용가치를 증가시키기 위하여 타인의 토지를 일정한 방법으로 이용하는 권리이다.
*2 지상권은 타인의 토지에 건물, 기타 공작물이나 수목을 소유하기 위하여 그 토지를 사용할 수 있는 권리이다.

구분	내용
용역의 실질공급	계약상 또는 법률상의 모든 원인에 의하여 역무를 제공하거나 재화 · 시설물 또는 권리를 사용하게 하는 것으로 다음에 해당하는 것 • 역무의 제공: 개인서비스업에 해당하는 인적용역을 제공하는 행위 • 물적용역의 제공: 부동산 임대업 등 재화 또는 시설물을 사용하게 하는 행위 • 각종 권리의 대여: 특허권, 상표권 등을 대여하는 행위 [비교] 부동산 또는 일정한 권리의 양도: 재화의 공급 • 건설업자가 건설자재의 전부 또는 일부를 부담하는 건설업 • 주요 자재를 전혀 부담하지 않는 단순 위탁가공업 [비교] 주요 자재의 일부 또는 전부를 부담하는 위탁가공: 재화의 공급(단, 건설업 및 음식점업은 주요 자재의 전부를 부담하면 용역의 공급에 해당함) • 산업상, 상업상 또는 과학상의 지식 · 경험 또는 숙련에 관한 정보(Know-how)를 제공하는 것

용역의 무상공급	용역의 무상공급은 실체를 파악하기 어려우므로 과세 대상이 아님(다만, 사업자가 특수관계인에게 사업용 부동산의 임대용역을 무상으로 공급하면 과세 대상에 해당함)

3. 부수 재화 및 부수 용역의 공급

(1) 주된 거래에 부수되는 재화 · 용역

주된 재화 · 용역의 공급에 부수되어 공급되는 것으로서 다음 중 어느 하나에 해당하는 재화 · 용역의 공급은 주된 재화 · 용역의 공급에 포함되는 것으로 본다.

① 해당 대가가 주된 재화 · 용역의 공급 대가에 통상적으로 포함되어 공급되는 재화 · 용역

② 거래의 관행으로 보아 통상적으로 주된 재화 · 용역의 공급에 부수하여 공급되는 것으로 인정되는 재화 · 용역

주된 거래	부수 재화 · 용역	과세 · 면세 여부
과세거래 예 음반	과세 대상	과세
	면세 대상 예 도서	과세
면세거래 예 미술학원	과세 대상 예 실습자재	면세
	면세 대상	면세

(2) 주된 사업에 부수되는 재화 · 용역

주된 사업에 부수되는 것으로서 다음 중 어느 하나에 해당하는 재화 · 용역의 공급은 별도의 공급으로 보되, 과세 및 면세 여부 등은 주된 사업의 과세 및 면세 여부 등을 따른다.

① 주된 사업과 관련하여 우연히 또는 일시적으로 공급되는 재화 · 용역: 면세를 우선으로 적용한다.

주된 사업	부수 재화 · 용역	과세 · 면세 여부
과세사업 예 전자제품 제조업	과세 대상	과세
	면세 대상 예 토지	면세
면세사업 예 은행	과세 대상 예 차량운반구	면세
	면세 대상	면세

② 주된 사업과 관련하여 주된 재화의 생산과정이나 용역의 제공과정에서 필연적으로 생기는 재화: 부산물은 주산물에 따라 그 과세 여부를 판단한다(∵ 복잡한 안분문제가 발생하는 겸영사업자가 되는 것을 방지하기 위함).

주된 사업	부수 재화 · 용역	과세 · 면세 여부
과세사업 예 참치 통조림	과세 대상	과세
	면세 대상 예 참치알	과세
면세사업 예 밀가루 생산	과세 대상 예 밀기울	면세
	면세 대상	면세

4. 재화의 수입

재화의 수입은 다음의 물품을 우리나라에 반입하는 것을 말한다. 다만, 보세구역을 거치는 것은 보세구역에서 반입하는 것으로 본다.

① 외국에서 국내로 도착한 물품(외국선박이 공해에서 채집하거나 잡은 수산물 포함)으로서 수입 신고가 수리되기 전의 것

② 수출 신고가 수리된 물품으로서 선적이 완료된 것

5. 과세거래 여부 판단

과세거래 ○	과세거래 ×
• 사업자가 매각한 감가상각 내용연수가 경과한 차량(장부가액 0원)인 중고자동차 [비교] 사업자가 아닌 개인의 매각: 과세 × • 타사가 보유한 기계장치와 당사가 보유한 기계장치를 서로 교환하는 거래 • 온라인 게임에 필요한 사이버 화폐인 게임머니를 계속적 · 반복적으로 판매하는 거래 • 사업자가 아닌 개인이 수입한 소형승용차	• 수재 · 화재 · 도난 · 파손 · 재고감모손실 등으로 멸실된 재화 • 각종 원인에 따라 사업자가 받는 손해배상금 · 지체상금 · 위약금 등 • 골프장, 테니스장 경영자가 장소 이용자에게 받는 입회금으로서 일정 기간 거치 후 반환하는 입회금 [비교] 반환의무 ×: 용역의 제공으로 과세 • 고용관계에 따라 근로를 제공하는 것

연습문제

일반과세자인 (주)안동의 다음 거래 중 현행 부가가치세법상 과세거래인 재화의 공급이 아닌 것으로 묶은 것은? 기출 47회

> 가. 회사 소유의 부동산을 불법 무단점유하여 사용한 대가를 소송을 통하여 100,000,000원을 수령하였다.
> 나. 감가상각 내용연수가 경과한 차량(장부가액 0원)을 중고자동차 매매상에게 100,000원에 판매하였다.
> 다. 회사가 구입한 비영업용 소형승용차(개별소비세법 과세대상 자동차)를 대표이사의 개인적인 용도로 사용하고 있다.
> 라. (주)서울이 보유한 기계장치와 당사가 보유한 기계장치를 서로 교환하였다.

① 가, 나　　② 가, 다
③ 나, 다　　④ 나, 라

| 정답 및 해설 |

② 가. 불법 무단점유는 계약상, 법률상 원인이 아니므로 과세거래가 아니다.
다. 간주공급 중 개인적 공급에 해당하는 당초 매입세액이 공제되지 않은 재화는 간주공급에서 배제하고 있으므로 재화의 공급이 아니다.

합격을 다지는 실전문제 p.329

THEME 03 간주공급

▸ 최신 30회 중 1문제 출제

1. 간주공급의 의의

부가가치세법에서는 재화의 실질적인 공급에 해당하지 않지만 일정한 사건들을 재화의 공급으로 간주하여 과세 대상으로 보는데, 이를 재화의 간주공급이라 한다.

(1) 자가공급

자가공급이란 사업자가 자기의 사업과 관련하여 생산하거나 취득한 재화를 자기의 사업을 위하여 사용하거나 소비하는 것을 말한다. 이러한 자가공급은 사업자의 최종 생산물의 부가가치 창출에 기여하므로 원칙적으로 별도의 공급으로 보지 않는다. 다만, 예외적으로 다음에 해당하는 경우에는 재화의 공급으로 간주한다.

구분	내용
면세사업에 전용	자기의 사업과 관련하여 생산 · 취득한 재화를 면세사업을 위하여 직접 사용 · 소비하는 것(∵ 당초 매입시점에 매입세액을 공제받고 추후 공제 대상이 아닌 면세사업에 사용한 때에는 부가가치세 없는 소비가 발생하므로 당초 공제받은 매입세액을 추징함) 예 선박 건조업(과세사업)을 영위하는 사업자가 어선을 건조하여 자신이 경영하는 수산업(면세사업)에 직접 사용하는 경우

비영업용 소형승용차 (개별소비세법 과세대상 자동차) 또는 그 유지의 전용	자기의 사업과 관련하여 생산 · 취득한 재화를 비영업용 소형승용차(개별소비세법 과세대상 자동차)로 사용하거나 또는 그 유지에 사용 · 소비하는 것(∵ 당초 매입시점에 매입세액을 공제받고 추후 공제 대상이 아닌 비영업용 소형승용차 또는 그 유지에 사용한 때에는 부가가치세 없는 소비가 발생하므로 당초 공제받은 매입세액을 추징함) 예 자동차 제조회사가 자가생산한 소형승용차를 업무용으로 사용하는 경우
판매 목적 타 사업장 반출 (직매장 반출)	둘 이상의 사업장이 있는 사업자가 자기의 사업과 관련하여 생산 · 취득한 재화를 타인에게 직접 판매할 목적으로 자기의 다른 사업장에 반출하는 것(∵ 매입세액의 환급 지연에 따른 사업자의 자금 부담을 완화하고자 하는 것이 목적이므로 당초 매입시점에 매입세액을 공제하지 않은 재화도 적용함) 꿀팁 판매 목적 타 사업장 반출의 과세 여부 • 총괄납부 또는 사업자 단위 과세사업자 × : 간주공급 ○ → 세금계산서 발급 ○ • 총괄납부 또는 사업자 단위 과세사업자 ○ : • 원칙: 간주공급 × → 세금계산서 발급 ×(∵ 총괄납부제도의 적용으로 자금압박문제가 해소됨) • 예외: 세금계산서 발급 → 간주공급 ○(∵ 직매장에서 매입세액 공제를 받기 위함)

+ 간주공급이 아닌 반출(과세 ×)

- 자기의 다른 사업장에서 원료 · 자재 등으로 사용 · 소비하기 위하여 반출하는 경우
- 자기 사업장의 기술 개발을 위하여 시험용으로 사용 · 소비하는 경우
- 불량품 교환 또는 광고선전을 위한 상품 진열 등의 목적으로 자기의 다른 사업장으로 반출하는 경우
- 수선비 등에 대체하여 사용 · 소비하는 경우
- 사후 무료서비스 제공을 위하여 사용 · 소비하는 경우

(2) 개인적 공급

자기의 사업과 관련하여 생산 · 취득한 재화를 사업과 직접 관계없이 사업자의 개인적 목적 또는 그 사용인 기타의 자가 사용 · 소비하는 것(∵ 당초 매입시점에 매입세액을 공제받고 추후 공제 대상이 아닌 본인 또는 임직원의 개인용도로 사용한 경우에는 부가가치세 없는 소비가 발생하므로 당초 공제받은 매입세액을 추징함)

예 가구 제조업자가 제조한 가구를 가정용으로 사용하거나 종업원에게 생일선물로 제공하는 경우

개정세법 반영

+ 개인적 공급에 해당하지 않는 경우(∵ 부가가치 창출에 기여하는 영업활동 또는 실비변상적 성격)

- 실비변상적 목적으로 사용인에게 제공하는 작업복 · 작업화 · 작업모와 관련된 재화
- 복리후생적 목적으로 사용인에게 제공하는 직장 연예 및 직장 문화와 관련된 재화
- 경조사를 ㉠, ㉡, ㉢의 경우로 구분하여 각각 1인당 연간 10만원 이하의 재화
  ㉠ 경조사와 관련된 재화
  ㉡ 설날 · 추석과 관련된 재화
  ㉢ 창립기념일 · 생일 등과 관련된 재화
  ※ 단, 연간 10만원을 초과하는 경우 초과금액에 대해서는 재화의 공급으로 봄

(3) 사업상 증여

자기의 사업과 관련하여 생산 · 취득한 재화를 자기의 고객이나 불특정 다수인에게 증여하는 것(∵ 당초 매입시점에 매입세액을 공제받고 추후 공제 대상이 아닌 접대 목적으로 사용한 경우에는 부가가치세 없는 소비가 발생하므로 당초 공제받은 매입세액을 추징함)

예 판매 촉진을 위하여 판매 실적에 따라 일정률의 장려물품을 지급하는 경우

+ 사업상 증여에 해당하지 않는 경우(∵ 부가가치 창출에 기여하는 정상적인 영업활동 성격)

- 무상으로 견본품을 인도 · 양도하는 것
- 광고선전 목적으로 불특정 다수인에게 광고선전물을 배포하는 것
- 자기적립마일리지 등(마일리지를 적립해 준 사업자에게만 사용이 가능한 마일리지)으로만 전액을 결제받고 공급하는 재화
- 「재난 및 안전관리기본법」의 적용을 받아 특별재난지역에 무상으로 공급하는 물품

(4) 폐업 시 잔존재화

사업을 폐지하는 경우 잔존하는 재화는 사업자가 자기에게 재화를 공급하는 것으로 본다. 포괄양수의 경우 사업양수인이 사업양도인에게 매입세액을 공제받은 재화를 양도받아 사업을 영위하다가 폐업하면 이를 폐업 시 잔존재화로서 재화의 공급으로 본다(∵ 당초 매입시점에 매입세액을 공제받고 추후 폐업한 경우에는 부가가치세 없는 소비가 발생하므로 당초 공제받은 매입세액을 추징함).

2. 간주공급의 공급시기와 세금계산서 교부의무

구분		공급시기	세금계산서 교부의무
자가공급	판매 목적 타 사업장 반출(직매장 반출)	재화를 반출하는 때	○
	면세사업에 전용*	재화를 사용 · 소비하는 때	×
	비영업용 소형승용차 또는 그 유지의 전용*		×
개인적 공급*			×
사업상 증여*		재화를 증여하는 때	×
폐업 시 잔존재화*		폐업일	×

* 당초 매입세액을 공제하지 않은 재화는 간주공급 적용 제외

3. 간주공급의 과세표준

(1) 비상각자산인 경우

구분	과세표준
일반적인 경우	해당 재화의 시가
판매 목적 타 사업장 반출의 경우	해당 재화의 취득가액을 과세표준으로 하되 취득가액에 일정액을 가산하여 공급하는 때에는 그 공급가액을 과세표준으로 함

(2) 감가상각자산에 대한 간주시가

구분	과세표준(간주시가)
건물 또는 구축물	취득가액×(1－5%×경과된 과세기간의 수*)
기타 감가상각자산	취득가액×(1－25%×경과된 과세기간의 수*)

* 과세기간 개시일 후에 감가상각자산을 취득하거나 공급한 것으로 간주하는 때에는 그 과세기간 개시일에 해당 재화를 취득하거나 해당 재화를 공급한 것으로 보아 경과된 과세기간의 수를 계산한다.

연습문제

2025년 12월 1일 폐업한 (주)인바상사(과세사업자)의 폐업 시 자산 내역이 다음과 같을 때 부가가치세 과세표준은 얼마인가? (단, 과세재화는 모두 매입세액공제를 받았다고 가정함)
기출 75회

구분	취득시기	취득가액	시가
재고자산	2024년 9월	5,000,000원	5,000,000원
토지	2025년 1월	3,000,000원	8,000,000원
비품	2024년 4월	2,000,000원	320,000원

① 5,500,000원 ② 7,500,000원
③ 10,000,000원 ④ 13,320,000원

| 정답 및 해설 |

① • 과세표준: 재고자산 5,000,000원 + 비품 2,000,000원 × (1 − 25% × 3) = 5,500,000원
 • 토지는 면세이므로 과세표준은 없다.

합격을 다지는 실전문제 p.330

THEME 04 영세율제도

▸ 최신 30회 중 2문제 출제

1. 영세율제도의 의의

영세율제도란 일정한 재화 또는 용역의 공급에 대하여 0%의 세율을 적용하는 제도이다.

2. 영세율제도의 특징

구분	내용
소비지국 과세원칙	생산지국에서는 수출하는 재화 등에 0%의 세율을 적용하여 부가가치세를 제거하고, 수입하는 국가에서 자국의 생산물품과 동일하게 부가가치세를 부과하는 방식
수출 촉진	수출하는 재화 등에 0%의 세율을 적용하고 매입세액은 전액 공제받으므로 수출업자의 자금 부담을 덜어 주어 수출을 촉진시킴
완전면세제도	부분면세의 성격을 띠는 면세제도와 달리 영세율제도는 세율이 0%이므로 매입세액은 전액 환급받을 수 있는 완전면세제도임

3. 영세율 적용 대상

(1) 적용 대상자

① 과세사업자(간이과세자 포함)에 대하여만 적용하므로 면세사업자는 적용 대상자가 아니다. 즉, 영세율 사업자는 과세사업자이므로 반드시 과세표준을 신고하여야 하며 무신고시 과세표준의 0.5% 가산세가 적용된다.

② 거주자 또는 내국법인에 대하여 적용하는 것이 원칙이나 비거주자 또는 외국법인에 대해서는 상호주의*에 따른다.

* 상호주의란 그 해당 국가에서 대한민국의 거주자 또는 내국법인에게 부가가치세를 동일하게 면세하는 경우에만 비거주자 또는 외국법인에게 영세율을 적용하는 것을 말한다.

(2) 수출하는 재화

구분	내용
국외 거래 (세금계산서 발급 ×)	• 직수출: 내국물품을 외국으로 반출하는 것 [비교] 국외사업자에 대한 무상 견본품 반출은 공급으로 보지 않기 때문에 과세 × • 대행위탁수출: 수출업자와 수출대행계약을 맺고 수출업자의 명의로 수출하는 것 [비교] 대행위탁수출의 경우 무역중개상 등 수출업자가 수출품생산업자로부터 받는 수출대행수수료는 용역의 국내공급에 해당하므로 10% → 세금계산서 발급 ○ • 국내의 사업장에서 계약과 대가 수령 등의 거래가 이루어지는 것으로 「대외무역법」에 의한 중계무역방식의 수출 · 위탁판매수출 · 외국인도수출 · 위탁가공무역방식의 수출
국내 거래 (세금계산서 발급 ○)	• 내국신용장(Local L/C) 및 구매확인서에 의하여 공급되는 재화 [비교] 재화 또는 용역을 공급한 과세기간의 종료 후 25일(그날이 공휴일 또는 토요일이면 그 다음 영업일) 이내에 개설한 내국신용장 및 구매확인서에 대하여도 영세율 적용 • 사업자가 한국국제협력단 · 한국국제보건의료재단 또는 대한적십자사에 공급하는 재화로서 해당 단체가 외국으로 무상공급하는 것에 한하여 영세율 적용

+ 수출 관련 용어

- 중계무역방식의 수출: 다른 나라로부터 수입해 온 물품을 국내에 반입하지 않고 그대로 제3국에 수출 → 공급시기는 수출재화의 선적일
- 위탁판매수출: 물품 등을 대금을 받지 않고 외국의 수탁자에게 판매한 후 판매된 범위 내에서 대금을 결제하는 계약에 의한 수출 → 공급시기는 수출재화의 공급가액이 확정되는 때
- 외국인도수출: 국내에서 수출대금을 영수하지만 국내에서 통관되지 않은 수출물품 등을 외국으로 인도하거나 제공하는 수출 → 공급시기는 외국에서 해당 재화가 인도되는 때
- 위탁가공무역방식의 수출: 가공료를 지급하는 조건으로 외국에서 가공할 원료의 전부 또는 일부를 거래상대방에게 수출하거나 외국에서 조달하여 이를 가공한 후 가공물품 등을 외국으로 인도하는 방식의 수출 → 공급시기는 외국에서 해당 재화가 인도되는 때

(3) 국외에서 제공하는 용역

① **용역 제공의 사업장이 국외인 경우:** 사업장과 용역 제공 장소가 국외이므로 과세권이 없다.

② **용역 제공의 사업장이 국내인 경우:** 해외건설 등과 같이 사업장이 국내에 있지만 용역 제공 장소가 국외이면 영세율을 적용한다.

(4) 외국항행용역

선박 또는 항공기로 여객이나 화물을 국내에서 국외로, 국외에서 국내로, 국외에서 국외로 수송하는 것은 영세율을 적용한다.

[비교] 국내에서 국내로 항행하는 국내항행용역: 과세

(5) 수출재화 임가공용역

① 수출업자(내국신용장에 의하여 수출재화를 수출업자에게 공급하는 사업자 제외)와 직접 도급계약에 의한 수출재화 임가공용역

② 내국신용장 또는 구매확인서에 의하여 공급하는 수출재화 임가공용역

(6) 그 밖의 재화 또는 용역

① 국가 및 지방자치단체에 공급하는 도시철도 건설용역(∵ 막대한 자금이 소요되는 대중교통수단인 도시철도 건설을 지원하기 위함)

② 민간투자 방식으로 국가 등에 공급하는 사회기반시설 및 사회기반시설의 건설용역

합격을 다지는 실전문제 p.332

THEME 05 면세제도

▸ 최신 30회 중 3문제 출제

1. 면세 대상

(1) 기초생활필수품

① 미가공 식료품(식용 농 · 축 · 수 · 임산물 및 소금 포함)

예 쌀, 밀가루, 김치 · 두부 · 된장 · 고추장 등 단순 가공식료품(제조시설을 갖추고 판매 목적으로 독립된 거래단위로 포장하여 공급하는 것은 원칙 과세이지만 2025년 12월 31일까지 공급하는 것은 면세), 생고기, 흰우유, 꽃 등

[비교] 초코우유, 설탕, 맛소금, 죽염, 공업용 소금 등: 과세

② 국내 생산 비식용 농 · 축 · 수 · 임산물(단, 외국산은 과세)

+ 농 · 축 · 수 · 임산물의 면세 여부

구분	식용	비식용
국내산	면세	면세
외국산	면세	과세

③ 수돗물

[비교] 생수: 과세

④ 연탄과 무연탄

[비교] 유연탄, 갈탄, 착화탄: 과세

⑤ 여성용 생리처리 위생용품 및 유아용 기저귀 · 분유

⑥ 주택과 부수토지의 임대용역(단, 사업용 건물과 그 부수토지 임대용역은 과세)

+ 겸용주택의 구분

- 주택 면적>사업용 건물 면적 → 전부를 주택으로 본다.
- 주택 면적≤사업용 건물 면적 → 주택만 주택으로 본다.

⑦ 공동주택 어린이집의 임대용역(「주택법」에 따른 관리규약에 따라 관리주체 또는 입주자 대표회의가 제공하는 복리시설인 공동주택 어린이집의 임대용역)

+ 부동산의 공급 · 임대에 대한 부가가치세 과세 여부

구분	공급	임대
건물	과세[단, 국민주택(전용면적 85m² 이하) 공급은 면세]	과세(단, 주택의 임대용역은 면세)
토지	면세	과세(단, 주택부수토지 임대는 면세)*

* 전 · 답 · 과수원 · 목장용지 · 임야 · 염전 임대와 공익사업 관련 지역권 · 지상권 설정 및 대여사업은 과세 제외

개정세법 반영

(2) 국민후생용역

① 의료 · 보건용역과 혈액(치료 · 예방 · 진단 목적으로 조제한 동물의 혈액 포함)

[비교] 약사가 판매하는 일반의약품, 미용 목적 성형수술: 과세

+ 의료 · 보건용역의 면세와 과세

면세	• 의사 · 치과의사 · 한의사 · 조산사 · 간호사가 제공하는 용역 • 장의업자가 제공하는 장의용역 • 산후조리원에서 제공하는 간병 • 「노인장기요양보험법」에 따른 장기요양기관이 장기요양인정을 받은 자에게 제공하는 신체활동 · 가사활동의 지원 또는 간병 등의 용역 • 수의사가 제공하는 동물의 진료용역은 다음에 한정하며 면세 – 가축 · 수산동물 · 장애인보조견의 진료용역 – 「국민기초생활보장법」에 따른 수급자가 기르는 동물의 진료용역 – 질병의 예방 및 치료를 목적으로 하는 동물의 진료용역으로서 농림축산식품부장관 또는 해양수산부장관이 기획재정부장관과 협의하여 고시하는 용역
과세	• 미용 목적 성형수술[「국민건강보험법」에 따라 요양급여의 대상에서 제외되는 쌍꺼풀 수술, 코성형 수술, 유방 확대 · 축소술(유방암 수술에 따른 유방 재건술 제외), 지방흡입술, 주름살 제거술, 여드름 치료술, 탈모 치료술, 문신술 및 문신 제거술, 피어싱 등] • 약사가 판매하는 일반의약품

② 정부의 허가 또는 인가를 받은 학원 · 강습소 등의 교육용역

[비교] 무도학원과 자동차운전학원: 과세

③ 시내버스 · 지하철 · 시외일반고속버스 등 여객운송용역

[비교] 항공기 · 시외우등고속버스 및 시외고급고속버스를 사용하는 시외버스운송사업 · 전세버스 · 택시 · 특수자동차 · 특종선박 또는 고속철도, 삭도(케이블카), 관광유람선 · 관광순환버스 · 관광궤도, 관광사업을 목적으로 운영하는 일반철도에 의한 여객운송용역: 과세

④ 우표 · 인지 · 증지 · 복권과 공중전화

[비교] 수집용 우표: 과세

⑤ 제조담배 중 판매가격이 200원 이하인 담배 및 특수용 담배

(3) 문화 관련 재화 · 용역

① 도서(도서 대여 및 실내 도서 열람 용역 포함) · 신문 · 잡지 · 관보 및 뉴스통신

[비교] 광고: 과세

② 예술창작품 · 예술행사 · 문화행사와 아마추어 운동경기

[비교] 골동품(제작 후 100년이 초과된 것), 모방제작한 미술품, 프로경기 입장권 수입: 과세

③ 도서관 · 과학관 · 박물관 · 미술관 · 동물원 또는 식물원의 입장

[비교] 오락 · 유흥 시설과 함께 있는 동 · 식물원 및 해양수족관: 과세

(4) 부가가치 구성요소

① 금융 · 보험용역

② 토지의 공급

[비교] 토지의 임대: 과세

③ 저술가 · 작곡가, 기타 일정한 자가 직업상 제공하는 인적용역

+ 인적용역의 면세와 과세

면세	• 국선변호 · 국선대리 · 법률구조 • 학술연구용역 · 기술연구용역 • 직업소개용역 • 장애인 보조견 훈련용역 • 「가사근로자법」에 따른 가사서비스 제공기관이 제공하는 가사서비스 용역*
과세	변호사 · 공인회계사 · 세무사 등 전문자격사의 인적용역

* 가정 내 청소, 세탁, 주방일 및 가구구성원의 보호 · 양육 등을 말한다(∵ 가사서비스 용역은 저출산 · 고령화에 대응하여 가계의 가사비용의 경감 지원을 위함).

(5) 기타

① 국민주택의 공급 · 국민주택 건설용역 · 리모델링용역(단, 국민주택규모 초과 주택의 공급분은 과세)

② 국가 · 지방자치단체 · 지방자치단체조합이 공급하는 재화 · 용역

③ 국가 · 지방자치단체 · 지방자치단체조합 또는 일정한 공익단체에 무상으로 공급하는 재화 · 용역(단, 유상공급은 과세 대상이며, 해당 재화 · 용역에 대한 매입세액은 공제 ○)

④ 법에 열거된 재화의 수입(커피, 코코아두 등을 수입하는 경우 2025년 12월 31일까지 면세하고 그 이후에는 과세)

연습문제

다음 내용 중 부가가치세법상 면세에 해당하는 것은 몇 개인가? 기출 52회 수정

• 의사의 주름살 제거 수술용역	• 볼룸댄스(무도)를 가르치는 학원
• 자동차운전학원	• 비식용 미가공 식료품(국산)
• 수의사가 제공하는 장애인보조견의 진료용역	• 뉴스통신
• 장의업자가 제공하는 장의용역	• 공동주택 내 복리시설인 어린이집 임대용역

① 2개 ② 3개

③ 4개 ④ 5개

| 정답 및 해설 |

④ • 과세: 의사의 주름살 제거 수술용역, 볼룸댄스(무도)를 가르치는 학원, 자동차운전학원
• 면세: 비식용 미가공 식료품(국산), 수의사가 제공하는 장애인보조견의 진료용역, 뉴스통신, 장의업자가 제공하는 장의용역, 공동주택 내 복리시설인 어린이집 임대용역

2. 면세 포기

면세 포기란 면세되는 재화 · 용역을 공급하는 사업자가 면세를 포기하고 과세로 전환하는 것을 말한다.

(1) 면세 포기 대상

다음의 두 가지 경우에 한하여 면세 포기를 인정하고 있다.

① 영세율이 적용되는 재화 또는 용역(∵ 영세율사업자는 매입세액공제를 받는 것이 유리)

② 학술 및 기술의 발전을 위한 연구와 발표를 주된 목적으로 하는 단체가 학술 및 기술 연구와 관련하여 실비 또는 무상으로 공급하는 재화 또는 용역

(2) 면세 포기절차

언제든지 면세 포기 신고서를 제출하면 면세를 포기(별도의 승인절차 및 신고기간 ×)할 수 있다.

(3) 면세로의 재변경

① 면세 포기를 신고한 날부터 3년간 면세로 다시 변경할 수 없다.

② 3년이 경과한 후 다시 면세를 적용받고자 할 때에는 면세 적용 신고를 해야 한다.

(4) 면세 포기 범위

① 둘 이상의 면세되는 사업 또는 종목을 영위하는 사업자는 면세 포기 대상이 되는 재화 또는 용역의 공급만을 구분하여 포기할 수 있다.

② 영세율이 적용되는 재화 또는 용역에 대하여 면세를 포기한 경우에는 국내에 공급하는 재화 또는 용역에 대하여는 면세 포기의 효력이 없다.

예 영세율이 적용되는 수출품에 대해서 면세를 포기하면 수출품만 영세율이 적용되고, 국내 판매분은 계속하여 면세를 적용함

연습문제

다음 중 부가가치세법상 면세에 대한 설명으로 옳지 않은 것은? 기출 31회

① 면세사업자는 부가가치세법상 사업자는 아니지만 매입세금계산서합계표의 제출과 같은 협력의무는 이행하여야 한다.
② 면세는 부가가치세의 상대적인 역진성을 완화하기 위하여 주로 기초생활필수품 및 용역에 대하여 적용하고 있다.
③ 면세는 기초생활필수품 및 용역을 공급하는 영세사업자를 위한 제도이므로 당해 사업자의 선택에 따라 제한 없이 면세를 포기할 수 있다.
④ 면세사업자는 세금계산서를 교부할 수 없고 당해 면세사업자가 일반과세자로부터 교부받은 세금계산서상 매입세액은 납부세액에서 공제받을 수 없다.

| 정답 및 해설 |

③ 면세는 사업자를 위한 제도가 아니라 소비자를 위한 제도이므로 영세율 적용 대상이 되는 등 일정한 경우에 한하여 포기할 수 있다.

3. 영세율과 면세의 비교

구분	영세율	면세
기본 취지	소비지국 과세원칙의 구현	부가가치세 역진성 완화
적용 대상	내국물품의 국외 반출 등	기초생활필수품, 용역 등
과세표준 및 매출세액	과세표준에는 포함되나 영(0)의 세율이 적용되므로 거래징수할 매출세액은 없음	납세의무가 없으므로 과세표준에 포함되지 않으며, 거래징수할 매출세액도 없음
매입세액	매입세액이 전액 환급되어 최종 소비자에게 전가되지 않음(완전면세)	매입세액이 공제되지 않으므로 재화의 공급가액에 포함되어 최종 소비자에게 전가됨(불완전면세)
사업자 여부	부가가치세법상 사업자임	부가가치세법상 사업자가 아님
사업자의 의무	부가가치세법상 사업자로서 모든 의무를 이행하여야 함	원칙적으로 부가가치세법상 납세의무를 이행할 필요가 없음(단, 매입처별 세금계산서합계표를 제출할 의무는 있음)
포기절차	포기제도 없음	면세를 포기하고자 하는 사업자는 면세포기 신고서를 관할 세무서장에게 제출하고, 지체 없이 부가가치세법 규정에 따라 사업자등록을 하여야 함(승인을 요하지 않음)

연습문제

다음은 부가가치세법상 영세율과 면세에 대한 설명이다. 옳지 않은 것은? 기출 67회

① 부가가치세법은 주로 소비지국 과세원칙을 구현하기 위해 영세율제도를 두고 있고, 부가가치세의 역진성을 완화하기 위해 면세제도를 두고 있다.
② 영세율은 영세율사업자의 매입세액을 전액 환급받을 수 있으므로 완전면세제도이다.
③ 면세는 면세사업자의 매입세액을 일부만 환급받을 수 있으므로 부분면세제도이다.
④ 영세율 적용 대상자는 부가가치세법상 사업자이지만, 면세사업자는 부가가치세법상 사업자가 아니다.

| 정답 및 해설 |

③ 면세는 매입세액의 환급제도가 없다.

합격을 다지는 실전문제 p.333

THEME 06 과세표준과 매출세액

▸ 최신 30회 중 5문제 출제

구분		과세표준	세율	세액
과세	세금계산서	×××	10%	×××
	기타	×××	10%	×××
영세	세금계산서	×××	0%	0
	기타	×××	0%	0
예정신고 누락분				×××
대손세액가감				×××
합계(매출세액)				×××

1. 과세표준의 계산

구분	과세표준
금전으로 대가를 받는 경우	그 대가
금전 외의 대가를 받는 경우	자기가 공급한 재화 · 용역의 시가
재화의 저가공급(부당하게 낮은 대가 수취) 또는 무상공급(대가 ×)	자기가 공급한 재화의 시가
용역의 저가공급(부당하게 낮은 대가 수취)	자기가 공급한 용역의 시가 [비교] 용역의 무상공급: 과세 ×(특수관계인에게 사업용 부동산 임대용역을 무상공급하는 경우는 과세)
사업자가 재화 또는 용역을 공급하고 그 대가로 받은 금액에 부가가치세가 포함되어 있는지가 분명하지 않은 경우	대가로 받은 금액의 100/110

2. 거래형태별 과세표준

(1) 일반적인 경우

구분	과세표준
외상판매, 할부판매	공급한 재화의 총가액
장기할부판매, 완성도기준지급, 중간지급조건부	계약에 따라 받기로 한 대가의 각 부분
외국통화로 대가를 받는 경우	• 공급시기 도래 전에 원화로 환가한 경우: 그 환가한 금액 • 공급시기 이후에 외국통화, 기타 외국환 상태로 보유하거나 지급받는 경우: 공급시기의 「외국환거래법」에 따른 기준 환율 또는 재정 환율에 따라 계산한 금액
부동산 임대용역	임대료*+간주임대료(=임대보증금×정기예금 이자율×임대일수/365 또는 366)+관리비
마일리지로 결제받은 경우	• 자기적립마일리지(적립해 준 사업자에게만 사용할 수 있는 마일리지)로 결제받은 경우: 마일리지 외의 방법으로 결제받은 금액 • 자기적립마일리지 외의 마일리지로 결제받은 경우: ㉠+㉡ ㉠ 마일리지 외의 방법으로 결제받은 금액 ㉡ 자기적립마일리지 외의 마일리지로 결제받은 금액 중 당초 마일리지를 적립해 준 사업자로부터 보전받는 금액

* 2과세기간 이상에 걸쳐 부동산 임대용역을 공급하고 그 대가를 선불 또는 후불로 받는 경우

: 선불 또는 후불로 받는 금액$\times\frac{\text{과세 대상 기간의 개월 수}}{\text{계약기간의 전체 개월 수}}$

(2) 특정 용역*을 둘 이상의 과세기간에 걸쳐 계속적으로 제공하고 그 대가를 선불로 받는 경우

$$\text{선불로 받는 금액} \times \frac{\text{과세 대상 기간의 개월 수}}{\text{계약기간의 전체 개월 수}}$$

* 특정 용역은 다음 중 어느 하나에 해당하는 용역을 말한다.
- 헬스클럽장 등 스포츠센터를 운영하는 사업자가 연회비를 미리 받고 회원들에게 시설을 이용하게 하는 것
- 사업자가 다른 사업자의 상표권 사용계약을 할 때 사용대가 전액을 일시불로 받고 상표권을 사용하게 하는 것
- 노인복지시설을 설치·운영하는 사업자가 그 시설을 분양받는 자로부터 입주 후 수영장·헬스클럽장 등의 이용 대가를 입주 전에 미리 받고 시설 내 수영장·헬스클럽장을 이용하게 하는 것
- 그 밖에 이와 유사한 용역

PART 03

실전 적용

A빵집이 홍길동(고객)에게 시가 5만원인 빵을 공급하고 이 중 4만원은 현금으로 결제받고 나머지 1만원은 B통신사가 홍길동에게 적립해 주었던 마일리지로 결제받았을 때 A빵집의 부가가치세 과세표준은 다음과 같다. 단, A빵집이 B통신사로부터 7천원을 현금으로 보전받았다.

| 풀이 |

A빵집의 과세표준은 '마일리지 외의 방법으로 결제받은 금액 40,000원+자기적립마일리지 외의 마일리지로 결제받은 금액 중 당초 마일리지를 적립해 준 사업자로부터 보전받은 금액 7,000원=47,000원'이다.

장기할부판매, 중간지급조건부 및 완성도기준 지급

구분	내용
장기할부판매	• 기간요건: 재화 인도일의 다음 날부터 최종 할부금 지급기일까지 1년 이상인 경우 • 분할요건: 재화를 공급하고 그 대가를 월부, 그 밖의 할부방법에 따라 받는 것 중 2회 이상 분할하여 대가를 받는 것
중간지급조건부	• 기간요건: 계약금을 받기로 한 날의 다음 날부터 재화를 인도하는 날 또는 이용할 수 있게 하는 날까지의 기간이 6개월 이상인 경우 • 분할요건: 재화가 인도되기 전 이용할 수 있게 되기 전이거나 용역의 제공이 완료되기 전에 계약금 이외의 대가를 분할하여 지급하는 경우(계약금 외 2회 이상, 총 3회 이상 지급하는 경우)
완성도기준 지급	재화의 제작기간이 장기간을 요하면 그 진행도 또는 완성도를 확인하여 그 비율만큼 대가를 지급하는 것

(3) 보세구역거래 관련 과세표준

사업자가 보세구역 내에서 보세구역 밖의 국내에 재화를 공급하면 해당 재화는 수입재화에 해당되어 하나의 거래가 동시에 '재화의 수입' 및 '재화의 공급'에 해당된다.

구분	과세표준 및 과세방법
재화의 수입	• 과세표준: 관세의 과세가격+관세+개별소비세, 주세, 교통·에너지·환경세+교육세, 농어촌특별세 • 과세방법: 세관장이 부가가치세를 거래징수한 후 수입세금계산서를 발급
재화의 공급	• 과세표준: 공급가액−수입재화의 과세표준(∵세관장이 징수한 과세표준을 차감하는 이유는 세관장 징수분에 대한 이중과세를 방지하기 위함) • 과세방법: 재화를 공급하는 사업자가 부가가치세를 거래징수한 후 세금계산서 발급

보세구역과 부가가치세 과세

보세구역이란 외국물품을 보관, 제조, 판매, 검사 등으로 관세의 부과가 보류된 장소이며 세관장이 지정한 국내의 특정 지역을 말한다.

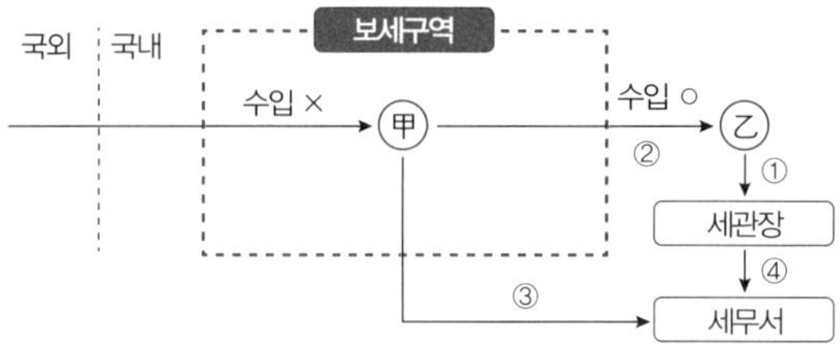

관세의 과세가격이 1,000원, 관세 등이 500원, 甲이 乙에게 공급한 가액이 2,000원이라 가정한다.

① 과세표준: 관세의 과세가격 1,000원+관세 등 500원=1,500원

② 과세표준: 공급가액 2,000원－1,500원=500원

③ 부가가치세: 50원

④ 부가가치세: 150원

연습문제

보세구역 내에서 제조업을 영위하고 있는 사업자 나대로 씨는 외국에서 도착한 물품을 원재료로 하여 생산한 제품을 보세구역 밖에서 사업을 하고 있는 안성실 씨에게 15,000,000원(부가가치세 별도)에 공급하였다. 그 관세의 과세가격이 6,000,000원, 관세가 1,200,000원이라고 할 때 나대로 씨가 거래징수해야 할 부가가치세는 얼마인가? (단, 세관장은 부가가치세를 적법하게 징수하였고, 예시된 것 이외의 세금은 부과되지 않은 것으로 간주함) 기출 94회

① 780,000원　　② 900,000원

③ 1,500,000원　　④ 2,220,000원

| 정답 및 해설 |

① • 사업자가 보세구역 내에서 보세구역 이외의 국내에 재화를 공급하면 해당 재화가 수입재화에 해당되어 하나의 거래가 '재화의 수입' 및 '재화의 공급'에 동시에 해당된다. 이 경우 공급가액 중 재화의 수입에 대해 세관장이 징수한 과세표준은 국내공급의 과세표준에 포함하지 않는다.

• 세관장이 징수할 부가가치세: (6,000,000원+1,200,000원)×10%=720,000원

∴ 나대로 씨가 안성실 씨에게 징수할 부가가치세: (15,000,000원－7,200,000원)×10%=780,000원

3. 부가가치세 과세표준에 포함 여부

거래상대방으로부터 받은 대금, 요금, 수수료, 기타 명목하에 불구하고 대가관계에 있는 모든 금전적 가치가 있는 것은 과세표준에 포함한다.

과세표준에 포함하는 것	과세표준에 포함하지 않는 것
• 할부판매, 장기할부판매의 경우 이자 상당액 • 대가의 일부로 받는 운송비, 포장비, 하역비, 운송보험료, 산재보험료 등 • 개별소비세, 주세, 교통 · 에너지 · 환경세 및 교육세, 농어촌특별세 상당액 • 자기적립마일리지 외의 마일리지	• 매출할인, 매출에누리 및 매출환입액 • 공급받는 자에게 도달하기 전에 파손, 훼손 또는 멸실된 재화의 가액 • 재화의 공급과 직접 관련이 없는 국고보조금과 공공보조금 • 공급대가 지급의 지연으로 인해 지급받는 연체이자(∵ 공급 후의 사후적 대금결제의 문제임) • 반환조건부의 용기대금과 포장비용 • 대가와 구분하여 기재한 경우로서 해당 종업원에게 지급한 사실이 확인되는 봉사료

+ 과세표준에서 공제하지 않는 항목

- 대손금: 외상판매 후 해당 채권의 대손 확정 시 대손세액을 대손이 확정된 과세기간의 매출세액에서 공제(대손세액공제)하므로 당초 과세표준에서 공제하지 않는다.
- 판매장려금: 판매장려금을 현금으로 지급한 경우 부가가치세 계산 시 매출 차감항목이 아닌 판매비 성격으로 취급하기 때문에 당초 과세표준에서 공제하지 않는다. 단, 현물로 지급하는 판매장려물품은 당초 과세표준에서 공제하지 않고 추가로 지급한 날이 속하는 과세기간의 사업상 증여로 보아 해당 재화의 시가를 과세표준에 포함한다.
- 하자보증금: 건설회사 등에서 하자보증을 위하여 공급받는 자에게 보관시키는 일정액의 하자보증금은 예치금 성격이므로 당초 과세표준에서 공제하지 않는다.

PART 03

연습문제

다음 자료를 근거로 하여 일반과세사업자인 (주)세무의 2025년 제2기 부가가치세 확정신고 시 과세표준을 계산한 것으로 옳은 것은?

기출 82회

- 10월 3일: 거래처에 6,000,000원(공급가액)의 상품을 판매하였다.
- 10월 15일: 온라인 오픈마켓 사이트를 통해서 매출이 발생하였고 총매출액은 5,000,000원(공급가액)이며 오픈마켓 사이트에 지급한 수수료는 500,000원이다.
- 11월 20일: $10,000에 수출하기로 계약한 물품을 선적하였다. 대금을 11월 15일에 수령하여 원화로 환가하였다(11월 15일 환가 환율: 1,020원/$, 11월 20일 기준 환율: 1,000원/$).
- 12월 12일: 10월 3일 거래분에 대한 대금 수령이 지연되어 연체이자 200,000원을 수령하였다.

① 21,000,000원　　② 21,200,000원
③ 21,400,000원　　④ 21,900,000원

| 정답 및 해설 |

② • 과세표준: 거래처 매출 6,000,000원 + 오픈마켓 매출 5,000,000원 + 직수출 $10,000 × 1,020원/$ = 21,200,000원
• 지급 지연으로 인한 연체이자는 과세표준에서 제외되고 공급시기 도래 전에 원화로 환가한 경우에는 환가한 금액이 과세표준이다.

4. 대손세액공제

사업자가 외상으로 재화 또는 용역을 거래처에 공급한 후 신고 · 납부기한이 도래하여 납부하였는데, 거래처의 파산 등으로 재화 또는 용역의 대금뿐만 아니라 부가가치세도 받지 못한다면, 받지도 못한 부가가치세를 국가에 납부하였으므로 이중으로 손해를 보게 된다. 이러한 손해를 방지하기 위해 대손이 확정된 날이 속하는 과세기간의 매출세액에서 받지 못한 부가가치세를 공제해 주는 것을 대손세액공제라 한다.

(1) 적용요건

① 일반과세자(간이과세자 ×)
② 부가가치세가 과세되는 재화 · 용역에 따라 발생한 것
③ 재화 · 용역을 공급한 후 공급일로부터 10년이 지난 날이 속하는 과세기간에 대한 확정신고기한까지 대손이 확정될 것

(2) 대손사유

다음 대손사유 중 일부는 다음과 같다.

① 소멸시효가 완성된 채권(다만, 채권 중 금융용역을 제공하여 발생한 대여금은 면세 대상 용역의 공급과 관련된 채권이므로 제외)
② 부도 발생일부터 6개월 이상 경과한 어음 · 수표 · 중소기업의 외상매출금(다만, 해당 법인이 채무자의 재산에 대하여 저당권을 설정하고 있는 것은 제외)
③ 채무자의 파산, 강제집행, 사업의 폐지, 사망, 실종으로 회수할 수 없는 채권
④ 회수기일이 6개월 이상 지난 채권 중 채권가액이 30만원 이하(채무자별 채권가액의 합계액 기준)인 소액채권 등

(3) 대손세액공제

다음의 금액을 그 대손이 확정된 날이 속하는 과세기간의 매출세액에서 차감한다.

> 대손세액공제액 = 대손금액(부가가치세 포함) × 10/110

(4) 신고요건

확정신고와 함께 대손금액이 발생한 사실을 증명하는 서류를 제출해야 한다. 따라서 **예정신고 시에는 대손세액공제를 적용하지 않는다.**

연습문제

부가가치세법상 대손세액공제와 관련된 설명으로 옳지 않은 것은? 기출 77회

① 수표 또는 어음의 부도 발생일부터 6개월이 지난 경우에 대손세액공제를 받을 수 있다. 다만, 사업자가 채무자의 재산에 대하여 저당권을 설정하고 있는 어음 또는 수표를 제외한다.
② 대손세액은 대손금액에 10/110을 곱하여 계산한다.
③ 대손세액이 확정되어 확정일이 속하는 과세기간에 자기의 매출세액에서 대손세액을 차감하였으나 그 후 사업자가 대손금액의 전부 또는 일부를 회수한 경우에는 회수한 대손금액에 관련된 대손세액을 회수한 날이 속하는 과세기간의 매출세액에 더한다.
④ 대손세액으로 공제받을 수 있는 범위는 사업자가 부가가치세가 과세되는 재화 또는 용역을 공급한 후 그 공급일로부터 5년이 지난 날이 속하는 과세기간에 대한 확정신고기한까지 대손이 확정되는 대손세액으로 한다.

| 정답 및 해설 |

④ 대손세액으로 공제받을 수 있는 범위는 사업자가 부가가치세가 과세되는 재화 또는 용역을 공급한 후 그 공급일부터 10년이 지난 날이 속하는 과세기간에 대한 확정신고기한까지 대손이 확정되는 대손세액으로 한다.

합격을 다지는 실전문제 p.337

THEME 07 세금계산서 중요

▸ 최신 30회 중 10문제 출제

세금계산서란 납세의무자로 등록한 사업자가 재화 또는 용역을 공급하는 때에 부가가치세를 거래상대방으로부터 징수하고 그 징수사실을 증명하기 위하여 발급하는 증서를 말한다.

구분		거래증빙
과세사업자	일반과세자	세금계산서(단, 영수증 발급 대상 사업을 하는 사업자는 영수증 발급)
	간이과세자	세금계산서(단, 영수증 발급 대상 사업을 하는 사업자, 신규사업자 및 직전연도 공급대가 합계액이 4,800만원 미만인 사업자는 영수증 발급)
면세사업자		계산서 · 영수증 발급
세관장		수입세금계산서

1. 세금계산서

(1) 세금계산서의 필요적 기재사항

구분	내용
필요적 기재사항	• 공급하는 사업자의 등록번호와 성명 또는 명칭 • 공급받는 자의 등록번호 • 공급가액과 부가가치세액 • 작성연월일
임의적 기재사항	공급하는 자의 주소, 공급받는 자의 성명 또는 명칭, 상호, 주소, 공급품목 및 단가와 수량, 공급연월일 등 필요적 기재사항 외의 사항

꿀팁 작성연월일은 필요적 기재사항, 공급연월일은 임의적 기재사항이다. 또한, 필요적 기재사항을 미기재 시 공급자는 세금계산서 불성실 가산세(공급가액의 1%)가 있으며, 공급받는 자는 별도의 가산세는 없으나 매입세액을 공제받지 못한다.

(2) 전자세금계산서

전자세금계산서 제도는 사업자가 국세청홈택스 사이트 등에서 세금계산서를 발급하고 국세청에 전송하는 것을 말한다.

구분	내용
발급 대상자	• 모든 법인사업자 • 직전연도의 사업장별 재화 및 용역의 공급가액(면세공급가액 포함) 합계액이 8천만원 이상인 개인사업자 → 관할 세무서장은 개인사업자가 전자세금계산서 의무발급자에 해당하는 경우에는 전자세금계산서를 발급해야 하는 날이 시작되기 1개월 전까지 그 사실을 해당 개인사업자에게 통지하여야 하며 한 번 전자세금계산서 의무발급 개인사업자가 되면 그 이후 직전연도의 사업장별 재화 및 용역의 공급가액이 8천만원 미만이 된 경우에도 계속 의무발급 개인사업자로 봄 • 의무발급 대상자 이외의 사업자도 전자세금계산서 발급 가능
발급명세 전송	전자세금계산서를 발급하였을 때에는 전자세금계산서 발급일의 다음 날까지 전자세금계산서 발급명세를 국세청장에게 전송해야 함
혜택	• 세금계산서 5년간 보존의무 및 세금계산서합계표 제출의무 면제 • 직전연도 공급가액(면세공급가액 포함)이 3억원 미만인 개인사업자(해당 연도에 신규로 사업을 개시한 개인사업자 포함) 건당 200원(연 100만원 한도) 전자세금계산서 발급세액공제

[비교] 직전연도 공급가액을 기준으로 한 전자세금계산서 의무발급기간

전자세금계산서 의무발급 개인사업자는 사업장별 재화 및 용역의 공급가액 합계액이 일정 금액 이상인 해의 다음 해 2기 과세기간부터 전자세금계산서를 발급해야 한다.

기준연도	공급가액(면세공급가액 포함) 합계액 기준	전자세금계산서 발급의무기간
2024년	8천만원	2025년 7월 1일~2026년 6월 30일

다만, 사업장별 재화 및 용역의 공급가액 합계액이 수정신고 또는 결정 · 경정으로 일정 금액 이상이 된 경우에는 수정신고 또는 결정 · 경정을 한 날이 속하는 과세기간의 다음 과세기간부터 전자세금계산서를 발급하여야 한다.

(3) 특수한 경우의 세금계산서 발급

구분	내용
위탁판매	수탁자가 재화를 인도할 때에는 수탁자가 위탁자의 명의로 세금계산서를 발급하며, 이 경우 수탁자의 등록번호를 덧붙여 적어야 함(다만, 위탁자를 알 수 없는 경우에는 위탁자가 수탁자에게, 수탁자가 거래상대방에게 공급한 것으로 보아 세금계산서를 발급함)
위탁매입	공급자가 위탁자를 공급받는 자로 하여 세금계산서를 발급하며, 이 경우 수탁자의 등록번호를 덧붙여 적어야 함

연습문제

부가가치세법상 세금계산서에 관한 설명 중 옳지 않은 것은? 기출 71회 수정

① 전자세금계산서를 발급 · 전송한 경우에는 매출 · 매입처별 세금계산서합계표 제출 의무를 면제한다.
② 2024년도 사업장별 재화 · 용역 공급가액(면세공급가액 포함)의 합계액이 8천만원 이상인 개인사업자는 2025년 7월 1일부터 2026년 6월 30일까지 전자세금계산서를 발급하여야 한다.
③ 전자세금계산서를 발급한 경우에는 전자세금계산서 발급일의 다음 날까지 세금계산서 발급에 관한 명세를 국세청장에게 전송하여야 한다.
④ 위탁매입의 경우 공급자는 수탁자를 공급받는 자로 하여 세금계산서를 발급한다.

| 정답 및 해설 |

④ 위탁매입의 경우에는 공급자가 위탁자를 공급받는 자로 하여 세금계산서를 발급하며, 수탁자의 등록번호를 덧붙인다.

(4) 수정세금계산서

발급사유	작성일자	발급절차
① 공급한 재화가 환입된 경우	환입된 날	비고란에 처음 세금계산서 작성일을 부기
② 계약의 해제	계약 해제일	
③ 공급가액의 증감 시	증감사유 발생일	추가되는 금액은 검은색 글씨로 쓰고, 차감되는 금액은 붉은색 글씨로 쓰거나 (−)로 표시
④ 재화 · 용역의 공급 후 공급시기가 속하는 과세기간 종료 후 25일*1 이내 내국신용장 등 개설	처음 작성연월일 (작성일자가 소급되는 경우에 해당됨)	다음과 같이 2매의 수정세금계산서 발급 • 처음 세금계산서를 (−)로 표시하여 수정 발급 • 처음 작성연월일로 0% 세금계산서 추가 발급
⑤ 필요적 기재사항을 착오로 잘못기재*2		다음과 같이 2매의 수정세금계산서 발급 • 처음 세금계산서를 (−)로 표시하여 수정 발급 • 추가로 올바른 수정세금계산서 발급
⑥ 필요적 기재사항이 착오 외의 사유로 잘못 기재*2		다음과 같이 2매의 수정세금계산서 발급 • 처음 세금계산서를 (−)로 표시하여 수정 발급 • 추가로 올바른 수정세금계산서 발급 단, 재화나 용역의 공급일이 속하는 과세기간에 대한 확정신고기한 다음 날부터 1년까지만 수정세금계산서 발급 가능
⑦ 착오로 전자세금계산서를 이중 발급		처음 세금계산서를 (−)로 표시하여 수정 발급
⑧ 면세 등 발급 대상이 아닌 거래 등에 대한 발급		
⑨ 세율을 잘못 적용하여 발급*2		다음과 같이 2매의 수정세금계산서 발급 • 처음 세금계산서를 (−)로 표시하여 수정 발급 • 추가로 올바른 수정세금계산서 발급
⑩ 일반과세자에서 간이과세자로 또는 간이과세자에서 일반과세자로 과세유형이 전환된 후 과세유형전환 전에 공급한 재화 또는 용역에 위 ①~③의 사유가 발생한 경우		위 ①~③의 절차에도 불구하고 처음에 발급한 세금계산서 작성일을 수정세금계산서의 작성일로 적고, 비고란에 사유 발생일을 덧붙여 적는다. 추가되는 금액은 검은색 글씨로 적고 차감되는 금액은 붉은색 글씨 또는 음의 표시를 하여 수정세금계산서를 발급(∵ 납세자 편의 지원)

*1 그 날이 토요일 · 일요일 · 공휴일 · 대체공휴일 · 근로자의 날인 경우 바로 다음 영업일

*2 위 ⑤, ⑥, ⑨에 해당하는 과세표준 또는 세액이 경정될 것을 미리 알고 있는 경우(세무조사 통지, 과세자료 해명 안내 통지를 받은 경우 등)에는 수정세금계산서를 발급할 수 없다.

꿀팁 ① 공급한 재화가 환입된 경우, ② 계약의 해제, ③ 공급가액의 증감 시에는 수정세금계산서의 작성일자를 소급하지 않지만 이외 발급사유에는 작성일자를 소급한다.

연습문제

다음 중 부가가치세법상 수정(전자)세금계산서 발급사유와 발급절차에 관한 설명으로 잘못된 것은? 기출 104회 수정

① 필요적 기재사항 등이 착오로 잘못 기재된 경우 수정(전자)세금계산서의 작성일자는 당초 세금계산서의 작성일을 적는다.
② 계약의 해제로 재화 · 용역이 공급되지 않은 경우 수정(전자)세금계산서의 작성일은 계약 해제일을 적는다.
③ 계약의 해지 등에 따라 공급가액에 추가 또는 차감되는 금액이 발생한 경우 수정(전자)세금계산서의 작성일은 증감사유가 발생한 날을 적는다.
④ 재화 · 용역을 공급한 후 공급시기가 속하는 과세기간 종료 후 25일 이내에 내국신용장이 개설된 경우 수정(전자)세금계산서의 작성일은 내국신용장이 개설된 날을 적는다.

| 정답 및 해설 |

④ 공급시기가 속하는 과세기간 종료 후 25일 이내에 내국신용장이 개설된 경우 당초 세금계산서 작성일을 적는다.

(5) 매입자 발행 세금계산서

세금계산서 발급의무가 있는 사업자가 재화나 용역을 공급하고 세금계산서 발급시기에 사업자의 부도 · 폐업, 공급계약의 해제 · 변경 및 소재불명 또는 연락두절, 휴업이나 그 밖의 부득이한 사유로 세금계산서를 발급하지 않은 경우 그 재화나 용역을 공급받는 자가 관할 세무서장의 확인을 받아 공급자 대신 세금계산서를 발행할 수 있는데 이를 매입자 발행 세금계산서라고 한다.

구분	내용
매출사업자	세금계산서 발급의무가 있는 사업자(단, 세금계산서를 발급할 수 없는 간이과세자 제외)
발행할 수 있는 사업자	매입자 발행 세금계산서를 발급할 수 있는 사업자는 면세사업자를 포함한 모든 사업자 꿀팁 면세사업자는 매입세액공제는 받을 수 없지만 지출증빙 관리를 위하여 세금계산서를 수취하고 보관할 의무가 있으므로 면세사업자도 매입처별 세금계산서를 발급할 수 있다.
대상 거래	거래 건당 공급대가가 5만원 이상인 거래
신청기한	해당 재화 또는 용역의 공급시기가 속하는 과세기간 종료일부터 1년 이내

+ 세금계산서 발급의무 면제

구분	내용
불특정 다수상대	• 택시운송사업자, 노점 · 행상을 하는 자, 무인판매기를 이용하여 공급하는 재화 또는 용역 • 소매업 또는 미용 · 욕탕 및 유사 서비스업을 경영하는 자가 공급하는 재화 또는 용역(단, 소매업은 공급받는 자가 세금계산서 발급을 요구하지 않는 경우에 한하여 발급의무 면제)
재화의 간주공급	• 자가공급 중 면세사업에 전용하는 재화, 비영업용 소형승용차(개별소비세 과세 대상)와 그 유지를 위한 재화(단, 판매 목적 타 사업장 반출은 세금계산서 발급 대상임) • 개인적 공급 • 사업을 위한 증여 • 폐업 시 남아 있는 재화
부동산 임대용역	간주임대료
영세율 적용 대상	• 재화의 수출(단, 영세율 적용 대상 중 내국신용장, 구매확인서에 의해 공급하는 재화, 한국국제협력단 등에 공급하는 재화는 영세율세금계산서를 발급해야 함) • 용역의 국외 공급 및 외국항행용역의 공급 • 외화 획득 재화 · 용역의 공급
이중공제 금지	사업자가 신용카드 매출전표 · 직불카드영수증 · 기명식 선불카드 · 현금영수증 등을 발급한 때에는 세금계산서를 발급할 수 없음

연습문제

다음 중 부가가치세법상 세금계산서 발급의무 면제 대상이 아닌 것은? 기출 16년 8월 특별

① 소매업을 경영하는 자가 재화 공급 시 신용카드매출전표등을 이미 발급한 경우
② 구매확인서에 의하여 영세율이 적용되는 재화
③ 부동산 임대용역 중 임대보증금에 대한 간주임대료
④ 욕탕업을 경영하는 자가 공급하는 용역

| 정답 및 해설 |

② 구매확인서에 의하여 공급하는 재화는 영세율세금계산서를 발급하여야 한다.

2. 영수증(신용카드 매출전표, 현금영수증 포함)

부가가치세법상 영수증이란 세금계산서를 제외한 증빙을 총칭하므로 신용카드 매출전표, 현금영수증도 포함된다.

(1) 영수증 발급 대상자

① 주로 사업자가 아닌 자에게 재화 또는 용역을 공급하는 사업자로서 영수증 발급 대상 사업을 하는 사업자

② 간이과세자 중 다음 중 어느 하나에 해당하는 자

- 직전연도의 공급대가의 합계액이 4,800만원 미만인 자
- 신규로 사업을 시작하는 개인사업자로서 간이과세자로 하는 최초의 과세기간 중에 있는 자

(2) 영수증 발급 대상 사업

구분	내용
세금계산서 발급금지 업종	다음의 사업은 공급받는 자가 세금계산서 발급을 요구하는 때에도 세금계산서를 발급할 수 없음(∵ 공급받는 자가 사업과 관련 없이 최종 소비자의 지위에서 공급받는 것이므로 공급받는 자가 매입세액을 공제받지 못하도록 다음의 사업을 영위하는 공급자에게 세금계산서의 발급을 금지시킴) • 미용 · 욕탕 및 유사 서비스업 • 여객운송업(전세버스운송사업 제외) • 입장권을 발행하여 경영하는 사업 • 부가가치세가 과세되는 미용 목적 성형수술 등의 진료용역을 공급하는 사업 • 부가가치세가 과세되는 수의사가 제공하는 동물의 진료용역 • 자동차운전학원 및 무도학원 [비교] 위 사업을 영위하는 사업자가 감가상각자산을 공급하는 경우 공급받는 자가 세금계산서 발급을 요구하는 경우에는 세금계산서를 발급하여야 한다.
세금계산서 발급금지 업종을 제외한 업종	다음의 사업은 공급받는 사업자가 사업자등록증을 제시하고 세금계산서 발급을 요구하는 때에는 세금계산서를 발급하여야 함 • 소매업 · 음식점업(다과점업 포함) · 숙박업 • 여객운송업 중 전세버스운송사업 • 변호사 · 세무사 등 전문직 인적용역 공급사업 및 행정사업(다만, 사업자에게 공급하는 것은 제외) • 공동인증서(구 공인인증서)를 발급하는 사업 • 양복점업, 부동산 중개업, 개인서비스업 등 주로 사업자가 아닌 소비자에게 재화 또는 용역을 공급하는 사업으로서 세금계산서를 발급할 수 없거나 발급하는 것이 현저히 곤란한 사업

공급받는 자의 매입세액공제 여부

- 세금계산서: 공제 ○
- 신용카드 매출전표, 현금영수증: 신용카드매출전표등은 부가가치세법상 영수증이므로 매입세액을 공제받지 못하는 것이 원칙이나 부가가치세가 별도로 구분 기재된 신용카드매출전표등을 발급받아 보관하고 신용카드매출전표등 수령명세서를 제출하는 경우에는 공제 ○

[비교] • 공급자가 세금계산서 발급금지 업종인 경우: 무조건 공제 ×
• 간이영수증: 공제 ×(∵ 국세청에 통보되지 않는 증빙임)
• 계산서: 공제 ×(∵ 면세거래이므로 부가가치세가 없음)

PART 03

합격을 다지는 실전문제 p.339

THEME 08 공급시기

▸ 최신 30회 중 1문제 출제

공급시기란 재화 · 용역의 공급이 어느 과세기간에 귀속되는가를 결정하는 시간적 기준으로서 세금계산서의 발급, 부가가치세의 거래징수 및 신고 · 납부시기 등을 결정하는 요소이다.

1. 재화의 공급시기

(1) 일반적인 경우의 공급시기

거래형태	재화의 공급시기
재화의 이동이 필요한 경우	재화가 인도되는 때
재화의 이동이 필요하지 않은 경우	재화가 이용 가능하게 되는 때
위의 규정을 적용할 수 없는 경우	재화의 공급이 확정되는 때

(2) 거래형태별 공급시기

① 인도기준을 적용하는 거래

거래형태	재화의 공급시기
현금판매 · 외상판매 · 할부판매	재화가 인도되거나 이용 가능하게 되는 때
상품권 등을 현금 또는 외상으로 판매한 후 해당 상품권 등을 현물과 교환하는 경우	재화가 실제로 인도되는 때 [비교] 상품권이 인도되는 때 ×
재화의 공급으로 보는 가공	가공된 재화를 인도하는 때 [비교] 가공이 완료된 때 ×

② 회수기일 도래기준을 적용하는 거래

거래형태	재화의 공급시기
장기할부판매	대가의 각 부분을 받기로 한 때
중간지급조건부 판매	
완성도기준 지급조건부 판매	
전력이나 그 밖의 공급 단위를 구획할 수 없는 재화를 계속적으로 공급	

③ 수출재화

거래형태	재화의 공급시기
내국물품 외국 반출, 중계무역방식의 수출	수출재화의 선(기)적일
원양어업, 위탁판매수출	수출재화의 공급가액이 확정되는 때
외국인도수출, 위탁가공무역방식의 수출, 위탁가공을 위한 원료의 국외 무상반출	외국에서 해당 재화가 인도되는 때

④ 그 밖의 재화의 공급

거래형태	재화의 공급시기
반환조건부 · 동의조건부 판매, 그 밖의 조건부 판매, 기한 후 판매 (예 시용판매, 검수조건부 판매)	조건이 성취되거나 기한이 지난 후 판매가 확정되는 때 예 검수조건부 판매의 경우: 검수완료일
무인판매기를 이용한 재화의 판매	해당 사업자가 무인판매기에서 현금을 인취하는 때
사업자가 보세구역에서 국내의 보세구역 외의 지역으로 재화를 공급 (재화의 수입에 해당)	수입 신고 수리일(∵ 실무상 이 날 과세표준 계산이 가능함)

2. 용역의 공급시기

(1) 일반적인 경우

용역이 공급되는 시기는 역무가 제공되거나 재화 · 시설물 또는 권리가 사용되는 때로 한다.

(2) 거래형태별 공급시기

① 대가의 각 부분을 받기로 한 때(회수기일 도래기준): 완성도기준 지급 · 중간지급 · 장기할부 · 기타 조건부 또는 그 공급 단위를 구획할 수 없는 용역의 계속적 공급

② 예정신고기간 또는 과세기간의 종료일

- 간주임대료
- 둘 이상의 과세기간에 걸쳐 부동산 임대용역을 공급하고 그 대가를 선불 또는 후불로 받는 경우에 월수로 안분계산한 임대료
- 특정 용역을 둘 이상의 과세기간에 걸쳐 계속적으로 제공하고 그 대가를 선불로 받는 경우

+ 폐업 전에 공급한 재화 또는 용역의 공급시기 특례

사업자가 폐업 전에 공급한 재화 또는 용역의 공급시기가 폐업일 이후에 도래하면 폐업일을 공급시기로 한다.
(∵ 폐업일 이후 과세할 수 없으므로)

연습문제

다음 중 부가가치세법상 공급시기에 대한 설명으로 옳지 않은 것은? 기출 56회

① 무인판매기를 이용하여 재화를 공급하는 경우 공급시기는 해당 사업자가 무인판매기에서 현금을 꺼내는 때
② 외국인도수출에 의하여 재화를 공급하는 경우 공급시기는 수출재화의 공급가액이 확정되는 때
③ 둘 이상의 과세기간에 걸쳐 부동산 임대용역을 공급하고 대가를 선불로 받는 경우 월수로 안분계산한 임대료의 공급시기는 예정신고기간 또는 과세기간의 종료일
④ 장기할부판매에 의하여 재화를 공급하는 경우 공급시기는 대가의 각 부분을 받기로 한 때

| 정답 및 해설 |

② 외국인도수출에 의하여 재화를 공급하는 경우 공급시기는 외국에서 해당 재화가 인도되는 때이다.

3. 공급시기의 예외

(1) 원칙

세금계산서는 재화 · 용역의 공급시기에 발급하여야 한다.

(2) 공급시기 전 발급특례(선 세금계산서 발급)

다음의 경우에는 그 세금계산서 등을 발급하는 때를 재화 · 용역의 공급시기로 본다.

① 사업자가 재화 · 용역의 공급시기가 되기 전에 재화 · 용역에 대한 대가의 전부 또는 일부를 받고, 그 받은 대가에 대하여 세금계산서를 발급하는 경우(∵ 대가를 수령하지 않고 선 세금계산서를 발급하는 거래를 인정할 경우에는 매입자가 부당하게 매입세액을 공제하는 사례가 발생하므로 대가 수령 요건이 추가됨)

② 사업자가 재화 · 용역의 공급시기가 도래하기 전에 세금계산서를 발급하고 그 세금계산서 발급일부터 7일 이내에 대가를 지급받은 경우

③ 사업자가 재화 · 용역의 공급시기가 되기 전에 세금계산서를 발급하고 그 발급일로부터 7일이 지난 후 대가를 받더라도 다음 중 어느 하나에 해당하는 경우

- 거래당사자 간의 계약서 · 약정서 등에 대금 청구시기(세금계산서 발급일)와 지급시기를 따로 적고, 대금 청구시기와 지급시기 사이의 기간이 30일 이내인 경우
- 세금계산서 발급일이 속하는 과세기간 내(공급받는 자가 조기환급을 받은 경우에는 세금계산서 발급일로부터 30일 이내)에 재화 · 용역의 공급시기가 도래하는 경우

④ 다음의 공급시기가 되기 전에 세금계산서를 발급하는 경우(∵ 장기할부판매 등은 이미 인도가 된 거래이므로 선 세금계산서만 발급해도 부당하게 매입세액으로 공제받는 사례가 없기 때문에 대가 수령 요건이 없음)

- 장기할부판매로 재화를 공급하거나 장기할부조건부로 용역을 공급하는 경우의 공급시기
- 전력 등 기타 공급 단위를 구획할 수 없는 재화를 계속적으로 공급하는 경우의 공급시기[∵ 전기요금, 도시가스 등의 공급시기는 대가의 각 부분을 받기로 한 때(납기일)이나 실무상 납기일 전에 청구서인 세금계산서를 발급하므로 이를 인정함]
- 통신 등 공급 단위를 구획할 수 없는 용역을 계속적으로 공급하는 경우의 공급시기
- 외국항행용역의 공급으로서 발행된 선하증권에 따라 거래사실이 확인되는 경우(용역의 공급시기가 선하증권 발행일로부터 90일 이내인 경우로 한정)(∵ 해상운송사업자의 편의제고)

(3) 공급시기 후 발급특례(후 세금계산서 발급)

다음에 해당하는 경우에는 재화 · 용역의 공급일이 속하는 달의 다음 달 10일(토요일, 공휴일인 경우 다음 날)까지 세금계산서를 발급할 수 있다.

① 거래처별로 달의 1일부터 말일까지의 공급가액을 합계하여 당해 월의 말일자를 발행일자로 하여 세금계산서를 발급하는 경우

② 거래처별로 달의 1일부터 말일까지 이내에서 사업자가 임의로 정한 기간의 공급가액을 합계하여 그 기간의 종료일자를 발행일자로 하여 세금계산서를 발급하는 경우

③ 관계증빙서류 등에 의하여 실제 거래사실이 확인되는 경우로서 당해 거래일자를 발행일자로 하여 세금계산서를 발급하는 경우

연습문제

부가가치세법상 세금계산서의 발급시기의 특례 규정으로서 재화 또는 용역의 공급일이 속하는 달의 다음 달 10일까지 발급할 수 있는 경우로 옳은 것은? 기출 34회

> ㉮ 거래처별로 달의 1일부터 말일까지의 공급가액을 합계하여 당월 말일자를 발행일자로 하여 세금계산서를 발급하는 경우
> ㉯ 관계증빙서류 등에 의하여 실제 거래사실이 확인되는 경우로서 당해 거래일자를 발행일자로 하여 세금계산서를 발급하는 경우
> ㉰ 거래처별로 달의 1일부터 말일까지의 기간 이내에서 사업자가 임의로 정한 기간의 공급가액을 합계하여 그 기간의 종료일자를 발행일자로 하여 세금계산서를 발급하는 경우

① ㉮, ㉯ ② ㉯, ㉰
③ ㉮, ㉰ ④ ㉮, ㉯, ㉰

| 정답 및 해설 |

④ ㉮, ㉯, ㉰ 모두 공급시기 후 발급특례에 해당하여 재화 또는 용역의 공급일이 속하는 달의 다음 달 10일까지 세금계산서를 발급할 수 있다.

합격을 다지는 실전문제 p.342

THEME 09 매입세액 중요

▸ 최신 30회 중 7문제 출제

	1. 세금계산서 수취분 매입세액
(+)	2. 매입자 발행 세금계산서 매입세액
(+)	3. 신용카드매출전표등 수취분 매입세액
(+)	4. 의제매입세액
(+)	5. 재활용폐자원 매입세액
(−)	6. 공제받지 못할 매입세액
	차가감 계

1. 매입세액공제의 요건

사업자가 사업을 위하여 사용하였거나 사용할 재화 또는 용역을 공급받거나 재화를 수입할 때 세금계산서를 받은 경우에만 매출세액에서 공제할 수 있다.

① **사업을 위한 재화·용역일 것:** 사업자 개인이 사용하기 위한 용도로 매입한 재화나 용역은 매입세액을 공제하지 않는다.

② **사용되었거나 사용될 재화일 것:** 부가가치 창출 과정에서 이미 사용된 것은 물론 사용되지 않고 아직 재고자산으로 남아 있는 재화에 대한 매입세액도 공제한다.

③ **세금계산서 등 적격 증명서류를 수취할 것:** 특정 사업자*로부터 세금계산서, 신용카드 매출전표, 직불카드, 기명식 선불카드, 현금영수증 등 적격 증명서류를 받은 경우 부담한 매입세액만 공제된다.

* 특정 사업자란 일반과세자와 간이과세자 중 다음의 사업자를 제외한다.
① 세금계산서 발급금지 업종을 경영하는 사업자
② 간이과세자 중 다음 중 어느 하나에 해당하는 자
㉠ 직전연도의 공급대가 합계액이 4,800만원 미만인 자
㉡ 신규로 사업을 시작하는 개인사업자로서 간이과세자로 하는 최초의 과세기간 중에 있는 자

2. 공제받지 못할 매입세액

사업자가 자기의 사업을 위하여 사용되었거나 사용될 재화 또는 용역을 공급받았거나 재화를 수입한 것에 대한 세액은 납부세

액 계산 시 매출세액에서 공제되지만, 다음의 경우에는 거래징수를 당한 사실이 세금계산서 등에 의하여 입증된다고 하더라도 그 매입세액은 매출세액에서 공제하지 않는다.

(1) 세금계산서 미수취 및 부실기재분(∵ 의무불이행에 대한 제재)

① 세금계산서를 발급받지 않은 경우

② 발급받은 세금계산서의 필요적 기재사항의 전부 또는 일부가 적히지 않았거나 사실과 다르게 적힌 경우(단, 착오기재된 경우는 제외)

[비교] 공급가액이 사실과 다르게 적힌 경우에는 실제 공급가액과 사실과 다르게 적힌 금액의 차액에 해당하는 세액을 말함

+ 예외적 매입세액공제를 허용하는 경우

- 공급시기 이후 해당 공급시기가 속하는 과세기간의 확정신고기한까지 세금계산서를 수취한 경우
- 필요적 기재사항 중 일부가 착오로 사실과 다르게 적혔으나, 거래사실이 확인된 경우
- 공급시기 이후에 세금계산서를 발급받았으나 실제 공급시기가 속하는 과세기간의 확정신고기한 다음 날부터 1년 이내에 발급받은 것으로서 수정신고·경정청구하거나 납세지 관할 세무서장 등이 거래 사실을 확인하여 결정·경정하는 경우
- 공급시기 이전에 세금계산서를 발급받았으나, 실제 공급시기가 6개월 이내에 도래하고 거래사실을 확인하여 결정·경정하는 경우

(2) 매입처별 세금계산서합계표 미제출 및 부실기재분(∵ 의무불이행에 대한 제재)

① 매입처별 세금계산서합계표를 제출하지 않은 경우

② 제출한 매입처별 세금계산서합계표의 기재사항 중 거래처별 등록번호 또는 공급가액의 전부 또는 일부가 기재되지 않았거나 사실과 다르게 기재된 경우(단, 착오기재된 경우는 제외)

(3) 사업과 직접적인 관련이 없는 지출에 대한 매입세액(∵ 매출세액 창출과 관련 없음)

사업과 직접적인 관련이 없는 다음의 지출에 대한 매입세액은 공제되지 않는다.

① 업무와 관련이 없는 지출

② 업무무관 자산을 취득·관리함으로써 생기는 취득비·유지비·수선비 및 이에 관련되는 비용

③ 사업자가 그 사업에 직접 사용하지 않고 타인(종업원 제외)이 주로 사용하는 토지·건물 등의 유지비·수선비·사용료와 이와 관련되는 지출금

(4) 비영업용 소형승용차(개별소비세법 과세대상 자동차)의 구입과 임차 및 유지에 관한 매입세액(∵ 최종 소비자로 판단)

비영업용 소형승용차(개별소비세법 과세대상 자동차)의 구입과 임차 및 유지에 관한 매입세액은 공제되지 않는다.

구분	내용
영업용	운수업·자동차 판매(임대)업 등과 같이 승용차가 직접 자기 사업의 목적물이 되는 것 예 택시회사의 택시용 차량
소형승용차	주로 사람의 수송을 목적으로 제작된 승용차(8인승 이하)로서 개별소비세 과세 대상이 되는 차량 • 8인승 이하의 일반형 승용차(단, 배기량이 1,000cc 이하인 것은 제외) • 지프형 자동차, 125cc 초과 2륜 자동차 • 캠핑용 자동차(캠핑용 트레일러 포함)

(5) 기업업무추진비 및 이와 유사한 비용의 지출과 관련된 매입세액(∵ 불건전한 소비 등에 대한 제재)

기업업무추진비 및 교제비, 사례금, 그 밖에 이와 유사한 비용의 지출에 관련된 매입세액은 공제되지 않는다.

(6) 면세사업 등에 관련된 매입세액(∵ 면세사업 관련 매출 시 매출세액 발생 ×)

부가가치세 면세사업 등에 관련된 매입세액은 공제되지 않는다.

(7) 토지의 자본적 지출 관련 매입세액(∵ 추후 해당 토지 공급 시 면세재화 공급이므로 매출세액 발생 ×)

토지의 조성 등을 위한 자본적 지출에 관련된 매입세액으로서, 다음 중 어느 하나에 해당하는 것은 공제되지 않는다.

① 토지의 취득 및 형질변경, 공장부지 및 택지의 조성 등에 관련된 매입세액

② 건축물이 있는 토지를 취득하여 그 건축물을 철거하고 토지만을 사용하는 경우에 철거한 건축물의 취득 및 철거비용에 관련된 매입세액

③ 토지의 가치를 현실적으로 증가시켜 토지의 취득원가를 구성하는 비용에 관련된 매입세액

(8) 사업자등록 신청 전 매입세액(∵ 의무불이행에 대한 제재)

사업자등록을 신청하기 전의 매입세액은 공제되지 않는다. 다만, 공급시기가 속하는 과세기간이 끝난 후 20일 이내에 등록을 신청하면 등록 신청일로부터 공급시기가 속하는 과세기간 기산일(1.1. 또는 7.1.)까지 역산한 기간 내의 매입세액은 매출세액에서 공제한다.

연습문제

다음의 자료는 법인이 업무와 관련하여 재화나 용역을 공급받고 신용카드로 결제한 경우로서 부가가치세법상 매입세액공제를 위하여 신용카드등 수령명세서를 제출하고자 한다. 다음 중 매입세액공제가 가능한 경우는 모두 몇 개인가? (단, 공급자는 모두 일반과세자로 가정함)

기출 82회 수정

㉠ 출장 시 사용한 회사 소유의 차량(2,500cc 승용차)에 대한 유류대
㉡ 제주출장 교통수단으로 사용한 항공권
㉢ 사무실에서 사용할 컴퓨터 구입
㉣ 직원들의 교육을 위한 도서 구입대금
㉤ 직원들 사기진작을 위한 회식비
㉥ 직원 명의 신용카드로 구입한 사무용품비

① 2개
② 3개
③ 4개
④ 5개

| 정답 및 해설 |

② 보기 중 ㉢, ㉤, ㉥만 매입세액을 공제할 수 있다.
- 보기 ㉠: 비영업용 소형승용차의 유지와 관련된 매입세액은 불공제된다.
- 보기 ㉡: 여객운송업은 세금계산서 발급금지업종이므로 공급받는자 입장에서 매입세액이 불공제된다.
- 보기 ㉣: 도서는 면세재화이므로 부가가치세액이 없다.

3. 그 밖의 매입세액공제

(1) 의제매입세액공제

사업자가 면세농산물 등을 구입하여 부가가치세가 과세되는 재화를 제조 · 가공하거나 용역을 창출하는 때에는 일정한 금액을 매입세액으로 의제하여 매출세액에서 공제한다.

① 요건: 일반과세자(업종 불문)가 면세로 공급받은 농 · 축 · 수 · 임산물 및 소금 등을 원재료로 하여 제조 · 가공한 재화 또는 창출한 용역의 공급은 국내에서 부가가치세가 과세되어야 한다. 면세를 포기하고 영세율을 적용받는 경우 해당 사업에 사용한 면세농산물 등의 가액은 제조 · 가공한 것이 없기 때문에 의제매입세액공제를 적용하지 않는다.

② 공제서류: 의제매입세액을 공제받고자 하는 사업자는 의제매입세액공제 신고서와 다음 중 어느 하나에 해당하는 서류를 관할 세무서장에게 제출하여야 한다. 다만, 제조업을 영위하는 사업자가 농 · 어민으로부터 면세농산물 등을 직접 공급받는 경우에는 의제매입세액공제 신고서만을 제출한다.
- 소득세법 또는 법인세법의 규정에 따른 매입처별 계산서합계표
- 신용카드매출전표등 수취명세서

③ 계산식

매입세액공제액 = 면세농산물 등의 매입가액 × 공제율

• 매입가액에는 운임 등의 부대비용을 제외하며, 수입농산물의 경우 관세의 과세가격을 매입가액으로 본다.
• 공제율은 다음과 같다.

구분				공제율
일반업종				2/102
제조업	법인사업자	중소기업		4/104
		중소기업 외의 사업자		2/102
	개인사업자	과자점업 · 도정업 · 제분업 및 떡류 제조업 중 떡방앗간의 경영자		6/106
		위 외의 제조업의 경영자		4/104
음식점업		과세유흥장소의 경영자		2/102
		과세유흥장소 외	법인사업자	6/106
			개인사업자	8/108*

* 과세표준 2억원 이하인 경우에는 9/109를 적용한다.

④ **공제 한도**: 의제매입세액은 다음의 금액을 공제할 수 있는 금액의 한도로 한다.

해당 과세기간에 해당 사업자가 면세농산물 등과 관련하여 공급한 과세표준×한도율*×공제율

* 한도율

구분		한도율	
		음식점업	기타 업종
법인사업자		50%	
개인사업자	과세표준이 2억원 초과인 경우	60%	55%
	과세표준이 1억원 초과 2억원 이하인 경우	70%	65%
	과세표준이 1억원 이하인 경우	75%	

⑤ **안분계산**: 과세사업과 면세사업을 겸영하는 경우에는 면세농산물 등의 실지귀속에 따라 과세사업에 사용될 부분에 대해서만 의제매입세액공제를 적용해야 한다. 다만, 그 실지귀속을 구분할 수 없을 때에는 다음과 같이 공급실적에 따라 안분계산한 금액을 의제매입세액으로 공제한다.

$$\text{의제매입세액} = \text{면세농산물 등의 매입가액} \times \text{공제율} \times \frac{\text{과세공급가액}}{\text{총공급가액}}$$

⑥ **추징**: 의제매입세액은 면세농산물 등을 공급받거나 수입한 날이 속하는 과세기간의 매출세액에서 공제한다. 다만, 의제매입세액의 공제를 받은 농산물 등을 그대로 양도 또는 인도하거나, 면세사업 기타의 목적을 위하여 사용 · 소비하는 경우에는 그 전용한 날이 속하는 예정 · 확정신고 시 공제받은 의제매입세액을 재계산하여 납부세액에 가산하거나 환급세액에서 공제한다.

연습문제

다음 중 부가가치세법상 의제매입세액공제에 대한 설명으로 옳지 않은 것은? 기출 39회

① 의제매입세액공제 시 공제 대상이 되는 원재료의 매입가액은 운임 등의 부대비용을 제외한 매입원가로 한다.
② 의제매입세액은 면세농산물 등을 사용 또는 소비하는 날이 속하는 과세기간의 예정신고 또는 확정신고 시에 공제한다.
③ 의제매입세액을 공제받은 후 면세농산물 등을 그대로 양도 또는 인도하는 경우에는 의제매입세액을 재계산하여야 한다.
④ 면세농산물 등을 원재료로 하여 제조 · 가공한 재화 또는 창출한 용역의 공급이 과세되는 경우에 적용된다.

| 정답 및 해설 |

② 의제매입세액은 면세농산물 등을 공급받은 날이 속하는 과세기간의 예정신고 또는 확정신고 시에 공제한다.

(2) 재활용폐자원 등에 대한 매입세액공제 특례

재활용폐자원 및 중고자동차를 수집하는 사업자(일반과세자)가 세금계산서를 발급할 수 없는 자(부가가치세 과세사업을 영위하지 않는 자 및 간이과세자*)로부터 재활용폐자원 또는 중고자동차를 취득하여 제조 · 가공하거나 이를 공급하는 경우에는 매출세액에서 취득가액의 일부를 매입세액으로 공제할 수 있다.

* 영수증을 발급하여야 하는 간이과세자(세금계산서 발급의무가 있는 사업자는 제외)를 의미한다.

① 계산

- 예정신고 시

매입세액 = 재활용폐자원 등의 취득금액 × 3/103(중고자동차를 취득하는 경우 10/110)

- 정산 시

매입세액공제액 = 공제 대상 금액* × 3/103(10/110) − 이미 공제받은 세액 * 공제 대상 금액: Min[㉠, ㉡] ㉠ 해당 과세기간 영수증과 계산서 수취분의 재활용폐자원의 취득가액 ㉡ 재활용폐자원 관련 과세표준 × 80% − 세금계산서 수취분 재활용폐자원 매입가액(사업용 고정자산 매입가액은 제외)

② 공제 한도: 재활용폐자원 등에 대한 매입세액공제 특례를 적용받는 경우에는 부가가치세 확정신고 시 해당 과세기간의 재활용폐자원과 관련한 부가가치세 과세표준의 80%를 곱하여 계산한 금액에서 세금계산서를 발급받고 매입한 재활용폐자원 매입가액(사업용 고정자산 매입가액 제외)을 차감한 금액을 한도(중고자동차는 공제 한도 없음)로 하여 계산한 매입세액을 공제할 수 있다.

③ 적용절차: 재활용폐자원 및 중고자동차에 대하여 매입세액공제를 받고자 하는 자는 예정신고 또는 확정신고 시 매입처별 계산서합계표 또는 영수증을 첨부하여 '재활용폐자원 등의 매입세액공제 신고서'를 제출하여야 한다. 이 경우 예정신고 및 조기환급 신고 시 이미 재활용폐자원 매입세액공제를 받은 금액이 있는 경우에는 확정신고 시 정산하여야 한다.

합격을 다지는 실전문제 p.344

THEME 10 겸영사업자의 세액계산

▸ 최신 30회 중 3문제 출제

1. 공통매입세액의 안분계산과 정산 및 납부 · 환급세액 재계산

(1) 공통매입세액의 안분계산

과세사업과 면세사업을 겸영하는 사업자가 과세사업과 면세사업에 공통으로 사용되는 재화나 용역을 공급받은 경우에는 매입세액 중 과세사업과 관련된 부분은 공제되지만 면세사업과 관련된 부분은 공제되지 않으므로 매입세액을 안분하여야 한다. 이 경우 실지귀속을 구분할 수 있는 경우(건물의 실제 사용면적이 구분되는 경우)에는 실지귀속(건물의 실제 사용면적)에 따라 공제 여부를 판단한다. 그러나, 실지귀속을 구분할 수 없는 매입세액(공통매입세액)은 다음의 계산식에 따라 안분하여 계산한다.

$$\text{면세관련 매입세액} = \text{공통매입세액} \times \frac{\text{해당 과세기간의 면세공급가액*}}{\text{해당 과세기간의 총공급가액}}$$

* 과세사업 공급가액 또는 면세사업 공급가액이 없으면 공급가액 비율 대신 다음의 비율 순서대로 적용한다.
① 개별매입가액(공통매입가액 제외) 비율
② 예정공급가액 비율
③ 예정사용면적 비율
단, 건물 또는 구축물로서 예정사용면적을 구분할 수 있는 경우에는 예정사용면적 비율을 우선 적용한다(③ → ① → ② 순).

다만, 다음의 경우에는 안분계산을 배제하며 공통매입세액에 대해 전액 공제되는 매입세액으로 한다.

① 해당 과세기간의 면세공급가액의 비율이 5% 미만인 경우(단, 공통매입세액이 5백만원 이상인 경우는 제외)

② 해당 과세기간의 총공통매입세액이 5만원 미만인 경우

③ 신규로 사업을 개시한 사업자가 공통으로 사용하던 재화를 공급하여 과세표준의 안분계산을 생략한 재화에 대한 공통매입세액

연습문제

부가가치세법상 공통매입세액의 안분계산에 관한 설명이다. 옳지 않은 것은? 기출 73회

① 공통매입세액은 각 과세기간별로 안분계산하며, 예정신고기간에는 예정신고기간의 공급가액 비율로 안분계산하고 확정신고 시 정산한다.

② 해당 과세기간의 공통매입세액이 5만원 미만인 경우에는 매입세액 전액을 공제한다.

③ 해당 과세기간의 총공급가액 중 면세공급가액이 5% 미만인 경우에도 공통매입세액이 400만원 이상인 경우에는 매입세액 전액을 공제한다.

④ 과세와 면세사업에 공통으로 사용하는 재화를 공급받은 과세기간 중에 해당 재화를 공급하여 과세표준을 안분계산한 경우에는 그 재화에 대한 매입세액의 안분계산은 직전 과세기간의 공급가액 실적을 기준으로 한다.

| 정답 및 해설 |

③ 해당 과세기간의 총공급가액 중 면세공급가액이 5% 미만이어도 공통매입세액이 500만원 이상이면 매입세액을 안분계산해야 한다.

(2) 공통매입세액의 정산

공통매입세액의 정산이란 예정신고기간의 공급가액 비율로 안분계산한 경우 확정신고기간에 공급가액의 비율이 달라지므로 확정신고 시 당해 과세기간 전체의 공급가액 비율로 매입세액 불공제분을 다시 계산하는 것이다.

$$\text{면세 관련 매입세액} = \text{공통매입세액} \times \frac{\text{당해 과세기간(6개월)의 면세공급가액}}{\text{당해 과세기간(6개월)의 총공급가액}} - \text{기불공제매입세액}$$

(3) 납부 · 환급세액의 재계산

다음의 적용요건에 해당하면 증가 또는 감소된 면세비율에 해당하는 금액을 확정신고(예정신고 ×) 시에만 납부세액에 가산하거나 공제한다.

① 적용요건

- 감가상각자산일 것
  [비교] 토지와 재고자산 등 비상각자산은 제외
- 공통매입세액 안분계산에 따라 매입세액을 공제받은 경우일 것
- 면세비율이 5% 이상 증감된 경우일 것(∵ 5% 미만인 경우 경제성을 고려해 재계산 ×)

② 재계산방법

구분	납부세액에 가산 · 공제할 금액
건물 또는 구축물	공통매입세액×(1－체감률 5%×경과된 과세기간의 수*)×면세증감비율
기타 감가상각자산	공통매입세액×(1－체감률 25%×경과된 과세기간의 수*)×면세증감비율

* 과세기간 개시일 후에 감가상각자산을 취득하거나 공급한 것으로 의제되는 경우에는 그 과세기간 개시일에 해당 재화를 취득하거나 해당 재화를 공급한 것으로 보아 경과된 과세기간 수를 계산하되, 건물 또는 구축물의 경우에는 20기를, 기타 감가상각자산의 경우에는 4기를 한도로 한다.

③ 재계산 배제

- 감가상각자산이 재화의 간주공급에 해당되는 경우(∵ 간주공급 시 매입세액이 모두 추징됨)
- 공통사용재화를 공급하는 경우(∵ 공급은 전기의 과세비율로 안분계산하므로 매입세액의 정산도 전기까지만 이루어져야 공급과 매입의 안분비율이 동일하게 됨)

연습문제

부가가치세법상 납부세액 또는 환급세액의 재계산에 대한 설명으로 옳지 않은 것은? 기출 77회

① 당해 취득일이 속하는 과세기간의 총사용면적에 대한 면세 사용면적의 비율로 안분계산한 경우에는 증가 또는 감소된 면세 사용면적의 비율에 의하여 재계산한다.

② 과세기간 개시 후에 감가상각자산을 취득한 경우에는 그 과세기간 개시일에 취득한 것으로 보아 경과된 과세기간의 수를 계산한다.

③ 공통매입세액을 안분하여 공제한 후 면세비율이 증가하는 경우에 한하여 당초에 과다공제한 매입세액을 추징하는 제도이다.

④ 공통사용재화를 공급하는 경우에는 납부세액 또는 환급세액의 재계산이 배제된다.

| 정답 및 해설 |

③ 부가가치세법상 납부세액 또는 환급세액의 재계산은 면세비율이 증가하면 과다공제한 매입세액을 추징하고, 면세비율이 감소하면 추가적으로 공제 및 환급하는 제도이다.

2. 공통사용재화 공급 시

(1) 과세표준의 안분계산

과세사업과 면세사업에 공통으로 사용하던 재화를 공급하는 경우에는 다음과 같이 계산한 금액을 공급가액으로 한다. 단, 휴업 등으로 인하여 직전 과세기간이 없으면 그 재화를 공급한 날에 가장 가까운 과세기간의 공급가액으로 계산한다.

$$\text{과세표준} = \text{해당 재화의 공급가액} \times \frac{\text{직전 과세기간의 과세공급가액}}{\text{직전 과세기간의 총공급가액}}$$

(2) 안분계산의 배제

다음에 해당하는 경우에는 안분계산하지 않고 당해 재화의 공급가액 전액을 과세표준으로 한다.

① 직전 과세기간의 면세공급가액 비율이 5% 미만인 경우(단, 해당 재화의 공급가액이 5천만원 이상인 경우는 제외)

② 재화의 공급가액이 50만원 미만인 경우(공급되는 재화의 단위별 가액이 50만원 미만인 경우를 말함)

③ 신규로 사업을 개시하여 직전 과세기간이 없는 경우

3. 감가상각자산의 면세 전용 및 과세전환

(1) 과세사업용 감가상각자산의 면세사업용 전용 시 과세표준의 계산

과세사업 관련 매입세액이 공제된 재화(매입세액 불공제분은 제외)를 면세사업에 사용하였거나 소비하는 때에는 그 사업자는 다음의 금액을 그 면세사업에 사용하거나 소비하는 날이 속하는 과세기간의 공급가액으로 한다.

① 전부 전용 시

구분	과세표준
건물 또는 구축물	취득가액×(1－체감률 5%×경과된 과세기간의 수)
기타 감가상각자산	취득가액×(1－체감률 25%×경과된 과세기간의 수)

② 일부 전용 시: 면세공급가액 비율이 5% 미만이면 공급가액이 없는 것으로 본다.

$$\text{과세표준} = \text{미상각 잔액}^{*} \times \frac{\text{면세사업에 일부 사용한 날이 속하는 과세기간의 면세공급가액}}{\text{면세사업에 일부 사용한 날이 속하는 과세기간의 총공급가액}}$$

* 미상각 잔액＝취득가액×(1－체감률×경과된 과세기간 수)

(2) 면세사업용 감가상각자산의 과세사업용 전환 시 공제세액의 계산

당초 면세사업에 사용되어 매입세액이 공제되지 않은 감가상각자산을 과세사업에 사용하였거나 소비하였을 때 사업자는 다음의 금액을 과세사업에 사용하거나 소비하는 날이 속하는 과세기간의 확정신고 시 매입세액으로 공제할 수 있다.

$$\text{매입세액공제액} = \text{불공제 매입세액} \times (1 - \text{체감률} \times \text{경과된 과세기간의 수}) \times \frac{\text{해당 과세기간의 과세공급가액}}{\text{해당 과세기간의 총공급가액}}$$

연습문제

2024년 8월, 1억원에 취득한 기계설비는 과세사업에 사용하여 왔으나, 2025년 10월부터 과세사업에 사용을 중지하고 면세사업에 전용하였다. 이로 인해 증가하는 2025년 2기 부가가치세 과세표준은 얼마인가? (단, 해당 기계설비의 전용 당시 장부가액은 8천만원, 시가 9천만원임)

기출 49회

① 25,000,000원　② 40,000,000원
③ 45,000,000원　④ 50,000,000원

| 정답 및 해설 |

④ 100,000,000원×(1－25%×2)＝50,000,000원

합격을 다지는 실전문제 p.347

THEME 11 차가감 납부세액

▸ 최신 30회 중 2문제 출제

	매출세액
(－)	매입세액
	납부세액
(－)	신용카드매출전표등 발행세액공제
(－)	전자신고세액공제
(－)	전자세금계산서 발급전송에 대한 세액공제
(－)	예정신고 미환급세액
(－)	예정고지세액
(＋)	가산세액
	차가감 납부(환급)세액

1. 신용카드매출전표등 발행세액공제

(1) 공제 대상

적용 대상 사업자*가 부가가치세가 과세되는 재화 또는 용역을 공급하고 세금계산서의 발급시기에 신용카드매출전표등을 발행하거나 전자적 결제수단으로 대금을 결제받으면 공제 대상에 해당한다(법인 및 직전연도 재화 또는 용역의 공급가액 합계액이 10억원을 초과하는 개인은 공제 대상자 ×).

* 적용 대상 사업자
① 주로 사업자가 아닌 자에게 재화 또는 용역을 공급하는 사업으로서 영수증 발급 대상 사업을 하는 사업자
② 간이과세자이면서 다음 중 어느 하나에 해당하는 자
㉠ 직전연도의 공급대가의 합계액이 4,800만원 미만인 자
㉡ 신규로 사업을 시작하는 개인사업자로서 간이과세자로 하는 최초의 과세기간 중에 있는 자

(2) 공제액

① 공제액: 그 발급금액 또는 결제금액×1.3%

② 공제 한도: 연간 1,000만원

(3) 환급의 제한

공제받는 금액이 당해 금액을 차감하기 전의 납부할 세액을 초과하면 그 초과하는 부분은 없는 것으로 본다. 즉 초과분을 환급하지 않는다.

2. 전자신고세액공제

전자신고 시 과세기간별로 1만원을 납부세액에서 공제하거나 환급세액에 가산하며 확정신고 시에만 적용(예정신고 시 ×)한다.

3. 전자세금계산서 발급 · 전송에 대한 세액공제

구분	내용
적용 대상자	• 직전연도의 사업장별 재화 및 용역의 공급가액(부가가치세 면세공급가액 포함)의 합계액이 3억원 미만인 개인사업자(해당 연도에 신규로 사업을 개시한 개인사업자 포함) • 세금계산서 발급의무가 있는 간이과세자
적용요건	적용 대상 사업자가 전자세금계산서 발급명세를 전송기한(전자세금계산서 발급일의 다음 날)까지 국세청장에게 전송하는 경우
공제액	• 공제액: 전자세금계산서 발급 건수×200원 • 공제 한도: 연간 100만원(단, 세액공제액이 그 금액을 차감하기 전의 납부할 세액을 초과하면 그 초과하는 부분은 없는 것으로 함)

4. 예정신고 미환급세액과 예정고지세액

(1) 예정신고 미환급세액

법인의 부가가치세 일반환급은 과세기간별로 확정신고 시에만 적용하므로 예정신고기간에 대한 일반환급세액은 확정신고 시 납부세액에서 공제한다.

(2) 예정고지세액

① **예정고지세액의 징수**: 부가가치세는 3개월마다 신고 · 납부하는 것이 원칙이지만 예외적으로 개인사업자와 직전 과세기간 공급가액 합계액이 1억 5천만원 미만인 법인사업자(영세법인사업자)에게는 직전 과세기간 납부세액의 1/2에 해당하는 금액(1천원 미만 절사)을 정부가 고지한다. 즉, 개인사업자와 영세법인사업자가 예정신고기간에 예정고지세액을 납부하면 확정신고 시 해당 금액을 납부세액에서 공제하는 것이다. 단, 예정고지세액이 50만원 미만인 경우 이를 고지하지 않는다.

② **전자고지세액공제**: 납세자가 전자송달의 방법으로 납부고지서의 송달을 신청하면 신청한 달의 다다음 달 이후 송달하는 분부터 예정고지세액에서 1건당 1천원을 공제한다.

5. 일반과세자에 대한 가산세

개정세법 반영

(1) 사업자등록 불성실 가산세

구분	내용	가산세액
미등록 가산세	사업자가 사업 개시일로부터 20일 이내에 사업자등록을 신청하지 않은 경우	공급가액*×1%
명의위장등록 가산세	사업자가 타인 명의로 사업자등록을 하거나 타인 명의의 사업자등록을 이용하여 사업을 하는 것으로 확인되는 경우	공급가액×2%

* 사업 개시일부터 등록을 신청한 날의 직전일까지의 공급가액으로 한다.

(2) 세금계산서 불성실 가산세(전자세금계산서 포함)

<table>
<tr><th>구분</th><th>내용</th><th>가산세액</th></tr>
<tr><td>가공발급 및 가공수취</td><td>재화 또는 용역의 공급 없이 세금계산서 또는 신용카드매출전표등(이하 '세금계산서 등')을 발급 및 수취한 경우</td><td rowspan="2">공급가액×3%</td></tr>
<tr><td>비사업자의 가공발급 및 가공수취</td><td>사업자가 아닌 자가 재화 또는 용역의 공급 없이 세금계산서 등을 발급 및 수취한 경우</td></tr>
<tr><td>타인 명의 발급 및 타인 명의 수취</td><td>재화 또는 용역의 공급은 있었으나 타인 명의의 세금계산서 등을 발급 및 수취한 경우</td><td rowspan="3">공급가액×2%</td></tr>
<tr><td>과다발급 및 과다수취</td><td>재화 또는 용역을 공급하고 공급가액을 과다하게 기재한 세금계산서 등을 발급 및 수취한 경우(단, 실제보다 과다기재한 부분에 대한 공급가액에 대해 가산세 적용)</td></tr>
<tr><td>미발급</td><td>세금계산서의 발급시기가 지난 후 해당 재화 또는 용역의 공급시기가 속하는 과세기간에 대한 확정신고기한까지 세금계산서를 미발급한 경우</td></tr>
<tr><td>지연발급</td><td>세금계산서의 발급시기가 지난 후 해당 재화 또는 용역의 공급시기가 속하는 과세기간에 대한 확정신고기한까지 세금계산서를 발급한 경우</td><td rowspan="4">공급가액×1%</td></tr>
<tr><td>전자세금계산서 발급의무자 종이발급</td><td>전자세금계산서 발급의무자가 세금계산서의 발급시기에 종이세금계산서를 발급한 경우</td></tr>
<tr><td>부실기재</td><td>세금계산서의 필요적 기재사항의 전부 또는 일부가 착오 또는 과실로 적혀 있지 않거나 사실과 다르게 적혀 있는 경우(단, 세금계산서의 그 밖의 기재사항으로 보아 거래사실이 확인되는 경우에는 부실기재로 보지 않음)</td></tr>
<tr><td>타 사업장 명의 발급</td><td>둘 이상의 사업장을 보유한 사업자가 재화 또는 용역을 공급한 사업장이 아닌 자신의 다른 사업장 명의로 세금계산서를 발급한 경우</td></tr>
</table>

(3) 매출처별 세금계산서합계표 불성실 가산세

구분	내용	가산세액
미제출·부실기재	매출처별 세금계산서합계표를 제출하지 않거나 부실기재한 경우(제출한 매출처별 세금계산서합계표의 기재사항 중 거래처별 등록번호 또는 공급가액의 전부 또는 일부가 적혀 있지 않거나 사실과 다르게 적혀 있는 경우)	공급가액×0.5%
지연제출	예정신고 시 제출하여야 할 매출처별 세금계산서합계표를 확정신고와 함께 제출한 경우	공급가액×0.3%

꿀팁 〉 전자세금계산서를 발급하고 발급명세를 전송(지연전송 포함)한 경우에는 세금계산서 발급명세를 국세청에 전송한 것이므로 매출처별 세금계산서합계표 불성실 가산세는 적용되지 않는다.

(4) 전자세금계산서 발급명세 전송 불성실 가산세

구분	내용	가산세액
미전송	전자세금계산서 발급명세 전송기한이 지난 후 재화·용역의 공급시기가 속하는 과세기간에 대한 확정신고기한까지 발급명세를 미전송한 경우	공급가액×0.5%
지연전송	전자세금계산서 발급명세 전송기한이 지난 후 재화·용역의 공급시기가 속하는 과세기간에 대한 확정신고기한까지 발급명세를 전송한 경우	공급가액×0.3%

(5) 공급받은 사업자에 대한 불성실 가산세

구분	내용	가산세액
지연수취	• 사업자가 재화·용역의 공급시기 이후에 발급받은 세금계산서로서 해당 공급시기가 속하는 과세기간에 대한 확정신고기한까지 발급받아 매입세액을 공제받는 경우 • 사업자가 공급시기 이후 세금계산서를 발급받았으나, 실제 공급시기가 속하는 과세기간의 확정신고기한 다음 날부터 1년 이내에 발급받은 것으로서 수정신고·경정청구하거나, 거래사실을 확인하여 결정·경정하여 매입세액을 공제받는 경우	공급가액×0.5%
공급시기 오류기재	사업자가 공급시기 이전에 세금계산서를 발급받았으나, 실제 공급시기가 6개월 이내에 도래하고 거래사실을 확인하여 결정·경정하여 매입세액을 공제받는 경우	
과다기재*	• 사업자가 제출한 매입처별 세금계산서합계표의 기재사항 중 공급가액을 과다하게 적어 신고한 경우 • 매입세액을 공제받기 위하여 제출한 신용카드매출전표등 수령명세서에 공급가액을 과다하게 적어 신고한 경우	
경정 시 제출	• 사업자가 세금계산서를 미제출하거나 부실기재하고 경정기관의 확인을 거쳐 해당 경정기관에 제출하여 매입세액을 공제받는 경우 • 사업자가 신용카드매출전표등을 미제출하고 경정기관의 확인을 거쳐 해당 경정기관에 제출하여 매입세액을 공제받는 경우	

* 매입처별 세금계산서합계표 및 신용카드매출전표등 수령명세서의 기재사항이 착오로 적힌 경우로서 사업자가 수령한 세금계산서, 수입세금계산서 및 신용카드매출전표등에 따라 거래사실이 확인되는 부분의 공급가액에 대하여는 가산세를 적용하지 않는다.

+ 매입세액공제와 가산세

구분		매입세액 공제 여부	가산세 여부
공급시기 이후에 세금계산서 발급	해당 과세기간에 대한 확정신고기한 다음 날부터 1년 이내에 발급받은 경우	○	○
	해당 과세기간에 대한 확정신고기한 다음 날부터 1년 이후에 발급받은 경우	×	×
매입처별 세금계산서합계표 미제출 또는 부실기재	지연제출 또는 수정신고·경정청구·기한 후 신고 시 제출하는 경우	○	×
	경정 시 경정기관의 확인 후 제출하는 경우	○	○

(6) 신고불성실 가산세

종류	적용금액	가산세율
무신고(일반)	무신고 납부세액	20%
무신고(부당)	무신고 납부세액	40%*
과소·초과 환급(일반)	과소·초과 환급 신고납부세액	10%
과소·초과 환급(부당)	과소·초과 환급 신고납부세액	40%*

* 역외거래(국외에 있는 자산의 매매·임대차, 국외에서 제공하는 용역과 관련된 거래)에서 발생한 부당(부정)행위의 경우 60%

포인트 가산세 감면규정

• 수정신고한 경우: 법정기한 경과 후 일정 기간 이내에 수정신고를 한 사업자는 최초 과소신고로 인한 가산세에 대하여 신고불성실 가산세와 영세율 과세표준 신고불성실 가산세에서 다음의 금액을 감면받을 수 있다.

기한	감면율
법정 신고기한 경과 후 1개월 이내	90%
법정 신고기한 경과 후 1개월 초과 3개월 이내	75%
법정 신고기한 경과 후 3개월 초과 6개월 이내	50%
법정 신고기한 경과 후 6개월 초과 1년 이내	30%
법정 신고기한 경과 후 1년 초과 1년 6개월 이내	20%
법정 신고기한 경과 후 1년 6개월 초과 2년 이내	10%

• 기한후 신고한 경우: 법정 신고기한 경과 후 신고를 한 경우에는 무신고 가산세와 영세율 과세표준 신고불성실 가산세에서 다음의 금액을 감면받을 수 있다.

기한	감면율
법정 신고기한 경과 후 1개월 이내	50%
법정 신고기한 경과 후 1개월 초과 3개월 이내	30%
법정 신고기한 경과 후 3개월 초과 6개월 이내	20%

다만, 예정신고기한까지 예정신고를 하지 않았으나 확정신고기한까지 과세표준 신고를 하면 해당 기간에 부과되는 무신고 가산세의 50%를 감면한다.

[주의] 관할 세무서 등에 의해 과세표준과 세액이 결정 · 경정되는 것을 미리 알고 기한 후 과세표준 신고서 또는 과세표준 수정신고서를 제출하면 가산세 감면에서 배제된다.

(7) 납부지연 가산세

구분	가산세
과소납부 가산세	미납부 · 과소납부한 세액×기간*1×22/100,000
초과 환급 가산세	초과 환급받은 세액×기간*1×22/100,000
가산금*2	미납부 · 과소납부분 세액×3%

*1 법정 납부기한(환급받은 날)의 다음 날부터 납부일까지의 기간(납세고지일부터 납세고지서에 따른 납부기한까지의 기간은 제외)으로 한다.

*2 납세고지서에 따른 납부기한까지 완납하지 않은 경우에 한정한다.

(8) 가산세의 중복 적용배제

우선 적용되는 가산세	적용배제 가산세
세금계산서 미발급(2%, 1%)	• 미전송(0.5%) • 매출처별 세금계산서합계표 불성실(0.5%, 0.3%)
세금계산서 지연발급(1%)	• 지연전송(0.3%) • 매출처별 세금계산서합계표 불성실(0.5%, 0.3%)
전자세금계산서 미전송(0.5%)	매출처별 세금계산서합계표 불성실(0.5%, 0.3%)
전자세금계산서 지연전송(0.3%)	매출처별 세금계산서합계표 불성실(0.5%, 0.3%)

연습문제

다음 중 부가가치세법상 가산세율이 잘못 표시된 것은?

① 실제로 재화 또는 용역을 공급하는 자가 아닌 자 또는 실제로 재화 또는 용역을 공급받는 자가 아닌 자의 명의로 세금계산서 등을 발급한 경우: 그 공급가액의 1%

② 전자세금계산서 의무발급자가 전자세금계산서 외의 세금계산서를 발급한 경우: 그 공급가액의 1%

③ 세금계산서의 발급시기가 지난 후 해당 재화 또는 용역의 공급시기가 속하는 과세기간의 확정신고기한 내에 발급하는 경우: 그 공급가액의 1%

④ 매출처별 세금계산서합계표를 예정신고 시 제출하지 못하여 해당 예정신고기간이 속하는 과세기간에 확정신고 시 제출하는 경우: 그 공급가액의 0.3%

| 정답 및 해설 |

① 실제로 재화 또는 용역을 공급하는 자가 아닌 자 또는 실제로 재화 또는 용역을 공급받는 자가 아닌 자의 명의로 세금계산서 등을 발급하면 그 공급가액의 2%를 곱한 금액을 가산세로 한다.

합격을 다지는 실전문제 p.350

THEME 12 부가가치세의 신고 · 납부 및 환급절차

▸ 최신 30회 중 3문제 출제

1. 예정신고와 납부

(1) 예정신고기간과 신고 · 납부기한

구분	예정신고기간	신고 · 납부기한
제1기	1.1.~3.31.	4.25.
제2기	7.1.~9.30.	10.25.

(2) 예정신고 및 납부의무

① 법인사업자: 예정신고기간 종료 후 25일 이내에 각 예정신고기간에 대한 과세표준과 납부세액을 신고 · 납부하여야 한다. 다만, 조기환급 신고를 할 때 이미 신고한 내용은 예정신고 대상에서 제외한다.

② 개인사업자 중 일반과세자

구분	내용
원칙 (예정 고지 · 납부)	• 개인사업자(직전 과세기간 공급가액 합계액이 1억 5천만원 미만인 법인사업자 포함)에 대하여 관할 세무서장이 각 예정신고기간마다 직전 과세기간에 대한 납부세액의 1/2에 상당하는 금액을 결정하여 납세고지서를 발부하고, 당해 예정신고 · 납부기한 내에 징수함 • 단, 다음의 경우에는 예정고지 × – 징수하여야 할 금액이 50만원 미만인 경우(∵ 소액이기 때문) – 간이과세자에서 해당 과세기간 개시일 현재 일반과세자로 변경된 경우(∵ 일반과세자로서의 전기 납부세액이 없기 때문) – 재난 · 도난 등으로 재산에 심한 손실, 사업의 부도 · 도산 우려 등으로 납부할 수 없다고 인정되는 경우
예외 (예정신고 · 납부)	다음의 경우에는 예정신고 가능 • 휴업 또는 사업 부진 등으로 인하여 각 예정신고기간의 공급가액(또는 납부세액)이 직전 과세기간의 공급가액(또는 납부세액)의 1/3에 미달하는 자 • 각 예정신고기간분에 대해 조기환급을 받으려는 자

연습문제

다음은 부가가치세법상 예정신고와 납부에 관한 설명이다. 빈칸에 들어갈 금액은 얼마인가? 기출 95회

> 납세지 관할 세무서장은 직전 과세기간 공급가액의 합계액이 (㉠) 미만인 법인사업자에 대해서는 각 예정신고기간마다 직전 과세기간에 대한 납부세액의 50%로 결정하여 해당 예정신고기간이 끝난 후 25일까지 징수한다. 다만, 징수하여야 할 금액이 (㉡) 미만인 경우에는 징수하지 않는다.

	㉠	㉡
①	48,000,000원	300,000원
②	100,000,000원	300,000원
③	50,000,000원	500,000원
④	150,000,000원	500,000원

| 정답 및 해설 |

④ 직전 과세기간 공급가액의 합계액이 1억 5천만원 미만인 법인사업자에 대해서는 각 예정신고기간마다 직전 과세기간에 대한 납부세액의 1/2에 상당하는 금액을 결정하여 납세고지서를 발부하고, 당해 예정신고 · 납부기한 내에 징수한다. 단, 징수해야 할 금액이 50만원 미만인 경우 징수하지 않는다.

2. 확정신고와 납부

사업자는 과세기간이 끝난 후 25일 이내에 각 과세기간에 대한 과세표준과 납부(환급)세액으로 신고 및 납부해야 한다. 폐업자는 폐업일이 속하는 달의 다음 달 25일 이내에 신고해야 한다. 또한, 예정신고 및 조기환급 신고에 있어서 이미 신고한 내용은 확정신고 대상에서 제외한다.

+ 확정신고 시에만 적용하는 항목

- 대손세액공제
- 납부 · 환급세액의 재계산
- 전자신고세액공제
- 일반환급

연습문제

부가가치세의 신고 및 예정 고지와 관련된 내용 중 옳지 않은 것은? 기출 70회

① 폐업하는 경우 폐업일로부터 25일 내에 신고하여야 한다.

② 사업 부진으로 인해 예정신고기간의 공급가액이 직전 과세기간의 공급가액의 1/3에 미달하는 개인사업자는 예정신고를 할 수 있다.

③ 영세율을 적용받는 경우에는 매월 또는 매 2개월별로 조기환급기간이 끝난 날부터 25일 내에 신고할 수 있다.

④ 직전 과세기간에 부가가치세 200만원을 납부한 간이과세자가 해당 과세기간 개시일 현재 일반과세자로 변경된 경우 예정고지하지 않는다.

| 정답 및 해설 |

① 폐업하는 경우에는 폐업일이 속하는 달의 다음 달 25일 내에 신고하여야 한다.

3. 환급

(1) 일반환급

납세지 관할 세무서장은 각 과세기간별로 그 과세기간에 대한 환급세액을 확정신고한 사업자에게 그 확정신고기한이 지난 후 30일 이내에 환급하여야 한다. 즉, 예정신고기간에 대한 일반환급세액은 환급하지 않고 확정신고 시 납부세액에서 예정신고 미환급세액으로 공제한다.

(2) 조기환급

① **조기환급 대상**: 납세지 관할 세무서장은 다음 중 어느 하나에 해당하여 환급을 신고한 사업자에게 환급세액을 조기에 환급할 수 있다.

- 사업자가 영세율을 적용받는 경우
- 사업자가 사업설비를 신설 · 취득 · 확장 또는 증축하는 경우
- 사업자가 대통령령으로 정하는 재무구조개선계획을 이행 중인 경우

② 조기환급절차

- 예정 · 확정신고기간별 조기환급

구분	내용
신고	• 예정 · 확정신고기간별 조기환급을 받고자 하는 사업자가 예정 · 확정신고서를 제출하면 조기환급을 신고한 것으로 봄 • 예정 · 확정신고서를 제출함으로써 조기환급 신고로 갈음하며, 별도의 조기환급에 관한 신고서를 제출할 의무는 없음
환급	각 예정 · 확정신고기간별로 그 예정신고기한이 지난 후 15일 이내에 사업자에게 환급해야 함

- 조기환급기간별 조기환급

구분	내용
신고	조기환급기간(예정신고기간 중 또는 과세기간 최종 3월 중 매월 또는 매 2월)별 조기환급을 받고자 하는 사업자는 조기환급 신고기한(조기환급기간이 끝난 날로부터 25일 이내)에 조기환급기간에 대한 과세표준과 환급세액을 관할 세무서장에게 신고하여야 함
환급	조기환급기간에 대한 환급세액을 각 조기환급기간별로 해당 조기환급 신고기한이 지난 후 15일 이내에 사업자에게 환급하여야 함

+ 조기환급기간 및 조기환급 신고기한

구분	예정신고기간 중		과세기간 최종 3월 중	
	조기환급기간	조기환급 신고기한	조기환급기간	조기환급 신고기한
매월	1.1. ~ 1.31.	2.25.	4.1. ~ 4.30.	5.25.
	2.1. ~ 2.28.	3.25.	5.1. ~ 5.31.	6.25.
	3.1. ~ 3.31.	4.25.	6.1. ~ 6.30.	7.25.
매 2월	1.1. ~ 2.28.	3.25.	4.1. ~ 5.31.	6.25.

(3) 경정 시 환급

관할 세무서장은 결정 · 경정에 의하여 추가로 발생한 환급세액이 있으면 지체 없이 사업자에게 환급하여야 한다.

연습문제

다음 중 부가가치세법상 환급과 관련된 설명으로 옳지 않은 것은? 기출 76회

① 영세율 적용 사업자가 예정 또는 확정신고를 한 경우에는 조기환급 신고서를 제출한 것으로 본다.
② 특허권 등 무형고정자산을 취득하는 경우에도 조기환급을 받을 수 있다.
③ 초과 환급받은 세액이 있을 경우에는 환급 불성실 가산세를 적용하지 않는다.
④ 예정신고 시 일반환급세액이 있어도 환급되지 않고 확정신고 시 납부할 세액에서 차감된다.

| 정답 및 해설 |

③ 초과 환급받은 세액이 있을 때에는 환급 불성실 가산세를 적용한다.

합격을 다지는 실전문제 p.353

THEME 13 간이과세자

▸ 최신 30회 중 5문제 출제

사업규모가 영세한 사업자에 대하여 세법지식이나 기장능력이 부족한 점을 감안하여 납세의무 이행에 편의를 도모하고 세부담을 덜어 주기 위한 제도이다.

1. 대상자

직전 1역년의 재화와 용역의 공급대가가 1억400만원 미만인 개인사업자이며, 법인사업자는 간이과세자가 될 수 없다.

2. 적용 제외

간이과세가 적용되지 않는 다른 사업장을 보유하고 있는 사업자 또는 다음에 해당하는 사업을 영위하는 자는 간이과세자를 적용하지 않는다.

① 광업, 제조업(과자점업 · 도정업 · 제분업 · 양복점업 등 기타 최종 소비자에게 50% 이상 공급하는 사업은 제외), 부동산 매매업, 도매업(재생용 재료수집 및 판매업 제외)

② 상품중개업

③ 부동산 임대업 또는 과세유흥장소를 경영하는 사업자로서 해당 업종의 직전연도의 공급대가 합계액이 4,800만원 이상인 사업자(부동산 임대업 또는 과세유흥장소 경영 사업자의 간이과세자 기준금액은 4,800만원임)

④ 변호사업, 공인회계사업, 세무사업 등 기타 이와 유사한 전문직 사업서비스업

⑤ 전기 · 가스 · 증기 및 수도사업

⑥ 건설업(단, 주로 최종 소비자에게 직접 재화 또는 용역을 공급하는 사업은 제외)

⑦ 전문, 과학 및 기술서비스업과 사업시설 관리, 사업지원 및 임대서비스업(단, 주로 최종소비자에게 직접 재화 또는 용역을 공급하는 사업은 제외)

⑧ 일반과세자로부터 양수한 사업

⑨ 둘 이상의 사업장이 있는 사업자가 경영하는 사업으로서 그 둘 이상의 사업장의 공급대가의 합계액이 기준금액 이상인 경우

사업구분	기준금액
부동산 임대업 또는 과세유흥장소를 경영하는 사업	4,800만원
위 이외의 사업	1억400만원

⑩ 소득세법에 따른 전전 연도 복식부기 의무자(예 제조업의 경우 매출액이 1억 5천만원 이상인 사업자)가 경영하는 사업

⑪ 사업장 소재 지역 사업의 종류, 규모 등을 감안하여 국세청장이 정하는 기준에 해당하는 사업

3. 계산구조

납부세액	과세표준(공급대가)×업종별 부가가치율(15%~40%)×10%(단, 영세율은 0%) [비교] 대손세액공제 규정 없음
(+) 재고납부세액	일반과세자가 간이과세자로 과세유형이 변경된 경우
(−) 공제세액	• 매입세금계산서 등 수취세액공제* • 신용카드매출전표등 세액공제 • 전자신고세액공제(과세기간당 1만원) 등 • 전자세금계산서 발급 전송 세액공제 [비교] 의제매입세액공제 규정 없음
(+) 가산세	
= 차감납부할세액	차감납부할세액의 74.7%는 부가가치세, 25.3%는 지방소비세로 함

* 매입세금계산서 등 수취세액공제 = 매입세금계산서 등을 발급받은 재화와 용역의 공급대가×0.5%

4. 과세기간

간이과세자는 1월 1일부터 12월 31일까지를 과세기간으로 하고 1월 1일부터 6월 30일까지를 예정 부과기간으로 한다.

구분	내용
원칙 (예정 부과 · 납부)	직전 과세기간(1월 1일~12월 31일)에 대한 납부세액의 1/2의 금액을 예정 부과기간(1월 1일~6월 30일)의 납부세액으로 결정하여 예정 부과기한(예정 부과기간이 끝난 후 25일)까지 징수함(단, 징수하여야 할 금액이 50만원 미만인 경우 징수하지 않음)
예외 (예정신고 · 납부)	다음 중 어느 하나에 해당하는 경우에는 예정 부과기한인 7월 25일까지 신고함 • 선택규정: 휴업 또는 사업부진 등으로 인하여 예정 부과기간의 공급대가 합계액 또는 납부세액이 직전 과세기간의 1/3에 미달하는 간이과세자는 예정 부과기간의 과세표준과 납부세액을 예정 부과기한까지 신고할 수 있음 • 강제규정: 예정 부과기간에 세금계산서를 발급한 간이과세자(공급대가 4,800만원 이상)는 예정 부과기간의 과세표준과 납부세액을 예정 부과기한까지 사업장 관할 세무서장에게 신고해야 함

+ 과세유형의 적용

구분	내용
신규사업자	최초의 과세기간은 선택에 따라 간이과세 또는 일반과세를 적용
신규사업자 이외	간이과세자에 대한 규정이 적용되거나 적용되지 않게 되는 기간은 1역년의 공급대가의 합계액이 간이과세기준금액에 미달하거나 그 이상이 되는 해의 다음 해의 7월 1일부터 그 다음 해의 6월 30일까지로 함

연습문제

다음 중 부가가치세법상 과세기간에 대한 설명으로 틀린 것은? 기출 102회

① 신규사업자가 사업 개시 전 사업자등록을 하는 경우, 과세기간은 사업자등록일(등록신청일)로부터 해당 과세기간의 종료일까지이다.
② 간이과세자가 일반과세자로 변경되는 경우, 일반과세자로서 적용받게 되는 과세기간은 1월 1일부터 12월 31일까지이다.
③ 폐업자의 과세기간은 해당 과세기간 개시일로부터 폐업일까지이다.
④ 간이과세자의 과세기간은 1월 1일부터 12월 31일까지이다.

| 정답 및 해설 |

② 간이과세자가 일반과세자로 변경되는 경우, 간이과세로 적용되는 과세기간은 그 변경 이전 1월 1일부터 6월 30일까지이다. 따라서, 일반과세자로서 적용받게 되는 과세기간은 7월 1일부터 12월 31일까지이다.

5. 납세의무 면제

간이과세자의 해당 과세기간(직전 과세기간 ×)에 대한 공급대가가 4,800만원 미만이면 납부세액의 납부의무를 면제한다.

6. 포기 신고

적용받으려는 달의 전달 마지막 날(신규사업자는 사업자등록 신청할 때)까지 납세지 관할 세무서장에게 포기 신고를 해야 하고, 승인은 불필요하다. 간이과세를 포기한 사업자는 일반과세를 적용받고자 하는 달의 1일부터 3년이 되는 날이 속하는 과세기간까지 간이과세의 적용을 받지 못한다. 다만, 직전연도 공급대가 합계액이 4,800만원 이상 1억 400만원 미만인 개인사업자로서 간이과세자에 관한 규정의 적용을 포기할 당시 다음의 ① 또는 ②에 해당하였던 자는 재적용 제한기간 3년 이전이라도 과세기간 개시 10일 전까지 납세지 관할 세무서장에게 신고하면 간이과세자에 관한 규정을 적용받을 수 있다.

① 직전연도 공급대가의 합계액이 4,800만원 미만인 자
② 신규로 사업을 시작하는 개인사업자로서 간이과세자로 하는 최초의 과세기간 중에 있는 자

7. 특징

① 직전연도 공급대가 합계액이 4,800만원 이상인 간이과세자는 세금계산서를 발급할 의무가 있다.

② 영세율을 적용하나 공제세액이 납부세액을 초과하더라도 환급되지 않는다.

개정세법 반영

8. 가산세

세금계산서 발급의무가 있는 간이과세자는 세금계산서 관련 가산세(세금계산서 미발급 등 세금계산서 불성실 가산세, 세금계산서 미수취가산세, 전자세금계산서 발급명세 불성실가산세, 매출처별 세금계산서합계표 불성실 가산세)가 적용된다.

① 사업자등록 미등록 가산세: 공급대가의 0.5%

② 사업자 명의위장등록 가산세: 공급대가의 1%

③ 기타의 가산세 규정: 일반과세자의 규정 준용

PART 03

+ 면세 포기와 간이과세 포기

구분	면세 포기	간이과세 포기
관할 세무서장 승인	불필요	
포기 대상의 제한	다음에 한하여 면세 포기 • 영세율이 적용되는 재화 · 용역 • 학술연구단체, 기술연구단체가 공급하는 재화 · 용역	제한 ×
포기 신청기한	언제든지 가능	포기하고자 하는 달의 전달 말일까지
기타	• 면세 포기 신고일로부터 3년간은 면세 적용 × • 3년 경과 후 다시 면세를 적용받고자 하면 면세 적용 신고를 해야 함	• 적용받고자 하는 달의 1일부터 3년이 되는 날이 속하는 과세기간까지는 일반과세 적용(단, 직전연도 공급대가 합계액이 4,800만원 이상인 일정한 경우에는 3년 이내에도 간이과세규정을 적용받을 수 있음) • 기간 경과 후 간이과세를 다시 적용받고자 하면 적용받고자 하는 과세기간 10일 전까지 간이과세 적용 신고를 해야 함

연습문제

다음은 부가가치세법상 간이과세자에 대한 내용이다. 옳지 않은 것은? 기출 18회

① 간이과세자의 적용기준 공급대가는 직전 1역년을 기준으로 1억400만원 미만이다.

② 법인사업자는 적용이 배제된다.

③ 도 · 소매업 겸업자의 경우에도 소매업에 대하여는 간이과세를 적용받을 수 있다.

④ 해당 과세기간의 공급대가가 4,800만원 미만인 경우에는 납부의무가 면제된다.

| 정답 및 해설 |

③ 공급대가의 수준에 관계없이 광업, 제조업(과자점업 · 도정업 · 제분업 · 양복점업 등 기타 최종 소비자에게 50% 이상 공급하는 사업은 제외), 도매업(소매업을 겸업하는 경우에는 소매업을 포함), 부동산 매매업, 일정 규모 이상의 부동산 임대업, 개별소비세 과세유흥장소를 영위하는 사업, 전문직 사업서비스업, 사업장 소재지역 · 사업의 종류 · 규모 등을 감안하여 국세청장이 정하는 기준에 해당하는 것은 간이과세 적용이 배제된다.

합격을 다지는 실전문제 p.356

합격을 다지는 실전문제

THEME 01 부가가치세 총론 [001~003]

상 중 하

001 다음 중 현행 부가가치세법에 대한 설명으로 틀린 것은? 110회

① 부가가치세는 각 사업장마다 신고 및 납부하는 것이 원칙이다.
② 부가가치세는 세부담을 최종소비자가 하는 것이 원칙이다.
③ 사업상 독립적으로 재화를 공급하는 자는 영리이든 비영리이든 납세의무가 있다.
④ 과세의 대상이 되는 행위 또는 거래의 귀속이 명의일 뿐이고 사실상 귀속되는 자가 따로 있는 경우라 하더라도 명의자에 대하여 부가가치세법을 적용한다.

상 중 하

002 다음 중 부가가치세법상 납세지에 대한 설명으로 틀린 것은? 100회 수정

① 하치장 또한 사업장으로서 납세지의 기능을 할 수 있다.
② 사업자 단위 과세사업자는 그 사업자의 본점 또는 주사무소에서 총괄하여 신고 및 납부할 수 있다.
③ 주사업장 총괄납부제도는 주된 사업장에서 납부세액 또는 환급세액을 통산하여 납부 또는 환급받을 수 있는 제도를 말한다.
④ 사업자 단위 과세사업자가 법인인 경우 지점을 총괄사업장(사업자 단위 과세사업장)으로 할 수 없다.

상 중 하

003 다음 중 부가가치세법상 사업자등록에 대한 설명으로 가장 옳지 않은 것은? 116회

① 신규로 사업을 개시하고자 하는 자는 사업개시일 전이라도 사업자등록이 가능하다.
② 사업자등록을 신청받은 관할 세무서장은 신청일로부터 2일 이내에 사업자등록증을 발급해야 하며, 사업현황을 확인하기 위해 필요하다고 인정되면 발급 기한을 5일 이내에서 연장할 수 있다.
③ 단독 개인사업자의 대표자를 변경하는 경우에는 지체 없이 사업자등록 정정 신고를 해야 한다.
④ 사업자의 상호를 변경하기 위해 정정하는 경우는 신고일 당일 재발급 사유이다.

정답 및 해설

001 ④ 사실상 귀속 되는 자에게 부가가치세법을 적용한다.
002 ① 재화를 보관하고 관리할 수 있는 시설만 갖춘 장소로서 하치장으로 신고된 장소는 사업장으로 보지 않는다.
003 ③ 개인사업자의 대표자를 변경하는 경우는 사업자등록 정정 사유가 아닌 폐업 사유이다.

THEME 02 과세 대상 [004~006]

상 중 하

004 **다음 중 부가가치세법상 재화의 공급에 대한 설명으로 틀린 것은?** 97회

① 차입금을 현금 대신 건물 등으로 변제하는 대물변제는 건물의 공급에 해당하므로 재화의 공급으로 본다.
② 사업자 간에 재화를 차용하여 사용·소비하고 동종 또는 이종의 재화를 반환하는 소비대차의 경우 해당 재화를 차용하거나 반환하는 것은 각각 재화의 공급에 해당한다.
③ 저당권의 목적으로 부동산 및 부동산상의 권리를 제공하는 경우에는 재화의 공급으로 본다.
④ 수용(법률에 따른 수용은 제외)에 따라 재화를 인도하거나 양도하는 것은 재화의 공급으로 본다.

상 중 하

005 **부가가치세가 과세되는 거래가 아닌 것은?** 64회

① 중고자동차 매매사업자가 사업에 사용하던 중고컴퓨터를 사업자가 아닌 개인에게 판매하였다.
② 사업자가 아닌 개인이 소형승용차를 수입하였다.
③ 면세사업자가 중고자동차 매매사업자로부터 사무실로 사용하던 건물을 구입하였다.
④ 사업자가 아닌 개인이 사용하던 소형승용차를 중고자동차 매매사업자에게 판매하였다.

상 중 하

006 **다음 중 부가가치세법상 과세 대상에 해당하는 경우는 모두 몇 개인가?** 114회

> 가. 온라인 게임 서비스용역을 제공하는 사업자가 게임이용자에게 게임머니를 판매하는 경우
> 나. 업자가 점포를 임차하여 과세사업을 영위하던 중 점포의 임차권리를 판매하는 경우
> 다. 사업자가 공급받는 자의 해약으로 인하여 재화 또는 용역의 공급 없이 손해배상금을 받은 경우
> 라. 사업자가 흙과 돌을 판매하는 경우

① 1개　　② 2개　　③ 3개　　④ 4개

정답 및 해설

004 ③ 저당권의 목적으로 부동산 및 부동산상의 권리를 제공하는 경우에는 재화의 공급으로 보지 않는다.

005 ④ 부가가치세법상 과세 대상을 구분할 때에는 공급하는 자가 사업자인지의 여부가 중요하다. ④는 사업자가 아닌 개인이 공급한 것으로, 과세되는 거래가 아니다.

006 ③ • 가: 재화의 공급으로 부가가치세 과세 대상이다.
• 나: 권리금으로 재산적 가치가 있는 무체물은 부가가치세 과세 대상이다.
• 라: 사업자가 판매하는 흙과 돌은 재산적 가치가 있는 유체물로 재화에 포함된다. 재산적 가치가 있는 유체물을 사업자가 공급하는 경우 과세 대상이다.

THEME 03 간주공급 [007~013]

상 중 하

007 다음 중 부가가치세법상 재화 공급의 특례(공급의제)로, 거래징수 없이 납부한 부가가치세 예수금인 매출세액의 회계처리에 대한 설명으로 옳지 않은 것은? 64회

① 개인적 공급의 경우: 인출금 또는 급여 등에 산입한다.
② 사업상 증여의 경우: 기업업무추진비 등에 산입한다.
③ 자가공급의 경우: 상여에 산입한다.
④ 폐업 시 잔존재화의 경우: 해당 자산의 취득가액에 가산한다.

상 중 하

008 다음 중 부가가치세를 신고할 때 과세표준에 포함되는 것은? 74회

① 폐업 시 잔존재화 중에 기존에 매입세액을 불공제받은 재화
② 의류 생산회사에서 자체 생산한 의류를 무상으로 종업원의 작업복으로 제공하는 경우
③ 과세 및 면세 겸영사업자가 부가가치세 면세 대상인 재화를 외부에 공급하는 경우
④ 사업자가 사업과 관련하여 취득한 재화 중 매출세액에서 매입세액으로 공제된 재화를 자기 고객에게 증여한 경우

상 중 하

009 다음 중 당초에 매입세액이 불공제된 경우에도 부가가치세법상 재화공급의 특례(공급의제)가 적용되는 것은? 62회

① 사업자가 폐업할 때 취득재화 중 남아 있는 재화
② 판매 목적으로 자기의 다른 사업장에 반출하는 재화(사업자 단위 과세사업자, 주사업장 총괄납부 제외)
③ 취득한 재화를 사업과 직접적인 관계없이 자기의 개인적인 목적을 위하여 소비하는 것
④ 취득한 재화를 고객에게 증여하는 경우(견본품, 특별재난지역 공급물품 제외)

정답 및 해설

007 ③ 자가공급의 경우 해당 자산의 취득가액에 가산한다.

008 ④ 사업 관련 취득 재화를 자기 고객에게 증여하는 경우는 부가가치세 재화공급의 특례 중 사업상 증여에 해당하므로 부가가치세 신고 시 과세표준에 포함한다.

009 ② 판매 목적의 타 사업장 반출의 경우에는 자기의 다른 사업장에서 매입세액공제를 받을 수 있으므로 반출하는 사업장에서 공급의제가 적용된다.

상 중 하

010 **다음 중 부가가치세법상 재화의 공급에 대한 설명으로 옳지 않은 것은?** 53회

① 과세사업을 위하여 취득하여 매입세액이 공제된 재화를 면세사업을 위하여 사용하는 경우에는 이를 재화의 공급으로 본다.

② 과세사업을 위하여 취득하여 매입세액이 공제된 재화를 자기의 고객에게 사업을 위한 견본품으로서 대가를 받지 않고 인도하는 경우 이를 재화의 공급으로 보지 않는다.

③ 채무보증을 위한 담보로서 부동산을 제공하는 경우에는 이를 재화의 공급으로 보지 않는다.

④ 포괄양수도의 경우에 사업양도인이 매입세액을 공제받은 재화를 사업양수인이 양도받아 사업을 영위하다가 폐업하는 경우 이를 재화의 공급으로 보지 않는다.

상 중 하

011 **부가가치세에 대한 다음 설명 중 옳지 않은 것은?** 49회

① 선박건조업자가 어선을 건조하여 자신이 경영하는 수산업에 직접 사용하는 경우 해당 선박의 공급에 대한 부가가치세가 과세된다.

② 택시회사에서 영업용으로 사용하기 위한 택시를 구입한 경우 매입세액을 공제받을 수 있다.

③ 의류 생산회사에서 자체 생산한 의류를 무상으로 종업원의 작업복으로 제공하는 경우 부가가치세가 과세된다.

④ 사업자가 판매 장려를 위하여 거래상대방 실적에 따라 재화를 제공하는 경우 부가가치세가 과세된다.

상 중 하

012 **다음은 부가가치세법상의 간주공급에 대한 설명이다. 옳지 않은 것은?** 79회

① 간주공급은 자가공급, 개인적 공급, 사업상 증여, 폐업 시 잔존재화로 분류한다.

② 간주공급(판매 목적 타 사업장 반출은 제외)은 세금계산서를 발급하지 않는다.

③ 개별소비세 과세 대상이 되는 차량과 그 임차 및 유지와 관련하여 이미 매입세액을 공제받은 경우 간주공급에 해당하지 않는다.

④ 폐업 시 잔존재화의 공급시기는 폐업일이다.

정답 및 해설

010 ④ 포괄양수도의 경우에 사업양수인이 사업양도인에게 매입세액을 공제받은 재화를 양도받아 사업을 영위하다 폐업하는 경우 이를 폐업 시 잔존재화로서 재화의 공급으로 본다.

011 ③ 사업자가 자기의 사업과 관련하여 복리후생적인 목적으로 종업원에게 무상으로 공급하는 작업복 등은 재화의 공급의제에 해당하지 않는다.

012 ③ 개별소비세 과세 대상인 차량과 그 임차 및 유지와 관련하여 이미 매입세액공제를 받은 경우는 간주공급에 해당한다.

상 중 하

013 2024년 9월 3억원(공급가액)에 취득한 기계장치를 일반과세자로서 과세사업에 사용해 왔으나 2025년 8월부터 더 이상 과세사업에 사용하지 않고 면세사업에 전용하였다. 이에 증가하는 2025년 2기 부가가치세 과세표준을 계산하면 얼마인가? 98회

① 75,000,000원 ② 150,000,000원
③ 225,000,000원 ④ 300,000,000원

THEME 04 영세율제도 [014~015]

상 중 하

014 다음 중 부가가치세 영세율과 관련한 설명으로 옳지 않은 것은? 73회

① 사업자가 재화(견본품 아님)를 국외로 무상으로 반출하는 경우에는 영의 세율을 적용한다.
② 사업자가 국가 및 지방자치단체에 직접 공급하는 도시철도 건설용역은 영의 세율을 적용한다.
③ 사업자가 국외에서 제공하는 용역은 영세율을 적용한다.
④ 사업자가 비거주자 또는 외국법인인 경우에도 거주자와 내국법인과 같이 모두 영세율을 적용한다.

상 중 하

015 다음 중 부가가치세법상 영세율에 대한 설명으로 잘못된 것은? 111회

① 영세율은 원칙적으로 거주자 또는 내국법인에 대하여 적용하며, 비거주자 또는 외국법인의 경우는 상호주의에 의한다.
② 선박 또는 항공기에 의한 외국항행용역의 공급은 영세율을 적용한다.
③ 수출을 대행하고 수출대행수수료를 받는 수출대행용역은 영세율에 해당한다.
④ 영세율을 적용받는 경우 조기환급이 가능하다.

정답 및 해설

013 ② 간주공급의 과세표준: 취득가액 300,000,000원×(1－감가율 25%×경과된 과세기간 수 2*)＝150,000,000원
* 경과된 과세기간 수: 취득한 과세기간 포함, 면세 전용 당해 과세기간은 불포함

014 ④ 사업자가 비거주자 또는 외국법인이면 상호(면세)주의에 따른다.

015 ③ 수출을 대행하고 수출대행수수료를 받는 수출대행용역은 수출품 생산업자의 수출대행계약에 의하여 수출업자의 명의로 수출하는 경우이다. 따라서 영세율 적용대상 용역에 해당하지 않는다.

THEME 05 면세제도 [016~027]

상 중 하

016 부가가치세법상 면세에 대한 설명으로 옳지 않은 것은? 16년 8월 특별

① 미가공 국내 생산 식료품은 부가가치세를 면제한다.
② 영세율과 면세가 동시에 적용되는 재화의 경우 면세를 포기할 수 있다.
③ 면세제도는 부가가치세의 누진성을 완화하기 위한 제도이다.
④ 면세사업자는 부가가치세법상 사업자등록 의무가 없다.

상 중 하

017 다음 중 부가가치세법상 면세 대상에 해당하는 것은? 67회 수정

① 프로야구경기의 입장료
② 약사가 제공하는 일반의약품 판매
③ 자동차운전학원의 자동차운전 교육용역
④「형사소송법」에 따른 국선변호인의 국선변호

상 중 하

018 부가가치세법상 면세에 대한 설명으로 옳지 않은 것은? 61회

① 미가공 식료품 및 국내에서 생산된 식용에 제공하지 않는 미가공 농산물은 부가가치세를 면세한다.
② 면세 대상이 되는 재화가 영세율 적용 대상이 되는 경우에 관할 세무서장으로부터 승인을 얻은 경우에 한하여 면세를 포기할 수 있다.
③ 면세 포기 신고를 한 사업자는 신고한 날로부터 3년간은 면세를 재적용받을 수 없다.
④ 소득세 및 법인세 납세의무가 있는 면세사업자도 매입처별 세금계산서합계표 제출 의무가 있다.

정답 및 해설

016 ③ 면세제도는 부가가치세의 역진성을 완화하기 위하여 주로 기초생활필수품 재화 및 용역에 적용하고 있다.
017 ④「형사소송법」에 따른 국선변호인의 국선변호는 면세 대상에 해당한다.
018 ② 면세 포기 신고는 별도의 승인절차가 필요하지 않다.

상 중 하

019 다음 중 부가가치세법상 면세가 적용되는 재화 또는 용역으로 옳지 않은 것은? (115회 수정)

① 자동차운전학원에서 가르치는 교육용역

② 국가 · 지방자치단체 · 지방자치단체조합 또는 일정한 공익단체에 무상으로 공급하는 재화 · 용역

③ 「주택건설촉진법」상 국민주택규모를 초과하는 주택의 임대용역

④ 「노인장기요양보험법」에 따른 장기요양기관이 장기요양인정을 받은 자에게 제공하는 신체활동 · 가사활동의 지원 또는 간병 등의 용역

상 중 하

020 다음 중 부가가치세법상 면세 대상에 해당하는 것은? (58회)

① 겸용주택 임대 시 주택 면적이 사업용 건물 면적보다 큰 경우 사업용 건물의 임대용역

② 운행 형태가 고속인 시외버스 운송사업(우등고속버스 포함)에 제공되는 자동차에 의한 여객운송용역

③ 의사가 제공하는 요양급여의 대상에서 제외되는 진료용역 중 탈모 치료술

④ 지방자치단체에 취득원가 그대로 이익 없이 공급하는 재화

상 중 하

021 다음 중 부가가치세법상 과세 대상인 재화 또는 용역의 공급인 것은? (91회)

① 상가 부수토지의 임대

② 국민주택규모 초과 주택 및 부수토지의 임대

③ 상가 부수토지의 매매

④ 국민주택규모 이하 주택의 매매

정답 및 해설

019 ① 자동차운전학원에서 가르치는 교육용역은 과세이다.

020 ① 주택부분의 면적이 사업용 건물의 면적보다 큰 경우에는 그 전부를 주택의 임대로 보아 부가가치세가 면제된다.

021 ① 상가 부수토지의 임대는 과세 대상이다.

상 중 하

022 다음 자료에 의한 부가가치세 과세표준은 얼마인가? (단, 모든 금액에는 부가가치세가 포함되어 있지 않음) 54회

• 재화의 수출액	1,000,000원
• 국외에서 제공한 용역	800,000원
• 주택과 그 부수토지의 임대용역	400,000원

① 0원 ② 1,000,000원
③ 1,800,000원 ④ 2,200,000원

상 중 하

023 다음은 (주)대경의 2025년 제2기 자료이다. 부가가치세 과세표준은 얼마인가? 13회

식품사업부 매출		문화사업부 매출	
• 쌀	15,000,000원	• 음반테이프	20,000,000원
• 맛소금	10,000,000원	• 아동도서	13,000,000원
• 통조림	15,000,000원		
• 밀가루	5,000,000원		

① 50,000,000원 ② 58,000,000원
③ 45,000,000원 ④ 35,000,000원

상 중 하

024 부가가치세법상 면세와 관련하여 잘못된 설명은?

① 일반토지의 임대는 과세지만 토지의 공급은 면세에 해당한다.
② 면세 포기란 면세되는 재화·용역을 공급하는 사업자가 면세를 포기하고 과세로 전환하는 것을 말한다.
③ 면세되는 교육용역 제공 시 필요한 실습자재를 제공하고 대가를 별도로 받은 때에도 같이 면세된다.
④ 면세 포기 후 3년이 경과하면 별도의 신청 없이 자동으로 면세 적용된다.

정답 및 해설

022 ③ • 주택과 이에 부수되는 토지의 임대용역은 부가가치세가 면제된다.
∴ 부가가치세 과세표준: 재화의 수출액 1,000,000원 + 국외에서 제공한 용역 800,000원 = 1,800,000원

023 ③ 맛소금 10,000,000원 + 통조림 15,000,000원 + 음반테이프 20,000,000원 = 45,000,000원

024 ④ 면세 포기를 신고한 날부터 3년간 면세로 다시 변경할 수 없으며, 3년이 경과한 후 다시 면세를 적용받고자 할 때에는 면세 적용 신고를 하여야 한다.

상 중 하

025 다음의 사례에 대한 설명으로 옳은 것은? (78회)

- 회사는 식용수산물을 유통하는 법인이다.
- 수입한 수산물은 국내 보관창고에서 보관한다.
- 보관된 수산물의 일부는 국내에 유통되며, 일부는 수출된다.
- 회사가 유통하는 수산물은 전부 면세가 적용된다.
- 회사는 면세 포기 신고를 하였다.

① 면세 포기는 과세기간 개시일 전 20일 내에 신고하여야 한다.
② 회사는 언제든지 다시 면세 적용을 받을 수 있다.
③ 보관창고비용은 공통매입세액으로 안분계산하여 공제받을 수 있다.
④ 면세 포기 신고로 인하여 수산물 매출은 전부 과세로 전환된다.

상 중 하

026 다음 중 부가가치세법상 영세율과 면세에 관한 설명으로 옳지 않은 것은? (114회)

① 면세사업자라도 영세율 적용 대상이 되면 면세를 포기하고 영세율을 적용받을 수 있다.
② 영세율은 완전면세제도이고 면세는 불완전면세제도이다.
③ 영세율과 면세 모두 부가가치세법상 신고의무는 면제되나 일정한 협력의무는 이행해야 한다.
④ 국내거래라 하더라도 영세율이 적용되는 경우가 있다.

상 중 하

027 다음 중 부가가치세법상 영세율과 면세에 대한 설명으로 옳지 않은 것은? (104회 수정)

① 영세율 및 면세사업자는 부가가치세법상 사업자에 해당한다.
② 내국법인이 중계무역을 하는 것은 영세율 신고 대상이다.
③ 면세의 경우 매입세액이 환급되지 않으나 영세율의 경우 매입세액의 전액 환급이 가능할 수 있다.
④ 부가가치세법에서 영세율제도는 주로 국제적 이중과세방지와 소비지국 과세원칙을 구현하기 위한 제도이고, 면세제도는 부가가치세의 역진성을 완화하기 위한 제도이다.

정답 및 해설

025 ③ ① 면세 포기는 과세기간 중 어느 때나 할 수 있다.
② 면세 포기 시 3년간 면세 적용을 받을 수 없다.
④ 면세 포기 신고를 하면 수출하는 수산물에 대한 매출만 과세로 전환된다.

026 ③ 영세율의 경우 부가가치세법상 사업자로서 제반의무를 이행해야 한다. 면세는 부가가치세법상 의무사항은 없으나 일정한 협력의무는 이행해야 한다.

027 ① 영세율 적용 대상자는 부가가치세법상 사업자이지만, 면세사업자는 부가가치세법상 사업자가 아니다.

THEME 06 과세표준과 매출세액 [028~032]

상 중 하

028 부가가치세 과세표준을 구하면 얼마인가? (단, 제시된 금액은 모두 공급가액임) 66회

- 외상매출액(매출에누리 3,000원이 차감되어 있음): 100,000원
- 거래처에 무상 증여한 견본품: 4,000원
- 상가 건물 해당분의 처분액: 200,000원
- 거래처로부터의 채무면제이익: 10,000원
- 하치장 반출액: 3,000원

① 100,000원　② 300,000원
③ 304,000원　④ 317,000원

상 중 하

029 다음 자료를 이용하여 부가가치세법상 일반과세자인 (주)A의 부가가치세 과세표준을 계산한 것으로 옳은 것은? 62회

- (주)A는 제품을 (주)B에게 95,000,000원(부가가치세 별도)에 공급하였으나, 이 중 5,000,000원(부가가치세 별도)은 품질 미달로 인하여 반품되었다.
- (주)A는 (주)B에게 제품을 30,000,000원(부가가치세 별도)에 판매하였으나, 운송 중에 제품이 파손되어 훼손된 가액 3,000,000원(부가가치세 별도)이 있었다.

① 117,000,000원　② 120,000,000원
③ 125,000,000원　④ 90,000,000원

정답 및 해설

028 ② 부가가치세 과세표준: 외상매출액 100,000원+상가 건물 해당분의 처분액 200,000원=300,000원

029 ① • 과세표준: (95,000,000원－5,000,000원)+(30,000,000원－3,000,000원)=117,000,000원
• 매출에누리, 매출환입, 매출할인, 공급받는 자에게 도달하기 전에 파손, 훼손, 멸실된 재화의 가액은 과세표준에 포함하지 않는다.

상 중 하

030 부가가치세법상 과세표준에 대한 다음 설명 중 옳지 않은 것은? (37회)

① 재화를 공급한 후의 그 공급가액에 대한 할인액, 대손금 또는 장려금은 과세표준에서 공제하지 않는다.
② 재화의 공급에 대하여 부당하게 낮은 대가를 받거나 대가를 받지 않는 경우에는 자기가 공급한 재화의 시가를 과세표준으로 한다.
③ 장기할부판매의 경우에는 계약에 따라 받기로 한 대가의 각 부분을 과세표준으로 한다.
④ 폐업 시 잔존재화에 대하여는 시가를 과세표준으로 한다.

상 중 하

031 다음 중 부가가치세법상 대손세액공제와 관련된 설명으로 옳지 않은 것은? (100회)

① 대손세액공제는 일반과세자에게 적용되며, 간이과세자에게는 적용하지 않는다.
② 재화·용역을 공급한 후 그 공급일로부터 5년이 지난 날이 속하는 과세기간에 대한 확정신고기한까지 대손이 확정되어야 한다.
③ 예정신고 시에는 대손세액공제를 적용할 수 없다.
④ 대손세액공제를 받은 사업자가 그 대손금액의 전부 또는 일부를 회수한 경우에는 회수한 대손금액에 관련된 대손세액을 회수한 날이 속하는 과세기간의 매출세액에 더한다.

상 중 하

032 다음의 거래내역에 대한 설명으로 옳지 않은 것은?

- 2025년 6월 1일 거래처 갑에게 유리화병 100개(공급가액 10,000,000원)를 주문받아 발송하였다.
- 2025년 6월 5일 거래처 갑은 주문한 유리화병을 검수하는 과정에서 10개(공급가액 1,000,000원)가 운송 중 파손된 것을 확인하고 반송하였다.
- 2025년 6월 29일 거래처 갑은 외상대금의 50%를 약정일 전에 미리 결제함으로써 결제금액의 2%를 할인해 주었다.
- 2025년 9월 20일 갑작스러운 경영악화로 거래처 갑은 법원의 파산선고를 받았으며 이로 인하여 나머지 외상대금은 전혀 회수할 수 없는 상황이다.

① 2025년 6월 5일 운송 중 파손된 것으로 확인된 공급가액은 부가가치세 과세표준에서 제외된다.
② 2025년 6월 29일 선결제로 인한 2%의 할인액은 부가가치세 신고 시 과세표준에서 제외한다.
③ 2025년 9월 20일 법원의 파산선고를 원인으로 한 대손세액공제 신고는 예정신고 시에도 적용 가능하다.
④ 법인세법상 부가가치세 대손세액공제를 받은 세액의 상당액은 대손처리가 불가능하다.

정답 및 해설

030 ① 매출할인액은 과세표준에 포함하지 않는다.
031 ② 재화·용역을 공급한 후 그 공급일로부터 10년이 지난 날이 속하는 과세기간에 대한 확정신고기한까지 대손이 확정되어야 한다.
032 ③ 부가가치세법상의 대손세액공제 신고는 확정신고 시에만 적용 가능하다.

THEME 07 세금계산서 [033~039]

상 중 하

033 부가가치세법상 재화 또는 용역의 공급이 다음과 같을 때, 세금계산서 발급 가능 대상에 해당하는 공급가액의 합계액은 얼마인가? (63회)

- 외국으로의 직수출액: 5,000,000원
- 구매확인서에 의한 수출액: 20,000,000원
- 무상으로 견본품 제공: 시가 6,000,000원, 장부가액 5,000,000원
- 공급시기 전 선수금을 받은 그 대가: 4,000,000원
- 부동산 임대에 따른 보증금에 대한 간주임대료: 500,000원

① 24,000,000원　　② 24,500,000원
③ 34,500,000원　　④ 35,500,000원

상 중 하

034 다음 중 부가가치세법상 세금계산서에 대한 설명으로 옳지 않은 것은? (116회 수정)

① 거래 건당 공급대가가 5천원 이상인 경우에 매입자발행세금계산서를 발행할 수 있다.
② 전체 사업장이 아니라 개별 사업장별 직전연도의 공급가액을 기준으로 전자세금계산서 의무발급사업자를 판단한다.
③ 전자세금계산서 의무발급대상이 된 경우에는 이후 과세기간에 계속하여 전자세금계산서를 발급하여야 한다.
④ 관할 세무서장은 개인사업자가 전자세금계산서 의무발급자에 해당하는 경우에는 전자세금계산서를 발급해야 하는 날이 시작되기 1개월 전까지 그 사실을 개인사업자에게 통지하여야 한다.

정답 및 해설

033 ① 구매확인서에 의한 수출액과 공급시기 전 선수금을 받은 그 대가는 세금계산서 발급이 가능하다.
∴ 20,000,000원 + 4,000,000원 = 24,000,000원

034 ① 거래 건당 공급대가가 5만원 이상인 경우에 매입자발행세금계산서를 발행할 수 있다.

상 중 하

035 다음 중 부가가치세법상 수정세금계산서의 사유에 따른 절차가 바르게 나열되지 않은 것은? 103회

	사유	발급매수	작성일자	수정신고 유무
①	재화의 환입	1매	환입된 날	수정신고 없음
②	내국신용장 사후개설	2매	내국신용장 개설일	수정신고 없음
③	공급가액 변동	1매	변동된 날	수정신고 없음
④	이중 발급(착오)	1매	처음 작성일자	과세기간이 다를 경우 수정신고

상 중 하

036 다음 사례에 대한 수정세금계산서 발급 방법으로 적절한 것은 무엇인가? 112회

조그만 상가를 임대하고 매월 1,000,000원의 임대료를 받는 김씨는 임대료 세금계산서 발급내역을 검토하다가 7월분 임대료 세금계산서에 "0"이 하나 더 들어가 공급가액이 10,000,000원으로 표시된 것을 발견했다.

① 처음에 발급한 세금계산서의 내용대로 음의 표시를 하여 발급
② 발급 사유가 발생한 날을 작성일로 적고 비고란에 처음 세금계산서 작성일을 덧붙여 적은 후 붉은색 글씨로 쓰거나 음의 표시를 하여 발급
③ 발급 사유가 발생한 날을 작성일로 적고 추가되는 금액은 검은색 글씨로 쓰고, 차감되는 금액은 붉은색 글씨로 쓰거나 음의 표시를 하여 발급
④ 처음에 발급한 세금계산서의 내용대로 세금계산서를 붉은색 글씨로 쓰거나 음의 표시를 하여 발급하고, 수정하여 발급하는 세금계산서는 검은색 글씨로 작성하여 발급

정답 및 해설

035 ② 내국신용장 사후개설의 작성일자는 처음 세금계산서 작성일이다.

036 ④ 필요적 기재사항 등이 착오로 잘못 적힌 경우에는 처음에 발급한 세금계산서의 내용대로 세금계산서를 붉은색 글씨로 쓰거나 음의 표시를 하여 발급하고, 수정하여 발급하는 세금계산서는 검은색 글씨로 작성하여 발급한다.

상 중 하

037 2025년 4월 11일에 재화를 공급하고 과세분 세금계산서(공급가액: 1,000만원)를 처음 발행하였다. 이와 관련하여 세금계산서가 적법하게 발행되지 않은 경우는?

① 일부 재화(공급가액: 200만원)가 5월 15일에 반품처리되어 5월 15일자로 수정세금계산서(공급가액: △200만원)를 발행하였다.
② 처음 계약이 6월 15일에 해제된 경우, 6월 15일자로 수정세금계산서(공급가액: △1,000만원)를 발행하였다.
③ 처음 거래와 관련하여 장려금 명목으로 100만원을 지급하기로 하고, 5월 30일에 매매대금 수령 시 장려금을 차감하여 수령하고, 동일자로 수정세금계산서(공급가액: △100만원)를 발행하였다.
④ 처음 거래와 관련하여 7월 10일에 내국신용장이 개설되어 4월 11일자로 영세율세금계산서를 발행하고, 4월 11일자로 과세분 수정세금계산서(공급가액: △1,000만원)를 발행하였다.

상 중 하

038 다음 중 부가가치세법상 수정세금계산서 또는 수정전자세금계산서에 대한 설명으로 틀린 것은? 107회

① 필요적 기재사항이 착오 외의 사유로 잘못 적힌 경우, 해당 수정세금계산서의 발급기한은 해당 재화나 용역의 공급일이 속하는 과세기간의 확정신고기한 다음 날부터 1년 이내이다.
② 계약의 해제로 재화 또는 용역이 공급되지 아니한 경우에는 해당 거래의 당초 계약일을 수정세금계산서의 작성일로 하여 발급한다.
③ 착오로 전자세금계산서를 이중으로 발급한 경우에는 처음에 발급한 세금계산서의 내용대로 음(陰)의 표시를 하여 발급한다.
④ 공급시기가 속하는 과세기간 종료 후 25일 이내에 내국신용장이 개설된 경우에는 수정세금계산서의 작성일을 처음 세금계산서 작성일로 적는다.

상 중 하

039 다음 중 부가가치세법상 공급받는 자가 세금계산서 발급을 요구하는 경우 세금계산서를 발급해야 하는 것은? 56회

① 미용실의 미용용역
② 택시운송사업자의 택시운송용역
③ 공급의제 중 개인적 공급
④ 소매업

정답 및 해설

037 ③ 처음 거래와 관련된 장려금은 과세표준에서 공제하지 않으므로 수정세금계산서 발행 대상이 아니다.
038 ② 계약의 해제로 재화 또는 용역이 공급되지 아니한 경우 : 계약이 해제된 때에 그 작성일은 계약해제일로 적고 비고란에 처음 세금계산서 작성일을 덧붙여 적은 후 붉은색 글씨로 쓰거나 음(陰)의 표시를 하여 발급한다.
039 ④ 소매업은 공급받는 자가 세금계산서의 발급을 요구할 때에는 세금계산서를 발급해야 한다.

상 중 하

040 다음 사람들 중 세금계산서에 관해 잘못 설명한 사람은? 117회 수정

김 선생: 대가 수령 전에 세금계산서를 발급하더라도 동일 과세기간 내에 공급시기가 도래한다면 적법한 세금계산서로 인정된다.
이 선생: 2025년 7월 1일에 재화를 공급하고 과세분 세금계산서(공급가액 100만원, 세액 10만원)를 발급한 경우로서 2025년 7월 20일에 동 거래에 대한 계약 해제의 사유로 수정세금계산서를 발급하는 경우 작성일자는 처음 세금계산서 작성일자를 적고 비고란은 계약 해제일을 부기한 후 공급가액과 세액은 붉은색 글씨로 쓰거나 부(負)의 표시를 하여 발급한다.
윤 선생: 세금계산서는 재화 또는 용역의 공급시기에 원칙적으로 발급을 해야 하지만 거래처별로 달의 1일부터 말일의 공급가액을 합계하여 해당 월의 말일자를 작성연월일로 하여 세금계산서를 발급하는 경우 재화 또는 용역의 공급일이 속하는 달의 다음 달 10일까지 세금계산서를 발급할 수 있다.
진 선생: 매입자가 거래사실을 관할 세무서장의 확인을 받아 세금계산서를 발급하고 매입세액공제를 받으려면 재화 또는 용역의 공급시기가 속하는 과세기간의 종료일로부터 6개월 이내에 신청해야 한다.

① 김 선생, 진 선생
② 이 선생, 윤 선생
③ 이 선생, 진 선생
④ 윤 선생, 진 선생

상 중 하

041 다음 중 부가가치세법상 공급시기에 대한 설명으로 가장 틀린 것은? 103회

① 사업자가 공급시기가 되기 전에 재화 또는 용역에 대한 대가의 전부를 받고, 그 받은 대가에 대하여 세금계산서를 발급하면 그 세금계산서를 발급하는 때를 공급시기로 본다.
② 공급 단위를 구획할 수 없는 용역을 계속적으로 공급하는 경우 대가의 각 부분을 받기로 한 때를 용역의 공급시기로 본다.
③ 사업자가 폐업 전에 공급한 재화의 공급시기가 폐업일 이후에 도래하는 경우에는 재화를 사용하거나 소비하는 때를 공급시기로 본다.
④ 재화의 공급의제 중 개인적 공급의 경우 재화를 사용하거나 소비하는 때를 공급시기로 본다.

정답 및 해설

040 ③ 계약의 해제로 재화 또는 용역이 공급되지 않은 경우 수정세금계산서의 작성일은 계약 해제일로 적고 비고란에 처음 세금계산서 작성일을 덧붙여 적은 후 공급가액과 세액을 붉은색 글씨로 쓰거나 부(負)의 표시를 하여 수정세금계산서를 발급한다. 또한 매입자발행 세금계산서로 매입세액공제를 받으려면 재화 또는 용역의 공급시기가 속하는 과세기간의 6개월이 아닌 1년 이내에 신청해야 한다.

041 ③ 사업자가 폐업 전에 공급한 재화의 공급시기가 폐업일 이후에 도래하는 경우에는 그 폐업일을 공급시기로 본다.

상 중 하

042 부가가치세법은 공급시기가 되기 전에 대가를 받지 않고 세금계산서를 발급하는 경우에 그 발급한 때를 재화 또는 용역의 공급시기로 보는 특례를 두고 있다. 다음의 공급시기 중 이에 해당하지 않는 것은? (53회)

① 중간지급조건부의 공급시기
② 장기할부판매의 공급시기
③ 전력 등 기타 공급 단위를 구획할 수 없는 재화를 계속적으로 공급하는 경우의 공급시기
④ 장기할부 또는 통신 등 그 공급 단위를 구획할 수 없는 용역을 계속적으로 공급하는 경우의 공급시기

상 중 하

043 다음과 같은 상황에 대한 세금계산서 교부행위로서 옳지 않은 것은? (43회)

공급시기	공급가액	부가가치세
2025년 10월 10일	10,000,000원	1,000,000원
2025년 10월 20일	10,000,000원	1,000,000원
2025년 10월 31일	10,000,000원	1,000,000원

① 2025년 10월 31일 공급분에 대해 작성연월일을 10월 31일로 하여 세금계산서를 작성하여 동일자로 교부한 경우
② 2025년 10월 31일 공급분에 대해 작성연월일을 10월 31일로 하여 세금계산서를 작성하여 2025년 11월 7일에 교부한 경우
③ 2025년 10월 공급분을 합계하여 작성연월일을 2025년 10월 31일로 하여 세금계산서를 작성하고 2025년 11월 10일에 교부한 경우
④ 2025년 10월 10일, 10월 20일, 10월 31일 각각에 대해 2025년 10월 10일, 20일, 31일을 작성연월일로 하여 세금계산서 3장을 작성하고, 2025년 11월 13일에 교부한 경우

정답 및 해설

042 ① ② 장기할부판매, ③ 전력 등 기타 공급 단위를 구획할 수 없는 재화를 계속적으로 공급하는 경우, ④ 통신 등 그 공급 단위를 구획할 수 없는 용역을 계속적으로 공급하는 경우는 공급시기가 되기 전에 대가를 받지 않고 세금계산서를 발급하면 그때를 재화 또는 용역의 공급시기로 보는 특례를 두고 있다.

043 ④ 거래처별로 달의 1일부터 말일까지의 기간 이내에서 사업자가 임의로 정한 기간의 공급가액을 합계하고 그 기간의 종료일자를 발행일자로 하여 세금계산서를 교부하는 경우에는 재화 또는 용역의 공급일이 속하는 달의 다음 달 10일까지 세금계산서를 교부할 수 있다.

상 중 하

044 다음 상황에서 부가가치세법상 원칙적인 공급시기와 공급가액으로 짝지어진 것으로 옳은 것은? (39회)

• 가람건설(주)은 태양건설(주)에게 2025년 1월 1일에 건물 8억원을 매각하기로 하였다.
• 잔금청산과 함께 소유권이 이전되며 동일자로 사용할 수 있다.
• 대금 결제방법은 다음과 같다.

계약금	중도금	잔금
2억원(2025년 1월 1일)	3억원(2025년 3월 1일)	3억원(2025년 5월 20일)

	공급시기	공급가액		공급시기	공급가액
①	2025년 5월 20일	8억원	②	2025년 1월 1일	2억원
③	2025년 1월 1일	3억원	④	2025년 5월 20일	3억원

THEME 09 매입세액 [045~050]

상 중 하

045 (주)세계는 제조업을 영위하고 있는 일반과세자이다. 아래의 매입내역을 바탕으로 2025년 1기 확정 부가가치세를 신고하면서 공제받을 수 있는 매입세액은 얼마인가? [단, 간이과세자(세금계산서 발급의무 없음)와의 거래를 제외한 거래는 모두 매입일자에 적법하게 세금계산서를 수취하였고, 이외의 매입은 없다고 가정함] (92회)

매입일자	공급자 업종	금액(VAT 제외)	내역
2025년 4월 6일	소매업(일반과세자)	500,000원	거래처 선물용
2025년 5월 10일	음식점업(일반과세자)	800,000원	직원 회식대
2025년 5월 25일	서비스업(일반과세자)	350,000원	대표이사 주택 등기비용
2025년 6월 15일	소매업(간이과세자)	80,000원	사무용품
2025년 6월 30일	서비스업(일반과세자)	110,000원	업무용 소형승용차(900cc) 엔진오일 교환

① 88,000원 ② 91,000원
③ 99,000원 ④ 123,000원

정답 및 해설

044 ① 재화의 인도 이전에 계약금 외의 대가를 분할하여 지급하지만, 계약금을 지급하기로 한 날부터 잔금을 지급하기로 한 날이 6개월 미만이므로 중간지급조건부에 해당하지 않는다. 따라서 재화 인도시점인 2025년 5월 20일이 공급시기가 되며, 공급가액은 8억원이 된다.

045 ② 거래처 선물용은 기업업무추진비 관련 매입세액으로 불공제 대상에 해당하고, 대표이사의 주택 등기비용은 사업과 관련 없는 매입세액으로 불공제 대상이며, 세금계산서를 발급할 수 없는 간이과세자에게 매입한 것은 매입세액공제 대상이 될 수 없다.
∴ 공제 가능 매입세액: (800,000원 + 110,000원) × 10% = 91,000원

상 중 하

046 다음 중 부가가치세법상 공제받지 못할 매입세액이 아닌 것은? [108회]

① 공급시기가 속하는 과세기간이 끝난 후 20일 이내에 사업자등록을 신청한 경우 그 공급시기의 매입세액
② 업무무관자산 취득과 관련한 매입세액
③ 비영업용 소형승용차(개별소비세법 과세대상 자동차)의 구입과 임차 및 유지에 관한 매입세액
④ 건축물이 있는 토지를 취득하여 그 건축물을 철거하여 토지만을 사용하는 경우에 철거한 건축물의 철거비용 관련된 매입세액

상 중 하

047 다음 중 부가가치세법상 공제되는 매입세액이 아닌 것은? [105회]

① 사업자등록을 신청하기 전 매입세액으로서 대표자 주민등록번호를 적은 세금계산서도 발급받지 않은 경우 당해 매입세액
② 매입처별 세금계산서합계표를 경정청구나 결정 시에 제출하는 경우 당해 매입세액
③ 예정신고 시 매입처별 세금계산서합계표를 제출하지 못하여 해당 예정신고기간이 속하는 과세기간의 확정신고 시에 제출하는 경우 당해 매입세액
④ 공급시기 이후에 발급하는 세금계산서로서 해당 공급시기가 속하는 과세기간에 대한 확정신고기한 경과 전 발급받은 경우 당해 매입세액

상 중 하

048 다음 중 부가가치세법상 의제매입세액공제에 대한 설명으로 가장 옳지 않은 것은? [118회 수정]

① 면세농산물 등을 공급받은 날이 속하는 예정신고 또는 확정신고 시 매출세액에서 공제한다.
② 예정신고 시에는 공제 한도 계산 없이 매입세액공제가 가능하다.
③ 수입한 면세농산물은 의제매입세액공제 대상이다.
④ 음식점업(과세유흥장소 외)을 영위하는 법인사업자의 공제율은 8/108이다.

정답 및 해설

046 ① 사업자등록 신청하기 전의 매입세액은 공제되지 않지만, 공급시기가 속하는 과세기간이 끝난 후 20일 이내에 등록을 신청하면 등록 신청일로부터 공급시기가 속하는 과세기간 기산일까지 역산한 기간 내의 매입세액은 매출세액에서 공제할 수 있다.

047 ① 사업자등록을 신청한 사업자가 사업자등록증 발급일까지 거래에 대하여 해당 사업자 또는 대표자의 주민등록번호를 적어 발급받은 경우, 당해 매입세액은 매입세액공제가 가능하다.

048 ④ 음식점업을 영위하는 법인사업자의 공제율은 6/106이다.

상 중 하

049 다음 중 부가가치세법상 음식점을 운영하는 개인사업자의 의제매입세액 공제율로 옳은 것은? (단, 해당 음식점업의 해당 과세기간의 과세표준은 2억원을 초과한다) 112회

① 2/104
② 6/106
③ 8/108
④ 9/109

상 중 하

050 부가가치세법상 일반과세자인 개인사업자 갑(과세표준 2억원 이하)은 음식점을 영위하고 있으며, 2025년 5월 17일에 사업자등록을 신청하여, 2025년 5월 20일에 사업자등록증을 교부받았다. 2025년 1기 부가가치세를 확정신고하면서 공제받을 수 있는 매입세액은 얼마인가? (단, 아래 사항 이외에 세금계산서 또는 계산서 관련 사항은 모두 적법하며 매입한 과일은 모두 2025년 1기 과세사업에 사용되었다고 가정하고 의제매입세액 한도액은 고려하지 말 것) 50회 유사

매입일자	작성일자 및 교부일자	내역	거래금액(공급가액)
2025.4.15.	2025.4.15. (대표자 주민등록번호 기재분)	주방설비	30,000,000원
2025.4.29.	2025.4.29. (대표자 주민등록번호 기재분)	인테리어 비용	50,000,000원
2025.5.25.	2025.5.25.	과일	10,900,000원
2025.6.15., 2025.6.30.	2025.6.30. (교부일자는 7.5.)	조미료	3,000,000원

① 9,200,000원
② 6,100,000원
③ 5,800,000원
④ 5,300,000원

정답 및 해설

049 ③ 음식점업을 경영하는 사업자 중 개인사업자의 경우 과세표준 2억원 이하인 경우 9/109 의제매입세액공제율을 적용한다.

050 ① 공급시기가 속하는 과세기간이 끝난 후 20일 이내에 등록을 신청한 경우 등록 신청일부터 공급시기가 속하는 과세기간 기산일(1/1 또는 7/1)까지 역산한 기간 내의 세금계산서는 대표자 주민등록번호를 기재하여 매입세액공제가 가능하다. 또한, 과세표준이 2억원 이하인 개인 음식점의 의제매입세액공제율은 9/109이며, 월 합계 세금계산서는 해당 월의 말일자를 작성일자로 하여 다음 달 10일(토요일, 공휴일인 경우에는 다음 날)까지 교부할 수 있다. 따라서 공제받을 수 있는 매입세액은 다음과 같다.
∴ (30,000,000원 + 50,000,000원 + 3,000,000원) × 10% + 10,900,000원 × 9/109 = 9,200,000원

THEME 10 겸영사업자의 세액계산 [051~057]

상 중 하

051 다음 중 부가가치세법상 납부세액의 재계산에 대한 설명으로 옳지 않은 것은? 115회

① 재계산 대상 자산은 과세사업과 면세사업에 공통으로 사용하는 감가상각대상 자산이다.
② 재계산은 해당 과세기간의 면세비율과 해당 자산의 취득일이 속하는 과세기간(그 후의 과세기간에 재계산한 경우는 그 재계산한 과세기간)의 면세비율의 차이가 5% 이상인 경우에만 적용한다.
③ 면세비율이란 총공급가액에 대한 면세공급가액의 비율을 말한다.
④ 체감률은 건물의 경우에는 5%, 구축물 및 기타 감가상각자산의 경우에는 25%로 한다.

상 중 하

052 다음은 부가가치세법상 과세와 면세를 겸영(과세와 면세비율은 각각 50%임)하는 (주)스피드에 대한 매입세액공제와 관련한 설명이다. 다음 설명 중 옳지 않은 것은? (단, 재화의 공급가액은 1천만원임) 51회

① 과세로 공급받은 재화를 과세사업에 사용할 경우 안분계산 없이 전액 매입세액으로 공제한다.
② 과세로 공급받은 재화를 과세사업과 면세사업에 공통으로 사용할 경우 매입세액공제를 안분계산한다.
③ 면세로 공급받은 재화(의제매입세액 대상 아님)를 과세사업과 면세사업에 공통으로 사용할 경우 매입세액공제를 안분계산할 필요가 없다.
④ 과세로 공급받은 재화를 면세사업에 사용할 경우 매입세액에 대하여 안분계산 없이 전액 매입세액 불공제했다면 재화의 공급으로 의제한다.

상 중 하

053 (주)청솔의 과세사업과 면세사업에 공통으로 사용될 기계장치 구입과 관련하여 부가가치세법상 고려하여야 하는 것에 대한 설명이다. 옳지 않은 것은? 37회

① 예정 과세기간에 구입하였다면 예정 과세기간의 공급가액 비율로 매입세액을 안분계산한다.
② 구입 과세기간 다음 과세기간부터는 면세비율이 5% 이상 변동이 있는 경우 납부(환급)세액을 재계산한다.
③ 차기 과세기간에 기계장치를 처분하는 경우 직전 과세기간의 공급가액 비율로 안분계산하여 과세표준을 계산한다.
④ 구입 과세기간의 공통매입세액이 50만원 이하인 경우 안분계산을 생략한다.

정답 및 해설

051 ④ 건물과 구축물에 적용되는 체감률은 5%이다.

052 ④ 과세로 공급받은 재화를 면세사업에 사용할 경우 매입세액에 대하여 안분계산 없이 전액 매입세액 불공제했다면 재화의 공급으로 보지 않는다.

053 ④ 구입한 과세기간의 공통매입세액이 5만원 미만인 경우 안분계산을 생략한다.

상 중 하

054 다음 중 2025년 1기 부가가치세 신고 시 과세표준 및 매출세액에 반영되는 것은? 34회

① 겸영사업자가 2021년 2기에 과세사업에 사용하기 위해 취득하고 매입세액공제를 받은 기계장치를 2025년 1기에 면세로 전용한 경우
② 회사가 생산한 제품의 일부를 거래처에 견본품으로 무상 제공하는 경우
③ 겸영사업자가 부가가치세가 면제되는 재화나 용역을 공급하는 경우
④ 폐업을 하는 경우 잔존재화 중에 기존에 매입세액을 공제받은 재화

상 중 하

055 다음 사례에 대한 부가가치세와 관련한 설명으로 옳지 않은 것은? 26회 수정

- 홍길동 사장은 현재 신문사를 운영하고 있다.
- 신문사의 주된 매출은 신문구독수입과 광고수입이다.
- 신문사에서 신문배달 시 1톤 포터트럭을 사용하고 있다.
- 1톤 포터트럭을 처분하고자 계획하고 있다.

① 신문사의 매출 중 신문구독수입은 면세이며 광고수입은 과세가 원칙이다.
② 트럭을 처분하는 경우에는 원칙적으로 처분일이 속하는 과세기간의 직전 과세기간의 공급가액 비율에 따라 과세표준을 계산한다.
③ 신문사의 매출 중 신문구독수입이 차지하는 비율이 4.5%인 경우 당해 과세기간의 공통매입세액(단, 공통매입세액은 5,000,000원 미만임)은 전부 공제받을 수 있다.
④ 신문사에서 트럭을 처분하는 경우에 매출세금계산서 대신 매출계산서만 발행하면 된다.

정답 및 해설

054 ④ ① 기계장치는 4기를 한도로 과세기간이 1기가 지날 때마다 25% 체감률이 적용되는데, 4기 이상 경과하였으므로 과세되지 않는다.
② 견본품의 제공은 재화의 간주공급 대상에서 제외된다.
③ 면세재화나 용역을 공급하는 경우는 부가가치세 과세 대상에 포함되지 않는다.

055 ④ 과세와 면세사업을 겸업하는 사업자로서 공통사용재화를 양도하는 경우에는 직전 과세기간의 공급가액 비율로 안분하여 과세분은 매출세금계산서를, 면세분은 매출계산서를 발행하여야 한다.

상 중 하

056 다음은 부가가치세법상 공통매입세액 안분계산에 관한 설명이다. 이 중 옳지 않은 것은? 24회

① 사업자가 과세사업과 면세사업을 겸영하는 경우에만 적용된다.

② 당해 과세기간의 총공급가액 중 면세공급가액이 5% 미만일 경우(단, 공통매입세액이 5백만원 이상인 경우는 제외)에는 당해 공통매입세액은 납부세액계산 시 매출세액에서 공제한다.

③ 예정신고 시에는 해당 예정신고기간분에 대한 면세공급가액 비율에 의하고, 확정신고 시에는 확정신고기간분(예정신고기간분 제외)에 대한 면세공급가액 비율에 의한다.

④ 공통매입세액에 해당하는 매입세금계산서도 부가가치세 예정 또는 확정신고 시 매입처별 세금계산서합계표에 반영하여야 한다.

상 중 하

057 다음 중 부가가치세법상 공통매입세액의 안분계산에 대한 설명으로 가장 틀린 것은? 101회

① 해당 과세기간의 총공급가액 중 면세공급가액이 5% 미만인 경우의 공통매입세액은 예외 없이 공통매입세액 전부를 매출세액에서 공제한다.

② 공통매입세액 안분계산 시 과세사업과 면세사업의 공급가액이 없는 경우에는 원칙적으로 면세사업의 매입가액비율, 예정공급가액비율, 예정사용면적비율의 순으로 적용한다. 다만, 예정사용면적비율을 우선 적용하는 예외가 있다.

③ 공통매입세액을 ②의 경우와 같이 안분하여 계산한 경우 과세사업과 면세사업의 공급가액 또는 사용면적이 확정되는 과세기간에 대한 납부세액을 확정신고를 할 때에 정산한다.

④ 해당 과세기간 중의 공통매입세액이 5만원 미만인 경우 안분계산 없이 공통매입세액 전부를 매출세액에서 공제한다.

정답 및 해설

056 ③ 예정신고 시에는 해당 예정신고기간분에 대한 면세공급가액 비율에 의하고, 확정신고 시에는 확정신고기간분(예정신고기간분 포함)에 대한 면세공급가액 비율에 의한다.

057 ① 해당 과세기간의 총공급가액 중 면세공급가액이 5% 미만인 경우의 공통매입세액은 공제되는 매입세액으로 한다. 다만, 공통매입세액이 5백만원 이상인 경우는 제외한다.

THEME 11 차가감 납부세액 [058~064]

상 중 하

058 다음은 부가가치세법상 가산세에 대한 내용으로 옳은 것은? 95회

① 사업자가 법정 신고기한까지 예정신고를 하지 않는 경우에는 일반적인 무신고는 무신고 납부세액의 20%(영세율무신고 시에는 영세율과세표준의 0.5%)를 적용한다.

② 사업자는 법정 신고기한까지 확정신고를 한 경우로서 납부할 세액을 신고하여야 할 세액보다 적게 신고한 경우에는 일반과소 신고납부세액의 20%를 적용한다.

③ 간이과세자가 납부의무가 면제되는 경우에는 과소 신고 시 10%의 가산세를 적용한다.

④ 사업자가 법정 납부기한까지 납부를 하지 않는 경우에는 미납세액에 미납기간을 적용한 금액에 3/10,000을 납부지연 가산세로 적용한다.

상 중 하

059 부가가치세법상 일반과세자의 가산세에 대한 내용 중 옳지 않은 것은?

① 매출처별 세금계산서합계표를 확정신고 시 제출하지 않은 경우 공급가액의 0.5%를 과세한다.

② 재화 또는 용역의 공급시기 이후에 발급받은 세금계산서로서 당해 공급시기가 속하는 과세기간의 확정신고기한 내에 발급받은 경우 공급가액의 0.5%를 과세한다.

③ 재화 또는 용역의 공급시기가 속하는 과세기간(세금계산서 발급특례에 해당하는 경우에는 그 과세기간 말의 다음 달 10일)까지 세금계산서를 발급하지 않은 경우 공급가액의 1%를 과세한다.

④ 전자세금계산서 미전송 가산세가 적용되는 부분에 대하여는 매출처별 세금계산서합계표 불성실 가산세를 적용하지 않는다.

정답 및 해설

058 ① ② 과소 신고납부세액의 10%를 적용한다.
③ 신고불성실 가산세가 적용되지 않는다.
④ 2.2/10,000를 납부지연 가산세로 적용한다.

059 ③ 재화 또는 용역의 공급시기가 속하는 과세기간(세금계산서 발급특례에 해당하는 경우에는 그 과세기간 말의 다음 달 10일)의 확정신고기한까지 세금계산서를 발급하지 않으면 공급가액의 2%를 과세한다.

상 중 하

060 부가가치세법상 일반과세자인 (주)갑이 2025년 1기 부가가치세 확정신고를 이행하지 않고, 2025년 8월 9일에 기한후신고 및 세금계산서합계표 제출과 동시에 세금을 납부하였다. 이에 대한 가산세를 설명한 것으로 옳지 않은 것은? (단, 부정한 방법의 무신고는 아니며, 법정 신고기한이 공휴일이나 토요일이 아님)

- 재화 공급가액: 50,000,000원(매출전자세금계산서를 정상발급 · 전송하였음)
- 공급받은 재화의 공급가액: 30,000,000원(전액 매입세액공제 가능한 적법한 세금계산서를 수취하였음)

① 무신고 가산세는 400,000원이다.
② 매입처별 세금계산서합계표 미제출 가산세는 0원이다.
③ 매출처별 세금계산서합계표 미제출 가산세는 0원이다.
④ 납부지연 가산세는 6,600원이다.

상 중 하

061 다음 중 부가가치세법상 세금계산서 불성실 가산세에 관한 규정으로 옳지 않은 것은? 83회

① 발급한 세금계산서의 필요적 기재사항의 전부 또는 일부가 적혀 있지 않거나 사실과 다른 경우: 부실기재한 공급가액의 1%
② 세금계산서의 발급시기가 지난 경우로서 해당 과세기간의 확정신고기한 내 발급한 경우: 지연발급한 공급가액의 1%
③ 전자세금계산서 전송기한이 지난 후 공급시기가 속하는 과세기간의 확정신고기한까지 국세청장에게 발급명세를 전송한 경우: 지연전송한 공급가액의 1%
④ 재화 등을 공급하지 않고 세금계산서를 발급한 경우: 발급한 공급가액의 3%

정답 및 해설

060 ① 법정 신고기한 경과 후 1개월 이내에 기한후 신고를 하면 무신고 가산세의 50%를 경감하므로 무신고 가산세는 '2,000,000원×20%×(1－50%)＝200,000원'이다. 전자세금계산서를 정상발급 및 전송하였으므로 매출처별 세금계산서합계표 미제출 가산세는 없다. 또한, 납부지연 가산세는 '2,000,000원×15일(7.26.～8.9.)×22/100,000＝6,600원'이다.

061 ③ 전자세금계산서 전송기한이 지난 후 공급시기가 속하는 과세기간의 확정신고기한까지 국세청장에게 발급명세를 전송하면 지연전송 가산세는 공급가액의 0.3%이다.

상 중 하

062 다음의 경우에 적용되는 현행 부가가치세법 규정에 대한 설명으로 옳지 않은 것은? 42회

> 갑이 을에게 재화(공급가액: 10,000,000원, 부가세: 1,000,000원)를 공급하였으나 병의 명의로 을에게 세금계산서를 교부하였다.

① 갑은 매출처별 세금계산서합계표 불성실 가산세 100,000원이 적용된다.
② 병은 세금계산서 불성실 가산세 200,000원이 적용된다.
③ 을은 매입세액 불공제가 적용된다.
④ 갑은 세금계산서 불성실 가산세 200,000원이 적용된다.

상 중 하

063 매입처별 세금계산서합계표를 제출 시 매입세액공제를 적용받지만 가산세가 부과되는 경우는? 94회

① 기한 후 신고 시 제출하는 경우
② 경정 시 경정기관 확인을 거쳐 제출하는 경우
③ 수정신고 시 제출하는 경우
④ 예정신고 시 제출할 합계표를 확정신고 시 제출하는 경우

정답 및 해설

062 ① • 갑이 병의 명의로 세금계산서를 발급한 것은 위장세금계산서이다. 갑과 병은 위장세금계산서를 발급하였으므로 세금계산서 불성실 가산세(공급가액의 2%)가 적용된다.
• 세금계산서 불성실 가산세와 매출처별 세금계산서합계표 불성실 가산세가 동시에 적용되는 경우에는 세금계산서 불성실 가산세가 적용된다.
• 세금계산서의 필요적 기재사항 중 공급자의 등록번호·상호 및 성명이 잘못 기재되었으므로 을은 수취한 세금계산서에 의한 매입세액공제를 받을 수 없다.

063 ② 경정 시 사업자가 경정기관의 확인을 거쳐 해당 경정기관에 매입처별 세금계산서합계표를 제출하여 매입세액을 공제받는 경우 공급가액의 0.5% 가산세를 납부세액에 더하거나 환급세액에서 뺀다.

상 중 하

064 **다음 중 부가가치세법상 세금계산서의 수취 및 발급시기에 대한 설명으로 옳지 않은 것은?** 75회

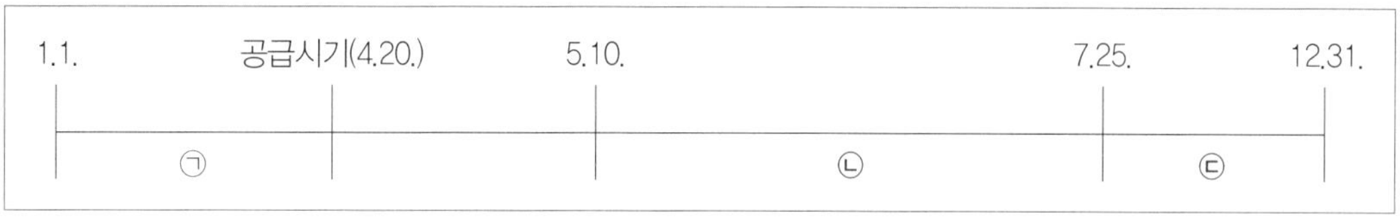

① ㉠의 시기에 세금계산서를 발급하는 경우 발급일로부터 7일 이내에 대가를 받으면 해당 세금계산서를 발급한 때를 재화의 공급시기로 본다.
② ㉡의 시기에 세금계산서를 발급하는 경우 공급자에게는 공급가액의 1%의 가산세가 적용된다.
③ ㉡의 시기에 발급된 세금계산서를 수취하는 경우 매입세액을 공제한 후 공급가액의 0.5%의 가산세를 부담하여야 한다.
④ ㉢의 시기에 발급된 세금계산서를 수취하고 수정신고하는 경우 매입세액을 공제한 후 공급가액의 2%의 가산세를 부담하여야 한다.

THEME 12 부가가치세의 신고 · 납부 및 환급절차 [065~071]

상 중 하

065 **다음 중 아래의 사례에 적용될 부가가치세법상 환급에 대한 설명으로 옳은 것은? (단, 조기환급에 해당하는 경우 조기환급신고를 하기로 한다)** 111회

> (주)부천은 법정신고기한 내에 2025년 제2기 부가가치세 예정신고를 마쳤으며, 매출세액은 10,000,000원, 매입세액은 25,000,000원(감가상각자산 매입세액 20,000,000원 포함)으로 신고서상 차가감하여 납부(환급)할 세액은 (−)15,000,000원이다.

① 예정신고기한이 지난 후 30일 이내에 15,000,000원이 환급된다.
② 예정신고 시 환급세액은 환급되지 않으므로 2025년 제2기 확정신고 시 예정신고미환급세액으로 납부세액에서 차감한다.
③ 환급세액에 매입세액 중 고정자산 매입세액의 비율을 곱하여 산출되는 12,000,000원만 환급된다.
④ 예정신고기한이 지난 후 15일 이내에 15,000,000원이 환급된다.

정답 및 해설

064 ④ 공급시기 이후 세금계산서를 발급받았으나, 실제 공급시기가 속하는 과세기간의 확정신고기한 다음 날부터 1년 이내에 발급받은 것으로서 수정신고하면 매입세액을 공제함과 동시에 공급가액의 0.5%에 해당하는 가산세가 부과된다. 따라서, ㉢의 시기에 발급된 세금계산서를 수취하고 수정신고하면 매입세액을 공제한 후 공급가액의 0.5%를 가산세로 부담하여야 한다.

065 ④ 감가상각자산의 취득은 조기환급대상에 해당하며, 예정신고 기한이 지난 후 15일 이내에 예정신고한 사업자에게 환급하여야 한다.

상 중 하

066 부가가치세법상 일반과세자의 신고 · 납부와 관련한 설명 중 옳지 않은 것은? 59회

① 개인사업자는 주사무소만을 총괄납부사업장으로 할 수 있다.

② 시설투자 등으로 인한 부가가치세 환급 신청은 반드시 확정신고기한에만 가능하다.

③ 음식업을 영위하는 법인사업자도 의제매입세액공제가 가능하나 신용카드발행 세액공제는 되지 않는다.

④ 자기의 사업과 관련하여 생산 취득한 재화를 사업과 관계없이 사용 · 소비하는 경우에는 세금계산서를 발행할 의무가 없다.

상 중 하

067 다음 부가가치세와 관련된 내용 중 옳지 않은 것은? 52회

① 각 예정신고기간에 신규로 사업을 개시한 개인사업자는 예정신고 의무가 없다.

② 직전 과세기간에 대한 납부세액이 없는 개인사업자는 반드시 예정신고를 하여야 한다.

③ 각 예정신고기간분에 대해 조기환급을 받고자 하는 개인사업자는 예정신고를 할 수 있다.

④ 재화 또는 용역의 공급에 대해 영세율이 적용되는 경우와 사업설비를 신설, 취득, 확장 또는 증축하는 경우에는 조기환급 신고기한 경과 후 15일 내에 환급세액을 환급받을 수 있다.

상 중 하

068 부가가치세 환급과 관련된 설명 중 옳지 않은 것은? 46회

① 영세율 적용으로 인한 부가가치세 조기환급 신고에 오류가 있어 세액을 경정하는 경우 환급불성실 가산세를 적용한다.

② 5월 10일에 사업설비 확장으로 환급세액이 발생한 법인사업자가 가장 빨리 환급받으려면 4월 1일부터 5월 31일까지를 조기환급기간으로 6월 25일까지 조기환급 신고를 하여야 한다.

③ 일반적인 환급은 각 예정신고기간 또는 확정신고기간별로 당해 과세기간에 대한 환급세액을 신고기한 경과 후 30일 내에 환급하여야 한다.

④ 조기환급 신고에 대한 환급은 조기환급 신고기한 경과 후 15일 이내에 환급하여야 한다.

정답 및 해설

066 ② 시설투자 등으로 인한 부가가치세 환급 신청은 예정신고기간 또는 조기환급기간(예정신고기간 중 또는 과세기간 최종 3월 중 매월 또는 매 2월)에도 가능할 수 있다.

067 ② 과거의 세법 규정에 의해 직전 과세기간에 대한 납부세액이 없는 자, 각 예정신고기간에 신규로 사업을 개시한 자, 각 예정신고기간에 간이과세자에서 일반과세자로 변경된 자, 주사업장 총괄납부사업자, 사업자 단위 과세사업자는 법인사업자와 동일하게 예정신고를 반드시 하여야 했지만 세법 개정으로 현재 예정신고분부터 해당 개인사업자의 예정신고 의무제도가 폐지되었다.

068 ③ 일반적인 환급은 예정신고기간에는 이루어지지 않는다.

상 중 하

069 부가가치세법상 일반과세자의 신고 및 납부에 관한 다음의 설명 중 옳지 않은 것은?

① 사업자가 예정신고 및 조기환급 신고한 경우에는 이미 신고한 내용을 제외하고 과세표준과 납부세액을 확정신고해야 한다.

② 관할 세무서장은 결정 · 경정에 의하여 추가로 환급세액이 발급한 경우에는 30일 이내에 사업자에게 환급하여야 한다.

③ 조기환급 대상은 영세율이 적용되는 때와 사업설비를 신설, 취득하는 때 등이 있다.

④ 총괄납부사업자는 주사업장 관할 세무서장에게 종된 사업장분을 합산하여 납부해야 한다.

PART 03

상 중 하

070 다음은 부가가치세법상 일반과세자의 부가가치세 신고와 납부에 관련한 설명이다. 옳지 않은 것은?

32회 유사

① 예정신고기간에 대한 일반환급세액은 환급하지 않고 확정신고 시 납부세액에서 예정신고 미환급세액으로 공제한다.

② 의제매입세액을 공제받고자 하는 사업자는 의제매입세액공제 신고서와 매입처별 계산서합계표 또는 신용카드매출전표등 수취명세서를 제출하는 것을 원칙으로 한다.

③ 부가가치세 납부지연 가산세는 초과 환급의 경우에도 적용된다.

④ 부가가치세법상 환급세액은 언제나 확정신고기한 경과 후 30일 내에 환급한다.

상 중 하

071 부가가치세법상 환급에 관한 설명 중 옳지 않은 것은? 18회

① 영세율 적용 사업자가 예정 또는 확정신고를 한 경우에는 조기환급에 관하여 신고서를 제출한 것으로 본다.

② 조기환급은 당해 조기환급 신고기한 경과 후 30일 내에 사업자에게 환급하여야 한다.

③ 일반환급의 경우에는 예정신고 시 환급세액이 있어도 환급되지 않고 확정신고 시 납부할 세액에서 차감된다.

④ 특허권 등 무형고정자산을 취득하는 경우에도 조기환급을 받을 수 있다.

정답 및 해설

069 ② 결정 · 경정에 의한 환급은 지체 없이 사업자에게 환급하여야 한다.

070 ④ 환급세액 중 조기환급의 경우(예정신고기간 중 또는 과세기간 최종 3개월 중 매월 또는 매 2개월 단위로 신고)에는 신고기한 경과 후 15일 내에 환급한다.

071 ② 조기환급은 당해 조기환급 신고기한 경과 후 15일 내에 사업자에게 환급하여야 한다.

THEME 13 간이과세자 [072~077]

상 중 하

072 **부가가치세법상 간이과세자(부동산 임대업, 과세유흥장소 제외)에 대한 설명으로 옳은 것은?** 97회

> 가. 간이과세 적용 범위 중 금액기준은 직전연도 공급대가 합계액이 1억400만원 미만인 개인사업자이다.
> 나. 간이과세자에 대한 부가가치세 납부의무 면제 기준금액은 해당 연도 공급대가 합계액이 4,800만원 미만인 간이과세자이다.
> 다. 세금계산서를 발급한 간이과세자는 예정 부과기간(1.1.~6.30.)의 부가가치세 신고를 7.25.까지 해야 한다.
> 라. 간이과세자는 면세농산물 등에 대한 의제매입세액공제를 적용받을 수 있다.

① 없음 ② 가, 나
③ 가, 나, 다 ④ 가, 나, 다, 라

상 중 하

073 **다음의 부가가치세법상 간이과세자에 대한 설명으로 옳지 않은 것은?** 90회 수정

① 계속 사업자인 간이과세자의 과세기간은 1월 1일부터 12월 31일까지이며 그 과세기간 종료 후 25일 이내에 신고 및 납부하여야 한다.
② 간이과세자가 음식업을 영위할 때 직전연도 공급대가 합계액이 4,800만원 이상인 경우 공급받는 자가 사업자등록증을 제시하고 세금계산서 발급을 요구하면 교부해야 한다.
③ 간이과세를 포기하고자 하는 자는 일반과세를 적용받고자 하는 달의 전달 말일까지 간이과세 포기 신고서를 제출하여야 한다.
④ 모든 간이과세자는 부가가치세의 납세의무 중 일부만 부담하므로 세금계산서 발급도 허용되지 않는다.

상 중 하

074 **부가가치세법과 관련한 다음 설명 중 옳지 않은 것은?** 54회

① 공통사용재화에 대한 납부 및 환급세액의 재계산은 확정신고 시에만 적용한다.
② 법인사업자도 의제매입세액공제가 가능하다.
③ 대손세액공제는 확정신고 때 가능하다.
④ 간이과세자는 영세율이 적용되지 않는다.

정답 및 해설

072 ③ 라: 간이과세자에 대한 면세농산물 등 의제매입세액공제 적용을 배제한다.
073 ④ 연간 공급대가가 4,800만원 이상인 간이과세자는 세금계산서 발급이 가능하다.
074 ④ 간이과세자도 영세율이 적용된다.

상 중 하

075 다음 중 간이과세자에 대한 설명으로 옳지 않은 것은? [118회]

① 직전연도의 공급대가 합계액이 1억 400만원에 미달하는 개인사업자는 간이과세자에 해당될 수 있다.
② 직전 과세기간에 신규로 사업을 시작한 개인사업자의 경우 그 사업개시일부터 과세기간 종료일까지의 공급대가를 합한 금액을 12개월로 환산한 금액 기준으로 간이과세자를 판단한다.
③ 간이과세자의 해당 과세기간에 대한 공급대가의 합계액이 8,000만원 미만이면 납부의무를 면제한다.
④ 일반과세자가 간이과세자로 변경되면 매입세액공제 받은 재고품 등에 대하여 계산한 금액을 납부세액에 더하여야 한다.

상 중 하

076 부가가치세법상 간이과세자에 대한 설명 중 옳지 않은 것은?

① 간이과세자는 예정 고지 및 예정신고가 있다.
② 음식, 숙박업을 영위하는 간이과세자의 신용카드매출전표등의 발행에 따른 세액공제율은 1.3%이다.
③ 부가가치세 확정신고를 직접 전자신고하면 납부세액에서 1만원을 공제해 준다.
④ 해당 과세기간에 발급받은 세금계산서상 공급대가의 1%를 매입세액으로 공제한다.

상 중 하

077 간이과세자에 대한 설명 중 옳지 않은 것은?

① 예정부과기간(1월 1일~6월 30일)에 세금계산서를 발급한 간이과세자는 7월 25일까지 예정부과기간의 과세표준과 납부세액을 사업장 관할 세무서장에게 신고하여야 한다.
② 간이과세자는 공급가액의 10%를 매출세액으로 부담한다.
③ 간이과세자에 대한 가산세 중 미등록 가산세는 공급대가의 0.5%이다.
④ 부가가치세법상 과세사업자는 일반과세자와 간이과세자로 분류되므로 간이과세자도 과세사업자이다.

정답 및 해설

075 ③ 간이과세자의 해당 과세기간에 대한 공급대가의 합계액이 4,800만원 미만이면 납부의무를 면제한다.
076 ④ 간이과세자는 해당 과세기간에 발급받은 세금계산서상 공급대가의 0.5%를 매입세액으로 공제한다.
077 ② 간이과세자가 부담하는 납부세액은 '납부세액=공급대가×당해 업종별의 부가가치율(15%~40%)×10%(또는 0%)'이다.

CHAPTER 02

소득세법

핵심키워드
- 원천징수제도
- 사업소득
- 근로소득
- 기타소득
- 소득공제와 세액공제

■ 1회독 ■ 2회독 ■ 3회독

THEME 01 소득세법 총론

▸ 최신 30회 중 3문제 출제

소득세는 납세의무자인 개인(자연인)이 얻은 소득에 부과하는 국세이다.

1. 소득세의 납세의무자와 납세지

개정세법 반영

(1) 거주자 여부

납세의무자	정의	납세지	납세의무의 범위
거주자*1	국내에 주소를 두거나 183일 이상*2 거소*3를 둔 개인	주소지*4	국내외 모든 소득 과세
비거주자	거주자가 아닌 개인	국내 사업장의 소재지	국내 원천소득 과세

*1 법인으로 보는 단체가 아닌 단체(동문회, 동호회 등)로서 구성원 간 이익의 분배비율이 정해져 있지 않고 사실상 구성원별로 이익이 분배되지 않은 경우 1거주자로 보아 소득세 납세의무가 있다.

*2 국내에 거소를 둔 기간은 입국하는 날의 다음 날부터 출국하는 날까지로 하며 출국목적이 관광, 질병치료 등 시행규칙으로 정하는 사유로서 명백히 일시적인 출국기간인 경우에는 거주기간으로 인정된다.

*3 거소란 주소지 외의 장소에서 일정 기간에 걸쳐 거주하는 장소를 말한다.

*4 주소지가 없는 경우에는 거소지로 한다.

(2) 거주자와 비거주자 의제

거주자 여부는 국적과 무관하게 판정한다.

거주자로 의제	비거주자로 의제
• 국내에 거주하는 개인이 계속하여 183일 이상 국내에 거주할 것을 요하는 직업을 가진 경우 • 국내에 거주하는 개인이 국내에 생계를 같이하는 가족이 있고 그 직업·자산상태에 비추어 계속 183일 이상 국내에 거주할 것으로 인정되는 경우 • 외국을 항행하는 선박 또는 항공기 승무원의 경우 그 승무원과 생계를 같이하는 가족이 거주하는 장소 또는 그 승무원이 근무기간 외의 기간 중 통상 체재하는 장소가 국내에 있는 경우 • 국외근무공무원 또는 해외파견임직원은 계속하여 183일 이상 국외에 거주하여도 항시 거주자에 해당	• 국외에 거주 또는 근무하는 자가 외국국적을 가졌거나 외국의 영주권을 얻은 자로서 국내에 생계를 같이하는 가족이 없고 그 직업·자산상태에 비추어 다시 입국하여 주로 국내에 거주할 것으로 인정되지 않는 경우 • 외국항행 승무원으로서 생계를 같이하는 가족이 거주하는 장소 또는 그 승무원이 근무기간 외의 기간 중 통상 체재하는 장소가 국외에 있는 경우 • 주한외교관과 그 가족, 합중국 군대의 구성원·군무원 및 그들의 가족은 항시 비거주자로 의제

연습문제

다음 중 소득세법에 관한 설명으로 옳은 것은? 기출 106회

① 거주자란 국내에 주소를 두거나 183일 이상의 거소(居所)를 둔 개인을 말한다.
② 외국을 항행하는 선박 또는 항공기 승무원의 경우 생계를 같이하는 가족이 거주하는 장소 또는 승무원이 근무기간 외의 기간 중 통상 체재하는 장소가 국내에 있다 하더라도 당해 승무원의 주소는 국내에 있는 것으로 보지 않는다.
③ 캐나다의 시민권자나 영주권자의 경우 무조건 비거주자로 본다.
④ 국내에 거소를 둔 기간은 입국하는 날부터 출국하는 날까지로 한다.

| 정답 및 해설 |

① ② 외국을 항행하는 선박 또는 항공기 승무원의 경우 그 승무원과 생계를 같이하는 가족이 거주하는 장소 또는 그 승무원이 근무기간 외의 기간 중 통상 체재하는 장소가 국내에 있는 때에는 당해 승무원의 주소는 국내에 있는 것으로 보고, 그 장소가 국외에 있는 때에는 당해 승무원의 주소가 국외에 있는 것으로 본다.

③ 비거주자란 거주자가 아닌 개인을 말한다. 따라서 외국 영주권 여부와 관계없이 세법상 요건에 따라 거주자 여부를 판단한다.

④ 국내에 거소를 둔 기간은 입국하는 날의 다음 날부터 출국하는 날까지로 한다.

2. 소득세 과세기간과 확정신고기한

소득세의 과세기간은 사업자의 선택에 따라 변경할 수 없으며, 소득세의 과세기간은 사업 개시나 폐업의 영향을 받지 않는다.

구분	과세기간	확정신고기한
원칙	1월 1일~12월 31일	다음 연도 5월 1일~5월 31일*
거주자가 사망한 경우	1월 1일~사망일	상속개시일이 속하는 달의 말일부터 6개월이 되는 날
거주자가 출국한 경우	1월 1일~출국일	출국일 전일

* 성실신고확인대상 사업자가 성실신고확인서를 제출하는 경우 종합소득 확정신고기간은 다음연도 5월 1일부터 6월 30일까지이다.

연습문제

다음 중 소득세법에 대한 설명으로 옳은 것은? 기출 118회

① 신규로 사업을 등록한 거주자의 과세기간은 사업개시일부터 12월 31일까지이다.
② 거주자의 소득세 납세지는 주소지로 한다. 다만, 주소지가 없는 경우에는 거소지로 한다.
③ 거주자가 주소를 국외로 이전하여 비거주자가 되는 경우도 과세기간은 1월 1일부터 12월 31일까지이다.
④ 거주자가 사망한 경우 1월 1일부터 사망일까지의 과세기간에 대한 종합소득세 확정신고를 다음 해 5월 말까지 해야 한다.

| 정답 및 해설 |

② ① 신규로 사업을 등록한 거주자의 과세기간은 1월 1일부터 12월 31일까지이다.

③ 국외로 이전하는 경우 과세기간은 1월 1일부터 출국일까지이다.

④ 상속개시일이 속하는 달의 말일부터 6개월 이내에 확정신고를 하여야 한다.

3. 소득세의 특징

(1) 열거주의와 유형별 포괄주의

소득세는 열거주의에 의해 과세 대상의 소득을 규정하고 있으므로 열거되지 않은 소득은 비록 담세력이 있더라도 과세하지 않는다. 다만, 예외적으로 금융소득(이자소득과 배당소득)과 사업소득은 열거되지 않은 소득이라도 과세하는 유형별 포괄주의를 채택한다.

+ 주요 비열거소득

- 상장주식의 양도차익(∵ 주식시장의 활성화 목적)
- 차량운반구, 기계장치 등 사업용 유형고정자산의 양도차익(다만, 복식부기 의무자의 사업용 유형고정자산의 양도는 사업소득, 토지와 건물 등 부동산 양도차익은 양도소득으로 과세됨)

(2) 개인 단위 과세제도

개인별 소득을 기준으로 과세하는 개인 단위 과세제도를 원칙으로 하며, 세대별 또는 부부별로 합산하지 않는다. 다만, 예외적으로 조세회피 목적 등의 사유가 있는 공동사업에 대해서는 세대 단위로 합산과세한다.

(3) 종합과세, 분리과세 및 분류과세

소득세법에서 열거된 모든 소득은 **종합과세, 분리과세 또는 분류과세** 중 한 방법으로 과세된다.

구분	과세방법
종합과세	이자소득, 배당소득, 사업소득, 근로소득, 연금소득, 기타소득의 6가지 소득을 합산한 종합소득에 기본세율(6%~45%)을 적용하여 계산한 세액을 소득세 신고 · 납부기한 내에 납세의무자가 직접 신고 · 납부하는 방법 종합소득세 = 종합소득 과세표준 × 기본세율
분리과세	종합소득 중 타 소득과 합산하지 않고 해당 소득만 별도로 분리하여 과세하는 방법 • 원천징수 분리과세: 소득을 지급할 때 소득을 지급하는 자가 소득세를 원천징수함으로써 과세를 종결하는 방법으로, 종합소득 과세표준 확정신고를 할 필요가 없음 예 2,000만원 이하인 금융소득(이자소득 + 배당소득), 일용근로소득, 복권 당첨소득 등 • 비원천징수 분리과세: 타 소득과 합산하지 않으나 원천징수하지 않는 소득으로서 종합소득 과세표준 확정신고를 하여야 함 예 사업소득 중 분리과세를 선택한 주택 임대소득, 기타소득 중 계약금이 위약금으로 대체된 경우의 위약금 등
분류과세	퇴직소득, 양도소득은 소득이 실현되는 시점에 타 소득과 합산하여 과세하면 높은 세율이 적용되어 조세부담이 증가하는 결집 효과가 발생하는데, 이를 완화하기 위하여 소득별로 분류하여 각각 소득금액을 계산한 후 소득세를 계산함 • 퇴직소득세 = 퇴직소득 과세표준 × 기본세율 • 양도소득세 = 양도소득 과세표준 × 양도세율

+ 종합소득금액의 계산구조

종합소득금액이란 종합소득 과세 대상인 6가지 소득(이자소득, 배당소득, 사업소득, 근로소득, 연금소득, 기타소득)에 대해 각각의 소득금액(= 총수입금액 − 필요경비)을 산출하여 합산한 것을 말한다.

- 총수입금액: 과세기간 동안의 소득 총액 중 비과세소득과 분리과세소득을 제외한 금액을 말한다.
- 필요경비: 과세기간 동안 해당 소득에 대응되는 비용을 말한다. 금융소득(이자소득과 배당소득)은 실제 필요경비를 인정하지 않고 근로소득과 연금소득은 근로소득공제 및 연금소득공제를 실제 필요경비 대신 공제한다.

이자소득 총수입금액	−	0(필요경비 인정하지 않음)	=	이자소득금액
				+
배당소득 총수입금액	+	배당가산액(Gross − Up 금액)	=	배당소득금액
				+
사업소득 총수입금액	−	실제 필요경비	=	사업소득금액
				+
근로소득 총수입금액	−	근로소득공제	=	근로소득금액
				+
연금소득 총수입금액	−	연금소득공제	=	연금소득금액
				+
기타소득 총수입금액	−	실제 필요경비 또는 추정 필요경비	=	기타소득금액
				⇩
6가지 소득의 총수입금액으로부터 구해진 소득금액의 합			⇨	종합소득금액

(4) 인적공제

소득세는 개인의 부양가족 사정 등에 따라 부담능력이 달라지므로 인적사항을 고려하기 위해 종합소득공제 등을 적용하고 있어 인세의 성격을 지닌다.

(5) 누진세율

소득세는 8단계(6%, 15%, 24%, 35%, 38%, 40%, 42%, 45%)의 **초과 누진세율로 과세**하는 것이 원칙이며, 소득의 증가에 비례하여 세금이 누진적으로 증가하도록 하기 위해 누진세율을 적용하는 응능부담의 원칙을 따른다.

(6) 신고납세제도

소득세는 신고납세제도를 채택하고 있으므로 납세의무자의 신고로 과세표준과 세액이 확정된다. 즉, 납세의무자는 과세기간의 다음 연도 5월 1일~5월 31일(성실신고확인대상 사업자는 다음 연도 5월 1일~6월 30일)까지 과세표준 확정신고를 함으로써 소득세가 확정된다.

(7) 원천징수제도

원천징수의무자(소득을 지급하는 자)가 납세의무자(소득자)로부터 조세를 징수하여 국가에 납부하는 제도이다.

① **예납적 원천징수와 완납적 원천징수:** 소득세는 납세의무자가 많기 때문에 원천징수제도를 통해 조세를 쉽게 징수하여 납세의 편의를 도모하고, 조세채권을 확보하여 세원의 탈루를 최소화할 수 있다는 장점이 있다. 원천징수제도는 소득을 지급할 때 소득세를 원천징수하는 제도이며, 소득자가 추후 타 소득과 합산하여 소득세를 신고·납부해야 하는 '예납적 원천징수'와 원천징수만으로 납세의무가 종결되는 '완납적 원천징수'가 있다.

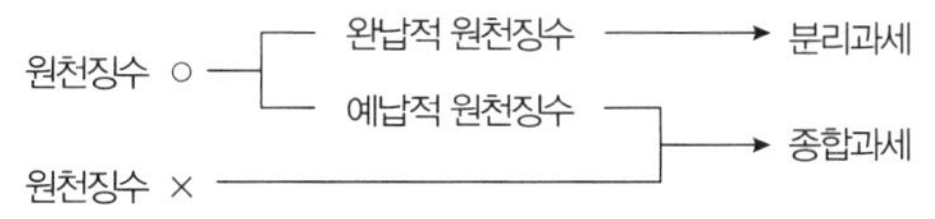

구분	원천징수 해당 여부	원천징수의 유형
이자소득	○	예납적(단, 분리과세 대상은 완납적)
배당소득	○	예납적(단, 분리과세 대상은 완납적)
사업소득	×*	예납적
근로소득	○	예납적(단, 분리과세 대상은 완납적)
연금소득	○	예납적(단, 분리과세 대상은 완납적)
기타소득	○	예납적(단, 분리과세 대상은 완납적)
퇴직소득	○	완납적
양도소득	×	–

* 예외적으로 부가가치세가 면제되는 인적용역을 제공하는 사업자의 사업소득은 원천징수 대상이다.

② **분리과세 대상 소득:** 분리과세되는 소득에는 다음과 같이 분리과세 금융소득, 일용근로자의 근로소득, 분리과세 기타소득 등이 있다.

소득의 구분		금액요건
금융소득	무조건 분리과세	• 직장공제회 초과 반환금 • 비실명 이자·배당소득 • 법원에 납부한 경락대금에서 발생한 이자소득
	조건부 과세 대상	일정한 금융소득이 2,000만원 이하인 경우
근로소득	무조건 분리과세	일용근로자 근로소득
기타소득	무조건 분리과세	복권 등 당첨금액 등
	선택적 분리과세	기타소득금액이 300만원 이하인 경우

연습문제

다음 중 무조건 분리과세 대상 소득에 해당하지 않는 것은? 기출 87회 수정

① 연금소득 중 1,500만원 초과인 사적연금액
② 기타소득 중 복권 당첨금액
③ 근로소득 중 일용근로자의 근로소득
④ 금융소득 중 직장공제회 초과 반환금

| 정답 및 해설 |

① 연금소득 중 사적연금액 1,500만원 초과인 경우 종합과세하거나 15% 분리과세를 선택할 수 있다.

합격을 다지는 실전문제 p.409

THEME 02 금융소득(이자소득＋배당소득)

▸ 최신 30회 중 1문제 출제

1. 이자소득(금전 등을 대여하고 받은 대가)

(1) 이자소득의 범위

이자소득은 타인에게 금전 등을 대여하고 받은 대가를 말한다. 이자소득에 대해서는 유형별 포괄주의를 채택하고 있으므로 법에 열거되지 않은 경우에도 법에 열거된 소득과 유사한 소득으로서 금전 사용대가의 성격이 있는 소득은 이자소득에 포함한다.

구분	범위
예금 · 적금이자	국내외에서 받는 예금(적금 · 부금 · 예탁금 및 우편대체 포함)의 이자
채권 · 증권의 이자와 할인액	• 국가 · 지방자치단체 · 내국법인 · 외국법인이 발행한 채권 또는 증권의 이자와 할인액 • 채권 등 중도매매 시 보유기간에 따른 이자 상당액 포함
채권 · 증권의 환매조건부 매매차익	환매조건부 매매차익이란 금융기관이 환매기간에 따른 사전약정이자율을 적용하여 다시 매수 또는 매도하는 조건으로 발행하는 채권 · 증권의 매매차익(∵ 금융기관의 예금이자와 성격이 유사함) 꿀팁 환매조건부가 아닌 일반적인 채권 · 증권의 매매차익은 시장의 활성화를 위해 이자소득으로 과세하지 않는다.
저축성 보험의 보험차익	• 보험계약기간이 10년 미만인 저축성 보험의 보험차익 • 보험계약기간이 10년 이상이더라도 법정요건을 충족하지 못한 보험차익
직장공제회 초과 반환금	직장공제회란 동일 직장이나 직종에 종사하는 근로자들의 생활 안정, 복리 증진 또는 상호부조 등을 목적으로 구성된 공제회 · 공제조합 및 이와 유사한 단체 직장공제회 초과 반환금＝퇴직 · 탈퇴로 인하여 직장공제회로부터 받는 반환금－납입공제료
비영업대금의 이익	대금업을 영업으로 하지 않는 자가 타인에게 일시적 · 우발적으로 금전을 빌려주고 그 대가로 받는 이자 또는 수수료 등 [비교] 대부업자의 금전대여 등 사업성이 있는 경우는 사업소득으로 과세하며, 이자소득과는 구분된다.
소기업 · 소상공인공제에서 발생하는 소득	소기업 · 소상공인공제에 가입하고 법정지급 사유(사망, 폐업, 퇴임, 노령 등)가 발생하여 환급금을 수령하는 경우 환급금에서 납부액을 차감한 금액
개정세법 반영 수익증권이익	금전이 아닌 재산의 신탁계약에 의한 수익권이 표시된 수익증권으로서 대통령령으로 정하는 수익증권(조각투자상품*)으로부터의 이익(2025년 7월 1일 이후 지급받는 분부터 적용)
기타 유사한 이자소득(유형별 포괄주의)	위의 소득과 유사한 소득으로서 금전 사용대가의 성격이 있는 상업어음 할인액 등
파생금융상품(선물, 옵션)의 이자	위의 이자소득을 발생시키는 거래 또는 행위와 파생상품이 결합되어 발생하는 이익

* 조각투자상품: 미술품 · 음원저작권 등 다양한 자산을 여러 개로 쪼개서 소액으로 투자하는 상품을 말한다.

(2) 이자소득으로 보지 않는 소득

구분		내용	소득의 구분
사업과 관련된 금액		매입에누리 · 매입할인액	매입가액에서 차감
		외상매출금의 지급기일 연체이자	사업소득
보험차익	저축성 보험	계약기간이 10년 이상 등 법 소정* 요건을 갖춘 보험차익	과세 제외(∵ 노후대비)
		그 외	이자소득
	보장성 보험	사업 무관 또는 신체상 손실에 대한 보장성 보험의 보험차익	과세 제외
		사업 관련 재산상 손실에 대한 보장성 보험의 보험차익	사업소득
		퇴직보험계약에 따른 보험차익	사업소득
손해배상금과 그 법정이자		계약의 위약 · 해약으로 인한 손해배상금과 그 법정이자 예 주택매매계약의 해약에 따른 위약금 등	기타소득
		기타 손해배상금과 그 법정이자 예 명예훼손 배상금 · 교통사고 배상금	과세제외

* 법 소정이란 '법에 따라 정해진 바'를 의미한다.

연습문제

다음 소득 중 소득세법상 이자소득에 해당하는 것은?

① 외상매입금을 약정기일 전에 지급함으로써 받는 할인액
② 물품 매입 시 대금결제방법에 따라 에누리되는 금액
③ 계약의 위약 · 해약으로 인한 손해배상금과 그 법정이자
④ 보험계약기간이 10년 미만인 저축성 보험의 보험차익

| 정답 및 해설 |

④ 법정요건을 충족하고 보험계약기간이 10년 이상인 저축성 보험의 보험차익은 비과세로 이자소득에 해당하지 않는다.

(3) 이자소득의 수입시기

수입시기는 어느 과세기간의 소득인지를 판단하는 기준이다. 일반적으로 금융기관 등에서 수령하는 경우에는 수령일, 나머지는 약정일 기준이다.

구분	이자소득의 수입시기
보통예금 · 정기예금 · 적금이자	• 원칙: 지급받은 날 • 원본에 전입하는 뜻의 특약이 있는 이자: 원본 전입일 • 해약으로 인하여 지급되는 이자: 해약일 • 계약기간을 연장하는 경우: 연장하는 날
통지예금*의 이자	인출일
저축성 보험의 보험차익	지급받은 날(단, 중도 해지하는 경우: 해지일)
채권 · 증권의 이자와 할인액	• 무기명채권: 지급받은 날 • 기명채권: 약정일 • 채권 등의 보유기간 이자 상당액: 채권 등의 매도일 또는 지급받은 날
채권 · 증권의 환매조건부 매매차익	• 약정에 의한 해당 채권 또는 증권의 환매수일 또는 환매도일 • 기일 전에 환매수 또는 환매도하는 경우: 실제 환매수일 또는 환매도일
직장공제회의 초과 반환금	• 원칙: 약정에 의한 납입금 초과이익 및 반환금 추가이익의 지급일 • 예외 – 반환금을 분할하여 지급하는 경우 원본에 전입하는 뜻의 특약이 있는 납입금 초과이익: 특약에 의한 원본 전입일

비영업대금의 이익	• 원칙: 약정일 • 예외–이자 지급일 약정이 없거나 약정에 의한 이자 지급일 전에 이자를 받는 경우 또는 총수입금액 계산에서 제외하였던 이자를 지급받는 경우: 지급받은 날
유사한 소득으로 금전의 사용에 따른 대가의 성격이 있는 것	• 원칙: 약정에 의한 상환일 • 예외–기일 전에 상환하는 경우: 실제 상환일

* 통지예금은 인출하고자 할 때 사전에 통지가 요구되는 예금을 말한다.

2. 배당소득(출자에 대한 대가)

배당이란 주주 또는 출자자에게 회사의 영업활동으로 얻은 이익을 분배하는 것을 말하며, 이로 인해 분배받은 소득을 배당소득이라고 한다. 배당소득은 필요경비가 인정되지 않으므로 배당소득의 총수입금액 자체가 배당소득금액이 되며, 총수입금액에는 분리과세소득 및 비과세소득을 포함하지 않는다. 다만, 개인 주주의 배당소득에 대한 이중과세를 조정하기 위하여 배당소득의 총수입금액에 배당가산액(Gross-Up 금액)을 가산한다. 배당가산액(Gross-Up 금액)은 배당소득 총수입금액에 해당 가산세율(10%)을 곱한 금액으로 한다.

배당소득 총수입금액(비과세 · 분리과세소득 제외) + 배당가산액 = 배당소득금액

(1) 배당소득의 범위

구분	범위
일반배당	내국법인 · 외국법인 · 법인으로 보는 단체로부터 받는 이익이나 잉여금의 배당 또는 분배금
의제배당	• 감자 · 퇴사 · 탈퇴 · 해산 · 합병 · 분할로 인한 의제배당 • 잉여금의 자본전입으로 인한 무상주 의제배당
인정배당	법인세법에 따라 배당으로 처분된 금액
집합투자기구*[1]로부터의 이익(펀드)	국내 또는 국외에서 받은 집합투자기구로부터의 이익
간주배당	「국제조세조정에 관한 법률」(특정외국법인의 유보소득의 배당간주)에 따라 배당받은 것으로 간주한 금액
출자공동사업자*[2]의 수익분배금	공동사업에서 발생한 소득금액 중 출자공동사업자(경영 참여 ×)의 손익분배비율에 해당하는 금액 [비교] 경영에 참여한 경우: 사업소득
기타 유사한 소득(유형별 포괄주의)	위의 소득과 유사한 소득으로서 수익분배의 성격이 있는 것
파생금융상품의 배당	위의 소득을 발생시키는 거래 또는 행위와 파생상품이 결합되어 발생하는 이익

*1 집합투자기구란 2인 이상에게 투자권유를 하여 모은 금전 등으로 투자 대상 자산을 취득 · 처분, 그 밖의 방법으로 운용하고 그 결과를 투자자에게 배분하는 기구(신탁 형태의 투자신탁, 회사 형태의 투자회사 등)를 말한다.
*2 출자공동사업자는 경영에 참여하지 않고 출자만 하는 자를 말한다.

(2) 배당소득의 귀속시기

구분	내용	수입시기
일반배당	기명주식의 배당	당해 법인의 잉여금 처분 결의일
	무기명주식의 배당	지급받은 날
인정배당	법인세법에 의해 배당으로 소득처분 받은 금액	해당 법인의 결산 확정일
기타 유사한 소득		지급받은 날

연습문제

심청이는 재테크 수단으로 주식투자를 하고 있다. 다음 중 주식투자에서 발생된 소득에 대한 설명으로 옳지 않은 것은? 기출 27회 유사

㉠ 심청이는 (주)인당수전자의 기명주식에 200,000,000원을 투자하였다.
㉡ (주)인당수전자는 2024년분 정기주주총회에서 심청이에게 현금으로 10,000,000원을 배당하기로 2025년 2월 15일 결의하였다.
㉢ (주)인당수전자는 2025년분 정기주주총회에서 심청이에게 현금으로 20,000,000원을 배당하기로 2026년 2월 20일 결의하였다.
㉣ (주)인당수전자는 심청이에게 배당금을 지급하면서 소득세 등을 원천징수하여 납부하였다.
㉤ 심청이의 2025년 귀속소득은 (주)인당수전자와 관련된 배당소득이 전부이다.

① 심청이의 2025년 귀속 배당소득은 10,000,000원이다.
② 심청이의 2025년 귀속 배당소득금액(Gross-Up 금액 제외)은 10,000,000원이다.
③ 심청이는 2025년 귀속 종합소득세 신고 시 원천징수세액을 환급받을 수 있다.
④ 심청이의 2025년 배당소득에 대한 원천징수세액은 1,540,000원(지방소득세 포함)이다.

| 정답 및 해설 |

③ 기명주식의 배당소득 수입시기는 잉여금 처분 결의일이므로 2025년 귀속 배당소득은 2025년 배당결의한 1천만원이며, 배당소득은 필요경비를 인정하지 않으므로 배당소득과 배당소득금액은 같다. 또한, 금융소득이 2천만원 이하이면 분리과세되므로 종합소득세의 신고 의무는 없으며 원천징수세율은 15.4%(지방소득세 포함)이다.

(3) 금융소득(이자소득과 배당소득)의 원천징수세율: 원칙 14%

개인이 지급받은 이자소득과 배당소득에 대해서는 그 지급액에 다음의 원천징수세율을 곱한 금액을 원천징수해야 한다.

구분	소득의 종류	소득세 원천징수세율
실명 이자소득	비영업대금의 이익	25%
	직장공제회 초과 반환금	기본세율
	위 이외 이자소득(원칙)	14%
실명 배당소득	출자공동사업자의 배당소득	25%
	기타 배당소득(일반기업의 배당소득)	14%
비실명 거래에 대한 금융소득	금융기관과의 거래	90%
	금융기관 이외의 거래	45%

(4) 금융소득(이자소득과 배당소득)의 과세방법

구분	내용
[1단계] 비과세 금융소득	• 「공익신탁업법」에 따른 공익신탁의 이익 • 장기주택마련저축의 이자·배당소득 등
[2단계] 무조건 분리과세 금융소득	• 비실명 금융소득(∵ 소득세 최고세율로 과세) • 직장공제회 초과 반환금(∵ 세부담을 경감해주기 위함) • 「민사집행법」에 의한 법원보관금(경락대금)의 이자소득(∵ 실지귀속의 확인이 어려움)
[3단계] 무조건 종합과세 금융소득 (원천징수하지 않은 소득)	• 출자공동사업자의 배당소득: 무조건 종합과세하지만 2,000만원 초과 여부 판단 시 제외함 • 원천징수 대상이 아닌 국외 금융소득, 원천징수 대상이지만 원천징수되지 않은 국내 금융소득: 무조건 종합과세하지만 2,000만원 초과 여부 판단 시 포함함
[4단계] 조건부 종합과세 금융소득 예 비영업대금의 이익 등	무조건 종합과세 금융소득 중 외국에서 수령한(원천징수되지 않은) 금융소득과 조건부 종합과세 금융소득의 합계액(원천징수세율: 비영업대금의 이익 25%, 나머지 금융소득 14%) • 2,000만원 이하: 분리과세 • 2,000만원 초과: 종합과세

합격을 다지는 실전문제 p.410

THEME 03 사업소득 중요

▶ 최신 30회 중 11문제 출제

사업소득이란 농업, 어업, 제조업, 도매업, 서비스업 등 일정한 사업에서 발생하는 소득을 말하며, 영리 목적성, 독립성, 계속 · 반복성을 특징으로 한다.

1. 과세 대상 사업소득

(1) 사업소득의 범위

사업소득은 해당 과세기간에 발생한 다음의 소득으로 한다(그중 일부만 예시함).

① 농업(작물 재배업은 제외) · 임업 및 어업에서 발생하는 소득

② 광업 및 제조업, 건설업에서 발생하는 소득

③ 도매 및 소매업, 운수업, 숙박 · 음식점업에서 발생하는 소득

④ 부동산업 및 임대업에서 발생하는 소득

[비교] 공익사업과 관련된 지역권 · 지상권의 설정 · 대여에서 발생한 소득은 기타소득으로 분류하나, 그 외 지역권 · 지상권의 설정 · 대여에서 발생한 소득은 사업소득으로 분류한다.

구분	소득세법	부가가치세법
공익사업	기타소득	과세 제외 용역
공익사업 외	사업소득	과세 대상 용역

⑤ 금융 및 보험업, 전문 · 과학 및 기술서비스업(연구개발업은 제외)에서 발생하는 소득

⑥ 사업시설관리 및 사업지원서비스업, 교육서비스업(유치원, 초 · 중 · 고는 제외), 보건업 및 사회복지서비스업(사회복지사업 및 장기요양사업은 제외)

⑦ 예술 · 스포츠(연예인, 직업운동선수 등이 사업활동과 관련하여 받는 전속계약금도 사업소득에 해당) 및 여가 관련 서비스업, 협회 및 단체, 수리 및 기타 개인서비스업

+ 연예인 · 직업운동선수 등이 사업활동과 관련하여 받는 전속계약금

- 소득구분: 사업소득
- 수입시기
  - 원칙: 용역의 대가를 지급받기로 한 날과 용역 제공 완료일 중 빠른 날
  - 특례: 계약기간 1년 초과 전속계약대가를 일시에 받는 경우 계약기간에 따라 균등안분한 금액을 각 과세기간 종료일에 수입한 것으로 함(초월 산입 · 말월 불산입)

⑧ 가구 내 고용활동에서 발생하는 소득

⑨ 복식부기 의무자*1가 차량운반구 등 사업용 유형고정자산*2을 양도함으로써 발생하는 소득(토지와 건물 등 부동산의 일시적 · 우발적 매각은 양도소득으로 과세하지만 계속적 · 반복적으로 매각된다면 사업소득으로 과세함)

*1 복식부기 의무자는 간편장부 대상자(업종별 수입금액이 일정 규모 미만의 사업자) 외의 사업자를 의미한다.

*2 사업용 유형고정자산에는 차량운반구, 공구, 기구 및 비품, 선박 및 항공기, 기계장치, 토지와 건물 등이 있다.

+ 복식부기 대상자와 간편장부 대상자

직전 과세기간 수입금액 합계액이 다음 금액 이상이면 복식부기 대상자, 미만이면 간편장부 대상자이다.

구분	수입금액 기준
농업, 임업, 어업, 공업, 도매업, 소매업, 부동산 매매업	3억원
제조업, 숙박 및 음식점업, 전기·가스·증기 및 수도사업, 하수·폐기물처리·원료재생 및 환경복원업, 건설업, 운수업, 출판·영상·방송통신 및 정보서비스업, 금융 및 보험업	1억 5천만원
부동산 임대업, 전문·과학 및 기술서비스업, 사업시설관리 및 사업지원서비스업, 교육서비스업, 보건업 및 사회복지서비스업, 예술·스포츠 및 여가 관련 서비스업, 협회 및 단체, 수리 및 기타 개인서비스업, 가구 내 고용활동	7천 5백만원

⑩ 위의 소득과 유사한 소득으로서 영리를 목적으로 자기의 계산과 책임하에 계속적·반복적으로 행하는 활동을 통하여 얻는 소득

연습문제

소득세법상 거주자 나예뻐는 신인 연예인으로서 (주)제멋대로 프로덕션과 2025년 1월에 20년 전속계약을 체결하고 1억원 전속계약금을 일시불로 받았다. 이에 대한 실제 필요경비가 전혀 없다고 가정할 때 당 전속계약금에 대한 다음 설명 중 옳은 것은? 기출 109회 유사

① 전속계약금은 사업소득으로서, 2025년 귀속되는 총수입금액은 1억원이다.
② (주)제멋대로 프로덕션이 4,400,000원을 원천징수하고 차액인 95,600,000원을 지급한다.
③ 나예뻐는 2025년 종합소득세 확정신고 시 5,000,000원의 사업소득을 다른 종합소득과 합산 신고한다.
④ 전속계약금은 기타소득으로서, 2025년 귀속되는 총수입금액은 5,000,000원이므로 분리과세를 선택할 수 있다.

| 정답 및 해설 |

③ 연예인 및 직업운동선수 등이 사업활동과 관련하여 받는 전속계약금은 사업소득으로 하며, 인적용역 제공의 사업소득 수입시기는 용역대가를 지급받기로 한 날 또는 용역의 제공을 완료한 날 중 빠른 날로 한다. 다만, 연예인 및 직업운동선수 등이 계약기간 1년을 초과하는 일신전속계약에 대한 대가를 일시에 받는 경우에는 계약기간에 따라 해당 대가를 균등하게 안분한 금액을 각 과세기간 종료일에 수입한 것으로 한다. 월수의 계산은 해당 계약기간의 개시일이 속하는 달이 1개월 미만이면 1개월로 하고, 해당 계약기간의 종료일이 속하는 달이 1개월 미만이면 이를 산입하지 않는다.

(2) 과세 제외 사업소득

다음에 해당하면 사업소득으로 보지 않는다.

① 농업에 대해 과세하되, 작물 재배업 중 곡물(곡식) 및 기타 식량 재배업은 과세하지 않음
② 연구 및 개발업
[비교] 계약 등에 따라 그 대가를 받고 연구 및 개발용역을 제공하는 사업은 소득세를 과세
③ 교육서비스업 중 일정한 법률에 따른 유치원·학교 등 교육기관
④ 「사회복지사업법」에 의한 사회복지사업 및 「노인장기요양보험법」에 의한 장기요양사업

2. 비과세 대상 사업소득

<table>
<tr><th>구분</th><th>내용</th></tr>
<tr><td>논 · 밭 임대소득</td><td>논 · 밭을 작물 생산에 이용하게 함으로써 발생하는 소득(∵ 농민 등의 세부담 경감)</td></tr>
<tr><td>주택 임대소득</td><td>1개의 주택(주택부수토지 포함)을 소유하는 자의 주택 임대소득
[비교] 고가주택[*1]의 임대소득 및 국외 소재 주택의 임대소득은 과세</td></tr>
<tr><td>농어가부업소득</td><td>• 농어가부업[*2]규모(소 50마리, 돼지 700마리 등)의 축산소득
• 농어가부업규모를 초과하는 축산소득 및 기타의 부업에서 발생하는 소득금액의 합계액이 연 3,000만원 이하인 소득</td></tr>
<tr><td>어로어업소득</td><td>어로어업(연근해어업과 내수면어업) 또는 양식어업에서 발생하는 소득금액으로서 연 5,000만원 이하인 금액</td></tr>
<tr><td>전통주 제조소득</td><td>수도권 밖의 읍 · 면지역에서 제조함으로써 발생하는 소득으로서 소득금액의 합계액이 연 1,200만원 이하인 금액</td></tr>
<tr><td>작물 재배업에서 발생하는 소득</td><td>• 곡물, 기타 식량 작물 재배업(벼, 보리 등): 비과세
• 그 밖의 작물 재배업(화훼 등): 연 수입금액 10억원 이하만 비과세</td></tr>
<tr><td>산림소득</td><td>조림기간 5년 이상인 임목의 벌채 또는 양도로 발생하는 소득금액으로서 연 600만원 이하인 금액
[비교] 조림하지 않은 자연림과 조림기간이 5년 미만인 임목의 벌채 · 양도로 발생하는 소득은 과세(조림: 인위적으로 나무를 키워 숲을 조성)
<table>
<tr><th>구분</th><th>소득구분</th></tr>
<tr><td>임목(木)의 양도</td><td>사업소득</td></tr>
<tr><td>임지(地)의 양도</td><td>양도소득</td></tr>
</table>
</td></tr>
</table>

*1 과세기간 종료일 또는 해당 주택의 양도일 기준 기준시가 12억원 초과 주택

*2 농어가부업은 농 · 어민이 부업으로 하는 축산, 고공품 제조, 민박, 음식물 판매, 특산물 제조, 전통차 제조 및 그 밖에 이와 유사한 활동을 말한다.

3. 사업소득금액의 계산구조

(1) 사업소득금액의 계산

사업소득금액은 다음과 같이 직접법 또는 간접법으로 계산할 수 있다.

① **직접법**: 사업소득금액은 당해 연도의 총수입금액에서 이에 소요된 필요경비를 공제한 금액으로 한다.

> 사업소득금액 = 총수입금액 − 필요경비

② **간접법**: 실무에서 사업소득금액의 계산은 법인세법의 계산과 마찬가지로 손익계산서의 당기순이익에서 세무조정을 거쳐 아래와 같이 산출한다.

> 당기순이익
> (+) 총수입금액 산입 · 필요경비 불산입
> (−) 필요경비 산입 · 총수입금액 불산입
> 차가감소득금액
> (+) 기부금 한도 초과액
> (−) 기부금 한도초과 이월액 중 필요경비 산입
> 사업소득금액

(2) **총수입금액의 범위**

① 사업수입금액(일반기업회계상 매출액)

꿀팁 매출환입액과 매출에누리 및 매출할인은 총수입금액에서 차감한다.

② 판매장려금(상대방으로부터 받은 장려금 및 기타 유사한 성질의 금액) 수령

꿀팁 거래 수량이나 금액에 따라 상대방에게 지급하는 판매장려금 지급액 또는 대손금은 총수입금액에서 차감하지 않고 필요경비로 처리한다.

개정세법 반영

③ 임직원 할인금액(사업자나 법인이 생산 · 공급하는 재화 또는 용역을 그 사업자나 법인(계열회사 포함)의 사업장에 종사하는 임원 등에게 시가보다 낮은 가격으로 판매 · 제공하는 경우 판매가액 또는 용역대가와 시가와의 차액)

④ 관세환급금 등 필요경비로 지출된 세액의 환입

⑤ 사업과 관련한 자산수증이익 · 채무면제이익(단, 이월결손금의 보전에 충당한 금액은 총수입금액에 불산입하며, 사업과 관련이 없는 자산수증이익 등은 증여세 과세 대상임)

⑥ 사업과 관련하여 해당 사업용 자산의 멸실 또는 파손으로 인하여 취득하는 보험차익

⑦ 퇴직일시금신탁의 이익 또는 분배금과 확정급여형 퇴직연금제도에 따른 퇴직보험계약의 보험차익(∵ 적립금의 운용수익은 사업자에게 귀속됨)

⑧ 재고자산을 가사용으로 소비하거나 타인에게 지급한 경우(가사용 재고자산) 소비 또는 지급한 때의 시가를 총수입금액에 산입하고 그 원가를 필요경비에 산입(∵ 부가가치세법에 따른 개인적 공급 및 사업상 증여에 해당됨)

⑨ 연예인 및 직업운동선수 등이 사업활동과 관련하여 받은 전속계약금

⑩ 소득세법에 따른 복식부기 의무자가 사업용 유형고정자산을 양도함으로써 발생하는 사업소득(단, 양도소득에 해당하는 토지 또는 건물의 양도로 발생하는 소득은 제외)

[비교] • 무형자산 중 영업권, 산업재산권, 광업권 등의 처분이익: 기타소득
• 간편장부 대상자의 사업용 고정자산의 양도차익: 과세 제외(미열거소득)

⑪ 기타 사업과 관련한 수입금액으로서 당해 사업자에게 귀속되었거나 귀속될 금액으로 대통령령으로 정하는 것

(3) **총수입금액 불산입**

소득세법에서는 이중과세의 조정, 조세정책적인 목적의 달성 등을 위하여 다음의 항목은 총수입금액에 산입하지 않는다.

① 소득세 또는 개인지방소득세를 환급받았거나 환급받을 금액 중 다른 세액에 충당한 금액(∵ 소득세 납부 시 필요경비 불산입이므로 소득세 환급 시 총수입금액에 불산입됨)

② 무상으로 받은 자산의 가액(자산수증이익)과 채무의 면제 또는 소멸로 인한 부채의 감소액(채무면제이익) 중 이월결손금의 보전에 충당된 금액

③ 이전 과세기간으로부터 이월된 소득금액(각 과세기간의 소득으로 이미 과세된 소득을 다시 해당 과세기간의 소득에 산입한 금액)

④ 자기가 생산한 제품 등을 자기가 생산하는 다른 제품의 원재료 등으로 사용한 금액(∵ 매출 창출을 위한 정상적인 영업활동의 일부에 해당함)

⑤ 자기의 총수입금액에 따라 납부하였거나 납부할 개별소비세, 주세 및 교통 · 에너지 · 환경세

⑥ 국세환급가산금, 지방세환급가산금 및 그 밖의 과오납금의 환급금에 대한 이자(∵ 정책적 배려)

⑦ 부가가치세 매출세액(∵ 부채에 해당함)

⑧ 보험모집인에 해당하는 사업자가 용역을 제공하고 받은 모집수당 등을 반환하는 경우 그 반환금액

연습문제

다음은 소득세법상 복식부기 의무자의 사업소득에 대한 자료이다. 총수입금액을 계산하면 얼마인가? 기출 85회

• 매출액	100,000,000원	• 기계장치의 양도가액	50,000,000원
• 판매장려금 수령액	5,000,000원	• 공장 건물의 양도가액	70,000,000원
• 이자수익	1,000,000원	• 관세환급금	6,000,000원

① 111,000,000원
② 161,000,000원
③ 231,000,000원
④ 232,000,000원

| 정답 및 해설 |

② 총수입금액: 매출액 100,000,000원+기계장치의 양도가액 50,000,000원+판매장려금 수령액 5,000,000원+관세환급금 6,000,000원 =161,000,000원

(4) 필요경비의 범위

필요경비는 해당 과세기간의 총수입금액에 대응하는 비용으로서 일반적으로 용인되는 통상적인 것의 합계액으로 한다.

① 판매한 상품 또는 제품에 대한 원료의 매입가격(매입에누리 및 매입할인 금액은 제외)과 그 부대비용

② 판매한 상품 또는 제품의 보관료 · 포장비 · 운반비 · 판매장려금 및 판매수당 등 판매와 관련한 부대비용

③ 부동산의 양도 당시의 장부가액(건물 건설업과 부동산 개발 및 공급업의 경우에만 해당)

개정세법 반영

④ 종업원의 급여(종업원에게 지급하는 출산 · 양육 지원금과 임직원 할인금액 포함)

구분	필요경비 산입 여부
대표자 급여	필요경비 불산입(단, 법인세법상 대표자는 근로자에 해당하므로 대표자 인건비는 손금에 산입함)
대표자 가족 급여	사업에 종사하는 경우 필요경비 산입
이외 종업원 급여	필요경비 산입을 원칙으로 함

⑤ 사업용 자산에 대한 비용(사업용 자산의 수선비 · 관리비와 유지비 · 임차료 · 손해보험료)

⑥ 사업과 관련이 있는 제세공과금

⑦ 건강보험료, 연금보험료

구분	사업자 본인 부담분	근로자에 대한 보험료	
		근로자 본인 부담분 (50%)	사용자 부담분 (50%)
건강보험료와 노인장기요양보험료	필요경비	보험료 공제	필요경비
국민연금 등 연금보험료	연금보험료 공제	연금보험료 공제	필요경비

⑧ 자영업자 · 예술인 · 노무제공자 등 사용자 본인의 고용 · 산재 보험료

⑨ 총수입금액을 얻기 위하여 직접 사용한 부채에 대한 지급이자

⑩ 사업용 고정자산의 감가상각비

⑪ 대손금

⑫ 종업원을 위하여 직장체육비 · 직장문화비 · 가족계획사업지원비 · 직원 회식비 등으로 지출한 금액

⑬ 광고 · 선전을 목적으로 견본품 · 달력 · 수첩 · 컵 · 부채, 기타 이와 유사한 물품(개당 3만원 이하의 물품은 제외)을 불특정 다수인에게 기증하기 위하여 지출한 비용(특정인의 경우 연 5만원 이내의 금액에 한정)

⑭ 복식부기 의무자가 사업용 유형고정자산의 양도가액을 총수입금액에 산입한 경우 해당 사업용 유형고정자산의 양도 당시 장부가액
⑮ 사업용 고정자산과 재고자산 등 평가차손
⑯ 사내근로복지기금, 공동근로복지기금 등에 해당하는 기금에 출연하는 금품
⑰ 위의 경비와 유사한 성질의 것으로서 당해 총수입금액에 대응하는 경비

(5) 필요경비 불산입

거주자가 해당 과세기간에 지급하였거나 지급할 금액 중 다음에 해당하는 것은 사업소득금액을 계산할 때 필요경비에 산입하지 않는다.

① 소득세와 개인지방소득세(∵ 소득세비용은 소득세비용 차감 전 순이익에서 산출함)
② 벌금 · 과료와 과태료
③ 조세에 관한 법률에 따른 가산금과 강제징수비
④ 조세에 관한 법률에 따른 징수의무의 불이행으로 인하여 납부하였거나 납부할 세액(가산세액 포함)
⑤ 가사(집안일)와 관련되는 경비
⑥ 상각범위액을 초과하여 계상한 감가상각비
⑦ 부가가치세 매입세액(∵ 자산이므로 필요경비에 불산입)
[비교] 면세사업자가 부담하는 부가가치세 매입세액 등 부가가치세법상 매입세액이 불공제된 부가가치세 매입세액은 소득세법상 필요경비에 산입함
⑧ 채권자가 불분명한 차입금의 이자, 건설자금이자, 초과 인출금에 대한 이자, 사업과 관련 없는 자산을 취득하기 위하여 차입한 금액에 대한 지급이자

+ 초과 인출금 관련 이자의 필요경비 불산입

초과 인출금이란 부채(충당금과 준비금은 제외)의 합계액이 사업용 자산의 합계액을 초과하는 경우 그 초과액을 말한다. 소득세법에서는 초과 인출금을 회사 명의로 대출을 받아서 가사에 사용한 것으로 보아 이에 대한 지급이자를 필요경비에 불산입한다.

⑨ 법령에 따라 의무적으로 납부하는 것이 아닌 공과금이나 법령에 따른 의무의 불이행 또는 금지 · 제한 등의 위반을 이유로 부과되는 공과금
⑩ 지출한 경비 중 직접 그 업무와 관련이 없다고 인정되는 금액
⑪ 선급비용(∵ 자산에 해당함)
⑫ 업무와 관련하여 고의 또는 중대한 과실로 타인의 권리를 침해한 경우에 지급되는 손해배상금
⑬ 기부금 및 기업업무추진비의 필요경비 불산입액
⑭ 대표자 급여 및 대표자 퇴직급여충당금
⑮ 사업용 고정자산과 재고자산 등 평가차손

연습문제

복식부기 의무자인 개인사업자 김선미 씨의 손익계산서상 비용 항목에는 아래의 비용이 포함되어 있다. 이중 소득세법상 사업소득의 필요경비 불산입에 해당하는 것은 몇 개인가? 기출 96회

가. 대표자 급여	나. 건강보험료(직장가입자인 대표자 해당분)
다. 소득세와 개인지방소득세	라. 벌금 · 과료 · 과태료

① 1개 ② 2개
③ 3개 ④ 4개

| 정답 및 해설 |

③ 건강보험료(직장가입자인 대표자 해당분)는 필요경비 산입에 해당한다.

4. 사업자의 기부금

사업소득만 있는 자의 기부금은 세액공제를 받을 수 없고 필요경비만 산입한다. 다만, 연말정산 대상 사업소득자*는 추계방식으로 소득금액을 계산하여 기부금을 필요경비로 공제할 수 없으므로 이들은 기부금 세액공제를 허용한다.

* 연말정산 대상 사업소득자에는 간편장부 대상자(직전연도의 수입금액이 7,500만원 미만)인 보험모집인 · 방문판매원 · 음료품배달원이 해당된다.

(1) 기부금 한도 초과액의 이월공제기한

구분	한도 초과액의 이월공제기한
정치자금기부금*1	이월되지 않음
고향사랑기부금*2	이월되지 않음
특례기부금*3	10년*4
우리사주조합기부금	이월되지 않음
일반기부금*3	10년*4

*1 사업자가 정당에 기부한 정치자금은 10만원까지는 기부금액의 100/110을 세액공제하고 10만원을 초과하는 금액은 한도 내에서 필요경비로 산입한다.
*2 사업자가 지방자치단체에 기부한 고향사랑기부금은 10만원까지는 기부금액의 100/110을 세액공제하고 10만원 초과 500만원 이하의 금액은 한도 내에서 필요경비로 산입한다.
*3 이전의 '법정기부금'은 '특례기부금'으로 이전의 '지정기부금'은 '일반기부금'으로 명칭이 변경되었다.
*4 필요경비에 산입하지 않은 특례기부금 및 일반기부금의 금액은 해당 과세기간의 다음 과세기간 개시일부터 10년 이내에 끝나는 각 과세기간에 이월하여 필요경비에 산입할 수 있다(2013년 1월 1일 이후 지출한 기부금부터 적용).

(2) 현물기부금

모든 기부금에 대해 Max[시가, 장부가액]으로 평가한다.

연습문제

다음 중 현행 소득세법상 사업자의 기부금에 대한 설명으로 옳지 않은 것은? 기출 47회

① 일반기부금 중 필요경비 산입 한도액을 초과하여 필요경비에 산입하지 않은 기부금은 10년간 이월하여 필요경비에 산입할 수 있다.
② 특수관계에 있는 자가 아닌 자에게 정당한 사유 없이 자산을 정상가액보다 낮은 가액으로 양도하는 경우 그 차액 중 실질적으로 증여한 것으로 인정되는 금액은 기부금으로 본다.
③ 사립학교법에 따른 사립학교에 장학금으로 지출하는 기부금은 특례기부금으로 인정된다.
④ 일반기부금을 금전 외의 자산으로 제공한 경우에는 장부가액에 관계없이 자산을 제공한 때의 시가를 자산의 가액으로 본다.

| 정답 및 해설 |

④ 시가가 장부가액보다 낮은 경우에는 장부가액으로 평가한다. 결국, 시가와 장부가액 중 높은 가액으로 평가하게 된다.

5. 부동산 임대업에서 발생한 사업소득

(1) 부동산 임대업의 범위

① 부동산 또는 부동산상의 권리를 대여하는 사업

② 공장재단*1 또는 광업재단을 대여하는 사업

③ 광업권자 · 조광권자 · 덕대*2가 채굴 시설과 함께 광산을 대여하는 사업

*1 공장재단은 공장에 속하는 일정한 기업용 재산으로 구성되는 일단(一團, 한덩어리)의 기업재산으로서 소유권과 저당권의 목적이 되는 것을 말한다.
*2 조광권은 설정행위에 의하여 타인의 광구에서 채굴권의 목적이 되어 있는 광물을 채굴하고 취득하는 권리를 말한다. 덕대는 이러한 조광권을 가진 자와 같은 개념이다.

④ 공익사업과 관련이 없는 일반적인 지역권*1 · 지상권*2 설정 · 대여로 인한 소득

*1 지역권: 자기 토지의 이용가치를 증가시키기 위하여 타인의 토지를 일정한 방법으로 이용하는 권리
*2 지상권: 타인의 토지에 건물, 기타 공작물이나 수목을 소유하기 위하여 그 토지를 사용할 수 있는 권리
[비교] 공익사업과 관련이 있는 일반적인 지역권 · 지상권 설정 · 대여로 인한 소득: 기타소득

(2) 부동산 임대업의 총수입금액

① 월 임대료: 선세금의 경우는 월수로 안분하여 총수입금액에 포함한다.

② 임대보증금 등의 간주임대료: 부동산을 임대하고 보증금 · 전세금을 받은 경우

• 주택 외의 부동산 · 부동산상의 권리를 대여하는 경우

추계 시	보증금 적수×정기예금 이자율×1/365(또는 366)
기장 시	(보증금 적수−건설비 적수)×정기예금 이자율×1/365(또는 366)−임대 관련 발생 이자 · 배당수입

• 주택을 대여하는 경우: 3주택* 이상을 소유하며 주택과 주택부수토지를 임대하고 받은 보증금 합계액이 3억원을 초과하는 경우에만 간주임대료를 계산한다.

추계 시	[(보증금−3억원)의 적수]×60%×정기예금 이자율×1/365(또는 366)
기장 시	[(보증금−3억원)의 적수]×60%×정기예금 이자율×1/365(또는 366)−임대 관련 발생 이자 · 배당수입

* 주택 수를 계산할 때 소형주택(주거 용도로만 사용하는 면적이 1호 또는 1세대당 $40m^2$ 이하인 주택으로서 해당 과세기간의 기준시가 2억원 이하인 주택)은 제외한다.

③ 관리비수입: 청소비와 난방비 등 순수관리비는 총수입금액에 포함되나 전기료, 수도료 등의 공공요금은 예수금이므로 총수입금액에서 제외한다.

④ 보험차익: 사업용 자산의 손실로 인한 보장성 보험의 보험차익이다.

(3) 주택 임대소득에 대한 과세 여부

주택 수*1		임대료	간주임대료	과세방법
1주택	일반주택	비과세	비과세	과세 안 함
	고가주택*2	과세	비과세	주거용 건물 임대업에서 발생한 수입의 합계액에 따라 구분 • 2,000만원 이하인 자: 종합과세와 분리과세*4 중 선택 • 2,000만원 초과인 자: 종합과세
2주택		과세	비과세	
3주택 이상		과세	과세*3	

*1 주택 수 계산
① 본인과 배우자가 각각 주택을 소유하고 있으면 이를 합산하여 주택 수를 계산한다.
② 다가구주택을 소유한 경우에는 1개의 주택으로 보되, 구분등기된 경우에는 각각을 1개의 주택으로 계산한다.
*2 과세기간 종료일 또는 해당 주택의 양도일 기준 기준시가 12억원 초과 주택을 말한다.
*3 3주택 이상을 소유하고 주택과 주택부수토지를 임대하고 받은 보증금 합계액이 3억원을 초과하는 경우에만 간주임대료를 계산한다.
*4 분리과세 계산구조

> 납부할 세금={주택 임대수입금액−(주택 임대수입금액×필요경비율)−기본공제금액}×세율(14%)
> − 필요경비율: 기본적으로 인정해 주는 비용을 말하며, 임대사업자 등록 시 60%, 미등록 시 50%
> − 기본공제금액: 임대사업자 등록 시 400만원, 미등록 시 200만원(단, 주택 임대소득 외 다른 종합소득금액이 2,000만원 이하인 경우에만 적용)

연습문제

다음 중 소득세법상 주택임대소득에 대한 설명으로 옳지 않은 것은? 기출 117회

① 3주택 이상 소유자로서 보증금 합계액이 1억원 이상인 경우 간주임대료 수입금액이 발생한다.
② 총수입금액이 2천만원 이하인 주택임대소득은 분리과세와 종합과세를 선택할 수 있다.
③ 임대주택이 등록요건을 모두 충족하였다면 분리과세 적용 시 필요경비는 총수입금액의 60%를 적용한다.
④ 주택 수는 본인과 배우자의 주택을 합하여 계산한다.

| 정답 및 해설 |

① 3주택 이상 소유자로서 보증금 합계액이 3억원을 초과하는 경우 간주임대료 수입금액이 발생한다.

6. 사업소득에 대한 과세방법

(1) 과세표준 확정신고

구분	내용
원칙	원칙적으로 원천징수 대상이 아니므로 모두 종합소득에 합산하여 과세함. 즉, 과세기간의 다음 연도 5월 1일부터 5월 31일 이내에 타 소득금액과 합산하여 확정신고를 해야 함
예외	간편장부 대상자(직전연도의 수입금액이 7,500만원 미만)인 보험모집인, 방문판매원, 음료품배달원 등에게 사업소득을 지급하는 원천징수의무자는 당해 사업소득에 대한 소득세의 연말정산을 다음 해 2월에 해야 함

개정세법 반영

(2) 사업소득의 원천징수

구분	내용	원천징수액
의료보건용역 및 기타인적용역	부가가치세 면세 대상인 의료보건용역(수의사의 면세 해당용역 포함) · 저술가 · 작곡자 등이 제공하는 인적용역	수입금액×3% (단, 외국인 직업운동가는 20%)
봉사료*	음식, 숙박업 및 룸살롱, 안마시술소, 스포츠마사지, 이용원 등을 영위하는 사업자가 계산서, 세금계산서, 영수증 또는 신용카드매출전표등에 용역의 대가와 봉사료를 구분 기재(봉사료를 자기의 수입금액으로 계상하지 않는 경우만 해당)하는 경우로, 그 봉사료 금액이 공급가액(간이과세자는 공급대가)의 20%를 초과하는 경우	수입금액×5%

* 사업성이 있으면 사업소득, 사업성이 없으면 기타소득으로 분류한다.

7. 사업소득의 수입시기

구분	수입시기
상품 등의 판매	• 일반판매(현금 · 외상 · 할부판매): 상품 등을 인도한 날 • 시용판매: 매입자가 매입의사를 표시한 날 • 위탁판매: 수탁자가 위탁품을 판매한 날
부동산 등의 판매	대금청산일, 소유권 이전 등기일, 사용수익일 중 가장 빠른 날
장기할부판매	• 원칙: 그 상품 등을 인도한 날 • 특례: 결산상 현재가치에 따른 인도기준과 회수기일 도래기준 계상 시 인정
자산의 임대수익	• 원칙: 임대료를 지급받기로 한 날(약정일) • 예외: 약정이 없는 경우에는 지급받은 날
용역(예약)매출	• 장기건설 등: 진행기준 • 단기건설: 완성기준(결산상 진행기준 계상 시 인정)
어음의 할인	어음의 만기일과 양도일 중 빠른 날
무인자동판매기	사업자가 무인자동판매기에서 현금을 인출하는 때

인적용역의 제공	• 원칙: 용역대가를 지급하기로 한 날과 용역 제공을 완료한 날 중 빠른 날 • 예외: 연예인 또는 직업운동선수 등이 계약기간 1년을 초과하는 일신전속계약에 대한 대가를 일시에 받으면 계약기간에 따라 월할 균등안분한 금액

합격을 다지는 실전문제 p.411

THEME 04 근로소득 중요

▸ 최신 30회 중 7문제 출제

근로소득이란 고용관계에 의해 종속적인 지위에서 근로를 제공하고 그 대가로 지급받는 모든 금품을 말하며 명칭이나 지급방법에 불문한다.

1. 근로소득의 범위

① 근로를 제공함으로써 받는 봉급, 급료, 보수, 세비, 임금, 상여, 수당과 이와 유사한 성질의 급여

② 법인이 주주총회, 사원총회 또는 이에 준하는 결의기관의 결의에 따라 상여로 받는 소득

③ 법인세법에 따라 상여로 처분한 금액(인정상여)

④ 법인의 임직원이 고용관계에 따라 부여받은 주식매수선택권을 재직 중에 행사함으로써 얻은 이익(고용관계 없이 부여받은 주식매수선택권의 행사 또는 퇴직 후에 행사하여 얻은 이익은 기타소득으로 과세)

⑤ 종업원이 계약자이거나 종업원 또는 그 배우자, 기타의 가족을 수익자로 하는 보험 등과 관련하여 사용자가 부담하는 보험료 등

⑥ 법인세법에 따라 임원 퇴직급여 한도 초과액에 해당되어 손금불산입으로 세무조정된 금액

⑦ 퇴직함으로써 받는 소득으로서 퇴직소득에 속하지 않는 소득

예 퇴직소득에 해당하지 않는 퇴직공로금 등

꿀팁 사회통념상 타당하다고 인정되는 범위 내의 경조금은 근로소득으로 보지 않는다.

개정세법 반영

⑧ 임직원 할인금액(사업자나 법인이 생산·공급하는 재화 또는 용역을 그 사업자나 법인(계열회사 포함)의 사업장에 종사하는 임원 또는 종업원(이하 '임원 등')에게 시가보다 낮은 가격으로 제공하거나 구입할 수 있도록 지원함으로써 해당 임원 등이 얻는 이익)

2. 비과세 근로소득

비과세 근로소득은 실비변상적인 성질의 급여, 복리후생적인 성질의 급여, 국외 근로소득, 기타 비과세 근로소득으로 분류할 수 있다.

(1) 회사로부터 수령한 학자금(근로자 본인의 업무 관련 학자금)

근로자 본인이 지급받는 학교와 직업능력개발훈련시설의 입학금, 수업료, 수강료, 기타 공납금 중 다음의 요건을 갖춘 학자금은 해당 과세기간에 납입한 금액을 한도로 비과세한다.

① 해당 근로자가 종사하는 사업체의 업무와 관련 있는 교육·훈련을 위하여 받은 것

② 해당 근로자가 종사하는 사업체의 지급기준에 따라 받은 것

③ 교육·훈련기간이 6개월 이상인 경우 교육기간을 초과하여 근무하지 않은 때에는 지급받은 금액을 반납할 것을 조건으로 받는 것(위약금 규정)

[비교] 근로자 가족에 대한 학자금: 과세

(2) 실비변상적인 성질의 급여

① 월 20만원 한도 비과세

- 종업원 소유의 차량(종업원 본인 명의로 임차한 차량 포함)을 종업원이 직접 운전하여 사용자의 업무수행에 이용하고 시내 출장 등에 소요된 실제 여비를 받는 대신에 그 소요경비를 해당 사업체의 규칙 등에서 정하여진 지급기준에 따라 받는 금액(자가운전보조금)

[비교] 소득세법상 교통비의 과세 여부

구분	과세 여부
여비의 명목으로 받은 연액 또는 월액의 급여	근로소득 과세
여비로서 실비변상적인 금액	비과세

- 「유아교육법」, 「초중등교육법」, 「고등교육법」에 따른 학교의 교원 및 일정한 연구기관의 연구원(중소 · 벤처기업 연구개발 전담부서의 연구전담요원 포함) 등이 받는 연구보조비 또는 연구활동비
- 방송기자 및 신문기자 등이 취재활동과 관련하여 받는 취재수당
- 벽지 근무수당
- 법령 등에 따라 지방으로 이전하는 기관 종사자 등에게 한시적으로 지급되는 이주수당
- 선원의 승선수당

② 전액 비과세

- 일직료 · 숙직료 또는 여비로서 실비변상 정도의 금액
- 제복을 착용하여야 하는 자가 받는 제복 · 제모 및 제화
- 천재지변, 그 밖의 재해로 인하여 받는 급여
- 특수 분야에 종사하는 군인이 받는 각종 위험수당 등
- 광산근로자가 받는 입갱수당 및 발파수당(위험수당)

(3) 국외 근로소득

구분	비과세 금액
국외 또는 북한지역에서 근로를 제공하고 받는 보수 (국외 등을 항해하는 항공기에서 근로 제공 포함)	월 100만원 이하의 금액
원양어업 선박, 건설현장 등에서 근로를 제공하고 받는 보수 (해외건설현장 설계 · 감리업무 수행자의 근로도 포함)	월 500만원 이하의 금액
공무원(재외공관 행정직원 포함) · 대한무역투자진흥공사 · 한국관광공사 등의 종사자가 국외 등에서 근무하고 받는 수당	국내 근무 시 지급받을 금액 상당액을 초과하여 받는 금액

(4) 사용자 부담 법정부담금

건강보험료, 고용보험료, 노인장기요양보험료 등 국가, 지방자치단체 또는 사용자(회사)가 부담하는 보험료(∵법에 의한 강제 부담금임)

(5) 생산직 근로자 등의 연장(초과) 근로수당*[1]

월정액 급여*[2]가 210만원 이하이며, 직전 과세기간의 총급여액이 3,000만원 이하인 생산직 근로자(운전원, 선원 및 광산근로자 포함)가 받는 초과 근로수당으로 연 240만원 이하(광산 및 일용근로자는 한도 없음)의 금액

*[1] 연장(초과) 근로수당에는 연장 · 야간 · 시간 외 · 휴일 근로수당 등이 해당된다.

*[2] 월정액 급여 = 총급여 − 부정기적 급여 − 비과세 대상인 실비변상적 성질의 급여 및 복리후생적 성질의 급여 − 연장(초과) 근로수당

(6) 식사 또는 식사대

근로자가 사내 급식 또는 이와 유사한 방법으로 제공받는 식사나 기타 음식물 또는 식사나 기타 음식물을 제공받지 않은 근로자가 받는 월 20만원 이하의 식사대

[비교] 식사와 식사대를 동시에 제공하는 경우: 식사는 비과세, 식사대는 전액 과세

개정세법 반영

(7) 출산지원금

근로자(사용자와 특수관계에 있는 자는 제외) 또는 그 배우자의 출산과 관련하여 자녀의 출생일 이후 2년 이내에 사용자로부터 최대 두 차례에 걸쳐 지급받는 급여 전액

(8) 보육수당

근로자 또는 배우자의 6세 이하*(해당 과세기간 개시일 기준)의 자녀의 보육과 관련하여 사용자로부터 지급받은 급여로서 월 20만원 이하의 금액(자녀 수에 상관없음)

* 2025년 귀속 근로소득의 경우 2019년 1월 1일 이후 출생한 자녀

(9) 직무발명보상금

「발명진흥법」에 따른 다음의 직무발명보상금으로서 기술개발 유인을 제고하고자 연 700만원 이하의 금액은 비과세

① 종업원, 법인의 임원 또는 공무원('종업원 등')이 직무와 관련하여 사용자, 법인 또는 국가 · 지방자치단체('사용자 등')로부터 받는 보상금(단, 보상금을 지급한 사용자 등과 특수관계에 있는 자*가 받는 보상금 제외)

② 대학의 교직원 또는 대학과 고용관계에 있는 학생이 소속 대학에 설치된 산학협력단으로부터 받는 보상금

* 특수관계가 있는 자

구분	특수관계에 있는 자
사용자 등이 개인인 경우	해당 개인사업자 및 그와 친족 관계에 있는 자 예 4촌 이내의 혈족, 3촌 이내의 인척 등
사용자 등이 법인인 경우	해당 법인의 지배주주 등 및 그와 특수관계에 있는 자

수령시점	700만원 이하분	700만원 초과분
재직 중 수령	비과세	과세(근로소득)
퇴직 후 수령		과세(기타소득)

(10) 복리후생적 성질의 급여

① **사택 제공 이익:** 다음 중 어느 하나에 해당하는 사람이 사택*을 제공받음으로써 얻는 이익

- 주주 또는 출자자가 아닌 임원
- 소액주주(발행주식 총액의 1%에 해당하는 금액과 3억원 중 적은 금액 미만의 주식을 소유한 주주)인 임원
- 임원이 아닌 종업원
- 국가 또는 지방자치단체로부터 근로소득을 받는 사람

* 사용자(회사)가 소유하고 있는 주택을 무상 또는 저가로 제공하거나 사용자가 직접 임차하여 무상으로 제공하는 주택을 말한다.

② **주택자금 대여 이익:** 중소기업의 종업원이 주택의 구입 또는 임차에 소요되는 자금을 저리 또는 무상으로 대여받음으로써 얻는 이익(단, 다음의 하나에 해당하는 종업원*이 얻은 이익은 제외)

* 종업원

구분	종업원
해당 중소기업이 개인인 경우	해당 개인사업자 및 그와 친족 관계에 있는 자
해당 중소기업이 법인인 경우	해당 법인의 지배주주 등 및 그와 특수관계에 있는 자

구분	출자임원	종업원 · 비출자임원 · 소액주주임원
주택자금 대여 이익	근로소득	근로소득*
사택 제공 이익	근로소득	–

* 중소기업 종업원이 대여받음으로써 얻는 이익은 근로소득에서 제외된다.

③ 종업원이 계약자이거나 종업원 또는 그 배우자 기타의 가족을 수익자로 하는 보험 등과 관련하여 사용자(회사)가 부담하는 보험료 등

- 단체순수보장성보험과 단체환급부보장성보험의 보험료 중 연 70만원 이하의 금액
- 임직원의 고의(중과실 포함) 외의 업무상 행위로 인한 손해의 배상청구를 보험금의 지급사유로 하고 임직원을 피보험자로 하는 보험의 보험료

④ **공무수행과 관련된 상금과 부상:** 공무원이 국가 또는 지방자치단체로부터 공무수행과 관련하여 받는 상금과 부상 중 연 240만원 이내의 금액

⑤ 직장어린이집을 설치 · 운영하거나 위탁교육을 하는 사업주가 「영유아보육법」이 정하는 어린이집 운영과 보육에 필요한 비용을 부담함에 따라 해당 사업장의 종업원이 얻는 이익

(11) 기타 비과세 근로소득

① 복무 중인 병장 이하의 현역병이 받는 급여

② 법률에 따라 동원된 사람이 그 동원 직장에서 받는 급여

③ 「산업재해보상법」에 따라 수급권자가 받는 요양급여, 휴업급여 등

④ 「교육기본법」에 따라 받는 근로장학금(재학생에 한함)

⑤ 「근로기준법」 또는 「선원법」에 따라 근로자, 선원 및 그 유족이 받는 요양보상금, 휴업보상금, 장애보상금, 유족보상금

⑥ 「고용보험법」에 따라 받는 실업급여, 육아휴직급여, 육아기 근로시간단축급여, 출산전후휴가급여, 제대군인 전직지원금, 「사립학교교직원 연금법」 · 「별정우체국법」을 적용받는 사람이 법령에 따라 받는 육아휴직수당(「사립학교법」에 따라 임명된 사무직원이 학교의 정관 또는 규칙에 따라 지급받는 육아휴직수당으로서 월 150만원 이하 포함)

⑦ 「국민연금법」에 따라 받는 반환일시금(사망으로 인한 것에 한함), 사망일시금 등

⑧ 외국정부 또는 국제연합에 근무하는 자로서 대한민국 국민이 아닌 사람이 공무수행의 대가로 받는 급여

개정세법 반영

⑨ 임직원 할인금액에 해당하는 소득 중 다음의 요건을 모두 충족하는 소득 → Max(시가의 20%, 240만원) 한도

㉠ 임원 또는 종업원이 직접 소비목적으로 구매

㉡ 일정기간(자동차 · 대형가전 · 고가재화 등 2년, 그 외 재화 1년) 동안 재판매 금지

㉢ 공통 지급기준에 따라 할인금액 적용

연습문제

다음 중 비과세 근로소득에 대한 설명으로 옳은 것은 모두 몇 개인가? 기출 77회 수정

가. 국외 근로소득의 비과세 최대 한도는 월 300만원이다.
나. 생산직 근로자의 초과 근로수당의 비과세 요건은 월정액 급여 100만원 이하이고 직전 과세기간의 총급여액이 3천만원 이하이다.
다. 「국민건강보험법」에 따라 사용자가 부담하는 국민건강보험은 전액 비과세이다.
라. 생산직 근로자의 초과 근로수당의 비과세는 월 20만원 이내의 금액이다.
마. 식사와 식사대를 동시에 제공받는 경우는 둘 중에서 비과세를 선택할 수 있다.

① 1개　　② 2개
③ 3개　　④ 4개

| 정답 및 해설 |

① 가. 원양어선, 국외 건설현장 근로자는 월 500만원까지 비과세이다.
나. 생산직 근로자의 초과 근로수당은 월정액 급여 210만원 이하여야 비과세가 적용된다.
라. 생산직 근로자의 초과 근로수당은 연 240만원까지 비과세가 적용된다.
마. 식사와 식사대를 동시에 제공받으면 식사는 비과세, 식사대는 과세이다.

3. 근로소득금액의 계산

근로소득금액 = 총급여액(비과세소득 제외) − 근로소득공제(한도 2,000만원)

근로소득공제액은 다음과 같으며 근로소득공제액이 2,000만원을 초과하면 2,000만원을 공제한다(1년 미만 근로자의 경우 월할계산하지 않음).

총급여액	공제액
500만원 이하	총급여액×70%
500만원 초과 1,500만원 이하	350만원+(총급여액－500만원)×40%
1,500만원 초과 4,500만원 이하	750만원+(총급여액－1,500만원)×15%
4,500만원 초과 1억원 이하	1,200만원+(총급여액－4,500만원)×5%
1억원 초과	1,475만원+(총급여액－1억원)×2%

PART 03

4. 근로소득의 수입시기

구분	수입시기
일반급여	근로를 제공한 날
급여를 소급인상하고 이미 지급된 금액과의 차액을 추가로 지급하는 소급인상분 급여	근로 제공일이 속하는 연 또는 월
근로계약 체결 시 일시에 선지급하는 사이닝보너스*1 계약조건에 따른 급여	근로기간 동안 안분
잉여금 처분에 의한 상여	해당 법인의 잉여금 처분 결의일
인정상여	해당 사업연도 중의 근로를 제공한 날*2
주식매수선택권	주식매수선택권을 행사한 날
임원 퇴직금 한도 초과액	지급받거나 지급받기로 한 날

*1 사이닝보너스란 입사 시 일정 기간 동안 이직 금지 등을 약속하며 지급받는 일회성 인센티브를 말한다.

*2 소득을 지급하는 법인의 입장에서 인정상여·인정배당 및 인정기타소득에 대한 원천징수세액을 신고한 경우 법인세 과세표준 신고일의 다음 달 10일까지 신고·납부하여야 한다.

연습문제

소득세법상 근로소득의 수입시기에 대한 설명 중 틀린 것은? 기출 98회

① 잉여금 처분에 의한 상여: 해당 법인의 잉여금 처분 결의일

② 근로소득으로 보는 임원 퇴직소득금액 한도 초과액: 지급받거나 지급받기로 한 날

③ 주식매수선택권: 근로를 제공한 날

④ 인정상여: 해당 법인의 사업연도 중 근로를 제공한 날

| 정답 및 해설 |

③ 주식매수선택권의 근로소득 수입시기는 행사한 날이 된다.

5. 근로소득 과세방법

(1) 상용근로소득

① 근로소득만 있는 경우: 원천징수 → 다음 해 2월 연말정산으로 납세의무 종결

② 근로소득과 이외의 소득이 있는 경우: 원천징수 → 다음 해 2월 연말정산 → 타 소득과 합산하여 5월 31일까지 종합소득 확정신고

(2) 일용근로소득

일용근로자란 근로를 제공한 날 또는 시간에 따라 근로대가를 계산하여 받는 자로서 계약에 따라 동일한 고용주에게 3개월 미만(건설공사 종사자는 1년 미만, 하역작업 종사자는 근로기간 제한 없음) 고용된 자를 말한다. 또한, 일용근로자의 급여액은 종합소득 과세표준에 합산하지 않고 원천징수로서 과세를 종결한다(완납적 원천징수). 원천징수세액은 다음과 같이 계산한다.

원천징수세액＝(일 급여액－150,000원)×6%×(1－55%)

예 일용근로자 홍길동에게 일당 200,000원을 지급한 경우 원천징수할 세액(지방소득세 제외)은 1,350원이다.
계산식: (200,000원 − 150,000원) × 6% × (1 − 55%) = 1,350원

연습문제

다음 중 소득세법상 일용근로자의 근로소득에 대한 설명으로 옳지 않은 것은? 기출 88회

① 건설업에 종사하는 자로서 동일한 고용주에게 1년 이상 고용된 자는 일용근로자에 해당하지 않는다.
② 일용근로자에 대한 근로소득공제는 1일 10만원으로 한다.
③ 일용근로자의 근로소득 지급명세서는 소득의 지급일이 속하는 달의 다음 달 말일까지 제출하여야 한다.
④ 일용근로소득을 원천징수하는 경우 산출세액의 100분의 55를 근로소득 세액공제한다.

| 정답 및 해설 |

② 일용근로자에 대한 공제액은 1일 15만원으로 한다.

합격을 다지는 실전문제 p.413

THEME 05 연금소득과 기타소득

▸ 최신 30회 중 5문제 출제

1. 연금소득

연금소득이란 노령 · 사망 등 특정 사유가 있는 경우 당사자와 유족의 생활보장을 위하여 매년 일정액을 사전에 불입하고 이를 토대로 하여 연금수혜자 또는 연금계약자 등이 일정 기간 또는 종신에 걸쳐 지급받는 연금수입을 말한다.

(1) 연금소득의 범위

연금소득은 해당 과세기간에 발생한 다음의 소득으로 한다.

구분	내용
공적연금	「국민연금법」, 「공무원연금법」, 「군인연금법」, 「사립학교교직원 연금법」 등 공적연금 관련법에 따라 받는 각종 연금(2002.1.1. 이후 납입분을 기초로 지급받은 것에 한함)
사적연금	연금저축 또는 퇴직연금의 연금계좌에서 수령하는 연금

(2) 비과세 연금소득

① 「국민연금법」 등에 따라 지급하는 유족연금 · 장애연금
② 「산업재해보상보험법」에 따라 받는 각종 연금
③ 「국군포로의 송환 및 대우 등에 관한 법률」에 따른 국군포로가 받는 연금

(3) 연금소득금액

연금소득금액 = 총연금액 − 연금소득공제

① **총연금액**: 과세기간에 발생한 연금소득의 합계액에서 분리과세연금소득을 뺀 금액을 말한다.
② **연금소득공제**: 연금소득이 있는 거주자에 대해서는 해당 과세기간에 받은 총연금액에서 다음 표에 규정한 금액을 공제한다(공제액 900만원 한도).

총연금액	공제액
350만원 이하	총연금액
350만원 초과 700만원 이하	350만원 + (총연금액 − 350만원) × 40%
700만원 초과 1,400만원 이하	490만원 + (총연금액 − 700만원) × 20%
1,400만원 초과	630만원 + (총연금액 − 1,400만원) × 10%

(4) 연금소득의 수입시기

연금소득의 수입시기는 연금을 지급받거나 받기로 한 날로 한다.

(5) 연금소득에 대한 과세방법

① **소득의 지급자**: 국내에서 연금소득을 지급하는 자는 그에 대한 소득세를 원천징수하여 그 징수일이 속하는 달의 다음 달 10일까지 납부하여야 한다.

- **공적연금**: 연금소득 간이세액표에 따라 원천징수하고, 해당 과세기간의 다음 연도 1월분 공적연금소득을 지급할 때 연말정산을 한다.
- **사적연금**: 사적연금소득 지급 시 연금소득자 나이 등에 따라 3%~5%로 원천징수한다.

② 소득의 귀속자

- **공적연금**: 공적연금소득은 종합과세(분리과세 적용 ×)를 적용한다. 즉, 공적연금의 연금소득만 있는 자는 소득금액의 전액이 연말정산되므로 종합소득세 확정신고를 하지 않아도 된다.
- 사적연금

구분	대상소득		과세방법
무조건 분리과세 대상	이연퇴직소득을 연금수령하는 연금소득* 등		분리과세
선택적 분리과세 대상	무조건 분리과세 대상 이외 사적연금소득	연 1,500만원 이하	종합과세와 3%~5% 분리과세 중 선택
		연 1,500만원 초과	종합과세와 15% 분리과세 중 선택

* 당초 퇴직 시 퇴직소득으로 과세하지 않고 연금 수령 시 과세하는 것을 말한다.

2. 기타소득

(1) 기타소득의 범위

기타소득은 이자소득 · 배당소득 · 사업소득 · 근로소득 · 연금소득 · 퇴직소득 및 양도소득 외의 소득으로 각종 권리의 양도 · 대여소득, 일시적 인적용역 제공대가, 각종 당첨금품, 상금 · 보상금 등 불로소득, 기타의 일시소득으로 분류할 수 있다.

① 각종 권리의 양도 · 대여소득

- 저작자 또는 실연자 · 음반제작자 · 방송사업자 외의 자가 저작권 또는 저작인접권의 양도 또는 사용의 대가로 받는 금품
  [비교] 저작권 등 사용료가 저작자 자신에게 귀속되는 경우: 사업소득
- 광업권 · 어업권 · 산업재산권 · 산업정보, 산업상비밀, 상표권 · 영업권(점포 임차권 포함), 토사석의 채취허가에 따른 권리, 지하수의 개발 · 이용권, 그 밖에 이와 유사한 자산이나 권리를 양도하거나 대여하고 그 대가로 받는 금품
- 통신판매중개업자를 통해 물품 또는 장소를 대여하고 연간 수입금액 500만원 이하의 사용료로서 받은 금품
- 물품 또는 장소를 일시적으로 대여하고 사용료로서 받는 금품
- 영화필름, 라디오 · 텔레비전 방송용 테이프 또는 필름, 그 밖에 이와 유사한 자산 또는 권리의 양도 · 대여 또는 사용의 대가로 받는 금품
- 공익사업과 관련하여 지역권 · 지상권(지하 또는 공중에 설정된 권리를 포함)을 설정하거나 대여하고 받는 금품(∵ 본인의 의사와 무관하게 고압선 설치, 터널 · 지하철 공사 등의 공익사업을 위한 재산권의 제약에 대한 보상 성격)

② 일시적 인적용역 제공대가

- 고용관계 없이 다수인에게 강연을 하고 강연료 등의 대가를 받는 용역
  [비교] • 사업자인 학원강사가 지급받은 강의료: 사업소득
  • 고용관계에 의해 지급받은 강연료: 근로소득(예 대학교 시간강사 강의료)
- 라디오 · 텔레비전 방송 등에서 해설 · 계몽 또는 연기의 심사 등을 하고 보수 또는 이와 유사한 성질의 대가를 받는 용역
- 변호사, 공인회계사, 세무사, 건축사, 측량사, 변리사, 그 밖에 전문적 지식 또는 특별한 기능을 가진 자가 그 지식 또는 기능을 활용하여 보수 또는 기타 대가를 받고 제공하는 용역

• 문예창작소득(문예 · 학술 · 미술 · 음악 또는 사진에 속하는 창작품에 대한 원작자로서 받는 원고료, 저작권 사용료인 인세, 미술 · 음악 또는 사진에 속하는 창작품에 대하여 받는 대가)

[비교] • 소설가의 원고료: 사업소득

• 업무와 관련하여 회사로부터 받은 원고료: 근로소득

• 그 밖에 고용관계 없이 수당 또는 이와 유사한 성질의 대가를 받고 제공하는 용역

③ 각종 당첨금품

• 복권, 경품권, 그 밖의 추첨권에 당첨되어 받는 금품

• 「한국마사회법」에 의한 승마 투표권, 「경륜 · 경정법」에 의한 승자 투표권, 「전통소싸움경기에 관한 법률」에 따른 소싸움경기 투표권 및 「국민체육진흥법」에 따른 체육진흥 투표권의 구매자가 받는 환급금

• 슬롯머신(비디오게임 포함) 및 투전기, 그 밖에 이와 유사한 기구를 이용하는 행위에 참가하여 받는 당첨금품 · 배당금품 또는 이에 준하는 금품

④ 상금 · 보상금 등 불로소득

• 상금, 현상금, 포상금, 보로금(報勞金) 또는 이에 준하는 금품

• 유실물을 습득하거나 매장물을 발견하여 보상금을 받거나 새로 소유권을 취득하였을 때 그 보상금 또는 자산

• 소유자가 없는 물건의 점유로 소유권을 취득하는 자산

• 사례금(사무처리 또는 역무의 제공과 관련하여 사례의 대가로 지급받은 금품)

⑤ 기타의 일시소득

• 계약의 위약 또는 해약으로 인하여 받는 위약금과 배상금

[비교] 육체적 · 정신적 · 물리적 피해로 받은 손해배상금과 그 법정이자: 과세 제외

• 재산권에 관한 알선수수료

• 법인세법에 따라 기타소득으로 처분한 소득(인정기타소득)

• 뇌물

• 알선수재*1 및 배임수재*2에 의하여 받은 금품

*1 알선수재는 직무와 관련된 일을 알선해 준 대가로 금품을 받는 행위를 말한다.

*2 배임수재는 타인의 사무를 처리하는 자가 그 임무에 관해 부정한 청탁을 받고 재산상의 이득을 취하는 행위를 말한다.

• 노동조합의 전임자가 노동조합 및 노동관계조정법을 위반하여 받는 급여

• 종업원 또는 대학원 교직원이 퇴직한 후에 받는 직무발명보상금(연 700만원 초과하는 금액에 한함)

• 거주자 · 비거주자 또는 법인의 특수관계인이 그 특수관계로 인하여 그 거주자 · 비거주자 또는 법인으로부터 받는 경제적 이익으로서 급여 · 배당 또는 증여로 보지 않는 금품

• 소기업 · 소상공인 공제부금의 해지 일시금

• 연금계좌에서 연금보험료 중 연금계좌 세액공제를 받은 금액과 연금계좌의 운용실적에 따라 증가된 금액을 연금 외의 형태로 수령한 소득

• 퇴직 전에 부여받은 주식매수선택권을 퇴직 후에 행사하거나 고용관계 없이 주식매수선택권을 부여받아 이를 행사함으로써 얻는 이익

• 「사행행위 등 규제 및 처벌특례법」에서 규정하는 행위에 참가하여 얻은 재산상의 이익

• 종교 관련 종사자가 종교활동과 관련하여 종교단체로부터 받은 소득

[비교] • 종교인소득에 대하여 근로소득을 원천징수하거나 과세표준 확정신고를 한 경우: 근로소득

• 종교단체 종사자가 현실적인 퇴직을 원인으로 종교단체로부터 지급받는 소득: 퇴직소득

• 서화 · 골동품의 양도로 발생하는 소득

[비교] 서화 및 골동품의 소매업을 영위하는 개인사업자가 서화 · 골동품을 판매하여 얻은 소득: 사업소득

✚ 서화 · 골동품 양도소득에 대한 과세규정

- 개당 · 점당 또는 조(두 개 이상의 짝을 이루어 거래되는 것)당 양도가액이 6천만원 이상인 것만 과세
- 무조건 분리과세
- 양도일 현재 생존 국내원작자 작품은 과세 제외
- 박물관 · 미술관에 양도하는 경우는 비과세
- 골동품은 제작 후 100년을 넘은 것에 한정함

PART 03

연습문제

다음 중 소득세법상 서화 · 골동품의 양도로 발생하는 소득에 대한 설명으로 옳지 않은 것은? 기출 86회

① 당해 과세기간에 양도한 서화 · 골동품의 양도가액의 합계가 6천만원 이상인 경우 과세한다.
② 골동품의 경우 제작 후 100년을 넘은 것에 한정한다.
③ 서화 · 골동품을 박물관 또는 미술관에 양도함으로써 발생하는 소득은 비과세한다.
④ 양도일 현재 생존해 있는 국내원작자의 작품은 제외한다.

| 정답 및 해설 |

① 개당 · 점당 또는 조당 양도가액이 6천만원 이상인 경우에 과세한다.

(2) 비과세 기타소득

① 「국가유공자 등 예우 및 지원에 관한 법률」 등에 따라 받는 보훈급여금 · 학습보조비 및 「북한이탈주민의 보호 및 정착지원에 관한 법률」에 따라 받는 정착금 · 보로금과 그 밖의 금품
② 「국가보안법」에 따라 받는 상금과 보로금
③ 「상훈법」에 다른 훈장과 관련하여 받는 부상이나 그 밖에 대통령령으로 정하는 상금과 부상*
　* 국가 또는 지방자치단체로부터 받는 상금과 보상이 해당된다.
④ 종업원, 법인의 임원, 공무원 또는 대학의 교직원이 퇴직한 후에 지급받거나 대학의 학생이 소속 대학에 설치된 산학협력단으로부터 받는 직무발명보상금으로서 연 700만원 이하의 금액금액(특수관계에 있는 자가 받는 것은 제외)
⑤ 「국군포로의 송환 및 대우 등에 관한 법률」에 따라 국군포로가 받는 정착금과 그 밖의 금품
⑥ 「문화재보호법」에 따라 국가지정문화재로 지정된 서화 · 골동품의 양도로 발생하는 소득
⑦ 서화 · 골동품을 박물관 또는 미술관에 양도함으로써 발생하는 소득
⑧ 종교인소득 중 월 20만원 이하의 식사대, 월 20만원 이하의 자가운전보조금 등 비과세 소득

(3) 기타소득금액의 계산

기타소득금액은 해당 과세기간의 총수입금액에서 이에 사용된 필요경비를 공제한 금액으로 한다.

> 기타소득금액 = 총수입금액 − 필요경비

① **원칙:** 필요경비에 산입할 금액은 실제로 지출된 비용으로 한다.
② **예외:** 다음 중 어느 하나에 해당하는 필요경비는 실제로 지출된 비용과 총수입금액에 필요경비율을 곱한 금액 중 큰 금액을 필요경비로 한다.

구분	필요경비
서화 · 골동품의 양도로 발생하는 소득	Max[실제 소요된 필요경비, 양도가액×80%(또는 90%)] • 양도가액 1억원 이하: 90% • 양도가액 1억원 초과: 9,000만원+(양도가액 − 1억원)×80%(단, 보유기간이 10년 이상인 경우 90%)

• 공익법인이 주무관청의 승인을 얻어 시상하는 상금 및 부상과 다수가 순위 경쟁하는 대회에서 입상자가 받는 상금 및 부상 • 위약금과 배상금 중 주택 입주 지체상금 [비교] 상가입주지체상금은 입증이 안되면 공제 ×	Max[실제 소요된 필요경비, 총수입금액의 80%]
• 광업권 등 무형자산의 양도 및 대여소득 • 공익사업과 관련된 지상권 · 지역권의 설정 및 대여소득 • 원고료, 강연료 등 일시적인 문예창작소득 • 일정한 인적용역을 일시적으로 제공하고 받은 대가 • 통신판매중개업자를 통해 물품 또는 장소를 대여하고 500만원 이하의 사용료로 받은 금품	Max[실제 소요된 필요경비, 총수입금액의 60%]

연습문제

소득세법상 기타소득에 대하여 실제 소요된 필요경비가 없어도 일정 금액을 필요경비로 인정하는 경우가 있다. 다음 설명 중 옳지 않은 것은? 기출 109회

① 서화 · 골동품의 양도로 발생하는 소득으로서 서화 · 골동품의 보유기간이 10년 이상인 경우에는 100분의 90에 상당하는 금액을 필요경비로 한다.

② 계약의 위약 또는 해약으로 인하여 받는 소득으로서 주택 입주 지체상금의 경우 거주자가 받은 금액의 100분의 60에 상당하는 금액을 필요경비로 한다.

③ 종교인소득으로서 종교 관련 종사자가 해당 과세기간에 받은 금액이 2천만원 이하인 경우에는 100분의 80에 상당하는 금액을 필요경비로 한다.

④ 일시적인 인적용역으로서 고용관계 없이 다수인에게 강연을 하고 강연료 등 대가를 받는 경우에는 100분의 60에 상당하는 금액을 필요경비로 한다.

| 정답 및 해설 |

② 계약의 위약 또는 해약으로 인하여 받는 소득으로서 주택 입주 지체상금의 경우 거주자가 받은 금액의 100분의 80에 상당하는 금액을 필요경비로 한다.

③ **종교인소득**: Max[실제 소요된 필요경비, 아래 표에 따른 금액]

범위	필요경비
2천만원 이하	소득의 80%
2천만원 초과 4천만원 이하	1,600만원+2천만원 초과액의 50%
4천만원 초과 6천만원 이하	2,600만원+4천만원 초과액의 30%
6천만원 초과	3,200만원+6천만원 초과액의 20%

(4) 기타소득에 대한 과세방법

① **무조건 분리과세**: 원천징수로서 납세의무가 종결된다.

구분	기타소득금액에 곱하는 원천징수세율
연금계좌에서 연금외수령한 기타소득	15%
서화 · 골동품 양도소득	20%
• 200만원을 초과하는 복권당첨금 • 승마투표권 등의 환급금 • 200만원을 초과하는 슬롯머신 등 당첨금품	20% (3억원 초과분은 30%)

② **무조건 종합과세**: 뇌물, 알선수재 및 배임수재에 의하여 받은 금품은 원천징수하지 않는다.
③ **선택적 분리과세**: 기타소득금액이 연 300만원 이하인 경우에는 납세의무자의 선택에 따라 분리과세하거나 종합과세한다.

연습문제

거주자 이세무는 2025년에 일시적으로 다음과 같은 소득이 발생하였다. 소득세법 적용에 대한 설명으로 옳지 않은 것은? (단, 실제 필요경비는 고려하지 않음)

> ㉠ 다수에게 강연을 하고 강연료 5,000,000원을 받았다.
> ㉡ 현대백화점의 경품추첨에 당첨되어 시가 10,000,000원 상당의 자동차를 받았다.
> ㉢ 로또복권에 당첨되어 50,000,000원을 받았다.

① ㉠의 소득은 고용관계 여부에 따라 소득구분이 달라질 수 있다.
② ㉢의 경우 원천징수세율이 30%가 적용된다.
③ 모두 기타소득이라면 소득세 원천징수세액은 12,400,000원(지방소득세 별도)이다.
④ 모두 기타소득이라면 종합과세할 수 있는 기타소득금액은 12,000,000원이다.

| 정답 및 해설 |

② 복권 당첨액의 원천징수세율은 3억원 이하는 20%, 3억원 초과분은 30%이다.
③ 강연료의 필요경비는 60%가 인정되므로 기타소득금액은 '5,000,000원×(1－60%)＝2,000,000원'이며, 원천징수세액은 '(2,000,000원＋10,000,000원＋50,000,000원)×20%＝12,400,000원'이다.
④ 복권 당첨액은 무조건 분리과세하며 강연료와 경품으로 받은 대가를 종합과세한다면 기타소득금액은 12,000,000원이다.

(5) 과세최저한

기타소득이 다음 중 어느 하나에 해당하면 소득세를 과세하지 않는다.

구분	필요경비
① 일반적인 기타소득(아래 ②, ③ 제외)	기타소득금액이 건별 5만원 이하인 경우 단, 연금계좌에서 연금외수령하는 기타소득금액은 과세최저한을 적용하지 않고 금액에 관계없이 과세함 예 일시적인 강연료가 125,000원인 경우, 기타소득금액은 '125,000원×(1－60%)＝50,000원'으로 50,000원 이하이므로 과세하지 않음
② 승마 투표권 등의 구매자가 받는 환급금	건별 승마 투표권 등의 권면에 표시된 금액의 합계액이 10만원 이하이고 다음 중 어느 하나에 해당하는 경우 • 적중한 개별 투표당 환급금이 10만원 이하 • 단위 투표금액당 환급금이 단위 투표금액의 100배 이하이면서 적중한 개별 투표당 환급금이 200만원 이하
③ 복권 당첨금 또는 슬롯머신 등에서 받은 당첨금품 등	건별 200만원 이하인 경우

+ 소액부징수

다음 중 어느 하나에 해당하면 소득세를 징수하지 않는다.
• 원천징수세액이 1천원 미만인 경우(이자소득과 원천징수 대상 사업소득 중 인적용역을 계속적·반복적 활동을 통해 얻는 소득)
• 납세조합의 징수세액이 1천원 미만인 경우
• 중간예납세액이 50만원 미만인 경우

연습문제

다음 중 소득세법상 규정된 금액으로 옳지 않은 것은?

① 일시적인 인적용역 제공에 따른 기타소득금액의 과세최저한: 3만원 이하
② 원천징수 소액부징수: 1천원 미만(이자소득 제외)
③ 일용근로자의 근로소득공제액: 일당 15만원
④ 중간예납세액의 소액부징수: 50만원 미만

| 정답 및 해설 |

① 기타소득금액이 5만원 이하인 경우에는 소득세를 과세하지 않는다.

(6) 기타소득의 수입시기

① **원칙**: 그 지급을 받은 날(현금주의)
② **인정기타소득**: 법인의 해당 사업연도 결산 확정일
③ **손해배상금 중 계약금이 위약금으로 대체되는 경우의 기타소득**: 계약의 위약 또는 해약이 확정된 날
④ **광업권 등 각종 권리의 양도소득**: 대금청산일, 인도일, 사용수익일 중 빠른 날
⑤ **기타소득으로 분류되는 연금계좌에서 연금 외 수령한 소득**: 연금 외 수령한 날

+ 법인세법에 의해 처분된 소득의 수입시기

- 배당소득(인정배당): 해당 법인의 결산 확정일
- 기타소득(인정기타소득): 해당 법인의 결산 확정일
- 근로소득(인정상여): 근로를 제공한 날

연습문제

다음 중 현행 소득세법상 소득의 수입시기에 대한 설명으로 옳지 않은 것은? 기출 61회

① 이자소득 중 저축성 보험의 보험차익: 보험금의 지급일
② 배당소득 중 법인세법에 의하여 처분된 배당: 당해 법인의 당해 사업연도의 결산 확정일
③ 근로소득 중 잉여금 처분에 의한 상여: 당해 법인의 잉여금 처분 결의일
④ 기타소득 중 계약의 위약으로 위약금으로 대체되는 계약금: 계약금을 지급받은 날

| 정답 및 해설 |

④ 계약의 위약으로 인하여 계약금이 위약금으로 대체되는 경우에 기타소득의 수입시기는 계약의 위약이 확정된 날이다.

합격을 다지는 실전문제 p.417

THEME 06 소득별 원천징수

▸ 최신 30회 중 3문제 출제

1. 소득별 원천징수세율

원천징수 대상	원천징수세율
이자소득 및 배당소득	• 원칙: 14% • 비영업대금의 이익, 출자공동사업자의 배당소득: 25% • 비실명 이자소득 및 배당소득: 45%(또는 90%*1)
(개정세법 반영) 특정 사업소득*2	• 부가가치세 면세 대상인 의료보건용역과 인적용역: 지급금액의 3%(단, 외국인 직업운동가는 20%) • 부가가치세 면세 대상인 봉사료: 5%
근로소득	근로소득 간이세액표 적용(단, 일용근로자는 6%)
연금소득	• 공적연금: 연금소득 간이세액표 적용 • 사적연금: 소득자의 나이 등에 따라 3%~5% 적용
기타소득	20%(복권 당첨소득 등이 3억원을 초과하는 경우 그 초과분은 30%)
퇴직소득	기본세율(6%~45%)

*1 「금융실명거래 및 비밀보장에 관한 법률」에서 정하고 있는 비실명 금융소득에 대하여는 90%를 적용한다.

*2 특정 사업소득이란 부가가치세 면세 대상인 의료보건용역과 저술가 · 작곡가 등 일정한 자가 직업상 제공하는 인적용역을 말한다.

연습문제

다음은 원천징수되는 소득을 나열한 것이다. 원천징수세율이 높은 것부터 순서대로 나열한 것은? 기출 56회

㉠ 100만원 상당 상장주식 배당소득
㉡ 복권 당첨소득 1억원
㉢ 접대부 봉사료 수입금액
㉣ 의료보건용역 사업소득

① ㉡－㉠－㉢－㉣
② ㉡－㉢－㉠－㉣
③ ㉢－㉠－㉡－㉣
④ ㉠－㉡－㉣－㉢

| 정답 및 해설 |

① ㉠ 배당소득: 14%
㉡ 복권 당첨소득(3억원 이하): 20%
㉢ 봉사료 수입금액: 5%
㉣ 의료보건용역: 3%

2. 원천징수세액의 납부

원천징수의무자는 소득 지급일의 다음 달 10일까지 관할 세무서에 원천징수한 세금을 납부해야 한다. 그러나 세무서장의 승인을 받은 경우 반기별 납부(6개월 단위)도 할 수 있다. 단, 반기별 납부의 경우 직전연도의 1월부터 12월까지의 매월 말일 현재 상시고용인원이 20인 이하인 소규모 업체(금융 · 보험업자 제외)로서 관할 세무서장으로부터 반기별 납부의 승인을 받은 자이거나 국세청장으로부터 반기별 납부자로 지정을 받은 자에 한한다.

구분	원천징수세액의 귀속기간	원천징수세액의 납부기한
월별 납부자	소득 지급일	원천징수일이 속하는 달의 다음 달 10일까지
반기별 납부자	소득 지급일	• 원천징수일 1월~6월: 7월 10일까지 • 원천징수일 7월~12월: 다음 연도 1월 10일까지

단, 실제로 소득을 지급하지 않았지만 일정한 시기가 도래하면 지급한 것으로 간주하여 원천징수한다.

구분	종류	원천징수시기의 특례
배당소득	잉여금 처분에 의한 배당의 미지급분	잉여금 처분 결의일로부터 3개월이 되는 날
근로소득	미지급 근로소득	• 1월~11월분: 12월 31일 • 12월분: 다음 연도 2월 말일
	잉여금 처분에 의한 상여금의 미지급분	잉여금 처분 결의일로부터 3개월이 되는 날
소득처분된 소득	배당 · 상여 · 기타소득으로 처분된 소득	법인이 신고한 경우 법인세 과세표준의 신고일 또는 수정신고일

① **원천징수 이행상황 신고서**: 원천징수의무자는 소득 지급일의 다음 달 10일까지 원천징수한 세액을 반드시 원천징수 이행상황 신고서에 작성하여 세무서에 신고해야 한다.

② **지급명세서**: 원천징수의무자는 납세의무자(소득자)의 인적사항, 지급금액, 지급시기 등을 기재한 과세자료, 즉 원천징수금액에 대해 지급명세서를 작성하여 세무서에 반드시 제출해야 한다.

구분	지급명세서 제출기한
근로소득 · 사업소득 · 퇴직소득, 기타소득 중 종교인소득 및 봉사료	그 지급일이 속하는 연도의 다음 연도 3월 10일까지
이자소득 · 배당소득 · 연금소득, 종교인소득 및 봉사료 이외 기타소득	그 지급일이 속하는 연도의 다음 연도 2월 말일까지
휴업 또는 폐업한 경우	휴업일 또는 폐업일이 속하는 달의 다다음 달 말일까지(2개월 이내)
근로소득 중 일용근로자의 근로소득	그 지급일이 속하는 달의 다음 달 말일까지

③ **간이지급명세서**: 소득세 납세의무가 있는 개인에게 다음의 어느 하나에 해당하는 소득을 국내에서 지급하는 자는 간이지급명세서를 원천징수 관할 세무서장, 지방국세청장 또는 국세청장에게 제출하여야 한다.

제출대상 소득	제출기한
근로소득(일용직 제외)	지급일이 속한 반기 마지막 달의 다음달(1,7월)말일
원천징수 대상 사업소득*1	지급일이 속한 달의 다음 달 말일
인적용역 기타소득*2	

*1 부가가치세가 면제되는 인적용역 및 의료보건용역을 통해 얻는 소득
*2 다음의 인적용역을 일시적으로 제공하고 대가를 수취하여 발생하는 기타소득
- 고용관계 없이 다수인에게 강연을 하고 강연료 등 대가를 받는 용역
- 라디오 · TV방송 등을 통하여 해설 · 계몽 또는 연기의 심사 등을 하고 보수 등의 대가를 받는 용역
- 변호사, 공인회계사, 세무사, 건축사, 변리사 등이 그 지식 등을 활용하여 보수 등의 대가를 받고 제공하는 용역
- 그 외 고용관계 없이 수당 등의 대가를 받고 제공하는 용역

연습문제

다음 중 지급일이 속하는 달의 다음 달 말일까지 간이지급명세서를 제출하여야 하는 소득으로 옳지 않은 것은? 기출 117회

① 고용관계 없이 일시적으로 다수인에게 강연을 한 강연자에게 지급한 강연료
② 원천징수 대상 사업소득
③ 계약의 위약이나 해약으로 인하여 지급한 위약금과 배상금
④ 라디오를 통하여 일시적으로 해설 · 계몽을 하고 지급한 보수

| 정답 및 해설 |

③ • 계약의 위약이나 해약으로 인하여 지급하는 위약금과 배상금은 지급일이 속하는 연도의 다음 연도 2월 말일까지 지급명세서를 제출하는 소득이다.
• '인적용역' 기타소득을 지급하는 자는 소득 지급일이 속하는 달의 다음 달 말일까지 간이지급명세서(거주자의 기타소득)를 제출해야 한다.

합격을 다지는 실전문제 p.420

THEME 07 소득금액계산의 특례

1. 공동사업에 대한 소득금액계산 특례

(1) 공동사업장의 소득금액계산

사업소득이 발생하는 공동사업은 공동사업장을 1거주자로 간주하여 소득금액(또는 결손금)을 계산한다. 1거주자로 보아 계산된 소득금액(또는 결손금)을 구성원에게 분배하여 구성원의 다른 소득과 합산하여 과세된다.

(2) 소득금액의 분배

① 원칙 – 손익분배비율에 의한 소득분배: 공동사업에서 발생한 소득금액과 가산세액 및 원천징수세액은 공동사업자의 손익분배비율에 따라 분배한다.

② 예외 – 공동사업합산과세: 거주자 1인과 특수관계인*이 공동사업자에 포함되어 있는 경우로서 조세회피 목적으로 공동사업을 영위하면 원칙에 불구하고 당해 특수관계인의 소득금액은 주된 공동사업자의 소득금액으로 본다. 공동사업장에서 발생한 사업소득만 합산 대상이며 이자 · 배당 등 다른 소득은 합산 대상이 아니다.

* 특수관계인이란 해당 거주자의 친족, 해당 거주자의 종업원 또는 그 종업원과 생계를 같이하는 친족 등을 말하며, 주된 공동사업자의 특수관계인은 그의 손익분배비율에 해당하는 소득금액을 한도로 주된 공동사업자와 연대납세의무를 부담한다.

+ 주된 공동사업자 판단기준

㉠ 손익분배비율이 큰 공동사업자
㉡ ㉠의 비율이 같은 경우에는 공동사업소득 외의 종합소득금액이 많은 자
㉢ ㉡의 금액이 같은 경우에는 직전 과세기간의 종합소득금액이 많은 자
㉣ ㉢의 금액이 같은 경우에는 종합소득 과세표준을 신고한 자
㉤ ㉣의 신고가 없는 경우에는 납세지 관할 세무서장이 정하는 자

(3) 기타규정

① 원천징수세액의 배분: 공동사업장에서 발생한 소득금액에 대하여 원천징수된 세액은 각 공동사업자의 손익분배비율에 따라 분배한다(단, 손익분배비율이 없는 경우 지분비율에 따라 분배).

② 기장의무와 사업자등록 등: 공동사업장을 1거주자로 보아 관련 규정을 적용한다. 만약, 구성원의 동일한 공동사업장이 둘 이상이면 직전연도의 수입금액을 합산하여 기장의무를 판단한다.

③ 기업업무추진비 및 기부금의 한도 계산: 공동사업장을 1거주자로 보아 한도액을 계산한다[기업업무추진비 기본 한도: 1,200만원(중소기업 3,600만원)].

꿀팁 공동사업장에 대한 소득금액 계산은 그 공동사업장을 1거주자로 보기 때문에 기업업무추진비 한도 시부인 계산도 공동사업장을 1거주자로 보고 계산한다.

④ 관할 관청(결정 및 경정권자): 대표공동사업자의 주소지 관할 세무서장(공동사업장 소재지 관할 세무서장 ×)

⑤ 공동사업장과 관련 없는 신고불성실 가산세 · 납부지연 가산세 및 무기장 가산세: 각 공동사업자 개인별 부과(∵ 거주자별로 신고 · 납부함)

⑥ 결손금 · 이월결손금의 통산: 공동사업장에서 발생한 결손금은 각 공동사업자별로 분배되어 그들의 다른 소득금액과 통산하며 해당 과세기간에 공제받지 못한 결손금은 각 공동사업자별로 이월된다. 즉, 이월결손금은 공동사업장 단위로 이월되지 않는다.

연습문제

다음은 소득세법상 공동사업과 관련한 설명이다. 옳은 것을 모두 고르시오. 기출 83회

가. 공동사업자 각 구성원의 다른 개별 사업장도 통합하여 하나의 사업장으로 본다.
나. 공동사업을 경영하는 각 거주자 간에 약정된 손익분배비율이 없는 경우 지분비율에 의해 분배한다.
다. 공동사업장에서 발생한 결손금은 공동사업장 단위로 이월되거나 이월결손금 공제 후 배분한다.
라. 구성원의 동일한 공동사업장이 셋 이상인 경우에는 각각의 공동사업장은 직전연도의 수입금액을 기준으로 기장의무를 판단한다.

① 없음 ② 나
③ 가, 다 ④ 나, 라

| 정답 및 해설 |

② 가. 각 구성원의 다른 개별 사업장 또는 다른 공동사업장과는 별개로 본다.
다. 공동사업장에서 발생한 결손금은 공동사업장 단위로 이월되거나 이월결손금 공제 후 소득금액을 배분하는 것이 아니라 각 공동사업자별로 분배되어 공동사업자 각각의 다른 소득금액과 통산한다.
라. 구성원의 동일한 공동사업장이 둘 이상이면 직전연도의 수입금액을 합산하여 기장의무를 판단한다.

2. 결손금과 이월결손금의 공제

(1) 결손금의 공제

결손금이란 사업자가 비치 · 기록한 장부에 의하여 해당 과세기간의 사업소득금액을 계산할 때 발생한 해당 과세기간의 필요경비가 총수입금액을 초과한 금액을 말한다. 이자소득 · 배당소득 · 퇴직소득은 필요경비를 인정하지 않으므로 결손금이 발생하지 않으며, 근로소득과 연금소득은 근로소득공제와 연금소득공제를 차감하므로 결손금이 발생하지 않는다. 기타소득의 경우 필요경비를 차감하나 소득의 성격상 결손금이 발생할 가능성이 거의 없어 관련 규정이 없다.

구분	처리방법
일반사업에서 발생한 결손금*1	• 결손금 공제순서: 근로소득금액*2 → 연금소득금액 → 기타소득금액 → 이자소득금액 → 배당소득금액 • 공제하고 남은 결손금은 그 이후 과세기간으로 이월시킴(이월결손금)
부동산임대업에서 발생한 결손금*3	해당 과세기간의 다른 소득금액에서 공제하지 않고 그 이후 과세기간으로 이월시킴

*1 부동산임대업을 제외한 사업에서 발생한 결손금으로서 부동산임대업에서 발생한 소득금액이 있는 경우에는 이를 공제하고 남은 결손금을 말한다.
*2 사업자에게 비주거용 부동산 임대업의 소득금액이 있는 경우에는 일반사업소득(주거용 건물 임대업 포함)에서 발생한 결손금을 근로소득에서 공제하기 전에 비주거용 부동산 임대업의 소득금액에서 먼저 공제한다. 예를 들어, 비주거용 부동산 임대업의 소득금액이 100원이고 일반사업소득(주거용 건물 임대업 포함)에서 발생한 결손금이 200원이라면 결손금 200원은 근로소득에서 공제하기 전에 비주거용 부동산 임대업 100원에서 먼저 공제하는 것이다.
*3 주거용 건물 임대업에서 발생한 결손금은 부동산임대업에서 발생한 결손금이 아닌 일반사업소득에서 발생한 결손금으로 보아 결손금과 이월결손금의 공제규정을 적용한다.

(2) 이월결손금의 공제

이월결손금(자산수증이익 및 채무면제이익으로 충당된 것은 제외)은 해당 이월결손금이 발생한 과세기간의 종료일부터 15년* 이내에 끝나는 과세기간의 소득금액을 계산할 때 먼저 발생한 과세기간의 이월결손금부터 순서대로 다음에 따라 공제한다.

구분	처리방법
일반사업에서 발생한 이월결손금	해당 과세기간의 일반사업소득금액에서 먼저 공제하고 남은 금액을 '근로소득금액 → 연금소득금액 → 기타소득금액 → 이자소득금액 → 배당소득금액' 순으로 공제
부동산 임대업에서 발생한 이월결손금	해당 과세기간의 부동산 임대업의 소득금액에서만 공제
이월결손금의 공제배제	• 원칙: 추계 신고 또는 추계 조사를 결정하는 때에는 이월결손금을 공제하지 않음 • 예외: 천재지변 등 불가항력으로 장부 등이 멸실되어 추계 신고 또는 추계결정하는 때에는 공제할 수 있음

* 결손금 공제기간

구분	2020년 이후	2009년~2019년	2008년 이전
공제기간	15년	10년	5년

(3) 결손금 간 공제순서

결손금 및 이월결손금이 동시에 존재하는 경우 다음의 순서로 공제한다.

① 일반사업에서 발생한 당기결손금

② 일반사업에서 발생한 이월결손금

③ 부동산 임대업에서 발생한 이월결손금

연습문제

다음 소득세법상 결손금과 이월결손금의 공제에 대한 설명 중 옳지 않은 것은? 기출 72회 수정

① 주거용 건물의 임대사업에서 발생한 결손금은 다른 소득금액에서 공제하지 않고 다음 과세기간으로 이월시킨다.

② 2020년 1월 1일 이후 최초로 발생하는 결손금은 15년간 이월공제가 가능하다.

③ 결손금 및 이월결손금을 공제할 때 해당 과세기간에 결손금이 발생하고 이월결손금이 있으면 그 과세기간의 결손금을 먼저 소득금액에서 공제한다.

④ 추계 신고나 추계 조사를 결정하는 경우 원칙적으로 이월결손금 공제를 하지 않는다.

| 정답 및 해설 |

① 주거용 건물에서 발생한 결손금은 해당 사업소득금액(부동산 임대업 소득금액 포함)을 계산할 때 먼저 공제하고, 남은 금액은 근로소득금액, 연금소득금액, 기타소득금액, 이자소득금액, 배당소득금액에서 순서대로 공제한다.

3. 결손금의 소급공제

중소기업을 경영하는 거주자가 그 중소기업의 사업소득금액을 계산할 때 해당 과세기간의 결손금(부동산 임대업에서 발생한 결손금은 제외)이 발생하면 직전 과세기간의 사업소득에 부과된 종합소득결정세액을 한도로 하여 다음의 요건을 모두 충족할 경우 환급을 신청할 수 있다.

① 중소기업의 일반사업소득(부동산 임대업 제외)에서 발생한 결손금

② 결손금이 발생한 과세기간과 그 직전 과세기간의 소득세를 기한 내에 신고

③ 과세표준 확정신고기한 내에 소득공제 환급 신청

④ 직전연도에 납부한 세액이 존재

합격을 다지는 실전문제 p.423

THEME 08 종합소득공제와 세액공제 중요

▸ 최신 30회 중 9문제 출제

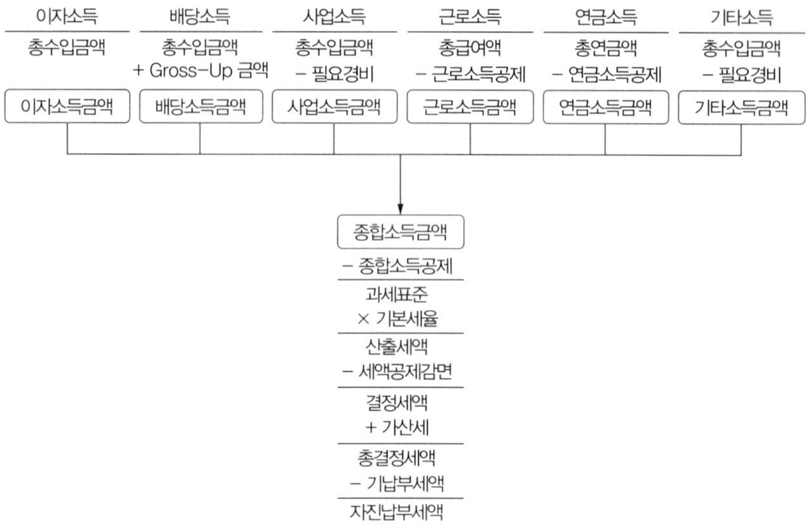

+ 기본세율 – 8단계 초과 누진세율

과세표준	산출세액
1,400만원 이하	과세표준의 6%
1,400만원 초과 5,000만원 이하	84만원 + 1,400만원 초과액의 15%
5,000만원 초과 8,800만원 이하	624만원 + 5,000만원 초과액의 24%
8,800만원 초과 1억 5천만원 이하	1,536만원 + 8,800만원 초과액의 35%
1억 5천만원 초과 3억원 이하	3,706만원 + 1억 5천만원 초과액의 38%
3억원 초과 5억원 이하	9,406만원 + 3억원 초과액의 40%
5억원 초과 10억원 이하	1억 7,406만원 + 5억원 초과액의 42%
10억원 초과	3억 8,406만원 + 10억원 초과액의 45%

1. 종합소득공제

인적공제 + 연금보험료공제 + 특별소득공제(보험료공제 + 주택자금공제) + 주택담보노후연금 이자비용 소득공제 + 기타소득공제(신용카드 사용금액에 대한 소득공제)

(1) 인적공제(기본공제 + 추가공제)

① **기본공제**: 종합소득이 있는 거주자에 대하여는 기본공제 대상자 수에 1인당 연 150만원을 곱하여 계산한 금액을 근로자 본인의 해당 연도의 종합소득금액에서 공제한다. 거주자의 부양가족이 다른 거주자의 부양가족에 해당되는 경우에는 이를 어느 한 거주자의 종합소득에서만 공제해야 한다.

- **연령요건(20세 이하, 60세 이상)**: 부양가족 중 배우자와 장애인은 연령요건의 제한을 받지 않는다. 20세 이하는 20세가 되는 날과 그 이전 기간을 의미한다.

• 소득금액요건(종합소득금액+양도소득금액+퇴직소득금액이 100만원 이하)

소득의 구분		소득금액*	충족 여부
근로소득	상용근로자	총급여액이 500만원 이하	○
	일용근로자	무조건 분리과세	○
금융소득	분리과세	2,000만원 이하	○
기타소득	필요경비 60% 의제	일시적인 문예창작소득(강연료와 원고료)이 250만원 이하	○
	무조건 분리과세	복권 등 당첨금액	○
	선택적 분리과세	기타소득금액이 300만원 이하	○
연금소득	선택적 분리과세	분리과세를 선택한 사적연금액(공적연금 제외)	○
사업소득	선택적 분리과세	과세되는 총수입금액이 2,000만원 이하인 주택 임대소득	○
	과세 제외	식량 작물 재배업 소득이 있는 경우	○

* 소득금액은 총수입금액이 아니라 필요경비를 공제한 후의 금액으로, 비과세소득과 분리과세소득은 제외한다.

② 추가공제: 기본공제 대상자에 한하며 중복하여 적용 가능하다.

구분	추가공제 대상자	추가공제사유	공제액
경로우대자공제	기본공제 대상자	70세 이상	100만원
장애인공제		장애인	200만원
부녀자공제	당해 거주자	해당 과세기간의 종합소득금액이 3,000만원 이하인 거주자 중 • 배우자가 없는 여성으로서 기본공제 대상 부양가족이 있는 세대주 • 배우자가 있는 여성	50만원
한부모소득공제*	당해 거주자	배우자가 없는 자로서 기본공제 대상자인 직계비속 또는 입양자가 있는 경우	100만원

* 부녀자공제와 한부모소득공제가 중복되는 경우 한부모소득공제만 적용한다.

연습문제

다음 중 소득세법상 종합소득공제에 대한 설명이다. 옳지 않은 것은? 기출 99회

① 총급여 5,000,000원의 근로소득만 있는 45세의 배우자는 기본공제 대상자에 해당한다.
② 종합소득이 있는 거주자와 생계를 같이하면서 퇴직소득금액이 2,000,000원이 있는 32세의 장애인인 형제는 기본공제 대상자에 해당하지 않는다.
③ 기본공제 대상자가 아닌 자는 추가공제 대상자가 될 수 없다.
④ 배우자가 사업소득금액 70만원과 일용직이 아닌 근로소득금액 50만원이 있는 경우에는 배우자공제를 받을 수 있다.

| 정답 및 해설 |

④ 소득금액의 합계액이 100만원(근로소득만 있으면 총급여 500만원) 이하면 공제할 수 있다.

(2) 연금보험료공제

종합소득이 있는 거주자가 공적연금 관련법에 따른 기여금 또는 개인 부담금(이하 '연금보험료')을 납입한 경우 해당 과세기간의 종합소득금액에서 그 과세기간에 납입한 연금보험료를 공제한다. 다만, 종합소득공제액이 종합소득금액을 초과하면 그 초과하는 금액을 한도로 연금보험료를 공제하지 않은 것으로 본다. 연금보험료는 연금가입자에게 유리하도록 다른 공제보다 후순위에 공제하는 것이며, 납입 시 연금보험료를 공제하지 않은 금액은 수령 시 과세하지 않기 때문이다.

(3) 주택담보노후연금 이자비용 소득공제

연금소득이 있는 거주자가 법령으로 정한 요건[가입 당시 담보권 설정대상이 되는 주택(배우자 명의 주택 포함)이 기준시가 12억원 이하일 것 등]을 갖춘 주택담보노후연금*을 받은 경우에는 다음의 금액을 해당 과세기간 연금소득금액에서 공제한다.

> 주택담보노후연금 이자비용 소득공제액 = Min(①, ②, ③)
> ① 받은 주택담보노후연금에 대하여 해당 과세기간에 발생한 이자비용 상당액
> ② 200만원
> ③ 연금소득금액

* 주택담보노후연금(역모기지)이란 금융기관이 고령자 소유의 주택을 담보로 제공받고 고령자에게 매월 연금방식으로 노후생활자금을 지급해 주는 대출을 말한다.

(4) 특별 소득공제

① 보험료공제: 근로소득이 있는 거주자가 해당 과세기간에 「국민건강보험법」, 「노인장기요양보험법」 및 「고용보험법」에 따라 근로자가 부담하는 보험료를 지급한 경우 그 금액을 해당 과세기간의 근로소득금액에서 공제한다.

② 주택자금공제

- 적용 대상자: 근로소득이 있는 거주자와 세대주로, 세대주 여부는 과세기간 종료일 현재의 상황에 따르며 주택마련저축공제를 제외한 주택자금공제는 세대주가 해당 공제를 받지 않은 경우에는 근로소득이 있는 세대의 구성원이 주택자금공제를 적용받을 수 있다.
- 공제금액

개정세법 반영

구분	내용	공제금액
주택마련 저축공제	• 총급여 7,000만원 이하 근로자인 무주택 세대주 및 그 배우자에 한하여 적용 • 연 납입액이 300만원을 초과하면 그 초과 금액은 없는 것으로 봄	납입액×40%
주택임차차입금 원리금 상환액	• 과세기간 종료일 현재 주택을 소유하지 않은 세대의 세대주(세대주가 주택 관련 공제를 받지 않은 경우 세대구성원 중 근로소득이 있는 자도 공제 가능)가 국민주택규모의 주택(오피스텔 포함)을 임차하여 발생하는 금액에 한하여 적용 • 대부업을 하지 않는 거주자로부터의 차입금: 총급여액이 5,000만원 이하인 자만 공제	납입액×40%
장기주택저당 차입금 이자 상환액	근로소득이 있는 거주자로서 주택을 소유하지 않거나 1주택을 보유한 세대의 세대주(세대주가 주택 관련 공제를 받지 않은 경우 세대구성원 중 근로소득이 있는 자도 공제 가능)가 취득 당시 주택의 기준시가 6억원 이하인 주택을 취득하기 위하여 그 주택에 저당권을 설정하고 금융회사 등으로부터 차입한 경우에 한하여 적용	납입액×100%

③ 기타소득공제 – 신용카드 등 사용금액 소득공제

구분	내용
적용 대상자	근로소득이 있는 거주자(일용근로자 제외)로서 신용카드 등 사용금액이 총급여액의 25%(최저 사용금액)를 초과하는 경우
적용 대상 결제방식	• 신용카드를 사용하여 그 대가를 지급하는 금액 • 현금영수증에 기재된 금액 • 직불카드, 기명식 선불카드, 직불전자지급수단, 기명식 선불전자지급수단 및 기명식 전자화폐(이하 '직불카드 등')를 사용하여 그 대가를 지급하는 금액

신용카드 사용자	• 근로소득자 본인 • 배우자로서 연간 소득금액의 합계액이 100만원 이하인 자(총급여액 500만원 이하의 근로소득만 있는 경우 포함) • 생계를 함께하는 직계존비속(연령요건 ×) 중 연간 소득금액의 합계액이 100만원 이하인 자(총급여액 500만원 이하의 근로소득만 있는 경우 포함)

꿀팁 신용카드 사용금액 소득공제는 카드 명의자 기준으로 공제 여부를 파악하며, 형제 · 자매의 신용카드 사용액은 공제되지 않는다.

+ 신용카드 소득공제 제외 대상 자료

구분	공제대상이 아닌 사용액
비정상적 사용액	가공거래 또는 위장가맹점 명의 등 비정상적인 사용액
이중공제 방지	• 사업소득 및 법인의 비용(회사경비)으로 사용한 금액 • 보험료 • 교육비(사교육비, 취학전 아동에 대한 학원수강료 · 체육시설교습비, 중고교 교복구입비는 이중공제 ○) • 기부금 • 세액공제를 적용받은 월세액 [비교] 의료비세액공제와 신용카드 등 사용금액 소득공제는 중복적용
신용카드 등 결제 외의 방법으로 확인가능	• 국세 · 지방세, 전기료 · 수도료 · 전화료(정보사용료 · 인터넷사용료 포함) · 아파트관리비 · 텔레비전시청료(종합유선방송의 이용료 포함) · 도로통행료 • 취득세 또는 등록면허세가 부과되는 재산(중고자동차 제외)의 구입비용 [비교] 중고자동차 구입금액의 10%는 공제 ○ • 리스료(자동차 대여사업의 자동차대여료 포함) • 차입금 이자상환액, 증권거래수수료 등 금융 · 보험용역과 관련한 지급액, 수수료, 보증료 및 이와 비슷한 대가
기타	• 국외에서의 신용카드 사용액 • 상품권 등 유가증권 구입비 • 보세판매장, 지정면세점, 선박 · 항공기에서 판매하는 면세물품의 구입비용 • 가상자산거래에 대하여 가상사업자에게 지급하는 대가 등

2. 세액공제

구분	세액공제의 종류	이월공제
소득세법	자녀 세액공제	–
	연금계좌 세액공제	–
	특별 세액공제	–*
	배당 세액공제	–
	근로소득 세액공제	–
	외국납부 세액공제	10년간 이월공제
	재해손실 세액공제	–
	기장 세액공제	–
	전자계산서 발급 · 전송에 대한 세액공제	–
조세특례제한법	정치자금에 대한 세액공제	–
	월세액 세액공제	–
	결혼 세액공제	–

* 특별 세액공제 중 특례 · 일반기부금 세액공제의 한도 초과 미공제분은 10년간 이월공제를 할 수 있다.

개정세법 반영

(1) 자녀 세액공제

① 일반공제: 종합소득이 있는 거주자의 기본공제 대상자에 해당하는 8세 이상의 자녀 및 손자녀*(입양자와 위탁아동 및 손자 손녀)에 대하여는 다음의 금액을 종합소득 산출세액에서 공제한다.

8세 이상 공제 대상자녀 및 손자녀 수	공제금액
1명	연 25만원
2명	연 55만원(연 25만원+연 30만원)
3명 이상	연 55만원+(2명 초과인원수)×연 40만원

* 만 8세 미만의 아동에게는 월 10만원의 아동수당을 지급하므로 자녀 세액공제를 적용하지 않는다.

② 출산·입양 세액공제: 종합소득이 있는 거주자가 해당 연도에 출생한 직계비속·입양 신고한 입양자가 있으면 다음의 금액을 종합소득 산출세액에서 공제한다.

출산·입양한 자녀 수	공제금액
첫째 출산·입양	30만원
둘째 출산·입양	50만원
셋째 출산·입양	70만원

(2) 연금계좌 세액공제

종합소득이 있는 거주자가 다음 중 연금저축계좌와 퇴직연금계좌에 납입한 금액이 있으면 납입금액의 12%(또는 15%)에 해당하는 금액을 해당 과세기간의 종합소득 산출세액에서 공제한다.

① 세액공제 대상 연금계좌 납입액의 계산: 세액공제 대상 연금계좌 납입액=㉠+㉡

㉠ Min[ⓐ, ⓑ]

ⓐ Min[연금저축계좌 납입액, 연 600만원 한도]+퇴직연금계좌 납입액

ⓑ 한도: 연 900만원

㉡ Min[ⓐ, ⓑ]

ⓐ 개인종합자산관리(ISA)계좌의 연금계좌 전환금액×10%

ⓑ 한도: 연 300만원

② 연금계좌 세액공제액의 계산

구분	연금계좌 세액공제액
해당 과세기간의 종합소득금액이 4,500만원 이하*	세액공제 대상 연금계좌 납입액×15%
이외의 거주자	세액공제 대상 연금계좌 납입액×12%

* 근로소득만 있는 경우에는 총급여액이 5,500만원 이하인 거주자로 한다.

(3) 특별세액공제

① 근로소득이 있는 자(일용근로자는 제외)

구분	특별 세액공제
항목별 세액공제*[1]를 신청한 경우	보험료 세액공제+의료비 세액공제+교육비 세액공제+기부금 세액공제
특별소득공제*[2], 항목별 세액공제*[1], 월세 세액공제를 신청하지 않은 경우	표준 세액공제 연 13만원

*[1] 항목별 세액공제=보험료 세액공제+의료비 세액공제+교육비 세액공제+기부금 세액공제

*[2] 특별 소득공제=공적보험료공제+주택자금공제

② 근로소득이 없는 자

구분	특별 세액공제
소득세법상 성실사업자*	표준 세액공제(연 12만원)+기부금 세액공제
조세특례제한법상 성실사업자* 또는 성실신고확인대상 사업자	• 의료비 세액공제, 교육비 세액공제, 월세 세액공제를 신청 ○: 의료비 세액공제+교육비 세액공제+월세 세액공제+기부금 세액공제 → 보험료 세액공제 적용 × • 의료비 세액공제, 교육비 세액공제, 월세 세액공제를 신청 ×: 표준 세액공제(성실사업자 연 12만원, 그 밖의 자 연 7만원)+기부금 세액공제
위 외의 자	표준 세액공제(연 7만원)+기부금 세액공제

* 성실사업자란 법령으로 정한 요건을 갖춘 사업자를 말하며 소득세법상 성실사업자보다 조세특례제한법상 성실사업자 요건이 더 까다롭다.

③ 보험료 세액공제

구분	내용
공제 대상자	근로소득자(일용근로자 제외)가 기본공제 대상자(연령 및 소득 제한 ○)를 위하여 보장성 보험료를 지급한 경우
세액공제액	보험료 세액공제액=㉠+㉡ ㉠ 장애인 전용 보장성 보험료: Min[보험료 지급액, 연 100만원(한도)]×15% ㉡ 일반보장성 보험료: Min[보험료 지급액, 연 100만원(한도)]×12%
기타사항	• 기본공제 대상자가 아닌 가족 명의로 계약한 보험료, 태아보험료는 공제 × • 저축성 보험료(불입액<만기환급금)는 공제 × • 하나의 보험상품 중 장애인 전용 보장성 보험과 일반보장성 보험은 동시 적용 ×

④ 의료비 세액공제

구분	내용
공제 대상자	근로소득자(일용근로자 제외)가 기본공제 대상자(연령 및 소득 제한 ×)를 위하여 공제 대상 의료비(실손의료보험금을 지급받은 경우 그 실손의료보험금은 제외)를 지급한 경우
세액공제액	의료비 세액공제액=(㉠×30%)+(㉡×20%)+{(㉢+㉣)×15%} ㉠ 난임시술비(난임시술 관련 의약품 구입비용 포함) ㉡ 미숙아 및 선천성 이상아를 위하여 지급한 의료비 ㉢ 본인 · 장애인 · 과세기간 개시일 현재 6세 이하인 사람 · 과세기간 종료일 현재 65세 이상인 사람 및 건강보험산정특례자에 해당하는 중증질환자 · 희귀난치성질환자 또는 결핵환자에 대한 의료비 ㉣ Min[위 ㉠, ㉡, ㉢ 외의 의료비－총급여액×3%, 연 700만원(한도)] • 단, ㉣의 금액이 (－)인 경우에는 ㉢의 금액에서 차감한다. • ㉢+㉣의 금액이 총급여액의 3%에 미달하는 경우에는 그 미달하는 금액을 ㉡의 금액에서 차감한다. • ㉡+㉢+㉣의 금액이 총급여액의 3%에 미달하는 경우에는 그 미달하는 금액을 ㉠의 금액에서 차감한다.
기타사항	• 국외 의료기관의 의료비, 진단서 발급비용, 간병비는 공제 × • 미용 · 성형수술을 위한 비용 및 건강 증진을 위한 의약품(보약 포함)은 공제 × • 안경, 콘택트렌즈 구입비는 1인당 50만원 한도로 공제(단, 보청기는 한도 없음) • 임신 관련 비용, 치과 스케일링 및 임플란트, 라식 관련 의료비, 예방접종, 건강진단비용은 공제 가능 • 산후조리원 의료비 세액공제(출산 1회당 200만원 한도) • 장애인활동지원급여* 비용 중 실제 지출한 본인부담금 공제 ○

*「장애인활동 지원에 관한 법률」에 따라 수급자에게 제공하는 활동보조, 방문간호, 방문목욕 등의 서비스

연습문제

다음 중 소득세법상 의료비 세액공제의 대상이 되는 의료비 지출액이 아닌 것은? 기출 82회

① 시력 보정용 안경 구입비
② 진찰 · 치료 · 질병 예방을 위하여 의료기관에 지급한 비용
③ 건강 증진을 위한 의약품 구입비
④ 보청기를 구입하기 위하여 지출한 비용

| 정답 및 해설 |

③ 건강 증진을 위한 의약품 구입비는 의료비 세액공제 대상이 아니다.

③ 교육비 세액공제

구분	내용
공제 대상자	근로소득자(일용근로자 제외)가 기본공제 대상자(연령 제한 ×, 소득 제한 ○)인 배우자 · 직계비속 · 입양자 · 위탁아동 · 형제 · 자매를 위하여 교육비를 지급한 경우(단, 직계존속에 대한 교육비 공제 ×)
세액공제액	교육비 세액공제액=Min[㉠, ㉡]×15% ㉠ 교육비 지급액－학자금 · 장려금 · 지원금(소득세 비과세분) ㉡ 적용 대상자별 한도액(대학생 1명당 연 900만원, 취학 전 아동 · 초 · 중 · 고등학생 1명당 연 300만원. 단, 본인과 장애인 특수 교육비는 한도 없음)
기타사항	• 대학원 교육비, 직업능력개발훈련시설에서 실시하는 직업능력개발훈련을 위하여 지급한 수강료(근로자수강지원금 제외) 및 법에 정한 학자금 대출의 원리금 상환에 지출한 교육비는 근로자 본인에게 지급한 금액만 공제 ○ • 국외 교육비, 학교 급식비, 방과 후 수업료(교재비 포함), 교과서 구입비, 중 · 고등학생 교복(1인당 50만원), 초 · 중 · 고등학생의 체험학습비(1인당 30만원), 대학수학능력시험 응시수수료, 대학 입학 전형료는 공제 가능(단, 사교육비, 학습지, 학생회비, 기숙사비, 학교통학버스비 및 어학연수비는 공제 ×) • 직계존속(부, 모, 장인, 장모 등)의 교육비는 공제 ×(단, 장애인 특수 교육비는 공제 가능) • 취학 전 아동의 학원비 또는 어린이집은 공제 가능, 초 · 중 · 고등학생의 학원비는 공제 ×

개정세법 반영

④ **기부금 세액공제**: 소득세법상 특별 세액공제에 해당하는 기부금 세액공제 대상 기부금은 특례기부금과 일반기부금을 말한다. 정치자금 · 고향사랑 · 우리사주조합기부금에 대한 세액공제는 「조세특례제한법」상 세액공제에 해당하며 「조세특례제한법」상 세액공제는 표준 세액공제와 중복 적용이 가능하다.

<table>
<tr><th>구분</th><th colspan="2">내용</th></tr>
<tr><td>공제 대상자</td><td colspan="2">거주자*1와 기본공제 대상자(연령의 제한은 없으나 다른 거주자의 기본공제를 적용받는 사람은 제외)가 해당 과세기간에 지급한 기부금</td></tr>
<tr><td rowspan="4">특례기부금과 일반기부금</td><td>구분</td><td>종류</td></tr>
<tr><td>특례기부금</td><td>국가 및 지방자치단체, 사회복지공동모금회, 대한적십자사, 문화예술진흥기금에 지출한 기부금, 국방헌금과 위문금품, 천재지변으로 생긴 이재민 구호금품, 「정치자금법」에 의하여 정당에 기부한 정치자금 중 10만원을 초과하는 금액, 특별재난지역 자원봉사 용역의 가액(8시간 기준 1일당 8만원 공제) 등</td></tr>
<tr><td>일반기부금</td><td>한국세무사회 공익재단, 유니세프 기부금, 세이브더칠드런, 사회복지법인, 문화예술단체, 노동조합비, 종교단체기부금 등</td></tr>
<tr><td colspan="2">꿀팁 불우이웃돕기 기부금, 동창회비, 동문회비, 종친회 기부금 등 열거되어 있지 않은 기부금은 공제 ×</td></tr>
</table>

공제 대상 기부금	공제 대상 기부금=한도 내 특례기부금+한도 내 우리사주조합기부금+한도 내 일반기부금−사업소득금액 계산 시 필요경비 산입 기부금 • 특례기부금 한도액: (기준소득금액*2)×100% • 우리사주조합기부금 한도액: (기준소득금액*2−정치자금·고향사랑·특례기부금)×30% • 일반기부금 한도액 – 종교단체기부금이 없는 경우: ㉠×30% – 종교단체기부금이 있는 경우: ㉠×10%+Min[㉠×20%, ㉡] ㉠ 기준소득금액*2−정치자금·고향사랑·특례·우리사주조합기부금 ㉡ 종교단체 외에 지급한 일반기부금
세액공제액	기부금 세액공제액=Min[㉠, ㉡] ㉠ 공제 대상 기부금×15%+1천만원 초과 공제 대상 기부금×30% ㉡ 한도: 종합소득 산출세액−필요경비에 산입한 기부금이 있는 경우 사업소득금액에 대한 산출세액 꿀팁 2013년 1월 1일 이후 지출한 특례·일반기부금 중 한도초과액은 10년간 이월공제 ○

*1 기부금 세액공제는 근로소득이 없는 자도 공제받을 수 있지만 사업소득만 있는 자의 기부금은 세액공제를 적용받을 수 없고 필요경비에만 산입한다. 다만, 연말정산 대상 사업소득자(간편장부대상자인 보험모집인·방문판매원·음료품배달원)는 추계방식으로 소득금액을 계산하여 기부금을 필요경비에 산입할 수 없으므로 이들은 기부금 세액공제를 허용한다.

*2 기준소득금액=종합소득금액+사업소득금액 계산 시 필요경비에 산입한 기부금−원천징수세율을 적용받는 금융소득금액

연습문제

현행 소득세법에 따른 기본공제 대상자는 원칙적으로 다음의 요건을 모두 충족하는 자를 말한다. 이때 기본공제 대상자 요건 3가지를 모두 충족한 경우에 적용되는 특별 세액공제 항목은? 기출 82회

[기본공제 대상자 요건]
• 소득금액이 100만원 이하(근로소득만 있는 경우 총급여 500만원 이하)여야 한다.
• 생계를 같이 해야 한다.
• 나이가 20세 이하이거나 60세 이상이어야 한다.

① 일반보장성 보험료 세액공제
② 의료비 세액공제
③ 교육비 세액공제
④ 기부금 세액공제

| 정답 및 해설 |

① • 보험료 세액공제: 3가지 요건 모두 충족해야 한다.
• 의료비 세액공제: 소득금액과 나이요건은 무시한다.
• 교육비 세액공제: 나이요건은 무시한다.
• 기부금 세액공제: 나이요건은 무시한다.

개정세법 반영

+ 항목별 세액공제율

구분	세액공제율
연금계좌 세액공제	12%(단, 종합소득금액 4,500만원 이하 또는 근로소득만 있으면서 총급여액 5,500만원 이하인 경우는 15%)
보험료 세액공제	• 일반보장성 보험료: 12% • 장애인 전용 보장성 보험료: 15%
의료비 세액공제	15%(난임시술비는 30%, 미숙아 및 선천성 이상아 의료비는 20%)
교육비 세액공제	15%
기부금 세액공제	15%(단, 1천만원 초과분 30%)

연습문제

다음은 근로소득자인 이중앙 씨가 2025년에 지출한 내역이다. 다음 중 소득세법상 특별 세액공제율이 다른 항목은? (단, 제시된 항목은 항목별 한도 내의 세액공제 대상 금액이라 가정함) 기출 73회

① 본인의 자동차 보험료 50만원
② 총급여액이 500만원인 부모님(67세)의 입원비 200만원
③ 소득이 없는 고등학생 자녀의 교복 구입비 40만원
④ 본인이 지출한 특례기부금 100만원

| 정답 및 해설 |

① 보험료 세액공제율은 12%이며, 다른 항목의 세액공제율은 15%이다.

(4) 기타 세액공제

<table>
<tr><th>구분</th><th>내용</th></tr>
<tr><td>배당세액
공제</td><td>거주자의 종합소득금액에 배당소득금액(Gross-Up 금액)이 합산되어 있는 경우에는 종합소득 산출세액에서 배당세액공제를 적용받을 수 있음

총수입금액 - 비과세소득 · 분리과세소득은 제외
(−) 필요경비 - 배당소득은 필요경비를 인정하지 않음
(+) Gross-Up 금액 - 배당소득 총수입금액×10%(귀속법인세)
배당소득금액
⋮
(−) 배당세액공제 - 종합소득금액에 Gross-Up 금액이 합산된 경우만 적용</td></tr>
<tr><td>근로소득
세액공제*</td><td>근로소득이 있는 거주자에 대해서는 그 근로소득에 대한 종합소득 산출세액에서 근로소득 세액공제를 일정한 한도 내에서 적용받을 수 있음
<table><tr><th>근로소득 산출세액</th><th>세액공제액</th></tr><tr><td>130만원 이하</td><td>근로소득 산출세액×55%</td></tr><tr><td>130만원 초과</td><td>715,000원+(근로소득 산출세액−130만원)×30%</td></tr></table>
* 근로소득 세액공제=종합소득 산출세액×근로소득금액÷종합소득금액</td></tr>
<tr><td>외국납부
세액공제</td><td>거주자의 종합소득금액에 국외 원천소득이 합산되어 있는 경우 그 국외 원천소득에 대하여 국외에서 외국소득세액을 납부하였거나 납부할 것이 있는 때에는 국제적인 이중과세의 효과를 완화하기 위하여 외국납부세액공제를 적용받을 수 있음</td></tr>
<tr><td>재해손실
세액공제</td><td>사업자가 천재지변이나 기타 재해로 인하여 자산 총액의 20% 이상에 상당하는 자산을 상실하여 납세가 곤란하다고 인정되면 재해손실 세액공제를 적용받을 수 있음</td></tr>
<tr><td>기장세액
공제</td><td>간편장부 대상자가 종합소득 과세표준 확정신고를 할 때 복식부기에 따라 기장하여 소득금액을 계산한 경우에는 100만원을 한도로 기장세액공제를 적용받을 수 있음</td></tr>
<tr><td>정치자금
세액공제</td><td>본인이 정치자금을 기부한 경우 기부금액의 100/110에 해당하는 금액(한도 10만원)을 정치자금 세액공제로 적용하며, 10만원을 초과한 정치자금기부금은 다음과 같이 처리함
<table><tr><th>구분</th><th>정치자금 기부금의 처리</th></tr><tr><td>사업자인 거주자</td><td>10만원을 초과한 금액은 이월결손금을 차감한 후의 소득금액의 범위에서 필요경비에 산입함</td></tr><tr><td>사업자 외의 거주자</td><td>10만원을 초과한 금액은 해당 금액의 15%(3천만원 초과 시 25%)를 세액공제 적용함</td></tr></table></td></tr>
</table>

개정세법 반영

고향사랑기부금 세액공제	거주자가 기부자의 거주지 외 지방자치단체에 기부한 고향사랑기부금은 다음에 따라 계산한 금액을 이를 지출한 해당 과세연도의 종합소득산출세액에서 공제함 <table><tr><th>구분</th><th>공제액</th></tr><tr><td>10만원 이하</td><td>기부금액의 100/110 세액공제</td></tr><tr><td>10만원 초과 2,000만원 이하</td><td>• 사업자: 기준금액(이월결손금을 차감 후의 소득금액) 범위에서 필요경비에 산입 • 비사업자: '10만원×100/110+(기부금액－10만원)×15%*'을 세액공제</td></tr></table>* 특별재난지역으로 선포된 지방자치단체에 특별재난지역 선포일로부터 3개월 이내에 기부한 경우에는 30%
월세액 세액공제	• 대상자: 과세기간 종료일 현재 주택을 소유하지 않은 세대주(세대주가 월세액 세액공제 및 주택자금공제를 받지 않은 경우 세대의 구성원을 말하며 일정 외국인 포함)이면서 해당 과세기간의 총급여액이 8,000만원 이하, 종합소득금액이 7,000만원 이하인 근로소득자 • 세액공제액 : Min[월세액 지급액, 연 1,000만원 한도]×15%(또는 17%*) * 해당 과세기간의 총급여액이 5,500만원 이하의 근로소득이 있는 근로자(종합소득금액 4,500만원 초과 제외)의 경우 17%를 적용한다.
전자계산서 발급 · 전송에 대한 세액공제	전자계산서를 발급하고 전자계산서 발급명세를 전송기한까지 국세청장에게 전송하는 경우 사업소득에 대한 종합소득산출세액에서 전자계산서 발급 · 전송에 대한 세액공제를 적용함 • 대상자: 직전 과세기간의 사업장별 총수입금액이 3억원 미만인 사업자(해당 연도에 신규로 사업을 시작한 사업자 포함) • 세액공제액 : Min[전자계산서 발급 건 수×200원, 연 100만원(한도)]
결혼 세액공제	• 대상자: 거주자가 2026년 12월 31일 이전에 혼인신고를 한 경우 • 세액공제액: 1회에 한정하여 혼인신고한 날이 속하는 과세연도의 종합소득 산출세액에서 50만원 공제 • 추징: 혼인신고 후 그 혼인이 무효가 된 경우로 혼인무효의 소에 대한 판결이 확정된 날이 속하는 달의 다음 달부터 3개월이 되는 날까지 수정신고 또는 기한 후 신고를 한 경우에는 가산세는 부과하지 아니하되 다음의 이자상당액을 소득세에 가산하여 부과한다. 이자상당액＝50만원×종합소득 산출세액 신고기한 다음날부터 수정신고 등을 한 날까지의 기간×1일 0.022%

연습문제

다음은 종합소득세액의 계산에 대한 설명이다. 옳지 않은 것은?

① 일용근로자의 근로소득 세액공제액은 한도 없이 전액 공제한다.
② 사업소득이 있는 자가 천재지변, 그 밖의 재해로 자산 총액의 20% 이상에 상당하는 자산을 상실한 경우 재해손실 세액공제를 적용받을 수 있지만, 근로자는 재해손실 세액공제를 적용받을 수 없다.
③ 거주자의 종합소득금액에 국외 원천소득이 합산되어 있는 경우 외국납부 세액공제를 적용받을 수 있다.
④ 거주자의 종합소득금액에 Gross－Up 대상 배당소득금액이 합산되어 있는 경우 배당 세액공제와 배당세액의 필요경비 산입 중 하나를 선택하여 적용받을 수 있다.

| 정답 및 해설 |

④ 거주자의 종합소득금액에 Gross－Up 대상 배당소득금액이 합산되어 있으면 배당 세액공제만 적용받을 수 있다.

(5) 거주자 본인의 근로소득 유무에 따른 소득공제와 세액공제 적용 여부

구분			적용 여부 판단	
			근로소득이 있는 거주자	근로소득이 없는 거주자
소득공제	인적공제(기본+추가)		○	○
	연금보험료공제		○	○
	특별 소득공제(공적보험료+주택자금)		○	×
	신용카드 등 사용액		○	×
세액공제	자녀 세액공제		○	○
	연금계좌 세액공제(연금저축+퇴직연금)		○	○
	특별 세액공제	보험료	○	×
		의료비	○	×*1
		교육비	○	×*1
		기부금	○	○*2
	월세액 세액공제		○	×
	근로소득 세액공제		○	×
	결혼 세액공제		○	○

*1 성실사업자 등이 의료비 세액공제, 교육비 세액공제를 신청한 경우에는 공제가 가능하다.

*2 기부금 세액공제는 근로소득이 없는 자도 공제를 받을 수 있지만 사업소득만 있는 자의 기부금은 세액공제를 받을 수 없고 필요경비에만 산입한다.

합격을 다지는 실전문제 p.426

THEME 09 소득세법의 기타사항

▸ 최신 30회 중 5문제 출제

1. 소득세법상 주요 가산세

구분	적용요건	가산세액
지급명세서 불성실 가산세	지급명세서를 제출하여야 할 자가 지급명세서를 그 기한까지 미제출·허위기재제출·불분명 시	미제출·허위기재제출·불분명분 지급금액×1%(기한 후 3개월 이내 제출 시 0.5%)
증빙서류 수취 불성실 가산세 (증빙불비 가산세)	사업자(소규모사업자*·소득금액추계자 제외)가 건당 3만원 초과분에 해당하는 경비 등을 지출하고 적격증명서류(신용카드매출전표등)를 미수취하거나 사실과 다르게 받은 경우	적격증명서류 미수취금액·사실과 다르게 받은 금액×2%
영수증 수취명세서 제출 불성실 가산세	사업자(소규모사업자*·소득금액추계자 제외)가 영수증 수취명세서를 과세표준 확정신고기한까지 미제출·불분명 시	미제출·불분명분 지급금액×1%
무기장 가산세	사업자(소규모사업자* 제외)가 장부를 비치·기록하지 않았거나 기록하여야 할 금액에 미달하는 경우	종합소득 산출세액 $\times \frac{\text{무·미달기록 소득금액}}{\text{종합소득금액}} \times 20\%$
사업용 계좌 미사용 가산세	복식부기 의무자가 금융회사를 통한 대금결제 및 인건비·임차료 수수 시 사업용 계좌를 미사용한 경우	사업용 계좌 미사용 금액×0.2%
업무용승용차 관련 비용 명세서 제출 불성실 가산세	복식부기 의무자가 업무용승용차 관련 비용 명세서를 제출하지 않거나 허위로 제출하는 경우	• 미제출: 필요경비로 산입한 금액 중 미제출한 금액×1% • 허위제출: 필요경비로 산입한 금액 중 허위기재한 금액×1%

* 소규모사업자
  • 신규사업 개시자
  • 직전연도 사업소득의 수입금액 합계액이 4,800만원에 미달하는 자
  • 연말정산하는 사업소득만 있는 자

연습문제

다음 중 소득세법상 간편장부 대상자(소규모사업자가 아님)에게 적용되지 않는 가산세는 어떤 것인가? 기출 99회

① 법정증명서류 수취 불성실 가산세(증빙불비 가산세)
② 사업용 계좌 미신고 및 미사용 가산세
③ 장부의 기록 · 보관 불성실 가산세(무기장 가산세)
④ 원천징수 등 납부지연 가산세

| 정답 및 해설 |

② 사업용 계좌에 대한 가산세는 복식부기 의무자에 한하여 적용된다.

+ 증명서류 수취 불성실 가산세(증빙불비 가산세)

사업자(소규모사업자 · 소득금액추계자 제외)가 건당 3만원 초과분에 해당하는 경비 등을 지출하고 적격증명서류(신용카드 매출전표, 직불카드영수증, 기명식 선불카드영수증, 현금영수증, 세금계산서, 계산서 등)에 의한 증빙이 있으면 필요경비로 인정된다. 다음은 소득세법상 적격증명서류의 수취특례 규정이다.

• 적격증명서류가 아닌 일반증빙을 받아도 세법상 인정되는 거래: 다음에 해당하면 적격증명서류 이외의 영수증, 입금표 등의 기타증빙의 수취가 허용된다. 즉, 가산세 없이 손금으로 인정된다.

구분	내용
읍 · 면 지역에 소재	거래상대방이 읍 · 면 지역(시 · 군 · 구는 제외)에 소재하는 간이과세자로서 신용카드가맹업소가 아닌 사업자에게 재화 또는 용역을 공급받고 영수증을 수취한 경우
금융 · 보험용역	금융거래와 보험거래
농어민과의 거래	농어민으로부터 재화 또는 용역을 공급받는 경우
국가 등과의 거래	– 국가나 지자체와 거래한 경우 – 비영리법인과 거래한 경우 – 방송용역, 통신용역을 제공받는 경우 – 공매, 경매, 수용 등 – 토지, 주택의 구입 또는 법인이 아닌 주택임대사업자로부터 주택임대용역을 공급받는 경우 – 택시요금, 입장권, 승차권, 승선권, 항공권의 구입비용 – 유료도로의 통행료

• 대금을 금융기관을 통해 지불하게 되면 적격증명서류를 수취하지 않아도 인정되는 거래(단, 신고 시 첨부서류인 '경비 등의 송금명세서'를 제출해야 함)
  – 간이과세자로부터 부동산 임대용역을 공급받는 경우
  – 개인사업자로부터 임가공용역을 제공받는 경우
  – 간이과세자인 운송업자에게 운임을 지불하는 경우
  – 간이과세자로부터 재활용폐자원(고물, 파지 등)을 구입하는 경우
  – 산업재산권, 영업권 등의 권리를 구입하는 경우
  – 항공법에 의한 상업서류송달료를 지급하는 경우
  – 부동산 중개업자에게 중개수수료를 지불하는 경우

연습문제

다음 중 소규모사업자를 제외한 사업자에 있어 소득세법상 증빙미수취 가산세(증명서류 수취 불성실 가산세) 대상인 것은? 기출 73회

① 택시비 5만원을 현금으로 지급하고 영수증을 받은 경우
② 토지를 1억원에 구입하고 계산서를 받지 않았으나 매매계약서 사본을 세무서에 제출한 경우
③ 간이과세자인 임대인에게 임차료 200만원을 지급하고 송금명세서를 세무서에 제출한 경우
④ 경기도 과천시에 있는 빵집(간이과세자이며 신용카드 가맹점이 아님)에서 빵을 5만원에 구입하고 간이영수증을 받은 경우

| 정답 및 해설 |

④ 읍·면 소재 간이과세자로서 신용카드 가맹점이 아닌 사업자로부터 3만원을 초과하는 간이영수증을 받은 것은 가산세 대상이 아니나, 읍·면 외 지역의 경우 가산세 대상이다.

2. 중간예납

납세지 관할 세무서장은 사업소득자(신규사업자 등 제외)에 대하여 1월 1일부터 6월 30일까지의 기간(중간예납기간)에 대한 중간예납세액을 결정하여 징수(납부기한 11월 30일)하여야 하는데, 이것을 중간예납이라 한다. 종합소득이 있는 거주자만이 중간예납 의무를 지며, 퇴직소득·양도소득에 대해서는 중간예납을 하지 않는다.

구분	내용
중간예납기간	1월 1일~6월 30일
중간예납세액 계산	• 원칙: 직전 과세기간의 실적기준으로 중간예납기준액(전년도 납부세액)의 1/2 고지 • 예외: 중간예납기간의 실적기준으로 신고 – 중간예납추계액이 중간예납기준액의 30%에 미달하면 실적기준으로 신고 가능 – 중간예납기준액이 없는 거주자 중 복식부기 의무자가 중간예납기간 중 사업소득이 있으면 의무적으로 실적기준 신고해야 함
납부기한	11월 30일까지 신고·납부(중간예납세액이 1,000만원 초과 시 분납 가능)
소액부징수	중간예납세액이 50만원 미만인 경우에는 해당 소득세를 징수하지 않음
중간예납의무 제외자	• 신규사업 개시자 • 일정한 소득만 있는 자: 다음의 소득만이 있는 자는 중간예납의무를 지지 않음 – 이자소득·배당소득·근로소득·연금소득·기타소득·퇴직소득·양도소득(∵ 사업소득이 있는 자만 중간예납의무가 있음) – 사업소득 중 수시부과하는 소득 – 분리과세 주택 임대소득 – 기타 기획재정부령이 정하는 소득

연습문제

다음 중 소득세법상 중간예납과 관련된 설명으로 틀린 것은? 107회

① 당해연도에 신규로 사업을 개시한 자는 중간예납의무가 없다.
② 퇴직소득 및 양도소득에 대한 중간예납세액은 납세지 관할 세무서장이 결정하여 징수한다.
③ 중간예납세액이 50만원 미만인 경우에는 해당 소득세를 징수하지 않는다.
④ 중간예납추계액이 중간예납기준액의 30%에 미달하는 경우에는 당해연도의 실적을 기준으로 신고할 수 있다.

| 정답 및 해설 |

② • 납세지 관할 세무서장은 종합소득이 있는 거주자(대통령령으로 정하는 소득만이 있는 자와 해당 과세기간의 개시일 현재 사업자가 아닌 자로서 그 과세기간 중 신규로 사업을 시작한 자는 제외)에 대하여 1월 1일부터 6월 30일까지의 기간을 중간예납기간으로 하여 직전 과세기간의 종합소득에 대한 소득세로서 납부하였거나 납부하여야 할 세액(이하 "중간예납기준액"이라 한다)의 2분의 1에 해당하는 금액(이하 "중간예납세액"이라 하고, 1천원 미만의 단수가 있을 때에는 그 단수금액은 절사)을 납부하여야 할 세액으로 결정하여 11월 30일까지 그 세액을 징수하여야 한다.
• 퇴직소득, 양도소득에 대해서는 중간예납하지 않는다.

3. 과세표준 확정신고 및 납부

(1) 과세표준 확정신고

해당 과세기간의 종합소득금액 또는 퇴직소득금액 · 양도소득금액이 있는 거주자는 그 과세표준을 그 과세기간의 다음 연도 5월 1일부터 5월 31일까지 납세지 관할 세무서장에게 신고하여야 한다.

(2) 제출서류

소득세 확정신고를 하는 거주자는 과세표준 확정신고 및 납부계산서에 다음의 서류를 첨부하여 납세지 관할 세무서장에게 제출해야 한다(필수적 제출서류를 제출하지 않으면 무신고로 봄).

복식부기 의무자의 필수적 제출서류	임의적 제출서류
• 재무상태표 • 손익계산서 • 합계잔액시산표 • 세무조정계산서	• 종합소득공제 증명서류 • 소득금액계산 명세서 • 영수증 수취명세서 등

[비교] 간편장부 대상자의 필수적 제출서류: 간편장부 소득금액계산서

(3) 확정신고의 면제

다음 중 어느 하나에 해당하는 거주자는 해당 소득에 대하여 과세표준 확정신고를 하지 않을 수 있다.

구분	내용
연말정산소득만 있는 경우	㉠ 근로소득만 있는 자 ㉡ 공적연금소득만 있는 자 ㉢ 연말정산이 되는 사업소득만 있는 자
퇴직소득만 있는 경우	㉣ 퇴직소득만 있는 자
연말정산소득과 퇴직소득만 있는 경우	㉤ 근로소득과 퇴직소득만 있는 자 ㉥ 공적연금소득과 퇴직소득만 있는 자 ㉦ 연말정산이 되는 사업소득과 퇴직소득만 있는 자
분리과세소득만 있는 경우	◎ 분리과세이자소득, 분리과세배당소득, 분리과세연금소득 및 분리과세기타소득만 있는 자
연말정산 대상 소득과 퇴직소득 및 분리과세소득만 있는 경우	㉧ 위 ㉠~㉦에 해당하는 사람으로서 ◎의 소득만 있는 자
기타	수시부과 후 추가로 발생한 소득이 없을 경우

[비교] 연말정산소득이 2개 이상인 경우 누진세율이 적용되므로 확정신고하여야 함

연습문제

다음 중 종합소득에 대한 설명으로 틀린 것은? 기출 100회

① 기타소득금액이 250만원인 경우는 반드시 종합과세할 필요는 없다.
② 세무서에 사업자등록을 한 사업자의 사업소득은 금액과 관계없이 종합과세되는 소득이다.
③ 퇴직소득만 2,500만원이 발생한 경우에는 종합소득세를 신고할 필요가 없다.
④ 종합소득금액에서 종합소득공제를 차감한 금액을 기준소득금액이라고 한다.

| 정답 및 해설 |

②, ④ 사업소득 중 총수입금액의 합계액이 2천만원 이하인 자의 주택 임대소득은 종합소득 과세표준을 계산할 때 합산하지 않고 분리과세한다. 또한, 종합소득금액에서 종합소득공제를 차감한 금액은 과세표준이라고 한다.

(4) 확정신고 · 납부

구분	내용
납부기한	과세표준 확정신고기한까지 납부해야 함
분납	• 분납 대상 세액: 납부할 세액이 1,000만원을 초과하는 경우 • 분납기한: 납부기한이 지난 후 2개월 이내 • 분납금액 납부할 세액 / 분납 가능 금액 1,000만원 초과 2,000만원 이하인 경우 / 1,000만원을 초과하는 금액 2,000만원을 초과하는 경우 / 해당 세액의 50% 이하의 금액

연습문제

다음 자료는 국내 제약회사에 근무하는 거주자 A씨의 2025년 소득내역이다. 소득세법상 거주자 A씨가 2026년 5월 말까지 신고해야 할 종합소득금액에 해당하지 않는 것은? (단, 거주자 A씨는 특정 소득에 대하여 종합과세와 분리과세 중 하나의 방법을 선택할 수 있는 경우에는 분리과세를 선택함) 기출 81회 수정

① 1년간 급여 100,000,000원
② 신문 및 잡지에 글을 기고하고 일시적으로 받은 원고료 7,000,000원
③ 상가 임대료 5,000,000원
④ 국내은행 예금이자 39,000,000원

| 정답 및 해설 |

② 일시적인 원고료 7,000,000원은 기타소득금액이 2,800,000원(=7,000,000원－7,000,000원×60%)이다. 기타소득금액이 300만원 이하이면 종합과세와 분리과세 중 선택할 수 있다.

4. 성실신고확인제도

성실신고확인대상 사업자는 종합소득 과세표준 확정신고를 할 때 세무사 등에게 기장한 장부내용의 정확성 여부 등을 확인한 성실신고확인서를 납세지 관할 세무서장에게 제출해야 한다. 이는 고소득 개인사업자의 성실한 신고를 유도하여 과세표준을 양성화하고 세무조사에 따른 행정력의 낭비를 방지하고자 하는 것이다.

구분	내용
성실신고확인 대상 사업자	성실한 납세를 위하여 필요하다고 인정되어 해당 과세기간의 수입금액(사업용 유형고정자산 양도로 인한 수입금액 제외)이 업종별로 일정 규모 이상인 사업자 예 제조업 등 수입금액이 7억 5천만원 이상인 사업자
성실신고확인서 작성자	세무사(공인회계사 포함), 세무법인 또는 회계법인
신고기한	5월 1일~6월 30일
성실신고확인비용 세액공제	세액공제액＝Min[㉠, ㉡] ㉠ 성실신고확인비용×60% ㉡ 한도: 120만원
적용 혜택	근로소득이 없는 경우에도 교육비 · 의료비 · 월세액 세액공제를 적용받을 수 있음
성실신고확인서 미제출에 따른 제재	• 미제출 가산세＝Max[㉠, ㉡] ㉠ 종합소득 산출세액×사업소득금액÷종합소득금액×5% ㉡ 사업소득 총수입금액×2/10,000 [주의] 신고불성실 가산세와 성실신고확인서 미제출 가산세는 별도로 적용한다. • 수시선정에 의한 세무조사

연습문제

소득세법상 성실신고확인제도에 대한 설명으로 옳지 않은 것은? 기출 80회 수정

① 성실신고확인대상 사업자가 성실신고확인서를 제출하는 경우 종합소득 과세표준 확정신고는 그 과세기간의 다음 연도 5월 1일부터 6월 30일까지 하여야 한다.
② 성실신고확인대상 사업자는 성실신고를 확인하는 세무사 등을 선임하여 해당 과세기간의 다음 연도 4월 30일까지 납세지 관할 세무서장에게 신고하는 제도는 개정세법에 의해 폐지되었다.
③ 성실신고확인대상 사업자가 성실신고확인서를 제출하는 경우에는 성실신고확인에 직접 사용한 비용의 60%를 120만원의 한도 내에서 세액공제한다.
④ 성실신고확인대상 사업자가 소득세를 신고하지 않은 때에는 성실신고확인서 미제출 가산세와 무신고 가산세 중 큰 금액을 적용한다.

| 정답 및 해설 |

④ 종전에는 신고불성실 가산세, 무기장 가산세, 성실신고확인서 미제출 가산세가 동시에 적용되면 그중 가장 큰 가산세만 적용하였으나, 개정세법에 따라 현재 성실신고제도의 실효성을 높이기 위하여 성실신고확인서 미제출 가산세를 신고불성실 가산세와 별도로 적용한다.

5. 결정 및 경정

(1) 원칙 – 실지 조사

납세지 관할 세무서장 또는 지방국세청장은 해당 과세기간의 과세표준과 세액을 결정 또는 경정하는 때에는 장부나 그 밖의 증명서류를 근거로 하여야 한다.

+ 결정과 경정

- 결정: 무신고 시 과세관청이 납세의무를 확정
- 경정: 신고내역 또는 결정내역에 오류가 있을 때 과세관청이 납세의무를 재확정

(2) 예외 – 추계 조사

① 종류

구분	내용
단순경비율법	신규사업자(복식부기 의무자에 해당하는 자 제외)와 직전 과세기간의 수입금액이 일정액 미만인 사업자 수입금액 – 수입금액×단순경비율
기준경비율법	• 대상: 단순경비율 대상자 이외의 사업자 • 소득금액의 계산: Min[①, ②] ① 수입금액 – 주요 경비*1 – 수입금액×기준경비율*2 ② (수입금액 – 수입금액×단순경비율)×기획재정부령으로 정하는 배율*3

*1 주요 경비란 증빙에 의하여 입증된 매입비용, 고정자산에 대한 임차료 및 인건비를 의미한다.
*2 복식부기 의무자는 기준경비율의 50%만 적용한다.
*3 기획재정부령으로 정하는 배율이란 3.4배(간편장부 대상자는 2.8배)를 의미한다.

② 추계 조사 시 불이익

- 이월결손금 적용배제
- 외국납부 세액공제 적용배제
- 간주임대료 계산 시 추계산식 적용(과세 강화)

꿀팁 단, 천재지변 등 불가항력으로 장부 등이 멸실되어 추계결정하면 불이익은 없다.

연습문제

다음 자료를 이용하여 거주자 갑의 2025년 종합소득금액을 계산하면 얼마인가? (단, 모든 소득은 국내에서 발생한 것으로 세법에서 규정된 원천징수는 적법하게 이루어짐) 기출 75회

- 국내 보통예금에서 발생한 예금이자 15,000,000원(이외 금융소득은 없는 것으로 가정함)
- 고용관계 없이 일시적 강연을 통해 수령한 강연료 20,000,000원
- 상가 임대소득은 10,000,000원이고, 단순경비율 적용 대상자이며, 단순경비율은 40%이다.

① 41,000,000원 ② 26,000,000원
③ 14,000,000원 ④ 10,000,000원

| 정답 및 해설 |

③ 국내 금융소득이 2천만원 이하인 경우는 분리과세 대상 소득이며, 일시적 강의로 인한 강연료는 무조건 필요경비 60%가 인정되는 기타소득이다. 부동산 임대소득은 단순경비율을 적용하여 소득금액을 계산한다.
∴ 20,000,000원×(1－60%)＋{10,000,000원－(10,000,000원×40%)}＝14,000,000원

합격을 다지는 실전문제 p.433

합격을 다지는 실전문제

THEME 01 소득세법 총론 [001~003]

상 중 하

001 **다음 중 소득세법상 납세의무에 대한 설명으로 가장 틀린 것은?** 101회

① 비거주자는 국내 및 국외 원천소득에 대한 소득세 납부의무를 진다.
② 법인으로 보는 단체가 아닌 단체로서 구성원 간 이익의 분배비율이 정해져 있지 않고 사실상 구성원별로 이익이 분배되지 않은 경우 1거주자로 보아 소득세 납세의무를 진다.
③ 공동사업장의 경우 원칙상 공동사업자별로 납세의무를 진다.
④ 피상속인의 소득금액에 대해 과세하는 경우에는 그 상속인이 납세의무를 진다.

상 중 하

002 **다음 중 현행 소득세법상 분리과세되는 종합소득에 해당하지 않는 것은?** 55회 수정

① 무조건 분리과세되는 경우 외의 이자소득과 배당소득으로서 그 소득의 합계액이 4천만원 이하이면서 원천징수된 소득
② 공적연금소득을 제외한 분리과세를 신청한 사적연금소득
③ 일용근로자의 근로소득
④ 이자소득 중 직장공제회 초과 반환금

정답 및 해설

001 ① 비거주자는 국내 원천소득에 대한 소득세를 납부할 의무를 진다.

002 ① 무조건 분리과세되는 경우 외의 이자소득과 배당소득으로서 그 소득의 합계액이 2천만원 이하이면서 원천징수된 소득이 분리과세 대상이다.

상 중 하

003 작년부터 계속하여 개인사업을 하는 일반과세자인 김미숙은 경기악화로 인하여 2025년 8월 20일 폐업하였다. 이 경우 소득세법 및 부가가치세법상의 과세기간은? 31회

	소득세법	부가가치세법		소득세법	부가가치세법
①	1.1.~8.20.	7.1.~12.31.	②	1.1.~12.31.	7.1.~8.20.
③	1.1.~8.20.	1.1.~12.31.	④	1.1.~12.31.	1.1.~8.20.

THEME 02 금융소득(이자소득+배당소득) [004~006]

상 중 하

004 다음 중 보험차익에 과세되는 소득세에 대한 설명으로 옳지 않은 것은? 49회

① 저축성 보험의 보험차익으로서 법정요건을 충족하고 보험기간이 10년 이상인 경우 소득세가 과세되지 않는다.
② 사업용 고정자산의 손실로 취득하는 보험차익은 사업소득으로 보아 소득세가 과세된다.
③ 사업주가 가입한 「근로자퇴직급여보장법」에 따른 퇴직보험계약의 보험차익은 이자소득으로 보아 소득세가 과세된다.
④ 피보험자의 질병이나 부상 등 신체상의 상해로 인한 보험차익은 소득세가 과세되지 않는다.

상 중 하

005 다음 중 소득세법상 비과세되는 소득에 대한 설명으로 옳지 않은 것은? 42회

① 1주택 소유자의 주택 임대소득(고가주택 임대소득 제외)
② 농어가부업규모의 축산부업소득
③ 이자소득 중 공익신탁의 이익
④ 법원에 납부한 경락대금에서 발생한 이자소득

정답 및 해설

003 ② 소득세법상의 과세기간은 1.1.~12.31.이다. 거주자가 사망하거나 출국하는 경우에만 사망일 또는 출국일에 과세기간이 종료되며, 사업의 개업과 폐업은 과세기간에 영향을 미치지 않는다. 반면, 부가가치세법의 과세기간은 1.1.~6.30.을 제1기로, 7.1.~12.31.을 제2기로 구분하고 있으며, 폐업하는 때에는 과세기간 개시일부터 폐업일까지로 정하고 있으므로 이 경우 부가가치세법상의 과세기간은 7.1.~8.20.이다.

004 ③ 「근로자퇴직급여보장법」에 따라 사업주가 가입한 퇴직보험계약의 보험차익은 사업소득으로 본다.

005 ④ 법원에 납부한 경락대금에서 발생한 이자소득은 14%로 원천징수한 후 분리과세한다.

상 중 하

006 다음은 현행 소득세법의 종합소득과 관련된 설명이다. 옳지 않은 것은? 22회

① 비영업대금의 이익은 금액에 상관없이 분리과세를 적용하지 않으며, 항상 종합과세 대상이다.
② 사업소득에 대한 소득세는 원천징수를 하더라도 그 후 종합소득에 포함하여 신고를 하거나 연말정산의 절차를 거치게 된다.
③ 기타소득 중에는 종합소득으로 신고·납부할 수 없고 무조건 분리과세해야 하는 소득이 있다.
④ 사업소득 중에는 비과세되는 사업소득이 있다.

PART 03

THEME 03 사업소득 [007~014]

상 중 하

007 소득세법상 사업소득과 관련된 설명 중 옳지 않은 것은 어느 것인가? 70회 수정

① 외상매출금 회수의 지연에 따른 연체이자는 사업소득계산상 총수입금액에 가산된다.
② 공익사업과 관련된 지역권·지상권의 설정·대여는 부동산 임대소득 유형으로서 사업소득을 구성한다.
③ 사업자금을 일시운용할 목적으로 예금한 경우의 이자는 사업소득이 아닌 이자소득이다.
④ 주택 임대소득이 아닌 사업소득은 종합과세 대상이며, 분리과세되는 경우는 없다.

상 중 하

008 소득세법상 사업소득금액을 계산할 때 총수입금액에 산입되는 것은? 91회

① 사업자가 자기가 생산한 제품을 다른 제품의 원재료로 사용한 금액
② 사업과 관련 없는 자산수증이익
③ 소득세 환급가산금
④ 거래상대방으로부터 받는 장려금

상 중 하

009 다음 중 소득세법상 사업소득과 관련된 설명으로 틀린 것은? 107회

① 사업용 유형자산인 토지를 양도함으로써 발생한 차익은 사업소득금액 계산 시 총수입금액에 산입하지 않는다.
② 사업소득금액 계산 시 대표자 본인에 대한 급여는 필요경비로 인정되지 않는다.
③ 사업용 고정자산과 재고자산 등의 평가차손은 필요경비로 인정된다.
④ 사업과 관련하여 해당 사업용 자산의 멸실 또는 파손으로 인하여 취득하는 보험차익은 사업소득금액 계산 시 총수입금액에 산입한다.

정답 및 해설

006 ① 비영업대금의 이익은 조건부 종합과세 대상이므로 2천만원 이하이면 분리과세를 적용하며, 2천만원을 초과하는 경우에만 종합과세 대상이다.

007 ② 공익사업과 관련된 지역권·지상권의 설정·대여는 기타소득에 해당한다.

008 ④ 거래상대방으로부터 받는 장려금은 소득세법상 사업소득금액을 계산할 때 총수입금액에 산입한다.

009 ③ 재고자산과 고정자산 등의 평가차손은 사업소득금액을 계산할 때 필요경비에 산입하지 아니한다.

상 중 하

010 다음은 소득세법의 내용이다. (a)와 (b)에 들어갈 말로 알맞은 것은? 55회

초과 인출금이란 (a)의 합계액이 (b)의 합계액을 초과하는 금액을 의미한다. 초과 인출금에 대한 지급이자는 필요경비를 불산입한다.

	(a)	(b)
①	부채(충당금과 준비금은 제외)	사업용 자산
②	부채(충당금과 준비금은 포함)	사업용 자산
③	사업용 자산	부채(충당금과 준비금은 제외)
④	사업용 자산	부채(충당금과 준비금은 포함)

상 중 하

011 현행 소득세법에 의한 기장의무자는 간편장부 대상자와 복식부기 의무자로 구분한다. 다음 중 간편장부 대상자에 적용되는 것은 모두 몇 개인가? 81회

㉠ 사업장 이전 사유로 임대차계약에 따라 임차사업장의 원상회복을 위하여 시설물을 철거하는 경우 장부가액과 처분가액의 차액을 필요경비로 산입한다.
㉡ 토지 및 건물을 제외한 사업용 유형고정자산을 양도함으로써 발생한 소득은 사업소득이다.
㉢ 업무용승용차를 매각하는 경우 그 매각가액을 매각일이 속하는 과세기간의 사업소득금액을 계산할 때에 총수입금액에 산입한다.

① 0개
② 1개
③ 2개
④ 3개

상 중 하

012 다음 중 소득세법상 사업소득에 해당하지 않는 것은? 113회

① 기준시가가 12억원을 초과하는 고가주택의 임대소득
② 복식부기의무자의 사업용 유형고정자산(부동산 제외) 양도가액
③ 사업과 관련하여 해당 사업용자산의 손실로 취득하는 보험차익
④ 공동사업에서 발생한 소득금액 중 출자공동사업자(경영 미참가)가 받는 손익분배비율에 상당하는 금액

정답 및 해설

010 ① 초과 인출금이란 부채(충당금과 준비금은 제외)의 합계액이 사업용 자산의 합계액을 초과하는 금액을 의미한다.
011 ② ㉡과 ㉢은 복식부기 의무자만 적용한다.
012 ④ 공동사업에서 발생한 소득금액 중 출자공동사업자(경영 미참가)가 받는 손익분배비율에 상당하는 금액은 배당소득에 해당한다.

상 중 하

013 다음 중 주택 임대소득 과세에 대한 내용으로 옳지 않은 것은? (94회)

① 기준시가 12억원을 초과하는 경우 1주택이어도 과세한다.
② 주택 임대 수입금액이 2천만원 이하인 경우 분리과세할 수 있다.
③ 분리과세 시 등록 임대주택의 기본공제 4백만원은 다른 종합소득금액과 관계없이 적용한다.
④ 간주임대료는 3주택 이상 소유자에 대해서만 과세하지만 기준시가 2억 이하면서 40㎡이하인 소형주택에 대해서는 주택 수 산정과 보증금 계산에서 모두 제외한다.

상 중 하

014 소득세법상 주택 임대소득에 대한 설명이다. 옳지 않은 것은? (92회)

① 다가구주택을 소유한 경우에는 구분등기 여부와 상관없이 1개의 주택으로 본다.
② 국내에 1개 주택을 소유하는 자의 주택 임대소득은 비과세한다(단, 기준시가 12억원 초과 고가주택은 제외).
③ 해당 과세기간 주택 임대소득 수입금액이 2천만원 이하인 분리과세 주택 임대소득의 경우, 세무서와 시·군·구청에 주택 임대업을 모두 등록하면 필요경비와 기본공제를 적용함에 있어 혜택이 있다.
④ 2주택자로서 월세 수입이 2,000만원을 초과하는 경우에는 종합과세에 해당한다.

THEME 04 근로소득 [015~026]

상 중 하

015 다음 중 소득세법상 근로소득으로 볼 수 없는 것은? (115회)

① 학교 강사로 고용되어 지급 받는 강사료
② 근무기간 중에 부여받은 주식매수선택권을 퇴직 후에 행사함으로써 얻는 이익
③ 근무 중인 종업원 또는 대학의 교직원이 지급 받는 직무발명보상금
④ 퇴직함으로써 받는 소득으로서 퇴직소득에 속하지 아니하는 소득

정답 및 해설

013 ③ 주택 임대소득에서 분리과세 기본공제금액은 임대사업자 등록 시 4백만원, 미등록 시 2백만원이다. 단, 주택 임대소득 외 다른 종합소득금액 2천만원 이하인 경우에만 적용한다.

014 ① 다가구주택은 1개의 주택으로 보되, 구분등기한 경우에는 각각을 1개의 주택으로 계산한다.

015 ② 근무기간 중에 부여받은 주식매수선택권을 퇴직 후에 행사함으로써 얻는 이익은 기타소득에 해당한다.

상 중 하

016 다음 중 소득세법상 근로소득에 포함되지 않는 것은? 16년 8월 특별회

① 벽지수당 · 해외근무수당, 기타 이와 유사한 성질의 급여
② 법인세법에 따라 임원 퇴직급여 한도 초과액에 해당되어 손금불산입으로 세무조정된 금액
③ 사회통념상 타당한 범위 내의 경조금
④ 법인의 주주총회, 사원총회 또는 이에 준하는 의결기관의 결의에 따라 상여로 받는 소득

상 중 하

017 다음 중 소득세법상 비과세 근로소득에 해당하지 않는 것은? 62회

① 「고용보험법」에 따라 받는 육아기 근로시간단축급여
② 업무와 관련하여 지출한 통신비를 정산받지 않는 근로자가 받는 월 10만원 이하의 정액 통신비
③ 근로자가 사내 지급기준에 따라 업무 관련 교육을 3개월간 대학원에서 받는 경우 지급받는 학자금
④ 근로자가 6세 이하 자녀의 보육과 관련하여 지급받는 월 20만원 이내의 금액

상 중 하

018 소득세법상 근로소득의 수입시기로서 옳지 않은 것은? 58회

① 급여를 소급인상하고 이미 지급된 금액과의 차액을 추가로 지급하는 소급인상분 급여: 지급한 날
② 퇴직소득에 속하지 아니하는 퇴직위로금: 지급받거나 지급받기로 한 날
③ 잉여금 처분에 의한 상여: 당해 법인의 잉여금 처분 결의일
④ 근로계약 체결 시 일시에 선지급하는 사이닝보너스 계약조건에 따른 급여: 근로기간 동안 안분

정답 및 해설

016 ③ 사회통념상 타당한 범위 내의 경조금은 소득세법상 근로소득에 포함하지 않는다.

017 ② 근로자가 지급받는 정액 통신비는 비과세 근로소득에 해당하지 않는다.

018 ① 급여를 소급인상하고 이미 지급한 금액과의 차액을 추가로 지급하는 소급인상분 급여의 수입시기는 근로 제공일이 속하는 연 또는 월이다.

상 중 하

019 다음은 홍길동 씨의 7월분 급여내역이다. 이에 대한 설명으로 옳은 것은? (28회 수정)

Ⅰ. 7월 급여내역

• 급여	2,050,000원	• 자가운전보조금	300,000원
• 식대	250,000원	• 야간근로수당	200,000원

Ⅱ. 기타 사항
- 부인 소유 차량을 업무수행에 사용하고 있다.
- 회사는 구내식당을 구비하고 있으며 직원들에게 별도의 부담 없이 점심을 제공한다.
- 소득세법상의 월정액 급여는 220만원, 직전연도 총급여액은 3,000만원이며 생산직 근로자에 해당된다.

① 홍길동 씨가 지급받는 식대는 월 20만원 이상이므로 50,000원은 과세 대상이다.
② 홍길동 씨가 지급받는 자가운전보조금은 20만원까지 비과세 대상이다.
③ 홍길동 씨가 지급받은 야간근로수당은 연간 240만원 한도 내에서 비과세한다.
④ 홍길동 씨의 과세 대상 급여는 2,800,000원이다.

상 중 하

020 다음 중 소득세법상 근로소득으로 과세되지 않는 것은 무엇인가? (44회)

① 임원이 아닌 종업원이 사택을 제공받음으로써 얻는 이익
② 퇴직소득에 해당하지 않는 퇴직공로금
③ 임원을 수익자로 하는 보험과 관련하여 사용자가 부담하는 보험료
④ 사업주가 전 종업원에게 지급하는 휴가비

상 중 하

021 소득세법상 비과세규정을 설명한 것이다. 설명 중 옳지 않은 것은?

① 회사로부터 무상으로 제공받는 작업복은 비과세한다.
② 보육수당은 월 30만원 이내에서 비과세한다.
③ 복무 중인 병이 받는 급여에 대해서는 비과세한다.
④ 「초중등교육법」에 의한 교육기관의 교원이 받는 월 20만원 이내의 연구보조비에 대해서는 비과세한다.

정답 및 해설

019 ④ 식대는 별도의 음식물을 제공받고 있으므로 전액 과세 대상 근로소득이며, 자가운전보조금은 본인 소유 차량(부부공동 명의 포함)에 한하여 비과세된다. 또한, 야간근로수당은 월정액 급여가 210만원 이하인 생산직 근로자에게만 비과세가 적용된다. 따라서 과세 대상 급여는 2,800,000원(＝2,050,000원＋300,000원＋250,000원＋200,000원)이다.

020 ① 종업원의 사택 제공 이익은 근로소득에서 제외한다.

021 ② 보육수당은 월 20만원 이내에서 비과세한다.

상 중 하

022 다음 중 소득세법상 비과세 근로소득에 해당하지 않는 것은? 110회

① 근로자 또는 그 배우자의 6세 이하 자녀의 보육과 관련하여 사용자로부터 받는 급여로서 월 30만원 이내의 금액

② 식사 기타 음식물을 제공받지 않는 근로자가 받는 월 20만원 이하의 식사대

③ 근로자가 천재 · 지변이나 그 밖의 재해로 인하여 받는 급여

④「국민건강보험법」, 「고용보험법」 또는 「노인장기요양보험법」에 따라 국가, 지방자치단체 또는 사용자가 부담하는 보험료

상 중 하

023 소득세법상 근로소득의 내용으로 옳지 않은 것은? 93회

① 직원의 사택 제공 이익은 근로소득에 포함한다.

② 건설공사 종사자의 일용근로자는 동일한 고용주에게 계속하여 1년 미만 고용된 사람을 말한다.

③ 월정액 급여 210만원 이하인 생산직 근로자가 받는 초과근로수당은 연 240만원 범위 내에서 비과세가 된다. 단, 직전 과세기간의 총급여액이 3,000만원을 초과하는 자는 제외한다.

④ 월정액 급여란 매월 직급별로 받는 급여 총액에서 상여 등 부정기급여, 실비변상적 급여, 초과근로수당을 차감한 금액을 말한다.

상 중 하

024 다음 중 소득세법상 비과세 근로소득에 해당하지 않는 것은? 85회

① 종업원이 소유 차량을 직접 운전하여 사용자의 업무수행에 이용하고 실제 여비를 지급받는 대신 사업체 지급기준에 따라 받는 금액 중 월 20만원 이내의 금액

② 근로자 또는 그 배우자의 6세 이하 자녀 보육 관련 급여로서 월 20만원 이내의 금액

③「발명진흥법」상 지급받는 직무발명보상금으로서 1,000만원을 초과하는 보상금

④ 일반근로자가 국외 등에서 근로를 제공하고 받는 보수 중 월 100만원(외항선원, 원양선원 및 해외건설 근로자는 500만원) 이내의 금액

정답 및 해설

022 ① 근로자 또는 그 배우자의 6세 이하 자녀의 보육과 관련하여 사용자로부터 받는 급여로서 월 20만원 이내의 금액은 비과세한다.

023 ① 직원의 사택 제공 이익은 근로소득으로 보지 않는다.

024 ③「발명진흥법」상 지급받는 직무발명보상금으로서 7백만원을 초과하는 보상금은 근로소득으로 과세되고, 7백만원 이하의 금액에 대해서만 비과세 대상이 된다.

상 중 하

025 소득세법상 일용근로자의 근로소득에 대한 설명으로 옳지 않은 것은? 64회

① 일용근로자는 근로소득 세액공제가 적용되지 않는다.
② 일용근로자는 6%의 최저세율이 적용된다.
③ 일용근로자가 연 100만원 이상의 부동산 임대소득금액이 발생하는 경우에도 일용근로자 근로소득은 합산하여 과세되지 않는다.
④ 일용근로소득은 완납적 원천징수로서 납세의무가 종결된다.

상 중 하

026 소득세법상 일용근로자의 근로소득에 대한 설명 중 옳지 않은 것은?

① 1일 15만원의 근로소득공제가 적용된다.
② 일용근로자의 근로소득은 국내 근로소득자와 마찬가지로 다음 해 2월 월급 지급 시 연말정산을 해야 한다.
③ 일용근로자의 근로소득 세액공제는 산출세액의 55%이다.
④ 원칙적으로 동일한 고용주에게 3개월 이상 계속하여 고용되어 있지 않은 자는 일용근로자로 본다.

THEME 05 연금소득과 기타소득 [027~035]

상 중 하

027 현행 소득세법상 소득별 소득금액의 계산에 대한 설명으로 옳지 않은 것은? 45회

① 이자소득과 배당소득은 필요경비가 인정되지 않으므로 배당소득에 대한 귀속법인세액을 고려하지 않는 경우 해당 과세기간의 총수입금액이 소득금액이 된다.
② 사업소득 중 부동산 임대소득은 임대료수입에 간주임대료를 가산한 금액에서 필요경비를 차감한 금액을 소득금액으로 한다.
③ 연금소득은 실제 필요경비를 입증하기가 어려우므로 실제 입증된 필요경비와 총수입금액의 80% 중 큰 금액을 총수입금액에서 차감하여 소득금액을 산정한다.
④ 근로소득은 총급여액에서 근로소득공제를 차감한 금액을 근로소득금액으로 한다.

정답 및 해설

025 ① 일용근로자도 근로소득 세액공제가 적용된다.
026 ② 일용근로자의 근로소득은 분리과세 대상이므로 원천징수에 의해 납세의무가 종결되어 다음 해는 연말정산절차가 없다.
027 ③ 연금소득은 총연금액에서 연금소득공제를 차감하여 소득금액을 산정한다.

상 중 하

028 다음 중 소득세법상 기타소득의 과세방법이 다른 것은? 90회

① 뇌물, 알선수재 및 배임수재에 의하여 받은 금품
② 연금계좌에서 연금 외 수령하는 기타소득
③ 복권, 승마 투표권, 슬롯머신 등의 당첨금품
④ 서화, 골동품의 양도로 발생하는 소득

상 중 하

029 소득세법상 총수입금액에 대응하여 지출된 비용을 필요경비로 공제할 수 있는 소득은 어느 것인가? 60회

① 이자소득
② 근로소득
③ 기타소득
④ 배당소득

상 중 하

030 다음 중 소득세법상 아래의 소득 구분을 모두 옳게 고른 것은? 116회

구분	판단	소득 구분
원고료	일시, 우발적인 경우	㉠
	프리랜서(자유직업, 작가)의 경우	㉡
	근로자가 업무와 관련하여 회사 사보를 게재한 경우	㉢

	㉠	㉡	㉢
①	사업소득	기타소득	근로소득
②	기타소득	근로소득	사업소득
③	근로소득	사업소득	기타소득
④	기타소득	사업소득	근로소득

상 중 하

031 다음 중 소득세법상 기타소득에 대한 설명으로 틀린 것은? 111회

① 원천징수된 기타소득금액의 연간 합계액이 300만원 이하인 경우 종합과세를 선택할 수 있다.
② 기타소득금액이 건당 5만원 이하인 경우 납부할 기타소득세는 없다.
③ 복권당첨소득이 3억원을 초과하는 경우 그 당첨소득 전체의 30%를 원천징수한다.
④ 기타소득의 유형과 유사한 소득이라 하더라도 그 소득이 사업의 형태를 갖추고 계속적, 반복적으로 발생되는 경우 사업소득에 해당한다.

정답 및 해설

028 ① 뇌물, 알선수재 및 배임수재에 의하여 받은 금품은 원천징수 대상이 아니다. 나머지 ②, ③, ④는 원천징수 대상이다.

029 ③ 기타소득은 총수입금액에 대응하여 지출된 비용으로 입증되면 필요경비로 공제한다.

030 ④ 일시, 우발적 원고료는 기타소득, 프리랜서(일정한 소속 없이 자유계약으로 일하는 사람)의 원고료는 사업소득, 업무와 관련하여 회사 사보를 게재한 원고료는 근로소득으로 구분된다.

031 ③ 복권당첨소득이 3억원을 초과하는 경우 3억원까지는 20%, 3억 초과분은 30%를 원천징수한다.

상 중 하

032 **다음의 소득세법상 기타소득 중 최소한 총수입금액의 60%를 필요경비로 인정하는 것만 고르면 몇 개인가?**

> ㉠ 계약의 위약 또는 해약으로 인해 받는 위약금과 배상금 중 주택 입주 지체상금
> ㉡ 일시적인 문예창작소득
> ㉢ 뇌물
> ㉣ 세무사 등 전문자격사가 해당 지식을 이용하여 일시적으로 용역을 제공하고 받은 대가
> ㉤ 재산권 알선수수료

① 5개
② 4개
③ 3개
④ 2개

상 중 하

033 **다음 중 현행 소득세법상 소득세를 납부하여야 하는 경우는?** 33회 수정

① 근로소득에 대한 원천징수세액 합계액 800원
② 50,000원인 비실명 배당소득
③ 기타소득인 원고료 125,000원
④ 공익신탁의 이익

상 중 하

034 **춘향이는 고용관계 없는 KBS에서 다수인에게 강연을 하고 그 대가로 1,000,000원을 받았다. 소득 지급 시 원천징수는 정상적으로 이루어졌으며 다른 소득이 전혀 없다고 가정할 때 이에 대한 설명으로 옳지 않은 것은?**

① 춘향이가 받은 강연료는 소득세법상의 기타소득에 해당한다.
② 춘향이의 필요경비 공제 후 소득금액은 400,000원이다.
③ 춘향이의 강연료 소득은 다음 연도 5월에 종합소득세 신고하는 것이 불리하다.
④ 춘향이의 강연료 실수령액은 912,000원이다.

정답 및 해설

032 ④ ㉢ 뇌물과 ㉤ 재산권 알선수수료는 최소한 60%를 필요경비로 인정하는 기타소득이 아니다. ㉠ 계약의 위약 또는 해약으로 인해 받는 위약금 및 배상금 중 주택 입주 지체상금은 최소한 80%를 필요경비로 인정한다.

033 ② ① 근로소득에 대한 원천징수세액이 1,000원 미만인 경우에는 소득세를 징수하지 않는다.
② 비실명 배당소득은 분리과세 대상 소득으로 지급하는 금액의 42%(또는 90%)를 원천징수한 후 소득세를 납부해야 한다.
③ 기타소득인 원고료 125,000원은 기타소득금액이 50,000원[=125,000원×(1−60%)]으로 5만원 이하인 경우에는 과세하지 않는다.
④ 공익신탁의 이익은 비과세 대상 이자소득이다.

034 ③ ② 필요경비 공제 후 소득금액: 1,000,000원×(1−60%)=400,000원
③ 기타소득금액이 연간 3백만원 이하인 경우 종합소득세 확정신고 여부는 납세자가 선택할 수 있다. 춘향이의 경우 기타소득금액에서 종합소득공제를 차감하면 종합소득금액이 없어 원천징수된 세액을 전액 환급받게 되므로 종합소득세를 확정신고하는 것이 유리하다.
④ 강연료의 실수령액: 1,000,000원−400,000원×22%(지방소득세 포함)=912,000원

상 중 하

035 다음 중 소득세법상 비과세소득에 해당하지 않는 것은? (103회)

① 1개의 주택을 소유하는 자의 주택 임대소득(기준시가가 12억원을 초과하는 주택 및 국외에 소재하는 주택의 임대소득은 제외)

② 「발명진흥법」에 따른 종업원이 사용자로부터 받는 직무발명보상금으로서 연 700만원 이하의 금액

③ 대금업을 영업으로 하지 않는 자가 타인에게 일시적 · 우발적으로 금전을 빌려주고 그 대가로 받은 이자 또는 수수료

④ 기타소득 중 서화 · 골동품을 박물관 또는 미술관에 양도함으로써 발생하는 소득

THEME 06 소득별 원천징수 [036~044]

상 중 하

036 소득세법상 원천징수와 관련한 설명으로 틀린 것은? (95회)

① 도소매업을 영위하는 (주)하루는 제조업을 영위하는 (주)내일로부터 일시적으로 자금을 차입하고 이자를 지급하려 한다. 이자를 지급할 때 지급이자의 25%(지방소득세는 별도)를 원천징수해야 한다.

② 거주자인 이상해 씨는 복권 및 복권기금법에 따른 복권 2억원에 당첨되었다. 이때 20%(지방소득세는 별도) 원천징수로 분리과세된다.

③ (주)삼진은 주주총회에서 주주들에게 총 1억원을 배당하기로 했다. 그러나 코로나로 인한 자금 조달의 문제로 배당금을 지급하지 못하였다. 이 경우 배당소득세를 원천징수하지 않아도 된다.

④ 헬스장을 운영하는 개인사업자인 나건강 씨는 홍보를 위해 홍보 전단을 나누어 줄 일용직을 하루 동안 고용하고 일당 10만원을 지급하였다. 이 경우 일당을 지급할 때 원천징수할 원천세는 없다.

상 중 하

037 다음 중 소득세법상 원천징수의무자가 간이지급명세서를 제출하지 않아도 되는 소득은? (115회)

① 원천징수대상 사업소득

② 인적용역 관련 기타소득

③ 일용직 근로소득

④ 상용직 근로소득

정답 및 해설

035 ③ 이자소득에 해당되며, 대부업자의 금전대여 등 사업성이 있는 경우는 사업소득으로 과세한다.

036 ③ 법인이 이익 또는 잉여금의 처분에 따른 배당 또는 분배금을 그 처분을 결정한 날부터 3개월이 되는 날까지 지급하지 않은 경우에는 그 3개월이 되는 날에 그 배당소득을 지급한 것으로 보아 소득세를 원천징수한다.

037 ③ 일용근로자에게 지급하는 일용직 근로소득에 대해서는 간이지급명세서를 제출하지 않아도 된다.

상 중 하

038 **다음 소득 중 소득세법에 규정된 원천징수세율이 가장 높은 것은?** 66회

① 비실명 금융소득
② 출자공동사업자의 배당소득
③ 기타소득
④ 3억원을 초과하는 복권 당첨소득

상 중 하

039 **다음 중 소득세법상 원천징수세율과 관련된 설명으로 옳지 않은 것은?** 59회

① 기타소득금액에 대한 원천징수세율은 4%이다.
② 비영업대금의 이익에 대한 원천징수세율은 25%이다.
③ 공급대가와 구분 기재한 봉사료에 대한 원천징수세율은 5%이다.
④ 일용근로자의 급여에 대한 원천징수세율은 6%이다.

상 중 하

040 **다음 각각의 상황에 따라 소득세법상 소득구분과 원천징수세액(지방소득세 포함)을 바르게 연결한 것은?**

〈상황 1〉
(주)세무는 판매모집수당으로 김도진 씨에게 지급할 사업수입금액 1,000,000원이 있다. 김도진 씨는 계속적으로 동 업무를 수행하면서 대가를 수령하고 있다.
〈상황 2〉
대학교수인 서이수 씨는 일시적으로 (주)세무에서 특강을 진행하고 강연료 1,000,000원을 지급받았다. 서이수 씨는 당해 연도에 이 건 외의 강연료를 지급받은 적은 없다.

	〈상황 1〉		〈상황 2〉	
①	사업소득	33,000원	기타소득	88,000원
②	사업소득	6,600원	기타소득	220,000원
③	기타소득	66,000원	사업소득	33,000원
④	기타소득	220,000원	사업소득	8,800원

정답 및 해설

038 ① ① 비실명 금융소득: 45%(금융실명거래 대상인 경우 90%)
② 출자공동사업자의 배당소득: 25%
③ 기타소득: 20%
④ 3억원을 초과하는 복권 당첨소득: 30%

039 ① 기타소득금액에 대한 원천징수세율은 20%(무조건 분리과세 대상인 복권 당첨금으로서 3억원 초과분은 30%, 부득이한 사유로 인한 연금 외의 수령분은 15% 등)이다.

040 ① 계속적, 반복적으로 인적용역을 제공하고 지급받는 소득금액은 사업소득으로 구분하고, 고용관계 없이 다수인에게 강연을 하고 받는 강연료는 최소한 60%의 필요경비의제를 받을 수 있는 기타소득이다. 사업소득은 총지급액의 3.3%(지방소득세 포함), 기타소득은 기타소득금액의 22%(지방소득세 포함)를 원천징수한다.
• 사업소득에 대한 원천징수세액: 1,000,000원×3.3%=33,000원
• 기타소득에 대한 원천징수세액: 1,000,000원×(1－60%)×22%=88,000원

상 중 하

041 다음은 소득세법상 원천징수에 관한 설명이다. 옳지 않은 것은?

① 일용근로소득은 원천징수로서 과세가 종결되는 완납적 원천징수이다.
② 국내 근로소득에 대하여는 다음 해 1월 급여를 지급하는 때 연말정산을 통해 소득세를 정산하게 된다.
③ 원천징수 대상 사업소득을 지급하는 개인이 사업자인 경우에만 원천징수의무를 진다.
④ 일정한 사업소득 또는 봉사료 수입금액에 대한 소득세의 원천징수세율은 3% 또는 5%이다.

상 중 하

042 다음은 김세무 씨의 2025년도 소득자료이다. 김세무 씨의 2025년도 종합소득금액은 얼마인가?

- 이자소득: 은행예금이자 15,000,000원(비과세 이자소득 6,000,000원 포함)
- 배당소득: 주권상장법인으로부터 받은 배당소득 10,000,000원
- 사업소득: 건설업 사업소득금액 6,000,000원, 부동산 임대업 사업소득금액 2,000,000원
- 기타소득: 일시적인 문예창작으로 인한 원고료 18,000,000원(기타소득의 필요경비는 확인되지 않음)

① 8,000,000원
② 15,200,000원
③ 17,000,000원
④ 20,600,000원

상 중 하

043 거주자 홍길동(50세의 미혼)의 다음 자료를 이용하여 세부담이 최소화되는 방향으로 종합소득금액을 계산하면 얼마인가?

• 은행예금이자	10,000,000원
• 비상장법인의 현금배당금	10,000,000원
• 기타소득에 해당하는 원고료	15,000,000원
• 근로소득금액	15,000,000원

① 15,000,000원
② 21,000,000원
③ 30,000,000원
④ 60,000,000원

정답 및 해설

041 ② 국내 근로소득에 대한 연말정산은 원천징수의무자가 해당 연도의 다음 연도 2월분의 근로소득을 지급하는 때 하게 된다.

042 ② • 금융소득: 이자소득 9,000,000원 + 배당소득 10,000,000원 = 19,000,000원(분리과세됨)
• 사업소득금액: 6,000,000원 + 2,000,000원 = 8,000,000원
• 기타소득금액: 18,000,000원 × (1 − 60%) = 7,200,000원(기타소득금액이 300만원 초과이므로 모두 종합과세)
∴ 종합소득금액: 8,000,000원 + 7,200,000원 = 15,200,000원

043 ② • 은행예금이자와 비상장법인의 현금배당금은 금융소득으로서 2천만원 이하이므로 전액 분리과세된다.
• 기타소득인 원고료의 기타소득금액: 원고료 15,000,000원 × (1 − 60%) = 6,000,000원(기타소득 필요경비 60% 의제)
∴ 종합소득금액: 근로소득금액 15,000,000원 + 기타소득인 원고료 6,000,000원 = 21,000,000원

상 중 하

044 거주자 이몽룡의 2025년 소득내역이다. 이에 대한 설명으로 옳지 않은 것은? (30회 유사)

㉠ 총급여액	5,000,000원
㉡ 사업소득금액(부동산 임대업의 소득금액 5,000,000원 포함)	15,000,000원
㉢ 복권 당첨금	10,000,000원

① 이몽룡의 근로소득금액과 기타소득금액은 총 11,500,000원이다.
② 이몽룡의 종합소득금액은 16,500,000원이다.
③ 이몽룡의 부동산 임대소득에는 소득세법상 원천징수 대상 소득이 포함되어 있을 수 있다.
④ 이몽룡의 복권 당첨금은 원천징수로서 소득세의 납세의무가 종결되는 기타소득이다.

THEME 07 소득금액계산의 특례 [045~053]

상 중 하

045 손익분배비율의 허위나 조세회피의도가 전혀 없이 아버지와 아들이 자동차 부품공장을 운영하고 있다. 이러한 공동사업과 관련된 현행 소득세법에 대한 설명으로 옳은 것은? (46회)

① 아버지와 아들이 과세기간 종료일 현재 동일한 세대를 구성하고 생계를 같이 해도 각각 소득세 납세의무를 진다.
② 공동사업장을 1거주자로 보아 그 공동사업장의 소득금액을 계산하여 그 공동사업장의 소득만으로 소득세 납세의무를 이행한다.
③ 공동사업장의 대표자인 아버지에 대한 급여는 필요경비로 인정된다.
④ 소득세법상의 모든 가산세는 거주자별로 각각 계산한다.

정답 및 해설

044 ③ • 근로소득금액: 총급여액 5,000,000원 − 근로소득공제 5,000,000원 × 70% = 1,500,000원
∴ 근로소득금액 1,500,000원 + 기타소득금액(복권 당첨금) 10,000,000원 = 11,500,000원
• 복권 당첨금은 무조건 분리과세이므로 종합소득금액은 근로소득금액 1,500,000원과 사업소득금액 15,000,000원의 합계인 16,500,000원이다.
• 사업소득 중 부동산 임대업에서 발생한 소득금액은 소득세법상의 원천징수 대상 소득이 아니다.

045 ① 소득금액은 공동사업장별로 계산하여 손익분배비율에 따라 배분된 소득금액에 대하여 거주자별로 각각 소득세 납세의 의무를 진다. 공동사업장의 대표자에 대한 급여는 필요경비가 인정되지 않으며 소득세법상 가산세 일부는 사업장별로 계산하여 손익분배비율에 따라 배분하는 것도 있다.

상 중 하

046 다음 중 소득세법상 공동사업에 대한 설명으로 가장 옳지 않은 것은? 96회 수정

① 대표공동사업자는 당해 공동사업장에서 발생하는 소득금액과 가산세액 및 원천징수된 세액의 각 공동사업자별 분배명세서를 제출하여야 한다.

② 공동사업에서 발생한 소득금액은 공동사업자의 손익분배비율에 따라 배분한다.

③ 거주자 1인과 특수관계인이 공동사업자에 포함되어 있는 경우로서 조세회피 목적으로 공동사업을 영위하는 경우에는 해당 특수관계인의 소득금액은 주된 공동사업자의 소득금액으로 본다.

④ 공동사업장의 기업업무추진비 및 기부금의 한도액은 각각의 공동사업자를 1거주자로 보아 적용한다.

상 중 하

047 다음 중 소득세법상 공동사업장에 대한 설명으로 옳은 것은? 39회

① 중소기업이 아닌 경우 기업업무추진비 한도액은 연간 1천 2백만원에 공동사업자 수를 곱하여 계산된 금액으로 한다.

② 공동사업장에 대한 소득금액 경정은 원칙적으로 공동사업장 관할 세무서장이 행하고, 국세청장이 중요하다고 인정하는 경우 대표공동사업자의 주소지 관할 세무서장이 행한다.

③ 복식부기 의무자 또는 간편장부 대상자의 기장의무 규정은 공동사업자의 단독사업장과 관계 없이 공동사업장을 1거주자로 보아 별도로 적용한다.

④ 삼촌은 생계를 같이하고 손익분배비율을 허위로 정하는 경우에도 공동사업소득금액의 합산대상에 해당하지 않는다.

상 중 하

048 다음 중 소득세법상 결손금과 이월결손금에 대한 설명으로 옳지 않은 것은? 57회 유사

① 부동산 임대업(주택 임대업 제외)을 제외한 일반적인 사업에서 발생한 결손금은 근로소득금액, 연금소득금액, 기타소득금액, 이자소득금액, 배당소득금액, 부동산 임대사업 소득금액에서 순서대로 공제한다.

② 부동산 임대업(주택 임대업 제외)에서 발생한 결손금은 다른 소득금액에서 공제하지 않고 다음 과세기간으로 이월된다.

③ 해당 과세기간에 일반사업소득에서 결손금이 발생하고 전기에서 이월된 이월결손금도 있는 경우에는 당해 과세기간에 발생한 결손금을 먼저 다른 소득금액에서 공제한다.

④ 중소기업을 영위하는 거주자의 부동산 임대업(주택 임대업 제외)을 제외한 사업소득 결손금 중 다른 소득금액에서 공제한 후의 금액이 있는 경우에는 소급공제하여 환급 신청이 가능하다.

정답 및 해설

046 ④ 공동사업장의 기업업무추진비 및 기부금의 한도액은 그 공동사업장을 1거주자로 보아 한도액을 계산한다.

047 ③ ① 공동사업장을 1거주자로 보아 연간 1천 2백만원을 기초금액으로 한다.
② 공동사업에서 발생하는 소득금액의 경정은 대표공동사업자의 주소지 관할 세무서장이 한다.
④ 공동사업소득금액의 합산 대상이 되는 특수관계인에 삼촌도 해당된다.

048 ① 부동산 임대업(주택 임대업 제외)을 제외한 일반적인 사업에서 발생한 결손금은 부동산 임대업 소득금액에서 먼저 공제하고 남은 결손금(사업소득의 결손금)을 근로소득금액, 연금소득금액, 기타소득금액, 이자소득금액, 배당소득금액에서 순서대로 공제한다.

상 중 하

049 **다음은 소득세법상 기업업무추진비에 대한 설명이다. 이 중 옳지 않은 것은?** 79회

① 기업업무추진비 한도액 계산에 있어서 수입금액이 90억원인 경우 적용되는 율은 1만분의 30(0.3%)이다.

② 1회의 접대에 지출한 기업업무추진비(경조사비 제외) 중 3만원을 초과하는 기업업무추진비로서 간이영수증을 수령한 경우 필요경비에 산입하지 않는다.

③ 업무와 관련하여 특정인에게 지출한 경우 원칙적으로 기업업무추진비로 본다.

④ 복수 사업장을 가진 사업자의 소득금액 계산 시 각 사업장별 한도 미달액과 초과액은 통산한다.

상 중 하

050 **다음 중 소득세법상 결손금과 이월결손금에 대한 설명으로 가장 옳지 않은 것은?** 114회

① 2020년 1월 1일 이후 최초로 발생하는 결손금은 15년간 이월공제가 가능하다.

② 해당 과세기간의 소득금액에 대하여 추계신고를 하는 경우에는 이월결손금 공제 규정을 적용하지 아니한다(단, 천재지변·장부멸실 등에 의한 경우는 제외함).

③ 중소기업을 영위하는 거주자의 부동산임대업을 제외한 사업소득 결손금은 1년간 소급 공제하여 환급신청이 가능하다.

④ 주거용 건물의 임대업에서 발생한 결손금은 다른 소득금액에서 공제할 수 없고, 추후 발생하는 해당 부동산임대업의 소득금액에서만 공제 가능하다.

상 중 하

051 **다음 중 소득세법상 종합소득세 계산에 대한 설명으로 옳지 않은 것은?** 38회

① 부동산 임대업(주택 임대업 제외)에서 발생한 결손금(2020년 이후 발생분)은 다른 종합소득에서 공제할 수 없고 이후에 발생하는 부동산 임대업에서 발생한 소득금액에서 15년간 이월하여 공제한다.

② 부동산 매매업을 영위하는 거주자가 특수관계에 있는 자에게 시가 10억원인 재고자산을 9억원에 양도하는 경우에는 10억원에 양도한 것으로 보아 소득금액을 계산할 수 있다.

③ 피상속인의 소득금액에 대한 소득세를 상속인에게 과세할 경우 이를 상속인의 소득금액에 대한 소득세와 합산하여 계산하여야 한다.

④ 해당 연도의 사업소득금액에 대하여 추계 신고하는 경우에는 천재지변, 기타 불가항력의 사유가 아닌 경우 이월결손금을 공제받을 수 없다.

정답 및 해설

049 ④ 복수 사업장을 가진 사업자의 소득금액 계산 시 각 사업장별 한도 미달액과 초과액은 통산하지 않는다.

050 ④ 주거용 건물의 임대업에서 발생한 결손금은 근로소득 → 연금소득 → 기타소득 → 이자소득 → 배당소득 순으로 다른 종합소득금액에서 공제가 가능하다.

051 ③ 피상속인의 소득세를 상속인에게 과세하는 것은 납세의무의 승계로 인한 과세일 뿐 상속인의 소득금액과 합산하여 누진세율로 과세하고자 하는 것은 아니므로, 상속인의 소득금액에 대한 소득세와 합산하지 않고 구분하여 계산하여야 한다.

상 중 하

052 박인순 씨의 종합소득자료가 다음과 같을 때 소득세법상 옳지 않은 설명은?

• 사업소득금액: 결손금 1,100만원
• 근로소득금액: 1,000만원
• 기타소득금액(종합과세 대상 간주): 1,300만원

① 사업소득의 결손금은 먼저 근로소득금액과 통산한다.
② 이 소득자의 경우 근로소득 세액공제를 받을 수 있다.
③ 이 소득자의 경우 종합소득금액은 1,200만원이다.
④ 해당 연도에 부동산 임대소득에서 결손이 발생했다면 타 소득과 통산은 불가능하다.

상 중 하

053 소득세법상 결손금의 통산과 이월결손금의 공제에 관한 설명 중 옳지 않은 것은? 30회

① 결손금은 당해 사업자의 소득별 소득금액 계산 시 필요경비가 총수입금액을 초과하는 경우 그 초과 금액을 말한다.
② 해당 연도에 결손금이 발생하고 이월결손금이 있는 경우에 해당 연도의 결손금을 먼저 소득금액에서 공제한다.
③ 해당 연도의 부동산 임대소득(주택 임대업 제외)에서 결손금(2020년 이후 발생분)이 발생한 경우 향후 15년간 이월공제하거나 직전 과세기간의 소득금액에서 소급공제할 수 있다.
④ 자산수증이익 또는 채무면제이익으로 충당된 이월결손금은 공제 대상에서 제외된다.

THEME 08 종합소득공제와 세액공제 [054~071]

상 중 하

054 다음 중 소득세법상 종합소득공제에 관한 설명으로 옳지 않은 것은? 90회

① 기본공제 대상 판정에 있어서 배우자와 부양가족의 해당 과세기간의 소득금액은 종합소득금액, 퇴직소득금액, 양도소득금액을 포함한다.
② 거주자 및 배우자의 형제자매는 기본공제 대상에 포함될 수 있으나, 형제자매의 배우자는 기본공제 대상에 포함하지 않는다.
③ 배우자가 없는 거주자로서 종합소득금액이 3천만원을 초과하는 경우에는 한부모 추가공제를 적용받을 수 없다.
④ 인적공제금액 합계액이 종합소득금액을 초과하는 경우 그 초과하는 공제액은 없는 것으로 한다.

정답 및 해설

052 ② 사업소득과 통산하면 근로소득금액이 0이 되므로, 근로소득 세액공제를 받을 수 없다.
053 ③ 부동산 임대업에서 발생한 결손금은 소급공제를 할 수 없다.
054 ③ 한부모 추가공제는 소득금액의 제한이 없다.

상 중 하

055 근로자인 백남봉 씨는 2025년 귀속 연말정산 시 생계를 같이하는 부양가족에 대하여 인적공제(기본공제)를 적용하고자 한다. 다음 중 인적공제(기본공제) 대상이 아닌 것은? (단, 다른 소득은 없는 것으로 가정함) 102회

① 전업주부인 배우자는 로또(복권)에 당첨되어 1,000만원을 수령하였다.
② 구청에서 일용직으로 근무하시는 62세 어머니는 일용직 급여가 600만원이다.
③ 올해 초 퇴직하신 65세 아버지는 총급여가 300만원이고, 퇴직소득금액이 90만원이다.
④ 17세인 아들은 포스터 공모전에서 입상하여 시청으로부터 상금 500만원을 수령하였다.

PART 03

상 중 하

056 소득세법상 종합소득공제에 대한 설명이다. 옳지 않은 것은? 65회

① 경로우대자공제를 받기 위한 최소한의 연령은 70세이다.
② 종합소득이 있는 거주자와 생계를 같이하면서 소득이 없는 장애인인 아들은 연령에 관계 없이 그 거주자의 기본공제 대상자가 된다.
③ 기본공제 대상자가 아닌 자는 추가공제 대상자가 될 수 없다.
④ 거주자 갑의 배우자가 양도소득금액만 8백만원이 있는 경우, 종합소득금액이 2천만원인 갑은 배우자공제를 받을 수 있다.

상 중 하

057 현행 소득세법에 대한 설명 중 옳지 않은 것은?

① 현행 소득세율은 1,400만원 이하의 구간에서는 6% 세율을 적용한다.
② 종합소득이 있는 거주자의 표준 세액공제액은 무조건 13만원이다.
③ 근로자는 신용카드 및 현금영수증의 사용액이 총급여액의 25%를 초과하면 소득공제 혜택을 받는다.
④ 특례기부금은 10년간 이월공제 가능하다.

정답 및 해설

055 ③ 소득금액의 합계액은 종합소득, 퇴직소득, 양도소득을 합하여 판단하고, 비과세소득 및 분리과세소득은 제외한다. 아버지의 총소득금액은 180만원(=300만원×30%+90만원)이므로 기본공제 대상이 아니다. 배우자와 어머니는 분리과세소득이고, 아들은 비과세 기타소득에 해당한다.

056 ④ 배우자공제는 종합소득금액, 양도소득금액, 퇴직소득금액의 합이 100만원 이하여야 공제할 수 있다.

057 ② 항목별 특별세액공제, 월세액 세액공제, 특별 소득공제를 신청하지 않은 근로소득이 있는 거주자는 13만원, 법정요건을 충족하는 성실사업자는 12만원의 표준 세액공제를 적용한다.

상 중 하

058 **다음은 소득세법상 종합소득공제에 대한 설명이다. 옳지 않은 것은?**

① 의료비공제가 적용되는 기본공제 대상자는 연령 및 소득금액의 제한을 받지 않는다.
② 기본공제 대상자에 대한 추가소득공제는 모두 기본공제 대상자를 기준으로 요건을 판단한다.
③ 기본공제 대상자인 직계존속을 위하여 지급한 수업료로서 대학생인 경우에는 1인당 연 900만원을 한도로 공제한다.
④ 자녀 세액공제 중 자녀의 범위에 손자와 손녀는 포함된다.

상 중 하

059 **다음은 2025년 말 현재 소득세법상 생계를 같이 하는 부양가족에 대한 설명이다. 이 중 본인(근로소득자)의 소득공제 대상에 해당될 수 없는 사람은 누구인가?** 41회

① 갑(48세): 본인의 배우자로서 해당 연도 근로 제공으로 총급여 500만원을 수령하였다.
② 을(18세): 본인의 자녀이고, 부동산 임대업에서 발생한 소득금액 100만원이 있다.
③ 병(21세): 본인의 자녀(장애인)이고, ○○일보에 원고가 당선되어 1,600만원을 받았다.
④ 정(76세): 본인의 부친으로서 농어가부업소득 1,200만원이 있다.

상 중 하

060 **사업용 계좌개설 신고한 성실사업자인 여성(연간 소득금액 3,000만원 이하)에 대한 다음 자료에 의한 소득세법상 종합소득공제액(인적공제)은 얼마인가?**

> ㉠ 배우자
> ㉡ 25세인 장남
> ㉢ 13세인 차남
> ㉣ 7세인 장녀
> ㉤ 72세인 아버지
> ㉥ 각각 연간 소득금액이 없으며 생계를 함께하고 있다.

① 8,000,000원
② 8,500,000원
③ 9,000,000원
④ 10,000,000원

정답 및 해설

058 ③ 교육비공제 대상자는 기본공제 대상자 중 본인, 배우자, 직계비속, 형제·자매, 입양자, 위탁아동만 적용되며, 직계존속은 제외한다.

059 ③ 장애인은 연령요건에는 제약이 없으나, 소득금액에는 제한이 있다. 일시적인 문예창작소득은 기타소득으로서 필요경비 60%를 제외하면 기타소득금액 '16,000,000원×(1－60%)＝6,400,000원'으로 소득금액이 100만원을 초과하므로 기본공제 대상자가 아니다.

060 ③ 종합소득공제액은 9,000,000원이다.
- 본인공제: 150만원
- 배우자공제: 150만원
- 부양가족공제(차남, 장녀, 아버지): 150만원×3명＝450만원
- 경로우대공제(70세 이상): 100만원
- 부녀자추가공제: 50만원

상 중 하

061 다음 중 소득세법상 성실신고확인서 제출사업자가 적용받을 수 없는 세액공제는 무엇인가? (단, 공제요건은 모두 충족하는 것으로 가정한다.) 108회

① 보험료 세액공제
② 의료비 세액공제
③ 교육비 세액공제
④ 월세 세액공제

상 중 하

062 다음 중 근로소득만 있는 거주자로서 연말정산 시 산출세액에서 공제하는 세액공제에 대한 설명으로 틀린 것은? 105회

① 의료비 세액공제는 지출된 의료비가 총급여액의 3%를 초과하는 경우에만 공제한다.
② 자녀 세액공제는 특별 세액공제에 해당하여 표준 세액공제와 중복 적용될 수 없다.
③ 근로자 본인을 위하여 지출된 교육비로서 학자금 대출 원리금 상환액에 대해서도 교육비 세액공제를 적용한다.
④ 월세액 세액공제를 적용 받으면 표준 세액공제가 적용되지 않는다.

상 중 하

063 다음 중 소득세법상 특별 세액공제에 대한 설명으로 옳지 않은 것은? 86회

① 보험료 세액공제는 장애인 전용 보장성 보험료에 대해 연간 지출액 100만원 한도로 15%를 공제한다.
② 근로소득이 있는 거주자의 경우 항목별 특별 세액공제 · 항목별 특별 소득공제 · 월세액 세액공제의 신청을 하지 않은 경우 연 12만원의 표준 세액공제를 적용한다.
③ 국내 소재 의료기관에 지급한 의료비에 한해서만 의료비 세액공제를 적용한다.
④ 초등학생 교복 구입비는 교육비 세액공제 대상이 아니다.

정답 및 해설

061 ① 보험료 세액공제는 근로소득자만 받을 수 있는 세액공제이다.

062 ② 자녀 세액공제는 특별 세액공제에 해당하지 않기 때문에 특별 소득공제 · 특별 세액공제 · 월세액 세액공제를 신청하지 않은 경우 표준 세액공제와 중복 공제가 가능하다.

063 ② 연 13만원을 종합소득 산출세액에서 공제한다.

상 중 하

064 다음 중 소득세법상 근로소득 연말정산 시 「신용카드 등 사용금액 소득공제」의 대상에서 제외되는 것은? (단, 모두 국내에서 신용카드를 사용하여 지출한 것으로 가정함) 114회

① 의료비
② 아파트관리비
③ 취학 전 아동의 학원비
④ 교복구입비

상 중 하

065 다음 중 근로소득 연말정산 시 특별 세액공제와 신용카드 등 사용금액 소득공제의 중복 적용 여부가 틀린 것은? 91회

	구분	특별 세액공제	신용카드 등 사용금액 소득공제
①	신용카드로 결제한 의료비	의료비 세액공제 가능	공제 가능
②	신용카드로 결제한 월세액	월세액 세액공제 가능	공제 불가
③	신용카드로 결제한 보장성 보험료	보험료 세액공제 가능	공제 불가
④	신용카드로 결제한 교복 구입비	교육비 세액공제 가능	공제 불가

상 중 하

066 다음 중 근로소득자가 2025년 지출한 특별 세액공제 내역에서 소득세법상 특별 세액공제 적용률이 가장 높은 내용은? 72회

① 1천 5백만원의 종교단체기부금 중 1천만원 초과분
② 근로자 본인의 보장성 보험
③ 근로자의 자녀인 소득이 없는 중학생 딸의 안경 구입비
④ 근로자의 자녀인 소득이 없는 대학생 아들의 대학교 등록금

정답 및 해설

064 ② 아파트관리비는 공제 대상 신용카드 등 사용금액에 포함하지 않는다.

065 ④ 신용카드로 결제한 교복 구입비는 신용카드 등 사용금액 소득공제가 가능하다.

066 ① 1천만원 이상의 고액 기부금 중 1천만원 초과분에 대한 특별 세액공제 적용률이 30%이다. 안경 구입비, 대학교 등록금 등은 15%, 보장성 보험 등은 12%의 적용률을 적용한다.

상 중 하

067 다음 중 해당 과세기간의 총급여액이 7천만원을 초과하는 경우 적용받을 수 없는 소득공제 및 세액공제는 어느 것인가? 102회

> 가. 신용카드 등 사용금액에 대한 소득공제 중 도서 · 신문 · 공연비 등 지출분에 대한 추가공제액
> 나. 월세 세액공제
> 다. 특별 소득공제 중 장기주택저당 차입금의 이자 상환액 소득공제
> 라. 의료비 세액공제 중 산후조리원에 지출한 비용(출산 1회당 200만원 이내의 금액)

① 가, 나, 다, 라
② 나
③ 나, 라
④ 가, 나

상 중 하

068 근로소득자인 A가 2025년에 지출한 내역 중 소득세법상 특별 세액공제율이 가장 낮은 항목은? (단, 제시된 항목은 항목별 한도 내의 세액공제 대상 금액이라 가정함) 16년 8월 특별

① 소득이 없는 중학생 자녀의 콘택트렌즈 구입비용 200만원
② 본인의 자동차 보험료 50만원
③ 소득이 없는 고등학생 자녀의 교복 구입비 60만원
④ 본인이 지출한 특례기부금 50만원

상 중 하

069 현행 소득세법에 대한 설명 중 옳지 않은 것은?

① 현행 소득세율은 1,400만원 이하의 구간에서는 6% 세율을 적용한다.
② 근로소득이 있는 거주자의 표준 세액공제액은 7만원이다.
③ 근로소득 또는 사업소득이 있는 거주자의 기본공제 대상자에 해당하는 자녀가 2인인 경우 자녀 세액공제액은 연 55만원이다.
④ 근로자는 신용카드 및 현금영수증의 사용액이 총급여액의 25%를 초과하면 소득공제 혜택을 받는다.

정답 및 해설

067 ④ 특별 소득공제 중 장기주택저당 차입금 이자 상환액 소득공제와 의료비 세액공제 중 산후조리원에 지출한 비용(출산 1회당 200만원 이내의 금액)은 총급여액에 관계없이 공제 가능하다.

068 ② 콘택트렌즈 구입비용 200만원 중 한도 50만원, 특례기부금 50만원, 교복 구입비 60만원 중 한도 50만원은 모두 15%의 세액공제 대상이며, 자동차 보험료 50만원은 12%의 세액공제 대상이다.

069 ② 항목별 특별세액공제, 월세액 세액공제, 특별 소득공제를 신청하지 않은 근로소득이 있는 거주자의 표준세액공제액은 13만원이다.

상 중 하

070 **다음 중 소득세법상 세액공제에 대한 설명으로 옳은 것은?** 24회

① 거주자는 모든 배당소득에 대하여 당해 배당소득금액의 11%를 배당 세액공제액으로 하여 소득세 산출세액에서 공제받을 수 있다.

② 기타소득이 있는 거주자도 간편장부를 작성하는 경우에는 당해 소득세의 10%를 기장 세액공제액으로 하여 소득세에서 공제받을 수 있다.

③ 사업소득이 있는 거주자는 외국에 납부한 세액에 대하여 외국납부 세액공제를 받을 수 있다.

④ 거주자가 재해로 인하여 자산을 30% 이상 상실한 경우에는 그 자산가액에 재해상실비율을 곱한 금액을 당해 연도 소득세액에서 공제받을 수 있다.

상 중 하

071 **다음은 거주자 신한국 씨의 2025년 종합소득세를 계산하기 위한 자료이다. 이에 따라 계산한 종합소득세 산출세액은 얼마인가? (신한국 씨와 배우자의 사업종류는 서로 다름)**

[자료]
- 신한국 씨의 사업소득금액: 52,000,000원
- 배우자의 사업소득: 25,000,000원
- 신한국 씨의 양도소득금액: 28,000,000원
- 배우자의 이자소득: 41,000,000원
- 신한국 씨의 종합소득공제: 8,500,000원

[세율]
- 1,400만원 이하: 6%
- 1,400만원 초과 5,000만원 이하: 84만원+1,400만원을 초과하는 금액의 15%
- 5,000만원 초과 8,800만원 이하: 624만원+5,000만원을 초과하는 금액의 24%

① 5,265,000원　　② 5,445,000원

③ 5,545,000원　　④ 5,645,000원

정답 및 해설

070 ③ ① 거주자는 일정한 배당소득에 대하여 당해 배당소득금액의 10%를 산출세액에서 공제받을 수 있다.
② 기장 세액공제는 사업소득이 있는 거주자만 해당된다.
④ 재해로 인하여 재해상실비율이 20% 이상인 사업자는 재해손실 세액공제를 적용한다.

071 ① • 종합소득세 과세표준: 사업소득금액 52,000,000원－종합소득공제 8,500,000원＝43,500,000원
• 종합소득세 산출세액: (14,000,000원×6%)+(43,500,000원－14,000,000원)×15%＝5,265,000원

THEME 09 소득세법의 기타사항 [072~074]

상 중 하

072 **다음 중 소득세법상 성실신고확인제도에 대한 내용으로 옳지 않은 것은?** 98회

① 성실신고확인대상 사업자는 당기 수입금액(사업용 유형자산을 양도함으로써 발생한 수입금액은 제외)의 합계액이 업종별로 법이 정한 금액 이상인 개인사업자를 말한다.

② 의료비 세액공제와 교육비 세액공제 및 월세 세액공제를 적용받을 수 있다.

③ 성실신고확인대상 사업자가 성실신고확인서를 제출하는 경우에는 성실신고확인 비용에 대한 세액공제를 적용받을 수 있다.

④ 성실신고확인대상 사업자가 성실신고확인서를 제출하는 경우 종합소득 과세표준 확정신고를 그 과세기간의 다음 연도 5월 1일부터 5월 31일까지 해야 한다.

상 중 하

073 **다음 중 소득세법 규정에 관한 설명으로 옳지 않은 것은?** 76회

① 근로소득과 연말정산 사업소득만 있는 자는 과세표준 확정신고를 하지 않아도 된다.

② 일용근로소득만 있는 자는 원천징수로서 납세의무가 종결된다.

③ 채무면제이익이나 자산수증이익으로 충당된 이월결손금은 종합소득금액 공제 대상에서 제외된다.

④ 공동사업장에 대한 소득금액을 계산함에 있어서는 그 공동사업장을 1거주자로 본다.

상 중 하

074 **다음 중 소득세법상 종합소득 과세표준 확정신고 대상자는?** 104회

① 공적연금소득과 양도소득이 있는 자

② 퇴직소득과 연말정산 대상 근로소득이 있는 자

③ 일용근로소득과 연말정산 대상 사업소득이 있는 자

④ 분리과세 이자소득과 사업소득에서 결손금이 발생한 자

정답 및 해설

072 ④ 성실신고확인대상 사업자가 성실신고확인서를 제출하는 경우 종합소득 과세표준 확정신고를 그 과세기간의 다음 연도 5월 1일부터 6월 30일까지 해야 한다.

073 ① 소득세 과세표준의 계산 시 근로소득과 연말정산의 사업소득이 동시에 있는 경우에는 이를 합산하여 과세표준 확정신고를 하여야 한다.

074 ④ 사업소득에서 결손금이 발생한 경우에도 종합소득세 확정신고 대상자에 해당한다.

CHAPTER 03

법인세법

핵심키워드

- 세무조정과 소득처분
- 익금과 익금불산입
- 손금과 손금불산입
- 기업업무추진비와 기부금
- 인건비와 충당금
- 과세표준 및 세액계산

1회독 2회독 3회독

THEME 01 법인세 총론

▸ 최신 30회 중 4문제 출제

1. 법인세의 의의와 납세의무자

법인세란 법인의 소득에 대하여 과세하는 조세를 말한다. 소득에 대한 과세는 개인소득세와 법인소득세로 구분하며 개인소득세를 소득세, 법인소득세를 법인세라고 부른다. 납세의무자인 법인은 본점·주사무소 또는 사업의 실질적 관리장소가 국내에 있는지 여부에 따라 내국법인과 외국법인으로 분류하고, 설립 목적에 따라 영리법인과 비영리법인으로 분류한다.

구분		내용	납세의무의 범위
관리장소에 따른 분류	내국법인	국내에 본점·주사무소를 두거나 사업의 실질적 관리장소를 둔 법인	국내외 원천소득
	외국법인	외국에 본점·주사무소를 두거나 국내에 사업의 실질적 관리장소가 소재하지 않는 경우로서 일정한 기준에 해당하는 법인	국내 원천소득
설립 목적에 따른 분류	영리법인	영리를 목적으로 하는 법인	모든 소득
	비영리법인	학술, 종교, 자선, 기타 이익을 추구하지 않는 사업을 목적으로 하는 법인	수익사업소득

+ 과세소득에 대한 학설

구분	소득원천설(열거주의)	순자산증가설(포괄주의)
과세 대상	경상적·반복적 발생소득으로 열거된 소득에만 과세	법인의 순자산을 증가시킨 모든 거래에 과세
과세 제외	열거되지 않은 소득	순자산은 증가하였으나 과세 제외로 열거된 항목
적용세목	소득세	법인세

2. 과세 대상 소득

법인세의 과세 대상 소득은 각 사업연도 소득, 청산소득, 토지 등 양도소득, 미환류소득으로 분류할 수 있다.

(1) 각 사업연도 소득

사업연도별 익금 총액에서 손금 총액을 공제하여 계산한 금액으로서 법인의 이윤에 해당하는 가장 기본이 되는 소득을 말한다.

(2) 청산소득

법인이 해산(합병이나 분할에 의한 해산 제외)하는 경우 잔여 재산가액이 자기자본 총액을 초과하는 금액을 말한다.

(3) 토지 등 양도소득

법인이 법 소정 주택, 주택을 취득할 수 있는 권리 및 비사업용 토지를 양도하여 발생한 소득에 대하여 각 사업연도 소득으로 과세함과 동시에 토지 등 양도소득으로 추가 과세하여 법인의 부동산 투기를 제재한다.

(4) 미환류소득

내국영리법인 중 상호출자제한기업집단에 속하는 법인이 해당 사업연도의 소득 중 일정액 이상을 투자, 임금 등으로 사용(환류)하지 않은 소득을 말한다.

+ 과세 대상 소득

구분	각 사업연도 소득	토지 등 양도소득	청산소득
과세표준	익금 총액 − 손금 총액 ――――― 각 사업연도 소득금액 − 이월결손금 − 비과세소득 − 소득공제 ――――― 과세표준	양도가액 − 장부가액 ――――― 과세표준	잔여 재산가액 − 자기자본 총액 ――――― 과세표준
세율	• 2억원 이하분: 9% • 2억원 초과분: 19% • 200억원 초과분: 21% • 3,000억원 초과분: 24%	• 비사업용 토지: 10%(미등기 40%) • 주택, 별장 등: 20%(미등기 40%)	• 2억원 이하분: 9% • 2억원 초과분: 19% • 200억원 초과분: 21% • 3,000억원 초과분: 24%
신고 납부	각 사업연도 종료일이 속하는 달의 말일부터 3개월 이내 (단, 성실신고확인대상 내국법인은 4개월 이내)		잔여 재산가액 확정일이 속하는 달의 말일부터 3개월 이내

3. 과세소득의 범위

구분			각 사업연도 소득	토지 등 양도소득	청산소득	미환류소득
과세법인	내국법인	영리법인	국내외 모든 소득	과세 ○	과세 ○	과세 ○
		비영리법인	국내외 수익사업소득	과세 ○	과세 ×	과세 ×
	외국법인	영리법인	국내 모든 소득	과세 ○	과세 ×	과세 ×
		비영리법인	국내 수익사업소득	과세 ○	과세 ×	과세 ×
비과세법인	국가, 지방자치단체		과세 ×	과세 ×	과세 ×	과세 ×

꿀팁 외국의 정부, 지방자치단체는 비영리외국법인으로 간주한다.

연습문제

다음 중 법인세법상 납세의무자별 과세 대상 소득의 범위에 대한 구분으로 틀린 것은? 기출 95회

	법인 구분		각 사업연도 소득의 범위	토지 등 양도소득	청산소득
	내국/외국	영리/비영리			
①	내국	영리	국내외 원천의 모든 소득	과세 ○	과세 ○
②	내국	비영리	국내외 원천소득 중 일정한 수익사업에서 생기는 소득	과세 ○	과세 ○
③	외국	영리	국내 원천소득	과세 ○	과세 ×
④	외국	비영리	국내 원천소득 중 일정한 수익사업에서 생기는 소득	과세 ○	과세 ×

| 정답 및 해설 |

② 비영리법인이 청산하는 경우에는 잔여재산을 구성원에게 분배할 수 없고 유사한 목적을 가진 비영리법인이나 국가에 인도하므로 청산소득이 발생하지 않는다. 따라서 내국 비영리법인은 청산소득에 대한 법인세 납세의무가 없다.

4. 사업연도

(1) 의의

법인의 소득을 계산하는 1회계기간을 말한다.

(2) 본래의 사업연도

구분	사업연도
원칙	법령, 정관 등에 규정한 1회계기간으로 하되, 그 기간은 1년을 초과하지 못함
법정 정관상 규정이 없는 경우	• 사업연도 신고를 한 경우: 신고한 내용에 의하되, 그 기간은 1년을 초과할 수 없음 • 사업연도 신고를 하지 않은 경우: 1월 1일부터 12월 31일까지를 사업연도로 함
신설법인의 최초 사업연도 개시일	원칙상 내국법인의 최초 사업연도 개시일은 설립등기일로 함

(3) 사업연도 변경 신고

① 직전 사업연도 종료일부터 3개월 이내에 납세지 관할 세무서장에게 신고해야 한다.

② 기한 경과 후 변경 신고 시, 당해 사업연도에는 변경되지 않고 다음 사업연도부터 변경된다.

③ 신설법인은 최초 사업연도 경과 전에 사업연도를 변경할 수 없다.

④ 종전 사업연도 개시일부터 변경한 사업연도 개시일의 전일까지를 1사업연도로 한다. 단, 그 기간이 1개월 미만이면 그 기간을 변경된 사업연도에 포함한다.

5. 납세지

법인이 납세의무를 이행하고 과세권자가 부과징수를 행하는 기준이 되는 장소를 말한다. 만약 납세지가 변경되면 변경일부터 15일 이내에 변경 후의 납세지 관할 세무서장에게 변경 신고를 하여야 한다.

구분	법인세의 납세지
내국법인	법인의 등기부상의 본점, 주사무소 소재지(국내에 본점 또는 주사무소가 소재하지 않으면 사업의 실질적 관리장소)
외국법인	국내 사업장 소재지

연습문제

법인세법과 관련한 다음의 설명 중 옳지 않은 것은? 기출 78회

① 법인세는 법인의 납세지를 관할하는 세무서장 또는 지방국세청장이 과세한다.

② 내국법인의 법인세 납세지는 그 법인의 등기부에 따른 본점이나 주사무소의 소재지(국내에 본점 또는 주사무소가 있지 않은 경우에는 사업을 실질적으로 관리하는 장소의 소재지)로 한다.

③ 일반법인의 경우 최초 사업연도의 개시일은 설립등기일로 한다.

④ 사업연도는 법인의 소득을 계산하는 1회계기간으로서 법인의 정관에서 정하면 12개월을 초과할 수 있다.

| 정답 및 해설 |

④ 사업연도는 법인의 소득을 계산하는 1회계기간으로서 법령이나 법인의 정관 등에서 정하는 1회계기간으로 한다. 다만, 그 기간은 1년을 초과하지 못한다.

합격을 다지는 실전문제 p.496

THEME 02 세무조정과 소득처분 중요

▸ 최신 30회 중 8문제 출제

1. 세무조정

(1) 세무조정의 의의

결산서상 당기순이익과 법인세법에 따른 각 사업연도의 소득금액 사이의 차이를 조정하는 과정을 말한다. 즉, 당기순이익에서 출발하여 각 사업연도의 소득금액에 도달하는 과정을 '세무조정'이라고 한다. 여기서 각 사업연도 소득금액은 해당 사업연도의 익금에서 손금을 차감한 금액이다.

① 익금: 당해 법인의 순자산을 증가시키는 거래로 발생하는 이익의 합계액을 말한다. 다만, 자본·출자의 납입, 법인세법에서 열거한 익금불산입 항목은 제외한다.

② 손금: 당해 법인의 순자산을 감소시키는 거래로 발생하는 손실의 합계액을 말한다. 다만, 자본·지분의 환급, 잉여금 처분 및 법인세법에서 열거한 손금불산입 항목은 제외한다.

[1단계] 기업회계	[2단계] 세무조정		[3단계] 세무회계
수익	(+)익금산입 (−)익금불산입	=	익금
−			−
비용	(+)손금산입 (−)손금불산입	=	손금
=			=
당기순이익	(+)익금산입 및 손금불산입 (−)손금산입 및 익금불산입	=	각 사업연도 소득금액

꿀팁 만약 기업에서 일반기업회계기준에 따라 회계처리하지 않은 경우가 있다면 기업회계와 세무회계의 차이를 조정하는 것이 아니라 장부상 회계처리와 세무회계의 차이를 조정하는 것을 세무조정이라 한다.

(2) 세무조정의 종류 및 효과

세무조정은 각 사업연도 소득금액을 가산하는 조정인 익금산입과 손금불산입, 차감하는 조정인 손금산입과 익금불산입으로 구분할 수 있다.

구분	결산서 vs. 법인세법	세무조정 내용	세무조정의 효과
익금산입	수익<익금	당기순이익에 가산	각 사업연도 소득↑
익금불산입	수익>익금	당기순이익에서 차감	각 사업연도 소득↓
손금산입	비용<손금	당기순이익에서 차감	각 사업연도 소득↓
손금불산입	비용>손금	당기순이익에 가산	각 사업연도 소득↑

(3) 세무조정의 유형 – 결산조정과 신고조정

결산조정이란 익금 또는 손금을 결산서에 수익 또는 비용으로 계상하여 과세소득에 반영하는 것을, 신고조정이란 결산서에 수익 또는 비용으로 계상되지 않은 익금 또는 손금을 세무조정으로 과세소득에 반영하는 것을 말한다.

① 결산조정사항(임의사항): 결산서에 비용으로 계상한 경우에 한하여 손금으로 인정하는 사항이다. 즉, 결산서상 과소계상된 경우에는 신고조정에 의해 손금산입할 수 없는 손금 항목이다. 감가상각비와 퇴직급여충당금 등 객관적인 외부거래 없이 그 손금산입 여부가 법인 자신의 의사에 맡겨져 있는 사항들이 해당된다.

구분	내용	비고
고정자산의 상각비	• 고정자산에 대한 감가상각비 손금산입 • 소액 미술품(거래 단위별 1천만원 이하)의 취득가액에 대한 손금산입 • 소액취득자산 · 단기사용자산 · 소액수선비에 대한 즉시상각 • 시설개체 기술낙후로 인한 생산설비의 폐기손실 및 임차 사업장의 원상회복을 위한 시설물 철거로 인한 폐기손실	다음은 강제신고조정사항 • 감가상각의제 • 업무용승용차의 감가상각비

대손금	임의 대손사유	강제 대손사유는 신고조정사항 예 소멸시효 완성채권 등
충당금	• 대손충당금 • 퇴직급여충당금 • 구상채권*상각충당금 • 일시상각충당금, 압축기장충당금	퇴직연금충당금은 신고조정사항
자산의 평가손실	• 천재지변으로 인한 고정자산 평가손실 • 파손, 부패 등으로 인한 재고자산 평가손실	–
	• 주식발행법인이 파산한 경우의 당해 주식 • 법 소정의 주식발행법인의 부도 발생 시 당해 주식	비망가액 1,000원

* 구상채권이란 기업의 부실채무를 신용보증기금에서 채권자에게 대신 갚아주고, 그 기업체로부터 신용보증기금이 회수할 채권을 말한다.

② 신고조정사항(강제사항): 회사계상액과 세법상 금액에 차이가 있으면 반드시 세무조정해야 하는 사항을 말한다. 객관적인 외부거래인 매출액과 인건비 등 과소계상액 또는 과대계상액은 반드시 익금 또는 손금에 산입하여야 할 조정사항이다.

+ 세무조정의 판단

장부 vs. 법인세법	세무조정
수익>익금	익금불산입
수익<익금	익금산입
비용>손금	손금불산입
비용<손금	손금산입(결산조정사항인 경우: 손금산입 ×)

③ 결산조정사항과 신고조정사항의 비교

구분	결산조정사항	신고조정사항
개념	결산서에 비용으로 계상한 경우에 한하여 손금으로 인정하는 사항	장부에 비용으로 계상하거나 장부에 비용으로 계상하지 않더라도 세무조정을 통하여 손금산입
대상	외부거래 없이 내부적인 의사결정에 따라 비용 계상 여부나 비용의 크기가 결정되는 항목 → 대부분 추정경비	외부거래로 인하여 발생하는 항목 → 대부분 지출경비
손금산입 여부	법인의 선택사항(임의사항)	강제사항
손금귀속시기	결산서에 비용으로 계상한 사업연도 → 손금산입시기 조정 가능	세법상에 규정된 사업연도 → 손금산입시기 조정 불가능
당기비용처리 못한 경우	• 당기: 세무조정 × • 차기 이후: 차기 이후 결산서에 비용으로 계상하면 손금인정 → 경정청구* ×	• 당기: 세무조정 ○ • 차기 이후: 당기에 세무조정을 못한 경우 차기 이후 경정청구* ○

* 경정청구란 납세의무자가 법정 신고기한 내 세금을 더 냈거나 잘못 낸 경우 돌려달라고 요청하는 것을 말한다.

연습문제

다음 중 법인세법상 신고조정사항과 결산조정사항에 대한 설명으로 가장 틀린 것은? 기출 103회

① 신고조정사항은 객관적인 외부거래 없이 내부적인 계상 항목들에 대하여 손금산입 여부를 임의로 선택할 수 있도록 규정하고 있다.

② 신고조정사항에 해당하는 항목에 대하여 결산서상 수익·비용 금액과 세법상 익금·손금이 다른 경우에는 세무조정을 하여야 한다.

③ 결산조정사항에 해당하는 항목은 결산서에 반드시 손비로 계상하여야만 세법상 손금으로 인정된다.

④ 결산조정사항을 제외한 모든 세무조정사항은 신고조정사항에 해당한다.

| 정답 및 해설 |

① 객관적인 외부거래 없이 내부적인 계상 항목들에 대하여 손금산입 여부를 임의로 선택할 수 있도록 규정하고 있는 것은 결산조정사항에 대한 설명이다.

2. 소득처분

(1) 소득처분의 의의

결산서상 당기순이익과 법인세법상 각 사업연도 소득금액의 차이인 세무조정사항에 대하여 귀속을 확정하는 절차를 말한다.

(2) 소득처분의 유형

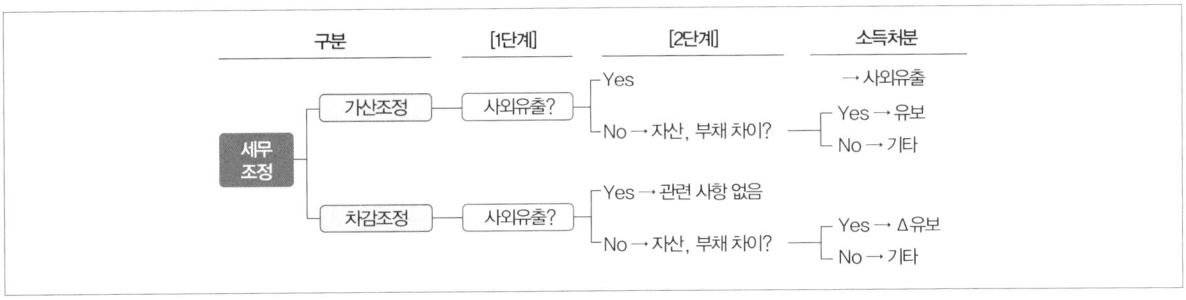

(3) 유보, △유보(사후관리 필요, 일시적 차이)

① 의의: 유보(또는 △유보)란 결산서상 자산·부채와 세법상 자산·부채의 일시적 차이를 말한다. 세무조정한 금액이 결산서상 자산·부채보다 세법상 자산·부채를 증감시키는 경우에 하는 소득처분이다. 관리 목적상 가산조정(익금산입 또는 손금불산입)에 대한 유보를 '유보'라고 하고, 차감조정(손금산입 또는 익금불산입)에 대한 유보를 '△유보'라고 한다. 이는 관리 목적상 사용하는 용어일 뿐 실무에서는 △유보는 존재하지 않으며 자산·부채의 차이가 최초로 발생하면 '유보 발생', 자산·부채의 차이가 소멸되면 '유보 감소'라고 한다.

세무조정	장부와 세법과의 차이 비교		소득처분
	자산 vs. 부채	순자산(자본)	
가산조정 (익금산입·손금불산입)	장부상 자산<세법상 자산, 장부상 부채>세법상 부채	장부상 자본<세법상 자본	유보
차감조정 (손금산입·익금불산입)	장부상 자산>세법상 자산, 장부상 부채<세법상 부채	장부상 자본>세법상 자본	△유보

② **유보의 사후관리**: 당기에 유보(또는 △유보)로 소득처분된 사항은 당기 이후에 반드시 반대의 세무조정과 소득처분이 발생되어 소멸(추인)된다. 또한, 유보(또는 △유보)로 인한 자산과 부채의 차이는 자본금과 적립금조정명세서(을)에서 관리한다.

| 자본금과 적립금조정명세서(을)

과목	기초 잔액	감소	증가	기말 잔액

실전 적용

다음 자료에 의하여 (주)에듀윌의 제1기와 제2기의 세무조정을 하시오.

[1] 제1기 (주)에듀윌은 토지를 100원에 취득하고 취득세 10원을 현금 지출 후 다음과 같이 회계처리하였다.

(차) 토지	100	(대) 현금	110
세금과공과	10		

[2] 제2기 (주)에듀윌은 상기 토지를 120원에 처분하고 다음과 같이 회계처리하였다.

(차) 현금	120	(대) 토지	100
		유형자산처분이익	20

| 풀이 |

[1] 취득세는 일반기업회계기준과 법인세법상 모두 자산의 취득원가에 가산해야 한다. 그러나 회사가 이를 비용으로 회계처리하였으므로 손금불산입으로 세무조정한다. 장부상 자산은 100원이지만 세법상 자산은 110원이므로 장부상 자산이 과소계상되어 자본도 과소계상되었으므로 세법상 자본을 증가시키는 유보로 소득처분해야 한다.

구분	회계처리			
장부상(B)	(차) 토지 세금과공과	100 10	(대) 현금	110
세법상(T)	(차) 토지	110	(대) 현금	110
세무조정 분개	(차) 토지	10	(대) 세금과공과	10
세무조정(T/A)	〈손금불산입〉 토지 10원(유보 발생)			

[2] 전기의 세무조정으로 인하여 장부상 수익은 20원이지만 세법상 익금은 10원이므로 익금불산입으로 세무조정한다. 이는 전기에 발생하였던 토지의 일시적 차이가 해당 토지의 처분으로 인하여 당기에 상쇄된 부분이므로 추인이 된다.

구분	회계처리			
장부상(B)	(차) 현금	120	(대) 토지 유형자산처분이익	100 20
세법상(T)	(차) 현금	120	(대) 토지 유형자산처분이익	110 10
세무조정 분개	(차) 유형자산처분이익	10	(대) 토지	10
세무조정(T/A)	〈익금불산입〉 토지 10원(유보 감소)			

연습문제

다음은 법인세법상의 소득처분에 대한 설명이다. 옳지 않은 것은? 기출 72회

① 천재지변 등의 예외를 제외하고, 법인세를 추계결정하는 경우 과세표준과 법인의 재무상태표상의 당기순이익과의 차액(법인세 상당액을 공제하지 않은 금액)은 대표자에 대한 상여로 한다.
② 사외유출된 소득의 귀속이 불분명하여 대표자에 대한 상여로 처분함에 따라 법인이 그에 대한 소득세를 대납하고 이를 손비로 계상한 경우에는 이를 손금불산입하여 기타사외유출로 처분한다.
③ 유보(△유보 포함)의 소득처분은 조세부담의 영구적 차이이므로 차기 이후에 당초의 세무조정에 반대되는 세무조정이 발생하지 않는다.
④ 임 · 직원의 경우에는 상여로 처리하고, 귀속자의 근로소득으로 소득세를 부과하고 원천징수가 필요하다.

| 정답 및 해설 |

③ 유보(△유보 포함)의 소득처분은 일시적 차이이므로 반대의 세무조정이 발생한다.

(4) 사외유출(사후관리 불필요, 영구적 차이)

① 의의: 사외유출이란 익금산입, 손금불산입 세무조정에 의하여 발생한 소득이 기업외부로 유출되어 특정인에게 귀속된 경우에 하는 소득처분을 말하며, 귀속자에 따라 배당, 상여, 기타사외유출 및 기타소득으로 구분된다.

② 소득의 귀속자가 분명한 경우

귀속자	소득처분	귀속자의 소득세 과세	원천징수
주주 등	배당	소득세법상 배당소득(인정배당)으로 과세	○
임원, 사용인	상여	소득세법상 근로소득(인정상여)으로 과세	○
법인, 개인사업자, 국가 등	기타사외유출	이미 각 사업연도 소득 또는 사업소득에 포함되어 있음	×
위 외의 자 예 주주의 친족 등	기타소득	소득세법상 기타소득으로 과세	○

+ 소득의 귀속자가 중복되는 경우의 소득처분

- 출자임원, 출자사용인이 귀속자인 경우: 상여(∵ 귀속자의 소득세 납세절차 간편)
- 법인주주가 귀속자인 경우: 기타사외유출(∵ 중복과세 방지)

③ 소득의 귀속자가 불분명한 경우 또는 추계결정의 경우

- 소득의 귀속자가 불분명한 경우: 대표자에 대한 상여로 처분한다(∵ 기장불비에 대하여 대표자에게 불이익을 줌으로써 기장을 유도하기 위함).
- 추계결정의 경우
  - 원칙: 추계에 의해 결정된 과세표준과 결산서상 법인세비용 차감 전 순이익과의 차액을 대표자에 대한 상여로 처분한다.
  - 예외: 천재지변 등 기타 불가항력으로 장부 기타 증빙서류가 멸실되어 추계결정하는 경우에는 기타사외유출로 처분한다.

+ 대표자 상여처분에 대한 소득세 대납액의 처리

결산상 회계처리	세무조정
비용으로 처리	손금불산입(기타사외유출)
대여금(가지급금)으로 처리	• 대여금 계상 시: 해당 대여금은 업무무관 가지급금으로 보지 않는 경우에 해당하므로 지급이자 손금불산입 규정과 가지급금 인정이자 규정을 적용하지 않으며, 별도의 세무조정은 없음 • 추후 대여금의 비용처리(대손처리): 손금불산입(기타사외유출)

④ 반드시 기타사외유출로 처분하여야 하는 경우

취지	내용
실지귀속을 밝히기 어려운 경우	• 건당 3만원(경조금 20만원) 초과 기업업무추진비 중 적격증명서류 미수취분과 기업업무추진비 한도 초과액 • 기부금 한도 초과액 • 업무무관 자산 등에 대한 지급이자의 손금불산입액
국가에 귀속되는 경우	손금불산입한 채권자 불분명 사채이자 및 비실명 채권·증권이자의 원천징수세액 상당액
귀속자가 없는 경우	• 임대보증금에 대한 간주익금 • 업무용승용차 임차료 중 감가상각비 상당액 한도 초과액과 업무용승용차의 처분손실 한도 초과액
실무관행	사외유출된 금액의 귀속이 불분명하거나 추계로 과세표준을 결정·경정할 때 대표자 상여로 처분한 경우에 해당 법인이 그 처분에 따른 소득세 등을 대납하고, 이를 손비로 계산하거나 그 대표자와의 특수관계가 소멸될 때까지 회수하지 않음에 따라 손금불산입한 금액

실전 적용

(주)에듀윌은 제1기 사업연도 중에 여비교통비로 500,000원을 지출하고 이를 장부상 비용으로 계상하였다. 그러나 해당 금액은 업무와 무관한 여행경비이며 제3자에게 지급된 것으로 확인되었다. 이러한 업무무관 비용은 손금불산입 항목이다. 제3자가 다음과 같을 때 각각 세무조정과 소득처분을 하시오.

[1] 귀속자가 주주인 경우
[2] 귀속자가 임원, 사용인인 경우
[3] 귀속자가 출자임원인 경우
[4] 귀속자가 국가 또는 지방자치단체인 경우
[5] 귀속자가 법인의 각 사업연도 소득금액을 구성하는 경우
[6] 귀속자가 개인사업자의 사업소득을 구성하는 경우
[7] 귀속자가 대표이사의 자녀인 경우
[8] 귀속자가 불분명한 경우

| 풀이 |

법인세법상 손금으로 인정하지 않는 지출액에 대하여 장부상 비용으로 계상한 경우 여비교통비 500,000원은 손금불산입하고, 이에 대한 소득처분은 귀속자별로 다음과 같이 처분한다.

〈손금불산입〉 업무무관 비용 500,000원
[1] 귀속자가 주주인 경우: 배당
[2] 귀속자가 임원, 사용인인 경우: 상여
[3] 귀속자가 출자임원인 경우: 상여
[4] 귀속자가 국가 또는 지방자치단체인 경우: 기타사외유출
[5] 귀속자가 법인의 각 사업연도 소득금액을 구성하는 경우: 기타사외유출
[6] 귀속자가 개인사업자의 사업소득을 구성하는 경우: 기타사외유출
[7] 귀속자가 대표이사의 자녀인 경우: 기타소득
[8] 귀속자가 불분명한 경우: (대표자)상여

연습문제

다음 중 법인세법상 세무조정 및 소득처분으로 틀린 것은? 기출 100회

① 임원 상여금 한도 초과액: 손금불산입(상여)
② 기업업무추진비 한도 초과액: 손금불산입(기타사외유출)
③ 감가상각비 부인액: 손금불산입(유보)
④ 임직원이 아닌 지배주주에 대한 여비교통비 지급액: 손금불산입(상여)

| 정답 및 해설 |

④ 익금에 산입한 금액은 귀속자가 주주 등(임원 또는 직원인 주주 등 제외)인 경우에는 그 귀속자에 대한 배당으로 처분한다. 따라서 임직원이 아닌 지배주주에 대한 여비교통비 지급액의 경우 손금불산입하고 배당으로 처분한다.

PART 03

(5) 기타(사후관리 불필요, 영구적 차이)

가산조정(익금산입, 손금불산입) 또는 차감조정(손금산입, 익금불산입)으로 세무조정을 하였으나, 소득이 사외로 유출된 것도 아니고 결산서상 자산, 부채 및 자본에 차이가 없는 경우에 기타로 처분한다.

실전 적용

(주)에듀윌은 자기주식(장부가액 100원)을 110원에 처분하고 다음과 같이 회계처리하였다. 이때 세무조정을 하시오.

(차) 현금	110	(대) 자기주식	100
		자기주식처분이익	10

| 풀이 |

자기주식처분이익은 일반기업회계기준상 자본잉여금에 해당하나 법인세법상 익금에 해당한다. 이는 장부상 자본과 법인세법상 자본의 구성 내역에 대한 차이로 발생하는 것이므로 자산, 부채의 차이는 발생하지 않으며, 해당 금액이 사외로 유출되지도 않는다. 따라서 이를 다음과 같이 세무조정한 후 기타로 소득처분한다.

구분	회계처리			
장부상(B)	(차) 현금	110	(대) 자기주식 자기주식처분이익(자본잉여금)	100 10
세법상(T)	(차) 현금	110	(대) 자기주식 익금	100 10
세무조정 분개	(차) 자기주식처분이익(자본잉여금)	10	(대) 익금	10
세무조정(T/A)	〈익금산입〉 자기주식처분이익 10원(기타)			

3. 세무조정 관련 세무상 서식

(1) 소득금액조정합계표

소득금액조정합계표는 세무조정사항을 집계하는 서식이다. 세무조정사항을 다음의 표와 같이 과목, 금액, 소득처분으로 구분하여 기재한다. 다만, 세무조정사항 중 기부금 한도 초과액과 전기 기부금 한도 초과 이월액의 손금산입액은 소득금액조정합계표에 기재하지 않고 '법인세 과세표준 및 세액조정계산서'에 기재한다.

익금산입 및 손금불산입			손금산입 및 익금불산입		
과목	금액	소득처분	과목	금액	소득처분

(2) 자본금과 적립금조정명세서(을)

소득금액조정합계표상 유보(△유보)로 처분된 사항을 집계하여 결산서(B/S)상 순자산(자산, 부채)과 법인세법상 순자산(자산, 부채)의 차이를 해당 법인의 청산 시까지 관리하고자 작성되는 서식이다.

(3) 자본금과 적립금조정명세서(갑)

기말 현재 결산서상 순자산(자본)에 자본금과 적립금조정명세서(을)상 유보(△유보) 잔액을 가감하여 **법인세법상 순자산(자본)**을 표시하는 서식이며 추후 청산소득에 대한 법인세를 계산하는 데 기초자료로 활용된다.

연습문제

다음은 법인세법상 법정서식에 대한 설명이다. 옳지 않은 것은? 기출 41회

① 법인세 과세표준 및 세액조정계산서: 해당 사업연도의 소득금액 및 과세표준과 세액을 계산하는 서식
② 자본금과 적립금조정명세서(갑): 법인의 세무상 자기자본 총액(순자산)을 알 수 있는 법정서식
③ 자본금과 적립금조정명세서(을): 유보소득의 기말 잔액을 계산하기 위한 서식
④ 소득금액조정합계표: 모든 세무조정 항목의 세부내용을 나타내는 서식

| 정답 및 해설 |

④ 소득금액조정합계표는 익금산입·손금불산입 항목의 합계와 손금산입·익금불산입 항목의 합계를 법인세 과세표준 및 세액조정계산서로 보내 해당 사업연도 소득금액을 계산하도록 한다. 단, 세무조정 항목 중 기부금 한도 초과액 및 한도 초과 이월액의 손금산입은 소득금액조정합계표에 표시하지 않고 기부금조정명세서에서 계산한 후 직접 법인세 과세표준 및 세액조정계산서로 보낸다.

합격을 다지는 실전문제 p.497

THEME 03 익금 및 익금불산입

▸ 최신 30회 중 1문제 출제

1. 익금의 개념

순자산을 증가시키는 거래로 발생하는 수익을 말한다. 다만, 자본, 출자의 납입과 익금불산입 항목은 제외한다.

2. 익금 항목

(1) 일반적인 익금 항목(예시 규정)

다음에 해당하는 금액은 법인세법상 익금 항목에 해당하므로 법인의 장부상 수익으로 계상하면 별도의 세무조정은 없지만, 이를 수익으로 계상하지 않으면 익금산입으로 세무조정을 해야 한다.

구분	내용
사업수입금액 (개정세법 반영)	기업회계상 매출액(매출에누리, 매출환입 및 매출할인을 차감하고 법인의 임직원에 대한 재화·용역 등 할인금액은 포함한 금액)
자산의 양도금액	재고자산 이외의 자산의 양도금액(자기주식 포함) [비교] • 자산의 양도금액 총액: 익금, 양도자산의 장부가액 총액 → 손금 • 자기주식처분이익: 익금, 자기주식처분손실 → 손금
자산평가차익	• 원칙: 익금불산입 항목(∵ 단기매매증권평가이익 등 자산의 평가차익은 미실현이익이며 그 평가에 주관성이 개입되어 동일한 실질을 가진 법인 간에 불합리한 세부담의 차이가 발생할 우려가 있음) • 예외: 「보험업법」 등 법률에 의한 고정자산평가증, 외화환산이익 등 → 익금 항목
자산수증이익 (채무면제이익)	• 원칙: 익금 항목 • 예외: 자산수증이익(국고보조금은 제외)과 채무면제이익을 이월결손금의 보전에 충당한 금액 → 익금불산입 항목(∵ 재무상태가 좋지 않은 법인에 대한 구조조정과정에서 발생함. 단, 자산수증이익 중 국고보조금은 기업재무구조 개선보다는 국가사업 수행을 위하여 지원되므로 결손보전 시 익금에 산입하지 않는 자산수증이익의 범위에서 제외됨)
손금산입액 중 환입액	• 지출 당시 손금산입액 예 재산세 → 환급(환입) 시 익금 항목 • 지출 당시 손금불산입액 예 법인세비용 → 환급(환입) 시 익금불산입 항목

기타 익금 항목	• 자산의 임대료, 이자수익, 배당금수익 및 보험차익 • 업무상 손해배상금 수령액 • 국고보조금 및 공사 부담금 • 정당한 사유 없이 회수하지 않은 가지급금 등의 금액(∵ 특수관계가 소멸되는 날까지 회수하지 않은 가지급금 등은 익금산입 후 귀속자에 따라 소득처분함) • 특수관계인인 개인으로부터의 유가증권 저가매입액(∵ 매입시점에 시가와 매입가액의 차액을 익금산입(유보)으로 세무조정하는 것으로, 증여세 회피수단 방지 목적) • 이익처분에 의하지 않고 손금으로 계상된 적립금액 • 부당행위 계산의 부인에 해당하는 자본거래로 인하여 특수관계인으로부터 부여받은 이익 • 임대보증금 등에 대한 간주익금(∵ 부동산 투기 억제) • 의제배당소득

PART 03

연습문제

법인세법상 익금에 대한 설명으로 옳지 않은 것은? 기출 20회

① 법인의 임대료 수입은 익금에 해당한다.
② 외국 자회사로부터 받은 배당금에 대하여 외국 자회사가 납부한 법인세를 익금에 산입하고 외국납부 세액공제를 받는다.
③ 자기주식처분이익은 법인세법상 익금에 해당한다.
④ 법인이 손해배상금 중 계약의 위약이나 해약으로 받은 것은 익금에 해당하지 않는다.

| 정답 및 해설 |

④ 법인이 손해배상금 중 계약의 위약이나 해약으로 받은 것은 업무상 손해배상금이므로 익금에 해당한다.

3. 익금불산입 항목(열거 규정)

구분	익금불산입 항목
자본거래	• 주식발행초과금(단, 채무의 출자전환으로 발행된 주식이 시가를 초과하는 경우 그 초과 금액은 채무면제이익(익금)에 해당하므로 제외) 예 은행으로부터의 장기차입금 13,000,000원을 출자전환하여 다음과 같이 회계처리하였으며 출자전환 시 주식 시가총액과 액면금액은 10,000,000원이다(단, 세무상 이월결손금은 없는 것으로 가정함). (차) 장기차입금 13,000,000 (대) 자본금 10,000,000 주식발행초과금 3,000,000 [세무조정] 〈익금산입〉 출자전환 채무면제이익 3,000,000원(기타) • 감자차익 • 합병차익, 분할차익 [비교] 자기주식처분이익: 익금 항목(소득처분: 기타)
손익거래	• 자산수증이익, 채무면제이익 중 이월결손금의 보전에 충당된 금액(소득처분: 기타) → 이월결손금 발생시점에는 제한 없음 • 국세, 지방세의 과오납금에 대한 환급금이자: 국가 등이 환급금을 지급하는 것은 일종의 보상의 성격이므로 이를 과세하면 보상의 효과가 감소하게 되어 익금불산입함(소득처분: 기타)
이중과세방지	• 법인세비용 등 손금불산입된 금액의 환입액: 지출 당시 손금으로 인정받지 못한 금액이 환입(환급)되면 지출 당시에 이미 과세된 상태이므로 다시 환입(환급)된 경우에는 이를 익금불산입함(소득처분: 기타) • 이월익금: 당기 이전에 이미 익금에 산입된 금액을 당기 장부상 수익으로 계상한 금액(소득처분: △유보) • 수입배당금 익금불산입액: 피투자법인으로부터 받은 배당은 피투자법인에게 법인세가 과세된 후 그 배당을 받은 주주에게 또다시 과세되므로 이중과세 문제가 발생함. 따라서 이중과세를 완화하고자 수입배당금 중 일정한 금액을 익금불산입함(소득처분: 기타) [비교] 외국납부세액공제에 따라 법인의 해외사업장에서 생긴 소득에 대하여는 외국에서 외국의 법인세를 납부하고 다시 국내소득에 합산되어 우리나라의 법인세가 과세되는 문제를 해결하기 위해 외국납부세액을 공제한다.
부채성격	부가가치세 매출세액은 부채이므로 익금불산입함(소득처분: △유보)

연습문제

다음의 손익계산서상 수익으로 계상된 내용 중 법인세법상 익금불산입액의 합계는? 기출 61회

• 지방세 과오납금의 환부이자	500,000원
• 손금산입된 금액 중 환입된 금액	1,500,000원
• 단기매매증권평가이익	3,300,000원
• 「보험업법」에 의한 고정자산 평가차익	25,000,000원

① 3,800,000원 ② 4,800,000원
③ 5,300,000원 ④ 30,300,000원

| 정답 및 해설 |

① 손금산입된 금액 중 환입된 금액, 「보험업법」에 의한 고정자산 평가차익은 법인세법상 익금산입 항목이다. 즉, 익금불산입의 합계는 '500,000원+3,300,000원=3,800,000원'이다.

4. 임대보증금에 대한 간주익금

부동산 등의 임대료는 익금에 해당하지만 임대보증금은 부채에 해당하므로 익금이 될 수 없다. 그러나 이를 방치하면 임대보증금에 과세되지 않으면서 과도한 차입으로 부동산 투기가 조장될 수 있기 때문에 **임대보증금에 대한 정기예금이자율 상당액을 익금으로 간주한다.**

(1) 추계결정 외의 경우(차입금 과다법인으로서 부동산 임대업을 주업으로 하는 영리내국법인)

① 부동산 임대업을 주업으로 하는 법인이란 해당 법인의 자산 총액 중 임대사업에 사용된 자산가액이 50% 이상인 법인을 말한다.

② 차입금이 과다한 법인이란 차입금이 자기자본의 2배를 초과하는 법인을 말한다.

③ 계산식

> 간주익금=(임대보증금 적수−건설비 상당액 적수)×정기예금 이자율×1/365(또는 366)−금융수익

- 주택과 그 부수토지를 임대하고 받은 보증금은 간주임대료를 계산하지 않는다.
- 건설비란 토지를 제외한 건축물 취득가액의 실제 지출된 금액을 의미하므로 자본적 지출액은 포함하고, 재평가차액과 감가상각누계액은 포함하지 않는다.
- 금융수익이란 해당 사업연도의 임대보증금을 운용함으로써 발생한 이자수익 · 배당금수익 · 신주인수권처분이익 · 유가증권처분이익을 말한다. 여기서 유가증권처분이익은 처분손실을 차감한 금액으로 하며, 유가증권처분손실이 더 큰 경우에는 이를 없는 것으로 본다.

④ 세무조정: 익금산입, 기타사외유출

(2) 추계결정을 하는 경우(장부, 기타 증빙의 미비 등으로 추계결정하는 모든 법인에 적용)

추계결정 시의 임대보증금에 대한 간주익금은 추계로 결정되는 과세표준의 한 부분을 구성하는 것이므로, 개별적인 세무조정과 소득처분이 아닌 추계결정소득에 포함된다. 따라서 원칙적으로는 대표자 상여로 처분하되, 천재지변 등 불가항력의 사유로 장부가 멸실되어 추계결정하는 경우 기타사외유출로 소득처분한다.

> 간주익금=임대보증금 적수×정기예금 이자율×1/365(또는 366)

5. 의제배당

(1) 의제배당의 의의

의제배당은 형식상 상법의 이익배당은 아니지만 실질적으로 이익배당과 유사한 경제적 이익이 주주에게 귀속되는 것으로 보아 배당으로 간주하는 것을 말한다.

(2) 의제배당의 유형

① 잉여금의 자본전입으로 인해 수령하는 무상주 의제배당

의제배당액 = 수령한 무상주 × 액면금액

+ 잉여금의 자본전입의 의제배당 해당 여부

자본전입 재원	내용	의제배당 여부
자본잉여금	익금불산입 항목(주식발행초과금, 감자차익 등)	×
	익금산입 항목(자기주식처분이익 등)	○
이익잉여금	익금산입 항목	○

② 감자(자본 감소), 해산, 합병, 분할로 인한 의제배당

의제배당액 = 감자, 해산, 합병, 분할로 주주가 받는 대가 − 소멸한 주식의 취득가액

6. 수입배당금 익금불산입

법인의 소득에 대하여 법인단계에서 법인세를 과세한 후 배당된 소득에 대해 또다시 법인주주단계에서 법인세를 과세하는 것은 동일소득에 대한 이중과세에 해당한다. 이러한 이중과세를 완화하고자 수입배당금 중 일정한 금액을 익금불산입(소득처분: 기타)한다.

(1) 익금불산입액

$$\text{익금불산입액} = \text{수입배당금} \times \text{익금불산입률}^{*} - \text{지급이자 관련 익금불산입 배제금액}$$

$$= \text{수입배당금} \times \text{익금불산입률} - \text{지급이자} \times \frac{\text{익금불산입 대상 주식의 세법상 장부가액 적수}}{\text{사업연도 종료일 현재 장부상 자산 총액 적수}} \times \text{익금불산입률}$$

$$= \left(\text{수입배당금률} - \text{지급이자} \times \frac{\text{익금불산입 대상 주식의 세법상 장부가액 적수}}{\text{사업연도 종료일 현재 장부상 자산 총액 적수}}\right) \times \text{익금불산입률}$$

* 익금불산입률

피투자법인에 대한 출자비율	익금불산입률
50% 이상	100%
20% 이상 50% 미만	80%
20% 미만	30%

(2) **수입배당금 익금불산입의 적용배제**

① 배당기준일 전 3개월 이내에 취득한 주식을 보유함으로써 발생하는 수입배당금(∵ 배당기준일에 임박하여 주식을 취득함으로써 조세를 회피하는 것을 방지)

② 다음의 법인으로부터 받은 수입배당금
- 외국법인(∵ 외국납부세액공제 규정으로 이중과세를 조정)
- 법인세법상 지급한 배당에 대한 소득공제를 적용받는 유동화전문회사 등(∵ 피투자법인에서 법인세 과세 ×)

연습문제

다음 중 법인세법상 수입배당금 익금불산입 규정에 대한 설명으로 옳지 않은 것은? 기출 91회

① 내국법인이 다른 내국법인으로부터 받은 수입배당금은 익금불산입 규정이 적용된다.
② 비상장법인에 출자비율이 20% 미만인 경우에는 익금불산입률 30%를 적용한다.
③ 외국법인으로부터 받은 수입배당금은 익금불산입 규정을 적용하지 않는다.
④ 배당기준일 전 4개월 이내에 취득한 주식 등을 보유함으로써 발생하는 수입배당금은 익금불산입 규정을 적용하지 않는다.

| 정답 및 해설 |

④ 배당기준일 전 3개월 이내에 취득한 주식 등을 보유함으로써 발생하는 수입배당금에 대해서는 익금불산입 규정을 적용하지 않는다.

합격을 다지는 실전문제 p.501

THEME 04 손금 및 손금불산입 중요

▶ 최신 30회 중 8문제 출제

1. 손금의 의의와 입증책임

(1) **손금의 의의**

손금이란 해당 법인의 순자산을 감소시키는 거래로 인하여 발생하는 손비의 금액을 말한다. 손금은 자본 또는 출자의 환급, 잉여금의 처분 및 손금불산입 항목은 제외한다. 그리고 손금은 그 법인의 사업과 관련하여 발생하거나 지출된 손비로서 일반적으로 용인되는 통상적인 것이거나 수익과 직접 관련된 것으로 한다.

(2) **손금의 입증책임**

① **원칙**: 적격증명서류*가 있는 경우에만 손금으로 인정한다. 만약 적격증명서류를 누락한 경비를 결산서상 비용으로 계상한 경우에는 손금불산입(상여)으로 소득처분해야 한다.

* 적격증명서류(법정증명서류)에는 신용카드 매출전표, 현금영수증, 세금계산서(매입자발행세금계산서 포함), 계산서(매입자발행계산서 포함), 사업자등록번호가 없는 개인으로부터 용역을 제공받고 발급하는 사업소득 · 기타소득 원천징수영수증이 있다.

② **예외**: 적격증명서류를 수취하지 않았으나 객관적인 지급사실이 확인되는 경우

구분	기준금액*1 이하	기준금액 초과
기업업무추진비	기업업무추진비로 인정	손금불산입(가산세 ×)
기타 업무 관련 일반비용*2	손금인정	손금인정(가산세*3 ○)

*1 기준금액은 기업업무추진비의 경우 건당 3만원(경조사비는 20만원), 기타 업무 관련 지출의 경우는 3만원으로 한다.

*2 기타 업무 관련 일반비용은 3만원을 초과하는 경우에는 직원카드 사용액도 인정이 되나, 기업업무추진비는 직원카드를 사용하면 기업업무추진비로 인정받을 수 없다.

*3 증명서류 미수취 가산세로서 적격증명서류 미수취금액의 2%가 부과된다.

2. 손금 항목(예시 규정)

다음에 해당하는 금액은 법인세법상 손금 항목에 해당한다. 따라서 해당 금액을 법인의 장부상 비용으로 계상하였다면 별도의 세무조정이 없지만, 이를 비용으로 계상하지 않았다면 손금산입으로 세무조정을 해야 한다. 다만, 결산조정사항에 해당하는 손금의 경우에는 장부상 비용으로 계상하지 않았다면 신고조정으로 손금산입을 할 수 없다.

구분	손금산입 항목
매입부대비용	판매한 상품 또는 제품에 대한 원료의 매입가액(매입환출, 매입에누리 및 매입할인 제외)과 그 부대비용을 말하며, 매출원가에 해당함
양도자산의 장부가액	• 자산의 양도금액: 익금 • 양도자산의 장부가액: 손금(총액법)
판매부대비용	판매한 상품 또는 제품의 보관료, 포장비, 운반비, 판매장려금 및 판매수당(사전약정 없이 지급하는 경우 포함) 등 판매와 관련된 부대비용
자산평가손실 중 일정한 경우 (결산조정사항)	다음의 경우 손금인정을 받으려면 반드시 평가손실을 감액사유가 발생하는 연도(천재지변, 화재 등의 경우에는 파손되거나 멸실이 확정된 사업연도 포함)의 결산서(장부)에 손금으로 계상하여야 함 • 파손 · 부패된 재고자산의 감액손실 • 주식발행법인의 파산, 일정한 주식발행법인(상장법인, 특수관계 없는 비상장법인 등)의 부도 발생으로 인한 해당 주식의 감액손실(비망가액 1,000원) • 시설개체 · 기술낙후로 인해 폐기한 생산설비의 감액손실(비망가액 1,000원) • 천재지변, 화재 등으로 인하여 파손 또는 멸실된 고정자산의 감액손실
우리사주조합 출연금	우리사주조합에 출연하는 자사주의 장부가액 및 금품
회수 불능 부가가치세 매출세액	대손사유로 회수하지 못한 채권금액에 부가가치세가 포함되어 있다면 해당 부가가치세 매출세액 미수금(대손세액공제를 받은 경우는 제외)은 대손금의 일부이므로 손금에 산입함
소액 미술품	장식 · 환경미화 등의 목적으로 여러 사람이 볼 수 있는 공간에 상시 비치하는 미술품(거래 단위별 취득가액이 1,000만원 이하)을 결산서상 비용으로 계상한 경우 손금으로 인정함
잉여식품 기부액	음 · 식료품 및 생활용품의 제조업 · 도매업 · 소매업을 영위하는 내국법인이 해당 사업에서 발생한 잉여식품 등을 법률에서 지정하는 자에게 무상으로 기증하였다면 그 기증한 잉여식품 등의 장부가액은 기부금에 포함하지 않고 한도 없이 전액 손금에 해당함
사내근로복지기금 출연금	해당 내국법인 등이 설립한 사내근로복지기금 및 공동복지근로기금에 출연하는 금품
임직원 양육지원비	임직원에게 지급하는 출산 · 양육 지원금(임직원에게 공통 적용되는 지급기준에 따른 것에 한함)
기타 손금 항목	인건비(임직원 할인금액* 포함), 고정자산 수선비, 감가상각비, 자산의 임차료, 차입금 이자, 대손금, 세금과공과금, 광고선전비, 업무 관련 해외시찰 · 훈련비, 임직원의 사망으로 유족에게 일시적으로 지급하는 학자금, 위로금 등 그 밖의 손비로서 그 법인에게 귀속되었거나 귀속될 금액

개정세법 반영

* 임직원 할인금액은 다음의 금액을 말함
- 법인(사업자)의 임직원에 대한 재화 · 용역 등 할인금액
- 법인(사업자)이 계열회사에 지급하는 할인금액 상당액

3. 손금불산입 항목

다음에 해당하는 금액은 법인세법상 손금불산입 항목이다. 해당 금액을 법인의 결산서상 비용으로 계상하지 않았다면 별도의 세무조정이 없으나 이를 비용으로 계상하였다면 손금불산입으로 세무조정을 하여야 한다.

구분	손금불산입 항목
자본거래	• 잉여금의 처분을 손비로 계상한 금액 • 주식할인발행차금, 감자차손 [비교] 자기주식처분손실: 손금 항목
특정 여비와 교육훈련비	법인이 임원 또는 사용인이 아닌 지배주주 등에게 지급한 여비 또는 교육훈련비

<table>
<tr><td>공동경비 중
기준 초과 지출액</td><td>법인이 법인 외의 자와 사업을 공동으로 운영하면서 지출한 공동경비 중 법정기준 초과지출액
예 출자공동사업의 경우: 출자비율에 따른 분담금액을 초과하는 금액(소득처분: 기타사외유출)</td></tr>
<tr><td>업무무관 비용</td><td>• 업무무관 자산의 유지비 · 관리비
• 출자임원(소액주주임원 제외)에게 제공한 사택의 유지관리비
<table>
<tr><th>사택을 제공 받은 임직원</th><th>손금인정 여부</th><th>임직원 과세 여부</th></tr>
<tr><td>출자임원(소액주주 제외)</td><td>손금 ×</td><td>근로소득 과세 ○</td></tr>
<tr><td>비출자임원, 소액주주임원, 종업원</td><td>손금 ○</td><td>근로소득 과세 ×</td></tr>
</table>
• 업무무관 자산의 취득을 위한 차입비용
[비교] 업무무관 자산의 취득세: 취득원가에 산입
• 뇌물
• 업무용승용차 관련 비용 중 업무 외 사용금액</td></tr>
<tr><td>자산평가차손</td><td>• 원칙: 손금불산입
• 예외: 파손 · 부패된 재고자산의 감액손실 등 일정한 결산조정사항은 손금인정</td></tr>
<tr><td>징벌적 목적의
손해배상금</td><td>
<table>
<tr><th>손해배상금의 구분</th><th>손금인정 여부</th></tr>
<tr><td>실제 발생한 손해액</td><td>손금 ○</td></tr>
<tr><td>실제 발생한 손해액 초과분</td><td>손금 ×</td></tr>
</table>
법인이 국내외 법률의 규정에 따라 지급한 손해배상금으로서 실제 발생한 손해를 초과하여 지급한 금액은 징벌적 성격이므로 손금에 산입하지 않음. 만약, 실제 발생한 손해액이 분명하지 않은 경우에는 다음의 금액을 손금불산입 대상 손해배상금으로 함
$$\text{지급한 손해배상금} \times \frac{\text{손해배상액의 상한이 되는 배수} - 1}{\text{손해배상액의 상한이 되는 배수}}$$
예 「개인정보 보호법」에 따라 피해자에게 5천만원의 손해배상금을 지급한 경우(단, 실제 발생한 손해액은 분명하지 않으며 관련 법에 규정된 실제 발생한 손해액 대비 손해배상액의 배수 상한은 5배임)
• 손금불산입 대상 손해배상금 $= 5\text{천만원} \times \frac{5-1}{5} = 4\text{천만원}$</td></tr>
<tr><td>기타 손금불산입 항목</td><td>일정한 세금과공과금, 감가상각부인액, 기부금 한도 초과액 및 비지정기부금, 기업업무추진비 한도 초과액 및 증빙미수취 기업업무추진비, 손금불산입 대상 지급이자 및 과다경비, 이익처분에 의하지 않고 손금으로 계상한 금액 등</td></tr>
</table>

연습문제

법인세법상 업무무관 경비에 대한 설명으로 올바른 것은? 기출 95회

가. 법인이 직접 사용하지 않고 타인이 주로 사용하고 있는 장소 · 건물 · 물건 등의 유지 · 관리비 등은 업무무관 경비에 해당한다.
나. 법인의 대주주가 사용하는 사택에 대한 경비는 업무무관 경비에 해당한다.
다. 법인의 임원이나 대주주가 아닌 종업원에게 제공한 사택의 임차료는 업무무관 경비에 해당한다.
라. 법인이 종업원의 사기진작 및 복리후생 측면에서 노사합의에 의하여 콘도미니엄회원권을 취득한 후 전 종업원의 복리후생 목적으로 사용하는 경우에는 업무무관 자산으로 보지 않는다.

① 가, 라　　② 가, 나
③ 가, 나, 다　　④ 가, 나, 라

| 정답 및 해설 |

④ 법인의 임원이나 대주주가 아닌 종업원에게 제공한 사택의 임차료는 업무 관련 경비로 보아 손금산입한다.

4. 업무용승용차(부가가치세법상 비영업용 소형승용차)

법인이 고가의 자동차를 회사 명의로 취득 · 유지 또는 임차하여 업무용이 아닌 가사용으로 사용하면서 자동차를 취득 · 유지 또는 임차와 관련된 비용을 손금으로 산입하여 세금을 탈루하는 사례가 광범위하게 이루어진다. 이에 대하여 법인세법은 탈세행위를 방지하기 위해 손금산입 한도를 설정함으로써 업무용승용차 과세합리화 규정을 마련하였다.

(1) 업무용승용차의 범위

업무용승용차란 개별소비세 과세 대상 승용자동차(사적사용 가능한 자동차)를 말한다. 다만, 다음 중 어느 하나에 해당하는 것은 제외한다(∵ 사적사용여지가 적음).

① 택시운수업, 자동차 판매업, 자동차 임대업(렌트회사), 시설 대여업(리스회사), 운전학원업, 무인경비업(출동차량에 한함)에서 사업상 수익 창출을 위해 직접적으로 사용하는 승용차

② 장례식장 및 장의 관련 서비스업을 영위하는 법인이 소유하거나 임차한 운구용 승용차

③ 연구개발을 목적으로 사용하는 승용차로서 「자동차관리법」에 따라 국토교통부 장관의 임시운행허가를 받은 자율주행자동차

(2) 적용 대상 비용

감가상각비, 임차료, 유류비, 수선비, 보험료, 자동차세, 금융리스부채에 대한 이자비용 등 업무용승용차를 취득 · 유지함으로써 발생하는 비용

[비교] 운전기사의 급여는 인건비로 처리(업무용승용차 관련 비용에 포함 안 됨)

(3) 규정순서

구분	내용
[1단계] 업무용승용차 감가상각 의제	• 상각범위: 내용연수 5년 • 상각방법: 정액법 • 신고조정강제 – 상각부인액: 손금불산입(유보) – 시인부족액: 손금산입(△유보)
[2단계] 업무용승용차 관련 비용 집계	• 법인이 보유한 업무용승용차 관련 비용 = ㉠ + ㉡ ㉠ 감가상각비: [1단계] 감가상각 시부인 이후의 세무상 감가상각비 손금산입액 ㉡ 기타 관련 비용: 감가상각비 이외의 유류비, 수선비, 자동차세, 통행료 등 • 리스 · 렌트한 업무용승용차 관련 비용 = ㉠ + ㉡ ㉠ 임차료 중 감가상각비 상당액 – 시설대여업자(리스회사)로부터 임차한 승용차: 임차료에서 해당 임차료에 포함되어 있는 보험료, 자동차세 및 수선유지비*를 차감한 금액 – 자동차대여사업자(렌트회사)로부터 임차한 승용차: 임차료의 70%에 해당하는 금액 * 수선유지비를 구분하기 어려운 경우 '(임차료 – 보험료 – 자동차세) × 7%'를 수선비로 한다. ㉡ 기타 관련 비용: 임차료 중 위 ㉠을 제외한 금액

<table>
<tr>
<td>[3단계]
업무 사용금액
산정</td>
<td>업무용승용차 관련 비용 중에서 업무 사용금액은 손금산입, 업무 외 사용금액은 손금불산입하고 귀속자에 따라 사외유출(배당, 상여, 기타사외유출, 기타소득)로 소득처분하되, 귀속자가 불분명한 경우 대표자에 대한 상여로 처분함. 만약, 법인업무용 자동차등록번호판을 부착하여야 하는 업무용자동차*가 해당 자동차등록번호판을 부착하지 않은 경우에는 업무용승용차 관련 비용은 전액 손금불산입함
* 2024년 1월 1일 이후 신규등록(변경등록)하는 법인 명의의 승용차(리스 및 장기렌트 차량은 임차인이 법인인 경우)의 차량가액이 8,000만원(신규등록의 경우 세금계산서상 공급가액 기준)이상인 업무용 승용차를 말함
• 업무전용자동차보험*에 미가입 시: 전액 손금불산입(사외유출)
* 업무전용자동차보험은 해당 법인의 임직원이 직접 운전한 경우에만 보상하는 자동차보험을 말함
• 업무전용자동차보험에 가입

업무 사용금액 = 업무용승용차 관련 비용 × 업무 사용비율

– 운행기록을 작성 · 비치하는 경우의 업무 사용비율 = 운행기록 등에 따라 확인되는 총주행거리 중 업무용 사용거리가 차지하는 비율
– 운행기록을 작성 · 비치하지 않은 경우의 업무 사용비율
<table>
<tr><th colspan="2">구분</th><th>업무 사용비율</th></tr>
<tr><td rowspan="2">업무용승용차
관련 비용</td><td>1,500만원 이하</td><td>100% 인정</td></tr>
<tr><td>1,500만원 초과</td><td>1,500만원 ÷ 업무용승용차 관련 비용</td></tr>
</table>
</td>
</tr>
<tr>
<td>[4단계]
감가상각비(상당액)
한도 초과액 계산</td>
<td>업무 사용금액 중 감가상각비(상당액) 연간 한도: 800만원
• 법인보유차량
– 감가상각비 중 800만원을 초과하는 금액: 손금불산입(유보)
– 이월손금산입: 차기 이후 감가상각비가 800만원에 미달하는 금액: 손금산입(△유보)
• 리스 · 렌트차량
– 감가상각비 상당액 중 800만원을 초과하는 금액: 손금불산입(기타사외유출)
– 이월손금산입: 차기 이후 감가상각비 상당액이 800만원에 미달하는 금액: 손금산입(기타)</td>
</tr>
<tr>
<td>[5단계]
업무용승용차의
처분손실에
대한 처리</td>
<td>업무용승용차별 800만원 이하의 처분손실은 손금으로 인정되나 800만원을 초과하는 금액(한도 초과액)은 손금에 산입하지 않음. 업무용승용차별 처분손실 한도 초과액은 다음 사업연도부터 이월하여 다음과 같이 손금에 산입함
• 해당 사업연도의 다음 사업연도부터 800만원씩 균등하게 손금산입
• 이월금액의 누적 잔액이 800만원 미만인 사업연도에는 해당 잔액을 모두 손금산입</td>
</tr>
</table>

실전 적용

다음 자료에 의하여 (주)에듀윌의 제1기를 세무조정하시오.

- 제1기 1월 1일 대표이사 전용 업무용승용차를 1억원에 취득하였다.
- 손익계산서상 감가상각비는 18,000,000원이며, 기타 유지비는 10,000,000원이다.
- 업무전용자동차보험에 가입하고 법인업무용자동차 등록번호판을 부착하며 운행기록을 작성·비치했다(총주행거리 10,000km, 업무용 주행거리 7,000km).

| 풀이 |

[1단계] 업무용승용차의 감가상각 의제
- 회사상각비: 18,000,000원
- 상각범위액: 100,000,000원×1/5=20,000,000원
- 세무조정: 〈손금산입〉 업무용승용차 감가상각비 2,000,000원(△유보)

[2단계] 업무용승용차 관련 비용 집계
- 업무용승용차 관련 비용: 감가상각비 20,000,000원+기타 유지비 10,000,000원=30,000,000원

[3단계] 업무 사용금액 산정
- 업무 사용비율: 7,000km÷10,000km=70%
- 업무 외 사용금액: 30,000,000원×(1−70%)=9,000,000원
- 세무조정: 〈손금불산입〉 업무 외 사용금액 9,000,000원(상여)

[4단계] 감가상각비 한도 초과액 계산
- 업무 사용금액 중 감가상각비: 20,000,000원×70%=14,000,000원
- 한도 초과액: 14,000,000원−8,000,000원=6,000,000원
- 세무조정: 〈손금불산입〉 감가상각비 한도 초과액 6,000,000원(유보)

업무용승용차와 일반 차량운반구

구분	업무용승용차	일반 차량운반구
감가상각방법	정액법	정액법과 정률법 중 신고한 방법(단, 무신고 시 정률법)
내용연수	5년	내용연수 범위(4년~6년)에서 신고한 내용연수
손금산입방법	강제상각제도	임의상각제도

(4) 업무용승용차 관련 비용 명세서 미제출 가산세

업무용승용차 관련 비용 등을 손금에 산입한 내국법인이 업무용승용차 관련 비용 등에 관한 명세서를 제출(미제출)하지 않거나 사실과 다르게 제출(허위제출)한 경우

① 미제출: 업무용승용차 관련 비용 등으로 손금에 산입한 금액×1%

② 허위제출: 업무용승용차 관련 비용 등으로 손금에 산입한 금액 중 해당 명세서에 사실과 다르게 적은 금액×1%

연습문제

다음 중 법인세법상 업무용승용차에 대한 설명으로 옳지 않은 것은? 기출 81회

① 업무용승용차 관련 비용이란 감가상각비, 임차료, 유류비, 보험료, 수선비, 자동차세, 통행료 및 금융리스부채에 대한 이자비용 등 업무용승용차의 취득·유지를 위하여 지출한 비용을 말한다.
② 업무용승용차는 정액법으로 5년간 강제상각하여야 한다.
③ 원칙적으로 업무전용자동차보험에 가입하지 않은 경우 전액 손금으로 인정되지 않는다.
④ 업무전용자동차보험에 가입하였으나 운행일지를 작성하지 않을 경우 전액 손금으로 인정되지 않는다.

| 정답 및 해설 |

④ 업무전용자동차보험에 가입하였으나 운행일지를 작성하지 않았어도 업무용승용차 관련 비용에 업무 사용비율을 곱한 금액만큼 손금으로 인정한다. 또한, 운행기록 등을 작성·비치하지 않았다면 해당 업무용승용차의 업무 사용비율은 다음의 구분에 따른 비율로 한다.
- 해당 사업연도의 업무용승용차 관련 비용이 1,500만원 이하인 경우: 100% 인정
- 해당 사업연도의 업무용승용차 관련 비용이 1,500만원을 초과하는 경우: 1,500만원÷업무용승용차 관련 비용

5. 제세공과금 등

조세나 공과금 등은 순자산 감소액이므로 손금으로 인정하지만, 예외적으로 일부는 손금으로 인정하지 않는다.

(1) 조세 및 공과금

구분			세목
조세	손금인정	당기 손금	재산세, 종합부동산세, 자동차세, 주민세, 인지세, 증권거래세, 등록면허세*, 사업소세 등
		원가에 가산 후 손금	취득세, 관세, 하수종말처리장설치부담금, 개발부담금 등
	손금인정 ×		• 법인세비용·농어촌특별세·법인지방소득세(∵ 법인세를 손금으로 인정하면 소득금액이 달라지고, 소득금액이 달라지면 법인세액이 달라지는 논리의 악순환에 빠짐) • 개별소비세· 주세 및 교통·에너지·환경세(∵ 간접세) • 부가가치세 매입세액(∵ 공제받을 금액) • 가산세 및 의무불이행 등에 의한 세액(∵ 징벌 효과 감소방지)
공과금	손금인정		교통유발부담금, 폐기물처리부담금 등
	손금인정 ×		• 임의 출연금(∵ 법령에 의한 의무 ×) • 법령에 따른 의무의 불이행 또는 금지·제한 등의 위반을 이유로 부과되는 공과금: 폐수배출부담금 등

* 등록면허세에 대한 세무처리
- 법인설립등기 관련 등록면허세: 창업비에 해당하므로 당기 손금
- 증자등기 관련 등록면허세: 신주발행비에 해당하므로 회사가 비용처리한 경우 손금불산입(기타)
- 기타의 등록면허세: 당기 손금
  예 대출금에 대한 저당권 설정등기 등록면허세, 임원변경등기에 관한 등록면허세 등

(2) 부가가치세 매입세액

구분	내용	세목
귀책사유가 있는 경우	• 사업과 관련 없는 지출에 대한 매입세액 • 세금계산서 미수취, 불명분 매입세액 • 매입처별 세금계산서합계표 미제출, 불명분 매입세액 • 사업자등록 전 매입세액	손금불산입 (기타사외유출)
귀책사유가 없는 경우 (정책적 목적)	• 영수증 수취분 매입세액 • 토지의 자본적 지출 관련 매입세액 • 면세사업 관련 매입세액 • 기업업무추진비 관련 매입세액 • 개별소비세법 제1조제2항제3호에 따른 자동차(비영업용 소형승용차)의 구입, 임차, 유지 관련 매입세액	손금산입 • 당기손금 • 원가에 가산한 후 추후 손금

연습문제

다음은 부가가치세법상 매입세액에 관한 법인세법의 취급을 설명한 것이다. 옳지 않은 것은?

① 부가가치세 면세사업 관련 부가가치세 불공제 매입세액은 법인세법상 손금산입된다.
② 세금계산서 미수취 · 불명으로 인한 부가가치세 불공제 매입세액은 손금불산입된다.
③ 간주임대료에 대한 부가가치세는 손금인정된다.
④ 기업업무추진비 및 유사비용의 지출에 관련된 부가가치세 불공제 매입세액은 손금불산입된다.

| 정답 및 해설 |

④ 귀책사유가 없는 기업업무추진비 및 이와 유사한 비용의 지출 관련된 부가가치세 불공제 매입세액은 한도 내에 손금산입된다.

(3) 벌금, 과료, 과태료

구분	손금불산입 항목	손금 항목
범위	벌금, 과료, 과태료, 가산금 및 강제징수비	계약상의 의무불이행으로 인한 연체이자, 지체상금 등
사례	• 법인의 임원 또는 사용인이 관세법을 위반하고 지급한 벌과금 • 산업재해보상보험료의 가산금 • 업무와 관련하여 발생한 교통사고 벌과금 • 「국민건강보험법」의 규정에 의하여 징수하는 가산금 • 외국의 법률에 의하여 국외에서 납부한 벌금 • 금융기관이 한국은행에 납부하는 과태료	• 계약상의 의무불이행으로 인한 지체상금(∵ 법 위반 ×) • 산업재해보상보험료의 연체금 • 국유지 사용료의 납부지연으로 인한 연체료 • 전기요금의 납부지연으로 인한 연체가산금 • 철도화차 사용료 미납액에 대한 연체이자 [참고] 위의 내용은 자금 부족으로 인한 연체이므로 추가적인 불이익을 주지 않기 위해서이다. • 보세구역에 보관되어 있는 수출용 원자재가 관세법에 따른 보관기관 경과로 국고귀속이 확정된 자산의 가액(∵ 법 위반 ×, 순자산의 감소)

(4) 조합비, 협회비

① 영업자가 조직한 단체로서 법인이거나 주무관청에 등록한 조합 또는 협회(법정단체) 예 상공회의소, 전국경제인연합회 등

- 조합 또는 협회가 법령 또는 정관이 정하는 바에 따른 정상적인 회비징수방식 경상경비 충당 등을 목적으로 조합원 또는 회원에게 부과하는 회비: 전액 손금
- 위 이외 회비: 관련 기부금*(대부분 비지정기부금)

* 영업자단체는 법정기부금단체가 없으며, 지정기부금단체의 예로는 (사)한국소기업소상공인연합회, (사)한국농식품법인연합회 등이 있다.

② 임의로 조직된 조합 또는 협회(임의단체): 비지정기부금

6. 법인세법의 각 사업연도 소득금액과 소득세법의 사업소득금액 비교

(1) 익금 항목의 비교

구분	각 사업연도 소득금액	사업소득금액
작물 재배업소득	익금 ○	과세 제외(비열거소득)
이자 · 배당수익	익금 ○	• 원칙: 사업소득 × → 이자소득 · 배당소득 • 예외: 금융업자 또는 퇴직일시금신탁이익 → 사업소득 총수입금액 ○
유가증권 처분손익	익금 또는 손금 ○	• 원칙: 과세 제외(비열거소득) • 예외: 비상장주식, 대주주 양도분, 장외 거래분 및 특정주식 → 양도소득으로 과세
자산평가차익	• 원칙: 익금불산입 • 예외: 법률에 의한 평가증 → 익금 ○	총수입금액 불산입(개인사업자의 사업용 자산은 법률에 의한 평가증의 대상 ×)

(2) 손금 항목의 비교

구분	각 사업연도 소득금액	사업소득금액
대표자 인건비	손금 ○	필요경비 ×
업무용승용차 관련 비용	• 모든 법인에 적용 • 업무용 자동차보험 가입의무 ○ • 업무사용금액 외의 관련 비용에 대한 소득처분	• 복식부기 의무자만 적용 • 전문직 사업자 등에 한하여 가입의무 ○(1대는 제외) • 소득처분 없음
외화자산 · 부채 평가	평가 규정 ○	평가 규정 ×
소득처분	• 사외유출된 경우 귀속자에 대한 소득처분과 함께 원천징수의무 부담 • 유보처분사항 → 자본금과 적립금조정명세서(을)상 사후관리	• 소득처분의 개념 없음 • 다만, 일정한 유보사항에 대하여는 '유보소득조정명세서'에서 별도로 관리

연습문제

개인사업자(복식부기 의무자)의 총수입금액 · 필요경비 및 법인사업자의 익금 · 손금 범위의 차이를 설명한 것이다. 옳지 않은 것은?

	구분	법인사업자	개인사업자
①	고정자산처분이익	익금 항목	총수입금액 산입 항목
②	유가증권평가이익	익금산입 항목	총수입금액 불산입 항목
③	대표 및 대표이사의 급여	손금 항목	필요경비 불산입 항목
④	사업용 자산의 감가상각비	손금 항목	필요경비 산입 항목

| 정답 및 해설 |

② 유가증권평가이익은 법인사업자도 익금불산입 대상이다.

합격을 다지는 실전문제 p.502

손금 Ⅰ – 기업업무추진비와 기부금 및 지급이자

▸ 최신 30회 중 5문제 출제

1. 기업업무추진비

(1) 기업업무추진비의 개념

기업업무추진비, 교제비, 사례금, 또는 이와 유사한 성질의 비용으로서 법인이 업무와 관련하여 특정인에게 지출한 금액을 말한다. 만약 업무와 관련 없이 주주·출자자 또는 임직원이 부담하여야 할 성질의 기업업무추진비를 법인이 지출하고 이를 비용(결산서상 기업업무추진비)으로 계상한 경우에는 손금불산입(사외유출)으로 소득처분한다.

+ 기업업무추진비 vs. 기부금 vs. 광고선전비

구분	기업업무추진비	기부금	광고선전비
성격	무상 지출액		
지출 대상	특정인		불특정 다수
사업 관련성	사업 관련 ○	사업 관련 ×	사업 관련 ○

(2) 항목별 기업업무추진비 해당 여부

① 종업원단체에 대한 복리시설비
- 종업원단체가 법인인 경우: 기업업무추진비 ○
- 종업원단체가 법인이 아닌 경우: 기업업무추진비 ×(법인 경리의 일부인 복리후생비에 해당)

② 채권 포기액
- 업무 관련하여 정당한 사유(대손사유)로 포기한 채권액: 대손금(전액 손금인정)
- 업무 관련하여 정당한 사유 없이 포기한 채권액: 기업업무추진비(한도 내 손금인정)
- 업무 관련 없이 포기한 특수관계가 없는 자에 대한 채권액: 기부금(한도 내 손금인정)
- 업무 관련 없이 포기한 특수관계인에 대한 채권액: 부당행위 계산 부인(전액 손금불산입)

③ 기업업무추진비 관련 부가가치세: 다음에 해당하는 부가가치세는 모두 기업업무추진비에 포함된다.
- 사업상 증여에 따른 부가가치세 매출세액(공급의제)
- 기업업무추진비 지출 시 거래징수당한 부가가치세 매입세액(∵ 귀책사유가 없는 정책적 목적의 불공제 매입세액)

④ 광고선전 목적의 견본품 등
- 불특정 다수에 증정: 광고선전비(금액과 무관하게 전액 손금인정)
- 특정 거래처에 증정(단, 개당 3만원 이하 물품 제공 시에는 5만원의 한도를 적용 ×)
  - 연간 5만원 이하의 금액: 광고선전비(전액 손금인정)
    - 예 특정 거래처에 연간 광고선전 목적의 기증물품 3,040,000원(= 100개×@30,000원+1개×@40,000원) → 3,000,000원(= 100개×@30,000원)은 개당 30,000원 이하이므로 전액 손금이며 40,000원 (= 1개×@40,000원)은 연간 5만원 이하이므로 전액 손금인정
  - 연간 5만원 초과의 금액: 전액 기업업무추진비
    - 예 특정 거래처에 연간 광고선전 목적의 기증물품 3,080,000원(= 100개×@30,000원+2개×@40,000원) → 3,000,000원(= 100개×@30,000원)은 개당 30,000원 이하이므로 전액 손금이며 80,000원(= 2개×@40,000원)은 연간 5만원 초과하므로 전액 기업업무추진비에 해당

⑤ 판매장려금: 사전약정 여부를 불문하고 전액 손금인정

(3) 현물기업업무추진비의 평가

기업업무추진비를 금전 외의 자산으로 제공한 경우 해당 자산의 가액은 이를 제공할 때의 시가(시가가 장부가액보다 낮으면 장부가액)에 따른다.

현물기업업무추진비 평가액＝Max[시가, 장부가액]

(4) 기업업무추진비 귀속시기－발생주의

기업업무추진(접대)행위가 이루어진 날을 기준으로 한다. 기업업무추진(접대)행위가 일어났으나 미지급된 금액도 그 사업연도의 기업업무추진비로 보며, 법인이 기업업무추진비가 발생한 사업연도의 손금으로 처리하지 않고 이연처리한 경우에도 이를 발생한 사업연도의 기업업무추진비로 보아 시부인 계산한다.

(5) 기업업무추진비의 세무조정

① [1단계] 기업업무추진비 범위에 포함되는지 여부를 판단한다.

② [2단계] 직부인(기업업무추진비 대상 지출액의 적격증명서류 수취 요건 충족 여부 판단)

- **증명서류 불비(객관적 지출사실 미확인) 기업업무추진비:** 법인이 기업업무추진비로 지출한 금액 중 지출증명서류가 없는 기업업무추진비는 전액 손금불산입하고 귀속자에 따라 배당 · 상여 · 기타사외유출 · 기타소득으로 소득처분하되, 귀속자가 불분명한 경우에는 대표자에 대한 상여로 소득처분한다(∵ 가공기업업무추진비).
- **적격증명서류 미수령 기업업무추진비**

한 차례의 기업업무추진비	적격증명서류 미수령액에 대한 처리
3만원 (경조금은 20만원) 이하	적격증명서류 수령 여부에 관계없이 전액 기업업무추진비로 인정(∵ 실무편의를 고려)
3만원 (경조금은 20만원) 초과	• 업무 관련성이 입증되더라도 신용카드 등 적격증명서류를 수취하지 않은 것은 전액 손금불산입(기타사외유출) • 다만, 다음에 해당하는 기업업무추진비는 적격증명서류 수취 여부에 관계없이 기업업무추진비로 인정(∵ 실무상 적격증명서류 수취 ×) – 기업업무추진비가 지출된 장소에서 현금 외에 다른 지출수단이 없어 적격증명서류를 구비하기 어려운 경우에 해당하는 국외지역에서의 지출 – 농어민으로부터 직접 재화를 공급받는 경우의 지출로서 그 대가를 금융회사 등을 통하여 지급한 지출(해당 법인이 과세표준 신고를 할 때 과세표준신고서에 송금명세서를 첨부하여 납세지 관할 세무서장에게 제출한 경우에 한정함)(∵ 농어민 지원) – 법인이 직접 생산한 제품 등으로 제공한 기업업무추진비 – 거래처와 약정에 의한 매출채권의 포기액(∵ 지출한 기업업무추진비가 아님)

＋ 기업업무추진비 지출액에 대한 신용카드 등 적격증명서류가 아닌 것

- 법인 명의로 발급받지 않은 신용카드 예 임직원 명의의 신용카드
- 재화 또는 용역을 공급하는 신용카드 등의 가맹점이 아닌 다른 가맹점의 명의로 작성된 매출전표 등을 발급받은 경우 예 위장가맹점 사용분

③ [3단계] 한도 시부인

- **기업업무추진비 한도액:** 기업업무추진비는 다음의 금액을 한도로 손금산입한다. 단, 내국인이 지출한 문화기업업무추진비는 일반기업업무추진비의 한도액에 불구하고 해당 과세연도의 소득금액 계산 시 일반기업업무추진비 한도액의 20% 한도로 추가하여 손금에 산입한다.

기업업무추진비 한도액=㉠+㉡+㉢

㉠ 일반기업업무추진비 한도액=ⓐ+ⓑ

ⓐ 기본 한도: 12,000,000원(중소기업은 36,000,000원)× $\frac{\text{해당 사업연도의 개월 수}}{12}$

ⓑ 수입금액별 한도: (일반수입금액×적용률*1)+(특정수입금액*2×적용률*1×10%)

㉡ 문화기업업무추진비 한도액=Min[ⓐ, ⓑ]

ⓐ 문화기업업무추진비*3

ⓑ 위 ㉠의 금액×20%

㉢ 전통시장 지출 기업업무추진비 한도액=Min[ⓐ, ⓑ]

ⓐ 전통시장 지출 기업업무추진비*4

ⓑ 위 ㉠의 금액×10%

*1 수입금액의 적용률

수입금액	적용률
100억원 이하	0.3%(1만분의 30)
100억원 초과 500억원 이하	3,000만원+(수입금액−100억원)×0.2%
500억원 초과	1억 1천만원+(수입금액−500억원)×0.03%

*2 특정수입금액이란 특수관계인에 대한 매출을 말한다. 또한, 일반수입금액과 특정수입금액이 함께 있으면 일반수입금액부터 적용률을 적용한다.

*3 문화기업업무추진비란 다음의 용도로 지출한 비용을 말한다.

- 문화예술의 공연이나 전시회 또는 박물관의 입장권 구입
- 체육활동의 관람을 위한 입장권 구입
- 비디오물, 음반 및 음악영상물, 간행물 구입
- 문화체육관광부 장관이 지정한 문화관광축제의 관람 · 체험을 위한 입장권 · 이용권 구입
- 기획재정부령으로 정하는 박람회의 입장권 구입
- 관광공연장의 입장권 구입
- 지정문화재 및 등록문화재(예 국보, 보물 등)의 관람을 위한 입장권 구입
- 문화예술 관련 강연의 입장권 구입 및 초빙강사에 대한 강연료 등
- 자체시설 및 외부임대시설을 활용하여 해당 내국인이 직접 개최하는 공연 등 문화예술행사비
- 미술품의 구입(취득가액이 거래 단위별로 1백만원 이하인 것으로 한정함) 등

*4 전통시장 지출 기업업무추진비는 다음 요건을 모두 갖춘 금액을 말한다.

- 신용카드 등 사용금액에 해당할 것
- 소비성서비스업(일반 유흥주점업 등)을 경영하는 법인 사업자에게 지출한 것이 아닐 것

- 기업업무추진비 한도 시부인 세무조정
  - 한도 초과액: 손금불산입(기타사외유출)
  - 한도 미달액: 세무조정 없음

+ 자산 계상 기업업무추진비

결산서상 비용(기업업무추진비)으로 처리하지 않고 자산으로 처리한 기업업무추진비가 있다면, 해당 금액은 회사계상 기업업무추진비에 포함하여 한도 초과 여부를 검토하여야 한다. 이 경우 한도 초과액은 다음 순서에 따라 발생한 것으로 본다.

비용 계상분 → 건설 중인 자산 계상분 → 유 · 무형자산 계상분

연습문제

법인세법상 기업업무추진비에 관한 다음의 설명 중 옳지 않은 것은? 기출 70회

① 내국법인이 경조금이 아닌 일반적인 기업업무추진비로 지출한 금액이 3만원을 초과하는 경우 법인신용카드매출전표등 적격증빙을 수취하지 않은 때에는 당해 금액을 손금에 산입하지 않는다.
② 주주 · 출자자나 임원 또는 사용인이 부담하여야 할 기업업무추진비를 법인이 지출한 것은 기업업무추진비로 보지 않는다.
③ 법인이 광고선전 물품을 불특정 다수인에게 기증하기 위하여 지출한 비용은 기업업무추진비로 보지 않는다.
④ 기업업무추진비를 미지급금으로 계상한 경우에는 실제로 지출할 때까지 기업업무추진비로 보지 않는다.

| 정답 및 해설 |

④ 기업업무추진비의 손금귀속시기는 기업업무추진(접대)행위가 일어난 사업연도에 속한다. 따라서 기업업무추진(접대)행위가 일어났으나 아직 미지급된 금액도 그 사업연도의 기업업무추진비로 인정한다.

2. 기부금

(1) 기부금의 개념

사업과 직접적인 관계없이 특수관계가 없는 자에게 무상으로 지출하는 재산의 가액을 말한다. 기부금은 사업과 관련이 없는 지출이므로 원칙적으로 손금에 산입할 수 없지만 현행 법인세법은 기부활성화 차원에서 세법이 정한 공익성 기부금에 한하여 일정 한도 내에서 손금으로 인정하고 있다.

(2) 간주기부금

특수관계가 없는 자에게 정당한 사유 없이 자산을 정상가액(시가의 ± 30% 범위 내의 금액)보다 낮은 가액으로 양도하거나 높은 가액으로 매입하여 실질적으로 기부한 것으로 인정되는 금액을 말한다.

구분	간주기부금	부당행위 계산 부인
거래 대상	특수관계가 없는 제3자	특수관계인
기준금액	정상가액(시가±시가의 30%)	시가
고가매입 시	정상가액 초과액을 손금산입(△유보) → 기부금으로 의제하여 세무조정	시가 초과액을 손금산입(△유보) → 부당행위로 다시 익금산입(배당 등)
저가양도 시	• 정상가액 미달액을 기부금으로 보아 세무조정 • 유보 추인	• 시가 미달액을 부당행위로 익금(배당 등) • 유보 추인

(3) 현물기부금 및 귀속시기

구분	내용
현물기부금	• 특례기부금, 특수관계인이 아닌 자에게 기부한 일반기부금: 장부가액 • 특수관계인에게 기부한 일반기부금, 비지정기부금: Max[시가, 장부가액]
귀속시기 (현금주의)	• 어음지급 기부금: 당해 어음의 결제일이 속하는 사업연도에 귀속 • 수표지급 기부금: 발급일이 속하는 사업연도에 귀속 • 인 · 허가받기 전 설립 중인 공익법인 및 단체 등: 인 · 허가받은 날 • 가지급 기부금: 지급일이 속하는 사업연도에 귀속

(4) 기부금의 범위

납세자의 이해력 제고를 위하여 과거의 '법인세법 제24조제2항제1호에 따른 기부금(법정기부금)'은 '특례기부금'으로, 과거의 '법인세법 제24조제3항제1호에 따른 기부금(지정기부금)'은 '일반기부금'으로 명칭이 변경되었다.

구분	종류
특례기부금	• 국가나 지방자치단체에 무상으로 기증하는 금품의 가액 • 국방헌금과 국군장병 위문금품의 가액 • 천재지변으로 생기는 이재민을 위한 구호금품의 가액 • 사립학교 등의 법정교육기관(병원은 제외)에 시설비, 교육비, 장학금 또는 연구비로 지출하는 기부금 • 국립대학병원, 국립대학치과병원, 서울대학교병원, 국립암센터 등의 의료기관에 시설비 · 교육비 또는 연구비로 지출하는 기부금 • 사회복지사업을 주된 목적으로 하는 전문모금기관(예 사회복지공동모금회)에 지급하는 기부금
일반기부금	• 다음의 비영리법인*에 고유 목적 사업비로 지출하는 기부금 * 비영리법인에는 사회복지법인, 종교단체, 「의료법」에 의한 의료기관, 「영유아보육법」 등 에 따른 어린이집, 유치원, 「초중등교육법」 및 「고등교육법」에 따른 학교, 정부로부터 인 · 허가받은 학술연구단체, 장학단체, 기술진흥단체, 문화예술단체, 환경보호운동단체가 해당된다. • 학교의 장이 추천하는 개인에게 교육비, 연구비, 장학금으로 지출하는 기부금 • 아동복지시설, 노인복지시설, 장애인복지시설 등 사회복지시설에 무료 · 실비로 이용하는 시설 또는 기관에 기부하는 금품의 가액 • 국민체육진흥기금, 근로복지진흥기금, 발명진흥기금, 과학기술진흥기금 출연금 • 유엔난민기구 등 국제기구에 지출하는 기부금
그 밖의 기부금 (비지정기부금)	지역새마을사업을 위해 지출하는 기부금, 신용협동조합 및 새마을금고* 등에 지출하는 기부금, 부녀회 후원금, 향우회비, 동문회비, 동창회비, 종친회비, 정당에 기부한 정치자금 등 * 새마을금고에 '사랑의 좀도리운동'을 위하여 지출하는 기부금은 일반기부금에 해당한다.

+ 불우이웃돕기 기부금의 구분

- 사회복지공동모금회 등 특례기부금 단체인 전문모금기관 등에 지출하는 기부금: 특례기부금
- 일반기부금 대상 공익법인 등에 대하여 해당 공익법인 등의 고유목적사업비로 지출하는 기부금: 일반기부금
- 열거된 특례기부금 및 일반기부금에 해당하지 않는 경우: 비지정기부금

(5) 기부금의 세무조정

① 기부금별 손금 한도액

구분	손금 한도액	
특례기부금	(기준소득금액*1 − 이월결손금*2)×50%	
일반기부금	(기준소득금액*1 − 이월결손금*2 − 특례기부금 손금산입액)×10%(사회적 기업은 20%)	
비지정기부금	한도 없음(세무조정사항: 전액 손금불산입)	
	기부받은 자	소득처분
	출자자(출자임원 제외)	배당
	임직원	상여
	법인 또는 사업을 영위하는 개인	기타사외유출
	이 외의 자	기타소득

*1 기준소득금액 = 차가감소득금액(I/S 당기순이익 + 익금산입 · 손금불산입 − 손금산입 · 익금불산입) + 특례 · 일반기부금 지출액

*2 각 사업연도 개시일 전 15년(2009년 이후 2019년 이전분은 10년, 2008년 이전분은 5년) 이내에 개시한 사업연도에서 발생한 세무상 결손금으로서 그 후의 각 사업연도의 과세표준을 계산할 때 공제되지 않은 금액을 말하며 다음을 한도로 한다.
- 중소기업 및 일정한 회생계획을 이행 중인 법인 등: 기준소득금액×100%
- 위 이외 비중소기업: 기준소득금액×80%

② 세무조정: 기부금 한도 초과액과 전기 기부금 한도 초과 이월액의 손금산입액은 '소득금액조정합계표'에 기재하지 않고 '법인세 과세표준 및 세액조정계산서'에 기재한다.

- 기부금 한도 초과액: 비지정기부금과 법인세법상 기부금별 한도를 초과하여 결산상 비용으로 계상한 금액에 대하여는 이를 손금불산입(기타사외유출)으로 세무조정한다.

구분	세무조정
특례기부금, 일반기부금 한도 초과액	손금불산입(기타사외유출)
비지정기부금 전액	손금불산입(배당, 상여 등 귀속자에 따른 사외유출로 처분)

- 기부금 한도 초과이월액의 손금산입: 특례기부금과 일반기부금의 한도 초과액은 해당 사업연도의 다음 사업연도 개시일부터 10년(2013년 이전분은 5년) 이내에 끝나는 각 사업연도에 이월하여 손금산입(기타)으로 세무조정한다. 기부금의 공제 순서는 이월된 기부금을 우선 공제(먼저 발생한 이월금액부터 손금산입)하고 남은 기부금 공제 한도 내에서 해당 사업연도에 지출한 기부금을 공제한다.

실전 적용

당해 사업연도인 2025년 기부금 관련 자료가 다음과 같고 일반기부금 한도가 2,000,000원인 경우의 세무조정을 하시오.

• 2023년 일반기부금 한도 초과액	1,000,000원
• 2024년 일반기부금 한도 초과액	500,000원
• 2025년 일반기부금 지출액	1,000,000원

| 풀이 |

- 손금산입액: 2023년 일반기부금 한도 초과액 1,000,000원+2024년 일반기부금 한도 초과액 500,000원+2025년 일반기부금 지출액 500,000원=2,000,000원
- 한도 초과 이월액: 2025년 일반기부금 지출액 500,000원
- 세무조정
〈손금산입〉 일반기부금 한도 초과 이월액 1,500,000원(기타)
〈손금불산입〉 일반기부금 한도 초과액 500,000원(기타사외유출)

연습문제

다음 중 법인세법상 기부금에 대한 설명으로 옳지 않은 것은?

① 법인이 특수관계가 없는 자에게 시가 3억원인 토지를 2억원에 양도하는 경우 1천만원은 기부금으로 본다.
② 영업자가 조직한 단체로서 법인이거나 주무관청에 등록된 조합 외 임의로 조직된 조합에 대한 일반회비는 협회비로 보아 전액 손금인정하고 특별회비는 기부금으로 본다.
③ 특수관계인에게 기부한 일반기부금을 금전 외의 자산으로 기부한 경우에는 자산의 시가와 장부가액 중 큰 금액을 기부금으로 한다.
④ 기부금은 현금주의에 의하여 계상하므로 가지급금으로 이연계상하거나 미지급금으로 앞당겨 계상하는 경우 실제 지출된 사업연도의 기부금으로 본다.

| 정답 및 해설 |

② 법인이거나 주무관청에 등록된 조합의 경우 일반회비는 전액 손금인정하고 특별회비는 전액 손금불산입한다. 반면, 임의단체에 대한 일반회비와 특별회비는 모두 손금불산입한다.

3. 지급이자

지급이자는 차입금에 대한 금융비용으로 지출되는 순자산 감소액이므로 원칙적으로 손금 항목에 해당하지만 다음에 해당하는 지급이자는 일정한 목적에 따라 다음과 같이 손금불산입하여야 한다.

순서	손금불산입 지급이자	근거	손금불산입액	소득처분
1	채권자 불분명 사채이자	비공식 금융의 양성화	당해 이자	대표자 상여 (단, 원천징수세액 상당액은 기타사외유출)
2	비실명 채권 · 증권이자	금융실명거래		
3	건설자금이자	이자 자본화		유보
4	업무무관 자산 지급이자	자금의 비생산적 이용	업무무관 자산가액 및 가지급금에 대한 지급이자 상당액	기타사외유출

(1) 채권자 불분명 사채이자

가공채무계상을 통한 부당한 손금처리를 방지하고 사채시장의 양성화를 목적으로 다음의 차입금에 대한 지급이자를 손금에 산입하지 않는다.

① 채권자의 주소 또는 성명을 확인할 수 없는 차입금

② 채권자의 능력 및 자산상태로 보아 금전을 대여한 것으로 인정할 수 없는 차입금

③ 채권자와의 금전거래사실 및 거래내용이 불분명한 차입금

(2) 비실명 채권 · 증권이자

개인 이자소득자를 파악하여 금융소득과세의 근거자료를 확충하기 위하여 채권 등의 발행법인이 채권, 증권의 이자, 할인액 등을 직접 지급할 시 지급사실이 객관적으로 인정되지 않은 경우 지급이자는 손금에 산입하지 않는다.

(3) 건설자금이자

세법상 자산(추후 손금)에 해당하는 지출액을 이자비용(당기 손금)으로 계상한 경우에 귀속시기를 조정할 목적으로 그 지급이자는 손금불산입(유보)으로 세무조정한다.

구분	법인세법	일반기업회계기준
대상 자산	사업용 고정자산(유형자산, 무형자산)	유형자산, 무형자산, 투자자산, 재고자산
특정차입금이자	취득원가 산입(강제 적용)	취득원가 산입과 기간비용 중 선택(선택 적용)
일반차입금이자	취득원가 산입과 손금산입 중 선택(선택 적용)	취득원가 산입과 기간비용 중 선택(선택 적용)

+ 건설자금이자의 비용처리 시 세무조정

구분		세무조정	
		당기	차기 이후
비상각자산		손금불산입(유보)	처분 시 손금추인(△유보)
상각자산	건설 중	손금불산입(유보)	상각, 처분 시 손금추인(△유보)
	건설 완료	즉시상각의제*	–

* 즉시상각의제: 감가상각자산을 취득한 후 감가상각하는 것은 결산조정사항이므로 장부상 비용으로 계상해야만 비용처리할 수 있다. 다만, 감가상각자산을 취득하거나 자본적 지출을 한 후 해당 자산가액이나 자본적 지출액을 모두 비용으로 처리하면 이를 감가상각한 것으로 보아 감가상각 시부인(한도 내에서만 손금인정) 계산하는 것을 말한다.

(4) 업무무관 자산 등에 대한 지급이자

법인의 부동산 투기 억제 및 차입자금의 건전한 운용을 통한 재무구조개선을 유도하기 위하여 법인이 업무무관 자산을 취득, 보유하고 있거나 특수관계인에게 업무무관 가지급금 등을 지급하고 있다면 그 지급이자는 손금불산입(기타사외유출)으로 소득처분한다. 전단계에서 손금불산입된 지급이자와 차입금 적수를 차감하여야 하며 동일인에 대한 가지급금과 가수금이 함께 있으면 이를 상계한 후의 금액을 적용한다. 다만, 가지급금과 가수금 발생 시 각각 상환기관 및 이자율 등에 관한 약정이 있어 상계할 수 없는 경우에는 상계하지 않는다.

$$\text{지급이자} \times \frac{\text{업무무관 자산 적수} + \text{업무무관 가지급금 적수}}{\text{총차입금 적수}}$$

① 지급이자 손금불산입 규정을 적용하지 않는 지급이자의 범위

- 상업어음의 할인료(∵ 매출채권처분손실)
- 운용리스조건에 따라 지급하는 리스료(∵ 임차료 성격)
- 자산 취득으로 생긴 채무에 대한 현재가치할인차금 상각액(∵ 회계처리방법의 선택에 따라 세부담이 달라지는 것을 방지하기 위함)
- 지급수입에 있어서 취득가액과 구분하여 지급이자로 계상한 금액(연 지급수입이자)(∵ 회계처리방법의 선택에 따라 세부담이 달라지는 것을 방지하기 위함)
- 한국은행총재가 정한 규정에 따른 기업 구매자금 대출의 차입금 이자(∵ 조세정책적 목적)

② 업무무관 가지급금 제외 대상

- 사용인 등의 미지급소득(배당소득, 상여금)에 대한 소득세 대납액
- 내국법인이 국외 투자법인에 종사하거나 종사할 자에게 여비 · 급료 · 기타 비용을 대신하여 부담한 금액
- 우리사주조합 또는 그 조합원에게 대여한 당해 법인의 주식취득자금
- 「국민연금법」에 의해 근로자가 지급받은 것으로 보는 퇴직금 전환금
- 사용인에 대한 급료의 가불액, 경조사비 대여액
- 사용인(사용인의 자녀 포함)에 대한 학자금의 대여액
- 귀속자가 불분명하거나 과세표준을 추계로 결정, 경정할 때에 대표자에게 상여처분한 금액에 대한 소득세를 법인이 대납하고 이를 가지급금으로 계상한 금액
- 중소기업의 근로자(임원 · 지배주주 등 제외)에 대한 주택 구입 및 전세자금 대여금(∵ 근로자의 주택구입 및 전세자금을 대여하는 중소기업을 지원하기 위함)

연습문제

현행 법인세법상 지급이자의 손금불산입에 대한 설명으로 옳지 않은 것은? 기출 45회

① 완공된 상각자산에 대한 건설자금이자를 과소계상한 경우 이자비용으로 처리한 건설자금이자 전액을 손금불산입하고 유보로 소득처분한다.
② 채권자 불분명 사채이자는 전액을 손금에 산입하지 않으며 사채이자에 대한 원천징수세액 상당액은 기타사외유출로 처분하고 나머지는 대표자에 대한 상여로 소득처분한다.
③ 특수관계인의 업무와 관련 없는 가지급금에 대한 지급이자의 손금불산입 적수계산 시 동일인에 대한 가지급금과 가수금은 이를 상계하여 계산한다.
④ 지급이자의 손금불산입 규정이 동시에 적용되는 경우 채권자가 불분명한 사채이자, 지급받은 자가 불분명한 채권 등 이자, 건설자금에 충당한 차입금이자, 업무무관 자산 등에 대한 지급이자의 순서로 적용한다.

| 정답 및 해설 |

① 완공된 상각자산에 대한 건설자금이자를 과소계상한 경우 이자비용으로 처리한 건설자금이자를 감가상각비로 보아 감가상각비 시부인을 적용한다.

합격을 다지는 실전문제 p.506

THEME 06 손금 Ⅱ – 감가상각비

법인이 장부상 계상된 감가상각비를 무제한 인정하게 되면 의도적으로 상각 초기에 감가상각비를 과다계상함으로써 세부담을 조정할 수 있으므로 법인세법은 감가상각비를 결산조정 항목으로 규정하고 있다. 즉, 일정한 한도 내에서 장부에 반영한 경우에만 손금으로 인정하는 임의상각제도를 채택하고 있다.

1. 감가상각 대상 자산 및 감가상각 제외 자산

감가상각 대상 자산은 유형자산 및 무형자산으로서 해당 법인의 업무와 관련하여 사용하고 있으며 시간의 경과에 따라 가치가 감소하는 것을 말한다.

구분	범위
감가상각 대상 자산	• 유형고정자산: 건물 및 구축물, 차량운반구, 공구와 기구, 비품, 선박, 항공기, 기계장치, 동물 및 식물, 기타 이와 유사한 유형고정자산 • 무형고정자산: 영업권, 개발비, 사용수익 기부자산가액 등 • 유휴설비: 일시적으로 가동이 중단되어 있는 상태의 설비
감가상각 제외 자산	• 사업에 사용하지 않는 것(유휴설비 제외) – 사용 중 철거하여 사용하지 않는 기계장치 등 – 취득 후 사용하지 않고 보관 중인 기계장치 등 • 건설 중인 자산 • 시간의 경과에 따라 가치가 감소되지 않는 것(서화, 골동품, 토지 등) • 업무와 무관한 것

2. 감가상각 시부인 계산

일반기업회계기준은 기업의 합리적인 판단에 의한 잔존가치, 내용연수 및 감가상각방법 등의 선택을 허용하지만, 법인세법은 획일적이고 객관적인 과세를 위하여 이러한 감가상각비 손금 한도액(상각범위액)에 대한 결정요소를 법정화하고 있다.

시부인 계산	당해 사업연도	추후 사업연도
회사계상액>상각범위액 → 상각부인액	손금불산입, 유보	시인부족액 발생 시 추인(손금산입, △유보)
회사계상액<상각범위액 → 시인부족액	세무조정 없음	• 전기 이전 상각부인액이 없는 경우: 세무조정 없음 • 전기 이전 상각부인액이 있는 경우: 손금산입, △유보

연습문제

(주)세무는 제3기(1.1.~12.31.) 회계기간에 대한 결산 시 유형자산인 차량운반구의 감가상각비를 800,000원으로 계상하였으나, 법인세법상 상각범위액은 1,000,000원임을 세무조정 시 발견하였다. 결산내용을 수정하지 않은 경우 세무조정 내용으로 맞는 것은? (단, (주)세무는 국제회계기준을 적용하는 법인에 해당하지 않고 법인세를 면제·감면받지 않았으며, 전기이월된 상각부인액은 없음) 기출 58회

① 회사계상액 800,000원을 손금불산입(유보)으로 조정하고, 상각범위액 1,000,000원을 손금산입(유보)으로 조정한다.
② 감가상각비의 손금산입은 결산조정사항이므로 시인부족액 200,000원에 대한 추가적인 세무조정은 없다.
③ 상각범위액 1,000,000원과 회사계상액 800,000원과의 차액인 시인부족액 200,000원을 추가로 손금산입(유보)으로 조정한다.
④ 시인부족액 200,000원은 다른 감가상각 자산에서 발생하는 상각부인액과 상계하여 처리하고 잔액은 차기로 이월한다.

| 정답 및 해설 |

② 감가상각비는 임의상각제도를 채택하고 있으므로 상각범위액 내에서 회사가 감가상각비를 임의로 계상할 수 있다.

(1) 회사계상액

구분	내용
결산서상 감가상각비	결산서상 판매비와 관리비 또는 제조경비 등의 비용으로 계상한 감가상각비
전기오류수정손실	당기 이전에 감가상각비를 과소계상하여 이를 전기오류수정손실(비용 또는 이익잉여금)로 계상한 경우, 법인세법상 이를 당기에 감가상각한 것으로 보아 회사계상액에 포함하여 시부인 계산함
즉시상각의제	감가상각자산의 취득가액과 자본적 지출을 장부상 비용으로 처리한 경우, 그 금액을 자산으로 계상한 후 감가상각한 것으로 보아 회사계상액에 포함하여 시부인 계산함(단, 즉시상각특례에 해당하는 경우는 제외)
손상차손	감가상각자산이 진부화, 물리적 손상 등에 따라 시장가치가 급격히 하락하여 법인이 기업회계기준에 따라 손상차손을 계상한 경우에는 법인세법상 이를 당기에 감가상각한 것으로 보아 회사계상액에 포함하여 시부인 계산함

+ 즉시상각특례

다음의 자산에 대하여는 취득가액 또는 자본적 지출을 장부상 비용으로 계상한 경우에 감가상각 시부인 계산 없이 당기의 손금으로 인정한다(결산조정사항).

구분	내용
수선비	• 소액수선비: 개별자산별 수선비(자본적 지출과 수익적 지출) 합계액이 소액수선비 판단기준*에 미달하는 경우 * Max(600만원, 전기말 B/S상 장부가액의 5%) • 주기적 수선비: 3년 미만의 기간마다 주기적인 수선을 위하여 지출하는 경우
소액자산	취득가액이 거래 단위별로 100만원 이하인 감가상각자산(단, 그 고유업무의 성질상 대량으로 보유하는 자산, 그 사업의 개시 또는 확장을 위하여 취득한 자산은 제외)
어구 등 단기사용자산	• 어업에 사용되는 어구(어선용구 포함) • 영화필름, 공구(금형 제외), 가구, 전기기구, 가스기기, 가정용기구·비품, 시계, 시험기기, 측정기기, 간판, 전화기 및 개인용 컴퓨터 • 대여사업용 비디오테이프 및 음악용 콤팩트디스크로서 개별 자산의 취득가액이 30만원 미만인 것
폐기손실	다음 중 어느 하나에 해당하는 경우 당해 자산의 장부가액에서 1천원을 공제한 금액을 폐기일이 속하는 사업연도에 손금 삽입할 수 있음(결산조정사항) • 시설의 개체 또는 기술의 낙후로 인하여 생산설비의 일부를 폐기한 경우 • 사업의 폐지 또는 사업장의 이전으로 임대차계약에 따라 임차한 사업장의 원상회복을 위하여 시설물을 철거하는 경우

연습문제

(주)사이비리아는 PC방을 운영하고 있다. 다음 중 감가상각자산의 취득가액을 손금으로 계상한 경우 감가상각 시부인 계산 없이 손금으로 인정하는 법인세법상 특례에 해당하지 않는 것은? 기출 51회

① 사업의 개시를 위하여 컴퓨터 20대(한 대당 10만원)를 취득하고, 이를 비용처리하였다.
② 사업과 관련한 200만원짜리 휴대용 전화기를 취득하고, 이를 비용처리하였다.
③ 매장 계산대에서 사용할 200만원짜리 개인용 컴퓨터를 사업 개시 후에 구입하고, 이를 비용처리하였다.
④ 매장 입구에 200만원짜리 간판을 설치하고, 이를 비용처리하였다.

| 정답 및 해설 |

① 사업의 개시를 위하여 취득한 자산은 감가상각 시부인 대상에 해당한다.

(2) 상각범위액의 계산

① 일반적인 경우

구분	상각범위액의 계산
정액법	세법상 기말 취득가액×상각률 ={당기 말 B/S상 취득가액* + 즉시상각의제(당기분 + 전기 이전분)}×상각률
정률법	(세법상 기초 장부가액 + 당기분 즉시상각의제액)×상각률 =(전기 말 B/S상 취득가액 − 전기 말 B/S상 감가상각누계액 + 상각부인액 + 당기분 즉시상각의제)×상각률

* 일반기업회계기준에 따른 계산은 잔존가치를 차감하지만 법인세법은 정률법 외의 잔존가액은 '0원'으로 규정한다.

② 특수한 경우

구분	내용
신규 취득	일반적인 상각범위액 $\times \frac{\text{해당 사업연도에 사용한 월수}}{\text{해당 사업연도의 월수}}$
자본적 지출	기중에 자본적 지출이 발생한 경우에도 기초에 지출한 것으로 가정(월할계산 ×)하여 상각범위액을 계산함
기중 양도	• 기초에 양도한 것으로 가정 • 기중 양도 시까지의 감가상각비는 시부인 계산을 하지 않음 • 전기이월 상각부인액이 있는 경우 세무조정: 〈손금산입〉 전기이월 상각부인액 ×××(△유보)

+ 자본적 지출과 수익적 지출

구분	자본적 지출	수익적 지출
범위	내용연수를 연장하거나 가치를 증가시키는 지출	원상을 회복시키거나 능률을 유지하기 위한 지출
처리방법	자산의 장부가액에 가산	비용처리
사례	• 본래의 용도를 변경하기 위한 개조 • 엘리베이터 또는 냉난방 장치의 설치 • 빌딩 등에 있어서 피난시설 등의 설치 • 재해 등으로 인하여 멸실 또는 훼손되어 본래의 용도에 이용가치가 없는 건축물, 기계, 설비 등의 복구 • 기타 개량, 확장, 증설 등 위와 유사한 성질의 것	• 건물 또는 벽의 도장 • 파손된 유리나 기와의 대체 • 재해를 입은 자산에 대한 외장의 복구, 도장 및 유리의 삽입 • 자동차 타이어의 교체 • 기계의 소모된 부속품과 벨트의 대체 • 기타 조업 가능한 상태의 유지 등 위와 유사한 것

(3) 상각범위액의 결정요소

① 취득가액

구분	내용
취득가액	세무상 자산의 취득가액
보유기간 중 취득가액 변동	•「보험업법」 등 법률에 의한 고정자산평가증 • 자본적 지출
즉시상각의제	법인이 감가상각자산의 취득가액 또는 자본적 지출액을 장부상 비용으로 계상한 경우 • 감가상각비 회사계상액에 가산 • 감가상각비 상각범위액 계산 시 감가상각 취득가액에 가산

② 잔존가액

구분	내용
원칙	객관적인 과세기준을 확보하기 위하여 잔존가액은 '0원'을 원칙으로 함
예외－정률법	감가상각방법이 정률법이면 상각률의 계산을 위하여 취득가액의 5%에 상당하는 금액을 잔존가액으로 하며, 이때 취득가액의 5%에 상당하는 잔존가액은 미상각 잔액이 최초 취득가액의 5% 이하가 되는 사업연도의 상각범위액에 가산 [∵ 정률법의 경우 내용연수 말에 취득가액의 5%에 상당하는 미상각 잔액이 남게 되는데, 정률법의 경우에도 결국 잔존가액은 0원이 되어야 하므로 취득가액의 5%에 상당하는 미상각 잔액은 최초로 취득가액의 5% 이하가 되는 사업연도(내용연수가 종료되는 사업연도)의 상각범위액에 가산함]

[비교] 상각 완료 자산에 대하여는 사후관리를 위한 비망가액으로서 취득가액의 5%와 1,000원 중 적은 금액을 해당 감가상각자산의 장부가액으로 하며, 추후 해당 자산 처분 시 손금에 산입함

③ 내용연수

구분	내용
기준내용연수	자산별 · 업종별로 구분하여 규정한 법정내용연수
신고내용연수	내용연수 범위(기준내용연수±25%) 내에서 법인이 선택하여 영업개시일(또는 자산취득일)이 속하는 사업연도의 법인세 신고기한까지 신고한 내용연수 [비교] 승인 ×, 무신고 시 → 기준내용연수 적용
수정내용연수	기준내용연수의 50% 이상 경과한 자산을 다른 법인 또는 개인사업자로부터 취득(합병 · 분할에 의한 승계취득 포함)한 경우 기준내용연수의 50%~기준내용연수의 범위에서 신고 후 적용한 내용연수 → 승인 ×
환산내용연수	본래의 사업연도가 1년 미만이면 다음과 같이 환산한 내용연수(1개월 미만의 일수는 1개월로 함) $\text{환산내용연수} = \text{내용연수} \times \frac{12}{\text{사업연도의 월수}}$
특례내용연수	사업장의 특성으로 자산의 부식 · 마모 및 훼손이 심각한 경우 등 일정한 요건에 해당하면 관할 지방국세청장의 승인을 얻어 기준내용연수의 50%를 가감한 범위에서 적용할 수 있는 내용연수 → 승인 ○ • 신청: 변경할 내용연수를 적용하고자 하는 사업연도의 종료일까지 변경 신청 • 재변경 제한: 감가상각자산의 내용연수를 변경한 법인이 해당 자산의 내용연수를 다시 변경하고자 하는 때에는 변경한 내용연수를 최초로 적용한 사업연도 종료일부터 3년이 경과해야 함

④ 감가상각방법: 자산별 선택 가능한 상각방법을 선택하여 영업개시일(또는 신규취득일)이 속하는 사업연도의 법인세 과세표준 신고기한까지 신고한다(승인 ×).

구분		선택 가능한 상각방법	무신고 시 상각방법
유형자산	건축물	정액법	정액법
	광업용 유형자산	정액법, 정률법, 생산량비례법	생산량비례법
	위 이외의 유형자산	정률법, 정액법	정률법
무형자산	광업권	정액법, 생산량비례법	생산량비례법
	개발비	20년 이내 기간에 따른 정액법	5년간 균등상각법
	사용수익 기부자산가액	사용수익기간에 따른 정액법	사용수익기간에 따른 정액법
	기타의 무형자산	정액법	정액법

+ 감가상각방법의 변경(승인 ○)

상각방법이 서로 다른 법인이 합병·사업의 인수 등으로 감가상각방법의 변경 사유가 발생했을 때, 변경할 상각방법을 적용하고자 하는 사업연도의 종료일까지 변경 신청을 하면 관할 세무서장은 신청서 접수일이 속하는 사업연도 종료일부터 1개월 이내에 승인 여부를 결정 및 통지하여야 한다.

연습문제

다음 중 법인세법상 감가상각방법을 신고하지 않은 경우 적용하는 상각방법으로 옳은 것은? 기출 84회

① 광업용 유형고정자산: 생산량비례법
② 제조업의 기계장치: 정액법
③ 광업권: 정률법
④ 개발비: 5년간 정률법

| 정답 및 해설 | ①

② 제조업의 기계장치: 정률법
③ 광업권: 생산량비례법
④ 개발비: 5년간 균등상각법

3. 감가상각의제 – 강제신고조정

각 사업연도의 소득에 대하여 법인세가 면제되거나 감면되는 사업을 영위하는 법인이 법인세를 면제받거나 감면받은 사업연도에 세금을 회피할 목적으로 개별 자산의 회사가 계상한 감가상각비가 상각범위액에 미달하는 경우에는 상각범위액이 되도록 손금에 산입하여야 한다.

합격을 다지는 실전문제 p.512

THEME 07 손금 Ⅲ – 인건비와 충당금

▸ 최신 30회 중 3문제 출제

1. 인건비

인건비는 급여, 상여금, 퇴직급여 및 복리후생비로 구성되며, 순자산을 감소시키고 사업과 관련이 있으며 익금 창출에 기여하므로 원칙은 손금에 해당한다. 다만, 인건비 중 익금 창출과 무관한 특수관계인에 대한 기준초과지급액, 임원의 상여 또는 퇴직금 한도 초과액 등은 손금으로 인정하지 않는다.

개정세법 반영

+ 손금으로 인정되는 인건비 지급 대상 임직원

해당 사업연도 현재 해당 법인에 근로를 제공하고 있는 임직원에 대한 다음의 인건비를 말한다.

- 국내에서 지급된 인건비
- 법인(사업자)의 임직원에 대한 재화·용역 등 할인금액
- 법인(사업자)이 계열회사에 지급하는 할인금액 상당액
- 다음의 요건을 모두 갖춘 해외파견 임직원의 인건비
  ① 내국법인이 발행주식 총수 또는 출자지분의 100%를 직접 또는 간접 출자한 해외현지법인에 파견된 임원 또는 직원에게 지급할 것
  ② 내국법인이 지급한 인건비(퇴직급여 포함)로서 근로소득세를 원천징수한 인건비가 해당 내국법인 및 해외출자법인이 지급한 인건비 합계의 50% 미만일 것

[비교] 해외파견 임직원의 인건비는 손금불산입하는 것이 원칙임

(1) 급여

구분	내용
원칙	손금 항목
예외	다음의 급여는 손금불산입하고 상여로 처분 • 지배주주* 및 그 외 특수관계인인 임원, 사용인에게 정당한 사유 없이 동일 직위에 있는 지배주주 등의 임원, 사용인에게 지급하는 금액을 초과하여 보수를 지급하는 경우 그 초과 금액 • 비상근임원에게 지급하는 보수 중 부당행위 계산에 해당하는 과다 지급액 • 합명 또는 합자회사의 노무출자사원에게 지급하는 보수(∵ 잉여금처분 항목)

* 지배주주란 지분율 1% 이상의 주주와 그의 특수관계인의 지분 합계가 해당 법인의 주주 중 가장 많은 주주를 말한다.

+ 임원, 사용인, 사용자

- 임원: 대표이사, 전무이사, 상무이사 등 이사회의 구성원
- 사용인(직원): 임원을 제외한 종업원
- 사용자: 회사

(2) 상여금

구분	내용
원칙	손금 항목
예외	다음의 상여는 손금불산입함 • 임원 상여금 한도 초과액: 급여 지급기준[임원 상여의 한도: 정관 · 주주총회(사원총회) · 이사회결의에 의해 정함]을 초과한 임원 상여금 [비교] 임원 상여금 지급규정이 없는 경우: 전액 손금불산입 • 잉여금 처분에 의한 상여: 잉여금 처분에 의한 상여는 이익잉여금의 감소이므로 비용계상 및 손금산입이 인정되지 않음

[비교] 임원과 사용인에 대한 상여금 세무처리

구분	임원 상여금	사용인 상여금
급여 지급기준 범위 내	손금 ○	손금 ○
급여 지급기준 초과	손금불산입(상여)	손금 ○

연습문제

법인세법 규정에 의한 인건비에 대한 설명으로 옳지 않은 것은? 기출 82회

① 합명회사의 노무출자사원의 인건비는 손금에 산입하지 않는다.
② 비상근임원에게 지급하는 보수는 부당행위 계산 부인 대상이 아닌 경우 손금에 산입한다.
③ 법인이 임원에게 지급하는 상여금 중 정관 · 주주총회 또는 이사회의 결의에 의하여 결정된 급여 지급기준 금액을 초과한 금액은 손금에 산입하지 않는다.
④ 법인이 근로자와 성과산정지표 등에 대하여 사전에 서면으로 약정하고 지급하는 이익처분에 의한 성과배분 상여금은 손금산입한다.

| 정답 및 해설 |

④ 이익처분에 의한 성과배분 상여금 손금산입 규정은 삭제되어 손금불산입한다.

(3) 퇴직급여

<table>
<tr><th>구분</th><th>내용</th></tr>
<tr><td>원칙</td><td>손금 항목</td></tr>
<tr><td>예외</td><td>• 비현실적 퇴직에 대한 퇴직금 지급액: 해당 임직원이 현실적으로 퇴직할 때까지 업무무관 가지급금(대여금)으로 보아 손금불산입(유보)으로 소득처분
• 임원 퇴직금 한도 초과액: 해당 임원의 근로소득이므로 손금불산입(상여)으로 소득처분
<table><tr><th>구분</th><th>임원 퇴직금 한도</th></tr><tr><td>정관상 임원 퇴직금에 대한 한도가 규정된 경우</td><td>그 정관에 규정된 한도액</td></tr><tr><td>위 이외의 경우</td><td>퇴직 전 1년간의 총급여액*1×10%×근속연수*2</td></tr></table>*1 총급여액은 세무상 총급여액으로 I/S상 급여 · 상여에서 손금불산입된 금액은 제외하고, 손금산입된 금액은 포함한다.
*2 근속연수는 월할계산하되, 1월 미만의 기간은 절사한다.</td></tr>
</table>

+ 현실적 퇴직과 비현실적 퇴직

현실적 퇴직 → 손금	비현실적 퇴직 → 업무무관 가지급금
• 사용인이 임원으로 취임한 경우 • 상근임원이 비상근임원이 된 경우 • 임직원이 조직변경, 합병, 분할, 사업양도에 의하여 퇴직한 경우 • 「근로자퇴직급여보장법」에 의하여 퇴직금을 중간정산하여 지급한 경우 • 임원에게 정관 또는 정관에서 위임한 퇴직급여지급규정에 따른 경우로서 장기요양 등의 사유로 중간정산하여 퇴직급여를 지급한 경우	• 임원이 연임된 경우 • 법인의 대주주 변동으로 인하여 계산의 편의, 기타 사유로 전 사용인에게 퇴직급여를 지급한 경우 • 외국법인의 국내지점 종업원이 본점으로 전출하는 경우 • 「근로자퇴직급여보장법」에 의하여 퇴직급여를 중간정산하기로 하였으나 이를 실제로 지급하지 않은 경우 • 정부투자기관 등이 민영화됨에 따라 전 종업원의 사표를 수리한 후 다시 채용한 경우

[비교] 임원과 사용인에 대한 퇴직급여 세무처리

구분		임원 퇴직금	사용인 퇴직금
현실적 퇴직	한도 내	손금 ○	손금 ○
	한도 초과	손금불산입(상여)	손금 ○
비현실적 퇴직		손금불산입(유보)	

연습문제

다음 중 법인세법상 퇴직급여를 손금에 산입할 수 있는 현실적인 퇴직에 해당하지 않는 경우는? 기출 63회

① 「근로자퇴직급여보장법」에 의하여 퇴직금을 중간정산하여 지급한 경우
② 법인의 사용인이 당해 법인의 임원으로 취임한 때
③ 외국법인의 국내지점 종업원이 본국의 본점으로 전출하는 때
④ 법인의 임원이 그 법인의 조직변경에 의하여 퇴직한 때

| 정답 및 해설 |

③ 외국법인의 국내지점 종업원이 본국의 본점으로 전출하는 경우는 현실적인 퇴직으로 보지 않는다.

(4) 복리후생비

복리후생비란 임직원의 복리 · 후생 · 사기진작을 위하여 지급하는 각종 비용을 말한다. 복리후생비 중 규정된 다음의 비용은 손금산입하고 그 외의 비용은 손금불산입한다.

① 직장체육비, 직장문화비, 직장회식비

② 우리사주조합*의 운영비

* 회사의 종업원이 자기 회사의 주식을 취득 관리할 목적으로 조직한 조합을 말한다.

③ **사용자로서 부담하는 건강보험료 · 노인장기요양보험료 · 고용보험료 등**: 법에 의한 강제 부담금이므로 손금 항목이며, 사용자 부담의 국민연금부담금도 세금과공과로 보아 손금으로 인정한다. 만약 법정 부담분을 초과하여 회사가 근로자의 부담분까지 부담하는 경우에는 해당 법인의 손금(상여금*)으로 인정한다. 다만, 이 경우에는 해당 근로자에게 근로소득세가 과세된다.

* 임원 상여금 한도 초과액에 해당되는 경우에는 손금불산입된다.

④ 직장의 어린이집 운영비

⑤ 기타 임원 또는 사용인에게 사회통념상 타당하다고 인정되는 범위 내에서 지급하는 경조사비 등 위의 비용과 유사한 비용

2. 충당금

지급의무(비용이나 손실)의 지출시기, 금액이 아직 확정되지 않았지만 지출 가능성이 매우 높고 그 금액을 추정할 수 있는 현재의 의무를 말한다. 법인세법은 권리 · 의무 확정주의에 의해 의무가 확정되는 시점에 손금을 인식하므로 미확정채무인 충당부채를 인정할 수 없다. 그러나 기업회계와의 차이를 고려하여 불필요한 세무조정을 방지하고자 예외적으로 퇴직급여충당금, 퇴직연금충당금, 대손충당금, 구상채권상각충당금, 일시상각충당금, 압축기장충당금의 6가지만 인정하고 있다.

(1) 퇴직급여충당금 설정 – 사내 적립

근로자에게 지급하여야 할 퇴직급여액을 퇴직급여충당금으로 설정하여 회사 내부에 적립하는 것을 말한다. 퇴직급여충당금은 법인 사내에 장부상으로만 적립하는 유보금액이므로 이에 상당하는 금액을 사내에 별도로 보관하지 않는다면 퇴직급여 지급의 실효성을 담보하기 어렵기 때문에 현재 퇴직급여 추계액(퇴직금 전환금 포함) 중 일정액만 손금으로 인정하고 있다.

① **퇴직급여충당금 손금산입 한도액**: Min[㉠, ㉡]

㉠ 퇴직급여의 지급 대상이 되는 임직원에게 지급한 총급여액*1 × 5%

㉡ 퇴직급여 추계액*2 × 0%*3 + 퇴직금 전환금 – 퇴직급여충당금 설정 전 잔액*4

*1 세법상 급여 및 상여금으로서 소득세법상 비과세소득, 손금불산입된 인건비, 확정기여형 퇴직연금이 설정된 임원 또는 사용인, 신규입사자, 중도퇴사자에 대한 급여액 등은 제외한다.

*2 Max[일시퇴직기준, 「근로자퇴직급여보장법」상 보험수리적 기준]: 퇴직급여 지급규정에 의해 1년 미만 근속자에게도 퇴직급여를 지급하기로 한 경우에는 퇴직급여 추계액 계산 시 1년 미만 근속자에 대한 것도 포함해야 하며 그렇지 않으면 제외한다.

*3 2016년 이후 개시하는 사업연도부터는 0%를 적용한다.

*4 전기 말 B/S상 퇴직급여충당부채 잔액 – 퇴직급여충당부채 당기 감소액 – 퇴직급여충당부채 설정 전 유보 잔액

+ 퇴직 관련 용어

- 일시퇴직기준 퇴직급여 추계액: 해당 사업연도 종료일 현재 재직하는 임원, 사용인 전원이 퇴직할 경우 지급해야 할 퇴직금
- 「근로자퇴직급여보장법」상 보험수리적 기준 퇴직급여 추계액: 매 사업연도 말일 현재를 기준으로 확정급여형 퇴직연금제도 가입자의 예상 퇴직시점까지 가입기간의 급여에 소요된 비용 예상액의 현재가치에서 장래 근무기간분에 대하여 발생하는 부담금 수입 예상액의 현재가치를 차감한 금액
- 퇴직금 전환금: 국민연금관리공단에 납부하는 퇴직금 전환금(퇴직금 전환금 제도는 1999년 4월 1일에 폐지되었으나 종전 규정에 따라 납부한 금액은 해당 직원이 퇴직할 때까지 남아 있는 것이므로 퇴직급여충당금 손금산입 한도액 계산 시 고려해야 함)

② 세무조정

구분	내용
한도 초과액	〈손금불산입〉 퇴직급여충당금 한도 초과액* ×××(유보)
한도 미달액	세무조정 없음(결산조정사항)

* 퇴직급여충당금 한도 초과액은 차기 이후 퇴직금을 지급함에 있어서 세무상 퇴직급여충당금을 초과하여 상계할 때 손금산입한다.

실전 적용

제1기 기말에 계상한 퇴직급여충당금 100원에 대하여 세법상 퇴직급여충당부채 설정 한도는 0원이며 한도액을 초과하는 100원을 손금불산입하여 유보로 처분한 후, 제2기 중에 종업원 퇴사 시 퇴직금 100원을 지급하고 이를 장부상 퇴직급여충당금과 상계하였다. 제2기 퇴사 시 회계처리와 관련된 세무조정을 하시오.

| 풀이 |

구분	회계처리			
장부상(B)	(차) 퇴직급여충당부채	100	(대) 현금	100
세법상(T)	(차) 퇴직급여(손금)	100	(대) 현금	100
세무조정 분개	(차) 퇴직급여(손금)	100	(대) 퇴직급여충당부채	100
세무조정(T/A)	〈손금산입〉 퇴직급여충당금 100원(△유보)			

(2) **퇴직연금제도 – 사외 적립**

퇴직연금제도는 보험회사나 은행 등의 외부기관에 퇴직금 상당액을 적립하는 제도로서 임직원의 퇴직금 지급을 현실적으로 보장할 수 있는 효과적인 제도이다. 퇴직급여추계액 중 퇴직급여충당금 손금산입액을 차감한 금액의 범위 내에서 추가로 손금에 산입할 수 있다. 퇴직연금제도는 확정기여형과 확정급여형으로 구분한다.

① **확정기여형(DC; Defined Contribution, 퇴직연금의 세무조정 운용책임=근로자)**: 회사 부담금이 사전에 확정되며 근로자가 받는 연금급여는 근로자의 적립금 운용 결과에 따라 변동되는 제도이다. 회사는 이를 납입하면 의무가 종결되며, 적립금 운용 결과에 따라 추가 부담이 없으므로 **납부액을 퇴직급여로 처리하고** 세법에서도 이를 전액 손금으로 인정한다. 또한, 근로자 퇴직 시 퇴직금을 사외기관(금융기관)에서 전액 지급하므로 **확정기여형 퇴직연금 가입 근로자는 퇴직급여충당금 설정 대상에서 제외**한다.

② **확정급여형(DB; Defined Benefit, 퇴직연금의 세무조정 운용책임=회사)**: 근로자가 지급받을 연금급여수준은 사전에 확정되어 있으며 회사의 적립금 운용 결과에 따라 회사의 부담금이 변동되는 제도이다. 퇴직연금충당금 설정을 통해 한도 내 손금으로 인정한다. 또한, 근로자 퇴직 시 금융회사와 회사가 각각 퇴직급여를 지급하므로 **확정급여형 퇴직연금 가입 근로자는 퇴직급여충당금 설정 대상**이다.

③ **퇴직연금충당금 손금산입 한도액**

> 손금산입 한도액=Min[㉠, ㉡]–세무상 퇴직연금충당금 잔액
> ㉠ 기말 퇴직급여 추계액–세무상 퇴직급여충당금 기말 잔액
> ㉡ 퇴직연금운용자산 기말 잔액

④ 세무조정

구분	내용
한도 초과액	〈손금불산입〉 퇴직연금충당금 한도 초과액 ×××(유보)
한도 미달액	〈손금산입〉 퇴직연금충당금 한도 미달액 ×××(△유보)

연습문제

다음 중 법인세법상 퇴직금, 퇴직급여충당금 및 퇴직연금충당금에 관련된 설명으로 옳지 않은 것은? 기출 83회

① 퇴직급여충당금을 손금에 산입한 내국법인이 임원이나 직원에게 퇴직금을 지급하는 경우에는 그 퇴직급여충당금에서 먼저 지급하여야 한다.
② 법인의 직원이 당해 법인의 임원으로 취임하면서 퇴직금을 지급받는 경우 현실적인 퇴직으로 보지 않는다.
③ 퇴직급여 지급규정에서 1년 미만의 근속자에게도 퇴직금을 지급하는 규정이 있는 경우 기중에 입사한 임직원에 대하여 퇴직급여충당금을 설정할 수 있다.
④ 직원의 퇴직을 퇴직급여의 지급사유로 하는 퇴직연금부담금으로서 확정기여형으로 지출하는 금액은 해당 사업연도의 소득금액계산에 있어서 이를 전액 손금에 산입한다.

| 정답 및 해설 |

② 법인의 직원이 당해 법인의 임원으로 취임하면서 퇴직금을 지급받는 경우 현실적인 퇴직에 해당한다.

3. 대손금과 대손충당금

대손금이란 법인이 보유하고 있는 채권 중 채무자의 파산 등 법에서 정한 대손사유로 인해 회수할 수 없는 채권의 금액을 말한다. 법인세법에서는 규정된 대손요건을 충족하는 경우에 한하여 손금에 산입하도록 하고 있다.

(1) 대손 대상 채권

구분	대손금액
대손금 불인정 채권	• 대여시점의 특수관계인에 대한 업무무관 가지급금(∵ 업무무관 가지급금에 대한 제재) • 채무보증으로 인하여 발생한 구상채권(∵ 채무보증에 의한 과도한 차입으로 기업의 재무구조가 악화되는 것과 연쇄도산을 방지하기 위함) • 부가가치세법상 대손세액공제를 받은 부가가치세 매출세액 미수금(∵ 법인세와 부가가치세의 이중혜택을 방지하기 위함)
대손금 인정 채권	위 이외의 모든 채권

(2) 대손금의 요건

① 신고조정사항(손금귀속시기=해당 사유가 발생한 날): 대손금은 대손사유가 발생한 날이 속하는 사업연도에만 손금에 산입하여야 한다. 만약 당기에 대손사유가 발생했는데 손금에 산입하지 않았다면 경정청구에 의하여 해당 사업연도의 손금에 산입할 수 있으며, 차기 이후의 사업연도의 손금에는 산입할 수 없다.

구분	내용
소멸시효 완성채권	• 상법에 따른 소멸시효가 완성된 외상매출금 및 미수금 • 어음법에 따른 소멸시효가 완성된 어음 • 수표법에 따른 소멸시효가 완성된 수표 • 민법에 따른 소멸시효가 완성된 대여금 및 선급금
기타 각종 법령에 의하여 소멸된 채권	• 「채무자 회생 및 파산에 관한 법률」에 따른 회생계획인가의 결정 또는 법원의 면책결정에 따라 회수 불능으로 확정된 채권 • 「민사집행법」에 따라 채무자의 재산에 대한 경매가 취소된 압류채권 • 「서민의 금융생활 지원에 관한 법률」에 따른 채무조정을 받아 신용회복지원협약에 따라 면책으로 확정된 채권

② 결산조정사항(손금귀속시기=해당 사유가 발생하여 장부상 비용으로 계상한 날): 대손금은 대손사유가 발생하여 결산서(장부)상 비용으로 계상한 날이 속하는 사업연도의 손금에 산입한다. 만약 당기에 대손사유가 발생했는데 결산서상 비용으로 계상하지 않았다면 신고조정으로 손금에 산입할 수 없고, 차기 이후 사업연도에 장부상 비용으로 계상하여 손금에 산입할 수 있다.

구분	내용
부도 발생일부터 6개월 이상 지난 수표 또는 어음상의 채권 및 외상매출금	다음 사항 주의 • 외상매출금은 중소기업의 경우에만 대손사유로 인정 • 해당 법인이 채무자의 재산에 대하여 저당권을 설정하고 있는 경우는 제외 • 손금에 계상할 수 있는 금액은 해당 채권의 금액에서 1천원을 뺀 금액으로 함
감독기관의 승인 등을 얻은 일정한 채권	• 금융회사의 채권 중 감독기관 등의 대손승인을 받은 채권 • 중소기업창업투자회사의 창업자에 대한 채권으로서 중소기업청장이 기획재정부 장관과 협의하여 정한 기준에 해당한다고 인정한 것
기타의 채권	• 채무자의 파산, 강제집행, 형의 집행, 사망, 실종 또는 행방불명, 사업의 폐지로 회수할 수 없는 채권 • 회수기일이 6개월 이상 지난 채권 중 채권가액이 30만원 이하인 채권 • 「민사소송법」에 따른 화해 및 화해 권고 결정에 따라 회수 불능으로 확정된 채권 • 중소기업의 외상매출금 및 미수금으로서 회수기일로부터 2년이 경과한 외상매출금 등(단, 특수관계인과의 거래에서 발생한 외상매출금 등은 제외) • 물품의 수출 또는 외국에서의 용역 제공으로 발생한 채권으로서 무역에 관한 법령에 따라 기획재정부령으로 정하는 사유에 해당하여 한국무역보험공사로부터 회수 불능으로 확인된 채권

+ 세무조정 시 '비망가액 1천원'이 필요한 항목

- 주식발행법인에 부도가 발생한 법 소정 주식의 평가손실
- 시설개체, 기술낙후로 인한 생산설비의 폐기손실
- 사업의 폐지 또는 사업장의 이전으로 임대차계약에 따라 임차한 사업장의 원상회복을 위하여 시설물을 철거하는 경우
- 감가상각 완료자산의 비망가액은 Min[취득가액의 5%, 1,000원]으로 계산
- 대손의 결산조정사항 중 부도 발생일로부터 6개월이 지난 수표 · 어음상의 채권 또는 중소기업의 외상매출금

연습문제

다음은 법인세법상 대손사유이다. 대손사유 발생 시 반드시 손금산입하여야 하며 이후 사업연도에 손금산입할 수 없는 대손사유가 아닌 것은? 기출 71회

① 상법상 소멸시효가 완성된 외상매출금
② 부도 발생일로부터 6개월 이상 지난 어음
③ 「채무자 회생 및 파산에 관한 법률」에 따른 회생계획인가의 면책결정에 따라 회수 불능으로 확정된 채권
④ 「민사집행법」 제102조에 따라 채무자의 재산에 대한 경매가 취소된 압류채권

| 정답 및 해설 |

② 부도 발생일로부터 6개월 이상 지난 어음은 대손사유 발생 시 선택적으로 손금산입할 수 있으며 결산서에 반영되어야 한다.

(3) 대손충당금에 대한 세무조정

① **총액법**: 일반기업회계기준에 따른 보충법상의 처리를 다음과 같은 총액법으로 처리한 것으로 보아 각각의 회계처리에 대한 세무조정을 행하여야 한다. 총액법 회계처리는 전기의 대손충당금 전액을 환입하고 당기의 대손충당금을 새로 설정하는 방법을 말한다.

구분	보충법		총액법	
기초	–		(차) 대손충당금 (대) 수익	××× ×××
대손 시	(차) 대손충당금 (대) 채권	××× ×××	(차) 대손상각비 (대) 채권	×××*1 ×××

회수 시	(차) 현금 ××× (대) 대손충당금 ×××	(차) 현금 ××× (대) 수익 ×××
기말	(차) 대손상각비 ××× (대) 대손충당금 ×××	(차) 대손상각비 ×××*2 (대) 대손충당금 ×××

*1 결산서상 채권의 대손처리액에 대한 대손요건 충족 여부 판단[불충족 시 손금불산입(유보)]

*2 결산서상 대손충당금 설정액에 대한 한도 초과 여부 판단[한도 초과 시 손금불산입(유보)]

② 대손충당금 설정 한도

대손충당금 설정 한도=당기 말 대손충당금 설정 대상 채권 잔액×설정률

- **당기 말 대손충당금 설정 대상 채권 잔액**: 재무상태표상 기말 채권 잔액*1 ± 채권 관련 유보 잔액*2 – 설정 대상 제외 채권*3

*1 재무상태표상 기말 채권 잔액
- 매출채권, 미수금, 대여금, 선급금 등 포함
- 동일 거래처에 대한 매출채권과 매입채무는 상계하지 않은 채권 총액에 대하여 설정하는 것을 원칙으로 하나, 당사자 간 상계약정이 있으면 상계한 순액에 대하여만 설정함

*2 채권 관련 유보 잔액=채권 관련 기초유보 잔액±당기 중 채권 관련 유보 증감액

*3 설정 대상 제외 채권
- 대여시점의 특수관계인에 대한 업무무관 가지급금
- 채무보증구상채권
- 부당행위 계산 부인규정을 적용받는 시가 초과액에 상당하는 채권
- 배서양도한 어음과 매각거래에 해당하는 할인어음

- **대손충당금 설정률**: Max[1%, 대손실적률*]

$$* \text{ 대손실적률} = \frac{\text{해당 사업연도에 발생한 세법상 대손금}}{\text{직전 사업연도 종료일 현재의 세법상 채권 잔액}}$$

③ 세무조정

구분	내용
전기 대손충당금 한도 초과액	〈손금산입〉 전기 대손충당금 한도 초과액 ×××(△유보)
당기 대손충당금 한도 초과액	〈손금불산입〉 대손충당금 한도 초과액 ×××(유보) [비교] 한도 미달액: 세무조정 없음(결산조정사항)

+ 대손금과 대손충당금 관련 세무조정

구분	내용
대손금	• 대손금부인액 → 〈손금불산입〉 채권 ×××(유보) • 전기 대손금부인액 손금추인 → 〈손금산입〉 채권 ×××(△유보) • 대손불능채권 손금부인액 → 〈손금불산입〉 사외유출 ×××(상여 등)
대손충당금	• 전기 대손충당금 한도 초과액 → 〈손금산입〉 대손충당금 ×××(△유보) • 당기 대손충당금 한도 초과액 → 〈손금불산입〉 대손충당금 ×××(유보)

합격을 다지는 실전문제 p.515

THEME 08 손익귀속시기 및 자산 · 부채의 평가

▸ 최신 30회 중 4문제 출제

1. 손익의 귀속시기

일반기업회계기준에 따른 수익과 비용의 인식기준은 발생주의인 반면에 법인세법에 따른 익금과 손금의 인식기준은 권리 · 의무확정주의이다.

(1) 자산의 판매손익 등의 귀속사업연도

구분	법인세법	일반기업회계기준
일반적인 판매 (현금, 외상, 할부)	인도기준	
시용판매	상대방이 그 상품 등에 대한 구입 의사를 표시한 날 또는 반품기한 · 특약기한 등의 경과로 판매가 확정되는 날	구매자가 재화의 인수를 공식적으로 수락한 시점 또는 재화가 인도된 후 반품기간이 종료된 날
위탁판매	수탁자가 그 위탁자산을 매매한 날	수탁자가 해당 재화를 제3자에게 판매한 시점
부동산 등 자산의 양도	대금청산일, 소유권 이전 등기(등록)일, 인도일, 사용수익일 중 빠른 날	법적 소유권이 구매자에게 이전되는 시점(다만, 그전에 소유에 따른 위험과 효익이 구매자에게 실질적으로 이전되는 경우에는 그 시점)

(2) 할부판매의 손익귀속시기

① 단기할부판매: 인도기준 · 명목가치 평가

② 장기할부판매*1

구분	법인세법	일반기업회계기준
원칙	인도기준 · 명목가치 평가	인도기준 · 현재가치 평가
특례	• 현재가치 평가 시 인정 • 회수기일 도래기준*2 계상 시 인정 • 중소기업은 결산서에 인도기준으로 인식한 경우에도 회수기일 도래기준으로 신고조정 가능	비상장 중소기업은 회수기일 도래기준 적용 가능

*1 장기할부판매의 요건
- 분할요건: 판매대금을 2회 이상 분할하여 받을 것
- 기간요건: 인도일의 다음 날부터 최종 할부금 지급일까지의 기간이 1년 이상일 것

*2 회수기일 도래기준: 각 사업연도에 회수하였거나 회수할 금액과 이에 대응하는 비용을 각각 해당 사업연도의 익금과 손금에 산입하는 기준

(3) 용역 제공(건설업 포함) 등에 의한 손익의 귀속사업연도

구분		법인세법	일반기업회계기준
일반적인 건설	단기	• 원칙: 진행기준 • 특례: 중소기업은 인도기준	• 원칙: 진행기준 • 특례: 비상장 중소기업은 인도기준(완성기준) 적용 가능
	장기	진행기준(강제)	진행기준
분양공사 등 예약매출		• 원칙: 진행기준 • 특례: 인도기준	인도기준

+ 인도기준(완성기준)을 적용할 수 있는 용역 제공(건설업 포함)

용역 제공(건설업 포함) 등에 의한 손익의 귀속시기는 진행기준이지만 다음 중 어느 하나에 해당하는 경우 인도기준(완성기준)을 적용할 수 있다.

- 중소기업이 수행하는 계약기간이 1년 미만인 건설 등의 경우(신고조정, 결산조정 모두 허용)
- 일반기업회계기준에 따라 그 목적물의 인도일이 속하는 사업연도의 수익 · 비용으로 계상한 경우(아파트 신축분양사업 등)

(4) 이자소득 등의 귀속사업연도

구분	법인세법	일반기업회계기준
이자수익 (수입이자)	• 원칙: 소득세법상 이자소득의 수입시기(약정주의 또는 현금주의) • 특례: 기간 경과분 미수이자 계상 시 발생주의 인정(단, 원천징수되는 이자는 제외)	발생주의 (기간 경과분 이자수익 인식)
이자비용 (지급이자)	• 원칙: 소득세법상 이자소득의 수입시기(약정주의 또는 현금주의) • 특례: 기간 경과분 미지급이자 계상 시 발생주의 인정*	발생주의 (기간 경과분 이자비용 인식)

* 차입일로부터 이자 지급일이 1년을 초과하는 특수관계인과의 거래에 따른 이자 및 할인액은 제외한다.

연습문제

다음 중 법인세법상 손익의 귀속시기에 대한 설명으로 옳지 않은 것은? 기출 87회

① 내국법인의 각 사업연도 익금과 손금의 귀속사업연도는 그 익금과 손금이 확정된 날이 속하는 사업연도로 한다.

② 도소매업을 영위하는 법인이 원천징수 대상 이자에 대하여 결산상 미수이자를 계상한 경우에는 그 계상한 사업연도의 익금에 산입하지 않는다.

③ 금융보험업을 영위하는 법인이 이미 경과한 기간에 대응하는 보험료 상당액(원천징수 대상 아님) 등을 해당 사업연도의 수익으로 계상한 경우에는 그 계상한 사업연도의 익금으로 한다.

④ 내국법인이 결산을 확정할 때 이미 경과한 기간에 대응하는 미지급이자를 해당 사업연도의 손비로 계상하여도 그 계상한 사업연도의 손금에 산입하지 않는다.

| 정답 및 해설 |

④ 내국법인이 결산을 확정할 때 이미 경과한 기간에 대응하는 미지급이자를 해당 사업연도의 손비로 계상하여도 그 계상한 사업연도의 손금에 산입할 수 있다.

(5) 임대손익의 귀속사업연도

구분	귀속시기
임대료 지급기간*이 1년 초과	발생주의
임대료 지급기간이 1년 이하	• 원칙: 계약상 지급일(계약이 없는 경우 실제 지급일) • 특례: 결산상 기간 경과분에 대한 임대료(임차료)를 수익(비용)으로 계상한 경우 이를 인정(세무조정 ×)

* 임대료 지급기간은 임대료 지급약정일로부터 그 다음 임대료 지급약정일까지의 기간이다.

연습문제

법인세법상 손익 귀속시기에 관한 다음의 설명 중 가장 옳지 않은 것은? 기출 104회

① 지급기간이 1년 이하인 단기임대료는 원칙적으로 계약상 지급일을 귀속사업연도로 하나, 기간 경과분에 대하여 임대료를 수익으로 계상한 경우에는 이를 익금으로 인정한다.
② 용역 제공에 의한 손익의 귀속사업연도를 기업회계기준에 근거하여 인도기준으로 회계처리한 경우 이를 인정한다.
③ 중소기업의 계약기간 1년 미만인 건설의 경우라 하여도 수익과 비용을 각각 그 목적물의 인도일이 속하는 사업연도의 익금과 손금에 산입할 수 없다.
④ 자산을 타인에게 위탁하여 판매하는 경우에는 수탁자가 그 자산을 판매한 날이 속하는 사업연도를 귀속사업연도로 한다.

| 정답 및 해설 |

③ 중소기업인 경우 단기건설(1년 미만)은 인도기준에 따라 수익과 비용을 인도일이 속하는 사업연도의 익금과 손금에 산입할 수 있다.

2. 자산 · 부채의 평가

(1) 자산의 취득가액 결정

구분		취득가액
타인으로부터 매입한 자산		매입가액+부대비용
자기가 제조, 생산, 건설한 자산		제작원가+부대비용
고가매입	거래상대방이 특수관계인인 경우	• 시가 • 시가 초과 지급액: 사외유출(부당행위 계산 부인)
	거래상대방이 특수관계인이 아닌 경우	• 정상가액(시가×130%) • 정상가액 초과 지급액: 의제기부금
저가매입	일반적인 경우	매입가액
	특수관계인인 개인으로부터 유가증권을 시가보다 저가로 매입한 경우	시가와 매입가액의 차액만큼 익금산입(유보)

꿀팁 자산의 저가매입에 따른 차익은 익금에 해당하지 않는다. 다만, 특수관계에 있는 개인으로부터 유가증권을 시가보다 저가로 매입하는 경우에는 예외적으로 그 차액을 익금으로 본다.

(2) 재고자산 및 유가증권의 평가

보고기간 종료일 현재 재고자산의 가액은 당기의 매출원가와 다음 연도의 매출원가에 영향을 미치고, 유가증권의 기말가액은 차기 이후의 처분손익에 영향을 미친다. 따라서 기업의 자의적인 평가를 방지하고자 기업회계기준을 배제하고 법인세법에서 재고자산 및 유가증권에 대하여 구체적인 평가방법을 규정하고 있다.

① 재고자산과 유가증권의 평가방법

평가 대상 자산	신고방법	무신고 시	임의변경*1 시
재고자산*2	다음의 방법 중 신고한 방법 • 원가법: 개별법, 선입선출법, 후입선출법, 총평균법, 이동평균법, 매가환원법(소매재고법) • 저가법*3: Min[원가법, 일반기업회계기준에 의한 시가]	선입선출법 (부동산은 개별법)	Max[㉠, ㉡] ㉠ 선입선출법 ㉡ 당초 적법하게 신고한 평가방법
유가증권*4	다음의 방법 중 신고한 방법(원가법) • 주식: 총평균법, 이동평균법 • 채권: 총평균법, 이동평균법, 개별법	총평균법	Max[㉠, ㉡] ㉠ 총평균법 ㉡ 당초 적법하게 신고한 평가방법

*1 임의변경이란 신고한 평가방법 이외의 방법으로 평가하거나 변경 신고기한 후에 신고한 평가방법을 변경하는 경우를 말한다.

*2 재고자산을 평가할 때 자산별(상품 및 제품, 반제품 및 재공품, 원재료, 저장품)로 구분하여 종류별 · 영업장별로 각각 다른 방법으로 평가할 수 있다. 만약 재고자산이 파손, 부패 등의 사유로 인하여 정상적으로 판매할 수 없는 경우로서 이에 대한 평가손실을 해당 파손, 부패 등의 사유가 발생한 사업연도에 결산서상 비용으로 계상한 때에는 저가법의 신고가 없어도 이를 손금으로 인정한다.

*3 저가법을 신고하는 경우에는 시가와 비교되는 원가법을 함께 신고해야 한다.

*4 유가증권의 평가는 원가법이 원칙이나 보유 주식발행법인의 부도, 회생계획인가 결정, 부실징후기업 판정 및 파산 등의 사유에 의한 주식평가손실을 해당 감액의 사유가 발생한 사업연도에 결산서상 비용으로 계상한 경우에는 1,000원을 공제한 금액의 범위 내에서 해당 평가손실을 손금으로 인정한다. 또한, 「자본시장과 금융투자업에 관한 법률」에 따른 유가증권(집합투자재산)에 대해서 시가법 평가를 인정한다.

꿀팁 유가증권의 평가방법은 원가법이 원칙이므로 일반기업회계기준에 의한 단기매매증권평가손익, 매도가능증권평가손익 및 만기보유증권의 할인 · 할증액상각 등은 인정 ×

② **재고자산 및 유가증권의 평가방법의 신고와 변경 신고:** 재고자산과 유가증권의 평가방법을 신고하고자 할 때에는 다음 기한 내에 신고하여야 한다.

- **신설법인과 수익사업을 개시한 비영리내국법인:** 법인설립일 또는 수익사업 개시일이 속하는 사업연도의 과세표준 신고기한까지 신고한다(승인 ×).
- **최초 신고의 지연:** 최초 신고기한이 지난 후에 재고자산 평가방법을 신고한 때에는 신고일이 속하는 사업연도까지는 무신고에 해당하며 그 다음 사업연도부터 신고한 평가방법에 의한다.
- **평가방법을 신고한 법인이 그 평가방법을 변경하고자 하는 경우:** 변경할 평가방법을 적용하고자 하는 사업연도의 종료일 이전 3개월이 되는 날까지 변경 신고한다(승인 ×).

③ 재고자산평가에 의한 세무조정

구분	당기	차기
세법상 평가액 >장부가액	〈손금불산입〉 재고자산평가감(유보 발생)	〈손금산입〉 전기재고자산평가감(유보 감소)
세법상 평가액 <장부가액	〈손금산입〉 재고자산평가증(유보 발생)	〈손금불산입〉 전기재고자산평가증(유보 감소)

꿀팁 당기 세무조정사항이 차기에 반대의 세무조정으로 바로 반영되는 이유는 선입선출법에 따라 당기 기말재고자산이 차기 기초재고자산으로 차기에 전부 판매되었다고 보아, 관련된 유보 잔액도 소멸되는 것이다.

연습문제

법인세법상 재고자산의 평가에 대한 설명으로 옳지 않은 것은? 기출 99회/77회

① 법인이 재고자산을 평가함에 있어 자산별(제품 및 상품, 반제품 및 재공품, 원재료, 저장품)로 구분하여 종류별 · 영업장별로 각각 다른 방법으로 평가할 수 있다.

② 신설하는 영리법인은 설립일이 속하는 사업연도의 법인세 과세표준 신고기한까지 평가방법신고서를 납세지 관할 세무서장에게 제출하여야 한다.

③ 재고자산의 평가방법을 임의변경한 경우에는 당초 신고한 평가방법에 의한 평가금액과 무신고 시의 평가방법에 의한 평가금액 중 작은 금액으로 평가한다.

④ 재고자산의 평가방법을 변경하고자 하는 법인은 변경할 평가방법을 적용하고자 하는 사업연도의 종료일 이전 3개월이 되는 날까지 신고하여야 한다.

| 정답 및 해설 |

③ 재고자산의 평가방법을 임의변경한 경우에는 당초 신고한 평가방법에 의한 평가금액과 무신고 시의 평가방법에 의한 평가금액 중 큰 금액으로 평가한다.

(3) 자산의 평가증

① **원칙:** 법인세법상 임의평가증은 자산의 취득가액에 포함되지 않기 때문에 익금불산입 항목이다.

② **예외:** 「보험업법」 등 법률에 의한 고정자산평가증은 법인세법상 자산의 취득가액에 포함되므로 익금 항목이다.

[비교] 법인세법은 「보험업법」 등 법률에 의한 고정자산평가증은 인정되나, 법률에 의한 고정자산평가감은 별도로 규정하고 있지 않음

(4) 자산의 평가손실

내국법인은 다음의 감액사유가 발생한 사업연도에 평가손실을 장부에 계상한 경우(단, 유형자산이 천재지변, 화재, 법령에 의한 수용, 채굴 예정량의 채진으로 인한 폐광으로 파손·멸실된 경우, 파손되거나 멸실이 확정된 사업연도 포함)에만 그 자산의 장부가액을 감액할 수 있다.

PART 03

구분	내용
재고자산	파손 또는 부패 등의 사유로 정상가액으로 판매할 수 없는 것 [비교] 유행의 경과, 가격 하락, 제품의 진부화 등의 사유는 인정 ×
유가증권	• 주식발행법인이 파산한 경우 해당 주식(비망가액 1,000원) • 다음의 주식발행법인이 부도난 경우 해당 주식(비망가액 1,000원) – 상장법인 – 특수관계 없는 비상장법인 – 중소기업창업투자회사 · 신기술사업금융업자의 보유주식 중 창업자 · 신기술사업자가 발행한 것
유형자산	• 천재지변, 화재, 법령에 의한 수용, 채굴 예정량의 채진으로 인한 폐광으로 파손 · 멸실된 것 • 시설개체 · 기술낙후로 인해 폐기한 생산설비(비망가액 1,000원)

합격을 다지는 실전문제 p.520

THEME 09 부당행위 계산의 부인

▶ 최신 30회 중 4문제 출제

1. 의의

부당행위 계산 부인은 법인의 행위 또는 소득금액의 계산이 특수관계인과 거래하여 그 법인의 소득에 대한 조세의 부담을 부당하게 감소시킨 것으로 인정되면 해당 거래를 부인하고 합리적으로 거래한 때에 발생하는 소득으로 다시 계산하는 제도이다.

(1) 적용요건

① 특수관계인과의 거래

② 법인의 조세부담이 부당하게 감소되었다고 인정되는 경우

③ 현저한 이익의 분여(특정 거래에 한하여 적용)

꿀팁 법인세법상 부당행위 계산의 부인규정은 내국법인과 외국법인, 영리법인과 비영리법인을 구분하지 않고 모든 법인이 그 적용을 받는다.

(2) 특수관계인

해당 법인과 일정한 관계에 있는 자로서, 다음을 충족하는 자를 말한다.

① 행위 당시(해당 사업연도 말 ×)를 기준으로 판단

② 쌍방관계를 기준으로 판단

③ 소액주주(발행주식 총수의 1% 미만)는 제외

(3) 유형

구분	내용
고가매입, 저가양도	• 자산을 시가보다 높은 가액으로 매입 또는 현물출자를 받았거나 그 자산을 과대상각한 경우 • 자산을 무상 또는 시가보다 낮은 가액으로 양도 또는 현물출자한 경우
금전대차거래, 자산임대차거래, 용역의 제공	• 금전, 그 밖의 자산 또는 용역을 무상 또는 시가보다 낮은 이율 · 요율이나 임대료로 대부하거나 제공한 경우 • 금전, 기타 자산 또는 용역을 시가보다 높은 이율 · 요율이나 임차료로 차용하거나 제공받은 경우
자본거래	불공정 자본거래로 인하여 특수관계인인 다른 주주 등에게 이익을 분여한 경우 등

연습문제

다음 중 법인세법상 부당행위 계산 부인규정에 대한 설명으로 옳지 않은 것은? 기출 68회

① 법인과 특수관계에 있는 자와의 거래이어야 한다.
② 당해 거래행위를 통해 조세 부담이 부당하게 감소하여야 한다.
③ 대주주인 출자임원에게 무상으로 사택을 제공하는 행위는 부당행위 계산의 유형이라고 할 수 있다.
④ 사업연도 종료일 현재 특수관계가 소멸하였다면 부당행위 계산 부인을 적용하지 않는다.

| 정답 및 해설 |

④ 부당행위를 판단하는 기준은 거래 당시에 이루어진 특수관계인과의 거래 여부이다.

(4) 현저한 이익의 분여

유형 중 '고가매입, 저가양도'와 '금전대차거래, 자산임대차거래, 용역의 제공'인 경우 시가와 거래가액의 차액이 3억원 이상이거나 시가의 5% 이상(현저한 이익 요건)인 경우에 한하여 부당행위 계산 부인규정을 적용한다. 단, 이 규정은 상장주식을 한국거래소에서 거래한 경우에는 적용하지 않는다.

(5) 판단기준

① 일반원칙: 시가 → 감정가액* →「상속세 및 증여세법」상 보충적 평가방법

* 주식 또는 출자지분은 감정가액을 적용하지 않는다.

② 금전대차거래의 시가

- 원칙: 가중평균 차입이자율
- 예외: 당좌대출 이자율

+ 시가

- 시가의 개념: 건전한 사회통념 및 상거래 관행과 특수관계인이 아닌 자 간의 정상적인 거래에서 적용되거나 적용될 것으로 판단되는 가격(주식의 시가는 거래일의 최종 시세가액)
- 시가가 불분명한 경우

구분	내용
일반원칙	다음의 순서로 순차적 적용 • 감정평가사의 감정가액(감정가액이 둘 이상인 경우에는 동 감정가액의 평균액) •「상속세 및 증여세법」상 평가액
주식	「상속세 및 증여세법」상 평가액

2. 고가매입과 저가양도

(1) 고가매입

법인이 특수관계인으로부터 시가보다 높은 가액으로 자산을 매입하거나 현물출자를 받았다면 이를 부당행위 계산으로 보아 이를 부인하고 시가와 매입가액의 차이만큼 자산을 감액한 후 익금산입하고 특수관계인에 대한 사외유출로 소득처분하여야 한다.

실전 적용

대표이사로부터 시가 100원인 토지를 500원에 고가매입하고 대금은 전액 현금으로 지급하였다. 취득 시 세무조정을 하시오.

| 풀이 |

구분	회계처리			
장부상(B)	(차) 토지	500	(대) 현금	500

세법상(T)	(차) 토지 사외유출	100 400	(대) 현금	500
세무조정 분개	(차) 사외유출	400	(대) 토지	400
세무조정(T/A)	〈손금산입〉 토지 400원(유보 발생) 〈손금불산입〉 고가매입 400원(상여) [1단계] 현금 지출액은 자산 또는 손금으로 처리해야 한다. 현금 지출액이 자산이 될 수 없으면 일단 손금으로 세무조정한 후 손금인정 여부를 검토한다. [2단계] 해당 금액은 부당행위 계산 부인에 의해 손금으로 인정받을 수 없으므로 손금불산입(상여)으로 소득처분해야 한다.			

(2) 저가양도

법인이 특수관계인에게 무상 또는 낮은 가액으로 양도하거나 현물출자한다면 부당행위 계산으로 보아 이를 부인하고 시가와 양도가액의 차이만큼 익금산입하고 특수관계인에 대한 사외유출로 소득처분하여야 한다.

실전 적용

대표이사로부터 시가 500원(장부가액 600원)인 토지를 100원에 저가양도하고 대금은 전액 현금으로 수령하였다. 양도 시 세무조정을 하시오.

| 풀이 |

구분	회계처리			
장부상(B)	(차) 현금 처분손실	100 500	(대) 토지	600
세법상(T)	(차) 현금 사외유출 처분손실	100 400 100	(대) 토지	600
세무조정 분개	(차) 사외유출	400	(대) 처분손실	400
세무조정(T/A)	〈손금불산입〉 저가양도 400원(상여)			

3. 가지급금 인정이자

(1) 의의

가지급금이란 명칭 여하에 불구하고 당해 법인의 업무와 관련 없는 자금의 대여액을 말한다. 가지급금 인정이자란 법인이 금전을 특수관계인에게 무상 또는 시가보다 저리로 대여한 경우로서 해당 시가(인정이자)와 실제로 수령한 이자와의 차액(3억원 이상 또는 가지급금 인정이자의 5% 이상인 경우에 한함)을 익금산입하고, 그 귀속자의 소득으로 처분한다.

(2) 가지급금 인정이자의 계산

가지급금 인정이자 = 가지급금 등의 적수 × 인정이자율 × 1/365(또는 366)

① 가지급금: 동일인에 대한 가지급금과 가수금이 함께 있으면 이를 상계한 후의 금액을 적용한다. 다만, 가지급금과 가수금의 발생 시에 각각 상환기간 및 이자율 등에 관한 약정이 있어 상계할 수 없는 경우에는 상계하지 않는다. 다음에 해당하는 금전의 대여액에 대하여는 가지급금으로 보지 않기 때문에 인정이자를 계산하지 않는다.

- 사용인 등의 미지급소득(배당소득, 상여금)에 대한 소득세 대납액
- 내국법인이 국외 투자법인에 종사하거나 종사할 자에게 여비 · 급료 · 기타 비용을 대신하여 부담한 금액
- 우리사주조합 또는 그 조합원에게 대여한 당해 법인의 주식취득자금(∵ 우리사주 조합 지원)
- 「국민연금법」에 의해 근로자가 지급받은 것으로 보는 퇴직금 전환금
- 사용인에 대한 급료의 가불액(∵ 직원에 대한 복리후생)
- 사용인에 대한 경조사비 대여액
- 사용인(사용인의 자녀 포함)에 대한 학자금의 대여액
- 귀속자가 불분명하거나 과세표준을 추계로 결정, 경정할 때에 대표자에게 상여처분한 금액에 대한 소득세를 법인이 대납하고 이를 가지급금으로 계상한 금액
- 중소기업의 근로자(임원 · 지배주주 등 제외)에 대한 주택구입 및 전세대금 대여금(∵ 근로자의 주택구입 및 전세자금을 대여하는 중소기업을 지원하기 위함)

② 인정이자율

- 원칙: 자금 대여시점 현재의 가중평균 차입이자율*을 시가로 한다.

  * 가중평균 차입이자율 = (개별차입금 잔액 × 해당 이자율) ÷ 자금대여 시 차입금 잔액 합계(채권자 불분명 사채, 비실명채권 · 증권과 관련된 차입금 및 특수관계인으로부터 차입금은 제외)

- 예외: 당좌대출 이자율(기획재정부 장관이 정한 연 4.6%의 이자율)을 시가로 한다.

구분	내용
가중평균 차입이자율의 적용이 불가능한 경우로서 다음의 일정한 사유가 있는 경우	해당 대여금 또는 차입금에 한하여 당좌대출 이자율을 시가로 함 • 특수관계인이 아닌 자로부터 차입한 금액이 없는 경우 • 차입금 전액이 채권자가 불분명한 사채 또는 매입자가 불분명한 채권 · 증권의 발행으로 조달된 경우 • 대여한 법인의 가중평균 차입이자율과 대여금리가 해당 대여시점 현재 자금을 차입한 법인의 가중평균 차입이자율보다 높아 가중평균 차입이자율이 없는 것으로 보는 경우 • 대여한 날부터 해당 사업연도 종료일까지의 기간이 5년을 초과하는 대여금
법인이 과세표준신고 시 당좌대출 이자율을 시가로 선택하는 경우	선택한 사업연도와 이후 2개 사업연도는 당좌대출 이자율을 시가로 함 → 3년간 의무적용기간 경과 후 다시 당좌대출 이자율 적용을 선택하여 신고한 경우 다시 3년간 의무적용함

업무무관 가지급금에 대한 법인세법의 규제

- 대손충당금 설정 대상 채권에서 제외
- 대손사유에 해당하더라도 대손금으로 인정하지 않음
- 업무무관 자산 관련 지급이자 손금불산입
- 가지급금 인정이자의 익금산입(적정이자를 수령한 경우 적용 제외)

연습문제

인정이자를 계산하여 익금에 산입하여야 하는 가지급금에 해당하지 않는 것을 모두 고르면?

① 사용인의 미지급배당금에 대한 소득세 대납액
② 업무와 관련 없이 계열회사에 지급한 자금의 대여액
③ 사용인에 대한 월정액 급여 범위 내의 일시적 급료 가불금
④ 대주주인 대표이사에게 당해 법인의 주식취득에 소요되는 자금을 일시적으로 대여한 금액

| 정답 및 해설 |

①, ③ 사용인의 미지급배당금에 대한 소득세 대납액과 사용인에 대한 월정액 급여 범위 내의 일시적 급료 가불금은 인정이자를 계산하여 익금에 산입하여야 하는 가지급금에 해당하지 않는다.

합격을 다지는 실전문제 p.524

THEME 10 과세표준과 세액의 계산 중요

▸ 최신 30회 중 11문제 출제!

개정세법 반영

1. 과세표준과 세액계산 구조

구분	비고
결산서상 당기순이익	→ 손익계산서상 당기순이익
(+) 익금산입 · 손금불산입	
(−) 손금산입 · 익금불산입	
차가감소득금액	
(+) 기부금 한도 초과액	
(−) 기부금 한도 초과 이월액손금산입	
각 사업연도 소득금액	
(−) 이월결손금	→ 15년*1 이내에 발생한 이월결손금
(−) 비과세소득	→ 공익신탁의 신탁재산에서 생기는 소득
(−) 소득공제	
과세표준	→ 이월결손금, 비과세소득, 소득공제를 순차로 공제
(×) 세율	→ 2억원 이하−9%, 2억원 초과~200억 이하−19%, 200억원 초과~3,000억 이하 21%, 3,000억원 초과−24%(단, 성실신고확인대상 소규모 법인*2인 경우 200억 이하−19%, 200억원 초과~3,000억 이하 21%, 3,000억원 초과−24%)
산출세액	→ 토지 등 양도소득에 대한 법인세 포함
(−) 공제감면세액	→ 외국납부세액공제, 재해손실세액공제 등
(+) 가산세	
(+) 감면분 추가 납부세액	
총부담세액	
(−) 기납부세액	→ 중간예납세액, 원천징수세액, 수시부과세액
차감납부할세액	

*1 결손금 공제기간

구분	2020년 이후	2009년~2020년	2008년 이전
공제기간	15년	10년	5년

*2 성실신고확인대상 소규모 법인은 다음의 요건을 모두 갖춘 법인을 말함

① 지배주주 등 지분율 50% 초과
② 부동산임대업이 주된 사업이거나 부동산 임대수입 · 이자 · 배당소득이 매출액의 50% 이상
③ 상시근로자 수가 5인 미만

2. 이월결손금

(1) 결손금 처리방법

〈당기〉

	익금	1,000원
	−손금	1,500원
← 소급공제	결손금	△500원	이월공제 →

소급공제
- 직전연도 발생분
- 중소기업만 적용
- 신청 시 공제

이월공제
- 15년(또는 10년, 5년) 이내 발생분
- 모든 법인에 적용
- 강제로 공제

(2) 결손금 이월공제

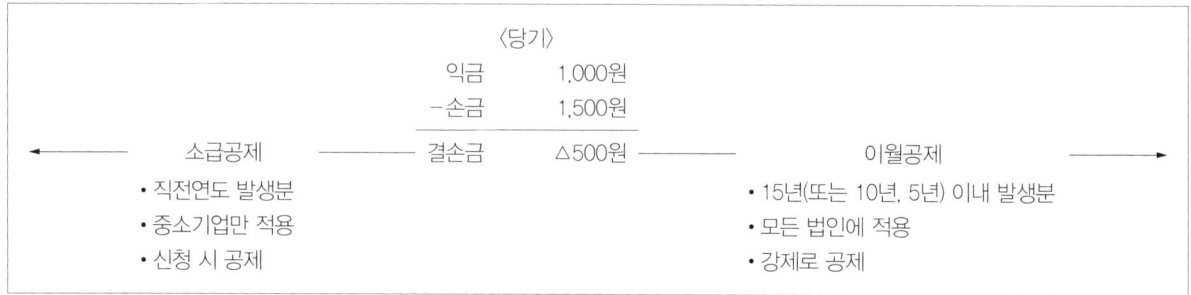

① **의의**: 해당 사업연도에 발생한 세무상 결손금(손금이 익금보다 큰 경우의 누적액)을 그 후 사업연도의 소득금액에서 공제하여 납부할 세액을 감소시키는 제도이다.

② **적용법인**: 모든 법인

③ **공제 대상**
- 당기 개시일 전 15년(또는 10년, 5년) 이내에 발생한 세무상 결손금 중 미소멸분
- 이미 공제되었거나 자산수증이익 또는 채무면제이익에 보전한 것이 아닐 것

④ **공제순서**: 먼저 발생한 사업연도의 결손금부터 순차적으로 공제(강제공제)

⑤ **공제배제**: 추계결정 또는 추계경정하는 경우(단, 천재지변 등 불가항력적인 사유는 제외)

⑥ **공제 한도**
- **일반기업**: 당해 각 사업연도 소득금액의 80%
- **중소기업 및 「채무자 회생 및 파산에 관한 법률」에 따라 법원이 인가한 회생계획을 이행 중인 법인 등**: 당해 각 사업연도 소득금액의 100%

연습문제

현행 법인세법상 결손금과 이월결손금의 감소원인에 대한 설명이다. 옳지 않은 것은? 기출 77회

① 중소기업의 결손금을 소급공제신청한 경우
② 자산수증이익을 20년 전에 발생한 이월결손금에 보전한 경우
③ 법인의 과세표준 계산 시 이월결손금을 차감한 경우
④ 기부금 한도액 계산 시 이월결손금을 차감한 경우

| 정답 및 해설 |

④ 기부금 한도액 계산 시 공제되는 이월결손금은 결손금 및 이월결손금이 감소하지 않는다.

(3) 결손금 소급공제

① 의의: 중소기업은 당기에 결손금이 발생하면 그 결손금에 대하여 직전 사업연도의 소득에 과세된 법인세액을 한도로 소급공제하여 법인세액을 환급받을 수 있다. 결손금 소급공제는 해당 사업연도에 발생한 세무상 결손금을 직접 사업연도의 소득금액에서 공제하여 이미 납부한 세액을 환급받는 제도이다.

② 적용법인: 중소기업

③ 공제요건

- 결손금이 발생한 사업연도에 중소기업일 것
- 전기 및 당기 법인세를 법정 신고기한 내에 신고하고, 결손금 소급공제신청을 할 것(강제공제 ×)
- 전기에 납부한 법인세액이 있을 것(∵ 전기분에 한하여 소급공제)

연습문제

다음은 법인세법상 결손금 소급공제제도에 관한 설명이다. 옳지 않은 것은?

① 내국법인의 제조업에서 발생하는 결손금에 한하여 소급공제를 적용받을 수 있다.
② 당해 연도 소득금액을 추계결정하는 경우에는 원칙적으로 이월결손금 공제를 하지 않는다.
③ 당해 사업연도에 결손금이 발생한 내국법인이라고 할지라도 직전 사업연도의 소득에 대한 법인세의 과세표준 및 세액을 그 신고기한 내에 신고하지 않은 때에는 결손금 소득공제의 대상이 되지 않는다.
④ 소급공제를 적용받은 결손금은 법인세의 과세표준을 계산함에 있어서 이미 공제받은 결손금으로 본다.

| 정답 및 해설 |

① 결손금이 발생한 사업연도에 중소기업인 경우 발생한 결손금에 한하여 소급공제를 적용받을 수 있다.

3. 비과세소득

법인세법상 비과세소득에는 공익신탁의 신탁재산에서 생기는 소득이 있다(이월공제 ×).

4. 소득공제

이중과세 조정 및 특정사업의 정책적 지원을 목적으로 과세표준 계산상 과세소득의 일부를 공제해 주는 것이며, 유동화전문회사 등에 대한 배당소득공제 등이 있다. 과세표준은 각 사업연도의 소득에서 이월결손금 · 비과세소득 · 소득공제액을 순차로 공제한 금액을 말한다(이월공제 ×, 단 유동화전문회사 등의 초과배당액은 5년간 이월공제 ○).

5. 세액감면

「조세특례제한법」에 따른 일정한 목적으로 특정한 소득에 대한 산출세액을 완전히 면제하거나 일정 비율만큼 경감해 주는 것으로, 감면세액은 다음과 같다(단, 중소기업특별세액감면 등과 같이 해당 사업연도에 감면되지 못한 미감면분은 차기로 이월하지 않고 소멸됨).

감면세액 = 법인세 산출세액 × 감면소득 ÷ 과세표준 × 감면율

중소기업특별세액감면

중소기업 중 제조업 등 열거된 감면업종을 영위하는 기업의 해당 사업장에서 발생한 소득에 대한 법인세 또는 소득세(사업용 계좌를 신고한 복식부기의무자에 한정함)에 감면비율을 곱하여 계산한 세액 상당액을 감면한다.

<table>
<tr><th>구분</th><th colspan="4">내용</th></tr>
<tr><td>감면세액</td><td colspan="4">감면세액 = Min[㉠, ㉡]
㉠ 해당 사업장에서 발생한 소득에 대한 법인세, 소득세×감면비율
㉡ 감면 한도
• 당기의 상시근로자 수가 전기의 상시근로자 수보다 감소한 경우: 1억원 − (감소한 상시근로자 수×1인당 5백만원) → 해당 금액이 음수인 경우에는 0으로 함
• 그 밖의 경우: 1억원</td></tr>
<tr><td rowspan="8">감면비율</td><th colspan="2">지역 구분</th><th>업종</th><th>감면율</th></tr>
<tr><td rowspan="2">수도권*</td><td rowspan="2">소기업</td><td>도매 및 소매업, 의료업</td><td>10%</td></tr>
<tr><td>그 외 해당 업종</td><td>20%</td></tr>
<tr><td rowspan="4">수도권 외</td><td rowspan="2">소기업</td><td>도매 및 소매업, 의료업</td><td>10%</td></tr>
<tr><td>그 외 해당 업종</td><td>30%</td></tr>
<tr><td rowspan="2">중기업</td><td>도매 및 소매업, 의료업</td><td>5%</td></tr>
<tr><td>그 외 해당 업종</td><td>15%</td></tr>
<tr><td colspan="4">* 법인의 본점이 수도권에 있는 경우 본점을 기준으로 감면율을 적용함</td></tr>
<tr><td>주의사항</td><td colspan="4">최저한세 적용대상</td></tr>
</table>

연습문제

다음 중 「조세특례제한법」상 중소기업특별세액감면에 대한 설명으로 틀린 것은? 기출 102회

① 복식부기 의무자(개인)가 중소기업특별세액감면을 받기 위해서는 사업용 계좌를 신고해야 한다.
② 전년 대비 고용인원이 감소하지 않은 경우 감면 한도는 1억원이다.
③ 중소기업 지원을 목적으로 하는 중소기업특별세액감면은 최저한세 적용배제 대상이다.
④ 법인의 본점이 수도권에 있는 경우 본점을 기준으로 감면율을 적용한다.

| 정답 및 해설 |

③ 중소기업특별세액감면은 최저한세 적용 대상이다.

6. 세액공제

조세정책적 목적을 위해 특정 지출액의 일정 비율의 금액을 산출세액에서 공제하는 것이다.

구분	내용	이월공제	최저한세
법인세법	외국납부세액공제	10년간	적용×
	재해손실세액공제	–	
	사실과 다른 회계처리에 기인한 경정에 따른 세액공제	기한 제한×	
조세특례제한법	연구 · 인력개발비 세액공제*	10년간	대부분 적용
	통합투자 세액공제		
	기타의 세액공제		

* 중소기업의 연구 · 인력개발비 세액공제액은 최저한세 적용 대상이 아니며, 통합투자 세액공제와 중복 적용이 가능하다. 또한, 도박장 · 무도장 · 유흥주점업 등 법소정 소비성 서비스업을 영위하지 않는 업종만 적용한다.

연습문제

「조세특례제한법」상 연구 · 인력개발비에 대한 세액공제의 설명 중 옳지 않은 것은? 기출 79회

① 중소기업의 경우 최저한세의 적용을 받지 않는다.
② 통합투자 세액공제와 중복 적용이 되지 않는다.
③ 소비성 서비스업을 영위하지 않는 내국인에게 적용한다.
④ 연구 및 인력개발비 세액공제규정을 적용받고자 하는 내국인은 과세표준 신고와 함께 연구 및 인력개발비 발생에 관한 명세서를 납세지 관할 세무서장에게 제출해야 한다.

| 정답 및 해설 |

② 연구 · 인력개발비에 대한 세액공제는 통합투자 세액공제와 중복 적용된다.

7. 최저한세

(1) 의의

「조세특례제한법」에 의한 조세감면의 중복 적용으로 인해 기업이 아무리 많은 조세감면(손금산입, 비과세, 소득공제, 세액공제, 세액감면 등)을 적용받더라도 납부해야 할 최소한의 세금수준(최저한세)에 달할 때까지 조세감면의 일부를 배제하는 제도를 말한다.

(2) 계산식

최저한세=Max[감면 후 세액, 감면 전 과세표준×세율]

① 감면 전 과세표준: 감면 후 과세표준+최저한세 대상 익금불산입액 · 비과세소득 · 소득공제

② 최저한세 세율

일반법인	과세표준 100억원 이하분	10%
	과세표준 100억원 초과 1천억원 이하분	12%
	과세표준 1천억원 초과분	17%
중소기업		7%

법인세법상 중소기업의 혜택

구분	중소기업	비중소기업
기업업무추진비 한도액	36,000,000원	12,000,000원
이월결손금 공제 한도	각 사업연도 소득의 100%	각 사업연도 소득금액의 80%
소급공제	적용 ○	적용 ×
최저한세율	7%	10%~17%
법인세 분납기한	납부기한 경과 후 2개월 이내	납부기한 경과 후 1개월 이내

(3) 조세감면의 적용배제

구분	적용배제 여부	적용배제 순서
감면 후 세액>최저한세	×	–
감면 후 세액<최저한세	○	감면 후 세액이 최저한세에 달한 때까지 다음 순서로 조세감면의 적용을 배제 ① 자진 신고 시: 법인의 선택에 따라 배제 ② 경정 시*: 법정 순서에 따라 배제

* 경정 시 배제 순서: ① 준비금 → ② 손금산입, 익금불산입 → ③ 세액공제(이월공제 ○) → ④ 세액감면(이월공제 ×) → ⑤ 소득공제, 비과세

연습문제

다음 중 「조세특례제한법」상 최저한세에 대한 설명으로 옳지 않은 것은? 기출 76회

① 최저한세는 과다한 조세감면으로 인한 세부담의 형평성과 재정확보 측면을 고려하여 최소한의 세금을 납부하도록 하는 제도이다.
② 감면 후 세액이 최저한세에 미달하지 않는 경우에는 조세특례가 배제되지 않는다.
③ 최저한세로 인하여 조세특례가 배제될 때 납세의무자가 신고하거나 경정하는 경우 납세의무자의 선택에 따라 적용한다.
④ 법인세법에 의한 외국납부세액공제는 최저한세 배제 대상에 포함되지 않는다.

| 정답 및 해설 |

③ 최저한세로 인하여 조세특례가 배제될 때 경정하는 경우 법정 순서에 따라 적용한다.

8. 가산세

가산세는 세법에 규정하는 의무의 성실한 이행을 확보하기 위하여 본세에 가산하여 징수하는 금액을 말한다.

(1) 신고납부 가산세

구분	가산세액	
무기장	• 장부의 비치 · 기장의무를 이행하지 않은 경우 • Max[산출세액×20%, 수입금액×7/10,000]	
무신고	일반	Max[무신고 납부세액×20%, 무신고 수입금액×7/10,000]
	부정(부당)	Max[무신고 납부세액×40%(60%), 무신고 수입금액×14/10,000]
과소 신고	일반	추가 납부할 세액×10%
	부정(부당)	Max[추가 납부할 세액×40%(60%), 과소 신고 수입금액×14/10,000]
초과환급 신고	일반	초과환급한 세액×10%
	부정(부당)	초과환급한 세액×40%(60%)
납부지연	미납세액×기간×22/100,000	

(2) **미제출 가산세**

① **지출증명서류 미수취(증빙불비)**: 지출 건당 3만원 초과(부가가치세 포함)인 경우로서, 적격증명서류를 미수취하거나 사실과 다른 증빙수취금액의 2%

구분	기준금액* 이하	기준금액 초과
기업업무추진비	기업업무추진비로 인정	손금불산입(가산세 ×)
기타 업무 관련 일반비용	손금인정	손금인정(가산세 ○)

* 기준금액은 기업업무추진비의 경우 건당 3만원(경조사비는 20만원), 기타 업무 관련 지출의 경우는 3만원으로 한다.

② **지급명세서 제출 불성실**

- **지급명세서**: 미제출(불분명)한 지급금액의 1%(제출기한* 경과 후 3개월 이내 제출 시 0.5%), 단, 일용근로소득에 대한 지급명세서의 경우 0.25%(제출기한 경과 후 1개월 이내 제출 시 0.125%)

* 지급명세서 제출기한

구분	제출기한	가산세 50% 경감 기한
근로 · 퇴직 · 사업소득 · 종교인소득 · 연금계좌	다음연도 3월 10일	다음연도 6월 10일
일용근로소득	지급일이 속하는 달의 다음달 말일	제출기한 경과 후 1개월 이내
이자 · 배당 · 기타소득 등 그 밖의 소득	다음연도 2월 말	다음연도 5월 말

- **간이지급명세서**: 미제출(불분명)한 지급금액의 0.25%(제출기한* 경과 후 3개월 이내 제출 시 0.125%), 단, 사업소득과 기타소득에 대한 간이지급명세서의 경우 제출기한 경과 후 1개월 이내 제출 시 0.125%

* 간이지급명세서 제출기한

구분	제출기한	가산세 50% 경감 기한
간이지급명세서(근로소득)	지급일이 속하는 반기의 마지막 달의 다음 달 말일	제출기한 경과 후 3개월 이내
간이지급명세서(거주자의 사업소득)	지급일이 속하는 달의 다음 달 말일	제출기한 경과 후 1개월 이내
간이지급명세서(거주자의 기타소득)		

③ **주식 등 변동상황명세서 제출 불성실**: 미제출 · 누락 · 불분명한 주식의 액면금액 또는 출자지분의 출자가액의 1%(제출기한* 경과 후 1개월 이내 제출 시 0.5%)

* 주식 등 변동상황명세서 제출 불성실 제출기한: 법인세 신고기한

연습문제

다음은 법인세법상 가산세에 대한 설명이다. 올바른 항목을 모두 고른 것은? 기출 101회

가. 주식 등 변동상황 명세서 제출 불성실 가산세는 산출세액이 없으면 적용하지 않는다.
나. 과세소득이 있는 내국법인이 복식부기 방식으로 장부로 기장을 하지 않으면 산출세액의 20%와 수입금액의 0.07% 중 큰 금액을 가산세로 납부해야 한다.
다. 내국법인이 기업업무추진비를 지출하면서 적격증명서류를 받지 않아 손금불산입된 경우에도 증명서류 수취 불성실 가산세를 납부해야 한다.
라. 이자소득을 지급한 법인이 지급명세서를 제출기한이 지난 후 3개월 이내에 제출하는 경우 지급금액의 0.5%를 가산세로 납부해야 한다.

① 가, 라
② 나, 다
③ 가, 다
④ 나, 라

| 정답 및 해설 |

④ • 가. 주식 등 변동상황 명세서 제출 불성실 가산세는 산출세액이 없는 경우에도 적용한다.
• 다. 적격증명서류를 구비하지 않은 기업업무추진비로서 손금불산입된 경우 증명서류 수취 불성실 가산세를 적용하지 않는다.

합격을 다지는 실전문제 p.526

THEME 11 신고 및 납부절차

▶ 최신 30회 중 4문제 출제

1. 법인세 과세표준의 신고

(1) 신고기한

각 사업연도 종료일이 속하는 달의 말일부터 3개월 이내에 법인세의 과세표준과 세액을 납세지 관할 세무서장에게 신고하여야 한다. 각 사업연도의 소득금액이 없거나 결손금이 있는 법인에게도 신고 의무가 있다.

(2) 제출서류

① **필수적 첨부서류:** 일반기업회계기준을 준용하여 작성한 재무상태표, 포괄손익계산서, 이익잉여금처분계산서 및 세무조정계산서(법인세 과세표준 및 세액조정계산서) → 이를 첨부하지 않으면 무신고로 본다.

② **임의적 첨부서류:** 세무조정계산서 부속서류 및 현금흐름표(외감법에 의하여 외부감사의 대상이 되는 법인에 한함)

연습문제

다음 중 영리내국법인의 법인세 신고 시 법인세 과세표준 및 세액신고서와 함께 제출하지 않으면 무신고로 보아 가산세 부과 대상이 되는 필수 첨부서류에 해당하지 않는 것은? 기출 16년 8월 특별

① 이익잉여금처분계산서(또는 결손금처리 계산서)
② 재무상태표
③ 법인세 과세표준 및 세액조정계산서(세무조정계산서)
④ 현금흐름표

| 정답 및 해설 |

④ 법인세법상 필수적 첨부서류는 재무상태표, 포괄손익계산서, 이익잉여금처분계산서(또는 결손금처리 계산서), 세무조정계산서(법인세 과세표준 및 세액조정계산서)이다.

2. 법인세의 납부 → 물납 ×

(1) 납부기한

각 사업연도 종료일이 속하는 달의 말일부터 3개월 이내에 납세지 관할 세무서, 한국은행 또는 체신관서에 납부하여야 한다.

(2) 분납

납부할 세액(중간예납세액 포함)이 1천만원을 초과하면 다음의 세액을 납부기한이 경과한 날로부터 1개월(중소기업은 2개월) 이내에 분납할 수 있다.

① **납부할 세액이 2천만원 이하인 경우:** 1천만원을 초과하는 금액
② **납부할 세액이 2천만원을 초과하는 경우:** 납부할 세액의 50% 이하인 금액

연습문제

다음 일반법인의 각 상황에 따른 분납세액으로 옳은 것은? (단, 법인세법에서 허용하는 범위 내에서 최대한 분납한다고 가정함)

구분	사업연도	납부세액
상황 1	2025.1.1. ~ 12.31.	25,000,000원
상황 2	2025.1.1. ~ 12.31.	13,000,000원

	상황 1	상황 2
①	15,000,000원	3,000,000원
②	15,000,000원	6,500,000원
③	12,500,000원	3,000,000원
④	12,500,000원	6,500,000원

| 정답 및 해설 |

③ 납부세액이 1천만원을 초과하는 경우에는 다음의 금액을 납부기한 경과 후 1개월(중소기업은 2개월) 이내에 분납할 수 있다.
- 납부세액이 2천만원 이하인 경우: 1천만원을 초과하는 금액이므로 상황 2의 분납세액은 3,000,000원이다.
- 납부세액이 2천만원을 초과하는 경우: 납부세액의 50% 이하의 금액이므로 상황 1의 분납세액은 12,500,000원이다.

3. 중간예납

(1) 대상 법인

각 사업연도의 기간이 6개월을 초과하는 법인은 해당 사업연도 개시일부터 6개월간(중간예납기간)의 중간예납세액을 중간예납기간이 경과한 날부터 2개월 이내에 납부하여야 한다.

(2) 중간예납세액의 계산

다음의 두 가지 기준에 의한 계산방법 중 유리한 방법을 선택하여 적용한다.

① 직전 사업연도의 실적기준

② 중간예납기간의 실적기준

(3) 중간예납 제외 대상

① 해당 연도에 새로 설립한 법인(합병 · 분할에 의하여 신설된 법인 제외)

② 청산법인

③ 국내 사업장이 없는 외국법인(∵ 원천징수에 의해 과세종결)

④ 사업연도가 6개월 이내인 법인

⑤ 학교법인, 산학협력단 및 국립대학법인

⑥ 직전 사업연도의 실적기준으로 계산한 중간예납세액이 50만원 미만인 중소기업

(4) 납부기한

중간예납기간이 지난 날로부터 2개월 이내

(5) 기타규정

① 중간예납세액을 납부하지 않았다면 납부지연 가산세를 부과한다(신고불성실 가산세 ×).

② 중간예납세액이 1천만원을 초과하면 분납할 수 있다.

연습문제

다음 중 법인세법상 중간예납에 대한 설명으로 틀린 것은? 기출 112회

① 내국법인으로서 각 사업연도의 기간이 6개월 미만인 법인은 중간예납 의무가 없다.

② 각 사업연도의 기간이 6개월을 초과하는 법인은 해당 사업연도 개시일부터 6개월간을 중간예납기간으로 한다.

③ 중간예납은 중간예납기간이 지난 날부터 3개월 이내에 납부하여야 한다.

④ 중간예납세액의 계산 방법은 직전 사업연도의 산출세액을 기준으로 계산하거나 해당 중간예납기간의 법인세액을 기준으로 계산하는 방법이 있다.

| 정답 및 해설 |

③ 내국법인은 중간예납기간이 지난 날부터 2개월 이내에 중간예납세액을 대통령령으로 정하는 바에 따라 납세지 관할 세무서, 한국은행(그 대리점을 포함한다) 또는 체신관서(이하 "납세지 관할 세무서등"이라 한다)에 납부하여야 한다.

---

4. 원천징수

(1) 대상 소득 및 세율

① 이자소득금액: 14%(비영업대금의 이익은 25%)

② 집합투자기구로부터의 투자신탁이익: 14%

(2) 원천징수 제외 대상

① 법인세가 부과되지 않거나 면제되는 소득

② 신고한 과세표준에 이미 산입한 미지급소득

(3) 원천징수세액의 납부

① 원칙: 징수일이 속하는 달의 다음 달 10일까지 납부

② 예외: 직전연도(신규사업 개시자는 신청일이 속하는 반기)의 상시고용인원이 20명 이하인 원천징수의무자(금융보험업을 영위하는 법인은 제외)는 관할 세무서장의 승인 또는 국세청장의 지정을 받아 그 징수일이 속하는 반기의 마지막 달의 다음 달 10일까지 납부할 수 있다(반기징수).

(4) 소액부징수

원천징수세액이 1,000원 미만이면 해당 법인세를 징수하지 않는다.

5. 성실신고확인서 제출

구분	내용
의의	세원투명성의 강화와 고소득 개인사업자와의 형평을 도모함과 동시에 소득세법에 따른 성실신고확인서 제출규정을 회피하고자 법인으로 전환한 개인사업자에 대한 과세를 강화하기 위해 일정한 요건을 갖춘 소규모 내국법인일 때 과세표준과 세액을 신고 시 성실신고확인서를 제출하여야 함
대상법인	소득세법에 따른 성실신고확인대상 사업자가 사업용 자산을 현물출자 또는 사업의 양도·양수하는 등의 방법에 따라 내국법인으로 전환한 경우 그 내국법인(사업연도 종료일 현재 법인으로 전환한 후 3년 이내의 내국법인으로 한정함)
신고기한	각 사업연도 종료일이 속하는 달의 말일부터 4개월 이내
세액공제	세액공제액 = Min[㉠, ㉡] ㉠ 성실신고확인에 직접 사용한 비용×60% ㉡ 한도: 150만원
가산세	성실신고확인서 제출 불성실 가산세 = Max[㉠, ㉡] ㉠ 법인세 산출세액×5% ㉡ 수입금액×2/10,000

6. 결정, 경정

구분	내용
결정	법인의 신고가 없는 경우에 정부가 과세표준, 세액을 결정함으로써 납세의무가 확정되는 것
경정	법인의 신고내용에 오류, 탈루가 있는 경우에 정부가 과세표준, 세액을 정정하는 처분

합격을 다지는 실전문제 p.528

시작하는 데 있어서
나쁜 시기란 없다.

– 프란츠 카프카(Franz Kafka)

합격을 다지는 실전문제

THEME 01 법인세 총론 [001~004]

상 중 하

001 다음 중 법인세법에 대한 설명으로 옳지 않은 것은?

① 납세의무가 있는 내국법인은 각 사업연도의 종료일이 속하는 달의 말일부터 3개월 이내에 당해 사업연도의 소득에 대한 법인세의 과세표준과 세액을 신고하여야 한다.

② 내국법인이 비사업용 토지를 양도한 경우에는 토지 등 양도소득에 대한 법인세를 양도일이 속하는 달의 말일부터 2개월 이내에 신고하고 납부하여야 한다.

③ 법인의 해산으로 인하여 청산소득에 대한 법인세의 납부의무가 있는 내국법인은 잔여 재산가액 확정일이 속하는 달의 말일부터 3개월 이내에 청산소득에 대한 법인세의 과세표준과 세액을 신고하여야 한다.

④ 우리나라의 정부와 지방자치단체는 법인세를 신고 · 납부할 의무가 없다.

상 중 하

002 다음은 법인세법에 대한 설명이다. 옳은 것은? 12회 수정

① 법인은 납세지가 변경된 경우에는 그 변경된 날부터 15일 이내에 변경 전 납세지 관할 세무서장에게 납세지 변경 신고를 해야 한다.

② 청산소득에 대한 법인세 납세의무는 내국 영리 · 비영리법인에 한하며, 외국법인에 있어서는 청산소득에 대한 법인세를 부과하지 않는다.

③ 법인세법에서의 토지 등 양도소득에 대한 과세특례는 내국법인과 외국법인 간에 차등을 두어 과세하고 있다.

④ 영리 · 비영리 또는 내국 · 외국법인 여부를 불문하고 토지 등 양도소득에 대한 법인세 납세의무가 있다.

정답 및 해설

001 ② 토지 등 양도소득에 대한 법인세는 각 사업연도 소득 법인세의 신고 · 납부 시에 함께 신고 · 납부하여야 한다.

002 ④ ① 납세지가 변경된 경우에는 그 변경된 날부터 15일 이내에 변경 후 납세지 관할 세무서장에게 변경 신고를 해야 한다.
② 청산소득에 대한 법인세 납세의무는 영리내국법인에 한하여 과세한다.
③ 법인세법에서의 토지 등 양도소득에 대한 과세특례는 내국법인과 외국법인 간에 차등을 두고 있지 않다.

상 중 하

003 사업연도가 매년 1월 1일부터 12월 31일까지인 법인이 사업연도를 매년 7월 1일부터 다음 연도 6월 30일까지로 변경하기로 하고 사업연도 변경 신고를 2024년 9월 1일에 한 경우 법인세법상 2025년도 사업연도로 맞는 것은? 69회

① 2025년 1월 1일~2025년 12월 31일
② 2025년 1월 1일~2025년 8월 31일, 2025년 9월 1일~2026년 6월 30일
③ 2025년 1월 1일~2025년 6월 30일, 2025년 7월 1일~2026년 6월 30일
④ 2024년 1월 1일~2025년 6월 30일, 2025년 7월 1일~2026년 6월 30일

상 중 하

004 다음 중 법인의 구분에 따른 납세의무에 대한 설명으로 틀린 것은? 106회

① 영리내국법인은 국내 · 외 원천소득에 대하여 각 사업연도 소득에 대한 법인세 납세의무가 있다.
② 비영리내국법인의 경우 청산소득에 대한 법인세 납세의무가 없다.
③ 영리 및 비영리외국법인의 경우 청산소득에 대한 법인세 납세의무가 없다.
④ 외국의 정부는 비과세법인이므로 대한민국에 과세권이 없다.

THEME 02 세무조정과 소득처분 [005~014]

상 중 하

005 다음 중 법인세법상 결산조정과 신고조정에 대한 설명으로 틀린 것은? 105회

① 결산조정 항목은 원칙적으로 결산서상 비용으로 계상하여야 손금 인정이 가능하다.
② 결산조정은 손금의 귀속시기를 선택할 수 없으나 신고조정은 손금의 귀속시기를 선택할 수 있다.
③ 퇴직연금충당금은 결산조정 및 신고조정이 가능하다.
④ 결산조정 항목은 대부분 추정경비이나 신고조정 항목은 대부분 지출경비이다.

정답 및 해설

003 ③ 사업연도의 변경 신고는 직전 사업연도 종료일로부터 3개월 이내에 신고하여야 하며, 사업연도가 변경된 경우에는 종전의 사업연도 개시일부터 변경된 사업연도 개시일 전날까지의 기간을 1사업연도로 한다.

004 ④ 외국의 정부는 비영리외국법인에 해당하며, 비영리외국법인은 각 사업연도의 국내 원천소득(국내 원천소득 중 수입사업소득) 및 토지 등 양도소득에 대하여 법인세 납세의무가 있다.

005 ② 결산조정은 손금의 귀속시기를 선택할 수 있으나 신고조정은 손금의 귀속시기를 선택할 수 없다. 또한, 장부상 비용으로 계상하여야만 손금으로 인정받는 항목을 결산조정항목이라 하고, 장부상 비용으로 계상하거나 세무조정으로 손금산입하는 것 모두 인정하는 항목이 신고조정항목이 되는 것이다. 따라서, 보기 ③의 퇴직연금충당금은 장부상 비용으로 계상하는 결산조정 및 세무조정으로 손금산입하는 신고조정이 가능하다.

상 중 하

006 다음 중 법인세법상의 소득처분에 대한 설명으로 틀린 것은? 97회

① 추계결정 시의 소득처분에서 천재지변이나 그 밖에 불가항력으로 장부나 그 밖의 증빙서류가 멸실되어 추계결정된 과세표준은 기타사외유출로 소득처분한다.

② 사외유출된 것은 분명하나 소득처분에 따른 소득의 귀속자가 불분명한 경우 대표자에 대한 상여로 소득처분한다.

③ 추계로 과세표준을 결정·경정할 때 대표자 상여처분에 따라 발생한 소득세를 법인이 대납하고 이를 손비로 계상한 경우 대표자 상여로 소득처분한다.

④ 소득처분에 따른 소득의 귀속자가 법인으로서, 그 분여된 이익이 내국법인의 각 사업연도소득을 구성하는 경우 기타사외유출로 소득처분한다.

상 중 하

007 법인이 확정신고기한 이후에 세무조사에 의하여 현금매출분이 신고에서 누락된 것이 적발된 경우 과세될 수 있는 조세의 종목이 아닌 것은? 64회

① 소득세
② 부가가치세
③ 증여세
④ 법인세 및 지방소득세

상 중 하

008 다음 중 법인이 소득의 귀속자에게 소득세를 원천징수해야 하는 대상이 아닌 것은? 59회

① 출자임원이 사용하는 업무무관 건물에 대한 수선비 손금불산입
② 대주주의 자녀(비사업자인 개인)에게 증여한 토지의 시가 상당액 익금산입
③ 임원 또는 사용인에 해당하지 않는 지배주주에게 지급한 여비 손금불산입
④ 개인으로부터 구입한 유형자산인 토지에 대한 취득세 비용처리분 손금불산입

정답 및 해설

006 ③ 추계로 과세표준을 결정·경정할 때 대표자 상여처분에 따라 발생한 소득세를 법인이 대납하고 이를 손비로 계상한 경우 기타사외유출로 소득처분한다.

007 ③ 현금매출 누락 시 증여세는 과세될 수 없다.

008 ④ 토지에 대한 취득세는 토지의 취득원가에 가산하여야 하는데 이를 비용처리하였다면 손금불산입하고 유보로 소득처분하여야 하므로 이에 대한 원천징수는 없다.
① 상여, ② 기타소득, ③ 배당은 소득처분하고 소득세를 원천징수하여야 한다.

상 중 하

009 다음 중 법인세법상 소득처분의 내용으로 옳지 않은 것은? 50회

① (주)세무가 유형자산인 토지를 2억원에 취득하면서 납부한 토지분 취득세 4,000,000원을 판매비와 관리비인 세금과공과금(비용)으로 회계처리한 경우 세무조정과 소득처분은 〈손금불산입〉 토지 4,000,000원(유보)이다.

② 귀속자가 법인이거나 개인사업자로서 그 분여된 이익이 내국법인의 각 사업연도 소득이나 거주자의 사업소득을 구성하는 경우 법인은 사업소득으로 소득처분하고 이에 대한 원천징수를 한다.

③ 소득이 주주인 임원에게 귀속된 경우 법인은 상여로 소득처분하고 원천징수를 한다.

④ 소득이 사외로 유출되었으나 귀속자가 불분명한 경우에는 대표자에게 귀속된 것으로 간주하여 대표자에 대한 상여로 소득처분한다.

상 중 하

010 다음 중 법인세 세무조정 시 세무조정과 소득처분이 바르게 연결된 것은? 46회

① 주주임원에 대한 익금산입: 배당처분

② 주주인 개인사업자의 사업소득을 구성하는 익금산입: 기타사외유출처분

③ 임직원인 개인사업자의 사업소득을 구성하는 익금산입: 상여처분

④ 소득이 사외유출되었으나 귀속자가 불분명한 익금산입: 기타사외유출처분

상 중 하

011 법인세법상 소득처분의 내용과 소득세법상 수입시기를 잘못 연결한 것은? 40회

	법인세법상 소득처분	소득세법상 수입시기
①	기타소득	법인의 해당 사업연도의 결산 확정일
②	상여	법인의 사업연도 중 근로를 제공한 날
③	배당	법인의 해당 사업연도의 결산 확정일
④	기타사외유출	법인의 해당 사업연도의 결산 확정일

정답 및 해설

009 ② 세무조정 시 법인이 귀속자에게 소득세액을 원천징수하여야 하는 소득처분은 배당, 상여 그리고 기타소득이다.

010 ② ① 상여처분, ③ 기타사외유출처분, ④ (대표자)상여처분

011 ④ 법인세법상 기타사외유출로 소득처분된 소득은 소득세법상의 소득으로 분류되어 있지 않기 때문에 수입시기가 존재하지 않는다.

상 중 하

012 다음은 법인세법상 소득처분에 대한 설명이다. 옳은 것은? 34회

① 채권자가 불분명한 사채이자는 대표자 상여로 소득처분되며, 그 원천징수세액 상당액만 기타사외유출로 소득처분한다.

② 모든 소득처분은 차기 이후 세무상 소득금액에 영향을 미친다.

③ 출자자 및 출자임원에게 귀속되는 소득은 모두 상여로 처분한다.

④ 모든 소득처분은 소득 귀속자에게 소득세 또는 법인세의 납세의무가 유발된다.

상 중 하

013 (주)갑 법인의 다음 내용에 대한 설명으로 옳지 않은 것은?

- 2024년 귀속 법인세는 2025년 3월 31일 정상적으로 신고 · 납부하였다.
- 2025년 5월 3일 2024년 4/4분기 부가가치세 매출전자세금계산서 50,000,000원(공급가액)이 신고 누락된 것을 발견하였다(단, 전자세금계산서 정상발급 · 정상전송을 가정할 것).
- 신고 누락된 매출세금계산서 관련 대금은 회수하였으나 대표이사의 비자금으로 사용한 것으로 밝혀졌다.

① 부가가치세법상 적용되는 가산세는 신고불성실 가산세, 납부지연 가산세 두 가지뿐이다.

② 법인세법상 누락된 매출액은 익금산입하고 대표자 상여로 소득처분한다.

③ 수정신고를 발견 즉시 신고 · 납부하였다면 부가가치세법상의 신고불성실 가산세는 50% 감면받을 수 있다.

④ 대표이사의 개인 종합소득세는 2025년 귀속분에 한하여 영향을 미친다.

상 중 하

014 법인세법상 법인의 세무상 자기자본 총액(순자산)을 알 수 있는 법정서식은? 66회

① 법인세 과세표준 및 세액조정계산서

② 소득금액조정합계표

③ 자본금과 적립금조정명세서(을)

④ 자본금과 적립금조정명세서(갑)

정답 및 해설

012 ① ② 사외유출이나 기타로 소득처분되는 경우에는 차기 이후 세무상 소득금액에 영향을 미치지 않는다.
③ 출자자가 개인이면 배당으로, 출자법인이면 기타사외유출로 소득처분된다.
④ 유보 또는 기타로 처분되는 경우에는 소득 귀속자에게 납세의무가 유발되지 않는다.

013 ④ 세무조정사항 중 상여로 처분된 것의 수입(귀속)시기는 근로를 제공한 날이 속하는 사업연도이므로 2025년이 아니라 2024년 개인 종합소득세에 영향을 미치게 된다.

014 ④ 법인세법상 법인의 세무상 자기자본 총액(순자산)을 알 수 있는 법정서식은 자본금과 적립금조정명세서(갑)이다.

THEME 03 익금 및 익금불산입 [015~021]

PART 03

상 중 하

015 다음 중 조세 이중과세방지나 조정을 위한 내용이 아닌 것은? (71회)

① 이월익금에 대한 익금불산입
② 수입배당금의 익금불산입
③ 국세환급가산금의 익금불산입
④ 외국납부세액공제

상 중 하

016 법인세법상 익금에 대한 설명이다. 옳은 것은? (67회)

① 자기주식처분이익은 익금에 해당한다.
② 업무상 손해배상금 수령액은 익금에 해당하지 않는다.
③ 불공정 자본거래를 통하여 특수관계인으로부터 분여받은 이익은 익금에 해당하지 않는다.
④ 국세 과오납으로 인한 환급가산금은 익금에 해당한다.

상 중 하

017 법인세법상 익금에 해당하는 것은? (56회)

① 부가가치세 매출세액
② 지방소득세 소득분 과오납금의 환급금에 대한 이자
③ 지방소득세 소득분 과오납금의 환급금
④ 특수관계가 소멸되는 날까지 회수하지 않은 가지급금

상 중 하

018 다음 중 법인세법상 의제배당에 해당하지 않는 것은? (43회 수정)

① 법인 해산 시에 주주가 당초 주식의 취득금액을 초과하여 잔여재산을 분배받는 경우에 그 초과 금액
② 자본잉여금 중 주식발행초과금을 자본에 전입하는 경우에 교부받아 취득하는 무상주식의 가액
③ 이익잉여금 중 이익준비금을 자본에 전입하는 경우에 교부받아 취득하는 무상주식의 가액
④ 이익잉여금 중 임의적립금을 자본에 전입하는 경우에 교부받아 취득하는 무상주식의 가액

정답 및 해설

015 ③ 국세환급금의 익금불산입 규정은 세금 과다징수에 관한 보상적 성격이므로 이중과세방지와는 관련이 없다.

016 ① 업무상 손해배상금이나 불공정거래를 통한 특수관계인 분여이익은 순자산 증가거래로서 익금에 해당하고, 국세환급가산금(이자)은 익금불산입 항목에 해당한다.

017 ④ ①, ②, ③은 모두 익금불산입 항목이다.

018 ② 자본잉여금 중 주식발행초과금을 자본에 전입하는 경우에 교부받아 취득하는 무상주식의 가액은 의제배당에 해당하지 않는다.

상 중 하

019 **다음 중 법인세법상 익금불산입 항목에 해당하지 않는 것은?** 85회

① 주식발행초과금

② 법인세 또는 지방소득세 환급액

③ 자산수증이익, 채무면제이익 중 이월결손금의 보전에 충당된 금액

④ 「보험업법」이나 기타 법률의 규정에 의한 고정자산의 평가차익

상 중 하

020 **다음 중 법인세법상 익금불산입 항목이 아닌 것은?**

① 감자차익

② 국세 또는 지방세의 과오납금의 환급금에 대한 이자

③ 의제배당

④ 부가가치세의 매출세액

상 중 하

021 **다음 중 법인세법상 익금에 해당하지 않는 것은?**

① 감자차익

② 자산의 양도금액

③ 간주임대료(간주익금)

④ 이익처분에 의하지 아니하고 손금으로 계상된 적립금액

THEME 04 손금 및 손금불산입 [022~033]

상 중 하

022 **법인세법상 손금의 범위에 대한 설명으로 옳지 않은 것은?** 54회

① 판매장려금의 경우 사전약정 없이 지급하는 때에는 손금불산입한다.

② 우리사주조합에 출연하는 금품은 손금으로 인정한다.

③ 업무와 관련 있는 훈련비는 손금인정하지만, 업무와 관련 없는 훈련비는 손금불산입한다.

④ 회수할 수 없는 부가가치세 매출세액 미수금(대손세액공제를 받지 않은 것)은 손금으로 인정한다.

정답 및 해설

019 ④ 법인세법상 「보험업법」이나 기타 법률의 규정에 의한 고정자산의 평가차익은 익금 항목에 해당한다.

020 ③ 의제배당은 법인세법상 익금산입 항목이다.

021 ① 감자차익은 익금불산입 항목이다.

022 ① 판매장려금의 경우 사전약정 없이 지급하는 때에도 손금으로 인정한다.

상 중 하

023 법인세법상의 익금과 손금에 관하여 기술한 내용이다. 옳지 않은 것은? (33회)

① 법인이 채무의 면제 또는 소멸로 인하여 생기는 부채의 감소액은 익금에 해당한다.

② 업무에 사용하지 않는 토지에 대한 재산세는 손금산입 항목이다.

③ 법인이 특수관계에 있는 개인으로부터 유가증권을 시가보다 낮은 가액으로 양수했을 때 그 시가와 실제 양수가액과의 차액은 익금이다.

④ 손금은 자본 또는 출자의 환급·잉여금의 처분 및 손금불산입 항목을 제외하고 법인의 순자산을 감소시키는 거래로 인하여 발생하는 손비의 금액으로 한다.

상 중 하

024 아래의 항목 중 법인세법상 손금으로 인정되는 항목은 모두 몇 개인가? (98회)

가. 전기요금의 납부지연으로 인한 연체가산금
나. 양도한 자산의 양도 당시의 장부가액
다. 기업업무추진비 한도 초과액
라. 동창회비
마. 업무용으로 사용하는 차량의 자동차세

① 1개
② 2개
③ 3개
④ 4개

상 중 하

025 다음은 세금과공과금을 나열한 것이다. 다음 중 법인세법상 손금불산입 항목은 모두 몇 개인가? (108회)

- 업무무관 자산의 재산세
- 교통사고벌과금
- 폐수배출부담금
- 법인 사업소분 주민세
- 국민연금 사용자 부담분
- 지급명세서 미제출가산세

① 2개
② 3개
③ 4개
④ 5개

정답 및 해설

023 ② 재산세는 본래 손금으로 인정되는 조세이다. 그러나 업무무관 자산에 대한 재산세는 업무무관 비용에 해당하므로 손금으로 인정되지 않는다.

024 ③ 기업업무추진비 한도 초과액과 동창회비는 모두 법인세법상 손금으로 인정되지 않는다.

025 ③ 업무무관 자산의 재산세, 교통사고벌과금, 폐수배출부담금, 지급명세서 미제출가산세는 손금불산입 항목이다.

상 중 하

026 다음 중 법인세법상 손금불산입 항목에 해당하지 않는 것은? 91회

① 법인이 임원 또는 직원이 아닌 지배주주 등에게 지급한 여비 또는 교육훈련비
② 업무무관 자산의 유지비 또는 관리비
③ 소액주주임원이 아닌 출자임원에게 제공한 사택의 유지관리비
④ 파손, 부패된 재고자산의 감액손실

상 중 하

027 다음 중 법인세법상 결산 시 비용으로 계상하지 않았더라도 반드시 손금에 산입하여야 하는 것은? 110회

① 대손충당금
② 업무용승용차의 감가상각비
③ 부도발생일부터 6개월 이상 지난 어음
④ 재고자산평가손실

상 중 하

028 다음은 법인세법상 업무용승용차 관련 비용에 대한 내용이다. 옳게 표현한 것은? 92회

① 업무용승용차란 개별소비세 과세 대상 승용, 승합자동차를 말한다.
② 감가상각비는 정액법으로 상각하고 내용연수 5년으로 하는 임의상각제도이다.
③ 업무용승용차 관련 비용 중 업무전용자동차보험에 가입하지 않은 경우 전액 손금불산입한다.
④ 업무용승용차 관련 비용을 손금산입 시 과세표준 신고와 함께 업무용승용차 관련 비용 명세서를 관할 세무서장에게 제출할 수 있다.

상 중 하

029 다음 중 법인세법상 업무용승용차와 관련된 설명으로 틀린 것은? 107회

① 업무용승용차 관련비용이란 감가상각비, 임차료, 유류비 등 업무용승용차의 취득 및 유지를 위하여 지출한 비용을 말한다.
② 업무전용자동차보험에 가입하지 않은 경우 업무용승용차 관련비용은 전액 손금불산입한다.
③ 업무용승용차는 정액법과 정률법 중 신고한 상각방법으로 감가상각할 수 있고, 내용연수는 5년으로 한다.
④ 업무용승용차 관련비용 중 업무외 사용금액을 손금불산입하고 귀속자에 따라 소득처분하되, 귀속자가 불분명한 경우에는 대표자에 대한 상여로 소득처분한다.

정답 및 해설

026 ④ 파손, 부패된 재고자산의 감액손실 등의 결산조정사항은 손금으로 인정된다.

027 ② 업무용승용차에 대한 감가상각비는 각 사업연도의 소득금액을 계산할 때 정액법을 상각방법으로 하고 내용연수를 5년으로 하여 계산한 금액을 감가상각비로 하여 손금에 산입해야 한다.

028 ③ ① 업무용승용차란 승용차에 한정한다.
② 감가상각은 강제상각제도이다.
④ 관련 비용 명세서는 제출하여야 한다.

029 ③ 업무용승용차는 정액법을 상각방법으로 하고 내용연수를 5년으로 하여 계산한 금액을 감가상각비로 하여 손금에 산입하여야 한다.

상 중 하

030 **다음 중 법인세법상 업무용승용차에 관한 설명으로 옳지 않은 것은? (단, 해당 법인은 제조업이 주업이며 업무전용자동차보험에 가입하였고, 해당 사업연도는 2025.1.1.~2025.12.31.임)** 86회

① 해당 법인에서 2025년 1월 1일에 업무용승용차를 취득하였다면 정액법으로 5년간 강제상각하여야 한다.

② 업무 사용비율이 100%인 경우에는 해당 업무용승용차의 감가상각비가 1,000만원인 경우에도 감가상각비 한도 초과액은 없다.

③ 해당 사업연도에 운행기록을 작성하지 않더라도 업무용승용차 관련 비용이 1,500만원(12개월 기준) 이하인 경우 업무용승용차의 업무 사용비율은 100%를 인정한다.

④ 해당 사업연도에 업무용승용차를 처분하여 1,000만원의 처분손실이 발생한 경우 200만원은 해당 사업연도에 손금에 산입하지 아니하고 이월하여 손금에 산입한다.

상 중 하

031 **(주)한결은 2025년 7월 1일에 업무용승용차를 35,000,000원에 취득(차량운반구로 회계처리함)하면서 납부한 취득세 5,000,000원을 세금과공과(비용)로 회계처리한 경우, 이에 대한 법인세법상 세무조정과 소득처분으로 옳은 것은? (감가상각비 회계처리는 하지 않았으며, 업무전용자동차보험은 가입하였고, 업무 사용비율은 100%임)** 80회 수정

① 〈손금불산입〉 세금과공과 5,000,000원(유보)
② 〈손금불산입〉 세금과공과 1,000,000원(유보)
③ 〈손금불산입〉 세금과공과 1,500,000원(유보)
④ 〈손금산입〉 차량운반구 5,000,000원(△유보)

상 중 하

032 **(주)세무는 건설업을 영위하는 법인으로서 2025년 1월 30일 5인승 승용차(개별소비세 부과 대상이며, 경차 아님)를 업무용으로 구매하였다. 이와 관련된 설명으로 옳지 않은 것은?** 79회

① 업무전용자동차보험에 가입하지 않은 경우 승용차 관련 비용을 원칙상 손금으로 불인정하고 그에 대해 항상 대표자 상여로 소득처분한다.

② 당해 승용차에 대해서는 결산조정과 관계없이 내용연수 5년에 정액법으로 감가상각한다.

③ 업무전용자동차보험에 가입하고 운행기록을 작성·비치하지 않은 경우 업무용승용차 관련 비용이 1,500만원 이하인 경우 전액 손금으로 인정한다.

④ 업무용승용차 관련 비용에는 취득 관련한 비용 외에 감가상각비, 임차료, 유류비, 수선비, 보험료, 자동차세, 통행료 등의 유지와 관련한 비용을 포함한다.

정답 및 해설

030 ② 업무 사용비율이 100%인 경우에도 감가상각비가 연 800만원을 초과하는 경우 손금불산입이 발생한다.

031 ② • 회사계상액: 5,000,000원
• 상각범위액: (35,000,000원 + 5,000,000원 − 0원) ÷ 5 × 6개월/12개월 = 4,000,000원
∴ 상각부인액: 5,000,000원 − 4,000,000원 = 1,000,000원

032 ① 업무용승용차 관련 비용 중 손금불산입된 금액(감가상각비 포함)은 그 귀속자에 따라 소득처분(상여, 배당, 기타소득 등)하며, 귀속자가 불분명한 때에는 대표자에게 처분한다.

상 중 하

033 **다음 중 법인세법상 업무용승용차 관련 비용의 손금불산입 등 특례에 관한 설명으로 틀린 것은?** 106회

① 법인이 사용하는 모든 차량에 대하여 적용하지는 않는다.

② 임직원 전용 자동차보험에 가입하고 운행기록부상 확인되는 업무사용비율을 곱한 금액만 손금에 산입하는 것이 원칙이다.

③ 법인이 이용하는 업무용승용차가 임차한 렌트차량인 경우 임차료의 70%를 감가상각비 상당액으로 인정한다.

④ 업무용승용차로서 임직원 전용 자동차보험에 가입하였으나 운행기록 등을 작성하지 않은 경우 업무사용비율이 없는 것으로 보아 해당 업무용승용차의 관련 비용은 전액 손금불산입한다.

THEME 05 손금 Ⅰ – 기업업무추진비와 기부금 및 지급이자 [034~051]

상 중 하

034 **다음 중 법인세법상 기업업무추진비에 관한 설명으로 옳지 않은 것은?** 88회

① 기업업무추진비란 접대, 교제, 사례 또는 그 밖에 어떠한 명목이든 상관없이 이와 유사한 목적으로 지출한 비용으로서 업무와 관련 없이 지출한 금액을 말한다.

② 경조금이 아닌 일반적인 기업업무추진비로 지출한 금액이 3만원을 초과하는 경우 법인신용카드매출전표등 적격증빙을 수취하지 않은 때에는 당해 금액을 손금에 산입하지 않는다.

③ 주주·출자자나 임원 또는 사용인이 부담하여야 할 기업업무추진비를 법인이 지출한 것은 기업업무추진비로 보지 않는다.

④ 법인이 광고선전물품을 불특정 다수인에게 기증하기 위하여 지출한 비용은 기업업무추진비로 보지 않는다.

정답 및 해설

033 ④ 업무용승용차로써 업무용 자동차보험에 가입하였으나 운행기록 등을 작성하지 않은 경우 대당 1,500만원 한도 내에서 업무용승용차 관련 비용으로 인정한다. 또한, 보기 ①에서 법인세법상 업무용승용차 관련 비용의 손금불산입 등 특례 규정은 개별소비세법 제1조 제2항 제3호에 해당하는 승용자동차에 해당하는 차량에 대하여만 적용하는 것으로 법인이 사용하는 모든 차량에 대하여 적용하지 않는다.

034 ① 기업업무추진비란 내국법인이 직접 또는 간접적으로 업무와 관련이 있는 자와 업무를 원활하게 진행하기 위하여 지출한 금액을 말한다.

상 중 하

035 법인세 세무조정결과(사업연도 2025.1.1.~2025.12.31.)를 기준으로 소득금액조정합계표 및 자본금과 적립금조정명세서(을)와 관련된 세무조정사항은 각각 몇 개인가? 76회

가. 비지정기부금
나. 기업업무추진비 한도 초과액
다. 감가상각비부인액
라. 일반기부금 한도 초과액
마. 2026년 1월 2일이 만기인 약속어음으로 지급한 특례기부금

	소득금액조정합계표	자본금과 적립금조정명세서(을)
①	4개	2개
②	4개	1개
③	5개	2개
④	5개	1개

상 중 하

036 다음 중 법인세법상 기업업무추진비에 대한 설명으로 가장 옳지 않은 것은? 100회

① 기업업무추진비가 1만원(경조금 20만원)을 초과하는 경우에는 적격증명서류를 수취하여야 한다.
② 사업연도가 12개월인 중소기업 법인의 기업업무추진비 한도를 계산할 때 기본 한도는 3,600만원이다.
③ 금전 외의 자산으로 기업업무추진비를 제공한 경우 해당 자산의 가액은 제공한 때의 시가와 장부가액 중 큰 금액으로 산정한다.
④ 증빙을 누락하여 귀속이 불분명한 기업업무추진비는 손금불산입하고, 대표자 상여로 소득처분한다.

상 중 하

037 다음 중 법인세법상 기업업무추진비와 관련된 내용으로 맞는 것은? 97회 수정

① 임원이 부담해야 할 성질의 기업업무추진비를 법인이 지출한 경우 기업업무추진비로 본다.
② 법정증명서류를 수취하지 않더라도 손금불산입되지 않는 기준금액은 경조사는 20만원 이하, 그 외의 경우에는 1만원 이하이다.
③ 약정에 따라 채권의 전부 또는 일부를 포기하는 경우 해당 금액을 대손금으로 처리한다.
④ 판매한 상품 또는 제품의 보관료, 포장비, 운반비, 판매장려금 및 판매수당 등 판매와 관련된 부대비용(판매장려금 및 판매수당의 경우 사전약정 없이 지급하는 경우를 포함)에는 한도를 시부인계산하는 기업업무추진비로 보지 않고 전액 손금으로 인정한다.

정답 및 해설

035 ① 소득금액조정합계표는 일반기부금 한도 초과액을 제외한 가, 나, 다, 마의 세무조정사항이 반영되며, 자본금과 적립금조정명세서(을)는 유보 소득처분과 관련된 서식으로서 다, 마의 세무조정사항이 반영된다.

036 ① 내국법인이 한 차례의 접대에 지출한 기업업무추진비 중 3만원(경조금 20만원)을 초과하는 기업업무추진비로서 적격증빙을 수취하지 않은 경우 각 사업연도의 소득금액을 계산할 때 손금에 산입하지 않는다.

037 ④ ① 임원이 부담해야 할 성질의 기업업무추진비를 법인이 지출한 경우 기업업무추진비로 보지 않는다.
② 기준금액은 경조사는 20만원 이하, 그 외의 경우에는 3만원 이하이다.
③ 약정에 따라 채권의 전부 또는 일부를 포기하는 경우 해당 금액 업무와 관련이 있으면 기업업무추진비, 업무와 관련이 없으면 기부금으로 본다.

상 중 하

038 **다음 중 법인세법상 기업업무추진비에 대한 설명으로 틀린 것은?** 111회 수정

① 기업업무추진비에 해당하는지 여부는 계정과목의 명칭과 관계없이 그 실질 내용에 따라 판단한다.
② 기업업무추진비가 지출된 해외에서 현금 외에 다른 지출수단이 없어서 한 차례의 접대에 대한 기업업무추진비 10만원을 현금으로 지출하는 경우에는 손금인정될 수 있다.
③ 특수관계가 없는 자와의 거래에서 발생한 채권을 조기에 회수하기 위하여 일부를 불가피하게 포기하는 경우 기업업무추진비에 해당하지 않는다.
④ 접대행위가 발생하였으나 해당 금액을 장기 미지급하였을 경우 그 지급한 날이 속하는 사업연도의 기업업무추진비로 손금 처리한다.

상 중 하

039 **중소기업법인 甲의 제5기 사업연도(2025년 8월 1일~2025년 12월 31일) 기업업무추진비 한도액 계산 시 수입금액이 없더라도 법인세법상 최소한 인정받을 수 있는 기업업무추진비 한도 금액은?** 92회 수정

① 24,000,000원
② 18,000,000원
③ 15,000,000원
④ 10,000,000원

상 중 하

040 **다음 중 법인세법상 세무조정 및 소득처분으로 옳지 않은 것은?** 118회

① 채권자 불분명 사채이자의 원천징수세액 : 손금불산입(기타사외유출)
② 임원의 사적 사용 카드비용 : 손금불산입(상여)
③ 세금과공과로 회계처리한 업무용 토지 취득세 : 손금불산입(기타사외유출)
④ 특례기부금 한도 초과액 : 손금불산입(기타사외유출)

상 중 하

041 **다음 중 법인세법상 소득처분 시 반드시 기타사외유출로 처분해야 하는 경우가 아닌 것은?** 117회

① 임대보증금 등의 간주익금
② 기업업무추진비 한도초과액의 손금불산입
③ 업무관련성 있는 벌금 및 과태료
④ 건설자금이자

정답 및 해설

038 ④ 기업업무추진비의 손금 귀속시기는 접대행위를 한 날이 속하는 사업연도에 손금 처리한다.

039 ③ 36,000,000원×5개월/12개월=15,000,000원

040 ③ 업무용 토지 취득세를 세금과공과로 회계처리: 〈손금불산입〉 토지 (유보)

041 ④ 건설자금이자는 유보로 처분한다.

상 중 하

042 다음은 법인세법상 기타사외유출에 대한 소득처분을 나열하고 있다. 이에 해당하지 않는 것은? 47회

① 귀속이 불분명하여 대표자에게 상여로 처분한 금액에 대한 법인의 소득세 부담액
② 일반기부금의 한도 초과액
③ 건당 3만원(경조사비 제외)을 초과한 기업업무추진비 중 증빙미수취 기업업무추진비
④ 채권자 불분명 사채이자에 대한 원천징수세액

상 중 하

043 법인세법상 기부금과 기업업무추진비에 대한 설명 중 옳지 않은 것은? 48회 수정

① 채무자의 파산 등의 사유로 인해 채권의 일부를 불가피하게 포기한 경우에도 대손금으로 본다.
② 사회복지공동모금회 등 특례기부금 단체인 전문모금기관 등에 지출하는 불우이웃돕기 기부금은 비지정기부금에 해당한다.
③ 기업업무추진비는 발생주의, 기부금은 현금주의에 의하여 손비로 처리한다.
④ 기업업무추진비에 대한 매입세액 불공제액과 사업상 증여에 대한 매출세액은 기업업무추진비로 본다.

상 중 하

044 다음 중 법인세법상 기업업무추진비와 기부금에 대한 설명으로 옳지 않은 것은? 38회

① 현물기업업무추진비의 경우 장부가액보다 시가가 높을 때에는 시가로 평가한다.
② 기부금은 현금주의에 따라 인식하고, 기업업무추진비는 발생주의에 따라 인식한다.
③ 특례기부금은 시가로 평가하고, 일반기부금은 장부가액으로 평가한다.
④ 기업업무추진비 한도 초과액은 손금불산입되고 기타사외유출로 소득처분하나 기부금 한도 초과액은 소득금액조정합계표에 반영하지 않는다.

정답 및 해설

042 ③ 건당 3만원(경조사비 제외)을 초과한 기업업무추진비 중 증빙미수취 기업업무추진비는 대표자 상여로 처분한다.

043 ② 사회복지공동모금회 등 특례기부금 단체인 전문모금기관 등에 지출하는 불우이웃돕기 기부금은 특례기부금에 해당한다.

044 ③ 일반기부금은 시가로 평가하고(단, 시가가 장부가액보다 낮은 경우 장부가액), 특례기부금과 특수관계인이 아닌 자에게 기부한 일반기부금은 장부가액으로 평가한다.

상 중 하

045 (주)인천산업에서 업무 관련 경비를 지출함에 있어 경리부장 개인이 5,000,000원을 지출하고 다음 날 현금으로 정산받은 경우와 관련된 법인세법 규정에 대한 설명으로 옳지 않은 것은? 38회

① 첨부된 증빙이 개인신용카드 매출전표로서 '기업업무추진비'에 해당한다면 전액 손금불산입 대상이다.
② 첨부된 증빙이 개인신용카드 매출전표로서 '직원 회식비'라면 증빙불비 가산세 대상이다.
③ 첨부된 증빙이 간이영수증이고 '광고선전비'라면 손금산입되나 증빙불비 가산세 대상이다.
④ 첨부된 증빙이 개인신용카드 매출전표라면 연말정산 시 신용카드 등 사용액 소득공제 시 차감하여야 한다.

상 중 하

046 법인세법상 기업업무추진비와 기부금에 관한 다음 세법 내용 중 옳지 않은 것은?

① 기업업무추진비 한도는 수입금액을 기준으로 하나, 기부금 한도는 소득금액을 기준으로 한다.
② 미지급 기업업무추진비는 당해 연도 귀속분이지만, 미지급 기부금은 당해 연도 귀속분이 아니다.
③ 기업업무추진비 한도 초과액은 이월공제되지 않으나, 일반기부금 한도 초과액은 그 후 10년간 이월공제가 인정된다.
④ 현물기업업무추진비는 시가로 계산하지만, 현물기부금이 일반기부금에 해당되는 경우 장부가액을 계산한다.

상 중 하

047 법인세법상 기업업무추진비와 기부금, 광고선전비에 관한 설명 중 옳지 않은 것은? 19회

① 기업업무추진비는 발생주의, 기부금은 현금주의에 의하여 손비로 처리한다.
② 기업업무추진비는 업무와 관련 있는 지출이지만, 기부금은 업무와 관련 없는 지출이다.
③ 소비성서비스업의 경우에 기업업무추진비와 기부금 한도액은 삭감된다.
④ 기업업무추진비와 광고선전비의 차이는 대상이 특정되었는가의 차이로 결정된다.

정답 및 해설

045 ② 법인의 업무 관련 경비를 지출함에 있어 세금계산서, 계산서, 신용카드매출전표등을 갖추지 않은 경우에는 증빙불비 가산세를 적용하며, 이 경우 법인 및 개인신용카드 여부를 구분하지 않는다. 또한, 기업업무추진비 지출 시 반드시 법인신용카드로만 규정하고 있어 개인신용카드로 지출된 기업업무추진비는 전액 손금불산입 대상이다.

046 ④ 기부금을 현물로 지급한다면 기부금의 가액은 기부 당시의 시가(시가가 장부가액보다 적으면 장부가액)로 한다. 다만, 특례기부금은 기부 당시의 장부가액으로 평가한다.

047 ③ 소비성서비스업의 경우에 기업업무추진비와 기부금 한도액은 삭감되지 않으며, 일반업종과 동일하게 처리된다.

상 중 하

048 다음 중 법인세법상 기부금과 기업업무추진비에 대한 설명으로 옳은 것은? 84회 수정

① 기부금 한도 초과액과 기업업무추진비 한도 초과액은 이월공제가 적용된다.
② 기부금과 기업업무추진비와 관련된 모든 세무조정사항은 소득금액조정합계표에 반영된다.
③ 중소기업 여부에 따라 기업업무추진비 및 기부금 한도 초과액은 달라지지 않는다.
④ 기업업무추진비 및 기부금 한도 초과액은 모두 각 사업연도 소득금액을 증가시킨다.

상 중 하

049 다음 중 법인세법상 소득금액조정합계표에 나타나는 항목이 아닌 것은? 83회

① 특례기부금 한도 초과액
② 재고자산평가감
③ 대손충당금 한도 초과액
④ 퇴직급여충당금 한도 초과액

상 중 하

050 법인세법상 지급이자 손금불산입에 관한 내용이다. 옳지 않은 것은? 29회

① 사용인에 대한 학자금의 대여액은 업무무관 자산 등에 대한 지급이자 손금불산입의 대상이 아니지만, 가지급금 인정이자 계산 대상에는 해당된다.
② 채권자가 불분명한 사채의 이자 중 원천징수세액에 상당하는 금액은 기타사외유출로 처분한다.
③ 지급이자 손금불산입의 순서는 채권자가 불분명한 사채의 이자(1순위), 지급받은 자가 불분명한 채권·증권의 이자(2순위), 건설자금에 충당한 차입금의 이자(3순위), 업무무관 자산 등에 대한 지급이자(4순위)이다.
④ 당해 사업연도 종료일 현재 준공이 되지 않은 감가상각자산에 대한 건설자금이자를 손금으로 계상한 경우에는 이를 손금불산입하고 유보로 처분한다.

정답 및 해설

048 ④ ① 기부금 한도 초과액은 이월공제되지만, 기업업무추진비 한도 초과액은 이월공제가 적용되지 않는다.
② 기업업무추진비와 관련된 세무조정사항은 소득금액조정합계표에 반영되지만 기부금 한도 초과액은 법인세 과세표준 및 세액조정계산서에 반영된다.
③ 중소기업 여부에 따라 기업업무추진비 및 기부금 한도 초과액은 달라진다.

049 ① 특례기부금 한도 초과액은 법인세 과세표준 및 세액조정계산서에 반영하는 항목이다.

050 ① 사용인에 대한 경조사비 또는 학자금(자녀의 학자금 포함)의 대여액은 지급이자 손금불산입과 가지급금 인정이자 계산 대상에 해당하지 않는다.

상 중 하

051 법인세법상 건설자금이자에 대한 설명 중 옳지 않은 것은? [19회]

① 건설자금이자의 계상 대상에는 고정자산, 투자자산 및 제조 등에 장기간 소요되는 재고자산이 포함된다.
② 고정자산의 매입, 건설 등에 소요되는지의 여부가 불분명한 차입금이자는 제외된다.
③ 차입한 건설자금의 일시예금에서 생기는 수입이자는 원본에 가산하는 자본적 지출금액에서 차감한다.
④ 건설 등이 준공되고 난 후 남은 차입금에 대한 이자는 각 사업연도 손금으로 한다.

THEME 06 손금 Ⅱ – 감가상각비 [052~059]

상 중 하

052 사업연도가 매년 1.1.~12.31.인 (주)세무는 제5기에 1,000,000원에 취득한 유형자산을 제6기에 950,000원에 매각하였다. 당해 유형자산에 대한 제5기 감가상각 범위액은 40,000원이었으나, (주)세무의 감가상각비계상액이 70,000원이었다면 제6기 유형자산양도에 대한 세무조정으로 옳은 것은? [64회]

① 익금산입 50,000원(유보)
② 익금산입 70,000원(유보)
③ 손금산입 50,000원(유보)
④ 손금산입 30,000원(유보)

상 중 하

053 특정 감가상각자산에 대하여 전기로부터 시인부족액 30만원이 이월되었다. 해당 사업연도에 상각부인액 100만원이 발생하였다면 세무조정과 차기로 이월될 시부인액은 얼마인가? [53회]

	세무조정	차기이월 시부인액
①	30만원 손금불산입	상각부인액 70만원
②	100만원 손금불산입	상각부인액 100만원
③	30만원 손금산입	상각부인액 70만원
④	100만원 손금산입	상각부인액 100만원

정답 및 해설

051 ① 법인세법상 건설자금이자의 계상 대상에는 사업용 고정자산(유형자산, 무형자산)의 매입·제작·건설의 투자액이 포함되며, 투자자산 및 재고자산은 포함되지 않는다.

052 ④ • 제5기 세무조정 손금불산입 감가상각비 한도 초과액 30,000원(유보 발생)
• 제6기 세무조정 손금산입 양도자산 상각부인액 30,000원(유보 감소)
• 감가상각자산을 양도한 경우 당해 자산의 상각부인액은 양도일이 속하는 사업연도의 손금에 이를 산입한다.

053 ② 해당 사업연도에 상각부인액이 발생하면 해당 금액을 손금불산입하고 동 부인액을 이월한다.

상 중 하

054 다음은 법인세를 증가시키는 내용이다. 옳지 않은 것은? 30회

① 기업업무추진비 한도 초과액
② 임원 상여의 한도 초과액
③ 감가상각비의 시인부족액
④ 대손충당금의 한도 초과액

상 중 하

055 다음 중 법인세법상 감가상각에 대한 설명으로 옳지 않은 것은? 42회

① 장기할부조건으로 매입한 고정자산의 경우 대금의 청산 또는 소유권의 이전 여부에 관계없이 고정자산가액 전액을 자산으로 계상하고 감가상각 대상 자산에 포함한다.
② 상각범위액에 미달하여 상각하거나 감가상각비를 전혀 계상하지 않는 경우에도 법인세법상 인정된다.
③ 감가상각자산을 취득하기 위하여 지출한 금액과 감가상각 대상 자산에 대한 자본적 지출을 손금으로 계상한 경우에는 이를 감가상각한 것으로 보아 상각범위액을 계산한다.
④ 정률법으로 감가상각하는 경우 취득가액의 5%에 해당하는 잔존가액은 최초로 감가상각비를 계상하는 사업연도의 상각범위액에 가산한다.

상 중 하

056 (주)세무에 근무하는 나부실 대리가 다음 사항에 대하여 판단한 내용으로 옳은 것은? 29회

- 2024년 세무조정 내용: 손금불산입 감가상각비 1,000,000원(유보)
- 2025년 세무조정 내용: 손금산입 감가상각비 400,000원(유보)

① 2025년 회사계상 감가상각비가 세법상의 상각범위액보다 많다.
② 2024년 세법상 상각범위액이 회사계상 감가상각비보다 많다.
③ 법인세법상 감가상각비는 대표적인 신고조정사항이다.
④ 2025년 유보 잔액은 2024년 유보 잔액에 비하여 감소한다.

정답 및 해설

054 ③ 감가상각비의 시인부족액은 법인세를 증가시키지 않는다.

055 ④ 정률법으로 감가상각하는 경우 취득가액의 5%에 해당하는 잔존가액은 미상각 잔액이 최초로 취득가액의 5% 이하가 되는 사업연도의 상각범위액에 가산한다.

056 ④ ① 2025년 회사계상 감가상각비가 세법상 범위액보다 적다(시인부족액 발생).
② 2024년 회사계상 감가상각비가 세법상 범위액보다 많다(상각부인액 발생).
③ 감가상각비는 대표적인 결산조정사항이다.

상 중 하

057 다음 자료의 내용이 법인일 경우 각 사업연도 소득금액과 개인일 경우 사업소득금액을 정확히 계산한 것은?

28회

- 손익계산서상 당기순이익은 10,000,000원이다.
- 손익계산서상 반영된 인건비 중 대표자 본인 인건비 1,000,000원이 포함되어 있다.
- 당기 감가상각부인액은 2,000,000원이 발생하였다.
- 손익계산서상 영업외손익에 이자수익이 1,000,000원이 포함되어 있다.
- 손익계산서상 영업외손익에 양도소득세 과세 대상인 토지 처분이익 1,000,000원이 포함되어 있다.

	법인의 각 사업연도 소득금액	개인의 사업소득금액
①	11,000,000원	10,000,000원
②	10,000,000원	9,000,000원
③	12,000,000원	11,000,000원
④	9,000,000원	12,000,000원

상 중 하

058 다음 중 법인세법상 감가상각에 대한 설명으로 옳지 않은 것은?

① 감가상각자산의 취득가액에는 당해 감가상각자산의 내용연수를 연장시키거나 당해 자산의 가치를 현실적으로 증가시키기 위하여 지출한 수선비를 포함한다.

② 취득가액이 거래 단위별로 100만원 이하인 감가상각자산에 대하여 그 취득가액을 손금으로 계상한 경우에는 감가상각 시부인 계산 없이 손금산입할 수 있다.

③ 감가상각이 종료된 자산이라 하더라도 개별 자산별로 1,000원을 장부가액으로 남겨두어야 한다.

④ 기계장치의 감가상각방법은 정률법 또는 정액법 중 하나를 선택할 수 있지만 무신고 시에는 정률법만 선택할 수 있다.

정답 및 해설

057 ③ • 법인의 경우 대표자 인건비는 손금사항이며 이자수익, 유형자산처분이익은 전부 익금사항이다.

∴ 법인일 경우의 각 사업연도 소득금액: 당기순이익 10,000,000원 + 감가상각부인액 2,000,000원 = 12,000,000원

• 개인의 경우 대표자 인건비는 필요경비로 인정되지 않으며, 이자수익은 이자소득으로 분류되고 토지 처분이익은 사업소득금액이 아닌 양도소득세가 과세된다.

∴ 개인일 경우의 사업소득금액: 당기순이익 10,000,000원 + 감가상각부인액 2,000,000원 + 대표자 인건비 1,000,000원 − 이자수익 1,000,000원 − 토지 처분이익 1,000,000원 = 11,000,000원

058 ③ 감가상각이 종료되는 자산은 취득가액의 5%와 1,000원 중 적은 금액을 해당 감가상각자산의 장부가액으로 한다.

상 중 하

059 다음은 법인세법상 감가상각에 대한 설명이다. 옳은 것은? 21회

① 건설 중인 자산은 감가상각 대상에서 제외되나 서화와 골동품은 감가상각 대상이다.

② 사업연도 중 신규 취득한 무형자산은 월할상각하지 않고 연상각한다.

③ 전기 상각부인액은 당기 감가상각에서 시인부족액 발생 시 어떠한 영향도 미치지 않는다.

④ 건축물에 대한 감가상각방법의 무신고 시 정액법으로만 감가상각해야 한다.

THEME 07 손금 Ⅲ – 인건비와 충당금 [060~073]

상 중 하

060 (주)고양이 임원 및 종업원에게 지급한 상여금 · 퇴직금과 세법상 상여금 · 퇴직금 지급기준은 다음과 같다. 이 경우 필요한 세무조정은? 90회/78회

- 임원의 상여금 지급: 30,000,000원(임원 상여금 지급기준 한도액: 20,000,000원)
- 종업원의 상여금 지급: 20,000,000원(종업원 상여금 지급기준 한도액: 10,000,000원)
- 임원의 퇴직금 지급: 100,000,000원(임원 퇴직금 지급기준 한도액: 90,000,000원)
- 종업원의 퇴직금 지급: 50,000,000원(종업원 퇴직금 지급기준 한도액: 40,000,000원)

① 〈손금불산입〉 기준 한도 초과액 10,000,000원(상여)

② 〈손금불산입〉 기준 한도 초과액 20,000,000원(상여)

③ 〈손금불산입〉 기준 한도 초과액 30,000,000원(상여)

④ 〈손금불산입〉 기준 한도 초과액 40,000,000원(상여)

정답 및 해설

059 ④ ① 건설 중인 자산은 감가상각 대상에서 제외되며, 서화와 골동품은 시간의 경과에 따라 그 가치가 감소하지 않으므로 감가상각 대상에서 제외된다.

② 사업연도 중 신규 취득한 무형자산은 월할상각한다.

③ 전기 상각부인액은 당기 감가상각에서 시인부족액 발생 시 유보 추인의 세무조정을 한다.

060 ② 임원 상여금과 임원 퇴직금 한도 초과액에 대해서만 세무조정을 한다. 즉, 종업원의 상여금과 퇴직금은 지급기준 한도 초과액도 전액 손금산입하므로 손금불산입에 대한 세무조정은 없다.

상 중 하

061 **다음 중 법인세법상 소득처분이 나머지와 다른 것은?** 114회

① 귀속 불분명한 증빙불비 기업업무추진비
② 임원의 퇴직금한도초과액
③ 주주인 직원의 가지급금 인정이자
④ 채권자 불분명 사채이자의 원천징수세액

상 중 하

062 **법인세법상 임직원의 인건비에 대한 설명이다. 옳은 것은?** 85회

① 임원의 상여금은 정관에 규정된 한도 내의 금액을 전액 손금으로 인정한다.
② 임원의 퇴직금은 정관의 위임규정에 따라 이사회 결정에 의하여 지급된 금액도 지급규정이 있는 것으로 본다.
③ 임원의 퇴직금에 대한 지급규정이 없는 경우에는 전액 손금불산입한다.
④ 임원의 상여금에 대한 지급규정이 없는 경우에는 법인세법상 한도액을 기준으로 손금불산입 여부를 결정한다.

상 중 하

063 **현행 법인세법에서는 기업이 실제로 지출한 인건비라 하더라도 손금인정 여부를 달리 규정하고 있다. 다음 중 법인세법상 손금산입 요건에 맞지 않는 경우는?** 46회

① 회사는 근로자(임원 제외)와 연봉제 계약을 맺고 매년 「근로자퇴직급여보장법」에 따라 퇴직급여를 중간정산하여 퇴직금으로 손금처리하였다.
② 회사는 임원에게 퇴직금을 지급함에 있어 '퇴직 직전 1년간 총급여액×10%×근속연수'를 기준으로 하여 지급하고 있으나, 회사는 임원에 대한 별도의 퇴직금규정을 두고 있지 않다.
③ 회사는 근로자(임원 제외)에게 상여금(이익처분에 의한 상여금은 아님)을 지급하고 있으나, 별도의 상여금 지급기준을 두고 있지 않다.
④ 회사는 임원에 대한 상여금을 「근로자퇴직급여보장법」에 따라 지급하고 있으며 별도의 상여금 지급규정은 없다.

정답 및 해설

061 ④ 채권자가 불분명한 사채의 이자는 상여로 처분하지만 해당 이자에 대한 원천징수세액은 기타사외유출로 소득처분한다.
반면 ① 귀속 불분명한 증빙불비 기업업무추진비, ② 임원의 퇴직금한도초과액, ③ 주주인 직원의 가지급금 인정이자는 상여로 소득처분한다.

062 ① ② 임원의 퇴직금은 정관의 위임규정에 따라 주주총회나 사원총회 결정에 의하여 지급한 금액도 손금으로 인정하지만 이사회 결의에 따라 지급한 금액은 지급규정이 없는 것으로 본다.
③ 임원의 퇴직금에 대한 지급규정이 없는 경우에는 법인세법상 한도액을 기준으로 손금불산입 여부를 결정한다.
④ 임원의 상여금에 대한 지급규정이 없는 경우에는 전액 손금불산입한다.

063 ④ 임원의 상여금은 지급규정이 없는 경우 전액 손금불산입한다.

상 중 하

064 다음의 내용 중 법인세무조정 시 유보로 소득처분되는 경우는 모두 몇 개인가? (단, 당해 사업연도는 2025.1.1.~2025.12.31.임) 27회

㉠ 받을어음의 부도로 인하여 연말에 전액 대손회계처리하였다(부도 발생일: 2025.12.20.). ㉡ 당기에 임직원에게 지급된 상여금 중 임원 상여금은 지급규정 없이 지급되었다. ㉢ 손익계산서상에 자산수증익이 포함되어 있다. ㉣ 토지 취득 시 지출한 취득세가 잡손실 계정에 포함되어 있다.

① 1개
② 2개
③ 3개
④ 4개

상 중 하

065 다음의 인건비 중 법인세법상 손금에 해당하는 것은? 17회

① 합명회사의 노무출자사원에게 지급하는 보수
② 출자임원에 대한 사용자 부담분 국민연금보험료
③ 비상근임원에게 지급한 보수 중 부당행위 계산 부인규정에 해당하는 금액
④ 이익처분에 의하여 지급하는 출자임원의 상여금

상 중 하

066 법인세법상 퇴직금 및 퇴직급여충당금 제도에 대한 설명으로 옳지 않은 것은? 45회

① 퇴직급여 지급규정에서 인정하는 경우, 기중에 입사한 임직원에 대하여 퇴직급여충당금을 설정할 수 있다.
② 확정기여형 퇴직연금이 설정된 부분에 대하여 퇴직급여충당금을 설정할 필요가 없다.
③ 확정급여형 퇴직연금이 설정된 부분에 대하여 퇴직급여충당금을 설정할 수 있다.
④ 임원에 대한 퇴직금은 회사의 지급규정이 없는 경우 손금으로 인정하지 않는다.

정답 및 해설

064 ② ㉠, ㉣은 유보, ㉡은 상여에 해당하고, ㉢은 세무조정이 필요하지 않은 경우이다.

065 ② 출자임원에 대한 사용자 부담분 국민연금보험료는 손금에 해당한다.

066 ④ 임원에 대한 퇴직금은 회사의 지급규정이 없는 경우 세법상의 한도액까지 손금으로 인정한다.

상 중 하

067 다음의 세무조정 자료에 대한 법인세법상 설명으로 옳지 않은 것은?

〈손금불산입〉 퇴직급여충당금 2,000,000원

① 손익계산서상 퇴직급여비용 계상액보다 세법상의 한도액이 적은 경우 주로 발생한다.
② 본 세무조정사항은 차기 이후의 각 사업연도 소득에 반드시 영향을 미친다.
③ 퇴직급여충당금은 감가상각비 등과 같이 결산조정사항이다.
④ 법인은 소득의 귀속자에 대하여 원천징수를 하여야 한다.

상 중 하

068 다음은 법인세법상 대손금 및 대손충당금에 대한 설명이다. 옳지 않은 것은? 63회

① 대손충당금의 손금산입은 결산조정사항이다.
② 소멸시효가 완성된 채권은 그 이후의 사업연도에도 언제든지 대손처리로 손금산입을 할 수 있다.
③ 대손충당금 설정 대상 채권의 장부가액은 세무상 금액이므로, 세무조정으로 익금산입한 채권 누락분도 설정 대상에 포함된다.
④ 법인이 동일인의 매출채권 및 채무에 대하여 당사자 간 상계약정이 없는 경우 매입채무를 상계하지 않고 대손충당금을 설정할 수 있다.

상 중 하

069 다음 중 법인세법상 대손금 범위에 해당하지 않는 것은? 94회

① 부도 발생일부터 6개월 이상 지난 수표 또는 어음상의 채권 및 외상매출금(중소기업의 외상매출금으로 부도 발생일 이전의 것에 한정함)
② 상법에 따른 소멸시효가 완성된 외상매출금 및 미수금
③ 특수관계인과의 거래가 아닌 중소기업의 외상매출금 및 미수금으로 회수기일이 1년 이상 지난 외상매출금
④ 회수기일이 6개월 이상 지난 채권 중 채권가액이 30만원 이하(채무자별 채권가액의 합계액을 기준으로 함)인 채권

정답 및 해설

067 ④ 세무조정사항은 세무상 퇴직급여충당금이라는 부채의 과대계상에서 비롯된 것이므로 소득처분은 유보이며 이는 원천징수 대상 소득처분이 아니다.

068 ② 채권의 소멸시효 완성분은 소멸시효 완성시점의 대손금이며, 신고조정사항이다. 따라서 소멸시효가 완성된 연도에 손금산입하지 않았다면 다른 사업연도에 손금으로 산입할 수 없다.

069 ③ 중소기업의 외상매출금 및 미수금으로 회수기일이 2년 이상 지난 외상매출금(특수관계인과의 거래로 인하여 발생한 외상매출금 등은 제외)이 대손금의 범위에 해당한다.

상 중 하

070 **다음의 내용과 관련된 설명으로 옳지 않은 것은?** 34회

- (주)대성무역에 2024년 10월 20일 재화를 공급하고 받을어음을 받았다(만기일: 2025.6.30.).
- (주)대성무역이 2025년 5월 30일부로 부도가 발생할 가능성이 크다.

① 만약 부도가 발생한다면 부도 발생일부터 6개월이 경과한 날이 속하는 과세기간의 확정신고 시 대손세액공제신청을 할 수 있다.
② 만약 부도가 발생한다면 부도 발생일부터 6개월이 경과한 날이 속하는 사업연도의 각 사업연도 소득금액 계산 시 소득금액조정합계표상에 반영할 수 있다.
③ 부도의 발생과 상관없이 소멸시효가 완성된 날이 속하는 과세기간의 확정신고 시 대손세액공제신청을 할 수 있다.
④ 부도의 발생과 상관없이 소멸시효가 완성된 날이 속하는 사업연도의 각 사업연도 소득금액 계산 시 소득금액조정합계표상에 반영할 수 있다.

상 중 하

071 **다음은 (주)세무(중소기업에 해당하지 않음)가 당기에 대손처리한 채권과 관련된 내용이다. 현행 법인세법상 당기 대손금으로 인정되는 금액은 얼마인가?** 57회

- 전기에 파산선고를 받아 회수 불능되었으나 전기에 대손처리하지 않은 채권: 1,800,000원
- 전기에 소멸시효가 완성된 채권: 3,200,000원
- 부도 발생일부터 6개월이 지난 채권(부도 발생일 이전의 외상매출금): 1,300,000원

① 1,800,000원 ② 3,099,000원
③ 3,100,000원 ④ 6,299,000원

정답 및 해설

070 ② 소득금액조정합계표상에 반영한다는 의미는 신고조정을 의미하며, 부도 발생일로부터 6개월이 경과한 채권의 경우에는 반드시 결산조정을 하여야 하므로 신고조정을 할 수 없다.

071 ① • 파산선고로 회수할 수 없는 채권은 손금계상한 사업연도의 대손금이므로 당기 대손금에 해당한다(결산조정사항).
• 전기에 소멸시효가 완성된 채권은 전기의 대손금이므로 당기에는 대손금으로 인정되지 않는다(신고조정사항).
• 부도 발생일부터 6개월이 지난 외상매출금(부도 발생일 이전분)은 중소기업만 해당된다.

상 중 하

072 다음 중 당해 사업연도(제3기)의 다음 사업연도(제4기)에 반드시 반대의 세무조정이 이루어지는 것만으로 묶여진 것은? 32회

㉠ 대손충당금 한도 초과액	㉡ 감가상각비 한도 초과액
㉢ 3기의 가지급금 기부금(4기에 기부금 계상함)	㉣ 퇴직급여충당금 한도 초과액

① ㉠, ㉡
② ㉢, ㉣
③ ㉡, ㉣
④ ㉠, ㉢

상 중 하

073 다음 중 법인세법상 대손금으로 손금산입할 수 있는 채권으로 옳은 것은? 107회

① 회수기일이 6개월 이상 지난 채권 중 채권가액이 30만원 이하(채무자별 채권가액의 합계액 기준)인 채권
② 부도발생일부터 6개월 이상 지난 수표 또는 어음상의 채권 및 외상매출금(중소기업의 외상매출금으로서 부도발생일 이전의 것에 한정)으로 해당 법인이 채무자의 재산에 대하여 저당권을 설정하고 있는 채권
③ 채무자가 파산한 채권의 채무보증(법령에서 허용하는 채무보증이 아닌 채무보증)으로 인하여 발생한 구상채권
④ 재판상의 확정판결로 회수불능으로 확정된 채권 중 특수관계인에게 해당 법인의 업무와 관련없이 지급한 가지급금 채권

THEME 08 손금귀속시기 및 자산 · 부채의 평가 [074~085]

상 중 하

074 다음 중 법인세법상 손익귀속사업연도에 대한 설명으로 가장 옳지 않은 것은? 96회

① 매출할인을 하는 경우 해당 금액은 상대방과의 약정에 의한 경우에는 지급기일이 속하는 사업연도의 매출액에서 차감한다.
② 장기할부조건은 월부, 연부에 따라 2회 이상 분할하여 수입하고 인도일부터 최종 할부금의 지급기일까지의 기간이 1년 이상인 것을 말한다.
③ 용역 제공에 따른 손익귀속은 원칙적으로 진행기준을 적용하지만 예외적으로 중소기업의 계약기간 1년 미만의 건설 등의 경우에는 인도기준을 적용할 수 있는 특례 규정이 있다.
④ 결산 확정 시 이미 경과한 기간에 대응하는 이자 등(법인세가 원천징수되는 이자 등은 제외)을 해당 사업연도의 수익으로 계상한 경우에는 계상한 연도의 익금으로 한다.

정답 및 해설

072 ④ 대손충당금 한도 초과액은 다음 사업연도에 반드시 반대의 세무조정이 이루어지는 자동조정 유형의 세무조정사항에 해당하며, 3기의 가지급금 기부금은 4기에 비용(기부금)으로 계상하면 반드시 반대의 세무조정이 이루어진다.

073 ① 회수기일이 6개월 이상 지난 채권 중 채권가액이 30만원 이하(채무자별 채권가액의 합계액을 기준으로 한다)인 채권은 결산조정으로 대손금 처리할 수 있다.

074 ② 장기할부조건은 월부, 연부에 따라 2회 이상 분할하여 수입하고 인도일이 아닌 인도일의 다음 날부터 최종 할부금의 지급기일까지의 기간이 1년 이상인 것을 말한다.

상 중 하

075 **법인세법상 손익귀속시기에 관한 다음의 설명 중 옳지 않은 것은?** 62회 수정

① 중소기업의 경우 장기할부조건으로 자산을 판매한 때에는 장기할부조건에 따라 회수하였거나 회수할 금액과 이에 대응하는 비용을 각각 해당 사업연도의 익금과 손금에 산입할 수 있다.

② 임대료 지급기간이 1년을 초과하는 경우 이미 경과한 기간에 대응하는 임대료 상당액과 비용은 이를 각각 해당 사업연도의 익금과 손금으로 한다.

③ 자산을 타인에게 위탁하여 판매하는 경우에는 수탁자가 그 자산을 판매한 날이 속하는 사업연도를 귀속사업연도로 한다.

④ 법인세법상 용역 제공 등에 의한 손익의 귀속사업연도는 진행기준만 인정된다.

상 중 하

076 **다음은 법인세법의 손익귀속사업연도와 관련된 설명이다. 옳지 않은 것은?** 43회

① 법인이 결산을 확정함에 있어 이미 경과한 기간에 대응하는 이자비용을 계상하는 경우 세법상 이를 인정한다.

② 법인의 각 사업연도의 익금과 손금의 귀속사업연도는 원칙적으로 그 익금과 손금이 확정된 날이 속하는 사업연도로 한다.

③ 법인의 장기건설의 경우에는 원칙적으로 작업진행률을 기준으로 하여 수익과 비용을 해당 사업연도의 익금과 손금에 산입한다.

④ 법인이 수입하는 이자 등은 일반기업회계기준에 의한 기간 경과분을 수익으로 계상한 경우 익금으로 한다.

상 중 하

077 **다음 중 법인세법상 재고자산의 평가에 대한 설명으로 옳지 않은 것을 모두 고르면?** 66회

① 동일한 사업장 내에서 제품과 상품에 대하여 각각 다른 평가방법을 적용할 수 있다.

② 재고자산은 원가법 중 후입선출법을 적용하여 평가할 수 있다.

③ 수익사업을 새로 개시한 비영리내국법인은 수익사업 개시일이 속하는 사업연도의 종료일 이전 3개월이 되는 날까지 재고자산의 평가방법을 신고하여야 한다.

④ 기한 내에 재고자산 평가방법의 변경 신고 없이 방법을 변경(임의변경)한 경우 신고한 평가방법과 선입선출법(부동산은 개별법) 중 큰 금액으로 평가한다.

정답 및 해설

075 ④ 중소기업의 경우 또는 일반기업회계기준에 따라 인도기준으로 계상한 경우 등 인도기준 적용이 가능한 경우가 있다.

076 ④ 법인이 수입하는 이자 등은 소득세법에 따른 이자소득의 수입시기가 속하는 사업연도의 익금으로 한다.

077 ①, ③

① 동일한 사업장 내에서 제품과 상품은 같은 평가방법을 적용해야 한다.

③ 수익사업을 새로 개시한 비영리내국법인은 수익사업 개시일이 속하는 사업연도의 법인세 과세표준의 신고기한까지 재고자산의 평가방법을 신고하여야 한다.

상 중 하

078 **법인세법상 재고자산 평가방법과 감가상각방법에 대한 설명으로 옳지 않은 것은?** 54회

① 재고자산은 자산구분별, 종류별, 영업장별로 서로 다른 평가방법을 선택할 수 있다.
② 재고자산 평가방법 변경 시 신고 후 승인을 필요로 한다.
③ 개발비에 대한 감가상각방법은 정액법만 가능하다.
④ 사용수익 기부자산가액의 감가상각방법은 사용수익기간에 따른 정액법만 가능하다.

상 중 하

079 **일반기업회계기준에 의해 회계처리하였으나 법인세법상 세무조정을 수행해야 하는 경우는?** 50회

① 매도가능증권을 취득한 후 공정가액법으로 평가한다.
② 예약매출인 경우 기업회계기준에 따라 그 목적물의 인도일이 속하는 사업연도의 수익과 비용으로 계상한다.
③ 보험료를 선급한 경우 결산일에 선급보험료를 인식하는 회계처리를 한다.
④ 업무용 차량운반구 수선비를 차량유지비로 회계처리를 한다.

상 중 하

080 **다음은 12월 말 결산 일반법인에 대한 법인세법상 자산의 평가에 관한 설명이다. 옳지 않은 것은?** 38회

① 법인세법상 일반법인은 외화자산, 부채에 대한 환산손익을 인정하지 않을 수 있다.
② 일반법인이 보유하는 유가증권은 개별법(채권에 한함), 총평균법, 이동평균법, 시가법 중에서 법인이 납세지 관할 세무서장에게 신고한 방법에 의해 평가한다.
③ 주권상장법인이 발행한 주식으로서 발행법인이 부도가 난 경우에는 당해 주식을 보유한 법인이 평가손실을 장부에 계상한 경우에 손금인정된다.
④ 재고자산으로서 '파손 · 부패 등의 사유로 인하여 정상가격으로 판매할 수 없는 것'에 대해서는 사업연도 종료일 현재 '처분 가능한 시가로 평가한 가액'으로 감액할 수 있다.

정답 및 해설

078 ② 재고자산 평가방법 변경 시 신고 후 승인을 필요로 하지 않는다.
079 ① 법인세법상 유가증권은 원가로 평가한다.
080 ② 「자본시장과 금융투자업에 관한 법률」에 따른 유가증권(집합투자재산)을 제외하고는 유가증권에 대해서 시가법 평가를 인정하지 않는다.

상 중 하

081 다음은 자본금과 적립금조정명세서(을)의 일부이다. 관련된 설명으로 옳지 않은 것은? 36회

과목 또는 사항	기초 사항	당기 중 증감		기말 잔액
		감소	증가	
재고자산평가감	5,000,000원	5,000,000원	3,000,000원	3,000,000원

① 기말재고자산의 장부상가액이 세법상 평가액보다 3,000,000원 적다.
② 각 사업연도 소득은 2,000,000원 감소한다.
③ 손익계산서상의 매출원가는 세법상의 가액에 비하여 2,000,000원 과소계상되어 있다.
④ 기초재고자산은 세법상 평가액보다 장부가액이 5,000,000원 많다.

상 중 하

082 기업회계기준에 의해 다음처럼 회계처리하였으나 법인세법상 세무조정을 수행하여야 하는 경우는? 35회

① 건설업의 경우 건설공사에 대하여 원가기준으로 진행률을 산정하여 수익을 인식한다.
② 단기매매증권을 취득한 후 공정가액법으로 평가한다.
③ 보험료를 선급한 경우 결산일에 선급보험료를 인식하는 회계처리를 한다.
④ 업무용 차량운반구 수선비를 차량유지비로 회계처리를 한다.

상 중 하

083 법인세법상 재고자산 및 유가증권에 대한 설명 중 옳지 않은 것은? 18회

① 일반기업회계기준은 유가증권에 대하여 시가법을 적용하고 있으나 법인세법에서는 원가법만을 인정하고 있다.
② 일반기업회계기준에서는 재고자산에 대해 저가법 평가를 의무화하고 있으나 법인세법에서는 저가법에 의한 평가를 인정하지 않는다.
③ 법인세법은 파손, 부패 등으로 인하여 정상가액으로 판매할 수 없는 재고자산은 기타 재고자산과 구분하여 처분 가능한 시가로 평가할 수 있다.
④ 재고자산의 평가방법을 변경하고자 하는 경우에는 사업연도 종료일 이전 3개월이 되는 날까지 변경 신고를 하여야 한다.

정답 및 해설

081 ④ 재고자산평가감은 세법상의 평가액이 장부가액보다 클 때 그 차액에 대하여 행하는 세무조정사항이다. 따라서 기초재고자산은 장부가액보다 세법상 평가액이 5,000,000원 많다.

082 ② 법인세법상 유가증권은 원가로 평가한다.

083 ② 법인세법의 재고자산의 평가기준은 저가법을 신고 후 적용할 수 있으며, 저가법을 신고하는 때에는 시가와 비교되는 원가법을 함께 신고하여야 한다.

상 중 하

084 법인세법상 재고자산의 평가에 관한 설명 중 옳지 않은 것은? (16회)

① 재고자산의 평가방법을 변경하고자 하는 법인은 변경할 평가방법을 적용하고자 하는 사업연도 종료일 이전 3개월이 되는 날까지 신고하여야 한다.
② 법정기한 내에 재고자산 평가방법을 신고하지 않은 경우에는 선입선출법(유가증권은 총평균법, 매매목적용 부동산은 개별법)으로 평가한다.
③ 제품과 반제품은 동일한 평가방법에 의하여 평가한다.
④ 파손 · 부패 기타 사유로 인하여 정상가격으로 판매할 수 없는 자산은 처분 가능한 시가로 평가할 수 있다.

상 중 하

085 (주)에듀윌은 후입선출법으로 평가해 오던 재고자산을 총평균법으로 변경하기로 하고 2025년 12월 25일 재고자산 평가방법 변경신고서를 제출하였다. 2025년 재고자산의 평가액으로 옳은 것은?

- 기말재고자산 평가액(2025년)
  - 선입선출법: 60,000,000원
  - 후입선출법: 45,000,000원
  - 총평균법: 50,000,000원
  - 이동평균법: 55,000,000원
- 당해 사업연도는 2025.1.1.~2025.12.31.이며, 당기 말 재고자산의 평가는 총평균법을 적용하였다.

① 45,000,000원　　② 50,000,000원
③ 55,000,000원　　④ 60,000,000원

THEME 09 부당행위 계산의 부인 [086~091]

상 중 하

086 다음 중 법인세법상 부당행위 계산 부인을 적용하기 위한 요건에 해당하지 않는 것은? (88회)

① 특수관계인과의 거래여야 한다.
② 법인의 조세부담이 부당하게 감소되었다고 인정되는 경우여야 한다.
③ 조세회피의 의사는 필요하지 않다.
④ 법인세법상 열거된 거래에 해당하여야 한다.

정답 및 해설

084 ③ 재고자산의 종류별 · 영업장별로 각각 다른 방법으로 평가할 수 있다.

085 ④ 사업연도 종료일 이전 3개월이 지나 변경 신고(임의변경)를 했기 때문에 당초 적법하게 신고한 평가방법인 후입선출법 45,000,000원과 무신고 시 평가방법인 선입선출법 60,000,000원 중 큰 금액으로 평가해야 한다.

086 ④ 부당행위 계산 부인은 법인의 행위 또는 소득금액의 계산이 특수관계인과의 거래로 인하여 그 법인의 소득에 대한 조세의 부담을 부당하게 감소시킨 것으로 인정되는 경우이면 충분하고 법인세법상 열거된 거래에 해당할 필요는 없다.

상 중 하

087 다음 중 법인세법상 부당행위계산을 적용함에 있어 조세의 부담을 부당하게 감소시킨 경우가 아닌 것은? (단, 보기의 거래는 시가와 거래가액의 차이가 3억원 이상 또는 시가의 5% 이상 요건에 모두 해당한다고 가정함) 116회 수정

① 법인이 대표이사의 배우자로부터 자산을 시가보다 높은 가액으로 매입한 경우
② 대주주인 임원의 출연금을 법인이 대신 부담하는 경우
③ 법인이 대표이사의 자녀에게 무상으로 금전을 대여한 경우
④ 업무수행을 위해 초청된 외국인에게 사택을 무상으로 제공한 경우

PART 03

상 중 하

088 다음 중 법인세법상 부당행위 계산 부인에 대한 설명 중 옳지 않은 것은? 93회 수정

① 부당행위 계산 부인을 적용하더라도 사법상의 효력은 적법 · 유효하다.
② 대표적인 유형으로는 특수관계인과의 거래로서 고가매입 또는 저가양도가 있다.
③ 시가가 불분명한 경우 주식의 시가는 「상속세 및 증여세법」상의 평가금액으로 한다.
④ 법인이 소액주주임원에게 사택을 무상 또는 낮은 임대료로 제공하는 경우에 부당행위 계산의 부인규정을 적용한다.

상 중 하

089 다음 내용과 관련된 법인세법상 설명으로 옳지 않은 것은? 32회

> ㉠ 홍길동은 홍성무역(주)의 최대주주이며 대표이사이다.
> ㉡ 홍성무역(주)은 수출입업무 등과 관련하여 신한은행으로부터 신용대출을 50,000,000원 받았으며(금리: 연 10%) 다른 차입금은 없다.
> ㉢ 홍길동은 개인적인 자금이 필요하여 홍성무역(주)와 금전소비대차계약을 체결하여 무이자로 30,000,000원을 차입하였다.

① 홍성무역(주)의 이자비용 중 일부는 손금불산입된다.
② 홍길동에게 대여한 대여금에 대한 인정이자 계산 시 적용될 인정이자율은 10%가 우선 적용된다.
③ 홍성무역(주)의 각 사업연도 소득금액 계산 시 고려되는 인정이자 상당액에 대한 소득처분은 배당이다.
④ 홍성무역(주)과 홍길동 간의 금전소비대차계약은 법인세법상 부당행위 계산의 부인규정의 한 유형이다.

정답 및 해설

087 ④ 업무수행을 위해 초청된 외국인에게 사택을 무상으로 제공한 경우는 조세의 부담을 부당히 감소시킨 것이 아니다.

088 ④ 법인이 소액주주임원에게 사택을 무상 또는 낮은 임대료로 제공하는 때에는 부당행위 계산의 부인규정을 적용할 수 없다.

089 ③ 인정이자 상당액의 귀속자인 홍길동은 홍성무역(주)의 출자임원에 해당한다. 따라서 출자임원에 귀속되는 소득은 배당이 아니라 상여로 처분된다.

상 중 하

090 다음은 법인세법상 부당행위계산 부인에 대한 설명이다. 가장 옳지 않은 것은? 109회

① 특수관계인간 자산을 고가양도한 경우에도 양도자가 법인인 경우 양도한 법인은 별도의 세무조정이 필요하지 않다.

② 금전 대여의 경우 그 시가는 가중평균차입이자율을 원칙으로 한다.

③ 특수관계인과의 거래가 아니더라도 부당한 조세의 감소가 있으면 부당행위계산 부인의 대상이 된다.

④ 금전 대여 등 일정한 거래에서 시가와 거래가액의 차액이 3억원 이상이거나 시가의 5% 이상인 경우에 부당행위계산의 부인이 적용된다.

상 중 하

091 다음은 특수관계인의 업무무관 가지급금에 대한 법인세법의 적용에 관한 설명이다. 옳지 않은 것은? 22회

① 특수관계인에 대한 업무무관 가지급금이 존재하고 적정한 이자를 수령하지 않는 경우에 원칙적으로 가지급금 인정이자를 계산하여 익금에 산입하는 규정이 적용된다.

② 차입금과 지급이자가 있는 법인이 특수관계인에 대한 업무무관 가지급금이 있는 경우에 원칙적으로 지급이자 손금불산입 규정이 적용된다.

③ 지급이자 손금불산입 규정이 적용된 경우에는 가지급금 인정이자 익금산입 규정은 적용하지 않는다.

④ 특수관계인에 대한 업무무관 가지급금은 소멸시효가 완성되어도 대손금 처리가 인정되지 않는다.

THEME 10 과세표준과 세액의 계산 [092~097]

상 중 하

092 법인세법상 이월결손금과 결손금에 대한 다음의 설명 중 옳지 않은 것은? 93회

① 이월결손금은 먼저 발생한 사업연도의 결손금부터 차례대로 공제한다.

② 중소기업에 해당하는 내국법인은 각 사업연도에 세무상 결손금이 발생한 경우 그 결손금을 소급공제하여 감소되는 직전 사업연도 법인세액을 환급 신청할 수 있다.

③ 법인세 과세표준을 추계결정 · 경정하는 경우에는 특별한 사유가 있지 않는 이상 이월결손금 공제 규정을 적용하지 않는다.

④ 중소기업 등이 아닌 일반기업의 이월결손금 공제 한도는 공제 대상 이월결손금과 각 사업연도 소득금액의 60% 금액 중 작은 금액으로 한다.

정답 및 해설

090 ③ 부당행위계산 부인은 특수관계인과의 거래에서만 적용된다.

091 ③ 지급이자 손금불산입 규정이 적용된 경우라도 적정이자를 수령하지 않았다면 인정이자 익금산입 규정도 적용한다.

092 ④ 중소기업 등이 아닌 일반기업의 이월결손금 공제 한도는 공제 대상 이월결손금과 각 사업연도 소득금액의 80% 금액 중 작은 금액으로 한다.

상 중 하

093 **다음 중 법인세법상 내국법인의 각 사업연도의 소득에 대한 법인세 과세표준 계산에 대한 설명으로 옳지 않은 것은?** 55회 수정

① 과세표준은 각 사업연도의 소득에서 이월결손금 · 비과세소득 · 소득공제액을 순차로 공제한 금액이 된다.

② 이월결손금이란 각 사업연도 개시일 전 15년(2020년 1월 1일 이후 개시하는 사업연도 발생분) 이내에 개시한 사업연도에서 발생한 결손금으로서 그 후의 각 사업연도의 과세표준 계산을 할 때 공제되지 아니한 금액을 말한다.

③ 이월결손금은 공제기한 내에 임의로 선택하여 공제받을 수 없으며, 공제 가능한 사업연도의 소득금액 범위 안에서 전액 공제받아야 한다.

④ 과세표준 계산 시 공제되지 않은 비과세소득 및 소득공제는 다음 사업연도부터 15년간 이월하여 공제받을 수 있다.

상 중 하

094 **현행 법인세법상 손금 총액에서 익금 총액을 차감한 후의 잔액을 결손금이라 한다. 이러한 결손금에 대한 설명으로 옳지 않은 것은?** 47회 수정

① 모든 법인의 결손금은 이월공제 또는 소급공제를 선택할 수 있다.

② 모든 법인의 결손금은 해당 사업연도 이후 15년(2020년 1월 1일 이후 개시하는 사업연도 발생분)간 이월공제를 할 수 있다.

③ 결손금 소급공제는 법인세 신고기한까지 반드시 공제신청서를 제출하여야 한다.

④ 이월된 결손금공제를 누락한 경우 경정 등 청구제도를 통하여 정정할 수 있다.

상 중 하

095 **세법상 중소기업에 대한 조세지원제도로서 옳지 않은 것은?** 42회

① 중소기업은 각 사업연도에 세무상 결손금이 발생한 경우 소급공제신청하여 직전 사업연도의 법인세를 환급받을 수 있다.

② 중소기업에 대해서는 소득세 및 법인세의 과소 신고 가산세를 경감한다.

③ 일정한 업종을 영위하는 중소기업은 해당 업종에서 발생한 소득금액에 대해 소득세 또는 법인세를 감면한다.

④ 중소기업은 최저한세를 적용함에 있어서 낮은 세율을 적용받는다.

정답 및 해설

093 ④ 각 사업연도의 소득에 대한 법인세의 과세표준을 계산함에 있어서 공제하지 않은 비과세소득 및 소득공제액과 최저한세의 적용으로 인하여 공제하지 않은 소득공제액은 다음 사업연도에 이월하여 공제할 수 없다.

094 ① 법인의 결손금에 대한 소급공제제도는 중소기업에 한하여 공제신청서를 법인세 신고기한까지 제출하는 경우에 적용할 수 있다.

095 ② 중소기업에 대한 조세지원제도에 경감규정은 없다.

상 중 하

096 현행 세법상 중소기업에 대한 조세지원 내용이 아닌 것은? 23회

① 법인세율 인하 ② 낮은 최저한세율의 적용
③ 기업업무추진비 한도액의 증액 ④ 법인세 분납기한 연장

상 중 하

097 다음 중 조세특례제한법상 최저한세에 대한 설명으로 옳지 않은 것은? 118회

① 감면 후 세액이 최저한세에 미달하지 않는 경우 조세특례가 배제되지 않는다.
② 최저한세 적용으로 감면받지 못한 세액감면은 10년간 이월하여 감면받을 수 있다.
③ 중소기업의 연구·인력개발비 세액공제는 최저한세 적용 대상이 아니다.
④ 최저한세로 인하여 조세특례가 배제될 경우, 자진신고 시 납세의무자가 조세특례 배제 대상을 선택할 수 있다.

THEME 11 신고 및 납부절차 [098~100]

상 중 하

098 다음 중 법인세법상 신고 및 납부에 대한 설명으로 가장 옳지 않은 것은? 96회

① 내국법인이 납부할 세액이 1천만원을 초과하는 경우에는 일정 기한 내에 분납할 수 있다.
② 영리내국법인이 법인세 신고 시 법인세 과세표준 및 세액신고서를 첨부하지 않은 경우에는 무신고에 해당한다.
③ 성실신고확인서를 제출한 내국법인의 법인세 신고기한은 각 사업연도 종료일이 속하는 달의 말일부터 4개월 이내이다.
④ 내국법인이 토지수용으로 인해 발생하는 소득에 대한 법인세를 금전으로 납부하기 곤란한 경우에는 물납할 수 있다.

정답 및 해설

096 ① 법인세율은 중소기업과 비중소기업에 동일하게 적용한다.
097 ② 세액감면 중 미감면분은 이월하지 않고 소멸된다.
098 ④ 법인세법은 물납규정이 없다.

상 중 하

099 다음은 법인세법상 과세표준의 신고와 납부에 대한 설명이다. 옳지 않은 것은?

① 사업연도 종료일이 속하는 달의 말일로부터 3개월 이내에 과세표준과 세액을 납세지 관할 세무서장에게 신고하여야 한다.

② 각 사업연도의 소득금액이 없거나 결손금이 있는 법인도 사업연도 종료일이 속하는 달의 말일로부터 3개월 이내에 신고하여야 한다.

③ 과세표준 신고 시 재무상태표, 포괄손익계산서, 이익잉여금처분계산서, 세무조정계산서는 필수 첨부서류에 해당된다.

④ 내국법인이 법인세를 중간예납하는 경우에는 납부할 세액이 1천만원을 초과하여도 분납을 적용할 수 없다.

상 중 하

100 법인세법상 중간예납에 대한 설명 중 옳지 않은 것은?

① 합병 또는 분할에 의해 신설된 경우를 제외하고는 신설법인의 최초 사업연도에는 사업연도의 장단에 불구하고 중간예납을 하지 않는다.

② 직전 사업연도에 중소기업인 내국법인은 직전 사업연도의 산출세액을 기준으로 계산한 중간예납세액이 50만원 미만인 경우 중간예납세액을 납부할 의무가 없다.

③ 국내 사업장이 없는 외국법인도 내국법인의 경우를 준용하여 중간예납을 하여야 한다.

④ 중간예납세액의 미납에 대하여도 납부지연 가산세를 적용한다.

PART 03

정답 및 해설

099 ④ 자진하여 납부할 세액이 1천만원을 초과하는 경우에 한하여 분납할 수 있다.

100 ③ 국내 사업장이 없는 외국법인은 원천징수 등에 의해 과세를 종결하므로 중간예납을 하지 않는다.

에듀윌이
너를
지지할게

ENERGY

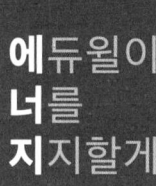

인생에 새로운 시도가 없다면
결코 실패하지 않습니다.

단 한 번도 실패하지 않은 인생은
결코 새롭게 시도해 보지 않았기 때문입니다.

– 조정민, 『인생은 선물이다』, 두란노

에듀윌이
너를
지지할게

ENERGY

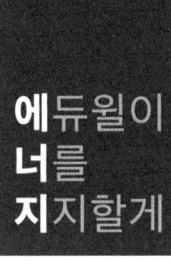

사소한 것에 목숨을 걸기에는
인생이 너무 짧고,
하찮은 것에 기쁨을 빼앗기기에는
오늘이 소중합니다.

– 조정민, 『인생은 선물이다』, 두란노

memo

memo

memo

처음에는 당신이 원하는 곳으로
갈 수는 없겠지만,
당신이 지금 있는 곳에서
출발할 수는 있을 것이다.

– 작자 미상

2025

에듀윌 전산세무 1급

실무 & 최신기출편

eduwill

CONTENTS

차례

이론

PART 01 | 재무회계

PART 02 | 원가회계

PART 03 | 세법

실무+최신기출

PART 04 | 실무시험

PART 05 | 최신기출문제

PART 4

실무시험

* 본서의 연습문제에 수록된 문제는 모두 실제 기출문제입니다(단, 모든 문제의 연도는 2025년으로 통일하였고, 빅데이터 제공을 위해 일부 회사명 및 인명을 수정함).

CHAPTER 01

전표입력

핵심키워드

주어진 거래자료를 일반기업회계기준에 의거하여 회계처리할 수 있어야 한다. [일반전표입력] 메뉴와 [매입매출전표입력] 메뉴가 함께 출제된다.

□ 1회독 □ 2회독 □ 3회독

전산세무 1급에서는 해당 거래를 분석하여 [일반전표입력] 메뉴와 [매입매출전표입력] 메뉴 중 선택하여 입력하는 유형으로 주로 문제당 3점 배점으로 4문제가 출제되고 있다.

THEME 01 일반전표입력 메뉴 알아보기

[일반전표입력] 메뉴는 회계상의 거래가 발생하면 각종 증빙서류를 보고 전산세무회계 프로그램이 요구하는 형식에 맞추어 부가가치세와 관련이 없는 분개를 입력하는 메뉴이다.

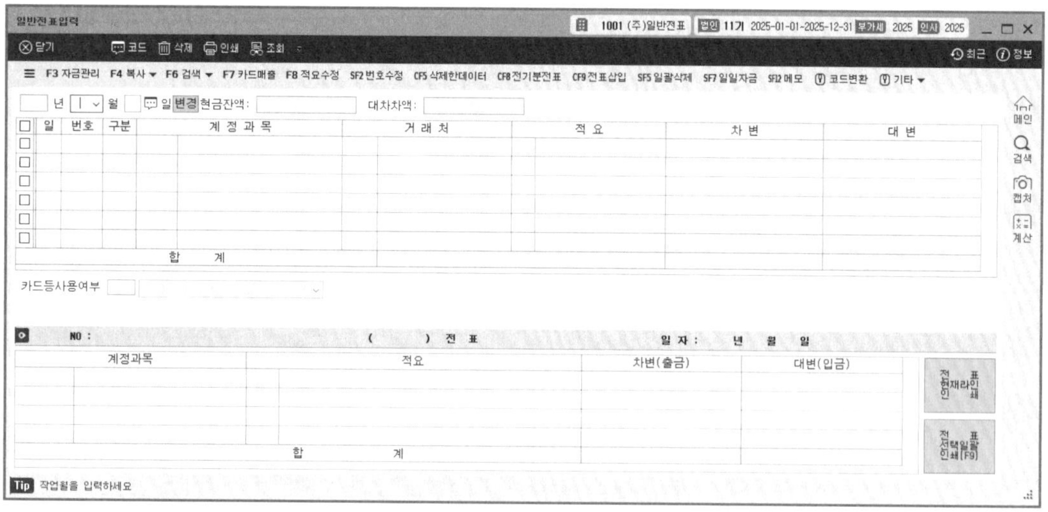

1 프로그램 실행하기

1. 월, 일

(1) 월(예 1월)만 입력하고 일자를 입력하지 않은 경우

해당 월의 전체 거래자료에 대하여 한 화면에서 일자별로 계속 입력 가능하다.

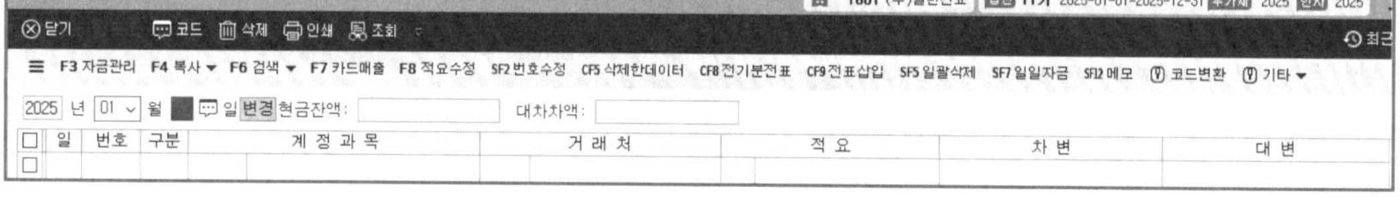

(2) **월, 일(예 1월 2일)로 입력한 경우**

한 화면에서 해당 일자의 거래자료만 입력 가능하다.

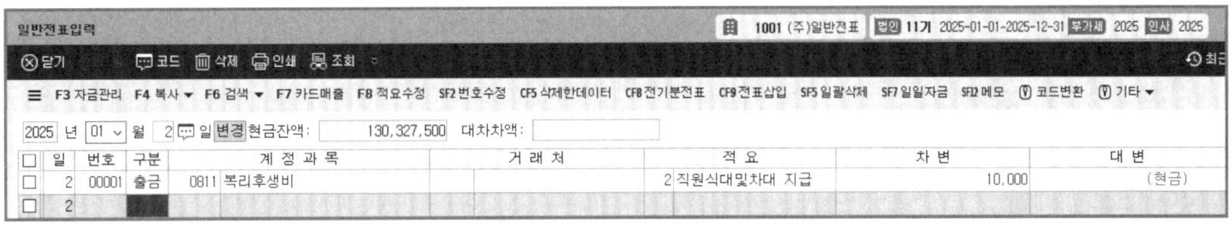

2. 번호

전표번호는 일자별로 00001번부터 자동 부여된다. 즉, 일자가 바뀌면 00001번부터 새로 번호가 부여된다. 대체분개는 한 개의 전표로 보아 동일한 번호가 부여되며, 차·대변의 합계가 일치되면 다음 번호로 넘어간다. 번호가 부여된 전표를 삭제한 경우 삭제된 번호는 다시 부여되지 않으며 번호를 수정하고자 할 때는 화면 상단의 툴바 [SF2 번호수정]을 눌러 [번호]란에 직접 번호를 입력하여 수정한 후 다시 [SF2 번호수정]을 클릭해 원래의 모드로 복귀해야 한다.

(꿀팁) [SF2 번호수정]([Shift]+[F2])은 하나의 거래에서 발생한 전표번호가 다르게 된 경우 하나의 번호로 통일시키고자 할 때 사용된다.

3. 구분

전표의 유형을 입력하는 란이다. 해당 란에 커서를 놓으면 화면 하단에 나타나는 다음의 메시지를 참고하여 [구분]란에 숫자 '1~6'을 입력한다.

Tip 구분을 입력하세요. 1.출금, 2.입금, 3.차변, 4.대변, 5.결산차변, 6.결산대변

구분		표시	내용
현금전표	출금전표	1.출금	현금의 지출로만 이루어진 거래에 사용 ⇨ (차) ××× (대) 현금
	입금전표	2.입금	현금의 수취로만 이루어진 거래에 사용 ⇨ (차) 현금 (대) ×××
대체전표		3.차변	분개 차변에 입력하기 위한 전표
		4.대변	분개 대변에 입력하기 위한 전표
결산전표		5.결차	결산분개 차변에 입력하기 위한 전표
		6.결대	결산분개 대변에 입력하기 위한 전표

(꿀팁) 전산세무회계 자격시험에서는 출금전표, 입금전표, 대체전표를 구분해서 입력하는 것을 요구하지 않는다. 따라서, 분개만 맞다면 현금의 증감거래라도 '1.출금'과 '2.입금'을 선택하지 않고, '3.차변'과 '4.대변'을 이용하여 입력해도 무관하다. 또한, '5.결산차변'과 '6.결산대변'은 보고기간 종료일에 기말수정분개를 통해 자동으로 반영할 때 사용되는 것으로 그 성격은 '3.차변', '4.대변'과 같다.

4. 코드/계정과목

(1) **계정과목코드 입력**

[계정과목 및 적요등록] 메뉴에서 등록되어 있는 계정과목코드를 입력하는 곳으로, 계정과목코드 3자리를 입력한다.

(2) **계정과목코드를 모르는 경우**

① 방법 1: [계정과목코드]란에 커서를 놓고 입력하고자 하는 계정과목의 한 글자 이상을 입력한 후 [Enter↵]를 누르면 계정코드 도움창에서 해당 글자를 포함하는 계정과목들이 조회된다. 입력하고자 하는 계정과목을 선택한 후 [Enter↵]나 [확인(Enter)]을 누른다.

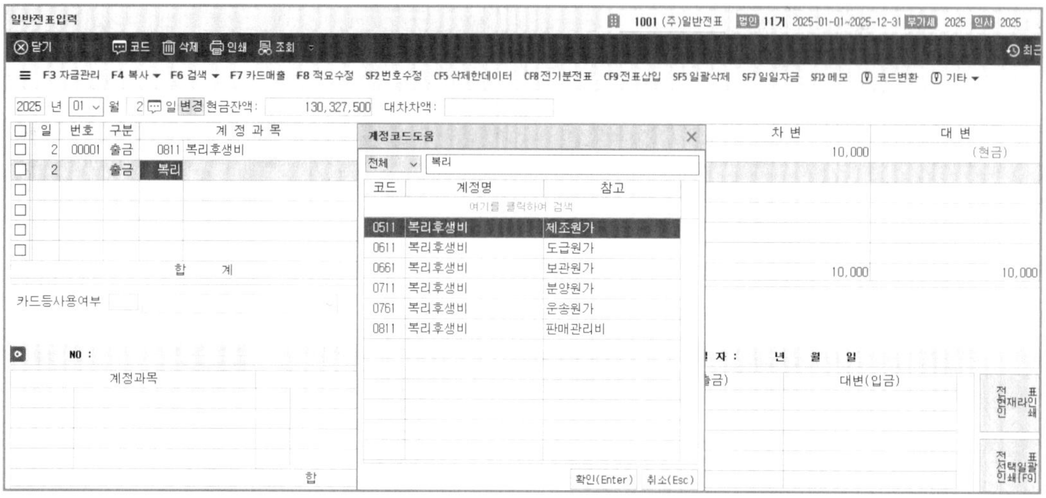

② 방법 2: [계정과목코드]란에 커서를 놓고 F2를 누르면 계정코드도움창이 나타난다. 전체 란에 찾고자 하는 계정과목의 한 글자 이상을 입력한 후 Enter↵를 누르면 입력된 단어를 포함하는 계정과목들이 조회된다. 입력하고자 하는 계정과목을 선택한 후 Enter↵나 확인(Enter)을 누른다.

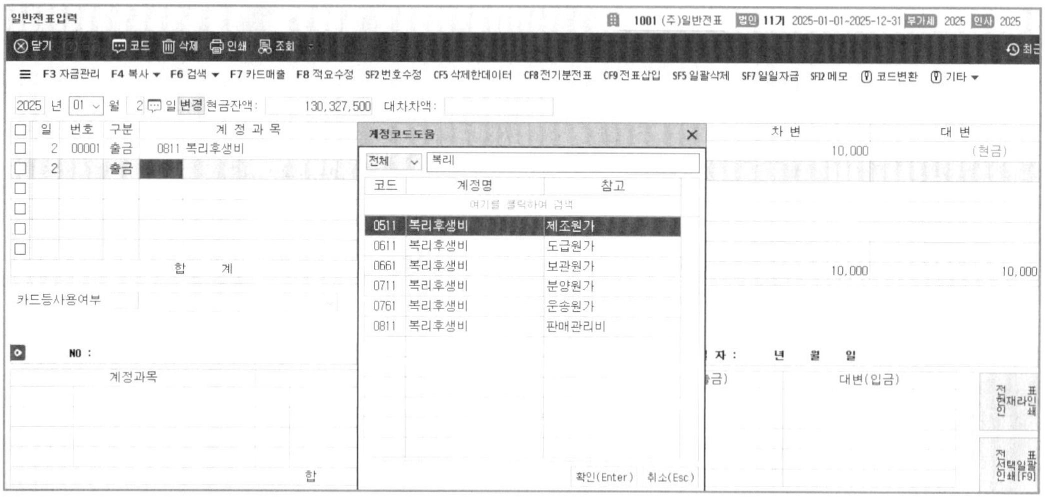

5. 거래처

채권·채무 관련 계정의 거래처별 잔액 또는 거래내역 관리를 위하여 코드를 입력하는 란으로 [거래처코드]란에 거래처코드를 입력하면 [거래처]란은 자동으로 표시된다. 전산세무회계 자격시험에서 채권·채무와 관련된 계정과목에는 별도의 언급이 없어도 반드시 거래처를 입력해야 하며, 나머지 계정과목은 별도의 언급이 없으면 입력하지 않아도 된다.

(1) 기존에 등록된 거래처를 입력하는 방법

① 방법 1: [거래처코드]란에 커서를 놓고 해당 거래처명의 한 글자 이상을 입력한 후 Enter↵를 누르면 입력된 글자가 포함된 거래처들이 조회된다. 입력하고자 하는 거래처를 선택한 후 Enter↵나 확인(Enter)을 누른다.

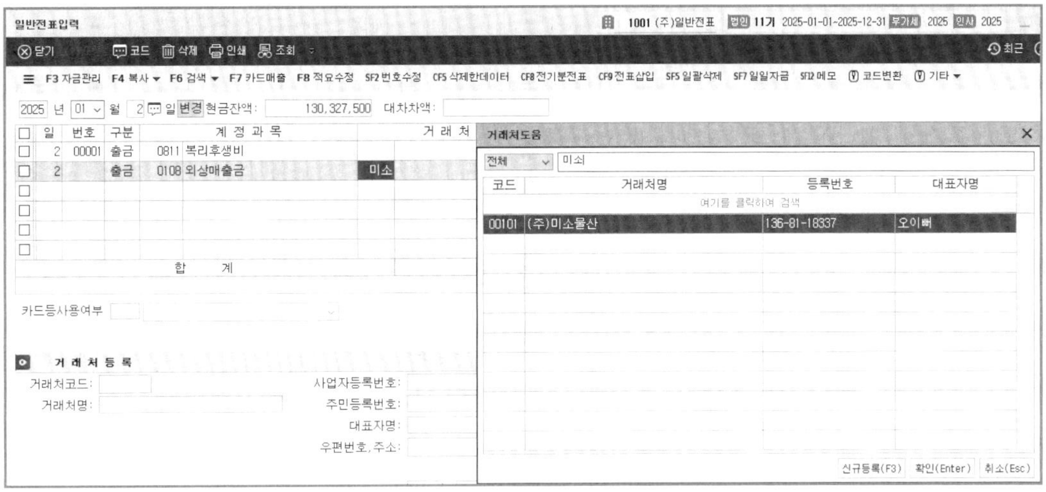

② 방법 2: [거래처코드]란에 커서를 놓고 F2를 누르면 거래처도움창이 나타난다. 전체 ∨란에 찾고자 하는 거래처의 한 글자 이상을 입력한 후 Enter↵를 누르면 입력된 글자를 포함하는 거래처들이 조회된다. 입력하고자 하는 거래처를 선택한 후 Enter↵나 확인(Enter)을 누른다.

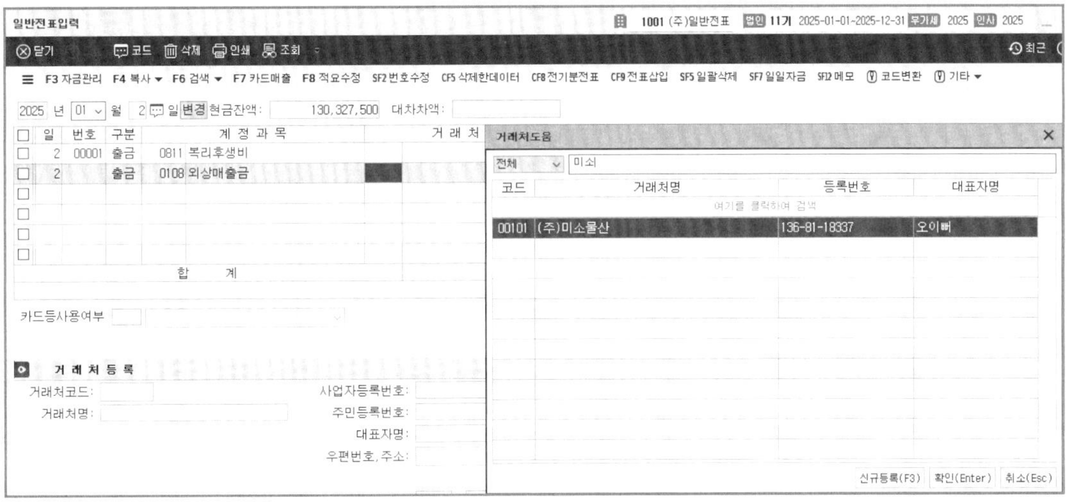

✚ 거래처를 등록해야 하는 채권 · 채무의 예

채권	채무
• 매출채권(외상매출금, 받을어음)	• 매입채무(외상매입금, 지급어음)
• 미수금, 미수수익	• 미지급금, 미지급비용
• 장기대여금, 단기대여금(임직원 등 단기채권)	• 장기차입금, 단기차입금(당좌차월)
• 선급금, 선급비용	• 선수금, 선수수익
• 가지급금	• 가수금
• 임차보증금	• 임대보증금
• 부도어음과수표, 특정현금과예금	• 리스부채
• 리스자산	• 유동성장기부채

(2) 신규거래처를 등록하는 방법

[거래처코드]란에 커서를 놓고 '+'를 누르면 [코드]란에 '00000'이 자동으로 표시되면서 커서는 [거래처명]란으로 이동한다. 등록하고자 하는 거래처명을 입력하고 Enter↵를 누른다. 동일한 거래처가 등록되어 있는 경우에는 기등록된 거래처코드번호와 거래처가 자동으로 반영되고, 등록되어 있지 않은 신규거래처인 경우는 다음의 화면이 나타난다.

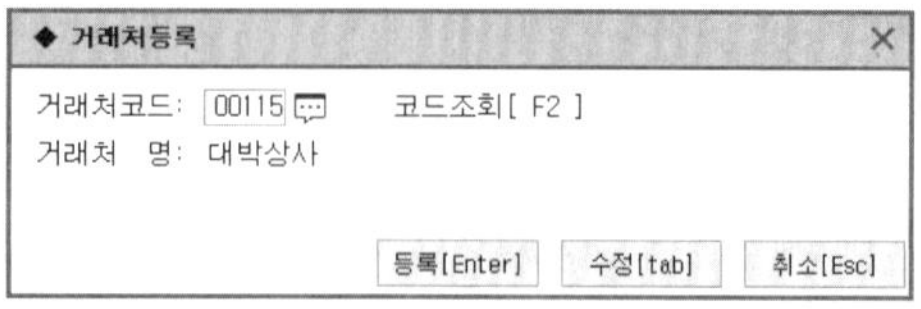

거래처코드는 00101~97999 범위에서 사용하지 않은 번호 중 가장 빠른 번호가 부여된다. 거래처의 코드번호를 자동 부여된 번호가 아닌 다른 코드번호로 등록하기 원하면 덧씌워 입력하여 수정한다. 수정[tab]을 클릭하면 메뉴 하단에 생성되는 거래처등록창에 거래처의 세부사항을 등록할 수 있다. '사업자등록번호', '대표자명', '업태', '종목' 등 거래처의 인적사항을 입력한 후 Esc를 누르면 화면 상단으로 이동한다. 만약, 번호가 잘못 부여된 경우에는 [회계관리]–[재무회계]–[기초정보관리]–[거래처등록] 메뉴에서 삭제하고 다시 등록해야 한다.

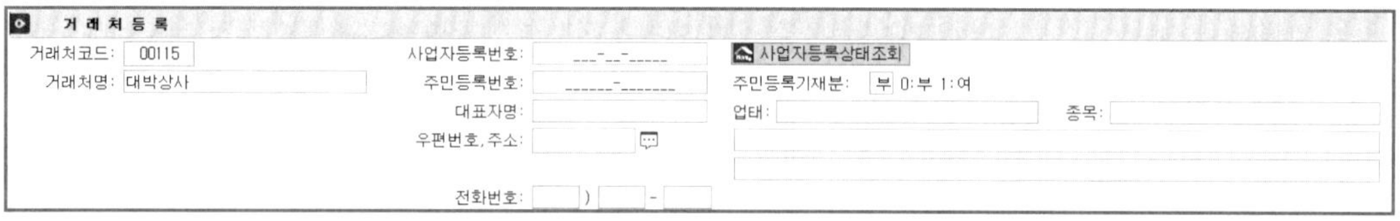

6. 거래처명

거래처원장은 거래처코드에 의해 작성되므로 거래처원장을 작성하여 관리하고자 하는 거래처는 반드시 거래처등록을 해야 하며, 거래처 관리가 필요 없는 경우에는 거래처명만 입력하면 된다.

7. 적요

적요는 거래내역을 간단히 요약한 것으로 숫자 0, 1~8 중 해당 번호를 선택하여 입력한다. 등록된 적요번호를 선택하면 해당 적요 내용이 기록되기 때문에, 반복되는 거래내역이 있을 경우 건별로 내역을 입력하는 번거로움을 줄일 수 있다. 전산세무 1급 시험에서 적요를 등록하는 것은 몇 가지를 제외하고 점수에 반영되지 않으므로 실무적으로 다음의 내용만 숙지하면 된다.

① 0: 적요를 직접 입력하고자 할 때 선택한다.

② 1~8: [계정과목 및 적요등록] 메뉴에 등록되어 있는 내용이 하단에 표시된다. 해당하는 번호를 입력한다.

③ **적요수정(F8)**: 상단 툴바의 F8 적요수정을 클릭하면 나타나는 수정적요등록창에서 임의로 적요를 수정 · 등록한 후 사용할 수 있다.

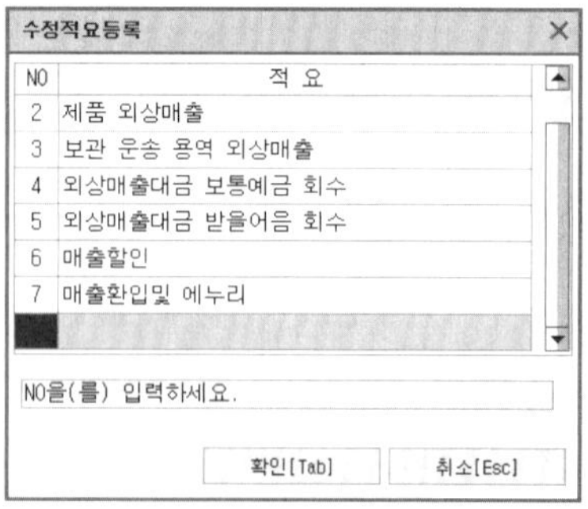

8. 차변/대변

거래금액을 입력하는 란이다. [구분]란이 '1.출금' 또는 '3.차변'인 경우에는 [차변]란에 입력되며, [구분]란이 '2.입금' 또는 '4.대변'인 경우에는 [대변]란에 입력된다.

꿀팁 KcLep에서 금액 입력 시 키보드의 '+'를 누르면 '000'이 입력되어 숫자를 빠르게 입력할 수 있다.

9. 일반전표입력의 데이터정렬

일반전표입력 화면상에서 마우스 오른쪽 버튼을 클릭하면 다음의 단축 메뉴가 나온다.

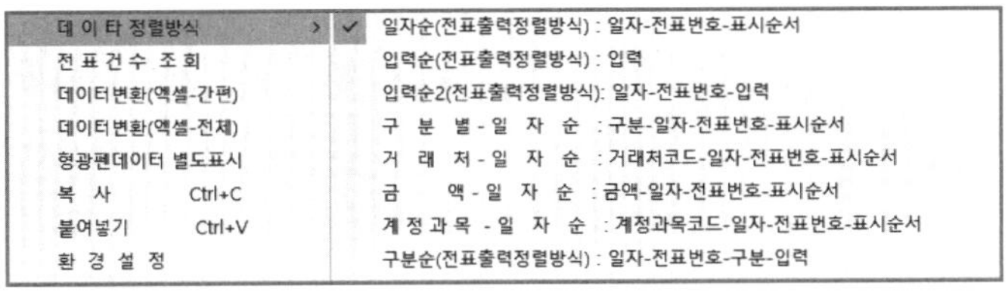

(1) 일자순

전표일자순으로 데이터를 정렬한다.

(2) 입력순

사용자가 입력한 전표순으로 데이터를 정렬한다.

10. 입력된 전표의 삭제

입력된 전표를 삭제하고자 하는 경우에는 삭제할 전표를 선택하고 화면 상단의 삭제를 클릭한 후 나타나는 보조창에서 예(Y)를 누른다.

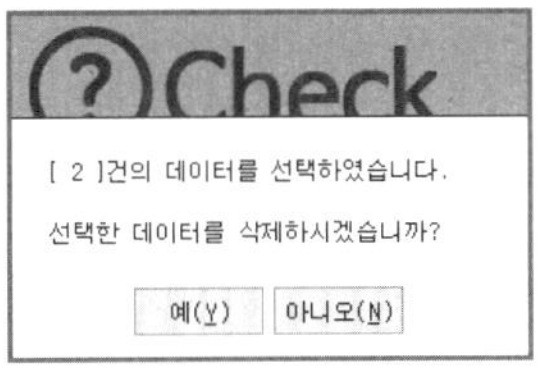

+ 대차차액

대차차액:

대차가 일치하지 않으면 화면 상단에 붉은색으로 분개 대차차액이 표시된다. 이 중 '−'는 차변이 더 작다는 뜻이고, '+'는 대변이 더 작다는 뜻이다.

11. 데이터 설치 및 회사변경

(1) 데이터 설치

① 에듀윌 홈페이지(www.eduwill.net)에 접속한다.

② [전산세무회계]−[학습자료]−[실무 프로그램 다운로드]−[실무 백데이터]에서 '전산세무 1급'을 클릭하여 파일을 다운로드한다.

③ 첨부파일의 압축을 풀고, '실행'을 선택하면 C드라이브의 KcLepDB−KcLep 폴더에 자동으로 저장된다.

④ KcLep 프로그램을 실행한 후 '급수선택'에서 '전산세무 1급'을 선택하고 회사등록을 눌러 [회사등록] 메뉴에 들어간다.

⑤ 화면 상단의 F4 회사코드재생성을 누르면 나오는 다음의 창에서 예(Y)를 누른다.

PART 04

(2) **회사변경**

메인 프로그램 우측 상단의 회사명 [1001] (주)일반전표 법인 을 더블클릭하거나 우측의 회사 를 클릭한 후 변경하고자 하는 회사를 선택하고 변경 을 클릭한다.

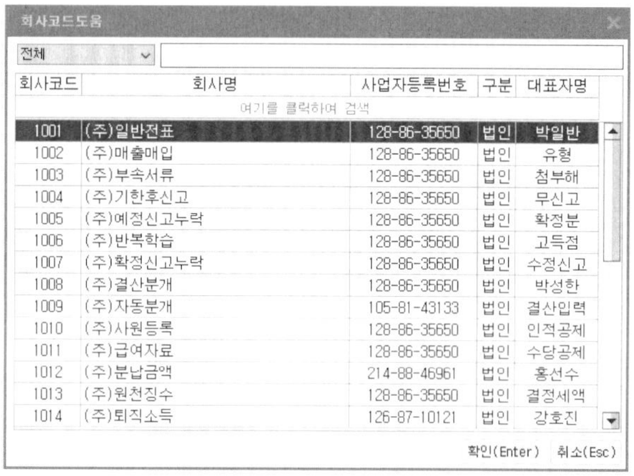

회사코드	회사명	사업자등록번호	구분	대표자명
1001	(주)일반전표	128-86-35650	법인	박일반
1002	(주)매출매입	128-86-35650	법인	유형
1003	(주)부속서류	128-86-35650	법인	첨부해
1004	(주)기한후신고	128-86-35650	법인	무신고
1005	(주)예정신고누락	128-86-35650	법인	확정분
1006	(주)반복학습	128-86-35650	법인	고득점
1007	(주)확정신고누락	128-86-35650	법인	수정신고
1008	(주)결산분개	128-86-35650	법인	박성한
1009	(주)자동분개	105-81-43133	법인	결산입력
1010	(주)사원등록	128-86-35650	법인	인적공제
1011	(주)급여자료	128-86-35650	법인	수당공제
1012	(주)분납금액	214-88-46961	법인	홍선수
1013	(주)원천징수	128-86-35650	법인	결정세액
1014	(주)퇴직소득	126-87-10121	법인	강호진

THEME 02 일반전표입력의 출제유형별 실습

입력 시 유의사항

- 일반적인 적요의 입력은 생략하지만, 타계정 대체거래는 적요번호를 선택하여 입력한다.
- 채권 · 채무와 관련된 거래는 별도의 요구가 없는 한 반드시 기등록되어 있는 거래처코드를 선택하는 방법으로 거래처명을 입력한다.
- 제조경비는 500번대 계정코드를, 판매비와 관리비는 800번대 계정코드를 사용한다.
- 회계처리 시 계정과목은 별도 제시가 없는 한 등록되어 있는 계정과목 중 가장 적절한 과목으로 한다.
- 전표의 구분은 채점 대상이 아니므로 출금 또는 입금거래일지라도 분개만 맞으면 대체전표로 입력해도 정답으로 처리된다.
- (주)일반전표(회사코드: 1001)는 일반전표입력 문제를 연습하기 위한 회사이므로 업태와 종목에 상관하지 않고, 현금 잔액 및 거래처원장 등이 음수가 되더라도 이를 무시하고 연습하도록 한다.

1 제조원가 vs. 판매비와 관리비 vs. 영업외손익 중요

▶ 최신 30회 중 9문제 출제

구분	내용
제조원가(500번대)	공장에서 제품을 만드는 과정에서 소요되는 비용으로 제품제조원가를 구성한 후 판매가 되면 손익계산서의 매출원가에 반영됨
판매비와 관리비(800번대)	제품, 상품 등의 판매활동 및 관리활동에서 발생하는 비용으로 손익계산서의 판매비와 관리비에 반영됨
영업외손익(900번대)	기업의 정상적인 영업활동 이외의 거래에서 발생한 손익

연습문제

다음 거래자료를 (주)일반전표(회사코드: 1001)의 일반전표입력 메뉴에 입력하시오.

[1] 1월 2일 기출 93회

판매부서는 보험료(보험사: 대박보험)로 3,000,000원을 보통예금으로 납부하였다. 다음의 계약현황에 따라 회계처리를 하시오(단, 자산으로 인식되는 부분은 장기성예금으로 회계처리할 것).

구분	계약자	피보험자	수익자
계약현황	(주)일반전표	판매부 임직원	(주)일반전표
보험료 납부내역	3,000,000원	보장성(상해보험) 100,000원, 저축성(만기 환급) 2,900,000원	
계약기간	5년 납입, 10년 만기	가입 후 2년이 지난 상태임	

[2] 1월 3일

영업부서의 난방용 유류대 350,000원과 공장 작업실의 난방용 유류대 740,000원을 보통예금에서 이체하였다.

[3] 1월 4일 기출 98회

굿모닝식당(직전연도의 공급대가가 4,800만원 미만인 간이과세자)에서 공장 직원들이 회식을 하고 식대 200,000원을 법인카드(삼성카드)로 결제하였다.

[4] 1월 5일 기출 103회

(주)현대캐피탈에 대한 미지급금으로 계상되어 있는 차량 구입에 따른 할부금이 매월 예정 상환일에 다음과 같이 자동으로 보통예금에서 이체되고 있다(1월 상환 예정분만 회계처리할 것).

예정 상환일	할부금	원금	이자	잔액
2025.1.5.	1,200,000원	1,090,000원	110,000원	5,000,000원
2025.2.5.	1,200,000원	1,070,000원	130,000원	3,930,000원
2025.3.5.	1,200,000원	1,050,000원	150,000원	2,880,000원
2025.4.5.	1,200,000원	1,030,000원	170,000원	1,850,000원

[5] 1월 6일 기출 93회

금융리스로 이용 중인 기계장치의 상환내역서는 다음과 같으며, 매월 보통예금에서 이체되고 있다.

상환예정내역서				(주)현대캐피탈
예정 상환일	할부금	원금	이자	잔액
2024.12.6.	500,000원	470,000원	30,000원	24,530,000원
2025.1.6.	500,000원	480,000원	20,000원	24,050,000원
2025.2.6.	500,000원	490,000원	10,000원	23,560,000원

[6] 1월 7일 기출 74회

당사의 제품 생산부서에 근무하는 신입사원의 대형자동차 운전면허증 취득을 위해 팔팔자동차 운전학원에 등록하고 법인카드인 삼성카드로 대금(공급가액: 500,000원, 부가가치세: 50,000원)을 결제하였다(단, 일반전표입력 메뉴에서 회계처리할 것).

[7] 1월 8일 기출 117회

당사가 지분을 소유한 (주)세무사랑이 중간배당을 하기로 이사회 결의를 하고, 배당금 12,000,000원을 결의한 날에 보통예금 계좌로 입금받았다(원천세는 고려하지 않음).

[8] 1월 9일 기출 114회

매입거래처인 (주)화신상사의 외상매입금 중 20,000,000원은 보통예금 계좌에서 이체하여 지급하고, 나머지 금액은 면제받았다(단, (주)화신상사의 외상매입금 관련 데이터를 조회하여 회계처리할 것).

| 풀이 |

번호	일자	차변	금액(원)	대변	금액(원)
[1]	1월 2일	장기성예금 보험료(판)	2,900,000 100,000	보통예금	3,000,000

[2]	1월 3일	수도광열비 가스수도료(제)	350,000 740,000	보통예금	1,090,000
[3]	1월 4일	복리후생비(제)	200,000	미지급금[삼성카드] 또는 미지급비용[삼성카드]	200,000
		꿀팁 매입세액이 불공제 사유이면서 신용카드로 결제한 경우에는 [매입매출전표입력] 메뉴가 아닌 [일반전표입력] 메뉴에 입력해야 한다.			
[4]	1월 5일	미지급금[(주)현대캐피탈] 이자비용	1,090,000 110,000	보통예금	1,200,000
[5]	1월 6일	리스부채[(주)현대캐피탈]* 이자비용	480,000 20,000	보통예금	500,000
		* 금융리스의 경우 리스자산과 리스부채로 회계처리해야 하며, 리스부채는 비유동부채에 해당하는 채무이므로 거래처를 입력해야 한다.			
[6]	1월 7일	교육훈련비(제)*	550,000	미지급금[삼성카드]	550,000
		* 자동차 운전학원은 과세사업자지만 세금계산서는 발급할 수 없는 사업자이므로 법인카드로 결제한 학원비의 매입세액은 공제받을 수 없다. 그러므로 [일반전표입력] 메뉴에서 관련 자료를 입력하여 회계처리한다.			
[7]	1월 8일	보통예금	12,000,000	배당금수익	12,000,000
[8]	1월 9일	외상매입금[(주)화신상사]	25,000,000	보통예금 채무면제이익*	20,000,000 5,000,000
		* [거래처원장] 메뉴에서 1월 9일 현재 (주)화신상사의 외상매입금 잔액 25,000,000원을 확인하여 회계처리한다. 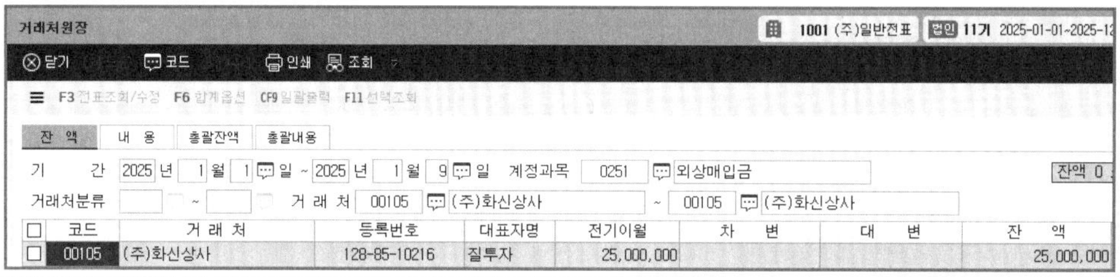			

2 수표와 어음 중요

▸ 결제수단으로서 전표입력 문제에서 자주 출제

1. 수표

구분	의의	계정과목
당사(당점)발행 수표	우리 회사가 발행한 수표	당좌예금
동사(동점)발행 수표 (타인발행 수표)	다른 회사가 발행한 수표	현금
당좌개설보증금	당좌개설 시 지급하는 보증금	특정현금과예금 (장기금융상품)
당좌차월	당좌수표 발행 시 당좌예금 잔액 이상으로 수표를 발행한 경우	단기차입금

2. 어음

구분	의의	계정과목
당사(당점)발행 어음	일반적 상거래에서 어음을 지급한 경우	지급어음
	일반적 상거래 이외의 외상거래에서 어음을 지급한 경우	미지급금
동사(동점)발행 어음	일반적 상거래에서 어음을 받은 경우	받을어음
	일반적 상거래 이외의 외상거래에서 어음을 받은 경우	미수금

3. 어음의 배서

구분	회계처리			
어음의 추심위임배서	(차) 수수료비용(판) 현금 등	××× ×××	(대) 받을어음	×××
어음의 배서양도	(차) 재고자산 등	×××	(대) 받을어음	×××
어음의 부도	(차) 부도어음과 수표	×××	(대) 받을어음	×××
어음의 할인 (매각거래의 경우)	(차) 현금 등 매출채권처분손실	××× ×××*	(대) 받을어음	×××

* 할인료 = 어음금액 × 할인율 × 신용제공기간 ÷ 365일(또는 366일)

연습문제

다음 거래자료를 (주)일반전표(회사코드: 1001)의 일반전표입력 메뉴에 입력하시오.

[1] 1월 11일 기출 117회

(주)빛나랜드로부터 전기 원재료 매입 시 발생한 외상매입금 전액을 당좌수표를 발행하여 지급하였다(외상매입금을 조회하여 입력할 것).

[2] 1월 12일 기출 91회 유사

(주)화신상사에 제품을 인도하고 받은 약속어음 6,500,000원을 우리은행에서 할인하고 현금 수취하였다. 할인료는 130,000원이다(매각거래로 처리할 것).

| 풀이 |

번호	일자	차변	금액(원)	대변	금액(원)
[1]	1월 11일	외상매입금[(주)빛나랜드]	5,950,000*	당좌예금	5,950,000
		* [거래처원장] 메뉴에서 1월 11일 현재 (주)빛나랜드의 외상매입금 잔액 5,950,000원을 확인하여 회계처리한다.			
[2]	1월 12일	현금 매출채권처분손실	6,370,000 130,000	받을어음[(주)화신상사]	6,500,000

3 원천징수제도

▸ 최신 30회 중 1문제 출제

1. 예수금

예수금은 소득을 지급하는 자 입장에서 원천징수한 금액을 말한다.

구분	회계처리			
급여 지급 시	(차) 급여	×××	(대) 현금 등 예수금	××× ×××
세금 등 납부 시	(차) 예수금	×××	(대) 현금 등	×××

꿀팁 4대 보험료 납부 시 회사가 부담하는 국민연금은 세금과공과, 건강보험료 등은 복리후생비로 처리한다.

2. 선납세금

선납세금은 소득을 얻는 자 입장에서 원천징수 당한 금액을 말한다.

구분	회계처리			
이자수익에 대한 원천징수	(차) 선납세금 현금 등	××× ×××	(대) 이자수익	×××
중간예납세액	(차) 선납세금	×××	(대) 현금 등	×××
보고기간 종료일	(차) 법인세비용	×××	(대) 선납세금 미지급세금	××× ×××

연습문제

다음 거래자료를 (주)일반전표(회사코드: 1001)의 일반전표입력 메뉴에 입력하시오.

[1] 1월 21일 기출 95회

당사는 저명한 학자 스미스 씨(미국 거주)를 국내로 초빙하여 임직원을 위한 강의를 개최하였다. 강의 당일 강의료 $3,300에 대하여 원천징수한 후 해외로 송금하고 송금수수료 15,000원을 포함하여 보통예금에서 인출하였다. 미국과의 조세조약을 살펴보니 강의료가 $3,000를 넘으면 국내에서 지방세 포함하여 22%를 원천징수해야 한다고 한다(용역비 계정을 사용하여 하나의 전표로 처리할 것, 예수금의 거래처는 국세는 '서초세무서', 지방세는 '서초구청'으로 처리하며, 1월 21일 기준 환율은 $1당 1,110원임).

[2] 1월 22일 기출 48회

매출처인 (주)여유통상으로부터 일시적으로 차입하였던 7,500,000원과 이에 대한 이자 2,000,000원을 이자소득에 대한 원천징수세액 500,000원을 차감 후 전액 보통예금 계좌에서 송금하여 상환하다.

[3] 1월 23일 기출 78회

우리은행에 예치된 정기예금(만기 1년)이 만기가 되었다. 원금 10,000,000원과, 예금 이자 400,000원에 대한 이자소득세 56,000원이 원천징수된 후의 잔액 344,000원이 보통예금 통장으로 이체되었다.

[4] 1월 24일 기출 33회

보통예금에 대한 이자 150,000원(전기에 미수수익으로 계상해 두었던 금액 110,000원 포함) 중 원천징수세액 15,400원을 제외한 금액이 보통예금 계좌에 입금되었다(단, 원천징수세액은 자산 계정으로 처리할 것).

[5] 1월 25일 기출 24회

당사 직원에 대한 1월분 급여 지급내역은 다음과 같다. 차감 지급액 전액은 보통예금에서 인터넷뱅킹을 통해 직원 각자의 계좌에 이체하였다(계좌이체 수수료는 없으며, 가불금에 대해서는 거래처원장(박보검 사원)을 조회한 후 회계처리할 것).

소속	급여 총액	공제액					차감 지급액
		국민연금	건강보험	고용보험	소득세 등	가불금	
생산직	5,000,000원	600,000원	400,000원	30,000원	275,000원	300,000원	3,395,000원
영업직	3,000,000원	400,000원	200,000원	15,000원	143,000원	–	2,242,000원
합계	8,000,000원	1,000,000원	600,000원	45,000원	418,000원	300,000원	5,637,000원

[6] 2월 10일 기출 78회

생산직 직원에 대한 1월분 건강보험료와 국민연금을 현금으로 납부하였다. 납부한 건강보험료 및 국민연금은 800,000원과 1,200,000원이고 이 중 회사 부담분과 직원 부담분은 각각 1/2씩이다.

| 풀이 |

번호	일자	차변	금액(원)	대변	금액(원)
[1]	1월 21일	용역비(판) 수수료비용(판)	3,663,000*1 15,000	예수금[서초세무서] 예수금[서초구청] 보통예금	732,600*2 73,260*3 2,872,140
		*1 $3,300×1,110원/$=3,663,000원 *2 3,663,000원×20%=732,600원 *3 732,600원×10%=73,260원			
[2]	1월 22일	단기차입금[(주)여유통상] 이자비용	7,500,000 2,000,000	보통예금 예수금	9,000,000 500,000
[3]	1월 23일	보통예금 선납세금	10,344,000 56,000	정기예금 이자수익	10,000,000 400,000
[4]	1월 24일	보통예금 선납세금	134,600 15,400	미수수익 이자수익	110,000 40,000
[5]	1월 25일	임금(제) 급여(판)	5,000,000 3,000,000	예수금 임직원 등 단기채권*[박보검 사원] 보통예금	2,063,000 300,000 5,637,000
		* [거래처원장]의 [총괄잔액] 탭을 조회하면 박보검 사원의 가불금이 임직원 등 단기채권 계정으로 계상되어 있다.			
[6]	2월 10일	예수금 세금과공과(제) 복리후생비(제)	1,000,000 600,000 400,000	현금	2,000,000

4 재고자산

▸ 최신 30회 중 1문제 출제

구분	회계처리			
취득원가	(차) 재고자산*	×××	(대) 외상매입금	×××
	* 재고자산의 취득원가는 그 매입금액에 취득과정에서 지출된 매입수수료 · 수입관세 · 보관료 · 운반비 · 보험료 · 하역비 등이 포함된 금액을 말한다.			
매입환출 및 에누리	(차) 외상매입금	×××	(대) 매입환출 및 에누리*	×××
	* 구매자 입장에서 판매장려금은 매입액에서 차감해야 하므로 매입환출 및 에누리 계정으로 처리한다.			
매입할인	(차) 외상매입금	×××	(대) 매입할인 현금	××× ×××
타계정 대체(적요 8)	(차) 재해손실 등	×××	(대) 재고자산(적요 8.타계정으로 대체)	×××

연습문제

다음 거래자료를 (주)일반전표(회사코드: 1001)의 일반전표입력 메뉴에 입력하시오.

[1] 2월 1일 기출 27회

(주)화신상사로부터 원재료 매입 시 발생한 외상매입금 20,000,000원을 결제함에 있어 조기결제에 대한 약정할인율 1%를 적용받아 그 차액을 당좌수표를 발행하여 지급하였다.

[2] 2월 2일 기출 26회

당사는 기업어음제도 개선을 위한 세액공제를 적용받기 위해 기업구매자금제도를 이용하고 있다. (주)미소물산의 원재료 매입대금 중 외상매입금 1,000,000원을 우리은행의 기업구매자금대출로 결제하였다(기업구매자금의 대출기한은 1년 이내임).

[3] 2월 3일 기출 22회

당사는 매입처 (주)빛나랜드로부터 지난 달 거래실적에 대한 판매장려금의 지급이 결정되어 당일자로 당사의 외상매입금과 상계되었음을 통보받았다. 판매장려금은 원재료 매입가격(공급가액) 6,000,000원의 10%로 약정되어 있다(부가가치세는 고려하지 말 것).

[4] 2월 4일 기출 9회

견본용으로 신제품 30개(@20,000원)를 거래처에 무상으로 제공하였다.

[5] 12월 31일 기출 92회

기말에 재고자산 실사를 하는 과정에서 파손이나 도난 등으로 인한 원재료 감소액 7,000,000원이 확인되었다. 이 금액 중에서 60%는 원가성이 없는 것으로 확인되었다.

| 풀이 |

번호	일자	차변	금액(원)	대변	금액(원)
[1]	2월 1일	외상매입금[(주)화신상사]	20,000,000	당좌예금 매입할인(155)	19,800,000 200,000
[2]	2월 2일	외상매입금[(주)미소물산]	1,000,000	단기차입금[우리은행]	1,000,000
[3]	2월 3일	외상매입금[(주)빛나랜드]	600,000	매입환출 및 에누리(154)	600,000
[4]	2월 4일	견본비(판)	600,000	제품(적요 8)	600,000
[5]	12월 31일	재고자산감모손실	4,200,000	원재료(적요 8)	4,200,000

5 단기매매증권과 매도가능증권 (중요)

▸ 최신 30회 중 6문제 출제

1. 단기매매증권

구분		회계처리			
취득원가		(차) 단기매매증권* 수수료비용(984)	××× ×××	(대) 현금 등	×××
		* 매입 시 공정가치를 말하며, 관련 수수료는 수수료비용(영업외비용)으로 처리한다.			
기말평가	공정가치 상승	(차) 단기매매증권	×××	(대) 단기매매증권평가이익	×××
	공정가치 하락	(차) 단기매매증권평가손실	×××	(대) 단기매매증권	×××
	꿀팁 단기매매증권평가손익은 손익계산서상 영업외손익 항목이다.				
처분	장부금액 <처분금액	(차) 현금 등	×××	(대) 단기매매증권 단기매매증권처분이익	××× ×××
	장부금액 >처분금액	(차) 현금 등 단기매매증권처분손실	××× ×××	(대) 단기매매증권	×××
	꿀팁 단기매매증권처분손익은 손익계산서상 영업외손익 항목이다.				

2. 매도가능증권

구분	회계처리			
취득원가	(차) 매도가능증권(178)*	×××	(대) 현금 등	×××
	* 매입 시 공정가치에 관련 수수료 등 부대비용을 더한 금액을 말한다. 꿀팁 매도가능증권의 코드번호 178번은 투자자산으로, 123번은 당좌자산으로 분류된다. 1년 이내에 처분할 의도가 없는 경우 178번으로 입력한다.			

기말평가	공정가치 상승	(차) 매도가능증권 ×××	(대) 매도가능증권평가이익 ×××
	공정가치 하락	(차) 매도가능증권평가손실 ×××	(대) 매도가능증권 ×××
	꿀팁 매도가능증권평가손익은 재무상태표상 자본 중 기타포괄손익누계액 항목이며, 차기 이후에 발생하는 평가손익과 상계하여 회계처리한다. 또한 매도가능증권에 대한 자본 항목의 누적금액은 그 유가증권을 처분하거나 손상차손을 인식하는 시점에 일괄하여 당기 손익에 반영한다.		
처분 (취득원가 <처분금액)	매도가능증권 평가이익 有	(차) 현금 등 ××× 매도가능증권평가이익 ×××	(대) 매도가능증권 ××× 매도가능증권처분이익 ×××
	매도가능증권 평가손실 有	(차) 현금 등 ×××	(대) 매도가능증권 ××× 매도가능증권평가손실 ××× 매도가능증권처분이익 ×××
	꿀팁 매도가능증권처분손익은 손익계산서상 영업외손익 항목이며, 매도가능증권평가손익을 실현시켜 처분손익에 반영한다.		

+ 매도가능증권손상차손

매도가능증권의 손상차손은 유가증권 발행회사의 신용위험이 증가하여 유가증권의 공정가치가 회복 불가능한 경우를 말한다. 매도가능증권으로부터 회수할 수 있을 것으로 추정되는 회수 가능액이 취득원가보다 작은 경우에는 손상차손을 인식한다. 만약, 손상 전 매도가능증권평가손익이 남아 있는 경우에는 해당 매도가능증권평가손익을 제거한 후 매도가능증권손상차손에 반영한다.

- 매도가능증권평가손실이 계상되어 있는 경우 회계처리

(차) 매도가능증권손상차손(영업외비용)	×××	(대) 매도가능증권평가손실(기타포괄손익누계액) 매도가능증권	××× ×××

- 매도가능증권평가이익이 계상되어 있는 경우 회계처리

(차) 매도가능증권평가이익(기타포괄손익누계액) 매도가능증권손상차손(영업외비용)	××× ×××	(대) 매도가능증권	×××

연습문제

다음 거래자료를 (주)일반전표(회사코드: 1001)의 일반전표입력 메뉴에 입력하시오(단, 해당 문제는 서로 연결된 것이 아닌 각각의 상황에 의해 입력할 것).

[1] 3월 2일 기출 108회

(주)삼공전자의 상장주식 1,000주를 단기보유 목적으로 주당 5,500원에 매입하고 대금은 수수료 45,000원과 함께 수표를 발행하여 지급하였다.

[2] 3월 3일 기출 111회

단기보유 목적으로 구입한 (주)정안의 주식(시장성 있음) 300주를 1주당 23,000원에 처분하고 대금은 보통예금에 입금되었다. 주식 처분에 따른 증권거래세 20,700원과 거래수수료 12,000원은 현금으로 지급하였다.

〈(주)정안 주식의 취득 및 변동내역〉
- 2024년 10월 20일 500주 취득: 1주당 20,000원(취득 부대비용은 15,000원 소요됨)
- 2024년 12월 31일 시가: 1주당 22,000원

[3] 9월 1일 기출 59회

회사는 단기적인 자금운용을 위해 2025년 1월 1일 14,750,000원에 취득한 국채를 경과이자를 포함하여 현금 14,930,000원을 받고 매각하였다(발행일 2025년 5월 1일, 액면금액 15,000,000원, 표시이자율 3%, 이자 지급일 매년 12월 31일, 만기 2040년 9월 30일, 이자는 월할계산하기로 하고 채권 중도매도 시 원천징수는 생략함).

[4] 3월 5일 기출 63회

전기에 장기투자 목적으로 구입한 (주)주은사의 주식(시장성 있음) 300주를 1주당 20,000원에 처분하고 대금은 보통예금에 입금되었다. 주식 처분에 따른 증권거래세 40,000원과 거래수수료 15,000원은 현금으로 지급하였다. (주)주은사 주식의 취득 및 변동내역은 다음과 같으며, 주식의 취득 및 평가는 일반기업회계기준에 따라 적절하게 반영하였다.

- 2024.9.20.: 500주 취득(주당 15,000원 소요)
- 2024.12.31. 시가: 1주당 24,000원

[5] 3월 6일 기출 112회

당사가 보유 중인 매도가능증권의 50%를 25,500,000원에 처분하고 처분대금은 보통예금 계좌에 입금되었다. 해당 매도가능증권의 원시 취득가액은 56,000,000원이며, 2024년 기말 공정가치는 57,000,000원이다.

[6] 12월 31일 기출 28회

2024년 12월 1일에 장기소유 목적으로 구입한 강태공(주) 주식 600주(1주당 액면금액 10,000원)를 @98,000원으로 취득하였으나 2024년 결산 시 공정가액 @95,000원으로 평가하였다. 2025년 12월 31일자의 회계처리를 하시오(단, 이 주식은 강태공(주)이 금융기관으로부터 당좌거래 정지처분을 당하여 주식의 회수 가능액이 20,000,000원으로 평가되었음).

| 풀이 |

번호	일자	차변	금액(원)	대변	금액(원)
[1]	3월 2일	단기매매증권 수수료비용(984)	5,500,000 45,000	당좌예금	5,545,000
[2]	3월 3일	보통예금	6,900,000*2	단기매매증권 현금 단기매매증권처분이익	6,600,000*1 32,700 267,300
		*1 300주×22,000원=6,600,000원 *2 300주×23,000원=6,900,000원			
[3]	9월 1일	현금 단기매매증권처분손실	14,930,000 120,000*2	단기매매증권 이자수익	14,750,000 300,000*1
		*1 15,000,000원×3%×8개월/12개월=300,000원 *2 14,930,000원−300,000원−14,750,000원=(−)120,000원(손실)			
[4]	3월 5일	보통예금 매도가능증권평가이익	6,000,000 2,700,000*2	매도가능증권(178) 현금 매도가능증권처분이익	7,200,000*1 55,000 1,445,000
		*1 300주×24,000원=7,200,000원 *2 300주×(24,000원−15,000원)=2,700,000원			
[5]	3월 6일	보통예금 매도가능증권평가이익 매도가능증권처분손실	25,500,000 500,000*1 2,500,000*2	매도가능증권(178)	28,500,000
		*1 (57,000,000원−56,000,000원)×50%=500,000원 *2 25,500,000원−56,000,000원×50%=(−)2,500,000원(손실)			
[6]	12월 31일	매도가능증권손상차손	38,800,000*3	매도가능증권(178) 매도가능증권평가손실	37,000,000*1 1,800,000*2
		*1 600주×95,000원−20,000,000원=37,000,000원 *2 600주×(98,000원−95,000원)=1,800,000원 *3 600주×98,000원−20,000,000원=38,800,000원			

6 외화채권과 외화채무

▸ 최신 30회 중 5문제 출제

구분	내용
거래발생	외화채권과 외화채무에 관한 거래가 발생한 경우 발생시점의 환율로 환산하여 처리
기말평가	외화채권과 외화채무는 보고기간 종료일 현재의 환율로 환산한 금액을 재무상태표에 계상해야 하며, 이 경우 발생하는 환율 변동분을 외화환산이익 또는 외화환산손실(손익계산서상 영업외손익)로 처리
외화채권의 회수 및 외화채무의 상환	환율 변동으로 인한 이익과 손실을 의미하며 외환차익 또는 외환차손(손익계산서상 영업외손익)으로 처리

연습문제

다음 거래자료를 (주)일반전표(회사코드: 1001)의 일반전표입력 메뉴에 입력하시오(단, 해당 문제는 서로 연결된 것이 아닌 각각의 상황에 의해 입력할 것).

[1] 3월 11일 기출 115회

전기에 미국의 피츠버그 회사에 대여하여 외화장기대여금으로 계상하였던 $10,000를 회수하여 보통예금에 입금하였다. 각각의 기준 환율은 다음과 같으며 회사는 전기 말에 외화자산부채에 대한 평가를 일반기업회계기준에 따라 적절히 하였다.

구분	전기 대여일	전기 말	당기 3월 11일
기준 환율	1,100원/$	1,050원/$	1,200원/$

[2] 3월 12일 기출 110회

환율이 하락하여 북경은행으로부터 2022년도에 차입한 외화장기차입금 계정의 미화 $17,500를 현금으로 상환하였다(전기 말 외화장기차입금 외화평가 시 환율은 1,145원/$이고, 3월 12일 상환 시 환율은 1,020원/$임).

[3] 3월 13일 기출 52회

뉴욕은행으로부터 차입한 외화장기차입금 $10,000(외화장기차입금 계정)와 이자 $200에 대해 거래은행에서 원화현금을 달러로 환전하여 상환하였다. 단, 하나의 전표로 회계처리하시오.

- 장부상 회계처리 시 적용 환율: $1당 1,000원
- 상환 시 적용 환율: $1당 1,100원

[4] 3월 14일 기출 109회

미국에 있는 피츠버그 회사에 2024년 12월 1일 가전제품 $1,000를 외상으로 수출하고 대금은 2025년 3월 14일에 받기로 하였다. 2024년 12월 1일과 2024년 12월 31일의 회계처리는 적절하다고 가정하고 2025년 3월 14일 보통예금 통장(국민은행)으로 수취하였을 때 회계처리를 하시오.

- 2024년 12월 1일 환율: 1,100원/$
- 2024년 12월 31일 환율: 1,300원/$
- 2025년 3월 14일 환율: 1,200원/$

[5] 3월 15일 기출 77회

거래처 (주)대성웨어로부터 3월 5일에 영세율 세금계산서를 발급받고 원재료 외상매입대금 전액(170,230,000원)을 외환은행의 외화 보통예금 통장에서 송금하면서 이체수수료는 현금으로 지급하고, 다음과 같은 거래계산서를 교부받았다.

환전/송금/금매매 거래계산서

- 거래일: 2025년 3월 15일 • 고객명: (주)일반전표
- 거래종류: 국내자금당발이체 실행(창구)

구분	통화	외화금액	환율	원화금액
외화대체	USD	134,961.00	1,266.00	170,860,626원

적요
• 당발 이체수수료: 10,000원
• 내신 외화금액: USD134,961.00
• 내신 원화금액: 10,000원
• 수취인: (주)대성웨어

| 풀이 |

번호	일자	차변	금액(원)	대변	금액(원)
[1]	3월 11일	보통예금	12,000,000*1	외화장기대여금[피츠버그] 외환차익	10,500,000*2 1,500,000
		*1 $10,000×1,200원/$=12,000,000원 *2 $10,000×1,050원/$=10,500,000원			
[2]	3월 12일	외화장기차입금[북경은행]	20,037,500*1	현금 외환차익	17,850,000*2 2,187,500*3
		*1 전기 말 장부금액: $17,500×1,145원/$=20,037,500원 *2 상환 시 장부금액: $17,500×1,020원/$=17,850,000원 *3 20,037,500원−17,850,000원=2,187,500원			
[3]	3월 13일	외화장기차입금[뉴욕은행] 외환차손 이자비용	10,000,000 1,000,000 220,000	현금	11,220,000
[4]	3월 14일	보통예금 외환차손	1,200,000 100,000	외상매출금[피츠버그]	1,300,000
[5]	3월 15일	외상매입금[(주)대성웨어] 외환차손 수수료비용(판)	170,230,000 630,626 10,000	보통예금 현금	170,860,626 10,000

7 유형자산

▸ 최신 30회 중 2문제 출제

구분		회계처리			
취득원가		(차) 유형자산*	×××	(대) 현금	×××
		* 유형자산의 취득원가는 그 매입금액에 취득과정에서 지출된 취득세·매입수수료·수입관세·운반비·보험료·시운전비 등이 포함된 금액을 말한다.			
채권의 강제매입		유형자산의 취득과 관련하여 불가피하게 채권을 매입하는 경우 당해 채권의 매입금액과 일반기업회계기준에 따라 평가한 현재가치와의 차액은 유형자산의 취득원가에 산입함			
국고보조금(정부보조금)에 의한 취득		(차) 유형자산	×××	(대) 현금 등 국고보조금*	××× ×××
		* 국고보조금 등에 의해 유형자산을 무상 또는 공정가치보다 낮은 대가로 취득한 경우에도 그 유형자산의 취득원가는 취득일의 공정가치로 한다. 이 경우 국고보조금은 취득원가에서 차감하는 형식으로 표시하고 그 자산의 내용연수에 걸쳐 감가상각비와 상계하여 처리한다.			
취득 후 지출	자본적 지출	(차) 유형자산	×××	(대) 현금 등	×××
	수익적 지출	(차) 해당 비용	×××	(대) 현금 등	×××
교환취득	이종자산 간	취득원가=제공한 자산의 공정가치+현금 지급액−현금 수취액			
	동종자산 간	취득원가=제공한 자산의 장부금액+현금 지급액−현금 수취액			

일괄 구입	건물 사용 ○	취득원가를 토지와 건물에 공정가치 비율로 안분계산
	건물 사용 ×	순철거비용(=철거비용-폐자재 매각대금), 토지 정지비용 및 취득세 등도 토지원가에 가산 꿀팁 새로운 건물을 신축하기 위해 기존 건물을 철거하는 경우 구건물의 장부금액은 처분손실로 반영하고 철거비용이 발생한 즉시 비용으로 처리한다.
건설 중인 자산		• 유형자산의 건설을 위하여 직접 또는 간접으로 소요된 재료비, 노무비 및 경비로 회계처리하며, 건설을 위하여 지출한 도급금액 또는 취득한 기계 등을 포함함(즉, 건설 중인 자산은 유형자산의 취득을 위하여 취득 완료 시까지 지출한 금액을 처리하는 임시 계정이며, 취득 완료 시 본 계정으로 대체됨) • 금융비용의 자본화는 유형자산의 제작을 위한 특정 차입금 등과 관련된 금융비용을 이자비용으로 인식하는 것이 원칙이나 회사의 선택에 따라 유형자산의 취득원가에 포함 가능함
비자발적 처분		천재지변, 기타 재해 등으로 인해 재산상 손실이 발생하는 것을 말하며 이 경우 손상차손과 보험차익을 상계하여 보험차익으로 표시하는 것이 아니라 손상차손(또는 재해손실)과 보험차익(또는 보험금수익)을 각각 총액으로 표시함
처분		• 기중에 처분이 발생한 경우 전기 말부터 처분일까지 먼저 감가상각비를 계상한 후 장부금액을 결정함 • 장부금액(=원가-감가상각누계액 등)과 처분금액의 차액은 유형자산 처분손익(영업외손익)으로 처리함

연습문제

다음 거래자료를 (주)일반전표(회사코드: 1001)의 일반전표입력 메뉴에 입력하시오.

[1] 4월 1일 기출 82회

생산부 업무용으로 사용 중이던 승용차(5인승, 2,000cc)를 개인사업자인 청산리카센타에서 정비하고 동 일자에 정비대금 5,500,000원을 법인카드인 비씨카드로 결제하였다. 정비내역은 자본적 지출에 해당한다.

[2] 4월 2일 기출 66회

정부로부터 국고보조금 80,000,000원을 보통예금 계좌로 수수하였다. 해당 보조금은 자산 취득에 사용 예정이나 취득 전까지 일시적으로 운용될 예정이다.

[3] 4월 3일 기출 72회

산업자원부로부터 자산 취득조건으로 국고보조금 120,000,000원을 지원받아 보통예금에 입금하였다. 30%는 당해 프로젝트를 성공할 경우 3년 거치 분할상환해야 할 의무를 부담하며, 70%는 상환의무를 부담하지 않는다.

[4] 4월 4일 기출 62회

업무용 화물트럭을 구입하면서 의무적으로 매입해야 하는 채권(액면금액 500,000원, 공정가치 420,000원)을 액면금액으로 매입하고, 대금은 보통예금에서 지급하였다. 채권은 매도가능증권(투자자산)으로 분류된다.

[5] 4월 5일 기출 113회

공장 건설용 토지를 매입하면서 법령에 의하여 공채를 액면금액으로 함께 매입하고 공채대금 1,800,000원은 현금으로 지급하였다. 공채 매입 당시 공정가치는 1,650,000원으로 평가되며, 이는 단기매매증권으로 분류한다.

[6] 4월 6일

신축 중인 사옥의 장기차입금 이자 750,000원을 당좌수표로 지급하였다. 사옥은 2028년 6월 30일 완공 예정이며, 해당 지출은 자본화 요건을 충족한 것으로 본다.

[7] 4월 7일 기출 53회

당사의 주주인 김대수 씨가 사망하면서 본인 소유의 대지를 당사의 영업부문 신사옥 건설용지로 아무런 조건 없이 이전한다는 유언을 남김에 따라 대지를 이전받고, 취득세 등 부대비용 2,100,000원은 보통예금에서 송금하였다. 당해 대지의 공정가치는 40,000,000원이고, 기준시가는 28,000,000원이다.

[8] 4월 8일 기출 111회

제조부에서 사용하던 기계장치(취득원가 18,000,000원, 감가상각누계액 8,500,000원, 국고보조금 3,000,000원)가 화재로 인해 소실되어 동일 날짜에 안전보험으로부터 보험금 9,800,000원을 보통예금 계좌로 입금받았다. 소실 전까지의 관련 회계처리는 적정하게 되었다(천재지변으로 인한 손실은 '재해손실' 계정을 사용하기로 함).

[9] 4월 9일 기출 17회

정주산업(주)으로부터 토지를 취득하면서 그 대가로 장부금액이 130,000,000원(취득원가 200,000,000원, 감가상각누계액 70,000,000원)이고 공정가치가 100,000,000원인 기계장치와 현금 50,000,000원을 지급하였다(기계장치에 대한 부가가치세는 고려하지 말 것).

[10] 4월 10일 기출 12회

사용하던 공장용 기계장치 일부를 (주)바른정비에 위탁하여 수리하고, 수리비 350,000원 중 200,000원만 현금 지급했으며 나머지는 차후에 지급하기로 하였다. (주)바른정비는 직전 연도의 공급대가가 4,800만원 미만인 간이과세자이므로 영수증을 수취하였다.

[11] 4월 11일 기출 11회

(주)일반전표는 본사 사옥을 자가건설하기 위하여 건물이 세워져 있는 삼방물산의 토지를 7,000,000원에 구입하고 당좌수표를 발행하여 지급하였다. 또한 구건물의 철거비용 200,000원과 토지 정지비용 100,000원을 현금으로 추가 지급하였다.

| 풀이 |

번호	일자	차변	금액(원)	대변	금액(원)
[1]	4월 1일	차량운반구	5,500,000	미지급금[비씨카드]	5,500,000
[2]	4월 2일	보통예금	80,000,000	국고보조금(127)	80,000,000
[3]	4월 3일	보통예금	120,000,000	장기차입금[산업자원부] 국고보조금(127)	36,000,000 84,000,000
[4]	4월 4일	매도가능증권(178) 차량운반구	420,000 80,000	보통예금	500,000
[5]	4월 5일	단기매매증권 토지	1,650,000 150,000	현금	1,800,000
[6]	4월 6일	건설중인자산	750,000	당좌예금	750,000
[7]	4월 7일	토지	42,100,000	자산수증이익 보통예금	40,000,000 2,100,000
[8]	4월 8일	보통예금 감가상각누계액(207) 국고보조금(217) 재해손실	9,800,000 8,500,000 3,000,000 6,500,000	보험차익 기계장치	9,800,000 18,000,000
[9]	4월 9일	감가상각누계액(207) 토지 유형자산처분손실	70,000,000 150,000,000 30,000,000	기계장치 현금	200,000,000 50,000,000
[10]	4월 10일	수선비(제)	350,000	현금 미지급금[(주)바른정비]	200,000 150,000
[11]	4월 11일	토지	7,300,000	당좌예금 현금	7,000,000 300,000

8 무형자산의 종류와 손상차손

▸ 최신 30회 중 1문제 출제

1. 무형자산의 종류

구분	의의
영업권	일종의 권리금에 해당하며, 사업결합에서 획득한 그 밖의 자산에서 발생하는 미래의 경제적 효익을 나타내는 것
개발비	• 개발된 자산을 완성시킬 수 있는 기술적 실현 가능성을 제시할 수 있고, 기업이 그 제품을 완성해 그것을 사용하거나 판매하려는 의도와 능력이 있는 것 • 자산에서 발생하는 미래의 경제적 효익이 기업에 유입될 가능성이 매우 높고, 자산의 원가를 신뢰성 있게 측정할 수 있는 것
산업재산권	• 일정 기간 독점적 · 배타적으로 이용할 수 있는 권리 • 특허권, 실용신안권, 디자인권, 상표권 등을 포함함

2. 손상차손

구분	회계처리			
유형자산	(차) 유형자산손상차손(영업외비용)	×××	(대) 손상차손누계액(유형자산 차감 계정)	×××
무형자산	(차) 무형자산손상차손(영업외비용)	×××	(대) 무형자산(무형자산 직접 차감)	×××

꿀팁 유형자산과 무형자산의 사용 및 처분으로부터 기대되는 미래 현금흐름 총액의 추정액이 장부금액에 미달하는 경우에는 장부금액을 회수 가능액으로 조정하며, 그 차액을 유형자산손상차손 또는 무형자산손상차손으로 처리한다.

회수 가능액 = Max[순공정가치, 사용가치]

PART 04

연습문제

다음 거래자료를 (주)일반전표(회사코드: 1001)의 일반전표입력 메뉴에 입력하시오.

[1] 4월 21일 기출 34회

당사와 동일 업종인 강진기업을 매수합병(포괄양도양수에 해당)하고 합병대금 12,000,000원은 당좌수표를 발행하여 지급하였다. 합병일 현재 강진기업의 자산은 토지(장부금액 8,000,000원, 공정가치 9,300,000원)와 특허권(장부금액 580,000원, 공정가치 1,400,000원)뿐이며 부채는 없다.

[2] 4월 22일 기출 100회

당사가 개발 중인 신제품이 기말에 개발이 완료될 것으로 예상하였으나 경쟁력 미비로 신제품 개발을 중단하기로 하였다. 해당 제품 개발과 관련하여 개발비 계정에 12,000,000원이 계상되어 있다. 개발비 계정의 잔액을 일반기업회계기준과 법인세법의 규정을 충족하도록 회계처리하시오.

| 풀이 |

번호	일자	차변	금액(원)	대변	금액(원)
[1]	4월 21일	토지 특허권 영업권	9,300,000 1,400,000 1,300,000	당좌예금	12,000,000
[2]	4월 22일	무형자산손상차손	12,000,000	개발비	12,000,000

9 대손회계

▸ 최신 30회 중 1문제 출제

1. 대손 시

구분	회계처리			
대손세액공제 ×	(차) 대손충당금 대손상각비	××× ×××	(대) 외상매출금	×××
	꿀팁 회수가 불가능한 채권은 대손충당금과 우선 상계하고 대손충당금 잔액이 부족한 경우에는 그 부족액을 대손상각비로 처리한다.			
대손세액공제 ○	(차) 부가세예수금 또는 부가세대급금 대손충당금 대손상각비	××× ××× ×××	(대) 외상매출금	×××
	꿀팁 공급자의 대손된 금액 중에서 미리 납부한 부가가치세는 대손이 발생한 과세기간의 매출세액에서 차감해야 하므로 부가가치세 상당액을 부가세예수금 계정에서 차감하거나 부가세대급금으로 처리한다.			

2. 대손처리한 채권의 회수

구분	회계처리			
대손세액공제 ×	(차) 현금 등	×××	(대) 대손충당금 대손상각비	××× ×××
대손세액공제 ○	(차) 현금 등	×××	(대) 부가세예수금 또는 부가세대급금 대손충당금 대손상각비	××× ××× ×××

연습문제

다음 거래자료를 (주)일반전표(회사코드: 1001)의 일반전표입력 메뉴에 입력하시오.

[1] 5월 1일 기출 59회

(주)종결자의 파산으로 (주)종결자에 대한 장기대여금 전액 1,500,000원에 대하여 대손처리하였다. 관련 계정을 조회하여 대손과 관련된 회계처리를 하시오.

[2] 5월 2일

회사가 보유하고 있던 (주)종결자 발행 외상매출금 1,000,000원이 부도로 최종 확정되어 대손처리하기로 결정하였다. 부가가치세법상의 대손세액공제는 무시하고 관련 계정을 조회하여 대손과 관련된 회계처리를 하시오.

[3] 5월 3일 기출 60회

보유 중이던 (주)화신상사 발행 받을어음 1,100,000원이 대손으로 확정되었다. 부가가치세 대손세액공제액은 부가세대급금 계정으로 처리하고 관련 계정을 조회하여 대손과 관련된 회계처리를 하시오.

[4] 5월 4일 기출 113회

2022년 5월 4일 발생한 (주)미소물산의 외상매출금 7,260,000원에 대한 상법상 소멸시효가 완성되었으며 2025년 1기 확정 부가가치세 신고 시 부가가치세법에 의한 대손세액공제신청도 정상적으로 이루어질 예정이다. 대손세액공제액을 포함하여 대손과 관련된 회계처리를 하시오(단, 대손충당금 잔액은 없는 것으로 가정하고 부가가치세 대손세액공제액은 부가세예수금으로 처리할 것).

[5] 5월 5일 기출 4회

전기 회계연도 중 대손처분하고 부가가치세 신고 시 대손세액공제로 처리했던 (주)종결자에 대한 외상매출금 352,000원(부가가치세 포함)을 현금으로 회수하였다(일반전표입력 메뉴에 입력하고 제1기 확정 부가가치세 신고서의 해당 란에 반영할 것).

| 풀이 |

번호	일자	차변	금액(원)	대변	금액(원)
[1]	5월 1일	대손충당금(180) 기타의 대손상각비	1,000,000* 500,000	장기대여금[(주)종결자]	1,500,000
		* [계정별원장] 1월 1일~5월 1일의 대손충당금(180)을 조회하면 1,000,000원이 있음을 알 수 있다.			
[2]	5월 2일	대손충당금(109) 대손상각비	400,000* 600,000	외상매출금[(주)종결자]	1,000,000
		* [계정별원장] 1월 1일~5월 2일의 대손충당금(109)을 조회하면 400,000원이 있음을 알 수 있다.			
[3]	5월 3일	부가세대급금 대손충당금(111) 대손상각비	100,000 310,000* 690,000	받을어음[(주)화신상사]	1,100,000
		* [계정별원장] 1월 1일~5월 3일의 대손충당금(111)을 조회하면 310,000원이 있음을 알 수 있다.			
[4]	5월 4일	부가세예수금 대손상각비	660,000* 6,600,000	외상매출금[(주)미소물산]	7,260,000
		* 7,260,000원×10/110=660,000원			

[5]	5월 5일	현금	352,000	대손충당금(109) 부가세예수금	320,000 32,000
		[부가가치세 신고서] 2025년 4월 1일~2025년 6월 30일을 조회하여 [8.대손세액가감]란에 32,000원을 입력한 후 저장한다. 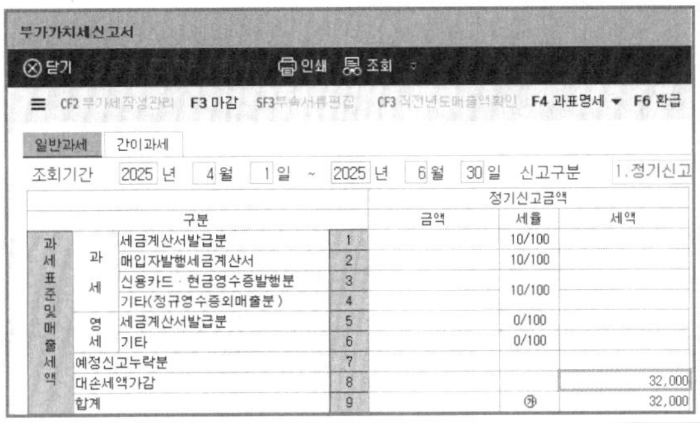			

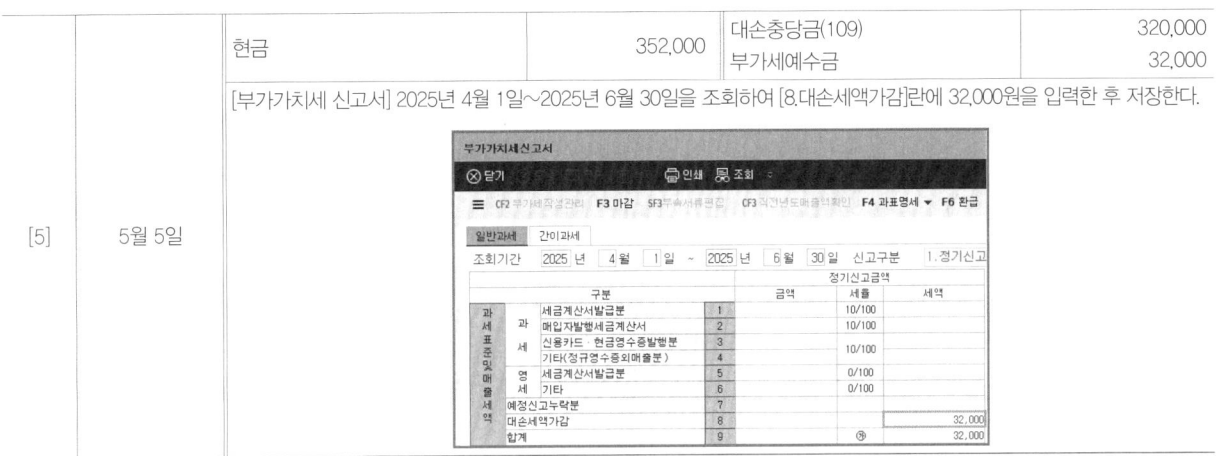

10 충당부채

1. 퇴직급여충당부채

구분	회계처리			
기말 설정 시	(차) 퇴직급여*	×××	(대) 퇴직급여충당부채	×××
	* 퇴직급여 = 당기 말 퇴직급여추계액 – (전기 말 퇴직급여추계액 – 퇴직금 지급액)			
퇴사 시	(차) 퇴직급여충당부채 퇴직급여	××× ×××	(대) 예수금 현금	××× ×××
	꿀팁 퇴직금을 지급하는 경우 퇴직급여충당부채를 우선 상계하고, 퇴직급여충당부채를 초과하는 분을 퇴직급여로 처리한다.			

2. 장기제품보증부채

구분	회계처리			
기말 설정 시	(차) 제품보증비	×××	(대) 장기제품보증부채	×××
제품보증비 발생 시	(차) 장기제품보증부채 제품보증비*	××× ×××	(대) 현금	×××
	* 제품보증비가 발생하면 장기제품보증부채를 우선 상계한 후 그 금액이 부족하면 제품보증비로 처리한다.			

연습문제

다음 거래자료를 (주)일반전표(회사코드: 1001)의 일반전표입력 메뉴에 입력하시오.

[1] 6월 1일 기출 10회

퇴사한 영업직 사원에게 퇴직금을 다음과 같이 현금으로 지급하였다(회사는 퇴직급여충당부채 15,000,000원이 설정되어 있다고 가정하고 입력할 것).

〈퇴직금 계산 명세서〉
- 퇴직금 8,000,000원
- 공제액(퇴직소득세 및 지방소득세) 500,000원
- 차감 지급액 7,500,000원

[2] 6월 2일 기출 44회 유사

5년간 근속한 영업부 사원 홍길동 씨의 퇴직으로 인하여 퇴직금을 다음과 같이 정산한 후 보통예금 계좌에서 지급하였다. 회사는 퇴직급여충당부채를 설정하고 있다.

• 퇴직금 총액	18,000,000원
• 전세자금 대여액(단기대여금으로 계상되어 있음)	7,000,000원
• 퇴직소득세 및 지방소득세	500,000원
• 퇴사 직전 퇴직급여충당부채 잔액	7,000,000원

[3] 6월 3일

당사는 제품 판매 후 3년 이내에 발생하는 하자에 대해서는 무상으로 수리해 주고 있다. 전기 말에 장기제품보증부채로 계상한 금액은 7,000,000원이고, 당일 제품의 하자보증에 따른 비용으로 5,000,000원이 당좌수표로 지출되었다.

| 풀이 |

번호	일자	차변	금액(원)	대변	금액(원)
[1]	6월 1일	퇴직급여충당부채	8,000,000	예수금 현금	500,000 7,500,000
[2]	6월 2일	퇴직급여충당부채 퇴직급여(판)	7,000,000 11,000,000	단기대여금[홍길동] 예수금 보통예금	7,000,000 500,000 10,500,000
[3]	6월 3일	장기제품보증부채	5,000,000	당좌예금	5,000,000

11 퇴직연금

▸ 최신 30회 중 4문제 출제

구분		회계처리			
확정기여형(DC형)	납입 시	(차) 퇴직급여	×××	(대) 현금 등	×××
확정급여형(DB형)	기말 설정 시	(차) 퇴직급여	×××	(대) 퇴직급여충당부채	×××
	납부 시	(차) 퇴직연금운용자산 수수료비용(판)	××× ×××	(대) 현금 등	×××
	운용 수익	(차) 퇴직연금운용자산	×××	(대) 이자수익	×××
	퇴사 시	(차) 퇴직급여충당부채 퇴직급여	××× ×××	(대) 퇴직연금운용자산 현금 등	××× ×××

꿀팁 외국인 근로자를 위한 출국만기보험은 외국인근로자의 퇴직금보장을 위한 보험으로 피보험자 또는 수익자를 외국인으로 하고 있으며, 퇴직연금 확정급여형(DB형)과 동일하게 회계처리해야 한다. 즉, 보험료 납입 시 퇴직보험예치금(퇴직급여충당부채의 차감 계정)의 계정과목으로 처리하며, 퇴사 시 해당 금액을 상계처리한다.

연습문제

다음 거래자료를 (주)일반전표(회사코드: 1001)의 일반전표입력 메뉴에 입력하시오.

[1] 7월 1일 기출 94회

당사는 퇴직연금 12,000,000원을 보통예금 계좌에서 (주)신안금융으로 이체하였다. 당사는 확정기여형 퇴직연금에 가입하였으며 이체한 금액 중 7,000,000원은 생산부서 직원분, 나머지는 판매관리 직원분에 해당한다.

[2] 7월 2일 기출 50회

당사는 (주)좋은은행과 확정급여형(DB형) 퇴직연금으로 매년 말에 퇴직금추계액의 60%를 적립하고 적립액의 1%를 적립수수료로 지급하기로 계약하였다. 계약에 따라 올해 퇴직연금 부담금 3,000,000원과 적립수수료 30,000원을 보통예금 계좌에서 이체하였다.

[3] 7월 3일 기출 112회

당사가 (주)조은은행에 가입한 확정급여형(DB) 퇴직연금에서 퇴직연금운용수익(이자 성격) 5,000,000원이 발생하였다. 회사는 퇴직연금운용수익이 발생할 경우 자산관리수수료를 제외한 나머지 금액을 납입할 퇴직연금과 대체하기로 약정하였다. 퇴직연금에 대한 자산관리수수료율은 납입액의 3%이다(단, 이자소득에 대한 원천징수는 없으며, 해당 수수료는 판매비 및 일반관리비 항목으로 처리하기로 한다).

[4] 7월 4일 기출 90회

당사는 퇴직연금에 가입하고 있으며 생산부서 직원에 대한 퇴직연금은 확정급여형으로 가입하고 50,000,000원을 보통예금으로 납입하였다. 판매부서 직원에 대한 퇴직연금은 확정기여형으로 가입하고 20,000,000원을 보통예금으로 납입하였다.

[5] 7월 5일 기출 118회 수정

확정급여형 퇴직연금제도를 실시하는 당사는 생산직 직원 김수현의 퇴직 시 보통예금에서 10,000,000원과 퇴직연금운용사에서 4,500,000원을 지급하였다. 퇴직일 현재 퇴직급여충당부채의 잔액은 10,000,000원이다(퇴직소득에 대한 원천징수는 생략할 것).

[6] 7월 6일 기출 94회

외국인 근로자를 위한 출국만기보험에 가입하였다. 이번 달 보험료 1,200,000원을 법인 보통예금 통장에서 이체하였다.

| 풀이 |

번호	일자	차변	금액(원)	대변	금액(원)
[1]	7월 1일	퇴직급여(제) 퇴직급여(판)	7,000,000 5,000,000	보통예금	12,000,000
[2]	7월 2일	퇴직연금운용자산 수수료비용(판)	3,000,000 30,000	보통예금	3,030,000
[3]	7월 3일	퇴직연금운용자산 수수료비용(판)	4,850,000 150,000*	이자수익	5,000,000
		* 문제에서 5,000,000원의 퇴직연금운용수익이 퇴직연금으로 대체되었을 때의 회계처리를 요구하는 것이므로 5,000,000원의 3%인 150,000원을 수수료비용(판)으로 처리하여야 한다.			
[4]	7월 4일	퇴직연금운용자산 퇴직급여(판)	50,000,000 20,000,000	보통예금	70,000,000
[5]	7월 5일	퇴직급여충당부채 퇴직급여(제)	10,000,000 4,500,000	퇴직연금운용자산 보통예금	4,500,000 10,000,000
[6]	7월 6일	퇴직보험예치금	1,200,000	보통예금	1,200,000

12 사채 중요

▸ 최신 30회 중 6문제 출제

1. 사채의 발행

구분	회계처리			
액면발행 (시장이자율 = 액면이자율)	(차) 현금 등	×××	(대) 사채	×××
할인발행 (시장이자율 > 액면이자율)	(차) 현금 등 사채할인발행차금	××× ×××	(대) 사채	×××
할증발행 (시장이자율 < 액면이자율)	(차) 현금 등	×××	(대) 사채 사채할증발행차금	××× ×××

꿀팁 사채 발행에 따른 제비용(사채권 인쇄비, 사채권자 모집광고비, 사채 발행 수수료 등)은 사채 발행금액에서 직접 차감하여 처리한다. 따라서 사채 발행비는 별도의 계정과목으로 처리하지 않고, 동 금액만큼 사채할인발행차금을 증가시키거나 사채할증발행차금을 감소시킨다.

2. 사채의 조기상환

(1) 장부금액>상환금액

구분	회계처리			
사채할인발행차금 有	(차) 사채	×××	(대) 현금 등 사채할인발행차금 사채상환이익	××× ××× ×××
사채할증발행차금 有	(차) 사채 사채할증발행차금	××× ×××	(대) 현금 등 사채상환이익	××× ×××

(2) 장부금액<상환금액

구분	회계처리			
사채할인발행차금 有	(차) 사채 사채상환손실	××× ×××	(대) 현금 등 사채할인발행차금	××× ×××
사채할증발행차금 有	(차) 사채 사채할증발행차금 사채상환손실	××× ××× ×××	(대) 현금 등	×××

3. 사채의 구입 시(투자자 입장)

구분	회계처리			
단기매매증권 (단기시세차익 목적)	(차) 단기매매증권 수수료비용(984)	××× ×××	(대) 현금 등	×××
만기보유증권 (만기보유 목적)	(차) 만기보유증권	×××	(대) 현금 등	×××
매도가능증권 (장기투자 목적)	(차) 매도가능증권	×××	(대) 현금 등	×××

꿀팁 사채의 취득원가는 매입 시 공정가치이며, 이는 미래 현금흐름을 발행 당시 시장이자율로 할인한 현재가치이다.

연습문제

다음 거래자료를 (주)일반전표(회사코드: 1001)의 일반전표입력 메뉴에 입력하시오.

[1] 8월 1일 기출 118회

만기 3년, 액면금액 6,000,000원인 사채를 5,800,000원으로 (주)빛나랜드에 할인발행하여 보통예금에 입금되었고, 사채 발행비 25,000원이 발생하여 현금으로 지급하였다(단, 사채에 대한 거래처코드를 입력할 것).

[2] 8월 2일 기출 98회

액면금액 30,000,000원인 사채 중 50%를 13,500,000원에 중도상환하고, 상환대금은 보통예금에서 출금하였다. 상환일 현재 사채할인발행차금 잔액은 6,000,000원이며, 회사의 다른 사채 발행금액은 없다고 가정한다.

[3] 8월 3일 기출 105회

액면금액 200,000,000원인 사채 중 액면금액 150,000,000원을 132,000,000원에 중도상환하였다. 상환일 현재 사채할인발행차금 잔액은 20,000,000원이며, (주)일반전표에 다른 사채 발행금액은 없는 것으로 가정한다. 상환대금은 당좌예금 계좌에서 출금하였다.

[4] 1월 1일 기출 25회

당사는 장기적인 자금운영을 목적으로 대승기업(주)이 발행한 다음의 사채를 현금으로 취득하였다.

- 사채 발행일: 2025년 1월 1일
- 액면금액: 1,000,000원
- 표시이자율: 연 10%
- 이자 지급: 매년 말 후급
- 만기: 2027년 12월 31일
- 취득 당시 시장이자율은 12%, 2025년 말 시장이자율은 9%였다.
- 12%의 3년 연금현가계수는 2.40183이고, 12%의 3년 현가계수는 0.71178이다.

| 풀이 |

번호	일자	차변	금액(원)	대변	금액(원)
[1]	8월 1일	보통예금 사채할인발행차금	5,800,000 225,000	사채[(주)빛나랜드] 현금	6,000,000 25,000
[2]	8월 2일	사채 사채상환손실	15,000,000 1,500,000	보통예금 사채할인발행차금	13,500,000 3,000,000*
		* 6,000,000원×50%=3,000,000원			
[3]	8월 3일	사채	150,000,000	당좌예금 사채할인발행차금 사채상환이익	132,000,000 15,000,000* 3,000,000
		* 20,000,000원×150,000,000원÷200,000,000원=15,000,000원			
[4]	1월 1일	매도가능증권(178)	951,963*	현금	951,963
		* 100,000원×2.40183+1,000,000원×0.71178=951,963원			

13 자본 중요

▸ 최신 30회 중 19문제 출제

1. 증자(주식발행)

구분	회계처리			
액면발행 (액면금액=발행금액)	(차) 현금 등	×××	(대) 자본금	×××
할인발행 (액면금액>발행금액)	(차) 현금 등 주식할인발행차금	××× ×××	(대) 자본금	×××
할증발행 (액면금액<발행금액)	(차) 현금 등	×××	(대) 자본금 주식발행초과금	××× ×××
무상증자	(차) 주식발행초과금 이익준비금	××× ×××	(대) 자본금	×××
현물출자	(차) 유형자산 등	×××	(대) 자본금 주식발행초과금	××× ×××
	꿀팁 유형자산의 취득원가는 제공받은 현물의 공정가치(발행주식의 공정가치)로 한다.			
출자전환	(차) 장기차입금 등	×××	(대) 자본금 주식발행초과금	××× ×××

꿀팁 주식발행과 관련하여 발생한 신주발행비는 주식이 할증발행된 경우 주식발행초과금에서 차감하고, 액면발행 또는 할인발행된 경우 주식할인발행차금에 가산한다. 또한, 보고기간 종료일 재무제표 작성 시 주식할인발행차금과 주식발행초과금은 서로 상계처리한다.

2. 자기주식 매매거래

구분		회계처리			
취득 시		(차) 자기주식	×××	(대) 현금 등	×××
처분 시	취득원가 >처분금액	(차) 현금 등 자기주식처분손실	××× ×××	(대) 자기주식	×××
	취득원가 <처분금액	(차) 현금 등	×××	(대) 자기주식 자기주식처분이익	××× ×××

꿀팁 보고기간 종료일 재무제표 작성 시 자기주식처분이익과 자기주식처분손실은 상계처리한다.

3. 감자(자기주식 소각)

구분		회계처리			
유상감자	액면금액 >환급금액	(차) 자본금	×××	(대) 현금 등 감자차익	××× ×××
	액면금액 <환급금액	(차) 자본금 감자차손	××× ×××	(대) 현금 등	×××
무상감자		(차) 자본금	×××	(대) 이월결손금 감자차익	××× ×××

꿀팁 보고기간 종료일 재무제표 작성 시 감자차익과 감자차손은 상계처리한다.

4. 이익잉여금 처분

구분	회계처리			
이익잉여금 처분	(차) 이월이익잉여금	×××	(대) 미지급배당금 이익준비금 미교부주식배당금 주식할인발행차금 사업확장적립금	××× ××× ××× ××× ×××
현금배당 지급 시*	(차) 미지급배당금	×××	(대) 예수금(개인주주인 경우) 현금 등	××× ×××
주식배당 교부 시	(차) 미교부주식배당금	×××	(대) 자본금	×××

* 현금배당 지급 시 소득자가 법인인 경우에는 원천징수를 하지 않고 개인인 경우에만 원천징수를 해야 한다(∵ 개인의 경우 세원 누락이 될 수 있고 탈세 추징에 경제성이 떨어지므로 세무관행상 지급할 때 원천징수하며 법인 간의 거래는 세원 누락의 염려가 없으므로 원천징수는 불필요함).

포인트 주주(투자회사) 입장에서의 이익잉여금 처분

구분	회계처리			
현금배당	(차) 현금 선납세금	××× ×××	(대) 배당금수익	×××
주식배당	회계처리 없음 (∵ 주식 수가 증가하나 그만큼 단가가 감소하여 총계에는 변함 없음)			

연습문제

다음 거래자료를 (주)일반전표(회사코드: 1001)의 일반전표입력 메뉴에 입력하시오(단, 해당 문제는 별도의 언급이 없는 한 서로 연결된 것이 아닌 각각의 상황에 의해 입력할 것).

[1] 9월 1일 기출 114회 수정

유상증자를 위하여 신주 10,000주(주당 액면금액 5,000원)를 1주당 8,000원에 발행하여 대금은 당좌예금 계좌로 입금되었고, 동 주식발행과 관련하여 수수료 250,000원을 현금으로 지급하였다. 회사에는 현재 주식할인발행차금 1,000,000원이 존재하고 있다(하나의 전표로 입력하고 부가가치세는 고려하지 말 것).

[2] 9월 2일 기출 101회

당사와 김부자 씨가 체결한 자본투자 계약의 약정에 따라 보통예금으로 자본납입을 받았다. 신주인수대금이 보통예금 계좌로 입금되었으며, 즉시 신주 교부와 증자등기를 완료하였다. 다음은 투자계약서의 일부 내용이다.

> 제1조(신주의 발행과 인수)
> ① 회사는 본 계약에 따라 다음과 같은 본 건 주식을 발행하여 증자등기를 하고, 투자자는 이를 인수한다.
> 1. 발행할 주식의 총수(수권주식 수): 1,000,000주
> 2. 금회의 신주발행내역
> 가. 신주의 종류와 수: 기명식(보통주) 10,000주
> 나. 1주의 금액(액면가): 금 500원
> 다. 본 건 주식의 1주당 발행가액: 금 3,000원
> 라. 본 건 주식의 총 인수대금: 금 30,000,000원
> 마. 본 건 주식의 납입기일(증자등기일): 2025년 9월 2일

[3] 9월 3일 기출 86회

맥스투자(주)에서 차입한 장기차입금 95,000,000원을 맥스투자(주)와 협의하여 20,000,000원은 보통예금으로 바로 상환하는 대신 50,000,000원은 출자전환하기로 하고 잔액 25,000,000원은 면제받았다. 출자전환을 위해 보통주 6,000주(액면금액 주당 5,000원)를 발행하여 교부하였으며, 자본증자 등기를 마쳤다. 관련 계정별원장을 참조하여 하나의 전표로 입력하시오.

[4] 9월 4일 기출 99회

기존 주주로부터 공장 신축을 위한 건물과 토지를 현물출자 받았으며, 즉시 그 토지에 있던 구건물을 철거하였다. 토지와 구건물 취득 관련 내역은 다음과 같다.

> • 현물출자로 보통주 7,000주(주당 액면가액 5,000원, 시가 6,000원)를 발행하였다.
> • 토지와 구건물의 취득 관련 비용, 구건물 철거비, 토지 정지비 등의 명목으로 3,000,000원을 보통예금 계좌에서 지급하였다.
> • 토지 및 구건물의 공정가치는 주식의 공정가치와 동일하다.

[5] 9월 5일 기출 22회

당사는 액면금액 5,000원의 자기주식 150주를 8,000원에 매입하고 대금은 당좌수표를 발행하여 지급하였다.

[6] 9월 6일 기출 107회 수정

9월 5일에 취득한 자기주식 150주(주당 8,000원) 중 100주를 주당 10,000원에 현금을 받고 매각하였다. 단, 자본조정 중 자기주식처분손실 계정의 잔액을 반영하여 일반기업회계기준에 따라 회계처리를 하시오.

[7] 9월 7일 기출 107회

당사는 아래와 같이 취득한 자기주식 50주를 주당 6,000원에 처분하고, 대금은 전액 현금으로 수령하였다.

일자	내용	취득가액
2025년 9월 5일	자기주식 150주 취득(일시소유 목적)	1주당 8,000원
2025년 9월 6일	자기주식 100주 처분	1주당 10,000원

[8] 9월 8일 기출 92회

발행주식 중 보통주 5,000주를 주당 6,000원에 보통예금으로 유상매입하여 즉시 소각하였다. 감자 직전 회사의 자본 관련 내용은 다음과 같다.

> • 보통주 자본금: 200,000,000원(발행주식 수 40,000주)
> • 감자차익: 2,000,000원

[9] 9월 9일 기출 49회

이월결손금 150,000,000원을 보전하기 위해 주식 5주를 1주로 병합하는 감자를 실시하였다[단, 감자 전 당사의 자본은 자본금 200,000,000원(액면금액 @10,000원, 주식 수 20,000주)과 이월결손금뿐이라고 가정할 것].

[10] 2월 25일 기출 110회 수정

다음은 전기 이익잉여금처분계산서의 내역이다. 처분 확정일의 회계처리를 하시오.

이익잉여금처분계산서

2024년 1월 1일부터 2024년 12월 31일까지

처분 확정일 2025년 2월 25일 (단위: 원)

과목	금액	
Ⅰ. 미처분이익잉여금		45,520,000
1. 전기이월 미처분이익잉여금	32,000,000	
2. 당기순이익	13,520,000	
Ⅱ. 임의적립금 등의 이입액		7,500,000
1. 배당평균적립금	7,500,000	
합계		53,020,000
Ⅲ. 이익잉여금 처분액		26,000,000
1. 이익준비금	1,000,000	
2. 배당금	20,000,000	
가. 현금배당	10,000,000	
나. 주식배당	10,000,000	
3. 사업확장적립금	5,000,000	
Ⅳ. 차기이월 미처분이익잉여금		27,020,000

[11] 4월 15일 기출 103회

다음은 전기 이익잉여금처분계산서 내역의 일부이다. 4월 15일에 전기 이익잉여금처분계산서대로 주주총회에서 확정된 배당을 실시하여 개인주주에게 소득세 등 원천징수액 1,540,000원을 차감한 8,460,000원을 현금으로 지급하고 주식배당 10,000,000원은 주권을 발행하여 발급하였다. 주권발행에 따른 제비용 200,000원은 현금으로 지급되었으며, 처분 확정일의 회계처리는 적절하게 하였다(단, 주식발행초과금은 없는 것으로 가정할 것).

이익잉여금처분계산서

2024년 1월 1일부터 2024년 12월 31일까지

처분 확정일 2025년 2월 25일 (단위: 원)

과목	금액	
– 중간 생략 –		
Ⅲ. 이익잉여금 처분액		26,000,000
1. 이익준비금	1,000,000	
2. 기업합리화적립금	0	
3. 배당금	20,000,000	
가. 현금배당	10,000,000	
나. 주식배당	10,000,000	
4. 사업확장적립금	5,000,000	

[12] 9월 12일 기출 73회

이사회에서 확정한 금전 배당액 10,000,000원을 지분비율로 계산하여 보통예금에서 지급하였다. 다음의 당사 주주명부를 참조하여 전표입력하시오(배당금 지급 시 배당소득세를 원천징수하였으며, 거래처코드는 국세의 경우 '서초세무서', 지방세의 경우 '서초구청'으로 각각 반영할 것).

〈주주명부〉 (주)일반전표

구분	출자 수	출자금액	비고
나주인	5,000주	150,000,000원	개인주주
(주)다른나라	5,000주	150,000,000원	법인주주
합계	10,000주	300,000,000원	

[13] 9월 13일 기출 115회

회사가 10%의 지분을 보유한 (주)수성으로부터 현금배당금 1,500,000원과 주식배당금으로 (주)수성 주식 50주(액면금액 5,000원)를 보통예금 및 주식으로 수령하였다. 배당금에 대한 원천징수 여부는 세법규정에 따라 처리하였고 배당금에 관한 회계처리는 일반기업회계기준을 준수하였다.

| 풀이 |

번호	일자	차변	금액(원)	대변	금액(원)
[1]	9월 1일	당좌예금	80,000,000	자본금 주식할인발행차금 주식발행초과금 현금	50,000,000 1,000,000 28,750,000 250,000
[2]	9월 2일	보통예금	30,000,000	자본금 주식발행초과금	5,000,000 25,000,000
[3]	9월 3일	장기차입금[맥스투자(주)]	95,000,000	보통예금 자본금 주식발행초과금 채무면제이익	20,000,000 30,000,000 20,000,000* 25,000,000
		* [합계잔액시산표] 9월 3일을 조회한다.			
[4]	9월 4일	토지	45,000,000*	자본금 주식발행초과금 보통예금	35,000,000 7,000,000 3,000,000
		* 일괄 취득가액 42,000,000원(=보통주 7,000주×시가 6,000원)+토지 취득 부대비용 3,000,000원=45,000,000원			
[5]	9월 5일	자기주식	1,200,000	당좌예금	1,200,000
[6]	9월 6일	현금	1,000,000	자기주식 자기주식처분손실 자기주식처분이익	800,000 100,000* 100,000
		* [계정별원장] 1월 1일~9월 6일을 조회하면 자기주식처분손실 100,000원을 확인할 수 있다.			
[7]	9월 7일	현금 자기주식처분이익	300,000 100,000	자기주식	400,000
[8]	9월 8일	자본금 감자차익 감자차손	25,000,000 2,000,000 3,000,000	보통예금	30,000,000
[9]	9월 9일	자본금	160,000,000*	이월결손금 감자차익	150,000,000 10,000,000
		* 200,000,000원×4/5=160,000,000원			
[10]	2월 25일	이월이익잉여금 배당평균적립금	18,500,000 7,500,000	미지급배당금 미교부주식배당금 사업확장적립금 이익준비금	10,000,000 10,000,000 5,000,000 1,000,000
[11]	4월 15일	미지급배당금 미교부주식배당금 주식할인발행차금	10,000,000 10,000,000 200,000	현금 예수금 자본금	8,660,000 1,540,000 10,000,000

[12]	9월 12일	미지급배당금	10,000,000	예수금[서초세무서] 예수금[서초구청] 보통예금	700,000 70,000 9,230,000
		꿀팁 법인주주의 경우 배당소득세 원천징수 대상이 아니므로 원천징수를 제외한다. 따라서 개인주주에게만 해당하는 배당금의 50%인 5,000,000원에 대해 배당소득세 14%, 지방소득세 1.4%를 원천징수해야 한다.			
[13]	9월 13일	보통예금	1,500,000	배당금수익	1,500,000
		꿀팁 일반기업회계기준상 회사가 수령한 현금배당은 배당금수익으로 인식하지만 주식배당은 배당수익으로 계상하지 않고 회사가 보유한 주식의 수량만 증가시킨다. 또한 법인에게 귀속되는 배당금에 대해서는 원천징수 대상 소득이 아니므로 원천징수세액은 고려할 필요가 없다.			

14 전기오류 수정손익

▸ 최신 30회 중 1문제 출제

오류수정은 전기 또는 그 이전의 재무제표에 포함된 회계상의 오류를 당기에 발견하여 수정하는 것을 말한다. 당기에 발견한 전기 또는 그 이전의 오류에 대해서 중대한 오류는 미처분이익잉여금에 반영하며, 중대한 오류가 아닌 경우에는 손익계산서의 영업외손익 항목인 전기오류 수정손익으로 회계처리한다.

구분	계정과목
이익잉여금	370.전기오류수정이익
	371.전기오류수정손실
영업외손익	912.전기오류수정이익
	962.전기오류수정손실

연습문제

다음 거래자료를 (주)일반전표(회사코드: 1001)의 일반전표입력 메뉴에 입력하시오.

[1] 10월 1일 기출 38회

회사는 전기에 퇴직급여충당부채 10,000,000원이 미계상된 점을 발견하고 일반기업회계기준에 따라 즉시 퇴직급여충당부채를 추가로 계상하였다(발견된 오류는 중대하지 않음).

[2] 10월 2일 기출 100회

토지에 대한 전기분 재산세 납부액 중 1,000,000원에 대하여 과오납을 원인으로 서초구청으로부터 환급 통보를 받았으며, 환급금은 한 달 뒤에 입금될 예정이다(거래처명을 입력하고 당기의 영업외수익으로 처리할 것).

[3] 12월 31일 기출 64회

당사는 2024년도 결산과정에서 2024년도 급여 발생분 3,000,000원에 대한 회계처리를 누락하였다. 2025년 9월 30일에 전년도 누락분인 관리부문 직원 급여를 현금 지급하면서 급여로 회계처리하였으나 12월 말 결산과정에서 전기분 급여를 당기 비용이 아닌 이익잉여금에 그 효과를 반영하기로 한다. 이에 대한 분개를 12월 31일에 하시오.

| 풀이 |

번호	일자	차변	금액(원)	대변	금액(원)
[1]	10월 1일	전기오류수정손실(962)	10,000,000	퇴직급여충당부채	10,000,000
[2]	10월 2일	미수금[서초구청]	1,000,000	전기오류수정이익(912)	1,000,000

[3]	12월 31일	전기오류수정손실(371)	3,000,000*	급여(판)	3,000,000
		* • 누락한 2024년 급여 발생분 회계처리 (차) 급여(판) 3,000,000 (대) 미지급급여 3,000,000 • 2025년 9월 30일 현금 지급분 회계처리 (차) 급여(판) 3,000,000 (대) 현금 3,000,000 • 2025년 12월 31일 오류 발견분 회계처리 (차) 전기오류수정손실(371) 3,000,000 (대) 급여(판) 3,000,000			

THEME 03 매입매출전표입력 메뉴 알아보기

[매입매출전표입력] 메뉴에서는 부가가치세 신고와 관련된 매입매출거래를 입력하는 메뉴로 상단부와 하단부로 구성되어 있다. 상단부는 부가가치세 신고자료(부가가치세 신고서, 세금계산서합계표, 매입매출장, 기타 첨부서류 등)에 활용되며, 하단부의 분개는 재무회계자료(계정별원장, 합계잔액시산표, 재무제표 등)에 반영된다.

1 프로그램 실행하기

1. 월, 일

(1) 월만 입력하고 일자를 입력하지 않은 경우

해당 월만 입력한 후 일자별 거래를 연속적으로 입력 가능하다.

(2) 월, 일로 입력한 경우

한 화면에서 해당 일자의 거래자료만 입력 가능하다.

2. 유형

입력되는 매입 · 매출자료의 유형코드를 입력한다. 유형은 크게 매출과 매입으로 구분된다. 유형코드에 따라 부가가치세 신고서 등 각 부가가치세 관련 자료에 자동으로 반영되므로 정확하게 입력해야 한다.

(1) 매출유형

매출					
11.과세	과세매출	16.수출	수출	21.전자	전자화폐
12.영세	영세율	17.카과	카드과세	22.현과	현금과세
13.면세	계산서	18.카면	카드면세	23.현면	현금면세
14.건별	무증빙	19.카영	카드영세	24.현영	현금영세
15.간이	간이과세	20.면건	무증빙		

코드	유형	내용
11	과세	과세 매출 – 세금계산서 발급
12	영세	내국신용장, 구매확인서에 의한 영세율 매출 – 영세율 세금계산서 발급
13	면세	면세 매출 – 계산서 발급
14	건별	세금계산서, 신용카드 매출전표, 현금영수증 등 적격영수증 미발급(간주공급, 간주임대료 등), 현금 매출 – 영수증 발급, 증빙 발급 ×
16	수출	수출에 의한 매출(직수출)
17	카과	신용카드 과세 매출 – 신용카드 매출전표 발급
18	카면	신용카드 면세 매출 – 신용카드 매출전표 발급
19	카영	신용카드에 의한 영세율 매출
20	면건	증빙 없는 면세 매출
21	전자	전자화폐에 의한 매출
22	현과	현금영수증에 의한 과세 매출
23	현면	현금영수증에 의한 면세 매출
24	현영	현금영수증에 의한 영세율 매출

(2) 매입유형

매입					
51.과세	과세매입	56.금전	금전등록	61.현과	현금과세
52.영세	영세율	57.카과	카드과세	62.현면	현금면세
53.면세	계산서	58.카면	카드면세		
54.불공	불공제	59.카영	카드영세		
55.수입	수입분	60.면건	무증빙		

코드	유형	내용
51	과세	과세 매입 – 세금계산서 수취
52	영세	내국신용장 등에 의한 영세율 매입 – 영세율 세금계산서 수취
53	면세	면세 매입 – 계산서 수취(세관장이 발행한 수입계산서 포함)
54	불공	과세되는 재화 등을 공급받고 세금계산서를 수취하였으나 매입세액이 공제되지 않는 경우(단, 불공제 사유 '⑦ 사업자등록 전 매입세액' 중 공급시기가 속하는 과세기간이 끝난 후 20일 이내에 등록신청한 경우 그 공급시기 내 매입세액은 공제함)
55	수입	세관장이 발행한 세금계산서 수취(단, 부가가치세에 대한 회계처리만 함)
57	카과	신용카드 과세 매입 – 신용카드 매출전표 수취
58	카면	신용카드 면세 매입 – 신용카드 매출전표 수취
59	카영	신용카드 영세 매입 – 신용카드 매출전표 수취
60	면건	증빙이 없는 면세 매입
61	현과	현금영수증에 의한 과세 매입
62	현면	현금영수증에 의한 면세 매입

매입세액 불공제 사유

다음에 해당하는 경우 매입세액 불공제로 처리한다.

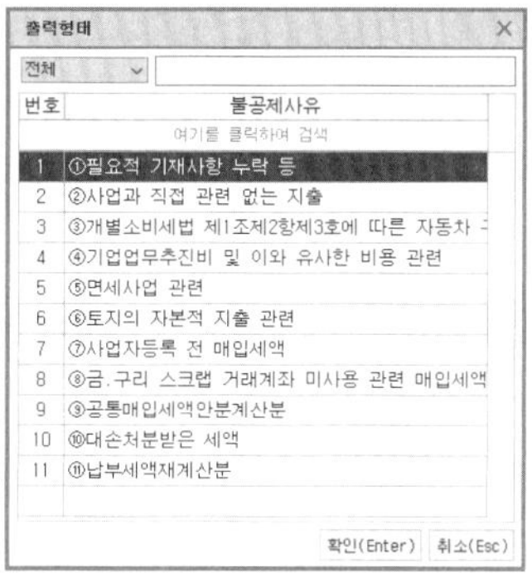

3. 품목/수량/단가

(1) 품목

거래 물건의 품목을 입력한다.

(2) 수량

수량을 입력한다. 해당 사항이 없을 경우 [Enter↵]를 누르면 [단가]란으로 커서가 이동한다.

(3) 단가

단가를 입력한다. 해당 사항이 없을 경우 [Enter↵]를 누르면 [공급가액]란으로 커서가 이동한다.

4. 공급가액

공급가액은 매출액을 의미한다. 수량과 단가를 입력하면 자동으로 계산되며, 공급가액을 직접 입력할 수도 있다.

5. 부가세

공급가액이 입력되면 자동으로 계산되며, 부가세를 직접 입력할 수도 있다. 유형이 영세율, 면세인 경우 부가세가 없으므로 해당 칸이 활성화되지 않는다.

6. 코드/공급처명

매입 · 매출거래처의 코드번호와 공급처명을 입력한다. [매입매출전표입력] 메뉴에 입력할 때에는 반드시 거래처코드를 입력하여야 하며, 입력하지 않으면 부가가치세 신고서식인 세금계산서합계표가 자동으로 작성되지 않는다.

(1) 기존에 등록된 거래처를 입력하는 방법

① [공급처코드]란에 커서를 놓고 [F2]를 누르거나 해당 거래처명의 한 글자 이상을 입력한 후 [Enter↵]를 누르면 거래처도움창이 나타난다. [검색]란에 검색하고자 하는 거래처명의 한 글자 이상을 입력한 후 [Enter↵]를 누르면 입력된 단어를 포함하는 거래처들이 조회된다. 입력하고자 하는 거래처에 커서를 놓고 [Enter↵]를 누른다.

② [공급처코드]란에서 '+'를 누른 후 입력하고자 하는 거래처명을 정확히 입력하고, [Enter↵]를 누르면 자동으로 반영된다.

(2) 신규거래처를 등록하는 방법

[공급처코드]란에 커서를 놓고 '+'를 누르면 [코드]란에 '00000'이 자동으로 표시되면서 커서는 [공급처명]란으로 이동한다. 등록하고자 하는 거래처명을 입력하고 [Enter↵]를 누른다. 동일한 거래처가 등록되어 있는 경우에는 기등록된 거래처코드와 거래처가 자동으로 반영된다. 등록되어 있지 않은 신규거래처인 경우는 아래의 화면이 나타난다.

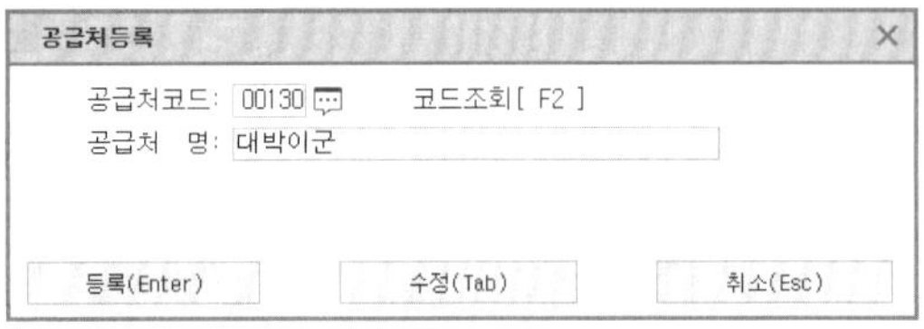

① 등록(Enter): 자동으로 부여되는 번호(00101~97999) 범위에서 사용하지 않은 번호 중 가장 빠른 번호가 부여된다. 특정 공급처의 코드번호를 덧씌워 입력하여 수정할 수 있다.

② 수정(Tab): 거래처의 코드번호를 임의가 아닌 다른 코드로 등록을 원하거나 거래처의 세부사항을 등록하기를 원할 때 클릭하면 전표 하단에 입력란이 생성된다.

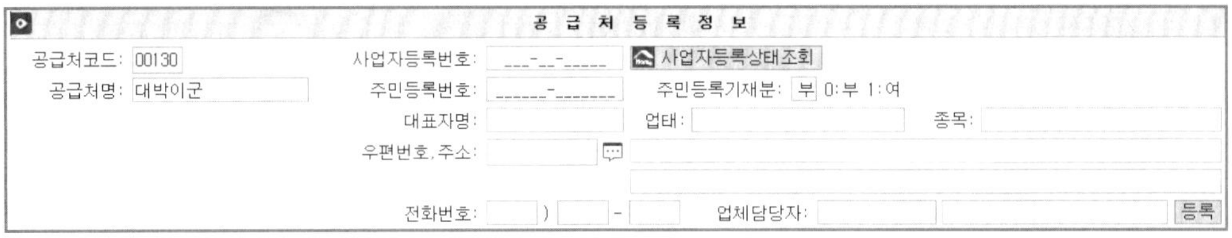

③ 취소(Esc): 코드등록을 원하지 않을 때 선택한다. 키보드의 Esc를 사용해도 된다.

7. 전자세금계산서

국세청은 기업의 납세협력비용의 절감과 사업자 간 거래의 투명성을 제고하기 위하여 전자세금계산서 또는 전자계산서 발급을 시행하고 있다. 전자세금계산서 발행 및 매입분 또는 전자계산서 발행 및 매입분은 '1.여'를 체크한다.

8. 예정신고 누락분 전표입력

예정신고 시 누락된 거래를 확정신고서에 반영하고자 할 때에는 예정신고가 누락된 거래를 선택한 후 화면 상단 툴바 F11 간편집계.. ▼의 화살표를 클릭한 후 다음과 같이 예정 누락분을 선택한다.

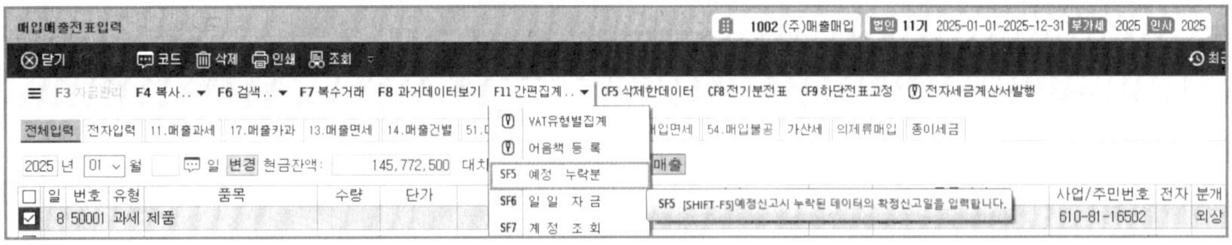

다음의 창에서 '확정신고 개시년월'을 입력하면 [부가가치세 신고서] 메뉴의 확정신고기간 [예정신고 누락분]란에 자동으로 반영된다.

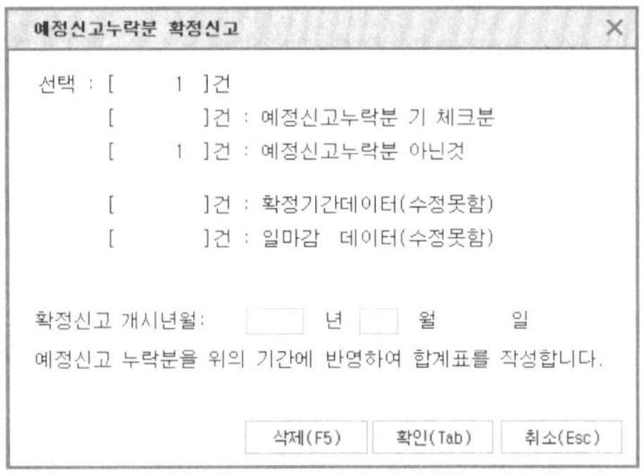

9. 분개

분개에서는 거래의 내용을 보고 다음과 같이 입력한다.

구분		내용
0	분개 없음	분개가 필요 없거나 나중에 처리하고자 하는 경우
1	현금	전액 현금거래인 경우
2	외상	• 일반적 상거래의 외상거래(외상매출금, 외상매입금)인 경우 • 단, 일반적 상거래인 경우라도 받을어음과 지급어음은 '3.혼합'을 사용
3	혼합	• 상기 이외의 거래에 사용하지만 현금이나 상거래상의 외상거래에도 사용 가능 • 혼합거래 사용 시 하단부에 추가적인 분개를 입력해야 됨
4	카드	대금을 카드로 결제한 경우

THEME 04 매입매출전표입력의 출제유형별 실습

입력 시 유의사항

• 일반적인 적요의 입력은 생략하지만, 타계정 대체거래는 적요번호를 선택하여 입력한다.

구분	적요번호
재고자산의 타계정 대체액	⑧ 타계정으로 대체

• 세금계산서, 계산서 수수거래와 채권 · 채무 관련 거래는 별도의 요구가 없는 한 등록되어 있는 거래처코드를 선택하는 방법으로 거래처명을 반드시 입력한다.
• 제조경비는 500번대 계정코드를, 판매비와 관리비는 800번대 계정코드를 사용한다.
• 회계처리 시 계정과목은 등록되어 있는 계정과목 중 가장 적절한 과목으로 한다.
• 매입매출전표입력 시 입력화면 하단의 분개까지 처리하고, 전자세금계산서 및 전자계산서는 전자입력으로 반영한다.
• (주)매출매입(회사코드: 1002)은 매입매출전표입력 문제를 연습하기 위한 회사이므로 업태와 종목에 상관하지 않고, 현금 잔액 및 거래처원장 등이 음수가 되더라도 이를 무시하고 연습하도록 한다.

1 매출유형

1. 11.과세 중요

최신 30회 중 16문제 출제

(1) 내용

일반적인 세금계산서(부가가치세 10%)가 발행되는 과세 매출거래

(2) 반영되는 서식

① 부가가치세 신고서 1번란
② 부가가치세 신고서 과세표준 명세
③ 매출처별 세금계산서합계표
④ 매입매출장

연습문제

다음 거래자료를 (주)매출매입(회사코드: 1002)의 매입매출전표입력 메뉴에 입력하시오.

[1] 1월 1일 기출 104회

업무용으로 사용하던 다음의 승용차를 하늘중고차에 5,000,000원(부가가치세 별도)에 처분하고 전자세금계산서를 발행하였다. 처분대가의 전액을 월말에 지급받을 예정이다.

차종		2021년형 4인승 승용차(배기량 2,000cc)
취득일		2021년 7월 1일
장부금액	취득가	20,000,000원(부가가치세 포함)
	처분일 현재 감가상각누계액	14,500,000원

[2] 1월 2일 기출 70회

현재 (주)미소물산에 대해 10,000,000원의 단기차입금을 보유하고 있다. 동 채무의 만기는 2025년 3월 5일이지만 당사가 소유하고 있던 건물(취득원가 15,000,000원, 감가상각누계액 9,000,000원, 공정가치 8,000,000원)과 현금 1,200,000원을 지급하고, 단기차입금을 상환하면서 전자세금계산서(공급가액 8,000,000원, 세액 800,000원)를 발급하였다(이자비용은 무시하고, 회계처리는 매입매출전표입력에서만 진행할 것).

[3] 1월 3일 기출 115회 수정

제품을 (주)천국물산에 판매하고 다음과 같이 전자세금계산서를 발급하였다. 1월 1일에 받은 선수금 3,000,000원을 제외한 대금 중 20,000,000원은 동점이 발행한 어음으로 받고 나머지는 외상으로 하였다.

전자세금계산서					승인번호	20250103－31000013－44346631		
공급자	사업자 등록번호	128－86－35650	종사업장 번호		공급받는자	사업자 등록번호	205－81－22933	종사업장 번호	
	상호 (법인명)	(주)매출매입	성명 (대표자)	유형		상호 (법인명)	(주)천국물산	성명 (대표자)	정용헌
	사업장 주소	서울시 서초구 서초대로75길 23				사업장 주소	서울시 광진구 답십리로80길 1004		
	업태	제조, 도매	종목	컴퓨터 외		업태	도매	종목	생활용품
	이메일					이메일			

작성일자	공급가액	세액	수정사유
2025.1.3.	30,000,000	3,000,000	해당 없음
비고			

월	일	품목	규격	수량	단가	공급가액	세액	비고
1	3	제품				30,000,000	3,000,000	

합계 금액	현금	수표	어음	외상미수금	이 금액을 청구함
33,000,000	3,000,000		20,000,000	10,000,000	

[4] 1월 4일 기출 69회

1월 3일에 (주)천국물산에 제품 #101 60개를 개당 500,000원(부가가치세 별도)에 매출하고 전자세금계산서를 발급하였으나 금일 다음과 같이 이 중 3개가 반품되어 이에 대한 수정전자세금계산서를 발급하였다. 회계처리 시 외상매출금과 제품매출 계정과목에서 (－)금액으로 직접 차감하기로 한다.

반품명세서(공급자용)

(주)천국물산 귀하				등록번호	128－86－35650	
발행일	2025.1.4.	거래 번호	#10123	업태		종목	
				주소		
				전화		팩스	

No.	품명	규격	수량	단가	금액	비고
1	#101		60개	500,000원	1,500,000원	1/3 매출분

[5] 1월 5일 기출 75회

회사가 (주)미소물산에 작년에 외상으로 공급한 제품매출(공급가액 10,000,000원, 부가가치세 1,000,000원)에 대하여 2025년 1월 5일 관련 계약이 해제되어 현행 부가가치세법에 따라 수정전자세금계산서를 발급하였다.

[6] 1월 6일 기출 77회

작년에 공급한 (주)화신상사의 매출 전자세금계산서(공급가액 50,000,000원, 부가가치세 별도)에 대한 외상매출금을 약속한 기일(1월 10일) 전에 결제할 경우 10%를 할인하기로 하였는데 (주)화신상사가 외상매출금 중 할인액을 제외한 잔액을 보통예금 계좌로 입금하였다. 따라서, 당사는 부가가치세법에 따라 수정전자세금계산서를 발급하였다. 수정전자세금계산서 관련 회계처리를 하시오(본 수정전자세금계산서는 모두 매입매출전표입력에서 처리하기로 하며, 할인액은 부가세예수금과 매출 계정으로 처리함).

[7] 1월 7일 기출 96회

(주)볼매전자에 제품 3,000,000원(부가가치세 별도)을 1월 25일에 인도하기로 계약을 체결하였다. 계약일인 1월 7일에 동 거래대금을 보통예금으로 받고 이에 대한 전자세금계산서를 발급하였다.

[8] 1월 8일 기출 64회

당사는 (주)볼매전자에 제품을 판매하는 과정에서 다음과 같은 일부 파손품 등의 문제가 발생하였다. 아래의 내용을 고려하여, 매출세금계산서는 1장으로 전자발급하여 전송하였다. 관련 자료를 입력하시오.

- 1월 3일: 당사는 (주)볼매전자에 제품 900개(@900원, 부가가치세 별도)를 판매하기로 하였다.
- 1월 8일: 주문받은 제품을 당사가 직접 운송하던 도중에 부주의로 3개가 파손된 것을 확인하였다. 파손 제품을 추가로 납품하지는 않는다.
- 1월 8일: 납품하는 제품을 검수하는 과정에서 15개의 제품에서 미미한 하자가 발생하여 해당 제품에 대하여 개당 100원씩 판매가격을 인하하기로 하고 검수를 완료하였다.
- 대금은 납품된 제품에 대해서만 한 달 후에 받기로 하였다.

[9] 1월 9일 기출 97회 수정

당사는 수출업자와 수출재화 임가공용역계약을 체결한 (주)화신상사에 제품(공급가액 50,000,000원, 부가가치세 별도)을 외상으로 납품하고 전자세금계산서는 부가가치세법 규정을 준수하여 발행 교부하였으며 (주)화신상사에게 지급해야 할 미지급금 55,000,000원을 제품대금과 상계하기로 상호 합의하였다.

[10] 1월 10일 기출 114회 유사

국고보조금에 의하여 취득한 다음의 기계장치가 노후되어 (주)빛나랜드에 외상(매각대금 15,000,000원, 부가가치세 별도)으로 처분하고 전자세금계산서를 교부하였다(처분된 기계장치는 취득 후 감가상각을 전혀 하지 않음).

- 기계장치: 60,000,000원
- 국고보조금(자산 차감): 22,000,000원

[11] 1월 11일 기출 99회

회사는 (주)바른정비와 제품(공급가액 300,000,000원, 부가세 30,000,000원) 공급계약을 체결하였으며 제품은 잔금 지급일에 공급하기로 하였다. 대금은 지급 약정일에 현금으로 수령하였으며, 해당 제품의 공급과 관련하여 부가가치세법에 따라 정상적으로 전자세금계산서를 발행하여 교부하였다. 2025년에 발행된 전자세금계산서에 대한 회계처리를 하시오.

구분	계약금	1차 중도금	2차 중도금	잔금
지급 약정일	2025.1.11.	2026.1.11.	2026.6.11.	2027.1.11.
지급액	55,000,000원	110,000,000원	110,000,000원	55,000,000원

[12] 1월 12일 기출 107회

(주)미소물산과 아래와 같은 조건으로 제품 할부판매계약을 체결하고 즉시 제품을 인도하였다. 1회차 할부금 및 부가가치세는 제품 인도와 동시에 보통예금 계좌로 입금되었으며, 전자세금계산서를 부가가치세법에 따라 발급하고, 매출수익은 판매대금 전액을 명목가액으로 인식하였다.

구분	계약서상 지급일	계약서상 지급액 (부가가치세 포함)
제1차 할부금	2025년 1월 12일	11,000,000원
제2차 할부금	2025년 2월 12일	33,000,000원
제3차 할부금	2025년 5월 12일	66,000,000원

총계		110,000,000원

| 풀이 |

[1] 1월 1일

유형	공급가액	부가세	공급처명	전자	분개
11.과세	5,000,000	500,000	하늘중고차	1.여	3.혼합

(차) 감가상각누계액(209)	14,500,000	(대) 부가세예수금	500,000
미수금[하늘중고차]	5,500,000	차량운반구	20,000,000
유형자산처분손실	500,000		

[2] 1월 2일

유형	공급가액	부가세	공급처명	전자	분개
11.과세	8,000,000	800,000	(주)미소물산	1.여	3.혼합

(차) 감가상각누계액(203)	9,000,000	(대) 부가세예수금	800,000
단기차입금[(주)미소물산]	10,000,000	건물	15,000,000
		현금	1,200,000
		유형자산처분이익	2,000,000

[3] 1월 3일

유형	공급가액	부가세	공급처명	전자	분개
11.과세	30,000,000	3,000,000	(주)천국물산	1.여	3.혼합

(차) 선수금[(주)천국물산]	3,000,000	(대) 부가세예수금	3,000,000
받을어음[(주)천국물산]	20,000,000	제품매출	30,000,000
외상매출금[(주)천국물산]	10,000,000		

[4] 1월 4일

유형	공급가액	부가세	공급처명	전자	분개
11.과세	−1,500,000	−150,000	(주)천국물산	1.여	2.외상 또는 3.혼합

(차) 외상매출금[(주)천국물산]	−1,650,000	(대) 부가세예수금	−150,000
		제품매출	−1,500,000

공급된 재화가 환입된 경우는 수정세금계산서 발급사유에 해당하며, 재화가 환입된 날에 수정세금계산서를 발급한다.

[5] 1월 5일

유형	공급가액	부가세	공급처명	전자	분개
11.과세	−10,000,000	−1,000,000	(주)미소물산	1.여	2.외상 또는 3.혼합

(차) 외상매출금[(주)미소물산]	−11,000,000	(대) 부가세예수금	−1,000,000
		제품매출	−10,000,000

계약의 해제는 수정세금계산서 발급사유에 해당하며, 계약 해제일에 수정세금계산서를 발급한다.

[6] 1월 6일

유형	공급가액	부가세	공급처명	전자	분개
11.과세	−5,000,000	−500,000	(주)화신상사	1.여	2.외상 또는 3.혼합

(차) 외상매출금[(주)화신상사]	−5,500,000	(대) 부가세예수금	−500,000
		제품매출	−5,000,000

매출할인에 의한 공급가액의 감소는 수정세금계산서 발급사유에 해당하며, 그 사유가 발생한 날 수정세금계산서를 발급한다.
또는 다음과 같이 입력해도 정답으로 인정된다.

유형	공급가액	부가세	공급처명	전자	분개
11.과세	−5,000,000	−500,000	(주)화신상사	1.여	2.외상 또는 3.혼합

(차) 보통예금	49,500,000	(대) 부가세예수금	−500,000
		제품매출	−5,000,000
		외상매출금[(주)화신상사]	55,000,000

[7] 1월 7일

유형	공급가액	부가세	공급처명	전자	분개
11.과세	3,000,000	300,000	(주)볼매전자	1.여	3.혼합

(차) 보통예금	3,300,000	(대) 부가세예수금	300,000
		선수금[(주)볼매전자]	3,000,000

[8] 1월 8일

유형	공급가액	부가세	공급처명	전자	분개
11.과세	805,800*	80,580	(주)볼매전자	1.여	2.외상 또는 3.혼합

(차) 외상매출금[(주)볼매전자]	886,380	(대) 부가세예수금	80,580
		제품매출	805,800

* 재화의 공급가액 계산 시 운송 도중 파손품 및 하자로 인한 할인액, 즉 매출에누리는 과세표준에 포함되지 않으므로 공급가액은 '(900개−3개−15개)×900원+15개×800원=805,800원'이다.

[9] 1월 9일

유형	공급가액	부가세	공급처명	전자	분개
11.과세	50,000,000	5,000,000	(주)화신상사	1.여	2.외상 또는 3.혼합

(차) 미지급금[(주)화신상사]	55,000,000	(대) 부가세예수금	5,000,000
		제품매출	50,000,000

수출임가공계약에 의한 재화의 공급은 수출업자와 직접 도급계약을 체결한 경우에만 영세율이 적용된다.

[10] 1월 10일

유형	공급가액	부가세	공급처명	전자	분개
11.과세	15,000,000	1,500,000	(주)빛나랜드	1.여	3.혼합

(차) 국고보조금(217)	22,000,000	(대) 부가세예수금	1,500,000
미수금[(주)빛나랜드]	16,500,000	기계장치	60,000,000
유형자산처분손실	23,000,000		

[11] 1월 11일

유형	공급가액	부가세	공급처명	전자	분개
11.과세	50,000,000	5,000,000	(주)바른정비	1.여	1.현금 또는 3.혼합

(차) 현금	55,000,000	(대) 부가세예수금	5,000,000
		선수금[(주)바른정비]	50,000,000

해당 거래는 중간지급조건부에 해당하므로 부가가치세법상 공급시기 및 세금계산서 교부시기는 대가의 각 부분을 받기로 한 때이다. 즉, 계약금에 해당하는 부분만 2025년 귀속으로 처리한다. 그러나 일반기업회계기준상 매출액은 인도기준으로 잔금 지급 약정일인 2027년 1월 11일에 인식하므로 계약금 및 각 중도금에 대한 부분은 선수금으로 처리한다.

[12] 1월 12일

유형	공급가액	부가세	공급처명	전자	분개
11.과세	100,000,000	10,000,000	(주)미소물산	1.여	3.혼합

(차) 보통예금	11,000,000*	(대) 부가세예수금	10,000,000
외상매출금[(주)미소물산]	99,000,000	제품매출	100,000,000

* 할부판매계약을 체결하고 즉시 제품을 인도하고 1회차 할부금 11,000,000원이 보통계좌로 입금되었기 때문에 이는 선수금에 해당하지 않는다.

2. 12.영세

▸ 최신 30회 중 2문제 출제

(1) 내용

영세율 적용 대상 거래 중 세금계산서 발급의무가 면제되지 않는 영세율 매출거래(내국신용장 또는 구매확인서에 의하여 공급하는 재화 등)

(2) 반영되는 서식

① 부가가치세 신고서 5번란
② 부가가치세 신고서 과세표준 명세
③ 영세율매출 명세서
④ 매출처별 세금계산서합계표
⑤ 매입매출장

+ 영세율 구분

코드	내용
3	내국신용장 · 구매확인서*1에 의하여 공급하는 재화
10	수출재화 임가공용역*2

*1 내국신용장 · 구매확인서란 수출업자가 수출용 원자재 또는 수출용 완제품을 국내에서 구매하거나 수출재화에 대한 임가공용역을 제공받기 위하여 원신용장을 담보로 국내 공급업자를 수익자로 국내 외국환은행이 개설한 신용장(재화 또는 용역의 공급시기가 속하는 과세기간 종료 후 25일 이내에 개설)을 의미한다.

[참고] 내국신용장은 그 개설시기에 따라서 세금계산서의 과세 또는 영세율의 차이가 발생한다.
- 공급시기가 속하는 달의 다음 달 10일까지 개설되는 경우: 영세율 세금계산서 발행
- 공급시기가 속하는 달의 다음 달 10일 이후 과세기간 종료 후 25일 이내 개설되는 경우: 공급 시 10% 과세분 세금계산서 발행, 내국신용장 개설 시 10% 과세분 (−)세금계산서 발행 및 영세율 세금계산서로 수정 교부

*2 수출업자와 직접 도급계약에 의하여 수출재화를 임가공하는 수출재화 임가공용역의 경우 세금계산서를 발급하며 외화획득 장려를 위하여 영세율을 적용한다.
- 내국신용장 · 구매확인서에 의하여 공급하는 수출재화 임가공용역: 영세율 적용(단, 공급시기가 속하는 과세기간이 끝난 후 25일 이내 개설)
- 내국신용장 · 구매확인서 개설 ×, 수출업자와 직접 도급계약에 의하여 수출재화를 임가공하는 수출재화 임가공용역: 영세율 적용
- 수출업자와 직접 도급계약을 하지 않은 경우: 10% 과세

연습문제

다음 거래자료를 (주)매출매입(회사코드: 1002)의 매입매출전표입력 메뉴에 입력하시오.

[1] 2월 1일 　기출 111회

당사는 수출업자인 한강무역과 수출재화에 대한 임가공용역(공급가액 5,000,000원)을 제공하였다. 세금계산서는 부가가치세 부담이 최소화되는 방향으로 부가가치세법 규정에 맞게 전자발행하였으며, 대금은 다음 달 10일에 받기로 하였다(매출 계정은 '용역매출'을 사용할 것).

[2] 2월 2일 　기출 94회

당사는 2월 1일에 한강무역에 제품 공급(공급가액 30,000,000원, 부가가치세 별도) 계약을 체결하고, 구매확인서를 발급받아서 2월 2일 제품을 납품하였다. 대금은 보통예금으로 수령하였으며 전자세금계산서는 부가가치세법 규정대로 공급시기에 발급하였다.

[3] 2월 3일 　기출 51회

한강무역과 다음과 같은 계약내용으로 내국신용장에 의해 제품을 납품하고 영세율 전자세금계산서를 교부하였다. 대금은 1월에 현금으로 입금된 착수금을 상계한 잔액을 보통예금으로 받았다. 다만, 착수금에 대해서는 영세율 전자선세금계산서를 교부한 바 있다.

〈계약내용(공급가액)〉
- 계약일자: 2025.2.3.
- 총계약금액: 45,000,000원
- 착수금(2025.1.3.): 15,000,000원
- 납품금액(2025.2.3.): 30,000,000원

[4] 2월 4일 기출 47회

당사는 2월 4일 한강무역에 제품 10,000,000원(부가가치세 별도)을 외상으로 판매한 바 있다. 한강무역은 이 거래에 대하여 외국환은행장으로부터 7월 20일자로 외화획득용 '구매확인서'를 발급받아 당사에 제출하였다. 이와 관련하여 추가로 발행된 수정전자세금계산서에 대한 회계처리(2월 4일)를 하시오.

| 풀이 |

[1] 2월 1일

유형	공급가액	부가세	공급처명	전자	분개
12.영세	5,000,000		한강무역	1.여	2.외상 또는 3.혼합
영세율 구분	⑩ 수출재화 임가공용역				

(차) 외상매출금[한강무역]	5,000,000	(대) 용역매출	5,000,000

[2] 2월 2일

유형	공급가액	부가세	공급처명	전자	분개
12.영세	30,000,000		한강무역	1.여	3.혼합
영세율 구분	③ 내국신용장 · 구매확인서에 의하여 공급하는 재화				

(차) 보통예금	30,000,000	(대) 제품매출	30,000,000

[3] 2월 3일

유형	공급가액	부가세	공급처명	전자	분개
12.영세	30,000,000		한강무역	1.여	3.혼합
영세율 구분	③ 내국신용장 · 구매확인서에 의하여 공급하는 재화				

(차) 선수금[한강무역]	15,000,000	(대) 제품매출	45,000,000
보통예금	30,000,000		

[4] 2월 4일

유형	공급가액	부가세	공급처명	전자	분개
11.과세	−10,000,000	−1,000,000	한강무역	1.여	2.외상 또는 3.혼합

(차) 외상매출금[한강무역]	−11,000,000	(대) 부가세예수금	−1,000,000
		제품매출	−10,000,000

유형	공급가액	부가세	공급처명	전자	분개
12.영세	10,000,000		한강무역	1.여	2.외상 또는 3.혼합
영세율 구분	③ 내국신용장 · 구매확인서에 의하여 공급하는 재화				

(차) 외상매출금[한강무역]	10,000,000	(대) 제품매출	10,000,000

재화 또는 용역을 공급한 후 공급시기가 속하는 과세기간 종료 후 25일 이내에 구매확인서가 발급된 경우 처음 세금계산서 작성일자(2월 4일)로 영세율 세금계산서를 작성하여 발급하고, 처음에 추가로 발급한 세금계산서의 내용은 (−)수정세금계산서를 작성하여 발급한다.

3. 13.면세

(1) 내용

계산서가 발행되는 면세 매출거래

(2) 반영되는 서식

① 부가가치세 신고서 과세표준 명세 '81.면세수입금액', '85.계산서발급금액'

② 매출처별 계산서 합계표

③ 매입매출장

연습문제

다음 거래자료를 (주)매출매입(회사코드: 1002)의 매입매출전표입력 메뉴에 입력하시오.

[1] 3월 2일 기출 43회

(주)매출매입은 사용 중이던 건물을 (주)여유통상에 매각하였다. 토지와 건물을 합하여 매각대금은 300,000,000원(부가가치세 별도)이고 관련 자료는 다음과 같다. 계약조건에 따라 전자세금계산서와 전자계산서를 발행하였으며, 매각대금은 보통예금 계좌에 입금되었다. 전자세금계산서와 전자계산서는 매입매출전표에서 입력하되 분개는 토지와 건물을 합하여 일반전표에서 입력하시오.

- 기준시가: 토지 150,000,000원, 건물 50,000,000원(토지와 건물의 공급가액을 기준시가 비율로 안분계산함)
- 장부가액: 토지 200,000,000원, 건물 500,000,000원, 건물 감가상각누계액 400,000,000원

| 풀이 |

[1] ① [매입매출전표입력] 3월 2일

유형	공급가액	부가세	공급처명	전자	분개
11.과세	75,000,000*1	7,500,000	(주)여유통상	1.여	0.없음

유형	공급가액	부가세	공급처명	전자	분개
13.면세	225,000,000*2		(주)여유통상	1.여	0.없음

*1 300,000,000원×50,000,000원÷(150,000,000원+50,000,000원)=75,000,000원

*2 300,000,000원×150,000,000원÷(150,000,000원+50,000,000원)=225,000,000원

② [일반전표입력] 3월 2일

(차) 감가상각누계액(203)	400,000,000	(대) 부가세예수금	7,500,000
보통예금	307,500,000	건물	500,000,000
		토지	200,000,000

4. 14.건별

▸ 최신 30회 중 1문제 출제

(1) 내용

① 영수증 발급 대상거래 및 세금계산서 등 적격증명서류가 발행되지 않는 과세 매출거래

② 간주공급(판매 목적 타사업장 반출 제외)과 간주임대료

(2) 반영되는 서식

① 부가가치세 신고서 4번란

② 부가가치세 신고서 과세표준 명세

③ 매입매출장

연습문제

다음 거래자료를 (주)매출매입(회사코드: 1002)의 매입매출전표입력 메뉴에 입력하시오.

[1] 4월 1일 기출 95회

영업부서 이미란 과장의 생일선물로 당사가 생산한 제품(시가 300,000원, 원가 200,000원)을 사용하였다. 당사는 지난 달에도 창립기념일 기념품으로 시가 100,000원 상당의 제품을 모든 직원들에게 무상으로 제공하였다(단, 시가와 원가는 부가가치세 제외 금액이며, 모든 입력은 매입매출전표에 할 것).

[2] 4월 2일 기출 53회

원가 5,000,000원의 제품(시가는 부가가치세 포함 6,600,000원임)을 접대 목적으로 매출거래처 맥스투자(주)에 제공하였다. 회계처리는 매입매출전표입력에서 하나의 분개로 처리하도록 한다.

[3] 4월 3일 기출 87회

(주)천국물산의 매출실적이 당초 목표를 초과하여 본사와의 약정에 따라 판매장려금을 본사의 제품(원가 15,000,000원, 시가 20,000,000원)으로 제공하였다. 회계처리는 매입매출전표입력(판매촉진비 계정을 사용)에서 하나의 분개로 처리하도록 한다.

| 풀이 |

[1] 4월 1일

유형	공급가액	부가세	공급처명	전자	분개
14.건별	300,000	30,000			3.혼합

(차) 복리후생비(판)	230,000	(대) 부가세예수금	30,000
		제품(적요 8)	200,000

간주공급 중 개인적 공급에 대한 부가가치세는 시가를 기준으로 과세하고 원가를 기준으로 회계처리한다. 간주공급으로서 세금계산서 발행의무가 면제되므로 거래유형을 '14.건별'로 한다.

꿀팁 [공급가액]란에 공급대가 330,000원을 입력하면 공급가액 300,000원과 부가세 30,000원이 구분되어 표시된다.

[2] 4월 2일

유형	공급가액	부가세	공급처명	전자	분개
14.건별	6,000,000	600,000	맥스투자(주)		3.혼합

(차) 기업업무추진비(판)	5,600,000	(대) 부가세예수금	600,000
		제품(적요 8)	5,000,000

간주공급 중 사업상 증여에 해당하며 입력사항은 [1]번 문제의 개인적 공급과 동일하다.

꿀팁 [공급가액]란에 공급대가 6,600,000원을 입력하면 공급가액 6,000,000원과 부가세 600,000원이 구분되어 표시된다.

[3] 4월 3일

유형	공급가액	부가세	공급처명	전자	분개
14.건별	20,000,000	2,000,000	(주)천국물산		3.혼합

(차) 판매촉진비(판)	17,000,000	(대) 부가세예수금	2,000,000
		제품(적요 8)	15,000,000

판매장려금을 금전으로 지급하는 경우에는 재화의 공급에 해당하지 않으며, 현물로 지급하는 경우에는 사업상 증여이므로 현물의 시가를 과세표준에 포함한다.

꿀팁 [공급가액]란에 공급대가 22,000,000원을 입력하면 공급가액 20,000,000원과 부가세 2,000,000원이 구분되어 표시된다.

5. 16.수출

▸ 최신 30회 중 4문제 출제

(1) 내용

직수출 등(영세율 적용 대상거래 중 세금계산서 발급의무가 면제되는 영세율 매출거래)

코드	내용
1	직접수출(대행수출 포함)
6	국외에서 제공하는 용역
9	국내에서 비거주자 · 외국법인에게 공급되는 재화 또는 용역

(2) 반영되는 서식

① 부가가치세 신고서 6번란

② 부가가치세 신고서 과세표준 명세

③ 영세율매출 명세서

④ 매입매출장

연습문제

다음 거래자료를 (주)매출매입(회사코드: 1002)의 매입매출전표입력 메뉴에 입력하시오.

[1] 5월 1일 기출 100회

제품을 미국의 CAPTAIN에 직수출하기 위해 선적 완료하고 5월 1일 날짜로 $100,000를 보통예금으로 받았다. 제품 수출금액은 $150,000로 잔액은 다음 달 10일에 받기로 하였다. 2025년 5월 1일의 기준 환율은 $1 = 1,200원이다(수출신고번호 입력은 생략할 것).

[2] 5월 2일 기출 16년 8월 특별

미국의 CAPTAIN에 동사 제품의 국내 판매 알선용역을 제공하고 용역대가 $7,000(기준 환율 $1=1,090원)는 보통예금으로 입금받았다. 이는 국내에서 외국법인에 공급되는 용역으로 부가가치세법에 의한 영세율 대상에 해당한다. 매출액은 용역매출(코드번호: 420)로 반영하고, 하단의 '영세율 구분'도 입력하시오.

[3] 5월 5일 기출 58회

일본 교토에 소재하는 CAPTAIN에 다음의 소프트웨어 개발용역(국외에서 제공하는 용역)을 제공하고 용역대가인 ￥300,000을 보통예금으로 입금받았다. 단, 매출액은 용역매출(코드번호: 420)로 반영하고, 하단의 '영세율 구분'도 입력하시오.

- 용역 제공 장소: 일본국 교토시
- 용역 제공 기간: 5월 3일~5월 5일
- 용역 제공 완료일: 5월 5일
- 환율

일자	5월 3일	5월 4일	5월 5일
재정 환율	1,050원/￥100	1,030원/￥100	1,060원/￥100

| 풀이 |

[1] 5월 1일

유형	공급가액	부가세	공급처명	전자	분개
16.수출	180,000,000*		CAPTAIN		3.혼합
영세율 구분	① 직접수출(대행수출 포함)				

(차) 외상매출금[CAPTAIN]	60,000,000	(대) 제품매출	180,000,000
보통예금	120,000,000		

* $150,000×1,200원/$ = 180,000,000원

[2] 5월 2일

유형	공급가액	부가세	공급처명	전자	분개
16.수출	7,630,000*		CAPTAIN		3.혼합
영세율 구분	⑨ 국내에서 비거주자 · 외국법인에게 공급되는 재화 또는 용역				

(차) 보통예금	7,630,000	(대) 용역매출	7,630,000

* $7,000×1,090원/$ = 7,630,000원

[3] 5월 5일

유형	공급가액	부가세	공급처명	전자	분개
16.수출	3,180,000*		CAPTAIN		3.혼합
영세율 구분	⑥ 국외에서 제공하는 용역				

(차) 보통예금	3,180,000	(대) 용역매출	3,180,000

* ￥300,000×10.6원/￥ = 3,180,000원

꿀팁 용역의 공급은 역무의 제공이 완료된 날이 공급시기이므로 용역 제공 완료일의 환율을 적용한다.

6. 17.카과

▸ 최신 30회 중 1문제 출제

(1) 내용

신용카드 매출전표(10% 부가가치세 포함) 발급에 의한 과세 매출거래

(2) 반영되는 서식

① 부가가치세 신고서 3번란

② 부가가치세 신고서 과세표준 명세

③ 신용카드 매출전표 등 발행금액 집계표

④ 매입매출장

PART 04

연습문제

다음 거래자료를 (주)매출매입(회사코드: 1002)의 매입매출전표입력 메뉴에 입력하시오.

[1] 6월 1일 기출 106회

개인 소비자 홍길동에게 제품 6,600,000원(부가가치세 포함)을 판매하였고, 홍길동은 신용카드(삼성카드)로 결제하였다.

카드매출전표	
거 래 일 시:	2025/06/01 10:31
카 드 번 호:	1111－****－****－4444
승 인 번 호:	21458542 / 일시불
카 드 종 류:	삼성카드
판 매 금 액:	6,000,000원
부 가 세:	600,000원
합 계 금 액:	6,600,000원
단 말 기 NO:	789000
가 맹 점 NO:	128－86－35650
가 맹 점 명:	(주)매입매출
대 표 자 명:	유형

| 풀이 |

[1] 6월 1일

유형	공급가액	부가세	공급처명	전자	분개
17.카과	6,000,000	600,000	홍길동		4.카드 또는 3.혼합
신용카드사	99602.삼성카드				

(차) 외상매출금[삼성카드]	6,600,000	(대) 부가세예수금	600,000
		제품매출	6,000,000

꿀팁 [공급가액]란에 공급대가 6,600,000원을 입력하면 공급가액 6,000,000원과 부가세 600,000원이 구분되어 표시된다.

7. 22.현과

▸ 최신 30회 중 4문제 출제

(1) 내용

현금영수증(10% 부가가치세 포함) 발급에 의한 과세 매출거래

내용	구분	유형
과세매출+현금 수령	영수증 발급	14.건별
	현금영수증 발급	22.현과

(2) 반영되는 서식

① 부가가치세 신고서 3번란

② 부가가치세 신고서 과세표준 명세

③ 신용카드 매출전표 등 발행금액 집계표

④ 매입매출장

연습문제

다음 거래자료를 (주)매출매입(회사코드: 1002)의 매입매출전표입력 메뉴에 입력하시오.

[1] 6월 2일 기출 101회

시용판매 중인 제품 15대(대당 공급가액 500,000원, 부가가치세 별도) 중 5대에 대한 구매의사 표시를 받았다. 판매대금은 보통예금으로 입금받았으며 동 금액에 대하여 국세청 지정번호(010－0001－0000)로 현금영수증을 발행하였다(단, 거래처 입력은 생략할 것).

[2] 3월 31일 기출 116회 수정

제조부서에서 사용하던 노후된 차량운반구를 친환경차로 교체할 목적으로 중고나라에게 처분하고 처분대가인 3,300,000원(부가가치세 포함)을 현금으로 수령함과 동시에 현금영수증을 발급하였다. 차량운반구의 취득가액은 10,000,000원이며 전기 말 감가상각누계액은 4,000,000원이다. 처분일까지의 감가상각비를 계산하여 이를 분개에 반영한다. 내용연수는 5년이며, 잔존가치는 없다. 정액법을 사용하며, 월할계산하고 원 단위 미만은 반올림한다(하나의 전표로 처리할 것).

| 풀이 |

[1] 6월 2일

유형	공급가액	부가세	공급처명	전자	분개
22.현과	2,500,000	250,000			3.혼합

(차) 보통예금	2,750,000	(대) 부가세예수금	250,000
		제품매출	2,500,000

꿀팁 [공급가액]란에 공급대가 2,750,000원을 입력하면 공급가액 2,500,000원과 부가세 250,000원이 구분되어 표시된다.

[2] 3월 31일

유형	공급가액	부가세	공급처명	전자	분개
22.현과	3,000,000	300,000	중고나라		3.혼합

(차) 감가상각비(제)	500,000	(대) 부가세예수금	300,000
현금	3,300,000	감가상각누계액(209)	500,000*
감가상각누계액(209)	4,500,000	차량운반구	10,000,000
유형자산처분손실	2,500,000		

* 10,000,000원÷5년×3개월/12개월＝500,000원

꿀팁 [공급가액]란에 공급대가 3,300,000원을 입력하면 공급가액 3,000,000원과 부가세 300,000원이 구분되어 표시된다.

2 매입유형

1. 51.과세 중요

▸ 최신 30회 중 7문제 출제

(1) 내용

매입세액이 공제되는 세금계산서를 발급받은 과세 매입거래

(2) 반영되는 서식

① 부가가치세 신고서 10번란(고정자산매입은 11번란)

② 매입처별 세금계산서합계표

③ 건물 등 감가상각자산 취득 명세서(고정자산매입 시)

④ 매입매출장

연습문제

다음 거래자료를 (주)매출매입(회사코드: 1002)의 매입매출전표입력 메뉴에 입력하시오.

[1] 7월 1일 기출 68회

노후된 공장 건물의 기둥 철골보강공사(공급가액 48,000,000원, 부가가치세 4,800,000원)와 파손된 유리창 교체작업(공급가액 1,200,000원, 부가가치세 120,000원)을 (주)미래건설에 의뢰하여 시행하고 전자세금계산서를 교부받았다. 공사대금은 2개월 후에 지급하기로 하였다. 철골보강공사는 내용연수를 현저히 증가시키는 거래이고 유리창 교체는 단순 교체작업에 해당한다(하나의 분개로 입력하되, 자본적 지출은 자산 계정, 수익적 지출은 수선비 계정을 사용할 것).

[2] 7월 2일 기출 91회

(주)현대자동차로부터 업무용으로 사용할 화물트럭(공급가액 50,000,000원, 부가가치세 별도)을 외상으로 구입하면서 전자세금계산서를 수취하였다. 동 차량 구입으로 인하여 의무적으로 매입해야 하는 채권(액면금액 300,000원, 공정가치 210,000원)을 액면금액으로 매입하고 대금은 보통예금에서 지급하였다. 채권은 매도가능증권(투자자산)으로 분류되며 거래내용은 매입매출전표에서 일괄 처리한다.

[3] 7월 3일 기출 72회

(주)미소물산에서 제품 제조에 사용되는 원재료를 12,000,000원(부가가치세 별도)에 매입하고 전자세금계산서를 발급받았다. 6월 30일에 지급한 선급금을 차감한 잔액 중 5,000,000원은 (주)화신상사로부터 받은 약속어음으로 지급하고 나머지는 익월 말에 상환하기로 하였다.

[4] 7월 4일 기출 62회

관리팀 본사 건물의 엘리베이터를 (주)바른정비로부터 신형으로 교체(공급가액 6,000,000원, 부가가치세 별도)하고 전자세금계산서를 교부받았다. 대금은 당사발행 약속어음으로 결제하였다(본 시설교체 원가는 건물 원가에 산입할 것).

[5] 7월 5일 기출 81회

당사는 안정적인 원자재 조달을 위해 (주)천국물산과 납품계약을 체결하고 이에 대한 계약금 120,000,000원(부가가치세 별도)을 보통예금으로 지급하였다. 원자재 납품기일은 2025년 7월 20일이나 (주)천국물산은 계약금 120,000,000원(부가가치세 별도)에 대해 전자세금계산서(작성일자: 2025년 7월 5일)를 발급하였다.

[6] 7월 6일 기출 57회

원재료 운반용 4톤 트럭(공급가액 25,000,000원, 부가가치세 별도)을 (주)현대자동차에서 구입하고 전자세금계산서를 교부받았다. 7월 1일 계약금으로 2,500,000원을 이미 지급하였고, 나머지 금액은 (주)현대캐피탈과 12개월 할부계약이 체결되었다. 차량 이전과 관련하여 취득세 1,250,000원을 별도로 현금으로 지급하였다(할부금은 미지급금 계정으로 처리하고, 고정자산등록은 생략하며, 하나의 전표로 처리할 것).

[7] 7월 7일 기출 54회

영업소 경비실 건물을 신축하기 위해 해당 건물을 철거하였다. 철거 당시 건물 관련 자료는 다음과 같다.

- 건물 장부가액: 4,000,000원(취득원가 20,000,000원, 감가상각은 철거시점까지 이루어진 것으로 가정)
- 철거비용: 1,000,000원(부가가치세 별도, 전자세금계산서 수취, 철거비용은 수수료비용으로 회계처리하기로 함)
- 철거작업은 (주)미래건설이 시행하였고, 비용은 보통예금 계좌에서 이체되었다.

[8] 7월 8일

기출 47회

회사는 (주)볼매전자에 완성도 지급기준에 의하여 2023년 7월 8일에 발주한 금형 제작이 완성되어 2025년 7월 8일 인도받았다. 잔금 20,000,000원(부가가치세 별도)은 당초 지급 약정일에 보통예금으로 지급하였으며, 현행 부가가치세법에 의하여 (주)볼매전자로부터 매입전자세금계산서를 수취하였다(금형은 비품으로 회계처리할 것).

완성도	완성도 달성일	대금 지급 약정일	금액(부가가치세 별도)	비고
30%	2023.11.30.	2023.12.5.	30,000,000원	선급금 처리함
80%	2024.11.30.	2024.12.5.	50,000,000원	
100%	2025.7.8.	2025.7.8.	20,000,000원	

[9] 7월 9일

기출 38회

(주)미소물산에 대한 외상매입금 전액을 당좌수표를 발행하여 상환하였다. 외상매입금은 모두 10일 이내 상환 시 2% 할인조건으로 6월 30일에 매입한 원재료에 대한 것이며, 이에 대한 (－)수정전자세금계산서를 교부받았다.

[10] 7월 10일

기출 8회

지난 7월 3일 (주)미소물산에서 매입한 원재료 중 일부(공급가액 2,300,000원, 부가가치세 230,000원)에 하자가 있어 반품하고 수정전자세금계산서를 교부받았다. 대금은 외상매입금과 상계처리하기로 하였다.

[11] 7월 11일

기출 36회

우리정보기술로부터 소프트웨어를 취득하고 전자세금계산서(공급가액 35,000,000원, 부가가치세 별도)를 수취하였다. 회사는 주식(액면금액 25,000,000원, 공정가치 35,000,000원)을 발행하여 제공하고, 부가가치세는 현금으로 지급하였다.

[12] 7월 12일

기출 101회

정부로부터 7월 3일 무상지원받은 국고보조금(보통예금 차감 항목)으로 반도체를 세척하는 기계장치를 (주)볼매전자로부터 150,000,000원(부가가치세 별도)에 구입하면서 보통예금을 인출하여 지급하였으며, 전자세금계산서를 수취하였다(국고보조금에 대한 내역은 조회하여 반영할 것).

[13] 7월 13일

기출 118회

당사는 7월 영업부 사무실 청소비에 대하여 전자세금계산서를 발급받았다. 1년간 청소비 2,400,000원을 연초에 일시금으로 지급한 후 선급비용으로 회계처리하였다(단, 건물관리비 계정과목을 사용하며, 1월~6월 청소비 전자세금계산서는 무시하기로 함).

품목	공급가액	세액	거래처
사무실 청소	200,000원	20,000원	(주)바른청소

[14] 7월 14일

기출 90회

소문난식당에서 공장 생산라인 직원들의 야근식사를 제공받고 다음과 같이 종이세금계산서를 수취하였다. 2기 예정 부가가치세 신고 시 해당 세금계산서를 누락하여 2기 확정 부가가치세 신고서에 반영하려고 한다. 반드시 해당 세금계산서를 2기 확정 부가가치세 신고서에 반영시킬 수 있도록 입력 · 설정하시오.

세금계산서(공급받는 자 보관용)

책 번 호	권	호
일 련 번 호	－	

구분	항목	내용	구분	항목	내용
공급자	등록번호	114－14－86153	공급받는자	등록번호	128－86－35650
공급자	상호(법인명)	소문난식당 / 성명(대표자) 김세영	공급받는자	상호(법인명)	(주)매출매입 / 성명(대표자) 유형
공급자	사업장 주소	서울시 도봉구 방학동 15－3	공급받는자	사업장 주소	서울시 성동구 아차산로7길 15－1
공급자	업태	음식 / 종목 한식	공급받는자	업태	제조, 도매 / 종목 전자부품

작성 년	월	일	공란수	공급가액	세액	비고
25	7	14		3500000	350000	

월	일	품목	규격	수량	단가	공급가액	세액	비고
7	14	야근식대		1		3,500,000	350,000	

합계 금액	현금	수표	어음	외상미수금	이 금액을 영수/청구 함
3,850,000	1,500,000			2,350,000	

[15] 7월 15일 기출 82회

1억원(액면금액 10,000원, 발행주식 수 1만주)의 자본증자 등기가 완료되고 법인보통예금 계좌로 증자대금이 입금되었다. 자본증자 관련 등록비용 1,440,000원과 법무사(정법무사사무소) 수수료 440,000원(부가가치세 포함)을 보통예금으로 지급하였다. 등록 관련 비용은 영수증을 수취하였으며, 법무사 수수료는 전자세금계산서(작성일자: 7월 15일)를 발급받았다(단, 주식발행초과금은 존재하지 않음). 일반전표와 매입매출전표에 적절히 입력하시오.

| 풀이 |

[1] 7월 1일

유형	공급가액	부가세	공급처명	전자	분개
51.과세	49,200,000	4,920,000	(주)미래건설	1.여	3.혼합

(차) 부가세대급금	4,920,000	(대) 미지급금[(주)미래건설]	54,120,000
건물	48,000,000		
수선비(제)	1,200,000		

[2] 7월 2일

유형	공급가액	부가세	공급처명	전자	분개
51.과세	50,000,000	5,000,000	(주)현대자동차	1.여	3.혼합

(차) 부가세대급금	5,000,000	(대) 보통예금	300,000
차량운반구	50,090,000	미지급금[(주)현대자동차]	55,000,000
매도가능증권(178)	210,000		

[3] 7월 3일

유형	공급가액	부가세	공급처명	전자	분개
51.과세	12,000,000	1,200,000	(주)미소물산	1.여	3.혼합

(차) 부가세대급금	1,200,000	(대) 선급금[(주)미소물산]	1,000,000*
원재료	12,000,000	받을어음[(주)화신상사]	5,000,000
		외상매입금[(주)미소물산]	7,200,000

* [일반전표입력] 메뉴 6월 30일을 조회한다.

[4] 7월 4일

유형	공급가액	부가세	공급처명	전자	분개
51.과세	6,000,000	600,000	(주)바른정비	1.여	3.혼합

(차) 부가세대급금	600,000	(대) 미지급금[(주)바른정비]	6,600,000
건물	6,000,000		

[5] 7월 5일

유형	공급가액	부가세	공급처명	전자	분개
51.과세	120,000,000	12,000,000	(주)천국물산	1.여	3.혼합

(차) 부가세대급금	12,000,000	(대) 보통예금	132,000,000
선급금[(주)천국물산]	120,000,000		

[6] 7월 6일

유형	공급가액	부가세	공급처명	전자	분개
51.과세	25,000,000	2,500,000	(주)현대자동차	1.여	3.혼합

(차) 부가세대급금	2,500,000	(대) 선급금[(주)현대자동차]	2,500,000*
차량운반구	26,250,000	현금	1,250,000
		미지급금[(주)현대캐피탈]	25,000,000

* [일반전표입력] 메뉴 7월 1일을 조회한다.

[7] 7월 7일

유형	공급가액	부가세	공급처명	전자	분개
51.과세	1,000,000	100,000	(주)미래건설	1.여	3.혼합

(차) 부가세대급금	100,000	(대) 건물	20,000,000
감가상각누계액(203)	16,000,000	보통예금	1,100,000
유형자산처분손실	4,000,000		
수수료비용(판)	1,000,000		

[8] 7월 8일

유형	공급가액	부가세	공급처명	전자	분개
51.과세	20,000,000	2,000,000	(주)볼매전자	1.여	3.혼합

(차) 부가세대급금	2,000,000	(대) 선급금[(주)볼매전자]	80,000,000
비품	100,000,000	보통예금	22,000,000

[9] 7월 9일

유형	공급가액	부가세	공급처명	전자	분개
51.과세	−50,000*	−5,000	(주)미소물산	1.여	3.혼합

(차) 부가세대급금	−5,000	(대) 당좌예금	2,695,000
외상매입금[(주)미소물산]	2,750,000	매입할인(155)	50,000

* [매입매출전표입력] 메뉴 6월 30일을 조회한 후 할인액을 계산하면 '2,500,000원×2%＝50,000원'이다.

[10] 7월 10일

유형	공급가액	부가세	공급처명	전자	분개
51.과세	−2,300,000	−230,000	(주)미소물산	1.여	2.외상 또는 3.혼합

(차) 부가세대급금	−230,000	(대) 외상매입금[(주)미소물산]	−2,530,000
원재료	−2,300,000		

[11] 7월 11일

유형	공급가액	부가세	공급처명	전자	분개
51.과세	35,000,000*[1]	3,500,000	우리정보기술	1.여	3.혼합

(차) 부가세대급금	3,500,000	(대) 현금	3,500,000
소프트웨어	35,000,000*[2]	자본금	25,000,000
		주식발행초과금	10,000,000

*[1] 부가가치세법상 금전 이외의 대가를 지급한 경우 과세표준은 자기가 공급한 재화나 용역의 시가이므로 판매하는 우리정보기술의 과세표준은 취득 당시 소프트웨어의 시가인 35,000,000원이다.

*[2] 일반기업회계기준서상 주식을 발행하여 무형자산을 취득하는 경우 무형자산의 취득원가는 제공한 지분증권의 공정가치이다. 즉, 소프트웨어 취득원가는 주식의 공정가치인 35,000,000원이다.

[12] 7월 12일

유형	공급가액	부가세	공급처명	전자	분개
51.과세	150,000,000	15,000,000	(주)볼매전자	1.여	3.혼합

(차) 부가세대급금	15,000,000	(대) 보통예금	165,000,000
기계장치	150,000,000	국고보조금(217)	100,000,000
국고보조금(127)	100,000,000*		

* [일반전표입력] 메뉴 7월 3일을 조회한다.

[13] 7월 13일

유형	공급가액	부가세	공급처명	전자	분개
51.과세	200,000	20,000	(주)바른청소	1.여	3.혼합

(차) 부가세대급금	20,000	(대) 선급비용	220,000
건물관리비(판)	200,000		

[14] 7월 14일

유형	공급가액	부가세	공급처명	전자	분개
51.과세	3,500,000	350,000	소문난식당		3.혼합

(차) 부가세대급금	350,000	(대) 현금	1,500,000
복리후생비(제)	3,500,000	미지급금[소문난식당]	2,350,000

입력을 완료한 후 해당 거래를 선택한 다음 상단 툴바 [F11 간편집계.. ▼]의 화살표를 클릭한다. [SF5 예정 누락분]을 선택한 후 [확정신고 개시년월]란에 2025년 10월을 입력하고 [확인(Tab)]을 클릭한다.

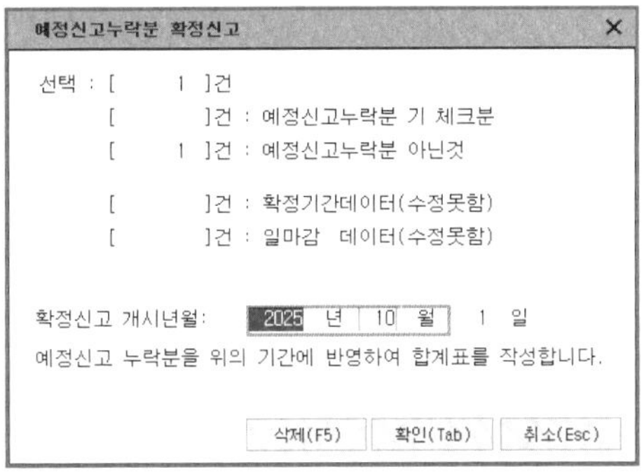

[15] ① [일반전표입력] 7월 15일

(차) 보통예금	100,000,000	(대) 자본금	100,000,000
주식할인발행차금	1,440,000	보통예금	1,440,000

② [매입매출전표입력] 7월 15일

유형	공급가액	부가세	공급처명	전자	분개
51.과세	400,000	40,000	정법무사사무소	1.여	3.혼합

(차) 부가세대급금	40,000	(대) 보통예금	440,000
주식할인발행차금	400,000		

2. 52.영세

▸ 최신 30회 중 1문제 출제

(1) 내용

내국신용장 또는 구매확인서에 의해 영세율 세금계산서를 발급받은 영세율 매입거래

(2) 반영되는 서식

① 부가가치세 신고서 10번란(고정자산매입은 11번란)

② 매입처별 세금계산서합계표

③ 매입매출장

연습문제

다음 거래자료를 (주)매출매입(회사코드: 1002)의 매입매출전표입력 메뉴에 입력하시오.

[1] 8월 1일 기출 107회 수정

매입처 (주)대성웨어로부터 수출용 원재료(공급가액 2,000,000원)를 구매확인서에 의하여 매입하고, 영세율 전자세금계산서를 교부받았다. 대금은 전액 약속어음(만기 2025년 12월 31일)을 발행하여 교부하였다.

[2] 8월 2일 기출 80회

내국신용장에 의해 원재료를 매입하고 다음의 영세율 전자세금계산서를 발급받았다. 대금은 현금 6,000,000원과 당좌예금 4,000,000원으로 지급하고 나머지는 다음 달 말에 지급하기로 하였다.

영세율 전자세금계산서(공급받는 자 보관용)					승인번호	20250802－10000000－17148543		
공급자	사업자등록번호	610－81－86503	종사업장번호		공급받는자	사업자등록번호	128－86－35650	종사업장번호
	상호(법인명)	(주)영동상사	성명(대표자)	김동서		상호(법인명)	(주)매출매입	성명: 유형
	사업장 주소	경기도 부천시 상동 10				사업장 주소	서울시 서초구 서초대로75길 23	
	업태	제조	종목	전자제품		업태	제조	종목: 가전
	이메일	Kds1121@naver.com				이메일	jyk@nate.com	

작성일자	공급가액	세액	수정사유	비고
2025.8.2.	18,000,000	0	해당 없음	
비고				

월	일	품목	규격	수량	단가	공급가액	세액	비고
8	2	원재료				18,000,000	0	

합계 금액	현금	수표	어음	외상미수금	이 금액을 영수/청구 함
18,000,000	6,000,000	4,000,000		8,000,000	

| 풀이 |

[1] 8월 1일

유형	공급가액	부가세	공급처명	전자	분개
52.영세	2,000,000		(주)대성웨어	1.여	3.혼합

(차) 원재료	2,000,000	(대) 지급어음[(주)대성웨어]	2,000,000

[2] 8월 2일

유형	공급가액	부가세	공급처명	전자	분개
52.영세	18,000,000		(주)영동상사	1.여	3.혼합

(차) 원재료	18,000,000	(대) 현금	6,000,000
		당좌예금	4,000,000
		외상매입금[(주)영동상사]	8,000,000

3. 53.면세

▸ 최신 30회 중 4문제 출제

(1) 내용

면세사업자가 발행한 계산서를 발급받은 면세 매입거래

구분	유형
과세 매입＋세금계산서 수취＋불공제 사유	54.불공
면세 매입＋계산서 수취＋불공제 사유	53.면세

(2) 반영되는 서식

① 부가가치세 신고서 과세표준 명세 86번란

② 매입처별 계산서 합계표

③ 매입매출장

연습문제

다음 거래자료를 (주)매출매입(회사코드: 1002)의 매입매출전표입력 메뉴에 입력하시오.

[1] 8월 2일 기출 67회

매출거래처 대표이사의 경조사를 축하하기 위하여 영업관리팀 결재하에 (주)한마음농장에서 화분을 현금 200,000원으로 구입하여 전달하고 전자계산서를 발급받았다.

[2] 8월 3일 기출 104회

(주)한양리스로부터 운용리스 계약에 의해 공장에서 사용할 기계장치를 도입하여 계약내용대로 이행하였다. 다음 제시된 계약내용을 검토하여 8월 3일 전자계산서에 대한 회계처리를 하시오.

도입일자	2025.8.3.	기계장치가액	25,000,000원
월 리스료	1,000,000원(매 1개월 선불, 전자계산서 수령)		
결제일자	매월 3일	대금결제방법	현금 지급

[3] 8월 4일 기출 98회

화물 운반용으로 사용하기 위하여 금융업을 영위하는 국민은행 도곡동 지점에서 사용하던 차량(1톤 포터)을 다음과 같이 외상으로 구입하였다.

〈차량 매각회사인 국민은행의 자료〉
- 취득가액: 15,000,000원
- 감가상각누계액: 8,000,000원
- 판매가격: 5,000,000원
- 국민은행 도곡동 지점 담당자는 세법상의 전자세금계산서 또는 전자계산서를 발행하였다.

[4] 8월 5일 기출 108회

당사의 제품 제조에 사용 중인 리스자산(기계장치)의 운용리스계약이 만료되어 리스자산(기계장치)을 인수하고 아래의 전자계산서를 발급받았다. 인수대금은 리스보증금 20,000,000원을 차감한 금액을 보통예금 계좌에서 이체하였다.

<table>
<tr><td colspan="8">전자세금계산서</td><td colspan="2">승인번호</td><td colspan="2">20250805－15454645－58811886</td></tr>
<tr><td rowspan="5">공급자</td><td colspan="2">사업자등록번호</td><td>215－22－99918</td><td>종사업장번호</td><td></td><td rowspan="5">공급받는자</td><td>사업자등록번호</td><td>128－86－35650</td><td>종사업장번호</td><td colspan="2"></td></tr>
<tr><td colspan="2">상호(법인명)</td><td>(주)한양리스</td><td>성명(대표자)</td><td>데이비드 웹</td><td>상호(법인명)</td><td>(주)매출매입</td><td>성명</td><td colspan="2">유형</td></tr>
<tr><td colspan="2">사업장 주소</td><td colspan="3">서울특별시 중구 도산대로 1212</td><td>사업장 주소</td><td colspan="4">서울특별시 서초구 서초대로75길 23</td></tr>
<tr><td colspan="2">업태</td><td>금융업</td><td>종목</td><td>리스</td><td>업태</td><td>제조, 도매</td><td>종목</td><td colspan="2">컴퓨터 외</td></tr>
<tr><td colspan="2">이메일</td><td colspan="3"></td><td>이메일</td><td colspan="4"></td></tr>
<tr><td colspan="3">작성일자</td><td>공급가액</td><td colspan="2">수정사유</td><td colspan="6">비고</td></tr>
<tr><td colspan="3">2025.8.5.</td><td>48,500,000</td><td colspan="2">해당 없음</td><td colspan="6"></td></tr>
<tr><td>월</td><td>일</td><td colspan="2">품목</td><td>규격</td><td>수량</td><td colspan="2">단가</td><td colspan="2">공급가액</td><td colspan="2">비고</td></tr>
<tr><td>8</td><td>5</td><td colspan="2">기계장치</td><td></td><td>1</td><td colspan="2">48,500,000</td><td colspan="2">48,500,000</td><td colspan="2"></td></tr>
<tr><td></td><td></td><td colspan="2"></td><td></td><td></td><td colspan="2"></td><td colspan="2"></td><td colspan="2"></td></tr>
</table>

| 풀이 |

[1] 8월 2일

유형	공급가액	부가세	공급처명	전자	분개
53.면세	200,000		(주)한마음농장	1.여	1.현금 또는 3.혼합
(차) 기업업무추진비(판)		200,000	(대) 현금		200,000

[2] 8월 3일

유형	공급가액	부가세	공급처명	전자	분개
53.면세	1,000,000		(주)한양리스	1.여	1.현금 또는 3.혼합
(차) 임차료(제)		1,000,000	(대) 현금		1,000,000

[3] 8월 4일

유형	공급가액	부가세	공급처명	전자	분개
53.면세	5,000,000		국민은행	1.여	3.혼합
(차) 차량운반구		5,000,000	(대) 미지급금[국민은행]		5,000,000

업무용으로 사용하던 재화를 공급하는 경우 그 재화가 비록 과세재화일지라도 주된 사업의 과세, 면세 여부에 따라 판단한다. 따라서 국민은행은 금융업으로서 주된 사업이 면세이므로 차량(1톤 포터)의 공급은 면세에 해당하여 계산서가 발행된다.

[4] 8월 5일

유형	공급가액	부가세	공급처명	전자	분개
53.면세	48,500,000		(주)한양리스	1.여	3.혼합
(차) 기계장치		48,500,000	(대) 리스보증금		20,000,000
			보통예금		28,500,000

4. 54.불공 중요

▸ 최신 30회 중 13문제 출제

(1) 내용

매입세액이 공제되지 않는 세금계산서를 발급받은 과세 매입거래

(2) 반영되는 서식

① 부가가치세 신고서 10번란(고정자산매입은 11번란)과 16번란 및 50번란

② 매입처별 세금계산서합계표

③ 공제받지 못할 매입세액 명세서

④ 매입매출장

(3) 불공제 사유

코드	내용
1	필요적 기재사항 누락 등(단, 착오기재된 경우에는 공제가 가능하므로 제외)
2	사업과 직접 관련 없는 지출
3	개별소비세법 제1조제2항제3호에 따른 자동차(비영업용 소형승용차)의 구입·유지 및 임차(단, 배기량이 1,000cc 이하인 승용차, 화물차, 트럭, 9인승 이상의 승합차 등은 공제가 가능하므로 제외)
4	기업업무추진비 및 이와 유사한 비용 관련
5	면세사업 관련
6	토지의 자본적 지출 관련
7	사업자등록 전 매입세액(단, 공급시기가 속하는 과세기간이 끝난 후 20일 이내에 등록을 신청한 경우 등록신청일로부터 공급시기가 속하는 과세기간 기산일(1/1 또는 7/1)까지 역산한 기간 내의 매입세액은 공제가 가능하므로 제외)

포인트 토지의 자본적 지출 관련 매입세액

토지의 공급은 면세 대상이므로 토지의 자본적 지출 관련 매입세액은 불공제 사유에 해당한다. 부가가치세법 시행령 제80조에서 '토지에 관련된 매입세액'이라 함은 토지의 조성 등을 위한 자본적 지출에 관련된 매입세액으로서 다음 각 호의 어느 하나에 해당하는 매입세액을 말한다.
- 토지의 취득 및 형질 변경, 공장부지 및 택지의 조성 등에 관련된 매입세액
- 건축물이 있는 토지를 취득하여 그 건축물을 철거하고 토지만을 사용하는 경우에는 철거한 건축물의 취득 및 철거비용에 관련된 매입세액
- 토지의 가치를 현실적으로 증가시켜 토지의 취득원가를 구성하는 비용에 관련된 매입세액

연습문제

다음 거래자료를 (주)매출매입(회사코드: 1002)의 매입매출전표입력 메뉴에 입력하시오.

[1] 9월 1일 기출 63회

영업부에서 업무 목적으로 사용 중인 승용차(6인승, 2,500cc)에 대한 수리비(850,000원, 부가가치세 별도)를 좋은카센타에 지급하고, 동일자에 전자세금계산서를 교부받았다.

- 수익적 지출(차량유지비)로 처리한다.
- 수리대금은 현금으로 지급하였다.

[2] 9월 2일 기출 110회

임원의 업무수행을 위해 (주)현대자동차로부터 승용차(5인승)를 임차(렌터카)하고, 월 이용료 800,000원(부가세 별도)을 현금으로 지출한 후 전자세금계산서를 수취하였다.

[3] 9월 3일 기출 8회

출퇴근 목적으로 사용할 7인승 승용차 스타렉스(공급가액 15,000,000원, 부가가치세 1,500,000원)를 (주)현대자동차에서 구입하고 전자세금계산서를 교부받았다. 해당 구입 건에 대하여 8월 20일에 인도금으로 지급한 1,500,000원을 공제한 나머지를 (주)현대자동차와 협약된 (주)현대캐피탈에서 10개월 분할 상환조건으로 차입하여 지급하였다.

[4] 9월 4일 기출 93회

당사는 공장을 신축하기 위하여 토지의 형질 변경비 및 지반 평탄화 작업비 5,500,000원(부가가치세 포함)과 공장 신축을 위한 토지 굴착비로 3,300,000원(부가가치세 포함)을 보통예금으로 지급하고 (주)미래건설로부터 전자세금계산서를 각각 수취하였다(상기 형질 변경비와 토지 굴착비의 계정은 토지 또는 건물 계정과목으로 회계처리할 것).

[5] 9월 5일 기출 97회

당사는 화성에 반도체 공장을 신축할 계획으로 건축물이 있는 토지를 취득하고 즉시 그 건축물은 철거하였다. 동 건축물 철거작업과 관련하여 (주)미래건설로부터 10,000,000원(부가가치세 별도)의 전자세금계산서를 교부받았으며, 대금의 30%는 현금으로, 나머지는 한 달 후에 지급하기로 하였다.

[6] 9월 6일 기출 79회

제조시설로 사용할 공장을 건설하기 위하여 취득한 토지의 소유권 이전을 정법무사사무소에 의뢰하고 수수료 500,000원(부가가치세 별도) 중 절반은 보통예금으로 이체하고 잔금은 다음 달에 지급하기로 하였다. 당사는 전자세금계산서를 적법하게 수취하였다.

[7] 9월 7일 기출 114회

(주)빛나랜드로부터 매출처에 선물로 증정할 커피세트 30개를 1개당 30,000원(부가가치세 별도)에 구입하고 전자세금계산서를 수취하였다. 현금 500,000원을 지급하고 나머지는 외상으로 하였으며, 선물은 구입 즉시 전량 거래처에 전달하였다.

[8] 9월 8일 기출 117회

당사는 면세사업에 사용하기 위하여 (주)볼매전자로부터 기계장치(공급가액 50,000,000원, 부가가치세 별도)를 외상으로 구입하고, 설치비용으로 3,000,000원(부가가치세 별도)을 현금으로 지급하였다. 전자세금계산서는 관련 거래 전부에 대하여 일괄 발급받았다.

| 풀이 |

[1] 9월 1일

유형	공급가액	부가세	공급처명	전자	분개
54.불공	850,000	85,000	좋은카센타	1.여	1.현금 또는 3.혼합
불공제 사유	③ 개별소비세법 제1조제2항제3호에 따른 자동차 구입 · 유지 및 임차				

(차) 차량유지비(판)	935,000	(대) 현금	935,000

[2] 9월 2일

유형	공급가액	부가세	공급처명	전자	분개
54.불공	800,000	80,000	(주)현대자동차	1.여	1.현금 또는 3.혼합
불공제 사유	③ 개별소비세법 제1조제2항제3호에 따른 자동차 구입 · 유지 및 임차				

(차) 임차료(판)	880,000	(대) 현금	880,000

[3] 9월 3일

유형	공급가액	부가세	공급처명	전자	분개
54.불공	15,000,000	1,500,000	(주)현대자동차	1.여	3.혼합
불공제 사유	③ 개별소비세법 제1조제2항제3호에 따른 자동차 구입 · 유지 및 임차				

(차) 차량운반구	16,500,000	(대) 선급금[(주)현대자동차]	1,500,000
		단기차입금[(주)현대캐피탈]	15,000,000

[4] 9월 4일

유형	공급가액	부가세	공급처명	전자	분개
54.불공	5,000,000	500,000	(주)미래건설	1.여	3.혼합
불공제 사유	⑥ 토지의 자본적 지출 관련				

(차) 토지	5,500,000	(대) 보통예금	5,500,000

유형	공급가액	부가세	공급처명	전자	분개
51.과세	3,000,000	300,000	(주)미래건설	1.여	3.혼합

(차) 부가세대급금	300,000	(대) 보통예금	3,300,000
건물*	3,000,000		

* 공장 신축을 위한 토지 굴착비는 건물의 원가에 가산되며 관련된 매입세액은 공제된다.

[5] 9월 5일

유형	공급가액	부가세	공급처명	전자	분개
54.불공	10,000,000	1,000,000	(주)미래건설	1.여	3.혼합
불공제 사유	⑥ 토지의 자본적 지출 관련				

(차) 토지	11,000,000	(대) 현금	3,300,000
		미지급금[(주)미래건설]	7,700,000

[6] 9월 6일

유형	공급가액	부가세	공급처명	전자	분개
54.불공	500,000	50,000	정법무사사무소	1.여	3.혼합
불공제 사유	⑥ 토지의 자본적 지출 관련				

(차) 토지	550,000	(대) 보통예금	275,000
		미지급금[정법무사사무소]	275,000

[7] 9월 7일

유형	공급가액	부가세	공급처명	전자	분개
54.불공	900,000	90,000	(주)빛나랜드	1.여	3.혼합
불공제 사유	④ 기업업무추진비 및 이와 유사한 비용 관련				

(차) 기업업무추진비(판)	990,000	(대) 현금	500,000
		미지급금[(주)빛나랜드]	490,000

[8] 9월 8일

유형	공급가액	부가세	공급처명	전자	분개
54.불공	53,000,000	5,300,000	(주)볼매전자	1.여	3.혼합
불공제 사유	⑤ 면세사업 관련				

(차) 기계장치	58,300,000	(대) 미지급금[(주)볼매전자]	55,000,000
		현금	3,300,000

5. 55.수입

▸ 최신 30회 중 2문제 출제

(1) 내용

재화를 수입하고 세관장이 발급하는 수입세금계산서를 발급받은 과세 매입거래

(2) 반영되는 서식

① 부가가치세 신고서 10번란(고정자산매입은 11번란)

② 매입처별 세금계산서합계표

③ 매입매출장

포인트 수입세금계산서상의 공급가액

수입세금계산서상의 공급가액은 단순히 세관장이 부가가치세를 징수하기 위한 부가가치세 과세표준일 뿐이므로 회계처리 대상이 아니다. 따라서 전산세무회계 프로그램에서는 수입세금계산서 관련 분개 시 부가가치세만 표시되도록 되어 있다.

수입재화의 과세표준 = 관세의 과세가액 + 관세 + 개별소비세, 교통 · 에너지 · 환경세, 주세 + 교육세 + 농어촌특별세

연습문제

다음 거래자료를 (주)매출매입(회사코드: 1002)의 매입매출전표입력 메뉴에 입력하시오.

[1] 10월 1일 기출 109회 수정

미국의 피츠버그에서 제품 생산용 검사기기를 수입하면서 인천세관으로부터 아래와 같은 수입전자세금계산서를 교부받고 부가가치세와 통관 제비용(관세 350,000원, 통관수수료 90,000원)을 현금으로 지급하였다(미착품 계정에 대한 회계처리는 고려하지 말 것).

작성일자	품목	공급가액	세액	합계	비고
2025년 10월 1일	기계장치	4,300,000원	430,000원	4,730,000원	영수

[2] 10월 2일 기출 90회

미국 애너하임에서 원재료를 수입하면서 인천세관장으로부터 아래와 같은 수입전자세금계산서를 발급받고 부가가치세와 통관 제비용(관세 500,000원, 통관수수료 150,000원)을 현금으로 지급하였다(제비용은 미착품 계정을 사용할 것).

수입전자세금계산서(수입자 보관용)							
세관명	등록번호	121－83－00561	수입자	등록번호	128－86－35650		
	상호	인천세관		상호	(주)매출매입	성명(대표자)	유형
	사업장 주소	인천시 중구 항동7가 1－18		사업장 주소	서울특별시 서초구 서초대로75길 23		
	수입신고번호 또는 일괄발급기간(총건)	1326345698		업태	제조, 도매	종사업장번호	
				종목	컴퓨터 외		

납부			과세표준														세액											비고
년	월	일	공란수	조	천	백	십	억	천	백	십	만	천	백	십	일	백	십	억	천	백	십	만	천	백	십	일	
25	10	2								5	0	0	0	0	0	0						5	0	0	0	0	0	

월	일	품목	규격	수량	단가	공급가액	세액	비고
10	2	원재료		1		5,000,000	500,000	

※ 과세표준은 관세의 과세가격과 개별소비세, 주세, 교통세 및 농어촌특별세의 합계액으로 한다.

| 풀이 |

[1] 10월 1일

유형	공급가액	부가세	공급처명	전자	분개
55.수입	4,300,000	430,000	인천세관	1.여	3.혼합

(차) 부가세대급금	430,000	(대) 현금	870,000*
기계장치	440,000		

* 430,000원＋350,000원＋90,000원＝870,000원

[2] 10월 2일

유형	공급가액	부가세	공급처명	전자	분개
55.수입	5,000,000	500,000	인천세관	1.여	3.혼합

(차) 부가세대급금	500,000	(대) 현금	1,150,000
미착품	650,000		

6. 57.카과 중요

▸ 최신 30회 중 7문제 출제

(1) 내용

매입세액공제가 가능한 신용카드 등의 결제에 의한 과세 매입거래

(2) 반영되는 서식

① 부가가치세 신고서 14번란 및 41번란(고정자산매입은 42번란)

② 신용카드 매출전표 등 수령 명세서(갑)(을)

③ 매입매출장

포인트 신용카드 매출전표 매입세액공제요건

- 일반과세자와 세금계산서 발급의무가 있는 간이과세자(직전연도 공급대가가 4,800만원 초과 1억400만원 이하)로부터 공급가액과 세액이 분리 기재되어 있는 신용카드 매출전표 수취: 면세사업자, 세금계산서 발급의무가 없는 간이과세자 및 세금계산서 발급금지 업종을 영위하는 사업자로부터 수취한 신용카드 매출전표는 공제되지 않는다.
- 매입세액 불공제 대상(기업업무추진비 관련, 개별소비세법 제1조제2항제3호에 따른 자동차 관련 등)인 경우: 공제요건을 갖추지 못한 신용카드 매출전표는 '54.불공'에 해당하지 않기 때문에 [일반전표입력] 메뉴에 입력한다.

연습문제

다음 거래자료를 (주)매출매입(회사코드: 1002)의 매입매출전표입력 메뉴에 입력하시오.

[1] 11월 1일 기출 100회

제조부문의 원재료 운반용 화물차에 일반과세자인 알뜰주유소에서 주유를 하고 삼성카드로 결제한 후 다음과 같은 전표를 수취하였다. 별도의 세금계산서는 받지 않았다.

전자서명전표		
단말기번호		
2932124738	293824128234	
카드종류		
삼성카드	신용승인	
회원번호	1111-2222-3333-4445	
거래일시	2025/11/01 12:52:33	
일반		
일시불	금액	70,000원
은행확인	세금	7,000원
	봉사료	0원
	합계	77,000원
대표자명	나지원	
사업자등록번호	207-61-33215	
가맹점명	알뜰주유소	
가맹점주소	서울 광진구 광장동 123-45	
	서명 semusa	

[2] 11월 2일 기출 107회 수정

공장 직원들에게 제공할 명절 선물세트를 신세계백화점에서 550,000원(공급대가)에 구입하고, 삼성카드로 결제하였으며, 카드 결제에 대하여 매입세액공제요건은 충족하였다.

[3] 11월 3일 기출 118회

수년간 거래해온 소문난식당(세금계산서를 발급해야 하는 간이과세자)에서 당사의 제품생산부 소속 직원들이 회식을 하고 식대 550,000원(공급대가)을 법인카드(삼성카드)로 결제하였다.

[4] 11월 4일 기출 83회

거래처에 안내사항 공지를 위해 (주)문자나라 문자전송 서비스를 이용하고 법인카드(삼성카드)로 결제하였으며, 카드 결제에 대하여 매입세액 공제요건은 충족하였다(판매비와 관리비로 처리할 것).

온라인 신용카드매출전표

INICIS 편리한 세상 기분좋은 결제

카드종류/CARD TYPE 삼성카드		카드번호/CARD NO. ****-****-****-****
유효기간/EXPIRY ****년 **월		구매자명/PURCHASER (주)****
거래일시(취소일시)/TRANS. DATE 2025/11/04/14:36:05		상품명/ITEM 문자충전
거래유형/TYPE 승인	할부/INSTALLMENT 일시불	승인번호/APPROVAL NO. 10300376

카드사 가맹점 정보							백			천			원
가맹점명/MERCHANT NAME ㈜이니시스	금액 AMOUNT									2	2	7	3
가맹점 번호/MERCHANT NAME 0001************	부가세 VAT										2	2	7
사업자등록번호/RESISTRATION NO. 220-81-25411	합계 TOTAL									2	5	0	0

	공급자 정보
대표자명/REPRESENTATIVE 전수용	공급자 상호/STORE NAME (주)문자나라
업태/BUSINESS STATUS 서비스업	대표자명/REPRESENTATIVE 박장수
종목/BUSINESS ITEM 소프트개발 외	사업자등록번호/RESISTRATION NO. 229-85-36311
가맹점 주소/MERCHANT ADDRESS 서울시 관악구 봉천동 1659-5 자티빌딩 4층	사업장 주소/ADDRESS 서울 서초구 서초동 1626-3제일 벤처타워6층
승인관련문의/HELP DESK 1588-4954	이용문의(구매, 취소, 환불)/HELP DESK 02-3486-4628

신용카드 청구서에는 ㈜이니시스(inicis.com) 으로 표기됩니다.
This Transaction will be billed by INICIS Co.,Ltd.

부가세법시행령 제57조2항에 따라 결제대행업체를 통한 신용카드 매출전표를 발행한 경우에는, 사업자가 별도의 세금계산서를 교부할 수 없습니다.

| 풀이 |

[1] 11월 1일

유형	공급가액	부가세	공급처명	전자	분개
57.카과	70,000	7,000	알뜰주유소		4.카드 또는 3.혼합
신용카드사	99601.삼성카드				

(차) 부가세대급금	7,000	(대) 미지급금[삼성카드]	77,000
차량유지비(제)	70,000	또는 미지급비용[삼성카드]	

꿀팁 [공급가액]란에 공급대가인 77,000원을 입력하면 공급가액 70,000원과 부가세 7,000원으로 구분 표시된다.

[2] 11월 2일

유형	공급가액	부가세	공급처명	전자	분개
57.카과	500,000	50,000	신세계백화점		4.카드 또는 3.혼합
신용카드사	99601.삼성카드				

(차) 부가세대급금	50,000	(대) 미지급금[삼성카드]	550,000
복리후생비(제)	500,000	또는 미지급비용[삼성카드]	

꿀팁 [공급가액]란에 공급대가인 550,000원을 입력하면 공급가액 500,000원과 부가세 50,000원으로 구분 표시된다.

[3] 11월 3일

유형	공급가액	부가세	공급처명	전자	분개
57.카과	500,000	50,000	소문난식당		4.카드 또는 3.혼합
신용카드사	99601.삼성카드				

(차) 부가세대급금	50,000	(대) 미지급금[삼성카드]	550,000
복리후생비(제)	500,000	또는 미지급비용[삼성카드]	

꿀팁 [공급가액]란에 공급대가인 550,000원을 입력하면 공급가액 500,000원과 부가세 50,000원으로 구분 표시된다.

[4] 11월 4일

유형	공급가액	부가세	공급처명	전자	분개
57.카과	2,273	227	(주)문자나라		4.카드 또는 3.혼합
신용카드사	99601.삼성카드				

(차) 부가세대급금	227	(대) 미지급금[삼성카드]	2,500
통신비(판)	2,273		
또는 수수료비용(판)			

꿀팁 [공급가액]란에 공급대가인 2,500원을 입력하면 공급가액 2,273원과 부가세 227원으로 구분 표시된다.

7. 61.현과

▸ 최신 30회 중 1문제 출제

(1) 내용

10% 부가가치세가 있는 현금영수증을 발급받은 과세 매입거래(공제요건을 갖추지 못한 현금영수증은 '61.현과'가 아닌 [일반전표입력] 메뉴에 입력)

(2) 반영되는 서식

① 부가가치세 신고서 14번란 및 41번란(고정자산매입은 42번란)

② 신용카드 매출전표 등 수령 명세서(갑)(을)

③ 매입매출장

연습문제

다음 거래자료를 (주)매출매입(회사코드: 1002)의 매입매출전표입력 메뉴에 입력하시오.

[1] 12월 1일 기출 113회

영업부 직원의 야식대로 소문난식당(세금계산서 발급 대상 간이과세자)에서 피자를 현금으로 구입한 후 현금영수증(지출증빙용)을 수취하였다(승인번호 입력은 생략할 것).

소문난식당		
114-14-86153		소문난
서울 양천구 신정4동 973-12 TEL: 3289-8085		
홈페이지 http://www.kacpta.or.kr		
현금(지출증빙)		
구매 2025/12/01 22:06 거래번호: 0026-0107		
상품명	수량	금액
피자		33,000원
2043655000009		
	과세물품가액	30,000원
	부가가치세	3,000원
	합계	33,000원
	받은 금액	33,000원

| 풀이 |

[1] 12월 1일

유형	공급가액	부가세	공급처명	전자	분개
61.현과	30,000	3,000	소문난식당		1.현금 또는 3.혼합

(차) 부가세대급금	3,000	(대) 현금	33,000
복리후생비(판)	30,000		

꿀팁 [공급가액]란에 공급대가인 33,000원을 입력하면 공급가액 30,000원과 부가세 3,000원으로 구분 표시된다.

CHAPTER 02 부가가치세 신고서 및 부속서류

핵심키워드

이론편의 부가가치세법을 함께 학습하며, 주어진 부가가치세 신고서와 부속서류 작성하는 법을 익힌다.

■1회독 ■2회독 ■3회독

THEME 01 부가가치세 신고서 부속서류

1 신용카드 매출전표 등 수령 명세서(갑)(을)

▸ 최신 30회 중 6문제 출제

[신용카드 매출전표 등 수령 명세서(갑)(을)]는 [매입매출전표입력] 메뉴에 '57.카과'와 '61.현과'로 입력된 매입세액이 자동으로 반영된다. 특정 사업자*1로부터 재화나 용역을 공급받고 세금계산서는 아니지만 신용카드 매출전표 등*2을 수취한 경우 매입세액을 공제받을 수 있다. 이때, 신용카드 매출전표 등 수령 명세서(갑)(을)를 작성하여 제출하여야 한다.

*1 특정 사업자는 세금계산서 발급 금지 업종을 제외한 일반과세자와 간이과세자(단, 직전 연도의 공급대가 합계액이 4,800만원 미만인 간이과세자 제외)를 말한다.

*2 신용카드 매출전표 등은 신용카드 매출전표, 직불카드영수증, 선불카드, 현금영수증 등을 말한다.

1. 월/일

매입세액이 공제되는 신용카드 등의 거래일자를 입력한다.

2. 구분

신용카드 등의 유형을 선택하여 입력한다.

유형	내용
1.현금	현금영수증
2.복지	화물운전 사업자의 복지카드
3.사업	국세청 홈택스에 등록한 업무 관련 사업용 신용카드
4.신용	기타의 신용카드

3. 공급자/공급자(가맹점) 사업자등록번호

공급자의 상호 및 사업자등록번호를 입력한다. [거래처등록] 메뉴에 입력된 일반 거래처인 경우 [공급자]란에 커서를 놓고 F2를 누르면 나타나는 거래처도움창의 [전체]란에 등록하고자 하는 일반 거래처명의 한 글자 이상을 입력한다. 해당 거래처를 선택한 후 확인(Enter)을 클릭한다.

4. 카드회원번호

신용카드는 카드회원번호, 현금영수증은 승인번호를 입력한다. [거래처등록] 메뉴에 입력된 신용카드 거래처인 경우 [공급자]란에 커서를 놓고 F2를 누르면 나타나는 거래처도움창의 [전체]란에 등록하고자 하는 신용카드 거래처명의 한 글자 이상을 입력한다. 해당 신용카드사를 선택한 후 확인(Enter)을 클릭한다.

5. 그 밖의 신용카드 등 거래내역 합계

거래 건수와 공급가액을 입력한다.

포인트 신용카드 매출전표 등 수령 명세서(갑)(을) 입력 대상이 아닌 것

다음의 매입세액공제 대상이 아닌 것은 [신용카드 매출전표 등 수령 명세서(갑)(을)] 메뉴에 입력하지 않는다.

- 세금계산서와 신용카드 매출전표 · 현금영수증 등을 동시에 수취한 것
- 직전 연도 공급대가 합계액이 4,800만원 미만인 간이과세자와 면세사업자(병원, 학원 등)가 발행한 것
- 세금계산서 발급 금지 업종[목욕 · 이발 · 미용업, 여객운송업*(전세버스 운송업은 제외) 및 입장권을 발행하여 영위하는 사업, 미용 목적의 성형외과, 애완동물 진료용역, 운전면허 학원]을 영위하는 사업자가 발행한 것
  * 여객운송업 사업자 발행분: 택시요금, KTX 철도요금, 항공료 등
- 접대 사유 등 매입세액 불공제 사유인 것

연습문제

다음 거래자료를 (주)부속서류(회사코드: 1003)의 신용카드 매출전표 등 수령 명세서(갑)(을) 메뉴에 입력하시오.

[1] 다음은 (주)부속서류(회사코드: 1003)의 2025년 2기 예정신고기간의 매입거래이다. 매입세액공제 대상만을 매입매출전표에 입력하고, '신용카드 매출전표 등 수령 명세서(갑)(을)'를 작성하시오. 기출 92회

일자	상호	공급대가	증빙	비고
7월 26일	글러스안경	78,100원	신한카드(사업용 신용카드)	대표 아들 안경 구입
8월 20일	(주)현대자동차	93,500원	현금영수증(지출증빙)	영업부 승합차 엔진오일 교체(현금지급)
9월 11일	신세계백화점	231,000원	국민카드(사업용 신용카드)	영업부 직원 생일선물

- 매입처는 모두 일반과세자이다.
- 영업부의 승합차는 11인승 봉고차로 개별소비세 과세 대상이 아니다.

| 풀이 |

① 신용카드 매출전표 등 수령분에 대한 매입세액공제 여부

월/일	공급자	매입세액공제 여부
7월 26일	글러스안경	사업과 무관한 지출 관련 매입이므로 공제 ×
8월 20일	(주)현대자동차	승합차 엔진오일 매입은 사업 관련 매입이므로 공제 ○ [비교] 지출증빙용이 아닌 소득공제용 현금영수증을 수취한 경우에는 공제 ×
9월 11일	신세계백화점	직원 생일선물은 사업 관련 매입이므로 공제 ○

② [매입매출전표입력]

• 8월 20일

유형	공급가액	부가세	공급처명	전자	분개
61.현과	85,000	8,500	(주)현대자동차		1.현금 또는 3.혼합

(차) 부가세대급금	8,500	(대) 현금	93,500
차량유지비(판)	85,000		

• 9월 11일

유형	공급가액	부가세	공급처명	전자	분개
57.카과	210,000	21,000	신세계백화점		4.카드 또는 3.혼합
신용카드사	99604.국민카드				

(차) 부가세대급금	21,000	(대) 미지급금[국민카드]	231,000
복리후생비(판)	210,000		

③ [신용카드 매출전표 등 수령 명세서(갑)(을)] 조회기간 2025년 7월~2025년 9월을 입력한 후 해당 서식을 저장한다.

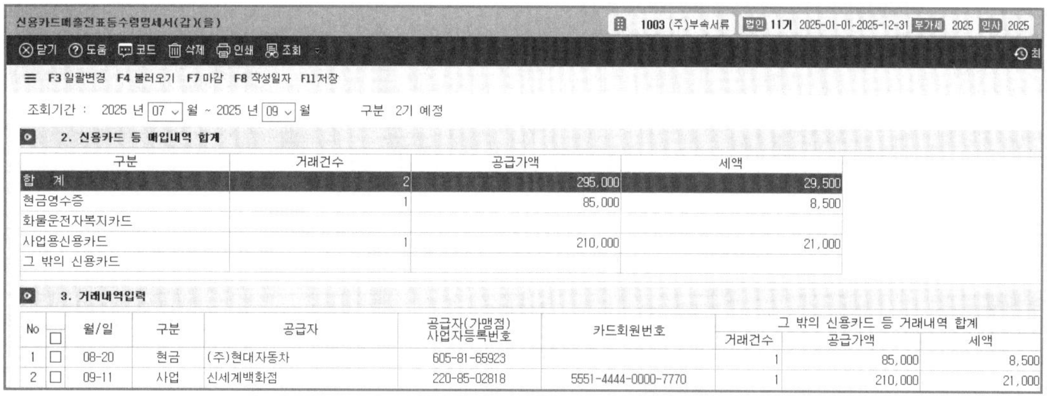
신용카드매출전표등수령명세서(갑)(을) 1003 (주)부속서류 법인 11기 2025-01-01~2025-12-31 부가세 2025 인사 2025

ⓧ닫기 ⓘ도움 코드 삭제 인쇄 조회

F3 일괄변경 F4 불러오기 F7 마감 F8 작성일자 F11저장

조회기간 : 2025 년 07 월 ~ 2025 년 09 월 구분 2기 예정

2. 신용카드 등 매입내역 합계

구분	거래건수	공급가액	세액
합 계	2	295,000	29,500
현금영수증	1	85,000	8,500
화물운전자복지카드			
사업용신용카드	1	210,000	21,000
그 밖의 신용카드			

3. 거래내역입력

No	□	월/일	구분	공급자	공급자(가맹점) 사업자등록번호	카드회원번호	그 밖의 신용카드 등 거래내역 합계 거래건수	공급가액	세액
1	□	08-20	현금	(주)현대자동차	605-81-65923		1	85,000	8,500
2	□	09-11	사업	신세계백화점	220-85-02818	5551-4444-0000-7770	1	210,000	21,000

[2] 다음은 (주)부속서류(회사코드: 1003)의 1월부터 3월까지 신용카드 매출전표를 발급받은 내용이다. '신용카드 매출전표 등 수령 명세서(갑)(을)' 및 '건물 등 감가상각자산 취득 명세서'를 작성하고 제1기 예정 '부가가치세 신고서'에 그 내용을 반영하시오(아래의 거래는 모두 세금계산서 미발급거래이며, 전표입력은 생략할 것). 기출 113회 수정

사용한 신용카드 내역	거래처명 (등록번호)	성명 (대표자)	거래일자	발행금액 (부가세 포함)	공급자의 업종 등	거래내용
삼성카드 (법인카드, 사업용 카드, 4321－8765－1601－1234)	좋은카센타 (189－27－00106)	김성한	1.20.	440,000원	서비스업, 일반과세자	업무용 경차 (1,000cc) 수리비용
	소문난식당 (114－14－86153)	김미선	2.14.	550,000원	요식업, 일반과세자	직원 회식대 (복리후생비)
	건영상사 (805－08－15689)	정미라	3.19.	660,000원	소매업, 간이과세자*	업무용 계산기 구입
신한카드 (종업원 윤혜지 명의, 일반카드, 1234－5678－9010－4407)	천지고속버스 (608－08－16506)	송일국	1.25.	165,000원	여객운송업, 일반과세자	직원의 출장교통비
	컴퓨터사랑 (222－23－33658)	김정란	2.28.	1,100,000원	소매업, 일반과세자	노트북 구입 (자산처리함)

* 세금계산서 발급 대상 간이과세자임

| 풀이 |

① 신용카드 매출전표 등 수령분에 대한 매입세액공제 여부

월/일	공급자	매입세액공제 여부
1.20.	좋은카센타	업무용 경차(1,000cc) 수리비용은 사업 관련 매입이므로 공제 ○
2.14.	소문난식당	직원 회식대는 사업 관련 매입이므로 공제 ○
3.19.	건영상사	세금계산서를 발급해야 하는 간이과세자로부터 매입한 품목에 대해서는 매입세액 공제 ○
1.25.	천지고속버스	여객운송업자에게 매입한 것은 공제 ×
2.28.	컴퓨터사랑	노트북 구입은 사업 관련 매입이므로 공제 ○

② [신용카드 매출전표 등 수령 명세서(갑)(을)] 조회기간 2025년 1월~2025년 3월을 입력하고 다음과 같이 작성한 후 해당 서식을 저장한다.

신용카드매출전표등수령명세서(갑)(을)　1003 (주)부속서류　법인 11기 2025-01-01~2025-12-31 부가세 2025 인사 2025

닫기 도움 코드 삭제 인쇄 조회

F3 일괄변경 F4 불러오기 F7 마감 F8 작성일자 F11저장

조회기간 : 2025 년 01 월 ~ 2025 년 03 월　구분 1기 예정

2. 신용카드 등 매입내역 합계

구분	거래건수	공급가액	세액
합 계	4	2,500,000	250,000
현금영수증			
화물운전자복지카드			
사업용신용카드	3	1,500,000	150,000
그 밖의 신용카드	1	1,000,000	100,000

3. 거래내역입력

No	□	월/일	구분	공급자	공급자(가맹점) 사업자등록번호	카드회원번호	그 밖의 신용카드 등 거래내역 합계		
							거래건수	공급가액	세액
1	□	01-20	사업	좋은카센타	189-27-00106	4321-8765-1601-1234	1	400,000	40,000
2	□	02-14	사업	소문난식당	114-14-86153	4321-8765-1601-1234	1	500,000	50,000
3	□	03-19	사업	건영상사	805-08-15689	4321-8765-1601-1234	1	600,000	60,000
4	□	02-28	신용	컴퓨터사랑	222-23-33658	1234-5678-9010-4407	1	1,000,000	100,000

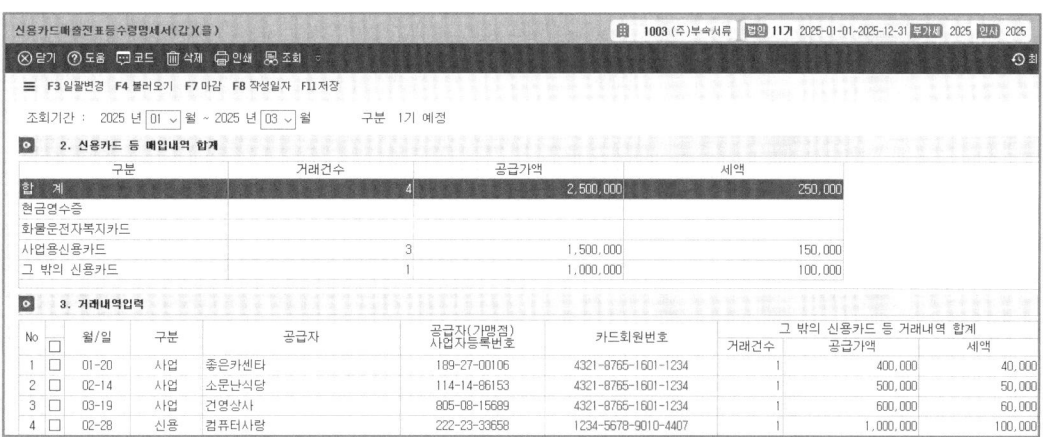

③ [건물 등 감가상각자산 취득 명세서] 조회기간 2025년 1월~2025년 3월을 입력하고 다음과 같이 작성한 후 해당 서식을 저장한다.

건물등감가상각자산취득명세서　1003 (주)부속서류　법인 11기 2025-01-01~2025-12-31 부가세 2025 인사 2025

닫기 코드 삭제 인쇄 조회

F4 불러오기 F8 신고일 F11저장

조회기간 2025 년 01 월 ~ 2025 년 03 월　구분 1기 예정

취득내역

감가상각자산종류	건수	공급가액	세 액	비 고
합 계	1	1,000,000	100,000	
건물 · 구축물				
기 계 장 치				
차 량 운 반 구				
기타감가상각자산	1	1,000,000	100,000	

No	거래처별 감가상각자산 취득명세						
	월/일	상호	사업자등록번호	자산구분	공급가액	세액	건수
1	02-28	컴퓨터사랑	222-23-33658	기타	1,000,000	100,000	1

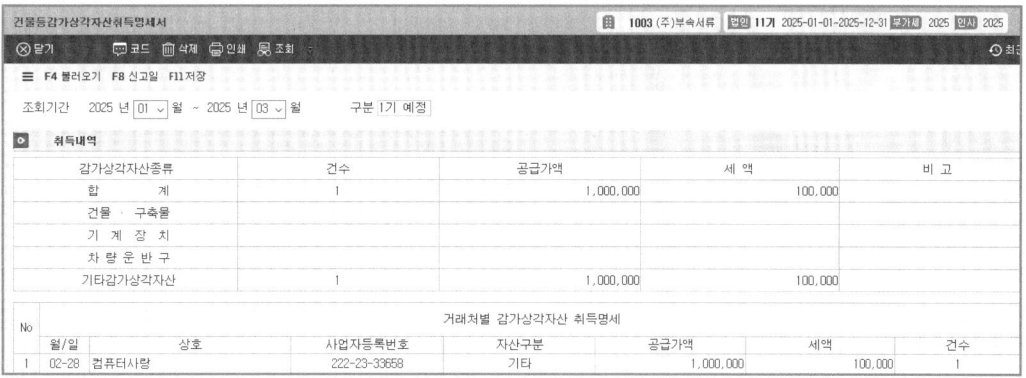

꿀팁 [건물 등 감가상각자산 취득 명세서] 메뉴는 사업설비를 신설, 취득, 확장 또는 증축하는 경우 조기환급을 받기 위해 부가가치세 신고서에 첨부하는 부속서류이다.

④ [부가가치세 신고서] 조회기간 2025년 1월 1일~2025년 3월 31일을 입력하고 [14.그 밖의 공제매입세액-41.일반매입]란에 금액 1,500,000원과 세액 150,000원, [14.그 밖의 공제매입세액-42.고정매입]란에 금액 1,000,000원과 세액 100,000원을 입력한 후 해당 서식을 저장한다.

액	그 밖의 공제매입세액	14	2,500,000		250,000
	합계(10)-(10-1)+(11)+(12)+(13)+(14)	15	2,500,000		250,000
	공제받지못할매입세액	16			
	차감계 (15-16)	17	2,500,000	㉯	250,000
납부(환급)세액(매출세액㉮-매입세액㉯)				㉰	-250,000
경감 공제 세액	그 밖의 경감 · 공제세액	18			
	신용카드매출전표등 발행공제등	19			
	합계	20		㉱	
소규모 개인사업자 부가가치세 감면세액		20-1		㉲	
예정신고미환급세액		21		㉳	
예정고지세액		22		㉴	
사업양수자의 대리납부 기납부세액		23		㉵	
매입자 납부특례 기납부세액		24		㉶	
신용카드업자의 대리납부 기납부세액		25		㉷	
가산세액계		26		㉸	
차가감하여 납부할세액(환급받을세액)㉰-㉱-㉲-㉳-㉴-㉵-㉶-㉷+㉸				27	-250,000
총괄납부사업자가 납부할 세액(환급받을 세액)					

분	재고매입세액				
	변제대손세액				
	외국인관광객에대한환급세액				
	합계				
14.그 밖의 공제매입세액					
신용카드매출 수령금액합계표	일반매입	41	1,500,000		150,000
	고정매입	42	1,000,000		100,000
의제매입세액		43		뒤쪽	
재활용폐자원등매입세액		44		뒤쪽	
과세사업전환매입세액		45			
재고매입세액		46			
변제대손세액		47			
외국인관광객에대한환급세액		48			
합계		49	2,500,000		250,000

[3] (주)부속서류(회사코드: 1003)에 대한 다음의 자료를 보고 1기 확정신고기간(4월 1일~6월 30일)의 [신용카드 매출전표 등 수령 명세서(갑)(을)]를 작성하고, 매입세액공제가 불가능한 세금계산서 매입의 경우 [공제받지 못할 매입세액 명세서]를 작성하시오. 단, 신용카드 매출전표 수령분은 모두 법인 명의의 신한카드(1234-5678-9010-4407)를 사용하였다(전표입력은 생략할 것). 기출 101회

사용일자	상호	유형	사업자등록번호	공급대가	수취 증빙	비고
5월 1일	알파문구	일반	106-10-64577	220,000원	세금계산서	경리부 문구 구입
5월 7일	(주)청과물	면세	215-81-40544	55,000원	신용카드 매출전표	직원 간식 구입
5월 11일	오성상사	일반	101-86-73232	165,000원	신용카드 매출전표	영업부 소모품 구입
5월 27일	삼려식품	일반	134-85-42222	550,000원	세금계산서	거래처 접대물품 구입
6월 7일	루키미디어	일반	124-46-49743	330,000원	현금영수증(소득공제)	직원 채용 광고비
6월 16일	카페25시	간이*	409-98-95021	52,250원	현금영수증(지출증빙)	직원 간식 구입
6월 27일	쎈수학학원	면세	245-90-67890	220,000원	신용카드 매출전표	대표자 자녀 학원비

* 세금계산서는 발급이 금지되어 있고, 영수증만을 발급해야 하는 자임

| 풀이 |

① 신용카드 매출전표 등 수령분에 대한 매입세액공제 여부

월/일	공급자	매입세액공제 여부
5.1.	알파문구	세금계산서 발급분은 세금계산서에 의해 매입세액이 공제되므로 신용카드 매출전표 등 수령명세서에 작성 ×
5.7.	(주)청과물	면세사업자에게 매입한 금액은 매입세액공제 ×
5.11.	오성상사	영업부 소모품 구입금액은 사업 관련 매입이므로 공제 ○
5.27.	삼려식품	접대물품 구입은 매입세액 불공제 사유이므로 공제 ×
6.7.	루키미디어	직원 채용 광고비는 사업 관련 매입이므로 매입세액 공제 대상이지만 현금영수증을 지출증빙이 아닌 소득공제로 수령하였기 때문에 공제 ×
6.16.	카페25시	영수증만을 발급해야 하는 간이과세자로부터 매입한 품목에 대해서는 매입세액공제 ×
6.27.	쎈수학학원	면세사업자에게 매입한 금액은 매입세액공제 ×

② [신용카드 매출전표 등 수령 명세서(갑)(을)] 조회기간 2025년 4월~2025년 6월을 입력하고 다음과 같이 작성한 후 해당 서식을 저장한다.

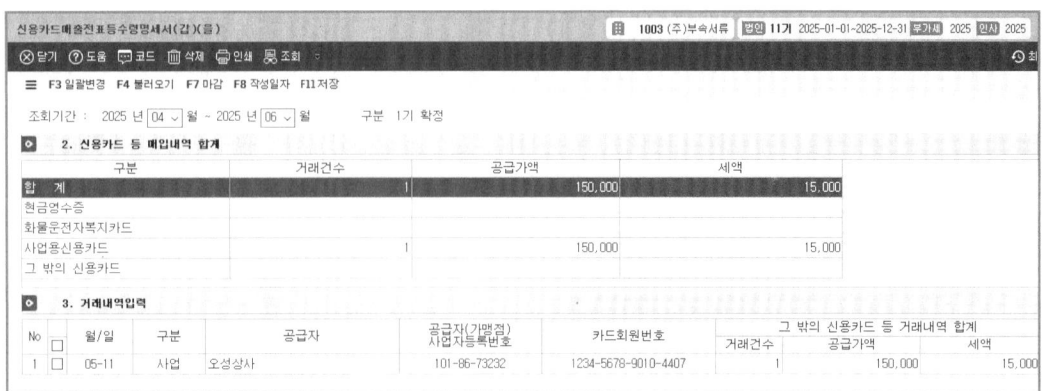

신용카드매출전표등수령명세서(갑)(을) 1003 (주)부속서류 법인 11기 2025-01-01~2025-12-31 부가세 2025 인사 2025

닫기 도움 코드 삭제 인쇄 조회

F3 일괄변경 F4 불러오기 F7 마감 F8 작성일자 F11저장

조회기간 : 2025 년 04 월 ~ 2025 년 06 월 구분 1기 확정

2. 신용카드 등 매입내역 합계

구분	거래건수	공급가액	세액
합 계	1	150,000	15,000
현금영수증			
화물운전자복지카드			
사업용신용카드	1	150,000	15,000
그 밖의 신용카드			

3. 거래내역입력

No	□	월/일	구분	공급자	공급자(가맹점) 사업자등록번호	카드회원번호	그 밖의 신용카드 등 거래내역 합계 거래건수	공급가액	세액
1	□	05-11	사업	오성상사	101-86-73232	1234-5678-9010-4407	1	150,000	15,000

③ [공제받지 못할 매입세액 명세서]-[공제받지 못할 매입세액내역] 탭: 조회기간 2025년 4월~2025년 6월을 입력하고 다음과 같이 작성한 후 해당 서식을 저장한다.

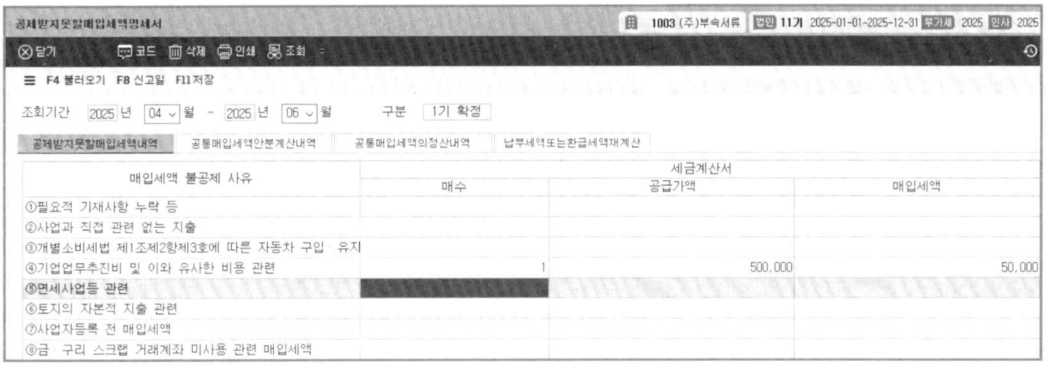
공제받지못할매입세액명세서 1003 (주)부속서류 법인 11기 2025-01-01~2025-12-31 부가세 2025 인사 2025

닫기 코드 삭제 인쇄 조회

F4 불러오기 F8 신고일 F11저장

조회기간 2025 년 04 월 ~ 2025 년 06 월 구분 1기 확정

공제받지못할매입세액내역 | 공통매입세액안분계산내역 | 공통매입세액의정산내역 | 납부세액또는환급세액재계산

매입세액 불공제 사유	세금계산서		
	매수	공급가액	매입세액
①필요적 기재사항 누락 등			
②사업과 직접 관련 없는 지출			
③개별소비세법 제1조제2항제3호에 따른 자동차 구입 · 유지			
④기업업무추진비 및 이와 유사한 비용 관련	1	500,000	50,000
⑤면세사업등 관련			
⑥토지의 자본적 지출 관련			
⑦사업자등록 전 매입세액			
⑧금 · 구리 스크랩 거래계좌 미사용 관련 매입세액			

[4] 다음은 (주)부속서류(회사코드: 1003)의 2024년 2기 확정신고기간의 매입자료이다. 매입세액공제가 가능한 신용카드 및 현금영수증 매입의 경우 '신용카드 매출전표 등 수령 명세서(갑)(을)'를 작성하고, 매입세액공제가 불가능한 세금계산서 매입의 경우 '공제받지 못할 매입세액 명세서'를 작성하시오(단, 매입처는 모두 일반과세자이며 직원 개인카드번호는 우리카드 4466-3333-1111-6610으로 가정하고, 전표입력은 생략할 것). 기출 84회

일자	상호	사업자번호	공급대가	증빙	비고
10.11.	좋은카센타	189-27-00106	330,000원	세금계산서	1,998cc 업무용 승용차 수리비
11.2.	죽리식당	108-82-04816	200,000원	국민카드(법인카드)	거래처 식사 접대
11.11.	알파문구	106-10-64577	38,500원	우리카드 (직원 개인카드)	관리부 문구대금
11.28.	오성상사	101-86-73232	792,000원	세금계산서	원재료 구입
12.18.	루키미디어	124-46-49743	55,000원	현금영수증(지출증빙)	총무부 일용직 구인 수수료

| 풀이 |

① 신용카드 매출전표 등 수령분에 대한 매입세액공제 여부

월/일	공급자	매입세액공제 여부
10월 11일	좋은카센타	세금계산서 수취분이며 매입세액 불공제 사유이므로 작성 ×
11월 2일	죽리식당	거래처 식사 접대는 매입세액 불공제 사유이므로 공제 ×
11월 11일	알파문구	사업 관련 매입이므로 공제 ○
11월 28일	오성상사	세금계산서 수취분이므로 신용카드 매출전표 등 수취분에 대한 매입세액 공제 ×
12월 18일	루키미디어	사업 관련 매입이므로 공제 ○

② [신용카드 매출전표 등 수령 명세서(갑)(을)] 조회기간 2025년 10월~2025년 12월을 입력하고 다음과 같이 작성한 후 해당 서식을 저장한다.

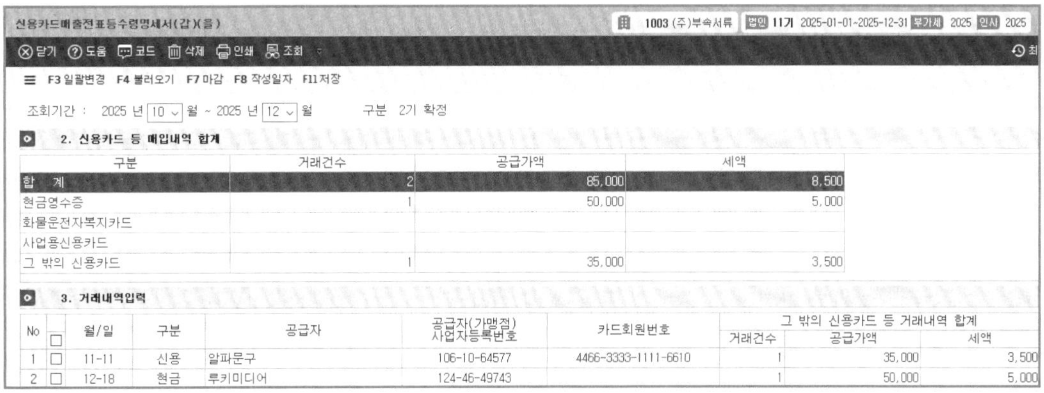
신용카드매출전표등수령명세서(갑)(을) 1003 (주)부속서류 법인 11기 2025-01-01~2025-12-31 부가세 2025 인사 2025

닫기 도움 코드 삭제 인쇄 조회

F3 일괄변경 F4 불러오기 F7 마감 F8 작성일자 F11저장

조회기간 : 2025 년 10 월 ~ 2025 년 12 월 구분 2기 확정

2. 신용카드 등 매입내역 합계

구분	거래건수	공급가액	세액
합 계	2	85,000	8,500
현금영수증	1	50,000	5,000
화물운전자복지카드			
사업용신용카드			
그 밖의 신용카드	1	35,000	3,500

3. 거래내역입력

No	□	월/일	구분	공급자	공급자(가맹점) 사업자등록번호	카드회원번호	그 밖의 신용카드 등 거래내역 합계		
							거래건수	공급가액	세액
1	□	11-11	신용	알파문구	106-10-64577	4466-3333-1111-6610	1	35,000	3,500
2	□	12-18	현금	루키미디어	124-46-49743		1	50,000	5,000

③ [공제받지 못할 매입세액 명세서] 조회기간 2025년 10월~2025년 12월을 입력하고 다음과 같이 작성한 후 해당 서식을 저장한다.

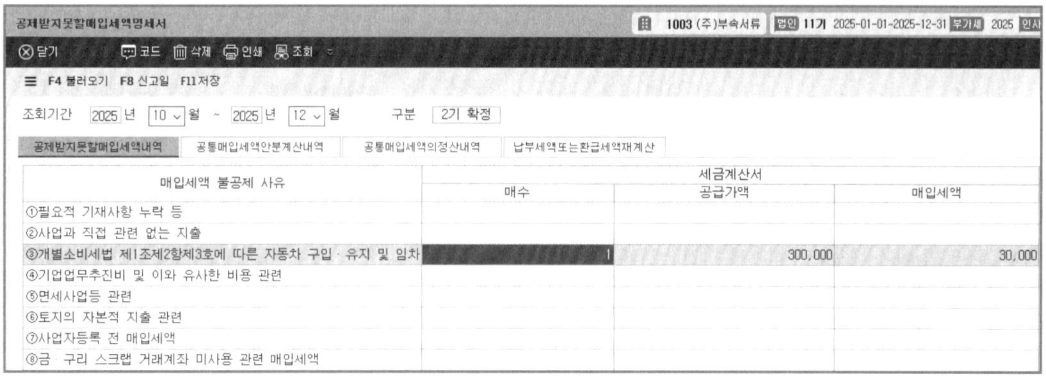
공제받지못할매입세액명세서 | 1003 (주)부속서류 | 법인 11기 2025-01-01~2025-12-31 | 부가세 2025 | 인사

닫기 코드 삭제 인쇄 조회

F4 불러오기 F8 신고일 F11저장

조회기간 2025 년 10 월 ~ 2025 년 12 월 구분 2기 확정

공제받지못할매입세액내역 | 공통매입세액안분계산내역 | 공통매입세액의정산내역 | 납부세액또는환급세액재계산

매입세액 불공제 사유	세금계산서		
	매수	공급가액	매입세액
①필요적 기재사항 누락 등			
②사업과 직접 관련 없는 지출			
③개별소비세법 제1조제2항제3호에 따른 자동차 구입 · 유지 및 임차	1	300,000	30,000
④기업업무추진비 및 이와 유사한 비용 관련			
⑤면세사업등 관련			
⑥토지의 자본적 지출 관련			
⑦사업자등록 전 매입세액			
⑧금 · 구리 스크랩 거래계좌 미사용 관련 매입세액			

2 신용카드 매출전표 등 발행금액 집계표

▸ 최신 30회 중 2문제 출제

[신용카드 매출전표 등 발행금액 집계표]는 [매입매출전표입력] 메뉴에 '17.카과', '18.카면', '22.현과' 등의 매출로 입력된 거래자료가 자동 반영된다. 사업자가 재화 · 용역을 공급하고 신용카드 매출전표 및 현금영수증을 발행한 경우 부가가치세 신고 시 신용카드 매출전표 등 발행금액 집계표를 작성하여 제출한다. 신용카드와 현금영수증 매출은 해당 카드사 등을 통해 매출자료가 국세청 등 과세관청에 통보된다. 과세관청은 이를 사업자가 제출한 신용카드 매출전표 등 발행금액 집계표와 대조하여 매출 누락 등을 검증한다.

신용카드매출전표등발행금액집계표 | 1003 (주)부속서류 | 법인 11기 2025-01-01~2025-12-31 | 부가세 2025 | 인사 2025

닫기 코드 삭제 최근

F4 새로불러오기 F11저장

조회기간 2025 년 1 월 ~ 2025 년 월 구분

1. 인적사항

상호[법인명]		성명[대표자]		사업등록번호	---·--·-----
사업장소재지					

2. 신용카드매출전표 등 발행금액 현황

구 분	합 계	신용 · 직불 · 기명식 선불카드	현금영수증	직불전자지급 수단 및 기명식선불 전자지급수단
합 계				
과세 매출분				
면세 매출분				
봉 사 료				

3. 신용카드매출전표 등 발행금액중 세금계산서 교부내역

세금계산서발급금액		계산서발급금액	

1. 신용카드 매출전표 등 발행금액 현황

구분	신용 · 직불 · 기명식 선불카드	현금영수증	직불전자지급 수단 및 기명식선불 전자지급수단
과세 매출분	신용카드 등으로 매출한 과세거래를 공급대가로 입력	현금영수증으로 매출한 과세거래를 공급대가로 입력	직불전자지급 수단 및 기명식선불 전자지급수단으로 매출한 과세거래금액(공급대가) 입력
면세 매출분	신용카드 등으로 매출한 면세거래금액 입력	현금영수증으로 매출한 면세거래금액 입력	직불전자지급 수단 및 기명식선불 전자지급수단으로 매출한 면세거래금액 입력

2. 신용카드 매출전표 등 발행금액 중 세금계산서 교부내역

(1) 세금계산서 발급금액

신용카드 매출전표 등 발행금액 중 세금계산서를 발급한 금액을 입력한다.

(2) 계산서 발급금액

신용카드 매출전표 등 발행금액 중 계산서를 발급한 금액을 입력한다.

연습문제

다음 거래자료를 (주)부속서류(회사코드: 1003)의 신용카드 매출전표 등 발행금액 집계표 메뉴에 입력하시오.

[1] (주)부속서류(회사코드: 1003)의 다음 자료에 대하여 제2기 부가가치세 예정신고(2025.7.1.~2025.9.30.) 시 함께 제출할 '신용카드 매출전표 등 발행금액 집계표'를 작성하시오. 기출 103회

1. 7월 7일: 제품을 김씨에게 공급하고 현금영수증을 발행하였다(공급가액: 1,500,000원, 부가가치세: 150,000원).
2. 8월 8일: 제품을 나씨에게 판매하고 세금계산서를 발급하였으며 신용카드로 결제받았다(공급가액: 1,000,000원, 부가가치세: 100,000원).
3. 9월 3일: 면세제품(공급가액: 500,000원)을 한씨에게 판매하고 계산서를 발급하였다. 대금 중 200,000원은 현금영수증을 발급하고, 나머지는 한씨의 신용카드로 결제받았다.

| 풀이 |

[신용카드 매출전표 등 발행금액 집계표] 조회기간 2025년 7월~2025년 9월을 입력하고 다음과 같이 작성한 후 해당 서식을 저장한다.

- 과세분 신용카드 매출: 8월 8일 거래분 1,100,000원
- 과세분 현금영수증 매출: 7월 7일 거래분 1,650,000원
- 면세분 신용카드 매출: 9월 3일 거래분 300,000원
- 면세분 현금영수증 매출: 9월 3일 거래분 200,000원
- 신용카드 매출전표 등 발행금액 중 세금계산서 발급금액: 8월 8일 거래분 1,100,000원
- 신용카드 매출전표 등 발행금액 중 계산서 발급금액: 9월 3일 거래분 500,000원

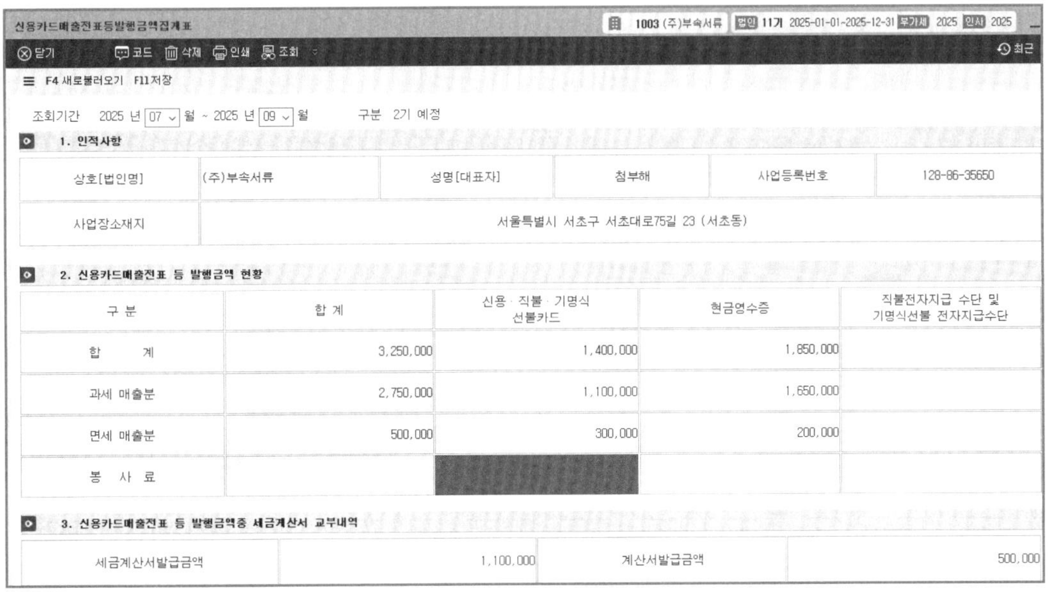

신용카드매출전표등발행금액집계표 1003 (주)부속서류 법인 11기 2025-01-01~2025-12-31 부가세 2025 인사 2025

닫기 코드 삭제 인쇄 조회 최근

F4 새로불러오기 F11저장

조회기간 2025 년 07 월 ~ 2025 년 09 월 구분 2기 예정

1. 인적사항

상호[법인명]	(주)부속서류	성명[대표자]	첨부해	사업등록번호	128-86-35650
사업장소재지	서울특별시 서초구 서초대로75길 23 (서초동)				

2. 신용카드매출전표 등 발행금액 현황

구 분	합 계	신용 · 직불 · 기명식 선불카드	현금영수증	직불전자지급 수단 및 기명식선불 전자지급수단
합 계	3,250,000	1,400,000	1,850,000	
과세 매출분	2,750,000	1,100,000	1,650,000	
면세 매출분	500,000	300,000	200,000	
봉 사 료				

3. 신용카드매출전표 등 발행금액중 세금계산서 교부내역

세금계산서발급금액	1,100,000	계산서발급금액	500,000

[2] (주)부속서류(회사코드: 1003)의 다음 자료를 이용하여 2기 확정신고기간(2025.10.1.~2025.12.31.)에 부가가치세 신고 시 제출할 '신용카드 매출전표 등 발행금액 집계표'를 작성하시오(계산서를 발급한 금액은 없으며, 기존에 입력된 자료는 무시하고, 다음 자료만 반영할 것).

기출 109회 유사

| 신용카드 및 현금영수증 매출자료

구분	공급가액	세액
과세분 신용카드 매출	32,650,000원	3,265,000원
과세분 현금영수증 매출	15,000,000원	1,500,000원
면세분 신용카드 매출	20,000,000원	0원
면세분 현금영수증 매출	6,600,000원	0원

| 신용카드 매출전표 및 현금영수증 발행분 중 세금계산서를 발급한 금액

구분	공급가액	세액
과세분 신용카드 매출분	5,000,000원	500,000원
과세분 현금영수증 매출분	700,000원	70,000원

| 풀이 |

[신용카드 매출전표 등 발행금액 집계표] 조회기간 2025년 10월~2025년 12월을 입력하고 다음과 같이 작성한 후 해당 서식을 저장한다.

- 과세분 신용카드 매출: 32,650,000원+3,265,000원=35,915,000원
- 과세분 현금영수증 매출: 15,000,000원+1,500,000원=16,500,000원
- 면세분 신용카드 매출: 20,000,000원
- 면세분 현금영수증 매출: 6,600,000원
- 신용카드 매출전표 등 발행금액 중 세금계산서 발급금액: 5,000,000원+500,000원+700,000원+70,000원=6,270,000원

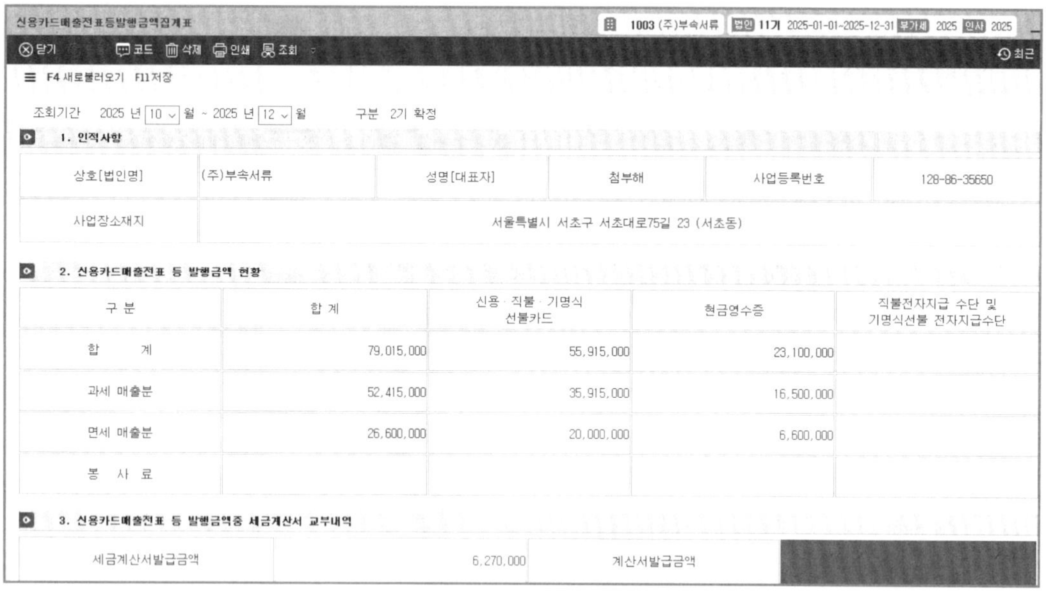
신용카드매출전표등발행금액집계표 | 1003 (주)부속서류 | 법인 11기 2025-01-01~2025-12-31 | 부가세 2025 | 인사 2025

⊗닫기 | 코드 | 삭제 | 인쇄 | 조회 | 최근

F4 새로불러오기 F11저장

조회기간 2025 년 10 월 ~ 2025 년 12 월 구분 2기 확정

1. 인적사항

상호[법인명]	(주)부속서류	성명[대표자]	첨부해	사업등록번호	128-86-35650
사업장소재지	서울특별시 서초구 서초대로75길 23 (서초동)				

2. 신용카드매출전표 등 발행금액 현황

구 분	합 계	신용 · 직불 · 기명식 선불카드	현금영수증	직불전자지급 수단 및 기명식선불 전자지급수단
합 계	79,015,000	55,915,000	23,100,000	
과세 매출분	52,415,000	35,915,000	16,500,000	
면세 매출분	26,600,000	20,000,000	6,600,000	
봉 사 료				

3. 신용카드매출전표 등 발행금액중 세금계산서 교부내역

세금계산서발급금액	6,270,000	계산서발급금액	

3 공제받지 못할 매입세액 명세서 중요

▸ 최신 30회 중 14문제 출제

[공제받지 못할 매입세액 명세서]는 부가가치세 신고 시 매입세액 불공제 대상 세금계산서의 내역을 작성하는 메뉴이다. [매입매출전표입력] 메뉴에서 '54.불공'으로 선택한 데이터가 자동으로 반영되며, 직접 입력도 가능하다. 본 메뉴는 매입세액 불공제분과 공통매입세액 안분계산분의 계산근거 서식으로 구성되어 있다.

1. [공제받지 못할 매입세액내역] 탭

[매입매출전표입력] 메뉴에서 '54.불공'으로 입력된 불공제 매입세액이 자동으로 반영된다.

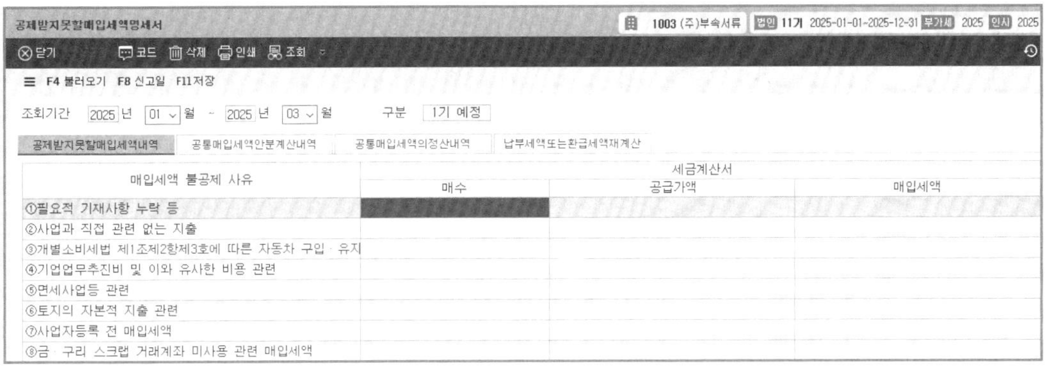

매입세액 불공제 사유 ①~⑧ 각각에 매수와 공급가액 및 매입세액을 입력한다. 공제받지 못할 매입세액은 [부가가치세 신고서] 메뉴의 [50.공제받지 못할 매입세액]란에 자동으로 반영된다.

구분		금액	세율	세액
16.공제받지못할매입세액				
공제받지못할 매입세액	50			

2. [공통매입세액 안분계산내역] 탭

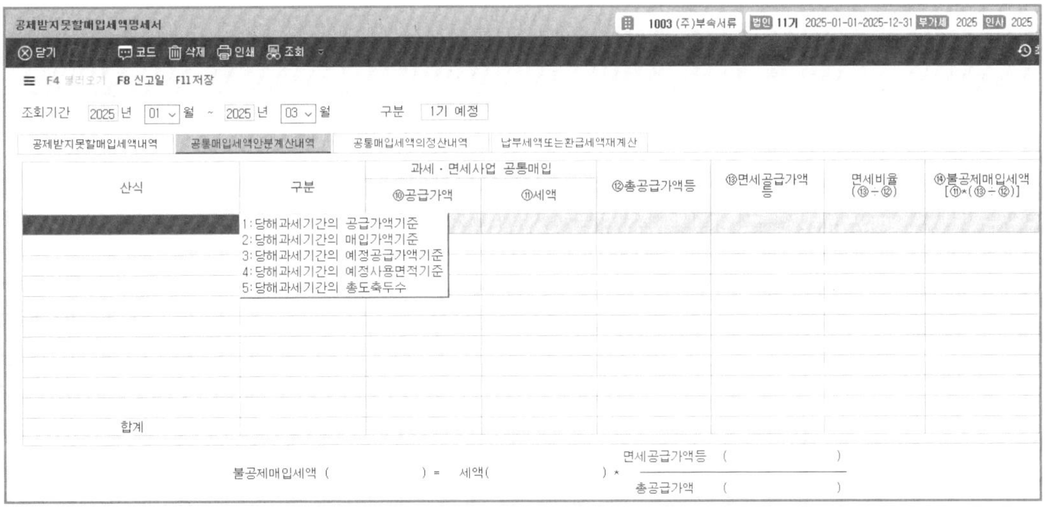

(1) 산식

해당 과세기간 중 과세사업과 면세사업의 공급가액이 있는 경우 [1.당해 과세기간의 공급가액 기준]을 선택하고, 해당 과세기간 중 과세사업과 면세사업의 공급가액이 없거나 그 어느 한 사업의 공급가액이 없는 경우에는 [2.당해 과세기간의 매입가액 기준] → [3.당해 과세기간의 예정 공급가액 기준] → [4.당해 과세기간의 예정 사용면적 기준] 순으로 선택한다. "전표데이터를 불러오시겠습니까?" 대화창이 뜨면 아니오(N)를 클릭한다.

(2) **과세 · 면세사업 공통매입**

예정신고기간의 공통매입재화의 공급가액을 [⑩공급가액]란에 입력하면 [⑪세액]란은 공급가액의 10%가 자동으로 반영된다.

(3) **⑫총공급가액 등**

예정신고기간의 총공급가액을 입력한다.

(4) **⑬면세공급가액 등**

예정신고기간의 면세공급가액을 입력한다.

(5) **면세비율(⑬÷⑫)**

입력된 자료에 따라 자동으로 면세비율이 계산된다.

(6) **⑭불공제 매입세액[⑪×(⑬÷⑫)]**

공통매입세액 면세사업분으로 예정신고기간에 공제받지 못할 매입세액이다. [부가가치세 신고서] 메뉴의 [51.공통매입세액 면세 등 사업분]란에 자동으로 반영된다.

구분		금액	세율	세액
16.공제받지못할매입세액				
공제받지못할 매입세액	50			
공통매입세액면세등사업분	51			

3. [공통매입세액의 정산내역] 탭(확정신고 시 작성)

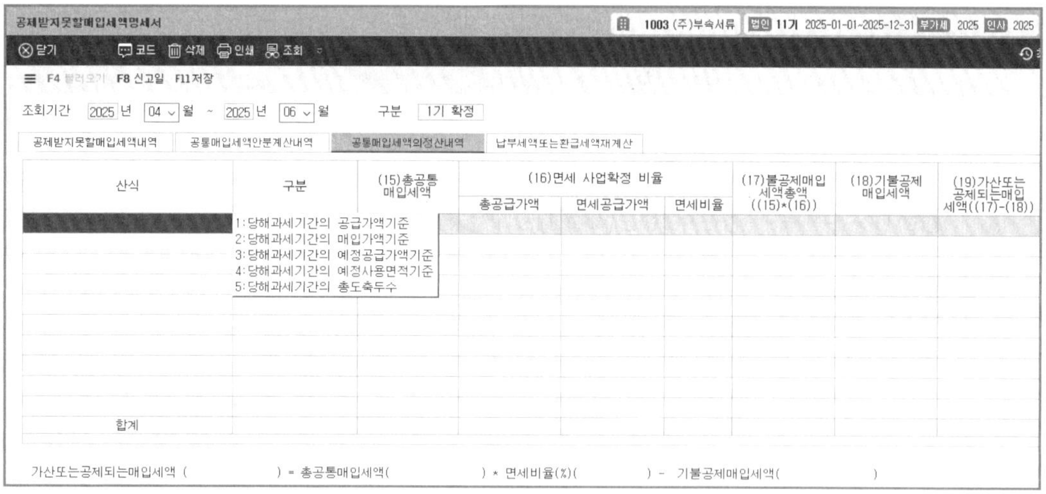

(1) **산식**

예정신고 시 공통매입세액의 안분계산을 선택한 방법과 동일한 방법을 선택한다. "전표데이터를 불러오시겠습니까?" 대화창이 나타나면 [아니오(N)]를 클릭한다.

(2) **(15)총공통매입세액**

과세기간의 총공통매입세액을 입력한다.

(3) **(16)면세 사업확정 비율**

과세기간의 총공급가액과 면세공급가액을 입력하면 면세비율이 자동으로 계산된다.

(4) (17)불공제 매입세액 총액[(15)×(16)]

과세기간의 불공제 매입세액 총액이 자동으로 계산된다.

(5) (18)기불공제 매입세액

예정신고 시 불공제된 매입세액을 입력한다.

(6) (19)가산 또는 공제되는 매입세액[(17)−(18)]

'(17)불공제 매입세액 총액'에서 '(18)기불공제 매입세액'을 차감한 금액이 자동으로 반영된다. 해당 금액이 양수(+)인 경우에는 공통매입세액 면세사업분으로 확정신고기간에 공제받지 못할 매입세액을 의미하며, [부가가치세 신고서] 메뉴의 [51.공통매입세액 면세 등 사업분]란에 양수(+) 금액으로 자동 반영된다. 만약 해당 금액이 음수(−)인 경우에는 공통매입세액 면세사업분으로 확정신고기간에 공제받을 매입세액을 의미하며 [부가가치세 신고서] 메뉴의 [51.공통매입세액 면세 등 사업분]란에 음수(−) 금액으로 자동 반영된다.

구분		금액	세율	세액
16.공제받지못할매입세액				
공제받지못할 매입세액	50			
공통매입세액면세등사업분	51			
대손처분받은세액	52			
합계	53			

4. [납부세액 또는 환급세액 재계산] 탭(확정신고 시 작성)

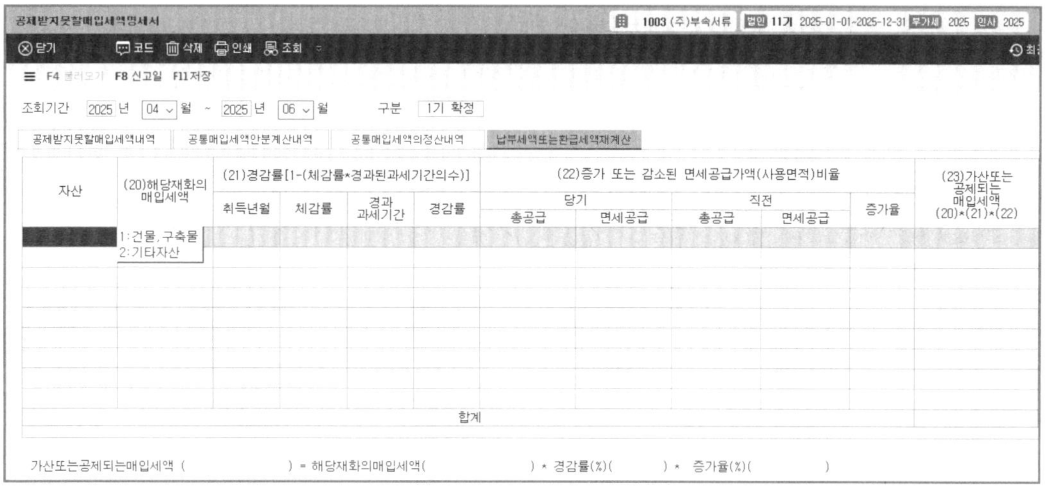

(1) 자산

납부환급세액 재계산 대상이 되는 감가상각자산이 건물과 구축물인 경우에는 [1.건물, 구축물]을, 기타의 감가상각자산인 경우에는 [2.기타자산]을 선택하여 입력한다.

꿀팁 토지와 재고자산은 감가상각 대상이 아니므로 납부환급세액 재계산 대상이 되지 않는다.

(2) (20)해당 재화의 매입세액

납부환급세액 재계산 대상이 되는 감가상각자산의 매입세액을 입력한다.

(3) (21)경감률[1−(체감률×경과된 과세기간의 수)]

[취득년월]란에 감가상각자산의 취득한 연도와 월을 입력하면 체감률(재계산되는 자산이 건물 및 구축물인 경우에는 5%, 기타의 감가상각자산인 경우 25%), 경과 과세기간, 경감률이 자동 계산된다.

(4) (22)증가 또는 감소된 면세공급가액(사용면적)비율

당기와 직전기의 총공급가액과 면세공급가액을 입력하면 증가율이 자동 계산된다.

(5) (23)가산 또는 공제되는 매입세액[(20)×(21)×(22)]

다음의 계산식에 따라 자동 계산된다.

구분	납부세액에 가산 · 공제할 금액
1.건물, 구축물	공통매입세액×(1－5%×경과된 과세기간의 수)×증가 · 감소된 면세비율
2.기타자산	공통매입세액×(1－25%×경과된 과세기간의 수)×증가 · 감소된 면세비율

연습문제

[1]~[3]의 거래자료를 (주)부속서류(회사코드: 1003)의 공제받지 못할 매입세액 명세서 메뉴에 입력하시오.

[1] (주)부속서류(회사코드: 1003)는 과세사업과 면세사업을 겸영하는 사업자이다. 아래의 자료를 바탕으로 2025년 1기 예정신고기간(2025.1.1.~2025.3.31.)에 대한 '공제받지 못할 매입세액 명세서'를 작성하시오(단, 매입매출전표입력은 생략함). 기출 106회 유사

- 원재료(공급가액 100,000원, 부가가치세 10,000원)를 구입하고 세금계산서를 수취하였다(세금계산서에 공급받는 자의 상호가 누락된 점이 발견됨).
- 공장으로 사용할 토지를 매입하는 과정에서 등기 업무를 법무사에게 500,000원(VAT 별도)에 의뢰하고 전자세금계산서를 수취하였다.
- 거래처인 (주)동호에 제공할 선물세트를 300,000원(VAT 별도)에 구매하고 세금계산서를 수령하였다.
- 거래처에 제공할 선물세트(1,100,000원, VAT 포함)를 구입하고 현금영수증을 수령하였다.
- 복리후생 목적으로 상품(공급가액 200,000원, 부가가치세 20,000원)을 구입하였으나 공급시기에 세금계산서를 수취하지 못하였다. 하지만 2025년 제1기 확정신고기한 이내에 세금계산서를 수취하였다.
- 2025년 1기 예정신고기간 동안의 공통매입분에 대한 부가가치세액은 1,050,000원이다.
- 2025년 1기 예정신고기간 공급내역은 아래와 같다(단, 불러온 자료는 무시하기로 함).
  - 과세: 260,000,000원
  - 면세: 140,000,000원

| 풀이 |

① [공제받지 못할 매입세액 명세서]–[공제받지 못할 매입세액내역] 탭 조회기간 2025년 1월~2025년 3월을 입력하고 다음과 같이 작성한 후 해당 서식을 저장한다.

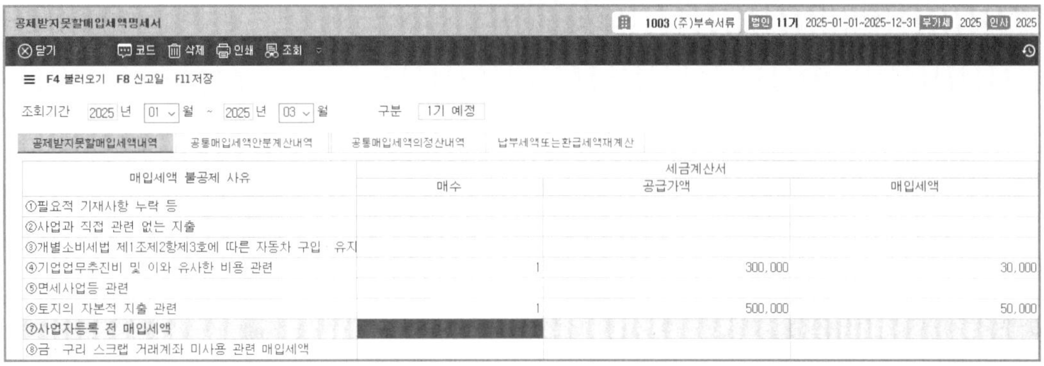

매입세액 불공제 사유	세금계산서		
	매수	공급가액	매입세액
①필요적 기재사항 누락 등			
②사업과 직접 관련 없는 지출			
③개별소비세법 제1조제2항제3호에 따른 자동차 구입 · 유지			
④기업업무추진비 및 이와 유사한 비용 관련	1	300,000	30,000
⑤면세사업등 관련			
⑥토지의 자본적 지출 관련	1	500,000	50,000
⑦사업자등록 전 매입세액			
⑧금 · 구리 스크랩 거래계좌 미사용 관련 매입세액			

- 공급받는 자의 상호는 세금계산서의 필요적 기재사항이 아니므로 매입세액공제가 가능하다.
- [공제받지 못할 매입세액 명세서]는 (전자)세금계산서를 수취하였을 경우 적용되는 서식이므로 현금영수증 및 신용카드 매입분에 대한 불공제 내역은 기재하지 않는다.
- 공급시기 이후 확정신고기한 이내에 세금계산서를 수취한 거래는 지연수취 가산세(공급가액의 0.5%)가 있으며 매입세액공제는 가능하다.

② [공제받지 못할 매입세액 명세서]-[공통매입세액 안분계산내역] 탭

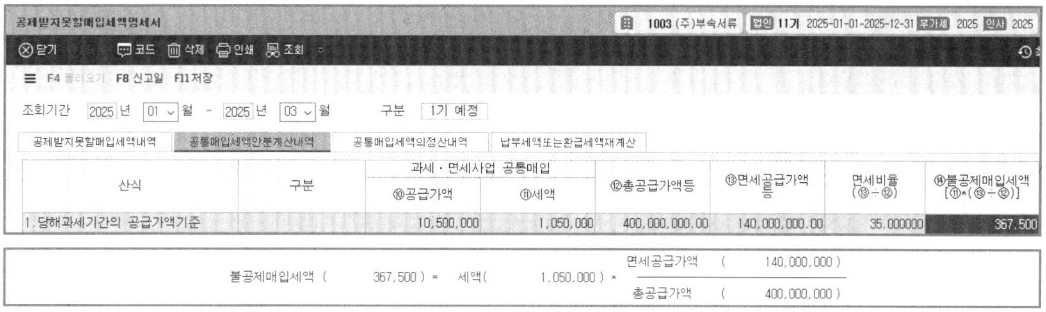

공제받지못할매입세액명세서 | 1003 (주)부속서류 | 법인 11기 2025-01-01~2025-12-31 | 부가세 2025 | 인사 2025

닫기 | 코드 | 삭제 | 인쇄 | 조회

F4 불러오기 | F8 신고일 | F11저장

조회기간 2025 년 01 월 ~ 2025 년 03 월 | 구분 1기 예정

공제받지못할매입세액내역 | 공통매입세액안분계산내역 | 공통매입세액의정산내역 | 납부세액또는환급세액재계산

산식	구분	과세・면세사업 공통매입		⑫총공급가액등	⑬면세공급가액등	면세비율 (⑬÷⑫)	⑭불공제매입세액 [⑪*(⑬÷⑫)]
		⑩공급가액	⑪세액				
1.당해과세기간의 공급가액기준		10,500,000	1,050,000	400,000,000.00	140,000,000.00	35.000000	367,500

불공제매입세액 (367,500) = 세액(1,050,000) * 면세공급가액 (140,000,000) / 총공급가액 (400,000,000)

[2] (주)부속서류(회사코드: 1003)는 과세사업을 운영하다가 당해 연도부터 면세사업을 추가하여 겸영한 것으로 가정한다. 입력된 자료는 무시하고 다음 자료를 이용하여 제1기 부가가치세 확정신고 시 '공제받지 못할 매입세액 명세서'를 작성하시오. 기출 88회

1. 공급가액에 관한 자료

구분	과세사업	면세사업	합계
제1기 예정	195,000,000원	5,000,000원	200,000,000원
제1기 확정	158,000,000원	12,000,000원	170,000,000원

2. 매입세액(세금계산서 수취분)

구분	과세사업		면세사업		공통매입세액
	공급가액	매입세액	매수	공급가액	
제1기 예정	120,000,000원	12,000,000원	1매	1,000,000원	400,000원
제1기 확정	100,000,000원	10,000,000원	3매	5,000,000원	4,800,000원

3. 제1기 예정신고 시 공통매입세액 중 불공제한 매입세액은 없다.

| 풀이 |

[공제받지 못할 매입세액 명세서] 조회기간 2025년 4월~2025년 6월을 입력하고 다음과 같이 작성한 후 해당 서식을 저장한다.

• [공제받지 못할 매입세액내역] 탭

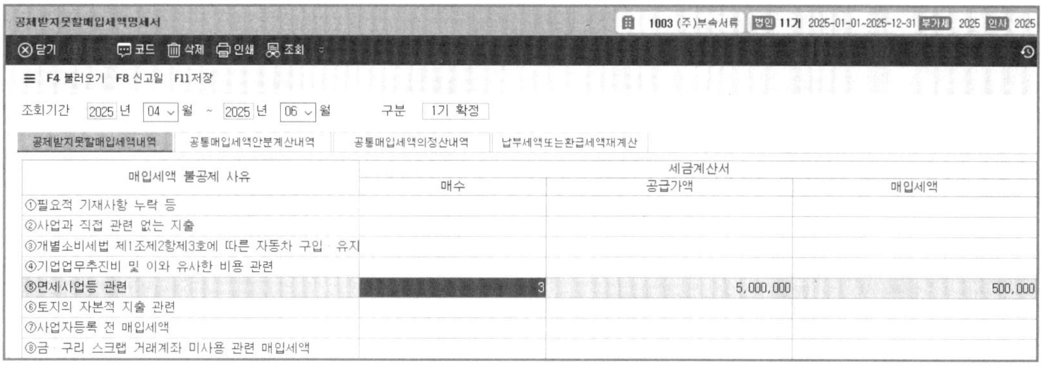

공제받지못할매입세액명세서 | 1003 (주)부속서류 | 법인 11기 2025-01-01~2025-12-31 | 부가세 2025 | 인사 2025

닫기 | 코드 | 삭제 | 인쇄 | 조회

F4 불러오기 | F8 신고일 | F11저장

조회기간 2025 년 04 월 ~ 2025 년 06 월 | 구분 1기 확정

공제받지못할매입세액내역 | 공통매입세액안분계산내역 | 공통매입세액의정산내역 | 납부세액또는환급세액재계산

매입세액 불공제 사유	세금계산서		
	매수	공급가액	매입세액
①필요적 기재사항 누락 등			
②사업과 직접 관련 없는 지출			
③개별소비세법 제1조제2항제3호에 따른 자동차 구입・유지			
④기업업무추진비 및 이와 유사한 비용 관련			
⑤면세사업등 관련	3	5,000,000	500,000
⑥토지의 자본적 지출 관련			
⑦사업자등록 전 매입세액			
⑧금・구리 스크랩 거래계좌 미사용 관련 매입세액			

• [공통매입세액의 정산내역] 탭

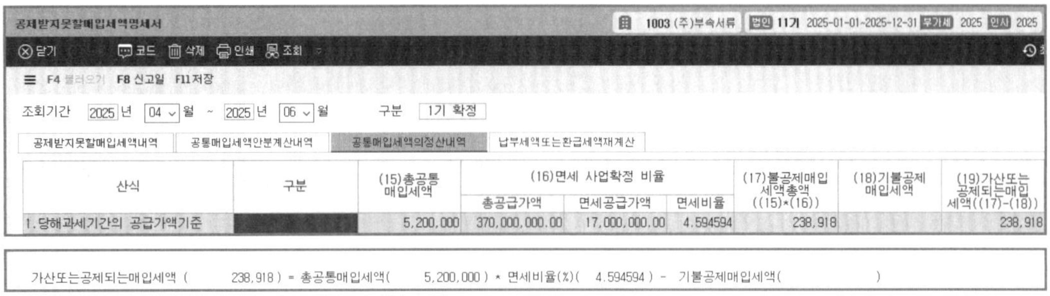
공제받지못할매입세액명세서 | 1003 (주)부속서류 | 법인 11기 2025-01-01~2025-12-31 | 부가세 2025 | 인사 2025

닫기 | 코드 | 삭제 | 인쇄 | 조회

F4 불러오기 | F8 신고일 | F11저장

조회기간 2025 년 04 월 ~ 2025 년 06 월 구분 1기 확정

공제받지못할매입세액내역 | 공통매입세액안분계산내역 | 공통매입세액의정산내역 | 납부세액또는환급세액재계산

산식	구분	(15)총공통 매입세액	(16)면세 사업확정 비율			(17)불공제매입 세액총액 ((15)*(16))	(18)기불공제 매입세액	(19)가산또는 공제되는매입 세액((17)-(18))
			총공급가액	면세공급가액	면세비율			
1. 당해과세기간의 공급가액기준		5,200,000	370,000,000.00	17,000,000.00	4.594594	238,918		238,918

가산또는공제되는매입세액 (238,918) = 총공통매입세액(5,200,000) * 면세비율(%)(4.594594) - 기불공제매입세액( )

꿀팁 면세비율이 5% 미만인 경우 공통매입세액은 전부 매입세액이 공제되지만 공통매입세액이 5백만원 이상인 경우는 안분계산을 해야 한다. 해당 문제에서 예정신고 시 면세비율은 5% 미만이고, 공통매입세액이 5백만원 미만이기 때문에 불공제 매입세액은 없다. 그러나 확정신고 시 면세비율은 5% 미만이지만, 공통매입세액이 5백만원 이상이므로 안분계산을 해야 한다.

[3] (주)부속서류(회사코드: 1003)는 과세사업과 면세사업을 겸영하는 사업자이다. 2025년 제2기 확정 과세기간(10.1.~12.31.)에 대한 '공제받지 못할 매입세액 명세서'를 작성하시오(단, 매입매출전표입력은 생략할 것). 기출 105회 유사

[자료 1] 공제받지 못할 매입세액내역

작성일자	품목	공급가액	매입세액
10월 2일	• 사업과 관련 없이 구매한 경차 차량	30,000,000원	30,000,000원
10월 10일	• 인테리어 공사 ① 공사는 2025년 12월 29일에 완료되었다. ② 대금은 2026년 1월 20일에 지급하였다.	17,000,000원	17,000,000원
11월 5일	• 전자제품(거래처에 선물할 목적으로 구매)	3,500,000원	3,500,000원
12월 1일	• 기존에 사용 중인 공장용 건물에 대한 철거비용	8,800,000원	8,800,000원
12월 30일	• 본사 사옥 신축공사비	250,000,000원	250,000,000원

[자료 2] 납부세액 또는 환급세액 재계산

• 2025년 과세사업과 면세사업에 공통으로 사용되는 자산의 구입내역은 다음과 같다.

계정과목	취득일자	공급가액	부가가치세
토지	2023.5.31.	200,000,000원	–
건물	2024.6.30.	100,000,000원	10,000,000원
기계장치	2024.7.20.	200,000,000원	20,000,000원
업무용 소형승용차 (배기량 3,000cc)	2024.5.15.	50,000,000원	5,000,000원
화물차	2023.8.11.	80,000,000원	8,000,000원

※ 2025년 제1기 확정 부가가치세 신고 시 공통매입세액에 대한 안분계산 및 정산은 정확히 신고서에 반영되었다.

• 2025년 공급가액 내역은 다음과 같다고 가정한다(기입력된 데이터는 무시할 것).

구분	2025년 제1기	2025년 제2기
과세사업	700,000,000원	600,000,000원
면세사업	300,000,000원	400,000,000원

| 풀이 |

[공제받지 못할 매입세액 명세서] 조회기간 2025년 10월~2025년 12월을 입력하고 다음과 같이 작성한 후 해당 서식을 저장한다.

• [공제받지 못할 매입세액내역] 탭

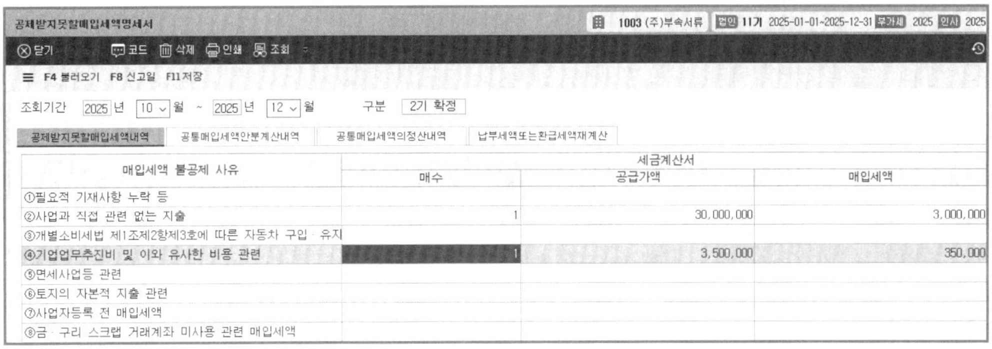

공제받지못할매입세액명세서 | 1003 (주)부속서류 | 법인 11기 2025-01-01~2025-12-31 | 부가세 2025 | 인사 2025

⊗닫기 코드 삭제 인쇄 조회

F4 불러오기 F8 신고일 F11저장

조회기간 2025 년 10 월 ~ 2025 년 12 월 구분 2기 확정

공제받지못할매입세액내역 | 공통매입세액안분계산내역 | 공통매입세액의정산내역 | 납부세액또는환급세액재계산

매입세액 불공제 사유	세금계산서		
	매수	공급가액	매입세액
①필요적 기재사항 누락 등			
②사업과 직접 관련 없는 지출	1	30,000,000	3,000,000
③개별소비세법 제1조제2항제3호에 따른 자동차 구입 · 유지			
④기업업무추진비 및 이와 유사한 비용 관련	1	3,500,000	350,000
⑤면세사업등 관련			
⑥토지의 자본적 지출 관련			
⑦사업자등록 전 매입세액			
⑧금 · 구리 스크랩 거래계좌 미사용 관련 매입세액			

– 10월 10일: 세금계산서 선발급하고 동일 과세기간 내에 공급시기가 도래하므로 10월 10일 발급분은 적법한 세금계산서에 해당한다. 따라서 인테리어 공사는 선 세금계산서 특례규정에 의해 매입세액 공제가 가능하다.
– 12월 1일: 기존에 사용 중인 공장용 건물에 대한 철거비용은 매입세액 공제가 가능하다.
– 12월 30일: 본사 사옥 신축공사비는 매입세액 공제가 가능하다.

• [납부세액 또는 환급세액 재계산] 탭

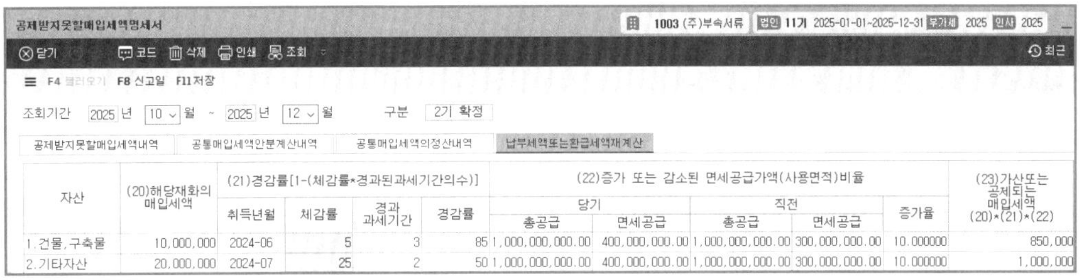

공제받지못할매입세액명세서 | 1003 (주)부속서류 | 법인 11기 2025-01-01~2025-12-31 | 부가세 2025 | 인사 2025

⊗닫기 코드 삭제 인쇄 조회 최근

F4 불러오기 F8 신고일 F11저장

조회기간 2025 년 10 월 ~ 2025 년 12 월 구분 2기 확정

공제받지못할매입세액내역 | 공통매입세액안분계산내역 | 공통매입세액의정산내역 | 납부세액또는환급세액재계산

자산	(20)해당재화의 매입세액	(21)경감률[1-(체감률*경과된과세기간의수)]				(22)증가 또는 감소된 면세공급가액(사용면적)비율					(23)가산또는 공제되는 매입세액 (20)*(21)*(22)
		취득년월	체감률	경과 과세기간	경감률	당기		직전		증가율	
						총공급	면세공급	총공급	면세공급		
1.건물,구축물	10,000,000	2024-06	5	3	85	1,000,000,000.00	400,000,000.00	1,000,000,000.00	300,000,000.00	10.000000	850,000
2.기타자산	20,000,000	2024-07	25	2	50	1,000,000,000.00	400,000,000.00	1,000,000,000.00	300,000,000.00	10.000000	1,000,000

– 토지의 매입은 면세 대상이므로 납부환급세액 재계산 대상이 아니다.
– 업무용 승용차(배기량 3,000cc)는 구입 시 매입세액 불공제 대상이므로 구입한 이후 과세기간에서 납부환급세액 재계산 대상이 아니다.
– 화물차의 경우 2023년 2기에 구입한 자산이므로 2025년 2기 부가가치세 신고 시에는 이미 경감률이 100%(= 25%×4기)이다. 따라서, 납부환급세액 재계산 대상에 해당되지 않는다.

[4]~[5]의 거래자료를 (주)일반전표(회사코드: 1001)의 공제받지 못할 매입세액 명세서 메뉴에 입력하시오.

[4] (주)일반전표(회사코드: 1001)는 도서 도매(면세사업)와 책장 제조(과세사업)를 겸영하는 사업자이다. 다음의 2025년 1기 과세기간의 부가가치세 신고와 관련한 자료를 참고하여 1기 확정신고 시 제출할 '공제받지 못할 매입세액 명세서'를 작성하시오(단, 예정신고는 세법에 따라 적정하게 신고한 것으로 가정하며, 과세재화와 면세재화는 상호 간 부수재화는 아님). 기출 73회

1. 매입세액에 관한 내역

일자	내역	매입세액	비고
2025.1.5.	책장 제조용 목재 구입	500,000원	
2025.2.20.	회계팀 사무용품 구입	150,000원	과세 · 면세사업 사용 구분 불가
2025.3.11.	직원휴게실 음료 등 다과	50,000원	휴게실은 전 직원이 이용함
2025.4.5.	책장을 위한 포장재 구입	100,000원	
2025.5.20.	세무사 사무소 수수료	100,000원	과세 · 면세사업 사용 구분 불가
2025.6.11.	생산직 직원 안전장비	150,000원	생산직 직원은 책장을 조립함

2. 공급가액에 대한 내역

구분	과세공급가액	면세공급가액
1기 예정신고	150,000,000원	50,000,000원
1기 확정신고	200,000,000원	100,000,000원
합계	350,000,000원	150,000,000원

| 풀이 |

[공제받지 못할 매입세액 명세서]-[공통매입세액의 정산내역] 탭 조회기간 2025년 4월~2025년 6월을 입력하고 다음과 같이 작성한 후 해당 서식을 저장한다.

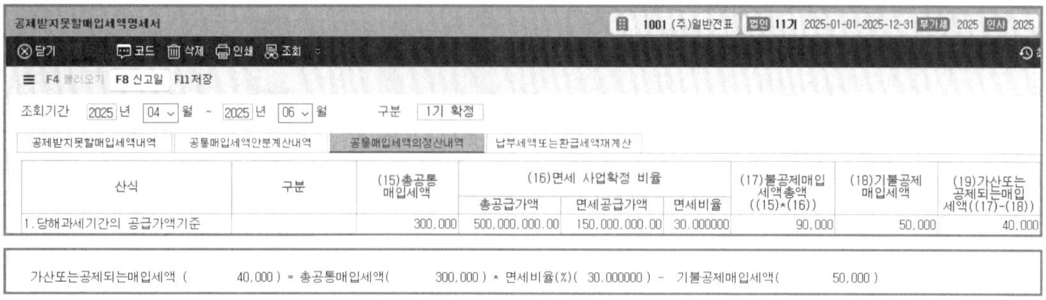

① (15)총공통매입세액: 회계팀 사무용품 구입 150,000원+직원휴게실 음료 등 다과 50,000원+세무사 사무소 수수료 100,000원=300,000원

② (16)총공급가액: 350,000,000원+150,000,000원=500,000,000원

③ (18)기불공제 매입세액: 1기 예정 공통매입세액 200,000원(=150,000원+50,000원)×25%[=50,000,000원÷(150,000,000원+50,000,000원)]=50,000원

∴ 1기 예정 공제받지 못할 매입세액: 200,000원×25%=50,000원

[5] (주)일반전표(회사코드: 1001)는 11월 14일에 과세사업과 면세사업에 공통으로 사용하기 위해 (주)여유통상에서 20,000,000원(부가가치세 별도)에 매입한 기계장치를 12월 28일 12,000,000원(부가가치세 별도)에 한양기계에 매각하였다. 입력된 데이터는 무시하며, 공통사용재화는 기계장치 하나만 존재한다고 가정하고 입력한다. 기출 54회

거래기간		면세공급가액	과세공급가액	총공급가액
2025년 1기	1.1.~3.31.	132,000,000원	116,880,000원	248,880,000원
	4.1.~6.30.	168,000,000원	183,120,000원	351,120,000원
	합계	300,000,000원	300,000,000원	600,000,000원
2025년 2기	7.1.~9.30.	140,000,000원	210,000,000원	350,000,000원
	10.1.~12.31.	350,000,000원	150,000,000원	500,000,000원
	합계	490,000,000원	360,000,000원	850,000,000원

- 상기 자료를 토대로 11월 14일 기계장치 매입전자세금계산서 수취분에 대한 매입매출전표를 입력하시오(하단 분개는 생략하고 별도의 고정자산등록은 하지 않음).
- 입력한 자료를 토대로 기계장치 매입과 관련한 공제받지 못할 매입세액 명세서를 작성하시오.

| 풀이 |

① [매입매출전표입력] 11월 14일

유형	공급가액	부가세	거래처	전자	분개
54.불공	20,000,000	2,000,000	(주)여유통상	1.여	0.없음
불공제 사유	⑨ 공통매입세액안분계산분				

② [공제받지 못할 매입세액 명세서]-[공통매입세액의 정산내역] 탭 조회기간 2025년 10월~2025년 12월을 입력하고 다음과 같이 작성한 후 해당 서식을 저장한다.
[산식]란의 기준은 '1.당해 과세기간의 공급가액 기준'을 선택하지만 공급가액은 직전 과세기간 공급가액의 합계를 입력한다.
(∵ 계속사업자가 당해 과세기간 매입 후 당해 과세기간 매각 시 공통매입세액은 직전 과세기간의 공급가액으로 안분계산함)

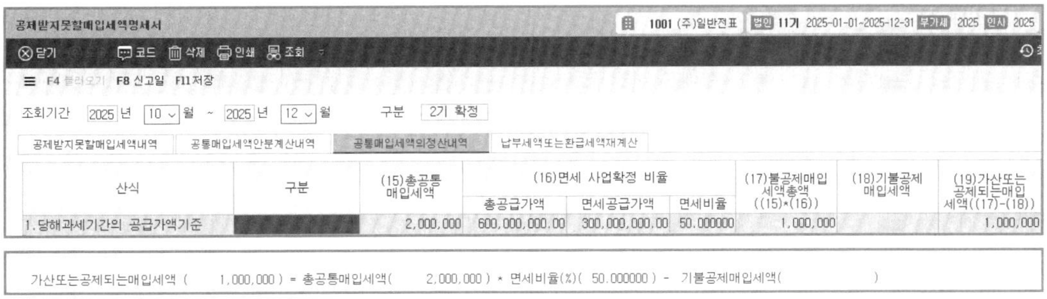
공제받지못할매입세액명세서 | 1001 (주)일반전표 | 법인 11기 2025-01-01~2025-12-31 | 부가세 2025 | 인사 2025

조회기간 2025 년 10 월 ~ 2025 년 12 월 구분 2기 확정

공제받지못할매입세액내역 | 공통매입세액안분계산내역 | 공통매입세액의정산내역 | 납부세액또는환급세액재계산

산식	구분	(15)총공통 매입세액	(16)면세 사업확정 비율			(17)불공제매입 세액총액 ((15)*(16))	(18)기불공제 매입세액	(19)가산또는 공제되는매입 세액((17)-(18))
			총공급가액	면세공급가액	면세비율			
1.당해과세기간의 공급가액기준		2,000,000	600,000,000.00	300,000,000.00	50.000000	1,000,000		1,000,000

가산또는공제되는매입세액 (1,000,000) = 총공통매입세액(2,000,000) * 면세비율(%)(50.000000) - 기불공제매입세액( )

(꿀팁) 공통사용재화를 당기 매입 후 당기 공급하는 경우

- 신규사업자: 공통매입세액은 전액 공제, 공통사용재화 매각금액은 전액 과세표준으로 계산한다.
- 계속사업자: 직전 공급가액비율로 과세표준과 매입세액을 안분계산한다.

[6]의 거래자료를 (주)매출매입(회사코드: 1002)의 공제받지 못할 매입세액 명세서 메뉴에 입력하시오.

[6] (주)매출매입(회사코드: 1002)은 과세사업과 면세사업을 겸영하는 사업자로 가정한다. 입력된 자료는 무시하고 다음 자료를 이용하여 2025년 제1기 부가가치세 확정신고 시 '공제받지 못할 매입세액 명세서'를 작성하시오. 기출 95회

1. 공급가액에 관한 자료

구분	과세사업	면세사업	합계
2024년 1월~6월	400,000,000원	100,000,000원	500,000,000원
2024년 7월~12월	378,000,000원	72,000,000원	450,000,000원
2025년 1월~6월	420,000,000원	180,000,000원	600,000,000원

2. 공장용 건물(감가상각자산) 취득내역

취득일	건물		비고
	공급가액	매입세액	
2024.1.1.	200,000,000원	20,000,000원	과세, 면세 공통매입

3. 2024년 부가가치세 신고는 세법에 따라 적절하게 신고하였다.

| 풀이 |

[공제받지 못할 매입세액 명세서]-[납부세액 또는 환급세액 재계산] 탭 조회기간 2025년 4월~2025년 6월을 입력하고 다음과 같이 작성한 후 해당 서식을 저장한다.

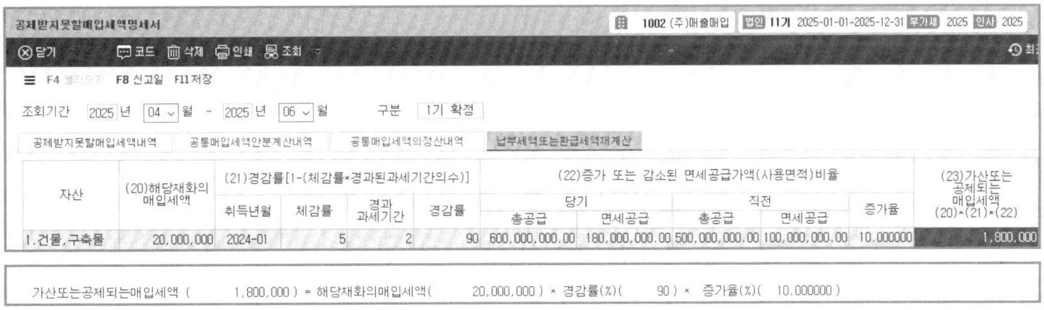
공제받지못할매입세액명세서 | 1002 (주)매출매입 | 법인 11기 2025-01-01~2025-12-31 | 부가세 2025 | 인사 2025

조회기간 2025 년 04 월 ~ 2025 년 06 월 구분 1기 확정

공제받지못할매입세액내역 | 공통매입세액안분계산내역 | 공통매입세액의정산내역 | 납부세액또는환급세액재계산

자산	(20)해당재화의 매입세액	(21)경감률[1-(체감률*경과된과세기간의수)]				(22)증가 또는 감소된 면세공급가액(사용면적)비율					(23)가산또는 공제되는 매입세액 (20)*(21)*(22)
		취득년월	체감률	경과 과세기간	경감률	당기 총공급	당기 면세공급	직전 총공급	직전 면세공급	증가율	
1.건물,구축물	20,000,000	2024-01	5	2	90	600,000,000.00	180,000,000.00	500,000,000.00	100,000,000.00	10.000000	1,800,000

가산또는공제되는매입세액 (1,800,000) = 해당재화의매입세액(20,000,000) * 경감률(%)(90) * 증가율(%)(10.000000)

납부세액 또는 환급세액의 재계산은 감가상각자산의 취득일이 속하는 과세기간(그 후의 과세기간에 재계산하였을 때에는 그 재계산한 기간)에 적용한 면세비율 간의 차이가 5% 이상인 경우에만 적용한다. 2024년 1기의 면세비율은 20%(= 100,000,000원÷500,000,000원×100), 2024년 2기의 면세비율은 16%(= 72,000,000원÷450,000,000원×100)이다. 즉, 2024년 2기에는 면세비율 차이가 5% 미만이기 때문에 납부세액 또는 환급세액을 재계산하지 않는다. 2024년 1기의 면세비율은 20%, 2025년 1기의 면세비율은 30%(= 180,000,000원÷600,000,000원×100)로 2025년 1기에는 면세비율 차이가 5% 이상이기 때문에 납부세액 또는 환급세액을 재계산한다.

4 대손세액공제 신고서 중요

▸ 최신 30회 중 5문제 출제

대손세액이란 재화 또는 용역을 공급한 후 거래 상대방의 파산 등의 대손사유가 발생하여 매출채권 및 기타 채권의 부가가치세를 회수할 수 없는 경우의 부가가치세액을 말한다. 사업자는 과세기간 중에 발생된 공급에 대하여 대금회수 여부와 관계없이 신고기간에 무조건 부가가치세를 납부하여야 하고 공급시기 이후의 대손세액에 대해서는 매출세액에서 차감하도록 하고 있다.

1. [대손발생] 탭

대손을 당한 공급자는 [대손세액공제 신고서]-[대손발생] 탭을 작성하여 미리 낸 부가가치세를 매출세액에서 차감하는 경우에 입력한다. [대손세액공제 신고서]에 가산(+)하여 입력된 대손세액은 [부가가치세 신고서]의 매출세액에서 차감(-)되어 자동 반영된다.

(1) 대손확정일

대손이 확정된 일자를 입력한다. 예를 들어 부도 발생일이 2024년 10월 8일인 경우 대손확정일은 부도 발생일부터 6개월이 되는 날의 다음 날이므로 2025년 4월 9일이 대손확정일에 해당한다.

포인트 공제시기의 제한

재화 또는 용역의 공급일로부터 10년이 경과된 날이 속하는 과세기간에 대한 확정신고기한까지 확정되는 대손세액에 한하여 대손세액공제가 가능하다.

(2) 대손금액/공제율/대손세액

부가가치세를 포함한 대손금액을 입력하면 자동 표시되는 공제율을 적용한 대손세액이 자동 계산된다.

(3) 거래처

대손을 발생시킨 채무자의 상호를 입력한다. [거래처등록] 메뉴에 입력된 거래처인 경우 [거래처]란에 커서를 놓고 F2를 누르면 나타나는 거래처도움창의 [전체]란에 등록하고자 하는 거래처명 한 글자 이상을 입력한다. 해당 거래처를 선택한 후 확인(Enter)을 클릭한다.

(4) 대손사유

자동으로 표시되는 다음의 보조창에서 대손사유를 선택한다. 만약, 해당하는 내용이 없으면 [7.직접입력]을 선택하고 해당 사유를 직접 입력한다.

1:파산
2:강제집행
3:사망,실종
4:정리계획
5:부도(6개월경과)
6:소멸시효완성
7:직접입력

포인트 대손사유 주의사항

- 부도(6개월 경과): 수표 또는 어음의 부도 발생일로부터 6개월이 경과될 것(단, 채무자의 재산에 저당권이 설정된 경우는 대손세액공제를 받을 수 없음)
- 기타 대손사유: 회수기일이 6개월 이상 지난 채권 중 채권가액이 30만원(채무자별 채권가액의 합계액) 이하의 소액채권

꿀팁 대여금은 대손세액공제 대상이 되는 채권이 아니다.

(5) 대손세액 합계

[대손세액]란의 합계 금액은 [부가가치세 신고서]의 [8. 대손세액가감]란에 음수(−)로 자동 반영된다.

구분				정기신고금액		
				금액	세율	세액
과세표준및매출세액	과세	세금계산서발급분	1		10/100	
		매입자발행세금계산서	2		10/100	
		신용카드 · 현금영수증발행분	3		10/100	
		기타(정규영수증외매출분)	4			
	영세	세금계산서발급분	5		0/100	
		기타	6		0/100	
	예정신고누락분		7			
	대손세액가감		8			

포인트 대손이 변제된 경우(대손처리된 외상매출금을 회수한 경우)

[대손세액공제 신고서]의 [대손발생] 탭에 작성하여 공급자는 회수한 부가가치세를 다시 납부해야 한다. [대손세액공제 신고서]의 [금액]란에 음수(−)로 입력된 대손세액은 [부가가치세 신고서]의 매출세액에서 가산(+)되어 자동 반영된다.

2. [대손변제] 탭

공급받은 자가 대손처리된 외상매입금을 변제한 경우 [대손세액공제 신고서]−[대손변제] 탭을 작성하여 납부한 부가가치세를 다시 공제받는 경우 입력한다.

(1) 변제확정일

대손금액을 변제한 일자를 입력한다.

(2) **변제금액/공제율/변제세액**

변제한 대손금액을 입력하면 자동 표시되는 공제율을 적용한 변제세액이 자동 계산된다.

(3) **거래처**

대손을 당한 거래처를 입력한다. [거래처등록] 메뉴에 입력된 거래처인 경우 [거래처]란에 커서를 놓고 F2를 누르면 나타나는 거래처도움창의 [전체]란에 등록하고자 하는 거래처명 한 글자 이상을 입력한다. 해당 거래처를 선택한 후 확인(Enter)을 클릭한다.

(4) **변제사유**

[7.직접입력]을 선택하고 변제사유를 직접 입력한다.

(5) **변제세액 합계**

[변제세액]란의 합계 금액은 [부가가치세 신고서] 메뉴의 [14.그 밖의 공제매입세액] 중 [47.변제대손세액]란에 자동 반영된다.

14.그 밖의 공제매입세액					
신용카드매출	일반매입	41			
수령금액합계표	고정매입	42			
의제매입세액		43		뒤쪽	
재활용폐자원등매입세액		44		뒤쪽	
과세사업전환매입세액		45			
재고매입세액		46			
변제대손세액		47			
외국인관광객에대한환급세액		48			
합계		49			

포인트 채무자의 대손이 확정된 경우(대손사유가 발생하여 외상매입금을 갚지 못하게 된 경우)

대손이 확정되어 외상매입금을 갚지 못하게 된 경우 공제받은 매입세액을 [부가가치세 신고서]의 [16.공제받지 못할 매입세액] 중 [52.대손처분받은 세액]란에 수동으로 입력하며, 이미 공제받은 매입세액을 불공제하여 다시 납부해야 한다.

포인트 입력 시 주의사항

구분	공급하는 사업자	공급받는 자
대손확정 시	[대손세액공제 신고서]-[대손발생] 탭 '+' 입력 ⇨ [부가가치세 신고서]의 [8.대손세액가감]란에서 음수(-)로 반영되어 매출세액에서 차감	[부가가치세 신고서]의 [16.공제받지 못할 매입세액] 중 [52.대손처분받은세액]란에 직접 입력 ⇨ 매입세액에서 차감
대손변제 시	[대손세액공제 신고서]-[대손발생] 탭 '-' 입력 ⇨ [부가가치세 신고서]의 [8.대손세액가감]란에서 양수(+)로 반영되어 매출세액에서 가산	[대손세액공제 신고서]-[대손변제] 탭 '+' 입력 ⇨ [부가가치세 신고서]의 [14.그 밖의 공제매입세액] 중 [47.변제대손세액]란에 반영

연습문제

다음 거래자료를 (주)부속서류(회사코드: 1003)의 대손세액공제 신고서 메뉴에 입력하시오.

[1] (주)부속서류(회사코드: 1003)의 다음 자료를 보고 2025년 1기 확정신고 시 '대손세액공제 신고서'를 작성하시오(단, 당사는 중소기업에 해당함). 기출 68회

	상호(사업자등록번호)	매출채권	당초 공급일	대손확정일
대손발생	삼려식품 (134-85-42222)	외상매출금 7,700,000원	2024.7.15.	2025.4.9.(채무자의 사망 및 무재산 확인)
	사철푸드 (129-81-22380)	받을어음 3,300,000원	2022.5.10.	2025.5.10.(소멸시효 완성)
	(주)오구오 (128-35-32379)	외상매출금 22,000,000원	2014.8.18.	2025.4.15.(부도 발생일 2024.10.14.)
	미츠키 (213-02-44059)	외상매출금 11,000,000원	2018.11.11.	2025.4.10.(부도 발생일 2024.10.9.)

대손채권 회수	상호(사업자등록번호)	대손회수액	당초 공급일	대손회수일
	(주)이우식품 (104-81-37225)	5,500,000원	2018.3.20.	2025.4.19.(대손처리되었던 채권 일부 회수)

| 풀이 |

[대손세액공제 신고서]-[대손발생] 탭 조회기간 2025년 4월~2025년 6월을 입력하고 다음과 같이 작성한 후 해당 서식을 저장한다.

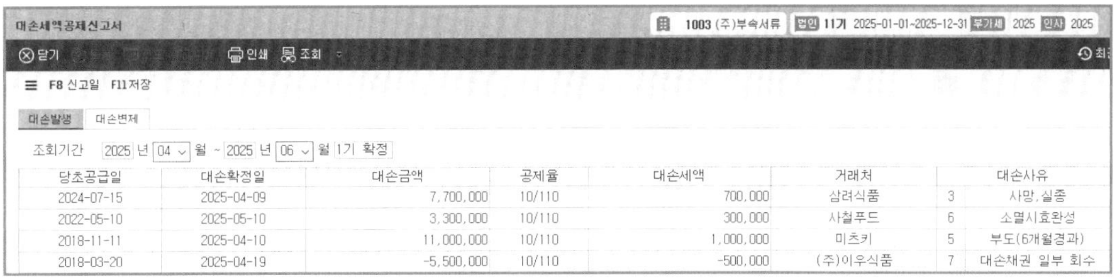
대손세액공제신고서 | 1003 (주)부속서류 | 법인 11기 2025-01-01~2025-12-31 | 부가세 2025 | 인사 2025

닫기 | 인쇄 | 조회

F8 신고일 F11저장

대손발생 | 대손변제

조회기간 2025 년 04 월 ~ 2025 년 06 월 1기 확정

당초공급일	대손확정일	대손금액	공제율	대손세액	거래처	대손사유	
2024-07-15	2025-04-09	7,700,000	10/110	700,000	삼려식품	3	사망,실종
2022-05-10	2025-05-10	3,300,000	10/110	300,000	사철푸드	6	소멸시효완성
2018-11-11	2025-04-10	11,000,000	10/110	1,000,000	미츠키	5	부도(6개월경과)
2018-03-20	2025-04-19	-5,500,000	10/110	-500,000	(주)이우식품	7	대손채권 일부 회수

- (주)오구오의 대손확정일은 2025.4.15.이나 이는 재화의 공급일(2014.8.18.)로부터 10년이 경과된 날이 속하는 과세기간에 대한 확정신고기한(2025.1.25.)을 초과하여 대손이 확정되었으므로 대손세액공제를 적용받을 수 없다.

[2] 다음은 (주)부속서류(회사코드: 1003)가 대손으로 처리한 채권에 대한 자료이다. 이를 참고로 2025년 제2기 확정신고기간(2025.10.1.~2025.12.31.)의 '대손세액공제 신고서'를 작성하시오(제시된 금액은 부가가치세가 포함된 금액이며 기존에 입력된 자료는 무시할 것).

기출 112회 수정

대손처분 내역

채권 종류	상호	당초 공급일	대손금액	비고
받을어음	(주)건영상사	2025.4.20.	13,200,000원	부도어음
외상매출금	중고나라	2024.10.1.	11,000,000원	파산법에 의한 파산
외상매출금	한강무역	2023.8.31.	22,000,000원	회수기일 2년 이상 경과
단기대여금	오성상사	2024.1.1.	5,500,000원	사망으로 회수할 수 없음이 입증됨

- (주)건영상사의 부도 발생일은 2025년 7월 10일이다.
- 중고나라는 법원으로부터 파산을 선고받아 2025년 10월 31일 대손이 확정되었다.
- 한강무역의 외상매출금은 회수기일이 2년 이상 경과하여 2025년 9월 1일에 대손금을 비용계상하였다(특수관계인과의 거래는 아님).
- 오성상사의 단기대여금은 2025년 7월 31일로 채무자의 사망으로 회수할 수 없음이 입증되었다.

대손채권 회수

상호(사업자등록번호)	채권종류	대손회수액	당초 공급일	비고
(주)용인상사(135-85-42657)	외상매출금	44,000,000원	2022.7.1.	대손채권 회수

- (주)용인상사의 외상매출금은 대손처리하였던 채권의 회수에 해당하며, 대손회수일은 2025년 12월 25일이다.

유의사항

- 대손사유 입력 시 조회되지 않는 사유에 대해서는 7.직접입력으로 하고, 비고란의 내용을 그대로 입력한다.

| 풀이 |

[대손세액공제 신고서]-[대손발생] 탭 조회기간 2025년 10월~2025년 12월을 입력하고 다음과 같이 작성한 후 해당 서식을 저장한다.

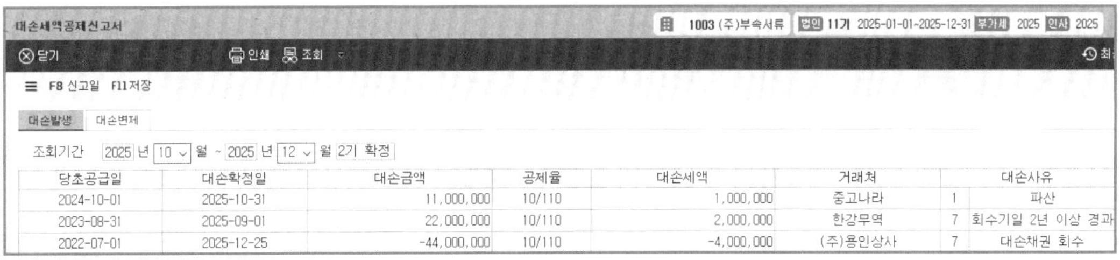
대손세액공제신고서 | 1003 (주)부속서류 | 법인 11기 2025-01-01~2025-12-31 | 부가세 2025 | 인사 2025

닫기 | 인쇄 | 조회

F8 신고일 F11저장

대손발생 | 대손변제

조회기간 2025 년 10 월 ~ 2025 년 12 월 2기 확정

당초공급일	대손확정일	대손금액	공제율	대손세액	거래처	대손사유	
2024-10-01	2025-10-31	11,000,000	10/110	1,000,000	중고나라	1	파산
2023-08-31	2025-09-01	22,000,000	10/110	2,000,000	한강무역	7	회수기일 2년 이상 경과
2022-07-01	2025-12-25	-44,000,000	10/110	-4,000,000	(주)용인상사	7	대손채권 회수

- (주)건영상사의 부도 발생일은 2025년 7월 10일이므로 부도 발생일로부터 6개월 경과된 날이 속하는 과세기간인 2026년 1기 대손세액공제 신고서에 반영해야 한다. 또한, 오성상사의 단기대여금은 대손세액공제 대상 채권이 아니다.

• 중소기업의 외상매출금 · 미수금으로서 회수기일이 2년 이상 지난 경우 대손세액공제의 사유이다. 만약, 특수관계인과의 거래로 인하여 발생한 외상매출금 · 미수금이라면 대손세액공제를 받을 수 없다.

꿀팁 [대손발생] 탭은 매출세액에 가산 또는 차감하는 항목을 입력하는 것이며, [대손변제] 탭은 매입세액에 가산 또는 차감하는 입력하는 것이다.

5 부동산 임대 공급가액 명세서

▸ 최신 30회 중 5문제 출제

부동산 임대용역을 제공하는 사업자는 부동산 임대용역의 공급내역을 상세히 기록한 부동산 임대 공급가액 명세서를 부가가치세 신고 시 제출하여야 한다. 만약, 부동산 임대 공급가액 명세서를 미제출 또는 부실기재 시, 미제출 수입금액 및 부실기재 수입금액의 1%의 가산세가 부과되므로 실무상 주의해야 한다. 부동산 임대 공급가액 명세서는 부가가치세 성실신고 여부와 보증금에 대한 간주임대료 계산의 적정 여부 등을 판단하는 자료로 활용되고 있다.

1. 왼쪽 화면

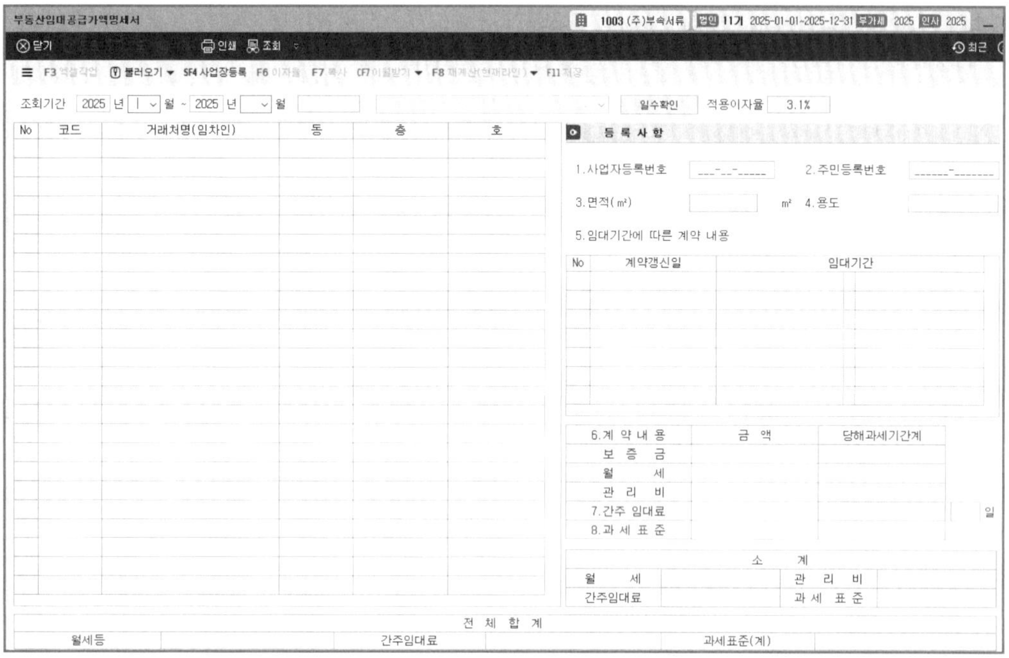

(1) 코드/거래처명(임차인)

임대차 계약서상의 임차인의 상호 또는 성명을 입력한다. [회계관리]–[기초정보등록]–[거래처등록]에 입력된 일반 거래처인 경우 [코드]란에 커서를 놓고 F2를 누르면 나타나는 거래처도움창의 [전체]란에 등록하고자 하는 일반 거래처명 한 글자 이상을 입력한다. 해당 거래처를 선택한 후 확인(Enter)을 클릭한다.

(2) 동/층/호

임대차 계약 건별 각 임차인의 임차한 부동산의 동(필수입력사항 아님), 층, 호를 다음과 같이 입력한다.

① 지하 1층을 임대하는 경우: B1

② 지상 1층을 임대하는 경우: 1

③ 지하 1층, 지상 1층을 임대하는 경우: B1~1

2. 등록사항

(1) 1.사업자등록번호/2.주민등록번호

임차인이 사업자인 경우에는 사업자등록번호를, 비사업자인 경우에는 주민등록번호를 입력한다.

(2) 3.면적(m^2)/4.용도

임차한 부동산의 임대면적 및 사용용도를 입력한다.

(3) 5.임대기간에 따른 계약내용

① **계약갱신일**: 과세기간 내에 계약기간의 연장, 보증금 또는 월세의 변동이 있는 경우에만 갱신한 후 계약기간의 시작일자를 입력한다.

② **임대기간**: 임대차 계약서상의 임대기간을 입력한다.

(4) 6.계약내용

① **보증금**: 임대차 계약서상의 보증금을 입력한다.

② **월세/관리비**: 임대차 계약서상의 월 임대료, 월 관리비를 입력한다. [금액]란에 입력된 월세와 관리비는 임대기간을 반영하여 [당해 과세기간 계]란에 자동 계산된다.

(5) 7.간주임대료

간주임대료 계산식에 따라 보증금에 이자율과 임대기간의 일수를 반영한 금액이 자동 계산된다.

(6) 8.과세표준

임차인 건별로 월세, 관리비 및 간주임대료의 당해 과세기간 합계가 자동 계산된다.

$$\text{간주임대료} = (\text{당해 과세기간의 전세금} \cdot \text{임대보증금} \times \text{과세 대상 기간의 일수}) \times \text{정기예금 이자율}^{*} \times \frac{1}{365}\left(\text{윤년인 경우 } \frac{1}{366}\right)$$

개정세법 반영

* 정기예금 이자율이란 해당 예정신고기간 또는 과세기간 종료일 현재 서울특별시에 본점을 둔 은행의 계약기간 1년의 정기예금 이자율의 평균을 감안한 국세청장이 정하는 율을 말하며 부동산 임대 공급가액 명세서의 상단 툴바 [F6 이자율]을 클릭하여 확인 및 수정할 수 있다. 참고로 2025년 정기예금 이자율은 3.1%이다.

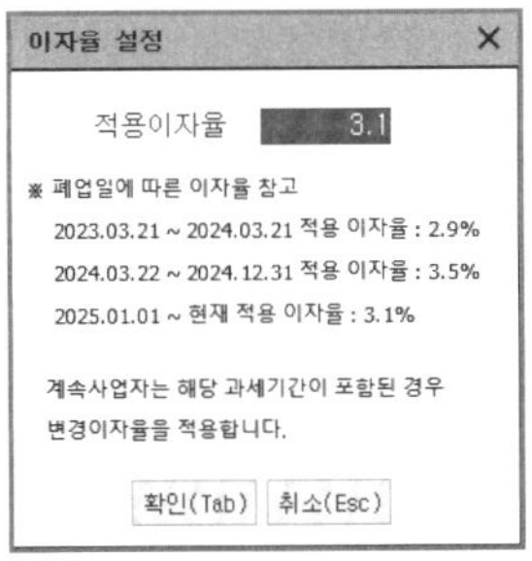

포인트 부가가치세 신고서 관련 회계처리

부동산 임대 공급가액의 월세 등(임대료와 관리비)과 간주임대료의 전체 합계 금액이 자동으로 반영된다. 이 중 월세 등(임대료와 관리비)은 당해 과세기간에 세금계산서를 발급한 경우 이미 [부가가치세 신고서]의 [1.과세 – 1.세금계산서 발급분]란에 반영되어 있다. 반면, 세금계산서 발급의무가 없는 간주임대료에 대한 회계처리를 일반전표에 입력하고 매입매출전표 유형을 '14.건별'로 입력을 하지 않았다면 부가가치세 신고서의 [4.과세 – 기타(정규영수증 외 매출분)]란에 수동으로 직접 입력해야 한다. 또한, 임대인이 부담할 때 회계처리는 다음과 같다.

(차) 세금과공과	×××	(대) 부가세예수금	×××

연습문제

다음 거래자료를 (주)부속서류(회사코드: 1003)의 부동산 임대 공급가액 명세서 메뉴에 입력하시오.

[1] 다음 자료에 의하여 (주)부속서류(회사코드: 1003)의 1기 예정신고기간(2025.1.1.~2025.3.31.)의 '부동산 임대 공급가액 명세서'를 작성하고 간주임대료 부분을 '부가가치세 신고서'에 추가로 반영(과세표준 명세 포함)하시오. 간주임대료에 대한 정기예금 이자율은 3.1%로 가정하며, 월 임대료는 이미 입력 및 반영되어 있으므로, 간주임대료만 3월 31일자로 매입매출전표에 입력(분개 포함)하여 반영하기로 한다.

기출 65회

상호(사업자번호)	임대기간	보증금 및 월세	비고
오성상사 (101-86-73232)	2024.7.1. ~2025.6.30.	• 보증금: 30,000,000원 • 월세: 1,500,000원	지상1동 1층 1호 사무실($33m^2$)
죽리식당 (108-82-04816)	2025.1.1. ~2025.12.31.	• 보증금: 50,000,000원 • 월세: 2,000,000원	지상1동 1층 2호 음식점($100m^2$)

| 풀이 |

① [부동산 임대 공급가액 명세서] 조회기간 2025년 1월~2025년 3월을 입력하고 거래처별로 다음과 같이 작성한 후 해당 서식을 저장한다.

- 임차인: 오성상사

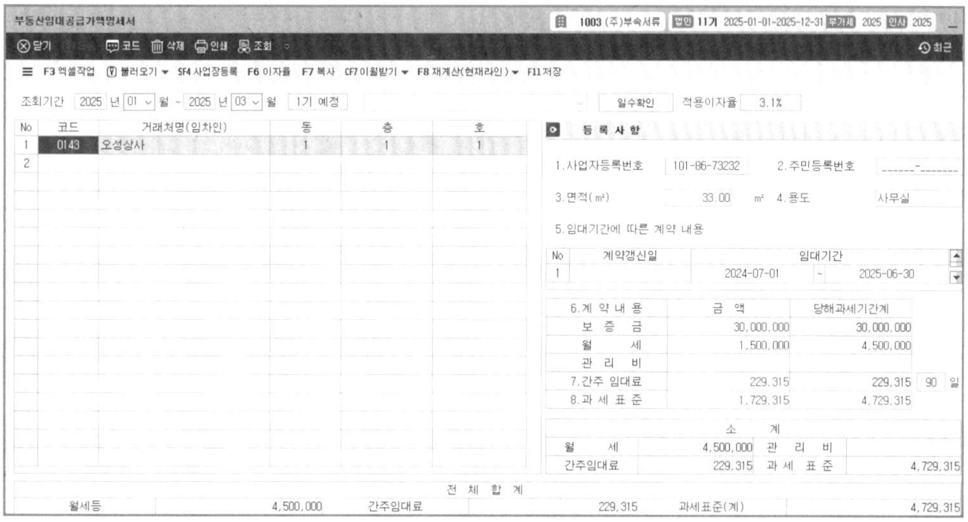

- 임차인: 죽리식당

② [매입매출전표입력] 3월 31일

유형	공급가액	부가세	공급처명	전자	분개
14.건별	611,506*	61,150			3.혼합
(차) 세금과 공과(판)		61,150	(대) 부가세예수금		61,150

* 229,315원+382,191원=611,506원

③ [부가가치세 신고서] 조회기간 2025년 1월 1일~2025년 3월 31일을 조회(기존에 저장된 데이터는 불러오지 말 것)한 후 저장한다.

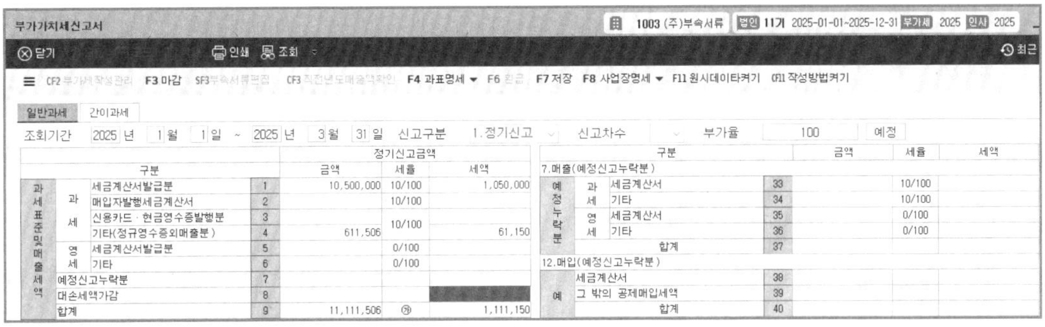

부가가치세신고서 1003 (주)부속서류 법인 11기 2025-01-01~2025-12-31 부가세 2025 인사 2025

닫기 인쇄 조회 최근

CF2 부가세작성관리 F3 마감 SF3 부속서류편집 CF3 직전년도매출액확인 F4 과표명세 F6 환급 F7 저장 F8 사업장명세 F11 원시데이타켜기 CF11 작성방법켜기

일반과세 간이과세

조회기간 2025 년 1 월 1 일 ~ 2025 년 3 월 31 일 신고구분 1.정기신고 신고차수 부가율 100 예정

구분				금액	세율	세액
과세표준및매출세액	과세	세금계산서발급분	1	10,500,000	10/100	1,050,000
		매입자발행세금계산서	2		10/100	
		신용카드 · 현금영수증발행분	3		10/100	
		기타(정규영수증외매출분)	4	611,506		61,150
	영세	세금계산서발급분	5		0/100	
		기타	6		0/100	
	예정신고누락분		7			
	대손세액가감		8			
	합계		9	11,111,506	㉮	1,111,150

구분				금액	세율	세액
7.매출(예정신고누락분)						
예정누락분	과세	세금계산서	33		10/100	
		기타	34		10/100	
	영세	세금계산서	35		0/100	
		기타	36		0/100	
	합계		37			
12.매입(예정신고누락분)						
예	세금계산서		38			
	그 밖의 공제매입세액		39			
	합계		40			

• [부가가치세 신고서]의 상단 툴바 F4 과표명세 ▾를 클릭하여 간주임대료 금액을 확인한다.

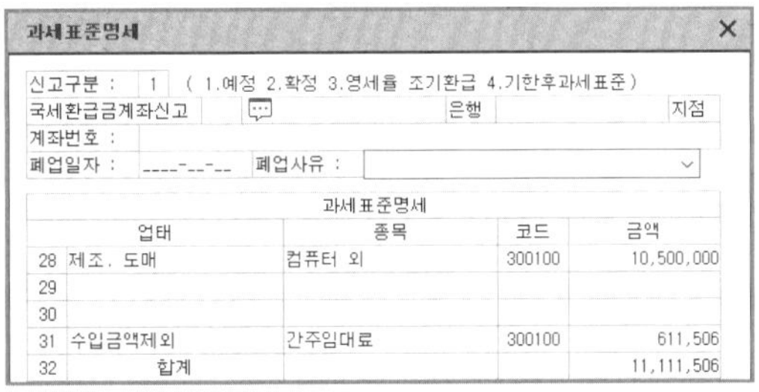

과세표준명세

신고구분 : 1 (1.예정 2.확정 3.영세율 조기환급 4.기한후과세표준)

국세환급금계좌신고 은행 지점

계좌번호 :

폐업일자 : ____-__-__ 폐업사유 :

과세표준명세

	업태	종목	코드	금액
28	제조, 도매	컴퓨터 외	300100	10,500,000
29				
30				
31	수입금액제외	간주임대료	300100	611,506
32	합계			11,111,506

[2] (주)부속서류(회사코드: 1003)는 본사 사옥으로 사용하고 있는 상가의 일부를 임대하고 있다. 이와 관련된 자료가 다음과 같을 경우 2025년 제1기 확정신고기간(2025.4.1.~ 2025.6.30.)에 대한 '부동산 임대 공급가액 명세서'를 작성하시오(간주임대료에 대한 정기예금 이자율은 3.1%로 가정하며, 전표입력 및 간주임대료에 대한 회계처리는 생략할 것). 기출 114회

층	호수	상호 (사업자번호)	용도	면적(㎡)	보증금	월세	매월 관리비
			임대기간				
1	101	루키미디어 (124-46-49743)	사무실	120	40,000,000원	2,000,000원	250,000원
			2023.05.01.~2025.04.30.				
2	201	푸른과일 (135-03-55189)	점포	120	100,000,000원	5,000,000원	550,000원
			2025.01.01.~2025.12.31.				
합계					140,000,000원	7,000,000원	800,000원

• 101호(임차인 : 루키미디어)는 2023.05.01. 최초로 임대를 개시하였으며, 2년 경과 후 계약기간 만료로 2025.05.01. 임대차계약을 갱신(임대기간: 2025.05.01.~2027.04.30.)하면서 보증금을 40,000,000원에서 60,000,000원으로 인상하였다(월세와 매월 관리비는 동일함).
• 월세와 매월 관리비에 대해서는 정상적으로 세금계산서를 모두 발급하였으며, 간주임대료에 대한 부가가치세는 임대인이 부담하고 있다.

PART 04

| 풀이 |

[부동산임대공급가액명세서] 조회기간 2025년 4월~2025년 6월을 입력하고 다음과 같이 작성한 후 해당 서식을 저장한다.

• 임차인: 루키미디어

– 임대기간: 2023-05-01 ~ 2025-04-30

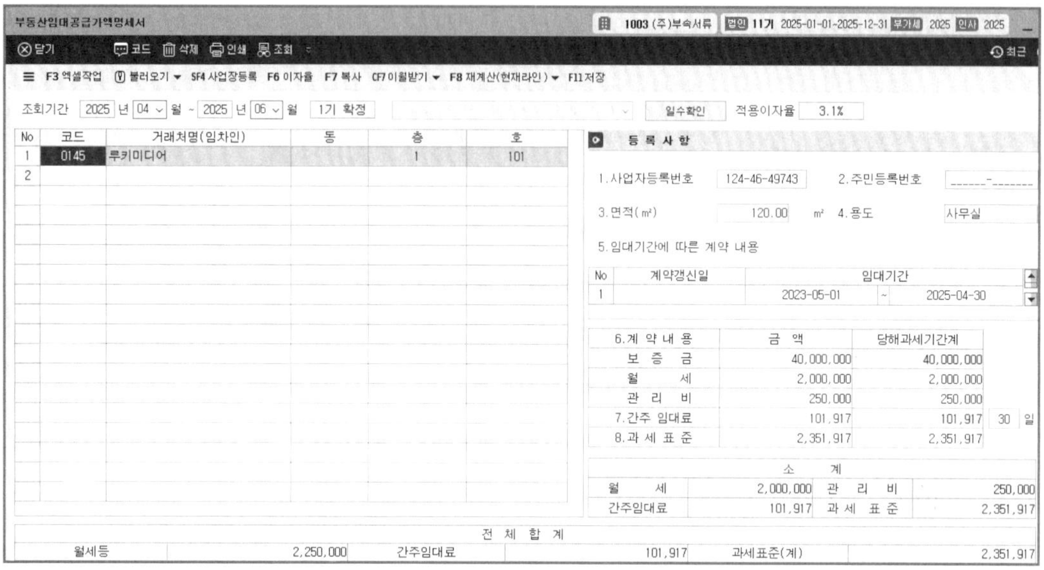

– 임대기간: 2025-05-01 ~ 2027-04-30

계약갱신일이 부가가치세 확정신고기간 안에 포함되어 있고 계약갱신에 따른 보증금 변동이 있으므로 계약갱신 전과 후의 보증금을 모두 입력하지 않으면 간주임대료 금액이 달라진다. 따라서 [부동산임대공급가액명세서]에는 계약갱신 전과 후의 정보를 모두 입력해야 정확한 간주임대료를 계산할 수 있다.

• 임차인: 푸른과일

– 임대기간: 2025-01-01 ~ 2025-12-31

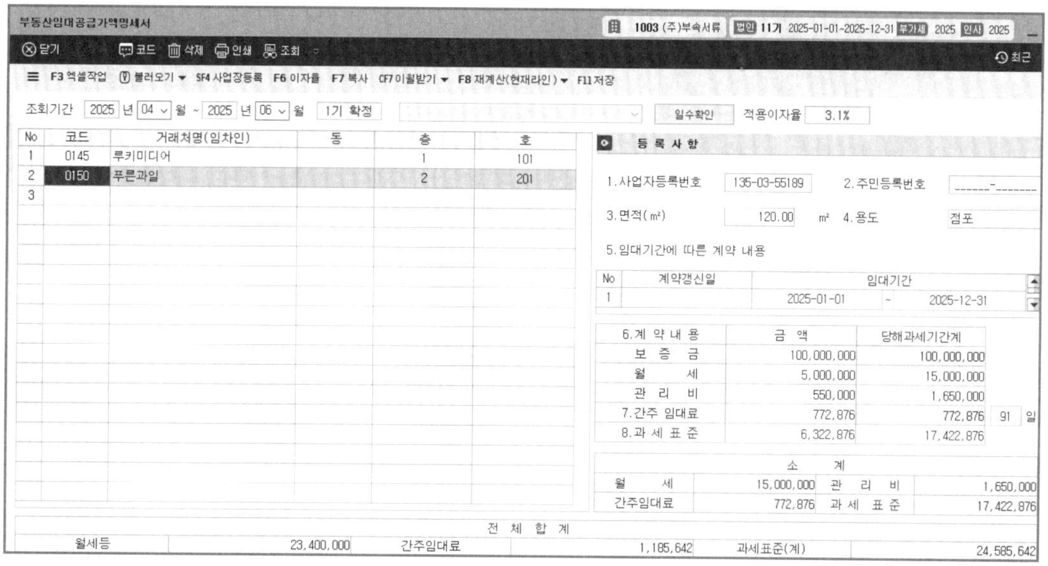

[3] (주)부속서류(회사코드: 1003)는 본사 건물(판매부문)의 일부를 임대하기로 하고 다음과 같이 임대차 계약서를 작성하였다. 임대차 계약서에 의하여 2기 확정신고기간(2025.10.1.~2025.12.31.)의 '부동산 임대 공급가액 명세서'를 작성하고 간주임대료(이자율은 연 3.1%로 가정함) 부분을 부가가치세 신고서(과세표준 명세 제외)에 추가로 반영하시오. 월세는 이미 입력되어 있으므로 간주임대료 부분을 12월 31일 매입매출전표에 입력(분개 포함)하여 반영하기로 한다.
기출 99회

부동산 임대차 계약서					■ 월세	□ 전세
임대인과 임차인 쌍방은 표기 부동산에 관하여 다음 계약내용과 같이 임대차 계약을 체결한다.						
1. 부동산의 표시						
소재지	서울시 영등포구 가마산로 311					
토지	지목	대			면적	800m^2
건물	구조	철근콘크리트	용도	사무실	면적	2,310m^2
임대할 부분	지상1층 101호				면적	50m^2

2. 계약내용
제1조 (목적) 위 부동산의 임대차에 관하여 임대인과 임차인은 합의에 의하여 임차보증금 및 차임을 아래와 같이 지불하기로 한다.

보증금	金 10,000,000원정	
계약금	金 1,000,000원정은 계약 시에 지불하고 영수함 영수자( )	(인)
중도금	金 원정은 년 월 일에 지불하며	
잔금	金 9,000,000원정은 2025년 5월 1일에 지불한다.	
차임	金 800,000원(부가가치세 별도)은 매월 1일(선불)에 지불한다.	

제2조 (존속기간) 임대인은 위 부동산을 임대차 목적대로 사용할 수 있는 상태로 2025년 5월 1일까지 임차인에게 인도하며 임대차기간은 인도일로부터 2026년 4월 30일까지로 한다.

임차인							
임차인	주소	서울시 동대문구 전농동 244-8					(인)
임차인	사업자번호	409-98-95021	전화		상호	카페25시	(인)
임차인	대리인		전화		성명	카페25시	(인)

| 풀이 |

① [부동산 임대 공급가액 명세서] 조회기간 2025년 10월~2025년 12월을 입력하고 다음과 같이 작성한 후 해당 서식을 저장한다.

② [매입매출전표입력] 12월 31일

유형	공급가액	부가세	공급처명	전자	분개
14.건별	78,136	7,813			3.혼합
(차) 세금과공과(판)		7,813	(대) 부가세예수금		7,813

③ [부가가치세 신고서] 조회기간 2025년 10월 1일~2025년 12월 31일을 조회한 후 해당 서식을 저장한다.

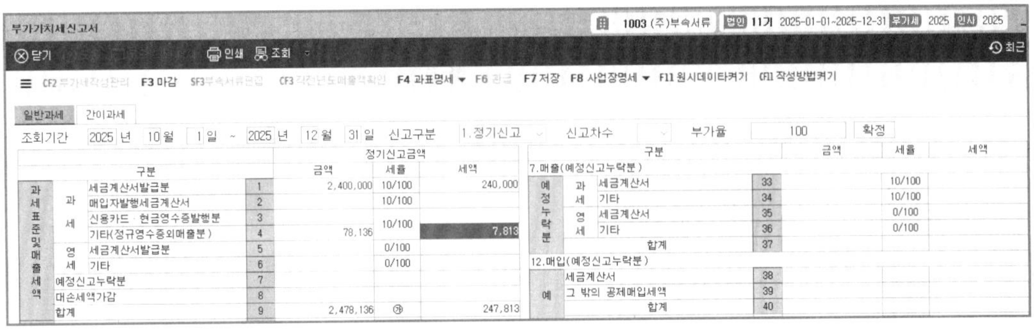

6 수출실적 명세서와 영세율 첨부서류 제출 명세서 중요

▸ 최신 30회 중 7문제 출제

1. 수출실적 명세서

수출실적 명세서는 영세율 조기환급 신고 시 관세청에 수출 신고를 한 후 재화를 외국으로 직접 반출하는 사업자인 경우 예정신고 또는 확정신고 시 제출한다. 실무에서는 예정신고 혹은 확정신고 시 영세율이 적용되는 과세표준에 관하여 영세율 첨부서류를 제출하지 않은 부분은 예정신고 혹은 확정신고를 하지 않은 것으로 보아 공급가액의 0.5%에 해당하는 영세율 신고 불성실 가산세가 적용되므로 주의해야 한다.

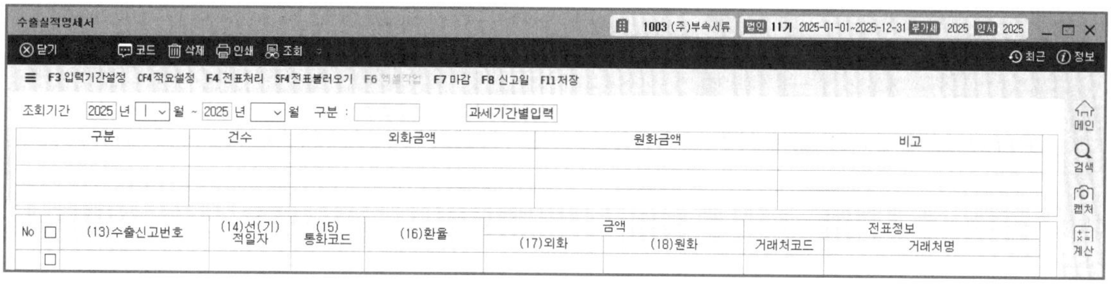

(1) ⑩수출재화[= ⑫합계]

관세청에 수출 신고 후 외국으로 직접 수출하는 재화의 총건수, 외화금액 합계, 원화금액 합계가 하단에 입력한 자료에 의해 자동 집계된다.

(2) ⑪기타영세율 적용

관세청에 수출 신고 후 외국으로 직접 수출하는 재화 이외의 영세율 적용분(국외 제공용역 등)으로 세금계산서를 발급하지 않는 분의 총건수, 외화금액 합계, 원화금액 합계를 입력하며 첨부서류는 별도 제출해야 한다.

(3) (13)수출신고번호

수출 신고서의 신고번호를 입력한다.

(4) (14)선(기)적일자

수출재화의 선(기)적일자를 입력한다.

(5) (15)통화코드

수출대금을 결제받기로 한 외국통화의 코드는 F2를 누르면 나타나는 다음의 통화코드도움창의 [전체]란에서 해당 국가를 검색하여 입력한다.

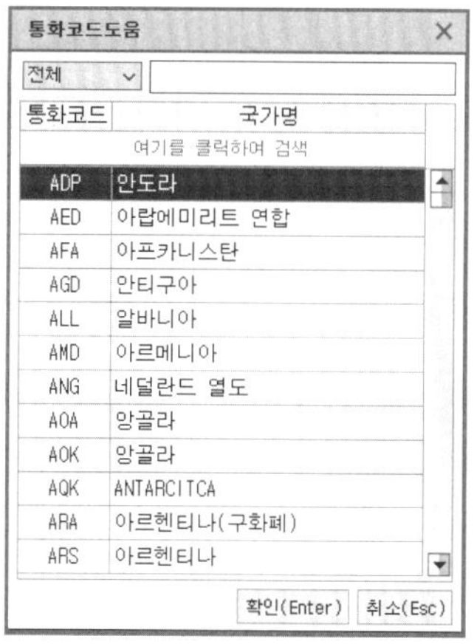

(6) (16)환율

선적일 전에 환가한 경우에는 환가한 날의 환율을 입력하며 선적일에 외국통화를 보유하거나 선적일 이후 지급받는 경우에는 선(기)적일자의 기준 환율(달러) 또는 재정 환율(달러 이외)을 입력한다. 즉, [(16)환율]란은 선적일자와 환가일 중 빠른 일자의 환율을 입력한다.

(7) (17)외화

외화로 받기로 한 전체 수출금액을 입력한다.

(8) (18)원화

[(16)환율]란과 [(17)외화]란의 금액을 곱한 금액이 자동 계산된다.

> **포인트** 대가가 외국통화인 경우 과세표준
>
> - 공급시기 도래 전에 원화로 환가한 경우: 그 환가한 금액
> - 공급시기 이후에 외국통화, 기타 외국환 상태로 보유하거나 지급받은 경우: 공급시기의 「외국환거래법」에 따른 기준 환율 또는 재정 환율에 따라 계산한 금액

(9) 전표정보

거래처를 입력한다. [거래처등록] 메뉴에 입력된 거래처인 경우 [거래처코드]란에 커서를 놓고 F2를 누르면 나타나는 거래처도움 보조창의 [전체]란에 등록하고자 하는 거래처명 한 글자 이상을 입력한다. 해당 거래처를 선택한 후 확인(Enter)을 클릭한다.

2. 영세율 첨부서류 제출 명세서

영세율 첨부서류 제출명세서는 개별소비세 수출면세의 적용을 받기 위해 개별소비세 과세표준 신고서와 함께 제출하는 서류이다. 해당 서식은 법정 서식은 아니지만 직접수출이 아닌 기타 영세율인 경우에는 이 서식에 영세율에 근거가 되는 서류를 첨부하여 제출한다.

구분	첨부서류
수출하는 재화	수출실적 명세서 등
국외에서 제공하는 용역	외화입금증명서 또는 국외 제공 용역계약서
선발, 항공기 외국항행용역	외화입금증명서

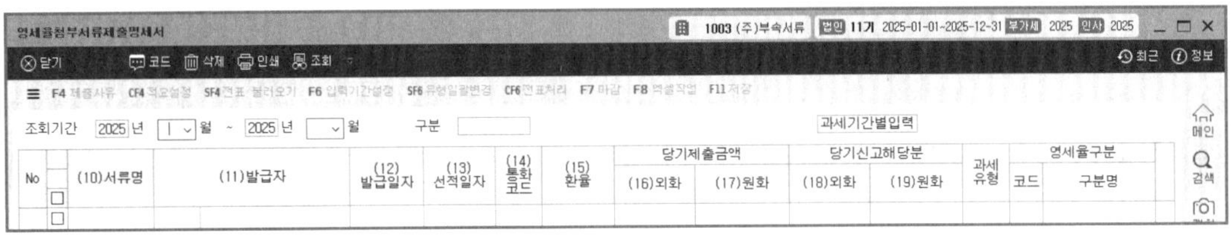
영세율첨부서류제출명세서 | 1003 (주)부속서류 | 법인 11기 2025-01-01~2025-12-31 부가세 2025 인사 2025

닫기 코드 삭제 인쇄 조회 | 최근 정보

F4 제출사유 CF4 적요설정 SF4 전표 불러오기 F6 입력기간설정 SF6 유형일괄변경 CF6 전표처리 F7 마감 F8 엑셀작업 F11 저장

조회기간 2025 년 1 월 ~ 2025 년 월 구분 과세기간별입력

No		(10)서류명	(11)발급자	(12)발급일자	(13)선적일자	(14)통화코드	(15)환율	당기제출금액 (16)외화	당기제출금액 (17)원화	당기신고해당분 (18)외화	당기신고해당분 (19)원화	과세유형	영세율구분 코드	영세율구분 구분명
	□													
	□													

연습문제

다음 거래자료를 (주)부속서류(회사코드: 1003)의 수출실적명세서 메뉴에 입력하시오.

[1] 다음 (주)부속서류(회사코드: 1003)의 자료를 보고 2025년 1기 예정신고기간의 '수출실적명세서'를 작성하시오(단, 전표입력은 생략할 것).

기출 88회

거래처	수출신고번호	선적일자	환가일	통화코드	수출액	기준 환율		
						선적일	환가일	수출 신고일
피츠버그	33852-22-458225X	2025.1.20.	2025.1.15.	USD	$300,000	950원/$	900원/$	970원/$
미츠키	85220-28-129820X	2025.1.22.	2025.1.25.	USD	$150,000	1,100원/$	1,150원/$	1,050원/$

| 풀이 |

[수출실적 명세서] 조회기간 2025년 1월~2025년 3월을 입력하고 다음과 같이 작성한 후 해당 서식을 저장한다.

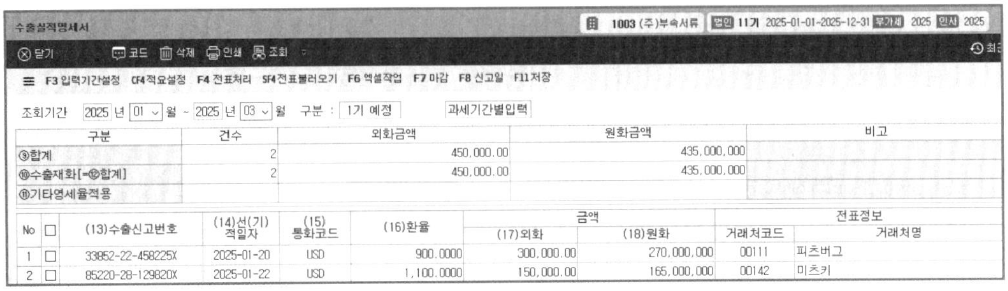
수출실적명세서 | 1003 (주)부속서류 | 법인 11기 2025-01-01~2025-12-31 부가세 2025 인사 2025

닫기 코드 삭제 인쇄 조회

F3 입력기간설정 CF4 적요설정 F4 전표처리 SF4 전표불러오기 F6 엑셀작업 F7 마감 F8 신고일 F11 저장

조회기간 2025 년 01 월 ~ 2025 년 03 월 구분 : 1기 예정 과세기간별입력

구분	건수	외화금액	원화금액	비고
⑨합계	2	450,000.00	435,000,000	
⑩수출재화[=⑫합계]	2	450,000.00	435,000,000	
⑪기타영세율적용				

No	□	(13)수출신고번호	(14)선(기)적일자	(15)통화코드	(16)환율	금액 (17)외화	금액 (18)원화	전표정보 거래처코드	전표정보 거래처명
1	□	33852-22-458225X	2025-01-20	USD	900.0000	300,000.00	270,000,000	00111	피츠버그
2	□	85220-28-129820X	2025-01-22	USD	1,100.0000	150,000.00	165,000,000	00142	미츠키

> **꿀팁** 수출신고번호 입력 시 '–'는 제외하고 입력하며, [(16)환율]란은 선적일자와 환가일 중 빠른 일자의 환율을 입력한다.

[2] 다음 (주)부속서류(회사코드: 1003)의 수출신고필증 및 환율 정보를 이용하여 수출실적명세서를 작성하고 매입매출전표입력에 반영하시오(단, 영세율구분, 수출신고번호를 입력할 것). 기출 95회 유사

• 수출신고필증의 정보

UNI-PASS	수 출 신 고 필 증	(갑지) ※ 처리기간 : 즉시		
제출번호 99999-99-9999999 ① 신 고 자 강남 관세사	⑤ 신고번호 41757-17-050611X	⑥ 신고일자 2025.6.3.	⑦ 신고구분 일반P/L신고	⑧ C/S구분 A
② 수출대행자 (주)부속서류 (통관고유부호) (주)부속서류 1-97-1-01-9 수출자구분 (C) 수 출 화 주 (주)부속서류 (통관고유부호) (주)부속서류 1-97-1-01-9 (주소) (대표자) (사업자등록번호) 128-86-35650	⑨ 거래구분 11 일반형태	⑩ 종류 A 일반수출	⑪ 결제방법 TT 단순송금방식	
	⑫ 목적국 JP JAPAN	⑬ 적재항 ICN 인천항	⑭ 선박회사(항공사)	
	⑮ 선박명(항공편명)	⑯ 출항예정일자	⑰ 적재예정보세구역	
	⑱ 운송형태 10 ETC		⑲ 검사희망일 2025.6.10.	
	⑳ 물품소재지			
③ 제 조 자 (주)케이렙 (통관고유부호) (주)케이렙 1-97-1-01-9 제조장소 산업단지부호 999	㉑ L/C번호		㉒ 물품상태	
	㉓ 사전임시개청통보여부		㉔ 반송 사유	
④ 구 매 자 ABC.CO.LTD. (구매자부호)	㉕ 환급신청인(1:수출/위탁자, 2:제조자) 간이환급			

• 품명 · 규격 (란번호/총란수: 999/999)

㉖ 품 명 ㉗ 거래품명				㉘ 상표명			
㉙ 모델 · 규격			㉚ 성분	㉛ 수량	㉜ 단가(USD)	㉝ 금액(USD)	
K				230(EA)	150	34,500	
㉞ 세번부호	9999.99-9999	㉟ 순중량	320kg	㊱ 수량		㊲ 신고가격(FOB)	$30,000 ₩30,000,000
㊳ 송품장부호		㊴ 수입신고번호		㊵ 원산지		㊶ 포장개수(종류)	
㊷ 수출요건확인 (발급서류명)							
㊸ 총중량	320kg	㊹ 총포장개수		㊺ 총신고가격 (FOB)		$30,000 ₩30,000,000	
㊻ 운임	₩1,180,970	㊼ 보험료(₩)		㊽ 결제금액		CFR-USD-34,500	
㊾ 수입화물 관리번호				㊿ 컨테이너번호			
수출요건확인 (발급서류명)							
※신고인기재란				⑤① 세관기재란			
⑤② 운송(신고)인 ⑤③ 기간 부터 까지		⑤④ 적재의무기한	2025.6.30.	⑤⑤ 담당자		⑤⑥ 신고수리일자	2025.6.3.

• B/L에 의한 제품 선적일은 2025년 6월 10일이다.
• 본 수출거래와 관련하여 대금은 2025년 7월 15일 전액 보통예금 계좌에 입금되었다.
• 기준 환율 정보는 다음과 같다.

구분	2025.6.3.	2025.6.10.	2025.7.15.
환율	$1＝980원	$1＝1,000원	$1=1,020원

| 풀이 |

① [수출실적 명세서] 조회기간 '2025년 4월~2025년 6월'을 입력하고 다음과 같이 작성한다. 해당 거래의 체크박스를 선택한 후 상단 툴바 F4 전표처리 를 클릭한다.

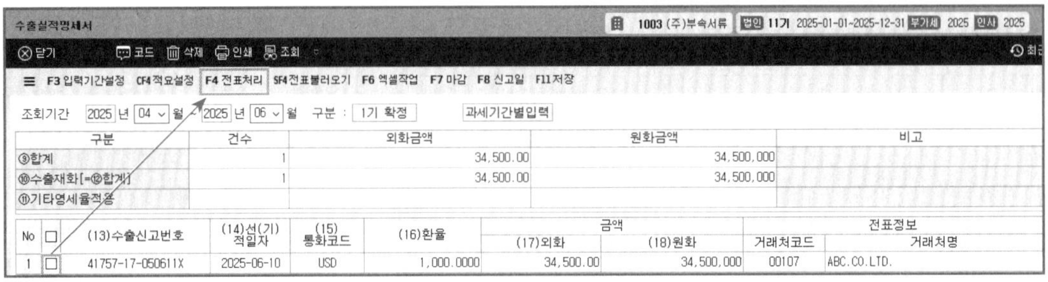

② 다음의 보조창에서 확인(Tab) 을 클릭한다.

③ 다음의 보조창에서 일괄분개(F3) 을 클릭하면 나오는 보조창에서 〈일괄분개 유형선택〉에서 '2.외상'을 선택하고 전표처리(F4) 를 누른다.

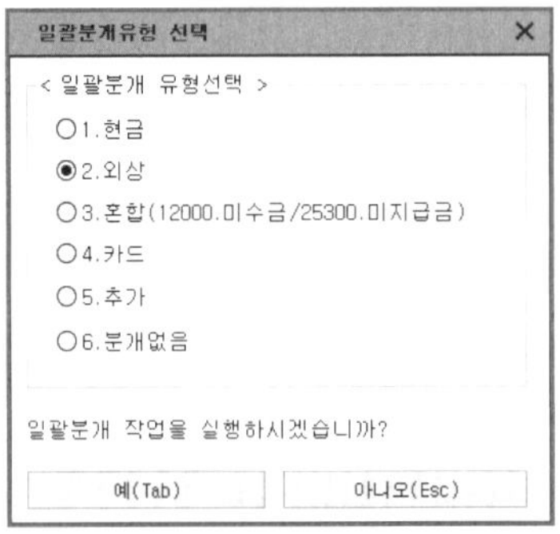

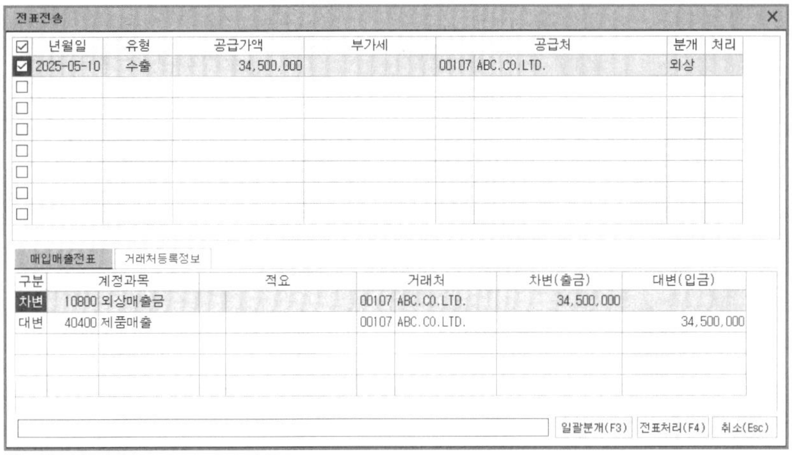

전표전송

☑	년월일	유형	공급가액	부가세	공급처	분개	처리
☑	2025-05-10	수출	34,500,000		00107 ABC.CO.LTD.	외상	

매입매출전표 | 거래처등록정보

구분	계정과목	적요	거래처	차변(출금)	대변(입금)
차변	10800 외상매출금		00107 ABC.CO.LTD.	34,500,000	
대변	40400 제품매출		00107 ABC.CO.LTD.		34,500,000

일괄분개(F3) 전표처리(F4) 취소(Esc)

④ [매입매출전표입력] 메뉴에서 일자 6월 10일에 반영된 항목을 불러온 후 [영세율구분]란에서 '1.직접수출(대행수출 포함)'을 추가 입력한다.

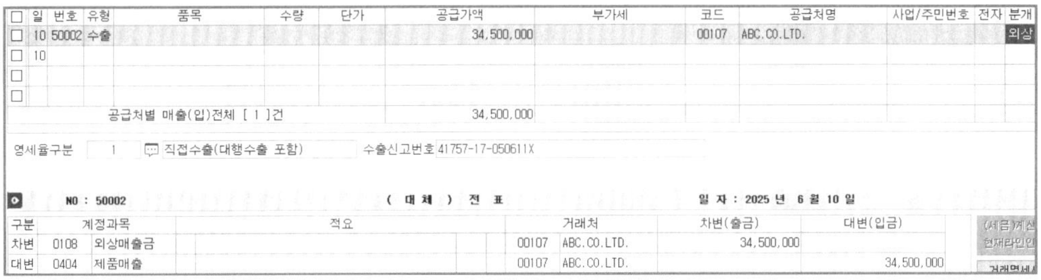

일	번호	유형	품목	수량	단가	공급가액	부가세	코드	공급처명	사업/주민번호	전자	분개
10	50002	수출				34,500,000		00107	ABC.CO.LTD.			외상
10												
			공급처별 매출(입)전체 [1]건			34,500,000						

영세율구분 1 직접수출(대행수출 포함) 수출신고번호 41757-17-050611X

NO : 50002 (대 체) 전 표 일 자 : 2025 년 6 월 10 일

구분	계정과목	적요	거래처	차변(출금)	대변(입금)
차변	0108 외상매출금		00107 ABC.CO.LTD.	34,500,000	
대변	0404 제품매출		00107 ABC.CO.LTD.		34,500,000

[3] (주)부속서류(회사코드: 1003)의 다음 자료를 통하여 제2기 예정신고기간(7.1.~9.30.)의 '영세율 첨부서류 제출 명세서'와 '수출실적 명세서'를 작성하시오(단, 전표입력은 생략할 것). 기출 57회

1. 기타 영세율 내용(외화입금증명서에 의한 영세율은 모두 당기 신고 해당분임)

서류명	발급자	발급일자	선적일자	통화코드	외화
외화입금증명서	우리은행	2025.7.14.	2025.7.4.	USD	$1,010
외화입금증명서	우리은행	2025.8.25.	2025.7.25.	USD	$1,110

※영세율 첨부서류 제출 명세서 입력 시 과세유형은 '16.수출'이며 영세율 구분은 '6.국외에서 제공한 용역'으로 입력할 것

2. 수출실적 내용(거래처입력은 생략)

수출신고번호	선적일자	수출신고일	대금결제일	통화코드	외화
71234-56-789001X	2025.8.6.	2025.8.5.	2025.8.16.	USD	$9,600

3. 매매 기준 환율

구분	2025.7.4.	2025.7.14.	2025.7.25.	2025.8.5.	2025.8.6.	2025.8.16.	2025.8.25.
기준 환율	1,050원/$	1,000원/$	1,100원/$	1,110원/$	1,200원/$	1,220원/$	1,000원/$

| 풀이 |

① [영세율 첨부서류 제출 명세서] 조회기간 2025년 7월~2025년 9월을 입력하고 다음과 같이 작성한 후 해당 서식을 저장한다.

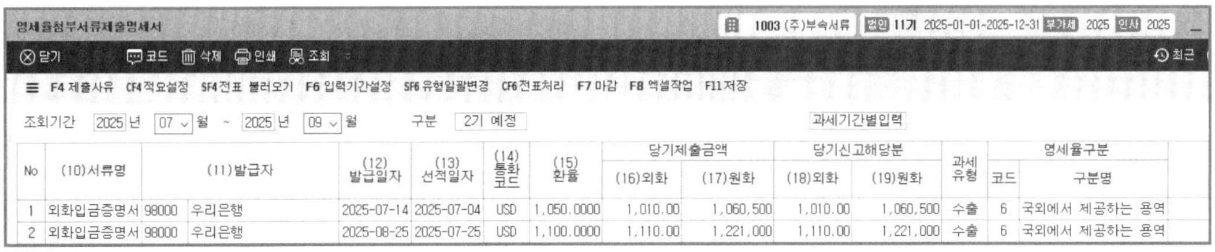

영세율첨부서류제출명세서 1003 (주)부속서류 법인 11기 2025-01-01~2025-12-31 부가세 2025 인사 2025

조회기간 2025 년 07 월 ~ 2025 년 09 월 구분 2기 예정 과세기간별입력

No	(10)서류명	(11)발급자		(12)발급일자	(13)선적일자	(14)통화코드	(15)환율	당기제출금액 (16)외화	(17)원화	당기신고해당분 (18)외화	(19)원화	과세유형	영세율구분 코드	구분명
1	외화입금증명서	98000	우리은행	2025-07-14	2025-07-04	USD	1,050.0000	1,010.00	1,060,500	1,010.00	1,060,500	수출	6	국외에서 제공하는 용역
2	외화입금증명서	98000	우리은행	2025-08-25	2025-07-25	USD	1,100.0000	1,110.00	1,221,000	1,110.00	1,221,000	수출	6	국외에서 제공하는 용역

② [수출실적 명세서] 조회기간 2025년 7월~2025년 9월을 입력한다. [⑪기타영세율 적용]란에 [영세율 첨부서류 제출 명세서]의 외화금액 $2,120와 원화 2,281,500원을 건수 '2', 외화금액 '2,120', 원화금액 '2,281,500'으로 입력한 후 해당 서식을 저장한다.

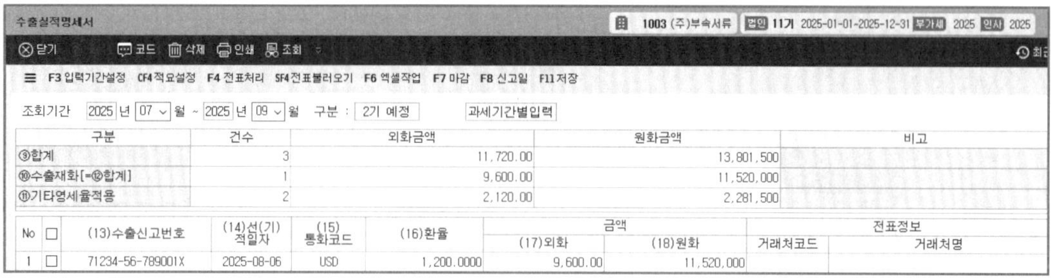

수출실적명세서 | 1003 (주)부속서류 | 법인 11기 2025-01-01-2025-12-31 | 부가세 2025 | 인사 2025

⊗닫기 코드 삭제 인쇄 조회

F3 입력기간설정 CF4 적요설정 F4 전표처리 SF4 전표불러오기 F6 엑셀작업 F7 마감 F8 신고일 F11 저장

조회기간 2025 년 07 월 ~ 2025 년 09 월 구분 : 2기 예정 과세기간별입력

구분	건수	외화금액	원화금액	비고
⑨합계	3	11,720.00	13,801,500	
⑩수출재화[=⑫합계]	1	9,600.00	11,520,000	
⑪기타영세율적용	2	2,120.00	2,281,500	

No	□	(13)수출신고번호	(14)선(기)적일자	(15)통화코드	(16)환율	금액 (17)외화	금액 (18)원화	전표정보 거래처코드	전표정보 거래처명
1	□	71234-56-789001X	2025-08-06	USD	1,200.0000	9,600.00	11,520,000		

[4] (주)부속서류(회사코드: 1003)의 제2기 부가가치세 확정신고와 관련하여 아래 자료를 보고 '수출실적 명세서'를 작성하시오(단, 수출신고번호는 올바른 것으로 가정하고 전표입력은 생략할 것). 기출 67회

수출신고번호	수출신고일	선적일	외화금액	통화	거래처명	거래처 소재지
13041-20-044589X	10.4.	10.9.	$15,000	USD	피츠버그	미국
13055-10-011460X	11.15.	11.22.	$7,000	USD	피츠버그	미국

- 11월 22일 선적된 제품은 11월 1일 외화대금 일부($2,000)를 받아 외화로 보유한 상태이고, 그 외는 선적일 현재 외상거래이다.
- 일자별 환율은 다음과 같다.

구분	10.4.	10.9.	11.1.	11.15.	11.22.
기준 환율	1,200원/$	1,150원/$	1,200원/$	1,100원/$	1,250원/$

| 풀이 |

[수출실적 명세서] 조회기간 2025년 10월~2025년 12월을 입력하고 다음과 같이 작성한 후 해당 서식을 저장한다.

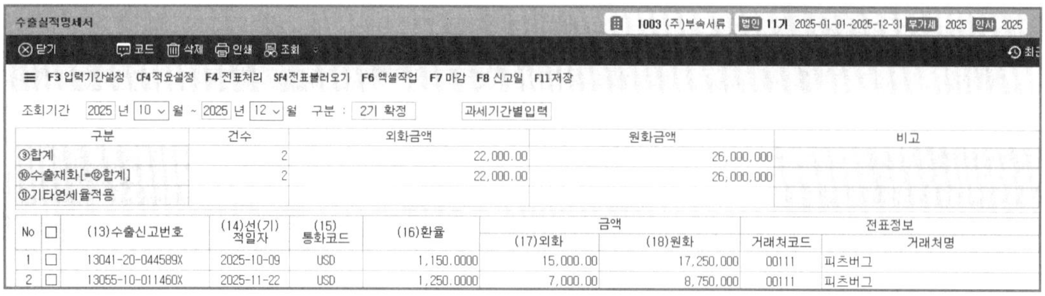

수출실적명세서 | 1003 (주)부속서류 | 법인 11기 2025-01-01-2025-12-31 | 부가세 2025 | 인사 2025

⊗닫기 코드 삭제 인쇄 조회

F3 입력기간설정 CF4 적요설정 F4 전표처리 SF4 전표불러오기 F6 엑셀작업 F7 마감 F8 신고일 F11 저장

조회기간 2025 년 10 월 ~ 2025 년 12 월 구분 : 2기 확정 과세기간별입력

구분	건수	외화금액	원화금액	비고
⑨합계	2	22,000.00	26,000,000	
⑩수출재화[=⑫합계]	2	22,000.00	26,000,000	
⑪기타영세율적용				

No	□	(13)수출신고번호	(14)선(기)적일자	(15)통화코드	(16)환율	금액 (17)외화	금액 (18)원화	전표정보 거래처코드	전표정보 거래처명
1	□	13041-20-044589X	2025-10-09	USD	1,150.0000	15,000.00	17,250,000	00111	피츠버그
2	□	13055-10-011460X	2025-11-22	USD	1,250.0000	7,000.00	8,750,000	00111	피츠버그

7 내국신용장 · 구매확인서 전자발급 명세서와 영세율매출 명세서 중요

▸ 최신 30회 중 9문제 출제

1. 내국신용장 · 구매확인서 전자발급 명세서

내국신용장 · 구매확인서 전자발급 명세서는 전자무역문서(「전자무역촉진에 관한 법률」 제12조에 따른 전자무역기반시설을 이용한 전자문서를 말함)로 발급된 내국신용장 · 구매확인서에 의해 공급하는 재화 또는 수출재화 임가공용역에 대하여 영세율을 적용받는 사업자가 작성한다.

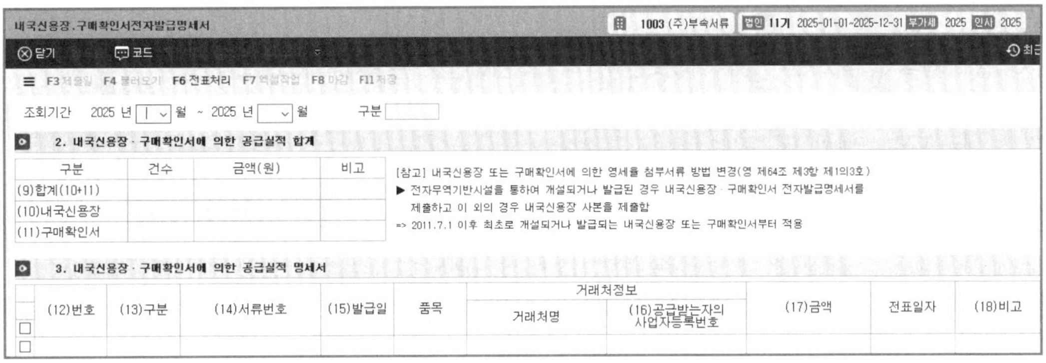

(1) **(13)구분/(14)서류번호/(15)발급일**

[(13)구분]란에 커서가 위치할 때 내국신용장은 '1.내국신용장', 구매확인서는 '2.구매확인서'로 구분하여 입력한다. 또한, 서류번호와 발급일(내국신용장 – 개설일, 구매확인서 – 확인일자)을 입력한다.

(2) **거래처정보(거래처명/(16)공급받는 자의 사업자등록번호)**

공급받는 자(내국신용장 – 개설업체, 구매확인서 – 신청업체)의 사업자등록번호를 입력한다. [거래처등록] 메뉴에 입력된 거래처인 경우 키보드의 F2를 이용하여 불러온다.

(3) **(17)금액**

공급받는 자(내국신용장 개설업체 또는 구매확인서 신청업체)의 발급금액 또는 개설금액을 입력한다. (13)구분~(17)금액에 입력한 내용이 (9)합계(10+11)/(10)내국신용장/(11)구매확인서에 자동 반영된다.

2. 영세율매출 명세서

영세율매출 명세서는 영세율 첨부서류의 확인검토 및 관련 조세지출 실적통계를 파악하기 위하여 예정신고 또는 확정신고 시 작성하는 서식이다.

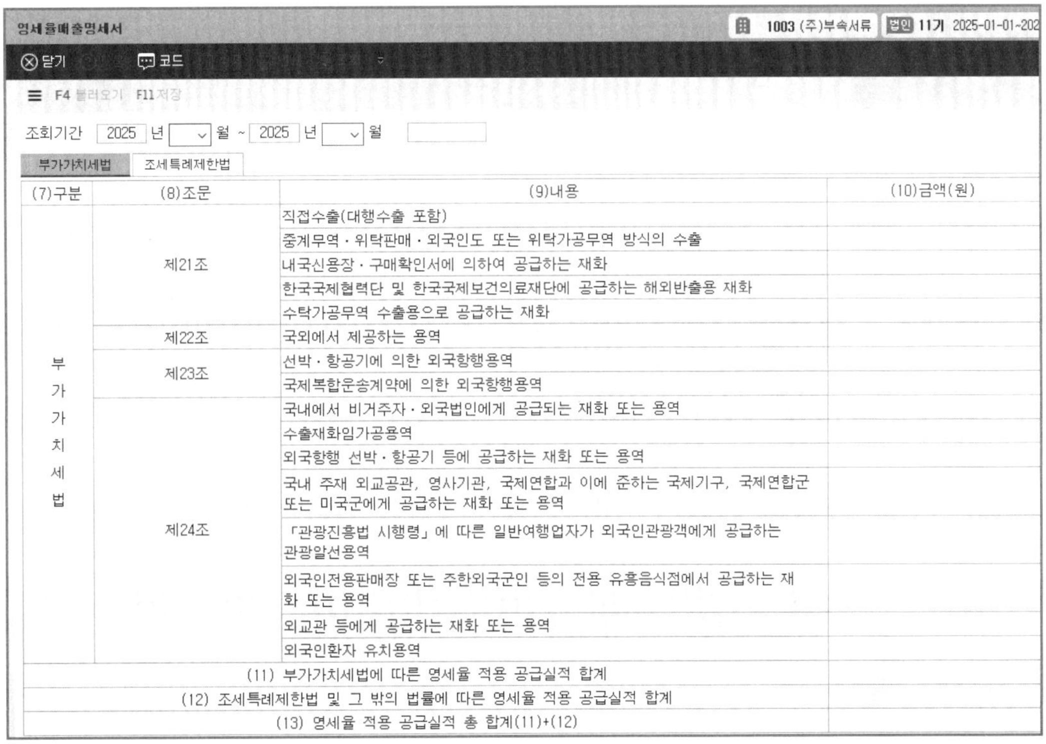

(7)구분	(8)조문	(9)내용	(10)금액(원)
부가가치세법	제21조	직접수출(대행수출 포함)	
		중계무역 · 위탁판매 · 외국인도 또는 위탁가공무역 방식의 수출	
		내국신용장 · 구매확인서에 의하여 공급하는 재화	
		한국국제협력단 및 한국국제보건의료재단에 공급하는 해외반출용 재화	
		수탁가공무역 수출용으로 공급하는 재화	
	제22조	국외에서 제공하는 용역	
	제23조	선박 · 항공기에 의한 외국항행용역	
		국제복합운송계약에 의한 외국항행용역	
	제24조	국내에서 비거주자 · 외국법인에게 공급되는 재화 또는 용역	
		수출재화임가공용역	
		외국항행 선박 · 항공기 등에 공급하는 재화 또는 용역	
		국내 주재 외교공관, 영사기관, 국제연합과 이에 준하는 국제기구, 국제연합군 또는 미국군에게 공급하는 재화 또는 용역	
		「관광진흥법 시행령」에 따른 일반여행업자가 외국인관광객에게 공급하는 관광알선용역	
		외국인전용판매장 또는 주한외국군인 등의 전용 유흥음식점에서 공급하는 재화 또는 용역	
		외교관 등에게 공급하는 재화 또는 용역	
		외국인환자 유치용역	
(11) 부가가치세법에 따른 영세율 적용 공급실적 합계			
(12) 조세특례제한법 및 그 밖의 법률에 따른 영세율 적용 공급실적 합계			
(13) 영세율 적용 공급실적 총 합계(11)+(12)			

연습문제

다음 거래자료를 (주)부속서류(회사코드: 1003)의 내국신용장·구매확인서 전자발급 명세서 메뉴에 입력하시오.

[1] (주)부속서류(회사코드: 1003)의 다음 자료를 매입매출전표에 입력(분개는 생략)하고 2025년 2기 확정신고기간(10.1.~12.31.) 부가가치세 신고 시 '내국신용장·구매확인서 전자발급 명세서'를 작성하시오. 기출 99회 유사

- 2025년 10월 8일: 한강무역에 제품 24,000,000원(부가가치세 별도)을 매출하고 구매확인서(발급일: 2025.10.20., 서류번호: 1111111)를 발급받아 제품 공급일을 작성일자로 하여 2025.10.30.에 영세율 전자세금계산서를 작성하여 전송하였다.
- 2025년 11월 3일: (주)여유통상으로부터 발급받은 내국신용장(발급일: 2025.11.3., 서류번호: 2222222)에 의하여 제품 8,000,000원(부가가치세 별도)을 매출하고 제품 공급일을 작성일자로 하여 2025.11.10.에 영세율 전자세금계산서를 작성하여 전송하였다.

| 풀이 |

① [매입매출전표입력]

- 10월 8일

유형	공급가액	부가세	공급처명	전자	분개
12.영세	24,000,000		한강무역	1.여	0.없음
영세율 구분	③ 내국신용장·구매확인서에 의하여 공급하는 재화				

- 11월 3일

유형	공급가액	부가세	공급처명	전자	분개
12.영세	8,000,000		(주)여유통상	1.여	0.없음
영세율 구분	③ 내국신용장·구매확인서에 의하여 공급하는 재화				

② [내국신용장·구매확인서 전자발급 명세서] 조회기간 2025년 10월~2025년 12월을 입력하고 다음과 같이 작성한 후 해당 서식을 저장한다.

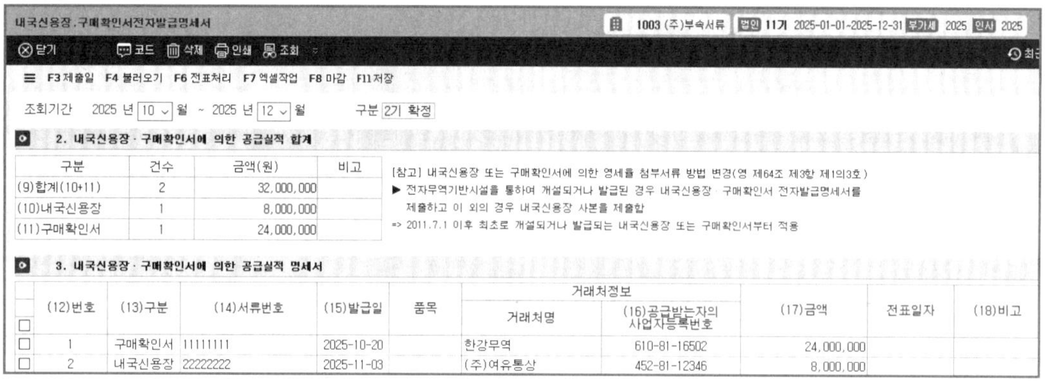
내국신용장.구매확인서전자발급명세서 | 1003 (주)부속서류 | 법인 11기 2025-01-01~2025-12-31 부가세 2025 인사 2025

닫기 코드 삭제 인쇄 조회

F3 제출일 F4 불러오기 F6 전표처리 F7 엑셀작업 F8 마감 F11저장

조회기간 2025 년 10 월 ~ 2025 년 12 월 구분 2기 확정

2. 내국신용장·구매확인서에 의한 공급실적 합계

구분	건수	금액(원)	비고
(9)합계(10+11)	2	32,000,000	
(10)내국신용장	1	8,000,000	
(11)구매확인서	1	24,000,000	

[참고] 내국신용장 또는 구매확인서에 의한 영세율 첨부서류 방법 변경(영 제64조 제3항 제1의3호)
▶ 전자무역기반시설을 통하여 개설되거나 발급된 경우 내국신용장·구매확인서 전자발급명세서를 제출하고 이 외의 경우 내국신용장 사본을 제출함
=> 2011.7.1 이후 최초로 개설되거나 발급되는 내국신용장 또는 구매확인서부터 적용

3. 내국신용장·구매확인서에 의한 공급실적 명세서

(12)번호	(13)구분	(14)서류번호	(15)발급일	품목	거래처정보: 거래처명	거래처정보: (16)공급받는자의 사업자등록번호	(17)금액	전표일자	(18)비고
1	구매확인서	11111111	2025-10-20		한강무역	610-81-16502	24,000,000		
2	내국신용장	22222222	2025-11-03		(주)여유통상	452-81-12346	8,000,000		

[2] (주)부속서류(회사코드: 1003)는 (주)여유통상에 수출용 원재료를 외상공급하고 다음의 구매확인서를 받았다. 1기 부가가치세 확정신고 시 '내국신용장 · 구매확인서 전자발급 명세서', '영세율매출 명세서'를 작성하고 '부가가치세 신고서'의 과세표준 및 매출세액을 작성하시오(단, 기존의 입력된 자료는 무시할 것). 기출 108회

외화획득용 원료 · 기재구매 확인서

※ 구매확인서 번호: PKT202507719428

(1) 구매자	(상호)	(주)여유통상
	(주소)	경기도 고양시 덕양구 간절로 77
	(성명)	돈마나
	(사업자등록번호)	452 – 81 – 12346
(2) 공급자	(상호)	(주)부속서류
	(주소)	서울특별시 서초구 서초대로75길 23
	(성명)	첨부해
	(사업자등록번호)	128 – 86 – 35650

1. 구매원료의 내용

(3) HS부호	(4) 품명 및 규격	(5) 단위수량	(6) 구매일	(7) 단가	(8) 금액	(9) 비고
6115950000	At	120DPR	2025 – 06 – 30	USD3,300	USD144,000	
TOTAL		120DPR			USD144,000	

2. 세금계산서(외화획득용 원료 · 기재를 구매한 자가 신청하는 경우에만 기재)

(10) 세금계산서번호	(11) 작성일자	(12) 공급가액	(13) 세액	(14) 품목	(15) 규격	(16) 수량
202505311000 00084352462	2025.6.30.	475,200,000원	0원			

(17) 구매원료 · 기재의 용도명세: 원자재

위의 사항을 대외무역법 제18조에 따라 확인합니다.

확인일자 2025년 7월 8일
확인기관 한국무역정보통신
전자서명 1208102922

제출자: (주)여유통상 (인)

| 풀이 |

① [내국신용장 · 구매확인서 전자발급 명세서] 조회기간 2025년 4월~2025년 6월을 입력하고 다음과 같이 작성한 후 해당 서식을 저장한다.

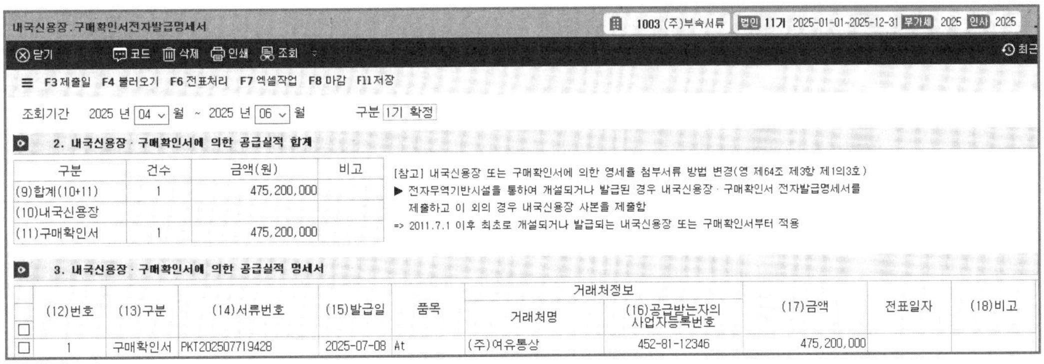
내국신용장.구매확인서전자발급명세서 | 1003 (주)부속서류 | 법인 11기 2025-01-01~2025-12-31 | 부가세 2025 | 인사 2025

닫기 코드 삭제 인쇄 조회

F3 제출일 F4 불러오기 F6 전표처리 F7 엑셀작업 F8 마감 F11저장

조회기간 2025 년 04 월 ~ 2025 년 06 월 구분 1기 확정

2. 내국신용장 · 구매확인서에 의한 공급실적 합계

구분	건수	금액(원)	비고
(9)합계(10+11)	1	475,200,000	
(10)내국신용장			
(11)구매확인서	1	475,200,000	

[참고] 내국신용장 또는 구매확인서에 의한 영세율 첨부서류 방법 변경(영 제64조 제3항 제1의3호)
▶ 전자무역기반시설을 통하여 개설되거나 발급된 경우 내국신용장 · 구매확인서 전자발급명세서를 제출하고 이 외의 경우 내국신용장 사본을 제출함
=> 2011.7.1 이후 최초로 개설되거나 발급되는 내국신용장 또는 구매확인서부터 적용

3. 내국신용장 · 구매확인서에 의한 공급실적 명세서

□	(12)번호	(13)구분	(14)서류번호	(15)발급일	품목	거래처정보: 거래처명	거래처정보: (16)공급받는자의 사업자등록번호	(17)금액	전표일자	(18)비고
□	1	구매확인서	PKT202507719428	2025-07-08	At	(주)여유통상	452-81-12346	475,200,000		

② [영세율매출 명세서] 조회기간 2025년 4월~2025년 6월을 입력하고 다음과 같이 작성한 후 해당 서식을 저장한다.

영세율매출명세서 | 1003 (주)부속서류 | 법인 11기 2025-01-01~202

⊗ 닫기 | 코드 | 삭제 | 인쇄 | 조회

≡ F4 불러오기 F11 저장

조회기간 2025 년 04 월 ~ 2025 년 06 월 | 1기 확정

부가가치세법 | 조세특례제한법

(7)구분	(8)조문	(9)내용	(10)금액(원)
부가가치세법	제21조	직접수출(대행수출 포함)	
		중계무역 · 위탁판매 · 외국인도 또는 위탁가공무역 방식의 수출	
		내국신용장 · 구매확인서에 의하여 공급하는 재화	475,200,000
		한국국제협력단 및 한국국제보건의료재단에 공급하는 해외반출용 재화	
		수탁가공무역 수출용으로 공급하는 재화	
	제22조	국외에서 제공하는 용역	
	제23조	선박 · 항공기에 의한 외국항행용역	
		국제복합운송계약에 의한 외국항행용역	
	제24조	국내에서 비거주자 · 외국법인에게 공급되는 재화 또는 용역	
		수출재화임가공용역	
		외국항행 선박 · 항공기 등에 공급하는 재화 또는 용역	
		국내 주재 외교공관, 영사기관, 국제연합과 이에 준하는 국제기구, 국제연합군 또는 미국군에게 공급하는 재화 또는 용역	
		「관광진흥법 시행령」에 따른 일반여행업자가 외국인관광객에게 공급하는 관광알선용역	
		외국인전용판매장 또는 주한외국군인 등의 전용 유흥음식점에서 공급하는 재화 또는 용역	
		외교관 등에게 공급하는 재화 또는 용역	
		외국인환자 유치용역	
(11) 부가가치세법에 따른 영세율 적용 공급실적 합계			475,200,000
(12) 조세특례제한법 및 그 밖의 법률에 따른 영세율 적용 공급실적 합계			
(13) 영세율 적용 공급실적 총 합계(11)+(12)			475,200,000

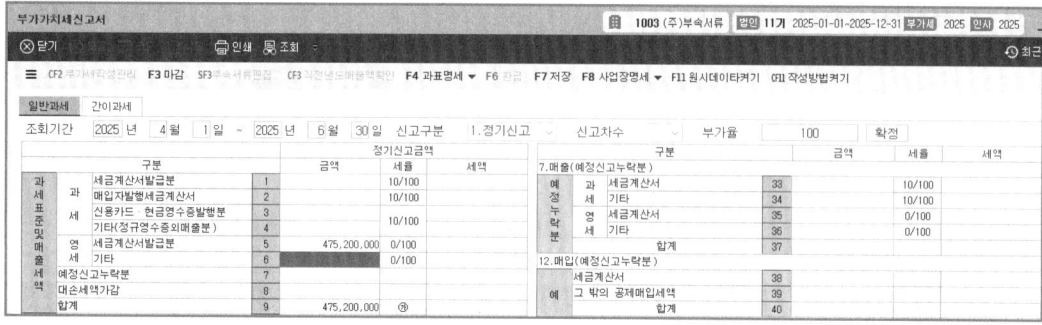

③ [부가가치세 신고서] 조회기간 2025년 4월 1일~2025년 6월 30일을 입력(기존에 저장된 데이터는 불러오지 말 것)하고 다음과 같이 작성한 후 해당 서식을 저장한다.

부가가치세신고서 | 1003 (주)부속서류 | 법인 11기 2025-01-01~2025-12-31 | 부가세 2025 | 인사 2025

⊗ 닫기 | 인쇄 | 조회 | 최근

≡ CF2 부가세작성관리 F3 마감 SF3 부속서류편집 CF3 직전년도매출액확인 F4 과표명세 F6 환급 F7 저장 F8 사업장명세 F11 원시데이터켜기 CF11 작성방법켜기

일반과세 | 간이과세

조회기간 2025 년 4 월 1 일 ~ 2025 년 6 월 30 일 신고구분 1.정기신고 신고차수 부가율 100 확정

구분				정기신고금액 금액	세율	세액
과세표준및매출세액	과세	세금계산서발급분	1		10/100	
		매입자발행세금계산서	2		10/100	
		신용카드 · 현금영수증발행분	3		10/100	
		기타(정규영수증외매출분)	4			
	영세	세금계산서발급분	5	475,200,000	0/100	
		기타	6		0/100	
	예정신고누락분		7			
	대손세액가감		8			
	합계		9	475,200,000	㉮	

구분				금액	세율	세액
7.매출(예정신고누락분)						
예정누락분	과세	세금계산서	33		10/100	
		기타	34		10/100	
	영세	세금계산서	35		0/100	
		기타	36		0/100	
	합계		37			
12.매입(예정신고누락분)						
예	세금계산서		38			
	그 밖의 공제매입세액		39			
	합계		40			

[3] (주)부속서류(회사코드: 1003)의 다음 자료를 바탕으로 제2기 부가가치세 예정신고기간(2025년 7월 1일~2025년 9월 30일)의 '수출실적 명세서'(거래처명은 생략) 및 '영세율매출 명세서'를 작성하시오(단, 매입매출전표입력은 생략하고 기존의 입력된 자료는 무시할 것).

기출 104회

1. 2025년 기준 환율

일자	7월 14일	7월 31일	9월 25일	9월 30일
환율	1,250원/$	1,230원/$	1,210원/$	1,200원/$

2. 매출내역

• 수출실적내용

수출신고번호	선적일자	대금결제일	통화	금액
24554-67-7698012	2025년 7월 14일	2025년 7월 31일	USD	$10,000

- 기타영세율(국내에서 외국법인에 공급한 재화에 해당함)

서류명	발급자	발급일자	공급일자	통화	금액
외화입금증명서	신한은행	2025년 9월 30일	2025년 9월 25일	USD	$20,000

| 풀이 |

① [수출실적 명세서] 조회기간 2025년 7월~2025년 9월을 입력하고 다음과 같이 작성한 후 해당 서식을 저장한다.

수출실적명세서 | 1003 (주)부속서류 | 법인 11기 2025-01-01~2025-12-31 부가세 2025 인사 2025

닫기 코드 삭제 인쇄 조회

F3 입력기간설정 CF4 적요설정 F4 전표처리 SF4 전표불러오기 F6 엑셀작업 F7 마감 F8 신고일 F11 저장

조회기간 2025 년 07 월 ~ 2025 년 09 월 구분 : 2기 예정 과세기간별입력

구분	건수	외화금액	원화금액	비고
⑨합계	2	30,000.00	36,700,000	
⑩수출재화[=⑫합계]	1	10,000.00	12,500,000	
⑪기타영세율적용	1	20,000.00	24,200,000	

No	□	(13)수출신고번호	(14)선(기)적일자	(15)통화코드	(16)환율	금액		전표정보	
						(17)외화	(18)원화	거래처코드	거래처명
1	□	24554-67-7698012	2025-07-14	USD	1,250.0000	10,000.00	12,500,000		

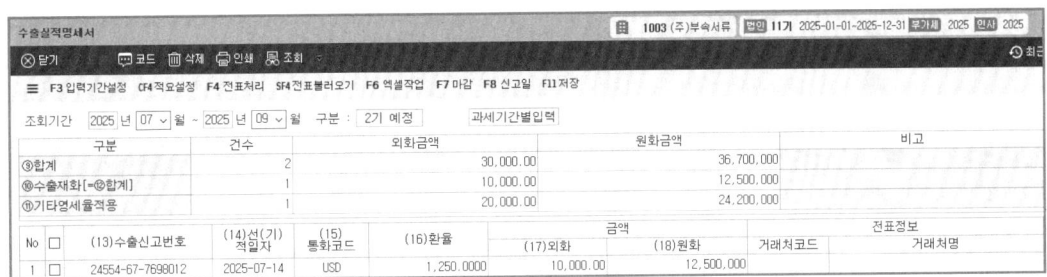

② [영세율매출 명세서] 조회기간 2025년 7월~2025년 9월을 입력하고 다음과 같이 작성한 후 해당 서식을 저장한다.

영세율매출명세서 | 1003 (주)부속서류 | 법인 11기 2025-01-01~2025

닫기 코드 삭제 인쇄 조회

F4 불러오기 F11 저장

조회기간 2025 년 07 월 ~ 2025 년 09 월 2기 예정

부가가치세법 | 조세특례제한법

(7)구분	(8)조문	(9)내용	(10)금액(원)
부가가치세법	제21조	직접수출(대행수출 포함)	12,500,000
		중계무역 · 위탁판매 · 외국인도 또는 위탁가공무역 방식의 수출	
		내국신용장 · 구매확인서에 의하여 공급하는 재화	
		한국국제협력단 및 한국국제보건의료재단에 공급하는 해외반출용 재화	
		수탁가공무역 수출용으로 공급하는 재화	
	제22조	국외에서 제공하는 용역	
	제23조	선박 · 항공기에 의한 외국항행용역	
		국제복합운송계약에 의한 외국항행용역	
	제24조	국내에서 비거주자 · 외국법인에게 공급되는 재화 또는 용역	24,200,000
		수출재화임가공용역	
		외국항행 선박 · 항공기 등에 공급하는 재화 또는 용역	
		국내 주재 외교공관, 영사기관, 국제연합과 이에 준하는 국제기구, 국제연합군 또는 미국군에게 공급하는 재화 또는 용역	
		「관광진흥법 시행령」에 따른 일반여행업자가 외국인관광객에게 공급하는 관광알선용역	
		외국인전용판매장 또는 주한외국군인 등의 전용 유흥음식점에서 공급하는 재화 또는 용역	
		외교관 등에게 공급하는 재화 또는 용역	
		외국인환자 유치용역	
(11) 부가가치세법에 따른 영세율 적용 공급실적 합계			36,700,000
(12) 조세특례제한법 및 그 밖의 법률에 따른 영세율 적용 공급실적 합계			
(13) 영세율 적용 공급실적 총 합계(11)+(12)			36,700,000

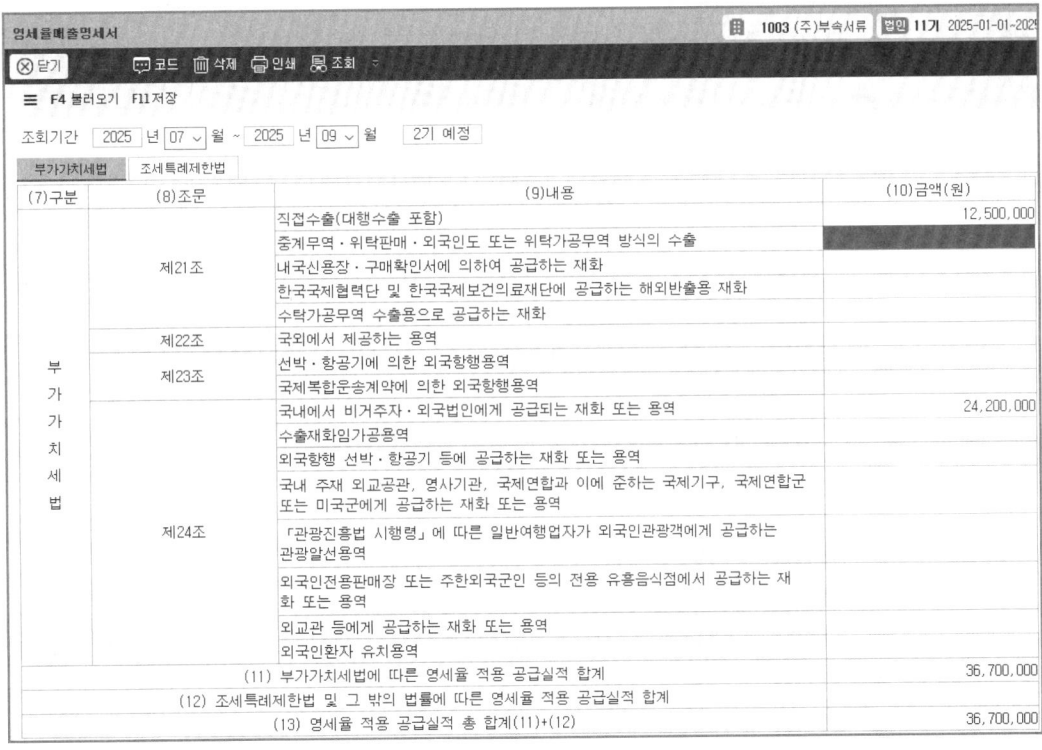

8 의제매입세액공제 신고서

▸ 최신 30회 중 4문제 출제

일반과세자가 부가가치세가 면제되는 농·축·수·임산물 등을 원재료로 과세재화를 생산하여 공급하는 경우(단, 면세포기에 따라 영세율이 적용되는 경우에는 제외)에 그 일부를 매입세액으로 의제하는 것으로 예정신고기간 또는 확정신고기간에 공제한다.

1. [관리용] 탭

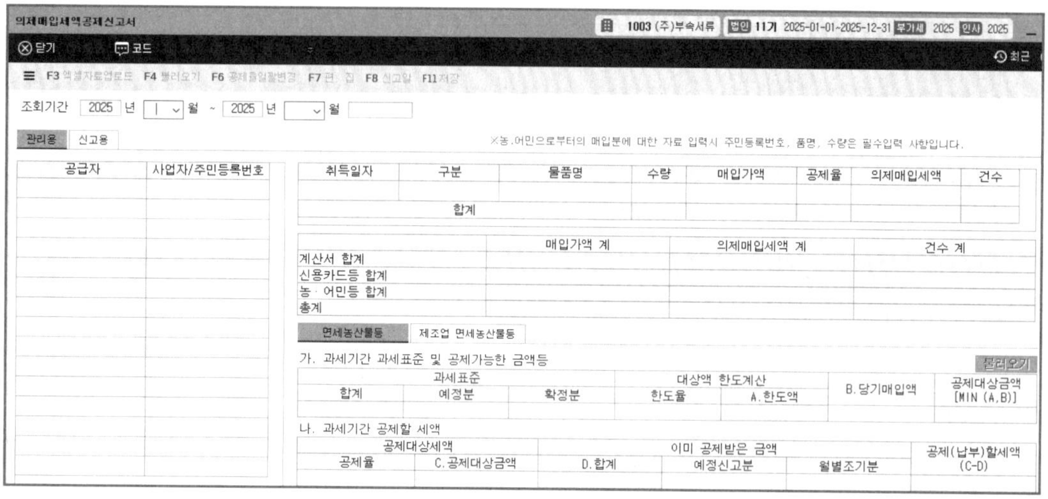

(1) 공급자

공급자의 상호 또는 성명을 입력한다. [거래처등록] 메뉴에 입력된 거래처인 경우 [거래처코드]란에 커서를 놓고 F2를 누르면 나타나는 거래처도움창의 [전체]란에 등록하고자 하는 거래처명 한 글자 이상을 입력한다. 해당 거래처를 선택한 후 확인(Enter)을 클릭한다.

(2) 사업자/주민등록번호

공급자가 사업자인 경우에는 사업자등록번호를, 비사업자인 경우에는 주민등록번호를 입력한다.

(3) 취득일자

면세농산물 등의 취득일자를 입력한다.

(4) 구분

'1.계산서', '2.신용카드 등', '3.농어민매입' 중에서 받은 증빙을 선택한다.

꿀팁 제조업을 영위하는 사업자가 농어민으로부터 면세농산물 등을 직접 공급받는 경우에는 의제매입세액공제 신고서만 제출하면 된다. 즉, 제조업을 영위하는 사업자는 농어민에게 영수증만 수취하여도 된다.

(5) 물품명/수량

면세로 공급받은 농·축·수·임산물 또는 소금 등의 품목과 수량을 입력한다.

꿀팁 공제 대상금액은 수입물품의 경우 관세의 과세가액이며, 운반비는 포함되지 않는다.

(6) 공제율(1.2/102, 2.4/104, 3.6/106, 4.직접입력)

공제율을 선택한다. 2/102~6/106 이외의 공제율은 '4.직접입력'을 선택하고 다음의 공제율 보조창에서 직접 입력한다.

포인트 공제율과 공제 한도

• 공제율

<table>
<tr><th colspan="3">구분</th><th>공제율</th></tr>
<tr><td colspan="3">일반 업종</td><td>2/102</td></tr>
<tr><td rowspan="4">제조업</td><td rowspan="2">법인사업자</td><td>중소기업 외의 사업자</td><td>2/102</td></tr>
<tr><td>중소기업</td><td>4/104</td></tr>
<tr><td rowspan="2">개인사업자</td><td>과자점업 · 도정업 · 제분업 및 떡류 제조업 중 떡방앗간의 경영자</td><td>6/106</td></tr>
<tr><td>위 외의 제조업의 경영자</td><td>4/104</td></tr>
<tr><td rowspan="3">음식점업</td><td colspan="2">과세유흥장소의 경영자</td><td>2/102</td></tr>
<tr><td rowspan="2">과세유흥장소 외</td><td>법인사업자</td><td>6/106</td></tr>
<tr><td>개인사업자</td><td>8/108*</td></tr>
</table>

* 과세표준 2억원 이하인 경우에는 9/109를 적용한다.

• 공제 한도: 의제매입세액은 다음의 금액을 공제할 수 있는 금액의 한도로 한다.

해당 과세기간에 해당 사업자가 면세농산물 등과 관련하여 공급한 과세표준×한도율*×공제율

* 한도율

<table>
<tr><th colspan="2" rowspan="2">구분</th><th colspan="2">한도율</th></tr>
<tr><th>음식점업</th><th>기타업종</th></tr>
<tr><td colspan="2">법인사업자</td><td colspan="2">50%</td></tr>
<tr><td rowspan="3">개인사업자</td><td>과세표준이 2억원 초과인 경우</td><td>60%</td><td>55%</td></tr>
<tr><td>과세표준이 1억원 초과 2억원 이하인 경우</td><td>70%</td><td rowspan="2">65%</td></tr>
<tr><td>과세표준이 1억원 이하인 경우</td><td>75%</td></tr>
</table>

(7) 의제매입세액

매입가액과 공제율을 곱한 금액이 자동 계산된다.

2. 매입세액 한도액 계산(확정신고 시)

(1) 가.과세기간 과세표준 및 공제 가능한 금액 등

① 과세표준: 과세기간별 면세농산물 등과 관련하여 공급한 과세표준을 예정분은 [예정분]란에, 확정분은 [확정분]란에 구분하여 각각 입력한다.

② 대상액 한도계산: [과세표준－합계]란과 한도율(50/100)을 곱한 금액이 [A.한도액]란에 자동 계산된다.

③ B.당기 매입액: 당해 과세기간의 면세농산물 등 매입가액을 입력한다.

④ 공제 대상금액[Min(A, B)]: [A.한도액]란과 [B.당기 매입액]란 중 작은 금액이 자동 반영된다.

(2) 나.과세기간 공제할 세액

① 공제 대상세액: 공제 대상금액[Min(A, B)]과 공제율을 곱한 금액이 [C.공제 대상금액]란에 자동 계산된다.

② 이미 공제받은 금액: 이미 의제매입세액을 공제받은 금액을 [예정신고분]란과 [월별 조기분]란에 구분하여 입력한다.

③ 공제(납부)할 세액(C－D): [C.공제 대상금액]란에서 이미 공제받은 금액(D.합계)을 차감한 금액이 자동 계산된다.

➕ [제조업 면세농산물 등] 탭: 면세농산물 등의 매입이 특정 기간에 집중되는 제조업의 특례 규정

다음의 요건을 모두 충족하는 사업자는 제2기 과세기간에 대한 납부세액을 확정신고할 때 과세기간(6개월)이 아닌 1년 단위로 한도를 적용하는 특례규정을 적용하여 입력한다.

- 제1기 과세기간에 공급받은 면세농산물 등의 가액을 1역년에 공급받은 면세농산물 등의 가액으로 나누어 계산한 비율이 75% 이상이거나 25% 미만일 것
- 해당 과세기간이 속하는 1역년 동안 계속하여 제조업을 영위할 것

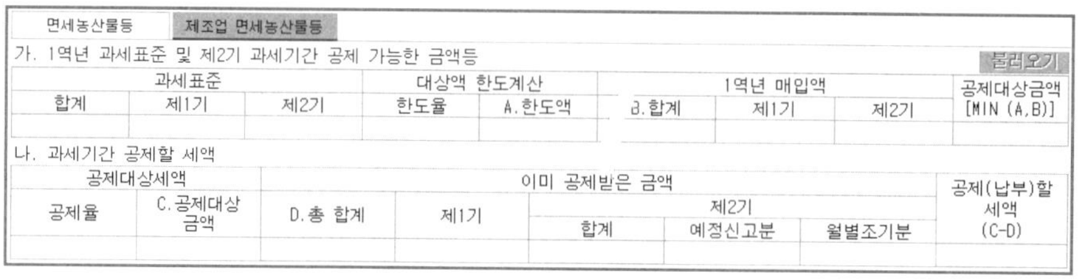

연습문제

[1]~[2]의 거래자료를 (주)부속서류(회사코드: 1003)의 의제매입세액공제 신고서 메뉴에 입력하시오.

[1] (주)부속서류(회사코드: 1003)는 본 문제에 한하여 당사는 고등어 통조림 제조업을 영위하는 중소기업 법인으로 가정한다. 다음은 2025년 제1기 확정신고기간(2025.4.1.~2025.6.30.)에 매입한 면세 품목에 관한 자료이다. 의제매입세액공제와 관련한 거래만 '매입매출전표입력'(의제류매입 탭을 활용할 것)에 입력하고, '의제매입세액공제 신고서'(관리용)를 작성하시오(단, 수량은 모두 '1'로 기재하고, 고등어는 원재료 계정을 사용할 것).

기출 102회

1. 면세 품목 매입내역

구분	일자	상호	사업자등록번호	매입가격	품목
전자계산서 매입분 (현금거래)	4.2.	미도	105-03-43135	384,000원	수도요금
	5.8.	주은	105-05-91233	7,080,000원	고등어
신용카드 매입분 (국민카드)	5.18.	얼큰탕	724-86-00245	2,750,000원	고등어
	6.12.	미츠키	213-02-44059	564,000원	방역비(면세)

2. 추가자료(관련 없는 다른 자료는 무시할 것)
   - 제1기 예정분 과세표준은 40,000,000원, 제1기 확정분 과세표준은 60,000,000원이며, 과세표준은 의제매입세액공제 신고서상에 직접 입력한다.
   - 제1기 예정신고 시 의제매입세액을 240,000원(매입가액 6,240,000원) 공제받은 것으로 가정한다.

| 풀이 |

① [매입매출전표입력]-[의제류매입] 탭

- 5월 8일

유형	공급가액	의제구분 및 매입액	세율	공제세액	공급처명	전자	분개
53.면세	7,080,000	1.7,080,000	4/104	272,307	주은	1.여	1.현금 또는 3.혼합

(차) 부가세대급금	272,307	(대) 현금	7,080,000
원재료	6,807,693		

- 5월 18일

유형	공급가액	의제구분 및 매입액	세율	공제세액	공급처명	전자	분개
58.카면	2,750,000	1.2,750,000	4/104	105,769	얼큰탕		4.카드 또는 3.혼합
신용카드사	99604.국민카드						

(차) 부가세대급금	105,769	(대) 외상매입금[국민카드]	2,750,000
원재료	2,644,231		

② [의제매입세액공제 신고서] 조회기간 2025년 4월~2025년 6월을 입력하면 [매입매출전표입력] 메뉴에서 작성한 내용이 자동으로 반영된다. 하단 [면세농산물 등] 탭의 [가.과세기간 과세표준 및 공제 가능한 금액 등] 중 [과세표준 – 예정분]란에 40,000,000원, [과세표준 – 확정분]란에 60,000,000원, [B.당기매입액]란에 16,070,000원(= 예정신고 매입액 6,240,000원 + 확정신고 매입액 9,830,000원)을 입력한다. 또한, [나. 과세기간 공제할 세액] 중 [이미 공제받은 금액 – 예정신고분]란에 240,000원을 추가 입력한 후 해당 서식을 저장한다.

• 주은

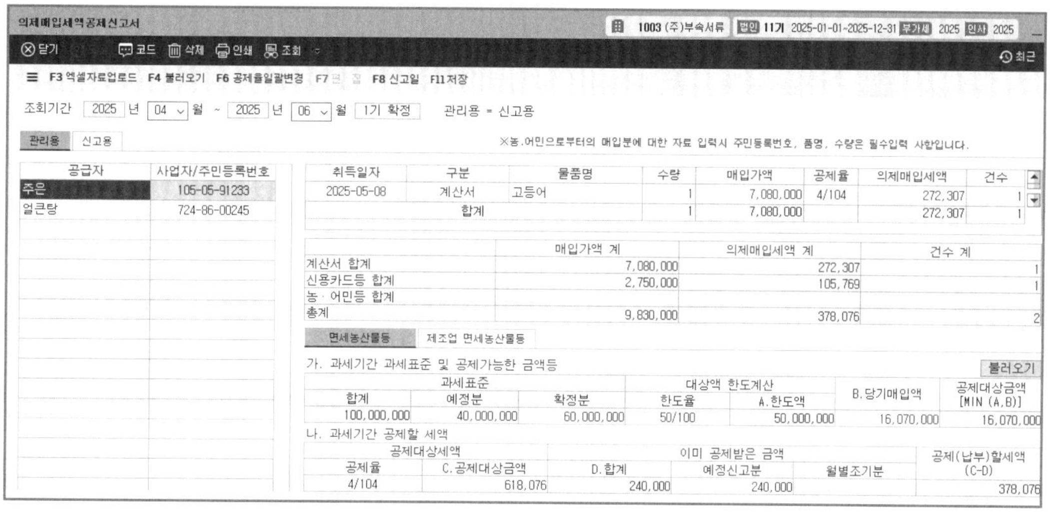

• 얼큰탕

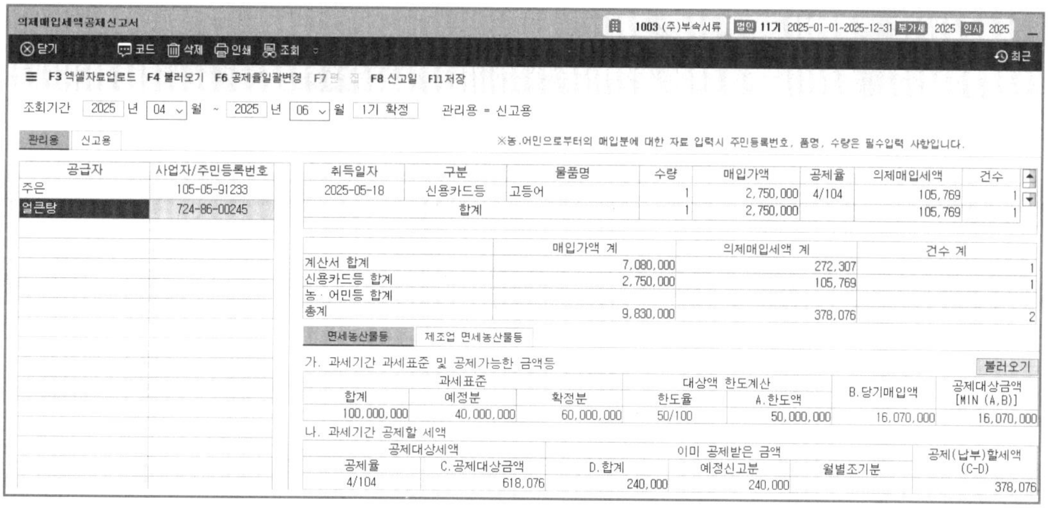

[2] 다음은 (주)부속서류(회사코드: 1003)의 원재료 매입 관련 자료이다. 해당 자료를 매입매출전표에 입력(의제매입세액공제에 대한 분개 포함)하여 2025년 제2기 확정신고 시 '의제매입세액공제 신고서'를 작성하시오.

1. 면세 원재료 매입내역(2025.10.~2025.12.)

공급일자	매입처	원재료	공급가액	비고
11월 21일	김철수	수산물(99kg)	52,000,000원	어민으로부터 직접 구매하고 현금 결제함
12월 13일	이천쌀상회	쌀(40kg)	760,000원	사업자에게 간이영수증을 수취한 후 매입한 거래임

2. 기타 고려사항
- 당사는 중소제조기업에 해당하며, 모든 원재료(농수산물)는 과세 제품 생산에 사용되었다.
- 제2기 확정신고기간에 의제매입과 관련된 제품매출은 500,000,000원이다. 제2기 예정신고 시, 제품매출은 100,000,000원이며, 의제매입액은 104,000,000원, 공제받은 의제매입세액공제액은 4,000,000원이 있다.
- 의제매입세액공제 한도계산은 반드시 수행한다.

| 풀이 |

① [매입매출전표입력]–[의제류매입] 탭 11월 21일
이천쌀상회는 사업자이므로 간이영수증 수령 시 공제 대상이 아니다.

유형	품목	수량	공급가액	의제구분 및 매입액	세율	공제세액	공급처명	전자	분개
60.면건	수산물	99	52,000,000	1.52,000,000	4/104	2,000,000	김철수		1.현금 또는 3.혼합

(차) 부가세대급금	2,000,000	(대) 현금	52,000,000
원재료	50,000,000		

② [의제매입세액공제 신고서] 조회기간 2025년 10월~2025년 12월을 입력하면 [매입매출전표입력] 메뉴에서 작성한 내용이 자동 반영된다. 하단 [면세농산물 등] 탭의 [가.과세기간 과세표준 및 공제 가능한 금액 등] 중 [과세표준–예정분]란에 100,000,000원, [과세표준–확정분]란에 500,000,000원, [B.당기매입액]란에 156,000,000원(=104,000,000원+52,000,000원)을 입력한다. [나.과세기간 공제할 세액] 중 [공제 대상세액–공제율]란에 4/104, [이미 공제받은 금액–예정신고분]란에 4,000,000원을 입력하고 해당 서식을 저장한다.

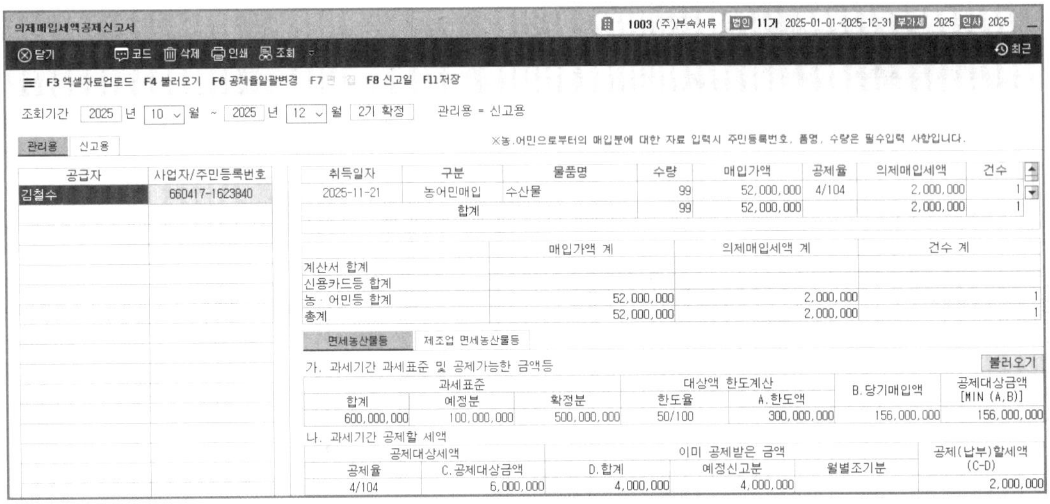
의제매입세액공제신고서
1003 (주)부속서류 법인 11기 2025-01-01~2025-12-31 부가세 2025 인사 2025
닫기 코드 삭제 인쇄 조회 최근
F3 엑셀자료업로드 F4 불러오기 F6 공제율일괄변경 F7 편집 F8 신고일 F11저장
조회기간 2025 년 10 월 ~ 2025 년 12 월 2기 확정 관리용 = 신고용
관리용 신고용
※농.어민으로부터의 매입분에 대한 자료 입력시 주민등록번호, 품명, 수량은 필수입력 사항입니다.

공급자	사업자/주민등록번호
김철수	660417-1623840

취득일자	구분	물품명	수량	매입가액	공제율	의제매입세액	건수
2025-11-21	농어민매입	수산물	99	52,000,000	4/104	2,000,000	1
합계			99	52,000,000		2,000,000	1

	매입가액 계	의제매입세액 계	건수 계
계산서 합계			
신용카드등 합계			
농·어민등 합계	52,000,000	2,000,000	1
총계	52,000,000	2,000,000	1

면세농산물등 제조업 면세농산물등

가. 과세기간 과세표준 및 공제가능한 금액등 불러오기

과세표준			대상액 한도계산		B.당기매입액	공제대상금액 [MIN (A,B)]
합계	예정분	확정분	한도율	A.한도액		
600,000,000	100,000,000	500,000,000	50/100	300,000,000	156,000,000	156,000,000

나. 과세기간 공제할 세액

공제대상세액		이미 공제받은 금액			공제(납부)할세액 (C-D)
공제율	C.공제대상금액	D.합계	예정신고분	월별조기분	
4/104	6,000,000	4,000,000	4,000,000		2,000,000

[3]의 거래자료를 (주)일반전표(회사코드: 1001)의 의제매입세액공제 신고서에 입력하시오.

[3] (주)일반전표(회사코드: 1001)는 제조 · 도매업을 영위하는 중소기업이다. 입력된 자료는 무시하고 다음 의제매입세액 관련 자료를 이용하여 2025년 제2기 확정신고 시 '의제매입세액공제 신고서'(제조업 면세농산물 등 탭을 이용)를 작성하시오[단, 자료를 매입매출전표에 입력(분개 포함)하고 한도 초과액이 발생하는 경우 12월 31일 일반전표에 입력하되 음수로 입력하지 말 것]. 기출 87회

1. 면세 원재료 매입 관련 자료

날짜	공급처명	공급가액	비고
10월 20일	(주)여유통상	70,500,000원	과일 7,000kg, 전액 삼성카드(법인)로 결제, 1건
11월 10일	홍길동	1,500,000원	과일 150kg, 농어민으로부터 직접 구입, 전액 현금 결제, 1건

2. 의제매입세액 관련 제품매출, 면세매입 및 의제매입세액공제액(모든 원재료는 부가가치세 과세 대상 제품 생산에 사용되었고 제2기 예정신고기간 의제매입세액공제액은 없음)

구분	제1기 과세기간(1.1.~6.30.)	제2기 과세기간(7.1.~12.31.)
제품매출	100,000,000원	120,000,000원
면세 원재료 매입	41,600,000원	72,000,000원
의제매입세액공제액	1,600,000원	–

| 풀이 |

① [매입매출전표입력]–[의제류매입] 탭

• 10월 20일

유형	품목	수량	공급가액	의제구분 및 매입액	세율	공제세액	공급처명	전자	분개
58.카면	과일	7,000	70,500,000	1.70,500,000	4/104	2,711,538	(주)여유통상		4.카드 또는 3.혼합
신용카드사	99601.삼성카드								

(차) 부가세대급금	2,711,538	(대) 외상매입금[삼성카드]	70,500,000
원재료	67,788,462		

• 11월 10일

유형	품목	수량	공급가액	의제구분 및 매입액	세율	공제세액	공급처명	전자	분개
60.면건	과일	150	1,500,000	1.1,500,000	4/104	57,692	홍길동		1.현금 또는 3.혼합

(차) 부가세대급금	57,692	(대) 현금	1,500,000
원재료	1,442,308		

② [의제매입세액공제 신고서] 조회기간 2025년 10월~2025년 12월을 입력하면 [매입매출전표입력] 메뉴에서 작성한 내용이 자동 반영된다. 하단 [제조업 면세농산물 등] 탭의 [가.해당 해의 1월 1일부터 12월 31일까지 과세표준 및 제2기 과세기간 공제 가능한 금액 등] 중 [과세표준–제1기]란에 100,000,000원, [과세표준–제2기]란에 120,000,000원, [해당 해의 1월 1일부터 12월 31일까지 매입액–제1기]란에 41,600,000원, [해당 해의 1월 1일부터 12월 31일까지 매입액–제2기]란에 72,000,000원을 입력한다. [나.과세기간 공제할 세액] 중 [공제 대상세액–공제율]란에 4/104, [이미 공제받은 금액–제1기]란에 1,600,000원을 입력하고 해당 서식을 저장한다.

• (주)여유통상

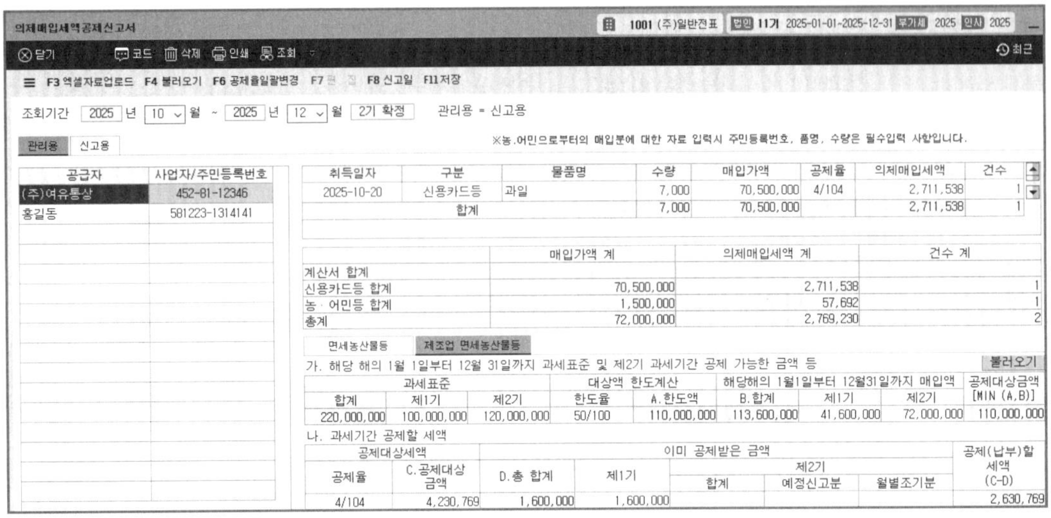

의제매입세액공제신고서

1001 (주)일반전표 | 법인 11기 2025-01-01~2025-12-31 | 부가세 2025 | 인사 2025

⊗닫기 | 코드 | 삭제 | 인쇄 | 조회 | 최근

F3 엑셀자료업로드 | F4 불러오기 | F6 공제율일괄변경 | F7 | F8 신고일 | F11저장

조회기간 2025 년 10 월 ~ 2025 년 12 월 2기 확정 관리용 = 신고용

관리용 | 신고용

※농.어민으로부터의 매입분에 대한 자료 입력시 주민등록번호, 품명, 수량은 필수입력 사항입니다.

공급자	사업자/주민등록번호
(주)여유통상	452-81-12346
홍길동	581223-1314141

취득일자	구분	물품명	수량	매입가액	공제율	의제매입세액	건수
2025-10-20	신용카드등	과일	7,000	70,500,000	4/104	2,711,538	1
	합계		7,000	70,500,000		2,711,538	1

	매입가액 계	의제매입세액 계	건수 계
계산서 합계			
신용카드등 합계	70,500,000	2,711,538	1
농·어민등 합계	1,500,000	57,692	1
총계	72,000,000	2,769,230	2

면세농산물등 | 제조업 면세농산물등

가. 해당 해의 1월 1일부터 12월 31일까지 과세표준 및 제2기 과세기간 공제 가능한 금액 등 | 불러오기

과세표준			대상액 한도계산		해당해의 1월1일부터 12월31일까지 매입액			공제대상금액 [MIN (A,B)]
합계	제1기	제2기	한도율	A.한도액	B.합계	제1기	제2기	
220,000,000	100,000,000	120,000,000	50/100	110,000,000	113,600,000	41,600,000	72,000,000	110,000,000

나. 과세기간 공제할 세액

공제대상세액		이미 공제받은 금액					공제(납부)할 세액 (C-D)
공제율	C.공제대상 금액	D.총 합계	제1기	제2기			
				합계	예정신고분	월별조기분	
4/104	4,230,769	1,600,000	1,600,000				2,630,769

• 홍길동

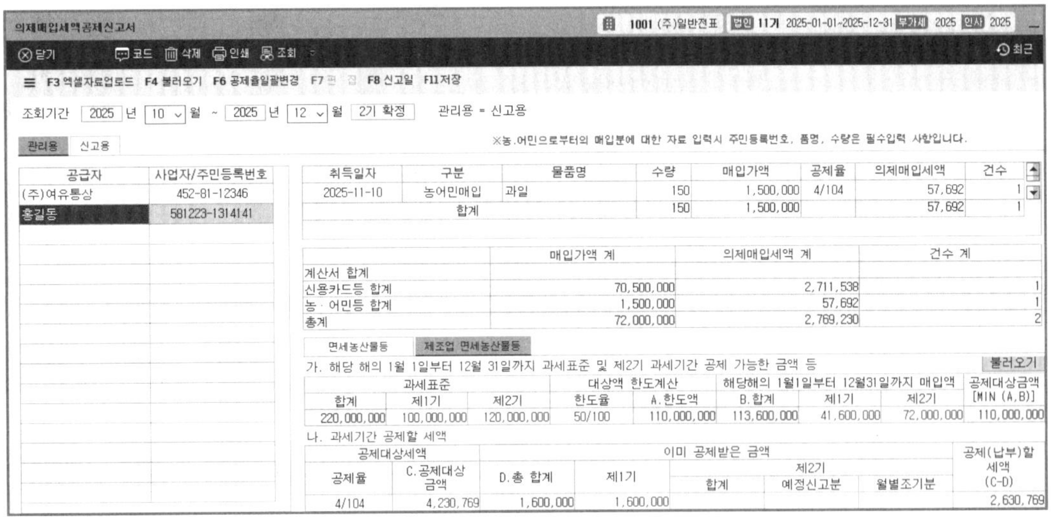

의제매입세액공제신고서

1001 (주)일반전표 | 법인 11기 2025-01-01~2025-12-31 | 부가세 2025 | 인사 2025

⊗닫기 | 코드 | 삭제 | 인쇄 | 조회 | 최근

F3 엑셀자료업로드 | F4 불러오기 | F6 공제율일괄변경 | F7 | F8 신고일 | F11저장

조회기간 2025 년 10 월 ~ 2025 년 12 월 2기 확정 관리용 = 신고용

관리용 | 신고용

※농.어민으로부터의 매입분에 대한 자료 입력시 주민등록번호, 품명, 수량은 필수입력 사항입니다.

공급자	사업자/주민등록번호
(주)여유통상	452-81-12346
홍길동	581223-1314141

취득일자	구분	물품명	수량	매입가액	공제율	의제매입세액	건수
2025-11-10	농어민매입	과일	150	1,500,000	4/104	57,692	1
	합계		150	1,500,000		57,692	1

	매입가액 계	의제매입세액 계	건수 계
계산서 합계			
신용카드등 합계	70,500,000	2,711,538	1
농·어민등 합계	1,500,000	57,692	1
총계	72,000,000	2,769,230	2

면세농산물등 | 제조업 면세농산물등

가. 해당 해의 1월 1일부터 12월 31일까지 과세표준 및 제2기 과세기간 공제 가능한 금액 등 | 불러오기

과세표준			대상액 한도계산		해당해의 1월1일부터 12월31일까지 매입액			공제대상금액 [MIN (A,B)]
합계	제1기	제2기	한도율	A.한도액	B.합계	제1기	제2기	
220,000,000	100,000,000	120,000,000	50/100	110,000,000	113,600,000	41,600,000	72,000,000	110,000,000

나. 과세기간 공제할 세액

공제대상세액		이미 공제받은 금액					공제(납부)할 세액 (C-D)
공제율	C.공제대상 금액	D.총 합계	제1기	제2기			
				합계	예정신고분	월별조기분	
4/104	4,230,769	1,600,000	1,600,000				2,630,769

③ [일반전표입력] 12월 31일

(차) 원재료	138,461	(대) 부가세대급금	138,461*

* 한도 초과액: 2,769,230원 − 2,630,769원 = 138,461원

9 재활용 폐자원 세액공제 신고서

▸ 최신 30회 중 1문제 출제

재활용 폐자원 및 중고품을 수집하는 사업자가 이를 국가, 지방자치단체 및 세금계산서를 발급할 수 없는 자(부가가치세 과세사업을 영위하지 않는 비사업자인 개인, 면세사업자, 영수증 발급 간이과세자 등)로부터 취득하여 제조·가공 및 공급하는 경우 취득가액의 일정 금액을 매입세액으로 공제받을 수 있다. 이는 폐자원 수집이 원활하게 이루어져 환경보존을 도모하기 위한 제도이다.

1. [관리용] 탭

(1) **(24)공급자**

① **성명 또는 거래처상호(기관명)**: 공급자의 상호 또는 성명을 입력한다. [거래처등록] 메뉴에 입력된 거래처인 경우 F2를 누르면 나타나는 거래처도움창의 [전체]란에 등록하고자 하는 거래처명 한 글자 이상을 입력한다. 해당 거래처를 선택한 후 확인(Enter)을 클릭한다.

② **주민등록번호 또는 사업자등록번호**: 공급자가 사업자인 경우에는 사업자등록번호를, 비사업자인 경우에는 주민등록번호를 입력한다.

(2) **(25)구분코드**

재활용 폐자원 등을 공급받은 증빙에 따라 '1.영수증', '2.계산서' 중 선택한다.

(3) **(27)품명/(28)수량**

취득한 재활용 폐자원 등의 품목과 수량을 입력한다.

(4) **(29)차량번호/(30)차대번호**

취득한 품목이 중고자동차인 경우 차량번호와 차대번호를 입력한다.

(5) **(31)취득금액**

재활용 폐자원 및 중고자동차의 취득금액을 입력한다.

(6) **(32)공제율**

중고자동차는 '2.10/110'을, 나머지 재활용 폐자원 등은 '1.3/103'을 선택하여 입력한다.

(7) **취득일자**

재활용 폐자원 및 중고자동차의 취득일자를 입력한다.

2. 매입세액 한도액 계산(확정신고 시, 중고자동차 제외)

(1) 매출액

과세기간별 재활용 폐자원과 관련하여 공급한 과세표준 예정분은 [(9)예정분]란에, 확정분은 [(10)확정분]란에 각각 구분하여 입력한다.

(2) 공제 대상세액

[매출액 – (8)합계]란에 한도율(80%)을 곱한 금액이 자동 계산된다.

(3) 당기매입액

당해 과세기간의 재활용 폐자원 매입가액을 세금계산서 수취분은 [(14)세금계산서]란에, 영수증 등 수취분은 [(15)영수증 등]란에 구분하여 각각 입력한다.

(4) (16)공제 가능한 금액(=(12)–(14))

[(12)한도액]란에서 [(14)세금계산서]란을 차감한 금액이 자동 계산된다.

(5) (19)공제 대상세액

[(17)공제 대상금액]란에 공제율(3/103)을 곱한 금액이 자동 계산된다.

(6) 이미 공제받은 세액

이미 재활용 폐자원 매입세액공제받은 금액을 [(21)예정신고분]란과 [(22)월별 조기분]란에 구분하여 입력한다.

(7) (23)공제(납부)할 세액(=(19)–(20))

[(19)공제 대상세액]란에서 [이미 공제받은 세액 – (20)합계]란을 차감한 금액이 자동 계산된다.

+ 입력 시 주의사항

- 세금계산서 발급이 불가능한 자(일반인, 세금계산서 발급의무가 없는 간이과세자, 면세사업자 등)로부터의 수집분만 해당된다. 즉, 일반과세사업자(세금계산서 발급의무가 있는 간이과세자 포함)에 의한 매입은 공제 대상이 아니다.
- 부가가치세 확정신고 시 해당 과세기간의 재활용 폐자원과 관련한 부가가치세 과세표준에 80%를 곱한 금액에서 세금계산서 수취분 매입가액을 차감한 금액을 한도로 하여 계산한 매입세액을 공제받을 수 있다(다만, 중고자동차는 공제 한도 없음).

> 한도=재활용 폐자원 관련 과세표준×80%–재활용 폐자원 관련 세금계산서 수취분 매입가액(사업용 고정자산 매입가액 제외)

연습문제

다음 거래자료를 (주)부속서류(회사코드: 1003)의 재활용 폐자원 세액공제 신고서 메뉴에 입력하시오.

[1] (주)부속서류(회사코드: 1003)는 재활용 폐자원을 수집하는 사업자이다. 다음의 자료만을 이용하여 2025년 제1기 확정신고기간(2025.4.1.~2025.6.30.)에 대한 [재활용폐자원세액공제신고서]를 작성하시오. 기출 117회

거래일자	공급자	거래 구분	품명	건수	매입가액
2025.4.10.	감수광(600112–1462362)	영수증	폐유	1	20,000,000원
2025.5.10.	김철수(660417–1623840)	영수증	폐유	1	30,000,000원
2025.4.15.	건양상사(805–08–15689)	세금계산서	트럭(고정자산)	1	80,000,000원 (부가세 별도)
2025.6.15.	사철푸드(129–81–22380)	세금계산서	폐유	1	60,000,000원 (부가세 별도)

- 위에서 제시된 자료 이외에는 무시하기로 한다.
- 재활용폐자원세액공제를 받기 위한 공급자 요건은 모두 충족한다.
- 2025년 제1기 확정신고기간에 대한 매출 공급가액은 135,000,000원이다.(제1기 예정신고기간의 관련 매출액 및 매입액은 없다고 가정한다.)

| 풀이 |

[재활용 폐자원 세액공제 신고서] 조회기간 2025년 4월~2025년 6월을 입력하고 다음과 같이 작성한 후 해당 서식을 저장한다.

재활용폐자원세액공제신고서 　 1003 (주)부속서류 　 법인 11기 2025-01-01~2025-12-31 부가세 2025 인사 2025

닫기 　 코드 　 삭제 　 인쇄 　 조회 　 최근

F3 일괄변경 　 F4 매출액 　 F6 불러오기 　 CF6 전표처리 　 F7 엑셀작업 　 F8 신고일자 　 F11 저장 　 CF12 신고내역

조회기간 2025 년 04 월 ~ 2025 년 06 월 　 구분 1기 확정 　 공제(납부)세액 1,398,058 원 　 ※중요

관리용 　 신고용 　 ※ 중고자동차 업종은 501103, 501202, 519111 만 허용됩니다.(홈택스검증사항)

No		(24)공급자 성명 또는 거래처 상호(기관명)	(24)공급자 주민등록번호또는 사업자등록번호	거래 구분	(25)구분코드	(26) 건수	(27)품명	(28) 수량	(29)차량번호	(30)차대번호	(31)취득금액	(32)공제율	(33)공제액 ((31)*(32))	취득일자
1	□	김수광	600112-1462362	1.영수증	2.기타재활용폐자원	1	폐유	1			20,000,000	3/103	582,524	2025-04-10
2	□	김철수	660417-1623840	1.영수증	2.기타재활용폐자원	1	폐유	1			30,000,000	3/103	873,786	2025-05-10
		영수증수취분		2		2					50,000,000		1,456,310	
		계산서수취분												
		합계		2		2					50,000,000		1,456,310	

재활용폐자원 매입세액공제 관련 신고내용(이 란은 확정신고시 작성하며, 중고자동차(10/110)의 경우에는 작성하지 않습니다.) 　 불러오기

매출액			대상액한도계산		당기매입액			(16)공제가능한 금액(=(12)-(14))
(8)합계	(9)예정분	(10)확정분	(11)한도율	(12)한도액	(13)합계	(14)세금계산서	(15)영수증 등	
135,000,000		135,000,000	80%	108,000,000	110,000,000	60,000,000	50,000,000	48,000,000

(17)공제대상금액(=(15)과 (16)의 금액중 적은 금액)	공제대상세액		이미 공제받은 세액			(23)공제(납부)할세액 (=(19)-(20))	{참고}10/110 공제액합계
	(18)공제율	(19)공제대상세액	(20)합계	(21)예정신고분	(22)월별조기분		
48,000,000	3/103	1,398,058				1,398,058	

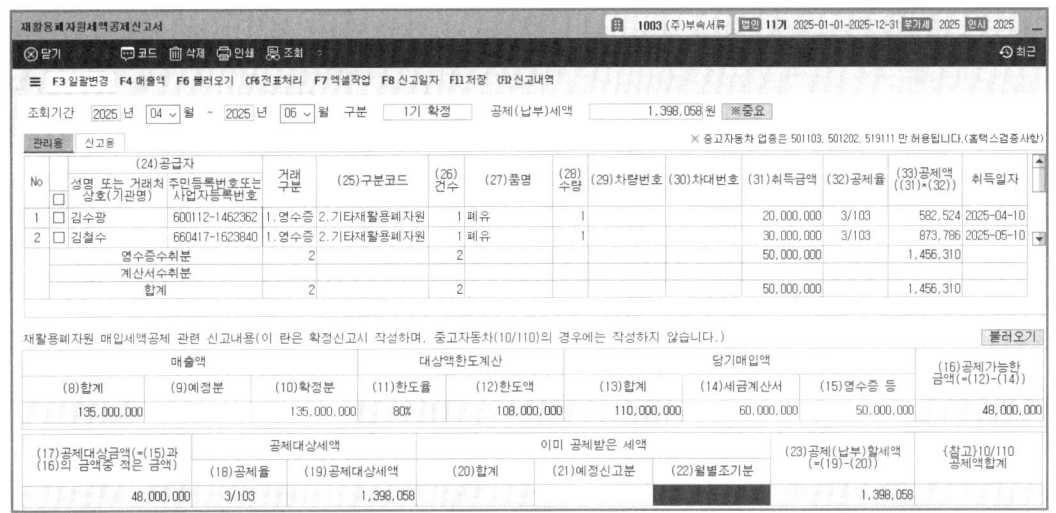

- 세금계산서 수취한 매입은 재활용 폐자원 세액공제를 적용받을 수 없으므로 건양상사와 사철푸드에서 매입한 것은 입력하지 않는다.
- 재활용폐자원세액공제 한도액 계산 시 차감하는 세금계산서 매입액은 세금계산서를 발급받고 매입한 재활용폐자원 매입가액만 해당하므로 [당기매입액-(14)세금계산서]란은 60,000,000원을 입력한다.

[2] (주)부속서류(회사코드: 1003)의 다음 자료를 이용하여 2025년 2기 확정신고기간(2025.10.1.~2025.12.31.)의 '재활용 폐자원 세액공제 신고서'를 작성하시오. 기출 63회

거래일	공급자 (주민등록번호 또는 사업자등록번호)	품명	수량	취득금액	건수
2025.10.25.	고지수(820503－2111113)	고철	200kg	2,546,000원	1건
2025.12.22.	나폐상사(136－05－45687)	폐지	100kg	6,600,000원	1건

- 고지수(비사업자)와의 거래는 영수증 수취거래이다.
- 나폐상사는 개인, 일반과세자이다.
- 매입매출전표입력은 생략하며, 예정신고기간 중의 재활용 폐자원 거래내역은 없다.
- 2기 과세기간 중 재활용 관련 매출액과 세금계산서 매입액은 다음과 같다.

구분	매출액	매입공급가액(세금계산서)
예정분	65,000,000원	36,000,000원
확정분	50,000,000원	45,000,000원

PART 04

| 풀이 |

[재활용 폐자원 세액공제 신고서] 조회기간 2025년 10월~2025년 12월을 입력하고 다음과 같이 작성한 후 해당 서식을 저장한다.

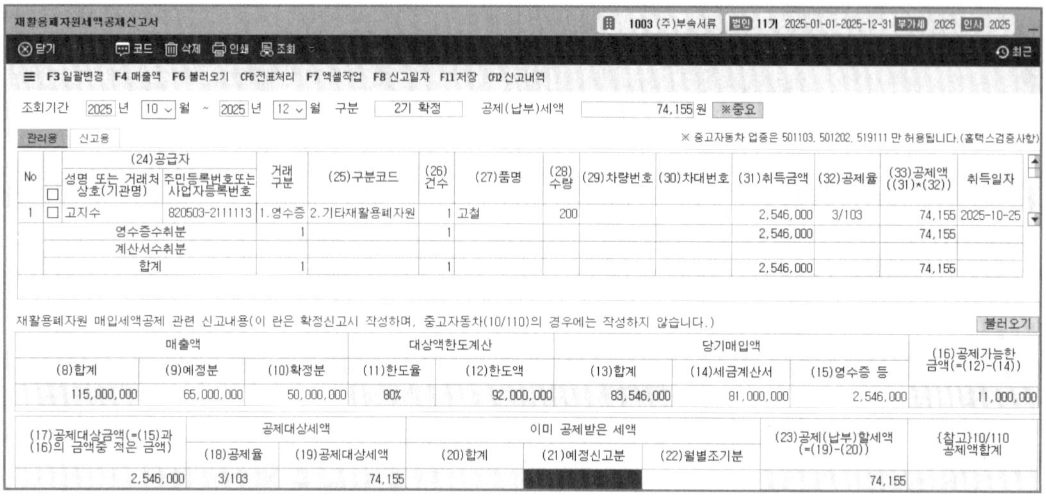

• 일반과세자에게 매입한 것은 재활용 폐자원 세액공제를 적용받을 수 없으므로 나폐상사에서 매입한 것은 입력하지 않는다.

10 간주공급

▸ 최신 30회 중 1문제 출제

1. [매입매출전표입력] 메뉴

직매장반출을 제외한 간주공급은 세금계산서 발급의무가 없기 때문에 [매입매출전표입력] 메뉴의 [유형]란에 '14.건별'로 입력한다. 또한, 하단 분개의 경우에는 재고자산 금액은 원가를 입력하며 계정과목의 [적요]란에 '8.타계정으로 대체액'을 입력한다.

2. [부가가치세 신고서] 메뉴

[매입매출전표입력] 메뉴의 [유형]란에 '14.건별'로 입력하면 [부가가치세 신고서] 메뉴의 [4.과세 – 기타(정규영수증 외 매출분)]란에 자동 반영된다.

연습문제

다음 거래자료를 (주)부속서류(회사코드: 1003)의 매입매출전표입력 및 부가가치세 신고서 메뉴에 입력하시오.

[1] 다음은 (주)부속서류(회사코드: 1003)의 2025년 제2기 부가가치세 예정신고기간(7월 1일~9월 30일) 중 제품 타계정 대체액의 명세이다. 재화의 간주공급에 해당되는 거래를 한 건으로 매입매출전표에 입력(날짜는 9월 30일이며 분개는 생략함)하고 제2기 예정 '부가가치세 신고서'를 작성하시오(당해 제품 제조에 사용된 재화는 모두 매입세액공제분이라고 가정하며, 과세표준 명세 작성은 생략함). 기출 71회

대체된 계정과목	거래내용	금액	
		원가	시가
광고선전비	제품 홍보용으로 불특정 다수인에게 무상배포	2,000,000원	3,000,000원
기업업무추진비	매출처에 사은품으로 제공	5,000,000원	6,000,000원
수선비	수선비 등에 대체하여 사용하거나 소비하는 경우	6,000,000원	8,000,000원
복리후생비	생일을 맞이한 임직원에게 기념품으로 증정(단, 해당 거래내용 이외 과세기간 중 창립기념일 등 정기적 사유로 지급한 적은 없음)	90,000원	100,000원

| 풀이 |

① [매입매출전표입력] 9월 30일

유형	공급가액	부가세	공급처명	전자	분개
14.건별	6,000,000	600,000			0.없음

• 광고선전비: 광고선전을 목적으로 불특정 다수인에게 무상배포하는 경우에는 간주공급인 사업상 증여에 해당하지 않는다.
• 기업업무추진비: 매출처에 사은품으로 제공하는 것은 사업상 증여인 간주공급에 해당한다.
• 수선비: 회사 영업과 관련하여 사용하거나 소비하는 경우에는 간주공급인 자가공급에 해당되지 않는다.
• 복리후생비: 1인당 연간 10만원 이내의 생일, 창립기념일 등과 관련된 재화는 간주공급에 해당하지 않는다.
∴ 간주공급은 세금계산서 발행의무가 면제되므로 거래유형은 '14.건별'이며, 과세표준은 시가이므로 기업업무추진비 6,000,000원을 입력한다.

② [부가가치세 신고서] 조회기간 2025년 7월 1일~2025년 9월 30일을 입력하면 [4.과세 – 기타(정규영수증 외 매출분)]의 [금액]란에 기업업무추진비 6,000,000원이 자동으로 반영된다.

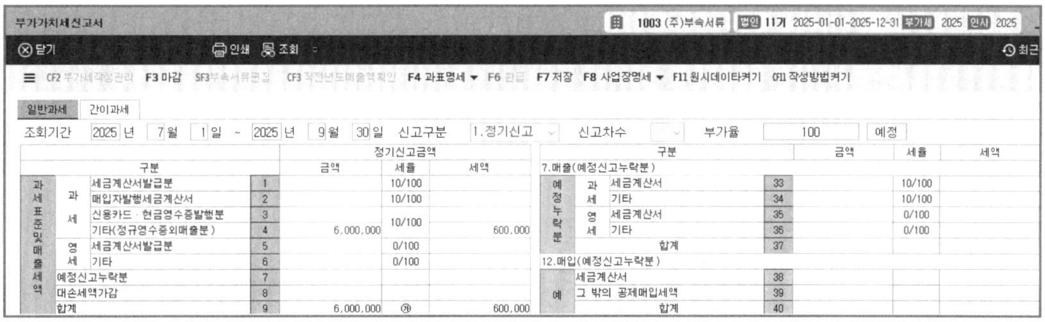

[2] (주)부속서류(회사코드: 1003)의 부가가치세 신고와 관련된 다음의 자료를 토대로 2025년 제1기 확정 부가가치세 신고서를 작성하시오(모두 4월~6월에 발생한 거래로 가정하고 전표입력은 생략하며, 기존에 입력된 데이터는 모두 삭제한 후 입력할 것). 기출 90회

1. 6월 10일 과세사업에 사용하던 기계장치를 면세재화의 생산에 전용하였다. 면세사업에 전용된 기계장치에 대한 내용은 다음과 같다. 당해 기계장치는 매입 시 세금계산서를 수령하였고 매입세액은 전액 공제되었다.

   • 취득일: 2024년 6월 25일
   • 취득가액: 30,000,000원(부가가치세 별도)

2. 다음은 제1기 확정신고기간 중 당사의 제품을 전용한 내용이다. 부가가치세 신고서에 반영하시오.

구분	전용내역	원가	시가
1	거래처 접대 목적으로 사용	200,000원	300,000원
2	면세사업에 전용	5,000,000원	7,000,000원
3	비영업용 소형승용차의 수선에 사용	1,000,000원	2,000,000원
4	서울시에 무상으로 제공	2,000,000원	3,000,000원

   • 전용된 당사의 제품은 매입세액공제를 적용받은 것이며, 부가가치세 과세사업에 해당하는 것이다.
   • 상기 원가와 시가는 공급가액이다.

3. 제품의 직매장 반출액
   원가 10,000,000원, 시가 15,000,000원이며 세금계산서는 적법하게 발급하였고, 당 사업장은 사업자 단위과세사업자나 총괄납부승인사업자가 아니다.

| 풀이 |

[부가가치세 신고서] 조회기간 2025년 4월 1일~2025년 6월 30일을 입력하고 다음과 같이 직접 작성한 후 해당 서식을 저장한다.

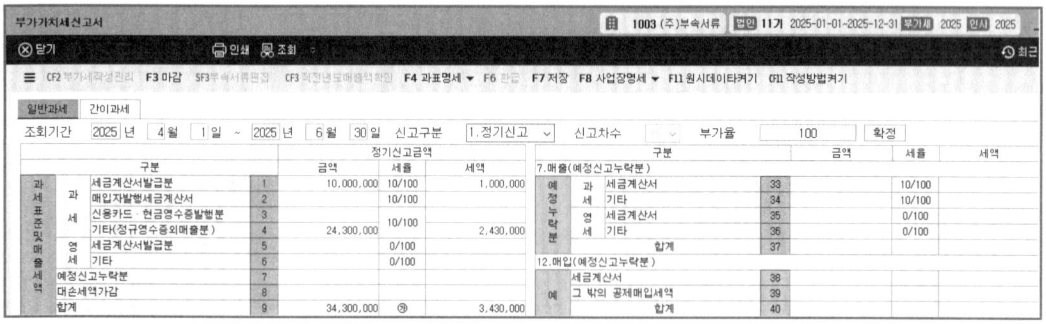
부가가치세신고서

1003 (주)부속서류 법인 11기 2025-01-01~2025-12-31 부가세 2025 인사 2025

닫기 인쇄 조회 최근

CF2 부가세작성관리 F3 마감 SF3부속서류편집 CF3 직전년도매출액확인 F4 과표명세 F6 환급 F7 저장 F8 사업장명세 F11 원시데이타켜기 CF11 작성방법켜기

일반과세 간이과세

조회기간 2025 년 4 월 1 일 ~ 2025 년 6 월 30 일 신고구분 1.정기신고 신고차수 부가율 100 확정

구분				정기신고금액 금액	세율	세액
과세표준및매출세액	과세	세금계산서발급분	1	10,000,000	10/100	1,000,000
		매입자발행세금계산서	2		10/100	
		신용카드·현금영수증발행분	3		10/100	
		기타(정규영수증외매출분)	4	24,300,000		2,430,000
	영세	세금계산서발급분	5		0/100	
		기타	6		0/100	
	예정신고누락분		7			
	대손세액가감		8			
	합계		9	34,300,000	㉮	3,430,000

구분				금액	세율	세액
7.매출(예정신고누락분)						
예정누락분	과세	세금계산서	33		10/100	
		기타	34		10/100	
	영세	세금계산서	35		0/100	
		기타	36		0/100	
	합계		37			
12.매입(예정신고누락분)						
예	세금계산서		38			
	그 밖의 공제매입세액		39			
	합계		40			

• [1.과세 – 세금계산서 발급분]의 [금액]란에 직매장 반출액 10,000,000원을 입력하면 [세액]란에 1,000,000원이 자동 반영된다.

• [4.과세 – 기타(정규영수증 외 매출분)]의 [금액]란에 24,300,000원*을 입력하면 [세액]란에 2,430,000원이 자동 반영된다.

* 기계장치 면세전용에 대한 간주시가 15,000,000원[= 30,000,000원×(1 – 25%×2)] + 제품의 시가 9,300,000원(= 거래처 접대 목적 300,000원 + 면세사업에 전용 7,000,000원 + 비영업용 소형승용차 수선에 사용 2,000,000원) = 24,300,000원

• 서울시에 무상으로 공급하는 재화 또는 용역은 면세 항목이다.

THEME 02 일반과세자의 부가가치세 신고서 작성하기

신고내용						
구분				금액	세율	세액
과세표준 및 매출세액	과세	세금계산서 발급분	①	11.과세	10/100	
		매입자발행 세금계산서	②	매입자발행 세금계산서합계표	10/100	
		신용카드 · 현금영수증 발행분	③	17.카과, 22.현과	10/100	
		기타(정규영수증 외 매출분)	④	14.건별		
	영세율	세금계산서 발급분	⑤	12.영세	0/100	
		기타	⑥	16.수출	0/100	
	예정신고 누락분		⑦	예정신고 누락분 반영		
	대손세액가감		⑧			대손세액신고서 반영
	합계		⑨		㉮	
매입세액	세금계산서 수취분	일반매입	⑩	51.과세, 52.영세, 54.불공, 55.수입 중 고정자산매입분 제외		
		수출기업 수입분 납부유예	⑩-1			
		고정자산매입	⑪	51.과세, 52.영세, 54.불공, 55.수입 중 고정자산매입분		
	예정신고 누락분		⑫	예정신고 누락분 반영		
	매입자발행 세금계산서		⑬			
	그 밖의 공제매입세액		⑭	그 밖의 공제매입세액 반영		
	합계(⑩-(⑩-1)+⑪+⑫+⑬+⑭)		⑮			
	공제받지 못할 매입세액		⑯	공제받지 못할 매입세액 명세서 반영		
	차감 계(⑮-⑯)		⑰		㉯	
납부(환급)세액(매출세액㉮-매입세액㉯)					㉰	
경감 · 공제세액	그 밖의 기타 경감 · 공제세액		⑱			
	신용카드 매출전표 등 발행공제 등		⑲	17.카과, 22.현과의 공급대가, 신용카드 매출전표 등 발행금액 집계표		법인은 해당되지 않음
	합계		⑳		㉱	
소규모 개인사업자 부가가치세 감면세액			⑳		㉲	
예정신고 미환급세액			㉑		㉳	
예정 고지세액			㉒		㉴	
사업양수자의 대리납부 기납부세액			㉓		㉵	
매입자 납부특례 기납부세액			㉔		㉶	
신용카드업자의 대리납부 기납부세액			㉕		㉷	
가산세액 계			㉖		㉸	가산세 명세 반영
차감 · 가감하여 납부할 세액(환급받을 세액)(㉰-㉱-㉲-㉳-㉴-㉵-㉶-㉷+㉸)					㉗	
총괄납부사업자 납부할 세액(환급받을 세액)						

1. 매출세액(과세표준)

(1) 1.과세 – 세금계산서 발급분

과세매출 중 세금계산서 발급분을 의미하며 [매입매출전표입력] 메뉴에서 유형 '11.과세'로 입력한 매출금액이 반영된다.

(2) 2.과세 – 매입자발행 세금계산서

세금계산서의 원칙은 공급자가 2장을 발행하여 1장은 공급자가 보관하고, 1장은 공급받는 자에게 발급하는 것이다. 그러나 공급자가 세금계산서를 발급하지 못한 경우 일정 요건이 충족되면 매입자가 발행할 수 있다. 이 경우를 매입자발행 세금계산서라 한다.

(3) 3.과세 – 신용카드 · 현금영수증 발행분

과세매출 중 카드전표나 현금영수증 발행분이므로 [매입매출전표입력] 메뉴에서 유형 '17.카과', '22.현과'로 입력한 공급가액이 반영된다.

(4) 4.과세 – 기타(정규영수증 외 매출분)

과세매출 중 정규증빙(세금계산서, 신용카드 매출전표, 현금영수증)이 아닌 매출인 경우이다. [매입매출전표입력] 메뉴에서 유형 '14.건별'로 입력한 공급가액이 반영된다. '14.건별'에는 간주공급, 간주임대료 등이 해당된다.

(5) 5.영세 – 세금계산서 발급분

과세매출 중 영세율 세금계산서를 발행한 것(내국신용장, 구매확인서 등에 의한 공급)이므로 [매입매출전표입력] 메뉴에서 유형 '12.영세'를 입력한 공급가액이 반영된다. 영세율이므로 세액은 없다.

(6) 6.영세 – 기타

과세매출 중 영세율이면서 세금계산서를 발행하지 않은 것이므로 [매입매출전표입력] 메뉴에서 유형 '16.수출'을 선택한 공급가액이 반영된다. 영세율이므로 세액은 없다.

(7) 7.예정신고 누락분

확정신고 시 예정신고분의 누락분을 신고하는 곳으로 '예정신고 누락분'에 커서를 위치시키면 부가가치세 신고서 오른쪽에 다음과 같이 누락된 매출세금계산서 등을 직접 입력하는 란이 나온다.

구분				금액	세율	세액
7.매출(예정신고누락분)						
예정누락분	과세	세금계산서	33		10/100	
		기타	34		10/100	
	영세	세금계산서	35		0/100	
		기타	36		0/100	
	합계		37			

2. 대손세액가감

[8.대손세액가감]란은 법률상 대손요건을 충족하면 매출세액에서 차가감하는 항목이다. 부가가치세 신고서 부속서류인 '대손세액공제 신고서'의 내용이 자동으로 반영된다.

3. 매입세액

(1) 10.세금계산서 수취분 – 일반매입

세금계산서 수취분으로 [매입매출전표입력] 메뉴에서 유형 '51.과세', '52.영세', '54.불공', '55.수입'을 선택한 공급가액과 세액이 반영되며, 이 중 분개가 고정자산코드(195~230)로 입력된 매입은 제외되어 [11.고정자산매입]란에 집계된다. 특히 '54.불공'으로 입력한 매입가액은 10번(또는 11번)란에 집계되었다가 [50.공제받지 못할 매입세액]란에 집계되어 차감되도록 구성되어 있다.

(2) 11.세금계산서 수취분 – 고정자산매입

과세기간 중에 고정자산의 매입가액과 세액을 기재한다. 이는 부가가치율을 계산할 때 매출원가와 관련 없는 고정자산을 제외하여 신고 성실도 분석 및 각종 통계 시 활용하기 위함이다.

(3) 12.예정신고 누락분

확정신고 시 예정신고 누락분을 신고하는 곳으로 '예정신고 누락분'에 커서를 위치시키면 부가가치세 신고서 오른쪽에 다음과 같이 누락된 매입세금계산서 등을 직접 입력하는 란이 나온다.

12.매입(예정신고누락분)						
예정누락분	세금계산서		38			
	그 밖의 공제매입세액		39			
	합계		40			
	신용카드매출 수령금액합계	일반매입				
		고정매입				
	의제매입세액					
	재활용폐자원등매입세액					
	과세사업전환매입세액					
	재고매입세액					
	변제대손세액					
	외국인관광객에대한환급세액					
	합계					

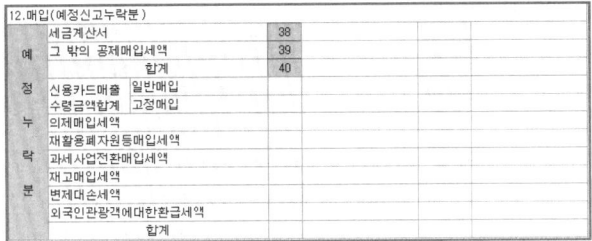

(4) 13.매입자발행 세금계산서

매입세금계산서를 공급시기에 발급받지 못하여 관할 관청에 매입자발행 세금계산서를 신청한 후, 확인을 받은 경우에 해당한다. [매입매출전표입력] 메뉴에 '51.과세'로 입력하면 10번(또는 11번)란에 자동으로 반영되므로 해당 란에서 금액과 세액을 차감하고 13번란에 수동으로 입력한다.

(5) 14.그 밖의 공제매입세액

[14.그 밖의 공제매입세액]란에 커서를 위치시키면 부가가치세 신고서 오른쪽에 입력하는 란이 나온다.

14.그 밖의 공제매입세액					
신용카드매출 수령금액합계표	일반매입	41			
	고정매입	42			
의제매입세액		43		뒤쪽	
재활용폐자원등매입세액		44		뒤쪽	
과세사업전환매입세액		45			
재고매입세액		46			
변제대손세액		47			
외국인관광객에대한환급세액		48			
합계		49			

① **41.신용카드 매출수령금액 합계표 – 일반매입:** 일반과세자로부터 재화나 용역을 공급받고 신용카드 매출전표 등을 수취한 경우 [신용카드 매출전표 등 수령 명세서(갑)(을)]를 작성하여 그 매입세액을 공제받을 수 있다. [매입매출전표입력] 메뉴의 '57.카과', '61.현과'로 입력된 자료가 반영된 [신용카드 매출전표 등 수령 명세서(갑)(을)] 메뉴의 내용이 자동으로 반영된다.

② **42.신용카드 매출수령금액 합계표 – 고정매입:** [매입매출전표입력] 메뉴에서 '57.카과'와 '61.현과'로 입력된 자료 중 고정자산에 해당하는 내용이 자동으로 반영된다.

③ **43.의제매입세액:** 과세사업자가 면세 대상인 농·축·수·임산물을 원재료로 하여 제조·가공한 재화 또는 용역이 과세로 공급되는 경우 매입가액과 의제매입세액을 기재한다. 본 프로그램에서는 의제매입세액과 관련된 거래를 [매입매출전표입력] 메뉴에 입력하면 부가가치세 신고서 부속서류인 [의제매입세액공제 신고서] 메뉴에 자동으로 반영된다. 부속서류에서 계산된 매입액과 의제매입세액이 본란에 자동으로 반영된다.

④ **44.재활용 폐자원 등 매입세액:** 재활용 폐자원 및 중고품을 수집하는 사업자가 과세사업을 영위하지 않는 자나 간이과세자로부터 재활용 폐자원 또는 중고품을 취득하여 제조·가공하여 이를 공급하는 경우에는 재활용 폐자원 등의 취득가액의 3/103을 매입세액으로 공제받을 수 있다. 재활용 폐자원 등 매입세액과 관련된 거래를 [매입매출전표입력] 메뉴에 입력하면 부가가치세 신고서 부속서류인 [재활용 폐자원 세액공제 신고서] 메뉴에 자동으로 반영된다. 부속서류에서 계산된 매입액과 세액이 본란에 자동으로 반영된다.

⑤ **45.과세사업전환 매입세액:** 면세사업자가 일반과세자로 전환하는 경우 재고분에 대한 매입세액공제 대상액을 입력한다.

⑥ **46.재고매입세액:** 간이과세자가 일반과세자로 전환하는 경우 그 변경된 날 현재의 재고품 및 감가상각자산에 대한 매입세액을 계산하여 입력한다.

⑦ **47.변제대손세액:** 공급받은 재화나 용역에 대한 외상대금의 대손이 확정되어 매입세액을 불공제받은 후 대손금액의 전부 또는 일부를 변제한 경우 변제한 대손금액에 관한 대손세액을 기재한다. 부가가치세 신고서 부속서류인 [대손세액공제 신고서] 메뉴의 [대손변제] 탭을 선택하여 작성하면 공제 대상세액이 자동으로 반영된다.

(6) 16.공제받지 못할 매입세액

[16.공제받지 못할 매입세액]란에 커서를 위치시키면 부가가치세 신고서 오른쪽에 다음의 화면이 나온다.

구분		금액	세율	세액
16.공제받지못할매입세액				
공제받지못할 매입세액	50			
공통매입세액면세등사업분	51			
대손처분받은세액	52			
합계	53			

① 50.공제받지 못할 매입세액: 과세기간 중에 발급받은 세금계산서 중 공제받지 못하는 매입세액에 대한 공급가액 및 세액의 합계액을 기재한다. [매입매출전표입력] 메뉴에서 '54.불공'으로 입력한 금액이 부가가치세 신고서 부속서류인 [공제받지 못할 매입세액 명세서] 메뉴의 매입세액 불공제분 계산근거에 자동으로 반영되며 작성된 금액이 본란에 자동으로 반영된다.

② 51.공통매입세액 면세 등 사업분: 과세사업과 면세사업을 겸영하는 사업자가 과세 · 면세사업에 공통으로 사용할 재화 또는 용역의 매입세액은 그 실지귀속이 불분명할 경우 매입세액을 안분계산하게 되는데, 안분계산된 면세사업에 관련된 매입세액을 기재한다.

③ 52.대손처분받은 세액: 부가가치세가 과세되는 재화 또는 용역을 공급받고 매입세액을 공제받은 외상매입금, 기타 매입채무가 폐업 전에 대손이 확정되어 거래 상대방이 대손세액을 공제받은 경우 관련 대손처분받은 세액을 입력한다.

4. 경감 · 공제세액

(1) 18.그 밖의 경감 · 공제세액 – 54.전자 신고 및 전자 고지 세액공제

납세자 및 세무대리인이 부가가치세를 전자 신고하는 경우에는 확정신고기간의 부가가치세 납부세액에서 1만원을 공제하거나 환급세액에 가산한다. 개인사업자와 영세법인사업자(직전 과세기간 공급가액의 합계액이 1억 5천만원 미만인 법인사업자)에 대해서는 예정신고기간마다 예정 고지세액을 결정하여 해당 예정신고기간이 끝난 후 25일까지 징수한다. 납부고지서의 송달을 전자송달로 신청한 경우 신청한 달의 다음다음 달 이후 송달하는 분부터 납부세액에서 납부고지서 1건당 1천원을 공제한다.

18.그 밖의 경감·공제세액				
전자신고 및 전자고지 세액공제	54			
전자세금계산서발급세액공제	55			
택시운송사업자경감세액	56			
대리납부세액공제	57			
현금영수증사업자세액공제	58			
기타	59			
합계	60			

(2) 19.신용카드 매출전표 등 발행공제 등

법인사업자는 신용카드 매출전표 발행금액만 반영하고 세액은 '0'으로 하며 개인사업자(법인사업자와 직전 연도 매출액이 10억원을 초과하는 개인사업자는 적용 제외함)는 발행금액에 세액공제율 1.3%를 적용(연간 1,000만원 한도)한다.

5. 21.예정신고 미환급세액

직전 과세기간 공급가액의 합계액이 1억 5천만원 미만인 영세법인사업자를 제외한 법인사업자만 해당한다. 예정신고기간 중에 발생한 환급세액은 예정신고 시 환급되지 않고 확정신고 시 납부세액에서 공제세액으로 차감하며, KcLep 프로그램에서는 해당 금액을 부가가치세 신고서에 직접 입력한다.

6. 22.예정 고지세액

개인사업자와 직전 과세기간 공급가액의 합계액이 1억 5천만원 미만인 영세법인사업자만 해당한다. 예정신고의무가 면제된 개인사업자는 예정신고 시 관할 세무서장이 직전 과세기간에 대한 납부세액의 1/2에 해당하는 세액을 결정하여 고지한 금액으로 납부한다. 이와 같이 납부한 예정 고지세액은 확정신고 시 납부세액에서 이를 차감한다.

7. 26.가산세액 계

예정신고 누락분의 확정신고 시 적용한다. 확정신고 누락분의 수정 신고 또는 기한 후 신고서 작성에 대해 반드시 가산세를 계산하여 납부해야 한다. [26.가산세액 계]란에 커서를 위치시키면 오른쪽에 나오는 다음 란에 가산세를 직접 입력한다.

25.가산세명세					
사업자미등록등		61		1/100	
세 금 계산서	지연발급 등	62		1/100	
	지연수취	63		5/1,000	
	미발급 등	64		뒤쪽참조	
전자세금 발급명세	지연전송	65		3/1,000	
	미전송	66		5/1,000	
세금계산서 합계표	제출불성실	67		5/1,000	
	지연제출	68		3/1,000	
신고 불성실	무신고(일반)	69		뒤쪽	
	무신고(부당)	70		뒤쪽	
	과소·초과환급(일반)	71		뒤쪽	
	과소·초과환급(부당)	72		뒤쪽	
납부지연		73		뒤쪽	
영세율과세표준신고불성실		74		5/1,000	
현금매출명세서불성실		75		1/100	
부동산임대공급가액명세서		76		1/100	
매입자 납부특례	거래계좌 미사용	77		뒤쪽	
	거래계좌 지연입금	78		뒤쪽	
신용카드매출전표등수령명세서미제출·과다기재		79		5/1,000	
합계		80			

개정세법 반영

(1) 61.사업자미등록 등

구분	내용	가산세액
미등록	사업자가 사업개시일로부터 20일까지 사업자등록을 신청하지 않은 경우	공급가액* × 1%
타인명의등록	사업자가 타인의 명의로 사업자등록을 하거나 그 타인 명의의 사업자등록을 이용하여 사업을 하는 경우	공급가액 × 2%

* 사업개시일부터 등록을 신청한 날의 직전일까지의 공급가액 합계액

(2) 62.세금계산서 – 지연발급 등

세금계산서를 공급시기에 발급하지 않고 공급시기가 속하는 과세기간의 확정신고기한 내에 발급하거나 세금계산서의 필요적 기재사항 누락 등의 경우 '공급가액 × 1%'의 가산세를 입력한다.

(3) 63.세금계산서 – 지연수취

다음 중 어느 하나에 해당하는 경우 입력한다.

① 공급시기 이후 해당 공급시기가 속하는 과세기간의 확정신고기한까지 세금계산서 수취

② 공급시기 이후 세금계산서를 발급받았으나 실제 공급시기가 속하는 과세기간의 확정신고기한 다음 날부터 1년 이내에 발급받은 것으로서 수정 신고·경정청구하거나 거래사실을 확인하여 결정·경정

③ 공급시기 이전에 세금계산서를 발급받았으나 실제 공급시기가 6개월 이내에 도래하고 거래사실을 확인하여 결정·경정

+ 신용카드 매출전표 등 불성실 가산세: 공급가액의 0.5%

사업자가 신용카드 매출전표 등 수령 명세서를 예정·확정신고 시 제출하지 않고, 발급받은 신용카드 매출전표 등을 경정 시 경정기관의 확인을 거쳐 해당 경정기관에 제출하여 매입세액을 공제받는 경우

(4) 64.세금계산서 – 미발급 등

세금계산서 등을 미발급, 가공발급, 위장발급, 위장수취, 과다발급, 과다수취한 경우 다음의 가산세를 적용하여 입력한다.

구분	내용	가산세액
가공발급 및 가공수취	재화 또는 용역의 공급 없이 세금계산서 등을 발급 및 수취한 경우	공급가액 × 3%
비사업자의 가공발급 및 가공수취	사업자가 아닌 자가 재화 또는 용역의 공급 없이 세금계산서 등을 발급 및 수취한 경우	
타인 명의 발급 및 타인 명의 수취	재화 또는 용역의 공급은 있었으나 타인 명의의 세금계산서 등을 발급 및 수취한 경우	공급가액 × 2%
과다발급 및 과다수취	재화 또는 용역을 공급하고 공급가액을 과다하게 기재한 세금계산서 등을 발급 및 수취 (단, 실제보다 과다기재한 부분에 대한 공급가액에 대해 가산세 적용)	
미발급	세금계산서의 발급시기가 지난 후 해당 재화 또는 용역의 공급시기가 속하는 과세기간에 대한 확정신고기한까지 세금계산서를 미발급한 경우	

전자세금계산서 발급의무자 종이발급	전자세금계산서 발급의무자가 세금계산서의 발급시기에 종이세금계산서를 발급한 경우	공급가액×1%
타사업장 명의 발급	둘 이상의 사업장을 보유한 사업자가 재화 또는 용역을 공급한 사업장이 아닌 자신의 다른 사업장 명의로 세금계산서를 발급한 경우	

꿀팁 [64.미발급 등]란은 해당 가산세에 대한 공급가액과 세액을 직접 계산하여 입력해야 한다.

(5) 65.전자세금발급명세 – 지연전송/66.전자세금발급명세 – 미전송

법인사업자 또는 직전 연도 공급가액이 일정 금액 이상인 개인사업자*는 의무적으로 전자세금계산서를 공급일이 속하는 달의 다음 달 10일(토요일, 공휴일인 경우 그 다음 날)까지 발급하여야 하며, 발급일의 다음 날(토요일, 공휴일인 경우 그 다음 날)까지 국세청에 전송해야 한다. 전자세금계산서의 지연전송과 미전송 가산세는 다음과 같다.

구분	내용	가산세액
지연전송	전자세금계산서 전송기한이 지난 후 과세기간 확정신고기한까지 발급명세를 전송하는 경우	공급가액×0.3%
미전송	전자세금계산서 전송기한이 지난 후 과세기간 확정신고기한까지 발급명세를 전송하지 않은 경우	공급가액×0.5%

* 전자세금계산서 의무발급 개인사업자: 전자세금계산서 의무발급기간은 사업장별 재화 등의 공급가액이 일정 규모 이상인 연도의 다음 연도 2기 과세기간부터 그 다음 연도 1기 과세기간까지이다.

연도	공급가액(면세공급가액 포함) 합계액 기준	전자세금계산서 의무발급기간
2024년	8천만원 이상	2025년 7월 1일~2026년 6월 30일

(6) 67.세금계산서합계표 – 제출불성실/68.세금계산서합계표 – 지연제출

종류		적용범위	가산세
제출 불성실	미제출	매출처별 세금계산서합계표를 예정 및 확정신고 시 제출하지 않은 경우(단, 제출기한 경과 후 1개월 이내 제출 시 50% 감면)	공급가액×0.5%
	과다공제	매입처별 세금계산서합계표의 기재사항 중 공급가액을 사실과 다르게 과다하게 신고한 경우	
	부실기재	매출처별 세금계산서합계표의 거래처별 등록번호 또는 공급가액 기재불성실 및 사실과 다른 경우	
지연제출		예정신고분을 확정신고 시 제출한 경우	공급가액×0.3%

(7) 신고불성실

종류	가산세
69.무신고(일반)	무신고세액×20%
70.무신고(부당)	무신고세액×40%
71.과소 · 초과환급(일반)	과소 · 초과환급 신고세액×10%
72.과소 · 초과환급(부당)	과소 · 초과환급 신고세액×40%

포인트 가산세 감면규정

- 수정 신고한 경우: 법정 신고기한 경과 후 일정 기간 이내에 수정 신고를 한 사업자는 최초 과소 신고로 인한 가산세에 대하여 신고불성실 가산세와 영세율 과세표준 신고불성실 가산세에서 다음의 금액을 감면받을 수 있다.

기한	감면율
법정 신고기한 경과 후 1개월 이내	90%
법정 신고기한 경과 후 1개월 초과 3개월 이내	75%
법정 신고기한 경과 후 3개월 초과 6개월 이내	50%
법정 신고기한 경과 후 6개월 초과 1년 이내	30%
법정 신고기한 경과 후 1년 초과 1년 6개월 이내	20%
법정 신고기한 경과 후 1년 6개월 초과 2년 이내	10%

- 기한 후 신고한 경우: 법정 신고기한 경과 후 기한 후 신고를 한 경우에 해당하는 무신고 가산세와 영세율 과세표준 신고불성실 가산세에서 다음의 금액을 감면받을 수 있다.

기한	감면율
법정 신고기한 경과 후 1개월 이내	50%
법정 신고기한 경과 후 1개월 초과 3개월 이내	30%
법정 신고기한 경과 후 3개월 초과 6개월 이내	20%

다만, 예정신고기한까지 예정신고를 하지 않았으나 확정신고기한까지 과세표준 신고를 한 경우 해당 기간에 부과되는 무신고 가산세의 50%를 감면한다.

(8) 73.납부지연

구분	가산세
과소납부 가산세	미납부 · 과소납부한 세액×기간*1 ×22/100,000
초과환급 가산세	초과환급받은 세액×기간*1 ×22/100,000
가산금*2	미납부 · 과소납부한 세액×3%

*1 법정 납부기한(환급받은 날)의 다음 날부터 납부일까지의 기간(납세고지일부터 납세고지서에 따른 납부기한까지의 기간은 제외)을 의미한다.

*2 납세고지서에 따른 납부기한까지 완납하지 않은 경우에 한정된다.

(9) 74.영세율 과세표준 신고불성실

영세율이 적용되는 과세표준을 예정신고 또는 확정신고를 하지 않거나 과소 신고한 경우 무신고 또는 과소 신고금액의 0.5%에 상당하는 금액을 입력한다.

(10) 75.현금매출 명세서 불성실

변호사 · 공인회계사 · 세무사 등이 수입금액을 제출하지 않거나 제출한 수입금액이 사실과 다르게 기재된 경우에 미제출 및 사실과 다르게 제출한 '수입금액×1%'의 금액을 입력한다(단, 제출기한 경과 후 1개월 이내 제출 시 50% 감면).

(11) 76.부동산 임대 공급가액 명세서

부동산 임대업자가 '부동산 임대 공급가액 명세서'를 제출하지 않거나 제출한 수입금액이 사실과 다르게 기재된 경우에는 미제출 및 사실과 다르게 제출한 '수입금액×1%'의 금액을 입력한다(단, 제출기한 경과 후 1개월 이내 제출 시 50% 감면).

포인트 가산세 중복 적용배제

우선 적용되는 가산세	적용배제
세금계산서 미발급(2%, 1%)	• 미전송(0.5%) • 매출처별 세금계산서합계표 불성실(0.5%, 0.3%)
세금계산서 지연발급(1%)	• 지연전송(0.3%) • 매출처별 세금계산서합계표 불성실(0.5%, 0.3%)
전자세금계산서 미전송(0.5%)	매출처별 세금계산서합계표 불성실(0.5%, 0.3%)
전자세금계산서 지연전송(0.3%)	매출처별 세금계산서합계표 불성실(0.5%, 0.3%)

꿀팁 전자세금계산서를 발급하고 발급명세를 전송(지연전송 포함)한 경우 세금계산서 발급명세가 국세청에 전송된 것이므로 매출처별 세금계산서합계표 불성실 가산세는 적용되지 않는다.

8. 과세표준 명세

[부가가치세 신고서] 메뉴 상단 툴바의 F4 과표명세 를 클릭하면 다음의 과세표준 명세 입력창이 나타난다.

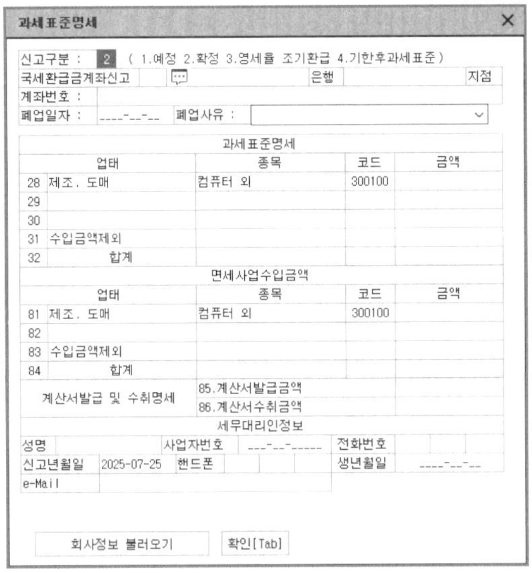

(1) 신고구분

'1.예정', '2.확정', '3.영세율 조기환급', '4.기한 후 과세표준' 중 하나를 선택하여 입력한다.

(2) 과세표준 명세

① [28]~[30]란: [매입매출전표입력] 메뉴의 하단 분개 중 영업수익인 매출(계정과목 및 적요등록 메뉴의 계정과목 코드번호 401~430)로 입력된 과세표준(공급가액)을 불러온다.

② [31.수입금액제외]란: [매입매출전표입력] 메뉴의 하단 분개 중 영업수익인 매출 이외의 계정과목으로 분개된 과세표준을 불러온다. 예 고정자산 매각, 간주임대료, 간주공급 등

(3) 계산서발급 및 수취명세

① [85.계산서 발급금액]란: [매입매출전표입력] 메뉴에서 매출유형 '13.면세'로 입력된 과세표준을 불러온다.

② [86.계산서 수취금액]란: [매입매출전표입력] 메뉴에서 매입유형 '53.면세'로 입력된 과세표준을 불러온다.

1 기한 후 신고

▸ 최신 30회 중 4문제 출제

구분		가산세
전자세금계산서 가산세	미발급, 지연발급, 가공발급·수취, 타인 명의 발급·수취, 과다발급·수취	• 공급가액×미발급 2%(지연발급 1%, 가공발급·수취 3%, 타인 명의 발급·수취 2%, 과다발급·수취 2%) • 단, 전자세금계산서 발급의무자가 종이세금계산서 발급 시 1%
	지연수취 등	공급가액×0.5%
	미전송, 지연전송	공급가액×미전송 0.5%(지연전송 0.3%)
무신고 가산세		무신고세액×20%(50%, 30%, 20% 감면규정)
납부지연 가산세		미납부세액×미납일수×0.022%
영세율 과세표준 신고불성실 가산세		공급가액×0.5%(50%, 30%, 20% 감면규정)

포인트 기한후 신고 관련 지연발급·미발급·지연전송·미전송 가산세 중복 적용배제

- 전자세금계산서 정상발급 후 정상전송: 지연발급·미발급·지연전송·미전송 가산세 없음
- 전자세금계산서 발급의무자가 종이세금계산서 발급(64.미발급 등): 공급가액×1%
- 전자세금계산서 지연발급 후 지연전송(62.지연발급 등): 공급가액×1%
- 전자세금계산서 발급 후 미전송(66.미전송): 공급가액×0.5%
- 전자세금계산서 발급 후 지연전송(65.지연전송): 공급가액×0.3%

연습문제

다음 거래자료를 (주)기한후신고(회사코드: 1004)의 부가가치세 신고서 메뉴에 입력하시오.

[1] (주)기한후신고(회사코드: 1004)는 제1기 부가가치세 예정신고를 기한 내에 하지 못하여 5월 1일에 기한 후 신고를 하고자 한다. 입력된 데이터는 무시하고 다음 자료에 의하여 부가가치세 기한후 신고서를 작성하시오(단, 회계처리는 생략하고 과세표준 명세는 신고구분만 입력할 것).

기출 96회

매출 관련 자료	• 매출 관련 자료는 모두 부가가치세가 포함된 금액이며, 영세율 매출 및 면세 매출은 없음 • 전자세금계산서 발급금액: 550,000,000원 • 신용카드 발급금액: 3,300,000원(전자세금계산서 발급금액 1,100,000원 포함) • 현금영수증 발급금액: 2,200,000원 • 2025년 2월 15일에 소멸시효가 완성된 매출채권금액: 1,650,000원
매입 관련 자료	• 전자세금계산서 수취한 일반매입액: 공급가액 350,000,000원, 세액 35,000,000원 • 신용카드 일반매입액: 공급가액 21,000,000원, 세액 2,100,000원 • 매입세액불공제분(위의 일반매입액에 포함되어 있음) – 전자세금계산서 수취분: 공급가액 5,000,000원, 세액 500,000원 – 신용카드 수취분: 공급가액 1,000,000원, 세액 100,000원
기타 자료	• 매출·매입에 대한 전자세금계산서는 적법하게 발급되었음 • 가산세는 일반 무신고 가산세를 적용하며, 미납일수는 6일로 가정함

| 풀이 |

[부가가치세 신고서] 조회기간 2025년 1월 1일~2025년 3월 31일을 입력하고 다음과 같이 작성한 후 해당 서식을 저장한다.

부가가치세신고서 | 1004 (주)기한후신고 | 법인 11기 2025-01-01~2025-12-31 | 부가세 2025 | 인사 2025

닫기 | 인쇄 | 조회 | 최근

CF2 부가세작성관리 | F3 마감 | SF3부속서류편집 | CF3 직전년도매출액확인 | F4 과표명세 | F6 환급 | F7 저장 | F8 사업장명세 | F11 원시데이타켜기 | CF11 작성방법켜기

일반과세 | 간이과세

조회기간 2025 년 1 월 1 일 ~ 2025 년 3 월 31 일 | 신고구분 1.정기신고 | 신고차수 | 부가율 26.58 | 예정

구분				정기신고금액 금액	세율	세액
과세표준및매출세액	과세	세금계산서발급분	1	500,000,000	10/100	50,000,000
		매입자발행세금계산서	2		10/100	
		신용카드 · 현금영수증발행분	3	4,000,000	10/100	400,000
		기타(정규영수증외매출분)	4			
	영세	세금계산서발급분	5		0/100	
		기타	6		0/100	
	예정신고누락분		7			
	대손세액가감		8			
	합계		9	504,000,000	㉮	50,400,000
매입세액	세금계산서수취분	일반매입	10	350,000,000		35,000,000
		수출기업수입분납부유예	10-1			
		고정자산매입	11			
	예정신고누락분		12			
	매입자발행세금계산서		13			
	그 밖의 공제매입세액		14	20,000,000		2,000,000
	합계(10)-(10-1)+(11)+(12)+(13)+(14)		15	370,000,000		37,000,000
	공제받지못할매입세액		16	5,000,000		500,000
	차감계 (15-16)		17	365,000,000	㉯	36,500,000
납부(환급)세액(매출세액㉮-매입세액㉯)					㉰	13,900,000
경감공제세액	그 밖의 경감 · 공제세액		18			
	신용카드매출전표등 발행공제등		19			
	합계		20		㉱	
소규모 개인사업자 부가가치세 감면세액			20-1		㉲	
예정신고미환급세액			21		㉳	
예정고지세액			22		㉴	
사업양수자의 대리납부 기납부세액			23		㉵	
매입자 납부특례 기납부세액			24		㉶	
신용카드업자의 대리납부 기납부세액			25		㉷	
가산세액계			26		㉸	1,408,348
차가감하여 납부할세액(환급받을세액)㉰-㉱-㉲-㉳-㉴-㉵-㉶-㉷+㉸					27	15,308,348

25.가산세명세					
사업자미등록등		61		1/100	
세금계산서	지연발급 등	62		1/100	
	지연수취	63		5/1,000	
	미발급 등	64		뒤쪽참조	
전자세금발급명세	지연전송	65		3/1,000	
	미전송	66		5/1,000	
세금계산서합계표	제출불성실	67		5/1,000	
	지연제출	68		3/1,000	
신고불성실	무신고(일반)	69	13,900,000	뒤쪽	1,390,000
	무신고(부당)	70		뒤쪽	
	과소 · 초과환급(일반)	71		뒤쪽	
	과소 · 초과환급(부당)	72		뒤쪽	
납부지연		73	13,900,000	뒤쪽	18,348
영세율과세표준신고불성실		74		5/1,000	
현금매출명세서불성실		75		1/100	
부동산임대공급가액명세서		76		1/100	
매입자납부특례	거래계좌 미사용	77		뒤쪽	
	거래계좌 지연입금	78		뒤쪽	
신용카드매출전표등수령명세서미제출 · 과다기재		79		5/1,000	
합계		80			1,408,348

납부지연일수 계산

당초납부기한	2025	년	04	월	25	일
납부일 또는 고지일	2025	년	05	월	01	일
미납일수	6					

확인[Tab] 취소[Esc]

14.그 밖의 공제매입세액					
신용카드매출수령금액합계표	일반매입	41	20,000,000		2,000,000
	고정매입	42			
의제매입세액		43		뒤쪽	
재활용폐자원등매입세액		44		뒤쪽	
과세사업전환매입세액		45			
재고매입세액		46			
변제대손세액		47			
외국인관광객에대한환급세액		48			
합계		49	20,000,000		2,000,000

구분		금액	세율	세액
16.공제받지못할매입세액				
공제받지못할 매입세액	50	5,000,000		500,000
공통매입세액면세등사업분	51			
대손처분받은세액	52			
합계	53	5,000,000		500,000

- [69.신고불성실 – 무신고(일반)]: 금액 13,900,000원/세액 1,390,000원*
  * (50,400,000원 – 36,500,000원) × 20% × 50%(1개월 이내 신고분 감면) = 1,390,000원
- [73.납부지연]: 금액 13,900,000원/세액 18,348원*
  * (50,400,000원 – 36,500,000원) × 6일 × 22/100,000 = 18,348원

∴ [26.가산세액 계]: 가산세 합계 1,408,348원

- 부가가치세법상 대손세액공제는 확정신고 시에만 적용되므로 예정 부가가치세 신고서에는 반영하지 않는다.
- [부가가치세 신고서] 상단 툴바의 F4 과표명세 를 클릭하여 과세표준 명세의 신고구분을 '4.기한후 과세표준'을 입력한다.

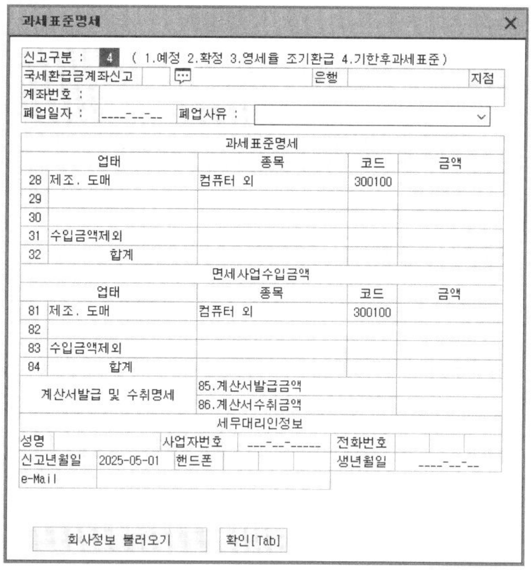

과세표준명세

신고구분 : 4 (1.예정 2.확정 3.영세율 조기환급 4.기한후과세표준)
국세환급금계좌신고 | 은행 | 지점
계좌번호 :
폐업일자 : ----‑--‑-- 폐업사유 :

	과세표준명세			
	업태	종목	코드	금액
28	제조, 도매	컴퓨터 외	300100	
29				
30				
31	수입금액제외			
32	합계			
	면세사업수입금액			
	업태	종목	코드	금액
81	제조, 도매	컴퓨터 외	300100	
82				
83	수입금액제외			
84	합계			
	계산서발급 및 수취명세	85.계산서발급금액		
		86.계산서수취금액		
	세무대리인정보			

성명 | 사업자번호 ---‑--‑----- | 전화번호
신고년월일 2025-05-01 | 핸드폰 | 생년월일 ----‑--‑--
e-Mail

회사정보 불러오기 | 확인[Tab]

[2] (주)기한후신고(회사코드: 1004)는 2025년 2기 확정 부가가치세 신고를 2026년 1월 31일에 기한 후 신고로 신고 · 납부하고자 한다. 다음 자료를 매입매출전표에 입력(분개는 생략)하고 부가가치세 신고서를 작성하시오. 가산세는 일반 무신고 가산세를 적용하고, 미납일수는 6일로 하며, 과세표준 명세는 생략하도록 한다. 기출 101회

- 10월 6일: 원재료 3,600,000원(부가가치세 별도)을 (주)여유통상으로부터 매입하고 전자세금계산서를 교부받았다.
- 10월 21일: 제품 6,200,000원(부가가치세 별도)을 (주)화신상사에 매출하였으나 전자세금계산서 대신 종이세금계산서만 발급하였다.
- 11월 9일: 제품 4,100,000원을 미국의 CAPTAIN으로 직수출하고, 이에 대한 첨부서류는 기한 후 신고 시 제출할 예정이다.
- 12월 8일: 화물차에 대한 유류대금 88,000원(부가가치세 포함)을 알뜰주유소에서 법인카드인 우리카드로 결제하였다. 결제액은 매입세액공제요건을 충족하였다.

| 풀이 |

① [매입매출전표입력]

- 10월 6일

유형	공급가액	부가세	공급처명	전자	분개
51.과세	3,600,000	360,000	(주)여유통상	1.여	0.없음

- 10월 21일

유형	공급가액	부가세	공급처명	전자	분개
11.과세	6,200,000	620,000	(주)화신상사		0.없음

- 11월 9일

유형	공급가액	부가세	공급처명	전자	분개
16.수출	4,100,000		CAPTAIN		0.없음
영세율 구분	① 직접수출(대행수출 포함)				

- 12월 8일

유형	공급가액	부가세	공급처명	전자	분개
57.카과	80,000	8,000	알뜰주유소		0.없음
신용카드사	99605.우리카드				

② [부가가치세 신고서] 조회기간 2025년 10월 1일~2025년 12월 31일을 입력하고 다음과 같이 작성한 후 해당 서식을 저장한다.

부가가치세신고서 | 1004 (주)기한후신고 | 법인 11기 2025-01-01~2025-12-31 | 부가세 2025 | 인사 2025

닫기 | 인쇄 | 조회 | 최근

CF2 부가세작성관리 | F3 마감 | SF3부속서류편집 | CF3 직전년도매출액확인 | F4 과표명세 | F6 환급 | F7 저장 | F8 사업장명세 | F11 원시데이타켜기 | CF11 작성방법켜기

일반과세 | 간이과세

조회기간 2025 년 10 월 1 일 ~ 2025 년 12 월 31 일 신고구분 1.정기신고 신고차수 부가율 64.27 확정

구분				정기신고금액 금액	세율	세액
과세표준및매출세액	과세	세금계산서발급분	1	6,200,000	10/100	620,000
		매입자발행세금계산서	2		10/100	
		신용카드·현금영수증발행분	3		10/100	
		기타(정규영수증외매출분)	4			
	영세	세금계산서발급분	5		0/100	
		기타	6	4,100,000	0/100	
	예정신고누락분		7			
	대손세액가감		8			
	합계		9	10,300,000	㉮	620,000
매입세액	세금계산서수취분	일반매입	10	3,600,000		360,000
		수출기업수입분납부유예	10-1			
		고정자산매입	11			
	예정신고누락분		12			
	매입자발행세금계산서		13			
	그 밖의 공제매입세액		14	80,000		8,000
	합계(10)-(10-1)+(11)+(12)+(13)+(14)		15	3,680,000		368,000
	공제받지못할매입세액		16			
	차감계 (15-16)		17	3,680,000	㉯	368,000
납부(환급)세액(매출세액㉮-매입세액㉯)					㉰	252,000
경감공제세액	그 밖의 경감·공제세액		18			
	신용카드매출전표등 발행공제등		19			
	합계		20		㉱	
소규모 개인사업자 부가가치세 감면세액			20-1		㉲	
예정신고미환급세액			21		㉳	
예정고지세액			22		㉴	
사업양수자의 대리납부 기납부세액			23		㉵	
매입자 납부특례 기납부세액			24		㉶	
신용카드업자의 대리납부 기납부세액			25		㉷	
가산세액계			26		㉸	97,782
차가감하여 납부할세액(환급받을세액)㉰-㉱-㉲-㉳-㉴-㉵-㉶-㉷+㉸					27	349,782

25.가산세명세			금액	세율	세액
사업자미등록등		61		1/100	
세금계산서	지연발급 등	62		1/100	
	지연수취	63		5/1,000	
	미발급 등	64	6,200,000	뒤쪽참조	62,000
전자세금발급명세	지연전송	65		3/1,000	
	미전송	66		5/1,000	
세금계산서합계표	제출불성실	67		5/1,000	
	지연제출	68		3/1,000	
신고불성실	무신고(일반)	69	252,000	뒤쪽	25,200
	무신고(부당)	70		뒤쪽	
	과소·초과환급(일반)	71		뒤쪽	
	과소·초과환급(부당)	72		뒤쪽	
납부지연		73	252,000	뒤쪽	332
영세율과세표준신고불성실		74	4,100,000	5/1,000	10,250
현금매출명세서불성실		75		1/100	
부동산임대공급가액명세서		76		1/100	
매입자납부특례	거래계좌 미사용	77		뒤쪽	
	거래계좌 지연입금	78		뒤쪽	
신용카드매출전표등수령명세서미제출·과다기재		79		5/1,000	
합계		80			97,782

납부지연일수 계산

당초납부기한	2026	년	01	월	25	일
납부일 또는 고지일	2026	년	01	월	31	일
미납일수	6					

확인[Tab] | 취소[Esc]

14.그 밖의 공제매입세액					
신용카드매출수령금액합계표	일반매입	41	80,000		8,000
	고정매입	42			
의제매입세액		43		뒤쪽	
재활용폐자원등매입세액		44		뒤쪽	
과세사업전환매입세액		45			
재고매입세액		46			
변제대손세액		47			
외국인관광객에대한환급세액		48			
합계		49	80,000		8,000

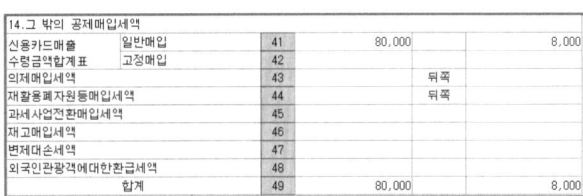

- [64.세금계산서 – 미발급 등]: 금액 6,200,000원/세액 62,000원*
  - * 6,200,000원 × 1% = 62,000원

(꿀팁) 전자세금계산서 미발급 가산세, 미전송 가산세 및 세금계산서합계표 가산세가 중복되는 경우 미발급 가산세만 적용된다.

- [69.신고불성실 – 무신고(일반)]: 금액 252,000원/세액 25,200원*
  - * (620,000원 – 360,000원 – 8,000원) × 20% × 50%(1개월 이내 신고분 50% 감면) = 25,200원
- [73.납부지연]: 금액 252,000원/세액 332원*
  - * (620,000원 – 360,000원 – 8,000원) × 6일 × 22/100,000 = 332원
- [74.영세율 과세표준 신고불성실]: 금액 4,100,000원/세액 10,250원*
  - * 4,100,000원 × 0.5% × 50%(1개월 이내 신고분 50% 감면) = 10,250원

∴ [26.가산세액 계]: 가산세 합계 97,782원

2 예정신고 누락분 확정신고서 반영

▸ 최신 30회 중 4문제 출제

구분		가산세
전자세금계산서 관련 가산세	지연발급	공급가액×1%
	미발급, 타인 명의 발급·수취, 과다발급·수취	공급가액×미발급 2%(단, 전자세금계산서 발급의무자가 종이세금계산서 발급 시 1%)
	가공발급·수취	공급가액×3%
	지연수취, 미전송	공급가액×0.5%
	지연전송	공급가액×0.3%
신고불성실 가산세		과소신고세액×10%×(1－75%)
납부지연 가산세		미납부세액×미납일수×0.022%
영세율 과세표준 신고불성실 가산세		공급가액×0.5%×(1－75%)

연습문제

[1]~[2]의 거래자료를 (주)예정신고누락(회사코드: 1005)의 부가가치세 신고서 메뉴에서 입력하시오.

[1] (주)예정신고누락(회사코드: 1005)의 2025년 1기 예정(2025년 1월 1일~2025년 3월 31일) 부가가치세 신고 시 다음 자료가 누락되었다. 누락된 자료를 매입매출전표에 입력(분개는 생략)하여 2025년 1기 확정 부가가치세 신고서(과세표준 명세는 생략)에 반영하시오(일반과소신고 가산세를 적용하고 미납일수는 91일로 할 것). 기출 109회 수정

- 1월 16일: 제품 7,100,000원(부가가치세 별도)을 (주)대성웨어에 매출하였으나 업무상 착오로 인하여 전자세금계산서(작성일자 1월 16일)를 6월 30일에 지연발급하였다.
- 3월 31일: 사무용으로 사용할 컴퓨터를 (주)천국물산에서 1,320,000원(부가가치세 포함)에 구입하고 법인카드인 삼성카드로 결제하였다. 이는 부가가치세 공제요건을 모두 갖추었다.

| 풀이 |

① [매입매출전표입력]

- 1월 16일

유형	공급가액	부가세	공급처명	전자	분개
11.과세	7,100,000	710,000	(주)대성웨어	1.여	0.없음

해당 거래를 선택한 후 상단 툴바 F11 간편집계.. ▾ 의 화살표를 눌러 SF5 예정 누락분 을 선택한다. [확정신고 개시년월]란에 2025년 4월을 입력한 후 확인(Tab) 을 클릭한다.

• 3월 31일

유형	공급가액	부가세	공급처명	전자	분개
57.카과	1,200,000	120,000	(주)천국물산		0.없음
신용카드사	99601.삼성카드				

해당 거래를 선택한 후 상단 툴바 [F11 간편집계.. ▾]의 화살표를 눌러 [SF5 예정 누락분]을 선택한다. [확정신고 개시년월]란에 2025년 4월을 입력한 후 [확인(Tab)]을 클릭한다.

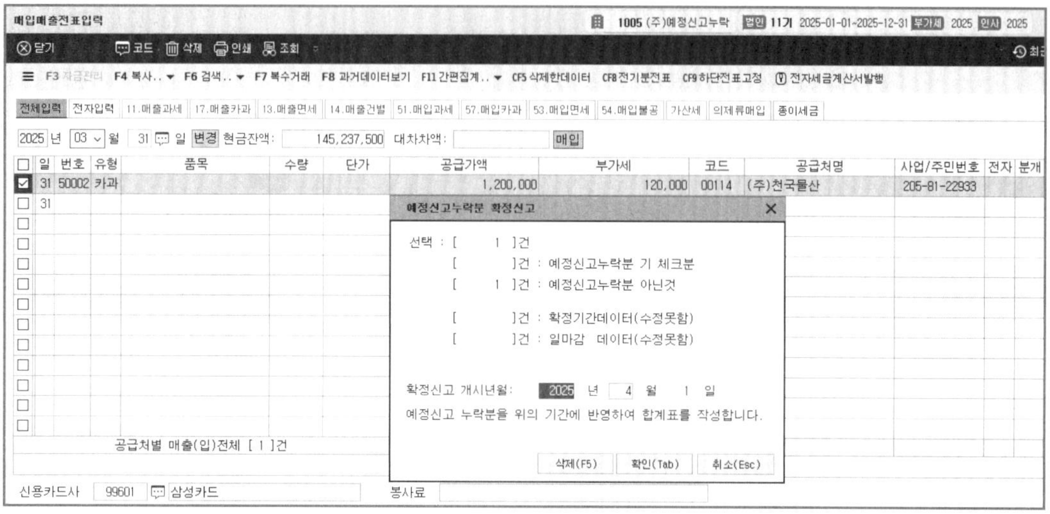

② [부가가치세 신고서] 조회기간 2025년 4월 1일~2025년 6월 30일을 입력하고 다음과 같이 작성한 후 해당 서식을 저장한다.

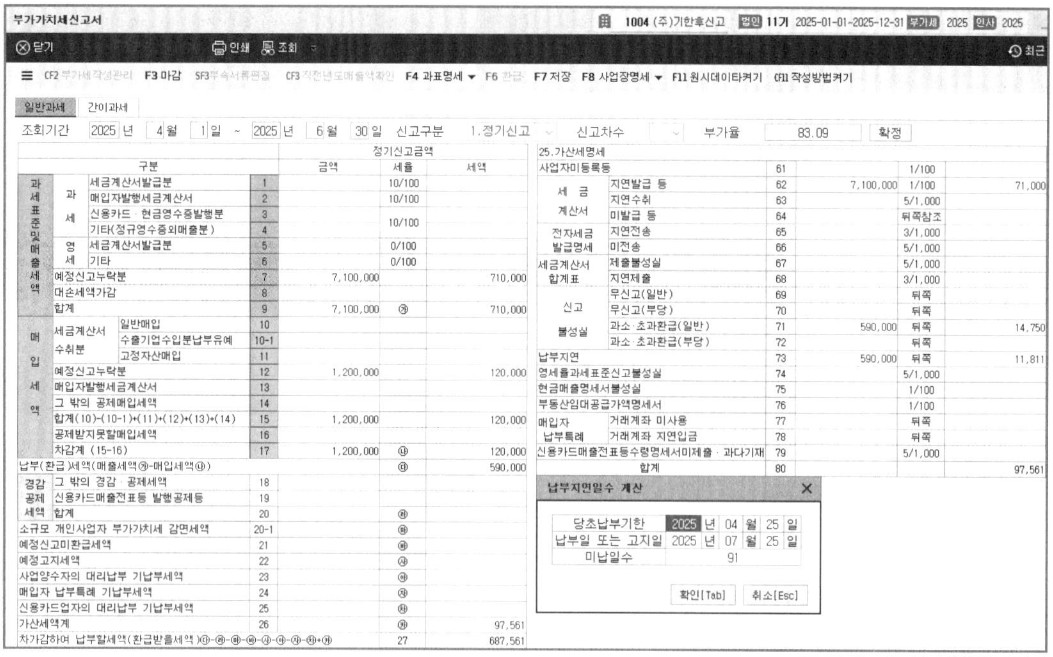

• [62.세금계산서 – 지연발급 등]: 금액 7,100,000원/세액 71,000원*

* 7,100,000원 × 1% = 71,000원

(꿀팁) 전자세금계산서 지연발급 가산세와 지연전송 가산세 및 세금계산서합계표 가산세가 중복되는 경우 지연발급 가산세만 적용한다.

• [71.신고불성실 – 과소 · 초과환급(일반)]: 금액 590,000원/세액 14,750원*

* (710,000원 – 120,000원) × 10% × (1 – 75%) = 14,750원

• [73.납부지연]: 금액 590,000원/세액 11,811원*

* (710,000원 − 120,000원)×91일×22/100,000 = 11,811원

∴ [26.가산세액 계]: 가산세 합계 97,561원

[2] (주)예정신고누락(회사코드: 1005)의 2025년 제2기 부가가치세 확정신고서에 반영하시오. 단, 신고서 작성과 관련한 전표입력사항과 구비서류 작성은 생략한다. 가산세 계산 시 적용할 미납일수는 92일이고, 부당과소신고가 아니다. 기출 85회

1. 매출 및 매입사항

거래일자		거래내용	공급가액	비고
매출	10월 1일	상품 매출	200,000,000원	전자세금계산서 발급/전송
	11월 30일	상품 수출	30,000,000원	직수출
	12월 8일	상품 매출	120,000,000원	신용카드 매출전표 발행
매입	11월 10일	상품 구입	100,000,000원	전자세금계산서 수령
	12월 30일	공장 건물 구입(구입과 동시에 철거함)	300,000,000원	전자세금계산서 수령

2. 예정신고 누락분

거래일자		거래내용	공급가액	비고
매출	7월 10일	상품 수출	30,000,000원	직수출분 누락
	8월 30일	판매를 목적으로 회사의 지점사업장(주사업장 총괄납부 또는 사업자 단위과세는 별도로 신청하지 않음)으로 반출	?	• 취득가액: 3,200,000원 • 시가: 5,000,000원 • 세금계산서 미발행
매입	8월 28일	대표이사 명의 신용카드로 직원 회식대 지출	1,000,000원	매입세액공제요건 충족
	9월 10일	상품 구입	4,000,000원	전자세금계산서 수취

| 풀이 |

[부가가치세 신고서] 조회기간 2025년 10월 1일~2025년 12월 31일을 입력하고 다음과 같이 작성한 후 해당 서식을 저장한다.

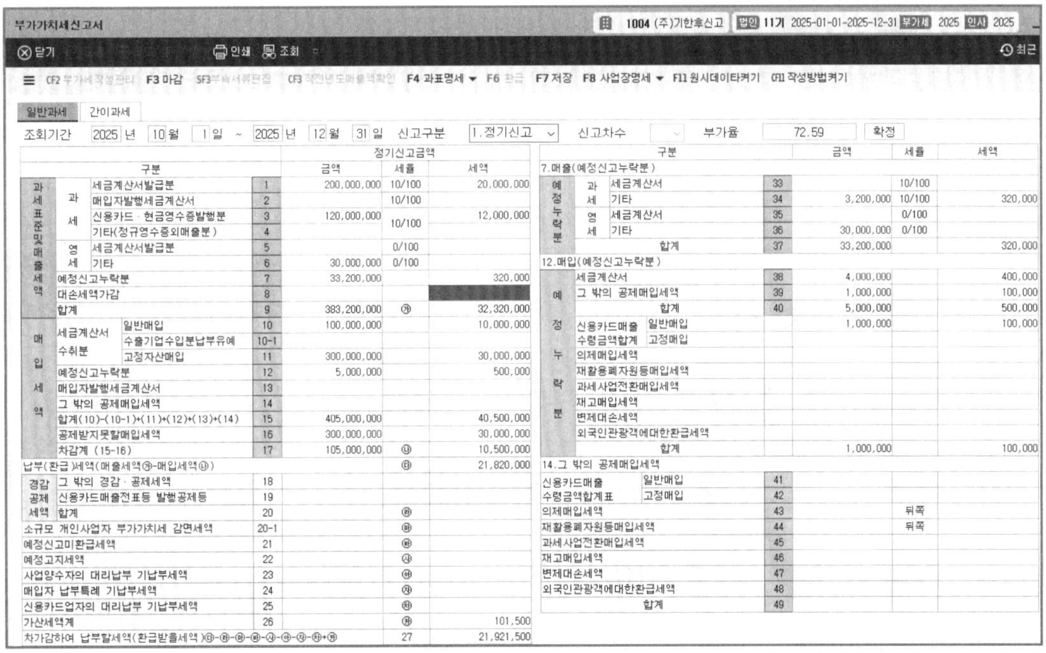
부가가치세신고서 | 1004 (주)기한후신고 | 법인 11기 2025-01-01~2025-12-31 | 부가세 2025 | 인사 2025

닫기 | 인쇄 | 조회 | 최근

CF2 부가세작성관리 | F3 마감 | SF3부속서류편집 | CF3 직전년도매출액확인 | F4 과표명세 | F6 환급 | F7 저장 | F8 사업장명세 | F11 원시데이타켜기 | CF11 작성방법켜기

일반과세 | 간이과세

조회기간 2025 년 10 월 1 일 ~ 2025 년 12 월 31 일 | 신고구분 1.정기신고 | 신고차수 | 부가율 72.59 | 확정

구분			번호	금액 (정기신고금액)	세율	세액
과세표준및매출세액	과세	세금계산서발급분	1	200,000,000	10/100	20,000,000
	과세	매입자발행세금계산서	2		10/100	
	과세	신용카드 · 현금영수증발행분	3	120,000,000	10/100	12,000,000
	과세	기타(정규영수증외매출분)	4			
	영세	세금계산서발급분	5		0/100	
	영세	기타	6	30,000,000	0/100	
	예정신고누락분		7	33,200,000		320,000
	대손세액가감		8			
	합계		9	383,200,000	㉮	32,320,000
매입세액	세금계산서수취분	일반매입	10	100,000,000		10,000,000
	세금계산서수취분	수출기업수입분납부유예	10-1			
	세금계산서수취분	고정자산매입	11	300,000,000		30,000,000
	예정신고누락분		12	5,000,000		500,000
	매입자발행세금계산서		13			
	그 밖의 공제매입세액		14			
	합계(10)-(10-1)+(11)+(12)+(13)+(14)		15	405,000,000		40,500,000
	공제받지못할매입세액		16	300,000,000		30,000,000
	차감계 (15-16)		17	105,000,000	㉯	10,500,000
납부(환급)세액(매출세액㉮-매입세액㉯)					㉰	21,820,000
경감공제세액	그 밖의 경감 · 공제세액		18			
	신용카드매출전표등 발행공제등		19			
	합계		20		㉱	
소규모 개인사업자 부가가치세 감면세액			20-1		㉲	
예정신고미환급세액			21		㉳	
예정고지세액			22		㉴	
사업양수자의 대리납부 기납부세액			23		㉵	
매입자 납부특례 기납부세액			24		㉶	
신용카드업자의 대리납부 기납부세액			25		㉷	
가산세액계			26		㉸	101,500
차가감하여 납부할세액(환급받을세액)㉰-㉱-㉲-㉳-㉴-㉵-㉶-㉷+㉸					27	21,921,500

구분			번호	금액	세율	세액
7.매출(예정신고누락분)						
예정누락분	과세	세금계산서	33		10/100	
	과세	기타	34	3,200,000	10/100	320,000
	영세	세금계산서	35		0/100	
	영세	기타	36	30,000,000	0/100	
	합계		37	33,200,000		320,000
12.매입(예정신고누락분)						
예정누락분	세금계산서		38	4,000,000		400,000
	그 밖의 공제매입세액		39	1,000,000		100,000
	합계		40	5,000,000		500,000
	신용카드매출수령금액합계	일반매입		1,000,000		100,000
	신용카드매출수령금액합계	고정매입				
	의제매입세액					
	재활용폐자원등매입세액					
	과세사업전환매입세액					
	재고매입세액					
	변제대손세액					
	외국인관광객에대한환급세액					
	합계			1,000,000		100,000
14.그 밖의 공제매입세액						
신용카드매출수령금액합계표	일반매입		41			
신용카드매출수령금액합계표	고정매입		42			
의제매입세액			43		뒤쪽	
재활용폐자원등매입세액			44		뒤쪽	
과세사업전환매입세액			45			
재고매입세액			46			
변제대손세액			47			
외국인관광객에대한환급세액			48			
합계			49			

구분		금액	세율	세액
16.공제받지못할매입세액				
공제받지못할 매입세액	50	300,000,000		30,000,000
공통매입세액면세등사업분	51			
대손처분받은세액	52			
합계	53	300,000,000		30,000,000

꿀팁 공장 건물 구입 시 세금계산서를 발급받았으나 해당 건물을 구입(고정자산매입)과 동시에 철거한 경우 토지의 취득비용으로 보아 매입세액 불공제 대상에 해당하므로, 세금계산서 수취분 고정자산매입으로 우선 분류하고, 토지의 취득비용으로 공제받지 못할 매입세액으로 처리한다.

25.가산세명세					
사업자미등록등		61		1/100	
세 금 계산서	지연발급 등	62		1/100	
	지연수취	63		5/1,000	
	미발급 등	64	3,200,000	뒤쪽참조	64,000
전자세금 발급명세	지연전송	65		3/1,000	
	미전송	66		5/1,000	
세금계산서 합계표	제출불성실	67		5/1,000	
	지연제출	68		3/1,000	
신고 불성실	무신고(일반)	69		뒤쪽	
	무신고(부당)	70		뒤쪽	
	과소·초과환급(일반)	71		뒤쪽	
	과소·초과환급(부당)	72		뒤쪽	
납부지연		73		뒤쪽	
영세율과세표준신고불성실		74	30,000,000	5/1,000	37,500
현금매출명세서불성실		75		1/100	
부동산임대공급가액명세서		76		1/100	
매입자 납부특례	거래계좌 미사용	77		뒤쪽	
	거래계좌 지연입금	78		뒤쪽	
신용카드매출전표등수령명세서미제출·과다기재		79		5/1,000	
합계		80			101,500

- [64.세금계산서 – 미발급 등]: 금액 3,200,000원/세액 64,000원*
  * 3,200,000원×2%=64,000원(∵ 판매 목적 타사업장 반출 시 문제에서 제시한 대로 주사업장 총괄납부 또는 사업자 단위과세를 별도로 신청하지 않은 경우에는 세금계산서 발급 대상 재화의 공급에 해당하므로 세금계산서를 미발급한 경우 세금계산서 미발급 가산세 대상에 해당함)
- [74.영세율 과세표준 신고불성실]: 금액 30,000,000원/세액 37,500원*
  * 30,000,000원×0.5%×(1 – 75%)=37,500원

∴ [26.가산세액 계]: 가산세 합계 101,500원

꿀팁 예정신고 누락분 매출세액보다 매입세액이 더 크므로 신고불성실 및 납부지연 가산세는 적용하지 않는다.

[3]~[4]의 거래자료를 (주)반복학습(회사코드: 1006)의 부가가치세 신고서 메뉴에 입력하시오.

[3] 다음은 (주)반복학습(회사코드: 1006)의 2025년 제1기 부가가치세 예정신고 시 누락된 자료이다. 이를 반영하여 제1기 확정신고기간의 부가가치세 신고서 및 과세표준 명세를 작성하시오. 제1기 확정신고기간의 부가가치세 신고납부는 당해 연도 7월 25일에 이루어진다(회계처리는 생략함).

기출 72회

- 당사의 제품 3,000,000원(시가 3,500,000원)을 거래처인 (주)태성산업에 접대 목적으로 무상 제공하였다.
- 원재료 매입세금계산서 1건(공급가액 3,500,000원, 세액 350,000원)이 있다.
- 사용하던 기계장치의 매출 전자세금계산서 1건(공급가액 5,000,000원, 부가가치세 500,000원)을 지연발급(공급일이 속하는 달의 다음 달 27일)하였다.
- 위 이외 다른 기타 수입금액 제외는 없다고 가정한다.
- 업태 및 종목, 업종코드는 다음과 같다고 가정하며, 가산세는 일반과소신고 가산세를 적용하고 미납일수는 91일로 가정한다.

업태	종목	업종코드	과세표준
도매 및 소매업	가전제품 및 부품 도매업	513221	500,000,000원
제조업	기록매체 복제업	223001	450,000,000원

| 풀이 |

[부가가치세 신고서] 조회기간 2025년 4월 1일~2025년 6월 30일을 입력하고 다음과 같이 작성한 후 해당 서식을 저장한다.

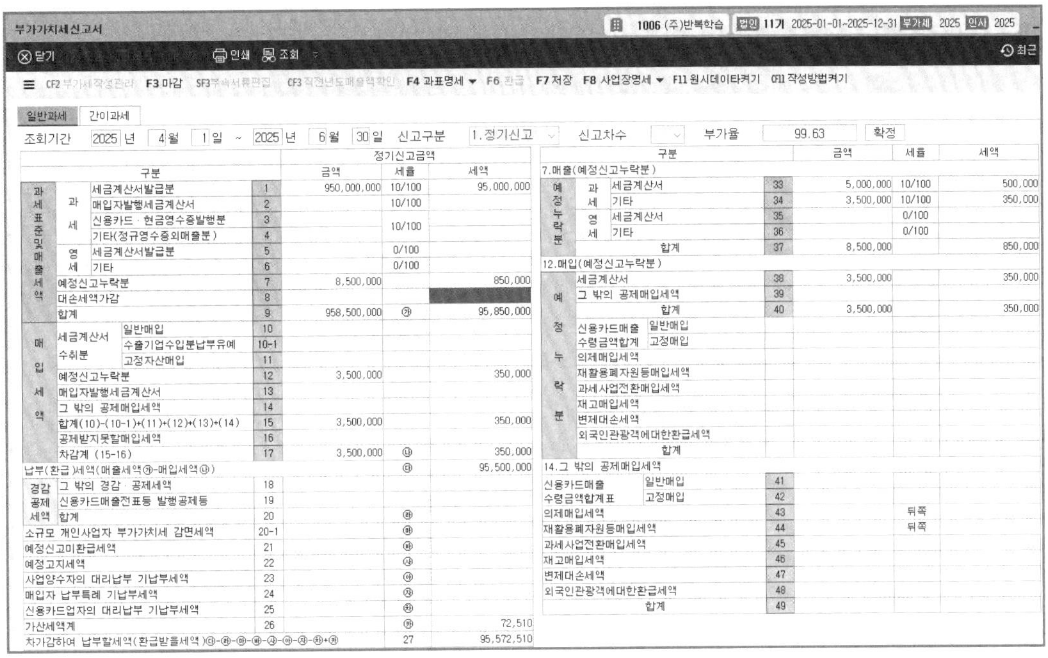

부가가치세신고서

조회기간 2025 년 4 월 1 일 ~ 2025 년 6 월 30 일 신고구분 1.정기신고 신고차수 부가율 99.63 확정

구분				정기신고금액 금액	세율	세액
과세표준및매출세액	과세	세금계산서발급분	1	950,000,000	10/100	95,000,000
		매입자발행세금계산서	2		10/100	
		신용카드 · 현금영수증발행분	3		10/100	
		기타(정규영수증외매출분)	4			
	영세	세금계산서발급분	5		0/100	
		기타	6		0/100	
	예정신고누락분		7	8,500,000		850,000
	대손세액가감		8			
	합계		9	958,500,000	㉮	95,850,000
매입세액	세금계산서수취분	일반매입	10			
		수출기업수입분납부유예	10-1			
		고정자산매입	11			
	예정신고누락분		12	3,500,000		350,000
	매입자발행세금계산서		13			
	그 밖의 공제매입세액		14			
	합계(10)-(10-1)+(11)+(12)+(13)+(14)		15	3,500,000		350,000
	공제받지못할매입세액		16			
	차감계 (15-16)		17	3,500,000	㉯	350,000
납부(환급)세액(매출세액㉮-매입세액㉯)					㉰	95,500,000
경감공제세액	그 밖의 경감 · 공제세액		18			
	신용카드매출전표등 발행공제등		19			
	합계		20		㉱	
소규모 개인사업자 부가가치세 감면세액			20-1		㉲	
예정신고미환급세액			21		㉳	
예정고지세액			22		㉴	
사업양수자의 대리납부 기납부세액			23		㉵	
매입자 납부특례 기납부세액			24		㉶	
신용카드업자의 대리납부 기납부세액			25		㉷	
가산세액계			26		㉸	72,510
차가감하여 납부할세액(환급받을세액)㉰-㉱-㉲-㉳-㉴-㉵-㉶-㉷+㉸					27	95,572,510

구분				금액	세율	세액
7.매출(예정신고누락분)						
예정누락분	과세	세금계산서	33	5,000,000	10/100	500,000
		기타	34	3,500,000	10/100	350,000
	영세	세금계산서	35		0/100	
		기타	36		0/100	
	합계		37	8,500,000		850,000
12.매입(예정신고누락분)						
예정누락분	세금계산서		38	3,500,000		350,000
	그 밖의 공제매입세액		39			
	합계		40	3,500,000		350,000
	신용카드매출수령금액합계	일반매입				
		고정매입				
	의제매입세액					
	재활용폐자원등매입세액					
	과세사업전환매입세액					
	재고매입세액					
	변제대손세액					
	외국인관광객에대한환급세액					
	합계					
14.그 밖의 공제매입세액						
신용카드매출수령금액합계표		일반매입	41			
		고정매입	42			
의제매입세액			43		뒤쪽	
재활용폐자원등매입세액			44		뒤쪽	
과세사업전환매입세액			45			
재고매입세액			46			
변제대손세액			47			
외국인관광객에대한환급세액			48			
합계			49			

- [7.매출(예정신고 누락분)] – [33.과세 – 세금계산서]: 금액 5,000,000원/세액 500,000원
- [7.매출(예정신고 누락분)] – [34.과세 – 기타]: 금액 3,500,000원/세액 350,000원
- [12.매입(예정신고 누락분)] – [38.세금계산서]: 금액 3,500,000원/세액 350,000원

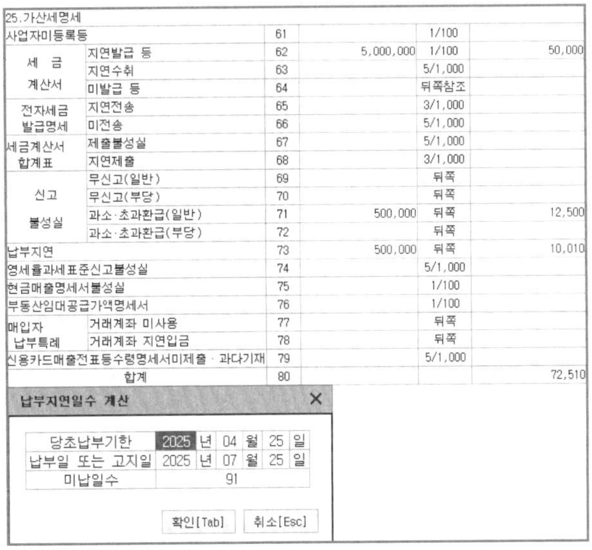

25.가산세명세					
사업자미등록등		61		1/100	
세금계산서	지연발급 등	62	5,000,000	1/100	50,000
	지연수취	63		5/1,000	
	미발급 등	64		뒤쪽참조	
전자세금발급명세	지연전송	65		3/1,000	
	미전송	66		5/1,000	
세금계산서합계표	제출불성실	67		5/1,000	
	지연제출	68		3/1,000	
신고불성실	무신고(일반)	69		뒤쪽	
	무신고(부당)	70		뒤쪽	
	과소·초과환급(일반)	71	500,000	뒤쪽	12,500
	과소·초과환급(부당)	72		뒤쪽	
납부지연		73	500,000	뒤쪽	10,010
영세율과세표준신고불성실		74		5/1,000	
현금매출명세서불성실		75		1/100	
부동산임대공급가액명세서		76		1/100	
매입자납부특례	거래계좌 미사용	77		뒤쪽	
	거래계좌 지연입금	78		뒤쪽	
신용카드매출전표등수령명세서미제출 · 과다기재		79		5/1,000	
합계		80			72,510

납부지연일수 계산

당초납부기한	2025	년	04	월	25	일
납부일 또는 고지일	2025	년	07	월	25	일
미납일수	91					

확인[Tab] 취소[Esc]

- [62.세금계산서 – 지연발급 등]: 금액 5,000,000원/세액 50,000원*
  * 5,000,000원 × 1% = 50,000원
- [71.신고불성실 – 과소 · 초과환급(일반)]: 금액 500,000원/세액 12,500원*
  * (500,000원 + 350,000원 – 350,000원) × 10% × (1 – 75%) = 12,500원

• [73.납부지연]: 금액 500,000원/세액 10,010원*

* (500,000원+350,000원−350,000원)×91일×22/100,000=10,010원

∴ [26.가산세액 계]: 가산세 합계 72,510원

• [부가가치세 신고서] 상단 툴바의 F4 과표명세 ▾를 클릭하여 과세표준 명세를 작성한다.

과세표준명세

신고구분 : 2 (1.예정 2.확정 3.영세율 조기환급 4.기한후과세표준)

국세환급금계좌신고			은행	지점
계좌번호 :				
폐업일자 :	-----------	폐업사유 :		

과세표준명세				
	업태	종목	코드	금액
28	도매 및 소매업	가전제품 및 부품 도매업	513221	500,000,000
29	제조업	기록매체 복제업	223001	450,000,000
30				
31	수입금액제외	간주공급 등	513221	8,500,000
32	합계			958,500,000
면세사업수입금액				
	업태	종목	코드	금액
81	도매 및 소매업	가전제품 및 부품 도매업	513221	
82				
83	수입금액제외			
84	합계			
계산서발급 및 수취명세		85.계산서발급금액		
		86.계산서수취금액		

세무대리인정보					
성명		사업자번호	----------	전화번호	
신고년월일	2025-07-25	핸드폰		생년월일	-----------
e-Mail	[redacted]				

회사정보 불러오기 확인[Tab]

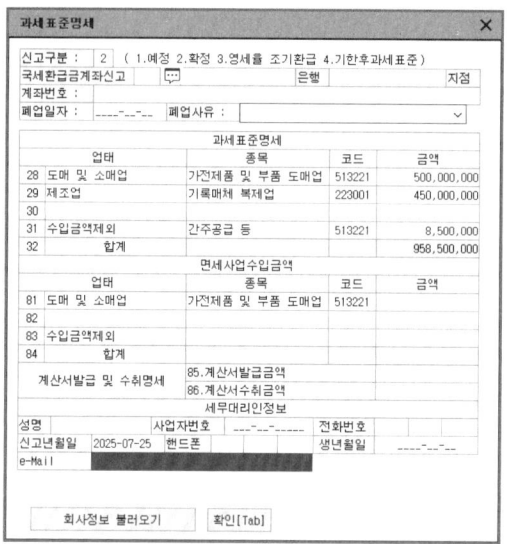

[4] 다음은 (주)반복학습(회사코드: 1006)의 부가가치세 신고와 관련된 부속명세서 자료이다. 이를 참조하여 2기 확정분 부가가치세 신고서를 완성하시오. 단, 주어진 자료 외에는 없는 것으로 하며, 매입매출전표에 입력된 자료는 무시하고, 매입매출전표에 추가로 입력하지 않는다(미납일수는 92일로 가정하고, 과세표준 명세 작성은 생략할 것). 기출 76회

1. 매출처별 세금계산서합계표의 일부 자료

구분		매출처수	매수	공급가액	세액
합계		5	10	506,000,000원	50,600,000원
과세기간 종료일 다음 달 11일까지 전송된 세금계산서 발급분	사업자등록번호 발급분	5	10	506,000,000원	50,600,000원
	주민등록번호 발급분				
	소계	5	10	506,000,000원	50,600,000원

2. 매입처별 세금계산서합계표의 일부 자료

구분		매출처수	매수	공급가액	세액
합계		7	12	312,000,000원	31,200,000원
과세기간 종료일 다음 달 11일까지 전송된 세금계산서 발급받은 분	사업자등록번호 발급분	5	10	300,000,000원	30,000,000원
	주민등록번호 발급분				
	소계	5	10	300,000,000원	30,000,000원
위 전자세금계산서 외의 발급받은 분	사업자등록번호 발급분	2	2	12,000,000원	1,200,000원
	주민등록번호 발급분				
	소계	2	2	12,000,000원	1,200,000원

※ '과세기간 종료일 다음 달 11일까지 전송된 전자세금계산서 외의 발급받은 분 매입처별 명세'는 정확하게 작성되었다.

3. 공제받지 못할 매입세액 명세자료 일부

2. 공제받지 못할 매입세액 명세				
매입세액 불공제 사유	세금계산서			비고
	매수	공급가액	매입세액	
① 필요적 기재사항 누락 등				
② 사업과 직접 관련 없는 지출				
③ 개별소비세법에 따른 제1조 제2항 제3호에 따른 자동차 구입 · 유지 및 임차				
④ 기업업무추진비 및 이와 유사한 비용 관련	1	3,500,000원	350,000원	
⑤ 면세사업 등 관련	1	1,200,000원	120,000원	
⑥ 토지의 자본적 지출 관련				
⑦ 사업자등록 전 매입세액				
⑧ 금 · 구리 스크랩 거래계좌 미사용 관련 매입세액				
⑨ 합계	2	4,700,000원	470,000원	

4. 신용카드 매출전표 등 발행금액 집계표의 일부 자료

2. 신용카드매출전표 등 발행금액 현황

구 분	합 계	신용 · 직불 · 기명식 선불카드	현금영수증	직불전자지급 수단 및 기명식선불 전자지급수단
합 계	33,000,000	33,000,000		
과세 매출분	33,000,000	33,000,000		
면세 매출분				
봉 사 료				

3. 신용카드매출전표 등 발행금액중 세금계산서 교부내역

세금계산서발급금액	5,500,000	계산서발급금액	

5. 예정신고 시 신고 누락한 매출과 매입자료(위의 세금계산서합계표 내용에 포함되어 있지 않으며 부당과소 가산세 대상 아님)

구분	적요	공급가액	전자세금계산서
매출	제품 매출	10,000,000원	과세분 세금계산서 발급, 전송함
매입	원재료 매입	5,000,000원	과세분 세금계산서 수취함

| 풀이 |

[부가가치세 신고서] 조회기간 2025년 10월 1일~2025년 12월 31일을 입력하고 다음과 같이 작성한 후 해당 서식을 저장한다.

부가가치세신고서 | 1006 (주)반복학습 | 법인 11기 2025-01-01~2025-12-31 | 부가세 2025 | 인사 2025

닫기 | 인쇄 | 조회 | 최근

CF2 부가세작성관리 | F3 마감 | SF3 부속서류편집 | CF3 직전년도매출액확인 | F4 과표명세 | F6 환급 | F7 저장 | F8 사업장명세 | F11 원시데이타켜기 | CF11 작성방법켜기

일반과세 | 간이과세

조회기간 2025 년 10 월 1 일 ~ 2025 년 12 월 31 일 | 신고구분 1.정기신고 | 신고차수 | 부가율 41.4 | 확정

구분				정기신고금액 금액	세율	세액
과세표준및매출세액	과세	세금계산서발급분	1	506,000,000	10/100	50,600,000
		매입자발행세금계산서	2		10/100	
		신용카드 · 현금영수증발행분	3	25,000,000	10/100	2,500,000
		기타(정규영수증외매출분)	4			
	영세	세금계산서발급분	5		0/100	
		기타	6		0/100	
	예정신고누락분		7	10,000,000		1,000,000
	대손세액가감		8			
	합계		9	541,000,000	㉮	54,100,000
매입세액	세금계산서 수취분	일반매입	10	312,000,000		31,200,000
		수출기업수입분납부유예	10-1			
		고정자산매입	11			
	예정신고누락분		12	5,000,000		500,000
	매입자발행세금계산서		13			
	그 밖의 공제매입세액		14			
	합계(10)-(10-1)+(11)+(12)+(13)+(14)		15	317,000,000		31,700,000
	공제받지못할매입세액		16	4,700,000		470,000
	차감계 (15-16)		17	312,300,000	㉯	31,230,000
납부(환급)세액(매출세액㉮-매입세액㉯)					㉰	22,870,000
경감공제세액	그 밖의 경감 · 공제세액		18			
	신용카드매출전표등 발행공제등		19			
	합계		20		㉱	
소규모 개인사업자 부가가치세 감면세액			20-1		㉲	
예정신고미환급세액			21		㉳	
예정고지세액			22		㉴	
사업양수자의 대리납부 기납부세액			23		㉵	
매입자 납부특례 기납부세액			24		㉶	
신용카드업자의 대리납부 기납부세액			25		㉷	
가산세액계			26		㉸	22,620
차가감하여 납부할세액(환급받을세액)㉰-㉱-㉲-㉳-㉴-㉵-㉶-㉷+㉸					27	22,892,620

구분				금액	세율	세액
7.매출(예정신고누락분)						
예정누락분	과세	세금계산서	33	10,000,000	10/100	1,000,000
		기타	34		10/100	
	영세	세금계산서	35		0/100	
		기타	36		0/100	
	합계		37	10,000,000		1,000,000
12.매입(예정신고누락분)						
예정누락분	세금계산서		38	5,000,000		500,000
	그 밖의 공제매입세액		39			
	합계		40	5,000,000		500,000
	신용카드매출 수령금액합계	일반매입				
		고정매입				
	의제매입세액					
	재활용폐자원등매입세액					
	과세사업전환매입세액					
	재고매입세액					
	변제대손세액					
	외국인관광객에대한환급세액					
	합계					
14.그 밖의 공제매입세액						
신용카드매출 수령금액합계표		일반매입	41			
		고정매입	42			
의제매입세액			43		뒤쪽	
재활용폐자원등매입세액			44		뒤쪽	
과세사업전환매입세액			45			
재고매입세액			46			
변제대손세액			47			
외국인관광객에대한환급세액			48			
합계			49			

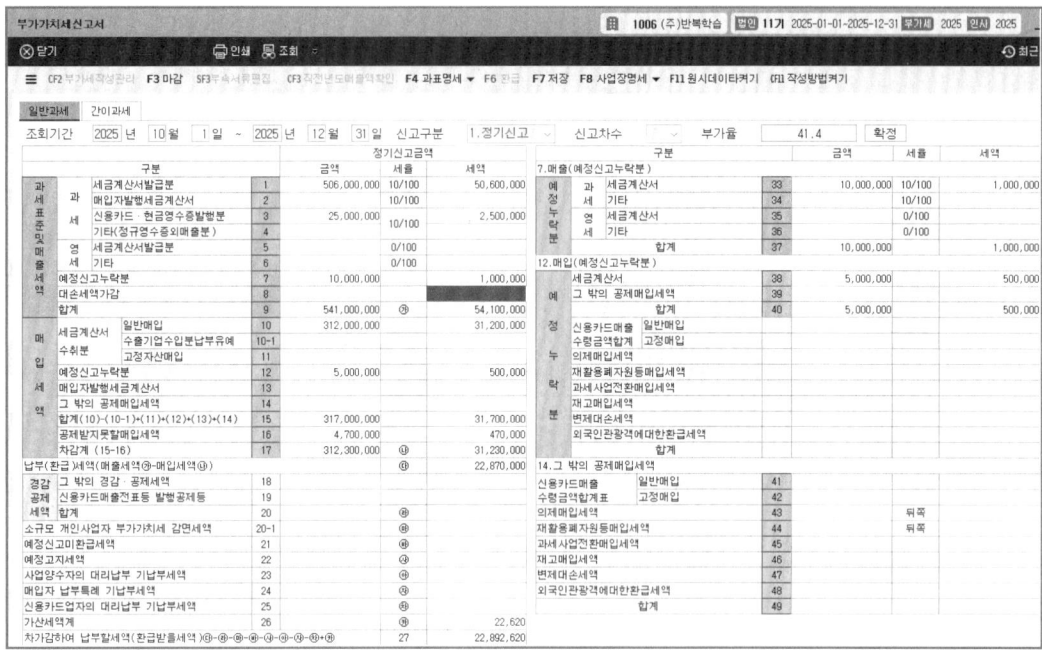

- [1.과세 – 세금계산서 발급분]: 금액 506,000,000원/세액 50,600,000원
- [3.과세 – 신용카드 · 현금영수증 발행분]: 금액 25,000,000원*/세액 2,500,000원
  * (33,000,000원 – 5,500,000원) ÷ 1.1 = 25,000,000원
- [7.매출(예정신고 누락분)] – [33.과세 – 세금계산서]: 금액 10,000,000원/세액 1,000,000원
- [10.세금계산서 수취분 – 일반매입]: 금액 312,000,000원/세액 31,200,000원
- [12.매입(예정신고 누락분)] – [38.세금계산서]: 금액 5,000,000원/세액 500,000원

구분		금액	세율	세액
16.공제받지못할매입세액				
공제받지못할 매입세액	50	4,700,000		470,000
공통매입세액면세등사업분	51			
대손처분받은세액	52			
합계	53	4,700,000		470,000

- [16.공제받지 못할 매입세액] – [50.공제받지 못할 매입세액]: 금액 4,700,000원/세액 470,000원

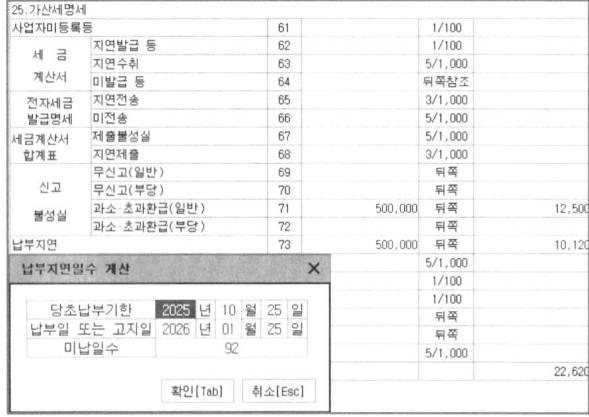

25.가산세명세					
사업자미등록등		61		1/100	
세금계산서	지연발급 등	62		1/100	
	지연수취	63		5/1,000	
	미발급 등	64		뒤쪽참조	
전자세금발급명세	지연전송	65		3/1,000	
	미전송	66		5/1,000	
세금계산서합계표	제출불성실	67		5/1,000	
	지연제출	68		3/1,000	
신고불성실	무신고(일반)	69		뒤쪽	
	무신고(부당)	70		뒤쪽	
	과소·초과환급(일반)	71	500,000	뒤쪽	12,500
	과소·초과환급(부당)	72		뒤쪽	
납부지연		73	500,000	뒤쪽	10,120
				5/1,000	
				1/100	
				1/100	
				뒤쪽	
				뒤쪽	
				5/1,000	
					22,620

납부지연일수 계산

당초납부기한	2025	년	10	월	25	일
납부일 또는 고지일	2026	년	01	월	25	일
미납일수	92					

확인[Tab] | 취소[Esc]

• [71.신고불성실 – 과소 · 초과환급(일반)]: 금액 500,000원/세액 12,500원*
  * 500,000원 × 10% × (1 – 75%) = 12,500원
• [73.납부지연]: 금액 500,000원/세액 10,120원*
  * 500,000원 × 92일 × 22/100,000 = 10,120원
  ∴ [26.가산세액 계]: 가산세 합계 22,620원

3 확정신고 누락분 수정 신고 중요

▸ 최신 30회 중 7문제 출제

구분		가산세
전자세금계산서 관련 가산세	지연발급	공급가액 × 1%
	미발급, 타인 명의 발급 · 수취, 과다발급 · 수취	공급가액 × 2%(단, 전자세금계산서 발급의무자가 종이세금계산서 발급 시 1%)
	가공발급 · 수취	공급가액 × 3%
	지연수취, 미전송	공급가액 × 0.5%
	지연전송	공급가액 × 0.3%
신고불성실 가산세		과소신고세액 × 10%(90%~10% 감면)
납부지연 가산세		미납부세액 × 미납일수 × 0.022%
영세율 과세표준 신고불성실 가산세		공급가액 × 0.5%(90%~10% 감면)

연습문제

[1]~[2]의 거래자료를 (주)확정신고누락(회사코드: 1007)의 부가가치세 신고서 메뉴에 입력하시오.

[1] (주)확정신고누락(회사코드: 1007)은 제1기 확정 부가가치세를 법정 신고기한인 7월 25일에 신고납부하였으나, 8월 14일에 다음과 같은 내용이 누락된 것을 알고 수정 신고 및 납부하고자 한다. 부가가치세 수정 신고를 위한 매입매출전표를 입력하고(분개는 생략), 수정 신고서(1차)와 가산세 명세를 작성하시오. 전자세금계산서 미발급 가산세가 적용되는 부분은 전자세금계산서 미전송 가산세는 적용하지 않으며, 신고불성실 가산세는 일반가산세를 적용한다(과세표준 명세는 생략함). 기출 87회

1. 외국법인인 거래처에 수출한 재화에 대한 신고를 누락하였다(직수출).

거래처	선적일	수출신고일	대금결제일	환율			외화금액
				선적일	수출신고일	대금결제일	
피츠버그	6.27.	6.29.	7.10.	1,100원/$	1,020원/$	1,150원/$	$3,000

2. 5월 3일 하늘중고차에 소형승용차(2,000cc)를 공급대가 13,200,000원에 현금 판매한 사실을 누락하였다(세금계산서 미발급분).
3. 사무실 6월분 임차료에 대한 종이발급분 매입 세금계산서를 누락하였다.
   • 공급가액: 2,000,000원(부가가치세 별도)
   • 공급자: 카페25시
   • 일자: 6월 30일

| 풀이 |

① [매입매출전표입력]
• 6월 27일

유형	공급가액	부가세	공급처명	전자	분개
16.수출	3,300,000*		피츠버그		0.없음
영세율 구분	① 직접수출(대행수출 포함)				

* $3,000 × 1,100원 = 3,300,000원

• 5월 3일

유형	공급가액	부가세	공급처명	전자	분개
14.건별	12,000,000	1,200,000	하늘중고차		0.없음

• 6월 30일

유형	공급가액	부가세	공급처명	전자	분개
51.과세	2,000,000	200,000	카페25시		0.없음

② [부가가치세 신고서] 조회기간 2025년 4월 1일~2025년 6월 30일, 신고구분 '2.수정 신고', 신고차수 '1'을 입력하면 수정 신고금액이 반영된 것을 확인할 수 있다.

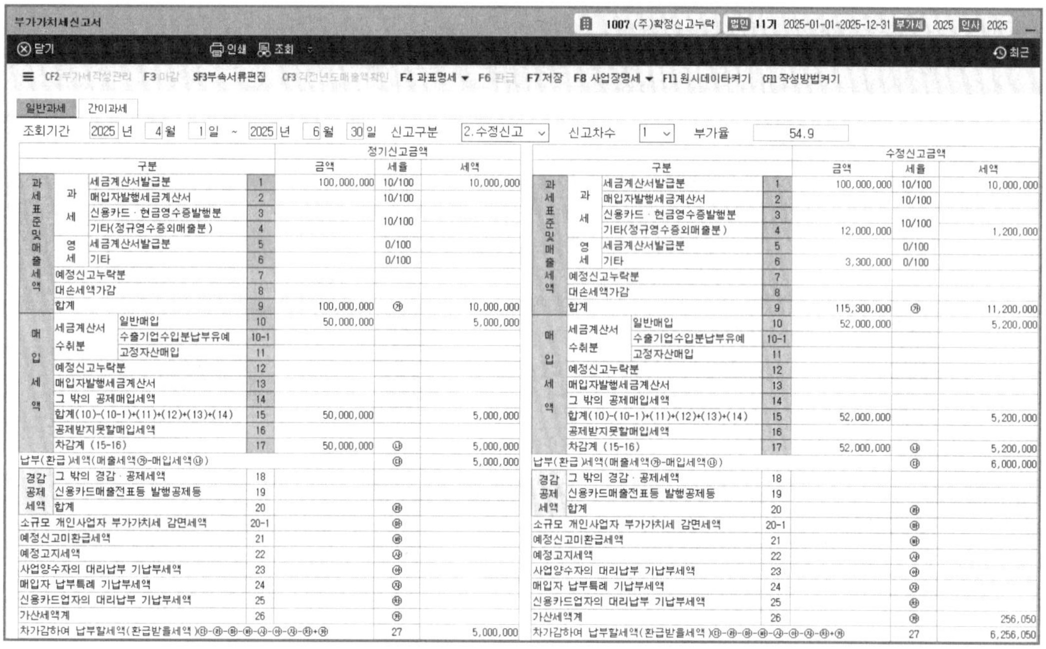

부가가치세신고서 | 1007 (주)확정신고누락 | 법인 11기 2025-01-01~2025-12-31 | 부가세 2025 | 인사 2025

⊗닫기 | 인쇄 | 조회 | 최근

CF2 부가세작성관리 | F3 마감 | SF3부속서류편집 | CF3 직전년도매출액확인 | F4 과표명세 | F6 환급 | F7 저장 | F8 사업장명세 | F11 원시데이타켜기 | CF11 작성방법켜기

일반과세 | 간이과세

조회기간 2025 년 4 월 1 일 ~ 2025 년 6 월 30 일 신고구분 2.수정신고 신고차수 1 부가율 54.9

구분			번호	정기신고금액 금액	세율	세액	수정신고금액 금액	세율	세액
과세표준및매출세액	과세	세금계산서발급분	1	100,000,000	10/100	10,000,000	100,000,000	10/100	10,000,000
		매입자발행세금계산서	2		10/100			10/100	
		신용카드 · 현금영수증발행분	3		10/100			10/100	
		기타(정규영수증외매출분)	4				12,000,000		1,200,000
	영세	세금계산서발급분	5		0/100			0/100	
		기타	6		0/100		3,300,000	0/100	
	예정신고누락분		7						
	대손세액가감		8						
	합계		9	100,000,000	㉮	10,000,000	115,300,000	㉮	11,200,000
매입세액	세금계산서수취분	일반매입	10	50,000,000		5,000,000	52,000,000		5,200,000
		수출기업수입분납부유예	10-1						
		고정자산매입	11						
	예정신고누락분		12						
	매입자발행세금계산서		13						
	그 밖의 공제매입세액		14						
	합계(10)-(10-1)+(11)+(12)+(13)+(14)		15	50,000,000		5,000,000	52,000,000		5,200,000
	공제받지못할매입세액		16						
	차감계 (15-16)		17	50,000,000	㉯	5,000,000	52,000,000	㉯	5,200,000
납부(환급)세액(매출세액㉮-매입세액㉯)					㉰	5,000,000		㉰	6,000,000
경감공제세액	그 밖의 경감 · 공제세액		18						
	신용카드매출전표등 발행공제등		19						
	합계		20		㉱			㉱	
소규모 개인사업자 부가가치세 감면세액			20-1		㉲			㉲	
예정신고미환급세액			21		㉳			㉳	
예정고지세액			22		㉴			㉴	
사업양수자의 대리납부 기납부세액			23		㉵			㉵	
매입자 납부특례 기납부세액			24		㉶			㉶	
신용카드업자의 대리납부 기납부세액			25		㉷			㉷	
가산세액계			26		㉸			㉸	256,050
차가감하여 납부할세액(환급받을세액)㉰-㉱-㉲-㉳-㉴-㉵-㉶-㉷+㉸			27			5,000,000			6,256,050

• 화면 우측의 수정 신고금액 [4.과세 – 기타(정규영수증 외 매출분)]: 금액 12,000,000원/세액 1,200,000원
• 화면 우측의 수정 신고금액 [6.영세 – 기타]: 금액 3,300,000원
• 화면 우측의 수정 신고금액 [10.세금계산서 수취분 – 일반매입]: 금액 52,000,000원/세액 5,200,000원
• 화면 우측의 수정 신고금액 [㉸]란을 활성화시켜 [TAB]을 누르면 '부가세 신고서 2쪽 수정 신고'창이 활성화된다.

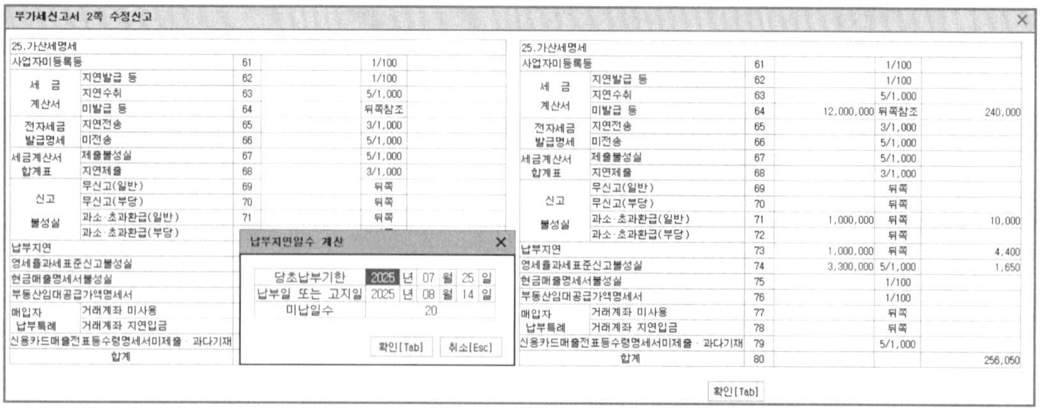

부가세신고서 2쪽 수정신고

25.가산세명세

구분		번호	금액	세율	세액
사업자미등록등		61		1/100	
세금계산서	지연발급 등	62		1/100	
	지연수취	63		5/1,000	
	미발급 등	64	12,000,000	뒤쪽참조	240,000
전자세금발급명세	지연전송	65		3/1,000	
	미전송	66		5/1,000	
세금계산서합계표	제출불성실	67		5/1,000	
	지연제출	68		3/1,000	
신고불성실	무신고(일반)	69		뒤쪽	
	무신고(부당)	70		뒤쪽	
	과소·초과환급(일반)	71	1,000,000	뒤쪽	10,000
	과소·초과환급(부당)	72		뒤쪽	
납부지연		73	1,000,000	뒤쪽	4,400
영세율과세표준신고불성실		74	3,300,000	5/1,000	1,650
현금매출명세서불성실		75		1/100	
부동산임대공급가액명세서		76		1/100	
매입자납부특례	거래계좌 미사용	77		뒤쪽	
	거래계좌 지연입금	78		뒤쪽	
신용카드매출전표등수령명세서미제출 · 과다기재		79		5/1,000	
합계		80			256,050

납부지연일수 계산

당초납부기한	2025 년 07 월 25 일
납부일 또는 고지일	2025 년 08 월 14 일
미납일수	20

확인[Tab] 취소[Esc]

확인[Tab]

– [64.세금계산서 – 미발급 등]: 금액 12,000,000원/세액 240,000원*

* 12,000,000원 × 2% = 240,000원

꿀팁 전자세금계산서 미발급 가산세, 미전송 가산세 및 세금계산서합계표가 중복되는 경우에는 미발급 가산세만 적용한다.

– [71.신고불성실 – 과소 · 초과환급(일반)]: 금액 1,000,000원/세액 10,000원*

* 1,000,000원 × 10% × (1 – 90%) = 10,000원

– [73.납부지연]: 금액 1,000,000원/세액 4,400원*

* 1,000,000원 × 20일 × 22/100,000 = 4,400원

– [74.영세율 과세표준 신고불성실]: 금액 3,300,000원/세액 1,650원*

* 3,300,000원 × 0.5% × (1 – 90%) = 1,650원

∴ [26.가산세액 계]: 가산세 합계 256,050원

[2] (주)확정신고누락(회사코드: 1007)의 2025년 2기 확정신고(10월~12월)를 2026년 1월 25일에 하였는데, 이에 대한 오류 내용이 다음과 같이 발견되어 처음으로 2026년 2월 24일 수정 신고 및 납부를 하였다. 부가가치세 수정 신고서(과세표준 명세 포함)를 작성하시오(신고구분은 '2.수정 신고'를 선택하고 신고차수는 1차로 입력할 것). 단, 미납일수는 30일로 하고, 매입매출전표에는 입력하지 마시오.

기출 106회 수정

- 직수출 50,000,000원에 대한 매출 누락(부정행위 아님)이 발생하였다.
- 제품 운반용 중고트럭을 22,000,000원에 현금 판매한 것을 누락하였다(세금계산서 미발급분).
- 당초 부가가치세 신고서에 반영하지 못한 제품 타계정 대체액 명세는 다음과 같다. 제품 제조에 사용된 재화는 모두 매입세액공제분이다.
  – 매출처에 접대 목적으로 제공: 원가 2,000,000원/시가 2,500,000원
  – 불특정 다수인에게 홍보용 제품 제공: 원가 1,000,000원/시가 1,200,000원
- 간이과세자(단, 직전 연도 1월~12월 부가가치세 과세표준이 48,000,000원을 초과함)에게 매입한 법인카드 사용 결제액[일반매입 5,500,000원(부가가치세 포함)]을 누락하였다.
  – 법인카드 사용액은 전액 사업 관련성이 있으며, 거래처와 식사한 금액 220,000원(부가가치세 포함)이 포함되어 있다.
- 중소기업인 (주)사랑에 2022년 9월 1일 제품을 판매하고 발생한 외상매출금 16,500,000원에 대하여 2025년 2기 확정신고기간(10월~12월)에 대손 처리하고 장부에 반영하였으나 대손세액을 공제하지 않았다(단, (주)사랑은 (주)확정신고누락의 대표이사가 대주주인 법인임).
- 누락된 매출액은 부당하게 누락된 것이 아니다.

| 풀이 |

- [부가가치세 신고서] 조회기간 2025년 10월 1일~2025년 12월 31일, 신고구분 '2.수정 신고', 신고차수 '1'을 입력한 후 수정 신고금액을 다음과 같이 반영한다.

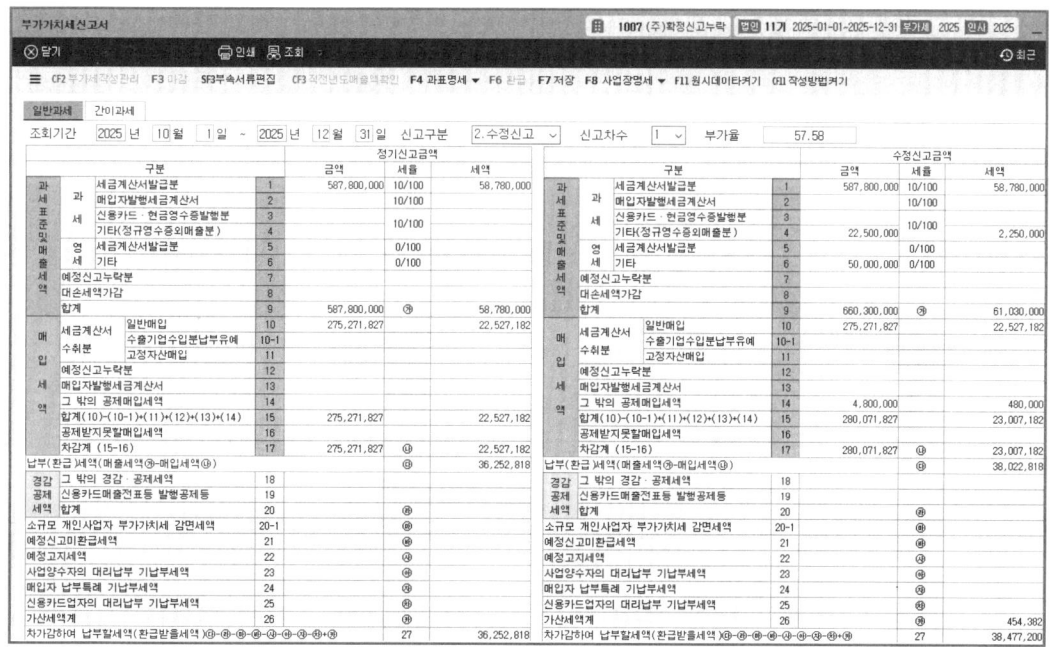

부가가치세신고서 / 1007 (주)확정신고누락 / 법인 11기 2025-01-01~2025-12-31 / 부가세 2025 / 인사 2025

일반과세 | 간이과세

조회기간 2025년 10월 1일 ~ 2025년 12월 31일 신고구분 2.수정신고 신고차수 1 부가율 57.58

구분			번호	정기신고금액 금액	세율	세액	수정신고금액 금액	세율	세액
과세표준및매출세액	과세	세금계산서발급분	1	587,800,000	10/100	58,780,000	587,800,000	10/100	58,780,000
	과세	매입자발행세금계산서	2		10/100			10/100	
	과세	신용카드 · 현금영수증발행분	3		10/100			10/100	
	과세	기타(정규영수증외매출분)	4				22,500,000		2,250,000
	영세	세금계산서발급분	5		0/100			0/100	
	영세	기타	6		0/100		50,000,000	0/100	
	예정신고누락분		7						
	대손세액가감		8						
	합계		9	587,800,000	㉮	58,780,000	660,300,000	㉮	61,030,000
매입세액	세금계산서수취분	일반매입	10	275,271,827		22,527,182	275,271,827		22,527,182
	세금계산서수취분	수출기업수입분납부유예	10-1						
	세금계산서수취분	고정자산매입	11						
	예정신고누락분		12						
	매입자발행세금계산서		13						
	그 밖의 공제매입세액		14				4,800,000		480,000
	합계(10)-(10-1)+(11)+(12)+(13)+(14)		15	275,271,827		22,527,182	280,071,827		23,007,182
	공제받지못할매입세액		16						
	차감계 (15-16)		17	275,271,827	㉯	22,527,182	280,071,827	㉯	23,007,182
납부(환급)세액(매출세액㉮-매입세액㉯)					㉰	36,252,818		㉰	38,022,818
경감공제세액	그 밖의 경감 · 공제세액		18						
	신용카드매출전표등 발행공제등		19						
	합계		20		㉱			㉱	
소규모 개인사업자 부가가치세 감면세액			20-1		㉲			㉲	
예정신고미환급세액			21		㉳			㉳	
예정고지세액			22		㉴			㉴	
사업양수자의 대리납부 기납부세액			23		㉵			㉵	
매입자 납부특례 기납부세액			24		㉶			㉶	
신용카드업자의 대리납부 기납부세액			25		㉷			㉷	
가산세액계			26		㉸			㉸	454,382
차가감하여 납부할세액(환급받을세액)㉰-㉱-㉲-㉳-㉴-㉵-㉶-㉷+㉸			27			36,252,818			38,477,200

– 화면 우측의 수정 신고금액 [6.영세 – 기타]: 금액 50,000,000원

– 화면 우측의 수정 신고금액 [4.과세 – 기타(정규영수증 외 매출분)]: 금액 22,500,000원*/세액 2,250,000원

* 중고트럭 판매비 20,000,000원 + 매출처 기업업무추진비 2,500,000원 = 22,500,000원

꿀팁 불특정 다수인에게 홍보용 제품 제공은 간주공급에 해당하지 않는다.

– 화면 우측의 수정 신고금액 [14.그 밖의 공제매입세액]의 금액란에 커서를 놓고 [TAB]을 누른다.
[41.신용카드 매출수령금액 합계표 – 일반매입]란 금액 4,800,000원*/세액 480,000원

* 법인카드 사용액 5,000,000원(부가가치세 제외) – 거래처 기업업무추진비 200,000원(부가가치세 제외) = 4,800,000원

꿀팁 직전 연도 1년간 부가가치세 과세표준이 48,000,000원을 초과하는 간이과세자는 세금계산서 발급의무 사업자이다. 세금계산서 발급의무 간이과세자로부터 세금계산서 또는 신용카드 매출전표를 수령한 경우에는 매입세액을 공제받을 수 있다.

– 중소기업의 외상매출금, 미수금으로서 회수기일이 2년 이상 지난 외상매출금과 미수금은 대손세액공제를 받을 수 있다. 단, 특수관계인과의 거래이며 회수기일이 2년 이상 지난 중소기업의 외상매출금과 미수금은 대손세액공제를 적용하지 않는다.

부가세신고서 2쪽 수정신고

구분	번호	금액	세율	세액	금액	세율	세액
7.매출(예정신고누락분)							
예정누락분 과세 세금계산서	33		10/100			10/100	
예정누락분 과세 기타	34		10/100			10/100	
예정누락분 영세 세금계산서	35		0/100			0/100	
예정누락분 영세 기타	36		0/100			0/100	
합계	37						
12.매입(예정신고누락분)							
예정누락분 세금계산서	38						
예정누락분 그 밖의 공제매입세액	39						
합계	40						
신용카드매출 수령금액합계 일반매입							
신용카드매출 수령금액합계 고정매입							
의제매입세액							
재활용폐자원등매입세액							
과세사업전환매입세액							
재고매입세액							
변제대손세액							
외국인관광객에대한환급세액							
합계							
14.그 밖의 공제매입세액							
신용카드매출 수령금액합계표 일반매입	41				4,800,000		480,000
신용카드매출 수령금액합계표 고정매입	42						
의제매입세액	43		뒤쪽			뒤쪽	
재활용폐자원등매입세액	44		뒤쪽			뒤쪽	
과세사업전환매입세액	45						
재고매입세액	46						
변제대손세액	47						
외국인관광객에대한환급세액	48						
합계	49				4,800,000		480,000

확인[Tab]

• 화면 우측의 수정 신고금액 [㉮]란에 커서를 놓고 [TAB]을 누르면 '부가세 신고서 2쪽 수정 신고'창이 활성화된다.

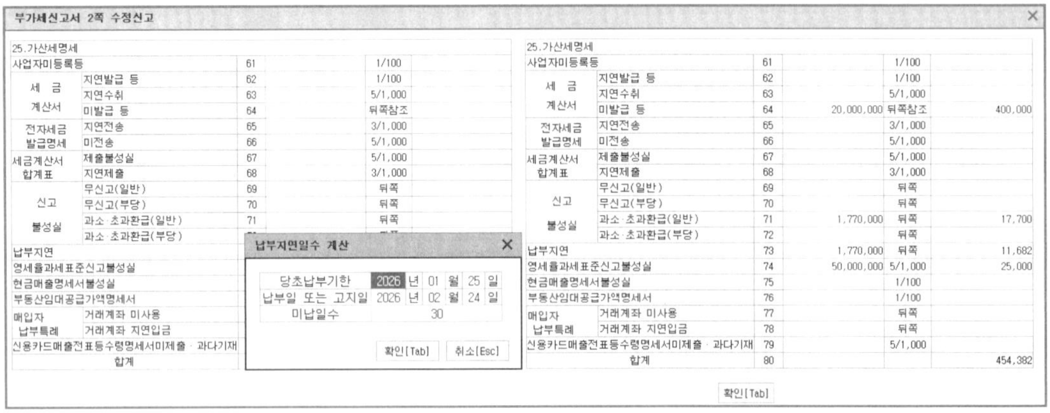

부가세신고서 2쪽 수정신고

구분	번호	금액	세율	세액
25.가산세명세				
사업자미등록등	61		1/100	
세금계산서 지연발급 등	62		1/100	
세금계산서 지연수취	63		5/1,000	
세금계산서 미발급 등	64		뒤쪽참조	
전자세금발급명세 지연전송	65		3/1,000	
전자세금발급명세 미전송	66		5/1,000	
세금계산서합계표 제출불성실	67		5/1,000	
세금계산서합계표 지연제출	68		3/1,000	
신고불성실 무신고(일반)	69		뒤쪽	
신고불성실 무신고(부당)	70		뒤쪽	
신고불성실 과소·초과환급(일반)	71		뒤쪽	
신고불성실 과소·초과환급(부당)				
납부지연				
영세율과세표준신고불성실				
현금매출명세서불성실				
부동산임대공급가액명세서				
매입자납부특례 거래계좌 미사용				
매입자납부특례 거래계좌 지연입금				
신용카드매출전표등수령명세서미제출·과다기재				
합계				

납부지연일수 계산

당초납부기한	2026	년	01	월	25	일
납부일 또는 고지일	2026	년	02	월	24	일
미납일수	30					

확인[Tab] 취소[Esc]

구분	번호	금액	세율	세액
25.가산세명세				
사업자미등록등	61		1/100	
세금계산서 지연발급 등	62		1/100	
세금계산서 지연수취	63		5/1,000	
세금계산서 미발급 등	64	20,000,000	뒤쪽참조	400,000
전자세금발급명세 지연전송	65		3/1,000	
전자세금발급명세 미전송	66		5/1,000	
세금계산서합계표 제출불성실	67		5/1,000	
세금계산서합계표 지연제출	68		3/1,000	
신고불성실 무신고(일반)	69		뒤쪽	
신고불성실 무신고(부당)	70		뒤쪽	
신고불성실 과소·초과환급(일반)	71	1,770,000	뒤쪽	17,700
신고불성실 과소·초과환급(부당)	72		뒤쪽	
납부지연	73	1,770,000	뒤쪽	11,682
영세율과세표준신고불성실	74	50,000,000	5/1,000	25,000
현금매출명세서불성실	75		1/100	
부동산임대공급가액명세서	76		1/100	
매입자납부특례 거래계좌 미사용	77		뒤쪽	
매입자납부특례 거래계좌 지연입금	78		뒤쪽	
신용카드매출전표등수령명세서미제출·과다기재	79		5/1,000	
합계	80			454,382

확인[Tab]

– [64.세금계산서 – 미발급 등]: 금액 20,000,000원/세액 400,000원*

* 20,000,000원 × 2% = 400,000원

– [71.신고불성실 – 과소 · 초과환급(일반)]: 금액 1,770,000원/세액 17,700원*

* 1,770,000원(= 2,000,000원 + 250,000원 – 480,000원) × 10% × (1 – 90%) = 17,700원

– [73.납부지연]: 금액 1,770,000원/세액 11,682원*

* 1,770,000원 × 30일 × 22/100,000 = 11,682원

– [74.영세율 과세표준 신고불성실]: 금액 50,000,000원/세액 25,000원*

* 50,000,000원×0.5%×(1－90%)=25,000원

∴ [26.가산세액 계]: 가산세 합계 454,382원

• [부가가치세 신고서] 상단 툴바의 [F4 과표명세 ▾]를 눌러서 다음과 같이 추가 입력한 후 부가가치세 신고서를 저장한다.

부가세신고서 과세표준 수정신고

신고구분 :	2	(1.예정 2.확정 3.영세율 조기환급 4.기한후과세표준)		
국세환급금계좌신고		은행		지점
계좌번호 :				
폐업일자 :	____-__-__	폐업사유 :		

과세표준명세				
	업태	종목	코드	금액
28	제조. 도매	컴퓨터 외	300100	587,800,000
29				
30				
31	수입금액제외			
32	합계			587,800,000
면세사업수입금액				
	업태	종목	코드	금액
81	제조. 도매	컴퓨터 외	300100	
82				
83	수입금액제외			
84	합계			
계산서발급 및 수취명세		85.계산서발급금액		
		86.계산서수취금액		
세무대리인정보				
성명		사업자번호	___-__-_____	전화번호
신고년월일	2026-01-26	핸드폰	생년월일	____-__-__
e-Mail				

신고구분 :	2	(1.예정 2.확정 3.영세율 조기환급 4.기한후과세표준)		
국세환급금계좌신고		은행		지점
계좌번호 :				
폐업일자 :	____-__-__	폐업사유 :		

과세표준명세				
	업태	종목	코드	금액
28	제조. 도매	컴퓨터 외	300100	637,800,000
29				
30				
31	수입금액제외	고정자산 매각 등	300100	22,500,000
32	합계			660,300,000
면세사업수입금액				
	업태	종목	코드	금액
81	제조. 도매	컴퓨터 외	300100	
82				
83	수입금액제외			
84	합계			
계산서발급 및 수취명세		85.계산서발급금액		
		86.계산서수취금액		
세무대리인정보				
성명		사업자번호	___-__-_____	전화번호
신고년월일	2026-02-24	핸드폰	생년월일	____-__-__
e-Mail				

확인[Tab]

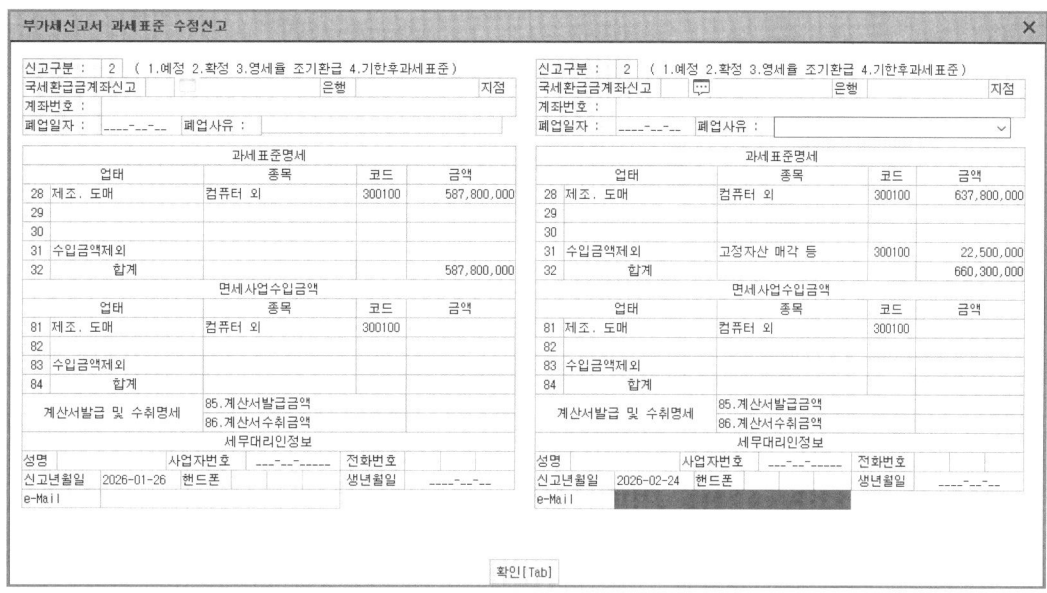

– 과세표준 명세 중 [28.금액]: 637,800,000원(∵ 직수출액 50,000,000원 가산)

– 과세표준 명세 중 [31.금액]: 22,500,000원(∵ 고정자산 매각금액 20,000,000원과 간주공급 2,500,000원 가산)

– 과세표준 명세 중 [신고년월일]: 2026.2.24.

[3]의 거래자료를 (주)경정청구(회사코드: 1023)의 부가가치세 신고서 메뉴에 입력하시오.

[3] (주)경정청구(회사코드: 1023)는 2025년 제1기 부가가치세 확정신고를 기한 내에 정상적으로 마쳤으나, 신고기한이 지난 후 다음의 오류를 발견하여 정정하고자 한다. 아래의 자료를 이용하여 [매입매출전표입력]에서 오류사항을 수정 또는 입력하고 제1기 확정신고기간의 [부가가치세신고서(1차 수정신고)]와 [과세표준및세액결정(경정)청구서]를 작성하시오. 기출 111회

1. 오류사항
   - 6월 15일: 전자세금계산서를 발급한 외상매출금 2,200,000원(부가가치세 포함)을 신용카드(현대카드)로 결제받고, 이를 매출로 이중신고하였다(음수로 입력하지 말 것).
   - 6월 30일: 영업부의 소모품비 220,000원(부가가치세 포함)을 킹킹상사에 현금으로 지급하고 종이세금계산서를 발급받았으나 이를 누락하였다.
   - 3월 31일: 본래의 기능을 유지하기 위한 제조부서의 기계수리비 500,000원(공급가액)을 실버상사에 보통예금으로 지급하였고, 종이세금계산서를 발급받았으나 이를 누락하였다. 해당 누락분은 확정신고 시에 반영하기로 한다.
2. 경정청구 사유는 다음과 같다.
   사유 1: 신용카드, 현금영수증 매출 과다신고(코드: 4102013)
   사유 2: 예정신고 누락분(코드: 4103003)
   ② 매입세액: 매입세금계산서합계표 단순누락, 착오기재
3. 국세환급금 계좌신고는 공란으로 두고, 전자신고 세액공제는 적용하지 아니한다.

PART 04

| 풀이 |

① [매입매출전표입력]

• 6월 15일

– 수정 전

유형	공급가액	부가세	공급처명	전자	분개
17.카과	2,000,000	200,000	헬로마트(주)		4.카드
신용카드사	99605.현대카드				

(차) 외상매출금[현대카드]	2,200,000	(대) 부가세예수금	200,000
		제품매출	2,000,000

– 수정 후: 6월 15일자 거래를 삭제한다.

• 6월 30일

– 수정 전: 없음

– 수정 후: 다음의 전표를 추가 입력한다.

유형	공급가액	부가세	공급처명	전자	분개
51.과세	200,000	20,000	킹킹상사		1.현금 또는 3.혼합

(차) 부가세대급금	20,000	(대) 현금	220,000
소모품비(판)	200,000		

• 3월 31일

– 수정 전: 전표 없음

– 수정 후: 다음의 전표를 추가 입력한다.

유형	공급가액	부가세	공급처명	전자	분개
51.과세	500,000	50,000	실버상사	0.부	3.혼합

(차) 수선비(제)	500,000	(대) 보통예금	550,000
부가세대급금	50,000		

해당 거래의 체크박스를 선택한 후 [F11 간편집계.. ▾] → 예정누락분(SF5) → '확정신고 개시년월 : 2025년 4월']을 입력한다.

② [부가가치세 신고서] 조회기간 2025년 4월 1일~2025년 6월 30일, 신고구분 '2.수정 신고', 신고차수 '1'을 입력하면 수정 신고금액이 반영된 것을 확인할 수 있다. 부가가치세 신고서를 저장한다.

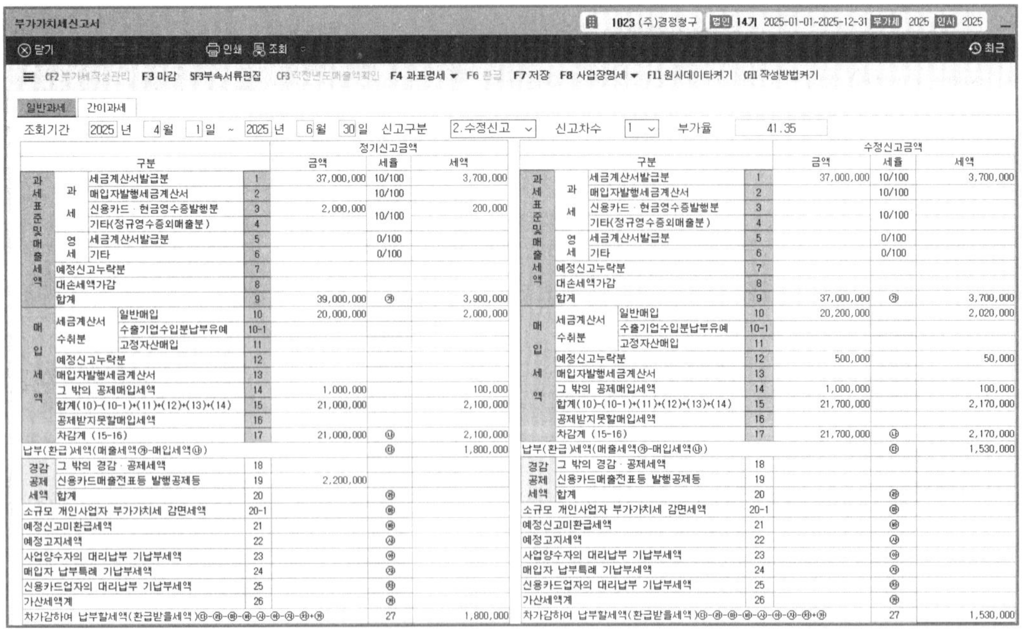
부가가치세신고서

1023 (주)경정청구 법인 14기 2025-01-01~2025-12-31 부가세 2025 인사 2025

닫기 인쇄 조회 최근

CF2 부가세작성관리 F3 마감 SF3부속서류편집 CF3 직전년도매출액확인 F4 과표명세 ▾ F6 환급 F7 저장 F8 사업장명세 ▾ F11 원시데이타켜기 CF11 작성방법켜기

일반과세 간이과세

조회기간 2025 년 4 월 1 일 ~ 2025 년 6 월 30 일 신고구분 2.수정신고 신고차수 1 부가율 41.35

구분			번호	정기신고금액 금액	세율	세액	수정신고금액 금액	세율	세액
과세표준및매출세액	과세	세금계산서발급분	1	37,000,000	10/100	3,700,000	37,000,000	10/100	3,700,000
	과세	매입자발행세금계산서	2		10/100			10/100	
	과세	신용카드 · 현금영수증발행분	3	2,000,000	10/100	200,000		10/100	
	과세	기타(정규영수증외매출분)	4						
	영세	세금계산서발급분	5		0/100			0/100	
	영세	기타	6		0/100			0/100	
	예정신고누락분		7						
	대손세액가감		8						
	합계		9	39,000,000	㉮	3,900,000	37,000,000	㉮	3,700,000
매입세액	세금계산서수취분	일반매입	10	20,000,000		2,000,000	20,200,000		2,020,000
	세금계산서수취분	수출기업수입분납부유예	10-1						
	세금계산서수취분	고정자산매입	11						
	예정신고누락분		12				500,000		50,000
	매입자발행세금계산서		13						
	그 밖의 공제매입세액		14	1,000,000		100,000	1,000,000		100,000
	합계(10)-(10-1)+(11)+(12)+(13)+(14)		15	21,000,000		2,100,000	21,700,000		2,170,000
	공제받지못할매입세액		16						
	차감계 (15-16)		17	21,000,000	㉯	2,100,000	21,700,000	㉯	2,170,000
납부(환급)세액(매출세액㉮-매입세액㉯)					㉰	1,800,000		㉰	1,530,000
경감공제세액	그 밖의 경감 · 공제세액		18						
	신용카드매출전표등 발행공제등		19	2,200,000					
	합계		20		㉱			㉱	
소규모 개인사업자 부가가치세 감면세액			20-1		㉲			㉲	
예정신고미환급세액			21		㉳			㉳	
예정고지세액			22		㉴			㉴	
사업양수자의 대리납부 기납부세액			23		㉵			㉵	
매입자 납부특례 기납부세액			24		㉶			㉶	
신용카드업자의 대리납부 기납부세액			25		㉷			㉷	
가산세액계			26		㉸			㉸	
차가감하여 납부할세액(환급받을세액)㉰-㉱-㉲-㉳-㉴-㉵-㉶-㉷+㉸			27			1,800,000			1,530,000

③ [과세표준 및 세액결정(경정) 청구서] 조회기간 2025년 4월 ~ 2025년 6월, 구분 '1기 확정', 수정차수 '1'을 입력한다. 경정(결정)청구 신고금액을 다음과 같이 입력한 후 과세표준 및 세액결정(경정) 청구서를 저장한다.

과세표준및세액결정(경정)청구서 | 1023 (주)경정청구 | 법인 14기 2025-01-01~2025-

⊗닫기 | 코드 | 인쇄 | 조회

F4 불러오기 | F8 신고일 | F11저장

조회기간 2025년 04 월 ~ 2025년 06 월 | 구분 1기 확정 | 수정차수 1

청구인

성 명	최기백	주민등록번호	890706 - 1421213	사업자등록번호	105 - 81 - 23608
주소(거소) 또는 영업소	서울특별시 동작구 여의대방로 28 (신대방동)				
상 호	(주)경정청구			전화번호	02 - 1234 - 1234

신고내용

법정신고일	2025 년 7 월 25 일	최초신고일 2025 년 7 월 25 일
경정청구이유1	4102013	신용카드, 현금영수증 매출 과다 신고
경정청구이유2	4103003	예정신고 누락분

구 분	최 초 신 고	경정(결정)청구 신 고
과 세 표 준 금 액	39,000,000	37,000,000
산 출 세 액	3,900,000	3,700,000
가 산 세 액		
공제 및 감면세액	2,100,000	2,170,000
납 부 할 세 액	1,800,000	1,530,000
국세환급금 계좌신고	거래은행	계좌번호
환 급 받 을 세 액		270,000

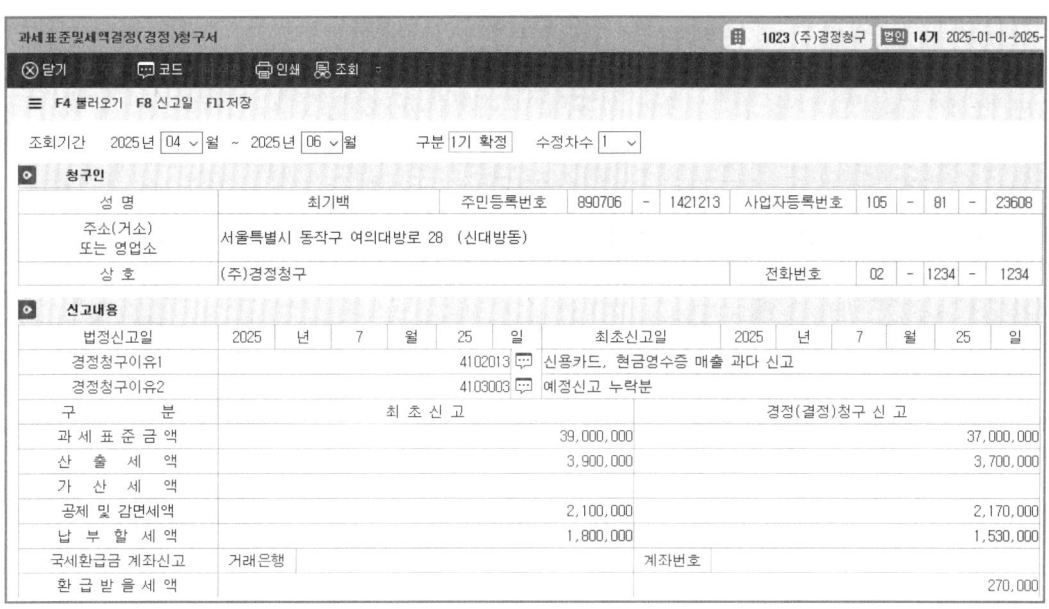

꿀팁 환급의 경우에는 가산세가 발생하지 않는다.

4 가산세가 없는 경우+부속서류

▸ 최신 30회 중 4문제 출제

연습문제

다음 거래자료를 (주)확정신고누락(회사코드: 1007)의 부가가치세 신고서 메뉴에 입력하시오.

[1] 기입력된 자료는 무시하고 다음 자료만 반영하여, (주)확정신고누락(회사코드: 1007)의 2025년 제2기 예정신고(7.1.~9.30.)의 부가가치세 신고서(과세표준 명세 제외)와 '신용카드 매출전표 등 수령명세서' 및 '신용카드 매출전표 발행금액 집계표'를 작성하시오. 매입매출전표입력은 생략한다. 기출 65회

매출	• 8월 20일: 거래처 컴퓨터사랑(사업자등록번호 222-23-33658)에 7,300,000원(공급가액)의 상품을 판매하여 전자세금계산서를 발행하고, 대금은 현금 5,060,000원, 나머지는 비씨카드로 결제를 받았다. • 9월 15일: 홍길동에게 상품 1,430,000원(공급대가)을 소매로 매출하고, 비씨카드로 결제를 받았다.
매입	• 7월 13일: 상품 6,200,000원(공급가액)을 거래처 건영상사(사업자등록번호 805-08-15689)로부터 현금으로 매입하고, 전자세금계산서를 받았다. • 8월 2일: 원재료 운반용 화물차량에 주유를 하고, 165,000원을 법인카드인 삼성카드로 결제하였다. 결제카드는 법인명의 삼성카드(사업용 신용카드 4321-8765-1601-1234)이고, 주유는 모두 알뜰주유소(사업자등록번호 207-61-33215)에서 이루어졌으며, 매입세액공제요건을 충족한다.

| 풀이 |

① [부가가치세 신고서] 조회기간 2025년 7월 1일~2025년 9월 30일을 입력하고 다음과 같이 작성한 후 해당 서식을 저장한다.

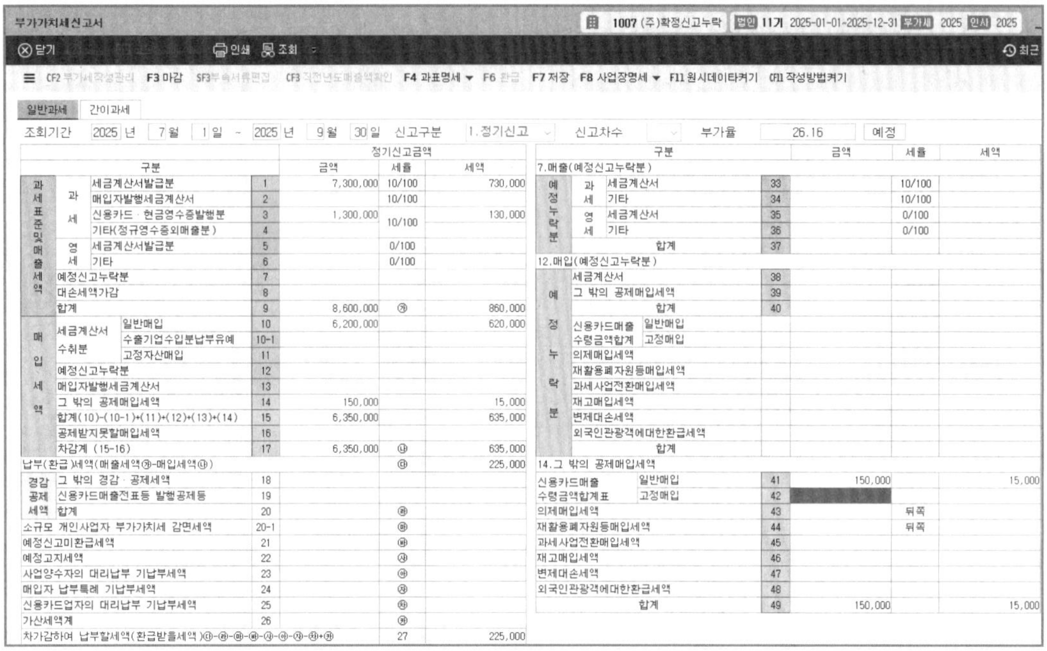

부가가치세신고서

1007 (주)확정신고누락 법인 11기 2025-01-01~2025-12-31 부가세 2025 인사 2025

⊗닫기 인쇄 조회 최근

CF2 부가세작성관리 F3 마감 SF3부속서류편집 CF3 직전년도매출액확인 F4 과표명세 F6 환급 F7 저장 F8 사업장명세 F11 원시데이타켜기 CF11 작성방법켜기

일반과세 간이과세

조회기간 2025 년 7 월 1 일 ~ 2025 년 9 월 30 일 신고구분 1.정기신고 신고차수 부가율 26.16 예정

구분				정기신고금액: 금액	세율	세액
과세표준및매출세액	과세	세금계산서발급분	1	7,300,000	10/100	730,000
		매입자발행세금계산서	2		10/100	
		신용카드 · 현금영수증발행분	3	1,300,000	10/100	130,000
		기타(정규영수증외매출분)	4			
	영세	세금계산서발급분	5		0/100	
		기타	6		0/100	
	예정신고누락분		7			
	대손세액가감		8			
	합계		9	8,600,000	㉮	860,000
매입세액	세금계산서수취분	일반매입	10	6,200,000		620,000
		수출기업수입분납부유예	10-1			
		고정자산매입	11			
	예정신고누락분		12			
	매입자발행세금계산서		13			
	그 밖의 공제매입세액		14	150,000		15,000
	합계(10)-(10-1)+(11)+(12)+(13)+(14)		15	6,350,000		635,000
	공제받지못할매입세액		16			
	차감계 (15-16)		17	6,350,000	㉯	635,000
납부(환급)세액(매출세액㉮-매입세액㉯)					㉰	225,000
경감공제세액	그 밖의 경감 · 공제세액		18			
	신용카드매출전표등 발행공제등		19			
	합계		20		㉱	
소규모 개인사업자 부가가치세 감면세액			20-1		㉲	
예정신고미환급세액			21		㉳	
예정고지세액			22		㉴	
사업양수자의 대리납부 기납부세액			23		㉵	
매입자 납부특례 기납부세액			24		㉶	
신용카드업자의 대리납부 기납부세액			25		㉷	
가산세액계			26		㉸	
차가감하여 납부할세액(환급받을세액)㉰-㉱-㉲-㉳-㉴-㉵-㉶-㉷+㉸					27	225,000

구분				금액	세율	세액
7.매출(예정신고누락분)						
예정누락분	과세	세금계산서	33		10/100	
		기타	34		10/100	
	영세	세금계산서	35		0/100	
		기타	36		0/100	
	합계		37			
12.매입(예정신고누락분)						
예정누락분	세금계산서		38			
	그 밖의 공제매입세액		39			
	합계		40			
	신용카드매출수령금액합계	일반매입				
		고정매입				
	의제매입세액					
	재활용폐자원등매입세액					
	과세사업전환매입세액					
	재고매입세액					
	변제대손세액					
	외국인관광객에대한환급세액					
	합계					
14.그 밖의 공제매입세액						
신용카드매출수령금액합계표	일반매입		41	150,000		15,000
	고정매입		42			
의제매입세액			43		뒤쪽	
재활용폐자원등매입세액			44		뒤쪽	
과세사업전환매입세액			45			
재고매입세액			46			
변제대손세액			47			
외국인관광객에대한환급세액			48			
합계			49	150,000		15,000

- [1.과세－세금계산서 발급분]: 금액 7,300,000원/세액 730,000원
- [3.과세－신용카드 · 현금영수증 발행분]: 금액 1,300,000원/세액 130,000원
- [10.세금계산서 수취분－일반매입]: 금액 6,200,000원/세액 620,000원
- [14.그 밖의 공제매입세액] 중 [41.신용카드매출 수령금액 합계표－일반매입]: 금액 150,000원/세액 15,000원

② [신용카드 매출전표 등 수령 명세서(갑)(을)] 조회기간 2025년 7월~2025년 9월을 입력하고 다음과 같이 작성한 후 해당 서식을 저장한다.

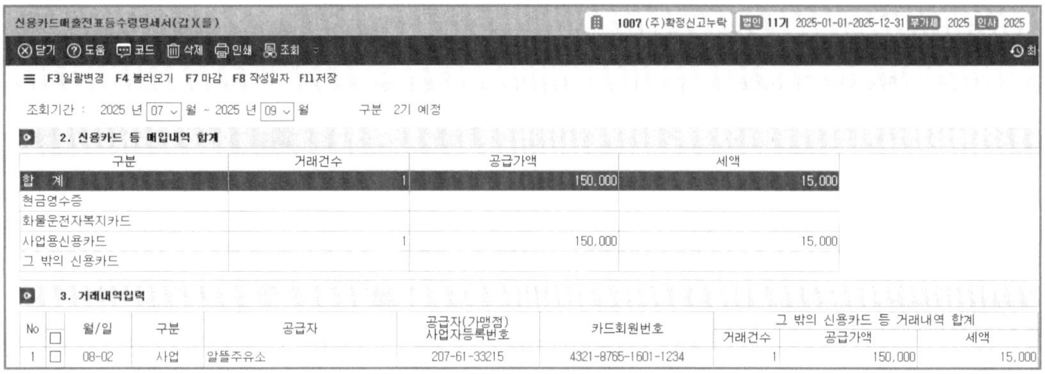

신용카드매출전표등수령명세서(갑)(을)

1007 (주)확정신고누락 법인 11기 2025-01-01~2025-12-31 부가세 2025 인사 2025

⊗닫기 ⓘ도움 코드 삭제 인쇄 조회

F3 일괄변경 F4 불러오기 F7 마감 F8 작성일자 F11저장

조회기간 : 2025 년 07 월 ~ 2025 년 09 월 구분 2기 예정

2. 신용카드 등 매입내역 합계

구분	거래건수	공급가액	세액
합 계	1	150,000	15,000
현금영수증			
화물운전자복지카드			
사업용신용카드	1	150,000	15,000
그 밖의 신용카드			

3. 거래내역입력

No	□	월/일	구분	공급자	공급자(가맹점) 사업자등록번호	카드회원번호	그 밖의 신용카드 등 거래내역 합계: 거래건수	공급가액	세액
1	□	08-02	사업	알뜰주유소	207-61-33215	4321-8765-1601-1234	1	150,000	15,000

③ [신용카드 매출전표 등 발행금액 집계표] 조회기간 2025년 7월~2025년 9월을 입력하고 다음과 같이 작성한 후 해당 서식을 저장한다.

- 과세매출분: 4,400,000원*

  * (7,300,000원×1.1)－5,060,000원＋1,430,000원＝4,400,000원

- 세금계산서 발급금액: 2,970,000원*

  * (7,300,000원×1.1)－5,060,000원＝2,970,000원

신용카드매출전표등발행금액집계표 | 1007 (주)확정신고누락 | 법인 11기 2025-01-01~2025-12-31 | 부가세 2025 | 인사 2025

닫기 | 코드 | 삭제 | 인쇄 | 조회 | 최근

F4 새로불러오기 | F11저장

조회기간 2025 년 07 월 ~ 2025 년 09 월 　 구분 2기 예정

1. 인적사항

상호[법인명]	(주)확정신고누락	성명[대표자]	수정신고	사업등록번호	128-86-35650
사업장소재지	서울특별시 서초구 서초대로75길 23 (서초동)				

2. 신용카드매출전표 등 발행금액 현황

구 분	합 계	신용 · 직불 · 기명식 선불카드	현금영수증	직불전자지급 수단 및 기명식선불 전자지급수단
합 계	4,400,000	4,400,000		
과세 매출분	4,400,000	4,400,000		
면세 매출분				
봉 사 료				

3. 신용카드매출전표 등 발행금액중 세금계산서 교부내역

세금계산서발급금액	2,970,000	계산서발급금액	

[2] (주)확정신고누락(회사코드: 1007)의 부가가치세 신고와 관련하여 다음의 자료를 토대로 2025년 제1기 예정 부가가치세 신고서를 작성하시오(모두 1월~3월에 발생한 거래로 가정하고 전표입력 및 과세표준 명세 작성은 생략함). 기출 100회

1. 수출내역(공급가액)
   - 직수출: 300,000,000원
   - 국내거래: 100,000,000원(구매확인서 2025년 7월 31일 발급)
2. 국내할부판매: 제품 인도일 2025년 2월 8일

구분	1차 할부	2차 할부	3차 할부(최종)
약정기일	2025.2.8.	2025.5.8.	2025.7.8.
공급가액	10,000,000원	10,000,000원	10,000,000원
세액	1,000,000원	1,000,000원	1,000,000원

3. 접대 목적으로 제공한 제품: 원가 13,000,000원, 시가 20,000,000원(당초 매입세액공제를 받은 제품)
4. 자녀에게 공장 일부를 무상으로 임대: 시가 1,000,000원, 무상임대기간 1월 1일~3월 31일

※ 국내할부판매분과 수출내역 중 국내거래분은 적법하게 전자세금계산서 발급됨

| 풀이 |

[부가가치세 신고서] 조회기간 2025년 1월 1일~2025년 3월 31일을 입력하고 다음과 같이 작성한 후 해당 서식을 저장한다.

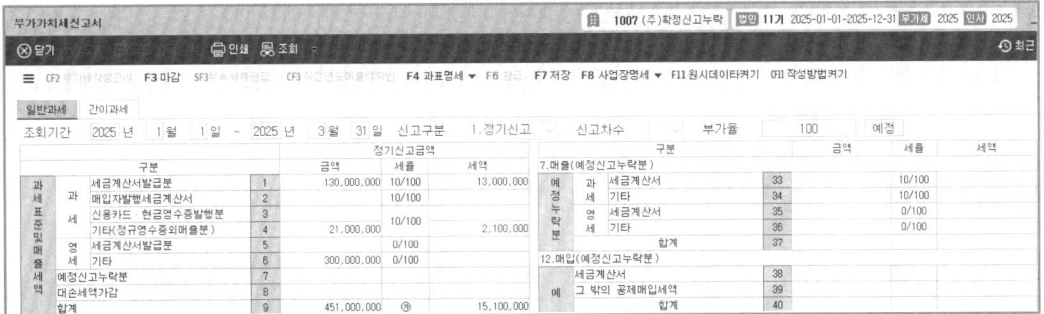

부가가치세신고서 | 1007 (주)확정신고누락 | 법인 11기 2025-01-01~2025-12-31 | 부가세 2025 | 인사 2025

닫기 | 인쇄 | 조회 | 최근

CF2 부가세작성관리 | F3 마감 | SF3부속서류편집 | CF3 직전년도매출액확인 | F4 과표명세 | F6 환급 | F7 저장 | F8 사업장명세 | F11 원시데이타켜기 | CF11 작성방법켜기

일반과세 | 간이과세

조회기간 2025 년 1 월 1 일 ~ 2025 년 3 월 31 일 　 신고구분 1.정기신고 　 신고차수 　 부가율 100 　 예정

구분				정기신고금액 금액	세율	세액
과세표준및매출세액	과세	세금계산서발급분	1	130,000,000	10/100	13,000,000
		매입자발행세금계산서	2		10/100	
		신용카드 · 현금영수증발행분	3		10/100	
		기타(정규영수증외매출분)	4	21,000,000		2,100,000
	영세	세금계산서발급분	5		0/100	
		기타	6	300,000,000	0/100	
	예정신고누락분		7			
	대손세액가감		8			
	합계		9	451,000,000	㉮	15,100,000

구분				금액	세율	세액
7.매출(예정신고누락분)						
예정누락분	과세	세금계산서	33		10/100	
		기타	34		10/100	
	영세	세금계산서	35		0/100	
		기타	36		0/100	
	합계		37			
12.매입(예정신고누락분)						
예	세금계산서		38			
	그 밖의 공제매입세액		39			
	합계		40			

• [1.과세－세금계산서 발급분]: 금액 130,000,000원*/세액 13,000,000원

* 국내거래금액 100,000,000원＋국내할부판매 30,000,000원＝130,000,000원

꿀팁 과세기간 종료 후 25일 이내에 구매확인서가 발급되지 않은 경우 영세율이 적용되지 않으며 단기할부판매의 경우 재화가 인도되는 때 전액 세금계산서를 발급한다.

• [4.과세－기타(정규영수증 외 매출분)]: 금액 21,000,000원*/세액 2,100,000원

* 접대 목적으로 제공한 제품 20,000,000원＋자녀에게 공장 무상임대 1,000,000원＝21,000,000원

꿀팁 사업상 증여의 과세표준은 시가이며 특수관계인에게 사업용 부동산의 임대용역을 무상으로 공급하는 것은 과세 대상인 용역의 공급에 해당한다.

• [6.영세－기타]: 금액 300,000,000원

THEME 04 부가가치세 전자 신고 중요

▸ 최신 30회 중 7문제 출제

전자 신고 작업순서는 다음과 같다.

구분	전자 신고 작업순서
Ⅰ. 전자 신고파일 생성	1. 부가가치세 신고서의 작성 및 마감 [주의] 마감 시 오류가 발생하면 오류를 수정해야 한다. 2. 비밀번호를 입력하여 C드라이브에 전자 신고파일 생성
Ⅱ. 홈택스 전자 신고	1. 전자 신고파일을 불러오기 2. 전자 신고파일을 다음의 순서대로 검증하기 ① 비밀번호를 입력하여 형식검증하기 → 형식검증 결과 확인 ② 내용검증하기 → 내용검증 결과 확인 [주의] 검증 결과 확인 시 오류가 발생되면 전자파일 제출이 불가능하므로 오류 발생 시 오류내용을 수정한 후 다시 전자 신고파일을 생성해야 한다. 3. 전자파일을 제출한 후 접수증 확인

연습문제

[1] (주)전자신고(회사코드: 1021)의 1기 예정 부가가치세 신고서를 작성 및 마감하여 가상홈택스에서 부가가치세 전자 신고를 수행하시오.

기출 117회

1. 부가가치세 신고서와 관련 부속서류는 작성되어 있다.
2. [전자신고] → [국세청 홈택스 전자신고변환(교육용)] 순으로 진행한다.
3. [전자신고] 메뉴의 [전자신고제작] 탭에서 신고인구분은 2.납세자 자진신고를 선택하고, 비밀번호는 “12345678”로 입력한다.
4. [국세청 홈택스 전자신고변환(교육용)] → 전자파일변환(변환대상파일선택) → 찾아보기 에서 전자신고용 전자파일을 선택한다.
5. 전자신고용 전자파일 저장경로는 로컬디스크(C:)이며, 파일명은 “enc작성연월일.101.v3148135237”이다.
6. 형식검증하기 → 형식검증결과확인 → 내용검증하기 → 내용검증결과확인 → 전자파일제출 을 순서대로 클릭한다.
7. 최종적으로 전자파일 제출하기 를 완료한다.

| 풀이 |

① [부가가치세 신고서] 조회기간 2025년 1월 1일~2025년 3월 31일을 입력하고 해당 서식을 저장한 후 상단 툴바의 F3 마감 을 클릭한다. 부가세 마감 보조창에서 하단의 마감[F3] 을 누른다. 만약, 마감 시 오류가 나오면 오류를 수정해야 마감이 가능하다.

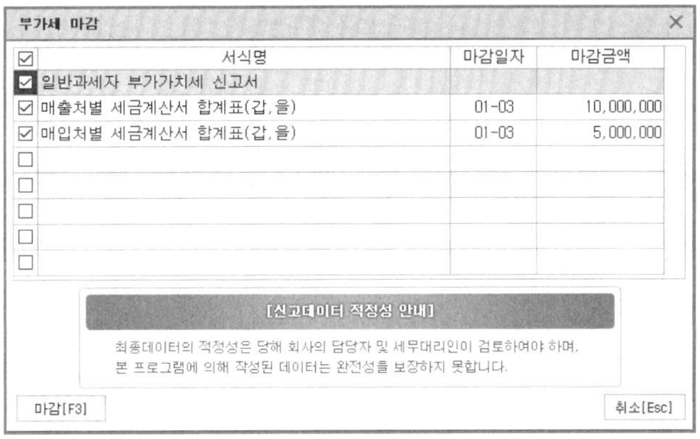

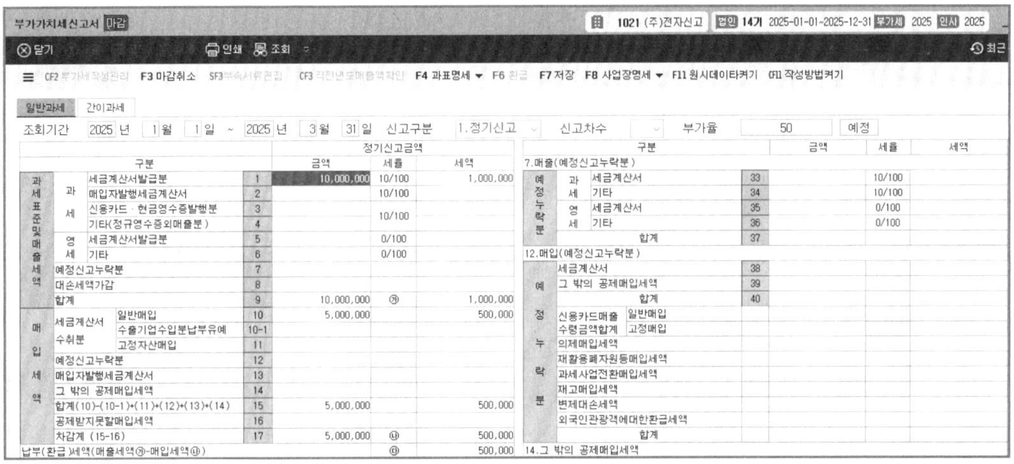

② [전자 신고] 메뉴의 신고년월에 '2025년 1월~2025년 3월', '1.정기신고', 신고인구분 '2.납세자 자진신고'를 입력한 후 상단의 **F4 제작**을 클릭한다.

- [비밀번호]란과 [비밀번호 확인]란에 '12345678'을 입력하여 제작이 완료되면 제작일자에 현재 날짜가 표시되고 [내 컴퓨터]–[C드라이브]에 파일이 생성된다.

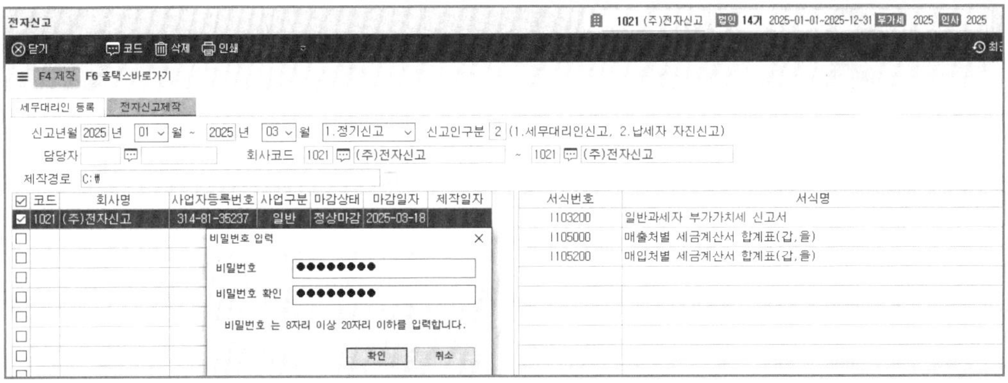

• F6 홈택스바로가기 를 클릭하면 나오는 다음의 창에서 상단의 '×'를 클릭한다.

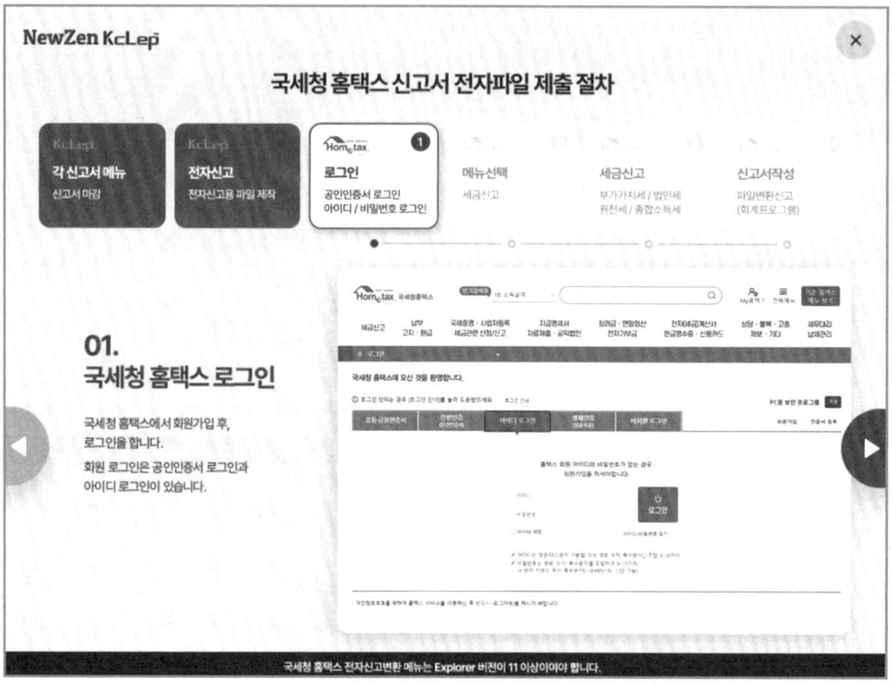

⇩

③ [국세청 홈택스 전자 신고변환(교육용)]

• 변환 대상 파일선택에서 **찾아보기** 를 눌러 [내 컴퓨터]-[C드라이브]에 제작된 파일을 불러온다.

• 하단의 **형식검증하기** 를 클릭하여 전자파일 제작 시 설정한 비밀번호 '12345678'을 입력한다.

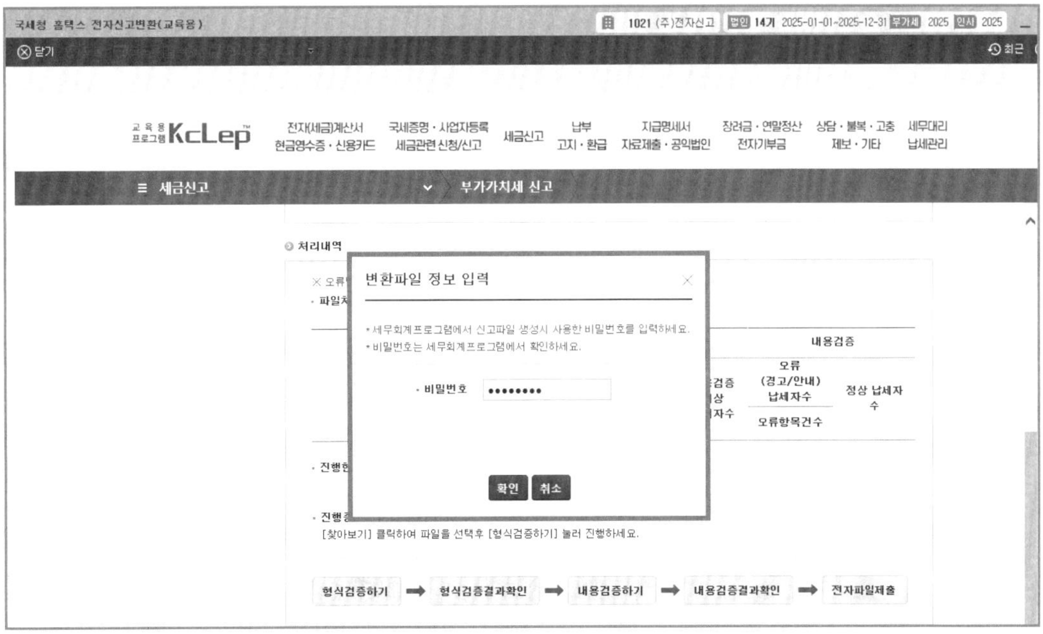

PART 04

• **형식검증결과확인** 을 클릭하여 형식검증을 진행한다.

• **내용검증하기** 를 클릭하여 내용검증을 진행한다.

• 내용검증결과확인 을 클릭하여 내용검증 결과를 확인한다. 파일이 정상인 경우 내용검증에 오류 항목 건수가 표시가 되지 않는다.

• 정상납세자 수를 확인하고 전자파일제출 을 클릭하면 정상 변환된 제출 가능한 신고서 목록이 조회된다. 전자파일 제출하기 를 클릭하여 전자 신고파일을 제출한다.

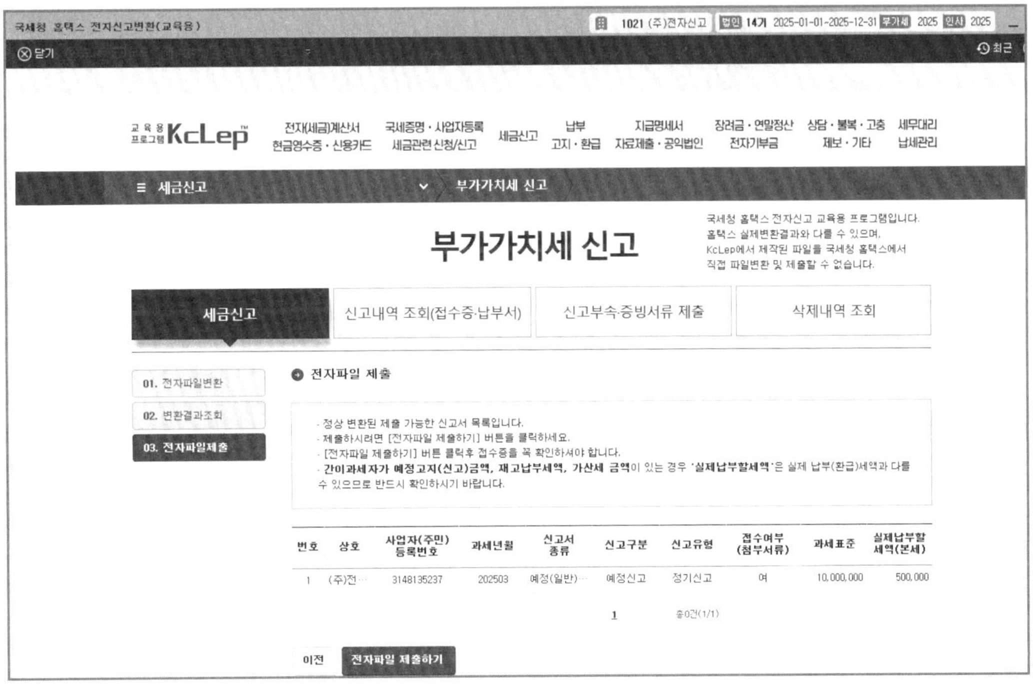

PART 04

• 제출이 완료되면 나오는 [부가가치세 신고서 접수증]을 보고 접수내용을 확인할 수 있다.

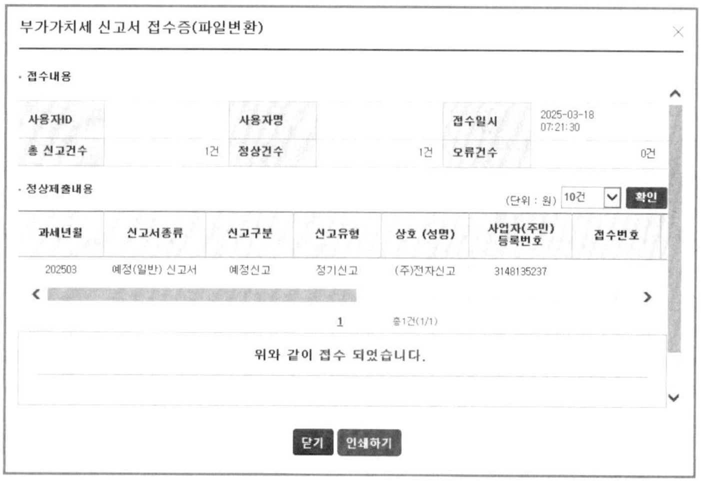
부가가치세 신고서 접수증(파일변환)

· 접수내용

사용자ID		사용자명		접수일시	2025-03-18 07:21:30
총 신고건수	1건	정상건수	1건	오류건수	0건

· 정상제출내용 (단위 : 원) 10건 확인

과세년월	신고서종류	신고구분	신고유형	상호 (성명)	사업자(주민)등록번호	접수번호
202503	예정(일반) 신고서	예정신고	정기신고	(주)전자신고	3148135237	

1 총1건(1/1)

위와 같이 접수 되었습니다.

닫기 인쇄하기

[2] (주)전자마감(회사코드: 1022)의 1기 확정 부가가치세 신고서를 작성 및 마감하여 가상홈택스에서 부가가치세 전자 신고를 수행하시오. (단, [전자신고] 메뉴의 [전자신고제작] 탭에서 신고인 구분은 '2. 납세자 자진신고'를 선택하고, 비밀번호는 "12345678"로 입력할 것).

| 풀이 |

① [부가가치세 신고서] 조회기간 2025년 4월 1일~2025년 6월 30일을 입력하고 해당 서식을 저장한 후 상단 툴바의 F3 마감을 클릭한다. 부가세 마감 보조창에서 하단의 마감[F3]을 누른다. 세금계산서합계표 등 부가가치세 신고서 부속서류를 저장 및 마감을 해야 마감 시 오류가 발생하지 않는다.

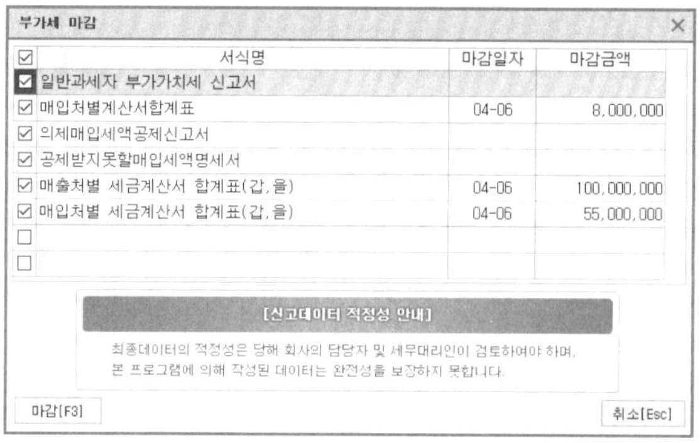
부가세 마감

☑ 서식명	마감일자	마감금액
☑ 일반과세자 부가가치세 신고서		
☑ 매입처별계산서합계표	04-06	8,000,000
☑ 의제매입세액공제신고서		
☑ 공제받지못할매입세액명세서		
☑ 매출처별 세금계산서 합계표(갑,을)	04-06	100,000,000
☑ 매입처별 세금계산서 합계표(갑,을)	04-06	55,000,000
☐		
☐		

[신고데이터 적정성 안내]

최종데이터의 적정성은 당해 회사의 담당자 및 세무대리인이 검토하여야 하며, 본 프로그램에 의해 작성된 데이터는 완전성을 보장하지 못합니다.

마감[F3] 취소[Esc]

⇩

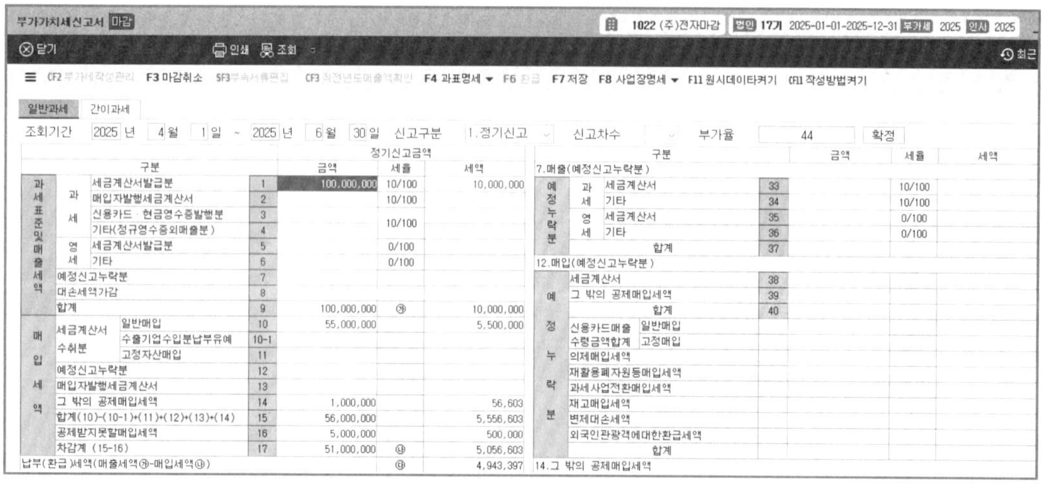
부가가치세신고서 마감 | 1022 (주)전자마감 | 법인 17기 2025-01-01~2025-12-31 부가세 2025 인사 2025

닫기 인쇄 조회 최근

CF2 부가세작성관리 F3 마감취소 SF3 부속서류편집 CF3 직전년도매출액확인 F4 과표명세 F6 환급 F7 저장 F8 사업장명세 F11 원시데이타켜기 CF11 작성방법켜기

일반과세 간이과세

조회기간 2025 년 4 월 1 일 ~ 2025 년 6 월 30 일 신고구분 1.정기신고 신고차수 부가율 44 확정

구분				금액	세율	세액
과세표준및매출세액	과세	세금계산서발급분	1	100,000,000	10/100	10,000,000
		매입자발행세금계산서	2		10/100	
		신용카드 · 현금영수증발행분	3		10/100	
		기타(정규영수증외매출분)	4			
	영세	세금계산서발급분	5		0/100	
		기타	6		0/100	
	예정신고누락분		7			
	대손세액가감		8			
	합계		9	100,000,000	㉮	10,000,000
매입세액	세금계산서수취분	일반매입	10	55,000,000		5,500,000
		수출기업수입분납부유예	10-1			
		고정자산매입	11			
	예정신고누락분		12			
	매입자발행세금계산서		13			
	그 밖의 공제매입세액		14	1,000,000		56,603
	합계(10)-(10-1)+(11)+(12)+(13)+(14)		15	56,000,000		5,556,603
	공제받지못할매입세액		16	5,000,000		500,000
	차감계 (15-16)		17	51,000,000	㉯	5,056,603
납부(환급)세액(매출세액㉮-매입세액㉯)					㉰	4,943,397

구분				금액	세율	세액
7.매출(예정신고누락분)						
예정누락분	과세	세금계산서	33		10/100	
		기타	34		10/100	
	영세	세금계산서	35		0/100	
		기타	36		0/100	
	합계		37			
12.매입(예정신고누락분)						
예정누락분	세금계산서		38			
	그 밖의 공제매입세액		39			
	합계		40			
	신용카드매출수령금액합계	일반매입				
		고정매입				
	의제매입세액					
	재활용폐자원등매입세액					
	과세사업전환매입세액					
	재고매입세액					
	변제대손세액					
	외국인관광객에대한환급세액					
	합계					
14.그 밖의 공제매입세액						

② [전자 신고] 메뉴의 신고년월에 '2025년 4월~2025년 6월', '1.정기신고', 신고인구분 '2.납세자 자진신고'를 입력한 후 상단의 F4 제작 을 클릭한다.

- [비밀번호]란과 [비밀번호 확인]란에 '12345678'을 입력하여 제작이 완료되면 제작일자에 현재 날짜가 표시되고 [내 컴퓨터]-[C드라이브]에 파일이 생성된다.

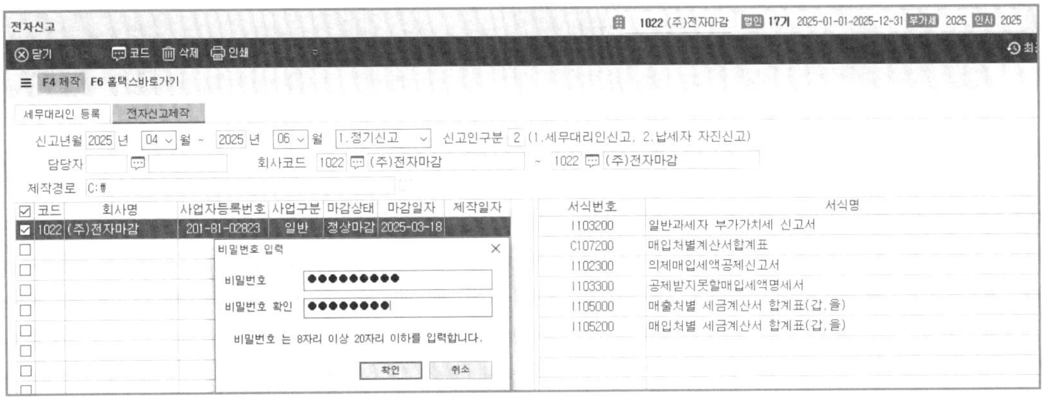

- F6 홈택스바로가기 를 클릭한다.

③ [국세청 홈택스 전자 신고변환(교육용)]

- 변환 대상 파일선택에서 찾아보기 를 눌러 [내 컴퓨터]-[C드라이브]에 제작된 파일을 불러온다.

• 하단의 **형식검증하기** 를 클릭하여 전자파일 제작 시 등록한 비밀번호 '12345678'을 입력한다.

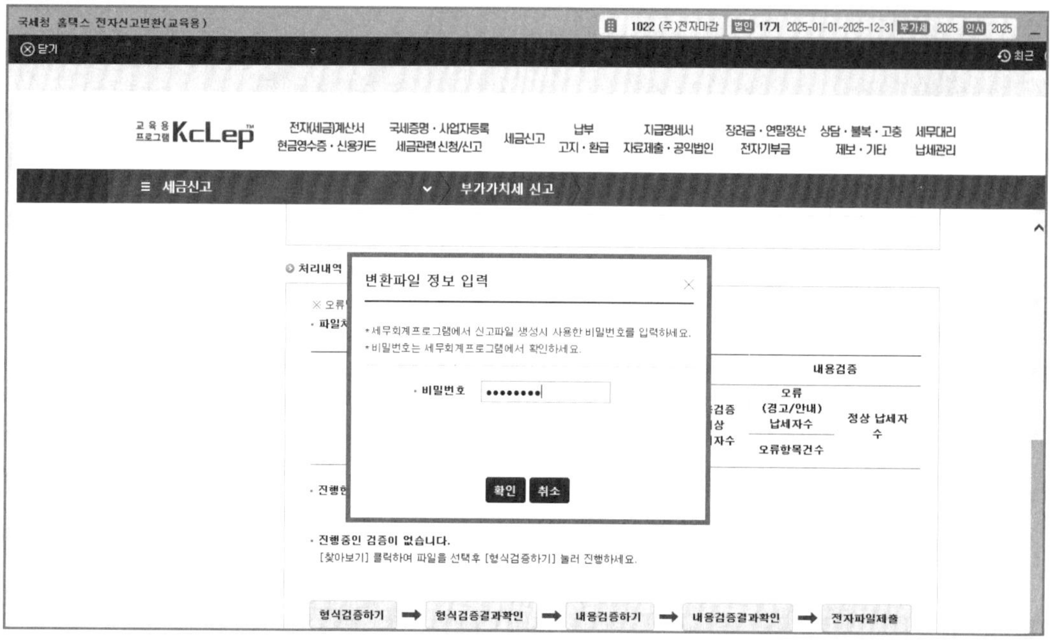

• **형식검증결과확인** → **내용검증하기** → **내용검증결과확인** 순서대로 전자 신고파일을 검증한다. 파일에 오류가 있는 경우 오류 항목 건수에 표시가 되며 건수를 클릭하면 결과를 조회할 수 있다.

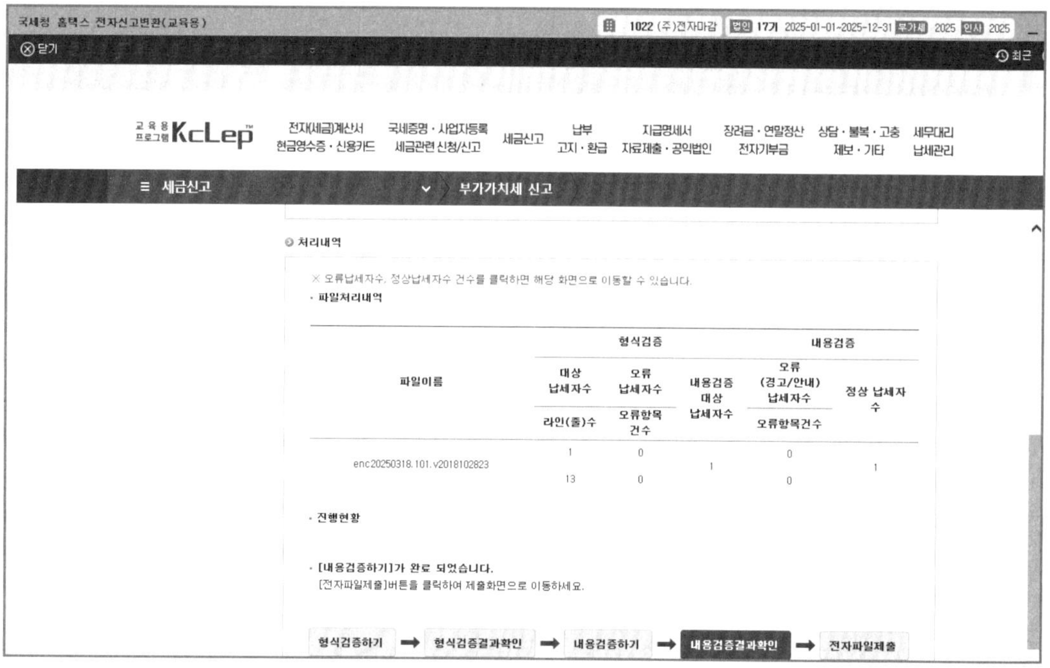

• 정상 납세자 수를 확인하고 **전자파일제출** 을 클릭하면 정상 변환된 제출 가능한 신고서 목록이 조회된다. **전자파일 제출하기** 를 클릭하여 전자 신고파일을 제출한다.

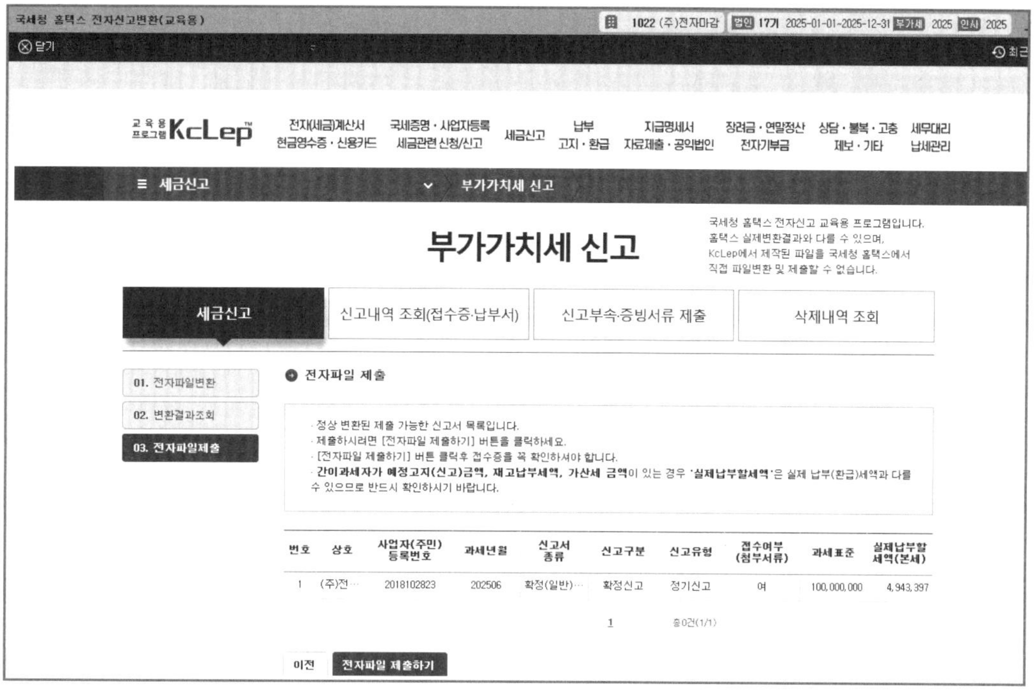

• 제출이 완료되면 나오는 [부가가치세 신고서 접수증]을 보고 접수내용을 확인할 수 있다.

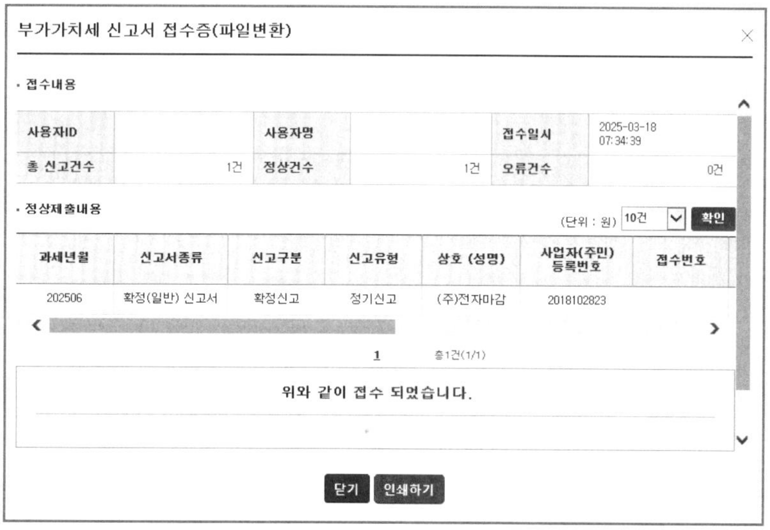

PART 04

CHAPTER 03

결산/재무제표

핵심키워드
자동결산과 수동결산을 구분하고, 보고기간 종료일에 재무상태를 파악하여 경영성과를 계산한다.

■ 1회독 ■ 2회독 ■ 3회독

THEME 01 결산

결산이란 보고기간 종료일에 장부를 마감하여 재무상태를 파악하고 경영성과를 계산하는 절차이다. 전산세무회계 프로그램에서의 결산은 별도의 장부마감 절차 없이 기말수정분개를 [일반전표입력] 메뉴의 12월 31일자에 입력하여 재무제표를 확정 짓는다. 즉, 결산은 보고기간 종료일(12월 말, 법인은 12월 31일)에 회계기간 중 입력한 자료를 일반기업회계기준에 맞게 정리하는 과정이라 할 수 있다. 실무에서의 결산은 입력방법에 따라 '수동결산'과 '자동결산'으로 나누어진다.

결산	구분
수동결산	[일반전표입력] 메뉴 12월 31일에 입력
자동결산	[회계관리]–[결산/재무제표]–[결산자료입력] 메뉴에 입력한 후 F3 전표추가 클릭

1 [1단계] 수동결산 항목

수동결산의 내용으로는 선급비용, 선수수익, 미지급비용, 미수수익, 소모품, 현금과부족, 가지급금, 가수금, 재고자산감모손실(비정상감모), 부가가치세 상계정리, 단기매매증권·매도가능증권의 평가, 장기차입금을 유동성부채로 대체, 외화채권과 외화채무의 외화환산손익, 유형자산과 무형자산의 손상, 장기제품보증부채, 사채의 상각, 국고보조금에 의해 취득한 유형자산의 감가상각, 마이너스통장의 단기차입금 대체 등이 있다.

2 [2단계] 자동결산 항목

① 유형자산의 감가상각비(무형자산상각비) 입력
② 퇴직급여(전입액) 입력(퇴직보험충당금전입액에 입력 금지)
③ 대손상각비의 입력
④ 재고자산의 기말재고(실지재고액) 입력(단, 비정상감모손실 분개는 수동결산 항목임)
⑤ 법인세비용의 입력

3 [3단계] 재무제표 확정 작업순서

결산정리사항을 [일반전표입력] 메뉴의 12월 31일(결산일자)에 입력하거나 [결산자료입력] 메뉴에 해당 내용을 입력한 후 상단 툴바 F3 전표추가를 클릭하면 결산이 완료된다. 결산 완료 후 재무제표를 확정하는 순서는 다음과 같다.

> 제조원가명세서 조회 – 원가 확정(생략 가능) ⇨ 손익계산서 조회 – 당기순손익 확정 ⇨ 이익잉여금처분계산서 조회 – 미처분이익잉여금 확정 후 상단 툴바 F3 전표추가 클릭 ⇨ 재무상태표 조회 – 미처분이익잉여금 반영

THEME 02 수동결산 유형

[일반전표입력] 메뉴에서 12월 31일자로 직접 입력한다.

1 소모품의 정리

▸ 최신 30회 중 3문제 출제

소모품 중에서 당기 사용분은 소모품비로 계상하여 비용으로 처리하고, 미사용분은 자산으로 계상하여야 한다. 소모품 구입 시에 어떻게 처리하였느냐에 따라 두 가지의 결산분개가 가능하다.

구입	기말수정분개
비용	사용하지 않은 것만큼 비용을 소멸시키고 그만큼 소모품을 증가시킴 (차) 소모품 ×××　　(대) 소모품비 ×××
자산	사용한 것만큼 비용으로 인식하고 그만큼 소모품을 감소시킴 (차) 소모품비 ×××　　(대) 소모품 ×××

연습문제

다음 거래자료를 (주)결산분개(회사코드: 1008)의 일반전표입력 메뉴에 입력하시오.

[1] 결산일 현재 보관 중인 소모품은 577,000원이다. 회사는 당기 소모품 취득 시 모두 비용으로 회계처리하였고, 전기 말 재무상태표상 소모품(자산) 잔액은 150,000원이다(단, 비용은 판매비와 관리비로 처리하고, 음수로 입력하지 말 것). 기출 96회

[2] 당사는 소모품 2,170,000원을 구입하고 소모품 계정으로 처리하였으며, 결산일 현재 소모품 미사용액은 320,000원이다. 검토 결과 사용액 중 제조부문 사용액은 1,200,000원이고 나머지는 판매부문 사용액이다. 기출 108회

| 풀이 |

[일반전표입력] 메뉴

번호	일자	차변	금액(원)	대변	금액(원)
[1]	12월 31일	소모품 소모품비(판)	577,000 150,000	소모품비(판) 소모품	577,000 150,000
[2]	12월 31일	소모품비(제) 소모품비(판)	1,200,000 650,000	소모품	1,850,000*
		* 2,170,000원 − 320,000원 = 1,850,000원			

2 수익과 비용의 이연

1. 수익의 이연(선수수익)

▸ 최신 30회 중 2문제 출제

선수수익이란 이미 현금을 받은 금액 중에서 당기 수익이 아닌 다음 연도 수익에 해당하는 금액을 말한다. 즉, 결산일까지 수익이 실현되지 않은 부분은 선수수익(부채 계정)으로 수정하여 차기로 이연시켜야 한다.

현금 수령시점	기말수정분개
수익	결산일 현재 실현되지 않은 부분만큼 부채(선수수익)를 증가시키고 그만큼 수익을 소멸시킴 (차) 수익 계정 ×××　　(대) 선수수익 ×××
부채 (선수수익)	결산일 현재 실현된 부분만큼 부채(선수수익)를 감소시키고 그만큼 수익을 발생시킴 (차) 선수수익 ×××　　(대) 수익 계정 ×××

2. 비용의 이연(선급비용) 중요

▸ 최신 30회 중 10문제 출제

선급비용이란 이미 현금은 지출되었으나 다음 연도의 비용에 해당하는 금액을 말한다. 즉, 결산일까지 비용화되지 않은 부분은 선급비용(자산 계정)으로 수정하여 차기로 이연시켜야 한다.

현금 지급시점	기말수정분개
비용	결산일에 소비되지 않은 부분만큼 자산(선급비용)을 증가시키고 그만큼 비용을 소멸시킴 (차) 선급비용 ××× (대) 비용 계정 ×××
자산 (선급비용)	결산일에 소비된 부분만큼 자산(선급비용)을 감소시키고 그만큼 비용을 발생시킴 (차) 비용 계정 ××× (대) 선급비용 ×××

연습문제

다음 거래자료를 (주)결산분개(회사코드: 1008)의 일반전표입력 메뉴에 입력하시오.

[1] 당사가 당해 연도에 납입한 보험료에 대한 자료를 참조하여 결산에 반영하시오(단, 기간계산은 월할계산함). 기출 111회

일자 및 보험기간	종류	납입액	비고
10.1.(2025.10.1.~2026.9.30.)	화재보험료(공장)	5,000,000원	자산처리함
4.1.(2025.4.1.~2026.3.31.)	자동차보험료(영업부문)	1,000,000원	비용처리함

[2] 다음의 보험료에 대한 내용을 결산에 반영하시오(단, 월할계산할 것). 기출 118회

• 7월 1일 일반전표: (차) 선급비용 4,000,000 (대) 보통예금 4,000,000

구분	회계처리일	대상기간	금액	비고
화재보험료	2025.7.1.	2025.7.1.~2027.6.30.	4,000,000원	공장 건물 화재보험료

[3] 다음 자료를 이용하여 기말결산분개를 하시오(계정과목은 등록된 계정과목 중 가장 적절한 계정과목을 사용할 것). 기출 44회

• 수정 전 합계잔액시산표상의 선급비용 계정 잔액 중 1,000,000원은 당기에 보험기간이 경과된 보험료이다(50%는 제조원가임).
• 수정 전 합계잔액시산표상의 임대료 2,000,000원 중 30%는 임대기간 미경과분이다.

[4] 2025년 5월 1일 일시적으로 건물 중 일부를 임대(기간: 2025년 5월 1일~2026년 4월 30일)하고 1년분 임대료 12,000,000원을 현금으로 받아 선수수익으로 회계처리하였다. 당기분 임대료를 월할로 계산하여 기말 수정분개를 수행하시오(단, 임대료는 영업외수익으로 처리하고, 음수(−)로 회계처리하지 말 것). 기출 109회

[5] 7월 1일에 현금으로 지급받은 이자수익 중 차기에 속하는 이자수익 1,000,000원이 포함되어 있다. 기출 108회

[6] 다음은 전기 결산내용으로 일반기업회계기준에 따라 정상적으로 회계처리하였으며 동 사항과 관련하여 당기에 미치는 영향이 있다면 1월 1일자로 정리하고자 한다. 기출 76회

• 공장 건물 화재보험료 10,000,000원 중 3,000,000원은 보험기간 미경과분이다.
• 2025년에 모든 보험기간이 도래한다.

| 풀이 |

[일반전표입력] 메뉴

번호	일자	차변	금액(원)	대변	금액(원)
[1]	12월 31일	보험료(제) 선급비용	1,250,000 250,000	선급비용 보험료(판)	1,250,000*1 250,000*2
		*1 5,000,000원×3개월/12개월=1,250,000원 *2 1,000,000원×3개월/12개월=250,000원			
[2]	12월 31일	보험료(제)	1,000,000	선급비용	1,000,000*
		* 4,000,000원×6개월/24개월=1,000,000원			

[3]	12월 31일	보험료(제) 보험료(판) 임대료	500,000 500,000 600,000	선급비용 선수수익	1,000,000 600,000
[4]	12월 31일	선수수익	8,000,000*	임대료(904)	8,000,000
		* 12,000,000원×8개월/12개월=8,000,000원			
[5]	12월 31일	이자수익	1,000,000	선수수익	1,000,000
[6]	1월 1일*	보험료(제)	3,000,000	선급비용	3,000,000
		* 전기에 보험료 발생시점에서 회계처리와 결산분개를 함께 정리하면 선급비용 3,000,000원이 기말 재무상태표에 계상될 것이다. 당기에 모든 기간이 도래하므로 선급비용을 보험료로 대체하는 정리분개를 1월 1일에 입력한다.			

3 수익과 비용의 발생

1. 수익의 발생(미수수익)

▸ 최신 30회 중 6문제 출제

미수수익이란 당기에 용역을 제공하고 수익은 획득하였으나 그 대가를 받지 못하여 수익 계정에 기입하지 않은 금액이다. 이미 서비스를 제공하여 그 대가를 수령할 권리가 있는데 결산일 현재까지 이행되지 않은 경우 이를 당기 수익으로 회계처리해야 한다.

(차) 미수수익(자산의 증가)	×××	(대) 수익 계정(수익의 발생)	×××

2. 비용의 발생(미지급비용)

▸ 최신 30회 중 6문제 출제

미지급비용이란 기중에 용역을 제공받고도 현금을 지급하지 않아서 아직 비용을 장부에 기록하지 않은 미지급분이다. 이미 서비스를 제공받아 그 대가를 지불할 의무가 있는데 결산일 현재까지 이행되지 않은 경우 이를 당기 비용으로 회계처리해야 한다.

(차) 비용 계정(비용의 발생)	×××	(대) 미지급비용(부채의 증가)	×××

연습문제

다음 거래자료를 (주)결산분개(회사코드: 1008)의 일반전표입력 메뉴에 입력하시오.

[1] (주)결산분개는 대표이사에게 일시적으로 자금을 대여하고 있으며 당해 대여금에 대한 이자를 결산에 반영하려고 한다. 다음의 '가지급금 등의 인정이자 조정명세서'를 참조하여 회계처리하시오(이자는 수취하지 않았으며, 계정은 미수수익을 사용함). 기출 107회

3. 당좌대출이자율에 따른 가지급금 등의 인정이자 조정

⑩성명	⑪적용 이자율 선택방법	⑫가지급금 적수	⑬가수금 적수	⑭차감적수 (⑫－⑬)	⑮이자율	⑯인정 이자 (⑮×⑭)	⑰회사 계상액	시가인정범위 ⑱차액 (⑯－⑰)	시가인정범위 ⑲비율(%) (⑱/⑯×100)	⑳조정액 (=⑱) ⑱≥3억원 이거나 ⑲≥5%인 경우
박성한	㈐	109,500,000,000		109,500,000,000	4.6	13,800,000	13,800,000			

[2] 2025년 7월 1일 (주)현대캐피탈에 50,000,000원을 차입하고 연 이율 10%로 이자를 지급하기로 하였다. 이자는 1년이 되는 날에 지급하기로 하여 2025년 12월 31일 현재 미지급하였다(단, 이자비용은 월할계산하며 미지급비용 계정을 사용하기로 함). 기출 110회

[3] 결산일 현재 정기예금과 장기차입금에 대한 내용이다. 일반기업회계기준에 따라 회계처리를 하시오(단, 이자계산은 월할계산으로 하되 1월 미만은 1월로 계산함). 기출 118회

과목	거래처	발생일자	만기일자	금액	이자율	이자 지급일
정기예금	국민은행	2025.7.1.	2026.7.1.	10,000,000원	연 6%	매년 7월 1일
장기 차입금	(주)현대캐피탈	2025.10.1.	2027.9.30.	50,000,000원	연 7%	매년 4월 1일과 10월 1일에 6개월분씩 지급(후지급함)

[4] 영업부 직원에 대한 12월분 귀속 급여는 24,000,000원으로 급여 지급일은 2026년 1월 5일이다. 또한, 12월 1일 지급한 영업부 임차료에는 2026년 귀속분 3,000,000원이 포함되어 있다. 기출 79회

| 풀이 |

[일반전표입력] 메뉴

번호	일자	차변	금액(원)	대변	금액(원)
[1]	12월 31일	미수수익	13,800,000	이자수익	13,800,000
[2]	12월 31일	이자비용	2,500,000*	미지급비용[(주)현대캐피탈]	2,500,000
		* 50,000,000원×10%×6개월/12개월=2,500,000원 꿀팁 분개입력 시 채권, 채무와 관련된 계정은 거래처입력이 누락되면 거래처별 원장이 정확히 작성되지 않기 때문에 반드시 거래처를 입력하여야 한다. 즉, 미지급비용도 채무에 해당하는 계정이므로 거래처입력이 필요하다.			
[3]	12월 31일	미수수익[국민은행] 이자비용	300,000*1 875,000	이자수익 미지급비용[(주)현대캐피탈]	300,000 875,000*2
		*1 10,000,000원×6%×6개월/12개월=300,000원 *2 50,000,000원×7%×3개월/12개월=875,000원			
[4]	12월 31일	급여(판) 선급비용	24,000,000 3,000,000	미지급비용 임차료(판)	24,000,000 3,000,000

4 현금과부족 정리

현금과부족 계정은 일종의 미결산 항목 계정이므로 현금 불일치의 원인을 조사하여 원인이 밝혀지면 올바른 계정으로 대체해야 한다. 만약, 결산일까지 원인을 밝혀내지 못하면 현금과부족을 잡손실 또는 잡이익으로 대체해야 한다.

1. 현금 잔액이 부족한 경우

장부상 현금 잔액보다 실제 보유하고 있는 현금이 부족한 경우로, 결산 시까지 원인이 밝혀지지 않은 경우에는 현금과부족을 잡손실로 대체한다.

(차) 잡손실	×××	(대) 현금과부족	×××

꿀팁 보고기간 종료일에 현금부족액을 발견한 경우에는 '(차) 잡손실 ××× (대) 현금 ×××'으로 회계처리한다.

2. 현금 잔액이 남는 경우

장부상 현금 잔액보다 실제 보유하고 있는 현금이 많은 경우로, 결산 시까지 원인이 밝혀지지 않은 경우에는 현금과부족을 잡이익으로 대체한다.

(차) 현금과부족	×××	(대) 잡이익	×××

꿀팁 보고기간 종료일에 현금과잉액을 발견한 경우에는 '(차) 현금 ××× (대) 잡이익 ×××'으로 회계처리한다.

연습문제

다음 거래자료를 (주)결산분개(회사코드: 1008)의 일반전표입력 메뉴에 입력하시오.

[1] 장부상 현금보다 실제 현금이 부족하여 현금과부족 계정으로 처리해 두었던 금액 40,000원 중 32,000원은 판매직원의 시내교통비 누락분으로 밝혀졌으며, 잔액은 업무상 사용되었으나 결산일까지 그 내역을 알 수 없는 상황이다. 기출 81회 유사

[2] 보고기간 종료일 현재 현금시재 5,000원이 부족한 것을 발견하였다.

| 풀이 |

[일반전표입력] 메뉴

번호	일자	차변	금액(원)	대변	금액(원)
[1]	12월 31일	여비교통비(판) 잡손실	32,000 8,000	현금과부족	40,000
[2]	12월 31일	잡손실	5,000	현금	5,000

PART 04

5 가지급금/가수금 정리

기중에 발생한 미결산 항목인 가지급금과 가수금 계정은 결산 시에 그 내용을 나타내는 적절한 과목으로 대체하여야 한다. 가지급금과 가수금은 별도의 언급이 없는 한 거래처를 입력해야 한다.

1. 가지급금

(차) 해당 계정과목	×××	(대) 가지급금	×××

2. 가수금

(차) 가수금	×××	(대) 해당 계정과목	×××

연습문제

다음 거래자료를 (주)결산분개(회사코드: 1008)의 일반전표입력 메뉴에 입력하시오.

[1] 3일간(2025년 12월 25일부터 27일) 부산으로 업무차 출장 갔던 영업사원 홍길동에 대한 출장비 지급액과 정산 후 반납액이 결산일 현재 각각 가지급금 계정과 가수금 계정에 계상되어 있다. 결산일에 정산분개를 하며, 출장비는 전액 여비교통비로 처리한다. 기출 87회

| 풀이 |

[일반전표입력] 메뉴

번호	일자	차변	금액(원)	대변	금액(원)
[1]	12월 31일	가수금[홍길동] 여비교통비(판)	75,000 225,000	가지급금[홍길동]	300,000
		꿀팁 가수금과 가지급금 계정 잔액은 [계정별원장] 메뉴에서 확인한다.			

6 외화자산 · 부채의 평가 중요

▸ 최신 30회 중 8문제 출제

외화자산 · 부채 중 현금, 외상매출금, 외상매입금 등과 같은 화폐성 외화자산 · 부채는 결산일 현재의 환율로 환산한 가액을 재무상태표가액으로 한다. 이때 장부금액과 기말평가액의 차액은 외화환산손익으로 하여 손익계산서상 영업외손익 항목에 반영한다.

구분	환율 변동	결산수정분개			
외화자산	마감 환율>거래 환율	(차) 외화자산	×××	(대) 외화환산이익	×××
	마감 환율<거래 환율	(차) 외화환산손실	×××	(대) 외화자산	×××
외화부채	마감 환율>거래 환율	(차) 외화환산손실	×××	(대) 외화부채	×××
	마감 환율<거래 환율	(차) 외화부채	×××	(대) 외화환산이익	×××

꿀팁 선급금, 선수금 등 비화폐성 외화자산 · 부채는 결산일 현재의 환율로 환산하지 않는다.

+ 화폐성과 비화폐성 항목의 구분

구분	정의
화폐성 항목	수취금액이나 지급금액이 계약 등으로 인하여 일정액(화폐액)으로 고정되어 있는 자산 · 부채 예 매출채권, 매입채무, 미지급금, 차입금, 사채 등
비화폐성 항목	시간의 경과에 따라 가격이 변동하는 자산 · 부채 예 재화와 용역에 대한 선급금 및 선수금, 재고자산, 유형자산, 무형자산 등

연습문제

다음 거래자료를 (주)결산분개(회사코드: 1008)의 일반전표입력 메뉴에 입력하시오.

[1] 결산일 현재 당사가 보유한 외화자산은 다음과 같다(당기 말 기준 환율: ¥100=1,150원). 기출 112회

• 계정과목: 외화예금 • 외화가액: ¥1,750,000 • 장부가액: 20,000,000원

[2] 회사는 다음과 같이 외화예금을 보유하고 있다. 당기 말(12월 31일) 기준 환율은 1USD당 1,080.25원이다. 기출 114회

계정과목	발생일	외화	2024.12.31.	장부상 금액
외화예금	2024.9.20.	USD50,000	1,100원/USD	55,000,000원

[3] 당사의 화폐성 외화자산 및 외화부채의 결산일 현재의 환율은 다음과 같다. 회사는 일반기업회계기준에 따라 회계처리하며, 외화환산손실과 외화환산이익을 각각 인식한다. 다만, 미수금과 외화장기차입금에 대한 거래처코드 입력은 생략하기로 한다. 기출 97회

계정과목	발생일	발생일 현재 환율	2024.12.31. 환율	2025.12.31. 환율
미수금($4,000)	2024.10.22.	1,480원	1,250원	1,100원
외화장기차입금($30,000)	2024.6.2.	1,410원		

[4] 당사의 외화자산 및 부채와 결산일 현재의 환율은 다음과 같다. 회사는 일반기업회계기준에 따라 회계처리하며 외화환산손실과 외화환산이익을 각각 인식한다(단, 자산 · 부채에 대한 거래처코드 입력은 생략함). 기출 92회

계정과목	거래처	발생일	발생일 현재 환율	2025년 12월 31일 환율
외상매출금($20,000)	파나소닉사	2025.10.22.	1,100원	1,200원
외화장기차입금($30,000)	노미노스즈끼	2025.6.2.	1,150원	
선수금($10,000)	(주)해피무역	2025.12.15.	1,250원	

| 풀이 |

[일반전표입력] 메뉴

번호	일자	차변	금액(원)	대변	금액(원)
[1]	12월 31일	외화예금	125,000	외화환산이익	125,000*
		* ￥1,750,000×11.5원/￥−20,000,000원=125,000원			
[2]	12월 31일	외화환산손실	987,500*	외화예금	987,500
		* USD50,000×(1,100원/USD−1,080.25원/USD)=987,500원			
[3]	12월 31일	외화환산손실 외화장기차입금	600,000*1 4,500,000	미수금 외화환산이익	600,000 4,500,000*2
		*1 $4,000×(1,250원/$−1,100원/$)=600,000원 *2 $30,000×(1,250원/$−1,100원/$)=4,500,000원			
[4]	12월 31일	외상매출금 외화환산손실	2,000,000 1,500,000*2	외화환산이익 외화장기차입금	2,000,000*1 1,500,000
		*1 $20,000×(1,200원/$−1,100원/$)=2,000,000원 *2 $30,000×(1,200원/$−1,150원/$)=1,500,000원			

7 유가증권의 평가

1. 단기매매증권 기말평가

▸ 최신 30회 중 3문제 출제

(1) 공정가치 상승 시

(차) 단기매매증권	×××	(대) 단기매매증권평가이익(I/S 영업외수익)	×××

(2) 공정가치 하락 시

(차) 단기매매증권평가손실(I/S 영업외비용)	×××	(대) 단기매매증권	×××

2. 매도가능증권 기말평가 중요

▸ 최신 30회 중 9문제 출제

(1) 공정가치 상승 시

(차) 매도가능증권	×××	(대) 매도가능증권평가손실 매도가능증권평가이익 (B/S 기타포괄손익누계액)	××× ×××

(2) 공정가치 하락 시

(차) 매도가능증권평가이익 매도가능증권평가손실 (B/S 기타포괄손익누계액)	××× ×××	(대) 매도가능증권	×××

꿀팁 매도가능증권평가손익은 재무상태표상 자본 중 기타포괄손익누계액 항목이며 차기 이후에 발생하는 평가손익과 상계하여 회계처리한다.

연습문제

각각의 문제는 독립된 항목으로 보고 다음 거래자료를 (주)결산분개(회사코드: 1008)의 일반전표입력 메뉴에 입력하시오.

[1] 다음은 당사가 취득한 단기매매증권 관련 자료이다. 결산일의 필요한 회계처리를 하시오. 기출 109회

- 취득일: 2024년 8월 1일
- 주식 수: 800주
- 주당 취득가액: 20,000원
- 취득 시 지출한 취득수수료: 1,000,000원
- 2024년 결산일 현재 주당 공정가액: 20,000원
- 2025년 결산일 현재 주당 공정가액: 21,000원
- 전기의 단기매매증권 취득 및 평가에 관련된 회계처리는 일반기업회계기준에 따라 적정하게 처리함.

[2] 결산일 현재 단기매매증권으로 (주)클릭상사 주식 500주(취득일 2025.7.20., 취득원가 주당 1,800원)를 보유하고 있다. 결산일의 공정가치는 1,650원이다. 필요한 회계처리를 하시오. 기출 87회

[3] 결산일 현재 보유 중인 유가증권에 대하여 일반기업회계기준에 따라 회계처리를 하시오(단, 기입력된 데이터는 무시하고 다음의 자료만 참고하여 회계처리할 것). 기출 93회

구분	취득수량	취득원가(단가)	2024년 결산일 시가	2025년 기중	2025년 결산일 시가
매도가능증권	10주	@56,000원	@64,000원	5주 매도	@60,000원

[4] 기말 현재 장기투자 목적으로 보유하고 있는 매도가능증권(시장성 있는 주식임)의 관련 자료는 다음과 같다. 매도가능증권의 기말평가에 대한 회계처리를 하시오. 기출 82회

1. 2024년 자료

회사명	취득가액	2024년 말 현재 기타포괄손익누계액
A사 보통주	1,000,000원	매도가능증권평가손실 500,000원

2. 7월 1일에 50%를 700,000원에 처분하였다.
3. 기말 자료: 기말시점의 공정가치는 550,000원이다.

[5] 보유 중인 매도가능증권의 자료는 다음과 같다. 결산일의 필요한 회계처리를 하시오. 기출 104회

1. 매도가능증권 취득내역
   - 취득일 및 취득한 주식 수: 2025년 12월 1일, 300주
   - 취득가액(주당): 30,000원
   - 취득 시 직접 관련된 거래원가: 주당 1,000원
2. 결산일 현재 공정가치(주당): 32,000원
3. 회사는 매도가능증권 취득 시 일반기업회계기준에 따라 취득원가를 계상하였다.

| 풀이 |

[일반전표입력] 메뉴

번호	일자	차변	금액(원)	대변	금액(원)
[1]	12월 31일	단기매매증권	800,000	단기매매증권평가이익	800,000*
		* 단기매매증권평가이익: (21,000원－20,000원)×800주＝800,000원 • 단기매매증권 취득 시 발생한 취득수수료는 기간비용으로 처리한다.			
[2]	12월 31일	단기매매증권평가손실	75,000*	단기매매증권	75,000
		* 500주×(1,650원－1,800원)＝(－)75,000원			
[3]	12월 31일	매도가능증권평가이익	20,000	매도가능증권(178)	20,000*
		* 5주×(64,000원－60,000원)＝20,000원			

[4]	12월 31일	매도가능증권(178)	300,000*	매도가능증권평가손실 매도가능증권평가이익	250,000 50,000
		* 550,000원 – 500,000원 × 50% = 300,000원			
[5]	12월 31일	매도가능증권(178)	300,000	매도가능증권평가이익	300,000*
		* 300주 × (기말 공정가치 32,000원 – 취득가액 31,000원) = 평가이익 300,000원 꿀팁 매도가능증권의 취득과 직접 관련된 거래원가는 취득원가에 가산한다.			

8 손상차손과 재평가모형

1. 유형자산과 무형자산의 손상차손

최신 30회 중 1문제 출제

유형자산과 무형자산의 사용 및 처분으로부터 기대되는 미래 현금흐름 총액의 추정액이 장부금액에 미달하는 경우에는 장부금액을 회수 가능액으로 조정하며, 그 차액을 유형자산손상차손(손익계산서 영업외비용)으로 처리한다.

회수 가능액 = Max[순공정가치*1, 사용가치*2]

*1 순공정가치 = 예상 처분금액 – 예상 처분비용

*2 사용가치 = 예상 미래 현금흐름의 현재가치

(1) 유형자산 손상

(차) 유형자산손상차손(I/S 영업외비용)	×××	(대) 손상차손누계액(유형자산 차감적 평가 계정)	×××

(2) 무형자산 손상

(차) 무형자산손상차손(I/S 영업외비용)	×××	(대) 무형자산(무형자산에서 직접 차감)	×××

2. 유형자산의 인식시점 이후 측정

유형자산 인식시점 이후의 측정방법으로 원가모형과 재평가모형 중 하나를 회계정책으로 선택한 후 유형자산 분류별로 동일하게 적용한다.

(1) 원가모형

최초 인식 후에 유형자산은 취득원가에서 감가상각누계액 등을 차감한 금액을 장부금액으로 별도의 재평가를 하지 않는다.

(2) 재평가모형

최초 인식 후에 공정가치를 신뢰성 있게 측정할 수 있는 유형자산은 재평가일의 공정가치인 재평가금액을 장부금액으로 한다. 유형자산의 장부금액이 재평가로 증가된 경우 증가액은 재평가차익(기타포괄손익누계액)으로 반영하며, 반대로 재평가로 감소된 경우 감소액은 재평가손실(영업외비용)로 반영한다.

① 공정가치 상승 시

(차) 유형자산	×××	(대) 재평가차익(B/S 기타포괄손익누계액)	×××

② 공정가치 하락 시

(차) 재평가손실(I/S 영업외비용)	×××	(대) 유형자산	×××

연습문제

다음 거래자료를 (주)결산분개(회사코드: 1008)의 일반전표입력 메뉴에 입력하시오.

[1] 회사가 보유 중인 특허권의 배타적 권리가치가 8,000,000원으로 하락하였다. 회사는 보유 중인 특허권을 처분할 예정이며, 자산 손상차손 요건을 충족한다. 기출 113회

[2] 결산일 현재 손상징후가 있다고 판단되는 토지(유형자산)의 장부금액은 200,000,000원이다. 해당 토지를 검토한 결과 토지의 사용가치는 136,000,000원이고, 처분가치는 173,000,000원으로 판단되어 이를 손상차손으로 인식하였다. 기출 75회

[3] 당사는 재평가모형에 따라 유형자산을 인식하고 있으며, 2025년 12월 31일자로 보유하고 있던 토지에 대한 감정평가를 시행한 결과 다음과 같이 평가액이 산출되어 유형자산 재평가차손익으로 처리하였다.

- 2025년 토지 장부금액: 98,500,000원
- 2025년 12월 31일자 토지 감정평가액: 100,000,000원

[4] 2023년 7월 1일 재무제표에 계상한 개발비 20,000,000원에 대한 사업성이 2025년 말 완전히 소멸한 것으로 확인되었다. 당사는 개발비에 대하여 내용연수 20년의 정액법으로 상각하고 있다. 당해 감가상각분은 판매비와 관리비로 처리하고, 소멸분은 영업외비용으로 회계처리하기로 한다(단, 비망가액 1,000원은 남겨둠). 기출 112회

| 풀이 |

[일반전표입력] 메뉴

<table>
<tr><th>번호</th><th>일자</th><th>차변</th><th>금액(원)</th><th>대변</th><th>금액(원)</th></tr>
<tr><td rowspan="2">[1]</td><td rowspan="2">12월 31일</td><td>무형자산손상차손</td><td>7,000,000*</td><td>특허권</td><td>7,000,000</td></tr>
<tr><td colspan="4">* 특허권 잔액([합계잔액시산표] 메뉴 12월 31일 조회) 15,000,000원 − 8,000,000원 = 7,000,000원</td></tr>
<tr><td rowspan="2">[2]</td><td rowspan="2">12월 31일</td><td>유형자산손상차손</td><td>27,000,000*</td><td>손상차손누계액</td><td>27,000,000</td></tr>
<tr><td colspan="4">* 200,000,000원 − Max[136,000,000원, 173,000,000원] = 27,000,000원</td></tr>
<tr><td>[3]</td><td>12월 31일</td><td>토지</td><td>1,500,000</td><td>재평가차익</td><td>1,500,000</td></tr>
<tr><td rowspan="2">[4]</td><td rowspan="2">12월 31일</td><td>무형자산상각비(판)
무형자산손상차손</td><td>1,000,000
17,499,000*</td><td>개발비</td><td>18,499,000</td></tr>
<tr><td colspan="4">* 20,000,000원 − (2023년 무형자산상각비 500,000원 + 2024년 무형자산상각비 1,000,000원 + 2025년 무형자산상각비 1,000,000원) − 1,000원 = 17,499,000원</td></tr>
</table>

9 유동성 대체 중요

▸ 최신 30회 중 9문제 출제

1. 자산의 유동성 대체

투자시점에 만기가 1년을 초과한 장기성예금 등 비유동자산(투자자산)의 경우, 시간의 경과로 인해 결산일 현재 만기가 1년 이내로 도래하게 되면 유동자산(당좌자산)인 정기예금 등으로 유동성 대체하여야 한다.

(차) 정기예금	×××	(대) 장기성예금	×××

2. 부채의 유동성 대체

차입시점에 만기가 1년을 초과한 장기차입금 등 비유동부채의 경우, 시간의 경과로 인해 결산일 현재 만기가 1년 이내로 도래하게 되면 유동부채인 유동성장기부채로 대체하여야 한다.

(차) 장기차입금	×××	(대) 유동성장기부채	×××

연습문제

다음 거래자료를 (주)결산분개(회사코드: 1008)의 일반전표입력 메뉴에 입력하시오.

[1] 2023년 10월 1일에 우리은행에서 개설한 3년 만기 정기예금(장기성예금 계정) 10,000,000원의 만기일이 2026년 9월 30일에 도래하므로 당좌자산으로 대체한다. 기출 112회

[2] 결산일 현재 당사의 장기차입금 내역은 다음과 같다. 결산 시 회계처리를 하시오. 기출 114회

계정과목	차입금	차입기간	상환방법
국민은행	12,000,000원	2년(2025.1.1.~2026.12.31.)	만기 일시상환
국민은행	30,000,000원	3년(2025.1.1.~2027.12.31.)	만기 일시상환

[3] 12월 31일 전기에 유동성장기부채로 대체한 국민은행의 장기차입금 20,800,000원의 상환기간을 2년 연장하기로 하였다.

| 풀이 |

[일반전표입력] 메뉴

번호	일자	차변	금액(원)	대변	금액(원)
[1]	12월 31일	정기예금	10,000,000	장기성예금	10,000,000
[2]	12월 31일	장기차입금[국민은행]	12,000,000	유동성장기부채[국민은행]	12,000,000
[3]	12월 31일	유동성장기부채[국민은행]	20,800,000	장기차입금[국민은행]	20,800,000

10 마이너스 통장의 단기차입금 대체

보고기간 종료일 현재 예금 잔액이 음수(−)인 경우에는 해당 예금을 "0"으로 만들고 단기차입금 계정으로 대체하면 된다.

(차) 보통예금 등	×××	(대) 단기차입금	×××

연습문제

다음 거래자료를 (주)결산분개(회사코드: 1008)의 일반전표입력 메뉴에 입력하시오.

[1] 결산 시 원장을 검토하는 과정에서 보통예금(국민은행)이 −17,354,200원임을 발견하였다. 당해 계좌는 마이너스통장(회전대출)으로 밝혀졌다(단, 기존에 입력된 자료는 무시할 것). 기출 82회

| 풀이 |

[일반전표입력] 메뉴

번호	일자	차변	금액(원)	대변	금액(원)
[1]	12월 31일	보통예금	17,354,200	단기차입금[국민은행]	17,354,200

11 장기제품보증부채

제품보증은 판매자가 구매자에게 제품의 품질, 성능 등에 결함이 발생할 경우 수리 및 보상해 주겠다는 A/S약정을 말한다. 판매한 기간의 보고기간 종료일에 앞으로 발생할 금액을 추정하여 제품보증비(비용)로 인식한 후 장기제품보증부채를 설정한다. 다음 연도에 실제로 제품보증비가 발생하면 장기제품보증부채를 우선 상계한 후 부족액은 제품보증비로 처리한다.

1. 보고기간 종료일 설정 시

(차) 제품보증비	×××	(대) 장기제품보증부채	×××

2. 제품보증비 발생 시

(차) 장기제품보증부채	×××	(대) 현금 등	×××

연습문제

다음 거래자료를 (주)결산분개(회사코드: 1008)의 일반전표입력 메뉴에 입력하시오.

[1] 당사는 제품 판매 후 6개월간 발생하는 하자에 대하여 무상으로 보증수리용역을 제공하고 있으며 이에 대하여 제품 판매액의 1%를 제품보증비(판)로 계상하고 장기제품보증부채로 설정하고 있다. 결산일 현재 무상보증 수리기간이 남아 있는 제품 판매액이 900,000,000원인 경우 필요한 자료를 조회하여 회계처리하시오. 기출 71회

| 풀이 |

[일반전표입력] 메뉴

번호	일자	차변	금액(원)	대변	금액(원)
[1]	12월 31일	제품보증비(판)	2,000,000	장기제품보증부채	2,000,000*

* 900,000,000원×1%－장기제품보증부채 잔액([합계잔액시산표] 메뉴 12월 31일 조회) 7,000,000원＝2,000,000원

12 사채와 만기보유증권의 상각

▸ 최신 30회 중 5문제 출제

사채의 발행자 입장에서 사채할인발행차금 및 사채할증발행차금은 사채 발행 시부터 최종 상환 시까지 기간의 유효이자율법을 적용하여 상각 또는 환입한다. 즉, 사채 발행기간 동안 사채할인발행차금은 보고기간 종료일에 이자비용에 가산하며 사채할증발행차금은 이자비용에서 차감한다. 반면, 사채를 구매한 투자자 입장에서는 보유 목적에 따라 단기매매증권, 매도가능증권, 만기보유증권으로 분류한다. 만기보유증권은 상각 후 원가법으로 평가하며 이는 장부금액과 만기 액면금액의 차이를 상환기간에 걸쳐 유효이자율법에 의해 상각하여 취득원가와 이자수익에 가감한다.

1. 사채의 상각

(1) 할인발행(사채할인발행차금 상각)

(차) 이자비용(유효이자)	×××	(대) 사채할인발행차금	×××
		현금 등(액면이자)	×××

(2) 할증발행(사채할증발행차금 환입)

(차) 사채할증발행차금	×××	(대) 현금 등(액면이자)	×××
이자비용(유효이자)	×××		

2. 만기보유증권의 상각

(1) 할인발행

(차) 현금 등(액면이자)	×××	(대) 이자수익(유효이자)	×××
만기보유증권	×××		

(2) 할증발행

(차) 현금 등(액면이자)	×××	(대) 이자수익(유효이자)	×××
		만기보유증권	×××

연습문제

다음 거래자료를 (주)결산분개(회사코드: 1008)의 일반전표입력 메뉴에 입력하시오.

[1] 당사가 기발행한 사채에 대한 자료이다. 기말에 사채의 액면금액과 발행금액의 차액에 대한 상각비를 일반기업회계기준에 따라 회계처리하시오. 기출 49회

1. 사채 액면금액: 100,000,000원
2. 사채 발행금액: 90,000,000원
3. 사채의 액면금액과 발행금액의 차액 상각비
   - 유효이자율법 적용 시: 3,000,000원
   - 정액법 적용 시: 2,000,000원

   ※ 단, 액면이자에 대해서는 전액 이자비용으로 회계처리하였다고 가정한다.

[2] 당사가 발행한 사채에 대한 자료이다. 기말에 사채의 액면금액과 발행금액의 차액에 대한 상각비를 일반기업회계기준에 따라 회계처리하시오. 기출 69회

1. 사채 액면금액: 90,000,000원
2. 사채 발행금액: 91,200,000원
3. 사채의 액면금액과 발행금액의 차액 상각비
   - 유효이자율법 적용 시: 240,000원
   - 정액법 적용 시: 200,000원

   ※ 단, 액면이자에 대해서는 전액 이자비용으로 회계처리하였다고 가정한다.

[3] 아래와 같이 발행된 사채에 대하여 결산일에 필요한 회계처리를 하시오. 기출 111회

발행일	사채 액면가액	사채 발행가액	액면이자율	유효이자율
2025.1.1.	30,000,000원	28,000,000원	연 5%	연 7%

- 사채의 발행가액은 적정하고, 사채 발행비와 중도에 상환된 내역은 없는 것으로 가정한다.
- 이자는 매년 말에 보통예금으로 이체한다.

[4] 아래와 같이 발행된 사채에 대하여 결산일에 필요한 회계처리를 하시오(단, 액면이자는 전액 보통예금에서 이체하였다고 가정한다).

기출 102회

〈환입표〉

연도	사채이자비용		사채할증발행차금		장부금액
	표시이자	유효이자	당기 환입액	미환입 잔액	
2024.1.1.				5,151원	105,151원
2024.12.31.	10,000원	8,412원	1,588원	3,563원	103,563원
2025.12.31.	10,000원	8,285원	1,715원	1,848원	101,848원
2026.12.31.	10,000원	8,152원	1,848원	0원	100,000원

[5] 당사는 2025년 1월 1일에 액면금액 100,000원인 (주)서울이 발행한 채권(표시이자 10%, 유효이자 15%, 만기 3년)을 88,584원에 만기보유 목적으로 현금으로 구매하였다. 2025년 12월 31일의 회계처리를 하시오(단, 소수점 미만은 반올림하고 표시이자는 매년 말 현금으로 수령하며 공정가치 측정은 고려하지 않음).

기출 101회

| 풀이 |

[일반전표입력] 메뉴

번호	일자	차변	금액(원)	대변	금액(원)
[1]	12월 31일	이자비용	3,000,000	사채할인발행차금	3,000,000
[2]	12월 31일	사채할증발행차금	240,000	이자비용	240,000
[3]	12월 31일	이자비용	1,960,000	보통예금 사채할인발행차금	1,500,000 460,000
[4]	12월 31일	이자비용 사채할증발행차금	8,285 1,715	보통예금	10,000
[5]	12월 31일	현금 만기보유증권(181)	10,000*1 3,288	이자수익(또는 만기보유증권이자)	13,288*2
		*1 100,000원×10%=10,000원 *2 88,584원×15%=13,288원			

13 부가가치세 계정 정리 중요

▸ 최신 30회 중 7문제 출제

매출 시에는 부가세예수금 계정으로, 매입 시에는 부가세대급금 계정으로 회계처리하였다가 부가가치세 예정, 확정신고기간 종료일(3월 31일, 6월 30일, 9월 30일, 12월 31일)에 부가세예수금과 부가세대급금을 상계처리한 후 납부세액은 미지급세금, 환급세액은 미수금으로 회계처리한다.

1. 부가세 납부세액 발생 시(부가세예수금>부가세대급금)

(차) 부가세예수금	×××	(대) 부가세대급금	×××
		미지급세금	×××

2. 부가세 환급세액 발생 시(부가세예수금<부가세대급금)

(차) 부가세예수금	×××	(대) 부가세대급금	×××
미수금	×××		

연습문제

[1] 다음은 제2기 부가가치세 확정신고기간의 자료이다. 입력된 데이터는 무시하고 12월 31일 현재 부가세예수금과 부가세대급금의 정리분개를 수행하시오(납부세액인 경우에는 미지급세금, 환급세액인 경우에는 미수금으로 처리할 것). 기출 108회

• 부가세예수금	31,000,000원	• 부가세대급금	21,000,000원
• 부가가치세 가산세	500,000원	• 예정신고 미환급세액	3,000,000원

| 풀이 |

[일반전표입력] 메뉴

번호	일자	차변	금액(원)	대변	금액(원)
[1]	12월 31일	부가세예수금	31,000,000	부가세대급금	21,000,000
		세금과공과(판)	500,000	미수금	3,000,000
		(또는 잡손실)		미지급세금	7,500,000

PART 04

THEME 03 자동결산 유형

자동결산은 [결산자료입력] 메뉴의 해당 란에 금액을 입력하고 상단 툴바의 F3 전표추가 를 클릭하면 기말수정분개를 결산일자에 자동으로 발생시켜 결산작업을 쉽게 할 수 있도록 도와주는 기능이다. 즉, [결산자료입력] 메뉴에서 입력하는 해당 란을 정확히 찾는 연습이 필요하다.

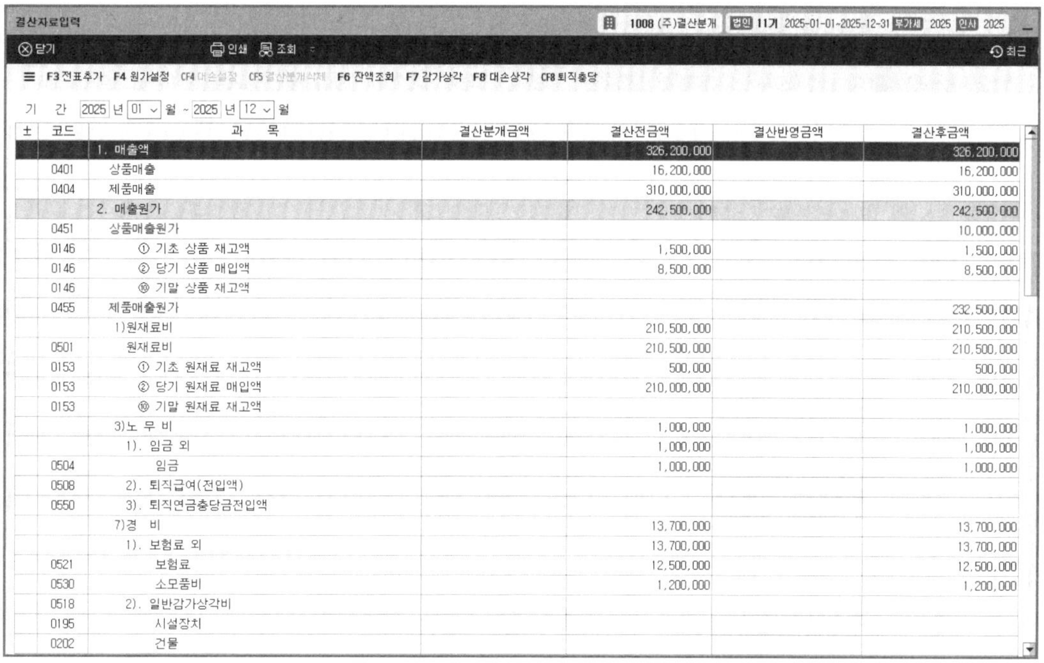

±	코드	과 목	결산분개금액	결산전금액	결산반영금액	결산후금액
		1. 매출액		326,200,000		326,200,000
	0401	상품매출		16,200,000		16,200,000
	0404	제품매출		310,000,000		310,000,000
		2. 매출원가		242,500,000		242,500,000
	0451	상품매출원가				10,000,000
	0146	① 기초 상품 재고액		1,500,000		1,500,000
	0146	② 당기 상품 매입액		8,500,000		8,500,000
	0146	⑩ 기말 상품 재고액				
	0455	제품매출원가				232,500,000
		1)원재료비		210,500,000		210,500,000
	0501	원재료비		210,500,000		210,500,000
	0153	① 기초 원재료 재고액		500,000		500,000
	0153	② 당기 원재료 매입액		210,000,000		210,000,000
	0153	⑩ 기말 원재료 재고액				
		3)노 무 비		1,000,000		1,000,000
		1). 임금 외		1,000,000		1,000,000
	0504	임금		1,000,000		1,000,000
	0508	2). 퇴직급여(전입액)				
	0550	3). 퇴직연금충당금전입액				
		7)경 비		13,700,000		13,700,000
		1). 보험료 외		13,700,000		13,700,000
	0521	보험료		12,500,000		12,500,000
	0530	소모품비		1,200,000		1,200,000
	0518	2). 일반감가상각비				
	0195	시설장치				
	0202	건물				

1 결산반영금액 입력하기

1. 매출액

[일반전표입력] 및 [매입매출전표입력] 메뉴에 입력한 자료가 자동으로 반영된다.

2. 매출원가

상품매출원가-⑩기말상품재고액	기말상품재고액을 입력
1)원재료비-⑩기말원재료재고액	기말원재료재고액을 입력
3)노무비-2)퇴직급여(전입액)	생산직 사원에 대한 당기 설정 퇴직급여를 입력
7)경비-2)일반감가상각비	공장의 유형자산별 감가상각비를 각각 입력
8)당기총제조비용-⑩기말재공품재고액	기말재공품재고액을 입력
9)당기완성품제조원가-⑩기말제품재고액	기말제품재고액을 입력

3. 매출총이익

매출액에서 매출원가를 차감한 금액이 자동으로 반영된다.

4. 판매비와 일반관리비

2)퇴직급여(전입액)	사무직 사원에 대한 당기 설정 퇴직급여를 입력
4)감가상각비	본사의 유형자산별 감가상각비를 각각 입력
5)대손상각	기말매출채권 등에 대한 대손충당금 추가설정액을 채권별로 각각 입력
6)무형자산상각비	무형자산상각비를 무형자산별로 각각 입력

5. 영업이익

매출총이익에서 판매비와 일반관리비를 차감한 금액이 자동으로 반영된다.

6. 영업외수익

[일반전표입력] 및 [매입매출전표입력] 메뉴에 입력한 자료가 자동으로 반영된다.

7. 영업외비용-2)기타의 대손상각

기말매출채권 이외의 채권에 대한 대손충당금 추가설정액을 채권별로 각각 입력한다.

8. 법인세 차감 전 이익

영업이익에서 영업외수익을 가산하거나 영업외비용을 차감한 후 잔액이 자동으로 반영된다.

9. 법인세 등

(1) 1)선납세금

기말선납세금 계정 잔액이 [결산전금액]란에 자동 반영되며, 해당 금액을 [결산반영금액]란에 입력한다.

(2) 2)추가계상액

법인세 추산액에서 선납세금을 차감한 금액을 입력한다.

포인트 F3 전표추가

결산작업이 완료되면 상단 툴바 [F3 전표추가]를 클릭하여 다음의 대화창에서 [예(Y)]를 클릭한다. 이는 입력된 기말수정분개를 [일반전표입력] 메뉴의 결산일자(12월 31일)에 자동으로 전표를 생성시켜 주는 기능이다.

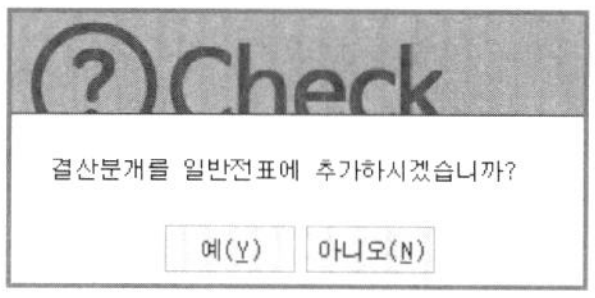

2 기말재고자산을 통한 매출원가 계산 ◂중요

▸ 최신 30회 중 17문제 출제

1. 상품매출원가

동일한 상품을 다양한 가격으로 매입하여 보유 중인 경우, 판매할 때마다 얼마짜리가 팔렸는지 정확히 계산하여 매출원가를 산정하는 것은 실무적으로 많은 어려움이 따른다. 따라서 상품매출에 대한 원가의 인식은 기말상품재고액을 통하여 결산일에 1회만 인식한다. 전산세무회계 프로그램은 상품 계정을 2분법(상품, 상품매출)으로 사용하고 있기 때문에 기말 합계잔액시산표상의 상품 계정 잔액은 기초상품재고액과 당기상품매입액의 합계액이다. 그러므로 기말상품재고액을 조사하여 동 금액을 합계잔액시산표상의 상품 계정 잔액(판매 가능원가)에서 차감한 금액을 차변에 상품매출원가, 대변에 상품으로 회계처리해야 한다. 실무에서는 [결산자료입력] 메뉴에서 기말상품재고액만 해당 칸에 입력하면 [일반전표입력] 메뉴에 다음의 분개가 자동으로 반영된다.

(차) 상품매출원가* ××× (대) 상품 ×××

* 상품매출원가 = 기초상품재고액 + 당기상품매입액 − 기말상품재고액

⇩ (기초상품재고액 + 당기상품매입액)

합계잔액시산표상 12월의 상품 계정 잔액

2. 제품매출원가

재고조사를 통해 산출된 기말원재료재고액, 기말재공품재고액, 기말제품재고액을 해당 칸에 입력하고 상단 툴바의 [F3 전표추가]를 클릭하면 12월 31일자 [일반전표입력] 메뉴에 다음의 분개가 자동 반영된다.

내용	차변		대변	
원재료 사용분을 원재료비로 대체	501.원재료비	×××	153.원재료	×××
원재료비를 재공품으로 대체	169.재공품	×××	501.원재료비	×××
노무비를 재공품으로 대체			504.임금	×××
제조경비를 재공품으로 대체			500번대 제조경비	×××
완성품제조원가를 제품으로 대체	150.제품	×××	169.재공품	×××
제품 중 당기 판매분을 제품매출원가로 대체	455.제품매출원가	×××	150.제품	×××

제품매출원가 = 기초제품재고액 + 당기제품제조원가* − 기말제품재고액

* 당기제품제조원가 = 기초재공품재고액 + 당기총제조원가 − 기말재공품재고액

연습문제

[1]~[3]의 거래자료를 (주)결산분개(회사코드: 1008)의 일반전표입력 메뉴 또는 결산자료입력 메뉴에 입력하시오.

[1] 연말 재고실사 과정에서 다음의 누락 사실을 발견하였다. 기출 112회

- 광고선전 목적으로 불특정 다수인에게 전달한 제품: 1,200,000원
- 훼손으로 인해 가치를 상실하여 원가성이 없는 제품: 350,000원

[2] 결산 시점의 재고자산 자료를 필요에 따라 [일반전표입력] 메뉴와 [결산자료입력] 메뉴에 반영하시오. 기출 105회

구분	장부상			단위당 시가	실사 후 수량
	수량	단가	합계		
원재료	10,000개	1,000원	10,000,000원	1,300원	9,800개

※ 장부상 수량과 실사 후 수량의 차이 중 40%만 정상적인 것이다.

[3] 다음은 재고자산 실지조사 결과 기말내역이다. 기출 111회 수정

- 재공품: 25,000,000원
- 제품: 27,500,000원
- 상품: 1,000,000원

단, 실지재고조사 결과에 포함되어 있지 않은 재고액은 다음과 같다.
- 시용판매하였으나 결산일 현재까지 구매의사 표시가 없는 시송품의 제품의 원가: 150,000원
- 위수탁 계약을 맺어 당기 발송한 제품 중 수탁자가 아직 판매하지 않은 금액: 350,000원
- 결산일 현재 운송 중에 있는 선적지 인도조건으로 매입한 상품: 500,000원

[4]의 거래자료를 (주)자동분개(회사코드: 1009)로 회사변경 후 일반전표입력 메뉴 또는 결산자료입력 메뉴에 입력하시오.

[4] 기말 현재의 재고자산은 다음과 같다(저가법 여부를 평가한다고 가정함). 기출 91회

구분	재고자산 장부상 금액	재고자산 실제금액	재고자산 시가(순실현가능가액)
제품	50,000,000원	50,000,000원	45,000,000원
원재료	30,000,000원	30,000,000원	30,000,000원

| 풀이 |

[일반전표입력] 메뉴

번호	일자	차변	금액(원)	대변	금액(원)
[1]	12월 31일	광고선전비(판) 재고자산감모손실	1,200,000 350,000	제품(적요 8)	1,550,000
[2]	12월 31일	재고자산감모손실	120,000*	원재료(적요 8)	120,000
		* (10,000개 − 9,800개) × 1,000원 × (1 − 40%) = 120,000원 또는 [결산자료입력] 메뉴의 [⑩기말원재료재고액]란에 9,800,000원(= 9,800개 × 장부상 단가 1,000원)을 입력한다.			

[3] (주)결산분개(회사코드: 1008)의 [결산자료입력] 메뉴에서 다음과 같이 입력한 후 상단 툴바 [F3 전표추가]를 클릭한다.
① [⑩기말상품재고액]: 1,500,000원(운송 중인 상품 500,000원 포함)
② [⑩기말재공품재고액]: 25,000,000원
③ [⑩기말제품재고액]: 28,000,000원(시송품 150,000원과 적송품 350,000원 포함)

[4] (주)자동분개(회사코드: 1009)로 회사변경 후 [결산자료입력] 메뉴에서 다음과 같이 입력하고 상단 툴바 [F3 전표추가]를 클릭한다.
① [제품매출원가 − 9)당기완성품제조원가]: [⑧제품평가손실]란에 5,000,000원, [⑩기말제품재고액]란에 50,000,000원

꿀팁 제품매출원가의 평가손실은 [결산자료입력] 메뉴 대신 [일반전표입력] 메뉴 12월 31일에 수동결산으로 입력 가능하다.

(차) 재고자산 평가손실	5,000,000	(대) 재고자산평가충당금(173)	5,000,000

② [⑩기말원재료재고액]: 30,000,000원

3 감가상각과 상각 중요

1. 유형자산의 감가상각

▸ 최신 30회 중 8문제 출제

토지와 건설 중인 자산을 제외한 유형자산은 수익 · 비용 대응의 원칙에 따라 보고기간 종료일 감가상각 대상금액(= 취득원가 − 잔존가치)을 그 자산의 내용연수에 따라 체계적으로 각 회계기간에 배분한다.

간접법: (차) 감가상각비	×××	(대) 감가상각누계액	×××

2. 무형자산의 상각

▸ 최신 30회 중 7문제 출제

무형자산의 상각 대상금액은 그 자산의 추정내용연수 동안 체계적인 방법에 의하여 비용으로 배분한다. 무형자산은 그 상각액을 당해 자산에서 직접 차감한 잔액으로 표시(직접법)하거나 무형자산상각누계액을 별도로 사용하여 당해 자산에서 차감하는 형식으로 표시(간접법)할 수 있다. 실무에서는 대부분 직접법을 사용한다.

직접법: (차) 무형자산상각비	×××	(대) 무형자산	×××

PART 04

연습문제

다음 거래자료를 (주)결산분개(회사코드: 1008)의 일반전표입력 메뉴 또는 결산자료입력 메뉴에 입력하시오.

[1] 영업부서에서 사용하고자 법인세법상 업무용 승용차에 해당하는 차량을 2025년 9월 1일 45,000,000원에 구입하였다. 결산 시 감가상각에 대한 회계처리를 하시오(차량의 잔존가치는 없는 것으로 하며 내용연수는 5년, 정액법으로 월할상각함). 기출 112회

[2] 전기 말 무형자산 명세서를 참조하여 당해 결산 시 회계처리를 하시오. 기출 96회

• 전기 말(2024년 12월 31일) 무형자산 명세서

NO	취득일자	무형자산내역	장부가액	내용연수	비고
1	2024.7.1.	특허권	19,000,000원	10년	
2	2023.1.1.	개발비	30,000,000원	5년	

• 추가사항: 2025년 결산일 현재 개발비에 대한 연구는 실패가 확실할 것으로 판단된다.

[3] 회사는 7월 1일에 영업관리용 시설장치 1대를 취득가액 150,000,000원(시설장치 취득용 국고보조금 1억원 수령)에 취득하였다. 해당 시설장치에 대한 감가상각비를 계상하시오(감가상각방법: 정액법, 내용연수: 4년, 잔존가치는 없으며, 월할상각하기로 함). 기출 117회

[4] 7월 1일 신축한 다음의 관리 및 영업용으로 사용하는 건물을 일반기업회계기준에 따라 정액법으로 감가상각비를 계상하시오. 기출 110회 수정

구분	금액	비고
취득가액	300,000,000원	• 내용연수: 20년 • 상각방법: 정액법 • 월할상각 적용함
취득세	10,000,000원	
건축허가비용	20,000,000원	
재산세	5,000,000원	
지체상금	8,000,000원	
합계	343,000,000원	

[5] 당사는 2024년 7월 1일에 영업권을 취득하였다. 영업권의 내용연수는 5년이고, 상각방법은 정액법, 표시방법은 직접법을 채택하고 있다. 2024년 회계연도 결산 시 무형자산상각비는 월할상각하여 적절히 반영하였으며, 영업권의 2024년 기말 잔액은 4,500,000원이다. 영업권에 대한 결산분개를 하시오. 기출 101회

| 풀이 |

[일반전표입력] 메뉴

번호	일자	차변	금액(원)	대변	금액(원)
[1]	12월 31일	감가상각비(판)	3,000,000*	감가상각누계액(209)	3,000,000
		* 45,000,000원÷5년×4개월/12개월=3,000,000원(∵ 업무용 승용차는 내용연수 5년에 정액법으로 감가상각함) 또는 [결산자료입력] 메뉴에서 [4.판매비와 일반관리비-4)감가상각비-차량운반구]란에 3,000,000원을 입력한다.			
[2]	12월 31일	무형자산상각비(판)	2,000,000*1	특허권	2,000,000
		무형자산상각비(판)	10,000,000*2	개발비	10,000,000
		무형자산손상차손	20,000,000	개발비	20,000,000
		*1 20,000,000원(=19,000,000원×10년/9.5년)÷10년=2,000,000원 *2 50,000,000원(=30,000,000원×5년/3년)÷5년=10,000,000원			
[3]	12월 31일	감가상각비(판)	18,750,000*1	감가상각누계액(196)	18,750,000
		국고보조금(197)	12,500,000*2	감가상각비(판)	12,500,000
		*1 감가상각비: 150,000,000원÷4년×6개월/12개월=18,750,000원 *2 국고보조금 상각액: 100,000,000원÷4년×6개월/12개월=12,500,000원 ∵ 자산 차감 항목인 국고보조금은 당해 자산의 감가상각 시 동일한 비율만큼 당기 감가상각비와 상계처리한다.			
[4]	12월 31일	감가상각비(판)	8,250,000*	감가상각누계액(203)	8,250,000
		* 330,000,000원÷20년×6개월/12개월=8,250,000원 또는 [4.판매비와 일반관리비-4)감가상각비-건물]란에 8,250,000원을 입력한다. ∵ 재산세는 보유단계에서 비용처리, 지체상금(정당한 이유 없이 계약상의 의무를 기한 내에 이행하지 못하고 지체한 때에는 이행지체에 대한 손해배상의 성격으로 지급하는 금액)은 건물의 원가에서 제외된다.			
[5]	12월 31일	무형자산상각비(판)	1,000,000*	영업권	1,000,000
		* 영업권 취득가액 5,000,000원(=2024년 기말 장부금액 4,500,000원×60개월/54개월)×12개월/60개월 = 1,000,000원 또는 [결산자료입력] 메뉴에서 [4.판매비와 일반관리비-4)무형자산상각비-영업권]란에 1,000,000원을 입력한다.			

4 대손충당금

▸ 최신 30회 중 3문제 출제

외상매출금, 받을어음, 대여금 및 미수금 등의 채권의 기말 잔액은 차기로 이월된 후에 전액 회수된다고 보장하기 어렵기 때문에 결산일 현재 채권의 회수 가능성을 검토한 후 대손충당금으로 설정해야 한다. 즉, 대손충당금은 영업활동에서 발생한 채권의 회수불능 정도를 말한다.

시산표상 채권 잔액×대손율=대손예상액(대손충당금) ⇨ 재무상태표
-시산표상 대손충당금 잔액
=추가설정액(대손상각비) ⇨ 손익계산서

1. 대손추산액>대손충당금 잔액

(차) 대손상각비 ××× (대) 대손충당금 ×××

2. 대손추산액<대손충당금 잔액

(차) 대손충당금 ××× (대) 대손충당금 환입 ×××

연습문제

다음 거래자료를 (주)결산분개(회사코드: 1008)의 일반전표입력 메뉴 또는 결산자료입력 메뉴에 입력하시오.

[1] 당사는 연령분석법으로 외상매출금에 대한 대손을 추정하고 대손상각비를 계상하고 있다. 입력된 데이터는 무시하고 충당금 설정 전 잔액은 400,000원이라고 가정한다. 기출 97회

구분	당기 말 채권 잔액	대손설정률
30일 이내	6,000,000원	2%
30일 초과 90일 이내	3,300,000원	10%
90일 초과	1,000,000원	18%
합계	10,300,000원	

[2] 회사는 매 기말 현재 받을어음 잔액에 대해 1%의 대손충당금을 설정하고 있다. 보충법에 따라 대손충당금을 설정하고 장부에 반영하시오. 기출 88회

| 풀이 |

[일반전표입력] 메뉴

번호	일자	차변	금액(원)	대변	금액(원)
[1]	12월 31일	대손상각비	230,000*	대손충당금(109)	230,000
		* 6,000,000원×2%+3,300,000원×10%+1,000,000원×18%−400,000원=230,000원 또는 [결산자료입력] 메뉴의 [4.판매비와 일반관리비−5)대손상각 외상매출금]란에 230,000원을 입력한다.			
[2]	12월 31일	대손충당금(111)	190,000	대손충당금 환입(851)	190,000*
		* 받을어음 잔액([합계잔액시산표] 메뉴 12월 31일 조회) 31,000,000원×1%−대손충당금(111) 잔액([합계잔액시산표] 메뉴 12월 31일 조회) 500,000원=−190,000원 또는 [결산자료입력] 메뉴의 [4.판매비와 일반관리비−5)대손상각 받을어음]란에 −190,000원을 입력한다.			

5 퇴직급여충당부채

최신 30회 중 1문제 출제

결산 시 재무상태표에 표시될 퇴직급여충당부채는 퇴직급여추계액(전 종업원이 일시 퇴직 시 지급할 퇴직금의 합계)으로 하도록 규정하고 있다. 따라서 매 기말 본사 직원과 공장 직원 각각의 퇴직금추계액과 이미 계상된 퇴직급여충당부채 잔액의 차이를 추가로 차변에 퇴직급여 계정, 대변에 퇴직급여충당부채 계정으로 계상하고 실제로 퇴직금 지급 시에는 퇴직급여충당부채와 상계한다.

(차) 퇴직급여(제)	×××	(대) 퇴직급여충당부채	×××
퇴직급여(판)	×××		

연습문제

다음 거래자료를 (주)결산분개(회사코드: 1008)의 일반전표입력 메뉴 또는 결산자료입력 메뉴에 입력하시오.

[1] 전기 및 당기의 퇴직급여추계액은 다음과 같다. 회사는 퇴직급여충당부채를 일반기업회계기준에 따라 정확하게 계상하고자 한다. 전기 말 현재 일반기업회계기준에 따라 미설정된 부분을 추가로 설정하며 미설정분은 중요한 오류로 가정하고 회계연도 종료일(12/31)에 회계처리하기로 한다. 기출 87회 유사

구분		퇴직금추계액	퇴직급여충당부채 잔액
2024년	생산부	3,000,000원	3,000,000원
	관리부	2,000,000원	0원
2025년	생산부	5,000,000원	?
	관리부	10,000,000원	?

| 풀이 |

[일반전표입력] 메뉴

번호	일자	차변	금액(원)	대변	금액(원)
[1]	12월 31일	전기오류수정손실(371)	2,000,000*	퇴직급여충당부채	2,000,000
		퇴직급여(제) 퇴직급여(판)	2,000,000 8,000,000	퇴직급여충당부채	10,000,000
		* 당기 관리부 직원의 퇴직급여충당부채 전기 미설정분을 입력한다. 또는 전기오류수정손실과 관련된 분개를 [일반전표입력] 메뉴에 별도로 입력한 후 [결산자료입력] 메뉴의 [제품매출원가 – 3)노무비 – 2)퇴직급여(전입액)]란에 2,000,000원, [4.판매비와 일반관리비 – 2)퇴직급여(전입액)]란에 8,000,000원을 입력한다.			

6 법인세 등 중요

▶ 최신 30회 중 10문제 출제

회계기간 중 법인세중간예납, 이자소득 등에서 발생한 법인세 원천납부세액을 선납세금으로 회계처리하였다가 결산 시 법인세 등으로 대체하는 분개를 하고 법인세 추가계상액을 결산자료에 입력한다.

연습문제

다음 거래자료를 (주)결산분개(회사코드: 1008)의 일반전표입력 메뉴 또는 결산자료입력 메뉴에 입력하시오.

[1] 다음 자료는 회사의 실제 당기 법인세 과세표준 및 세액조정계산서의 일부 내용이다. 입력된 데이터는 무시하며, 주어진 세율 정보를 참고로 법인세비용에 대한 회계처리를 하시오. 기출 115회

1. 법인세 과세표준 및 세액조정계산서 일부 내용

② 과세표준 계산	⑩⑧ 각사업연도소득금액(⑩⑥=⑩⑦)		288,200,000원
	⑩⑨ 이월결손금	07	22,000,000원
	⑪⓪ 비과세소득	08	0원
	⑪① 소득공제	09	0원
	⑪② 과세표준(⑩⑧–⑩⑨–⑪⓪–⑪①)	10	266,200,000원

단, 법인세분 지방소득세=법인세산출세액×10%

2. 세율 정보

법인세율	• 법인세 과세표준 2억원 이하: 9% • 법인세 과세표준 2억원 초과 200억원 이하: 19%
지방소득세율	• 법인세 과세표준 2억원 이하: 0.9% • 법인세 과세표준 2억원 초과 200억원 이하: 1.9%

3. 기타

위의 모든 자료는 법인세법상 적절하게 산출된 금액이고, 법인세중간예납은 기한 내에 납부하여 선납세금 12,500,000원으로 회계처리하였다.

| 풀이 |

[일반전표입력] 메뉴

번호	일자	차변	금액(원)	대변	금액(원)
[1]	12월 31일	법인세비용	33,635,800*	선납세금 미지급세금	12,500,000 21,135,800
		* ㉠ 법인세 산출세액: 200,000,000원×9%+66,200,000원×19%=30,578,000원 ㉡ 지방소득세 산출세액: 200,000,000원×0.9%+66,200,000원×1.9%=3,057,800원 ∴ ㉠+㉡=33,635,800원 또는 [결산자료입력] 메뉴의 [9.법인세 등-1)선납세금]란에 12,500,000원, [9.법인세 등-2)추가계상액]란에 21,135,800원(=33,635,800원-12,500,000원)을 입력한 후 F3 전표추가 를 클릭한다.			

7 결산완료

해당 결산자료를 모두 입력한 후 상단 툴바 F3 전표추가 를 클릭하면 다음의 메시지가 나타난다. 예(Y) 를 누르면 해당 분개가 12월 31일 [일반전표입력] 메뉴에 자동으로 반영되면서 결산이 완료된다.

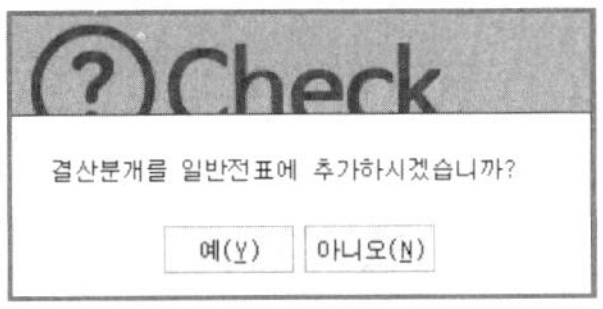

12월 31일자 일반전표에 반영된 화면을 조회하면 다음과 같다.

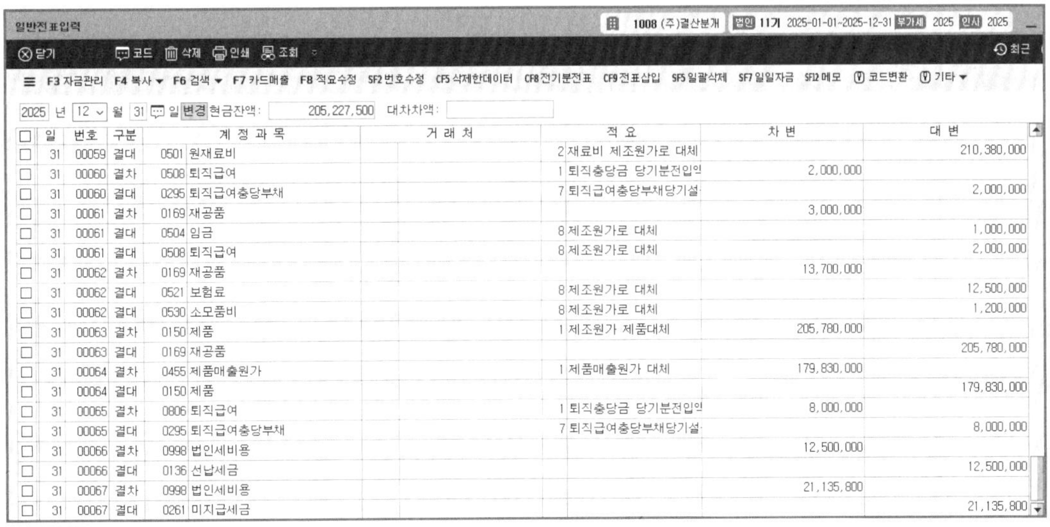

일	번호	구분	계정과목	거래처	적요	차변	대변
31	00059	결대	0501 원재료비		2 재료비 제조원가로 대체		210,380,000
31	00060	결차	0508 퇴직급여		1 퇴직충당금 당기분전입액	2,000,000	
31	00060	결대	0295 퇴직급여충당부채		7 퇴직급여충당부채당기설		2,000,000
31	00061	결차	0169 재공품			3,000,000	
31	00061	결대	0504 임금		8 제조원가로 대체		1,000,000
31	00061	결대	0508 퇴직급여		8 제조원가로 대체		2,000,000
31	00062	결차	0169 재공품			13,700,000	
31	00062	결대	0521 보험료		8 제조원가로 대체		12,500,000
31	00062	결대	0530 소모품비		8 제조원가로 대체		1,200,000
31	00063	결차	0150 제품		1 제조원가 제품대체	205,780,000	
31	00063	결대	0169 재공품				205,780,000
31	00064	결차	0455 제품매출원가		1 제품매출원가 대체	179,830,000	
31	00064	결대	0150 제품				179,830,000
31	00065	결차	0806 퇴직급여		1 퇴직충당금 당기분전입액	8,000,000	
31	00065	결대	0295 퇴직급여충당부채		7 퇴직급여충당부채당기설		8,000,000
31	00066	결차	0998 법인세비용			12,500,000	
31	00066	결대	0136 선납세금				12,500,000
31	00067	결차	0998 법인세비용			21,135,800	
31	00067	결대	0261 미지급세금				21,135,800

꿀팁 자동결산의 오류정정은 [결산자료입력] 메뉴의 상단 툴바 CF5 결산분개삭제 를 클릭하여 해당 전표를 삭제한 후 다시 입력하면 된다.

THEME 04 재무제표 확정작업

재무제표의 확정작업이란 기말수정분개가 완료된 후에 다음의 작업순서로 재무제표를 확정 짓는 절차이다.

1 제조원가명세서 조회(기간: 2025년 12월 31일) → 당기제품제조원가의 확정

제조원가명세서는 제품제조원가가 어떻게 산출되는 것인지 그 내역을 기록한 재무제표의 부속명세서로 제조업인 경우 반드시 제조원가명세서를 작성해야 한다.

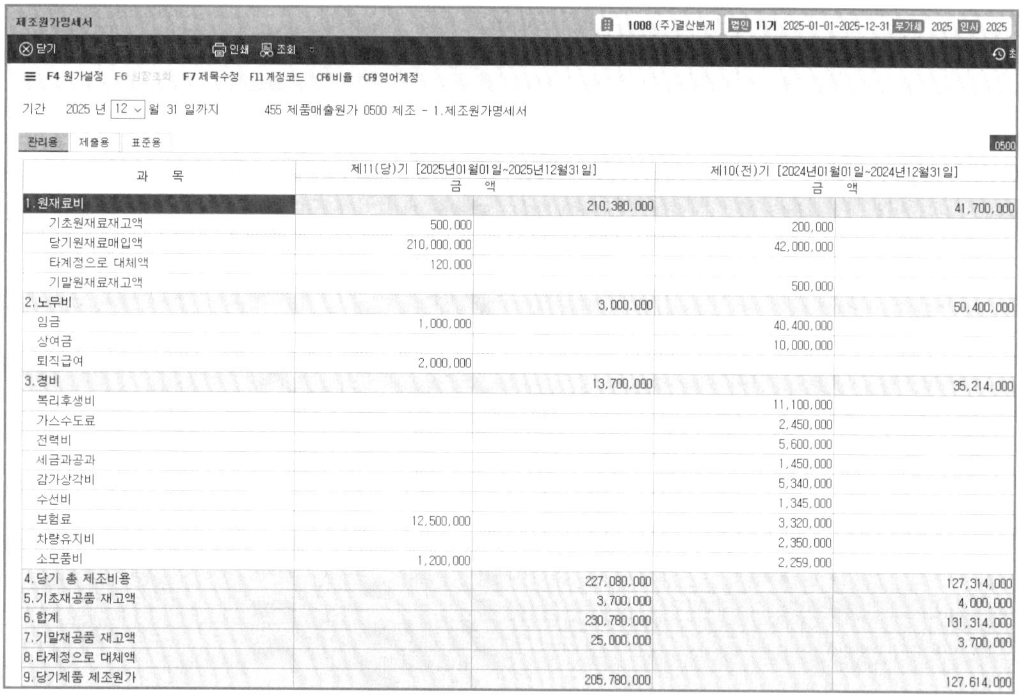

과 목	제11(당)기 [2025년01월01일~2025년12월31일] 금 액		제10(전)기 [2024년01월01일~2024년12월31일] 금 액	
1.원재료비		210,380,000		41,700,000
기초원재료재고액	500,000		200,000	
당기원재료매입액	210,000,000		42,000,000	
타계정으로 대체액	120,000			
기말원재료재고액			500,000	
2.노무비		3,000,000		50,400,000
임금	1,000,000		40,400,000	
상여금			10,000,000	
퇴직급여	2,000,000			
3.경비		13,700,000		35,214,000
복리후생비			11,100,000	
가스수도료			2,450,000	
전력비			5,600,000	
세금과공과			1,450,000	
감가상각비			5,340,000	
수선비			1,345,000	
보험료	12,500,000		3,320,000	
차량유지비			2,350,000	
소모품비	1,200,000		2,259,000	
4.당기 총 제조비용		227,080,000		127,314,000
5.기초재공품 재고액		3,700,000		4,000,000
6.합계		230,780,000		131,314,000
7.기말재공품 재고액		25,000,000		3,700,000
8.타계정으로 대체액				
9.당기제품 제조원가		205,780,000		127,614,000

2 손익계산서 조회(기간: 2025년 12월) → 당기순이익의 확정

일정 기간 중 실현된 수익에서 발생된 비용을 차감하여 산출되는 당기순이익을 조회하여 확정 짓는 작업이다.

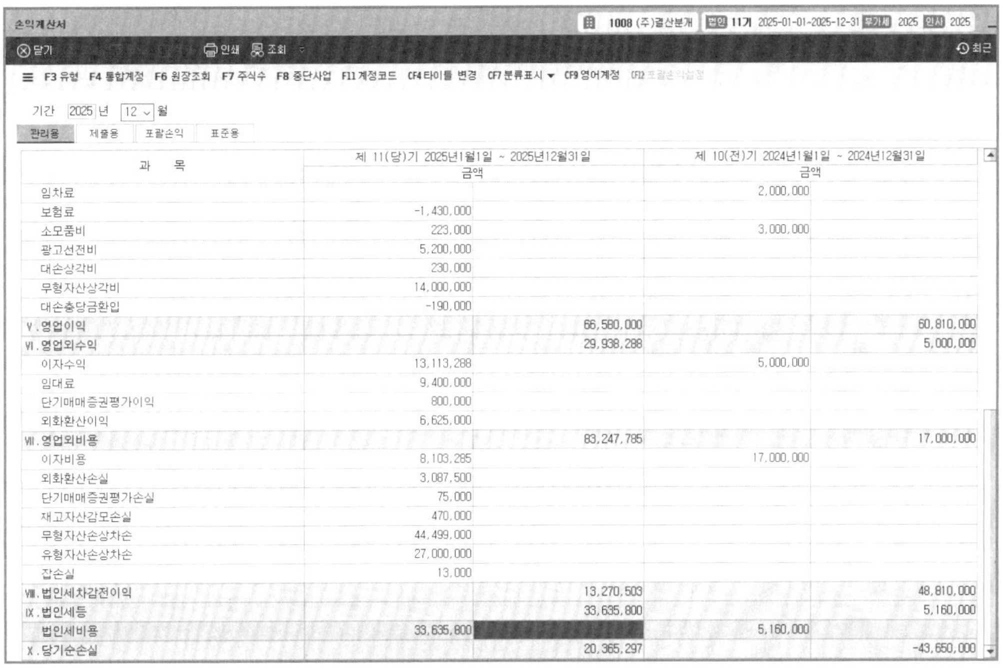

과 목	제 11(당)기 2025년1월1일 ~ 2025년12월31일		제 10(전)기 2024년1월1일 ~ 2024년12월31일	
	금액		금액	
임차료			2,000,000	
보험료	-1,430,000			
소모품비	223,000		3,000,000	
광고선전비	5,200,000			
대손상각비	230,000			
무형자산상각비	14,000,000			
대손충당금환입	-190,000			
Ⅴ.영업이익		66,580,000		60,810,000
Ⅵ.영업외수익		29,938,288		5,000,000
이자수익	13,113,288		5,000,000	
임대료	9,400,000			
단기매매증권평가이익	800,000			
외화환산이익	6,625,000			
Ⅶ.영업외비용		83,247,785		17,000,000
이자비용	8,103,285		17,000,000	
외화환산손실	3,087,500			
단기매매증권평가손실	75,000			
재고자산감모손실	470,000			
무형자산손상차손	44,499,000			
유형자산손상차손	27,000,000			
잡손실	13,000			
Ⅷ.법인세차감전이익		13,270,503		48,810,000
Ⅸ.법인세등		33,635,800		5,160,000
법인세비용	33,635,800		5,160,000	
Ⅹ.당기순손실		20,365,297		-43,650,000

3 이익잉여금처분계산서 조회 → 미처분잉여금처분의 확정

▸ 최신 30회 중 1문제 출제

손익을 확정시킨 후 화면 상단의 툴바 [F6 전표추가]를 통해 손익의 마감분개를 일반전표에 자동으로 반영시킨다. 또한, 재무상태표의 자본 중 미처분이익잉여금은 이익잉여금처분계산서의 미처분이익잉여금과 일치해야 한다. 이익잉여금의 처분은 익년도 주주총회에서 확정되면 주주총회일에 일반전표에 이익잉여금처분내역을 직접 분개한다.

연습문제

다음 거래자료를 (주)결산분개(회사코드: 1008)의 이익잉여금처분계산서 메뉴에 입력하시오.

[1] 아래의 내용을 확인하여 당기 이익잉여금처분계산서를 작성하시오. 기출 106회 유사

- 현금배당: 1,000,000원
- 주식할인발행차금 상각액: 1,000,000원
- 전기 처분 확정일: 2025년 2월 28일
- ※ 이익준비금은 현금배당액의 10%를 설정한다.
- 주식배당: 500,000원
- 전기이월 미처분이익잉여금: 58,500,000원
- 당기 처분 예정일: 2026년 2월 28일
- 당기순손실: 20,365,297
- 전기오류수정손실: 2,000,000

| 풀이 |

① [이익잉여금처분계산서] 메뉴에 다음과 같이 입력한 후 화면 상단의 툴바 [F6 전표추가]를 클릭하여 [일반전표입력] 메뉴 12월 31일에 마감분개(수익과 비용을 손익 계정에 대체하는 분개 등)를 자동으로 반영시킨다.

- 당기 처분 예정일: 2026년 2월 28일/전기 처분 확정일: 2025년 2월 28일
- 이익준비금: 100,000원(현금배당액의 10%)
- 현금배당: 1,000,000원
- 주식배당: 500,000원
- 주식할인발행차금 상각액: 1,000,000원

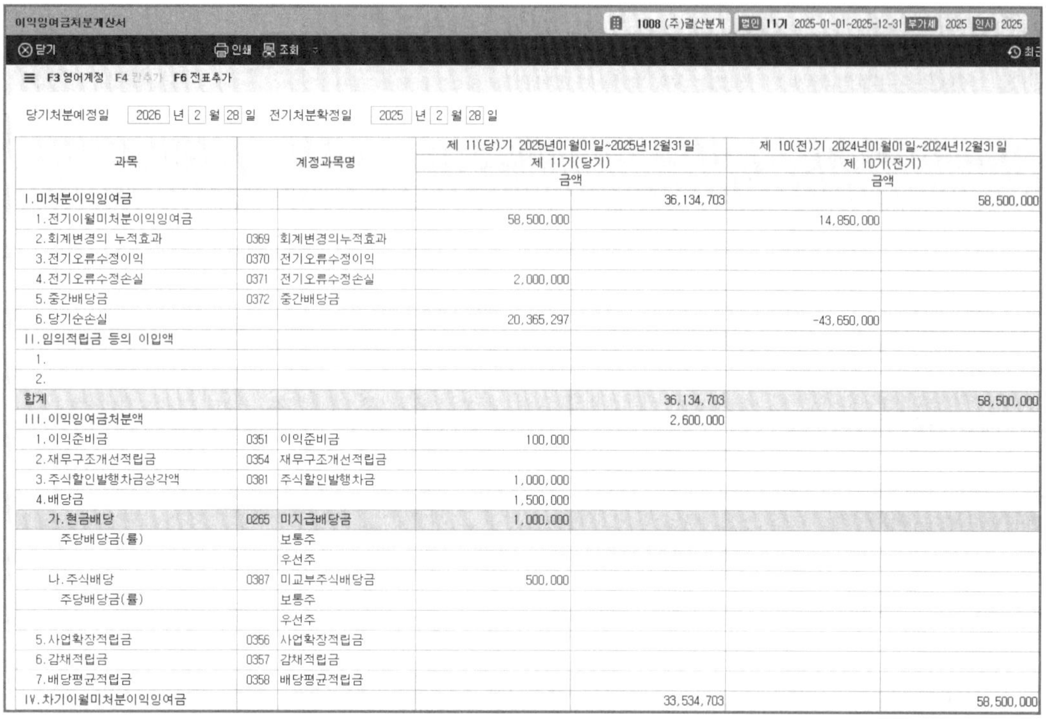

이익잉여금처분계산서 | 1008 (주)결산분개 | 법인 11기 2025-01-01~2025-12-31 | 부가세 2025 | 인사 2025

닫기 | 인쇄 | 조회

F3 영어계정 | F4 칸추가 | F6 전표추가

당기처분예정일 2026 년 2 월 28 일 | 전기처분확정일 2025 년 2 월 28 일

과목	계정과목명		제 11(당)기 2025년01월01일~2025년12월31일 제 11기(당기) 금액		제 10(전)기 2024년01월01일~2024년12월31일 제 10기(전기) 금액	
Ⅰ.미처분이익잉여금				36,134,703		58,500,000
1.전기이월미처분이익잉여금			58,500,000		14,850,000	
2.회계변경의 누적효과	0369	회계변경의누적효과				
3.전기오류수정이익	0370	전기오류수정이익				
4.전기오류수정손실	0371	전기오류수정손실	2,000,000			
5.중간배당금	0372	중간배당금				
6.당기순손실			20,365,297		-43,650,000	
Ⅱ.임의적립금 등의 이입액						
1.						
2.						
합계				36,134,703		58,500,000
Ⅲ.이익잉여금처분액				2,600,000		
1.이익준비금	0351	이익준비금	100,000			
2.재무구조개선적립금	0354	재무구조개선적립금				
3.주식할인발행차금상각액	0381	주식할인발행차금	1,000,000			
4.배당금			1,500,000			
가.현금배당	0265	미지급배당금	1,000,000			
주당배당금(률)		보통주				
		우선주				
나.주식배당	0387	미교부주식배당금	500,000			
주당배당금(률)		보통주				
		우선주				
5.사업확장적립금	0356	사업확장적립금				
6.감채적립금	0357	감채적립금				
7.배당평균적립금	0358	배당평균적립금				
Ⅳ.차기이월미처분이익잉여금				33,534,703		58,500,000

② [일반전표입력] 메뉴 2025.12.31.을 조회한 화면은 다음과 같다.

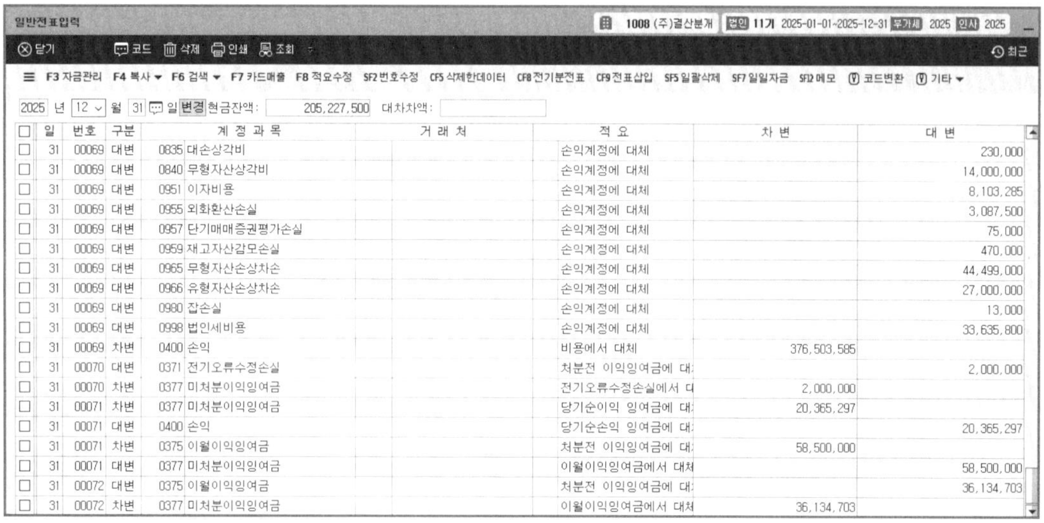

일반전표입력 | 1008 (주)결산분개 | 법인 11기 2025-01-01~2025-12-31 | 부가세 2025 | 인사 2025

닫기 | 코드 | 삭제 | 인쇄 | 조회 | 최근

F3 자금관리 | F4 복사 | F6 검색 | F7 카드매출 | F8 적요수정 | SF2 번호수정 | CF5 삭제한데이터 | CF8 전기분전표 | CF9 전표삽입 | SF5 일괄삭제 | SF7 일일자금 | SF12 메모 | 코드변환 | 기타

2025 년 12 월 31 일 변경 현금잔액: 205,227,500 대차차액:

일	번호	구분	계정과목		거래처	적요	차변	대변
31	00069	대변	0835	대손상각비		손익계정에 대체		230,000
31	00069	대변	0840	무형자산상각비		손익계정에 대체		14,000,000
31	00069	대변	0951	이자비용		손익계정에 대체		8,103,285
31	00069	대변	0955	외화환산손실		손익계정에 대체		3,087,500
31	00069	대변	0957	단기매매증권평가손실		손익계정에 대체		75,000
31	00069	대변	0959	재고자산감모손실		손익계정에 대체		470,000
31	00069	대변	0965	무형자산손상차손		손익계정에 대체		44,499,000
31	00069	대변	0966	유형자산손상차손		손익계정에 대체		27,000,000
31	00069	대변	0980	잡손실		손익계정에 대체		13,000
31	00069	대변	0998	법인세비용		손익계정에 대체		33,635,800
31	00069	차변	0400	손익		비용에서 대체	376,503,585	
31	00070	대변	0371	전기오류수정손실		처분전 이익잉여금에 대:		2,000,000
31	00070	차변	0377	미처분이익잉여금		전기오류수정손실에서 대	2,000,000	
31	00071	차변	0377	미처분이익잉여금		당기순이익 잉여금에 대:	20,365,297	
31	00071	대변	0400	손익		당기순손익 잉여금에 대:		20,365,297
31	00071	차변	0375	이월이익잉여금		처분전 이익잉여금에 대:	58,500,000	
31	00071	대변	0377	미처분이익잉여금		이월이익잉여금에서 대체		58,500,000
31	00072	대변	0375	이월이익잉여금		처분전 이익잉여금에 대:		36,134,703
31	00072	차변	0377	미처분이익잉여금		이월이익잉여금에서 대체	36,134,703	

4 재무상태표 조회(기간: 2025년 12월) → 자산 · 부채 · 자본의 확정

재무상태표는 특별한 작업 없이 입력된 자료에 의하여 보고기간 종료일의 재무상태표를 조회하면 자산 · 부채 · 자본이 확정된다.

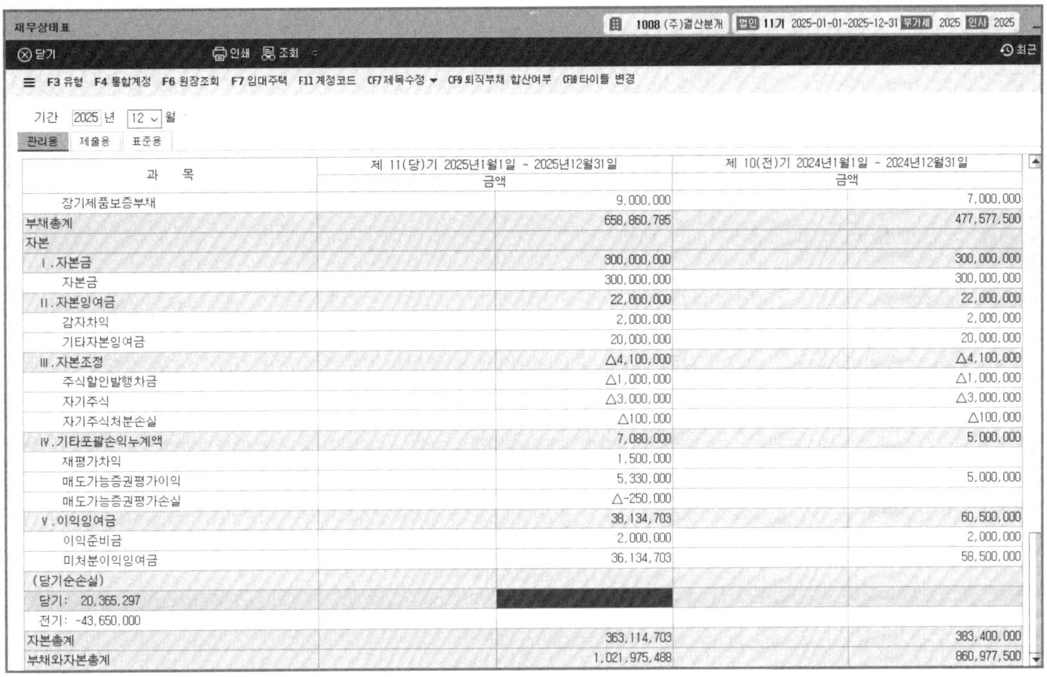

과 목	제 11(당)기 2025년1월1일 ~ 2025년12월31일		제 10(전)기 2024년1월1일 ~ 2024년12월31일	
	금액		금액	
장기제품보증부채		9,000,000		7,000,000
부채총계		658,860,785		477,577,500
자본				
Ⅰ.자본금		300,000,000		300,000,000
자본금		300,000,000		300,000,000
Ⅱ.자본잉여금		22,000,000		22,000,000
감자차익		2,000,000		2,000,000
기타자본잉여금		20,000,000		20,000,000
Ⅲ.자본조정		△4,100,000		△4,100,000
주식할인발행차금		△1,000,000		△1,000,000
자기주식		△3,000,000		△3,000,000
자기주식처분손실		△100,000		△100,000
Ⅳ.기타포괄손익누계액		7,080,000		5,000,000
재평가차익		1,500,000		
매도가능증권평가이익		5,330,000		5,000,000
매도가능증권평가손실		△-250,000		
Ⅴ.이익잉여금		38,134,703		60,500,000
이익준비금		2,000,000		2,000,000
미처분이익잉여금		36,134,703		58,500,000
(당기순손실)				
당기: 20,365,297				
전기: -43,650,000				
자본총계		363,114,703		383,400,000
부채와자본총계		1,021,975,488		860,977,500

PART 04

CHAPTER 4

원천징수

핵심키워드

근로자의 성격별 연말정산방법을 알고, 세법에 의한 프로그램 입력방법을 익힌다.

■ 1회독 ■ 2회독 ■ 3회독

THEME 01 근로소득관리

1 사원등록 중요

▸ 최신 30회 중 12문제 출제

사원등록은 근로소득자의 인적사항과 사원별 급여 기초자료를 입력하는 메뉴이며, 급여관리업무, 4대보험 및 근로소득세 원천징수 및 연말정산과 관련된 기본사항을 등록한다.

1. [기본사항] 탭

(1) 사번/성명/주민(외국인)번호

① **사번**: 10자 이내의 사원번호를 입력한다.

② **성명**: 20자 이내의 사원명을 입력한다.

③ **주민(외국인)번호**: 주민등록번호는 '1'을, 외국인등록번호는 '2'를, 여권번호는 '3'을 입력한다. 시험에서는 내국인의 주민등록번호가 제시되는 것이 일반적이다.

(2) [기본사항] 탭

① **1.입사년월일**: 해당 사원의 입사연월일을 입력하는 것이며 급여 및 상여, 퇴직금 계산 등의 시작일이 되는 날이다.

② **2.내/외국인**: 내국인의 경우에는 '1'을, 외국인의 경우에는 '2'를 입력한다.

③ **3.외국인국적**: 사원이 외국인인 경우에는 해당 사원의 국적을 입력한다.

④ **4.주민구분/주민등록번호**: 주민등록번호 등을 입력하면 주민등록번호, 외국인등록번호, 여권번호 중 자동으로 선택된다.

⑤ 5.거주구분: 국내에 거주하는 거주자*이면 '1'을, 거주하지 않으면 '2'를 입력한다.

* 거주자는 국내에 주소를 두거나 183일 이상 거소를 둔 개인을 말하며, 비거주자는 거주자가 아닌 자를 말한다. 비거주자인 경우 인적공제 중 비거주자 본인 이외의 자에 대한 공제와 특별공제 등을 받을 수 없다.

⑥ 6.거주지국코드: 사원의 거주지국을 입력한다.

⑦ 7.국외 근로제공

구분	내용
1.월 100만원 비과세	월 500만원 비과세, 전액 비과세 외의 국외 근로소득이 있는 경우
2.월 500만원 비과세	원양어업선박 또는 국외 등을 항행하는 선박 또는 국외 등의 건설현장 등에서 근로(설계 · 감리업무 포함)를 제공하고 받은 근로소득의 경우
3.전액 비과세	국외 근로소득 중 전액 비과세
0.부	그 외 국외 근로소득이 없는 경우

⑧ 8.단일세율 적용: 외국인 근로자가 국내에 근무함으로써 지급받는 근로소득은 소득세법의 규정에도 불구하고 당해 근로소득에 19%의 단일세율을 적용할 경우 '1.여'를, 국내 근로자와 같은 연말정산절차를 선택하는 경우 '0.부'를 선택한다.

⑨ 9.외국법인 파견근로자: 내국법인과 체결한 근로자파견계약에 따라 근로자를 파견하는 국외에 있는 외국법인(파견외국법인)의 소속 근로자(파견근로자)에 해당하면 '1.여'를, 아닌 경우에는 '0.부'를 선택한다.

[참고] 파견근로자가 국내에서 제공한 근로의 대가를 파견외국법인에 지급하는 때 그 지급하는 금액의 19%에 해당하는 금액을 소득세로 원천징수하여 그 원천징수하는 날이 속하는 달의 다음 달 10일까지 원천징수 관할 세무서, 한국은행 또는 체신관서에 납부하여야 한다.

⑩ 10.생산직 등 여부/연장근로 비과세/전년도 총급여: 직전 총급여 3,000만원 이하로서 월정액 급여 210만원 이하인 생산직 근로자의 연장 · 야간 · 휴일근로수당에 대한 비과세(연간 240만원 한도)를 적용받기 위한 구분란이다. [생산직 등 여부]란에 생산직에 해당되면 '1.여'를, 사무직에 해당되면 '0.부'를 선택한다. 연장근로수당의 비과세 적용에 해당하는 사원은 [연장근로 비과세]란에서 '1.여'를 선택한다. 또한, [전년도 총급여]란은 상단 툴바의 F8 전년도사원정보불러오기 ▾의 화살표를 클릭한 후 SF8 전년도총급여 버튼을 누르고 다음 창에서 '예'를 눌러 [연말정산 추가자료입력] 메뉴의 총급여액을 불러온다.

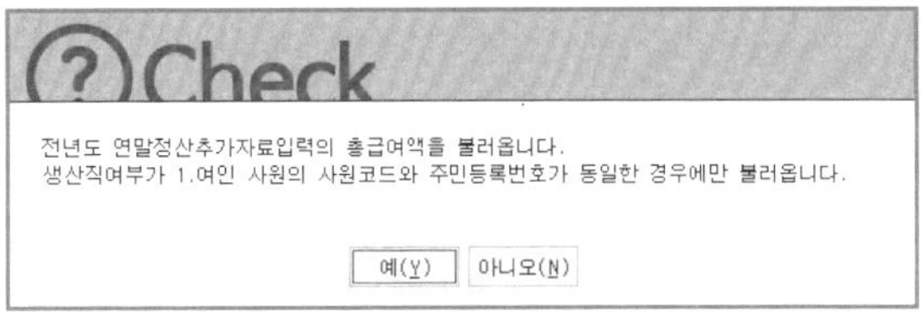

⑪ 11.주소: 주소 입력 시 아이콘을 클릭하여 도로명, 동명 또는 건물명을 입력한 후 검색을 누르면 전국의 동일 도로명, 동명의 우편번호 또는 동명의 건물명이 조회된다. 해당 결과에 커서를 놓고 확인을 클릭하면 우편번호와 주소의 앞 부분이 자동으로 반영되며 나머지 주소를 추가로 입력하면 된다.

⑫ 12.국민연금보수월액/국민연금납부액: 공단에 신고한 보수월액(과세되는 근로소득)을 기준으로 국민연금 금액이 산정된다. 국민연금보수월액을 입력하면 국민연금납부액이 자동으로 계산되며 해당 금액은 [급여자료입력] 메뉴의 공제 항목인 국민연금에 반영된다.

⑬ 13.건강보험보수월액/건강보험료경감/건강보험납부액/장기요양보험적용/장기요양보험납부액

구분	내용
건강보험보수월액	공단에 신고한 보수월액(과세되는 근로소득)을 기준으로 건강보험료가 산정되므로 공단에 신고한 해당 사원의 보수월액을 입력
건강보험료경감	국민건강보험료 경감 사유에 해당하는 경우 해당 경감율을 입력
건강보험납부액	건강보험보수월액을 입력하면 건강보험납부액이 자동으로 계산되며 해당 금액은 [급여자료입력] 메뉴의 공제 항목인 건강보험에 반영됨

장기요양보험적용	장기요양보험을 적용하면 '1.여'를, 아닌 경우에는 '0.부'를 선택하고 장기요양보험료 경감 사유에 해당하여 30% 경감을 받는 경우 '2.30% 경감'을 선택
장기요양보험납부액	건강보험보수월액을 입력하면 장기요양보험납부액이 자동으로 계산되며 해당 금액은 [급여자료입력] 메뉴의 공제 항목인 장기요양보험에 반영됨

⑭ **14.고용보험 적용/고용보험보수월액/고용보험납부액**: 고용보험 적용 여부가 '1.여'로 적용된 사원만 [급여자료입력] 메뉴에서 고용보험료가 산출된다. 대표자인 경우 고용보험을 납부하지 않으므로 [대표자 여부]란에 '1.여'를 선택한다. 또한, 공단에 신고한 보수월액(과세되는 근로소득)을 기준으로 고용보험금액이 산정되므로 고용보험보수월액을 입력하면 고용보험납부액이 자동으로 계산된다. 해당 금액은 [급여자료입력] 메뉴의 공제 항목인 고용보험에 반영된다.

⑮ **15.산재보험 적용**: 해당 사원의 산재보험 적용 여부를 선택한다.

⑯ **16.퇴사년월일**: 사원이 퇴사한 경우, 해당 연월일을 입력한다. 퇴사일은 중도퇴사자의 연말정산과 [퇴직소득자료입력] 메뉴에 반영되기 때문에 반드시 입력해야 한다. [이월 여부]란은 당해 연도 원천징수업무를 완료하고 다음 해로 마감 후 이월 시 퇴사자의 사원등록 자료를 다음 해로 이월할지 여부를 선택한다.

2. [부양가족명세] 탭

부양가족명세는 인적공제를 입력하는 메뉴이다. 인적공제란 거주자의 최저생계비 보장 및 부양가족의 상황에 따라 부담능력에 따른 과세를 실현하기 위한 제도이다. 인적공제의 합계액이 종합소득금액을 초과하는 경우 그 초과하는 공제액은 없는 것으로 한다.

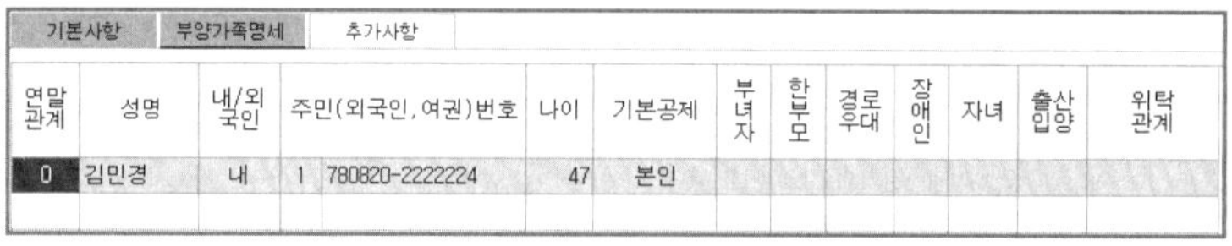

(1) [부양가족명세] 탭

① **연말관계/성명**: 근로자 본인은 무조건 기본공제 대상자이며, [연말관계]란에 '0'으로 자동 표시된다. 추가로 등록하는 배우자 및 부양가족이 있는 경우 해당 란에 커서를 놓고 F2를 누르면 나타나는 공통코드도움창에서 연말관계를 선택하고 성명을 입력한다.

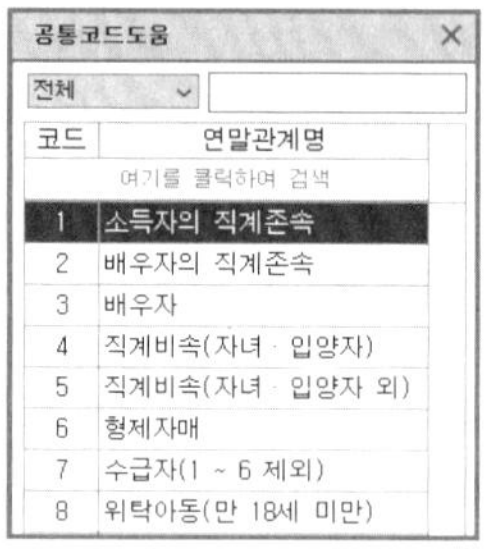

※ 연말관계 : 0.소득자 본인, 1.소득자의 직계존속, 2.배우자의 직계존속, 3.배우자, 4.직계비속(자녀+입양자)
5.직계비속(4 제외), 6. 형제자매, 7.수급자(1~6 제외), 8.위탁아동(만 18세 미만, 보호기간 연장 시 20세 이하/직접선택)

② **내/외국인 및 주민(외국인)번호**: [연말관계]란에 입력된 자가 내국인이면 '1.내국인'을 선택한 후 주민등록번호를 입력하고, 외국인이면 '2.외국인'을 선택한 후 외국인등록번호를 입력한다. 주민번호를 입력하면 [기본공제]란에 '20세 이하', '60세 이상'이 자동으로 반영된다. 또한, 기본공제 대상이 되는 8세 이상의 자녀(입양자 및 위탁아동을 포함)에 해당하면 [자녀]란에, 해당 과세기간에 출산·입양된 직계비속의 경우 [출산입양]란에 자동으로 반영된다.

③ **기본공제**: 다음의 보조창에서 기본공제 대상자의 관계를 선택한다. 연령에 관계없이 장애인이면 '5.장애인'을 선택하면 된다. 나이 제한 또는 소득금액 제한으로 기본공제 대상자에 해당하지 않는 경우에도 연말정산 시 의료비 등의 공제를 적용받을 수 있기 때문에 '0.부'를 선택한다.

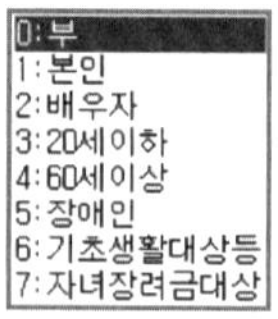

④ **부녀자**: [연말관계]란에 입력된 본인이면서 자신이 해당 과세기간 종합소득금액이 3,000만원 이하(근로소득만 있는 경우 총급여액 41,470,588원)인 거주자로서 배우자가 있는 여성이거나 배우자가 없더라도 부양가족이 있는 세대주에 해당되면 '1.여'를, 해당되지 않으면 '0.부'를 선택한다.

⑤ **한부모**: [연말관계]란에 입력된 본인이면서 배우자가 없고 기본공제 대상자인 직계비속 또는 입양자가 있는 경우에는 '1.여'를, 해당되지 않으면 '0.부'를 선택한다. 단, 해당 거주자가 한부모공제와 부녀자공제 모두에 해당하는 경우에는 중복 적용을 배제하고 한부모공제만을 적용한다.

⑥ **경로우대**: 본인을 포함하여 배우자 및 부양가족이 70세 이상 경로자에 해당하면 '1.여'를, 해당하지 않으면 '0.부'를 입력한다.

개정세법 반영

⑦ **장애인***: 기본공제 대상이 되는 장애인을 입력하는 란으로 [기본공제]란에 '5.장애인'을 선택한 후 추가공제 [장애인]란에 해당 내역(0.부, 1.장애인복지법, 2.국가유공자 등, 3.중증환자 등)을 선택한다.

* 장애인이란 '1.장애인복지법에 따른 장애인 및 장애아동 복지지원법에 따른 장애아동 중 발달재활서비스를 지원받고 있는 사람', '2.국가유공자 등 예우 및 지원에 관한 법률에 의한 상의자 및 이와 유사한 자로서 근로능력이 없는 사람', '3.중증질환, 희귀난치성질환 또는 이와 유사한 질병·부상으로 인해 중단 없이 추가적인 치료를 요하는 자로서 의료기관의 장이 취업·취학 등 일상적인 생활에 지장이 있다고 인정하는 사람'을 말한다.

개정세법 반영

⑧ **자녀**: 기본공제 대상이 되는 만 8세 이상의 자녀(입양자 및 위탁아동을 포함)에 해당하면 '1.여'를 선택한다. 만 7세 이하 자녀에 대해서는 매월 아동수당을 지급받기 때문에 별도의 자녀세액공제는 적용받을 수 없다.

+ 자녀 세액공제

① 일반공제: 종합소득이 있는 거주자의 기본공제 대상이 되는 8세 이상의 자녀(입양자 및 위탁아동, 손자·손녀 포함)에 대하여는 다음의 금액을 종합소득 산출세액에서 공제한다.

8세 이상 공제 대상자녀 및 손자녀 수	공제금액
1명	연 25만원
2명	연 55만원(∵ 연 25만원+연 30만원)
3명 이상	연 55만원+(자녀수−2명)×연 40만원

② 출산·입양 세액공제: 종합소득이 있는 거주자가 해당 연도에 출생한 직계비속·입양신고한 입양자가 있을 경우에는 출산·입양한 자녀에 대한 다음의 금액을 종합소득 산출세액에서 공제한다.

출산·입양한 자녀	공제금액
첫째 출산·입양	30만원
둘째 출산·입양	50만원
셋째 출산·입양	70만원

⑨ **출산·입양**: 기본공제 대상자가 해당 과세기간에 출생한 직계비속이거나 입양자인 경우에는 해당 과세기간 중 첫째를 출산·입양한 경우 '1.첫째', 둘째를 출산·입양한 경우 '2.둘째', 셋째 이상을 출산·입양한 경우 '3.셋째'를 선택한다.

⑩ **부양가족 공제 현황 중 세대주 구분**: 근로자 본인이 세대주인지의 여부를 체크한다. 세대주이면 '1.세대주'를, 세대원이면 '2.세대원'을 선택한다.

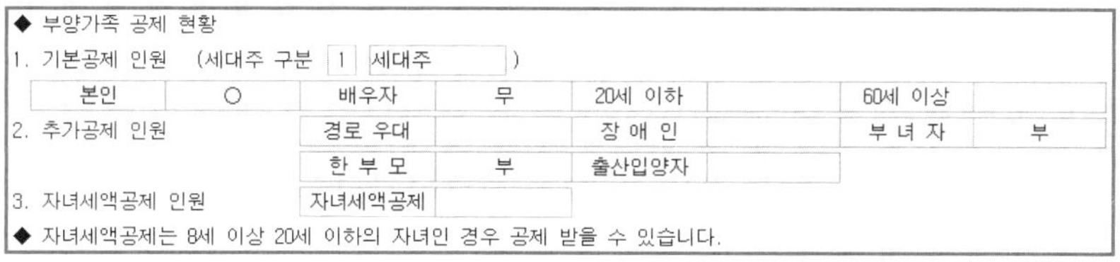

(2) 기본공제 인원

종합소득이 있는 거주자에 대하여는 기본공제 대상자에 대해 1인당 연 150만원을 곱하여 계산한 금액을 근로자 본인의 당해 연도의 종합소득금액에서 공제한다. 거주자의 부양가족이 다른 거주자의 부양가족에 해당되는 경우에는 이를 어느 한 거주자의 종합소득에서만 공제해야 한다.

구분	공제 대상자	연령요건	소득금액요건	비고
본인공제	해당 거주자 본인	×	×	
배우자공제	거주자의 배우자	×	연간 소득금액*3 100만원 이하 (단, 근로소득만 있는 경우에는 총급여액 500만원 이하)	장애인인 경우, 연령 제한은 없고 소득금액의 제한만 받음
부양가족 공제	직계존속(계부, 계모 포함)	60세 이상		
	직계비속(의붓자녀)과 입양자	20세 이하*2		
	형제 · 자매	60세 이상 또는 20세 이하		
	위탁아동*1	18세 미만		
	「국민기초생활 보장법」에 의한 보호대상자	×		

*1 위탁아동이란 「아동복지법」에 따른 가정위탁을 받아 양육하는 아동으로서, 해당 과세기간에 6개월 이상 직접 양육한 위탁아동(「아동복지법」에 따라 보호기간이 연장된 경우로서 20세 이하인 위탁아동 포함)을 말한다.

*2 20세 이하는 20세가 되는 날과 그 이전 기간을 말한다.

*3 소득금액이란 소득에서 필요경비(또는 소득공제)를 공제한 후 금액을 말하며, 소득은 필요경비 차감 전의 금액을 말한다. 즉, 소득과 소득금액은 다른 표현임에 주의해야 한다.

기본공제 대상 조건(㉠~㉣을 모두 만족해야 함)

㉠ 주민등록표상 동거가족으로서 현실적으로 생계를 같이 하는 자일 것

- 배우자와 직계비속, 입양자는 항상 생계를 같이 하는 것으로 본다. 다만, 해당 과세기간 말일 현재 배우자와 이혼한 경우에는 생계를 같이 하는 것이 아니며, 이혼소송 중인 경우에는 생계를 같이 하는 것으로 본다.
- 거주자 또는 동거가족(직계비속 · 입양자는 제외)이 취학 · 질병의 요양이나 근무상 또는 사업상의 형편 등으로 본래의 주소 또는 거소를 일시 퇴거한 경우에도 생계를 같이 하는 것으로 본다.
- 거주자의 부양가족 중 거주자(그 배우자 포함)의 직계존속이 주거의 형편에 따라 별거하고 있는 경우에는 생계를 같이 하는 것으로 본다. 다만, 해외에 거주하는 경우 주거의 형편에 따라 별거하는 것으로 보지 않는다.
- 부양가족 중 해당 과세기간에 사망한 자, 장애가 치유된 자는 생계를 같이 하는 것으로 본다.

㉡ 공제 대상자일 것

- 직계존속의 형제 · 자매(삼촌, 고모, 이모 등), 형제 · 자매의 직계비속(조카 등), 이혼한 배우자, 사실혼 관계에 있는 배우자는 공제 대상자가 아니다.
- 직계비속의 배우자(며느리, 사위)는 공제 대상자가 아니다. 단, 직계비속이 장애인이고 직계비속의 배우자도 장애인인 경우에는 직계비속의 배우자도 공제 대상자에 포함한다.
- 직계존속에는 배우자의 직계존속(장인, 장모 등)과 직계존속이 재혼한 경우 직계존속의 배우자로서 혼인(사실혼 제외) 중임이 증명되는 자도 포함한다. 만약, 거주자의 직계존속이 사망한 경우에는 해당 직계존속의 사망일 전날에 혼인 중임이 증명되는 자도 포함한다.

㉢ 연령요건(20세 이하, 60세 이상)을 만족할 것: 부양가족 중 배우자와 장애인은 연령요건의 제한을 받지 않는다. 여기서 세법상 연령은 당해 연도(연말정산 연도)에서 출생연도를 차감한 나이를 말한다.

㉣ 소득금액요건(종합소득금액 + 양도소득금액 + 퇴직소득금액이 100만원 이하)을 만족할 것

소득의 구분		소득금액	충족 여부
근로소득	상용근로자	총급여액이 500만원 이하	○
	일용근로자	무조건 분리과세	○
금융소득	분리과세	2,000만원 이하	○
기타소득	필요경비 60% 의제	일시적인 문예창작소득(강연료와 원고료)이 250만원 이하	○
	무조건 분리과세	복권 등 당첨금액	○
	선택적 분리과세	분리과세 선택 시 기타소득금액이 300만원 이하	○

꿀팁 소득금액은 총수입금액이 아니라 필요경비를 공제한 후의 금액으로, 비과세소득과 분리과세소득은 제외된다.

(3) 추가공제 인원

기본공제 대상자에 한하며 중복하여 적용 가능하다. 단, 부녀자공제와 한부모공제는 중복 적용을 배제한다.

구분	추가공제 대상자	추가공제 사유	공제액
경로우대자	기본공제 대상자	만 70세 이상	100만원
장애인		장애인	200만원
부녀자	당해 거주자	해당 과세기간의 종합소득금액이 3,000만원 이하인 거주자 중 • 배우자가 없는 여성으로서 기본공제 대상 부양가족이 있는 세대주 • 배우자가 있는 여성	50만원
한부모		배우자가 없는 자로서 기본공제 대상자인 직계비속 또는 입양자가 있는 경우	100만원

3. [추가사항] 탭

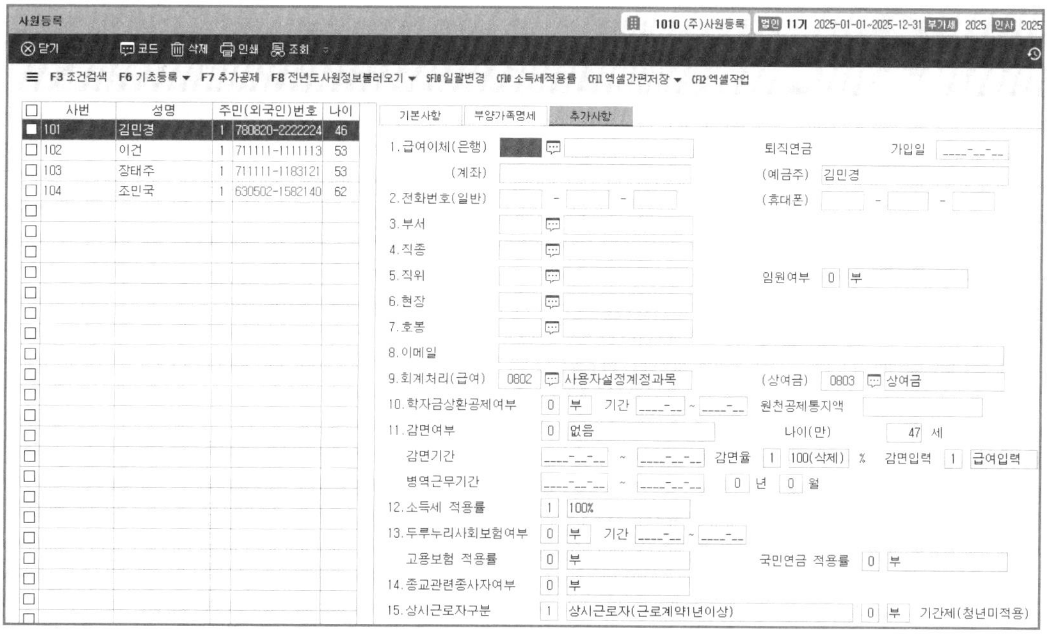

(1) 10.학자금 상환공제 여부

취업 후 학자금 상환제도란 대학생이 재학 중 등록금을 대출받아 학업에 전념할 수 있도록 해주고 그 대출원리금은 소득이 발생한 후 소득수준에 따라 상환하는 제도를 말한다. 대학생일 때 학자금대출을 받은 후 회사에 취업해 근로소득이 발생하고 연간 소득금액이 일정한 상환기준소득을 초과한 경우에는 그 초과금액의 20%를 의무적으로 상환해야 한다. 학자금을 상환하는 경우 '1.여'를 선택하며 회사가 대출자인 근로자에게 급여 지급 시 의무상환액을 원천공제하여 다음 달 10일까지 상환금명세서에 의하여 상환내역을 신고 및 납부한다. 이 경우 상환액을 [원천공제통지액]란에 입력한다.

(2) 11.감면여부: '1.중소기업취업감면'

근로계약 체결일 현재 「중소기업기본법」 제2조에 따른 중소기업으로서, 일정한 중소기업체에 취업한 경우 취업일로부터 3년(청년은 5년)이 되는 날이 속하는 달의 말일까지 발생한 근로소득세를 70%(청년은 90%) 감면(과세기간별 200만원 한도)한다. 청년[입사일 기준 만 15세~34세 이하인 청년, 단 군 복무기간(최대 6년)은 나이를 계산할 때 차감], 만 60세 이상자, 장애인, 경력단절여성 등 감면대상자인 경우에는 '1.여'를 선택하여 입력한다.

① **감면기간**: 소득세 감면을 받은 최초 취업일(시작일)로부터 3년(청년은 5년)이 되는 날이 속하는 달의 말일을 입력한다.

② **감면율**: 청년인 경우 '4.90%', 이외의 자인 경우 '3.70%'를 입력한다.

③ **감면입력**: 급여입력 시 적용하면 '1.급여입력', 연말정산 시 적용하면 '2.연말입력'을 선택한다.

구분	내용
1.급여입력	중소기업 취업 감면을 매월 급여대장 작성 시 적용하는 방식
2.연말입력	감면규정을 매월 급여 지급 시 적용하지 않고 연말정산 시 일괄 적용하는 방식

④ **병역근무기간**: 청년의 연령 판단 시 최대 6년간 군 복무 기간은 차감하여 계산하므로 해당 근로자가 청년인 경우 병역근무기간을 입력한다.

(3) 12.소득세 적용률

근로자가 근로소득 간이세액표 해당 란 세액의 120% 또는 80%의 비율에 해당하는 금액의 원천징수를 신청하는 경우에는 그에 따라 원천징수할 수 있다. 이는 연말정산으로 인한 과도한 환급 및 추가 납부세액이 발생하는 것을 방지하기 위한 조치이며 선택하지 않은 경우 100%가 자동 반영된다.

(4) 13.두루누리사회보험 여부

두루누리사회보험 지원사업은 소규모사업을 운영하는 사업주와 소속 근로자의 사회보험료인 고용보험료와 국민연금의 일부를 국가에서 지원하는 사업으로 사업주의 사회보험가입에 따른 부담을 덜어주고 사회보험 사각지대를 해소하기 위한 사업이다. 이러한 두루누리사회보험에 가입한 경우 '1.여'를 선택하고 고용보험 적용률과 국민연금 적용률 '2.80%'를 선택한다.

① **지원대상자**: 근로자 수가 10명 미만인 사업장에 고용된 월 평균보수 270만원 미만인 근로자와 그 사업주 중 지원신청일 직전 1년 간 고용보험 · 국민연금 취득 이력이 없는 신규가입자

② **지원금액**: 신규가입 근로자 및 사업주가 부담하는 고용보험과 국민연금보험료의 80%

(5) 14.종교관련종사자여부

해당 근로자가 종교관련 종사자인 경우 '1.여'를 선택한다.

(6) 15.상시근로자구분

기업이 전년 대비 상시 근로자 수가 증가한 경우 고용증대세액공제 등을 적용받을 수 있다. 해당 근로자가 근로계약기간이 1년 이상인 상시근로자인 경우 '1.상시근로자(근로계약1년이상)'를 선택한다.

연습문제

다음 자료를 (주)사원등록(회사코드: 1010)의 사원등록 메뉴에 입력하시오.

[1] 다음 자료는 (주)사원등록(회사코드: 1010)의 2024년 5월 2일 입사한 여성근로자 김민경(사원코드: 101)의 부양가족명세서이다. 본인의 세부담이 최소화되도록 [사원등록] 메뉴의 [부양가족명세] 탭, [추가사항] 탭에 부양가족을 입력(기본공제 대상이 아닌 경우 '부'로 입력)하시오. 단, 부양가족은 전부 생계를 같이 하고 있으며, 제시된 자료 외의 내용은 고려하지 않고 아래의 주민등록번호는 모두 올바른 것으로 가정한다.

기출 107회 수정

관계	성명	주민등록번호	비고
본인	김민경	780820-2222224	세대주 아님. 「장애인복지법」상 장애인이었으나 당해 연도 중 완치됨. 근로소득금액 3,000만원이며 2024년 5월 2일에 입사한 자로서 중소기업 취업자 감면(감면기간: 2024.5.2.~2026.12.31., 감면율: 70%)을 적용받고 있음
배우자	김경래	751002-1222223	근로소득 600만원 있음(비과세소득 150만원 포함) 단, 가정불화로 인해 일시적으로 퇴거하여 별도로 거주 중임
시모	이명자	500102-2222221	당해 수령한 노령연금 총액은 5,100,000원*. 2025년 11월 3일 사망 * 연금소득공제표는 다음과 같음 총연금액 / 공제액 350만원 이하 / 총연금액 350만원 초과 700만원 이하 / 350만원+350만원 초과액의 40%
딸	김진주	060205-4222224	대학생(기숙사에 별도로 거주 중), 은행이자소득 500만원, 일용근로소득 1,200만원
아들	김진우	250305-3236142	2025년 출생

| 풀이 |

① [사원등록]-[부양가족명세] 탭

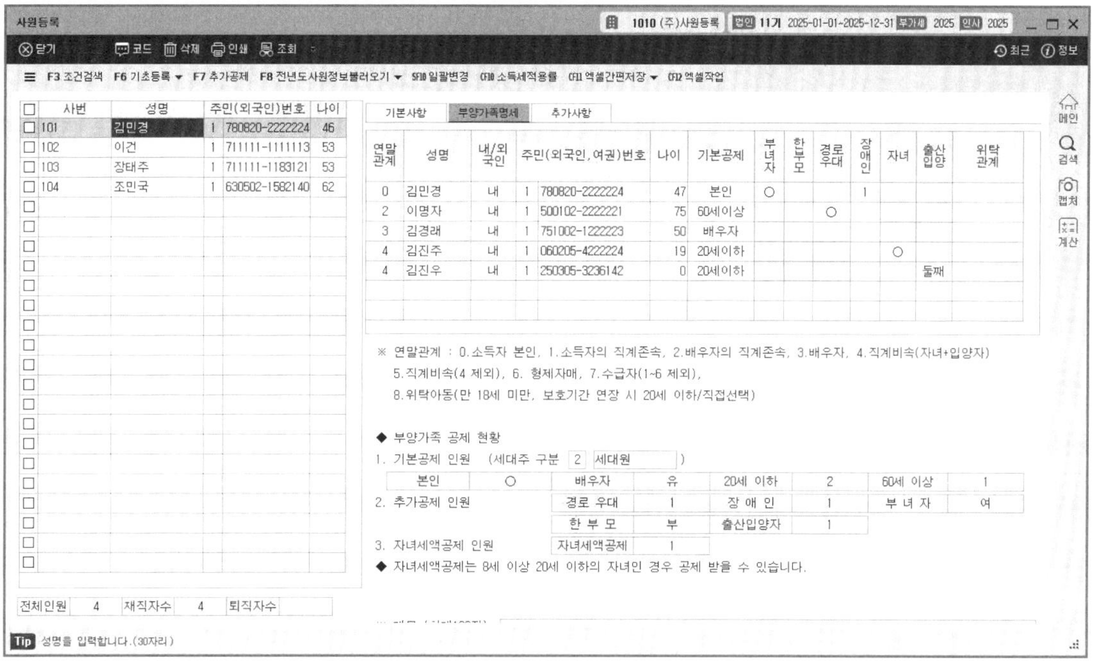

- 근로자 본인(김민경): 소득금액이 3,000만원 이하인 여성근로자이면서 배우자가 있으므로 부녀자공제 ○, 당해 연도에 장애가 치유되었더라도 치유일 전일 기준으로 장애인공제 여부를 판단하므로 장애인 추가공제를 적용 ○, [세대주 구분]란에 '2.세대원'으로 수정
- 시모(이명자): 당해 과세기간에 사망하였으므로 당해 과세기간까지는 공제 ○, 연금소득금액이 960,000원*이므로 기본공제 ○, 만 70세 이상이므로 경로우대자공제 ○

  * 5,100,000원 - [3,500,000원 + (5,100,000원 - 3,500,000원) × 40%] = 960,000원
- 배우자(김경래): 배우자는 별거하더라도 소득금액 요건 충족 시 공제대상임. 즉, 총급여(=근로소득 600만원 - 비과세소득 150만원)가 500만원 이하이므로 기본공제 ○
- 딸(김진주): 직계비속과 입양자는 별거하더라도 소득금액요건과 연령요건을 충족 시 공제대상임. 즉, 연령요건과 소득금액요건(금융소득 2,000만원 이하 및 일용근로소득은 분리과세)을 충족하였으므로 기본공제 ○, 8세 이상 20세 이하이므로 자녀세액공제 ○
- 아들(김진우): 해당 과세기간에 출생하였으므로 기본공제 ○, 8세 미만의 아동이므로 자녀 세액공제 ×, [출산입양]란에 '2.둘째' 선택

② [사원등록]–[추가사항] 탭

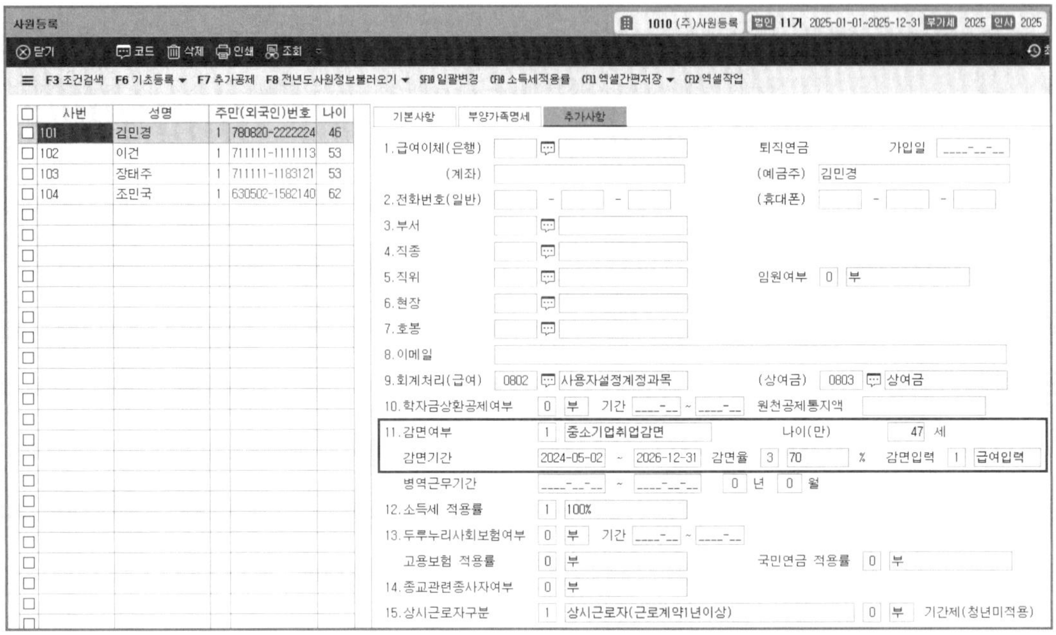

• [11.감면여부]란에 '1.중소기업취업감면', [감면기간]란에 '2024.5.2.~2026.12.31.', [감면율]란에 '3.70%', [감면입력]란에 '1.급여입력' 선택

[2] 다음은 생산직 사원 이건(사원코드: 102)에 대한 부양가족자료이다. 본인의 세부담이 최소화되도록 [사원등록] 메뉴의 [부양가족명세] 탭, [추가사항] 탭에 부양가족을 입력(기본공제 대상이 아닌 경우 '부'로 입력)하시오. 단, 부양가족은 전부 생계를 같이 하고 있으며, 제시된 자료 외의 내용은 고려하지 않고 아래의 주민등록번호는 모두 올바른 것으로 가정한다. 기출 112회 수정

가족사항	이름	주민등록번호	비고
본인	이건	711111–1111113	2023.7.1. 입사, 연간 총급여액: 80,000,000원, 세대주임
배우자	김미영	720808–2222225	총급여액은 6,000,000원이며, 부양가족공제를 누구에게 공제하면 유리한지 고민중임
자	이현우	040101–3222226	대학생, 올해 복권당첨소득 150만원이 있음
자	이현철	060911–3333335	고등학생, 오디션 프로그램에 참가하여 상금 10,000,000원과 2,000,000원 상당의 피아노를 부상으로 받음
위탁아동	이위탁	230920–3254523	2024.2.20.부터 직접 양육한 「아동복지법」에 따른 가정위탁임
모	장현아	510625–2111111	농지 양도에 따른 양도소득세 납부세액 0원(양도소득금액 250만원 발생함)
동생	이율	760301–1333338	장애인(항시 치료를 요하는 중증환자), 기타소득(일시강연소득) 총수입금액: 2,500,000원

| 풀이 |

[사원등록]–[부양가족명세] 탭

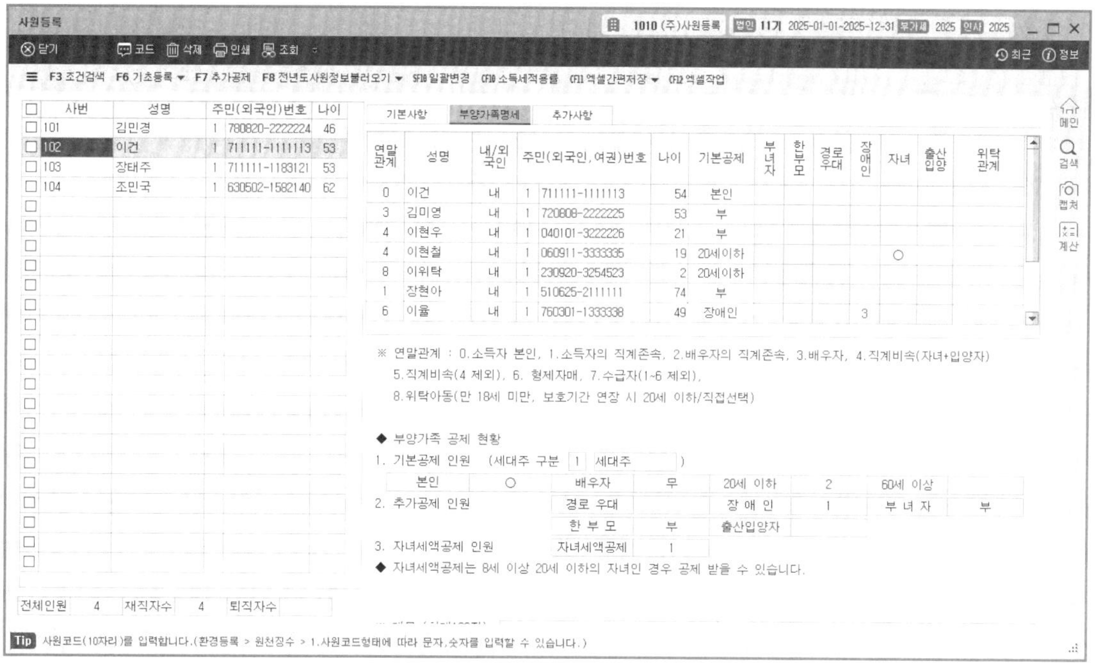

- 배우자(김미영): 배우자의 총급여가 500만원을 초과하므로 기본공제 ×, 근로자 본인(이건)의 총급여가 배우자의 총급여보다 많기 때문에 부양가족공제는 근로자 본인 쪽으로 공제하는 것이 세부담 최소화 측면에서 유리함
- 아들(이현우): 연령이 20세 초과이므로 기본공제 ×
- 아들(이현철): 기타소득금액(12,000,000원×(1－80%)＝2,400,000원)이 3,000,000원 이하이며 선택적 분리과세가 가능하므로 이를 분리과세하고 기본공제 대상자로 하는 것이 세부담 최소화 측면에서 유리함. 즉, 분리과세대상 소득만 있고 연령이 20세 이하이므로 기본공제 ○
- 위탁아동(이위탁): 과세기간 종료일 현재 6개월 이상 직접 양육하고 위탁아동의 연령이 만 18세 미만이므로 기본공제 ○, 8세 미만의 아동이므로 자녀 세액공제 ×
- 모(장현아): 양도소득세 납부세액과 무관하게 양도소득금액이 100만원을 초과하므로 기본공제 ×
- 동생(이율): 기타소득금액이 100만원 이하[2,500,000원×(1－60%)＝1,000,000원]이므로 기본공제 ○, 항시 치료를 요하는 중증환자이므로 [장애인]란에 '3.중증환자 등' 선택

[3] 다음은 장태주 사원(사원코드: 103, 생산직)에 대한 부양가족자료이다. 본인의 세부담이 최소화되도록 [사원등록] 메뉴의 [부양가족명세] 탭, [추가사항] 탭에 부양가족을 입력(기본공제 대상이 아닌 경우 '부'로 입력)하시오. 단, 부양가족은 전부 생계를 같이 하고 있으며, 제시된 자료 외의 내용은 고려하지 않고 아래의 주민등록번호는 모두 올바른 것으로 가정한다. 기출 56회 수정

가족사항	이름	주민등록번호	비고
본인	장태주	711111－1183121	2023.1.1. 입사, 연간 급여 총액: 50,000,000원, 세대주임
배우자	김윤희	720808－2187234	상속받은 금액 1억원, 양도소득금액 1,000,000원
자	장현우	050101－3183124	대학생, 소득 없음
자	장현식	080911－3183124	고등학생, 고등학생 모델로 활동하여 프리랜서 총수입금액이 1,000,000원 발생함
모	이희숙	550625－2183335	다주택자로서 보유하였던 주택을 100,000,000원에 양도함(해당 주택의 취득가액은 100,500,000원), 해외 거주
동생	장태현	800301－1183127	「장애인복지법」상 장애인(연간 급여 총액: 24,000,000원)
위탁아동	장규원	160606－3024554	「아동복지법」에 따른 위탁아동으로서 직접 양육한 기간은 2025년 8월 1일부터 2025년 12월 31일까지이고 소득은 없음

| 풀이 |

[사원등록]–[부양가족명세] 탭

- 배우자(김윤희): 양도소득금액(상속받은 금액은 소득금액에 해당 ×)이 100만원 이하이므로 기본공제 ○
- 자(장현우): 소득이 없고 연령이 20세 이하이므로 기본공제 ○
- 자(장현식): 총수입금액 1,000,000원이면 소득금액이 1,000,000원 이하이고 연령이 20세 이하이므로 기본공제 ○
- 모(이희숙): 보유 주택을 양도하였으나 양도차손 500,000원(=100,000,000원 – 100,500,000원)이 발생하였으므로 소득공제 요건을 충족함. 다만, 해외에 거주하므로 생계를 같이 하지 않기 때문에 기본공제 ×
- 동생(장태현): 소득금액요건이 충족되지 않으므로 기본공제 ×
- 위탁아동(장규원): 해당 과세기간에 6개월 이상 직접 양육한 것이 아니므로 기본공제 ×

[4] 조민국(사원코드: 104) 씨와 생계를 같이 하는 부양가족은 다음과 같다. 본인의 세부담이 최소화되도록 [사원등록] 메뉴의 [부양가족명세] 탭, [추가사항] 탭에 부양가족을 입력(기본공제 대상이 아닌 경우 '부'로 입력)하시오. 단, 부양가족은 전부 생계를 같이 하고 있으며, 제시된 자료 외의 내용은 고려하지 않고 아래의 주민등록번호는 모두 올바른 것으로 가정한다. 기출 52회 수정

관계	연령	비고
배우자	만 60세	일용근로소득 외 소득 없음
장남	만 22세	기타소득 외 소득 없음, 대학생
차남	만 19세	EBS 교육방송 MC로서 프리랜서 소득금액이 5,000,000원 발생함, 고등학생, 현재 배우자의 이전 혼인관계에서 출생
입양자	만 6세	2025년에 입양 신고한 후 6개월 이상 직접 양육함, 소득 없음
처남	만 59세	양도소득 외 소득 없음, 장애인(항시 치료를 요하는 중증환자)

- 배우자의 일용근로소득은 (주)청진물산으로부터의 총급여액 520,000원과 (주)광명물산으로부터의 총급여액 610,000원 두 건이다.
- 장남의 기타소득은 가족 휴가 시 국내에서 수령한 슬롯머신 당첨금품으로 기타소득금액은 3,200,000원이다.
- 처남의 양도소득은 전액 1세대 1주택 비과세 대상에 해당한다.

| 풀이 |

[사원등록]–[부양가족명세] 탭

• 배우자: 일용근로소득은 분리과세 대상 소득으로 기본공제 ○
• 장남: 슬롯머신 당첨금품은 무조건 분리과세 대상 소득으로서 소득금액요건은 충족하나 연령요건의 불충족으로 기본공제 ×
• 차남: 배우자의 이전 혼인관계에서 출생한 자도 공제 가능함. 다만, 소득금액이 1,000,000원을 초과하므로 공제 ×
• 입양자: 해당 과세기간에 입양하였으므로 기본공제 ○, 8세 미만의 아동이므로 자녀 세액공제 ×, [출산입양]란에 '3.셋째' 선택
• 처남: 장애인(중증환자)이며, 소득금액요건을 충족(비과세소득 제외)하므로 기본공제 ○

[5] 다음은 이천지(사원코드: 105, 주민등록번호: 970512–1547710) 사원에 대한 자료이다. 근로소득 중 급여대장 작성 시 비과세 및 감면을 적용받을 수 있도록 [사원등록] 메뉴의 [기본사항] 탭, [부양가족명세] 탭(기본공제 대상이 아닌 경우 '부'로 입력), [추가사항] 탭에 입력하시오. 단, 부양가족은 전부 생계를 같이 하고 있으며, 제시된 자료 외의 내용은 고려하지 않고 아래의 주민등록번호는 모두 올바른 것으로 가정한다. 기출 85회 수정

• 입사일(최초 취업일): 2025년 3월 1일
• 생산직 근로자이며, 전년도 총급여는 23,000,000원이다.
• 이천지의 부양가족은 다음과 같다.

관계	성명	주민등록번호	비고
배우자	김배우	961211–2457855	사업소득에서 결손금 (–)2,000만원 발생함
자녀	이자녀	230402–4454841	

• 중소기업 취업자 소득세 감면을 최대한 적용받고자 신청하였고 중소기업 취업자 감면은 매월 급여 수령 시 적용하기로 한다.
• 당사는 중소기업이며 전자부품을 생산하는 제조업체이다.

| 풀이 |

① [사원등록]–[기본사항] 탭

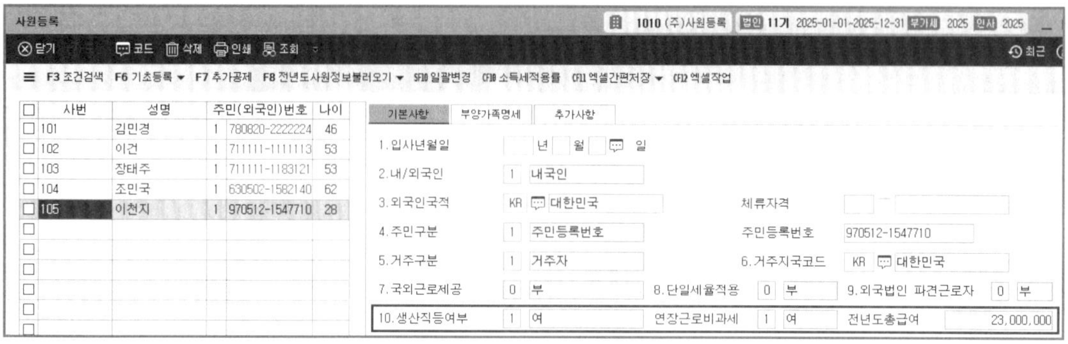

• [10.생산직 등 여부]란에 '1.여', [연장근로 비과세]란에 '1.여', [전년도 총급여]란에 '23,000,000원' 입력

② [사원등록]–[부양가족명세] 탭

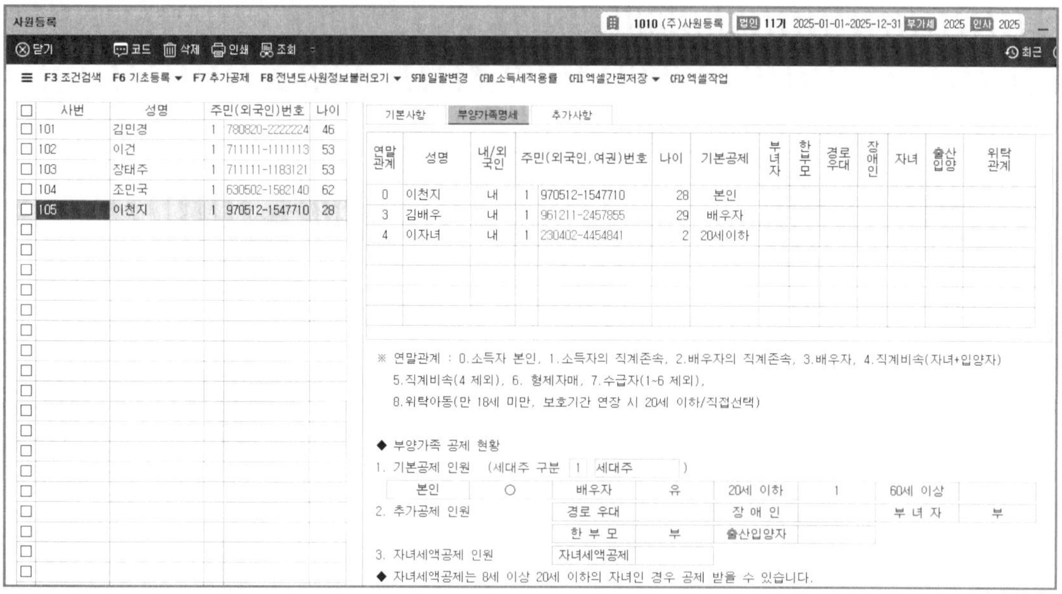

• 배우자(김배우): 소득금액이 없으므로 기본공제 ○

• 자녀(이자녀): 연령요건과 소득금액요건을 충족하였으므로 기본공제 ○, 8세 미만의 아동이므로 자녀 세액공제 ×

③ [사원등록]-[추가사항] 탭

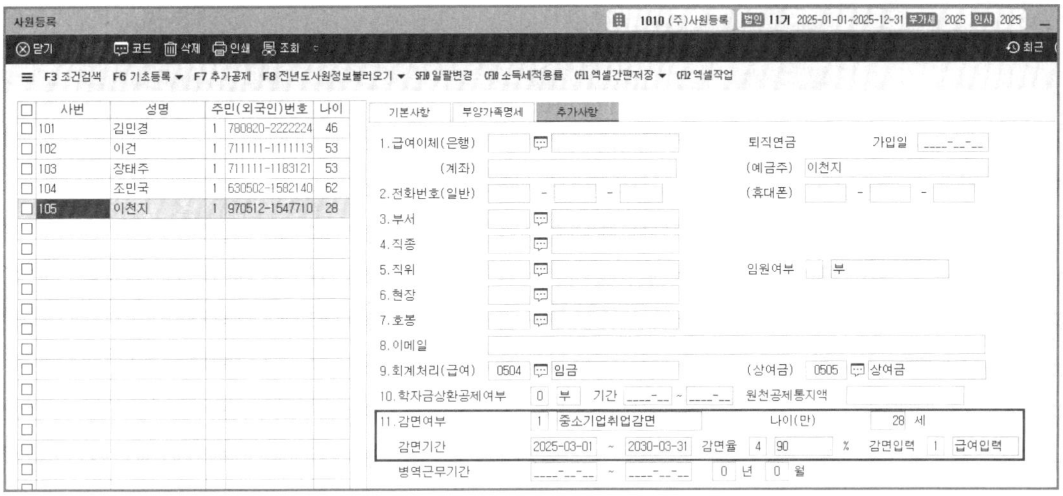

- [11.감면여부]란에 '1.중소기업취업감면', [감면기간]란에 '2025.3.1.~2030.3.31.', [감면율]란에 '4.90%', [감면입력]란에 '1.급여입력' 선택

꿀팁 감면기간의 시작일은 최초 취업일, 종료일은 시작일로부터 5년이 되는 날이 속하는 달의 말일을 입력한다.

2 급여자료입력 중요

▸ 최신 30회 중 13문제 출제

[급여자료입력] 메뉴는 상용직 근로자의 매월 급여 및 상여금을 입력하는 메뉴이다. 입력된 근로소득에 간이세액조견표를 적용하여 근로소득세를 원천징수하고 급여대장과 각 사원별 급여명세서를 출력할 수 있다. 또한 [급여자료입력] 메뉴에서 입력된 자료는 [원천징수 이행상황 신고서] 및 [연말정산 추가자료입력] 메뉴 등에 자동으로 반영된다.

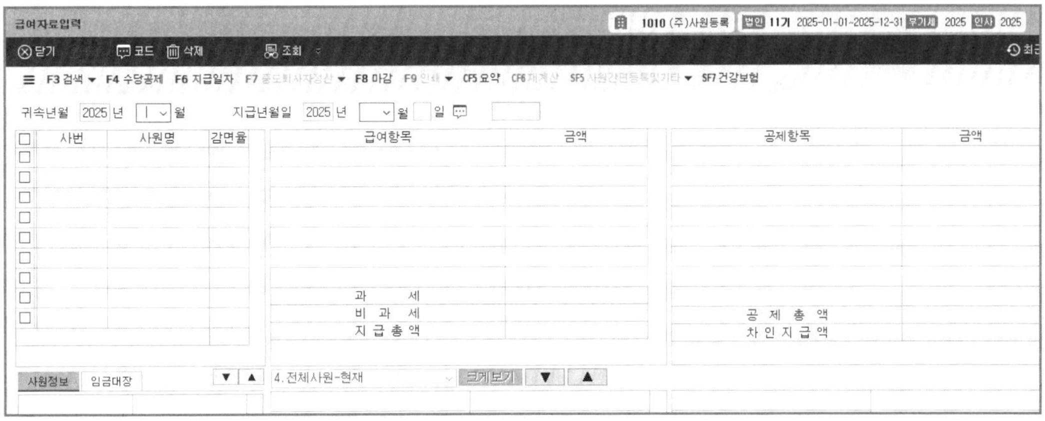

본 프로그램에서 근로소득자료를 입력하기 위해서는 먼저 당해 회사에서 적용하고 있는 각종 수당 항목과 공제 항목을 화면 상단 툴바 [F4 수당공제]를 클릭하여 등록해야 한다.

1. 수당공제등록 – [수당등록] 탭

수당공제등록은 근로자에게 지급할 기본급, 상여 및 각종 수당의 과세 및 비과세 여부를 결정하여 등록한다. [급여자료입력] 메뉴에서 과세와 비과세로 설정하여 수당을 등록했더라도 국외 근로소득비과세와 생산직근로자 등의 연장근로수당 등 비과세 규정은 [사원등록] 메뉴의 정보와 연계되어 비과세 여부가 적용된다.

수당공제등록

수당등록 | 공제등록

No	코드	과세구분	수당명	근로소득유형 유형	근로소득유형 코드	근로소득유형 한도	월정액	통상임금	사용여부
1	1001	과세	기본급	급여			정기	여	여
2	1002	과세	상여	상여			부정기	부	여
3	1003	과세	직책수당	급여			정기	부	여
4	1004	과세	월차수당	급여			정기	부	여
5	1005	비과세	식대	식대	P01	(월)200,000	정기	부	여
6	1006	비과세	자가운전보조금	자가운전보조금	H03	(월)200,000	부정기	부	여
7	1007	비과세	야간근로수당	야간근로수당	001	(년)2,400,000	부정기	부	여

(1) **코드/과세구분**

코드는 자동으로 부여되며, [과세구분]란에서 소득세가 과세되는 항목은 '1.과세'를, 비과세되는 항목은 '2.비과세'를 선택한다.

(2) **수당명/근로소득유형**

기본급, 상여, 직책수당, 월차수당, 식대, 자가운전보조금, 야간근로수당 등 기본적인 수당명은 자동으로 설정되어 있으며, 기 등록된 수당 항목들은 삭제할 수 없다. 만약 식대가 과세에 해당한다면 기존에 등록된 비과세 항목인 식대의 사용 여부를 '부'로 선택한 후 별도로 과세 항목인 식대를 등록해야 한다. 수당 등록 시 [과세구분]란에서 '2.비과세'를 선택한 경우 [수당명]란에 커서를 놓고 F2를 눌러 비과세유형을 선택하여 입력하면 근로소득유형이 자동으로 반영된다. 입력된 비과세유형은 [급여자료입력] 메뉴에 비과세 한도가 자동으로 반영된다. 만약 과세유형에서 '2.비과세'를 선택하고 다음의 비과세유형을 선택하지 않으면 프로그램이 '과세'로 인식하므로 주의해야 한다.

비과세코드도움

전체

코드	비과세명	한도
	여기를 클릭하여 검색	
A01	복무병 급여	전액
B01	동원직장 급여	전액
C01	산재요양 급여	전액
D01	요양 보상금 등	전액
E01	[고용보험]육아(산전후)휴가급	전액
E02	[공무원]육아휴직수당 등	전액
E10	반환(사망)일시금	전액
F01	[공무원]요양비 등	전액
G01	학자금	(년)납입할 금액-한도내 입력
H01	(폐지)무보수위원수당	전액
H02	일(숙)직료 및 여비	전액
H03	자가운전보조금	(월)200,000

확인(Enter) 취소(Esc)

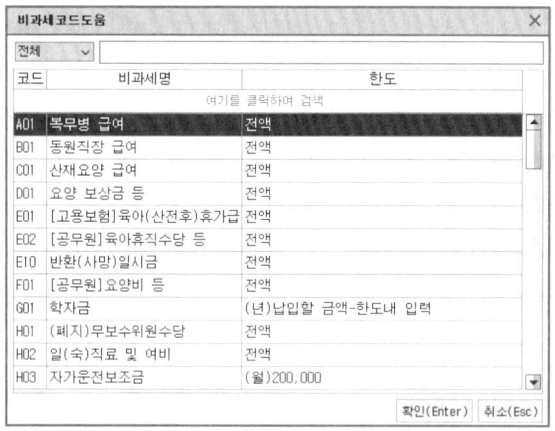

① **야간근로수당**: 생산직 근로자로서 야간근로수당 등이 비과세를 적용받기 위해서는 [사원등록] 메뉴의 [10.생산직 등 여부]란에서 '1.여', [연장근로 비과세]란에서 '1.여'를 선택하고 수당공제등록 입력창에서 비과세 야간근로수당이 등록되어 있어야 한다. 다음의 생산직 근로자의 요건과 급여요건을 모두 충족한 경우 연 240만원을 한도로 비과세를 적용한다.

- 생산직 근로자의 요건
  - 공장 또는 광산에서 근로를 제공하는 자
  - 어업을 영위하는 자에게 고용되어 근로를 제공하는 자
  - 돌봄 서비스 종사자, 운전 및 운송 관련직 종사자, 운송·청소·경비 관련 단순 노무직 종사자
  - 미용 관련 서비스 종사자, 숙박시설 서비스 종사자, 조리 및 음식 서비스직 종사자, 매장 판매 종사자, 통신 관련 판매직 종사자, 음식·판매·농림·어업·계기·자판기·주차관리 및 기타 서비스 관련 단순 노무직 종사자 중 일정한 요건을 갖춘 사업자에게 고용된 자
- 급여요건: 월정액 급여 210만원 이하로서 직전 과세기간의 총급여가 3,000만원 이하인 근로자

> 월정액 급여=총급여-상여 등 부정기적 급여-비과세대상인 실비변상적 성질의 급여 및 복리후생적 성질의 급여-연장·야간·시간 외·휴일·근로수당 등 초과근로수당

② **식사 또는 월 20만원 이하의 식대**: 근로자가 사내급식이나 이와 유사한 방법으로 제공받는 식사 등 기타 음식물 또는 근로자(식사 기타 음식물을 제공받지 아니하는 자에 한정)가 받는 월 20만원 이하의 식대는 비과세한다. 만약 식사 등 기타 음식물을 제공받는 경우 식대는 과세가 된다.

③ **자가운전보조금**: 근로자 명의 차량(임차차량 포함, 배우자와 공동 명의 시 가능)이 업무에 사용되며 별도의 시내여비를 받지 않는 경우 월 20만원을 한도로 비과세로 처리하고, 그 외는 과세로 처리한다. 예를 들어, 본인 차량을 업무에 사용하고 시내출장 등에 소요된 실제 여비를 별도로 정산받는 경우 자가운전보조금은 과세가 된다.

④ **연구보조비**: 월 20만원을 한도로 비과세 처리한다.

⑤ **취재수당**: 월 20만원을 한도로 비과세 처리한다.

개정세법 반영 ⑥ **보육수당**: 근로자 또는 배우자의 6세 이하*(해당 과세기간 개시일 기준)의 자녀의 보육과 관련하여 사용자로부터 지급받은 급여로서 월 20만원 이하의 금액(자녀 수에 상관없음)은 비과세가 적용된다.

* 2025년 귀속 근로소득의 경우 2019년 1월 1일 이후 출생한 자녀

개정세법 반영 ⑦ **출산지원금**: 근로자(사용자와 특수관계에 있는 자는 제외) 또는 그 배우자의 출산과 관련하여 자녀의 출생일 이후 2년 이내에 사용자로부터 최대 두 차례에 걸쳐 지급받는 급여 전액은 비과세가 적용된다.

개정세법 반영 ⑧ **종업원 등에 대한 할인금액**: 다음의 요건을 모두 충족하는 소득은 비과세가 적용된다. → Max(시가의 20%, 240만원) 한도

㉠ 임원 또는 종업원이 직접 소비목적으로 구매

㉡ 일정기간(자동차 · 대형가전 · 고가재화 등 2년, 그 외 재화 1년) 동안 재판매 금지

㉢ 공통 지급기준에 따라 할인금액 적용

(3) 월정액 여부

생산직 근로자의 야간근로소득 비과세 여부 등 월정액 급여 계산 시 포함 여부를 선택하는 항목으로 포함되면 '1.정기'를, 포함되지 않으면 '0.부정기'를 선택한다. 예를 들어, 실비변상의 자가운전보조금과 야간근로소득은 월정액 급여에서 제외되나 식대 등은 포함하여야 한다.

(4) 통상임금 여부

통상임금이란 근로자에게 정기적이고 일률적으로 소정(所定)근로 또는 총근로에 대하여 지급하기로 정한 시간급금액, 일급금액, 주급금액, 월급금액 또는 도급금액을 말한다. 야근수당, 휴일수당, 퇴직금 등 산정에 기준이 되는 통상임금에 해당되면 '1.여'를, 해당되지 않으면 '0.부'를 선택한다.

(5) 사용 여부

해당 수당의 사용 여부를 선택하는 항목으로 사용하면 '1.여'를, 사용하지 않으면 '0.부'를 선택한다. 만약, 비과세유형을 과세유형으로 변경을 하고자 하는 경우는 비과세 항목을 '0.부'로 하여 적용배제한 후 새로운 과세 항목을 추가 등록하여 사용하면 된다.

2. 수당공제등록 – [공제등록] 탭

급여 및 상여금 지급 시 원천징수하는 항목들을 입력하는 메뉴이다. 기본으로 설정되어 있는 국민연금, 건강보험, 장기요양보험, 고용보험, 학자금 상환, 근로소득세 원천징수액을 제외한 나머지 공제 항목을 등록한다. 입력된 공제등록자료는 [급여자료입력] 메뉴의 공제 항목에 자동으로 표기된다.

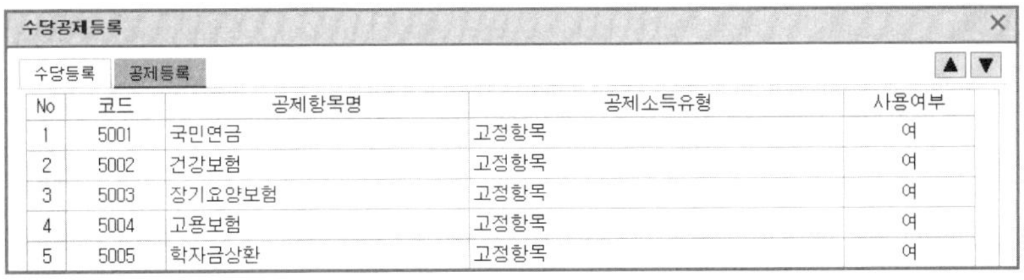
수당공제등록

수당등록 공제등록

No	코드	공제항목명	공제소득유형	사용여부
1	5001	국민연금	고정항목	여
2	5002	건강보험	고정항목	여
3	5003	장기요양보험	고정항목	여
4	5004	고용보험	고정항목	여
5	5005	학자금상환	고정항목	여

연습문제

[1]의 자료를 (주)사원등록(회사코드: 1010)의 급여자료입력 메뉴에 입력하시오.

[1] 다음은 (주)사원등록(회사코드: 1010)의 사원 금나라(사번: 106번)를 사원등록하고, 1월분 급여자료를 입력하시오. 다만, 사원등록상의 부양가족명세는 금나라의 세부담이 최소화되도록 입력하고, 수당공제등록 시 사용하지 않는 항목은 '부'로 표시한다. 단, 기본공제 대상자가 아닌 부양가족은 부양가족명세에 입력하지 않으며, 제시된 주민등록번호는 정확한 것으로 가정한다. 기출 100회 수정

1. 1월분 급여자료(급여 지급일: 1월 31일)

기본급	식대	자가운전보조금	보육수당
2,000,000원	200,000원	200,000원	200,000원

2. 추가자료

- 당사는 근로자 5인 이상 10인 미만의 소규모 사업장이다.
- 금나라는 여태까지 실업 상태였다가 당사에 생애 최초로 입사한 것으로 국민연금 등의 사회보험에 신규 가입하는 자이며, 직원 개인 소유의 차량을 제외한 본인 명의의 재산은 전혀 없다. 금나라의 2025년 월평균급여는 위에서 제시된 급여와 정확히 같고, 위의 근로소득 외 어떤 다른 소득도 없다고 가정한다.
- 두루누리사회보험 여부와 기간(2025년 1월 ~ 2025년 12월) 및 고용보험과 국민연금 적용률(80%)을 반드시 표시한다.
- 건강보험료경감은 '부'로 표시한다.
- 회사는 구내식당에서 점심 식사(현물)를 지원한다.
- 근로자 본인 차량을 업무에 사용하고 시내출장 등에 소요된 실제 여비를 자가운전보조금과 별도로 정산받는다.
- 월정액 여부와 통상임금 여부는 무시한다.
- 국민연금, 건강보험, 장기요양보험, 고용보험, 소득세, 지방소득세는 자동 계산된 자료를 사용하고, 소득세 적용률은 100%로 한다.

3. 부양가족명세

관계	성명	비고
본인	금나라(930213-2234568)	입사일은 2025.1.1.이며 세대주임
배우자	김철수(971214-1457690)	무직, 2025년 3월 부동산 양도소득금액 5천만원이 발생하였고 이외의 다른 소득 없음
자녀	김나철(240104-3511111)	작년 출생

| 풀이 |

① [사원등록]-[기본사항] 탭

- 사원등록의 기본사항 중 각 사회보험의 보수월액을 입력하지 않을 경우 급여 입력 시 고용보험만 입력되고, 국민연금, 건강보험, 장기요양보험은 자동 계산된 금액으로 입력되지 않는다. 즉, 문제에 자동 계산된 자료를 사용하라는 전제가 명시되어 있으므로 사회보험 보수월액 입력이 반드시 선행되어야 한다. 따라서, [12.국민연금보수월액], [13.건강보험보수월액], [14.고용보험보수월액]란에 과세되는 근로소득인 2,400,000원(= 기본급 2,000,000원 + 과세 식대 200,000원 + 과세 자가운전보조금 200,000원)을 입력한다.

② [사원등록] – [부양가족명세] 탭

- 근로자 본인(금나라): 거주자 본인이 배우자가 있는 여성으로, 해당 과세기간에 합산하는 종합소득금액이 3,000만원 이하이므로 부녀자 공제 ○
- 배우자(김철수): 소득금액이 100만원을 초과하므로 기본공제 ×
- 자녀(김나철): 연령요건과 소득금액요건을 충족하였으므로 기본공제 ○

③ [사원등록] – [추가사항] 탭

- 근로자 수가 10명 미만인 사업에 고용된 근로자 중 월평균보수가 270만원 미만인 신규가입 근로자와 그 사업주에 해당하므로 두루누리 사회보험에 가입하는 것이 자금관리 측면에서 유리하다. [13.두루누리사회보험여부]란에 '1.여', [기간]란에 '2025-01~2025-12', [고용보험 적용률]란에 '2.80%', [국민연금 적용률]란에 '2.80%'를 선택한다.

④ [급여자료입력]-수당공제등록-[수당등록] 탭

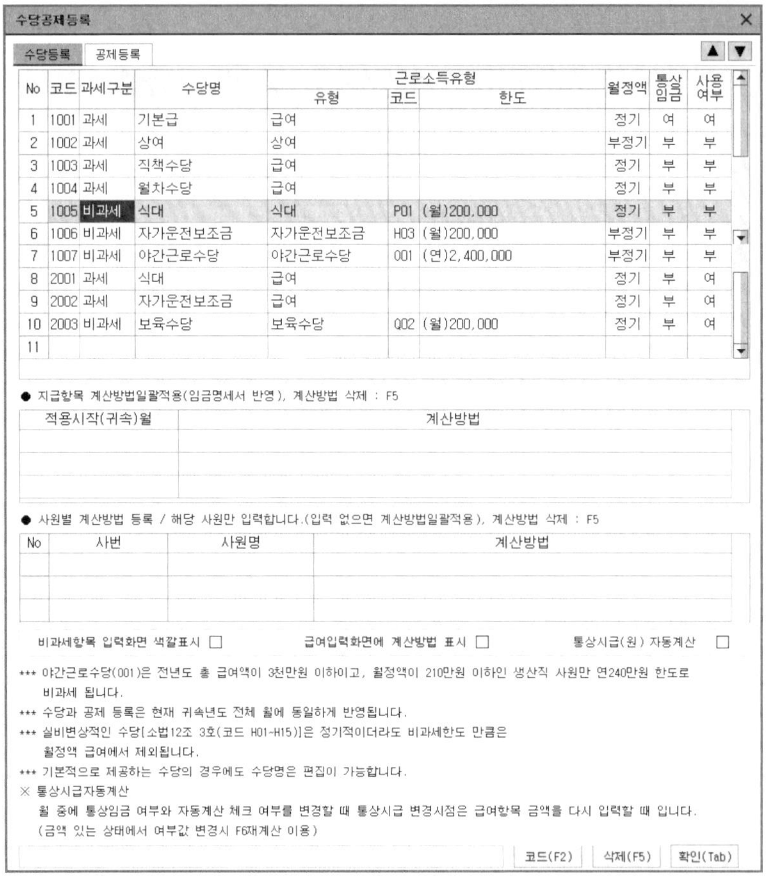

No	코드	과세구분	수당명	근로소득유형			월정액	통상임금	사용여부
				유형	코드	한도			
1	1001	과세	기본급	급여			정기	여	여
2	1002	과세	상여	상여			부정기	부	부
3	1003	과세	직책수당	급여			정기	부	부
4	1004	과세	월차수당	급여			정기	부	부
5	1005	비과세	식대	식대	P01	(월)200,000	정기	부	부
6	1006	비과세	자가운전보조금	자가운전보조금	H03	(월)200,000	부정기	부	부
7	1007	비과세	야간근로수당	야간근로수당	001	(연)2,400,000	부정기	부	부
8	2001	과세	식대	급여			정기	부	여
9	2002	과세	자가운전보조금	급여			정기	부	여
10	2003	비과세	보육수당	보육수당	Q02	(월)200,000	정기	부	여
11									

- 별도의 식사를 제공하므로 식대는 과세이다. 기본으로 등록된 비과세 식대는 [사용여부]란을 '부'로 설정한 후 추가로 [과세구분]란에 '1.과세', [수당명]란에 '식대'를 등록한다.
- 시내출장 등에 소요된 실제 여비를 별도로 정산받기 때문에 자가운전보조금은 과세이다. 기본으로 등록된 비과세 자가운전보조금은 [사용여부]란을 '부'로 설정한 후 추가로 [과세구분]란에 '1.과세', [수당명]란에 '자가운전보조금'을 등록한다.
- 6세 미만 자녀에 대한 보육수당은 월 20만원까지 비과세이므로 추가로 [과세구분]란에 '2.비과세', [수당명]란에 커서를 놓고 F2를 이용하여 보육수당을 추가 등록한다.
- [수당명] 중 사용하지 않는 상여, 직책수당, 월차수당, 야간근로수당은 [사용여부]란을 '부'로 설정한다.

⑤ [급여자료입력]-수당공제등록-[공제등록] 탭

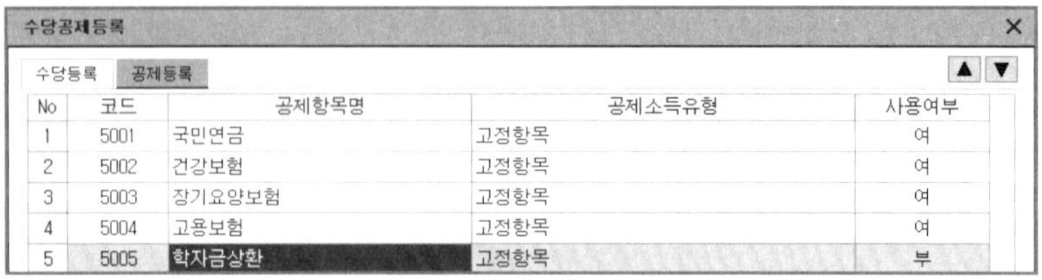

No	코드	공제항목명	공제소득유형	사용여부
1	5001	국민연금	고정항목	여
2	5002	건강보험	고정항목	여
3	5003	장기요양보험	고정항목	여
4	5004	고용보험	고정항목	여
5	5005	학자금상환	고정항목	부

- 사용하지 않는 '학자금상환'은 [사용여부]란을 '부'로 설정한다.

⑥ [급여자료입력] 귀속년월 2025년 1월, 지급년월일 2025년 1월 31일

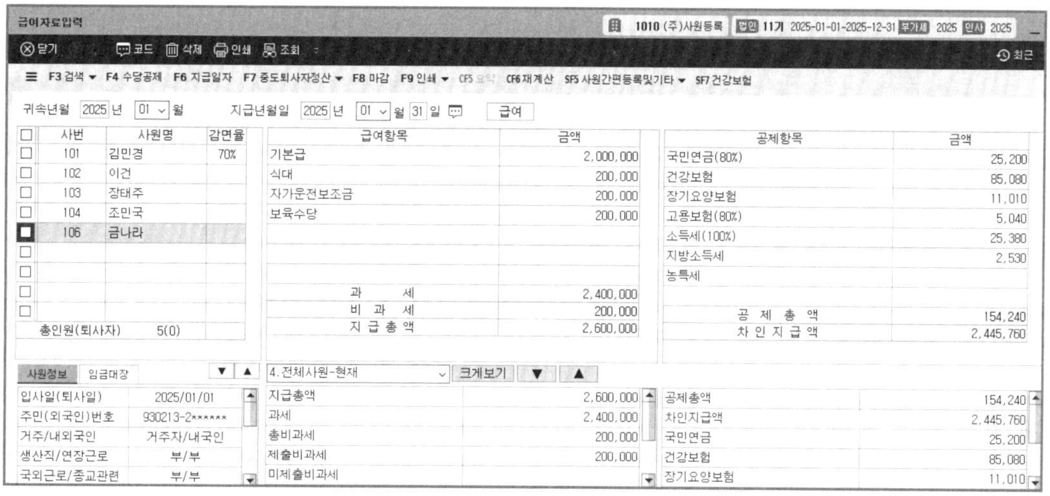

[2]의 자료를 (주)급여자료(회사코드: 1011)로 회사변경 후 사원등록 메뉴 및 급여자료입력 메뉴에 입력하시오.

[2] 다음 자료를 이용하여 3월 귀속분(지급일 4월 10일)에 대해서 사원등록 및 수당 및 공제항목(표시된 수당 외의 항목은 사용여부를 '부'로 입력할 것)를 등록한 후 급여자료입력을 하시오. 기출 83회 수정

성명	기본급	식대	자가운전 보조금	연구 보조비	국민연금	건강 보험료	장기요양 보험료	고용 보험료
윤서이	2,500,000원	200,000원	200,000원	200,000원	121,500원	95,710원	12,390원	24,300원

- 식대를 지급하면서 별도의 식사를 제공하고 있다.
- 자가운전보조금은 본인 소유의 차량을 업무에 사용하고 정액으로 받는 수당이다.
- 기업부설연구소의 연구원으로 재직 중이다.
- 4대 보험 모두 적용 대상자로서 사원등록하며 기준금액은 2,700,000원이다.
- 수당등록 시 월정액 여부와 통상임금 여부는 고려하지 않는다.
- 소득세는 14,470원, 지방소득세는 1,440원으로 적용한다(사회보험료와 소득세 및 지방소득세 공제액은 요율표를 무시하고 주어진 자료를 이용할 것).
- 2025년 3월 1일에 입사한 자(「장애인복지법」에 따른 장애인, 주민등록번호: 790401－1012345, 사번: 105번)로서 중소기업 취업자 감면(감면기간: 2025.3.1.~2027.3.31., 감면율: 70%)을 적용받고 있다. 중소기업 취업자 감면은 연말정산 시 일괄 적용하기로 한다.

| 풀이 |

① [사원등록]-[기본사항] 탭

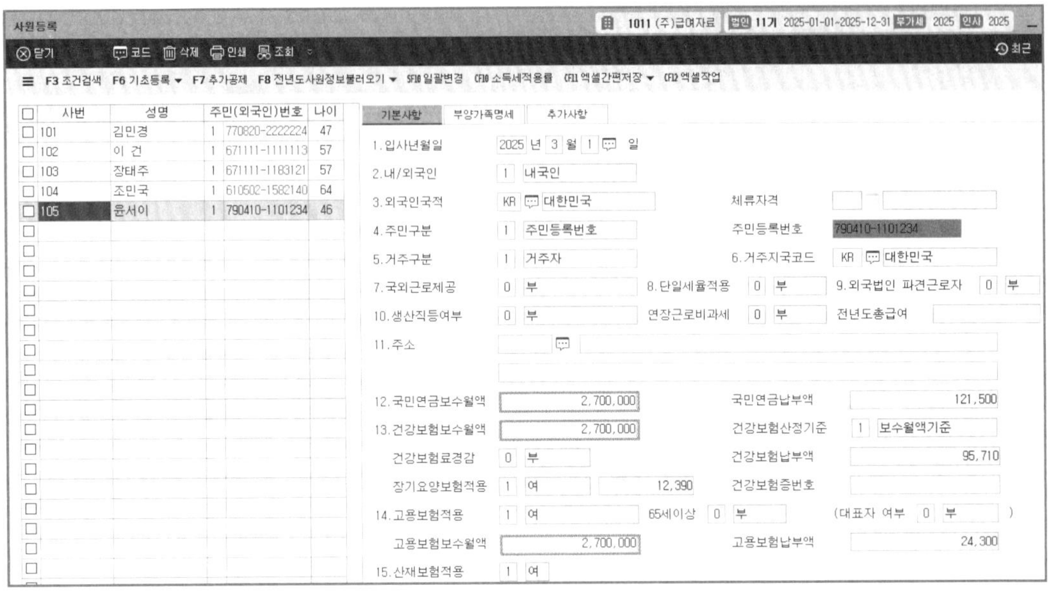

• [12.국민연금보수월액], [13.건강보험보수월액], [14.고용보험보수월액]란에 각각 2,700,000원(= 기본급 2,500,000원 + 과세 식대 200,000원)을 입력한다.

② [사원등록]-[부양가족명세] 탭

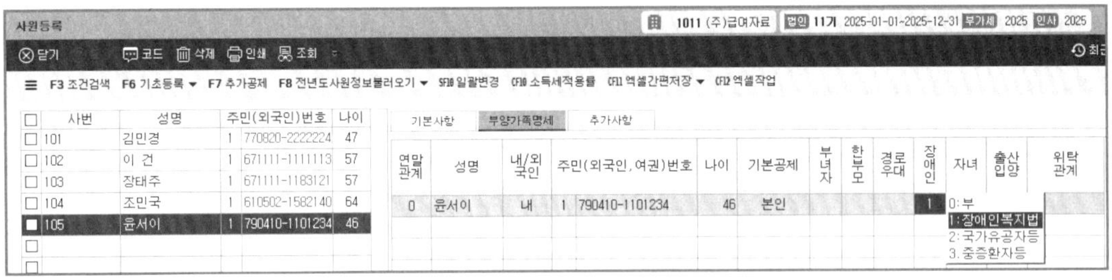

• 근로자 본인: [장애인]란에 '1.장애인복지법'을 선택한다.

③ [사원등록]-[추가사항] 탭

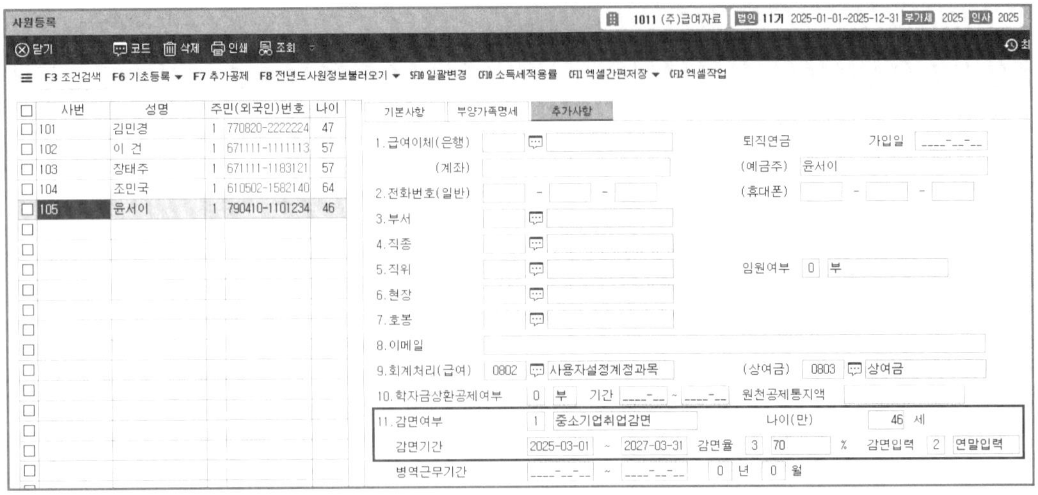

• [11.감면여부]란에 '1.중소기업취업감면', [감면기간]란에 '2025.3.1.~2027.3.31.', [감면율]란에 '3.70%', [감면입력]란에 '2.연말입력'을 선택한다.

④ [급여자료입력] – 수당공제등록 – [수당등록] 탭

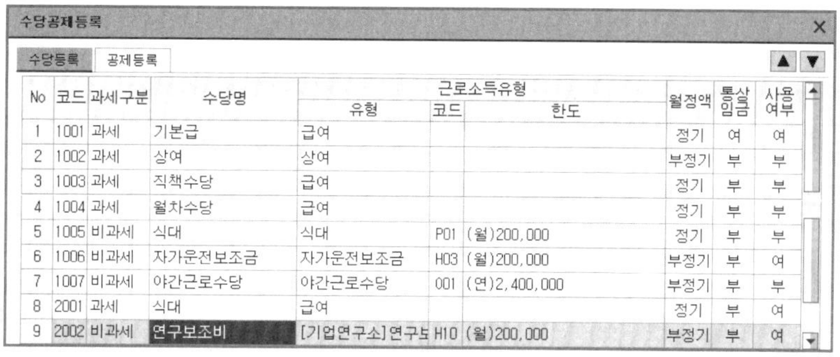
수당공제등록

수당등록 | 공제등록

No	코드	과세구분	수당명	근로소득유형			월정액	통상임금	사용여부
				유형	코드	한도			
1	1001	과세	기본급	급여			정기	여	여
2	1002	과세	상여	상여			부정기	부	부
3	1003	과세	직책수당	급여			정기	부	부
4	1004	과세	월차수당	급여			정기	부	부
5	1005	비과세	식대	식대	P01	(월)200,000	정기	부	부
6	1006	비과세	자가운전보조금	자가운전보조금	H03	(월)200,000	부정기	부	여
7	1007	비과세	야간근로수당	야간근로수당	001	(연)2,400,000	부정기	부	부
8	2001	과세	식대	급여			정기	부	여
9	2002	비과세	연구보조비	[기업연구소]연구보	H10	(월)200,000	부정기	부	여

• [수당명] 중 사용하지 않는 상여, 직책수당, 월차수당, 야간근로수당은 [사용여부]란에서 '부'로 수정한다.
• 별도의 식사를 제공하므로 식대는 과세이다. 기본으로 등록되어 있는 식대는 [사용여부]란을 '부'로 설정한 후 추가로 [과세구분]란에 '1.과세', [수당명]란에 '식대'를 등록한다.
• [과세구분]란에 '2.비과세', [수당명]란에 커서를 놓고 F2를 이용하여 '[기업연구소]연구보조비'를 추가한다.

⑤ [급여자료입력] 귀속년월 2025년 3월, 지급년월일 2025년 4월 10일

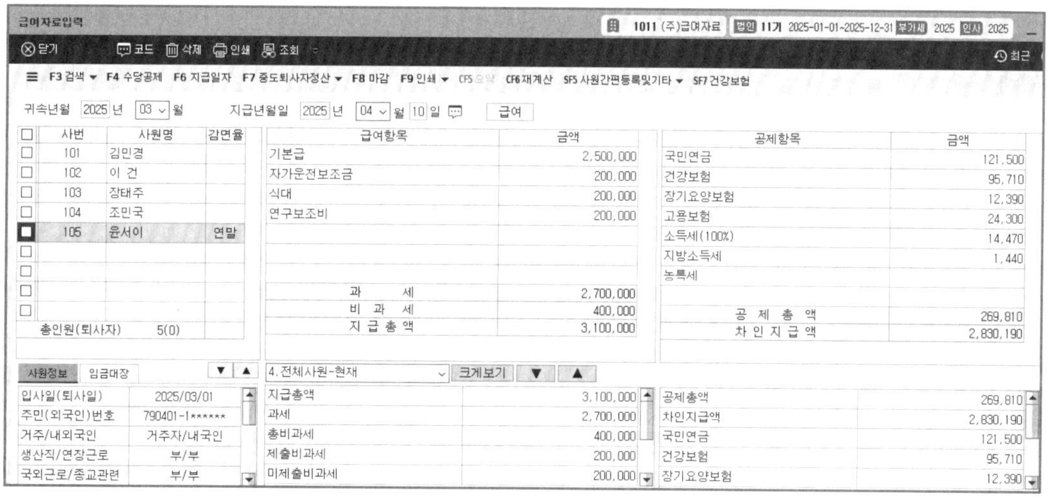

3 원천징수 이행상황 신고서 중요

▸ 최신 30회 중 13문제 출제

원천징수한 월이 속하는 달의 다음 달 10일(공휴일인 경우 그 다음 날)까지 원천징수 이행상황 신고서를 제출해야 한다. 단, 직전 연도의 상시고용인원이 20인 이하 사업장으로서 [회사등록] 메뉴에서 반기신고를 체크한 반기납부승인자의 경우 원천징수일이 속하는 반기의 종료 월의 다음 달 10일까지 제출해야 한다. 본 메뉴의 귀속기간과 지급기간을 입력하면 [급여자료입력] 메뉴의 금액을 토대로 작성할 수 있다. 원천징수 이행상황 신고서는 국세 관련 신고서이며, 지방소득세는 반영되지 않는다.

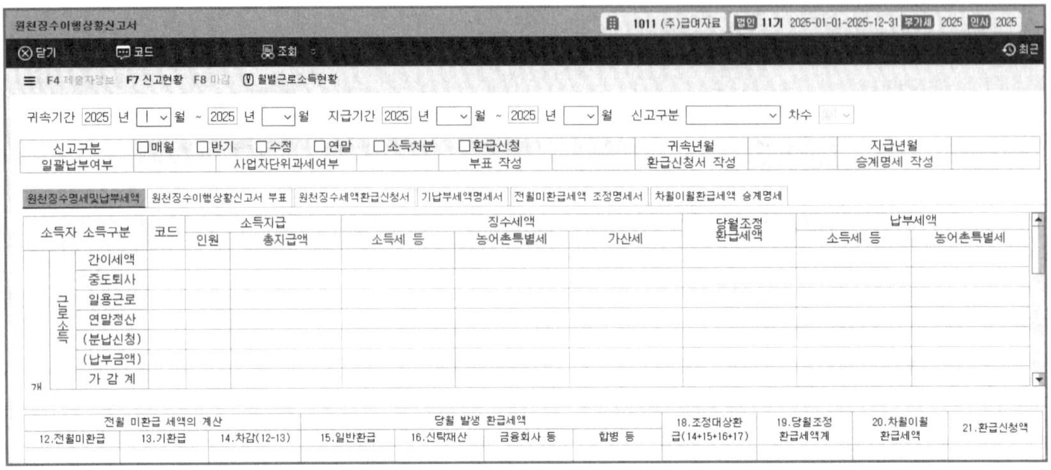

1. 귀속기간/지급기간

원천징수 대상 소득의 귀속년월과 지급년월에 [급여자료입력] 메뉴에 입력한 귀속년월과 지급년월을 입력한다.

2. 소득지급(인원/총지급액)

과세 미달 · 비과세금액을 포함한 총인원과 총지급액을 입력한다.

3. 징수세액

당월 중 회사가 근로자로부터 원천징수한 세액이 자동으로 반영되며 환급세액의 경우 해당 란에 음수(−)로 표시된다. 만약, 원천징수한 세액을 납부하지 않은 경우 [가산세]란에 다음과 같이 계산한 원천징수 납부지연 가산세를 입력한다.

> 원천징수 납부지연 가산세 = Min[①, ②]
> ① 미납부세액×3%+미납부세액×22/100,000×미납부일수*
> ② 한도: 미납부세액×10%
> * 납부기한의 다음 날~자진납부일

4. 당월 조정환급세액

각 소득별로 환급세액과 납부세액이 동시에 발생한 경우, 납부세액을 환급세액과 통산하는 금액을 입력하는 란이며 해당 란은 환급세액에 맞게 자동으로 반영된다.

5. 납부세액

당월 징수할 세액에서 [당월 조정 환급세액]란을 차감한 금액이 자동으로 반영된다.

6. 근로소득

소득자 소득구분		코드	소득지급		징수세액			당월조정 환급세액	납부세액	
			인원	총지급액	소득세 등	농어촌특별세	가산세		소득세 등	농어촌특별세
근로소득	간이세액	A01								
	중도퇴사	A02								
	일용근로	A03								
	연말정산	A04								
	(분납신청)	A05								
	(납부금액)	A06								
	가 감 계	A10								

(1) 간이세액(A01)

매월 지급하는 근로자별 급여 지급액에 대하여 간이세액표에 의한 근로소득세 원천징수내역의 합계액을 입력한다. 다만, 지급명세서 제출의 면제 항목은 제외하고 입력한다.

포인트 지급명세서 제출의 면제

지급명세서란 개인에게 원천징수 대상 소득을 지급하는 자가 소득자의 인적사항과 소득의 종류, 소득금액 및 그 지급시기를 적은 서류를 말하며, 근로소득 지급명세서 제출기한은 다음 연도 3월 10일이다. 다음은 지급명세서 제출이 면제되는 경우이다.

- 자가운전보조금 중 월 20만원 이내의 금액
- 일직료 · 숙직료 또는 여비로서 실비변상 정도의 금액 등

[비교] 월 20만원 이하의 식사대는 지급명세서 제출대상임

(2) 중도퇴사(A02)

당월 중 퇴사한 근로자가 있는 경우, 퇴사한 달의 연말정산을 한 결과를 입력한다.

(3) 일용근로(A03)

일용근로자에 대한 원천징수내용을 입력한다.

(4) 연말정산(A04)

근로자별 연말정산한 내용의 합계액을 입력한다.

(5) 분납신청(A05)/납부금액(A06)

근로자의 일시 납부에 따른 세부담을 경감하기 위하여 2월분 급여 지급 시 연말정산으로 인해 추가 납부세액이 발생하고 추가 납부세액이 10만원을 초과하는 경우, 해당 과세기간의 다음 연도 2월분부터 4월분의 근로소득을 지급할 때까지 추가 납부세액을 나누어 원천징수하는 경우 해당 금액을 입력한다.

7. 하단 메뉴

(1) 12.전월 미환급

전월에 미환급세액이 있는 경우에 입력하되, 지방소득세를 제외한 소득세만을 입력한다.

(2) 13.기환급

전월 미환급세액에 대해 세무서에 직접 환급신청한 금액을 입력한다.

(3) 15.일반환급

[원천징수명세 및 납부세액] 탭의 [납부세액]에서 [소득세 등]란 금액이 음수(−)인 경우에는 자동 반영된다.

(4) 19.당월 조정환급세액 계

[원천징수명세 및 납부세액] 탭의 [당월 조정환급세액]란에서 [총합계(A99)]란 금액이 자동 반영된다.

(5) 20.차월이월 환급세액

[18.조정대상환급]란에서 [19.당월 조정환급세액 계]란을 차감한 금액이 자동 반영되며 동 금액은 다음 달 원천징수 이행상황 신고서의 [12.전월 미환급]란에 입력한다.

(6) 21.환급신청액

[20.차월이월 환급세액]란의 금액 중 당월에 환급신청한 금액을 입력한다.

⊞ 연습문제

[1]~[2]의 자료를 (주)급여자료(회사코드: 1011)의 급여자료입력 메뉴와 원천징수 이행상황 신고서 메뉴에 입력하시오.

[1] (주)급여자료(회사코드: 1011)의 다음 자료를 보고 장태주(사원코드: 103)의 1월분 급여자료를 입력하고, 1월 귀속분에 대한 원천징수 이행상황 신고서를 작성하시오. 급여 지급일은 다음 달 10일이며, 연말정산 미환급세액 15,000원이 있다(단, 수당공제등록 시 사용하지 않는 항목은 '부'로 표시할 것). 기출 91회 수정

1. 급여 항목

• 기본급	1,610,000원	• 자가운전보조금	300,000원
• 식대	200,000원	• [기업연구소]연구보조비	200,000원
• 국외 근로수당	300,000원		

2. 공제 항목

• 국민연금	93,150원	• 건강보험	64,580원
• 장기요양보험	8,360원	• 고용보험	17,190원
• 건강보험료정산	150,000원	• 장기요양보험정산	13,400원
• 고용보험정산	21,300원	• 대출금	300,000원
• 소득세	17,390원	• 지방소득세	1,730원

3. 추가자료

- 기업부설연구소의 연구원으로 재직 중이다.
- 회사는 해당 근로자(주주도 아니며 주주와 특수관계인도 아님)에 대하여 사택을 무상으로 제공하고 있으며, 해당 사택의 월 임차료는 1,000,000원, 임차보증금은 30,000,000원이다.
- 자가운전보조금은 개인 소유의 차량을 업무 목적으로 사용하는 것에 대한 지원금이다.
- 회사는 매월 동일한 식대보조금을 지급하고 있으며 별도로 음식물을 제공하고 있다.
- 국외 근로수당은 미국 플로리다에 있는 지점으로 발령받아 근무함으로써 발생한 근로소득이다(당사는 제조, 도소매업을 영위하는 회사임).
- 월정액 여부와 통상임금 여부는 무시한다.
- 국민연금, 건강보험료, 고용보험료 등은 등급표를 적용하지 않고 상기의 자료를 적용한다.
- 소득세 및 지방소득세는 자동 계산된 자료를 사용한다(원천공제율 100% 적용).

| 풀이 |

① [사원등록]–[기본사항] 탭

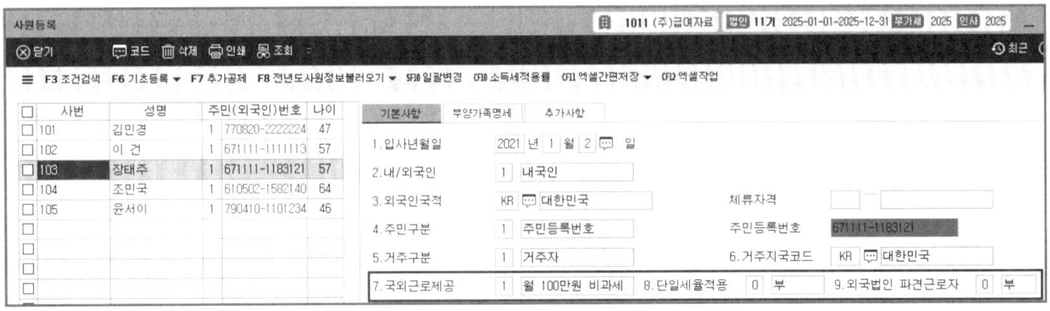

- [7.국외 근로제공]란에 '1.월 100만원 비과세'를 선택한다.

② [급여자료입력]－수당공제등록－[수당등록] 탭

수당공제등록 — 수당등록 / 공제등록

No	코드	과세구분	수당명	근로소득유형: 유형	코드	한도	월정액	통상임금	사용여부
1	1001	과세	기본급	급여			정기	여	여
2	1002	과세	상여	상여			부정기	부	부
3	1003	과세	직책수당	급여			정기	부	부
4	1004	과세	월차수당	급여			정기	부	부
5	1005	비과세	식대	식대	P01	(월)200,000	정기	부	부
6	1006	비과세	자가운전보조금	자가운전보조금	H03	(월)200,000	부정기	부	여
7	1007	비과세	야간근로수당	야간근로수당	001	(년)2,400,000	부정기	부	부
8	2001	과세	식대	급여			정기	부	여
9	2002	비과세	[기업연구소]연구보조	[기업연구소]연구보	H10	(월)200,000	부정기	부	여
10	2003	비과세	국외근로 월100만원(	국외근로 월100만원	M01	(월)1,000,000	정기	부	여

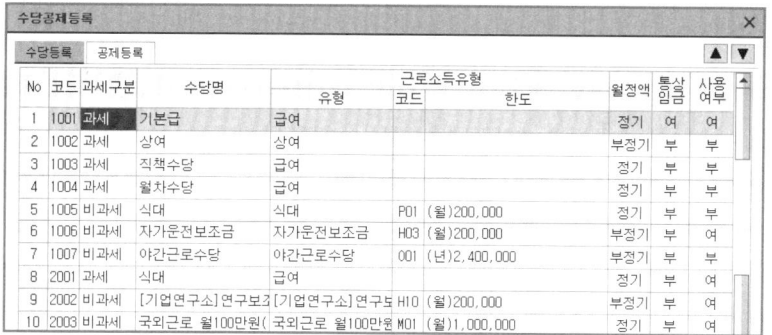

- [수당명] 중 사용하지 않는 상여, 직책수당, 월차수당, 야간근로수당은 [사용여부]란에서 '부'로 수정한다.
- [과세구분]란에 '2.비과세', [수당명]란에 커서를 놓고 F2를 이용하여 '국외 근로 월 100만원'을 추가 등록한다.

③ [급여자료입력]－수당공제등록－[공제등록] 탭

수당공제등록 — 수당등록 / 공제등록

No	코드	공제항목명	공제소득유형	사용여부
4	5004	고용보험	고정항목	여
5	5005	학자금상환	고정항목	부
6	6001	건강보험료정산	건강보험료정산	여
7	6002	장기요양보험정산	장기요양보험정산	여
8	6003	고용보험정산	고용보험정산	여
9	6004	대출금	대출	여

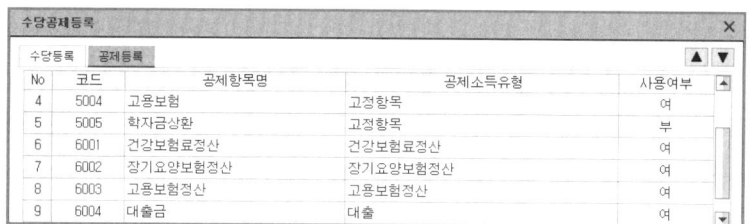

- '학자금상환'은 [사용여부]를 '부'로 설정한다.
- '건강보험료정산'의 [공제소득유형]란에서 키보드의 F2를 이용하여 '건강보험료정산'을 추가 입력한다. 같은 방법으로 '장기요양보험정산', '고용보험정산', '대출금'의 [공제소득유형]란에서 키보드의 F2를 이용하여 '장기요양보험정산', '고용보험정산', '대출'을 추가 등록한다.

④ [급여자료입력] 귀속년월 2025년 1월, 지급년월일 2025년 2월 10일

급여자료입력 — 1011 (주)급여자료 법인 11기 2025-01-01~2025-12-31 부가세 2025 인사 2025

귀속년월 2025 년 01 월 지급년월일 2025 년 02 월 10 일 급여

사번	사원명	감면율
101	김민경	
102	이 건	
103	장태주	
104	조민국	
총인원(퇴사자)	4(0)	

급여항목	금액
기본급	1,610,000
자가운전보조금	300,000
식대	200,000
연구보조비	200,000
국외근로 월100만원(소득령 §16①1)	300,000
과세	1,910,000
비과세	700,000
지급총액	2,610,000

공제항목	금액
국민연금	93,150
건강보험	64,580
장기요양보험	8,360
고용보험	17,190
건강보험료정산	150,000
장기요양보험정산	13,400
고용보험정산	21,300
대출금	300,000
소득세(100%)	17,390
지방소득세	1,730
농특세	
공제총액	687,100
차인지급액	1,922,900

사원정보 / 임금대장 — 4.전체사원-현재 크게보기

사원정보	
입사일(퇴사일)	2021/01/02
주민(외국인)번호	671111-1******
거주/내외국인	거주자/내국인
생산직/연장근로	부/부
국외근로/종교관련	여/부

지급총액	2,610,000
과세	1,910,000
총비과세	700,000
제출비과세	500,000
미제출비과세	200,000

공제총액	687,100
차인지급액	1,922,900
국민연금	93,150
건강보험	64,580
장기요양보험	8,360

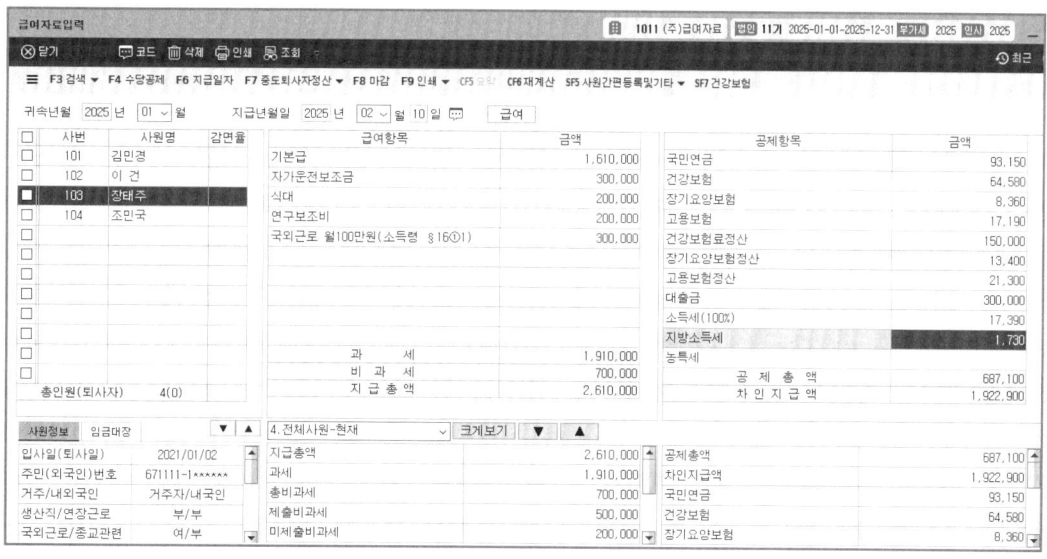

- 종업원의 사택제공이익은 근로소득으로 과세되지 않는다.

⑤ [원천징수 이행상황 신고서] 귀속기간 '2025년 1월~2025년 1월', 지급기간 '2025년 2월~2025년 2월', 신고구분 '1.정기신고'를 선택하고 반영된 금액을 확인한 후 해당 서식을 저장한다.

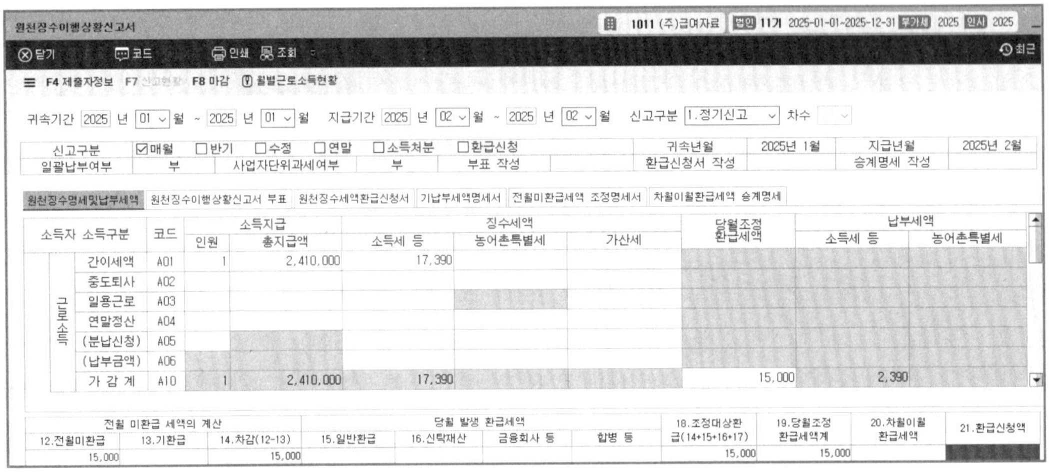

• [12.전월 미환급]란에 15,000원을 입력한다.

[2] 다음의 내역은 (주)급여자료(회사코드: 1011)의 2월분(2월 귀속, 2월 지급) 원천징수내역이다. 이에 대하여 원천징수 이행상황 신고서(정기 신고분)에 반영하시오. 단, 원천세 환급액이 발생하는 경우에는 차월로 이월하기로 하며 연말정산(A04) 추가 납부세액 분납을 적용하지 않기로 한다. 기출 58회

1. 당사의 직원은 3명이며, 2월 25일에 지급한 급여는 23,560,000원(비과세 식대 300,000원 불포함)이다. 당해 직원 급여와 관련하여 원천징수한 소득세 300,000원 및 지방소득세 30,000원이 있다.
2. 당월에 퇴사한 직원(1명)이 있어서 퇴사 시 연말정산을 한 결과 지급 총액이 4,500,000원이며, 이에 대한 원천세로 소득세 (−)45,000원 및 지방소득세 (−)4,500원의 환급액이 발생하였다.
3. 당월 연말정산한 결과 3명에 대한 지난 해 1년분 총급여액은 236,000,000원이며, 이에 대한 원천세로 소득세 (−)1,236,000원 및 지방소득세 (−)123,600원의 환급액이 발생하였다.
4. 당월에 퇴사한 직원(1명)에 대한 퇴직금(연금 계좌 이외 지급액)이 25,000,000원이며, 이에 대한 소득세 88,000원 및 지방소득세 8,800원이 발생하였다.
5. 외주용역(15명)에 따른 사업소득 지급액 25,000,000원이 있고, 이에 대한 원천세로 소득세 750,000원 및 지방소득세 75,000원이 발생하였다.

| 풀이 |

[원천징수 이행상황 신고서] 귀속기간 '2025년 2월~2025년 2월', 지급기간 '2025년 2월~2025년 2월', 신고구분 '1.정기신고', 다음과 같이 입력한 후 해당 서식을 저장한다.

• 다음의 창에서 아니오(N)를 선택한다.

⇩

원천징수이행상황신고서 | 1011 (주)급여자료 | 법인 11기 2025-01-01~2025-12-31 | 부가세 2025 | 인사 2025

닫기 | 코드 | 인쇄 | 조회 | 최근

F4 제출자정보 | F7 신고현황 | F8 마감 | 월별근로소득현황

귀속기간 2025 년 02 월 ~ 2025 년 02 월 | 지급기간 2025 년 02 월 ~ 2025 년 02 월 | 신고구분 1.정기신고 | 차수

신고구분	☑매월	☐반기	☐수정	☑연말	☐소득처분	☐환급신청	귀속년월	2025년 2월	지급년월	2025년 2월
일괄납부여부	부	사업자단위과세여부	부	부표 작성			환급신청서 작성		승계명세 작성	

원천징수명세및납부세액 | 원천징수이행상황신고서 부표 | 원천징수세액환급신청서 | 기납부세액명세서 | 전월미환급세액 조정명세서 | 차월이월환급세액 승계명세

소득자 소득구분			코드	소득지급		징수세액			당월조정 환급세액	납부세액	
				인원	총지급액	소득세 등	농어촌특별세	가산세		소득세 등	농어촌특별세
개인 거주자 비	근로소득	간이세액	A01	3	23,860,000	300,000					
		중도퇴사	A02	1	4,500,000	-45,000					
		일용근로	A03								
		연말정산	A04	3	236,000,000	-1,236,000					
		(분납신청)	A05								
		(납부금액)	A06			-1,236,000					
		가 감 계	A10	7	264,360,000	-981,000					
	퇴직소득	연금계좌	A21								
		그 외	A22	1	25,000,000	88,000					
		가 감 계	A20	1	25,000,000	88,000			88,000		
	사업소득	매월징수	A25	15	25,000,000	750,000					
		연말정산	A26								
		가 감 계	A30	15	25,000,000	750,000			750,000		

전월 미환급 세액의 계산			당월 발생 환급세액				18.조정대상환급(14+15+16+17)	19.당월조정 환급세액계	20.차월이월 환급세액	21.환급신청액
12.전월미환급	13.기환급	14.차감(12-13)	15.일반환급	16.신탁재산	금융회사 등	합병 등				
			981,000				981,000	838,000	143,000	

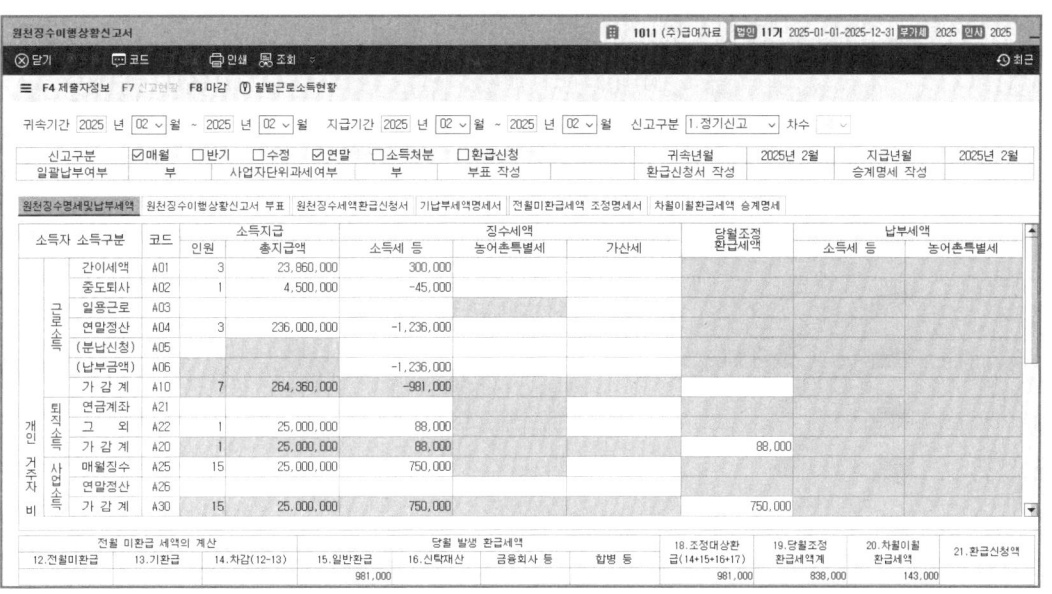

꿀팁 원천징수 이행상황 신고서는 국세 관련 신고서이므로 지방소득세는 입력하지 않는다.

[3] (주)급여자료(회사코드: 1011)는 확정급여형(DB형) 퇴직연금에 가입되어 있으며 10월 1일 퇴사한 직원 1명의 퇴직금산정액은 25,000,000원이다. 기불입된 퇴직연금액은 19,000,000원이며 추가로 6,000,000원을 불입하여 개인퇴직연금 계좌(미산은행, 계좌번호 210-951478-11011, 입금일 10월 15일)에 지급하였다. 이에 대하여 원천징수 이행상황 신고서(매월 정기 신고분)에만 반영하시오.

기출 91회

| 풀이 |

[원천징수 이행상황 신고서] 귀속기간 '2025년 10월~2025년 10월', 지급기간 '2025년 10월~2025년 10월', 신고구분 '1.정기신고', 다음과 같이 입력한 후 해당 서식을 저장한다.

원천징수이행상황신고서 | 1011 (주)급여자료 | 법인 11기 2025-01-01~2025-12-31 | 부가세 2025 | 인사 2025

닫기 | 코드 | 인쇄 | 조회 | 최근

F4 제출자정보 | F7 신고현황 | F8 마감 | 월별근로소득현황

귀속기간 2025 년 10 월 ~ 2025 년 10 월 | 지급기간 2025 년 10 월 ~ 2025 년 10 월 | 신고구분 1.정기신고 | 차수

신고구분	☑매월	☐반기	☐수정	☐연말	☐소득처분	☐환급신청	귀속년월	2025년 10월	지급년월	2025년 10월
일괄납부여부	부	사업자단위과세여부	부	부표 작성			환급신청서 작성		승계명세 작성	

원천징수명세및납부세액 | 원천징수이행상황신고서 부표 | 원천징수세액환급신청서 | 기납부세액명세서 | 전월미환급세액 조정명세서 | 차월이월환급세액 승계명세

소득자 소득구분			코드	소득지급		징수세액			당월조정 환급세액	납부세액	
				인원	총지급액	소득세 등	농어촌특별세	가산세		소득세 등	농어촌특별세
개인	근로소득	간이세액	A01								
		중도퇴사	A02								
		일용근로	A03								
		연말정산	A04								
		(분납신청)	A05								
		(납부금액)	A06								
		가 감 계	A10								
	퇴직소득	연금계좌	A21								
		그 외	A22	1	25,000,000						
		가 감 계	A20	1	25,000,000						

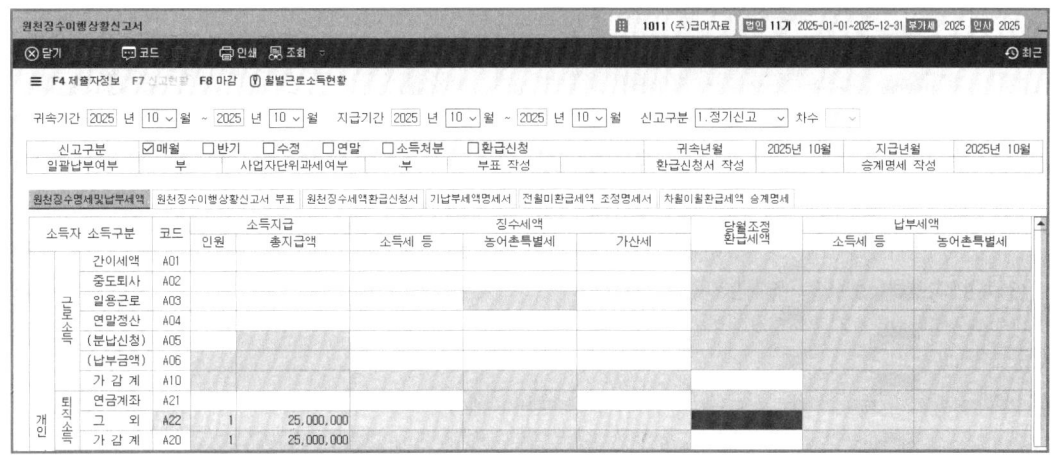

- 근로자의 노후생활을 보장하기 위해 퇴직금의 일정 금액 이상을 개인퇴직연금 계좌에 불입하면 퇴직 시 퇴직소득세를 과세하지 않고 개인퇴직연금 계좌를 해지하여 실제로 지급받기 전까지 과세가 이연된다. 퇴직소득세의 과세이연에 해당하는 경우 원천징수 이행상황 신고서상 퇴직소득부분의 [그 외(A22)]란에 퇴직소득 금액을 반영하는 것이며 [총지급액]란에는 퇴직산정금액 25,000,000원을, [소득세 등]란에는 0원을 기재하여 지급 월의 다음 달 10일까지 제출한다.

꿀팁 [연금 계좌(A21)]란은 퇴직연금 운용기관에서 원천징수하는 경우 기재한다.

[4] (주)급여자료(회사코드: 1011)는 2025년 9월 귀속, 10월 지급의 원천징수 신고를 11월 10일에 수행하였다. 다만, 회계담당자의 실수로 인하여 11월 20일에 다음의 사업소득자료가 누락된 것을 발견하였다. 누락된 사업소득자료를 원천징수 이행상황 신고서에 입력하고, 원천징수 관련 가산세를 반영하여 2025년 9월 귀속, 10월 지급인 원천징수 이행상황 신고서를 작성하시오(단, 수정 신고서를 작성하며 수정차수는 1차이고 추가납부세액은 11월 30일에 신고·납부하는 것으로 함). 기출 104회

1. 정기급여 신고 자료

인원	총급여	징수세액
4	20,000,000원	1,237,070원

2. 사업소득 자료(귀속연월일 9월 30일)

코드	성명	지급일	주민등록번호	지급액	내용	소득구분코드
100	김미영	2025.10.31.	790101 – 1234567	3,000,000원	강사료	940903

| 풀이 |

[원천징수 이행상황 신고서] 귀속기간 '2025년 9월~2025년 9월', 지급기간 '2025년 10월~2025년 10월', 신고구분 '2.수정 신고', 차수 '1'을 입력하고 다음과 같이 수정 신고서를 작성한 후 해당 서식을 저장한다.

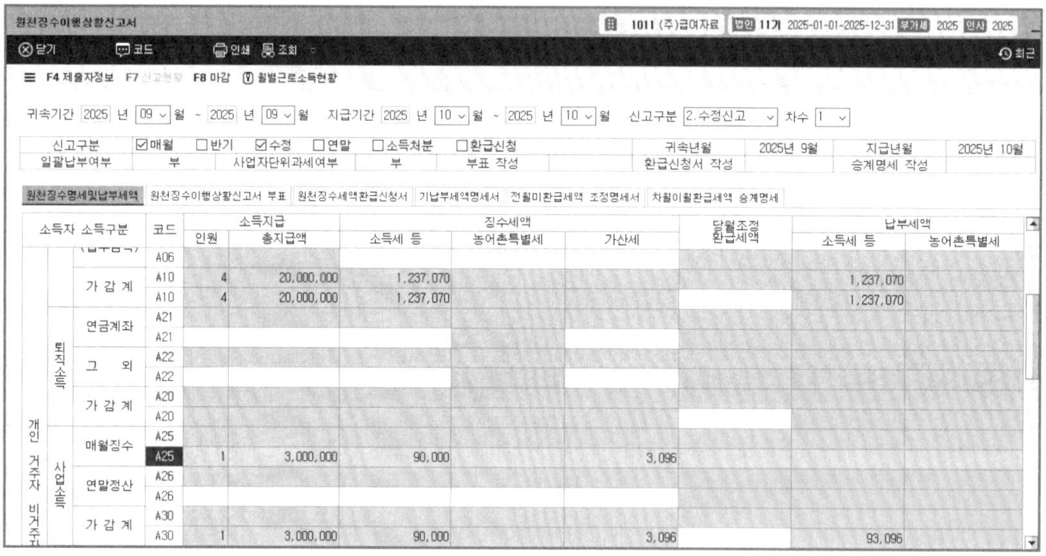

- 징수세액 – 소득세 등: 3,000,000원×3%=90,000원
- 원천징수 납부지연 가산세: Min[㉠ 3,096원, ㉡ 9,000원]=3,096원
  ㉠ 90,000원×3%+90,000원×22/100,000×20일(11월 11일~11월 30일)=3,096원
  ㉡ 90,000원×10%=9,000원

[5]의 자료를 (주)분납금액(회사코드: 1012)으로 회사변경 후 급여자료입력 메뉴와 원천징수 이행상황 신고서 메뉴에 입력하시오.

[5] 다음은 (주)분납금액(회사코드: 1012)의 영업부의 부장 정중화(사원코드: 101, 주민등록번호: 800103 – 1234567, 입사일: 2013.5.6.)의 2024년 말 연말정산 결과와 2025년 2월 급여자료이다. 자료를 바탕으로 2025년 2월분 급여대장과 원천징수 이행상황 신고서를 작성하시오. 필요한 경우 수당 및 공제사항을 반드시 등록하시오. 기출 113회

1. 정중화의 2024년 총급여는 60,000,000원이며 연말정산 결과는 다음과 같다.

구분	소득세	지방소득세
결정세액	4,516,500원	451,650원
기납부세액	3,860,520원	386,040원
차감징수세액	655,980원	65,610원

2. 2025년 2월 급여명세는 다음과 같다(급여 지급일은 2월 28일임).

구분	금액	비고
기본급	3,000,000원	
가족수당	500,000원	
야간근로수당	400,000원	
월차수당	120,000원	
식대	200,000원	별도 식사 제공 없음
자가운전보조금	300,000원	본인 차량을 업무에 사용하고, 별도 여비를 지급하지 않음
국민연금	200,000원	국민연금, 건강보험료, 장기요양보험료, 고용보험료, 소득세, 지방소득세는 요율표를 무시하고 주어진 자료를 이용함
건강보험료	300,000원	
장기요양보험료	38,850원	
고용보험료	37,080원	
소득세	183,880원	
지방소득세	18,380원	

• 월정액 여부와 통상임금 여부는 고려하지 않는다.

• 수당 및 공제항목을 입력하고, 표시된 수당 외의 항목은 사용여부를 '부'로 한다.

3. 2024년 연말정산으로 인한 추가 납부세액 중 655,980원은 분납하여 납부하는 것으로 신고하였다.

| 풀이 |

① [급여자료입력] – 수당공제등록 – [수당등록] 탭

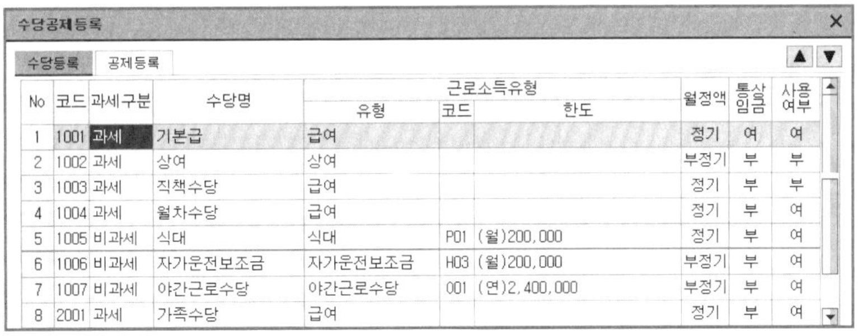

• [수당명] 중 사용하지 않는 상여, 직책수당은 [사용여부]란에서 '부'로 수정한다.

• [과세구분]란에 '1.과세', [수당명]란에 '가족수당'을 추가 등록한다.

② [급여자료입력] 귀속년월 2025년 2월, 지급년월일 2025년 2월 28일

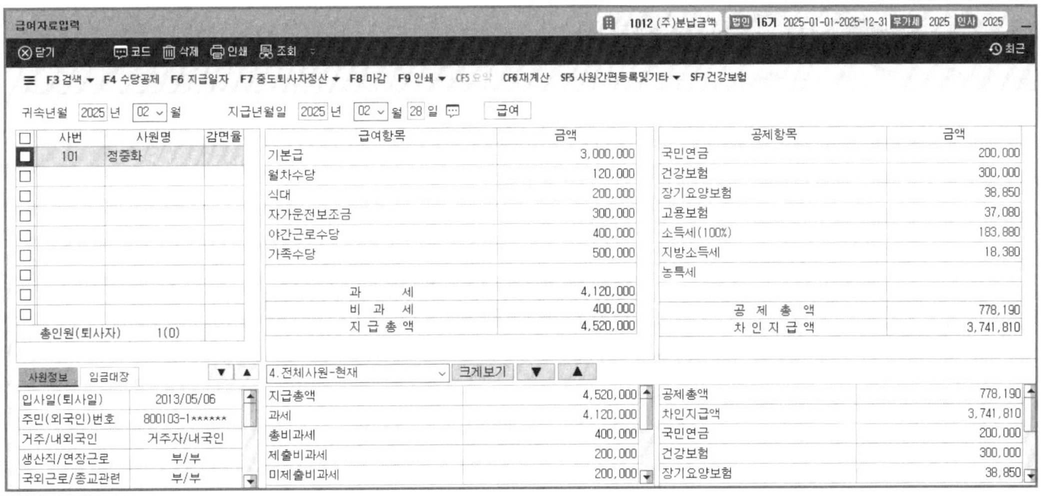

• [급여자료입력] 메뉴 상단 툴바 **F7 중도퇴사자정산 ▾**의 화살표를 클릭한 후 **F11 분납적용**을 선택한다. 다음의 분납적용창에서 사원코드 '101.정중화'의 [연말정산-소득세]란에 655,980원, [연말정산-지방소득세]란에 65,610원이 반영된 것을 확인한다. 사원코드 '101.정중화'의 체크박스를 체크하고 **분납(환급)계산**을 클릭하여 분납하는 금액을 불러온 후 **분납적용(Tab)**을 선택한다.

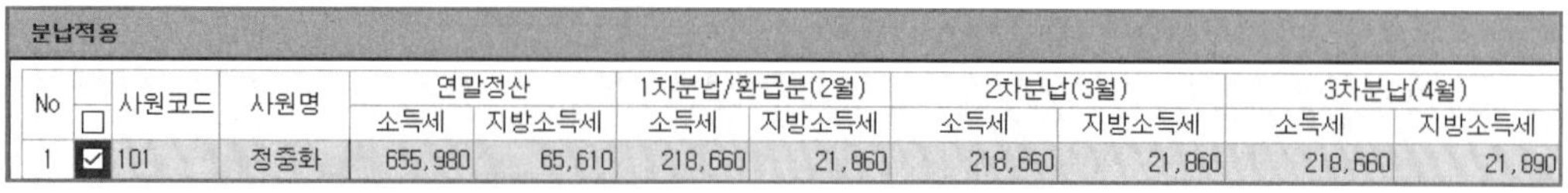
분납적용

No	□	사원코드	사원명	연말정산		1차분납/환급분(2월)		2차분납(3월)		3차분납(4월)	
				소득세	지방소득세	소득세	지방소득세	소득세	지방소득세	소득세	지방소득세
1	☑	101	정중화	655,980	65,610	218,660	21,860	218,660	21,860	218,660	21,890

⇩

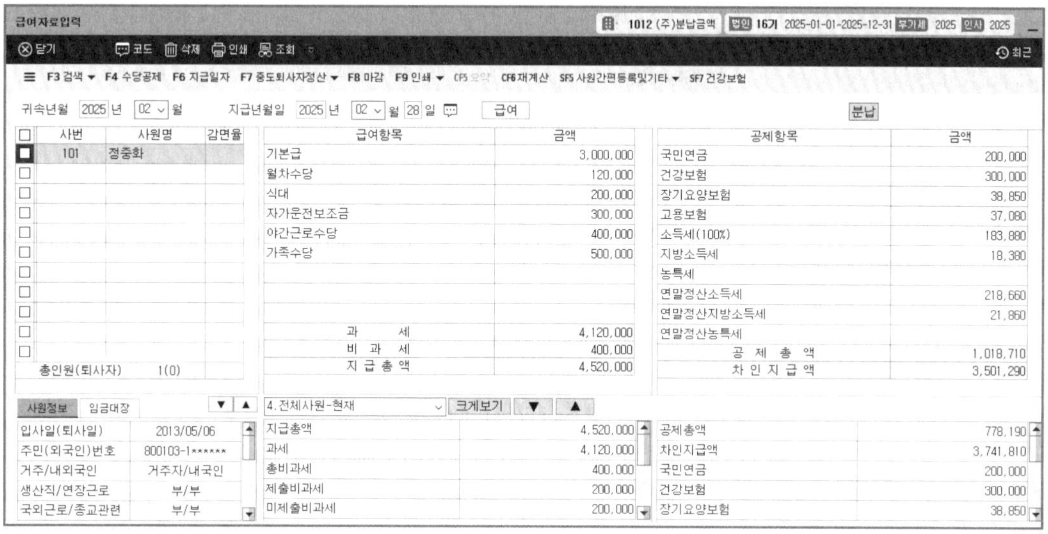

③ [원천징수 이행상황 신고서] 귀속기간 '2025년 2월~2025년 2월', 지급기간 '2025년 2월~2025년 2월', 신고구분 '1.정기 신고', 반영된 금액을 확인한 후 해당 서식을 저장한다.

• 다음의 창에서 **예(Y)**를 선택한다.

⇩

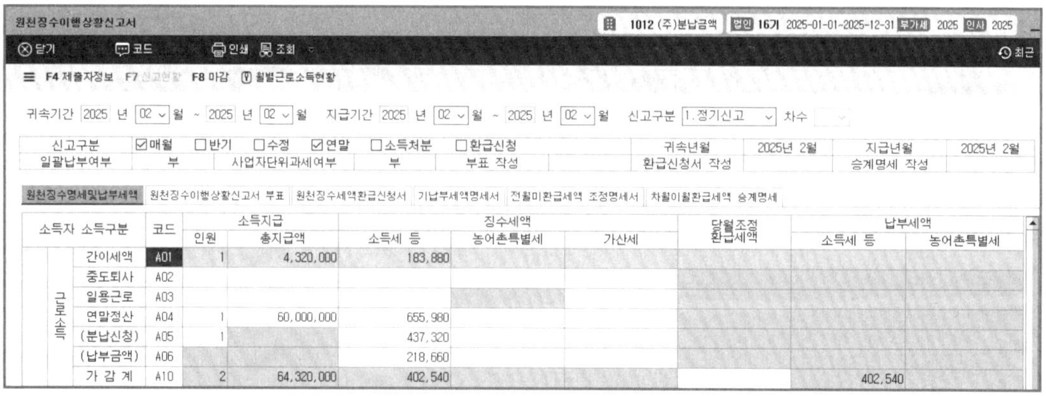

4 원천징수 이행상황 신고서 전자 신고 ◂ 중요

▸ 최신 30회 중 11문제 출제

원천징수 이행상황 신고서를 작성하고 마감한 후 전자 신고를 수행하는 문제이며 앞에서 배운 부가가치세 신고서 전자 신고와 작업순서는 동일하다.

구분	전자 신고 작업순서
Ⅰ. 전자 신고파일 생성	1. 원천징수 이행상황 신고서의 작성 및 마감 [주의] 마감 시 오류가 발생하면 오류를 수정해야 한다. 2. 비밀번호를 입력하여 C드라이브에 전자 신고파일 생성
Ⅱ. 홈택스 전자 신고	1. 전자 신고파일을 불러오기 2. 전자 신고파일을 다음의 순서대로 검증하기 ① 비밀번호를 입력하여 형식검증하기 → 형식검증 결과 확인 ② 내용검증하기 → 내용검증 결과 확인 [주의] 검증 결과 확인 시 오류가 발생되면 전자파일 제출이 불가능하므로 오류 발생 시 오류내용을 수정한 후 다시 전자 신고파일을 생성해야 한다. 3. 전자파일을 제출한 후 접수증 확인

연습문제

[1] (주)전자신고(회사코드: 1021)의 1월 귀속, 1월 지급의 원천징수 이행상황 신고서를 작성, 마감하여 가상홈택스에서 원천징수 이행상황 신고서 전자 신고를 수행하시오.

- [전자신고] → [국세청 홈택스 전자신고변환(교육용)] 순으로 진행한다.
- [전자신고]의 [전자신고제작] 탭에서 신고인구분은 2.납세자 자진신고를 선택하고, 비밀번호는 "12345678"로 입력한다.
- [국세청 홈택스 전자신고변환(교육용)] → 전자파일변환(변환대상파일선택) → 찾아보기 에서 전자신고용 전자파일을 선택한다.
- 전자신고용 전자파일 저장경로는 로컬디스크(C:)이며, 파일명은 "연월일.01.t사업자등록번호"이다.
- 형식검증하기 → 형식검증결과확인 → 내용검증하기 → 내용검증결과확인 → 전자파일제출 을 순서대로 클릭한다.
- 최종적으로 전자파일 제출하기 를 완료한다.

| 풀이 |

① [원천징수 이행상황 신고서] 귀속기간 '2025년 1월~2025년 1월', 지급기간 '2025년 1월~2025년 1월', 신고구분 '1.정기신고'를 선택한 후 반영된 금액을 확인한다. 상단 툴바의 F8 마감 을 클릭한 후 마감 보조창에서 하단의 마 감(F8) 을 누른다. 만약, 마감 시 오류가 나오면 오류를 수정해야 마감이 가능하다.

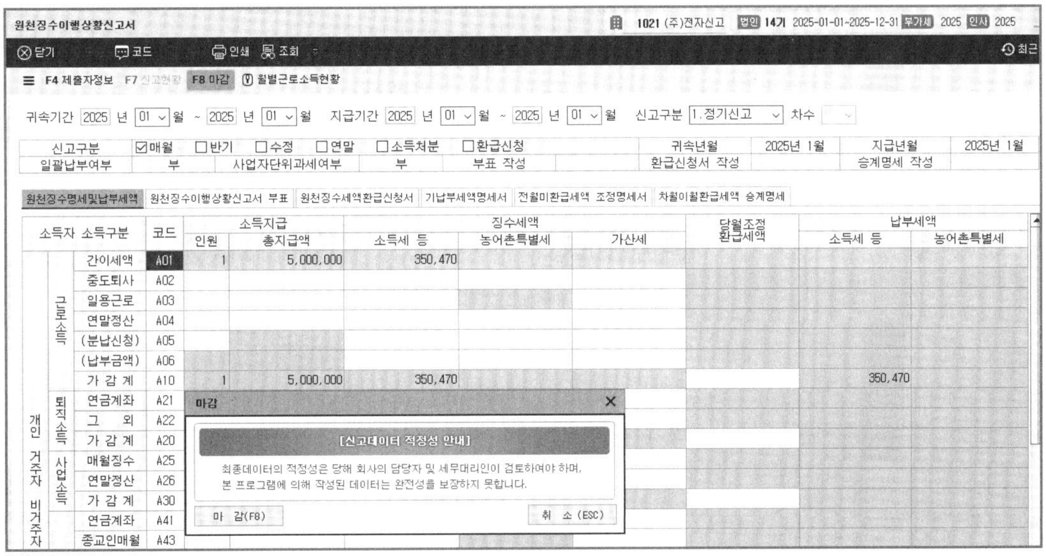

② [전자 신고] 메뉴의 [신고인구분]란에 '2.납세자자진신고', 지급기간 '2025년 1월~2025년 1월'을 입력하고 상단 툴바의 F4 제작을 클릭한다.

- [비밀번호]란과 [비밀번호 확인]란에 임의의 숫자 '12345678'을 입력하여 제작이 완료되면 제작일자에 현재 날짜가 표시되고 [내 컴퓨터]-[C드라이브]에 파일이 생성된다.

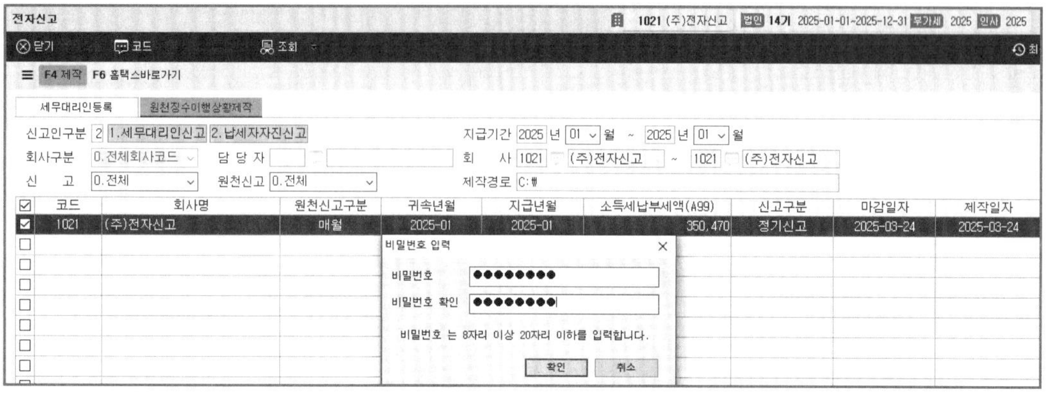

- F6 홈택스바로가기를 클릭한다.

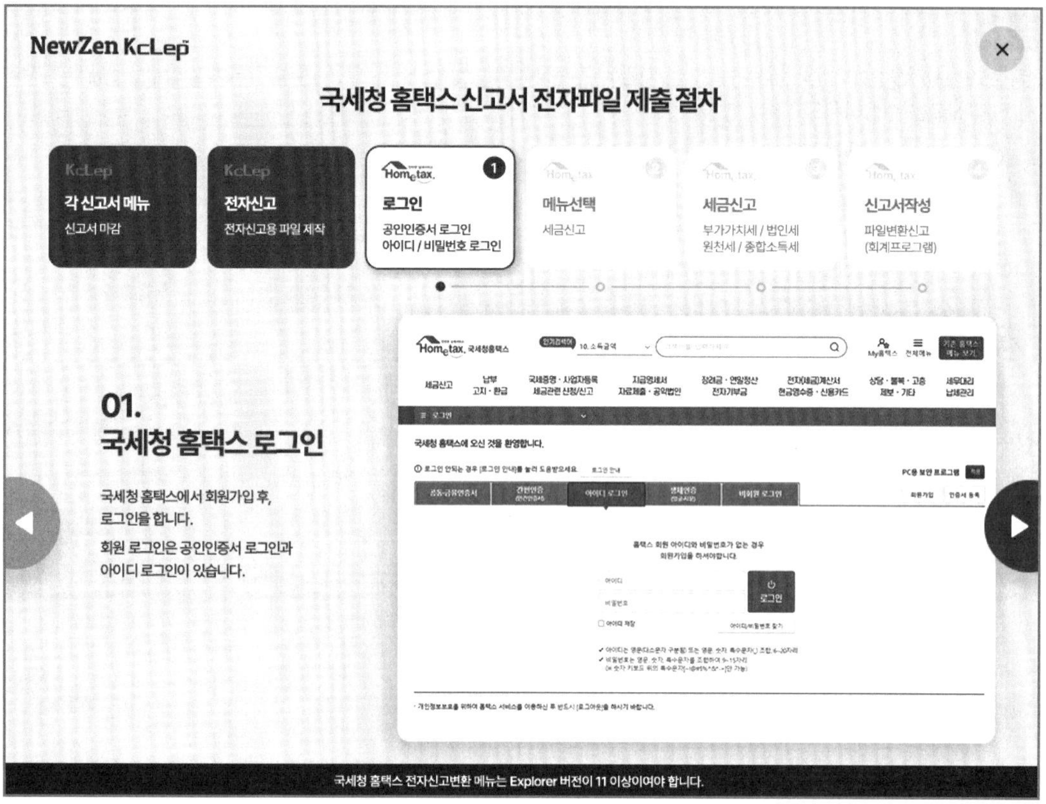

③ [국세청 홈택스 전자 신고변환(교육용)]

• **찾아보기** 를 눌러 [내 컴퓨터]－[C드라이브]에 제작된 파일을 불러온다.

• 하단의 **형식검증하기** 를 클릭하여 전자파일 제작 시 등록한 비밀번호 '12345678'을 입력한다.

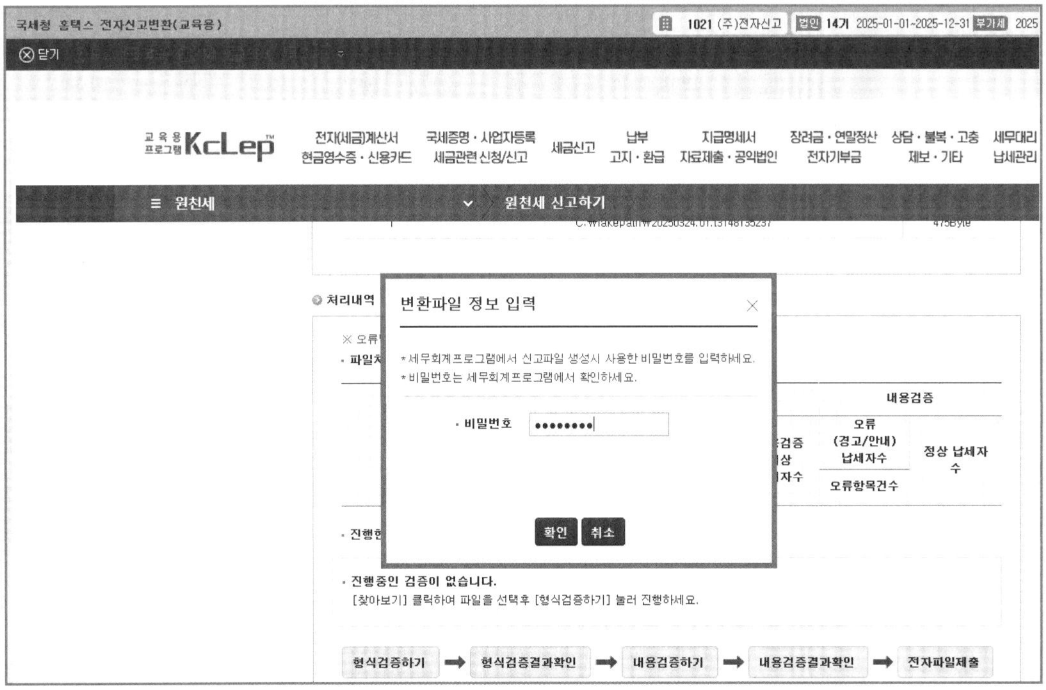

• **형식검증결과확인** 을 클릭하여 형식검증을 진행한다.

• **내용검증하기** 를 클릭하여 내용검증을 진행한다.

• **내용검증결과확인** 을 클릭하여 내용검증 결과를 확인한다. 파일이 정상인 경우 내용검증에 오류 항목 건수가 표시가 되지 않는다.

• **03. 전자파일제출** 을 눌러 정상납세자 수를 확인하고 **전자파일제출** 을 클릭하면 정상 변환된 제출 가능한 신고서 목록이 조회된다. **전자파일 제출하기** 를 클릭하여 전자 신고파일을 제출한다.

⇩

• 제출이 완료되면 나오는 [원천세 신고서 접수증(파일변환)]을 보고 접수내용을 확인할 수 있다.

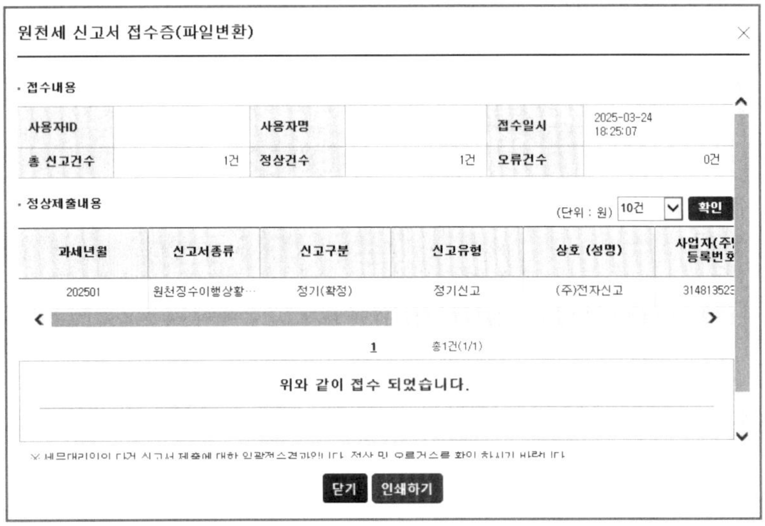

5 연말정산 추가자료입력 중요

▸ 최신 30회 중 14문제 출제

연말정산 추가자료입력은 근로자가 작성하여 제출한 근로소득자 소득공제 신고서 및 증빙자료에 의해 연말정산에 필요한 각종 소득공제 및 세액공제를 입력하는 메뉴이며, 입력된 자료는 근로소득 원천징수 영수증과 근로소득 원천징수부에 자동 반영된다.

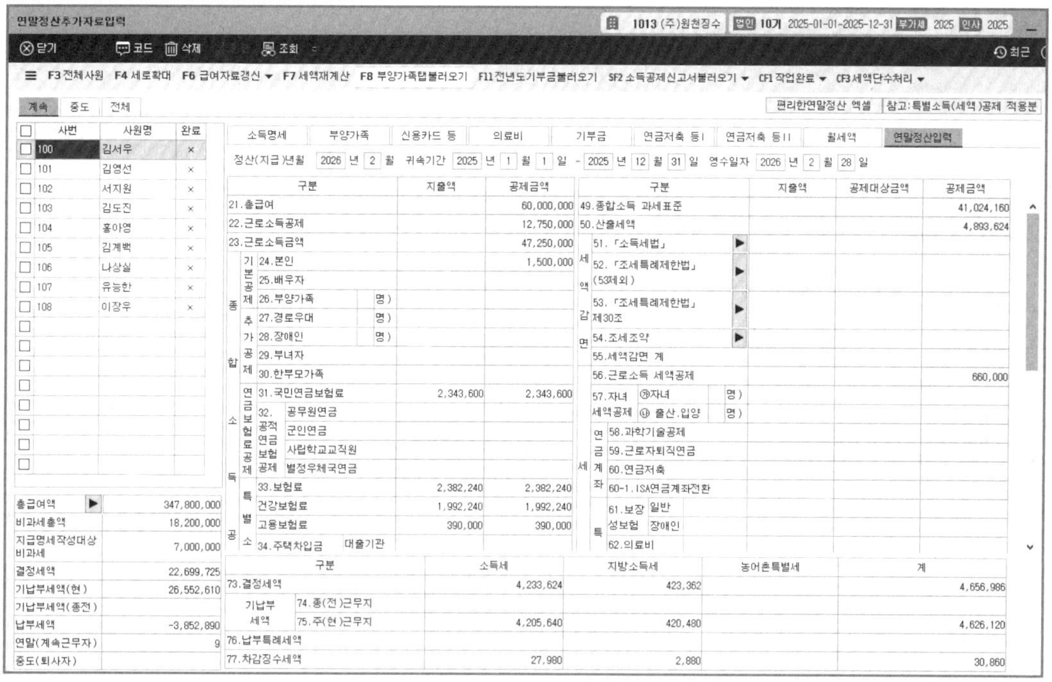

+ 사원 불러오기

[사번]란에 커서를 놓고 F2를 눌러 사원코드도움창에서 연말정산대상인 사원을 선택하거나, 화면 상단 툴바 **F3 전체사원**을 클릭하여 12월 계속근로자 전체 사원의 자료를 자동으로 불러온 후 각 사원별 연말정산 추가자료를 입력한다.

1. 정산년월/귀속기간

계속근로자의 경우 2026년 2월분 급여를 지급하는 때에 연말정산을 해야 하므로 연말정산하는 월은 2026년 2월, 귀속기간은 2025년 1월 1일~2025년 12월 31일이 자동으로 표시된다. 반면, 중도퇴사자의 경우에는 퇴직한 달의 급여를 지급한 월이 자동으로 표시되며, 귀속기간은 입력한 퇴사년월이 자동으로 반영된다.

2. [소득명세] 탭

현 근무지의 소득명세, 비과세 항목, 공제보험료 명세 등이 [급여자료입력] 메뉴에 입력된 급여자료로 자동으로 반영된다. 전 근무지가 있는 중도입사자 또는 이중근로자의 경우 종(전)근무지의 근로소득 원천징수 영수증을 확인하여 [종(전)[1/1]]란에 해당 내용을 입력한다.

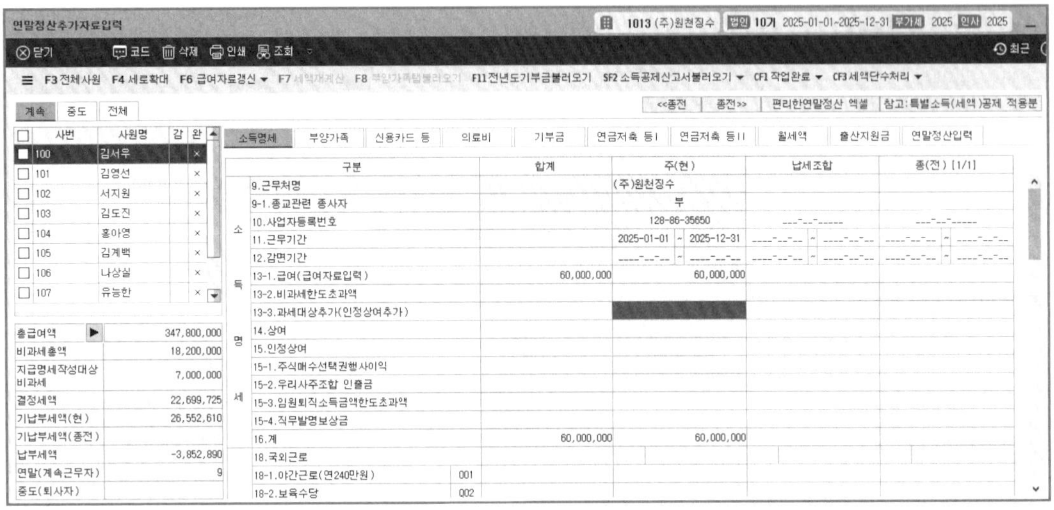

(1) 주(현)

① 13-3.과세 대상 추가(인정상여 추가분)

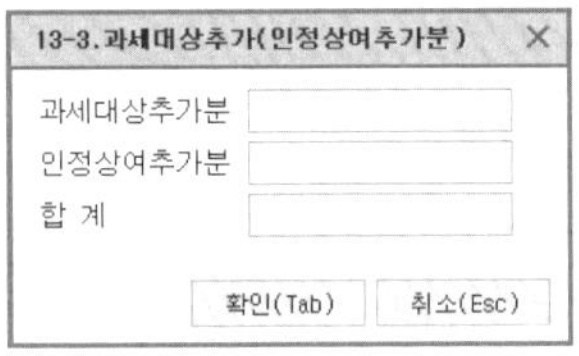

- 과세 대상 추가분: 인정상여 추가분을 제외한 과세 대상 근로소득 추가분을 입력한다.
- 인정상여 추가분: 법인세법상 세무조정 중 상여로 소득처분된 금액을 입력한다.

② 15-3.임원 퇴직소득금액 한도 초과액: 임원 퇴직금 한도 초과액은 근로소득에 해당하므로 [연말추가입력분]란에 입력한다.

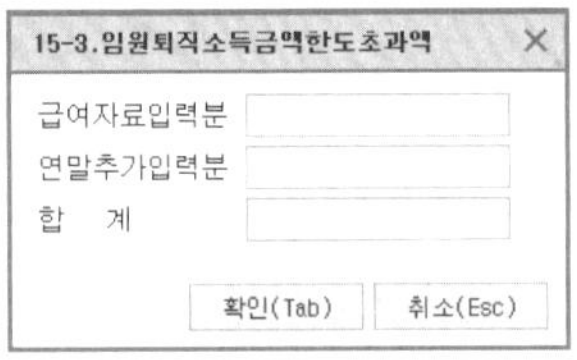

③ 15-4.직무발명보상금: 재직 중 수령하는 700만원 이하의 직무발명보상금은 비과세 근로소득이므로 700만원 초과금액을 [연말추가입력분]란에 입력한다.

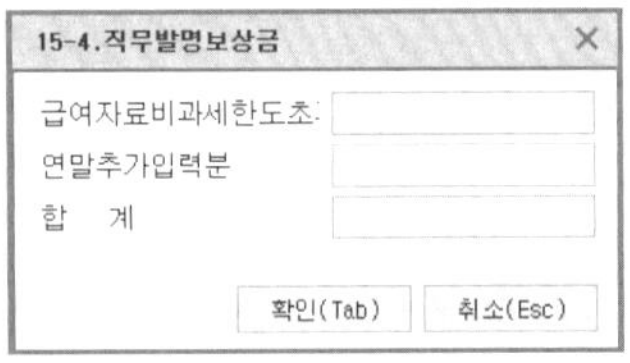

(2) 종(전)[1/1]

재취직자나 이중근로소득이 있는 경우로 종(전)근무지 자료가 있다면 타 근무지에서 발급한 근로소득 원천징수 영수증을 기준으로 [종(전)[1/1]]란에 관련 자료를 입력하면 된다. 종교관련 종사자가 아닌 경우 [9-1.종교관련 종사자]란에서 '0.부'를 선택한다. 또한 세액명세 중 기납부세액은 근로소득 원천징수 영수증상의 세액명세 중 [결정세액]란의 금액을 입력하는 것이므로 [기납부세액], [차감징수세액]의 금액을 반영하지 않도록 주의하여야 한다.

구분		소득세	지방소득세
세액명세	결정세액	×××	×××
	기납부세액	×××	×××
	차감징수세액	×××	×××

3. [부양가족] 탭 – 부양가족, 보장성 보험료 세액공제, 교육비 세액공제

[사원등록] 메뉴의 [부양가족명세] 탭에서 입력한 부양가족 내역이 자동으로 반영된다. [사원등록] 메뉴에 입력한 부양가족명세에 누락된 공제 대상 부양가족이 있는 경우 [부양가족] 탭에서 바로 입력해도 [사원등록] 메뉴에 자동 반영된다. 2024년부터 2026년까지 혼인신고(생애 1회)를 한 거주자가 [결혼세액]란에 '1:여'를 선택하면 [연말정산입력] 탭의 [56.결혼세액공제]란에 500,000원이 자동으로 반영된다. [부양가족] 탭에서는 세액공제 대상 부양가족별로 보장성 보험료와 교육비를 입력한다. 보장성 보험료와 교육비 지출액 중 국세청 사이트 '국세청 연말정산간소화 서비스'에서 제공된 자료는 [국세청]란에, 그 외의 지출액은 [기타]란에 구분하여 입력한다. 입력된 항목은 [연말정산입력] 탭에서 F8 부양가족탭불러오기 를 클릭하면 연말정산 항목의 보장성 보험료 및 교육비에 대한 지출액과 세액공제액이 해당 란에 자동 반영된다.

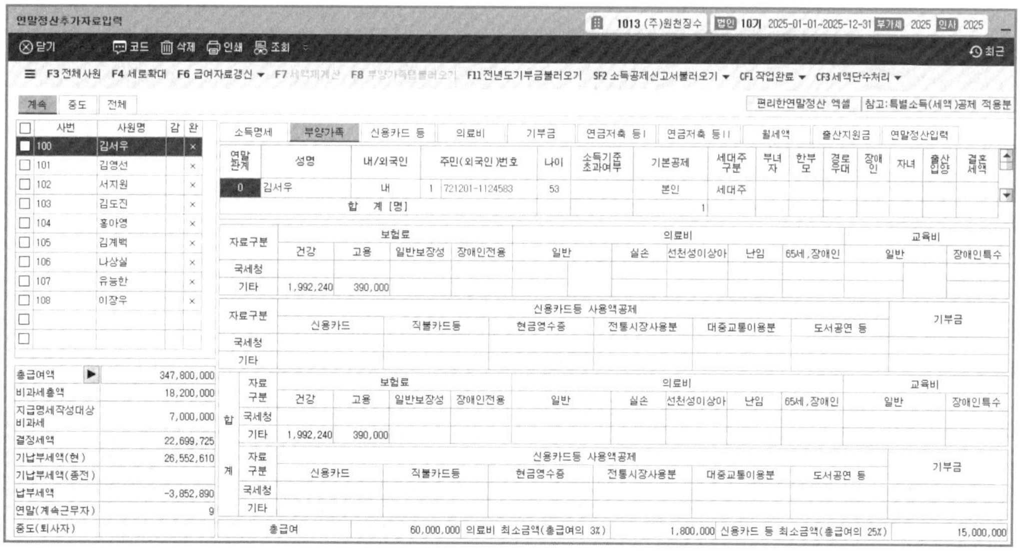

(1) 보험료 – 보장성 보험료 세액공제

근로소득자(일용근로자 제외)가 본인과 기본공제 대상자를 위하여 보장성 보험료(불입액≥만기환급금)를 지급한 경우 공제 대상 지급액의 12%(장애인 전용 보장성 보험은 15%)에 해당하는 금액을 해당 과세기간의 종합소득 산출세액에서 공제한다. [부양가족] 탭에서 보험료를 입력할 부양가족을 선택한 후 하단 [보험료]란을 더블클릭하면 나오는 '보험료 등 공제 대상금액' 창에 금액을 입력한다.

꿀팁 보장성 보험료 세액공제는 보험계약기간동안 안분하지 않고 납입일이 속하는 과세기간에 전액 공제한다.

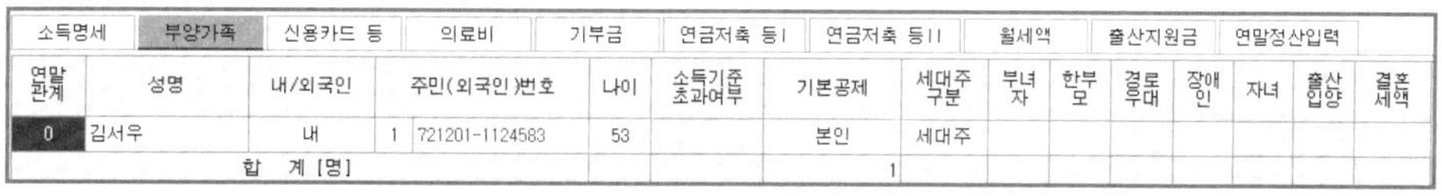

자료구분	보험료			
	건강	고용	일반보장성	장애인전용
국세청				
기타	1,992,240	390,000		

보험료 등 공제대상금액

자료구분	국세청간소화	급여/기타	정산	공제대상금액
국민연금_직장		2,343,600		2,343,600
국민연금_지역				
합 계		**2,343,600**		**2,343,600**
건강보험료-보수월액		1,836,000		1,836,000
장기요양보험료-보수월액		156,240		156,240
건강보험료-소득월액(납부)				
기요양보험료-소득월액(납부				
합 계		**1,992,240**		**1,992,240**
고용보험료		390,000		**390,000**
보장성보험-일반				
보장성보험-장애인				
합 계				

■ 처음에는 현근무지/종(전), 납세조합에서 지출한 금액(급여/기타)이 공제대상금액으로 반영됩니다.
■ 국세청간소화문서(PDF) 적용시 국민연금, 건강보험료 적용을 선택하면 PDF금액이 공제대상금액으로 반영
☞ 공제대상금액 적용값을 변경하고자 할 경우 아래 각 [공제대상금액]에서 적용하고자 하는 구분을 클릭하세요.(실시간 적용 됨)
■ 국세청간소화문서(PDF) 선택시 종(전)근무지에 입력한 국민연금, 건강보험료는 반영되지 않습니다.
■ 건강(장기요양)보험료소득월액 직접납부금액은 [정산]란에 입력합니다.
★ 근로소득공제신고서 불러오기
국민연금/건강/고용보험은 종전/주현근무지 모두 급여/기타란에 합산표시 됩니다.

▶ 국민연금 공제대상금액
[1.현근무지+종(전)근무지 적용] [2.국세청간소화문서(PDF) 적용]
▶ 건강(장기요양)보험료 공제대상금액
[1.현근무지+종(전)근무지 적용] [2.국세청간소화문서(PDF) 적용]
▶ 고용보험료 공제대상금액
[1.현근무지+종(전)근무지 적용] [2.국세청간소화문서(PDF) 적용]

종료(Esc)

자료 구분	국세청 간소화	급여/기타
보장성 보험-일반	일반 보장성 보험료 중 국세청에서 제공된 금액 입력	일반 보장성 보험료 중 국세청에서 제공된 금액 이외의 지출액 입력
보장성 보험-장애인	장애인 보장성 보험료 중 국세청에서 제공된 금액 입력	장애인 보장성 보험료 중 국세청에서 제공된 금액 이외의 지출액 입력

① **일반 보장성 보험료(한도 100만원)**: 기본공제 대상자(연령요건 ○, 소득금액요건 ○)를 피보험자로 하는 보장성 보험료로서 근로자가 실제 납입한 금액을 입력한다. 보장성 보험료란 생명보험, 상해보험, 자동차 보험 등 손해보험, 주택임차보증금 반환 보증보험*(단, 보증대상 임차보증금이 3억원 이하인 경우) 등이 보험계약 또는 보험료 납입영수증에 보험료 공제 대상임이 표시된 것을 말한다.

* 보증보험이란 임대인이 전세금을 반환하지 않는 경우 임차인에게 반환을 책임지는 보험을 말한다.

② **장애인 보장성 보험료(한도 100만원)**: 기본공제 대상자 중 장애인(연령요건 ×, 소득금액요건 ○)을 피보험자 또는 수익자로 하는 보험료로서 근로자가 실제로 납입한 금액을 입력한다. 장애인 전용 보장성 보험료란 보장성 보험료에 해당하는 보험으로서 보험계약 또는 보험료 납입영수증에 장애인 전용보험으로 표시된 것을 말한다. 만약, 하나의 보험상품에 장애인 전용 보장성 보험과 일반 보장성 보험이 동시에 적용되는 경우 그 중 하나만을 선택하여 입력한다.

+ 보험료 입력 시 주의사항

공제 대상이 아닌 보험료는 다음과 같다.

- 기본공제 대상자가 아닌 부양가족을 피보험자로 보험계약을 체결하고 납입한 보험료
- 기본공제 대상자가 아닌 가족 명의로 계약한 보험료
- 저축성 보험료(불입액<만기환급금)
- 태아보험료

[부양가족] 탭에서 근로자 본인 및 부양가족별로 공제 대상 보장성 보험료를 모두 입력한 후 [연말정산입력] 탭에서 상단 툴바의 F8 부양가족탭불러오기 를 클릭하면 [61.보장성보험]란에 반영된다.

구분		지출액	공제대상금액	공제금액
61.보장성보험	일반			
	장애인			

(2) 교육비 – 교육비 세액공제

근로소득자(일용근로자 제외)가 본인과 기본공제 대상자(연령요건 ×, 소득금액요건 ○)를 위하여 해당 과세기간에 일반 교육비와 장애인 특수 교육비를 지급한 경우 공제 대상 지출액의 15%에 해당하는 금액을 종합소득 산출세액에서 공제한다. 공제 대상 부양가족별로 [국세청]란과 [기타]란에 구분하여 공제 대상 교육비를 입력한다. [부양가족] 탭에서 교육비를 입력할 부양가족을 선택한 후 하단 [교육비]란에 금액을 입력하고 [구분]란에서 '1.취학전 아동(연 300만원/1인)', '2.초중고(연 300만원/1인)', '3.대학생(연 900만원/1인)', '4.본인/장애인(전액)', '5.공제 대상 아님' 중 하나를 선택한다.

소득명세 | 부양가족 | 신용카드 등 | 의료비 | 기부금 | 연금저축 등I | 연금저축 등II | 월세액 | 출산지원금 | 연말정산입력

연말관계	성명	내/외국인	주민(외국인)번호		나이	소득기준초과여부	기본공제	세대주구분	부녀자	한부모	경로우대	장애인	자녀	출산입양	결혼세액
0	김도진	내	1	850524-1585421	40		본인	세대주							

교육비		
일반		장애인특수
1,000,000	4.본인	

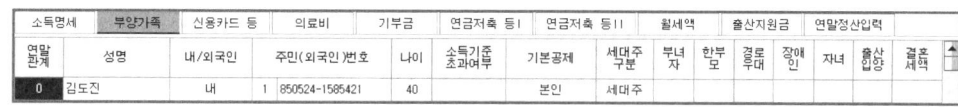

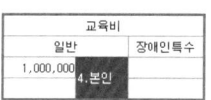

① 일반 교육비: 근로자 본인과 기본공제 대상자(연령요건 ×, 소득금액요건 ○)인 배우자·직계비속·형제·자매·입양자 및 위탁아동을 위하여 지급한 교육비(직계존속을 위하여 지급한 교육비 공제 ×)를 입력한다.

구분	내용
직계비속 등 교육비	기본공제 대상자(연령요건 ×, 소득금액요건 ○)인 배우자 · 직계비속 · 형제 · 자매 · 입양자 및 위탁아동(이하 '직계비속 등'이라 함)의 교육비 ㉠ 유치원, 초 · 중 · 고등학교, 대학(대학원 제외), 특별법에 따른 학교에 지급한 입학금, 수업료, 보육비용, 수강료 및 그 밖의 공납금 ㉡ 초 · 중 · 고등학교, 유치원, 어린이집, 학원 및 체육시설(월 단위로 1주 1회 이상 실시하는 교습과정, 취학 전 아동에 한함)에서 실시하는 방과 후 과정 또는 방과 후 학교의 수업료, 특별활동비, 교재 구입비 및 급식비 ㉢ 초 · 중 · 고등학생의 학교에서 구입한 교과서대금, 체험학습비*(1인당 30만원) ㉣ 중 · 고등학생의 교복 구입비(1인당 연 50만원 한도) ㉤ 국외 교육기관(우리나라의 유치원, 「초 · 중등교육법」 또는 「고등교육법」에 따른 학교)에 지출한 교육비 ㉥ 대학수학능력시험 응시수수료 및 대학 입학전형료 ㉦ 「평생교육법」에 따라 고등학교 졸업 이하의 학력이 인정되는 학교형태의 평생교육시설에 지급한 교육비 ㉧ 전공대학 및 원격대학, 학위취득과정에 지급한 교육비 ㉨ 초등학교 취학 전 아동의 어린이집에 지급한 교육비 ㉩ 초등학교 취학 전 아동의 학원 또는 체육시설에 지급한 교육비(월 단위로 1주 1회 이상 실시하는 교습과정에 한함) [한도] 대학생인 경우 1명당 연 900만원, 초등학교 취학 전 아동과 초 · 중 · 고등학생인 경우 1명당 연 300만원
본인 교육비	거주자 본인을 위하여 지급한 다음의 교육비 ㉠ '직계비속 등 교육비' 중 ㉠~㉧ ㉡ 대학원의 1학기 이상에 해당하는 교육과정과 시간제 과정에 지급한 교육비 ㉢ 직업능력개발훈련을 위하여 지급한 수강료(근로자 직업능력 향상 지원금은 차감) ㉣ 학자금 대출의 원리금 상환에 지급한 교육비(단, 대출금 상환연체로 인하여 추가 지급하는 금액 등은 제외)

* 체험학습비란 학교에서 실시하는 수련활동, 수학여행 등 현장체험학습비 지출액을 말한다.

② 장애인 특수 교육비: 기본공제 대상자인 장애인(연령요건 ×, 소득금액요건 ×)의 재활교육을 위하여 다음의 어느 하나에 해당하는 자에게 지급하는 특수 교육비(직계존속도 공제 가능)를 입력한다.

- 일정한 사회복지시설, 비영리법인 및 이와 유사한 외국에 있는 시설과 법인

• 장애인의 기능 향상과 행동 발달을 위한 발달재활서비스를 제공하는 기관(장애인 발달재활기관에 지급한 교육비의 경우 18세 미만 장애아동에 한함)

꿀팁 장애인에 대한 일반 교육비와 특수 교육비가 함께 발생하는 경우에는 이를 각각 적용받을 수 있다.

➕ 교육비 입력 시 주의사항

• 공제 대상이 아닌 교육비는 다음과 같다.
  – 직계존속의 교육비(장애인 특수 교육비는 공제됨)
  – 학자금 대출을 받아 지급하는 '직계비속 등'의 교육비
  – '직계비속 등'의 대학원비
  – 학원비(취학 전 아동과 근로자 본인의 직업능력개발훈련을 위해 지급한 수강료는 공제됨)
  – 학습지를 이용하고 지출한 교육비
  – 학생회비, 학교버스 이용료, 기숙사비(육성회비와 기성회비는 공제됨)
  – 소득세 또는 증여세가 비과세되는 학자금(장학금)
• 대학원 교육비, 직업능력개발훈련시설에서 실시하는 직업능력개발훈련을 위하여 지급한 수강료(근로자 수강지원금 제외), 학자금 대출의 원리금 상환액은 본인만 공제가 가능하다.
• 근로자 본인이 입사 전 또는 퇴사 후 지출한 교육비는 근로 제공기간 동안 지출한 교육비가 아니므로 공제가 되지 않는다.
• 취학 전 아동 및 초·중·고등학생의 교육비 공제 가능 여부는 다음과 같다.

구분		취학 전 아동	초등학생	중학생	고등학생
급식비		○	○	○	○
교과서대금		×	○	○	○
방과 후 학교, 방과 후 과정	수업료·특별활동비	○	○	○	○
	도서 구입비(학교 구입)	○	○	○	○
	도서 구입비(학교 외 구입)	×	○	○	○
교복 구입비(1인당 연 50만원 한도)		×	×	○	○
체험학습비		×	○	○	○
학원비		○	×	×	×

[부양가족] 탭에서 거주자 본인 및 부양가족별로 공제 대상 교육비를 모두 입력한 후 [연말정산입력] 탭에서 상단 툴바의 F8 부양가족탭불러오기 를 클릭하면 [63.교육비]란에 반영된다.

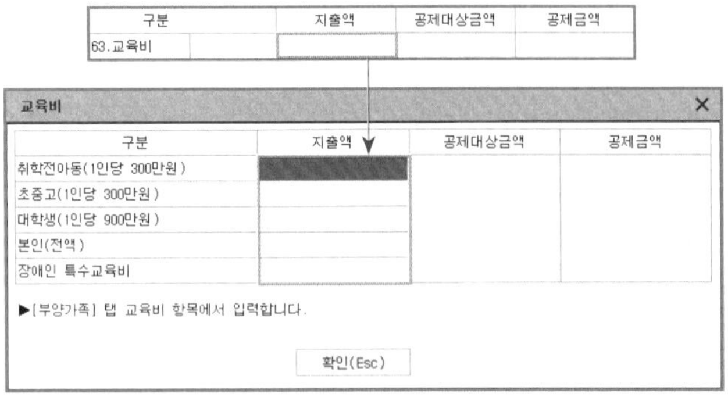

개정세법 반영

4. [신용카드] 등 탭 – 신용카드 등 사용금액에 대한 소득공제

근로소득자(일용근로자 제외)와 기본공제 대상자(연령요건 ×, 소득금액요건 ○, 형제 · 자매 제외)가 법인 또는 사업자로부터 각종 재화와 용역을 제공받고 신용카드, 직불 및 선불카드, 현금영수증 등을 사용하여 지급하는 금액을 [국세청]란과 [기타]란에 구분하여 각각 입력한다. 신용카드 등 사용금액의 연간 합계액(국외에서 사용한 금액 제외)이 해당 과세연도의 총급여액의 25%를 초과하는 경우 일정한 산식에 따라 계산한 신용카드 등 사용금액은 해당 과세연도의 근로소득금액에서 공제된다.

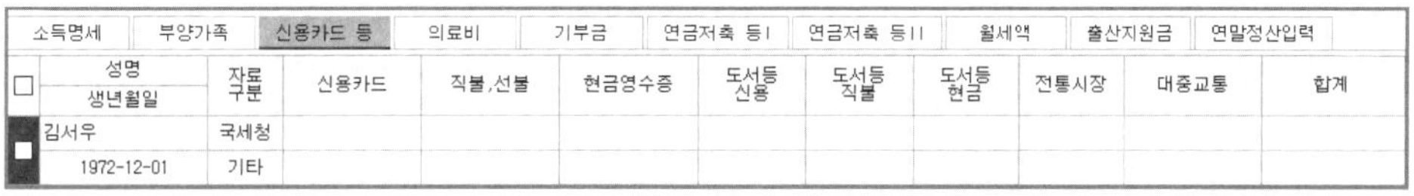

자료 구분		내용
신용카드		신용카드 등 사용금액의 연간 합계액에서 직불 · 선불카드 사용분, 현금영수증 사용분, 전통시장 사용분, 대중교통 이용액, 도서 등 사용분을 차감한 금액을 입력
직불, 선불		전통시장 · 대중교통 · 도서 등 사용분을 제외한 직불 · 선불카드 사용금액을 입력
현금영수증		전통시장 · 대중교통 · 도서 등 사용분을 제외한 현금영수증 사용금액을 입력
도서 등*	신용	도서 등 사용분을 신용카드로 결제한 금액을 입력
	직불	도서 등 사용분을 직불 · 선불카드로 결제한 금액을 입력
	현금	도서 등 사용분에 대해 현금영수증을 발급한 금액을 입력
전통시장		전통시장과 전통시장 구역 안의 법인 또는 사업자로부터 재화 또는 용역을 제공받은 대가에 해당하는 금액으로 신용카드, 직불 · 선불카드, 현금영수증을 사용한 금액
대중교통		대중교통수단을 이용한 금액으로 신용카드, 직불 · 선불카드, 현금영수증을 사용한 금액

* 해당 과세연도의 총급여액이 7,000만원 이하인 근로자가 다음 중 어느 하나에 해당하는 금액

- 간행물 구입 · 신문 구독 · 공연 관람을 위하여 지급한 금액
- 박물관 · 미술관 · 영화상영관에 입장하기 위하여 지급한 금액
- 수영장 및 체력단련장 시설이용료(2025년 7월 1일 이후 지급하는 금액부터 적용)

만약, 총급여액이 7,000만원을 초과하는 경우에는 해당 사용액을 지출수단에 따라 [신용카드], [직불, 선불], [현금영수증]란에 입력한다.

+ 총급여액이 일정금액을 초과하는 경우 공제받지 못하는 항목

총급여액 기준	공제받지 못하는 항목
8,000만원	월세액 세액공제
7,000만원	• 주택마련저축공제 • 도서 · 신문(종이신문에 한함) · 공연비, 박물관 · 미술관에 대한 사용분 신용카드 추가공제
5,000만원	대부업 등을 경영하지 아니하는 거주자로부터 차입한 금액에 대한 주택임차차입금 원리금 상환액 소득공제

PART 04

신용카드 사용금액의 범위

<table>
<tr><th>구분</th><th colspan="2">내용</th></tr>
<tr><td>공제 대상
카드사용자의 범위</td><td colspan="2">본인과 기본공제 대상자 중 배우자 또는 생계를 같이 하는 직계존 · 비속(배우자의 직계존속 및 동거 입양자 포함)의 카드 사용금액
• 연간 소득금액이 100만원 이하인 자만 가능(연령요건 무시)
• 형제 · 자매는 사용자 범위에 포함되지 않음에 유의할 것</td></tr>
<tr><td rowspan="5">신용카드 사용금액
제외 항목</td><th>구분</th><th>공제 대상이 아닌 사용액</th></tr>
<tr><td>비정상적 사용액</td><td>가공거래 또는 위장가맹점 명의 등 비정상적인 사용액</td></tr>
<tr><td>이중공제 방지</td><td>• 사업소득 및 법인의 비용(회사경비)으로 사용한 금액
• 보험료
• 교육비(사교육비, 취학 전 아동에 대한 학원수강료 · 체육시설교습비, 중고교 교복 구입비는 이중공제 ○)
• 기부금
• 세액공제를 적용받은 월세액
[비교] 의료비 세액공제와 신용카드 등 사용금액 소득공제는 중복적용</td></tr>
<tr><td>신용카드 등 결제 외의
방법으로 확인가능</td><td>• 국세 · 지방세, 전기료 · 수도료 · 전화료(정보사용료 · 인터넷사용료 포함) · 아파트관리비 · 텔레비전시청료(종합유선방송의 이용료 포함) · 도로통행료
• 취득세 또는 등록면허세가 부과되는 재산(중고자동차 제외)의 구입비용
[비교] 중고자동차 구입금액의 10%는 공제 ○
• 리스료(자동차 대여사업의 자동차대여료 포함)
• 차입금 이자상환액, 증권거래수수료 등 금융 · 보험용역과 관련한 지급액, 수수료, 보증료 및 이와 비슷한 대가</td></tr>
<tr><td>기타</td><td>• 국외에서의 신용카드 사용액
• 상품권 등 유가증권 구입비
• 보세판매장, 지정면세점, 선박 · 항공기에서 판매하는 면세물품의 구입비용
• 가상자산거래에 대하여 가상사업자에게 지급하는 대가 등</td></tr>
</table>

꿀팁 • 의료비 지출액에 대한 의료비 공제와 신용카드 사용금액에 대한 소득공제가 중복 적용된다.
• 형제 · 자매 명의의 신용카드 사용금액은 제외된다(근로자 본인 명의의 신용카드 등을 형제 · 자매가 사용한 금액은 공제 가능).
• 「자동차관리법」에 따른 자동차 중 중고자동차를 신용카드 등으로 구입하는 경우에는 중고자동차 구입금액의 10%를 신용카드 등 사용금액에 포함한다.

신용카드 등 중복공제 가능 여부

<table>
<tr><th>구분</th><th>특별 세액공제 항목</th><th>신용카드 공제</th></tr>
<tr><td>신용카드로 결제한 보장성 보험료</td><td>보험료 공제 ○</td><td rowspan="3">×</td></tr>
<tr><td>신용카드로 결제한 교육비(「유아교육법」에 의한 어린이집 등)</td><td>교육비 공제 ○</td></tr>
<tr><td>신용카드로 결제한 기부금</td><td>기부금 공제 ○</td></tr>
<tr><td>신용카드로 결제한 사설학원비
(영유치원 아동 제외)</td><td>교육비 공제 ×</td><td rowspan="4">○</td></tr>
<tr><td>신용카드로 결제한 영유치원 아동의 학원비,
체육시설 수강료</td><td>교육비 공제 ○</td></tr>
<tr><td>신용카드로 결제한 중 · 고등학생 교복 구입비</td><td>교육비 공제 ○</td></tr>
<tr><td>신용카드로 결제한 의료비</td><td>의료비 공제 ○</td></tr>
</table>

[신용카드] 등 탭에서 근로자 본인 및 부양가족별로 공제 대상 신용카드 등을 모두 입력하면 자동으로 [42.신용카드 등 사용액]란에 반영된다.

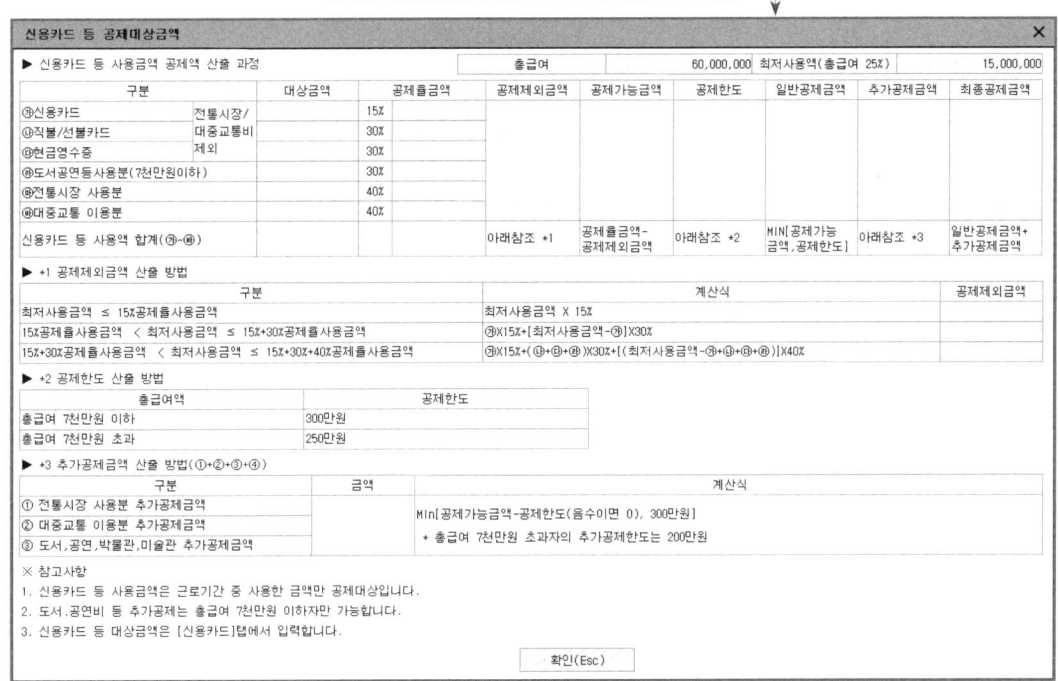

구분			지출액	공제금액
그 밖의 소득공제	37.개인연금저축			
	38.소기업,소상공인 공제부금	2015년이전가입		
		2016년이후가입		
	39.주택마련저축소득공제	청약저축		
		주택청약		
		근로자주택마련		
	40.투자조합출자 등 소득공제			
	41.신용카드 등 사용액			

신용카드 등 공제대상금액 ×

▶ 신용카드 등 사용금액 공제액 산출 과정

총급여	60,000,000	최저사용액(총급여 25%)	15,000,000

구분		대상금액	공제율금액		공제제외금액	공제가능금액	공제한도	일반공제금액	추가공제금액	최종공제금액
㉮신용카드	전통시장/대중교통비 제외		15%							
㉯직불/선불카드			30%							
㉰현금영수증			30%							
㉱도서공연등사용분(7천만원이하)			30%							
㉲전통시장 사용분			40%							
㉳대중교통 이용분			40%							
신용카드 등 사용액 합계(㉮~㉳)					아래참조 *1	공제율금액-공제제외금액	아래참조 *2	MIN[공제가능금액,공제한도]	아래참조 *3	일반공제금액+추가공제금액

▶ *1 공제제외금액 산출 방법

구분	계산식	공제제외금액
최저사용금액 ≤ 15%공제율사용금액	최저사용금액 X 15%	
15%공제율사용금액 < 최저사용금액 ≤ 15%+30%공제율사용금액	㉮X15%+[최저사용금액-㉮]X30%	
15%+30%공제율사용금액 < 최저사용금액 ≤ 15%+30%+40%공제율사용금액	㉮X15%+(㉯+㉰+㉱)X30%+[(최저사용금액-㉮+㉯+㉰+㉱)]X40%	

▶ *2 공제한도 산출 방법

총급여액	공제한도
총급여 7천만원 이하	300만원
총급여 7천만원 초과	250만원

▶ *3 추가공제금액 산출 방법(①+②+③+④)

구분	금액	계산식
① 전통시장 사용분 추가공제금액		MIn[공제가능금액-공제한도(음수이면 0), 300만원] * 총급여 7천만원 초과자의 추가공제한도는 200만원
② 대중교통 이용분 추가공제금액		
③ 도서,공연,박물관,미술관 추가공제금액		

※ 참고사항

1. 신용카드 등 사용금액은 근로기간 중 사용한 금액만 공제대상입니다.
2. 도서.공연비 등 추가공제는 총급여 7천만원 이하자만 가능합니다.
3. 신용카드 등 대상금액은 [신용카드]탭에서 입력합니다.

확인(Esc)

5. [의료비] 탭 – 의료비 세액공제

거주자 본인과 기본공제 대상자(연령요건 ×, 소득금액요건 ×)를 위하여 해당 과세기간에 지출한 공제 대상 의료비(보험회사 등으로부터 지급받은 실손의료보험금은 제외)를 입력한다. 의료비 지출액의 15%(미숙아 등 의료비는 20%, 난임시술비는 30%)에 해당하는 금액은 해당 과세기간의 종합소득 산출세액에서 공제된다. 의료비 지출액을 [의료비] 탭에서 입력하면 [의료비 지급명세서]에 자동으로 반영된다.

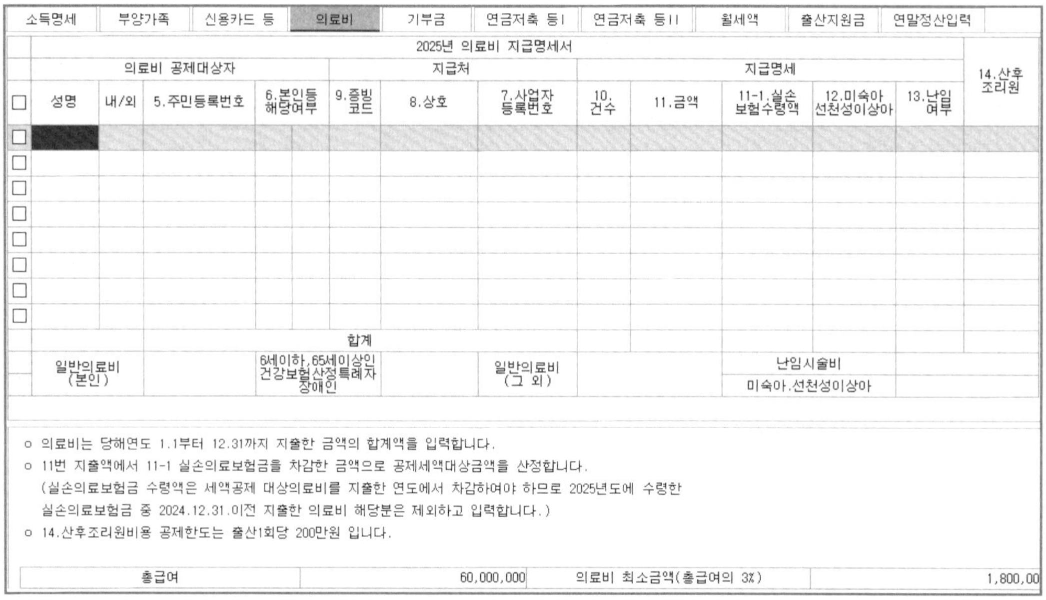

자료 구분		입력 내용
의료비 공제 대상자		[성명]란에서 키보드의 F2를 이용하여 의료비 공제 대상자 선택
지급처	9.증빙코드	의료비 지출증빙에 대해 다음 중 하나를 선택하여 입력 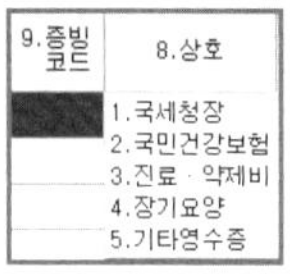
	8.상호	의료기관의 상호 입력
	7.사업자등록번호	의료기관의 사업자등록번호 입력
지급명세	10.건수	의료비 지출 건수를 입력(다만, 국세청장이 제공하는 의료비 자료는 건수를 입력하지 않음)
	11.금액	공제 대상 의료비 중 실손의료보험 수령금액을 차감하지 않은 금액 입력
	11–1. 실손보험 수령액	지출한 의료비 중 실손의료보험 수령금액 입력
	12.미숙아 선천성이상아	미숙아 및 선천성 이상아를 위하여 지급한 의료비에 해당하면 '1.해당', 해당하지 않으면 '2.해당하지 않음' 선택
	13.난임 여부	의료비 중 난임시술비(난임시술 관련 의약품 구입비용 포함)에 해당하면 '1.해당', 해당하지 않으면 '2.해당하지 않음' 선택
14.산후조리원		산후조리원에 산후조리 및 요양의 대가로 지급하는 비용에 해당하면 '1.해당', 해당하지 않으면 '해당하지 않음' 선택

공제 대상 의료비	공제 대상이 아닌 의료비
• 진찰, 진료, 질병 예방을 위하여 의료기관(한의원, 조산원 포함)에 지급하는 비용(의료기관에 지급하는 종합 건강진단비 포함) • 치료, 요양을 위하여 의약품(한약 포함)을 구입하고 지급하는 비용 • 장애인 보장구 및 의사 등의 처방에 따라 의료기기를 직접 구입 또는 임차하기 위하여 지출한 비용 • 시력 보정용 안경, 콘택트렌즈 구입을 위하여 안경사에게 지출한 비용(1인당 연 50만원 이내의 금액) • 보청기 구입을 위하여 지출한 비용 • 라식(레이저각막절삭술)수술비, 임플란트비용 • 산후조리원에 산후조리 및 요양의 대가로 지급하는 비용(출산 1회당 200만원 한도) • 장애인활동지원급여* 비용으로서 실제 지출한 본인부담금	• 미용, 성형수술을 위하여 지출한 비용 • 건강 증진을 위한 의약품(한약 포함)의 구입비용 • 국외소재 의료기관에 지급한 의료비 • 진단서발급비용 • 간병비, 제대혈보관비용 • 실손의료 보험금으로 받은 금액 • 다른 거주자의 부양가족으로 기본공제를 받은 자의 의료비

* 「장애인활동 지원에 관한 법률」에 따라 수급자에게 제공되는 활동보조, 방문목욕, 방문간호 등의 서비스

[의료비] 탭에서 거주자 본인 및 부양가족별로 공제 대상 의료비를 모두 입력한 후 [연말정산입력] 탭에서 상단 툴바의 F8 부양가족탭불러오기 를 클릭하면 [62.의료비]란에 반영된다.

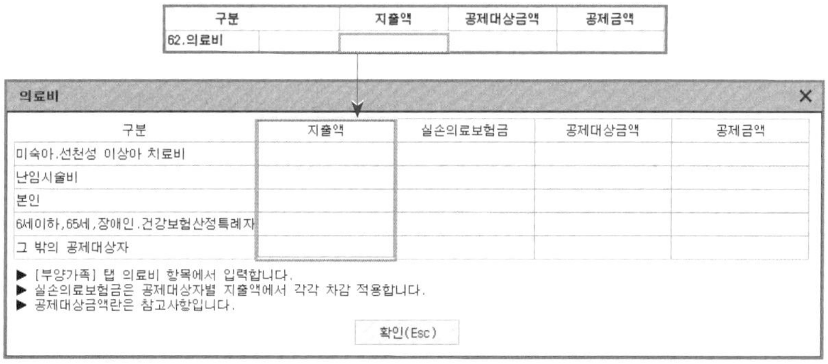

6. [기부금] 탭 – 기부금 세액공제

거주자 본인과 기본공제 대상자(연령요건 ×, 소득금액요건 ○)가 당해 연도에 지출한 기부금에 대하여 거주자 본인이 한도 금액 내의 기부금을 공제받을 수 있다.

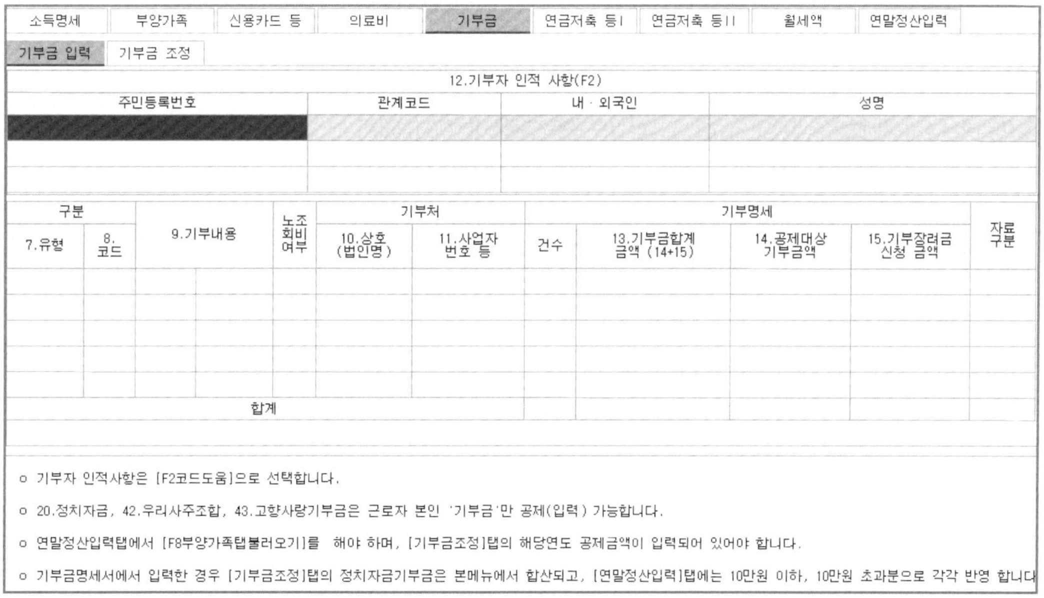

(1) [기부금 입력] 탭

12.기부자 인적 사항(F2)			
주민등록번호	관계코드	내 · 외국인	성명

키보드의 F2를 누르면 나오는 다음의 부양가족코드도움창에서 기부금을 지출한 부양가족을 선택한다.

⇩

구분		9.기부내용	기부처		기부명세				자료구분
7.유형	8.코드		10.상호(법인명)	11.사업자번호 등	건수	13.기부금합계 금액 (14+15)	14.공제대상 기부금액	15.기부장려금 신청 금액	
		합계							

<table>
<tr><th colspan="2">구분</th><th>입력 내용</th></tr>
<tr><td rowspan="2">구분</td><td>7.유형</td><td>키보드의 F2를 누르면 나오는 다음의 기부유형창에서 해당 기부금 선택
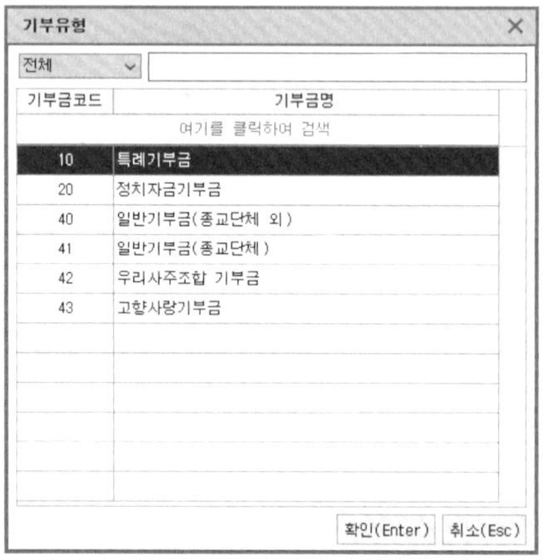
</td></tr>
<tr><td>8.코드</td><td>[7.유형]란을 입력하면 기부금 코드가 자동 반영됨</td></tr>
<tr><td colspan="2">9.기부내용</td><td>금전으로 기부한 경우 '1.금전', 현물로 기부한 경우 '2.현물'을 선택</td></tr>
<tr><td rowspan="2">기부처</td><td>10.상호(법인명)</td><td>기부처의 법인명 등 상호 입력</td></tr>
<tr><td>11.사업자번호 등</td><td>기부처의 사업자 등록번호 등 입력</td></tr>
</table>

기부명세	건수	기부한 건수 입력
	13.기부금 합계 금액 (14+15)	[14.공제 대상 기부금액]과 [15.기부장려금 신청 금액]의 합계 금액이 자동 반영됨
	14.공제 대상 기부금액	공제 대상 기부금 입력
	15.기부장려금 신청 금액	기부금 세액공제를 적용받는 거주자 본인이 기부금에 대한 세액공제 상당액(기부장려금)을 당초 기부금을 받은 자에게 기부할 수 있게끔 신청할 수 있으며 해당 기부장려금을 신청한 금액을 입력
자료구분		기부금에 대한 증빙이 국세청 자료인 경우 '0.국세청', 국세청 이외의 자료인 경우 '1.기타'를 선택

+ 공제 대상 기부금의 종류

구분	기부금의 범위
특례기부금	① 법인세법 · 소득세법상 특례기부금 • 국가나 지방자치단체에 무상으로 기증하는 금품의 가액 • 국방헌금과 국군장병 위문금품의 가액 • 천재지변으로 생기는 이재민을 위한 구호금품의 가액 • 사립학교 등의 법정교육기관(병원은 제외)에 시설비, 교육비, 장학금 또는 연구비로 지출하는 기부금 • 국립대학병원, 국립대학치과병원, 서울대학교병원, 국립암센터 등의 의료기관에 시설비 · 교육비 또는 연구비로 지출하는 기부금 • 사회복지사업을 주된 목적으로 하는 전문모금기관(사회복지공동모금회)에 지급하는 기부금 ② 소득세법에서 추가되는 특례기부금 • 특별재난지역의 복구를 위하여 자원봉사한 경우 그 용역의 가액
정치자금기부금	정치자금법에 따라 정당(후원회, 선거관리위원회 포함)에 기부한 정치자금 [주의] 법인세법상 정치자금기부금은 비지정기부금에 해당함
일반기부금	① 법인세법 · 소득세법상 일반기부금 • 다음의 비영리법인*에 고유 목적 사업비로 지출하는 기부금 * 비영리법인에는 사회복지법인, 종교단체, 「의료법」에 의한 의료기관, 「영유아보육법」 등에 따른 어린이집, 유치원, 「초 · 중등교육법」 및 「고등교육법」에 따른 학교, 정부로부터 인 · 허가받은 학술연구단체, 장학단체, 기술진흥단체, 문화예술단체, 환경보호운동단체가 해당됨 • 학교의 장이 추천하는 개인에게 교육비, 연구비, 장학금으로 지출하는 기부금 • 아동복지시설, 노인복지시설, 장애인복지시설 등 사회복지시설에 무료 · 실비로 이용하는 시설 또는 기관에 기부하는 금품의 가액 • 국민체육진흥기금 · 근로복지진흥기금 · 발명진흥기금 · 과학기술진흥기금 출연금 • 유엔난민기구 등 국제기구에 지출하는 기부금 ② 소득세법에서 추가되는 일반기부금 • 근로자가 노동조합에 납부하는 노동조합비
우리사주조합기부금	우리사주조합원이 아닌 자가 우리사주조합에 지출하는 기부금
고향사랑기부금	「고향사랑 기부금에 관한 법률」에 따라 고향사랑기부금을 지방자치단체에 기부한 금액

꿀팁 소득세법 제34조제2항제1호의 기부금(법정기부금)이 특례기부금으로, 소득세법 제34조제3항제1호의 기부금(지정기부금)이 일반기부금으로 명칭이 개정되었다.

포인트 **기부금 입력 시 주의사항**

- 특례기부금 중 특별재난지역의 복구를 위하여 지출한 자원봉사의 경우 1일(8시간 기준) 8만원씩 적용한다. 예를 들어, 30시간을 봉사할 경우 4일(30/8=3.75일)로 계산하여 32만원(8만원x4일)을 기부금으로 공제받는다.
- 기본공제 대상자인 본인, 배우자, 직계비속의 기부금만 공제 가능한 것이 아니라 직계존속 및 형제 · 자매의 기부금도 공제 가능하다.
- 불우이웃돕기 기부금은 다음과 같이 구분한다.

불우이웃돕기 기부금	기부금의 분류
사회복지공동모금회 등 특례기부금 단체인 전문모금기관 등에 지출하는 기부금	특례기부금
일반기부금 대상 공익법인 등에 대하여 해당 공익법인 등의 고유목적사업비로 지출하는 기부금	일반기부금
열거된 특례기부금 및 일반기부금에 해당하지 않는 경우	비지정기부금

- 부녀회, 향우회, 동문회, 동창회, 종친회, 신용협동조합, 새마을금고* 등에 지출하는 기부금은 공제 대상이 아니다.

  * 새마을금고에 '사랑의 좀도리운동'을 위하여 지출하는 기부금은 일반기부금에 해당함
- 기부금이 한도액을 초과하여 기부금 세액공제를 받지 못한 경우 10년(2013년 1일 1일 이후 지출분부터)간 이월하여 기부금 세액공제를 받을 수 있다.

(2) [기부금 조정] 탭

[기부금 입력] 탭에서 불러온 기부금을 확인한 후 다음의 순서로 세액공제액을 반영한다.

① 기부금 한도 초과로 해당 연도에 공제받지 못한 기부금이 있으면 해당 내용을 추가로 입력하고 화면 우측 상단의 [공제금액계산]을 클릭한다.

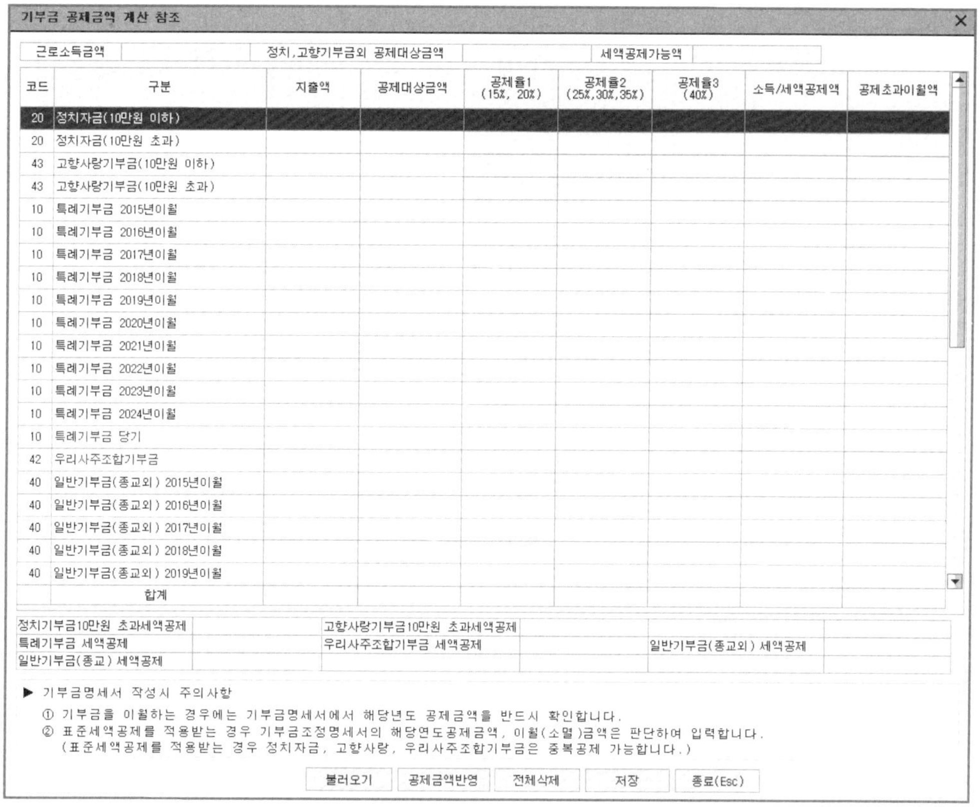
기부금 공제금액 계산 참조

근로소득금액		정치,고향기부금외 공제대상금액		세액공제가능액	

코드	구분	지출액	공제대상금액	공제율1 (15%, 20%)	공제율2 (25%,30%,35%)	공제율3 (40%)	소득/세액공제액	공제초과이월액
20	정치자금(10만원 이하)							
20	정치자금(10만원 초과)							
43	고향사랑기부금(10만원 이하)							
43	고향사랑기부금(10만원 초과)							
10	특례기부금 2015년이월							
10	특례기부금 2016년이월							
10	특례기부금 2017년이월							
10	특례기부금 2018년이월							
10	특례기부금 2019년이월							
10	특례기부금 2020년이월							
10	특례기부금 2021년이월							
10	특례기부금 2022년이월							
10	특례기부금 2023년이월							
10	특례기부금 2024년이월							
10	특례기부금 당기							
42	우리사주조합기부금							
40	일반기부금(종교외) 2015년이월							
40	일반기부금(종교외) 2016년이월							
40	일반기부금(종교외) 2017년이월							
40	일반기부금(종교외) 2018년이월							
40	일반기부금(종교외) 2019년이월							
	합계							

정치기부금10만원 초과세액공제		고향사랑기부금10만원 초과세액공제			
특례기부금 세액공제		우리사주조합기부금 세액공제		일반기부금(종교외) 세액공제	
일반기부금(종교) 세액공제					

▶ 기부금명세서 작성시 주의사항
① 기부금을 이월하는 경우에는 기부금명세서에서 해당년도 공제금액을 반드시 확인합니다.
② 표준세액공제를 적용받는 경우 기부금조정명세서의 해당연도공제금액, 이월(소멸)금액은 판단하여 입력합니다.
(표준세액공제를 적용받는 경우 정치자금, 고향사랑, 우리사주조합기부금은 중복공제 가능합니다.)

불러오기 | 공제금액반영 | 전체삭제 | 저장 | 종료(Esc)

② [기부금 공제금액 계산 참조]의 하단 [불러오기]를 클릭하면 나오는 다음의 창에서 [예(Y)]를 클릭한다.

③ [기부금 공제금액 계산 참조]의 하단 [공제금액반영]을 클릭하면 나오는 다음의 창에서 [예(Y)]를 클릭한다.

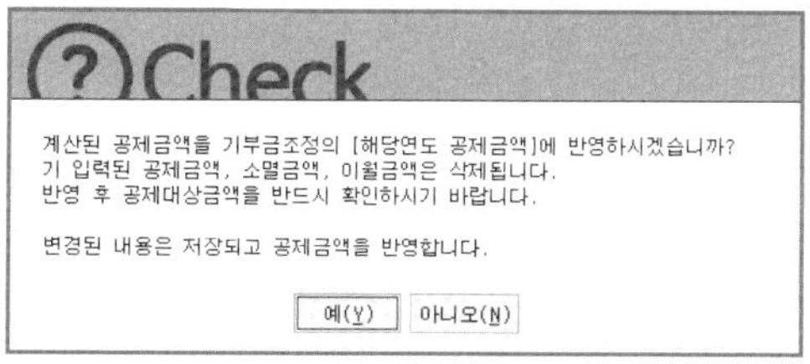

④ [기부금 공제금액 계산 참조]의 하단 [저장]과 [종료(Esc)]를 클릭한다.

⑤ [기부금] 탭에서 거주자 본인 및 부양가족별로 공제 대상 기부금을 모두 입력한 후 [연말정산입력] 탭에서 상단 툴바의 [F8 부양가족탭불러오기]를 클릭하면 [64.기부금]란에 반영된다.

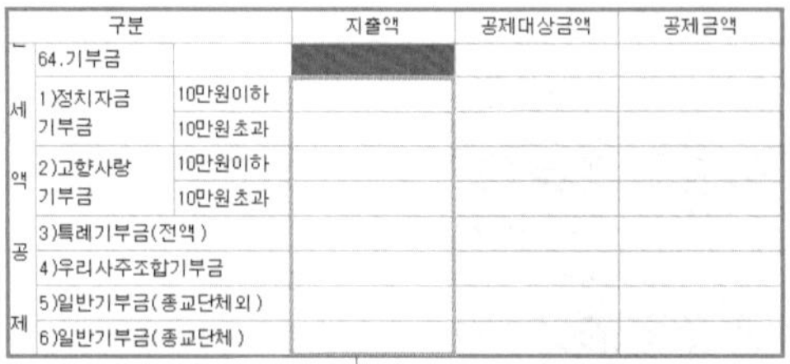

구분			지출액	공제대상금액	공제금액
세액공제	64.기부금				
	1)정치자금 기부금	10만원이하			
		10만원초과			
	2)고향사랑 기부금	10만원이하			
		10만원초과			
	3)특례기부금(전액)				
	4)우리사주조합기부금				
	5)일반기부금(종교단체외)				
	6)일반기부금(종교단체)				

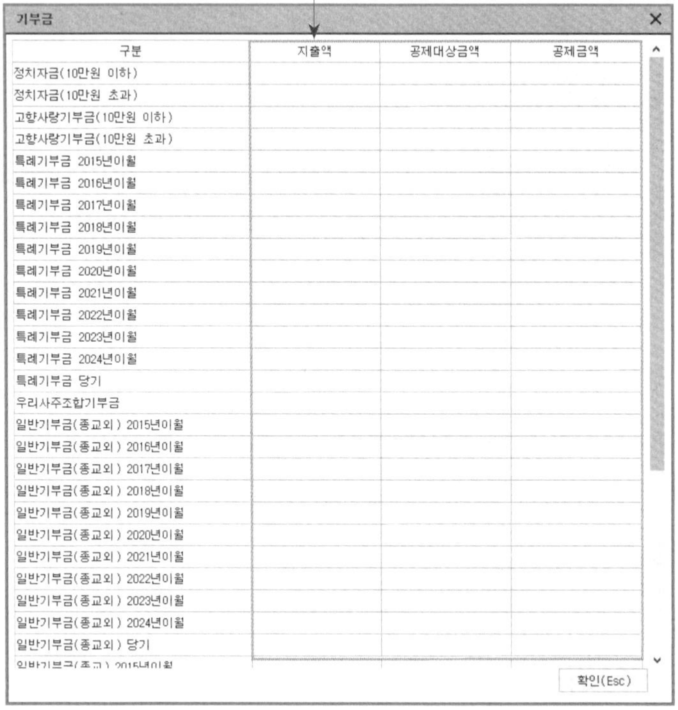

기부금

구분	지출액	공제대상금액	공제금액
정치자금(10만원 이하)			
정치자금(10만원 초과)			
고향사랑기부금(10만원 이하)			
고향사랑기부금(10만원 초과)			
특례기부금 2015년이월			
특례기부금 2016년이월			
특례기부금 2017년이월			
특례기부금 2018년이월			
특례기부금 2019년이월			
특례기부금 2020년이월			
특례기부금 2021년이월			
특례기부금 2022년이월			
특례기부금 2023년이월			
특례기부금 2024년이월			
특례기부금 당기			
우리사주조합기부금			
일반기부금(종교외) 2015년이월			
일반기부금(종교외) 2016년이월			
일반기부금(종교외) 2017년이월			
일반기부금(종교외) 2018년이월			
일반기부금(종교외) 2019년이월			
일반기부금(종교외) 2020년이월			
일반기부금(종교외) 2021년이월			
일반기부금(종교외) 2022년이월			
일반기부금(종교외) 2023년이월			
일반기부금(종교외) 2024년이월			
일반기부금(종교외) 당기			
일반기부금(종교) 2015년이월			

확인(Esc)

7. [연금저축 등Ⅰ] 탭 – 연금 계좌 세액공제, 주택마련저축 소득공제

종합소득이 있는 거주자가 연금저축 계좌와 퇴직연금 계좌에 납입한 금액이 있는 경우 납입금액의 12%[종합소득을 계산할 때 합산하는 종합소득금액이 4,500만원 이하(근로소득만 있는 경우에는 총급여액이 5,500만원 이하)인 거주자는 15%]에 해당하는 금액을 해당 과세기간의 종합소득산출세액에서 공제한다.

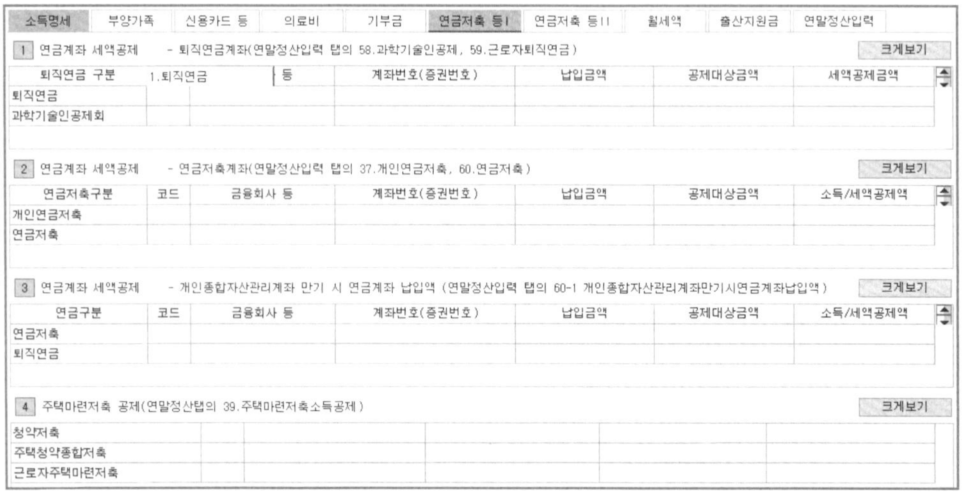

소득명세 | 부양가족 | 신용카드 등 | 의료비 | 기부금 | 연금저축 등Ⅰ | 연금저축 등Ⅱ | 월세액 | 출산지원금 | 연말정산입력

1 연금계좌 세액공제 - 퇴직연금계좌(연말정산입력 탭의 58.과학기술인공제, 59.근로자퇴직연금) 크게보기

퇴직연금 구분	1.퇴직연금	등	계좌번호(증권번호)	납입금액	공제대상금액	세액공제금액
퇴직연금						
과학기술인공제회						

2 연금계좌 세액공제 - 연금저축계좌(연말정산입력 탭의 37.개인연금저축, 60.연금저축) 크게보기

연금저축구분	코드	금융회사 등	계좌번호(증권번호)	납입금액	공제대상금액	소득/세액공제액
개인연금저축						
연금저축						

3 연금계좌 세액공제 - 개인종합자산관리계좌 만기 시 연금계좌 납입액 (연말정산입력 탭의 60-1 개인종합자산관리계좌만기시연금계좌납입액) 크게보기

연금구분	코드	금융회사 등	계좌번호(증권번호)	납입금액	공제대상금액	소득/세액공제액
연금저축						
퇴직연금						

4 주택마련저축 공제(연말정산탭의 39.주택마련저축소득공제) 크게보기

청약저축					
주택청약종합저축					
근로자주택마련저축					

(1) 퇴직연금 계좌 납입액 세액공제 – 퇴직연금 계좌([연말정산입력] 탭의 59.근로자퇴직연금)

「근로자퇴직급여보장법」에 의한 확정기여형 퇴직연금에 가입하여 근로자가 부담하는 부담금을 입력한다. 해당 금액은 [퇴직연금 구분]란에서 '1.퇴직연금'을 선택하고, [금융회사 등]–[코드]란에서 키보드의 F2를 눌러 해당 금융회사를 선택한 후 계좌번호와 납입금액을 입력하면 [연말정산입력] 탭의 [59.근로자퇴직연금]란에 자동 반영된다.

1 연금계좌 세액공제 – 퇴직연금계좌(연말정산입력 탭의 58.과학기술인공제, 59.근로자퇴직연금) 크게보기

퇴직연금 구분	코드	금융회사 등	계좌번호(증권번호)	납입금액	공제대상금액	세액공제금액
1.퇴직연금	1.퇴직연금 2.과학기술인공제회					
퇴직연금						
과학기술인공제회						

(2) 연금 계좌 납입액 세액공제 – 연금저축 계좌(연말정산입력 탭의 60.연금저축)

2001년 1월 1일 이후에 연금저축에 가입한 거주자로 소득자 본인 명의로 가입한 경우 당해 연도 저축불입액 총액을 입력한다. [연금저축구분]란에서 '2.연금저축'을 선택하고, [금융회사 등]–[코드]란에서 키보드의 F2를 눌러 해당 금융회사를 선택한 후 계좌번호와 납입금액을 입력하면 [연말정산입력] 탭의 [60.연금저축]란에 자동으로 반영된다.

2 연금계좌 세액공제 – 연금저축계좌(연말정산입력 탭의 38.개인연금저축, 60.연금저축) 크게보기

연금저축구분	코드	금융회사 등	계좌번호(증권번호)	납입금액	공제대상금액	소득/세액공제액
	1.개인연금저축 2.연금저축					
개인연금저축						
연금저축						

꿀팁 연금저축은 근로자 본인이 가입하여야 하며, 배우자 또는 부양가족 명의로 가입한 것은 공제 대상이 아니다.

(3) 연금 계좌 납입액 세액공제 – ISA 만기 시 연금 계좌 납입액(연말정산입력 탭의 60–1, ISA 만기 시 연금 계좌)

ISA(개인종합자산관리계좌)의 만기 자금을 연금저축이나 개인형 퇴직연금(IRP)에 이체한 금액을 입력한다. [금융회사 등]–[코드]란에서 키보드의 F2를 눌러 해당 금융회사를 선택한 후 계좌번호와 납입금액을 입력하면 [연말정산입력] 탭의 [60–1. ISA연금 계좌전환]란에 자동으로 반영된다.

3 연금계좌 세액공제 – 개인종합자산관리계좌 만기 시 연금계좌 납입액 (연말정산입력 탭의 60-1 개인종합자산관리계좌만기시연금계좌납입액) 크게보기

연금구분	코드	금융회사 등	계좌번호(증권번호)	납입금액	공제대상금액	소득/세액공제액
	1.연금저축 2.퇴직연금					
연금저축						
퇴직연금						

개정세법 반영

(4) 주택마련저축공제(연말정산 탭의 40.주택마련저축소득공제)

총급여 7,000만원 이하 근로자인 무주택 세대주 및 그 배우자가 '1.청약저축', '2.주택청약종합저축', '3.근로자주택마련저축'에 납입한 금액을 입력하면 [연말정산입력] 탭의 [40.주택마련저축소득공제]란에 소득공제액(불입액의 40%)이 자동 반영된다. 다만, 연간 납입금액이 300만원을 초과하는 경우 그 초과하는 금액은 없는 것으로 한다.

4 주택마련저축 공제(연말정산탭의 40.주택마련저축소득공제) 원래크기(Esc)

저축구분	코드	금융회사 등	계좌번호(증권번호)	납입금액	소득공제금액
	1.청약저축 2.주택청약종합저축 3.근로자주택마련저축				

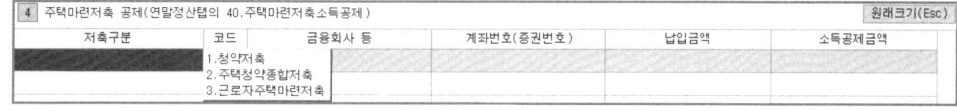

꿀팁 주택마련저축은 근로자 본인과 배우자가 가입하여야 하며, 근로자 본인과 배우자 이외 부양가족 명의로 가입한 것은 공제 대상이 아니다.

8. [월세액] 탭 – 월세액 세액공제, 거주자 간 주택임차차입금 원리금 상환액 소득공제

소득명세	부양가족	신용카드 등	의료비	기부금	연금저축 등I	연금저축 등II	월세액	연말정산입력

1 월세액 세액공제 명세(연말정산입력 탭의 70.월세액) 크게보기

임대인명 (상호)	주민등록번호 (사업자번호)	유형	계약 면적(㎡)	임대차계약서 상 주소지	계약서상 임대차 계약기간			연간 월세액	공제대상금액	세액공제금액
					개시일	~	종료일			

2 거주자간 주택임차차입금 원리금 상환액 소득공제 명세(연말정산입력 탭 34.주택차입금원리금상환액의 거주자)

1) 금전소비대차 계약내용 크게보기

대주	주민등록번호	금전소비대차 계약기간	차입금 이자율	원리금 상환액			공제금액
				원금	이자	계	

2) 임대차 계약내용 크게보기

임대인명 (상호)	주민등록번호 (사업자번호)	유형	계약 면적(㎡)	임대차계약서 상 주소지	계약서상 임대차 계약기간			전세보증금
					개시일	~	종료일	

(1) 월세액 세액공제 명세

과세기간 종료일 현재 총급여액이 8,000만원 이하(해당 과세기간의 종합소득금액 7,000만원 초과자 제외)의 무주택 세대주* 와 일정한 외국인으로서 국민주택규모(오피스텔 및 고시원 포함)이거나 기준시가 4억원 이하의 주택를 임차하고 월세를 지급하는 경우 월세 지급액을 입력하면 월세 지급액의 15%[총급여액이 5,500만원 이하(해당 과세기간의 종합소득금액이 4,500만원 초과자 제외)인 경우는 17%]가 [연말정산입력] 탭의 [70.월세액]란에 자동으로 반영된다. 다만, 월세 지급액이 연 1,000만원을 초과하는 경우에는 그 초과하는 금액은 없는 것으로 한다.

* 무주택 세대주는 세대주가 주택 관련 공제를 받지 않은 경우 세대구성원 중 근로소득이 있는 자도 공제 가능하며 해당 거주자 또는 해당 거주자의 기본공제 대상자가 임대차 계약을 체결해야 한다.

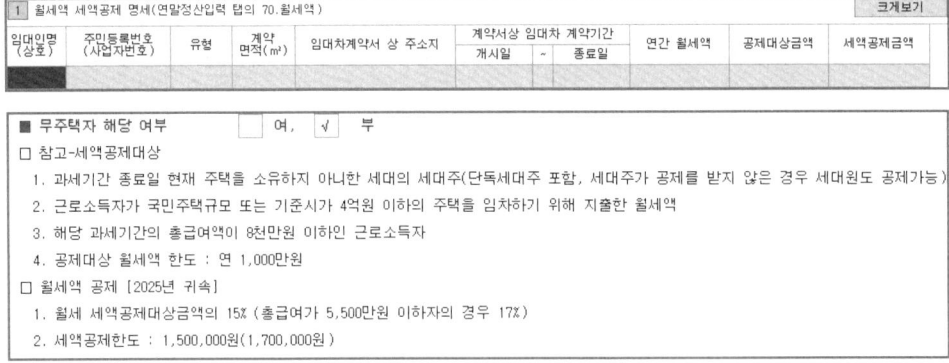

1 월세액 세액공제 명세(연말정산입력 탭의 70.월세액) 크게보기

임대인명 (상호)	주민등록번호 (사업자번호)	유형	계약 면적(㎡)	임대차계약서 상 주소지	계약서상 임대차 계약기간			연간 월세액	공제대상금액	세액공제금액
					개시일	~	종료일			

■ 무주택자 해당 여부 [ ] 여, [√] 부

□ 참고-세액공제대상

1. 과세기간 종료일 현재 주택을 소유하지 아니한 세대의 세대주(단독세대주 포함, 세대주가 공제를 받지 않은 경우 세대원도 공제가능)
2. 근로소득자가 국민주택규모 또는 기준시가 4억원 이하의 주택을 임차하기 위해 지출한 월세액
3. 해당 과세기간의 총급여액이 8천만원 이하인 근로소득자
4. 공제대상 월세액 한도 : 연 1,000만원

□ 월세액 공제 [2025년 귀속]

1. 월세 세액공제대상금액의 15% (총급여가 5,500만원 이하자의 경우 17%)
2. 세액공제한도 : 1,500,000원(1,700,000원)

(2) 거주자 간 주택임차차입금 원리금 상환액 소득공제 명세

과세기간 종료일 현재 주택을 소유하지 않은 세대의 세대주(세대주가 주택 관련 공제를 받지 않은 경우 세대구성원 중 근로소득이 있는 자도 공제 가능)와 외국인으로서 일정한 근로소득이 있는 거주자가 국민주택규모 이하의 주택(오피스텔 포함)을 임차하기 위해 대부업 등을 경영하지 않는 거주자로부터 차입하고 주택임차차입금 원리금을 지급하는 경우에는 해당 금액을 입력하면 [연말정산입력] 탭의 [34.주택차입금 원리금 상환액 – 거주자]란에 지출액과 공제금액이 자동으로 반영된다. 단, 근로자 본인의 총급여액이 5,000만원 이하인 경우에만 한한다.

2 거주자간 주택임차차입금 원리금 상환액 소득공제 명세(연말정산입력 탭 34.주택차입금원리금상환액의 거주자)

1) 금전소비대차 계약내용 크게보기

대주	주민등록번호	금전소비대차 계약기간	차입금 이자율	원리금 상환액			공제금액
				원금	이자	계	

2) 임대차 계약내용 크게보기

임대인명 (상호)	주민등록번호 (사업자번호)	유형	계약 면적(㎡)	임대차계약서 상 주소지	계약서상 임대차 계약기간			전세보증금
					개시일	~	종료일	

9. [출산지원금] 탭

[급여자료입력] 메뉴에서 출산지원금을 입력하는 경우 [출산지원금] 탭에서 자동으로 반영된다. 코드도움(F2)을 이용하여 출산지원금을 받은 자녀를 선택하거나 직접 입력한다.

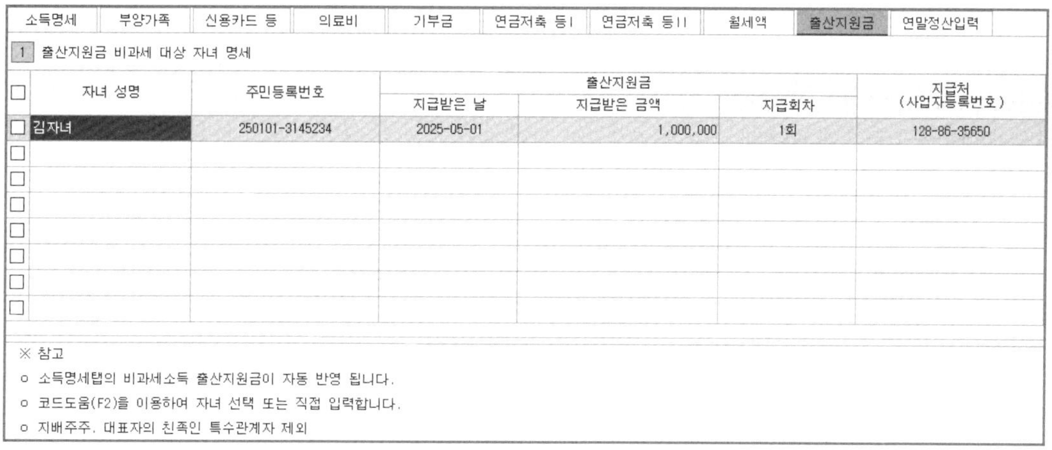

10. [연말정산입력] 탭

다음의 탭에서 거주자 본인과 부양가족에 대한 각종 세액공제와 소득공제에 대한 지출액 등을 입력하고 [연말정산입력] 탭 상단 툴바의 F8 부양가족탭불러오기 를 클릭하여 각종 세액공제와 소득공제에 대한 지출액, 공제 대상금액 및 공제 금액을 불러온다.

구분	불러올 내용
[소득명세] 탭	종(전)근무지 근로소득, 4대보험 근로자 부담분, 기납부세액 등
[부양가족] 탭	부양가족, 보장성 보험료 세액공제, 교육비 세액공제
[신용카드 등] 탭	신용카드 등 사용금액에 대한 소득공제
[의료비] 탭	의료비 세액공제
[기부금] 탭	기부금 세액공제
[연금저축 등 I] 탭	연금 계좌 세액공제, 주택마련저축 소득공제
[월세액] 탭	월세액 세액공제, 거주자 간 주택임차차입금 원리금 상환액 소득공제

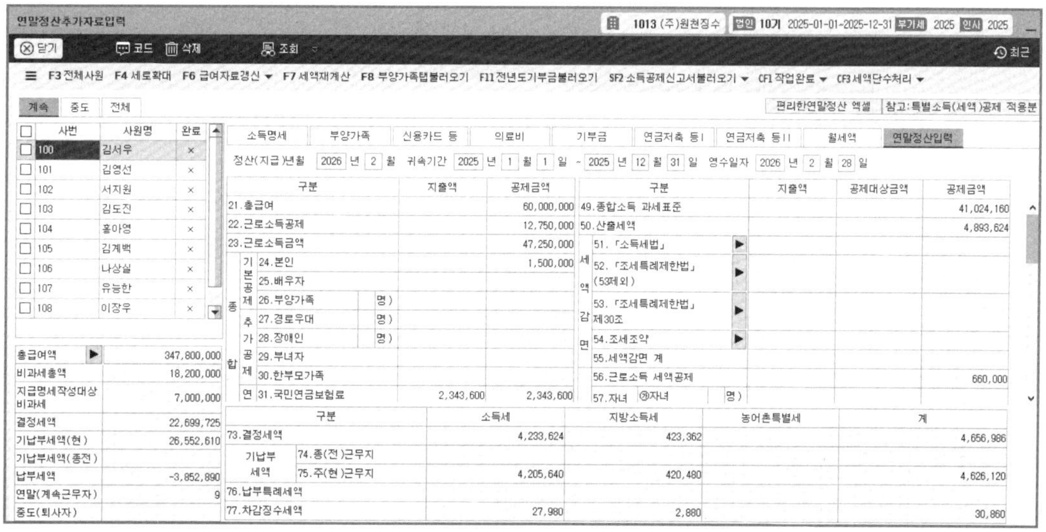

(1) **21.총급여**

[급여자료입력] 메뉴에서 입력한 총급여액이 자동 반영된다.

(2) **22.근로소득공제/23.근로소득금액**

[21.총급여액]란의 금액에 따라 근로소득공제 금액이 [22.근로소득공제]란에, [21.총급여액]란에서 [22.근로소득공제]란을 차감한 금액이 [23.근로소득금액]란에 자동 반영된다.

(3) **기본공제/추가공제/57.자녀 세액공제**

[사원등록] 메뉴의 [부양가족명세] 탭에서 입력한 내용이 자동 반영된다.

(4) **31.국민연금보험료/국민연금보험료(지역)**

[급여자료입력] 메뉴 중 [국민연금]란에 입력한 금액이 [31.국민연금보험료]란에 자동으로 집계된다. 국민연금, 건강보험(장기요양)의 지역 납입액은 [부양가족] 탭의 해당 [보험료 정산]란에 직접 입력한다.

보험료

구분	지출액	공제금액
국민연금보험료	2,343,600	2,343,600
국민연금보험료(지역)		
건강보험료	1,836,000	1,992,240
건강보험료-소득월액(지역)		
장기요양보험료	156,240	
장기요양보험료-소득월액(지역)		

▶국민연금, 건강보험(장기요양)의 지역 납입액은 [부양가족소득공제]탭의 해당 보험료 정산란에 입력합니다.

확인(Esc)

(5) **33.보험료**

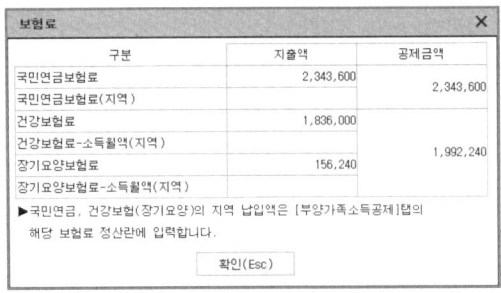

건강보험료, 장기요양보험료, 고용보험료 금액은 [급여자료입력] 메뉴의 내용이 자동 반영되어 집계된다.

(6) **34.주택차입금 원리금 상환액**

과세기간 종료일에 주택을 소유하지 않은 세대의 세대주(세대주가 주택 관련 공제를 받지 않은 경우 세대구성원 중 근로소득이 있는 자도 가능)로서 근로소득이 있는 거주자가 국민주택규모의 주택(오피스텔 포함)을 임차하기 위해 대출기관으로부터 차입한 주택임차차입금 원리금을 지급하는 경우 그 금액의 40%에 해당하는 금액을 해당 과세기간의 근로소득금액에서 공제한다.

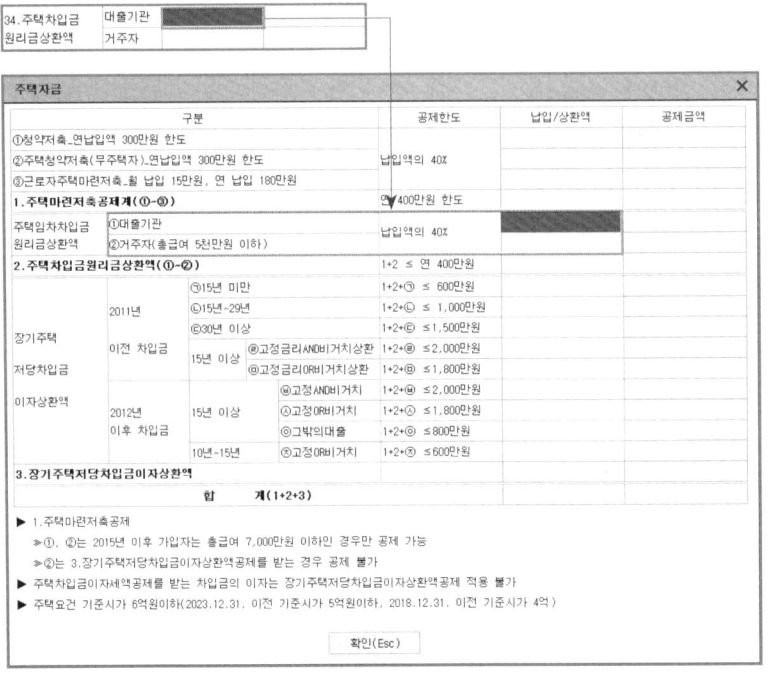

34.주택차입금 원리금상환액	대출기관		
	거주자		

주택자금

구분				공제한도	납입/상환액	공제금액
①청약저축_연납입액 300만원 한도				납입액의 40%		
②주택청약저축(무주택자)_연납입액 300만원 한도						
③근로자주택마련저축_월 납입 15만원, 연 납입 180만원						
1.주택마련저축공제계(①~③)				연 400만원 한도		
주택임차차입금 원리금상환액	①대출기관			납입액의 40%		
	②거주자(총급여 5천만원 이하)					
2.주택차입금원리금상환액(①~②)				1+2 ≤ 연 400만원		
장기주택 저당차입금 이자상환액	2011년 이전 차입금	㉠15년 미만		1+2+㉠ ≤ 600만원		
		㉡15년~29년		1+2+㉡ ≤ 1,000만원		
		㉢30년 이상		1+2+㉢ ≤1,500만원		
		15년 이상	㉣고정금리AND비거치상환	1+2+㉣ ≤2,000만원		
			㉤고정금리OR비거치상환	1+2+㉤ ≤1,800만원		
	2012년 이후 차입금	15년 이상	㉥고정AND비거치	1+2+㉥ ≤2,000만원		
			㉦고정OR비거치	1+2+㉦ ≤1,800만원		
			㉧그밖의대출	1+2+㉧ ≤800만원		
		10년~15년	㉨고정OR비거치	1+2+㉨ ≤600만원		
3.장기주택저당차입금이자상환액						
합 계(1+2+3)						

▶ 1.주택마련저축공제

≫①, ②는 2015년 이후 가입자는 총급여 7,000만원 이하인 경우만 공제 가능

≫②는 3.장기주택저당차입금이자상환액공제를 받는 경우 공제 불가

▶ 주택차입금이자세액공제를 받는 차입금의 이자는 장기주택저당차입금이자상환액공제 적용 불가

▶ 주택요건 기준시가 6억원이하(2023.12.31. 이전 기준시가 5억원이하, 2018.12.31. 이전 기준시가 4억)

확인(Esc)

꿀팁 [34.주택차입금 원리금 상환액－②거주자]란은 [월세액] 탭의 '거주자 간 주택임차차입금 원리금 상환액 소득공제 명세'에서 입력한 금액에 대한 공제금액이 자동 반영된다. 즉, 대출기관에서 차입한 금액만 직접 입력하면 된다.

(7) 34.장기주택 저당차입금 이자 상환액

근로소득이 있는 거주자로서 주택을 소유하지 않거나 1주택을 보유한 세대의 세대주(세대주가 주택 관련 공제를 받지 않은 경우 세대구성원 중 근로소득이 있는 자도 가능)가 취득 당시 주택의 기준시가 6억원 이하인 주택을 취득하기 위하여 그 주택에 저당권을 설정하고 금융회사 등으로부터 차입한 장기주택 저당차입금의 이자를 지급하였을 때에는 해당 과세기간에 지급한 이자상환액을 그 과세기간의 근로소득금액에서 공제한다. 장기주택 저당차입금의 차입연도와 상환기간 및 상환방식에 따라 해당 칸에 이자상환액을 입력한다.

34.장기주택저당차입금이자상

주택자금

구분	공제한도	납입/상환액	공제금액
①청약저축_연납입액 300만원 한도	납입액의 40%		
②주택청약저축(무주택자)_연납입액 300만원 한도			
③근로자주택마련저축_월 납입 15만원, 연 납입 180만원			
1.주택마련저축공제계(①~③)	연 400만원 한도		
주택임차차입금 원리금상환액 ①대출기관	납입액의 40%		
주택임차차입금 원리금상환액 ②거주자(총급여 5천만원 이하)			
2.주택차입금원리금상환액(①~②)	1+2 ≤ 연 400만원		
장기주택 저당차입금 이자상환액 2011년 이전 차입금 ㉠15년 미만	1+2+㉠ ≤ 600만원		
2011년 이전 차입금 ㉡15년~29년	1+2+㉡ ≤ 1,000만원		
2011년 이전 차입금 ㉢30년 이상	1+2+㉢ ≤1,500만원		
2011년 이전 차입금 15년 이상 ㉣고정금리AND비거치상환	1+2+㉣ ≤2,000만원		
2011년 이전 차입금 15년 이상 ㉤고정금리OR비거치상환	1+2+㉤ ≤1,800만원		
2012년 이후 차입금 15년 이상 ㉥고정AND비거치	1+2+㉥ ≤2,000만원		
2012년 이후 차입금 15년 이상 ㉦고정OR비거치	1+2+㉦ ≤1,800만원		
2012년 이후 차입금 15년 이상 ㉧그밖의대출	1+2+㉧ ≤800만원		
2012년 이후 차입금 10년~15년 ㉨고정OR비거치	1+2+㉨ ≤600만원		
3.장기주택저당차입금이자상환액			
합 계(1+2+3)			

▶ 1.주택마련저축공제

≫①, ②는 2015년 이후 가입자는 총급여 7,000만원 이하인 경우만 공제 가능

≫②는 3.장기주택저당차입금이자상환액공제를 받는 경우 공제 불가

▶ 주택차입금이자세액공제를 받는 차입금의 이자는 장기주택저당차입금이자상환액공제 적용 불가

▶ 주택요건 기준시가 6억원이하(2023.12.31. 이전 기준시가 5억원이하, 2018.12.31. 이전 기준시가 4억)

확인(Esc)

개정세법 반영

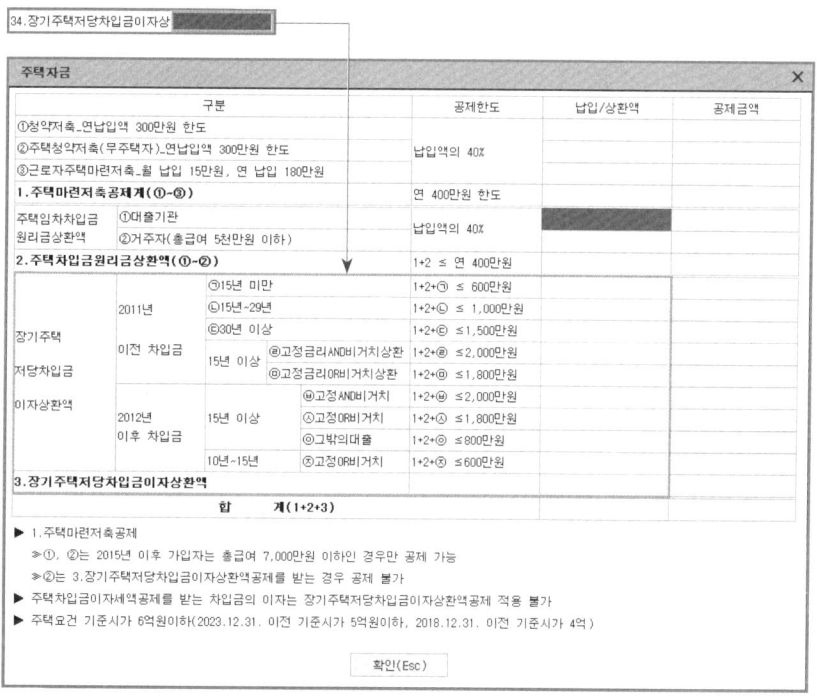

주택자금 소득공제 및 월세액 세액공제 대상자 요건

구분	요건 및 입력경로
주택마련저축	• 총급여액 7,000만원 이하 무주택 세대주와 그 배우자 ⇨ [연금저축 등 I] 탭－[주택마련저축 공제]란에 입력
월세액 세액공제	• 총급여액 8,000만원(해당 과세기간의 종합소득금액 7,000만원 초과자 제외) 이하 무주택 세대주* • 국민주택규모 또는 기준시가 4억원 이하의 주택 임차 ⇨ [월세액] 탭－[월세액 세액공제 명세]란에 입력
주택임차차입금 원리금 상환액	• 무주택 세대주* • 국민주택규모 이하의 주택 임차 • 거주자에게 차입한 경우 총급여액 5,000만원 이하인 자 ⇨ 대출기관 차입: [연말정산입력] 탭－[34.주택차입금 원리금 상환액]란에 입력 ⇨ 거주자 차입: [월세액] 탭－[거주자 간 주택임차차입금 원리금 상환액 소득공제 명세]란에 입력
장기주택 저당차입금 이자 상환액	• 무주택(또는 1주택) 세대주* • 취득 당기 기준시가 6억원 이하의 주택 임차 ⇨ [연말정산입력] 탭－[34.장기주택 저당차입금 이자 상환액]란에 입력

* 세대주가 주택 관련 공제를 받지 않은 경우 세대구성원 중 근로소득이 있는 자도 공제 가능하다.

연말정산 요약

• 물적공제의 적용요건 요약

구분	연령요건	소득금액요건	근로기간 지출액만 공제	비고
보험료 공제	○	○	○	
장애인보장성 보험료 공제	×	○	○	
기부금 공제	×	○	×	
교육비 공제	×	○	○	직계존속 ×, 국외 교육비 ○
장애인 특수 교육비 공제	×	×	○	직계존속 ○
신용카드 등 소득공제	×	○	○	형제 · 자매 ×, 국외 사용액 ×
의료비 공제	×	×	○	국외 의료비 ×
주택자금 공제	–	–	○	본인 명의 지출분만 공제
연금저축 공제	–	–	×	본인 명의 지출분만 공제

• 근로자 본인 명의로 지급한 금액만 공제가능한 항목: 정치자금기부금, 고향사랑기부금, 대학원 교육비, 직업능력훈련기관의 교육비, 교육비 중 학자금 대출의 원리금 상환액, 연금저축과 퇴직연금불입액
• [연말정산 추가자료입력] 메뉴에서 한도 내 금액을 입력해야 하는 항목

구분	한도
산후조리원 비용	출산 1회당 한도 200만원
중 · 고등학생 교복 구입비, 시력 보정용 안경, 콘택트렌즈 구입비	1인당 연간 50만원
초 · 중 · 고등학생의 체험학습비	1인당 연간 30만원
신용카드 등으로 결제한 중고자동차 구입비용	중고자동차 구입비용×10%

연습문제

다음 자료를 (주)원천징수(회사코드: 1013)의 사원등록 메뉴와 연말정산 추가자료입력 메뉴에 입력하시오.

[1] 김서우(사원번호 100번, 세대주) 씨의 다음 자료를 참고하여 사원등록 메뉴의 부양가족명세 탭과 연말정산 추가자료입력 메뉴를 입력하시오(단, 주민등록번호는 모두 올바른 것으로 가정하며, 기본공제 대상자가 아닌 경우에도 '부양가족명세'에 입력할 것). 기출 71회 수정

1. 부양가족명세: 김서우 씨와 생계를 같이 하는 동거가족은 다음과 같다. 배우자는 전업주부로서 소득이 없으며, 장남은 고등학생으로 일당 8만원씩 60일간의 일용근로소득이 있다. 장녀는 중학생이고, 소득이 없다. 부친과 모친의 경우 주거형편상 2024년 10월 5일에 이사를 했으며 소득은 없다. 가족관계증명서 외에 동생인 김서원(820808 – 2153201, 소득 없음)이 생계를 같이 하고 있다.

가족관계증명서

등록기준지	서울시 영등포구 신길동 신길아파트 103호

구분	성명	출생연월일	주민등록번호	성별
본인	김서우	1972년 12월 1일	721201 – 1124583	남

가족사항

구분	성명	출생연월일	주민등록번호	성별
부	김일광	1946년 5월 16일	460516 – 1051326	남
모	최애순	1952년 8월 19일	520819 – 2017623	여
배우자	이은미	1979년 1월 11일	790111 – 2101011	여
자녀	김서수	2006년 11월 20일	061120 – 3051312	남
자녀	김서희	2012년 8월 1일	120801 – 4105121	여

2. 다음의 자료는 총급여에 포함되어 있지 않다.
- 2025년 귀속분 김서우 씨에 대한 소득처분(상여)금액 3,000,000원이 발생하였다.

3. 추가자료: 다음은 홈택스에서 조회한 자료이다. 김서우 씨가 공제 가능한 모든 공제를 적용받고자 한다.

과목	명세	금액	비고
보험료	본인(김서우)의 자동차 손해보험료	900,000원	
	장남(김서수)의 생명보험료	1,200,000원	
의료비	부친(김일광)의 관절 치료비	2,000,000원	실손보험수령액 500,000원 포함
	장남(김서수)의 치아미백 수술비	1,100,000원	
	동생(김서원)의 성형 수술비	3,000,000원	치료 목적
교육비	배우자(이은미) 대학원 수업료	7,400,000원	
	본인(김서우)의 직업능력개발훈련시설 수강료	1,500,000원	근로자 수강지원금 500,000원 포함
	장녀(김서희) 초등학교 수업료	1,800,000원	체험학습비 500,000원과 교복 구입비 300,000원 포함
기부금	본인(김서우)	5,000,000원	한국세무사회 공익재단 (일반기부금 단체) 성금
	장남(김서수)	500,000원	국군장병 위문금품
	동생(김서원)	3,000,000원	종교단체 기부금

4. 기타 자료(월세자료)
- 아래는 김서우 씨가 거주하는 아파트의 월세계약서의 일부이다.
- 김서우 씨는 무주택 세대주이다.
- 월세액을 지급하였다는 것은 이체확인서로 확인되었다.

부동산 월세계약서

본 부동산에 대하여 임대인과 임차인 쌍방은 다음과 같이 합의하여 임대차 계약을 체결한다.

1. 부동산의 표시

소재지	서울시 영등포구 신길동 신길아파트 103호					
건물	구조	철근콘크리트	용도		면적	69m^2
임대 부분	상동 소재지 전부					

2. 계약내용

제1조 위 부동산의 임대차 계약에 있어 임차인은 보증금 및 차임을 아래와 같이 지불하기로 한다.

보증금	일금 원정 (₩ 50,000,000)
계약금	일금 원정 (₩ ____________)은 계약 시에 지불하고 영수한다.
중도금	일금 원정 (₩ ____________)은 20 년 월 일에 지불하며
잔금	일금 원정 (₩ 50,000,000)은 2025년 2월 1일에 지불한다.
차임	일금 원정 (₩ 1,200,000)은 매월 1일에 선불로 지불한다.

제2조 임대인은 위 부동산을 임대차 목적대로 사용 수익할 수 있는 상태로 하여 2025년 2월 1일까지 임차인에게 인도하며, 임대차 기간은 인도일로부터 2027년 1월 31일까지 24개월로 한다.

… 중략 …

임대인: 주인장 (580422 – 1068544) (인)

| 풀이 |

1. [사원등록] – [부양가족명세] 탭

기본사항 | 부양가족명세 | 추가사항

연말관계	성명	내/외국인	주민(외국인,여권)번호	나이	기본공제	부녀자	한부모	경로우대	장애인	자녀	출산입양	위탁관계
0	김서우	내	1 721201-1124583	53	본인							
1	김일광	내	1 460516-1051326	79	60세이상			○				
1	최애순	내	1 520819-2017623	73	60세이상			○				
3	이은미	내	1 790111-2101011	46	배우자							
4	김서수	내	1 061120-3051312	19	20세이하					○		
4	김서희	내	1 120801-4105121	13	20세이하					○		
6	김서원	내	1 820808-2153201	43	부							

※ 연말관계 : 0.소득자 본인, 1.소득자의 직계존속, 2.배우자의 직계존속, 3.배우자, 4.직계비속(자녀+입양자)
5.직계비속(4 제외), 6. 형제자매, 7.수급자(1~6 제외),
8.위탁아동(만 18세 미만, 보호기간 연장 시 20세 이하/직접선택)

◆ 부양가족 공제 현황

1. 기본공제 인원 (세대주 구분 1 세대주)

본인	○	배우자	유	20세 이하	2	60세 이상	2

2. 추가공제 인원

경로 우대	2	장 애 인		부 녀 자	부
한 부 모	부	출산입양자			

3. 자녀세액공제 인원

자녀세액공제	2

◆ 자녀세액공제는 8세 이상 20세 이하의 자녀인 경우 공제 받을 수 있습니다.

• 동생(김서원)은 연령요건을 충족하지 못하므로 기본공제 ×

2. [연말정산 추가자료입력] – [소득명세] 탭

소득명세 | 부양가족 | 신용카드 등 | 의료비 | 기부금 | 연금저축 등I | 연금저축 등II | 월세액 | 출산지원금 | 연말정산입력

	구분	합계	주(현)	납세조합	종(전) [1/1]
소득명세	9.근무처명		(주)원천징수		
	9-1.종교관련 종사자		부		
	10.사업자등록번호		128-86-35650		
	11.근무기간		2025-01-01 ~ 2025-12-31		
	12.감면기간				
	13-1.급여(급여자료입력)	60,000,000	60,000,000		
	13-2.비과세한도초과액				
	13-3.과세대상추가(인정상여추가)	3,000,000	3,000,000		
	14.상여				
	15.인정상여				
	15-1.주식매수선택권행사이익				
	15-2.우리사주조합 인출금				
	15-3.임원퇴직소득금액한도초과액				
	15-4.직무발명보상금				
	16.계	63,000,000	63,000,000		
	18.국외근로				

13-3.과세대상추가(인정상여추가분) ✕

과세대상추가분	
인정상여추가분	3,000,000
합 계	3,000,000

확인(Tab) 취소(Esc)

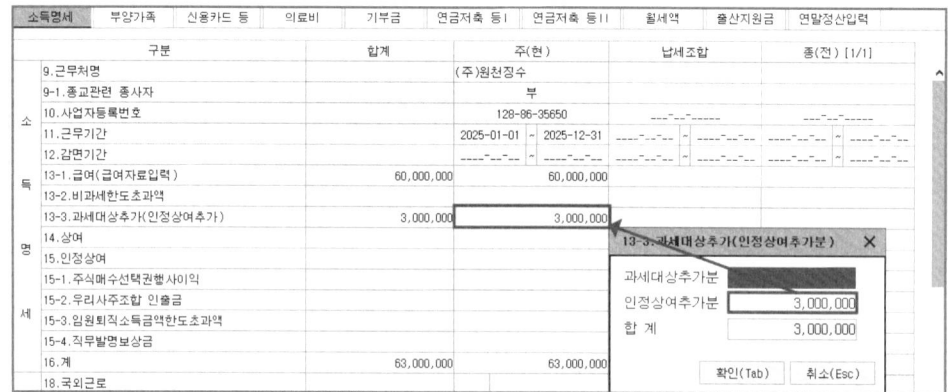

• 주(현) 의 [13-3.과세 대상 추가(인정상여 추가)]란을 클릭하면 나오는 창의 [인정상여 추가분]란에 3,000,000원 입력

3. [연말정산 추가자료입력]–[부양가족] 탭–보장성 보험료

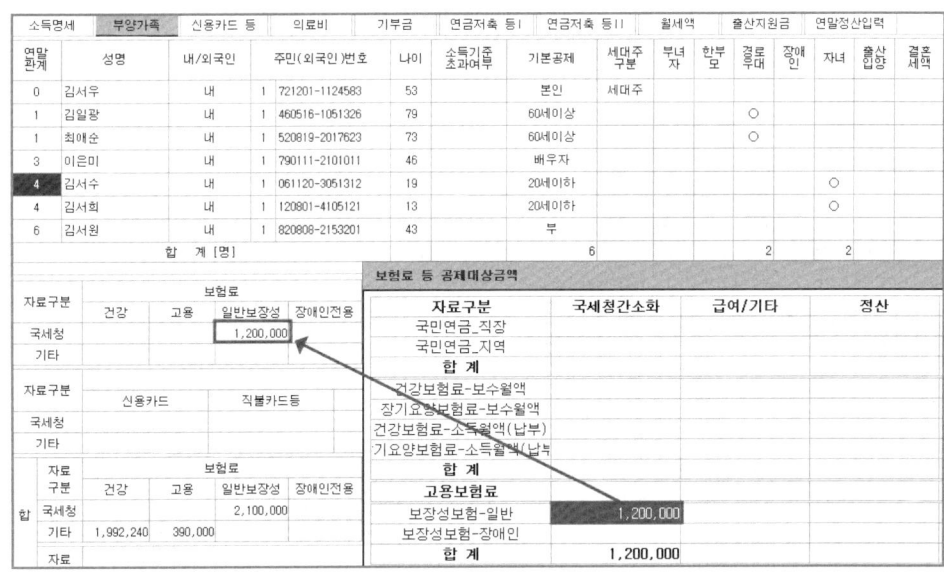

① 본인 김서우

소득명세 | 부양가족 | 신용카드 등 | 의료비 | 기부금 | 연금저축 등I | 연금저축 등II | 월세액 | 출산지원금 | 연말정산입력

연말관계	성명	내/외국인		주민(외국인)번호	나이	소득기준초과여부	기본공제	세대주구분	부녀자	한부모	경로우대	장애인	자녀	출산입양	결혼세액
0	김서우	내	1	721201-1124583	53		본인	세대주							
1	김일광	내	1	460516-1051326	79		60세이상				○				
1	최애순	내	1	520819-2017623	73		60세이상				○				
3	이은미	내	1	790111-2101011	46		배우자								
4	김서수	내	1	061120-3051312	19		20세이하						○		
4	김서희	내	1	120801-4105121	13		20세이하						○		
6	김서원	내	1	820808-2153201	43		부								
합 계 [명]							6				2		2		

자료구분	보험료			
	건강	고용	일반보장성	장애인전용
국세청			900,000	
기타	1,992,240	390,000		

자료구분	신용카드	직불카드등
국세청		
기타		

합 자료구분	보험료			
	건강	고용	일반보장성	장애인전용
국세청			900,000	
기타	1,992,240	390,000		
자료				

보험료 등 공제대상금액

자료구분	국세청간소화	급여/기타	정산
국민연금_직장		2,343,600	
국민연금_지역			
합 계		**2,343,600**	
건강보험료-보수월액		1,836,000	
장기요양보험료-보수월액		156,240	
건강보험료-소득월액(납부)			
기요양보험료-소득월액(납부			
합 계		**1,992,240**	
고용보험료		390,000	
보장성보험-일반	900,000		
보장성보험-장애인			
합 계	**900,000**		

② 장남 김서수

소득명세 | 부양가족 | 신용카드 등 | 의료비 | 기부금 | 연금저축 등I | 연금저축 등II | 월세액 | 출산지원금 | 연말정산입력

연말관계	성명	내/외국인		주민(외국인)번호	나이	소득기준초과여부	기본공제	세대주구분	부녀자	한부모	경로우대	장애인	자녀	출산입양	결혼세액
0	김서우	내	1	721201-1124583	53		본인	세대주							
1	김일광	내	1	460516-1051326	79		60세이상				○				
1	최애순	내	1	520819-2017623	73		60세이상				○				
3	이은미	내	1	790111-2101011	46		배우자								
4	김서수	내	1	061120-3051312	19		20세이하						○		
4	김서희	내	1	120801-4105121	13		20세이하						○		
6	김서원	내	1	820808-2153201	43		부								
합 계 [명]							6				2		2		

자료구분	보험료			
	건강	고용	일반보장성	장애인전용
국세청			1,200,000	
기타				

자료구분	신용카드	직불카드등
국세청		
기타		

합 자료구분	보험료			
	건강	고용	일반보장성	장애인전용
국세청			2,100,000	
기타	1,992,240	390,000		
자료				

보험료 등 공제대상금액

자료구분	국세청간소화	급여/기타	정산
국민연금_직장			
국민연금_지역			
합 계			
건강보험료-보수월액			
장기요양보험료-보수월액			
건강보험료-소득월액(납부)			
기요양보험료-소득월액(납부			
합 계			
고용보험료			
보장성보험-일반	1,200,000		
보장성보험-장애인			
합 계	**1,200,000**		

PART 04

4. [연말정산 추가자료입력]–[의료비] 탭

소득명세	부양가족	신용카드 등	의료비	기부금	연금저축 등I	연금저축 등II	월세액	출산지원금	연말정산입력

2025년 의료비 지급명세서

의료비 공제대상자					지급처			지급명세					14.산후조리원
성명	내/외	5.주민등록번호	6.본인등 해당여부		9.증빙코드	8.상호	7.사업자등록번호	10.건수	11.금액	11-1.실손보험수령액	12.미숙아 선천성이상아	13.난임여부	
김일광	내	460516-1051326	2	0	1				2,000,000	500,000	X	X	X
김서원	내	820808-2153201	3	X	1				3,000,000		X	X	X
합계									5,000,000	500,000			

일반의료비(본인)		6세이하,65세이상인 건강보험산정특례자 장애인	2,000,000	일반의료비(그 외)	3,000,000	난임시술비	
						미숙아.선천성이상아	

ㅇ 의료비는 당해연도 1.1부터 12.31까지 지출한 금액의 합계액을 입력합니다.
ㅇ 11번 지출액에서 11-1 실손의료보험금을 차감한 금액으로 공제세액대상금액을 산정합니다.
(실손의료보험금 수령액은 세액공제 대상의료비를 지출한 연도에서 차감하여야 하므로 2025년도에 수령한 실손의료보험금 중 2024.12.31.이전 지출한 의료비 해당분은 제외하고 입력합니다.)
ㅇ 14.산후조리원비용 공제한도는 출산1회당 200만원 입니다.

총급여	63,000,000	의료비 최소금액(총급여의 3%)	1,890,000

- 장남의 치아미백 수술비는 의료비 공제 ×
- 동생의 성형 수술비는 치료 목적이므로 공제 ○

5. [연말정산 추가자료입력]–[부양가족] 탭–교육비

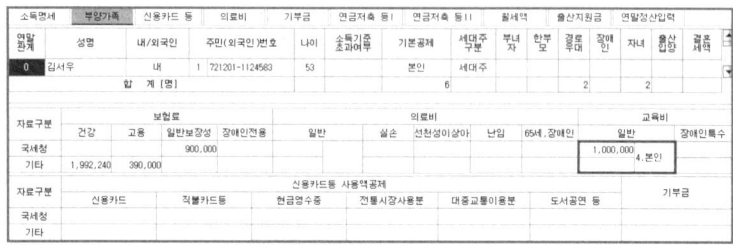

① 본인 김서우

연말관계	성명	내/외국인		주민(외국인)번호	나이	소득기준 초과여부	기본공제	세대주구분	부녀자	한부모	경로우대	장애인	자녀	출산입양	결혼세액
0	김서우	내	1	721201-1124583	53		본인	세대주							
합 계 [명]							6				2		2		

자료구분	보험료 건강	보험료 고용	보험료 일반보장성	보험료 장애인전용	의료비 일반	의료비 실손	의료비 선천성이상아	의료비 난임	의료비 65세,장애인	교육비 일반	교육비 장애인특수
국세청			900,000							1,000,000 4.본인	
기타	1,992,240	390,000									

자료구분	신용카드	직불카드등	현금영수증	전통시장사용분	대중교통이용분	도서공연 등	기부금
국세청							
기타							

② 장녀 김서희

연말관계	성명	내/외국인		주민(외국인)번호	나이	소득기준 초과여부	기본공제	세대주구분	부녀자	한부모	경로우대	장애인	자녀	출산입양	결혼세액
4	김서희	내	1	120801-4105121	13		20세이하						○		
합 계 [명]							6				2		2		

자료구분	보험료 건강	보험료 고용	보험료 일반보장성	보험료 장애인전용	의료비 일반	의료비 실손	의료비 선천성이상아	의료비 난임	의료비 65세,장애인	교육비 일반	교육비 장애인특수
국세청										1,300,000 2.초중고	
기타											

자료구분	신용카드	직불카드등	현금영수증	전통시장사용분	대중교통이용분	도서공연 등	기부금
국세청							
기타							

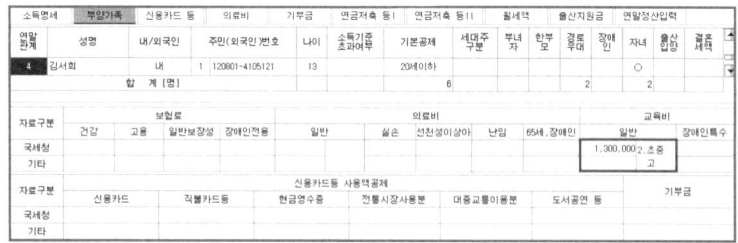

- 배우자의 대학원 등록비는 교육비 공제 ×
- 근로자 본인 직업능력개발훈련수강료 중 근로자 수강지원금을 차감한 금액 1,000,000원 입력
- 초등학교 교육비 중 30만원을 초과하는 체험학습비는 교육비 세액공제를 적용받을 수 없으며 교복 구입비는 중·고등학생의 경우에만 교육비로 인정되므로 1,300,000원[=1,800,000원–체험학습비(500,000원–300,000원)–교복구입비 300,000원] 입력

6. [연말정산 추가자료입력]–[기부금] 탭

① [기부금 입력] 탭

- 본인 김서우

소득명세	부양가족	신용카드 등	의료비	기부금	연금저축 등I	연금저축 등II	월세액	출산지원금	연말정산입력

기부금 입력 | 기부금 조정

12.기부자 인적 사항(F2)

주민등록번호	관계코드	내·외국인	성명
721201-1124583	거주자(본인)	내국인	김서우

구분 7.유형	구분 8.코드	9.기부내용	기부처 10.상호(법인명)	기부처 11.사업자번호 등	건수	13.기부금합계 금액(14+15)	14.공제대상 기부금액	15.기부장려금 신청 금액	자료구분
일반	40	금전	필수 입력	필수 입력	1	5,000,000	5,000,000		국세청

• 장남 김서수

소득명세	부양가족	신용카드 등	의료비	기부금	연금저축 등I	연금저축 등II	월세액	출산지원금	연말정산입력

기부금 입력 | 기부금 조정

12.기부자 인적 사항(F2)

주민등록번호	관계코드	내·외국인	성명
721201-1124583	거주자(본인)	내국인	김서우
061120-3051312	직계비속	내국인	김서수

구분		9.기부내용	기부처		기부명세				자료구분
7.유형	8.코드		10.상호(법인명)	11.사업자번호 등	건수	13.기부금합계 금액 (14+15)	14.공제대상 기부금액	15.기부장려금 신청 금액	
특례	10	금전	필수 입력	필수 입력	1	500,000	500,000		국세청

• 동생 김서원

소득명세	부양가족	신용카드 등	의료비	기부금	연금저축 등I	연금저축 등II	월세액	출산지원금	연말정산입력

기부금 입력 | 기부금 조정

12.기부자 인적 사항(F2)

주민등록번호	관계코드	내·외국인	성명
721201-1124583	거주자(본인)	내국인	김서우
061120-3051312	직계비속	내국인	김서수
820808-2153201	형제자매	내국인	김서원

구분		9.기부내용	기부처		기부명세				자료구분
7.유형	8.코드		10.상호(법인명)	11.사업자번호 등	건수	13.기부금합계 금액 (14+15)	14.공제대상 기부금액	15.기부장려금 신청 금액	
종교	41	금전	필수 입력	필수 입력	1	3,000,000	3,000,000		국세청

② [기부금 조정] 탭

다음의 순서로 클릭하여 기부금 세액공제액 반영

㉠ 공제금액계산 ⇨ ㉡ 불러오기 ⇨ ㉢ 공제금액반영 ⇨ ㉣ 저장 및 종료

소득명세	부양가족	신용카드 등	의료비	기부금	연금저축 등I	연금저축 등II	월세액	출산지원금	연말정산입력

기부금 입력 | 기부금 조정 | 공제금액계산

구분		기부연도	16.기부금액	17.전년도까지 공제된금액	18.공제대상 금액(16-17)	해당연도 공제금액	해당연도에 공제받지 못한 금액	
유형	코드						소멸금액	이월금액
특례	10	2025	500,000		500,000	500,000		
일반	40	2025	5,000,000		5,000,000	5,000,000		
종교	41	2025	3,000,000		3,000,000	3,000,000		
합계			8,500,000		8,500,000	8,500,000		

7. [연말정산 추가자료입력]-[월세액] 탭

소득명세	부양가족	신용카드 등	의료비	기부금	연금저축 등I	연금저축 등II	월세액	출산지원금	연말정산입력

1 월세액 세액공제 명세(연말정산입력 탭의 70.월세액) | 크게보기

임대인명(상호)	주민등록번호(사업자번호)	유형	계약면적(㎡)	임대차계약서 상 주소지	계약서상 임대차 계약기간			연간 월세액	공제대상금액	세액공제금액
					개시일	~	종료일			
주인장	580422-1069544	아파트	69.00	서울시 영등포구 신길동 신길	2025-02-01	~	2027-01-31	13,200,000	10,000,000	1,500,000

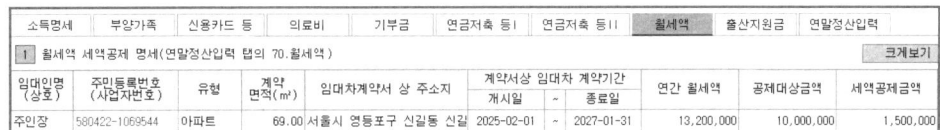

• 김서우 씨는 총급여액이 8,000만원 이하이므로 월세액 세액공제 가능
• 월세가 1,200,000원이며 과세기간의 임대기간이 11개월(2025년 2월 1일~2025년 12월 31일)이므로 [연간 월세액]란에 13,200,000원 (=1,200,000원×11개월) 입력

8. [연말정산입력] 탭

상단 툴바의 **F8 부양가족탭불러오기**를 클릭하여 보험료, 의료비, 교육비, 기부금, 월세액 반영

[2] 5월 1일 입사한 사원 김영선(사원코드: 101, 여성, 세대주, 배우자 없음)의 다음 자료를 참고하여 사원등록 메뉴의 부양가족명세 탭을 작성하고, 연말정산 추가자료입력 메뉴에 입력하시오(단, 주민등록번호는 모두 정확한 것으로 가정함). 기출 116회 수정

1. 가족사항: 모두 김영선과 생계를 같이 하고, 소득이 없는 것으로 가정한다.

성명	관계	주민등록번호	비고
김민성	장남	030120－3111111	
김아연	장녀	180901－4444444	「장애인복지법」상 장애인
한진희	모친	501003－2222222	12월 28일 사망

※ 모든 부양가족을 입력하고 기본공제 대상이 아닌 경우 '부'를 선택한다.

2. 김영선의 이전 근무지 관련 근로소득 원천징수 영수증(근무기간: 2025.1.1.~2025.4.30.)은 다음과 같다.

- 근무처: (주)용준모터스(615－85－11290)
- 급여 15,600,000원
- 상여 800,000원
- 건강보험료 158,000원
- 장기요양보험료 9,480원
- 고용보험료 52,000원
- 국민연금보험료 290,000원

구분		소득세	지방소득세
세액명세	결정세액	42,000원	4,200원
	기납부세액	58,000원	5,800원
	차감징수세액	－16,000원	－1,600원

3. 연말정산 추가자료(국세청 홈택스 및 기타 증빙을 통해 확인된 자료이며, 별도의 언급이 없는 한 국세청 홈택스 연말정산간소화서비스에서 조회된 자료임)

구분	내역
보험료	• 본인(김영선) 생명보험료: 840,000원 • 장녀(김아연) 생명보험료: 250,000원(장애인 전용 보험료는 아님)
의료비	• 장남(김민성) 시력 보정용 안경 구입비: 700,000원 – 구입처: 경성안경(사업자등록번호 605 – 29 – 32588) – 의료증빙코드는 기타영수증으로 하고, 상호와 사업자등록번호 모두 입력할 것 • 장녀(김아연) 재활치료비: 2,150,000원 • 모친(한진희) 수술비: 3,900,000원(간병비용 300,000원 포함)
교육비	• 본인(김영선) 대학원 등록금: 11,000,000원(학교에서 장학금 8,000,000원 수령) • 장남(김민성) 대학교 등록금: 4,500,000원(2,000,000원은 장학재단 취업 후 상환학자금 대출분) • 장녀(김아연) 어린이집 급식비: 300,000원 • 장녀(김아연) 어린이집 방과 후 과정 수업료: 150,000원
신용카드	다음의 신용카드는 모두 본인 사용분이며 근로자 본인 총급여액은 8,840만원임 구분 / 금액 전통시장 / 15,000,000원 대중교통 / 12,200,000원 도서공연 / 900,000원

| 풀이 |

1. [사원등록]–[부양가족명세] 탭

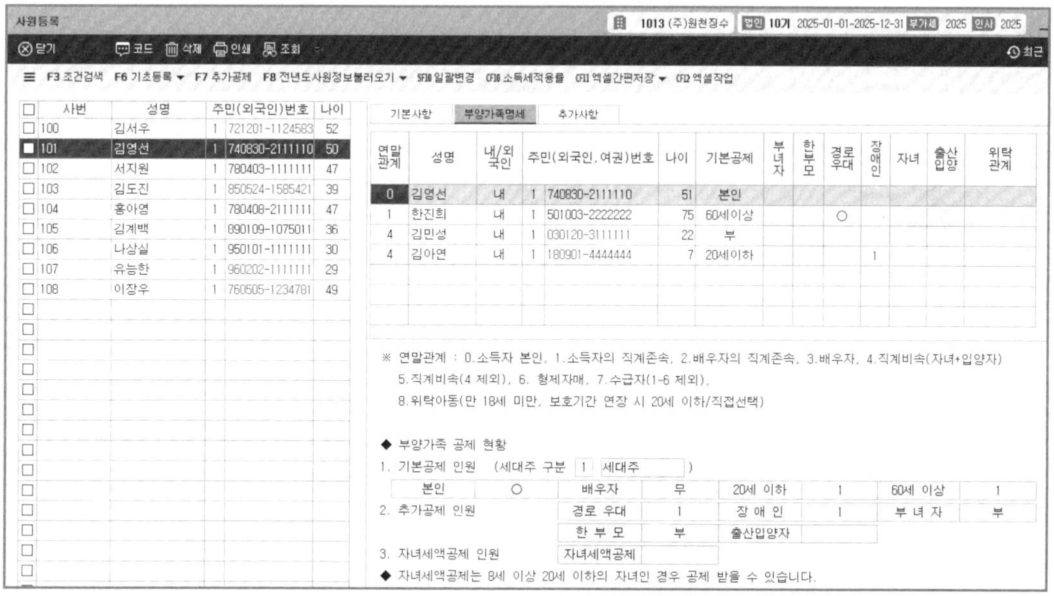

• 부양가족이 있는 여성근로자(세대주)이나 총급여액이 41,470,588원 이상이므로 한부모공제만 적용 가능하다.
• 장남(김민성)은 연령요건을 충족하지 못하므로 기본공제 ×

PART 04

2. [연말정산 추가자료입력]–[소득명세] 탭

- 사원목록에서 김영선을 선택하고 상단 툴바의 **F6 급여자료갱신 ▾** 버튼을 눌러 사원정보와 급여정보를 갱신한다. 현 근무지의 근무기간이 입사일인 2025–05–01로 불러왔는지 확인한 후 종전 근무지 정보를 입력한다.

소득명세 | 부양가족 | 신용카드 등 | 의료비 | 기부금 | 연금저축 등I | 연금저축 등II | 월세액 | 출산지원금 | 연말정산입력

구분		합계	주(현)	납세조합	종(전) [1/2]
소득명세	9.근무처명		(주)원천장수		(주)용준모터스
	9-1.종교관련 종사자		부		부
	10.사업자등록번호		128-86-35650	___-__-_____	615-85-11290
	11.근무기간		2025-05-01 ~ 2025-12-31	____-__-__ ~ ____-__-__	2025-01-01 ~ 2025-04-30
	12.감면기간		____-__-__ ~ ____-__-__	____-__-__ ~ ____-__-__	____-__-__ ~ ____-__-__
	13-1.급여(급여자료입력)	87,600,000	72,000,000		15,600,000
	13-2.비과세한도초과액				
	13-3.과세대상추가(인정상여추가)				
	14.상여	800,000			800,000
	15.인정상여				
	15-1.주식매수선택권행사이익				
	15-2.우리사주조합 인출금				
	15-3.임원퇴직소득금액한도초과액				
	15-4.직무발명보상금				
	16.계	88,400,000	72,000,000		16,400,000

			합계	주(현)	납세조합	종(전)
공제보험료명세	직장	건강보험료(직장)(33)	158,000			158,000
		장기요양보험료(33)	9,480			9,480
		고용보험료(33)	628,000	576,000		52,000
		국민연금보험료(31)	290,000			290,000
	공적연금보험료	공무원 연금(32)				
		군인연금(32)				
		사립학교교직원연금(32)				
		별정우체국연금(32)				
세액명세	기납부세액	소득세	9,931,440	9,889,440		42,000
		지방소득세	993,080	988,880		4,200
		농어촌특별세				
	납부특례세액	소득세				
		지방소득세				
		농어촌특별세				

- 종(전)근무처 해당 란에 순서대로 입력하되 기납부세액은 결정세액(소득세 42,000원, 지방소득세 4,200원)을 입력

3. [연말정산 추가자료입력]–[부양가족] 탭–보장성 보험료

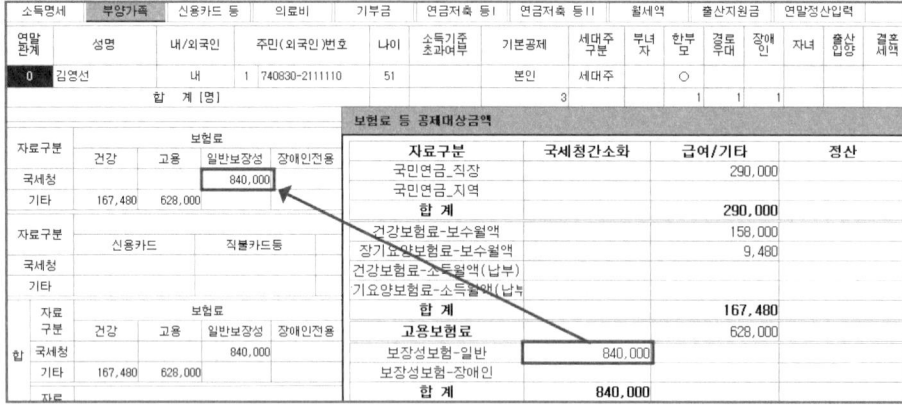

① 본인 김영선

소득명세 | 부양가족 | 신용카드 등 | 의료비 | 기부금 | 연금저축 등I | 연금저축 등II | 월세액 | 출산지원금 | 연말정산입력

연말관계	성명	내/외국인		주민(외국인)번호	나이	소득기준초과여부	기본공제	세대주구분	부녀자	한부모	경로우대	장애인	자녀	출산입양	결혼세액
0	김영선	내	1	740830-2111110	51		본인	세대주		○					
합 계 [명]							3			1	1	1			

자료구분	보험료 건강	보험료 고용	보험료 일반보장성	보험료 장애인전용
국세청			840,000	
기타	167,480	628,000		

자료구분	신용카드	직불카드등
국세청		
기타		

합	자료구분	보험료 건강	보험료 고용	보험료 일반보장성	보험료 장애인전용
	국세청			840,000	
	기타	167,480	628,000		
	자료				

보험료 등 공제대상금액

자료구분	국세청간소화	급여/기타	정산
국민연금_직장		290,000	
국민연금_지역			
합 계		**290,000**	
건강보험료-보수월액		158,000	
장기요양보험료-보수월액		9,480	
건강보험료-소득월액(납부)			
기요양보험료-소득월액(납부			
합 계		**167,480**	
고용보험료		628,000	
보장성보험-일반	840,000		
보장성보험-장애인			
합 계	**840,000**		

② 장녀 김아연

소득명세	부양가족	신용카드 등	의료비	기부금	연금저축 등I	연금저축 등II	월세액	출산지원금	연말정산입력

연말관계	성명	내/외국인		주민(외국인)번호	나이	소득기준초과여부	기본공제	세대주구분	부녀자	한부모	경로우대	장애인	자녀	출산입양	결혼세액
4	김아연	내	1	180901-4444444	7		20세이하					1			
	합 계 [명]						3			1	1	1			

자료구분	보험료			
	건강	고용	일반보장성	장애인전용
국세청			250,000	
기타				

자료구분	신용카드	직불카드등
국세청		
기타		

합 자료구분	보험료			
	건강	고용	일반보장성	장애인전용
국세청			1,090,000	
기타	167,480	628,000		
자료				

보험료 등 공제대상금액

자료구분	국세청간소화	급여/기타	정산
국민연금_직장			
국민연금_지역			
합 계			
건강보험료-보수월액			
장기요양보험료-보수월액			
건강보험료-소득월액(납부)			
기요양보험료-소득월액(납부			
합 계			
고용보험료			
보장성보험-일반	250,000		
보장성보험-장애인			
합 계	250,000		

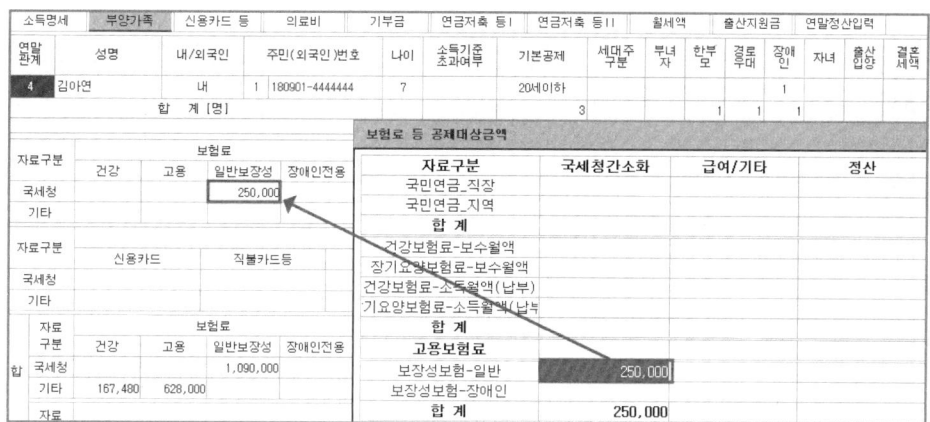

4. [연말정산 추가자료입력] – [의료비] 탭

소득명세	부양가족	신용카드 등	의료비	기부금	연금저축 등I	연금저축 등II	월세액	출산지원금	연말정산입력

2025년 의료비 지급명세서

의료비 공제대상자					지급처			지급명세					
성명	내/외	5.주민등록번호	6.본인등 해당여부		9.증빙코드	8.상호	7.사업자등록번호	10.건수	11.금액	11-1.실손보험수령액	12.미숙아 선천성이상아	13.난임여부	14.산후조리원
김민성	내	030120-3111111	3	X	5	경성안경	605-29-32588	1	500,000		X	X	X
김아연	내	180901-4444444	2	0	1				2,150,000		X	X	X
한진희	내	501003-2222222	2	0	1				3,600,000		X	X	X
			합계					1	6,250,000				

일반의료비(본인)		6세이하,65세이상인 건강보험산정특례자 장애인	5,750,000	일반의료비(그 외)	500,000	난임시술비	
						미숙아.선천성이상아	

- 장남의 시력 보정용 의료비 인당 한도액은 500,000원이므로 금액은 500,000원만 입력
- 모친의 간병비용은 의료비 세액공제 대상 의료비에 해당 ×

5. [연말정산 추가자료입력] – [부양가족] 탭 – 교육비

① 본인 김영선

소득명세	부양가족	신용카드 등	의료비	기부금	연금저축 등I	연금저축 등II	월세액	출산지원금	연말정산입력

연말관계	성명	내/외국인		주민(외국인)번호	나이	소득기준초과여부	기본공제	세대주구분	부녀자	한부모	경로우대	장애인	자녀	출산입양	결혼세액
0	김영선	내	1	740830-2111110	51		본인	세대주		○					
	합 계 [명]						3			1	1	1			

자료구분	보험료				의료비					교육비	
	건강	고용	일반보장성	장애인전용	일반	실손	선천성이상아	난임	65세,장애인	일반	장애인특수
국세청			840,000							3,000,000 4.본인	
기타	167,480	628,000									

- 대학원 등록비는 근로자 본인만 공제 가능하며 장학금 수령 금액을 차감한 3,000,000원 입력

② 장남 김민성

소득명세	부양가족	신용카드 등	의료비	기부금	연금저축 등I	연금저축 등II	월세액	출산지원금	연말정산입력

연말관계	성명	내/외국인		주민(외국인)번호	나이	소득기준초과여부	기본공제	세대주구분	부녀자	한부모	경로우대	장애인	자녀	출산입양	결혼세액
4	김민성	내	1	030120-3111111	22		부								
	합 계 [명]						3			1	1	1			

자료구분	보험료				의료비					교육비	
	건강	고용	일반보장성	장애인전용	일반	실손	선천성이상아	난임	65세,장애인	일반	장애인특수
국세청										2,500,000 3.대학생	
기타					500,000 2.일반						

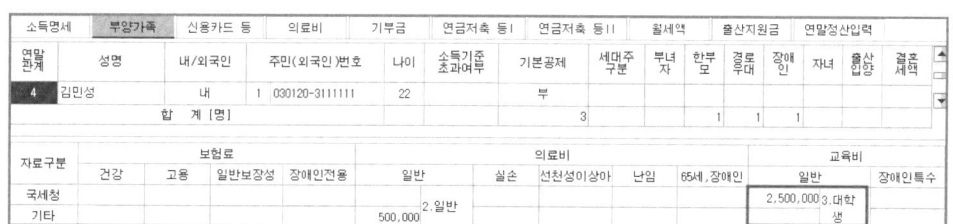

- 부양가족의 학자금 대출금은 공제 대상이 아니므로 2,500,000원(= 4,500,000원 – 2,000,000원) 입력

③ 장녀 김아연

소득명세	부양가족	신용카드 등	의료비	기부금	연금저축 등I	연금저축 등II	월세액	출산지원금	연말정산입력

연말관계	성명	내/외국인		주민(외국인)번호	나이	소득기준초과여부	기본공제	세대주구분	부녀자	한부모	경로우대	장애인	자녀	출산입양	결혼세액
4	김아연	내	1	180901-4444444	7		20세이하					1			
		합 계 [명]					3			1	1	1			

자료구분	보험료				의료비					교육비		
	건강	고용	일반보장성	장애인전용	일반	실손	선천성이상아	난임	65세,장애인	일반		장애인특수
국세청			250,000						2,150,000	450,000	1.취학전	
기타												

6. [연말정산 추가자료입력]－[신용카드 등] 탭

소득명세	부양가족	신용카드 등	의료비	기부금	연금저축 등I	연금저축 등II	월세액	출산지원금	연말정산입력

성명 생년월일	자료구분	신용카드	직불,선불	현금영수증	도서등신용	도서등직불	도서등현금	전통시장	대중교통	합계
김영선	국세청	900,000						15,000,000	12,200,000	28,100,000
1974-08-30	기타									
한진희	국세청									
1950-10-03	기타									
김민성	국세청									
2003-01-20	기타									
김아연	국세청									
2018-09-01	기타									
합계		900,000						15,000,000	12,200,000	28,100,000

총급여	88,400,000	신용카드 등 최소금액(총급여의 25%)	22,100,000

• 본인 김영선은 총급여액이 7천만원 이상이므로 도서공연 내역 900,000원을 [신용카드]란에 입력

(꿀팁) 신용카드 사용액 중 총급여액이 7천만원 이하인 경우에는 [도서 등 신용]란에, 초과하는 경우에는 [신용카드]란에 입력한다.

7. [연말정산입력] 탭

상단 툴바의 **F8 부양가족탭불러오기** 를 클릭하여 보험료, 의료비, 교육비, 신용카드 등 사용액 반영

연말정산추가자료입력 — 1013 (주)원천징수 법인 10기 2025-01-01~2025-12-31 부가세 2025 인사 2025

⊗닫기 코드 삭제 인쇄 조회

F3 전체사원 F4 세로확대 F6 급여자료갱신 F7 세액재계산 F8 부양가족탭불러오기 F11 전년도기부금불러오기 SF2 소득공제신고서불러오기 CF1 작업완료 CF3 세액단수처리

계속 중도 전체 | 편리한연말정산 엑셀 | 참고:특별소득(세액)공제

사번	사원명	감	완
100	김서우		×
101	김영선		×
102	서지원		×
103	김도진		×
104	홍아영		×
105	김계백		×
106	나상실		×
107	유능한		×
108	이장우		×

총급여액	367,200,000
비과세총액	18,200,000
지급명세작성대상 비과세	7,000,000
결정세액	18,514,825
기납부세액(현)	26,552,610
기납부세액(종전)	42,000
납부세액	-8,079,780
연말(계속근무자)	9
중도(퇴사자)	

소득명세	부양가족	신용카드 등	의료비	기부금	연금저축 등I	연금저축 등II	월세액	출산지원금	연말정산입력

정산(지급)년월 2026 년 2 월 귀속기간 2025 년 5 월 1 일 ~ 2025 년 12 월 31 일 영수일자 2026 년 2 월 28 일

구분		지출액	공제금액
34.주택차입금 원리금상환액	대출기관		
	거주자		
34.장기주택저당차입금이자상			
35.특별소득공제 계			795,480
36.차감소득금액			65,644,520
37.개인연금저축			
38.소기업,소상공인 공제부금	2015년이전가입		
	2016년이후가입		
39.주택마련저축 소득공제	청약저축		
	주택청약		
	근로자주택마련		
40.투자조합출자 등 소득공제			
41.신용카드 등 사용액		28,100,000	2,400,000
42.우리사주조합 출연금	일반 등		
	벤처 등		
43.고용유지중소기업근로자			
44.장기집합투자증권저축			
45.청년형장기집합투자증권저축			
46.그 밖의 소득공제 계			2,400,000
47.소득공제 종합한도 초과액			

구분		지출액	공제대상금액	공제금액
성보험	장애인			
62.의료비	6,250,000	6,250,000	3,598,000	539,700
63.교육비	5,950,000	5,950,000	5,950,000	892,500
64.기부금				
1)정치자금 기부금	10만원이하			
	10만원초과			
2)고향사랑 기부금	10만원이하			
	10만원초과			
3)특례기부금(전액)				
4)우리사주조합기부금				
5)일반기부금(종교단체외)				
6)일반기부금(종교단체)				
65.특별세액공제 계				1,552,200
66.표준세액공제				
67.납세조합공제				
68.주택차입금				
69.외국납부				
70.월세액				
71.세액공제 계				2,052,200
72.결정세액((49)-(54)-(71))				7,366,484
82.실효세율(%) [(72/21)]X100				8.3

구분		소득세	지방소득세	농어촌특별세	계
73.결정세액		7,366,484	736,648		8,103,132
기납부세액	74.종(전)근무지	42,000	4,200		46,200
	75.주(현)근무지	9,889,440	988,880		10,878,320
76.납부특례세액					
77.차감징수세액		-2,564,950	-256,430		-2,821,380

[3] 다음 자료를 이용하여 서지원 씨(사원코드: 102)의 사원등록 메뉴의 '부양가족' 탭을 수정(기본공제 대상이 아닌 경우에도 반드시 기본공제를 '부'로 입력)하고 연말정산 추가자료입력 메뉴에 입력하시오. 주민등록번호는 모두 정확한 것으로 가정한다. 기출 69회 수정

1. 부양가족명세: 서지원 씨가 생계를 같이 하는 부양가족은 다음 가족관계증명서에 나오는 가족뿐이다. 배우자(일용근로소득 1,500,000원), 부친(부동산 임대사업 소득금액 1,500,000원)을 제외한 나머지 가족은 소득이 없으며, 모친은 세법상 중증환자인 장애인에 해당한다.

가족관계증명서

등록기준지	서울특별시 광진구 아차산로59길 12

구분	성명	출생연월일	주민등록번호	성별	본
본인	서지원	78년 4월 3일	780403－1111111	남	利川

가족사항

구분	성명	출생연월일	주민등록번호	성별	본
부	서동수	47년 11월 2일	471102－1111111	남	利川
모	김숙희	49년 3월 24일	490324－2222222	여	開城
배우자	조연정	83년 3월 2일	830302－2222222	여	沃川
자녀	서민지	09년 4월 13일	090413－4444444	여	利川
자녀	서민정	13년 11월 23일	131123－4444444	여	利川

2. 특별세액공제: 서지원 씨가 지출한 금액은 다음과 같고 모두 국세청에서 조회된 금액으로서 공제 가능한 모든 금액을 서지원 씨가 공제받고자 한다.

2025년 귀속 소득공제증명서류: 기본(지출처별)내역 [보장성 보험, 장애인 전용 보장성 보험]

• 계약자 인적사항

성명	서지원	주민등록번호	780403－*******

• 보장성 보험(장애인 전용 보장성 보험) 납입내역

종류	상호 / 사업자번호 / 종피보험자1	보험 종류 / 증권번호 / 종피보험자2	주피보험자 / 종피보험자3		납입금액 계
보장성	보석화재해상	수호천사자동차보험			700,000원
	202－81－*****	239293920	780403－*******	서지원	
보장성	영민생명보험	무배당행복보험			120,000원
	102－81－*****	LS1023229	830302－*******	조연정	
장애인 전용 보장성	알츠생명보험	알파PLUS보장보험			600,000원
	116－81－*****	2239220	490324－*******	김숙희	
인별 합계 금액					1,420,000원

2025년 귀속 소득공제증명서류: 기본(지출처별)내역 [의료비]

• 환자 인적사항

성명	서동수	주민등록번호	471102－*******

• 의료비 지출내역

사업자번호	상호	종류	납입금액 계
6－96－03*	김**	일반	3,140,000원
4－07－71*	밝****	일반	200,000원
5－28－84*	우***	일반	830,000원
의료비 인별 합계 금액			4,170,000원
인별 합계 금액			4,170,000원

2025년 귀속 소득공제증명서류: 기본(지출처별)내역 [의료비]

• 환자 인적사항

성명	조연정	주민등록번호	830302－*******

• 의료비 지출내역

사업자번호	상호	종류	납입금액 계
6－31－91*	자**	일반	4,200,000원
5－99－30*	함****	일반	2,000,000원
의료비 인별 합계 금액			6,200,000원
인별 합계 금액			6,200,000원

2025년 귀속 소득공제증명서류: 기본(지출처별)내역 [교육비]

• 사용자 인적사항

성명	서민지	주민등록번호	090413－*******

• 교육비 지출내역

교육비 종류	학교명	사업자번호	납입금액 계
중학교	**중학교	**3－82－******	1,300,000원
인별 합계 금액			1,300,000원

2025년 귀속 소득공제증명서류: 기본(사용처별)내역 [신용카드]

• 사용자 인적사항

성명	서지원	주민등록번호	780403－*******

• 신용카드 사용내역

사업자번호	상호	종류	공제 대상금액 합계
214－81－*****	비씨카드(주)	일반	27,200,000원
214－81－*****	비씨카드(주)	대중교통	600,000원
일반 인별 합계 금액			27,200,000원
대중교통 인별 합계 금액			600,000원
인별 합계 금액			27,800,000원

2025년 귀속 소득공제증명서류: 기본(사용처별)내역 [체크카드]

• 사용자 인적사항

성명	조연정	주민등록번호	830302 – *******

• 신용카드 사용내역

사업자번호	상호	종류	공제 대상금액 합계
213 – 86 – *****	별셋체크카드(주)	일반	4,300,000원
213 – 86 – *****	별셋체크카드(주)	전통시장	2,700,000원
일반 인별 합계 금액			4,300,000원
전통시장 인별 합계 금액			2,700,000원
인별 합계 금액			7,000,000원

2025년 귀속 소득공제증명서류: [현금영수증]

• 사용자 인적사항

성명	서민정	주민등록번호	131123 – *******

• 현금영수증 지출내역

현금영수증	종류	월별 공제 대상금액				공제 대상 금액 합계
		1월	2월	3월	4월	
		5월	6월	7월	8월	
		9월	10월	11월	12월	
현금영수증	일반		20,000원			160,000원
		20,000원		10,000원	30,000원	
			10,000원		70,000원	
일반 인별 합계 금액						160,000원
인별 합계 금액						160,000원

| 풀이 |

1. [사원등록] – [부양가족명세] 탭

기본사항 | 부양가족명세 | 추가사항

연말관계	성명	내/외국인	주민(외국인,여권)번호		나이	기본공제	부녀자	한부모	경로우대	장애인	자녀	출산입양	위탁관계
0	서지원	내	1	780403-1111111	47	본인							
1	김숙희	내	1	490324-2222222	76	60세이상			○	3			
1	서동수	내	1	471102-1111111	78	부							
3	조연정	내	1	830302-2222222	42	배우자							
4	서민지	내	1	090413-4444444	16	20세이하					○		
4	서민정	내	1	131123-4444444	12	20세이하					○		

※ 연말관계 : 0.소득자 본인, 1.소득자의 직계존속, 2.배우자의 직계존속, 3.배우자, 4.직계비속(자녀+입양자)
5.직계비속(4 제외), 6. 형제자매, 7.수급자(1~6 제외),
8.위탁아동(만 18세 미만, 보호기간 연장 시 20세 이하/직접선택)

◆ 부양가족 공제 현황

1. 기본공제 인원 (세대주 구분 1 세대주)

본인	○	배우자	유	20세 이하	2	60세 이상	1

2. 추가공제 인원

경로 우대	1	장 애 인	1	부 녀 자	부
한 부 모	부	출산입양자			

3. 자녀세액공제 인원

자녀세액공제	2

◆ 자녀세액공제는 8세 이상 20세 이하의 자녀인 경우 공제 받을 수 있습니다.

• 부친(서동수)은 소득금액요건을 충족하지 못하므로 기본공제 ×

2. [연말정산 추가자료입력]–[부양가족] 탭–보장성 보험료

① 본인 서지원

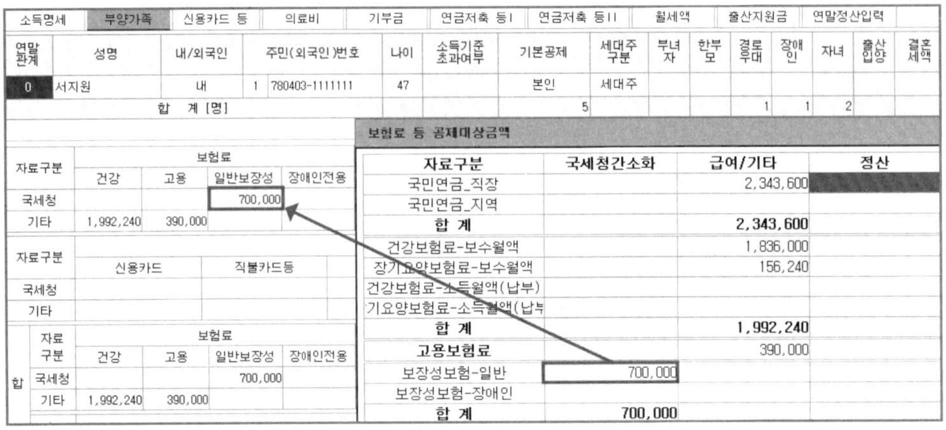

② 배우자 조연정

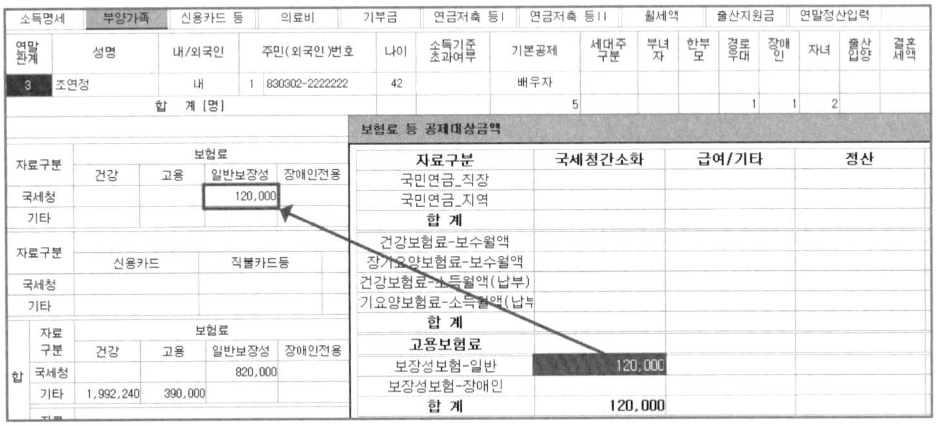

③ 모 김숙희

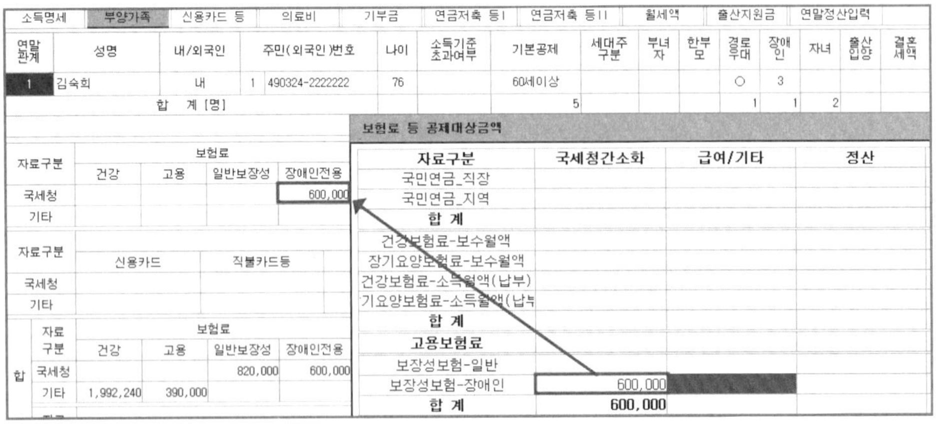

3. [연말정산 추가자료입력]–[의료비] 탭

소득명세	부양가족	신용카드 등	의료비	기부금	연금저축 등I	연금저축 등II	월세액	출산지원금	연말정산입력

2025년 의료비 지급명세서

	의료비 공제대상자					지급처			지급명세					14.산후조리원
□	성명	내/외	5.주민등록번호	6.본인등 해당여부		9.증빙코드	8.상호	7.사업자 등록번호	10.건수	11.금액	11-1.실손 보험수령액	12.미숙아 선천성이상아	13.난임 여부	
□	서동수	내	471102-1111111	2	0	1				4,170,000		X	X	X
□	조연정	내	830302-2222222	3	X	1				6,200,000		X	X	X
□														
		합계								10,370,000				

일반의료비 (본인)		6세이하,65세이상인 건강보험산정특례자 장애인	4,170,000	일반의료비 (그 외)	6,200,000	난임시술비	
						미숙아.선천성이상아	

- o 의료비는 당해연도 1.1부터 12.31까지 지출한 금액의 합계액을 입력합니다.
- o 11번 지출액에서 11-1 실손의료보험금을 차감한 금액으로 공제세액대상금액을 산정합니다.
  (실손의료보험금 수령액은 세액공제 대상의료비를 지출한 연도에서 차감하여야 하므로 2025년도에 수령한 실손의료보험금 중 2024.12.31.이전 지출한 의료비 해당분은 제외하고 입력합니다.)
- o 14.산후조리원비용 공제한도는 출산1회당 200만원 입니다.

총급여	60,000,000	의료비 최소금액(총급여의 3%)	1,800,000

4. [연말정산 추가자료입력]–[부양가족] 탭–교육비

① 장녀 서민지

4	서민지	내	1	090413-4144444	16		20세이하						○		
4	서민정	내	1	131123-4444444	12		20세이하						○		
합 계 [명]							5				1	1	2		

자료구분	보험료				의료비						교육비		
	건강	고용	일반보장성	장애인전용	일반		실손	선천성이상아	난임	65세,장애인	일반		장애인특수
국세청											1,300,000	2.초중고	
기타													

5. [연말정산 추가자료입력]–[신용카드 등] 탭

소득명세	부양가족	신용카드 등	의료비	기부금	연금저축 등I	연금저축 등II	월세액	출산지원금	연말정산입력

□	성명 / 생년월일	자료구분	신용카드	직불,선불	현금영수증	도서등 신용	도서등 직불	도서등 현금	전통시장	대중교통	합계
□	서지원	국세청	27,200,000							600,000	27,800,000
	1978-04-03	기타									
□	김숙희	국세청									
	1949-03-24	기타									
□	서동수	국세청									
	1947-11-02	기타									
□	조연정	국세청		4,300,000					2,700,000		7,000,000
	1983-03-02	기타									
□	서민지	국세청									
	2009-04-13	기타									
□	서민정	국세청			160,000						160,000
	2013-11-23	기타									
	합계		27,200,000	4,300,000	160,000				2,700,000	600,000	34,960,000

총급여	60,000,000	신용카드 등 최소금액(총급여의 25%)	15,000,000

6. [연말정산입력] 탭

상단 툴바의 F8 부양가족탭불러오기 를 클릭하여 보험료, 의료비, 교육비, 신용카드 등 사용액 반영

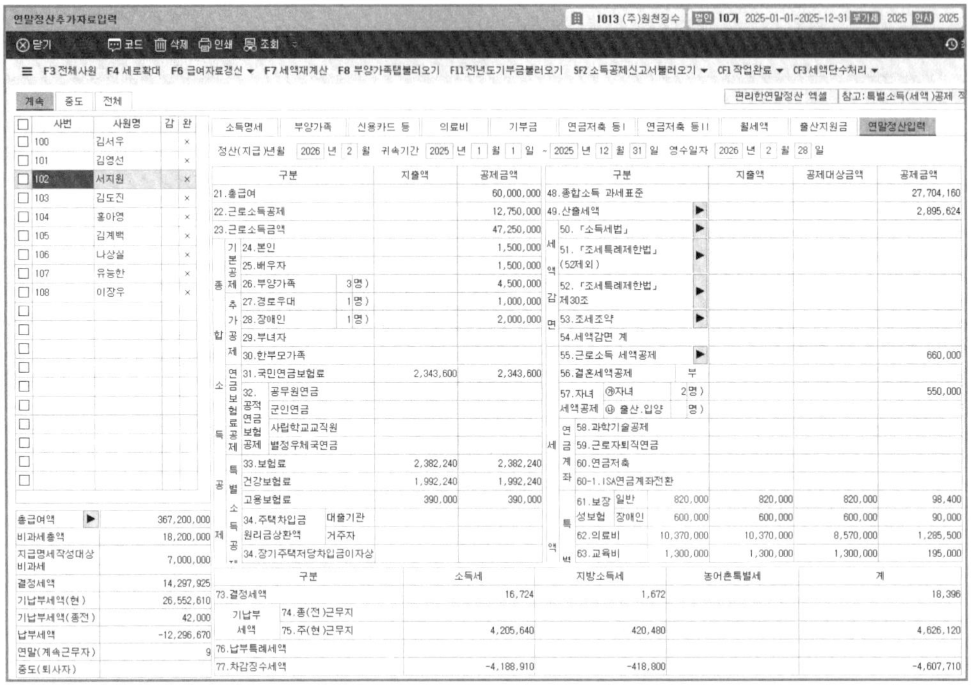

[4] 김도진(사무직) 사원(코드: 103)에 대한 다음 자료를 참고하여 사원등록 메뉴의 부양가족명세 탭을 작성하고, 연말정산 추가자료입력 메뉴에 입력하시오. 단, 주민등록번호는 모두 정확한 것으로 가정한다. 기출 52회 수정

1. 김도진의 기본사항
   - 2025년 12월 31일 현재 생계를 같이 하는 김도진의 가족관계증명서는 다음과 같다.

가족관계증명서

등록기준지	서울특별시 강동구 암사동 509-35번지

구분	성명	출생연월일	주민등록번호	성별
본인	김도진	1985년 5월 24일	850524-1585421	남

가족사항

구분	성명	출생연월일	주민등록번호	성별
모	이나리	1951년 5월 3일	510503-2586923	여
배우자	서이수	1990년 3월 2일	900302-2569236	여
자녀	김훈	2019년 9월 1일	190901-3695843	남
자녀	김철	2022년 7월 1일	220701-3854219	남

   - 위 김도진의 가족 중 배우자(근로소득 총급여액 600만원 있음)를 제외하고는 소득이 전혀 없다.
2. 종전근무지 자료는 다음과 같고 당사에서 합산하여 연말정산을 하기로 한다.
   - 근무처명: (주)중도상회(사업자등록번호: 102-82-02692)
   - 근무기간: 2025.1.1.~2025.3.31.
   - 급여: 10,000,000원
   - 건강보험료: 240,000원
   - 국민연금보험료: 571,000원

• 세액명세

과목	소득세	지방소득세
결정세액	10,200원	1,020원
기납부세액	33,300원	3,330원
차감징수세액	△23,100원	△2,310원

3. 연말정산 관련 추가자료(교육비를 제외하고, 모두 국세청 자료임)

2025년 귀속 소득공제증명서류: 기본(지출처별)내역 [보장성 보험, 장애인 전용 보장성 보험]

• 계약자 인적사항

성명	김도진	주민등록번호	850524－1******

• 보장성 보험(장애인 전용 보장성 보험) 납입내역

종류	상호	보험 종류	주피보험자		납입금액 계
	사업자번호	증권번호	종피보험자		
보장성	신성화재해상보험(주)	개인용자동차보험	850524－1******	김도진	480,000원
	101－81－45***	401350110874***			
보장성	성한생명보험(주)	생명보험	900302－2******	서이수	1,100,000원
	104－81－28***	000003453***			
인별 합계 금액					1,580,000원

2025년 귀속 소득공제증명서류: 기본(지출처별)내역 [의료비]

• 환자 인적사항

성명	김도진	주민등록번호	850524－1******

• 의료비 지출내역

사업자번호	상호	종류	납입금액 계
5－07－32*	건****	일반	1,800,000원
의료비 인별 합계 금액			1,800,000원
시력 보정용 안경 구입비 인별 합계 금액			0원
인별 합계 금액			1,800,000원

2025년 귀속 소득공제증명서류: 기본(지출처별)내역 [의료비]

• 환자 인적사항

성명	이나리	주민등록번호	510503－2******

• 의료비 지출내역

사업자번호	상호	종류	납입금액 계
8－91－45*	이****	일반	2,500,000원
6－93－03*	******	건강 증진 식품	700,000원
의료비 인별 합계 금액			3,200,000원
시력 보정용 안경 구입비 인별 합계 금액			0원
인별 합계 금액			3,200,000원

교육비납입증명서						
① 상호: 암사미술학원				② 사업자등록번호: 201-90-13***		
③ 대표자: 김학원				④ 전화번호: 02-430-4643		
⑤ 주소: 서울 강동구 암사동 431 신사빌딩 5층						
신청인	⑥ 성명: 김도진			⑦ 주민등록번호: 850524-1******		
	⑧ 주소: 서울특별시 강동구 암사동 509-35번지					
대상자	⑨ 성명: 김훈			⑩ 신청인과의 관계: 자녀		
Ⅰ. 교육비부담명세						
⑪ 납부연월	⑫ 종류	⑬ 구분	⑭ 총교육비(A)	장학금 등 수혜액(B)		공제 대상 교육비 부담액 (C=A-B)
				학비감면	직접 지급액	
2025.1.	학원	수업료	700,000원			700,000원
2025.7.	학원	수업료	700,000원			700,000원
계			1,400,000원			1,400,000원

2025년 귀속 소득공제증명서류: 기본(지출처별)내역 [기부금]

• 사용자 인적사항

성명	김도진	주민등록번호	850524-1******

• 기부금 납부내역

사업자번호	상호	공제 대상금액
203-82-00111	강동구청	500,000원
인별 합계 금액		500,000원

2025년 귀속 소득공제증명서류: 기본(지출처별)내역 [신용카드]

• 사용자 인적사항

성명	김도진	주민등록번호	850524-1******

• 신용카드 사용내역

사업자번호	상호	공제 대상금액
213-86-12***	k카드주식회사	5,000,000원
201-81-13***	L카드(주)	14,500,000원
101-81-45***	p카드(주)	480,000원
인별 합계 금액		19,980,000원

※ k카드주식회사의 금액은 중고자동차 구입비이며 p카드(주)의 금액은 신성화재해상보험(주)에 지급한 자동차 보험료임

2025년 귀속 소득공제증명서류: [현금영수증]

• 사용자 인적사항

성명	이나리	주민등록번호	510503 – 2******

• 현금영수증 사용내역

월	사용건수	사용금액	공제 대상금액
1월	7건	123,000원	123,000원
4월	6건	55,000원	55,000원
7월	7건	85,000원	85,000원
9월	4건	46,000원	46,000원
11월	3건	70,000원	70,000원
합계	27건	379,000원	379,000원

2025년 귀속 소득공제증명서류: 기본(지출처별)내역 [직불카드 등]

• 사용자 인적사항

성명	김도진	주민등록번호	850524 – 1******

• 직불카드 등 지출내역

사업자번호	상호	공제 대상금액
201 – 81 – 72***	주식회사 H스마트카드	800,000원
인별 합계 금액		800,000원

| 풀이 |

1. [사원등록] – [부양가족명세] 탭

기본사항 | 부양가족명세 | 추가사항

연말관계	성명	내/외국인	주민(외국인,여권)번호		나이	기본공제	부녀자	한부모	경로우대	장애인	자녀	출산입양	위탁관계
0	김도진	내	1	850524-1585421	40	본인							
1	이나리	내	1	510503-2586923	74	60세이상			○				
3	서이수	내	1	900302-2569236	35	부							
4	김훈	내	1	190901-3695843	6	20세이하							
4	김철	내	1	220701-3854219	3	20세이하							

※ 연말관계 : 0.소득자 본인, 1.소득자의 직계존속, 2.배우자의 직계존속, 3.배우자, 4.직계비속(자녀+입양자)
5.직계비속(4 제외), 6. 형제자매, 7.수급자(1~6 제외),
8.위탁아동(만 18세 미만, 보호기간 연장 시 20세 이하/직접선택)

◆ 부양가족 공제 현황

1. 기본공제 인원 (세대주 구분 1 세대주)

본인	○	배우자	무	20세 이하	2	60세 이상	1

2. 추가공제 인원

경로 우대	1	장 애 인		부 녀 자	부
한 부 모	부	출산입양자			

3. 자녀세액공제 인원

자녀세액공제	

◆ 자녀세액공제는 8세 이상 20세 이하의 자녀인 경우 공제 받을 수 있습니다.

• 배우자(서이수)는 총급여액이 500만원을 초과하므로 기본공제 ×

PART 04

2. [연말정산 추가자료입력] – [소득명세] 탭

• 사원목록에서 김도진을 선택하고 상단 툴바의 **F6 급여자료갱신 ▾** 버튼을 눌러 사원정보와 급여정보를 갱신한다. 김도진의 현 근무지의 근무기간이 입사일 2025-04-01로 불러왔는지 확인한 후 종전 근무지 정보를 입력한다.

소득명세 | 부양가족 | 신용카드 등 | 의료비 | 기부금 | 연금저축 등I | 연금저축 등II | 월세액 | 출산지원금 | 연말정산입력

	구분	합계	주(현)	납세조합	종(전) [1/2]
소득명세	9.근무처명		(주)원천징수		(주)중도상회
	9-1.종교관련 종사자		부		부
	10.사업자등록번호		128-86-35650	---‐--‐-----	102-82-02692
	11.근무기간		2025-04-01 ~ 2025-12-31	----‐--‐-- ~ ----‐--‐--	2025-01-01 ~ 2025-03-31
	12.감면기간		----‐--‐-- ~ ----‐--‐--	----‐--‐-- ~ ----‐--‐--	----‐--‐-- ~ ----‐--‐--
	13-1.급여(급여자료입력)	55,000,000	45,000,000		10,000,000
	13-2.비과세한도초과액				
	13-3.과세대상추가(인정상여추가)				
	14.상여				
	15.인정상여				
	15-1.주식매수선택권행사이익				
	15-2.우리사주조합 인출금				
	15-3.임원퇴직소득금액한도초과액				
	15-4.직무발명보상금				
	16.계	55,000,000	45,000,000		10,000,000

			합계	주(현)	납세조합	종(전)
공제보험료명세	직장	건강보험료(직장)(33)	1,617,000	1,377,000		240,000
		장기요양보험료(33)	117,180	117,180		
		고용보험료(33)	292,500	292,500		
		국민연금보험료(31)	2,328,700	1,757,700		571,000
	공적연금보험료	공무원 연금(32)				
		군인연금(32)				
		사립학교교직원연금(32)				
		별정우체국연금(32)				
세액명세	기납부세액	소득세	3,164,430	3,154,230		10,200
		지방소득세	316,380	315,360		1,020
		농어촌특별세				
	납부특례세액	소득세				
		지방소득세				
		농어촌특별세				

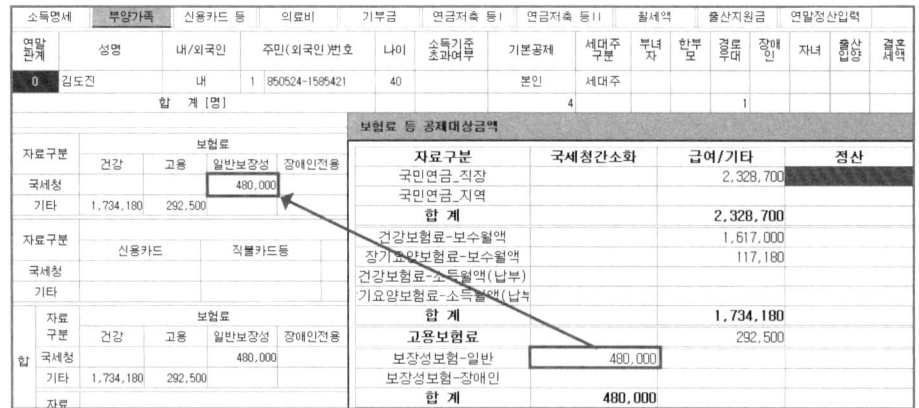

3. [연말정산 추가자료입력]–[부양가족] 탭–보장성 보험료

① 본인 김도진

소득명세 | 부양가족 | 신용카드 등 | 의료비 | 기부금 | 연금저축 등I | 연금저축 등II | 월세액 | 출산지원금 | 연말정산입력

연말관계	성명	내/외국인	주민(외국인)번호	나이	소득기준초과여부	기본공제	세대주구분	부녀자	한부모	경로우대	장애인	자녀	출산입양	결혼세액
0	김도진	내	1 850524-1585421	40		본인	세대주							
합 계 [명]						4				1				

자료구분	보험료 건강	고용	일반보장성	장애인전용
국세청			480,000	
기타	1,734,180	292,500		

자료구분	신용카드	직불카드등
국세청		
기타		

합 자료구분	보험료 건강	고용	일반보장성	장애인전용
국세청			480,000	
기타	1,734,180	292,500		

보험료 등 공제대상금액

자료구분	국세청간소화	급여/기타	정산
국민연금_직장		2,328,700	
국민연금_지역			
합 계		**2,328,700**	
건강보험료-보수월액		1,617,000	
장기요양보험료-보수월액		117,180	
건강보험료-소득월액(납부)			
기요양보험료-소득월액(납부			
합 계		**1,734,180**	
고용보험료		292,500	
보장성보험-일반	480,000		
보장성보험-장애인			
합 계	**480,000**		

• 서이수: 서이수(배우자)를 피보험자로 가입한 생명보험료는 배우자의 소득금액요건 제한으로 공제 ×

4. [연말정산 추가자료입력]-[의료비] 탭

소득명세	부양가족	신용카드 등	의료비	기부금	연금저축 등I	연금저축 등II	월세액	출산지원금	연말정산입력

2025년 의료비 지급명세서

의료비 공제대상자					지급처			지급명세					14.산후조리원
성명	내/외	5.주민등록번호	6.본인등해당여부		9.증빙코드	8.상호	7.사업자등록번호	10.건수	11.금액	11-1.실손보험수령액	12.미숙아선천성이상아	13.난임여부	
김도진	내	850524-1585421	1	0	1				1,800,000		X	X	X
이나리	내	510503-2586923	2	0	1				2,500,000		X	X	X
							합계		4,300,000				

일반의료비(본인)	1,800,000	6세이하,65세이상인 건강보험산정특례자 장애인	2,500,000	일반의료비(그 외)		난임시술비	
						미숙아.선천성이상아	

o 의료비는 당해연도 1.1부터 12.31까지 지출한 금액의 합계액을 입력합니다.
o 11번 지출액에서 11-1 실손의료보험금을 차감한 금액으로 공제세액대상금액을 산정합니다.
(실손의료보험금 수령액은 세액공제 대상의료비를 지출한 연도에서 차감하여야 하므로 2025년도에 수령한 실손의료보험금 중 2024.12.31.이전 지출한 의료비 해당분은 제외하고 입력합니다.)
o 14.산후조리원비용 공제한도는 출산1회당 200만원 입니다.

총급여	55,000,000	의료비 최소금액(총급여의 3%)	1,650,000

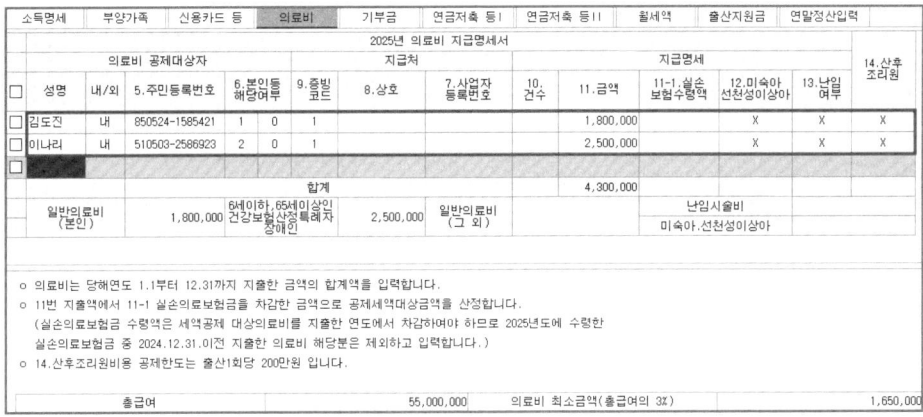

- 김도진: 의료비 1,800,000원 입력
- 이나리: 건강 증진 식품은 의료비 공제 대상이 아니므로 의료비 2,500,000원 입력

5. [연말정산 추가자료입력]-[부양가족] 탭-교육비

소득명세	부양가족	신용카드 등	의료비	기부금	연금저축 등I	연금저축 등II	월세액	출산지원금	연말정산입력

연말관계	성명	내/외국인	주민(외국인)번호		나이	소득기준초과여부	기본공제	세대주구분	부녀자	한부모	경로우대	장애인	자녀	출산입양	결혼세액
4	김훈	내	1	190901-3695843	6		20세이하								
	합 계 [명]						4				1				

자료구분	보험료				의료비					교육비	
	건강	고용	일반보장성	장애인전용	일반	실손	선천성이상아	난임	65세,장애인	일반	장애인특수
국세청											
기타										1,400,000 1.취학전	

- 김훈: 부양가족 김훈의 [교육비 일반-기타]란에 1,400,000원을 입력하고, [구분]란에 [1.취학 전 아동]을 선택하여 입력함(∵ 문제의 단서를 보면 취학 전 아동의 학원비는 국세청 자료가 아니므로 [국세청]란이 아닌 [기타]란에 입력)

6. [연말정산 추가자료입력]-[기부금] 탭

① [기부금 입력] 탭 – 본인 김도진

소득명세	부양가족	신용카드 등	의료비	기부금	연금저축 등I	연금저축 등II	월세액	출산지원금	연말정산입력

기부금 입력 | 기부금 조정

12.기부자 인적 사항(F2)

주민등록번호	관계코드	내·외국인	성명
850524-1585421	거주자(본인)	내국인	김도진

구분		9.기부내용	기부처		기부명세				자료구분
7.유형	8.코드		10.상호(법인명)	11.사업자번호 등	건수	13.기부금합계금액(14+15)	14.공제대상기부금액	15.기부장려금신청 금액	
특례	10	금전	필수 입력	필수 입력		500,000	500,000		국세청

② [기부금 조정] 탭

다음의 순서로 클릭하여 기부금 세액공제액 반영

㉠ 공제금액계산 ⇨ ㉡ 불러오기 ⇨ ㉢ 공제금액반영 ⇨ ㉣ 저장 및 종료

소득명세	부양가족	신용카드 등	의료비	기부금	연금저축 등I	연금저축 등II	월세액	출산지원금	연말정산입력

기부금 입력 | 기부금 조정 | 공제금액계산

구분		기부연도	16.기부금액	17.전년도까지공제된금액	18.공제대상금액(16-17)	해당연도공제금액	해당연도에 공제받지 못한 금액	
유형	코드						소멸금액	이월금액
특례	10	2025	500,000		500,000	500,000		
합계			500,000		500,000	500,000		

7. [연말정산 추가자료입력]–[신용카드 등] 탭

소득명세 | 부양가족 | 신용카드 등 | 의료비 | 기부금 | 연금저축 등I | 연금저축 등II | 월세액 | 출산지원금 | 연말정산입력

성명 / 생년월일	자료구분	신용카드	직불,선불	현금영수증	도서등 신용	도서등 직불	도서등 현금	전통시장	대중교통	합계
김도진	국세청	15,000,000	800,000							15,800,000
1985-05-24	기타									
이나리	국세청			379,000						379,000
1951-05-03	기타									
서이수	국세청									
1990-03-02	기타									
김훈	국세청									
2019-09-01	기타									
김철	국세청									
2022-07-01	기타									
합계		15,000,000	800,000	379,000						16,179,000
총급여				55,000,000	신용카드 등 최소금액(총급여의 25%)					13,750,000

• 김도진: 신용카드로 결제한 중고자동차 구입금액은 10%만 공제 대상이며 보장성 보험료 480,000원을 신용카드로 결제한 경우이므로 공제 대상 ×. 따라서, [신용카드]란은 15,000,000원(= 5,000,000원 × 10% + 14,500,000원) 입력

8. [연말정산입력] 탭
상단 툴바의 F8 부양가족탭불러오기 를 클릭하여 보험료, 의료비, 교육비, 기부금, 월세액 반영

[5] 사원코드 104번 홍아영 사원(사무직, 배우자와 부양가족은 없음)은 2025년 2월 28일에 개인사정으로 인해 자진퇴사하였다. 홍아영 사원은 퇴사일에 2월분 급여를 받았고 이에 대한 자료는 다음과 같다. 퇴사에 대한 사원등록 및 급여자료입력을 하고, 중도퇴사에 대한 연말정산을 하여 2025년 3월 10일에 신고해야 할 원천징수 이행상황 신고서를 작성하시오. 기출 62회

1. 홍아영 사원의 2025년 2월 급여내역

구분	항목	금액	항목	금액
수당 항목	• 기본급	4,000,000원	• 자가운전보조금	200,000원
	• 식대	200,000원	• 상여	2,000,000원
공제 항목	• 국민연금	180,000원	• 건강보험	124,800원
	• 고용보험	54,000원	• 장기요양보험	16,160원

2. 기타: 홍아영 사원은 본인 소유의 차량을 직접 운전하여 업무에 사용하고 있으므로 자가운전보조금 비과세 요건을 충족한다. 식대도 비과세 요건을 충족한다.

| 풀이 |

1. [사원등록]–[기본사항] 탭

• [16.퇴사년월일]란에 퇴사일자 '2025년 2월 28일'을 입력하고 [사유]란에 커서가 위치했을 때 F2를 누르면 나오는 보조창에서 '1.개인사정으로 인한 자진퇴사'를 선택

2. [급여자료입력] 귀속년월 '2025년 2월', 지급년월일 '2025년 2월 28일'

• 문제에 제시된 공제 항목과 급여 항목을 입력하고 상단 툴바 F7 중도퇴사자정산 ▾을 클릭한 후 영수일자를 2025년 2월 28일로 수정한다. 해당 메뉴 하단의 급여반영(Tab) 선택하여 바르게 반영되었는지 확인한다.

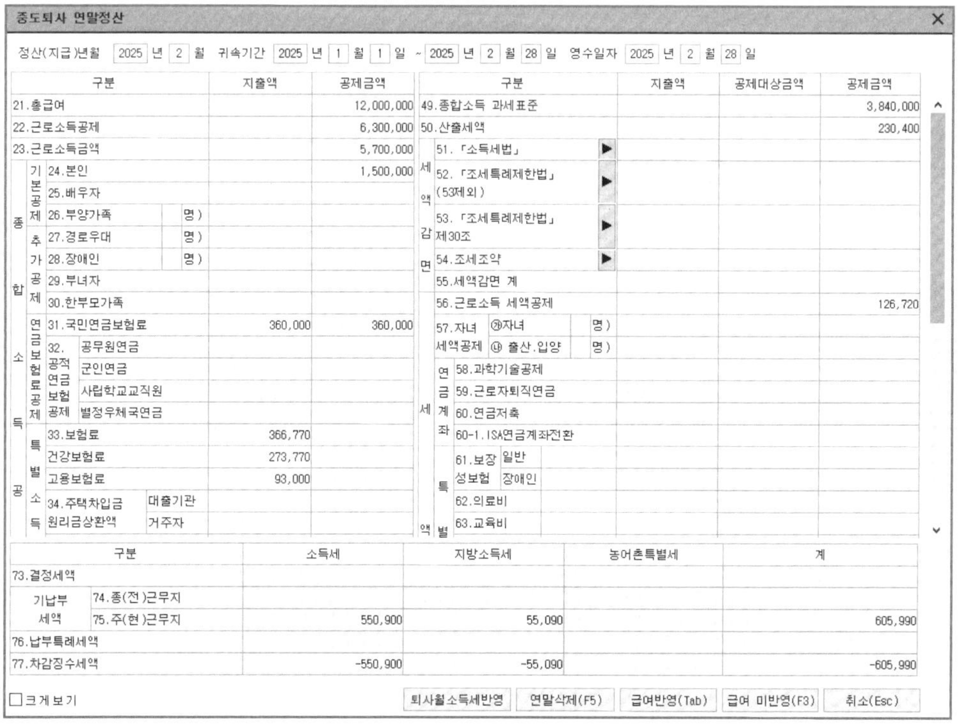

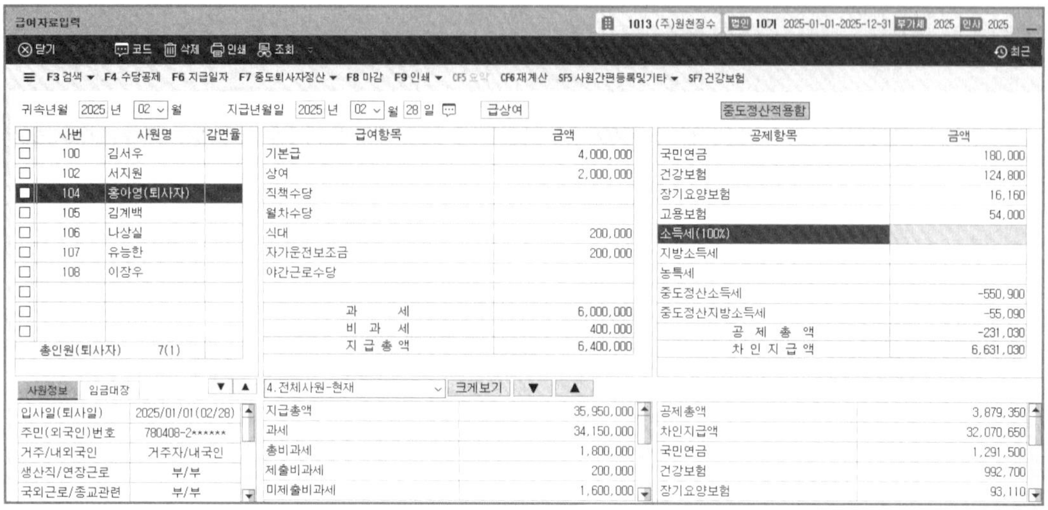

3. [원천징수 이행상황 신고서] 귀속기간 '2025년 2월~2025년 2월', 지급기간 '2025년 2월~2025년 2월', 신고구분 '1.정기신고'를 조회한 후 다음의 보조창에서 아니오(N)를 클릭하여 원천징수 이행상황 신고서의 불러온 내용을 확인한 후 저장

⇩

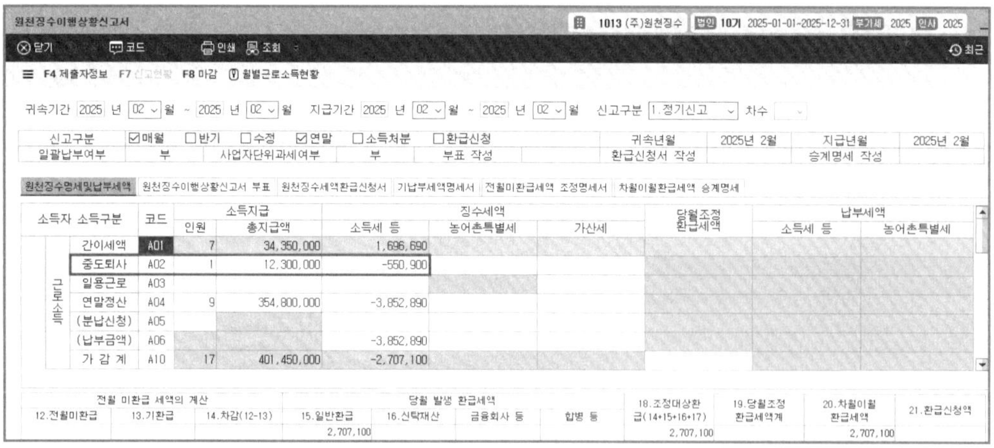

[6] 2025년 1월 1일 입사한 사원(코드: 105) 김계백(사무직)에 대한 자료는 다음과 같다. 기입력된 데이터는 무시하고, 아래의 사항을 참조하여 사원등록사항을 수정한 후 연말정산자료를 입력하시오. 단, 주민등록번호는 모두 정확한 것으로 가정한다. 기출 49회 수정

1. 김계백(주민등록번호: 890109-1075011)의 기본사항
- 주소: 서울 동대문구 답십리동 615-7
- 2025년 12월 31일 현재 생계를 같이 하는 김계백의 가족은 다음과 같다.

성명	근로자와의 관계	나이(만)	비고
이혜나	배우자	26세	
김언년	자녀	0세	2025년 출생

김장군	부친	62세	
이초복	모친	61세	
김기철	동생	22세	장애인복지법상 장애인

• 김계백은 2025년 5월에 배우자와 혼인을 했으며, 배우자 및 부양가족은 소득이 없다. 또한, 입사 이후 계속하여 당사의 중국지점 관리부에서 근무하고 있다.

2. 연말정산 관련 추가자료: 전부 국세청 자료이다. 배우자 이혜나는 혼인 전에는 장인 이지수(근로소득자)의 기본공제 대상자로서, 공제받을 수 있는 항목은 장인이 받았다.

성명	항목	금액	비고
김계백	보험료	550,000원	자동차 보험료
	의료비	1,200,000원	
	기부금	2,000,000원	• 국방헌금: 50,000원 • 유니세프(일반기부금 단체)기부금: 150,000원 • 본인 명의 교회헌금: 1,800,000원
	장기주택 저당차입금 이자 상환액	7,000,000원	• 무주택 세대주로서 기준시가 6억원 이하인 국민주택을 취득하기 위하여 차입한 금액에 대한 이자 상환액(상환기간 20년) • 주택 취득일: 2010년 1월 1일 • 차입금 차입일: 2010년 1월 1일
	퇴직연금	3,000,000원	본인 명의, 대구은행, 계좌번호: 12345
	신용카드 사용액	14,500,000원	자동차세 100,000원, 자동차 리스료 200,000원 및 법인의 경비로 처리된 금액 200,000원 포함
	현금영수증	2,700,000원	
이혜나	의료비	5,000,000원	모두 결혼 전 지출
	기부금	1,100,000원	정치자금기부금
김장군	신용카드 사용액	1,700,000원	김장군 명의 신용카드 사용액
이초복	현금영수증	2,000,000원	이초복 명의 현금영수증 사용액
	기부금	800,000원	교회헌금
김기철	보험료	1,900,000원	장애인 전용 보험료
	의료비	2,100,000원	

| 풀이 |

1. [사원등록]–[기본사항] 탭

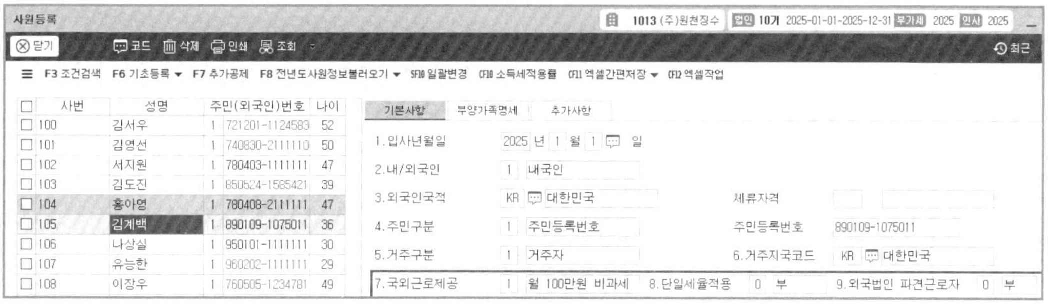

• [7.국외근로제공]란에 [1.월 100만원 비과세] 적용

2. [사원등록]-[부양가족명세] 탭

기본사항 | **부양가족명세** | 추가사항

연말관계	성명	내/외국인	주민(외국인,여권)번호	나이	기본공제	부녀자	한부모	경로우대	장애인	자녀	출산입양	위탁관계
0	김계백	내	1 890109-1075011	36	본인							
1	김장군	내	1 630401-1111111	62	60세이상							
1	이초복	내	1 640501-2222222	61	60세이상							
3	이혜나	내	1 990301-2222222	26	배우자							
4	김언년	내	1 250101-4141414	0	20세이하						첫째	
6	김기철	내	1 030401-3234567	22	장애인				1			

※ 연말관계 : 0.소득자 본인, 1.소득자의 직계존속, 2.배우자의 직계존속, 3.배우자, 4.직계비속(자녀+입양자)
5.직계비속(4 제외), 6. 형제자매, 7.수급자(1~6 제외),
8.위탁아동(만 18세 미만, 보호기간 연장 시 20세 이하/직접선택)

◆ 부양가족 공제 현황

1. 기본공제 인원 (세대주 구분 1 세대주)

본인	○	배우자	유	20세 이하	1	60세 이상	2
2. 추가공제 인원		경로 우대		장 애 인	1	부 녀 자	부
		한 부 모	부	출산입양자	1		
3. 자녀세액공제 인원		자녀세액공제					

◆ 자녀세액공제는 8세 이상 20세 이하의 자녀인 경우 공제 받을 수 있습니다.

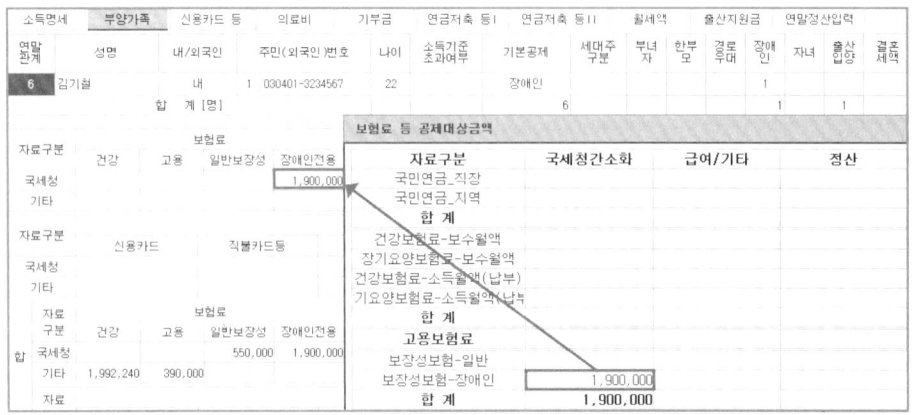

2. [연말정산 추가자료입력]-[부양가족] 탭-보장성 보험료

① 본인 김계백

소득명세 | **부양가족** | 신용카드 등 | 의료비 | 기부금 | 연금저축 등I | 연금저축 등II | 월세액 | 출산지원금 | 연말정산입력

연말관계	성명	내/외국인	주민(외국인)번호	나이	소득기준초과여부	기본공제	세대주구분	부녀자	한부모	경로우대	장애인	자녀	출산입양	결혼세액
0	김계백	내	1 890109-1075011	36		본인	세대주							
	합 계 [명]					1								

자료구분	보험료 건강	고용	일반보장성	장애인전용
국세청			550,000	
기타	1,992,240	390,000		

자료구분	신용카드	직불카드등
국세청		
기타		

합 자료구분	보험료 건강	고용	일반보장성	장애인전용
국세청			550,000	
기타	1,992,240	390,000		

보험료 등 공제대상금액

자료구분	국세청간소화	급여/기타	정산
국민연금_직장		2,343,600	
국민연금_지역			
합 계		**2,343,600**	
건강보험료-보수월액		1,836,000	
장기요양보험료-보수월액		156,240	
건강보험료-소득월액(납부)			
기요양보험료-소득월액(납두			
합 계		**1,992,240**	
고용보험료		390,000	
보장성보험-일반	550,000		
보장성보험-장애인			
합 계	**550,000**		

② 동생 김기철

소득명세 | **부양가족** | 신용카드 등 | 의료비 | 기부금 | 연금저축 등I | 연금저축 등II | 월세액 | 출산지원금 | 연말정산입력

연말관계	성명	내/외국인	주민(외국인)번호	나이	소득기준초과여부	기본공제	세대주구분	부녀자	한부모	경로우대	장애인	자녀	출산입양	결혼세액
6	김기철	내	1 030401-3234567	22		장애인					1			
	합 계 [명]					6					1		1	

자료구분	보험료 건강	고용	일반보장성	장애인전용
국세청				1,900,000
기타				

자료구분	신용카드	직불카드등
국세청		
기타		

합 자료구분	보험료 건강	고용	일반보장성	장애인전용
국세청			550,000	1,900,000
기타	1,992,240	390,000		
자료				

보험료 등 공제대상금액

자료구분	국세청간소화	급여/기타	정산
국민연금_직장			
국민연금_지역			
합 계			
건강보험료-보수월액			
장기요양보험료-보수월액			
건강보험료-소득월액(납부)			
기요양보험료-소득월액(납두			
합 계			
고용보험료			
보장성보험-일반			
보장성보험-장애인	1,900,000		
합 계	**1,900,000**		

4. [연말정산 추가자료입력]-[의료비] 탭

소득명세 | 부양가족 | 신용카드 등 | **의료비** | 기부금 | 연금저축 등I | 연금저축 등II | 월세액 | 출산지원금 | 연말정산입력

2025년 의료비 지급명세서

의료비 공제대상자					지급처			지급명세					14.산후조리원
성명	내/외	5.주민등록번호	6.본인등해당여부		9.증빙코드	8.상호	7.사업자등록번호	10.건수	11.금액	11-1.실손보험수령액	12.미숙아선천성이상아	13.난임여부	
김계백	내	890109-1075011	1	0	1				1,200,000		X	X	X
김기철	내	030401-3234567	2	0	1				2,100,000		X	X	X
		합계							3,300,000				

일반의료비(본인)	1,200,000	6세이하,65세이상인 건강보험산정특례자 장애인	2,100,000	일반의료비(그 외)		난임시술비	
						미숙아.선천성이상아	

- o 의료비는 당해연도 1.1부터 12.31까지 지출한 금액의 합계액을 입력합니다.
- o 11번 지출액에서 11-1 실손의료보험금을 차감한 금액으로 공제세액대상금액을 산정합니다.
  (실손의료보험금 수령액은 세액공제 대상의료비를 지출한 연도에서 차감하여야 하므로 2025년도에 수령한 실손의료보험금 중 2024.12.31.이전 지출한 의료비 해당분은 제외하고 입력합니다.)
- o 14.산후조리원비용 공제한도는 출산1회당 200만원 입니다.

총급여	60,000,000	의료비 최소금액(총급여의 3%)	1,800,000

- 배우자 이혜나가 기본공제 대상자로 귀속되기 전에 사용한 배우자의 의료비는 공제 ×

5. [연말정산 추가자료입력]-[기부금] 탭

① [기부금 입력] 탭

- 본인 김계백

소득명세 | 부양가족 | 신용카드 등 | 의료비 | **기부금** | 연금저축 등I | 연금저축 등II | 월세액 | 출산지원금 | 연말정산입력

기부금 입력 | 기부금 조정

12.기부자 인적 사항(F2)

주민등록번호	관계코드	내·외국인	성명
890109-1075011	거주자(본인)	내국인	김계백

구분		9.기부내용		기부처		기부명세				자료구분
7.유형	8.코드			10.상호(법인명)	11.사업자번호 등	건수	13.기부금합계금액(14+15)	14.공제대상기부금액	15.기부장려금신청금액	
특례	10	금전		필수 입력	필수 입력	1	50,000	50,000		국세청
일반	40	금전		필수 입력	필수 입력	1	150,000	150,000		국세청
종교	41	금전		필수 입력	필수 입력	1	1,800,000	1,800,000		국세청

- 모친 이초복

소득명세 | 부양가족 | 신용카드 등 | 의료비 | **기부금** | 연금저축 등I | 연금저축 등II | 월세액 | 출산지원금 | 연말정산입력

기부금 입력 | 기부금 조정

12.기부자 인적 사항(F2)

주민등록번호	관계코드	내·외국인	성명
890109-1075011	거주자(본인)	내국인	김계백
640501-2222222	직계존속	내국인	이초복

구분		9.기부내용		기부처		기부명세				자료구분
7.유형	8.코드			10.상호(법인명)	11.사업자번호 등	건수	13.기부금합계금액(14+15)	14.공제대상기부금액	15.기부장려금신청금액	
종교	41	금전		필수 입력	필수 입력	1	800,000	800,000		국세청

② [기부금 조정] 탭

다음의 순서로 클릭하여 기부금 세액공제액 반영

㉠ 공제금액계산 ⇨ ㉡ 불러오기 ⇨ ㉢ 공제금액반영 ⇨ ㉣ 저장 및 종료

소득명세 | 부양가족 | 신용카드 등 | 의료비 | **기부금** | 연금저축 등I | 연금저축 등II | 월세액 | 출산지원금 | 연말정산입력

기부금 입력 | **기부금 조정** | 공제금액계산

구분		기부연도	16.기부금액	17.전년도까지 공제된금액	18.공제대상금액(16-17)	해당연도 공제금액	해당연도에 공제받지 못한 금액	
유형	코드						소멸금액	이월금액
특례	10	2025	50,000		50,000	50,000		
일반	40	2025	150,000		150,000	150,000		
종교	41	2025	2,600,000		2,600,000	2,600,000		
합계			2,800,000		2,800,000	2,800,000		

- 근로자 본인이 지출한 금액만 공제 대상에 해당하므로 배우자 이혜나가 지출한 정치자금기부금은 공제 ×
- 종교단체기부금: 본인 명의 교회헌금 1,800,000원+모친 이초복 교회헌금 800,000원=2,600,000원

6. [연말정산 추가자료입력]−[연말정산입력] 탭−장기주택 저당차입금 이자 상환액

34.장기주택저당차입금이자상

주택자금

구분				공제한도	납입/상환액	공제금액
①청약저축_연납입액 300만원 한도				납입액의 40%		
②주택청약저축(무주택자)_연납입액 300만원 한도						
③근로자주택마련저축_월 납입 15만원, 연 납입 180만원						
1. 주택마련저축공제계(①~③)				연 400만원 한도		
주택임차차입금 원리금상환액	①대출기관			납입액의 40%		
	②거주자(총급여 5천만원 이하)					
2. 주택차입금원리금상환액(①~②)				1+2 ≤ 연 400만원		
장기주택 저당차입금 이자상환액	2011년 이전 차입금	㉠15년 미만		1+2+㉠ ≤ 600만원		
		㉡15년~29년		1+2+㉡ ≤ 1,000만원	7,000,000	7,000,000
		㉢30년 이상		1+2+㉢ ≤1,500만원		
		15년 이상	㉣고정금리AND비거치상환	1+2+㉣ ≤2,000만원		
			㉤고정금리OR비거치상환	1+2+㉤ ≤1,800만원		
	2012년 이후 차입금	15년 이상	㉥고정AND비거치	1+2+㉥ ≤2,000만원		
			㉦고정OR비거치	1+2+㉦ ≤1,800만원		
			㉧그밖의대출	1+2+㉧ ≤800만원		
		10년~15년	㉨고정OR비거치	1+2+㉨ ≤600만원		
3. 장기주택저당차입금이자상환액					7,000,000	7,000,000
합 계(1+2+3)					7,000,000	7,000,000

▶ 1. 주택마련저축공제
≫①, ②는 2015년 이후 가입자는 총급여 7,000만원 이하인 경우만 공제 가능
≫②는 3.장기주택저당차입금이자상환액공제를 받는 경우 공제 불가
▶ 주택차입금이자세액공제를 받는 차입금의 이자는 장기주택저당차입금이자상환액공제 적용 불가
▶ 주택요건 기준시가 6억원이하(2023.12.31. 이전 기준시가 5억원이하, 2018.12.31. 이전 기준시가 4억)

확인(Esc)

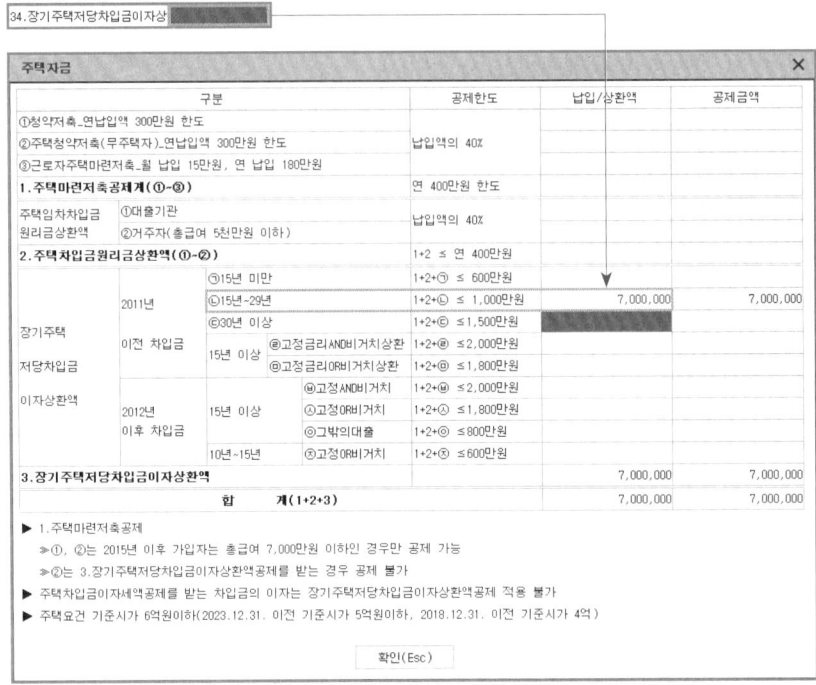

7. [연말정산 추가자료입력]−[연금저축 등 I] 탭

소득명세 | 부양가족 | 신용카드 등 | 의료비 | 기부금 | 연금저축 등I | 연금저축 등II | 월세액 | 출산지원금 | 연말정산입력

1 연금계좌 세액공제 － 퇴직연금계좌(연말정산입력 탭의 58.과학기술인공제, 59.근로자퇴직연금) 크게보기

퇴직연금 구분	코드	금융회사 등	계좌번호(증권번호)	납입금액	공제대상금액	세액공제금액
1.퇴직연금	313	(주) 대구은행	12345	3,000,000	3,000,000	360,000
퇴직연금				3,000,000	3,000,000	360,000

8. [연말정산 추가자료입력]−[신용카드 등] 탭

소득명세 | 부양가족 | 신용카드 등 | 의료비 | 기부금 | 연금저축 등I | 연금저축 등II | 월세액 | 출산지원금 | 연말정산입력

성명 / 생년월일	자료구분	신용카드	직불,선불	현금영수증	도서등 신용	도서등 직불	도서등 현금	전통시장	대중교통	합계
김계백	국세청	14,000,000		2,700,000						16,700,000
1989-01-09	기타									
김장군	국세청	1,700,000								1,700,000
1963-04-01	기타									
이초복	국세청			2,000,000						2,000,000
1964-05-01	기타									
이혜나	국세청									
1999-03-01	기타									
김언년	국세청									
2025-01-01	기타									
김기철	국세청									
2003-04-01	기타									
합계		15,700,000		4,700,000						20,400,000

총급여	60,000,000	신용카드 등 최소금액(총급여의 25%)	15,000,000

- 김계백 본인: 자동차세, 자동차 리스료 및 법인경비로 처리한 금액은 신용카드 등 사용액 공제 대상 ×. 따라서, [신용카드]란은 14,000,000원(=신용카드 사용액 14,500,000원−자동차세 100,000원−자동차 리스료 200,000원−법인경비로 처리한 금액 200,000원) 입력

9. [연말정산입력] 탭

상단 툴바의 F8 부양가족탭불러오기를 클릭하여 보험료, 의료비, 기부금, 장기주택 저당차입금 이자 상환액, 퇴직연금, 신용카드 등 사용액 반영

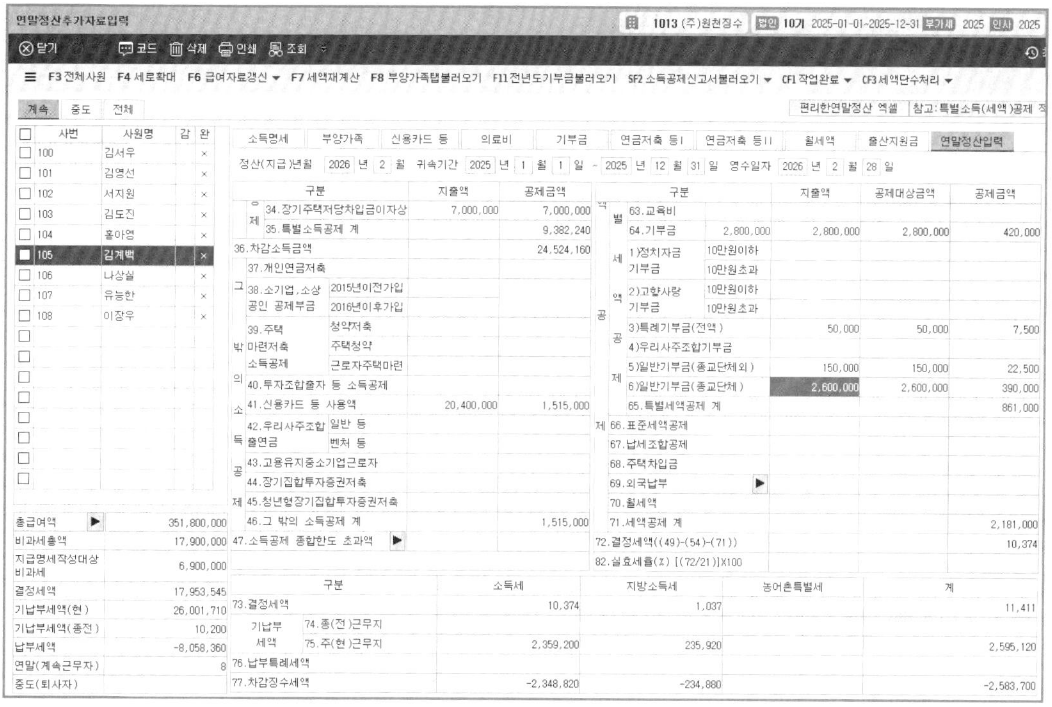

THEME 02 사업소득관리 중요

▶ 최신 30회 중 7문제 출제

개인이 독립된 자격으로 용역을 공급하고 대가를 받는 인적용역과 의료보건용역 및 봉사료 수입금액 등에 대하여 그 소득을 지급하는 때 원천징수의무자는 원천징수하여 징수일이 속하는 다음 달 10일까지 납부해야 한다.

1 사업소득자등록

[사업소득자등록] 메뉴에 용역을 제공하는 자가 독립된 자격으로 인적 용역 또는 의료보건 용역을 계속, 반복적으로 제공하고 수당을 지급받는 보험모집인, 직업운동가, 가수 등의 사업소득자를 입력한다. 사업소득자는 거주형태에 따라 거주자와 비거주자로 구분되는데 본 메뉴에는 거주자인 경우만 입력하고 비거주자인 경우는 [기타소득자등록] 메뉴에서 입력한다.

소득구분이 보험설계, 방문판매의 경우는 연말정산이 적용되며 이 경우 [19.부양가족]란에 공제 대상 내역을 입력하면 사업소득 연말정산입력 시 반영된다.

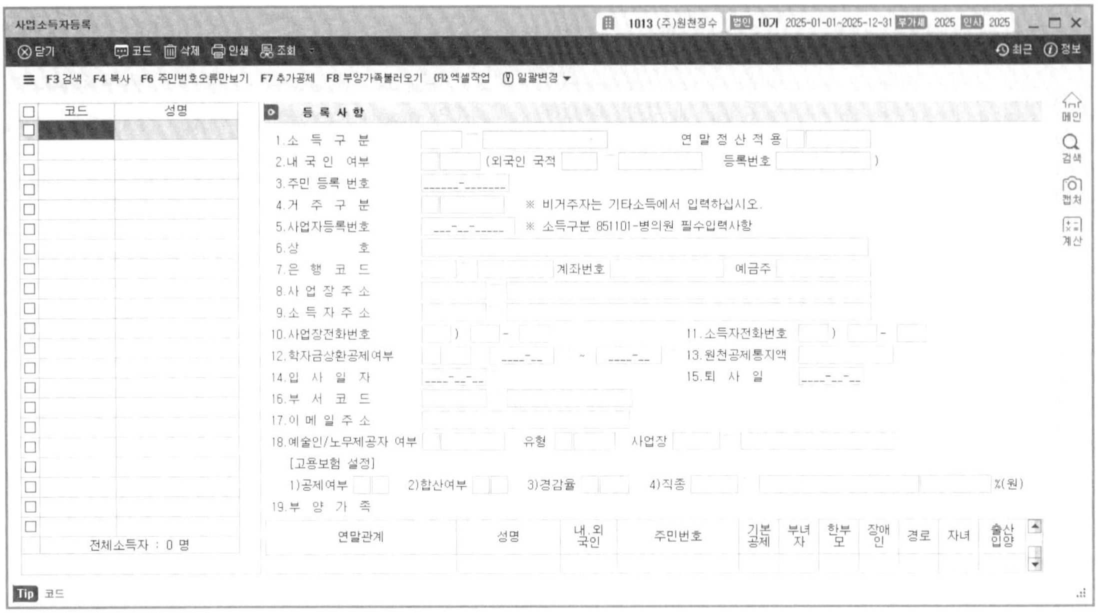

1. 소득자코드

코드는 5자리로 부여하며, '00001~99999'까지 등록이 가능하다.

2. 소득구분

F2 또는 [코드 아이콘]을 누르면 다음의 소득구분창이 나타나며, 이 중에서 해당되는 코드를 선택한다. '940906.보험설계', '940908.방판/외판'의 경우 [연말정산 적용]란에 '1.여'로 입력하면 하단의 [19.부양가족]란에 본인이 자동으로 반영되며, 추가적인 내용을 입력한다.

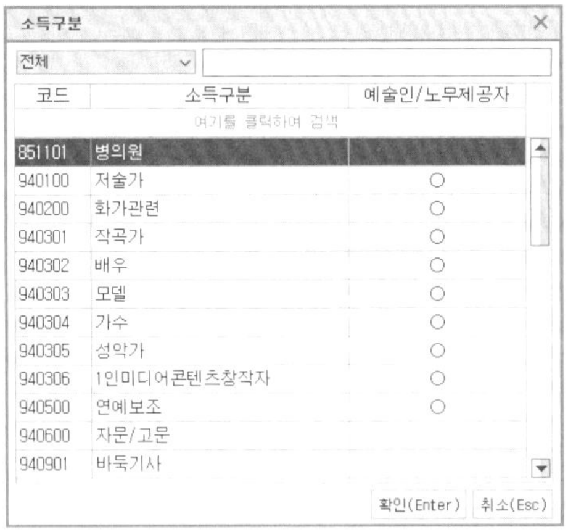

3. 내국인 여부

'1.내국인'이면 주민등록번호를 입력하고 '2.외국인'이면 국적과 외국인등록번호를 입력한다.

4. 거주구분

'2.비거주'인 경우 [기타소득자등록] 메뉴에 등록되기 때문에 소득자를 등록하면 자동으로 '1.거주'로 반영된다.

5. 부양가족

연말정산 적용이 '1.여'인 경우 입력한다.

2 사업소득자료입력

[사업소득자료입력] 메뉴는 [사업소득자등록] 메뉴에 등록된 소득자를 F2를 눌러 확인한 후 사업소득의 지급내역을 입력하는 메뉴이다. 본 메뉴에 입력된 자료는 사업소득 원천징수 영수증, 원천징수 이행상황 신고서 등에 반영된다.

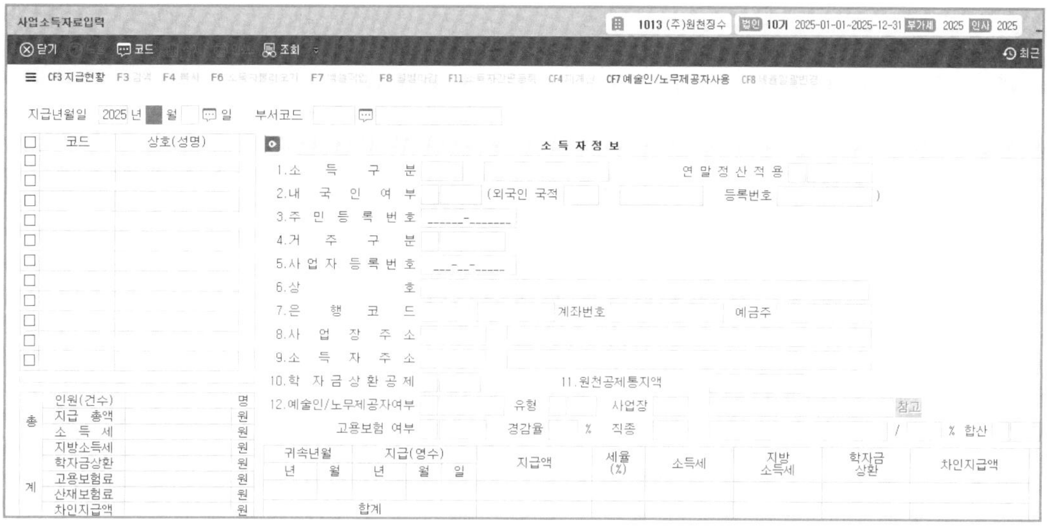

구분	불러올 내용
지급년월일	자료를 새로 입력하거나, 입력된 자료를 조회할 경우 입력
코드/상호(성명)	F2를 눌러 [사업소득자등록] 메뉴에 등록한 소득자를 불러와 반영하거나 해당 소득자의 코드를 직접 입력하여 소득자를 반영
소득자정보	[사업소득자등록] 메뉴에서 입력한 소득자의 정보가 조회됨
귀속년월	사업소득 귀속연월을 입력
지급(영수)년월일	왼쪽 상단의 지급연월일이 자동 반영됨
지급액	소득자의 지급액을 입력하며, '+'를 입력하면 자동으로 '000'이 입력됨
세율(%)	소득구분 코드에 따른 기본세율이 반영됨
소득세	지급 총액에 세율을 곱한 소득세가 자동 계산됨
지방소득세	소득세에 10%를 곱해 자동 계산됨
학자금상환	[사업소득자등록] 메뉴의 [10.학자금 상환공제 여부]란이 '1.여'이면 [11.원천공제통지액]란에 입력된 금액이 자동 반영됨
차인지급액	지급 총액에서 원천징수세액(소득세와 지방소득세 합계)을 차감한 금액이 자동 표기됨

연습문제

다음 자료를 (주)원천징수(회사코드: 1013)의 사업소득자등록 메뉴와 사업소득자료입력 메뉴에 입력하시오.

[1] (주)원천징수(회사코드: 1013)의 다음 주어진 자료를 보고 사업소득자의 인적사항을 등록하고 소득 관련 자료를 입력하시오(단, 주어진 자료는 모두 정확한 것으로 가정할 것). 기출 87회

코드	성명	지급일	주민등록번호	지급액	내용
101	권노아	2025.4.22.	940115-1357412	12,000,000원	부동산판매 알선수수료
102	윤지현	2025.4.22.	830725-2450717	7,000,000원	부동산판매 알선수수료

PART 04

• 소득귀속일자와 지급일은 동일함
• 소득구분: '기타모집수당'으로 입력할 것
• 내국인 여부: 내국인
• 모두 인적용역 사업소득자임

| 풀이 |

① [사업소득자등록]

• 101.권노아

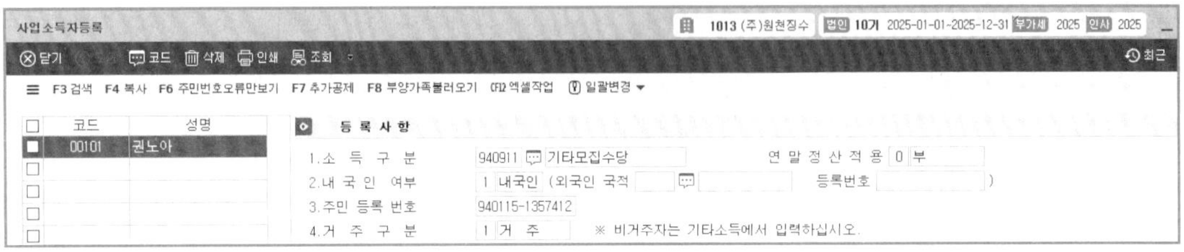

• 102.윤지현

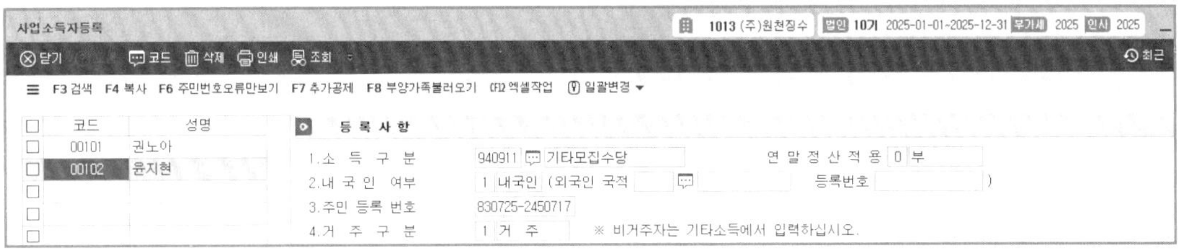

② [사업소득자료입력] 지급년월일 2025년 4월 22일

• 101.권노아

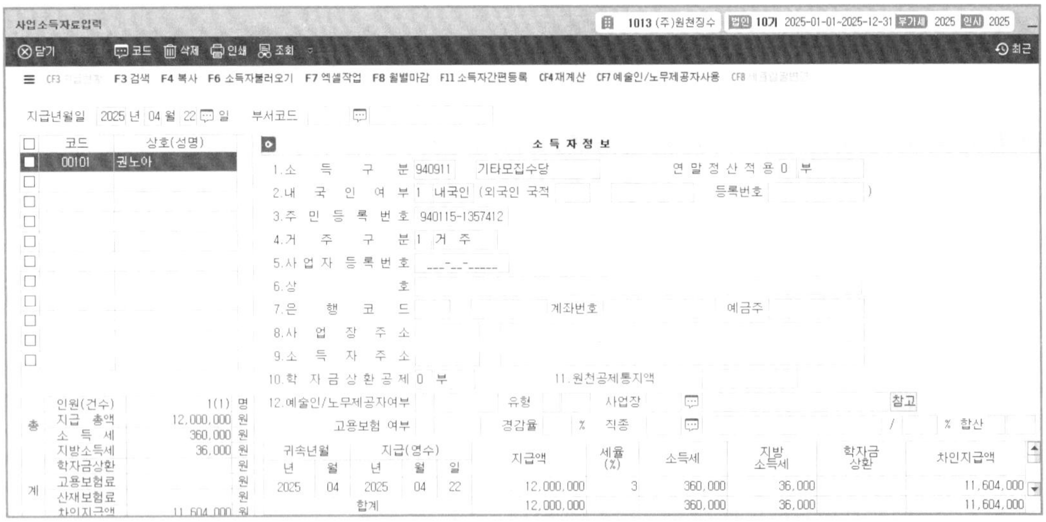

• 102.윤지현

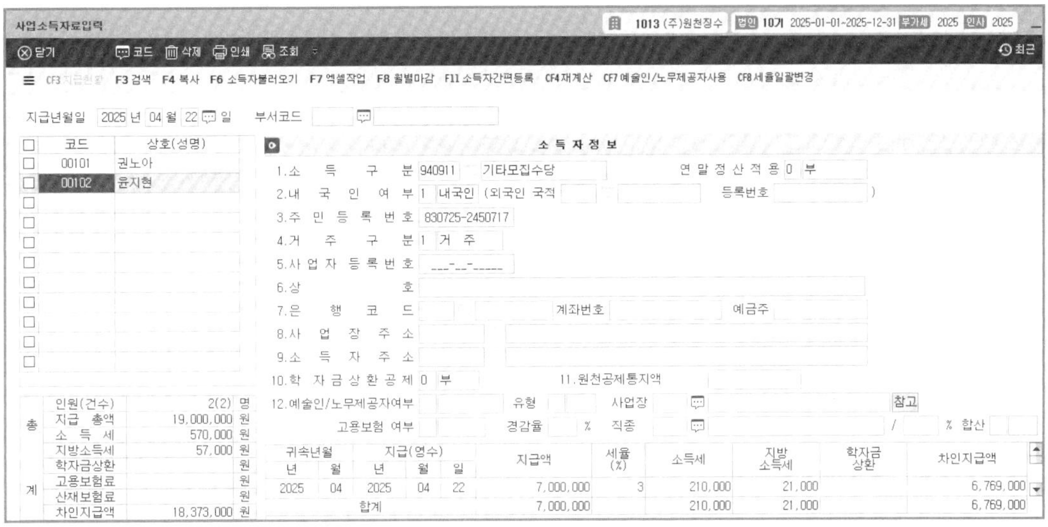

[2] 다음과 같은 (주)원천징수(회사코드: 1013)의 사업소득에 대하여 사업소득자등록 및 사업소득자료입력 메뉴에 내용을 반영하시오.

기출 51회

• 성명: 김강건(사업자코드 103)	• 거주구분: 거주자
• 소득구분: 보험설계(940906, 연말정산 적용)	• 주민등록번호: 750205 – 1450714
• 지급일: 2025년 12월 30일(전월 귀속분)	• 지급금액: 10,000,000원

| 풀이 |

① [사업소득자등록]

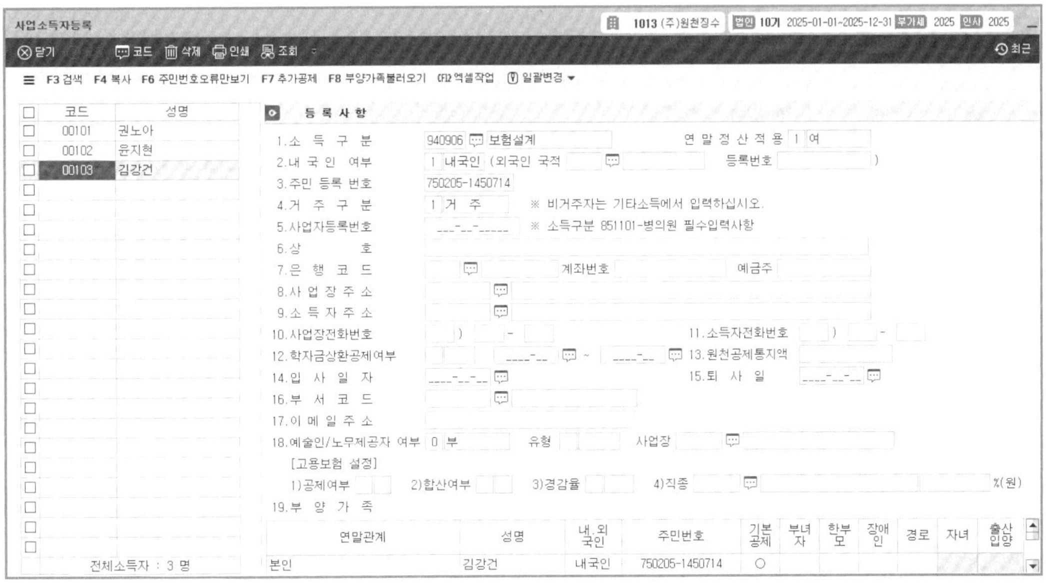

② [사업소득자료입력] 지급년월일 2025년 12월 30일, 귀속년월 2025년 11월

THEME 03 기타소득 원천징수 중요

▸ 최신 30회 중 10문제 출제

기타소득은 이자소득, 배당소득, 사업소득, 근로소득, 연금소득, 퇴직소득, 양도소득 이외의 소득으로 상금, 복권 당첨금, 사례금, 강연료 등 일시적이고 우발적으로 얻은 소득을 말한다. 기타소득을 지급할 때 원천징수의무자는 원천징수하여 징수일이 속하는 다음 달 10일까지 납부해야 한다.

1 기타소득자등록

1. 거주구분

[거주구분]란에 커서를 놓고 소득자가 거주하면 '1.거주', 아니면 '2.비거주'를 입력한다.

2. 소득구분

F2를 누르면 다음의 소득구분 코드도움창이 나타나며, 소득자의 소득구분코드를 입력한다.

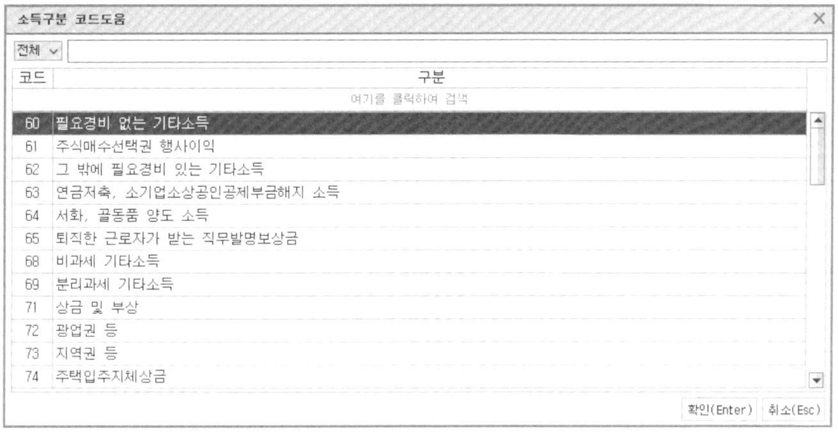
소득구분 코드도움

전체

코드	구분
	여기를 클릭하여 검색
60	필요경비 없는 기타소득
61	주식매수선택권 행사이익
62	그 밖에 필요경비 있는 기타소득
63	연금저축, 소기업소상공인공제부금해지 소득
64	서화, 골동품 양도 소득
65	퇴직한 근로자가 받는 직무발명보상금
68	비과세 기타소득
69	분리과세 기타소득
71	상금 및 부상
72	광업권 등
73	지역권 등
74	주택입주지체상금

확인(Enter) 취소(Esc)

주요 소득구분 코드내역

소득	코드번호		코드구분
이자소득	111		국공채의 이자와 할인액
	112		내국법인 회사채의 이자와 할인액
	113		국내에서 받은 예금의 이자
	121		직장공제회 초과 반환금
	122		비영업대금의 이익
배당소득	251		내국법인의 배당, 분배금 등
	254		법인세법에 따라 배당으로 처분된 금액 – 인정배당
기타소득	필요경비 추정	71	상금 및 부상
		72	광업권 등
		73	지역권 등
		74	주택입주지체상금
		75	원고료 등
		76	강연료 등
		62	그 밖의 필요경비가 있는 기타소득 – 위 이외 기타소득
	60		필요경비가 없는 기타소득 – 장소의 일시대여, 사례금, 재산권에 관한 알선수수료 등
	68		비과세 기타소득
	69		분리과세 기타소득 – 복권 당첨소득 등

3. 내국인 여부

소득자가 내국인이면 '1.내국인', 외국인이면 '2.외국인'을 입력한다.

4. 생년월일

소득자의 생년월일을 입력한다.

5. 주민등록번호

소득자의 주민등록번호를 입력한다.

6. 소득자 구분/실명

소득자의 구분을 입력하며, [실명]란에서 소득자 성명이 실명이면 '0.실명'을, 비실명이면 '1.비실명'을 입력한다.

7. 개인/법인구분

소득자가 개인이면 '1.개인', 법인이면 '2.법인'을 입력한다.

8. 사업자등록번호

소득자가 사업자인 경우 사업자등록번호를 입력한다.

9. 법인(대표자명)

소득자가 사업자인 경우 법인(대표자명)을 입력한다.

10. 사업장 주소

소득자가 사업자인 경우 사업장 주소를 입력한다.

2 기타소득자자료입력

1. 지급(영수)일자

조회기간인 [지급년월일]란에서 연월만 입력하고, [1.지급(영수)일자]란에 일자만 추가로 입력하면 된다. 조회기간인 [지급년월일]란에서 연월일을 모두 입력했을 경우는 [1.지급(영수)일자]란에 조회조건의 일자가 자동으로 입력된다.

2. 귀속년월

기타소득의 귀속연월을 입력한다.

3. 지급 총액

지급액을 입력한다.

4. 필요경비

필요경비에 산입할 금액은 실제로 지출된 비용이 원칙이지만, 다음과 같은 예외가 있다.

구분	비고
서화·골동품의 양도로 발생하는 소득	Max[실제 소요된 필요경비, 양도가액×80% 또는 90%] • 양도가액 1억원 이하: 90% • 양도가액 1억원 초과 – 1억원 이하분: 90% – 1억원 초과분: 80%(단, 보유기간 10년 이상인 경우는 90%)
공익법인이 주무관청의 승인을 얻어 시상하는 상금 및 부상과 다수가 순위 경쟁하는 대회에서 입상자가 받는 상금 및 부상	Max[실제 소요된 필요경비, 총수입금액의 80%]
위약금과 배상금 중 주택입주 지체상금	
영업권 등 무형자산의 양도 및 대여소득	Max[실제 소요된 필요경비, 총수입금액의 60%]
공익사업과 관련된 지상권·지역권의 설정 및 대여소득	
원고료, 강연료 등 일시적인 문예창작소득	
통신판매중개업자를 통해 물품 또는 장소를 대여하고 사용료로 받은 500만원 이하의 금품	

꿀팁 사례금, 알선수수료, 계약의 위약 또는 해약으로 인하여 받는 위약금과 배상금은 실제 발생한 경비만 필요경비로 적용하므로 발생 경비가 없다면 필요경비는 '0'이다. 다만, 계약의 위약 또는 해약으로 인하여 받는 위약금, 배상금 중 주택입주 지체상금은 80%의 필요경비가 인정된다.

5. 소득금액

'지급 총액 – 필요경비'가 자동으로 계산된다. 일반적인 경우 기타소득금액이 건별 5만원 이하인 경우 소득세가 과세되지 않는다.

6. 세율(%)

20%로 자동 반영되어 있으며, 필요 시 수정 가능하다.

7. 세액감면 및 제한세율 근거

해당 내용을 직접 입력한다.

8. 기타소득(법인)세액

소득자의 개인 또는 법인 구분에 따라 자동 반영되며, 수정 가능하다.

9. 지방소득세

소득세 또는 법인세의 10%를 자동 계산하여 반영된다.

연습문제

다음 자료를 (주)원천징수(회사코드: 1013)의 기타소득자등록 메뉴와 기타소득자자료입력 메뉴에 입력하시오.

[1] (주)원천징수(회사코드: 1013)는 직업강사는 아니지만 여러 경험이 많으신 나부자(531021–2021342) 할머니를 모셔서, 임직원을 대상으로 인생에 대한 특별 강연을 개최하고 2025년 4월 20일에 강연료로 100,000원을 지급하였다. 기타소득자에 대한 인적사항을 등록(코드 00001로 입력)하고 소득자료입력을 하시오(단, 주민등록번호는 정확한 것으로 가정함). 기출 71회

| 풀이 |

① [기타소득자등록]

② [기타소득자자료입력] 지급년월일 2025년 4월 20일

• 기타소득금액이 5만원 이하인 경우에는 과세최저한에 해당하여 기타소득세는 발생하지 않는다.

[2] 다음 중 (주)원천징수(회사코드: 1013)의 기타소득에 해당하는 경우 [기타소득자등록] 및 [기타소득자자료입력]을 작성하시오(단, 필요경비율 적용 대상 소득은 알맞은 필요경비율을 적용한다). 기출 111회 수정

코드번호	성명	주민등록번호	지급성격	총지급액	비고
00002	김영수	541210 – 1234567	강연료	3,500,000원	모두 국내 거주하는 내국인이다.
00003	박명자	560705 – 2450853	사례금	1,300,000원	
00011	고민중	751015 – 1234568	계속 · 반복적 배달수당	967,000원	

※ 김영수는 강연 과정에 복사비 등 실제 700,000원 상당의 필요경비가 소요되었다.

※ 상기 지급액의 귀속월은 2025년 7월이며, 지급연월일은 2025년 7월 25일이다.

| 풀이 |

① [기타소득자등록]

강연료는 실제 발생한 경비와 60% 중 큰 금액을 필요경비로 산입하고, 사례금은 필요경비가 없다. 또한, 계속 · 반복적 배달수당은 기타소득에 해당하지 않고, 사업소득(인적용역소득)에 포함되므로 기타소득자등록 메뉴의 입력 대상이 아니다.

• 김영수

• 박명자

② [기타소득자자료입력] 지급년월일 2025년 7월 25일

• 김영수

• 박명자

[3] 다음은 (주)원천징수(회사코드: 1013)의 2025년 8월 귀속 기타소득 지급내역이다. 자료를 참조하여 기타소득자등록 및 자료입력을 하시오(소득자의 세부담이 최소화되도록 처리할 것). 기출 90회 수정

성명	주민등록번호	지급액(소득세 및 지방소득세 공제 후)	지급사유	지급일
장중동	791003 – 1450753	6,384,000원	일시적 강연료(고용관계 없음)	2025.8.22.

• 장중동은 국내에 거주하는 내국인이고, 코드 4번으로 등록한다.
• 용역을 제공하는 과정에서 관련 필요경비로 4,600,000원이 사용되었다.

| 풀이 |

① [기타소득자등록]

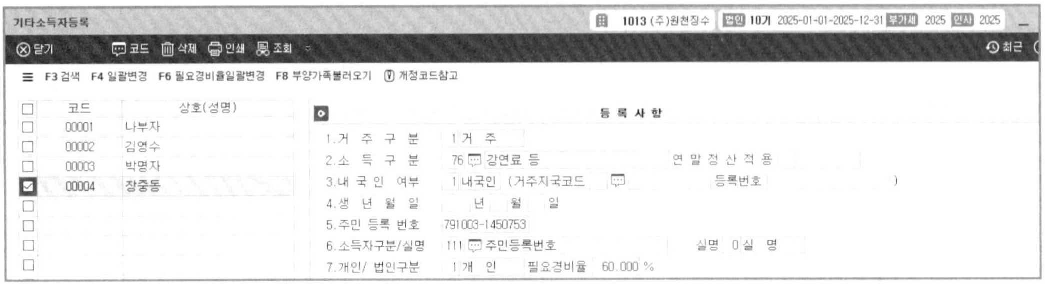

② [기타소득자자료입력] 지급년월일 2025년 8월 22일

- [2.지급총액]란의 금액은 세전 지급액 7,000,000원[세후 지급액 6,384,000원÷(100%-8.8%)]을 입력한다.
- [4.필요경비]란의 금액은 60% 필요경비율에 의해 자동 계산된 금액보다 실제 사용된 필요경비가 많으므로 4,600,000원으로 수정한다.

[4] 다음은 (주)원천징수(회사코드: 1013)의 11월 25일 지급한 기타소득 내역이다. 기타소득자등록을 하고 기타소득자료를 입력하시오(단, 필요경비율 대상 소득에 대해 필요경비율을 적용하며, 그 외 기타소득과 관련하여 발생한 경비는 없다. 기출 84회 수정

코드	성명	거주구분	주민등록번호	지급명목	비고
5	김나래	거주/내국인	880302-2027315	퇴직 후 받는 직무발명보상금	10,000,000원

| 풀이 |

① [기타소득자등록]

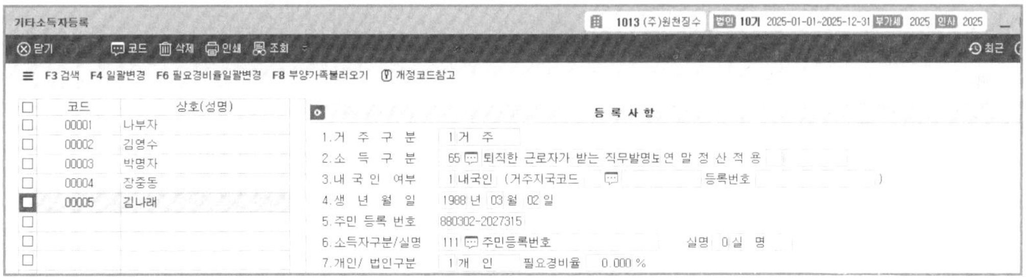

② [기타소득자자료입력] 지급년월일 2025년 11월 25일

• 퇴직 후 받는 직무발명보상금은 기타소득이며 700만원까지는 비과세 대상이므로 1,000만원 중 700만원 초과금액인 300만원에 대해서만 입력한다.

---

3 이자배당 소득자료입력 중요

최신 30회 중 7문제 출제

이자소득은 각종 채권 · 증권 · 예금의 이자와 할인액, 저축성 보험의 보험차익, 비영업대금의 이익 등 금전 사용에 따른 대가의 성격이 있는 것을 말하며, 배당소득은 내국법인 또는 외국법인으로부터 받는 이익이나 잉여금의 배당 또는 분배금, 의제배당, 인정상여 등 수익분배의 성격이 있는 것을 말한다.

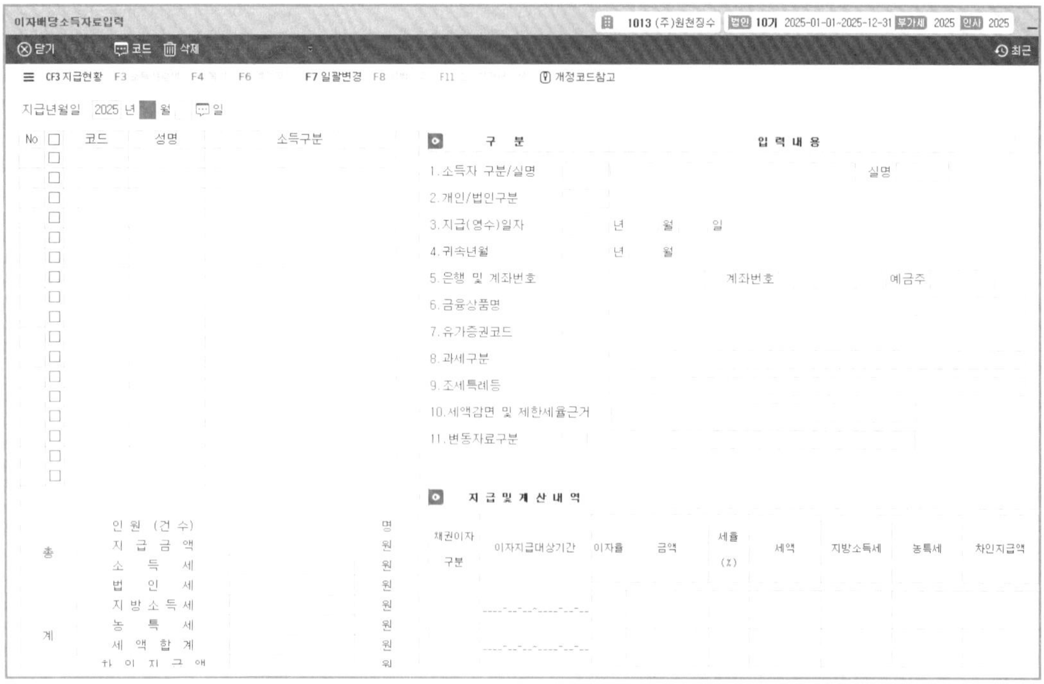

1. 지급년월일

지급연월일을 입력한다.

2. 코드/성명/소득구분

[코드]란에 커서를 놓고 F2를 눌러 [기타소득자등록] 메뉴에 입력된 소득자를 불러온다. [소득구분]란은 [기타소득자등록] 메뉴에서 입력한 소득자의 소득구분이 반영된다.

3. 지급(영수)일자/귀속년월

금융소득의 지급일자와 수입시기를 입력한다.

4. 금융상품명

[금융상품명]란에 커서를 놓고 F2를 눌러 나타나는 다음 금융상품 코드도움창에서 금융상품 코드를 선택한다.

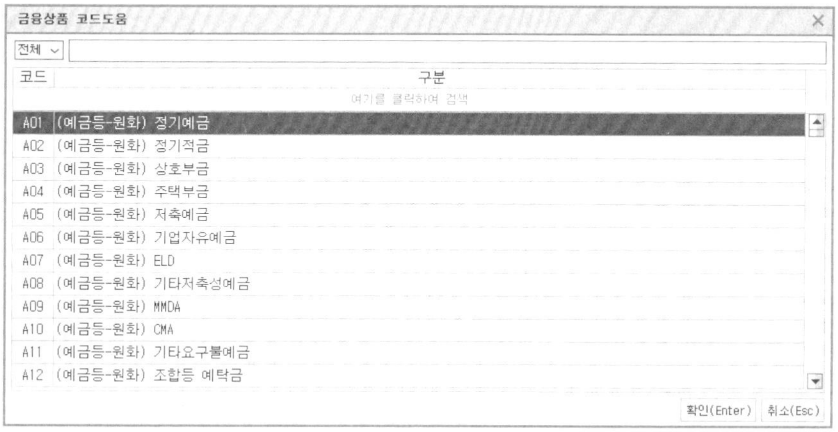

5. 과세구분

[과세구분]란에 커서를 놓고 F2를 눌러 나타나는 다음 과세구분 코드도움창에서 과세구분 코드를 선택한다.

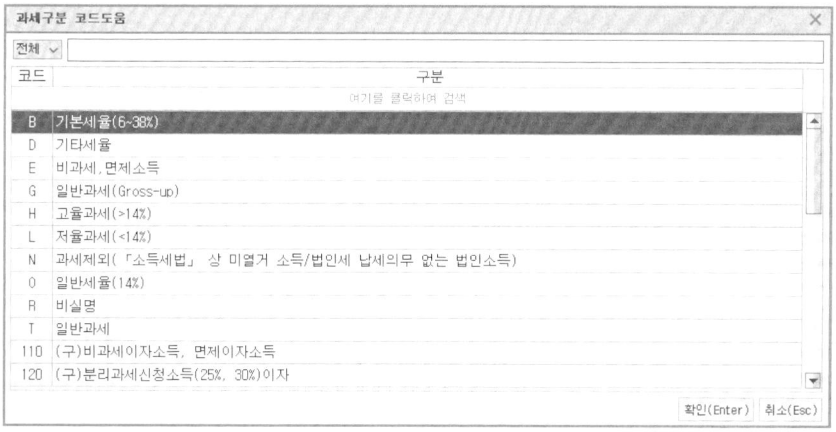

6. 조세특례 등

조세특례가 있으면 [조세특례 등]란에 커서를 놓고 F2를 눌러 나타나는 다음 조세특례 등 코드도움창에서 해당하는 조세특례 등 코드를 선택한다. 다만, 조세특례 등을 적용받지 않고 원천징수한 경우에는 코드 'NN'을 선택한다.

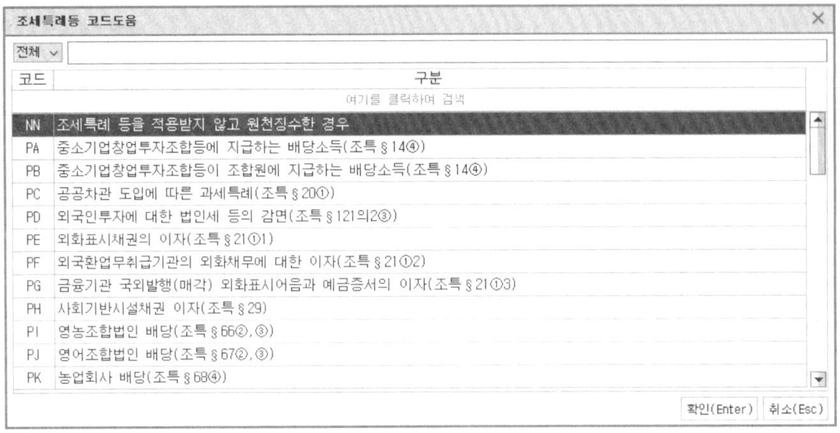

7. 지급 및 계산내역

[채권이자구분]란에서 F2를 누른 후 채권이자 코드도움창에서 해당하는 이자를 선택한다. 예를 들어 채권 등의 이자 등을 지급받는 경우 당해 채권 등의 보유자의 보유기간이자 상당액일 때에는 코드 '99'를 선택한다. 금융소득의 이자지급대상기간, 이자율, 금액 및 세율을 입력하면 세액과 지방소득세가 자동으로 반영된다.

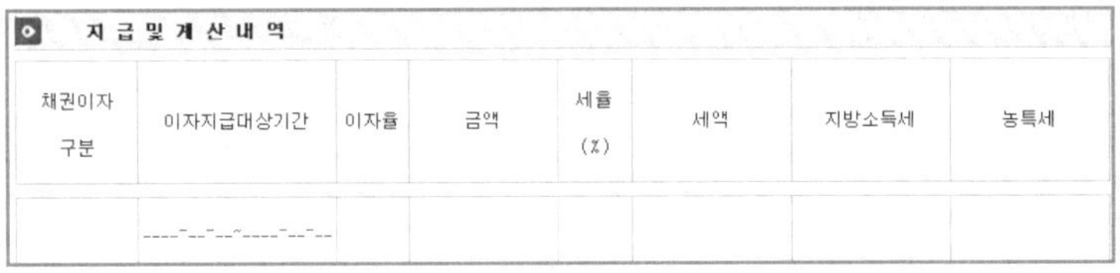

⇩

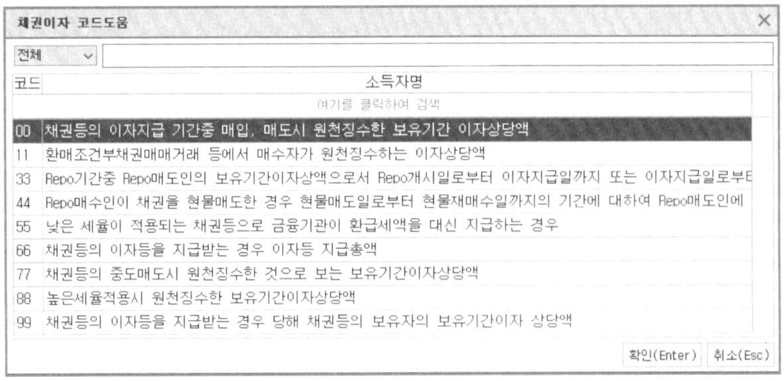

연습문제

다음 자료를 (주)원천징수(회사코드: 1013)의 기타소득자등록 메뉴와 이자배당 소득자료입력 메뉴에 입력하시오.

[1] (주)원천징수(회사코드: 1013)의 7월분 이자 지급 내역이 다음과 같을 경우 해당 소득자를 등록하고, 이자소득 자료입력 및 이자소득에 대한 원천징수 영수증을 작성하시오(소득자 코드는 6번으로 함). 기출 98회

성명	주민등록번호	귀속월	지급일	금액
박진영	720113-1234568	2025년 7월	2025년 7월 31일	2,300,000원

- 박진영 씨는 내국인이며 거주자에 해당하고, 대부업을 영위하지 않는다.
- 이자율은 2.5%이고, 약정된 지급일에 적정하게 지급이 이루어졌다.
- 지급된 이자는 2025년 7월 1일부터 2025년 7월 31일의 기간에 해당하는 이자이다.

| 풀이 |

① [기타소득자등록]

기타소득자등록 | 1013 (주)원천징수 | 법인 10기 2025-01-01~2025-12-31 | 부가세 2025 | 인사 2025

닫기 | 코드 | 삭제 | 인쇄 | 조회 | 최근

F3 검색 | F4 일괄변경 | F6 필요경비율일괄변경 | F8 부양가족불러오기 | 개정코드참고

코드	상호(성명)
00001	나부자
00002	김영수
00003	박명자
00004	장중동
00005	김나래
00006	박진영

등록사항

1.거주구분	1 거 주
2.소득구분	122 비영업대금의 이익(소법§16①11) 연말정산적용
3.내국인 여부	1 내국인 (거주지국코드 등록번호)
4.생년월일	1972 년 01 월 13 일
5.주민 등록 번호	720113-1234568
6.소득자구분/실명	111 주민등록번호 실명 0 실 명
7.개인/ 법인구분	1 개 인 필요경비율 %

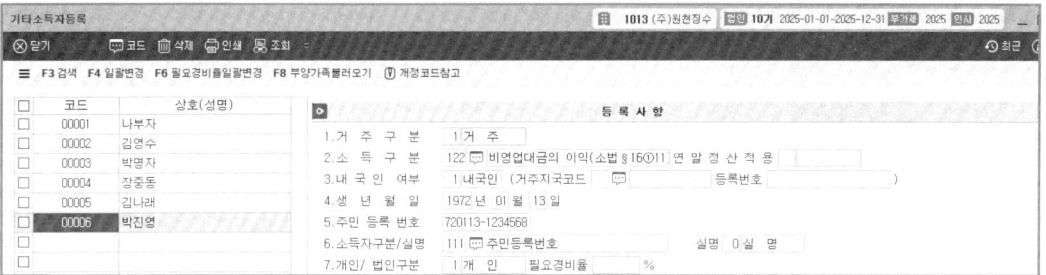

② [이자배당 소득자료입력] 지급년월일 2025년 7월 31일

이자배당소득자료입력 | 1013 (주)원천징수 | 법인 10기 2025-01-01~2025-12-31 | 부가세 2025 | 인사 2025

닫기 | 코드 | 삭제 | 인쇄 | 조회 | 최근

CF3 지급전환 | F3 소득자검색 | F4 복사 | F6 엑셀작업 | F7 | F8 월별마감 | F11 소득자간편등록 | 개정코드참고

지급년월일 2025 년 07 월 31 일

No	코드	성명	소득구분
1	00006	박진영	비영업대금의 이익(소법§16①11)
2			

구분	입력내용
1.소득자 구분/실명	111 주민등록번호 실명 0.실명
2.개인/법인구분	1.개인
3.지급(영수)일자	2025 년 07 월 31 일
4.귀속년월	2025 년 07 월
5.은행 및 계좌번호	계좌번호 예금주
6.금융상품명	
7.유가증권코드	
8.과세구분	
9.조세특례등	
10.세액감면 및 제한세율근거	
11.변동자료구분	0 처음제출되는 자료

총계		
인원 (건수)	1 (1)	명
지급금액	2,300,000	원
소득세	575,000	원
법인세		원
지방소득세	57,500	원
농특세		원
세액합계	632,500	원
차인지급액	1,667,500	원

지급 및 계산 내역

채권이자구분	이자지급대상기간	이자율	금액	세율(%)	세액	지방소득세	농특세	차인지급액
99	2025-07-01~2025-07-31	2.5	2,300,000	25	575,000	57,500		1,667,500

③ [이자배당소득 원천징수 영수증] 지급년월 2025년 7월~2025년 7월

[2] (주)원천징수(회사코드: 1013)는 비상장주식회사로 소액주주인 거주자 김솔지(주민등록번호: 700902－2045675)에게 다음과 같이 배당소득을 지급하였다. 원천징수 대상 소득자의 기타소득자등록을 하고 이자배당 소득자료를 입력하여 원천징수 이행상황 신고서를 작성하시오. 기출 107회

소득자 코드번호	배당소득	소득지급일/영수일	비고
00007	3,000,000원	2025년 3월 30일	• 2024년 귀속 이익잉여금처분계산서상 배당금을 지급 결의함 • 주주총회 결의일은 3월 3일임

※ 주어진 정보로만 등록 및 자료입력을 하기로 한다. 원천징수 세율은 14%이다.

| 풀이 |

① [기타소득자등록]

주주가 개인인 경우의 배당소득은 원천징수 대상이므로 다음과 같이 입력한다.

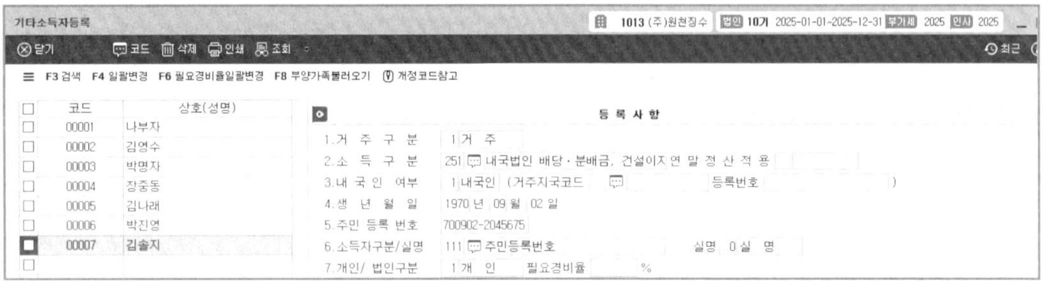

② [이자배당 소득자료입력] 지급년월일 2025년 3월 30일

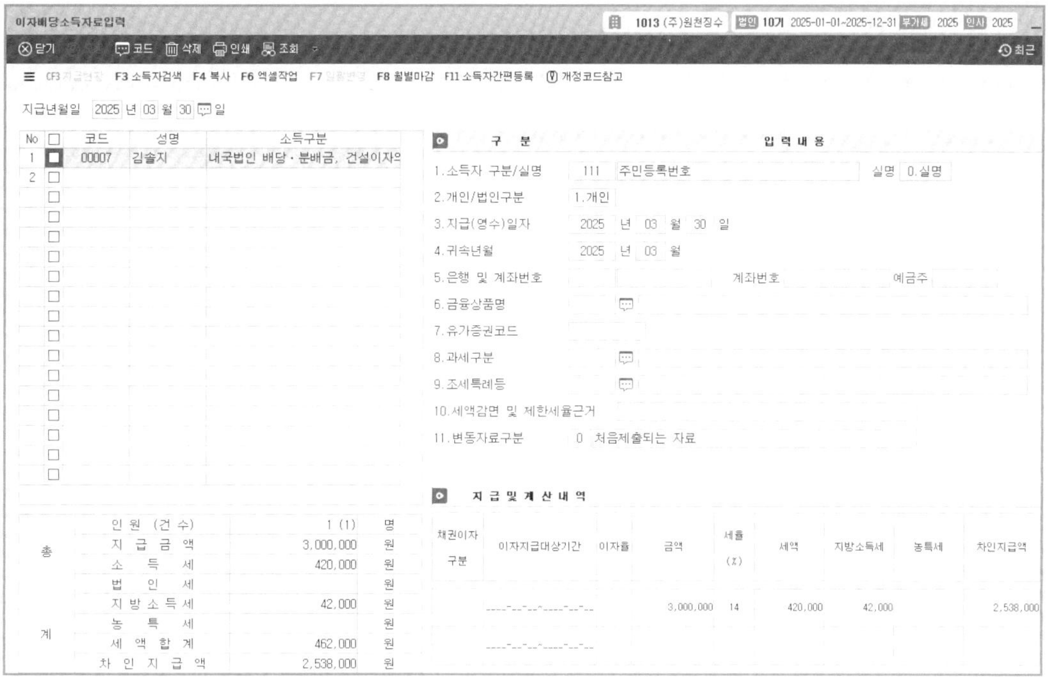

③ [원천징수 이행상황 신고서] 귀속기간 '2025년 3월~2025년 3월', 지급기간 '2025년 3월~2025년 3월', 신고구분 '1.정기신고'를 조회한 후 해당 서식을 저장한다.

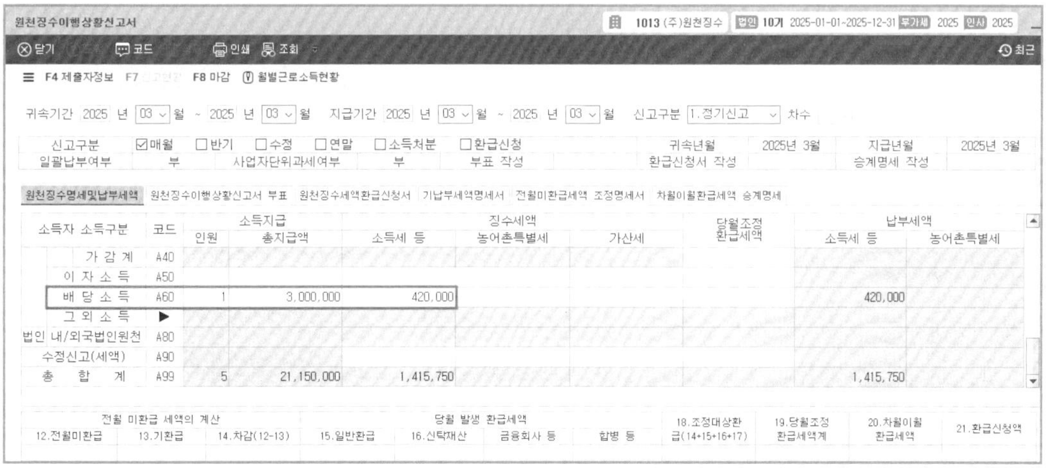

PART 04

[3] 다음의 자료를 보고 (주)원천징수(회사코드: 1013)의 2025년 귀속 배당소득에 대한 원천징수 대상 소득자의 기타소득자등록을 하고 이자배당 소득자료입력을 하시오. 기출 75회

1. (주)원천징수의 소득자별 배당소득 지급내역

• (주)원천징수의 주주는 다음과 같다.

소득자 코드번호	주주(주민등록번호)	거주자/비거주자 구분	지분율
00008	홍길동(820521-1079812)	거주자	70%
00009	칠갑산(860208-1069514)	거주자	30%

• 제9기 배당금은 회사의 경영악화로 2025년 11월경에 지급할 예정이다.

• 배당금을 결의한 이익잉여금처분계산서는 다음과 같다(전산에 입력된 자료는 무시하고 귀속년월은 '2025년 2월'로 입력할 것).

이익잉여금처분계산서

제9기 2024.1.1.~2024.12.31.

처분 결의일 2025.2.25.

(단위: 원)

과목	금액	
Ⅰ. 미처분이익잉여금		590,000,000
1. 전기이월 미처분이익잉여금	550,000,000	
2. 당기순이익	40,000,000	
Ⅱ. 이익잉여금처분액		55,000,000
1. 이익준비금	5,000,000	
2. 배당금		
가. 현금배당	50,000,000	
나. 주식배당	0	
Ⅲ. 차기이월 미처분이익잉여금		535,000,000

| 풀이 |

① [기타소득자등록]

• 홍길동

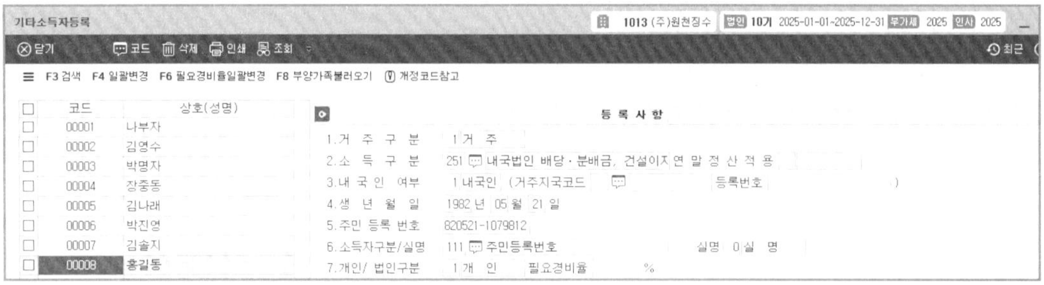

• 칠갑산

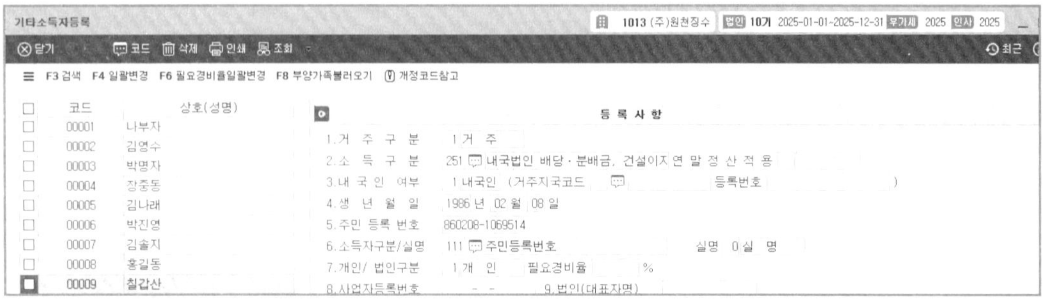

② [이자배당 소득자료입력] 지급년월일 2025년 5월 25일

주주	거주자/비거주자 구분	지분율	배당금
홍길동	거주자	70%	35,000,000원
칠갑산	거주자	30%	15,000,000원

- 잉여금 처분에 의한 배당의 귀속시기는 당해 법인의 잉여금 처분 결의일이므로, 2025년 귀속 배당소득은 2025년 2월 25일 잉여금 처분 결의일인 9기 이익잉여금처분계산서상 현금배당으로 처분된 소득 50,000,000원을 말한다.
- 배당금을 3개월 내에 지급하지 못하는 경우 원천징수특례에 의하여 원천징수시기는 2025년 2월 25일부터 3개월이 되는 날인 2025년 5월 25일이다.

꿀팁 잉여금 처분에 의한 배당소득의 미지급액은 처분 결의일부터 3개월이 되는 날 지급한 것으로 의제 및 귀속(단, 11월 1일부터 12월 31일 사이에 결정된 처분에 의한 미지급액은 다음 연도 2월 말 지급한 것으로 의제)한다.

- 홍길동

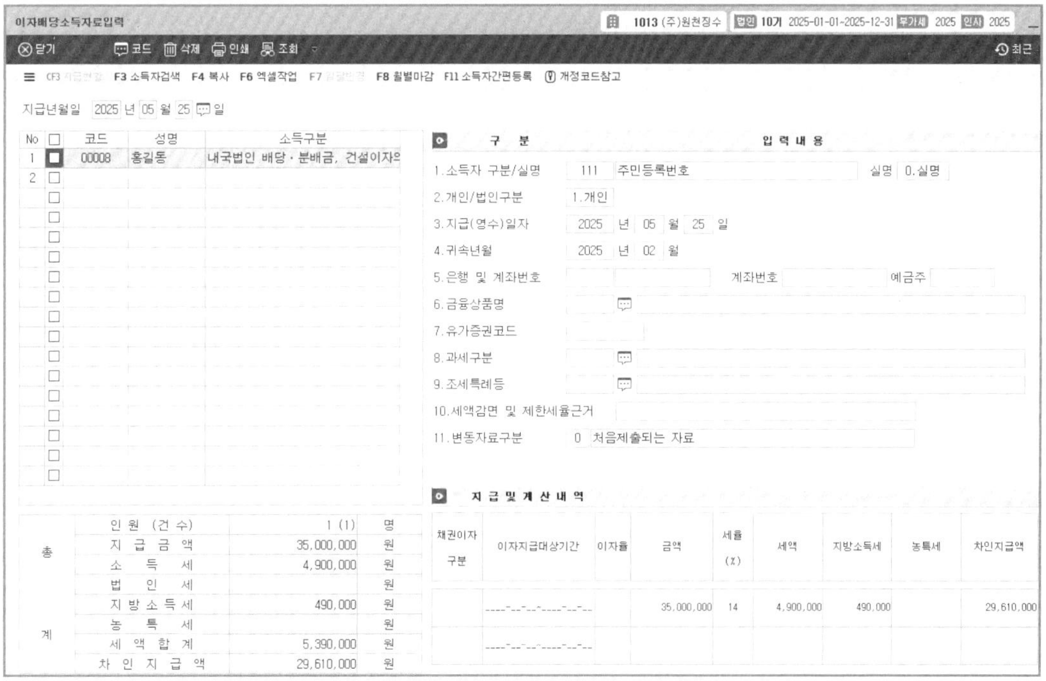

• 칠갑산

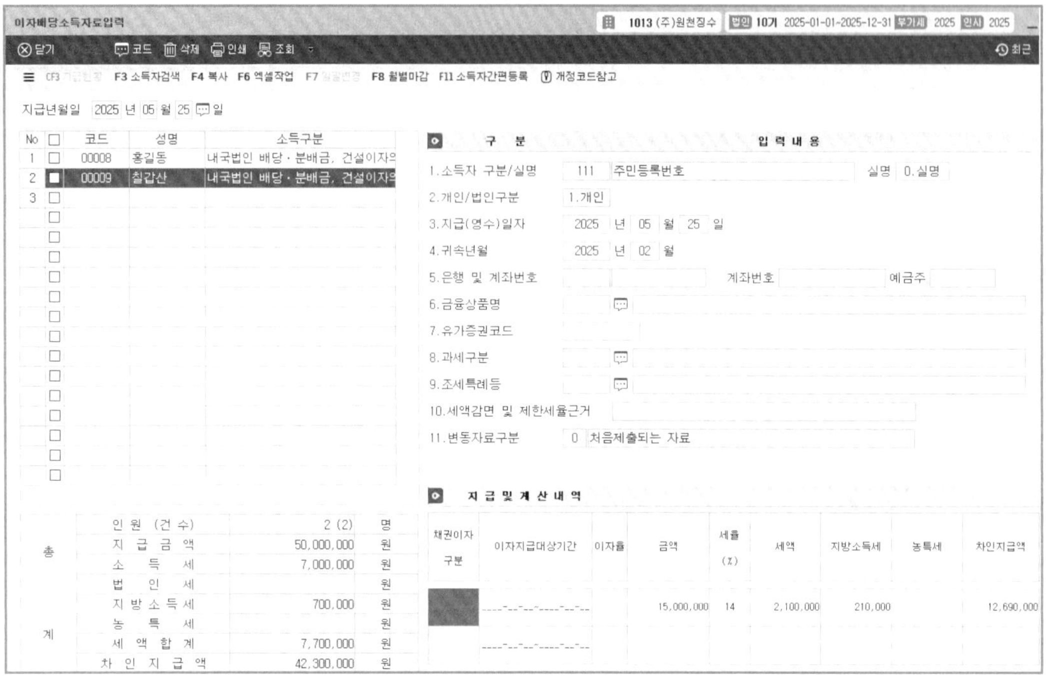

[4] (주)원천징수(회사코드: 1013)는 일시적 자금난 때문에 거래처인 (주)대박으로부터 운용자금을 차입하고 이에 대한 이자를 매달 지급하고 있다. 다음의 자료를 참조하여 이자배당소득자료 입력은 하지 않고, 2025년 2월 귀속분 원천징수 이행상황 신고서(부표 포함)를 직접 작성하시오(단, 당사는 반기별 사업장이 아니며, 다른 원천신고 사항은 무시할 것). 기출 95회

- (주)대박 차입금: 150,000,000원
- 2월 귀속분 이자: 625,000원(연 이자율 5%)
- 지급일: 2025년 3월 10일
- 2월 귀속 3월 지급분으로 작성할 것

| 풀이 |

[원천징수 이행상황 신고서] 귀속기간 '2025년 2월~2025년 2월', 지급기간 '2025년 3월~2025년 3월', 신고구분 '1.정기신고'

① [원천징수 이행상황 신고서 부표] 탭

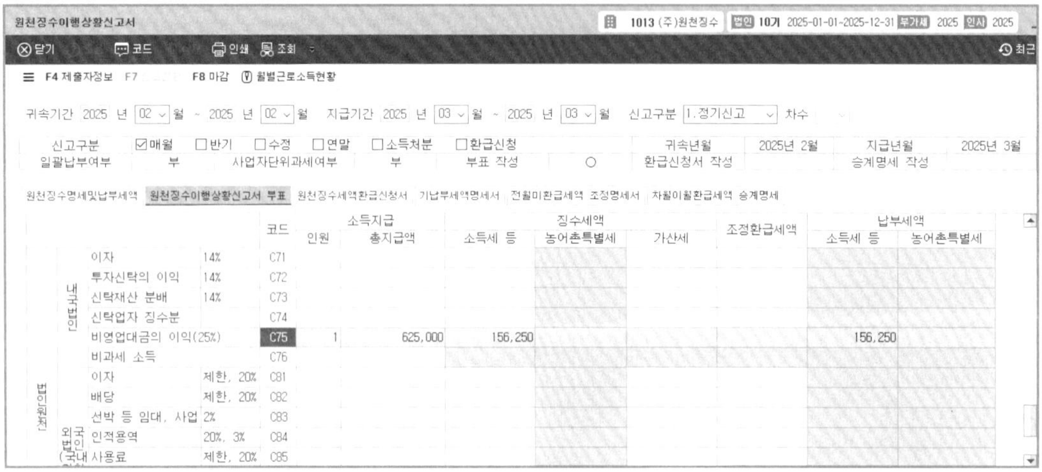

꿀팁 이자소득(A50), 배당소득(A60), 법인원천(A80)에 해당하는 소득 등을 지급한 원천징수의무자는 반드시 [원천징수 이행상황 신고서 부표] 탭을 먼저 작성해야 한다.

② [원천징수명세 및 납부세액] 탭

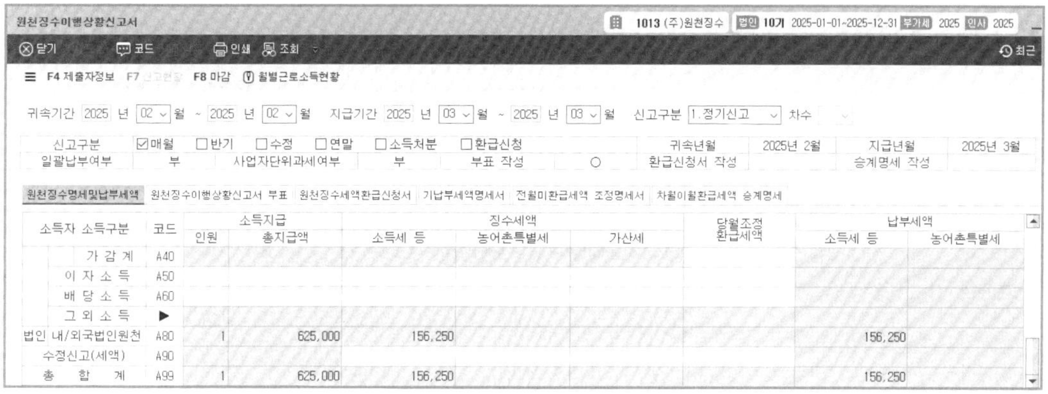

THEME 04 퇴직소득관리 중요

▶ 최신 30회 중 8문제 출제

퇴직소득이란 퇴직으로 발생하는 소득을 말하며, 퇴직소득은 퇴직급여, 퇴직위로금, 해고예고수당, 명예퇴직수당, 퇴직보험금, 공로수당 중 일시금 및 각종 연금의 일시금을 포함한다.

1 퇴직금 계산

[급여자료입력] 메뉴에서 입력된 급여, 상여 등 금액을 기준으로 연할 · 월할 · 일할 · 기간 · 노동부의 계산방식을 선택하여 퇴직금을 산출하는 메뉴이다. [사번]란에서 직접 사번을 입력하거나, F2를 눌러 사원의 사번과 성명을 불러오며 [구분]란은 퇴사자인 경우 '1.퇴직', 중간정산자인 경우 '2.중간'을 선택한다.

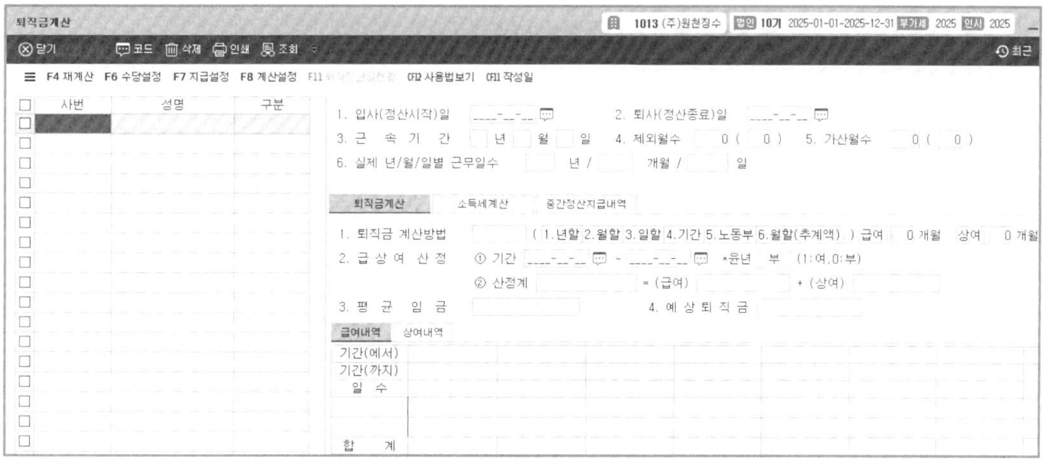

1. 입사(정산시작)일

[사원등록] 메뉴에 입사일이 자동 반영된다. 단, 중간정산 지급내역이 있으면 중간정산 다음 일자로 반영된다.

2. 퇴사(정산종료)일

[사원등록] 메뉴에 퇴사일이 자동 반영된다. [사원등록] 메뉴의 입력된 퇴사일자가 없으면 퇴사일을 직접 입력한다. 퇴직금의 제외월수가 있는 경우 [4.제외월수]란에, 퇴직금의 가산월수가 있는 경우 [5.가산월수]란에 직접 입력한다.

3. [퇴직금 계산] 탭의 퇴직금 계산방법

퇴직금 계산방법은 '1.년할', '2.월할', '3.일할', '4.기간', '5.노동부'이며 회사규정에 의한 퇴직금 계산방법 중 하나를 선택하면 퇴직금이 자동으로 계산된다.

[참고] 퇴직금 계산방법

1.년할	연간 급여 총액(상여 포함)÷12×근속연수÷12
2.월할	월평균임금×근무일수÷365(또는 366)
3.일할	일평균임금×근무일수×30÷365(또는 366)
4.기간	산정기간 월평균임금×근무일수÷365(또는 366)
5.노동부	일할과 계산방법이 동일하나 상여를 월할계산

2 퇴직소득자료입력

[지급년월]란은 퇴직소득세를 지급한 연도와 월을 입력하며 [소득자 구분]란은 상용직 근로자는 '1.근로', 일용직 근로자(형식적으로 일용근로계약을 체결했다고 하더라도 계속 근로한 기간이 1년 이상인 경우)는 '2.일용직', 종교인에 해당하는 경우 '3.종교인'으로 구분하여 선택한다. [사번]란에서 직접 사번을 입력하거나, F2를 눌러 사원의 사번과 성명을 불러오며 [구분]란은 퇴사자인 경우 '1.퇴직', 중간정산자인 경우 '2.중간'을 선택한다.

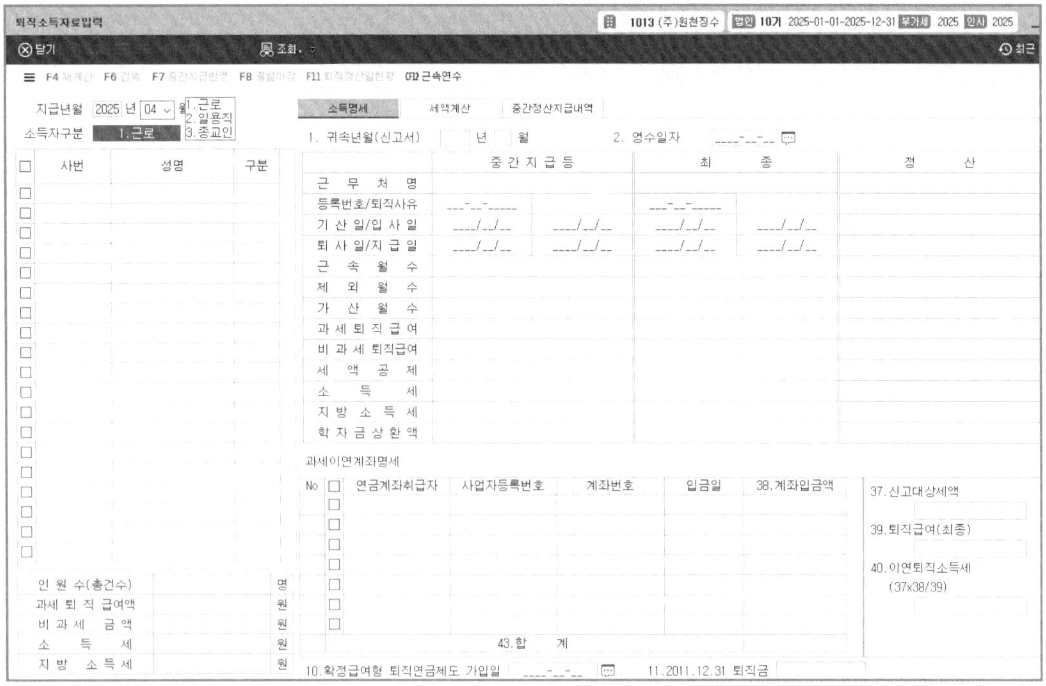

1. 귀속년월(신고서)

[원천징수 이행상황 신고서] 메뉴에 반영될 귀속년월(퇴사소득의 수입시기인 퇴직한 날이므로 퇴사한 년월)을 입력한다. 지급연월과 동일한 귀속연월이 자동 반영되며 수정 가능하다.

2. 영수일자

퇴직금 지급연월의 마지막 일자가 자동 반영된다.

3. 근무처명

회사등록의 회사명이 반영되며, 수정 불가능하다.

4. 등록번호/퇴직사유

(1) 등록번호

회사등록의 사업자번호가 반영되며, 수정 불가능하다.

(2) 퇴직사유

중간정산자일 경우 '중간정산'으로, 퇴사자일 경우 '자발적 퇴직'으로 자동 반영되며 '1.정년퇴직', '2.정리해고', '3.자발적 퇴직', '4.임원퇴직', '5.중간정산', '6.기타' 중 하나로 수정 가능하다.

5. 과세퇴직급여

「근로자퇴직급여보장법」 등에 따라 지급하는 퇴직금, 퇴직위로금, 공로수당을 입력한다. 다만, 각 사원들이 갹출하여 지급하는 전별금은 퇴직소득으로 보지 않는다.

6. 비과세퇴직급여

비과세로 지급되는 퇴직소득을 입력한다.

7. 과세이연계좌명세

퇴직일시금이 노후생활을 보장하는 자금으로 활용되는 것을 세제상 지원하기 위하여 근로자가 퇴직소득을 연금 계좌로 이체하는 경우에는 퇴직 시 퇴직소득세액을 부과하지 않고 연금 계좌에서 해당 퇴직소득이 인출될 때 퇴직소득세를 부과한다. 퇴직사원에게 지급하는 퇴직금이 퇴직연금 계좌로 입금되는 경우에는 연금 계좌 취급자, 사업자등록번호, 계좌번호, 입금일, 계좌입금액, 확정급여형 퇴직연금제도 가입일 등을 입력하여 이연퇴직소득세를 계산할 수 있다.

연습문제

다음 자료를 (주)퇴직소득(회사코드: 1014)으로 회사를 변경한 후 퇴직소득자료입력 메뉴에 입력하시오.

[1] (주)퇴직소득(회사코드: 1014)의 다음 자료를 이용하여 회계부 과장 최미영(사번: 105, 주민등록번호: 820303-2356232, 입사일: 2014.1.1.)의 퇴직소득자료입력 및 원천징수 이행상황 신고서를 작성하시오. 기출 106회

- 근로자 본인 명의의 주택을 구입하면서 부족한 자금 마련을 위하여 퇴직금 중간정산을 신청하였다.
- 중간정산일은 2025년 10월 31일이다.
- 중간정산일 현재 퇴직금은 60,000,000원이다.
- 퇴직금 지급일은 2025년 11월 5일이며, 현금으로 지급하였다.
- 「근로자퇴직급여보장법」상의 중간정산 사유에 해당하며, 관련 증빙 서류를 제출받았다.

| 풀이 |

① [퇴직소득자료입력] – [소득명세] 탭

• 퇴직금 중간정산은 지급받은 날에 퇴직한 것으로 보아 퇴직금 지급일을 귀속일 및 지급일로 입력한다. 따라서, 지급년월 '2025년 11월', 소득자 구분 '1.근로', 사원 '105.최미영', 구분 '2.중간', 귀속년월(신고서) '2025년 11월', 영수일자 '2025 – 11 – 05'을 입력한다.

• [최종]라인에서 퇴사일과 지급일을 각각 '2025/11/05'을 입력한다. 문제의 단서에서 중간정산일이 10월로 되어 있으나 퇴사일자를 11월로 입력하였으므로 근속월수에서 1개월 제외하기 위해서 [제외월수]란에 '1'을 입력한다.

• [과세퇴직급여]란에 '60,000,000원'을 입력하면 퇴직소득세와 지방소득세가 자동 계산된다.

② [원천징수 이행상황 신고서] 귀속기간 '2025년 11월~2025년 11월', 지급기간 '2025년 11월~2025년 11월', 신고구분 '1.정기신고'

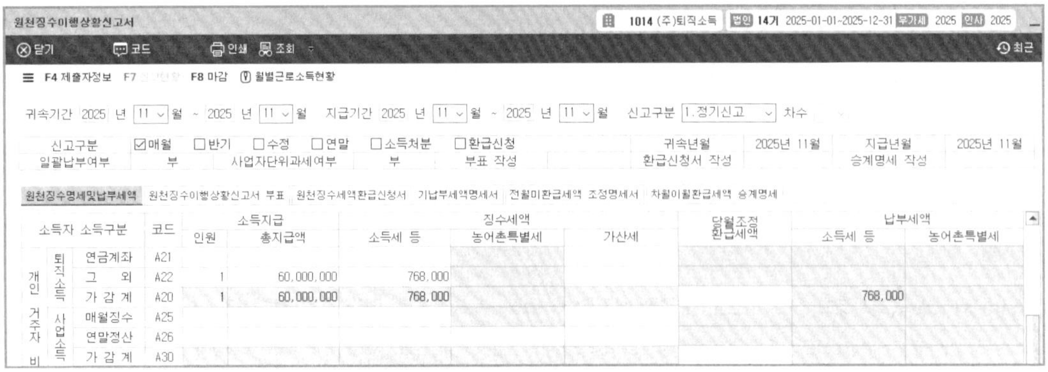

[2] 다음은 (주)퇴직소득(회사코드: 1014)의 영업부 상용직 근로자 김승현 씨(사원코드: 104)의 중도퇴사(개인사정으로 인한 자진퇴사)와 관련된 자료이다. 주어진 사원 이외에 다른 사원은 없고, 회사는 반기신고대상이 아니라고 가정한다. 기출 117회 수정

1. 김승현 씨의 3월분 급여자료를 입력하시오(급여 지급일: 2025.4.10.).
2. 중도퇴사자 연말정산을 수행하고 퇴직소득자료를 입력하시오.
3. 김승현 씨의 해당 지급내역에 대한 원천징수 이행상황 신고서를 작성하시오.

<table>
<tr><td rowspan="6">급여자료</td><td colspan="2">급여내역</td><td colspan="2">공제사항</td></tr>
<tr><td>• 기본급</td><td>5,000,000원</td><td>• 국민연금</td><td>225,000원</td></tr>
<tr><td>• 식대</td><td>200,000원</td><td>• 건강보험료</td><td>177,250원</td></tr>
<tr><td>• 자가운전보조금</td><td>200,000원</td><td>• 장기요양보험료</td><td>22,950원</td></tr>
<tr><td>• 상여금</td><td>2,000,000원</td><td>• 고용보험료</td><td>63,000원</td></tr>
<tr><td colspan="4">• 식대 및 자가운전보조금은 세법상 비과세 요건을 충족하고 있다.
• 공제 가능한 부양가족은 없으며, 주어진 자료만으로 연말정산을 수행한다.
• 퇴직 월의 급여에 대한 소득세 등은 정산 후 금액을 반영하기로 한다.</td></tr>
<tr><td>퇴직소득자료</td><td colspan="4">• 퇴사일: 2025.3.31.
• 퇴직금 지급일: 2025.4.15.
• 퇴직금: 17,000,000원
• 퇴직위로금: 3,000,000원
• 전별금: 1,000,000원

• 전별금은 각 사원들이 각출하여 지급한 금액이다.
• 전 임직원 중 명예퇴직 신청자에게 퇴직위로금을 지급하기로 노사가 합의하였으며 퇴직급여 지급규정에 의하여, 김승현에게 2025년 4월 15일 퇴직금 17,000,000원과 퇴직위로금 3,000,000원을 현금 10,000,000원과 개인형 퇴직연금 계좌로 10,000,000원을 지급하였다.

연금 계좌 취급자 / 사업자등록번호 / 계좌번호
삼성생명 / 111-81-12345 / 233-113-114</td></tr>
</table>

| 풀이 |

① [사원등록]

- [16.퇴사년월일]란에 '2025년 3월 31일', [사유]란에 '1.개인사정으로 인한 자진퇴사'를 입력한다.

② [급여자료입력] 귀속년월 '2025년 3월', 지급년월일 '2025년 4월 10일'을 조회하고 '전월 급여대장을 복사하시겠습니까?' 창이 뜨면 '취소'를 클릭한 후 주어진 자료에 따라 다음과 같이 입력한다. [급여자료입력] 메뉴 상단 툴바 F7 중도퇴사자정산▼을 클릭한 후 해당 메뉴 하단의 급여반영(Tab)을 선택한다.

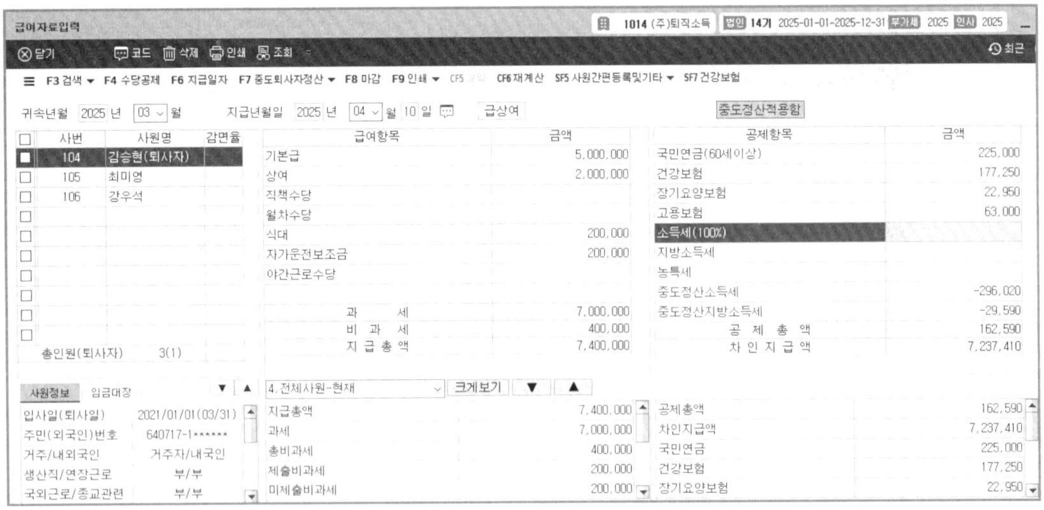

③ [퇴직소득자료입력]-[소득명세] 탭

- 지급년월 '2025년 4월', 소득자 구분 '1.근로', 사원 '104.김승현', 구분 '1.퇴직', 귀속년월 '2025년 3월', 영수일자 '2025.4.15.', 지급일자 '2025.4.15.'를 각각 입력한다.
- [과세퇴직급여]란에 20,000,000원(= 퇴직금 17,000,000원 + 퇴직위로금 3,000,000원)을 입력한다. 각 사원들이 갹출하여 지급한 전별금은 퇴직소득에 해당하지 않는다.

• 과세이연계좌명세를 다음과 같이 입력한다.

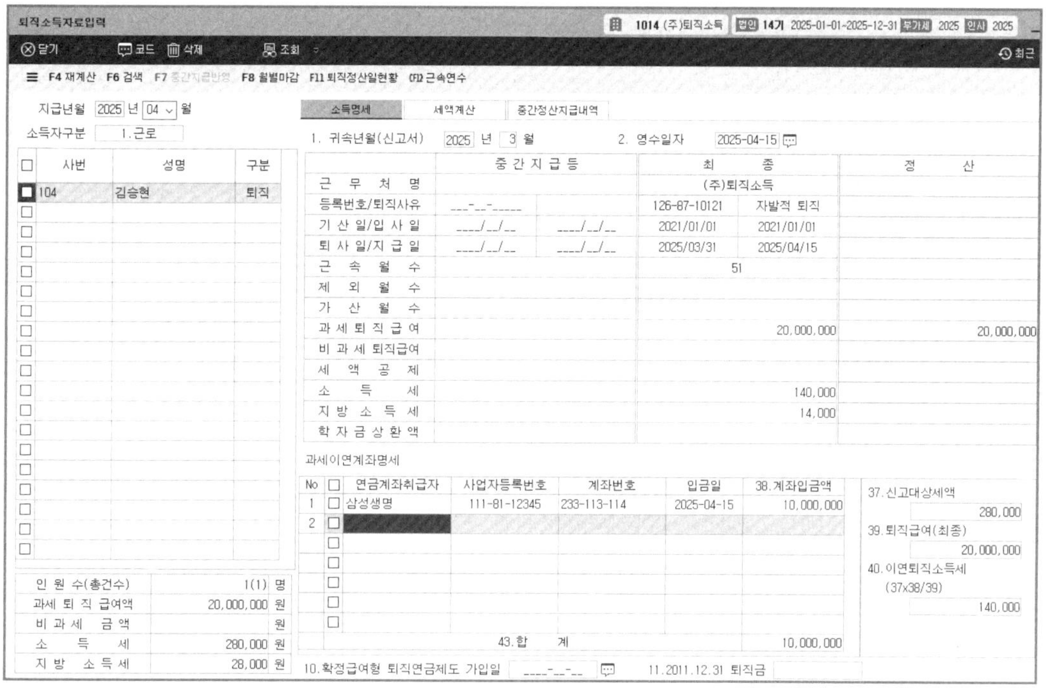

퇴직소득자료입력 | 1014 (주)퇴직소득 | 법인 14기 2025-01-01-2025-12-31 | 부가세 2025 | 인사 2025

지급년월 2025 년 04 월 | 소득자구분 1.근로

사번	성명	구분
104	김승현	퇴직

인 원 수(총건수)	1(1) 명
과세 퇴 직 급여액	20,000,000 원
비 과 세 금 액	원
소 득 세	280,000 원
지 방 소 득 세	28,000 원

소득명세 | 세액계산 | 중간정산지급내역

1. 귀속년월(신고서) 2025 년 3 월 | 2. 영수일자 2025-04-15

	중간지급등		최종		정산
근무처명			(주)퇴직소득		
등록번호/퇴직사유	___-__-_____		126-87-10121	자발적 퇴직	
기산일/입사일	____/__/__	____/__/__	2021/01/01	2021/01/01	
퇴사일/지급일	____/__/__	____/__/__	2025/03/31	2025/04/15	
근속월수			51		
제외월수					
가산월수					
과세퇴직급여				20,000,000	20,000,000
비과세 퇴직급여					
세액공제					
소득세				140,000	
지방소득세				14,000	
학자금상환액					

과세이연계좌명세

No	연금계좌취급자	사업자등록번호	계좌번호	입금일	38.계좌입금액
1	삼성생명	111-81-12345	233-113-114	2025-04-15	10,000,000
2					
	43.합계				10,000,000

37.신고대상세액 280,000
39.퇴직급여(최종) 20,000,000
40.이연퇴직소득세 (37x38/39) 140,000

10.확정급여형 퇴직연금제도 가입일 ____-__-__ | 11.2011.12.31 퇴직금

④ [원천징수 이행상황 신고서] 귀속기간 '2025년 3월~2025년 3월', 지급기간 '2025년 4월~2025년 4월', 신고구분 '1.정기신고'를 조회하여 금액을 확인 후 해당 서식을 저장한다.

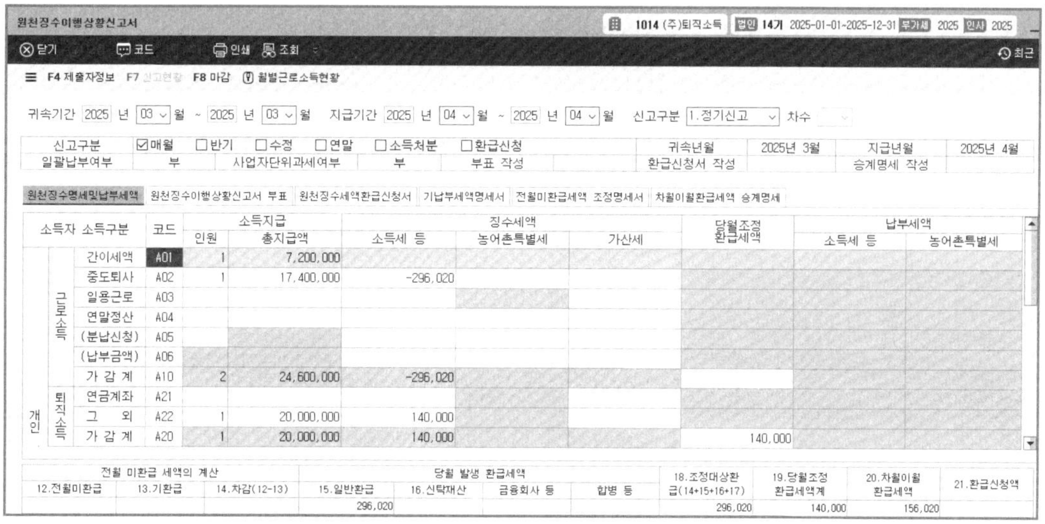

원천징수이행상황신고서 | 1014 (주)퇴직소득 | 법인 14기 2025-01-01-2025-12-31 | 부가세 2025 | 인사 2025

귀속기간 2025 년 03 월 ~ 2025 년 03 월 | 지급기간 2025 년 04 월 ~ 2025 년 04 월 | 신고구분 1.정기신고 | 차수

신고구분	☑매월 □반기 □수정 □연말 □소득처분 □환급신청	귀속년월	2025년 3월	지급년월	2025년 4월
일괄납부여부	부 / 사업자단위과세여부 부 / 부표 작성	환급신청서 작성		승계명세 작성	

원천징수명세및납부세액 | 원천징수이행상황신고서 부표 | 원천징수세액환급신청서 | 기납부세액명세서 | 전월미환급세액 조정명세서 | 차월이월환급세액 승계명세

소득자 소득구분		코드	인원	총지급액	소득세 등	농어촌특별세	가산세	당월조정 환급세액	소득세 등	농어촌특별세
근로소득	간이세액	A01	1	7,200,000						
	중도퇴사	A02	1	17,400,000	-296,020					
	일용근로	A03								
	연말정산	A04								
	(분납신청)	A05								
	(납부금액)	A06								
	가감계	A10	2	24,600,000	-296,020					
퇴직소득	연금계좌	A21								
	그 외	A22	1	20,000,000	140,000					
	가감계	A20	1	20,000,000	140,000			140,000		

12.전월미환급	13.기환급	14.차감(12-13)	15.일반환급	16.신탁재산	금융회사 등	합병 등	18.조정대상환급(14+15+16+17)	19.당월조정환급세액계	20.차월이월환급세액	21.환급신청액
			296,020				296,020	140,000	156,020	

[3] 다음 자료를 이용하여 (주)퇴직소득(회사코드: 1014)의 사원 강우석 씨(사원코드: 106)의 퇴직금 계산(퇴직금 계산방법은 5.노동부 선택) 및 퇴직소득자료입력의 소득명세 및 세액계산을 작성하시오. 기출 94회

- 입사연월일: 2016.9.1.
- 퇴사연월일: 2025.8.31.(퇴사사유: 개인사정으로 인한 자진퇴사)
- 퇴직금 계산자료

구분	2025.6.1.~6.30.	2025.7.1.~7.31.	2025.8.1.~8.31.
기본급	3,000,000원	3,000,000원	3,000,000원
직책수당	100,000원	100,000원	100,000원
식대	150,000원	150,000원	150,000원

- 1일 평균임금: 105,978원
- 퇴직과 동시에 퇴직금이 지급되었다고 가정한다.

| 풀이 |

① [사원등록]

- [16.퇴사년월일]란에 '2025년 8월 31일', [사유]란에 '1.개인사정으로 인한 자진퇴사'를 입력한다.

② [퇴직금 계산]-[퇴직금 계산] 탭

• [사번]란에서 F2를 이용하여 '106.강우석'을 불러온 후 [1.퇴직금 계산방법]을 '5.노동부'로 선택한다.

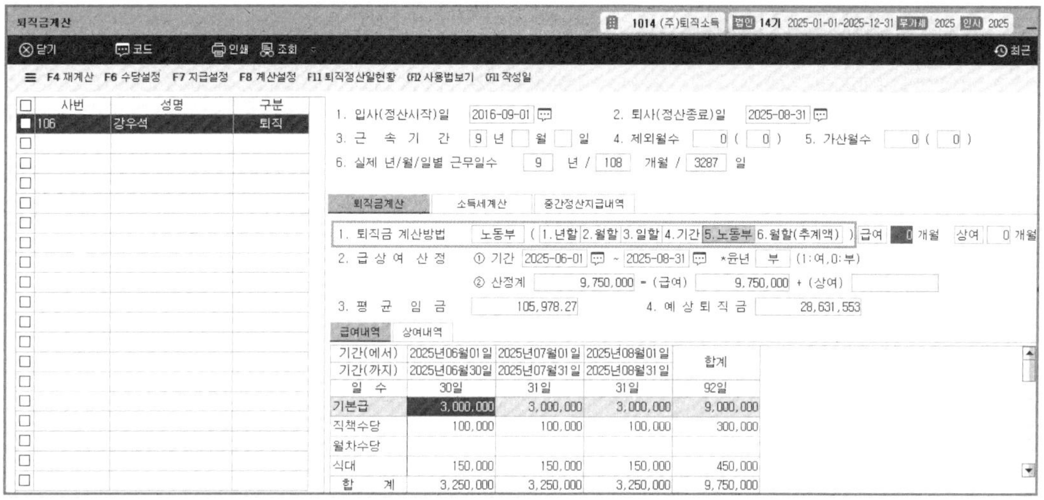

③ [퇴직소득자료입력]-[소득명세] 탭

• 지급년월 '2025년 8월', 소득자 구분 '1.근로', 사원 '106.강우석'을 입력한 후 다음의 자료를 불러온다.

④ [퇴직소득자료입력] – [세액계산] 탭

퇴직소득자료입력

1014 (주)퇴직소득 법인 14기 2025-01-01~2025-12-31 부가세

닫기 코드 삭제 조회

F4 재계산 F6 검색 F7 중간지급반영 F8 월별마감 F11 퇴직정산일현황 CF12 근속연수

지급년월 2025 년 08 월

소득자구분 1.근로

사번	성명	구분
106	강우석	퇴직

인 원 수(총건수)	1(1)	명
과세 퇴 직 급여액	28,631,553	원
비 과 세 금 액		원
소 득 세	231,150	원
지 방 소 득 세	23,110	원

소득명세 / 세액계산 / 중간정산지급내역

	구 분	입사일	기산일	퇴사일	지급일	근속월수	제외월수	가산월수	중복월수	근속년수
근속연수	중간지급등	____/__/__	____/__/__	____/__/__	____/__/__					
	최 종	2016/09/01	2016/09/01	2025/08/31	2025/08/31	108				9
	정 산		2016/09/01	2025/08/31		108				9

	계 산 내 용	금 액
과세표준계산	27.퇴직소득(17)	28,631,553
	28.근속연수공제	13,000,000
	29.환산급여[(27-28)×12배/정산근속연수]	20,842,070
	30.환산급여별공제	15,705,242
	31.퇴직소득과세표준(29-30)	5,136,828

	계 산 내 용	정 산
세액계산	32.환산산출세액(31×세율)	308,209
	33.퇴직소득 산출세액(32×정산근속연수/12배)	231,156
	34.세액공제	
	35.기납부(기과세이연)세액	
	36.신고대상세액(33-34-35)	231,156

	구 분	소 득 세	지 방 소 득 세	농 어 촌 특 별 세	계
납부명세	42.신고대상세액(36)	231,156	23,115		254,271
	43.이연퇴직소득세(40)				
	44.차감원천징수세액(42-43)	231,150	23,110		254,260

CHAPTER

05 법인세 세무조정

핵심키워드

법인조정 관련 메뉴에 주어진 자료를 반영할 수 있어야 한다.

■1회독 ■2회독 ■3회독

THEME 01 법인조정 순서

1 [법인조정 I] 탭

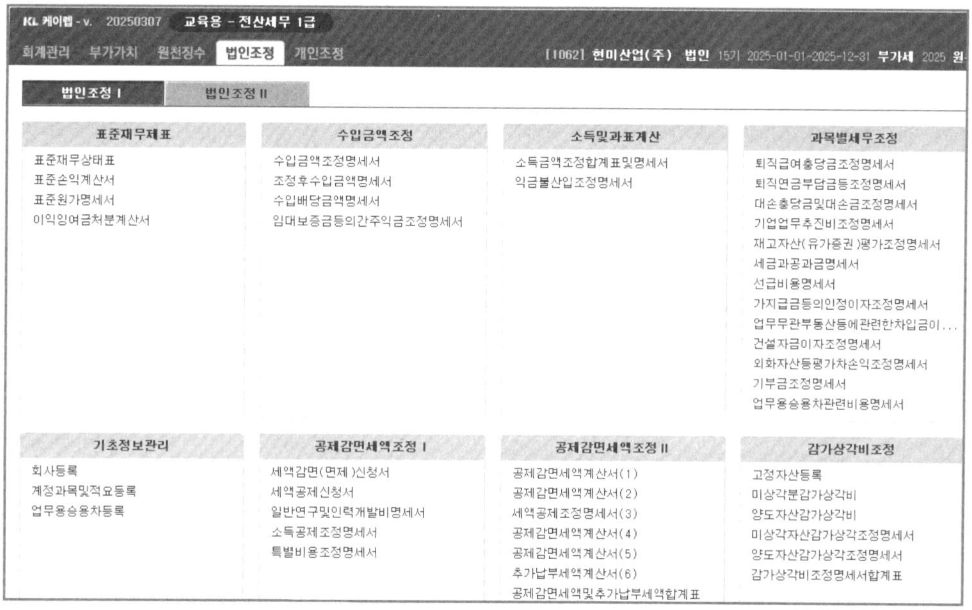

2 [법인조정 II] 탭

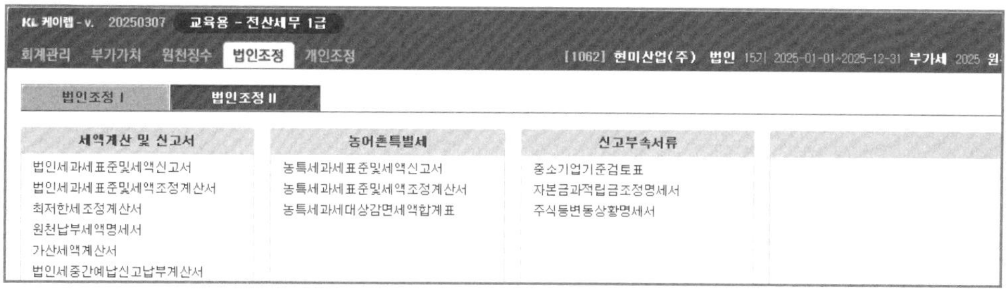

3 법인조정 순서

전산으로 하는 법인조정은 프로그램의 상호 연결고리에 따라 일반적으로 다음의 순서에 따라 실무 작업을 진행한다.

(1) 회계관리 메뉴의 결산에 의한 재무제표 확정

① 제조원가명세서(조회 후 표준용 클릭)

② 손익계산서(조회 후 표준용 클릭)

③ 이익잉여금처분계산서(상단 툴바 전표추가 클릭)

④ 재무상태표(조회 후 표준용 클릭)

(2) 법인조정 메뉴의 표준재무제표 조회 후 저장

(3) 수입금액 조정명세서

(4) 조정 후 수입금액 명세서

(5) 감가상각 조정

(6) 과목별 세무조정

과목별 세무조정은 상단 툴바의 [F3 조정등록]을 이용하면 [소득금액 조정합계표 및 명세서]에 자동 반영된다. 단, 기부금 세무조정은 과목별 세무조정사항 중 마지막에 수행한다.

(7) 공제 · 감면세액의 확정

(8) 자본금과 적립금 조정명세서

(9) 최저한세 조정계산서

(10) 가산세액 및 원천납부세액 명세서

(11) 법인세 과세표준 및 세액조정계산서

THEME 02 표준재무제표

표준재무제표는 법인세 사무처리규정에 의한 서식으로 일반기업회계기준에 의해 작성된 재무제표와는 별도로 법인세 신고 시 제출하여야 하는 서식이다. 표준재무제표는 국세청 전산시스템에 의하여 통일된 계정과목으로 처리하여 기업 간 비교를 용이하게 하고 각종 통계자료로 활용할 목적으로 작성된다. 다만, 전산세무 1급 시험에서는 표준재무제표가 확정된 상태에서 문제가 출제되고 있으므로, 다음에 나오는 표준재무제표를 조회하고 저장하는 과정은 실무상 필요한 작업이다.

1 표준재무상태표

현미산업(주)(회사코드: 1062)의 표준재무상태표를 조회한다.

표준재무상태표 정기 | 1062 현미산업(주) | 법인 15기 2025-01-01~2025-12-31 | 부가세 2025 | 인사 2025

닫기 | 코드 | 인쇄 | 조회 | 최근

F4 전기서식 | CF5 전체삭제 | F7 원장조회 | F8 잔액조회 | F11 저장 | CF7 법인선택 | CF8 편집 | F12 불러오기

일반법인용 | 당좌자산 | 재고자산 | 기타유동자산 | 투자자산 | 유형자산 | 무형자산 | 기타비유동자산 | 유동부채 | 비유동부채 | 자본금

차변잔액	차변합계	계 정 과 목	코드	대변합계	대변잔액
		6. 기타자본잉여금	343		
	10,000,000	Ⅴ. 자본조정	348	10,000,000	
		1. 주식할인발행차금	349		
		2. 감자차손	350		
	10,000,000	3. 자기주식	351	10,000,000	
		4. 미교부주식배당금	352		
		5. 자기주식처분손실	353		
		6. 부의지분법자본변동	354		
		7. 주식매수선택권	355		
		8. 기타자본조정	356		
		Ⅵ. 기타포괄손익누계액	361	65,000,000	65,000,000
		1. 매도가능증권평가손익	362	15,000,000	15,000,000
		2. 해외사업환산손익	363		
		3. 지분법자본변동	364		
		4. 파생상품평가손익	365		
		5. 재평가잉여금	366	50,000,000	50,000,000
		6. 기타	367		
		Ⅶ. 이익잉여금	372	1,675,462,492	1,675,462,492
		1. 이익준비금	373		
		2. 재무구조개선적립금	374		
		3. 「조세특례제한법상」준비금	375		
		4. 기타임의적립금	376	29,500,000	29,500,000
		9. 미처분이익잉여금(미처리결손금)	381	1,645,962,492	1,645,962,492
	10,000,000	자본총계(Ⅲ+~Ⅶ)	382	3,280,362,492	3,270,362,492
	989,012,934	부채와 자본총계	383	7,295,792,740	6,306,779,806

2 표준손익계산서

1. 표준손익계산서 조회

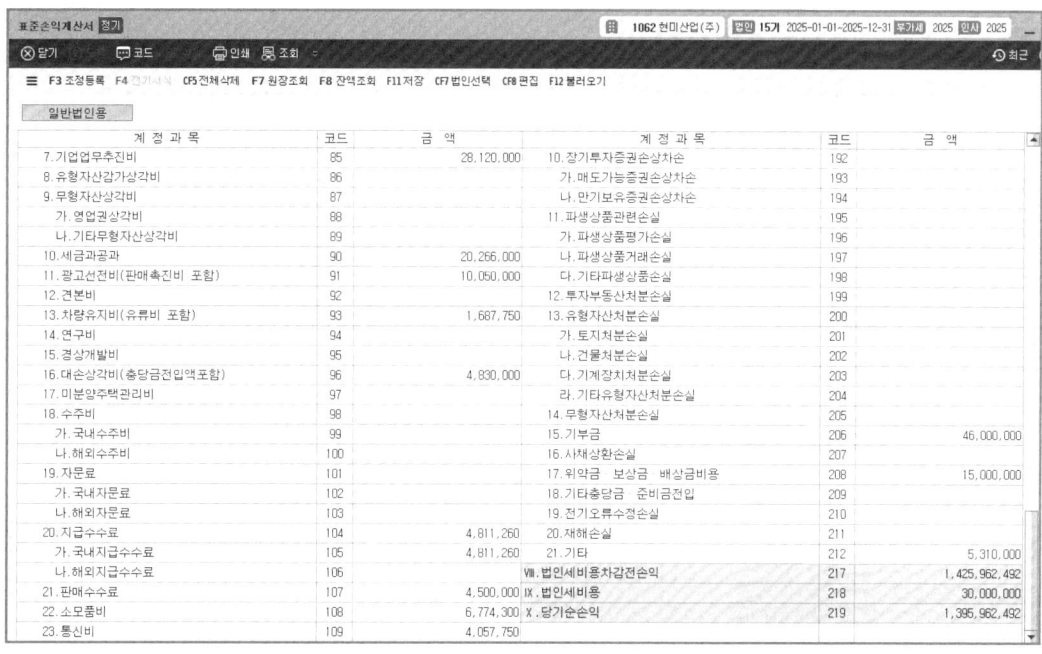

표준손익계산서 정기 | 1062 현미산업(주) | 법인 15기 2025-01-01~2025-12-31 | 부가세 2025 | 인사 2025

닫기 | 코드 | 인쇄 | 조회 | 최근

F3 조정등록 | F4 전기서식 | CF5 전체삭제 | F7 원장조회 | F8 잔액조회 | F11 저장 | CF7 법인선택 | CF8 편집 | F12 불러오기

일반법인용

계 정 과 목	코드	금 액	계 정 과 목	코드	금 액
7. 기업업무추진비	85	28,120,000	10. 장기투자증권손상차손	192	
8. 유형자산감가상각비	86		가. 매도가능증권손상차손	193	
9. 무형자산상각비	87		나. 만기보유증권손상차손	194	
가. 영업권상각비	88		11. 파생상품관련손실	195	
나. 기타무형자산상각비	89		가. 파생상품평가손실	196	
10. 세금과공과	90	20,266,000	나. 파생상품거래손실	197	
11. 광고선전비(판매촉진비 포함)	91	10,050,000	다. 기타파생상품손실	198	
12. 견본비	92		12. 투자부동산처분손실	199	
13. 차량유지비(유류비 포함)	93	1,687,750	13. 유형자산처분손실	200	
14. 연구비	94		가. 토지처분손실	201	
15. 경상개발비	95		나. 건물처분손실	202	
16. 대손상각비(충당금전입액포함)	96	4,830,000	다. 기계장치처분손실	203	
17. 미분양주택관리비	97		라. 기타유형자산처분손실	204	
18. 수주비	98		14. 무형자산처분손실	205	
가. 국내수주비	99		15. 기부금	206	46,000,000
나. 해외수주비	100		16. 사채상환손실	207	
19. 자문료	101		17. 위약금 보상금 배상금비용	208	15,000,000
가. 국내자문료	102		18. 기타충당금 준비금전입	209	
나. 해외자문료	103		19. 전기오류수정손실	210	
20. 지급수수료	104	4,811,260	20. 재해손실	211	
가. 국내지급수수료	105	4,811,260	21. 기타	212	5,310,000
나. 해외지급수수료	106		Ⅷ. 법인세비용차감전손익	217	1,425,962,492
21. 판매수수료	107	4,500,000	Ⅸ. 법인세비용	218	30,000,000
22. 소모품비	108	6,774,300	Ⅹ. 당기순손익	219	1,395,962,492
23. 통신비	109	4,057,750			

2. 법인세비용 세무조정

법인세가 손금으로 인정된다고 가정하면, 법인세가 반영되기 전 소득으로 법인세를 계산하고 해당 법인세만큼 손금에 산입한다. 손금산입한 법인세에 의하여 과세표준과 법인세가 감소하며 이렇게 감소한 법인세를 다시 손금에 반영하면 다시 과세표준과 법인세가 감소하는 계산구조상의 오류가 계속 반복된다. 이러한 이유로 법인세와 법인지방소득세 등은 손금불산입이 되는 것이다.

[표준손익계산서] 메뉴 상단 툴바의 F3 조정등록을 클릭한다. [과목]란에 법인세비용의 두 글자 '법인'을 입력하면 조회되는 다음의 조정과목등록 보조창에서 '당기 법인세 등 계상액을 손금불산입하고 기타사외유출로 처분함'을 선택한다. [금액]란에 30,000,000원을 입력하고, Enter↵를 누른다.

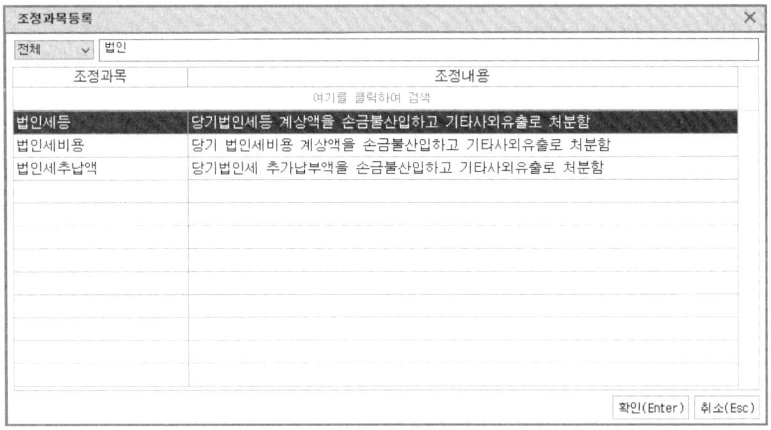

⇩

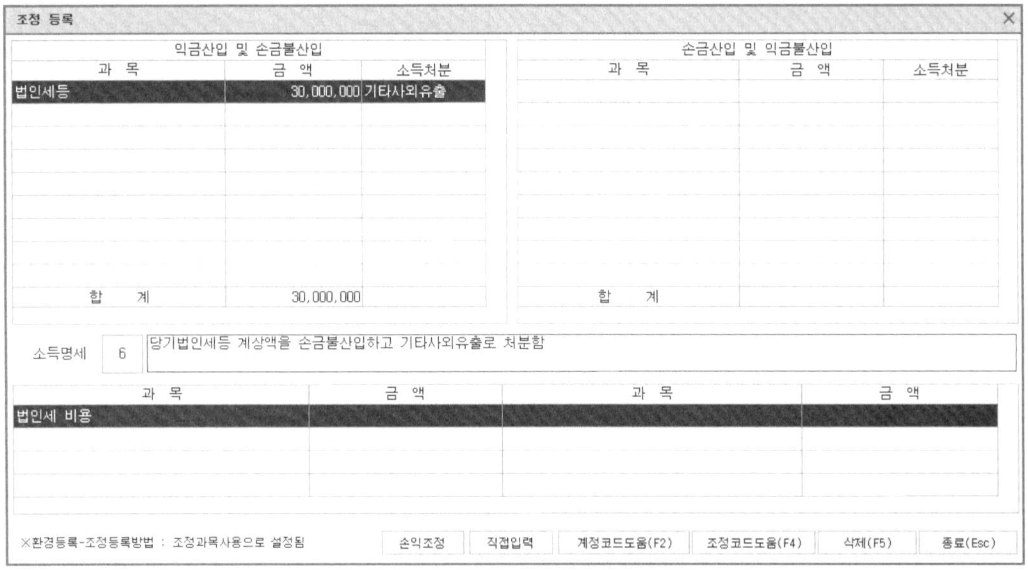

3 표준원가명세서

표준원가명세서를 조회하면 나타나는 다음의 보조창에서 [부속명세서 유형]란 중 '1.제조원가명세서'의 [작성 여부]란에 'O'를 표시한 후 [확인]을 클릭한다.

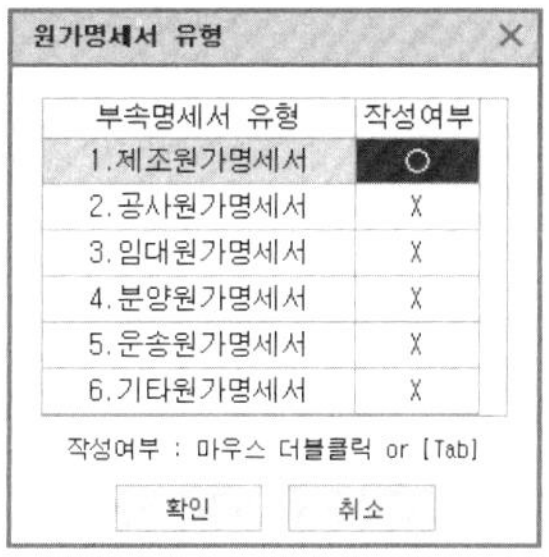

부속명세서 유형	작성여부
1.제조원가명세서	O
2.공사원가명세서	X
3.임대원가명세서	X
4.분양원가명세서	X
5.운송원가명세서	X
6.기타원가명세서	X

⇩

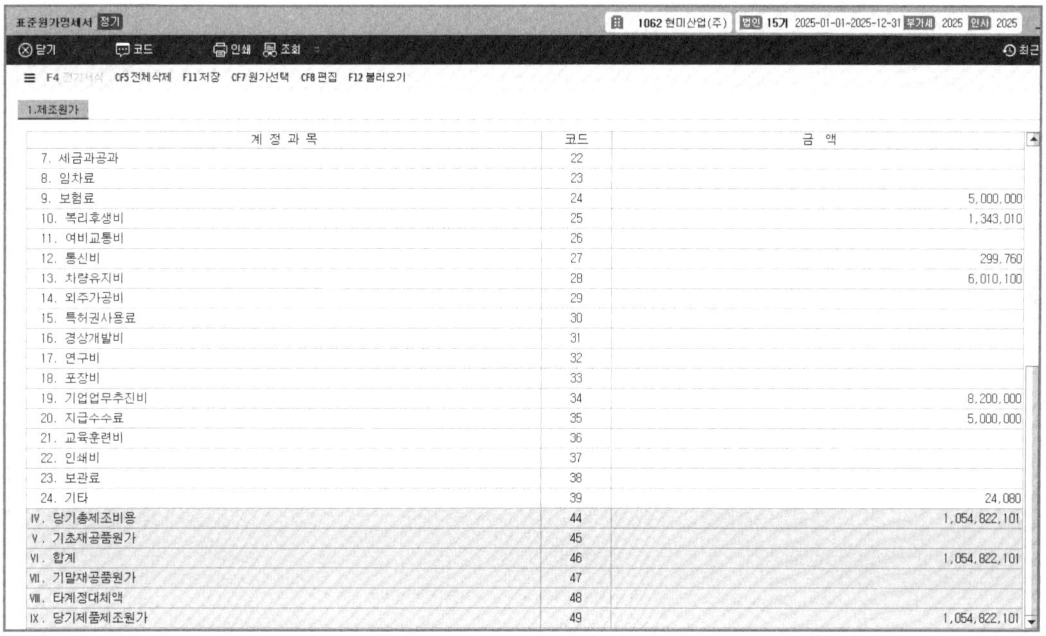

계 정 과 목	코드	금 액
7. 세금과공과	22	
8. 임차료	23	
9. 보험료	24	5,000,000
10. 복리후생비	25	1,343,010
11. 여비교통비	26	
12. 통신비	27	299,760
13. 차량유지비	28	6,010,100
14. 외주가공비	29	
15. 특허권사용료	30	
16. 경상개발비	31	
17. 연구비	32	
18. 포장비	33	
19. 기업업무추진비	34	8,200,000
20. 지급수수료	35	5,000,000
21. 교육훈련비	36	
22. 인쇄비	37	
23. 보관료	38	
24. 기타	39	24,080
Ⅳ. 당기총제조비용	44	1,054,822,101
Ⅴ. 기초재공품원가	45	
Ⅵ. 합계	46	1,054,822,101
Ⅶ. 기말재공품원가	47	
Ⅷ. 타계정대체액	48	
Ⅸ. 당기제품제조원가	49	1,054,822,101

4 이익잉여금처분계산서

이익잉여금처분계산서를 조회한다.

이익잉여금처분계산서 정기 | 1062 현미산업(주) 법인 15기 2025-01-01-2025-12-31 부가세 2025 인사 2025

닫기 코드 인쇄 조회

CF5 전체삭제 F11 저장 CF7 처분일 CF8 편집 F12 불러오기

1. 이익잉여금처분계산서			2. 결손금처리계산서		
계 정 과 목	코드	금 액	계 정 과 목	코드	금 액
I. 미처분이익잉여금	01	1,645,962,492	I. 미처리결손금	30	
1. 전기이월미처분이익잉여금(결손금)	02	250,000,000	1. 전기이월미처리결손금(이익잉여금)	31	
2. 회계정책변경의누적효과	03		2. 회계정책변경의누적효과	32	
3. 전기오류수정이익(손실)	04		3. 전기오류수정손실(이익)	33	
4. 중간배당액	05		4. 중간배당액	34	
5. 당기순이익(순손실)	06	1,395,962,492	5. 당기순손실(이익)	35	
II. 임의적립금 등의 이입액	08		II. 결손금처리액	40	
합 계	10	1,645,962,492	1. 임의적립금이입액	41	
III. 이익잉여금 처분액	11		2. 그밖의법정적립금이입액	42	
1. 이익준비금	12		3. 이익준비금이입액	43	
2. 기타법정적립금	13		4. 자본잉여금이입액	44	
3. 주식할인발행차금상각액	14		III. 차기이월미처리결손금	50	
4. 배당금	15				
가. 현금배당	16				
나. 주식배당	17				
5. 이익처분에 의한 상여금	26				
6. 사업확장적립금	18				
7. 감채적립금	19				
8. 그밖의적립금	20				
9. 조세특례제한법상 준비금 등 적립액	27				
10. 그밖의잉여금처분액	28				
IV. 차기이월미처분이익잉여금	25	1,645,962,492			

THEME 03 수입금액 조정

1 수입금액 조정명세서 중요

▸ 최신 30회 중 10문제 출제

수입금액이란 기업회계기준에 의하여 계산한 매출액(매출환입 및 에누리, 매출할인을 차감한 금액)을 말한다. 수입금액조정명세서는 회사의 결산서상 매출액을 기업회계기준상 수입금액으로 조정하는 메뉴이다.

꿀팁 수입금액에 포함여부

수입금액에 포함 ○	수입금액에 포함 ×
• 영업수입금액 예 상품매출, 제품매출, 공사수입금 • 영업부수수익* 예 부산물, 작업폐물 등 매각대금	• 매출환입 및 에누리, 매출할인 • 영업외수익

* 부산물·작업폐물 매각대금은 기업회계기준에서 영업외수익 또는 제조원가로 차감하도록 규정하고 있으나 실무상 매출액과의 구분이 어려운 점을 감안하여 수입금액에 포함하도록 하고 있다.

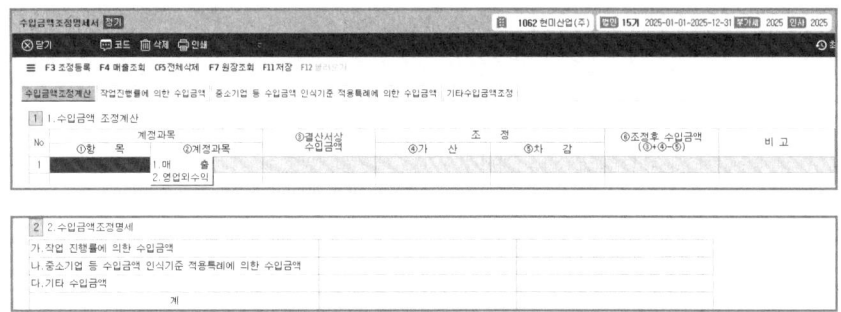

1. [수입금액 조정 계산] 탭

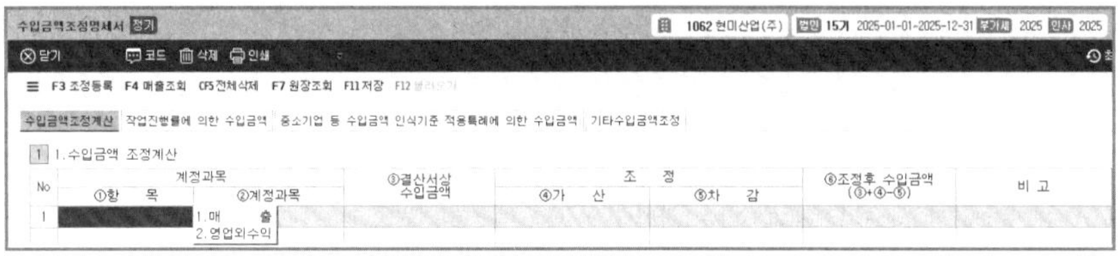

수입금액조정명세서 정기 | 1062 현미산업(주) 법인 15기 2025-01-01-2025-12-31 부가세 2025 인사 2025

닫기 코드 삭제 인쇄

F3 조정등록 F4 매출조회 CF5 전체삭제 F7 원장조회 F11 저장 F12 불러오기

수입금액조정계산 | 작업진행률에 의한 수입금액 | 중소기업 등 수입금액 인식기준 적용특례에 의한 수입금액 | 기타수입금액조정

1 1. 수입금액 조정계산

No	계정과목		③결산서상 수입금액	조 정		⑥조정후 수입금액 (③+④-⑤)	비 고
	①항 목	②계정과목		④가 산	⑤차 감		
1		1. 매 출 2. 영업외수익					

2 2. 수입금액조정명세

가. 작업 진행률에 의한 수입금액		
나. 중소기업 등 수입금액 인식기준 적용특례에 의한 수입금액		
다. 기타 수입금액		
계		

(1) **①항목**

결산서(손익계산서)상 수익 중 기업회계기준상 매출액인 수입금액에 해당하는 항목을 '1.매출', '2.영업외수익' 중에서 선택하여 입력한다.

(2) **②계정과목**

수입금액을 구성하는 계정과목을 입력하는 란으로, 키보드의 F4 또는 상단 툴바의 F4 매출조회를 이용하여 [회계관리] 메뉴에서 입력된 '1.매출' 항목 중 '상품매출'과 '제품매출', '공사매출 또는 공사수입금'을 선택하여 입력한다. 또한, '2.영업외수익' 항목의 잡이익 중 수입금액에 해당하는 '부산물 · 작업폐물 매각대금'이 있는 경우도 선택하여 입력한다.

(3) **③결산서상 수입금액**

[②계정과목]란을 입력하면 수입금액이 자동으로 반영된다. 단, 매출액은 매출환입, 매출에누리 및 매출할인을 차감한 금액을 의미한다.

(4) **조정 – ④가산/⑤차감**

하단의 '2.수입금액 조정명세'를 작성한 후에 메뉴 하단에 자동 반영된 조정액 중 수입금액 증가액은 [④가산]란에, 수입금액 감소액은 [⑤차감]란에 항목별로 각각 입력한다.

(5) **⑥조정 후 수입금액(③+④–⑤)**

계정과목별로 [③결산서상 수입금액]란에서 [④가산]과 [⑤차감]을 반영한 금액이 자동으로 반영된다.

2. [작업진행률에 의한 수입금액] 탭

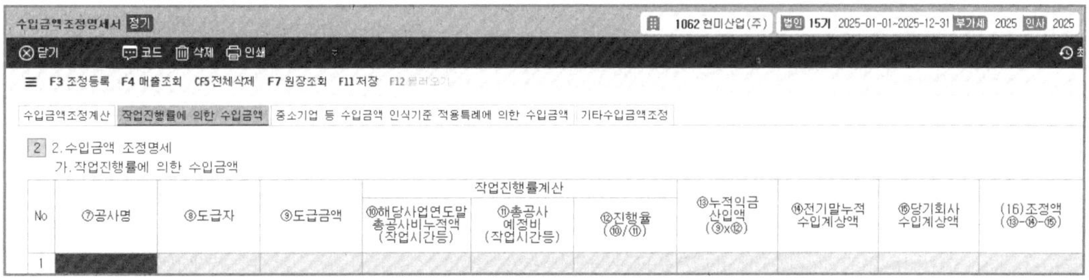

(1) **⑦공사명/⑧도급자**

해당 공사명과 도급자를 입력한다.

(2) **⑨도급금액**

수입금액인 도급금액을 입력한다.

(3) **작업진행률 계산**

① **⑩해당 사업연도 말 총공사비 누적액(작업시간 등)**: 당해 사업연도 말까지의 총공사비 누적액을 입력한다.

② **⑪총공사예정비(작업시간 등)**: 당해 사업연도 말까지의 총공사 예정비를 입력한다.

③ **⑫진행률(⑩/⑪)**: 작업진행률(해당 사업연도 말 총공사비 누적액 ÷ 총공사 예정비)은 자동 계산된다.

(4) **⑬누적익금 산입액(⑨×⑫)**

세법상 당해 연도 말까지의 수입금액(도급금액 × 진행률)이 자동 계산된다.

(5) **⑭전기 말 누적수입 계상액**

전기 말까지의 누적수입 계상액을 입력한다.

(6) ⑮당기 회사수입 계상액

당기에 회사가 계상한 수입금액을 입력한다.

(7) ⑯조정액(⑬－⑭－⑮)

세법상 당기 수입금액(⑬누적익금 산입액－⑭전기 말 누적수입 계상액)에서 기업회계상 ⑮당기 회사수입 계상액을 차감한 금액이다. 양수인 경우에는 수입금액의 과소계상액이므로 [수입금액 조정 계산] 탭의 [④가산]란에 입력하고, 음수인 경우에는 수입금액의 과대계상액이므로 [수입금액 조정 계산] 탭의 [⑤차감]란에 입력한다.

[참고] 3. [중소기업 등 수입금액 인식기준 적용특례에 의한 수입금액] 탭

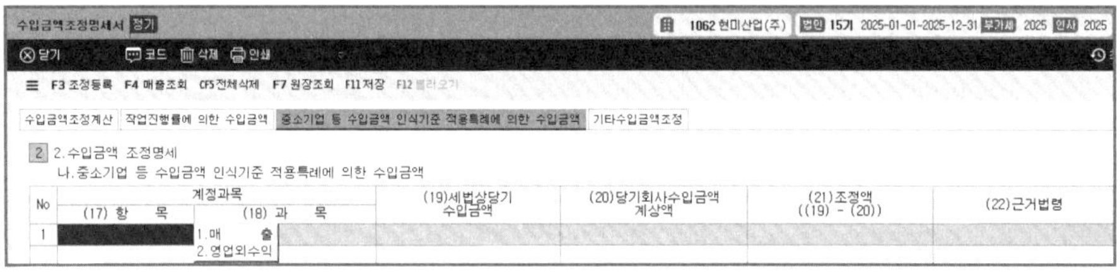

(1) (17)항목/(18)과목

중소기업 등 수입금액 인식기준 적용특례에 따라 신고조정할 장기할부판매 등을 '1.매출'과 '2.영업외수익' 중 선택하여 입력한다.

(2) (19)세법상 당기 수입금액

중소기업인 법인이 장기할부조건부 판매손익을 결산서에 인도기준으로 인식한 경우로서, 회수기일 도래기준으로 신고조정할 금액 또는 단기건설 등의 제공으로 결산서에 진행기준으로 인식할 경우 인도기준으로 신고조정할 금액을 입력한다. 즉, 세법상 신고조정으로 인식해야 할 당기 수입금액(장기할부판매는 회수기일 도래기준 적용, 단기할부판매는 인도기준 적용)을 입력한다.

+ 중소기업 등 수입금액 인식기준 적용특례에 의한 수입금액

법인세법 시행령 제68조제2항의 단서 및 제69조제1항의 단서 및 제2항

- 중소기업인 법인이 장기할부조건으로 자산을 판매하거나 양도한 경우에는 그 장기할부조건에 따라 각 사업연도에 회수하였거나 회수할 금액과 이에 대응하는 비용을 각각 해당 사업연도의 익금과 손금에 산입할 수 있다.
- 중소기업인 법인이 수행하는 계약기간이 1년 미만인 건설 등의 제공으로 인한 익금과 손금의 귀속 사업연도는 그 목적물의 인도일이 속하는 사업연도로 할 수 있다.

(3) (20)당기 회사수입금액 계상액

당기에 계상한 회사수입금액을 입력한다.

(4) (21)조정액[(19)－(20)]

[(19)세법상 당기 수입금액]에서 기업회계상 수입금액인 [(20)당기 회사수입금액 계상액]을 차감한 금액이 자동으로 입력된다. 양수인 경우에는 수입금액의 과소계상액이므로 [수입금액 조정 계산] 탭의 [④가산]란에 입력하고, 음수인 경우에는 수입금액의 과대계상액이므로 [수입금액 조정 계산] 탭의 [⑤차감]란에 입력한다.

4. [기타 수입금액 조정] 탭

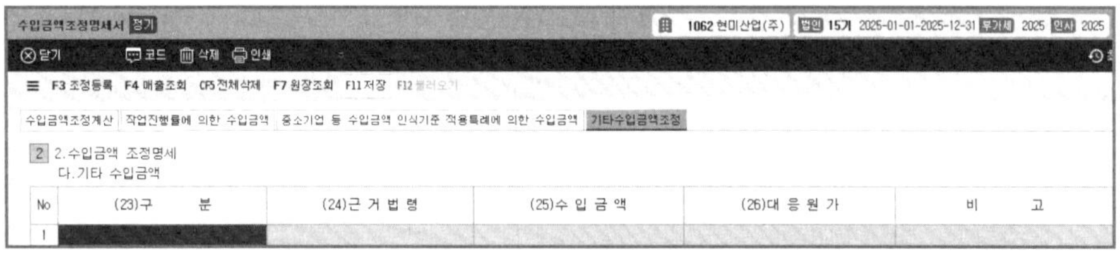

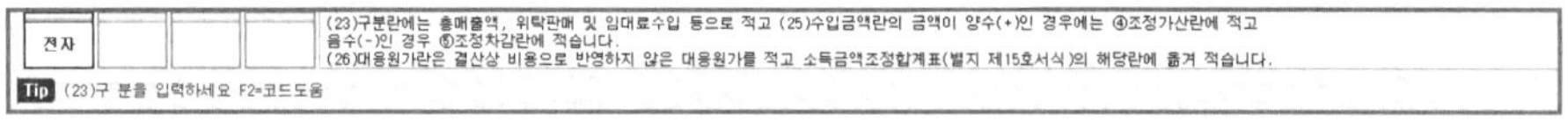

(1) **(23)구분**

작업진행률에 의한 수입금액 이외의 기타 수입금액이 누락된 경우에 작성하는 것으로 매출 누락, 위탁판매, 시용판매 및 임대료 수입 등을 기입한다.

(2) **(25)수입금액**

매출 누락 등 누락한 수입금액을 입력한다. 해당 금액이 양수인 경우에는 수입금액의 과소계상액이므로 [수입금액 조정 계산] 탭의 [④가산]란에 입력하고, 음수인 경우에는 수입금액의 과대계상액이므로 [수입금액 조정 계산] 탭의 [⑤차감]란에 입력한다.

(3) **(26)대응원가**

누락된 수입금액에 대응하는 원가를 입력한다.

연습문제

[1] 아름상사(주)(회사코드: 1063)의 다음 자료를 이용하여 수입금액 조정명세서를 작성하고 필요한 세무조정을 하시오. 기출 63회

1. 손익계산서상 수입금액은 다음과 같다.

• 제품매출: 1,200,000,000원	• 상품매출: 730,000,000원

2. 기말상품재고액 중에는 적송품 5,700,000원이 포함되어 있다. 이 중 2,500,000원은 결산일 현재 수탁자가 3,200,000원에 이미 판매하였으나 당사에 통보되지 않은 것으로 판명되었다.
3. 손익계산서상 영업외수익 중 잡이익에는 부산물 매각액 4,000,000원이 포함되어 있다.

| 풀이 |

[수입금액 조정명세서]

① [수입금액 조정 계산] 탭

- [①항목]란에 '1.매출'을 선택하고 F4를 클릭하면 나타나는 매출조회 보조창에서 '401.상품매출', '404.제품매출'을 각각 선택하여 결산서상 수입금액을 반영시킨다.

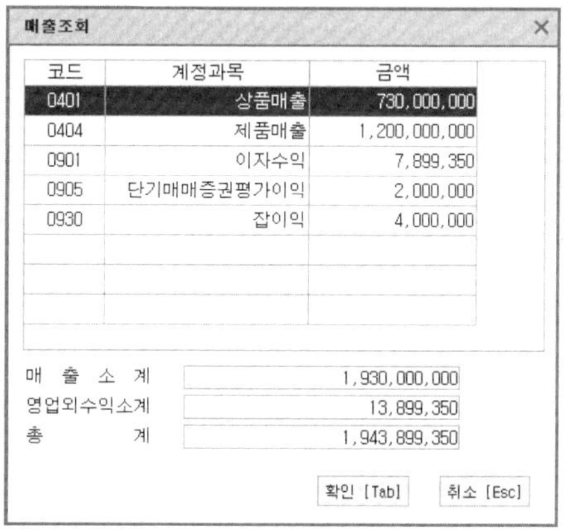
매출조회

코드	계정과목	금액
0401	상품매출	730,000,000
0404	제품매출	1,200,000,000
0901	이자수익	7,899,350
0905	단기매매증권평가이익	2,000,000
0930	잡이익	4,000,000

매 출 소 계	1,930,000,000
영업외수익소계	13,899,350
총 계	1,943,899,350

확인 [Tab] 취소 [Esc]

• [①항목]란에 '2.영업외수익'을 선택하고 F4를 클릭하면 나타나는 매출조회 보조창에서 '930.잡이익'을 선택하여 결산서상 수입금액을 반영시킨다.

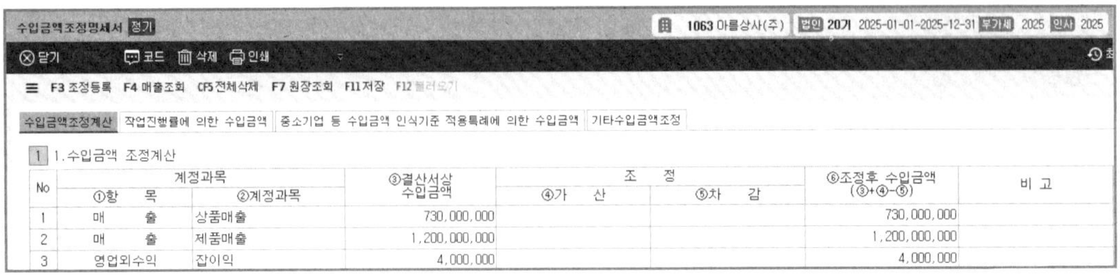

No	계정과목 ①항목	계정과목 ②계정과목	③결산서상 수입금액	조정 ④가산	조정 ⑤차감	⑥조정후 수입금액 (③+④-⑤)	비고
1	매출	상품매출	730,000,000			730,000,000	
2	매출	제품매출	1,200,000,000			1,200,000,000	
3	영업외수익	잡이익	4,000,000			4,000,000	

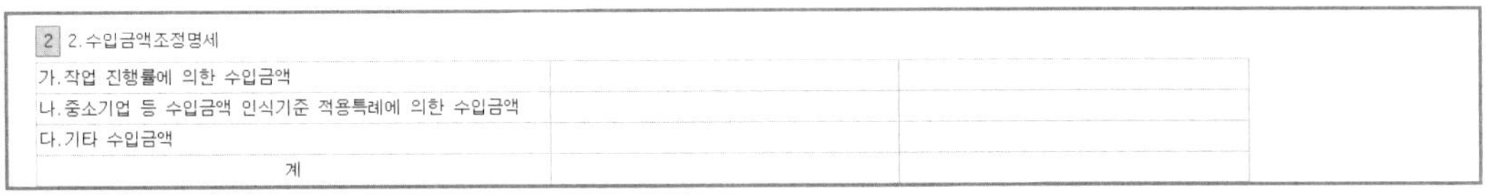

가.작업 진행률에 의한 수입금액		
나.중소기업 등 수입금액 인식기준 적용특례에 의한 수입금액		
다.기타 수입금액		
계		

② [기타 수입금액 조정] 탭

적송품의 손익 귀속시기는 수탁자가 판매한 날이므로 [(23)구분]란에 '상품매출', [(25)수입금액]란에 3,200,000원, [(26)대응원가]란에 2,500,000원을 입력한다. 단, [(23)구분]란의 명칭과 [(24)근거법령]란은 채점대상에서 제외된다.

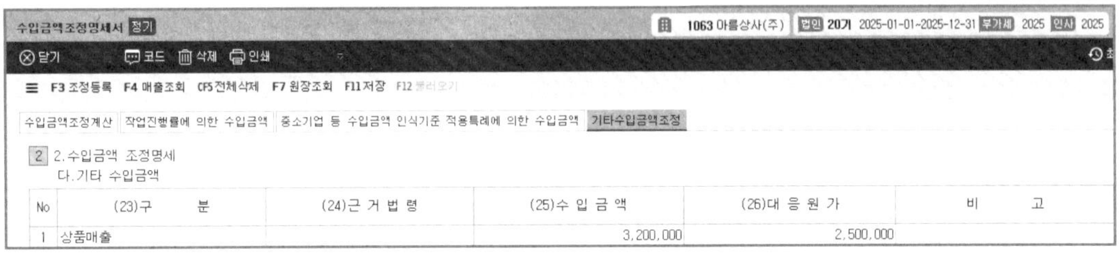

No	(23)구분	(24)근거법령	(25)수입금액	(26)대응원가	비고
1	상품매출		3,200,000	2,500,000	

③ [수입금액 조정 계산] 탭

• 적송품 매출 누락분 3,200,000원을 상품매출의 [④가산]란에 입력한다.

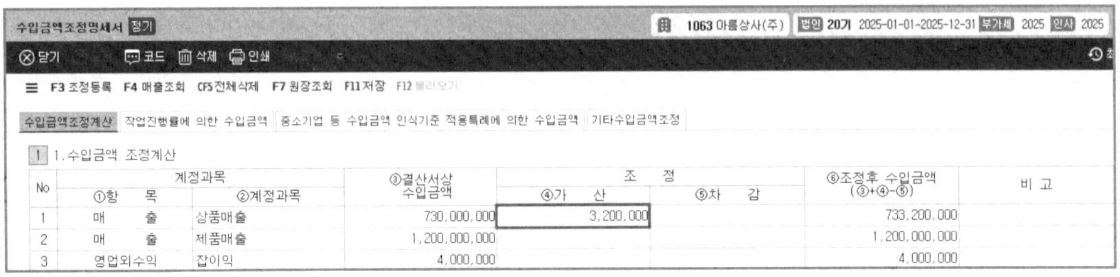

No	계정과목 ①항목	계정과목 ②계정과목	③결산서상 수입금액	조정 ④가산	조정 ⑤차감	⑥조정후 수입금액 (③+④-⑤)	비고
1	매출	상품매출	730,000,000	3,200,000		733,200,000	
2	매출	제품매출	1,200,000,000			1,200,000,000	
3	영업외수익	잡이익	4,000,000			4,000,000	

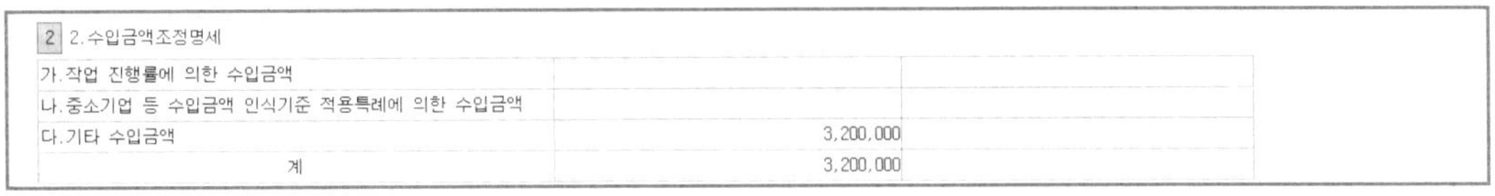

가.작업 진행률에 의한 수입금액		
나.중소기업 등 수입금액 인식기준 적용특례에 의한 수입금액		
다.기타 수입금액	3,200,000	
계	3,200,000	

• 상단 툴바의 F3 조정등록을 클릭하면 나타나는 [조정 등록] 창에서 다음과 같이 입력한다. 즉, [익금산입 및 손금불산입]에서 [과목]란에 "상품매출 누락", [금액]란에 "3,200,000", [소득처분]란에 '1:유보발생'을 선택하고 [손금산입 및 익금불산입]에서 [과목]란에 "상품매출원가 누락", [금액]란에 "2,500,000", [소득처분]란에 '1:유보발생'을 선택한다. 세무조정사항을 입력한 경우에는 [소득금액 조정합계표 및 명세서] 메뉴에 자동으로 반영된다.

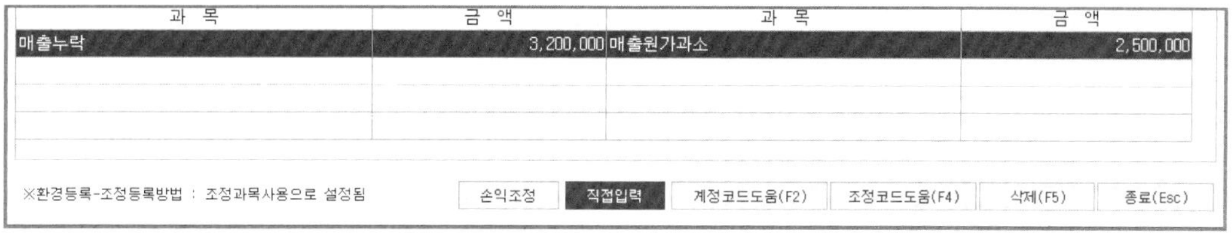

⇩

[법인조정] – [법인조정 II] – [소득및과표계산] – [소득금액조정합계표및명세서]

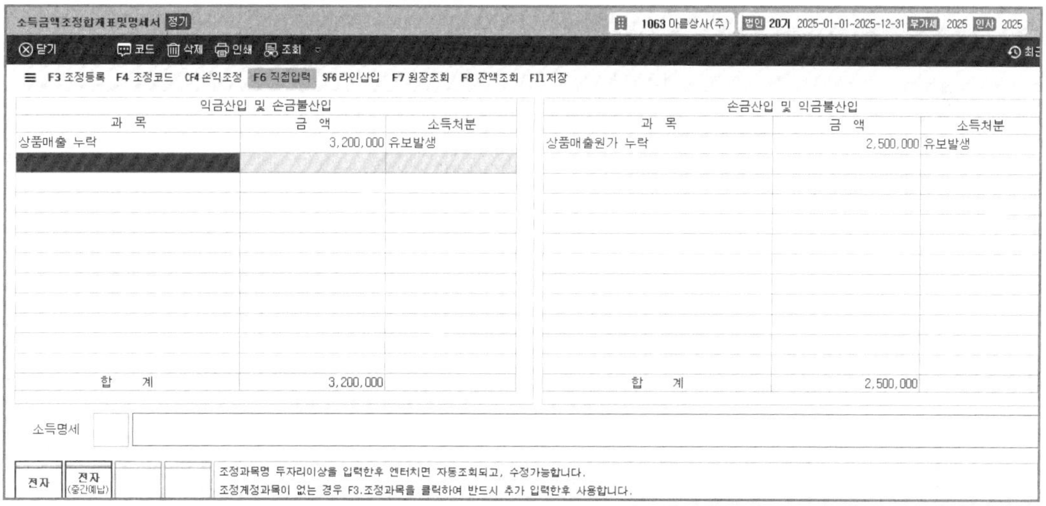

꿀팁 [조정 등록] 창

• 시험에서는 [조정 등록] 창에서 [과목]란과 [소득명세]란은 채점대상에서 제외되므로 [과목]란은 간단히 입력하면 된다.
• [조정 등록] 창의 하단 조정코드도움(F4) 을 클릭하면 다음의 [조정과목등록] 창이 나타난다. 해당 보조창의 [전체]란에서 검색을 통해 자주 사용하는 세무조정에 대한 과목과 조정내용을 선택하여 세무조정사항을 반영할 수도 있다.

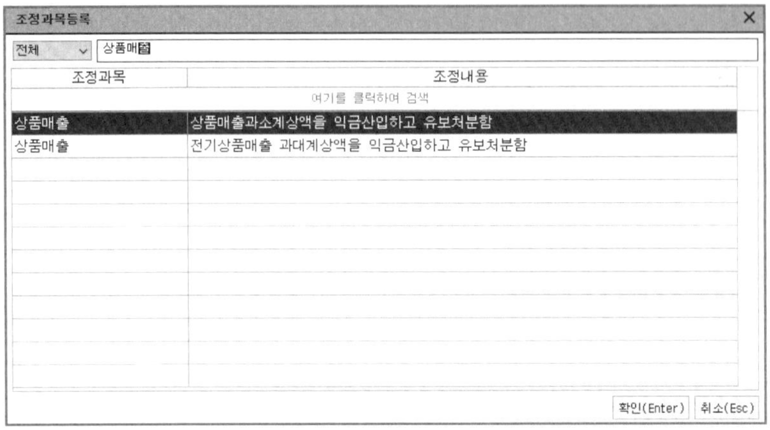
조정과목등록

전체 | 상품매출

조정과목	조정내용
	여기를 클릭하여 검색
상품매출	상품매출과소계상액을 익금산입하고 유보처분함
상품매출	전기상품매출 과대계상액을 익금산입하고 유보처분함

확인(Enter) 취소(Esc)

[2] (주)동부전자(회사코드: 1070)의 다음 자료를 보고 (주)동부전자의 수입금액 조정명세서를 작성하고 필요한 세무조정을 하시오(단, 세무조정은 건별로 할 것). 기출 70회

1. 결산서상 수입금액 내역: 제품매출 3,515,000,000원, 상품매출 2,500,000,000원
2. 제품 재고액 중 20대(1대당 원가 1,000,000원, 1대당 판매가 1,300,000원)는 시송품이며, 2025.12.31. 현재 15대는 구입의사 표시를 받은 상태인데 시송매출과 관련 원가는 회계처리하지 않음
3. 상품권 판매액: 15,000,000원(상품권 판매액은 전액 결산서상 상품매출로 계상되어 있으며, 실제 상품권과의 교환으로 출고된 상품의 매출금액은 10,000,000원임)
4. 부산물 매각대 3,000,000원을 잡이익으로 계상함

| 풀이 |

[수입금액 조정명세서]

① [수입금액 조정 계산] 탭

- [①항목]란에 [1.매출]을 선택하고 F4를 클릭하면 나타나는 매출조회창에서 '404.제품매출', '401.상품매출'을 각각 선택하여 결산서상 수입금액을 반영시킨다.
- [①항목]란에 [2.영업외수익]을 선택하고 F4를 클릭하면 나타나는 매출조회창에서 '930.잡이익'을 선택하여 결산서상 수입금액 3,000,000원을 반영시킨다.
- 제품매출의 [④가산]란에 시송품 판매액 19,500,000원*을 입력한다.
  * 15대×1,300,000원=19,500,000원
- 상품매출의 [⑤차감]란에 상품권 미회수액 5,000,000원을 입력한다.

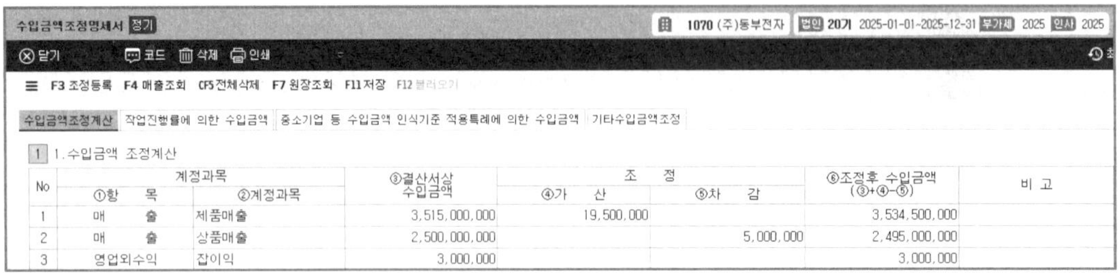
수입금액조정명세서 정기 | 1070 (주)동부전자 | 법인 20기 2025-01-01~2025-12-31 | 부가세 2025 | 인사 2025

1. 수입금액 조정계산

No	①항목	②계정과목	③결산서상 수입금액	④가산	⑤차감	⑥조정후 수입금액 (③+④-⑤)	비고
1	매출	제품매출	3,515,000,000	19,500,000		3,534,500,000	
2	매출	상품매출	2,500,000,000		5,000,000	2,495,000,000	
3	영업외수익	잡이익	3,000,000			3,000,000	

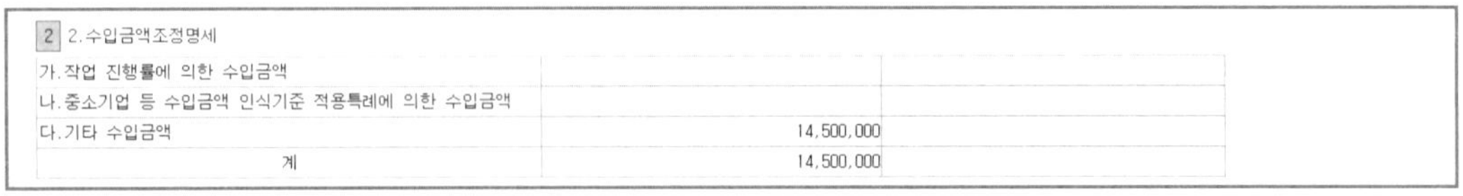
2. 수입금액조정명세

가. 작업 진행률에 의한 수입금액		
나. 중소기업 등 수입금액 인식기준 적용특례에 의한 수입금액		
다. 기타 수입금액	14,500,000	
계	14,500,000	

② [기타 수입금액 조정] 탭

- 제품매출의 [(25)수입금액]란에 19,500,000원*1, [(26)대응원가]란에 15,000,000원*2을 입력한다.

  *1 15대×1,300,000원=19,500,000원

  *2 15대×1,000,000원=15,000,000원

- 상품매출의 [(25)수입금액]란에 −5,000,000원을 입력한다.

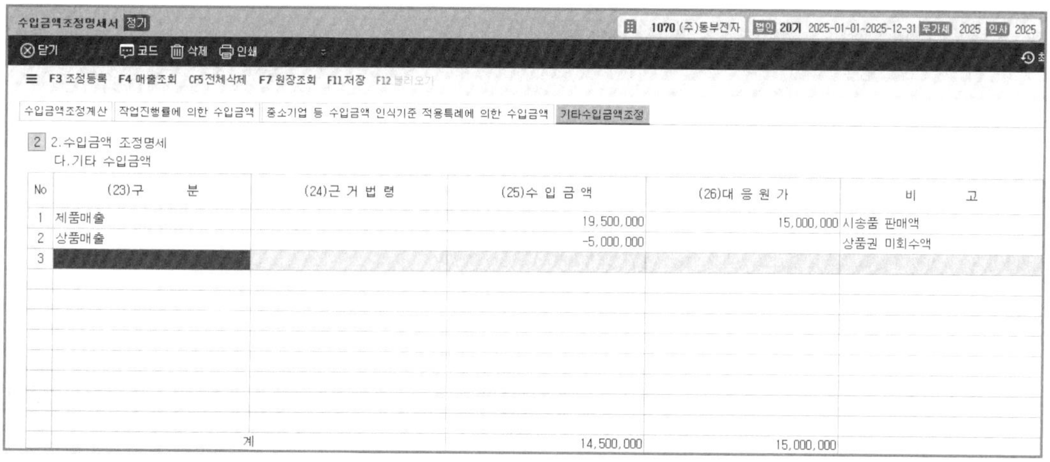

수입금액조정명세서 정기

1070 (주)동부전자 법인 20기 2025-01-01~2025-12-31 부가세 2025 인사 2025

⊗닫기 코드 삭제 인쇄

F3 조정등록 F4 매출조회 CF5전체삭제 F7 원장조회 F11저장 F12 불러오기

수입금액조정계산 | 작업진행률에 의한 수입금액 | 중소기업 등 수입금액 인식기준 적용특례에 의한 수입금액 | 기타수입금액조정

2 2.수입금액 조정명세

다.기타 수입금액

No	(23)구 분	(24)근 거 법 령	(25)수 입 금 액	(26)대 응 원 가	비 고
1	제품매출		19,500,000	15,000,000	시송품 판매액
2	상품매출		-5,000,000		상품권 미회수액
3					
	계		14,500,000	15,000,000	

③ 상단 툴바의 F3 조정등록 을 클릭하여 세무조정사항을 입력하고 해당 서식을 저장한다.

〈익금산입〉 제품매출 누락 19,500,000원(유보 발생)
〈손금산입〉 제품매출원가 누락 15,000,000원(유보 발생)
〈손금산입〉 상품매출 과다계상 5,000,000원(유보 발생)

[3] 현미산업(주)(회사코드: 1062)의 다음 자료를 보고 현미산업(주)의 수입금액 조정명세서를 작성하고 필요한 세무조정을 하시오(단, 세무조정은 각 건별로 한다). 기출 84회 수정

1. 손익계산서상 매출액 및 영업외수익의 수입금액에 대한 자료는 다음과 같다.
   - 제품 매출액: 1,800,000,000원
   - 상품 매출액: 480,000,000원
   - 공사 매출액: 800,000,000원
   - 제품 부산물 매출액(잡이익 계정): 120,000원
2. 제품매출에누리를 영업외비용인 잡손실로 처리한 금액이 2,000,000원 있다.
3. 공사현장별 공사 현황은 다음과 같다.

공사명	대명빌딩 신축공사	다보빌딩 신축공사
건축주	(주)대명	(주)다보
계약일자	2025.2.1.	2024.8.10.
계약기간	2025.2.1.~2026.5.31.	2024.8.10.~2026.9.30.
도급금액	1,000,000,000원	600,000,000원
총공사 예정비	700,000,000원	400,000,000원
당해 연도 총공사비	525,000,000원	200,000,000원
손익계산서상 공사 수익계상액	500,000,000원	300,000,000원

※ 다보빌딩 신축공사와 관련하여 전기에 발생한 공사수익은 1억 5천만원, 공사원가는 1억원을 계상하였다. 손익계산서상 공사수익 계상액은 세금계산서 발행기준으로 인식된 금액이다.

| 풀이 |

[수입금액 조정명세서]

① [수입금액 조정 계산] 탭

매출액에서 차감하지 않고 영업외비용인 잡손실로 처리한 매출에누리 2,000,000원을 제품매출 [⑤차감]란에 입력한다. 매출의 차감 계정인 매출에누리 2,000,000원을 장부상 영업외비용으로 처리한 것은 당기순이익에 변동이 없으므로 별도의 세무조정은 없다.

수입금액조정명세서 정기 | 1062 현미산업(주) 법인 15기 2025-01-01~2025-12-31 부가세 2025 인사 2025

닫기 코드 삭제 인쇄

F3 조정등록 F4 매출조회 CF5 전체삭제 F7 원장조회 F11 저장 F12 불러오기

수입금액조정계산 | 작업진행률에 의한 수입금액 | 중소기업 등 수입금액 인식기준 적용특례에 의한 수입금액 | 기타수입금액조정

1 1. 수입금액 조정계산

No	계정과목 ①항 목	계정과목 ②계정과목	③결산서상 수입금액	조정 ④가 산	조정 ⑤차 감	⑥조정후 수입금액 (③+④-⑤)	비 고
1	매 출	상품매출	480,000,000			480,000,000	
2	매 출	제품매출	1,800,000,000		2,000,000	1,798,000,000	
3	매 출	공사매출	800,000,000			800,000,000	
4	영업외수익	잡이익	120,000			120,000	

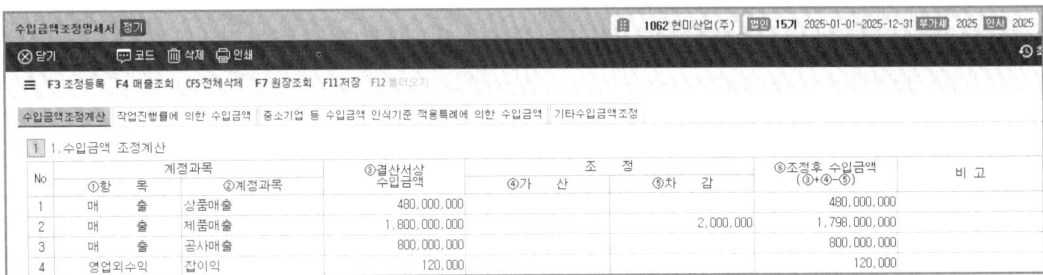

② [작업진행률에 의한 수입금액] 탭

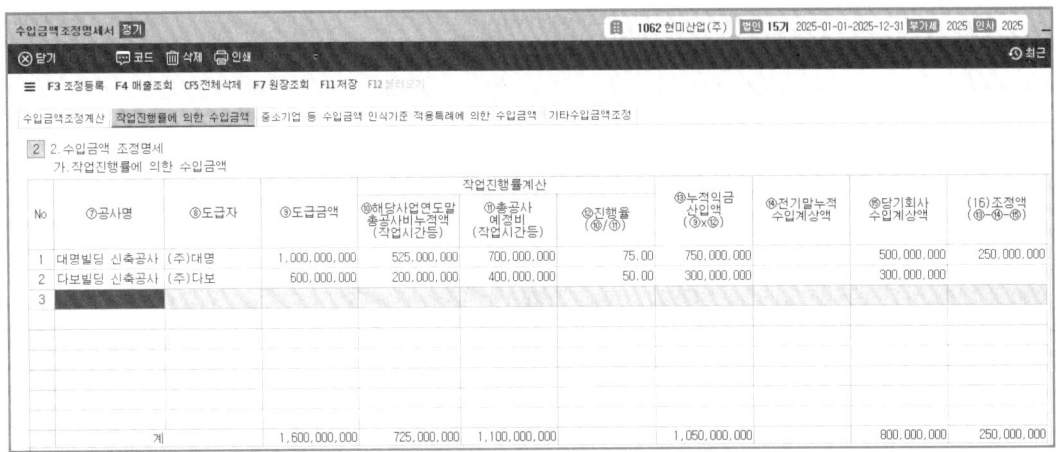

수입금액조정명세서 정기 | 1062 현미산업(주) 법인 15기 2025-01-01~2025-12-31 부가세 2025 인사 2025

닫기 코드 삭제 인쇄

F3 조정등록 F4 매출조회 CF5 전체삭제 F7 원장조회 F11 저장 F12 불러오기

수입금액조정계산 | 작업진행률에 의한 수입금액 | 중소기업 등 수입금액 인식기준 적용특례에 의한 수입금액 | 기타수입금액조정

2 2. 수입금액 조정명세

가. 작업진행률에 의한 수입금액

No	⑦공사명	⑧도급자	⑨도급금액	작업진행률계산 ⑩해당사업연도말 총공사비누적액 (작업시간등)	작업진행률계산 ⑪총공사 예정비 (작업시간등)	작업진행률계산 ⑫진행율 (⑩/⑪)	⑬누적익금 산입액 (⑨x⑫)	⑭전기말누적 수입계상액	⑮당기회사 수입계상액	(16)조정액 (⑬-⑭-⑮)
1	대명빌딩 신축공사	(주)대명	1,000,000,000	525,000,000	700,000,000	75.00	750,000,000		500,000,000	250,000,000
2	다보빌딩 신축공사	(주)다보	600,000,000	200,000,000	400,000,000	50.00	300,000,000		300,000,000	
3										
	계		1,600,000,000	725,000,000	1,100,000,000		1,050,000,000		800,000,000	250,000,000

③ [수입금액 조정 계산] 탭

공사수입금 과소계상액 250,000,000원이 공사매출의 [④가산]란에 자동으로 반영된다.

수입금액조정명세서 정기 | 1062 현미산업(주) 법인 15기 2025-01-01~2025-12-31 부가세 2025 인사 2025

닫기 코드 삭제 인쇄

F3 조정등록 F4 매출조회 CF5 전체삭제 F7 원장조회 F11 저장 F12 불러오기

수입금액조정계산 | 작업진행률에 의한 수입금액 | 중소기업 등 수입금액 인식기준 적용특례에 의한 수입금액 | 기타수입금액조정

1 1. 수입금액 조정계산

No	계정과목 ①항 목	계정과목 ②계정과목	③결산서상 수입금액	조정 ④가 산	조정 ⑤차 감	⑥조정후 수입금액 (③+④-⑤)	비 고
1	매 출	상품매출	480,000,000			480,000,000	
2	매 출	제품매출	1,800,000,000		2,000,000	1,798,000,000	
3	매 출	공사매출	800,000,000	250,000,000		1,050,000,000	
4	영업외수익	잡이익	120,000			120,000	

2 2. 수입금액조정명세서

가. 작업 진행률에 의한 수입금액	250,000,000	
나. 중소기업 등 수입금액 인식기준 적용특례에 의한 수입금액		
다. 기타 수입금액		
계	250,000,000	

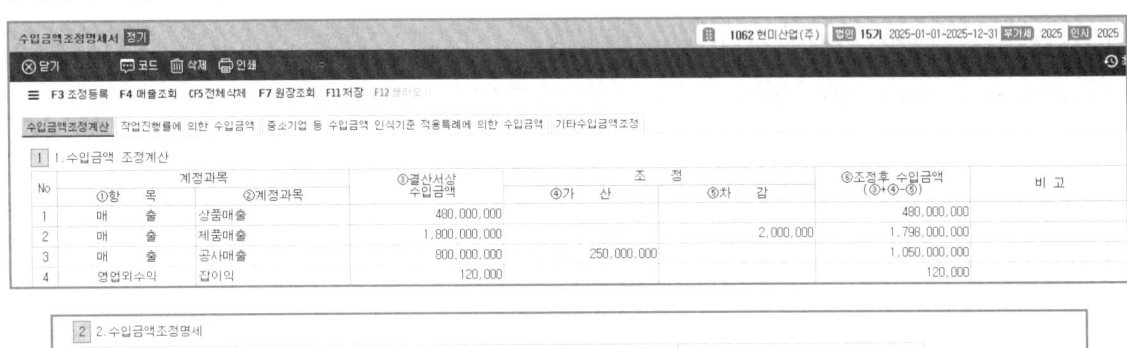

④ 상단 툴바의 **F3 조정등록** 을 클릭하여 세무조정사항을 입력하고 해당 서식을 저장한다.

〈익금산입〉 공사수입금 과소계상액 250,000,000원(유보 발생)

2 조정 후 수입금액 명세서 중요

▸ 최신 30회 중 10문제 출제

[조정 후 수입금액 명세서] 메뉴는 업종별 수입금액을 파악하고 부가가치세 과세표준과 기업회계기준상 매출액인 수입금액을 상호 비교하는 서식이다. 수입금액에 대한 손익귀속시기 및 범위와 부가가치세법상 공급시기 및 범위 간 차이의 원인을 파악하여 오류 등을 방지하기 위해 [수입금액 조정명세서]의 조정 후 수입금액을 회사의 업태 및 종목에 따라 구분하고 부가가치세 과세표준과 차이의 원인을 분석한다. 또한 [조정 후 수입금액 명세서]는 [수입금액 조정명세서]의 작성이 선행되어야 한다.

1. [업종별 수입금액 명세서] 탭

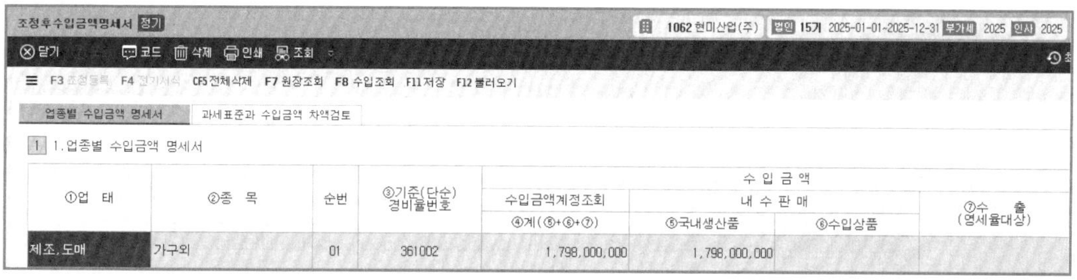
조정후수입금액명세서 정기 | 1062 현미산업(주) 법인 15기 2025-01-01~2025-12-31 부가세 2025 인사 2025

⊗닫기 코드 삭제 인쇄 조회

F3 조정등록 F4 전기서식 CF5 전체삭제 F7 원장조회 F8 수입조회 F11저장 F12 불러오기

업종별 수입금액 명세서 | 과세표준과 수입금액 차액검토

1 1. 업종별 수입금액 명세서

①업 태	②종 목	순번	③기준(단순)경비율번호	수입금액계정조회 ④계(⑤+⑥+⑦)	내수판매 ⑤국내생산품	내수판매 ⑥수입상품	⑦수 출(영세율대상)
제조,도매	가구외	01	361002	1,798,000,000	1,798,000,000		

(1) ①업태/②종목/③기준(단순)경비율번호

업종별 수입금액 명세서는 [수입금액 조정명세서] 메뉴의 [⑥조정 후 수입금액(③+④−⑤)]란에 자동으로 반영되며, 업태와 종목별로 F2를 이용하여 기준(단순)경비율 번호를 입력한다.

(2) 수입금액 계정조회 – ④계(⑤+⑥+⑦)

[수입금액 조정명세서] 메뉴의 [⑥조정 후 수입금액(③+④−⑤)]란 금액과 일치해야 하며, [수입금액 조정명세서]를 작성하면 해당 란에 금액으로 자동 입력된다.

(3) 수입금액 – 내수판매

① ⑤국내 생산품: 국내 생산품을 매입하여 판매한 경우의 수입금액을 입력한다. 해당 수입금액을 입력하면 전체 수입금액 중 국내 생산품 수입금액을 제외한 잔액은 [⑥수입상품]란에 표시된다. 또한 업종별 수입금액을 입력하는 경우 상단 툴바 중 F8 수입조회를 클릭하면 나타나는 다음의 보조창에서 업종별 수입금액을 조회한 후 확인(Enter)을 선택한다.

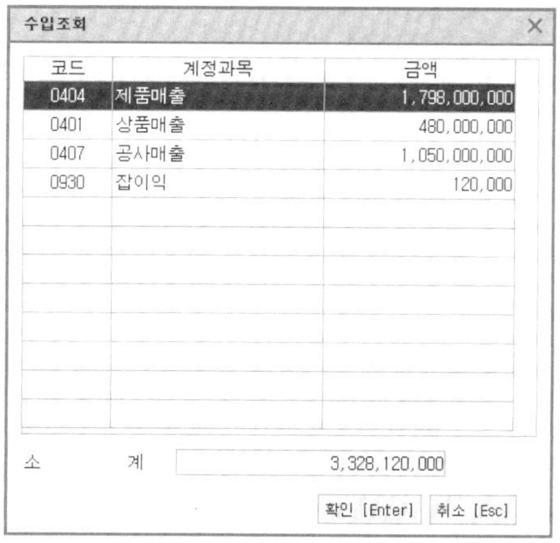
수입조회

코드	계정과목	금액
0404	제품매출	1,798,000,000
0401	상품매출	480,000,000
0407	공사매출	1,050,000,000
0930	잡이익	120,000

소 계 3,328,120,000

확인 [Enter] 취소 [Esc]

② ⑥수입상품: 국내 및 국외 무역업자 등 타인으로부터 수입상품을 매입하여 판매한 경우의 수입금액을 입력한다. 해당 수입금액을 입력하면 전체 수입금액 중 국내 생산품 수입금액과 수입상품 수입금액을 제외한 잔액이 [⑦수출(영세율 대상)]란에 표시된다.

(4) ⑦수출(영세율 대상)

해외 직수출, 국외제공용역, 외국항행용역, 기타 외화획득재화 또는 용역의 공급으로 생긴 수입금액을 입력한다.

2. [과세표준과 수입금액 차액검토] 탭

(1) 부가가치세 과세표준과 수입금액 차액

조정후수입금액명세서 정기 | 1062 현미산업(주) 법인 15기 2025-01-01~2025-12-31 부가세 2025 인사 2025

닫기 코드 인쇄 조회 최근

F3 조정등록 F4 전기서식 CF5전체삭제 F7 원장조회 F8 수입조회 F11저장 F12 불러오기

업종별 수입금액 명세서 | 과세표준과 수입금액 차액검토

2 2. 부가가치세 과세표준과 수입금액 차액 검토 | 부가가치세 신고 내역보기

(1) 부가가치세 과세표준과 수입금액 차액

⑧과세(일반)	⑨과세(영세율)	⑩면세수입금액	⑪합계(⑧+⑨+⑩)	⑫조정후수입금액	⑬차액(⑪-⑫)
1,960,000,000	320,000,000		2,280,000,000	3,328,120,000	-1,048,120,000

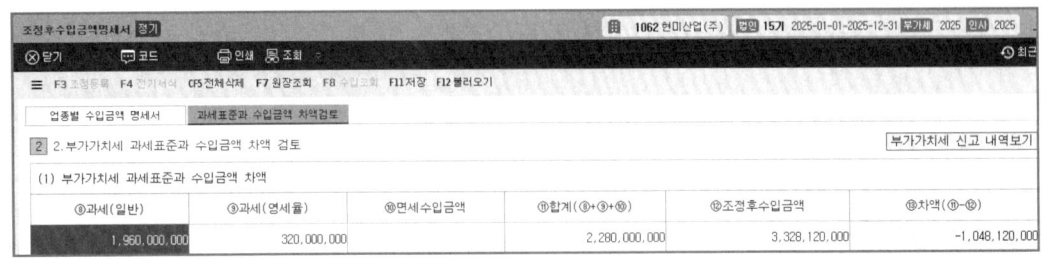

부가가치세 과세표준의 각 항목은 부가가치세 신고서에서 저장된 금액을 불러올 수 있다. 화면 우측 상단의 부가가치세 신고 내역보기 를 클릭하면 나타나는 다음의 보조창에서 부가가치세 신고서에 최종으로 저장된 금액을 확인할 수 있으며, 해당 금액을 선택하여 적용할 수 있다.

부가가치세 신고내역

	구 분			부가가치세 과세표준		면세수입금액	합계
□	기수	신고구분	기 간	일 반	영세율		
□	1	예정	2025-01~2025-03	366,630,000	320,000,000		686,630,000
□	1	확정	2025-04~2025-06	520,000,000			520,000,000
□	2	예정	2025-07~2025-09	863,370,000			863,370,000
□	2	확정	2025-10~2025-12	210,000,000			210,000,000
□							
□							
□							
□							
□							
□							
	선택 데이터 합계						
	합 계			1,960,000,000	320,000,000		2,280,000,000

확인 [Enter] 취소 [Esc]

(2) 수입금액과의 차액내역

(2) 수입금액과의 차액내역(부가세과표에 포함되어 있으면 +금액, 포함되지 않았으면 -금액 처리)

⑭구 분		코드	(16)금 액	비 고	⑭구 분	코드	(16)금 액	비 고
자가공급(면세전용등)		21			거래(공급)시기차이감액	30		
사업상증여(접대제공)		22			주세 · 개별소비세	31		
개인적공급(개인적사용)		23			매출누락	32		
간주임대료		24				33		
자산 매각	유형자산 및 무형자산 매각액	25				34		
	그밖의자산매각액(부산물)	26				35		
폐업시 잔존재고재화		27				36		
작업진행률 차이		28				37		
거래(공급)시기차이가산		29			(17)차 액 계	50		
					(13)차액과(17)차액계의차이금액		-1,048,120,000	

부가가치세 과세표준과 수입금액 간 차이의 사유에 해당하는 금액을 [(16)금액]란에 입력한다. 부가가치세 과세표준에는 포함되어 있으나 법인세 수입금액이 아닌 금액은 양수(+)로 입력하고, 반대인 경우에는 음수(−)로 입력한다. 즉, 법인세법상 수입금액에서 시작하여 부가가치세법상 과세표준으로 일치시키는 과정이 필요하며, [(13)차액과 (17)차액 계의 차이금액]란에 금액이 입력되어 있지 않아야 정확히 입력된 것이다.

연습문제

[1] (주)서부전자(회사코드: 1069)의 결산서 기본자료를 이용하여 수입금액 조정명세서와 조정 후 수입금액 명세서를 작성하고 발생 가능한 사항에 대하여 필요한 세무조정을 하시오. 기출 116회 수정

1. 손익계산서상의 수익 금액

구분		업종코드	금액	비고
매출액	공사수입금	451104 (건설/기타 비거주용)	460,000,000원	
	제품매출	343000 (자동차용 동력전달장치)	623,000,000원	직수출액 13,000,000원 포함
영업외수익 (잡이익)	부산물 매각대	343000 (자동차용 동력전달장치)	8,400,000원	
합계			1,091,400,000원	

2. 수입금액조정명세서 관련 사항

(1) 공사수입금 조정사항(작업진행률을 적용함)

- 공사명: 아름건물공사
- 도급자: 주식회사 아름
- 도급금액: 300,000,000원
- 총 공사예정비: 200,000,000원
- 해당연도 말 총공사비 누적액: 150,000,000원
- 당기 회사 공사수입 계상액: 70,000,000원(전기말 누적공사수입 계상액: 150,000,000원)

(2) 기말 결산 시 제품매출 관련 거래(공급가액 1,600,000원, 원가 1,400,000원)가 누락된 것을 발견하고 부가가치세 수정신고는 적절하게 처리하였지만, 손익계산서에는 반영하지 못하였다.

3. 부가가치세법상 과세표준 내역(수정신고 반영되었음)

부가가치세 과세표준과 수입금액과의 차이 원인은 공사수입금의 작업진행률 차이 및 사업용 고정자산 매각대금이다.

구분	금액	비고
공사수입금	468,400,000원	기계장치 매각 8,400,000원 포함
제품매출	633,000,000원	
합계	1,101,400,000원	

| 풀이 |

① [수입금액 조정명세서]

- [수입금액 조정 계산] 탭

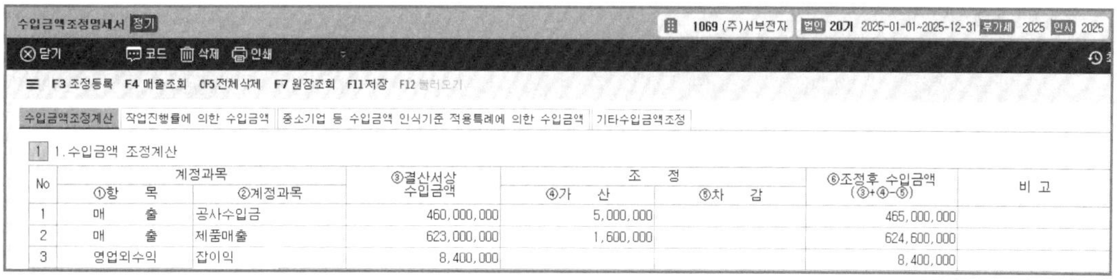
수입금액조정명세서 정기 | 1069 (주)서부전자 | 법인 20기 2025-01-01~2025-12-31 | 부가세 2025 | 인사 2025

닫기 코드 삭제 인쇄

F3 조정등록 F4 매출조회 CF5 전체삭제 F7 원장조회 F11저장 F12 불러오기

수입금액조정계산 | 작업진행률에 의한 수입금액 | 중소기업 등 수입금액 인식기준 적용특례에 의한 수입금액 | 기타수입금액조정

1 1. 수입금액 조정계산

No	계정과목		③결산서상 수입금액	조정		⑥조정후 수입금액 (③+④-⑤)	비 고
	①항 목	②계정과목		④가 산	⑤차 감		
1	매 출	공사수입금	460,000,000	5,000,000		465,000,000	
2	매 출	제품매출	623,000,000	1,600,000		624,600,000	
3	영업외수익	잡이익	8,400,000			8,400,000	

• [작업진행률에 의한 수입금액] 탭

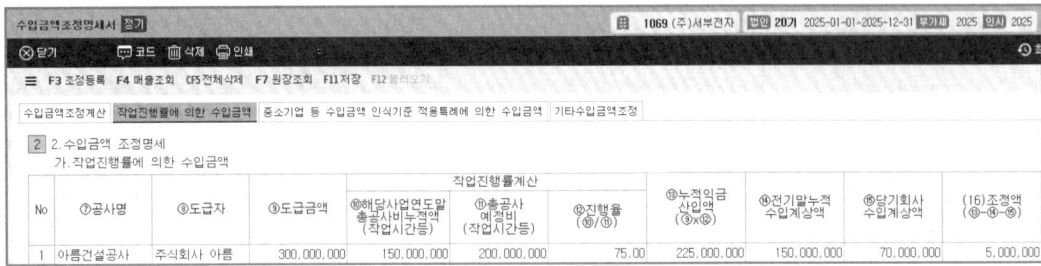

수입금액조정명세서 정기 | 1069 (주)서부전자 | 법인 20기 2025-01-01~2025-12-31 | 부가세 2025 | 인사 2025

⊗닫기 코드 삭제 인쇄

≡ F3 조정등록 F4 매출조회 CF5 전체삭제 F7 원장조회 F11 저장 F12 불러오기

수입금액조정계산 | 작업진행률에 의한 수입금액 | 중소기업 등 수입금액 인식기준 적용특례에 의한 수입금액 | 기타수입금액조정

2 2. 수입금액 조정명세
가. 작업진행률에 의한 수입금액

No	⑦공사명	⑧도급자	⑨도급금액	작업진행률계산			⑬누적익금산입액(⑨×⑫)	⑭전기말누적수입계상액	⑮당기회사수입계상액	(16)조정액(⑬-⑭-⑮)
				⑩해당사업연도말 총공사비누적액(작업시간등)	⑪총공사 예정비(작업시간등)	⑫진행율(⑩/⑪)				
1	아름건설공사	주식회사 아름	300,000,000	150,000,000	200,000,000	75.00	225,000,000	150,000,000	70,000,000	5,000,000

• [기타수입금액조정] 탭

수입금액조정명세서 정기 | 1069 (주)서부전자 | 법인 20기 2025-01-01~2025-12-31 | 부가세 2025 | 인사 2025

⊗닫기 코드 삭제 인쇄

≡ F3 조정등록 F4 매출조회 CF5 전체삭제 F7 원장조회 F11 저장 F12 불러오기

수입금액조정계산 | 작업진행률에 의한 수입금액 | 중소기업 등 수입금액 인식기준 적용특례에 의한 수입금액 | 기타수입금액조정

2 2. 수입금액 조정명세
다. 기타 수입금액

No	(23)구 분	(24)근 거 법 령	(25)수 입 금 액	(26)대 응 원 가	비 고
1	제품매출		1,600,000	1,400,000	

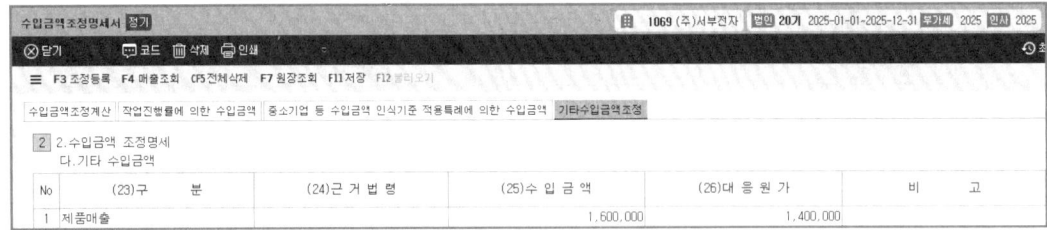

• 상단 툴바의 **F3 조정등록** 을 클릭한 후 수입금액 관련 세무조정사항을 입력하고 해당 서식을 저장한다.

> 〈익금산입〉 공사수입금 과소계상 5,000,000원(유보 발생)
> 〈익금산입〉 제품매출 누락 1,600,000원(유보 발생)
> 〈손금산입〉 제품매출원가 누락 1,400,000원(유보 발생)

② [조정 후 수입금액 명세서]

• [업종별 수입금액 명세서] 탭

– [수입금액 계정 조회]란의 금액 460,000,000원 라인에서 [③기준(단순)경비율번호]란에 '451104'를 입력하면 업태와 종목이 자동 반영된다.

– 부산물 매각대 8,400,000원은 [④계(⑤+⑥+⑦)]란 중 제품매출액 624,600,000원에 가산하여 633,000,000원으로 입력한 후 부산물 매각대 라인을 삭제한다.

– [⑤국내생산품]란은 633,000,000원에서 직수출액 13,000,000원을 제외한 620,000,000원으로 입력한다. [⑥수입상품]란에 반영된 13,000,000원을 '0'으로 수정하면 [⑦수출(영세율 대상)]란에 13,000,000원이 자동 반영된다.

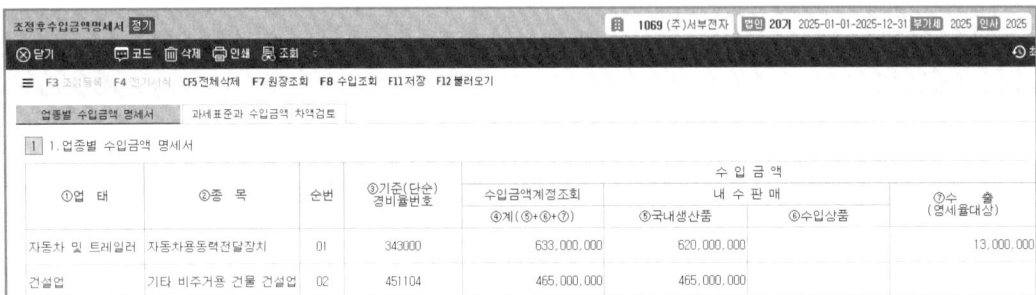

조정후수입금액명세서 정기 | 1069 (주)서부전자 | 법인 20기 2025-01-01~2025-12-31 | 부가세 2025 | 인사 2025

⊗닫기 코드 삭제 인쇄 조회

≡ F3 조정등록 F4 전기서식 CF5 전체삭제 F7 원장조회 F8 수입조회 F11 저장 F12 불러오기

업종별 수입금액 명세서 | 과세표준과 수입금액 차액검토

1 1. 업종별 수입금액 명세서

①업 태	②종 목	순번	③기준(단순)경비율번호	수 입 금 액			
				수입금액계정조회	내 수 판 매		⑦수 출(영세율대상)
				④계(⑤+⑥+⑦)	⑤국내생산품	⑥수입상품	
자동차 및 트레일러	자동차용동력전달장치	01	343000	633,000,000	620,000,000		13,000,000
건설업	기타 비주거용 건물 건설업	02	451104	465,000,000	465,000,000		

• [과세표준과 수입금액 차액검토] 탭

– 기계장치 매각대금 8,400,000원은 수입금액에 포함되지 않지만 부가가치세 과세표준에 포함되는 금액이므로 [25.자산매각-유형자산 및 무형자산 매각액]란에 8,400,000원을 양수(+)로 입력한다.

– 공사수입금 과소계상액 5,000,000원은 수입금액에 포함되지만 부가가치세 과세표준에 포함되지 않았으므로 [28.작업진행률 차이]란에 5,000,000원을 음수(–)로 입력한 후 해당 서식을 저장한다.

조정후수입금액명세서 정기 | 1069 (주)서부전자 | 법인 20기 2025-01-01~2025-12-31 | 부가세 2025 | 인사 2025

닫기 | 코드 | 인쇄 | 조회

F3 조정등록 F4 경기서식 CF5전체삭제 F7 원장조회 F8 수입조회 F11저장 F12불러오기

업종별 수입금액 명세서 | 과세표준과 수입금액 차액검토

2 2.부가가치세 과세표준과 수입금액 차액 검토 | 부가가치세 신고 내역보기

(1) 부가가치세 과세표준과 수입금액 차액

⑧과세(일반)	⑨과세(영세율)	⑩면세수입금액	⑪합계(⑧+⑨+⑩)	⑫조정후수입금액	⑬차액(⑪-⑫)
1,088,400,000	13,000,000		1,101,400,000	1,098,000,000	3,400,000

(2) 수입금액과의 차액내역(부가세과표에 포함되어 있으면 +금액, 포함되지 않았으면 -금액 처리)

⑭구 분		코드	(16)금 액	비 고	⑭구 분	코드	(16)금 액	비 고
자가공급(면세전용등)		21			거래(공급)시기차이감액	30		
사업상증여(접대제공)		22			주세 · 개별소비세	31		
개인적공급(개인적사용)		23			매출누락	32		
간주임대료		24				33		
자산매각	유형자산 및 무형자산 매각액	25	8,400,000			34		
	그밖의자산매각액(부산물)	26				35		
폐업시 잔존재고재화		27				36		
작업진행률 차이		28	-5,000,000			37		
거래(공급)시기차이가산		29			(17)차 액 계	50	3,400,000	
					(13)차액과(17)차액계의차이금액			

[2] 남해안상사(주)(회사코드: 1065)의 다음 자료를 이용하여 수입금액 조정명세서 및 조정 후 수입금액 명세서를 작성하시오. 기출 65회

1. 손익계산서상 수입금액
   - 상품매출(업종코드 515060, 도매/통신장비)은 256,000,000원이고, 제품매출(업종코드 322002, 제조/유무선통신장비)은 785,000,000원이다.
   - 회사는 일부 제품에 대하여 위탁판매를 하고 있다. 이 중에서 전기 12월 30일에 수탁회사에서 판매한 물품(판매가: 15,000,000원, 원가: 10,000,000원)이 통보되지 않아 전기에 매출로 회계처리하지 않았고, 당기에 회계처리하였다. 단, 매출과 매출원가에 대하여 전기의 세무조정은 올바르게 처리되었다.
2. 부가가치세 신고서상 과세표준내용
   - 손익계산서상 수입금액은 전액 부가가치세 과세 대상 매출이다.
   - 사업상 당사의 매출거래처에 시가 15,000,000원의 제품을 증여하였다. 생산 시 해당 제품의 원가는 10,000,000원이고 매입세액이 공제되었다.
   - 제품 직수출액은 10,000,000원이 포함되어 있다.
   - 위 제품 위탁판매와 관련된 부가가치세 신고는 적정하게 이루어졌다.

| 풀이 |

① [수입금액 조정명세서]

- [수입금액 조정 계산] 탭

  전기에 익금산입한 전기 제품매출액 15,000,000원은 당기 수입금액이 아니므로 [⑤차감]란에 입력한다.

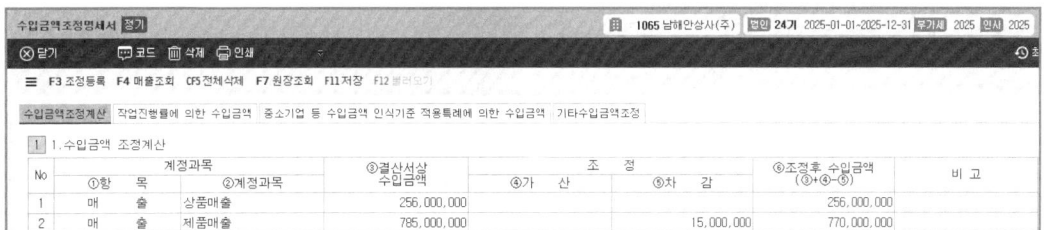

수입금액조정명세서 정기 | 1065 남해안상사(주) | 법인 24기 2025-01-01~2025-12-31 | 부가세 2025 | 인사 2025

닫기 | 코드 | 삭제 | 인쇄

F3 조정등록 F4 매출조회 CF5전체삭제 F7 원장조회 F11저장 F12 불러오기

수입금액조정계산 | 작업진행률에 의한 수입금액 | 중소기업 등 수입금액 인식기준 적용특례에 의한 수입금액 | 기타수입금액조정

1 1.수입금액 조정계산

No	계정과목 ①항 목	계정과목 ②계정과목	③결산서상 수입금액	조정 ④가 산	조정 ⑤차 감	⑥조정후 수입금액 (③+④-⑤)	비 고
1	매 출	상품매출	256,000,000			256,000,000	
2	매 출	제품매출	785,000,000		15,000,000	770,000,000	

• [기타 수입금액 조정] 탭

수입금액조정명세서 정기 | 1065 남해안상사(주) 법인 24기 2025-01-01~2025-12-31 부가세 2025 인사 2025

⊗닫기 코드 삭제 인쇄

F3 조정등록 F4 매출조회 CF5 전체삭제 F7 원장조회 F11 저장 F12 불러오기

수입금액조정계산 | 작업진행률에 의한 수입금액 | 중소기업 등 수입금액 인식기준 적용특례에 의한 수입금액 | 기타수입금액조정

2 2. 수입금액 조정명세
다. 기타 수입금액

No	(23)구 분	(24)근 거 법 령	(25)수 입 금 액	(26)대 응 원 가	비 고
1	전기제품매출		-15,000,000	-10,000,000	

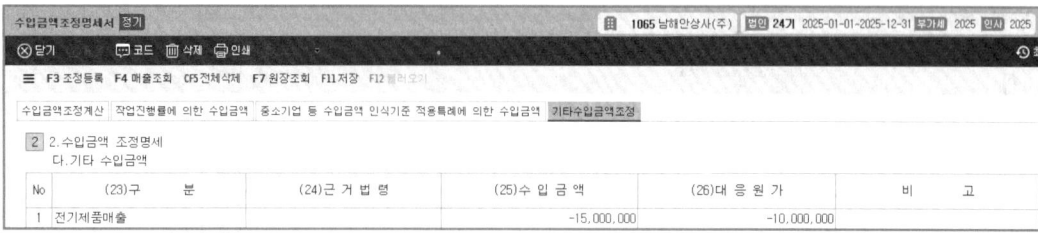

• 상단 툴바의 F3 조정등록을 클릭한 후 수입금액 관련 세무조정사항을 입력하고 해당 서식을 저장한다.

〈손금불산입〉 전기 제품매출원가 누락 10,000,000원(유보 감소)
〈익금불산입〉 전기 제품매출 누락 15,000,000원(유보 감소)

② [조정 후 수입금액 명세서]

• [업종별 수입금액 명세서] 탭

조정후수입금액명세서 정기 | 1065 남해안상사(주) 법인 24기 2025-01-01~2025-12-31 부가세 2025 인사 2025

⊗닫기 코드 삭제 인쇄 조회

F3 조정등록 F4 전기서식 CF5 전체삭제 F7 원장조회 F8 수입조회 F11 저장 F12 불러오기

업종별 수입금액 명세서 | 과세표준과 수입금액 차액검토

1 1. 업종별 수입금액 명세서

①업 태	②종 목	순번	③기준(단순)경비율번호	수 입 금 액			
				수입금액계정조회	내 수 판 매		⑦수 출(영세율대상)
				④계(⑤+⑥+⑦)	⑤국내생산품	⑥수입상품	
제조, 도매	유무선통신장비	01	322002	770,000,000	760,000,000		10,000,000
도매및 상품중개업	통신ㆍ방송장비 및 부품 도매	02	515060	256,000,000	256,000,000		

• [과세표준과 수입금액 차액검토] 탭

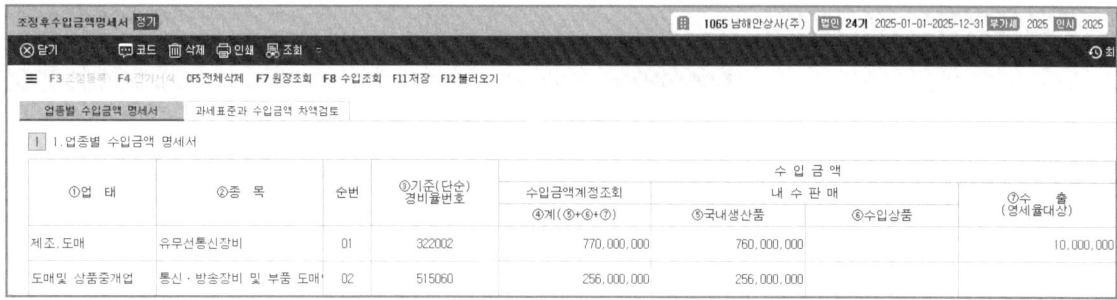

특정인에게 사업상 증여는 부가가치세 과세표준에 포함된 금액이며 사업상 증여의 과세표준은 시가이므로 [22.사업상 증여(접대 제공)]란에 금액 15,000,000원을 양수(+)로 입력하고 해당 서식을 저장한다.

조정후수입금액명세서 정기 | 1065 남해안상사(주) 법인 24기 2025-01-01~2025-12-31 부가세 2025

⊗닫기 코드 인쇄 조회

F3 조정등록 F4 전기서식 CF5 전체삭제 F7 원장조회 F8 수입조회 F11 저장 F12 불러오기

업종별 수입금액 명세서 | 과세표준과 수입금액 차액검토

2 2. 부가가치세 과세표준과 수입금액 차액 검토   부가가치세 신고 내역보기

(1) 부가가치세 과세표준과 수입금액 차액

⑧과세(일반)	⑨과세(영세율)	⑩면세수입금액	⑪합계(⑧+⑨+⑩)	⑫조정후수입금액	⑬차액(⑪-⑫)
619,962,000	10,000,000	411,038,000	1,041,000,000	1,026,000,000	15,000,000

(2) 수입금액과의 차액내역(부가세과표에 포함되어 있으면 +금액, 포함되지 않았으면 -금액 처리)

⑭구 분	코드	(16)금 액	비 고	⑭구 분	코드	(16)금 액	비 고
자가공급(면세전용등)	21			거래(공급)시기차이감액	30		
사업상증여(접대제공)	22	15,000,000		주세 개별소비세	31		
개인적공급(개인적사용)	23			매출누락	32		
간주임대료	24				33		
자산매각 유형자산 및 무형자산 매각액	25				34		
자산매각 그밖의자산매각액(부산물)	26				35		
폐업시 잔존재고재화	27				36		
작업진행률 차이	28				37		
거래(공급)시기차이가산	29			(17)차 액 계	50	15,000,000	
				(13)차액과(17)차액계의차이금액			

[3] (주)한국산업(회사코드: 1071)의 다음 자료를 이용하여 수입금액 조정명세서 및 조정 후 수입금액 명세서를 작성하고 필요한 세무조정을 하시오. 기출 71회

> 1. 손익계산서상 수입금액은 다음과 같다.
>   - 제품매출(업종코드 300101): 2,620,000,000원(수출매출액 320,000,000원 포함)
>   - 상품매출(업종코드 515050): 1,400,000,000원
> 2. 기말상품재고액에 포함되어 있는 적송품 8,300,000원 중 2,000,000원은 결산일 현재 이미 수탁자가 2,700,000원에 판매하였으나 전자세금계산서를 미발급하고, 당사에 통보가 되지 않았다.
> 3. 당사는 매출거래처에 제품 5,000,000원(시가 6,000,000원)을 증여하고 다음과 같이 회계처리하였으며 이에 대한 부가가치세 신고는 적정하게 이루어졌다.
>
> | | | | |
> |---|---|---|---|
> | (차) 기업업무추진비 | 5,600,000 | (대) 제품 | 5,000,000 |
> | | | 부가세예수금 | 600,000 |

| 풀이 |

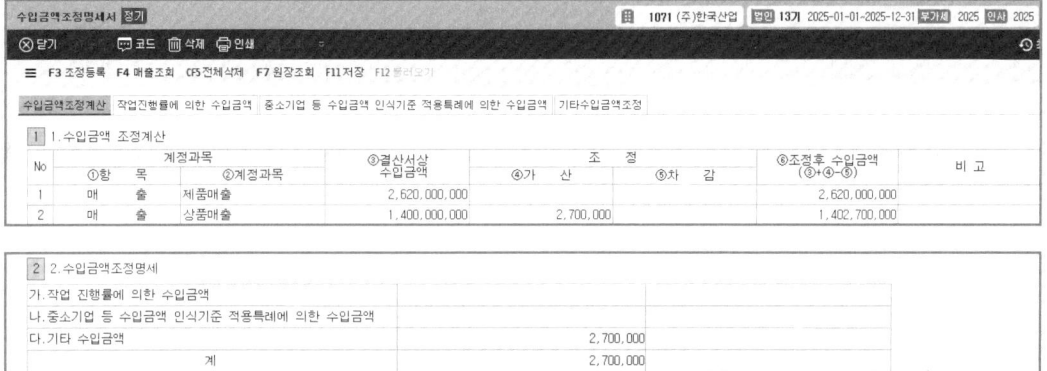

① [수입금액 조정명세서]

- [수입금액 조정 계산] 탭

수입금액조정명세서 정기 | 1071 (주)한국산업 | 법인 13기 2025-01-01~2025-12-31 | 부가세 2025 | 인사 2025

닫기 | 코드 | 삭제 | 인쇄

F3 조정등록 | F4 매출조회 | CF5 전체삭제 | F7 원장조회 | F11 저장 | F12 불러오기

수입금액조정계산 | 작업진행률에 의한 수입금액 | 중소기업 등 수입금액 인식기준 적용특례에 의한 수입금액 | 기타수입금액조정

1 1. 수입금액 조정계산

No	계정과목 ①항 목	②계정과목	③결산서상 수입금액	조정 ④가 산	⑤차 감	⑥조정후 수입금액 (③+④-⑤)	비 고
1	매 출	제품매출	2,620,000,000			2,620,000,000	
2	매 출	상품매출	1,400,000,000	2,700,000		1,402,700,000	

2 2. 수입금액조정명세

가. 작업 진행률에 의한 수입금액		
나. 중소기업 등 수입금액 인식기준 적용특례에 의한 수입금액		
다. 기타 수입금액	2,700,000	
계	2,700,000	

- [기타 수입금액 조정] 탭

수입금액조정명세서 정기 | 1071 (주)한국산업 | 법인 13기 2025-01-01~2025-12-31 | 부가세 2025 | 인사 2025

닫기 | 코드 | 삭제 | 인쇄

F3 조정등록 | F4 매출조회 | CF5 전체삭제 | F7 원장조회 | F11 저장 | F12 불러오기

수입금액조정계산 | 작업진행률에 의한 수입금액 | 중소기업 등 수입금액 인식기준 적용특례에 의한 수입금액 | 기타수입금액조정

2 2. 수입금액 조정명세
다. 기타 수입금액

No	(23)구 분	(24)근 거 법 령	(25)수 입 금 액	(26)대 응 원 가	비 고
1	상품매출		2,700,000	2,000,000	위탁판매 매출누락

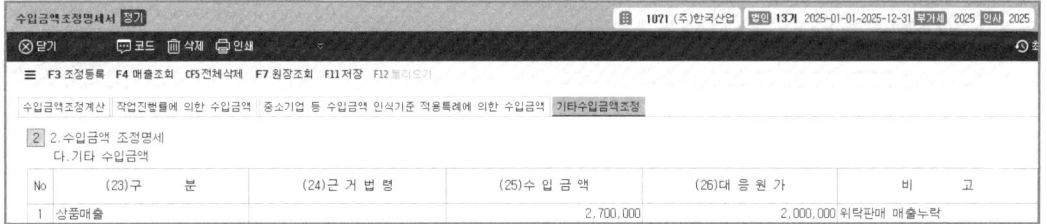

- 상단 툴바의 **F3 조정등록**을 클릭한 후 수입금액 관련 세무조정사항을 입력하고 해당 서식을 저장한다.

> 〈익금산입〉 상품매출 2,700,000원(유보 발생)
> 〈손금산입〉 상품매출원가 2,000,000원(유보 발생)

② [조정 후 수입금액 명세서]

• [업종별 수입금액 명세서] 탭

조정후수입금액명세서 정기 | 1071 (주)한국산업 법인 13기 2025-01-01~2025-12-31 부가세 2025 인사 2025

닫기 코드 삭제 인쇄 조회

F3 조정등록 F4 전기서식 CF5 전체삭제 F7 원장조회 F8 수입조회 F11저장 F12 불러오기

업종별 수입금액 명세서 | 과세표준과 수입금액 차액검토

1 1.업종별 수입금액 명세서

①업 태	②종 목	순번	③기준(단순)경비율번호	수 입 금 액			
				수입금액계정조회	내 수 판 매		⑦수 출(영세율대상)
				④계(⑤+⑥+⑦)	⑤국내생산품	⑥수입상품	
제조,도매	컴퓨터주변기기	01	300101	2,620,000,000	2,300,000,000		320,000,000
도매및 상품중개업	컴퓨터 및 주변장치, 소프트	02	515050	1,402,700,000	1,402,700,000		

• [과세표준과 수입금액 차액검토] 탭

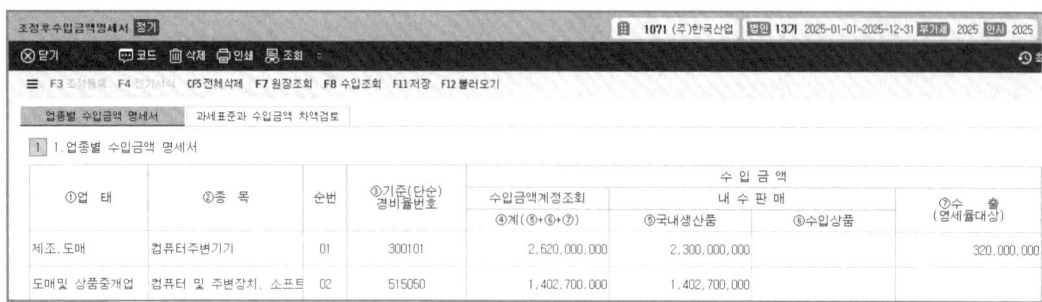

– 사업상 증여는 부가가치세 과세표준에 포함된 금액이므로 [22.사업상 증여(접대 제공)]란에 시가 6,000,000원을 입력한다. 현물접대 시 부가가치세 과세표준은 시가만 해당하므로 부가가치세를 제외한 공급가액만 입력한다.

[비교] [기업업무추진비 조정명세서]의 기업업무추진비 해당액은 법인세법상 기업업무추진비 평가액을 입력하는 것이며 이는 현물기업업무추진비의 시가와 부가가치세를 포함한 금액을 말한다. 즉, 현물접대하면서 부가가치세도 당사가 부담하므로 기업업무추진비로 본다.

– 위탁매출 누락은 세무조정(익금산입)으로 수입금액에는 포함되었지만 세금계산서를 미발급한 것으로 부가가치세 과세표준에 제외된 금액이다. 따라서, [32.매출 누락]란에 –2,700,000원을 입력하고 해당 서식을 저장한다.

조정후수입금액명세서 정기 | 1071 (주)한국산업 법인 13기 2025-01-01~2025-12-31 부가세 2025 인사 2025

닫기 코드 인쇄 조회

F3 조정등록 F4 전기서식 CF5 전체삭제 F7 원장조회 F8 수입조회 F11저장 F12 불러오기

업종별 수입금액 명세서 | 과세표준과 수입금액 차액검토

2 2.부가가치세 과세표준과 수입금액 차액 검토 | 부가가치세 신고 내역보기

(1) 부가가치세 과세표준과 수입금액 차액

⑧과세(일반)	⑨과세(영세율)	⑩면세수입금액	⑪합계(⑧+⑨+⑩)	⑫조정후수입금액	⑬차액(⑪-⑫)
3,706,000,000	320,000,000		4,026,000,000	4,022,700,000	3,300,000

(2) 수입금액과의 차액내역(부가세과표에 포함되어 있으면 +금액, 포함되지 않았으면 -금액 처리)

⑭구 분	코드	(16)금 액	비 고	⑭구 분	코드	(16)금 액	비 고
자가공급(면세전용등)	21			거래(공급)시기차이감액	30		
사업상증여(접대제공)	22	6,000,000		주세 · 개별소비세	31		
개인적공급(개인적사용)	23			매출누락	32	-2,700,000	
간주임대료	24				33		
자산매각 유형자산 및 무형자산 매각액	25				34		
자산매각 그밖의자산매각액(부산물)	26				35		
폐업시 잔존재고재화	27				36		
작업진행률 차이	28				37		
거래(공급)시기차이가산	29			(17)차 액 계	50	3,300,000	
				(13)차액과(17)차액계의차이금액			

[4] (주)신라산업(회사코드: 1073)의 다음 자료를 이용하여 조정 후 수입금액 명세서를 작성하시오. 기출 82회

1. 손익계산서에 반영된 매출액과 영업외수익 자료

구분		업종코드	금액
매출액	제품매출	292203.제조/전자응용공작기계	2,690,000,000원
	공사수입금	451104.건설/건축공사	2,000,000,000원
합계			4,690,000,000원

- 제품매출과 공사수입금에는 영세율 대상은 없으며 국내 생산품의 국내 내수판매분이다.

2. 부가가치세법상 과세표준내역(수정 신고서 반영분)

구분	금액
공사수입금(과세)	1,500,000,000원
공사수입금(면세)	500,000,000원
제품매출	2,700,000,000원
기계장치 매각	50,000,000원
합계	4,750,000,000원

- 부가가치세 신고내역은 관련 규정에 따라 적법하게 신고하였으며, 수정 신고내역도 정확히 반영되어 있다.
- 선수금 중 10,000,000원은 선수금을 수령함과 동시에 전자세금계산서를 발급한 것으로서 당기 말 현재 제품 공급은 이루어지지 않았다.

3. 수입금액 조정명세서 작성 시 발생한 세무조정사항은 다음과 같다.

〈익금산입〉 공사수입금 50,000,000원(유보 발생) – 작업진행률에 의한 수입금액 과소분임

| 풀이 |

[조정 후 수입금액 명세서]

① [업종별 수입금액 명세서] 탭

- 건설/건축공사의 수입금액 2,050,000,000원(= 손익계산서상 공사수입금액 2,000,000,000원 + 익금산입한 공사수입금 50,000,000원)을 확인하고 [③기준(단순)경비율번호]란에 '451104'를 입력한다.

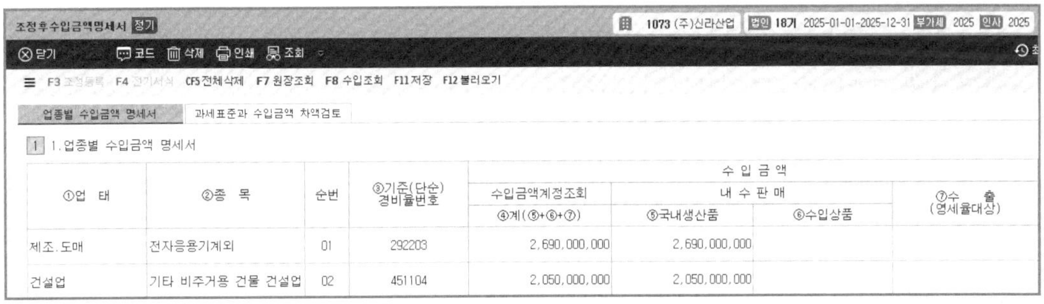
조정후수입금액명세서 정기 | 1073 (주)신라산업 | 법인 18기 2025-01-01~2025-12-31 | 부가세 2025 | 인사 2025

ⓧ닫기 | 코드 | 삭제 | 인쇄 | 조회

F3 조정등록 | F4 전기서식 | CF5 전체삭제 | F7 원장조회 | F8 수입조회 | F11 저장 | F12 불러오기

업종별 수입금액 명세서 | 과세표준과 수입금액 차액검토

1 1. 업종별 수입금액 명세서

①업 태	②종 목	순번	③기준(단순)경비율번호	수 입 금 액			
				수입금액계정조회	내 수 판 매		⑦수 출(영세율대상)
				④계(⑤+⑥+⑦)	⑤국내생산품	⑥수입상품	
제조.도매	전자응용기계외	01	292203	2,690,000,000	2,690,000,000		
건설업	기타 비주거용 건물 건설업	02	451104	2,050,000,000	2,050,000,000		

② [과세표준과 수입금액 차액검토] 탭

- 기계장치 매각은 부가가치세 과세표준에 포함된 금액이므로 [25.자산매각 – 유형자산 및 무형자산 매각액]란에 50,000,000원을 입력한다.
- 세무조정사항 50,000,000원이 부가가치세 과세표준에 포함되지 않았으므로 [28.작업진행률 차이]란에 –50,000,000원을 입력한다.
- 공급시기 전에 대가를 미리 받고 세금계산서를 발급한 경우 발급한 시점을 공급시기로 본다. 발급한 세금계산서의 공급가액은 과세표준에 해당하지만 법인세법은 재화를 인도한 시점에 수입금액을 인식하므로 인도하기 전에 미리 받은 계약금은 수입금액이 아닌 선수금으로 처리한다. 즉, 공급시기 전에 세금계산서 수취한 선수금은 부가가치세 과세표준에 포함되는 금액이므로 [29.거래(공급)시기 차이 가산]란에 10,000,000원을 입력하고 해당 서식을 저장한다.

조정후수입금액명세서 정기 | 1073 (주)신라산업 | 법인 18기 2025-01-01~2025-12-31 | 부가세 2025 | 인사 2025

⊗닫기 코드 인쇄 조회 | 최근

≡ F3 조정등록 F4 전기서식 CF5 전체삭제 F7 원장조회 F8 수입조회 F11 저장 F12 불러오기

업종별 수입금액 명세서 | 과세표준과 수입금액 차액검토

2 2. 부가가치세 과세표준과 수입금액 차액 검토 | 부가가치세 신고 내역보기

(1) 부가가치세 과세표준과 수입금액 차액

⑧과세(일반)	⑨과세(영세율)	⑩면세수입금액	⑪합계(⑧+⑨+⑩)	⑫조정후수입금액	⑬차액(⑪-⑫)
4,250,000,000		500,000,000	4,750,000,000	4,740,000,000	10,000,000

(2) 수입금액과의 차액내역(부가세과표에 포함되어 있으면 +금액, 포함되지 않았으면 -금액 처리)

⑭구 분	코드	(16)금 액	비 고	⑭구 분	코드	(16)금 액	비 고
자가공급(면세전용등)	21			거래(공급)시기차이감액	30		
사업상증여(접대제공)	22			주세 · 개별소비세	31		
개인적공급(개인적사용)	23			매출누락	32		
간주임대료	24				33		
자산 매각 유형자산 및 무형자산 매각액	25	50,000,000			34		
자산 매각 그밖의자산매각액(부산물)	26				35		
폐업시 잔존재고재화	27				36		
작업진행률 차이	28	-50,000,000			37		
거래(공급)시기차이가산	29	10,000,000	선수금	(17)차 액 계	50	10,000,000	
				(13)차액과(17)차액계의차이금액			

꿀팁 [수입금액 조정명세서]

수입금액조정명세서 정기 | 1073 (주)신라산업 | 법인 18기 2025-01-01~2025-12-31 | 부가세 2025 | 인사 2025

⊗닫기 코드 삭제 인쇄

≡ F3 조정등록 F4 매출조회 CF5 전체삭제 F7 원장조회 F11 저장 F12 불러오기

수입금액조정계산 | 작업진행률에 의한 수입금액 | 중소기업 등 수입금액 인식기준 적용특례에 의한 수입금액 | 기타수입금액조정

1 1. 수입금액 조정계산

No	계정과목		③결산서상 수입금액	조 정		⑥조정후 수입금액 (③+④-⑤)	비 고
	①항 목	②계정과목		④가 산	⑤차 감		
1	매 출	제품매출	2,690,000,000			2,690,000,000	
2	매 출	공사수입금	2,000,000,000	50,000,000		2,050,000,000	

3 수입배당금액 명세서

▸ 최신 30회 중 1문제 출제

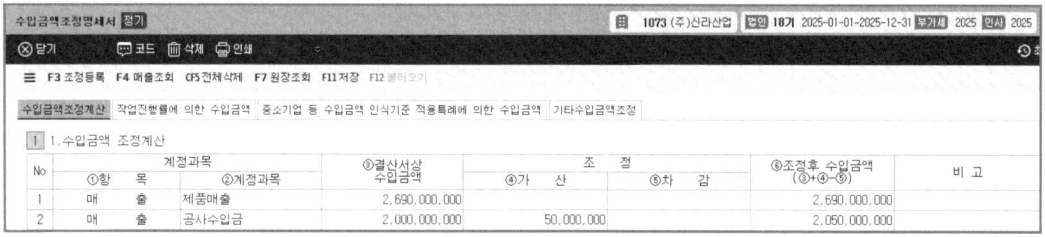

법인주주가 얻는 배당소득은 배당금 수익으로 익금에 해당하여 법인세가 과세되지만 배당금 수익은 배당하는 법인에서 이미 법인세가 과세된 소득이므로 배당받은 법인에서 다시 과세될 경우 이중과세문제가 발생한다. 이를 조정하기 위하여 수입배당금액 명세서를 작성한다.

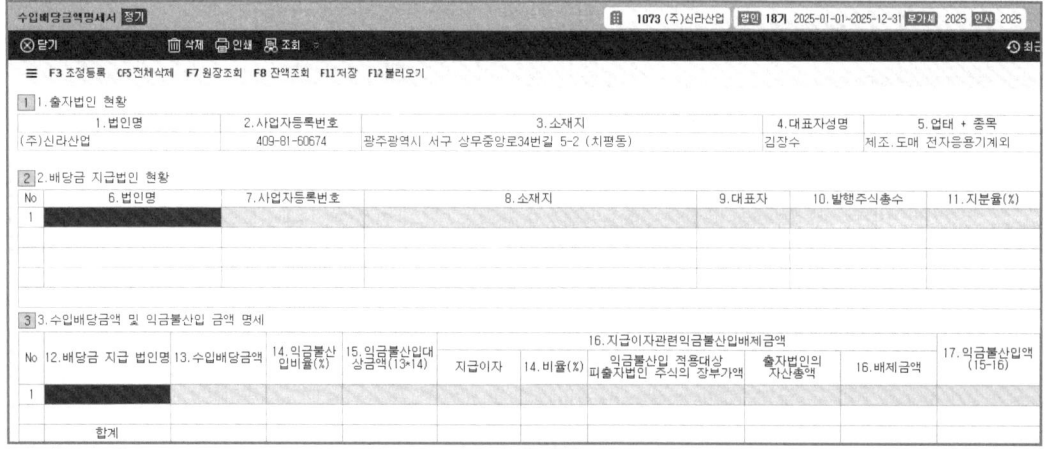

수입배당금액명세서 정기 | 1073 (주)신라산업 | 법인 18기 2025-01-01~2025-12-31 | 부가세 2025 | 인사 2025

⊗닫기 삭제 인쇄 조회 | 최근

≡ F3 조정등록 CF5 전체삭제 F7 원장조회 F8 잔액조회 F11 저장 F12 불러오기

1 1. 출자법인 현황

1. 법인명	2. 사업자등록번호	3. 소재지	4. 대표자성명	5. 업태 + 종목
(주)신라산업	409-81-60674	광주광역시 서구 상무중앙로34번길 5-2 (치평동)	김장수	제조.도매 전자응용기계외

2 2. 배당금 지급법인 현황

No	6. 법인명	7. 사업자등록번호	8. 소재지	9. 대표자	10. 발행주식총수	11. 지분율(%)
1						

3 3. 수입배당금액 및 익금불산입 금액 명세

No	12. 배당금 지급 법인명	13. 수입배당금액	14. 익금불산입비율(%)	15. 익금불산입대상금액(13*14)	16. 지급이자관련익금불산입배제금액					17. 익금불산입액(15-16)
					지급이자	14. 비율(%)	익금불산입 적용대상 피출자법인 주식의 장부가액	출자법인의 자산총액	16. 배제금액	
1										
	합계									

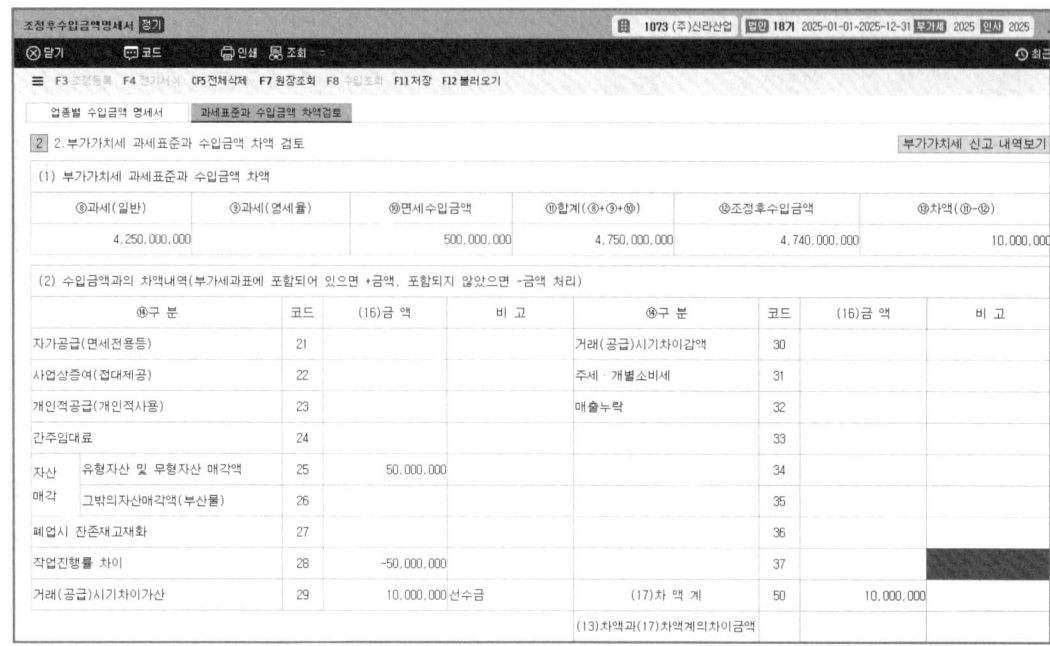

1. 배당금 지급법인 현황

주식 등을 발행한 법인의 정보를 입력한다.

2. 수입배당금액 및 익금불산입 금액 명세

익금불산입 대상 수입배당금 및 지급이자 등의 정보를 입력하여 [19.익금불산입액]을 계산한다. 해당 금액은 상단 툴바의 F3 조정등록 을 이용하여 익금불산입(기타)로 소득처분한다.

<table>
<tr><th>구분</th><th>입력사항</th></tr>
<tr><td>14.익금불산입비율(%)</td><td>익금불산입률은 피출자법인에 대한 출자비율에 따라 다음의 률을 적용한다. 피출자법인에 대한 출자비율이 50% 이상일 때 '1:100%', 20% 이상 50% 미만일 때 '2:80%', 20% 미만일 때 '3:30%'을 선택하여 입력한다.

피출자법인에 대한 출자비율* / 익금불산입률
50% 이상 / 수입배당금액의 100%
20%이상 50% 미만 / 수입배당금액의 80%
20% 미만 / 수입배당금액의 30%

* 출자비율은 배당기준일 현재 3개월 이상 계속하여 보유하고 있는 주식을 기준으로 계산한다.</td></tr>
<tr><td>16.지급이자 관련 익금불산입 배제금액</td><td>[지급이자]란은 법인세법 제55조에 의하여 손금불산입된 이자비용*은 제외한 금액을 의미한다.</td></tr>
</table>

* 현재가치할인차금의 상각액 및 연지급 수입 시 취득가액과 구분하여 지급이자로 계상한 금액이다.

연습문제

[1] (주)신라산업(회사코드: 1073)의 다음 자료를 참조하여 수입배당금액 명세서에 내용을 추가하여 작성을 완료하고 필요한 세무조정을 하시오. 기출 97회

1. 배당금 수취 현황

일자	회사명	사업자등록번호	대표자	소재지	배당액
2025.4.10.	(주)한다	106-85-32321	김세율	서울시 영등포구 국제금융로 8	5,000,000원
2025.4.30.	(주)간다	108-86-00273	이인천	서울시 마포구 마포대로 3	750,000원

2. (주)한다 주식내역

발행주식 총수	당사 보유내역	지분율	비고
60,000주	60,000주	100%	• 일반법인 • 2022.10.15. 100% 지분 취득 • 취득일 이후 지분변동 없음

3. (주)간다 주식내역

발행주식 총수	당사 보유내역	지분율	비고
1,000,000주	5,000주	0.5%	• 주권상장법인 • 2023.3.15. 0.5% 지분 취득 • 취득일 이후 지분변동 없음

4. 기타 내역
- 당사는 유동화전문회사가 아니다.
- 당사는 지급이자가 없는 것으로 가정한다.
- 이에 따라 익금불산입 배제금액은 없다.

| 풀이 |

[수입배당금액 명세서]

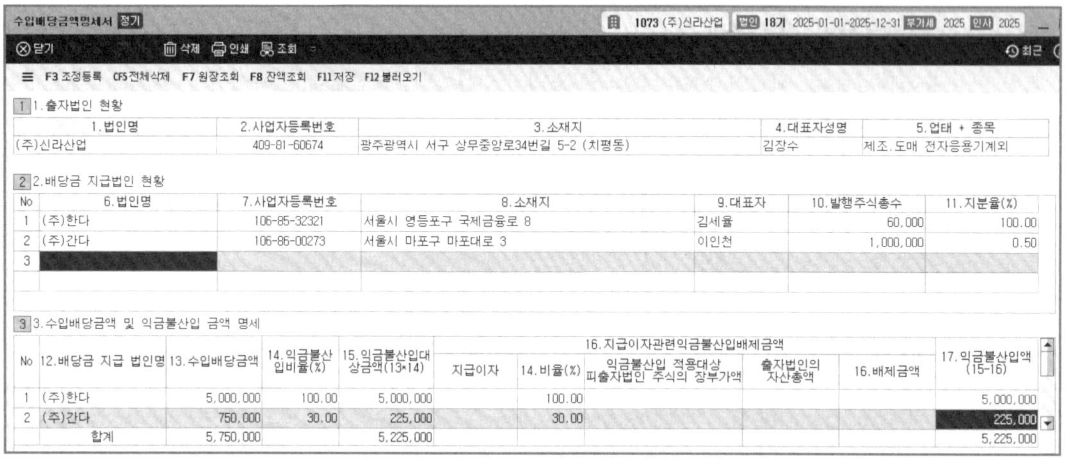
수입배당금액명세서 정기 1073 (주)신라산업 법인 18기 2025-01-01~2025-12-31 부가세 2025 인사 2025

닫기 삭제 인쇄 조회 최근

F3 조정등록 CF5 전체삭제 F7 원장조회 F8 잔액조회 F11 저장 F12 불러오기

1 1.출자법인 현황

1.법인명	2.사업자등록번호	3.소재지	4.대표자성명	5.업태 + 종목
(주)신라산업	409-81-60674	광주광역시 서구 상무중앙로34번길 5-2 (치평동)	김장수	제조.도매 전자응용기계외

2 2.배당금 지급법인 현황

No	6.법인명	7.사업자등록번호	8.소재지	9.대표자	10.발행주식총수	11.지분율(%)
1	(주)한다	106-85-32321	서울시 영등포구 국제금융로 8	김세율	60,000	100.00
2	(주)간다	106-86-00273	서울시 마포구 마포대로 3	이인천	1,000,000	0.50
3						

3 3.수입배당금액 및 익금불산입 금액 명세

No	12.배당금 지급 법인명	13.수입배당금액	14.익금불산입비율(%)	15.익금불산입대상금액(13*14)	16.지급이자관련익금불산입배제금액					17.익금불산입액(15-16)
					지급이자	14.비율(%)	익금불산입 적용대상 피출자법인 주식의 장부가액	출자법인의 자산총액	16.배제금액	
1	(주)한다	5,000,000	100.00	5,000,000		100.00				5,000,000
2	(주)간다	750,000	30.00	225,000		30.00				225,000
	합계	5,750,000		5,225,000						5,225,000

- [3.수입배당금액 및 익금불산입 금액 명세]의 [14.익금불산입비율(%)]란은 배당금을 지급하는 법인의 지분비율에 따라 (주)한다는 '1:100', (주)간다는 '3:30'를 선택한다.
- [3.수입배당금액 및 익금불산입 금액 명세]의 [17.익금불산입액(15－16)]란의 합계액 5,225,000원을 확인한 후 상단 툴바의 F3 조정등록 을 이용하여 다음과 같이 세무조정한다.

〈익금불산입〉 수입배당금 5,225,000원(기타)

4 임대보증금 등의 간주익금 조정명세서

▸ 최신 30회 중 1문제 출제

임대보증금에 대한 간주익금에 대한 규정은 다음의 두 가지 요건을 모두 충족된 경우에 한하여 적용하며 익금산입(기타사외유출)으로 소득처분한다.

＋ 임대보증금에 대한 간주익금에 대한 규정

- 부동산 임대업을 주업으로 하는 영리내국법인일 것: 주업이란 사업연도 종료일 현재 자산 총액 중 임대사업에 사용된 자산가액이 50% 이상을 말한다.
- 차입금 과다 법인일 것: 차입금이 자기자본의 2배를 초과하는 법인을 말한다.

간주익금＝(임대보증금 적수*[1]－건설비 상당액 적수*[2])×정기예금 이자율 3.1%×1/365(또는 366)－금융수익

*1 적수란 매일의 잔액을 일정 기간 단위로 합산한 것을 의미하며 적수는 매월 말 잔액에 경과일수를 곱하여 계산할 수 있다. 또한 적수계산 시 기산일은 보증금 등을 받은 날 또는 받기로 한 날이며, 임대사업 개시 전에 보증금 등을 받은 경우에는 임대사업을 개시한 날로 한다.

*2 건설비 상당액은 실제로 건설에 지출한 금액이므로 건축물의 장부금액(감가상각누계액 차감한 금액)이 아닌 취득가액(감가상각누계액 차감 ×, 자본적 지출액 포함, 토지 취득가액 제외)으로 하고 적수는 임대면적비율(임대면적 적수/건물연면적 적수)로 계산한다.

1. [임대보증금 등의 간주익금 조정] 탭

[2. 임대보증금 등의 적수계산] → [3. 건설비 상당액 적수계산] → [4. 임대보증금 등의 운용수입금액 명세서]의 순으로 입력한다.

(1) 2. 임대보증금 등의 적수계산

구분	입력할 내용
⑧일자	임대 개시일 또는 임대 종료일을 입력(전기에 이월된 임대보증금인 경우 1월 1일)
⑨적요	임대보증금을 입금한 경우에는 '0:입금', 반환한 경우에는 '1:반환'을 입력
⑩임대보증금 누계	임대보증금의 입금액에서 반환액을 차감한 누계액이 자동 반영됨
⑪일수/⑫적수	일수는 적수계산을 위해 자동으로 표시되며 적수(⑩임대보증금 누계×⑪일수)는 [1.임대보증금 등의 간주익금 조정]의 [①임대보증금 등 적수]란에 자동 반영됨

(2) 4. 임대보증금 등의 운용수입금액 명세서

구분	입력할 내용
(29)과목/(30)계정금액	임대보증금 등을 운용하고 발생한 금융수익이 있는 경우 F2를 이용하여 해당 계정과목의 코드번호를 입력하고, 해당 계정과목의 전체 금액을 입력
(31)보증금 운용수입금액	해당 계정금액 중 당해 사업연도에 임대보증금 등을 운용하고 발생한 수익에 해당하는 금액만을 입력하고, 유가증권 처분이익이 있는 경우에는 처분이익에서 처분손실을 차감한 금액을 입력
(32)기타수입금액	[(30)계정금액]란에서 [(31)보증금 운용수입금액]란을 차감한 금액이 자동 반영됨

2. [건설비 상당액 적수계산] 탭

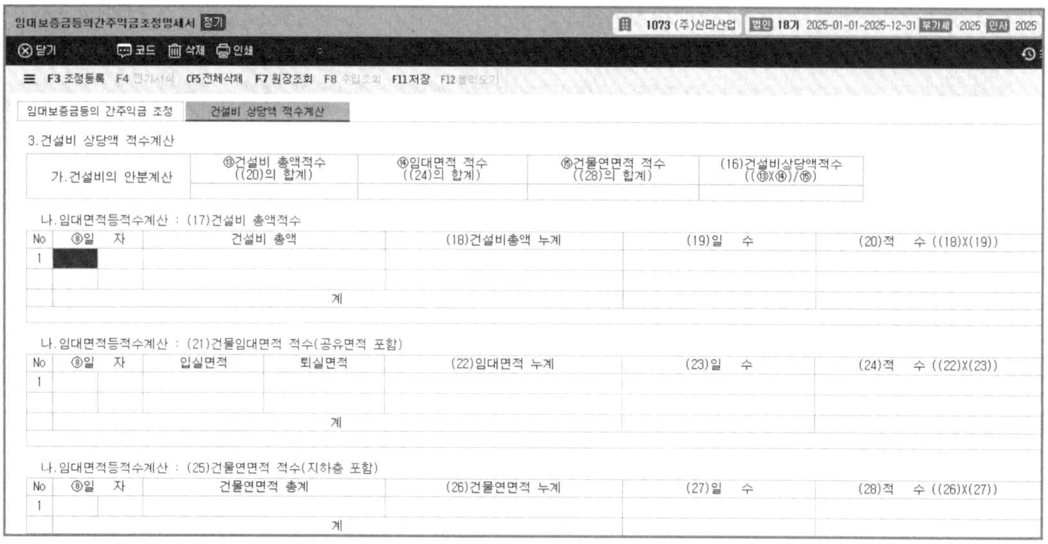

(1) 나.임대면적 등 적수계산: (17)건설비 총액 적수

구분	입력할 내용
⑧일자	전기 이전에 취득(또는 준공)하여 임대사업을 개시한 경우에는 1월 1일을, 당기 중 취득(또는 준공)하여 임대사업을 개시한 경우에는 개시일을 입력
건설비 총액	임대용 건축물의 취득가액(또는 건설비 총액)에 자본적 지출액을 가산하여 입력(단, 토지의 취득가액은 제외)
(18)건설비 총액 누계/(19)일수/(20)적수	건설비 총액의 누계 및 일수가 자동 반영되며, 적수의 합계는 [가.건설비의 안분계산]의 [⑬건설비 총액 적수]란에 자동 반영됨

(2) 나.임대면적 등 적수계산: (21)건물임대면적 적수(공유면적 포함)

구분	입력할 내용
⑧일자	입실 또는 퇴실일자를 입력(전기에 이월된 경우에는 1월 1일)
입실면적/퇴실면적	입실면적 또는 퇴실면적을 입력
(22)임대면적 누계/(23)일수/(24)적수	입실면적에서 퇴실면적을 차감한 임대면적 누계 및 일수가 자동 반영됨(적수의 합계는 [가.건설비의 안분계산]의 [⑭임대면적 적수]란에 자동 반영됨)

(3) 나.임대면적 등 적수계산: (25)건물연면적 적수(지하층 포함)

구분	입력할 내용
⑧일자	전기 이전에 취득(또는 준공)하여 임대사업을 개시한 경우에는 1월 1일을, 당기 중 취득(또는 준공)하여 임대사업을 개시한 경우에는 개시일을 입력
건물연면적 총계	임대용 건물의 연면적 총계를 입력
(26)건물연면적 누계/(27)일수/(28)적수	건물연면적 누계 및 일수가 자동 반영되며 적수의 합계는 [가.건설비의 안분계산]의 [⑮건물연면적 적수]란에 자동 반영됨

연습문제

[1] (주)신라산업(회사코드: 1073)의 다음 자료를 보고 임대보증금 등의 간주익금 조정명세서를 작성한 후 세무조정을 하시오(단, 기존에 입력된 데이터는 무시하고 제시된 자료로 계산하며, 이 문제에 한정해서 부동산 임대업을 주업으로 하는 영리내국법인으로서 차입금이 자기 자본의 2배를 초과하는 법인으로 가정하고 이자율은 3.1%를 적용함).

[자료 1] 건물 및 부속토지 관련 자료

계정과목	적요	2025.12.31.	2024.12.31.	비고
토지	건물 부속토지	700,000,000원	700,000,000원	면적 500m²
건물	건물	320,000,000원	300,000,000원	연면적 1,200m²
	감가상각누계액	(159,500,000원)	(150,000,000원)	

※ 2025년 3월 31일에 건물 승강기 설치비용 20,000,000원이 발생하여 자본적 지출로 회계처리하였다.

[자료 2] 임대 현황

임대기간	임대보증금	연면적	임대면적
2024.5.3.~2026.5.2.	500,000,000원	1,200m²	300m²

※ 손익계산서의 이자수익 15,000,000원 중 2,000,000원은 임대보증금 운용수익이다.

| 풀이 |

[임대보증금 등의 간주익금 조정명세서]

① [임대보증금 등의 간주익금 조정] 탭

No	⑧일	자	⑨적 요	⑩임대보증금누계 입금액	반환액	잔액누계	⑪일 수	⑫적 수 (⑩X⑪)
1	01	01	전기이월	500,000,000		500,000,000	365	182,500,000,000
2								
			계	500,000,000	0	500,000,000	365	182,500,000,000

- [2.임대보증금 등의 적수계산] 일자에 '1월 1일', [적요]란에 '0:입금', [⑩임대보증금 누계－입금액]란에 500,000,000원을 입력한다.

② [건설비 상당액 적수계산] 탭

임대보증금등의간주익금조정명세서 정기 | 1073 (주)신라산업 | 법인 18기 2025-01-01~2025-12-31 부가세 2025 인사 2025

⊗닫기 코드 삭제 인쇄 | 최근

F3 조정등록 F4 전기서식 CF5전체삭제 F7 원장조회 F8 수입조회 F11저장 F12불러오기

임대보증금등의 간주익금 조정 | 건설비 상당액 적수계산

3.건설비 상당액 적수계산

가.건설비의 안분계산	⑬건설비 총액적수 ((20)의 합계)	⑭임대면적 적수 ((24)의 합계)	⑮건물연면적 적수 ((28)의 합계)	(16)건설비상당액적수 ((⑬X⑭)/⑮)
	115,020,000,000	109,500	438,000	28,755,000,000

나.임대면적등적수계산 : (17)건설비 총액적수

No	⑧일	자	건설비 총액	(18)건설비총액 누계	(19)일 수	(20)적 수 ((18)X(19))
1	01	01	300,000,000	300,000,000	89	26,700,000,000
2	03	31	20,000,000	320,000,000	276	88,320,000,000
			계		365	115,020,000,000

나.임대면적등적수계산 : (21)건물임대면적 적수(공유면적 포함)

No	⑧일	자	입실면적	퇴실면적	(22)임대면적 누계	(23)일 수	(24)적 수 ((22)X(23))
1	01	01	300.00		300	365	109,500
2							
				계		365	109,500

나.임대면적등적수계산 : (25)건물연면적 적수(지하층 포함)

No	⑧일	자	건물연면적 총계	(26)건물연면적 누계	(27)일 수	(28)적 수 ((26)X(27))
1	01	01	1,200.00	1,200	365	438,000
			계		365	438,000

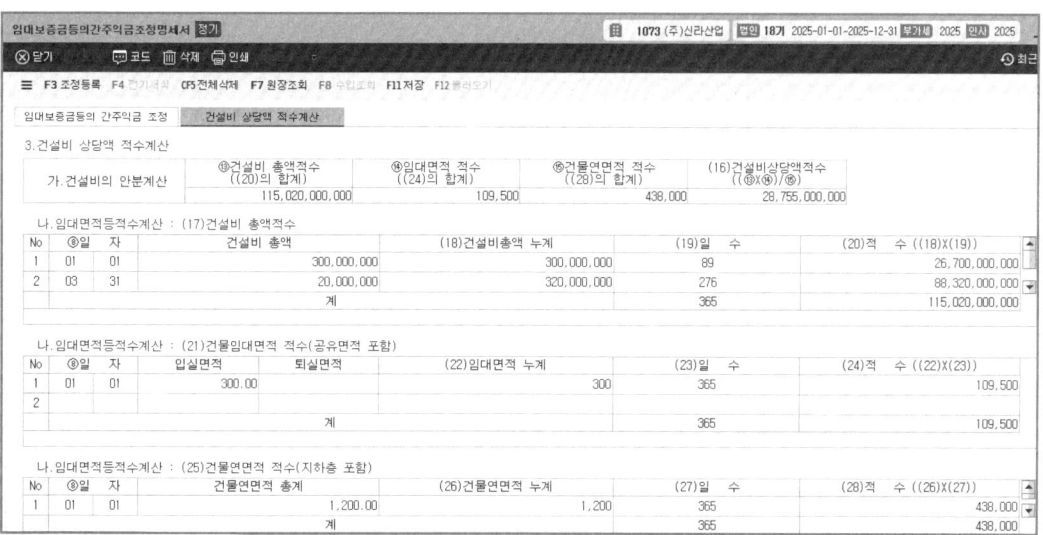

- [나.임대면적 등 적수계산: (17)건설비 총액적수]의 일자에 '1월 1일', [건설비 총액]란에 300,000,000원을, 일자에 '3월 31일', [건설비 총액]란에 20,000,000원을 입력한다.
- [나.임대면적 등 적수계산: (21)건물임대면적 적수(공유면적 포함)]의 일자에 '1월 1일', [입실면적]란에 300m²를 입력한다.
- [나.임대면적 등 적수계산: (25)건물연면적 적수(지하층 포함)]의 일자에 '1월 1일', [건설연면적 총계]란에 1,200m²를 입력한다.

③ [임대보증금 등의 간주익금 조정] 탭

임대보증금등의간주익금조정명세서 정기 | 1073 (주)신라산업 | 법인 18기 2025-01-01~2025-12-31 | 부가세 2025 | 인사 2025

⊗닫기 코드 삭제 인쇄 조회

≡ F3 조정등록 F4 전기서식 CF5 전체삭제 F7 원장조회 F8 수입조회 F11저장 F12 불러오기

임대보증금등의 간주익금 조정 | 건설비 상당액 적수계산

1.임대보증금등의 간주익금 조정 (보증금적수계산 일수 수정)

①임대보증금등 적수	②건설비상당액 적수	③보증금잔액 {(①-②)/365}	④이자율 (%)	⑤(③X④) 익금상당액	⑥보증금운용 수입	⑦(⑤-⑥) 익금산입금액
182,500,000,000	28,755,000,000	421,219,178	3.1	13,057,794	2,000,000	11,057,794

2.임대보증금등의 적수계산 (크게보기)

No	⑧일	자	⑨적 요	⑩임대보증금누계			⑪일 수	⑫적 수 (⑩X⑪)
				입금액	반환액	잔액누계		
1	01	01	전기이월	'500,000,000		500,000,000	365	182,500,000,000
2								
			계	500,000,000	0	500,000,000	365	182,500,000,000

3.건설비 상당액 적수계산

	⑬건설비 총액적수 ((20)의 합계)	⑭임대면적 적수 ((24)의 합계)	⑮건물연면적 적수 ((28)의 합계)	(16)건설비상당액적수 ((⑬X⑭)/⑮)
가.건설비의 안분계산	115,020,000,000	109,500	438,000	28,755,000,000

4.임대보증금등의 운용수입금액 명세서

No	(29)과 목	(30)계 정 금 액	(31)보증금운용수입금액	(32)기타수입금액	(33)비 고
1	이자수익	15,000,000	2,000,000	13,000,000	
	계	15,000,000	2,000,000	13,000,000	

- [4.임대보증금 등의 운용수입금액 명세서]의 [(29)과목]란에 키보드의 F2를 이용하여 계정과목 '이자수익'을 입력하고 [(30)계정금액]란에 15,000,000원, [(31)보증금운용수입금액]란에 2,000,000원을 입력한다.
- [1.임대보증금 등의 간주익금 조정]-[⑦(⑤-⑥)익금산입금액]란의 11,057,794원을 확인한 후 상단 툴바의 **F3 조정등록**을 이용하여 다음과 같이 세무조정한다.

〈익금산입〉 임대보증금 간주익금 11,057,794원(기타사외유출)

[2] (주)백두전자(회사코드: 1074)의 다음 자료를 보고 임대보증금 등의 간주익금 조정명세서를 작성한 후 세무조정을 하시오(단, 기존에 입력된 데이터는 무시하고 제시된 자료로 계산하며, 이 문제에 한정해서 부동산 임대업을 주업으로 하는 영리내국법인으로서 차입금이 자기 자본의 2배를 초과하는 법인으로 가정함). 기출 97회

1. 임대보증금의 내역

구분	금액	임대면적	비고
전기이월	600,000,000원	20,000m^2	
4월 30일 보증금 감소	200,000,000원	6,000m^2	퇴실면적 계산 시 이용
6월 1일 보증금 증가	300,000,000원	6,000m^2	입실면적 계산 시 이용
기말 잔액	700,000,000원	20,000m^2	

2. 건설비 상당액은 전기 말 400,000,000원으로 건물의 총 연면적은 20,000m^2이다.
3. 손익계산서상 이자수익 13,500,000원 중 임대보증금 운용수입은 2,800,000원이다(1년 만기 정기예금 이자율은 3.1%로 가정함).

| 풀이 |

[임대보증금 등의 간주익금 조정명세서]

① [임대보증금 등의 간주익금 조정] 탭-[2.임대보증금 등의 적수계산]

2.임대보증금등의 적수계산 (이전화면)

No	⑧일	자	⑨적 요	⑩임대보증금누계			⑪일 수	⑫적 수 (⑩X⑪)
				입금액	반환액	잔액누계		
1	01	01	전기이월	600,000,000		600,000,000	119	71,400,000,000
2	04	30	반환		200,000,000	400,000,000	32	12,800,000,000
3	06	01	입금	300,000,000		700,000,000	214	149,800,000,000

② [건설비 상당액 적수계산] 탭

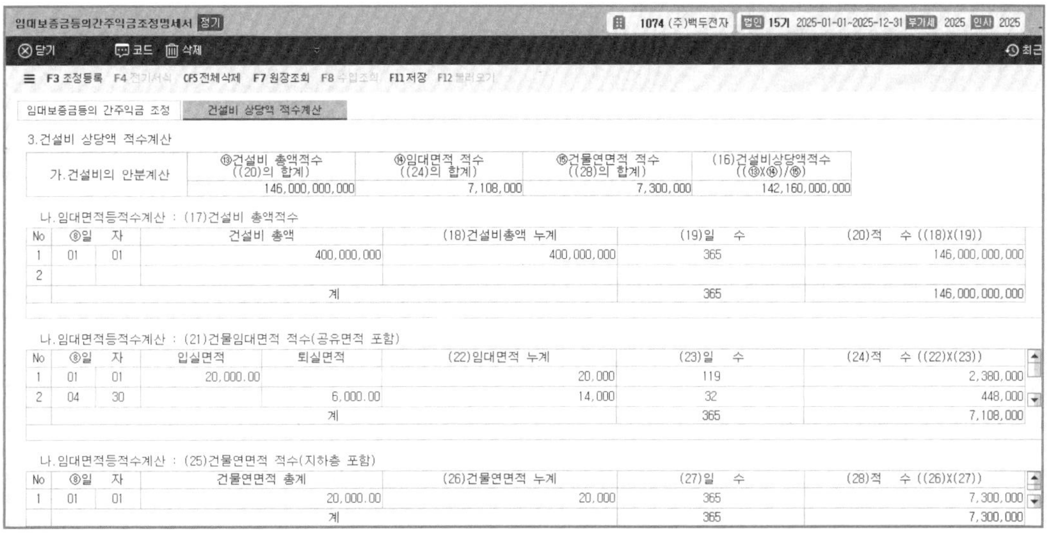

임대보증금등의간주익금조정명세서 정기 | 1074 (주)백두전자 | 법인 15기 2025-01-01~2025-12-31 | 부가세 2025 | 인사 2025

닫기 | 코드 | 삭제

F3 조정등록 | F4 전기서식 | CF5 전체삭제 | F7 원장조회 | F8 수입조회 | F11 저장 | F12 불러오기

임대보증금등의 간주익금 조정 | 건설비 상당액 적수계산

3.건설비 상당액 적수계산

	⑬건설비 총액적수 ((20)의 합계)	⑭임대면적 적수 ((24)의 합계)	⑮건물연면적 적수 ((28)의 합계)	(16)건설비상당액적수 ((⑬X⑭)/⑮)
가.건설비의 안분계산	146,000,000,000	7,108,000	7,300,000	142,160,000,000

나.임대면적등적수계산 : (17)건설비 총액적수

No	⑧일	자	건설비 총액	(18)건설비총액 누계	(19)일 수	(20)적 수 ((18)X(19))
1	01	01	400,000,000	400,000,000	365	146,000,000,000
2						
			계		365	146,000,000,000

나.임대면적등적수계산 : (21)건물임대면적 적수(공유면적 포함)

No	⑧일	자	입실면적	퇴실면적	(22)임대면적 누계	(23)일 수	(24)적 수 ((22)X(23))
1	01	01	20,000.00		20,000	119	2,380,000
2	04	30		6,000.00	14,000	32	448,000
			계			365	7,108,000

나.임대면적등적수계산 : (25)건물연면적 적수(지하층 포함)

No	⑧일	자	건물연면적 총계	(26)건물연면적 누계	(27)일 수	(28)적 수 ((26)X(27))
1	01	01	20,000.00	20,000	365	7,300,000
			계		365	7,300,000

③ [임대보증금의 간주익금 조정] 탭

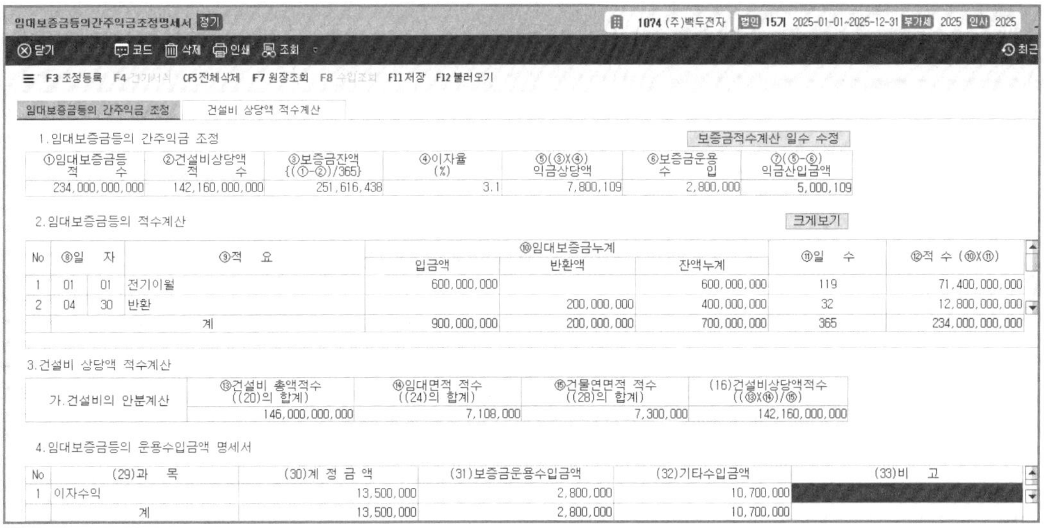

임대보증금등의간주익금조정명세서 정기 | 1074 (주)백두전자 | 법인 15기 2025-01-01~2025-12-31 | 부가세 2025 | 인사 2025

닫기 | 코드 | 삭제 | 인쇄 | 조회

F3 조정등록 | F4 전기서식 | CF5 전체삭제 | F7 원장조회 | F8 수입조회 | F11 저장 | F12 불러오기

임대보증금등의 간주익금 조정 | 건설비 상당액 적수계산

1.임대보증금등의 간주익금 조정 — 보증금적수계산 일수 수정

①임대보증금등 적수	②건설비상당액 적수	③보증금잔액 {(①-②)/365}	④이자율 (%)	⑤(③X④) 익금상당액	⑥보증금운용 수입	⑦(⑤-⑥) 익금산입금액
234,000,000,000	142,160,000,000	251,616,438	3.1	7,800,109	2,800,000	5,000,109

2.임대보증금등의 적수계산 — 크게보기

No	⑧일	자	⑨적 요	⑩임대보증금누계 입금액	반환액	잔액누계	⑪일 수	⑫적 수 (⑩X⑪)
1	01	01	전기이월	600,000,000		600,000,000	119	71,400,000,000
2	04	30	반환		200,000,000	400,000,000	32	12,800,000,000
			계	900,000,000	200,000,000	700,000,000	365	234,000,000,000

3.건설비 상당액 적수계산

	⑬건설비 총액적수 ((20)의 합계)	⑭임대면적 적수 ((24)의 합계)	⑮건물연면적 적수 ((28)의 합계)	(16)건설비상당액적수 ((⑬X⑭)/⑮)
가.건설비의 안분계산	146,000,000,000	7,108,000	7,300,000	142,160,000,000

4.임대보증금등의 운용수입금액 명세서

No	(29)과 목	(30)계 정 금 액	(31)보증금운용수입금액	(32)기타수입금액	(33)비 고
1	이자수익	13,500,000	2,800,000	10,700,000	
	계	13,500,000	2,800,000	10,700,000	

• [1.임대보증금 등의 간주익금 조정]-[⑦(⑤-⑥)익금산입금액]란의 5,000,109원을 확인한 후 상단 툴바의 F3 조정등록 을 이용하여 다음과 같이 세무조정한다.

〈익금산입〉 임대보증금 간주익금 5,000,109원(기타사외유출)

THEME 04 감가상각비 조정 ◂ 중요

▸ 최신 30회 중 9문제 출제

1 고정자산등록

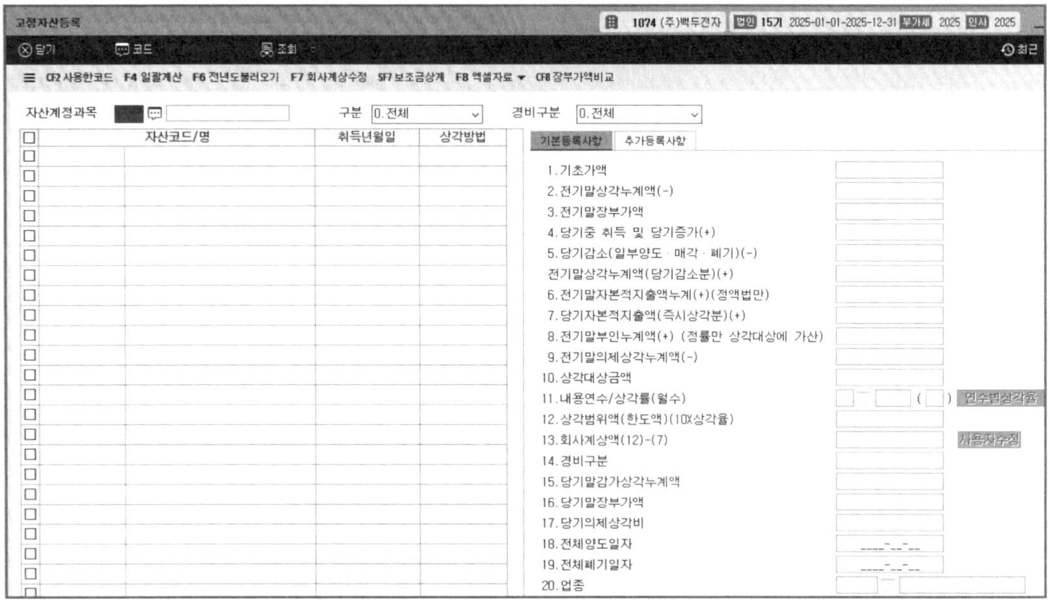

1. 왼쪽 화면

(1) 자산계정과목

고정자산의 계정과목코드 3자리를 입력한다. 코드를 모르는 경우 해당 란에 커서를 위치시키고 F2를 누르거나 우측의 [말풍선 아이콘]을 클릭하면 계정코드도움창이 나타난다. 해당 고정자산을 선택하고 Enter↵를 누른다.

(2) 자산코드/명

자산코드는 원하는 숫자를 6자리까지 입력 가능하며, 자산명에는 해당 자산의 구체적인 품목명을 입력한다. [자산코드/명]을 눌러 코드정렬을 변경할 수 있다.

(3) 취득년월일

해당 자산을 취득한 연월일을 입력한다.

(4) 상각방법

'1.정률법', '2.정액법' 중 한 가지 방법을 선택한다. 단, 건물은 상각방법이 정액법으로 고정되어 있으므로 다른 방법을 선택할 수 없다.

2. 오른쪽 화면

(1) [기본등록사항] 탭

① **1.기초가액**: 전기 말 현재의 취득원가를 입력한다.

② **2.전기 말 상각누계액(−)**: 전기 말 현재의 상각누계액을 입력한다.

③ **3.전기 말 장부가액**: '1.기초가액 − 2.전기 말 상각누계액'이 자동 계산된다.

④ **4.당기 중 취득 및 당기 증가(+)**: 감가상각 대상자산을 당기에 신규로 취득하였거나 기존의 감가상각 대상자산에 대한 자본적 지출액을 자산가액에 포함시킨 가액이 있는 경우에 그 금액을 입력한다. 자본적 지출액을 수익적 지출로 처리한 경우에는 [7.당기 자본적 지출액(즉시 상각분)(+)]란에 구분하여 입력하여야 한다.

⑤ **5.당기 감소(일부 양도 · 매각 · 폐기)(−)**: 당기에 매각하거나 양도 및 폐기한 고정자산의 금액을 입력한다.

⑥ **6.전기 말 자본적 지출액누계(+)(정액법만)**: 상각방법이 정액법인 경우로서 당기 이전에 법인세법상 자본적 지출액에 해당하는 금액을 회사가 수익적 지출로 잘못 처리한 경우, 동 자본적 지출액의 누계액을 입력한다.

⑦ **7.당기 자본적 지출액(즉시 상각분)(+)**: 당기에 발생한 자본적 지출액을 수익적 지출로 처리한 금액을 입력한다. 입력된 자본적 지출액은 당기의 감가상각 대상자산의 장부가액 증가와 당기 감가상각비로 인식되어 당기 상각범위액이 수정되며 감가상각비 조정명세서 작성 시 세법상의 회사계상 상각비가 증가된다.

⑧ **8.전기 말 부인누계액(+)(정률만 상각 대상에 가산)**: 전기 말 감가상각부인액을 개별 자산별로 관리하는 란으로, 전기 말 상각부인액을 개별 자산별로 입력하며 본 금액을 고려하여 상각범위액을 계산한다.

⑨ **9.전기 말 의제상각누계액(−)**: 법인세 등을 감면 또는 면제받고, 세법상의 상각범위액보다 작게 감가상각비를 계상한 경우 전기 말의 그 차액을 입력하는 것이다. 또한 [17.당기 의제상각비]란에 당기에 발생한 의제상각액을 입력하면 차기 이후 상각범위액을 계산할 때 자동으로 누적관리되며 정확한 상각범위액을 계산한다.

⑩ **10.상각 대상금액**: 당기의 감가상각 대상금액을 입력한다.

⑪ **11.내용연수/상각률(월수)**: 해당 자산의 내용연수를 입력한다. 법인세법 시행규칙에서는 각 자산별 및 업종별로 내용연수를 규정하고 있으며 [⋯]을 클릭하면 확인할 수 있다. 내용연수를 입력하면 [상각률]란은 자동 계산되어 표시된다.

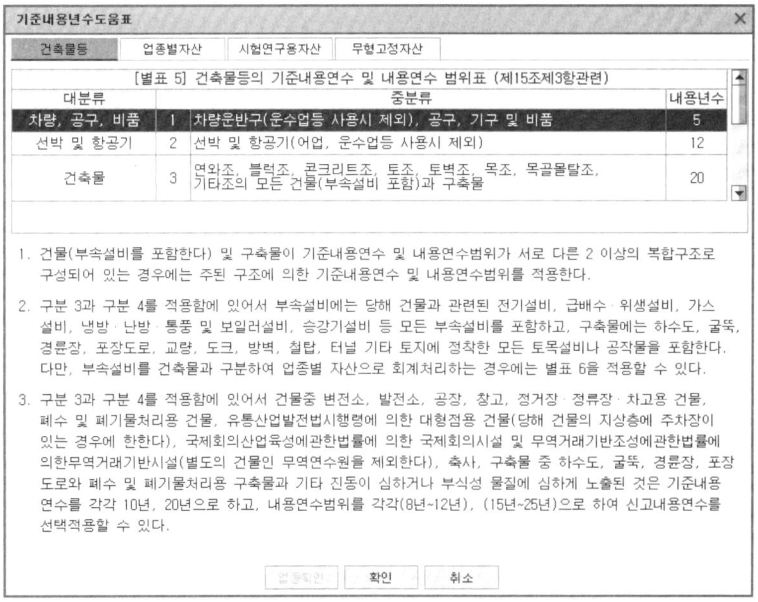

기준내용년수도움표

건축물등 | 업종별자산 | 시험연구용자산 | 무형고정자산

[별표 5] 건축물등의 기준내용연수 및 내용연수 범위표 (제15조제3항관련)

대분류	중분류		내용년수
차량, 공구, 비품	1	차량운반구(운수업등 사용시 제외), 공구, 기구 및 비품	5
선박 및 항공기	2	선박 및 항공기(어업, 운수업등 사용시 제외)	12
건축물	3	연와조, 블럭조, 콘크리트조, 토조, 토벽조, 목조, 목골몰탈조, 기타조의 모든 건물(부속설비 포함)과 구축물	20

1. 건물(부속설비를 포함한다) 및 구축물이 기준내용연수 및 내용연수범위가 서로 다른 2 이상의 복합구조로 구성되어 있는 경우에는 주된 구조에 의한 기준내용연수 및 내용연수범위를 적용한다.

2. 구분 3과 구분 4를 적용함에 있어서 부속설비에는 당해 건물과 관련된 전기설비, 급배수·위생설비, 가스설비, 냉방·난방·통풍 및 보일러설비, 승강기설비 등 모든 부속설비를 포함하고, 구축물에는 하수도, 굴뚝, 경륜장, 포장도로, 교량, 도크, 방벽, 철탑, 터널 기타 토지에 정착한 모든 토목설비나 공작물을 포함한다. 다만, 부속설비를 건축물과 구분하여 업종별 자산으로 회계처리하는 경우에는 별표 6을 적용할 수 있다.

3. 구분 3과 구분 4를 적용함에 있어서 건물중 변전소, 발전소, 공장, 창고, 정거장·정류장·차고용 건물, 폐수 및 폐기물처리용 건물, 유통산업발전법시행령에 의한 대형점용 건물(당해 건물의 지상층에 주차장이 있는 경우에 한한다), 국제회의산업육성에관한법률에 의한 국제회의시설 및 무역거래기반조성에관한법률에 의한무역거래기반시설(별도의 건물인 무역연수원을 제외한다), 축사, 구축물 중 하수도, 굴뚝, 경륜장, 포장도로와 폐수 및 폐기물처리용 구축물과 기타 진동이 심하거나 부식성 물질에 심하게 노출된 것은 기준내용연수를 각각 10년, 20년으로 하고, 내용연수범위를 각각(8년~12년), (15년~25년)으로 하여 신고내용연수를 선택적용할 수 있다.

업종확인 | 확인 | 취소

⑫ **12.상각범위액(한도액)(10×상각율)**: 입력된 감가상각비 계산요소에 따라 당기 상각범위액(세법상 당기 감가상각비 한도액)이 자동 계산된다.

⑬ **13.회사계상액[(12)−(7)]**: 회사계상액이 당기 상각범위액(세법상 당기 감가상각비 한도액)과 다른 경우에는 우측의 [사용자수정]을 클릭하여 수정하면 된다.

⑭ **14.경비구분**: 고정자산의 용도에 따라 '1.500번대(제조)', '2.600번대(도급)', '3.650번대(보관)', '4.700번대(분양)', '5.750번대(운송)', '6.800번대(판관비)' 중 선택하여 원가구분을 하면 해당 감가상각비를 [결산자료입력] 메뉴 및 [일반전표입력] 메뉴에 입력할 때 자동으로 분개를 반영할 수 있도록 도와주는 기능이다.

1. 500번대(제　조)
2. 600번대(도　급)
3. 650번대(보　관)
4. 700번대(분　양)
5. 750번대(운　송)
6. 800번대(판관비)

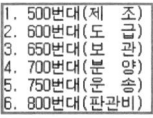

⑮ **15.당기 말 감가상각누계액**: 전기 말 감가상각누계액과 당기 감가상각비의 합계액이 자동 계산된다.

⑯ **16.당기 말 장부가액**: 기초가액에서 당기 말 감가상각누계액을 차감한 금액이 자동 계산된다.

2 미상각분 감가상각비

[고정자산등록] 메뉴에 입력한 각 계정과목별로 조회할 수 있다. 당기 감가상각비는 수정이 가능하며 수정된 내용은 [고정자산등록] 메뉴에 자동으로 반영된다.

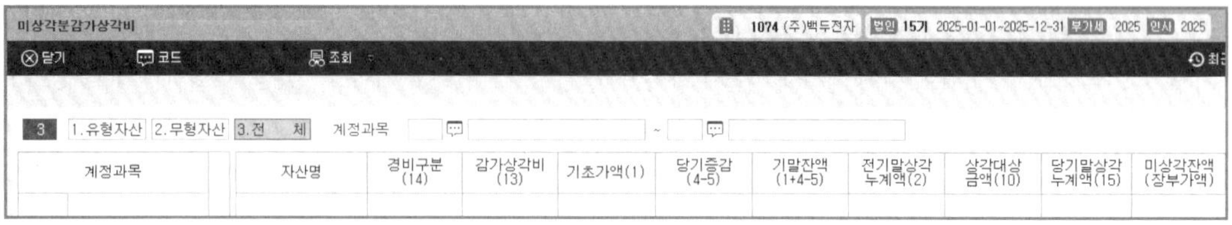

3 양도자산 감가상각비

[고정자산등록] 메뉴 중 [기본등록사항] 탭의 [18.전체 양도일자]란에 입력된 양도한 자산내역을 각 계정과목별로 조회할 수 있다.

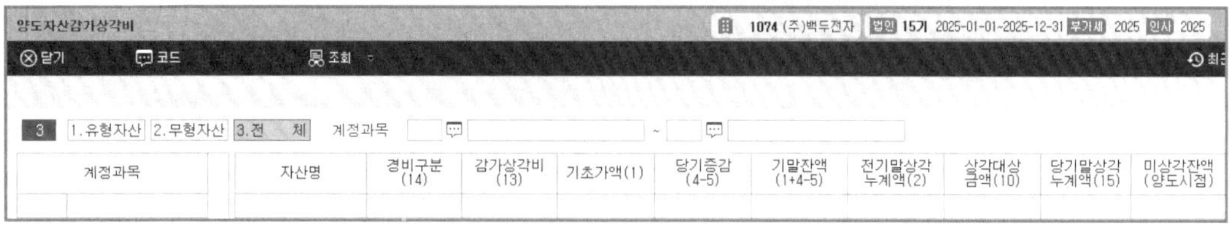

4 미상각자산 감가상각 조정명세서

[미상각자산 감가상각 조정명세서] 메뉴는 상단 툴바의 F12 불러오기를 클릭하면 [고정자산등록] 메뉴에서 입력한 내용을 자산내역별로 그대로 반영한다. 여기서는 회사계상 상각비와 세법상의 상각범위액과 비교하여 상각부인액 또는 시인부족액을 계산하는 과정을 보여 준다. 관련된 세무조정사항은 상단 툴바의 F3 조정등록을 이용하여 [소득금액 조정합계표] 메뉴에 반영한다.

1. [유형자산(정액법)] 탭

(1) 상각범위액 계산

① (16)일반상각액: 법인세법상 상각범위액이 자동 계산된다.

② (19)당기 상각시인범위액: 당기 산출상각액 [(18)계]란의 금액이 자동 반영된다.

(2) (20)회사계상 상각액[(9)+(12)]

[(9)당기 상각비]란과 [(12)당기 지출액]란의 합계액이 자동 반영된다.

(3) (21)차감액[(20)-(19)]

[(20)회사계상 상각액[(9)+(12)]]란에서 [(19)당기 상각시인범위액]란을 차감한 금액이 자동 반영된다. 해당 금액이 양수(+)이면 상각부인액, 음수(-)이면 시인부족액을 의미한다.

(4) 조정액

① (23)상각부인액[(21)+(22)]: 상각부인액은 손금불산입으로 세무조정을 한다.

② (24)기왕부인액 중 당기 손금추인액: 시인부족액과 전기 말 부인누계액 중 적은 금액을 한도로 전기 말 부인누계액이 당기에 손금으로 추인되는 것으로, 동 금액을 손금산입으로 세무조정한다.

2. [유형자산(정률법)] 탭

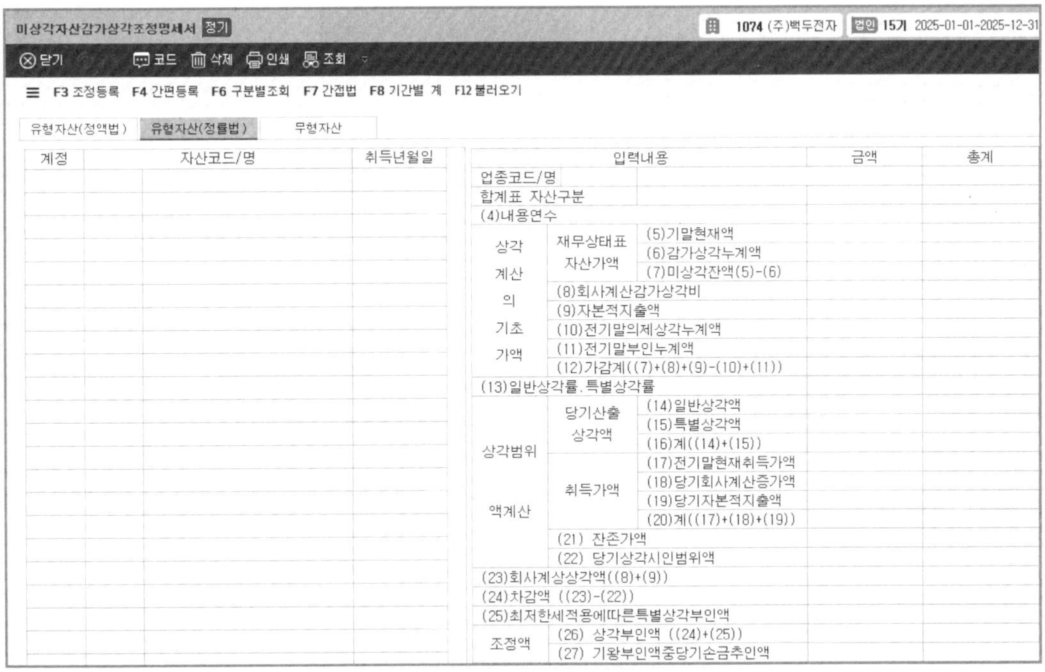

(1) (14)일반상각액

법인세법상 상각범위액이 자동 계산된다.

(2) (23)회사계상 상각액[(8)+(9)]

[(8)회사계산 감가상각비]란과 [(9)자본적 지출액]란의 합계액이 자동 반영된다.

(3) (24)차감액[(23)-(22)]

[(23)회사계상 상각액[(8)+(9)]]란에서 [(22)당기 상각시인범위액]란을 차감한 금액이 자동 반영된다. 해당 금액이 양수(+)이면 상각부인액, 음수(-)이면 시인부족액을 의미한다.

(4) 조정액

① (26)상각부인액[(24)+(25)]: 상각부인액은 손금불산입으로 세무조정을 한다.

② (27)기왕부인액 중 당기 손금추인액: 시인부족액과 전기 말 부인누계액 중 적은 금액을 한도로, 전기 말 부인누계액이 당기에 손금으로 추인되는 것으로 동 금액을 손금산입으로 세무조정한다.

5 양도자산 감가상각 조정명세서

[고정자산등록] 메뉴 중 [기본등록사항] 탭의 [18.전체 양도일자]란에 입력된 양도한 자산내역의 각 계정과목별로 감가상각비를 조정하는 명세서이다.

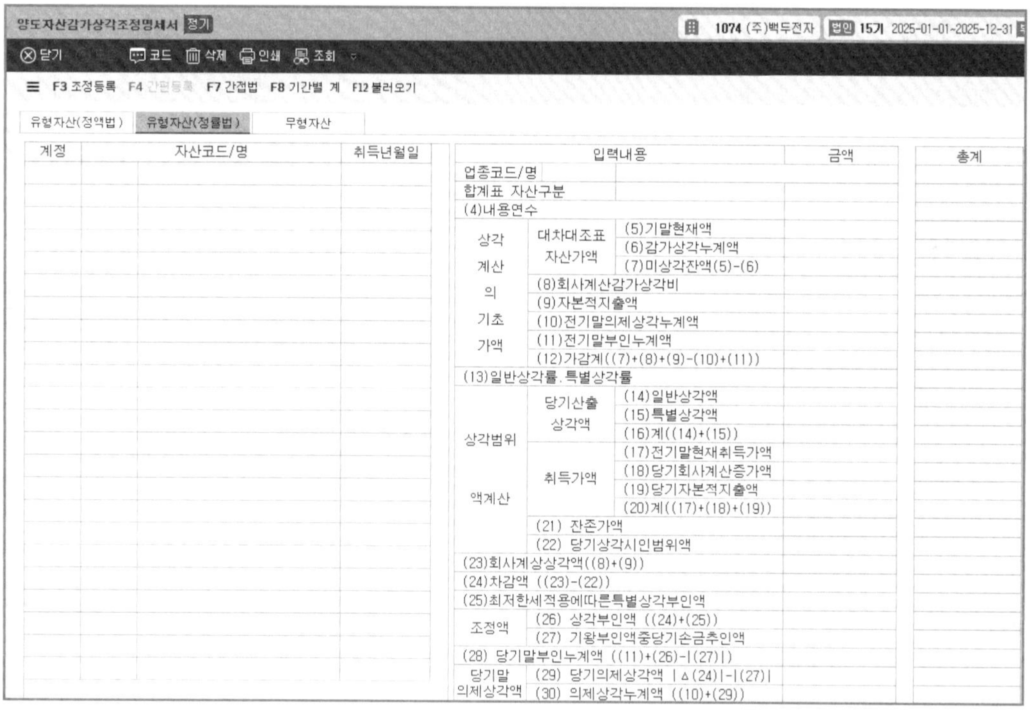

6 감가상각비 조정명세서 합계표

[감가상각비 조정명세서 합계표]는 앞에서 작성한 명세들의 데이터를 자동 반영하며 자산별로 조정금액이 집계된다.

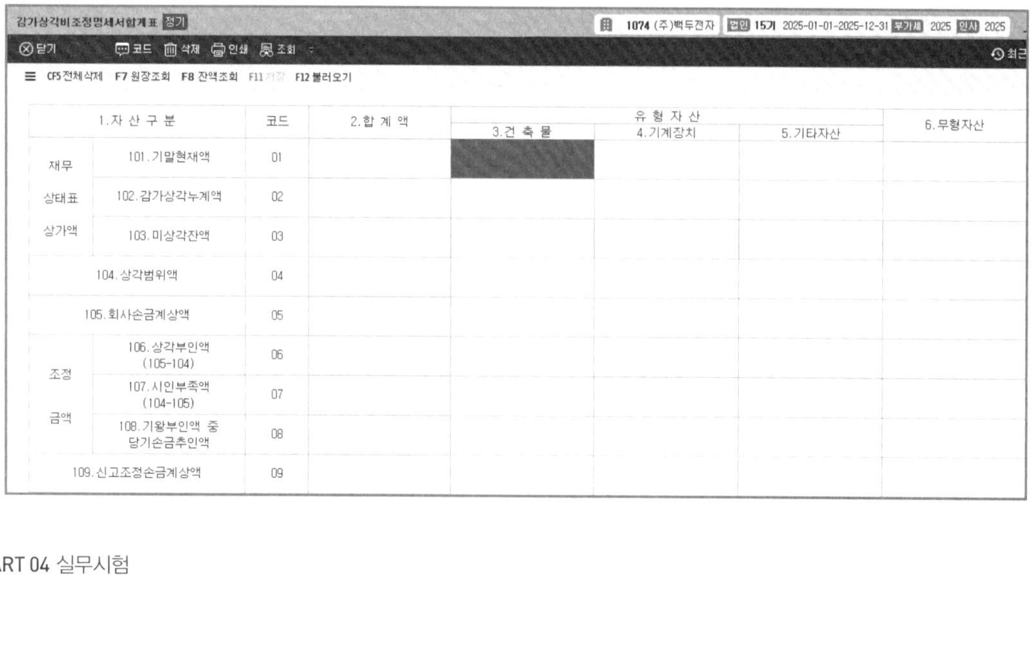

연습문제

[1] (주)신라산업(회사코드: 1073)의 다음 자료에 의하여 고정자산등록을 하고 미상각자산 감가상각 조정명세서를 작성한 후 필요한 세무조정을 하시오. 기출 104회

1. 감가상각 자료

구분	건물	차량운반구
자산명(코드번호)	제조공장(1)	관리부 승용차(1)
취득연월일	2021년 10월 1일	2023년 7월 1일
업종코드	02(연와조, 블록조)	01(차량 및 운반구)
당기 말 B/S 취득가액	250,000,000원	20,000,000원
전기 말 B/S 감가상각누계액	32,500,000원	12,495,990원
당기 I/S 감가상각비	12,000,000원	2,000,000원
전기 감가상각부인액	–	1,000,000원

2. 회사는 감가상각방법을 무신고하였다.
3. 회사가 신고한 내용연수는 건물(연와조, 블록조) 25년, 차량운반구 5년이며, 이는 세법에서 정하는 범위 내의 기간이다.
4. 전기 건물 수선비로서 세법상 자본적 지출에 해당하는 금액 중 수선비(제)로 비용처리한 금액은 30,000,000원이다.
5. 전기(2024년) 말 현재 자본금과적립금조정명세서

① 과목	② 기초잔액	당기중증감		⑤ 기말잔액
		③ 감소	④ 증가	
건물 감가상각비 한도초과액			28,800,000원	28,800,000원

| 풀이 |

① [고정자산등록]

• 건물

신고 여부와 무관하게 건물에 대한 감가상각방법은 정액법을 적용한다. 전기에 자본적 지출을 수선비로 처리한 금액 30,000,000원은 [6.전기 말 자본적 지출액누계]란에 입력하고 전기 감가상각부인액 28,800,000원은 [8.전기 말 부인누계액]란에 입력한다. 또한, 사용자수정을 클릭한 후 [13.회사계상액]란의 금액을 12,000,000원으로 수정하여 입력한다.

• 차량운반구

차량운반구에 대한 감가상각방법을 신청하지 않은 경우에는 정률법을 적용한다. 차량운반구의 전기 감가상각부인액 1,000,000원은 [8.전기 말 부인누계액]란에 입력하고 **사용자수정**을 클릭한 후 [13.회사계상액]란의 금액을 2,000,000원으로 수정한다.

② [미상각자산 감가상각 조정명세서]

• [유형자산(정액법)] 탭

상단 툴바의 **F12 불러오기**를 클릭하여 [고정자산등록] 메뉴에서 입력한 내용을 불러온 후 해당 금액을 확인하고 저장한다.

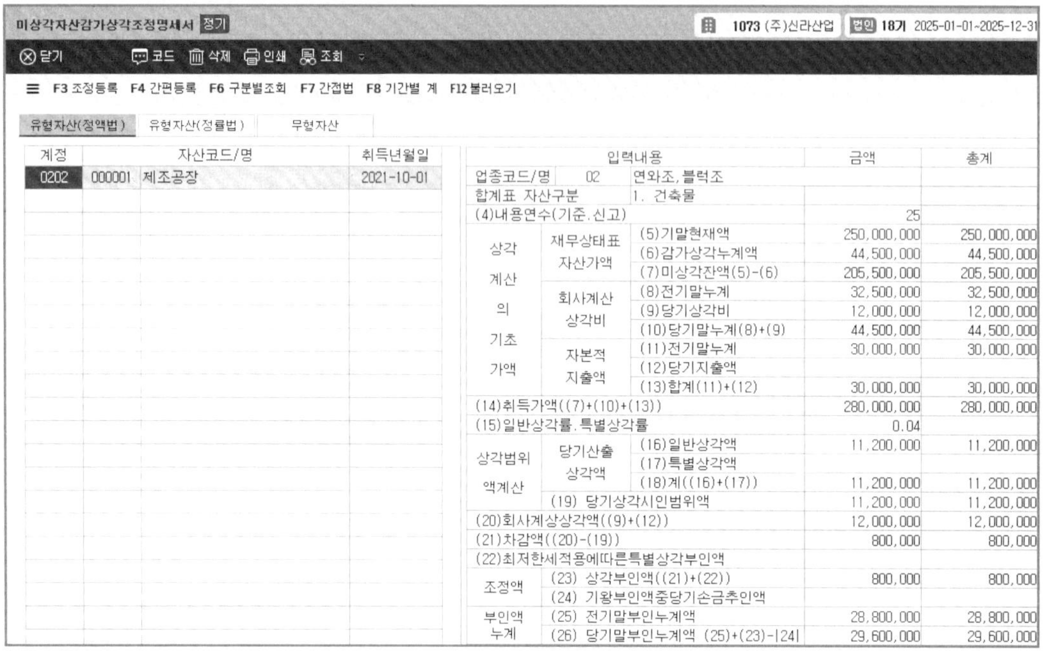

[(23)상각부인액]란의 800,000원을 확인한 후 상단 툴바의 **F3 조정등록**을 이용하여 다음과 같이 세무조정한다.

〈손금불산입〉 건물 감가상각비 한도 초과액 800,000원(유보 발생)

• [유형자산(정률법)] 탭

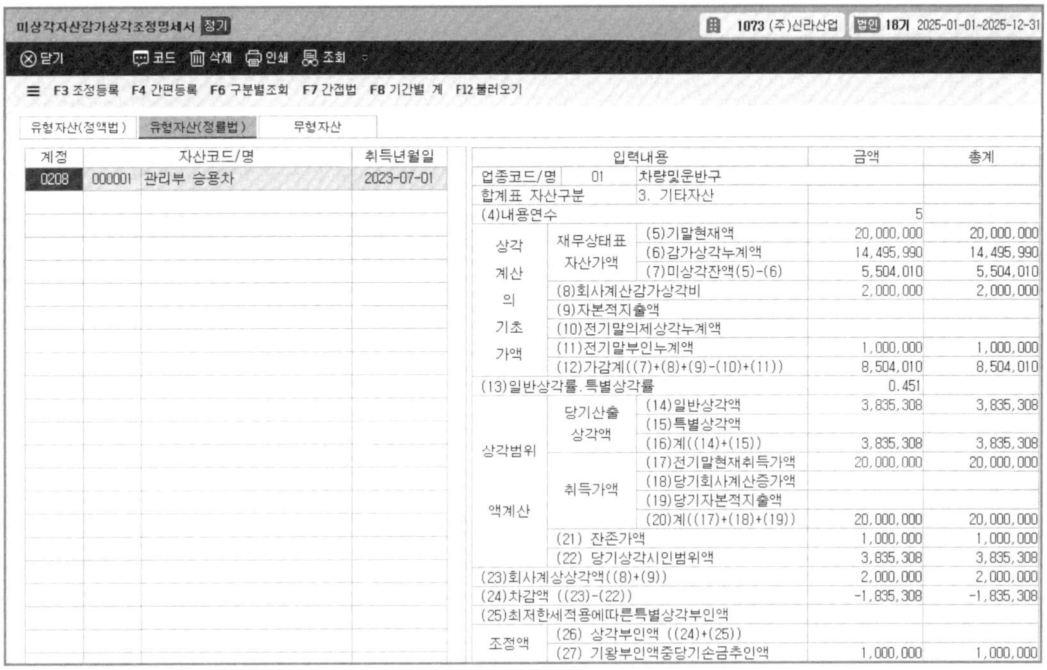
미상각자산감가상각조정명세서 정기 | 1073 (주)신라산업 | 법인 18기 2025-01-01~2025-12-31

⊗닫기 | 코드 | 삭제 | 인쇄 | 조회

≡ F3 조정등록 F4 간편등록 F6 구분별조회 F7 간접법 F8 기간별 계 F12 불러오기

유형자산(정액법) | 유형자산(정률법) | 무형자산

계정	자산코드/명		취득년월일
0208	000001	관리부 승용차	2023-07-01

입력내용			금액	총계
업종코드/명	01	차량및운반구		
합계표 자산구분		3. 기타자산		
(4)내용연수			5	
상각계산의 기초가액	재무상태표 자산가액	(5)기말현재액	20,000,000	20,000,000
		(6)감가상각누계액	14,495,990	14,495,990
		(7)미상각잔액(5)-(6)	5,504,010	5,504,010
	(8)회사계산감가상각비		2,000,000	2,000,000
	(9)자본적지출액			
	(10)전기말의제상각누계액			
	(11)전기말부인누계액		1,000,000	1,000,000
	(12)가감계((7)+(8)+(9)-(10)+(11))		8,504,010	8,504,010
(13)일반상각률.특별상각률			0.451	
상각범위액계산	당기산출 상각액	(14)일반상각액	3,835,308	3,835,308
		(15)특별상각액		
		(16)계((14)+(15))	3,835,308	3,835,308
	취득가액	(17)전기말현재취득가액	20,000,000	20,000,000
		(18)당기회사계산증가액		
		(19)당기자본적지출액		
		(20)계((17)+(18)+(19))	20,000,000	20,000,000
	(21) 잔존가액		1,000,000	1,000,000
	(22) 당기상각시인범위액		3,835,308	3,835,308
(23)회사계상상각액((8)+(9))			2,000,000	2,000,000
(24)차감액 ((23)-(22))			-1,835,308	-1,835,308
(25)최저한세적용에따른특별상각부인액				
조정액	(26) 상각부인액 ((24)+(25))			
	(27) 기왕부인액중당기손금추인액		1,000,000	1,000,000

[(27)기왕부인액 중 당기 손금추인액]란의 1,000,000원을 확인한 후 상단 툴바의 F3 조정등록 을 이용하여 다음과 같이 세무조정한다.

〈손금산입〉 차량운반구 감가상각비 추인 1,000,000원(유보 감소)

[2] 서부상사(주)(회사코드: 1064)의 다음 자료를 이용하여 고정자산등록 메뉴에 등록한 후 감가상각에 대한 세무조정을 하고, 소득금액 조정합계표에 반영하시오. 기출 114회 수정

자료 1

구분	자산명	취득일	취득가액 (부대비용 제외한 금액)	전기 말 상각누계액	회사계상 상각비	구분
건물 (업종코드: 02)	공장 건물	2022.3.25.	150,000,000원	17,500,000원	7,500,000원	제조
기계장치 (업종코드: 13)	조립기	2023.6.1.	50,000,000원	16,000,000원	6,000,000원	제조

• 회계프로그램상 '공장 건물의 자산코드는 1, 조립기의 자산코드는 1'로 한다.
• 취득한 기계장치가 사용 가능한 상태에 이르기까지의 운반비 1,000,000원을 지급하였다.

자료 2

• 회사는 감가상각방법을 세법에서 정하는 시기에 정액법으로 신고하였다.
• 회사는 감가상각 대상자산의 내용연수를 세법에서 정한 범위 내에서 최단 기간으로 적법하게 신고하였다.
• 회사의 감가상각 대상자산의 내용연수와 관련된 자료는 다음과 같다. 상각률은 세법이 정한 기준에 의한다.

구분	기준 내용연수	내용연수 범위
건물	40년	30년~50년
기계장치	8년	6년~10년

• 기계장치(조립기)의 전기 말 상각부인액은 5,500,000원이다.
• 당기 수선 내역
다음의 수선비 지출 내역은 모두 자본적 지출에 해당한다.

구분	수선비	회계처리	계정과목
건물	15,000,000원	비용으로 처리	수선비(제)
기계장치	9,000,000원	자산으로 처리	기계장치

| 풀이 |

① [고정자산등록]

- 건물

자본적 지출을 수선비로 처리한 금액 15,000,000원은 소액수선비 요건*을 충족하지 못하므로 [7.당기 자본적 지출액(즉시 상각분)]란에 입력한다. **사용자수정**을 클릭한 후 [13.회사계상액]란의 금액을 7,500,000원으로 수정하여 입력한다.

* 소액수선비 요건: 15,000,000원≥Max[6,000,000원, (150,000,000원－17,500,000원)×5%]

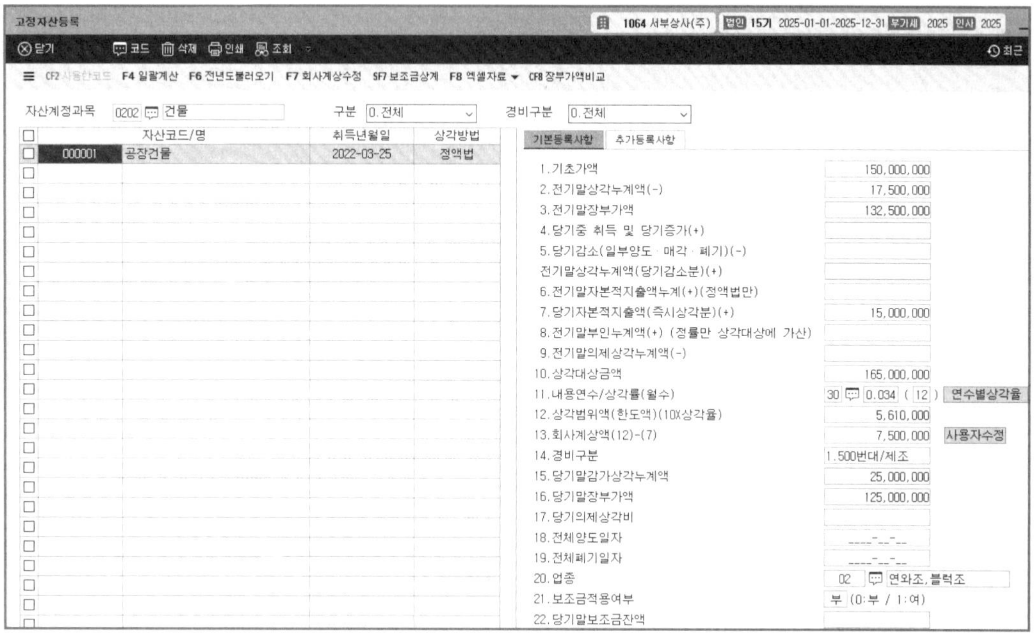

- 기계장치

[1.기초가액]란에 취득가액 50,000,000원에 운반비인 부대비용 1,000,000원을 가산한 51,000,000원을, [4.당기중 취득 및 당기증가(+)]란에 자본적 지출액을 자산처리한 9,000,000원을 입력한다. 조립기의 전기 감가상각부인액 5,500,000원은 [8.전기 말 부인누계액]란에 입력하고 **사용자수정**을 클릭한 후 [13.회사계상액]란의 금액을 6,000,000원으로 수정하여 입력한다.

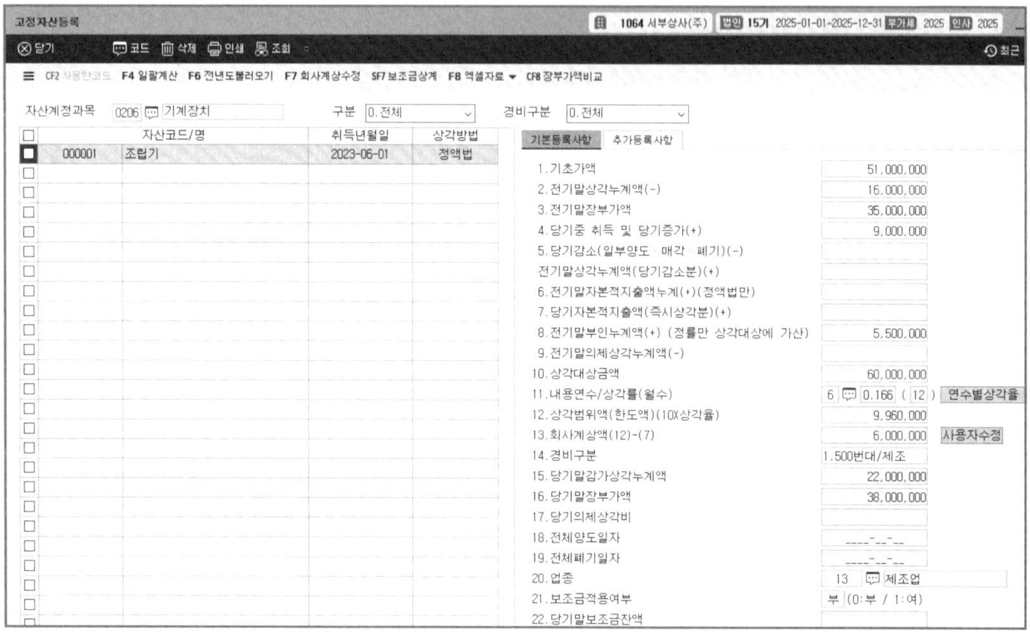

② [미상각자산 감가상각 조정명세서]-[유형자산(정액법)] 탭

- 공장 건물

  상단 툴바의 F12 불러오기를 클릭하여 [고정자산등록] 메뉴에서 입력한 내용을 불러온다.

계정	자산코드/명		취득년월일
0202	000001	공장건물	2022-03-25
0206	000001	조립기	2023-06-01

입력내용			금액	총계
업종코드/명	02	연와조,블럭조		
합계표 자산구분		1. 건축물		
(4)내용연수(기준.신고)			30	
상각계산의 기초가액	재무상태표 자산가액	(5)기말현재액	150,000,000	210,000,000
		(6)감가상각누계액	25,000,000	47,000,000
		(7)미상각잔액(5)-(6)	125,000,000	163,000,000
	회사계산 상각비	(8)전기말누계	17,500,000	33,500,000
		(9)당기상각비	7,500,000	13,500,000
		(10)당기말누계(8)+(9)	25,000,000	47,000,000
	자본적 지출액	(11)전기말누계		
		(12)당기지출액	15,000,000	15,000,000
		(13)합계(11)+(12)	15,000,000	15,000,000
(14)취득가액((7)+(10)+(13))			165,000,000	225,000,000
(15)일반상각률.특별상각률			0.034	
상각범위액계산	당기산출 상각액	(16)일반상각액	5,610,000	15,570,000
		(17)특별상각액		
		(18)계((16)+(17))	5,610,000	15,570,000
	(19) 당기상각시인범위액		5,610,000	15,570,000
(20)회사계상상각액((9)+(12))			22,500,000	28,500,000
(21)차감액((20)-(19))			16,890,000	12,930,000
(22)최저한세적용에따른특별상각부인액				
조정액	(23) 상각부인액((21)+(22))		16,890,000	16,890,000
	(24) 기왕부인액중당기손금추인액			3,960,000
부인액 누계	(25) 전기말부인누계액			5,500,000
	(26) 당기말부인누계액 (25)+(23)-|24|		16,890,000	18,430,000

[(23)상각부인액]란의 16,890,000원을 확인한 후 상단 툴바의 F3 조정등록을 이용하여 다음과 같이 세무조정한다.

〈손금불산입〉 건물 감가상각비 한도 초과액 16,890,000원(유보 발생)

- 조립기

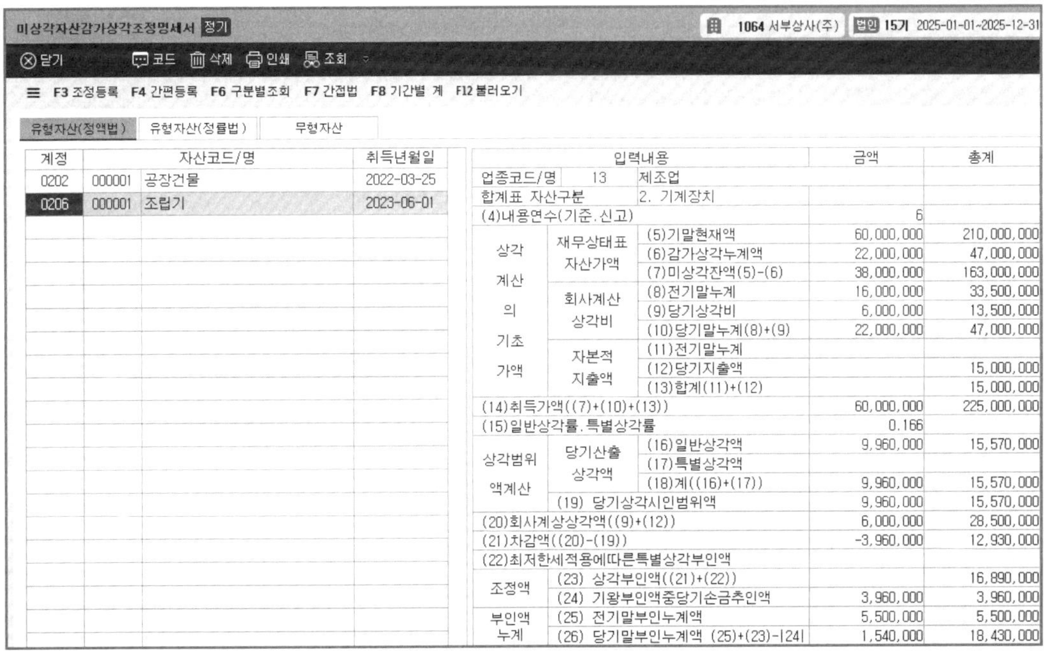

계정	자산코드/명		취득년월일
0202	000001	공장건물	2022-03-25
0206	000001	조립기	2023-06-01

입력내용			금액	총계
업종코드/명	13	제조업		
합계표 자산구분		2. 기계장치		
(4)내용연수(기준.신고)			6	
상각계산의 기초가액	재무상태표 자산가액	(5)기말현재액	60,000,000	210,000,000
		(6)감가상각누계액	22,000,000	47,000,000
		(7)미상각잔액(5)-(6)	38,000,000	163,000,000
	회사계산 상각비	(8)전기말누계	16,000,000	33,500,000
		(9)당기상각비	6,000,000	13,500,000
		(10)당기말누계(8)+(9)	22,000,000	47,000,000
	자본적 지출액	(11)전기말누계		
		(12)당기지출액		15,000,000
		(13)합계(11)+(12)		15,000,000
(14)취득가액((7)+(10)+(13))			60,000,000	225,000,000
(15)일반상각률.특별상각률			0.166	
상각범위액계산	당기산출 상각액	(16)일반상각액	9,960,000	15,570,000
		(17)특별상각액		
		(18)계((16)+(17))	9,960,000	15,570,000
	(19) 당기상각시인범위액		9,960,000	15,570,000
(20)회사계상상각액((9)+(12))			6,000,000	28,500,000
(21)차감액((20)-(19))			-3,960,000	12,930,000
(22)최저한세적용에따른특별상각부인액				
조정액	(23) 상각부인액((21)+(22))			16,890,000
	(24) 기왕부인액중당기손금추인액		3,960,000	3,960,000
부인액 누계	(25) 전기말부인누계액		5,500,000	5,500,000
	(26) 당기말부인누계액 (25)+(23)-|24|		1,540,000	18,430,000

[(24)기왕부인액 중 당기 손금추인액]란의 3,960,000원을 확인한 후 상단 툴바의 **F3 조정등록**을 이용하여 다음과 같이 세무조정한다.

〈손금산입〉 기계장치 감가상각비 추인 3,960,000원(유보 감소)

[3] 강남산업(주)(회사코드: 1066)의 다음 고정자산에 대하여 감가상각비 조정 메뉴에서 고정자산을 등록하고 미상각분 감가상각 조정명세서 및 감가상각비 조정명세서 합계표를 작성하고 세무조정을 하시오. 기출 66회

1. 감가상각 대상자산
   - 계정과목: 기계장치
   - 자산코드/자산명: 001/자동절삭기
   - 2024년 5월 1일 취득: 취득가액 60,000,000원(전기 말 상각누계액: 13,000,000원)
   - 내용연수: 무신고

구분		기준내용연수
기계장치		5년
상각률	정액법	0.2
	정률법	0.451

   - 경비구분/업종: 제조

2. 회사는 자동절삭기 기계장치에 대한 전기분 시인부족액에 대하여 다음과 같이 수정분개하였다.

(차) 전기오류수정손실(이익잉여금)	5,000,000	(대) 감가상각누계액	5,000,000

3. 제조원가명세서에 반영된 기계장치(자동절삭기)의 감가상각비: 18,000,000원
4. 상기 자산에 대하여 정률법으로 신고하고 상각하여 왔다.

| 풀이 |

① [고정자산등록] – 기계장치

사용자수정을 클릭한 후 [13.회사계상액]란의 금액을 23,000,000원(= 제조원가명세서에 반영된 감가상각비 18,000,000원 + 전기오류수정손실 5,000,000원)으로 수정하여 입력한다. 또한, 내용연수는 무신고하였으므로 기준내용연수 5년을 적용한다.

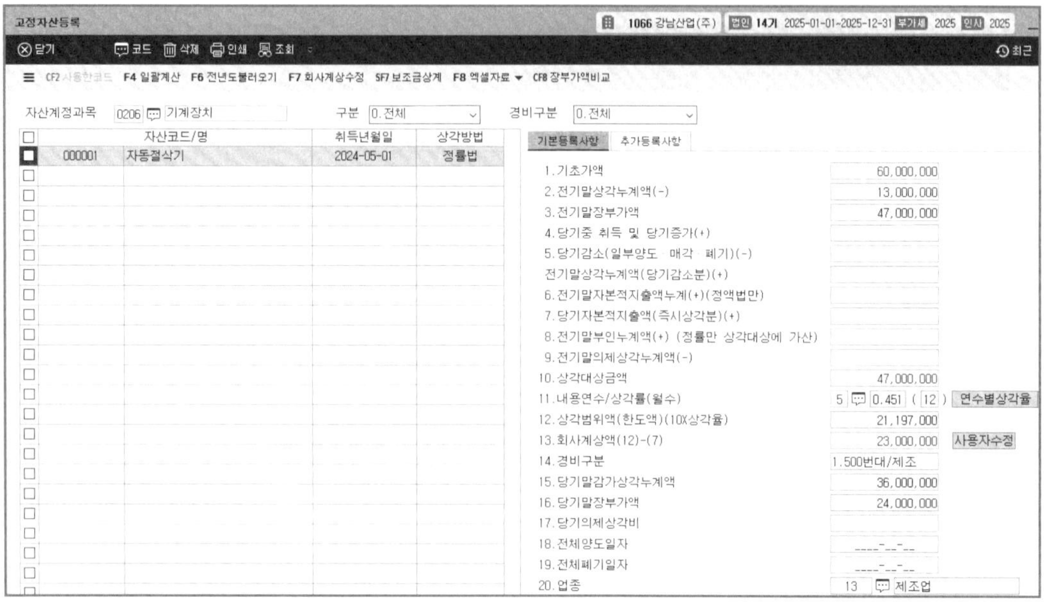

② [미상각자산 감가상각 조정명세서]-[유형자산(정률법)] 탭

• 상단 툴바의 F12 불러오기를 클릭하여 [고정자산등록] 메뉴에서 입력한 내용을 불러온다.

미상각자산감가상각조정명세서 정기 | 1066 강남산업(주) | 법인 14기 2025-01-01~2025-12-31

닫기 코드 삭제 인쇄 조회

F3 조정등록 F4 간편등록 F6 구분별조회 F7 간접법 F8 기간별 계 F12 불러오기

유형자산(정액법) | 유형자산(정률법) | 무형자산

계정	자산코드/명	취득년월일
0206	000001 자동절삭기	2024-05-01

입력내용			금액	총계
업종코드/명	13	제조업		
합계표 자산구분		2. 기계장치		
(4)내용연수			5	
상각 계산 의 기초 가액	재무상태표 자산가액	(5)기말현재액	60,000,000	60,000,000
		(6)감가상각누계액	36,000,000	36,000,000
		(7)미상각잔액(5)-(6)	24,000,000	24,000,000
	(8)회사계산감가상각비		23,000,000	23,000,000
	(9)자본적지출액			
	(10)전기말의제상각누계액			
	(11)전기말부인누계액			
	(12)가감계((7)+(8)+(9)-(10)+(11))		47,000,000	47,000,000
(13)일반상각률.특별상각률			0.451	
상각범위 액계산	당기산출 상각액	(14)일반상각액	21,197,000	21,197,000
		(15)특별상각액		
		(16)계((14)+(15))	21,197,000	21,197,000
	취득가액	(17)전기말현재취득가액	60,000,000	60,000,000
		(18)당기회사계산증가액		
		(19)당기자본적지출액		
		(20)계((17)+(18)+(19))	60,000,000	60,000,000
	(21) 잔존가액		3,000,000	3,000,000
	(22) 당기상각시인범위액		21,197,000	21,197,000
(23)회사계상상각액((8)+(9))			23,000,000	23,000,000
(24)차감액 ((23)-(22))			1,803,000	1,803,000
(25)최저한세적용에따른특별상각부인액				
조정액	(26) 상각부인액 ((24)+(25))		1,803,000	1,803,000
	(27) 기왕부인액중당기손금추인액			
(28) 당기말부인누계액 ((11)+(26)-|(27)|)			1,803,000	1,803,000

• [(26)상각부인액]란의 1,803,000원을 확인한 후 상단 툴바의 F3 조정등록을 이용하여 다음과 같이 세무조정한다.

〈손금불산입〉 기계장치 감가상각비 한도 초과액 1,803,000원(유보 발생)

• 법인이 이익잉여금 계정에 계상한 전기오류 수정손실은 감가상각비에 해당하고 당기순이익 계산 시 비용으로 계상하지 않았으므로 다음과 같이 손금산입으로 세무조정을 한 후 회사계상 상각비에 가산하여 시부인 계산을 한다. 또한 세무조정으로 회계상 자본과 세무상 자본의 차이가 발생하지 않으므로 소득처분은 '기타'이다.

〈손금산입〉 전기오류 수정손실 5,000,000원(기타)

③ [감가상각비 조정명세서 합계표]

상단 툴바의 F12 불러오기를 클릭하여 다음의 내용을 불러온 후 저장한다.

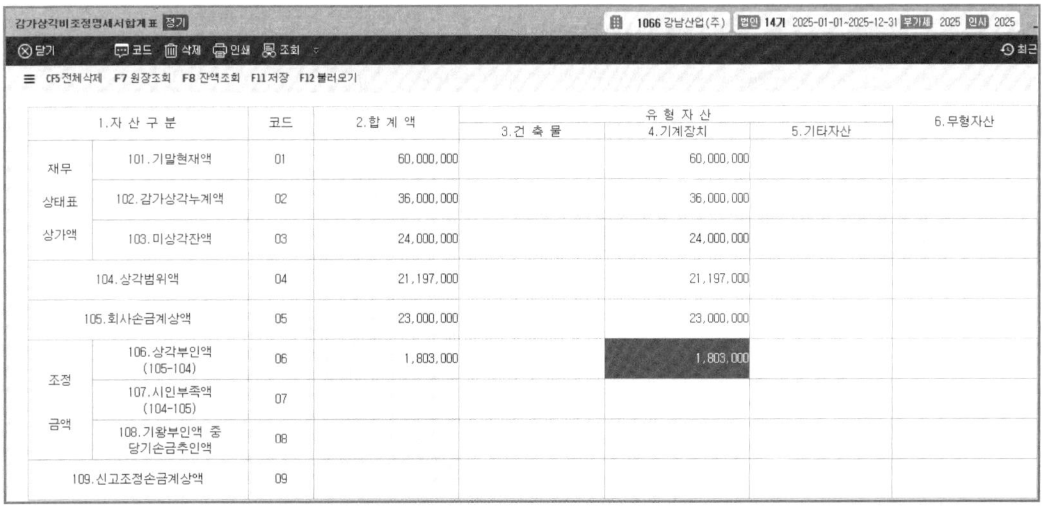
감가상각비조정명세서합계표 정기 | 1066 강남산업(주) | 법인 14기 2025-01-01~2025-12-31 부가세 2025 인사 2025

닫기 코드 삭제 인쇄 조회 최근

CF5 전체삭제 F7 원장조회 F8 잔액조회 F11 저장 F12 불러오기

1.자 산 구 분		코드	2.합 계 액	유 형 자 산 3.건 축 물	4.기계장치	5.기타자산	6.무형자산
재무 상태표 상가액	101.기말현재액	01	60,000,000		60,000,000		
	102.감가상각누계액	02	36,000,000		36,000,000		
	103.미상각잔액	03	24,000,000		24,000,000		
104.상각범위액		04	21,197,000		21,197,000		
105.회사손금계상액		05	23,000,000		23,000,000		
조정 금액	106.상각부인액 (105-104)	06	1,803,000		1,803,000		
	107.시인부족액 (104-105)	07					
	108.기왕부인액 중 당기손금추인액	08					
109.신고조정손금계상액		09					

[4] (주)서부전자(회사코드: 1069)의 다음 자료를 이용하여 기계장치를 고정자산등록 메뉴에 등록하고, 미상각자산 감가상각 조정명세서를 작성하여 세무조정하시오. 기출 88회

1. 감가상각 대상자산

자산코드(업종)	계정과목	자산명	취득연월일	취득가액	전기 말 감가상각누계액	당기 감가상각비 계상액	경비구분
1 (제조업)	기계장치	부품검수기	2023.2.15.	80,000,000	40,000,000	10,000,000	제조

- 회사는 감가상각방법을 신고하지 않았으며 기계장치의 내용연수는 5년으로 가정한다.
- 수선비 계정에는 기계장치에 대한 자본적 지출액 10,000,000원이 포함되어 있다.
- 당사는 감면법인으로 2025년 귀속 감면세액은 12,700,000원이라고 가정한다.

2. 2024년 〈자본금과 적립금 조정명세서(을)〉

과목	기초	감소	증가	기말	비고
감가상각비(기계장치)	−2,500,000원	−	−1,300,000원	−3,800,000원	감면법인으로 시인부족액에 대해 세무조정함

| 풀이 |

① [고정자산등록]

자본적 지출을 수선비로 처리한 금액 10,000,000원은 소액수선비 요건*을 충족하지 못하므로 [7.당기 자본적 지출액(즉시 상각분)]란에 입력한다. 사용자수정을 클릭한 후 [13.회사계상액]란의 금액을 10,000,000원으로 수정하고 [9.전기 말 의제상각누계액(−)]란에 3,800,000원을 입력한다.

* 소액수선비 요건: 10,000,000원≥Max[6,000,000원, (80,000,000원−40,000,000원)×5%]

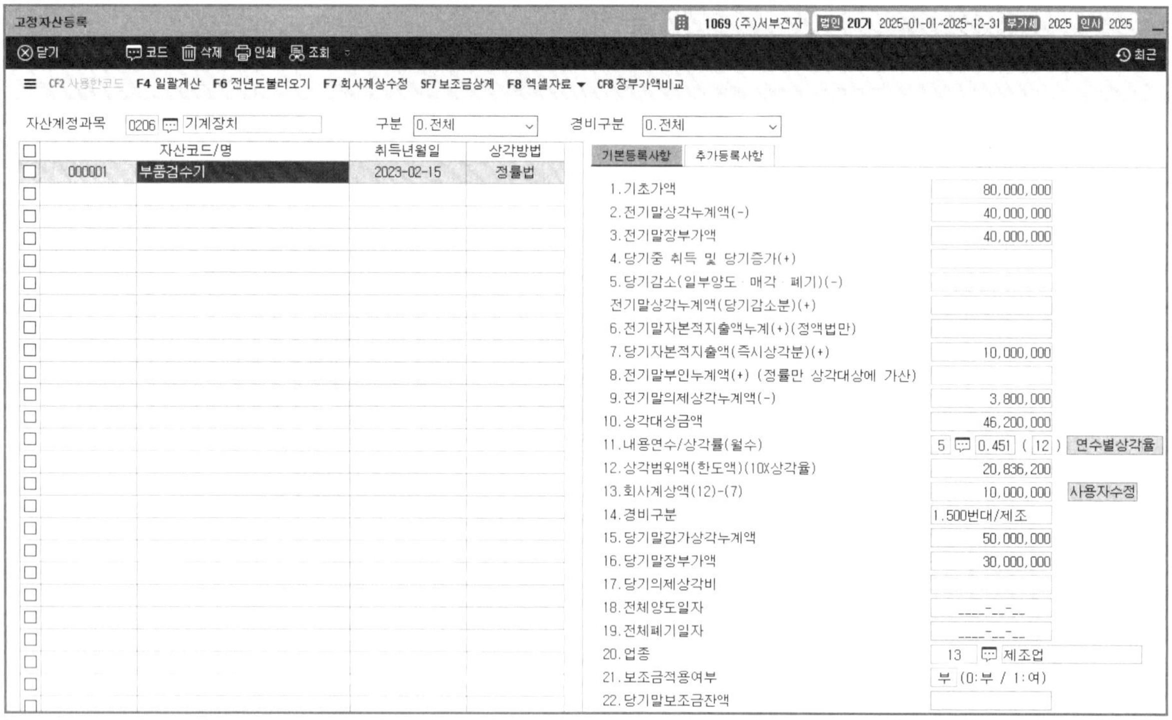

② [미상각자산 감가상각 조정명세서]-[유형자산(정률법)] 탭

- 상단 툴바의 F12 불러오기를 클릭하여 [고정자산등록] 메뉴에서 입력한 내용을 불러온다.

- 법인세를 감면 또는 면제받고 상각범위액에 해당하는 금액을 손금으로 미달하게 계상한 경우에는 그 미달금액을 감가상각한 것으로 의제한다.
- 상단 툴바의 F3 조정등록을 이용하여 다음과 같이 세무조정한다.

〈손금산입〉 기계장치 감가상각비 836,200원(유보 발생)

③ [고정자산등록]

[17.당기 의제상각비]란에 836,200원을 입력한다.

THEME 05 메뉴별 입력방법

1 퇴직급여충당금 조정명세서

1. 퇴직급여충당부채

퇴직급여의 재원을 마련하기 위한 방법으로서 사내적립제도인 퇴직급여충당부채는 법인의 임원 또는 사용인(「근로자퇴직급여보장법」에 의한 확정기여형 퇴직연금 제외)에게 장래에 지급할 퇴직금의 상당액(=퇴직급여추계액)을 각 사업연도에 배분하여 적립하는 제도이다. 일반기업회계기준은 퇴직급여추계액의 100%까지 퇴직급여충당부채를 설정할 수 있으나 현행 법인세법은 다음의 손금 한도액에 의해서 손금에 산입한다.

> 확정급여형 퇴직급여충당금의 손금 한도액=Min[㉠, ㉡]
> ㉠ 퇴직급여 지급 대상이 되는 임원 · 사용인의 총급여×5%
> ㉡ (퇴직급여추계액×0%+퇴직금전환금 잔액)−세무상 퇴직급여충당금 설정 전 잔액*
> * 세무상 퇴직급여충당금 설정 전 잔액=(재무상태표상 퇴직급여충당금 기초 잔액−전기 말 퇴직급여충당금 유보)−(퇴직급여충당금 당기 감소액)

2. 퇴직급여충당금 조정명세서

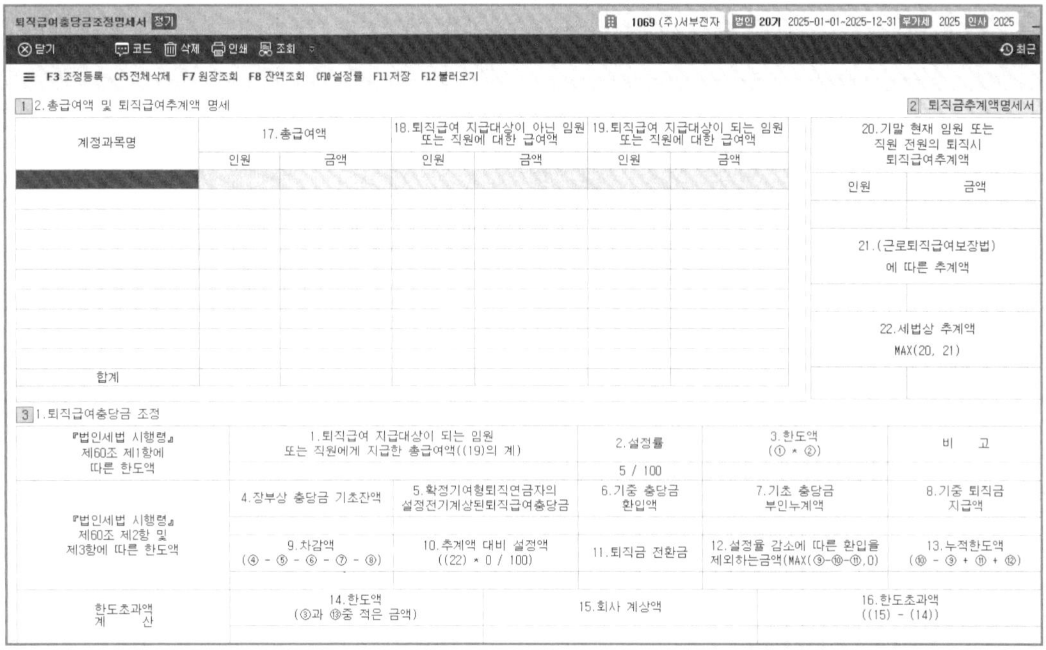

(1) 총급여액 및 퇴직급여추계액 명세

① 계정과목명: F2를 이용하여 임금 · 급여 · 상여금의 계정과목을 입력한다.

② 17.총급여액: 총급여액을 계정과목별로 구분하여 인원 및 금액을 입력한다. 다만, 임원 상여금 한도 초과액 등 손금불산입되는 급여와 비과세소득은 제외한다.

③ 18.퇴직급여 지급 대상이 아닌 임원 또는 직원에 대한 급여액: 회사규정에 따라 퇴직금을 지급하지 않는 경우, 즉 1년 미만 근속자의 급여, 중도퇴사자, 일용근로자, 확정기여형 퇴직연금설정자 등 퇴직급여 지급 대상이 아닌 임원 또는 직원의 인원수와 총급여액을 입력한다.

④ 19.퇴직급여 지급 대상이 되는 임원 또는 직원에 대한 급여액: [17번]란의 인원 및 금액에서 [18번]란의 인원 및 금액을 차감한 인원수 및 금액이 자동 계산되며, 이는 손금산입 한도액 계산의 총급여액 기준 금액을 말한다.

(2) 퇴직금추계액 명세서

① 20.기말 현재 임원 또는 직원 전원의 퇴직 시 퇴직급여추계액: 당해 사업연도 종료일 현재 퇴직급여 지급 대상 임원 및 사용인의 인원과 퇴직급여추계액을 입력한다. 다만, 확정기여형 퇴직연금으로 설정된 자의 퇴직급여추계액은 제외한다.

② 21.(근로자퇴직급여보장법)에 따른 추계액: 당해 사업연도 종료일 현재 퇴직급여 지급 대상 임원 및 사용인의 인원과 보험수리기준에 따른 추계액(매 사업연도 말 현재 기준으로 산정한 가입자의 예상 퇴직시점까지의 가입기간에 대한 급여 예상액의 현재가치에서 장래 근무기간분에 대하여 발생하는 부담금 수입 예상액의 현재가치를 차감한 금액)을 입력한다.

③ 22.세법상 추계액 MAX(20, 21): 손금산입 한도액 계산의 퇴직급여추계액 기준을 계산하는 금액을 말한다.

(3) 퇴직급여충당금 조정

PART 04

① 1.퇴직급여 지급 대상이 되는 임원 또는 직원에게 지급한 총급여액[(19)의 계]: [19번]란의 합계 금액이 자동 반영된다.

② 3.한도액: 총급여액 기준의 한도액이 자동 계산된다.

③ 4.장부상 충당금 기초 잔액: 재무상태표상 퇴직급여충당금의 기초 잔액을 입력한다.

④ 5.확정기여형 퇴직연금자의 설정 전 기계상된 퇴직급여충당금: 확정기여형 퇴직연금 설정자의 기계상된 퇴직급여충당금을 입력한다.

⑤ 6.기중 충당금 환입액: 법인이 당해 사업연도 중에 퇴직급여충당금을 환입한 금액을 입력한다.

⑥ 7.기초 충당금부인누계액: 퇴직급여충당금 기초 잔액과 관련된 퇴직급여충당금 한도 초과액을 입력한다.

⑦ 8.기중 퇴직금 지급액: 당기 중에 임원 또는 사용인의 현실적인 퇴직으로 인하여 퇴직급여충당금에서 지급한 금액을 입력한다.

⑧ 9.차감액: 당기 말 세무상 퇴직급여충당금 잔액이 자동 계산된다. 동 금액이 음수(−)인 경우에는 실제 지급한 퇴직급여가 세무상 퇴직급여충당금 잔액을 초과한 경우로서 그 초과액(초과상계액)은 손금에 산입한다. 즉, 퇴직급여충당금 부인액(전기 퇴직급여충당금 한도 초과액)이 있는 법인이 퇴직급여 지급 시 세무상 퇴직급여충당금 기초 잔액을 초과하여 장부상 퇴직급여충당금을 상계한 경우 퇴직급여충당금 초과상계액은 손금산입(유보 감소)으로 소득처분한다.

⑨ 11.퇴직금전환금: 재무상태표상 국민연금전환금으로 계상된 금액을 입력한다.

⑩ 13.누적 한도액: 동 금액은 손금산입 한도액 계산의 퇴직급여추계액 기준에 의한 한도액을 말한다.

⑪ 14.한도액: 동 금액은 퇴직급여충당금 손금산입 한도액을 말한다.

⑫ 15.회사계상액: 당기에 회사가 결산서에 계상한 퇴직급여충당금을 입력한다.

⑬ 16.한도 초과액: 동 금액이 양수(+)인 경우에는 퇴직급여충당금 손금산입 한도 초과이므로 손금불산입하고 유보로 처분한다.

연습문제

[1] 입력된 자료는 무시하고 아름상사(주)(회사코드: 1063)의 다음의 자료를 이용하여 퇴직급여충당금 조정명세서를 작성하고, 관련된 세무조정을 하시오. 기출 77회

1. 퇴직급여충당부채 내역

전기이월	기말 잔액	당기 지급액	당기 설정액
48,000,000원	51,000,000원	35,000,000원	38,000,000원

• 전기이월 중에는 세무상 한도 초과액 3,000,000원이 포함되어 있다.

• 당기 지급액은 모두 현실적 퇴직으로 발생한 것이다.

2. 급여내역

구분	총급여액	
	인원	금액
급여(판)	21명	500,000,000원
상여(판)	21명	250,000,000원
임금(제)	42명	1,020,000,000원
상여(제)	42명	330,000,000원
계	126명	2,100,000,000원

- 급여(판)에는 영업부 소속 근속기간이 1년 미만인 3명의 급여 30,000,000원이 포함되어 있다.
- 상여(판)에는 영업부 소속 근속기간이 1년 미만인 3명의 급여 20,000,000원이 포함되어 있다.

3. 기타사항
- 사업연도 종료일 현재 퇴직급여 지급 대상 임원 및 사용인(인원 60명)에 대한 퇴직금추계액은 400,000,000원이고, 보험수리적 퇴직급여 추계액은 350,000,000원이다.
- 영업이사에게 지급한 상여금 중 10,000,000원은 정관상 급여 지급기준을 초과한 것이다.
- 당사의 퇴직금 지급규정상 1년 미만 근속자에게는 퇴직금을 지급하지 않는다.
- 당사는 퇴직연금에 가입한 적이 없다.

| 풀이 |

[퇴직급여충당금 조정명세서]에 다음과 같이 입력한다.

퇴직급여충당금조정명세서 정기 | 1063 아름상사(주) | 법인 20기 2025-01-01~2025-12-31 | 부가세 2025 | 인사 2025

닫기 코드 삭제 인쇄 조회 | 최근

F3 조정등록 CF5 전체삭제 F7 원장조회 F8 잔액조회 CF10 설정률 F11 저장 F12 불러오기

1 2. 총급여액 및 퇴직급여추계액 명세

계정과목명	17.총급여액		18.퇴직급여 지급대상이 아닌 임원 또는 직원에 대한 급여액		19.퇴직급여 지급대상이 되는 임원 또는 직원에 대한 급여액	
	인원	금액	인원	금액	인원	금액
0801.급여(판)	21	500,000,000	3	30,000,000	18	470,000,000
0803.상여금(판)	21	240,000,000	3	20,000,000	18	220,000,000
0503.급여(제)	42	1,020,000,000			42	1,020,000,000
0505.상여금(제)	42	330,000,000			42	330,000,000
합계	126	2,090,000,000	6	50,000,000	120	2,040,000,000

2 퇴직금추계액명세서

20.기말 현재 임원 또는 직원 전원의 퇴직시 퇴직급여추계액	
인원	금액
60	400,000,000
21.(근로퇴직급여보장법)에 따른 추계액	
60	350,000,000
22.세법상 추계액 MAX(20, 21)	
	400,000,000

3 1.퇴직급여충당금 조정

『법인세법 시행령』 제60조 제1항에 따른 한도액	1.퇴직급여 지급대상이 되는 임원 또는 직원에게 지급한 총급여액((19)의 계)	2.설정률	3.한도액 (① * ②)	비 고
	2,040,000,000	5 / 100	102,000,000	

『법인세법 시행령』 제60조 제2항 및 제3항에 따른 한도액				
4.장부상 충당금 기초잔액	5.확정기여형퇴직연금자의 설정전기계상된퇴직급여충당금	6.기중 충당금 환입액	7.기초 충당금 부인누계액	8.기중 퇴직금 지급액
48,000,000			3,000,000	35,000,000
9.차감액 (④ - ⑤ - ⑥ - ⑦ - ⑧)	10.추계액 대비 설정액 ((22) * 0 / 100)	11.퇴직금 전환금	12.설정율 감소에 따른 환입을 제외하는금액(MAX(⑨-⑩-⑪,0)	13.누적한도액 (⑩ - ⑨ + ⑪ + ⑫)
10,000,000			10,000,000	

한도초과액 계산	14.한도액 (⑬과 ⑬중 적은 금액)	15.회사 계상액	16.한도초과액 ((15) - (14))
		38,000,000	38,000,000

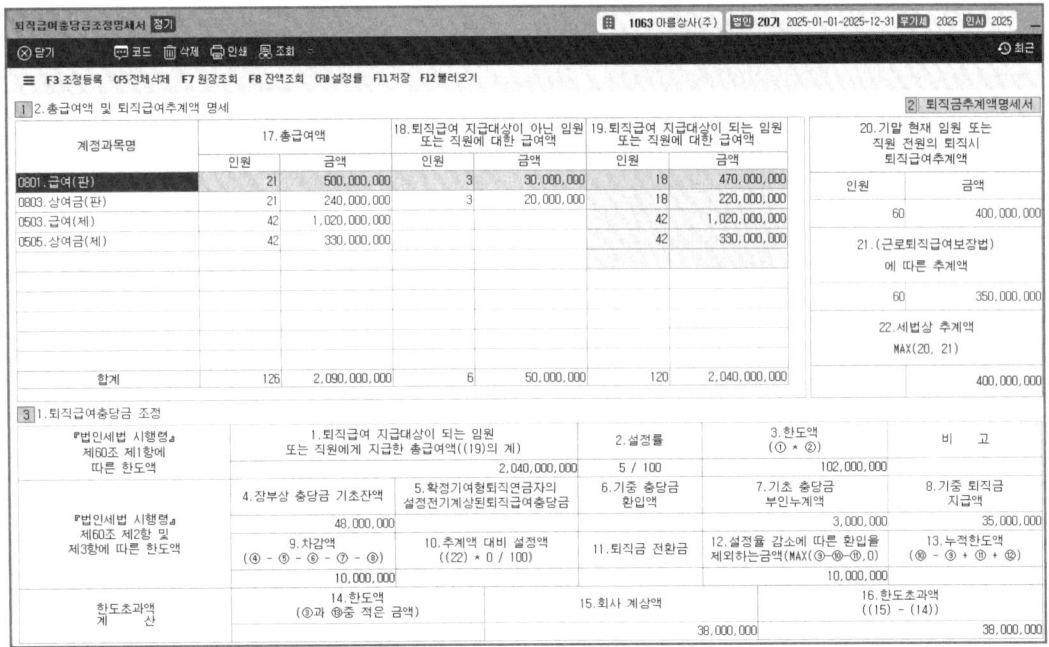

꿀팁 [803.상여금(판)]의 [17.총급여액]란 금액은 임원 상여금 한도 초과액 10,000,000원을 제외한 240,000,000원을 입력한다.

상단 툴바의 F3 조정등록 을 클릭한 후 다음의 세무조정사항을 입력하고 퇴직급여충당금 조정명세서를 저장한다.

〈손금불산입〉 퇴직급여충당금 한도 초과액 38,000,000원(유보 발생)
〈손금불산입〉 임원 상여금 한도 초과액 10,000,000원(상여)
∵ 회사의 임원 상여금 지급규정을 초과한 지급액 10,000,000원은 손금불산입 대상이며 퇴직급여추계액 설정률이 0%이므로 회사가 설정한 퇴직급여충당금 전액 38,000,000원이 부인된다.

[2] 서부상사(주)(회사코드: 1064)의 인건비 및 퇴직급여충당부채와 관련된 자료를 이용하여 퇴직급여충당금 조정명세서를 작성하고 관련된 세무조정을 하시오.

기출 74회

1. 퇴직급여충당부채의 변동내역은 다음과 같다.

차변		대변	
미지급금 차기이월	40,000,000원 90,000,000원	전기이월 퇴직급여	100,000,000원 30,000,000원
합계	130,000,000원	합계	130,000,000원

2. 퇴직금 지급으로 퇴직급여충당부채 감소액 40,000,000원에는 다음의 내역이 포함되어 있다.
   - 김부장이 임원으로 승진하면서 퇴직금으로 지급한 금액: 20,000,000원
   - 직원 2명의 퇴직으로 인하여 지급한 금액: 20,000,000원
3. 전기 자본금과 적립금 조정명세서(을)에 퇴직급여충당금 한도 초과액 25,000,000원이 있다.
4. 당기 급여 지급에 대한 내용은 다음과 같다.

구분	총급여*		신규입사자 급여		중도퇴사자 급여	
급여(판)	7	100,000,000원	1	5,000,000원	1	10,000,000원
상여(판)	7	30,000,000원				
임금(제)	15	200,000,000원	2	15,000,000원	1	25,000,000원

* 총급여에는 신규입사자 급여 및 중도퇴사자 급여가 포함되어 있다.

5. 당해 사업연도 종료일 현재 퇴직급여 지급 대상 임원 및 사용인은 17명, 퇴직급여추계액 및 보험수리적 퇴직급여추계액은 90,000,000원이다.
6. 당사는 퇴직연금에 가입되어 있지 않으며 1년 미만 근속자는 퇴직금 지급 대상에 제외하는 것이 당사의 퇴직금 지급규정이다.

| 풀이 |

[퇴직급여충당금 조정명세서]에 다음과 같이 입력한다.

퇴직급여충당금조정명세서 정기 | 1064 서부상사(주) | 법인 15기 2025-01-01~2025-12-31 부가세 2025 인사 2025

닫기 코드 삭제 인쇄 조회 | 최근

F3 조정등록 CF5 전체삭제 F7 원장조회 F8 잔액조회 CF10 설정률 F11 저장 F12 불러오기

1 2.총급여액 및 퇴직급여추계액 명세 | 2 퇴직금추계액명세서

계정과목명	17.총급여액		18.퇴직급여 지급대상이 아닌 임원 또는 직원에 대한 급여액		19.퇴직급여 지급대상이 되는 임원 또는 직원에 대한 급여액	
	인원	금액	인원	금액	인원	금액
0801.급여(판)	7	100,000,000	2	15,000,000	5	85,000,000
0803.상여금(판)	7	30,000,000			7	30,000,000
0504.임금(제)	15	200,000,000	3	40,000,000	12	160,000,000
합계	29	330,000,000	5	55,000,000	24	275,000,000

구분	인원	금액
20.기말 현재 임원 또는 직원 전원의 퇴직시 퇴직급여추계액	17	90,000,000
21.(근로퇴직급여보장법)에 따른 추계액	17	90,000,000
22.세법상 추계액 MAX(20, 21)		90,000,000

3 1.퇴직급여충당금 조정

『법인세법 시행령』 제60조 제1항에 따른 한도액	1.퇴직급여 지급대상이 되는 임원 또는 직원에게 지급한 총급여액((19)의 계)	2.설정률	3.한도액 (① * ②)	비 고
	275,000,000	5 / 100	13,750,000	

『법인세법 시행령』 제60조 제2항 및 제3항에 따른 한도액				
4.장부상 충당금 기초잔액	5.확정기여형퇴직연금자의 설정전기계상된퇴직급여충당금	6.기중 충당금 환입액	7.기초 충당금 부인누계액	8.기중 퇴직금 지급액
100,000,000			25,000,000	40,000,000
9.차감액 (④ - ⑤ - ⑥ - ⑦ - ⑧)	10.추계액 대비 설정액 ((22) * 0 / 100)	11.퇴직금 전환금	12.설정율 감소에 따른 환입을 제외하는금액(MAX(⑨-⑩-⑪,0)	13.누적한도액 (⑩ - ⑨ + ⑪ + ⑫)
35,000,000			35,000,000	

한도초과액 계산	14.한도액 (③과 ⑬중 적은 금액)	15.회사 계상액	16.한도초과액 ((15) - (14))
		30,000,000	30,000,000

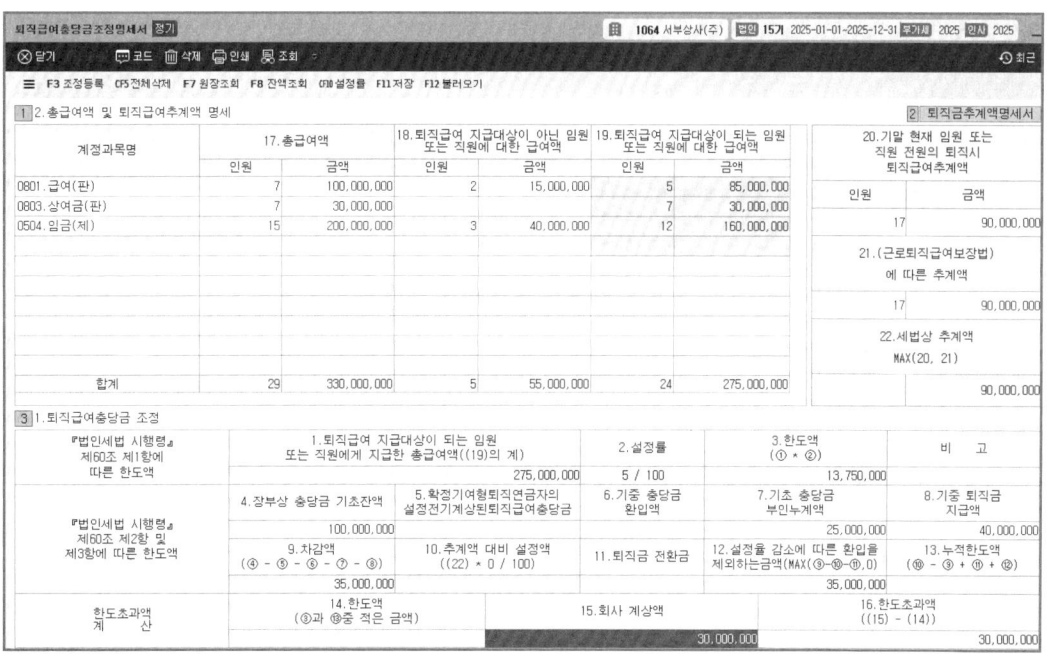

상단 툴바의 F3 조정등록 을 클릭한 후 다음의 세무조정사항을 입력하고 퇴직급여충당금 조정명세서를 저장한다.

〈손금불산입〉 퇴직급여충당부채 한도 초과액 30,000,000원(유보 발생)

∵ 퇴직급여추계액 설정률이 0%이므로 회사가 설정한 퇴직급여충당금 전액 30,000,000원은 부인된다.

[3] 강남산업(주)(회사코드: 1066)의 다음 자료를 이용하여 퇴직급여충당금 조정명세서를 작성하고 퇴직금 지급 및 퇴직급여충당금 설정과 관련된 세무조정사항을 소득금액 조정합계표에 반영하시오(단, 입력된 데이터는 무시할 것). 기출 60회

급여자료	• 급여(판): 7명, 38,900,000원 • 급여(제): 15명, 89,500,000원 • 인건비 중 세법상 한도를 초과하여 지급한 금액은 없다. • 당기 중 신입 직원은 없으나, 제조부 과장 1명이 8월 25일 퇴직하여 당기에 퇴직금을 지급하였고 퇴직 시까지 지급한 급여는 16,000,000원이었다.
퇴직급여충당금 계정내역	퇴직급여충당금 당기 지급액 28,000,000 / 기초 잔액 47,000,000 기말 잔액 39,000,000 / 당기 설정액 20,000,000 합계 67,000,000 / 합계 67,000,000 • 기초 잔액에는 전기 이전에 손금불산입된 금액 21,000,000원이 포함되어 있다. • 당기 설정액은 판매비와 관리비로 6,000,000원, 제조원가로 14,000,000원을 설정한 것이다.
기타	• 퇴직전환금 계정의 기말 잔액은 8,000,000원이다. • 사업연도 종료일 현재 퇴직급여 지급 대상 임직원(인원 21명)이 일시에 퇴직할 경우 지급해야 할 퇴직급여추계액은 110,000,000원이고, 보험수리적 기준에 의한 퇴직급여추계액은 90,000,000원이다. • 회사는 현재 퇴직연금에 가입하지 않고 있다고 가정한다.

| 풀이 |

[퇴직급여충당금 조정명세서]에 다음과 같이 입력한다.

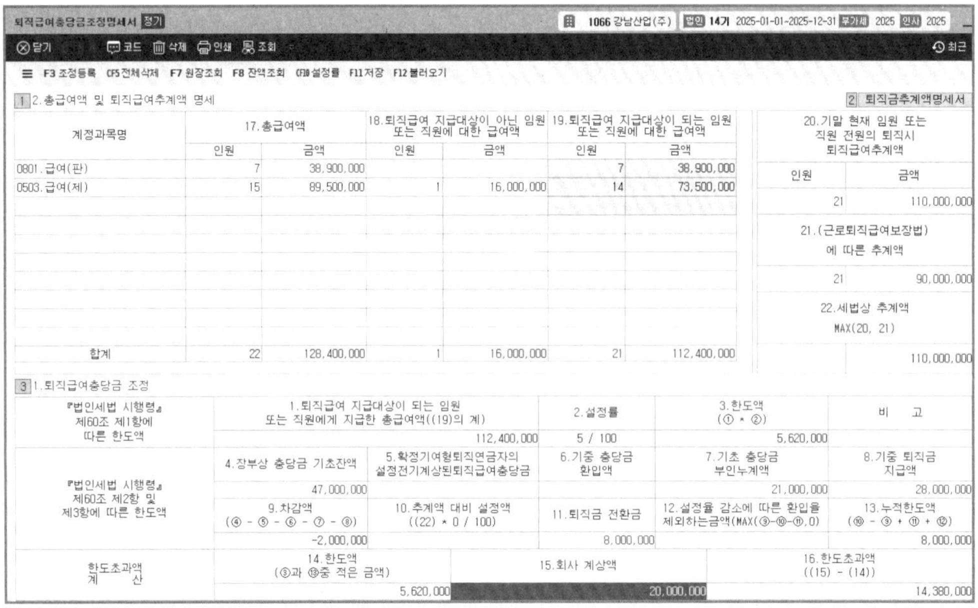
퇴직급여충당금조정명세서 정기 | 1066 강남산업(주) 법인 14기 2025-01-01~2025-12-31 부가세 2025 인사 2025

닫기 코드 삭제 인쇄 조회 최근

F3 조정등록 CF5 전체삭제 F7 원장조회 F8 잔액조회 CF10 설정률 F11 저장 F12 불러오기

1 2.총급여액 및 퇴직급여추계액 명세

계정과목명	17.총급여액		18.퇴직급여 지급대상이 아닌 임원 또는 직원에 대한 급여액		19.퇴직급여 지급대상이 되는 임원 또는 직원에 대한 급여액	
	인원	금액	인원	금액	인원	금액
0801.급여(판)	7	38,900,000			7	38,900,000
0503.급여(제)	15	89,500,000	1	16,000,000	14	73,500,000
합계	22	128,400,000	1	16,000,000	21	112,400,000

2 퇴직금추계액명세서

구분	인원	금액
20.기말 현재 임원 또는 직원 전원의 퇴직시 퇴직급여추계액	21	110,000,000
21.(근로퇴직급여보장법)에 따른 추계액	21	90,000,000
22.세법상 추계액 MAX(20, 21)		110,000,000

3 1.퇴직급여충당금 조정

『법인세법 시행령』 제60조 제1항에 따른 한도액	1.퇴직급여 지급대상이 되는 임원 또는 직원에게 지급한 총급여액((19)의 계)	2.설정률	3.한도액 (① * ②)	비 고
	112,400,000	5 / 100	5,620,000	

『법인세법 시행령』 제60조 제2항 및 제3항에 따른 한도액	4.장부상 충당금 기초잔액	5.확정기여형퇴직연금자의 설정전기계상된퇴직급여충당금	6.기중 충당금 환입액	7.기초 충당금 부인누계액	8.기중 퇴직금 지급액
	47,000,000			21,000,000	28,000,000
	9.차감액 (④ - ⑤ - ⑥ - ⑦ - ⑧)	10.추계액 대비 설정액 ((22) * 0 / 100)	11.퇴직금 전환금	12.설정율 감소에 따른 환입을 제외하는금액(MAX(⑨-⑩-⑪,0)	13.누적한도액 (⑩ - ⑨ + ⑪ + ⑫)
	-2,000,000		8,000,000		8,000,000

한도초과액 계산	14.한도액 (③과 ⑬중 적은 금액)	15.회사 계상액	16.한도초과액 ((15) - (14))
	5,620,000	20,000,000	14,380,000

상단 툴바의 F3 조정등록 을 클릭한 후 다음의 세무조정사항을 입력하고 퇴직급여충당금 조정명세서를 저장한다.

B: (차) 퇴직급여충당금	28,000,000	(대) 현금 등	28,000,000
T: (차) 퇴직급여충당금	26,000,000	(대) 현금 등	28,000,000
퇴직급여	2,000,000		

T/A: 〈손금산입〉 퇴직급여충당금 2,000,000원(유보 감소)

∵ 실제 지급한 퇴직급여가 세무상 퇴직급여충당금 잔액을 초과[(47,000,000원 − 21,000,000원) − 28,000,000원 = (−)2,000,000원]한 경우에는 지급이 확정되는 날이 속하는 사업연도에 손금산입하여 추인한다.

T/A: 〈손금불산입〉 퇴직급여충당금 한도 초과액 14,380,000원(유보 발생)

∵ 퇴직급여충당금 한도 초과액 14,380,000원은 부인된다.

2 퇴직연금부담금 등 조정명세서 ◂중요

▸ 최신 30회 중 8문제 출제

1. 퇴직연금 손금 한도

내국법인이 임원 또는 사용인의 퇴직금 지급사유로 인해 임원 또는 사용인을 수급자로 하는 연금으로서 보험회사 등의 기관이 취급하는 퇴직연금부담금을 지출하는 금액은 해당 사업연도의 소득금액계산에 있어서 이를 손금에 산입한다. 즉, 확정기여형 퇴직연금에 가입하고 퇴직연금기관에 납부한 보험료 등은 전액 손금으로 산입한다. 확정급여형 퇴직연금의 손금 한도액은 다음과 같다.

> 확정급여형 퇴직연금의 손금 한도액: Min[㉠, ㉡] − 이미 손금산입한 부담금
> ㉠ 퇴직급여추계액기준 = 당기 말 현재 퇴직급여추계액 − 당기 말 현재 세무상 퇴직급여충당금 잔액
> ㉡ 퇴직연금예치금기준 = 당기 말 현재 퇴직연금운용자산 잔액

2. 퇴직연금부담금 등 조정명세서

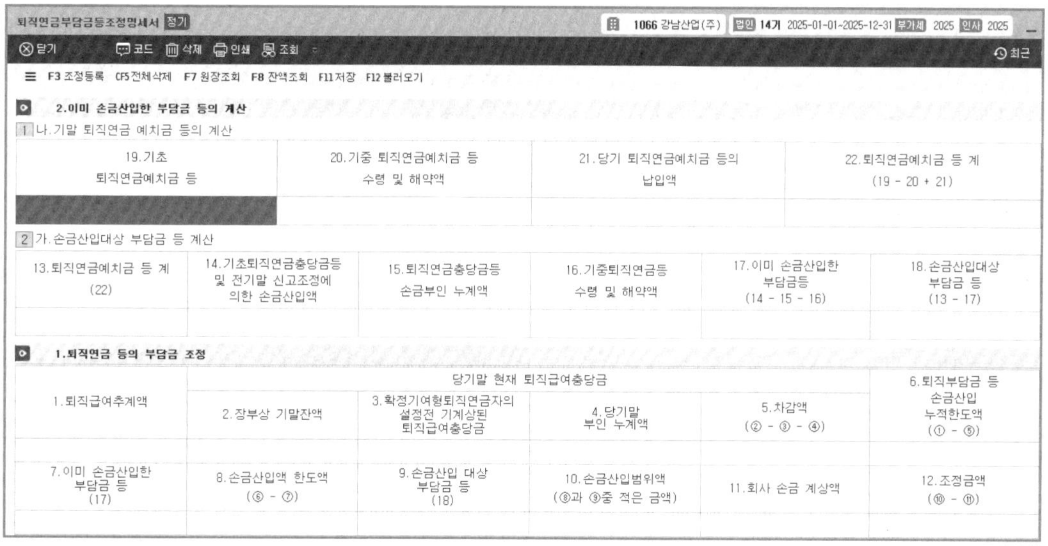

퇴직연금부담금등조정명세서 정기 | 1066 강남산업(주) 법인 14기 2025-01-01~2025-12-31 부가세 2025 인사 2025

⊗닫기 코드 삭제 인쇄 조회 | 최근

F3 조정등록 CF5 전체삭제 F7 원장조회 F8 잔액조회 F11 저장 F12 불러오기

2.이미 손금산입한 부담금 등의 계산

1 나.기말 퇴직연금 예치금 등의 계산

19.기초 퇴직연금예치금 등	20.기중 퇴직연금예치금 등 수령 및 해약액	21.당기 퇴직연금예치금 등의 납입액	22.퇴직연금예치금 등 계 (19 - 20 + 21)

2 가.손금산입대상 부담금 등 계산

13.퇴직연금예치금 등 계 (22)	14.기초퇴직연금충당금등 및 전기말 신고조정에 의한 손금산입액	15.퇴직연금충당금등 손금부인 누계액	16.기중퇴직연금등 수령 및 해약액	17.이미 손금산입한 부담금등 (14 - 15 - 16)	18.손금산입대상 부담금 등 (13 - 17)

1.퇴직연금 등의 부담금 조정

1.퇴직급여추계액	당기말 현재 퇴직급여충당금				6.퇴직부담금 등 손금산입 누적한도액 (① - ⑤)
	2.장부상 기말잔액	3.확정기여형퇴직연금자의 설정전 기계상된 퇴직급여충당금	4.당기말 부인 누계액	5.차감액 (② - ③ - ④)	
7.이미 손금산입한 부담금 등 (17)	8.손금산입액 한도액 (⑥ - ⑦)	9.손금산입 대상 부담금 등 (18)	10.손금산입범위액 (⑧과 ⑨중 적은 금액)	11.회사 손금 계상액	12.조정금액 (⑩ - ⑪)

(1) 2.이미 손금산입한 부담금 등의 계산

① 19.기초 퇴직연금예치금 등: 퇴직연금운용자산 계정의 기초 잔액을 입력한다.

② 20.기중 퇴직연금예치금 등 수령 및 해약액: 당기 중에 임원 또는 사용인의 퇴직으로 퇴직금을 지급하기 위하여 보험회사 등으로부터 수령한 금액(보험회사 등에서 지급된 금액)과 퇴직연금을 해약하고 수령한 금액을 입력한다. 이는 당기 중 퇴직연금운용자산 계정의 감소액을 의미한다.

③ 21.당기 퇴직연금예치금 등의 납입액: 당기 중에 납입한 퇴직연금부담금을 입력한다.

④ 22.퇴직연금예치금 등 계(19−20+21): 동 금액은 기말 퇴직연금운용자산을 의미한다.

⑤ 13.퇴직연금예치금 등 계(22): [22.퇴직연금예치금 등 계(19−20+21)]란의 금액이 자동 반영된다.

⑥ 14.기초 퇴직연금충당금 등 및 전기 말 신고조정에 의한 손금산입액: 전기 말까지 신고조정에 의해 손금산입한 퇴직연금예치금의 누계액을 입력한다.

⑦ **15.퇴직연금충당금 등 손금부인누계액**: 퇴직연금예치금 손금불산입 누계액을 입력한다.

⑧ **16.기중 퇴직연금 등 수령 및 해약액**: [20.기중 퇴직연금예치금 등 수령 및 해약액]란의 금액을 입력한다.

⑨ **17.이미 손금산입한 부담금 등(14－15－16)**: 전기 이전에 손금에 산입한 부담금 합계액 중 당기 말까지 퇴직금 지급에 충당하고 남은 잔액으로, 이는 당기 말 세무상 퇴직연금예치금의 잔액을 의미한다.

⑩ **18.손금산입 대상 부담금 등(13－17)**: 퇴직연금예치금 기준의 손금산입 한도액을 의미한다.

(2) 1.퇴직연금 등의 부담금 조정

① **1.퇴직급여추계액**: 결산일 현재 Max(정관 및 사규에 의한 임직원 퇴직급여추계액, 근로자퇴직급여보장법에 의한 임직원 퇴직급여추계액)을 입력한다. 동 금액은 [퇴직급여충당금 조정명세서] 메뉴의 [22.세법상 추계액]란 금액과 동일하며 상단 툴바 [F12 불러오기]를 클릭하면 해당 금액이 자동 입력된다.

② **2.장부상 기말 잔액**: 당기 말 현재 재무상태표상 퇴직급여충당금 잔액을 입력한다.

③ **3.확정기여형 퇴직연금자의 설정 전 기계상된 퇴직급여충당금**: 확정기여형 퇴직연금 등 설정자의 기계상된 퇴직급여충당금을 입력한다.

④ **4.당기 말 부인누계액**: 당기 말 현재 퇴직급여충당금 부인누계액을 입력한다.

⑤ **5.차감액(②－③－④)**: 동 금액은 당기 말 세무상 퇴직급여충당금 잔액을 의미한다.

⑥ **6.퇴직부담금 등 손금산입 누적 한도액(①－⑤)**: 동 금액은 퇴직급여추계액 대비 세무상 퇴직급여충당금의 설정 가능한 금액을 의미한다.

⑦ **7.이미 손금산입한 부담금 등(17)**: [17.이미 손금산입한 부담금 등]란의 금액이 자동 반영된다.

⑧ **8.손금산입액 한도액(⑥－⑦)**: 동 금액은 퇴직급여추계액 기준의 손금산입 한도액을 의미한다.

⑨ **9.손금산입 대상 부담금 등(18)**: 동 금액은 퇴직연금예치금 기준의 손금산입 한도액을 의미한다.

⑩ **10.손금산입 범위액(⑧과 ⑨ 중 적은 금액)**: 퇴직연금부담금 손금산입 한도액을 의미하며, 이는 퇴직급여추계액 기준의 '8.손금산입 한도액'과 퇴직연금예치금 기준의 '9.손금산입 대상 부담금 등' 중 적은 금액이 자동 반영된다.

⑪ **11.회사 손금 계상액**: 회사가 결산 시 장부상에 계상한 당기의 퇴직연금급여(비용)를 입력한다. 다만, 일반기업회계기준에 의하면 회사 손금 계상액은 없다.

⑫ **12.조정금액(⑩－⑪)**: 강제신고 조정사항으로서 상단 툴바의 [F3 조정등록]을 이용하여 음수(－)이면 손금불산입 유보로, 양수(＋)이면 손금산입 유보로 소득처분한다.

연습문제

[1] 강남산업(주)(회사코드: 1066)은 확정급여형 퇴직연금에 가입하였으며, 그 자료는 다음과 같다. 퇴직연금부담금 등 조정명세서를 작성하고 세무조정사항을 소득금액 조정합계표에 반영하시오. 기출 110회

1. 다음의 퇴직연금운용자산 계정의 기초 잔액은 전액 전기에 신고조정에 의하여 손금산입된 금액이다.

퇴직연금운용자산

기초 잔액	10,000,000	당기 감소액	6,000,000
당기 납부액	8,000,000	기말 잔액	12,000,000
	18,000,000		18,000,000

당기 감소액 6,000,000원에 대한 회계처리는 다음과 같다.

(차) 퇴직급여	6,000,000	(대) 퇴직연금운용자산	6,000,000

2. 당기 말 현재 퇴직연금운용자산의 당기분에 대하여 손금산입을 하지 않은 상태이며, 전기 자본금과 적립금 조정명세서(을)에 퇴직연금충당부채와 관련된 금액 10,000,000원(△유보)이 있다.
3. 당기 말 현재 퇴직급여추계액은 95,000,000원이다.

4. 당기 말 현재 재무상태표상 퇴직급여충당부채 잔액은 30,000,000원이고, 당기 자본금과 적립금 조정명세서(을)에 기재되는 퇴직급여충당부채 한도 초과액은 11,000,000원이다.

| 풀이 |

[퇴직연금부담금 등 조정명세서]에 다음과 같이 입력한다.

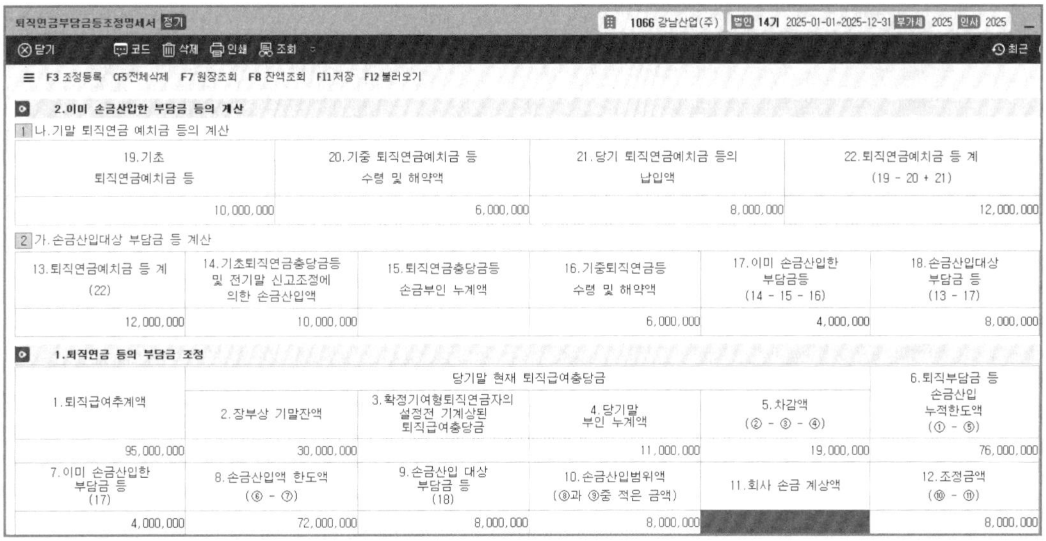
퇴직연금부담금등조정명세서 정기 | 1066 강남산업(주) | 법인 14기 2025-01-01~2025-12-31 | 부가세 2025 | 인사 2025

⊗닫기 | 코드 | 삭제 | 인쇄 | 조회 | 최근

F3 조정등록 | CF5 전체삭제 | F7 원장조회 | F8 잔액조회 | F11 저장 | F12 불러오기

2.이미 손금산입한 부담금 등의 계산

1 나.기말 퇴직연금 예치금 등의 계산

19.기초 퇴직연금예치금 등	20.기중 퇴직연금예치금 등 수령 및 해약액	21.당기 퇴직연금예치금 등의 납입액	22.퇴직연금예치금 등 계 (19 - 20 + 21)
10,000,000	6,000,000	8,000,000	12,000,000

2 가.손금산입대상 부담금 등 계산

13.퇴직연금예치금 등 계 (22)	14.기초퇴직연금충당금등 및 전기말 신고조정에 의한 손금산입액	15.퇴직연금충당금등 손금부인 누계액	16.기중퇴직연금등 수령 및 해약액	17.이미 손금산입한 부담금등 (14 - 15 - 16)	18.손금산입대상 부담금 등 (13 - 17)
12,000,000	10,000,000		6,000,000	4,000,000	8,000,000

1.퇴직연금 등의 부담금 조정

1.퇴직급여추계액	당기말 현재 퇴직급여충당금				6.퇴직부담금 등 손금산입 누적한도액 (① - ⑤)
	2.장부상 기말잔액	3.확정기여형퇴직연금자의 설정전 기계상된 퇴직급여충당금	4.당기말 부인 누계액	5.차감액 (② - ③ - ④)	
95,000,000	30,000,000		11,000,000	19,000,000	76,000,000
7.이미 손금산입한 부담금 등 (17)	8.손금산입액 한도액 (⑥ - ⑦)	9.손금산입 대상 부담금 등 (18)	10.손금산입범위액 (⑧과 ⑨중 적은 금액)	11.회사 손금 계상액	12.조정금액 (⑩ - ⑪)
4,000,000	72,000,000	8,000,000	8,000,000		8,000,000

상단 툴바의 F3 조정등록 을 이용하여 다음과 같이 세무조정한 후 저장한다.

〈손금불산입〉 전기 퇴직연금운용자산 6,000,000원(유보 감소)
〈손금산입〉 퇴직연금운용자산 8,000,000원(유보 발생)

① 결산서상 퇴직연금부담금 = 0원
② 손금산입 범위액 Min[㉠, ㉡] - ㉢ = 8,000,000원
  ㉠ 퇴직급여충당금 미설정액: 95,000,000원 - (30,000,000원 - 11,000,000원) = 76,000,000원
  ㉡ 기말 퇴직연금예치금: 10,000,000원 + 8,000,000원 - 6,000,000원 = 12,000,000원
  ㉢ 이미 손금산입한 보험료: 전기 말까지 신고조정으로 손금산입된 보험료 10,000,000원 - 기중 보험금 수령액 6,000,000원 = 4,000,000원
③ 세무조정금액: 0원 - 8,000,000원 = △8,000,000원(손금산입, 유보 발생)

[2] 태백산업(주)(회사코드: 1067)의 다음 자료에 의하여 퇴직연금부담금 등 조정명세서를 작성하고 필요한 세무조정을 하시오. 당사는 확정급여형 퇴직연금에 가입하였으며 장부상 퇴직급여충당부채 및 퇴직연금충당부채를 설정하지 않고 전액 신고조정에 의하여 손금에 산입하고 있다. 기출 114회 수정

1. 퇴직연금운용자산 계정내역

퇴직연금운용자산

기초 잔액	147,000,000	당기 감소액	12,000,000
당기 납부액	49,000,000	기말 잔액	184,000,000
	196,000,000		196,000,000

2. 퇴직연금운용자산 기초 잔액은 전기 자본금과 적립금 조정명세서(을)에 퇴직연금충당부채와 관련된 금액 147,000,000원(△유보)이 있다.
3. 퇴직연금운용자산 당기 감소액에 대한 회계처리는 다음과 같다.

(차) 퇴직급여(제)	12,000,000	(대) 퇴직연금운용자산	12,000,000

4. 당기 말 현재 퇴직급여추계액은 248,000,000원이다.

| 풀이 |

[퇴직연금부담금 등 조정명세서]에 다음과 같이 입력한다.

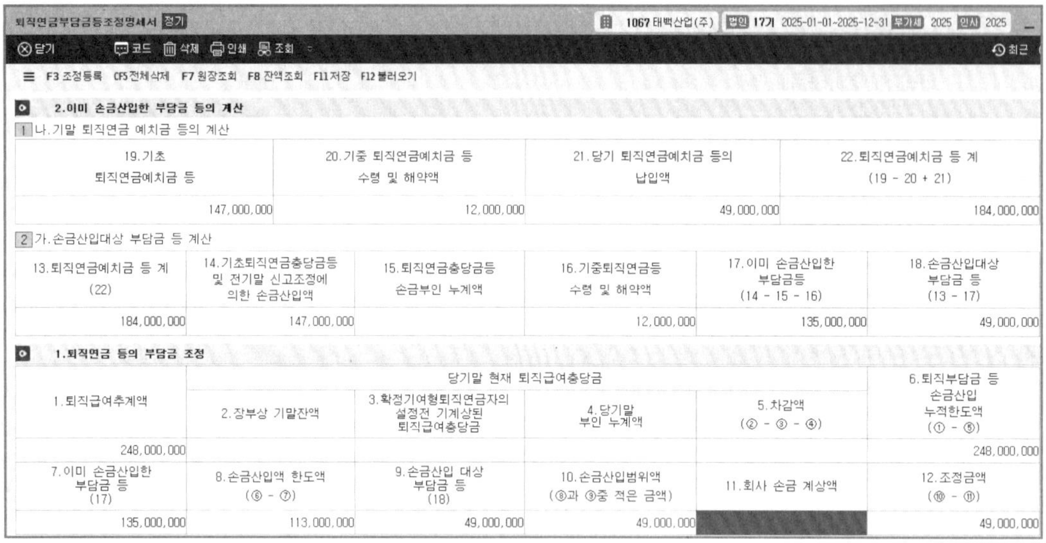

퇴직연금부담금등조정명세서 정기 | 1067 태백산업(주) 법인 17기 2025-01-01~2025-12-31 부가세 2025 인사 2025

닫기 코드 삭제 인쇄 조회 | 최근

F3 조정등록 CF5전체삭제 F7 원장조회 F8 잔액조회 F11저장 F12 불러오기

2.이미 손금산입한 부담금 등의 계산

1 나.기말 퇴직연금 예치금 등의 계산

19.기초 퇴직연금예치금 등	20.기중 퇴직연금예치금 등 수령 및 해약액	21.당기 퇴직연금예치금 등의 납입액	22.퇴직연금예치금 등 계 (19 - 20 + 21)
147,000,000	12,000,000	49,000,000	184,000,000

2 가.손금산입대상 부담금 등 계산

13.퇴직연금예치금 등 계 (22)	14.기초퇴직연금충당금등 및 전기말 신고조정에 의한 손금산입액	15.퇴직연금충당금등 손금부인 누계액	16.기중퇴직연금등 수령 및 해약액	17.이미 손금산입한 부담금등 (14 - 15 - 16)	18.손금산입대상 부담금 등 (13 - 17)
184,000,000	147,000,000		12,000,000	135,000,000	49,000,000

1.퇴직연금 등의 부담금 조정

1.퇴직급여추계액	당기말 현재 퇴직급여충당금				6.퇴직부담금 등 손금산입 누적한도액 (① - ⑤)
	2.장부상 기말잔액	3.확정기여형퇴직연금자의 설정전 기계상된 퇴직급여충당금	4.당기말 부인 누계액	5.차감액 (② - ③ - ④)	
248,000,000					248,000,000
7.이미 손금산입한 부담금 등 (17)	8.손금산입액 한도액 (⑥ - ⑦)	9.손금산입 대상 부담금 등 (18)	10.손금산입범위액 (⑧과 ⑨중 적은 금액)	11.회사 손금 계상액	12.조정금액 (⑩ - ⑪)
135,000,000	113,000,000	49,000,000	49,000,000		49,000,000

상단 툴바의 F3 조정등록 을 이용하여 다음과 같이 세무조정한 후 저장한다.

〈손금불산입〉 전기 퇴직연금운용자산 12,000,000원(유보 감소)
〈손금산입〉 퇴직연금운용자산 49,000,000원(유보 발생)

[3] 기장된 자료와 다른 세무조정사항은 무시하며 (주)대성전자(회사코드: 1068)의 다음 자료에 의하여 퇴직연금부담금 등 조정명세서를 작성하고 필요한 세무조정을 하시오. 당사는 확정급여형 퇴직연금에 가입하였으며, 장부상 퇴직급여충당부채 및 퇴직연금충당부채를 설정하지 않고 전액 신고조정에 의하여 손금에 산입하고 있다. 기출 68회

1. 전기 자본금과 적립금 조정명세서(을)에는 퇴직연금운용자산 140,000,000원(△유보)이 있다.
2. 당기 퇴직자는 김준수 과장 1명이며, 퇴직금은 30,000,000원이다. 이는 퇴직연금에서 25,000,000원, 당사에서 5,000,000원이 지급되어 다음과 같이 회계처리하였다.

(차) 퇴직급여	30,000,000	(대) 퇴직연금운용자산	25,000,000
		보통예금	5,000,000

3. 퇴직연금운용자산 계정의 내역은 다음과 같다.

퇴직연금운용자산

기초 잔액	140,000,000	당기 감소액	25,000,000
당기 납부액	32,000,000	기말 잔액	147,000,000
	172,000,000		172,000,000

4. 당기 사업연도 말 현재 퇴직급여추계액 내역은 다음과 같다.
   - 정관 및 사규에 의한 임직원 퇴직급여추계액: 150,000,000원
   - 근로자퇴직급여보장법에 의한 임직원 퇴직급여추계액: 100,000,000원

| 풀이 |

[퇴직연금부담금 등 조정명세서]에 다음과 같이 입력한다.

퇴직연금부담금등조정명세서 정기　1068 (주)대성전자 법인 19기 2025-01-01~2025-12-31 부가세 2025 인사 2025

⊗닫기 코드 삭제 인쇄 조회 최근

≡ F3 조정등록 CF5 전체삭제 F7 원장조회 F8 잔액조회 F11 저장 F12 불러오기

2.이미 손금산입한 부담금 등의 계산

1 나.기말 퇴직연금 예치금 등의 계산

19.기초 퇴직연금예치금 등	20.기중 퇴직연금예치금 등 수령 및 해약액	21.당기 퇴직연금예치금 등의 납입액	22.퇴직연금예치금 등 계 (19 - 20 + 21)
140,000,000	25,000,000	32,000,000	147,000,000

2 가.손금산입대상 부담금 등 계산

13.퇴직연금예치금 등 계 (22)	14.기초퇴직연금충당금등 및 전기말 신고조정에 의한 손금산입액	15.퇴직연금충당금등 손금부인 누계액	16.기중퇴직연금등 수령 및 해약액	17.이미 손금산입한 부담금등 (14 - 15 - 16)	18.손금산입대상 부담금 등 (13 - 17)
147,000,000	140,000,000		25,000,000	115,000,000	32,000,000

1.퇴직연금 등의 부담금 조정

1.퇴직급여추계액	당기말 현재 퇴직급여충당금				6.퇴직부담금 등 손금산입 누적한도액 (① - ⑤)
	2.장부상 기말잔액	3.확정기여형퇴직연금자의 설정전 기계상된 퇴직급여충당금	4.당기말 부인 누계액	5.차감액 (② - ③ - ④)	
150,000,000					150,000,000
7.이미 손금산입한 부담금 등 (17)	8.손금산입액 한도액 (⑥ - ⑦)	9.손금산입 대상 부담금 등 (18)	10.손금산입범위액 (⑧과 ⑨중 적은 금액)	11.회사 손금 계상액	12.조정금액 (⑩ - ⑪)
115,000,000	35,000,000	32,000,000	32,000,000		32,000,000

[1.퇴직급여추계액]란은 정관 및 사규에 의한 임직원 퇴직급여추계액 150,000,000원과 근로자퇴직급여보장법에 의한 임직원 퇴직급여추계액 100,000,000원 중 큰 금액인 150,000,000원을 입력한다. 상단 툴바의 F3 조정등록 을 이용하여 다음과 같이 세무조정한 후 저장한다.

〈손금불산입〉 전기 퇴직연금운용자산 25,000,000원(유보 감소)
〈손금산입〉 퇴직연금운용자산 32,000,000원(유보 발생)

[4] (주)신라산업(회사코드: 1073)의 다음 자료를 이용하여 퇴직연금부담금 등 조정명세서를 작성하고, 관련된 세무조정을 소득금액 조정합계표에 반영하시오. 기출 99회/82회

1. 퇴직금추계액
   기말 현재 직원, 임원 전원 퇴직 시 퇴직금추계액: 320,000,000원
2. 퇴직급여충당금 내역
   - 기초퇴직급여충당금: 30,000,000원
   - 전기 말 현재 퇴직급여충당금부인액: 6,000,000원
3. 당기 퇴직 현황
   - 2025년 퇴직금 지급액은 총 20,000,000원이며 전액 퇴직급여충당금과 상계하였다.
   - 퇴직연금 수령액은 4,000,000원이다.
4. 퇴직연금 현황
   - 2025년 기초 퇴직연금운용자산 금액은 230,000,000원이다.
   - 확정급여형 퇴직연금과 관련하여 신고조정으로 손금산입하고 있으며, 전기분까지 신고조정으로 손금산입된 금액은 230,000,000원이다.
   - 당기 회사의 퇴직연금 불입액은 50,000,000원이다.

퇴직연금운용자산

기초 잔액	230,000,000	당기 감소액	4,000,000
당기 납부액	50,000,000	기말 잔액	276,000,000
	280,000,000		280,000,000

PART 04

| 풀이 |

[퇴직연금부담금 등 조정명세서]에 다음과 같이 입력한다.

퇴직연금부담금등조정명세서 정기 1073 (주)신라산업 법인 18기 2025-01-01~2025-12-31 부가세 2025 인사 2025

닫기 코드 삭제 인쇄 조회 최근

F3 조정등록 CF5전체삭제 F7 원장조회 F8 잔액조회 F11저장 F12 불러오기

2.이미 손금산입한 부담금 등의 계산

1 나.기말 퇴직연금 예치금 등의 계산

19.기초 퇴직연금예치금 등	20.기중 퇴직연금예치금 등 수령 및 해약액	21.당기 퇴직연금예치금 등의 납입액	22.퇴직연금예치금 등 계 (19 - 20 + 21)
230,000,000	4,000,000	50,000,000	276,000,000

2 가.손금산입대상 부담금 등 계산

13.퇴직연금예치금 등 계 (22)	14.기초퇴직연금충당금등 및 전기말 신고조정에 의한 손금산입액	15.퇴직연금충당금등 손금부인 누계액	16.기중퇴직연금등 수령 및 해약액	17.이미 손금산입한 부담금등 (14 - 15 - 16)	18.손금산입대상 부담금 등 (13 - 17)
276,000,000	230,000,000		4,000,000	226,000,000	50,000,000

1.퇴직연금 등의 부담금 조정

1.퇴직급여추계액	당기말 현재 퇴직급여충당금				6.퇴직부담금 등 손금산입 누적한도액 (① - ⑤)
	2.장부상 기말잔액	3.확정기여형퇴직연금자의 설정전 기계상된 퇴직급여충당금	4.당기말 부인 누계액	5.차감액 (② - ③ - ④)	
320,000,000	10,000,000		2,000,000	8,000,000	312,000,000
7.이미 손금산입한 부담금 등 (17)	8.손금산입액 한도액 (⑥ - ⑦)	9.손금산입 대상 부담금 등 (18)	10.손금산입범위액 (⑧과 ⑨중 적은 금액)	11.회사 손금 계상액	12.조정금액 (⑩ - ⑪)
226,000,000	86,000,000	50,000,000	50,000,000		50,000,000

• 퇴직급여충당금과 관련된 세무조정은 다음과 같다.

B: (차) 퇴직급여충당금	20,000,000	(대) 퇴직연금운용자산	4,000,000
		현금	16,000,000
T: (차) 퇴직연금충당금	4,000,000	(대) 퇴직연금운용자산	4,000,000
퇴직급여충당금	16,000,000	현금	16,000,000

꿀팁 법인세법상 퇴직금은 '① 퇴직연금충당금 → ② 퇴직급여충당금 → ③ 퇴직급여'의 순서대로 지급한다.

장부상 퇴직급여충당금이 20,000,000원 감소한 것으로 회계처리했으나 법인세법상 퇴직급여충당금은 16,000,000원만 감소해야 한다. 따라서, 장부상 부채인 퇴직급여충당금보다 법인세법상 부채인 퇴직급여충당금이 4,000,000원 증가하게 된다. 법인세법상 부채가 증가하면 자본이 감소하므로 세무조정은 손금산입이 된다. 전기 말 퇴직급여충당금 부인액 손금불산입 6,000,000원이 있었으므로 손금산입 4,000,000원은 유보감소로 추인이 되는 것이다 따라서, 다음의 세무조정을 입력한다.

T/A 〈손금산입〉 전기 퇴직급여충당금 4,000,000원(유보 감소)

• [4.당기말 부인 누계액]란은 전기 말 현재 퇴직급여충당금부인액 6,000,000원 중 상기 손금산입 추인된 4,000,000원을 차감한 후 금액인 2,000,000원을 입력한다.

• 퇴직연금충당금과 관련된 세무조정은 다음과 같다. 상단 툴바의 F3 조정등록 을 이용하여 퇴직급여충당금과 퇴직연금충당금 관련된 세무조정을 입력한 후 저장한다.

〈손금불산입〉 전기 퇴직연금운용자산 4,000,000원(유보 감소)
〈손금산입〉 퇴직연금운용자산 50,000,000원(유보 발생)

3 대손충당금 및 대손금 조정명세서 중요

▸ 최신 30회 중 10문제 출제

1. 대손충당금 및 대손금

대손충당금은 채권의 대손예상액을, 대손금은 회수가 불가능한 채권을 말한다. 법인이 외상매출금, 받을어음, 미수금, 기타 이에 준하는 채권에 대한 대손예상액을 대손충당금 손금으로 계상한 경우에는 다음의 한도 내에서 손금에 산입한다.

한도액 = 세법상 설정 대상 채권[*1] × Max[1%, 대손실적률[*2]]

*1 세법상 설정 대상 채권 = B/S상 채권 잔액 ± 채권의 유보 잔액 − 설정 제외 채권

꿀팁 설정 제외 채권

- 대여시점의 특수관계인에 대한 업무무관 가지급금
- 채무보증으로 인하여 발생한 구상채권
- 어음상의 채권 중 할인어음, 배서양도어음
- 동일 거래처에 대한 매출채권과 매입채무를 당사자 간 상계약정에 의해 상계한 경우 해당 매출채권
- 부당행위계산 부인규정을 적용받는 시가 초과액에 상당하는 채권

*2 대손실적률 = $\frac{\text{당기 세무상 대손금}}{\text{전기 말 세무상 채권 잔액}}$

2. 대손충당금 및 대손금 조정명세서

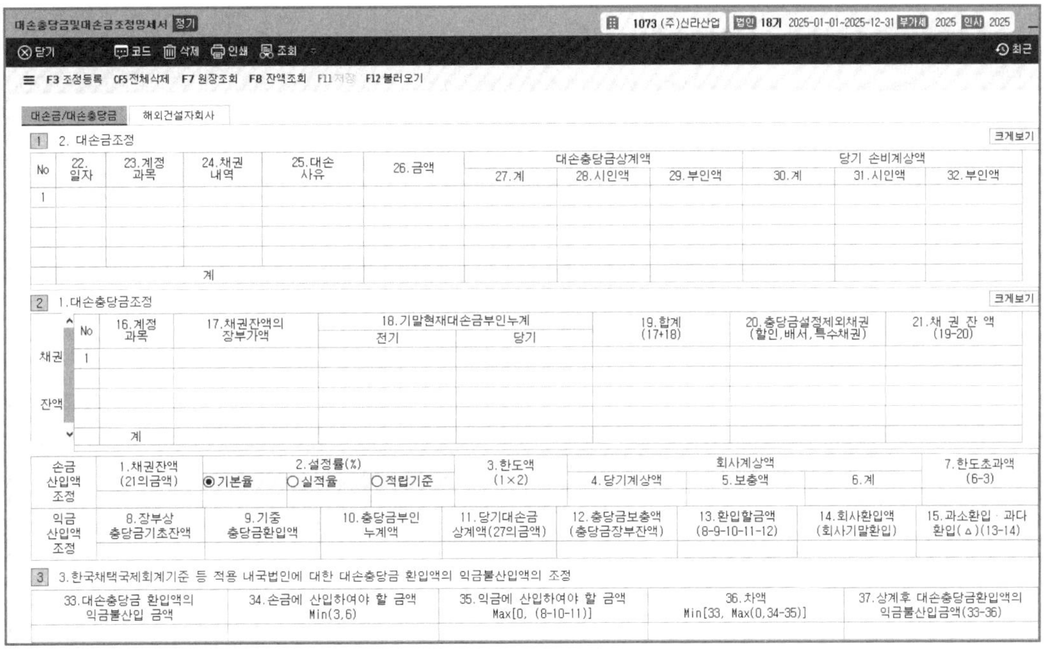

(1) 2.대손금 조정

① **22.일자**: 장부상 회수 불능 채권을 대손처리한 일자를 입력한다.

② **23.계정과목**: 키보드의 F2를 이용하여 대손처리한 채권의 계정과목을 입력한다.

③ **24.채권내역**: 회수 불능 채권의 내역을 '1.매출채권', '2.미수금', '3.기타채권', '4.직접입력' 중에서 선택하여 입력한다.

④ **25.대손사유**: 대손사유를 '1.파산', '2.강제집행', '3.사망, 실종', '4.정리계획', '5.부도(6개월 경과)', '6.소멸시효 완성', '7.직접입력' 중에서 선택하여 입력한다.

⑤ **26.금액**: 대손된 채권의 금액을 입력한다.

⑥ **대손충당금상계액**: [26.금액]란의 금액 중 장부상 대손충당금으로 상계한 금액이 법적 대손요건에 충족하면 [28.시인액]란에, 충족하지 못하면 [29.부인액]란에 입력한다. [29.부인액]란은 상단 툴바의 F3 조정등록 을 이용하여 손금불산입 유보 발생으로 세무조정하며, 세무상 채권으로 대손충당금 설정대상 채권에 포함되어야 하기 때문에 채권 잔액의 [18.기말 현재 대손금부인누계]의 [당기]란에 반영된다. 이로써 세무상 설정대상 채권 잔액은 증가된다.

⑦ 당기 손비계상액: [26.금액]란의 금액 중 장부상 대손상각비로 처리한 금액이 법적 대손요건에 충족하면 [31.시인액]란에, 충족하지 못하면 [32.부인액]란에 입력한다. [32.부인액]란은 상단 툴바의 F3 조정등록 을 이용하여 손금불산입 유보 발생으로 세무조정하며 세무상 채권으로 대손충당금 설정대상 채권에 포함되어야 하기 때문에 채권 잔액의 [18.기말 현재 대손금부인누계]의 [당기]란에 반영된다. 이로써 세무상 설정대상 채권 잔액은 증가된다.

(2) 채권 잔액

① 16.계정과목: 키보드의 F2를 이용하여 재무상태표상 기말 채권을 계정과목별로 구분하여 입력한다.

② 17.채권 잔액의 장부가액: 재무상태표상 기말 채권의 장부가액을 입력한다. 만약, [회계관리] 메뉴에 입력된 데이터가 있는 경우에는 상단 툴바의 F8 잔액조회 를 이용하여 각 채권별로 잔액을 입력한다.

③ 18.기말 현재 대손금부인누계: 법인세법상 대손사유를 충족하지 못한 채권을 회사가 장부상 대손처리한 대손금부인액은 (+)금액, 법인세법상 대손사유를 충족한 채권을 회사가 장부상 대손처리하지 않은 대손금은 (−)금액으로 입력한다.

전기	당기
당기 이전의 세무조정사항 중 세법상 채권 잔액을 증가시키는 대손금 부인액은 (+)금액, 세법상 채권 잔액을 감소시키는 대손금은 (−)금액으로 직접 입력	'2.대손금 조정'의 대손충당금상계액 중 [29번]란과 당기손금계상액 중 [32번]란에 입력한 금액이 [당기]란에 자동으로 반영됨. 반면 세법상 채권 잔액을 감소시키는 대손금은 (−)금액으로 직접 입력

④ 20.충당금설정 제외 채권(할인, 배서, 특수채권): [17.채권 잔액의 장부가액]란의 금액 중 대손충당금 설정 제외 금액(할인어음, 배서어음, 업무무관 가지급금, 당사자 간의 약정에 의하여 매출채무와 상계하기로 한 매출채권 등)을 입력한다.

⑤ 21.채권 잔액(19−20): 사업연도 종료일 현재 세법상 설정대상 채권의 장부가액이 자동 계산된다.

(3) 1.대손충당금 조정

① 손금산입액 조정

- 1.채권 잔액(21의 금액): [21.채권 잔액]란의 금액이 자동 반영된다.
- 2.설정률(%): 기본율(1%)과 실적률 중 큰 비율을 선택한다. 여기서 실적률은 다음과 같다.

$$대손실적률 = \frac{당기\ 세무상\ 대손금}{전기\ 말\ 세무상\ 채권\ 잔액}$$

- 3.한도액(1×2): [1.채권 잔액]란의 금액에 [2.설정률]을 곱한 금액이 자동 반영된다. 동 금액은 세무상 대손충당금 한도액을 의미한다.
- 4.당기 계상액: 장부상 대손충당금 추가설정액을 입력한다. 만약, [회계관리] 메뉴에 입력된 데이터가 있는 경우에는 상단 툴바의 F8 잔액조회 를 이용하여 채권 잔액 보조창에서 대손충당금 [당기 증가]란의 금액을 입력한다.
- 5.보충액: 보고기간 종료일 현재 장부상 대손충당금 잔액에서 [4.당기 계상액]을 차감한 보충액을 입력한다.
- 6.계: 동 금액은 보고기간 종료일 현재 장부상 대손충당금 기말 잔액을 의미한다.
- 7.한도 초과액(6−3): 동 금액이 양수(+)이면 한도 초과액을 의미하며, 이는 상단 툴바의 F3 조정등록 을 이용하여 손금불산입 유보 발생으로 세무조정한다. 만약, 동 금액이 음수(−)이면 한도 미달액을 의미하여 한도 미달액은 세무조정을 하지 않기 때문에 '0'으로 자동 표시된다.

② 익금산입액 조정

- 8.장부상 충당금 기초 잔액: 장부상 대손충당금 기초 잔액을 입력한다. 만약, [회계관리] 메뉴에 입력된 데이터가 있는 경우에는 상단 툴바의 F8 잔액조회 를 이용하여 잔액조회 보조창에서 대손충당금 [기초 잔액]란의 금액을 입력한다.
- 9.기중 충당금 환입액: 회사가 당기 중에 환입한 금액을 입력한다.
- 10.충당금부인누계액: 전기분 본 명세서상 [10.충당금부인누계액]란에서 [9.기중 충당금 환입액]란을 차감한 금액을 입력한다.

- 11.당기 대손금상계액(27의 금액): [2.대손금 조정]의 대손충당금 상계액 중 [27.계]란의 금액이 자동 반영되며 이는 대손이 발생하여 대손충당금과 상계한 금액을 의미한다.
- 12.충당금보충액(충당금 장부잔액): [5.보충액]란에 입력한 금액이 자동 반영된다.
- 13.환입할 금액(8－9－10－11－12): 전기에 설정한 대손충당금 중 남아 있는 잔액을 의미한다.
- 14.회사 환입액(회사 기말 환입): 회사가 보고기간 종료일 현재 대손충당금 환입액을 입력한다. 보고기간 종료일 현재 대손충당금 설정과 환입은 동시에 발생할 수 없으므로 [14.회사 환입액]란과 [4.당기 계상액]란 중 하나만 입력할 수 있다.
- 15.과소환입 · 과다환입(△)(13－14): 동 금액은 전기 대손충당금 한도 초과액이 자동 반영되며, 이는 상단의 F3 조정등록 을 이용하여 손금산입 유보 감소로 세무조정한다.

연습문제

[1] (주)신라산업(회사코드: 1073)의 다음 자료를 보고 대손충당금 및 대손금 조정명세서를 작성하고 세무조정하시오. 단, 대손설정률은 1%로 가정한다. 기출 111회 수정

1. 당해 연도 대손충당금 변동내역
   - 전기이월 대손충당금은 12,000,000원이다(전기 부인액 3,000,000원 포함).
   - 회사는 5월 2일 대손충당금 3,800,000원을 회수가 불가능한 외상매출금과 상계했으며, 이는 채무자의 사망으로 더 이상 채무자의 소유 재산이 없음이 확인된 채권이다.
   - 당기에 회사는 5,000,000원을 설정하였다.
   - 차기이월액은 13,200,000원이다.
2. 채권 잔액으로 당기 말 외상매출금 잔액은 320,000,000원, 미수금 잔액은 34,000,000원이며, 미수금에는 고정자산 처분 미수금 4,000,000원이 포함되어 있다.
3. 전기 이전에 대손처리한 외상매출금에 대한 대손요건 불충족으로 인한 유보금액 잔액이 전기 자본금과 적립금 조정명세서(을)에 7,500,000원이 있으며, 아직 대손요건은 충족되지 않았다.

| 풀이 |

[대손충당금 및 대손금 조정명세서]

대손충당금및대손금조정명세서 정기 | 1073 (주)신라산업 | 법인 18기 2025-01-01~2025-12-31 | 부가세 2025 | 인사 2025

⊗닫기 | 코드 | 삭제 | 인쇄 | 조회 | 최근

F3 조정등록 | CF5 전체삭제 | F7 원장조회 | F8 잔액조회 | F11 저장 | F12 불러오기

대손금/대손충당금 | 해외건설자회사

1 2. 대손금조정 (크게보기)

No	22. 일자	23. 계정과목	24. 채권내역	25. 대손사유	26. 금액	대손충당금상계액 27. 계	28. 시인액	29. 부인액	당기 손비계상액 30. 계	31. 시인액	32. 부인액
1	05.02	외상매출금	1.매출채권	3.사망,실종	3,800,000	3,800,000	3,800,000				
2											
		계			3,800,000	3,800,000	3,800,000				

2 1. 대손충당금조정 (크게보기)

채권잔액 No	16. 계정과목	17. 채권잔액의 장부가액	18. 기말현재대손금부인누계 전기	당기	19. 합계 (17+18)	20. 충당금설정제외채권 (할인,배서,특수채권)	21. 채권 잔액 (19-20)
1	외상매출금	320,000,000	7,500,000		327,500,000		327,500,000
2	미수금	34,000,000			34,000,000		34,000,000
3							
	계	354,000,000	7,500,000		361,500,000		361,500,000

손금산입액 조정	1. 채권잔액 (21의금액)	2. 설정률(%) ⊙기본율	○실적율	○적립기준	3. 한도액 (1×2)	회사계상액 4. 당기계상액	5. 보충액	6. 계	7. 한도초과액 (6-3)
	361,500,000	1			3,615,000	5,000,000	8,200,000	13,200,000	9,585,000

익금산입액 조정	8. 장부상 충당금기초잔액	9. 기중 충당금환입액	10. 충당금부인 누계액	11. 당기대손금 상계액(27의금액)	12. 충당금보충액 (충당금장부잔액)	13. 환입할금액 (8-9-10-11-12)	14. 회사환입액 (회사기말환입)	15. 과소환입 · 과다환입(△)(13-14)
	12,000,000		3,000,000	3,800,000	8,200,000	-3,000,000		-3,000,000

- 5월 2일 외상매출금 상계액은 대손요건을 충족하였으므로 [28.시인액]란에 3,800,000원을 입력한다.
- 전기 이전에 대손처리했으나 대손요건 불충족으로 인해 세무조정된 금액 7,500,000원은 [18.기말 현재 대손금부인누계－전기]란에 입력한다.

- [4.당기 계상액]란에 대손충당금 당기 설정액 5,000,000원, [5.보충액]란에 8,200,000원을 입력하여 [6.계]란의 금액을 기말 대손충당금 잔액인 13,200,000원으로 반영시킨다.
- 대손충당금 한도액은 [3.한도액]란의 3,615,000원, 회사계상액은 [6.계]란의 13,200,000원이다. 두 금액의 차액인 한도 초과액 9,585,000원을 상단 툴바의 **F3 조정등록**을 이용하여 다음과 같이 세무조정한다.

〈손금불산입〉 대손충당금 한도 초과액 9,585,000원(유보 발생)

- [8.장부상 충당금 기초 잔액]란에 12,000,000원, [10.충당금부인누계액]란에 3,000,000원을 입력한다. [15.과소환입 · 과다환입(△)]란의 −3,000,000원은 과다환입이므로 상단 툴바의 **F3 조정등록**을 이용하여 다음과 같이 세무조정한 후 [대손충당금 및 대손금 조정명세서]를 저장한다.

〈손금산입〉 전기 대손충당금 한도 초과액 3,000,000원(유보 감소)

[2] 남해안상사(주)(회사코드: 1065)의 다음 자료에 의하여 대손충당금 및 대손금 조정명세서를 작성하고 필요한 세무조정을 하시오.

기출 65회

1. 당기대손처리 내역은 다음과 같고, 모두 대손충당금과 상계하여 처리하였다.

계정과목	대손처리일	금액	비고
외상매출금	2025.7.15.	4,000,000원	채무자의 6개월 이상 연락두절로 인한 대손처리액
받을어음	2025.10.6.	1,999,000원	부도 발생일부터 6개월이 지난 부도어음 2,000,000원

2. 기말 대손충당금 설정대상 채권 잔액은 다음과 같다.
   - 외상매출금: 476,000,000원
   - 받을어음: 150,000,000원(할인어음 10,000,000원 포함)
3. 당기 대손충당금 변동내역은 다음과 같다. 전기이월 금액에는 전기 대손충당금 한도 초과액 600,000원이 포함되어 있고, 대손충당금 설정률은 1%로 한다.

대손충당금

외상매출금	4,000,000	전기이월	9,820,000
받을어음	1,999,000	대손상각비	2,439,000
차기이월	6,260,000		
	12,259,000		12,259,000

| 풀이 |

[대손충당금 및 대손금 조정명세서]

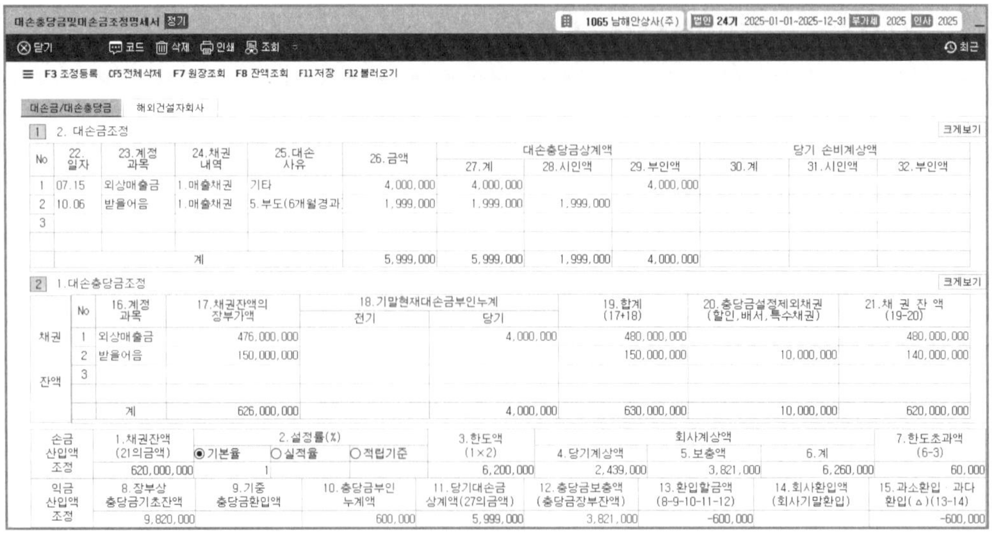
대손충당금및대손금조정명세서 정기 | 1065 남해안상사(주) 법인 24기 2025-01-01~2025-12-31 부가세 2025 인사 2025

닫기 코드 삭제 인쇄 조회 최근

F3 조정등록 CF5 전체삭제 F7 원장조회 F8 잔액조회 F11 저장 F12 불러오기

대손금/대손충당금 | 해외건설자회사

1 2. 대손금조정 (크게보기)

No	22.일자	23.계정과목	24.채권내역	25.대손사유	26.금액	대손충당금상계액 27.계	28.시인액	29.부인액	당기 손비계상액 30.계	31.시인액	32.부인액
1	07.15	외상매출금	1.매출채권	기타	4,000,000	4,000,000		4,000,000			
2	10.06	받을어음	1.매출채권	5.부도(6개월경과	1,999,000	1,999,000	1,999,000				
3											
		계			5,999,000	5,999,000	1,999,000	4,000,000			

2 1.대손충당금조정 (크게보기)

	No	16.계정과목	17.채권잔액의장부가액	18.기말현재대손금부인누계 전기	당기	19.합계(17+18)	20.충당금설정제외채권(할인,배서,특수채권)	21.채 권 잔 액(19-20)
채권	1	외상매출금	476,000,000		4,000,000	480,000,000		480,000,000
	2	받을어음	150,000,000			150,000,000	10,000,000	140,000,000
잔액	3							
		계	626,000,000		4,000,000	630,000,000	10,000,000	620,000,000

손금산입액조정	1.채권잔액(21의금액)	2.설정률(%) ◉기본율	○실적율	○적립기준	3.한도액(1×2)	회사계상액 4.당기계상액	5.보충액	6.계	7.한도초과액(6-3)
	620,000,000	1			6,200,000	2,439,000	3,821,000	6,260,000	60,000

익금산입액조정	8.장부상충당금기초잔액	9.기중충당금환입액	10.충당금부인누계액	11.당기대손금상계액(27의금액)	12.충당금보충액(충당금장부잔액)	13.환입할금액(8-9-10-11-12)	14.회사환입액(회사기말환입)	15.과소환입 · 과다환입(△)(13-14)
	9,820,000		600,000	5,999,000	3,821,000	-600,000		-600,000

연락두절은 대손요건을 충족하지 못하므로 전액을 손금불산입으로 세무조정하고 부도 발생일부터 6개월이 지난 부도어음은 1,000원을 공제한 금액을 대손처리할 수 있으므로 별도의 세무조정은 없다. 또한 상단 툴바의 **F3 조정등록**을 이용하여 다음과 같이 세무조정한 후 저장한다.

〈손금불산입〉 대손금부인액 4,000,000원(유보 발생)
〈익금불산입〉 전기 대손충당금 한도 초과액 600,000원(유보 감소)
〈손금불산입〉 대손충당금 한도 초과액 60,000원(유보 발생)

[3] 태백산업(주)(회사코드: 1067)의 다음 자료를 참고로 대손충당금 및 대손금 조정명세서를 작성하고 관련 세무조정을 소득금액 조정합계표에 반영하시오(단, 세부담이 최소화되도록 할 것). 기출 67회

대손충당금 관련 전기 말 자본금과 적립금 조정명세서(을)

과목(사항)	기초 잔액	당기 중 증감		기말 잔액 (기초 현재)
		감소	증가	
대손충당금	5,000,000원	5,000,000원	6,500,000원	6,500,000원
외상매출금	100,000,000원	33,000,000원	0원	67,000,000원

당기 대손충당금 계정

대손충당금

7/6 외상매출금	15,000,000	1/1 기초 잔액	19,300,000
12/31 기말 잔액	28,700,000	12/31 대손상각비	24,400,000
	43,700,000		43,700,000

당기에 대손충당금과 상계한 외상매출금은 모두 소멸시효 완성분이며, 이 중 9,000,000원은 대손요건을 충족하지 못하였다.

당기 외상매출금 계정 (대손실적률: 0.8%)

외상매출금

1/1 기초 잔액	1,950,000,000	7/6 대손충당금	15,000,000
7/1 당기 발생	3,459,000,000	7/31 당기 회수	3,814,000,000
		12/31 기말 잔액	1,580,000,000
	5,409,000,000		5,409,000,000

| 풀이 |

[대손충당금 및 대손금 조정명세서]

대손충당금및대손금조정명세서 정기 | 1067 태백산업(주) 법인 17기 2025-01-01~2025-12-31 부가세 2025 인사 2025

닫기 코드 삭제 인쇄 조회 최근

F3 조정등록 CF5 전체삭제 F7 원장조회 F8 잔액조회 F11 저장 F12 불러오기

대손금/대손충당금 | 해외건설자회사

1 2. 대손금조정 (크게보기)

No	22. 일자	23. 계정과목	24. 채권내역	25. 대손사유	26. 금액	대손충당금상계액 27. 계	28. 시인액	29. 부인액	당기 손비계상액 30. 계	31. 시인액	32. 부인액
1	07.06	외상매출금	1. 매출채권	6. 소멸시효완성	15,000,000	15,000,000	6,000,000	9,000,000			
2											
		계			15,000,000	15,000,000	6,000,000	9,000,000			

2 1. 대손충당금조정 (크게보기)

	No	16. 계정과목	17. 채권잔액의 장부가액	18. 기말현재대손금부인누계 전기	18. 기말현재대손금부인누계 당기	19. 합계 (17+18)	20. 충당금설정제외채권 (할인, 배서, 특수채권)	21. 채권 잔액 (19-20)
채권 잔액	1	외상매출금	1,580,000,000	67,000,000	9,000,000	1,656,000,000		1,656,000,000
	2							
		계	1,580,000,000	67,000,000	9,000,000	1,656,000,000		1,656,000,000

손금산입액 조정	1. 채권잔액 (21의금액)	2. 설정률(%) ◉기본율	○실적율	○적립기준	3. 한도액 (1×2)	회사계상액 4. 당기계상액	5. 보충액	6. 계	7. 한도초과액 (6-3)
	1,656,000,000	1			16,560,000	24,400,000	4,300,000	28,700,000	12,140,000

익금산입액 조정	8. 장부상 충당금기초잔액	9. 기중 충당금환입액	10. 충당금부인 누계액	11. 당기대손금 상계액(27의금액)	12. 충당금보충액 (충당금장부잔액)	13. 환입할금액 (8-9-10-11-12)	14. 회사환입액 (회사기말환입)	15. 과소환입 · 과다환입(△)(13-14)
	19,300,000		6,500,000	15,000,000	4,300,000	-6,500,000		-6,500,000

상단 툴바의 F3 조정등록 을 이용하여 다음과 같이 세무조정한 후 저장한다.

〈손금산입〉 전기 대손충당금 한도 초과액 6,500,000원(유보 감소)
〈손금불산입〉 당기 대손금부인액 9,000,000원(유보 발생)
〈손금불산입〉 대손충당금 한도 초과액 12,140,000원(유보 발생)

[4] (주)서부전자(회사코드: 1069)의 다음 자료를 보고 대손충당금 및 대손금 조정명세서를 작성하고 필요한 세무조정을 하시오. 단, 대손실적률은 1.5%이며, 당사는 법인세법에 따라 대손충당금을 설정 및 환입하고 있다. 기출 118회 수정

1. 매출채권 내역
   외상매출금 198,000,000원 중 48,000,000원은 외상매입금과 상계하기로 약정되어 있고, 18,000,000원은 부가가치세 매출세액이다.
2. 대손발생 및 변제내역
   - 7/1: 소멸시효 완성분 외상매출금 1,500,000원
   - 10/1: 회수기일이 1년이 지나지 않은 (주)성창의 외상매출금 500,000원
   - 11/1: 부도 발생일로부터 6개월 경과한 중소기업의 외상매출금 7,000,000원
3. 외상매출금의 대손충당금 계정
   - 장부상 기초 충당금: 2,800,000원(전기 부인액 800,000원 포함)
   - 장부상 기말 충당금: 3,000,000원

| 풀이 |

[대손충당금 및 대손금 조정명세서]

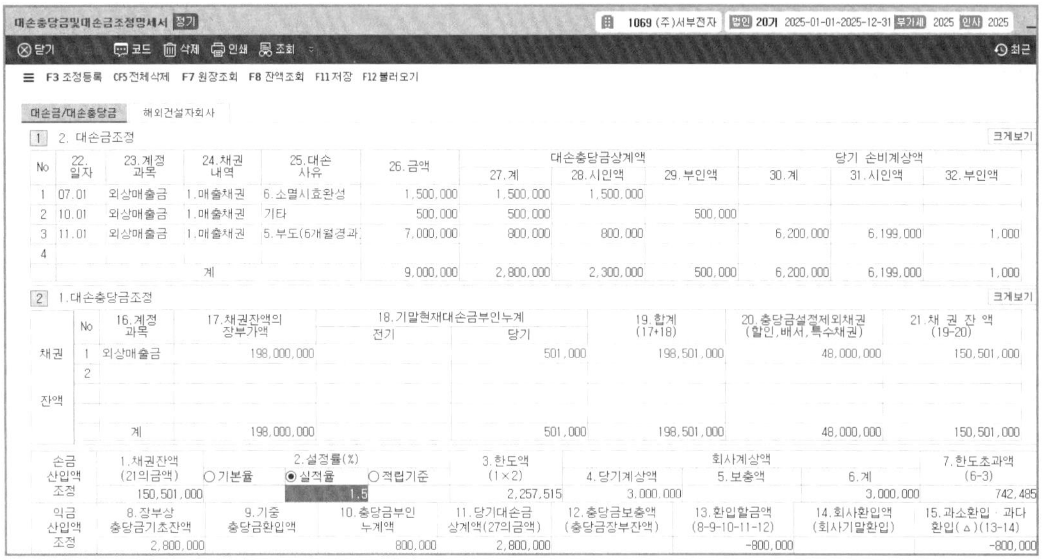
대손충당금및대손금조정명세서 정기 | 1069 (주)서부전자 | 법인 20기 2025-01-01~2025-12-31 부가세 2025 인사 2025

대손금/대손충당금 | 해외건설자회사

1 2. 대손금조정

No	22. 일자	23. 계정과목	24. 채권내역	25. 대손사유	26. 금액	대손충당금상계액 27. 계	28. 시인액	29. 부인액	당기 손비계상액 30. 계	31. 시인액	32. 부인액
1	07.01	외상매출금	1.매출채권	6.소멸시효완성	1,500,000	1,500,000	1,500,000				
2	10.01	외상매출금	1.매출채권	기타	500,000	500,000		500,000			
3	11.01	외상매출금	1.매출채권	5.부도(6개월경과	7,000,000	800,000	800,000		6,200,000	6,199,000	1,000
4											
		계			9,000,000	2,800,000	2,300,000	500,000	6,200,000	6,199,000	1,000

2 1. 대손충당금조정

	No	16. 계정과목	17. 채권잔액의 장부가액	18. 기말현재대손금부인누계 전기	당기	19. 합계 (17+18)	20. 충당금설정제외채권 (할인, 배서, 특수채권)	21. 채권잔액 (19-20)
채권	1	외상매출금	198,000,000		501,000	198,501,000	48,000,000	150,501,000
	2							
잔액								
		계	198,000,000		501,000	198,501,000	48,000,000	150,501,000

손금산입액 조정	1. 채권잔액 (21의금액)	2. 설정률(%) ○기본율 ◉실적율 ○적립기준	3. 한도액 (1×2)	회사계상액 4. 당기계상액	5. 보충액	6. 계	7. 한도초과액 (6-3)
	150,501,000	1.5	2,257,515	3,000,000		3,000,000	742,485

익금산입액 조정	8. 장부상 충당금기초잔액	9. 기중 충당금환입액	10. 충당금부인 누계액	11. 당기대손금 상계액(27의금액)	12. 충당금보충액 (충당금장부잔액)	13. 환입할금액 (8-9-10-11-12)	14. 회사환입액 (회사기말환입)	15. 과소환입 · 과다환입(△)(13-14)
	2,800,000		800,000	2,800,000		-800,000		-800,000

- 10월 1일 회수기일이 1년이 지나지 않은 외상매출금 500,000원은 대손사유가 아니며, 부도 발생일로부터 6개월 이상 지난 중소기업의 외상매출금은 1,000원을 공제하여 손금산입한다. 11월 1일 대손금액 중 대손충당금상계액의 [28.시인액]란에 800,000원(=2,800,000원−1,500,000원−500,000원), 당기 손비계상액의 [31.시인액]란에 6,199,000원(=7,000,000원−800,000원−1,000원), [32.부인액]란에 1,000원을 입력한다.
- 부가가치세법상 대손세액공제를 받은 부가가치세 매출세액 미수금은 대손충당금 설정 제외 채권에 해당하나 단순한 부가가치세 매출세액은 대손충당금 설정 제외 채권이 아니다. 또한 당사자 간의 약정에 의하여 외상매입금과 상계하기로 한 채권 48,000,000원은 [20.충당금설정 제외 채권]에 해당한다.
- 대손설정률은 기본율 1%와 대손실적율 중 큰 비율이 적용되어야 한다. 대손실적율이 1.5%이므로 [1.설정률(%)–실적율]란에 '1.5'를 입력하면 대손설정률은 1.5%가 반영된다.
- 상단 툴바의 F3 조정등록 을 이용하여 다음과 같이 세무조정한 후 저장한다.

〈손금불산입〉 대손금부인액 501,000원(유보 발생)
〈손금불산입〉 대손충당금 한도 초과액 742,485원(유보 발생)
〈손금산입〉 전기 대손충당금 한도 초과액 800,000원(유보 감소)

[5] (주)한국산업(회사코드: 1071)의 다음 자료를 통하여 대손충당금 및 대손금 조정명세서를 작성하고 세무조정하시오. 단, 대손설정률은 1%로 가정한다. 기출 71회 수정

1. 당해 연도 대손충당금 변동내역
   - 전기이월 대손충당금은 10,000,000원이다(전기 부인액 4,000,000원).
   - 당기에 대손충당금과 상계처리한 대손금 내역은 다음과 같다.

날짜	계정과목	금액	비고
4월 10일	외상매출금	1,500,000원	상법상에 따른 소멸시효가 완성된 채권
8월 20일	외상매출금	2,500,000원	전전기에 소멸시효가 완성된 외상매출금

8월 20일에 대손처리한 전전기에 소멸시효가 완성된 외상매출금은 전전기에 다음과 같이 세무조정되어 대손금부인액 −2,500,000원이 이월되었다.

〈손금산입〉 소멸시효 완성채권 2,500,000원(유보 발생)

   - 당기에 회사는 대손충당금 6,000,000원을 설정하였다.
   - 기말 대손충당금 잔액은 12,000,000원이다.
2. 채권 잔액으로 당기 말 외상매출금 잔액은 210,000,000원, 미수금 잔액은 15,000,000원이다.

| 풀이 |

[대손충당금 및 대손금 조정명세서]

대손충당금및대손금조정명세서 정기 | 1071 (주)한국산업 법인 13기 2025-01-01~2025-12-31 부가세 2025 인사 2025
⊗닫기 코드 삭제 인쇄 조회 최근
F3 조정등록 CF5 전체삭제 F7 원장조회 F8 잔액조회 F11 저장 F12 불러오기
대손금/대손충당금 | 해외건설자회사

1 2. 대손금조정 (크게보기)

No	22. 일자	23. 계정과목	24. 채권내역	25. 대손사유	26. 금액	대손충당금상계액 27. 계	28. 시인액	29. 부인액	당기 손비계상액 30. 계	31. 시인액	32. 부인액
1	04.10	외상매출금	1.매출채권	6.소멸시효완성	1,500,000	1,500,000	1,500,000				
2	08.20	외상매출금	1.매출채권	6.소멸시효완성	2,500,000	2,500,000		2,500,000			
		계			4,000,000	4,000,000	1,500,000	2,500,000			

2 1.대손충당금조정 (크게보기)

채권 No	16. 계정과목	17. 채권잔액의 장부가액	18. 기말현재대손금부인누계 전기	당기	19. 합계 (17+18)	20. 충당금설정제외채권 (할인,배서,특수채권)	21. 채권 잔액 (19-20)
1	외상매출금	210,000,000	-2,500,000	2,500,000	210,000,000		210,000,000
2	미수금	15,000,000			15,000,000		15,000,000
	계	225,000,000	-2,500,000	2,500,000	225,000,000		225,000,000

손금산입액 조정	1. 채권잔액 (21의금액)	2. 설정률(%) ◉기본율	○실적율	○적립기준	3. 한도액 (1×2)	회사계상액 4. 당기계상액	5. 보충액	6. 계	7. 한도초과액 (6-3)
	225,000,000	1			2,250,000	6,000,000	6,000,000	12,000,000	9,750,000

익금산입액 조정	8. 장부상 충당금기초잔액	9. 기중 충당금환입액	10. 충당금부인 누계액	11. 당기대손금 상계액(27의금액)	12. 충당금보충액 (충당금장부잔액)	13. 환입할금액 (8-9-10-11-12)	14. 회사환입액 (회사기말환입)	15. 과소환입 · 과다환입(△)(13-14)
	10,000,000		4,000,000	4,000,000	6,000,000	-4,000,000		-4,000,000

- 전기 이전에 소멸시효가 완성된 채권은 강제신고조정 사항인 손금산입 −유보 잔액이므로 [전기]란에 −2,500,000원을 입력하며 해당 금액은 당해 사업연도에 손금불산입 +유보로 추인된 것이므로 [당기]란에 +2,500,000원을 입력한다.
- 상단 툴바의 F3 조정등록 을 이용하여 다음과 같이 세무조정한 후 저장한다.

〈손금불산입〉 전기 소멸시효 완성채권 2,500,000원(유보 감소)
〈익금불산입〉 전기 대손충당금 한도 초과액 4,000,000원(유보 감소)
〈손금불산입〉 대손충당금 한도 초과액 9,750,000원(유보 발생)

[6] 입력된 자료는 무시하고 (주)동부전자(회사코드: 1070)의 다음 자료에 의하여 대손충당금 및 대손금 조정명세서를 작성하고 필요한 세무조정을 하시오(단, 기존 자료는 무시하고 다음의 자료만을 이용할 것). 기출 79회

대손충당금 변동내역	• 전기이월: 15,000,000원(전기부인액 3,000,000원 포함) • 당기상계: 4,500,000원(당기 4월 10일 대손요건 충족되는 채권과 상계함) • 설정: 6,000,000원 • 차기이월: 16,500,000원
대손발생 내역	• 4/10: 당기에 대손처리한 4,500,000원은 채무자 파산 종결 결정에 따른 회수 불가능액으로 확인된 채권(외상매출금) • 8/10: 소멸시효가 완성된 외상매출금 8,000,000원(신고조정으로 손금산입할 예정)
대손충당금 설정대상 채권내역	• 전기 말 외상매출금 잔액: 575,000,000원 • 당기 말 외상매출금 장부가액: 360,000,000원
전기 말 자본금과 적립금 조정명세서(을)	• 대손충당금 한도 초과액: 3,000,000원 • 대손금부인액: 50,000,000원(외상매출금 관련으로 당해 연도 대손요건 충족 못함)

| 풀이 |

[대손충당금 및 대손금 조정명세서]

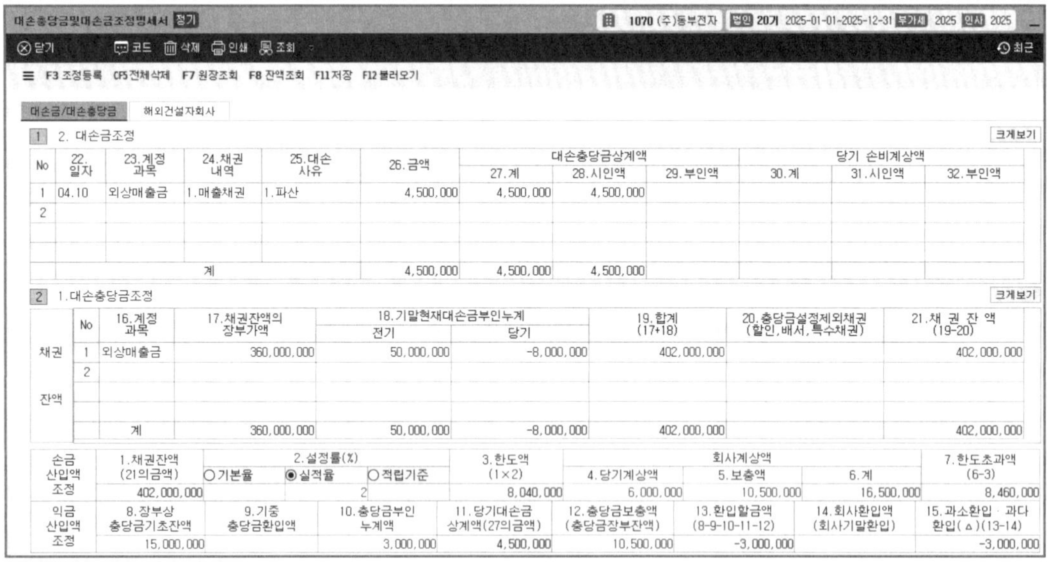
대손충당금및대손금조정명세서 정기 | 1070 (주)동부전자 | 법인 20기 2025-01-01~2025-12-31 | 부가세 2025 | 인사 2025

닫기 코드 삭제 인쇄 조회 최근

F3 조정등록 CF5 전체삭제 F7 원장조회 F8 잔액조회 F11저장 F12 불러오기

대손금/대손충당금 | 해외건설자회사

1 2. 대손금조정

No	22. 일자	23. 계정과목	24. 채권내역	25. 대손사유	26. 금액	대손충당금상계액 27. 계	28. 시인액	29. 부인액	당기 손비계상액 30. 계	31. 시인액	32. 부인액
1	04.10	외상매출금	1. 매출채권	1. 파산	4,500,000	4,500,000	4,500,000				
2											
		계			4,500,000	4,500,000	4,500,000				

2 1. 대손충당금조정

	No	16. 계정과목	17. 채권잔액의 장부가액	18. 기말현재대손금부인누계 전기	18. 당기	19. 합계 (17+18)	20. 충당금설정제외채권 (할인, 배서, 특수채권)	21. 채권잔액 (19-20)
채권 잔액	1	외상매출금	360,000,000	50,000,000	-8,000,000	402,000,000		402,000,000
	2							
		계	360,000,000	50,000,000	-8,000,000	402,000,000		402,000,000

손금산입액 조정	1. 채권잔액 (21의금액)	2. 설정률(%) ○기본율 ◉실적율 ○적립기준	3. 한도액 (1×2)	회사계상액 4. 당기계상액	5. 보충액	6. 계	7. 한도초과액 (6-3)
	402,000,000	2	8,040,000	6,000,000	10,500,000	16,500,000	8,460,000

익금산입액 조정	8. 장부상 충당금기초잔액	9. 기중 충당금환입액	10. 충당금부인 누계액	11. 당기대손금 상계액(27의금액)	12. 충당금보충액 (충당금장부잔액)	13. 환입할금액 (8-9-10-11-12)	14. 회사환입액 (회사기말환입)	15. 과소환입 · 과다환입(△)(13-14)
	15,000,000		3,000,000	4,500,000	10,500,000	-3,000,000		-3,000,000

• 4월 10일 외상매출금 상계액은 대손요건을 충족하였으므로 [28.시인액]란에 4,500,000원을 입력한다.
• 전기 이전에 대손처리했으나 대손요건 불충족으로 인해 세무조정된 금액 50,000,000원은 [18.기말 현재 대손금부인누계 – 전기]란에 입력한다. 또한 당기에 소멸시효가 완성된 외상매출금은 강제신고 조정사항이므로 [18.기말 현재 대손금부인누계 – 당기]란에 –8,000,000원을 입력한다.
• [대손충당금 조정]의 [2.설정률(%)]란에 실적률을 체크한 후 해당 란에 '2*'를 입력한다.

* (8,000,000원 + 4,500,000원) ÷ (575,000,000원 + 50,000,000원) = 2%

• 상단 툴바의 F3 조정등록 을 이용하여 다음과 같이 세무조정한 후 저장한다.

〈손금불산입〉 대손충당금 한도 초과액 8,460,000원(유보 발생)
〈손금산입〉 전기 대손충당금 한도 초과액 3,000,000원(유보 감소)
〈손금산입〉 소멸시효 완성분 외상매출금 8,000,000원(유보 발생)

4 기업업무추진비 조정명세서 중요

▸ 최신 30회 중 10문제 출제

1. 기업업무추진비

기업업무추진비란 접대 · 교제 · 사례 등 기타 명목 여하에 불구하고 이에 유사한 성질의 비용으로서 법인이 업무와 관련하여 지출한 금액을 말한다. 이러한 기업업무추진비의 과다지출은 사회적으로 바람직하지 않을뿐더러 기업의 재무구조를 악화시킬 우려가 있으므로 세법에서는 다음과 같은 제도를 통하여 기업업무추진비의 지출을 규제하고 있다.

+ 기업업무추진비 세무조정

- 1단계: 기업업무추진비 범위에 포함되는지 여부 판단(현물기업업무추진비, 타계정계상 기업업무추진비, 손금귀속시기 관련 조정액 등)
- 2단계: 직부인(기업업무추진비 대상 지출액의 적격증명서류*1 수취 요건 충족 여부 판단)
  ① 증명서류불비 기업업무추진비(사적 사용경비) → 손금불산입(귀속자에 따라 상여 등)
  ② 일반영수증 수취분 중 건당 3만원(경조금 20만원) 초과분 → 전액 손금불산입(기타사외유출)*2
- 3단계: [일반영수증 수취분 중 건당 3만원(경조금 20만원) 이하분*3 + 법인신용카드 등 사용분] 한도 초과액 → 손금불산입(기타사외유출)

*1 증명서류

구분	내용
법인신용카드 등 사용분 (적격증명서류)	신용카드 등 매출전표, 현금영수증, 계산서(매입자발행계산서 포함), 세금계산서(매입자발행 세금계산서 포함), 소득세법상 미등록사업자로부터 용역을 제공받고 발급하는 원천징수 영수증
일반영수증 수취분	증명서류 중 법인신용카드 등 사용분 이외(임직원 명의의 신용카드, 간이영수증, 거래명세서, 입금증 등)

*2 손금불산입 예외: 신용카드 등 수취의무 면제 기업업무추진비
다음은 적격증명서류 수취 여부에 관계없이 기업업무추진비로 인정된다.

- 적격증명서류를 구비하기 어려운 국외지역(기업업무추진비가 지출된 장소에서 현금 외에 다른 지출수단이 없어 적격증명서류를 구비하기 어려운 경우의 당해 국외지역)에서 지출한 것으로서 지출 사실이 객관적으로 명백한 기업업무추진비
- 법인이 직접 생산한 제품 등으로 제공한 기업업무추진비(사업상 증여)
- 거래처와 약정에 의한 매출채권의 포기액
- 법인이 자기 제품이나 상품을 구입할 수 있는 상품권으로 제공한 기업업무추진비
- 농 · 어민으로부터 직접 재화를 공급받는 경우의 지출로서 그 대가를 금융회사 등을 통하여 지급한 지출(법인세 과세표준 신고 시 송금 명세서를 제출한 경우에 한함)

개정세법 반영

*3 한 차례의 접대에 대해 지출한 기업업무추진비가 3만원(경조금은 20만원)이하인 경우 적격증명서류 수령여부에 관계없이 전액 기업업무추진비로 인정
(∵ 실무편의를 고려한 소액 기업업무추진비에 대한 특례임)

포인트 기업업무추진비 한도액: (1) 일반 + (2) 문화 + (3) 전통시장

(1) 일반: ① 기본한도 + ② 일반수입금액 한도 + ③ 특정수입금액 한도
  ① 기본한도: 12,000,000원(중소기업은 36,000,000원)×당해 사업연도 월수*1/12
  ② 일반수입금액 한도: 일반수입금액×적용률*2
  ③ 특정수입금액 한도: 일반수입금액×적용률*2×10%
  *1 월수는 역에 따라 계산하되 1개월 미만의 일수는 1개월로 한다.
  *2 적용률

수입금액	적용률
100억원 이하	0.3%
100억원 초과 500억원 이하	3천만원 + 100억원을 초과하는 금액의 0.2%
500억원 초과	1억 1천만원 + 500억원을 초과하는 금액의 0.03%

(2) 문화: Min(①, ②)
  ① 문화기업업무추진비
  ② 위 '(1) 일반' 한도액×20%

(3) 전통시장: Min(①, ②)
  ① 전통시장에서 지출한 기업업무추진비
  ② 위 '(1) 일반' 한도액×10%

2. 기업업무추진비 조정명세서

(1) [1.기업업무추진비 입력(을)] 탭

① 1.수입금액 명세

- **1.일반수입금액**: [3.합계]란의 금액에서 [2.특수관계인 간 거래금액]란의 금액을 차감한 금액이 자동 반영된다.
- **2.특수관계인 간 거래금액**: [3.합계]란의 금액 중 특수관계인과의 거래에서 발생한 수입금액을 입력한다.
- **3.합계(1+2)**: 상단 툴바의 F12 불러오기를 클릭하면 나타나는 다음의 보조창에서 예(Y)를 클릭한다. [수입금액 조정명세서] 메뉴의 [수입금액 조정 계산] 탭-[③결산서상 수입금액-계]란의 금액을 불러온다.

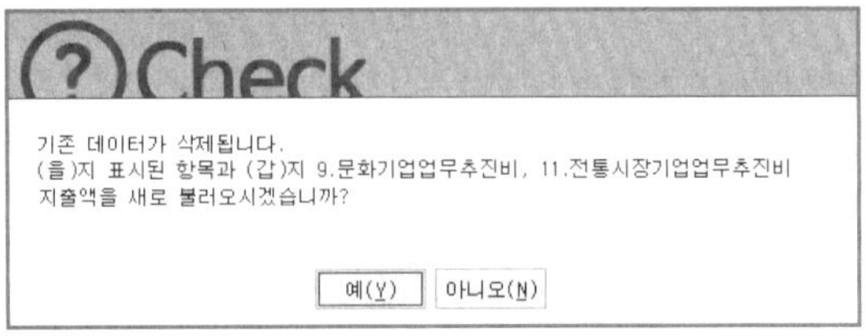

② 2.기업업무추진비 해당 금액

- **4.계정과목/5.계정금액**: [회계관리] 메뉴에서 입력된 데이터가 있는 경우 기업업무추진비(코드 513, 613, 663, 713, 763, 813, 843)로 입력된 데이터가 전표입력 시 [적요코드]란의 설정에 의해 해당 란에 자동 반영된다. 만약, 기업업무추진비 계정 이외의 다른 계정과목 중 기업업무추진비에 해당하는 금액이 있는 경우에는 키보드의 F2를 이용하여 해당 계정과목과 계정금액을 입력한다.
- **6.기업업무추진비계상액 중 사적사용경비**: 법인이 지출한 기업업무추진비 중 업무와 무관하게 개인적으로 지출한 기업업무추진비와 증빙불비 기업업무추진비 금액을 입력한다. 상단 툴바의 F3 조정등록을 이용하여 손금불산입(상여 등)으로 세무조정한다.
- **7.기업업무추진비 해당 금액(5-6)**: [5.계정금액]에서 [6.기업업무추진비계상액 중 사적사용경비]를 차감한 기업업무추진비 해당 금액이 자동 반영된다.

③ 신용카드 등 미사용 부인액과 기업업무추진비 부인액

• 8.신용카드 등 미사용금액

구분		내용
경조사비 중 기준금액 초과액	9.신용카드 등 미사용금액	[10.총초과금액] 중 신용카드 등 미사용금액을 입력
	10.총초과금액	[7.기업업무추진비 해당 금액] 중 건당 20만원을 초과하는 경조사비 총액을 입력
국외지역 지출액	11.신용카드 등 미사용금액	[12.총지출액] 중 신용카드 등 미사용금액을 입력
	12.총지출액	[7.기업업무추진비 해당 금액] 중 국외지역에서 지출한 기업업무추진비 총액을 입력
농어민 지출액	13.송금 명세서 미제출금액	[14.총지출액] 과세표준 신고 시 송금명세서를 첨부하여 제출하지 않은 금액 등을 입력
	14.총지출액	[7.기업업무추진비 해당 금액] 중 농어민에게 직접 공급받은 경우의 지출액을 입력
기업업무추진비 중 기준금액 초과액	15.신용카드 등 미사용금액	[16.총초과금액] 중 신용카드 등 미사용금액을 입력
	16.총초과금액	[7.기업업무추진비 해당 금액] 중 [10.총초과금액], [12.총지출액], [14.총지출액]란의 금액을 제외한 나머지 금액 중 건당 3만원을 초과한 총액을 입력
17.신용카드 등 미사용 부인액		법인신용카드 등 미수취 금액으로 상단 툴바의 F3 조정등록 을 이용하여 손금불산입(기타사외유출)으로 세무조정

• 18.기업업무추진비 부인액[6+17]: [6.기업업무추진비계상액 중 사적사용경비]란과 [17.신용카드 등 미사용 부인액]란의 합계액이 자동 반영된다. 동 금액은 한도액 계산에 포함하지 않고 즉시 손금불산입되는 기업업무추진비에 해당한다.

(2) [2.기업업무추진비 조정(갑)] 탭

[2.기업업무추진비 조정(갑)] 탭은 [1.기업업무추진비 입력(을)] 탭과 [회사등록] 메뉴에 입력된 자료가 자동 반영된다.

구분			금액
1. 기업업무추진비 해당 금액			
2. 기준금액 초과 기업업무추진비 중 신용카드 등 미사용으로 인한 손금불산입액			
3. 차감 기업업무추진비 해당금액(1-2)			
일반 기업업무추진비 한도	4. 12,000,000 (중소기업 36,000,000) X 월수(12) / 12		36,000,000
	총수입금액 기준	100억원 이하의 금액 X 30/10,000	
		100억원 초과 500억원 이하의 금액 X 20/10,000	
		500억원 초과 금액 X 3/10,000	
		5. 소계	
	일반수입금액 기준	100억원 이하의 금액 X 30/10,000	
		100억원 초과 500억원 이하의 금액 X 20/10,000	
		500억원 초과 금액 X 3/10,000	
		6. 소계	
	7. 수입금액기준	(5-6) X 10/100	
	8. 일반기업업무추진비 한도액 (4+6+7)		36,000,000
문화기업업무추진비 한도(「조특법」 제136조제3항)	9. 문화기업업무추진비 지출액		
	10. 문화기업업무추진비 한도액(9와 (8 X 20/100) 중 작은 금액)		
전통시장기업업무추진비 한도(「조특법」 제136조제6항)	11. 전통시장기업업무추진비 지출액		
	12. 전통시장기업업무추진비 한도액(11과 (8 X 10/100) 중 작은 금액)		
13. 기업업무추진비 한도액 합계(8+10+12)			36,000,000
14. 한도초과액(3-13)			
15. 손금산입한도 내 기업업무추진비 지출액(3과 13중 작은 금액)			

① 9.문화기업업무추진비 지출액: 문화기업업무추진비를 입력한다.

② 11.전통시장 기업업무추진비 지출액: 다음의 요건을 모두 갖춘 전통시장에서 지출한 기업업무추진비를 입력한다.

- 신용카드 등 적격증명서류 사용금액에 해당할 것
- 소비성서비스업(호텔업, 여관업, 주점업 등)을 경영하는 법인 또는 서압자에게 지출한 것이 아닐 것

③ 14.한도 초과액(3－13): [3.차감 기업업무추진비 해당 금액(1－2)]란에서 [13.기업업무추진비 한도액 합계(8＋10＋12)]란을 차감한 금액이 자동 계산된다. 동 금액은 기업업무추진비 한도 초과액으로 상단 툴바의 F3 조정등록 을 이용하여 손금불산입(기타사외유출)으로 세무조정한다.

연습문제

[1] 중소기업인 현미산업(주)(회사코드: 1062)의 다음 자료에 의하여 기업업무추진비 조정명세서를 작성하고 필요한 세무조정을 하시오.

기출 118회 수정

1. 손익계산서상 매출액은 다음과 같다.

구분	특수관계인 매출액	그 외 매출액	합계
법인세법상 매출액	400,000,000원	410,000,000원	3,090,120,000원
기업회계기준상 매출액	400,000,000원	400,000,000원	3,080,120,000원

2. 기업업무추진비 관련 지출액

계정	금액	법인카드 사용액	개인카드 사용액	이외	합계
기업업무추진비 (판관비)	3만원 초과분	27,549,820원	0원	310,000원	27,859,820원
	3만원 이하분	260,180원	0원	0원	260,180원
	합계	27,810,000원	0원	310,000원	28,120,000원
기업업무추진비 (제조경비)	3만원 초과분	7,930,000원	270,000원	0원	8,200,000원
	3만원 이하분	0원	0원	0원	0원
	합계	7,930,000원	270,000원	0원	8,200,000원

- 기업업무추진비(판) 중 310,000원은 건당 20만원 초과 신용카드 미사용 경조사비이다.

3. 현물기업업무추진비 내역은 다음과 같다(원가 4,500,000원, 시가 6,000,000원).

(차) 광고선전비(판)	5,100,000	(대) 상품	4,500,000
		부가세예수금	600,000

4. 복리후생비(판) 계정에 기업업무추진비 8,000,000원이 계상되어 있고, 이는 전액 지출 건당 3만원 초과금액이며 법인카드로 결제되었다.
5. 법인신용카드 등 미사용액에 대한 세무조정은 합계 금액으로 하나의 세무조정으로 한다.

| 풀이 |

[기업업무추진비 조정명세서]

① [1.기업업무추진비 입력(을)] 탭

상단 툴바의 F12 불러오기를 클릭하여 해당 란의 금액들을 불러온다.

기업업무추진비조정명세서 정기 | 1062 현미산업(주) | 법인 15기 2025-01-01~2025-12-31 | 부가세

닫기 | 코드 | 삭제 | 인쇄 | 조회

F3 조정등록 | CF5 전체삭제 | F6 계정과목 설정 | F7 원장조회 | F11 저장 | F12 불러오기

1.기업업무추진비 입력 (을) | 2.기업업무추진비 조정 (갑)

1 1. 수입금액명세

구 분	1. 일반수입금액	2. 특수관계인간 거래금액	3. 합 계(1+2)
금 액	2,680,120,000	400,000,000	3,080,120,000

2 2. 기업업무추진비 해당금액

4. 계정과목			합계	기업업무추진비(제조)	기업업무추진비(판관)	광고선전비	복리후생비
5. 계정금액			50,920,000	8,200,000	28,120,000	6,600,000	8,000,000
6. 기업업무추진비계상액 중 사적사용경비							
7. 기업업무추진비해당금액(5-6)			50,920,000	8,200,000	28,120,000	6,600,000	8,000,000
8. 신용카드 등 미사용금액	경조사비 중 기준금액 초과액	9. 신용카드 등 미사용금액	310,000		310,000		
		10. 총 초과금액	310,000		310,000		
	국외지역 지출액 (법인세법 시행령 제41조제2항제1호)	11. 신용카드 등 미사용금액					
		12. 총 지출액					
	농어민 지출액 (법인세법 시행령 제41조제2항제2호)	13. 송금명세서 미제출금액					
		14. 총 지출액					
	기업업무추진비 중 기준금액 초과액	15. 신용카드 등 미사용금액	270,000	270,000			
		16. 총 초과금액	43,749,820	8,200,000	27,549,820		8,000,000
	17. 신용카드 등 미사용 부인액		580,000	270,000	310,000		
18. 기업업무추진비 부인액(6+17)			580,000	270,000	310,000		

- [2.특수관계인 간 거래금액]란에 400,000,000원을 입력한다.
- [4.계정과목]란에서 키보드의 F2를 이용하여 '광고선전비(판)'을 반영하고 현물기업업무추진비는 시가로 평가하므로 [5.계정금액]란에 6,600,000원(=시가 6,000,000원+부가세 600,000원)을 입력한다. [16.총초과금액]란은 기준금액을 초과한 기업업무추진비 중 손금불산입되는 금액을 판단하기 위해 입력하는 칸이므로 적격증명서류 수취의무 면제 대상은 입력하지 않는다. 따라서, 현물기업업무추진비는 신용카드 등 수취의무 면제 기업업무추진비에 해당하므로 [8.신용카드 등 미사용금액－기업업무추진비 중 기준금액 초과액]의 [16.총초과금액]란에 입력할 필요가 없다.
- 복리후생비는 실질은 기업업무추진비에 해당하므로 [4.계정과목]란에서 키보드의 F2를 이용하여 '복리후생비(판)'를 입력하고 [5.계정금액]란과 [8.신용카드 등 미사용금액－기업업무추진비 중 기준금액 초과액]의 [16.총초과금액]란에 각각 8,000,000원을 입력한다.
- 상단 툴바의 F3 조정등록을 이용하여 다음과 같이 세무조정한다.

〈손금불산입〉 신용카드 미사용 기업업무추진비 580,000원(기타사외유출)

② [2.기업업무추진비 조정(갑)] 탭

기업업무추진비조정명세서 정기 | 1062 현미산업(주) | 법인 15기 2025-01-01~2025-12

⊗닫기 | 코드 | 삭제 | 인쇄 | 조회

≡ F3 조정등록 CF5 전체삭제 F6 계정과목 설정 F7 원장조회 F11 저장 F12 불러오기

1.기업업무추진비 입력 (을) | 2.기업업무추진비 조정 (갑)

3 기업업무추진비 한도초과액 조정

중소기업 | □ 정부출자법인 □ 부동산임대업등(법.령제42조제2항)

구분			금액
1. 기업업무추진비 해당 금액			50,920,000
2. 기준금액 초과 기업업무추진비 중 신용카드 등 미사용으로 인한 손금불산입액			580,000
3. 차감 기업업무추진비 해당금액(1-2)			50,340,000
일반 기업업무추진비 한도	4. 12,000,000 (중소기업 36,000,000) X 월수(12) / 12		36,000,000
	총수입금액 기준	100억원 이하의 금액 X 30/10,000	9,240,360
		100억원 초과 500억원 이하의 금액 X 20/10,000	
		500억원 초과 금액 X 3/10,000	
		5. 소계	9,240,360
	일반수입금액 기준	100억원 이하의 금액 X 30/10,000	8,040,360
		100억원 초과 500억원 이하의 금액 X 20/10,000	
		500억원 초과 금액 X 3/10,000	
		6. 소계	8,040,360
	7. 수입금액기준	(5-6) X 10/100	120,000
	8. 일반기업업무추진비 한도액 (4+6+7)		44,160,360
문화기업업무추진비 한도(「조특법」 제136조제3항)	9. 문화기업업무추진비 지출액		
	10. 문화기업업무추진비 한도액(9와 (8 X 20/100) 중 작은 금액)		
전통시장기업업무추진비 한도(「조특법」 제136조제6항)	11. 전통시장기업업무추진비 지출액		
	12. 전통시장기업업무추진비 한도액(11과 (8 X 10/100) 중 작은 금액)		
13. 기업업무추진비 한도액 합계(8+10+12)			44,160,360
14. 한도초과액(3-13)			6,179,640
15. 손금산입한도 내 기업업무추진비 지출액(3과 13중 작은 금액)			44,160,360

• 상단 툴바의 F3 조정등록 을 이용하여 다음과 같이 세무조정한 후 기업업무추진비 조정명세서를 저장한다.

〈손금불산입〉 기업업무추진비 한도 초과액 6,179,640원(기타사외유출)

[2] 중소기업인 장수기업(주)(회사코드: 1075)의 다음 자료에 의하여 기업업무추진비 조정명세서를 작성하고 필요한 세무조정을 하시오(단, 세무조정은 각 건별로 행하는 것으로 함). 기출 104회 수정

1. 손익계산서상 매출액과 영업외수익은 아래와 같다.

구분	매출액	특이사항
제품매출	2,000,000,000원	
상품매출	1,202,000,000원	특수관계인에 대한 매출액 100,000,000원 포함
영업외수익	50,000,000원	부산물 매출액
합계	3,252,000,000원	

2. 손익계산서상 기업업무추진비(판) 계정의 내역은 아래와 같다.

구분	금액	비고
상무이사 개인경비	1,000,000원	현금 지출분
법인신용카드 사용분	45,000,000원	전액 3만원 초과분
적격증명서류 없는 기업업무추진비	500,000원	간이영수증 수취 1건
합계	46,500,000원	

3. 한편 당사는 자사 상품(원가 1,000,000원, 시가 1,500,000원)을 거래처에 사업상 증정하고 아래와 같이 회계처리하였다.

(차) 광고선전비(판)	1,150,000	(대) 제품	1,000,000
		부가세예수금	150,000

4. 기타 계정 내역

계정과목	금액	관련사항
대손상각비(판)	10,000,000원	업무 관련하여 정당한 사유 없이 포기한 금액
광고선전비(판)	1,400,000원	법인카드로 구입한 달력을 불특정 다수인에게 제공

| 풀이 |

[기업업무추진비 조정명세서]

① [1.기업업무추진비 입력(을)] 탭

상단 툴바의 F12 불러오기 를 클릭하여 해당 란의 금액들을 불러온다.

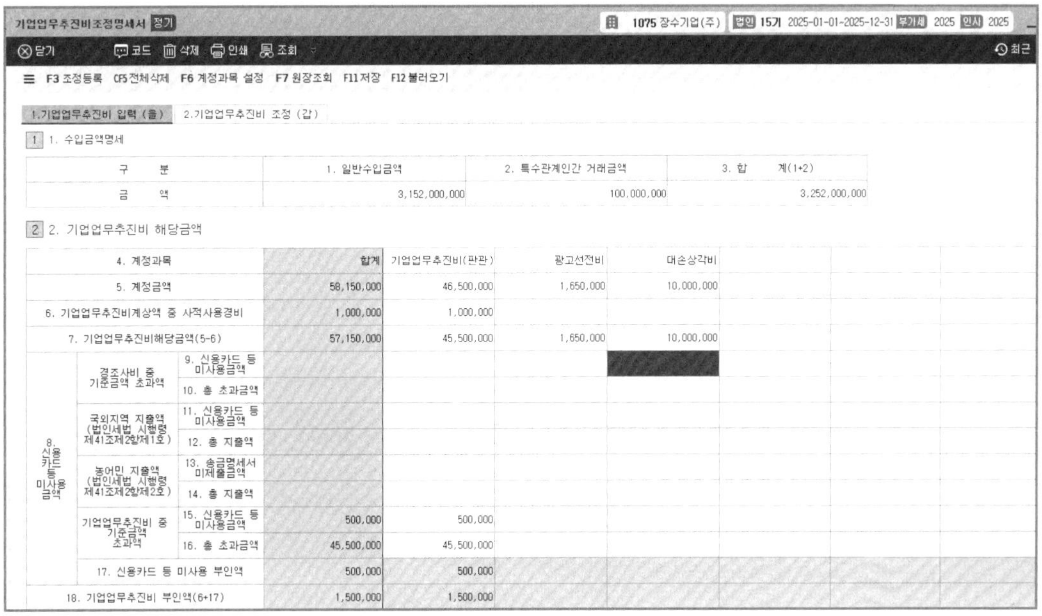

기업업무추진비조정명세서 정기

1075 장수기업(주) 법인 15기 2025-01-01~2025-12-31 부가세 2025 인사 2025

⊗닫기 코드 삭제 인쇄 조회 최근

F3 조정등록 CF5 전체삭제 F6 계정과목 설정 F7 원장조회 F11 저장 F12 불러오기

1.기업업무추진비 입력 (을) | 2.기업업무추진비 조정 (갑)

1 1. 수입금액명세

구 분	1. 일반수입금액	2. 특수관계인간 거래금액	3. 합 계(1+2)
금 액	3,152,000,000	100,000,000	3,252,000,000

2 2. 기업업무추진비 해당금액

4. 계정과목			합계	기업업무추진비(판관)	광고선전비	대손상각비
5. 계정금액			58,150,000	46,500,000	1,650,000	10,000,000
6. 기업업무추진비계상액 중 사적사용경비			1,000,000	1,000,000		
7. 기업업무추진비해당금액(5-6)			57,150,000	45,500,000	1,650,000	10,000,000
8. 신용카드 등 미사용금액	경조사비 중 기준금액 초과액	9. 신용카드 등 미사용금액				
		10. 총 초과금액				
	국외지역 지출액 (법인세법 시행령 제41조제2항제1호)	11. 신용카드 등 미사용금액				
		12. 총 지출액				
	농어민 지출액 (법인세법 시행령 제41조제2항제2호)	13. 송금명세서 미제출금액				
		14. 총 지출액				
	기업업무추진비 중 기준금액 초과액	15. 신용카드 등 미사용금액	500,000	500,000		
		16. 총 초과금액	45,500,000	45,500,000		
	17. 신용카드 등 미사용 부인액		500,000	500,000		
18. 기업업무추진비 부인액(6+17)			1,500,000	1,500,000		

- [2.특수관계인 간 거래금액]란에 100,000,000원을 입력한다.
- 기업업무추진비(판관비) 중에 상무이사 개인경비 1,000,000원은 사적경비액이므로 [6.기업업무추진비 계상액 중 사적사용경비 – 기업업무추진비(판관)]란에 입력한다. 해당 금액은 기업업무추진비에서 부인된 금액이므로 [8.신용카드 등 미사용금액 – 기업업무추진비 중 기준금액 초과액]의 [16.총초과금액]란에 45,500,000원(= 46,500,000원 – 1,000,000원)을 입력한다.
- [4.계정과목]란에 키보드의 F2를 이용하여 '광고선전비'를 입력하고, 광고선전비로 계상된 현물기업업무추진비는 시가로 평가하므로 [5.계정금액]란에 1,650,000원(= 시가 1,500,000원 + 부가가치세 150,000원)을 입력한다.
- 업무 관련 정당한 사유 없이 포기한 금액은 기업이 영업활동을 원활하게 진행하기 위해 발생하는 기업업무추진비에 해당하므로 [4.계정과목]란에서 키보드의 F2를 이용하여 '대손상각비'을 반영하고, [5.계정금액]란에 10,000,000원을 입력한다.
- 불특정 다수인에게 제공하는 광고선전비는 기업업무추진비에 해당하지 않기 때문에 별도로 입력하지 않는다.
- 상단 툴바의 F3 조정등록 을 이용하여 다음과 같이 세무조정한다.

〈손금불산입〉 상무이사 개인경비 1,000,000원(상여)
〈손금불산입〉 신용카드 미사용 기업업무추진비 500,000원(기타사외유출)

② [2.기업업무추진비 조정(갑)] 탭

기업업무추진비조정명세서 정기 | 1075 장수기업(주) | 법인 15기 2025-01-01~2025-12

⊗닫기 | 코드 | 삭제 | 인쇄 | 조회

F3 조정등록 | CF5 전체삭제 | F6 계정과목 설정 | F7 원장조회 | F11저장 | F12 불러오기

1.기업업무추진비 입력 (을) | 2.기업업무추진비 조정 (갑)

3 기업업무추진비 한도초과액 조정

중소기업 ☐ 정부출자법인 ☐ 부동산임대업등(법.령제42조제2항)

구분			금액
1. 기업업무추진비 해당 금액			57,150,000
2. 기준금액 초과 기업업무추진비 중 신용카드 등 미사용으로 인한 손금불산입액			500,000
3. 차감 기업업무추진비 해당금액(1-2)			56,650,000
일반 기업업무추진비 한도	4. 12,000,000 (중소기업 36,000,000) X 월수(12) / 12		36,000,000
	총수입금액 기준	100억원 이하의 금액 X 30/10,000	9,756,000
		100억원 초과 500억원 이하의 금액 X 20/10,000	
		500억원 초과 금액 X 3/10,000	
		5. 소계	9,756,000
	일반수입금액 기준	100억원 이하의 금액 X 30/10,000	9,456,000
		100억원 초과 500억원 이하의 금액 X 20/10,000	
		500억원 초과 금액 X 3/10,000	
		6. 소계	9,456,000
	7. 수입금액기준	(5-6) X 10/100	30,000
	8. 일반기업업무추진비 한도액 (4+6+7)		45,486,000
문화기업업무추진비 한도(「조특법」 제136조제3항)	9. 문화기업업무추진비 지출액		
	10. 문화기업업무추진비 한도액(9와 (8 X 20/100) 중 작은 금액)		
전통시장기업업무추진비 한도(「조특법」 제136조제6항)	11. 전통시장기업업무추진비 지출액		
	12. 전통시장기업업무추진비 한도액(11과 (8 X 10/100) 중 작은 금액)		
13. 기업업무추진비 한도액 합계(8+10+12)			45,486,000
14. 한도초과액(3-13)			11,164,000
15. 손금산입한도 내 기업업무추진비 지출액(3과 13중 작은 금액)			45,486,000

• 상단 툴바의 F3 조정등록 을 이용하여 다음과 같이 세무조정한 후 저장한다.

〈손금불산입〉 기업업무추진비 한도 초과 11,164,000원(기타사외유출)

[3] 중소기업인 태백산업(주)(회사코드: 1067)의 다음 자료를 이용하여 기업업무추진비 조정명세서를 작성하고 세무조정을 하시오.

기출 102회 수정

1. 수입금액 조정명세서 내역은 다음과 같다.
   • 상품매출액: 794,680,000원(특수관계인에 대한 매출액 50,000,000원 포함)
   • 제품매출액: 1,190,100,000원(특수관계인에 대한 매출액 100,000,000원 포함)
2. 손익계산서 및 제조원가 명세서에 기업업무추진비로 회계처리된 금액은 다음과 같다.

계정과목	금액	법인카드 사용액		현금 지출액	합계
		일반기업업무추진비	문화기업업무추진비	경조금	
기업업무추진비 (판관비)	3만원 초과분	28,631,120원	1,300,000원*[1]	200,000원*[2]	30,131,120원
	3만원 이하분	2,248,880원	–	–	2,248,880원
	합계	30,880,000원	1,300,000원	200,000원	32,380,000원
기업업무추진비 (제조경비)	3만원 초과분	13,480,000원*[3]	–	–	13,480,000원
	3만원 이하분	1,380,000원	–	–	1,380,000원
	합계	14,860,000원	–	–	14,860,000원

*[1] 문화기업업무추진비 사용액 중 300,000원은 대표자와 그 가족이 박물관 관람을 위하여 사용하였다.

*[2] 주요 거래처에 현금으로 경조사비를 지출하고, 사실을 확인할 수 있는 증명서류(경조사 관련 증빙)를 수취하였으나 적격증빙서류를 받지 않았다.

*[3] 임직원 개인 명의의 신용카드로 결제한 금액 360,000원이 포함되어 있다.

| 풀이 |

[기업업무추진비 조정명세서]

① [1.기업업무추진비 입력(을)] 탭

상단 툴바의 F12 불러오기를 클릭하여 해당 란의 금액들을 불러온다.

기업업무추진비조정명세서 정기 | 1067 태백산업(주) | 법인 17기 2025-01-01~2025-

⊗닫기 | 코드 | 삭제 | 인쇄 | 조회

≡ F3 조정등록 CF5 전체삭제 F6 계정과목 설정 F7 원장조회 F11 저장 F12 불러오기

1.기업업무추진비 입력 (을) | 2.기업업무추진비 조정 (갑)

1 1. 수입금액명세

구 분	1. 일반수입금액	2. 특수관계인간 거래금액	3. 합 계(1+2)
금 액	1,834,780,000	150,000,000	1,984,780,000

2 2. 기업업무추진비 해당금액

4. 계정과목			합계	기업업무추진비(제조)	기업업무추진비(판관)			
5. 계정금액			47,240,000	14,860,000	32,380,000			
6. 기업업무추진비계상액 중 사적사용경비			300,000		300,000			
7. 기업업무추진비해당금액(5-6)			46,940,000	14,860,000	32,080,000			
8. 신용카드 등 미사용금액	경조사비 중 기준금액 초과액	9. 신용카드 등 미사용금액						
		10. 총 초과금액						
	국외지역 지출액 (법인세법 시행령 제41조제2항제1호)	11. 신용카드 등 미사용금액						
		12. 총 지출액						
	농어민 지출액 (법인세법 시행령 제41조제2항제2호)	13. 송금명세서 미제출금액						
		14. 총 지출액						
	기업업무추진비 중 기준금액 초과액	15. 신용카드 등 미사용금액	360,000	360,000				
		16. 총 초과금액	43,111,120	13,480,000	29,631,120			
	17. 신용카드 등 미사용 부인액		360,000	360,000				
18. 기업업무추진비 부인액(6+17)			660,000	360,000	300,000			

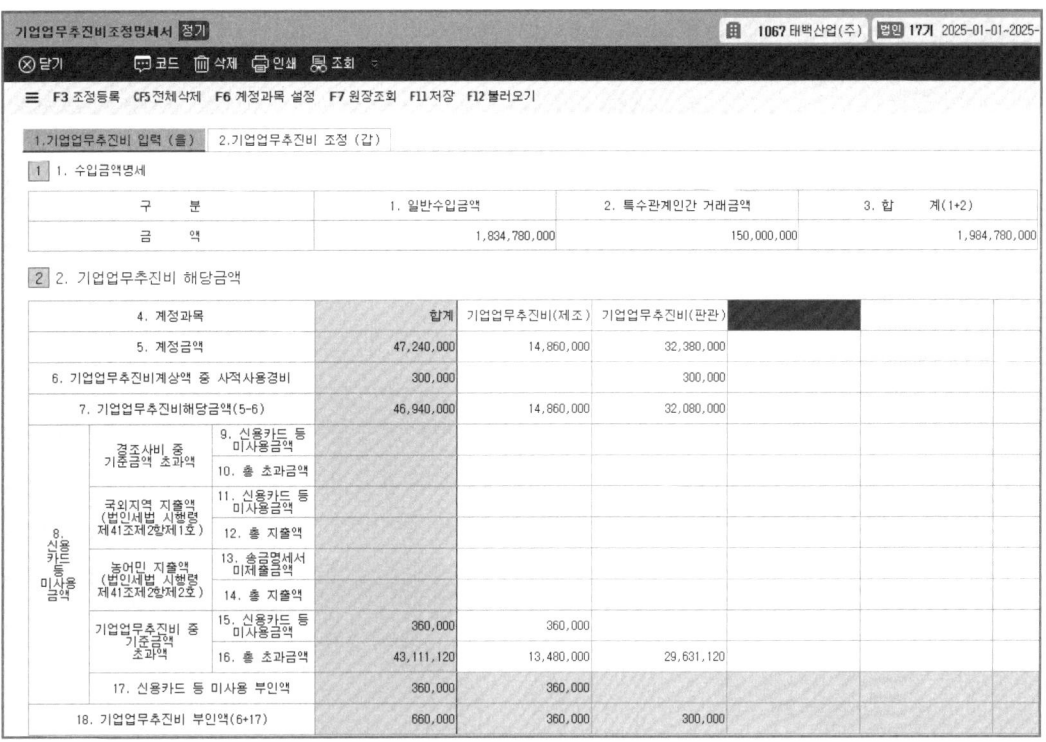

- [2.특수관계인 간 거래금액]란에 150,000,000원을 입력한다.
- 문화기업업무추진비 사용액 중 300,000원은 사적경비액이므로 [6.기업업무추진비계상액 중 사적사용경비 – 기업업무추진비(판관)]란에 입력한다. [8.신용카드 등 미사용금액 – 기업업무추진비 중 기준금액 초과액]의 [16.총초과금액]란은 사적사용경비를 제외한 기업업무추진비 계상액 중 경조사비, 국외지역 지출액, 농어민 지출액을 제외한 건당 3만원을 초과하는 지출액을 기재하는 것이 원칙이다. 따라서, [16.총초과금액]란은 기업업무추진비 직부인에 해당 사적사용경비 300,000원과 경조사비 200,000원을 차감한 29,631,120원(= 30,131,120원 – 200,000원 – 300,000원)을 입력한다.

  꿀팁 [16.총초과금액]란 경조사비, 국외지역 지출액, 농어민 지출액을 제외한 건당 3만원을 초과하는 기업업무추진비 지출액 총액을 기재해도 되므로 직부인 대상 사적사용경비를 포함하여 입력해도 상관없다.

- 상단 툴바의 F3 조정등록을 이용하여 다음과 같이 세무조정한 후 저장한다.

〈손금불산입〉 대표이사 개인경비 300,000원(상여)
〈손금불산입〉 신용카드 미사용 기업업무추진비 360,000원(기타사외유출)

② [2.기업업무추진비 조정(갑)] 탭

기업업무추진비조정명세서 정기 | 1067 태백산업(주) | 법인 17기 2025-01-01~2025-12

⊗닫기 | 코드 | 삭제 | 인쇄 | 조회

F3 조정등록 | CF5 전체삭제 | F6 계정과목 설정 | F7 원장조회 | F11저장 | F12 불러오기

1.기업업무추진비 입력 (을) | 2.기업업무추진비 조정 (갑)

3 기업업무추진비 한도초과액 조정

중소기업 | □ 정부출자법인 □ 부동산임대업등(법.령제42조제2항)

구분				금액
1. 기업업무추진비 해당 금액				46,940,000
2. 기준금액 초과 기업업무추진비 중 신용카드 등 미사용으로 인한 손금불산입액				360,000
3. 차감 기업업무추진비 해당금액(1-2)				46,580,000
일반 기업업무추진비 한도	4. 12,000,000 (중소기업 36,000,000) X 월수(12) / 12			36,000,000
	총수입금액 기준	100억원 이하의 금액 X 30/10,000		5,954,340
		100억원 초과 500억원 이하의 금액 X 20/10,000		
		500억원 초과 금액 X 3/10,000		
		5. 소계		5,954,340
	일반수입금액 기준	100억원 이하의 금액 X 30/10,000		5,504,340
		100억원 초과 500억원 이하의 금액 X 20/10,000		
		500억원 초과 금액 X 3/10,000		
		6. 소계		5,504,340
	7. 수입금액기준	(5-6) X 10/100		45,000
	8. 일반기업업무추진비 한도액 (4+6+7)			41,549,340
문화기업업무추진비 한도(「조특법」 제136조제3항)	9. 문화기업업무추진비 지출액			1,000,000
	10. 문화기업업무추진비 한도액(9와 (8 X 20/100) 중 작은 금액)			1,000,000
전통시장기업업무추진비 한도(「조특법」 제136조제6항)	11. 전통시장기업업무추진비 지출액			
	12. 전통시장기업업무추진비 한도액(11과 (8 X 10/100) 중 작은 금액)			
13. 기업업무추진비 한도액 합계(8+10+12)				42,549,340
14. 한도초과액(3-13)				4,030,660
15. 손금산입한도 내 기업업무추진비 지출액(3과 13중 작은 금액)				42,549,340

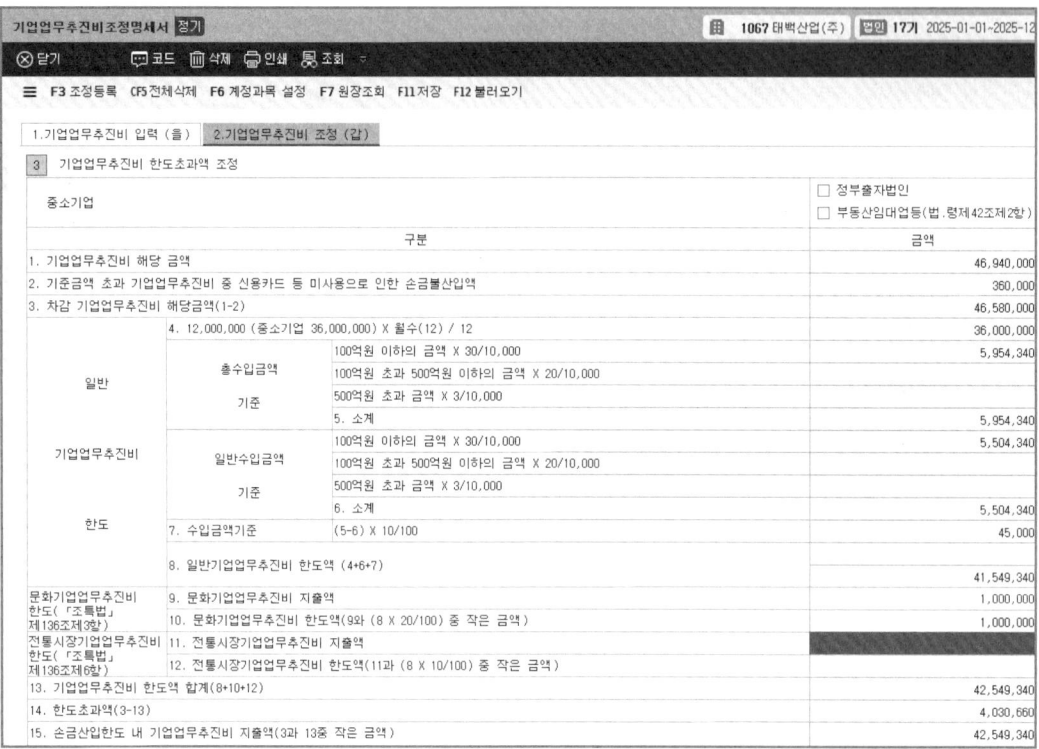

- [9.문화기업업무추진비]란에 1,000,000원을 입력한다.
- 상단 툴바의 F3 조정등록 을 이용하여 다음과 같이 세무조정한 후 저장한다.

〈손금불산입〉 기업업무추진비 한도 초과 4,030,660원(기타사외유출)

[4] 다음은 중소기업인 (주)추진물산(회사코드: 1061)의 기업업무추진비와 관련된 자료이다. 기업업무추진비조정명세서를 작성하고 필요한 세무조정을 하시오.

기출 112회

1. 손익계산서상 기업업무추진비(판)계정의 금액은 20,000,000원이며, 다음의 금액이 포함되어 있다.
   - 전기 말 법인카드로 기업업무추진비 1,000,000원을 지출하였으나 회계처리를 하지 않아 이를 법인카드 대금 결제일인 2025년 1월 25일에 기업업무추진비로 계상하였다.
2. 건설 중인 자산(당기 말 현재 공사 진행 중)에 배부된 기업업무추진비(도급) 3,000,000원 중에는 대표이사가 개인적으로 사용한 금액으로써 대표이사가 부담해야 할 기업업무추진비 500,000원이 포함되어 있다.
3. 당기 수입금액 합계는 2,525,000,000원으로 제품매출 1,385,000,000원, 상품매출 1,140,000,000원이다.
4. 전기 이전의 세무조정은 모두 적법하게 이루어진 상황이며, 위 외의 기업업무추진비 지출액은 없다.
5. 위 기업업무추진비 중 신용카드 등 미사용금액은 없다.

| 풀이 |

[기업업무추진비 조정명세서]

① [1.기업업무추진비 입력(을)] 탭

상단 툴바의 F12 불러오기 를 클릭하여 해당 란의 금액들을 불러온다.

기업업무추진비조정명세서 정기 | 1061 추진물산(주) | 법인 17기 2025-01-01~2025-12-31 | 부가세 2025 | 인사 2025

⊗닫기 | 코드 | 삭제 | 인쇄 | 조회 | 최근

≡ F3 조정등록 CF5 전체삭제 F6 계정과목 설정 F7 원장조회 F11 저장 F12 불러오기

1.기업업무추진비 입력 (을) | 2.기업업무추진비 조정 (갑)

1 1. 수입금액명세

구 분	1. 일반수입금액	2. 특수관계인간 거래금액	3. 합 계(1+2)
금 액	2,525,000,000		2,525,000,000

2 2. 기업업무추진비 해당금액

		합계	기업업무추진비(도급)	기업업무추진비(판관)
4. 계정과목		합계	기업업무추진비(도급)	기업업무추진비(판관)
5. 계정금액		22,000,000	3,000,000	19,000,000
6. 기업업무추진비계상액 중 사적사용경비		500,000	500,000	
7. 기업업무추진비해당금액(5-6)		21,500,000	2,500,000	19,000,000
8. 신용카드 등 미사용금액 / 경조사비 중 기준금액 초과액	9. 신용카드 등 미사용금액			
	10. 총 초과금액			
국외지역 지출액 (법인세법 시행령 제41조제2항제1호)	11. 신용카드 등 미사용금액			
	12. 총 지출액			
농어민 지출액 (법인세법 시행령 제41조제2항제2호)	13. 송금명세서 미제출금액			
	14. 총 지출액			
기업업무추진비 중 기준금액 초과액	15. 신용카드 등 미사용금액			
	16. 총 초과금액	21,500,000	2,500,000	19,000,000
17. 신용카드 등 미사용 부인액				
18. 기업업무추진비 부인액(6+17)		500,000	500,000	

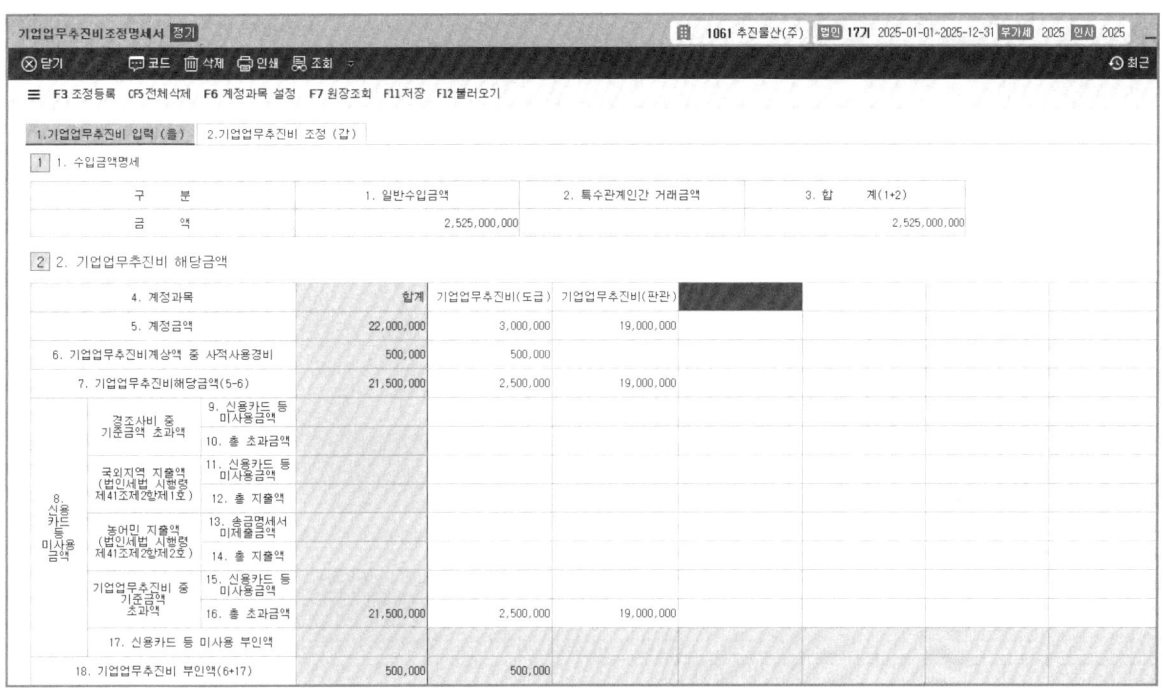

- 기업업무추진비(판) 20,000,000원에서 전기 기업업무추진비 1,000,000원을 차감한 19,000,000원을 [5.계정금액]란에 수정하여 입력한다. 이와 관련된 전기와 당기의 세무조정사항은 다음과 같으며 상단 툴바의 F3 조정등록 을 이용하여 당기 세무조정을 입력한다.

전기 세무조정	당기 세무조정
B: –	B: 기업업무추진비(판)1,000,000 / 현금 등 1,000,000
T: 기업업무추진비(판)1,000,000 / 현금 등 1,000,000	T: –
T/A 〈손금산입〉 기업업무추진비 1,000,000 (유보발생)	T/A 〈손금불산입〉 전기 기업업무추진비 1,000,000 (유보감소)

- 기업업무추진비(도급) 중에 대표이사가 개인적으로 사용한 금액 500,000원은 사적경비액이므로 [6.기업업무추진비계상액 중 사적사용경비 – 기업업무추진비(도급)]란에 입력한다. [16.총초과금액]란은 기업업무추진비 직부인에 해당 사적사용경비 500,000원 차감한 2,500,000원(= 3,000,000원 – 500,000원)을 입력한다.
- 건설 중인 자산에 배부된 기업업무추진비(도급)는 당기 비용이 아닌 자산(건설 중인 자산)을 구성하는 원가에 해당한다. 다만, 대표이사가 개인적으로 사용한 기업업무추진비는 건설 중인 자산의 원가가 될 수 없다. 따라서, 건설 중인 자산 500,000원(손금산입, △유보발생)으로 세무조정 및 소득처분하여 자산을 감액하여야 하는 것이며, 대표이사의 사적경비에 해당하므로 대표이사 개인적 사용 기업업무추진비 500,000원(손금불산입, 상여)으로 세무조정 및 소득처분해야 한다. 따라서, 상단 툴바의 F3 조정등록 을 이용하여 당기 세무조정을 입력한다.

〈손금산입〉 건설 중인 자산 500,000 (유보발생)
〈손금불산입〉 대표이사 개인적 사용 기업업무추진비 500,000 (상여)

② [2.기업업무추진비 조정(갑)] 탭: 불러온 금액을 확인한 후 해당서식을 저장한다.

기업업무추진비조정명세서 정기 | 1061 추진물산(주) | 법인 17기 2025-01-01~2025-12

⊗ 닫기 코드 삭제 인쇄 조회

≡ F3 조정등록 CF5 전체삭제 F6 계정과목 설정 F7 원장조회 F11 저장 F12 불러오기

1.기업업무추진비 입력 (을) | 2.기업업무추진비 조정 (갑)

3 기업업무추진비 한도초과액 조정

중소기업			☐ 정부출자법인 ☐ 부동산임대업등(법.령제42조제2항)
구분			금액
1. 기업업무추진비 해당 금액			21,500,000
2. 기준금액 초과 기업업무추진비 중 신용카드 등 미사용으로 인한 손금불산입액			
3. 차감 기업업무추진비 해당금액(1-2)			21,500,000
일반 기업업무추진비 한도	4. 12,000,000 (중소기업 36,000,000) X 월수(12) / 12		36,000,000
	총수입금액 기준	100억원 이하의 금액 X 30/10,000	7,575,000
		100억원 초과 500억원 이하의 금액 X 20/10,000	
		500억원 초과 금액 X 3/10,000	
		5. 소계	7,575,000
	일반수입금액 기준	100억원 이하의 금액 X 30/10,000	7,575,000
		100억원 초과 500억원 이하의 금액 X 20/10,000	
		500억원 초과 금액 X 3/10,000	
		6. 소계	7,575,000
	7. 수입금액기준	(5-6) X 10/100	
	8. 일반기업업무추진비 한도액 (4+6+7)		43,575,000
문화기업업무추진비 한도(「조특법」 제136조제3항)	9. 문화기업업무추진비 지출액		
	10. 문화기업업무추진비 한도액(9와 (8 X 20/100) 중 작은 금액)		
전통시장기업업무추진비 한도(「조특법」 제136조제6항)	11. 전통시장기업업무추진비 지출액		
	12. 전통시장기업업무추진비 한도액(11과 (8 X 10/100) 중 작은 금액)		
13. 기업업무추진비 한도액 합계(8+10+12)			43,575,000
14. 한도초과액(3-13)			
15. 손금산입한도 내 기업업무추진비 지출액(3과 13중 작은 금액)			21,500,000

5 재고자산(유가증권) 평가 조정명세서

최신 30회 중 2문제 출제

1. 재고자산 및 유가증권의 평가방법

(1) 재고자산 및 유가증권의 평가방법

보고기간 종료일 현재 재고자산의 가액은 당기의 매출원가와 다음 연도의 매출원가에, 유가증권의 기말가액은 차기 이후의 처분손익에 영향을 미친다. 따라서 기업의 자의적인 평가를 방지하고자 일반기업회계기준을 배제하고 법인세법에서 재고자산 및 유가증권에 대하여 구체적인 평가방법을 규정하고 있다.

평가대상 자산	평가방법		
	신고방법	무신고 시	임의변경 시
재고자산*[1]	다음의 방법 중 신고한 방법 ㉠ 원가법: 개별법, 선입선출법, 후입선출법, 총평균법, 이동평균법, 소매재고법 ㉡ 저가법*[2]: Min[원가법, 일반기업회계기준에 의한 시가]	선입선출법	Max[㉠, ㉡] ㉠ 선입선출법 ㉡ 당초 적법하게 신고한 평가방법
유가증권	다음의 방법 중 신고한 방법(원가법) ㉠ 채권: 개별법, 총평균법, 이동평균법 ㉡ 주식: 총평균법, 이동평균법	원가법 중 총평균법	Max[㉠, ㉡] ㉠ 총평균법 ㉡ 당초 적법하게 신고한 평가방법

*[1] 재고자산은 종류별 · 영업장별로 각각 다른 방법에 의하여 평가할 수 있다.

*[2] 저가법으로 신고하는 경우에는 시가와 비교되는 원가법을 함께 신고해야 한다.

(2) 재고자산 및 유가증권의 평가방법의 신고와 변경 신고

재고자산과 유가증권의 평가방법을 신고하고자 할 때에는 다음 기한 내에 신고하여야 한다.

① **신설법인과 수익사업을 개시한 비영리내국법인**: 법인설립일 또는 수익사업 개시일이 속하는 사업연도의 과세표준 신고기한까지

② **평가방법을 신고한 법인이 그 평가방법을 변경하고자 하는 경우**: 변경할 평가방법을 적용하고자 하는 사업연도의 종료일 이전 3개월이 되는 날까지

(꿀팁) 임의변경: 신고한 평가방법 이외의 방법으로 평가하거나 변경 신고기한 후에 신고한 평가방법을 변경하는 경우

(3) 재고자산평가에 의한 세무조정

구분	당기	차기
세법상 평가액>장부가액	〈손금불산입〉 재고자산 평가감(유보 발생)	〈손금산입〉 전기 재고자산 평가감(유보 감소)
세법상 평가액<장부가액	〈손금산입〉 재고자산 평가증(유보 발생)	〈손금불산입〉 전기 재고자산 평가증(유보 감소)

2. 재고자산(유가증권) 평가 조정명세서

(1) 재고자산 평가방법의 검토

① **1.자산별 – 2.신고일**: 재고자산별 평가방법의 신고연월일을 입력하고, 신고하지 않은 경우에는 입력하지 않는다.

② **3.신고방법**: 회사가 납세지 관할 세무서장에게 신고한 재고자산 평가방법을 다음의 보조창에서 선택하고 신고하지 않은 경우에는 '00.무신고'를 선택한다.

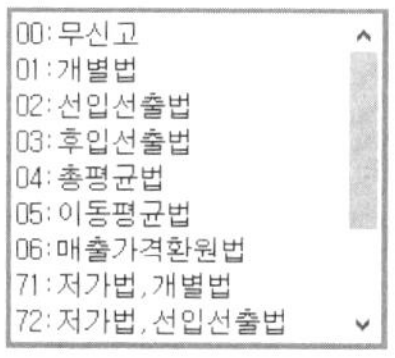

③ **4.평가방법**: 회사가 장부상 실제로 재고자산을 평가한 방법을 보조창에서 선택한다.

④ **5.적부**: 신고방법과 평가방법이 같으면 '1.여'를, 다르면 '0.부'를 선택한다.

(2) 평가조정 계산

① **7.과목**: F2를 이용하여 해당 과목코드를 입력한다.

② **회사계산(장부가)**: 회사의 평가방법에 의한 단가와 금액을 입력한다.

③ **조정 계산금액**

- **세법상 신고방법**: 신고방법에 의해 [14.단가]란과 [15.금액]란을 입력하며, 무신고 시에는 입력하지 않는다.
- **FIFO(무신고, 임의변경 시)**: 재고자산 평가방법을 무신고 또는 임의변경 시에는 선입선출법에 의해 [16.단가]란과 [17.금액]란을 입력하며, 신고방법에 의하여 평가한 경우에는 입력하지 않는다.

④ **18.조정액**: 자산별로 신고방법에 의한 금액(임의변경의 경우에는 Max[선입선출법, 당초 적법한 신고방법에 의한 금액])과 [회사계산(장부가) – 13.금액]과의 차액이 자동 표시된다. 양수(+)로 표시되는 평가감은 익금산입 · 손금불산입(유보 발생)으로, 음수(–)로 표시되는 평가증은 손금산입 · 익금불산입(유보 발생)으로 세무조정한다.

연습문제

[1] 다음 자료를 이용하여 현미산업(주)(회사코드: 1062)의 재고자산(유가증권) 평가 조정명세서를 작성하고 필요한 세무조정을 하시오. 당사는 재고자산의 평가방법에 대하여 신고한 적이 없으며, 정관 관련 규정도 없다. 당사의 재고자산 평가방법은 후입선출법에 의하고 있으며, 전기의 재고자산 평가감(제품) 3,000,000원이 유보 처분되어 있다. 재고자산 평가액이 다음과 같을 때 당기 재고자산 평가에 대한 세무조정은 각 재고자산별로 하시오. 기출 62회

과목	품명	수량	단가		
			후입선출법	선입선출법	총평균법
원재료	A	10,000개	1,000원	1,200원	1,000원
제품	B	20,000개	1,800원	2,000원	2,400원

| 풀이 |

[재고자산(유가증권) 평가 조정명세서]

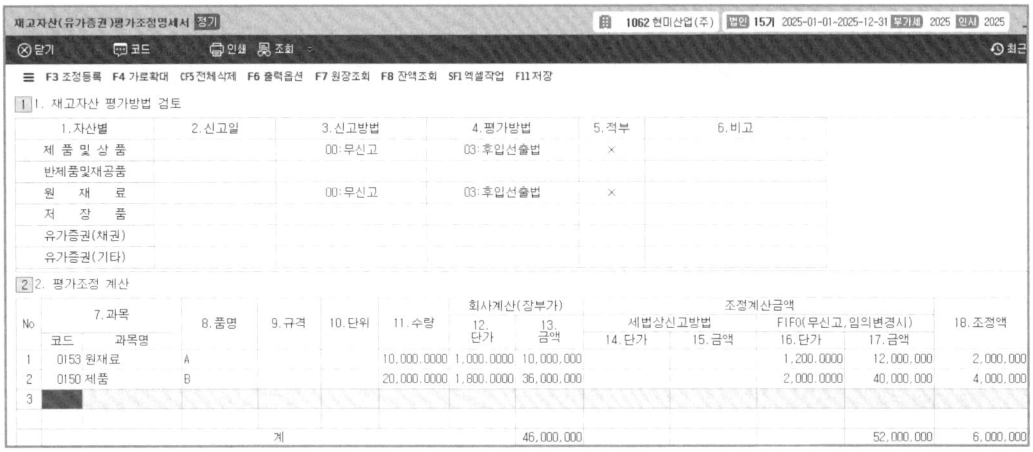
재고자산(유가증권)평가조정명세서 정기 | 1062 현미산업(주) | 법인 15기 2025-01-01~2025-12-31 부가세 2025 인사 2025

⊗닫기 코드 인쇄 조회 최근

F3 조정등록 F4 가로확대 CF5 전체삭제 F6 출력옵션 F7 원장조회 F8 잔액조회 SF1 엑셀작업 F11 저장

1 1. 재고자산 평가방법 검토

1.자산별	2.신고일	3.신고방법	4.평가방법	5.적부	6.비고
제 품 및 상 품		00:무신고	03:후입선출법	×	
반제품및재공품					
원 재 료		00:무신고	03:후입선출법	×	
저 장 품					
유가증권(채권)					
유가증권(기타)					

2 2. 평가조정 계산

No	7.과목		8.품명	9.규격	10.단위	11.수량	회사계산(장부가)		조정계산금액				18.조정액
									세법상신고방법		FIFO(무신고,임의변경시)		
	코드	과목명					12. 단가	13. 금액	14.단가	15.금액	16.단가	17.금액	
1	0153	원재료	A			10,000.0000	1,000.0000	10,000,000			1,200.0000	12,000,000	2,000,000
2	0150	제품	B			20,000.0000	1,800.0000	36,000,000			2,000.0000	40,000,000	4,000,000
3													
				계				46,000,000				52,000,000	6,000,000

① 재고자산 평가방법 검토

자산별	신고일	신고방법	평가방법	적부	검토사항
원재료		무신고	후입선출법	×	무신고
제품 및 상품		무신고	후입선출법	×	무신고

• 재고자산의 평가방법을 무신고한 경우 세법상 선입선출법에 의해 평가 세무조정한다.

② 평가조정 계산

과목	수량(개)	회사계산(원)		조정 계산금액(원)				조정액(원)
				세법상 신고방법		FIFO(무신고, 임의변경 시)		
		단가	금액	단가	금액	단가	금액	
원재료	10,000	1,000	10,000,000			1,200	12,000,000	2,000,000
제품	20,000	1,800	36,000,000			2,000	40,000,000	4,000,000
계			46,000,000				52,000,000	6,000,000

자산별	장부상 평가액	세법상 평가액	세무조정
원재료	10,000,000원	12,000,000원	〈익금산입〉 2,000,000원(유보 발생)
제품	36,000,000원	40,000,000원	〈익금산입〉 4,000,000원(유보 발생)

③ 상단 툴바의 **F3 조정등록** 을 이용하여 다음과 같이 세무조정한 후 해당 서식을 저장한다.

〈익금산입〉 재고자산 평가감(제품) 4,000,000원(유보 발생)
〈익금산입〉 재고자산 평가감(원재료) 2,000,000원(유보 발생)
〈손금산입〉 전기 재고자산 평가감(제품) 3,000,000원(유보 감소)

꿀팁 전기 재고자산 평가감(제품)은 전기에 손금불산입(유보 발생)으로 소득처분된 금액을 당기에 반대의 세무조정과 소득처분한다.

[2] 다음 자료를 이용하여 서부상사(주)(회사코드: 1064)의 재고자산(유가증권) 평가 조정명세서를 작성하고 필요한 세무조정을 하시오. 주어진 자료 이외에 신고일, 품명, 규격, 단위, 수량, 단가 등은 입력을 생략하고, 세무조정은 재고자산별로 조정하도록 한다. 기출 64회

1. 재고자산 평가방법
   - 당사는 제품과 원재료에 대하여 저가법(비교원가법은 총평균법)을 세법상 적정하게 신고하였으나, 재공품에 대하여는 평가방법을 신고한 바 없다.
   - 당사는 제품과 재공품은 저가법(비교원가법은 총평균법)을 적용하여 평가하고, 원재료는 총평균법에 의하여 평가하였다.
2. 평가방법별 재고자산 평가금액은 다음과 같다.

구분	장부금액	총평균법	선입선출법	시가
제품	30,500,000원	31,000,000원	32,000,000원	30,500,000원
재공품	7,100,000원	7,400,000원	7,600,000원	7,100,000원
원재료	8,100,000원	8,100,000원	8,300,000원	8,000,000원

| 풀이 |

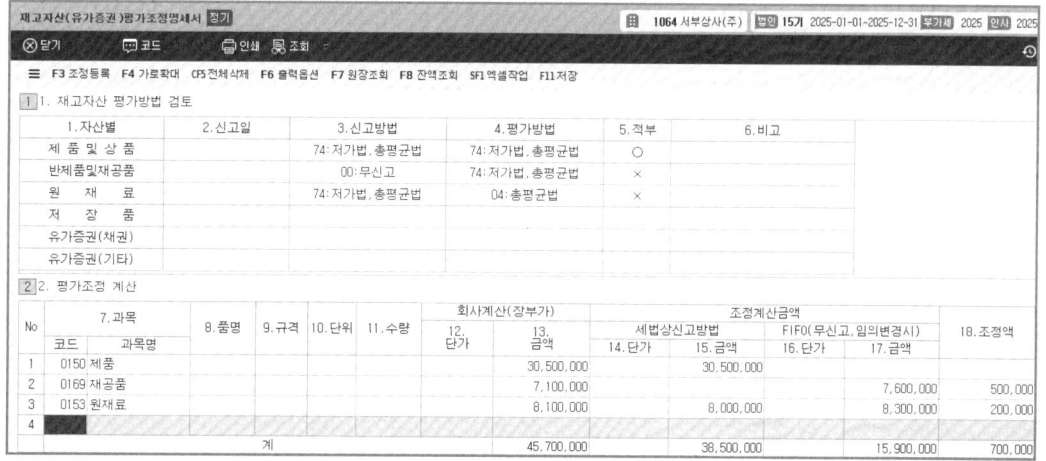

[재고자산(유가증권) 평가 조정명세서]

재고자산(유가증권)평가조정명세서 정기 | 1064 서부상사(주) | 법인 15기 2025-01-01~2025-12-31 | 부가세 2025 | 인사 2025

닫기 | 코드 | 인쇄 | 조회

F3 조정등록 | F4 가로확대 | CF5 전체삭제 | F6 출력옵션 | F7 원장조회 | F8 잔액조회 | SF1 엑셀작업 | F11저장

1 1. 재고자산 평가방법 검토

1.자산별	2.신고일	3.신고방법	4.평가방법	5.적부	6.비고
제 품 및 상 품		74:저가법,총평균법	74:저가법,총평균법	○	
반제품및재공품		00:무신고	74:저가법,총평균법	×	
원 재 료		74:저가법,총평균법	04:총평균법	×	
저 장 품					
유가증권(채권)					
유가증권(기타)					

2 2. 평가조정 계산

No	7.과목		8.품명	9.규격	10.단위	11.수량	회사계산(장부가)		조정계산금액				18.조정액
									세법상신고방법		FIFO(무신고,임의변경시)		
	코드	과목명					12.단가	13.금액	14.단가	15.금액	16.단가	17.금액	
1	0150	제품						30,500,000		30,500,000			
2	0169	재공품						7,100,000				7,600,000	500,000
3	0153	원재료						8,100,000		8,000,000		8,300,000	200,000
4													
	계							45,700,000		38,500,000		15,900,000	700,000

① 재고자산 평가방법 검토

자산별	신고일	신고방법	평가방법	적부	검토사항
제품 및 상품		저가법, 총평균법	저가법, 총평균법	○	적정
반제품 및 재공품		무신고	저가법, 총평균법	×	무신고
원재료		저가법, 총평균법	총평균법	×	임의변경

• 제품은 신고방법 Min[총평균법, 시가법]에 의하여 평가하였으므로 조정할 필요가 없다. 재공품은 무신고하였으므로 선입선출법에 의한 평가액과 장부상 평가액의 차이를 조정한다. 원재료는 신고방법(총평균법 비교에 의한 저가법)이 아닌 방법(총평균법)으로 평가하였으므로 Max[선입선출법, 총평균법 비교에 의한 저가법]과 장부상 평가액의 차이를 조정한다.

② 평가조정 계산

과목	수량	회사계산(원)		조정 계산금액(원)				조정액(원)
				세법상 신고방법		FIFO(무신고, 임의변경 시)		
		단가	금액	단가	금액	단가	금액	
제품			30,500,000		30,500,000			
재공품			7,100,000				7,600,000	500,000
원재료			8,100,000		8,000,000		8,300,000	200,000
계			45,700,000		38,500,000		15,900,000	700,000

자산별	장부상 평가액	세법상 평가액	세무조정
제품 및 상품	30,500,000원	30,500,000원	
반제품 및 재공품	7,100,000원	7,600,000원	〈익금산입〉 500,000원(유보 발생)
원재료	8,100,000원	Max[㉠, ㉡]=8,300,000원 ㉠ 선입선출법 8,300,000원 ㉡ 총평균법(저가법) 8,000,000원	〈익금산입〉 200,000원(유보 발생)

③ 상단 툴바의 [F3 조정등록]을 이용하여 다음과 같이 세무조정한 후 저장한다.

〈익금산입〉 재공품 평가감 500,000원(유보 발생)
〈익금산입〉 원재료 평가감 200,000원(유보 발생)

[3] 다음 자료를 이용하여 강남산업(주)(회사코드: 1066)의 재고자산(유가증권) 평가 조정명세서를 작성하고 필요한 세무조정을 하시오.

기출 84회

• 제품의 평가방법을 선입선출법으로 신고하고 평가하였다.
• 재공품의 평가방법을 신고하지 않고 2025년 10월 30일에 재공품의 평가방법을 총평균법으로 신고하였다.
• 원재료의 평가방법을 총평균법으로 신고하고 평가하였으나, 계산착오로 인하여 300,000원을 과소평가하였다.
• 제품과 원재료는 1기 법인세 신고기한(2013.3.31.)에 재고자산 평가방법 신고서를 제출하였다.

구분	회사평가액	선입선출법	후입선출법	총평균법
제품	9,000,000원	9,000,000원	5,000,000원	6,000,000원
재공품	6,500,000원	7,500,000원	5,500,000원	6,500,000원
원재료	2,200,000원	3,000,000원	2,200,000원	2,500,000원

| 풀이 |

[재고자산(유가증권) 평가 조정명세서]

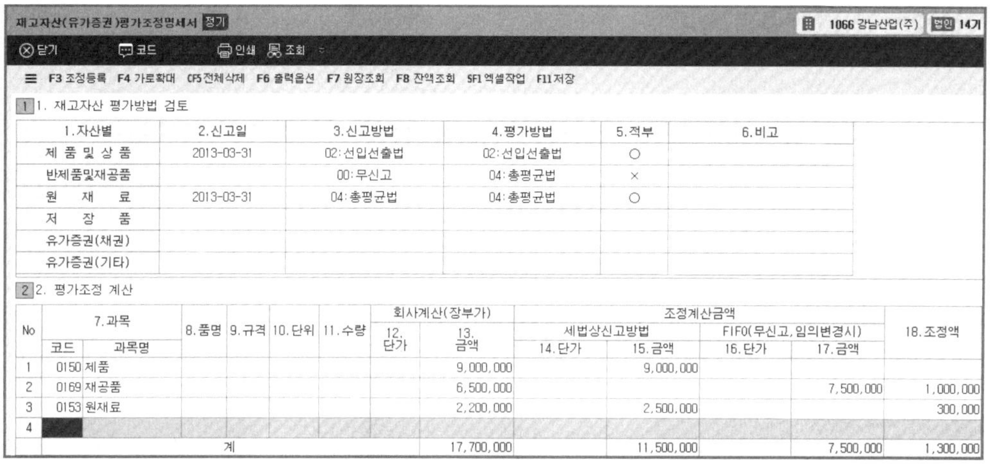
재고자산(유가증권)평가조정명세서 정기 1066 강남산업(주) 법인 14기

⊗닫기 코드 인쇄 조회

F3 조정등록 F4 가로확대 CF5 전체삭제 F6 출력옵션 F7 원장조회 F8 잔액조회 SF1 엑셀작업 F11 저장

1 1. 재고자산 평가방법 검토

1.자산별	2.신고일	3.신고방법	4.평가방법	5.적부	6.비고
제 품 및 상 품	2013-03-31	02:선입선출법	02:선입선출법	○	
반제품및재공품		00:무신고	04:총평균법	×	
원 재 료	2013-03-31	04:총평균법	04:총평균법	○	
저 장 품					
유가증권(채권)					
유가증권(기타)					

2 2. 평가조정 계산

No	7.과목 코드	7.과목 과목명	8.품명	9.규격	10.단위	11.수량	회사계산(장부가) 12.단가	회사계산(장부가) 13.금액	조정계산금액 세법상신고방법 14.단가	세법상신고방법 15.금액	FIFO(무신고,임의변경시) 16.단가	FIFO(무신고,임의변경시) 17.금액	18.조정액
1	0150	제품						9,000,000		9,000,000			
2	0169	재공품						6,500,000				7,500,000	1,000,000
3	0153	원재료						2,200,000		2,500,000			300,000
4													
		계						17,700,000		11,500,000		7,500,000	1,300,000

① 재고자산 평가방법 검토

자산별	신고일	신고방법	평가방법	적부	검토사항
제품 및 상품	2013.3.31.	선입선출법	선입선출법	○	적정
반제품 및 재공품		무신고	총평균법	×	무신고
원재료	2013.3.31.	총평균법	총평균법	○	적정

- 재공품은 법인이 재고자산의 평가방법을 최초 신고기한이 경과된 후에 신고한 경우에는 그 신고일이 속하는 사업연도까지는 무신고 시의 평가방법인 선입선출법을 적용하고, 그 후의 사업연도에 있어서는 법인이 신고한 평가방법에 의한다.
- 원재료는 재고자산 평가방법을 신고하고 신고한 방법에 의하여 평가하였으나 기장 또는 계산상의 착오가 있는 경우에는 재고자산의 임의변경으로 보지 않는다.

② 평가조정 계산

과목	수량	회사계산(원)		조정 계산금액(원)				조정액(원)
		단가	금액	세법상 신고방법		FIFO(무신고, 임의변경 시)		
				단가	금액	단가	금액	
제품			9,000,000		9,000,000			
재공품			6,500,000				7,500,000	1,000,000
원재료			2,200,000		2,500,000			300,000
계			17,700,000		11,500,000		7,500,000	1,300,000

자산별	장부상 평가액	세법상 평가액	세무조정
제품 및 상품	9,000,000원	9,000,000원	
반제품 및 재공품	6,500,000원	7,500,000원	〈익금산입〉 1,000,000원(유보 발생)
원재료	2,200,000원	2,500,000원	〈익금산입〉 300,000원(유보 발생)

③ 상단 툴바의 F3 조정등록 을 이용하여 다음과 같이 세무조정한 후 해당 서식을 저장한다.

〈익금산입〉 재공품 평가감 1,000,000원(유보 발생)
〈익금산입〉 원재료 평가감 300,000원(유보 발생)

[4] 다음 자료에 따라 아름상사(주)(회사코드: 1063)의 재고자산(유가증권) 평가 조정명세서를 작성하고 재고자산별로 각각 세무조정을 하시오(단, 모든 금액은 단위당 단가로 함). 기출 117회

재고자산	수량	신고방법	평가방법	장부상 평가액	총평균법	후입선출법	선입선출법
제품 '가'	10개	선입선출법	총평균법	2,000원	2,000원	2,500원	1,800원
재공품 '나'	20개	총평균법	총평균법	1,500원	1,500원	1,800원	1,300원
원재료 '다'	15개	후입선출법	후입선출법	1,200원	1,000원	1,200원	900원

- 회사는 사업개시 후 2008.8.10.에 '재고자산 등 평가방법 신고(변경 신고)서'를 즉시 관할 세무서장에게 제출하였다(제품, 재공품, 원재료 모두 총평균법으로 신고함).
- 2025년 9월 10일 제품 '가'의 평가방법을 선입선출법으로 변경 신고하였다.
- 2025년 10월 20일 원재료 '다'의 평가방법을 후입선출법으로 변경 신고하였다.
- 임의변경 시에는 재고자산 평가 조정명세서상에 당초 신고일을 입력하기로 한다.

| 풀이 |

[재고자산(유가증권) 평가 조정명세서]

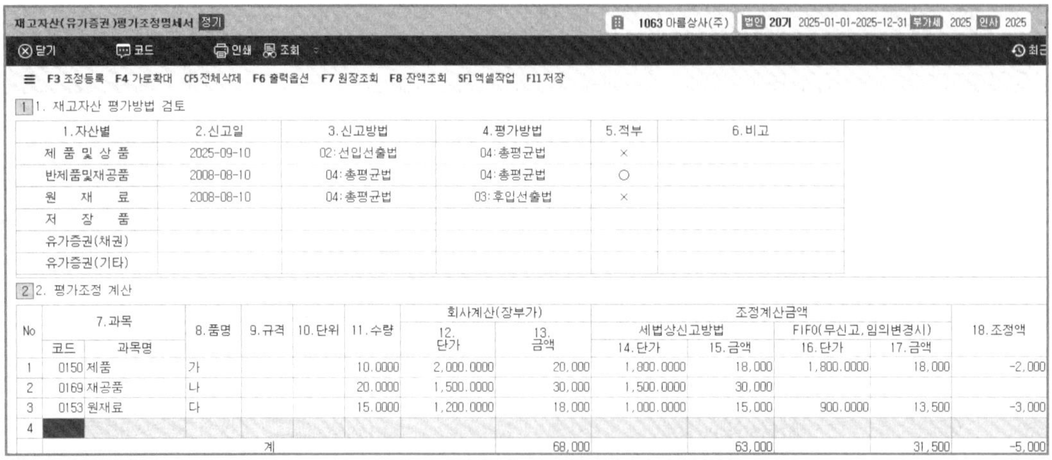
재고자산(유가증권)평가조정명세서 정기 | 1063 아름상사(주) | 법인 20기 2025-01-01~2025-12-31 | 부가세 2025 | 인사 2025

닫기 | 코드 | 인쇄 | 조회 | 최근

F3 조정등록 F4 가로확대 CF5 전체삭제 F6 출력옵션 F7 원장조회 F8 잔액조회 SF1 엑셀작업 F11 저장

1. 재고자산 평가방법 검토

1.자산별	2.신고일	3.신고방법	4.평가방법	5.적부	6.비고
제품및상품	2025-09-10	02:선입선출법	04:총평균법	×	
반제품및재공품	2008-08-10	04:총평균법	04:총평균법	○	
원재료	2008-08-10	04:총평균법	03:후입선출법	×	
저장품					
유가증권(채권)					
유가증권(기타)					

2. 평가조정 계산

No	7.과목		8.품명	9.규격	10.단위	11.수량	회사계산(장부가)		조정계산금액				18.조정액
									세법상신고방법		FIFO(무신고, 임의변경시)		
	코드	과목명					12.단가	13.금액	14.단가	15.금액	16.단가	17.금액	
1	0150	제품	가			10.0000	2,000.0000	20,000	1,800.0000	18,000	1,800.0000	18,000	-2,000
2	0169	재공품	나			20.0000	1,500.0000	30,000	1,500.0000	30,000			
3	0153	원재료	다			15.0000	1,200.0000	18,000	1,000.0000	15,000	900.0000	13,500	-3,000
4													
	계							68,000		63,000		31,500	-5,000

① 재고자산 평가방법 검토

자산별	신고일	신고방법	평가방법	적부	검토사항
제품 및 상품	2025.9.10.	선입선출법	총평균법	×	임의변경
재공품	2008.8.10.	총평균법	총평균법	○	
원재료	2008.8.10.	총평균법	후입선출법	×	임의변경

- 제품은 변경 신고기한(2025.9.30.) 내에 신고한 방법(선입선출법)이 아닌 다른 방법(총평균법)으로 평가한 임의변경이므로 Max[선입선출법, 당초 적법하게 평가한 신고방법(선입선출법)]과 장부상 평가액(총평균법)의 차이를 조정한다.
- 원재료는 변경 신고기한(2025.9.30.) 내에 평가방법 변경 신고를 하지 않고 그 방법을 변경한 임의변경이므로 Max[선입선출법, 당초 적법하게 평가한 신고방법(총평균법)]과 장부상 평가액(후입선출법)의 차이를 조정한다.

② 평가조정 계산

과목	수량	회사계산(원)		조정 계산금액(원)				조정액(원)
				세법상 신고방법		FIFO(무신고, 임의변경 시)		
		단가	금액	단가	금액	단가	금액	
제품			20,000		18,000		18,000	−2,000
재공품			30,000		30,000			
원재료			18,000		15,000		13,500	−3,000
계			68,000		63,000		31,500	−5,000

자산별	장부상 평가액	세법상 평가액	세무조정
제품	20,000원	Max[㉠, ㉡] = 18,000원 ㉠ 선입선출법 18,000원 ㉡ 선입선출법 18,000원	〈손금산입〉 2,000원(유보 발생)
재공품	30,000원		
원재료	18,000원	Max[㉠, ㉡] = 15,000원 ㉠ 선입선출법 13,500원 ㉡ 총평균법 15,000원	〈손금산입〉 3,000원(유보 발생)

③ 상단 툴바의 F3 조정등록 을 이용하여 다음과 같이 세무조정한 후 해당 서식을 저장한다.

> 〈손금산입〉 재고자산 평가증(제품 '가') 2,000원(유보 발생)
> 〈손금산입〉 재고자산 평가증(원재료 '다') 3,000원(유보 발생)

PART 04

6 세금과 공과금 명세서 중요

최신 30회 중 8문제 출제

세금과 공과금은 원칙적으로 법인의 순자산을 감소시키므로 손금에 해당한다. 세금과 공과금 중 세금은 종류에 따라 재산세 등과 같이 손금에 산입되는 것도 있고 법인세 등과 같이 손금에 불산입되는 것도 있다. 또한 공과금은 ① 법령에 의하여 의무적으로 납부하는 것, ② 법령상 의무불이행, 금지, 제한 등의 위반에 대한 제재로서 부과되는 것이 아닌 것이란 요건을 충족하면 손금으로 용인한다.

1. 세금과 공과금 명세서

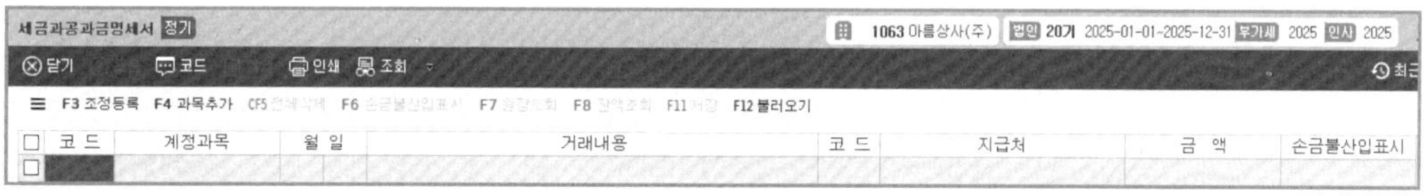

(1) 전표자료 불러오기

[회계관리] 메뉴에 입력된 데이터가 있는 경우에는 상단 툴바의 F12 불러오기 를 클릭하면 나타나는 다음의 보조창에서 기간(1월 1일~12월 31일)을 입력하고 확인(Tab) 을 클릭한다.

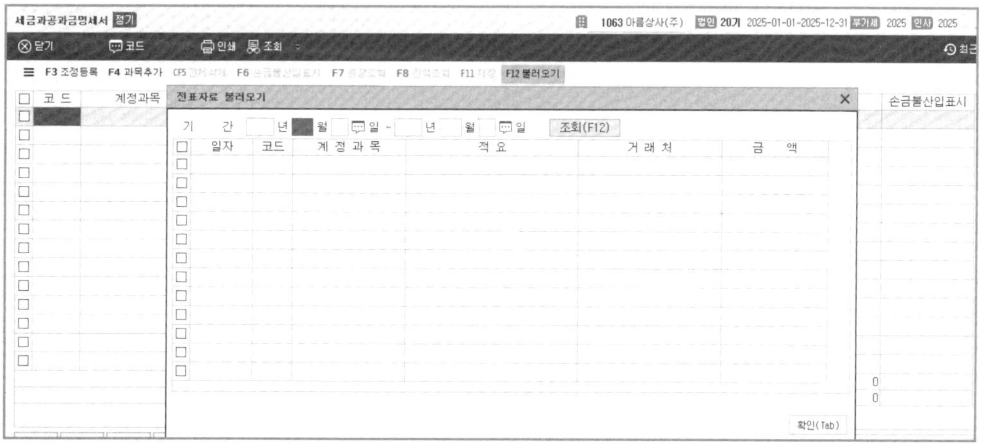

(2) 손금불산입 표시

불러온 세금과 공과금 항목 중 손금불산입 사항이 있는 경우에는 해당 란에 커서를 놓고 '1'을 입력하여 '손금불산입'을 표시한 후 상단 툴바의 F3 조정등록 을 이용하여 세무조정한다.

연습문제

[1] 아름상사(주)(회사코드: 1063)의 판매비와 관리비 중 세금과 공과금의 내용이 다음과 같을 때 세금과 공과금 명세서를 작성하고 소득금액 조정합계표에 반영하시오(단, 아래 항목별로 각각 세무조정할 것). 기출 63회 수정

일자	금액	적요
3월 1일	1,400,000원	법인세에 대한 지방소득세 및 농어촌특별세
4월 4일	750,000원	주무관청에 등록된 협회에 납부하는 협회비
5월 6일	640,000원	국민연금 회사 부담액
6월 7일	150,000원	업무 관련 교통과속 범칙금
7월 1일	800,000원	증자 관련 법무사비용
7월 31일	120,400원	본사의 주민세(재산분) 납부금액
8월 25일	240,000원	부가가치세 신고불성실 가산세
9월 30일	2,410,000원	본사 토지 관련 취득세
10월 31일	130,000원	산업재해보상보험료의 연체료
11월 15일	575,000원	초과폐수 배출 부담금

| 풀이 |

[세금과 공과금 명세서]

① 상단 툴바의 F12 불러오기 를 클릭하면 나타나는 '전표자료 불러오기'창에서 기간(1월 1일~12월 31일)을 입력하고 확인(Tab) 을 클릭한다.

전표자료 불러오기

기 간 2025 년 1 월 1 일 ~ 2025 년 12 월 31 일 조회(F12)

☑	일자	코드	계정과목	적요	거래처	금액
☑	2025/03/01	0817	세금과공과금	법인세에 대한 지방소득세 및 농어촌특별세		1,400,000
☑	2025/04/04	0817	세금과공과금	주무관청에 등록된 협회에 납부하는 협회비		750,000
☑	2025/05/06	0817	세금과공과금	국민연금 회사부담액		640,000
☑	2025/06/07	0817	세금과공과금	업무관련 교통과속 범칙금		150,000
☑	2025/07/01	0817	세금과공과금	증자 관련 법무사비용		800,000
☑	2025/07/31	0817	세금과공과금	본사의 주민세(재산분) 납부금액		120,400
☑	2025/08/25	0817	세금과공과금	부가가치세 신고불성실 가산세		240,000
☑	2025/09/30	0817	세금과공과금	본사 토지관련 취득세		2,410,000
☑	2025/10/31	0817	세금과공과금	산업재해보상보험료의 연체료		130,000
☑	2025/11/15	0817	세금과공과금	초과폐수배출부담금		575,000
☐						
☐						

확인(Tab)

⇩

세금과공과금명세서 정기 | 1063 아름상사(주) 법인 20기 2025-01-01~2025-12-31 부가세 2025 인사 2025

닫기 코드 인쇄 조회

F3 조정등록 F4 과목추가 CF5 전체삭제 F6 손금불산입표시 F7 원장조회 F8 잔액조회 F11저장 F12 불러오기

☐	코드	계정과목	월	일	거래내용	코드	지급처	금액	손금불산입표시
☐	0817	세금과공과금	3	1	법인세에 대한 지방소득세 및 농어촌특별세			1,400,000	손금불산입
☐	0817	세금과공과금	4	4	주무관청에 등록된 협회에 납부하는 협회비			750,000	
☐	0817	세금과공과금	5	6	국민연금 회사부담액			640,000	
☐	0817	세금과공과금	6	7	업무관련 교통과속 범칙금			150,000	손금불산입
☐	0817	세금과공과금	7	1	증자 관련 법무사비용			800,000	손금불산입
☐	0817	세금과공과금	7	31	본사의 주민세(재산분) 납부금액			120,400	
☐	0817	세금과공과금	8	25	부가가치세 신고불성실 가산세			240,000	손금불산입
☐	0817	세금과공과금	9	30	본사 토지관련 취득세			2,410,000	손금불산입
☐	0817	세금과공과금	10	31	산업재해보상보험료의 연체료			130,000	
☐	0817	세금과공과금	11	15	초과폐수배출부담금			575,000	손금불산입
☐									
☐									
☐									
☐									
					손금불산입계			5,575,000	
					합계			7,215,400	

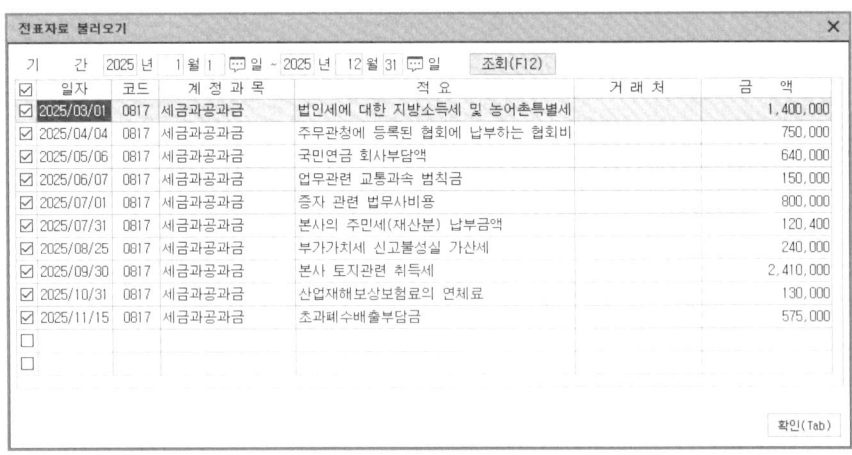

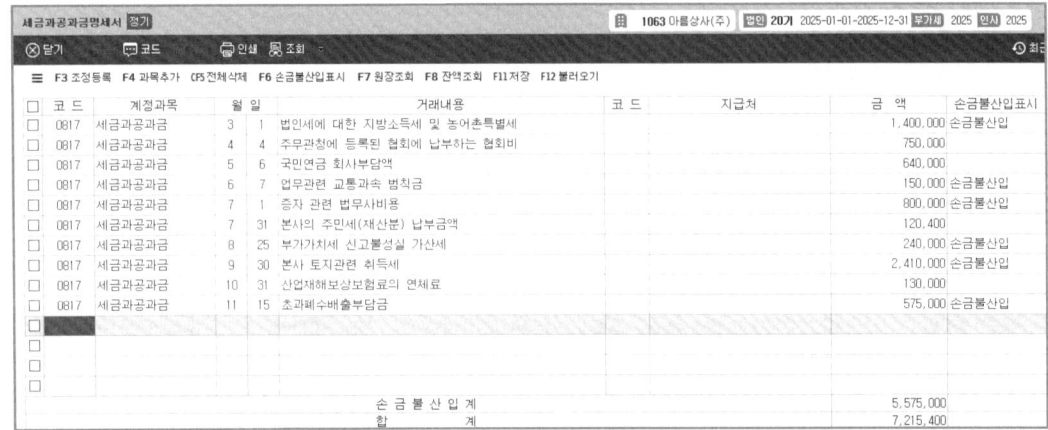

• 손금불산입 항목인 경우 [손금불산입표시]란에 키보드의 '1'을 입력하면 손금불산입으로 표시된다.

② 상단 툴바의 F3 조정등록 을 이용하여 다음과 같이 세무조정한 후 저장한다.

〈손금불산입〉 법인세에 대한 지방소득세 및 농어촌특별세 1,400,000원(기타사외유출)
〈손금불산입〉 업무 관련 교통과속 범칙금 150,000원(기타사외유출)
〈손금불산입〉 증자 관련 법무사비용 800,000원(기타)
〈손금불산입〉 부가가치세 신고불성실 가산세 240,000원(기타사외유출)
〈손금불산입〉 본사 토지 관련 취득세 2,410,000원(유보 발생)
〈손금불산입〉 초과폐수 배출 부담금 575,000원(기타사외유출)

[2] 세금과공과금(판)에 입력된 강남산업(주)(회사코드: 1066)의 다음 자료를 조회하여 세금과 공과금 명세서를 작성하고 필요한 세무조정을 하시오. 단, 세무조정 유형과 소득처분이 같은 세무조정이라고 하더라도 건별로 각각 세무조정을 하기로 한다. 기출 66회 수정

일자	적요	금액
3월 28일	환경개선부담금	1,320,000원
4월 23일	사업과 관련 없는 불공제 매입세액	920,000원
5월 4일	대표이사 주택 종합부동산세	250,000원
7월 26일	공장 건축물 재산세	1,720,000원
8월 18일	토지에 대한 개발부담금	7,300,000원
8월 20일	법인균등분 주민세	62,500원
9월 4일	교통유발 부담금	630,000원
10월 10일	건강보험료 연체금(회사 부담분)	128,000원
10월 17일	산재보험료 가산금(회사 부담분)	2,400,000원
10월 31일	대주주 주식양도분에 대한 증권거래세	100,000원

| 풀이 |

[세금과 공과금 명세서]

① 상단 툴바의 F12 불러오기 를 클릭하면 나타나는 '전표자료 불러오기'창에서 기간(1월 1일~12월 31일)을 입력하고 확인(Tab) 을 클릭한다.

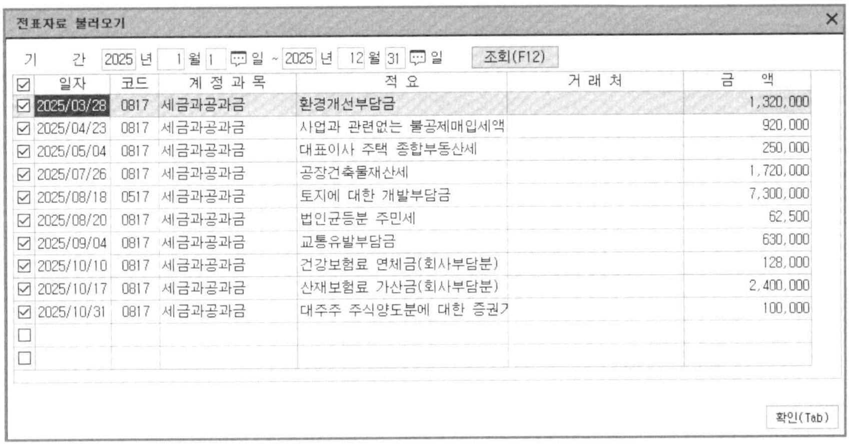

☑	일자	코드	계 정 과 목	적 요	거 래 처	금 액
☑	2025/03/28	0817	세금과공과금	환경개선부담금		1,320,000
☑	2025/04/23	0817	세금과공과금	사업과 관련없는 불공제매입세액		920,000
☑	2025/05/04	0817	세금과공과금	대표이사 주택 종합부동산세		250,000
☑	2025/07/26	0817	세금과공과금	공장건축물재산세		1,720,000
☑	2025/08/18	0517	세금과공과금	토지에 대한 개발부담금		7,300,000
☑	2025/08/20	0817	세금과공과금	법인균등분 주민세		62,500
☑	2025/09/04	0817	세금과공과금	교통유발부담금		630,000
☑	2025/10/10	0817	세금과공과금	건강보험료 연체금(회사부담분)		128,000
☑	2025/10/17	0817	세금과공과금	산재보험료 가산금(회사부담분)		2,400,000
☑	2025/10/31	0817	세금과공과금	대주주 주식양도분에 대한 증권거		100,000

⇩

					1066 강남산업(주)	법인 14기 2025-01-01~2025-12-31	부가세 2025	인시 2025

세금과공과금명세서 정기

⊗ 닫기   코드   인쇄   조회

≡ F3 조정등록 F4 과목추가 CF5 전체삭제 F6 손금불산입표시 F7 원장조회 F8 잔액조회 F11 저장 F12 불러오기

□	코드	계정과목	월	일	거래내용	코드	지급처	금 액	손금불산입표시
□	0817	세금과공과금	3	28	환경개선부담금			1,320,000	
□	0817	세금과공과금	4	23	사업과 관련없는 불공제매입세액			920,000	손금불산입
□	0817	세금과공과금	5	4	대표이사 주택 종합부동산세			250,000	손금불산입
□	0817	세금과공과금	7	26	공장건축물재산세			1,720,000	
□	0517	세금과공과금	8	18	토지에 대한 개발부담금			7,300,000	손금불산입
□	0817	세금과공과금	8	20	법인균등분 주민세			62,500	
□	0817	세금과공과금	9	4	교통유발부담금			630,000	
□	0817	세금과공과금	10	10	건강보험료 연체금(회사부담분)			128,000	손금불산입
□	0817	세금과공과금	10	17	산재보험료 가산금(회사부담분)			2,400,000	손금불산입
□	0817	세금과공과금	10	31	대주주 주식양도분에 대한 증권거래세			100,000	손금불산입
□									
□									
□									
					손 금 불 산 입 계			11,098,000	
					합 계			14,830,500	

• 손금불산입 항목인 경우 [손금불산입표시]란에 키보드의 '1'을 입력하면 손금불산입으로 표시된다.

② 상단 툴바의 F3 조정등록 을 이용하여 다음과 같이 세무조정한 후 해당 서식을 저장한다.

〈손금불산입〉 사업과 관련 없는 불공제 매입세액 920,000원(기타사외유출)
〈손금불산입〉 대표이사 주택 종합부동산세 250,000원(상여)
〈손금불산입〉 토지에 대한 개발부담금 7,300,000원(유보 발생)
〈손금불산입〉 건강보험료 연체금 128,000원(기타사외유출)
〈손금불산입〉 산재보험료 가산금 2,400,000원(기타사외유출)

> 꿀팁) 관련 법에 의하면 4대 보험의 가산금은 모두 손금불산입이고, 연체금의 경우에는 건강보험료만 손금불산입에 해당한다. 따라서, 건강보험료 가산금은 손금불산입(기타사외유출), 산재보험 연체금은 손금에 산입한다.
> • 가산금: 신고 오류에 대해서 추가 납부하는 가산세
> • 연체금: 신고는 적정하게 되었으나 납부가 연체됨에 따른 이자해당분

〈손금불산입〉 대주주 주식양도분에 대한 증권거래세 100,000원(배당)
(∵ 대주주 주식양도분에 대한 증권거래세는 양도 주체와 관계없이 법인의 사업과 관련하여 발생하거나 지출된 손실에 해당하지 않음)

[3] 세금과공과금 계정에 입력된 (주)대전상사(회사코드: 1072)의 다음 자료를 조회하여 세금과공과금명세서를 작성하고 관련된 세무조정을 하시오(단, 세무조정 유형과 소득처분이 같은 세무조정일지라도 건별로 각각 세무조정을 하고, 계정과목 코드는 모두 800번대로 할 것).

기출 116회 수정

일자	적요	금액
1월 4일	주민세 사업소분	2,100,000원
1월 20일	업무용승용차 자동차세 납부	870,000원
3월 31일	원천징수 등 납부지연가산세	360,000원
4월 4일	종업원 기숙사용 아파트의 재산세	750,000원
4월 7일	제조물책임법 위반으로 지급한 손해배상금(실제 발생한 손해액을 초과하여 지급함)	630,000원
7월 20일	종업원 기숙사용 아파트의 재산세	62,500원
10월 15일	거래처에 대한 납품을 지연하고 부담한 지체상금	920,000원
10월 17일	폐기물처리부담금	810,000원
11월 20일	업무상 주정차위반 과태료	400,000원
12월 26일	환경개선부담금	300,000원

| 풀이 |

[세금과 공과금 명세서]

① 상단 툴바의 [F12불러오기]를 클릭하면 나타나는 '전표자료 불러오기'창에서 기간(1월 1일~12월 31일)을 입력하고 [확인(Tab)]을 클릭한다.

전표자료 불러오기

기 간 2025 년 1 월 1 일 ~ 2025 년 12 월 31 일 조회(F12)

☑	일자	코드	계 정 과 목	적 요	거 래 처	금 액
☑	2025/01/04	0817	세금과공과금	주민세 사업소분		2,100,000
☑	2025/01/20	0817	세금과공과금	업무용승용차 자동차세 납부		870,000
☑	2025/03/31	0817	세금과공과금	원천징수 등 납부지연가산세		360,000
☑	2025/04/04	0817	세금과공과금	종업원 기숙사용 아파트의 재산서		750,000
☑	2025/04/07	0817	세금과공과금	제조물책임법 위반으로 지급한 손		630,000
☑	2025/07/20	0817	세금과공과금	종업원 기숙사용 아파트의 재산서		62,500
☑	2025/10/15	0817	세금과공과금	거래처에 대한 납품을 지연하고		920,000
☑	2025/10/17	0817	세금과공과금	폐기물처리부담금		810,000
☑	2025/11/20	0817	세금과공과금	업무상 주정차위반 과태료		400,000
☑	2025/12/26	0817	세금과공과금	환경개선부담금		300,000
☐						
☐						

확인(Tab)

⇩

세금과공과금명세서 정기 1072 (주)대전상사 법인 22기 2025-01-01~2025-12-31 부가세 2025 인사 2025

닫기 코드 인쇄 조회

F3 조정등록 F4 과목추가 CF5 전체삭제 F6 손금불산입표시 F7 원장조회 F8 잔액조회 F11 저장 F12 불러오기

☐	코 드	계정과목	월	일	거래내용	코 드	지급처	금 액	손금불산입표시
☐	0817	세금과공과금	1	4	주민세 사업소분			2,100,000	
☐	0817	세금과공과금	1	20	업무용승용차 자동차세 납부			870,000	
☐	0817	세금과공과금	3	31	원천징수 등 납부지연가산세			360,000	손금불산입
☐	0817	세금과공과금	4	4	종업원 기숙사용 아파트의 재산세			750,000	
☐	0817	세금과공과금	4	7	제조물책임법 위반으로 지급한 손해배상금			630,000	손금불산입
☐	0817	세금과공과금	7	20	종업원 기숙사용 아파트의 재산세			62,500	
☐	0817	세금과공과금	10	15	거래처에 대한 납품을 지연하고 부담한 지체상금			920,000	
☐	0817	세금과공과금	10	17	폐기물처리부담금			810,000	
☐	0817	세금과공과금	11	20	업무상 주정차위반 과태료			400,000	손금불산입
☐	0817	세금과공과금	12	26	환경개선부담금			300,000	

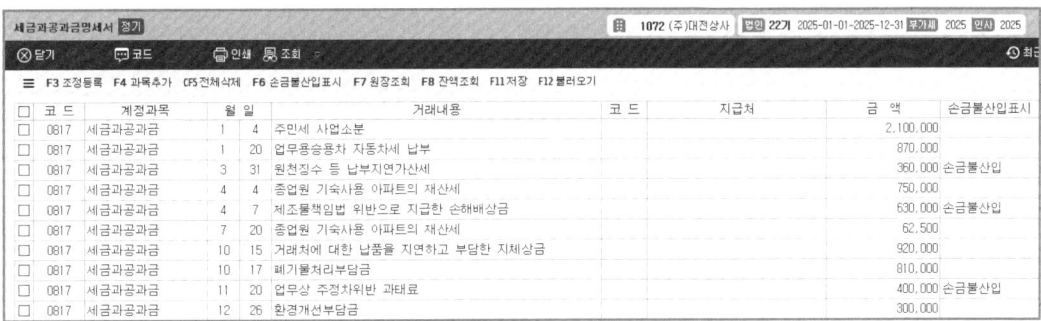

- 손금불산입 항목인 경우 [손금불산입표시]란에 키보드의 '1:손금불산입'을 누르면 손금불산입으로 표시된다.

② 상단 툴바의 F3 조정등록 을 이용하여 다음과 같이 세무조정한 후 해당 서식을 저장한다.

〈손금불산입〉 원천징수 등 납부지연가산세 360,000원(기타사외유출)
〈손금불산입〉 제조물책임법 위반으로 지급한 손해배상금 630,000원(기타사외유출)
〈손금불산입〉 업무상 주정차위반 과태료 400,000원(기타사외유출)

7 선급비용 명세서 중요

최신 30회 중 8문제 출제

1. 선급비용의 처리

법인에서 발생한 보험료 등과 같은 일부 손금 항목들은 일정 기간 비용의 발생 효과가 지속되는 경우가 있다. 법인세법이나 일반기업회계기준에서는 비용의 발생 효과가 2사업연도에 걸쳐 발생한다면 당해 비용의 효과가 미치는 사업연도별로 안분하여 인식하는 것이 원칙이다. 비용의 발생 효과가 2사업연도 이상에 걸쳐 발생하는 비용에는 이자비용 · 보험료 · 임차료 등이 있다. 이에 해당하는 선급비용이 법인에서 발생하였다면 차기 이후에 인식하여야 할 선급비용은 다음의 계산식에 의하여 계산한다.

선급비용＝지급금액×선급일수(미경과일수)÷총일수

2. 선급비용 명세서

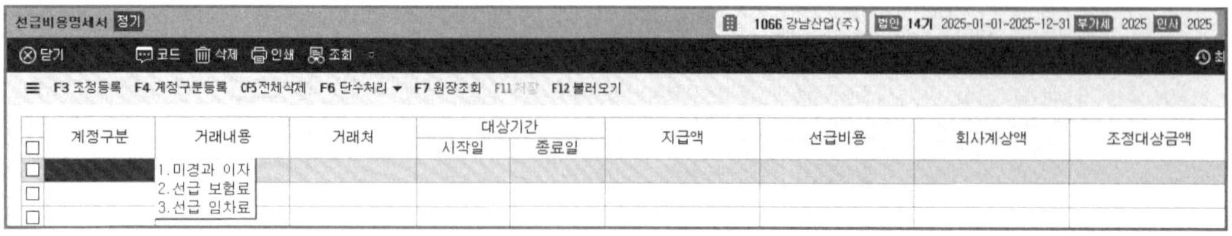

(1) **계정구분**

선급비용의 계정구분(1.미경과 이자, 2.선급 보험료, 3.선급 임차료)을 선택하여 입력한다.

(2) **거래내용/거래처**

계정구분에 해당하는 거래내용 및 거래처를 입력한다.

(3) **대상기간**

선급비용을 계산하기 위해 [시작일]란과 [종료일]란에 기간을 입력한다.

(4) **지급액/선급비용**

[지급액]란에 지급이자, 보험료, 임차료 등의 지급 총액을 입력하면 [선급비용]란에 '지급액×대상기간÷총일수'가 자동 계산된다.

(5) **회사계상액**

회사 장부상 선급비용이 계상된 금액을 입력한다.

(6) **조정 대상금액**

[선급비용]란에서 [회사계상액]란을 차감한 금액이 자동 계산된다. 동 금액이 양수(+)이면 선급비용이 과소계상된 것이므로 손금불산입(유보 발생)이며, 음수(−)이면 선급비용이 과대계상이므로 손금산입(유보 발생)이다. 이를 상단 툴바의 F3 조정등록 을 이용하여 세무조정한다.

연습문제

[1] 당기 말 태백산업(주)(회사코드: 1067)의 보험료 기간 미경과분(선급분)에 관한 자료는 다음과 같다. 선급비용 명세서를 작성하고, 전기분 선급비용을 포함한 관련 세무조정사항을 소득금액 조정합계표에 반영하시오. 기출 113회

구분	지출액	거래처	보험기간	비고
보험료(판매관리비)	1,800,000원	경복화재	2025.4.1.~2026.3.31.	장부상 판매비와 관리비 1,800,000원 계상
보험료(판매관리비)	2,500,000원	신일화재	2025.7.1.~2026.6.30.	장부상 선급비용 2,500,000원 계상

※ 직전 사업연도의 자본금과 적립금 조정명세서(을)에는 선급비용 1,500,000원이 손금불산입 유보 발생으로 세무조정되어 있다(선급기간: 2025.1.1.~2025.4.14.).

※ 위 두 보험료에 대하여 각각 세무조정한다.

| 풀이 |

[선급비용 명세서]

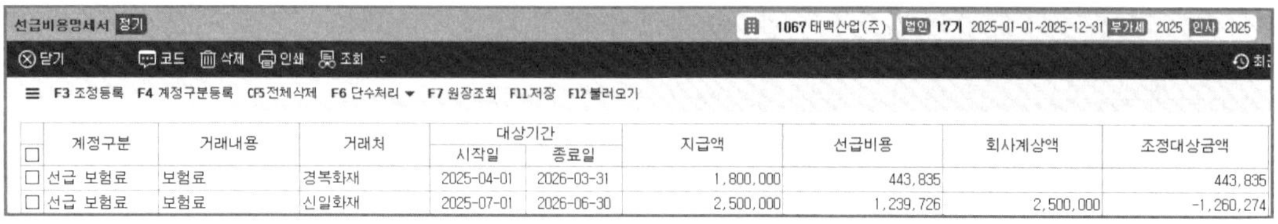

계정구분	거래내용	거래처	대상기간 시작일	대상기간 종료일	지급액	선급비용	회사계상액	조정대상금액
선급 보험료	보험료	경복화재	2025-04-01	2026-03-31	1,800,000	443,835		443,835
선급 보험료	보험료	신일화재	2025-07-01	2026-06-30	2,500,000	1,239,726	2,500,000	-1,260,274

상단 툴바의 F3 조정등록 을 이용하여 다음과 같이 세무조정한 후 해당 서식을 저장한다.

〈손금산입〉 전기 선급비용 1,500,000원(유보 감소)
〈손금불산입〉 선급비용 443,835원(유보 발생)
〈손금산입〉 선급비용 1,260,274원(유보 발생)

[2] (주)대성전자(회사코드: 1068)의 다음 내용을 선급비용 명세서 및 소득금액 조정합계표에 반영하시오. 기출 68회

1. 전기 자본금과적립금조정명세서(을)

사업 연도	2024.1.1.~2024.12.31.	자본금과적립금조정명세서(을)	법인명	(주)대성전자

세무조정유보소득계산

① 과목 또는 사항	② 기초잔액	당기 중 증감		⑤ 기말잔액	비고
		③ 감소	④ 증가		
선급비용	–	–	1,500,000원	1,500,000원	–

※ 전기분 선급비용 1,500,000원이 당기에 보험기간의 만기가 도래하였다.

2. 결산서에 반영된 손익계산서 자료는 다음과 같다.

과목	금액	비고
보험료	2,800,000원	화재보험기간 2025.7.1.~2026.6.30.
세금과 공과	120,000원	과속위반 과태료
세금과 공과	123,000원	법인차량 자동차세
이자수익	75,000원	국세환급금 이자

| 풀이 |

[선급비용 명세서]

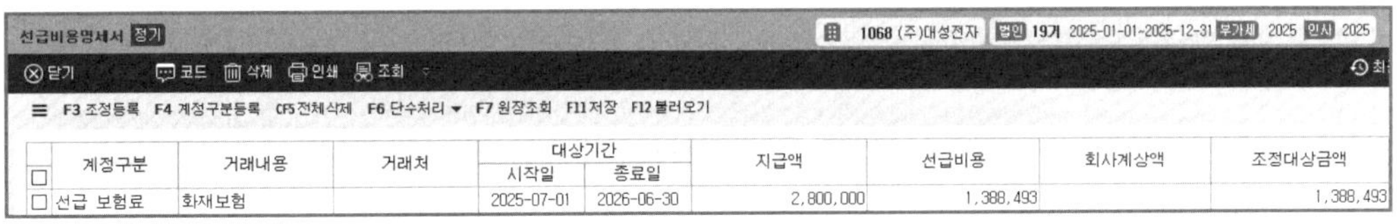

계정구분	거래내용	거래처	대상기간 시작일	대상기간 종료일	지급액	선급비용	회사계상액	조정대상금액
선급 보험료	화재보험		2025-07-01	2026-06-30	2,800,000	1,388,493		1,388,493

상단 툴바의 F3 조정등록 을 이용하여 다음과 같이 세무조정한 후 해당 서식을 저장한다.

〈손금산입〉 보험료 1,500,000원(유보 감소)
〈손금불산입〉 보험료 1,338,493원(유보 발생)
〈손금불산입〉 세금과공과 120,000원(기타사외유출)
〈익금불산입〉 이자수익 75,000원(기타)

[3] 다음 자료는 (주)동부전자(회사코드: 1070)의 당기 보험료에 대한 자료의 일부이다. 선급비용 명세서를 작성하고 관련된 세무조정을 소득금액 조정합계표에 반영하시오(단, 세무조정은 각 건별로 함). 기출 110회

1. 보험료 내역

구분	상호	납입액	보험기간	비고
대표자 종신보험	PCA생명	4,000,000원	2025년 9월 1일~2026년 8월 31일 (1년 단위 갱신상품)	대표자 사적보험료를 회사에서 대납, 전액 보험료(판)로 처리
공장 화재보험	DGC화재	2,400,000원	2025년 2월 1일~2026년 1월 31일	장부에 선급비용 200,000원 계상
본사 자동차보험	ABC화재	2,100,000원	2025년 8월 1일~2026년 7월 31일	전액 보험료(판)로 처리

2. 자본금과 적립금 조정명세서(을)(2024년)

과목	기초 잔액	감소	증가	기말
선급비용			800,000원	800,000원

※ 전기분 선급비용 800,000원이 당기에 손금 귀속시기가 도래하였다.

| 풀이 |

[선급비용 명세서]

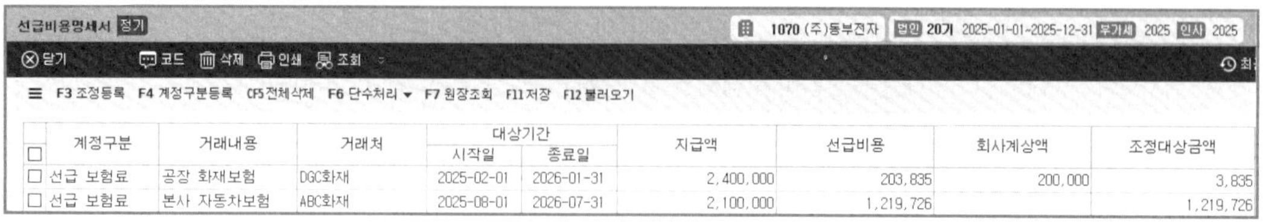

선급비용명세서 정기 | 1070 (주)동부전자 | 법인 20기 2025-01-01~2025-12-31 부가세 2025 인사 2025

닫기 코드 삭제 인쇄 조회

F3 조정등록 F4 계정구분등록 CF5 전체삭제 F6 단수처리 F7 원장조회 F11 저장 F12 불러오기

계정구분	거래내용	거래처	대상기간		지급액	선급비용	회사계상액	조정대상금액
			시작일	종료일				
선급 보험료	공장 화재보험	DGC화재	2025-02-01	2026-01-31	2,400,000	203,835	200,000	3,835
선급 보험료	본사 자동차보험	ABC화재	2025-08-01	2026-07-31	2,100,000	1,219,726		1,219,726

상단 툴바의 **F3 조정등록**을 이용하여 다음과 같이 세무조정한 후 해당 서식을 저장한다.

〈손금산입〉 전기 선급비용 800,000원(유보 감소)
〈손금불산입〉 대표자 보험료 대납분 4,000,000원(상여)
〈손금불산입〉 공장 화재보험 3,835원(유보 발생)
〈손금불산입〉 본사 자동차보험 1,219,726원(유보 발생)

8 가지급금 등의 인정이자 조정명세서 중요

▸ 최신 30회 중 7문제 출제

1. 가지급금 등의 인정이자

(1) 가지급금과 인정이자

가지급금이란 명칭 여하에 불구하고 당해 법인의 업무와 관련 없는 자금의 대여액을 말한다. 가지급금 인정이자란 법인이 금전을 특수관계인에게 시가보다 무상 또는 저리로 대여한 경우로서 다음의 계산식에 의하여 계산한 금액을 의미하며 해당 시가(인정이자)와 실제로 수령한 이자와의 차액*을 익금산입하고, 귀속자에 따라 배당 · 상여 · 기타소득 · 기타사외유출로 소득처분한다.

* 3억원 이상 또는 가지급금 인정이자의 5% 이상인 경우에 한한다.

가지급금 인정이자 익금산입액 = 가지급금 인정이자 – 회사장부상 이자계상액

(2) 가지급금 제외

동일인에 대한 가지급금과 가수금이 함께 있는 경우 이를 상계한 후의 금액을 적용한다. 다만, 가지급금과 가수금의 발생 시에 각각 상환기간 및 이자율 등에 관한 약정이 있어 상계할 수 없는 경우에는 상계를 하지 않는다. 다음에 해당하는 금전의 대여액에 대하여는 가지급금으로 보지 않기 때문에 인정이자를 계산하지 않는다.

① 사용인 등의 미지급소득(배당소득, 상여금)에 대한 소득세 대납액
② 내국법인이 국외 투자법인에 종사하거나 종사할 자에게 여비 · 급료 · 기타 비용 대신 부담한 금액
③ 우리사주조합 또는 그 조합원에게 대여한 당해 법인의 주식 취득자금
④ 「국민연금법」에 의해 근로자가 지급받은 것으로 보는 퇴직금전환금
⑤ 사용인에 대한 급료의 가불액
⑥ 사용인에 대한 경조사비 대여액
⑦ 사용인(사용인의 자녀 포함)에 대한 학자금의 대여액
⑧ 귀속자가 불분명하거나 과세표준을 추계로 결정, 경정할 때에 대표자에게 상여처분한 금액에 대한 소득세를 법인이 대납하고 이를 가지급금으로 계상한 금액
⑨ 중소기업의 근로자(임원 · 지배주주 등 제외)에 대한 주택 구입 및 전세대금 대여금(∵ 근로자의 주택구입 및 전세자금을 대여하는 중소기업을 지원하기 위함)

(3) 인정이자율

① 원칙: 자금 대여시점 현재의 가중평균차입이자율*을 시가로 한다.

* 가중평균차입이자율 = $\frac{\Sigma(\text{개별 차입금 잔액} \times \text{해당 이자율})}{\text{자금대여 시 차입금 잔액 합계}}$

단, 채권자 불분명 사채, 비실명채권 · 증권과 관련된 차입금 및 특수관계인으로부터 차입금은 제외

② 예외: 당좌대출이자율(기획재정부장관이 정한 연 이자율)을 시가로 한다.

- 가중평균차입이자율의 적용이 불가능한 경우로서 특수관계인이 아닌 자로부터 차입한 금액이 없는 경우 등의 사유가 있을 때: 해당 대여금 또는 차입금에 한하여 당좌대출이자율을 시가로 한다.
- 법인이 과세표준 신고 시 당좌대출이자율을 시가로 선택할 때: 선택한 사업연도와 이후 2개 사업연도는 당좌대출이자율을 시가로 한다.

2. 가지급금 등의 인정이자 조정명세서

[가지급금 등의 인정이자 조정명세서] 메뉴는 좌측 상단의 [1.가지급금, 가수금 입력] 탭 → [2.차입금 입력] 탭 → [3.인정이자계산: (을)지] 탭 → [4.인정이자조정: (갑)지] 탭 순으로 작업을 수행한다. 또한 본 메뉴 우측 상단의 이자율선택 : [2] 가중평균차입이자율로 계산 을 클릭하여 인정이자 계산 시 적용할 이자율을 선택한다.

(1) [1.가지급금, 가수금 입력] 탭

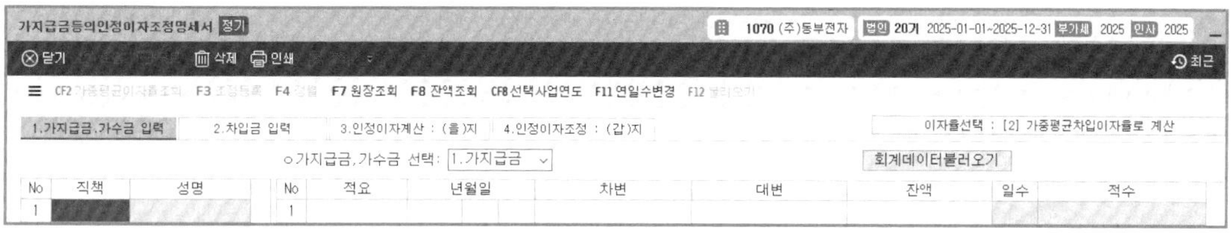

① 우측 상단의 회계데이터불러오기 를 클릭하여 나타나는 다음의 보조창에서 직책, 성명, 계정과목, 적요번호를 확인한 후 회계전표 불러오기(Tab) 를 클릭하여 [회계관리] 메뉴에서 기장된 가지급금과 관련한 데이터를 불러온다.

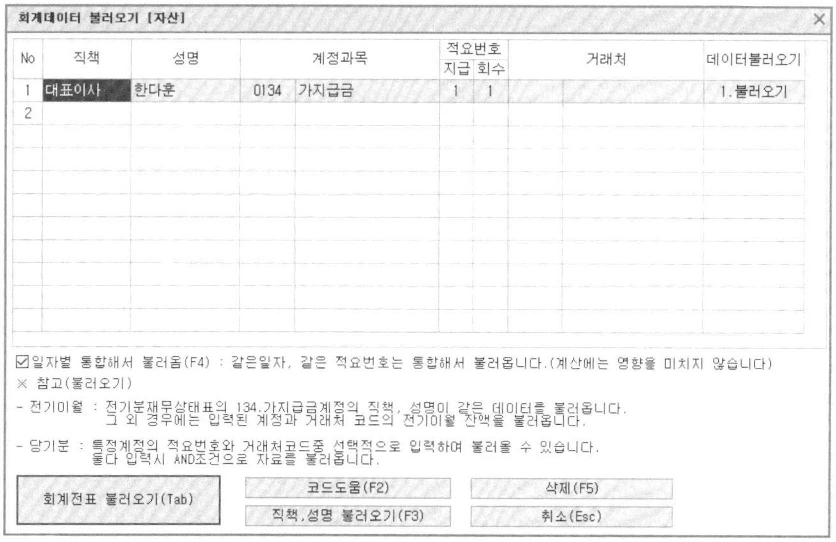

② 가지급금, 가수금 선택에서 '1.가지급금'을 '2.가수금'으로 변경한 후 [회계관리] 메뉴에서 기장된 가수금 관련 데이터를 불러온다.

(2) [2.차입금 입력] 탭

이자율선택 : [2] 가중평균차입이자율로 계산 을 적용할 경우 가중평균이자율을 자동으로 계산하기 위해 차입처별로 차입(상환)일자, 차입금(상환액), 이자율(%)을 입력한다. 만약, 해당 차입금 중 특수관계인으로부터의 차입금이 있다면 이는 제외하고 계산한다.

반면, 이자율선택 : [1] 당좌대출이자율로 계산 을 적용할 경우 이 메뉴는 불필요하다.

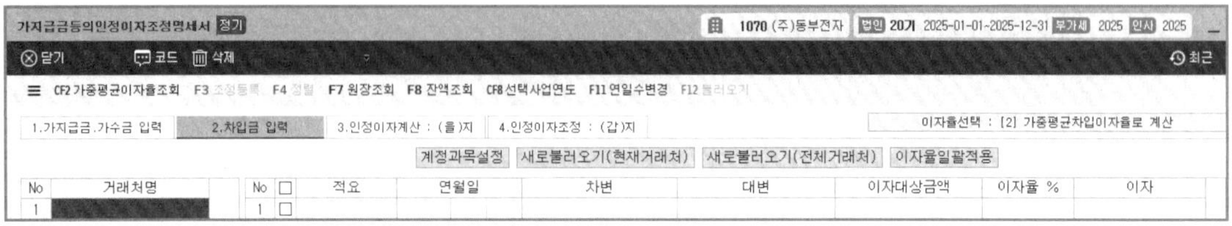

① 거래처명: 차입금의 거래처명을 입력한다. 만약, [회계관리] 메뉴에 입력된 데이터가 있는 경우에는 [거래처명]란에 커서를 놓고 F2를 눌러 거래처별 차입금을 불러온다.

② 적요/연월일: [적요]란에는 '1.전기이월', '2.차입', '3.상환' 중 해당 내용을 선택하고, [연월일]란에는 차입금의 차입일자 또는 상환일자를 입력한다.

③ 차변/대변: [차변]란은 상환한 금액을, [대변]란은 전기이월 또는 차입한 금액을 입력한다.

④ 이자율%/이자: [이자율%]란에 이자율을 입력하면 [이자대상금액]란과 [이자율%]란을 곱한 금액이 [이자]란에 자동 계산된다.

(3) [3.인정이자계산: (을)지] 탭

[1.가지급금, 가수금 입력] 탭과 [2.차입금 입력] 탭에 입력된 자료를 이용하여 인별로 인정이자율을 계산하여 반영하며 이를 근거로 인정이자가 계산된다.

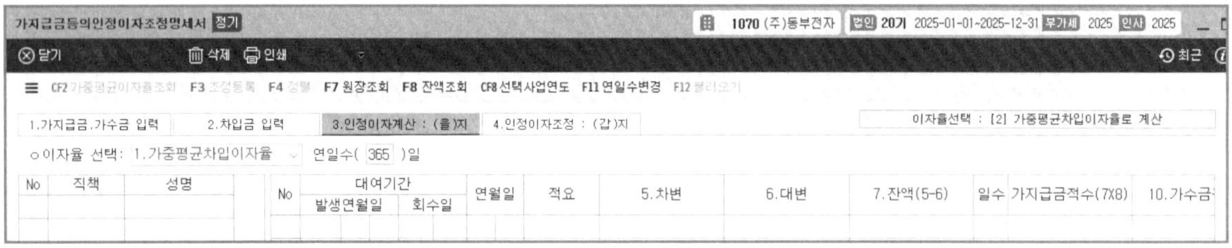

(4) [4.인정이자조정: (갑)지] 탭

인별로 계산된 인정이자액과 회사계상액을 비교하여 그 차액을 계산한다.

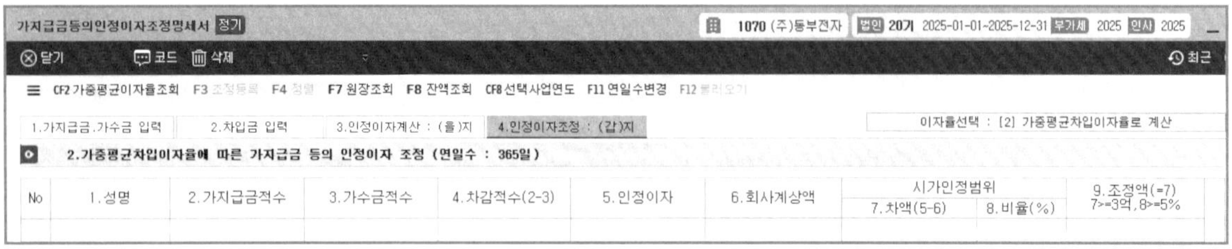

① [6.회사계상액]란은 이자율과 상환기간에 대한 약정이 있으며 약정일에 약정에 의한 이자상당액을 장부에 반영한 경우 해당 금액을 입력한다.

➕ 이자율과 상환기간에 대한 약정

약정이 있는 경우	• 이자수익 계상액: 귀속시기* 도래분을 [6.회사계상액]란에 입력한다. • 인정이자와 회사계상액과의 차액: 익금산입(귀속자에 따라 소득처분)한다.
약정이 없는 경우	회사가 임의로 이자수익을 계상한 경우 해당 금액을 익금불산입, 인정이자 총액을 익금산입(귀속자에 따라 소득처분)하고 [6.회사계상액]란은 입력하지 않는다.

* 비영업대금의 이익 귀속시기는 약정에 의한 이자 지급일이다.

② 상단 툴바의 F3 조정등록 을 이용하여 [9.조정액(=7)]란 금액을 손금불산입(상여) 등으로 세무조정한다.

연습문제

[1] 기장된 내용과 다음 추가자료를 이용하여 (주)동부전자(회사코드: 1070)의 가지급금 등의 인정이자 조정명세서를 작성하고 필요한 세무조정을 하시오. 단, 이자율은 가중평균차입이자율을 적용하기로 한다. 기출 113회 수정

1. 차입금 내역은 다음과 같다.

거래처	차입기간	차입금액	이자비용	이자율(연)
대한저축은행	2023.9.1.~2026.8.31.	50,000,000원	2,500,000원	5%
행복은행	2024.10.1.~2026.9.30.	100,000,000원	3,000,000원	3%

2. 가지급금 및 가수금 변동내역

가지급금 / 가수금	일자	금액	비고
가지급금	전기이월	10,000,000원	
	2025.4.1.	40,000,000원	업무와 무관하게 대표이사에게 대여한 금액
	2025.4.25.	20,000,000원	대표이사에게 미지급한 소득에 대한 소득세 대납액
가수금	전기이월	10,000,000원	
	2025.05.04.	10,000,000원	대표이사 가수금

• 가지급금에 대하여는 이자지급에 관한 약정에 따라 이자수익으로 500,000원을 계상하였다.

3. 회사는 인정이자 계산 시 가중평균차입이자율을 적용하기로 한다.

| 풀이 |

[가지급금 등의 인정이자 조정명세서]

① [1.가지급금, 가수금 입력] 탭

• 가지급금, 가수금 선택에서 '1.가지급금'을 선택한 후 회계데이터불러오기 를 클릭한다. 불러온 데이터 중 4월 25일의 '대표자에게 미지급한 소득에 대한 소득세 대납액 20,000,000원'은 인정이자 계산 대상 가지급금에 해당하지 않기 때문에 해당 라인을 삭제한다.

가지급금과 가수금 발생 시에 이자율, 상환기간에 대한 약정이 각각 체결된 경우가 아니라면, 동일인에 대한 가지급금, 가수금은 서로 상계하여 인정이자를 계산한다.

• 가지급금, 가수금 선택에서 '2.가수금'을 선택한 후 회계데이터불러오기 를 클릭한다.

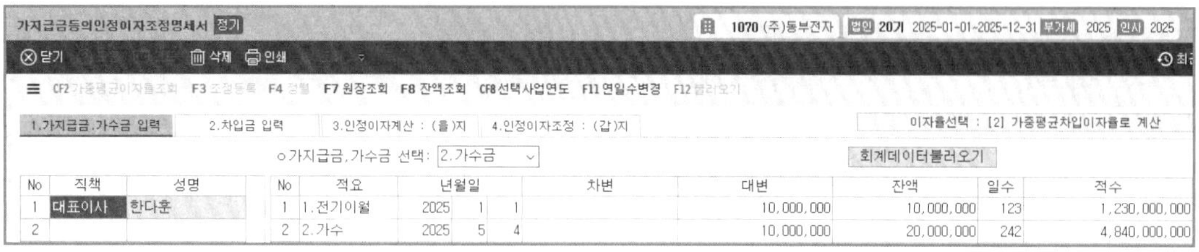
가지급금등의인정이자조정명세서 정기 | 1070 (주)동부전자 | 법인 20기 2025-01-01~2025-12-31 | 부가세 2025 | 인사 2025

1.가지급금.가수금 입력 | 2.차입금 입력 | 3.인정이자계산 : (을)지 | 4.인정이자조정 : (갑)지 | 이자율선택 : [2] 가중평균차입이자율로 계산

○가지급금.가수금 선택: 2.가수금 | 회계데이터불러오기

No	직책	성명
1	대표이사	한다훈
2		

No	적요	년	월	일	차변	대변	잔액	일수	적수
1	1.전기이월	2025	1	1		10,000,000	10,000,000	123	1,230,000,000
2	2.가수	2025	5	4		10,000,000	20,000,000	242	4,840,000,000

② [2.차입금 입력] 탭

이자율선택 : [2] 가중평균차입이자율로 계산 을 적용한다. [거래처명]란에 F2를 이용하여 해당 데이터를 다음과 같이 불러온 후 [이자율%]란에 해당 이자율을 입력한다.

• 대한저축은행

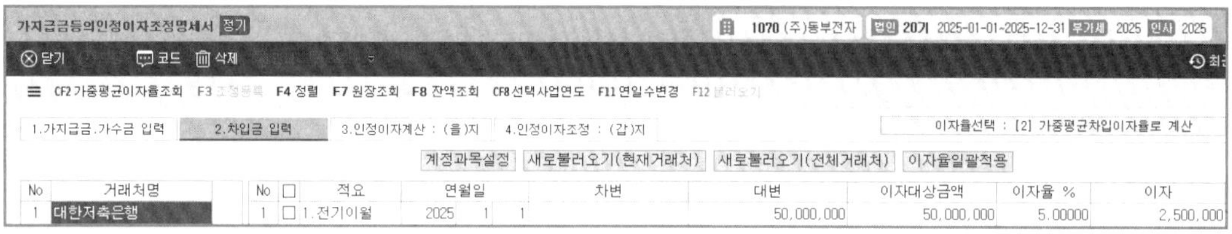
계정과목설정 | 새로불러오기(현재거래처) | 새로불러오기(전체거래처) | 이자율일괄적용

No	거래처명
1	대한저축은행

No	적요	년	월	일	차변	대변	이자대상금액	이자율 %	이자
1	1.전기이월	2025	1	1		50,000,000	50,000,000	5.00000	2,500,000

• 행복은행

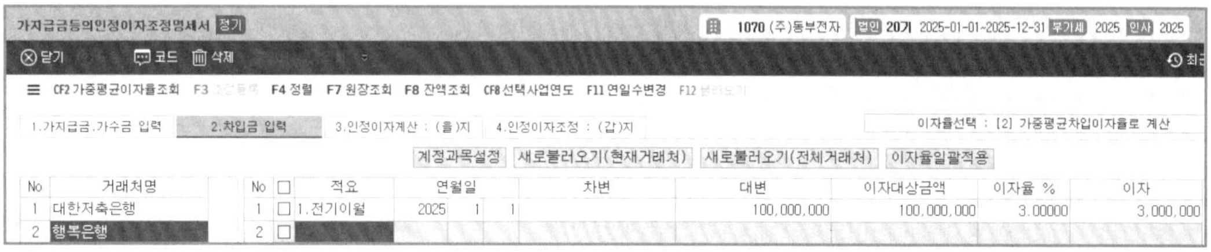
No	거래처명
1	대한저축은행
2	행복은행

No	적요	년	월	일	차변	대변	이자대상금액	이자율 %	이자
1	1.전기이월	2025	1	1		100,000,000	100,000,000	3.00000	3,000,000
2									

③ [3.인정이자계산: (을)지] 탭

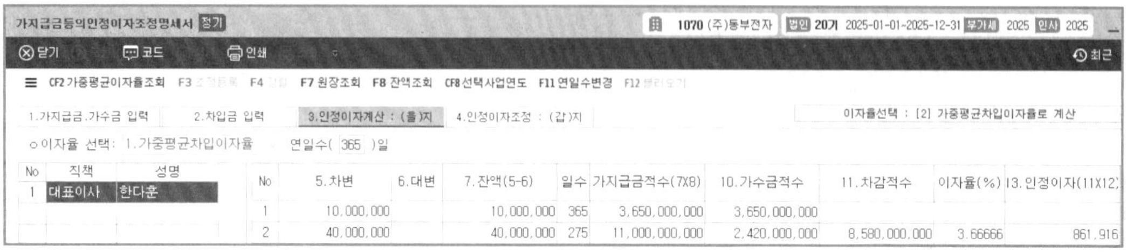
○이자율 선택: 1.가중평균차입이자율 연일수(365)일

No	직책	성명
1	대표이사	한다훈

No	5.차변	6.대변	7.잔액(5-6)	일수	가지급금적수(7X8)	10.가수금적수	11.차감적수	이자율(%)	13.인정이자(11X12)
1	10,000,000		10,000,000	365	3,650,000,000	3,650,000,000			
2	40,000,000		40,000,000	275	11,000,000,000	2,420,000,000	8,580,000,000	3.66666	861,916

④ [4.인정이자조정: (갑)지] 탭

이자율 및 상환기간에 대한 약정이 있고 약정에 따라 이자수익을 계상한 경우 [6.회사계상액]란에 500,000원을 입력한다.

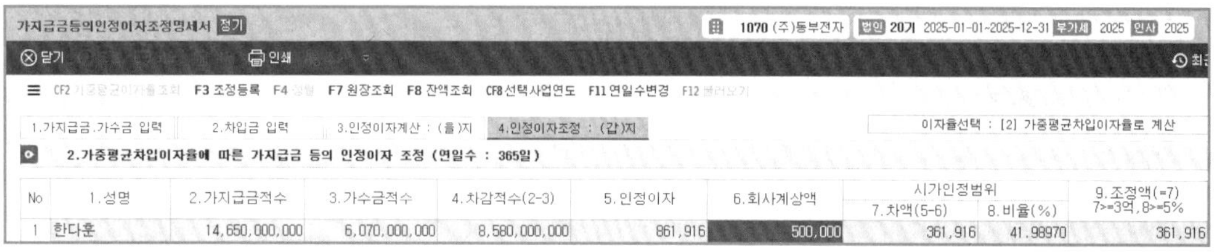
2.가중평균차입이자율에 따른 가지급금 등의 인정이자 조정 (연일수 : 365일)

No	1.성명	2.가지급금적수	3.가수금적수	4.차감적수(2-3)	5.인정이자	6.회사계상액	시가인정범위 7.차액(5-6)	시가인정범위 8.비율(%)	9.조정액(=7) 7>=3억,8>=5%
1	한다훈	14,650,000,000	6,070,000,000	8,580,000,000	861,916	500,000	361,916	41.98970	361,916

⑤ 상단 툴바의 F3 조정등록 을 이용하여 다음과 같이 세무조정을 입력한다.

〈익금산입〉 가지급금 인정이자 361,916원(상여)

[2] (주)대전상사(회사코드: 1072)의 다음 자료를 이용하여 가지급금 등의 인정이자 조정명세서를 작성하고 필요한 세무조정을 하시오.

기출 72회

1. 가지급금 및 가수금의 변동내역(대표자: 전순수)
   (1) 가지급금
   - 전기이월: 47,000,000원(약정 없음)
   - 대여(2025년 2월 11일): 18,000,000원(약정 없음)
   - 회수(2025년 11월 9일): 22,000,000원

   (2) 가수금
   - 가수(2025년 7월 6일): 13,000,000원
2. 차입금내역

좋은은행(연 8%)	• 차입기간: 2022.6.1.~2027.5.31. • 차입금액: 155,500,000원 • 이자비용: 연 12,440,000원
최고은행(연 4%)	• 차입기간: 2023.10.1.~2028.9.30. • 차입금액: 15,875,000원 • 이자비용: 연 635,000원

3. 이자율은 기획재정부령 정하는 당좌대출이자율(4.6%)을 적용하며, 회사는 결산서상 인정이자에 대한 회계처리를 하지 않았다. 또한, 당좌대출이자율을 최초 선택한 사업연도는 2025년 1월 1일~2025년 12월 31일이다.

| 풀이 |

[가지급금 등의 인정이자 조정명세서]

① [1.가지급금, 가수금 입력] 탭: 이자율선택 : [1] 당좌대출이자율로 계산 을 선택한다.

- 당좌대출이자율로 선택하는 경우 3년간 계속 적용되어야 하며 '선택사업연도' 창에서 당좌대출이자율을 계속 적용 시 최초 선택한 사업연도를 입력한다. 따라서, 상단 툴바의 CF8 선택사업연도 를 클릭한 후 사업연도 '2025.1.1.~2025.12.31.'을 입력하며 [2.차입금 입력] 탭은 작성하지 않아도 된다.

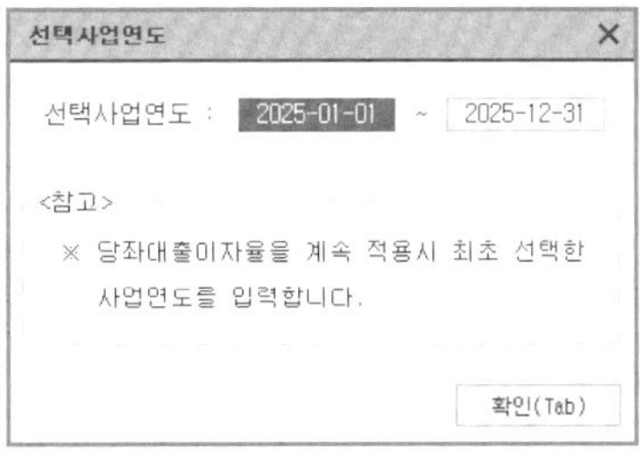

- 가지급금, 가수금 선택에서 '1.가지급금'을 선택한 후 회계데이터불러오기 를 클릭한다. '회계데이터 불러오기' 보조창에서 '회계전표 불러오기(Tab)'를 클릭한다.

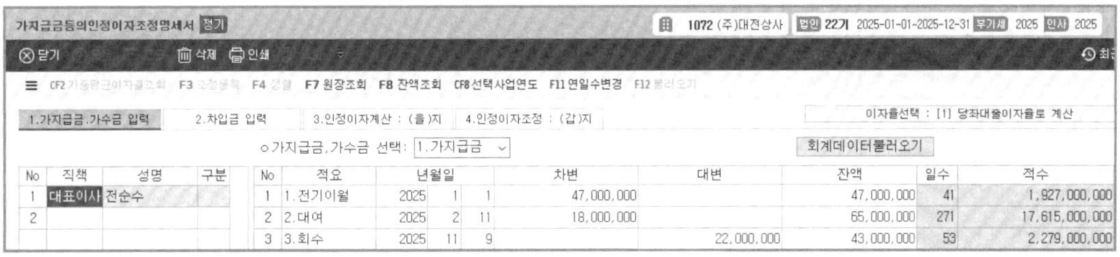

• 가지급금, 가수금 선택에서 '2.가수금'을 선택한 후 [회계데이터불러오기]를 클릭한다.

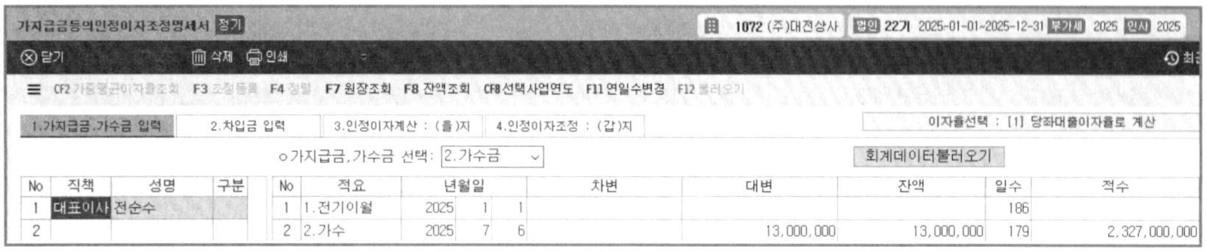

② [3.인정이자계산: (을)지] 탭

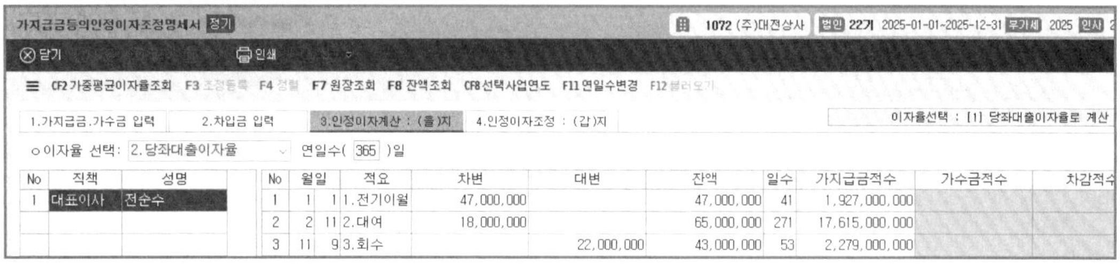

③ [4.인정이자조정: (갑)지] 탭

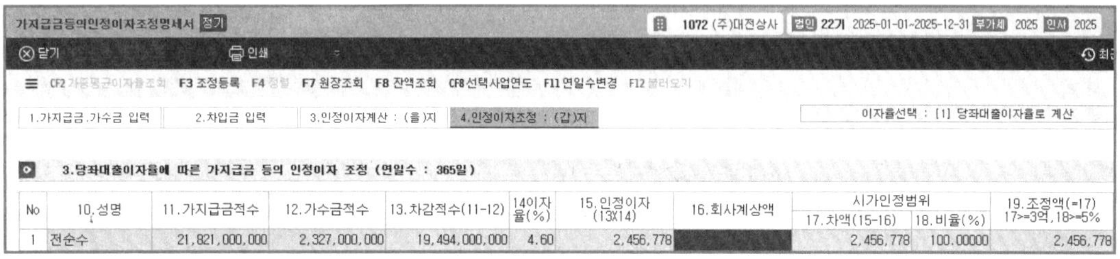

④ 상단 툴바의 [F3 조정등록]을 이용하여 다음과 같이 세무조정을 입력한다.

〈익금산입〉 가지급금 인정이자 2,456,778원(상여)

[3] 입력된 데이터는 무시하며 (주)서부전자(회사코드: 1069)의 다음 관련 자료를 이용하여 가지급금 등의 인정이자 조정명세서를 작성하고, 관련된 세무조정사항을 소득금액 조정합계표에 반영하시오. 기출 75회

1. 차입금과 지급이자 내역은 다음과 같다.

이자율	지급이자	차입금	비고
20%	5,000,000원	25,000,000원	농협은행 차입금
16%	6,000,000원	37,500,000원	신한은행 차입금
10%	10,000,000원	100,000,000원	특수관계인 자회사로부터의 차입금
계	21,000,000원	162,500,000원	

※ 전년도에 모두 차입한 것이며 원천징수세액은 없는 것으로 가정한다.

2. 가지급금 내역

구분	일자	가지급금	약정이자*
대표이사: 김회장	2025.5.27.	97,500,000원	5,850,000원
등기이사: 김이사	2025.6.27.	16,250,000원	1,750,000원

* 가지급금에 대하여는 이자지급에 관한 약정에 따라 이자수익으로 계상하였다.

3. 기획재정부령으로 정하는 당좌대출이자율은 연 4.6%이며, 당 회사는 금전대차거래에 대해 시가 적용방법을 신고한 바 없다고 가정한다.

| 풀이 |

[가지급금 등의 인정이자 조정명세서]

① [1.가지급금, 가수금 입력] 탭

- 대표이사 김회장: [전표입력] 메뉴에 입력된 데이터가 없으므로 다음과 같이 입력한다.

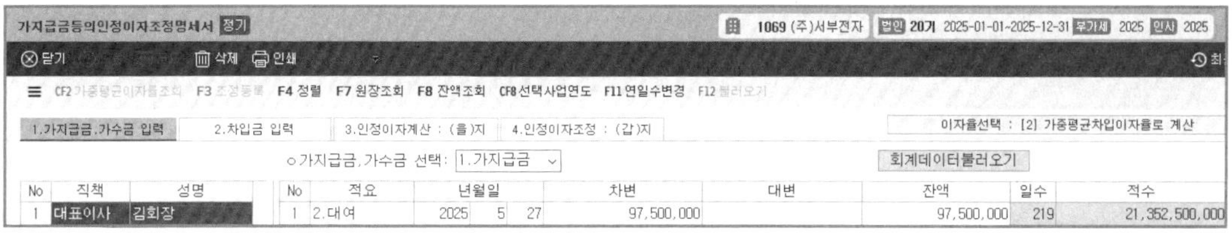

- 등기이사 김이사: [전표입력] 메뉴에 입력한 데이터가 없으므로 다음과 같이 입력한다.

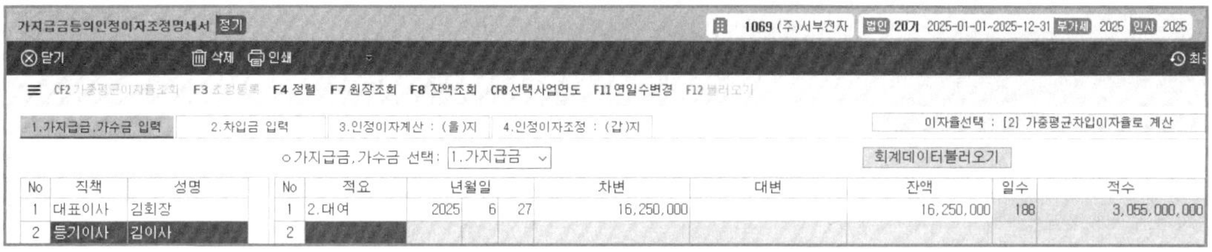

② [2.차입금 입력] 탭

당초에 시가 적용방법을 당좌대출이자율로 신고한 바 없으므로 가중평균차입이자율을 적용해야 한다.

따라서, [이자율선택 : [2] 가중평균차입이자율로 계산]을 선택한 후 다음과 같이 입력한다.

- 농협은행

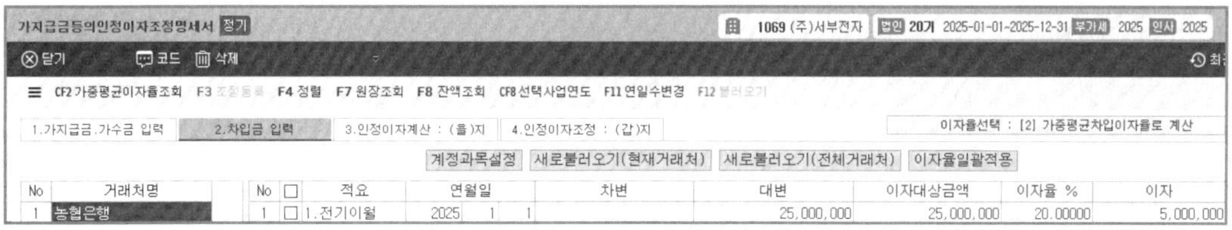

- 신한은행

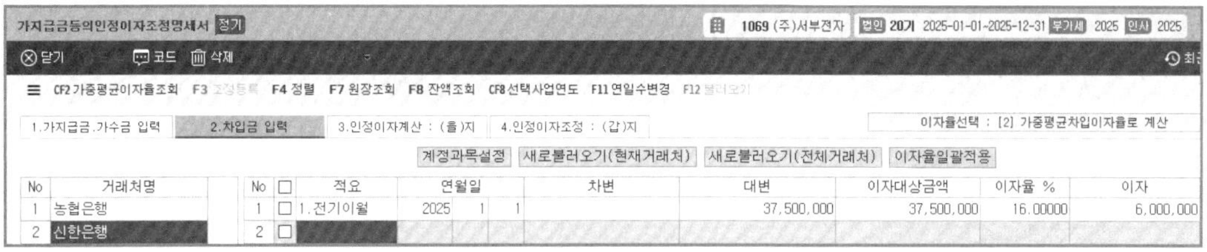

(꿀팁) 특수관계인 자회사에 대한 차입금은 제외되므로 입력하지 않는다.

③ [3.인정이자계산: (을)지] 탭: 다음과 같이 불러온다.

- 대표이사 김회장

• 등기이사 김이사

④ [4.인정이자조정: (갑)지] 탭: [6.회사계상액]란에 김회장 5,850,000원, 김이사 1,750,000원을 입력한다.

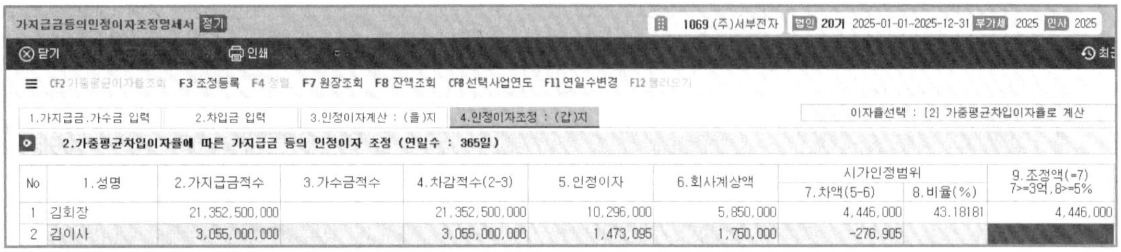

⑤ 상단 툴바의 F3 조정등록 을 이용하여 다음과 같이 세무조정한 후 저장한다.

〈익금산입〉 가지급금 인정이자 4,446,000원(상여)

꿀팁 김이사에 대한 가지급금은 약정이자가 인정이자보다 크므로 익금산입액은 없다. 즉, [5.인정이자]와 [6.회사계상액]의 차액[7.차액(5－6)]이 [5.인정이자]의 5% 미만인 경우에는 별도의 세무조정은 없는 것이다.

[4] (주)백두전자(회사코드: 1074)의 다음 자료를 이용하여 가지급금 등의 인정이자 조정명세서를 작성하고, 필요한 세무조정을 소득금액 조정합계표에 반영하시오. 기출 83회

• 손익계산서상 지급이자의 내역

금융기관	연 이자율	지급이자	비고
목성은행	3.5%	7,000,000원	차입금 발생일: 2025.3.1.
수성은행	4.5%	22,500,000원	차입금 발생일: 2024.5.3.
합계		29,500,000원	

• 대주주인 대표이사(백두산)에 대한 업무와 직접 관련 없는 대여금을 2월 5일과 5월 1일에 각각 100,000,000원을 지급하였으며 이자 지급에 대한 약정이 없다.
• 당사는 12월 31일 대주주인 대표이사의 대여금에 대한 이자수익을 다음과 같이 회계처리하여 결산하였다.

(차) 미수수익	3,000,000	(대) 이자수익	3,000,000

• 당사는 인정이자 계산 시 가중평균차입이자율을 적용하기로 한다.

| 풀이 |

[가지급금 등의 인정이자 조정명세서]

① [1.가지급금, 가수금 입력] 탭: 가지급금, 가수금 선택에서 '1.가지급금'을 선택한 후 회계데이터불러오기 를 클릭한다.

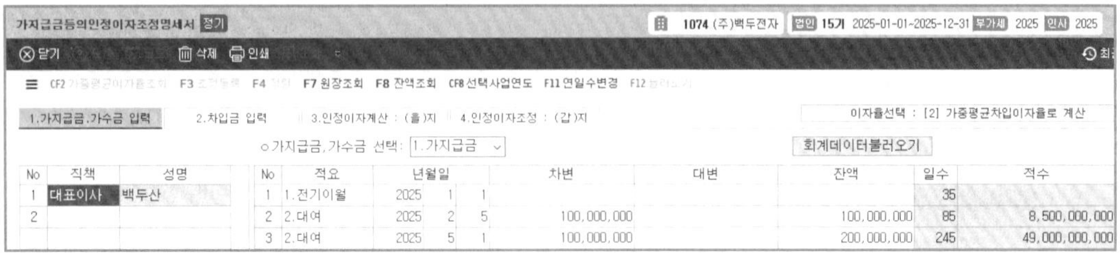

② [2.차입금 입력] 탭

[이자율선택 : [2] 가중평균차입이자율로 계산]을 적용한다. [거래처명]란에 [F2]를 이용하여 해당 데이터를 다음과 같이 불러온 후 [이자율%]란에 해당 이자율을 입력한다.

• 목성은행

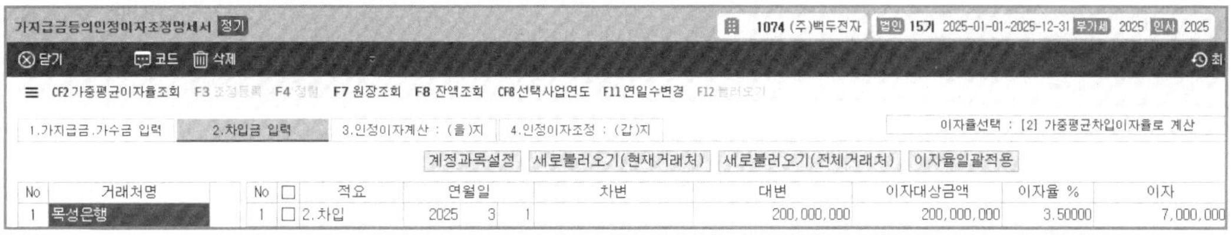

• 수성은행

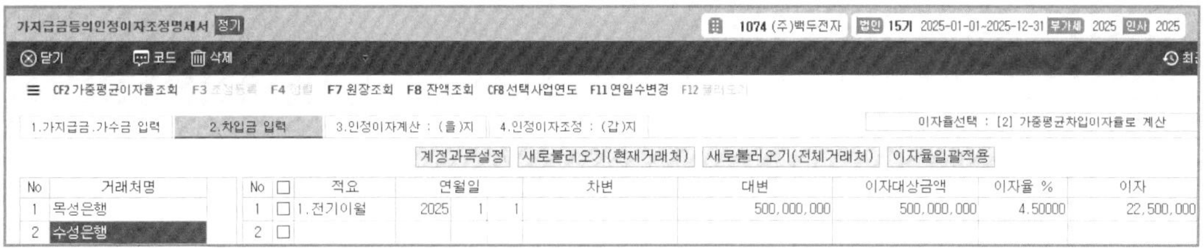

③ [3.인정이자계산: (을)지] 탭

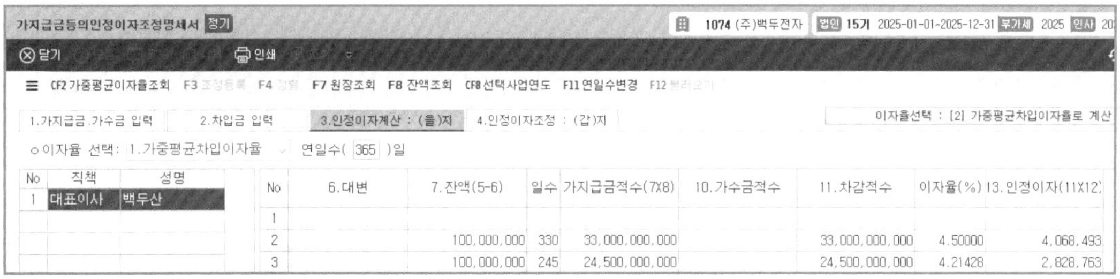

④ [4.인정이자조정: (갑)지] 탭

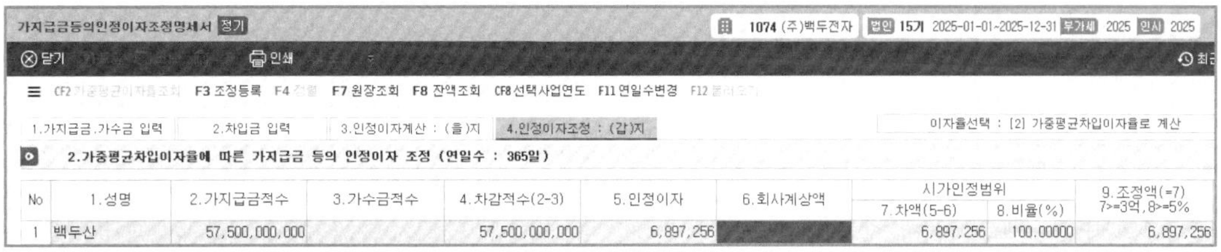

⑤ 상단 툴바의 [F3 조정등록]을 이용하여 다음과 같이 세무조정을 입력한다.

〈익금불산입〉 미수수익 3,000,000원(유보 발생)
〈익금산입〉 가지급금 인정이자 6,897,256원(상여)

꿀팁 업무무관 대여금에 대한 이자율 및 상환기간에 대한 약정이 없고 회사가 임의의 미수수익을 계상한 경우에는 미수수익 계상액은 가공자산에 해당하므로 가공자산을 취소하기 위해 손금산입(익금불산입) 유보발생으로 세무조정을 해야 한다. 또한, 인정이자 총액을 익금산입하고 귀속자에 대한 사외유출로 소득처분한다.

9 건설자금이자 조정명세서

1. 건설자금이자

건설자금이자란 명목 여하에 불구하고 당해 사업용 고정자산의 매입 · 제작 및 건설에 소요된 것이 특정차입금과 일반차입금에 대한 지급이자 또는 이와 유사한 성질의 지출금을 말한다. 건설준공일까지 계산하여 당해 사업용 고정자산의 자본적 지출로서 취득원가에 가산한다.

2. 건설자금이자 조정명세서

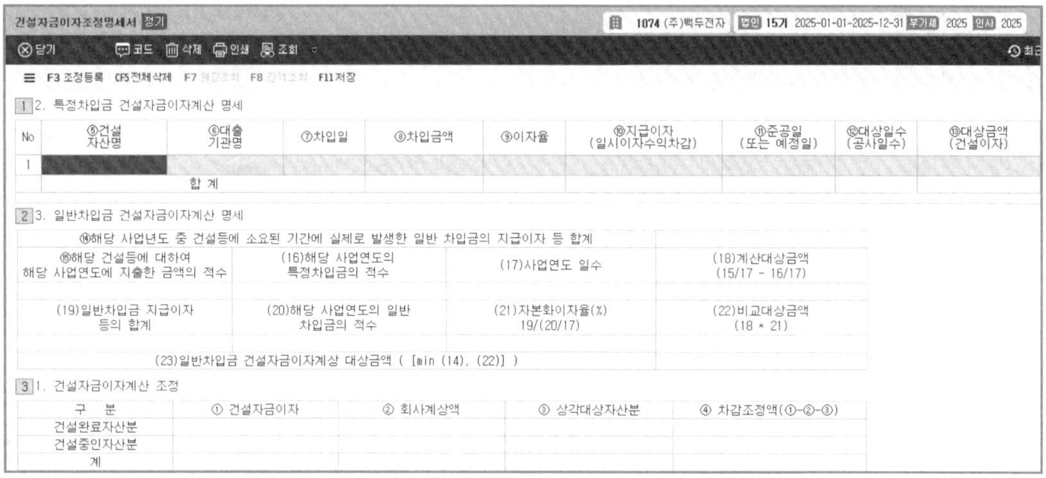

(1) 특정차입금 건설자금이자계산 명세

① **⑧차입금액**: 건설자금에 충당하기 위하여 차입한 자금의 총액을 입력하되, 그 차입금의 일부를 운영자금에 사용한 경우, 동 금액을 차감한 후의 금액을 입력한다.

② **⑩지급이자**: 당해 차입금에 대한 지급이자를 입력하되, 동 차입금의 일시예금에서 생기는 수입이자를 차감한 후의 금액을 입력한다.

(2) 건설자금이자계산 조정

① **①건설자금이자**: 건설자금이자를 건물 완료 자산분과 건설 중인 자산분으로 구분하여 입력한다.

② **②회사계상액**: 회사가 장부상 건설 중인 자산으로 계상한 금액을 입력한다.

③ **③상각대상 자산분**: [①건설자금이자]란에서 [②회사계상액]란을 차감한 금액으로 동 금액은 건설자금이자 중 상각대상 자산분을 의미한다. 동 금액은 건설완료 자산의 취득원가에 산입해야 할 금액을 회사가 비용으로 처리한 것으로 세무상 즉시 감가상각한 것으로 본다(즉시상각의제).

④ **④차감조정액**: 해당 금액이 양수(+)이면 건설자금이자 과소계상분이므로 손금불산입(유보 발생)으로, 음수(−)이면 건설자금이자 과다계상분이므로 손금산입(유보 발생)으로 상단 툴바의 F3 조정등록 을 이용하여 세무조정한다.

연습문제

[1] 아름상사(주)(회사코드: 1063)는 당기에 도원2공장 신축을 위하여 신축자금을 교동은행에서 차입하였다. 건설자금 이자조정명세서를 작성하고 관련 세무조정을 하시오(원 단위 미만은 절사함). 기출 97회

1. 도원2공장 신축공사 관련 차입내역

차입기관	차입기간	연이자율	차입금액	비고
교동은행	2025.7.1.~2026.10.31.	3.5%	1,000,000,000원	공장 신축을 위한 특정차입금임

- 당해 공사일수는 153일이며, 차입일수는 184일에 해당한다(1년은 365일로 계산할 것).
- 차입금액 중 100,000,000원을 차입일부터 일시투자하여 연 5%의 투자수익이 발생하였다.

2. 공사 관련 내용
- 도원2공장 신축관련공사로 공사기간은 2025.8.1.~2026.9.30.이며, 준공예정일은 2026.9.30.이다.
- 신축공사 관련 차입금에 대한 이자비용으로 17,643,835원, 일시이자수익은 2,520,547원을 손익계산서에 계상하였다.

| 풀이 |

[건설자금이자 조정명세서]

건설자금이자조정명세서 정기 | 1063 아름상사(주) | 법인 20기 2025-01-01~2025-12-31 | 부가세 2025 | 인사 2025

⊗닫기 코드 삭제 인쇄 조회 | 최근

F3 조정등록 CF5 전체삭제 F7 원장조회 F8 잔액조회 F11 저장

1 2. 특정차입금 건설자금이자계산 명세

No	⑤건설 자산명	⑥대출 기관명	⑦차입일	⑧차입금액	⑨이자율	⑩지급이자 (일시이자수익차감)	⑪준공일 (또는 예정일)	⑫대상일수 (공사일수)	⑬대상금액 (건설이자)
1	도원2공장신축	교동은행	2025-07-01	1,000,000,000	3.500	15,123,288	2026-09-30	153	12,575,342
	합 계			1,000,000,000		15,123,288			12,575,342

2 3. 일반차입금 건설자금이자계산 명세

⑭해당 사업년도 중 건설등에 소요된 기간에 실제로 발생한 일반 차입금의 지급이자 등 합계			
⑮해당 건설등에 대하여 해당 사업연도에 지출한 금액의 적수	(16)해당 사업연도의 특정차입금의 적수	(17)사업연도 일수	(18)계산대상금액 (15/17 - 16/17)
(19)일반차입금 지급이자 등의 합계	(20)해당 사업연도의 일반 차입금의 적수	(21)자본화이자율(%) 19/(20/17)	(22)비교대상금액 (18 * 21)
(23)일반차입금 건설자금이자계상 대상금액 ([min (14), (22)])			

3 1. 건설자금이자계산 조정

구 분	① 건설자금이자	② 회사계상액	③ 상각대상자산분	④ 차감조정액(①-②-③)
건설완료자산분				
건설중인자산분	12,575,342			12,575,342
계	12,575,342			12,575,342

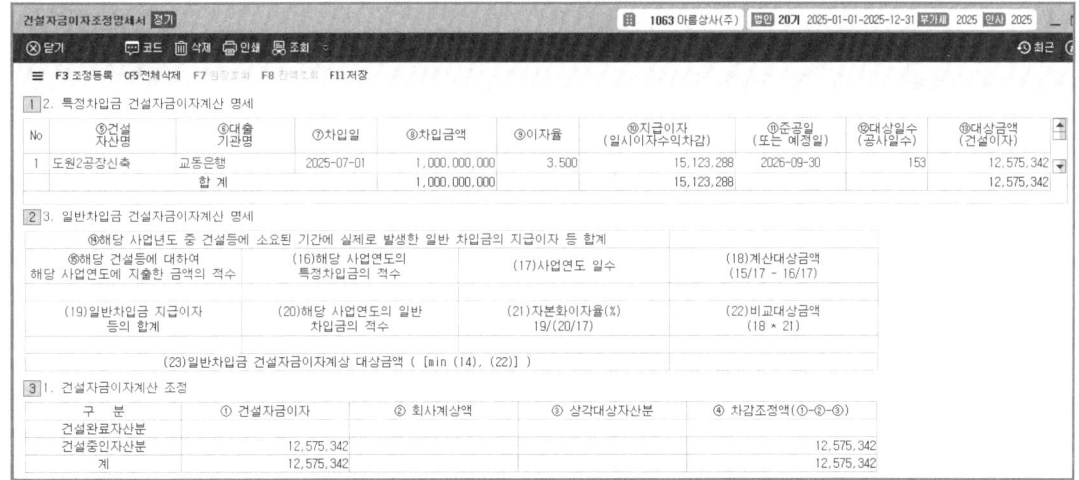

- [⑩지급이자(일시이자수익 차감)]란에 15,123,288원(= 17,643,835원 − 2,520,547원)을 입력한다.
- [⑬대상금액(건설이자)]란에 12,575,342원(= 1,000,000,000원 × 3.5% × 153/365 − 100,000,000원 × 5% × 153/365)을 입력한다.
- 상단 툴바의 F3 조정등록 을 이용하여 다음과 같이 세무조정한 후 해당 서식을 저장한다.

〈손금불산입〉 건설자금이자 12,575,342원(유보 발생)

10 업무무관 부동산 등에 관련한 차입금이자 조정명세서 중요

▸ 최신 30회 중 8문제 출제

현행 세법상 자기자본에 대한 비용인 배당은 손금불산입하고 타인자본에 대한 비용인 지급이자는 순자산을 감소시키는 거래로 손금으로 인정하고 있다. 이는 기업이 차입금에 의한 자본조달을 선호하도록 하여 기업의 재무구조를 악화시킬 우려가 있기 때문이다. 이런 이유로 법인이 차입금을 특정 용도에 사용하거나 비생산적 자산을 보유하고 있는 경우 채권자가 불분명한 차입금이자 등은 손금불산입하여 자기자본과 타인자본의 불균형을 해소하고 있다.

+ 현행 법인세법 지급이자의 손금불산입 내용과 부인순서

순서	손금불산입 지급이자	근거	손금불산입액	소득처분
1	채권자 불분명 사채이자	비공식 금융의 양성화	당해 이자	대표자 상여 (단, 원천징수세액 상당액은 기타사외유출)
2	비실명 채권·증권이자	금융실명거래	당해 이자	
3	건설자금이자	이자 자본화	당해 이자	유보
4	업무무관 자산 지급이자	자금의 비생산적 이용	업무무관 자산가액 및 가지급금에 대한 지급이자 상당액	기타사외유출

꿀팁 실무상 작업순서는 ① [가지급금 등의 인정이자 조정명세서] → ② [건설자금이자 조정명세서] → ③ [업무무관 부동산 등에 관련한 차입금이자 조정명세서]이다.

1. [적수입력(을)] 탭

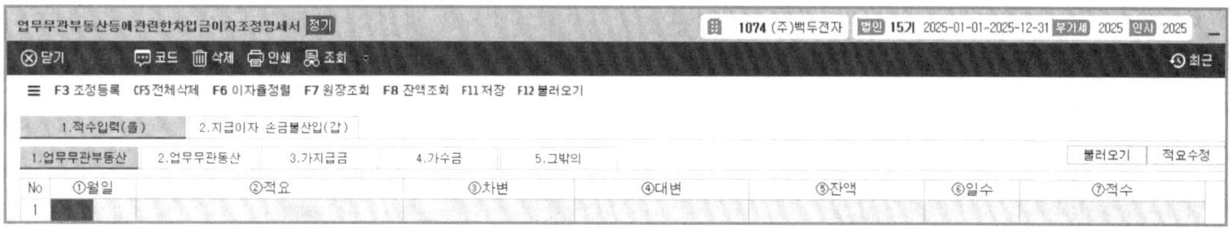

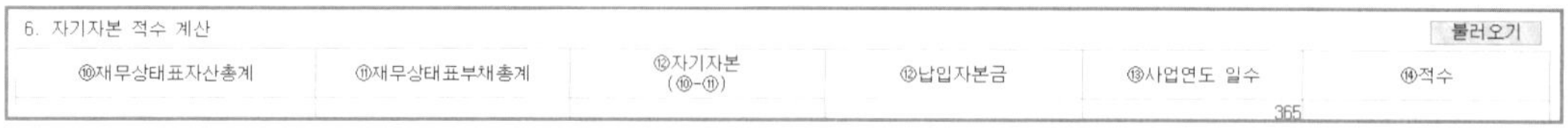

(1) [1.업무무관 부동산/2.업무무관 동산] 탭

① ①월일: 업무무관 부동산 및 업무무관 동산의 취득일자 또는 매각일자를 입력한다. 다만, 전기 이전에 취득한 자산의 경우에는 사업연도 초일을 입력한다.

② ②적요/③차변/④대변/⑤잔액: [②적요]란은 '1.전기이월', '2.취득', '3.매각' 중에서 해당 내역을 선택한다. 적요가 전기이월 또는 취득인 경우에는 자산의 증가이므로 [③차변]란에 금액을 입력하고, 적요가 매각인 경우에는 자산의 감소이므로 [④대변]란에 금액을 입력한다.

③ ⑥일수/⑦적수: 일수는 [①월일]란에 입력된 자료에 따라 자동 반영되며, [⑦적수]란은 '⑤잔액×⑥일수'가 자동 계산된다.

(2) [3.가지급금] 탭

[②적요]란은 '1.전기이월', '2.지급', '3.회수' 중에서 해당 내역을 선택한다. 적요가 전기이월 또는 지급인 경우에는 자산의 증가이므로 [③차변]란에 금액을 입력하고, 적요가 회수인 경우에는 자산의 감소이므로 [④대변]란에 금액을 입력한다. 만약, [가지급금 등의 인정이자 조정명세서]가 작성되어 있다면 화면 우측 상단의 불러오기 를 클릭하면 [가지급금 등의 인정이자 조정명세서]의 [1.가지급금, 가수금 입력] 탭에서 '1.가지급금'으로 입력된 자료가 자동 반영된다. 따라서 본 메뉴를 학습하기 전에 [가지급금 등의 인정이자 조정명세서]를 먼저 작성해야 한다. 단, 지급이자 손금불산입 규정을 적용하지 않는 가지급금은 입력하지 않으며, 규정이 배제되는 가지급금의 범위는 다음과 같다.

① 사용인 등의 미지급소득(배당소득, 상여금)에 대한 소득세 대납액

② 내국법인이 국외 투자법인에 종사하거나 종사할 자에게 여비·급료·기타 비용을 대신하여 부담한 금액

③ 우리사주조합 또는 그 조합원에게 대여한 당해 법인의 주식 취득자금

④ 「국민연금법」에 의해 근로자가 지급받은 것으로 보는 퇴직금전환금

⑤ 사용인에 대한 급료의 가불액

⑥ 사용인에 대한 경조사비 대여액

⑦ 사용인(사용인의 자녀 포함)에 대한 학자금의 대여액

⑧ 귀속자가 불분명하거나 과세표준을 추계로 결정, 경정할 때에 대표자에게 상여처분한 금액에 대한 소득세를 법인이 대납하고 이를 가지급금으로 계상한 금액

⑨ 중소기업의 근로자(임원 · 지배주주 등 제외)에 대한 주택 구입 및 전세대금 대여금

(3) [4.가수금] 탭

[②적요]란은 '1.전기이월', '2.가수', '3.상환' 중에서 해당 내역을 선택한다. 적요가 전기이월 또는 가수인 경우에는 부채의 증가이므로 [④대변]란에 금액을 입력하고, 적요가 상환인 경우에는 부채의 감소이므로 [③차변]란에 금액을 입력한다. 만약, [가지급금 등의 인정이자 조정명세서]가 작성되어 있다면 화면 우측 상단의 불러오기 를 클릭하면 [가지급금 등의 인정이자 조정명세서]의 [1.가지급금, 가수금 입력] 탭에 '2.가수금'으로 입력된 자료가 자동 반영된다.

2. [지급이자 손금불산입(갑)] 탭

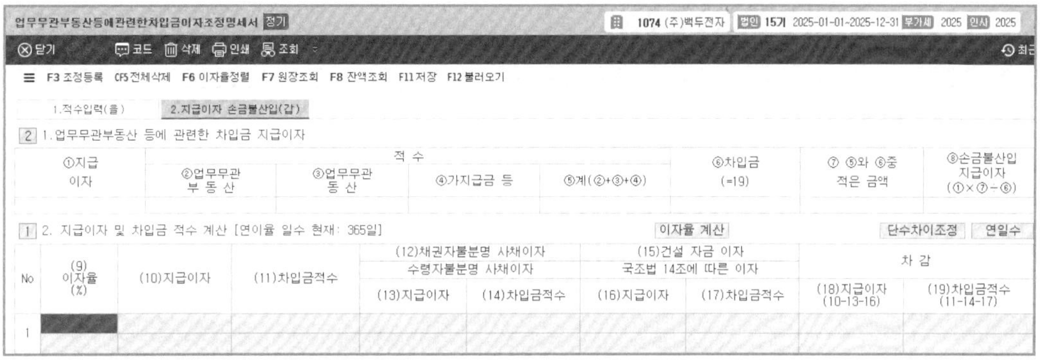

(1) 2.지급이자 및 차입금 적수 계산

① **(9)이자율(%)/(10)지급이자**: 당해 사업연도에 발생된 지급이자를 이자율별로 입력한다. 단, 지급이자 손금불산입 규정을 적용하지 않는 지급이자는 입력하지 않으며 규정이 배제되는 지급이자의 범위는 다음과 같다.

- 상업어음의 할인료(∵ 매출채권처분손실)

  [비교] 금융어음의 할인료(∵ 자금의 차입을 위해 발행한 금융어음은 차입금임)는 지급이자 손금불산입 규정을 적용하는 지급이자이다.

- 운용리스조건에 의해 지급하는 리스료(∵ 임대료 성격)
- 자산 취득으로 생긴 채무에 대한 현재가치할인차감 상각액
- 연 지급 수입이자(∵ 회계처리방법에 따라 세부담이 달라짐)
- 선급이자(∵ 당기 지급이자가 아님)
- 한국은행총재가 정한 규정에 따른 기업구매자금대출에 따른 차입금 이자(∵ 조세정책적 목적)

② **(11)차입금적수**: {차입금(지급이자 ÷ 이자율) × 365(또는 366)}의 계산식에 의한 금액이 자동 계산된다.

③ **(12)채권자 불분명 사채이자/수령자 불분명 사채이자**: 채권자 불분명 사채이자로서 손금불산입한 [(13)지급이자]와 [(14)차입금적수]를 상단에, 비실명 채권 · 증권의 이자로서 손금불산입한 [(13)지급이자]와 [(14)차입금적수]를 하단에 입력한다.

④ **(15)건설자금이자**: 건설자금이자로서 손금불산입한 [(16)지급이자]와 [(17)차입금적수]를 상단에 입력한다.

⑤ **(18)지급이자(10－13－16)**: 총지급이자에서 선순위에서 손금불산입되는 이자를 제외한 금액이 자동 계산된다.

⑥ **(19)차입금적수(11－14－17)**: 총차입금적수에서 선순위에서 손금불산입되는 적수를 제외한 금액이 자동 계산된다.

(2) **1.업무무관 부동산 등에 관련한 차입금 지급이자**

① **⑦⑤와 ⑥ 중 적은 금액**: 동 금액은 손금불산입 계산식에서 분자를 의미하며 분자의 적수는 분모의 적수를 한도로 하므로 [⑤계]란의 금액(분자)과 [⑥차입금]란의 금액(분모) 중 작은 금액을 불러온다.

② **⑧손금불산입 지급이자(①×⑦÷⑥)**: 동 금액을 상단 툴바의 F3 조정등록 을 이용하여 손금불산입(기타사외유출)으로 세무조정한다.

연습문제

[1] 현미산업(주)(회사코드: 1062)의 다음 자료를 보고 업무무관 부동산 등에 관련한 차입금이자 조정명세서를 작성한 후 세무조정을 하시오. 단, 가지급금 인정이자 세무조정은 고려하지 않는다.
기출 73회 수정

<table>
<tr><td rowspan="5">자산 취득 및
보유 현황</td><td>자산 구분</td><td>금액</td><td>취득일</td><td>비고</td></tr>
<tr><td>선박</td><td>38,000,000원</td><td>2024.3.3.</td><td></td></tr>
<tr><td>건물</td><td>400,000,000원</td><td>2025.6.9.</td><td>2025.11.3.(매각)</td></tr>
<tr><td>토지</td><td>320,000,000원</td><td>2025.2.4.</td><td></td></tr>
<tr><td colspan="4">• 회사는 해운업이나 선박업과 무관하며, 업무상 선박을 이용하는 일은 없다.
• 토지 및 건물은 회사 잉여금으로 취득한 투자 목적의 자산이다.</td></tr>
<tr><td rowspan="4">차입금 현황 및
이자 지급 내역</td><td>차입금 구분</td><td>차입금액</td><td>이자율</td><td>이자비용</td></tr>
<tr><td>장기차입금</td><td>100,000,000원</td><td>연 13%</td><td>13,000,000원</td></tr>
<tr><td>단기차입금</td><td>180,000,000원</td><td>연 10%</td><td>18,000,000원</td></tr>
<tr><td colspan="4">장기차입금에 대한 이자비용에는 채권자 수령 불분명 이자 2,500,000원이 포함되어 있으나, 원천징수세액은 없는 것으로 가정한다.</td></tr>
<tr><td>가지급금 등
대여금 현황</td><td colspan="4">• 7월 14일 상무이사 한상만에게 사업자금 40,000,000원을 연 9%의 이율로 대여하였다.
• 10월 2일 총무과 사원 윤경민에게 월정액 급여 이내의 급여 380,000원을 가불하였다.
• 11월 1일 인사과 사원 고대리에게 본인 학자금 대여액 20,000,000원을 연 5%의 이율로 대여하였다.</td></tr>
</table>

| 풀이 |

[업무무관 부동산 등에 관련한 차입금이자 조정명세서]

① [1.적수입력(을)] 탭: 다음과 같이 입력한다.

• [1.업무무관 부동산] 탭

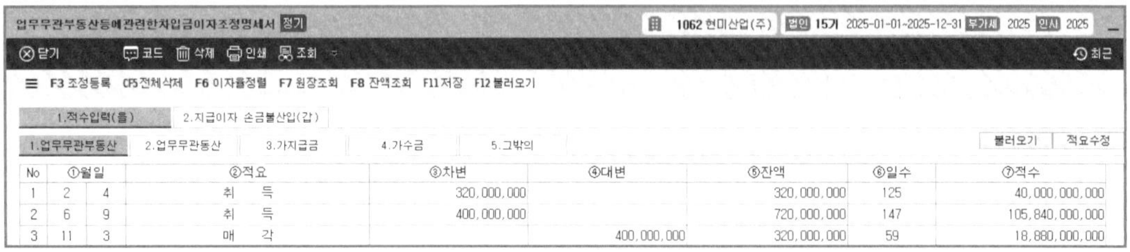

No	①월	일	②적요	③차변	④대변	⑤잔액	⑥일수	⑦적수
1	2	4	취 득	320,000,000		320,000,000	125	40,000,000,000
2	6	9	취 득	400,000,000		720,000,000	147	105,840,000,000
3	11	3	매 각		400,000,000	320,000,000	59	18,880,000,000

• [2.업무무관 동산] 탭

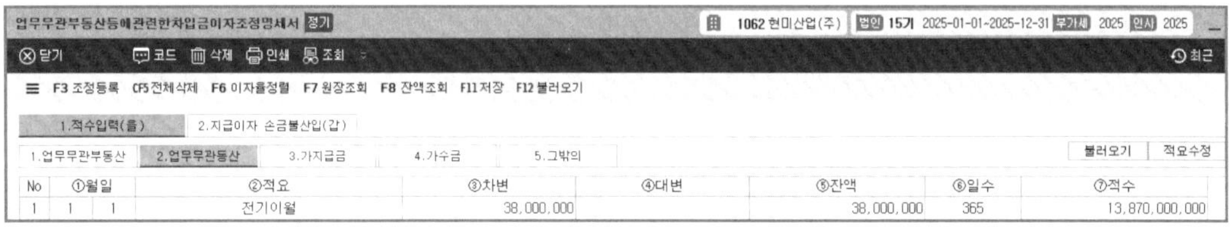

No	①월	일	②적요	③차변	④대변	⑤잔액	⑥일수	⑦적수
1	1	1	전기이월	38,000,000		38,000,000	365	13,870,000,000

• [3.가지급금] 탭: 월정액 급여 이내의 급여 380,000원과 본인 학자금 대여액 20,000,000원은 지급이자 손금불산입 규정에 배제되는 가지급금이므로 입력하지 않는다.

업무무관부동산등에관련한차입금이자조정명세서 정기 | 1062 현미산업(주) 법인 15기 2025-01-01~2025-12-31 부가세 2025 인사 2025

⊗닫기 코드 삭제 인쇄 조회 | 최근

≡ F3 조정등록 CF5전체삭제 F6 이자율정렬 F7 원장조회 F8 잔액조회 F11저장 F12불러오기

1.적수입력(을) | 2.지급이자 손금불산입(갑)

1.업무무관부동산 | 2.업무무관동산 | 3.가지급금 | 4.가수금 | 5.그밖의 | 불러오기 | 적요수정

No	①월일		②적요	③차변	④대변	⑤잔액	⑥일수	⑦적수
1	7	14	지 급	40,000,000		40,000,000	171	6,840,000,000

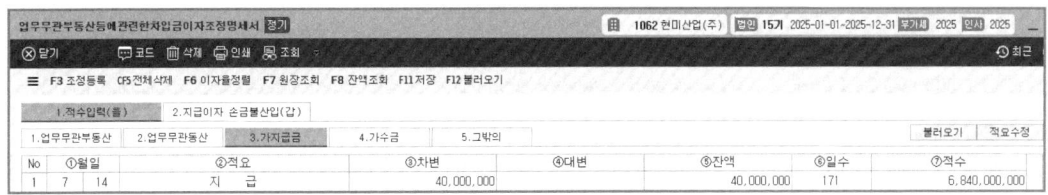

② [2.지급이자 손금불산입(갑)] 탭: '2.지급이자 및 차입금 적수 계산'에 다음과 같이 입력한다.

업무무관부동산등에관련한차입금이자조정명세서 정기 | 1062 현미산업(주) 법인 15기 2025-01-01~2025-12-31 부가세 2025 인사 2025

⊗닫기 코드 삭제 인쇄 조회 | 최근

≡ F3 조정등록 CF5전체삭제 F6 이자율정렬 F7 원장조회 F8 잔액조회 F11저장 F12불러오기

1.적수입력(을) | 2.지급이자 손금불산입(갑)

2 1.업무무관부동산 등에 관련한 차입금 지급이자

①지급 이자	적 수				⑥차입금 (=19)	⑦ ⑤와 ⑥중 적은 금액	⑧손금불산입 지급이자 (①×⑦÷⑥)
	②업무무관 부 동 산	③업무무관 동 산	④가지급금 등	⑤계(②+③+④)			
28,500,000	164,720,000,000	13,870,000,000	6,840,000,000	185,430,000,000	95,180,769,231	95,180,769,231	28,500,000

1 2. 지급이자 및 차입금 적수 계산 [연이율 일수 현재: 365일] | 이자율 계산 | 단수차이조정 | 연일수

No	(9) 이자율 (%)	(10)지급이자	(11)차입금적수	(12)채권자불분명 사채이자 수령자불분명 사채이자		(15)건설 자금 이자 국조법 14조에 따른 이자		차 감	
				(13)지급이자	(14)차입금적수	(16)지급이자	(17)차입금적수	(18)지급이자 (10-13-16)	(19)차입금적수 (11-14-17)
1	13.00000	13,000,000	36,500,000,000	2,500,000	7,019,230,769			10,500,000	29,480,769,231
2	10.00000	18,000,000	65,700,000,000					18,000,000	65,700,000,000
3									
합계		31,000,000	102,200,000,000	2,500,000	7,019,230,769			28,500,000	95,180,769,231

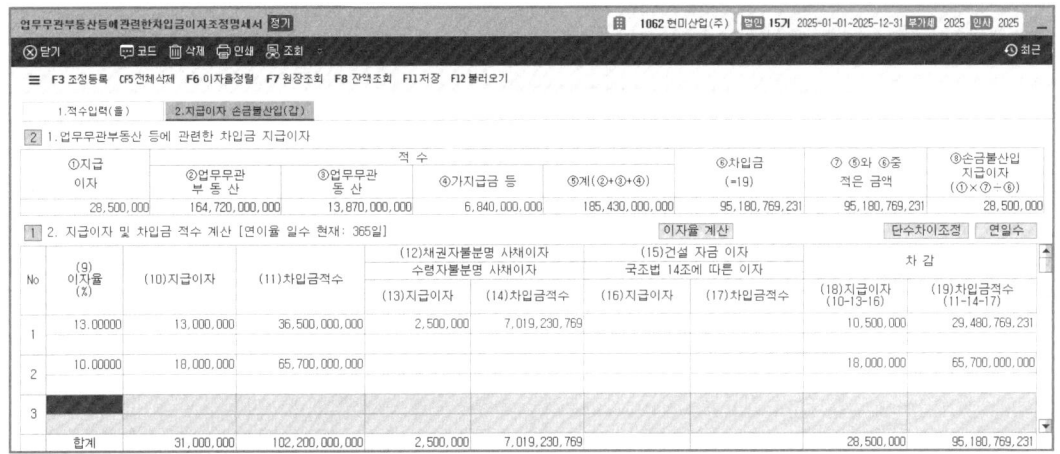

• [(9)이자율(%)]과 [(10)지급이자]를 입력하고 13% 이자율의 지급이자 중 [(12)채권자 불분명 사채이자－(13)지급이자]란 상단에 2,500,000원을 입력한다.

③ 상단 툴바의 **F3 조정등록**을 이용하여 다음과 같이 세무조정한 후 해당 서식을 저장한다.

〈손금불산입〉 채권자 불분명 이자 2,500,000원(상여)
〈손금불산입〉 업무무관 자산 지급이자 28,500,000원(기타사외유출)

[2] 태백산업(주)(회사코드: 1067)의 다음 자료를 보고 업무무관 부동산 등에 관련한 차입금이자 조정명세서를 작성한 후 세무조정을 하시오. 단, 가지급금 인정이자 세무조정은 고려하지 않는다. 기출 67회 수정

자산 취득 및 보유 현황	자산 구분	금액	취득일	비고
	건물	400,000,000원	2024.4.10.	
	토지	320,000,000원	2025.7.1.	
	토지 및 건물은 회사 여유자금으로 취득한 투자 목적용 자산이라고 가정한다. 또한, 토지는 취득세 2,000,000원을 납부하면서 취득세를 세금과공과(판)로 회계처리하였다.			

차입금 현황 및 이자 지급 내역	차입금 구분	차입금액	이자율	이자비용
	장기차입금	150,000,000원	연 7%	10,500,000원
	단기차입금	170,000,000원	연 5%	8,500,000원
	장기차입금에 대한 이자비용에는 채권자 수령 불분명 이자 1,700,000원이 포함되어 있다(원천징수는 고려하지 않기로 함).			

가지급금 등 대여금 현황	구분	내용	이자비용	대여일
	김대표	소득의 귀속이 불분명하여 대표자에게 소득처분한 금액에 대한 소득세를 법인이 납부하고 이를 가지급금으로 계상한 금액	5,000,000원	2.15.
	이대리	업무와 직접 관련 없는 대여금	30,000,000원	6.20.

| 풀이 |

[업무무관 부동산 등에 관련한 차입금이자 조정명세서]

① [1.적수입력(을)] 탭: 다음과 같이 입력한다.

- [1.업무무관 부동산] 탭: 투자 목적의 토지 중 취득세는 취득원가에 해당하므로 7월 1일 취득한 금액은 2,000,000원을 가산한 322,000,000원을 입력한다.

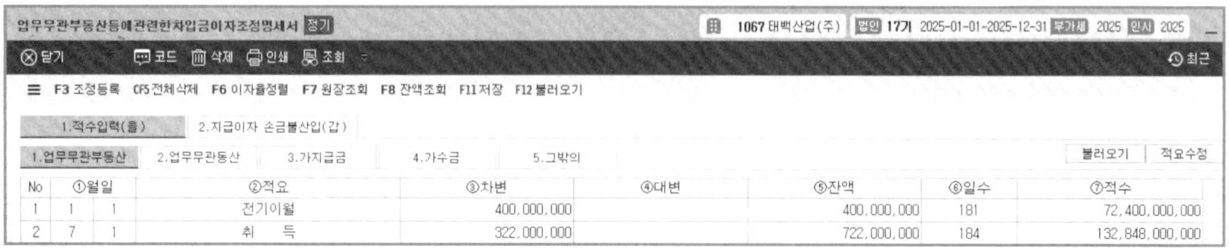
업무무관부동산등에관련한차입금이자조정명세서 정기 / 1067 태백산업(주) 법인 17기 2025-01-01~2025-12-31 부가세 2025 인사 2025

닫기 코드 삭제 인쇄 조회 최근

F3 조정등록 CF5전체삭제 F6 이자율정렬 F7 원장조회 F8 잔액조회 F11저장 F12 불러오기

1.적수입력(을) 2.지급이자 손금불산입(갑)

1.업무무관부동산 2.업무무관동산 3.가지급금 4.가수금 5.그밖의 불러오기 적요수정

No	①월	일	②적요	③차변	④대변	⑤잔액	⑥일수	⑦적수
1	1	1	전기이월	400,000,000		400,000,000	181	72,400,000,000
2	7	1	취 득	322,000,000		722,000,000	184	132,848,000,000

- [3.가지급금] 탭: 소득의 귀속이 불분명하여 대표자에게 소득처분한 금액에 대한 소득세를 법인이 납부하고 이를 가지급금으로 계상한 금액은 지급이자 손금불산입 규정이 배제되는 가지급금에 해당하므로 입력하지 않는다.

업무무관부동산등에관련한차입금이자조정명세서 정기 / 1067 태백산업(주) 법인 17기 2025-01-01~2025-12-31 부가세 2025 인사 2025

닫기 코드 삭제 인쇄 조회 최근

F3 조정등록 CF5전체삭제 F6 이자율정렬 F7 원장조회 F8 잔액조회 F11저장 F12 불러오기

1.적수입력(을) 2.지급이자 손금불산입(갑)

1.업무무관부동산 2.업무무관동산 3.가지급금 4.가수금 5.그밖의 불러오기 적요수정

No	①월	일	②적요	③차변	④대변	⑤잔액	⑥일수	⑦적수
1	6	20	지 급	30,000,000		30,000,000	195	5,850,000,000

② [2.지급이자 손금불산입(갑)] 탭: '2.지급이자 및 차입금 적수 계산'에 다음과 같이 입력한다.

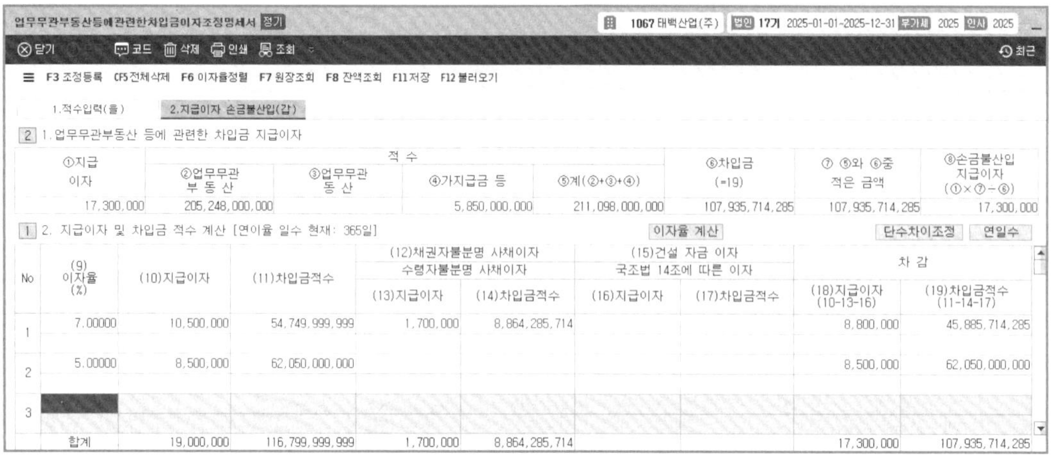
업무무관부동산등에관련한차입금이자조정명세서 정기 / 1067 태백산업(주) 법인 17기 2025-01-01~2025-12-31 부가세 2025 인사 2025

닫기 코드 삭제 인쇄 조회 최근

F3 조정등록 CF5전체삭제 F6 이자율정렬 F7 원장조회 F8 잔액조회 F11저장 F12 불러오기

1.적수입력(을) 2.지급이자 손금불산입(갑)

2 1.업무무관부동산 등에 관련한 차입금 지급이자

①지급 이자	적 수				⑥차입금 (=19)	⑦ ⑤와 ⑥중 적은 금액	⑧손금불산입 지급이자 (①×⑦÷⑥)
	②업무무관 부 동 산	③업무무관 동 산	④가지급금 등	⑤계(②+③+④)			
17,300,000	205,248,000,000		5,850,000,000	211,098,000,000	107,935,714,285	107,935,714,285	17,300,000

1 2. 지급이자 및 차입금 적수 계산 [연이율 일수 현재: 365일] 이자율 계산 단수차이조정 연일수

No	(9) 이자율 (%)	(10)지급이자	(11)차입금적수	(12)채권자불분명 사채이자 수령자불분명 사채이자		(15)건설 자금 이자 국조법 14조에 따른 이자		차 감	
				(13)지급이자	(14)차입금적수	(16)지급이자	(17)차입금적수	(18)지급이자 (10-13-16)	(19)차입금적수 (11-14-17)
1	7.00000	10,500,000	54,749,999,999	1,700,000	8,864,285,714			8,800,000	45,885,714,285
2	5.00000	8,500,000	62,050,000,000					8,500,000	62,050,000,000
3									
	합계	19,000,000	116,799,999,999	1,700,000	8,864,285,714			17,300,000	107,935,714,285

- [(9)이자율(%)]과 [(10)지급이자]를 입력하고 7% 이자율의 지급이자 중 [(12)채권자 불분명 사채이자-(13)지급이자]란 상단에 1,700,000원을 입력한다.

③ 상단 툴바의 **F3 조정등록**을 이용하여 다음과 같이 세무조정한 후 해당 서식을 저장한다.

> 〈손금불산입〉 세금과공과(취득세) 2,000,000원(유보 발생)
> 〈손금불산입〉 채권자 불분명 이자 1,700,000원(상여)
> 〈손금불산입〉 업무무관 자산 지급이자 17,300,000원(기타사외유출)

[3] (주)대성전자(회사코드: 1068)의 다음 자료에 의하여 업무무관 부동산 등에 관련한 차입금이자 조정명세서를 작성하고 관련된 세무조정을 하시오.

기출 107회 수정

구분	이자율	지급이자	비고
차입금 및 이자 지급 내역	14%	1,849,960원	채권자 불분명의 사채이자(원천징수세액: 231,000원)
	6%	11,880,000원	사채할인발행차금 상각액
	5%	725,000원	미완공 건물 신축에 사용

구분	일자	증가	감소
업무무관 가지급금 증감내역	기초이월	10,000,000원	
	2025.9.1.	45,000,000원	
	2025.11.10.		9,000,000원

구분	내용
기타	• 가지급금은 대표이사에 대한 업무무관 대여금이고, 가수금은 없으며 회사는 가지급금에 대하여 결산서상 이자수익으로 1,040,000원을 계상하였다. • 자기자본 적수계산은 무시하고 가지급금 인정이자 조정명세서 작성은 생략한다.

| 풀이 |

[업무무관 부동산 등에 관련한 차입금이자 조정명세서]

① [1.적수입력(을)] 탭 – [3.가지급금] 탭: 다음과 같이 입력한다.

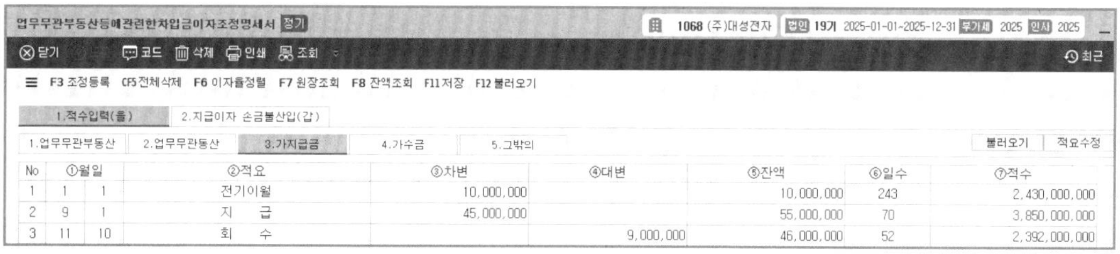

업무무관부동산등에관련한차입금이자조정명세서 정기 | 1068 (주)대성전자 법인 19기 2025-01-01~2025-12-31 부가세 2025 인사 2025

닫기 코드 삭제 인쇄 조회 최근

F3 조정등록 CF5 전체삭제 F6 이자율정렬 F7 원장조회 F8 잔액조회 F11 저장 F12 불러오기

1.적수입력(을) | 2.지급이자 손금불산입(갑)

1.업무무관부동산 | 2.업무무관동산 | 3.가지급금 | 4.가수금 | 5.그밖의 | 불러오기 | 적요수정

No	①월	일	②적요	③차변	④대변	⑤잔액	⑥일수	⑦적수
1	1	1	전기이월	10,000,000		10,000,000	243	2,430,000,000
2	9	1	지 급	45,000,000		55,000,000	70	3,850,000,000
3	11	10	회 수		9,000,000	46,000,000	52	2,392,000,000

② [2.지급이자 손금불산입(갑)] 탭: '2.지급이자 및 차입금 적수 계산'에 다음과 같이 입력한다.

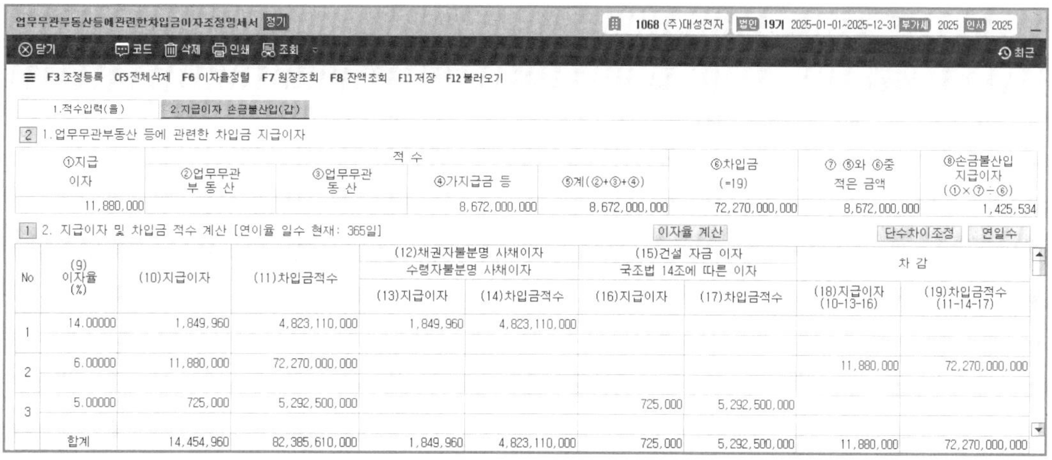

업무무관부동산등에관련한차입금이자조정명세서 정기 | 1068 (주)대성전자 법인 19기 2025-01-01~2025-12-31 부가세 2025 인사 2025

닫기 코드 삭제 인쇄 조회 최근

F3 조정등록 CF5 전체삭제 F6 이자율정렬 F7 원장조회 F8 잔액조회 F11 저장 F12 불러오기

1.적수입력(을) | 2.지급이자 손금불산입(갑)

2 1.업무무관부동산 등에 관련한 차입금 지급이자

①지급 이자	적 수 ②업무무관 부 동 산	③업무무관 동 산	④가지급금 등	⑤계(②+③+④)	⑥차입금 (=19)	⑦ ⑤와 ⑥중 적은 금액	⑧손금불산입 지급이자 (①×⑦÷⑥)
11,880,000			8,672,000,000	8,672,000,000	72,270,000,000	8,672,000,000	1,425,534

1 2. 지급이자 및 차입금 적수 계산 [연이율 일수 현재: 365일] | 이자율 계산 | 단수차이조정 | 연일수

No	(9) 이자율 (%)	(10)지급이자	(11)차입금적수	(12)채권자불분명 사채이자 수령자불분명 사채이자 (13)지급이자	(14)차입금적수	(15)건설 자금 이자 국조법 14조에 따른 이자 (16)지급이자	(17)차입금적수	차 감 (18)지급이자 (10-13-16)	(19)차입금적수 (11-14-17)
1	14.00000	1,849,960	4,823,110,000	1,849,960	4,823,110,000				
2	6.00000	11,880,000	72,270,000,000					11,880,000	72,270,000,000
3	5.00000	725,000	5,292,500,000			725,000	5,292,500,000		
	합계	14,454,960	82,385,610,000	1,849,960	4,823,110,000	725,000	5,292,500,000	11,880,000	72,270,000,000

• [(9)이자율(%)]과 [(10)지급이자]를 입력하고 14% 이자율의 지급이자 중 [(12)채권자 불분명 사채이자 – (13)지급이자]란 상단에 1,849,960원을 입력한다.
• 5% 이자율의 지급이자 중 [(15)건설자금이자 – (16)지급이자]란 상단에 725,000원을 입력한다.

③ 상단 툴바의 **F3 조정등록**을 이용하여 다음과 같이 세무조정한 후 해당 서식을 저장한다.

> 〈손금불산입〉 채권자 불분명 사채이자(원천세 제외) 1,618,960원*(상여)
> 〈손금불산입〉 채권자 불분명 사채이자(원천세) 231,000원(기타사외유출)
> 〈손금불산입〉 건설자금이자 725,000원(유보 발생)
> 〈손금불산입〉 업무무관 자산 지급이자 1,425,534원(기타사외유출)

* 1,849,960원 − 231,000원 = 1,618,960원

[4] (주)한국산업(회사코드: 1071)의 다음 자료를 이용하여 업무무관 부동산 등에 관련한 차입금이자 조정명세서를 작성하고 이와 관련한 세무조정을 하시오. 기출 71회 수정

재무상태표 내역	• 자산 총계: 1,000,000,000원 • 부채 총계: 300,000,000원 • 납입자본금: 100,000,000원
차입금 내역 및 이자 지급 내역	(아래 표 참조)
가지급금 원장 내역	(아래 표 참조)
기타 내역	• 위 가지급금은 모두 업무무관 가지급금이다. • 위 내역 외 가지급금, 가수금은 없으며 회사는 결산서상 가지급금에 대한 이자수익으로 1,047,917원을 계상하였다. • 가지급금 인정이자 조정명세서 작성은 생략한다. • 채권자 불분명 사채이자분에 대한 원천징수세액은 없는 것으로 한다.

차입금 내역 및 이자 지급 내역

내역	이자율	지급이자
공장형 아파트 관련 대출이자	5%	11,522,460원
채권자가 불분명한 이자	18%	7,800,000원
금융어음 할인료	3%	9,065,800원
연 지급수입이자	10%	3,000,000원
상업어음 할인료	9%	1,800,000원

가지급금 원장 내역

일자	차변	대변	잔액
전기이월	15,000,000원		15,000,000원
2025.6.23.	20,000,000원		35,000,000원
2025.9.30.		5,000,000원	30,000,000원
2025.11.22.		10,000,000원	20,000,000원

| 풀이 |

[업무무관 부동산 등에 관련한 차입금이자 조정명세서]

① [1.적수입력(을)] 탭 – [3.가지급금] 탭: 다음과 같이 입력한다.

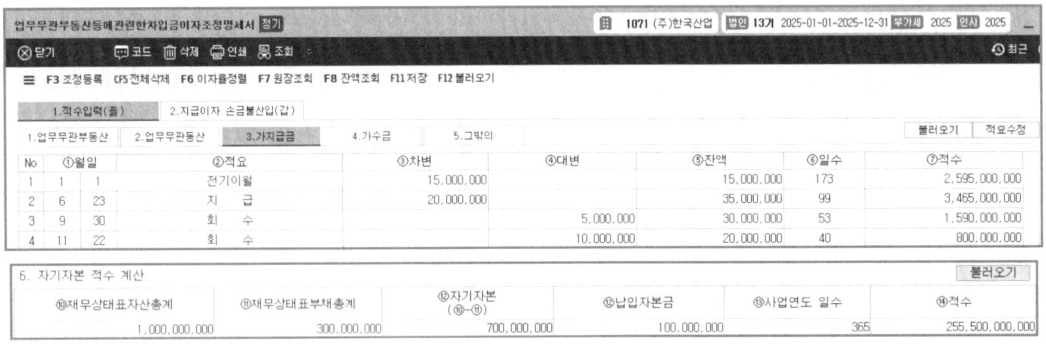

No	①월일		②적요	③차변	④대변	⑤잔액	⑥일수	⑦적수
1	1	1	전기이월	15,000,000		15,000,000	173	2,595,000,000
2	6	23	지 급	20,000,000		35,000,000	99	3,465,000,000
3	9	30	회 수		5,000,000	30,000,000	53	1,590,000,000
4	11	22	회 수		10,000,000	20,000,000	40	800,000,000

6. 자기자본 적수 계산 (불러오기)

⑩재무상태표자산총계	⑪재무상태표부채총계	⑫자기자본 (⑩-⑪)	⑫납입자본금	⑬사업연도 일수	⑭적수
1,000,000,000	300,000,000	700,000,000	100,000,000	365	255,500,000,000

② [2.지급이자 손금불산입(갑)] 탭: '2.지급이자 및 차입금 적수 계산'에 다음과 같이 입력한다.

업무무관부동산등에관련한차입금이자조정명세서 정기　　1071 (주)한국산업 법인 13기 2025-01-01~2025-12-31 부가세 2025 인사 2025

⊗닫기　코드　삭제　인쇄　조회　최근

F3 조정등록　CF5 전체삭제　F6 이자율정렬　F7 원장조회　F8 잔액조회　F11 저장　F12 불러오기

1.적수입력(을)　2.지급이자 손금불산입(갑)

2 1.업무무관부동산 등에 관련한 차입금 지급이자

①지급 이자	적 수				⑥차입금 (=19)	⑦ ⑤와 ⑥중 적은 금액	⑧손금불산입 지급이자 (①×⑦÷⑥)
	②업무무관 부 동 산	③업무무관 동 산	④가지급금 등	⑤계(②+③+④)			
20,588,260			8,450,000,000	8,450,000,000	194,414,524,666	8,450,000,000	894,844

1 2. 지급이자 및 차입금 적수 계산 [연이율 일수 현재: 365일]　이자율 계산　단수차이조정　연일수

No	(9) 이자율 (%)	(10)지급이자	(11)차입금적수	(12)채권자불분명 사채이자 수령자불분명 사채이자		(15)건설 자금 이자 국조법 14조에 따른 이자		차 감	
				(13)지급이자	(14)차입금적수	(16)지급이자	(17)차입금적수	(18)지급이자 (10-13-16)	(19)차입금적수 (11-14-17)
1	5.00000	11,522,460	84,113,958,000					11,522,460	84,113,958,000
2	18.00000	7,800,000	15,816,666,666	7,800,000	15,816,666,666				
3	3.00000	9,065,800	110,300,566,666					9,065,800	110,300,566,666
합계		28,388,260	210,231,191,332	7,800,000	15,816,666,666			20,588,260	194,414,524,666

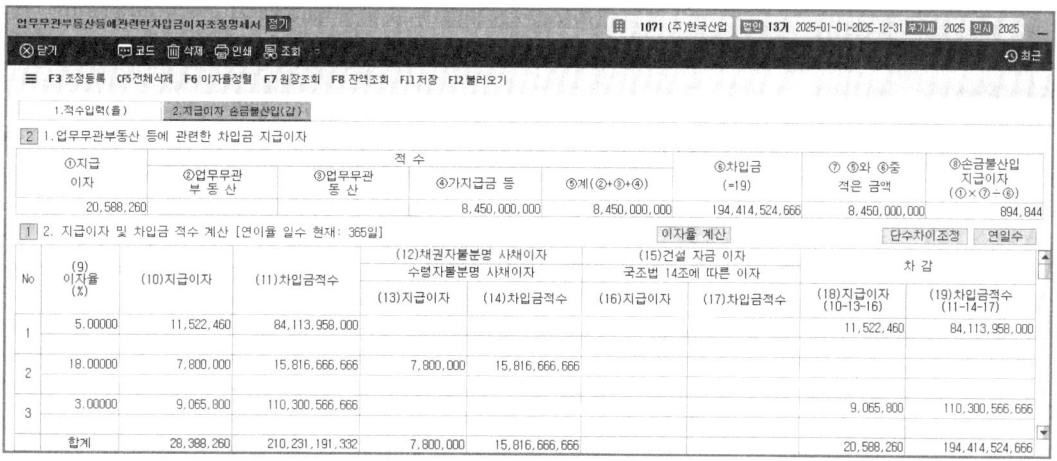

- 공장형 아파트 관련 대출이자는 건설 중인 자산 관련 대출이자가 아니며 상업어음의 할인료, 운용리스조건에 의해 지급하는 리스료는 지급이자 손금불산입 규정을 적용하지 않는 지급이자이므로 [(9)이자율(%)]란과 [(10)지급이자]란에 입력하지 않는다.

③ 상단 툴바의 **F3 조정등록**을 이용하여 다음과 같이 세무조정한 후 해당 서식을 저장한다.

> 〈손금불산입〉 채권자 불분명 사채이자 7,800,000원(상여)
> 〈손금불산입〉 업무무관 자산 지급이자 894,844원(기타사외유출)

[5] 서부상사(주)(회사코드: 1064)의 다음 관련 자료를 이용하여 가지급금 등의 인정이자 조정명세서와 업무무관 부동산에 관한 차입금이자 조정명세서를 작성하고, 관련된 세무조정사항을 소득금액 조정합계표에 반영하시오. 기출 64회

1. 당기에 회사가 지급한 이자비용은 다음과 같다.

이자율	지급이자	차입금적수
연 14%	840,000원	2,190,000,000원
연 6%	1,200,000원	7,300,000,000원

※ 연 14%의 이자 중 채권자 불분명 사채이자의 350,000원이 포함되어 있다. 당해 사례에 한해서 원천징수세액은 없는 것으로 가정한다.

2. 대표이사 김광철에 대한 가지급금 및 가수금 내역은 다음과 같다.

일자	가지급금	가수금
2025.1.1.(전기이월)	35,000,000원	10,000,000원
2025.6.30.	10,000,000원 대여	-

3. 가지급금 관련 이자수령 내역은 없다.
4. 국세청장이 정하는 당좌대출이자율은 4.6%이며, 인정이자는 법정 당좌대출이자율로 계산한다. 또한, 당좌대출이자율을 최초 선택한 사업연도는 2025년 1월 1일~2025년 12월 31일이다.

| 풀이 |

① [가지급금 등의 인정이자 조정명세서]

- [1.가지급금, 가수금 입력] 탭: **이자율선택 : [1] 당좌대출이자율로 계산**을 선택한다.
- 당좌대출이자율을 계속 적용 시 최초 선택한 사업연도를 입력해야 하므로 상단 툴바의 **CF8 선택사업연도**를 클릭한 후 사업연도 '2025.1.1.~2025.12.31.'을 입력한다.

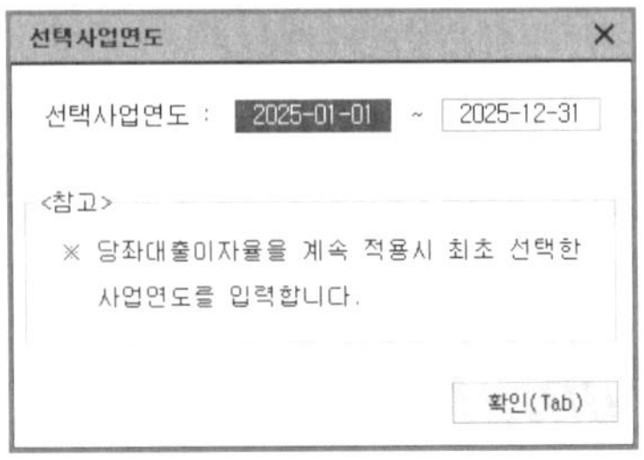

• 가지급금, 가수금 선택에서 '1.가지급금'을 선택한 후 회계데이터불러오기 를 클릭한다.

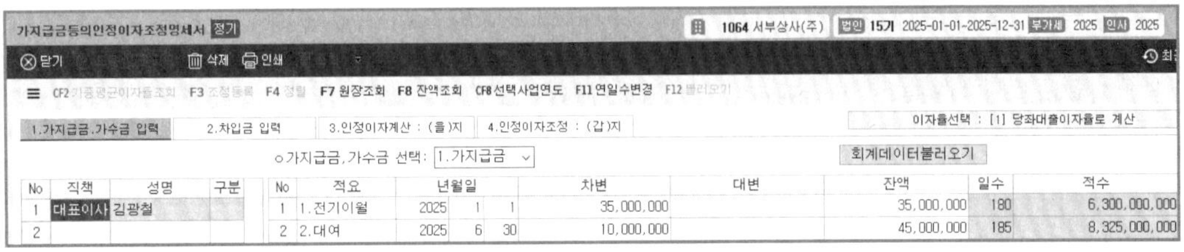

• 가지급금, 가수금 선택에서 '2.가수금'을 선택한 후 회계데이터불러오기 를 클릭한다.

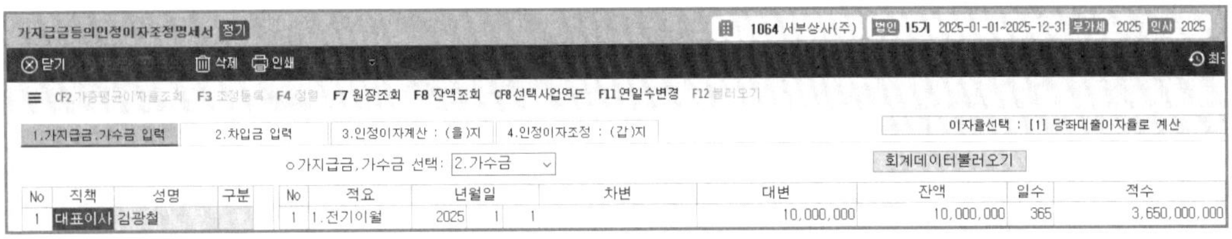

• [3.인정이자계산: (을)지] 탭

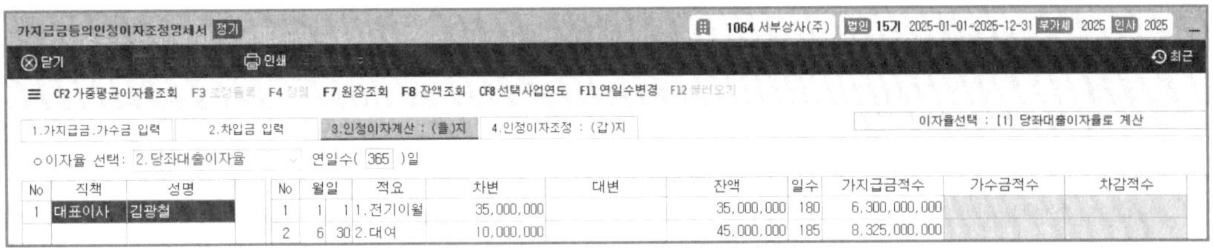

• [4.인정이자조정: (갑)지] 탭

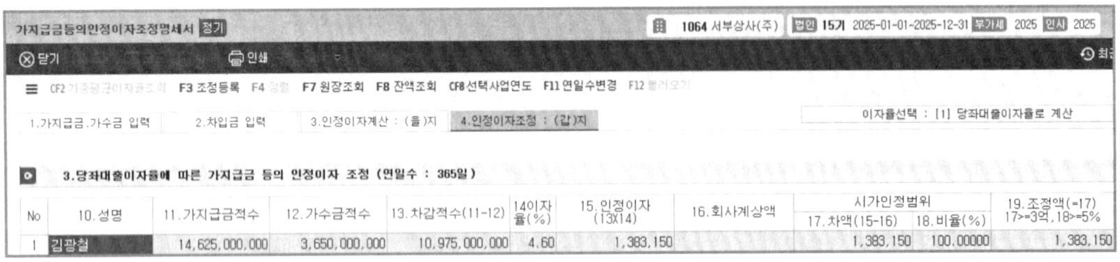

• 상단 툴바의 F3 조정등록 을 이용하여 다음과 같이 세무조정한 후 해당 서식을 저장한다.

〈익금산입〉 가지급금 인정이자 1,383,150원(상여)

② [업무무관 부동산 등에 관련한 차입금이자 조정명세서]

• [1.적수입력(을)] 탭–[3.가지급금] 탭: [불러오기]를 클릭하여 다음의 금액을 불러온다.

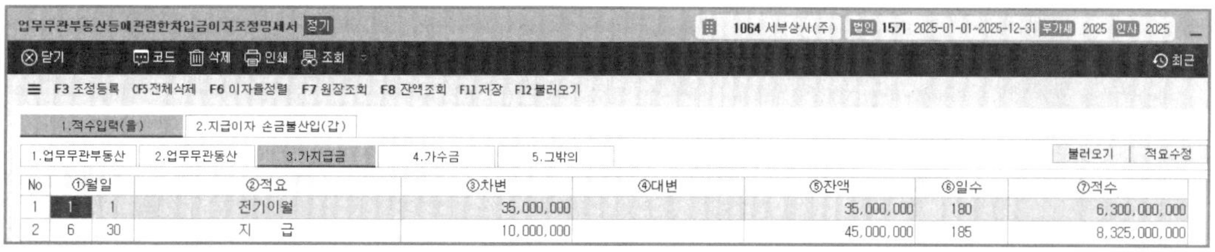

No	①월일		②적요	③차변	④대변	⑤잔액	⑥일수	⑦적수
1	1	1	전기이월	35,000,000		35,000,000	180	6,300,000,000
2	6	30	지 급	10,000,000		45,000,000	185	8,325,000,000

• [1.적수입력(을)] 탭–[4.가수금] 탭: [불러오기]를 클릭하여 다음의 금액을 불러온다.

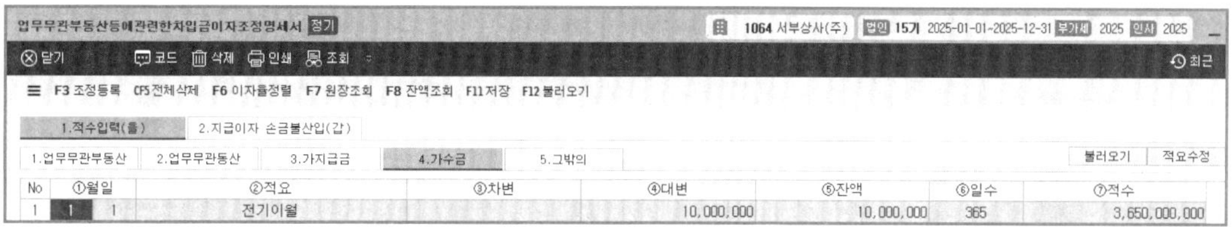

No	①월일		②적요	③차변	④대변	⑤잔액	⑥일수	⑦적수
1	1	1	전기이월		10,000,000	10,000,000	365	3,650,000,000

• [2.지급이자 손금불산입(갑)] 탭: '2.지급이자 및 차입금 적수 계산'에 다음과 같이 입력한다.

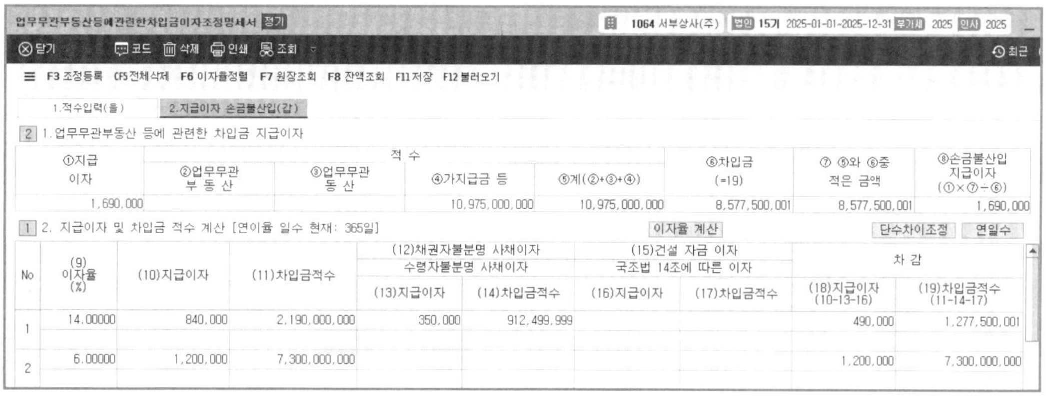

1.업무무관부동산 등에 관련한 차입금 지급이자

①지급이자	②업무무관 부동산	③업무무관 동산	④가지급금 등	⑤계(②+③+④)	⑥차입금(=19)	⑦ ⑤와 ⑥중 적은 금액	⑧손금불산입 지급이자(①×⑦÷⑥)
1,690,000			10,975,000,000	10,975,000,000	8,577,500,001	8,577,500,001	1,690,000

2. 지급이자 및 차입금 적수 계산 [연이율 일수 현재: 365일]

No	(9)이자율(%)	(10)지급이자	(11)차입금적수	(12)채권자불분명 사채이자 수령자불분명 사채이자 (13)지급이자	(14)차입금적수	(15)건설 자금 이자 국조법 14조에 따른 이자 (16)지급이자	(17)차입금적수	차감 (18)지급이자(10-13-16)	(19)차입금적수(11-14-17)
1	14.00000	840,000	2,190,000,000	350,000	912,499,999			490,000	1,277,500,001
2	6.00000	1,200,000	7,300,000,000					1,200,000	7,300,000,000

• [(9)이자율(%)]과 [(10)지급이자]를 입력하고 14% 이자율의 지급이자 중 [(12)채권자 불분명 사채이자–(13)지급이자]란 상단에 350,000원을 입력한다.

③ 상단 툴바의 [F3 조정등록]을 이용하여 다음과 같이 세무조정한 후 해당 서식을 저장한다.

〈손금불산입〉 채권자 불분명 사채이자 350,000원(상여)
〈손금불산입〉 업무무관 자산 지급이자 1,690,000원(기타사외유출)

11 외화자산 등 평가차손익 조정명세서 중요

최신 30회 중 5문제 출제

1. 외화자산 등의 평가차손익

법인이 사업연도 종료일의 매매기준율로 평가방법을 신고한 경우 화폐성 외화자산·부채의 평가손익을 익금 또는 손금에 산입할 수 있다. 마감 환율로 평가방법을 적용하려는 법인은 이 평가방법을 적용하려는 사업연도의 과세표준 신고서와 함께 화폐성 외화자산 등 평가방법 신고서를 관할 세무서장에게 제출하여야 한다.

2. 외화자산 등 평가차손익 조정명세서

(1) [외화자산, 부채의 평가(을지)] 탭

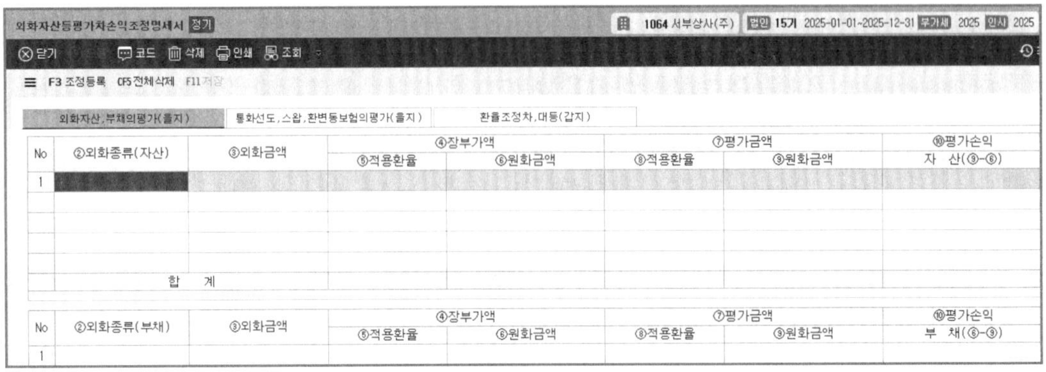
외화자산등평가차손익조정명세서 정기 | 1064 서부상사(주) 법인 15기 2025-01-01~2025-12-31 부가세 2025 인사 2025

닫기 | 코드 | 삭제 | 인쇄 | 조회

F3 조정등록 | CF5 전체삭제 | F11 저장

외화자산,부채의평가(을지) | 통화선도,스왑,환변동보험의평가(을지) | 환율조정차,대등(갑지)

No	②외화종류(자산)	③외화금액	④장부가액		⑦평가금액		⑩평가손익
			⑤적용환율	⑥원화금액	⑧적용환율	⑨원화금액	자 산(⑨-⑥)
1							
	합 계						

No	②외화종류(부채)	③외화금액	④장부가액		⑦평가금액		⑩평가손익
			⑤적용환율	⑥원화금액	⑧적용환율	⑨원화금액	부 채(⑥-⑨)
1							

① ②외화종류(자산)/②외화종류(부채): 키보드의 F2를 이용하여 국가명과 화폐단위를 선택한다.

② ③외화금액: 화폐성 외화자산·부채의 외화금액을 입력한다.

③ ④장부가액－⑤적용 환율/⑥원화금액: [⑤적용 환율]란은 회사의 해당 사업연도에 발생한 경우 발생 시에 적용한 환율을 입력한다. 해당 사업연도 이전에 발생하여 해당 사업연도로 이월된 경우에는 직전 사업연도 종료일 현재 세법상 신고방법에 의한 평가 시 적용한 환율을 입력하면 [⑥원화금액]란에는 '③외화금액'×'⑤적용 환율'이 자동 계산된다.

④ ⑦평가금액－⑧적용 환율/⑨원화금액: [⑧적용 환율]란에는 관할 세무서장에게 신고한 방법에 따른 환율(기준 환율 또는 재정 환율)을 입력한다. [⑨원화 금액]란에는 '③외화금액'×'⑧적용 환율'이 자동 계산된다.

⑤ ⑩평가손익－자산(⑨－⑥)/부채(⑥－⑨): [환율조정차, 대등(갑지)] 탭의 [②당기 손익금 해당액]란에 자동 반영된다.

(2) [환율조정차, 대등(갑지)] 탭

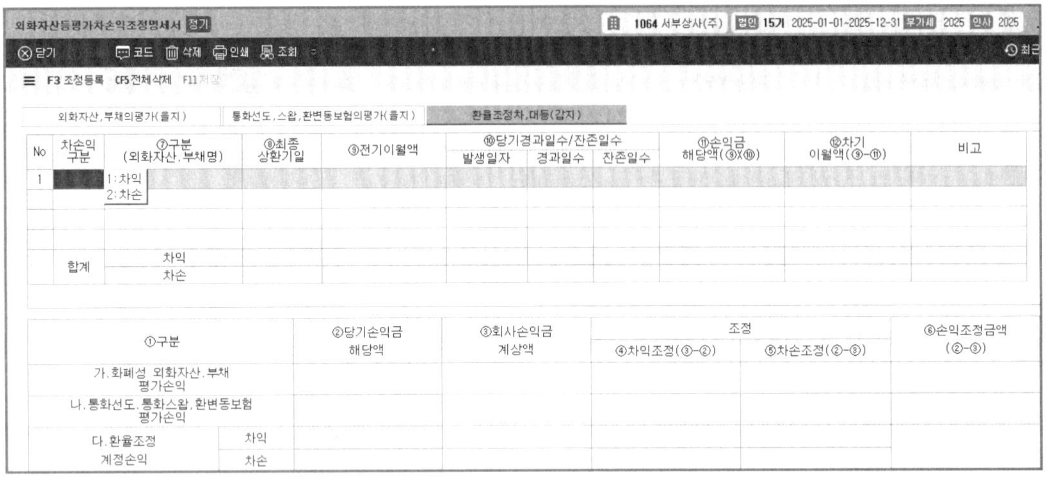
외화자산등평가차손익조정명세서 정기 | 1064 서부상사(주) 법인 15기 2025-01-01~2025-12-31 부가세 2025 인사 2025

닫기 | 코드 | 삭제 | 인쇄 | 조회

F3 조정등록 | CF5 전체삭제 | F11 저장

외화자산,부채의평가(을지) | 통화선도,스왑,환변동보험의평가(을지) | 환율조정차,대등(갑지)

No	차손익 구분	⑦구분 (외화자산,부채명)	⑧최종 상환기일	⑨전기이월액	⑩당기경과일수/잔존일수			⑪손익금 해당액(⑨X⑩)	⑫차기 이월액(⑨-⑪)	비고
					발생일자	경과일수	잔존일수			
1		1:차익 2:차손								
	합계	차익								
		차손								

①구분		②당기손익금 해당액	③회사손익금 계상액	조정		⑥손익조정금액 (②-③)
				④차익조정(③-②)	⑤차손조정(②-③)	
가.화폐성 외화자산.부채 평가손익						
나.통화선도.통화스왑.환변동보험 평가손익						
다.환율조정 계정손익	차익					
	차손					

① ②당기 손익금 해당액: [외화자산, 부채의 평가(을지)] 탭의 [⑩평가손익]란 합계 금액이 자동 반영된다.

② ③회사 손익금 계상액: 법인이 해당 사업연도 결산 시 장부상 계상한 외화평가손익 중 평가이익은 양수(＋), 평가손실은 음수(－)로 입력한다.

③ ⑥손익조정금액(②－③): 동 금액이 양수(＋)이면 익금산입(유보 발생)으로, 음수(－)이면 손금산입(유보 발생)으로 상단 툴바의 F3 조정등록을 이용하여 세무조정한다.

연습문제

[1] 서부상사(주)(회사코드: 1064)의 다음 자료에 의하여 외화자산 등 평가차손익 조정명세서를 작성하시오. 단, 세무조정은 반드시 자산, 부채별로 각각 작성하시오. 기출 64회 수정

계정과목	발생일자	발생일 기준 환율	상환(회수)기일	외화종류	외화금액
외화보통예금	2025.10.3.	$1 = 1,050원	2026.4.30.	달러	$20,000
단기차입금	2025.6.17.	$1 = 980원	2026.2.20.	달러	$15,000

1. 당기 화폐성 외화채권 또는 채무는 위의 거래뿐이며, 회사의 회계처리 내용은 관련 계정과목을 조회하여 확인한다.
2. 결산일 현재 기준 환율은 $1 = 1,040원이며, 회사는 대고객외국환매입율인 $1 = 1,020원을 적용하여 외화채권, 채무를 평가하였다.
3. 회사는 2025년부터 외화자산과 외화부채에 대한 평가손익을 인식하기로 하였으며, 이에 대한 신고를 하기 위하여 외화자산 등 평가차손익 조정을 작성하여 법인세 신고 시 제출하고자 한다.

| 풀이 |

[외화자산 등 평가차손익 조정명세서]

① [외화자산, 부채의 평가(을지)] 탭

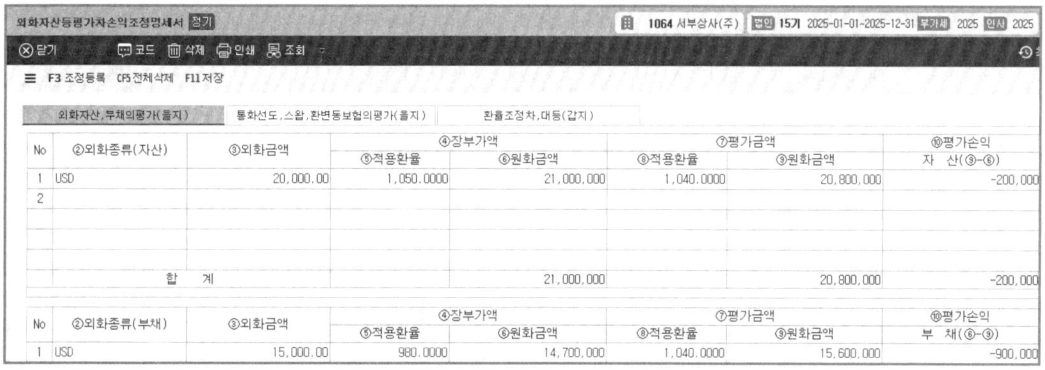

외화자산등평가차손익조정명세서 정기 | 1064 서부상사(주) 법인 15기 2025-01-01-2025-12-31

외화자산,부채의평가(을지) | 통화선도,스왑,환변동보험의평가(을지) | 환율조정차,대등(갑지)

No	②외화종류(자산)	③외화금액	④장부가액 ⑤적용환율	④장부가액 ⑥원화금액	⑦평가금액 ⑧적용환율	⑦평가금액 ⑨원화금액	⑩평가손익 자 산(⑨-⑥)
1	USD	20,000.00	1,050.0000	21,000,000	1,040.0000	20,800,000	-200,000
2							
	합 계			21,000,000		20,800,000	-200,000

No	②외화종류(부채)	③외화금액	④장부가액 ⑤적용환율	④장부가액 ⑥원화금액	⑦평가금액 ⑧적용환율	⑦평가금액 ⑨원화금액	⑩평가손익 부 채(⑥-⑨)
1	USD	15,000.00	980.0000	14,700,000	1,040.0000	15,600,000	-900,000

② [환율조정차, 대등(갑지)] 탭: [③회사손익금 계상액]란에 장부상 외화환산손실로 계상한 −1,200,000원을 입력한다.

- 외화보통예금: $20,000×(1,020원/$ − 1,050원/$) = (−)600,000원
- 단기차입금: $15,000×(980원/$ − 1,020원/$) = (−)600,000원

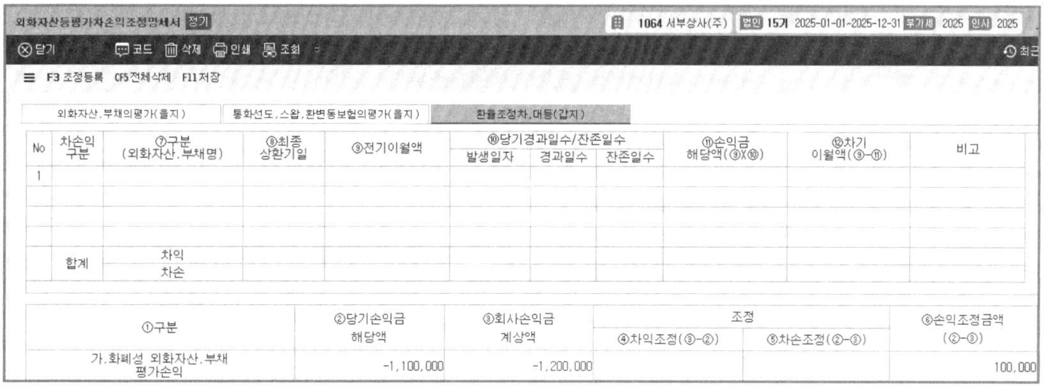

외화자산등평가차손익조정명세서 정기 | 1064 서부상사(주) 법인 15기 2025-01-01-2025-12-31

외화자산,부채의평가(을지) | 통화선도,스왑,환변동보험의평가(을지) | 환율조정차,대등(갑지)

No	차손익 구분	⑦구분 (외화자산,부채명)	⑧최종 상환기일	⑨전기이월액	⑩당기경과일수/잔존일수 발생일자	경과일수	잔존일수	⑪손익금 해당액(⑨X⑩)	⑫차기 이월액(⑨-⑪)	비고
1										
	합계	차익								
		차손								

①구분	②당기손익금 해당액	③회사손익금 계상액	조정 ④차익조정(③-②)	조정 ⑤차손조정(②-③)	⑥손익조정금액 (②-③)
가.화폐성 외화자산,부채 평가손익	-1,100,000	-1,200,000			100,000

③ 상단 툴바의 F3 조정등록을 이용하여 다음과 같이 세무조정한 후 해당 서식을 저장한다.

〈손금불산입〉 외화보통예금 400,000원(유보 발생)
〈손금산입〉 단기차입금 300,000원(유보 발생)

[2] (주)동부전자(회사코드: 1070)의 다음 자료에 의하여 외화자산 등 평가차손익 조정명세서를 작성하시오(단, 세무조정은 반드시 자산, 부채별로 각각 작성할 것). 기출 70회 수정

계정과목	발생일자	발생일 기준 환율	직전 연도 기준 환율	상환(회수)기일	외화종류	외화금액
단기대여금	2024.10.5.	$1 = 1,050원	$1 = 1,030원	2026.7.30.	USD	$25,000
선급금	2025.5.10.	$1 = 950원		2026.6.30.	USD	$10,000
단기차입금	2025.5.30.	$1 = 950원		2026.3.31.	USD	$20,000

1. 위의 계정과목 중에 화폐성 외화채권 또는 채무는 위의 거래뿐인 것으로 가정하며, 회사의 회계처리 내용은 전표입력사항을 조회하여 확인한다.
2. 결산일 현재 기준 환율은 $1 = 1,000원이며, 회사는 시중은행 환율인 $1 = 1,020원을 적용하여 외화채권, 채무를 평가하였다.
3. 회사는 직전 연도인 2024년부터 외화자산과 외화부채에 대한 평가손익을 인식하기로 하고 화폐성 외화자산 평가방법 신고서를 제출하였다. 직전 연도에는 기준 환율로 외화채권, 채무를 평가하여 세무조정이 발생하지 않았다.

| 풀이 |

[외화자산 등 평가차손익 조정명세서]

① [외화자산, 부채의 평가(을지)] 탭

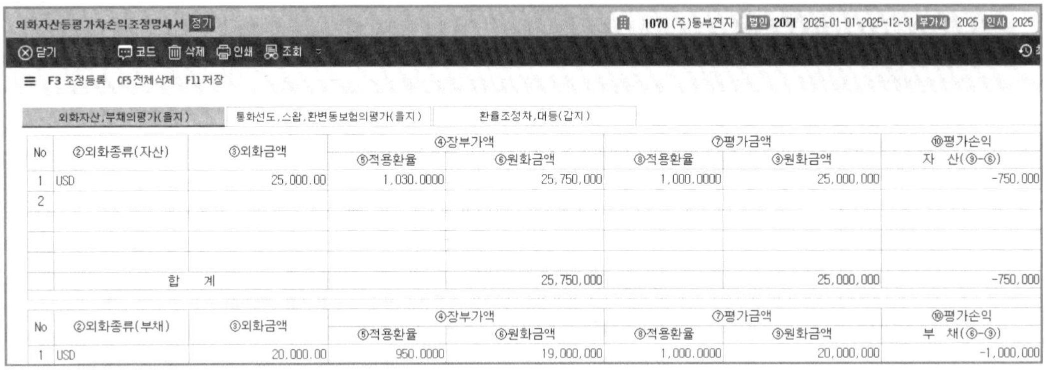

No	②외화종류(자산)	③외화금액	④장부가액 ⑤적용환율	④장부가액 ⑥원화금액	⑦평가금액 ⑧적용환율	⑦평가금액 ⑨원화금액	⑩평가손익 자 산(⑨-⑥)
1	USD	25,000.00	1,030.0000	25,750,000	1,000.0000	25,000,000	-750,000
2							
	합 계			25,750,000		25,000,000	-750,000

No	②외화종류(부채)	③외화금액	④장부가액 ⑤적용환율	④장부가액 ⑥원화금액	⑦평가금액 ⑧적용환율	⑦평가금액 ⑨원화금액	⑩평가손익 부 채(⑥-⑨)
1	USD	20,000.00	950.0000	19,000,000	1,000.0000	20,000,000	-1,000,000

• 선급금은 화폐성 자산이 아니므로 외화자산에 대한 평가손익을 인식하지 않는다.

② [환율조정차, 대등(갑지)] 탭

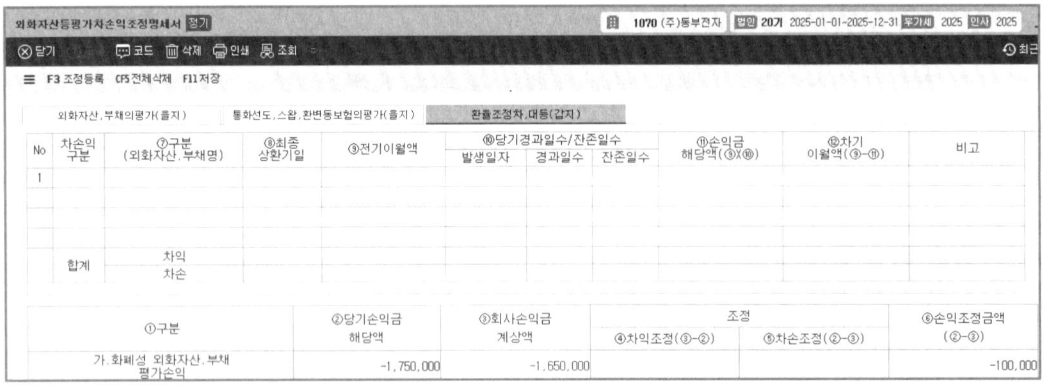

No	차손익 구분	⑦구분 (외화자산,부채명)	⑧최종 상환기일	⑨전기이월액	⑩당기경과일수/잔존일수 발생일자	경과일수	잔존일수	⑪손익금 해당액(⑨X⑩)	⑫차기 이월액(⑨-⑪)	비고
1										
	합계	차익								
		차손								

①구분	②당기손익금 해당액	③회사손익금 계상액	조정 ④차익조정(③-②)	조정 ⑤차손조정(②-③)	⑥손익조정금액 (②-③)
가.화폐성 외화자산,부채 평가손익	-1,750,000	-1,650,000			-100,000

계정과목	발생일(직전 연도) 기준 환율	외화금액	장부상 평가 환율	장부상 평가손익	세무상 평가 환율	세무상 평가손익	차이
단기대여금	1,030원/$	$25,000	1,020원/$	−250,000원	1,000원/$	−750,000원	−500,000원
단기차입금	950원/$	$20,000	1,020원/$	−1,400,000원	1,000원/$	−1,000,000원	400,000원
합계				−1,650,000원		−1,750,000원	−100,000원

③ 상단 툴바의 F3 조정등록을 이용하여 다음과 같이 세무조정한 후 해당 서식을 저장한다.

〈손금산입〉 단기대여금 500,000원(유보 발생)
〈손금불산입〉 단기차입금 400,000원(유보 발생)

[3] (주)한국산업(회사코드: 1071)의 다음 외화 관련 자료를 참고로 외화자산 등 평가차손익 조정명세서를 작성하고, 세무조정사항이 있는 경우 소득금액 조정합계표에 반영하시오. 기출 17년 8월 특별회

1. 외화관련 계정 내용

계정구분	외화금액	발생 시 환율	최초발생일
외상매출금	$45,000	1,050원/$	2025.9.30.
외상매입금	$15,000	1,150원/$	2024.12.20.

2. 회사가 보유하고 있는 외화는 모두 미국달러(USD)이고, 결산일의 매매 기준 환율은 $1당 1,020원이다.
3. 외화 자산 및 부채는 발생 이후 변동이 없었고, 전기 세무조정은 법인세법상 적절하게 실시하였으며, 전기 말 매매 기준 환율은 1,180원/$이다.
4. 회사는 외화 자산 및 부채에 대해 기말의 기준 환율로 평가하는 방법으로 신고하였고, 세무조정은 자산 및 부채별로 각각 수행하기로 한다.
5. 회사는 매년 외화자산 및 부채에 대해 기말평가에 관한 회계처리를 하지 않고 있다.

| 풀이 |

[외화자산 등 평가차손익 조정명세서]

① [외화자산, 부채의 평가(을지)] 탭

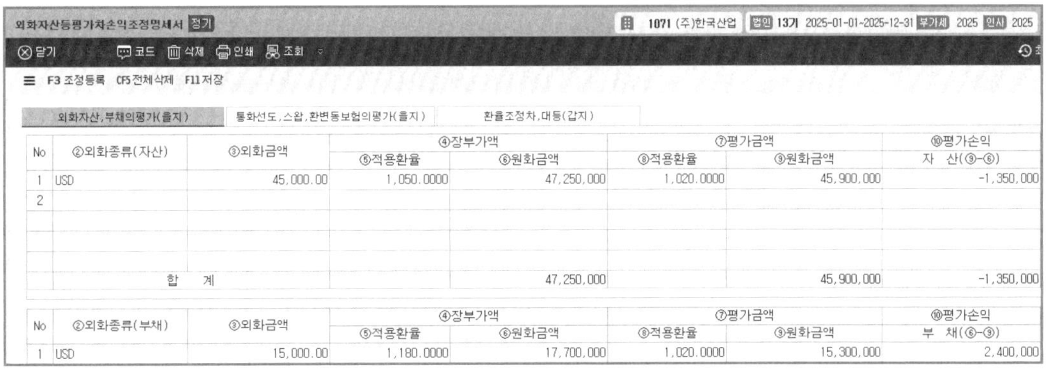

No	②외화종류(자산)	③외화금액	④장부가액 ⑤적용환율	④장부가액 ⑥원화금액	⑦평가금액 ⑧적용환율	⑦평가금액 ⑨원화금액	⑩평가손익 자 산(⑨-⑥)
1	USD	45,000.00	1,050.0000	47,250,000	1,020.0000	45,900,000	-1,350,000
2							
	합 계			47,250,000		45,900,000	-1,350,000

No	②외화종류(부채)	③외화금액	④장부가액 ⑤적용환율	④장부가액 ⑥원화금액	⑦평가금액 ⑧적용환율	⑦평가금액 ⑨원화금액	⑩평가손익 부 채(⑥-⑨)
1	USD	15,000.00	1,180.0000	17,700,000	1,020.0000	15,300,000	2,400,000

② [환율조정차, 대등(갑지)] 탭

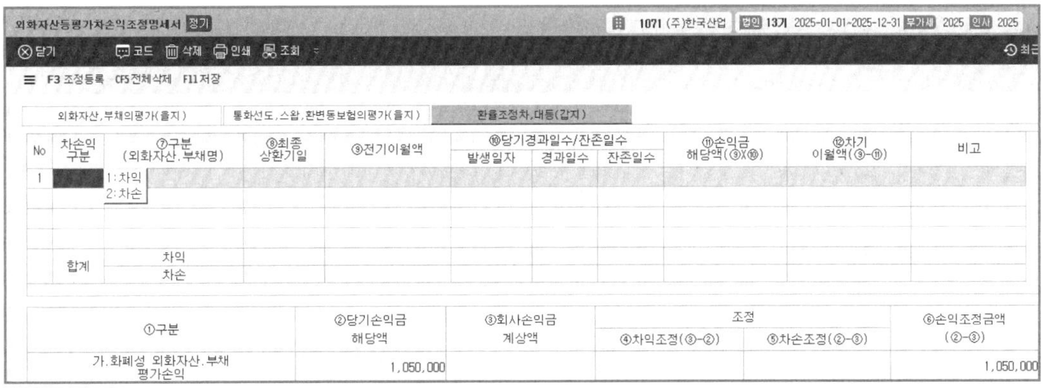

No	차손익 구분	⑦구분 (외화자산, 부채명)	⑧최종 상환기일	⑨전기이월액	⑩당기경과일수/잔존일수 발생일자	경과일수	잔존일수	⑪손익금 해당액(⑨X⑩)	⑫차기 이월액(⑨-⑪)	비고
1		1:차익 2:차손								
합계		차익								
		차손								

①구분	②당기손익금 해당액	③회사손익금 계상액	조정 ④차익조정(③-②)	조정 ⑤차손조정(②-③)	⑥손익조정금액 (②-③)
가. 화폐성 외화자산, 부채 평가손익	1,050,000				1,050,000

계정과목	발생일 기준 환율	외화금액	장부상 평가 환율	장부상 평가손익	세무상 평가 환율	세무상 평가손익	차이
외상매출금	1,050원/$	$45,000	0원	0원	1,020원/$	−1,350,000원	−1,350,000원
외상매입금	1,180원/$	$15,000	0원	0원	1,020원/$	+2,400,000원	+2,400,000원
합계				0원		+1,050,000원	+1,050,000원

[③회사손익금 계상액]란은 회사가 기말평가와 관련된 회계처리를 하지 않으므로 입력할 금액이 없다.

- 외상매출금: $45,000×(1,020원/$−1,050원/$)=(−)1,350,000원
- 외상매입금: $15,000×(1,180원/$−1,020원/$)=(+)2,400,000원

③ 상단 툴바의 [F3 조정등록]을 이용하여 다음과 같이 세무조정한 후 해당 서식을 저장한다.

〈손금산입〉 외상매출금 1,350,000원(유보 발생)
〈익금산입〉 전기 외상매입금 450,000원(유보 감소) → 전기분 추인
〈익금산입〉 외상매입금 1,950,000원(유보 발생)

꿀팁 전기 세무조정: 〈손금산입〉 외상매입금 450,000원*(유보 발생)

* $15,000×(1,180원/$−1,150원/$)=450,000원

12 기부금 조정명세서 중요

▸ 최신 30회 중 9문제 출제

기부금이란 법인이 사업과 직접 관계가 없는 자(특수관계인을 제외함)에게 무상으로 지출하는 재산적 증여의 가액을 말하며 이를 지출한 사업연도의 기부금(현금주의)으로 한다. 이때 지출일은 실제 현금 지출일을 말하며 어음으로 지급한 때에는 실제로 결제된 날, 수표로 지급한 때에는 수표를 교부한 날로 한다. 또한 기부금은 다음의 한도액 내에서 손금산입한다.

구분	한도액
특례기부금	(기준소득금액*1−이월결손금*2)×50%
일반기부금	(기준소득금액*1−이월결손금*2−특례기부금 손금용인액)×10%(사회적 기업*3은 20%)

*1 기준소득금액=차가감소득금액(손익계산서 당기순이익+익금산입·손금불산입−손금산입·익금불산입)+특례기부금+일반기부금 → 기부금을 손금에 산입하기 전의 해당 사업연도의 소득금액을 의미한다.

*2 이월결손금은 해당 사업연도 개시일 전 15년(2008년 이전분은 5년, 2009년 이후 2019년 이전분은 10년) 이내에 개시한 사업연도에서 발생한 결손금으로서 그 후의 각 사업연도의 과세표준 계산 시 공제되지 않은 금액을 말하며 각 사업연도 소득금액의 80%를 한도로 이월결손금을 공제받은 법인은 기준소득금액의 80%를 한도로 한다.

*3 사회적 기업이란 취약 계층에게 사회서비스 등을 제공하는 기업으로 고용노동부장관의 인증을 받은 기업을 말한다.

또한, 특례·일반기부금의 한도 초과액은 당해 사업연도의 다음 사업연도의 개시일로부터 10년(2013년 1월 1일 이전 지출한 기부금은 5년) 이내에 종료하는 각 사업연도에 이월하여 특례·일반기부금 한도액, 미달액의 범위 내에서 손금에 산입한다.

포인트 기부금 한도 초과액 이월공제기간

특례·일반기부금 한도 초과액의 이월공제기간은 종전에는 5년이었으나 2018년 말에 세법이 개정되어 10년으로 연장하여 2018년분 신고 시부터 적용하도록 하였다. 다만, 정부 보관기간이 5년인 점을 고려하여 2013년 1월 1일 이후 지출한 기부금부터 이월공제기간을 10년으로 한다.

예 2025년분 세무조정 시 2015년부터 2024년까지(10년간)의 기부금 한도 초과액을 손금산입함

+ 기부금과 관련된 작업순서

- 기부금 관련 세무조정을 제외한 모든 세무조정 완료 후 소득금액 조정합계표, 기부금 조정명세서를 작성한다.
- 상단 툴바의 F3 조정등록을 이용하여 비지정기부금 및 손금 귀속시기 차이 관련 세무조정을 한다.

구분	내용(회계처리)	조정구분	소득처분
비지정기부금	불우이웃돕기 기부금, 부녀회 후원금, 향우회비, 동문회비, 동창회비, 종친회비, 정당에 기부한 정치자금 등을 의미함	손금불산입	배당 등 귀속자에 따른 사외유출로 처분
가지급금으로 계상한 기부금	법인이 기부금을 가지급금 등으로 이연 계상한 경우에는 이를 그 지출한 사업연도의 기부금으로 함	손금산입 ⇨ 기부금에 가산	유보 발생
어음으로 지급한 기부금 또는 미지급금으로 처리한 기부금	기부금을 미지급금 등으로 계상한 경우에는 실제로 이를 지출할 때까지는 기부금으로 보지 않음	손금불산입	유보 발생

- 비지정기부금 및 손금 귀속시기 차이와 관련된 세무조정을 반영한 익금산입 · 손금불산입 및 손금산입 · 익금불산입을 확정한다.
- 기부금 조정명세서 작성, 기부금 한도 초과액과 전기 기부금 한도 초과 이월액의 손금산입액은 '소득금액 조정합계표'에 기재하지 않고 '법인세 과세표준 및 세액조정계산서'에 기재한다.

구분	세무조정
특례기부금, 일반기부금 한도 초과액	손금불산입(기타사외유출)
기부금 한도 초과 이월액의 손금산입	• 특례기부금과 일반기부금의 한도 초과액은 해당 사업연도의 다음 사업연도 개시일부터 10년 이내(2013년 1월 1일 이전 지출한 기부금은 5년)에 끝나는 각 사업연도에 이월하여 손금산입(기타)으로 세무조정함 • 기부금의 공제 순서는 이월된 기부금을 우선 공제(먼저 발생한 이월금액부터 손금산입)하고 남은 기부금 공제 한도 내에서 해당 사업연도에 지출한 기부금을 공제함

1. [기부금 입력] 탭

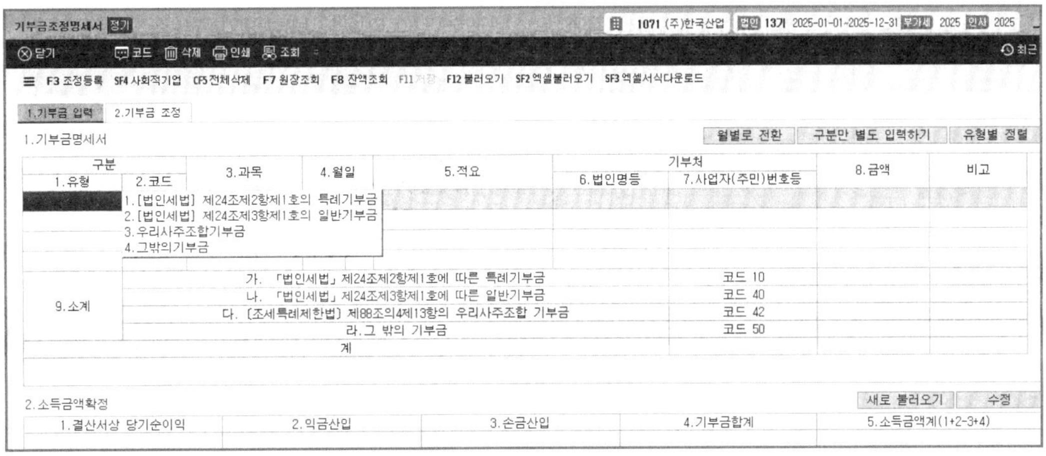

(꿀팁) 사회적 기업에 해당하는 경우에는 상단 툴바의 SF4 사회적기업을 클릭하고 사회적 기업 여부 '1.여'를 선택한다.

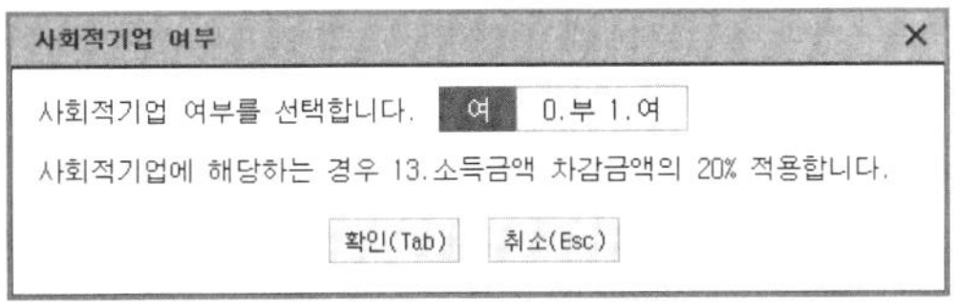

(1) 기부금 명세서

① 상단 툴바의 [F12 불러오기]를 클릭하면 [회계관리] 메뉴에서 입력한 데이터를 불러온다. 만약, 직접 입력하는 경우라면 유형별(1.제24조제2항제1호의 특례기부금, 2.제24조제2항제1호의 일반기부금, 3.우리사주조합기부금, 4.그 밖의 기부금)로 구분하여 입력한다.

+ 기부금의 종류

<table>
<tr><th>구분</th><th>종류</th></tr>
<tr><td>특례기부금</td><td>• 국가나 지방자치단체에 무상으로 기증하는 금품의 가액
• 국방헌금과 국군장병 위문금품의 가액
• 천재지변으로 생기는 이재민을 위한 구호금품의 가액
• 사립학교 등의 법정교육기관(병원은 제외)에 시설비 · 교육비 · 장학금 또는 연구비로 지출하는 기부금
• 국립대학병원 등의 의료기관에 시설비 · 교육비 또는 연구비로 지출하는 기부금
• 사회복지사업을 주된 목적으로 하는 전문모금기관(예 사회복지공동모금회)에 지급하는 기부금</td></tr>
<tr><td>일반기부금</td><td>• 다음의 비영리법인(단체 및 비영리외국법인을 포함하며 이하 '공익법인 등'이라 함)에 대하여 해당 공익법인 등의 고유목적사업비*로 지출하는 기부금
– 사회복지법인
– 종교단체
– 의료법에 의한 의료기관
–「영유아보육법」 등 법에 따른 어린이집 · 유치원 · 학교 등 교육기관
– 기획재정부장관이 지정하는 일반기부금 단체: 「민법」에 따라 설립된 비영리법인, 비영리외국법인, 사회적협동조합, 공공기관 등(예 한국교육방송공사, 대한적십자사, 독립기념관 등)
* 고유목적사업비: 해당 비영리법인 또는 단체에 관한 법령 또는 정관에 규정된 설립목적을 수행하는 사업으로서 수익사업 외의 사업을 위해 사용하기 위한 금액
• 학교의 장이 추천하는 개인에게 교육비 · 연구비 · 장학금으로 지출하는 기부금
• 아동복지시설, 노인복지시설, 장애인복지시설 등 사회복지시설에 무료 · 실비로 이용하는 시설 또는 기관에 기부하는 금품의 가액
• 국민체육진흥기금 · 근로복지진흥기금 · 발명진흥기금 · 과학기술진흥기금 출연금
• 유엔난민기구 등 국제기구에 지출하는 기부금</td></tr>
<tr><td>우리사주
조합기부금</td><td>법인이 우리사주조합(해당 법인의 우리사주조합 이외 조합)에 지출하는 기부금(∵ 우리사주제도를 실시하는 회사의 법인, 주주 등이 우리사주 취득을 위한 재원을 마련하기 위함)
[비교] 우리사주제도를 실시하는 법인이 자사의 근로자가 설립한 우리사주조합에 출연하는 자사주의 장부금액 또는 금품은 모두 손금 항목이다.</td></tr>
<tr><td>그 밖의 기부금</td><td>신용협동조합 및 새마을금고* 등에 지출하는 기부금, 부녀회 후원금, 향우회비, 동문회비, 동창회비, 종친회비, 정당에 기부한 정치자금 등 ⇨ 세무조정사항은 전액 [손금불산입]하고 기부받은 자의 구분에 따라 다음과 같이 소득처분함
* 새마을금고에 '사랑의 좀도리운동'을 위하여 지출하는 기부금은 일반기부금에 해당함
<table><tr><th>기부받은 자</th><th>소득처분</th></tr><tr><td>주주(임원 또는 직원인 주주는 제외)</td><td>배당</td></tr><tr><td>직원(임원 포함)</td><td>상여</td></tr><tr><td>법인 또는 사업을 영위하는 개인</td><td>기타사외유출</td></tr><tr><td>위 외의 경우</td><td>기타소득</td></tr></table></td></tr>
</table>

포인트 의제 기부금

의제 기부금이란 특수관계가 없는 자에게 정당한 사유 없이 자산을 정상가액(시가의 ±30% 범위 내의 금액)보다 낮은 가액으로 양도하거나 정상가액보다 높은 가액으로 매입함으로써 실질적으로 증여한 것으로 인정되는 금액을 말한다. 단, 특수관계인에 대한 고가매입, 저가양도 및 무상증여액에 대하여는 부당행위계산의 부인대상이 되므로 기부금 적용하지 않는다.

② 비지정기부금, 가지급기부금, 어음기부금 등이 있는 경우에는 상단 툴바의 F3 조정등록 을 이용하여 세무조정을 한다.

(2) **소득금액 확정**

① **1.결산서상 당기순이익:** [표준재무제표]−[표준손익계산서] 메뉴의 '당기순이익'을 불러온다.

② **2.익금산입/3.손금산입:** [소득 및 과표계산]−[소득금액 조정합계표 및 명세서]−[익금산입 및 손금불산입]과 [손금산입 및 익금불산입] 메뉴의 [합계]란 금액을 불러온다. 다만, 비지정기부금, 어음기부금 등 기부금 자체와 관련하여 세무조정한 금액이 있다면 동 금액을 반영한 후의 금액으로 수정한다.

③ **4.기부금 합계:** 상단에 입력된 특례기부금, 일반기부금 및 우리사주조합기부금의 합계가 자동 반영된다.

④ **5.소득금액 계(1+2−3+4):** 결산서상 당기순이익에 익금산입을 가산하고 손금산입을 차감한 다음 기부금 합계를 가산한 금액이 자동 반영되며 해당 금액은 기준소득금액을 의미한다.

2. [기부금 조정] 탭

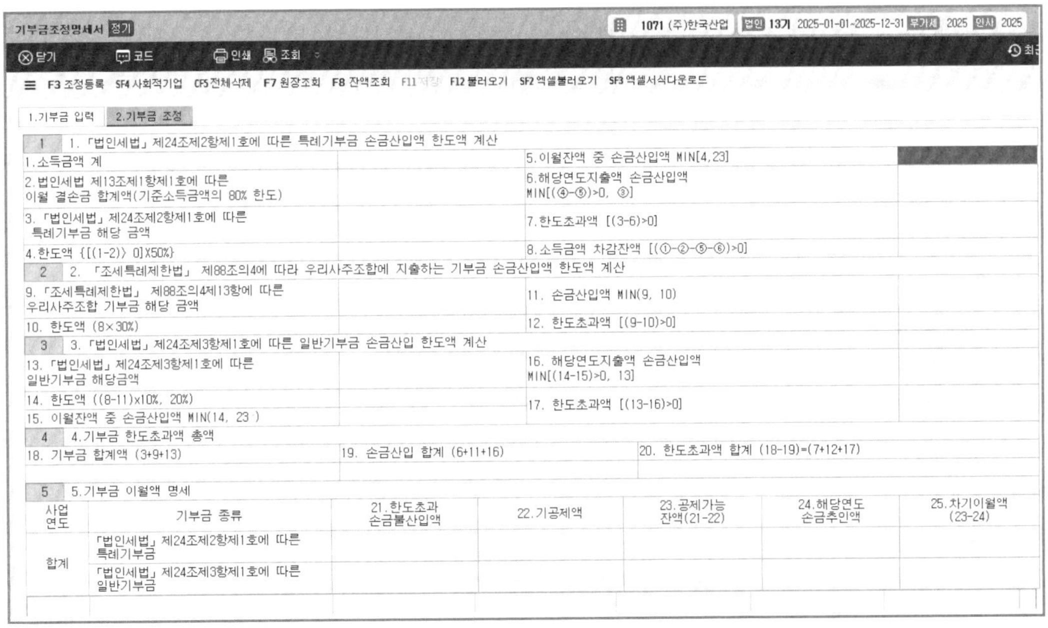

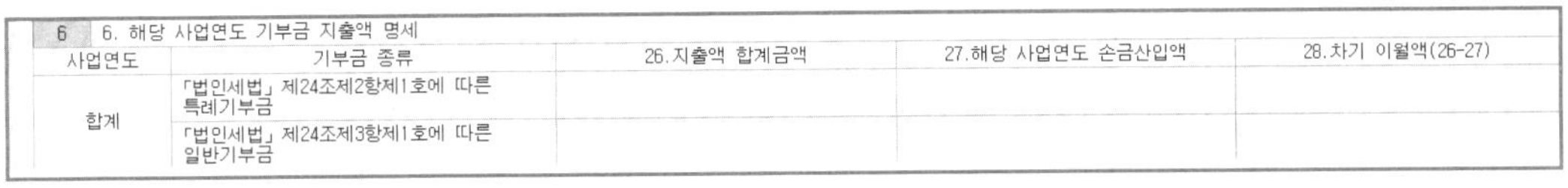

(1) **1.특례기부금 손금산입액 한도액 계산**

① **1.소득금액 계:** [1.기부금 입력] 탭의 [5.소득금액 계(①+②−③+④)]란의 금액이 반영된다.

② **2.법인세법 제13조제1항제1호에 따른 이월결손금 합계액:** 각 사업연도 개시일 전 15년(2008년 이전분은 5년, 2009년 이후 2019년 이전분은 10년) 이내에 개시한 사업연도에서 발생한 세무상 결손금(자산수증이익 등 결손금 보전에 충당분 제외)을 입력한다. 단, 각 사업연도 소득금액의 80%를 한도로 이월결손금을 공제받은 법인은 기준소득금액[1.기부금 입력 탭−2.소득금액 확정−5.소득금액 계(①+②−③+④)]의 80%를 한도로 한다.

구분	한도
중소기업과 회생계획을 이행 중인 기업 등	기준소득금액의 100%
위 이외의 기업	기준소득금액의 80%

③ 3.법인세법 제24조제2항제1호에 따른 특례기부금 해당 금액: [1.기부금 입력] 탭의 [9.소계]란 중 특례기부금 해당 금액이 반영된다.

④ 4.한도액{[(1-2)>0]×50%}: 특례기부금 한도액이 자동 계산된다.

⑤ 5.이월 잔액 중 손금산입액 Min[4, 23]: 특례기부금의 한도액과 [5.기부금 이월액 명세]에 특례기부금으로 입력된 라인의 [23.한도 초과 손금불산입]란의 금액 중 적은 금액이 자동 계산된다.

⑥ 6.해당 연도 지출액 손금산입액 Min[(④-⑤)>0, ③]: 해당 연도 특례기부금 지출액 중 손금산입되는 금액이 자동 계산된다.

⑦ 7.한도 초과액[(3-6)>0]: 당해 특례기부금 중 한도 초과액이 자동 반영된다.

⑧ 8.소득금액 차감 잔액[(①-②-⑤-⑥)>0]: 일반기부금 한도액 계산식에 사용되는 금액을 말한다.

(2) 3.일반기부금 손금산입 한도액 계산

① 13.법인세법 제24조제3항제1호에 따른 일반기부금 해당 금액: [1.기부금 입력] 탭의 [9.소계]란 중 일반기부금 해당 금액이 반영된다.

② 14.한도액[(8-11)×10%, 20%]: 일반기부금의 한도액이 자동 계산된다.

③ 15.이월잔액 중 손금산입액 Min[14, 23]: 일반기부금의 한도액과 [5.기부금 이월액 명세]에 일반기부금으로 입력된 라인의 [23.한도 초과 손금불산입액]란의 금액 중 적은 금액이 자동 반영된다.

④ 16.해당 연도 지출액 손금산입액 Min[(14-15)>0, 13]: 해당 연도 일반기부금 지출액 중 손금산입되는 금액이 자동 계산된다.

⑤ 17.한도 초과액[(13-16)>0]: 일반기부금 한도 초과액이 자동 계산된다.

(3) 4.기부금 한도 초과액 총액

① 18.기부금 합계액(3+9+13): 해당 연도에 지출한 특례기부금, 우리사주조합기부금, 일반기부금의 합계액이 반영된다.

② 19.손금산입 합계(6+11+16): 해당 연도 지출한 특례기부금, 우리사주조합기부금, 일반기부금 중 손금산입 되는 금액의 합계액이 반영된다.

③ 20.한도 초과액 합계(18-19)=(7+12+17): 해당 연도 지출한 특례기부금, 우리사주조합기부금, 일반기부금 중 손금불산입되는 한도 초과액 합계액이 반영된다. 동 금액은 [법인세 과세표준 및 세액조정계산서]의 [105.기부금 한도 초과액]란에 자동 반영된다.

(4) 5.기부금 이월액 명세

① 사업연도: 기부금 한도 초과액이 발생한 사업연도를 입력한다.

② 기부금 종류: 기부금 한도 초과액 중 특례기부금은 '1.법인세법 제24조제2항제1호에 따른 특례기부금', 기부금 한도 초과액 중 일반기부금은 '2.법인세법 제24조제2항제1호에 따른 일반기부금'을 입력한다.

③ 22.기공제액: 이월된 기부금 한도 초과액 중 이전 사업연도에 손금으로 추인된 금액을 기부금별로 입력한다.

④ 23.공제 가능 잔액(21-22): 이월된 기부금 한도 초과액 중 당해 사업연도에 추인할 수 있는 금액이 기부금별로 자동 계산된다.

⑤ 24.해당 연도 손금추인액: 먼저 발생한 이월된 기부금 한도 초과액 중 손금추인되는 금액을 기부금별 순차적으로 입력한다. 2013년 이후의 기부금만 10년간 이월공제되며 2013년 이전 기부금은 5년만 이월공제가 가능하다. 동 금액은 [법인세 과세표준 및 세액조정계산서]의 [106.기부금 한도 초과 이월액 손금산입]란에 자동 반영된다.

⑥ 25.차기이월액(23-24): 기부금 한도 초과액 중 당기에 손금으로 추인되지 않고 차기로 이월되는 금액이 기부금별로 자동 계산된다.

(5) 6.해당 사업연도 기부금 지출액 명세

① 26.지출액 합계 금액: 특례기부금(법인세법 제24조제2항제1호에 따른 특례기부금)과 일반기부금(법인세법 제24조제2항제1호에 따른 일반기부금)의 지출액 합계 금액이 자동 반영된다.

② 27.해당 사업연도 손금산입액: 기부금 지출액 합계 금액 중 해당 사업연도에 손금으로 산입되는 금액이 기부금별로 자동 반영된다.

③ 28.차기이월액(26-27): 해당 사업연도의 기부금 지출액 합계 금액 중 당기에 손금으로 산입되지 않고 차기로 이월되는 금액이 기부금별로 자동 계산된다.

연습문제

[1] 중소기업인 (주)서부전자(회사코드: 1069)의 다음 자료를 이용하여 기부금 조정명세서의 기부금 입력 탭과 기부금 조정 탭을 작성하고 세무조정을 하시오(단, 기부처의 사업자(주민)번호 입력은 생략하되, 기부금 입력 시 불러오기를 이용하고, 불러온 자료를 수정하여 완성할 것).

기출 101회 수정

1. 당기 기부금 내용은 다음과 같다. 당기 기부금이 아닌 경우 기부금 명세서에 입력하지 않도록 한다.

일자	금액	지급내용*1
7월 16일	?	태풍으로 인한 이재민 구호금품(시가: 4,000,000원, 장부가액: 5,000,000원)
9월 7일	10,000,000원	사회복지법인에 고유 목적 사업비로 지출하는 기부금
11월 3일	?	인근 아파트 부녀회(사업자에 해당)에 보유 중인 토지를 양도(시가: 10,000,000원, 양도가액: 6,000,000원)*2
12월 15일	3,000,000원	종교단체 어음기부금(만기일 2026.1.15.)

*1 당사와 특수관계가 없는 단체에게 사업과 직접적인 관계가 없는 지출이다.

*2 토지는 정당한 사유 없이 저가 양도하였다.

2. 기부금 계산과 관련된 기타자료는 다음과 같다.
- 전기에서 한도 초과로 이월된 기부금은 2024년 일반기부금 한도 초과액 5,000,000원이다.
- 결산서상 당기순이익은 150,000,000원이고, 기부금에 대한 세무조정 전 익금산입 및 손금불산입 금액은 30,000,000원이며, 손금산입 및 익금불산입 금액은 7,000,000원이다.
- 당기로 이월된 이월결손금은 2023년 발생분 20,000,000원이다.

| 풀이 |

[기부금 조정명세서]

① [1.기부금 입력] 탭: 상단 툴바의 F12 불러오기 를 클릭하여 기장된 자료를 반영시킨 후 지문에 제시된 자료에 따라 내용을 수정한다.

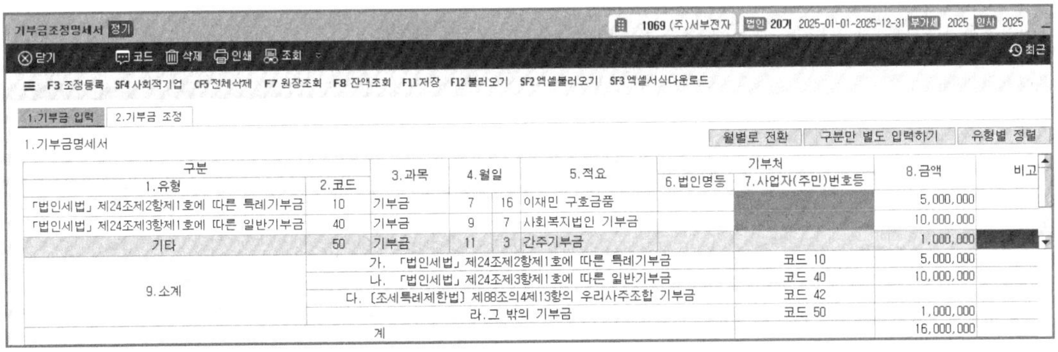

1.유형	2.코드	3.과목	4.월일		5.적요	6.법인명등	7.사업자(주민)번호등	8.금액	비고
「법인세법」 제24조제2항제1호에 따른 특례기부금	10	기부금	7	16	이재민 구호금품			5,000,000	
「법인세법」 제24조제3항제1호에 따른 일반기부금	40	기부금	9	7	사회복지법인 기부금			10,000,000	
기타	50	기부금	11	3	간주기부금			1,000,000	
9.소계	가. 「법인세법」 제24조제2항제1호에 따른 특례기부금						코드 10	5,000,000	
	나. 「법인세법」 제24조제3항제1호에 따른 일반기부금						코드 40	10,000,000	
	다. [조세특례제한법] 제88조의4제13항의 우리사주조합 기부금						코드 42		
	라.그 밖의 기부금						코드 50	1,000,000	
계								16,000,000	

- 7월 16일 태풍으로 인한 이재민 구호금품은 특례기부금에 해당하므로 [1.유형]란을 '1.[법인세법] 제24조제2항제1호에 따른 특례기부금'으로 수정한다.
- 9월 7일 사회복지법인에 고유 목적 사업비로 지출하는 기부금은 일반기부금에 해당하므로 [1.유형]란은 자동 반영된 '2.[법인세법] 제24조제3항제1호에 따른 일반기부금'에 해당한다.
- 11월 3일 법인이 특수관계가 없는 자에게 정당한 사유 없이 자산을 정상가액보다 낮은 가액으로 양도함으로써 생긴 차액은 기부금으로 간주한다. 또한 비지정기부금 단체에 기부한 것이므로 비지정기부금으로 추가 입력한다.
  - 간주기부금: 정상가액 7,000,000원(= 시가 10,000,000원 × 70%) − 양도가액 6,000,000원 = 1,000,000원
- 12월 15일 종교단체 어음기부금은 그 어음이 실제로 결제된 날이 속하는 사업연도의 기부금이므로 당해 기부금이 아니다. 따라서, 해당 기부금 라인을 삭제한다.

• 상단 툴바의 F3 조정등록 을 이용하여 다음과 같이 세무조정한다.

〈손금불산입〉 비지정기부금 1,000,000원(기타사외유출)
〈손금불산입〉 어음기부금 3,000,000원(유보 발생)

• 소득금액 확정: 수정 을 클릭하여 문제의 주어진 금액을 수정한 후 상단 툴바의 F11저장 을 클릭한다. 즉, 기부금 세무조정 반영 전의 익금산입액이 30,000,000원으로 제시되어 있으므로 [2.익금산입]란에 손금불산입되는 비지정기부금 1,000,000원과 어음기부금 3,000,000원을 가산한 34,000,000원을 입력한 후 저장한다.

2.소득금액확정 (새로 불러오기 / 수정 해제)

1.결산서상 당기순이익	2.익금산입	3.손금산입	4.기부금합계	5.소득금액계(1+2-3+4)
150,000,000	34,000,000	7,000,000	15,000,000	192,000,000

② [2.기부금 조정] 탭

기부금조정명세서 정기 | 1069 (주)서부전자 | 법인 20기 2025-01-01~2025-12-31 | 부가세 2025 | 인사 2025

⊗닫기 | 코드 | 삭제 | 인쇄 | 조회

≡ F3 조정등록 SF4 사회적기업 CF5 전체삭제 F7 원장조회 F8 잔액조회 F11저장 F12 불러오기 SF2 엑셀불러오기 SF3 엑셀서식다운로드

1.기부금 입력 | 2.기부금 조정

1 1. 「법인세법」 제24조제2항제1호에 따른 특례기부금 손금산입액 한도액 계산

1.소득금액 계	192,000,000	5.이월잔액 중 손금산입액 MIN[4,23]	
2.법인세법 제13조제1항제1호에 따른 이월 결손금 합계액(기준소득금액의 80% 한도)	20,000,000	6.해당연도지출액 손금산입액 MIN[(④-⑤)>0, ③]	5,000,000
3.「법인세법」 제24조제2항제1호에 따른 특례기부금 해당 금액	5,000,000	7.한도초과액 [(3-6)>0]	
4.한도액 {[(1-2)〉 0]X50%}	86,000,000	8.소득금액 차감잔액 [(①-②-⑤-⑥)>0]	167,000,000

2 2. 「조세특례제한법」 제88조의4에 따라 우리사주조합에 지출하는 기부금 손금산입액 한도액 계산

9.「조세특례제한법」 제88조의4제13항에 따른 우리사주조합 기부금 해당 금액		11. 손금산입액 MIN(9, 10)	
10. 한도액 (8×30%)	50,100,000	12. 한도초과액 [(9-10)>0]	

3 3. 「법인세법」 제24조제3항제1호에 따른 일반기부금 손금산입 한도액 계산

13.「법인세법」 제24조제3항제1호에 따른 일반기부금 해당금액	10,000,000	16. 해당연도지출액 손금산입액 MIN[(14-15)>0, 13]	10,000,000
14. 한도액 ((8-11)x10%, 20%)	16,700,000	17. 한도초과액 [(13-16)>0]	
15. 이월잔액 중 손금산입액 MIN(14, 23)	5,000,000		

4 4.기부금 한도초과액 총액

18. 기부금 합계액 (3+9+13)	19. 손금산입 합계 (6+11+16)	20. 한도초과액 합계 (18-19)=(7+12+17)
15,000,000	15,000,000	

5 5.기부금 이월액 명세

사업연도	기부금 종류	21.한도초과 손금불산입액	22.기공제액	23.공제가능 잔액(21-22)	24.해당연도 손금추인액	25.차기이월액 (23-24)
합계	「법인세법」 제24조제2항제1호에 따른 특례기부금					
	「법인세법」 제24조제3항제1호에 따른 일반기부금	5,000,000		5,000,000	5,000,000	
2024	「법인세법」 제24조제3항제1호에 따른 일반	5,000,000		5,000,000	5,000,000	

6 6. 해당 사업연도 기부금 지출액 명세

사업연도	기부금 종류	26.지출액 합계금액	27.해당 사업연도 손금산입액	28.차기 이월액(26-27)
합계	「법인세법」 제24조제2항제1호에 따른 특례기부금	5,000,000	5,000,000	
	「법인세법」 제24조제2항제1호에 따른 일반기부금	10,000,000	10,000,000	

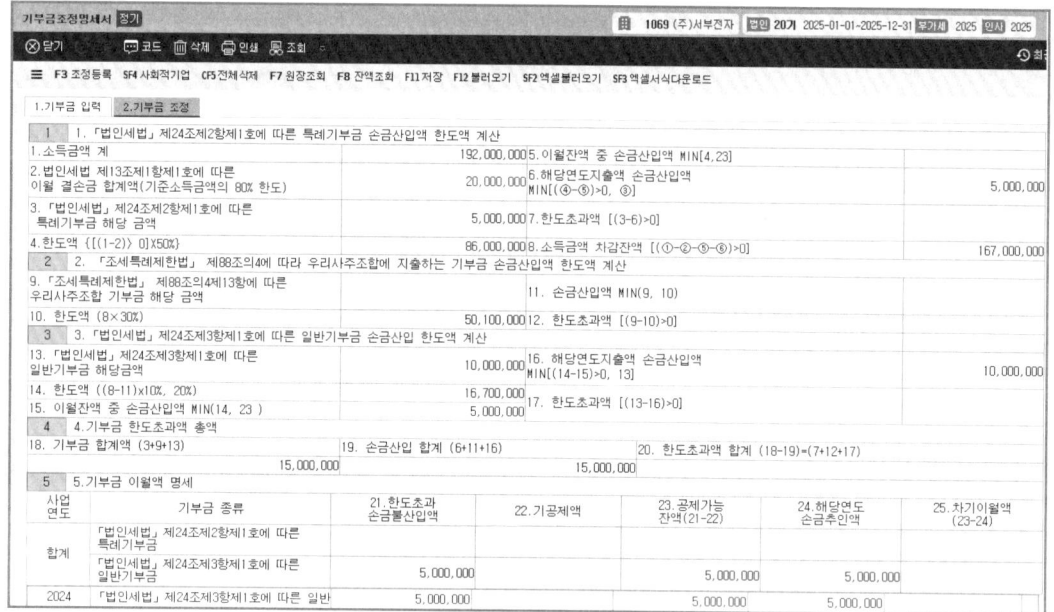

• 세무상 이월결손금 [2.법인세법 제13조제1항제1호에 따른 이월결손금 합계액]란에 20,000,000원을 입력한다.
• [5.기부금 이월액 명세]에서 전기 일반기부금 한도 초과액 5,000,000원을 [24.해당 연도 손금추인액]란에 입력한 후 해당 서식을 저장한다.

[2] 입력된 내용은 무시하고 다음 자료에 의하여 아름상사(주)(회사코드: 1063)의 기부금 명세서 및 기부금 조정명세서를 작성하고 필요한 세무조정을 하시오.

기출 63회 수정

1. 장부상 기부금 내역

일시	금액	기부처	비고
4월 7일	7,200,000원	향토예비군	국군장병 위문금품
6월 12일	1,000,000원	재경제주향우회	향우회 회비 (대표이사가 속한 지역 향우회기부금)
10월 7일	3,200,000원	신섬유개발연구원	기획재정부장관이 지정하는 일반기부금 대상 단체
12월 31일	3,000,000원	한국교육방송공사	고유 목적 사업비 외 지출

2. 기부금에 대한 세무조정 전 차가감소득금액은 다음과 같으며, 세무상 이월결손금 중 미공제된 이월결손금은 2023년에 발생한 9,000,000원이고, 이월기부금은 2024년에 지출한 일반기부금 한도 초과액 5,000,000원이 있다.

구분		금액
결산서상 당기순이익		230,000,000원
소득조정금액	익금산입	72,000,000원
	손금산입	36,000,000원
차가감소득금액		266,000,000원

3. 기부처의 사업자등록번호 입력은 생략하며, 손익귀속시기에 따라 당기 기부금이 아닌 경우 기부금 명세서에 입력하지 않는 것으로 한다.

| 풀이 |

[기부금 조정명세서]

① [1.기부금 입력] 탭: 상단 툴바의 F12 불러오기 를 클릭하여 입력된 자료를 반영시킨 후 지문에 제시된 자료에 따라 내용을 수정한다.

1.기부금명세서

1.유형	2.코드	3.과목	4.월	일	5.적요	6.법인명등	8.금액
「법인세법」 제24조제2항제1호에 따른 특례기부금	10	기부금	4	7	국군장병위문금품	향토예비군	7,200,000
기타	50	기부금	6	12	향우회비(대표이사가 속한 지역 향우회기부금)	재경제주향우회	1,000,000
「법인세법」 제24조제3항제1호에 따른 일반기부금	40	기부금	10	7	기획재정부장관이 지정하는 일반기부금 대상 단체	신섬유개발연구원	3,200,000
기타	50	기부금	12	31	고유목적사업비 외 지출	한국교육방송공사	3,000,000
9.소계	가. 「법인세법」 제24조제2항제1호에 따른 특례기부금						7,200,000
	나. 「법인세법」 제24조제3항제1호에 따른 일반기부금						3,200,000
	다. [조세특례제한법] 제88조의4제13항의 우리사주조합 기부금						
	라.그 밖의 기부금						4,000,000
계							14,400,000

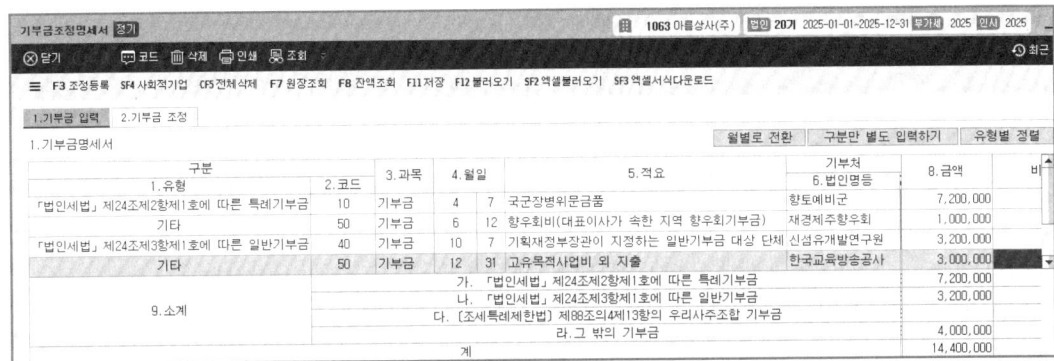

- 4월 7일 국군장병 위문금품은 특례기부금에 해당하므로 [1.유형]란을 '1.[법인세법] 제24조제2항제1호에 따른 특례기부금'으로 수정한다.
- 6월 12일 향우회비는 비지정기부금에 해당하므로 [1.유형]란을 '4.그 밖의 기부금'으로 수정한다.
- 10월 7일 기획재정부장관이 지정하는 일반기부금 대상 단체에 대한 일반기부금은 [1.유형]란은 자동 반영된 '2.[법인세법] 제24조제2항제1호에 따른 일반기부금'에 해당한다.
- 12월 31일 한국교육방송공사의 고유 목적 사업 외 지출한 기부금은 비지정기부금에 해당하므로 [1.유형]란을 '4.그 밖의 기부금'으로 수정한다. 만약, 한국교육방송공사의 고유 목적 사업에 지출한 기부금이라면 일반기부금에 해당한다.
- 상단 툴바의 F3 조정등록 을 이용하여 다음과 같이 세무조정한다.

〈손금불산입〉 향우회비 1,000,000원(상여*)

* 향우회는 친목을 목적으로 하는 모임으로서 문제의 조건에서 대표이사가 속한 향우회 기부금이라고 명시하고 있으므로 대표이사에게 상여로 소득처분한다.

〈손금불산입〉 고유 목적 사업비 외 지출 3,000,000원(기타사외유출)

- 소득금액 확정: 수정 을 클릭하여 문제에 주어진 금액을 수정한 후 상단 툴바의 F11 저장 을 클릭한다. 기부금 세무조정 반영 전의 익금산입액이 72,000,000원으로 제시되어 있으므로 [2.익금산입]란에 손금불산입되는 비지정기부금 4,000,000원(= 향우회비 1,000,000원 + 고유 목적 사업비 외 지출 3,000,000원)을 가산한 76,000,000원을 입력한 후 저장한다.

2.소득금액확정

1.결산서상 당기순이익	2.익금산입	3.손금산입	4.기부금합계	5.소득금액계(1+2-3+4)
230,000,000	76,000,000	36,000,000	10,400,000	280,400,000

② [2.기부금 조정] 탭

기부금조정명세서 정기 | 1063 아름상사(주) 법인 20기 2025-01-01~2025-12-31 부가세 2025 인사 2025

1.기부금 입력 | 2.기부금 조정

1	1. 「법인세법」 제24조제2항제1호에 따른 특례기부금 손금산입액 한도액 계산		
1.소득금액 계	280,400,000	5.이월잔액 중 손금산입액 MIN[4,23]	
2.법인세법 제13조제1항제1호에 따른 이월 결손금 합계액(기준소득금액의 80% 한도)	9,000,000	6.해당연도지출액 손금산입액 MIN[(④-⑤)>0, ③]	7,200,000
3.「법인세법」 제24조제2항제1호에 따른 특례기부금 해당 금액	7,200,000	7.한도초과액 [(3-6)>0]	
4.한도액 {[(1-2)〉 0]X50%}	135,700,000	8.소득금액 차감잔액 [(①-②-⑤-⑥)>0]	264,200,000
2	2. 「조세특례제한법」 제88조의4에 따라 우리사주조합에 지출하는 기부금 손금산입액 한도액 계산		
9.「조세특례제한법」 제88조의4제13항에 따른 우리사주조합 기부금 해당 금액		11. 손금산입액 MIN(9, 10)	
10. 한도액 (8×30%)	79,260,000	12. 한도초과액 [(9-10)>0]	
3	3.「법인세법」 제24조제3항제1호에 따른 일반기부금 손금산입 한도액 계산		
13.「법인세법」 제24조제3항제1호에 따른 일반기부금 해당금액	3,200,000	16. 해당연도지출액 손금산입액 MIN[(14-15)>0, 13]	3,200,000
14. 한도액 ((8-11)x10%, 20%)	26,420,000	17. 한도초과액 [(13-16)>0]	
15. 이월잔액 중 손금산입액 MIN(14, 23)	5,000,000		

4	4.기부금 한도초과액 총액	
18. 기부금 합계액 (3+9+13)	19. 손금산입 합계 (6+11+16)	20. 한도초과액 합계 (18-19)=(7+12+17)
10,400,000	10,400,000	

5 5.기부금 이월액 명세

사업연도	기부금 종류	21.한도초과 손금불산입액	22.기공제액	23.공제가능 잔액(21-22)	24.해당연도 손금추인액	25.차기이월액 (23-24)
합계	「법인세법」 제24조제2항제1호에 따른 특례기부금					
	「법인세법」 제24조제3항제1호에 따른 일반기부금	5,000,000		5,000,000	5,000,000	
2024	「법인세법」 제24조제3항제1호에 따른 일반	5,000,000		5,000,000	5,000,000	

6 6. 해당 사업연도 기부금 지출액 명세

사업연도	기부금 종류	26.지출액 합계금액	27.해당 사업연도 손금산입액	28.차기 이월액(26-27)
합계	「법인세법」 제24조제2항제1호에 따른 특례기부금	7,200,000	7,200,000	
	「법인세법」 제24조제2항제1호에 따른 일반기부금	3,200,000	3,200,000	

- [2.법인세법 제13조제1항제1호에 따른 이월결손금 합계액]란에 세무상 이월결손금 9,000,000원을 입력한다.
- [5.기부금 이월액 명세]에서 전기 일반기부금 한도 초과액 5,000,000원을 [24.해당 연도 손금추인액]란에 입력한 후 해당 서식을 저장한다.

[3] 문제의 다른 자료는 무시하고 현미산업(주)(회사코드: 1062)의 다음 자료를 이용하여 기부금 조정명세서 및 기부금 명세서를 작성한 후 관련된 세무조정을 소득금액 조정합계표에 반영하시오(단, 기부처입력은 생략함). 기출 58회 수정

1. 기부금 계정의 내용

일자	금액	지급내용
8월 20일	10,000,000원	국립대학병원에 연구비로 지출한 기부금
9월 15일	22,000,000원	무료 · 실비로 이용하는 경로당 후원 기부금
10월 30일	8,000,000원	종교단체 기부금
11월 27일	5,000,000원	사립대학교에 장학금으로 지출한 기부금
12월 16일	1,000,000원	정당에 기부한 정치자금

2. 기부금계산 관련 자료
- 전기에서 한도 초과로 이월된 기부금은 없다.
- 결산서상 당기순이익은 120,000,000원이다.
- 소득금액 조정합계표상 익금산입 및 손금불산입 금액은 15,000,000원이고, 손금산입 및 익금불산입 금액은 21,000,000원이다(기부금과 관련한 세무조정은 반영되어 있지 않음).
- 당기로 이월된 이월결손금은 전기 발생분이 150,000,000원이다.
- 당사는 중소기업 및 회생계획을 이행 중인 기업에 해당하지 않는다.

| 풀이 |

[기부금 조정명세서]

① [1.기부금 입력] 탭: 상단 툴바의 F12 불러오기 를 클릭하여 기장된 자료를 반영시킨 후 지문에 제시된 자료에 따라 내용을 수정한다.

기부금조정명세서 정기 　 1062 현미산업(주) 법인 15기 2025-01-01~2025-12-31 부가세 2025 인사 2025

⊗ 닫기 　 코드 　 삭제 　 인쇄 　 조회 　 최근

≡ F3 조정등록 　 SF4 사회적기업 　 CF5 전체삭제 　 F7 원장조회 　 F8 잔액조회 　 F11 저장 　 F12 불러오기 　 SF2 엑셀불러오기 　 SF3 엑셀서식다운로드

1.기부금 입력 　 2.기부금 조정

1.기부금명세서 　 월별로 전환 　 구분만 별도 입력하기 　 유형별 정렬

구분 1.유형	2.코드	3.과목	4.월일		5.적요	기부처 6.법인명등	사업자(주민)번호	8.금액	비고
「법인세법」 제24조제2항제1호에 따른 특례기부금	10	기부금	8	20	국립대학병원에 연구비로 지출한 기부금			10,000,000	
「법인세법」 제24조제3항제1호에 따른 일반기부금	40	기부금	9	15	무료 · 실비로 이용하는 경로당 후원 기부금			22,000,000	
「법인세법」 제24조제3항제1호에 따른 일반기부금	40	기부금	10	30	종교단체기부금			8,000,000	
「법인세법」 제24조제2항제1호에 따른 특례기부금	10	기부금	11	27	사립대학교에 장학금으로 지출한 기부금			5,000,000	
기타	50	기부금	12	16	정치자금기부금			1,000,000	
9.소계	가. 「법인세법」 제24조제2항제1호에 따른 특례기부금						코드 10	15,000,000	
	나. 「법인세법」 제24조제3항제1호에 따른 일반기부금						코드 40	30,000,000	
	다. 〔조세특례제한법〕 제88조의4제13항의 우리사주조합 기부금						코드 42		
	라. 그 밖의 기부금						코드 50	1,000,000	
계								46,000,000	

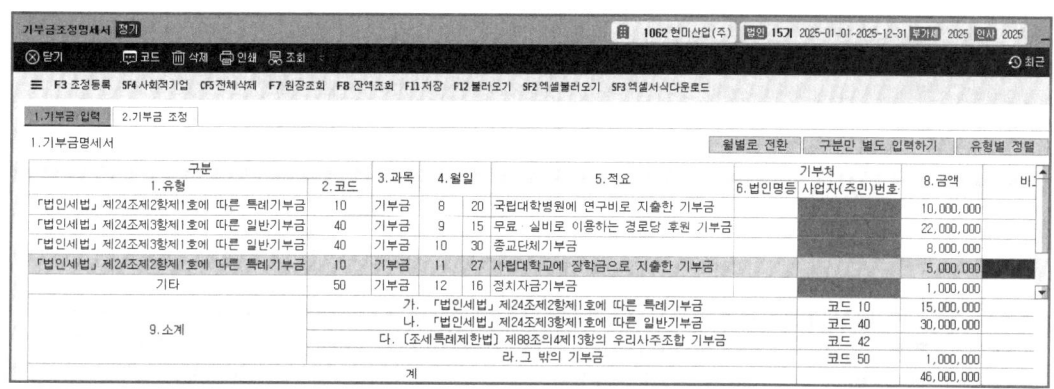

- 8월 20일 국립대학병원에 연구비로 지출한 기부금은 특례기부금에 해당하므로 [1.유형]란을 '1.[법인세법] 제24조제2항제1호에 따른 특례기부금'으로 수정한다.
- 9월 15일 무료 · 실비로 이용하는 경로당 후원기부금은 일반기부금에 해당하므로 [1.유형]란은 자동 반영된 '2.[법인세법] 제24조제3항제1호에 따른 일반기부금'으로 입력한다.
- 10월 30일 종교단체 기부금은 일반기부금에 해당하므로 [1.유형]란은 자동 반영된 '2.[법인세법] 제24조제3항제1호에 따른 일반기부금'으로 입력한다.
- 11월 27일 사립대학교에 장학금으로 지출한 기부금은 특례기부금에 해당하므로 [1.유형]란을 '1.[법인세법] 제24조제2항제1호에 따른 특례기부금'으로 수정한다.
- 12월 16일 정당에 기부한 정치자금은 비지정기부금에 해당하므로 [1.유형]란을 '4.그 밖의 기부금'으로 수정한다.
- 상단 툴바의 F3 조정등록 을 이용하여 다음과 같이 세무조정한다.

〈손금불산입〉 정치자금기부금 1,000,000원(기타사외유출)

- 소득금액 확정: 수정 을 클릭하여 문제의 주어진 금액을 수정한 후 상단 툴바의 F11저장 을 클릭한다. 즉, 기부금 세무조정 반영 전의 익금산입액이 15,000,000원으로 제시되어 있으므로 [2.익금산입]란에 손금불산입되는 비지정기부금 1,000,000원을 가산한 16,000,000원을 입력한 후 저장한다.

2.소득금액확정 　 새로 불러오기 　 수정 해제

1.결산서상 당기순이익	2.익금산입	3.손금산입	4.기부금합계	5.소득금액계(1+2-3+4)
120,000,000	16,000,000	21,000,000	45,000,000	160,000,000

② [2.기부금 조정] 탭

기부금조정명세서 정기 | 1062 현미산업(주) | 법인 15기 2025-01-01~2025-12-31 | 부가세 2025 | 인사 2025

닫기 | 코드 | 삭제 | 인쇄 | 조회

F3 조정등록 | SF4 사회적기업 | CF5 전체삭제 | F7 원장조회 | F8 잔액조회 | F11 저장 | F12 불러오기 | SF2 엑셀불러오기 | SF3 엑셀서식다운로드

1.기부금 입력 | 2.기부금 조정

1 1. 「법인세법」 제24조제2항제1호에 따른 특례기부금 손금산입액 한도액 계산			
1.소득금액 계	160,000,000	5.이월잔액 중 손금산입액 MIN[4,23]	
2.법인세법 제13조제1항제1호에 따른 이월 결손금 합계액(기준소득금액의 80% 한도)	128,000,000	6.해당연도지출액 손금산입액 MIN[(④-⑤)>0, ③]	15,000,000
3. 「법인세법」 제24조제2항제1호에 따른 특례기부금 해당 금액	15,000,000	7.한도초과액 [(3-6)>0]	
4.한도액 {[(1-2)〉 0]X50%}	16,000,000	8.소득금액 차감잔액 [(①-②-⑤-⑥)>0]	17,000,000
2 2. 「조세특례제한법」 제88조의4에 따라 우리사주조합에 지출하는 기부금 손금산입액 한도액 계산			
9. 「조세특례제한법」 제88조의4제13항에 따른 우리사주조합 기부금 해당 금액		11. 손금산입액 MIN(9, 10)	
10. 한도액 (8×30%)	5,100,000	12. 한도초과액 [(9-10)>0]	
3 3. 「법인세법」 제24조제3항제1호에 따른 일반기부금 손금산입 한도액 계산			
13. 「법인세법」 제24조제3항제1호에 따른 일반기부금 해당금액	30,000,000	16. 해당연도지출액 손금산입액 MIN[(14-15)>0, 13]	1,700,000
14. 한도액 ((8-11)x10%, 20%)	1,700,000	17. 한도초과액 [(13-16)>0]	28,300,000
15. 이월잔액 중 손금산입액 MIN(14, 23)			

4 4.기부금 한도초과액 총액		
18. 기부금 합계액 (3+9+13)	19. 손금산입 합계 (6+11+16)	20. 한도초과액 합계 (18-19)=(7+12+17)
45,000,000	16,700,000	28,300,000

6 6. 해당 사업연도 기부금 지출액 명세

사업연도	기부금 종류	26.지출액 합계금액	27.해당 사업연도 손금산입액	28.차기 이월액(26-27)
합계	「법인세법」 제24조제2항제1호에 따른 특례기부금	15,000,000	15,000,000	
	「법인세법」 제24조제2항제1호에 따른 일반기부금	30,000,000	1,700,000	28,300,000

당사는 중소기업 및 회생계획을 이행 중인 기업이 아니므로 [2.법인세법 제13조제1항제1호에 따른 이월결손금 합계액]란에 세무상 이월결손금 128,000,000원(한도: 기준소득금액 160,000,000원의 80%)을 입력한 후 해당 서식을 저장한다.

[4] 기존 자료 등의 내용은 무시하고 서부상사(주)(회사코드: 1064)의 다음 자료를 이용하여 기부금 조정명세서 및 기부금 명세서를 작성한 후 관련된 세무조정을 하시오. 기출 52회 수정

1. 결산서상 기부금 내역은 다음과 같다.

일시	거래처	사업자번호	금액	내용
6월 3일	국방	415－41－51515	8,200,000원	국방현금
7월 10일	엔젤스	151－56－34182	4,300,000원	정부의 인·허가를 받지 않은 예술단체에 지급한 금액
12월 10일	유엔난민기구	215－13－15158	4,000,000원	국제기구인 유엔난민기구 기부금
12월 31일	한국기술협회	163－86－00019	7,000,000원	한국기술협회는 영업자가 조직한 단체로서 법인이며 해당 금액은 정상적인 회비징수방식에 의한 경상경비 충당 목적의 회비(일반회비)임

- 12월 10일 기부금 4,000,000원 중 1,000,000원은 만기일이 2026년 1월 10일인 약속어음을 발행하여 지급하였고, 나머지는 전액 현금으로 지급하였다.

2. 10월 6일에 당사와 특수관계가 없는 종교를 목적으로 하는 공공기관인 (재)광명(고유번호: 105－81－12343)의 고유 목적 사업을 위하여 시가가 1,000,000원이고 장부금액이 800,000원인 비품을 기부차원에서 100,000원에 저가로 양도하고 다음과 같이 회계처리하였다.

(차) 보통예금	100,000	(대) 비품	800,000
유형자산 처분손실	700,000		

3. 전기 이전의 일반기부금에 대한 세무조정 내용은 다음과 같다.

내용	2012년	2024년
일반기부금 해당액	4,200,000원	7,600,000원
일반기부금 한도액	3,900,000원	3,400,000원
일반기부금 한도 초과액	300,000원	4,200,000원

4. 기부금에 대한 세무조정 전 차가감소득금액은 다음과 같으며, 세무상 이월결손금은 없다.

구분		금액
결산서상 당기순이익		70,000,000원
소득조정금액	익금산입	20,000,000원
	손금산입	10,000,000원
차가감소득금액		80,000,000원

| 풀이 |

[기부금 조정명세서]

① [1.기부금 입력] 탭: 상단 툴바의 F12 불러오기를 클릭하여 기장된 자료를 반영시킨 후 지문에 제시된 자료에 따라 내용을 수정한다.

기부금조정명세서 정기 | 1064 서부상사(주) 법인 15기 2025-01-01~2025-12-31 부가세 2025 인사 2025

⊗ 닫기 코드 삭제 인쇄 조회

≡ F3 조정등록 SF4 사회적기업 CF5 전체삭제 F7 원장조회 F8 잔액조회 F11저장 F12 불러오기 SF2 엑셀불러오기 SF3 엑셀서식다운로드

1.기부금 입력 | 2.기부금 조정

1.기부금명세서 (월별로 전환 / 구분만 별도 입력하기 / 유형별 정렬)

구분: 1.유형	2.코드	3.과목	4.월일		5.적요	기부처: 6.법인명등	기부처: 7.사업자(주민)번호등	8.금액
「법인세법」 제24조제2항제1호에 따른 특례기부금	10	기부금	6	3	국방헌금	국방	415-41-51515	8,200,000
기타	50	기부금	7	10	정부로부터 인·허가를 받지 않은 예술단체에 지급한 금액	엔젤스	151-56-34182	4,300,000
「법인세법」 제24조제3항제1호에 따른 일반기부금	40	기부금	12	10	유엔난민기구 기부금	유엔난민기구	215-13-15158	3,000,000
「법인세법」 제24조제3항제1호에 따른 일반기부금	40	기부금	10	6	간주기부금	(재)광명	105-81-12343	600,000
9.소계	가. 「법인세법」 제24조제2항제1호에 따른 특례기부금						코드 10	8,200,000
	나. 「법인세법」 제24조제3항제1호에 따른 일반기부금						코드 40	3,600,000
	다. 〔조세특례제한법〕 제88조의4제13항의 우리사주조합 기부금						코드 42	
	라.그 밖의 기부금						코드 50	4,300,000
계								16,100,000

- 6월 3일 국방헌금은 특례기부금에 해당하므로 [1.유형]란을 '1.[법인세법] 제24조제2항제1호에 따른 특례기부금'으로 수정한다.
- 7월 10일 정부로부터 인 · 허가를 받지 않은 예술단체에 지급한 금액은 비지정기부금이므로 [1.유형]란을 '4.그밖의 기부금'으로 수정한다.
- 12월 10일 국제기구인 유엔난민기구 기부금은 일반기부금이므로 [1.유형]란은 자동 반영된 '2.[법인세법] 제24조제3항제1호에 따른 일반기부금'에 해당한다. 해당 금액 중 어음을 발행한 경우에는 그 어음이 실제로 결제된 날이 속하는 사업연도의 기부금에 해당하므로 어음기부금 1,000,000원을 차감한 잔액인 3,000,000원으로 수정한다.
- 12월 31일 일반회비 납부 거래는 기부금이 아닌 세금과공과이므로 기부금 명세서에서 삭제한다.
- 10월 6일 법인이 특수관계가 없는 자에게 정당한 사유 없이 자산을 정상가액보다 낮은 가액으로 양도함으로써 생긴 차액은 기부금으로 간주한다. 또한 해당 기부금은 종교단체에 대한 기부금이므로 일반기부금으로 추가 입력한다.
  - 간주기부금: 정상가액 700,000원(=시가 1,000,000원×70%)－양도가액 100,000원=600,000원
- 상단 툴바의 F3 조정등록을 이용하여 다음과 같이 세무조정한다.

〈손금불산입〉 비지정기부금 4,300,000원(기타사외유출)
〈손금불산입〉 어음기부금 1,000,000원(유보 발생)

② 소득금액 확정: 수정 을 클릭하여 문제에 주어진 금액으로 수정한 후 상단 툴바의 F11저장을 클릭한다. 즉, 기부금 세무조정 반영 전의 익금산입액이 20,000,000원으로 제시되어 있으므로 [2.익금산입]란에 손금불산입되는 금액 5,300,000원(비지정기부금 4,300,000원 + 어음기부금 1,000,000원)을 가산한 25,300,000원을 입력한 후 저장한다.

2.소득금액확정 (새로 불러오기 / 수정)

1.결산서상 당기순이익	2.익금산입	3.손금산입	4.기부금합계	5.소득금액계(1+2-3+4)
70,000,000	25,300,000	10,000,000	11,800,000	97,100,000

③ [2.기부금 조정] 탭

기부금조정명세서 정기 | 1064 서부상사(주) | 법인 15기 2025-01-01~2025-12-31 부가세

⊗닫기 코드 삭제 인쇄 조회

≡ F3 조정등록 SF4 사회적기업 CF5 전체삭제 F7 원장조회 F8 잔액조회 F11 저장 F12 불러오기 SF2 엑셀불러오기 SF3 엑셀서식다운로드

1.기부금 입력 | 2.기부금 조정

1	1. 「법인세법」 제24조제2항제1호에 따른 특례기부금 손금산입액 한도액 계산		
1.소득금액 계	97,100,000	5.이월잔액 중 손금산입액 MIN[4,23]	
2.법인세법 제13조제1항제1호에 따른 이월 결손금 합계액(기준소득금액의 80% 한도)		6.해당연도지출액 손금산입액 MIN[(④-⑤)>0, ③]	8,200,000
3. 「법인세법」 제24조제2항제1호에 따른 특례기부금 해당 금액	8,200,000	7.한도초과액 [(3-6)>0]	
4.한도액 {[(1-2)〉 0]X50%}	48,550,000	8.소득금액 차감잔액 [(①-②-⑤-⑥)>0]	88,900,000
2	2. 「조세특례제한법」 제88조의4에 따라 우리사주조합에 지출하는 기부금 손금산입액 한도액 계산		
9. 「조세특례제한법」 제88조의4제13항에 따른 우리사주조합 기부금 해당 금액		11. 손금산입액 MIN(9, 10)	
10. 한도액 (8×30%)	26,670,000	12. 한도초과액 [(9-10)>0]	
3	3. 「법인세법」 제24조제3항제1호에 따른 일반기부금 손금산입 한도액 계산		
13. 「법인세법」 제24조제3항제1호에 따른 일반기부금 해당금액	3,600,000	16. 해당연도지출액 손금산입액 MIN[(14-15)>0, 13]	3,600,000
14. 한도액 ((8-11)x10%, 20%)	8,890,000	17. 한도초과액 [(13-16)>0]	
15. 이월잔액 중 손금산입액 MIN(14, 23)	4,200,000		

4	4.기부금 한도초과액 총액	
18. 기부금 합계액 (3+9+13)	19. 손금산입 합계 (6+11+16)	20. 한도초과액 합계 (18-19)=(7+12+17)
11,800,000	11,800,000	

5 5.기부금 이월액 명세

사업연도	기부금 종류	21.한도초과 손금불산입액	22.기공제액	23.공제가능 잔액(21-22)	24.해당연도 손금추인액	25.차기이월액 (23-24)
합계	「법인세법」 제24조제2항제1호에 따른 특례기부금					
	「법인세법」 제24조제3항제1호에 따른 일반기부금	4,200,000		4,200,000	4,200,000	
2024	「법인세법」 제24조제3항제1호에 따른 일반	4,200,000		4,200,000	4,200,000	

6 6. 해당 사업연도 기부금 지출액 명세

사업연도	기부금 종류	26.지출액 합계금액	27.해당 사업연도 손금산입액	28.차기 이월액(26-27)
합계	「법인세법」 제24조제2항제1호에 따른 특례기부금	8,200,000	8,200,000	
	「법인세법」 제24조제3항제1호에 따른 일반기부금	3,600,000	3,600,000	

[5.기부금 이월액 명세]에서 문제의 주어진 자료에 따라 입력한다. 2013년 이후의 기부금만 10년간 이월공제가 되며 이전은 5년이다. 따라서, 2012년의 일반기부금 한도 초과액은 이월공제기한이 경과되어 손금추인이 불가능하다. 2024년의 일반기부금 한도 초과액 4,200,000원만 [24.해당 연도 손금추인액]란에 입력한 후 해당 서식을 저장한다.

13 업무용 승용차 관련 비용 명세서 중요

▸ 최신 30회 중 10문제 출제

업무용 승용차란 부가가치세법상 매입세액 불공제 대상인 비영업용 소형승용차(개별소비세 과세 대상 승용자동차)를 말하며 사적으로 사용 가능한 자동차이다. 법인이 업무용 승용차를 보유하는 경우 해당 차량의 개인적 사용과 고가차량을 통한 단기간의 과도한 비용처리를 방지하기 위하여 작성하는 서식이다.

1. 업무용 승용차등록

[법인조정]–[법인조정 I]–[기초정보관리]–[업무용 승용차등록] 메뉴에서 등록한다.

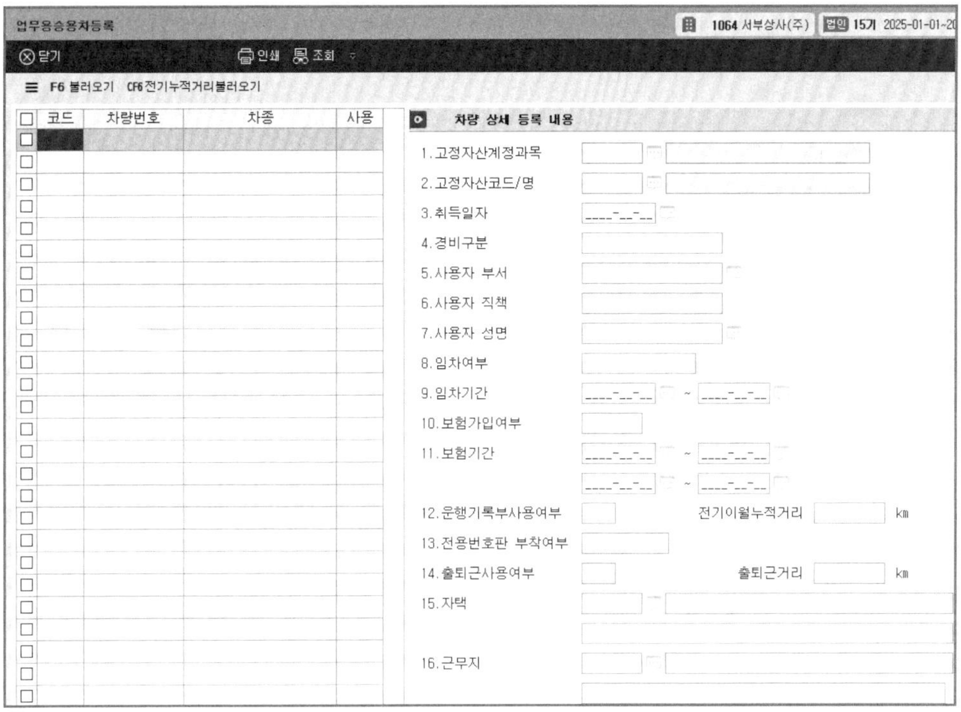

(1) **왼쪽 화면**

① **코드**: 원하는 숫자를 4자리까지 입력 가능하다.

② **차량번호/차종**: 차량번호와 차량의 종류를 입력한다.

(2) **오른쪽 화면(차량 상세 등록 내용)**

① **1.고정자산계정과목**: 법인명의 자가차량인 경우 고정자산의 계정과목코드 3자리를 입력한다. 코드를 모르는 경우 해당 란에 커서를 위치시키고 F2를 누르거나 [아이콘]을 클릭하면 계정코드도움창이 나타난다. 해당 고정자산을 선택하고 Enter↵를 누른다.

② **2.고정자산코드/명**: [회계관리] – [재무회계] – [고정자산 및 감가상각] – [고정자산등록] 메뉴의 [자산코드/명]을 입력한 경우 F2를 이용하여 불러올 수 있다.

③ **3.취득일자**: 법인명의 자가차량인 경우 취득일을, 렌트인 경우 임차기간의 개시일자, 운용리스인 경우 운용리스 계약의 개시일자를 입력한다.

④ **4.경비구분**: 업무용 승용차 관련 경비의 구분은 '1.500번대(제조)', '2.600번대(도급)', '3.650번대(보관)', '4.700번대(분양)', '5.750번대(운송)', '6.800번대(판관비)' 중 선택하여 입력한다.

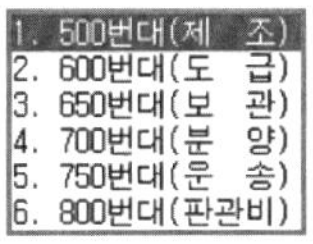

⑤ **5.사용자 부서/6.사용자 직책/7.사용자 성명**: 업무용 승용차를 사용하는 임직원(운전자 ×)의 부서, 직책, 성명을 입력한다.

⑥ **8.임차 여부**: '1.자가', '2.렌트', '3.금융리스', '4.운용리스', '5.비업무용', '6.직원명의차량', '7.타인명의직원차량', '8.기타' 중 선택하여 입력한다.

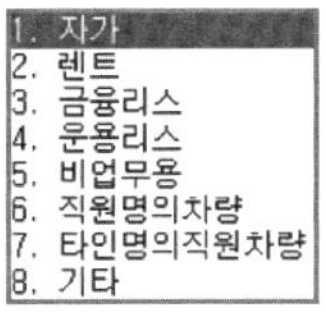

⑦ 9.임차기간: 업무용 승용차를 임차한 경우 임차기간을 입력한다.

⑧ 10.보험가입 여부: 업무전용 자동차 보험에 가입 여부를 입력한다. 보험가입 여부는 '1.가입', '2.미가입', '3.일부가입' 중 선택하여 입력한다.

구분	업무사용금액(손금산입액)	세무조정
가입	관련 비용×업무사용비율×$\frac{\text{실제보험가입일수}}{\text{의무보험가입일수}}$	업무사용금액을 초과한 금액은 손금불산입하고 귀속자에 대해 소득처분함
미가입	업무사용금액 0	전액 손금불산입하고 귀속자에 대해 소득처분함

⑨ 11.보험기간: 업무전용 자동차 보험에 가입한 경우 보험증권상의 보험기간을 입력한다.

⑩ 12.운행기록부 사용 여부: 업무용 승용차 관련 비용의 업무사용금액은 업무용 사용거리를 기준으로 판단하므로 업무용 승용차 관련 비용 중 업무사용금액을 확인하기 위하여 업무용 승용차 운행기록부를 작성하여야 한다. 이러한 운행기록부를 작성하는 경우 '1.여', 작성하지 않는 경우 '2.부'를 선택하고 전기이월 누적거리를 입력한다.

운행기록부 작성 여부		업무사용비율 계산
작성 ○		$\frac{\text{승용차별 운행기록 등에 의한 업무용 사용거리}}{\text{승용차별 총주행거리}}$
작성 ×	비용≦15,000,000원	100%
	비용>15,000,000원	$\frac{\text{15,000,000원}}{\text{승용차별 업무용 승용차 관련비용}}$

⑪ 13.전용번호판 부착여부: 법인 명의(리스 및 1년 이상 장기렌트 차량은 임차인이 법인인 경우)의 차량가액이 8,000만원 이상일 경우(신규 등록의 경우 세금계산서상 공급가액 기준) 전용번호판(연녹색바탕에 검은색 문자)을 의무적으로 부착해야 한다.

구분	내용
1.여	의무적으로 전용번호판을 부착해야 하는 차량이 전용번호판을 부착한 경우
2.부	의무적으로 전용번호판을 부착해야 하는 차량이 전용번호판을 부착하지 않은 경우* → 업무사용비율이 0%로 적용되어 업무용승용차 관련 비용이 전액 손금불산입됨 * 2024년 1월 1일 이후 등록하거나 대여한 자동차부터 적용한다.
3.부(대상아님)	의무적으로 전용번호판을 부착해야 하는 차량이 아닌 경우

⑫ 14.출퇴근 사용 여부: 업무용 승용차를 출퇴근으로 사용하는 경우 '1.여', 사용하지 않는 경우 '2.부'를 선택하고 출퇴근거리를 입력한다.

2. 업무용 승용차 관련 비용 명세서

화면 왼쪽의 코드번호, 차량번호, 차종, 임차 여부, 보험가입 여부 및 보험(율)은 [업무용 승용차등록] 메뉴에서 입력한 사항을 불러온다.

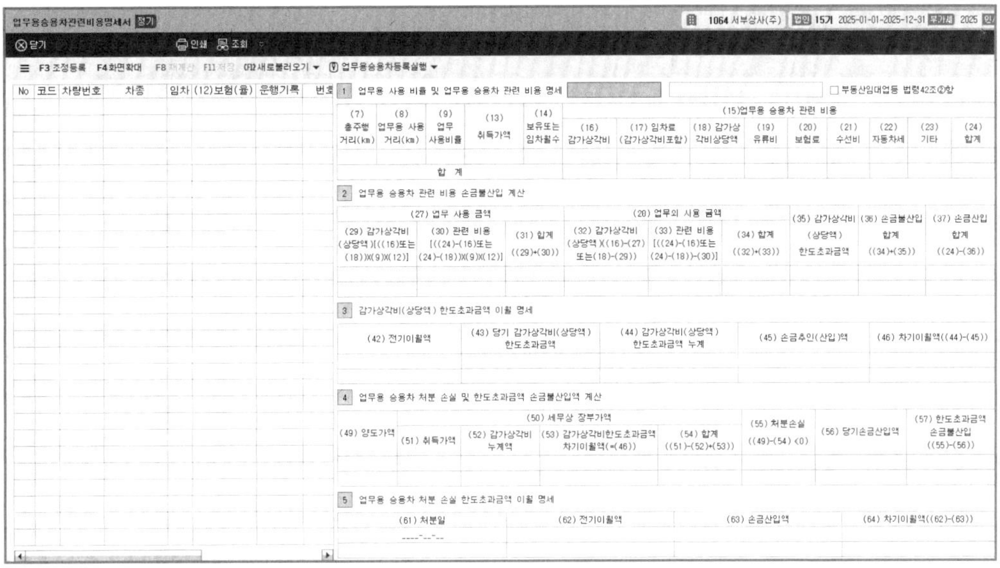

(1) 업무용 사용비율 및 업무용 승용차 관련 비용 명세

구분		입력내용
(7)총주행거리(km)		사업연도 말 업무용 승용차의 총주행거리 입력
(8)업무용 사용거리(km)		해당 사업연도의 업무용 사용거리* 입력 * 업무용 사용거리란 제조 · 판매시설 등 해당 법인의 사업장 방문, 거래처 · 대리점 방문, 회의 참석, 판촉활동, 출 · 퇴근 등 직무와 관련된 업무수행에 따라 주행한 거리를 말한다.
(9)업무사용비율		'(8)업무용 사용거리(km)÷(7)총주행거리(km)'가 자동 계산됨
(13)취득가액		취득가액 입력([회계관리]–[재무회계]–[고정자산 및 감가상각]–[고정자산등록] 메뉴에서 취득가액을 입력한 경우 해당 금액을 불러옴)
(14)보유 또는 임차월수		[업무용 승용차등록] 메뉴에 입력된 보유 또는 임차월수가 자동 반영됨
(15)업무용 승용차 관련 비용	(16)감가상각비	업무용 승용차가 자가차량인 경우 감가상각비를 입력([회계관리]–[재무회계]–[고정자산 및 감가상각]–[고정자산등록] 메뉴의 회사계상액을 입력한 경우 해당 금액을 불러옴)
	(17)임차료 (감가상각비 포함)	업무용 승용차가 렌트차량 등인 경우 임차료 입력
	(18)감가상각비 상당액	리스차량 또는 렌트차량의 승용차별 감가상각비 상당액으로서 다음과 같이 자동 계산됨 • 시설대여업자로부터 임차한 승용차(리스차량) 감가상각비 상당액 = 임차료 – 보험료 – 자동차세 – 수선유지비 [단, 수선유지비를 구분하기 어려운 경우 (임차료 – 보험료 – 자동차세)×7%를 수선유지비로 함] • 자동차대여사업자로부터 임차한 승용차(렌트차량) 감가상각비 상당액 = 임차료×70%
	(19)유류비~ (24)합계	업무 관련 비용을 [(19)유류비], [(20)보험료], [(21)수선비], [(22)자동차세], [(23)기타]란에 해당 금액을 나누어 입력. [(16)감가상각비]~[(23)기타]란에 입력된 합계 금액이 [(24)합계]란에 자동 반영됨

⑵ **업무용 승용차 관련 비용 손금불산입 계산**

① **(28)업무 외 사용금액**: 자동 반영된 [(34)합계((32)+(33))]란의 금액은 손금불산입하고 귀속자에 따라 사외유출(배당, 상여, 기타사외유출, 기타소득)로 소득처분하되, 귀속자가 불분명한 경우 대표자에 대한 상여로 처분한다.

② **(35)감가상각비(상당액) 한도 초과금액**: 일반 감가상각비와 임차료 중 감가상각비 상당액과 관련된 감가상각비 한도 초과액으로 구분하여 다음과 같이 소득처분한다.

구분	소득처분
일반 감가상각비	유보 발생
임차료 중 감가상각비 상당액	기타사외유출(∵ 해당 법인의 자산이 아님)

⑶ **감가상각비(상당액) 한도 초과금액 이월 명세**

<table>
<tr><th>구분</th><th>입력내용</th></tr>
<tr><td>(42)전기이월액</td><td>전기이월 감가상각비(상당액) 한도 초과금액 입력</td></tr>
<tr><td>(43)당기 감가상각비(상당액)
한도 초과금액</td><td>당기 감가상각비(상당액) 한도 초과금액이 자동 반영됨</td></tr>
<tr><td>(44)감가상각비(상당액)
한도 초과금액 누계</td><td>[(42)전기이월액]란의 금액과 [(43)당기 감가상각비(상당액) 한도 초과금액]란의 금액의 합계액이 자동 반영됨</td></tr>
<tr><td>(45)손금추인(산입)액</td><td>감가상각비 한도 초과액은 업무용 승용차별로 다음과 같은 방법에 따라 산정된 금액을 한도로 이월하여 손금에 산입되며 다음의 금액이 자동 반영됨
<table>
<tr><th>구분</th><th>손금산입</th><th>소득처분</th></tr>
<tr><td>일반</td><td rowspan="2">Min[㉠, ㉡]
㉠ 8,000,000원 − 해당 연도 감가상각비(또는 감가상각비 상당액)
㉡ 감가상각비 한도 초과 이월액</td><td>유보 감소</td></tr>
<tr><td>렌트·리스</td><td>기타</td></tr>
</table>
</td></tr>
<tr><td>(46)차기이월액
((44)−(45))</td><td>[(44)감가상각비(상당액) 한도 초과금액 누계]란의 금액에서 [(46)차기이월액((44)−(45))]란의 금액을 차감한 금액이 자동 반영됨</td></tr>
</table>

⑷ **업무용 승용차 처분손실 및 한도 초과금액 손금불산입액 계산**

<table>
<tr><th colspan="2">구분</th><th>입력내용</th></tr>
<tr><td colspan="2">(49)양도가액</td><td>업무용 승용차의 양도가액 입력</td></tr>
<tr><td rowspan="4">(50)세무상
장부가액</td><td>(51)취득가액</td><td>양도한 업무용 승용차의 취득가액 입력</td></tr>
<tr><td>(52)감가상각비 누계액</td><td>처분시점의 감가상각누계액 입력</td></tr>
<tr><td>(53)감가상각비 한도 초과금액
차기이월액(=(46))</td><td>[(46)차기이월액]란의 감가상각비 한도 초과금액 차기이월액이 자동 반영됨</td></tr>
<tr><td>(54)합계
((51)−(52)+(53))</td><td>세무상 장부가액이 자동 반영됨</td></tr>
<tr><td colspan="2">(55)처분손실
((49)−(54)<0)</td><td>[(49)양도가액]란의 금액이 세무상 장부가액보다 작은 경우 처분손실이 자동 반영됨</td></tr>
<tr><td colspan="2">(56)당기손금산입액</td><td>업무용 승용차별 800만원 이하의 처분손실인 경우 당기손금산입액에 해당함</td></tr>
</table>

(57)한도 초과금액 손금불산입((55)–(56))	• 업무용 승용차별 처분손실이 800만원을 초과한 경우 한도 초과금액이 자동 계산됨 • 한도 초과금액은 해당 사업연도에 손금불산입하고 기타사외유출(∵ 업무용 승용차의 처분으로 인해 자산이 존재하지 않으므로)로 소득처분함 • 업무용 승용차 처분손실 손금불산입액은 해당 사업연도의 다음 사업연도부터 800만원을 균등하게 손금에 산입하되, 남은 금액이 800만원 미만인 사업연도에는 남은 금액을 모두 손금에 산입하고 기타로 소득처분함

(5) 업무용 승용차 처분손실 한도 초과금액 이월 명세

<table>
<tr><th>구분</th><th colspan="3">입력내용</th></tr>
<tr><td>(61)처분일</td><td colspan="3">업무용 승용차의 처분일자 입력</td></tr>
<tr><td>(62)전기이월액</td><td colspan="3">전기이월된 업무용 승용차 처분손실 한도 초과금액 입력</td></tr>
<tr><td rowspan="3">(63)손금산입액</td><td>전기이월된 처분손실 한도 초과금액</td><td>해당 연도 손금산입액</td><td>소득처분</td></tr>
<tr><td>800만원 이상</td><td>800만원</td><td rowspan="2">기타</td></tr>
<tr><td>800만원 미만</td><td>남아있는 전액</td></tr>
<tr><td>(64)차기이월액
((62)–(63))</td><td colspan="3">[(62)전기이월액]란의 금액에서 [(63)손금산입액]란의 금액을 차감한 잔액이 자동 반영되며 해당 금액은 차기로 이월됨</td></tr>
</table>

[참고] 부동산임대업등 법령42조②

당사가 '부동산임대업등 법령42조②*'에 해당하여 다음의 특례를 적용하는 경우 업무용승용차관련비용명세서 메뉴 우측 상단의 [□ 부동산임대업등 법령42조②항]의 체크박스를 선택한다.

- 운행기록부 미작성 시 업무 사용 인정금액: 1,500만원이 아닌 500만원
- 업무용 승용차 감가상각비 한도액: 800만원이 아닌 400만원
- 업무용 승용차 처분손실 한도액: 800만원이 아닌 400만원

* 부동산임대업등 법령42조②에 해당하는 법인은 다음의 요건을 모두 갖춘 내국법인을 말한다.

① 사업연도 종료일 현재 지배주주 등이 보유한 주식 등의 합계가 발행주식총수 또는 출자총액의 50%를 초과할 것

② 해당 사업연도에 부동산 임대업을 주된 사업 등으로 할 것

③ 해당 사업연도 상시근로자 수가 5명 미만일 것

연습문제

[1] 다음은 서부상사(주)(회사코드: 1064)의 법인차량 관련 자료이다. 아래의 차량은 모두 영업관리부에서 업무용으로 사용 중이며 임직원 전용보험에 가입하였다. 다음 자료를 이용하여 업무용 승용차등록 및 업무용 승용차 관련 비용 명세서를 작성하고 관련 세무조정을 하시오(단, 당사는 부동산 임대업을 영위하지 않으며, 사용부서, 사용자직책 및 사용자이름 입력은 생략할 것). 기출 116회 수정

[272로2727.소나타(자가)]
- 코드: 101
- 취득일: 2024년 1월 1일
- 취득가액: 40,000,000원(부가가치세 포함)
- 감가상각비: 8,000,000원
- 유류비: 2,000,000원(부가가치세 포함)
- 보험료: 1,400,000원(2026년 1월~4월 보험료 400,000원 포함)
- 자동차세: 520,000원
- 보험기간: 2025.1.1.~2025.12.31.
- 2025년 운행일지: 미작성
- 출퇴근 사용: 여
- 전용번호판 부착 여부: 부(대상 아님)
- 2025년 12월 31일에 272로2727 차량(소나타)을 14,000,000원(공급가액)에 처분하였고, 세금계산서는 적법하게 발급하였다. 처분일 현재 감가상각누계액은 16,000,000원이고, 업무용승용차 처분손실은 10,000,000원이다.

[388호2929.제네시스(렌트)]
- 코드: 102
- 임차일: 2025년 9월 1일
- 월 렌트료: 1,320,000원(부가가치세 포함)
- 렌트기간: 2025.9.1.~2027.8.30.
- 유류비: 2,200,000원(부가가치세 포함)
- 보험기간: 2025.9.1.~2026.8.30.
- 2025년 운행일지: 10,000km(업무용 사용거리 9,000km)
- 출퇴근 사용: 여
- 전용번호판 부착 여부: 여

| 풀이 |

① [업무용 승용차등록]

- 101.272로2727 소나타(자가)

[13.전용번호판 부착여부]란에 '부(대상아님)'를 선택한다. 법인 명의의 차량가액이 8,000만원 이상일 경우에 전용번호판을 의무적으로 부착하는 것이며, 소나타 차량의 취득가액은 4,000만원(부가가치세 포함)이므로 전용번호판 부착 여부와 관계없이 법인세법상 규정에 따른 비용처리가 가능하다.

• 102.388호2929 제네시스(렌트)

② [업무용 승용차 관련 비용 명세서]

상단 툴바의 CF12새로불러오기 ▾를 클릭하여 기장된 자료를 반영한 후 지문에 제시된 자료에 따라 추가로 입력한다.

• 101.272로2727 소나타(자가)

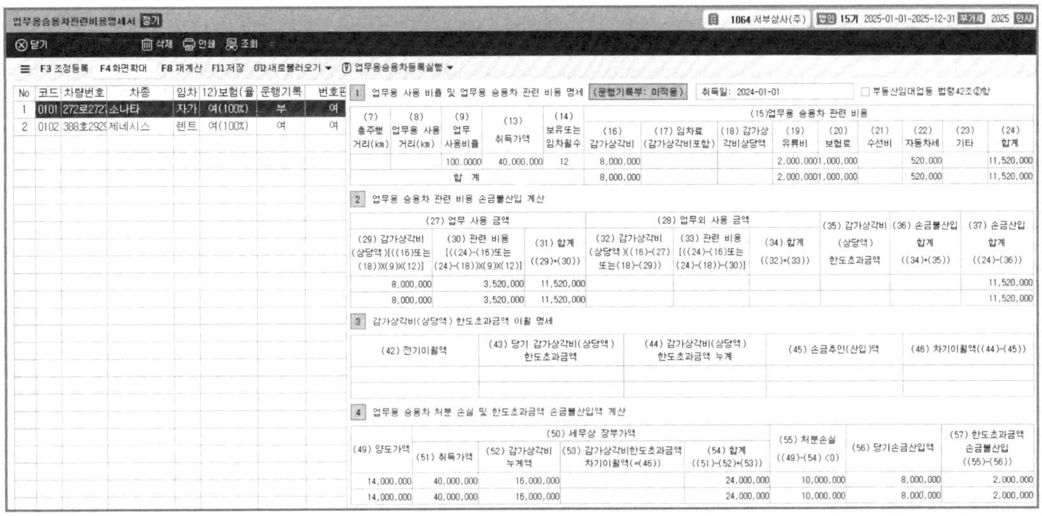

– 운행기록부를 작성하지 않았으나 업무용 승용차 관련 비용 합계가 1,500만원 이하이므로 [(9)업무사용비율]란에 '100'을 직접 입력한다.

– [(20)보험료]란은 해당 사업연도의 보험료만 입력해야 하므로 차기 사업연도의 보험료 400,000원을 제외한 1,000,000원만 입력한다.

– 업무용승용차를 처분하여 발생한 손실 10,000,000원 중 업무용승용차별 800만원을 초과하는 금액은 해당 사업연도에 손금불산입하므로 상단 툴바의 F3 조정등록을 이용하여 당기 세무조정을 입력한다.

〈손금불산입〉 승용차처분손실 한도 초과액 2,000,000원(기타사외유출)

∵ 업무용승용차의 처분으로 인해 자산이 존재하지 않으므로 기타사외유출로 처분한다.

• 102.388호2929 제네시스(렌트)

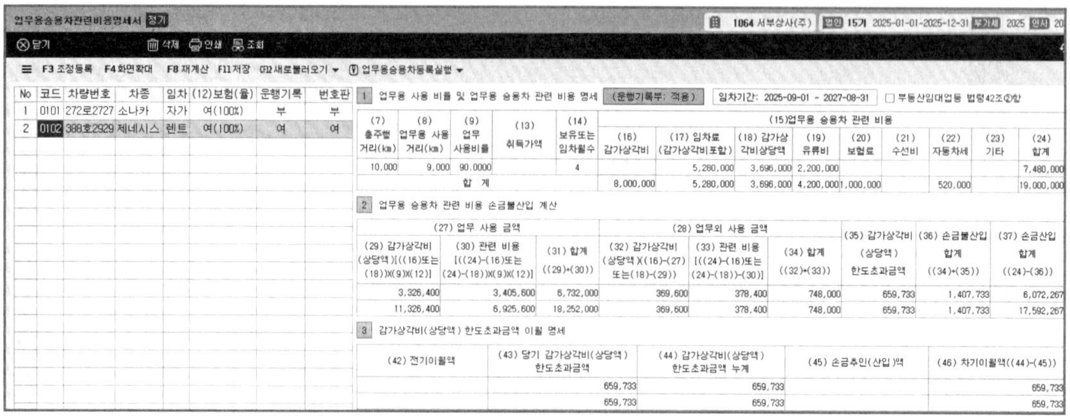

업무용승용차관련비용명세서 정기

1064 서부상사(주) 법인 15기 2025-01-01~2025-12-31 부가세 2025 인사 20

닫기 삭제 인쇄 조회

F3 조정등록 F4 화면확대 F8 재계산 F11 저장 CF12 새로불러오기 업무용승용차등록실행

No	코드	차량번호	차종	임차	(12)보험(율)	운행기록	번호판
1	0101	272로2727	소나카	자가	여(100%)	부	부
2	0102	388호2929	제네시스	렌트	여(100%)	여	여

1 업무용 사용 비율 및 업무용 승용차 관련 비용 명세 (운행기록부: 적용) 임차기간: 2025-09-01 ~ 2027-08-31 □ 부동산임대업등 법령42조②항

(7) 총주행 거리(km)	(8) 업무용 사용 거리(km)	(9) 업무 사용비율	(13) 취득가액	(14) 보유또는 임차월수	(15)업무용 승용차 관련 비용 (16) 감가상각비	(17) 임차료 (감가상각비포함)	(18) 감가상각비상당액	(19) 유류비	(20) 보험료	(21) 수선비	(22) 자동차세	(23) 기타	(24) 합계
10,000	9,000	90.0000		4		5,280,000	3,696,000	2,200,000					7,480,000
합 계					8,000,000	5,280,000	3,696,000	4,200,000	1,000,000		520,000		19,000,000

2 업무용 승용차 관련 비용 손금불산입 계산

(27) 업무 사용 금액 (29) 감가상각비(상당액)[((16)또는(18))X(9)X(12)]	(30) 관련 비용 [((24)-(16)또는(24)-(18))X(9)X(12)]	(31) 합계 ((29)+(30))	(28) 업무외 사용 금액 (32) 감가상각비(상당액)((16)-(27)또는(18)-(29))	(33) 관련 비용 [((24)-(16)또는(24)-(18))-(30)]	(34) 합계 ((32)+(33))	(35) 감가상각비(상당액) 한도초과금액	(36) 손금불산입 합계 ((34)+(35))	(37) 손금산입 합계 ((24)-(36))
3,326,400	3,405,600	6,732,000	369,600	378,400	748,000	659,733	1,407,733	6,072,267
11,326,400	6,925,600	18,252,000	369,600	378,400	748,000	659,733	1,407,733	17,592,267

3 감가상각비(상당액) 한도초과금액 이월 명세

(42) 전기이월액	(43) 당기 감가상각비(상당액) 한도초과금액	(44) 감가상각비(상당액) 한도초과금액 누계	(45) 손금추인(산입)액	(46) 차기이월액((44)-(45))
	659,733	659,733		659,733
	659,733	659,733		659,733

– [(9)업무사용비율]: [(8)업무용 사용거리(km)] 9,000÷[(7)총주행거리(km)] 10,000=90%
– [(17)임차료(감가상각비 포함)]란은 해당 사업연도의 임차료만 입력해야 하므로 4개월분(2025년 9월 1일~2025년 12월 31일)의 임차료 5,280,000원(=월 렌트료 1,320,000원×4개월)을 입력한다.
– 렌트차량의 경우 임차료의 70%에 해당하는 금액이 감가상각비 상당액에 해당하므로 [(18)감가상각비 상당액]란은 [(17)임차료(감가상각비 포함)]란 5,280,000원의 70%인 3,696,000원이 자동 반영된다.
– 업무용 승용차 관련 비용 업무 미사용분: [(15)업무용 승용차 관련 비용] > [(24)합계] 7,480,000원×(1−90%)=748,000원
– 업무용 승용차 감가상각비 상당액 한도 초과액: [(18)감가상각비 상당액] 3,696,000원×90%−8,000,000원×4개월/12개월=659,733원

• 상단 툴바의 **F3 조정등록**을 이용하여 다음과 같이 세무조정을 추가 입력한 후 해당 서식을 저장한다.

〈손금불산입〉 업무용 승용차 업무 미사용 748,000원(상여)
〈손금불산입〉 업무용 승용차 감가상각비 한도 초과 659,733원(기타사외출)
∵ 해당 법인의 자산이 아니므로 기타사외유출로 소득처분한다.

[2] (주)한국산업(회사코드: 1071)의 다음 자료를 이용하여 업무용 승용차 관련 비용 명세서를 작성하고 관련된 세무조정을 소득금액 조정합계표에 반영하시오. 기출 94회

코드	101.121구2588 제네시스	103.35허1566 말리부
취득일	2022.7.1.	2025.1.1.
경비구분	800번대/판관비	800번대/판관비
사용자직책	대표이사	과장
임차기간	–	2025.1.1.~2025.12.31.
업무전용 자동차 보험가입 여부	가입	가입
보험기간	2025.1.1.~2025.12.31.	2025.1.1.~2025.12.31.
운행기록부 사용 여부	여	여
출퇴근 사용 여부	여	여
전용번호판 부착 여부	부	여
총주행거리	25,000km	40,000km
업무사용거리	22,500km	40,000km
취득가액	60,000,000원	–
감가상각비	12,000,000원	–
임차료(렌트료)	–	12,000,000원
유류비	5,000,000원	3,600,000원
보험료	1,500,000원	–
자동차세	780,000원	–

| 풀이 |

[업무용 승용차 관련 비용 명세서]

상단 툴바의 **CF12 새로불러오기 ▾** 를 클릭하여 기장된 자료를 반영시킨 후 지문에 제시된 자료에 따라 추가로 입력한다.

① 101.121구2588 제네시스

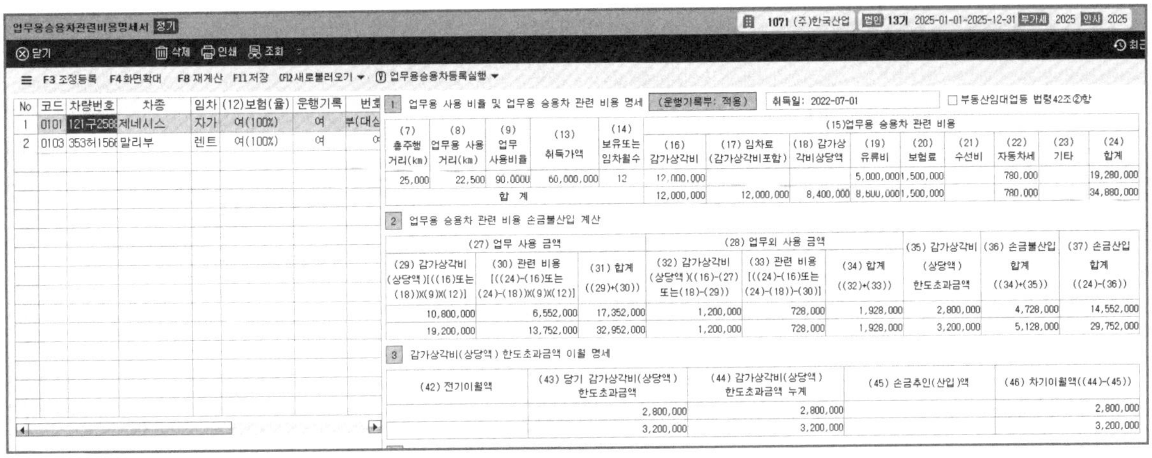

업무용승용차관련비용명세서 정기 | 1071 (주)한국산업 | 법인 13기 2025-01-01~2025-12-31 | 부가세 2025 | 인사 2025

No	코드	차량번호	차종	임차	(12)보험(율)	운행기록	번호
1	0101	121구2588	제네시스	자가	여(100%)	여	부(대상
2	0103	353허1566	말리부	렌트	여(100%)	여	여

1 업무용 사용 비율 및 업무용 승용차 관련 비용 명세 (운행기록부: 적용) 취득일: 2022-07-01 □ 부동산임대업등 법령42조②항

(7) 총주행 거리(km)	(8) 업무용 사용 거리(km)	(9) 업무 사용비율	(13) 취득가액	(14) 보유또는 임차월수	(15)업무용 승용차 관련 비용 (16) 감가상각비	(17) 임차료 (감가상각비포함)	(18) 감가상각비상당액	(19) 유류비	(20) 보험료	(21) 수선비	(22) 자동차세	(23) 기타	(24) 합계
25,000	22,500	90.0000	60,000,000	12	12,000,000			5,000,000	1,500,000		780,000		19,280,000
합 계					12,000,000	12,000,000	8,400,000	8,600,000	1,500,000		780,000		34,880,000

2 업무용 승용차 관련 비용 손금불산입 계산

(27) 업무 사용 금액 (29) 감가상각비 (상당액)[((16)또는(18))X(9)X(12)]	(30) 관련 비용 [((24)-(16)또는(24)-(18))X(9)X(12)]	(31) 합계 ((29)+(30))	(28) 업무외 사용 금액 (32) 감가상각비 (상당액)((16)-(27) 또는(18)-(29))	(33) 관련 비용 [((24)-(16)또는(24)-(18))-(30)]	(34) 합계 ((32)+(33))	(35) 감가상각비 (상당액) 한도초과금액	(36) 손금불산입 합계 ((34)+(35))	(37) 손금산입 합계 ((24)-(36))
10,800,000	6,552,000	17,352,000	1,200,000	728,000	1,928,000	2,800,000	4,728,000	14,552,000
19,200,000	13,752,000	32,952,000	1,200,000	728,000	1,928,000	3,200,000	5,128,000	29,752,000

3 감가상각비(상당액) 한도초과금액 이월 명세

(42) 전기이월액	(43) 당기 감가상각비(상당액) 한도초과금액	(44) 감가상각비(상당액) 한도초과금액 누계	(45) 손금추인(산입)액	(46) 차기이월액((44)-(45))
	2,800,000	2,800,000		2,800,000
	3,200,000	3,200,000		3,200,000

- [(9)업무사용비율]: [(8)업무용 사용거리(km)] 22,500÷[(7)총주행거리(km)] 25,000 = 90%
- 업무용 승용차 관련 비용 업무 미사용분: [(15)업무용 승용차 관련 비용] > [(24)합계] 19,280,000원×(1 – 90%) = 1,928,000원
- 업무용 승용차 감가상각비 상당액 한도 초과액: (감가상각비 12,000,000원×90%) – 8,000,000원 = 2,800,000원

② 103.353허1566 말리부

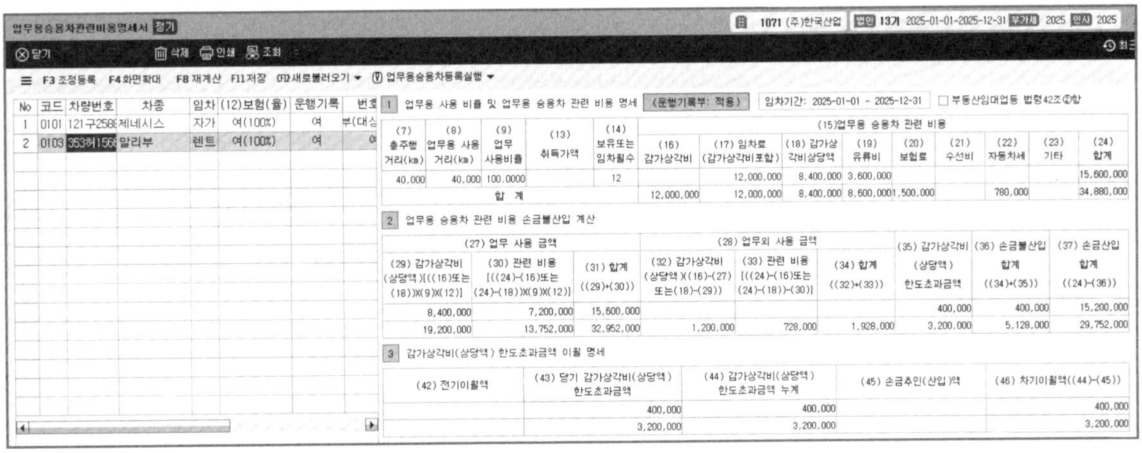

업무용승용차관련비용명세서 정기 | 1071 (주)한국산업 | 법인 13기 2025-01-01~2025-12-31 | 부가세 2025 | 인사 2025

No	코드	차량번호	차종	임차	(12)보험(율)	운행기록	번호
1	0101	121구2588	제네시스	자가	여(100%)	여	부(대상
2	0103	353허1566	말리부	렌트	여(100%)	여	여

1 업무용 사용 비율 및 업무용 승용차 관련 비용 명세 (운행기록부: 적용) 임차기간: 2025-01-01 ~ 2025-12-31 □ 부동산임대업등 법령42조②항

(7) 총주행 거리(km)	(8) 업무용 사용 거리(km)	(9) 업무 사용비율	(13) 취득가액	(14) 보유또는 임차월수	(15)업무용 승용차 관련 비용 (16) 감가상각비	(17) 임차료 (감가상각비포함)	(18) 감가상각비상당액	(19) 유류비	(20) 보험료	(21) 수선비	(22) 자동차세	(23) 기타	(24) 합계
40,000	40,000	100.0000		12		12,000,000	8,400,000	3,600,000					15,600,000
합 계					12,000,000	12,000,000	8,400,000	8,600,000	1,500,000		780,000		34,880,000

2 업무용 승용차 관련 비용 손금불산입 계산

(27) 업무 사용 금액 (29) 감가상각비 (상당액)[((16)또는(18))X(9)X(12)]	(30) 관련 비용 [((24)-(16)또는(24)-(18))X(9)X(12)]	(31) 합계 ((29)+(30))	(28) 업무외 사용 금액 (32) 감가상각비 (상당액)((16)-(27) 또는(18)-(29))	(33) 관련 비용 [((24)-(16)또는(24)-(18))-(30)]	(34) 합계 ((32)+(33))	(35) 감가상각비 (상당액) 한도초과금액	(36) 손금불산입 합계 ((34)+(35))	(37) 손금산입 합계 ((24)-(36))
8,400,000	7,200,000	15,600,000				400,000	400,000	15,200,000
19,200,000	13,752,000	32,952,000	1,200,000	728,000	1,928,000	3,200,000	5,128,000	29,752,000

3 감가상각비(상당액) 한도초과금액 이월 명세

(42) 전기이월액	(43) 당기 감가상각비(상당액) 한도초과금액	(44) 감가상각비(상당액) 한도초과금액 누계	(45) 손금추인(산입)액	(46) 차기이월액((44)-(45))
	400,000	400,000		400,000
	3,200,000	3,200,000		3,200,000

- [(9)업무사용비율]: [(8)업무용 사용거리(km)] 40,000÷[(7)총주행거리(km)] 40,000 = 100%
- 렌트차량의 경우 임차료의 70%에 해당하는 금액이 감가상각비 상당액에 해당하므로 [(18)감가상각비 상당액]란은 [(17)임차료(감가상각비 포함)]란 12,000,000원의 70%인 8,400,000원이 자동 반영된다.
- 업무용 승용차 감가상각비 상당액 한도 초과액: [(18)감가상각비 상당액] 8,400,000원×100% – 8,000,000원 = 400,000원
- 상단 툴바의 **F3 조정등록** 을 이용하여 다음과 같이 세무조정을 입력한 후 해당 서식을 저장한다.

> 〈손금불산입〉 업무용 승용차 업무 미사용 1,928,000원(상여)
> 〈손금불산입〉 감가상각비 2,800,000원(유보 발생)
> 〈손금불산입〉 감가상각비 400,000원(기타사외유출)
> ∵ 해당 법인의 자산이 아니므로 기타사외유출로 소득처분한다.

[참고] [업무용 승용차등록] 메뉴

① 101.121구2588 제네시스

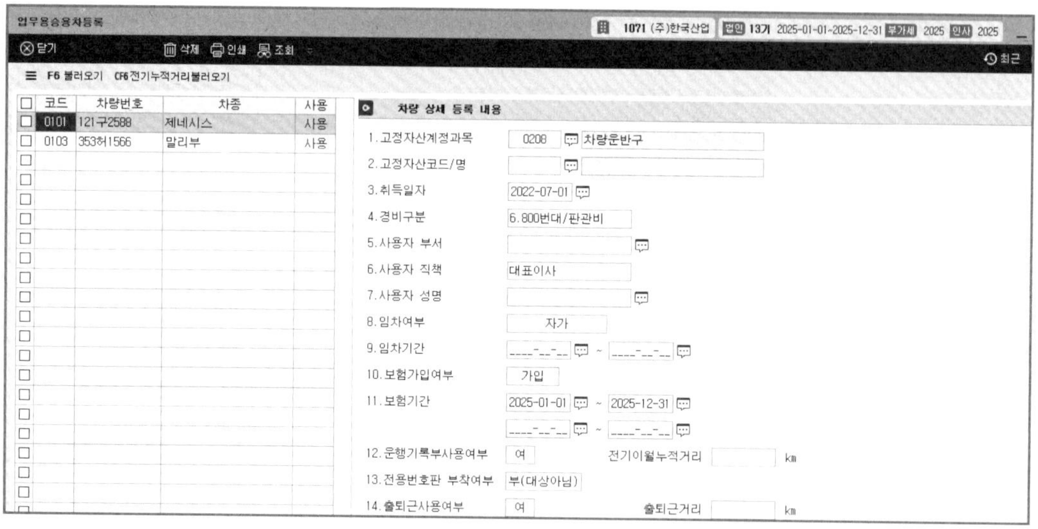

② 103.353허1566 말리부

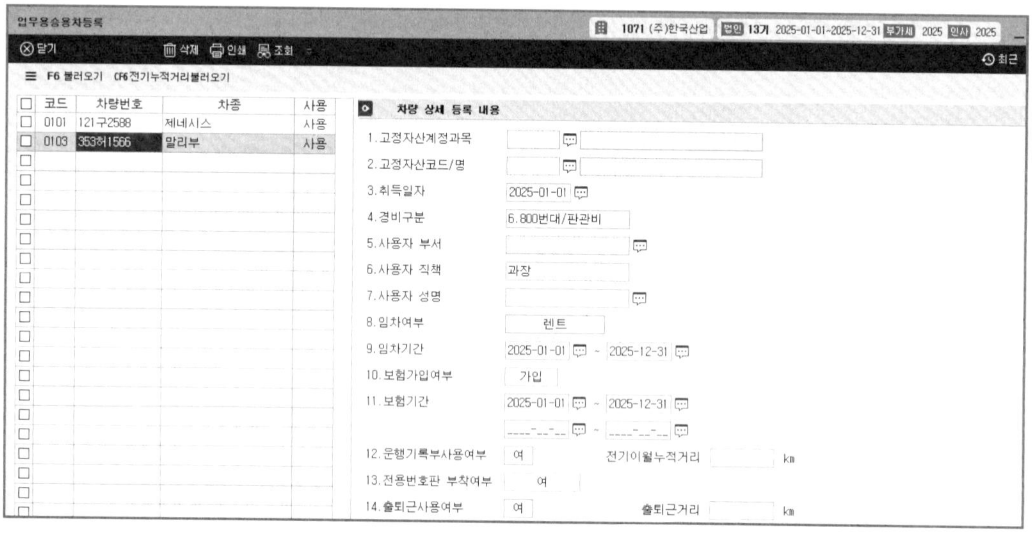

[3] (주)동부전자(회사코드: 1070)는 2024년 5월 3일 (주)굿모닝캐피탈과 대표이사(한다훈) 전용 5인승 승용차 제네시스(141러4813)의 장기 운용리스계약을 체결하였다. 아래의 자료를 이용하여 업무용 승용차등록 및 업무용 승용차 관련 비용 명세서를 작성하여 관련 세무조정을 소득금액 조정합계표 및 명세서에 반영하시오.
기출 115회 수정

구분	금액	비고
리스료	24,000,000원	• 매월 2,000,000원, 계산서 수령함 • 리스료에는 보험료 500,000원, 자동차세 350,000원, 수선유지비 1,620,500원이 포함됨
유류비	4,100,000원	
리스계약기간	2024.5.3.~2026.5.2.	
보험기간 (업무전용 자동차 보험 가입)	2024.5.3.~2025.5.2., 2025.5.3.~2026.5.2.	
거리	• 전기이월 누적거리: 21,000km • 출퇴근 외 비업무거리: 1,600km	• 출퇴근거리: 6,400km • 당기 총주행거리: 8,000km

기타사항	• 코드 0003, 판매관리부의 차량으로 등록할 것 • 업무전용 보험에 가입하고, 운행기록부 작성 및 전용번호판은 부착하였다고 가정함 • 전기 감가상각비(상당액) 한도 초과 이월액 18,000,000원 있음

| 풀이 |

① [업무용 승용차등록]

• 0003.141러4813

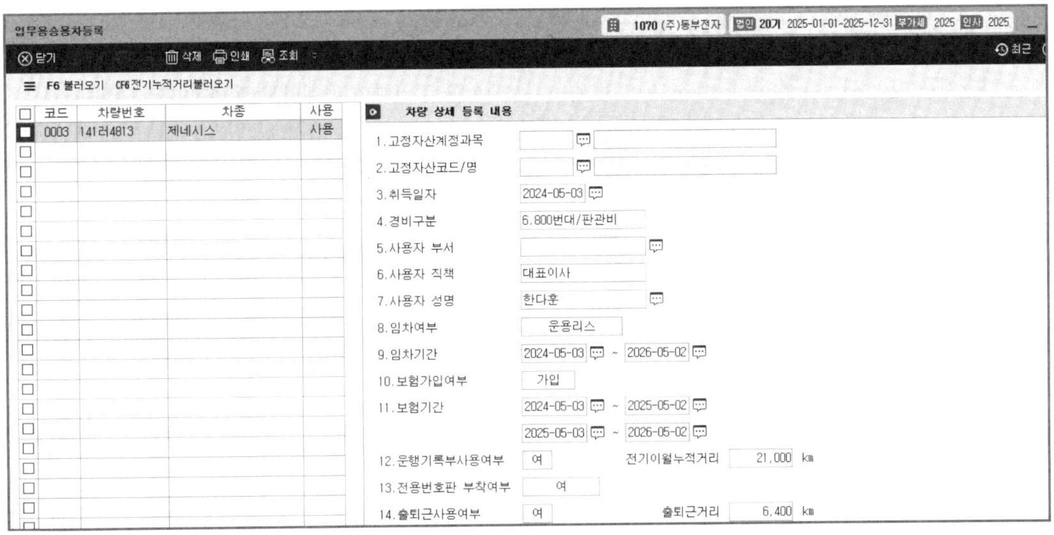

업무용승용차등록 | 1070 (주)동부전자 | 법인 20기 2025-01-01~2025-12-31 | 부가세 2025 | 인사 2025

F6 불러오기 CF6 전기누적거리불러오기

코드	차량번호	차종	사용
0003	141러4813	제네시스	사용

차량 상세 등록 내용

1. 고정자산계정과목			
2. 고정자산코드/명			
3. 취득일자	2024-05-03		
4. 경비구분	6.800번대/판관비		
5. 사용자 부서			
6. 사용자 직책	대표이사		
7. 사용자 성명	한다훈		
8. 임차여부	운용리스		
9. 임차기간	2024-05-03 ~ 2026-05-02		
10. 보험가입여부	가입		
11. 보험기간	2024-05-03 ~ 2025-05-02 2025-05-03 ~ 2026-05-02		
12. 운행기록부사용여부	여	전기이월누적거리	21,000 km
13. 전용번호판 부착여부	여		
14. 출퇴근사용여부	여	출퇴근거리	6,400 km

② [업무용 승용차 관련 비용 명세서]

상단 툴바의 [CF12 새로불러오기 ▾]를 클릭하여 기장된 자료를 반영한 후 지문에 제시된 자료에 따라 추가로 입력한다.

• 0003.141러4813

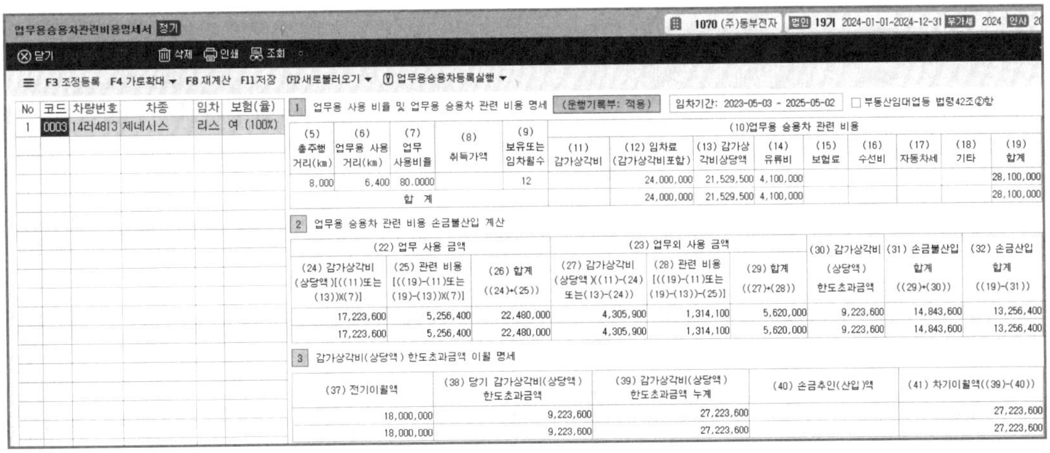

업무용승용차관련비용명세서 정기 | 1070 (주)동부전자 | 법인 19기 2024-01-01~2024-12-31 | 부가세 2024

F3 조정등록 F4 가로확대 F8 재계산 F11저장 CF12 새로불러오기 업무용승용차등록실행

No	코드	차량번호	차종	임차	보험(율)
1	0003	141러4813	제네시스	리스	여 (100%)

1 업무용 사용 비율 및 업무용 승용차 관련 비용 명세 (운행기록부: 적용) 임차기간: 2023-05-03 ~ 2025-05-02 □ 부동산임대업등 법령42조②항

(5) 총주행 거리(km)	(6) 업무용 사용 거리(km)	(7) 업무 사용비율	(8) 취득가액	(9) 보유또는 임차월수	(11) 감가상각비	(12) 임차료(감가상각비포함)	(13) 감가상각비상당액	(14) 유류비	(15) 보험료	(16) 수선비	(17) 자동차세	(18) 기타	(19) 합계
8,000	6,400	80.0000		12		24,000,000	21,529,500	4,100,000					28,100,000
합 계						24,000,000	21,529,500	4,100,000					28,100,000

((11)~(19): (10)업무용 승용차 관련 비용)

2 업무용 승용차 관련 비용 손금불산입 계산

(22) 업무 사용 금액			(23) 업무외 사용 금액			(30) 감가상각비(상당액) 한도초과금액	(31) 손금불산입 합계 ((29)+(30))	(32) 손금산입 합계 ((19)-(31))
(24) 감가상각비(상당액)[((11)또는(13))X(7)]	(25) 관련 비용 [((19)-(11)또는(19)-(13))X(7)]	(26) 합계 ((24)+(25))	(27) 감가상각비(상당액)((11)-(24)또는(13)-(24))	(28) 관련 비용 [((19)-(11)또는(19)-(13))-(25)]	(29) 합계 ((27)+(28))			
17,223,600	5,256,400	22,480,000	4,305,900	1,314,100	5,620,000	9,223,600	14,843,600	13,256,400
17,223,600	5,256,400	22,480,000	4,305,900	1,314,100	5,620,000	9,223,600	14,843,600	13,256,400

3 감가상각비(상당액) 한도초과금액 이월 명세

(37) 전기이월액	(38) 당기 감가상각비(상당액) 한도초과금액	(39) 감가상각비(상당액) 한도초과금액 누계	(40) 손금추인(산입)액	(41) 차기이월액((39)-(40))
18,000,000	9,223,600	27,223,600		27,223,600
18,000,000	9,223,600	27,223,600		27,223,600

– [(9)업무사용비율]: [(8)업무용 사용거리(km)] 6,400÷[(7)총주행거리(km)] 8,000=80%

– 운용리스차량의 경우 감가상각비 상당액은 임차료에서 해당 임차료에 포함되어 있는 보험료, 자동차세 및 수선유지비를 차감한 금액으로 한다. 다만, 수선유지비를 별도로 구분하기 어려운 경우에는 임차료(보험료와 자동차세를 차감한 금액)의 7%를 수선유지비로 할 수 있다.

∴ [(13)감가상각비 상당액]: 리스료 24,000,000원–(보험료 500,000원+자동차세 350,000원+수선유지비 1,620,500원)
=21,529,500원

– 업무용 승용차 관련 비용 업무 미사용분: [(10)업무용 승용차 관련 비용] > [(19)합계] 28,100,000원×(1–80%)=5,620,000원

– 업무용 승용차 감가상각비 상당액 한도 초과액: [(18)감가상각비 상당액] 21,529,500원×80%–8,000,000원=9,223,600원

• 상단 툴바의 [F3 조정등록]을 이용하여 다음과 같이 세무조정을 입력한 후 해당 서식을 저장한다.

〈손금불산입〉 업무용 승용차 업무 미사용 5,620,000원(상여)
〈손금불산입〉 업무용 승용차 감가상각비 한도 초과 9,223,600원(기타사외유출)
∵ 해당 법인의 자산이 아니므로 기타사외유출로 소득처분한다.

14 소득금액 조정합계표 및 명세서 중요

▸ 최신 30회 중 10문제 출제

소득금액 조정합계표 및 명세서는 각종 조정명세서상의 세무조정사항을 기입하여 집계하고 필요에 따라 기타 조정사항의 명세 또는 계산근거를 첨부하는 명세서를 말한다. 다만, 기부금 한도 초과액에 대한 세무조정사항은 본 명세서에서 제외하고 [법인세 과세표준 및 세액조정계산서] 메뉴에 바로 기재한다.

1. 조정 항목별 소득처분 사례

조정 항목	내용	익금산입 및 손금불산입		손금산입 및 익금불산입	
		조정구분	소득처분	조정구분	소득처분
매도가능증권	매도가능증권 평가이익	익금산입	기타	익금불산입	유보 발생
	매도가능증권 평가손실	손금불산입	유보 발생	손금산입	기타
단기매매증권	저가매수	익금산입	유보 발생		
	단기매매증권 평가이익			익금불산입	유보 발생
	단기매매증권 평가손실	손금불산입	유보 발생		
법인세비용	당기 법인세비용	손금불산입	기타사외유출		
	전년도 법인세 → 전기오류 수정손실 계상	손금불산입	기타사외유출		
잡이익	국세환급가산금			익금불산입	기타
	법인세 소급공제액			익금불산입	기타
세금과 공과금	가산세, 범칙금 등	손금불산입	기타사외유출		
	증자 관련 법무사비용	손금불산입	기타		
토지	취득세	손금불산입	유보 발생		
만기보유증권	할인액 상각			익금불산입	유보 발생
건물관리비, 임차료	임원 사택 유지비, 임차료	손금불산입	상여		
이자수익	과오납 세금 환부이자			익금불산입	기타
	기간 경과분 미수수익			익금불산입	유보 발생
보험료	전기 기간 경과분 비용 누락	손금불산입	유보 감소		
자기주식	자기주식 처분이익	익금산입	기타		
인건비	비현실적 퇴직	손금불산입	유보 발생		
	임원 퇴직금 한도 초과액	손금불산입	상여		
	임원 상여 한도 초과액	손금불산입	상여		
투자자산 처분손실	주식의 저가양도	손금불산입	상여		
하자보수비	하자보수충당금	손금불산입	유보 발생		

재평가차익	유형자산 재평가차익	손금불산입	기타	손금산입	유보 발생
전기오류 수정이익	전기 단기차입금 면제			익금불산입	유보 감소
	전기 법인세 과다납부분			익금불산입	기타
국고보조금	국고보조금 수령	익금산입	기타		
차량유지비	대표이사 개인차량 수리비	손금불산입	상여		
주식발행초과금	출자전환－시가 초과 발행	익금산입	기타		
감가상각비	감가상각비 한도 초과액	손금불산입	유보 발생		
	전기상각부인액 추인			손금산입	유보 감소

2. 소득금액 조정합계표 및 명세서

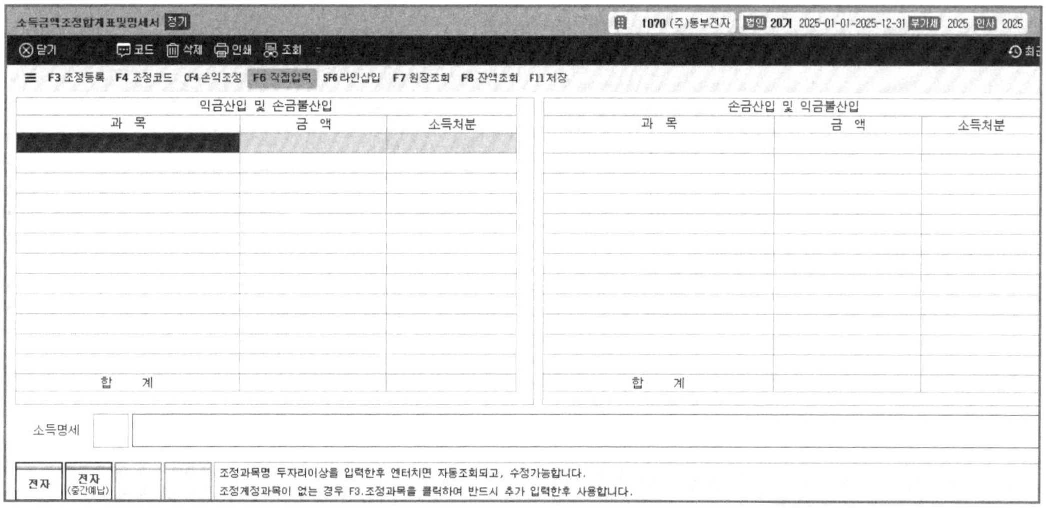

(1) 익금산입 및 손금불산입

① **과목**: 익금산입 및 손금불산입 내용을 다음 중 하나의 방법으로 간단하고 명료하게 입력한다.

- F2를 이용하여 계정과목과 코드번호를 입력한다.
- F6 직접입력을 이용하여 계정과목을 입력한다.

② **금액**: 세무조정한 금액을 입력한다.

③ **소득처분**: 소득처분 사항은 '1.유보 발생', '2.유보 감소', '3.배당', '4.상여', '5.기타소득', '6.기타사외유출', '7.기타' 중 선택하여 입력한다.

④ **합계**: 익금산입과 손금불산입 합계는 [법인세 과세표준 및 세액조정계산서]의 [(102)익금산입]란에 자동 반영된다.

(2) 손금산입 및 익금불산입

① **과목**: 손금산입 및 익금불산입 내용을 다음 중 하나의 방법으로 간단하고 명료하게 입력한다.

- F2를 이용하여 계정과목과 코드번호를 입력한다.
- F6 직접입력을 이용하여 계정과목을 입력한다.

② **금액**: 세무조정한 금액을 입력한다.

③ **소득처분**: 소득처분 사항은 '1.유보 발생', '2.유보 감소', '3.기타' 중 선택하여 입력한다.

④ **합계**: 손금산입과 익금불산입 합계는 [법인세 과세표준 및 세액조정계산서]의 [(103)손금산입]란에 자동 반영된다.

연습문제

[1] (주)한국산업(회사코드: 1071)의 추가자료에 대해 세무조정을 하고, 소득금액 조정합계표 및 명세서에 반영하시오. 기출 108회 수정

〈손익계산서 자료〉

계정과목	금액	내용
기업업무추진비	58,000,000원	• 모두 적격증명서류를 수취하였음 • 대표이사의 개인적인 지출분 5,000,000원 포함 • 세법상 기업업무추진비 한도액 43,000,000원
감가상각비 (A기계장치)	7,000,000원	• 전기 감가상각부인액 1,000,000원이 있음 • 세법상 당기 감가상각범위액 9,000,000원
대손상각비	20,000,000원	• 특수관계법인에게 업무와 관련 없이 지급한 대여금이 특수관계법인의 파산으로 회수불가능하게 됨에 따라, 대손상각비로 계상함

| 풀이 |

[소득금액 조정합계표 및 명세서]

〈손금불산입〉 기업업무추진비 대표이사 사용분 5,000,000원(상여)
〈손금불산입〉 기업업무추진비 한도초과액 10,000,000원*(기타사외유출)
* 회사 계상 기업업무추진비 53,000,000원(58,000,000원 – 직부인 5,000,000원) – 세법상 기업업무추진비 한도액 43,000,000 = 10,000,000원
〈손금산입〉 전기 감가상각비(A기계장치) 한도초과액 1,000,000원*(유보감소)
* Min(전기 이월 감가상각부인액 1,000,000원, 시인부족액 2,000,000원) = 1,000,000원
〈손금불산입〉 대손상각비 20,000,000원*(기타사외유출)
• 장부: (차) 대손상각비 20,000,000 (대) 가지급금 20,000,000
• 법인세법: (차) 사외유출 20,000,000 (대) 가지급금 20,000,000

[2] 남해안상사(주)(회사코드: 1065)의 다음 추가자료를 세무조정한 후 소득금액 조정합계표 및 명세서를 작성하시오. 기출 65회

1. 이자수익 중에는 당기 초에 만기보유 목적으로 취득한 만기보유증권(액면금액 1,000,000원, 액면이자율 연 8%, 유효이자율 연 10%)에 대하여 다음과 같이 계상한 금액이 포함되어 있다.

(차) 현금	80,000	(대) 이자수익	95,030
만기보유증권(투자)	15,030		

2. 법인의 출자자(소액주주가 아님)인 임원이 사용하고 있는 사택의 유지비 3,500,000원을 건물 관리비로 처리하였고, 소액주주인 임원이 사용하는 사택의 유지비 2,900,000원은 복리후생비로 계상하였다.
3. 대주주인 개인으로부터 상장된 유가증권을 75,000,000원에 취득하고, 다음과 같이 회계처리하였다. 그리고 취득 당시 해당 주식은 유가증권시장에서 85,000,000원에 거래되고 있었다.

(차) 단기매매증권	75,000,000	(대) 현금	75,000,000

4. 업무용 화물트럭의 자동차세 과오납금에 대한 환급금 400,000원과 환부이자 26,000원을 모두 이자수익으로 회계처리하였다.

| 풀이 |

[소득금액 조정합계표 및 명세서]

〈익금불산입〉 이자수익 15,030원(유보 발생)
∵ 유효이자율법에 의한 투자채무증권할인액상각은 인정되지 않으므로 이를 세무조정한다.
〈손금불산입〉 건물 관리비(사택 유지비) 3,500,000원(상여)
〈익금산입〉 단기매매증권 10,000,000원(유보 발생)
〈익금불산입〉 자동차세 환부이자 26,000원(기타)

[3] 현미산업(주)(회사코드: 1062)의 다음 추가자료에 대해 세무조정을 하고, 소득금액 조정합계표 및 명세서에 반영하시오. 기출 62회 수정

1. 3월 5일에 구입한 시장성 있는 매도가능증권(취득가액 1,000,000원)의 기말 공정가액은 1,100,000원이고, 이에 대한 회계처리를 기업회계기준에 따라 12월 31일 결산분개 시 적절하게 수행하였다.
2. 재무상태표에 계상되어 있는 자기주식 처분이익 3,000,000원은 자기주식을 처분함에 따라 발생된 것이다.
3. 당기 손익계산서상 세금과 공과로 처리한 금액에는 토지 개발부담금 5,500,000원, 산재보험 연체료 76,000원이 포함되어 있다.
4. 회계담당자는 자산처리한 화재보험료 중 전기의 기간 경과분 10,000,000원에 대한 비용처리를 누락하여 당기에 다음과 같이 회계처리하였다(전기의 세무조정은 적절하게 이루어짐).

(차) 전기오류 수정손실(영업외비용)	10,000,000	(대) 선급비용	10,000,000

| 풀이 |

[소득금액 조정합계표 및 명세서]

〈손금산입〉 매도가능증권 100,000원(유보 발생)
〈익금산입〉 매도가능증권 평가이익 100,000원(기타)
〈익금산입〉 자기주식 처분이익 3,000,000원(기타)
〈손금불산입〉 세금과 공과(토지 개발부담금*) 5,500,000원(유보 발생)
* 개발부담금이란 토지 개발과 관련하여 발생하는 금액을 말하며 개발 프로젝트의 진행과 관련하여 토지 소유자나 개발자가 부담한다. 기업이 개발부담금을 부담하는 경우 자본적 지출에 해당하므로 토지의 원가에 가산한다.
〈손금불산입〉 선급비용 10,000,000원(유보 감소)
∵ 이월손금으로서 전기에 세무조정으로 손금산입 유보처리된 내용이 당기에 손금으로 반영되어 있으므로 이에 대한 세무조정이 필요하다.

[합격 Tip] 매도가능증권평가손익 세무조정

법인세법상 유가증권에 대한 평가손익을 인정하지 않는다.
예를 들어, 매도가능증권평가이익 10만원을 장부상 다음과 같이 계상하였다고 가정하자.

(차) 매도가능증권	100,000	(대) 매도가능증권평가이익	100,000

차변의 매도가능증권은 세법상 인정되지 않기 때문에 세무상 자산을 감소시키는 다음의 세무조정을 해야 한다.
① 〈손금산입〉 매도가능증권 10만원 (유보발생)
또한, 대변의 매도가능증권평가이익은 재무상태표 자본 중 기타포괄손익누계액에 해당한다. 장부상 손익에 미치는 효과가 없으므로 세법상 과세소득에 미치는 효과도 없어야 한다. 즉, 위 ①의 손금산입만 인정하고 다음과 같이 익금산입을 하지 않으면 세금이 감소하므로 추가적인 세무조정이 한 번 더 필요한 것이다.
② 〈익금산입〉 매도가능증권평가이익 10만원 (기타)

[비교] 매도가능증권평가손실에 대한 세무조정은 다음과 같다.
① 〈익금산입〉 매도가능증권 ×××(유보발생)
② 〈손금산입〉 매도가능증권평가손실 ×××(기타)

[4] (주)동부전자(회사코드: 1070)의 판매비와 관리비에 계상된 인건비 내역이 아래와 같을 때 이와 관련된 세무조정을 하고 소득금액 조정합계표 및 명세서도 작성하시오. 기출 61회 수정

지급구분	급여	상여	퇴직급여
대표이사	42,000,000원	15,000,000원	15,000,000원
전무이사	30,000,000원	12,000,000원	29,000,000원
상무이사	25,000,000원	11,000,000원	–
총무과장	18,000,000원	9,000,000원	–

1. 대표이사의 퇴직급여는 주주총회에서 대표이사를 연임하기로 결정하여 지난 임기에 대한 퇴직급여를 지급한 것으로 확인되었다.
2. 전무이사(근속연수 5년)의 퇴직급여는 개인적 사정으로 사직함에 따라 지급한 것이고, 회사는 퇴직급여 지급규정을 두고 있지 않다. 전무이사의 퇴직 직전 1년간 총급여와 상여는 당기분 포함하여 50,000,000원이다.
3. 주주총회결의에 따라 결정된 급여 지급기준에는 모든 임직원에 대한 상여는 급여의 40%를 지급하도록 규정하고 있다.

| 풀이 |

[소득금액 조정합계표 및 명세서]

〈손금불산입〉 업무무관 가지급금 15,000,000원(유보 발생)
∵ 비현실적 퇴직으로 인한 퇴직금으로 현실적 퇴직 시까지 업무무관 가지급금으로 본다.
〈손금불산입〉 퇴직급여(임원 퇴직금 한도 초과액) 4,000,000원(상여)
∵ 법인세법상 임원 퇴직금 한도액: 50,000,000원×5년×1/10=25,000,000원
〈손금불산입〉 상여(임원 상여 한도 초과액) 1,000,000원(상여)
∵ 임원 상여 한도액: 25,000,000원(상무이사)×40%=10,000,000원

[5] 기장된 자료와 다른 세무조정 외에 (주)대성전자(회사코드: 1068)의 다음 사항을 반영하여 소득금액 조정합계표 및 명세서(조정명세서 작성은 생략)를 작성하시오. 기출 60회 수정

1. 2025년 12월 1일 선불로 지급한 1년분(2025.12.1.~2026.11.30.) 1,200,000원은 사무실 임차료 총액이며, 전액 선급비용으로 계상하였다.
2. 전기에 토지를 20,000,000원에 취득하고 취득세 등 920,000원을 세금과 공과(판)로 처리하였고 이에 대한 세무조정은 적절하게 이루어졌다. 당기에 이 토지를 20,500,000원에 처분하고 다음과 같이 회계처리한 경우 세무조정을 하시오.

(차) 보통예금	20,500,000	(대) 토지	20,000,000
		유형자산 처분이익	500,000

3. 2025.8.1. 10,000,000원을 대여하고 6개월 후에 원금과 이자를 같이 받기로 하였다. 회사는 발생주의에 따라 결산 시 이자수익 2,000,000원을 인식하였다(동 이자수익은 원천징수 대상 소득임).
4. 시장성 있는 주식의 기말평가이익인 단기매매증권 평가이익이 손익계산서에 5,300,000원 계상되어 있다.

| 풀이 |

[소득금액 조정합계표 및 명세서]

〈손금산입〉 선급비용 100,000원(유보 발생)
〈손금산입〉 토지취득세 920,000원(유보 감소)
∵ 취득세 등 비용계상액은 전기에 손금불산입(유보 발생)으로 세무조정되고 당기 처분 시 손금산입(유보 감소)으로 세무조정된다.
〈익금불산입〉 미수이자 2,000,000원(유보 발생)
〈익금불산입〉 단기매매증권 평가이익 5,300,000원(유보 발생)

[6] 태백산업(주)(회사코드: 1067)의 조정사항과 다음 자료에 대하여 소득금액 조정합계표 및 명세서(조정명세서는 생략)를 완성하시오. 기출 48회 유사

1. 영업외비용 중 투자자산 처분손실 2,000,000원은 장부가액 30,100,000원인 상장주식을 임원인 김철민에게 28,100,000원에 양도함에 따른 것이다. 양도 당시 상장주식의 시가는 31,000,000원으로 평가되었다.
2. 8월 20일에 지출된 세금과 공과 3,000,000원은 대표이사 개인 소유의 비상장주식을 매각하여 발생한 증권거래세이다.
3. 2025년 귀속 법인세 신고 시 결손으로서 결손금 소급공제신청을 하여 2024년에 납부한 법인세 3,500,000원을 환급받았는데 이는 잡이익으로 처리되어 있다.
4. 회사가 계상한 감가상각비 15,000,000원. 단, 세법상의 감가상각범위액은 20,000,000원이며, 전기 감가상각부인액 5,000,000원이 있다.

| 풀이 |

[소득금액 조정합계표 및 명세서]

〈손금불산입〉 저가양도액 2,900,000원(상여)
∵ 저가양도액: 31,000,000원 – 28,100,000원 = 2,900,000원
〈손금불산입〉 세금과 공과 3,000,000원(상여)
〈익금불산입〉 잡이익 3,500,000원(기타)
∵ 법인세 등은 손금불산입 항목으로서 이를 환급받은 경우에는 이월익금에 해당되어 익금불산입하며, 잉여금의 변화는 없으므로 기타로 처분한다.
〈손금산입〉 전기 상각부인액 손금추인 5,000,000원(유보 감소)
∵ 당기 발생 시인부족액 5,000,000원과 전기 상각부인액 5,000,000원 중 적은 금액을 손금에 산입한다.

[7] 강남산업(주)(회사코드: 1066)의 추가자료를 이용하여 세무조정을 하고, 소득금액 조정합계표 및 명세서에 반영하시오. 기출 46회 수정

1. 당사가 판매한 제품의 예상되는 하자보수비를 다음과 같이 수선비에 반영하였다.

(차) 하자보수비	5,000,000	(대) 하자보수비충당금	5,000,000

2. 국민은행으로부터의 장기차입금 13,000,000원을 출자전환하여 다음과 같이 회계처리하였으며 출자전환 시 주식 시가 총액은 10,000,000원이다(단, 세무상 이월결손금은 없는 것으로 가정함).

(차) 장기차입금[국민은행]	13,000,000	(대) 자본금	10,000,000
		주식발행초과금	3,000,000

3. 회사가 보유하고 있는 토지, 건물에 대해 재평가를 실시하여 재평가차익 토지 150,000,000원과 건물 100,000,000원을 인식하였다.
4. 채권자 불분명 사채이자를 지급하면서 다음과 같은 회계처리를 하였고, 예수금은 원천징수세액으로 납부하였다.

이자 지급 시	(차) 이자비용	1,800,000	(대) 보통예금	1,305,000
			예수금	495,000
원천징수세액 납부 시	(차) 예수금	495,000	(대) 현금	495,000

| 풀이 |

[소득금액 조정합계표 및 명세서]

〈손금불산입〉 하자보수비충당금 5,000,000원(유보 발생)
〈익금산입〉 출자전환채무면제이익 3,000,000원(기타)
∵ 법인이 채무를 출자전환하는 경우로서 주식의 시가를 초과하여 발행된 금액은 익금에 산입한다.
〈손금산입〉 토지 150,000,000원(유보 발생)
〈손금산입〉 건물 100,000,000원(유보 발생)
〈손금불산입〉 자산재평가차익 250,000,000원(기타)
∵ 재평가차익은 세법상 인정되지 않는다. 따라서 증액한 토지, 건물을 감액하는 세무조정을 하고, 반대의 세무조정을 통해 손익을 인식하지 않는다(일반기업회계기준상 재평가차익은 당기손익이 아닌 포괄손익이므로 소득처분은 기타로 함).
〈손금불산입〉 이자비용 1,305,000원(상여)
〈손금불산입〉 이자비용 495,000원(기타사외유출)

[8] 서부상사(주)(회사코드: 1064)의 소득금액조정합계표 및 명세서를 작성하시오(세부담이 최소화되도록 처리할 것). 기출 38회 유사

1. 전년도 법인세에 대한 추가 납부분 10,216,170원을 전기오류수정손실(영업외비용)로 계상하였다.
2. 당기 중 유상증자를 실시하였는데, 신주발행에 따른 등록세와 주권인쇄비 등 130,000원은 수수료비용에 계상하였다.
3. 당기에 대주주가 결손보전 목적으로 기증한 자산수증이익 10,000,000원은 손익계산서상 영업외수익에 포함되어 있다(세무상 이월결손금은 95,000,000원임).
4. 전기에 대표이사에 대한 차입금 8,000,000원을 면제받았으나 이를 회계처리하지 않아 세무조정 시 익금산입하였고, 이에 대하여 당기 중에 다음과 같이 회계처리하였다.

(차) 단기차입금	8,000,000	(대) 전기오류 수정이익(영업외수익)	8,000,000

5. 회사는 정부로부터 국고보조금 50,000,000원을 지원받았으며 이를 자본조정 계정으로 회계처리하였다. 동 국고보조금은 압축기장충당금이나 일시상각충당금 설정대상이 아니다(상환의무 없음).

| 풀이 |

[소득금액 조정합계표 및 명세서]

〈손금불산입〉 전기오류수정손실 10,216,170원(기타사외유출)
〈손금불산입〉 수수료비용 130,000원(기타)
∵ 법인세법에서는 증자 시 발생하는 제반 신주발행비용을 주식할인발행차금의 성격으로 보아 손금에 산입하지 않는다. 신주발행비는 등록면허세, 주권인쇄비, 수수료 등 다양하게 발생되므로 일일이 세부적으로 귀속을 밝혀서 세무조정이 어려운 점을 감안하여 관행적으로 '기타'로 소득처분한다.
〈익금불산입〉 자산수증이익 10,000,000원(기타)
〈익금불산입〉 전기오류 수정이익 8,000,000원(유보 감소)
∵ 전기에 '익금산입 채무면제이익 8,000,000원(유보 발생)'으로 세무조정한 것은 전기에 익금계상한 금액을 당기 수익으로 계상한 것(이월익금)이므로 익금불산입으로 조정한다.
〈익금산입〉 국고보조금 50,000,000원(기타)
∵ 국고보조금(정부보조금)은 익금 항목이다.

15 자본금과 적립금 조정명세서 중요

▸ 최신 30회 중 9문제 출제

자본금과 적립금 조정명세서는 결산서상의 자기자본과 세무상 자기자본의 차이의 원인을 제공하는 세무조정사항 중 유보로 소득처분된 금액과 실제 과세된 법인세비용 등을 반영하여 정확한 세무상 자본을 계산하기 위한 것이다. 세무조정사항 중 유보로 소득처분된 사항은 자산·부채의 과대 또는 과소계상으로 인한 것으로서 차기 이후의 과세소득에 영향을 미치므로 [자본금과 적립금 조정명세서(을)] 탭에서 관리되며, [자본금과 적립금 조정명세서(갑)] 탭은 자본금과 적립금의 변동내용을 관리하기 위하여 작성한다. 또한, [자본금과 적립금 조정명세서(갑)] 탭에서 자본금과 적립금이 감소한 경우 그 감소의 원인이 결손금 때문인 경우 그 결손금에 대한 발생 및 처리내역을 [이월결손금] 탭에서 구체적으로 관리하고 있다.

1. [자본금과 적립금 조정명세서(을)] 탭

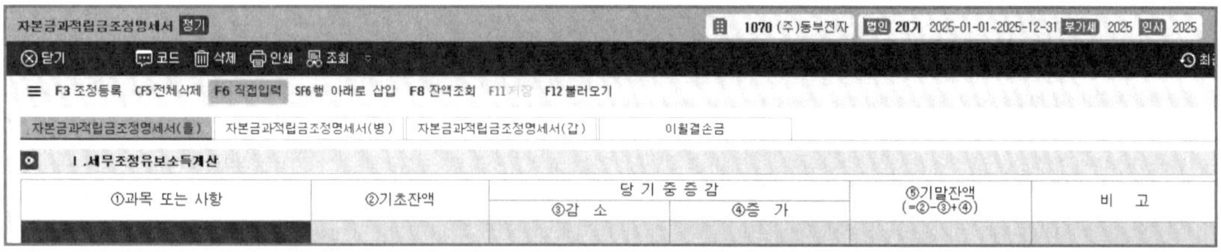

(1) **①과목 또는 사항**

[소득 및 과표계산]－[소득금액 조정합계표 및 명세서]의 소득처분 중 유보 발생과 유보 감소인 내용이 자동 반영된다. 즉, 세무조정사항 중 유보 발생 및 유보 감소의 계정과목과 사항을 입력한다.

(2) **②기초 잔액**

전기분 [소득 및 과표계산]－[자본금과 적립금 조정명세서(을)] 탭의 [⑤기말 잔액]란 금액 또는 사항으로, 전기 말 현재의 세무회계상 유보소득을 입력한다.

(3) **당기 중 증감**

① ③감소: 전기 말 현재 유보 잔액 중 유보추인된 금액을 입력한다.

전기 세무조정	당기 세무조정 및 [당기 중 증감]－[③감소]란
익금산입 및 손금불산입(유보 발생)	손금산입 및 익금불산입(유보 감소) → 양수(+)로 입력
손금산입 및 익금불산입(유보 발생)	익금산입 및 손금불산입(유보 감소) → 음수(−)로 입력

② ④증가: 당해 사업연도 중 익금산입 및 손금불산입(유보 발생)된 금액은 양수(+), 손금산입 및 익금불산입(유보 발생)된 금액은 음수(−)로 입력한다.

(4) **⑤기말 잔액(=②－③+④)**

차기로 이월되는 세무회계상 유보소득을 의미한다.

2. [자본금과 적립금 조정명세서(갑)] 탭

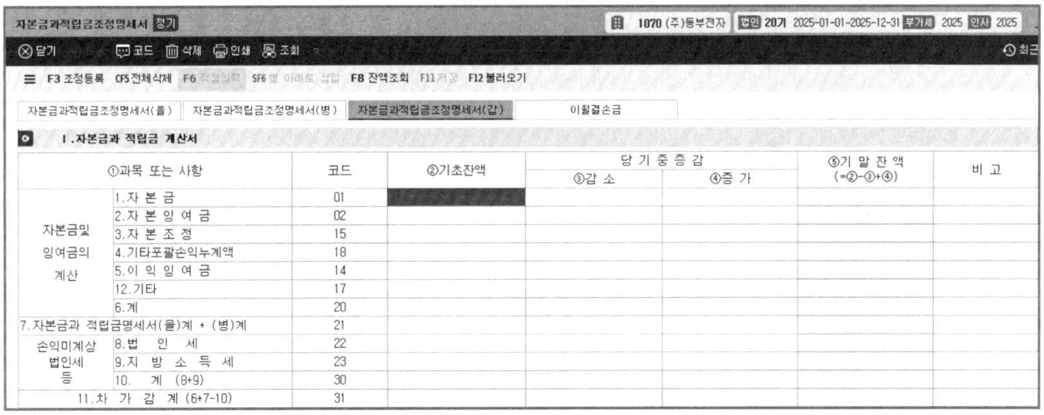

①과목 또는 사항		코드	②기초잔액	당기 중 증감 ③감소	당기 중 증감 ④증가	⑤기말 잔액 (=②-③+④)	비고
자본금및 잉여금의 계산	1.자본금	01					
	2.자본잉여금	02					
	3.자본조정	15					
	4.기타포괄손익누계액	18					
	5.이익잉여금	14					
	12.기타	17					
	6.계	20					
7.자본금과 적립금명세서(을)계 + (병)계		21					
손익미계상 법인세 등	8.법인세	22					
	9.지방소득세	23					
	10. 계 (8+9)	30					
11.차가감계 (6+7-10)		31					

(1) **①과목 또는 사항**

세무상 자기자본을 구하기 위한 과목 또는 사항을 의미한다.

(2) **②기초 잔액**

전기분 [소득 및 과표계산]－[자본금과 적립금 조정명세서(갑)] 탭의 [⑤기말 잔액]란 금액 또는 사항을 입력한다.

(3) **당기 중 증감－[③감소]/[④증가]**

자본의 구성 항목인 자본금, 자본잉여금, 자본조정, 기타포괄손익누계액, 이익잉여금의 당기 중 감소 또는 증가 금액을 입력한다.

(4) **⑤기말 잔액(=②－③+④)**

당해 사업연도 표준재무상태표의 자본금, 자본잉여금, 자본조정, 기타포괄손익누계액, 이익잉여금의 금액과 일치한다.

(5) **7.자본금과 적립금 명세서(을) 계+(병) 계**

[자본금과 적립금 조정명세서(을)] 탭의 [합계]란과 [자본금과 적립금 조정명세서(병)] 탭의 [합계]란 금액이 자동 반영된다.

(6) 손익미계상 법인세 등 – [8.법인세]/[9.지방소득세]

내용	입력사항
I/S 법인세비용<법인세부담액	I/S 법인세비용을 과소계상하면 기업회계상 자본이 세무회계상 자본보다 과대계상 → [④증가]란에 과소계상액을 양수(+)로 입력
I/S 법인세비용>법인세부담액	I/S 법인세비용을 과대계상하면 기업회계상 자본이 세무회계상 자본보다 과소계상 → [④증가]란에 과대계상액을 음수(–)로 입력

꿀팁 전기 말 [자본금과 적립금 조정명세서(갑)] 서식에 '손익미계상 법인세 등' 금액이 있는 경우 해당 금액은 당기 서식 작성 시 [기초잔액]란과 [감소]란에 동시에 기재한다.

3. [이월결손금] 탭

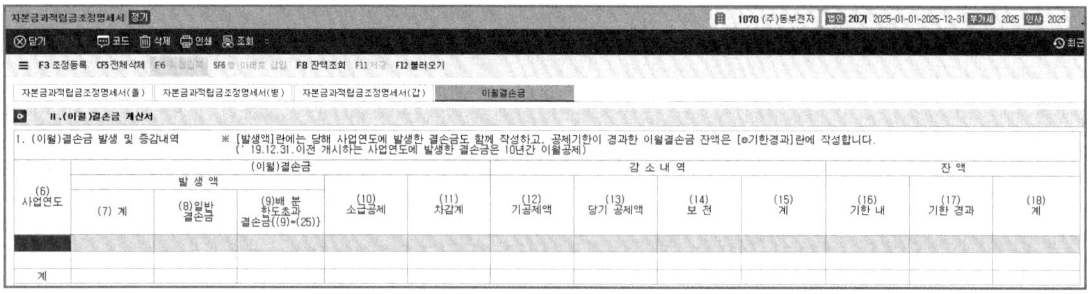

(1) (6)사업연도

사업연도란 법인의 소득을 계산하는 1 회계기간을 말하는 것으로, 이월결손금 계산서의 사업연도는 회계기간 종료일을 입력한다.

(2) 이월결손금 발생액

사업연도별로 이월결손금 발생액을 [(8)일반결손금]란에 입력하며 결손금의 공제기간은 다음과 같다.

구분	2008년 이전	2009년 ~ 2019년	2020년 이후
결손금 공제기간	5년	10년	15년

(3) (10)소급공제

중소기업인 경우 사업연도별로 소급공제(1년 전 사업연도의 소득금액에서 결손금 공제) 금액을 입력한다.

(4) (11)차감 계

이월결손금 발생액–[(7)계]란의 금액에서 [(10)소급공제]란의 금액을 차감한 후 잔액이 자동 반영된다.

(5) 감소내역

① (12)기공제액: 직전 사업연도까지 소득금액 계산상 공제된 이월결손금 누계액을 입력한다.

② (13)당기 공제액: 당기의 이월결손금 공제액을 입력한다. 다만, 중소기업과 회생계획 이행 중인 기업은 [법인세 과세표준 및 세액조정계산서] 메뉴–[(107)각 사업연도 소득금액]란의 금액을 한도로 입력하며, 비중소기업은 [법인세 과세표준 및 세액조정계산서] 메뉴–[(107)각 사업연도 소득금액] 금액의 80% 한도 내에서 입력한다.

구분	이월결손금 공제 한도
중소기업과 회생계획을 이행 중인 기업 등	각 사업연도 소득금액의 100%
위 이외의 기업	각 사업연도 소득금액의 80%

또한, 법인세의 과세표준과 세액을 추계하는 경우에는 결손금의 이월공제를 적용하지 않는다. 다만, 천재지변이나 기타 불가항력으로 장부나 그 밖의 증명서류가 멸실되어 추계하는 경우에는 결손금의 이월공제를 적용할 수 있다.

③ (14)보전: 이월결손금 중 채무면제이익이나 자산수증이익으로 공제받은 이월결손금을 입력한다.

(6) **잔액**

[(11)차감 계]란의 금액에서 [감소내역－(15)계]란의 금액을 차감한 후 잔액 중에 다음 사업연도에 공제 대상에 해당되면 [(16)기한 내]란에, 다음 사업연도에 공제 대상에 해당되지 않으면 [(17)기한 경과]란에 입력한다. 즉, 과세표준 계산 시 공제 기한이 경과한 이월결손금도 잔액이 남아 있는 경우에는 이월결손금 계산서에 입력하여 이월결손금을 관리하여야 한다. 향후 자산수증이익이나 채무면제이익이 발생하는 경우에 공제기한에 제한이 없는 이월결손금의 보전에 충당하기 위함이다.

연습문제

[1] 기존 자료 및 내용은 무시하고, (주)서부전자(회사코드: 1069)의 다음 [자료 1]과 [자료 2]만을 이용하여 자본금과 적립금 조정명세서(을) 및 자본금과 적립금 조정명세서(갑)를 작성하시오. 단, 관련 세무조정사항에 대한 소득금액 조정합계표 반영은 생략한다. 기출 118회 수정

[자료 1] 자본금과 적립금 조정명세서(을) 관련 자료

1. 전기 자본금과 적립금 조정명세서(을)

과목	기초 잔액	당기 중 증감		기말 잔액
		감소	증가	
단기매매증권 평가이익			△2,000,000원	△2,000,000원
선급비용	2,500,000원	2,500,000원	5,200,000원	5,200,000원
비품 감가상각비 한도 초과			4,500,000원	4,500,000원
합계	2,500,000원	2,500,000원	7,700,000원	7,700,000원

2. 당기의 관련 자료는 다음과 같다.
- 당기에 단기매매증권 장부금액의 절반을 처분하여 손금불산입 유보감소액은 1,000,000원이다.
- 전기 선급비용 내역은 아래와 같다.

과목 또는 사항	금액	참고사항
선급비용*	5,200,000원	선급기간: 2025.1.1.~2025.4.14.

* 전년도에는 손금불산입 유보 발생으로 세무조정되어 있다.

- 당기에 감가상각비(비품) 시인부족액 1,520,000원이 발생하였다.

[자료 2] 자본금과 적립금 조정명세서(갑) 관련 자료

1. 자본금 및 잉여금 등의 계산 관련 재무회계 기장자료는 다음과 같다.

과목	기초 잔액	당기 중 증감		기말 잔액
		감소	증가	
자본금	500,000,000원		104,500,000원	604,500,000원
자본잉여금	150,900,000원	28,500,000원		122,400,000원
이익잉여금	138,500,000원		179,500,000원	318,000,000원

2. 법인세 과세표준 및 세액 신고서의 법인세가 손익계산서에 계상된 비용보다 법인세는 100,000원, 지방소득세는 10,000원 각각 적게 산출되었다(전기분은 고려하지 않음).
3. 이월결손금과 당기결손금은 발생하지 않았다.
4. [자료 1]의 기작성된 자본금과 적립금 조정명세서(을)를 반영한다.

| 풀이 |

[자본금과 적립금 조정명세서]

① [자본금과 적립금 조정명세서(을)] 탭

상단 툴바 [CF5 전체삭제]를 클릭한 후 기존에 입력된 데이터를 모두 삭제하고 문제에서 제시된 내용을 입력한다.

자본금과적립금조정명세서 정기 | 1069 (주)서부전자 | 법인 20기 2025-01-01~2025-12-31 | 부가세 2025 | 인사 2025

⊗닫기 | 코드 | 삭제 | 인쇄 | 조회

≡ F3 조정등록 | CF5 전체삭제 | F6 직접입력 | SF6 행 아래로 삽입 | F8 잔액조회 | F11 저장 | F12 불러오기

자본금과적립금조정명세서(을) | 자본금과적립금조정명세서(병) | 자본금과적립금조정명세서(갑) | 이월결손금

Ⅰ.세무조정유보소득계산

①과목 또는 사항	②기초잔액	당기 중 증감 ③감 소	당기 중 증감 ④증 가	⑤기말잔액 (=②-③+④)	비 고
단기매매증권평가이익	-2,000,000	-1,000,000		-1,000,000	
선급비용	5,200,000	5,200,000			
비품 감가상각비 한도초과	4,500,000	1,520,000		2,980,000	
합 계	7,700,000	5,720,000		1,980,000	

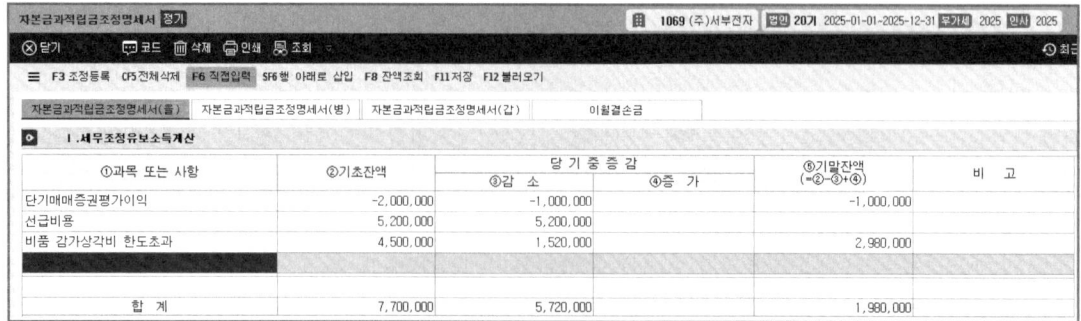

꿀팁 문제의 지문에서 "다음의 자료만을 이용하여" 해당 서식을 작성할 것을 요구하고 있으며, "전산상에 입력된 기존 자료는 무시할 것"이라는 단서는 전산상에 입력되어 있는 기존 자료는 모두 삭제할 것을 요구하는 것이다. 따라서, 다음의 순서로 입력한다.
① [자본금과 적립금 조정명세서(을)] 탭에서 상단 툴바 CF5 전체삭제 를 클릭한 후 기존에 입력된 데이터를 모두 삭제 → ② [자본금과 적립금 조정명세서(갑)] 탭에서 상단 툴바 CF5 전체삭제 를 클릭한 후 기존에 입력된 데이터를 모두 삭제 → ③ [자본금과 적립금 조정명세서(을)] 탭 작성 → ④ [자본금과 적립금 조정명세서(갑)] 탭 작성

② [자본금과 적립금 조정명세서(갑)] 탭

상단 툴바 CF5 전체삭제 를 클릭한 후 기존에 입력된 데이터를 모두 삭제한다. 문제에서 제시된 자료를 보고 다음과 같이 입력한다.

자본금과적립금조정명세서 정기 | 1069 (주)서부전자 | 법인 20기 2025-01-01~2025-12-31 | 부가세 2025 | 인사 2025

⊗닫기 | 코드 | 삭제 | 인쇄 | 조회

≡ F3 조정등록 | CF5 전체삭제 | F6 직접입력 | SF6 행 아래로 삽입 | F8 잔액조회 | F11 저장 | F12 불러오기

자본금과적립금조정명세서(을) | 자본금과적립금조정명세서(병) | 자본금과적립금조정명세서(갑) | 이월결손금

Ⅰ.자본금과 적립금 계산서

①과목 또는 사항		코드	②기초잔액	당기 중 증감 ③감 소	당기 중 증감 ④증 가	⑤기 말 잔 액 (=②-③+④)	비 고
자본금및 잉여금의 계산	1.자 본 금	01	500,000,000		104,500,000	604,500,000	
	2.자 본 잉 여 금	02	150,900,000	28,500,000		122,400,000	
	3.자 본 조 정	15					
	4.기타포괄손익누계액	18					
	5.이 익 잉 여 금	14	138,500,000		179,500,000	318,000,000	
	12.기타	17					
	6.계	20	789,400,000	28,500,000	284,000,000	1,044,900,000	
7.자본금과 적립금명세서(을)계 + (병)계		21	7,700,000	5,720,000		1,980,000	
손익미계상 법인세 등	8.법 인 세	22			-100,000	-100,000	
	9.지 방 소 득 세	23			-10,000	-10,000	
	10. 계 (8+9)	30			-110,000	-110,000	
11.차 가 감 계 (6+7-10)		31	797,100,000	34,220,000	284,110,000	1,046,990,000	

- I/S 법인세비용을 과대계상하면 기업회계상 자본이 세무회계상 자본보다 과소계상되므로 [손익미계상 법인세 등]-[8.법인세-④증가]란에 -100,000원, [9.지방소득세-④증가]란에 -10,000원을 입력한 후 해당 서식을 저장한다.

[2] 기입력된 자료는 무시하고, (주)대성전자(회사코드: 1068)의 다음 자료를 이용하여 자본금과 적립금 조정명세서(을)와 자본금과 적립금 조정명세서(갑)를 작성하시오(단, 소득금액 조정합계표에는 반영하지 않으며, 전기 유보의 감소분과 당기 유보의 증가분은 구분하여 입력함).

기출 107회 수정

1. 전기 자본금과 적립금 조정명세서(을)

과목	기초 잔액	당기 중 증감 감소	당기 중 증감 증가	기말 잔액
단기매매증권 평가손실			5,000,000원	5,000,000원
재고자산 평가증			-2,200,000원	-2,200,000원
선급비용	2,500,000원	2,500,000원	3,200,000원	3,200,000원
비품 감가상각비 한도 초과			4,500,000원	4,500,000원
합계	2,500,000원	2,500,000원	10,050,000원	10,050,000원

2. 당기 관련 자료

- 단기매매증권 평가손실 중 손금불산입 유보발생액은 1,000,000원이다.
- 당기분 재고자산의 금액은 적정하다.

• 전기 선급비용 내역은 아래와 같다.

과목 또는 사항	금액	참고사항
선급비용	3,200,000원	선급기간: 2025.1.1.~2025.4.14.

• 당기에 감가상각비(비품) 시인부족액 1,520,000원이 발생하였다.

3. 자본금과 적립금 조정명세서(갑) 관련 자료

• 자본금 및 잉여금 등 계산의 재무회계 기장자료는 다음과 같다.

과목 또는 사항	기초 잔액)	당기 중 증감		기말 잔액
		감소	증가	
자본금	500,000,000원		100,000,000원	600,000,000원
자본잉여금	2,520,000원			2,520,000원
이익잉여금	254,178,000원		104,000,000원	358,178,000원

• 법인세 과세표준 및 세액신고서의 법인세가 손익계산서에 계상된 법인세비용보다 법인세는 231,800원, 지방소득세는 23,180원 각각 많게 산출되었다(전기분은 고려하지 않음).

• 이월결손금과 당기결손금은 발생하지 않았다.

| 풀이 |

[자본금과 적립금 조정명세서]

① [자본금과 적립금 조정명세서(을)] 탭

상단 툴바 CF5 전체삭제 를 클릭하여 기존에 입력된 데이터를 모두 삭제한 후 다음과 같이 문제에 제시된 내용을 입력한다.

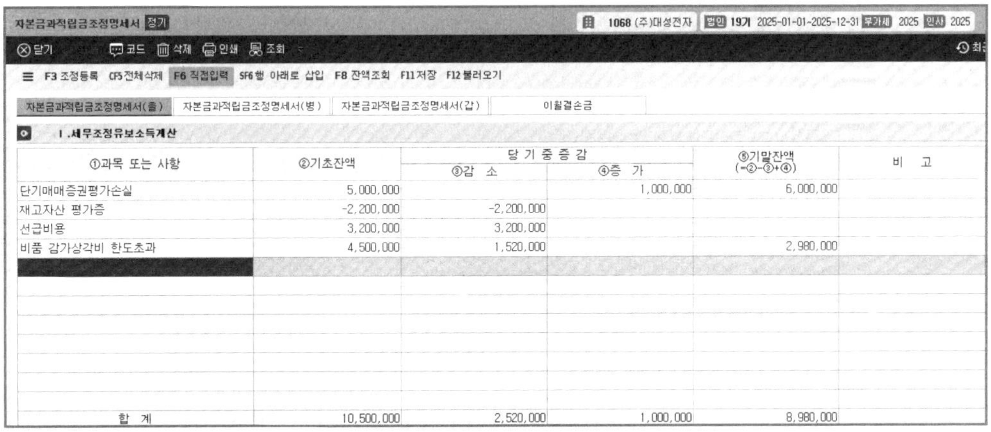
자본금과적립금조정명세서 정기 | 1068 (주)대성전자 | 법인 19기 2025-01-01~2025-12-31 부가세 2025 인사 2025

Ⅰ.세무조정유보소득계산

①과목 또는 사항	②기초잔액	당 기 중 증 감		⑤기말잔액 (=②-③+④)	비 고
		③감 소	④증 가		
단기매매증권평가손실	5,000,000		1,000,000	6,000,000	
재고자산 평가증	-2,200,000	-2,200,000			
선급비용	3,200,000	3,200,000			
비품 감가상각비 한도초과	4,500,000	1,520,000		2,980,000	
합 계	10,500,000	2,520,000	1,000,000	8,980,000	

② [자본금과 적립금 조정명세서(갑)] 탭

상단 툴바 CF5 전체삭제 를 클릭하여 기존에 입력된 데이터를 모두 삭제한 후 문제에서 제시된 내용을 입력한다.

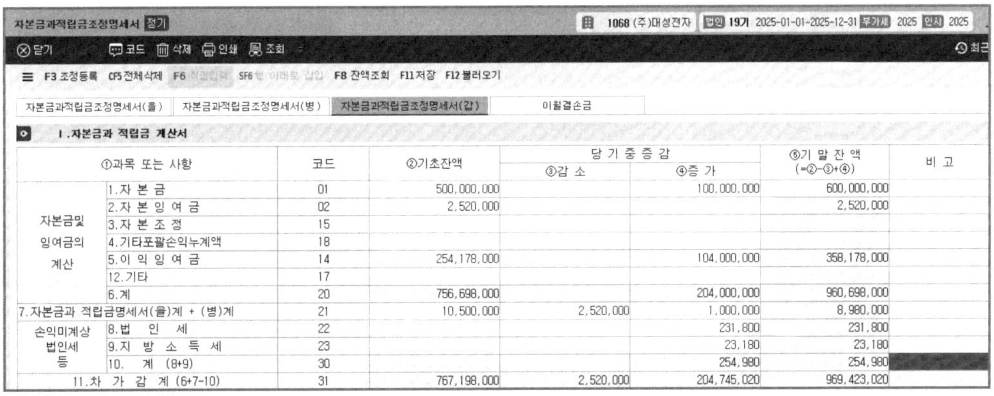
자본금과적립금조정명세서 정기 | 1068 (주)대성전자 | 법인 19기 2025-01-01~2025-12-31 부가세 2025 인사 2025

Ⅰ.자본금과 적립금 계산서

①과목 또는 사항		코드	②기초잔액	당 기 중 증 감		⑤기 말 잔 액 (=②-③+④)	비 고
				③감 소	④증 가		
자본금및 잉여금의 계산	1.자 본 금	01	500,000,000		100,000,000	600,000,000	
	2.자 본 잉 여 금	02	2,520,000			2,520,000	
	3.자 본 조 정	15					
	4.기타포괄손익누계액	18					
	5.이 익 잉 여 금	14	254,178,000		104,000,000	358,178,000	
	12.기타	17					
	6.계	20	756,698,000		204,000,000	960,698,000	
7.자본금과 적립금명세서(을)계 + (병)계		21	10,500,000	2,520,000	1,000,000	8,980,000	
손익미계상 법인세 등	8.법 인 세	22			231,800	231,800	
	9.지 방 소 득 세	23			23,180	23,180	
	10. 계 (8+9)	30			254,980	254,980	
11.차 가 감 계 (6+7-10)		31	767,198,000	2,520,000	204,745,020	969,423,020	

• I/S 법인세비용을 과소계상하면 기업회계상 자본이 세무회계상 자본보다 과대계상되므로 [손익미계상 법인세 등]-[8.법인세-④증가]란에 231,800원, [9.지방소득세-④증가]란에 23,180원을 입력한 후 해당 서식을 저장한다.

[3] 기입력된 자료는 무시하고 (주)백두전자(회사코드: 1074)의 다음 자료에 의하여 자본금과 적립금 조정명세서(을)와 자본금과 적립금 조정명세서(갑)를 작성하시오. 기출 65회 수정

1. 전기 말 자본금과 적립금 조정명세서(을) 내역
   - 대손충당금 한도 초과액: 1,400,000원
   - 정기예금미수이자: △300,000원
   - 재고자산 평가감: 750,000원
2. 당기 세무조정 내역
   - 법인세비용 손금불산입: 7,000,000원(기타사외유출)
   - 전기 정기예금미수이자 익금산입: 300,000원(유보 감소)
   - 전기 재고자산 평가감 손금산입: 750,000원(유보 감소)
   - 전기 대손충당금 한도 초과액 익금불산입: 1,400,000원(유보 감소)
   - 대손충당금 한도 초과액 손금불산입: 900,000원(유보 발생)
3. 자본변동 내역은 재무회계 재무상태표를 조회하도록 한다.

| 풀이 |

[자본금과 적립금 조정명세서]

① [자본금과 적립금 조정명세서(을)] 탭

상단 툴바 CF5 전체삭제 를 클릭하여 기존에 입력된 데이터를 모두 삭제한 후 다음과 같이 문제에 제시된 내용을 입력한다.

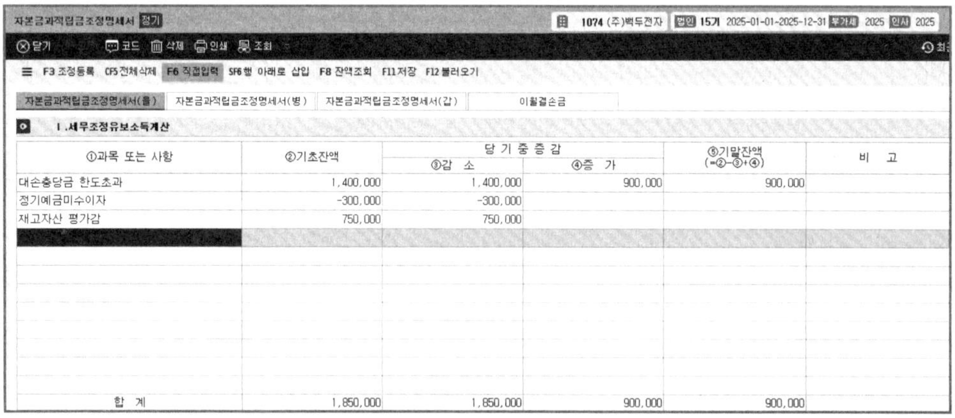

①과목 또는 사항	②기초잔액	당기중증감 ③감소	당기중증감 ④증가	⑤기말잔액 (=②-③+④)	비고
대손충당금 한도초과	1,400,000	1,400,000	900,000	900,000	
정기예금미수이자	-300,000	-300,000			
재고자산 평가감	750,000	750,000			
합계	1,850,000	1,850,000	900,000	900,000	

② [자본금과 적립금 조정명세서(갑)] 탭

• [회계관리]-[재무회계]-[결산/재무제표]-[재무상태표]를 조회한다.

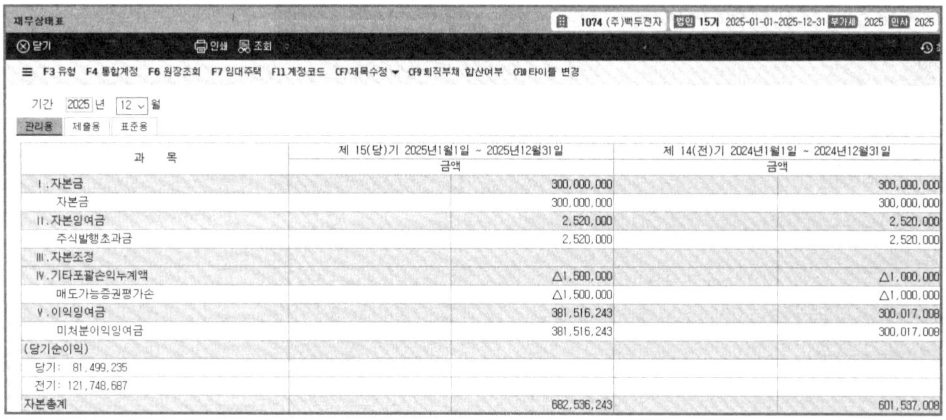

과목	제 15(당)기 2025년1월1일 ~ 2025년12월31일 금액	제 14(전)기 2024년1월1일 ~ 2024년12월31일 금액
Ⅰ.자본금	300,000,000	300,000,000
자본금	300,000,000	300,000,000
Ⅱ.자본잉여금	2,520,000	2,520,000
주식발행초과금	2,520,000	2,520,000
Ⅲ.자본조정		
Ⅳ.기타포괄손익누계액	△1,500,000	△1,000,000
매도가능증권평가손	△1,500,000	△1,000,000
Ⅴ.이익잉여금	381,516,243	300,017,008
미처분이익잉여금	381,516,243	300,017,008
(당기순이익)		
당기: 81,499,235		
전기: 121,748,687		
자본총계	682,536,243	601,537,008

- 상단 툴바 CF5 전체삭제 를 클릭하여 기존에 입력된 데이터를 모두 삭제한 후 [재무상태표]와 [자본금과 적립금 조정명세서(을)] 서식의 자료를 보고 다음과 같이 [자본금과 적립금 조정명세서(갑)]를 입력한 후 저장한다.

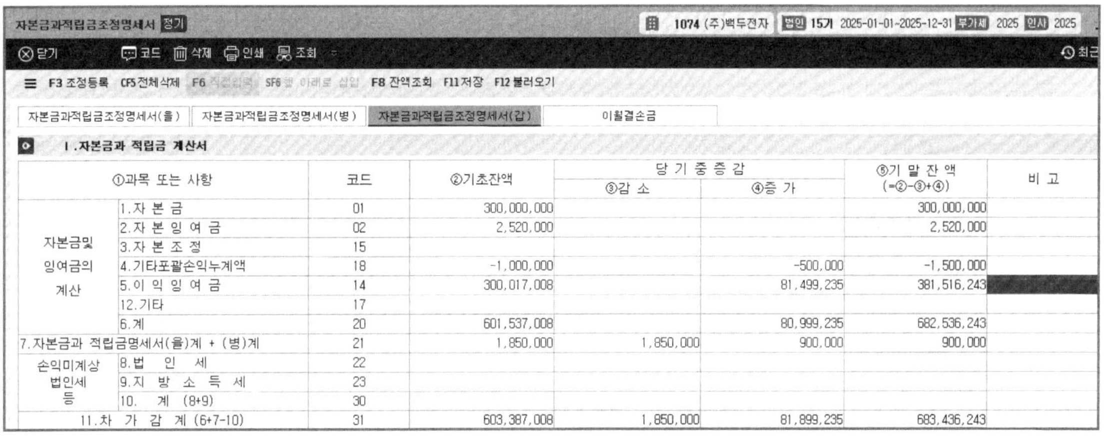

①과목 또는 사항		코드	②기초잔액	당기 중 증감 ③감소	당기 중 증감 ④증가	⑤기말잔액 (=②-③+④)	비고
자본금및 잉여금의 계산	1. 자본금	01	300,000,000			300,000,000	
	2. 자본잉여금	02	2,520,000			2,520,000	
	3. 자본조정	15					
	4. 기타포괄손익누계액	18	-1,000,000		-500,000	-1,500,000	
	5. 이익잉여금	14	300,017,008		81,499,235	381,516,243	
	12. 기타	17					
	6. 계	20	601,537,008		80,999,235	682,536,243	
7. 자본금과 적립금명세서(을)계 + (병)계		21	1,850,000	1,850,000	900,000	900,000	
손익미계상 법인세 등	8. 법인세	22					
	9. 지방소득세	23					
	10. 계 (8+9)	30					
11. 차가감계 (6+7-10)		31	603,387,008	1,850,000	81,899,235	683,436,243	

[4] 기입력된 자료는 무시하고 서부상사(주)(회사코드: 1064)의 다음 자료를 이용하여 자본금과 적립금 조정명세서(을)를 작성하시오. 단, [4]의 문제에서 발생하는 세무조정사항은 소득금액 조정합계표에는 입력하지 않는다. 기출 45회

[자료 1] 전기 자본금과 적립금 조정명세서(을)상의 자료는 다음과 같다.

과목	기초 잔액	당기 중 증감 감소	당기 중 증감 증가	기말 잔액
대손충당금 한도 초과			3,000,000원	3,000,000원
재고자산 평가감			10,000,000원	10,000,000원
적송품 매출액	50,000,000원	50,000,000원		
적송품 매출원가	(45,000,000원)	(45,000,000원)		
외상매출금			10,000,000원	10,000,000원
합계	5,000,000원	5,000,000원	23,000,000원	23,000,000원

[자료 2] 당기의 소득금액 조정 합계는 다음과 같다.

익금산입 및 손금불산입		
과목	금액	조정이유
대손충당금 한도 초과액	5,000,000원	당기 대손충당금 한도액을 초과한 금액임
증빙불비 기업업무추진비	4,000,000원	증빙 없는 기업업무추진비에 대한 세무조정사항임
기업업무추진비 한도 초과액	25,650,000원	당기 기업업무추진비 한도액을 초과한 금액임
임원 퇴직금 한도 초과액	30,000,000원	임원 퇴직금 지급규정을 초과한 금액임
재고자산 평가감	7,500,000원	재고자산의 과소계상액을 익금산입함
합계	72,150,000원	

손금산입 및 익금불산입		
과목	금액	조정이유
대손충당금 한도 초과액	3,000,000원	대손충당금 과다환입액을 익금불산입함
전기 재고자산 평가감	10,000,000원	
외상매출금	10,000,000원	당기 대손요건 충족으로 손금산입함
합계	23,000,000원	

| 풀이 |

[자본금과 적립금 조정명세서]-[자본금과 적립금 조정명세서(을)] 탭
상단 툴바 CF5 전체삭제 를 클릭하여 기존에 입력된 데이터를 모두 삭제한 후 다음과 같이 입력하고 해당 서식을 저장한다.

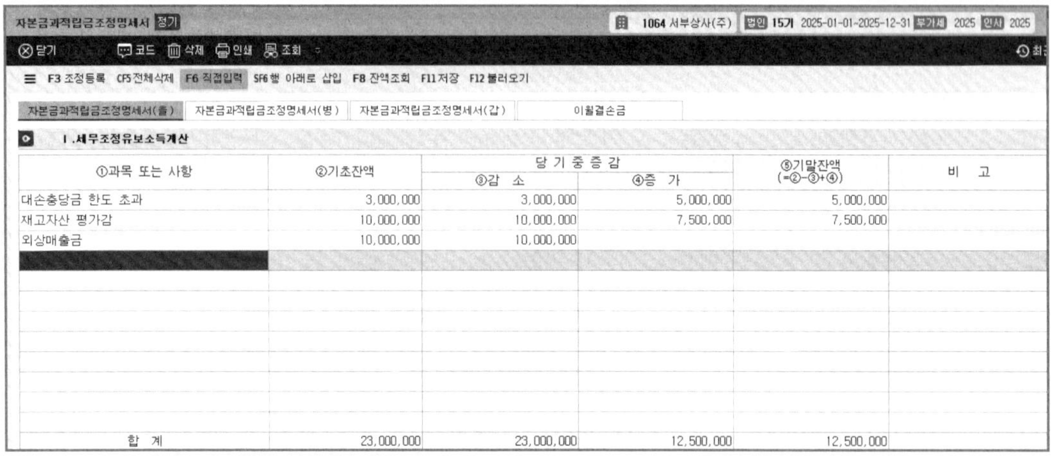

자본금과적립금조정명세서 정기 | 1064 서부상사(주) 법인 15기 2025-01-01~2025-12-31 부가세 2025 인사 2025

⊗닫기 코드 삭제 인쇄 조회

F3 조정등록 CF5 전체삭제 F6 직접입력 SF6 행 아래로 삽입 F8 잔액조회 F11 저장 F12 불러오기

자본금과적립금조정명세서(을) | 자본금과적립금조정명세서(병) | 자본금과적립금조정명세서(갑) | 이월결손금

Ⅰ.세무조정유보소득계산

①과목 또는 사항	②기초잔액	당 기 중 증 감		⑤기말잔액 (=②-③+④)	비 고
		③감 소	④증 가		
대손충당금 한도 초과	3,000,000	3,000,000	5,000,000	5,000,000	
재고자산 평가감	10,000,000	10,000,000	7,500,000	7,500,000	
외상매출금	10,000,000	10,000,000			
합 계	23,000,000	23,000,000	12,500,000	12,500,000	

• 증빙불비 기업업무추진비의 소득처분은 상여, 기업업무추진비 한도 초과액의 소득처분은 기타사외유출, 임원 퇴직금 한도 초과액의 소득처분은 상여이므로 [자본금과 적립금 조정명세서(을)] 탭에 반영되지 않는다.

[5] 입력된 데이터는 무시하고 아름상사(주)(회사코드: 1063)의 다음 자료를 이용하여 자본금과 적립금 조정명세서(을)를 작성하시오. 단, [5]의 문제에서 발생하는 세무조정사항은 소득금액 조정합계표에는 입력하지 않기로 한다. 기출 76회

1. 당사는 중소기업이다.
2. 2024년 [자본금과 적립금 조정명세서(을)]의 잔액은 본 문제에서 주어진 자료 외에는 없는 것으로 가정한다.
3. 전기(2024년) 소득금액 조정합계표의 내용은 다음과 같다.

전기(2024년)분 익금산입 손금불산입		
과목	금액	비고
법인세비용	10,000,000원	손익계산서에 계상된 법인세비용임
기업업무추진비 한도 초과	5,000,000원	당기 기업업무추진비 한도 초과액임
기부금	7,000,000원	어음기부금으로 만기가 2025.6.20.임
건물 감가상각비	10,000,000원	당기 감가상각부인액임
합계	32,000,000원	

전기(2024년)분 손금산입 익금불산입		
과목	금액	비고
상품	2,000,000원	2024년 귀속 상품 과대계상액임
합계	2,000,000원	

4. 당기(2025년) 소득금액 조정합계표의 내용은 다음과 같다.

당기(2025년)분 익금산입 손금불산입		
과목	금액	비고
법인세비용	15,000,000원	손익계산서에 계산된 법인세비용임
기업업무추진비 한도 초과	15,000,000원	3만원 초과 신용카드 미사용 기업업무추진비임
상품	6,000,000원	2025년 귀속(당기) 상품 과소계상액임
상품	2,000,000원	전기(2024년 귀속) 상품 과대계상액
합계	32,000,000원	

당기(2025년)분 손금산입 익금불산입		
과목	금액	비고
선급비용	6,000,000원	당기 선급비용 과대계상분
외상매출금	8,000,000원	소멸시효 완성채권임
기부금	7,000,000원	어음만기 2025.6.20.
건물 상각부인액 손금추인액	3,000,000원	2024년 귀속 건물 상각부인액을 손금추인함
합계	24,000,000원	

| 풀이 |

[자본금과 적립금 조정명세서]−[자본금과 적립금 조정명세서(을)] 탭

상단 툴바 CF5 전체삭제를 클릭하여 기존에 입력된 데이터를 모두 삭제한 후 다음과 같이 입력하고 해당 서식을 저장한다. [자본금과 적립금 조정명세서(을)]와 관련된 세무조정사항은 유보로 소득처분된 사항이므로 2024년 및 2025년 소득금액 조정합계표상 소득처분내용은 다음과 같다.

• 2024년 소득금액 조정합계표상 소득처분

익금산입 손금불산입			익금불산입 손금산입		
과목	금액	처분	과목	금액	처분
법인세비용	10,000,000원	기타사외유출	상품	2,000,000원	유보 발생
기업업무추진비 한도 초과	5,000,000원	기타사외유출			
기부금	7,000,000원	유보 발생			
건물 감가상각비	10,000,000원	유보 발생			
합계	32,000,000원		합계	2,000,000원	

• 2025년 소득금액 조정합계표상 소득처분

익금산입 손금불산입			익금불산입 손금산입		
과목	금액	처분	과목	금액	처분
법인세비용	15,000,000원	기타사외유출	선급비용	6,000,000원	유보 발생
기업업무추진비 한도 초과	15,000,000원	기타사외유출	외상매출금	8,000,000원	유보 발생
상품	6,000,000원	유보 발생	기부금	7,000,000원	유보 감소
상품	2,000,000원	유보 감소	건물 감가상각비	3,000,000원	유보 감소
합계	38,000,000원		합계	24,000,000원	

• 상단 툴바의 CF5 전체삭제를 클릭하여 기존에 입력된 데이터를 모두 삭제한 후 F6 직접입력을 클릭하여 다음과 같이 입력하고 해당 서식을 저장한다.

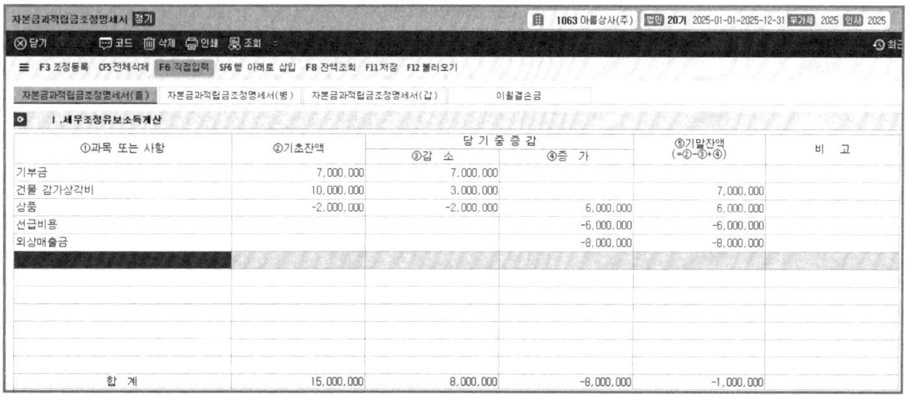
자본금과적립금조정명세서 정기 | 1063 아름상사(주) 법인 20기 2025-01-01~2025-12-31 부가세 2025 인사 2025

닫기 코드 삭제 인쇄 조회

F3 조정등록 CF5 전체삭제 F6 직접입력 SF6 행 아래로 삽입 F8 잔액조회 F11 저장 F12 불러오기

자본금과적립금조정명세서(을) | 자본금과적립금조정명세서(병) | 자본금과적립금조정명세서(갑) | 이월결손금

Ⅰ. 세무조정유보소득계산

①과목 또는 사항	②기초잔액	당기 중 증감 ③감 소	당기 중 증감 ④증 가	⑤기말잔액 (=②−③+④)	비 고
기부금	7,000,000	7,000,000			
건물 감가상각비	10,000,000	3,000,000		7,000,000	
상품	-2,000,000	-2,000,000	6,000,000	6,000,000	
선급비용			-6,000,000	-6,000,000	
외상매출금			-8,000,000	-8,000,000	
합 계	15,000,000	8,000,000	-8,000,000	-1,000,000	

[6] (주)한국산업(회사코드: 1071)의 다음 자료를 이용하여 자본금과 적립금 조정명세서 중 이월결손금 계산서에 관한 사항만 작성하고, 각 사업연도 소득금액과 이월결손금 공제액만 법인세 과세표준 및 세액조정계산서에 반영하시오. 기출 72회 수정

1. 세무상 결손금 내역(2007년 전 이월결손금은 없음)

사업연도	세무상 결손금 발생	비고
2007	271,522,460원	2012년 귀속 사업연도까지 공제된 이월결손금은 198,280,300원이다.
2017	287,855,400원	2024년 귀속 사업연도까지 공제된 이월결손금은 253,523,850원이다.
2022	9,065,800원	2024년 귀속 사업연도까지 공제된 이월결손금은 0원이다.

2. 기타 내역
- 본 문제에 한하여 당사는 중소기업이 아니며, 회생계획 이행 중인 기업이 아닌 것으로 가정한다.
- 이월결손금 소급공제는 없는 것으로 한다.
- 당사는 장부 등 증빙을 10년 이상 보관하고 있다.
- 동업기업으로부터 배분받은 결손금은 없다.
- 2025년 결산서상 당기순이익과 각 사업연도 소득금액은 40,000,000원이며 당기에 한도액까지 이월결손금을 공제한다.
- 2022년에 채무면제이익 10,000,000원이 발생하여 일반기업회계기준에 따라 영업외수익으로 계상하고 자본금과 적립금 조정명세서에 동 금액을 이월결손금의 보전에 충당한다는 뜻을 표시하고 세무조정으로 익금불산입하였다.

| 풀이 |

① [자본금과 적립금 조정명세서]–[이월결손금] 탭

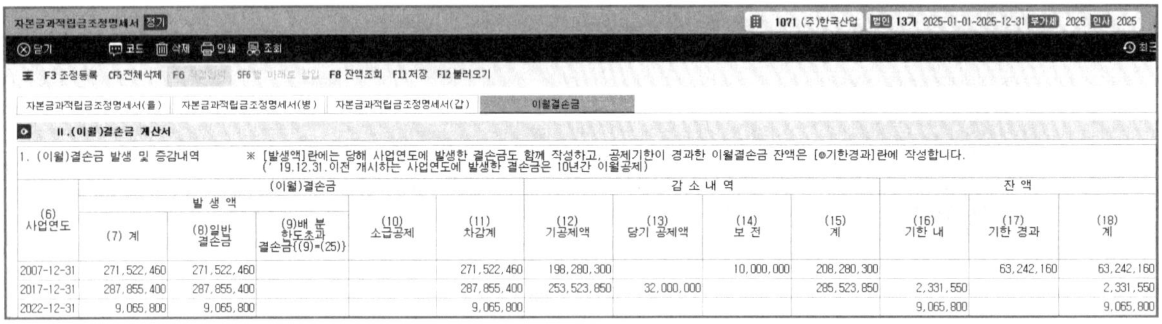

자본금과적립금조정명세서 정기 | 1071 (주)한국산업 | 법인 13기 2025-01-01~2025-12-31 | 부가세 2025 | 인사 2025

II.(이월)결손금 계산서

1. (이월)결손금 발생 및 증감내역 ※ [발생액]란에는 당해 사업연도에 발생한 결손금도 함께 작성하고, 공제기한이 경과한 이월결손금 잔액은 [⑩기한경과]란에 작성합니다. ('19.12.31.이전 개시하는 사업연도에 발생한 결손금은 10년간 이월공제)

(6) 사업연도	(이월)결손금					감소내역				잔액		
	발생액											
	(7) 계	(8)일반 결손금	(9)배분 한도초과 결손금{(9)=(25)}	(10) 소급공제	(11) 차감계	(12) 기공제액	(13) 당기 공제액	(14) 보전	(15) 계	(16) 기한 내	(17) 기한 경과	(18) 계
2007-12-31	271,522,460	271,522,460			271,522,460	198,280,300		10,000,000	208,280,300		63,242,160	63,242,160
2017-12-31	287,855,400	287,855,400			287,855,400	253,523,850	32,000,000		285,523,850	2,331,550		2,331,550
2022-12-31	9,065,800	9,065,800			9,065,800					9,065,800		9,065,800

- 채무면제이익에 충당되는 이월결손금은 발생연도의 제한이 없으므로 2007년도 결손금 중 [(14)보전]란에 10,000,000원을 입력한다. 2007년 결손금 중 채무면제이익으로 보전하고 남은 이월결손금 63,242,160원은 공제기한이 경과되었으므로 [(17)기한 경과]란에 입력한다.
- 2025년도 각 사업연도 소득금액은 40,000,000원이나 중소기업이 아니므로 소득금액의 80% 한도로 당기에 공제된다. 즉, 2017년 결손금 중 [(13)당기 공제액]란에 32,000,000원을 입력하고 해당 서식을 저장한다.

② [법인세 과세표준 및 세액 조정계산서]

법인세과세표준및세액조정계산서 정기

1071 (주)한국산업 법인 13기 2025-01-01~2025-12-31 부가세 2025 인사 2025

⊗닫기 코드 삭제 인쇄 조회 최근

F7 원장조회 F8 잔액조회 F11저장 F12 불러오기

구분	항목	코드	금액
① 각사업연도소득계산	101. 결산서상 당기순손익	01	40,000,000
	소득조정금액 102.익금산입	02	
	소득조정금액 103.손금산입	03	
	104. 차가감소득금액 (101+102-103)	04	40,000,000
	105. 기부금한도초과액	05	
	106. 기부금한도초과 이월액 손금산입	54	
	107. 각사업연도소득금액(104+105-106)	06	40,000,000
② 과세표준계산	108. 각사업연도소득금액 (108=107)		40,000,000
	109. 이월결손금	07	32,000,000
	110. 비과세소득	08	
	111. 소득공제	09	
	112. 과세표준 (108-109-110-111)	10	8,000,000
	159. 선박표준이익	55	
③ 산출세액계산	113. 과세표준 (113=112+159)	56	8,000,000
	114. 세율	11	9%
	115. 산출세액	12	720,000
	116. 지점유보소득(법 제96조)	13	
	117. 세율	14	
	118. 산출세액	15	
	119. 합계 (115+118)	16	720,000

구분	항목	코드	금액
④ 납부할세액계산	120. 산출세액 (120=119)		720,000
	121. 최저한세 적용대상 공제감면세액	17	
	122. 차감세액	18	720,000
	123. 최저한세 적용제외 공제감면세액	19	
	124. 가산세액	20	
	125. 가감계 (122-123+124)	21	720,000
	기납부세액 기한내납부세액 126. 중간예납세액	22	
	기납부세액 기한내납부세액 127. 수시부과세액	23	
	기납부세액 기한내납부세액 128. 원천납부세액	24	
	기납부세액 기한내납부세액 129. 간접 회사등 외국 납부세액	25	
	기납부세액 기한내납부세액 130. 소계(126+127+128+129)	26	
	기납부세액 131. 신고납부전 가산세액	27	
	기납부세액 132. 합계 (130+131)	28	
	133. 감면분 추가납부세액	29	
	134. 차가감 납부할 세액(125-132+133)	30	720,000
⑤토지등 양도소득, ⑥미환류소득 법인세 계산 (TAB로 이동)			
⑦ 세액계	151. 차감 납부할 세액계 (134+150+166)	46	720,000
	152. 사실과 다른 회계 처리 경정 세액공제	57	
	153. 분납세액 계산 범위액 (151-124-133-145-152+131)	47	720,000
	154. 분납할세액	48	
	155. 차감납부세액 (151-152-154)	49	720,000

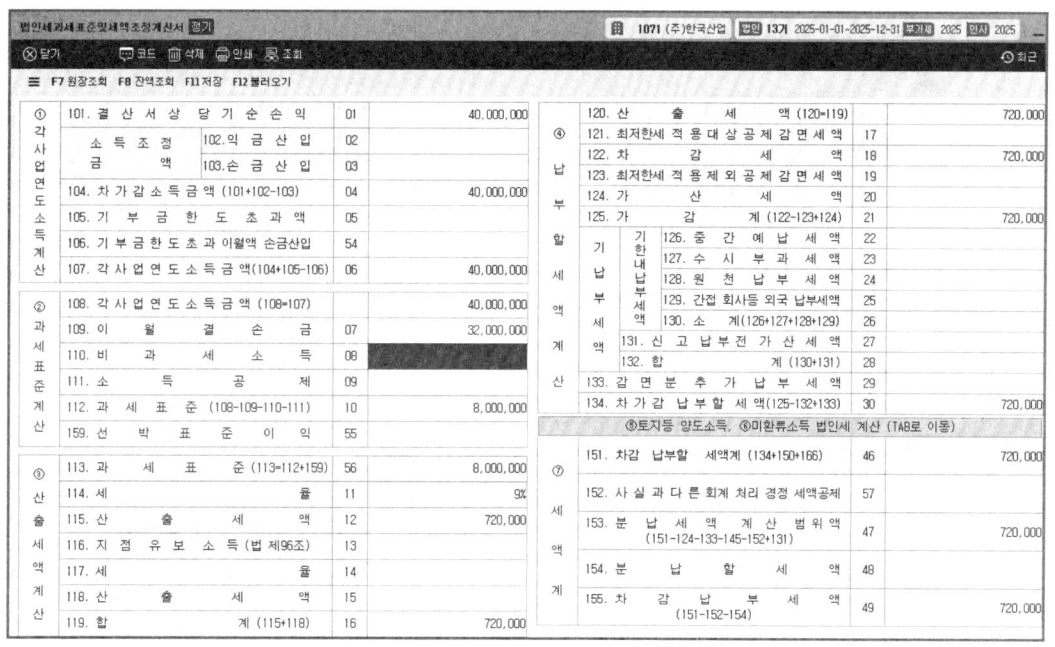

• [101.결산서상 당기순손익]란에 40,000,000원, [109.이월결손금]란에 32,000,000원을 입력한 후 해당 서식을 저장한다.

16 공제감면세액 관련 메뉴

▸ 최신 30회 중 2문제 출제

1. 공제감면세액

(1) 세액감면

세액감면이란 조세정책 목적상 특정한 소득에 대한 산출세액을 전액 면제해 주거나 산출세액의 일정률에 상당하는 금액을 경감해 주는 것을 말한다. 세액감면은 산출세액의 일정비율이므로 산출세액이 없거나 최저한세에 해당되는 경우 세액감면은 소멸된다. 즉, 당기에 감면받지 못한 금액은 차기로 이월하여 감면받을 수 없다.

① 세액감면의 계산

$$감면세액 = 법인세\ 산출세액 \times \frac{감면소득}{과세표준} \times 감면비율$$

② 세액감면의 종류

종류	내용
기간제한이 없는 세액감면	감면대상소득이 발생하면 기간제한 없이 감면 예 중소기업 특별세액감면*1 등
기간제한이 있는 세액감면	감면대상사업에서 최초로 소득이 발생하면 일정한 기간만 감면 예 창업중소기업에 대한 세액감면*2 등

*1 중소기업 특별세액감면

구분	내용
감면대상소득	중소기업 중 제조업 등 열거된 감면업종을 영위하는 기업의 해당 사업장에서 발생한 소득
감면세액	감면세액 = Min[㉠, ㉡] ㉠ 해당 사업장에서 발생한 소득에 대한 법인세×감면비율 ㉡ 감면 한도 • 당기의 상시근로자 수가 전기의 상시근로자 수보다 감소한 경우: 1억원－(감소한 상시근로자 수×1인당 5백만원) → 해당 금액이 음수인 경우에는 0으로 함 • 그 밖의 경우: 1억원
감면비율	5%~30%
주의사항	• 최저한세 적용 ○ • 다른 세액감면과 동일한 사업연도에 발생한 통합투자 세액공제는 중복 공제 × • 통합고용증대 세액공제, 중소기업의 연구인력개발비 세액공제 및 법인세법상 세액공제는 중복 적용 ○

*2 창업중소기업에 대한 세액감면

구분	내용
감면대상	수도권과밀억제권역 외의 지역에서 창업한 창업중소기업, 수도권과밀억제권역에서 창업한 창업중소기업 등
감면비율	5년간 50%~100%
주의사항	• 최저한세 적용 ○ • 다른 세액감면과 동일한 사업연도에 발생한 통합투자 세액공제는 중복 공제 × • 2025년 1월 1일 창업하는 중소기업부터 통합고용 세액공제와 중복 적용 × • 중소기업의 연구·인력개발비 세액공제 및 법인세법상 세액공제는 중복 적용 ○

(2) 세액공제

세액공제란 조세정책적 목적상 특정 지출액에 일정 비율의 금액을 산출세액에서 공제하는 것이다. 세액공제는 산출세액과 관계가 없으므로 산출세액이 없거나 최저한세에 해당되어 공제가 배제되는 경우 미공제세액은 10년간 이월공제된다.

구분	내용	취지	이월공제	최저한세
법인세법	외국납부 세액공제	국제적 이중과세 방지	10년간	적용 ×
	재해손실 세액공제	담세력상실에 따른 공제	–	
	사실과 다른 회계처리에 기인한 경정에 따른 세액공제	환급의 한 방편	기한 제한 ×	
조세특례제한법	연구·인력개발비 세액공제*	투자지원 등 조세정책적 목적	10년간	대부분 적용 ○
	통합투자 세액공제			
	통합고용 세액공제 등			

* 중소기업의 연구·인력개발비 세액공제액은 최저한세 적용대상이 아니며 다른 세액공제 및 세액감면와 중복 적용이 가능하다.

① **외국납부 세액공제**: 내국법인의 해외사업장에서 발생한 소득이 있는 경우 외국에서 외국의 법인세를 납부하고, 또한 국내소득에 합산하여 우리나라의 법인세를 납부하게 된다. 국제적 이중과세를 조정하기 위해 외국납부 세액공제를 적용받을 수 있다.

② **재해손실 세액공제**: 사업연도 중 천재지변이나 그 밖의 재해로 인하여 자산 총액(토지 제외)의 20% 이상을 상실하여 납세가 곤란하다고 인정되는 경우 법인세액에 재해상실비율을 곱한 금액을 산출세액에서 공제한다.

③ **사실과 다른 회계처리에 기인한 경정에 따른 세액공제**: 사실과 다른 회계처리(분식회계)로 인하여 과다납부한 법인세를 경정청구한 경우 관할 세무서장이 즉시 환급하지 않고 경정일이 속하는 사업연도부터 각 사업연도의 법인세액에서 매년 과다납부한 법인세액의 20%를 한도로 세액공제를 하는 제재를 두고 있다.

④ **연구·인력개발비 세액공제**: 제조업 등 일정한 사업을 영위하는 내국법인이 연구 및 인력개발비를 지출하는 경우 지출금액에 일정한 비율을 곱한 금액을 산출세액에서 공제한다.

개정세법 반영

⑤ **통합투자 세액공제**: 기존에 투자 등 기업환경 개선에 관련한 세액공제는 중소기업투자 세액공제를 비롯하여 특정시설 투자 세액공제, 의약품 품질관리개선시설 투자 세액공제, 신정상기술 사업화 시설 투자 세액공제, 초연결 네트워크구축시설 투자 세액공제 등 다양하게 존재하였다. 기업투자 활성화를 지원하기 위하여 이러한 제도를 통합하여 통합투자 세액공제가 신설되었다.

구분	내용
적용대상	소비성서비스업 및 부동산임대·공급 외의 사업을 영위하는 내국인이 공제 대상 자산에 투자하는 경우
적용배제	• 중고품, 임대사업용 자산, 그 밖에 타인에게 임대할 목적으로 취득한 자산에 투자한 금액 • 금융리스 이외의 리스에 의한 투자한 금액 • 정부보조금 등으로 투자한 금액
공제 대상 자산	㉠ 기계장치 등 사업용 유형자산(다만, 토지, 건축물, 차량 및 운반구, 공구, 기구 및 비품, 선박 및 항공기는 제외) ㉡ 위 ㉠에 해당하지 않는 유형자산과 무형자산으로서 다음 중 어느 하나에 해당하는 자산 • 연구 및 시험, 직업훈련, 에너지 절약, 환경보존 또는 근로자복지 증진 등의 목적으로 사용되는 사업용 자산 • 운수업을 경영하는 자가 사업에 직접 사용하는 차량운반구 • 중소기업 및 중견기업이 취득한 다음의 자산(특수관계인에게 취득한 자산 제외): 내국인이 국내에서 연구·개발하여 최초로 설정받은 특허권·실용신안권·디자인권
공제액	㉠과 ㉡ 둘 중 하나만 선택 • ㉠ 기본공제 금액[해당 과세연도 투자금액×공제율(1%~30%)]+추가공제금액 Min[(당해 연도 투자액－직전 3년간 평균투자액)×10%, 기본공제×2배] • ㉡ 임시투자 세액공제: 기본공제 금액[해당 과세연도 투자금액×공제율(1%~14%)]+추가공제금액 Min[(당해 연도 투자액－직전 3년간 평균투자액)×10%, 기본공제×2배]
주의사항	• 최저한세 적용 ○ • 동일한 사업연도에 발생한 다른 세액감면과 중복 공제 × • 통합고용증대 세액공제, 중소기업의 연구인력개발비 세액공제 및 법인세법상 세액공제는 중복 적용 ○

개정세법 반영

⑥ **통합고용 세액공제**: 통합고용 세액공제는 기존의 5개 고용지원제도(고용증대 세액공제, 사회보험료 세액공제, 경력단절 여성 세액공제, 정규직 전환 세액공제, 육아휴직 복귀자 세액공제)가 통합해 개편되었다.

구분	내용
고용증대기업 기본세액공제	• 공제대상: 내국인(소비성서비스업을 경영하는 내국인은 제외)의 2025년 12월 31일이 속하는 사업연도까지의 기간 중 해당 사업연도의 상시근로자의 수가 직전 사업연도의 상시근로자의 수보다 증가한 경우 • 공제세액: ①+② ① 청년 등 상시근로자의 증가 인원수×1인당 연간공제액 (표 ①) ② 청년 등 상시근로자를 제외한 상시근로자의 증가 인원 수 (표 ②)
고용증대기업 추가세액공제	• 공제대상: 중소기업 또는 중견기업이 육아휴직 복귀자를 2025년 12월 31일까지 복직시키는 경우 • 공제세액: 육아휴직 복귀자 인원 수 × 중소기업 1,300만원(중견기업 900만원)

① 청년 등 상시근로자의 증가 인원수×1인당 연간공제액

구분	1인당 연간공제액	
	수도권 내에서 증가	수도권 밖에서 증가
중소기업	1,450만원	1,550만원
중견기업	800만원	
대기업	400만원	

② 청년 등 상시근로자를 제외한 상시근로자의 증가 인원 수

구분	1인당 연간공제액	
	수도권 내에서 증가	수도권 밖에서 증가
중소기업	850만원	950만원
중견기업	450만원	
대기업	0원	

주의사항	• 최저한세 적용 ○ • 2025년 1월 1일 창업하는 중소기업부터 창업중소기업에 대한 세액감면과 중복 적용 × • 중소기업 특별세액감면, 중소기업의 연구 · 인력개발비 세액공제 및 법인세법상 세액공제와 중복 적용 ○

(3) **중복지원의 배제**

① **투자 세액공제 간의 중복 적용배제:** 하나의 투자자산에 대하여 둘 이상의 투자 세액공제가 동시에 적용되는 경우 그 중 하나만을 선택하여 적용받을 수 있다.

② **투자 세액공제와 세액감면과의 중복 적용배제:** 동일한 과세연도에 각종 기간 제한 있는 세액감면(예 창업중소기업에 대한 세액감면 등)과 중소기업 특별세액감면 및 통합투자 세액공제 등의 규정을 동시에 적용받을 수 있는 경우에도 그 중 하나만을 선택하여 적용받을 수 있다.

2. 최저한세 미적용 시 공제감면세액 관련 메뉴 입력 순서

입력 순서	내용
Ⅰ.법인세 과세표준 및 세액조정계산서	법인세 산출세액의 확정
Ⅱ.공제감면 세액 계산서(1)(2)(4)(5), 일반연구 및 인력개발비 명세서	공제감면세액 대상금액 계산한 후 세액공제 조정명세서(3)에 반영
Ⅲ.세액공제 조정명세서(3)	세액공제 대상금액 계산 및 당기공제 및 이월액 계산
Ⅳ.공제감면세액 및 추가 납부세액 합계표	공제감면세액의 집계
Ⅴ.법인세 과세표준 및 세액조정계산서	최종 세액 감면과 세액공제의 확정

(1) **공제감면세액 계산서(2)**

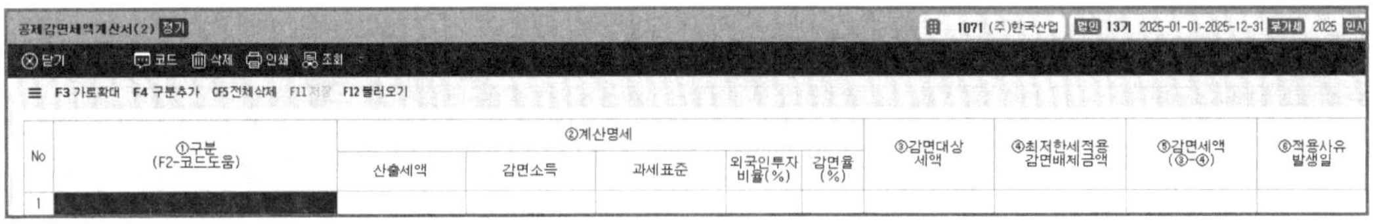

① **구분:** 키보드의 F2를 이용하여 다음의 보조창에서 해당하는 「조세특례제한법」상 세액감면을 선택한다.

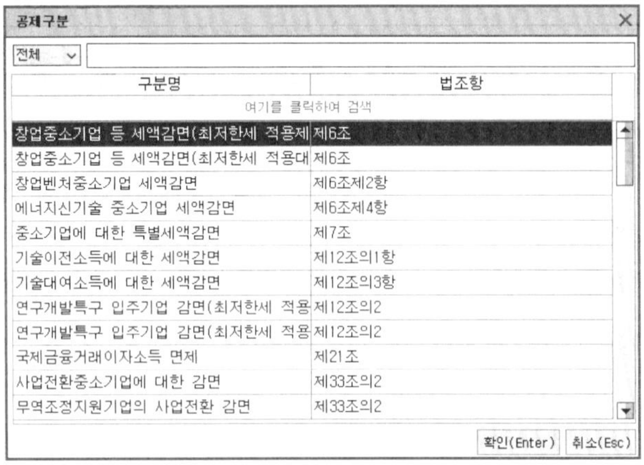

② **계산명세:** [산출세액]란은 법인세 산출세액, [감면소득]란은 감면사업에서 발생한 과세표준 상당액, [과세표준]란은 과세표준, [감면율(%)]란은 해당 감면율을 입력한다.

③ **감면대상세액:** 계산명세를 입력하면 감면대상세액이 자동 반영된다.

④ **최저한세 적용 감면배제금액:** 최저한세의 적용으로 세액감면이 배제되는 금액을 입력한다.

⑤ 감면세액(③-④): [③감면대상세액]란에서 [④최저한세 적용 감면배제금액]란을 차감한 감면세액이 자동 반영된다.

⑥ 적용사유 발생일: 세액감면 사유 발생일이 있는 경우 해당 일을 입력한다.

(2) 세액공제 조정명세서(3)

① [1.세액공제(1)] 탭

구분	계산기준	계산명세		공제대상 세 액
		투자액	공제율	
중소기업 등 투자세액공제	투자금액 × 1(2,3,5,10)/100			
상생결제 지급금액에 대한 세액공제	지급기한 15일 이내 : 지급 금액의 0.5% 지급기한 15일 ~ 30일 : 지급 금액의 0.3% 지급기한 30일 ~ 60일 : 지급 금액의 0.015%	F4-계산내역		
대.중소기업 상생협력을 위한 기금출연 세액공제	출연금 × 10/100			
협력중소기업에 대한 유형고정자산 무상임대 세액공제	장부가액 × (3/100)			
수탁기업에 설치하는 시설에 대한 세액공제	19.1.1. 이후 투자분 : 투자금액 × 1(3,7)/100			
교육기관에 무상 기증하는 중고자산에 대한 세액공제	기증자산 시가 × 10/100			
신성장 · 원천기술 연구개발비세액공제(최저한세 적용제외)	(일반 연구 · 인력개발비) '25.1.1. 이후: 발생액×0~2(8,15,20,25)/100 또는 직전 발생액의 초과액×25(40,50)/100 (신성장 · 원천기술 연구개발비) '25.1.1. 이후: 발생액×20(25,30)/100 (국가전략기술 연구개발비) '25.1.1. 이후: 발생액×30(35,40)/100			
국가전략기술 연구개발비세액공제(최저한세 적용제외)				
연구 · 인력개발비세액공제(최저한세 적용제외)		F4-계산내역		
신성장 · 원천기술 연구개발비세액공제(최저한세 적용대상)				
국가전략기술 연구개발비세액공제(최저한세 적용대상)				
연구 · 인력개발비세액공제(최저한세 적용대상)		F4-계산내역		

• 계산명세: 투자금액 또는 취득금액 등을 입력한다. F4 계산내역 이 등록되어 있는 경우에 상단 툴바의 F4 계산내역 을 클릭한 후 나타나는 보조창에서 해당 내역을 입력한다.

• 공제 대상세액: [투자액]란에 [공제율]란을 곱한 금액이 자동 반영된다.

② [2.세액공제(2)] 탭

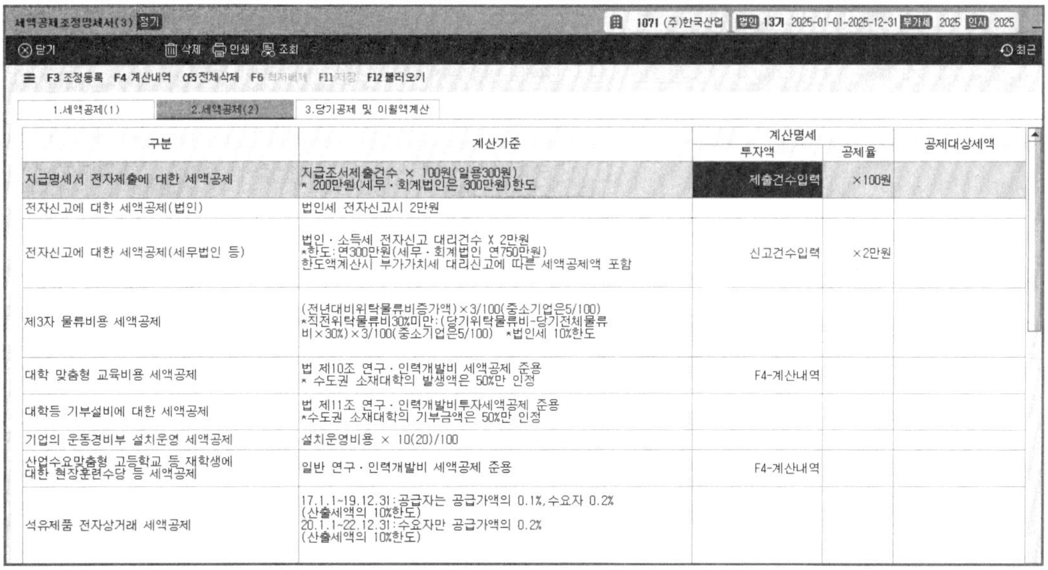

구분	계산기준	계산명세		공제대상세액
		투자액	공제율	
지급명세서 전자제출에 대한 세액공제	지급조서제출건수 × 100원(일용300원) * 200만원(세무 · 회계법인은 300만원)한도	제출건수입력	×100원	
전자신고에 대한 세액공제(법인)	법인세 전자신고시 2만원			
전자신고에 대한 세액공제(세무법인 등)	법인 · 소득세 전자신고 대리건수 X 2만원 *한도:연300만원(세무 · 회계법인 연750만원) 한도액계산시 부가가치세 대리신고에 따른 세액공제액 포함	신고건수입력	×2만원	
제3자 물류비용 세액공제	(전년대비위탁물류비증가액)×3/100(중소기업은5/100) *직전위탁물류비30%미만:(당기위탁물류비-당기전체물류비×30%)×3/100(중소기업은5/100) *법인세 10%한도			
대학 맞춤형 교육비용 세액공제	법 제10조 연구 · 인력개발비 세액공제 준용 * 수도권 소재대학의 발생액은 50%만 인정	F4-계산내역		
대학등 기부설비에 대한 세액공제	법 제11조 연구 · 인력개발비투자세액공제 준용 *수도권 소재대학의 기부금액은 50%만 인정			
기업의 운동경비부 설치운영 세액공제	설치운영비용 × 10(20)/100			
산업수요맞춤형 고등학교 등 재학생에 대한 현장훈련수당 등 세액공제	일반 연구 · 인력개발비 세액공제 준용	F4-계산내역		
석유제품 전자상거래 세액공제	17.1.1~19.12.31:공급자는 공급가액의 0.1%,수요자 0.2% (산출세액의 10%한도) 20.1.1~22.12.31:수요자만 공급가액의 0.2% (산출세액의 10%한도)			

③ [3.당기 공제 및 이월액계산] 탭

- (105)구분: F2를 이용하여 당기에 적용할 세액공제의 종류를 선택한다.
- (106)사업연도: 세액공제가 발생한 사업연도를 입력한다.
- 요공제액-(107)당기분: 당기에 발생한 공제 대상세액을 입력한다.
- 요공제액-(108)이월분: 전기 이전에 발생한 공제 대상세액 중에서 이월공제가 가능한 금액을 입력한다.
- 당기 공제 대상세액: [(107)당기분]란의 세액이 [(109)당기분]란에 자동 반영되며 [(108)이월분]란 금액 중 당기에 공제할 금액을 해당 연도별[(110)1차연도~(119)10차연도]로 입력한다.
- (121)최저한세 적용에 따른 미공제액: 최저한세 적용에 따른 미공제액을 입력한다.
- (124)소멸: [(108)이월분]란 중 이월공제 가능기간 경과로 차기에 이월하여 공제할 수 없는 금액을 입력한다.

(3) 공제감면세액 및 추가 납부세액 합계표

세액공제 및 세액감면내역을 정리한 서식으로 각종 공제감면세액 계산서와 세액공제 조정명세서 등의 내역을 자동으로 불러오며, 공제감면세액 및 추가 납부세액 합계표에 불러온 내용은 최저한세조정명세서, 법인세 과세표준 및 세액조정계산서에 반영된다.

①구 분	②근 거 법 조 항	코드	③대상세액	④감면(공제)세액
(101)창업중소기업에 대한 세액감면(최저한세 적용제외)	「조특법」 제6조제7항 외	110		
(102)해외자원개발투자배당 감면	「조특법」 제22조	103		
(103)수도권과밀억제권역외 지역이전 중소기업 세액감면(수도권 밖으로 이전)	「조특법」 제63조	169		
(104)공장의 수도권 밖 지역이전 세액감면(수도권 밖으로 이전)	「조특법」 제63조	108		
(105)본사의 수도권 밖 지역이전 세액감면	「조특법」 제63조의2	109		
(106)영농조합법인 감면	「조특법」 제66조	104		
(107)영어조합법인 감면	「조특법」 제67조	107		
(108)농업회사법인 감면(농업소득)	「조특법」 제68조	11B		
(109)행정중심복합도시 등 공장이전에 대한 조세감면	「조특법」 제85조의2제3항	11A		
(110)위기지역 내 창업기업 세액감면(최저한세 적용제외)	「조특법」 제99조의9	11N		
(111)해외진출기업의 국내복귀에 대한 세액감면(철수방식)	「조특법」 제104조의24제1항제1호	11F		
(112)해외진출기업의 국내복귀에 대한 세액감면(유지방식)	「조특법」 제104조의24제1항제2호	11H		
(113)고도기술수반사업 외국인투자 세액감면	「조특법」 제121조의2제1항제1호	186		
(114)외국인투자지역내 외국인투자 세액감면	「조특법」 제121조의2제1항제2호 또는 제2호의5	187		
(115)경제자유구역내 외국인투자 세액감면	「조특법」 제121조의2제1항제2호의2	188		
(116)경제자유구역 개발사업시행자 세액감면	「조특법」 제121조의2제1항제2호의3	157		
(117)제주투자진흥기구의 개발사업시행자 세액감면	「조특법」 제121조의2제1항제2호의4	158		
(118)기업도시 개발구역내 외국인투자 세액감면	「조특법」 제121조의2제1항제2호의6	159		
(119)기업도시 개발사업의 시행자 세액감면	「조특법」 제121조의2제1항제2호의7	160		
(120)새만금사업지역내 외국인투자 세액감면	「조특법」 제121조의2제1항제2호의8	11J		
(121)새만금사업 시행자 세액감면	「조특법」 제121조의2제1항제2호의9	11K		
(122)기타 외국인투자유치를 위한 조세감면	「조특법」 제121조의2제1항제3호	167		
(123)외국인투자기업의 증자의 조세감면	「조특법」 제121조의4	172		

① 최저한세 배제 세액감면/최저한세 배제 세액공제: 최저한세의 적용을 받지 않는 법인세법 세액공제를 확인할 수 있다.

② 최저한세 적용 세액감면/최저한세 적용 세액공제: 최저한세의 적용을 받는 「조세특례제한법」상 세액공제(중소기업의 경우 연구 · 인력개발비 세액공제는 제외)를 확인할 수 있다.

③ 대상세액: 공제감면 대상금액이 있는 경우 공제감면세액 계산서에 의해 감면 구분별로 입력한 금액을 상단 툴바의 F12 불러오기를 클릭하여 불러오거나 직접 입력한다.

④ 감면(공제)세액: 공제감면세액 계산서에 의하여 계산된 공제세액 중 당기에 공제될 세액의 범위 안에서 공제순위에 따라 감면 구분별로 입력한다.

연습문제

[1] 서울에 소재하는 현미산업(주)(회사코드: 1062)은 당기에 신규 투자한 기계장치(일반시설)에 대하여 통합투자 세액공제를 적용받고자 한다. 2025년도에는 10% 공제율을 적용하며 추가 공제액은 없다고 가정한다. 다음 자료에 의하여 세액공제 조정명세서(3)와 공제감면세액 및 추가 납부세액 합계표를 작성하시오. 기출 58회 수정

구분	기계장치 A	기계장치 B
취득일	2025.2.10.	2025.4.20.
취득가액	120,000,000원	110,000,000원
비고	중고품	신제품 (정부보조금으로 구입한 금액 10,000,000원이 포함됨)

| 풀이 |

[세액공제 조정명세서(3)]

① [2.세액공제(2)] 탭

[통합투자 세액공제]란에 커서가 위치할 때 키보드의 F4를 누른 후 일반시설 [공제 대상금액]란에 100,000,000원(중고품과 정부보조금으로 구입한 금액은 세액공제 대상 ×)을 입력하고 공제율은 '10%'를 선택한다.

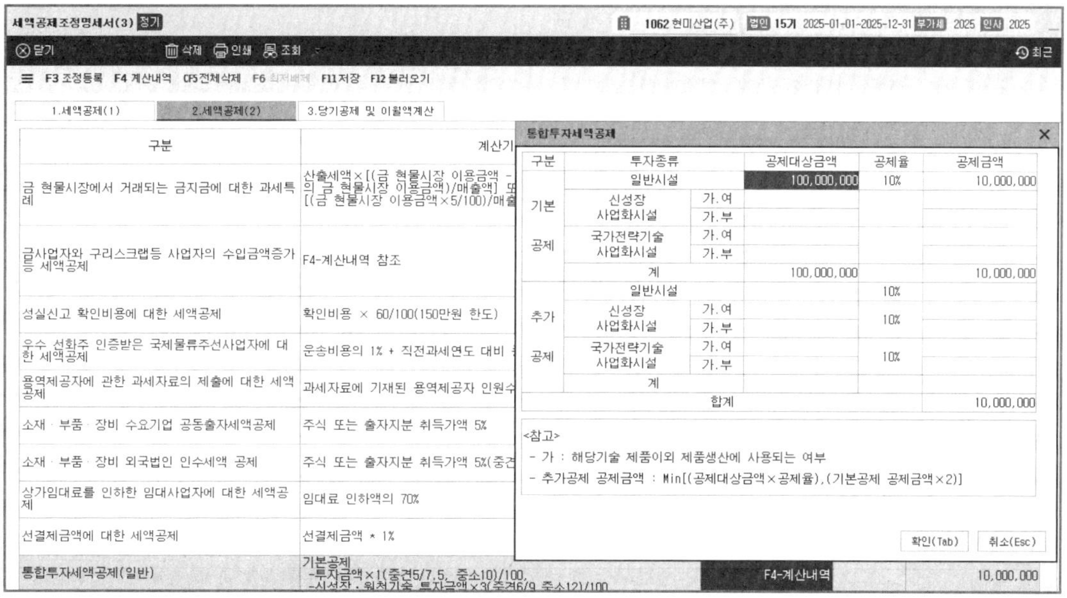

② [3.당기 공제 및 이월액계산] 탭

상단 툴바의 F12 불러오기를 클릭하여 반영된 내용을 확인한 후 해당 서식을 저장한다.

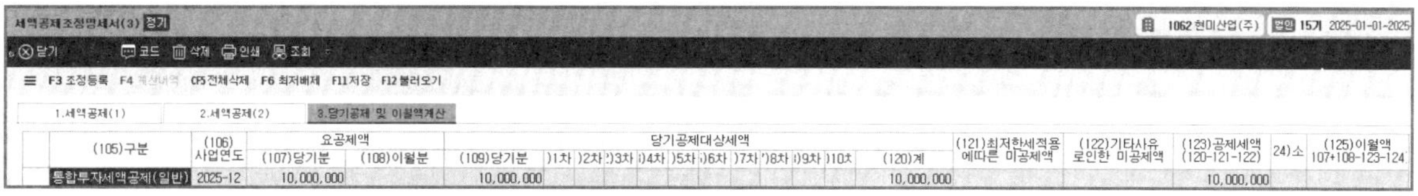

③ [공제감면세액 및 추가 납부세액 합계표]-[최저한세적용 세액공제, 면제] 탭

F12 불러오기를 클릭한 후 해당 서식을 저장한다.

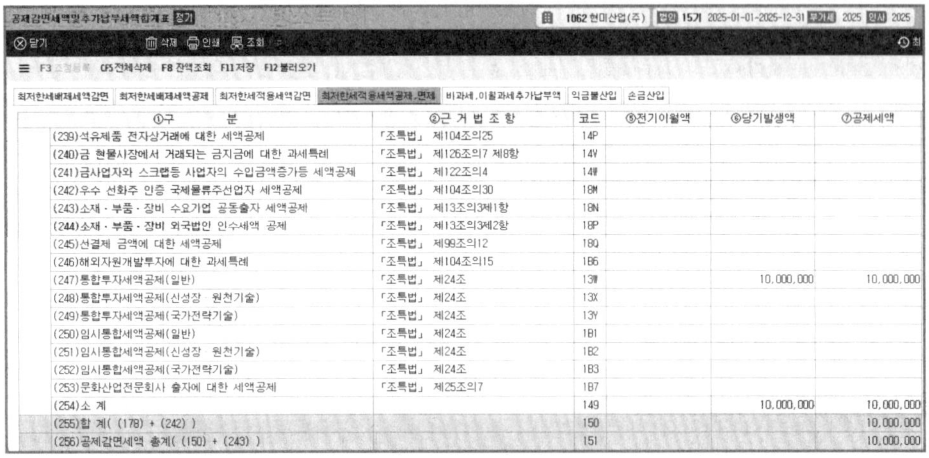

①구 분	②근 거 법 조 항	코드	⑤전기이월액	⑥당기발생액	⑦공제세액
(239)석유제품 전자상거래에 대한 세액공제	「조특법」 제104조의25	14P			
(240)금 현물시장에서 거래되는 금지금에 대한 과세특례	「조특법」 제126조의7 제8항	14V			
(241)금사업자와 스크랩등 사업자의 수입금액증가등 세액공제	「조특법」 제122조의4	14W			
(242)우수 선화주 인증 국제물류주선업자 세액공제	「조특법」 제104조의30	18M			
(243)소재·부품·장비 수요기업 공동출자 세액공제	「조특법」 제13조의3제1항	18N			
(244)소재·부품·장비 외국법인 인수세액 공제	「조특법」 제13조의3제2항	18P			
(245)선결제 금액에 대한 세액공제	「조특법」 제99조의12	18Q			
(246)해외자원개발투자에 대한 과세특례	「조특법」 제104조의15	1B6			
(247)통합투자세액공제(일반)	「조특법」 제24조	13W		10,000,000	10,000,000
(248)통합투자세액공제(신성장 원천기술)	「조특법」 제24조	13X			
(249)통합투자세액공제(국가전략기술)	「조특법」 제24조	13Y			
(250)임시통합세액공제(일반)	「조특법」 제24조	1B1			
(251)임시통합세액공제(신성장 원천기술)	「조특법」 제24조	1B2			
(252)임시통합세액공제(국가전략기술)	「조특법」 제24조	1B3			
(253)문화산업전문회사 출자에 대한 세액공제	「조특법」 제25조의7	1B7			
(254)소 계		149		10,000,000	10,000,000
(255)합 계((178) + (242))		150			10,000,000
(256)공제감면세액 총계((150) + (243))		151			10,000,000

[2] 장수기업(주)(회사코드: 1075)는 통합고용 세액공제를 적용받고자 한다. 정규직 근로자 변동 내역이 아래와 같을 때, 세액공제 조정명세서(3) 및 세액공제 신청서를 작성하시오. 2024년 사업연도는 세액공제 요건을 충족하지 못하였다(세액공제 조정명세서(3)는 세액공제 탭과 당기 공제 및 이월액 계산을 각각 작성할 것). 기출 87회 수정

직전 과세연도 대비 상시근로자 증가 인원은 다음과 같다.

- 청년 등: 2.5명
- 청년 등 외: 4명

| 풀이 |

[세액공제 조정명세서(3)]

① [1.세액공제(1)] 탭

주어진 데이터상 [회사등록] 메뉴에 회사의 사업장 주소지(인천광역시)가 기재되어 있고, 중소기업으로 분류되어 있으므로 (주)백두전자는 수도권 내의 중소기업임을 확인할 수 있다. 마우스 오른쪽 버튼을 클릭하고 '찾기' 기능을 이용하여 '통합고용 세액공제'를 찾는다.

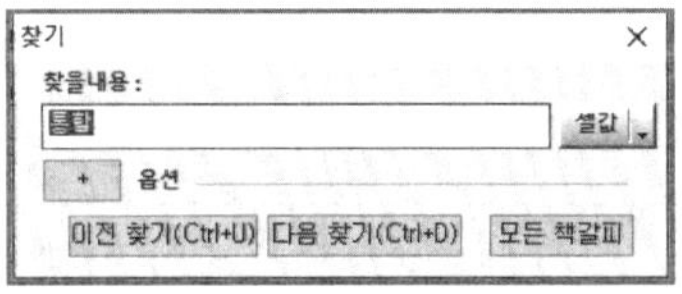

⇩

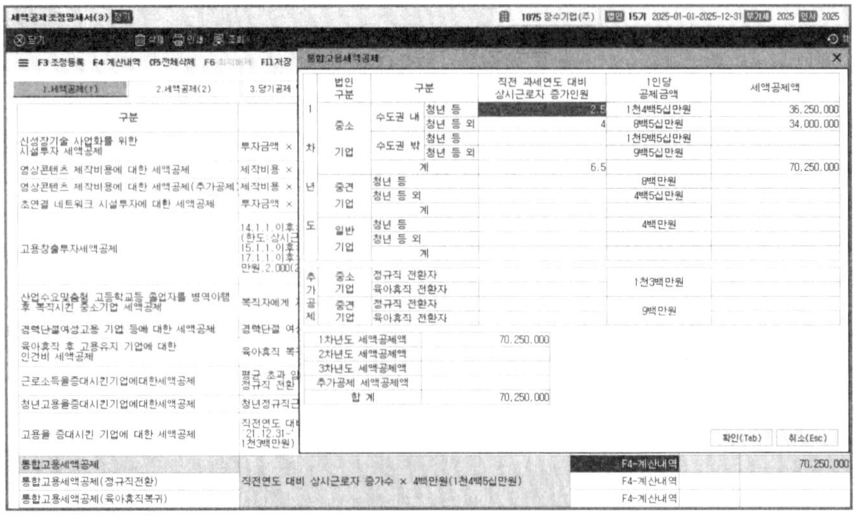

- 중소기업–수도권 내–청년 등 근로자 증가 수: 2.5명
- 중소기업–수도권 내–청년 등 외 근로자 증가 수: 4명

② [3.당기 공제 및 이월액계산] 탭

상단 툴바의 F12 불러오기 를 클릭하여 반영된 내용을 확인한 후 해당 서식을 저장한다.

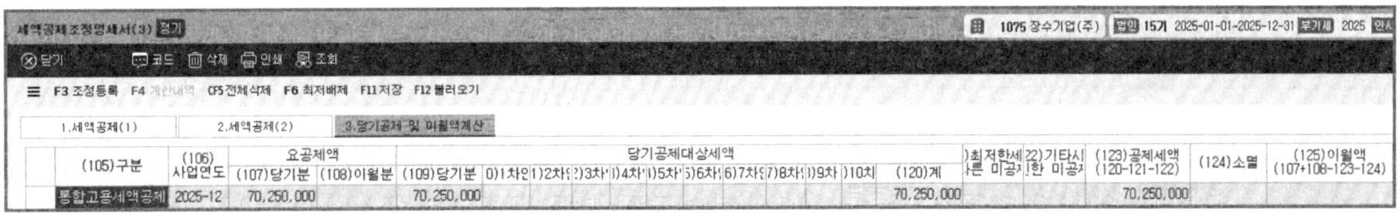

③ [법인조정]–[법인조정 I]–[공제감면세액조정 I]–[세액공제신청서]

F12 불러오기 를 클릭한 후 해당 서식을 저장한다.

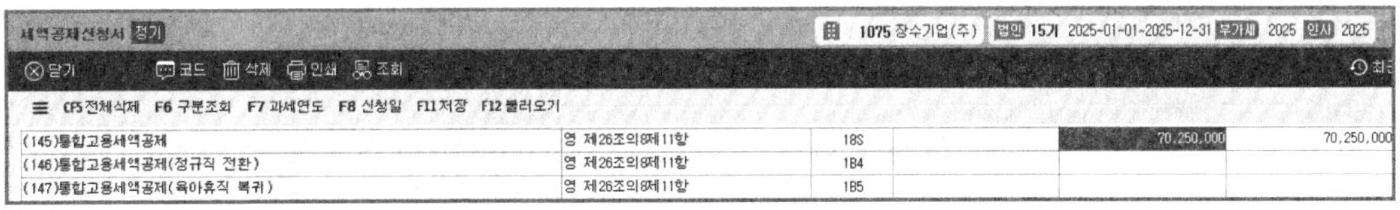

17 일반연구 및 인력개발비 명세서

▸ 최신 30회 중 1문제 출제

내국법인에 연구 및 인력개발을 위하여 지출한 비용이 있는 경우에는 연구 및 인력개발비 세액공제를 적용받을 수 있다.

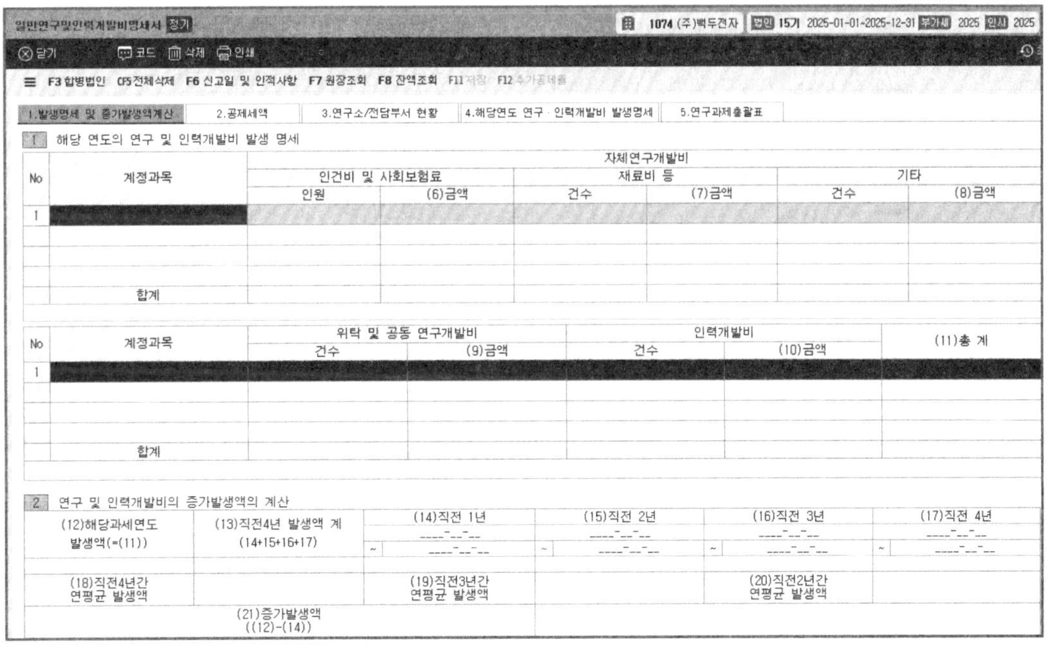

1. [1.발생명세 및 증가 발생액계산] 탭

(1) 해당 연도의 연구 및 인력개발비 발생 명세

F2를 이용하여 장부상 연구 및 인력개발비가 계상된 계정과목을 입력한다. 계정과목별로 연구 및 인력개발을 위한 인건비, 재료비, 위탁 및 공동기술개발비, 인력개발비, 맞춤형교육비용, 현장훈련 수당 등을 입력한다. 단, 인건비 중 다음의 임직원에게 지급한 금액은 적용이 배제된다.

① 연구개발과제를 직접 수행하거나 보조하지 않고 행정사무를 담당하는 자
② 당해 법인의 주주인 임원으로서 총발행주식 10%를 초과하여 보유하는 자

(2) 연구 및 인력개발비의 증가 발생액의 계산

직전 4년에 해당하는 각 사업연도의 기간이 입력되어 있으며 해당 기간별로 연구 및 인력개발비 발생금액을 입력한다.

2. [2.공제세액] 탭

[1.발생명세 및 증가 발생액계산] 탭에 입력된 내용에 따라 [(41)해당 연도에 공제받을 세액]란이 자동 계산된다. 동 금액은 [세액공제 조정명세서(3)]에서 상단 툴바의 F12 불러오기를 클릭하면 연구·인력개발비 세액공제의 [공제 대상세액]란에 자동 반영된다.

포인트 일반연구 및 인력개발비 세액공제

증가분 방식과 당기분 방식 중 선택하여 공제한다.
- 증가분 방식: (당기 발생액－직전기 발생액)×50%(중소기업)
- 당기분 방식: 당기 발생액×25%(중소기업)

단, 연구 및 인력개발비가 4년간 발생하지 않았거나 '직전기 발생액<4년간 연평균 발생액'인 경우 당기분 방식만 적용된다.

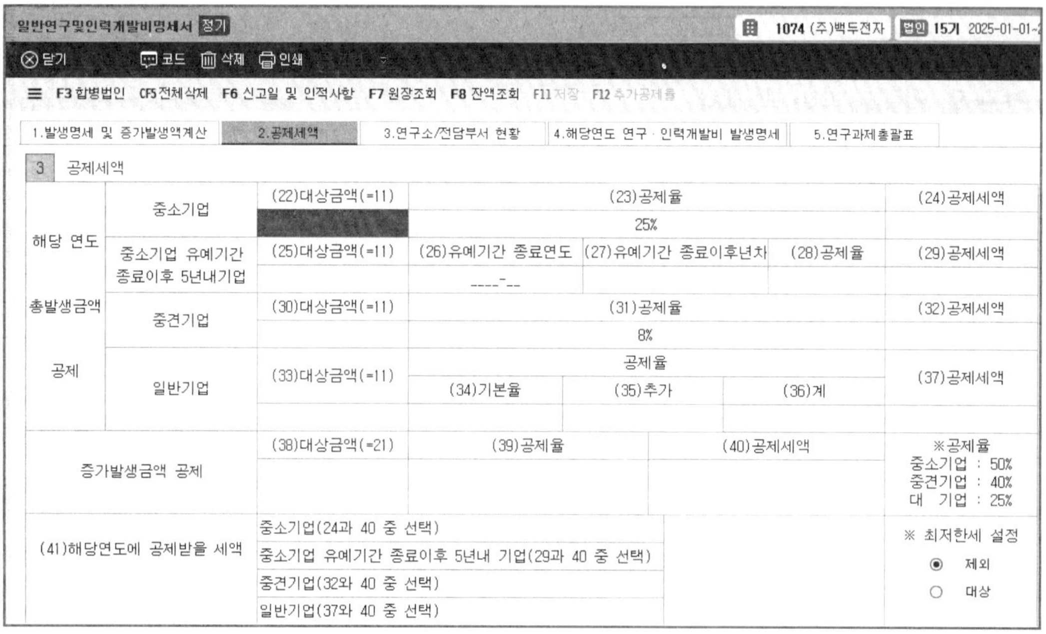

연습문제

[1] 다음 자료를 통하여 (주)백두전자(회사코드: 1074)의 일반연구 및 인력개발비 명세서를 작성하고, 세액공제 조정명세서(3)를 완성하시오.

기출 56회

1. 연구 및 인력개발비 지출내역은 다음과 같다(모두 일반연구개발에 해당함).

계정과목	인건비(3명)	재료비(10건)	위탁개발비(5건)
경상연구개발비(제)	20,000,000원	44,000,000원	30,000,000원

2. 직전 4년간 지출한 연구 및 인력개발비 내역은 다음과 같다.

구분	해당 사업연도	연구 및 인력개발비 지출내역
14기	2024.1.1.~2024.12.31.	30,000,000원
13기	2023.1.1.~2023.12.31.	20,000,000원
12기	2022.1.1.~2022.12.31.	35,000,000원
11기	2021.1.1.~2021.12.31.	40,000,000원

3. 연구 및 인력개발비 세액공제는 최대 금액으로 당기에 전액 신청한다.
4. 세액공제 조정명세서(3) 작성 시 이월된 연구 및 인력개발비 세액공제는 없는 것으로 가정한다.

PART 04

| 풀이 |

① [일반연구 및 인력개발비 명세서]

- [1.발생명세 및 증가 발생액계산] 탭

  직전 4년간 발생액은 31,250,000원이며 직전 1년간 발생액 30,000,000원보다 크므로 당기분 방식만 적용할 수 있다. 따라서 [(21)증가발생액]란에 반영되는 금액은 없다.

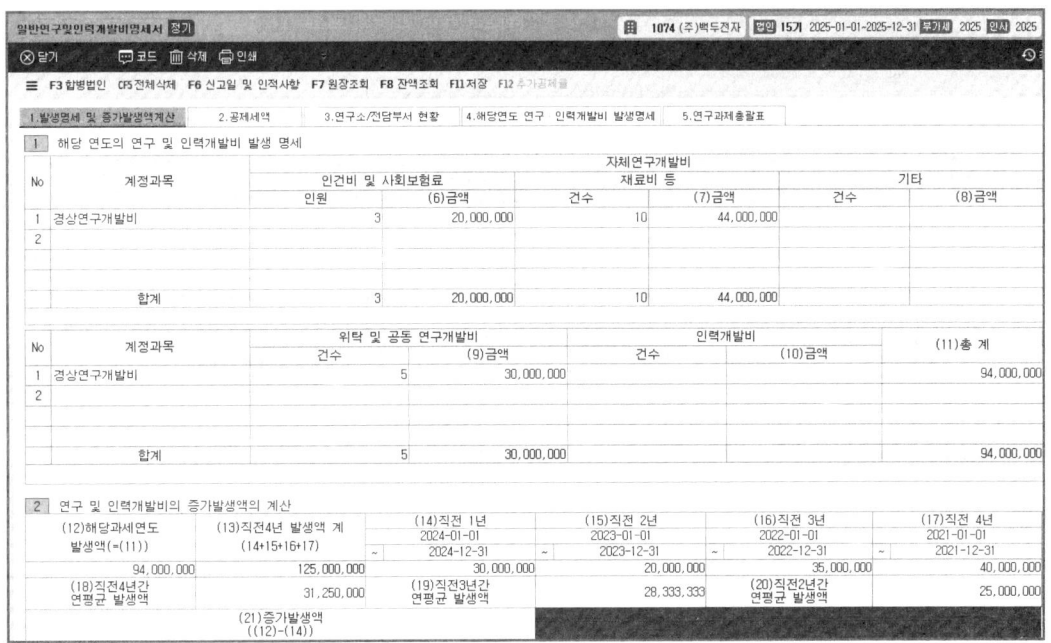

일반연구및인력개발비명세서 정기 | 1074 (주)백두전자 | 법인 15기 2025-01-01~2025-12-31 | 부가세 2025 | 인사 2025

⊗ 닫기 | 코드 | 삭제 | 인쇄

F3 합병법인 | CF5 전체삭제 | F6 신고일 및 인적사항 | F7 원장조회 | F8 잔액조회 | F11 저장 | F12 추가공제율

1.발생명세 및 증가발생액계산 | 2.공제세액 | 3.연구소/전담부서 현황 | 4.해당연도 연구 인력개발비 발생명세 | 5.연구과제총괄표

1 해당 연도의 연구 및 인력개발비 발생 명세

No	계정과목	자체연구개발비					
		인건비 및 사회보험료		재료비 등		기타	
		인원	(6)금액	건수	(7)금액	건수	(8)금액
1	경상연구개발비	3	20,000,000	10	44,000,000		
2							
	합계	3	20,000,000	10	44,000,000		

No	계정과목	위탁 및 공동 연구개발비		인력개발비		(11)총 계
		건수	(9)금액	건수	(10)금액	
1	경상연구개발비	5	30,000,000			94,000,000
2						
	합계	5	30,000,000			94,000,000

2 연구 및 인력개발비의 증가발생액의 계산

(12)해당과세연도 발생액(=(11))	(13)직전4년 발생액 계 (14+15+16+17)	(14)직전 1년 2024-01-01 ~ 2024-12-31	(15)직전 2년 2023-01-01 ~ 2023-12-31	(16)직전 3년 2022-01-01 ~ 2022-12-31	(17)직전 4년 2021-01-01 ~ 2021-12-31
94,000,000	125,000,000	30,000,000	20,000,000	35,000,000	40,000,000
(18)직전4년간 연평균 발생액	31,250,000	(19)직전3년간 연평균 발생액	28,333,333	(20)직전2년간 연평균 발생액	25,000,000
(21)증가발생액 ((12)-(14))					

• [2.공제세액] 탭: 불러온 금액을 확인한 후 해당 서식을 저장한다.

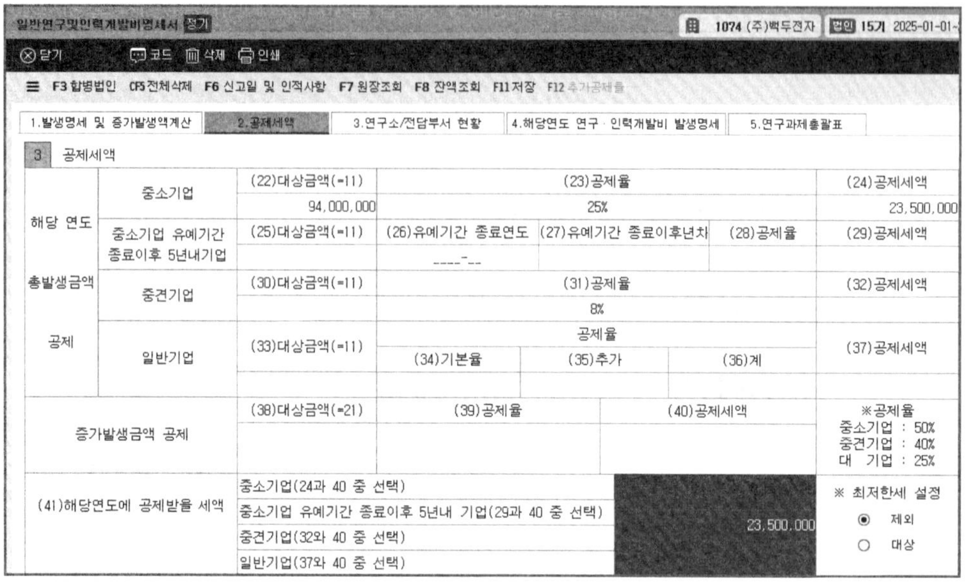

일반연구및인력개발비명세서 정기 | 1074 (주)벽두전자 | 법인 15기 2025-01-01-

⊗닫기 코드 삭제 인쇄

F3 합병법인 CF5 전체삭제 F6 신고일 및 인적사항 F7 원장조회 F8 잔액조회 F11 저장 F12 추가공제율

1.발생명세 및 증가발생액계산 | 2.공제세액 | 3.연구소/전담부서 현황 | 4.해당연도 연구·인력개발비 발생명세 | 5.연구과제총괄표

3 공제세액

해당 연도 총발생금액 공제	중소기업	(22)대상금액(=11)	(23)공제율			(24)공제세액
		94,000,000	25%			23,500,000
	중소기업 유예기간 종료이후 5년내기업	(25)대상금액(=11)	(26)유예기간 종료연도	(27)유예기간 종료이후년차	(28)공제율	(29)공제세액
			____-__			
	중견기업	(30)대상금액(=11)	(31)공제율			(32)공제세액
			8%			
	일반기업	(33)대상금액(=11)	공제율 (34)기본율	(35)추가	(36)계	(37)공제세액
증가발생금액 공제		(38)대상금액(=21)	(39)공제율	(40)공제세액		※공제율 중소기업 : 50% 중견기업 : 40% 대 기업 : 25%
(41)해당연도에 공제받을 세액		중소기업(24과 40 중 선택)		23,500,000		※ 최저한세 설정 ◉ 제외 ○ 대상
		중소기업 유예기간 종료이후 5년내 기업(29과 40 중 선택)				
		중견기업(32와 40 중 선택)				
		일반기업(37와 40 중 선택)				

② [세액공제 조정명세서(3)]

• [1.세액공제(1)] 탭: 상단 툴바의 F12 불러오기 를 클릭한다.

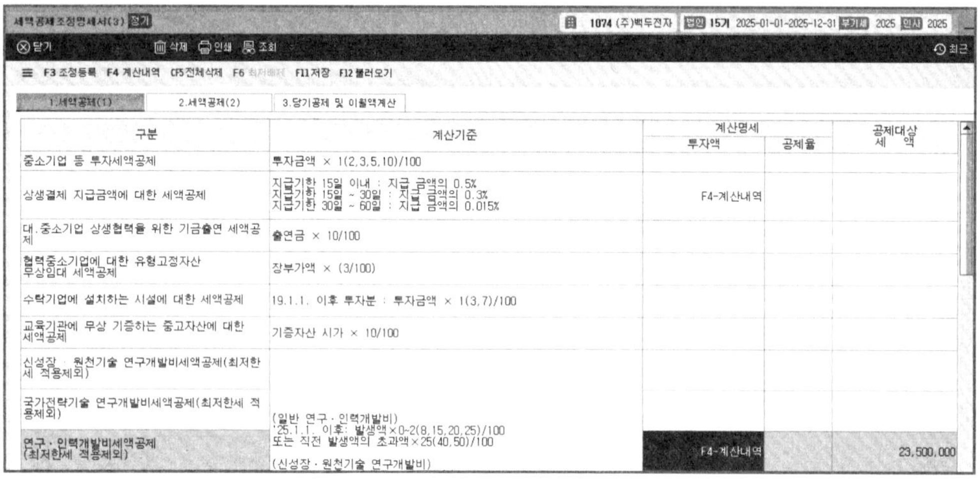

세액공제조정명세서(3) 정기 | 1074 (주)벽두전자 | 법인 15기 2025-01-01-2025-12-31 부가세 2025 인사 2025

⊗닫기 삭제 인쇄 조회 최근

F3 조정등록 F4 계산내역 CF5 전체삭제 F6 최저배제 F11 저장 F12 불러오기

1.세액공제(1) | 2.세액공제(2) | 3.당기공제 및 이월액계산

구분	계산기준	계산명세 투자액	계산명세 공제율	공제대상 세 액
중소기업 등 투자세액공제	투자금액 × 1(2,3,5,10)/100			
상생결제 지급금액에 대한 세액공제	지급기한 15일 이내 : 지급 금액의 0.5% 지급기한 15일 ~ 30일 : 지급 금액의 0.3% 지급기한 30일 ~ 60일 : 지급 금액의 0.015%	F4-계산내역		
대.중소기업 상생협력을 위한 기금출연 세액공제	출연금 × 10/100			
협력중소기업에 대한 유형고정자산 무상임대 세액공제	장부가액 × (3/100)			
수탁기업에 설치하는 시설에 대한 세액공제	19.1.1. 이후 투자분 : 투자금액 × 1(3,7)/100			
교육기관에 무상 기증하는 중고자산에 대한 세액공제	기증자산 시가 × 10/100			
신성장 · 원천기술 연구개발비세액공제(최저한세 적용제외)				
국가전략기술 연구개발비세액공제(최저한세 적용제외)				
연구 · 인력개발비세액공제(최저한세 적용제외)	(일반 연구 · 인력개발비) '25.1.1. 이후: 발생액×0~2(8,15,20,25)/100 또는 직전 발생액의 초과액×25(40,50)/100 (신성장 · 원천기술 연구개발비)	F4-계산내역		23,500,000

• [3.당기 공제 및 이월액계산] 탭

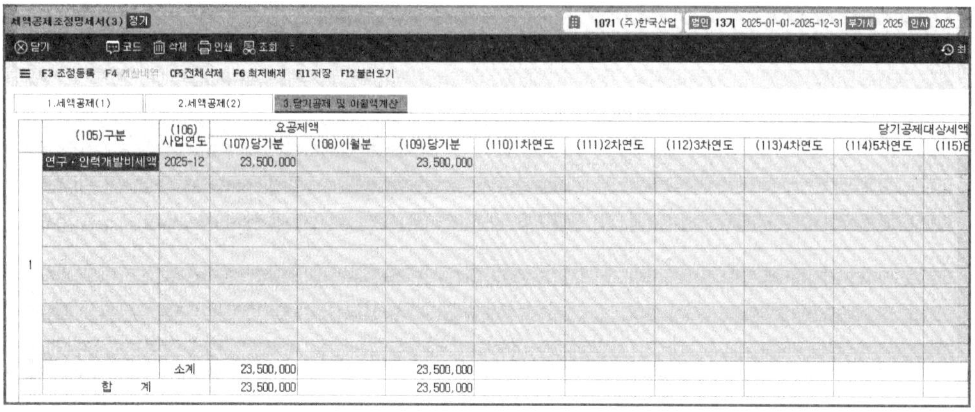

세액공제조정명세서(3) 정기 | 1071 (주)한국산업 | 법인 13기 2025-01-01-2025-12-31 부가세 2025 인사 2025

⊗닫기 코드 삭제 인쇄 조회

F3 조정등록 F4 계산내역 CF5 전체삭제 F6 최저배제 F11 저장 F12 불러오기

1.세액공제(1) | 2.세액공제(2) | 3.당기공제 및 이월액계산

	(105)구분	(106)사업연도	요공제액 (107)당기분	(108)이월분	당기공제대상세액 (109)당기분	(110)1차연도	(111)2차연도	(112)3차연도	(113)4차연도	(114)5차연도	(115)6
1	연구 · 인력개발비세액	2025-12	23,500,000		23,500,000						
		소계	23,500,000		23,500,000						
	합 계		23,500,000		23,500,000						

- 상단 툴바의 F12 불러오기 를 클릭한 후 반영된 [(105)구분]란의 '연구 · 인력개발비세액공제(최저한세 제외)', [(106)사업연도]란의 '2025년', [(107)당기분]란의 '23,500,000원'을 확인하고 해당 서식을 저장한다.

[2] **남해안상사(주)(회사코드: 1065)의 다음 자료를 보고 일반연구 및 인력개발비 명세서를 작성하시오. 명세서 작성 시에는 발생명세 및 증가발생액 계산과 공제세액 명세만 반영하기로 한다.** 기출 75회

1. 직전 4년간 연구 및 인력개발비 발생 합계(전부 일반비용)
   - 직전 1년: 42,000,000원
   - 직전 2년: 35,000,000원
   - 직전 3년: 24,000,000원
   - 직전 4년: 20,000,000원
2. 당해 사업연도 연구 및 인력개발비 발생내역

계정과목/비목	인건비*1	재료비*2
경상연구개발비(제조)	25,000,000원	5,000,000원
개발비(무형자산)	30,000,000원	10,000,000원

*1 당사 연구전담부서의 연구요원 인건비를 의미한다. 다만, 경상연구개발비 중 주주(지분 15%)인 임원의 인건비 4,000,000원이 포함되어 있다. 이 외에는 주주인 임원은 없다.

※ 연구전담부서는 과학기술부장관에게 신고한 연구개발전담부서이다.

*2 연구전담부서에서 연구용으로 사용하는 재료비용 등이다.

| 풀이 |

[일반연구 및 인력개발비 명세서]

① [1.발생명세 및 증가 발생액계산] 탭

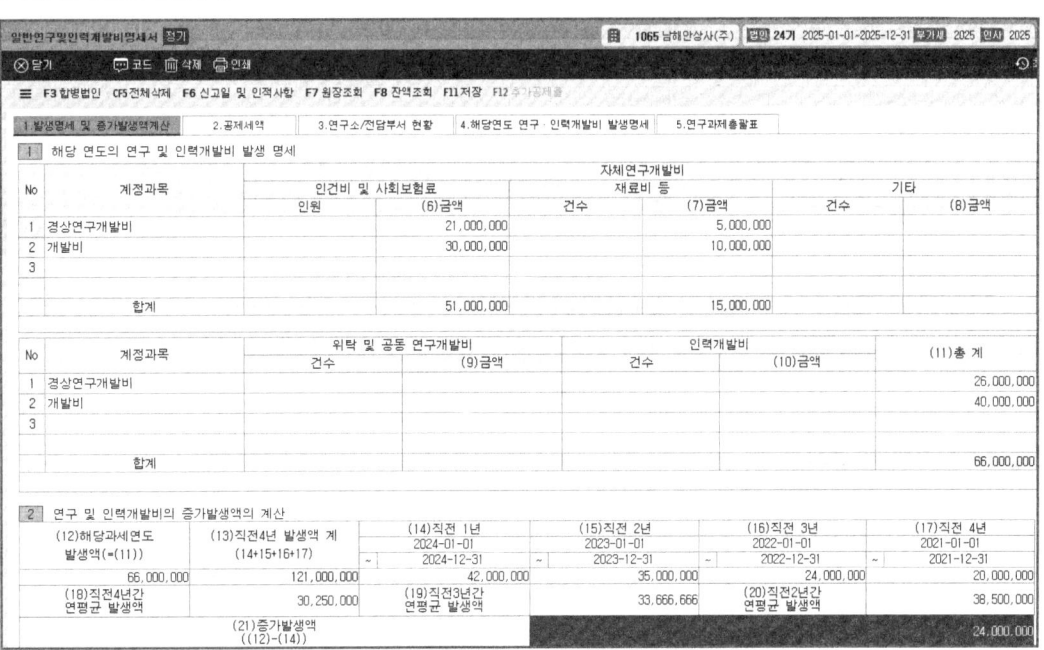

일반연구및인력개발비명세서 정기 | 1065 남해안상사(주) | 법인 24기 2025-01-01~2025-12-31 | 부가세 2025 | 인사 2025

⊗닫기 코드 삭제 인쇄

F3 합병법인 CF5 전체삭제 F6 신고일 및 인적사항 F7 원장조회 F8 잔액조회 F11저장 F12 추가공제율

1.발생명세 및 증가발생액계산 | 2.공제세액 | 3.연구소/전담부서 현황 | 4.해당연도 연구 · 인력개발비 발생명세 | 5.연구과제총괄표

1 해당 연도의 연구 및 인력개발비 발생 명세

No	계정과목	자체연구개발비					
		인건비 및 사회보험료		재료비 등		기타	
		인원	(6)금액	건수	(7)금액	건수	(8)금액
1	경상연구개발비		21,000,000		5,000,000		
2	개발비		30,000,000		10,000,000		
3							
	합계		51,000,000		15,000,000		

No	계정과목	위탁 및 공동 연구개발비		인력개발비		(11)총 계
		건수	(9)금액	건수	(10)금액	
1	경상연구개발비					26,000,000
2	개발비					40,000,000
3						
	합계					66,000,000

2 연구 및 인력개발비의 증가발생액의 계산

(12)해당과세연도 발생액(=(11))	(13)직전4년 발생액 계 (14+15+16+17)	(14)직전 1년 2024-01-01 ~ 2024-12-31	(15)직전 2년 2023-01-01 ~ 2023-12-31	(16)직전 3년 2022-01-01 ~ 2022-12-31	(17)직전 4년 2021-01-01 ~ 2021-12-31
66,000,000	121,000,000	42,000,000	35,000,000	24,000,000	20,000,000
(18)직전4년간 연평균 발생액	30,250,000	(19)직전3년간 연평균 발생액	33,666,666	(20)직전2년간 연평균 발생액	38,500,000
(21)증가발생액 ((12)-(14))					24,000,000

- 경상연구개발비 중 주주(지분 15%)인 임원의 인건비 4,000,000원은 공제금액에서 제외된다.

PART 04

② [2.공제세액] 탭: 불러온 금액을 확인한 후 해당 서식을 저장한다.

일반연구및인력개발비명세서 정기 | 1065 남해안상사(주) | 법인 24기 2025-01-01~

⊗닫기 코드 삭제 인쇄

≡ F3 합병법인 CF5 전체삭제 F6 신고일 및 인적사항 F7 원장조회 F8 잔액조회 F11저장 F12 추가공제율

1.발생명세 및 증가발생액계산 | 2.공제세액 | 3.연구소/전담부서 현황 | 4.해당연도 연구·인력개발비 발생명세 | 5.연구과제총괄표

3 공제세액

해당 연도 총발생금액 공제	중소기업	(22)대상금액(=11)	(23)공제율			(24)공제세액
		66,000,000	25%			16,500,000
	중소기업 유예기간 종료이후 5년내기업	(25)대상금액(=11)	(26)유예기간 종료연도	(27)유예기간 종료이후년차	(28)공제율	(29)공제세액
			____-__			
	중견기업	(30)대상금액(=11)	(31)공제율			(32)공제세액
			8%			
	일반기업	(33)대상금액(=11)	공제율			(37)공제세액
			(34)기본율	(35)추가	(36)계	
증가발생금액 공제		(38)대상금액(=21)	(39)공제율	(40)공제세액		※공제율
		24,000,000	50%	1. 50% 2. 40% 3. 25%	12,000,000	중소기업 : 50% 중견기업 : 40% 대 기업 : 25%
(41)해당연도에 공제받을 세액		중소기업(24과 40 중 선택)		16,500,000		※ 최저한세 설정 ◉ 제외 ○ 대상
		중소기업 유예기간 종료이후 5년내 기업(29과 40 중 선택)				
		중견기업(32와 40 중 선택)				
		일반기업(37와 40 중 선택)				

18 최저한세 조정계산서 중요

▸ 최신 30회 중 8문제 출제

공제감면세액은 조세정책상의 목적을 달성하기 위함이나 세부담의 형평성과 세제의 중립성, 재정 확보 측면에서 소득이 있는 자에게 누구나 최소한의 세부담을 위하여 최저한세제도를 두고 있다. 즉, 최저한세액에 미달하는 세액에 대하여 조세감면을 배제하는 제도이다.

최저한세조정계산서 정기 | 1065 남해안상사(주) | 법인 24기 2025-01-01~2025-12-31 | 부가세 2025 | 인사 2025

⊗닫기 인쇄 조회

≡ F3 조정등록 F4 조정감순서 CF5 전체삭제 F6 중소기업유예연차 F7 원장조회 F8 잔액조회 F11 저장 F12 불러오기 CF12 접대비1원단수조정

①구분		코드	②감면후세액	③최저한세	④조정감	⑤조정후세액
(101) 결 산 서 상 당 기 순 이 익		01				
소득조정금액	(102)익 금 산 입	02				
	(103)손 금 산 입	03				
(104) 조 정 후 소 득 금 액 (101+102-103)		04				
최저한세적용대상 특 별 비 용	(105)준 비 금	05				
	(106)특별상각, 특례상각	06				
(107) 특별비용손금산입전소득금액(104+105+106)		07				
(108) 기 부 금 한 도 초 과 액		08				
(109) 기부금 한도초과 이월액 손 금 산 입		09				
(110) 각 사업 년 도 소 득 금 액 (107+108-109)		10				
(111) 이 월 결 손 금		11				
(112) 비 과 세 소 득		12				
(113) 최저한세적용대상 비 과 세 소 득		13				
(114) 최저한세적용대상 익금불산입·손금산입		14				
(115) 차가감 소 득 금 액(110-111-112+113+114)		15				
(116) 소 득 공 제		16				
(117) 최저한세적용대상 소 득 공 제		17				
(118) 과 세 표 준 금 액(115-116+117)		18				
(119) 선 박 표 준 이 익		24				
(120) 과 세 표 준 금 액 (118+119)		25				
(121) 세 율		19				
(122) 산 출 세 액		20				
(123) 감 면 세 액		21				
(124) 세 액 공 제		22				
(125) 차 감 세 액 (122-123-124)		23				

1. ②감면 후 세액

(1) (101)결산서상 당기순이익~(115)차가감소득금액

상단 툴바의 F12 불러오기를 클릭하여 [세액계산 및 신고서]-[법인세 과세표준 및 세액조정계산서]에 입력된 내용을 불러온다.

(2) (116)소득공제

전체 소득공제 대상금액을 입력한다.

(3) (123)감면세액

최저한세 적용대상 감면세액을 입력한다.

예 창업중소기업에 대한 세액감면, 중소기업에 대한 특별세액감면 등

(4) (124)세액공제

최저한세 적용대상 공제세액을 입력한다.

예 통합투자 세액공제, 통합고용증대 세액공제, 전자신고 세액공제(납세자가 직접 전자신고방법에 의하여 법인세 과세표준을 신고하는 경우 2만원 공제) 등

[비교] 법인세법상 세액공제(외국납부 세액공제, 재해손실 세액공제 등)와 중소기업의 연구 · 인력개발비에 대한 세액공제는 최저한세 적용대상이 아니다.

2. ③최저한세

(1) (113)최저한세 적용대상 비과세소득

비과세소득 중 최저한세 적용대상 비과세소득 금액을 입력한다.

(2) (114)최저한세 적용대상 익금불산입 · 손금산입

「조세특례제한법」상 익금불산입 중 최저한세 적용대상 익금불산입 · 손금산입 금액을 입력한다.

(3) (117)최저한세 적용대상 소득공제

소득공제 중 최저한세 적용대상 소득공제 금액을 입력한다.

3. ④조정감

(1) (123)감면세액

최저한세 적용으로 인한 세액감면 배제금액을 불러온다.

(2) (124)세액공제

최저한세 적용으로 인한 세액공제 미공제액을 불러온다.

꿀팁 세액공제 · 감면 시 주의할 사항

구분	최저한세 적용대상 여부	중복 공제 여부
외국납부 세액공제	×	○
재해손실 세액공제	×	○
중소기업의 연구 및 인력개발비 세액공제	×	○
통합고용증대 세액공제	○	△*1
통합투자 세액공제	○	동일한 과세기간의 다른 세액감면과 중복 공제×*2
중소기업 특별세액감면	○	동일한 과세기간의 통합투자 세액공제과 중복 공제 ×
창업중소기업 등에 대한 세액감면	○	

*1 외국납부 세액공제 등 법인세법상 세액공제, 중소기업의 연구 · 인력개발비 세액공제, 통합투자 세액공제, 중소기업 특별세액감면과 중복적용 ○
단, 창업중소기업 등에 대한 세액감면은 중복적용 ×

*2 동일한 과세기간이 아닌 공제 · 감면세액인 경우 중복 적용이 가능하다. 예를 들어, 전기이월된 통합투자 세액공제액과 당기의 중소기업 특별세액감면은 중복하여 적용할 수 있다.

꿀팁 조세감면배제순위

1. 자진 신고 시: 납세자가 임의로 선택
2. 경정 시: 다음의 순서로 배제

① 손금산입 · 익금불산입 → ② 세액공제(이월공제 ○) → ③ 세액감면(이월공제 ×) → ④ 소득공제 · 비과세

4. 최저한세 적용 시 공제감면세액 관련 메뉴 입력 순서

입력 순서	내용
Ⅰ.법인세 과세표준 및 세액조정계산서	법인세 산출세액의 확정
Ⅱ.공제감면세액 계산서 및 일반연구 및 인력개발비 명세서	공제감면세액 대상금액 확인
Ⅲ.세액공제 조정명세서(3)	세액공제 대상금액 확인
Ⅳ.최저한세 조정계산서	최저한세 적용에 따른 배제세액 계산
Ⅴ.세액공제 조정명세서(3)	당기공제 및 이월액 계산
Ⅵ.공제감면세액 및 추가 납부세액 합계표	공제감면세액의 집계
Ⅶ.법인세 과세표준 및 세액조정계산서	최종 세액감면 및 세액공제의 확정

연습문제

[1] 입력된 자료는 무시하고 서부상사(주)(회사코드: 1064)의 다음 자료만을 이용하여 법인세 과세표준 및 세액조정계산서와 최저한세 조정계산서를 작성하시오. 기출 61회

1. 당기에 공제 가능한 이월결손금은 37,000,000원이다.
2. 소득공제 대상액 45,000,000원 중 최저한세 대상인 소득공제금액은 18,000,000원이다.
3. 세액감면 대상액 7,200,000원 중 최저한세 대상인 세액감면금액은 4,700,000원이다.
4. 중간예납세액은 8,100,000원, 원천납부세액은 1,370,000원이다.
5. 본 문제에 한하여 결산서상 당기순이익 및 각 사업연도 소득금액은 300,000,000원이다.

| 풀이 |

① [법인세 과세표준 및 세액조정계산서]

법인세과세표준및세액조정계산서 정기 | 1064 서부상사(주) 법인 15기 2025-01-01~2025-12-31 부가세 2025 인사 2025

닫기 코드 삭제 인쇄 조회 | 최근

F7 원장조회 F8 잔액조회 F11저장 F12불러오기

① 각사업연도소득계산	101. 결산서상 당기순손익	01	300,000,000
	소득조정금액 102.익금산입	02	
	소득조정금액 103.손금산입	03	
	104. 차가감소득금액 (101+102-103)	04	300,000,000
	105. 기부금한도초과액	05	
	106. 기부금한도초과 이월액 손금산입	54	
	107. 각사업연도소득금액(104+105-106)	06	300,000,000
② 과세표준계산	108. 각사업연도소득금액 (108=107)		300,000,000
	109. 이월결손금	07	37,000,000
	110. 비과세소득	08	
	111. 소득공제	09	
	112. 과세표준 (108-109-110-111)	10	263,000,000
	159. 선박표준이익	55	
③ 산출세액계산	113. 과세표준 (113=112+159)	56	263,000,000
	114. 세율	11	19%
	115. 산출세액	12	29,970,000
	116. 지점유보소득 (법 제96조)	13	
	117. 세율	14	
	118. 산출세액	15	
	119. 합계 (115+118)	16	29,970,000

④ 납부할세액계산	120. 산출세액 (120=119)		29,970,000
	121. 최저한세 적용대상 공제감면세액	17	
	122. 차감세액	18	29,970,000
	123. 최저한세 적용제외 공제감면세액	19	
	124. 가산세액	20	
	125. 가감계 (122-123+124)	21	29,970,000
	기납부세액 기한내납부세액 126. 중간예납세액	22	
	기납부세액 기한내납부세액 127. 수시부과세액	23	
	기납부세액 기한내납부세액 128. 원천납부세액	24	
	기납부세액 기한내납부세액 129. 간접 회사등 외국 납부세액	25	
	기납부세액 기한내납부세액 130. 소계(126+127+128+129)	26	
	기납부세액 131. 신고납부전 가산세액	27	
	기납부세액 132. 합계 (130+131)	28	
	133. 감면분 추가납부세액	29	
	134. 차가감 납부할 세액(125-132+133)	30	29,970,000
⑤토지등 양도소득, ⑥미환류소득 법인세 계산 (TAB로 이동)			
⑦ 세액계	151. 차감 납부할 세액계 (134+150+166)	46	29,970,000
	152. 사실과 다른 회계 처리 경정 세액공제	57	
	153. 분납세액 계산 범위액 (151-124-133-145-152+131)	47	29,970,000
	154. 분납할세액	48	
	155. 차감납부세액 (151-152-154)	49	29,970,000

• [101.결산서상 당기순손익]란에 300,000,000원, [109.이월결손금]란에 37,000,000원을 입력한 후 저장한다.

② [최저한세 조정계산서]

상단 툴바의 F12 불러오기 를 클릭한다.

최저한세조정계산서 정기 | 1064 서부상사(주) | 법인 15기 2025-01-01~2025-12-31 | 부가세 2025 | 인사 2025

⊗닫기 | 인쇄 | 조회

☰ F3 조정등록 F4 조정감순서 CF5 전체삭제 F6 중소기업유예연차 F7 원장조회 F8 잔액조회 F11저장 F12 불러오기 CF12 접대비1원단수조정

①구분		코드	②감면후세액	③최저한세	④조정감	⑤조정후세액
(101) 결산서상 당기순이익		01	300,000,000			
소득조정금액	(102)익금산입	02				
	(103)손금산입	03				
(104) 조정후소득금액 (101+102-103)		04	300,000,000	300,000,000		
최저한세적용대상 특별비용	(105)준비금	05				
	(106)특별상각, 특례상각	06				
(107) 특별비용손금산입전소득금액(104+105+106)		07	300,000,000	300,000,000		
(108) 기부금한도초과액		08				
(109) 기부금 한도초과 이월액 손금산입		09				
(110) 각 사업년도소득금액 (107+108-109)		10	300,000,000	300,000,000		
(111) 이월결손금		11	37,000,000	37,000,000		
(112) 비과세소득		12				
(113) 최저한세적용대상 비과세소득		13				
(114) 최저한세적용대상 익금불산입·손금산입		14				
(115) 차가감소득금액(110-111-112+113+114)		15	263,000,000	263,000,000		
(116) 소득공제		16	45,000,000	45,000,000		
(117) 최저한세적용대상 소득공제		17		18,000,000		
(118) 과세표준금액(115-116+117)		18	218,000,000	236,000,000		
(119) 선박표준이익		24				
(120) 과세표준금액 (118+119)		25	218,000,000	236,000,000		
(121) 세율		19	19 %	7 %		
(122) 산출세액		20	21,420,000	16,520,000		
(123) 감면세액		21	4,700,000			
(124) 세액공제		22				
(125) 차감세액 (122-123-124)		23	16,720,000			

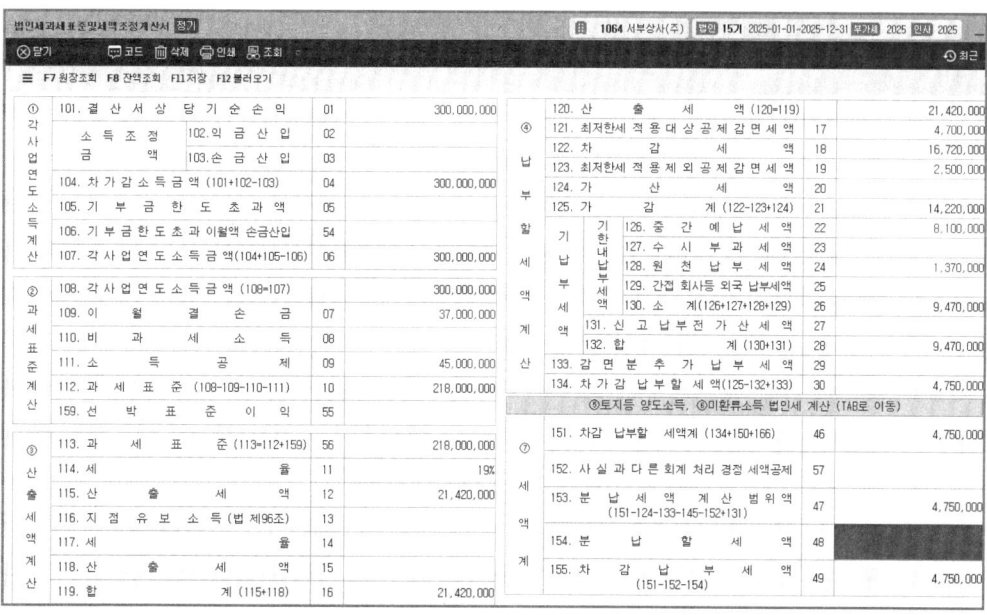

• [②감면 후 세액–(116)소득공제]란에 45,000,000원, [③최저한세–(117)최저한세 적용대상 소득공제]란에 18,000,000원, [②감면 후 세액–(123)감면세액]란에 4,700,000원을 입력하고 해당 서식을 저장한다.

• [②감면 후 세액–(125)차감세액]란의 금액 16,720,000원이 [③최저한세–(122)산출세액]란의 금액 16,520,000원보다 크므로 최저한세 적용으로 배제될 금액은 없다.

③ [법인세 과세표준 및 세액조정계산서]

법인세과세표준및세액조정계산서 정기 | 1064 서부상사(주) | 법인 15기 2025-01-01~2025-12-31 | 부가세 2025 | 인사 2025

⊗닫기 | 코드 | 삭제 | 인쇄 | 조회

☰ F7 원장조회 F8 잔액조회 F11저장 F12 불러오기

구분	항목		코드	금액
① 각사업연도소득계산	101. 결산서상 당기순손익		01	300,000,000
	소득조정금액	102. 익금산입	02	
		103. 손금산입	03	
	104. 차가감소득금액 (101+102-103)		04	300,000,000
	105. 기부금한도초과액		05	
	106. 기부금한도초과 이월액 손금산입		54	
	107. 각사업연도소득금액(104+105-106)		06	300,000,000
② 과세표준계산	108. 각사업연도소득금액 (108=107)			300,000,000
	109. 이월결손금		07	37,000,000
	110. 비과세소득		08	
	111. 소득공제		09	45,000,000
	112. 과세표준 (108-109-110-111)		10	218,000,000
	159. 선박표준이익		55	
③ 산출세액계산	113. 과세표준 (113=112+159)		56	218,000,000
	114. 세율		11	19%
	115. 산출세액		12	21,420,000
	116. 지점유보소득(법 제96조)		13	
	117. 세율		14	
	118. 산출세액		15	
	119. 합계 (115+118)		16	21,420,000

구분	항목			코드	금액
④ 납부할세액계산	120. 산출세액 (120=119)				21,420,000
	121. 최저한세 적용대상 공제 감면 세액			17	4,700,000
	122. 차감세액			18	16,720,000
	123. 최저한세 적용 제외 공제 감면 세액			19	2,500,000
	124. 가산세액			20	
	125. 가감계 (122-123+124)			21	14,220,000
	기납부세액	기한내납부세액	126. 중간예납세액	22	8,100,000
			127. 수시부과세액	23	
			128. 원천납부세액	24	1,370,000
			129. 간접 회사등 외국 납부세액	25	
			130. 소계(126+127+128+129)	26	9,470,000
		131. 신고납부전 가산세액		27	
		132. 합계 (130+131)		28	9,470,000
	133. 감면분 추가 납부세액			29	
	134. 차가감 납부할 세액(125-132+133)			30	4,750,000
⑤토지등 양도소득, ⑥미환류소득 법인세 계산 (TAB로 이동)					
⑦ 세액계	151. 차감 납부할 세액계 (134+150+166)			46	4,750,000
	152. 사실과 다른 회계 처리 경정 세액공제			57	
	153. 분납세액 계산 범위액 (151-124-133-145-152+131)			47	4,750,000
	154. 분납할세액			48	
	155. 차감납부세액 (151-152-154)			49	4,750,000

• [법인세 과세표준 및 세액조정계산서] 메뉴에서 [111.소득공제]란에 45,000,000원, 세액공제 대상액 7,200,000원 중 최저한세 대상인 세액공제금액 4,700,000원을 [121.최저한세 적용대상 공제 감면세액]란에, 나머지 금액인 2,500,000원은 [123.최저한세 적용 제외 공제 감면세액]란에 입력한다.

• [126.중간예납세액]란에 8,100,000원, [128.원천납부세액]란에 1,370,000원을 입력한 후 해당 서식을 저장한다.

[2] 불러온 자료는 무시하고, 아름상사(주)(회사코드: 1063)의 다음 자료를 참고하여 법인세 과세표준 및 세액조정계산서와 최저한세 조정계산서를 작성하시오. 기출 57회

1. 결산서상 당기순이익: 660,245,205원
2. 익금산입 총액: 100,000,000원
3. 기부금 한도 초과 이월액 손금산입: 1,447,889원
4. 소득공제는 총 200,000,000원이며, 이 중 「조세특례제한법」상 소득공제가 100,000,000원(최저한세 적용 대상)이다.
5. 공제 가능 이월결손금이 240,000,000원 있다.
6. 통합투자 세액공제는 25,000,000원(최저한세 적용대상임)이다.
7. 중간예납세액은 20,000,000원이다.

| 풀이 |

① [법인세 과세표준 및 세액조정계산서]

법인세과세표준및세액조정계산서 정기 | 1063 아름상사(주) 법인 20기 2025-01-01~2025-12-31 부가세 2025 인사 2025

닫기 코드 삭제 인쇄 조회 | 최근

F7 원장조회 F8 잔액조회 F11저장 F12불러오기

① 각사업연도소득계산	101. 결 산 서 상 당 기 순 손 익	01	660,245,205
	소득조정금액 102.익 금 산 입	02	100,000,000
	소득조정금액 103.손 금 산 입	03	
	104. 차 가 감 소 득 금 액 (101+102-103)	04	760,245,205
	105. 기 부 금 한 도 초 과 액	05	
	106. 기 부 금 한 도 초 과 이월액 손금산입	54	1,447,889
	107. 각 사 업 연 도 소 득 금 액(104+105-106)	06	758,797,316
② 과세표준계산	108. 각 사 업 연 도 소 득 금 액 (108=107)		758,797,316
	109. 이 월 결 손 금	07	240,000,000
	110. 비 과 세 소 득	08	
	111. 소 득 공 제	09	
	112. 과 세 표 준 (108-109-110-111)	10	518,797,316
	159. 선 박 표 준 이 익	55	
③ 산출세액계산	113. 과 세 표 준 (113=112+159)	56	518,797,316
	114. 세 율	11	19%
	115. 산 출 세 액	12	78,571,490
	116. 지 점 유 보 소 득 (법 제96조)	13	
	117. 세 율	14	
	118. 산 출 세 액	15	
	119. 합 계 (115+118)	16	78,571,490

④ 납부할세액계산	120. 산 출 세 액 (120=119)		78,571,490
	121. 최저한세 적 용 대 상 공 제 감 면 세 액	17	
	122. 차 감 세 액	18	78,571,490
	123. 최저한세 적 용 제 외 공 제 감 면 세 액	19	
	124. 가 산 세 액	20	
	125. 가 감 계 (122-123+124)	21	78,571,490
	기납부세액 기한내납부세액 126. 중 간 예 납 세 액	22	
	127. 수 시 부 과 세 액	23	
	128. 원 천 납 부 세 액	24	
	129. 간접 회사등 외국 납부세액	25	
	130. 소 계(126+127+128+129)	26	
	131. 신 고 납 부 전 가 산 세 액	27	
	132. 합 계 (130+131)	28	
	133. 감 면 분 추 가 납 부 세 액	29	
	134. 차 가 감 납 부 할 세 액(125-132+133)	30	78,571,490
⑤토지등 양도소득, ⑥미환류소득 법인세 계산 (TAB로 이동)			
⑦ 세액계	151. 차감 납부할 세액계 (134+150+166)	46	78,571,490
	152. 사 실 과 다 른 회계 처리 경정 세액공제	57	
	153. 분 납 세 액 계 산 범 위 액 (151-124-133-145-152+131)	47	78,571,490
	154. 분 납 할 세 액	48	
	155. 차 감 납 부 세 액 (151-152-154)	49	78,571,490

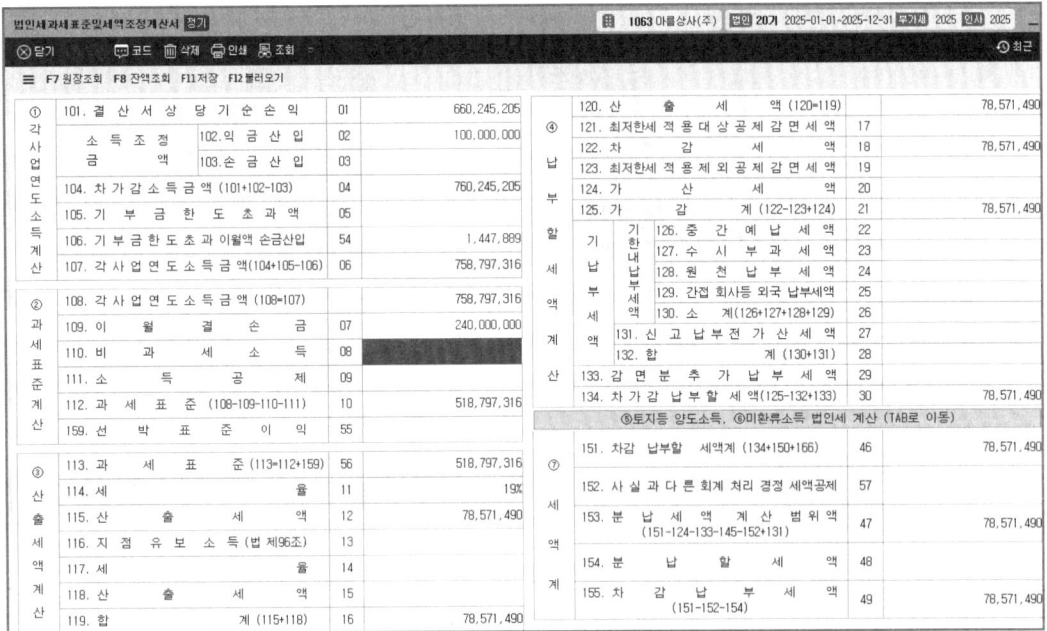

• [101.결산서상 당기순손익]란에 660,245,205원, [102.익금산입]란에 100,000,000원, [106.기부금 한도 초과 이월액 손금산입]란에 1,447,889원, [109.이월결손금]란에 240,000,000원을 입력한 후 해당 서식을 저장한다.

② [최저한세 조정계산서]

상단 툴바의 F12 불러오기를 클릭한다.

최저한세조정계산서 정기 | 1063 아름상사(주) | 법인 20기 2025-01-01~2025-12-31 부가세 2025 인사 2025

⊗닫기 인쇄 조회 | 최근

≡ F3 조정등록 F4 조정감순서 CF5전체삭제 F6 중소기업유예연차 F7 원장조회 F8 잔액조회 F11저장 F12 불러오기 CF12 접대비1원단수조정

①구분		코드	②감면후세액	③최저한세	④조정감	⑤조정후세액
(101) 결산서상당기순이익		01	660,245,205			
소득조정금액	(102)익금산입	02	100,000,000			
	(103)손금산입	03				
(104) 조정후소득금액 (101+102-103)		04	760,245,205	760,245,205		760,245,205
최저한세적용대상 특별비용	(105)준비금	05				
	(106)특별상각, 특례상각	06				
(107) 특별비용손금산입전소득금액(104+105+106)		07	760,245,205	760,245,205		760,245,205
(108) 기부금한도초과액		08				
(109) 기부금 한도초과 이월액 손금산입		09	1,447,889	1,447,889		1,447,889
(110) 각 사업 년 도 소 득 금 액 (107+108-109)		10	758,797,316	758,797,316		758,797,316
(111) 이월결손금		11	240,000,000	240,000,000		240,000,000
(112) 비과세소득		12				
(113) 최저한세적용대상 비과세소득		13				
(114) 최저한세적용대상 익금불산입·손금산입		14				
(115) 차가감소득금액(110-111-112+113+114)		15	518,797,316	518,797,316		518,797,316
(116) 소득공제		16	200,000,000	200,000,000		200,000,000
(117) 최저한세적용대상 소득공제		17		100,000,000		
(118) 과세표준금액(115-116+117)		18	318,797,316	418,797,316		318,797,316
(119) 선박표준이익		24				
(120) 과세표준금액 (118+119)		25	318,797,316	418,797,316		318,797,316
(121) 세율		19	19 %	7 %		19 %
(122) 산출세액		20	40,571,490	29,315,812		40,571,490
(123) 감면세액		21				
(124) 세액공제		22	25,000,000		13,744,322	11,255,678
(125) 차감세액 (122-123-124)		23	15,571,490			29,315,812

- [②감면 후 세액-(116)소득공제]란에 200,000,000원, [③최저한세-(117)최저한세 적용대상 소득공제]란에 100,000,000원, [②감면 후 세액-(124)세액공제]란에 25,000,000원을 입력하고 해당 서식을 저장한다.
- [②감면 후 세액-(125)차감세액]란의 금액 15,571,490원이 [③최저한세-(122)산출세액]란의 금액 29,315,812원보다 작으므로 최저한세 적용으로 배제되는 금액은 13,744,322원이며 결국 공제받는 금액은 11,255,678원이다.

③ [법인세 과세표준 및 세액조정계산서]

법인세과세표준및세액조정계산서 정기 | 1063 아름상사(주) | 법인 20기 2025-01-01~2025-12-31 부가세 2025 인사 2025

⊗닫기 코드 삭제 인쇄 조회 | 최근

≡ F7 원장조회 F8 잔액조회 F11저장 F12 불러오기

구분			코드	금액
① 각사업연도소득계산	101. 결산서상당기순손익		01	660,245,205
	소득조정금액	102. 익금산입	02	100,000,000
		103. 손금산입	03	
	104. 차가감소득금액 (101+102-103)		04	760,245,205
	105. 기부금한도초과액		05	
	106. 기부금한도초과 이월액 손금산입		54	1,447,889
	107. 각사업연도소득금액(104+105-106)		06	758,797,316
② 과세표준계산	108. 각사업연도소득금액 (108=107)			758,797,316
	109. 이월결손금		07	240,000,000
	110. 비과세소득		08	
	111. 소득공제		09	200,000,000
	112. 과세표준 (108-109-110-111)		10	318,797,316
	159. 선박표준이익		55	
③ 산출세액계산	113. 과세표준 (113=112+159)		56	318,797,316
	114. 세율		11	19%
	115. 산출세액		12	40,571,490
	116. 지점유보소득(법 제96조)		13	
	117. 세율		14	
	118. 산출세액		15	
	119. 합계 (115+118)		16	40,571,490

구분				코드	금액
④ 납부할세액계산	120. 산출세액 (120=119)				40,571,490
	121. 최저한세 적용대상 공제감면세액			17	11,255,678
	122. 차감세액			18	29,315,812
	123. 최저한세 적용제외 공제감면세액			19	
	124. 가산세액			20	
	125. 가감계 (122-123+124)			21	29,315,812
	기납부세액	기한내납부세액	126. 중간예납세액	22	20,000,000
			127. 수시부과세액	23	
			128. 원천납부세액	24	
			129. 간접 회사등 외국 납부세액	25	
			130. 소계(126+127+128+129)	26	20,000,000
		131. 신고납부전가산세액		27	
		132. 합계 (130+131)		28	20,000,000
	133. 감면분추가납부세액			29	
	134. 차가감납부할세액(125-132+133)			30	9,315,812
⑤토지등 양도소득, ⑥미환류소득 법인세 계산 (TAB로 이동)					
⑦ 세액계	151. 차감 납부할 세액계 (134+150+166)			46	9,315,812
	152. 사실과 다른 회계 처리 경정 세액공제			57	
	153. 분납세액계산범위액 (151-124-133-145-152+131)			47	9,315,812
	154. 분납할세액			48	
	155. 차감납부세액 (151-152-154)			49	9,315,812

- [111.소득공제]란에 200,000,000원, [121.최저한세 적용대상 공제 감면세액]란에 11,255,678원을 입력한다.
- [126.중간예납세액]란에 20,000,000원을 입력한 후 해당 서식을 저장한다.

PART 04

19 원천납부세액 명세서

▸ 최신 30회 중 5문제 출제

소득의 귀속자인 법인은 원천징수 당한 세액을 기납부세액으로 당해 산출세액에서 공제하므로 원천징수 당한 세액을 [법인세 과세표준 및 세액조정계산서]상 기납부세액으로 차감하기 위하여 [원천납부 명세서(갑, 을)] 서식을 작성한다.

1. [원천납부세액(갑)] 탭

[원천납부세액(갑)] 탭은 이자소득 등에 대한 원천징수의무자와 원천징수세액을 기준으로 작성한다.

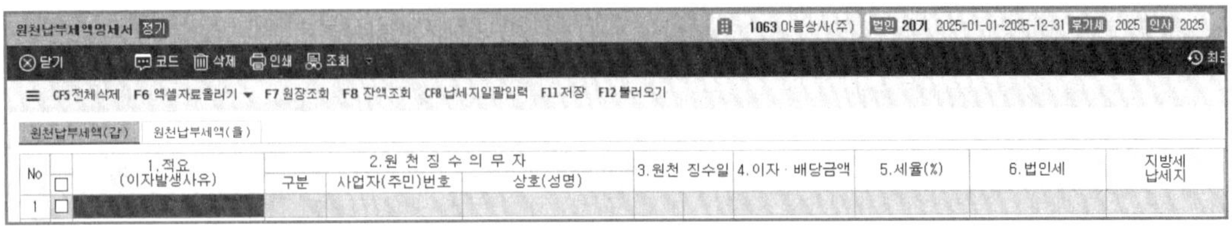

[지방세 납세지]란에서 키보드의 F2를 누르면 [동코드도움]의 입력창이 나온다. [검색]란에서 납세지의 '동'을 입력하면 나타나는 지방세 납세지를 선택하여 반영한다.

2. [원천납부세액(을)] 탭

[원천납부세액(을)] 탭은 채권 및 수익증권에서 보유기간 동안 발생한 이자상당액에 대하여 원천징수된 내역을 작성한다.

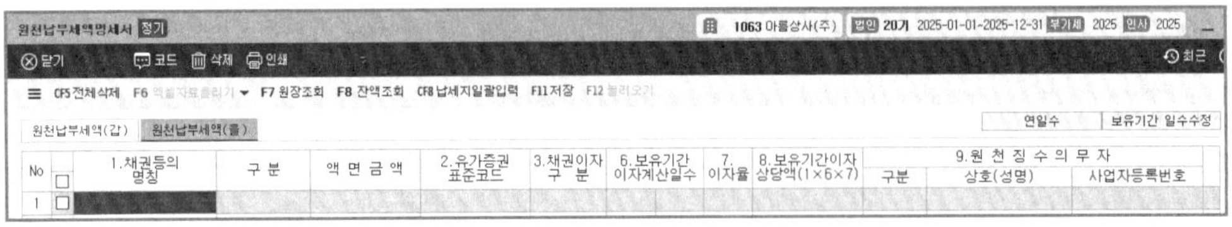

연습문제

[1] 아름상사(주)(회사코드: 1063)의 자료는 원천징수와 관련한 자료이다. 주어진 자료를 이용하여 원천납부세액 명세서(갑) 표를 작성하시오(단, 불러오는 자료는 무시하며, 지방세 납세지까지 입력할 것). 기출 96회 수정

〈원천징수내역〉

적요	원천징수 대상금액	원천징수일	원천징수세율	원천징수의무자	사업자등록번호	지방세 납세지
정기예금이자	1,000,000원	6.30.	14%	농협은행	110-81-12345	종로구 가회동
보통예금이자	2,000,000원	12.31.	14%	국민은행	108-22-58088	강남구 대치동
저축성 보험차익*	10,000,000원	8.31.	14%	신한은행	123-81-25808	해운대구 중동

* 저축성 보험차익은 만기보험금이 납입보험료를 초과한 금액으로 2021년 9월 30일에 가입하였으며 만기는 2026년 9월 30일에 도래하나, 회사사정상 당해 연도 8월 31일에 해지하였다. 보험계약기간 중 저축성 보험 관련 배당금 및 기타 유사한 금액은 지급되지 않았다.

| 풀이 |

[원천납부세액 명세서]–[원천납부세액(갑)] 탭
다음과 같이 입력하고 해당 서식을 저장한다.

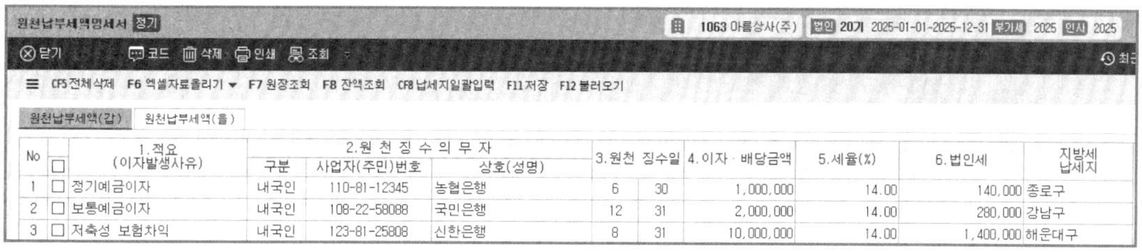

원천납부세액명세서 정기 | 1063 아름상사(주) | 법인 20기 2025-01-01~2025-12-31 부가세 2025 인사 2025

⊗닫기 코드 삭제 인쇄 조회

CF5 전체삭제 F6 엑셀자료올리기 F7 원장조회 F8 잔액조회 CF8 납세지일괄입력 F11저장 F12 불러오기

원천납부세액(갑) | 원천납부세액(을)

No	1. 적요 (이자발생사유)	2. 원천징수의무자 구분	사업자(주민)번호	상호(성명)	3. 원천 징수일		4. 이자 · 배당금액	5. 세율(%)	6. 법인세	지방세 납세지
1	정기예금이자	내국인	110-81-12345	농협은행	6	30	1,000,000	14.00	140,000	종로구
2	보통예금이자	내국인	108-22-58088	국민은행	12	31	2,000,000	14.00	280,000	강남구
3	저축성 보험차익	내국인	123-81-25808	신한은행	8	31	10,000,000	14.00	1,400,000	해운대구

20 가산세액 계산서

▸ 최신 30회 중 4문제 출제

가산세는 세법에 규정하는 의무의 성실한 이행을 확보하기 위하여 본세에 가산하여 징수하는 금액을 말한다.

1. [신고납부 가산세] 탭

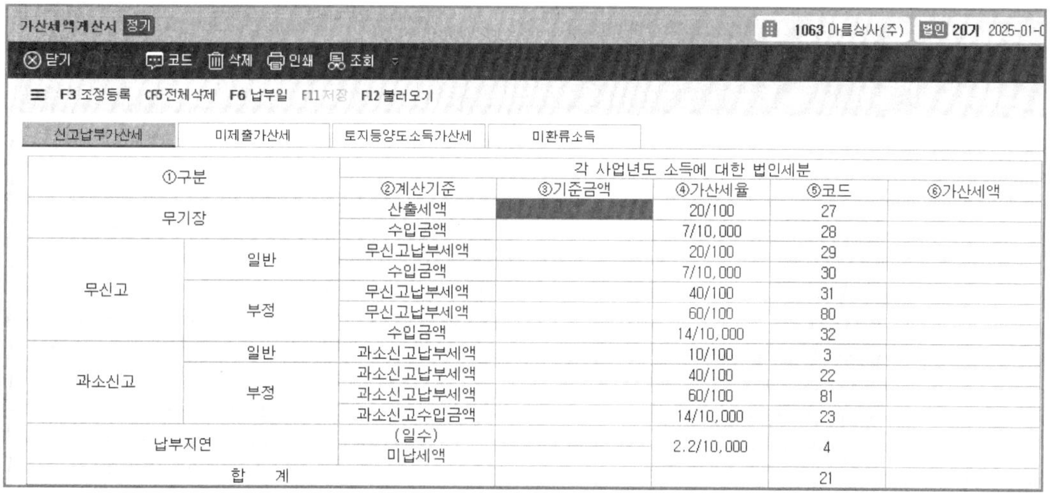

가산세액계산서 정기 | 1063 아름상사(주) | 법인 20기 2025-01-

⊗닫기 코드 삭제 인쇄 조회

F3 조정등록 CF5 전체삭제 F6 납부일 F11저장 F12 불러오기

신고납부가산세 | 미제출가산세 | 토지등양도소득가산세 | 미환류소득

①구분		각 사업년도 소득에 대한 법인세분 ②계산기준	③기준금액	④가산세율	⑤코드	⑥가산세액
무기장		산출세액		20/100	27	
		수입금액		7/10,000	28	
무신고	일반	무신고납부세액		20/100	29	
		수입금액		7/10,000	30	
	부정	무신고납부세액		40/100	31	
		무신고납부세액		60/100	80	
		수입금액		14/10,000	32	
과소신고	일반	과소신고납부세액		10/100	3	
	부정	과소신고납부세액		40/100	22	
		과소신고납부세액		60/100	81	
		과소신고수입금액		14/10,000	23	
납부지연		(일수) 미납세액		2.2/10,000	4	
합 계					21	

구분		가산세액
무기장		장부의 비치 · 기장의무를 이행하지 않은 경우 Max[산출세액×20%, 수입금액×7/10,000]
무신고	일반	Max[무신고 납부세액×20%, 무신고 수입금액×7/10,000]
	부정(부당)	Max[무신고 납부세액×40%(60%)*, 무신고 수입금액×14/10,000]
과소신고	일반	추가 납부할 세액×10%
	부정(부당)	Max[추가 납부할 세액×40%(60%)*, 과소신고 수입금액×14/10,000]
초과환급 신고	일반	초과환급한 세액×10%
	부정(부당)	초과환급한 세액×40%(60%)*
납부지연		미납세액×기간×22/100,000

* 역외거래에서 발생한 부정행위로 인한 경우에는 60%

가산세 감면규정

- 수정 신고한 경우: 법정기한 경과 후 일정 기간 이내에 수정 신고를 한 사업자는 최초 과소 신고로 인한 가산세에 대하여 신고불성실 가산세에서 다음의 금액을 감면받을 수 있다.

기한	감면율
법정 신고기한 경과 후 1개월 이내	90%
법정 신고기한 경과 후 1개월 초과 3개월 이내	75%
법정 신고기한 경과 후 3개월 초과 6개월 이내	50%
법정 신고기한 경과 후 6개월 초과 1년 이내	30%
법정 신고기한 경과 후 1년 초과 1년 6개월 이내	20%
법정 신고기한 경과 후 1년 6개월 초과 2년 이내	10%

- 기한 후 신고한 경우: 법정 신고기한 경과 후 기한 후 신고를 한 경우에는 무신고 가산세액에서 다음의 금액을 감면받을 수 있다.

기한	감면율
법정 신고기한 경과 후 1개월 이내	50%
법정 신고기한 경과 후 1개월 초과 3개월 이내	30%
법정 신고기한 경과 후 3개월 초과 6개월 이내	20%

2. [미제출 가산세] 탭

가산세액계산서 정기 | 1063 아름상사(주) | 법인 20기 2025-01-01~2025-

⊗닫기 코드 삭제 인쇄 조회

≡ F3 조정등록 CF5 전체삭제 F6 납부일 F11 저장 F12 불러오기

신고납부가산세 | 미제출가산세 | 토지등양도소득가산세 | 미환류소득

구분		계산기준	기준금액	가산세율	코드	가산세액
지출증명서류		미(허위)수취금액		2/100	8	
지급명세서	미(누락)제출	미(누락)제출금액		10/1,000	9	
	불분명	불분명금액		1/100	10	
	상증법 82조 1 6	미(누락)제출금액		2/1,000	61	
		불분명금액		2/1,000	62	
	상증법 82조 3 4	미(누락)제출금액		2/10,000	67	
		불분명금액		2/10,000	68	
	법인세법 제75의7①(일용근로)	미제출금액		25/10,000	96	
		불분명등		25/10,000	97	
	법인세법 제75의7①(간이지급명세서)	미제출금액		25/10,000	102	
		불분명등		25/10,000	103	
	소 계				11	
주식등변동 상황명세서	미제출	액면(출자)금액		10/1,000	12	
	누락제출	액면(출자)금액		10/1,000	13	
	불분명	액면(출자)금액		1/100	14	
	소 계				15	
주주등명세서	미(누락)제출	액면(출자)금액		5/1,000	69	
	불분명	액면(출자)금액		5/1,000	73	
	소 계				74	
계산서	계산서미발급	공급가액		2/100	16	
	계산서지연발급 등	공급가액		1/100	94	
	계산서가공(위장)수수	공급가액		2/100	70	
	계산서불분명	공급가액		1/100	17	
전자계산서	미전송	공급가액		5/1,000	93	
	지연전송	공급가액		3/1,000	92	
계산서합계표	미제출	공급가액		5/1,000	18	
	불분명	공급가액		5/1,000	19	
세금계산서합계표	미제출	공급가액		5/1,000	75	
	불분명	공급가액		5/1,000	76	
	소 계				20	
기부금	영수증허위발급	발급금액		5/100	24	
	발급명세미작성(보관)	대상금액		2/1,000	25	
	소 계				26	
신용카드 및 현금영수증	발급거부 (불성실)	거부(발급)금액		5/100	38	
		건 수		5,000원	39	
		소 계			40	
	현금영수증 가맹점미가입	미가맹일수		10/1,000	41	
		수입금액				
	현금영수증미발급	미발급금액		20/100	98	
세금우대자료 미제출.불분명		건 수		2,000	77	
유보소득 계산명세	미제출	미제출금액		5/1,000	78	
	불분명	불분명금액		5/1,000	79	
중간예납납부불성실가산세등					63	
동업기업 가산세 배분액		배분비율			64	
		배분할금액				
성실신고확인서 미제출		산출세액		5/100	95	
		수입금액		2/10,000	99	
업무용승용차 관리비용 명세서		미제출금액		1/100	100	
		불성실금액		1/100	101	
합 계					21	

(1) 지출증명서류 미수취

지출 건당 3만원 초과(부가가치세 포함)인 경우로서, 적격증명서류(신용카드매출전표, 직불카드영수증, 기명식 선불카드영수증, 현금영수증, 세금계산서, 계산서 등)를 미수취하거나 사실과 다른 증빙수취금액의 2%

(2) 지급명세서 제출 불성실

① **지급명세서:** 미제출(불분명)한 지급금액의 1%(제출기한 경과 후 3개월 이내 제출 시 0.5%), 단, 일용근로소득에 대한 지급명세서의 경우 0.25%(제출기한 경과 후 1개월 이내 제출 시 0.125%)

예 일용직 근로자 지급명세서 제출기한: 소득의 지급일이 속하는 달의 다음 달 말일

제출대상기간	제출기한
1월의 일용근로소득	2월 말일

PART 04

② 간이지급명세서: 미제출(불분명)한 지급금액의 0.25%(제출기한 경과 후 3개월 이내 제출 시 0.125%), 단, 원천징수 대상 사업소득, 인적용역 관련 기타소득에 대한 간이지급명세서의 경우 제출기한 경과 후 1개월 이내 제출 시 0.125%

꿀팁 간이지급명세서 제출기한

제출대상 소득	제출기한
근로소득(일용직 제외)	지급일이 속한 반기 마지막 달의 다음달(1,7월)말일
원천징수 대상 사업소득*1	지급일이 속한 달의 다음 달 말일
인적용역 기타소득*2	

*1 부가가치세가 면제되는 인적용역 및 의료보건용역을 통해 얻는 소득

*2 다음의 인적용역을 일시적으로 제공하고 대가를 수취하여 발생하는 기타소득

- 고용관계 없이 다수인에게 강연을 하고 강연료 등 대가를 받는 용역
- 라디오 · TV방송 등을 통하여 해설 · 계몽 또는 연기의 심사 등을 하고 보수 등의 대가를 받는 용역
- 변호사, 공인회계사, 세무사, 건축사, 변리사 등이 그 지식 등을 활용하여 보수 등의 대가를 받고 제공하는 용역
- 그 외 고용관계 없이 수당 등의 대가를 받고 제공하는 용역

(3) 주식 등 변동상황 명세서 제출 불성실

미제출 · 누락 · 불분명한 주식의 액면금액 또는 출자지분의 출자가액의 1%(제출기한 경과 후 1개월 이내 제출 시 0.5%)

꿀팁 주식 등 변동상황 명세서 제출기한: 법인세 과세표준과 세액의 신고기한

(4) 주주 등 명세서 제출 불성실

설립등기일부터 2개월 이내 주주 등의 명세서 미제출 · 누락제출 등 출자금액의 0.5%(제출기한 경과 1개월 이내 제출 시 0.25%)

(5) 계산서 불성실

구분	가산세액
계산서 미발급*1	공급가액의 2%(전자계산서 외의 계산서 발급한 경우 1%)
계산서 지연발급*2 등	공급가액의 1%
계산서 가공(위장)수수	공급가액의 2%
계산서 불분명	공급가액의 1%

*1 미발급은 발급시기가 지난 후 해당 재화 또는 용역의 공급시기가 속하는 사업연도 말의 다음 달 25일까지 발급하지 않은 경우를 의미한다.

*2 지연발급은 계산서의 발급시기가 지난 후 해당 재화 또는 용역의 공급시기가 속하는 사업연도 말의 다음 달 25일까지 발급한 경우를 의미한다.

(6) 전자계산서 불성실

구분	가산세액
미전송*1	공급가액의 0.5%
지연전송*2	공급가액의 0.3%

*1 미전송은 전자계산서 발급명세 전송기한이 지난 후 재화 또는 용역의 공급시기가 속하는 사업연도 말의 다음 달 25일까지 국세청장에게 발급명세를 전송하지 않은 경우를 의미한다.

*2 지연전송은 전자계산서 발급명세 전송기한이 지난 후 재화 또는 용역의 공급시기가 속하는 사업연도 말의 다음 달 25일까지 국세청장에게 발급명세를 전송한 경우를 의미한다.

(7) 매출 · 매입처별 계산서합계표 불성실

구분	가산세액
미제출	공급가액의 0.5%(제출기한 경과 후 1개월 이내 제출 시 0.25%)
불분명(부실기재)	공급가액의 0.5%

꿀팁 면세사업자인 법인의 매출 · 매입처별 계산서합계표의 제출시기: 다음 해 2월 10일

(8) 매입처별 세금계산서합계표 불성실

구분	가산세액
미제출	공급가액의 0.5%(제출기한 경과 후 1개월 이내 제출 시 0.25%)
불분명(부실기재)	공급가액의 0.5%

꿀팁 면세사업자인 법인의 매입처별 세금계산서합계표의 제출시기: 다음 해 2월 10일

(9) 신용카드 매출전표 발급 불성실

신용카드가맹점이 신용카드에 의한 거래를 거부하거나 신용카드 매출전표를 사실과 다르게 발급하여 세무서장으로부터 통보받은 경우 해당 금액의 5%(단, 건별 5천원 미만이면 5천원)

(10) 현금영수증 발급 불성실

구분	가산세액
현금영수증 가맹점으로 미가입하거나 가입기한이 지나서 가입	미가입 사업연도 수입금액×1%×미가입기간을 고려하여 대통령령이 정하는 바에 따라 계산한 비율
현금영수증 발급을 거부하거나 사실과 다르게 발급하여 세무서장으로부터 통보받은 경우	발급 거부 금액 또는 사실과 다르게 발급한 금액의 5%
고소득 전문직 등 현금영수증 의무발급사업자가 현금영수증 발급의무를 위반하여 현금영수증을 발급하지 않은 경우	미발급금액의 20%(단, 착오나 누락으로 인하여 거래금액을 받은 날부터 7일 이내에 관할 세무서에 자진신고하거나 현금영수증을 자진발급한 경우는 10%)

(11) 성실신고확인서 미제출

구분	내용
제출대상법인	• 부동산 임대업을 주된 사업으로 하는 특정내국법인 • 성실신고확인 대상자인 개인사업자에서 법인으로 전환된지 3년 이내의 법인
제출기한	성실신고확인 대상 법인이 각 사업연도의 종료일이 속하는 달의 말일부터 4개월 이내
혜택	성실신고확인 비용 세액공제 → 성실신고확인 비용의 60%(150만원 한도)
제재	• 가산세 → Max[산출세액의 5%, 수입금액의 0.02%] • 세무조사 사유에 해당

(12) 업무용 승용차 관리비용 명세서

미제출 또는 사실과 다르게 제출한 지급금액의 1%

연습문제

[1] 본 문제에 한하여 현미산업(주)(회사코드: 1062)는 당기(2025.1.1.~2025.12.31.) 법인세 과세표준 신고를 2026년 4월 3일에 기한후 신고로 이행한다고 가정하고, 입력된 자료는 무시하고 다음 자료만을 이용하여 가산세액 계산서를 작성하시오. 기출 59회

신고납부 가산세 관련	• 무기장 가산세는 대상이 아니며 일반무(과소)신고 가산세를 적용하고, 미납일수는 3일로 한다. • 산출세액 및 미납세액은 17,300,000원이고 수입금액은 6,100,000,000원이다.
미제출 가산세 관련	• 지출증명서류를 제대로 수취하지 않은 금액은 32,400,000원이다. • 2025년 5월분 일용직 근로소득에 대한 지급명세서를 2025년 7월 30일에 제출한 금액이 9,400,000원이다. • 2025년 중 주주가 변동된 액면금액 45,000,000원에 대한 주식 등 변동상황 명세서 및 부속서류를 기한 후 신고 시 제출하기로 한다.

| 풀이 |

[가산세액 계산서]

① [신고납부 가산세] 탭

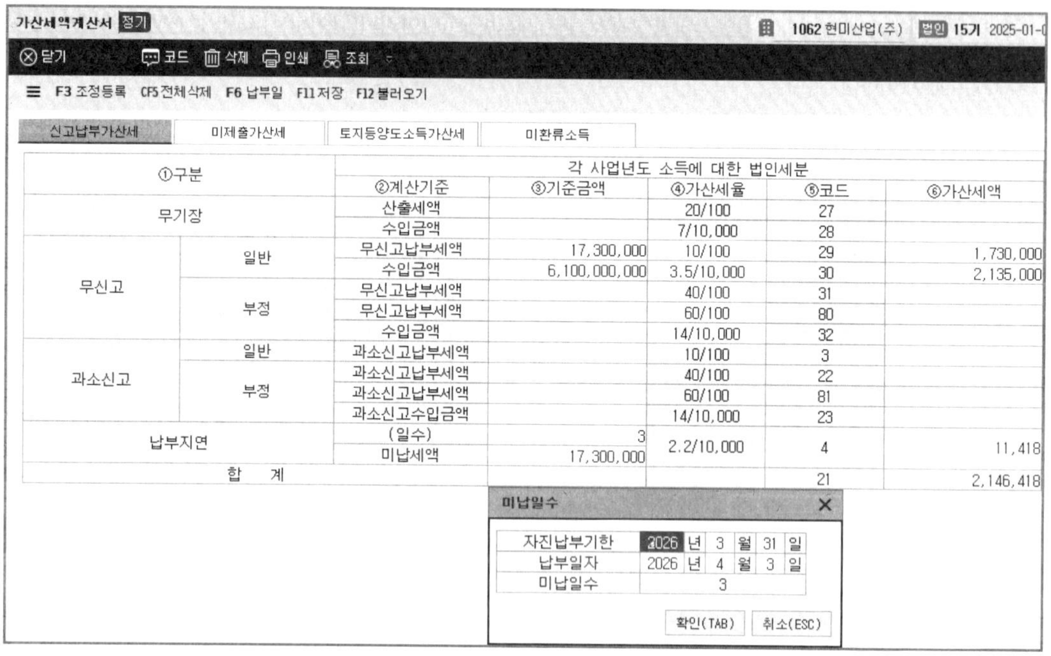

가산세액계산서 정기 | 1062 현미산업(주) | 법인 15기 2025-01-0

닫기 | 코드 | 삭제 | 인쇄 | 조회

F3 조정등록 | CF5 전체삭제 | F6 납부일 | F11 저장 | F12 불러오기

신고납부가산세 | 미제출가산세 | 토지등양도소득가산세 | 미환류소득

①구분			각 사업년도 소득에 대한 법인세분				
			②계산기준	③기준금액	④가산세율	⑤코드	⑥가산세액
무기장			산출세액		20/100	27	
			수입금액		7/10,000	28	
무신고	일반		무신고납부세액	17,300,000	10/100	29	1,730,000
			수입금액	6,100,000,000	3.5/10,000	30	2,135,000
	부정		무신고납부세액		40/100	31	
			무신고납부세액		60/100	80	
			수입금액		14/10,000	32	
과소신고	일반		과소신고납부세액		10/100	3	
	부정		과소신고납부세액		40/100	22	
			과소신고납부세액		60/100	81	
			과소신고수입금액		14/10,000	23	
납부지연			(일수)	3	2.2/10,000	4	11,418
			미납세액	17,300,000			
합 계						21	2,146,418

미납일수

자진납부기한	2026 년 3 월 31 일
납부일자	2026 년 4 월 3 일
미납일수	3

확인(TAB) 취소(ESC)

• 법정 신고기한 경과 후 1개월 이내에 기한 후 신고납부이므로 무신고 가산세의 50%를 감면하여 적용한다.

② [미제출 가산세] 탭

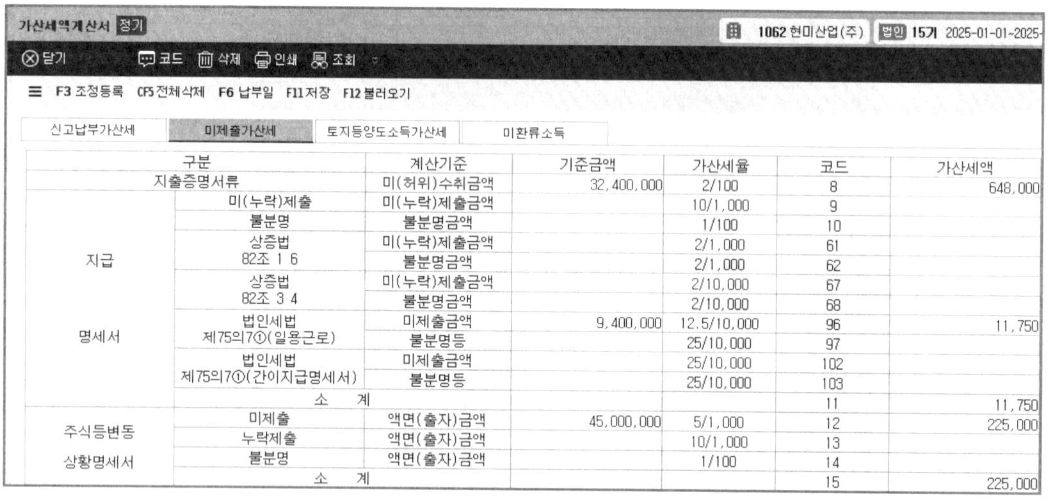

가산세액계산서 정기 | 1062 현미산업(주) | 법인 15기 2025-01-01~2025-

닫기 | 코드 | 삭제 | 인쇄 | 조회

F3 조정등록 | CF5 전체삭제 | F6 납부일 | F11 저장 | F12 불러오기

신고납부가산세 | 미제출가산세 | 토지등양도소득가산세 | 미환류소득

구분		계산기준	기준금액	가산세율	코드	가산세액
지출증명서류		미(허위)수취금액	32,400,000	2/100	8	648,000
지급	미(누락)제출	미(누락)제출금액		10/1,000	9	
	불분명	불분명금액		1/100	10	
	상증법 82조 1 6	미(누락)제출금액		2/1,000	61	
		불분명금액		2/1,000	62	
	상증법 82조 3 4	미(누락)제출금액		2/10,000	67	
		불분명금액		2/10,000	68	
명세서	법인세법 제75의7①(일용근로)	미제출금액	9,400,000	12.5/10,000	96	11,750
		불분명등		25/10,000	97	
	법인세법 제75의7①(간이지급명세서)	미제출금액		25/10,000	102	
		불분명등		25/10,000	103	
	소 계				11	11,750
주식등변동 상황명세서	미제출	액면(출자)금액	45,000,000	5/1,000	12	225,000
	누락제출	액면(출자)금액		10/1,000	13	
	불분명	액면(출자)금액		1/100	14	
	소 계				15	225,000

• 지출증명서류 미수취: 32,400,000원×2%=648,000원

• 일용직 근로자의 5월분 지급명세서의 제출기한은 지급일이 속하는 달(5월)의 다음 달 말일(6월 30일)이며 제출기한이 지난 후 1개월 이내 제출 시 0.125%의 가산세를 적용한다.

∵ 지급명세서 미제출 가산세: 9,400,000원×0.125%=11,750원

• 주식 등 변동상황 명세서를 과세표준 신고기한(2026년 3월 31일) 내에 제출하지 못하고 제출기한 경과 후 1개월 이내에 제출 시 0.5%의 가산세를 적용한 후 해당 서식을 저장한다.

∵ 주식 등 변동상황 명세서 불성실 가산세: 45,000,000원×0.5%=225,000원

[2] 중소기업인 아름상사(주)(회사코드: 1063)의 당해 사업연도는 2025.1.1.~2025.12.31.이다. 다음 자료에 의하여 가산세액 계산서를 작성하시오. 기출 77회 수정

1. 2025년 1월분에 대한 지급 명세서를 경리담당자의 단순한 실수로 인하여 2025년 3월 10일에 제출하였다. 일용근로자에 대한 급여 총액은 32,000,000원이었다.
2. 당기 지출경비 중 세법상 정규지출증빙을 수취하지 않은 금액은 다음의 3건뿐이다.
   - 복리후생비(판) 계정으로 처리된 직원식대 24,000원: 정규지출증빙 대신에 간이영수증을 수령하였다.
   - 도서인쇄비(판) 계정으로 처리된 제본대금 35,000원: 정규지출증빙 대신에 간이영수증을 수령하였다.
   - 수수료비용(판) 계정으로 처리된 용역대금 300,000원: 소득세법상 원천징수 대상 사업소득으로서 적절하게 원천징수하여 세액을 신고·납부하였다.
3. 1기 확정 부가가치세 신고 시 누락한 매출세금계산서(공급가액: 50,000,000원, 부가세 별도)를 2025년 10월 5일에 수정 신고하였다.
4. 2기 확정 부가가치세 신고 시 제출 누락한 매출계산서(공급가액: 20,000,000원)를 아직 미발급한 상태이다.

PART 04

| 풀이 |

[가산세액 계산서]−[미제출 가산세] 탭: 다음과 같이 직접 작성한 후 해당 서식을 저장한다.

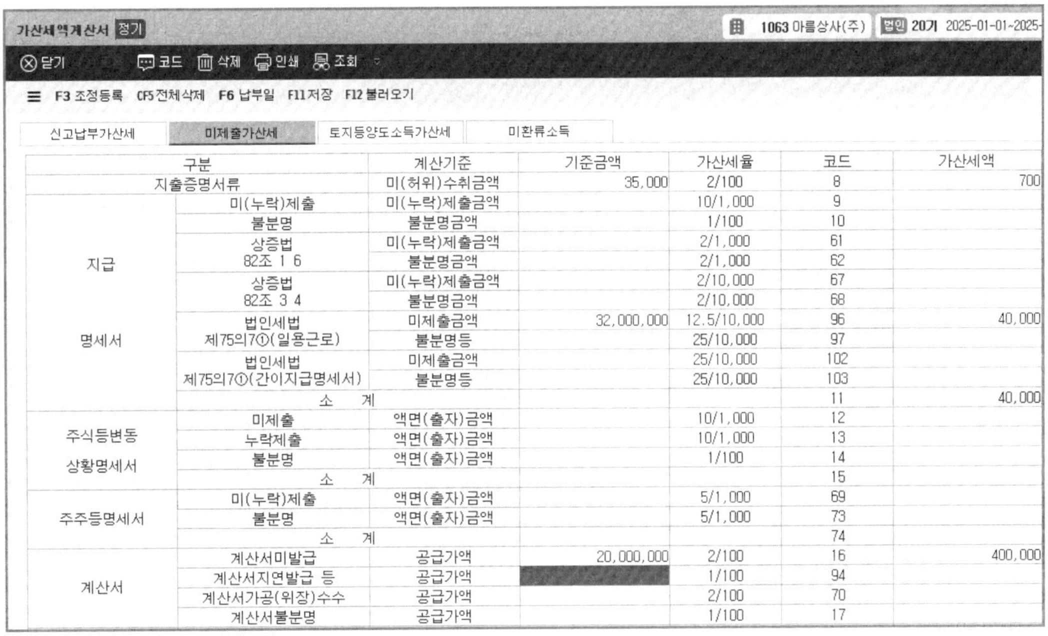

구분		계산기준	기준금액	가산세율	코드	가산세액
지출증명서류		미(허위)수취금액	35,000	2/100	8	700
지급 명세서	미(누락)제출	미(누락)제출금액		10/1,000	9	
	불분명	불분명금액		1/100	10	
	상증법 82조 1 6	미(누락)제출금액		2/1,000	61	
		불분명금액		2/1,000	62	
	상증법 82조 3 4	미(누락)제출금액		2/10,000	67	
		불분명금액		2/10,000	68	
	법인세법 제75의7①(일용근로)	미제출금액	32,000,000	12.5/10,000	96	40,000
		불분명등		25/10,000	97	
	법인세법 제75의7①(간이지급명세서)	미제출금액		25/10,000	102	
		불분명등		25/10,000	103	
	소 계				11	40,000
주식등변동 상황명세서	미제출	액면(출자)금액		10/1,000	12	
	누락제출	액면(출자)금액		10/1,000	13	
	불분명	액면(출자)금액		1/100	14	
	소 계				15	
주주등명세서	미(누락)제출	액면(출자)금액		5/1,000	69	
	불분명	액면(출자)금액		5/1,000	73	
	소 계				74	
계산서	계산서미발급	공급가액	20,000,000	2/100	16	400,000
	계산서지연발급 등	공급가액		1/100	94	
	계산서가공(위장)수수	공급가액		2/100	70	
	계산서불분명	공급가액		1/100	17	

- 지급명세서 미제출: 32,000,000원×0.125%=40,000원
  ∵ 일용직 근로자의 2025년 1월분 지급명세서의 제출기한은 2025년 2월 말일이며 제출기한으로부터 1개월 이내에 제출하면 50% 감면이 적용되어 0.125%를 적용한다.
- 지출증명서류 미수취: 35,000원×2%=700원
  ∵ 건당 3만원 이하인 식대와 원천징수한 경비는 가산세 대상이 아니다. 반면, 건당 3만원 초과분은 법인세법에서 요구하는 세금계산서 등의 적격증명서류를 갖추어야 하며 갖추지 못한 경우에는 지출증명서류 미수취 가산세 적용대상이다.
- 1기 확정 부가가치세 신고 시 누락한 매출세금계산서를 2025년 10월 5일에 수정 신고한 경우 부가가치세 신고서 작성 시 가산세가 있는 것이며 법인세와 관련된 가산세와는 무관하다. 즉, 과세사업자의 세금계산서 관련 가산세는 부가가치세법에서 규정하고 있으며 면세사업자의 계산서와 관련된 가산세는 법인세법에서 규정하고 있다.
- 계산서 미발급 가산세: 20,000,000원×2%=400,000원

[3] (주)백두전자(회사코드: 1074)의 다음 자료를 이용하여 가산세액 계산서를 작성하시오. 기출 118회 수정

1. 당사가 지출한 금액 중 10,000,000원을 제외한 모든 금액은 법인세법에서 요구하는 세금계산서 등의 적격증명서류를 갖추고 있다. 지출한 금액 10,000,000원에 대한 구체적인 내용은 다음과 같다.

구분	금액	비고
임차료	2,400,000원	일반과세자인 임대인에게 임차료를 금융기관을 통해 지급하고 법인세 신고 시 송금사실을 기재한 경비 등의 송금명세서를 첨부하였다.
차량운반구	5,000,000원	종업원 개인 소유차량을 취득하고 거래명세서를 받았다.
세금과공과	1,200,000원	회사 부담분 국민연금을 지급한 지로 용지가 있다.
복리후생비	1,400,000원	전부 거래 건당 3만원 초과금액으로 간이영수증을 수취하였다.

2. 회계담당자의 실수로 2025년 8월분의 사업소득 간이지급명세서(총 지급액 20,000,000원)를 2025년 12월에 제출하였다.
3. 업무용승용차관련비용명세서를 제출하지 아니하였다. 업무용승용차관련비용 등으로 손금에 산입한 금액은 12,000,000원이다.

| 풀이 |

[가산세액 계산서]–[미제출 가산세] 탭: 다음과 같이 직접 작성한 후 해당 서식을 저장한다.

가산세액계산서 정기 | 1074 (주)백두전자 | 법인 15기 2025-01-01~2025-

닫기 코드 삭제 인쇄 조회

F3 조정등록 CF5 전체삭제 F6 납부일 F11 저장 F12 불러오기

신고납부가산세 | 미제출가산세 | 토지등양도소득가산세 | 미환류소득

구분		계산기준	기준금액	가산세율	코드	가산세액
지출증명서류		미(허위)수취금액	3,800,000	2/100	8	76,000
지급 명세서	미(누락)제출	미(누락)제출금액		10/1,000	9	
	불분명	불분명금액		1/100	10	
	상증법 82조 1 6	미(누락)제출금액		2/1,000	61	
		불분명금액		2/1,000	62	
	상증법 82조 3 4	미(누락)제출금액		2/10,000	67	
		불분명금액		2/10,000	68	
	법인세법 제75의7①(일용근로)	미제출금액		25/10,000	96	
		불분명등		25/10,000	97	
	법인세법 제75의7①(간이지급명세서)	미제출금액	20,000,000	25/10,000	102	50,000
		불분명등		25/10,000	103	
	소 계				11	50,000
업무용승용차 관리비용 명세서		미제출금액	12,000,000	1/100	100	120,000
		불성실금액		1/100	101	
합 계					21	246,000

- 지출증명서류 미수취: 3,800,000원(=임차료 2,400,000원+복리후생비 1,400,000원)×2%=76,000원
  ∵ 간이과세자(임대인)에게 임차료를 지불하는 경우 대금을 금융기관을 통해 지불하게 되면 적격증명서류를 수취하지 않아도 가산세를 부과하지 않는다. 즉, 임대인이 간이과세자인 경우에만 가산세가 없으므로 일반과세자에게 임차료를 지불하는 경우 적격증명서류를 수취하지 않으면 가산세가 있다. 또한, 종업원 개인 소유차량을 취득한 경우에는 사업자와의 거래가 아니므로 가산세가 없다.
- 간이지급명세서(사업소득) 미제출 : 20,000,000원×25/10,000=50,000원
  ∵ 8월분 사업소득 간이지급명세서의 제출기한은 8월이 속하는 달의 다음 달 말일(9월 30일)이며 제출기한 경과 후 1개월 이후 제출 시 0.25% 가산세를 적용한다.
- 업무용승용차관련비용명세서 가산세 : 12,000,000원×1%=120,000원

21 법인세 중간예납 신고납부 계산서

각 사업연도의 기간이 6개월을 초과하는 법인은 당해 사업연도 개시일부터 6개월간을 중간예납기간으로 하여 그 기간에 대한 법인세를 정부에 납부하여야 하는데 이를 중간예납이라 한다. 중간예납세액은 그 중간예납기간이 경과한 날부터 2개월 이내에 신고·납부하여야 하며 납부세액이 1천만원 초과 시 분납도 가능하다. 또한, 중간예납세액을 미납한 경우 납부지연 가산세가 적용된다.

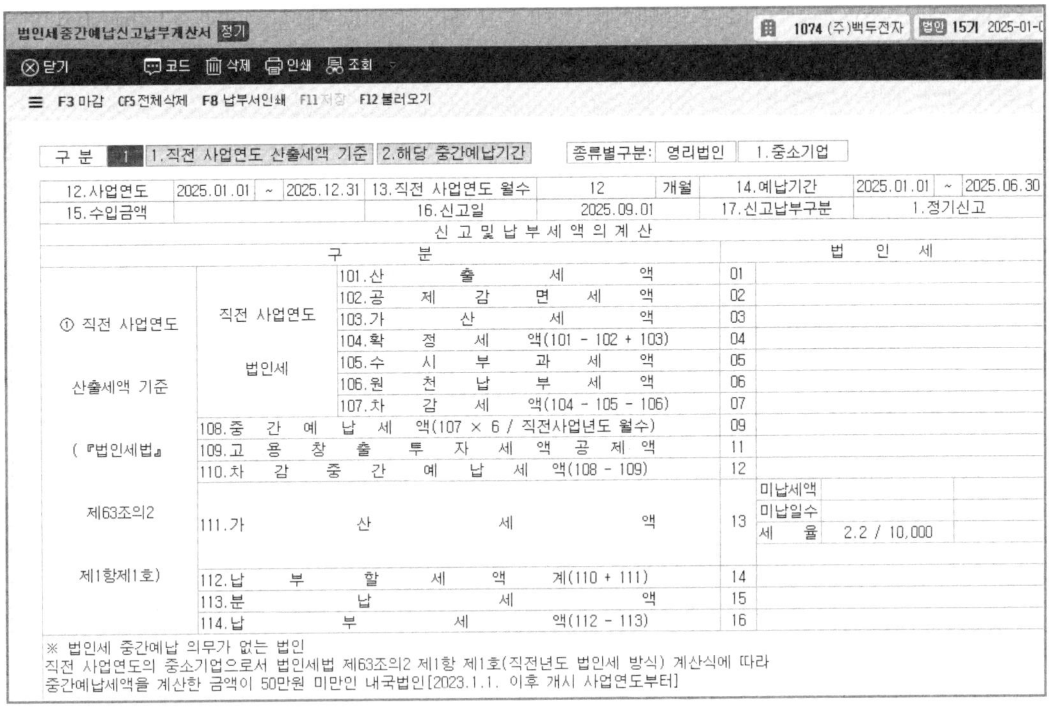

법인세중간예납신고납부계산서 정기 | 1074 (주)백두전자 | 법인 15기 2025-01-0

⊗닫기 | 코드 | 삭제 | 인쇄 | 조회

F3 마감 | CF5 전체삭제 | F8 납부서인쇄 | F11 저장 | F12 불러오기

구 분 | 1 | 1.직전 사업연도 산출세액 기준 | 2.해당 중간예납기간 | 종류별구분: 영리법인 | 1.중소기업

12.사업연도	2025.01.01 ~ 2025.12.31	13.직전 사업연도 월수	12 개월	14.예납기간	2025.01.01 ~ 2025.06.30
15.수입금액		16.신고일	2025.09.01	17.신고납부구분	1.정기신고

신 고 및 납 부 세 액 의 계 산

구분				법인세
① 직전 사업연도 산출세액 기준 (『법인세법』 제63조의2 제1항제1호)	직전 사업연도 법인세	101.산출세액	01	
		102.공제감면세액	02	
		103.가산세액	03	
		104.확정세액(101 - 102 + 103)	04	
		105.수시부과세액	05	
		106.원천납부세액	06	
		107.차감세액(104 - 105 - 106)	07	
	108.중간예납세액(107 × 6 / 직전사업년도 월수)		09	
	109.고용창출투자세액공제액		11	
	110.차감중간예납세액(108 - 109)		12	
	111.가산세액		13	미납세액 / 미납일수 / 세율 2.2 / 10,000
	112.납부할세액계(110 + 111)		14	
	113.분납세액		15	
	114.납부세액(112 - 113)		16	

※ 법인세 중간예납 의무가 없는 법인
직전 사업연도의 중소기업으로서 법인세법 제63조의2 제1항 제1호(직전년도 법인세 방식) 계산식에 따라
중간예납세액을 계산한 금액이 50만원 미만인 내국법인[2023.1.1. 이후 개시 사업연도부터]

[구분]란에 '2.해당 중간예납기간'에 의한 중간예납 신고한 법인은 중간예납기간을 1사업연도로 보아 법인세 과세표준 및 세액조정계산서를 작성하며 신고 시 재무상태표, 손익계산서, 세무조정계산서, 기타 참고서류와 함께 중간예납 신고서를 제출하여야 한다.

연습문제

[1] 아름상사(주)(회사코드: 1063)는 직전 사업연도 법인세납부 실적 기준으로 당해 사업연도의 법인세 중간예납을 하고자 한다. 아래의 자료를 참고하여 법인세 중간예납 신고서를 작성하시오. 기출 26회 수정

1. 전기 사업연도(2024년 1월 1일부터 12월 31일)의 법인세 신고내역

과세표준	300,000,000원
세율	20%
산출세액	40,000,000원
공제감면세액	10,000,000원
가산세	1,000,000원
원천납부세액	10,000,000원
자진납부할 세액	21,000,000원

2. 중간예납기간의 수입금액은 1,250,000,000원이고, 신고일은 2025년 9월 1일이며, 최대한의 금액으로 분납한다.

| 풀이 |

[법인세 중간예납 신고납부 계산서]: 다음과 같이 입력한 후 해당 서식을 저장한다.

법인세중간예납신고납부계산서 정기 | 1063 아름상사(주) | 법인 20기 2025-01-0

ⓧ닫기 코드 삭제 인쇄 조회

≡ F3 마감 CF5 전체삭제 F8 납부서인쇄 F11 저장 F12 불러오기

구 분	1	1.직전 사업연도 산출세액 기준	2.해당 중간예납기간	종류별구분:	영리법인	1.중소기업

12.사업연도	2025.01.01 ~ 2025.12.31	13.직전 사업연도 월수	12 개월	14.예납기간	2025.01.01 ~ 2025.06.30
15.수입금액	1,250,000,000	16.신고일	2025.09.01	17.신고납부구분	1.정기신고

신 고 및 납 부 세 액 의 계 산

구분				법인세
① 직전 사업연도 산출세액 기준 (『법인세법』 제63조의2 제1항제1호)	직전 사업연도 법인세	101.산출세액	01	40,000,000
		102.공제감면세액	02	10,000,000
		103.가산세액	03	1,000,000
		104.확정세액(101 - 102 + 103)	04	31,000,000
		105.수시부과세액	05	
		106.원천납부세액	06	10,000,000
		107.차감세액(104 - 105 - 106)	07	21,000,000
	108.중간예납세액(107 × 6 / 직전사업년도 월수)		09	10,500,000
	109.고용창출투자세액공제액		11	
	110.차감중간예납세액(108 - 109)		12	10,500,000
	111.가산세액		13	미납세액 / 미납일수 / 세율 2.2 / 10,000
	112.납부할세액계(110 + 111)		14	10,500,000
	113.분납세액		15	500,000
	114.납부세액(112 - 113)		16	10,000,000

※ 법인세 중간예납 의무가 없는 법인
직전 사업연도의 중소기업으로서 법인세법 제63조의2 제1항 제1호(직전년도 법인세 방식) 계산식에 따라
중간예납세액을 계산한 금액이 50만원 미만인 내국법인[2023.1.1. 이후 개시 사업연도부터]

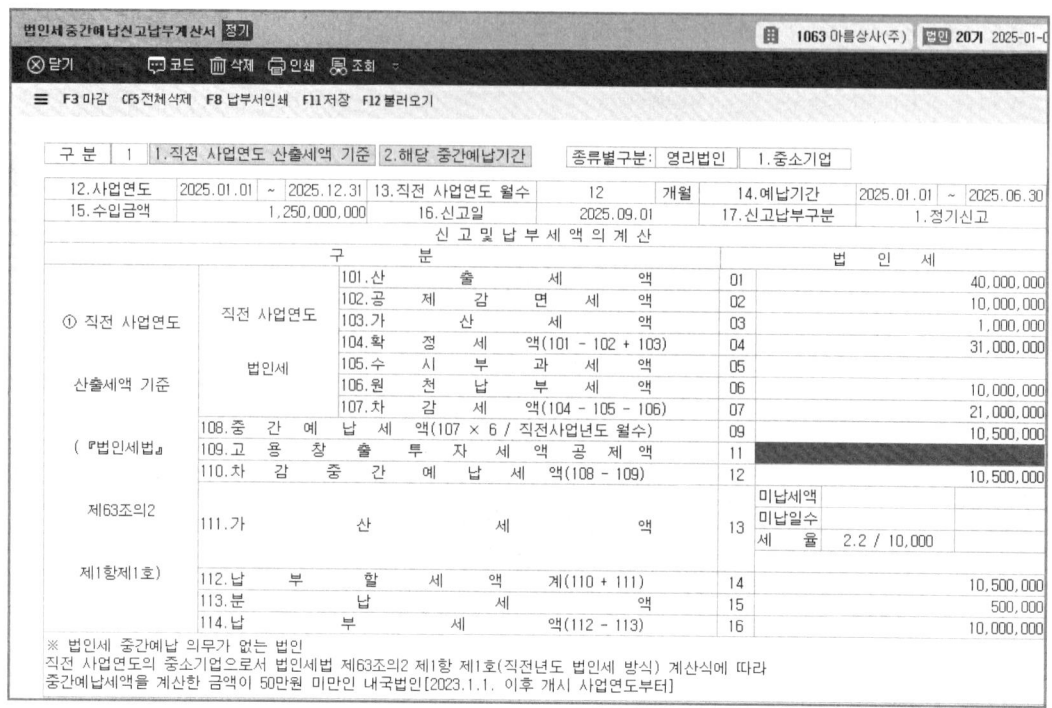

22 법인세 과세표준 및 세액조정계산서 ◂중요

▸ 최신 30회 중 13문제 출제

결산서상 당기순손익에서 차감납부세액까지의 과정을 정리하는 서식이다. 본 서식에 반영되는 금액은 지금까지 작성한 모든 서식의 금액에 근거한 것이며 기납부세액 중 중간예납세액과 수시부과세액을 반영하고 납부세액에 대하여 분납금액을 결정해야 한다.

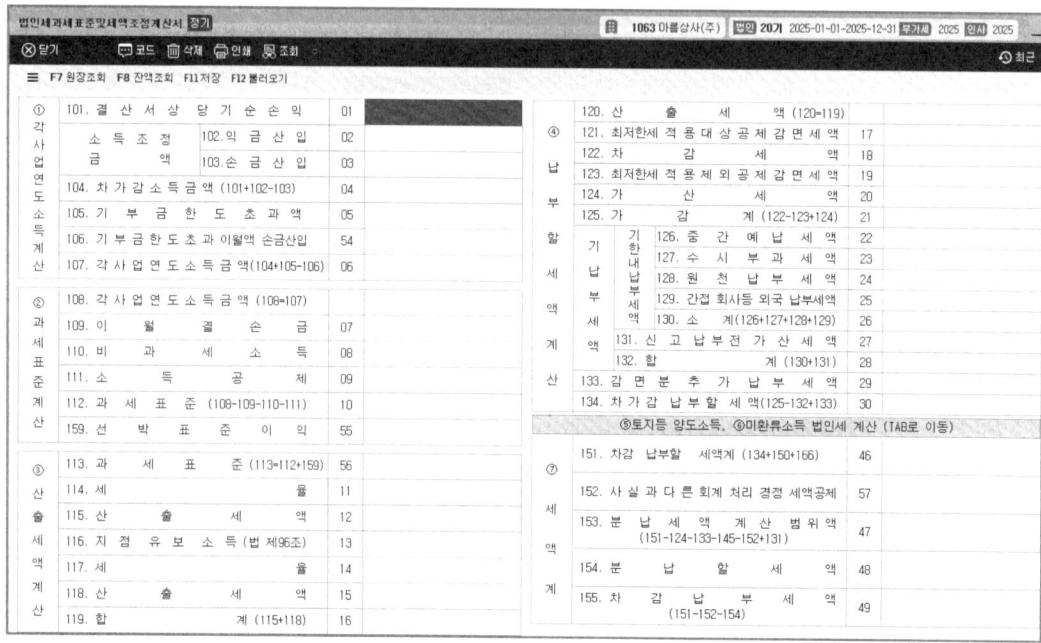

1. 법인세 과세표준 및 세액조정계산서

법인세과세표준및세액조정계산서 정기 | 1063 아름상사(주) | 법인 20기 2025-01-01~2025-12-31 | 부가세 2025 | 인사 2025

ⓧ닫기 코드 삭제 인쇄 조회 | 최근

≡ F7 원장조회 F8 잔액조회 F11 저장 F12 불러오기

구분	항목		코드	금액
① 각사업연도소득계산	101. 결산서상 당기순손익		01	
	소득조정 금액	102.익금산입	02	
		103.손금산입	03	
	104. 차가감소득금액 (101+102-103)		04	
	105. 기부금한도초과액		05	
	106. 기부금한도초과 이월액 손금산입		54	
	107. 각사업연도소득금액(104+105-106)		06	
② 과세표준계산	108. 각사업연도소득금액 (108=107)			
	109. 이월결손금		07	
	110. 비과세소득		08	
	111. 소득공제		09	
	112. 과세표준 (108-109-110-111)		10	
	159. 선박표준이익		55	
③ 산출세액계산	113. 과세표준 (113=112+159)		56	
	114. 세율		11	
	115. 산출세액		12	
	116. 지점유보소득(법 제96조)		13	
	117. 세율		14	
	118. 산출세액		15	
	119. 합계 (115+118)		16	

구분	항목			코드	금액
④ 납부할세액계산	120. 산출세액 (120=119)				
	121. 최저한세 적용대상 공제감면세액			17	
	122. 차감세액			18	
	123. 최저한세 적용제외 공제감면세액			19	
	124. 가산세액			20	
	125. 가감계 (122-123+124)			21	
	기납부세액	기한내납부세액	126. 중간예납세액	22	
			127. 수시부과세액	23	
			128. 원천납부세액	24	
			129. 간접 회사등 외국 납부세액	25	
			130. 소계(126+127+128+129)	26	
		131. 신고납부전가산세액		27	
		132. 합계 (130+131)		28	
	133. 감면분추가납부세액			29	
	134. 차가감 납부할 세액(125-132+133)			30	
⑤토지등 양도소득, ⑥미환류소득 법인세 계산 (TAB로 이동)					
⑦ 세액계	151. 차감 납부할 세액계 (134+150+166)			46	
	152. 사실과 다른 회계 처리 경정 세액공제			57	
	153. 분납세액 계산 범위액 (151-124-133-145-152+131)			47	
	154. 분납할세액			48	
	155. 차감납부세액 (151-152-154)			49	

(1) **101.결산서상 당기순손익**

결산서상 당기순손익을 입력한다. 동 금액은 [표준재무제표]–[표준손익계산서]의 [X.당기순손익]란 금액을 불러온다.

(2) **102.익금산입/103.손금산입**

익금산입 및 손금불산입 금액과 손금산입 및 익금불산입 금액을 각각 입력한다. 동 금액은 [소득 및 과표계산]–[소득금액 조정합계표 및 명세서]의 [합계]란 금액을 불러온다.

(3) **105.기부금 한도 초과액**

기부금 한도 초과액을 입력한다. [과목별 세무조정]–[기부금 조정명세서]–[2.기부금 조정] 탭의 [20.한도초과액 합계]란의 금액이 자동 반영된다.

(4) **106.기부금 한도 초과액 이월액 손금산입**

기부금 한도초과로 이월된 금액 중 당기에 손금으로 추인된 금액을 입력한다. 동 금액은 [과목별 세무조정]–[기부금 조정명세서]–[2.기부금 조정] 탭의 [26.해당 연도 손금추인액]란 합계 금액이 자동 반영된다.

(5) **109.이월결손금**

당해 사업연도의 개시일 전 15년 이내에 개시한 사업연도에서 발생한 이월결손금 중 공제되지 않은 금액을 입력한다.

구분	2008년 이전	2009년~2019년	2020년 이후
결손금 공제기간	5년	10년	15년

꿀팁 이월결손금의 공제 한도

구분	내용
중소기업과 회생계획을 이행 중인 기업 등	각 사업연도 소득금액의 100%
위 이외의 내국법인	각 사업연도 소득금액의 80%

(6) **110.비과세소득**

비과세소득을 입력한다.

(7) **111.소득공제**

소득공제 금액을 입력한다. 동 금액은 [특별비용 및 공제감면 조정]–[소득공제 조정명세서]의 [⑧소득공제액]란 금액을 불러온다.

(8) **121.최저한세 적용대상 공제 감면세액**

최저한세 적용대상 공제 감면세액을 입력한다.

(9) **123.최저한세 적용 제외 공제 감면세액**

최저한세 적용 제외 공제 감면세액을 입력한다.

(10) **124.가산세액**

가산세를 입력한다. 동 금액은 [세액계산 및 신고서]–[가산세액 계산서]에 입력된 금액을 불러온다.

(11) **126.중간예납세액**

지방소득세를 제외한 중간예납세액을 입력한다.

(12) **127.수시부과세액**

가산세를 제외한 수시부과세액을 입력한다.

(13) **128.원천납부세액**

가산세를 제외한 원천납부세액을 입력한다. [세액계산 및 신고서]–[원천납부세액 명세서]에 입력된 금액을 불러온다.

(14) **131.신고납부 전 가산세액**

중간예납 미납부 가산세 등 법인세 정기 신고기한 이전에 부과된 가산세를 입력한다.

(15) 133.감면분 추가납부세액

감면분 추가납부세액을 입력한다.

(16) 153.분납한 세액

[154.분납할 세액]란에 가산세를 제외한 분납할 세액을 입력한다. 납부할 세액이 1천만원을 초과하는 법인은 1월(중소기업은 2월) 이내에 다음과 같이 분납할 수 있다.

① 납부할 세액이 2천만원 이하인 때: 1천만원을 초과하는 금액

② 납부할 세액이 2천만원 초과인 때: 그 세액의 50% 이하 금액

연습문제

[1] 불러온 자료는 무시하고, (주)대성전자(회사코드: 1068)의 당해 자료를 참조하여 최저한세와 세액공제 및 세액감면의 중복 적용배제를 고려한 후 최저한세 조정계산서와 법인세 과세표준 및 세액조정계산서를 작성하시오. 기출 84회

1. 표준손익계산서 일부

Ⅷ.법인세비용 차감 전 손익	217	702,277,800원
Ⅸ.법인세비용	218	90,550,000원
Ⅹ.당기순손익	219	611,727,800원

2. 세무조정 내역

소득금액 조정합계표

익금산입 및 손금불산입			손금산입 및 익금불산입		
과목	금액	소득처분	과목	금액	소득처분
법인세 등	90,550,000원	기타사외유출	전기 보험료 과대계상	1,870,400원	유보 감소
기업업무추진비 한도 초과	12,350,000원	기타사외유출	전기 대손충당금 한도 초과	2,850,000원	유보 감소
세금과 공과	3,522,000원	기타사외유출			
업무용 승용차 감가상각비 한도 초과	10,535,000원	기타사외유출	업무용 승용차 감가상각비 손금추인	4,846,800원	기타
보험료 과대계상	1,050,400원	유보 발생			
계	118,007,400원		계	9,567,200원	

3. 전기 이월결손금 발생 및 증감내역

(6) 사업연도	잔액		
	(16) 기한 내	(17) 기한 경과	(18) 계
2018년	15,920,000원	0원	15,920,000원
2019년	30,500,000원	0원	30,500,000원

4. 세액공제 및 세액감면
- 중소기업 특별세액감면: 60,525,000원
- 창업중소기업 등에 대한 세액감면: 73,020,000원
- 연구인력개발비 세액공제: 12,440,000원

5. 기타
- 당기 건당 3만원을 초과하는 경비 중 간이영수증을 수취한 금액의 합계액이 5,800,000원 있다.
- 법인세 중간예납으로 20,500,000원을 납부하였다.
- 당사는 중소기업에 해당하며 법인세 분납을 하고자 한다.

6. 위 내역 외 세무조정사항은 없으며, 당사는 세부담을 최소화하고자 한다.

| 풀이 |

① [법인세 과세표준 및 세액조정계산서]

[101.결산서상 당기순손익]란에 611,727,800원, [102.익금산입]란에 118,007,400원, [103.손금산입]란에 9,567,200원, [109.이월결손금]란에 46,420,000원(2018년 15,920,000원 + 2019년 30,500,000원)을 입력한 후 저장한다.

법인세과세표준및세액조정계산서 정기 | 1068 (주)대성전자 법인 19기 2025-01-01~2025-12-31 부가세 2025 인사 2025

⊗닫기 코드 삭제 인쇄 조회 | 최근

≡ F7 원장조회 F8 잔액조회 F11저장 F12 불러오기

구분	항목		코드	금액
① 각 사업연도 소득계산	101. 결 산 서 상 당 기 순 손 익		01	611,727,800
	소 득 조 정 금 액	102.익 금 산 입	02	118,007,400
		103.손 금 산 입	03	9,567,200
	104. 차 가 감 소 득 금 액 (101+102-103)		04	720,168,000
	105. 기 부 금 한 도 초 과 액		05	
	106. 기 부 금 한 도 초 과 이월액 손금산입		54	
	107. 각 사 업 연 도 소 득 금 액(104+105-106)		06	720,168,000
② 과세표준계산	108. 각 사 업 연 도 소 득 금 액 (108=107)			720,168,000
	109. 이 월 결 손 금		07	46,420,000
	110. 비 과 세 소 득		08	
	111. 소 득 공 제		09	
	112. 과 세 표 준 (108-109-110-111)		10	673,748,000
	159. 선 박 표 준 이 익		55	
③ 산출세액계산	113. 과 세 표 준 (113=112+159)		56	673,748,000
	114. 세 율		11	19%
	115. 산 출 세 액		12	108,012,120
	116. 지 점 유 보 소 득 (법 제96조)		13	
	117. 세 율		14	
	118. 산 출 세 액		15	
	119. 합 계 (115+118)		16	108,012,120

구분	항목		코드	금액
④ 납부할세액계산	120. 산 출 세 액 (120=119)			108,012,120
	121. 최저한세 적 용 대 상 공 제 감 면 세 액		17	
	122. 차 감 세 액		18	108,012,120
	123. 최저한세 적 용 제 외 공 제 감 면 세 액		19	
	124. 가 산 세 액		20	
	125. 가 감 계 (122-123+124)		21	108,012,120
	기납부세액 - 기한내납부세액	126. 중 간 예 납 세 액	22	
		127. 수 시 부 과 세 액	23	
		128. 원 천 납 부 세 액	24	
		129. 간접 회사등 외국 납부세액	25	
		130. 소 계(126+127+128+129)	26	
	기납부세액	131. 신 고 납 부 전 가 산 세 액	27	
		132. 합 계 (130+131)	28	
	133. 감 면 분 추 가 납 부 세 액		29	
	134. 차 가 감 납 부 할 세 액(125-132+133)		30	108,012,120
⑤토지등 양도소득, ⑥미환류소득 법인세 계산 (TAB로 이동)				
⑦ 세액계	151. 차감 납부할 세액계 (134+150+166)		46	108,012,120
	152. 사 실 과 다 른 회계 처리 경정 세액공제		57	
	153. 분 납 세 액 계 산 범 위 액 (151-124-133-145-152+131)		47	108,012,120
	154. 분 납 할 세 액		48	
	155. 차 감 납 부 세 액 (151-152-154)		49	108,012,120

② [최저한세 조정계산서]

상단 툴바의 F12 불러오기 를 클릭한 후 다음과 같이 입력하고 저장한다.

최저한세조정계산서 정기 | 1068 (주)대성전자 법인 19기 2025-01-01~2025-12-31 부가세 2025 인사 2025

⊗닫기 인쇄 조회 | 최근

≡ F3 조정등록 F4 조정감순서 CF5 전체삭제 F6 중소기업유예연차 F7 원장조회 F8 잔액조회 F11저장 F12 불러오기 CF12 접대비1원단수조정

①구분		코드	②감면후세액	③최저한세	④조정감	⑤조정후세액
(101) 결 산 서 상 당 기 순 이 익		01	611,727,800			
소득조정금액	(102)익 금 산 입	02	118,007,400			
	(103)손 금 산 입	03	9,567,200			
(104) 조 정 후 소 득 금 액 (101+102-103)		04	720,168,000	720,168,000		720,168,000
최저한세적용대상 특 별 비 용	(105)준 비 금	05				
	(106)특별상각,특례상각	06				
(107) 특별비용손금산입전소득금액(104+105+106)		07	720,168,000	720,168,000		720,168,000
(108) 기 부 금 한 도 초 과 액		08				
(109) 기부금 한도초과 이월액 손 금 산 입		09				
(110) 각 사업 년 도 소 득 금 액 (107+108-109)		10	720,168,000	720,168,000		720,168,000
(111) 이 월 결 손 금		11	46,420,000	46,420,000		46,420,000
(112) 비 과 세 소 득		12				
(113) 최저한세적용대상 비 과 세 소 득		13				
(114) 최저한세적용대상 익금불산입 · 손금산입		14				
(115) 차가감 소 득 금 액(110-111-112+113+114)		15	673,748,000	673,748,000		673,748,000
(116) 소 득 공 제		16				
(117) 최저한세적용대상 소 득 공 제		17				
(118) 과 세 표 준 금 액(115-116+117)		18	673,748,000	673,748,000		673,748,000
(119) 선 박 표 준 이 익		24				
(120) 과 세 표 준 금 액 (118+119)		25	673,748,000	673,748,000		673,748,000
(121) 세 율		19	19 %	7 %		19 %
(122) 산 출 세 액		20	108,012,120	47,162,360		108,012,120
(123) 감 면 세 액		21	73,020,000		12,170,240	60,849,760
(124) 세 액 공 제		22				
(125) 차 감 세 액 (122-123-124)		23	34,992,120			47,162,360

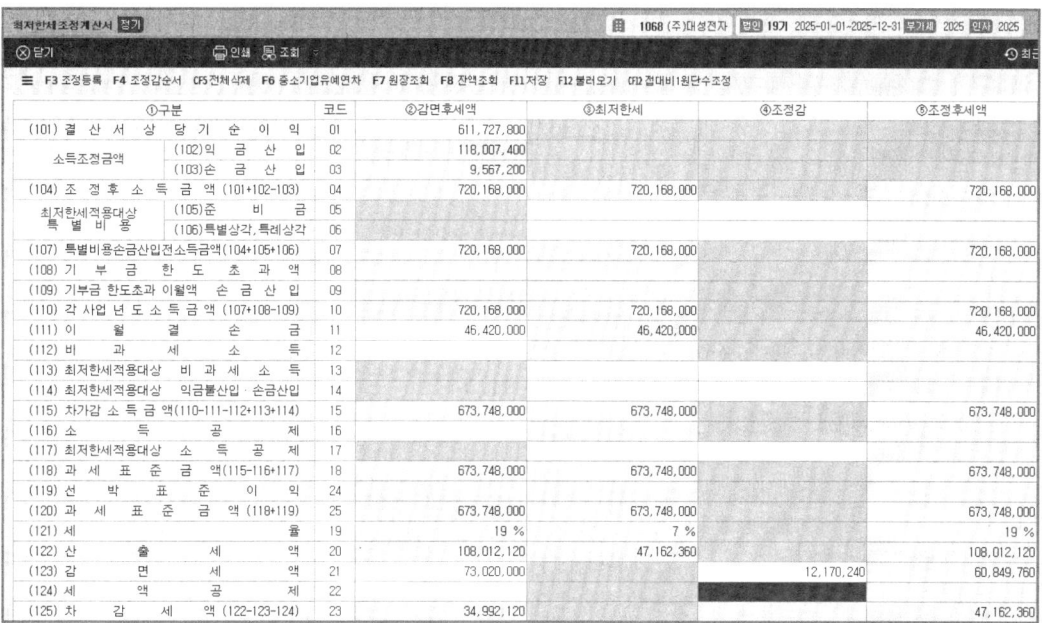

- '중소기업 특별세액감면'과 '창업중소기업 등에 대한 세액감면'은 중복 적용할 수 없으므로 세부담 최소화에 따라 감면금액이 큰 '창업중소기업 등에 대한 세액감면'을 적용한다. 최저한세 적용으로 73,020,000원 중 60,849,760원만 공제 가능하며 중소기업은 연구 및 인력개발비 세액공제는 최저한세 배제이며 중복 적용이 가능하다.

③ [법인세 과세표준 및 세액조정계산서]

법인세과세표준및세액조정계산서 정기 | 1068 (주)대성전자 | 법인 19기 2025-01-01~2025-12-31 | 부가세 2025 | 인사 2025

⊗닫기 코드 삭제 인쇄 조회 | 최근

≡ F7 원장조회 F8 잔액조회 F11저장 F12 불러오기

구분	항목	코드	금액
① 각사업연도소득계산	101. 결 산 서 상 당 기 순 손 익	01	611,727,800
	소 득 조 정 금 액 102.익 금 산 입	02	118,007,400
	소 득 조 정 금 액 103.손 금 산 입	03	9,567,200
	104. 차 가 감 소 득 금 액 (101+102-103)	04	720,168,000
	105. 기 부 금 한 도 초 과 액	05	
	106. 기 부 금 한 도 초 과 이월액 손금산입	54	
	107. 각 사 업 연 도 소 득 금 액(104+105-106)	06	720,168,000
② 과세표준계산	108. 각 사 업 연 도 소 득 금 액 (108=107)		720,168,000
	109. 이 월 결 손 금	07	46,420,000
	110. 비 과 세 소 득	08	
	111. 소 득 공 제	09	
	112. 과 세 표 준 (108-109-110-111)	10	673,748,000
	159. 선 박 표 준 이 익	55	
③ 산출세액계산	113. 과 세 표 준 (113=112+159)	56	673,748,000
	114. 세 율	11	19%
	115. 산 출 세 액	12	108,012,120
	116. 지 점 유 보 소 득 (법 제96조)	13	
	117. 세 율	14	
	118. 산 출 세 액	15	
	119. 합 계 (115+118)	16	108,012,120

구분	항목	코드	금액
④ 납부할세액계산	120. 산 출 세 액 (120=119)		108,012,120
	121. 최저한세 적 용 대 상 공 제 감 면 세 액	17	60,849,760
	122. 차 감 세 액	18	47,162,360
	123. 최저한세 적 용 제 외 공 제 감 면 세 액	19	12,440,000
	124. 가 산 세 액	20	116,000
	125. 가 감 계 (122-123+124)	21	34,838,360
	기납부세액 - 기한내납부세액 126. 중 간 예 납 세 액	22	20,500,000
	기납부세액 - 기한내납부세액 127. 수 시 부 과 세 액	23	
	기납부세액 - 기한내납부세액 128. 원 천 납 부 세 액	24	
	기납부세액 - 기한내납부세액 129. 간접 회사등 외국 납부세액	25	
	기납부세액 - 기한내납부세액 130. 소 계(126+127+128+129)	26	20,500,000
	기납부세액 - 131. 신 고 납 부 전 가 산 세 액	27	
	기납부세액 - 132. 합 계 (130+131)	28	20,500,000
	133. 감 면 분 추 가 납 부 세 액	29	
	134. 차 가 감 납 부 할 세 액(125-132+133)	30	14,338,360
⑤토지등 양도소득, ⑥미환류소득 법인세 계산 (TAB로 이동)			
⑦ 세액계	151. 차감 납부할 세액계 (134+150+166)	46	14,338,360
	152. 사 실 과 다 른 회계 처리 경정 세액공제	57	
	153. 분 납 세 액 계 산 범 위 액 (151-124-133-145-152+131)	47	14,222,360
	154. 분 납 할 세 액	48	4,222,360
	155. 차 감 납 부 세 액 (151-152-154)	49	10,116,000

- [121.최저한세 적용대상 공제 감면세액]란에 창업중소기업 등에 대한 세액감면 60,849,760원을 입력한다.
- 연구 및 인력개발비 세액공제 12,440,000원은 최저한세 적용배제 세액공제이므로 [123.최저한세 적용 제외 공제 감면세액]란에 입력한다.

(꿀팁) 최저한세 적용 제외 세액공제 항목
  - 법인세법상 세액공제인 외국납부 세액공제, 재해손실 세액공제 등
  - 중소기업의 연구 및 인력개발비 세액공제

- [124.가산세액]란에 지출증명서류 미수취 가산세 116,000원(=5,800,000원×2%)을 입력한다.
- [126.중간예납세액]란에 20,500,000원을 입력한다.
- [154.분납할 세액]란에 분납할 세액 4,222,360원을 입력한 후 해당 서식을 저장한다.

[2] (주)신라산업(회사코드: 1073)의 다음 자료를 참조하여 세액공제 조정명세서(3) 중 3.당기 공제 및 이월액계산 탭, 최저한세 조정계산서, 법인세 과세표준 및 세액조정계산서를 완성하시오(당사는 중소기업이며, 불러온 자료는 무시하고 아래의 자료만을 참조할 것).

기출 82회

- 결산서상 당기순이익: 203,500,000원
- 익금산입액: 27,850,000원
- 손금산입액: 10,415,000원
- 중소기업에 대한 특별세액감면: 3,940,000원
- 당기 발생 연구인력개발비 세액공제: 2,000,000원
- 전기(2024년)에 이월된 통합투자 세액공제: 5,000,000원
- 중간예납세액: 0원
- 원천납부세액: 880,000원
- 최저한세에 따른 공제감면 배제는 납세자에게 유리한 방법으로 한다.
- 위 이외의 세무조정 자료는 없다.
- 당사는 분납을 하고자 한다.

| 풀이 |

① [법인세 과세표준 및 세액조정계산서]

[101.결산서상 당기순손익]란에 203,500,000원, [102.익금산입]란에 27,850,000원, [103.손금산입]란에 10,415,000원을 입력한 후 저장한다.

법인세과세표준및세액조정계산서 정기 | 1073 (주)신라산업 법인 18기 2025-01-01~2025-12-31 부가세 2025 인사 2025

⊗닫기 코드 삭제 인쇄 조회 최근

≡ F7 원장조회 F8 잔액조회 F11저장 F12불러오기

구분	항목		코드	금액
① 각사업연도소득계산	101. 결산서상 당기순손익		01	203,500,000
	소득조정금액	102.익금산입	02	27,850,000
		103.손금산입	03	10,415,000
	104. 차가감소득금액 (101+102-103)		04	220,935,000
	105. 기부금한도초과액		05	
	106. 기부금한도초과 이월액 손금산입		54	
	107. 각사업연도소득금액(104+105-106)		06	220,935,000
② 과세표준계산	108. 각사업연도소득금액 (108=107)			220,935,000
	109. 이월결손금		07	
	110. 비과세소득		08	
	111. 소득공제		09	
	112. 과세표준 (108-109-110-111)		10	220,935,000
	159. 선박표준이익		55	
③ 산출세액계산	113. 과세표준 (113=112+159)		56	220,935,000
	114. 세율		11	19%
	115. 산출세액		12	21,977,650
	116. 지점유보소득(법 제96조)		13	
	117. 세율		14	
	118. 산출세액		15	
	119. 합계 (115+118)		16	21,977,650

구분	항목		코드	금액
④ 납부할세액계산	120. 산출세액 (120=119)			21,977,650
	121. 최저한세 적용대상 공제감면세액		17	
	122. 차감세액		18	21,977,650
	123. 최저한세 적용제외 공제감면세액		19	
	124. 가산세액		20	
	125. 가감계 (122-123+124)		21	21,977,650
	기납부세액 / 기한내납부세액	126. 중간예납세액	22	
		127. 수시부과세액	23	
		128. 원천납부세액	24	
		129. 간접 회사등 외국 납부세액	25	
		130. 소계(126+127+128+129)	26	
		131. 신고납부전 가산세액	27	
		132. 합계 (130+131)	28	
	133. 감면분 추가납부세액		29	
	134. 차가감 납부할 세액(125-132+133)		30	21,977,650
⑤토지등 양도소득, ⑥미환류소득 법인세 계산 (TAB로 이동)				
⑦ 세액계	151. 차감 납부할 세액계 (134+150+166)		46	21,977,650
	152. 사실과 다른 회계 처리 경정 세액공제		57	
	153. 분납세액 계산 범위액 (151-124-133-145-152+131)		47	21,977,650
	154. 분납할세액		48	
	155. 차감납부세액 (151-152-154)		49	21,977,650

② [최저한세 조정계산서]

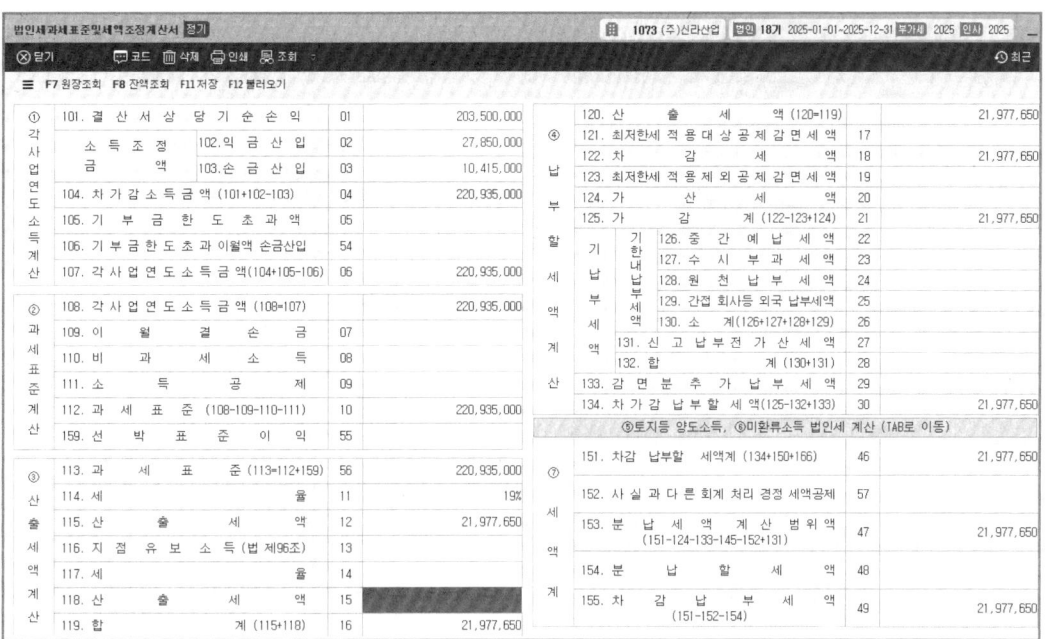

상단 툴바의 F12 불러오기를 클릭한 후 다음과 같이 입력하고 저장한다.

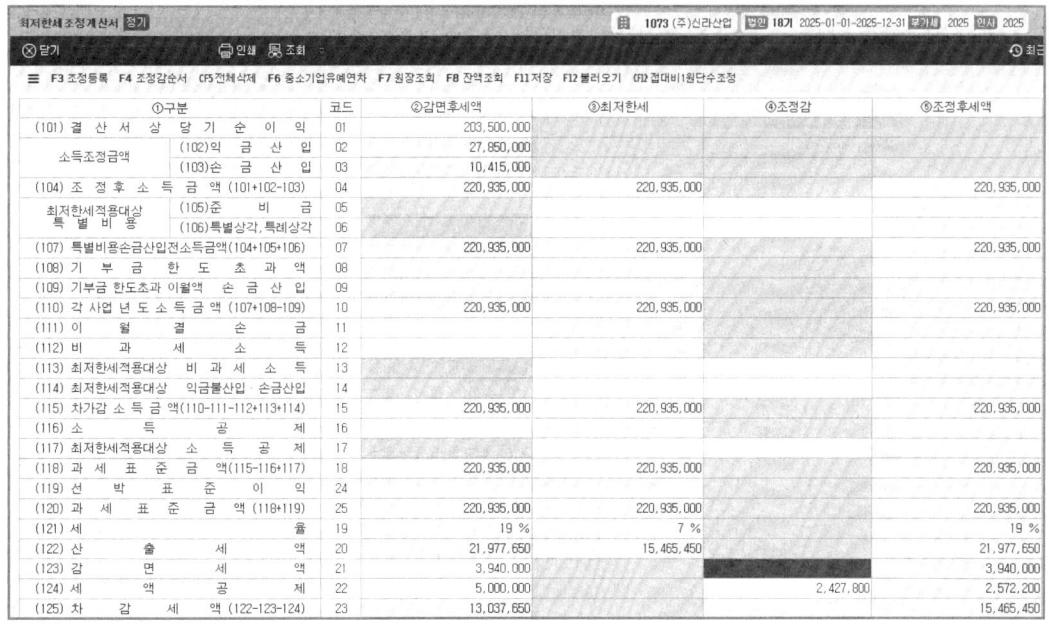

최저한세조정계산서 정기 | 1073 (주)신라산업 법인 18기 2025-01-01~2025-12-31 부가세 2025 인사 2025

⊗닫기 인쇄 조회 최근

≡ F3 조정등록 F4 조정감순서 CF5전체삭제 F6 중소기업유예연차 F7 원장조회 F8 잔액조회 F11저장 F12불러오기 CF12접대비1원단수조정

①구분		코드	②감면후세액	③최저한세	④조정감	⑤조정후세액
(101) 결산서상 당기순이익		01	203,500,000			
소득조정금액	(102)익금산입	02	27,850,000			
	(103)손금산입	03	10,415,000			
(104) 조정후 소득금액 (101+102-103)		04	220,935,000	220,935,000		220,935,000
최저한세적용대상 특별비용	(105)준비금	05				
	(106)특별상각,특례상각	06				
(107) 특별비용손금산입전소득금액(104+105+106)		07	220,935,000	220,935,000		220,935,000
(108) 기부금한도초과액		08				
(109) 기부금 한도초과 이월액 손금산입		09				
(110) 각 사업년도소득금액 (107+108-109)		10	220,935,000	220,935,000		220,935,000
(111) 이월결손금		11				
(112) 비과세소득		12				
(113) 최저한세적용대상 비과세소득		13				
(114) 최저한세적용대상 익금불산입·손금산입		14				
(115) 차가감소득금액(110-111-112+113+114)		15	220,935,000	220,935,000		220,935,000
(116) 소득공제		16				
(117) 최저한세적용대상 소득공제		17				
(118) 과세표준금액(115-116+117)		18	220,935,000	220,935,000		220,935,000
(119) 선박표준이익		24				
(120) 과세표준금액 (118+119)		25	220,935,000	220,935,000		220,935,000
(121) 세율		19	19 %	7 %		19 %
(122) 산출세액		20	21,977,650	15,465,450		21,977,650
(123) 감면세액		21	3,940,000			3,940,000
(124) 세액공제		22	5,000,000		2,427,800	2,572,200
(125) 차감세액 (122-123-124)		23	13,037,650			15,465,450

- 당기의 중소기업 특별세액감면과 통합투자 세액공제는 중복 적용이 배제된다. 다만, 전기로부터 이월된 통합투자 세액공제와 당기의 중소기업 특별세액감면은 중복 적용이 가능하다. 중소기업 특별세액감면(이월공제 ×)과 통합투자 세액공제(이월공제 ○)는 최저한세 적용대상이며 납세자에게 유리한 조세감면의 배제순서는 '이월공제가 되는 세액공제 → 이월감면이 되지 않는 세액감면'이다. 따라서 10년간 이월공제가 되는 통합투자 세액공제액 5,000,000원 중 2,427,800원을 배제한 2,572,200원만 당기에 공제를 받을 수 있다.

③ [세액공제 조정명세서(3)]–[3.당기 공제 및 이월액계산] 탭: 다음과 같이 입력한 후 저장한다.

세액공제조정명세서(3) 정기 · 1073 (주)신라산업 법인 18기 2025

⊗닫기 코드 삭제 인쇄 조회

≡ F3 조정등록 F4 계산내역 CF5 전체삭제 F6 최저배제 F11 저장 F12 불러오기

1.세액공제(1) | 2.세액공제(2) | 3.당기공제 및 이월액계산

	(105)구분	(106) 사업연도	요공제액 (107)당기분	(108)이월분	당기공제대상세액 (109)당기분	(110)1차연도	2차	3차	4차	5차	6차	7차	8차	9차	10차	(120)계	(121)최저한세적용에따른 미공제액	(122)기타사유로인한 미공제액	(123)공제세액 (120-121-122)	(124)소멸	(125)이월액 (107+108-123-124)
1	통합투자세액공제(일반	2024-12		5,000,000		5,000,000										5,000,000	2,427,800		2,572,200		2,427,800
		소계		5,000,000		5,000,000										5,000,000	2,427,800		2,572,200		2,427,800
	연구·인력개발비세액	2025-12	2,000,000		2,000,000											2,000,000			2,000,000		
	합 계		2,000,000	5,000,000	2,000,000	5,000,000										7,000,000	2,427,800		4,572,200		2,427,800

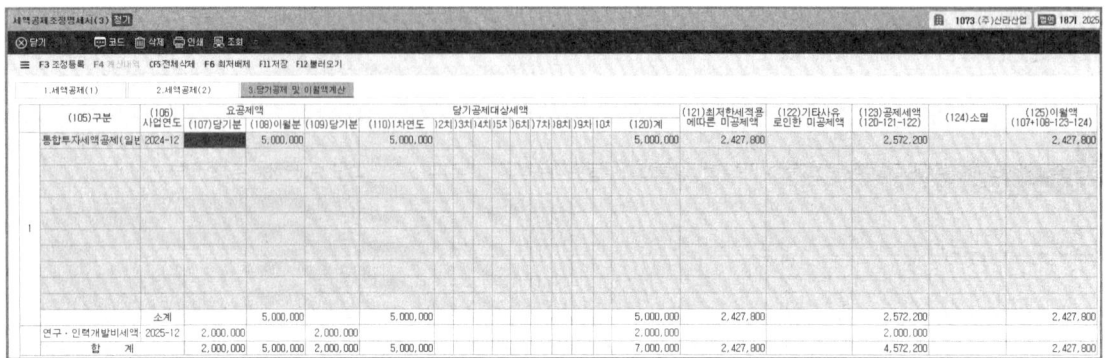

- 통합투자 세액공제액 중 [(121)최저한세 적용에 따른 미공제액]란에 최저한세 적용배제금액 2,427,800원을 입력한다.

④ [법인세 과세표준 및 세액조정계산서]

법인세과세표준및세액조정계산서 정기 · 1073 (주)신라산업 법인 18기 2025-01-01~2025-12-31 부가세 2025 인사 2025

⊗닫기 코드 삭제 인쇄 조회 · 최근

≡ F7 원장조회 F8 잔액조회 F11 저장 F12 불러오기

구분	항목	코드	금액
① 각사업연도소득계산	101. 결 산 서 상 당 기 순 손 익	01	203,500,000
	소득조정금액 102.익 금 산 입	02	27,850,000
	소득조정금액 103.손 금 산 입	03	10,415,000
	104. 차 가 감 소 득 금 액 (101+102-103)	04	220,935,000
	105. 기 부 금 한 도 초 과 액	05	
	106. 기 부 금 한 도 초 과 이월액 손금산입	54	
	107. 각 사 업 연 도 소 득 금 액(104+105-106)	06	220,935,000
② 과세표준계산	108. 각 사 업 연 도 소 득 금 액 (108=107)		220,935,000
	109. 이 월 결 손 금	07	
	110. 비 과 세 소 득	08	
	111. 소 득 공 제	09	
	112. 과 세 표 준 (108-109-110-111)	10	220,935,000
	159. 선 박 표 준 이 익	55	
③ 산출세액계산	113. 과 세 표 준 (113=112+159)	56	220,935,000
	114. 세 율	11	19%
	115. 산 출 세 액	12	21,977,650
	116. 지 점 유 보 소 득 (법 제96조)	13	
	117. 세 율	14	
	118. 산 출 세 액	15	
	119. 합 계 (115+118)	16	21,977,650

구분	항목	코드	금액
④ 납부할세액계산	120. 산 출 세 액 (120=119)		21,977,650
	121. 최저한세 적 용 대 상 공 제 감 면 세 액	17	6,512,200
	122. 차 감 세 액	18	15,465,450
	123. 최저한세 적 용 제 외 공 제 감 면 세 액	19	2,000,000
	124. 가 산 세 액	20	
	125. 가 감 계 (122-123+124)	21	13,465,450
	기납부세액 기한내납부세액 126. 중 간 예 납 세 액	22	
	기납부세액 기한내납부세액 127. 수 시 부 과 세 액	23	
	기납부세액 기한내납부세액 128. 원 천 납 부 세 액	24	880,000
	기납부세액 기한내납부세액 129. 간접 회사등 외국 납부세액	25	
	기납부세액 기한내납부세액 130. 소 계(126+127+128+129)	26	880,000
	기납부세액 131. 신 고 납 부 전 가 산 세 액	27	
	기납부세액 132. 합 계 (130+131)	28	880,000
	133. 감 면 분 추 가 납 부 세 액	29	
	134. 차 가 감 납 부 할 세 액(125-132+133)	30	12,585,450
⑤토지등 양도소득, ⑥미환류소득 법인세 계산 (TAB로 이동)			
⑦ 세액계	151. 차감 납부할 세액계 (134+150+166)	46	12,585,450
	152. 사 실 과 다 른 회계 처리 경정 세액공제	57	
	153. 분 납 세 액 계 산 범 위 액 (151-124-133-145-152+131)	47	12,585,450
	154. 분 납 할 세 액	48	2,585,450
	155. 차 감 납 부 세 액 (151-152-154)	49	10,000,000

- [121.최저한세 적용대상 공제 감면세액]란에 6,512,200원(= 전기이월 통합투자 세액공제 2,572,200원 + 중소기업 특별세액감면 3,940,000원)을 입력한다.
- 연구 및 인력개발비 세액공제 2,000,000원은 최저한세 적용배제 세액공제이므로 [123.최저한세 적용 제외 공제 감면세액]란에 입력한다.
- [128.원천납부세액]란에 880,000원을 입력한다.
- [154.분납할 세액]란에 분납할 세액 2,585,450원을 입력한 후 해당 서식을 저장한다.

[3] 강남산업(주)(회사코드: 1066)의 자료만을 이용하여 세무조정사항을 소득금액 조정합계표에 반영하고, 법인세 과세표준 및 세액조정계산서를 작성하시오(단, 주어진 자료 이외에는 없는 것으로 하고 기존에 입력된 자료는 무시할 것). 기출 75회 수정

1. 손익계산서의 일부분이다.

손익계산서

2025.1.1.~2025.12.31.

중간 생략	
Ⅷ. 법인세 차감 전 순이익	550,000,000원
Ⅸ. 법인세 등	50,000,000원
Ⅹ. 당기순이익	500,000,000원

2. 위의 자료를 제외한 세무조정 자료는 다음과 같다.

> 당기 말에 전무이사의 퇴직으로 인하여 지급한 퇴직금 100,000,000원이 판매비와 관리비에 퇴직급여로 반영되어 있다. 회사는 임원에 대한 퇴직금 지급규정이 없다. 전무이사의 퇴직 전 1년간 받은 총급여액은 100,000,000원이며 근속기간은 8년 6개월이다.

3. 이월결손금의 내역은 다음과 같으며 당기 이전에 공제된 내역은 없다.

발생연도	2006년	2019년	2021년
금액	100,000,000원	30,000,000원	5,000,000원

4. 세액공제 및 감면세액은 다음과 같다(최저한세 대상 세액감면, 공제는 세액감면으로 인해 배제되는 금액은 없는 것으로 가정함).
   - 중소기업 특별세액감면: 8,700,000원(최저한세 대상 세액감면)
   - 통합고용증대 세액공제: 11,000,000원(최저한세 대상 세액공제)
   - 연구인력개발 세액공제: 5,000,000원
   - 외국납부 세액공제: 3,000,000원
5. 기납부세액 내역은 다음과 같다.
   - 중간예납세액: 15,000,000원
   - 이자수익에 대한 원천징수세액: 500,000원
6. 매출액 중 계산서를 미발급한 매출액 5,000,000원이 있음을 발견하였다(결산 시 매출액은 장부에 이미 반영함).
7. 납부세액은 현재 운영자금이 넉넉하지 않아 분납(최대 한도)을 신청하고자 한다.

| 풀이 |

① [소득금액 조정합계표 및 명세서]: 상단 툴바 삭제 를 클릭하여 기입력된 자료는 전체 삭제하고 F6 직접입력 을 클릭한 후 다음과 같이 입력하고 저장한다.

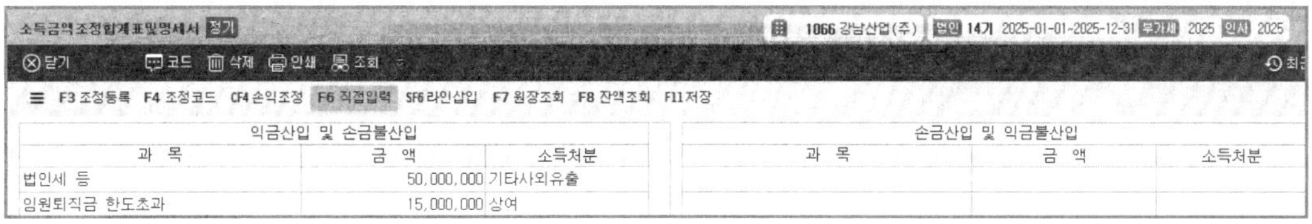

- 임원 퇴직금의 한도: 100,000,000원 × 10% × $8\frac{6}{12}$ = 85,000,000원
- 퇴직금 한도 초과액: 100,000,000원 − 85,000,000원 = 15,000,000원

② [법인세 과세표준 및 세액조정계산서]

법인세과세표준및세액조정계산서 정기 | 1066 강남산업(주) | 법인 14기 2025-01-01~2025-12-31 | 부가세 2025 | 인사 2025

⊗닫기 코드 삭제 인쇄 조회 | 최근

F7 원장조회 F8 잔액조회 F11저장 F12 불러오기

구분	항목	코드	금액
① 각사업연도소득계산	101. 결산서상 당기순손익	01	500,000,000
	소득조정금액 102.익금산입	02	65,000,000
	소득조정금액 103.손금산입	03	
	104. 차가감소득금액 (101+102-103)	04	565,000,000
	105. 기부금한도초과액	05	
	106. 기부금한도초과 이월액 손금산입	54	
	107. 각사업연도소득금액(104+105-106)	06	565,000,000
② 과세표준계산	108. 각사업연도소득금액 (108=107)		565,000,000
	109. 이월결손금	07	35,000,000
	110. 비과세소득	08	
	111. 소득공제	09	
	112. 과세표준 (108-109-110-111)	10	530,000,000
	159. 선박표준이익	55	
③ 산출세액계산	113. 과세표준 (113=112+159)	56	530,000,000
	114. 세율	11	19%
	115. 산출세액	12	80,700,000
	116. 지점유보소득(법 제96조)	13	
	117. 세율	14	
	118. 산출세액	15	
	119. 합계 (115+118)	16	80,700,000

구분	항목	코드	금액
④ 납부할세액계산	120. 산출세액 (120=119)		80,700,000
	121. 최저한세 적용대상 공제감면세액	17	19,700,000
	122. 차감세액	18	61,000,000
	123. 최저한세 적용제외 공제감면세액	19	8,000,000
	124. 가산세액	20	100,000
	125. 가감계 (122-123+124)	21	53,100,000
	기납부세액 기한내납부세액 126. 중간예납세액	22	15,000,000
	127. 수시부과세액	23	
	128. 원천납부세액	24	500,000
	129. 간접 회사등 외국 납부세액	25	
	130. 소계(126+127+128+129)	26	15,500,000
	131. 신고납부전가산세액	27	
	132. 합계 (130+131)	28	15,500,000
	133. 감면분추가납부세액	29	
	134. 차가감 납부할 세액(125-132+133)	30	37,600,000
⑤토지등 양도소득, ⑥미환류소득 법인세 계산 (TAB로 이동)			
⑦ 세액계	151. 차감 납부할 세액계 (134+150+166)	46	37,600,000
	152. 사실과 다른 회계 처리 경정 세액공제	57	
	153. 분납세액 계산 범위액 (151-124-133-145-152+131)	47	37,500,000
	154. 분납할세액	48	18,750,000
	155. 차감납부세액 (151-152-154)	49	18,850,000

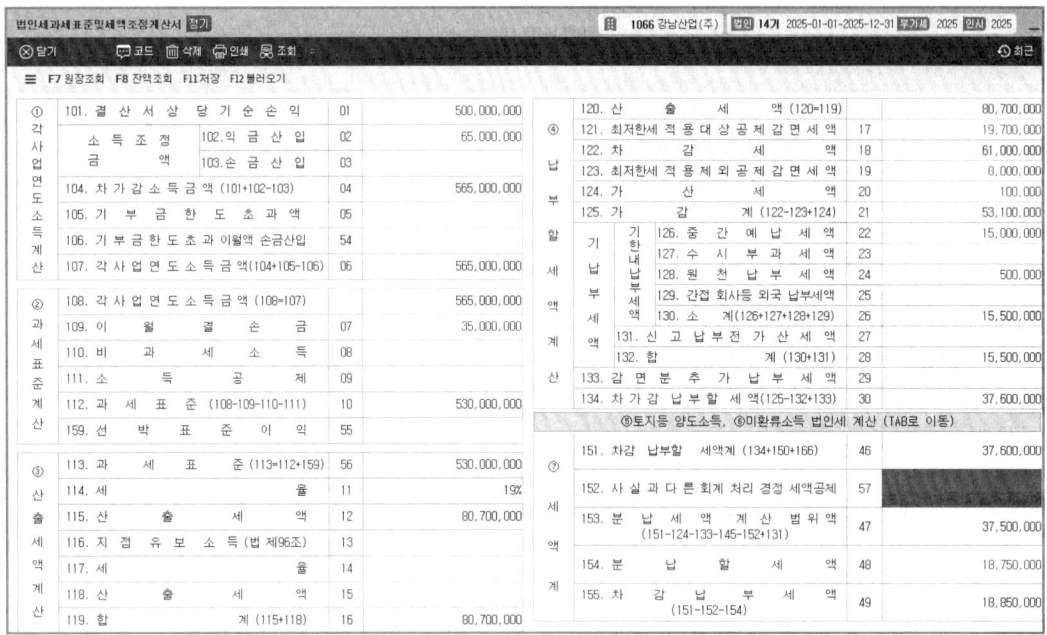

- [101.결산서상 당기순손익]란에 500,000,000원을 입력한다.
- [109.이월결손금]란에 공제 대상 이월결손금 35,000,000원(=2019년 발생분 30,000,000원+2021년 발생분 5,000,000원)을 입력한다.
- 중소기업 특별세액감면과 통합고용증대 세액공제는 중복 적용이 가능하다. 중소기업 특별세액감면 8,700,000원과 통합고용증대 세액공제 11,000,000원의 합계액 19,700,000원은 최저한세 적용대상 세액감면이므로 [121.최저한세 적용대상 공제 감면세액]란에 입력한다.
- 연구 및 인력개발비 세액공제 5,000,000원과 외국납부세액공제 3,000,000원은 최저한세 적용배제 세액공제이므로 [123.최저한세 적용제외 공제 감면세액]란에 합계액인 8,000,000원을 입력한다.
- [124.가산세액]란에 계산서 미발급 가산세 100,000원(=5,000,000원×2%)을 입력한다.
- [126.중간예납세액]란에 15,000,000원, [128.원천납부세액]란에 500,000원을 입력한다.
- [153.분납세액 계산 범위액]란 37,500,000원의 50%인 18,750,000원을 [154.분납할 세액]란에 입력한다.

[4] 추진물산(주)(회사코드: 1061)의 자료를 통하여 법인세 과세표준 및 세액조정계산서를 완성하시오(단, 당사는 중소기업이고, 세율은 현행 세율을 적용하며, 불러온 자료들은 무시하고 아래의 자료를 참고하여 작성함). 기출 71회 수정

1. 손익계산서의 일부분이다.

손익계산서

2025.1.1.~2025.12.31. (원)

– 중간 생략 –	
Ⅷ. 법인세 차감 전 순이익	100,000,000
Ⅸ. 법인세 등	10,000,000
Ⅹ. 당기순이익	90,000,000

2. 위의 자료를 제외한 세무조정 자료는 다음과 같다.

• 기업업무추진비 한도 초과액	18,000,000원
• 재고자산 평가증	2,700,000원
• 퇴직급여충당금 한도 초과액	1,500,000원
• 향우회 회비	5,000,000원

3. 기부금 관련 내역은 다음과 같다.

구분	일반기부금 지출액	일반기부금 한도액
전기	8,800,000원	8,000,000원
당기	12,000,000원	15,000,000원

4. 이월결손금의 내역은 다음과 같다.

발생연도	2021년	2022년	2023년
금액	10,000,000원	5,000,000원	3,000,000원

5. 적용받고자 하는 중소기업에 대한 특별세액감면에 대한 자료는 다음과 같다.

감면소득금액은 72,100,000원이고 감면율은 20%이며, 당사는 전년 대비 상시근로자 수는 변동없고 최저한세 적용 감면배제금액도 없다.

6. 기납부세액 내역은 다음과 같다.

- 당기에 법인세 중간예납세액으로 1,500,000원을 납부하였다.
- 원천징수세액은 법인세법상 관련 서식인 원천납부세액 명세서를 조회하여 반영한다.

7. 적격증빙을 수취하지 않고, 간이영수증을 수취한 1건(1,000,000원)이 있다.
8. 위 이외의 세무조정 자료는 없다.

| 풀이 |

[법인세 과세표준 및 세액조정계산서]

상단 툴바 삭제 를 클릭하여 전체 삭제한 후 다음과 같이 입력하고 저장한다.

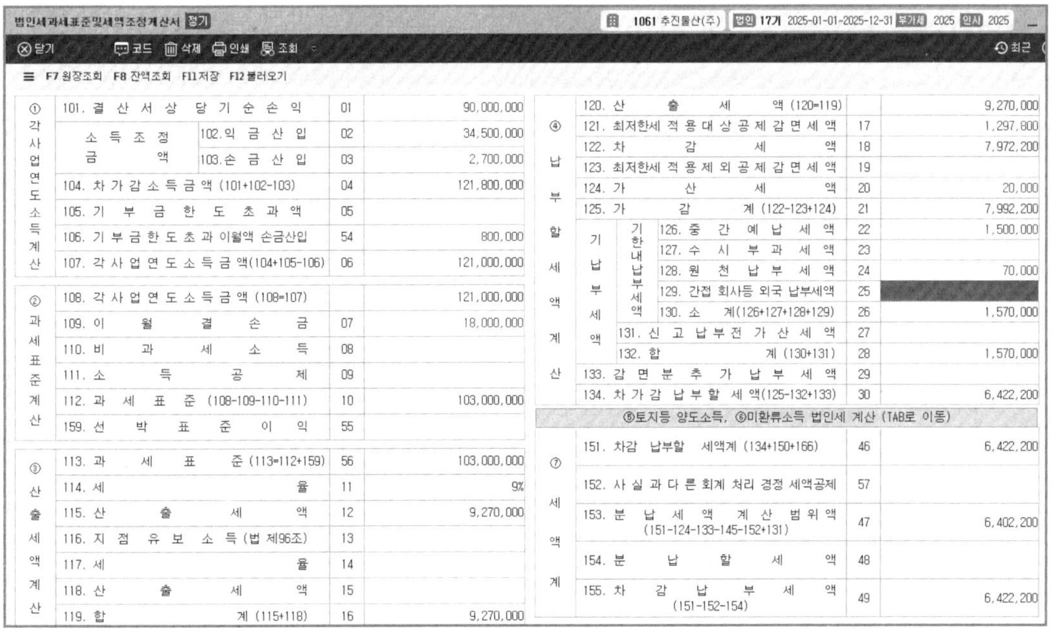
법인세과세표준및세액조정계산서 정기
1061 추진물산(주) 법인 17기 2025-01-01~2025-12-31 부가세 2025 인사 2025
닫기 코드 삭제 인쇄 조회 최근
F7 원장조회 F8 잔액조회 F11저장 F12 불러오기

구분	항목	코드	금액
① 각사업연도소득계산	101. 결산서상 당기순손익	01	90,000,000
	소득조정금액 102. 익금산입	02	34,500,000
	소득조정금액 103. 손금산입	03	2,700,000
	104. 차가감소득금액 (101+102-103)	04	121,800,000
	105. 기부금한도초과액	05	
	106. 기부금한도초과 이월액 손금산입	54	800,000
	107. 각사업연도소득금액(104+105-106)	06	121,000,000
② 과세표준계산	108. 각사업연도소득금액 (108=107)		121,000,000
	109. 이월결손금	07	18,000,000
	110. 비과세소득	08	
	111. 소득공제	09	
	112. 과세표준 (108-109-110-111)	10	103,000,000
	159. 선박표준이익	55	
③ 산출세액계산	113. 과세표준 (113=112+159)	56	103,000,000
	114. 세율	11	9%
	115. 산출세액	12	9,270,000
	116. 지점유보소득 (법 제96조)	13	
	117. 세율	14	
	118. 산출세액	15	
	119. 합계 (115+118)	16	9,270,000

구분	항목	코드	금액
④ 납부할세액계산	120. 산출세액 (120=119)		9,270,000
	121. 최저한세 적용대상 공제감면세액	17	1,297,800
	122. 차감세액	18	7,972,200
	123. 최저한세 적용제외 공제감면세액	19	
	124. 가산세액	20	20,000
	125. 가감계 (122-123+124)	21	7,992,200
	기납부세액 기한내납부세액 126. 중간예납세액	22	1,500,000
	기납부세액 기한내납부세액 127. 수시부과세액	23	
	기납부세액 기한내납부세액 128. 원천납부세액	24	70,000
	기납부세액 기한내납부세액 129. 간접 회사등 외국 납부세액	25	
	기납부세액 기한내납부세액 130. 소계(126+127+128+129)	26	1,570,000
	기납부세액 131. 신고납부전 가산세액	27	
	기납부세액 132. 합계 (130+131)	28	1,570,000
	133. 감면분 추가납부세액	29	
	134. 차가감 납부할 세액(125-132+133)	30	6,422,200
⑤토지등 양도소득, ⑥미환류소득 법인세 계산 (TAB로 이동)			
⑦ 세액계	151. 차감 납부할 세액계 (134+150+166)	46	6,422,200
	152. 사실과 다른 회계 처리 경정 세액공제	57	
	153. 분납세액 계산 범위액 (151-124-133-145-152+131)	47	6,402,200
	154. 분납할세액	48	
	155. 차감납부세액 (151-152-154)	49	6,422,200

- [101.결산서상 당기순손익]란에 90,000,000원을 입력한다.
- [102.익금산입]란에 34,500,000원(= 법인세 등 10,000,000원 + 기업업무추진비 한도 초과액 18,000,000원 + 퇴직급여충당금 한도 초과액 1,500,000원 + 향우회 회비 5,000,000원)을 입력한다.
- [103.손금산입]란에 재고자산 평가증 2,700,000원을 입력한다.

• [106.기부금 한도 초과 이월액 손금산입]란에 800,000원(= 전기 일반기부금 지출액 8,800,000원 – 일반기부금 한도액 8,000,000원)을 입력한다.
• [109.이월결손금]란에 공제 대상 이월결손금 18,000,000원(= 2021년 발생분 10,000,000원 + 2022년 발생분 5,000,000원 + 2023년 발생분 3,000,000원)을 입력한다.
• [121.최저한세 적용대상 공제 감면세액]란에 1,297,800원*을 입력한다.

$$* \text{ 산출세액 } 9{,}270{,}000\text{원} \times \frac{\text{감면소득금액 } 72{,}100{,}000\text{원}}{\text{과세표준 } 103{,}000{,}000\text{원}} \times 0.2 = 1{,}297{,}800\text{원}$$

• [124.가산세액]란에 지출증명서류 미수취 가산세 20,000원(= 1,000,000원 × 2%)을 입력한다.
• [126.중간예납세액]란에 1,500,000원을 입력한다.
• [원천납부세액 명세서] 메뉴에서 원천징수세액을 다음과 같이 조회한 후 [128.원천납부세액]란에 70,000원을 입력한다.

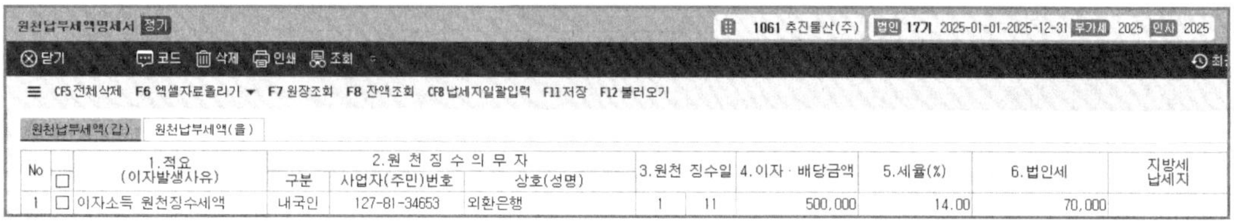

No		1.적요 (이자발생사유)	2.원천징수의무자 구분	사업자(주민)번호	상호(성명)	3.원천 징수일		4.이자·배당금액	5.세율(%)	6.법인세	지방세 납세지
1	□	이자소득 원천징수세액	내국인	127-81-34653	외환은행	1	11	500,000	14.00	70,000	

[5] 중소기업에 해당하는 (주)동부전자(회사코드: 1070)의 다음 자료에 의하여 공제감면에 필요한 서식을 작성하고 최저한세 조정계산서, 가산세액 계산서, 법인세 과세표준 및 세액 조정계산서를 작성하시오. 법인세 납부액은 분납 가능한 최대 한도로 설정하도록 한다.

기출 70회 수정

1. 사업용 자산 기계설비(일반시설) 취득에 투자한 금액은 1,260,700,000원(중고자산 27,300,000원 포함)으로서 당기 중 전액 투자가 완료되었다. 당해 법인은 통합투자 세액공제 요건을 갖추었고, 통합투자 세액공제를 적용받기로 한다(단, 공제율은 10%를 적용할 것).
2. 결산서상 당기순이익은 72,000,000원이라고 가정한다.
3. 소득금액 조정합계표상의 금액은 다음과 같다고 가정한다.
   • 익금산입 및 손금불산입액: 312,590,700원
   • 손금산입 및 익금불산입액: 39,874,260원
4. 결산 시 법인세 등 계정으로 대체한 금액에는 다음 금액이 포함되어 있다.
   • 중간예납세액: 2,200,000원
   • 원천납부세액: 183,000원(법인지방소득세를 제외한 금액임)
5. 다음의 가산세액을 반영하여 법인세 과세표준 및 세액조정계산서를 작성하시오.
   • 당사가 지출한 경비 중 6,000,000원을 제외한 모든 경비는 법인세법에서 요구하는 세금계산서, 계산서, 신용카드 매출전표 등의 적격증명서류를 갖추고 있다. 지출경비 6,000,000원에 대한 구체적인 내용은 다음과 같다.

구분	금액	비고
사무용품비	1,760,000원	전부 거래 건당 3만원 이하의 금액이다.
복리후생비	4,240,000원	전부 거래 건당 3만원 초과하는 금액이다.

   • 회계담당자의 실수로 6월분의 일용근로자에 대한 지급명세서(일용근로자 임금 총액: 10,000,000원)를 법정 제출기한까지 제출하지 못하였음을 확인하고 2025년 8월 25일 제출하였다.

| 풀이 |

① [법인세 과세표준 및 세액조정계산서]

[101.결산서상 당기순손익]란에 72,000,000원, [102.익금산입]란에 312,590,700원, [103.손금산입]란에 39,874,260원을 입력한 후 저장한다.

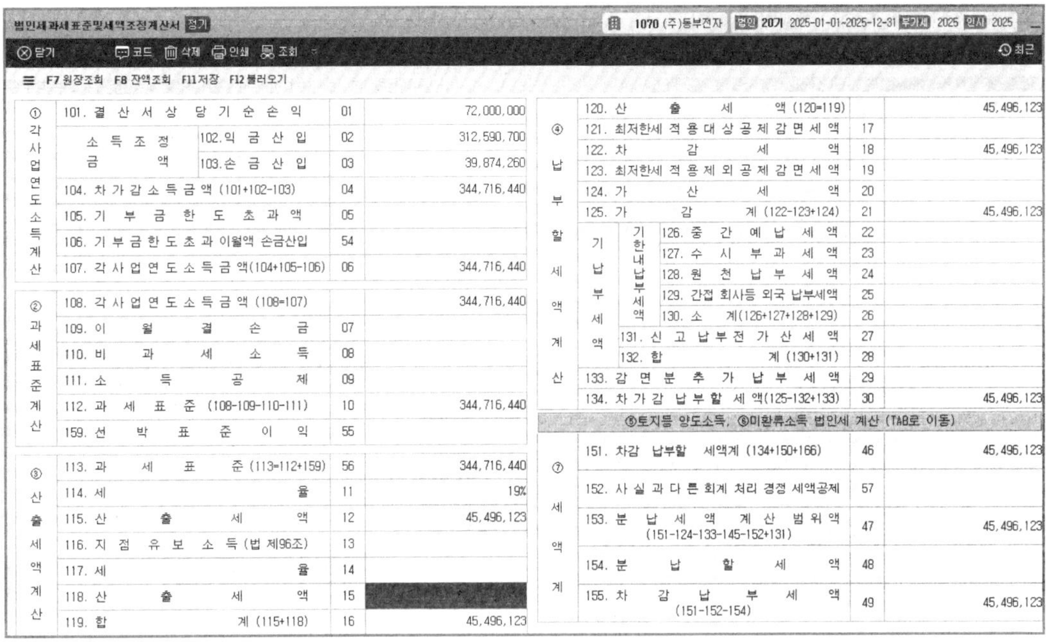
법인세과세표준및세액조정계산서 정기 | 1070 (주)동부전자 | 법인 20기 2025-01-01~2025-12-31 | 부가세 2025 | 인사 2025

닫기 | 코드 | 삭제 | 인쇄 | 조회 | 최근

F7 원장조회 | F8 잔액조회 | F11저장 | F12 불러오기

구분	항목	코드	금액
① 각사업연도소득계산	101. 결산서상 당기순손익	01	72,000,000
	소득조정금액 102.익금산입	02	312,590,700
	소득조정금액 103.손금산입	03	39,874,260
	104. 차가감소득금액 (101+102-103)	04	344,716,440
	105. 기부금한도초과액	05	
	106. 기부금한도초과 이월액 손금산입	54	
	107. 각사업연도소득금액(104+105-106)	06	344,716,440
② 과세표준계산	108. 각사업연도소득금액 (108=107)		344,716,440
	109. 이월결손금	07	
	110. 비과세소득	08	
	111. 소득공제	09	
	112. 과세표준 (108-109-110-111)	10	344,716,440
	159. 선박표준이익	55	
③ 산출세액계산	113. 과세표준 (113=112+159)	56	344,716,440
	114. 세율	11	19%
	115. 산출세액	12	45,496,123
	116. 지점유보소득(법 제96조)	13	
	117. 세율	14	
	118. 산출세액	15	
	119. 합계 (115+118)	16	45,496,123

구분	항목	코드	금액
④ 납부할세액계산	120. 산출세액 (120=119)		45,496,123
	121. 최저한세 적용대상 공제감면세액	17	
	122. 차감세액	18	45,496,123
	123. 최저한세 적용제외 공제감면세액	19	
	124. 가산세액	20	
	125. 가감계 (122-123+124)	21	45,496,123
	기납부세액 기한내납부세액 126. 중간예납세액	22	
	127. 수시부과세액	23	
	128. 원천납부세액	24	
	129. 간접 회사등 외국 납부세액	25	
	130. 소계(126+127+128+129)	26	
	131. 신고납부전 가산세액	27	
	132. 합계 (130+131)	28	
	133. 감면분 추가납부세액	29	
	134. 차가감 납부할 세액(125-132+133)	30	45,496,123
⑤토지등 양도소득, ⑥미환류소득 법인세 계산 (TAB로 이동)			
⑦ 세액계	151. 차감 납부할 세액계 (134+150+166)	46	45,496,123
	152. 사실과 다른 회계 처리 경정 세액공제	57	
	153. 분납세액 계산 범위액 (151-124-133-145-152+131)	47	45,496,123
	154. 분납할세액	48	
	155. 차감납부세액 (151-152-154)	49	45,496,123

② [세액공제 조정명세서(3)]

• [2.세액공제(2)] 탭

중고자산 투자액은 통합투자 세액공제 대상에서 제외되므로 사업용 자산(기계설비) 취득에 투자한 금액 중 중고자산 27,300,000원을 제외한 금액 1,233,400,000원을 입력한 후 저장한다.

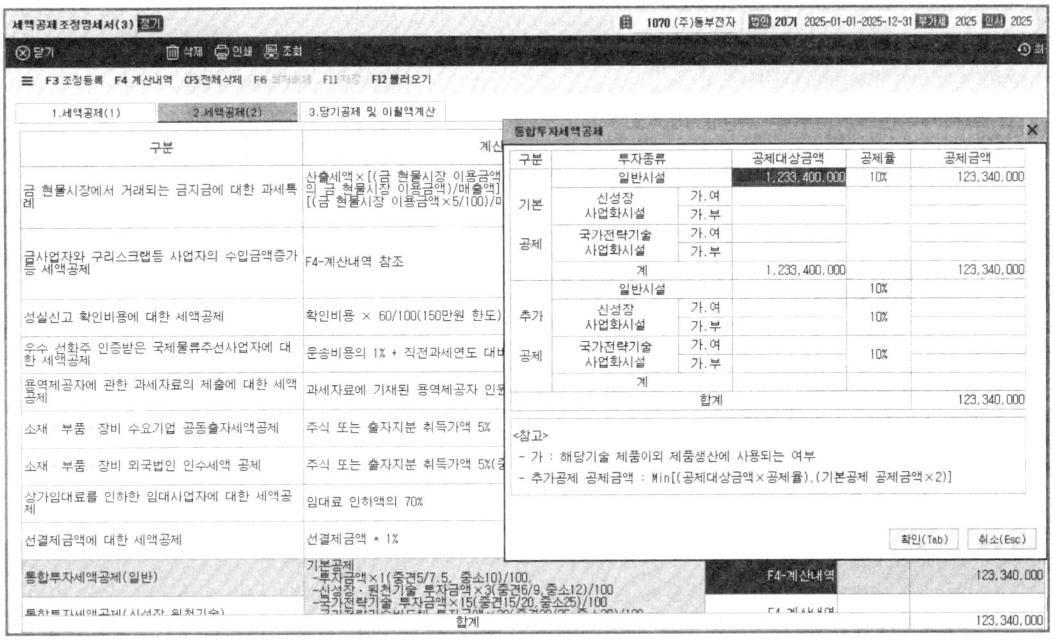
세액공제조정명세서(3) 정기 | 1070 (주)동부전자 | 법인 20기 2025-01-01~2025-12-31 | 부가세 2025 | 인사 2025

닫기 | 삭제 | 인쇄 | 조회

F3 조정등록 | F4 계산내역 | CF5전체삭제 | F6 최저비교 | F11저장 | F12 불러오기

1.세액공제(1) | 2.세액공제(2) | 3.당기공제 및 이월액계산

구분	계산
금 현물시장에서 거래되는 금지금에 대한 과세특례	산출세액×[(금 현물시장 이용금액의 금 현물시장 이용금액)/매출액] [(금 현물시장 이용금액×5/100)/ㅁ
금사업자와 구리스크랩등 사업자의 수입금액증가 등 세액공제	F4-계산내역 참조
성실신고 확인비용에 대한 세액공제	확인비용 × 60/100(150만원 한도)
우수 선화주 인증받은 국제물류주선사업자에 대한 세액공제	운송비용의 1% + 직전과세연도 대ㅂ
용역제공자에 관한 과세자료의 제출에 대한 세액공제	과세자료에 기재된 용역제공자 인원
소재·부품·장비 수요기업 공동출자세액공제	주식 또는 출자지분 취득가액 5%
소재·부품·장비 외국법인 인수세액 공제	주식 또는 출자지분 취득가액 5%(중
상가임대료를 인하한 임대사업자에 대한 세액공제	임대료 인하액의 70%
선결제금액에 대한 세액공제	선결제금액 * 1%
통합투자세액공제(일반)	기본공제 -투자금액×1(중견5/7.5, 중소10)/100, -신성장·원천기술 투자금액×3(중견6/9,중소12)/100 -국가전략기술 투자금액×15(중견15/20,중소25)/100 — F4-계산내역 — 123,340,000
합계	123,340,000

통합투자세액공제

구분	투자종류		공제대상금액	공제율	공제금액
기본공제	일반시설		1,233,400,000	10%	123,340,000
	신성장 사업화시설	가.여			
		가.부			
	국가전략기술 사업화시설	가.여			
		가.부			
	계		1,233,400,000		123,340,000
추가공제	일반시설			10%	
	신성장 사업화시설	가.여		10%	
		가.부			
	국가전략기술 사업화시설	가.여		10%	
		가.부			
	계				
합계					123,340,000

<참고>
- 가 : 해당기술 제품이외 제품생산에 사용되는 여부
- 추가공제 공제금액 : Min[(공제대상금액×공제율),(기본공제 공제금액×2)]

확인(Tab) | 취소(Esc)

PART 04

• [3.당기 공제 및 이월액계산] 탭

상단 툴바의 **F12 불러오기**를 클릭한 후 해당 서식을 저장한다.

세액공제조정명세서(3) 정기 | 1070 (주)동부전자 | 법인 20기 2025-01-01~2025-12-31 | 부가세 2025 | 인사 2025

⊗닫기 코드 삭제 인쇄 조회 | 최근

≡ F3 조정등록 F4 계산내역 CF5 전체삭제 F6 최저배제 F11 저장 F12 불러오기

1.세액공제(1) | 2.세액공제(2) | 3.당기공제 및 이월액계산

(105)구분	(106) 사업연도	요공제액		당기공제대상세액									
		(107)당기분	(108)이월분	(109)당기분	(110)1차연도	(111)2차연도	(112)3차연도	(113)4차연도	(114)5차연도	(115)6차연도	(116)7차연도	(117)8차연도	(11
통합투자세액공제(일반)	2025-12	123,340,000		123,340,000									

③ [최저한세 조정계산서]

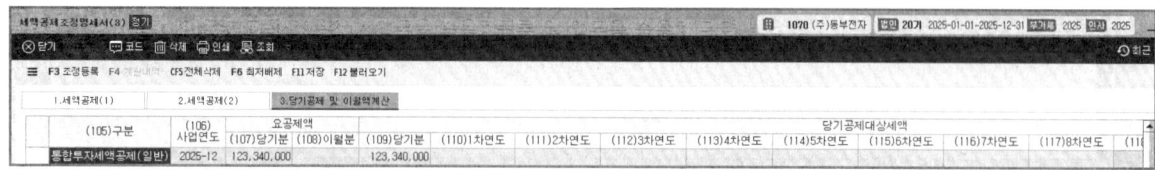

F12 불러오기를 클릭한 후 [②감면 후 세액-(124)세액공제]란에 123,340,000원을 확인하고 해당 서식을 저장한다.

최저한세조정계산서 정기 | 1070 (주)동부전자 | 법인 20기 2025-01-01~2025-12-31 | 부가세 2025 | 인사 2025

⊗닫기 인쇄 조회 | 최근

≡ F3 조정등록 F4 조정감순서 CF5 전체삭제 F6 중소기업유예연차 F7 원장조회 F8 잔액조회 F11 저장 F12 불러오기 CF12 접대비1원단수조정

①구분		코드	②감면후세액	③최저한세	④조정감	⑤조정후세액
(101) 결 산 서 상 당 기 순 이 익		01	72,000,000			
소득조정금액	(102)익 금 산 입	02	312,590,700			
	(103)손 금 산 입	03	39,874,260			
(104) 조 정 후 소 득 금 액 (101+102-103)		04	344,716,440	344,716,440		344,716,440
최저한세적용대상 특 별 비 용	(105)준 비 금	05				
	(106)특별상각,특례상각	06				
(107) 특별비용손금산입전소득금액(104+105+106)		07	344,716,440	344,716,440		344,716,440
(108) 기 부 금 한 도 초 과 액		08				
(109) 기부금 한도초과 이월액 손 금 산 입		09				
(110) 각 사업 년 도 소 득 금 액 (107+108-109)		10	344,716,440	344,716,440		344,716,440
(111) 이 월 결 손 금		11				
(112) 비 과 세 소 득		12				
(113) 최저한세적용대상 비 과 세 소 득		13				
(114) 최저한세적용대상 익금불산입 · 손금산입		14				
(115) 차가감 소 득 금 액(110-111-112+113+114)		15	344,716,440	344,716,440		344,716,440
(116) 소 득 공 제		16				
(117) 최저한세적용대상 소 득 공 제		17				
(118) 과 세 표 준 금 액(115-116+117)		18	344,716,440	344,716,440		344,716,440
(119) 선 박 표 준 이 익		24				
(120) 과 세 표 준 금 액 (118+119)		25	344,716,440	344,716,440		344,716,440
(121) 세 율		19	19 %	7 %		19 %
(122) 산 출 세 액		20	45,496,123	24,130,150		45,496,123
(123) 감 면 세 액		21				
(124) 세 액 공 제		22	123,340,000		101,974,027	21,365,973
(125) 차 감 세 액 (122-123-124)		23				24,130,150

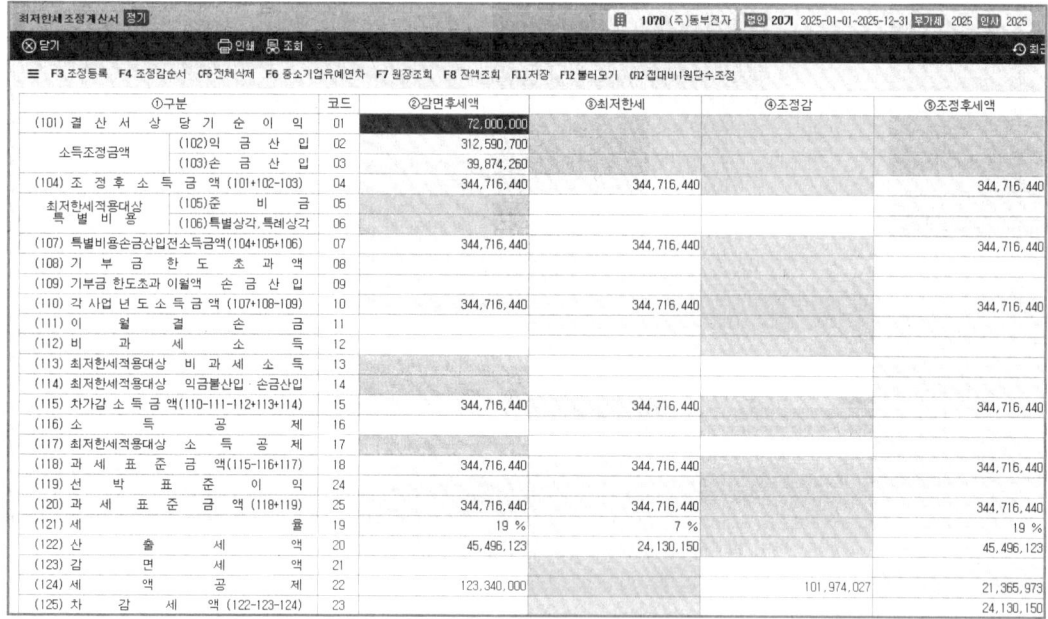

④ [세액공제 조정명세서(3)]-[당기 공제 및 이월액계산] 탭

[(121)최저한세 적용에 따른 미공제액]란에 101,974,027원을 입력한 후 저장한다.

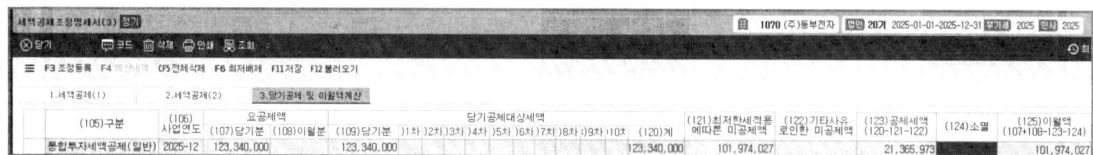

세액공제조정명세서(3) 정기 | 1070 (주)동부전자 | 법인 20기 2025-01-01~2025-12-31 | 부가세 2025 | 인사 2025

⊗닫기 코드 삭제 인쇄 조회 | 최

≡ F3 조정등록 F4 계산내역 CF5 전체삭제 F6 최저배제 F11 저장 F12 불러오기

1.세액공제(1) | 2.세액공제(2) | 3.당기공제 및 이월액계산

(105)구분	(106) 사업연도	요공제액		당기공제대상세액												(121)최저한세적용에따른 미공제액	(122)기타사유로인한 미공제액	(123)공제세액 (120-121-122)	(124)소멸	(125)이월액 (107+108-123-124)
		(107)당기분	(108)이월분	(109)당기분	)1차	)2차	)3차	)4차	)5차	)6차	)7차	)8차	)9차	)10차	(120)계					
통합투자세액공제(일반)	2025-12	123,340,000		123,340,000											123,340,000	101,974,027		21,365,973		101,974,027

⑤ [공제감면세액 및 추가 납부세액 합계표]-[최저한세 적용 세액공제, 면제] 탭
F12 불러오기를 클릭한 후 저장한다.

공제감면세액및추가납부세액합계표 정기 | 1070 (주)동부전자 | 법인 20기 2025-01-01~2025-12-31 | 부가세 2025 | 인사 2025

⊗닫기 삭제 인쇄 조회

≡ F3 조정등록 CF5전체삭제 F8 잔액조회 F11저장 F12 불러오기

최저한세배제세액감면 | 최저한세배제세액공제 | 최저한세적용세액감면 | 최저한세적용세액공제, 면제 | 비과세, 이월과세추가납부액 | 익금불산입 | 손금산입

①구 분	②근 거 법 조 항	코드	⑤전기이월액	⑥당기발생액	⑦공제세액
(247)통합투자세액공제(일반)	「조특법」 제24조	13W		123,340,000	21,365,973
(248)통합투자세액공제(신성장·원천기술)	「조특법」 제24조	13X			
(249)통합투자세액공제(국가전략기술)	「조특법」 제24조	13Y			
(250)임시통합세액공제(일반)	「조특법」 제24조	1B1			
(251)임시통합세액공제(신성장·원천기술)	「조특법」 제24조	1B2			
(252)임시통합세액공제(국가전략기술)	「조특법」 제24조	1B3			
(253)문화산업전문회사 출자에 대한 세액공제	「조특법」 제25조의7	1B7			
(254)소 계		149		123,340,000	21,365,973
(255)합 계((178) + (242))		150			21,365,973

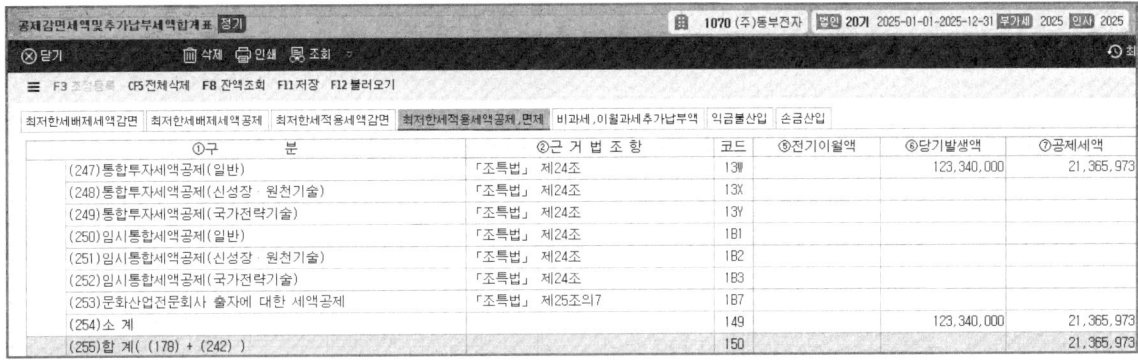

⑥ [가산세액 계산서]-[미제출 가산세] 탭

가산세액계산서 정기 | 1070 (주)동부전자 | 법인 20기 2025-01-01~2025-

⊗닫기 코드 삭제 인쇄 조회

≡ F3 조정등록 CF5전체삭제 F6 납부일 F11저장 F12 불러오기

신고납부가산세 | 미제출가산세 | 토지등양도소득가산세 | 미환류소득

구분		계산기준	기준금액	가산세율	코드	가산세액
지출증명서류		미(허위)수취금액	4,240,000	2/100	8	84,800
지급명세서	미(누락)제출	미(누락)제출금액		10/1,000	9	
	불분명	불분명금액		1/100	10	
	상증법 82조 1 6	미(누락)제출금액		2/1,000	61	
		불분명금액		2/1,000	62	
	상증법 82조 3 4	미(누락)제출금액		2/10,000	67	
		불분명금액		2/10,000	68	
	법인세법 제75의7①(일용근로)	미제출금액	10,000,000	12.5/10,000	96	12,500
		불분명등		25/10,000	97	
	법인세법 제75의7①(간이지급명세서)	미제출금액		25/10,000	102	
		불분명등		25/10,000	103	
	소 계				11	12,500

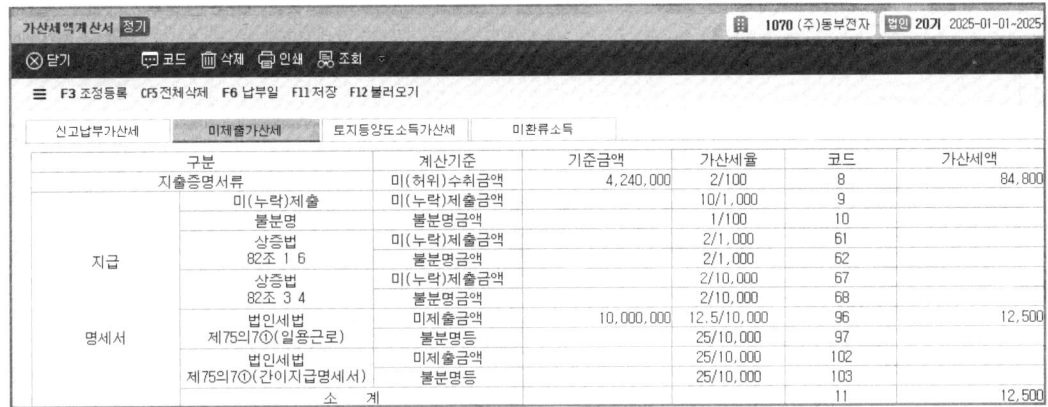

- 거래 건당 3만원을 초과하는 경우에는 법인세법에서 요구하는 세금계산서 등의 증빙을 갖추어야 하며, 그러하지 않은 경우에는 미수취 금액의 2%의 지출증명서류 미수취 가산세를 적용한다.
  ∴ 4,240,000원×2%=84,800원(복리후생비)
- 6월분의 일용근로자에 대한 지급명세서는 7월 31일까지 제출하여야 하며 미제출한 경우에는 미제출한 금액의 0.25%를 지급명세서 미제출 가산세를 적용한다. 다만, 제출기한 경과 후 1개월 내에 제출하면 50%의 감면이 적용되어 0.125%를 적용한다.
  ∴ 지급명세서 미제출 가산세: 10,000,000원×0.125%=12,500원

⑦ [법인세 과세표준 및 세액조정계산서]
다음과 같이 추가 입력한 후 해당 서식을 저장한다.

법인세과세표준및세액조정계산서 정기 | 1070 (주)동부전자 | 법인 20기 2025-01-01~2025-12-31 | 부가세 2025 | 인사 2025

ⓧ닫기 코드 삭제 인쇄 조회 | 최근

F7 원장조회 F8 잔액조회 F11저장 F12불러오기

구분	항목	코드	금액
① 각사업연도소득계산	101. 결산서상 당기순손익	01	72,000,000
	소득조정금액 102.익금산입	02	312,590,700
	소득조정금액 103.손금산입	03	39,874,260
	104. 차가감소득금액 (101+102-103)	04	344,716,440
	105. 기부금한도초과액	05	
	106. 기부금한도초과 이월액 손금산입	54	
	107. 각사업연도소득금액(104+105-106)	06	344,716,440
② 과세표준계산	108. 각사업연도소득금액 (108=107)		344,716,440
	109. 이월결손금	07	
	110. 비과세소득	08	
	111. 소득공제	09	
	112. 과세표준 (108-109-110-111)	10	344,716,440
	159. 선박표준이익	55	
③ 산출세액계산	113. 과세표준 (113=112+159)	56	344,716,440
	114. 세율	11	19%
	115. 산출세액	12	45,496,123
	116. 지점유보소득 (법 제96조)	13	
	117. 세율	14	
	118. 산출세액	15	
	119. 합계 (115+118)	16	45,496,123

구분	항목	코드	금액
④ 납부할세액계산	120. 산출세액 (120=119)		45,496,123
	121. 최저한세 적용대상 공제감면세액	17	21,365,973
	122. 차감세액	18	24,130,150
	123. 최저한세 적용제외 공제감면세액	19	
	124. 가산세액	20	97,300
	125. 가감계 (122-123+124)	21	24,227,450
	기납부세액 - 기한내납부세액 126. 중간예납세액	22	2,200,000
	기납부세액 - 기한내납부세액 127. 수시부과세액	23	
	기납부세액 - 기한내납부세액 128. 원천납부세액	24	183,000
	기납부세액 - 기한내납부세액 129. 간접 회사등 외국 납부세액	25	
	기납부세액 - 기한내납부세액 130. 소계(126+127+128+129)	26	2,383,000
	기납부세액 - 131. 신고납부전가산세액	27	
	기납부세액 - 132. 합계 (130+131)	28	2,383,000
	133. 감면분추가납부세액	29	
	134. 차가감납부할세액(125-132+133)	30	21,844,450
⑤토지등 양도소득, ⑥미환류소득 법인세 계산 (TAB로 이동)			
⑦ 세액계	151. 차감 납부할 세액계 (134+150+166)	46	21,844,450
	152. 사실과 다른 회계 처리 경정 세액공제	57	
	153. 분납세액계산범위액 (151-124-133-145-152+131)	47	21,747,150
	154. 분납할세액	48	10,873,575
	155. 차감납부세액 (151-152-154)	49	10,970,875

- 중소기업투자 세액공제액 123,340,000원 중 공제세액 21,365,973원을 [121.최저한세 적용대상 공제 감면세액]란에 입력한다.
- [124.가산세액]란에 97,300원(=4,240,000원×2%+10,000,000원×0.125%)을 입력한다.
- [126.중간예납세액]란에 2,200,000원, [128.원천납부세액]란에 183,000원을 입력한다.
- [153.분납세액 계산 범위액]란 21,747,150원의 50%인 10,873,575원을 [154.분납할 세액]란에 입력한다.

[6] 태백산업(주)(회사코드: 1067)의 다음 자료에 근거하여 법인세 과세표준 및 세액조정계산서를 작성하시오(단, 세율은 현행 세율을 적용하고, 불러온 자료들은 무시하고 아래의 자료를 참고하여 작성함). 기출 53회 수정

1. 손익계산서상 당기순이익은 313,550,000원이고 소득금액 조정합계표상 익금산입 금액은 15,000,000원, 손금산입 금액은 4,500,000원이라고 가정한다.
2. 기부금 관련 사항은 아래와 같다.

지출연도	일반기부금 지출액	일반기부금 한도액
전기	10,000,000원	7,000,000원
당기	18,000,000원	20,000,000원

3. 당해 사업연도의 세액공제 및 세액감면 발생금액은 다음과 같다.

- 연구 및 인력개발비 세액공제: 2,550,000원
- 수도권 내 청년창업중소기업에 대한 세액감면(최저한세 적용대상): 3,220,000원

4. 경비지출한 경비 중 아래의 자료를 제외하고 모두 법정증빙을 수취하였다.

구분	금액	비고
수수료비용	1,000,000원	• 간이과세자인 공인중개사 수수료임 • 대금은 계좌로 송금하였고 이에 대한 경비 등 송금명세서 제출함
사무용품비 구입비용	500,000원	• 영수증 수취분임 • 건당 5만원(부가가치세 포함), 수량 10개에 대한 금액임

5. 결산 시 법인세 등 계정으로 대체한 선납세금 계정은 다음과 같다.

• 중간예납세액: 4,500,000원	• 이자소득 원천징수세액: 700,000원

6. 2018년 귀속분에서 발생된 이월결손금 20,000,000원이 있다.
7. 이월세액공제는 없으며, 상기 자료 이외의 세무조정 자료는 없는 것으로 가정하고, 최저한세는 고려하지 않는다.
8. 분납 가능한 최대한의 금액을 현금으로 분납하도록 처리한다.
9. 당사는 세법상 중소기업에 해당한다.

| 풀이 |

[법인세 과세표준 및 세액조정계산서]
상단 툴바 [삭제]를 클릭하여 전체 삭제한 후 다음과 같이 입력하고 해당 서식을 저장한다.

법인세과세표준및세액조정계산서 정기 | 1067 태백산업(주) 법인 17기 2025-01-01~2025-12-31 부가세 2025 인사 2025

닫기 코드 삭제 인쇄 조회 최근

F7 원장조회 F8 잔액조회 F11저장 F12 불러오기

구분	항목	코드	금액
① 각사업연도소득계산	101. 결산서상 당기순손익	01	313,550,000
	소득조정금액 102. 익금산입	02	15,000,000
	소득조정금액 103. 손금산입	03	4,500,000
	104. 차가감소득금액 (101+102-103)	04	324,050,000
	105. 기부금한도초과액	05	1,000,000
	106. 기부금한도초과 이월액 손금산입	54	3,000,000
	107. 각사업연도소득금액(104+105-106)	06	322,050,000
② 과세표준계산	108. 각사업연도소득금액 (108=107)		322,050,000
	109. 이월결손금	07	20,000,000
	110. 비과세소득	08	
	111. 소득공제	09	
	112. 과세표준 (108-109-110-111)	10	302,050,000
	159. 선박표준이익	55	
③ 산출세액계산	113. 과세표준 (113=112+159)	56	302,050,000
	114. 세율	11	19%
	115. 산출세액	12	37,389,500
	116. 지점유보소득(법 제96조)	13	
	117. 세율	14	
	118. 산출세액	15	
	119. 합계 (115+118)	16	37,389,500

구분	항목	코드	금액
④ 납부할세액계산	120. 산출세액 (120=119)		37,389,500
	121. 최저한세 적용대상 공제감면세액	17	3,220,000
	122. 차감세액	18	34,169,500
	123. 최저한세 적용제외 공제감면세액	19	2,550,000
	124. 가산세액	20	10,000
	125. 가감계 (122-123+124)	21	31,629,500
	기납부세액 / 기한내납부세액 126. 중간예납세액	22	4,500,000
	기납부세액 / 기한내납부세액 127. 수시부과세액	23	
	기납부세액 / 기한내납부세액 128. 원천납부세액	24	700,000
	기납부세액 / 기한내납부세액 129. 간접 회사등 외국 납부세액	25	
	기납부세액 / 기한내납부세액 130. 소계(126+127+128+129)	26	5,200,000
	기납부세액 131. 신고납부전가산세액	27	
	기납부세액 132. 합계 (130+131)	28	5,200,000
	133. 감면분추가납부세액	29	
	134. 차가감납부할세액(125-132+133)	30	26,429,500
⑤토지등 양도소득, ⑥미환류소득 법인세 계산 (TAB로 이동)			
⑦ 세액계	151. 차감 납부할 세액계 (134+150+166)	46	26,429,500
	152. 사실과 다른 회계 처리 경정 세액공제	57	
	153. 분납세액계산범위액 (151-124-133-145-152+131)	47	26,419,500
	154. 분납할세액	48	13,209,750
	155. 차감납부세액 (151-152-154)	49	13,219,750

- [101.결산서상 당기순손익]란에 313,550,000원, [102.익금산입]란에 15,000,000원, [103.손금산입]란에 4,500,000원을 입력한다.
- [105.기부금 한도 초과액]란에 1,000,000원, [106.기부금 한도 초과 이월액 손금산입]란에 3,000,000원을 입력한다.

∵ 당기 기부금 한도 적용 시 이월된 기부금을 당기 지출한 기부금보다 우선 공제한다. 따라서 당기 일반기부금 한도액은 20,000,000원이므로 전기 일반기부금 한도를 초과하여 이월된 기부금 3,000,000원을 기부금 한도 초과 이월액으로 우선 손금산입한다. 당기 일반기부금지출액은 18,000,000원이므로 잔여 한도액 17,000,000원(=20,000,000원−3,000,000원)을 초과하는 당기 지출 기부금 1,000,000원은 기부금 한도 초과액으로 차기로 이월한다.

- [109.이월결손금]란에 20,000,000원을 입력한다.
- 수도권 내 청년창업중소기업에 대한 세액감면 3,220,000원은 최저한세 적용대상 세액감면이므로 [121.최저한세 적용대상 공제 감면세액]란에 입력한다.
- 연구 및 인력개발비 세액공제 2,550,000원은 최저한세 적용배제 세액공제이므로 [123.최저한세 적용 제외 공제 감면세액]란에 입력한다.
- [124.가산세액]란에 지출증명서류 미수취 가산세 10,000원(=500,000원×2%)을 입력한다. ㉠ 간이과세자의 부동산 임대용역수수료, ㉡ 개인사업자로부터 임가공용역을 제공받은 경우, ㉢ 간이과세자의 운송용역, ㉣ 부동산 중개수수료, ㉤ 상업서류 송달용역 등 적격증명서류를 수취하기 곤란한 경우에는 거래금액을 금융기관을 통하여 지급하고 과세표준 신고 시에 경비 등 송금명세서를 제출한 경우에는 가산세를 부과하지 않는다.
- [154.분납할 세액]란에 분납할 세액 13,209,750원을 입력한다.

[7] 중소기업에 해당하는 (주)서부전자(회사코드: 1069)의 다음 자료에 근거하여 법인세 과세표준 및 세액조정계산서를 작성하시오(단, 세율은 현행 세율을 적용하고, 불러온 자료들은 무시하고 아래의 자료를 참고하여 작성함). 기출 51회

1. 손익계산서상 당기순이익은 200,000,000원이다.
2. 법인세 세무조정 자료는 다음과 같다.

구분	금액	비고
법인세 등	32,000,000원	손익계산서상 법인세비용 계상액
기업업무추진비 한도 초과	2,000,000원	
감가상각부인액	2,500,000원	
단기매매증권 평가이익	12,500,000원	

3. 중소기업에 대한 특별세액감면은 1,150,000원이다.
4. 연구 및 인력개발비 세액공제금액은 2,200,000원이다.
5. 결산 시 법인세 등 계정으로 대체한 선납세금 계정 4,500,000원은 중간예납세액 3,500,000원과 이자소득 원천납부세액 1,000,000원이다.
6. 지출한 경비 중 1,200,000원을 제외한 모든 경비는 법인세법에서 요구하는 적격증명서류를 갖추고 있다. 지출경비 1,200,000원에 대한 구체적인 내용은 다음과 같다.

구분	금액	비고
운반비	200,000원	영세율이 적용되는 상업서류 송달용역을 제공받고 지급한 금액임
수수료비용	300,000원	부동산 중개수수료로 지급한 금액임
복리후생비	700,000원	전부 거래 건당 3만원 초과금액임

※ 운반비와 수수료비용 지출은 금융계좌를 이용하였고 경비 등 송금명세서를 작성하여 관할 세무서장에게 제출하였다.

7. 이월결손금은 2008년 발생분으로 10,000,000원이다.
8. 이월세액공제는 없으며, 최저한세는 고려하지 않는다.
9. 분납은 분납 가능한 최대 금액으로 하고 현금으로 납부할 예정이다.

| 풀이 |

[법인세 과세표준 및 세액조정계산서]

상단 툴바 삭제 를 클릭하여 전체 삭제한 후 다음과 같이 입력하고 해당 서식을 저장한다.

법인세과세표준및세액조정계산서 정기 | 1069 (주)서부전자 법인 20기 2025-01-01~2025-12-31 부가세 2025 인사 2025

⊗닫기 코드 삭제 인쇄 조회 | 최근

F7 원장조회 F8 잔액조회 F11저장 F12 불러오기

구분	항목	코드	금액
① 각사업연도소득계산	101. 결산서상 당기순손익	01	200,000,000
	소득조정금액 102.익금산입	02	36,500,000
	소득조정금액 103.손금산입	03	12,500,000
	104. 차가감소득금액 (101+102-103)	04	224,000,000
	105. 기부금한도초과액	05	
	106. 기부금한도초과 이월액 손금산입	54	
	107. 각사업연도소득금액(104+105-106)	06	224,000,000
② 과세표준계산	108. 각사업연도소득금액 (108=107)		224,000,000
	109. 이월결손금	07	
	110. 비과세소득	08	
	111. 소득공제	09	
	112. 과세표준 (108-109-110-111)	10	224,000,000
	159. 선박표준이익	55	
③ 산출세액계산	113. 과세표준 (113=112+159)	56	224,000,000
	114. 세율	11	19%
	115. 산출세액	12	22,560,000
	116. 지점유보소득(법 제96조)	13	
	117. 세율	14	
	118. 산출세액	15	
	119. 합계 (115+118)	16	22,560,000

구분	항목	코드	금액
④ 납부할세액계산	120. 산출세액 (120=119)		22,560,000
	121. 최저한세 적용대상 공제감면세액	17	1,150,000
	122. 차감세액	18	21,410,000
	123. 최저한세 적용제외 공제감면세액	19	2,200,000
	124. 가산세액	20	14,000
	125. 가감계 (122-123+124)	21	19,224,000
	기납부세액 기한내납부세액 126. 중간예납세액	22	3,500,000
	기납부세액 기한내납부세액 127. 수시부과세액	23	
	기납부세액 기한내납부세액 128. 원천납부세액	24	1,000,000
	기납부세액 기한내납부세액 129. 간접 회사등 외국 납부세액	25	
	기납부세액 기한내납부세액 130. 소계(126+127+128+129)	26	4,500,000
	기납부세액 131. 신고납부전가산세액	27	
	기납부세액 132. 합계 (130+131)	28	4,500,000
	133. 감면분추가납부세액	29	
	134. 차가감납부할세액(125-132+133)	30	14,724,000
⑤토지등 양도소득, ⑥미환류소득 법인세 계산 (TAB로 이동)			
⑦ 세액계	151. 차감 납부할 세액계 (134+150+166)	46	14,724,000
	152. 사실과 다른 회계 처리 경정 세액공제	57	
	153. 분납세액 계산 범위액 (151-124-133-145-152+131)	47	14,710,000
	154. 분납할세액	48	4,710,000
	155. 차감납부세액 (151-152-154)	49	10,014,000

- [101.결산서상 당기순손익]란에 200,000,000원을 입력한다.
- [102.익금산입]란에 36,500,000원(=법인세 등 32,000,000원+기업업무추진비 한도 초과 2,000,000원+감가상각부인액 2,500,000원)을 입력한다.
- [103.손금산입]란에 단기매매증권 평가이익 12,500,000원을 입력한다.
- 각 사업연도의 과세표준 계산 시 공제하는 이월결손금은 당해 사업연도의 개시일 전 15년(2008.12.31. 이전 발생분은 5년, 2009년 1월 1일부터 2019년 12월 31일 이전에 제시하는 사업연도에 발생한 결손금은 10년) 이내에 개시한 사업연도에서 발생한 이월결손금 중 공제되지 않은 금액만 공제 대상이므로 2008년 발생한 이월결손금은 공제 대상이 아니다.
- 중소기업 특별세액감면 1,150,000원은 최저한세 적용대상 세액감면이므로 [121.최저한세 적용대상 공제 감면세액]란에 입력한다.
- 연구 및 인력개발비 세액공제 2,200,000원은 최저한세 적용배제 세액공제이므로 [123.최저한세 적용 제외 공제 감면세액]란에 입력한다.
- [124.가산세액]란에 지출증명서류 미수취 가산세 14,000원(=700,000원×2%)을 입력한다. ㉠ 간이과세자의 부동산 임대용역수수료, ㉡ 개인사업자로부터 임가공용역을 제공받은 경우, ㉢ 간이과세자의 운송용역, ㉣ 부동산 중개수수료, ㉤ 상업서류 송달용역 등 적격증명서류를 수취하기 곤란한 경우에는 거래금액을 금융기관을 통하여 지급하고 과세표준 신고 시에 경비 등 송금명세서를 제출한 경우에는 가산세를 부과하지 않는다.
- [126.중간예납세액]란에 3,500,000원, [128.원천납부세액]란에 1,000,000원을 입력한다.
- [154.분납할 세액]란에 분납할 세액 4,710,000원을 입력한다.

[8] (주)대전상사(회사코드: 1072)의 다음 자료를 이용하여 법인세 과세표준 및 세액조정계산서를 작성하시오. 다음 주어진 자료 이외에는 없는 것으로 하고, 기존에 입력된 자료는 무시한다. 기출 48회

1. 손익계산서의 일부분이다.

손익계산서

2025.1.1.~2025.12.31. (단위: 원)

– 중간 생략 –

Ⅷ. 법인세 차감 전 순이익	550,000,000
Ⅸ. 법인세 등	50,000,000
Ⅹ. 당기순이익	500,000,000

2. 위의 자료를 제외한 세무조정 자료는 다음과 같다.
   - 기업업무추진비 한도 초과액: 3,000,000원(기타사외유출)
   - 국세환급 가산금: 500,000원(기타)
   - 감가상각부인액: 1,000,000원
   - 임원 상여금 한도 초과: 500,000원
   - 단기매매증권 평가이익: 3,000,000원
   - 일반기부금 한도 초과액: 5,000,000원
   - 재고자산 평가증: 1,500,000원
3. 이월결손금의 내역은 다음과 같다.

발생연도	2010년	2019년	2020년
금액	100,000,000원	30,000,000원	5,000,000원

4. 세액공제 및 감면세액은 다음과 같다.
   - 통합투자 세액공제: 1,000,000원
   - 연구인력개발 세액공제: 5,000,000원
   - 외국납부 세액공제: 3,000,000원
5. 기납부세액 내역은 다음과 같다.
   - 중간예납세액: 15,000,000원
   - 이자수익에 대한 원천징수세액: 500,000원
6. 법인세 신고시점에 매출액 중 계산서를 미교부한 매출액 5,000,000원이 있음을 발견하였다.
7. 납부세액은 분납이 가능한 경우 분납신청을 하고자 한다.

| 풀이 |

[법인세 과세표준 및 세액조정계산서]

상단 툴바 삭제 를 클릭하여 전체 삭제한 후 다음과 같이 입력하고 해당 서식을 저장한다.

법인세과세표준및세액조정계산서 정기 | 1072 (주)대전상사 법인 22기 2025-01-01~2025-12-31 부가세 2025 인사 2025

닫기 코드 삭제 인쇄 조회 | 최근

F7 원장조회 F8 잔액조회 F11 저장 F12 불러오기

구분	항목	코드	금액
① 각사업연도소득계산	101. 결산서상 당기순손익	01	500,000,000
	소득조정금액 102.익금산입	02	54,500,000
	소득조정금액 103.손금산입	03	5,000,000
	104. 차가감소득금액 (101+102-103)	04	549,500,000
	105. 기부금한도초과액	05	5,000,000
	106. 기부금한도초과 이월액 손금산입	54	
	107. 각사업연도소득금액(104+105-106)	06	554,500,000
② 과세표준계산	108. 각사업연도소득금액 (108=107)		554,500,000
	109. 이월결손금	07	35,000,000
	110. 비과세소득	08	
	111. 소득공제	09	
	112. 과세표준 (108-109-110-111)	10	519,500,000
	159. 선박표준이익	55	
③ 산출세액계산	113. 과세표준 (113=112+159)	56	519,500,000
	114. 세율	11	19%
	115. 산출세액	12	78,705,000
	116. 지점유보소득(법 제96조)	13	
	117. 세율	14	
	118. 산출세액	15	
	119. 합계 (115+118)	16	78,705,000

구분	항목	코드	금액
④ 납부할세액계산	120. 산출세액 (120=119)		78,705,000
	121. 최저한세 적용대상 공제감면세액	17	1,000,000
	122. 차감세액	18	77,705,000
	123. 최저한세 적용제외 공제감면세액	19	8,000,000
	124. 가산세액	20	100,000
	125. 가감계 (122-123+124)	21	69,805,000
	기납부세액 기한내납부세액 126. 중간예납세액	22	15,000,000
	기납부세액 기한내납부세액 127. 수시부과세액	23	
	기납부세액 기한내납부세액 128. 원천납부세액	24	500,000
	기납부세액 기한내납부세액 129. 간접 회사등 외국 납부세액	25	
	기납부세액 기한내납부세액 130. 소계(126+127+128+129)	26	15,500,000
	기납부세액 131. 신고납부전가산세액	27	
	기납부세액 132. 합계 (130+131)	28	15,500,000
	133. 감면분추가납부세액	29	
	134. 차가감 납부할 세액(125-132+133)	30	54,305,000
⑤토지등 양도소득, ⑥미환류소득 법인세 계산 (TAB로 이동)			
⑦ 세액계	151. 차감 납부할 세액계 (134+150+166)	46	54,305,000
	152. 사실과 다른 회계 처리 경정 세액공제	57	
	153. 분납세액 계산 범위액 (151-124-133-145-152+131)	47	54,205,000
	154. 분납할세액	48	27,102,500
	155. 차감납부세액 (151-152-154)	49	27,202,500

- [101.결산서상 당기순손익]란에 500,000,000원을 입력한다.
- [102.익금산입]란에 54,500,000원(=법인세 등 50,000,000원+기업업무추진비 한도 초과액 3,000,000원+감가상각부인액 1,000,000원+임원 상여금 한도 초과 500,000원)을 입력한다.
- [103.손금산입]란에 5,000,000원(=국세환급 가산금 500,000원+재고자산 평가증 1,500,000원+단기매매증권 평가이익 3,000,000원)을 입력한다.
- [105.기부금 한도 초과액]란에 5,000,000원을 입력한다.
- [109.이월결손금]란에 공제 대상 이월결손금 35,000,000원(=2019년 발생분 30,000,000원+2020년 발생분 5,000,000원)을 입력한다.
- 통합투자 세액공제 1,000,000원은 최저한세 적용대상 세액공제이므로 [121.최저한세 적용대상 공제 감면세액]란에 입력한다.
- 연구 및 인력개발비 세액공제 5,000,000원과 외국납부 세액공제 3,000,000원은 최저한세 적용배제 세액공제이므로 [123.최저한세 적용 제외 공제 감면세액]란에 합계 금액인 8,000,000원을 입력한다.
- [124.가산세액]란에 계산서 미발급 가산세 100,000원(=5,000,000원×2%)을 입력한다.
- [154.분납할 세액]란에 분납할 세액 27,102,500원을 입력한다.

23 주식 등 변동상황 명세서

▸ 최신 30회 중 3문제 출제

사업연도 중에 주식 등의 변동사항이 있는 법인은 법인세 과세표준 신고기한 내에 주식 등 변동상황 명세서를 제출하여야 한다. 과세당국은 주식 등 변동상황이 발생하면 증권거래세와 양도소득세를 과세하고자 주식 등 발행법인에게 주식 등의 변동내역을 제출하도록 하고 있으며 법인세 신고기한 내에 미제출 시 가산세*가 부과된다.

* 액면금액 또는 출자가액의 1%(단, 제출기한 경과 후 1개월 이내 제출 시 50% 감면)

1. [1.주식 등 변동상황 명세서] 탭

당해 사업연도 중에 주권(코스닥)상장하거나 합병, 분할한 경우에는 해당 날짜를 입력하고 해당일을 기준으로 이전, 이후의 서식을 입력한다.

(1) 자본금(출자금) 변동상황

? 를 클릭하면 다음의 입력창이 나온다.

① ⑧일자/주식종류: 자본금(출자금)변동 내역을 변동일자 순으로 입력하고, 동일자에 종류가 다른 주식이 함께 발행된 경우에는 [주식종류]란에 '1.보통주', '2.우선주'로 각각 구분하여 입력한다.

② ⑨원인코드: 다음 사유에 해당하는 코드를 선택한다.

<원인코드>
1:유상증자(증), 2:무상증자(증), 3:출자전환(증), 4:주식배당(증),
5:주식수감소 유상감자(감), 15:액면가액감소 유상감자(감), 6:주식수감소 무상감자(감), 16:액면가액감소 무상감자(감),
7:액면분할, 8:주식병합, 9:기타(자사주 소각등)(감), 10:이익소각(자본금변동없음)

③ 증가(감소)한 주식의 내용: 증감사유(원인코드)별로 증가(감소)한 [⑪주식 수]와 [⑫주당 액면가]를 입력한다.

④ ⑭증가(감소) 자본금(⑪×⑫): 증가(감소)한 자본금이 [⑪주식 수]에 [⑫주당 액면가]를 곱한 금액으로 자동 계산된다.

(2) 주식 및 출자지분에 대한 사항

주주별로 주식 수 변동상황을 입력한다.

① 성명(법인명): 주주(출자자)의 성명 또는 법인명을 입력한다.

② 구분: 주주(출자자)의 유형을 구분하는 것으로 주주가 '2.개인'이면 주민등록번호, '3.영리내국법인' 등이면 사업자등록번호를 입력한다.

1:제출의무면제주주소계, 2:개인, 3:영리내국법인, 4:비영리내국법인, 5:개인단체, 6:외국투자자, 7:외국법인

⇩

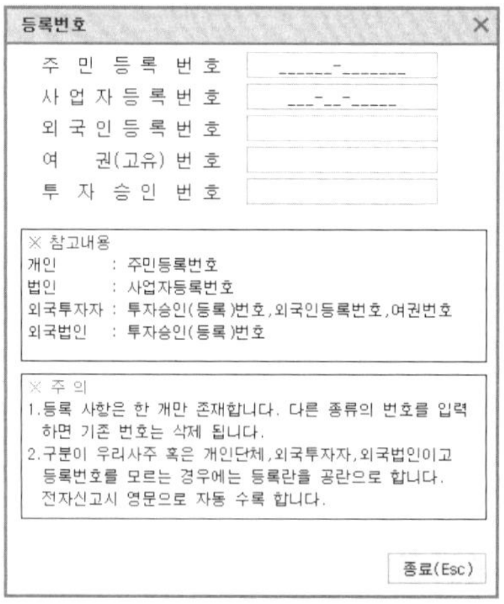

③ 기중 변동상황: 기초 주식 수를 입력하면 해당 주주의 지분율이 자동 계산되며 주주별로 기중 변동사항 중 증가 또는 감소되는 주식 수를 원인별로 입력한다. 또한, 기초 주식 수에 증가 또는 감소되는 주식 수를 반영하여 기말 주식 수와 지분율이 자동 계산된다.

④ 지배주주와의 관계: 지배주주와의 관계를 다음에서 선택하여 입력한다.

지배주주와의관계(을)를 입력하세요.
0:본인, 1:배우자, 2:자, 3:부모, 4:형제자매, 5:손, 6:조부모, 7:2~6의 배우자, 8:1~7이외의 친족, 9:기타, 10:특수관계법인

지배주주 '0:본인'은 1% 이상을 소유한 주주 중 그와 특수관계인이 소유한 주식(출자지분)의 합계가 주주 중 가장 많은 자를 말하며 가장 많은 자가 2인 이상인 경우에는 대표자를 말한다.

'자본금(출자금) 변동상황'과 '주식 및 출자지분에 대한 사항'의 차이내용

'자본금(출자금) 변동상황'과 '주식 및 출자지분에 대한 사항'에서 입력한 내용에 따라 기초와 기말의 총주식 수, 1주당 액면가액, 자본금의 차이내용을 확인할 수 있다.

2. [2.주식(출자지분) 양도 명세서] 탭

주식(출자지분) 양도 명세서는 [1.주식 등 변동상황 명세서]의 기재대상인 주주가 양도한 것 중 양도소득세 과세 대상이 되는 주식(출자지분)의 양도 및 취득내용을 입력한다.

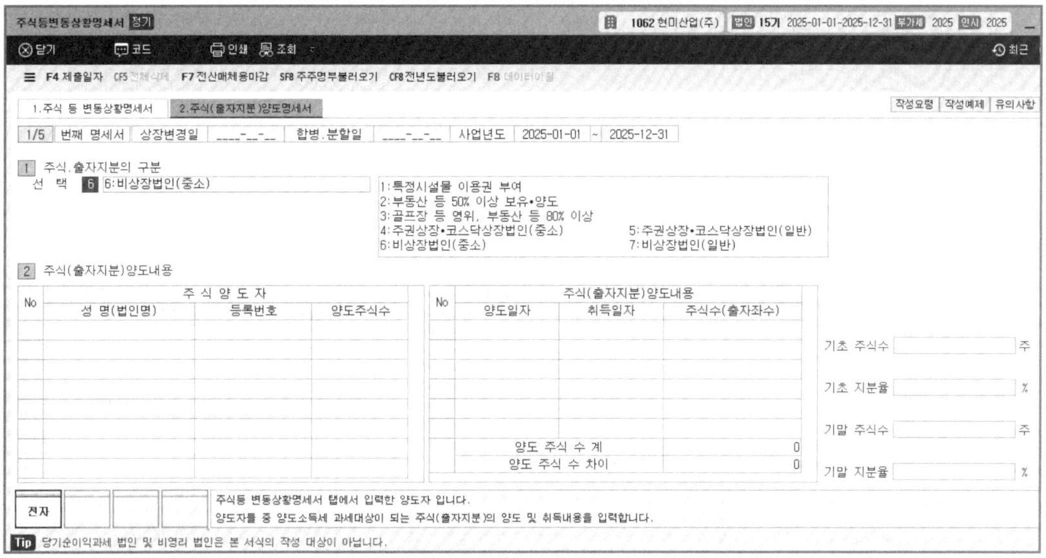

연습문제

[1] 현미산업(주)(회사코드: 1062)에 입력된 자료는 무시하고 다음의 자료를 참조하여 주식 등 변동상황 명세서를 작성하시오. 기출 95회

1. 등기사항 전부증명서 일부

1주의 금액 금 5,000원	. .
	. .

발행할 주식의 총수 1,000,000주	. .
	. .

발행주식의 총수와 그 종류 및 각각의 수		자본금의 액	변경연월일 / 등기연월일
~~발행주식의 총수~~	~~10,000주~~		
~~보통주식~~	~~10,000주~~	~~금 50,000,000원~~	
발행주식의 총수	20,000주		2025.4.18. 변경
보통주식	20,000주	금 100,000,000원	2025.4.18. 등기

2. 주주내역

(1) 2024년 말 주주내역

성명	주민등록번호	지배주주관계	주식 수
장세억	660813 – 1953116	본인	5,000주
인재율	690327 – 1082111	없음	5,000주

(2) 2025년 말 주주내역

성명	주민등록번호	지배주주관계	주식 수
장세억	660813－1953116	본인	10,000주
인재율	690327－1082111	없음	8,000주
우민오	691115－1173526	없음	2,000주

– 장세억과 인재율은 2025.4.18. 유상증자에 참여하였다. 유상증자는 액면가액으로 진행되었다.
– 인재율은 2025.11.15. 본인의 주식 2,000주를 우민오에게 액면가액으로 양도하였다.

| 풀이 |

[1.주식 등 변동상황 명세서] 탭

① 자본금(출자금) 변동상황

자본금(출자금) 변동상황의 [?]를 클릭하면 나타나는 입력창에서 다음과 같이 입력한다.

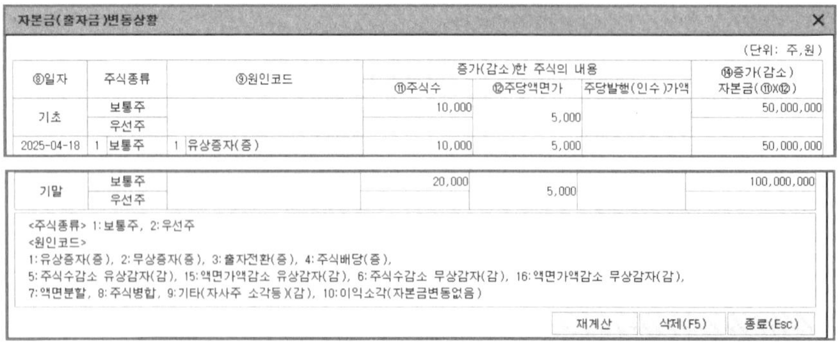

② 주식 및 출자지분에 대한 사항

• 장세억

– [성명(법인명)]란에 '장세억', [구분]란에 '2.개인'을 선택하면 나타나는 보조창에서 주민등록번호 '660813－1953116'을 입력한다.

등록번호

주 민 등 록 번 호	660813-1953116
사 업 자 등 록 번 호	___-__-_____
외 국 인 등 록 번 호	
여 권(고유) 번 호	
투 자 승 인 번 호	

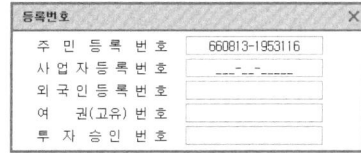

– [기초–주식 수]란에 5,000주, 기중 변동사항 중 [증가–유상증자]란에 5,000주를 입력한다.
– 지배주주와의 관계: '00.본인'을 선택한다.

3 주식 및 출자지분에 대한 사항 | 화면정렬: 구 분 순 | 지분율재계산 | EXCEL자료업로드 | EXCEL자료다운

No	성명(법인명)	구분
1	장세억	2.개 인
2		

구 분	[1:개인, 2:우리사주]	등록번호 660813-1953116	거주국 코드 KR 대한민국
	기 초	증 가	감 소	기 말
주식수	5,000 주	5,000 주	주	10,000 주
지분율	50 %			50 %
지분율누계	50.00 %			50.00 %

기중변동사항	증가		감소	
	양 수	주	양 도	주
	유상증자	5,000 주		주
	무상증자	주		주
	상 속	주	상 속	주
	증 여	주	증 여	주
	출자전환	주	감 자	주
	실명전환	주	실명전환	주
	기 타	주	기 타	주

지배주주와의관계 00 본인

• 인재율
– [성명(법인명)]란에 '인재율', [구분]란에 '2.개인'을 선택하면 나타나는 보조창에서 주민등록번호 '690327–1082111'을 입력한다.
– [기초–주식수]란에 5,000주, 기중 변동사항 중 [증가–유상증자]란에 5,000주, [감소–양도]란에 2,000주를 입력한다.
– 지배주주와의 관계: '09.기타'를 선택한다.

3 주식 및 출자지분에 대한 사항 | 화면정렬: 구 분 순 | 지분율재계산 | EXCEL자료업로드 | EXCEL자료다운

No	성명(법인명)	구분
1	장세억	2.개 인
2	인재율	2.개 인
3		

구 분	[1:개인, 2:우리사주]	등록번호 690327-1082111	거주국 코드 KR 대한민국
	기 초	증 가	감 소	기 말
주식수	5,000 주	5,000 주	2,000 주	8,000 주
지분율	50 %			40 %
지분율누계	100.00 %			90.00 %

기중변동사항	증가		감소	
	양 수	주	양 도	2,000 주
	유상증자	5,000 주		주
	무상증자	주		주
	상 속	주	상 속	주
	증 여	주	증 여	주
	출자전환	주	감 자	주
	실명전환	주	실명전환	주
	기 타	주	기 타	주

지배주주와의관계 09 기타

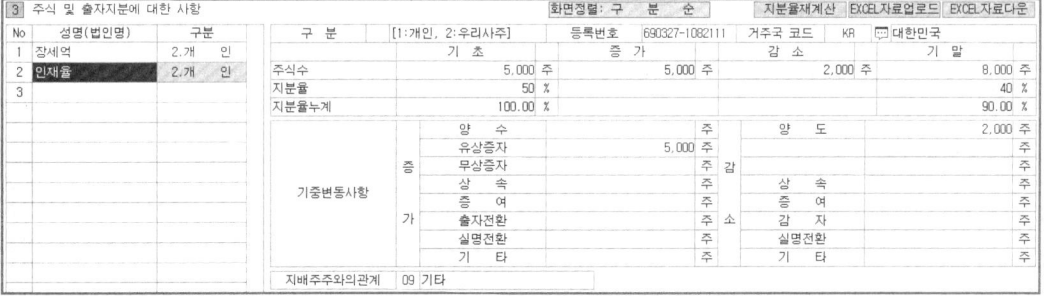

• 우민오
– [성명(법인명)]란에 '우민오', [구분]란에 '2.개인'을 선택하면 나타나는 보조창에서 주민등록번호 '691115–1173526'을 입력한다.
– 기중 변동사항 중 [증가–양수]란에 2,000주를 입력한다.
– 지배주주와의 관계: '09.기타'를 선택한다.

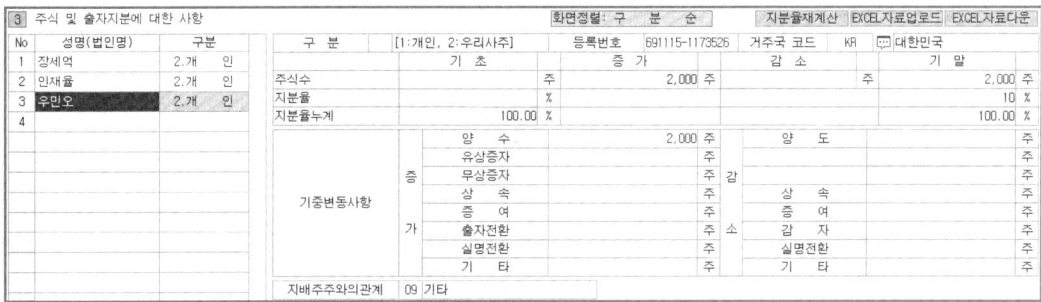

3 주식 및 출자지분에 대한 사항 | 화면정렬: 구 분 순 | 지분율재계산 | EXCEL자료업로드 | EXCEL자료다운

No	성명(법인명)	구분
1	장세억	2.개 인
2	인재율	2.개 인
3	우민오	2.개 인
4		

구 분	[1:개인, 2:우리사주]	등록번호 691115-1173526	거주국 코드 KR 대한민국
	기 초	증 가	감 소	기 말
주식수	주	2,000 주	주	2,000 주
지분율	%			10 %
지분율누계	100.00 %			100.00 %

기중변동사항	증가		감소	
	양 수	2,000 주	양 도	주
	유상증자	주		주
	무상증자	주		주
	상 속	주	상 속	주
	증 여	주	증 여	주
	출자전환	주	감 자	주
	실명전환	주	실명전환	주
	기 타	주	기 타	주

지배주주와의관계 09 기타

[2] 다음의 자료만을 이용하여 (주)한라전자(회사코드: 1076)의 [주식등변동상황명세서]의 [주식 등 변동상황명세서] 탭과 [주식(출자지분)양도명세서] 탭을 작성하시오. 단, (주)한라전자는 비상장 중소기업으로 무액면주식은 발행하지 않으며, 발행주식은 모두 보통주이고, 액면가액은 주당 3,000원으로 변동이 없다. 또한 당기 중 주식 수의 변동 원인은 양수도 이외에는 없다고 가정한다. 기출 118회

1. 2024년 말(제16기) 주주명부

성명	주민등록번호	지배주주관계	보유 주식 수	취득일자
김바로	630512-1125471	본인	95,000주	2018.01.01.
변우석	971031-1135644	없음(기타)	5,000주	2018.08.25.
합계			100,000주	

2. 2025년 말(제17기) 주주명부

성명	주민등록번호	지배주주관계	보유 주식 수	취득일자
김바로	630512-1125471	본인	70,000주	
변우석	971031-1135644	없음(기타)	15,000주	2025.05.31.
임솔	950531-2156471	없음(기타)	15,000주	2025.05.31.
합계			100,000주	

3. 참고사항

• 김바로는 2025년 5월 31일 변우석에게 10,000주, 임솔에게 15,000주를 양도하였다.
• (주)한라전자의 주주는 위 3명 외에는 없는 것으로 하고, 각 주주의 주민등록번호는 올바른 것으로 가정하며 2024년 말 주주명부 내역은 전년도 불러오기 메뉴를 활용한다.
• 위의 주어진 자료 외에는 입력하지 않는다.

| 풀이 |

1. [주식 등 변동상황 명세서] 탭
상단 툴바 CF8 전년도불러오기 를 클릭하여 실행한다.

① 자본금(출자금) 변동상황
자본금(출자금) 변동상황의 ? 를 클릭하면 나타나는 다음의 입력창을 확인한다.

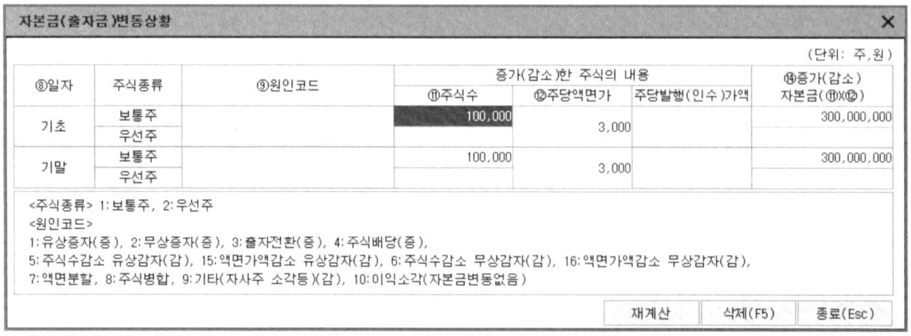
자본금(출자금)변동상황

(단위: 주,원)

⑧일자	주식종류	⑨원인코드	증가(감소)한 주식의 내용 ⑪주식수	⑫주당액면가	주당발행(인수)가액	⑭증가(감소) 자본금(⑪X⑫)
기초	보통주		100,000	3,000		300,000,000
	우선주					
기말	보통주		100,000	3,000		300,000,000
	우선주					

<주식종류> 1:보통주, 2:우선주
<원인코드>
1:유상증자(증), 2:무상증자(증), 3:출자전환(증), 4:주식배당(증),
5:주식수감소 유상감자(감), 15:액면가액감소 유상감자(감), 6:주식수감소 무상감자(감), 16:액면가액감소 무상감자(감),
7:액면분할, 8:주식병합, 9:기타(자사주 소각등)(감), 10:이익소각(자본금변동없음)

재계산 삭제(F5) 종료(Esc)

② 주식 및 출자지분에 대한 사항
• 김바로
– 기중 변동사항 중 [감소 – 양도]란에 25,000주를 입력한다.

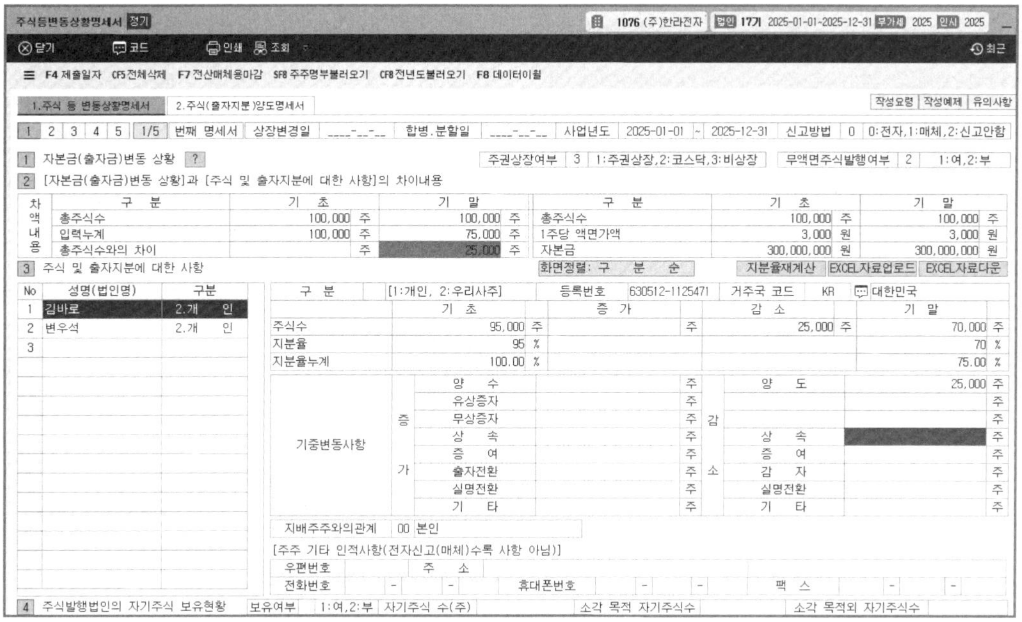
주식등변동상황명세서 정기 | 1076 (주)한라전자 | 법인 17기 2025-01-01~2025-12-31 | 부가세 2025 | 인사 2025

1.주식 등 변동상황명세서 | 2.주식(출자지분)양도명세서

1/5 번째 명세서 | 상장변경일 | 합병.분할일 | 사업년도 2025-01-01 ~ 2025-12-31 | 신고방법 0 0:전자,1:매체,2:신고안함

1 자본금(출자금)변동 상황 | 주권상장여부 3 1:주권상장,2:코스닥,3:비상장 | 무액면주식발행여부 2 1:여,2:부

2 [자본금(출자금)변동 상황]과 [주식 및 출자지분에 대한 사항]의 차이내용

구분	기초	기말	구분	기초	기말
총주식수	100,000 주	100,000 주	총주식수	100,000 주	100,000 주
입력누계	100,000 주	75,000 주	1주당 액면가액	3,000 원	3,000 원
총주식수와의 차이	주	25,000 주	자본금	300,000,000 원	300,000,000 원

3 주식 및 출자지분에 대한 사항

No	성명(법인명)	구분
1	김바로	2.개인
2	변우석	2.개인
3		

구분 [1:개인, 2:우리사주] | 등록번호 630512-1125471 | 거주국 코드 KR 대한민국

구분	기초	증가	감소	기말
주식수	95,000 주	주	25,000 주	70,000 주
지분율	95 %			70 %
지분율누계	100.00 %			75.00 %

기중변동사항	증가		감소	
	양수	주	양도	25,000 주
	유상증자	주		주
	무상증자	주		주
	상속	주	상속	주
	증여	주	증여	주
	출자전환	주	감자	주
	실명전환	주	실명전환	주
	기타	주	기타	주

지배주주와의관계 00 본인

4 주식발행법인의 자기주식 보유현황 | 보유여부 1:여,2:부 | 자기주식 수(주) | 소각 목적 자기주식수 | 소각 목적외 자기주식수

• 변우석

– 기중 변동사항 중 [증가–양수]란에 10,000주를 입력한다.

– 지배주주와의 관계: '09.기타'를 선택한다.

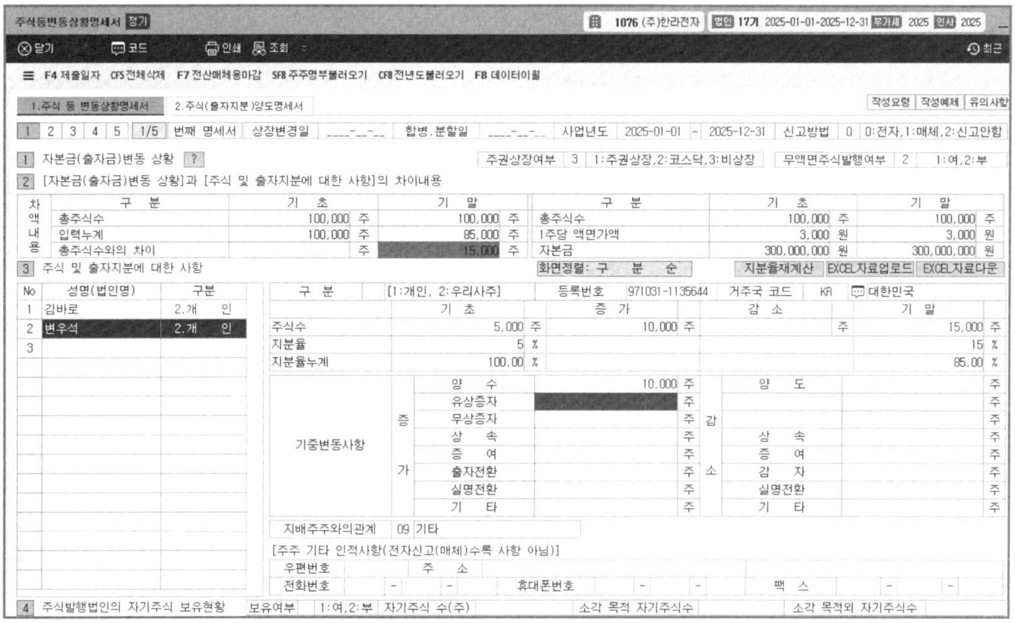
주식등변동상황명세서 정기 | 1076 (주)한라전자 | 법인 17기 2025-01-01~2025-12-31 | 부가세 2025 | 인사 2025

1.주식 등 변동상황명세서 | 2.주식(출자지분)양도명세서

1/5 번째 명세서 | 상장변경일 | 합병.분할일 | 사업년도 2025-01-01 ~ 2025-12-31 | 신고방법 0 0:전자,1:매체,2:신고안함

1 자본금(출자금)변동 상황 | 주권상장여부 3 1:주권상장,2:코스닥,3:비상장 | 무액면주식발행여부 2 1:여,2:부

2 [자본금(출자금)변동 상황]과 [주식 및 출자지분에 대한 사항]의 차이내용

구분	기초	기말	구분	기초	기말
총주식수	100,000 주	100,000 주	총주식수	100,000 주	100,000 주
입력누계	100,000 주	85,000 주	1주당 액면가액	3,000 원	3,000 원
총주식수와의 차이	주	15,000 주	자본금	300,000,000 원	300,000,000 원

3 주식 및 출자지분에 대한 사항

No	성명(법인명)	구분
1	김바로	2.개인
2	변우석	2.개인
3		

구분 [1:개인, 2:우리사주] | 등록번호 971031-1135644 | 거주국 코드 KR 대한민국

구분	기초	증가	감소	기말
주식수	5,000 주	10,000 주	주	15,000 주
지분율	5 %			15 %
지분율누계	100.00 %			85.00 %

기중변동사항	증가		감소	
	양수	10,000 주	양도	주
	유상증자	주		주
	무상증자	주		주
	상속	주	상속	주
	증여	주	증여	주
	출자전환	주	감자	주
	실명전환	주	실명전환	주
	기타	주	기타	주

지배주주와의관계 09 기타

4 주식발행법인의 자기주식 보유현황 | 보유여부 1:여,2:부 | 자기주식 수(주) | 소각 목적 자기주식수 | 소각 목적외 자기주식수

• 임솔

– [성명(법인명)]란에 '임솔', [구분]란에 '2.개인'을 선택하면 나타나는 보조창에서 주민등록번호 '950531 – 2156471'을 입력한다.

– 기중 변동사항 중 [증가 – 양수]란에 15,000주를 입력한다.

– 지배주주와의 관계: '09.기타'를 선택한다.

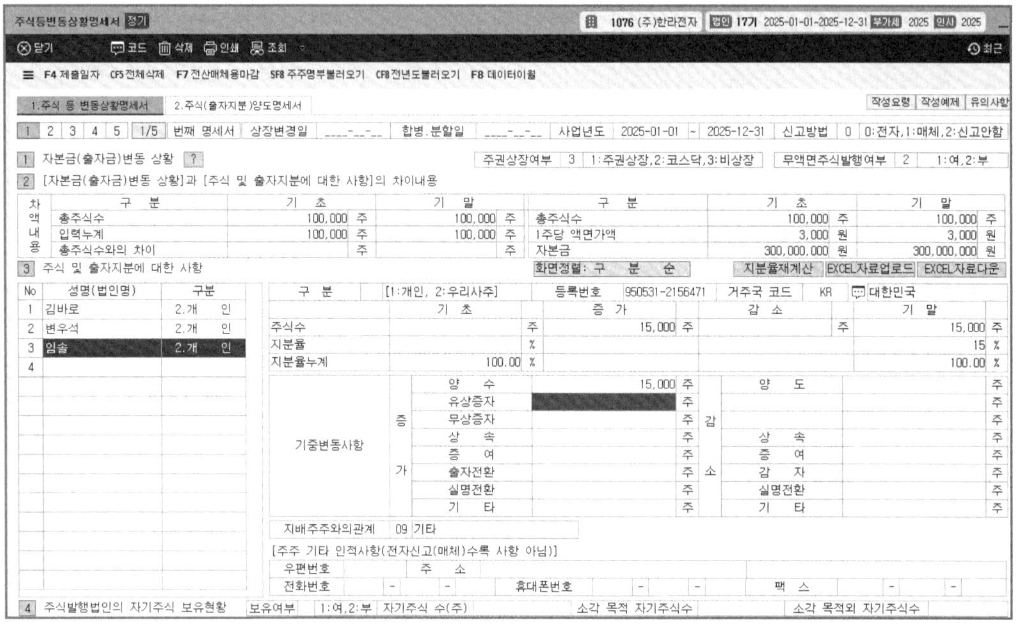
주식등변동상황명세서 정기 | 1076 (주)한라전자 | 법인 17기 2025-01-01~2025-12-31 | 부가세 2025 | 인사 2025

닫기 | 코드 | 삭제 | 인쇄 | 조회 | 최근

F4 제출일자 | CF5 전체삭제 | F7 전산매체용마감 | SF8 주주명부불러오기 | CF8 전년도불러오기 | F8 데이터이월

1.주식 등 변동상황명세서 | 2.주식(출자지분)양도명세서 | 작성요령 | 작성예제 | 유의사항

1 2 3 4 5 | 1/5 번째 명세서 | 상장변경일 ____-__-__ | 합병.분할일 ____-__-__ | 사업년도 2025-01-01 ~ 2025-12-31 | 신고방법 0 0:전자,1:매체,2:신고안함

1 자본금(출자금)변동 상황 ? | 주권상장여부 3 1:주권상장,2:코스닥,3:비상장 | 무액면주식발행여부 2 1:여,2:부

2 [자본금(출자금)변동 상황]과 [주식 및 출자지분에 대한 사항]의 차이내용

차액내용 구분	기초		기말		구분	기초		기말	
총주식수	100,000	주	100,000	주	총주식수	100,000	주	100,000	주
입력누계	100,000	주	100,000	주	1주당 액면가액	3,000	원	3,000	원
총주식수와의 차이		주		주	자본금	300,000,000	원	300,000,000	원

3 주식 및 출자지분에 대한 사항 | 화면정렬: 구 분 순 | 지분율재계산 | EXCEL자료업로드 | EXCEL자료다운

No	성명(법인명)	구분
1	김바로	2.개인
2	변우석	2.개인
3	임솔	2.개인
4		

구분 [1:개인, 2:우리사주] | 등록번호 950531-2156471 | 거주국 코드 KR 대한민국

	기초		증가		감소		기말	
주식수		주	15,000	주		주	15,000	주
지분율		%					15	%
지분율누계	100.00	%					100.00	%

기중변동사항	증가			감소		
	양수	15,000	주	양도		주
	유상증자		주			주
	무상증자		주			주
	상속		주	상속		주
	증여		주	증여		주
	출자전환		주	감자		주
	실명전환		주	실명전환		주
	기타		주	기타		주

지배주주와의관계 09 기타

[주주 기타 인적사항(전자신고(매체)수록 사항 아님)]

우편번호 | 주소 | 전화번호 - - | 휴대폰번호 - - | 팩스 - -

4 주식발행법인의 자기주식 보유현황 | 보유여부 1:여,2:부 | 자기주식 수(주) | 소각 목적 자기주식수 | 소각 목적외 자기주식수

2. [주식(출자지분) 양도명세서] 탭

[주식(출자지분)양도내용] 중 [양도일자]란에 '2025-05-31', [취득일자]란에 '2018-01-01', [주식수(출자좌수)]란에 '25,000'을 입력한 후 해당 서식을 저장한다.

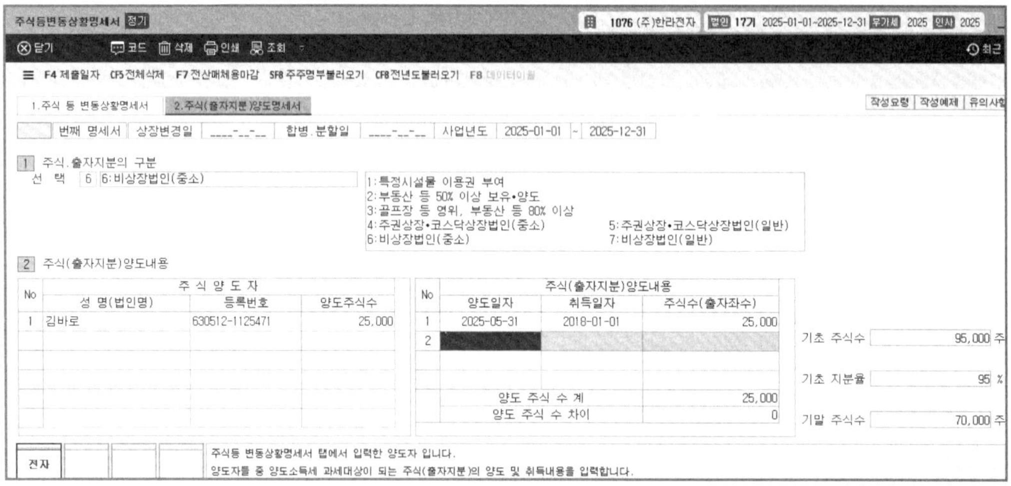
주식등변동상황명세서 정기 | 1076 (주)한라전자 | 법인 17기 2025-01-01~2025-12-31 | 부가세 2025 | 인사 2025

닫기 | 코드 | 삭제 | 인쇄 | 조회 | 최근

F4 제출일자 | CF5 전체삭제 | F7 전산매체용마감 | SF8 주주명부불러오기 | CF8 전년도불러오기 | F8 데이터이월

1.주식 등 변동상황명세서 | 2.주식(출자지분)양도명세서 | 작성요령 | 작성예제 | 유의사항

번째 명세서 | 상장변경일 ____-__-__ | 합병.분할일 ____-__-__ | 사업년도 2025-01-01 ~ 2025-12-31

1 주식.출자지분의 구분

선택 6 6:비상장법인(중소)

1:특정시설물 이용권 부여
2:부동산 등 50% 이상 보유•양도
3:골프장 등 영위, 부동산 등 80% 이상
4:주권상장•코스닥상장법인(중소) 5:주권상장•코스닥상장법인(일반)
6:비상장법인(중소) 7:비상장법인(일반)

2 주식(출자지분)양도내용

No	주식양도자 성명(법인명)	등록번호	양도주식수
1	김바로	630512-1125471	25,000

No	양도일자	취득일자	주식수(출자좌수)
1	2025-05-31	2018-01-01	25,000
2			
	양도 주식 수 계		25,000
	양도 주식 수 차이		0

기초 주식수 95,000 주 | 기초 지분율 95 % | 기말 주식수 70,000 주

전자 | 주식등 변동상황명세서 탭에서 입력한 양도자 입니다. 양도자들 중 양도소득세 과세대상이 되는 주식(출자지분)의 양도 및 취득내용을 입력합니다.

• [2.주식(출자지분) 양도내용] 입력 시 변우석과 임솔에게 양도한 주식수(출자좌수)를 각각 10,000주와 15,000주로 구분하여 입력한 답안도 정답으로 인정된다. 즉, 주식(출자지분)양도명세서는 양도일을 기준으로 작성하되 여러 차례에 걸쳐 취득한 주식을 일괄 양도하는 경우에는 해당 양도 주식의 취득일별로 구분하여 각각 작성하고, 일괄 취득한 주식을 여러 차례에 걸쳐 양도하는 경우에는 양도일을 기준으로 구분하여 각각 작성한다. 해당 문제와 같이 일괄 취득했던 주식을 같은 날에 양도하는 경우 구분하여 작성하지 않지만 구분하여 작성하더라도 양도한 주식수가 맞는다면 정답으로 인정된다.

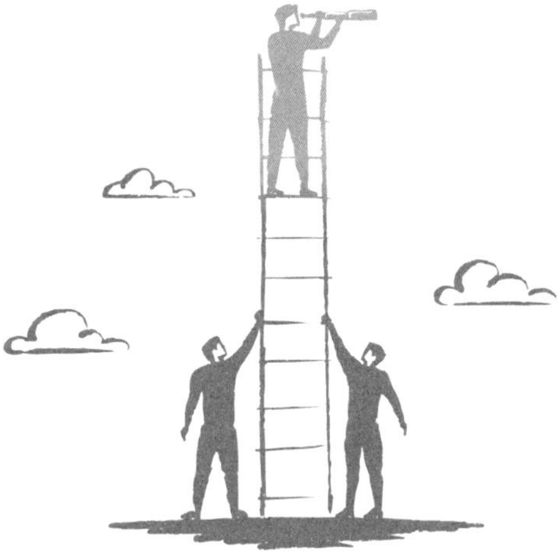

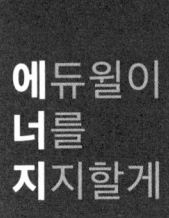

간절히 원하는 사람은 결코 핑계를 찾지 않고
반드시 방도를 찾습니다.

– 조정민, 『인생은 선물이다』, 두란노

PART 5

최신 기출문제

119회 기출문제

(주)길동상사 회사코드 1190 / (주)남길상회 회사코드 1191

정답 및 해설 p.2

이론시험

다음 문제를 보고 알맞은 것을 골라 이론문제 답안작성 메뉴에 입력하시오. (객관식 문항당 2점)

기본전제

문제에서 한국채택국제회계기준을 적용하도록 하는 전제조건이 없는 경우, 일반기업회계기준을 적용한다.

01 다음 중 자본에 대한 설명으로 옳지 않은 것은?

① 자본은 기업의 자산에서 모든 부채를 차감한 후의 잔여지분을 말한다.
② 주식을 이익으로 소각하는 경우에는 소각하는 주식의 취득원가에 해당하는 이익잉여금을 증가시킨다.
③ 자기주식 처분 시 처분금액이 장부금액보다 크면 자본잉여금으로 회계처리한다.
④ 현금으로 배당결의를 하는 경우 배당액은 이익잉여금에서 차감한다.

02 다음은 사채 발행 후 기간 경과에 대한 상각 비교표이다. 이에 대한 내용으로 옳지 않은 것은?

	구분	할인발행	할증발행
①	사채의 장부가액	증가	감소
②	이자비용	증가	감소
③	할인(할증)액 상각	증가	증가
④	현금 지급이자	증가	감소

03 다음 중 일반기업회계기준에 따른 수익인식에 대한 설명으로 옳지 않은 것은?

① 재화의 소유에 따른 위험과 효익을 가지지 않고 타인의 대리인 역할을 수행하여 재화를 판매하는 전자쇼핑몰의 경우에는 판매대금 총액을 수익으로 인식한다.
② 상품권을 판매한 경우 상품권을 회수하고 재화를 인도한 시점에 수익으로 인식한다.
③ 건설형 공사계약은 장단기 구분 없이 진행기준에 따라 수익을 인식한다.
④ 할부판매한 경우 장단기 구분 없이 재화를 인도한 시점에 수익으로 인식한다.

04 다음 중 재고자산의 원가흐름의 가정에 대한 설명으로 가장 옳지 않은 것은?

① 개별법은 물량흐름을 직접 추적하여 원가를 대응시키는 방법이며, 수익 비용 대응에 가장 충실한 방법이다.
② 후입선출법은 물가 상승 시 재고자산 매입을 조절하여 이익을 조정할 가능성이 있다.
③ 선입선출법은 현재의 수익에 과거의 원가가 대응되므로 수익 비용 대응 원칙에 부적절한 방법이다.
④ 물가가 하락하면 기말재고액은 선입선출법이 가장 크고 후입선출법이 가장 작으며, 반대로 매출원가는 후입선출법이 가장 크고 선입선출법이 가장 작다.

05 다음은 (주)아윤의 신축건물 건설과 관련된 자료이며, 당사의 결산일은 12월 31일이다. 2025년도 공사대금 평균지출액(공사기간: 2025.4.1.~2025.12.31.)은 500,000,000원이다. 특정차입금은 700,000,000원(연이자율 10%, 차입기간: 2025.4.1.~2025.12.31.)이며 일반차입금은 아래 자료와 같다. 2025년도에 일반차입금의 자본화대상 차입원가는 얼마인가? (단, 이자비용은 월할상각한다.)

일반차입금 종류	차입금액	차입기간	연이자율
대한은행	500,000,000원	2025.1.1.~2025.12.31.	8%
신라은행	400,000,000원	2025.1.1.~2025.12.31.	9%

① 0원 ② 27,000,000원 ③ 30,000,000원 ④ 57,000,000원

06 다음 중 원가에 대한 설명으로 가장 옳지 않은 것은?

① 준변동원가는 조업도의 증감에 관계없이 발생하는 고정원가와 조업도의 변화에 따라 일정 비율로 증가하는 변동원가로 구성된 원가이다.
② 직접재료원가는 기초원재료재고액과 당기원재료매입액의 합계에서 기말원재료재고액을 차감한 금액을 말한다.
③ 제품생산량이 증가하여도 관련 범위 내에서 제품 단위당 고정원가는 감소한다.
④ 가공원가는 직접재료원가와 직접노무원가의 합을 의미한다.

07 **다음 중 표준원가계산에 대한 설명으로 옳지 않은 것은?**

① 표준원가는 미리 설정해 놓은 표준원가를 이용하여 제품원가를 계산하는 제도이므로 종합원가계산에 적용하기 어렵다.

② 직접재료원가 가격차이를 원재료 구입시점과 사용시점 중 어느 시점에서 분리하든 직접재료원가 능률차이에는 영향이 없다.

③ 표준원가는 생산활동이 능률적으로 수행되는 경우에 제품 1단위를 생산하기 위하여 발생할 것으로 예상되는 원가를 말한다.

④ 원가차이에서 유리한 차이란 실제원가가 예산상의 원가보다 적게 발생하여, 실제 성과상의 이익을 증가시키는 차이를 말한다.

08 **당사는 결합원가 계산방법을 채택하고 연산품 A와 B를 분리시점에서 순실현가능가치에 의하여 결합원가를 배부한다. 이 경우 연산품 B의 최종판매가치의 증가 시 발생 가능한 영향으로 옳은 것은?**

① 연산품 A의 결합원가 배부액이 증가한다.

② 연산품 A의 순실현가능가치가 증가한다.

③ 연산품 B의 결합원가 배부액이 증가한다.

④ 연산품 B의 순실현가능가치가 감소한다.

09 **(주)황소는 예정배부법을 사용하여 제조간접원가를 배부하고 있다. 배부차이를 확인한 결과 과소배부 금액이 200,000원 발생하였다. 해당 배부차이를 총원가비례법에 따라 처리할 경우 조정 후의 기말제품가액은 얼마인가?**

구분	기말재공품	기말제품	매출원가
직접재료원가	250,000원	700,000원	1,400,000원
직접노무원가	400,000원	600,000원	1,600,000원
제조간접원가	350,000원	700,000원	2,000,000원
합계	1,000,000원	2,000,000원	5,000,000원

① 1,950,000원 ② 2,050,000원 ③ 2,350,000원 ④ 2,450,000원

10 **당사는 종합원가계산을 채택하고 있으며, 2025년 12월 중 생산과 관련된 자료는 다음과 같다. 재료는 공정의 80% 시점에서 전량 투입되고 가공원가는 공정의 진행 정도에 따라 균등하게 발생하며, 기초재공품의 완성도는 30%, 기말재공품의 완성도는 70%일 경우 선입선출법에 따른 직접재료원가의 완성품 환산량은 얼마인가?**

- 기초재공품: 5,000개
- 당기 투입량: 25,000개
- 기말재공품: 3,500개

① 25,000개　② 26,500개　③ 30,000개　④ 33,500개

11 **다음 중 부가가치세법상 신고 · 납부에 대한 설명으로 옳지 않은 것은?**

① 면세사업용 재화의 과세전환 매입세액공제는 예정신고 시 적용할 수 있다.
② 부가가치세 예정신고 · 납부 시 대손세액공제는 적용하지 않는다.
③ 예정고지로 징수하여야 할 금액이 50만원 미만인 경우에는 예정고지세액을 징수하지 않는다.
④ 개인사업자가 일정한 요건을 충족하여 예정신고를 하는 경우에는 예정고지세액의 결정은 없었던 것으로 본다.

12 **다음 중 부가가치세법상 수정세금계산서 또는 수정전자세금계산서에 대한 설명으로 옳지 않은 것은?**

① 공급시기가 속하는 과세기간 종료 후 25일 이내에 내국신용장이 개설된 경우에는 수정세금계산서의 작성일을 처음 세금계산서 작성일로 적는다.
② 착오로 전자세금계산서를 이중으로 발급한 경우에는 처음에 발급한 세금계산서의 내용대로 음(陰)의 표시를 하여 발급한다.
③ 작성일자 오류 발급의 경우에는 수정세금계산서를 발급할 수 없다.
④ 계약이 해제된 경우 세금계산서의 당초 작성일자가 아닌 계약해제일로 작성하여 수정세금계산서를 발급한다.

13 다음 중 소득세법상 소득의 분류에 대한 설명으로 옳지 않은 것은?

① 근로자가 회사 업무와 관련된 내용의 원고를 회사에 제출하고 받은 원고료는 근로소득으로 분류한다.

② 근로자가 회사 업무와 전혀 관련이 없는 내용의 원고를 일시적이고 우발적으로 회사와 전혀 관련이 없는 곳에 제출하여 받은 원고료는 기타소득으로 분류한다.

③ 공동사업에서 발생한 소득금액 중 출자공동사업자(경영 미참가)가 받는 손익분배비율에 상당하는 금액은 사업소득으로 분류한다.

④ 글 쓰는 것을 주업으로 하는 사람이 프리랜서로 일하고 받는 원고료는 사업소득으로 분류한다.

14 다음은 김미미의 2025년 소득자료이다. 김미미의 2025년 종합소득금액을 계산하면 얼마인가?

- 음식점을 창업하면서 발생한 사업소득금액: 51,000,000원
- 일시적으로 방송 프로그램에 출연하여 심사하고 받은 보수: 8,000,000원(실제 소요된 필요경비 없음)
- 상장법인에 대한 주식(소액주주+장내양도분) 양도소득금액: 3,000,000원
- 주택임대소득금액: 22,000,000원
- 김미미는 2주택자에 해당하며 이외의 소득은 없는 것으로 가정한다.

① 54,200,000원 ② 76,200,000원 ③ 79,200,000원 ④ 84,000,000원

15 다음 중 법인세법상 재고자산 및 유가증권의 평가에 대한 설명으로 옳지 않은 것은?

① 법인세법은 재고자산 평가 시 후입선출법은 인정하지 않는다.

② 재고자산 평가 시 자산의 종류별로 구분하여 종류별, 영업장별로 각각 다른 방법으로 평가가 가능하다.

③ 유가증권의 평가 시 개별법, 총평균법 또는 이동평균법 중 관할세무서장에게 신고한 방법으로 하며, 무신고 시에는 총평균법으로 적용한다.

④ 재고자산 평가방법의 임의변경 시에는 무신고 시 평가방법에 따른 가액과 당초 신고방법에 따른 가액 중 큰 금액으로 평가한다.

실무시험

(주)길동상사(회사코드:1190)은 제조 · 도소매업을 영위하는 중소기업이며, 당기(제13기) 회계기간은 2025.1.1.~2025.12.31.이다. 전산세무회계 수험용 프로그램을 이용하여 다음 물음에 답하시오.

기본전제

- 문제에서 한국채택국제회계기준을 적용하도록 하는 전제조건이 없는 경우, 일반기업회계기준을 적용하여 회계처리한다.
- 문제의 풀이와 답안작성은 제시된 문제의 순서대로 진행한다.

문 1 다음 거래에 대하여 적절한 회계처리를 하시오. (12점)

입력 시 유의사항

- 일반적인 적요의 입력은 생략하지만, 타계정 대체거래는 적요 번호를 선택하여 입력한다.
- 세금계산서 · 계산서 수수 거래 및 채권 · 채무 관련 거래는 별도의 요구가 없는 한 반드시 기등록된 거래처코드를 선택하는 방법으로 거래처명을 입력한다.
- 제조경비는 500번대 계정코드를, 판매비와 관리비는 800번대 계정코드를 사용한다.
- 회계처리 시 계정과목은 등록된 계정과목 중 가장 적절한 과목으로 한다.
- 매입매출전표를 입력하는 경우 입력화면 하단의 분개까지 처리하고, 세금계산서 및 계산서는 전자 여부를 입력하여 반영한다.

[1] 7월 5일

수년간 거래해 온 크크식당(직전연도 공급대가가 6천만원인 간이과세자)에서 당사의 제품생산부 소속 직원들이 회식을 하고 식대 330,000원(공급대가)을 법인카드(하나카드)로 결제하였다. (3점)

[2] 8월 3일

당사가 보유중인 매도가능증권 중 (주)해모수의 주식을 23,000,000원에 매각하고, 대금은 보통예금 계좌로 입금받았다. (주)해모수 주식의 취득 당시 가액은 30,000,000원이며, 해당 주식에 대한 매도가능증권평가손실은 10,000,000원이 있다. (3점)

[3] 8월 10일

2025년 1월 11일에 일본 소니뱅크로부터 차입하였던 외화장기차입금 ¥3,000,000과 이에 따른 이자 ¥100,000 및 조기중도상환수수료 ¥500,000을 8월 10일에 전액 보통예금 계좌에서 상환하였다. 단, 조기중도상환수수료는 영업외비용으로 처리한다. (3점)

- 2025년 1월 11일 환율: 900원/100 ¥
- 2025년 8월 10일 환율: 950원/100 ¥

[4] 9월 30일

지난해 거래처 (주)나비카와 아래와 같은 조건으로 공급가액 60,000,000원의 제품 공급계약을 하였다. 매출대금은 지급약정일에 보통예금으로 받기로 하였으며, 잔금 지급 시 제품이 인도되었다. 부가가치세법에 따라 적절하게 전자세금계산서를 발급하였다. 잔금일의 매입매출전표입력 및 회계처리를 하시오. (3점)

구분	계약금	1차 중도금	2차 중도금	잔금
지급 약정일	2023.10.31.	2024.3.31.	2024.11.30.	2025.9.30.
지급액(부가가치세 별도)	10,000,000원	15,000,000원	15,000,000원	20,000,000원

문 2 다음 주어진 요구사항에 따라 부가가치세신고서 및 부속서류를 작성하시오. (10점)

[1] 다음은 구매확인서에 근거한 (주)번암에 대한 제품매출 세금계산서 및 구매확인서 내역이다. 매입매출전표입력(서류번호도 입력)에 입력하고, 2025년 제1기 확정신고기간의 [내국신용장, 구매확인서전자발급명세서]를 작성하시오. (4점)

전자세금계산서					승인번호	20250620-98514786-15896521			
공급자	사업자 등록번호	102-81-29258	종사업장 번호		공급받는자	사업자 등록번호	101-81-24681	종사업장 번호	
	상호 (법인명)	(주)길동상사	성명 (대표자)	김태건		상호 (법인명)	(주)번암	성명 (대표자)	김동민
	사업장 주소	세종시 조치원읍 충현로 193				사업장 주소	경기도 안양시 만안구 경수대로 851		
	업태	제조 외	종목	전자부품 외		업태	제조	종목	전자기기
	이메일					이메일			

작성일자	공급가액	세액	수정사유
2025/6/20	50,000,000	0	해당 없음
비고			

월	일	품목	규격	수량	단가	공급가액	세액	비고
6	20	TESTBOX				50,000,000		

합계 금액	현금	수표	어음	외상미수금	이 금액을 (영수/청구)함
50,000,000			50,000,000		

외화획득용 원료 · 기재구매확인서

※ 구매확인서 번호: FVU2480256

공급자	상호	(주)길동상사
	주소	세종시 조치원읍 충현로 193
	성명	김태건
	사업자등록번호	102-81-29258
구매자	상호	(주)번암
	주소	경기도 안양시 만안구 경수대로 851
	성명	김동민
	사업자등록번호	101-81-24681

1. 구매원료의 내용

(3)HS부호	(4)품명규격	(5)단위수량	(6)구매일	(7)단가	(8)금액	비고
28597452	USED TESTBOX	1,000	2025.6.20.	KRW 50,000	50,000,000원	
TOTAL		1,000			50,000,000원	

2. 세금계산서(외화획득용 원료 · 기재를 구매한 자가 신청하는 경우에만 기재

(10)세금계산서번호	(11)작성일자	(12)공급가액	(13)세액	(14)품목	(15)규격	(16)수량

(17)구매원료 · 기재의 용도명세: 테스트

위의 사항을 대외무역법 제18조에 따라 확인합니다.

확인일자: 2025.6.20.
확인기관: 한국무역협회
전자서명: ***********
제출자: (주)길동상사

[2] 다음은 당사 소유의 임대용 부동산과 관련된 임대차계약서이다. 2025년 12월 1일에 기존과 동일한 조건으로 2년간 (2025.12.1.~2027.11.30.) 추가 연장하기로 상호 합의하였다. 다음 자료를 보고 2025년 제2기 부가가치세 확정신고 시 [부동산임대공급가액명세서]를 작성하시오. (4점)

부동산 월세 계약서

본 부동산에 대하여 임대인과 임차인 쌍방은 다음과 같이 합의하여 임대차계약을 체결한다.

1. 부동산의 표시

소재지	세종특별자치시 조치원읍 충현로 193, 401호					
건물	구조	철근콘크리트	용도	사무실	면적	107m^2
임대부분	상동 소재지 전부					

2. 계약내용

제1조 위 부동산의 임대차계약에 있어 임차인은 보증금 및 차임을 아래와 같이 지불하기로 한다.

보증금	일금 삼천만 원정 (30,000,000원)
차임	일금 일백오십만 원정 (1,500,000원)은 매월 말일에 지불한다. (VAT 별도)

제2조 임대인은 부동산을 임대차 목적대로 사용 · 수익할 수 있는 상태로 하여 2021년 12월 1일까지 임차인에게 인도하며, 임대차 기간은 인도일로부터 2025년 11월 30일까지 48개월로 한다.

… 중략 …

(갑) 임대인: (주)길동상사(102-81-29258) (인)
(을) 임차인: 골드금거래소(803-11-12347) (인)

[3] 다음의 자료를 이용하여 (주)길동상사의 2025년 제1기 부가가치세 예정신고기간(1월 1일~3월 31일)의 [부가가치세신고서] 및 관련 부속서류를 전자신고 하시오. (2점)

1. 부가가치세 신고서와 관련 부속서류는 작성되어 있다.
2. [전자신고] → [국세청 홈택스 전자신고변환(교육용)] 순으로 진행한다.
3. [전자신고] 메뉴의 [전자신고제작] 탭에서 신고인구분은 2.납세자 자진신고를 선택하고, 비밀번호는 "12341234"로 입력한다.
4. [국세청 홈택스 전자신고변환(교육용)] → 전자파일변환(변환대상파일선택) → 찾아보기 에서 전자신고용 전자파일을 선택한다.
5. 전자신고용 전자파일 저장경로는 로컬디스크(C:)이며, 파일명은 "enc작성연월일.101.v사업자등록번호"이다.
6. 형식검증하기 → 형식검증결과확인 → 내용검증하기 → 내용검증결과확인 → 전자파일제출 을 순서대로 클릭한다.
7. 최종적으로 전자파일 제출하기 를 완료한다.

문 3 다음의 결산정리사항을 입력하여 결산을 완료하시오. (8점)

[1] 재무부서 직원을 대상으로 확정급여형(DB) 퇴직연금에 가입하였으며 50,000,000원을 운영한 결과 6%(연 이자율)의 이자수익이 발생하였다. 단, 퇴직연금 가입일은 2025년 4월 1일이며 이자수익은 월할계산하도록 한다. (2점)

[2] 당사는 2025년 1월 1일에 사채(액면가액 5,000,000원)를 발행하고 매년 결산일(12월 31일)에 이자비용을 보통예금으로 지급하고 있다. 만기 4년, 표시이자율 연 13%, 유효이자율 연 11%이며 발행시점의 발행가액은 5,310,060원이다. 2025년 12월 31일 결산일에 필요한 회계처리를 하시오. 단, 원단위 이하는 절사한다. (2점)

[3] 당해 연도 11월 1일에 기업은행으로부터 연 6%의 이자율로 50,000,000원을 차입하였으며 이자는 1년마다 지급하는 것으로 약정하였다. 단, 이자계산은 월할계산하며, 2025년 말 현재 발생이자는 미지급 상태이다. (2점)

[4] 전기 말 무형자산 명세서를 참조하여 당해 결산 시 회계처리를 하시오. (2점)

• 2024년 12월 31일 기준 무형자산 명세서

NO	취득일자	무형자산 내역	취득가액	장부가액	내용연수	비고
1	2024.7.1.	특허권	200,000,000원	190,000,000원	10년	
2	2024.1.1.	개발비	50,000,000원	40,000,000원	5년	

• 추가사항: 2025년 결산일 현재 개발비에 대한 연구는 실패가 확실한 것으로 판단된다.

문 4 원천징수와 관련된 다음의 물음에 답하시오. (10점)

[1] 다음의 자료를 이용하여 [사업소득자등록]을 하고 [사업소득자료입력]을 작성하여 [원천징수이행상황신고서]에 반영하시오. (3점)

1. 소득자료

소득자				차인지급액	소득내용
구분	코드	성명	주민등록번호		
개인	00251	이규성	920301 – 1233428	1,934,000원	학원강사로서 받은 강의료

2. 상기 소득자는 내국인이며, 거주자에 해당한다.
3. 2025년 5월 귀속분 소득이며, 2025년 5월 31일에 지급되었다.
4. 차인지급액 = 총지급액 – 소득세 원천징수세액 – 지방소득세 원천징수세액
5. 원천징수이행상황신고는 매월 수행한다.
6. 위에 주어진 정보 외의 자료 입력은 생략한다.

[2] 다음은 이자 및 배당소득에 대한 원천징수 자료이다. 다음의 자료를 이용하여 [기타소득자등록] 및 [이자배당소득자료입력] 메뉴에 관련 자료를 입력하시오. (2점)

1. 소득자료

소득자				소득금액	소득구분	소득지급일/영수일	과세구분
구분	코드	상호(성명)	사업자 (주민등록)번호				
개인	102	주세용	900103–1234565	15,000,000원	배당소득	2025.3.31.	일반과세(Gross–up)

2. 주세용(거주자, 내국인)은 당사의 주주로 2024년도 이익잉여금 처분(잉여금처분결의일: 2025.3.25.)에 따라 배당금을 현금으로 지급하였다.

[3] 다음은 영업부 김종화 과장(사원번호: 105)의 2024년 말 연말정산 결과와 2025년 2월 급여자료이다. 아래의 자료를 이용하여 ① 2025년 2월 [급여자료입력]과 ② [원천징수이행상황신고서]를 작성 및 마감하고 ③ 국세청 홈택스에서 전자신고를 수행하시오. (5점)

1. 2024년 연말정산 결과

구분	소득세	지방세
결정세액	2,170,248원	217,024원
기납부세액	4,305,490원	430,450원
차감징수세액	(–)2,135,240원	(–)213,420원

• 김종화 과장의 2024년 총급여는 45,000,000원이었다.

2. 2025년 2월 급여명세서(연말정산 반영 전)

이름: 김종화		지급일: 2025년 2월 28일	
기 본 급	3,150,000원	국 민 연 금	141,750원
직 책 수 당	100,000원	건 강 보 험	132,840원
(비과세) 식 대	200,000원	장기요양보험	17,200원
(비과세) 자가운전보조금	200,000원	고 용 보 험	26,000원
(비과세) 보육수당	200,000원	소 득 세	77,380원
		지방소득세	7,730원
급여 합계	3,850,000원	공제합계	402,900원
		차인지급액	3,447,100원

- 당사는 전년도에 대한 연말정산 반영을 2월 급여대장에 반영하여 처리한다. 반기별 신고 특례대상자가 아니며 정기분 신고에 해당한다.
- 수당 및 공제등록에서 위의 급여명세서에 기재되지 않은 항목은 사용여부를 '부'로 처리한다.
- 환급이 발생할 경우에는 환급신청하지 아니하고 차월로 이월시키는 것으로 한다.

※ 전자신고 관련 유의사항

1. [전자신고] → [국세청 홈택스 전자신고변환(교육용)] 순으로 진행한다.
2. [전자신고] 메뉴의 [원천징수이행상황제작] 탭에서 신고인구분은 2.납세자 자진신고를 선택하고, 비밀번호는 자유롭게 입력한다.
3. [국세청 홈택스 전자신고변환(교육용)] → 전자파일변환(변환대상파일선택) → 찾아보기 에서 전자신고용 전자파일을 선택한다.
4. 전자신고용 전자파일 저장경로는 로컬디스크(C :)이며, 파일명은 "작성연월일.01.t사업자등록번호"다.
5. 형식검증하기 → 형식검증결과확인 → 내용검증하기 → 내용검증결과확인 → 전자파일제출 을 순서대로 클릭한다.
6. 최종적으로 전자파일 제출하기 를 완료한다.

문 5 **(주)남길상회(회사코드: 1191)은 금속제품 등을 생산하고 제조 · 도매업을 영위하는 중소기업이며, 당해 사업연도(제15기)는 2025.1.1.~2025.12.31.이다. [법인조정] 메뉴를 이용하여 기장되어 있는 재무회계 장부 자료와 제시된 보충 자료에 의하여 해당 사업연도의 세무조정을 하시오. (30점) ※ 회사 선택 시 유의하시오.**

작성대상서식

1. 기업업무추진비조정명세서
2. 미상각자산감가상각조정명세서, 감가상각비조정명세서합계표
3. 업무무관부동산등에관련한차입금이자조정명세서
4. 소득금액조정합계표및명세서
5. 기부금조정명세서

[1] 다음의 자료에 근거하여 당사의 기업업무추진비에 대한 [기업업무추진비조정명세서]를 작성하고 [소득금액조정합계표및명세서]를 작성하시오. 단, 기업업무추진비는 판매비및일반관리비에만 계상되어 있으며 제조원가에는 없다. (6점)

※ 기업업무추진비 증빙내역

구분	건당 3만원 초과	건당 3만원 이하	합계
적격증빙서류 수취분	70,000,000원	5,000,000원	75,000,000원
일반영수증 수취분	1,500,000원	1,500,000원	3,000,000원
합계	71,500,000원	6,500,000원	78,000,000원

(1) 손익계산서상 기업업무추진비 지출 총액은 78,000,000원이며, 건당 3만원 초과 적격증빙서류 수취분 중에는 대표이사 사적 사용 기업업무추진비 2,500,000원이 포함되어 있다.
(2) 상기 적격증빙 수취 기업업무추진비에는 문화기업업무추진비 1,000,000원과 전통시장 기업업무추진비 5,000,000원이 포함되어 있다.
(3) 매출과 관련하여 손익계산서에 계상된 매출액은 11,500,000,000원이며, 해당 매출액에는 특수관계인에 해당하는 관계회사 매출 1,500,000,000원이 포함되어 있다.

[2] 다음 자료를 이용하여 [고정자산등록] 메뉴에 고정자산을 등록하고 [미상각자산감가상각조정명세서] 및 [감가상가비조정명세서합계표] 메뉴를 작성 후 필요한 세무조정을 하시오. (6점)

〈자료 1〉

자산코드	자산명	구분	취득일	취득가액	전기 말 상각누계액	제조원가명세서상 감가상각비	경비구분
1	호이스트	기계장치 (업종코드: 13)	2024.6.1. (기준내용연수: 5년)	260,000,000원	68,401,666원	90,000,000원	제조
2	레이저 절단기	공구와기구 (업종코드: 13)	2024.12.1. (기준내용연수: 5년)	27,500,000원	1,033,541원	13,788,000원	제조

〈자료 2〉
- 회사는 감가상각방법과 내용연수를 세무서에 신고한 적이 없다.
- 수선비 계정에는 기계장치에 대한 자본적 지출액 4,500,000원과 수익적 지출액 5,000,000원이 모두 포함되어 있다.
- 자본금과적립금조정명세서(을)에 기초잔액은 없다.

[3] 아래의 자료만을 이용하여 [업무무관부동산등에관한차입금이자조정명세서(갑),(을)]을 작성하고 관련 세무조정을 하시오(단, 주어진 자료 외의 자료는 무시할 것). (6점)

1. 차입금에 대한 이자지급 내역

이자율	지급이자	차입금	비고
7%	2,100,000원	30,000,000원	채권자 불분명 사채이자(원천징수세액은 없음)
9%	7,200,000원	80,000,000원	
6%	18,000,000원	300,000,000원	

2. 대표이사(서형태)에 대한 업무무관 가지급금 증감 내역

일자	차변	대변	잔액
전기이월	80,000,000원		80,000,000원
2025.4.30.	40,000,000원		12,000,000원
2025.9.30.		50,000,000원	70,000,000원

3. 대표이사(서형태)에 대한 가수금 증감 내역

일자	차변	대변	잔액
2025.6.30.		30,000,000원	30,000,000원

4. 회사는 2025년 7월 1일 업무와 관련 없는 건물을 70,000,000원에 취득하였다.
5. 기타사항
- 대표이사 서형태의 가지급금과 가수금은 기간 및 이자율에 대한 별도의 약정은 없다.
- 자기자본 적수 계산은 무시하고 [가지급금등의인정이자조정명세서] 작성은 생략한다.
- 연일수는 365일이다.

[4] 다음의 자료를 참고하여 [소득금액조정합계표및명세서]에 세무조정 하시오. (4점)

구분	내용
재무상태표 내역	• 2025.5.5.에 주주로부터 자기주식을 증여받았다. 이에 대한 회계처리는 기업회계기준에 따라 수행하였다. • 증여일 현재 상속세및증여세법에 따른 비상장주식의 평가액은 20,000,000원이다.
손익계산서 내역	• 업무용차량에 대해 자동차세를 납부하였으나 과오납에 해당하여 자동차세 환급금 300,000원과 환급금에 대한 이자 12,000원을 돌려받았다. 회사는 312,000원을 잡이익으로 계상하였다. • 특수관계법인에게 업무와 관련 없이 지급한 대여금 5,000,000원이 특수관계법인의 파산으로 인해 회수가 불가능한 것으로 확정되었다. 회사는 5,000,000원을 대손상각비로 계상하였다. • 법인세비용은 7,500,200원이며, 법인지방소득세 521,000원이 포함되어 있다.

[5] 다음의 자료만을 이용하여 [기부금조정명세서]를 작성하고 필요한 세무조정을 하시오. (7점)

1. 당기(2025년) 결산서상 당기순이익은 65,000,000원이다.
2. 손익계산서에 계상된 기부금 내역은 아래와 같다.
(1) 2025년 1월 2일: 2,000,000원(사립학교 부설 병원: 연구비 및 교육비)
(2) 2025년 4월 5일: 700,000원(꿈꽃 어린이집 기부금)
(3) 2025년 11월 14일: 2,000,000원(법인이 후원하고 있는 정당(지구당)에 지급하는 기부금)
(4) 2025년 12월 25일: 1,500,000원(울산시청: 천재지변 구호금품)
3. 기부금 지출 외에 [소득금액조정합계표및명세서]상 계상된 내역은 아래와 같다.
(1) 익금산입: 14,000,000원
(2) 손금산입: 9,000,000원
4. 전기에 발생한 특례기부금 한도초과액은 6,000,000원이다.
5. 해당 회사는 중소기업이며, 2022년에 발생한 세법상 미공제 이월결손금은 60,000,000원이다.

118회 기출문제

(주)정진산업 회사코드 1180 / (주)호두전자 회사코드 1181

정답 및 해설 p.26

이론시험

다음 문제를 보고 알맞은 것을 골라 이론문제 답안작성 메뉴에 입력하시오. (객관식 문항당 2점)

기본전제

문제에서 한국채택국제회계기준을 적용하도록 하는 전제조건이 없는 경우, 일반기업회계기준을 적용한다.

01 다음 중 유가증권에 대한 설명으로 옳지 않은 것은?

① 유가증권은 취득 후 단기매매증권, 만기보유증권, 지분법 적용 투자주식 및 매도가능증권으로 분류된다.

② 단기매매증권은 최초 인식 시 공정가치로 측정하며, 취득 관련원가(증권거래소의 수수료 등)는 단기매매증권의 원가로 인식한다.

③ 단기매매증권은 보고기간 종료일 현재 보유하고 있으면 이를 공정가치(시가)로 평가하며 변동분은 평가손익(영업외손익)으로 처리한다.

④ 보고기간 종료일로부터 1년 이내에 만기가 도래하는 만기보유증권은 유동자산으로 분류한다.

02 다음의 자료를 이용하여 재무상태표상 재고자산으로 표시될 장부가액을 계산하면 얼마인가?

구분	장부상 수량	실제 수량	단위당 장부가액	단위당 순실현가능가치
상품	800개	700개	2,500원/개	3,000원/개
제품	2,100개	2,100개	5,000원/개	4,000원/개
재공품	1,000개	1,000개	800원/개	1,000원/개

① 10,950,000원 ② 11,200,000원 ③ 11,500,000원 ④ 13,050,000원

03 신규로 취득한 기계장치에 대해 정률법을 사용하여 감가상각비를 계상하는 것이 (주)전산의 정책이다. 신규 취득한 연도에 회계담당자의 실수로 정률법이 아닌 정액법을 사용하여 감가상각비 회계처리를 하였다면, 해당 회계처리가 기말 재무제표에 미치는 영향으로 옳은 것은? (단, 내용연수는 5년, 잔존가치는 없으며, 정률법 상각률은 40%라고 가정함)

	기계장치 장부가액	감가상각비	당기순이익
①	과소계상	과대계상	과소계상
②	과소계상	과소계상	과대계상
③	과대계상	과대계상	과소계상
④	과대계상	과소계상	과대계상

04 다음 중 일반기업회계기준상 충당부채의 측정에 대한 설명으로 옳지 않은 것은?

① 현재의무를 이행하기 위하여 소요되는 금액에 대한 최선의 추정치는 보고기간 말에 의무를 직접 이행하거나 이해관계가 없는 제3자에게 이전시키는 경우에 지급해야 하는 금액으로서 세전 금액이다.

② 화폐의 시간가치 효과가 중요한 경우 충당부채는 의무를 이행하기 위하여 예상되는 지출액의 현재가치로 평가한다.

③ 충당부채를 발생시킨 사건과 밀접하게 관련된 자산의 처분이익이 예상되는 경우 당해 처분이익은 충당부채 금액을 측정하는 데 고려해야 한다.

④ 충당부채에 대한 최선의 추정치를 구할 때에는 관련된 사건과 상황에 대한 불가피한 위험과 불확실성을 고려한다.

05 (주)ABC전자는 2025년 7월 1일 소프트웨어를 1,000,000원, 해당 소프트웨어의 업데이트 수수료를 120,000원(유지보수기간: 2025년 7월 1일~2027년 6월 30일)에 판매하였다. 소프트웨어와 관련하여 2025년 수익으로 인식할 금액은 얼마인가?(단, 업데이트 수수료는 월할계산함)

① 1,000,000원 ② 1,030,000원 ③ 1,060,000원 ④ 1,120,000원

06

(주)세무는 선입선출법에 의한 종합원가계산을 적용하고 있다고 가정할 때, 다음의 자료를 이용하여 기초재공품의 완성도를 계산하면 얼마인가? (단, 가공원가는 전 공정에 걸쳐 균등하게 발생하며 당기에 발생한 가공원가는 300,000원, 가공원가의 완성품 단위당 원가는 30원임)

구분	수량	완성도
기초재공품	1,500개	?
당기착수완성품	7,250개	
기말재공품	2,500개	80%

① 40% ② 50% ③ 60% ④ 70%

07

다음 중 정상개별원가계산에 대한 설명으로 가장 옳지 않은 것은?

① 정상개별원가계산하에서는 기말이 되어야 제조간접원가 배부율을 확인할 수 있으므로 기중에 작업이 완료되는 경우 제품원가를 추정할 수 없다.
② 제조간접원가 배부율을 결정하기 위해서 기초에 제조간접원가 예산과 배부기준수를 추정하여야 한다.
③ 예정배부율을 이용하여 제조간접원가를 배부하므로 실제 발생액과 예정 배부액 간에 차이가 발생하게 된다.
④ 직접재료원가와 직접노무원가는 실제개별원가계산과 같이 실제 발생액을 개별작업에 직접 추적하여 집계한다.

08

다음 중 원가에 대한 설명으로 옳은 것은?

① 기회비용은 자원을 현재 용도 이외의 다른 용도로 사용하였을 경우 얻을 수 있는 최대금액을 의미하는 것으로 의사결정과 관계없는 비관련원가에 해당한다.
② 가공원가는 직접재료원가, 직접노무원가, 제조간접원가의 합으로 이루어진다.
③ 매몰원가는 과거의 의사결정으로 인해 이미 발생한 원가로서 의사결정에 영향을 미치는 관련원가이다.
④ 변동원가는 조업도가 증가함에 따라 총원가는 증가하지만 단위당 원가는 일정하다.

09 다음 중 표준원가계산에 대한 설명으로 가장 옳지 않은 것은?

① 표준원가는 과학적이고 객관적으로 간단하게 설정할 수 있다.
② 표준원가는 제품의 수량만 파악되면 원가 흐름의 가정 없이도 제품원가의 계산이 쉽다.
③ 표준원가와 실제원가의 차이를 분석하여 예외에 의한 관리가 가능하다.
④ 표준원가를 이용하면 실제원가를 집계하기 전에 제품의 원가를 계산할 수 있으므로 신속한 원가 정보 제공이 가능하다.

10 다음의 자료를 이용하여 당기총제조원가를 계산하면 얼마인가?

구분	금액
직접재료원가	300,000원
직접노무원가	?
제조간접원가	직접재료원가의 120%
가공원가	직접노무원가의 300%

① 720,000원 ② 800,000원 ③ 840,000원 ④ 900,000원

11 다음 중 의제매입세액공제에 대한 설명으로 옳지 않은 것은?

① 의제매입세액공제는 예정신고기간에도 적용된다.
② 음식점업(과세유흥장소 외)을 영위하는 법인사업자의 공제율은 8/108이다.
③ 음식점업(과세유흥장소 외)을 영위하는 개인사업자 중 과세표준 2억원 이하인 자의 공제율은 9/109이다.
④ 수입한 면세농산물은 의제매입세액공제 대상이다.

12 다음 중 간이과세자에 대한 설명으로 옳지 않은 것은?

① 직전연도의 공급대가의 합계액이 1억4백만원에 미달하는 개인사업자는 간이과세자에 해당될 수 있다.

② 직전 과세기간에 신규로 사업을 시작한 개인사업자의 경우 그 사업개시일부터 과세기간 종료일까지의 공급대가를 합한 금액을 12개월로 환산한 금액 기준으로 간이과세자를 판단한다.

③ 간이과세자의 해당 과세기간에 대한 공급대가의 합계액이 8,000만원 미만이면 납부 의무를 면제한다.

④ 일반과세자가 간이과세자로 변경되면 매입세액공제 받은 재고품 등에 대하여 계산한 금액을 납부세액에 더하여야 한다.

13 다음 중 소득세법에 대한 설명으로 옳은 것은?

① 신규로 사업을 등록한 거주자의 과세기간은 사업개시일부터 12월 31일까지이다.

② 거주자의 소득세 납세지는 주소지로 한다. 다만, 주소지가 없는 경우에는 거소지로 한다.

③ 거주자가 주소를 국외로 이전하여 비거주자가 되는 경우도 과세기간은 1월 1일부터 12월 31일까지이다.

④ 거주자가 사망한 경우 1월 1일부터 사망일까지의 과세기간에 대한 종합소득세 확정신고를 다음 해 5월 말까지 해야 한다.

14 다음 중 조세특례제한법상 최저한세에 대한 설명으로 옳지 않은 것은?

① 감면 후 세액이 최저한세에 미달하지 않는 경우 조세특례가 배제되지 않는다.

② 최저한세 적용으로 감면받지 못한 세액감면은 10년간 이월하여 감면받을 수 있다.

③ 중소기업의 연구·인력개발비 세액공제는 최저한세 적용 대상이 아니다.

④ 최저한세로 인하여 조세특례가 배제될 경우, 자진신고 시 납세의무자가 조세특례 배제 대상을 선택할 수 있다.

15 다음 중 법인세법상 세무조정 및 소득처분으로 옳지 않은 것은?

① 채권자 불분명 사채이자의 원천징수세액: 손금불산입(기타사외유출)

② 임원의 사적 사용 카드비용: 손금불산입(상여)

③ 세금과공과로 회계처리한 업무용 토지 취득세: 손금불산입(기타사외유출)

④ 특례기부금 한도 초과액: 손금불산입(기타사외유출)

실무시험

(주)정진산업(회사코드: 1180)은 제조·도소매업을 영위하는 중소기업이며, 당기(제16기) 회계기간은 2025.1.1.~2025.12.31.이다. 전산세무회계 수험용 프로그램을 이용하여 다음 물음에 답하시오.

기본전제

- 문제에서 한국채택국제회계기준을 적용하도록 하는 전제조건이 없는 경우, 일반기업회계기준을 적용하여 회계처리한다.
- 문제의 풀이와 답안작성은 제시된 문제의 순서대로 진행한다.

문 1 다음 거래에 대하여 적절한 회계처리를 하시오. (12점)

입력 시 유의사항

- 일반적인 적요의 입력은 생략하지만, 타계정 대체거래는 적요 번호를 선택하여 입력한다.
- 세금계산서·계산서 수수 거래 및 채권·채무 관련 거래는 별도의 요구가 없는 한 반드시 기등록된 거래처코드를 선택하는 방법으로 거래처명을 입력한다.
- 제조경비는 500번대 계정코드를, 판매비와 관리비는 800번대 계정코드를 사용한다.
- 회계처리 시 계정과목은 등록된 계정과목 중 가장 적절한 과목으로 한다.
- 매입매출전표를 입력하는 경우 입력화면 하단의 분개까지 처리하고, 세금계산서 및 계산서는 전자 여부를 입력하여 반영한다.

[1] 3월 15일

당사는 확정급여형(DB형) 퇴직연금제도를 운용하고 있다. 마케팅 부서의 직원인 김세무의 퇴사로 퇴직금이 5,000,000원 발생하였다. 보통예금 계좌에서 800,000원을 이체하고 나머지 금액은 퇴직연금운용계좌에서 지급하였다(단, 당사에 퇴직급여충당부채로 설정된 잔액은 없고, 퇴직소득원천징수는 생략하기로 함). (3점)

[2] 4월 30일

당사는 4월 영업부 사무실 청소비에 대하여 아래의 전자세금계산서를 발급받았다. 1년간 청소비를 연초에 일시금으로 지급한 후 선급비용으로 회계처리하였다(단, 건물관리비 계정과목을 사용하며, 1월~3월 청소비 전자세금계산서는 무시하기로 함). (3점)

<table>
<tr><th colspan="5">전자세금계산서</th><th colspan="2">승인번호</th><th colspan="3">20250430-12345678-18748697</th></tr>
<tr><td rowspan="5">공급자</td><td>사업자등록번호</td><td>123-86-00103</td><td>종사업장번호</td><td></td><td rowspan="5">공급받는자</td><td>사업자등록번호</td><td>865-85-11124</td><td>종사업장번호</td><td></td></tr>
<tr><td>상호(법인명)</td><td>(주)바른청소</td><td>성명(대표자)</td><td>김사랑</td><td>상호(법인명)</td><td>(주)정진산업</td><td>성명(대표자)</td><td>이정진</td></tr>
<tr><td>사업장 주소</td><td colspan="3">서울특별시 구로구 구로동 999</td><td>사업장 주소</td><td colspan="3">서울특별시 동작구 국사봉길 13</td></tr>
<tr><td>업태</td><td>서비스</td><td>종목</td><td>청소</td><td>업태</td><td>제조, 도소매</td><td>종목</td><td>전자부품 제조</td></tr>
<tr><td>이메일</td><td colspan="3"></td><td>이메일</td><td colspan="3"></td></tr>
</table>

작성일자	공급가액	세액	수정사유
2025/4/30	200,000	20,000	해당 없음
비고			

월	일	품목	규격	수량	단가	공급가액	세액	비고
4	30	사무실 청소				200,000	200,000	

합계 금액	현금	수표	어음	외상미수금	이 금액을 (영수/청구)함
220,000	220,000				

[3] 5월 23일

만기 3년, 액면금액 10,000,000원인 사채를 9,600,000원으로 (주)영웅전자에 할인발행하여 보통계좌에 입금되었고, 사채발행비 300,000원이 발생하여 현금으로 지급하였다(단, 사채에 대한 거래처코드를 입력할 것). (3점)

[4] 6월 10일

제조부서의 직원회식을 하고 옛골식당(세금계산서 발급 대상 간이과세자)에서 법인카드로 결제하였고 아래와 같이 신용카드매출전표를 수취하였다. (3점)

신용카드매출전표

가 맹 점 명: 옛골식당
사업자번호: 605-11-32531
대 표 자 명: 김하나
주 소: 서울시 동작구 국사봉길 201

롯 데 카 드: 신용승인
거 래 일 시: 2025-6-10 18:08:54
카 드 번 호: 1234-1111-****-5559
유 효 기 간: 12/24
가맹점번호: 123412341
매 입 사: 롯데카드(전자서명전표)

상품명	금액
	2,200,000원

공 급 가 액: 2,000,000원
부 가 세 액: 200,000원
합 계: 2,200,000원

문 2 다음 주어진 요구사항에 따라 부가가치세 신고서 및 부속서류를 작성하시오. (10점)

[1] 다음의 자료를 바탕으로 2025년 제2기 부가가치세 예정신고기간(2025.7.1.~2025.9.30.)의 [수출실적명세서](거래처명 생략) 및 [영세율매출명세서]를 작성하시오. 단, 매입매출전표입력은 생략한다. (4점)

1. 2025년 기준환율

일자	7월 20일	7월 26일	7월 30일	8월 30일
환율	1,350원/$	1,380원/$	1,400원/$	1,450원/$

2. 매출 내역

(1) 수출실적내용

수출신고번호	선적일자	대금결제일	통화	금액
33852-22-458225X	2025년 7월 20일	2025년 7월 30일	USD	$100,000
85220-28-129820X	2025년 7월 26일	2025년 7월 30일	USD	$2,000

(2) 기타영세율(국내에서 외국법인에게 공급한 재화로 영세율적용 대상)

서류명	발급자	발급일자	공급일자	통화	금액
외화입금증명서	한국은행	2025년 8월 30일	2025년 7월 30일	USD	$300,000

[2] 2025년 제2기 부가가치세 확정신고(신고기한 및 신고일: 2026년 1월 26일)에 대한 수정신고(1차)를 2026년 2월 14일에 하고자 한다. 수정신고와 관련하여 누락된 자료는 아래와 같으며, 일반과소신고로서 미납일수는 19일로 가정하고 계산하시오. 아래 자료를 이용하되 매입매출전표입력은 생략하고 제2기 확정신고기간의 [부가가치세신고서(과세표준명세 포함)]와 [과세표준수정신고서 및 추가자진납부]를 작성하시오(수정신고 사유: 매입매출누락). (6점)

※ 누락 내역

- 10월 15일 A 거래처 외상 제품매출(공급가액 4,000,000원, 세액 400,000원, 전자세금계산서 발급함)
- 11월 10일 B 거래처에 신한카드로 결제받고 제품매출(공급대가 2,200,000원)
- 12월 13일 개별소비세 과세대상인 5인승 업무용 승용차를 구입
- (공급가액 25,000,000원, 세액 2,500,000원, 전자세금계산서 발급받음)

문 3 다음 결산정리사항을 입력하여 결산을 완료하시오. (8점)

[1] 다음 자료를 이용하여 로건은행으로부터 차입한 외화장기차입금 $40,000에 대한 결산일의 회계처리를 하시오. (2점)

- 전기말 외화장기차입금 원화 환산액은 50,000,000원이다.
- 당기말 환율은 1,200원/$이다.

[2] 당사의 인사부 직원이 사용하는 사무실의 1년치(2025.3.1.~2026.2.28.) 임차료로 3월 1일에 12,000,000원을 전액 지급하고 선급비용으로 회계처리하였다. 당기분 임차료를 월할계산하여 결산일의 회계처리를 하시오. (2점)

[3] 다음 자료를 이용하여 결산일의 회계처리를 하시오. 단, 이자는 월할계산한다. (2점)

과목	거래처	발생일자	만기일자	금액	연이자율	비고
정기예금	신한금융	2025.11.1.	2027.10.31.	150,000,000원	3.5%	만기시 일시수령
단기차입금	국민은행	2025.9.1.	2026.2.28.	60,000,000원	4.5%	

※ 단기차입금의 이자지급일은 2025년 11월 30일과 2026년 2월 28일이다.

[4] 당기 말 재무상태표상 개발비 미상각 잔액 900,000원이 있다. 개발비 상각에 대한 내용연수는 5년이며, 2023년 1월 1일부터 상각을 시작했다. (2점)

문 4 원천징수와 관련된 다음의 물음에 답하시오. (10점)

[1] 다음은 중소기업의 생산직 사원 김소라(사원코드: 107, 총급여: 30,000,000원, 당사에 2025.5.1. 입사한 여성근로자)에 대한 자료이다. 아래의 자료를 입력하여 [사원등록] 메뉴의 [기본사항] 탭, [부양가족명세] 탭, [추가사항] 탭을 작성하시오(단, 기본공제대상자가 아닌 경우에도 부양가족명세에 입력하며, 세부담 최소화를 가정한다.) (4점)

관계	성명	주민등록번호	비고
본인	김소라	930701-2117527	• 세대주 • 생산직 근로자(직전연도 총급여: 2,800만원) • 2024년 11월 1일에 중소기업에 입사한 자로서 중소기업취업자감면(2024.11.1.~2029.10.31. 감면율 90%)을 적용받고 있음.
배우자	이선율	901025-1667524	근로소득자(총급여액: 7,000,000원)
자녀	이소율	230122-4901325	소득없음
자녀	이지율	211010-4906326	소득없음

[2] 다음은 2025년 10월분 사업소득 지급내역이다. 아래의 자료를 이용하여 ① [사업소득자등록] 및 [사업소득자료입력]을 작성하고, ② [원천징수이행상황신고서]를 작성 및 마감하여 ③ 국세청 홈택스에 전자신고를 수행하시오(단, 당사는 반기별 신고 특례 대상자가 아니며 정기분 신고에 해당한다). (6점)

〈소득자료〉

코드	성명	주민등록번호	귀속(지급)일	세전 지급액	비고
101	이정이	951101-2984135	2025.10.30.	5,250,000원	자문
102	남주혁	000428-3548719	2025.10.30.	3,875,000원	1인 미디어콘텐츠 창작자

• 위의 소득자료에 대해서만 작성하고 다른 소득자는 없는 것으로 가정한다.
• 위의 소득자는 모두 내국인 및 거주자에 해당하고 주민등록번호는 옳은 것으로 가정한다.

〈전자신고 관련 유의사항〉
1. [전자신고] → [국세청 홈택스 전자신고변환(교육용)] 순으로 진행한다.
2. [전자신고]에서 전자파일 제작 시 신고인 구분은 2.납세자 자진신고로 선택하고, 비밀번호는 "12345678"로 입력한다.
3. [국세청 홈택스 전자신고변환(교육용)] → 전자파일변환(변환대상파일선택) → 찾아보기 에 전자신고용 전자파일을 선택한다.
4. 전자신고용 전자파일 저장경로는 로컬디스크(C:)이며, 파일명은 "작성연월일.01.t8658511124"이다.
5. 형식검증하기 → 형식검증결과확인 → 내용검증하기 → 내용검증결과확인 → 전자파일제출 을 순서대로 클릭한다.
6. 최종적으로 전자파일 제출하기 를 완료한다.

문 5 (주)호두전자(회사코드: 1181)은 자동차부품 등을 생산하고 제조 · 도매업 및 도급공사업을 영위하는 중소기업이며, 당해 사업연도(제16기)는 2025.1.1.~2025.12.31.이다. [법인조정] 메뉴를 이용하여 기장되어 있는 재무회계 장부 자료와 제시된 보충 자료에 의하여 해당 사업연도의 세무조정을 하시오. (30점) ※ 회사 선택 시 유의하시오.

작성대상서식

1. 기업업무추진비조정명세서
2. 대손충당금및대손금조정명세서
3. 가산세액계산서
4. 자본금과적립금조정명세서(갑, 을)
5. 주식등변동상황명세서

[1] 다음의 자료를 이용하여 [기업업무추진비조정명세서]를 작성하고 필요한 세무조정을 하시오(단, 세무조정은 각 건별로 입력할 것). (6점)

1. 손익계산서상 매출액
   - 제품 매출액 : 2,173,980,000원(특수관계인에 대한 매출액 254,000,000원 포함된 금액)
   - 상품 매출액 : 965,820,000원
2. 기업업무추진비 관련 지출액

계정	건당 금액	법인 카드 사용액	개인카드 사용액	합계
기업업무추진비(제)	3만원 초과분	32,706,000원	324,000원	33,030,000원
	3만원 이하분	288,000원	27,000원	315,000원
	합계	32,994,000원	351,000원	33,345,000원
기업업무추진비(판)	3만원 초과분	10,040,000원	105,000원	10,145,000원
	3만원 이하분	480,000원	25,000원	505,000원
	합계	10,520,000원	130,000원	10,650,000원

   - 기업업무추진비(제조원가, 3만원 초과분, 개인카드 사용액)에는 경조사비 324,000원(1건)이 포함되어 있다.
3. 손익계산서상의 판매비와 관리비에서 광고선전비는 거래처에 당사 제품을 증정한 것으로 해당 제품의 원가는 5,000,000원이며 시가는 8,000,000원이다. 현물기업업무추진비에 대해 당사의 담당자는 아래와 같이 회계처리 하였다.

(차) 광고선전비(판)	5,800,000	(대) 제품	5,000,000
		부가세예수금	800,000

[2] 다음의 자료를 이용하여 [대손충당금및대손금조정명세서]를 작성하고 필요한 세무조정을 하시오. 단, 대손실적률은 1.5%인 것으로 가정하고, 세부담 최소화가 되도록 세무조정하시오. (6점)

1. 당해연도 대손충당금 변동내역

내역	금액	비고
전기이월 대손충당금	18,000,000원	전기대손충당금한도초과액: 8,000,000원
회수불가능 외상매출금 상계 대손충당금	3,000,000원	7월 15일 상계 처리하였으며, 이는 상법에 따른 소멸시효가 완성된 채권이다.
당기 설정 대손충당금	5,500,000원	
기말 대손충당금 잔액	20,500,000원	

2. 채권 잔액으로 당기말 외상매출금 잔액은 500,000,000원 당기말 미수금 잔액은 35,000,000원이다.
3. 전기 이전에 대손처리한 외상매출금에 대한 대손 요건 미충족으로 인한 유보금액 잔액이 전기 자본금과적립금조정명세서(을)에 5,000,000원이 남아있으며, 이는 아직 대손 요건을 충족하지 않는다.

[3] 다음의 자료를 이용하여 [가산세액계산서]를 작성하고 필요한 세무조정을 하시오(단, 주어진 자료 외에는 모두 없는 것으로 가정함). (6점)

(1) 복리후생비: 11,500,000원(전부 건당 3만원을 초과하고, 간이영수증을 수취하였다.)
(2) 회계담당자의 실수로 2025년 8월분의 사업소득 간이지급명세서(총지급액 20,000,000원)를 2025년 12월에 제출하였다.
(3) 업무용승용차관련비용명세서를 제출하지 아니하였다. 업무용승용차관련비용 등으로 손금에 산입한 금액은 12,000,000원이다.

[4] 다음의 자료만을 이용하여 [자본금과적립금조정명세서(갑),(을)]를 작성하시오(단, 불러오는 자료는 무시할 것). (6점)

1. 전기(2024년) 자본금과적립금조정명세서(을)

과목 또는 사항	기초 잔액	당기중증감(원)		기말 잔액
		감소	증가	
건물감가상각비 한도초과	3,000,000원		3,500,000원	6,500,000원
차량운반구 감가상각비 한도초과	1,500,000원		2,000,000원	3,500,000원
선급비용	2,000,000원	2,000,000원	1,500,000원	1,500,000원
단기매매증권 평가이익			△2,000,000원	△2,000,000원
합계	6,500,000원	2,000,000원	5,000,000원	9,500,000원

2. 당기(2025년) 소득금액조정합계표및명세서

〈익금산입 및 손금불산입〉

과목	금액	조정 이유
법인세비용	7,200,000원	손익계산서에 계상된 법인세비용
건물감가상각비 한도초과	3,500,000원	당기 감가상각한도초과액
전기 단기매매증권 평가이익	1,000,000원	단기매매증권 일부 처분

〈익금불산입 및 손금산입〉

과목	금액	조정 이유
차량운반구 감가상각비 한도초과	3,500,000원	전기 감가상각비 한도초과차량 매각함
선급비용	1,500,000원	전기 선급비용계상액 중 당기비용 해당액

3. 자본금과적립금조정명세서(갑) 자료

과목 또는 사항	기초잔액	기말잔액	비고
자본금	200,000,000원	300,000,000원	증가로만 반영할 것
이익잉여금	154,000,000원	255,000,000원	

※ 법인세과세표준 및 세액신고서의 법인세 총부담세액이 손익계산서에 계상된 법인세비용보다 1,070,000원, 지방소득세는 107,000원 각각 더 많이 산출되었다(전기분은 고려하지 않음).

[5] 다음의 자료만을 이용하여 [주식등변동상황명세서]의 [주식 등 변동상황명세서] 탭과 [주식(출자지분)양도명세서] 탭을 작성하시오. 단, (주)호두전자는 비상장 중소기업으로 무액면주식은 발행하지 않으며, 발행주식은 모두 보통주이고, 액면가액은 주당 3,000원으로 변동이 없다. 또한 당기 중 주식 수의 변동 원인은 양수도 이외에는 없다고 가정한다. (6점)

1. 2024년 말(제16기) 주주명부

성명	주민등록번호	지배주주관계	보유 주식 수	취득일자
김바로	630512-1125471	본인	95,000주	2018.1.1.
변우석	971031-1135644	없음(기타)	5,000주	2018.8.25.
합계			100,000주	

2. 2025년 말(제17기) 주주명부

성명	주민등록번호	지배주주관계	보유 주식 수	주식 수 변동일
김바로	630512-1125471	본인	70,000주	
변우석	971031-1135644	없음(기타)	15,000주	2025.5.31.
임솔	950531-2156471	없음(기타)	15,000주	2025.5.31.
합계			100,000주	

3. 참고사항
- 김바로는 2025년 5월 31일 변우석에게 10,000주, 임솔에게 15,000주를 양도하였다.
- (주)호두전자의 주주는 위 3명 외에는 없는 것으로 하고, 각 주주의 주민등록번호는 올바른 것으로 가정하며 2024년 말 주주명부 내역은 전년도 불러오기 메뉴를 활용한다.
- 위의 주어진 자료 외에는 입력하지 않는다.

117회 기출문제

(주)한둘상사 회사코드 1170 / (주)사랑상회 회사코드 1171

정답 및 해설 p.45

이론시험

다음 문제를 보고 알맞은 것을 골라 이론문제 답안작성 메뉴에 입력하시오. (객관식 문항당 2점)

기본전제

문제에서 한국채택국제회계기준을 적용하도록 하는 전제조건이 없는 경우, 일반기업회계기준을 적용한다.

01 다음 중 재무제표 작성과 표시의 일반원칙에 대한 설명으로 옳지 않은 것은?

① 경영진은 재무제표를 작성할 때 계속기업으로서의 존속가능성을 평가해야 한다.
② 재무제표가 일반기업회계기준에 따라 작성된 경우에 그 사실을 주석으로 기재하여야 한다.
③ 재무제표의 항목은 구분하여 표시하여야 하기 때문에 중요하지 않은 항목은 성격이나 기능이 유사한 항목으로 통합하여 표시할 수 없다.
④ 재무제표는 전기 재무제표의 모든 계량정보를 당기와 비교하는 형식으로 표시한다.

02 다음 중 금융자산에 대한 설명으로 옳지 않은 것은?

① 금융자산은 금융상품의 계약당사자가 되는 때에만 재무상태표에 인식하는 것이 원칙이다.
② 양도자가 금융자산에 대한 모든 통제권을 상실하였다면 매각거래로 본다.
③ 단기매매증권은 최초 인식 시 공정가치로 측정하고, 후속 측정 시에는 상각후원가로 측정한다.
④ 금융자산의 이전이 담보거래에 해당하는 경우에는 해당 금융자산을 담보제공자산으로 별도 표시하여야 한다.

03 창고에 보관 중이던 재고자산 중 화재로 인해 1,800,000원을 제외한 금액이 파손되었다. 다음 자료를 이용하여 화재로 인한 재고자산 피해액을 계산하면 얼마인가?

• 기초 재고자산: 23,000,000원
• 당기 매입액: 56,000,000원
• 당기 매출액: 78,000,000원
• 당기 매출총이익률: 10%

① 7,000,000원 ② 7,020,000원 ③ 8,000,000원 ④ 8,800,000원

04 다음 중 일반기업회계기준상 외화자산 및 외화부채에 대한 설명으로 옳지 않은 것은?

① 역사적원가로 측정하는 비화폐성 외화 항목은 거래일의 환율로 환산한다.

② 비화폐성 항목에서 발생한 손익을 기타포괄손익으로 인식하는 경우 그 손익에 포함된 환율변동 효과는 당기손익으로 인식한다.

③ 공정가치로 측정하는 비화폐성 외화 항목은 공정가치가 결정된 날의 환율로 환산한다.

④ 화폐성 항목의 외환차손익은 손익계산서의 영업외손익으로 처리한다.

05 다음 중 퇴직급여에 대한 설명으로 가장 옳지 않은 것은?

① 확정급여형 퇴직급여 제도에서 퇴직연금 운용자산이 퇴직급여 충당부채를 초과하는 경우에는 그 초과액을 투자자산으로 표시한다.

② 확정급여형 퇴직급여 제도에서는 운용수익이 발생하는 경우에 이자수익으로 표시한다.

③ 확정기여형 퇴직급여 제도에서는 회사가 납부하여야 할 부담금을 퇴직급여(비용)로 인식한다.

④ 확정기여형 퇴직급여 제도에서는 운용에 관한 내용은 모두 회사가 결정하고 책임진다.

06 다음 중 원가에 대한 설명으로 옳지 않은 것은?

① 매몰원가: 자원을 다른 대체적인 용도로 사용할 경우 얻을 수 있는 최대금액

② 회피불가능원가: 의사결정과 무관하게 발생하여 회피할 수 없는 원가

③ 제품원가: 판매를 목적으로 제조하는 과정에서 발생한 원가

④ 관련원가: 여러 대안 사이에 차이가 있는 미래원가로서 의사결정에 직접적으로 관련되는 원가

07 매출원가율이 매출액의 75%일 때, 다음 자료를 이용하여 기초재공품 가액을 계산하면 얼마인가?

• 당기매출액: 20,000,000원	• 기초재공품: ?	• 기말재공품: 2,200,000원
• 직접재료원가: 3,200,000원	• 직접노무원가: 4,500,000원	• 제조간접원가: 4,000,000원
• 기초제품: 3,000,000원	• 기말제품: 2,800,000원	

① 5,300,000원 ② 11,700,000원 ③ 14,800,000원 ④ 17,000,000원

08 다음 중 표준원가계산에 대한 설명으로 옳지 않은 것은?

① 표준원가를 기초로 한 예산과 실제원가를 기초로 한 실제 성과와의 차이를 비교하여 성과평가에 이용할 수 있다.

② 원가흐름의 가정이 필요 없어 제품원가계산 및 회계처리가 신속하다.

③ 조업도 차이는 변동제조간접원가 차이분석 시 확인할 수 있다.

④ 외부보고용 재무제표를 작성할 때에는 표준원가를 실제원가로 수정하여야 한다.

09 (주)세무는 직접노무시간을 기준으로 제조간접원가를 배부하고 있다. 해당 연도 초 제조간접원가 예상액은 3,000,000원이고 예상 직접노무시간은 10,000시간이다. 실제 직접노무시간이 11,500시간일 경우 당기의 제조간접원가는 250,000원 과대배부라고 한다. 당기 말 현재 실제 제조간접원가 발생액은 얼마인가?

① 3,000,000원 ② 3,200,000원 ③ 3,250,000원 ④ 3,700,000원

10 다음 중 공손에 대한 설명으로 옳지 않은 것은?

① 정상공손은 제조원가(완성품원가 또는 기말재공품원가)에 포함된다.

② 비정상공손품은 발생된 기간에 영업외비용으로 처리한다.

③ 공손품수량을 산정할 때는 원가 흐름의 가정과 상관없이 선입선출법에 의해 계산한다.

④ 정상공손은 능률적인 생산조건하에서는 회피와 통제가 가능하다.

11 다음 중 지급일이 속하는 다음 달 말일까지 간이지급명세서를 제출하여야 하는 소득으로 옳지 않은 것은?

① 고용관계 없이 일시적으로 다수인에게 강연을 한 강연자에게 지급한 강연료

② 원천징수 대상 사업소득

③ 계약의 위약이나 해약으로 인하여 지급한 위약금과 배상금

④ 라디오를 통하여 일시적으로 해설 · 계몽을 하고 지급한 보수

12 다음 중 법인세법상 소득처분 시 반드시 기타사외유출로 처분해야 하는 경우가 아닌 것은?

① 임대보증금 등의 간주익금

② 기업업무추진비 한도초과액의 손금불산입

③ 업무관련성 있는 벌금 및 과태료

④ 건설자금이자

13 다음 중 소득세법상 주택임대소득에 대한 설명으로 옳지 않은 것은?

① 3주택 이상 소유자로서 보증금 합계액이 1억원 이상인 경우 간주임대료 수입금액이 발생한다.

② 총수입금액이 2천만원 이하인 주택임대소득은 분리과세와 종합과세를 선택할 수 있다.

③ 임대주택이 등록요건을 모두 충족하였다면 분리과세 적용 시 필요경비는 총수입금액의 60%를 적용한다.

④ 주택 수는 본인과 배우자의 주택을 합하여 계산한다.

14 다음 중 부가가치세법상 세금계산서에 대한 설명으로 옳지 않은 것은?

① 매입자가 거래사실을 관할 세무서장의 확인을 받아 세금계산서를 발급하고 매입세액공제를 받으려면 재화 또는 용역의 공급시기가 속하는 과세기간의 종료일로부터 1년 이내에 신청하여야 한다.

② 예정부과기간(1월 1일~6월 30일)에 세금계산서를 발급한 간이과세자는 7월 25일까지 예정부과기간의 과세표준과 납부세액을 사업장 관할세무서장에게 신고하여야 한다.

③ 대가 수령 전에 세금계산서를 발급하더라도 동일 과세기간 내에 공급시기가 도래한다면 적법한 세금계산서로 인정된다.

④ 모든 간이과세자는 부가가치세의 납세의무 중 일부만 부담하므로 세금계산서 발급도 허용되지 않는다.

15 다음 중 부가가치세법상 매입세액공제가 가능한 거래는 무엇인가?

① 직원들의 교육을 위한 도서 구입대금

② 출퇴근 시 사용하는 법인 명의 2,500cc 5인승 승용차에 대한 유류비

③ 기존 건물을 철거하고 토지만을 사용할 목적으로 건물이 있는 토지를 취득할 경우 철거한 건물의 취득 및 철거비용

④ 직원 명의의 신용카드로 구입한 경리부서의 사무용품비

실무시험

(주)한둘상사(회사코드: 1170)은 제조·도소매업을 영위하는 중소기업이며, 당기(제13기) 회계기간은 2025.1.1.~2025.12.31.이다. 전산세무회계 수험용 프로그램을 이용하여 다음 물음에 답하시오.

기본전제

- 문제에서 한국채택국제회계기준을 적용하도록 하는 전제조건이 없는 경우, 일반기업회계기준을 적용하여 회계처리한다.
- 문제의 풀이와 답안작성은 제시된 문제의 순서대로 진행한다.

문 1 다음 거래에 대하여 적절한 회계처리를 하시오. (12점)

입력 시 유의사항

- 일반적인 적요의 입력은 생략하지만, 타계정 대체거래는 적요 번호를 선택하여 입력한다.
- 세금계산서·계산서 수수 거래 및 채권·채무 관련 거래는 별도의 요구가 없는 한 반드시 기등록된 거래처코드를 선택하는 방법으로 거래처명을 입력한다.
- 제조경비는 500번대 계정코드를, 판매비와 관리비는 800번대 계정코드를 사용한다.
- 회계처리 시 계정과목은 등록된 계정과목 중 가장 적절한 과목으로 한다.
- 매입매출전표를 입력하는 경우 입력화면 하단의 분개까지 처리하고, 세금계산서 및 계산서는 전자 여부를 입력하여 반영한다.

[1] 3월 10일
(주)세명전기로부터 전기 원재료 매입 시 발생한 외상매입금 전액을 당좌수표를 발행하여 지급하였다(외상매입금을 조회하여 입력할 것). (3점)

[2] 4월 6일
당사는 면세사업에 사용하기 위하여 (주)상희로부터 에어컨(비품)을 외상으로 구입하고, 설치비용은 330,000원(부가가치세 포함)을 현금으로 지급하였다. 전자세금계산서는 관련 거래 전부에 대해 아래와 같이 일괄 발급받았다. (3점)

전자세금계산서					승인번호	20250406－25457932－64411851			
공급자	사업자 등록번호	123-81-56785	종사업장 번호		공급받는자	사업자 등록번호	308-81-27431	종사업장 번호	
	상호 (법인명)	(주)상희	성명 (대표자)	강연희		상호 (법인명)	(주)한둘상사	성명 (대표자)	정수란
	사업장 주소	서울특별시 서초구 방배로 123				사업장 주소	경상북도 경주시 내남면 포석로 112		
	업태	도소매	종목	에어컨 외		업태	제조	종목	전자부품 외
	이메일					이메일			

작성일자	공급가액	세액	수정사유
2025/4/6	2,300,000	230,000	
비고			

월	일	품목	규격	수량	단가	공급가액	세액	비고
4	6	에어컨				2,000,000	200,000	
4	6	설치비용				300,000	30,000	

합계 금액	현금	수표	어음	외상미수금	이 금액을 (청구)함
2,530,000	330,000			2,200,000	

[3] 5월 30일

리스자산(기계장치)의 운용리스계약이 만료되어 리스자산(기계장치)을 인수하고 아래의 전자계산서를 발급받았다. 인수대금은 17,000,000원이고 리스보증금(계정과목: 기타보증금) 20,000,000원에서 충당하기로 하였으며 잔액은 보통예금 계좌로 입금되었다. (3점)

전자세금계산서					승인번호	20250530-15454645-58811886			
공급자	사업자 등록번호	111-85-98761	종사업장 번호		공급받는자	사업자 등록번호	308-81-27431	종사업장 번호	
	상호 (법인명)	(주)라임파이낸셜	성명 (대표자)	김라임		상호 (법인명)	(주)한둘상사	성명 (대표자)	정수란
	사업장 주소	서울특별시 관악구 신림동				사업장 주소	경상북도 경주시 내남면 포석로 112		
	업태	금융업	종목	리스		업태	제조	종목	전자부품 외
	이메일					이메일			

작성일자	공급가액	세액	수정사유
2025/5/30	17,000,000		해당 없음
비고			

월	일	품목	규격	수량	단가	공급가액	세액	비고
5	30	기계장치		1	17,000,000	17,000,000		

합계 금액	현금	수표	어음	외상미수금	이 금액을 ( )함

[4] 8월 20일

당사가 지분을 소유한 (주)세무사랑이 중간배당을 하기로 이사회 결의를 하고, 배당금 12,000,000원을 결의한 날에 보통예금 계좌로 입금받았다(원천세는 고려하지 않음). (3점)

문 2 다음 주어진 요구사항에 따라 부가가치세신고서 및 부속서류를 작성하시오. (10점)

[1] 다음의 자료만을 이용하여 2025년 제2기 확정신고기간(2025.10.1.~2025.12.31.)에 대한 [재활용폐자원세액공제신고서]를 작성하시오. (4점)

거래일자	공급자	거래구분	품명	건수	매입가액
2025.10.10.	김정민(830715-1234563)	영수증	폐유	1	20,000,000원
2025.11.10.	이수진(840918-2034561)	영수증	폐유	1	30,000,000원
2025.10.15.	전진유통(156-61-00207)	세금계산서	트럭(고정자산)	1	80,000,000원(부가세 별도)
2025.12.15.	꼬꼬치킨(301-33-12348)	세금계산서	폐유	1	60,000,000원(부가세 별도)

- 위에서 제시된 자료 이외에는 무시하기로 한다.
- 재활용폐자원세액공제를 받기 위한 공급자 요건은 모두 충족한다.
- 2025년 제2기 확정신고기간에 대한 매출공급가액은 135,000,000원이다(제2기 예정신고기간의 관련 매출액 및 매입액은 없다고 가정한다).

[2] 다음의 자료를 이용하여 2025년 제2기 부가가치세 예정신고기간(2025.7.1.~2025.9.30.)의 [신용카드매출전표등수령명세서]를 작성하시오. (4점)

거래일자	거래처명 (사업자등록번호)	공급가액	거래목적	과세유형	비고
7월 20일	아트문구 (120-11-12349)	550,000원	사무용품 구입	일반과세자	현금영수증
8월 10일	(주)현대자동차 (621-81-96414)	300,000원	업무용승합차 엔진오일교환*1	일반과세자	대표이사 개인신용카드*2
8월 31일	(주)하나식당 (321-81-02753)	220,000원	영업부서 직원 회식비용	간이과세자 (세금계산서 발급 가능)	법인카드*3 결제
9월 10일	(주)아남전자 (123-81-23571)	1,100,000원	영업부서 노트북구입	일반과세자	세금계산서 수취분 법인카드*3 결제

*1 업무용승합차는 11인승으로 개별소비세 과세대상이 아니다.
*2 대표이사 개인신용카드(국민카드 1230-4578-9852-1234)이다.
*3 법인카드(국민카드 5678-8989-7878-5654)이다.

[3] 2025년 제1기 부가가치세 예정(2025.1.1.~2025.3.31.) 신고서를 작성, 마감하여 전자신고를 수행하시오(단, 저장된 데이터를 불러와 사용할 것). (2점)

1. 부가가치세신고서와 관련 부속서류는 작성되어 있다.
2. [전자신고] → [국세청 홈택스 전자신고변환(교육용)] 순으로 진행한다.
3. [전자신고] 메뉴의 [전자신고제작] 탭에서 신고인구분은 2.납세자 자진신고를 선택하고, 비밀번호는 "12345678"로 입력한다.
4 [국세청 홈택스 전자신고변환(교육용)] → 전자파일변환(변환대상파일선택) → 찾아보기 에서 전자신고용 전자파일을 선택한다.
5. 전자신고용 전자파일 저장경로는 로컬디스크(C:)이며, 파일명은 "enc작성연월일.101.v3088127431"이다.
6. 형식검증하기 → 형식검증결과확인 → 내용검증하기 → 내용검증결과확인 → 전자파일제출 을 순서대로 클릭한다.
7. 최종적으로 전자파일 제출하기 를 완료한다.

문 3 다음의 결산정리사항을 입력하여 결산을 완료하시오. (8점)

[1] 다음은 단기 투자 목적으로 보유하고 있는 단기매매증권 관련 자료이다. 결산일 현재 필요한 회계처리를 하시오. (2점)

- 2025년 7월 6일: 주당 10,000원에 주식 100주를 취득함.
- 2025년 10월 31일: 주당 공정가치 11,000원에 주식 55주를 처분함.
- 2025년 12월 31일: 주당 공정가치는 12,000원임.

[2] 당사는 1월 1일 제조공장에서 사용할 기계장치를 20,000,000원에 취득하였는데 취득 시 국고보조금 10,000,000원을 수령하였다. 해당 기계장치는 정액법(내용연수 5년, 잔존가치 없음)으로 월할 상각한다. (2점)

[3] 기말 현재 재고자산내역은 다음과 같다. 아래 자료를 근거로 결산 회계처리를 하시오(단, 제품에는 판매를 위탁하기 위하여 수탁자에게 보낸 후 판매되지 않은 적송품 12,000,000원이 제외되어 있음). (2점)

• 제품: 13,000,000원　　　• 재공품: 10,000,000원　　　• 원재료: 7,000,000원

[4] 다음의 주어진 자료만을 참고하여 법인세비용에 대한 회계처리를 하시오. (2점)

1. 과세표준은 355,400,000원이고 세액감면과 세액공제는 없다.
2. 법인세율
• 과세표준 2억원 이하: 9%
• 과세표준 2억원 초과 200억 이하: 19%
• 법인지방소득세는 법인세 산출세액의 10%로 한다.
3. 8월 31일 법인세 중간예납 시 당사는 아래와 같이 회계처리하였다.
• (차) 선납세금　26,537,000원　　　　(대) 보통예금 26,537,000원

문 4 원천징수와 관련된 다음의 물음에 답하시오. (10점)

[1] 다음의 자료를 이용하여 '인적용역' 사업소득에 해당하는 경우, [사업소득자등록] 및 [사업소득자료입력] 메뉴를 작성하시오(단, 귀속월은 2025년 10월이며 지급연월일은 2025년 11월 5일이다). (2점)

코드	성명	거주 구분	주민등록번호	지급내역	차인지급액*1
201	김태민	거주/내국인	840219-1879526	영어 강사 강의료(학원 소속 강사)	3,384,500원
202	소준섭	거주/외국인(일본)	900719-5879869	일본어 강사 강의료(학원 소속 강사)	4,061,400원
203	박지원	거주/외국인(중국)	910808-6789558	강연료(일시·우발적 소득임)	2,900,160원

*1 차인지급액은 소득세 및 개인지방소득세 공제 후 금액이며 정상 입금 처리되었다.

[2] 다음은 영업부 상용직 근로자 김해리 과장(사번: 101, 퇴사일: 2025.8.31.)의 중도퇴사(개인사정에 따른 자발적 퇴직임)와 관련된 자료이다. 주어진 자료를 이용하여 김해리 과장의 8월 귀속 [급여자료입력], [퇴직소득자료입력]을 작성하시오. (2점)

1. 김해리 과장의 8월 급여 및 공제 항목

• 기본급: 3,400,000원	• 국민연금: 153,000원
• 상여: 800,000원	• 건강보험: 129,930원
• 자가운전보조금[비과세]: 200,000원	• 장기요양보험: 16,690원
• 보육수당[비과세]: 200,000원	• 고용보험: 33,600원

2. 기타사항
• 당사의 급여 지급일은 다음 달 15일이며 퇴직한 달의 소득세 등은 정산 후의 금액을 반영하기로 한다.
• 김해리 과장은 4세의 자녀를 양육하고 있으나, 부양가족공제는 본인만 적용한다. 또한, 부녀자공제 대상이 아니며 주어진 자료만으로 퇴직정산을 한다.
• 수당공제등록 입력 시, 미사용 수당에 대해서는 사용 여부를 '부'로 입력하고 미반영된 수당은 새로 입력한다.
• 자가운전보조금과 보육수당은 비과세 요건에 해당한다.
3. 퇴직금
• 퇴직금 지급액은 13,000,000원이며 퇴직금 지급일은 2025년 9월 15일로, 10,000,000원은 퇴직연금계좌로 지급하였고 나머지는 현금 지급하였다(단, 퇴직소득의 귀속시기는 8월로 한다).

연금계좌 취급자	사업자등록번호	계좌번호	입금일
미래투자증권	208-81-06731	291-132-716377	2025.9.15.

[3] 다음 자료를 이용하여 [원천징수이행상황신고서]를 작성 및 마감하고, 국세청 홈택스에서 전자신고를 수행하시오(단, 제시된 자료 이외에는 없는 것으로 가정함). (2점)

〈소득자료〉
(1) 6월 귀속 퇴직소득(6월 말 지급): 퇴직자 2인에게 5,300,000원 지급(소득세 82,000원)
(2) 6월 귀속 사업소득(6월 말 지급): 학원강사 1인에게 강사료 8,000,000원 지급(소득세 240,000원)
(3) 전월미환급세액: 10,000원

〈전자신고 관련 유의사항〉
1. [전자신고] → [국세청 홈택스 전자신고변환(교육용)] 순으로 진행한다.
2. [전자신고] 메뉴의 [전자신고제작] 탭에서 신고인구분은 2.납세자 자진신고를 선택하고, 비밀번호는 자유롭게 입력한다.
3. [국세청 홈택스 전자신고변환(교육용)] → 전자파일변환(변환대상파일선택) → **찾아보기** 에서 전자신고용 전자파일을 선택한다.
4. 전자신고용 전자파일 저장경로는 로컬디스크(C:)이며, 파일명은 "작성연월일.01.t사업자등록번호"이다.
5. **형식검증하기** → **형식검증결과확인** → **내용검증하기** → **내용검증결과확인** → **전자파일제출** 을 순서대로 클릭한다.
6. 최종적으로 **전자파일 제출하기** 를 완료한다.

문 5 **(주)사랑상회(회사코드: 1171)은 전자제품 등을 생산하고 제조·도매업 및 도급공사업을 영위하는 중소기업이며, 당해 사업연도(제15기)는 2025.1.1.~2025.12.31.이다. [법인조정] 메뉴를 이용하여 기장되어 있는 재무회계 장부 자료와 제시된 보충 자료에 의하여 해당 사업연도의 세무조정을 하시오. (30점) ※ 회사 선택 시 유의하시오.**

작성대상서식

1. 재고자산(유가증권)평가조정명세서
2. 선급비용명세서
3. 미상각자산감가상각조정명세서, 감가상각비조정명세서합계표
4. 기부금조정명세서
5. 법인세과세표준및세액조정계산서, 최저한세조정계산서

[1] 다음의 자료를 이용하여 [재고자산(유가증권)평가조정명세서]를 작성하고 재고자산별로 각각 세무조정을 하시오. (6점)

재고자산	수량	신고방법	평가방법	장부상 평가액(단가)	총평균법(단가)	후입선출법(단가)	선입선출법(단가)
제품 A	20,000개	선입선출법	총평균법	3,000원/개	3,000원/개	2,500원/개	2,200원/개
재공품 B	20,000개	총평균법	총평균법	1,500원/개	1,500원/개	1,800원/개	1,300원/개
원재료 C	25,000개	총평균법	후입선출법	2,300원/개	1,000원/개	2,300원/개	1,100원/개

① 회사는 사업 개시 후 2016년 1월 5일에 '재고자산 등 평가방법신고(변경신고)서'를 즉시 관할세무서장에게 제출하였다(제품, 재공품, 원재료 모두 총평균법으로 신고하였다).
② 2025년 9월 15일 제품 A의 평가방법을 선입선출법으로 변경 신고하였다.
③ 2025년 10월 25일 원재료 C의 평가방법을 후입선출법으로 변경 신고하였다.
※ 임의변경 시에는 재고자산평가조정명세서 상에 당초 신고일을 입력하기로 한다.

[2] 다음 자료는 당기 보험료 내역이다. [선급비용명세서]를 작성하고, 보험료와 선급비용에 대하여 세무조정하시오(단, 기존에 입력된 데이터는 무시하고 제시된 자료만을 이용하여 계산하며, 세무조정은 각 건별로 할 것). (6점)

1. 당기 보험료 지출 내역

거래내용	지급액	거래처	보험기간	비고
공장화재보험	1,374,000원	KC화재	2025.2.16.~2026.2.16.	장부상 선급비용 110,000원을 계상함
자동차보험	798,420원	DG손해보험	2025.5.27.~2026.5.27.	운반 트럭에 대한 것으로 전액 보험료(제) 처리함
보증서보험	78,040원	서울보증보험	2025.10.11.~2028.10.10.	제조업과 관련 있으며 장부상 선급비용 미계상함

2. 자본금과적립금조정명세서(을)의 기초잔액은 324,165원으로 당기 기초금액이다. 해당 금액은 자동차보험과 관련된 것으로, 보험기간은 2024.12.26.~2025.5.26.이다.

[3] 불러온 데이터는 무시하고 다음의 자료만을 이용하여 기계장치를 [고정자산등록] 메뉴에 등록하여 [미상각자산감가상각조정명세서] 및 [감가상각비조정명세서합계표]를 작성하고 필요한 세무조정을 하시오. (6점)

1. 고정자산
   - 당사는 인건비 절감 및 시스템 자동화 구축을 위하여 기계장치*1(자산코드: 201, 자산명: 과자 분류기)를 2024년 11월 11일에 취득하였으며 2024년 12월 1일부터 해당 기계장치를 사용개시하였다.

     *1 취득가액은 300,000,000원이다.

2. 전기(2024년) 말 현재 자본금과적립금조정명세서

① 과목	② 기초 잔액	당기중증감(원)		⑤ 기말 잔액
		③ 감소	④ 증가	
기계장치 감가상각비 한도초과액	–	–	11,275,000원	11,275,000원

3. 감가상각대상자산

자산 코드	계정과목	품목	취득일자	취득가액	전기(2024년) 말 감가상각누계액	당기(2025년) 감가상각비 계상액	경비 구분
201	기계장치	과자 분류기	2024.11.11.	300,000,000원	22,550,000원	135,300,000원	제조

- 기계장치에 대한 지출액(자본적 지출의 성격) 14,735,000원(부가가치세 별도)을 당기(2025년) 비용처리하였다.
- 기계장치의 내용연수는 5년을 적용하고, 감가상각방법은 신고하지 않은 것으로 가정한다.
- 기말 재고자산은 없는 것으로 가정한다.

[4] 다음 자료를 이용하여 [기부금조정명세서]를 작성하고 필요한 세무조정을 하시오. (6점)

1. 당기 기부금 내역은 다음과 같다. 적요 및 기부처 입력은 무시하고, 당기 기부금이 아닌 경우 기부금명세서에 입력하지 않는다.

일자	금액	지급 내역
1월 12일	8,000,000원	국립대학병원에 연구비로 지출한 기부금
5월 9일	500,000원	향우회 회비(대표이사가 속한 지역 향우회기부금)
9월 20일	1,000,000원	태풍으로 인한 이재민 구호금품
12월 5일	3,000,000원	S 종교단체 어음 기부금(만기일: 2026.1.10.)

2. 기부금 한도 계산과 관련된 자료는 다음과 같다.

• 2024년에 발생한 세무상 이월결손금 잔액 20,000,000원이 있다.
• 기부금 관련 세무조정을 반영하기 전의 [법인세과세표준및세액조정계산서] 상 차가감소득금액 내역은 아래와 같다(단, 당사는 중소기업이며, 불러온 자료는 무시하고 아래의 자료만을 이용할 것).

구분		금액
결산서상 당기순이익		250,000,000원
소득조정금액	익금산입	30,000,000원
	손금산입	18,000,000원
차가감소득금액		262,000,000원

[5] 불러온 자료는 무시하고 다음의 주어진 자료만을 이용하여 [법인세과세표준및세액조정계산서] 및 [최저한세조정계산서]를 작성하시오(단, 당사는 세법상 중소기업에 해당한다). (6점)

1. 손익계산서의 일부분이다.
- 법인세차감전순이익: 770,000,000원
- 법인세등: 170,000,000원
- 당기순이익: 600,000,000원

2. 소득금액조정합계표는 다음과 같다.

익금산입 및 손금불산입			손금산입 및 익금불산입		
법인세등	170,000,000원	기타사외유출	업무용승용차 감가상각비	5,000,000원	△유보
대손충당금 한도초과액	63,000,000원	유보			
벌과금 등	3,000,000원	기타사외유출			
업무용승용차 업무미사용분	7,000,000원	상여			
합계	243,000,000원		합계	5,000,000원	

3. 기부금과 관련된 내역은 다음과 같이 가정하기로 한다.
- 기부금 한도초과액: 20,000,000원
- 기부금 한도초과 이월액 손금산입액: 8,000,000원

4. 납부할 세액 및 차감납부세액 계산 시 고려사항
- 통합고용증대세액공제: 91,500,000원(최저한세 대상)
- 법인세법상 가산세: 850,000원
- 법인세 중간예납세액: 21,000,000원
- 이자소득에 대한 원천납부세액: 3,800,000원
- 최대한 많은 금액을 분납으로 처리하도록 한다.

116회 기출문제

(주)한솔산업 [회사코드 1160] / 상수기업(주) [회사코드 1161]

정답 및 해설 p.66

이론시험

다음 문제를 보고 알맞은 것을 골라 [이론문제 답안작성] 메뉴에 입력하시오. (객관식 문항당 2점)

기본전제

문제에서 한국채택국제회계기준을 적용하도록 하는 전제조건이 없는 경우, 일반기업회계기준을 적용한다.

01 회계정보의 질적특성인 목적적합성과 신뢰성은 서로 상충될 수 있고, 상충되는 질적특성간의 선택은 재무보고의 목적을 최대한 달성할 수 있는 방향으로 이루어져야 한다. 다음 중 상충되는 질적특성간의 선택의 성격이 나머지와 다른 것은 무엇인가?

① 자산의 평가방법을 원가법이 아닌 시가법으로 선택하는 경우
② 수익인식방법을 진행기준이 아닌 완성기준으로 선택하는 경우
③ 순이익의 인식방법을 현금주의가 아닌 발생주의로 선택하는 경우
④ 정보의 보고시점을 결산기가 아닌 분기나 반기로 하여 재무제표를 작성하는 경우

02 2025년 12월 31일 현재 회사 창고에는 재고가 없으며 다음의 금액이 포함되어 있지 않다. 재무제표상 기말 상품 재고액을 구하면 얼마인가?

- 매입한 상품 중 선적지 인도 기준에 의해 해상운송 중인 상품 7,000,000원
- 위탁 판매를 위해 수탁자가 보관 중인 상품 4,000,000원
- 시용판매를 위하여 소비자에게 인도한 상품 2,000,000원(매입의사 표시일: 2026년 1월 15일)
- 할부판매계약에 따라 고객에게 인도된 상품 3,000,000원(이 중 대금 미회수 금액은 2,000,000원이다)

① 11,000,000원 ② 13,000,000원 ③ 15,000,000원 ④ 16,000,000원

03 다음 중 유형자산에 대한 설명으로 가장 옳지 않은 것은?

① 무상으로 취득한 자산은 당해 자산의 공정가치에 취득 부대비용을 가산하여 취득원가로 계상한다.
② 토지와 건물을 모두 사용할 목적으로 일괄 구입한 경우 토지와 건물 각각의 공정가치를 기준으로 안분하여 취득원가를 계상한다.
③ 서로 다른 용도의 자산과 교환하여 취득한 유형자산의 취득원가는 교환을 위하여 제공한 자산의 장부가액으로 계상한다.
④ 유형자산 취득과 관련하여 국·공채를 불가피하게 강제 매입할 때 당해 채권의 매입금액과 일반기업회계기준에 따라 평가한 현재가치와의 차액은 유형자산의 취득원가에 포함한다.

04 다음 중 자본에 대한 설명으로 가장 옳지 않은 것은?

① 자본은 기업활동으로부터의 손실 및 소유자에 대한 배당으로 인한 주주지분 감소액을 차감한 내용을 포함하고 있다.

② 이익잉여금(결손금) 처분(처리)으로 상각되지 않은 주식할인발행차금은 향후 발생하는 주식발행초과금과 우선적으로 상계한다.

③ 기업이 현물을 제공받고 주식을 발행한 경우에는 제공받은 현물의 공정가치를 주식의 발행금액으로 하는 것이 원칙이다.

④ 지분상품을 발행하거나 취득하는 과정에서 발생하는 자본거래 비용과 중도에 포기한 자본거래 비용은 주식발행초과금에서 차감하거나 주식할인발행차금에 가산한다.

05 다음 중 회계변경과 오류수정에 대한 설명으로 가장 옳지 않은 것은?

① 회계정책의 변경은 원칙적으로 소급하여 적용하고, 변경에 따른 누적효과를 합리적으로 결정하기 어려운 경우에는 전진적으로 처리한다.

② 회계추정의 변경은 전진적으로 처리하여 그 효과를 당기 이후의 기간에만 반영한다.

③ 회계정책의 변경과 회계추정의 변경이 동시에 이루어지는 경우에는 회계정책의 변경에 의한 누적효과를 먼저 계산하여 소급적용한 후, 회계추정의 변경효과를 전진적으로 적용한다.

④ 당기에 발견한 전기의 오류는 당기 손익계산서에 전기오류수정손익으로 반영하는 것이 원칙이다.

06 다음의 각 내용이 설명하는 원가계산의 용어로 모두 옳은 것은?

> ㉠ 제조원가를 제조공정별로 구분하여 집계하는 원가계산제도로서 정유업, 화학공업 등과 같이 동일한 종류의 제품을 계속적으로 대량생산하는 연속생산형태의 기업에 적용된다.
> ㉡ 제조원가를 개별작업별로 구분하여 집계하는 원가계산제도로서 조선업, 건설업, 항공기산업 등과 같이 고객의 주문에 따라 개별적으로 제품을 생산하는 주문형태의 기업에 적용된다.
> ㉢ 동일한 제조공정으로 가공하면서 발생한 원가를 제품에 어떤 방법으로 배분할 것인가를 결정하고, 그에 따라 결합제품 각각에 대하여 제품원가를 결정하는 원가계산제도로서 낙농업, 정육업, 석유산업 등의 기업에 적용된다.

	㉠	㉡	㉢
①	개별원가계산	종합원가계산	결합원가계산
②	종합원가계산	결합원가계산	개별원가계산
③	개별원가계산	결합원가계산	종합원가계산
④	종합원가계산	개별원가계산	결합원가계산

07 창고에 보관 중이던 오래된 제품 3,000,000원을 현재 상태로 처분하면 800,000원에 처분할 수 있으나 900,000원을 추가로 투입하여 수리한 후 1,900,000원에 처분할 수 있다고 할 때, 수리 후 처분에 따른 기회비용은 얼마인가?

① 800,000원 ② 900,000원 ③ 1,000,000원 ④ 1,900,000원

08 제조부문과 보조부문 간의 용역비율은 다음과 같다. 제조부문 P2에 배분될 보조부문의 원가총액은 얼마인가? (단, 단계배분법을 사용하며 S1부문부터 배분함)

구분	제조부문		보조부문		발생원가
	P1	P2	S1	S2	
S1	40%	30%	–	30%	1,000,000원
S2	30%	50%	20%	–	1,500,000원

① 1,125,000원 ② 1,200,000원 ③ 1,425,000원 ④ 2,000,000원

09 (주)세무는 평균법에 의한 종합원가계산을 채택하고 있다. 가공원가는 공정 전반에 걸쳐 균등하게 발생하고 있다. 다음의 자료를 바탕으로 기말재공품 가공원가를 계산하면 얼마인가?

- 기초재공품: 4,000단위(가공원가: 64,000원)
- 당기착수량: 26,000단위(가공원가: 260,000원)
- 기말재공품: 5,000단위(완성도: 40%)

① 20,000원 ② 24,000원 ③ 54,000원 ④ 60,000원

10 다음 중 결합원가에 대한 설명으로 옳지 않은 것은?

① 결합원가계산에서 분리점이란 연산품을 개별적으로 식별할 수 있는 시점을 말한다.
② 결합원가를 순실현가치법에 따라 배분할 때 순실현가치란 개별 제품의 최종 판매가격에서 분리점 이후의 추가 가공원가와 판매비와 관리비를 차감한 후의 금액을 말한다.
③ 결합원가를 균등이익률법에 따라 배분할 때 조건이 같다면 추가 가공원가가 높은 제품에 더 많은 결합원가가 배분된다.
④ 부산물을 판매기준법에 따라 회계처리하는 경우 부산물에는 결합원가를 배분하지 않고 부산물이 판매될 때 판매이익을 잡이익으로 계상한다.

11 다음 중 소득세법상 아래의 소득 구분을 모두 옳게 고른 것은?

구분	판단	소득 구분
원고료	일시, 우발적인 경우	㉠
	프리랜서(자유직업, 작가)의 경우	㉡
	근로자가 업무와 관련하여 회사 사보를 게재한 경우	㉢

	㉠	㉡	㉢
①	사업소득	기타소득	근로소득
②	기타소득	근로소득	사업소득
③	근로소득	사업소득	기타소득
④	기타소득	사업소득	근로소득

12 다음 중 부가가치세법상 사업자등록에 대한 설명으로 가장 옳지 않은 것은?

① 신규로 사업을 개시하고자 하는 자는 사업개시일 전이라도 사업자등록이 가능하다.
② 사업자등록을 신청받은 관할세무서장은 신청일로부터 2일 이내에 사업자등록증을 발급해야 하며, 사업현황을 확인하기 위해 필요하다고 인정되면 발급 기한을 5일 이내에서 연장할 수 있다.
③ 단독 개인사업자의 대표자를 변경하는 경우에는 지체없이 사업자등록정정신고를 해야한다.
④ 사업자의 상호를 변경하기 위해 정정하는 경우는 신고일 당일 재발급사유이다.

13 다음 중 법인세법상 부당행위계산을 적용함에 있어 조세의 부담을 부당하게 감소시킨 경우가 아닌 것은? (단, 아래의 거래는 시가와 거래가액의 차이가 3억원 이상 또는 시가의 5% 이상 요건에 모두 해당한다고 가정함)

① 법인이 대표이사의 배우자로부터 자산을 시가보다 높은 가액으로 매입한 경우
② 법인이 주주나 출연자가 아닌 직원에게 사택을 무상으로 제공하는 경우
③ 법인이 대표이사의 자녀에게 무상으로 금전을 대여한 경우
④ 대주주인 임원의 출연금을 법인이 대신 부담하는 경우

14 다음 중 부가가치세법상 과세대상인 재화 또는 용역으로 옳은 것은?

① 반려동물에 대한 질병 예방 목적의 예방접종
② 주차장용 토지의 임대
③ 상가 부수토지의 매매
④ 시내버스 여객운송용역

15 다음 중 부가가치세법상 세금계산서에 대한 설명으로 옳지 않은 것은?

① 2024년의 공급가액(면세공급가액을 포함)이 5천만원 이상인 개인사업자는 2025년 7월 1일 이후부터 전자세금계산서 의무발급 대상자이다.
② 전체 사업장이 아니라 개별 사업장별 직전연도의 공급가액을 기준으로 전자세금계산서 의무발급 사업자를 판단한다.
③ 전자세금계산서 의무발급대상이 된 경우에는 이후 과세기간에 계속하여 전자세금계산서를 발급하여야 한다.
④ 관할세무서장은 개인사업자가 전자세금계산서 의무발급자에 해당하는 경우에는 전자세금계산서를 발급해야 하는 날이 시작되기 1개월 전까지 그 사실을 해당 개인사업자에게 통지하여야 한다.

실무시험

(주)한솔산업(회사코드: 1160)은 제조 · 도소매업을 영위하는 중소기업이며, 당기(제13기) 회계기간은 2025.1.1.~2025.12.31.이다. 전산세무회계 수험용 프로그램을 이용하여 다음 물음에 답하시오.

기본전제

- 문제에서 한국채택국제회계기준을 적용하도록 하는 전제조건이 없는 경우, 일반기업회계기준을 적용하여 회계처리한다.
- 문제의 풀이와 답안작성은 제시된 문제의 순서대로 진행한다.

문 1 다음 거래에 대하여 적절한 회계처리를 하시오. (12점)

입력 시 유의사항

- 일반적인 적요의 입력은 생략하지만, 타계정 대체거래는 적요 번호를 선택하여 입력한다.
- 세금계산서 · 계산서 수수 거래 및 채권 · 채무 관련 거래는 별도의 요구가 없는 한 반드시 기등록된 거래처코드를 선택하는 방법으로 거래처명을 입력한다.
- 제조경비는 500번대 계정코드를, 판매비와 관리비는 800번대 계정코드를 사용한다.
- 회계처리 시 계정과목은 등록된 계정과목 중 가장 적절한 과목으로 한다.
- 매입매출전표를 입력하는 경우 입력화면 하단의 분개까지 처리하고, 세금계산서 및 계산서는 전자 여부를 입력하여 반영한다.

[1] 5월 4일

미국TSL로부터 2024년 12월 5일에 외상으로 매입한 상품 $20,000에 대한 외상매입금 전액을 보통예금 계좌에서 지급하였다. 각각의 기준환율은 다음과 같으며 회사는 전기말 외화자산부채에 대한 평가를 일반기업회계기준에 따라 적절히 수행하였다. (3점)

구분	2024년 12월 5일	2024년 12월 31일	2025년 5월 4일
기준환율	1,400원/$	1,300원/$	1,200원/$

[2] 7월 2일

제품 10,000,000원(부가가치세 별도)을 (주)유정에 매출하고 아래와 같이 전자세금계산서를 발급한 후 즉시 전액을 삼성카드로 결제받았다(단, 카드사에 대한 수수료는 고려하지 말 것). (3점)

<table>
<tr><td colspan="5">전자세금계산서</td><td colspan="2">승인번호</td><td colspan="3">20250702-15454654-58811886</td></tr>
<tr><td rowspan="5">공급자</td><td>사업자 등록번호</td><td>120-85-47000</td><td>종사업장 번호</td><td></td><td rowspan="5">공급받는자</td><td>사업자 등록번호</td><td>467-85-17021</td><td>종사업장 번호</td><td></td></tr>
<tr><td>상호 (법인명)</td><td>(주)한솔산업</td><td>성명 (대표자)</td><td>배정우</td><td>상호 (법인명)</td><td>(주)유정</td><td>성명 (대표자)</td><td>김유정</td></tr>
<tr><td>사업장 주소</td><td colspan="3">서울 강남구 밤고개로 337</td><td>사업장 주소</td><td colspan="3">경기도 하남시 미사강변중앙로 123</td></tr>
<tr><td>업태</td><td>제조</td><td>종목</td><td>자동차부품</td><td>업태</td><td>도소매</td><td>종목</td><td>전자상거래</td></tr>
<tr><td>이메일</td><td colspan="3"></td><td>이메일</td><td colspan="3"></td></tr>
<tr><td colspan="2">작성일자</td><td colspan="2">공급가액</td><td>세액</td><td colspan="5">수정사유</td></tr>
<tr><td colspan="2">2025/7/2</td><td colspan="2">10,000,000</td><td>1,000,000</td><td colspan="5"></td></tr>
<tr><td colspan="2">비고</td><td colspan="8"></td></tr>
<tr><td>월</td><td>일</td><td>품목</td><td>규격</td><td>수량</td><td colspan="2">단가</td><td>공급가액</td><td>세액</td><td>비고</td></tr>
<tr><td>7</td><td>2</td><td>제품</td><td></td><td></td><td colspan="2"></td><td>10,000,000</td><td>1,000,000</td><td></td></tr>
<tr><td colspan="2">합계 금액</td><td>현금</td><td>수표</td><td colspan="3">어음</td><td colspan="2">외상미수금</td><td rowspan="2">이 금액을 (청구)함</td></tr>
<tr><td colspan="2">11,000,000</td><td></td><td></td><td colspan="3"></td><td colspan="2">11,000,000</td></tr>
</table>

[3] 7월 14일

받을어음[(주)교보상사] 3,000,000원을 진주은행에 할인 매각하여 2,760,000원을 보통예금 계좌로 즉시 입금받았다(단, 매각거래의 요건은 충족함). (3점)

[4] 8월 26일

영업부에서 사용하던 업무용승용차(취득가액: 12,000,000원)를 중고거래 사이트에서 처분하고 아래와 같이 현금영수증을 발급하였으며 현금을 수취하였다. 해당 차량운반구의 처분시점 감가상각누계액은 7,200,000원이고, 하나의 전표로 처리하기로 한다. 현금영수증 발급 정보를 알려주지 않아 자진발급 처리하였다(단, 거래처는 자진발급(거래처코드: 00149)으로 선택할 것). (3점)

Hometax, 국세청홈택스 **현금영수증**

■ 거래정보

거래일시	2025.8.26.
승인번호	G13897246
거래구분	승인거래
거래용도	소득공제
발급수단번호	010－****－1234

■ 거래금액

공급가액	부가세	봉사료	총 거래금액
5,000,000	500,000	0	5,500,000

■ 가맹점 정보

상호	(주)한솔산업
사업자번호	125-85-47000
대표자명	배정우
주소	서울시 강남구 밤고개로 337

- 익일 홈택스에서 현금영수증 발급 여부를 반드시 확인하시기 바랍니다.
- 홈페이지 (http://www.hometax.go.kr)
  - 조회/발급>현금영수증 조회>사용내역(소득공제) 조회>매입내역(지출증빙) 조회
- 관련문의는 국세상담센터(☎126－1－1)

문 2 다음 주어진 요구사항에 따라 부가가치세신고서 및 부속서류를 작성하시오. (10점)

[1] (주)한솔산업은 2025년 제2기 부가가치세 확정신고를 기한 내에 마쳤으나, 신고기한이 지난 후에 아래의 오류를 발견하여 정정하고자 한다. 주어진 자료를 이용하여 [매입매출전표입력]에서 오류사항을 수정 또는 입력하고 제2기 확정신고기간의 [부가가치세신고서(1차 수정신고)], [과세표준및세액결정(경정)청구서]를 작성하시오. (6점)

> 1. 매입매출전표입력 오류사항
> - 11월 30일: 현금영수증을 (주)아림에 발급하였으나 이는 외상매출금(9월 30일 세금계산서 발급분)에 대한 회수로서 중복매출신고로 확인되었다.
> - 9월 30일: 제조부서의 기계 수리비 500,000원(공급가액)을 하나상사에 보통예금으로 지급하였고, 종이세금계산서를 발급받았으나 이를 누락하였다. 해당 누락분은 확정신고 시에 반영하기로 한다.
> - 12월 5일: 영업부서의 운반비 300,000원(공급가액)의 종이세금계산서를 운송나라에서 발급받았으나 이를 누락하였다. 단, 운반비는 보통예금 계좌에서 지급하였다.
>
> ※ 단, 오류사항에 대해서 음수로 입력하지 말 것.
>
> 2. 경정청구사유
> - 사유1: 신용카드, 현금영수증 매출 과도신고(코드: 4102013)
> - 사유2: 예정신고 누락분(코드: 4103003)
>
> ※ 단, 국세환급금 계좌는 공란으로 비워두고, 전자신고세액공제는 적용하지 않는다.

[2] 다음의 자료는 2025년 제1기 부가가치세 확정신고기간(2025.4.1.~2025.6.30.) 중 수취한 전자세금계산서 내역이다. 주어진 자료를 이용하여 [공제받지못할매입세액명세서]를 작성하시오. (4점)

작성일자	품목	공급가액	매입세액
4월 2일	사업과 관련없이 구매한 경차 차량	30,000,000원	3,000,000원
4월 10일	인테리어 공사 • 공사는 2025년 6월 29일에 완료되었다. • 대금은 2025년 7월 20일에 지급하였다.	17,000,000원	1,700,000원
5월 5일	전자제품(거래처에 선물할 목적으로 구매)	3,500,000원	350,000원
6월 1일	기존에 사용 중인 공장용 건물에 대한 철거비용	8,800,000원	880,000원
6월 30일	본사 사옥 신축공사비	250,000,000원	2,500,000원

문 3 다음의 결산정리사항을 입력하여 결산을 완료하시오. (8점)

[1] 당사는 4월 1일에 공장의 1년치 화재보험료(보험기간: 2025.4.1.~2026.3.31.) 6,000,000원을 일시불로 지급하고 선급비용으로 회계처리하였다(단, 보험료는 월할계산할 것). (2점)

[2] 다음의 자료를 이용하여 결산일의 매도가능증권과 관련된 회계처리를 하시오. (2점)

> - 취득일: 2024년 10월 17일
> - 주식수: 1,700주
> - 1주당 취득가액: 30,000원
> - 매도가능증권의 1주당 공정가치
> - (1) 2024년 12월 31일: 25,000원
> - (2) 2025년 12월 31일: 34,000원
> - 매도가능증권(178)과 관련된 회계처리는 일반기업회계기준에 따라 적정하게 처리되었다고 가정한다.

[3] 다음은 2025년 제2기 부가가치세 확정신고와 관련된 자료이다. 주어진 자료를 이용하여 12월 31일 부가가치세 확정신고와 관련된 계정을 정리하는 회계처리를 하시오(단, 입력된 데이터는 무시하고 아래에 주어진 자료만을 이용하여 회계처리할 것). (2점)

> (1) 2025년 12월 31일 계정별 잔액
> • 부가세예수금: 40,500,000원
> • 부가세대급금: 36,800,000원
> (2) 제2기 부가가치세 예정신고 미환급세액 1,700,000원이 미수금 잔액으로 남아있다.
> (3) 부가가치세 전자신고세액공제 10,000원과 가산세 15,000원이 발생하였다.
> (4) 납부할 세금은 미지급세금, 가산세는 세금과공과, 전자신고세액공제는 잡이익으로 처리하기로 한다.

[4] 마케팅부 직원에 대한 확정급여형(DB) 퇴직연금을 당해 연도 4월 1일에 가입하였으며 60,000,000원을 운영한 결과 4%(연 이자율)의 이자수익이 발생하였다(단, 이자수익의 계산은 월 단위로 계산할 것). (2점)

문 4 원천징수와 관련된 다음의 물음에 답하시오. (10점)

[1] 다음 자료를 이용하여 [사원등록] 메뉴에서 영업팀 최이현(사원코드: 100, 입사일: 2025년 7월 1일)씨의 [부양가족명세] 탭을 수정하고, [연말정산추가자료입력] 메뉴를 이용하여 연말정산을 완료하시오. 전 근무지 자료는 [소득명세] 탭에 입력하고, 연말정산 관련 자료는 [부양가족], [신용카드 등], [의료비] 탭에 작성하여 [연말정산추가자료입력]을 완료하시오(단, 교육비와 보험료는 [부양가족] 탭에 반영할 것). (7점)

〈자료 1〉 부양가족 현황

관계	성명	주민등록번호	소득내역	비고
본인	최이현	850331-2025889	총급여 3,900만원	세대주/여성/배우자 없음
모	김희숙	531021-2021342	일용근로소득 500만원	
자녀	임희연	151031-4123543	소득없음	초등학생
자녀	임유한	190531-3021474	소득없음	유치원생

• 근로자 본인의 세부담 최소화를 가정한다.
• 위의 가족들은 모두 내국인으로 근로자 본인과 동거하면서 생계를 같이 하고 있으며, 기본공제대상자가 아닌 경우에도 부양가족명세에 등록하고 기본공제는 '부'로 작성한다.
• 제시된 자료 외의 다른 소득은 없다고 가정한다.

〈자료 2〉 전(前) 근무지 자료는 아래와 같으며, 당사에서 합산하여 연말정산을 진행하기로 한다.

• 근무처명: (주)선재기획
  (사업자등록번호: 507-81-55567)
• 총급여액: 2,400만원(비과세소득 및 감면소득 없음)
• 국민연금보험료: 1,080,000원
• 장기요양보험료: 110,160원
• 근무기간: 2025.1.1.~2025.6.30.
• 건강보험료: 850,800원
• 고용보험료: 216,000원

구분		소득세	지방소득세
세액명세	결정세액	182,390원	18,230원
	기납부세액	1,175,760원	117,540원
	차감징수세액	△993,370원	△99,310원

〈자료 3〉 연말정산 추가자료(국세청 홈택스 연말정산간소화서비스 자료)

항목	내용
보험료	• 최이현(본인)–자동차손해보험 200,000원 • 김희숙(모)–일반보장성보험 500,000원 • 임희연(자녀)–일반보장성보험 150,000원 • 임유한(자녀)–일반보장성보험 150,000원
의료비	• 최이현(본인)–질병치료비 1,600,000원, 한약구입비용(건강증진목적) 1,000,000원 • 김희숙(모)–질병치료비 7,500,000원(실손의료보험 수령액: 2,300,000원) • 임희연(자녀)–시력보정용 안경구입비용 800,000원 • 임유한(자녀)–질병치료비 1,600,000원
교육비	• 김희숙(모)–방송통신대학교 교육비 2,400,000원 • 임희연(자녀)–방과후과정 수업료 900,000원, 학원수업료 3,600,000원 • 임유한(자녀)–「유아교육법」에 의한 유치원 수업료 2,080,000원, 학원수업료 1,200,000원
신용카드 등 사용액	• 최이현(본인)–신용카드 사용액 35,000,000원(자녀 학원수업료 4,800,000원 포함) –현금영수증 사용액 5,000,000원(전통시장 사용분 2,000,000원 포함) • 최이현(본인)의 신용카드 사용액은 위의 의료비 지출액이 모두 포함된 금액이다. • 제시된 내용 외의 전통시장, 대중교통, 도서 등 사용분은 없다.

[2] 다음의 자료를 이용하여 [원천징수이행상황신고서]를 작성 및 마감하고 국세청 홈택스에서 전자신고를 수행하시오. (3점)

〈소득자료〉

귀속월	지급월	소득구분	신고코드	인원	총지급액	소득세	비고
9월	9월	사업소득	A25	1	3,000,000원	90,000원	매월(정기)신고

〈유의사항〉

1. [전자신고] → [국세청 홈택스 전자신고변환(교육용)] 순으로 진행한다.
2. [전자신고] 메뉴의 [전자신고제작] 탭에서 신고인구분은 2.납세자 자진신고를 선택하고, 비밀번호는 자유롭게 입력한다.
3. [국세청 홈택스 전자신고변환(교육용)] → 전자파일변환(변환대상파일선택) → **찾아보기** 에서 전자신고용 전자파일을 선택한다.
4. 전자신고용 전자파일 저장경로는 로컬디스크(C:)이며, 파일명은 "작성연월일.01.t사업자등록번호"이다.
5. **형식검증하기** → **형식검증결과확인** → **내용검증하기** → **내용검증결과확인** → **전자파일제출** 을 순서대로 클릭한다.
6. 최종적으로 **전자파일 제출하기** 를 완료한다.

문 5 상수기업(주)(회사코드: 1161)은 전자제품 등을 생산하고 제조·도매업 및 도급공사업을 영위하는 중소기업이며, 당해 사업연도(제14기)는 2025.1.1.~2025.12.31.이다. [법인조정] 메뉴를 이용하여 기장되어 있는 재무회계 장부 자료와 제시된 보충 자료에 의하여 해당 사업연도의 세무조정을 하시오. (30점) ※ 회사 선택 시 유의하시오.

작성대상서식

1. 수입금액조정명세서, 조정후수입금액명세서
2. 세금과공과금명세서
3. 소득금액조정합계표및명세서
4. 원천납부세액명세서(갑)
5. 업무용승용차관련비용명세서

[1] 다음의 자료를 이용하여 [수입금액조정명세서], [조정후수입금액명세서]를 작성하고, 필요한 세무조정을 하시오. (6점)

1. 손익계산서상 수익금액

구분		업종코드	금액	비고
매출액	제품매출	321012	1,357,000,000원	
	공사수입금	451104	787,000,000원	과세와 면세를 합친 금액임

2. 수입금액조정명세서 관련 사항

(1) 공사수입금 조정사항(작업진행률을 적용함)

- 공사명: 아름건물공사
- 도급자: 주식회사 아름
- 도급금액: 300,000,000원
- 총 공사예정비: 200,000,000원
- 해당연도 말 총공사비 누적액: 150,000,000원
- 당기 회사 공사수입 계상액: 70,000,000원(전기말 누적공사수입 계상액: 150,000,000원)

(2) 기말 결산 시 제품매출 관련 거래(공급가액 5,500,000원, 원가 3,000,000원)가 누락된 것을 발견하고 부가가치세 수정신고는 적절하게 처리하였지만, 손익계산서에는 반영하지 못하였다.

3. 부가가치세법상 과세표준 내역(수정신고 반영되었음)

구분	금액
과세	1,799,500,000원(유형자산 매각금액 30,000,000원이 포함된 금액임)
면세	380,000,000원

[2] 세금과공과금 계정에 입력된 아래의 자료를 조회하여 [세금과공과금명세서]를 작성하고 관련된 세무조정을 하시오(단, 세무조정 유형과 소득처분이 같은 세무조정일지라도 건별로 각각 세무조정을 하고, 계정과목 코드는 모두 800번대로 할 것). (6점)

일자	적요	금액
1월 20일	업무용 승용차 자동차세(2025년 발생분)	387,000원
1월 21일	본사 토지 취득세	8,910,000원
3월 16일	법인지방소득세	1,054,000원
9월 5일	주민세 사업소분	55,000원
9월 7일	본사 건물 재산세	3,420,000원
10월 9일	국민연금 회사부담액	789,000원
11월 15일	원천징수 등 납부지연가산세	87,000원
12월 22일	폐기물처리부담금	566,000원
12월 26일	업무용 승용차 자동차세(2025년 발생분)	420,000원

[3] 다음의 자료를 보고 필요한 세무조정을 [소득금액조정합계표및명세서]에 반영하시오. (6점)

구분	내용
재무상태표 내역	• 7월 7일에 구입한 매도가능증권(취득가액 10,000,000원, 시장성 있음)의 기말 공정가액이 12,000,000원이고 이에 대한 회계처리를 기업회계기준에 따라 적절히 수행하였다. • 자기주식처분이익 5,000,000원은 자기주식을 처분함에 따라 발생한 것이다.
손익계산서 내역	• 특수관계법인에게 업무와 관련 없이 지급한 대여금 20,000,000원이 특수관계법인의 파산으로 회수불가능하게 됨에 따라, 대손상각비로 계상하였다. • 건물관리비로 계상한 금액에는 대표이사의 사택관리비 5,600,000원이 포함되어 있다. • 법인세비용은 9,540,600원이다.

[4] 다음의 자료는 2025년 1월 1일부터 2025년 12월 31일까지의 원천징수와 관련된 자료이다. 주어진 자료를 이용하여 [원천납부세액명세서] 메뉴의 [원천납부세액(갑)] 탭을 작성하시오(단, 불러오는 자료는 무시하며, 지방세 납세지까지 입력할 것). (6점)

적요	원천징수 의무자	사업자등록번호	원천징수일	원천징수 대상금액	원천징수 세율	지방세 납세지
정기예금이자	국민은행	113-81-02128	6.30.	3,000,000원	14%	종로구 가회동
정기적금이자	신한은행	210-81-87525	9.30.	12,000,000원	14%	강남구 대치동
비영업대금이익	(주)신흥산업	603-81-02354	11.30.	2,500,000원	25%	해운대구 중동

[5] 다음의 법인차량 관련 자료와 저장된 [업무용승용차등록] 메뉴를 이용하여, [업무용승용차관련비용명세서] 메뉴를 작성하고 관련 세무조정을 하시오(단, 아래의 차량은 모두 영업관리부에서 업무용으로 사용 중이며 임직원 전용보험에 가입함. 당사는 부동산임대업을 영위하지 않음). (6점)

〈차량 1〉

코드	차량번호	차종	차량등록내용	
101	157고1111	산타페 (7인승)	경비구분	판관비
			임차여부	자가
			취득일	2025.7.1.
			취득가액	44,000,000원(부가가치세 포함)
			감가상각비	4,400,000원
			유류비	2,200,000원(부가가치세 포함)
			보험료	500,000원
			자동차세	420,000원
			보험기간	2025.7.1.~2025.12.31.
			2025년 운행일지	총주행거리: 12,000km
				업무용사용거리: 12,000km
			출퇴근 사용	여
			전용번호판 부착여부	부

〈차량 2〉

코드	차량번호	차종	차량등록내용	
102	248거3333	K9 (5인승)	경비구분	판관비
			임차여부	운용리스
			리스개시일	2025.1.1.
			리스기간	2025.1.1.~2027.12.31.
			연간 리스료	15,600,000원
			유류비	4,500,000원(부가가치세 포함)
			보험기간	2025.1.1.~2025.12.31.
			감가상각비 상당액	12,741,000원
			2025년 운행일지	총주행거리: 8,000km
				업무용사용거리: 6,400km
			출퇴근 사용	부
			전용번호판 부착여부	여

에듀윌이
너를
지지할게

ENERGY

내가 꿈을 이루면
나는 누군가의 꿈이 된다.

– 이도준

여러분의 작은 소리
에듀윌은 크게 듣겠습니다.

본 교재에 대한 여러분의 목소리를 들려주세요.
공부하시면서 어려웠던 점, 궁금한 점,
칭찬하고 싶은 점, 개선할 점, 어떤 것이라도 좋습니다.

에듀윌은 여러분께서 나누어 주신 의견을
통해 끊임없이 발전하고 있습니다.

에듀윌 도서몰 book.eduwill.net
- 부가학습자료 및 정오표: 에듀윌 도서몰 → 도서자료실
- 교재 문의: 에듀윌 도서몰 → 문의하기 → 교재(내용, 출간) / 주문 및 배송

2025 에듀윌 전산세무 1급 한권끝장

발 행 일	2025년 5월 27일 초판
편 저 자	박진혁
펴 낸 이	양형남
개 발	정상욱, 신은빈, 김진우
펴 낸 곳	(주)에듀윌
등록번호	제25100-2002-000052호
주 소	08378 서울특별시 구로구 디지털로34길 55 코오롱싸이언스밸리 2차 3층
I S B N	979-11-360-3758-9(13320)

www.eduwill.net
대표전화 1600-6700

5년 연속 전산세무회계 교육 1위
합격자 170% 폭발적 증가!

에듀윌은 '합격자 수'라는 확실한 결과로 증명하며
지금도 기록을 만들어 가고 있습니다.

* 2023, 2022, 2021 대한민국 브랜드만족도 전산세무회계 교육 1위 (한경비즈니스), 2020, 2019 한국브랜드만족지수 전산세무회계 교육 1위 (주간동아, G밸리뉴스)
* 전산세무회계(전급수) 86회, 97회 시험에 응시한 에듀윌 수강생 중 합격자 수 비교

2025 최신판

에듀윌 전산세무 1급

한권끝장 이론+실무+최신기출 8회분

+무료특강

실무편+최신기출 8회분

정답 및 해설

eduwill

2025 최신판

에듀윌 전산세무 1급

한권끝장 이론+실무+최신기출 8회분

+무료특강

최신기출

정답 및 해설

eduwill

119회 기출문제 (주)길동상사(회사코드: 1190)/(주)남길상회(회사코드: 1191) p.524

이론시험

01 ②
상중하
- 주식을 이익으로 소각하는 경우에는 소각하는 주식의 취득원가에 해당하는 이익잉여금을 감소시킨다.
- 이익소각의 회계처리: (차) 미처분이익잉여금 ××× (대) 자기주식 ×××

02 ④
상중하
현금 지급이자는 표시이자율대로 할인발행이나 할증발행 모두 일정하다.

03 ①
상중하
재화의 소유에 따른 위험과 효익을 가지지 않고 타인의 대리인 역할을 수행하여 재화를 판매하는 경우에는 판매대금 총액을 수익으로 계상하지 않고 판매수수료만 수익으로 인식한다.

04 ④
상중하
물가가 상승하는 경우 기말재고액은 선입선출법이 가장 크고 후입선출법이 가장 작으며, 매출원가는 후입선출법이 가장 크고 선입선출법이 가장 작다.

05 ①
상중하
- 공사대금은 특정차입금, 일반차입금 순으로 지출된 것으로 가정한다. 다음과 같이 일반차입금으로 공사대금을 지출한 금액이 없으므로 일반차입금에 대한 자본화 대상 차입원가는 '0원'이다.
- 공사대금평균지출액 500,000,000원 − 특정차입금평균지출액 525,000,000원[*1] = (−)25,000,000원
  [*1] 700,000,000원 × (9/12) = 525,000,000원

06 ④
상중하
가공원가는 직접노무원가와 제조간접원가의 합을 의미한다.

07 ①
상중하
표준원가는 미리 설정해 놓은 표준원가를 이용하여 제품원가를 계산하는 제도이므로 종합원가계산에 적용할 수 있다. 즉, 원가계산방법들은 서로 독립적으로 쓰이는 것이 아니라 각 분류기준별로 회사의 설정에 맞게 조합하여 여러 가지 원가계산방법을 만들어 낼 수 있다.

원가집계방법	원가측정방법	원가계산범위
개별원가계산	실제원가계산	변동원가계산
종합원가계산	정상원가계산	전부원가계산
	표준원가계산	

08 ③
상중하
- 연산품 B의 순실현가능가치가 증가하므로 연산품 B의 결합원가 배부액이 증가하고 연산품 A의 결합원가 배부액은 감소

한다.

• 순실현가치 = 최종 판매가치 - 추가 가공원가 - 추가 판매비와 관리비

09
상중하

②

• 과소배부액 중 기말제품으로의 조정액 : 200,000원×2,000,000원/8,000,000원=50,000원
• 조정 후 기말제품가액 : 2,000,000원+50,000원=2,050,000원

10
상중하

②

	[1단계] 물량의 흐름		[2단계] 완성품 환산량 가공원가
당기완성품 - 기초재공품	5,000개	(30%)	5,000개
당기완성품 - 당기착수	21,500개		21,500개
기말재공품	3,500개	(70%)	0개
	30,000개		26,500개

• 기초재공품 중 완성품 재료비 5,000개+당기착수 중 당기완성 21,500개+기말재공품 0개=26,500개

11
상중하

①

• 면세사업용 재화의 과세전환 매입세액공제는 확정신고에만 적용한다.
• 확정신고만 적용: 전자신고세액공제, 대손세액공제, 납부 · 환급세액 재계산, 일반환급, 면세사업용 재화의 과세전환 매입세액공제, 의제매입세액 · 재활용폐자원매입세액 공제한도 → 예정신고 시 적용 ×

12
상중하

③

필요적 기재사항인 작성일자가 올바르지 않은 경우에는 수정세금계산서를 발급해야 한다.

13
상중하

③

공동사업에서 발생한 소득금액 중 출자공동사업자(경영 미참가)가 받는 손익분배비율에 상당하는 금액은 배당소득으로 분류한다.

14
상중하

②

• 종합소득금액: 사업소득금액 51,000,000원+기타소득금액 8,000,000원×(1-60%)+주택임대소득금액 22,000,000 =76,200,000원
• 열거주의 → 다음의 미열거된 소득에 대해 과세를 제외한다.
  - 일반적인 채권 · 증권의 매매차익
  - 상장법인에 대한 주식 양도차익 단, 대주주, 장외양도분 → 양도소득세 과세

15
상중하

①

• 법인세법상 재고자산 평가방법에서 후입선출법을 인정한다.
• 재고자산평가방법: 다음의 방법 중 신고한 방법을 말한다. cf) 시가법 ×
  - 원가법: 개별법, 선입선출법, 이동평균법, 총평균법, 후입선출법, 매출가격환원법
  - 저가법: Min(원가법[*1]에 따른 평가액, 기업회계기준에 따라 시가로 평가한 가액)

[*1] 저가법을 신고하는 경우에는 시가와 비교되는 원가법을 함께 신고하여야 한다.

실무시험

문 1 전표입력

[1] [매입매출전표입력] 7월 5일

유형	공급가액	부가세	공급처명	전자	분개
57.카과	300,000	30,000	크크식당		4.카드 또는 3.혼합
신용카드사	99603.하나카드				

(차) 부가세대급금	30,000	(대) 미지급금[하나카드]	330,000
복리후생비(제)	300,000	또는 미지급비용[하나카드]	

□	일	번호	유형	품목	수량	단가	공급가액	부가세	코드	공급처명	사업/주민번호	전자	분개
■	5	50001	카과				300,000	30,000	00159	크크식당	120-11-11113		카드
□	5												
□													
□													
				공급처별 매출(입)전체 [1]건			300,000	30,000					

신용카드사 99603 하나카드 봉사료

NO : 50001 (대 체) 전 표 일 자 : 2025 년 7 월 5 일

구분	계정과목		적요	거래처		차변(출금)	대변(입금)
대변	0253	미지급금		99603	하나카드		330,000
차변	0135	부가세대급금		00159	크크식당	30,000	
차변	0511	복리후생비		00159	크크식당	300,000	

[2] [일반전표입력] 8월 3일

(차) 보통예금	23,000,000	(대) 매도가능증권	20,000,000
매도가능증권처분손실	7,000,000	매도가능증권평가손실	10,000,000

구분	계 정 과 목		거 래 처	적 요	차 변	대 변
대변	0178	매도가능증권				20,000,000
대변	0395	매도가능증권평가손실				10,000,000
차변	0103	보통예금			23,000,000	
차변	0971	매도가능증권처분손실			7,000,000	

[3] [일반전표입력] 8월 10일

(차) 외화장기차입금[일본 소니뱅크]	27,000,000	(대) 보통예금	34,200,000*1
이자비용	950,000 *2		
수수료비용(984)	4,750,000 *3		
외환차손	1,500,000 *4		

*1 (￥30,000＋￥1,000＋￥5,000)×950원＝34,200,000원

*2 ￥1,000×950원＝950,000원

*3 ￥5,000×950원＝4,750,000원

*4 ￥30,000×(950원－900원)＝1,500,000원

구분	계 정 과 목		거 래 처		적 요	차 변	대 변
차변	0305	외화장기차입금	98005	일본 소니뱅크		27,000,000	
차변	0951	이자비용				950,000	
차변	0984	수수료비용				4,750,000	
차변	0952	외환차손				1,500,000	
대변	0103	보통예금					34,200,000

[4] [매입매출전표입력] 9월 30일

유형	공급가액	부가세	공급처명	전자	분개
11.과세	20,000,000	2,000,000	(주)나비카	1.여	3.혼합

(차) 보통예금	22,000,000	(대) 부가세예수금	2,000,000
선수금[(주)나비카]	40,000,000	제품매출	60,000,000

• 부가가치세법상 공급시기는 대가의 각 부분을 받기로 한 때이며, 일반기업회계기준상 매출 인식 시기는 인도기준(잔금 지급일)이다.

□	일	번호	유형	품목	수량	단가	공급가액	부가세	코드	공급처명	사업/주민번호	전자	분개
■	30	50001	과세				20,000,000	2,000,000	00161	(주)나비카	121-81-54549	여	혼합
□	30												
□													
□													
				공급처별 매출(입)전체 [1]건			20,000,000	2,000,000					

신용카드사 | 봉사료

NO : 50001 (대 체) 전 표 일 자 : 2025 년 9 월 30 일

구분		계정과목	적요		거래처	차변(출금)	대변(입금)
대변	0255	부가세예수금		00161	(주)나비카		2,000,000
대변	0404	제품매출		00161	(주)나비카		60,000,000
차변	0103	보통예금		00161	(주)나비카	22,000,000	
차변	0259	선수금		00161	(주)나비카	40,000,000	

(세금)계산 현재라인인 / 거래명세서 현재라인인

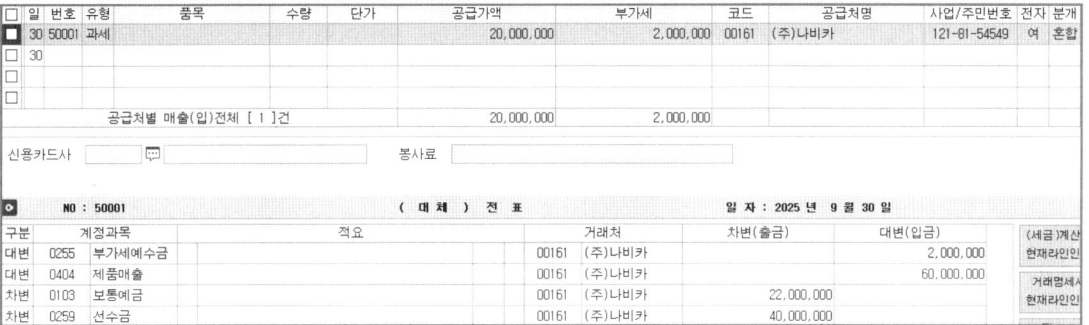

문 2 부가가치세신고서 및 부속서류

[1] [매입매출전표입력]과 [내국신용장,구매확인서전자발급명세서]

① [매입매출전표입력] 6월 20일

유형	공급가액	부가세	공급처명	전자	분개
12.영세	50,000,000	0	(주)번암	1.여	3.혼합
영세율구분	③ 내국신용장 · 구매확인서에 의하여 공급하는 재화, (서류번호: FVU2480256)				

(차) 받을어음[(주)번암]	50,000,000	(대) 제품매출	50,000,000

□	일	번호	유형	품목	수량	단가	공급가액	부가세	코드	공급처명	사업/주민번호	전자	분개
■	20	50001	영세				50,000,000		00162	(주)번암	101-81-24681	여	혼합
□	20												
□													
□													
				공급처별 매출(입)전체 [1]건			50,000,000						

영세율구분 3 내국신용장 · 구매확인서에 의하 서류번호 FVU2480256

NO : 50001 (대 체) 전 표 일 자 : 2025 년 6 월 20 일

구분		계정과목	적요		거래처	차변(출금)	대변(입금)
대변	0404	제품매출		00162	(주)번암		50,000,000
차변	0110	받을어음		00162	(주)번암	50,000,000	

(세금)계산 현재라인인

② [내국신용장,구매확인서전자발급명세서] 메뉴

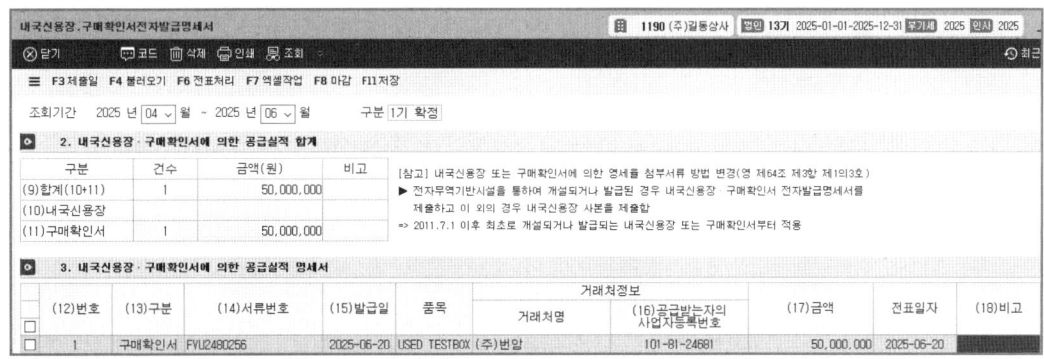

내국신용장.구매확인서전자발급명세서 1190 (주)길동상사 법인 13기 2025-01-01~2025-12-31 부가세 2025 인사 2025

⊗ 닫기 코드 삭제 인쇄 조회 최근

F3 제출일 F4 불러오기 F6 전표처리 F7 엑셀작업 F8 마감 F11저장

조회기간 2025 년 04 월 ~ 2025 년 06 월 구분 1기 확정

2. 내국신용장 · 구매확인서에 의한 공급실적 합계

구분	건수	금액(원)	비고
(9)합계(10+11)	1	50,000,000	
(10)내국신용장			
(11)구매확인서	1	50,000,000	

[참고] 내국신용장 또는 구매확인서에 의한 영세율 첨부서류 방법 변경(영 제64조 제3항 제1의3호)
▶ 전자무역기반시설을 통하여 개설되거나 발급된 경우 내국신용장 · 구매확인서 전자발급명세서를 제출하고 이 외의 경우 내국신용장 사본을 제출함
=> 2011.7.1 이후 최초로 개설되거나 발급되는 내국신용장 또는 구매확인서부터 적용

3. 내국신용장 · 구매확인서에 의한 공급실적 명세서

□	(12)번호	(13)구분	(14)서류번호	(15)발급일	품목	거래처정보 거래처명	거래처정보 (16)공급받는자의 사업자등록번호	(17)금액	전표일자	(18)비고
□	1	구매확인서	FVU2480256	2025-06-20	USED TESTBOX	(주)번암	101-81-24681	50,000,000	2025-06-20	

[2] [부동산임대공급가액명세서]

① 임대기간: 2021년 12월 1일~2025년 11월 30일

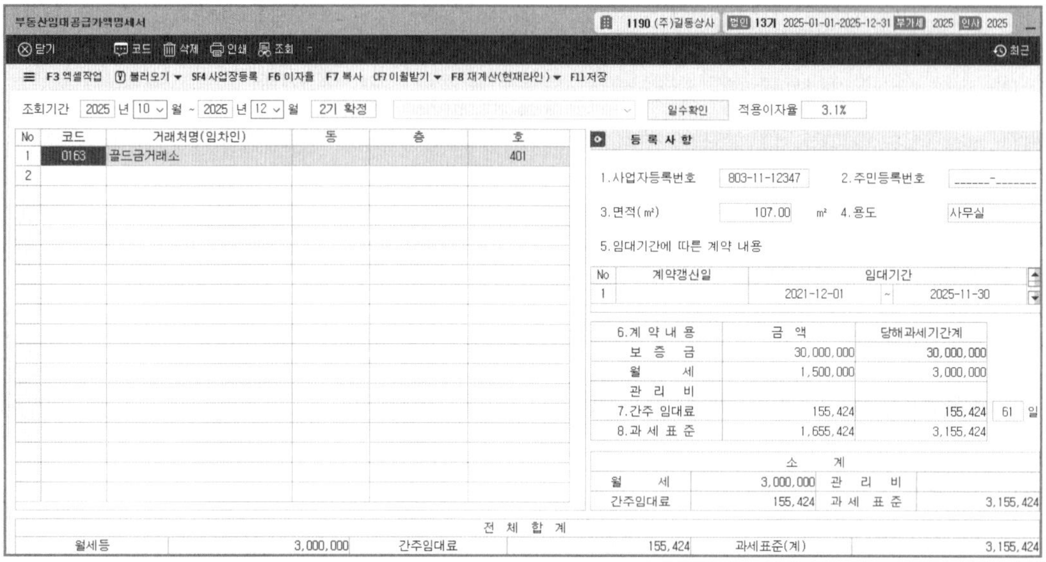
부동산임대공급가액명세서 | 1190 (주)길동상사 | 법인 13기 2025-01-01~2025-12-31 | 부가세 2025 | 인사 2025

닫기 | 코드 | 삭제 | 인쇄 | 조회 | 최근

F3 엑셀작업 | 불러오기 | SF4 사업장등록 | F6 이자율 | F7 복사 | CF7 이월받기 | F8 재계산(현재라인) | F11저장

조회기간 2025 년 10 월 ~ 2025 년 12 월 2기 확정 | 일수확인 | 적용이자율 3.1%

No	코드	거래처명(임차인)	동	층	호
1	0163	골드금거래소			401
2					

등록사항

1.사업자등록번호 803-11-12347 | 2.주민등록번호 ______-_______

3.면적(㎡) 107.00 ㎡ | 4.용도 사무실

5.임대기간에 따른 계약 내용

No	계약갱신일	임대기간		
1		2021-12-01	~	2025-11-30

6.계 약 내 용	금 액	당해과세기간계	
보 증 금	30,000,000	30,000,000	
월 세	1,500,000	3,000,000	
관 리 비			
7.간주 임대료	155,424	155,424	61 일
8.과 세 표 준	1,655,424	3,155,424	

소 계			
월 세	3,000,000	관 리 비	
간주임대료	155,424	과 세 표 준	3,155,424

전 체 합 계					
월세등	3,000,000	간주임대료	155,424	과세표준(계)	3,155,424

② 임대기간: 2025년 12월 1일~2027년 11월 30일

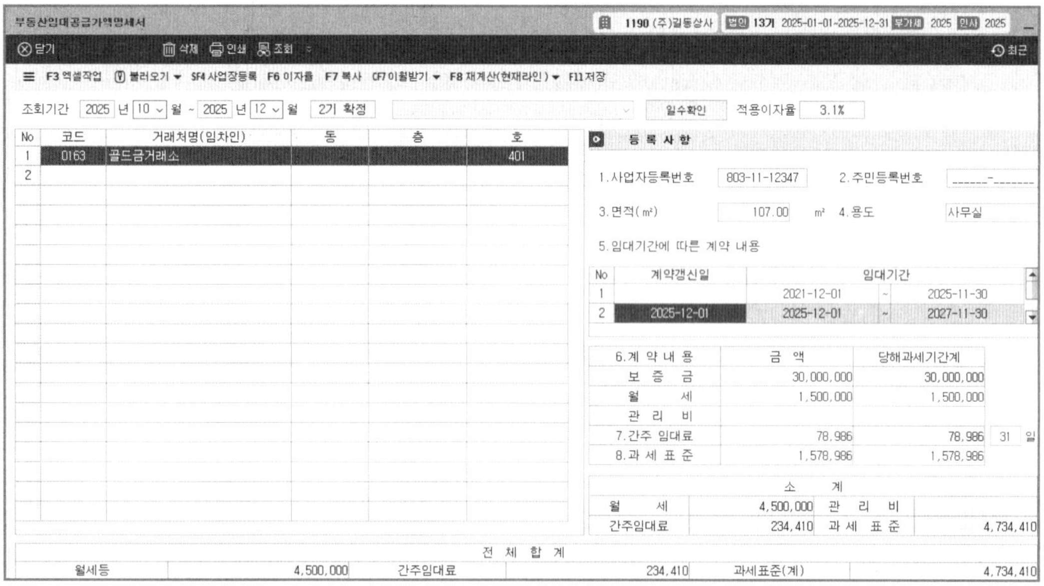
부동산임대공급가액명세서 | 1190 (주)길동상사 | 법인 13기 2025-01-01~2025-12-31 | 부가세 2025 | 인사 2025

닫기 | 삭제 | 인쇄 | 조회 | 최근

F3 엑셀작업 | 불러오기 | SF4 사업장등록 | F6 이자율 | F7 복사 | CF7 이월받기 | F8 재계산(현재라인) | F11저장

조회기간 2025 년 10 월 ~ 2025 년 12 월 2기 확정 | 일수확인 | 적용이자율 3.1%

No	코드	거래처명(임차인)	동	층	호
1	0163	골드금거래소			401
2					

등록사항

1.사업자등록번호 803-11-12347 | 2.주민등록번호 ______-_______

3.면적(㎡) 107.00 ㎡ | 4.용도 사무실

5.임대기간에 따른 계약 내용

No	계약갱신일	임대기간		
1		2021-12-01	~	2025-11-30
2	2025-12-01	2025-12-01	~	2027-11-30

6.계 약 내 용	금 액	당해과세기간계	
보 증 금	30,000,000	30,000,000	
월 세	1,500,000	1,500,000	
관 리 비			
7.간주 임대료	78,986	78,986	31 일
8.과 세 표 준	1,578,986	1,578,986	

소 계			
월 세	4,500,000	관 리 비	
간주임대료	234,410	과 세 표 준	4,734,410

전 체 합 계					
월세등	4,500,000	간주임대료	234,410	과세표준(계)	4,734,410

[3] [부가가치세신고서] 전자신고

① [부가가치세신고서] 조회기간 '2025년 1월 1일~3월 31일'을 입력하고 마감된 서식을 확인한다.

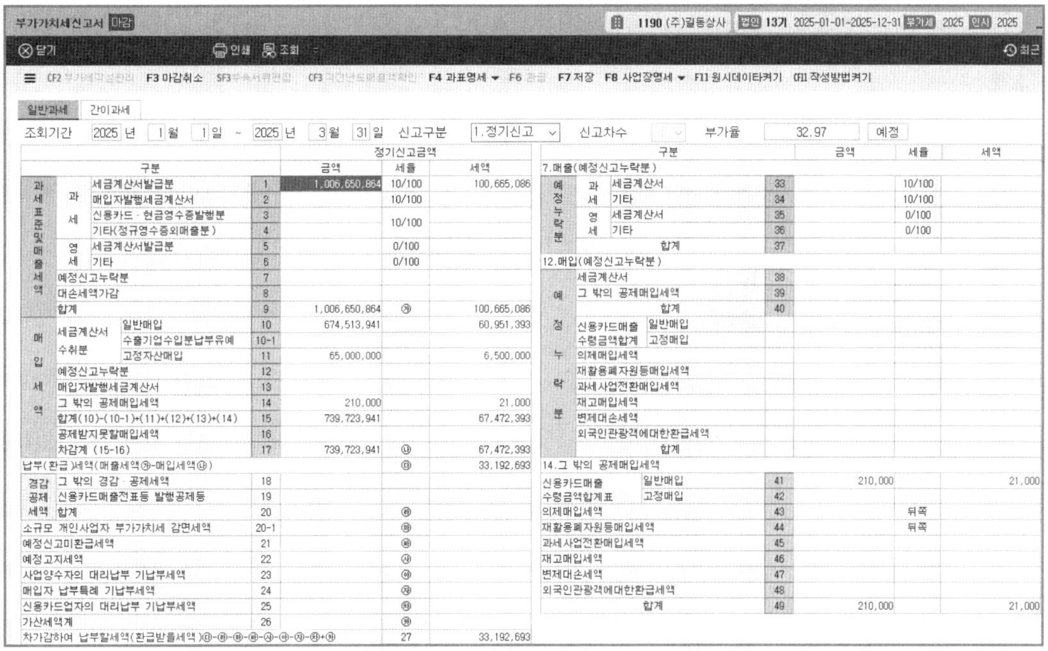

② [전자신고] – [전자신고 제작] 탭

신고년월 '2025년 1월~3월', '1.정기신고'를 입력하고 상단 툴바 F4 제작 을 클릭한다. 비밀번호는 '12341234'로 입력하고 상단 툴바 F6 홈택스바로가기 를 클릭한다.

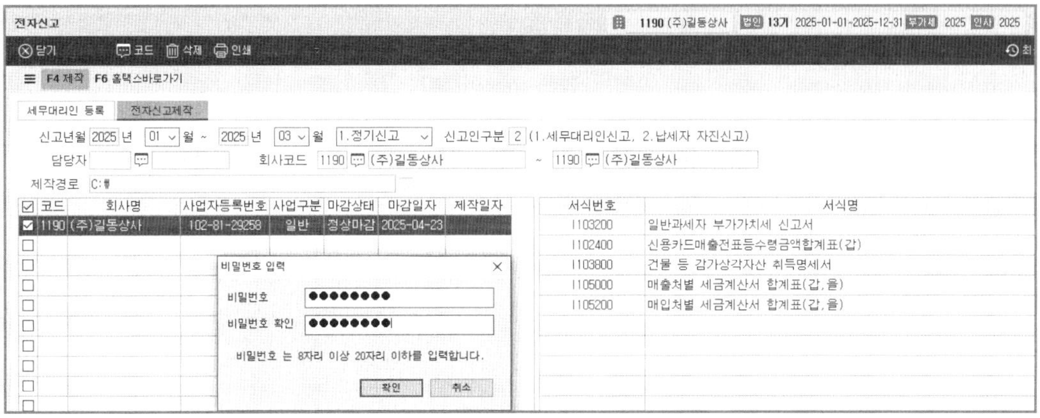

③ [국세청 홈택스 전자신고변환(교육용)]

변환대상파일선택에서 **찾아보기** 를 눌러 [내 컴퓨터]-[C드라이브]에 제작된 파일을 불러온다.

• 하단의 **형식검증하기** 를 클릭하여 전자파일 제작 시 등록한 비밀번호 '12341234'을 입력한다.

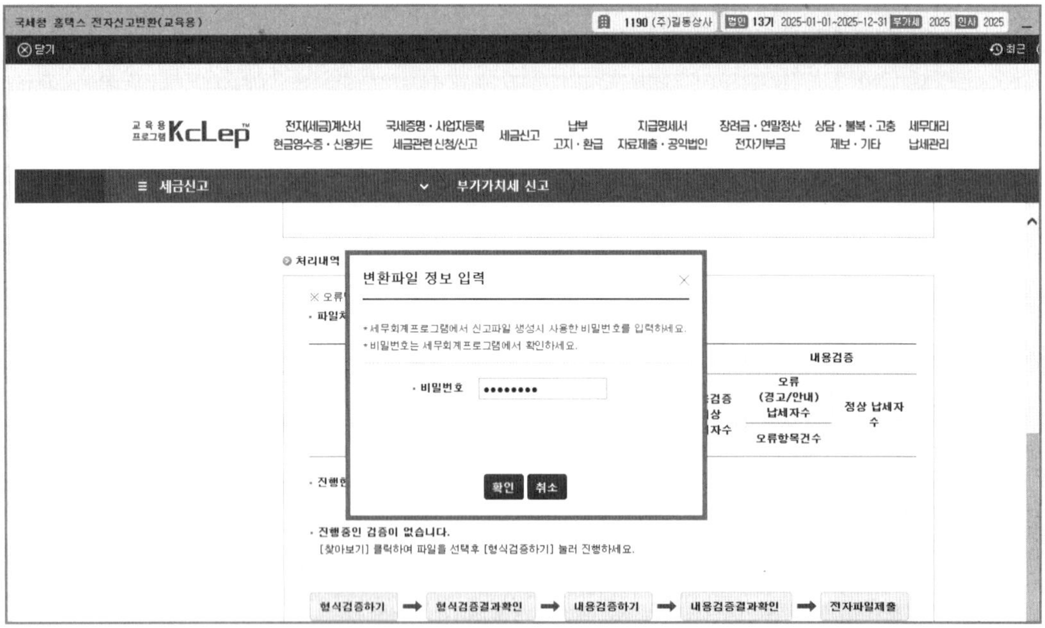

• **형식검증결과확인** → **내용검증하기** → **내용검증결과확인** 순서대로 전자신고파일을 검증한다. 파일이 오류인 경우 오류항목 건수에서 표시가 되며 건수를 클릭하면 결과를 조회할 수 있다.

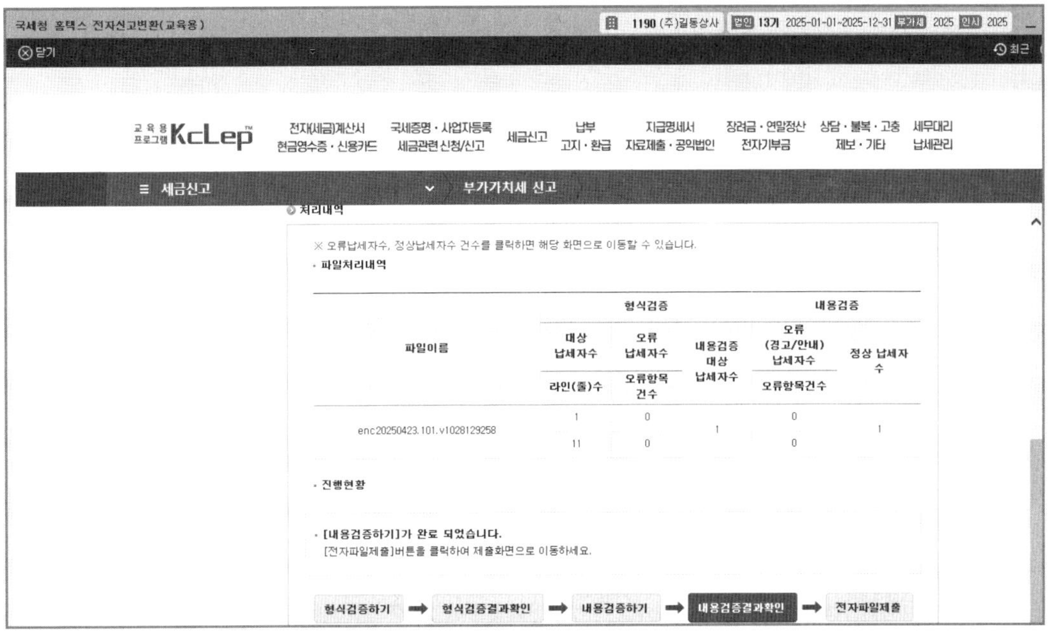

• 정상납세자수를 확인하고 **전자파일제출** 을 클릭하면 정상 변환된 제출 가능한 신고서 목록이 조회된다. **전자파일 제출하기** 를 클릭하여 전자신고파일을 제출한다.

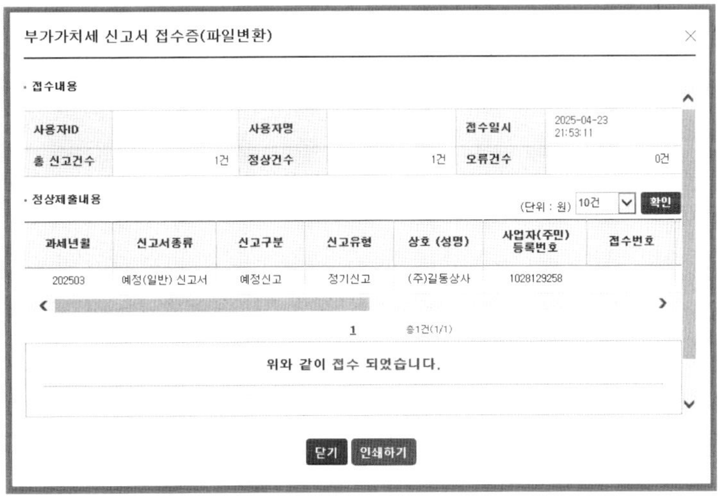

문 3 결산정리사항

[1] 수동결산－[일반전표입력] 12월 31일

(차) 퇴직연금운용자산	2,250,000	(대) 퇴직연금운용수익 또는 이자수익	2,250,000*

* 50,000,000원×6%×9/12＝2,250,000원

구분	계 정 과 목	거 래 처	적 요	차 변	대 변
차변	0186 퇴직연금운용자산			2,250,000	
대변	0923 퇴직연금운용수익				2,250,000

[2] 수동결산–[일반전표입력] 12월 31일

(차) 이자비용	584,106	(대) 보통예금	650,000
사채할증발행차금	65,894		

또는, 문제의 지문에서 원단위 이하는 절사하여 전표를 입력하도록 요구하고 있으나 답안은 소수점 이하(원단위 미만)를 절사한 전표로 제시되어 있으므로 지문의 표현의 부정확성을 인정하여 다음의 전표도 복수정답으로 인정된다.

(차) 이자비용	584,100	(대) 보통예금	650,000
사채할증발행차금	65,900		

구분	계 정 과 목	거 래 처	적 요	차 변	대 변
차변	0951 이자비용			584,106	
대변	0103 보통예금				650,000
차변	0313 사채할증발행차금			65,894	

[3] 수동결산–[일반전표입력] 12월 31일

(차) 이자비용	500,000	(대) 미지급비용	500,000*

* 50,000,000원×6%×2/12=500,000원

구분	계 정 과 목	거 래 처	적 요	차 변	대 변
차변	0951 이자비용			500,000	
대변	0262 미지급비용				500,000

[4] 수동결산 또는 자동결산

①

(차) 무형자산상각비(특허권)	20,000,000	(대) 특허권	20,000,000*[1]
무형자산상각비(개발비)	10,000,000	개발비	10,000,000*[2]
무형자산손상차손	30,000,000	개발비	30,000,000

*[1] 200,000,000원÷10년 = 20,000,000원

*[2] 50,000,000원÷5년 = 10,000,000원

구분	계 정 과 목	거 래 처	적 요	차 변	대 변
차변	0840 무형자산상각비			20,000,000	
차변	0840 무형자산상각비			10,000,000	
차변	0965 무형자산손상차손			30,000,000	
대변	0219 특허권				20,000,000
대변	0226 개발비				10,000,000
대변	0226 개발비				30,000,000

② 수동결산 또는 자동결산

• 수동결산: [일반전표입력] 12월 31일

(차) 무형자산손상차손	30,000,000	(대) 개발비	30,000,000

구분	계 정 과 목	거 래 처	적 요	차 변	대 변
차변	0965 무형자산손상차손			30,000,000	
대변	0226 개발비				30,000,000

• 자동결산: [결산자료입력] 기간 2025년 1월~2025년 12월

[4. 판매비와 일반관리비] – [6).무형자산상각비 중 특허권]란에 20,000,000원, [개발비]란에 10,000,000원을 입력한 후 상단 툴바의 **F3 전표추가**를 반드시 클릭하여 해당 기말수정분개를 [일반전표입력] 메뉴 12월 31일자에 자동 반영시킨다.

결산자료입력 1190 (주)길동상사 법인 13기 2025-01-01~2025-12-31 부가세 2025 인사 2025

⊗ 닫기 인쇄 조회

F3 전표추가 F4 원가설정 CF4 대손설정 CF5 결산분개삭제 F6 잔액조회 F7 감가상각 F8 대손상각 CF8 퇴직충당

기 간 2025 년 01 월 ~ 2025 년 12 월

±	코드	과 목	결산분개금액	결산전금액	결산반영금액	결산후금액
	0840	6). 무형자산상각비		30,000,000	30,000,000	60,000,000
	0219	특허권			20,000,000	20,000,000
	0226	개발비			10,000,000	10,000,000

문 4 원천징수

[1] [사업소득자등록], [사업소득자료입력] 및 [원천징수이행상황신고서]

① [사업소득자등록]

② [사업소득자료입력]

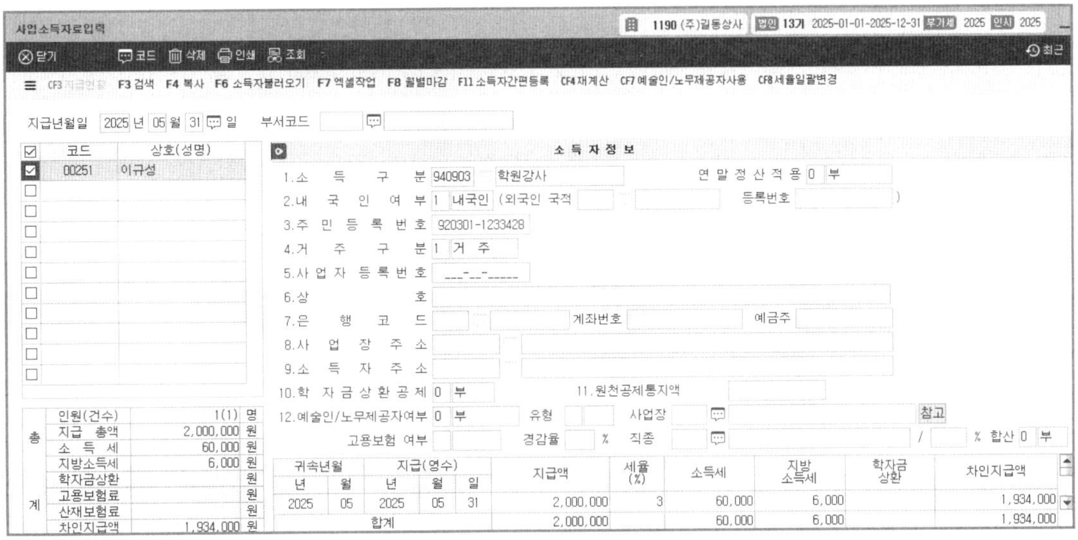

• 지급액: 1,934,000원 ÷ 0.967 = 2,000,000원

③ [원천징수이행상황신고서]

귀속기간 '2025년 5월~5월', 지급기간 '2025년 5월 ~ 5월', 신고구분 '1.정기신고'를 입력하고 해당 서식을 마감한다.

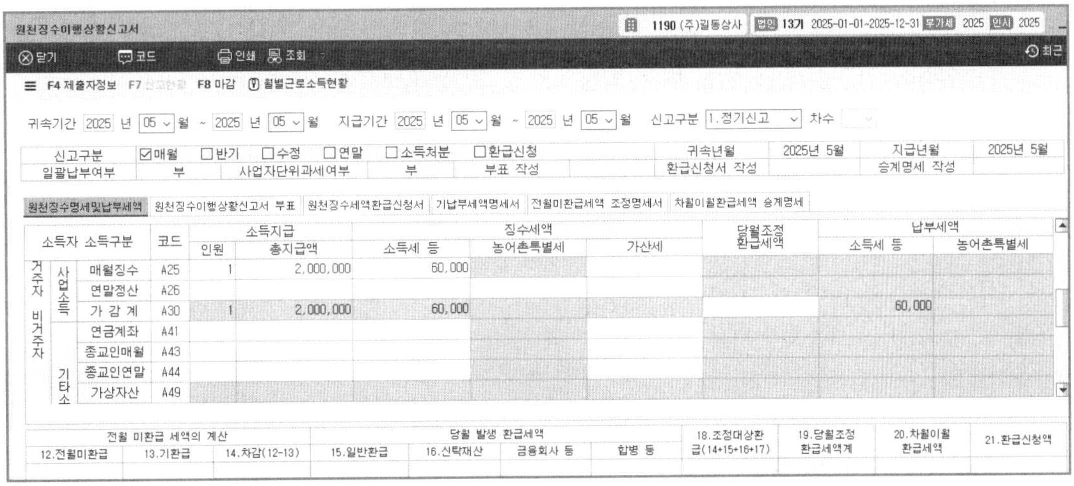

[2] [기타소득자등록] 및 [이자배당소득자료입력]

① [기타소득자등록]

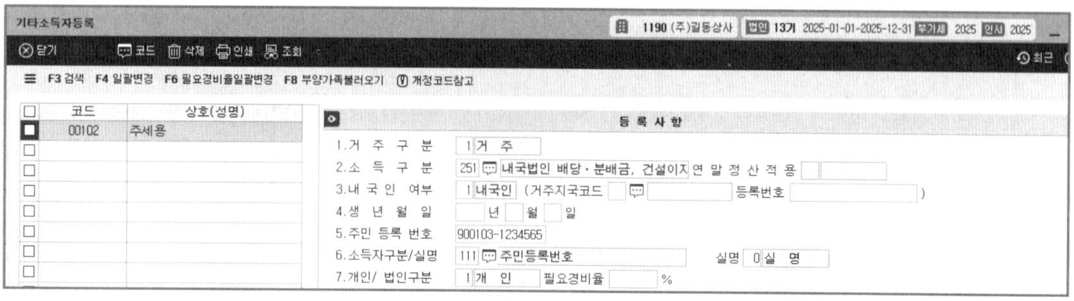
기타소득자등록

1190 (주)길동상사 법인 13기 2025-01-01~2025-12-31 부가세 2025 인사 2025

닫기 코드 삭제 인쇄 조회

F3 검색 F4 일괄변경 F6 필요경비율일괄변경 F8 부양가족불러오기 개정코드참고

코드	상호(성명)
00102	주세용

등 록 사 항

1.거 주 구 분 1 거 주

2.소 득 구 분 251 내국법인 배당·분배금, 건설이자 연 말 정 산 적 용

3.내 국 인 여부 1 내국인 (거주지국코드 등록번호)

4.생 년 월 일 년 월 일

5.주민 등록 번호 900103-1234565

6.소득자구분/실명 111 주민등록번호 실명 0 실 명

7.개인/ 법인구분 1 개 인 필요경비율 %

② [이자배당소득자료입력]

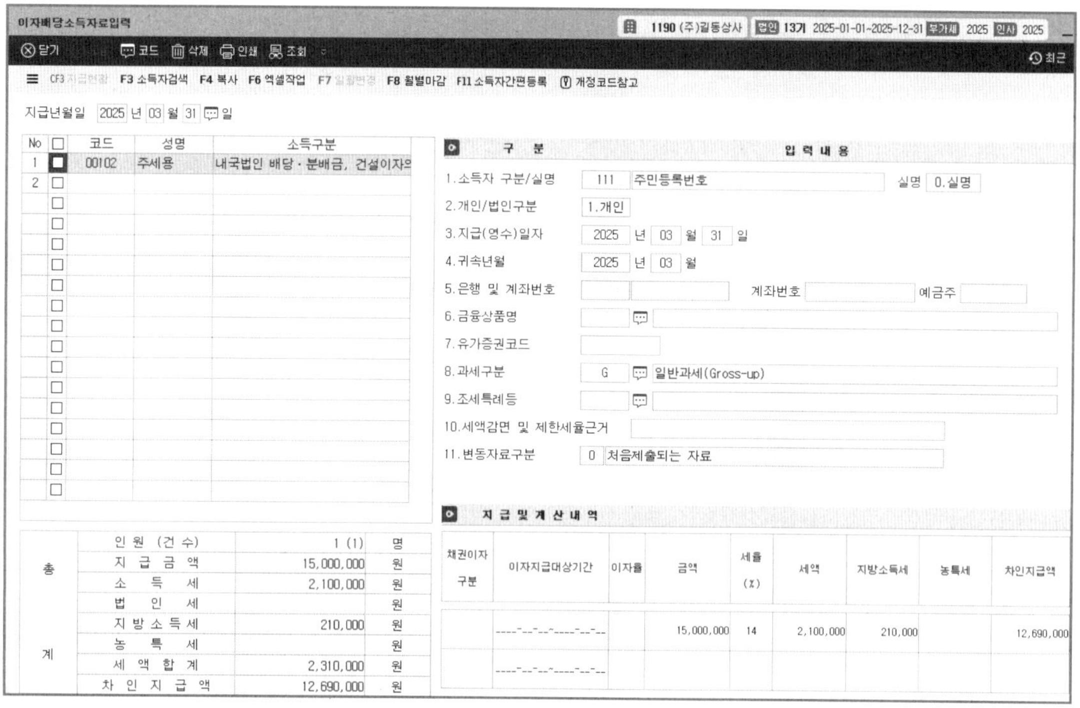
이자배당소득자료입력

1190 (주)길동상사 법인 13기 2025-01-01~2025-12-31 부가세 2025 인사 2025

닫기 코드 삭제 인쇄 조회

CF3 지급현황 F3 소득자검색 F4 복사 F6 엑셀작업 F7 일괄변경 F8 월별마감 F11 소득자간편등록 개정코드참고

지급년월일 2025 년 03 월 31 일

No	코드	성명	소득구분
1	00102	주세용	내국법인 배당·분배금, 건설이자의
2			

구 분	입 력 내 용
1.소득자 구분/실명	111 주민등록번호 실명 0.실명
2.개인/법인구분	1.개인
3.지급(영수)일자	2025 년 03 월 31 일
4.귀속년월	2025 년 03 월
5.은행 및 계좌번호	계좌번호 예금주
6.금융상품명	
7.유가증권코드	
8.과세구분	G 일반과세(Gross-up)
9.조세특례등	
10.세액감면 및 제한세율근거	
11.변동자료구분	0 처음제출되는 자료

총계			
	인 원 (건 수)	1 (1)	명
	지 급 금 액	15,000,000	원
	소 득 세	2,100,000	원
	법 인 세		원
	지 방 소 득 세	210,000	원
	농 특 세		원
	세 액 합 계	2,310,000	원
	차 인 지 급 액	12,690,000	원

지 급 및 계 산 내 역

채권이자 구분	이자지급대상기간	이자율	금액	세율(%)	세액	지방소득세	농특세	차인지급액
	----`-`--`-`--`-`----`-`--`-`--		15,000,000	14	2,100,000	210,000		12,690,000
	----`-`--`-`--`-`----`-`--`-`--							

[3] [급여자료입력]과 [원천징수이행상황신고서]를 작성 및 마감, 국세청 홈택스 전자신고

① [급여자료입력]–수당공제등록–[수당등록] 탭

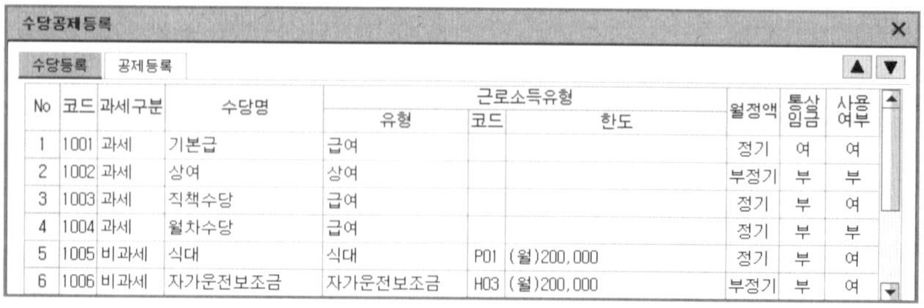
수당공제등록

수당등록 공제등록

No	코드	과세구분	수당명	근로소득유형 유형	코드	한도	월정액	통상임금	사용여부
1	1001	과세	기본급	급여			정기	여	여
2	1002	과세	상여	상여			부정기	부	부
3	1003	과세	직책수당	급여			정기	부	여
4	1004	과세	월차수당	급여			정기	부	부
5	1005	비과세	식대	식대	P01	(월)200,000	정기	부	여
6	1006	비과세	자가운전보조금	자가운전보조금	H03	(월)200,000	부정기	부	여

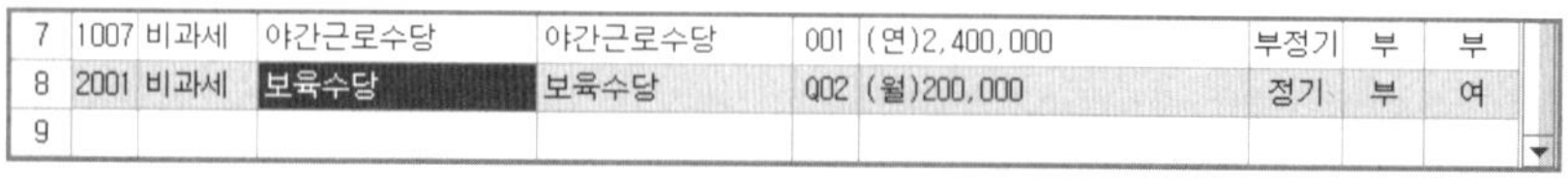
No	코드	과세구분	수당명	유형	코드	한도	월정액	통상임금	사용여부
7	1007	비과세	야간근로수당	야간근로수당	001	(연)2,400,000	부정기	부	부
8	2001	비과세	보육수당	보육수당	Q02	(월)200,000	정기	부	여
9									

- [수당명] 중 사용하지 않는 상여, 월차수당, 야간근로수당은 [사용여부]란에서 '부'로 수정한다.
- [과세구분]란에 '2.비과세', [수당명]란에 커서를 놓고 F2를 이용하여 '보육수당'을 추가 등록한다.

② [급여자료입력] 귀속년월 '2025년 2월', 지급년월일 '2025년 2월 28일'

문제에서 제시된 급여항목과 공제항목을 입력한다. [급여자료입력] 메뉴 상단 툴바 F7 중도퇴사자정산 ▾ 의 아래 화살표를 클릭하고 SF6 연말정산 을 선택한다.

• 연말정산할 사원의 네모박스를 체크한 후 하단 다음의 연말정산 보조창에서 새로불러오기 와 연말정산데이터적용 을 클릭한다.

• 급여자료입력 메뉴에 반영된 금액을 확인한다.

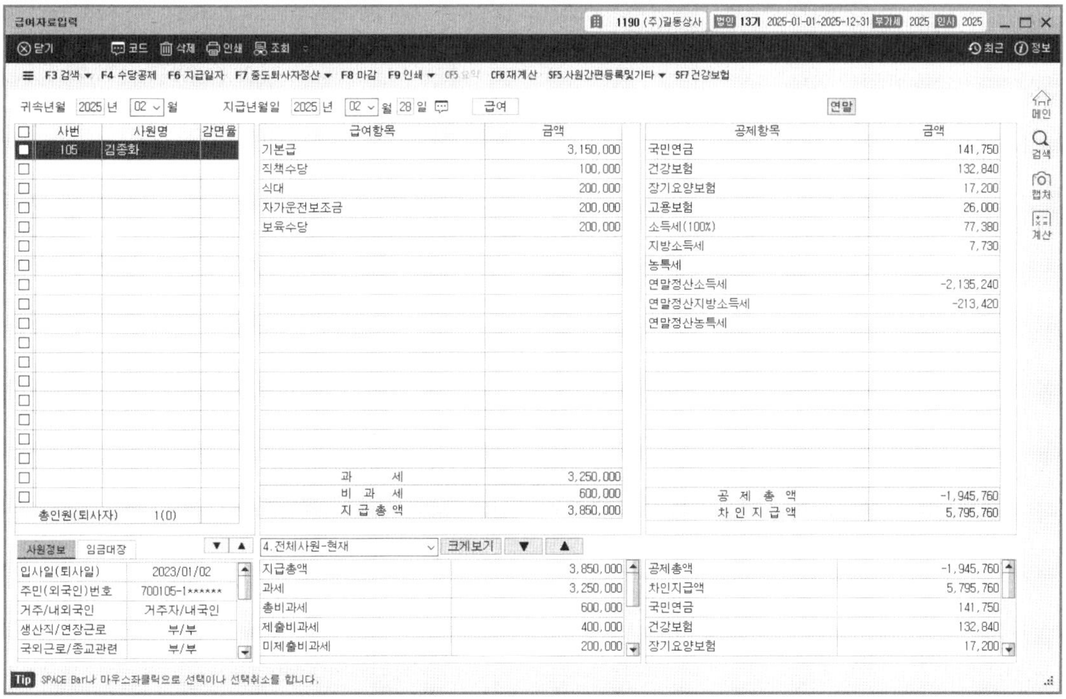

③ [원천징수이행상황신고서] 작성 및 마감 후 전자신고

- [원천징수이행상황신고서]

조회기간 '2025년 2월~2월', 지급기간 '2025년 2월~2월', 신고구분 '1.정기신고'를 입력하면 나타나는 다음의 보조창에서 아니오(N)를 클릭한 후 해당 서식을 마감한다.

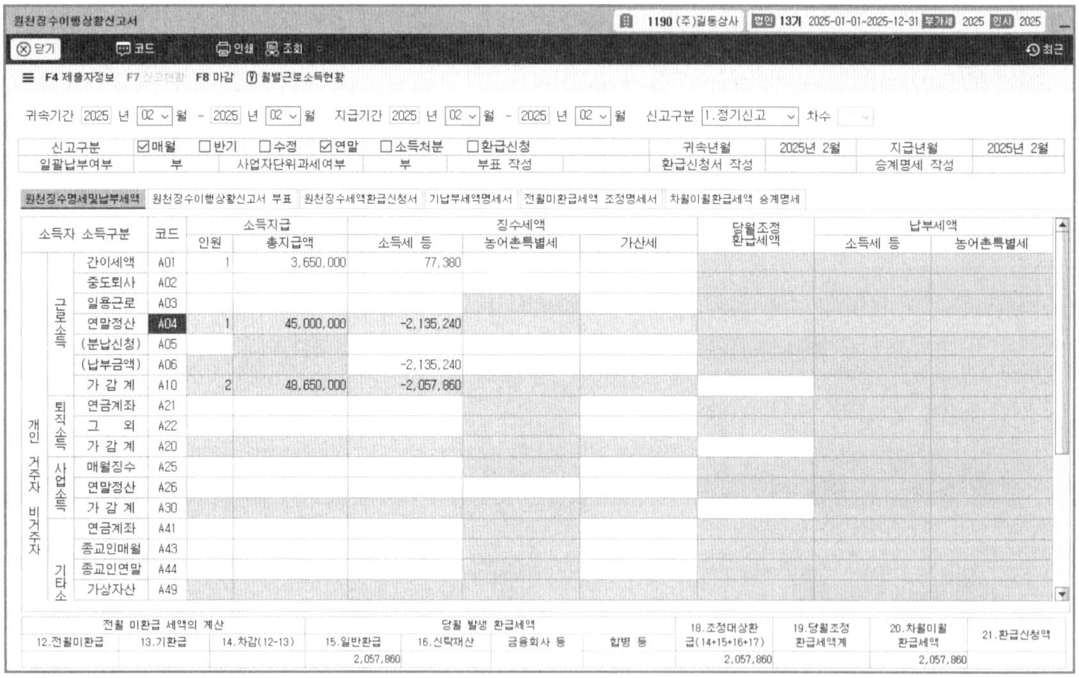

- [전자신고] – [원천징수이행상황제작] 탭

신고인구분 '2.납세자자진신고', 지급기간 '2025년 2월~2025년 2월'을 입력하고 상단 툴바 **F4 제작**을 클릭한다. 비밀번호는 임의의 번호인 '12345678'로 입력하고 상단 툴바 **F6 홈택스바로가기**를 클릭한다.

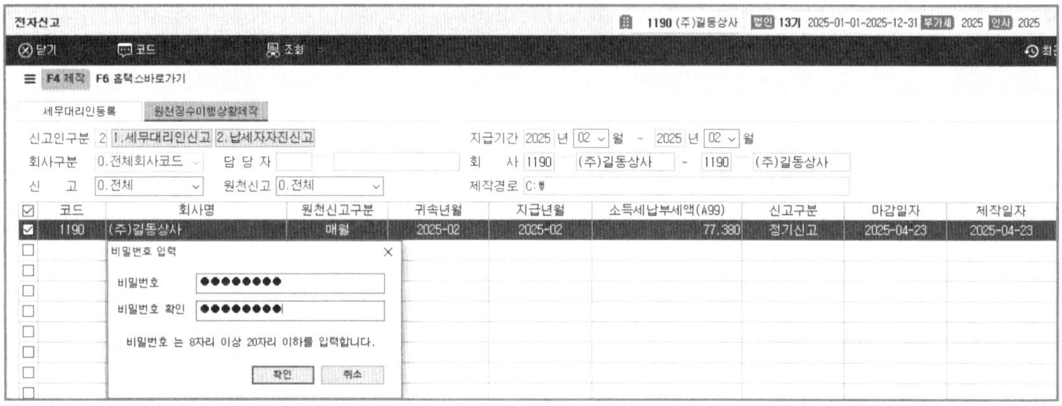

• [국세청 홈택스 전자신고변환(교육용)]

변환대상파일선택에서 **찾아보기** 를 눌러 [내 컴퓨터]–[C드라이브]에 제작된 파일을 불러온다.

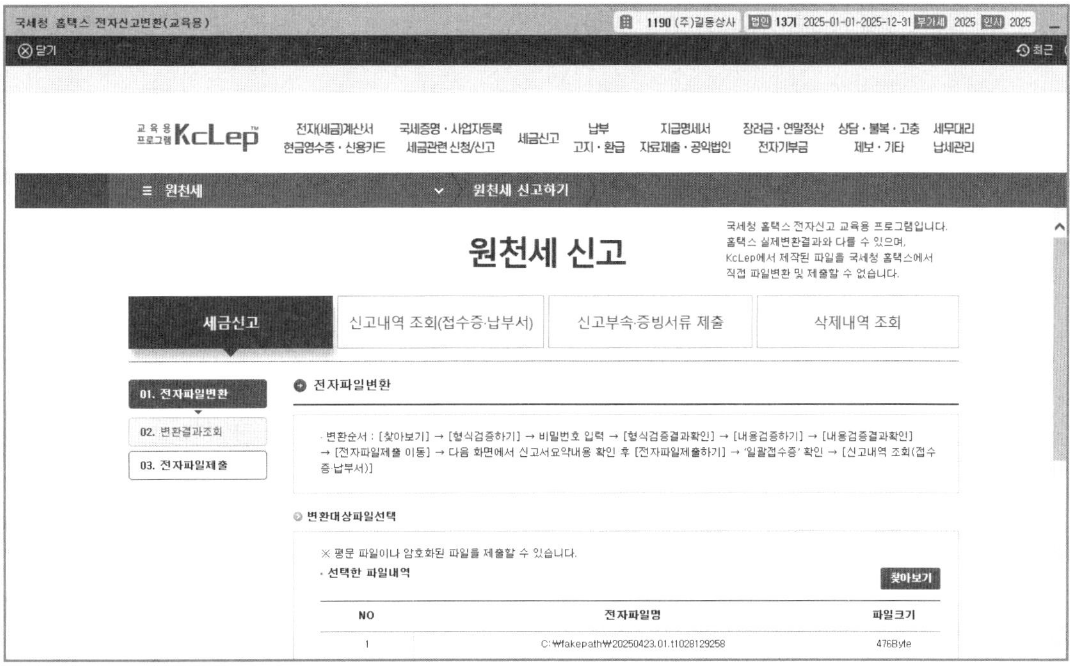

– 하단의 **형식검증하기** 를 클릭하여 전자파일 제작 시 등록한 비밀번호 '12345678'을 입력한다.

– 형식검증결과확인 → 내용검증하기 → 내용검증결과확인 순서대로 전자신고파일을 검증한다. 파일이 오류인 경우 오류항목 건수에서 표시가 되며 건수를 클릭하면 결과를 조회할 수 있다.

– 정상납세자수를 확인하고 전자파일제출 을 클릭하면 정상 변환된 제출 가능한 신고서 목록이 조회된다. 전자파일 제출하기 를 클릭하여 전자신고파일을 제출한다.

문 5 법인세무조정

[1] [기업업무추진비조정명세서]

① [1.기업업무추진비 입력(을)] 탭

상단 툴바의 F12 불러오기 를 클릭하여 해당 란의 금액들을 불러온다.

기업업무추진비조정명세서 정기 | 1191 (주)남길상회 | 법인 15기 2025-01-01~2025-

⊗ 닫기 | 코드 | 삭제 | 인쇄 | 조회

≡ F3 조정등록 CF5 전체삭제 F6 계정과목 설정 F7 원장조회 F11 저장 F12 불러오기

1.기업업무추진비 입력 (을) | 2.기업업무추진비 조정 (갑)

1 1. 수입금액명세

구 분	1. 일반수입금액	2. 특수관계인간 거래금액	3. 합 계(1+2)
금 액	10,000,000,000	1,500,000,000	11,500,000,000

2 2. 기업업무추진비 해당금액

		4. 계정과목	합계	기업업무추진비(판관)			
		5. 계정금액	78,000,000	78,000,000			
		6. 기업업무추진비계상액 중 사적사용경비	2,500,000	2,500,000			
		7. 기업업무추진비해당금액(5-6)	75,500,000	75,500,000			
8. 신용카드 등 미사용금액	경조사비 중 기준금액 초과액	9. 신용카드 등 미사용금액					
		10. 총 초과금액					
	국외지역 지출액 (법인세법 시행령 제41조제2항제1호)	11. 신용카드 등 미사용금액					
		12. 총 지출액					
	농어민 지출액 (법인세법 시행령 제41조제2항제2호)	13. 송금명세서 미제출금액					
		14. 총 지출액					
	기업업무추진비 중 기준금액 초과액	15. 신용카드 등 미사용금액	1,500,000	1,500,000			
		16. 총 초과금액	69,000,000	69,000,000			
		17. 신용카드 등 미사용 부인액	1,500,000	1,500,000			
		18. 기업업무추진비 부인액(6+17)	4,000,000	4,000,000			

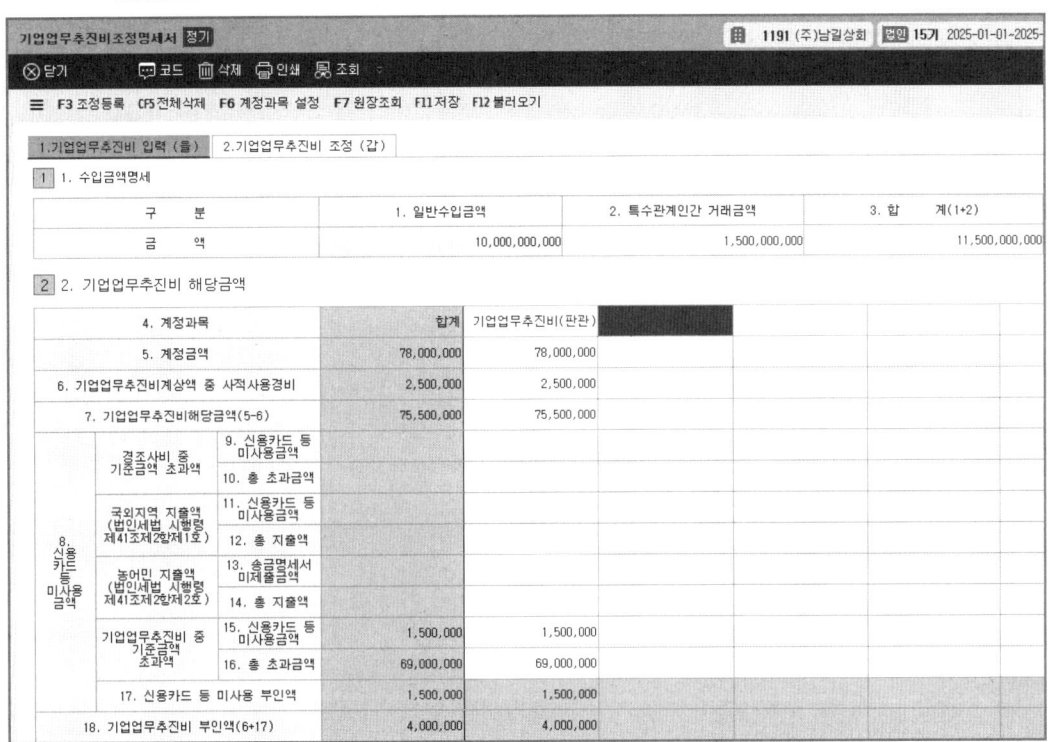

- [2.특수관계인 간 거래금액]란에 1,500,000,000원을 입력한다.
- [6.기업업무추진비계상액 중 사적사용경비]란에 대표이사 사적사용 기업업무추진비 2,500,000원을 입력한다.
- [8.신용카드등 미사용금액]〉[기업업무추진비 중 기준금액 초과액]〉[16.총 초과금액]란에 69,000,000원(또는 71,500,000원)을 입력한다.
- 상단 툴바의 F3 조정등록 을 이용하여 다음과 같이 세무조정한다.

〈손금불산입〉 기업업무추진비 중 사적경비 2,500,000원(상여)
〈손금불산입〉 기업업무추진비 중 신용카드미사용액 1,500,000원(기타사외유출)

② [2.기업업무추진비 조정(갑)] 탭

기업업무추진비조정명세서 정기 | 1191 (주)남길상회 | 법인 15기 2025-01-01~2025-12

⊗닫기 코드 삭제 인쇄 조회

≡ F3 조정등록 CF5 전체삭제 F6 계정과목 설정 F7 원장조회 F11 저장 F12 불러오기

1.기업업무추진비 입력 (을) | 2.기업업무추진비 조정 (갑)

3 기업업무추진비 한도초과액 조정

중소기업 | □ 정부출자법인 □ 부동산임대업등(법.령제42조제2항)

구분			금액
1. 기업업무추진비 해당 금액			75,500,000
2. 기준금액 초과 기업업무추진비 중 신용카드 등 미사용으로 인한 손금불산입액			1,500,000
3. 차감 기업업무추진비 해당금액(1-2)			74,000,000
일반 기업업무추진비 한도	4. 12,000,000 (중소기업 36,000,000) X 월수(12) / 12		36,000,000
	총수입금액 기준	100억원 이하의 금액 X 30/10,000	30,000,000
		100억원 초과 500억원 이하의 금액 X 20/10,000	3,000,000
		500억원 초과 금액 X 3/10,000	
		5. 소계	33,000,000
	일반수입금액 기준	100억원 이하의 금액 X 30/10,000	30,000,000
		100억원 초과 500억원 이하의 금액 X 20/10,000	
		500억원 초과 금액 X 3/10,000	
		6. 소계	30,000,000
	7. 수입금액기준	(5-6) X 10/100	300,000
	8. 일반기업업무추진비 한도액 (4+6+7)		66,300,000
문화기업업무추진비 한도(「조특법」 제136조제3항)	9. 문화기업업무추진비 지출액		1,000,000
	10. 문화기업업무추진비 한도액(9와 (8 X 20/100) 중 작은 금액)		1,000,000
전통시장기업업무추진비 한도(「조특법」 제136조제6항)	11. 전통시장기업업무추진비 지출액		5,000,000
	12. 전통시장기업업무추진비 한도액(11과 (8 X 10/100) 중 작은 금액)		5,000,000
13. 기업업무추진비 한도액 합계(8+10+12)			72,300,000
14. 한도초과액(3-13)			1,700,000
15. 손금산입한도 내 기업업무추진비 지출액(3과 13중 작은 금액)			72,300,000

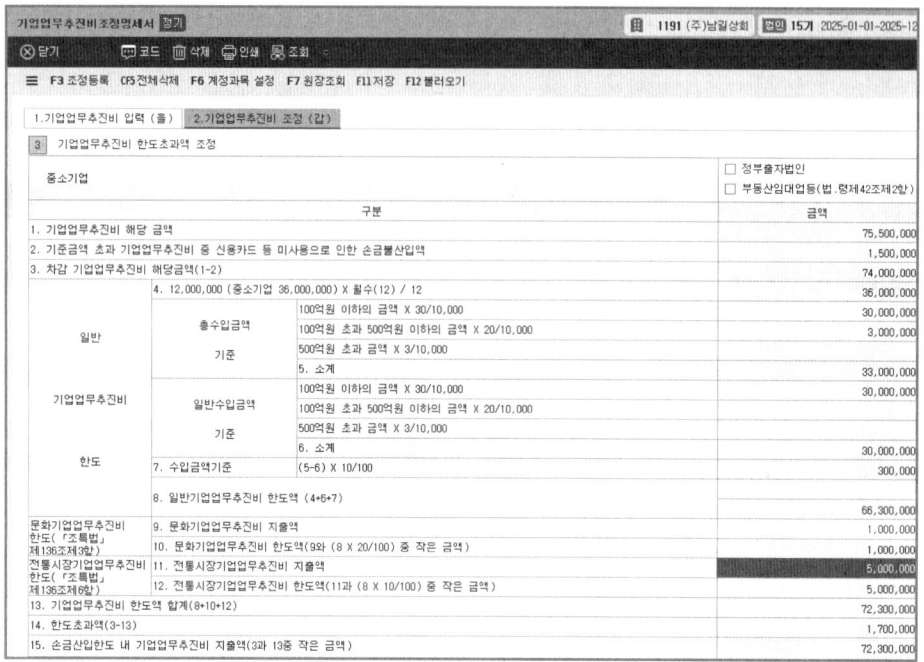

• [9. 문화기업업무추진비 지출액]란에 1,000,000원을 입력한다.
• [11. 전통시장기업업무추진비 지출액]란에 5,000,000원을 입력한다.
• 상단 툴바의 F3 조정등록 을 이용하여 다음과 같이 세무조정한다.

〈손금불산입〉 기업업무추진비 한도초과액 1,700,000원(기타사외유출)

[2] [고정자산 등록], [미상각자산 감가상각 조정 명세서] 및 [감가상각비조정명세서합계표]

① [고정자산등록]

• 기계장치

고정자산등록

1191 (주)남길상회 | 법인 15기 2025-01-01~2025-12-31 | 부가세 2025 | 인사 2025

닫기 | 코드 | 삭제 | 인쇄 | 조회 | 최근

CF2 사용한코드 | F4 일괄계산 | F6 전년도불러오기 | F7 회사계상수정 | SF7 보조금상계 | F8 엑셀자료 | CF8 장부가액비교

자산계정과목 0206 기계장치 | 구분 0.전체 | 경비구분 0.전체

자산코드/명		취득년월일	상각방법
000001	호이스트	2024-06-01	정률법

기본등록사항 | 추가등록사항

1.기초가액	260,000,000
2.전기말상각누계액(-)	68,401,666
3.전기말장부가액	191,598,334
4.당기중 취득 및 당기증가(+)	
5.당기감소(일부양도·매각·폐기)(-)	
전기말상각누계액(당기감소분)(+)	
6.전기말자본적지출액누계(+)(정액법만)	
7.당기자본적지출액(즉시상각분)(+)	
8.전기말부인누계액(+) (정률만 상각대상에 가산)	
9.전기말의제상각누계액(-)	
10.상각대상금액	191,598,334
11.내용연수/상각률(월수)	5 0.451 (12) 연수별상각율
12.상각범위액(한도액)(10X상각율)	86,410,848
13.회사계상액(12)-(7)	90,000,000 사용자수정
14.경비구분	1.500번대/제조
15.당기말감가상각누계액	158,401,666
16.당기말장부가액	101,598,334
17.당기의제상각비	
18.전체양도일자	____-__-__
19.전체폐기일자	____-__-__
20.업종	13 제조업
21.보조금적용여부	부 (0:부 / 1:여)
22.당기말보조금잔액	

– 수선비 총액을 즉시상각의제 특례로 보아 전액 손금으로 처리한다.

*소액수선비 요건: 9,500,000원 < Max [6,000,000원, 9,579,917원(191,598,334원×5%)]

– 감가상각방법은 무신고시 정률법, 내용연수는 무신고시 기준내용연수 5년을 적용한다.

• 공구와기구

고정자산등록

1191 (주)남길상회 | 법인 15기 2025-01-01~2025-12-31 | 부가세 2025 | 인사 2025

닫기 | 코드 | 삭제 | 인쇄 | 조회 | 최근

CF2 사용한코드 | F4 일괄계산 | F6 전년도불러오기 | F7 회사계상수정 | SF7 보조금상계 | F8 엑셀자료 | CF8 장부가액비교

자산계정과목 0210 공구와기구 | 구분 0.전체 | 경비구분 0.전체

자산코드/명		취득년월일	상각방법
000002	레이저절단기	2024-12-01	정률법

기본등록사항 | 추가등록사항

1.기초가액	27,500,000
2.전기말상각누계액(-)	1,033,541
3.전기말장부가액	26,466,459
4.당기중 취득 및 당기증가(+)	
5.당기감소(일부양도·매각·폐기)(-)	
전기말상각누계액(당기감소분)(+)	
6.전기말자본적지출액누계(+)(정액법만)	
7.당기자본적지출액(즉시상각분)(+)	
8.전기말부인누계액(+) (정률만 상각대상에 가산)	
9.전기말의제상각누계액(-)	
10.상각대상금액	26,466,459
11.내용연수/상각률(월수)	5 0.451 (12) 연수별상각율
12.상각범위액(한도액)(10X상각율)	11,936,373
13.회사계상액(12)-(7)	13,788,000 사용자수정
14.경비구분	1.500번대/제조
15.당기말감가상각누계액	14,821,541
16.당기말장부가액	12,678,459
17.당기의제상각비	
18.전체양도일자	____-__-__
19.전체폐기일자	____-__-__
20.업종	13 제조업
21.보조금적용여부	부 (0:부 / 1:여)
22.당기말보조금잔액	

② [미상각자산 감가상각 조정 명세서]-[유형자산(정률법)] 탭

[유형자산(정률법)] 탭을 클릭한 후 상단 툴바의 **F12 불러오기** 를 눌러서 [고정자산등록] 메뉴에서 입력한 내용을 불러온다.

- 호이스트

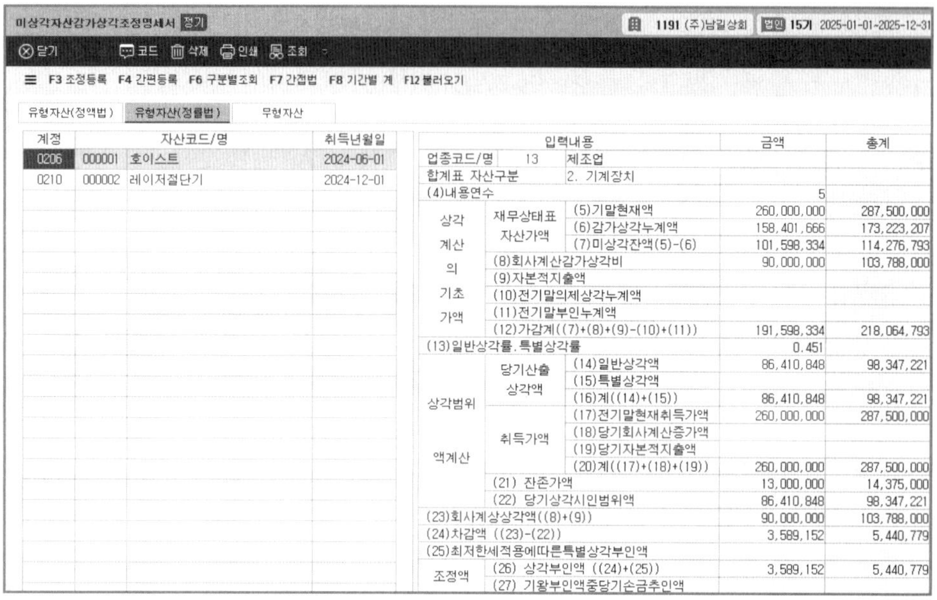

미상각자산감가상각조정명세서 정기 | 1191 (주)남길상회 법인 15기 2025-01-01~2025-12-31

⊗닫기 코드 삭제 인쇄 조회

F3 조정등록 F4 간편등록 F6 구분별조회 F7 간접법 F8 기간별 계 F12 불러오기

유형자산(정액법) | 유형자산(정률법) | 무형자산

계정	자산코드/명		취득년월일
0206	000001	호이스트	2024-06-01
0210	000002	레이저절단기	2024-12-01

입력내용			금액	총계
업종코드/명	13	제조업		
합계표 자산구분		2. 기계장치		
(4)내용연수			5	
상각계산의 기초가액	재무상태표 자산가액	(5)기말현재액	260,000,000	287,500,000
		(6)감가상각누계액	158,401,666	173,223,207
		(7)미상각잔액(5)-(6)	101,598,334	114,276,793
	(8)회사계산감가상각비		90,000,000	103,788,000
	(9)자본적지출액			
	(10)전기말의제상각누계액			
	(11)전기말부인누계액			
	(12)가감계((7)+(8)+(9)-(10)+(11))		191,598,334	218,064,793
(13)일반상각률.특별상각률			0.451	
상각범위액계산	당기산출 상각액	(14)일반상각액	86,410,848	98,347,221
		(15)특별상각액		
		(16)계((14)+(15))	86,410,848	98,347,221
	취득가액	(17)전기말현재취득가액	260,000,000	287,500,000
		(18)당기회사계산증가액		
		(19)당기자본적지출액		
		(20)계((17)+(18)+(19))	260,000,000	287,500,000
	(21) 잔존가액		13,000,000	14,375,000
	(22) 당기상각시인범위액		86,410,848	98,347,221
(23)회사계상상각액((8)+(9))			90,000,000	103,788,000
(24)차감액 ((23)-(22))			3,589,152	5,440,779
(25)최저한세적용에따른특별상각부인액				
조정액	(26) 상각부인액 ((24)+(25))		3,589,152	5,440,779
	(27) 기왕부인액중당기손금추인액			

- 레이저절단기

미상각자산감가상각조정명세서 정기 | 1191 (주)남길상회 법인 15기 2025-01-01~2025-12-31

⊗닫기 코드 삭제 인쇄 조회

F3 조정등록 F4 간편등록 F6 구분별조회 F7 간접법 F8 기간별 계 F12 불러오기

유형자산(정액법) | 유형자산(정률법) | 무형자산

계정	자산코드/명		취득년월일
0206	000001	호이스트	2024-06-01
0210	000002	레이저절단기	2024-12-01

입력내용			금액	총계
업종코드/명	13	제조업		
합계표 자산구분		3. 기타자산		
(4)내용연수			5	
상각계산의 기초가액	재무상태표 자산가액	(5)기말현재액	27,500,000	287,500,000
		(6)감가상각누계액	14,821,541	173,223,207
		(7)미상각잔액(5)-(6)	12,678,459	114,276,793
	(8)회사계산감가상각비		13,788,000	103,788,000
	(9)자본적지출액			
	(10)전기말의제상각누계액			
	(11)전기말부인누계액			
	(12)가감계((7)+(8)+(9)-(10)+(11))		26,466,459	218,064,793
(13)일반상각률.특별상각률			0.451	
상각범위액계산	당기산출 상각액	(14)일반상각액	11,936,373	98,347,221
		(15)특별상각액		
		(16)계((14)+(15))	11,936,373	98,347,221
	취득가액	(17)전기말현재취득가액	27,500,000	287,500,000
		(18)당기회사계산증가액		
		(19)당기자본적지출액		
		(20)계((17)+(18)+(19))	27,500,000	287,500,000
	(21) 잔존가액		1,375,000	14,375,000
	(22) 당기상각시인범위액		11,936,373	98,347,221
(23)회사계상상각액((8)+(9))			13,788,000	103,788,000
(24)차감액 ((23)-(22))			1,851,627	5,440,779
(25)최저한세적용에따른특별상각부인액				
조정액	(26) 상각부인액 ((24)+(25))		1,851,627	5,440,779
	(27) 기왕부인액중당기손금추인액			

- [(26)상각부인액]란의 3,589,152원과 1,851,627원을 확인한 후 상단 툴바의 **F3 조정등록** 을 이용하여 다음과 같이 세무조정한다.

〈손금불산입〉 기계장치 감가상각비 한도초과 3,589,152원(유보 발생)
〈손금불산입〉 공구와기구 감가상각비 한도초과 1,851,627원(유보 발생)

③ [감가상각비조정명세서합계표]

상단 툴바의 F12 불러오기 를 눌러서 [고정자산등록] 메뉴에서 입력한 내용을 불러온 후 해당 서식을 저장한다.

감가상각비조정명세서합계표 정기 | 1191 (주)남길상회 | 법인 15기 2025-01-01~2025-12-31 | 부가세 2025 | 인사 2025

⊗닫기 | 코드 | 삭제 | 인쇄 | 조회 | 최근

≡ CF5 전체삭제 | F7 원장조회 | F8 잔액조회 | F11 저장 | F12 불러오기

1.자 산 구 분		코드	2.합 계 액	유 형 자 산: 3.건 축 물	4.기계장치	5.기타자산	6.무형자산
재무 상태표 상가액	101.기말현재액	01	287,500,000		260,000,000	27,500,000	
	102.감가상각누계액	02	173,223,207		158,401,666	14,821,541	
	103.미상각잔액	03	114,276,793		101,598,334	12,678,459	
104.상각범위액		04	98,347,221		86,410,848	11,936,373	
105.회사손금계상액		05	103,788,000		90,000,000	13,788,000	
조정 금액	106.상각부인액 (105-104)	06	5,440,779		3,589,152	1,851,627	
	107.시인부족액 (104-105)	07					
	108.기왕부인액 중 당기손금추인액	08					
109.신고조정손금계상액		09					

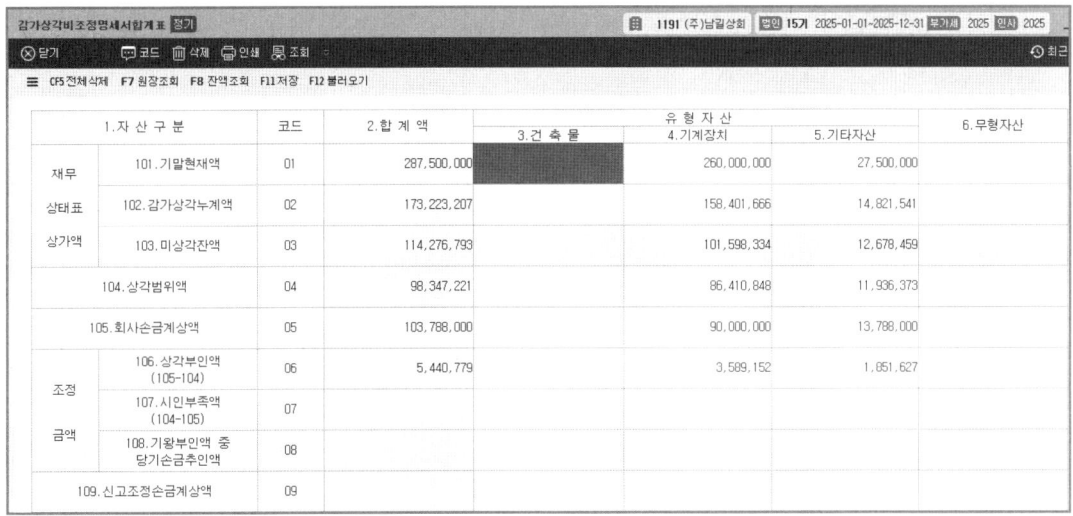

[3] [업무무관 부동산 등에 관련한 차입금이자 조정 명세서]

① [1.적수입력(을)] 탭 – [1.업무무관부동산] 탭: 다음과 같이 직접 입력한다.

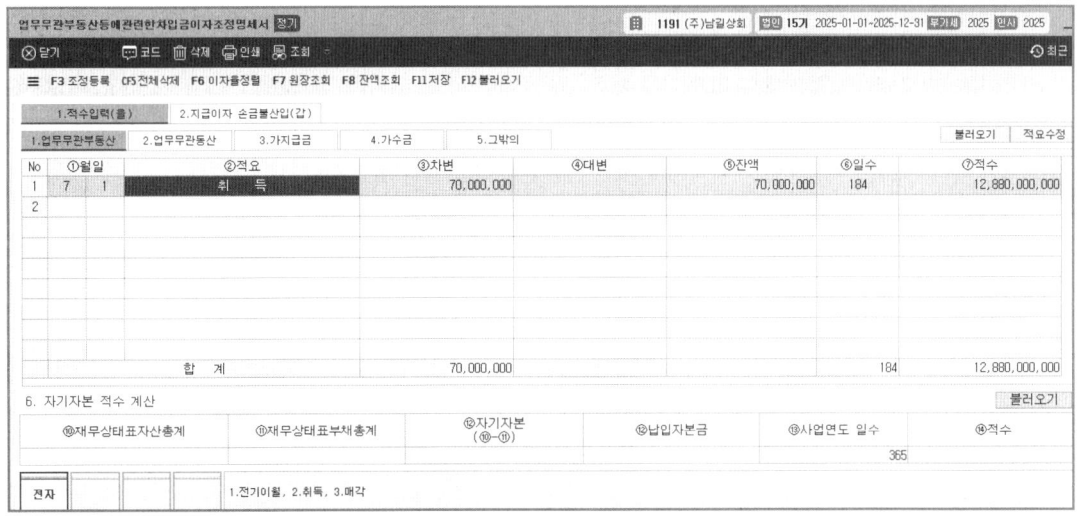

업무무관부동산등에관련한차입금이자조정명세서 정기 | 1191 (주)남길상회 | 법인 15기 2025-01-01~2025-12-31 | 부가세 2025 | 인사 2025

⊗닫기 | 코드 | 삭제 | 인쇄 | 조회 | 최근

≡ F3 조정등록 | CF5 전체삭제 | F6 이자율정렬 | F7 원장조회 | F8 잔액조회 | F11 저장 | F12 불러오기

1.적수입력(을) | 2.지급이자 손금불산입(갑)

1.업무무관부동산 | 2.업무무관동산 | 3.가지급금 | 4.가수금 | 5.그밖의 | 불러오기 | 적요수정

No	①월일		②적요	③차변	④대변	⑤잔액	⑥일수	⑦적수
1	7	1	취 득	70,000,000		70,000,000	184	12,880,000,000
2								
			합 계	70,000,000			184	12,880,000,000

6. 자기자본 적수 계산 | 불러오기

⑩재무상태표자산총계	⑪재무상태표부채총계	⑫자기자본 (⑩-⑪)	⑬납입자본금	⑬사업연도 일수	⑭적수
				365	

전자 | 1.전기이월, 2.취득, 3.매각

② [1.적수입력(을)] 탭–[3.가지급금] 탭: 다음과 같이 직접 입력한다.

업무무관부동산등에관련한차입금이자조정명세서 정기 | 1191 (주)남길상회 | 법인 15기 2025-01-01~2025-12-31 | 부가세 2025 | 인사 2025

1.적수입력(을) | 2.지급이자 손금불산입(갑)

1.업무무관부동산 | 2.업무무관동산 | 3.가지급금 | 4.가수금 | 5.그밖의

No	①월일		②적요	③차변	④대변	⑤잔액	⑥일수	⑦적수
1	1	1	전기이월	80,000,000		80,000,000	119	9,520,000,000
2	4	30	지 급	40,000,000		120,000,000	153	18,360,000,000
3	9	30	회 수		50,000,000	70,000,000	93	6,510,000,000
4								
			합 계	120,000,000	50,000,000		365	34,390,000,000

6. 자기자본 적수 계산

⑩재무상태표자산총계	⑪재무상태표부채총계	⑫자기자본 (⑩-⑪)	⑫납입자본금	⑬사업연도 일수	⑭적수
				365	

1.전기이월, 2.지급, 3.회수

③ [1.적수입력(을)] 탭–[4.가수금] 탭: 다음과 같이 직접 입력한다.

업무무관부동산등에관련한차입금이자조정명세서 정기 | 1191 (주)남길상회 | 법인 15기 2025-01-01~2025-12-31 | 부가세 2025 | 인사 2025

1.적수입력(을) | 2.지급이자 손금불산입(갑)

1.업무무관부동산 | 2.업무무관동산 | 3.가지급금 | 4.가수금 | 5.그밖의

No	①월일		②적요	③차변	④대변	⑤잔액	⑥일수	⑦적수
1	6	30	가 수		30,000,000	30,000,000	185	5,550,000,000
2								
			합 계		30,000,000		185	5,550,000,000

6. 자기자본 적수 계산

⑩재무상태표자산총계	⑪재무상태표부채총계	⑫자기자본 (⑩-⑪)	⑫납입자본금	⑬사업연도 일수	⑭적수
				365	

1.전기이월, 2.가수, 3.상환

④ [2.지급이자 손금불산입(갑)] 탭: '2.지급이자 및 차입금 적수 계산'을 다음과 같이 직접 입력한다.

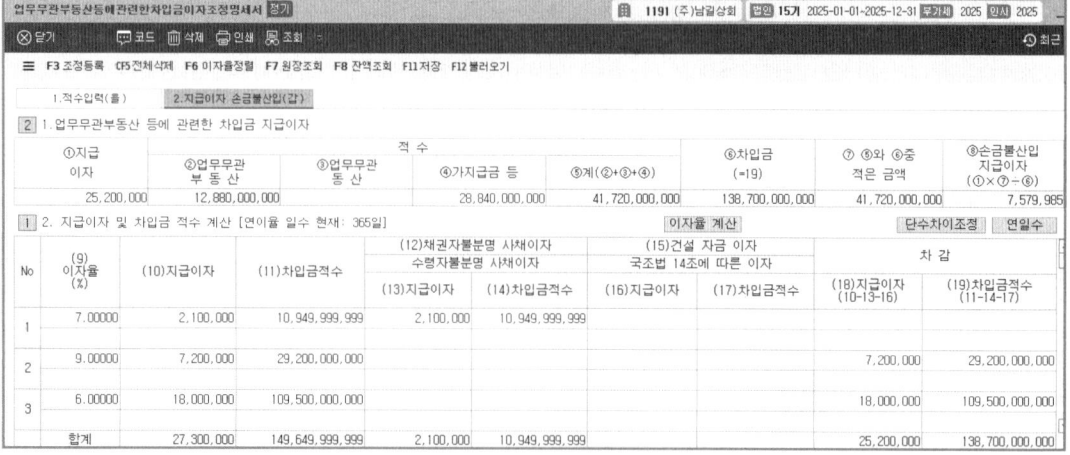

업무무관부동산등에관련한차입금이자조정명세서 정기 | 1191 (주)남길상회 | 법인 15기 2025-01-01~2025-12-31 | 부가세 2025 | 인사 2025

1.적수입력(을) | 2.지급이자 손금불산입(갑)

2 1.업무무관부동산 등에 관련한 차입금 지급이자

①지급 이자	적 수				⑥차입금 (=19)	⑦ ⑤와 ⑥중 적은 금액	⑧손금불산입 지급이자 (①×⑦÷⑥)
	②업무무관 부동산	③업무무관 동산	④가지급금 등	⑤계(②+③+④)			
25,200,000	12,880,000,000		28,840,000,000	41,720,000,000	138,700,000,000	41,720,000,000	7,579,985

1 2. 지급이자 및 차입금 적수 계산 [연이율 일수 현재: 365일] 이자율 계산 단수차이조정 연일수

No	(9) 이자율 (%)	(10)지급이자	(11)차입금적수	(12)채권자불분명 사채이자 수령자불분명 사채이자		(15)건설 자금 이자 국조법 14조에 따른 이자		차 감	
				(13)지급이자	(14)차입금적수	(16)지급이자	(17)차입금적수	(18)지급이자 (10-13-16)	(19)차입금적수 (11-14-17)
1	7.00000	2,100,000	10,949,999,999	2,100,000	10,949,999,999				
2	9.00000	7,200,000	29,200,000,000					7,200,000	29,200,000,000
3	6.00000	18,000,000	109,500,000,000					18,000,000	109,500,000,000
	합계	27,300,000	149,649,999,999	2,100,000	10,949,999,999			25,200,000	138,700,000,000

- [(9)이자율]과 [(10)지급이자]를 입력하고 7% 이자율의 지급이자 중 [(12)채권자 불분명 사채이자−(13)지급이자]란 상단에 2,100,000원을 입력한다.

⑤ 상단 툴바의 **F3 조정등록** 을 이용하여 다음과 같이 세무조정을 입력한 후 해당 서식을 저장한다.

〈손금불산입〉 채권자 불분명 사채이자 2,100,000원(상여)
〈손금불산입〉 업무무관 자산 지급이자 7,579,985원(기타사외유출)

[4] [소득금액조정합계표및명세서]

〈익금산입〉 자기주식(자산수증이익) 20,000,000원(유보발생)
〈익금불산입〉 환급금이자 12,000원(기타)
〈손금불산입〉 대손상각비 5,000,000원(기타사외유출)
B: (차) 대손상각비 5,000,000원 (대) 대여금 5,000,000
T: (차) 사외유출 5,000,000원 (대) 대여금 5,000,000
〈손금불산입〉 법인세비용 7,500,200원(기타사외유출)

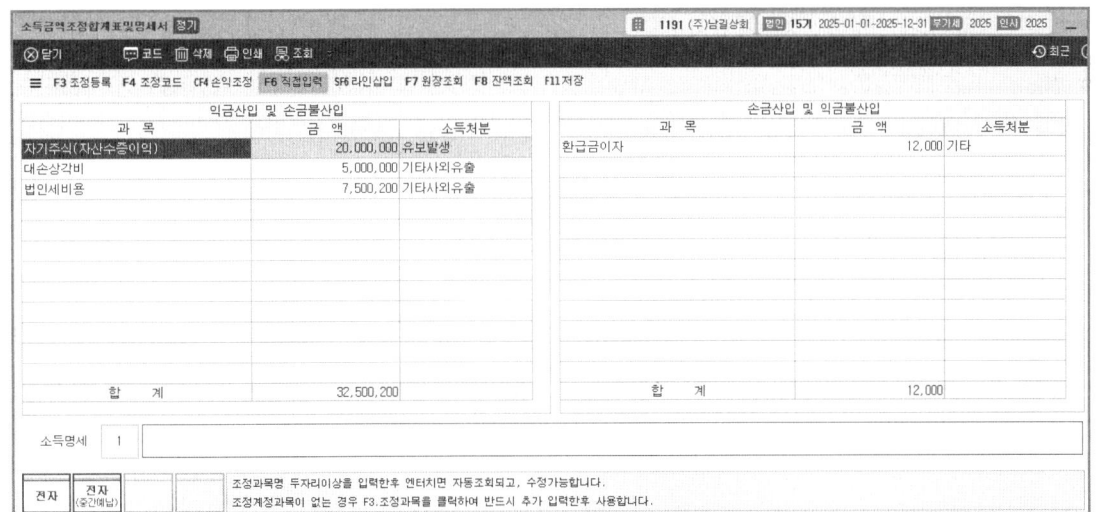

소득금액조정합계표및명세서 정기 | 1191 (주)남길상회 | 법인 15기 2025-01-01~2025-12-31 부가세 2025 인사 2025

닫기 코드 삭제 인쇄 조회 | 최근

F3 조정등록 F4 조정코드 CF4 손익조정 F6 직접입력 SF6 라인삽입 F7 원장조회 F8 잔액조회 F11저장

익금산입 및 손금불산입			손금산입 및 익금불산입		
과 목	금 액	소득처분	과 목	금 액	소득처분
자기주식(자산수증이익)	20,000,000	유보발생	환급금이자	12,000	기타
대손상각비	5,000,000	기타사외유출			
법인세비용	7,500,200	기타사외유출			
합 계	32,500,200		합 계	12,000	

소득명세 1

전자 | 전자(중간예납) | 조정과목명 두자리이상을 입력한후 엔터치면 자동조회되고, 수정가능합니다. 조정계정과목이 없는 경우 F3.조정과목을 클릭하여 반드시 추가 입력한후 사용합니다.

[5] [기부금조정명세서]

① [1.기부금 입력] 탭

상단 툴바의 **F12 불러오기** 를 클릭하여 기장된 자료를 반영시킨 후 지문에 제시된 자료에 따라 내용을 수정한다.

기부금조정명세서 정기 | 1191 (주)남길상회 | 법인 15기 2025-01-01~2025-12-31 부가

닫기 코드 삭제 인쇄 조회

F3 조정등록 SF4 사회적기업 CF5 전체삭제 F7 원장조회 F8 잔액조회 F11저장 F12 불러오기 SF2 엑셀불러오기 SF3 엑셀서식다운로드

1.기부금 입력 | 2.기부금 조정

1.기부금명세서 | 월별로 전환 | 구분만 별도 입력하기 | 유형별 정렬

구분		3.과목	4.월일		5.적요	기부처		8.금액
1.유형	2.코드					6.법인명등	7.사업자(주민)번호등	
「법인세법」 제24조제2항제1호에 따른 특례기부금	10	기부금	1	2	연구비 및 교육비	사립학교 부설 병원	121-91-45127	2,000,000
「법인세법」 제24조제3항제1호에 따른 일반기부금	40	기부금	4	5	어린이집 기부금	꿈꾸 어린이집	121-90-42216	700,000
기타	50	기부금	11	14	정당 기부금	지구당	121-82-45334	2,000,000
「법인세법」 제24조제2항제1호에 따른 특례기부금	10	기부금	12	25	천재지변 구호금품	울산시청	120-83-49993	1,500,000
9.소계	가. 「법인세법」 제24조제2항제1호에 따른 특례기부금						코드 10	3,500,000
	나. 「법인세법」 제24조제3항제1호에 따른 일반기부금						코드 40	700,000
	다. [조세특례제한법] 제88조의4제13항의 우리사주조합 기부금						코드 42	
	라.그 밖의 기부금						코드 50	2,000,000
계								6,200,000

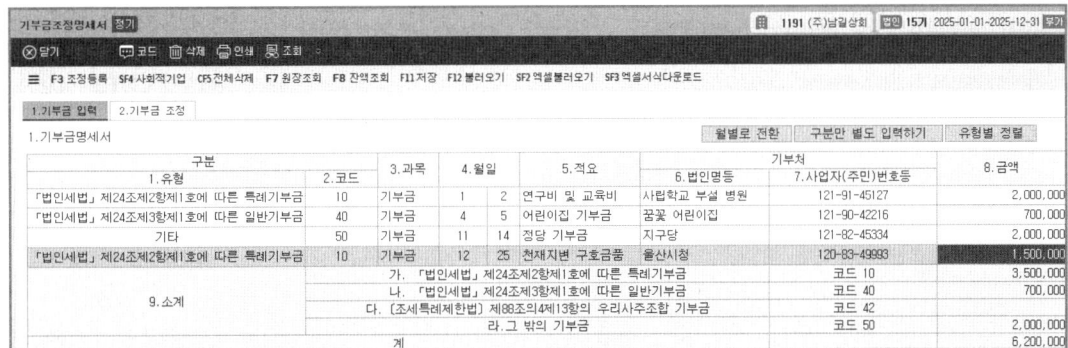

- 1월 2일 사립학교 부설 병원에 연구비 및 교육비로 지출한 기부금은 특례기부금에 해당하므로 [1.유형]란을 '1.[법인세법] 제24조제2항제1호에 따른 특례기부금'으로 수정한다.

- 4월 5일 어린이집이란 영유아의 보육을 위하여 「영유아보육법」에 따라 설립 · 운영되는 기관을 말하며 어린이집 기부금은 일반기부금에 해당하므로 [1.유형]란에 반영된 '2.[법인세법] 제24조제3항제1호에 따른 일반기부금'을 확인한다.
- 11월 14일 법인이 후원하고 있는 정당(지구당)에 지급하는 기부금은 비지정기부금에 해당하므로 [1.유형]란을 '4.그 밖의 기부금'으로 수정한다.
- 12월 25일 천재지변 구호금품은 특례기부금에 해당하므로 [1.유형]란을 '1.[법인세법] 제24조제2항제1호에 따른 특례기부금'으로 수정한다.
- 상단 툴바의 **F3 조정등록** 을 이용하여 다음과 같이 세무조정한다.

〈손금불산입〉 기타기부금 2,000,000원(기타사외유출)

- 소득금액 확정: 수정 을 클릭하여 문제의 주어진 금액으로 입력한다.

2.소득금액확정 (새로 불러오기 / 수정)

1.결산서상 당기순이익	2.익금산입	3.손금산입	4.기부금합계	5.소득금액계(1+2-3+4)
65,000,000	16,000,000	9,000,000	4,200,000	76,200,000

② [2.기부금 조정] 탭

기부금조정명세서 정기 | 1191 (주)남길상회 | 법인 15기 2025-01-01~2025-12

⊗닫기 | 코드 | 삭제 | 인쇄 | 조회

≡ F3 조정등록 SF4 사회적기업 CF5 전체삭제 F7 원장조회 F8 잔액조회 F11 저장 F12 불러오기 SF2 엑셀불러오기 SF3 엑셀서식다운로드

1.기부금 입력 | 2.기부금 조정

1 1. 「법인세법」 제24조제2항제1호에 따른 특례기부금 손금산입액 한도액 계산

1.소득금액 계	76,200,000	5.이월잔액 중 손금산입액 MIN[4,23]	6,000,000
2.법인세법 제13조제1항제1호에 따른 이월 결손금 합계액(기준소득금액의 80% 한도)	60,000,000	6.해당연도지출액 손금산입액 MIN[(④-⑤)>0, ③]	2,100,000
3.「법인세법」제24조제2항제1호에 따른 특례기부금 해당 금액	3,500,000	7.한도초과액 [(3-6)>0]	1,400,000
4.한도액 {[(1-2)〉 0]X50%}	8,100,000	8.소득금액 차감잔액 [(①-②-⑤-⑥)>0]	8,100,000

2 2. 「조세특례제한법」 제88조의4에 따라 우리사주조합에 지출하는 기부금 손금산입액 한도액 계산

9.「조세특례제한법」 제88조의4제13항에 따른 우리사주조합 기부금 해당 금액		11. 손금산입액 MIN(9, 10)	
10. 한도액 (8×30%)	2,430,000	12. 한도초과액 [(9-10)>0]	

3 3. 「법인세법」 제24조제3항제1호에 따른 일반기부금 손금산입 한도액 계산

13.「법인세법」제24조제3항제1호에 따른 일반기부금 해당금액	700,000	16. 해당연도지출액 손금산입액 MIN[(14-15)>0, 13]	700,000
14. 한도액 ((8-11)x10%, 20%)	810,000	17. 한도초과액 [(13-16)>0]	
15. 이월잔액 중 손금산입액 MIN(14, 23)			

4 4.기부금 한도초과액 총액

18. 기부금 합계액 (3+9+13)	19. 손금산입 합계 (6+11+16)	20. 한도초과액 합계 (18-19)=(7+12+17)
4,200,000	2,800,000	1,400,000

5 5.기부금 이월액 명세

사업연도	기부금 종류	21.한도초과 손금불산입액	22.기공제액	23.공제가능 잔액(21-22)	24.해당연도 손금추인액	25.차기이월액 (23-24)
합계	「법인세법」 제24조제2항제1호에 따른 특례기부금	6,000,000		6,000,000	6,000,000	
	「법인세법」 제24조제3항제1호에 따른 일반기부금					
2024	「법인세법」 제24조제2항제1호에 따른 특례	6,000,000		6,000,000	6,000,000	

6 6. 해당 사업연도 기부금 지출액 명세

사업연도	기부금 종류	26.지출액 합계금액	27.해당 사업연도 손금산입액	28.차기 이월액(26-27)
합계	「법인세법」 제24조제2항제1호에 따른 특례기부금	3,500,000	2,100,000	1,400,000
	「법인세법」 제24조제3항제1호에 따른 일반기부금	700,000	700,000	

인생의 목적은

끊임없는 전진에 있다.

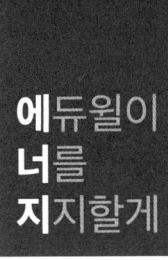

– 프리드리히 니체(Friedrich Wilhelm Nietzsche)

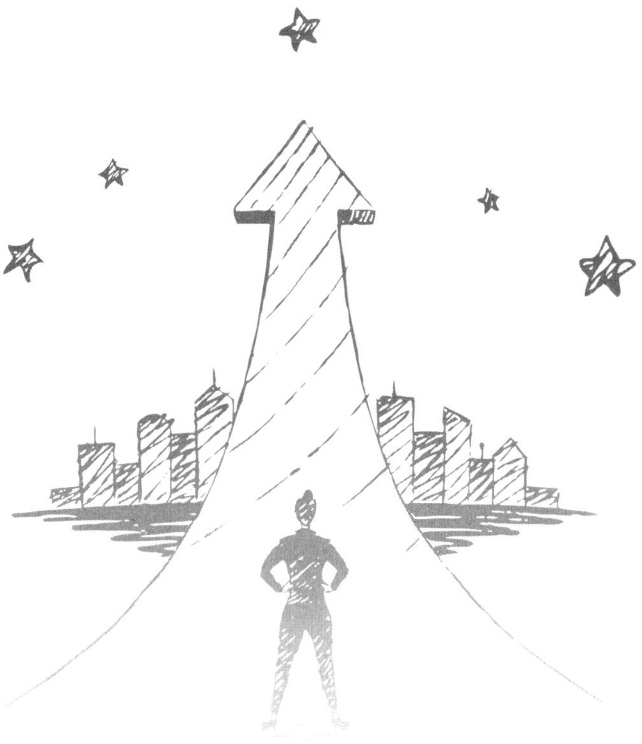

118회 기출문제 (주)정진산업(회사코드: 1180)/(주)호두전자(회사코드: 1181)

p.537

이론시험

01 ②

상 중 하

단기매매증권은 최초 인식 시 공정가치로 측정하며, 단기매매증권의 취득 관련원가(증권거래소의 수수료 등)는 당기 비용으로 인식한다.

02 ①

상 중 하

재무상태표상 재고자산으로 표시될 장부가액: 실제 수량 × Min(단위당 장부가액, 단위당 순실현가능가치)

- 상품: 700개×2,500원/개=1,750,000원
- 제품: 2,100개×4,000원/개=8,400,000원
- 재공품: 1,000개×800원/개=800,000원

∴ 상품 1,750,000원 + 제품 8,400,000원 + 재공품 800,000원 = 10,950,000원

03 ④

상 중 하

신규 취득한 연도의 감가상각비는 정액법보다 정률법 상각비가 더 크다. 회계담당자가 실수로 정액법을 사용하였으므로 감가상각비는 과소계상되며, 당기순이익은 과대계상된다. 또한 감가상각비가 과소계상되므로 기계장치의 장부가액은 과대계상된다.

04 ③

상 중 하

충당부채를 발생시킨 사건과 밀접하게 관련된 자산의 처분이익이 예상되는 경우 당해 처분이익은 충당부채 금액을 측정하는 데 고려하지 아니한다.

05 ②

상 중 하

제품 판매 후 제공할 용역에 대해서 식별 가능한 금액이 포함되어 있는 경우에는 용역이 수행되는 기간에 비례하여 수익으로 인식해야 한다.

∴ 제품 1,000,000원+용역수익 30,000원(=120,000원/24개월×6개월)=1,030,000원

06 ②

상 중 하

	[1단계] 물량의 흐름		[2단계] 완성품환산량 가공원가
당기완성품 – 기초재공품	1,500개	(?)	750개
당기완성품 – 당기착수	7,250개		7,250개
기말재공품	2,500개	(80%)	2,000개
	11,250개		10,000개
[3단계] 총원가의 요약			
당기발생원가			300,000원
합계			300,000원
[4단계] 환산량단위당원가			@30

• 가공원가 완성품환산량: 300,000원÷30원=10,000개
• 기초재공품 완성품환산량: 10,000개－2,000개－7,250개=750개
∴ 기초재공품 완성도: (1－750개÷1,500개)×100=50%

07 ①
상|중|하
실제개별원가계산 하에서는 기말이 되어야 제조간접원가 배부율을 확인할 수 있으므로 기중에 작업이 완료되는 경우 제품원가를 추정할 수 없다.

08 ④
상|중|하
• ① 기회비용은 회계장부에는 기록되지 않지만 의사결정에 영향을 미치는 관련원가이다.
• ② 가공원가는 직접노무원가, 제조간접원가의 합이다.
• ③ 매몰원가는 비관련원가에 해당한다.

09 ①
상|중|하
표준원가의 선정은 과학적, 객관적으로 설정하는 것이 쉽지 않다.

10 ③
상|중|하
• 제조간접원가: 직접재료원가 300,000원×120%=360,000원
• 가공원가(직접노무원가의 300%): 직접노무원가+제조간접원가 360,000원
∴ 직접노무원가=180,000원
• 당기총제조원가: 직접재료원가+직접노무원가+제조간접원가=300,000원+180,000원+360,000원=840,000원

11 ②
상|중|하
음식점업을 영위하는 법인사업자의 공제율은 6/106이다.

12 ③
상|중|하
간이과세자의 해당 과세기간에 대한 공급대가의 합계액이 4,800만원 미만이면 납부의무를 면제한다.

13 ②
상|중|하
• ① 신규로 사업을 등록한 거주자의 과세기간은 1월 1일부터 12월 31일까지이다.
• ③ 국외로 이전하는 경우 과세기간은 1월 1일부터 출국일까지이다.
• ④ 상속개시일이 속하는 달의 말일부터 6개월 이내에 확정신고를 하여야 한다.

14 ②
상|중|하
세액감면 중 미감면분은 이월하지 않고 소멸된다.

15 ③
상|중|하
업무용 토지 취득세를 세금과공과로 회계처리한 경우 세무조정은 다음과 같다.
〈손금불산입〉 토지 (유보)

실무시험

문 1 전표입력

[1] [일반전표입력] 3월 15일

(차) 퇴직급여(판)	5,000,000	(대) 보통예금	800,000
		퇴직연금운용자산	4,200,000

구분	계 정 과 목		거 래 처	적 요	차 변	대 변
차변	0806	퇴직급여			5,000,000	
대변	0103	보통예금				800,000
대변	0186	퇴직연금운용자산				4,200,000

[2] [매입매출전표입력] 4월 30일

유형	공급가액	부가세	공급처명	전자	분개
51.과세	200,000	20,000	(주)바른청소	1.여	3.혼합

(차) 부가세대급금	20,000	(대) 선급비용[(주)바른청소]	220,000
건물관리비(판)	200,000		

□	일	번호	유형	품목	수량	단가	공급가액	부가세	코드	공급처명	사업/주민번호	전자	분개
■	30	50001	과세				200,000	20,000	00162	(주)바른청소	123-86-00103	여	혼합
□	30												
□													
□													
				공급처별 매출(입)전체 [1]건			200,000	20,000					

신용카드사 봉사료

NO : 50001 (대 체) 전 표 일 자 : 2025 년 4 월 30 일

구분	계정과목		적요	거래처		차변(출금)	대변(입금)
차변	0135	부가세대급금		00162	(주)바른청소	20,000	
차변	0837	건물관리비		00162	(주)바른청소	200,000	
대변	0133	선급비용		00162	(주)바른청소		220,000

(세금)계산 현재라인인 거래명세서 현재라인인

[3] [일반전표입력] 5월 23일

(차) 보통예금	9,600,000	(대) 사채[(주)영웅전자]	10,000,000
사채할인발행차금	700,000	현금	300,000

구분	계 정 과 목		거 래 처		적 요	차 변	대 변
차변	0103	보통예금				9,600,000	
차변	0292	사채할인발행차금				700,000	
대변	0291	사채	00163	(주)영웅전자			10,000,000
대변	0101	현금					300,000

[4] [매입매출전표입력] 6월 10일

유형	공급가액	부가세	공급처명	전자	분개
57.카과	2,000,000	200,000	옛골식당		4.카드 또는 3.혼합
신용카드사	99604.롯데카드				

(차) 부가세대급금	200,000	(대) 미지급금[롯데카드]	2,200,000
복리후생비(제)	2,000,000	또는 미지급비용[롯데카드]	

□	일	번호	유형	품목	수량	단가	공급가액	부가세	코드	공급처명	사업/주민번호	전자	분개
■	10	50001	카과				2,000,000	200,000	00164	옛골식당	605-11-32531		카드
□	10												
□													
□													
				공급처별 매출(입)전체 [1]건			2,000,000	200,000					

신용카드사 99604 롯데카드 봉사료

NO : 50001 (대 체) 전 표 일 자 : 2025 년 6 월 10 일

구분	계정과목		적요	거래처		차변(출금)	대변(입금)
대변	0253	미지급금		99604	롯데카드		2,200,000
차변	0135	부가세대급금		00164	옛골식당	200,000	
차변	0511	복리후생비		00164	옛골식당	2,000,000	

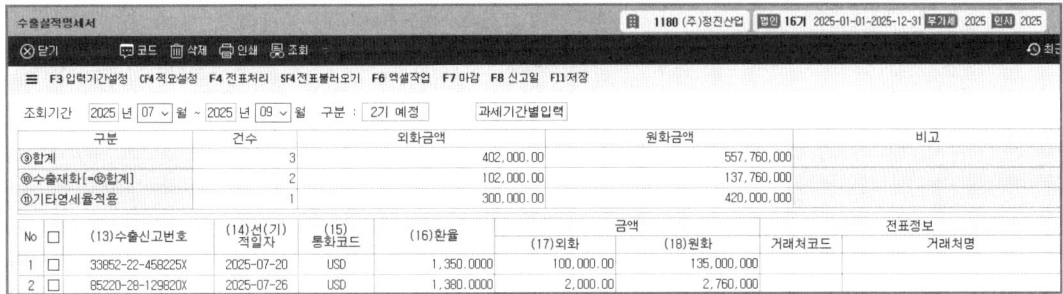

문 2 부가가치세신고서 및 부속서류

[1] [수출실적명세서]와 [영세율매출명세서]

① [수출실적명세서]

조회기간 2025년 7월~9월을 입력하고 다음과 같이 작성한 후 해당 서식을 저장한다.

수출실적명세서 1180 (주)정진산업 법인 16기 2025-01-01-2025-12-31 부가세 2025 인사 2025

조회기간 2025 년 07 월 ~ 2025 년 09 월 구분 : 2기 예정 과세기간별입력

구분	건수	외화금액	원화금액	비고
⑨합계	3	402,000.00	557,760,000	
⑩수출재화[=⑫합계]	2	102,000.00	137,760,000	
⑪기타영세율적용	1	300,000.00	420,000,000	

No	□	(13)수출신고번호	(14)선(기)적일자	(15)통화코드	(16)환율	금액 (17)외화	금액 (18)원화	전표정보 거래처코드	전표정보 거래처명
1	□	33852-22-458225X	2025-07-20	USD	1,350.0000	100,000.00	135,000,000		
2	□	85220-28-129820X	2025-07-26	USD	1,380.0000	2,000.00	2,760,000		

• ⑪기타영세율적용: $300,000 × 1,400원/$=420,000,000원

② [영세율매출명세서] 탭

조회기간 2025년 7월~9월을 입력하고 다음과 같이 작성한 후 해당 서식을 저장한다.

영세율매출명세서 1180 (주)정진산업 법인 16기 2025-01-01-202

조회기간 2025 년 07 월 ~ 2025 년 09 월 2기 예정

부가가치세법 조세특례제한법

(7)구분	(8)조문	(9)내용	(10)금액(원)
부가가치세법	제21조	직접수출(대행수출 포함)	137,560,000
		중계무역 · 위탁판매 · 외국인도 또는 위탁가공무역 방식의 수출	
		내국신용장 · 구매확인서에 의하여 공급하는 재화	
		한국국제협력단 및 한국국제보건의료재단에 공급하는 해외반출용 재화	
		수탁가공무역 수출용으로 공급하는 재화	
	제22조	국외에서 제공하는 용역	
	제23조	선박 · 항공기에 의한 외국항행용역	
		국제복합운송계약에 의한 외국항행용역	
	제24조	국내에서 비거주자 · 외국법인에게 공급되는 재화 또는 용역	420,000,000
		수출재화임가공용역	
		외국항행 선박 · 항공기 등에 공급하는 재화 또는 용역	
		국내 주재 외교공관, 영사기관, 국제연합과 이에 준하는 국제기구, 국제연합군 또는 미국군에게 공급하는 재화 또는 용역	
		「관광진흥법 시행령」에 따른 일반여행업자가 외국인관광객에게 공급하는 관광알선용역	
		외국인전용판매장 또는 주한외국군인 등의 전용 유흥음식점에서 공급하는 재화 또는 용역	
		외교관 등에게 공급하는 재화 또는 용역	
		외국인환자 유치용역	
(11) 부가가치세법에 따른 영세율 적용 공급실적 합계			557,560,000
(12) 조세특례제한법 및 그 밖의 법률에 따른 영세율 적용 공급실적 합계			
(13) 영세율 적용 공급실적 총 합계(11)+(12)			557,560,000

[2] [부가가치세신고서] 수정신고서 작성

① [부가가치세신고서]

조회기간 2025년 10월 1일~2025년 12월 31일, 신고구분 '2.수정신고', 신고차수 '1'을 선택한다. 다음과 같이 수정신고 금액을 추가 입력한 후 해당 서식을 저장한다.

부가가치세신고서 | 1180 (주)정진산업 | 법인 16기 2025-01-01~2025-12-31 | 부가세 2025 | 인사 2025

⊗ 닫기 | 인쇄 | 조회 | 최근

≡ CF2 부가세작성관리 | F3 마감 | SF3부속서류편집 | CF3 직전년도매출액확인 | F4 과표명세 ▾ | F6 환급 | F7 저장 | F8 사업장명세 ▾ | F11 원시데이타켜기 | CF11 작성방법켜기

일반과세 | 간이과세

조회기간 2025 년 10 월 1 일 ~ 2025 년 12 월 31 일 신고구분 2.수정신고 신고차수 1 부가율 29.92

구분			번호	정기신고금액 금액	세율	세액	수정신고금액 금액	세율	세액
과세표준및매출세액	과세	세금계산서발급분	1	380,000,000	10/100	38,000,000	384,000,000	10/100	38,400,000
	과세	매입자발행세금계산서	2		10/100			10/100	
	과세	신용카드 · 현금영수증발행분	3		10/100		2,000,000	10/100	200,000
	과세	기타(정규영수증외매출분)	4						
	영세	세금계산서발급분	5		0/100			0/100	
	영세	기타	6		0/100			0/100	
	예정신고누락분		7						
	대손세액가감		8						
	합계		9	380,000,000	㉮	38,000,000	386,000,000	㉮	38,600,000
매입세액	세금계산서수취분	일반매입	10	270,500,000		27,050,000	270,500,000		27,050,000
	세금계산서수취분	수출기업수입분납부유예	10-1						
	세금계산서수취분	고정자산매입	11				25,000,000		2,500,000
	예정신고누락분		12						
	매입자발행세금계산서		13						
	그 밖의 공제매입세액		14						
	합계(10)-(10-1)+(11)+(12)+(13)+(14)		15	270,500,000		27,050,000	295,500,000		29,550,000
	공제받지못할매입세액		16				25,000,000		2,500,000
	차감계 (15-16)		17	270,500,000	㉯	27,050,000	270,500,000	㉯	27,050,000
납부(환급)세액(매출세액㉮-매입세액㉯)					㉰	10,950,000		㉰	11,550,000
경감공제세액	그 밖의 경감 · 공제세액		18						
	신용카드매출전표등 발행공제등		19						
	합계		20		㉱			㉱	
소규모 개인사업자 부가가치세 감면세액			20-1		㉲			㉲	
예정신고미환급세액			21		㉳			㉳	
예정고지세액			22		㉴			㉴	
사업양수자의 대리납부 기납부세액			23		㉵			㉵	
매입자 납부특례 기납부세액			24		㉶			㉶	
신용카드업자의 대리납부 기납부세액			25		㉷			㉷	
가산세액계			26		㉸			㉸	8,508
차가감하여 납부할세액(환급받을세액)㉰-㉱-㉲-㉳-㉴-㉵-㉶-㉷+㉸					27	10,950,000		27	11,558,508

부가세신고서 2쪽 수정신고

구분	번호	금액	세율	세액	금액	세율	세액
16.공제받지못할매입세액							
공제받지못할 매입세액	50				25,000,000		2,500,000
공통매입세액면세등사업분	51						
대손처분받은세액	52						
합계	53				25,000,000		2,500,000
18.그 밖의 경감·공제세액							
전자신고 및 전자고지 세액공제	54						
전자세금계산서발급세액공제	55						
택시운송사업자경감세액	56						
대리납부세액공제	57						
현금영수증사업자세액공제	58						
기타	59						
합계	60						

② 가산세 계산

부가가치세신고서 | 1180 (주)정진산업 | 법인 16기 2025-01-01-2025-12-31 | 부가세 2025 | 인사 2025

⊗닫기 | 인쇄 | 조회 | 최근

CF2 부가세작성관리 | F3 마감 | SF3부속서류편집 | CF3 작전년도매출액확인 | F4 과표명세 ▾ | F6 환급 | F7 저장 | F8 사업장명세 ▾ | F11 원시데이타켜기 | CF11 작성방법켜기

일반과세 | 간이과세

조회기간 2025 년 10 월 1 일 ~ 2025 년 12 월 31 일 신고구분 2.수정신고 신고차수 1 부가율 29.92

부가세신고서 2쪽 수정신고

25.가산세명세		코드	금액	세율	세액
사업자미등록등		61		1/100	
세금계산서	지연발급 등	62		1/100	
	지연수취	63		5/1,000	
	미발급 등	64		뒤쪽참조	
전자세금발급명세	지연전송	65		3/1,000	
	미전송	66		5/1,000	
세금계산서합계표	제출불성실	67		5/1,000	
	지연제출	68		3/1,000	
신고불성실	무신고(일반)	69		뒤쪽	
	무신고(부당)	70		뒤쪽	
	과소·초과환급(일반)	71	600,000	뒤쪽	6,000
	과소·초과환급(부당)	72		뒤쪽	
납부지연		73	600,000	뒤쪽	2,508
영세율과세표준신고불성실		74		5/1,000	
현금매출명세서불성실		75		1/100	
부동산임대공급가액명세서		76		1/100	
매입자납부특례	거래계좌 미사용	77		뒤쪽	
	거래계좌 지연입금	78		뒤쪽	
신용카드매출전표등수령명세서미제출·과다기재		79		5/1,000	
합계		80			8,508

납부지연일수 계산

당초납부기한	2026 년 1 월 26 일
납부일 또는 고지일	2026 년 2 월 14 일
미납일수	19

확인[Tab] 취소[Esc]

• [71.신고불성실 – 과소 · 초과환급(일반)]: 금액 600,000원/세액 6,000원*

*600,000원×10%×(1 – 90%) = 6,000원

∵ 신고기한 경과 후 1개월 이내에 수정신고 시 90% 감면

• [73.납부지연]: 금액 600,000원/세액 2,508원*

*600,000원×19일×22/100,000=2,508원(원 미만 절사)

∴ [26.가산세액 계]: 가산세 합계 8,508원

③ 과세표준 명세

부가가치세신고서 상단 툴바 F4 과표명세 ▾ 를 클릭하면 나오는 다음의 입력창에서 과세표준명세 중 금액을 386,000,000원으로 수정하고 신고년월일을 '2026-02-14'로 추가 입력한다.

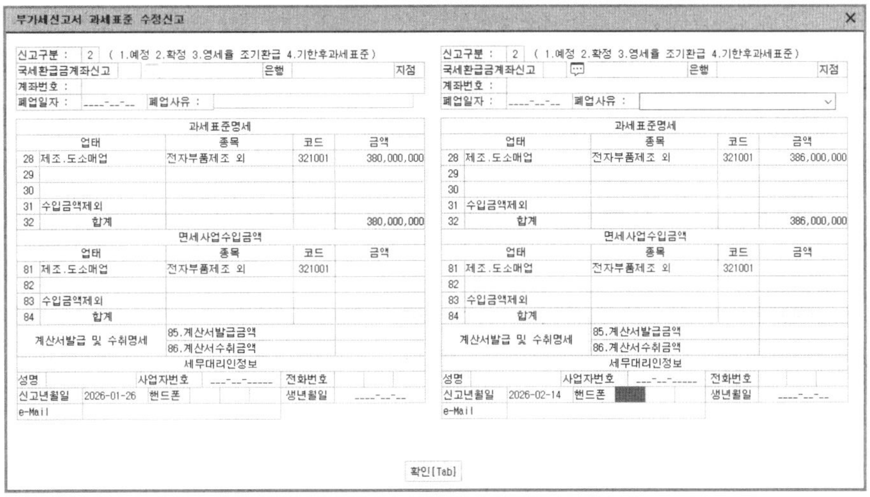

부가세신고서 과세표준 수정신고

(당초)

신고구분 : 2 (1.예정 2.확정 3.영세율 조기환급 4.기한후과세표준)

국세환급금계좌신고 | 은행 | 지점

계좌번호 :

폐업일자 : ----_--_-- 폐업사유 :

과세표준명세

	업태	종목	코드	금액
28	제조.도소매업	전자부품제조 외	321001	380,000,000
29				
30				
31	수입금액제외			
32	합계			380,000,000

면세사업수입금액

	업태	종목	코드	금액
81	제조.도소매업	전자부품제조 외	321001	
82				
83	수입금액제외			
84	합계			

계산서발급 및 수취명세: 85.계산서발급금액 / 86.계산서수취금액

세무대리인정보: 성명 | 사업자번호 ---_--_----- | 전화번호

신고년월일 2026-01-26 | 핸드폰 | 생년월일 ----_--_--

e-Mail

(수정)

신고구분 : 2 (1.예정 2.확정 3.영세율 조기환급 4.기한후과세표준)

국세환급금계좌신고 | 은행 | 지점

계좌번호 :

폐업일자 : ----_--_-- 폐업사유 :

과세표준명세

	업태	종목	코드	금액
28	제조.도소매업	전자부품제조 외	321001	386,000,000
29				
30				
31	수입금액제외			
32	합계			386,000,000

면세사업수입금액

	업태	종목	코드	금액
81	제조.도소매업	전자부품제조 외	321001	
82				
83	수입금액제외			
84	합계			

계산서발급 및 수취명세: 85.계산서발급금액 / 86.계산서수취금액

세무대리인정보: 성명 | 사업자번호 ---_--_----- | 전화번호

신고년월일 2026-02-14 | 핸드폰 | 생년월일 ----_--_--

e-Mail

확인[Tab]

④ [과세표준수정신고서및추가자진납부]

조회기간 2025년 10월~2025년 12월, 수정차수 '1'을 선택한다. 법정신고일은 '2026년 1월 26일', [수정신고사유]란에 '매입매출누락'을 입력한 후 해당 서식을 저장한다.

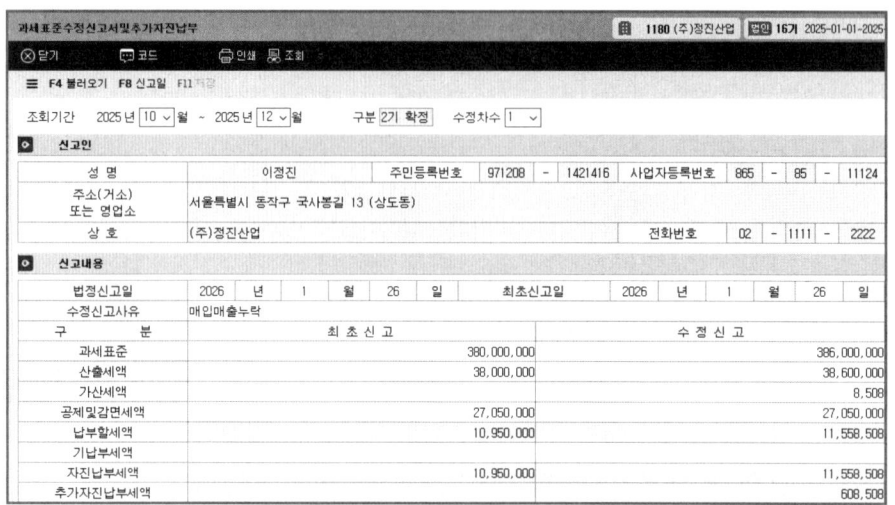

과세표준수정신고서및추가자진납부 | 1180 (주)정진산업 | 법인 16기 2025-01-01-2025

⊗닫기 코드 인쇄 조회

F4 불러오기 F8 신고일 F11저장

조회기간 2025년 10월 ~ 2025년 12월 구분 2기 확정 수정차수 1

신고인

성 명	이정진	주민등록번호	971208	-	1421416	사업자등록번호	865	-	85	- 11124
주소(거소) 또는 영업소	서울특별시 동작구 국사봉길 13 (상도동)									
상 호	(주)정진산업					전화번호	02	-	1111	- 2222

신고내용

법정신고일	2026	년	1	월	26	일	최초신고일	2026	년 1	월 26	일
수정신고사유	매입매출누락										

구 분	최 초 신 고	수 정 신 고
과세표준	380,000,000	386,000,000
산출세액	38,000,000	38,600,000
가산세액		8,508
공제및감면세액	27,050,000	27,050,000
납부할세액	10,950,000	11,558,508
기납부세액		
자진납부세액	10,950,000	11,558,508
추가자진납부세액		608,508

문 3 결산정리사항

[1] 수동결산-[일반전표입력] 12월 31일

(차) 외화장기차입금[로건은행] 2,000,000 (대) 외화환산이익 2,000,000*

* $40,000×(1,200원-1,250원)=2,000,000원

구분	계 정 과 목		거 래 처		적 요	차 변	대 변
차변	0305	외화장기차입금	98007	로건은행		2,000,000	
대변	0910	외화환산이익					2,000,000

[2] 수동결산-[일반전표입력] 12월 31일

(차) 임차료(판) 10,000,000 (대) 선급비용 10,000,000*

* 12,000,000원×10개월/12개월=10,000,000원

구분	계 정 과 목		거 래 처		적 요	차 변	대 변
차변	0819	임차료				10,000,000	
대변	0133	선급비용					10,000,000

[3] 수동결산-[일반전표입력] 12월 31일

(차) 미수수익 875,000 (대) 이자수익 875,000*1

이자비용 225,000*2 미지급비용 225,000

*1 150,000,000원×3.5%×2개월/12개월=875,000원

*2 60,000,000원×4.5%×1개월/12개월=225,000원

구분	계 정 과 목		거 래 처		적 요	차 변	대 변
차변	0116	미수수익				875,000	
차변	0951	이자비용				225,000	
대변	0901	이자수익					875,000
대변	0262	미지급비용					225,000

[4] 수동결산 또는 자동결산

① 수동결산: [일반전표입력] 12월 31일

(차) 무형자산상각비(판) 300,000* (대) 개발비 300,000

*무형자산상각비 : 900,000원÷3년=300,000원

구분	계 정 과 목		거 래 처		적 요		차 변	대 변
차변	0840	무형자산상각비					300,000	
대변	0226	개발비						300,000

② 자동결산: [결산자료입력] 기간 2025년 1월~2025년 12월

[4. 판매비와 일반관리비] – [6).무형자산상각비 중 개발비]란에 300,000원을 입력한 후 상단 툴바의 **F3 전표추가** 를 반드시 클릭하여 해당 기말수정분개를 [일반전표입력] 메뉴 12월 31일자에 자동 반영시킨다.

±	코드	과 목	결산분개금액	결산전금액	결산반영금액	결산후금액
	0840	6). 무형자산상각비			300,000	300,000
	0226	개발비			300,000	300,000

문 4 원천징수

[1] [사원등록]

① [기본사항] 탭

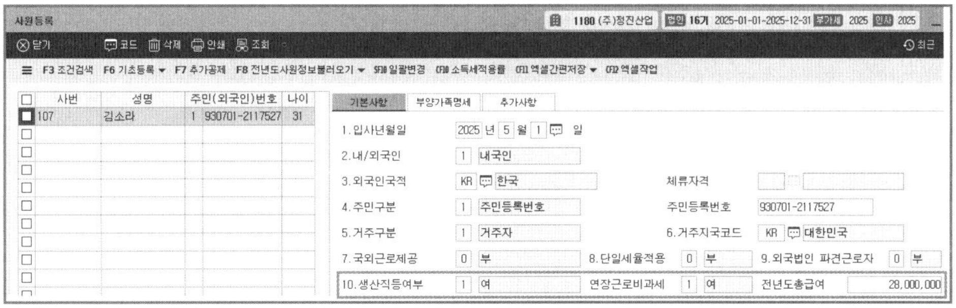

• 생산직여부 '1.여', 연장근로비과세 '1.여'로 선택하고 [전년도총급여]란에 "28,000,000"을 입력한다.

② [부양가족명세] 탭

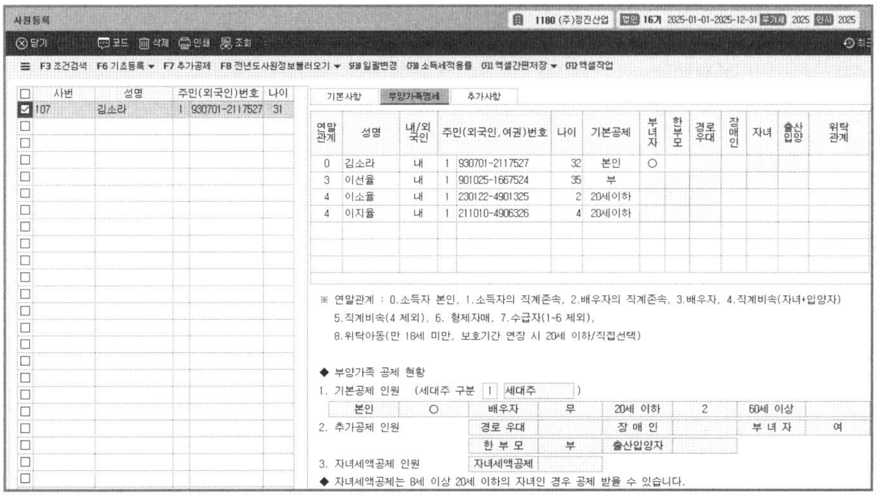

연말관계	성명	내/외국인		주민(외국인,여권)번호	나이	기본공제	부녀자	한부모	경로우대	장애인	자녀	출산입양	위탁관계
0	김소라	내	1	930701-2117527	32	본인	○						
3	이선율	내	1	901025-1667524	35	부							
4	이소율	내	1	230122-4901325	2	20세이하							
4	이지율	내	1	211010-4906326	4	20세이하							

※ 연말관계 : 0.소득자 본인, 1.소득자의 직계존속, 2.배우자의 직계존속, 3.배우자, 4.직계비속(자녀+입양자)
5.직계비속(4 제외), 6. 형제자매, 7.수급자(1~6 제외),
8.위탁아동(만 18세 미만, 보호기간 연장 시 20세 이하/직접선택)

◆ 부양가족 공제 현황

1. 기본공제 인원 (세대주 구분 1 세대주)

1. 기본공제 인원	본인	○	배우자	무	20세 이하	2	60세 이상	
2. 추가공제 인원			경로 우대		장 애 인		부 녀 자	여
			한 부 모	부	출산입양자			
3. 자녀세액공제 인원			자녀세액공제					

◆ 자녀세액공제는 8세 이상 20세 이하의 자녀인 경우 공제 받을 수 있습니다.

• 부양가족이 있는 여성근로자로 총급여액이 41,470,588원 미만이므로 부녀자공제 적용이 가능하다.

• 배우자 이선율은 소득금액이 기준금액을 초과하여 기본공제대상자에 해당하지 않으므로 [기본공제] '0:부'를 선택한다.

③ [추가사항] 탭

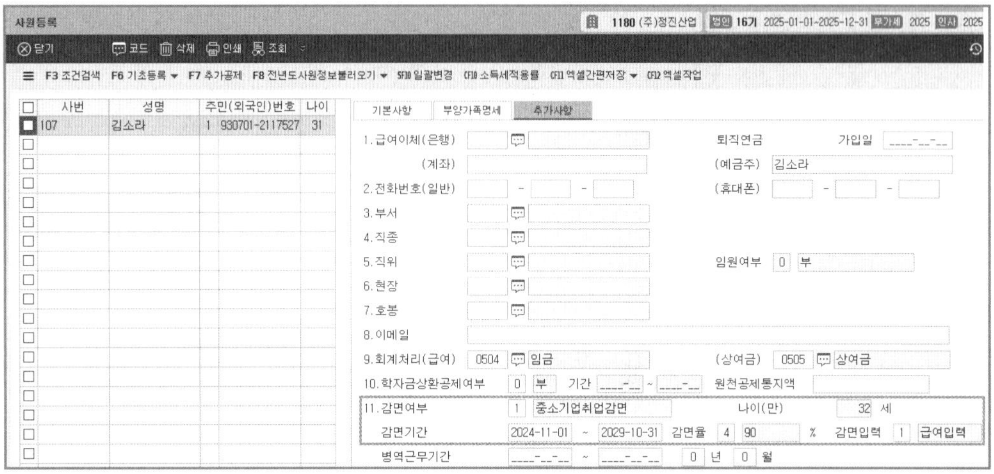

• [11.감면여부]란 '1.중소기업취업감면'을 체크한 후 [감면기간]란 '2024-11-01~2029-10-31', [감면율]란에 '4.90%'를 선택한다.

[2] [사업소득자등록] 및 [사업소득자료입력], [원천징수이행상황신고서] 작성 · 마감 후 전자신고

① [사업소득자등록]

• 이정이

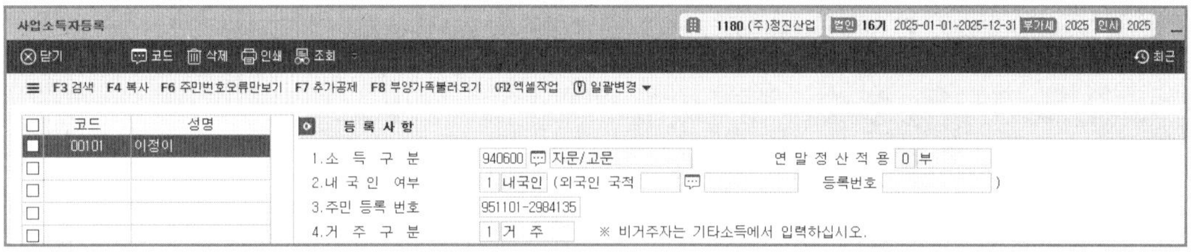

• 남주혁

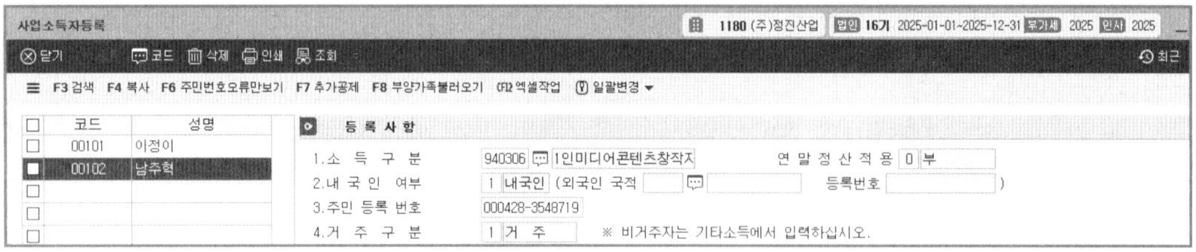

② [사업소득자료입력]

• 이정이

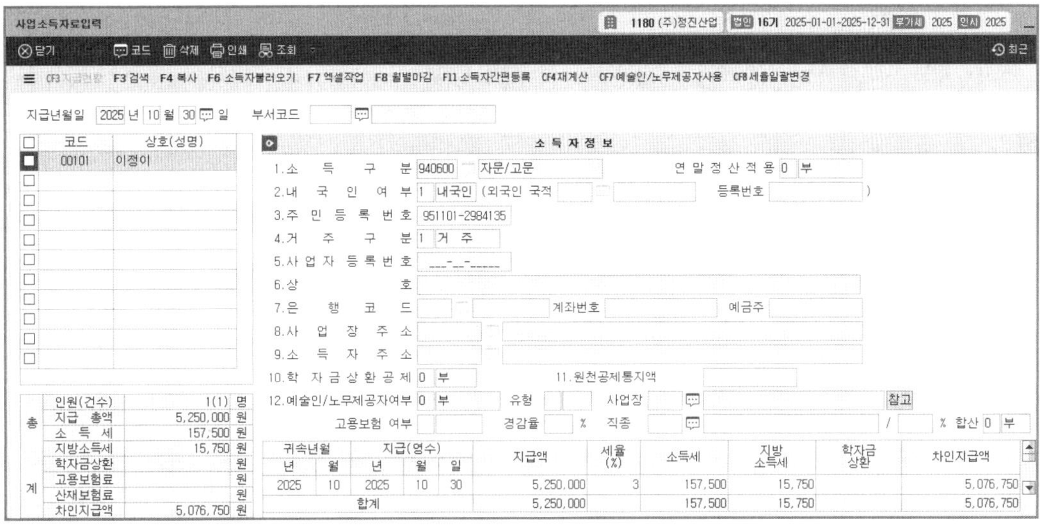

귀속년월 년	귀속년월 월	지급(영수) 년	지급(영수) 월	지급(영수) 일	지급액	세율(%)	소득세	지방소득세	학자금상환	차인지급액
2025	10	2025	10	30	5,250,000	3	157,500	15,750		5,076,750
합계					5,250,000		157,500	15,750		5,076,750

• 남주혁

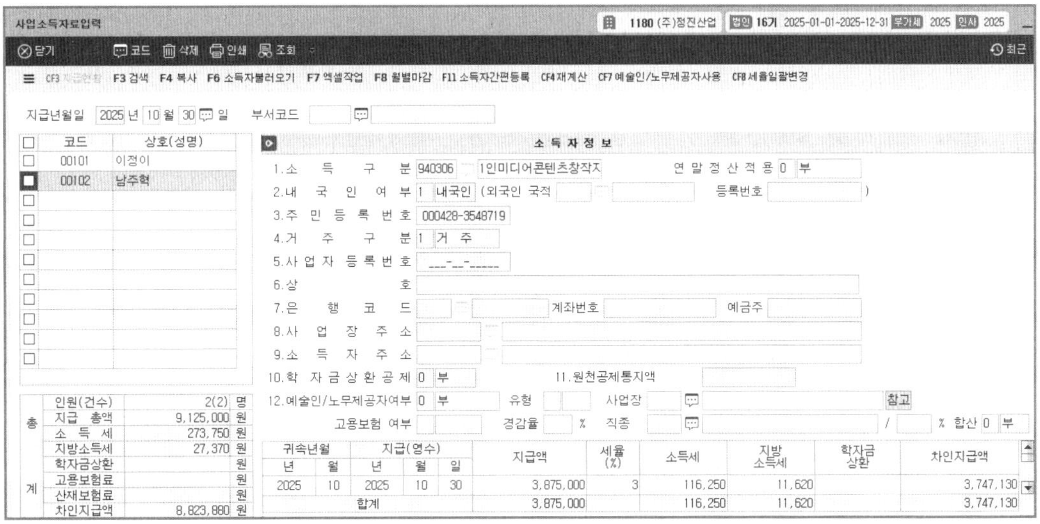

귀속년월 년	귀속년월 월	지급(영수) 년	지급(영수) 월	지급(영수) 일	지급액	세율(%)	소득세	지방소득세	학자금상환	차인지급액
2025	10	2025	10	30	3,875,000	3	116,250	11,620		3,747,130
합계					3,875,000		116,250	11,620		3,747,130

③ [원천징수이행상황신고서] 작성 및 마감 후 전자신고

• [원천징수이행상황신고서]

조회기간 '2025년 10월~10월', 지급기간 '2025년 10월~10월, 신고구분 '1.정기신고'을 입력하고 해당 서식을 마감한다.

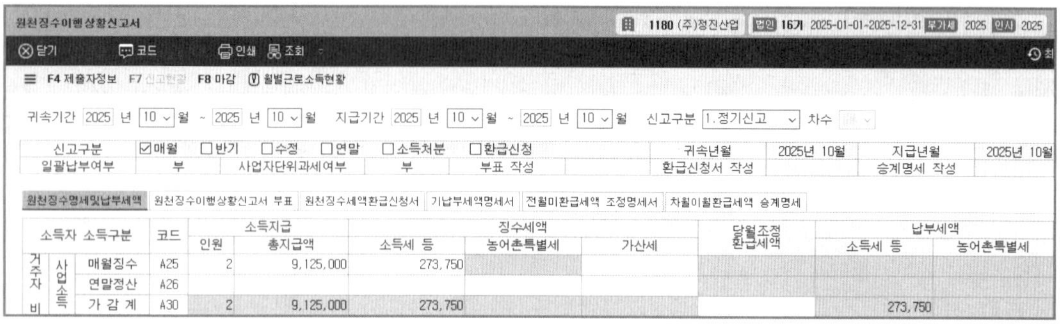

• [전자신고] – [원천징수이행상황제작] 탭

신고인구분 '2.납세자자진신고', 지급기간 '2025년 10월~2025년 10월'을 입력하고 상단 툴바 **F4 제작** 을 클릭한다. 비밀번호는 '12345678'로 입력하고 상단 툴바 **F6 홈택스바로가기** 를 클릭한다.

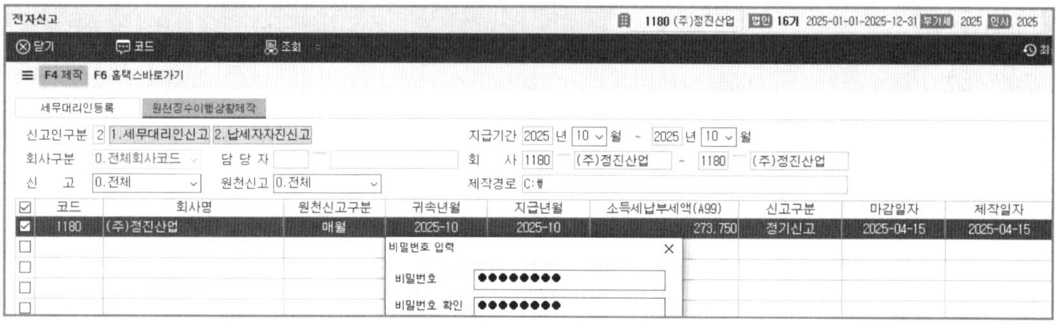

• [국세청 홈택스 전자신고변환(교육용)]

변환대상파일선택에서 **찾아보기** 를 눌러 [내 컴퓨터]–[C드라이브]에 제작된 파일을 불러온다.

– 하단의 **형식검증하기** 를 클릭하여 전자파일 제작 시 등록한 비밀번호 "12345678"을 입력한다.

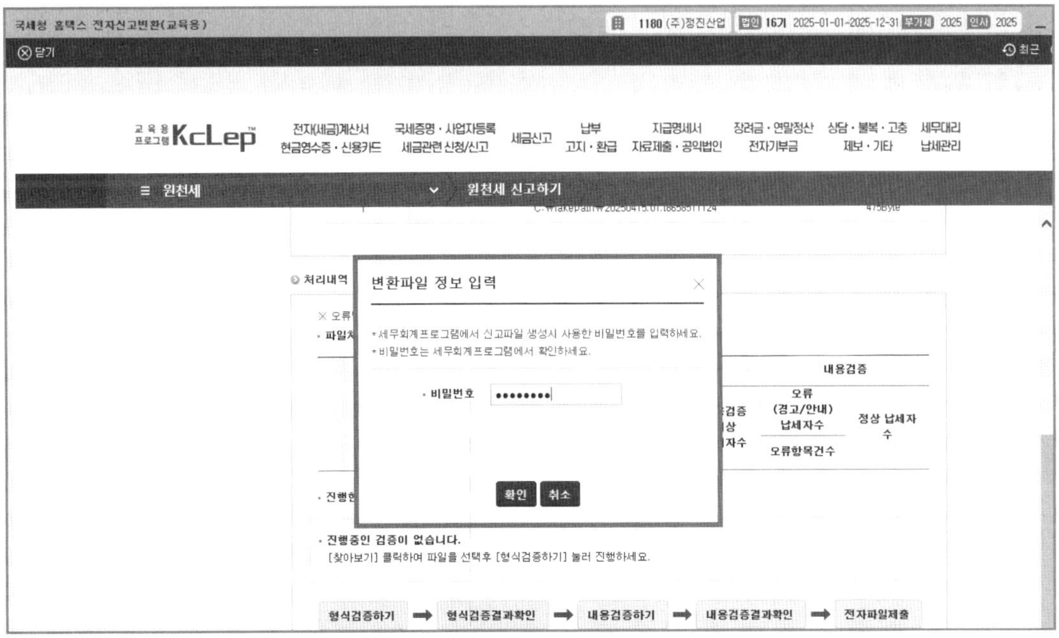

– **형식검증결과확인** → **내용검증하기** → **내용검증결과확인** 순서대로 전자신고파일을 검증한다. 파일이 오류인 경우 오류항목 건수에서 표시가 되며 건수를 클릭하면 결과를 조회할 수 있다.

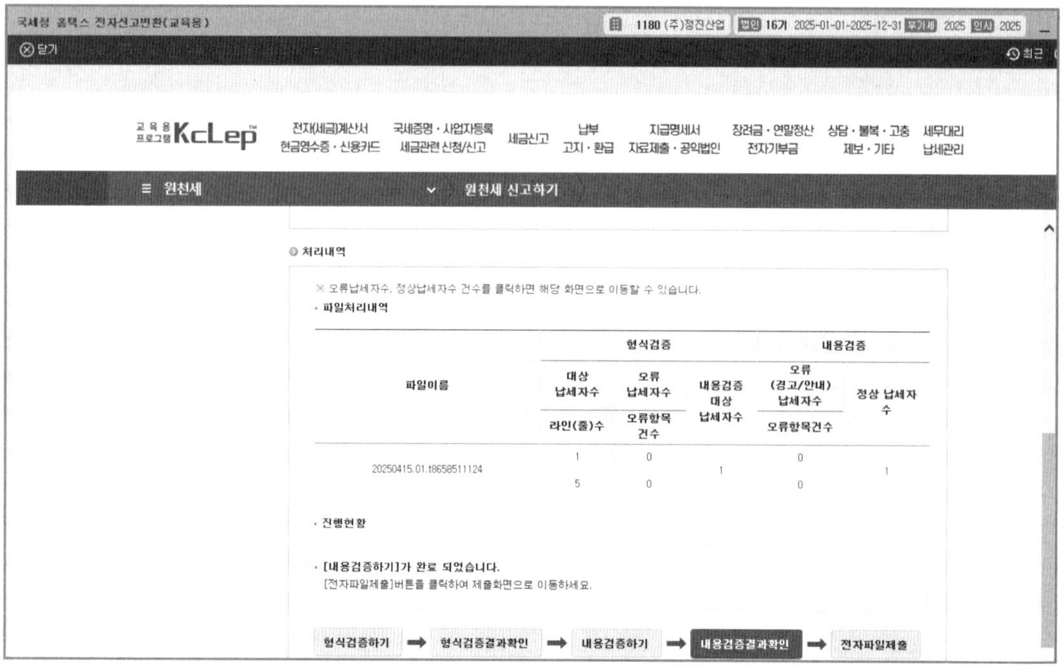

– 정상납세자수를 확인하고 **전자파일제출** 을 클릭하면 정상 변환된 제출 가능한 신고서 목록이 조회된다. **전자파일 제출하기** 를 클릭하여 전자신고파일을 제출한다.

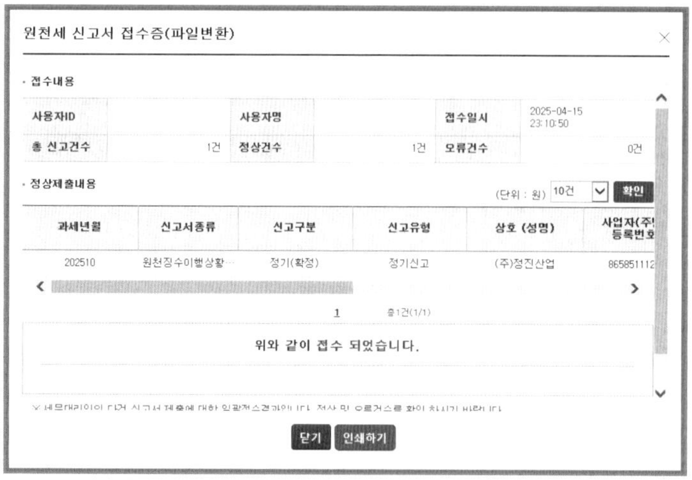

문 5 법인세무조정

[1] [기업업무추진비조정명세서]

① [1.기업업무추진비 입력(을)] 탭

상단 툴바의 F12 불러오기 를 클릭하여 해당 란의 금액들을 불러온다.

기업업무추진비조정명세서 정기 | 1181 (주)호두전자 | 법인 17기 2025-01-01~2025-

⊗닫기 코드 삭제 인쇄 조회

≡ F3 조정등록 CF5 전체삭제 F6 계정과목 설정 F7 원장조회 F11 저장 F12 불러오기

1.기업업무추진비 입력 (을) | 2.기업업무추진비 조정 (갑)

1 1. 수입금액명세

구 분	1. 일반수입금액	2. 특수관계인간 거래금액	3. 합 계(1+2)
금 액	2,885,800,000	254,000,000	3,139,800,000

2 2. 기업업무추진비 해당금액

4. 계정과목			합계	기업업무추진비(제조)	기업업무추진비(판관)	광고선전비		
5. 계정금액			52,795,000	33,345,000	10,650,000	8,800,000		
6. 기업업무추진비계상액 중 사적사용경비								
7. 기업업무추진비해당금액(5-6)			52,795,000	33,345,000	10,650,000	8,800,000		
8. 신용카드 등 미사용금액	경조사비 중 기준금액 초과액	9. 신용카드 등 미사용금액	324,000	324,000				
		10. 총 초과금액	324,000	324,000				
	국외지역 지출액 (법인세법 시행령 제41조제2항제1호)	11. 신용카드 등 미사용금액						
		12. 총 지출액						
	농어민 지출액 (법인세법 시행령 제41조제2항제2호)	13. 송금명세서 미제출금액						
		14. 총 지출액						
	기업업무추진비 중 기준금액 초과액	15. 신용카드 등 미사용금액	105,000		105,000			
		16. 총 초과금액	42,746,000	32,706,000	10,040,000			
	17. 신용카드 등 미사용 부인액		429,000	324,000	105,000			
18. 기업업무추진비 부인액(6+17)			429,000	324,000	105,000			

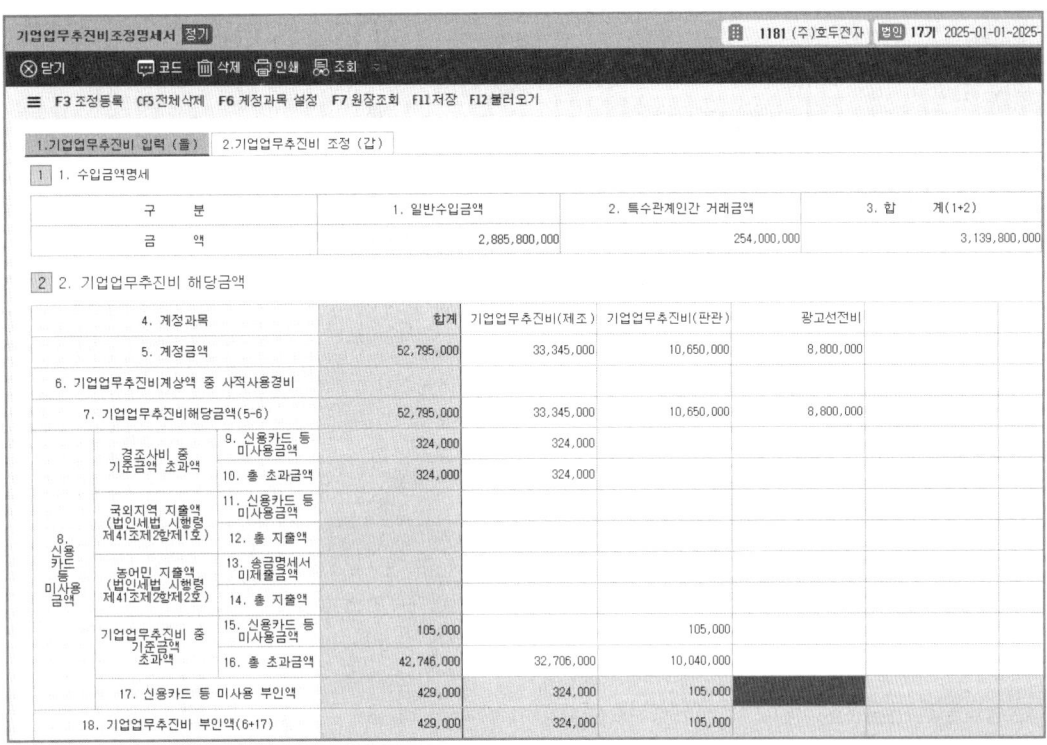

- [2.특수관계인 간 거래금액]란에 254,000,000원을 입력한다.
- [4.계정과목]란에 키보드의 F2를 이용하여 '광고선전비'를 입력한다. 현물기업업무추진비는 시가로 평가하므로 [5.계정금액]란은 8,800,000원(=시가 8,000,000원+부가가치세 800,000원)을 입력한다.
- 상단 툴바의 F3 조정등록 을 이용하여 다음과 같이 세무조정한다.

〈손금불산입〉 신용카드 미사용 기업업무추진비 429,000원(기타사외유출)
또는, 기업업무추진비 신용카드미사용액 세무조정을 다음과 같이 제조원가와 판관비로 구분하여 입력해도 된다.
〈손금불산입〉 신용카드 미사용 기업업무추진비 324,000원(기타사외유출)
〈손금불산입〉 신용카드 미사용 기업업무추진비 105,000원(기타사외유출)

② [2.기업업무추진비 조정(갑)] 탭

기업업무추진비조정명세서 정기 | 1181 (주)호두전자 | 법인 17기 2025-01-01~2025-12

⊗ 닫기 | 코드 | 삭제 | 인쇄 | 조회

≡ F3 조정등록 | CF5 전체삭제 | F6 계정과목 설정 | F7 원장조회 | F11 저장 | F12 불러오기

1.기업업무추진비 입력 (을) | 2.기업업무추진비 조정 (갑)

3 기업업무추진비 한도초과액 조정

중소기업

☐ 정부출자법인
☐ 부동산임대업등(법.령제42조제2항)

구분			금액
1. 기업업무추진비 해당 금액			52,795,000
2. 기준금액 초과 기업업무추진비 중 신용카드 등 미사용으로 인한 손금불산입액			429,000
3. 차감 기업업무추진비 해당금액(1-2)			52,366,000
일반 기업업무추진비 한도	4. 12,000,000 (중소기업 36,000,000) X 월수(12) / 12		36,000,000
	총수입금액 기준	100억원 이하의 금액 X 30/10,000	9,419,400
		100억원 초과 500억원 이하의 금액 X 20/10,000	
		500억원 초과 금액 X 3/10,000	
		5. 소계	9,419,400
	일반수입금액 기준	100억원 이하의 금액 X 30/10,000	8,657,400
		100억원 초과 500억원 이하의 금액 X 20/10,000	
		500억원 초과 금액 X 3/10,000	
		6. 소계	8,657,400
	7. 수입금액기준	(5-6) X 10/100	76,200
	8. 일반기업업무추진비 한도액 (4+6+7)		44,733,600
문화기업업무추진비 한도(「조특법」 제136조제3항)	9. 문화기업업무추진비 지출액		
	10. 문화기업업무추진비 한도액(9와 (8 X 20/100) 중 작은 금액)		
전통시장기업업무추진비 한도(「조특법」 제136조제6항)	11. 전통시장기업업무추진비 지출액		
	12. 전통시장기업업무추진비 한도액(11과 (8 X 10/100) 중 작은 금액)		
13. 기업업무추진비 한도액 합계(8+10+12)			44,733,600
14. 한도초과액(3-13)			7,632,400
15. 손금산입한도 내 기업업무추진비 지출액(3과 13중 작은 금액)			44,733,600

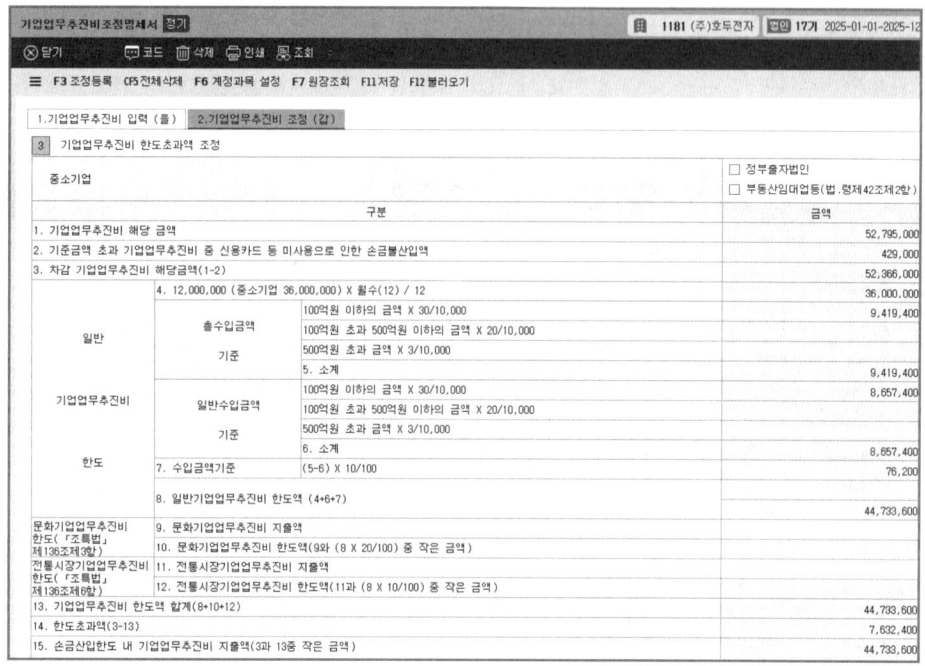

• 상단 툴바의 **F3 조정등록**을 이용하여 다음과 같이 세무조정한 후 저장한다.

> 〈손금불산입〉 기업업무추진비 한도 초과 7,632,400원(기타사외유출)

[2] [대손충당금및대손금조정명세서]

대손충당금및대손금조정명세서 정기 | 1181 (주)호두전자 | 법인 17기 2025-01-01~2025-12-31 | 부가세 2025 | 인사 2025

⊗ 닫기 | 코드 | 삭제 | 인쇄 | 조회 | 최근

≡ F3 조정등록 | CF5 전체삭제 | F7 원장조회 | F8 잔액조회 | F11 저장 | F12 불러오기

대손금/대손충당금 | 해외건설자회사

1 2. 대손금조정 (크게보기)

No	22. 일자	23. 계정과목	24. 채권내역	25. 대손사유	26. 금액	대손충당금상계액 27. 계	28. 시인액	29. 부인액	당기 손비계상액 30. 계	31. 시인액	32. 부인액
1	07.15	외상매출금	1.매출채권	6.소멸시효완성	3,000,000	3,000,000	3,000,000				
2											
		계			3,000,000	3,000,000	3,000,000				

2 1.대손충당금조정 (크게보기)

	No	16. 계정과목	17. 채권잔액의 장부가액	18. 기말현재대손금부인누계 전기	18. 기말현재대손금부인누계 당기	19. 합계 (17+18)	20. 충당금설정제외채권 (할인,배서,특수채권)	21. 채권잔액 (19-20)
채권 잔액	1	외상매출금	500,000,000	5,000,000		505,000,000		505,000,000
	2	미수금	35,000,000			35,000,000		35,000,000
	3							
		계	535,000,000	5,000,000		540,000,000		540,000,000

손금산입액 조정	1. 채권잔액 (21의금액)	2. 설정률(%) ○기본율	◉실적율	○적립기준	3. 한도액 (1×2)	회사계상액 4. 당기계상액	5. 보충액	6. 계	7. 한도초과액 (6-3)
	540,000,000		1.5		8,100,000	5,500,000	15,000,000	20,500,000	12,400,000

익금산입액 조정	8. 장부상 충당금기초잔액	9. 기중 충당금환입액	10. 충당금부인 누계액	11. 당기대손금 상계액(27의금액)	12. 충당금보충액 (충당금장부잔액)	13. 환입할금액 (8-9-10-11-12)	14. 회사환입액 (회사기말환입)	15. 과소환입 · 과다환입(△)(13-14)
	18,000,000		8,000,000	3,000,000	15,000,000	-8,000,000		-8,000,000

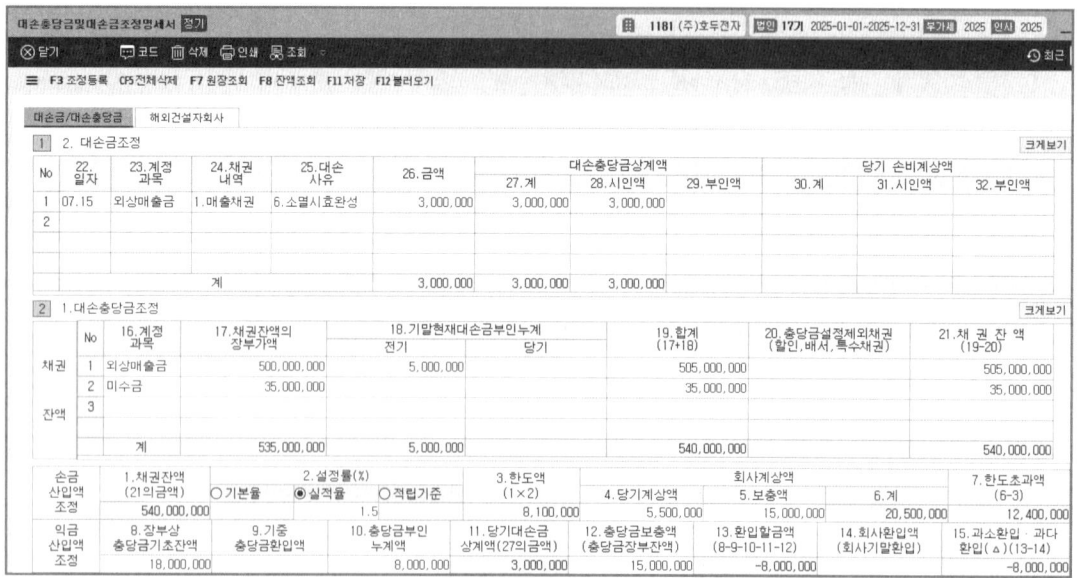

• 7월 15일 회수불가능 외상매출금 상계액은 대손요건을 충족하였으므로 [28.시인액]란에 3,000,000원을 입력한다.

• 전기 이전에 대손처리한 외상매출금에 대한 대손 요건 미충족으로 인한 유보금액 잔액 5,000,000원은 [18.기말 현재 대손금부인누계－전기]란에 입력한다.

• [2.설정률(%)－실적율]란에 '1.5'을 입력한다.

- [회사계상액-4.당기 계상액]란에 대손충당금 당기 설정액 5,500,000원, [회사계상액-5.보충액]란에 15,000,000원(기말잔액 20,500,000원-설정액 5,500,000원)을 입력하여 [회사계상액-6.계]란의 금액을 기말 대손충당금 잔액인 20,500,000원으로 반영시킨다.
- 대손충당금 한도액은 [3.한도액]란의 8,100,000원, 회사계상액은 [6.계]란의 20,500,000원이다. 두 금액의 차액인 한도 초과액 12,400,000원을 상단 툴바의 **F3 조정등록**을 이용하여 다음과 같이 세무조정한다.

〈손금불산입〉 대손충당금 한도 초과액 12,400,000원(유보 발생)

- [8.장부상 충당금 기초 잔액]란에 18,000,000원, [10.충당금부인누계액]란에 8,000,000원을 입력한다. [15.과소환입 · 과다환입(△)]란의 -8,000,000원은 과다환입이므로 상단 툴바의 **F3 조정등록**을 이용하여 다음과 같이 세무조정한 후 [대손충당금 및 대손금 조정 명세서]를 저장한다.

〈손금산입〉 전기 대손충당금 한도 초과액 8,000,000원(유보 감소)

[3] [가산세액계산서]

[가산세액 계산서]-[미제출 가산세] 탭: 다음과 같이 직접 작성한 후 해당 서식을 저장한다.

가산세액계산서 정기 | 1181 (주)호두전자 | 법인 17기 2025-01-01~2025-

⊗닫기 코드 삭제 인쇄 조회

F3 조정등록 CF5 전체삭제 F6 납부일 F11 저장 F12 불러오기

신고납부가산세 | 미제출가산세 | 토지등양도소득가산세 | 미환류소득

구분		계산기준	기준금액	가산세율	코드	가산세액
지출증명서류		미(허위)수취금액	11,500,000	2/100	8	230,000
지급 명세서	미(누락)제출	미(누락)제출금액		10/1,000	9	
	불분명	불분명금액		1/100	10	
	상증법 82조 1 6	미(누락)제출금액		2/1,000	61	
		불분명금액		2/1,000	62	
	상증법 82조 3 4	미(누락)제출금액		2/10,000	67	
		불분명금액		2/10,000	68	
	법인세법 제75의7①(일용근로)	미제출금액		25/10,000	96	
		불분명등		25/10,000	97	
	법인세법 제75의7①(간이지급명세서)	미제출금액	20,000,000	25/10,000	102	50,000
		불분명등		25/10,000	103	
	소 계				11	50,000
업무용승용차 관리비용 명세서		미제출금액	12,000,000	1/100	100	120,000
		불성실금액		1/100	101	
합 계					21	400,000

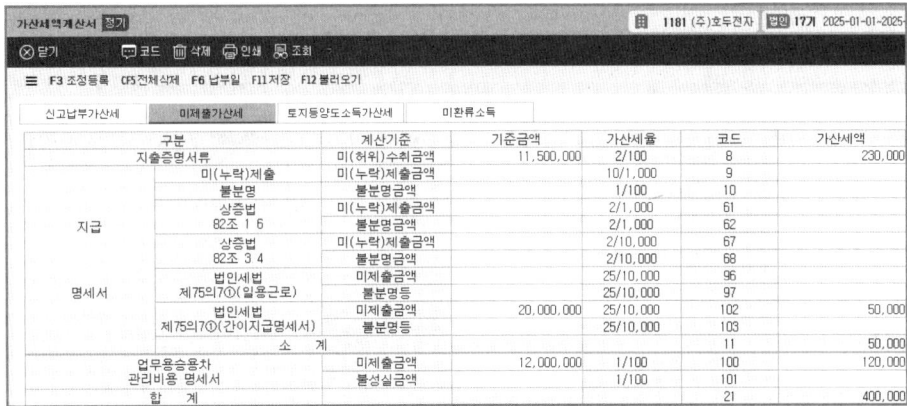

- 지출증명서류 미수취: 11,500,000원×2%=230,000원
- 간이지급명세서 미제출: 20,000,000원×0.25%=50,000원

∵ 8월분 사업소득 간이지급명세서의 제출기한은 8월이 속하는 달의 다음 달 말일인 9월 30일이며 제출기한 경과 후 1개월 이후 제출 시 0.25% 가산세를 적용한다.

- 업무용승용차 관련 비용명세서 가산세: 12,000,000원×1%=120,000원

[4] [자본금과적립금조정명세서(갑,을)]

① [자본금과 적립금 조정 명세서(을)] 탭

상단 툴바 [CF5 전체삭제]를 클릭하여 기존에 입력된 데이터를 모두 삭제한 후 문제에 제시된 내용을 다음과 같이 입력한다.

자본금과적립금조정명세서 정기 | 1181 (주)호두전자 법인 17기 2025-01-01~2025-12-31 부가세 2025 인사 2025

⊗닫기 코드 삭제 인쇄 조회

≡ F3 조정등록 CF5 전체삭제 F6 직접입력 SF6 행 아래로 삽입 F8 잔액조회 F11 저장 F12 불러오기

자본금과적립금조정명세서(을) | 자본금과적립금조정명세서(병) | 자본금과적립금조정명세서(갑) | 이월결손금

Ⅰ.세무조정유보소득계산

①과목 또는 사항	②기초잔액	당기중증감 ③감 소	당기중증감 ④증 가	⑤기말잔액 (=②-③+④)	비 고
건물 등 감가상각 한도초과	6,500,000		3,500,000	10,000,000	
차량운반구 감가상각비 한도초과	3,500,000	3,500,000			
선급비용	1,500,000	1,500,000			
단기매매증권평가이익	-2,000,000	-1,000,000		-1,000,000	
합 계	9,500,000	4,000,000	3,500,000	9,000,000	

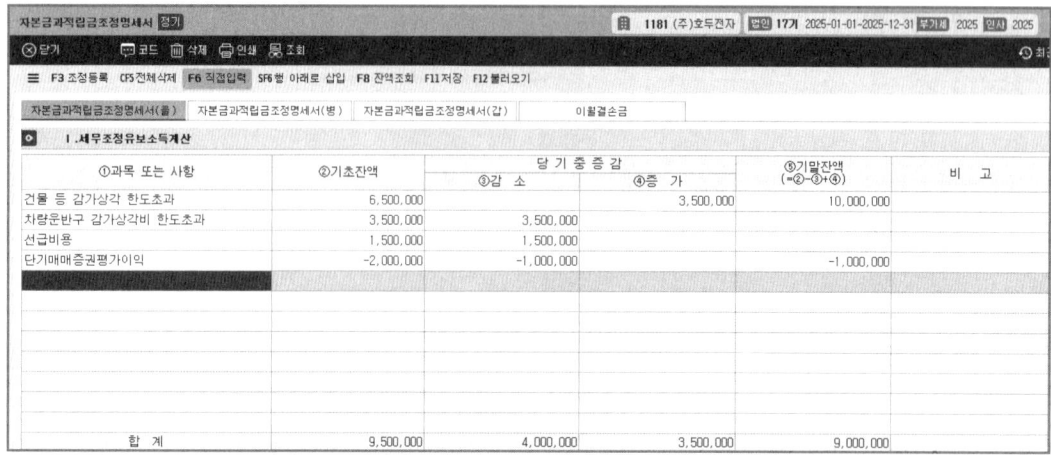

② [자본금과 적립금 조정 명세서(갑)] 탭

문제에서 제시된 내용을 다음과 같이 추가 입력한 후 해당 서식을 저장한다.

자본금과적립금조정명세서 정기 | 1181 (주)호두전자 법인 17기 2025-01-01~2025-12-31 부가세 2025 인사 2025

⊗닫기 코드 삭제 인쇄 조회

≡ F3 조정등록 CF5 전체삭제 F6 직접입력 SF6 행 아래로 삽입 F8 잔액조회 F11 저장 F12 불러오기

자본금과적립금조정명세서(을) | 자본금과적립금조정명세서(병) | 자본금과적립금조정명세서(갑) | 이월결손금

Ⅰ.자본금과 적립금 계산서

①과목 또는 사항		코드	②기초잔액	당기중증감 ③감 소	당기중증감 ④증 가	⑤기말잔액 (=②-③+④)	비 고
자본금및 잉여금의 계산	1.자 본 금	01	200,000,000		100,000,000	300,000,000	
	2.자 본 잉 여 금	02					
	3.자 본 조 정	15					
	4.기타포괄손익누계액	18					
	5.이 익 잉 여 금	14	154,000,000		101,000,000	255,000,000	
	12.기타	17					
	6.계	20	354,000,000		201,000,000	555,000,000	
7.자본금과 적립금명세서(을)계 + (병)계		21	9,500,000	4,000,000	3,500,000	9,000,000	
손익미계상 법인세 등	8.법 인 세	22			1,070,000	1,070,000	
	9.지 방 소 득 세	23			107,000	107,000	
	10. 계 (8+9)	30			1,177,000	1,177,000	
11.차 가 감 계 (6+7-10)		31	363,500,000	4,000,000	203,323,000	562,823,000	

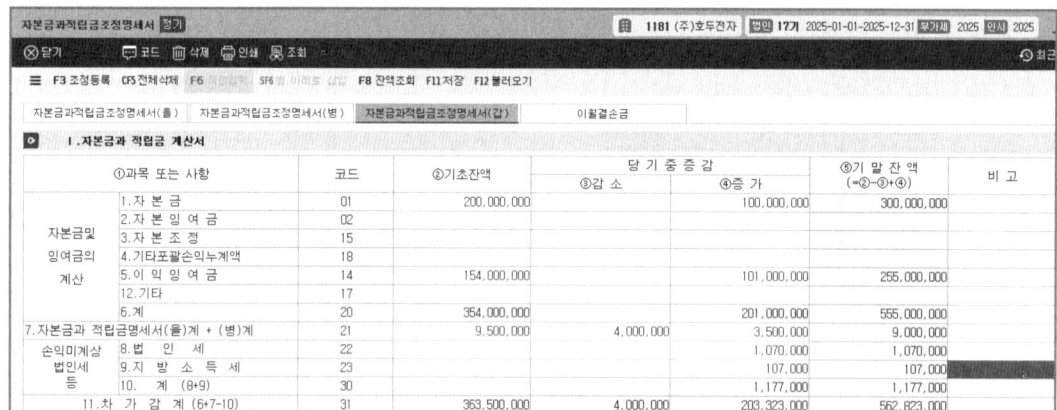

• I/S 법인세비용을 과소계상하면 기업회계상 자본이 세무회계상 자본보다 과대계상되므로 [손익미계상 법인세 등]–[8.법인세–④증가]란에 '1,070,000원', [9.지방소득세–④증가]란에 '107,000원'을 입력한다.

[5] [주식등변동상황명세서]

① [주식등변동상황명세서] 탭

상단 툴바 [CF8 전년도불러오기]를 클릭하여 실행한다.

• 자본금(출자금) 변동상황

자본금(출자금) 변동상황의 [?]를 클릭하면 나타나는 다음의 입력창을 확인한다.

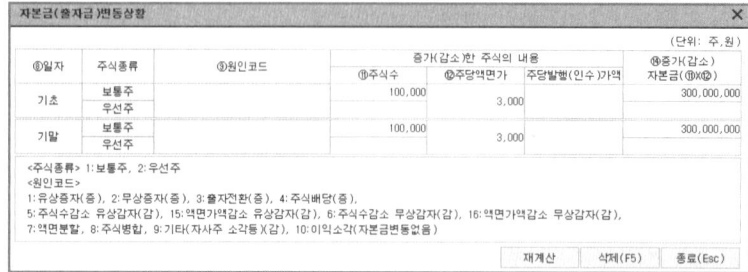

자본금(출자금)변동상황

(단위: 주,원)

⑧일자	주식종류	⑨원인코드	증가(감소)한 주식의 내용 ⑪주식수	⑫주당액면가	주당발행(인수)가액	⑭증가(감소) 자본금(⑪X⑫)
기초	보통주		100,000	3,000		300,000,000
	우선주					
기말	보통주		100,000	3,000		300,000,000
	우선주					

<주식종류> 1:보통주, 2:우선주
<원인코드>
1:유상증자(증), 2:무상증자(증), 3:출자전환(증), 4:주식배당(증),
5:주식수감소 유상감자(감), 15:액면가액감소 유상감자(감), 6:주식수감소 무상감자(감), 16:액면가액감소 무상감자(감),
7:액면분할, 8:주식병합, 9:기타(자사주 소각등)(감), 10:이익소각(자본금변동없음)

재계산 | 삭제(F5) | 종료(Esc)

• 주식 및 출자지분에 대한 사항

– 김바로: 기중 변동사항 중 [감소–양도]란에 25,000주를 입력한다.

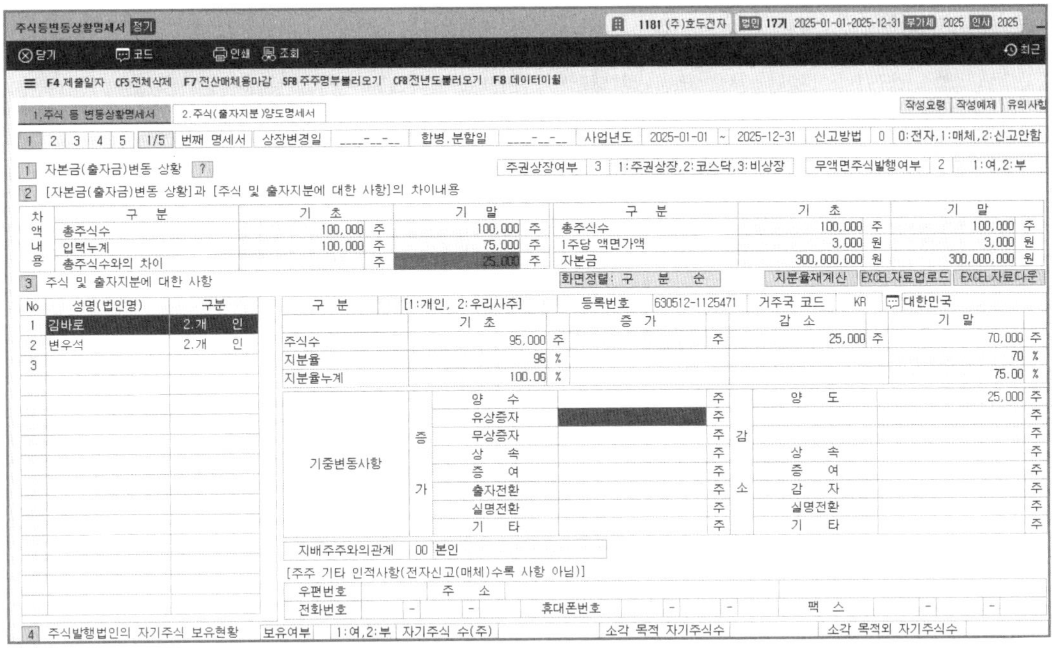

– 변우석: 기중 변동사항 중 [증가–양수]란에 10,000주를 입력한다.

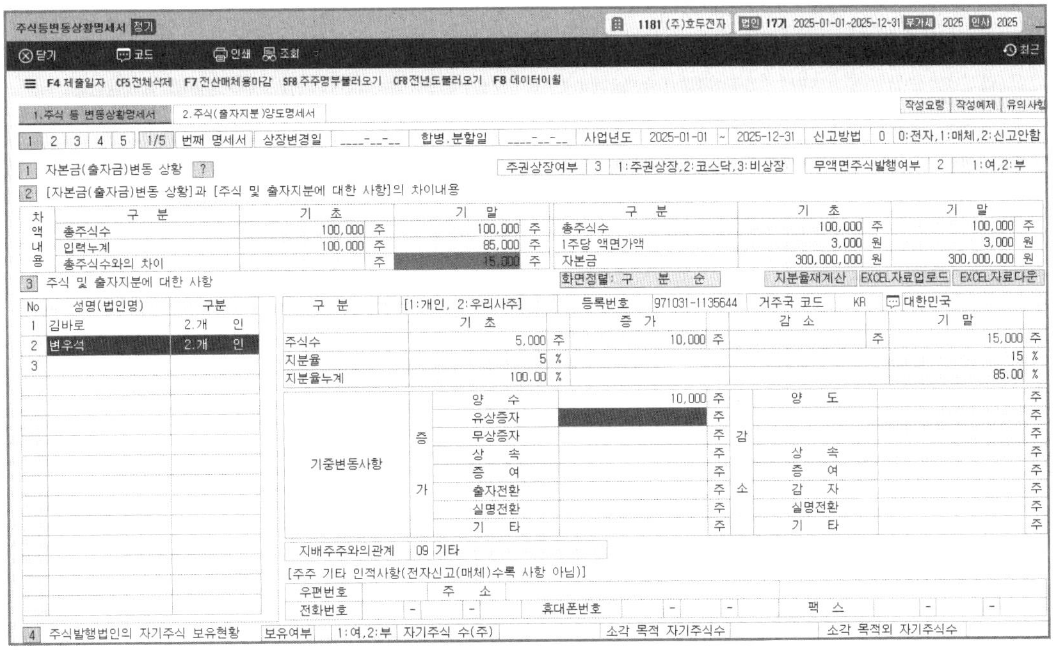

– 임솔: [성명(법인명)]란에 '임솔', [구분]란에 '2.개인'을 선택하면 나타나는 보조창에서 주민등록번호 '950531–2156471'을 입력한다. 기중 변동사항 중 [증가–양수]란에 15,000주, 지배주주와의 관계: '09.기타'를 선택한다.

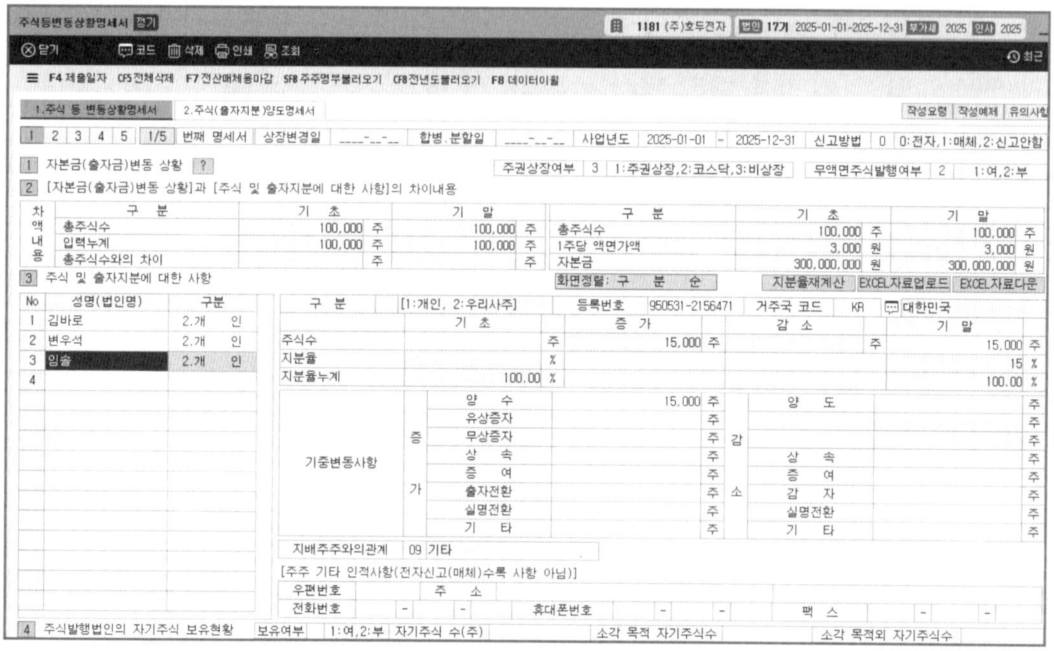

② [주식(출자지분) 양도명세서] 탭

[주식(출자지분)양도내용] 중 [양도일자]란에 '2025–05–31', [취득일자]란에 '2018–01–01', [주식수(출자좌수)]란에 '25,000'을 입력한 후 해당 서식을 저장한다. [2.주식(출자지분) 양도내용] 입력 시 변우석과 임솔에게 양도한 주식수(출자좌수)를 각각 10,000주와 15,000주로 구분하여 입력한 답안도 정답으로 인정된다.

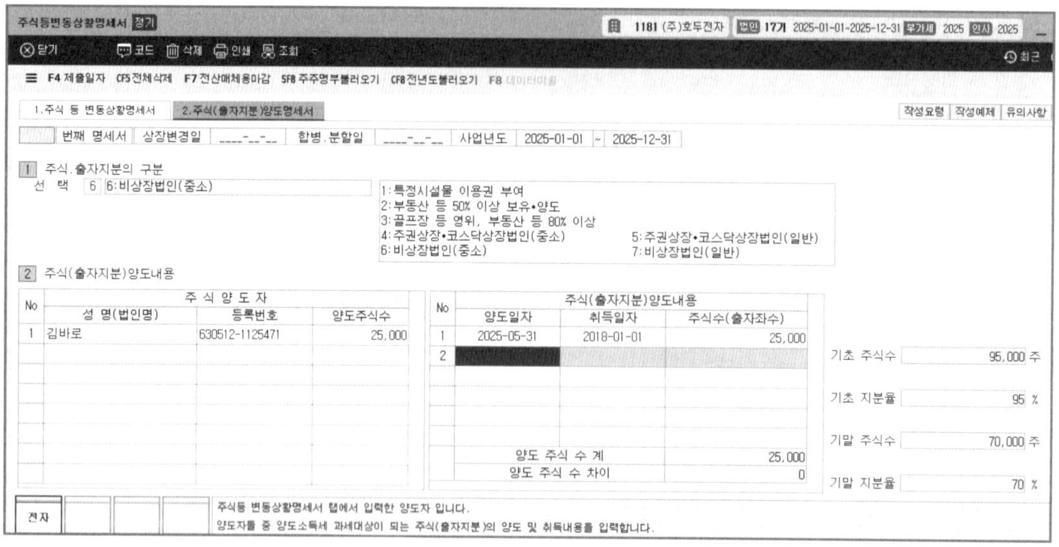

117회 기출문제 (주)한둘상사(회사코드: 1170)/(주)사랑상회(회사코드: 1171)

p.549

이론시험

01 ③

상중하

재무제표의 중요한 항목은 본문이나 주석에 구분하여 표시하며, 중요하지 않은 항목은 성격이나 기능이 유사한 항목으로 통합하여 표시할 수 있다.

02 ③

상중하

단기매매증권은 최초 인식 시 공정가치로 측정하고, 후속 측정 시에도 공정가치로 평가한다.

03 ①

상중하

- 매출원가: 매출액×(1－매출총이익률)＝78,000,000원×(1－10%)＝70,200,000원
- 파손 시점 기말재고 추산액: 23,000,000원＋56,000,000원－70,200,000원＝8,800,000원
- 재고자산 피해액: 8,800,000원－1,800,000원＝7,000,000원

04 ②

상중하

비화폐성 항목에서 발생한 손익을 기타포괄손익으로 인식하는 경우 그 손익에 포함된 환율변동 효과도 기타포괄손익으로 인식한다.

05 ④

상중하

확정기여형 퇴직급여 제도에서는 운용에 관한 내용은 모두 종업원이 결정하고 책임진다.

06 ①

상중하

자원을 다른 대체적인 용도로 사용할 경우 얻을 수 있는 최대금액은 기회원가(기회비용)에 대한 설명이다.

07 ①

상중하

- 매출원가＝20,000,000원×75%＝15,000,000원

재공품

기초재공품	?	당기제품제조원가	14,800,000
직접재료원가	3,200,000		
직접노무원가	4,500,000	기말재공품	2,200,000
제조간접원가	4,000,000		

제품

기초제품	3,000,000	매출원가	15,000,000
당기제품제조원가	14,800,000	기말제품	2,800,000

∴ 기초재공품＝5,300,000원

08 ③

상중하

조업도차이는 고정제조간접원가에서만 발생한다.

09 ②

상중하

- 예정배부율: 3,000,000원/10,000시간 = 300원/시간
- 예정배부액: 11,500시간 × 300원/시간 = 3,450,000원

∴ 3,450,000원 − 250,000원(과대배부) = 3,200,000원

10 ④

상중하

정상공손은 능률적인 생산조건 하에서는 회피와 통제가 불가능하다.

11 ③

상중하

- 계약의 위약이나 해약으로 인하여 지급하는 위약금과 배상금은 지급일이 속하는 연도의 다음 연도 2월 말일까지 지급명세서를 제출하는 소득이다.
- '인적용역' 기타소득을 지급하는 자는 소득 지급일이 속하는 달의 다음 달 말일까지 간이지급명세서(거주자의 기타소득)를 제출하여야 한다.

12 ④

상중하

건설자금이자는 유보로 소득처분한다.

13 ①

상중하

3주택 이상 소유자로서 보증금 합계액이 3억원을 초과하는 경우 간주임대료 수입금액이 발생한다.

14 ④

상중하

연간 공급대가가 4,800만원 이상인 간이과세자는 세금계산서 발급이 가능하다.

15 ④

상중하

- ① 도서는 면세재화이므로 부가가치세액이 없다.
- ② 개별소비세 과세대상 승용차의 매입세액이므로 매입세액 불공제한다.
- ③ 신규로 건물이 있는 토지를 취득하고 토지만을 사용하기 위하여 건물을 철거하는 경우 건물의 취득 및 철거 관련 비용의 매입세액은 불공제한다.

실무시험

문 1 전표입력

[1] [일반전표입력] 3월 10일

(차) 외상매입금[(주)세명전기]	50,000,000	(대) 당좌예금	50,000,000

구분	계 정 과 목		거 래 처		적 요	차 변	대 변
차변	0251	외상매입금	00153	(주)세명전기		50,000,000	
대변	0102	당좌예금					50,000,000

[2] [매입매출전표입력] 4월 6일

유형	공급가액	부가세	공급처명	전자	분개
54.불공	2,300,000	230,000	(주)상희	1.여	3.혼합
불공제사유	⑤ 면세사업 관련				

(차) 비품	2,530,000	(대) 미지급금[(주)상희]	2,200,000
		현금	330,000

일	번호	유형	품목	수량	단가	공급가액	부가세	코드	공급처명	사업/주민번호	전자	분개
6	50001	불공				2,300,000	230,000	00154	(주)상희	123-81-56785	여	혼합
6												
			공급처별 매출(입)전체 [1]건			2,300,000	230,000					

불공제사유 5 ⑤면세사업 관련

NO : 50001 (대 체) 전 표 일 자 : 2025 년 4 월 6 일

구분	계정과목		적요	거래처		차변(출금)	대변(입금)
차변	0212	비품		00154	(주)상희	2,530,000	
대변	0253	미지급금		00154	(주)상희		2,200,000
대변	0101	현금		00154	(주)상희		330,000

(세금)계산 현재라인인 / 거래명세서 현재라인인

[3] [매입매출전표입력] 5월 30일

유형	공급가액	부가세	공급처명	전자	분개
53.면세	17,000,000		(주)라임파이낸셜	1.여	3.혼합

(차) 기계장치	17,000,000	(대) 기타보증금	20,000,000
보통예금	3,000,000		

일	번호	유형	품목	수량	단가	공급가액	부가세	코드	공급처명	사업/주민번호	전자	분개
30	50001	면세				17,000,000		00155	(주)라임파이낸셜	111-85-98761	여	혼합
30												
			공급처별 매출(입)전체 [1]건			17,000,000						

신용카드사 봉사료

NO : 50001 (대 체) 전 표 일 자 : 2025 년 5 월 30 일

구분	계정과목		적요	거래처		차변(출금)	대변(입금)
차변	0206	기계장치		00155	(주)라임파이낸셜	17,000,000	
차변	0103	보통예금		00155	(주)라임파이낸셜	3,000,000	
대변	0234	기타보증금		00155	(주)라임파이낸셜		20,000,000

(세금)계산 현재라인인 / 거래명세서 현재라인인

[4] [일반전표입력] 8월 20일

(차) 보통예금	12,000,000	(대) 배당금수익	12,000,000

구분	계 정 과 목		거 래 처	적 요	차 변	대 변
차변	0103	보통예금			12,000,000	
대변	0903	배당금수익				12,000,000

문 2 부가가치세신고서 및 부속서류

[1] [재활용폐자원세액공제신고서]: 조회기간 2025년 10월～2025년 12월

다음과 같이 직접 입력한 후 해당 서식을 저장한다.

재활용폐자원세액공제신고서 | 1170 (주)한들상사 | 법인 13기 2025-01-01~2025-12-31 | 부가세 2025 | 인사 2025

닫기 코드 삭제 인쇄 조회 | 최근

F3 일괄변경 F4 매출액 F6 불러오기 CF6 전표처리 F7 엑셀작업 F8 신고일자 F11 저장 CF12 신고내역

조회기간 2025 년 10 월 ~ 2025 년 12 월 구분 2기 확정 공제(납부)세액 1,398,058 원 ※중요

관리용 | 신고용 ※ 중고자동차 업종은 501103, 501202, 519111 만 허용됩니다.(홈택스검증사항)

No	□	(24)공급자 성명 또는 거래처 상호(기관명)	(24)공급자 주민등록번호또는 사업자등록번호	거래구분	(25)구분코드	(26)건수	(27)품명	(28)수량	(29)차량번호	(30)차대번호	(31)취득금액	(32)공제율	(33)공제액((31)*(32))	취득일자
1	□	김정민	830715-1234563	1.영수증	2.기타재활용폐자원	1	폐유	1			20,000,000	3/103	582,524	2025-10-10
2	□	이수진	840918-2034561	1.영수증	2.기타재활용폐자원	1	폐유	1			30,000,000	3/103	873,786	2025-11-10
		영수증수취분		2		2					50,000,000		1,456,310	
		계산서수취분												
		합계		2		2					50,000,000		1,456,310	

재활용폐자원 매입세액공제 관련 신고내용(이 란은 확정신고시 작성하며, 중고자동차(10/110)의 경우에는 작성하지 않습니다.) 불러오기

매출액 (8)합계	매출액 (9)예정분	매출액 (10)확정분	대상액한도계산 (11)한도율	대상액한도계산 (12)한도액	당기매입액 (13)합계	당기매입액 (14)세금계산서	당기매입액 (15)영수증 등	(16)공제가능한 금액(=(12)-(14))
135,000,000		135,000,000	80%	108,000,000	110,000,000	60,000,000	50,000,000	48,000,000

(17)공제대상금액(=(15)과 (16)의 금액중 적은 금액)	공제대상세액 (18)공제율	공제대상세액 (19)공제대상세액	이미 공제받은 세액 (20)합계	이미 공제받은 세액 (21)예정신고분	이미 공제받은 세액 (22)월별조기분	(23)공제(납부)할세액(=(19)-(20))	{참고}10/110 공제액합계
48,000,000	3/103	1,398,058				1,398,058	

- 재활용폐자원세액공제 한도액 계산 시 차감하는 세금계산서 매입액은 세금계산서를 발급받고 매입한 재활용폐자원 매입가액인 60,000,000원을 입력한다.

[2] [신용카드매출전표등수령명세서]: 조회기간 2025년 7월 ～ 2025년 9월

다음과 같이 직접 입력한 후 해당 서식을 저장한다.

신용카드매출전표등수령명세서(갑)(을) | 1170 (주)한들상사 | 법인 13기 2025-01-01~2025-12-31 | 부가세 2025 | 인사 2025

닫기 도움 코드 삭제 인쇄 조회 | 최근 정보

F3 일괄변경 F4 불러오기 F7 마감 F8 작성일자 F11 저장

조회기간 : 2025 년 07 월 ~ 2025 년 09 월 구분 2기 예정

2. 신용카드 등 매입내역 합계

구분	거래건수	공급가액	세액
합 계	3	1,070,000	107,000
현금영수증	1	550,000	55,000
화물운전자복지카드			
사업용신용카드	1	220,000	22,000
그 밖의 신용카드	1	300,000	30,000

3. 거래내역입력

No	□	월/일	구분	공급자	공급자(가맹점) 사업자등록번호	카드회원번호	그 밖의 신용카드 등 거래내역 합계 거래건수	공급가액	세액
1	□	07-20	현금	아트문구	120-11-12349		1	550,000	55,000
2	□	08-10	신용	(주)현대자동차	621-81-96414	1230-4578-9852-1234	1	300,000	30,000
3	□	08-31	사업	(주)하나식당	321-81-02753	5678-8989-7878-5654	1	220,000	22,000
4	□								
				합계			3	1,070,000	107,000

Tip 월/일을(를) 입력하세요

- 8월 10일: 업무용승용차 관련 경비는 신용카드매입세액공제 대상이다.
- 8월 31일: 매입처가 간이과세자(세금계산서 발급 가능)이면 신용카드매입세액공제 대상이다.
- 9월 10일: 세금계산서 수취분 법인카드 결제 건은 매입세금계산서 공제를 받으므로 [신용카드매출전표등수령명세서]에는 작성하지 않는다.

[3] [부가가치세신고서] 조회 및 마감

① [부가가치세신고서] 조회기간 '2025년 1월 1일~3월 31일'을 입력하고 해당 서식을 마감한다.

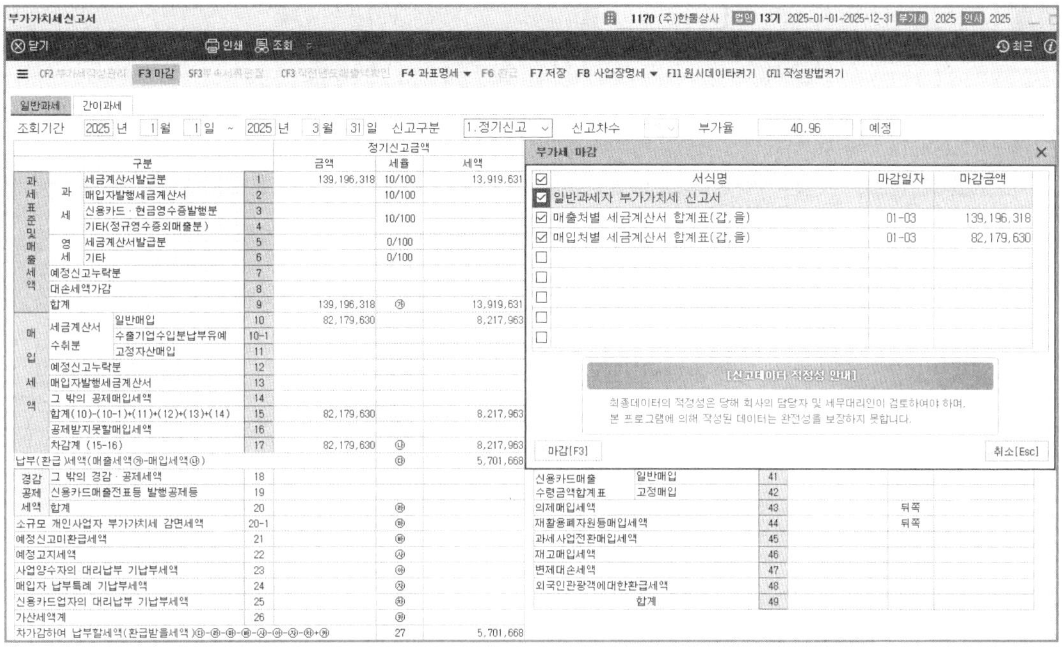

• 전자신고세액공제 10,000원 적용 시에도 정답으로 인정된다.

② [전자신고] – [전자신고 제작] 탭

신고년월 '2025년 1월~3월', '1.정기신고'를 입력하고 상단 툴바 **F4 제작** 을 클릭한다. 비밀번호는 '12345678'로 입력하고 상단 툴바 **F6 홈택스바로가기** 를 클릭한다.

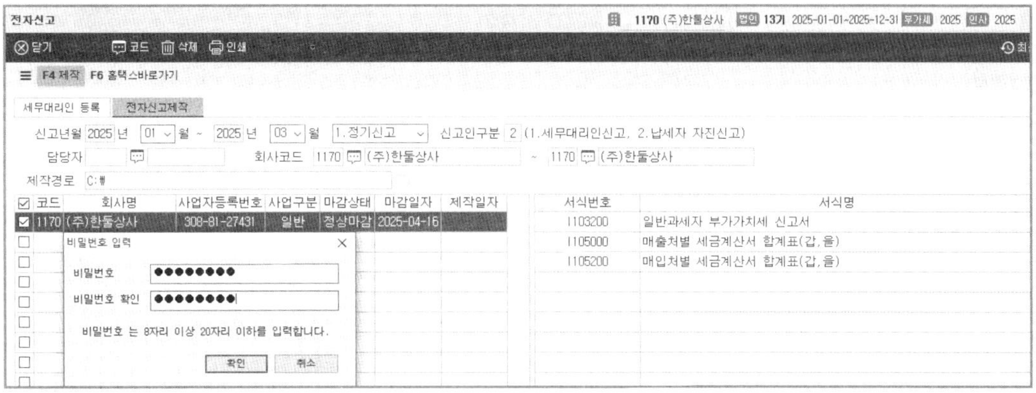

PART 05

117회 기출문제

③ [국세청 홈택스 전자신고변환(교육용)]

• 변환대상파일선택에서 **찾아보기** 를 눌러 [내 컴퓨터]-[C드라이브]에 제작된 파일을 불러온다.

• 하단의 **형식검증하기** 를 클릭하여 전자파일 제작 시 등록한 비밀번호 '12345678'을 입력한다.

• [형식검증결과확인] → [내용검증하기] → [내용검증결과확인] 순서대로 전자신고파일을 검증한다. 파일이 오류인 경우 오류항목 건수에서 표시가 되며 건수를 클릭하면 결과를 조회할 수 있다.

• 정상납세자수를 확인하고 [전자파일제출]을 클릭하면 정상 변환된 제출 가능한 신고서 목록이 조회된다. **전자파일 제출하기**를 클릭하여 전자신고파일을 제출한다.

문 3 결산정리사항

[1] 수동결산 – [일반전표입력] 12월 31일

(차) 단기매매증권	90,000	(대) 단기매매증권평가이익	90,000*

* 45주×(12,000원−10,000원)=90,000원

구분		계 정 과 목	거 래 처		적 요		차 변	대 변
차변	0107	단기매매증권					90,000	
대변	0905	단기매매증권평가이익						90,000

[2] 수동결산 – [일반전표입력] 12월 31일

(차) 감가상각비(제)	4,000,000	(대) 감가상각누계액(207)	4,000,000
국고보조금(217)	2,000,000	감가상각비(제)	2,000,000

또는,

(차) 감가상각비(제)	2,000,000	(대) 감가상각누계액(207)	4,000,000
국고보조금(217)	2,000,000		

구분		계 정 과 목	거 래 처		적 요		차 변	대 변
차변	0518	감가상각비					4,000,000	
차변	0217	국고보조금					2,000,000	
대변	0207	감가상각누계액						4,000,000
대변	0518	감가상각비						2,000,000

[3] 자동결산 – [결산자료입력] 다음과 같이 입력한 후 상단 툴바 F3전표추가를 클릭한다.

① [2.매출원가] – [제품매출원가] – [1)원재료비] – [⑩기말원재료재고액]의 [결산반영금액]란: 7,000,000원

② [2.매출원가] – [제품매출원가] – [8)당기총제조비용] – [⑩기말재공품재고액]의 [결산반영금액]란: 10,000,000원

③ [2.매출원가] – [제품매출원가] – [9)당기완성품제조원가] – [⑩기말제품재고액]의 [결산반영금액]란: 25,000,000원
(∵ 판매를 위탁하기 위하여 수탁자에게 보낸 후 판매되지 않은 적송품 12,000,000원을 포함)

결산자료입력 1170 (주)한울상사 법인 13기 2025-01-01~2025-12-31 부가세 2025 인사 2025

닫기 인쇄 조회

F3 전표추가 F4 원가설정 CF4 대손설정 CF5 결산분개삭제 F6 잔액조회 F7 감가상각 F8 대손상각 CF8 퇴직충당

기 간 2025 년 01 월 ~ 2025 년 12 월

±	코드	과 목	결산분개금액	결산전금액	결산반영금액	결산후금액
		1. 매출액		1,378,825,836		1,378,825,836
	0404	제품매출		1,378,825,836		1,378,825,836
		2. 매출원가		856,055,716		814,055,716
	0455	제품매출원가				814,055,716
		1)원재료비		614,668,561		607,668,561
	0501	원재료비		614,668,561		607,668,561
	0153	① 기초 원재료 재고액		48,650,000		48,650,000
	0153	② 당기 원재료 매입액		566,018,561		566,018,561
	0153	⑩ 기말 원재료 재고액			7,000,000	7,000,000
	0455	8)당기 총제조비용		776,055,716		769,055,716
	0169	① 기초 재공품 재고액		30,000,000		30,000,000
	0169	⑩ 기말 재공품 재고액			10,000,000	10,000,000
	0150	9)당기완성품제조원가		806,055,716		789,055,716
	0150	① 기초 제품 재고액		50,000,000		50,000,000
	0150	⑩ 기말 제품 재고액			25,000,000	25,000,000

[4] 수동결산 또는 자동결산

① 수동결산: [일반전표입력] 12월 31일

(차) 법인세등 52,278,600* (대) 선납세금 26,537,000
미지급세금 25,741,600

* 법인세 산출세액 47,526,000원 + 법인지방소득세 4,752,600원 = 52,278,600원
– 법인세 산출세액: (355,400,000원 – 2억원) × 19% + 2억원 × 9% = 47,526,000원
– 법인지방소득세: 47,526,000원 × 10% = 4,752,600원

구분	계 정 과 목		거 래 처		적 요		차 변	대 변
차변	0998	법인세등					52,278,600	
대변	0136	선납세금						26,537,000
대변	0261	미지급세금						25,741,600

② 자동결산: [결산자료입력] 기간 2025년 1월 ~ 2025년 12월

[9.법인세등–1)선납세금]란에 26,537,000원, 2)추가계상액]란에 25,741,600원을 입력한다.

0998	9. 법인세등				52,278,600	52,278,600
0136	1). 선납세금			26,537,000	26,537,000	26,537,000
0998	2). 추가계상액				25,741,600	25,741,600

문 4 원천징수

[1] [사업소득자등록] 및 [사업소득자료입력]

① [사업소득자등록]

• 김태민

• 소준섭

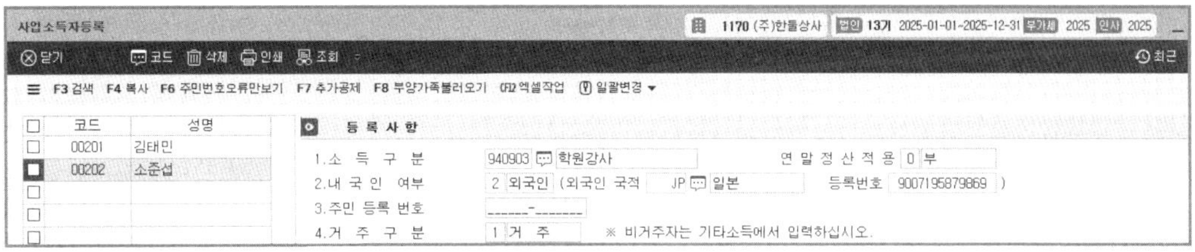

• 박지원: 일시우발적소득이므로 기타소득자에 해당한다.

② [사업소득자료입력]

• 김태민

• 소준섭

[2] [급여자료입력] 및 [퇴직소득자료입력]

① [급여자료입력] – 수당공제등록 – [수당등록] 탭

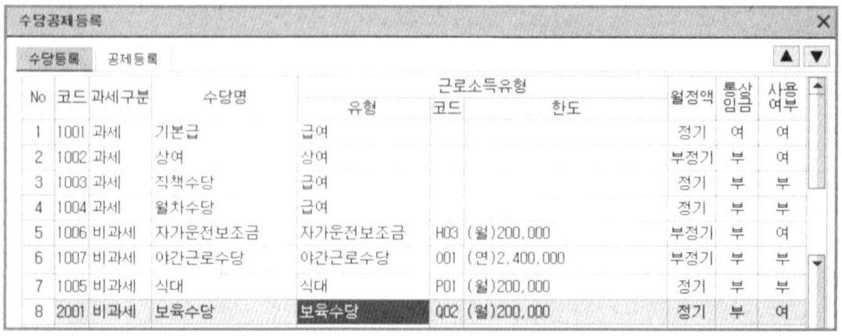

No	코드	과세구분	수당명	근로소득유형 유형	코드	한도	월정액	통상임금	사용여부
1	1001	과세	기본급	급여			정기	여	여
2	1002	과세	상여	상여			부정기	부	여
3	1003	과세	직책수당	급여			정기	부	부
4	1004	과세	월차수당	급여			정기	부	부
5	1006	비과세	자가운전보조금	자가운전보조금	H03	(월)200,000	부정기	부	여
6	1007	비과세	야간근로수당	야간근로수당	001	(연)2,400,000	부정기	부	부
7	1005	비과세	식대	식대	P01	(월)200,000	정기	부	부
8	2001	비과세	보육수당	보육수당	Q02	(월)200,000	정기	부	여

• [수당명] 중 사용하지 않는 직책수당, 월차수당, 식대, 야간근로수당은 [사용여부]란에서 '부'로 수정한다.

• [과세구분]란에 '2.비과세', [수당명]란에 커서를 놓고 F2를 이용하여 '보육수당'을 추가 등록한다.

② [급여자료입력] 귀속년월 '2025년 8월', 지급년월일 '2025년 9월 15일'

다음과 같이 급여자료를 입력하고 [급여자료입력] 메뉴 상단 툴바 F7 중도퇴사자정산 ▼ 를 클릭한 후 해당 메뉴 하단의 급여반영(Tab) 을 클릭한다.

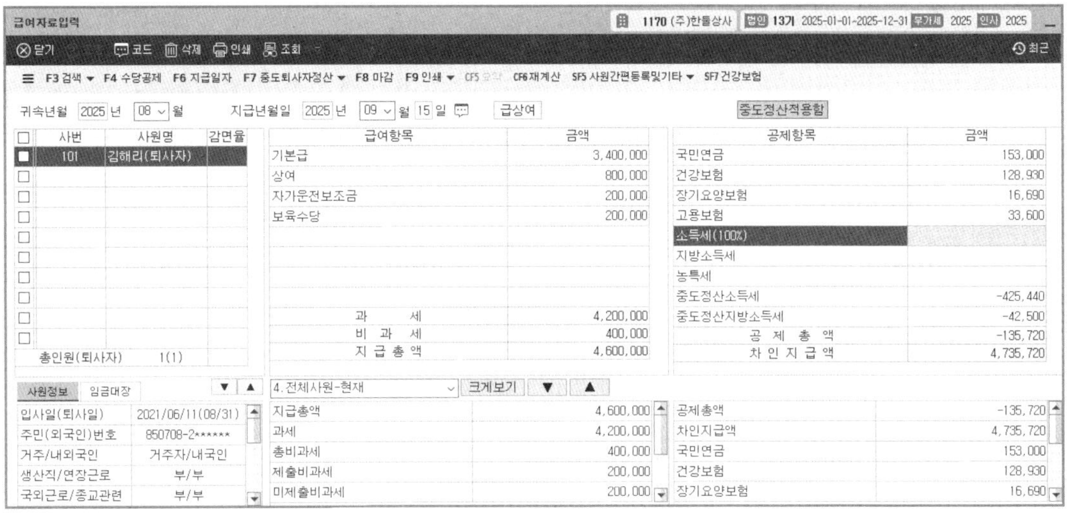

③ [퇴직소득자료입력] – [소득명세] 탭

- 지급년월 '2025년 9월', 소득자 구분 '1.근로', 사원 '101.김혜리', 구분 '1.퇴직', 귀속년월 '2025년 8월', 영수일자 '2025.9.15.', 지급일자 '2025.9.15.'를 각각 입력한다.
- [과세퇴직급여]란에 13,000,000원을 입력한다.
- 과세이연계좌명세를 문제에서 제시된 항목대로 입력한다.

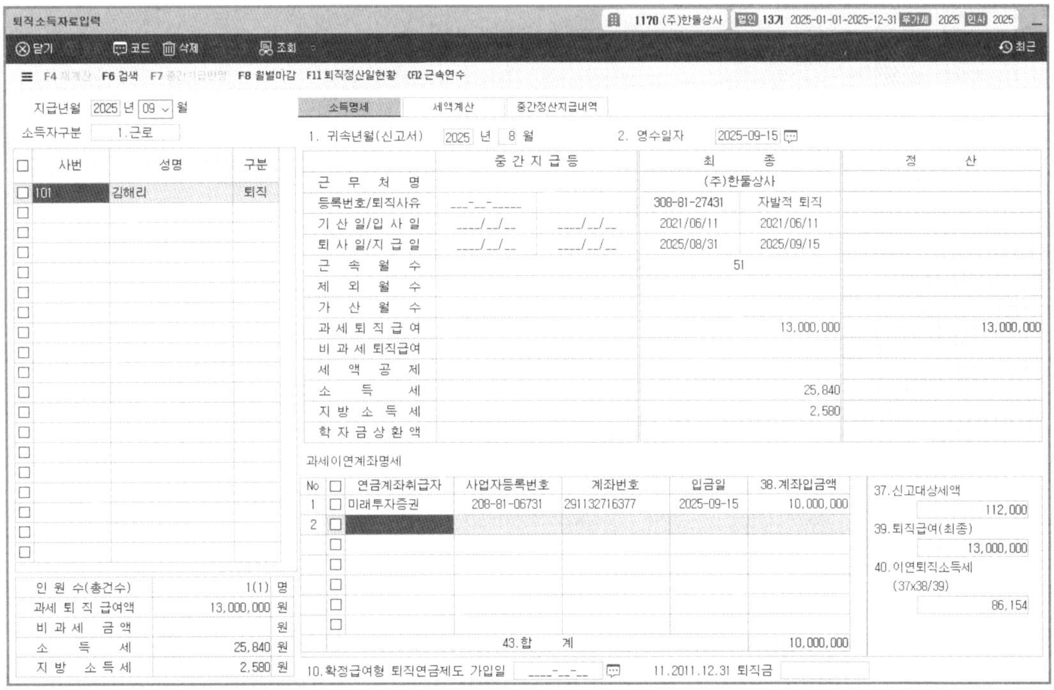

[3] [원천징수이행상황신고서] 작성 및 마감 후 전자신고

① [원천징수이행상황신고서]

조회기간 '2025년 6월~6월', 지급기간 '2025년 6월~6월, 신고구분 '1.정기신고'를 선택하고 해당 서식을 다음과 같이 작성한 후 마감한다.

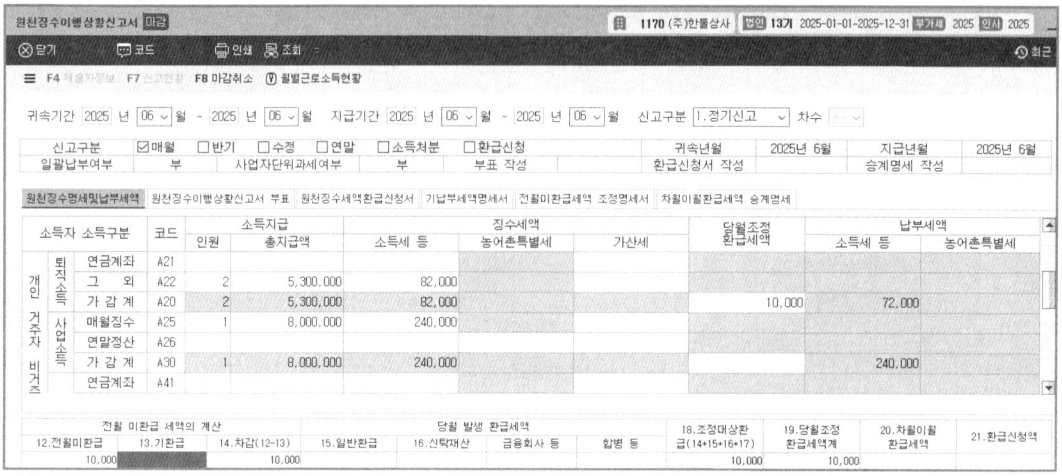

② [전자신고] – [원천징수이행상황제작] 탭

신고인구분 '2.납세자자진신고', 지급기간 '2025년 6월~2025년 6월'을 입력하고 상단 툴바 **F4 제작**을 클릭한다. 비밀번호는 자유롭게 입력하라고 되어 있으므로 임의의 번호 '12345678'로 입력하고 상단 툴바 **F6 홈택스바로가기**를 클릭한다.

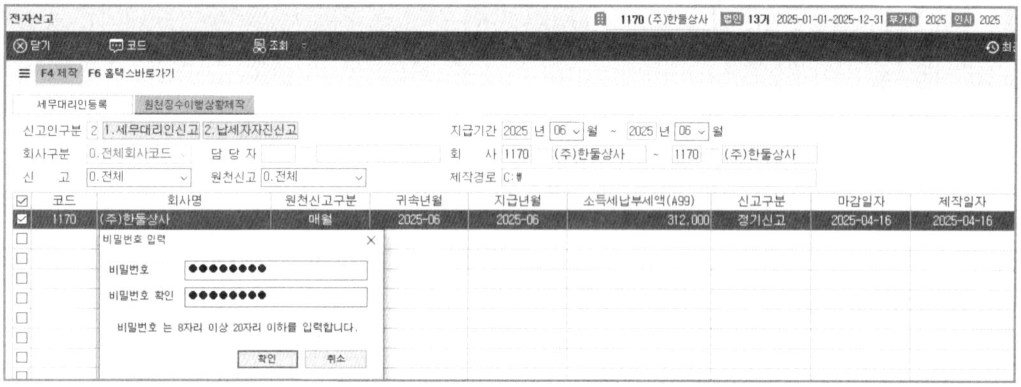

③ [국세청 홈택스 전자신고변환(교육용)]

변환대상파일선택에서 **찾아보기** 를 눌러 [내 컴퓨터]-[C드라이브]에 제작된 파일을 불러온다.

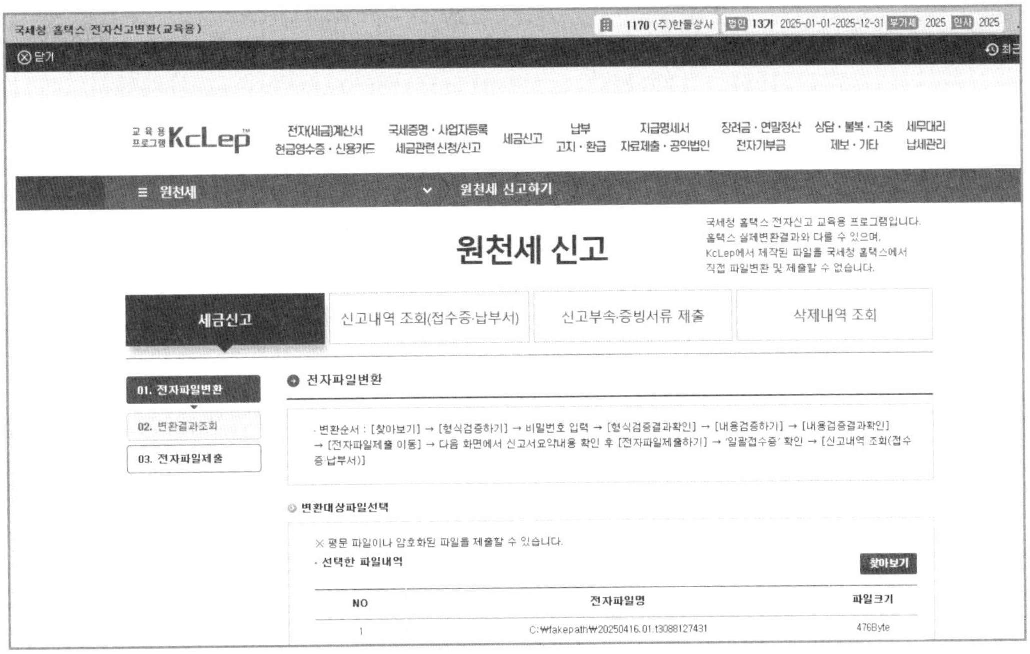

• 하단의 **형식검증하기** 를 클릭하여 전자파일 제작 시 등록한 비밀번호 "12345678"을 입력한다.

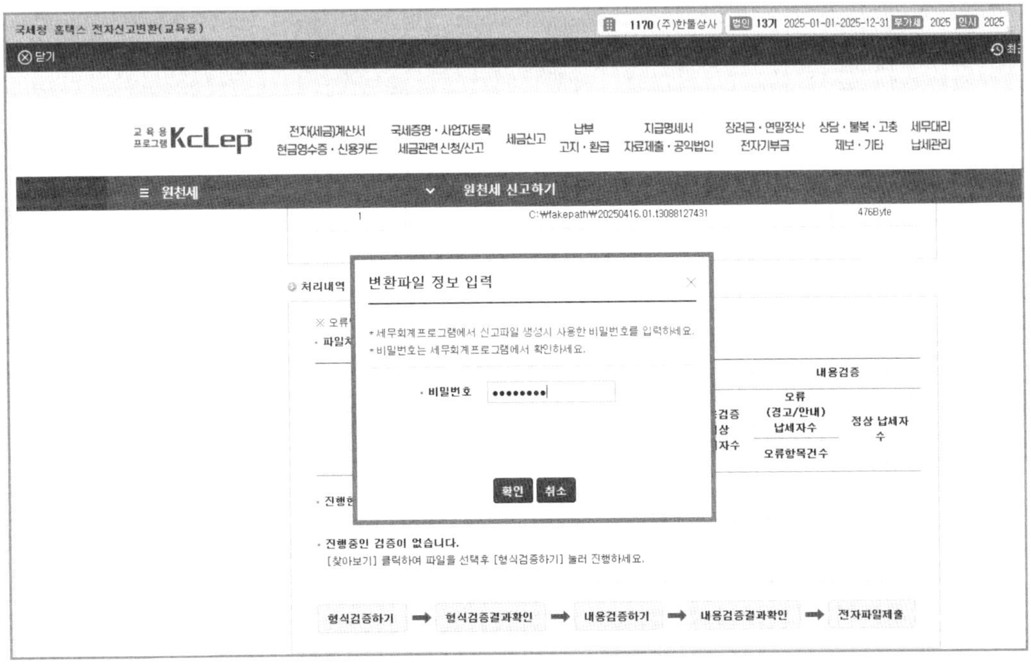

• **형식검증결과확인** → **내용검증하기** → **내용검증결과확인** 순서대로 전자신고파일을 검증한다. 파일이 오류인 경우 오류항목 건수에서 표시가 되며 건수를 클릭하면 결과를 조회할 수 있다.

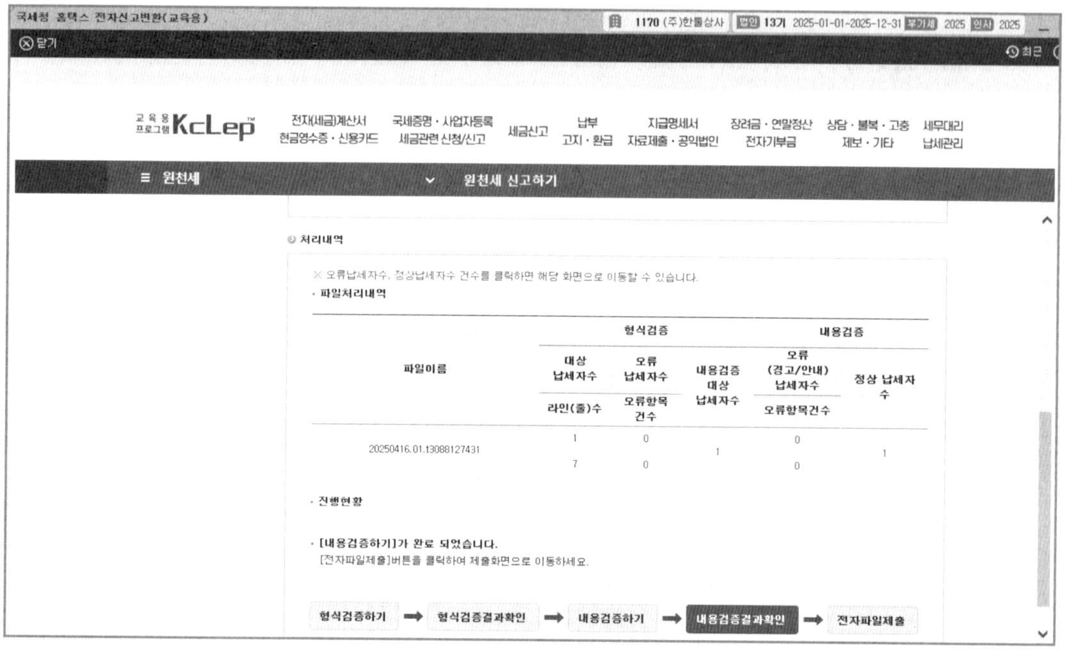

• 정상납세자수를 확인하고 **전자파일제출** 을 클릭하면 정상 변환된 제출 가능한 신고서 목록이 조회된다. **전자파일 제출하기** 를 클릭하여 전자신고파일을 제출한다.

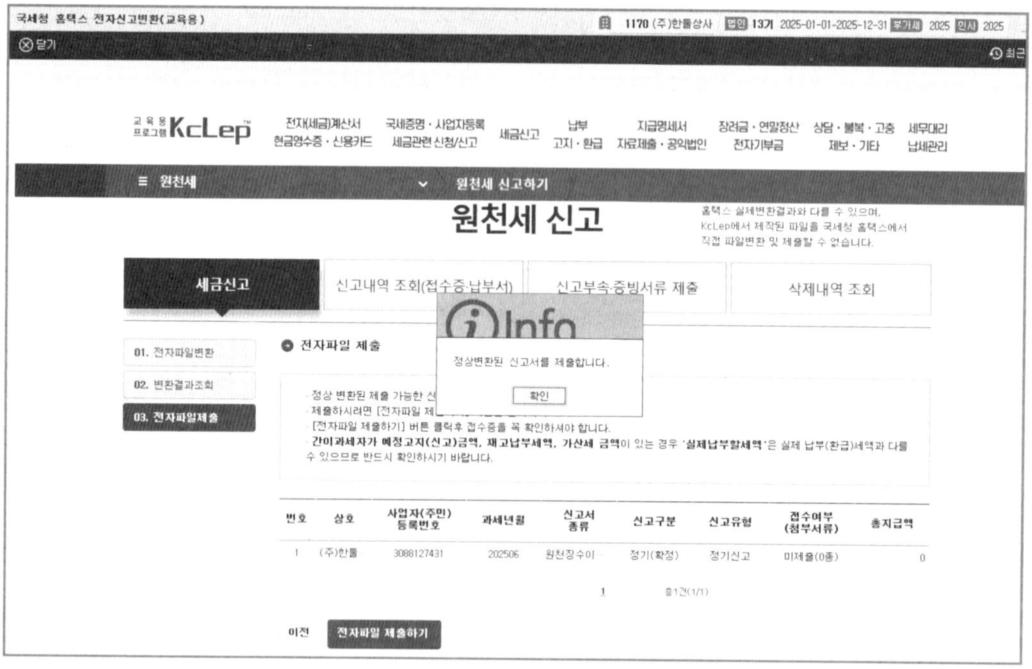

원천세 신고서 접수증(파일변환)

· 접수내용

사용자ID		사용자명		접수일시	2025-04-16 05:36:09
총 신고건수	1건	정상건수	1건	오류건수	0건

· 정상제출내용

(단위 : 원) 10건 확인

과세년월	신고서종류	신고구분	신고유형	상호 (성명)	사업자(주! 등록번호
202506	원천징수이행상황…	정기(확정)	정기신고	(주)한울상사	308812743

1 총1건(1/1)

위와 같이 접수 되었습니다.

닫기 인쇄하기

문 5 법인세무조정

[1] [재고자산(유가증권)평가조정명세서]

재고자산(유가증권)평가조정명세서 정기 | 1171 (주)사랑상회 | 법인 15기 2025-

닫기 코드 인쇄 조회

F3 조정등록 F4 가로확대 CF5전체삭제 F6 출력옵션 F7 원장조회 F8 잔액조회 SF1 엑셀작업 F11저장

1 1. 재고자산 평가방법 검토

1.자산별	2.신고일	3.신고방법	4.평가방법	5.적부	6.비고
제 품 및 상 품	2025-09-15	02:선입선출법	04:총평균법	×	
반제품및재공품	2016-01-05	04:총평균법	04:총평균법	○	
원 재 료	2016-01-05	04:총평균법	03:후입선출법	×	
저 장 품					
유가증권(채권)					
유가증권(기타)					

2 2. 평가조정 계산

No	7.과목		8.품명	9.규격	10.단위	11.수량	회사계산(장부가)		조정계산금액				18.조정액
									세법상신고방법		FIFO(무신고, 임의변경시)		
	코드	과목명					12. 단가	13. 금액	14.단가	15.금액	16.단가	17.금액	
1	0150	제품				20,000.0000	3,000.0000	60,000,000	2,200.0000	44,000,000	2,200.0000	44,000,000	-16,000,000
2	0169	재공품				20,000.0000	1,500.0000	30,000,000	1,500.0000	30,000,000			
3	0153	원재료				25,000.0000	2,300.0000	57,500,000	1,000.0000	25,000,000	1,100.0000	27,500,000	-30,000,000
4													
				계				147,500,000		99,000,000		71,500,000	-46,000,000

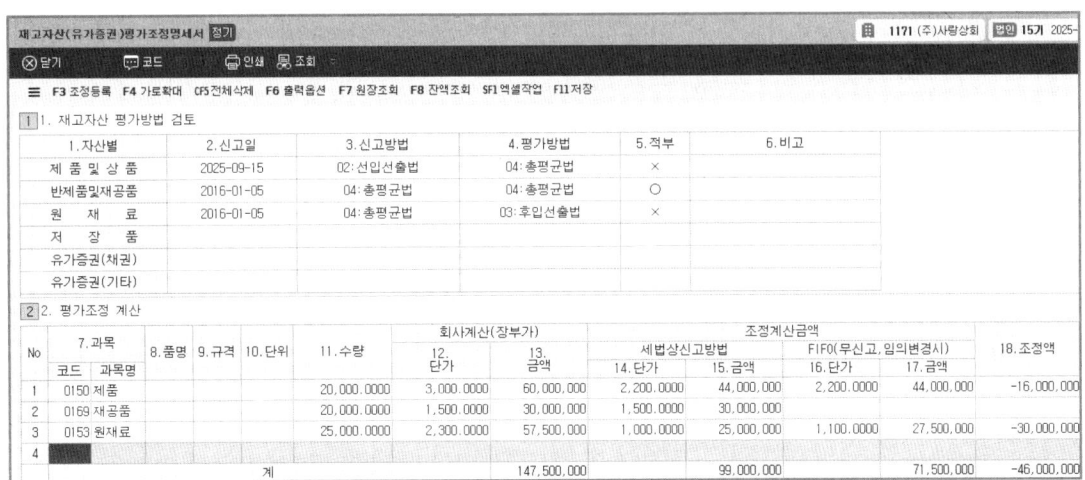

상단 툴바의 F3 조정등록 을 이용하여 다음과 같이 세무조정한 후 해당 서식을 저장한다.

〈손금산입〉 재고자산평가증(제품 A) 16,000,000원(유보 발생)
〈손금산입〉 재고자산평가증(원재료 C) 30,000000원(유보 발생)

- 제품은 변경 신고기한(2025.9.15.) 내에 신고한 방법(선입선출법)이 아닌 다른 방법(총평균법)으로 평가한 임의변경이므로 Max[선입선출법, 당초 적법하게 평가한 신고방법(선입선출법)]과 장부상 평가액(총평균법)의 차이를 조정한다.
- 원재료는 변경 신고기한(2016.1.5.) 내에 평가방법 변경 신고를 하지 않고 그 방법을 변경한 임의변경이므로 Max[선입선출법, 당초 적법하게 평가한 신고방법(총평균법)]과 장부상 평가액(후입선출법)의 차이를 조정한다.

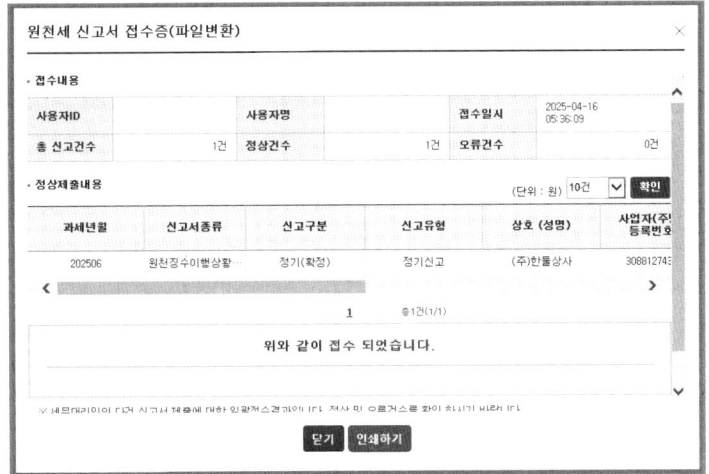

[2] [선급비용명세서]

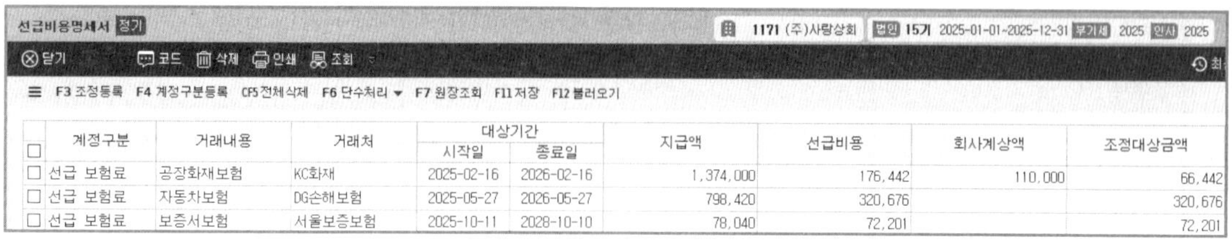

계정구분	거래내용	거래처	대상기간 시작일	대상기간 종료일	지급액	선급비용	회사계상액	조정대상금액
선급 보험료	공장화재보험	KC화재	2025-02-16	2026-02-16	1,374,000	176,442	110,000	66,442
선급 보험료	자동차보험	DG손해보험	2025-05-27	2026-05-27	798,420	320,676		320,676
선급 보험료	보증서보험	서울보증보험	2025-10-11	2028-10-10	78,040	72,201		72,201

상단 툴바의 **F3 조정등록**을 이용하여 다음과 같이 세무조정한 후 해당 서식을 저장한다.

〈손금산입〉 전기 선급비용 324,165원(유보 감소)
〈손금불산입〉 선급보험료 66,442(유보 발생)
〈손금불산입〉 선급보험료 320,676(유보 발생)
〈손금불산입〉 선급보험료 72,201(유보 발생)

[3] [고정자산등록], [미상각자산 감가상각 조정명세서]

① [고정자산등록]

자산계정과목 0206 기계장치 / 구분 0.전체 / 경비구분 0.전체

자산코드/명		취득년월일	상각방법
000201	과자분류기	2024-11-11	정률법

기본등록사항	
1.기초가액	300,000,000
2.전기말상각누계액(-)	22,550,000
3.전기말장부가액	277,450,000
4.당기중 취득 및 당기증가(+)	
5.당기감소(일부양도·매각·폐기)(-)	
전기말상각누계액(당기감소분)(+)	
6.전기말자본적지출액누계(+)(정액법만)	
7.당기자본적지출액(즉시상각분)(+)	14,735,000
8.전기말부인누계액(+) (정률만 상각대상에 가산)	11,275,000
9.전기말의제상각누계액(-)	
10.상각대상금액	303,460,000
11.내용연수/상각률(월수)	5 / 0.451 (12)
12.상각범위액(한도액)(10X상각율)	136,860,460
13.회사계상액(12)-(7)	135,300,000
14.경비구분	1.500번대/제조
15.당기말감가상각누계액	157,850,000
16.당기말장부가액	142,150,000

- 자본적 지출을 수선비로 처리한 금액 14,735,000원은 소액수선비 요건*을 충족하지 못하므로 [7.당기자본적지출액(즉시 상각분)]란에 입력한다. 을 클릭한 후 [13.회사계상액]란의 금액을 135,300,000원으로 입력한다.
  *소액수선비 요건: 14,735,000원 ≥ Max[6,000,000원, (300,000,000원−22,550,000원)×5%]
- 감가상각방법은 무신고시 정률법, 내용연수는 신고내용연수 5년을 적용한다.

② [미상각자산 감가상각 조정 명세서]-[유형자산(정률법)] 탭

[유형자산(정액법)] 탭을 클릭한 후 상단 툴바의 F12 불러오기를 눌러서 [고정자산등록] 메뉴에서 입력한 내용을 불러온다.

미상각자산감가상각조정명세서 정기 | 1171 (주)사랑상회 | 법인 15기 2025-01-01~2025-12-31

닫기 코드 삭제 인쇄 조회

F3 조정등록 F4 간편등록 F6 구분별조회 F7 간접법 F8 기간별 계 F12 불러오기

유형자산(정액법) | 유형자산(정률법) | 무형자산

계정	자산코드/명		취득년월일
0206	000201	과자분류기	2024-11-11

입력내용			금액	총계
업종코드/명				
합계표 자산구분		2. 기계장치		
(4)내용연수			5	
상각 계산 의 기초 가액	재무상태표 자산가액	(5)기말현재액	300,000,000	300,000,000
		(6)감가상각누계액	157,850,000	157,850,000
		(7)미상각잔액(5)-(6)	142,150,000	142,150,000
	(8)회사계산감가상각비		135,300,000	135,300,000
	(9)자본적지출액		14,735,000	14,735,000
	(10)전기말의제상각누계액			
	(11)전기말부인누계액		11,275,000	11,275,000
	(12)가감계((7)+(8)+(9)-(10)+(11))		303,460,000	303,460,000
(13)일반상각률.특별상각률			0.451	
상각범위 액계산	당기산출 상각액	(14)일반상각액	136,860,460	136,860,460
		(15)특별상각액		
		(16)계((14)+(15))	136,860,460	136,860,460
	취득가액	(17)전기말현재취득가액	300,000,000	300,000,000
		(18)당기회사계산증가액		
		(19)당기자본적지출액	14,735,000	14,735,000
		(20)계((17)+(18)+(19))	314,735,000	314,735,000
	(21) 잔존가액		15,736,750	15,736,750
	(22) 당기상각시인범위액		136,860,460	136,860,460
(23)회사계상상각액((8)+(9))			150,035,000	150,035,000
(24)차감액 ((23)-(22))			13,174,540	13,174,540
(25)최저한세적용에따른특별상각부인액				
조정액	(26) 상각부인액 ((24)+(25))		13,174,540	13,174,540
	(27) 기왕부인액중당기손금추인액			
(28) 당기말부인누계액 ((11)+(26)-|(27)|)			24,449,540	24,449,540

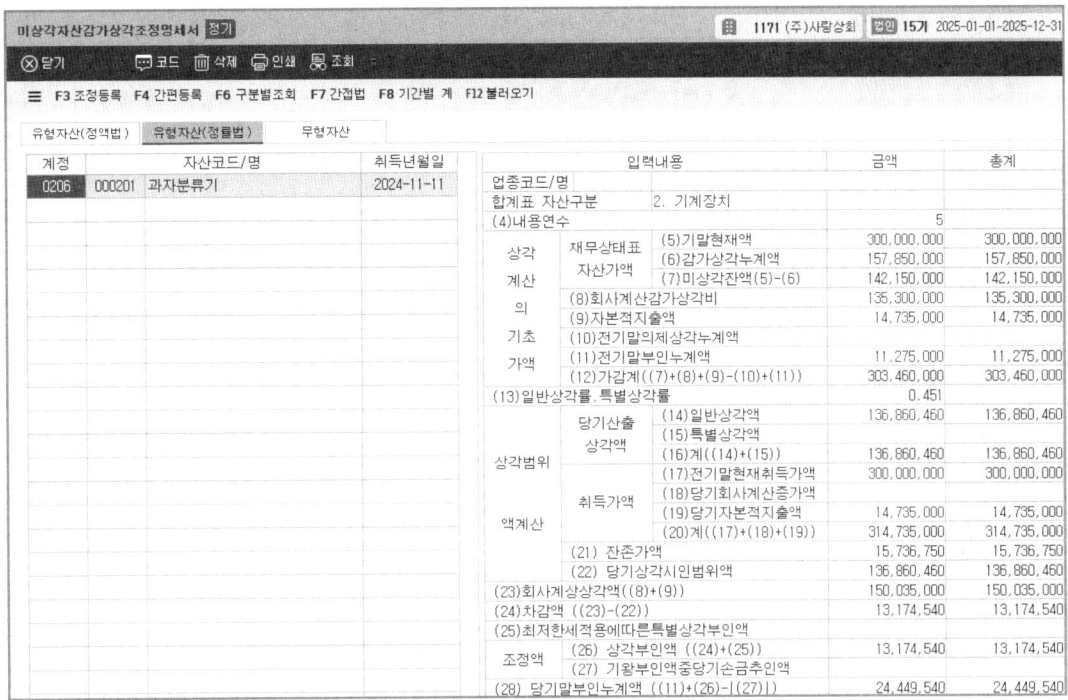

• [(26)상각부인액]란의 13,174,540원을 확인한 후 상단 툴바의 F3 조정등록을 이용하여 다음과 같이 세무조정한다.

〈손금불산입〉 기계장치 감가상각비 한도 초과액 13,174,540원(유보 발생)

– 감가상각비: 135,300,000원+14,735,000원=150,035,000원

– 상각범위액: (300,000,000원-22,550,000원+11,275,000원+14,735,000원)×0.451=136,860,460원

∴ 150,035,000원-136,860,460원=13,174,540원(상각부인액)

③ [감가상각비조정명세서합계표]

상단 툴바의 F12 불러오기를 눌러서 [고정자산등록] 메뉴에서 입력한 내용을 불러온 후 해당 서식을 저장한다.

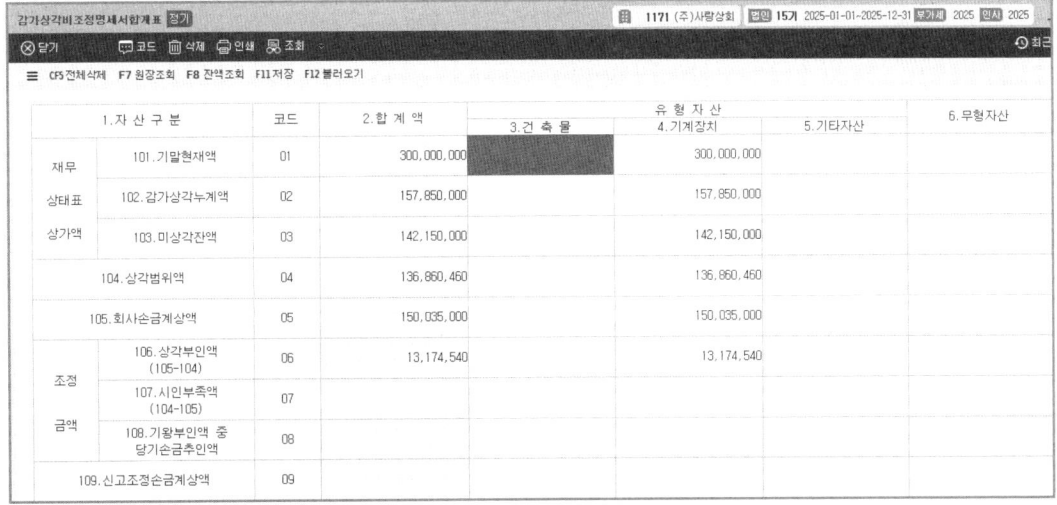

감가상각비조정명세서합계표 정기 | 1171 (주)사랑상회 | 법인 15기 2025-01-01~2025-12-31 부가세 2025 인사 2025

닫기 코드 삭제 인쇄 조회 | 최근

CF5 전체삭제 F7 원장조회 F8 잔액조회 F11 저장 F12 불러오기

1.자 산 구 분		코드	2.합 계 액	유형자산 3.건 축 물	4.기계장치	5.기타자산	6.무형자산
재무 상태표 상가액	101.기말현재액	01	300,000,000		300,000,000		
	102.감가상각누계액	02	157,850,000		157,850,000		
	103.미상각잔액	03	142,150,000		142,150,000		
104.상각범위액		04	136,860,460		136,860,460		
105.회사손금계상액		05	150,035,000		150,035,000		
조정 금액	106.상각부인액 (105-104)	06	13,174,540		13,174,540		
	107.시인부족액 (104-105)	07					
	108.기왕부인액 중 당기손금추인액	08					
109.신고조정손금계상액		09					

[4] [기부금조정명세서]

① [1.기부금 입력] 탭

상단 툴바의 F12 불러오기 를 클릭하여 기장된 자료를 반영시킨 후 지문에 제시된 자료에 따라 내용을 수정한다.

기부금조정명세서 정기 | 1171 (주)사랑상회 | 법인 15기 2025-01-01~2025-12-31 | 부가세 2025 | 인사 2025

닫기 | 코드 | 삭제 | 인쇄 | 조회

F3 조정등록 | SF4 사회적기업 | CF5 전체삭제 | F7 원장조회 | F8 잔액조회 | F11저장 | F12 불러오기 | SF2 엑셀불러오기 | SF3 엑셀서식다운로드

1.기부금 입력 | 2.기부금 조정

1.기부금명세서

월별로 전환 | 구분만 별도 입력하기 | 유형별 정렬

구분 1.유형	2.코드	3.과목	4.월일		5.적요	기부처 6.법인명등	기부처 7.사업자(주민)번호등	8.금액	비고
「법인세법」 제24조제2항제1호에 따른 특례기부금	10	기부금	1	12	국립대학병원에 연구비로 지출한 기			8,000,000	
기타	50	기부금	5	9	향우회 회비 (대표이사가 속한 지역			500,000	
「법인세법」 제24조제2항제1호에 따른 특례기부금	10	기부금	9	20	태풍으로 인한 이재민 구호금품			1,000,000	
9.소계	가. 「법인세법」 제24조제2항제1호에 따른 특례기부금						코드 10	9,000,000	
	나. 「법인세법」 제24조제3항제1호에 따른 일반기부금						코드 40		
	다. 〔조세특례제한법〕 제88조의4제13항의 우리사주조합 기부금						코드 42		
	라.그 밖의 기부금						코드 50	500,000	
	계							9,500,000	

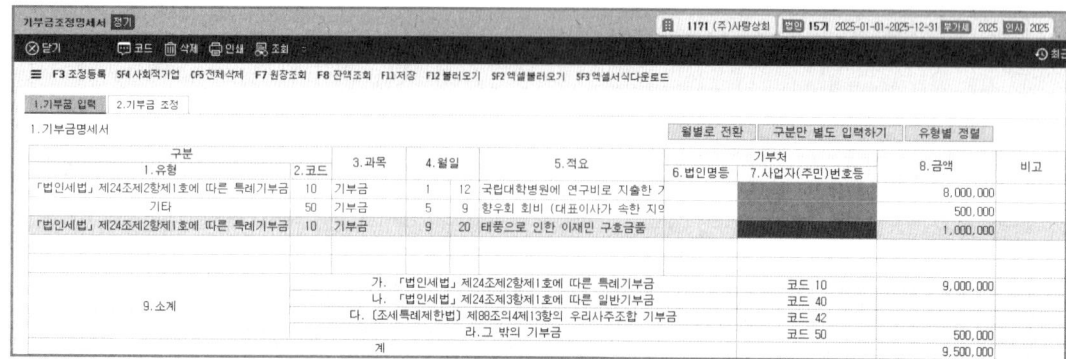

- 1월 12일 국립대학병원에 연구비로 지출한 기부금은 특례기부금에 해당하므로 [1.유형]란을 '1.[법인세법] 제24조제2항제1호의 특례기부금'으로 수정한다.
- 5월 9일 향우회 회비(대표이사가 속한 지역 향우회기부금)은 비지정기부금에 해당하므로 [1.유형]란을 '4.그 밖의 기부금'으로 수정한다.
- 9월 20일 태풍으로 인한 이재민 구호금품은 특례기부금에 해당하므로 [1.유형]란을 '1.[법인세법] 제24조제2항제1호의 특례기부금'으로 수정한다.
- 12월 5일 종교단체 어음기부금은 그 어음이 실제로 결제된 날이 속하는 사업연도의 기부금이므로 당해 기부금이 아니므로 해당 기부금 라인을 삭제한다.
- 상단 툴바의 F3 조정등록 을 이용하여 다음과 같이 세무조정한다.

〈손금불산입〉 향우회 회비 500,000원(상여)

∵ 향우회는 친목을 목적으로 하는 모임으로서 문제의 조건에서 대표이사가 속한 향우회 기부금이라고 명시하고 있으므로 대표이사에게 상여로 소득처분한다.

〈손금불산입〉 S 종교단체 어음 3,000,000원(유보 발생)

- 소득금액 확정: 수정 을 클릭하여 문제의 주어진 금액으로 입력한다.

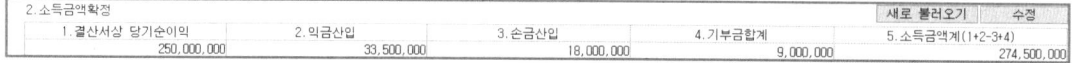

2.소득금액확정

새로 불러오기 | 수정

1.결산서상 당기순이익	2.익금산입	3.손금산입	4.기부금합계	5.소득금액계(1+2-3+4)
250,000,000	33,500,000	18,000,000	9,000,000	274,500,000

② [2.기부금 조정] 탭

기부금조정명세서 정기 | 1171 (주)사랑상회 | 법인 15기 2025-01-01~2025-12-31 | 부가세 2

⊗닫기 코드 인쇄 조회

≡ F3 조정등록 SF4 사회적기업 CF5 전체삭제 F7 원장조회 F8 잔액조회 F11저장 F12 불러오기 SF2 엑셀불러오기 SF3 엑셀서식다운로드

1.기부금 입력 | 2.기부금 조정

1 1. 「법인세법」 제24조제2항제1호에 따른 특례기부금 손금산입액 한도액 계산

1.소득금액 계	274,500,000	5.이월잔액 중 손금산입액 MIN[4,23]	
2.법인세법 제13조제1항제1호에 따른 이월 결손금 합계액(기준소득금액의 80% 한도)	20,000,000	6.해당연도지출액 손금산입액 MIN[(④-⑤)>0, ③]	9,000,000
3. 「법인세법」 제24조제2항제1호에 따른 특례기부금 해당 금액	9,000,000	7.한도초과액 [(3-6)>0]	
4.한도액 {[(1-2)〉0]X50%}	127,250,000	8.소득금액 차감잔액 [(①-②-⑤-⑥)>0]	245,500,000

2 2. 「조세특례제한법」 제88조의4에 따라 우리사주조합에 지출하는 기부금 손금산입액 한도액 계산

9.「조세특례제한법」 제88조의4제13항에 따른 우리사주조합 기부금 해당 금액		11. 손금산입액 MIN(9, 10)	
10. 한도액 (8×30%)	73,650,000	12. 한도초과액 [(9-10)>0]	

3 3. 「법인세법」 제24조제3항제1호에 따른 일반기부금 손금산입 한도액 계산

13. 「법인세법」 제24조제3항제1호에 따른 일반기부금 해당금액		16. 해당연도지출액 손금산입액 MIN[(14-15)>0, 13]	
14. 한도액 ((8-11)x10%, 20%)	24,550,000	17. 한도초과액 [(13-16)>0]	
15. 이월잔액 중 손금산입액 MIN(14, 23)			

4 4.기부금 한도초과액 총액

18. 기부금 합계액 (3+9+13)	19. 손금산입 합계 (6+11+16)	20. 한도초과액 합계 (18-19)=(7+12+17)
9,000,000	9,000,000	

5 5.기부금 이월액 명세

사업연도	기부금 종류	21.한도초과 손금불산입액	22.기공제액	23.공제가능 잔액(21-22)	24.해당연도 손금추인액	25.차기이월액 (23-24)
합계	「법인세법」 제24조제2항제1호에 따른 특례기부금					
	「법인세법」 제24조제3항제1호에 따른 일반기부금					

6 6. 해당 사업연도 기부금 지출액 명세

사업연도	기부금 종류	26.지출액 합계금액	27.해당 사업연도 손금산입액	28.차기 이월액(26-27)
합계	「법인세법」 제24조제2항제1호에 따른 특례기부금	9,000,000	9,000,000	
	「법인세법」 제24조제3항제1호에 따른 일반기부금			

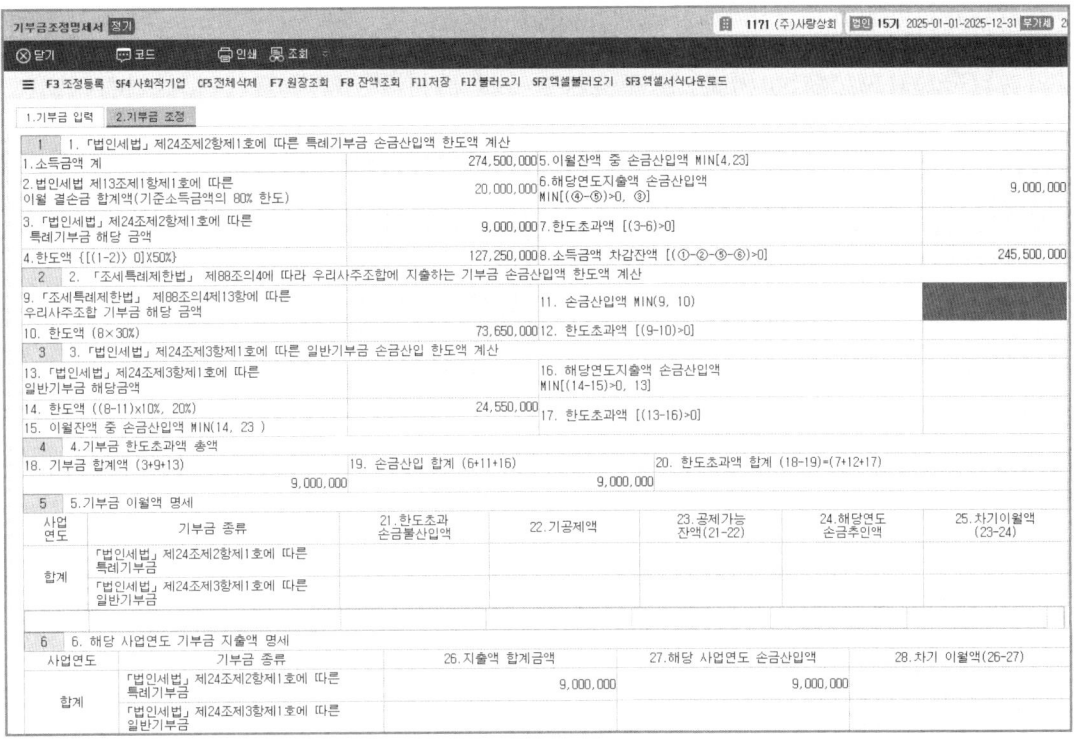

[5] [법인세과세표준및세액조정계산서]와 [최저한세조정계산서]

① [법인세과세표준및세액조정계산서]

[101.결산서상 당기순손익]란에 '600,000,000원', [102.익금산입]란에 '243,000,000원', [103.손금산입]란에 '5,000,000원', [105.기부금한도초과액]란에 '20,000,000원', [106.기부금 한도초과 이월액 손금산입]란에 '8,000,000원'을 입력한 후 저장한다.

법인세과세표준및세액조정계산서 정기 | 1171 (주)사랑상회 | 법인 15기 2025-01-01~2025-12-31 | 부가세 2025 | 인사 2025

⊗닫기 코드 삭제 인쇄 조회 | 최근

≡ F7 원장조회 F8 잔액조회 F11저장 F12 불러오기

구분	항목	코드	금액
① 각 사업연도 소득계산	101. 결산서상 당기순손익	01	600,000,000
	소득조정금액 102.익금산입	02	243,000,000
	소득조정금액 103.손금산입	03	5,000,000
	104. 차가감소득금액 (101+102-103)	04	838,000,000
	105. 기부금한도초과액	05	20,000,000
	106. 기부금한도초과 이월액 손금산입	54	8,000,000
	107. 각사업연도소득금액(104+105-106)	06	850,000,000
② 과세표준계산	108. 각사업연도소득금액 (108=107)		850,000,000
	109. 이월결손금	07	
	110. 비과세소득	08	
	111. 소득공제	09	
	112. 과세표준 (108-109-110-111)	10	850,000,000
	159. 선박표준이익	55	
③ 산출세액계산	113. 과세표준 (113=112+159)	56	850,000,000
	114. 세율	11	19%
	115. 산출세액	12	141,500,000
	116. 지점유보소득 (법 제96조)	13	
	117. 세율	14	
	118. 산출세액	15	
	119. 합계 (115+118)	16	141,500,000

구분	항목	코드	금액
④ 납부할세액계산	120. 산출세액 (120=119)		141,500,000
	121. 최저한세 적용대상 공제감면세액	17	
	122. 차감세액	18	141,500,000
	123. 최저한세 적용제외 공제감면세액	19	
	124. 가산세액	20	
	125. 가감계 (122-123+124)	21	141,500,000
	기납부세액 기한내납부세액 126. 중간예납세액	22	
	기납부세액 기한내납부세액 127. 수시부과세액	23	
	기납부세액 기한내납부세액 128. 원천납부세액	24	
	기납부세액 기한내납부세액 129. 간접 회사등 외국 납부세액	25	
	기납부세액 기한내납부세액 130. 소계(126+127+128+129)	26	
	기납부세액 131. 신고납부전가산세액	27	
	기납부세액 132. 합계 (130+131)	28	
	133. 감면분추가납부세액	29	
	134. 차가감납부할세액(125-132+133)	30	141,500,000
	⑤토지등 양도소득, ⑥미환류소득 법인세 계산 (TAB로 이동)		
⑦ 세액계	151. 차감 납부할 세액계 (134+150+166)	46	141,500,000
	152. 사실과 다른 회계 처리 경정 세액공제	57	
	153. 분납세액 계산 범위액 (151-124-133-145-152+131)	47	141,500,000
	154. 분납할세액	48	
	155. 차감납부세액 (151-152-154)	49	141,500,000

② [최저한세조정계산서]

상단 툴바의 F12 불러오기 를 클릭한 후 다음과 같이 입력하고 저장한다.

최저한세조정계산서 정기 | 1171 (주)사랑상회 | 법인 15기 2025-01-01~2025-12-31 | 부가세 2025 | 인사 2025

⊗닫기 인쇄 조회

F3 조정등록 F4 조정감순서 CF5 전체삭제 F6 중소기업유예연차 F7 원장조회 F8 잔액조회 F11 저장 F12 불러오기 CF12 접대비1원단수조정

①구분		코드	②감면후세액	③최저한세	④조정감	⑤조정후세액
(101) 결 산 서 상 당 기 순 이 익		01	600,000,000			
소득조정금액	(102)익 금 산 입	02	243,000,000			
	(103)손 금 산 입	03	5,000,000			
(104) 조 정 후 소 득 금 액 (101+102-103)		04	838,000,000	838,000,000		838,000,000
최저한세적용대상 특 별 비 용	(105)준 비 금	05				
	(106)특별상각, 특례상각	06				
(107) 특별비용손금산입전소득금액(104+105+106)		07	838,000,000	838,000,000		838,000,000
(108) 기 부 금 한 도 초 과 액		08	20,000,000	20,000,000		20,000,000
(109) 기부금 한도초과 이월액 손 금 산 입		09	8,000,000	8,000,000		8,000,000
(110) 각 사업 년 도 소 득 금 액 (107+108-109)		10	850,000,000	850,000,000		850,000,000
(111) 이 월 결 손 금		11				
(112) 비 과 세 소 득		12				
(113) 최저한세적용대상 비 과 세 소 득		13				
(114) 최저한세적용대상 익금불산입 · 손금산입		14				
(115) 차가감 소 득 금 액(110-111-112+113+114)		15	850,000,000	850,000,000		850,000,000
(116) 소 득 공 제		16				
(117) 최저한세적용대상 소 득 공 제		17				
(118) 과 세 표 준 금 액(115-116+117)		18	850,000,000	850,000,000		850,000,000
(119) 선 박 표 준 이 익		24				
(120) 과 세 표 준 금 액 (118+119)		25	850,000,000	850,000,000		850,000,000
(121) 세 율		19	19 %	7 %		19 %
(122) 산 출 세 액		20	141,500,000	59,500,000		141,500,000
(123) 감 면 세 액		21				
(124) 세 액 공 제		22	91,500,000		9,500,000	82,000,000
(125) 차 감 세 액 (122-123-124)		23	50,000,000			59,500,000

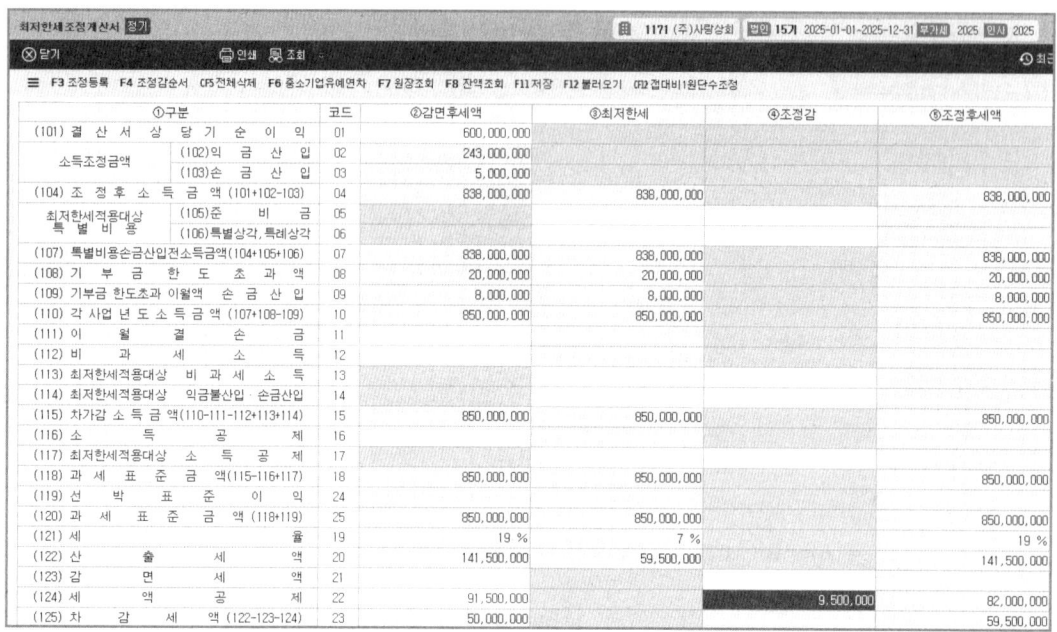

• 통합고용증대세액공제는 최저한세 대상이므로 (124)세액공제에 91,500,000원을 입력한다. 조정감을 통해 9,500,000원이 차감되어 조정후세액이 82,000,000원으로 반영되는 것을 확인한다.

③ [법인세과세표준및세액조정계산서]

법인세과세표준및세액조정계산서 정기 | 1171 (주)사랑상회 | 법인 15기 2025-01-01~2025-12-31 | 부가세 2025 | 인사 2025

⊗닫기 | 코드 | 삭제 | 인쇄 | 조회 | 최근

≡ F7 원장조회 F8 잔액조회 F11저장 F12 불러오기

구분	항목		코드	금액
① 각사업연도소득계산	101. 결산서상당기순손익		01	600,000,000
	소득조정금액	102. 익금산입	02	243,000,000
		103. 손금산입	03	5,000,000
	104. 차가감소득금액 (101+102-103)		04	838,000,000
	105. 기부금한도초과액		05	20,000,000
	106. 기부금한도초과 이월액 손금산입		54	8,000,000
	107. 각사업연도소득금액(104+105-106)		06	850,000,000
② 과세표준계산	108. 각사업연도소득금액 (108=107)			850,000,000
	109. 이월결손금		07	
	110. 비과세소득		08	
	111. 소득공제		09	
	112. 과세표준 (108-109-110-111)		10	850,000,000
	159. 선박표준이익		55	
③ 산출세액계산	113. 과세표준 (113=112+159)		56	850,000,000
	114. 세율		11	19%
	115. 산출세액		12	141,500,000
	116. 지점유보소득(법 제96조)		13	
	117. 세율		14	
	118. 산출세액		15	
	119. 합계 (115+118)		16	141,500,000

구분		항목	코드	금액
④ 납부할세액계산		120. 산출세액 (120=119)		141,500,000
		121. 최저한세 적용대상공제감면세액	17	82,000,000
		122. 차감세액	18	59,500,000
		123. 최저한세 적용제외공제감면세액	19	
		124. 가산세액	20	850,000
		125. 가감계 (122-123+124)	21	60,350,000
	기납부세액 - 기한내납부세액	126. 중간예납세액	22	21,000,000
		127. 수시부과세액	23	
		128. 원천납부세액	24	3,800,000
		129. 간접 회사등 외국 납부세액	25	
		130. 소계(126+127+128+129)	26	24,800,000
	기납부세액	131. 신고납부전가산세액	27	
		132. 합계 (130+131)	28	24,800,000
		133. 감면분추가납부세액	29	
		134. 차가감납부할세액(125-132+133)	30	35,550,000
⑤토지등 양도소득, ⑥미환류소득 법인세 계산 (TAB로 이동)				
⑦ 세액계		151. 차감 납부할 세액계 (134+150+166)	46	35,550,000
		152. 사실과 다른 회계 처리 경정 세액공제	57	
		153. 분납세액계산범위액 (151-124-133-145-152+131)	47	34,700,000
		154. 분납할세액	48	17,350,000
		155. 차감납부세액 (151-152-154)	49	18,200,000

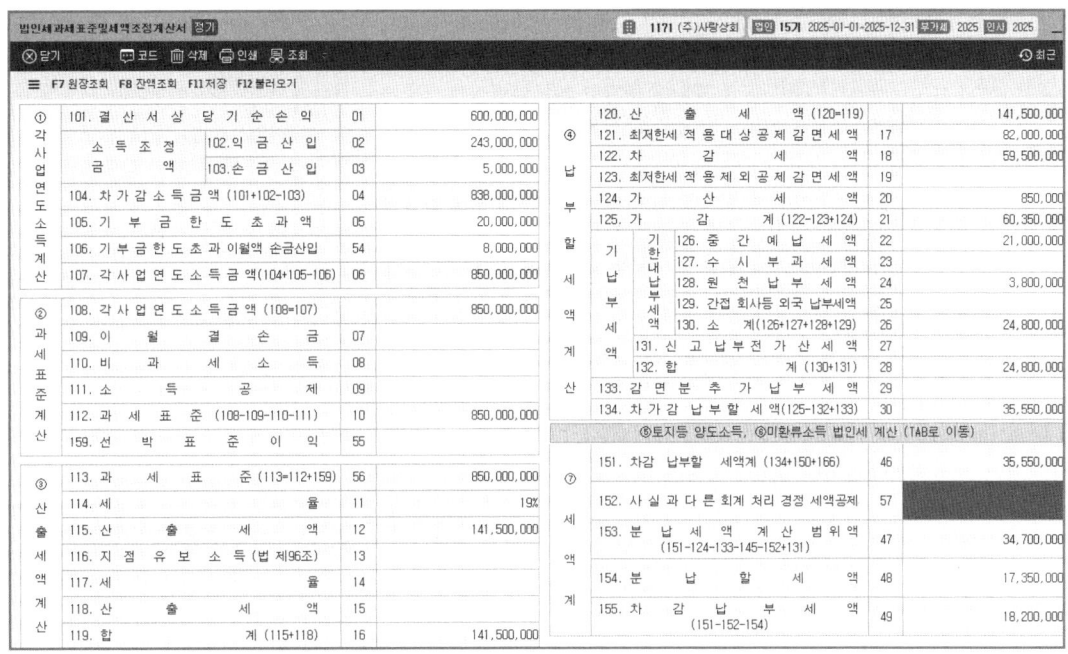

- [121.최저한세 적용대상 공제 감면세액]란에 '82,000,000원'을 입력한다.
- [124.가산세액]란에 법인세법상 가산세 '850,000원'을 입력한다.
- [126.중간예납세액]란에 '21,000,000원'을 입력한다.
- [128.원천납부세액]란에 '3,800,000원'을 입력한다.
- 최대한 많은 금액을 분납으로 처리하기 위해 [154.분납할 세액]란에 [153.분납세액계산범위액] 34,700,000원의 50%인 '17,350,000원'을 입력한 후 해당 서식을 저장한다.

116회 기출문제 (주)한솔산업(회사코드: 1160)/상수기업(주)(회사코드: 1161) p.561

이론시험

01 ②
상중하
나머지는 모두 목적적합성을 선택한 경우이며, 수익인식방법을 진행기준이 아닌 완성기준으로 선택하는 경우는 신뢰성을 선택한 경우이다.

02 ②
상중하
시용판매를 위하여 고객에게 인도한 상품은 고객의 매입의사 표시 시점에 소유권이 이전되므로 기말재고에 포함한다. 할부판매계약에 따라 인도한 상품은 인도 시점에 대금을 모두 회수하지 않더라도 재화가 인도되었으므로 기말재고에서 제외한다.
∴ 운송중인 상품 7,000,000원 + 수탁자가 보관 중인 상품 4,000,000원 + 시용상품 2,000,000원 = 13,000,000원

03 ③
상중하
서로 다른 용도의 자산과 교환하여 취득한 유형자산의 취득원가는 교환을 위하여 제공한 자산의 장부가액이 아니라 공정가치로 측정한다.

04 ④
상중하
지분상품을 발행하거나 취득하는 과정에서 발생하는 자본거래 비용과 중도에 포기한 자본거래 비용은 당기손익으로 인식한다.

05 ②
상중하
회계추정의 변경은 전진적으로 처리하여 그 효과를 당기와 당기 이후의 기간에 반영한다. 또한, 일반기업회계기준에 따라 이전 기간에 대한 오류는 당기 손익계산서에 반영하며 중대한 오류는 자산, 부채 및 자본의 기초금액에 반영하므로 보기 ④번 지문은 옳은 지문이다.

06 ④
상중하
㉠ 종합원가계산 ㉡ 개별원가계산 ㉢ 결합원가계산

07 ①
상중하
수리 후 처분하는 경우, 포기해야 하는 대안은 현재 상태에서 처분하는 것이다. 따라서 기회비용은 현재 상태에서 처분할 수 있는 가액인 800,000원이 된다.

08 ③
상중하
- S1 → P2: 1,000,000원×30%=300,000원
- S1 → S2: 1,000,000원×30%=300,000원
- S2 → P2: (300,000원+1,500,000원)×(50%÷80%)=1,125,000원

∴ P2에 배분될 보조부문의 원가총액: 300,000원+1,125,000원=1,425,000원

09 ②

상 중 하

- 단위당 가공원가: (64,000원 + 260,000원) ÷ (25,000단위 + 5,000단위 × 40%) = 12원/단위
- 기말재공품원가: 12원/단위 × (5,000단위 × 40%) = 24,000원

10 ③

상 중 하

균등이익률법은 조건이 같다면 추가 가공원가가 높은 제품에 결합원가가 적게 배분된다.

11 ④

상 중 하

일시, 우발적 원고료는 기타소득, 프리랜서(일정한 소속 없이 자유계약으로 일하는 사람)의 원고료는 사업소득, 업무와 관련하여 회사 사보를 게재한 원고료는 근로소득으로 구분된다.

12 ③

상 중 하

개인사업자의 대표자를 변경하는 경우는 사업자등록정정 사유가 아닌 폐업 사유이다.

13 ②

상 중 하

주주나 출연자가 아닌 임직원에게 사택을 무상으로 제공하는 것은 부당행위계산 적용대상이 아니다.

14 ②

상 중 하

주차장용 토지의 임대는 과세대상이다.

15 ①

상 중 하

전자세금계산서 의무발급대상 개인사업자의 공급가액은 8천만원 이상이다.

실무시험

문 1 전표입력

[1] [일반전표입력] 5월 4일

(차) 외상매입금[미국TSL]	26,000,000	(대) 보통예금	24,000,000
		외환차익	2,000,000*

* $20,000 × (1,300원 − 1,200원) = 2,000,000원

구분	계 정 과 목		거 래 처		적 요	차 변	대 변
차변	0251	외상매입금	00146	미국TSL		26,000,000	
대변	0103	보통예금					24,000,000
대변	0907	외환차익					2,000,000

[2] [매입매출전표입력] 7월 2일

유형	공급가액	부가세	공급처명	전자	분개
11.과세	10,000,000	1,000,000	(주)유정	1.여	4.카드 또는 3.혼합
신용카드사	99600. 삼성카드				

(차) 외상매출금[삼성카드]	11,000,000	(대) 부가세예수금	1,000,000
		제품매출	10,000,000

☐	일	번호	유형	품목	수량	단가	공급가액	부가세	코드	공급처명	사업/주민번호	전자	분개
■	2	50001	과세				10,000,000	1,000,000	00147	(주)유정	467-85-17021	여	카드
☐	2												
☐													
☐													
				유형별-공급처별 [1]건			10,000,000	1,000,000					

신용카드사 99600 삼성카드 봉사료

NO : 50001 (대 체) 전 표 일 자 : 2025 년 7 월 2 일

구분	계정과목		적요		거래처		차변(출금)	대변(입금)
차변	0108	외상매출금		카	99600	삼성카드	11,000,000	
대변	0255	부가세예수금			00147	(주)유정		1,000,000
대변	0404	제품매출			00147	(주)유정		10,000,000

(세금)계산 현재라인인 거래명세 현재라인인

[3] [일반전표입력] 7월 14일

(차) 보통예금	2,760,000	(대) 받을어음[(주)교보상사]	3,000,000
매출채권처분손실	240,000		

구분	계 정 과 목		거 래 처		적 요	차 변	대 변
차변	0103	보통예금				2,760,000	
차변	0956	매출채권처분손실				240,000	
대변	0110	받을어음	00148	(주)교보상사			3,000,000

[4] [매입매출전표입력] 8월 26일

유형	공급가액	부가세	공급처명	전자	분개
22.현과	5,000,000	500,000	자진발급		3.혼합

(차) 현금	5,500,000	(대) 부가세예수금	500,000
감가상각누계액(209)	7,200,000	차량운반구	12,000,000
		유형자산처분이익	200,000

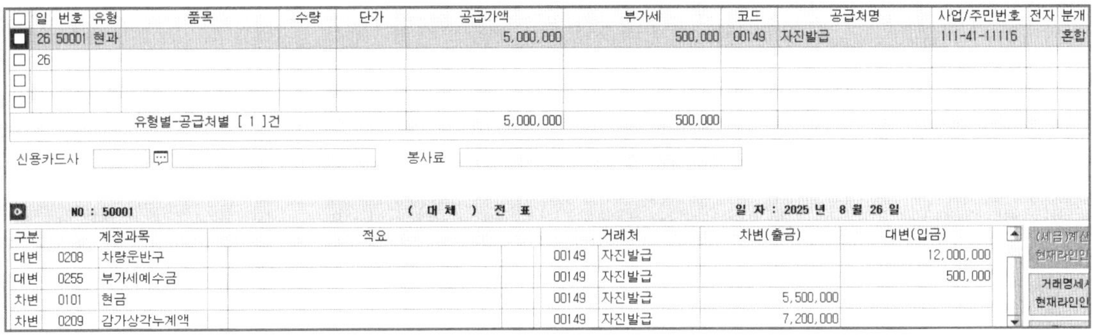

문 2 부가가치세신고서 및 부속서류

[1] [매입매출전표입력], [부가가치세신고서] 및 [과세표준 및 세액결정(경정) 청구서]

① [매입매출전표입력]

- 11월 30일
  - 수정 전

유형	공급가액	부가세	공급처명	전자	분개
22.현과	3,000,000	300,000	(주)아림		1.현금 또는 3.혼합

(차) 현금	3,300,000	(대) 부가세예수금	300,000
		제품매출	3,000,000

  - 수정 후: 11월 30일자 입력된 거래를 삭제한다.

- 9월 30일
  - 수정 전: 없음
  - 수정 후: 다음의 전표를 추가 입력한다.

유형	공급가액	부가세	공급처명	전자	분개
51.과세	500,000	50,000	하나상사	0.부	3.혼합

(차) 부가세대급금	50,000	(대) 보통예금	550,000
수선비(제)	500,000		

F11 간편집계.. ▼ → 예정누락분(SF5) → 확정신고 개시년월: 2025년 10월 입력(또는 11월, 12월 입력)

- 12월 5일
  - 수정 전: 없음
  - 수정 후: 다음의 전표를 추가 입력한다.

유형	공급가액	부가세	공급처명	전자	분개
51.과세	300,000	30,000	운송나라	0.부	3.혼합

(차) 부가세대급금	30,000	(대) 보통예금	330,000
운반비(판)	300,000		

② [부가가치세 신고서]: 조회기간 '2025년 10월 1일~2025년 12월 31일', 신고구분 '2.수정 신고', 신고차수 '1'을 입력하면 수정신고금액이 반영된 것을 확인할 수 있다. 해당 서식을 저장한다.

부가가치세신고서 | 1160 (주)한솔산업 | 법인 13기 2025-01-01~2025-12-31 | 부가세 2025 | 인사 2025

조회기간 2025 년 10 월 1 일 ~ 2025 년 12 월 31 일 신고구분 2.수정신고 신고차수 1 부가율 38.22

구분			번호	정기신고금액 금액	세율	세액	수정신고금액 금액	세율	세액
과세표준및매출세액	과세	세금계산서발급분	1	45,000,000	10/100	4,500,000	45,000,000	10/100	4,500,000
		매입자발행세금계산서	2		10/100			10/100	
		신용카드 · 현금영수증발행분	3	3,000,000	10/100	300,000		10/100	
		기타(정규영수증외매출분)	4						
	영세	세금계산서발급분	5		0/100			0/100	
		기타	6		0/100			0/100	
	예정신고누락분		7						
	대손세액가감		8						
	합계		9	48,000,000	㉮	4,800,000	45,000,000	㉮	4,500,000
매입세액	세금계산서수취분	일반매입	10	25,000,000		2,500,000	25,300,000		2,530,000
		수출기업수입분납부유예	10-1						
		고정자산매입	11						
	예정신고누락분		12				500,000		50,000
	매입자발행세금계산서		13						
	그 밖의 공제매입세액		14	2,000,000		200,000	2,000,000		200,000
	합계(10)-(10-1)+(11)+(12)+(13)+(14)		15	27,000,000		2,700,000	27,800,000		2,780,000
	공제받지못할매입세액		16						
	차감계 (15-16)		17	27,000,000	㉯	2,700,000	27,800,000	㉯	2,780,000
납부(환급)세액(매출세액㉮-매입세액㉯)					㉰	2,100,000		㉰	1,720,000
경감공제세액	그 밖의 경감 · 공제세액		18						
	신용카드매출전표등 발행공제등		19	3,300,000					
	합계		20		㉱			㉱	
소규모 개인사업자 부가가치세 감면세액			20-1		㉲			㉲	
예정신고미환급세액			21		㉳			㉳	
예정고지세액			22		㉴			㉴	
사업양수자의 대리납부 기납부세액			23		㉵			㉵	
매입자 납부특례 기납부세액			24		㉶			㉶	
신용카드업자의 대리납부 기납부세액			25		㉷			㉷	
가산세액계			26		㉸			㉸	
차가감하여 납부할세액(환급받을세액)㉰-㉱-㉲-㉳-㉴-㉵-㉶-㉷+㉸					27	2,100,000		27	1,720,000

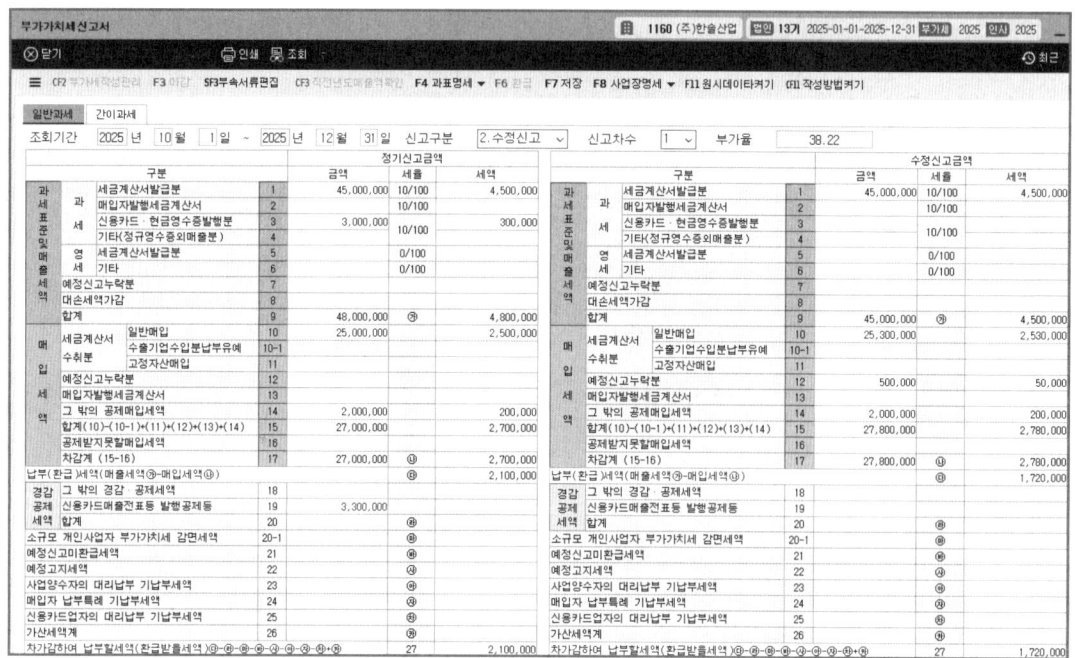

③ [과세표준 및 세액결정(경정) 청구서]: 조회기간 '2025년 10월~2025년 12월', 구분 '2기 확정', 신고차수 '1'을 입력한다. 경정(결정)청구 신고금액을 다음과 같이 입력한 후 과세표준 및 세액결정(경정) 청구서를 저장한다.

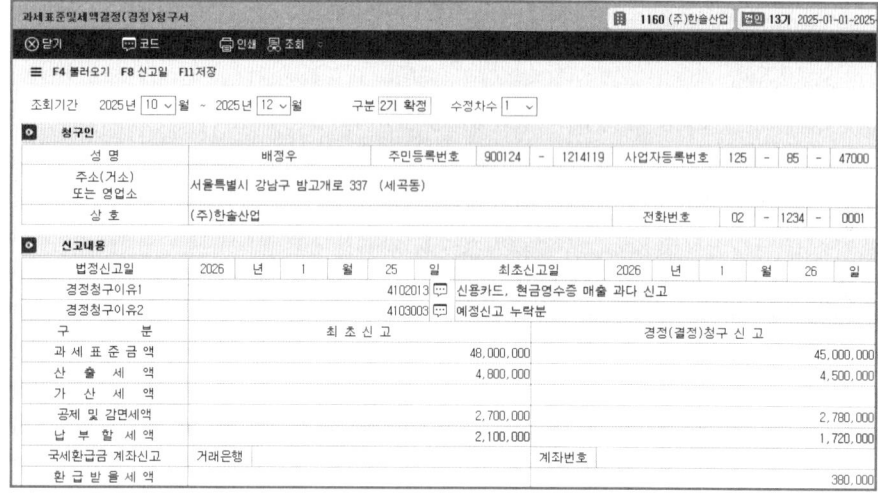

과세표준및세액결정(경정)청구서 | 1160 (주)한솔산업 | 법인 13기 2025-01-01~2025-

조회기간 2025년 10 월 ~ 2025년 12 월 구분 2기 확정 수정차수 1

청구인

성 명	배정우	주민등록번호	900124 - 1214119	사업자등록번호	125 - 85 - 47000
주소(거소) 또는 영업소	서울특별시 강남구 밤고개로 337 (세곡동)				
상 호	(주)한솔산업			전화번호	02 - 1234 - 0001

신고내용

법정신고일	2026 년 1 월 25 일	최초신고일 2026 년 1 월 26 일
경정청구이유1	4102013	신용카드, 현금영수증 매출 과다 신고
경정청구이유2	4103003	예정신고 누락분
구 분	최 초 신 고	경정(결정)청구 신 고
과 세 표 준 금 액	48,000,000	45,000,000
산 출 세 액	4,800,000	4,500,000
가 산 세 액		
공제 및 감면세액	2,700,000	2,780,000
납 부 할 세 액	2,100,000	1,720,000
국세환급금 계좌신고	거래은행	계좌번호
환 급 받 을 세 액		380,000

[2] [공제받지못할매입세액명세서]-[공제받지못할매입세액내역] 탭: 조회기간 2025년 4월~2025년 6월

공제받지못할매입세액명세서 | 1160 (주)한솔산업 | 법인 13기 2025-01-01~2025-12-31 | 부가세 2025 | 인사 2025

닫기 | 코드 | 삭제 | 인쇄 | 조회

F4 불러오기 | F8 신고일 | F11저장

조회기간 2025 년 04 월 ~ 2025 년 06 월 구분 1기 확정

공제받지못할매입세액내역 | 공통매입세액안분계산내역 | 공통매입세액의정산내역 | 납부세액또는환급세액재계산

매입세액 불공제 사유	세금계산서		
	매수	공급가액	매입세액
①필요적 기재사항 누락 등			
②사업과 직접 관련 없는 지출	1	30,000,000	3,000,000
③개별소비세법 제1조제2항제3호에 따른 자동차 구입 유지			
④기업업무추진비 및 이와 유사한 비용 관련	1	3,500,000	350,000
⑤면세사업등 관련			
⑥토지의 자본적 지출 관련			
⑦사업자등록 전 매입세액			

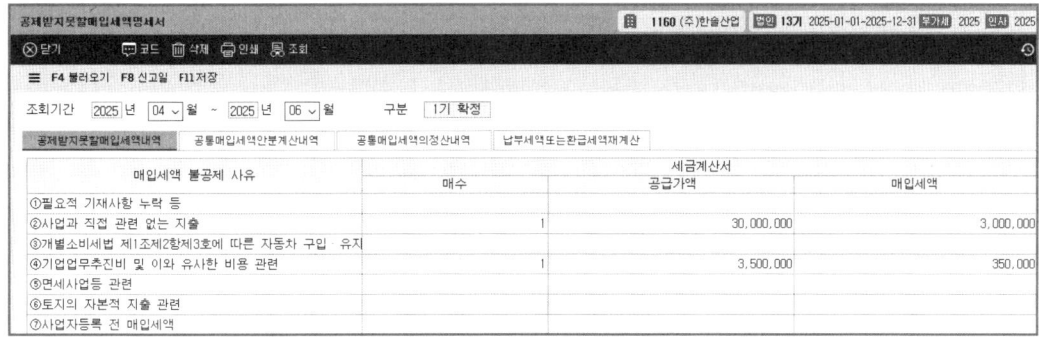

- 4월 10일 인테리어 공사: 세금계산서를 선 발급하고 동일 과세기간 내에 공급시기가 도래하므로 적법한 세금계산서에 해당한다. 따라서, 매입세액 공제가 가능하다.

문 3 결산정리사항

[1] 수동결산-[일반전표입력] 12월 31일

(차) 보험료(제)	4,500,000*	(대) 선급비용	4,500,000

* 6,000,000원×9/12=4,500,000원

구분	계 정 과 목		거 래 처		적 요		차 변	대 변
차변	0521	보험료					4,500,000	
대변	0133	선급비용						4,500,000

[2] 수동결산-[일반전표입력] 12월 31일

(차) 매도가능증권(178)	15,300,000*1	(대) 매도가능증권평가손실	8,500,000*2
		매도가능증권평가이익	6,800,000

*1 1,700주×(34,000원-25,000원)=15,300,000원

*2 1,700주×(30,000원-25,000원)=8,500,000원

구분	계 정 과 목		거 래 처		적 요		차 변	대 변
차변	0178	매도가능증권					15,300,000	
대변	0395	매도가능증권평가손실						8,500,000
대변	0394	매도가능증권평가이익						6,800,000

[3] 수동결산 – [일반전표입력] 12월 31일

(차) 부가세예수금	40,500,000	(대) 부가세대급금	36,800,000
세금과공과(판)	15,000	미수금	1,700,000
		잡이익	10,000
		미지급세금	2,005,000

구분	계 정 과 목		거 래 처		적 요		차 변	대 변
차변	0255	부가세예수금					40,500,000	
차변	0817	세금과공과					15,000	
대변	0135	부가세대급금						36,800,000
대변	0120	미수금						1,700,000
대변	0930	잡이익						10,000
대변	0261	미지급세금						2,005,000

[4] 수동결산 – [일반전표입력] 12월 31일

① (차) 퇴직연금운용자산	1,800,000*	(대) 퇴직연금운용수익 (또는 이자수익)	1,800,000

* 60,000,000원×4%×9/12=1,800,000원

구분	계 정 과 목		거 래 처		적 요		차 변	대 변
차변	0186	퇴직연금운용자산					1,800,000	
대변	0923	퇴직연금운용수익						1,800,000

문 4 원천징수

[1] [사원등록]과 [연말정산추가자료입력]

1. [사원등록] – [부양가족명세] 탭

사원등록 | 1160 (주)한솔산업 | 법인 13기 2025-01-01~2025-12-31 | 부가세 2025 | 인사 2025

닫기 | 코드 | 삭제 | 인쇄 | 조회

F3 조건검색 | F6 기초등록 | F7 추가공제 | F8 전년도사원정보불러오기 | SF10 일괄변경 | CF10 소득세적용률 | CF11 엑셀간편저장 | CF12 엑셀작업

사번	성명	주민(외국인)번호	나이
100	최이현	1 850331-2025889	40

전체인원 1 | 재직자수 1 | 퇴직자수

기본사항 | 부양가족명세 | 추가사항

연말관계	성명	내/외국인	주민(외국인,여권)번호		나이	기본공제	부녀자	한부모	경로우대	장애인	자녀	출산입양	위탁관계
0	최이현	내	1	850331-2025889	40	본인		○					
1	김희숙	내	1	531021-2021342	72	60세이상			○				
4	임희연	내	1	151031-4123543	10	20세이하					○		
4	임유한	내	1	190531-3021474	6	20세이하							

※ 연말관계 : 0.소득자 본인, 1.소득자의 직계존속, 2.배우자의 직계존속, 3.배우자, 4.직계비속(자녀+입양자)
5.직계비속(4 제외), 6. 형제자매, 7.수급자(1~6 제외),
8.위탁아동(만 18세 미만, 보호기간 연장 시 20세 이하/직접선택)

◆ 부양가족 공제 현황

1. 기본공제 인원 (세대주 구분 1 세대주)

본인	○	배우자	무	20세 이하	2	60세 이상	1

2. 추가공제 인원

경로 우대	1	장 애 인		부 녀 자	부
한 부 모	여	출산입양자			

3. 자녀세액공제 인원

자녀세액공제	1

◆ 자녀세액공제는 8세 이상 20세 이하의 자녀인 경우 공제 받을 수 있습니다.

- 최이현: 거주자 본인이 배우자가 없는 사람으로서 기본공제대상자인 직계비속 또는 입양자가 있으므로 [한부모]란에 '1:여'를 선택한다. 또한, 거주자 본인이 배우자가 없는 여성으로서 기본공제대상자인 부양가족이 있는 세대주이며 종합소득금액이 3,000만원 이하이므로 부녀자 추가공제도 적용 가능하다. 다만, 부녀자공제와 한부모공제에 모두 해당하는 경우 한부모공제를 적용한다.

2. [연말정산추가자료입력]

1) [소득명세] 탭

소득명세 | 부양가족 | 신용카드 등 | 의료비 | 기부금 | 연금저축 등I | 연금저축 등II | 월세액 | 출산지원금 | 연말정산입력

구분			합계	주(현)		납세조합		종(전) [1/2]	
소득명세	9.근무처명			(주)한솔산업				(주)선재기획	
	9-1.종교관련 종사자			부				부	
	10.사업자등록번호			125-85-47000		---·--·-----		507-81-55567	
	11.근무기간			2025-07-01	~ 2025-12-31	----·--·--	~ ----·--·--	2025-01-01	~ 2025-06-30
	12.감면기간			----·--·--	~ ----·--·--	----·--·--	~ ----·--·--	----·--·--	~ ----·--·--
	13-1.급여(급여자료입력)		39,000,000	15,000,000				24,000,000	
	13-2.비과세한도초과액								
	13-3.과세대상추가(인정상여추가)								
	14.상여								
	15.인정상여								
	15-1.주식매수선택권행사이익								
	15-2.우리사주조합 인출금								
	15-3.임원퇴직소득금액한도초과액								
	15-4.직무발명보상금								
	16.계		39,000,000	15,000,000				24,000,000	
	18.국외근로								
공제보험료명세	직장	건강보험료(직장)(33)	1,382,550	531,750				850,800	
		장기요양보험료(33)	179,010	68,850				110,160	
		고용보험료(33)	336,000	120,000				216,000	
		국민연금보험료(31)	1,755,000	675,000				1,080,000	
	공적연금보험료	공무원 연금(32)							
		군인연금(32)							
		사립학교교직원연금(32)							
		별정우체국연금(32)							
세액	기납부세액	소득세	554,140	371,750				182,390	
		지방소득세	55,380	37,150				18,230	
		농어촌특별세							

• 문제의 자료에서 전(前)근무지 소득과 관련하여 종교관련 종사자에 해당하는 것으로 판단할 근거가 없으므로 종교관련 종사자에 해당하지 않는 것으로 입력하여야 한다.

2) [부양가족] 탭

① 보험료

• 최이현

소득명세	부양가족	신용카드 등	의료비	기부금	연금저축 등I	연금저축 등II	월세액	출산지원금	연말정산입력

연말관계	성명	내/외국인		주민(외국인)번호	나이	소득기준초과여부	기본공제	세대주구분	부녀자	한부모	경로우대	장애인	자녀	출산입양	결혼세액
0	최이현	내	1	850331-2025889	40		본인	세대주		○					
1	김희숙	내	1	531021-2021342	72		60세이상				○				
4	임희연	내	1	151031-4123543	10		20세이하						○		
4	임유한	내	1	190531-3021474	6		20세이하								
합 계 [명]															

자료구분	보험료			
	건강	고용	일반보장성	장애인전용
국세청			200,000	
기타	1,561,560	336,000		

자료구분	신용카드	직불카드등
국세청		
기타		

합	자료구분	보험료			
		건강	고용	일반보장성	장애인전용
	국세청			700,000	
	기타	1,561,560	336,000		

보험료 등 공제대상금액

자료구분	국세청간소화	급여/기타	정산
국민연금_직장		1,755,000	
국민연금_지역			
합 계		1,755,000	
건강보험료-보수월액		1,382,550	
장기요양보험료-보수월액		179,010	
건강보험료-소득월액(납부)			
기요양보험료-소득월액(납녀			
합 계		1,561,560	
고용보험료		336,000	
보장성보험-일반	200,000		
보장성보험-장애인			
합 계	200,000		

• 김희숙

소득명세	부양가족	신용카드 등	의료비	기부금	연금저축 등I	연금저축 등II	월세액	출산지원금	연말정산입력

연말관계	성명	내/외국인		주민(외국인)번호	나이	소득기준초과여부	기본공제	세대주구분	부녀자	한부모	경로우대	장애인	자녀	출산입양	결혼세액
0	최이현	내	1	850331-2025889	40		본인	세대주		○					
1	김희숙	내	1	531021-2021342	72		60세이상				○				
4	임희연	내	1	151031-4123543	10		20세이하						○		
4	임유한	내	1	190531-3021474	6		20세이하								
합 계 [명]															

자료구분	보험료			
	건강	고용	일반보장성	장애인전용
국세청			500,000	
기타				

자료구분	신용카드	직불카드등
국세청		
기타		

합	자료구분	보험료			
		건강	고용	일반보장성	장애인전용
	국세청			700,000	
	기타	1,561,560	336,000		

보험료 등 공제대상금액

자료구분	국세청간소화	급여/기타	정산
국민연금_직장			
국민연금_지역			
합 계			
건강보험료-보수월액			
장기요양보험료-보수월액			
건강보험료-소득월액(납부)			
기요양보험료-소득월액(납녀			
합 계			
고용보험료			
보장성보험-일반	500,000		
보장성보험-장애인			
합 계	500,000		

• 임희연

소득명세	부양가족	신용카드 등	의료비	기부금	연금저축 등I	연금저축 등II	월세액	출산지원금	연말정산입력

연말관계	성명	내/외국인		주민(외국인)번호	나이	소득기준초과여부	기본공제	세대주구분	부녀자	한부모	경로우대	장애인	자녀	출산입양	결혼세액
0	최이현	내	1	850331-2025889	40		본인	세대주		○					
1	김희숙	내	1	531021-2021342	72		60세이상				○				
4	임희연	내	1	151031-4123543	10		20세이하						○		
4	임유한	내	1	190531-3021474	6		20세이하								
합 계 [명]							4			1	1		1		

자료구분	보험료			
	건강	고용	일반보장성	장애인전용
국세청			150,000	
기타				

자료구분	신용카드	직불카드등
국세청		
기타		

합	자료구분	보험료			
		건강	고용	일반보장성	장애인전용
	국세청			1,000,000	
	기타	1,561,560	336,000		
	자료				

보험료 등 공제대상금액

자료구분	국세청간소화	급여/기타	정산
국민연금_직장			
국민연금_지역			
합 계			
건강보험료-보수월액			
장기요양보험료-보수월액			
건강보험료-소득월액(납부)			
기요양보험료-소득월액(납녀			
합 계			
고용보험료			
보장성보험-일반	150,000		
보장성보험-장애인			
합 계	150,000		

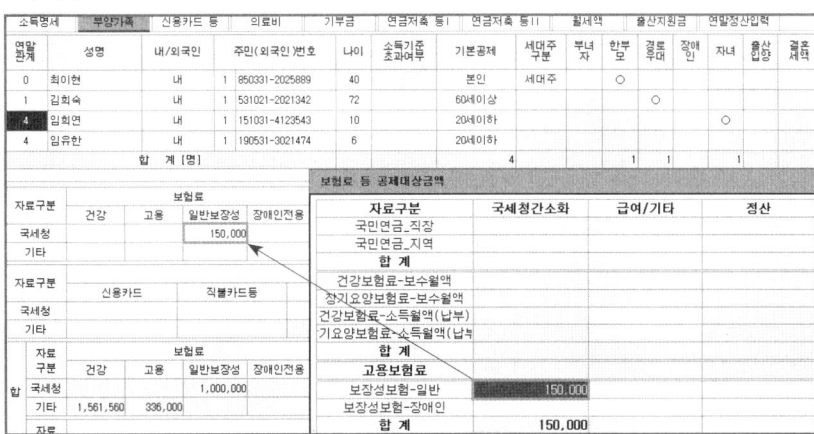

• 임유한

소득명세	부양가족	신용카드 등	의료비	기부금	연금저축 등I	연금저축 등II	월세액	출산지원금	연말정산입력

연말관계	성명	내/외국인		주민(외국인)번호	나이	소득기준초과여부	기본공제	세대주구분	부녀자	한부모	경로우대	장애인	자녀	출산입양	결혼세액
0	최이현	내	1	850331-2025889	40		본인	세대주		○					
1	김희숙	내	1	531021-2021342	72		60세이상				○				
4	임희연	내	1	151031-4123543	10		20세이하						○		
4	임유한	내	1	190531-3021474	6		20세이하								
	합 계 [명]														

자료구분	보험료			
	건강	고용	일반보장성	장애인전용
국세청			150,000	
기타				

자료구분	신용카드	직불카드등
국세청		
기타		

합 자료구분	보험료			
	건강	고용	일반보장성	장애인전용
국세청			1,000,000	
기타	1,561,560	336,000		

보험료 등 공제대상금액

자료구분	국세청간소화	급여/기타	정산
국민연금_직장			
국민연금_지역			
합 계			
건강보험료-보수월액			
장기요양보험료-보수월액			
건강보험료-소득월액(납부)			
기요양보험료-소득월액(납부			
합 계			
고용보험료			
보장성보험-일반	150,000		
보장성보험-장애인			
합 계	150,000		

② 교육비

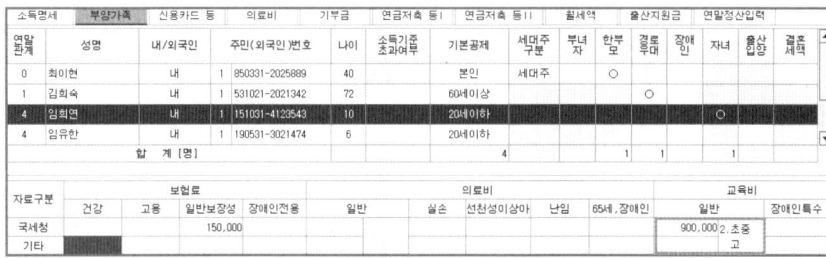

• 김희숙: 직계존속의 교육비는 공제대상이 아니다.

• 임희연 : 초등학생의 학원비는 공제대상이 아니며 방과후 수업료만 공제대상이다.

연말관계	성명	내/외국인		주민(외국인)번호	나이	소득기준초과여부	기본공제	세대주구분	부녀자	한부모	경로우대	장애인	자녀	출산입양	결혼세액
0	최이현	내	1	850331-2025889	40		본인	세대주		○					
1	김희숙	내	1	531021-2021342	72		60세이상				○				
4	임희연	내	1	151031-4123543	10		20세이하						○		
4	임유한	내	1	190531-3021474	6		20세이하								
	합 계 [명]						4			1	1		1		

자료구분	보험료				의료비					교육비	
	건강	고용	일반보장성	장애인전용	일반	실손	선천성이상아	난임	65세,장애인	일반	장애인특수
국세청			150,000							900,000 2.초중고	
기타											

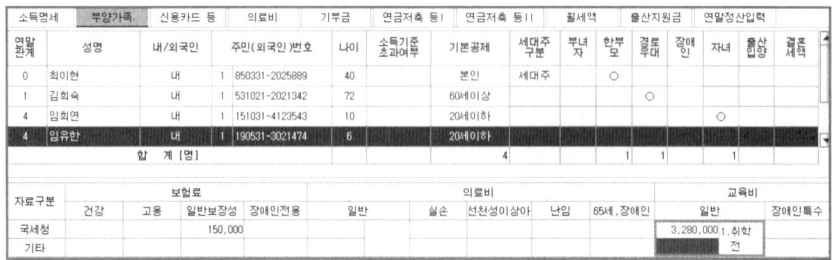

• 임유한: 취학전 아동의 유치원비, 학원비는 모두 공제대상이다.

연말관계	성명	내/외국인		주민(외국인)번호	나이	소득기준초과여부	기본공제	세대주구분	부녀자	한부모	경로우대	장애인	자녀	출산입양	결혼세액
0	최이현	내	1	850331-2025889	40		본인	세대주		○					
1	김희숙	내	1	531021-2021342	72		60세이상				○				
4	임희연	내	1	151031-4123543	10		20세이하						○		
4	임유한	내	1	190531-3021474	6		20세이하								
	합 계 [명]						4			1	1		1		

자료구분	보험료				의료비					교육비	
	건강	고용	일반보장성	장애인전용	일반	실손	선천성이상아	난임	65세,장애인	일반	장애인특수
국세청			150,000							3,280,000 1.취학전	
기타											

교육비 지출액 전체 금액을 입력하지 않고 한도금액인 3,000,000원을 입력하여 작성한 답안도 정답으로 인정된다.

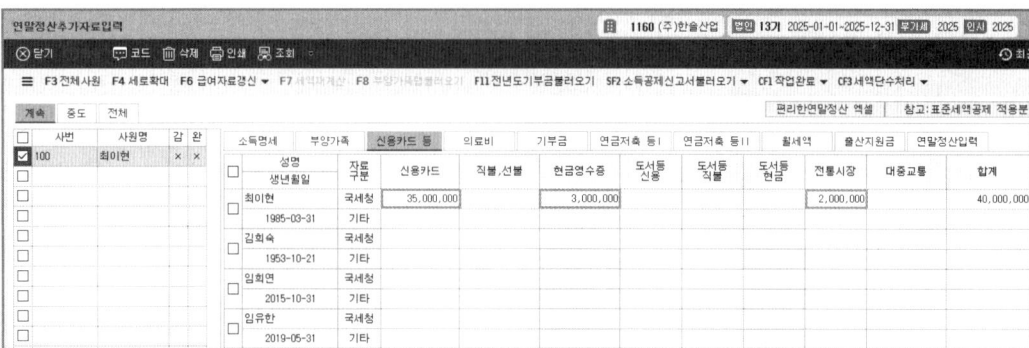

3) [신용카드 등] 탭

연말정산추가자료입력 | 1160 (주)한솔산업 | 법인 13기 2025-01-01~2025-12-31 | 부가세 2025 | 인사 2025

사번	사원명	감	완
100	최이현	×	×

성명 / 생년월일	자료구분	신용카드	직불,선불	현금영수증	도서등 신용	도서등 직불	도서등 현금	전통시장	대중교통	합계
최이현	국세청	35,000,000		3,000,000				2,000,000		40,000,000
1985-03-31	기타									
김희숙	국세청									
1953-10-21	기타									
임희연	국세청									
2015-10-31	기타									
임유한	국세청									
2019-05-31	기타									

4) [의료비] 탭

소득명세 | 부양가족 | 신용카드 등 | 의료비 | 기부금 | 연금저축 등I | 연금저축 등II | 월세액 | 출산지원금 | 연말정산입력

2025년 의료비 지급명세서

의료비 공제대상자						지급처		지급명세					
성명	내/외	5.주민등록번호	6.본인등 해당여부		9.증빙코드	8.상호	7.사업자등록번호	10.건수	11.금액	11-1.실손보험수령액	12.미숙아 선천성이상아	13.난임여부	14.산후조리원
최이현	내	850331-2025889	1	0	1				1,600,000		X	X	X
김희숙	내	531021-2021342	2	0	1				7,500,000	2,300,000	X	X	X
임희연	내	151031-4123543	3	X	1				500,000		X	X	X
임유한	내	190531-3021474	2	0	1				1,600,000		X	X	X
					합계				11,200,000	2,300,000			

일반의료비 (본인)	1,600,000	6세이하,65세이상인 건강보험산정특례자 장애인	9,100,000	일반의료비 (그 외)	500,000	난임시술비	
						미숙아.선천성이상아	

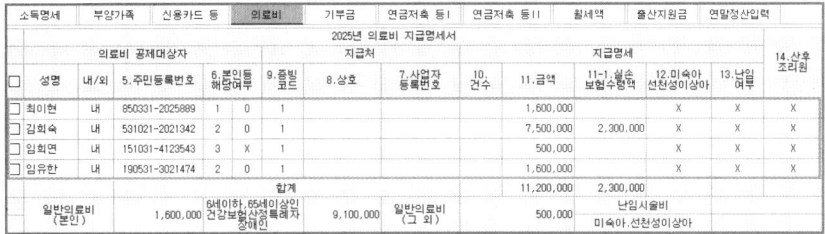

5) [연말정산입력] 탭 : 상단 툴바 [F8부양가족불러오기]를 클릭한다.

소득명세 | 부양가족 | 신용카드 등 | 의료비 | 기부금 | 연금저축 등I | 연금저축 등II | 월세액 | 출산지원금 | 연말정산입력

정산(지급)년월 2026 년 2 월 귀속기간 2025 년 7 월 1 일 ~ 2025 년 12 월 31 일 영수일자 2026 년 2 월 28 일

구분		지출액	공제금액
소득공제 고용보험료		336,000	336,000
34.주택차입금 원리금상환액	대출기관		
	거주자		
34.장기주택저당차입금이자상			
35.특별소득공제 계			1,897,560
36.차감소득금액			16,247,440
37.개인연금저축			
38.소기업,소상공인 공제부금	2015년이전가입		
	2016년이후가입		
39.주택마련저축 소득공제	청약저축		
	주택청약		
	근로자주택마련		
40.투자조합출자 등 소득공제			
41.신용카드 등 사용액		40,000,000	3,800,000
42.우리사주조합 출연금	일반 등		
	벤처 등		
43.고용유지중소기업근로자			
44.장기집합투자증권저축			
45.청년형장기집합투자증권저축			
46.그 밖의 소득공제 계			3,800,000
47.소득공제 종합한도 초과액 ▶			

구분			지출액	공제대상금액	공제금액
특별세액공제 61.보장성보험	일반	1,000,000	1,000,000	1,000,000	86,081
	장애인				
62.의료비		11,200,000	11,200,000	7,730,000	
63.교육비		4,180,000	4,180,000	3,900,000	
64.기부금					
1)정치자금 기부금	10만원이하				
	10만원초과				
2)고향사랑 기부금	10만원이하				
	10만원초과				
3)특례기부금(전액)					
4)우리사주조합기부금					
5)일반기부금(종교단체외)					
6)일반기부금(종교단체)					
65.특별세액공제 계					86,081
66.표준세액공제					
67.납세조합공제					
68.주택차입금					
69.외국납부 ▶					
70.월세액					
71.세액공제 계					746,846
72.결정세액((49)-(54)-(71))					
82.실효세율(%) [(72/21)]X100					

구분		소득세	지방소득세	농어촌특별세	계
73.결정세액					
기납부세액	74.종(전)근무지	182,390	18,230		200,620
	75.주(현)근무지	371,750	37,150		408,900
76.납부특례세액					
77.차감징수세액		-554,140	-55,380		-609,520

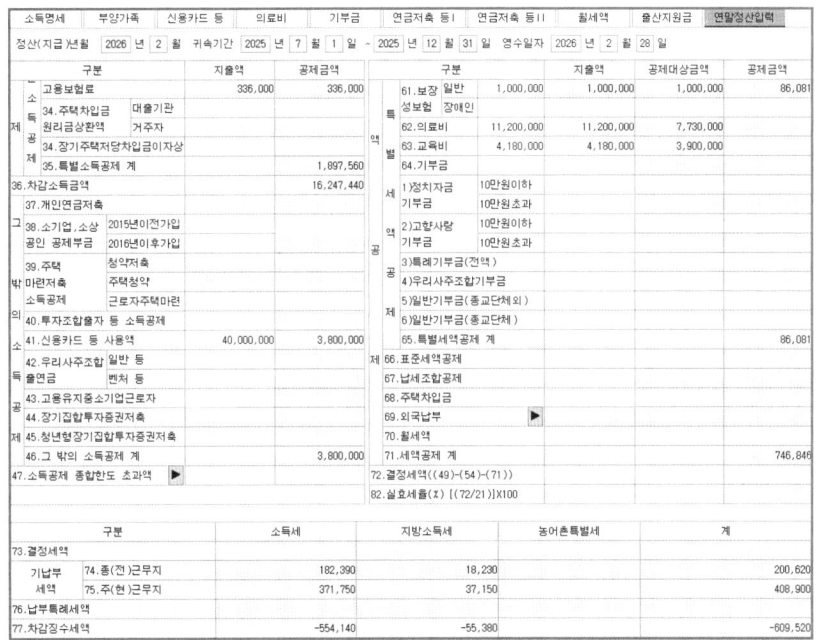

[2] [원천징수이행상황신고서] 작성 및 마감 후 전자신고

① [원천징수이행상황신고서] 작성 및 마감

귀속기간 2025년 9월 ~ 2025년 9월, 지급기간 2025년 9월 ~ 2025년 9월, 신고구분 '1.정기신고'를 선택한다. 다음과 같이 사업소득에 대한 인원, 총지급액, 소득세 원천징수액을 입력한 후 해당 서식의 상단 툴바 F3 마감를 클릭하고 마감 보조창에서 하단 마감[F3]을 실행한다.

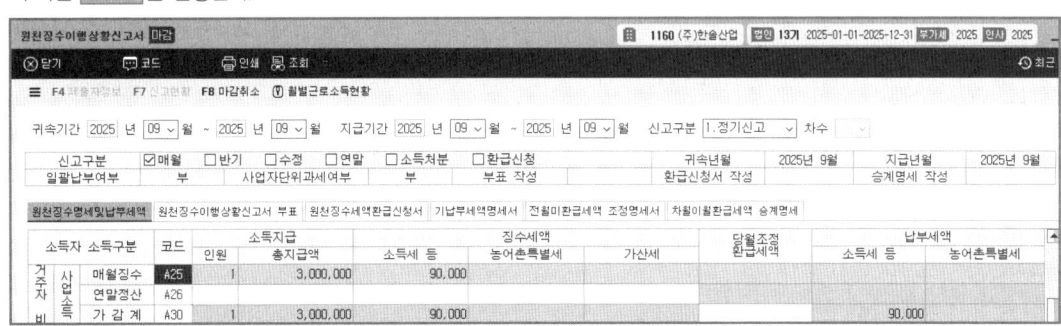

원천징수이행상황신고서 마감 | 1160 (주)한솔산업 법인 13기 2025-01-01~2025-12-31 부가세 2025 인사 2025

닫기 | 코드 | 인쇄 | 조회 | 최근

F4 제출자정보 | F7 신고현황 | F8 마감취소 | 월별근로소득현황

귀속기간 2025 년 09 월 ~ 2025 년 09 월 지급기간 2025 년 09 월 ~ 2025 년 09 월 신고구분 1.정기신고 차수

신고구분	☑매월 ☐반기 ☐수정 ☐연말 ☐소득처분 ☐환급신청			귀속년월	2025년 9월	지급년월	2025년 9월
일괄납부여부	부	사업자단위과세여부	부	부표 작성	환급신청서 작성		승계명세 작성

원천징수명세및납부세액 | 원천징수이행상황신고서 부표 | 원천징수세액환급신청서 | 기납부세액명세서 | 전월미환급세액 조정명세서 | 차월이월환급세액 승계명세

소득자 소득구분			코드	소득지급		징수세액			당월조정 환급세액	납부세액	
				인원	총지급액	소득세 등	농어촌특별세	가산세		소득세 등	농어촌특별세
거주자 비	사업소득	매월징수	A25	1	3,000,000	90,000					
		연말정산	A26								
		가 감 계	A30	1	3,000,000	90,000				90,000	

② [전자신고]-[전자신고제작] 탭

[전자신고] 메뉴의 [신고인구분]란에서 '2.납세자자진신고' 클릭하고 지급기간 '2025년 9월~2025년 9월'을 입력한다. 상단 툴바 **F4 제작** 을 클릭한다. [비밀번호]란과 [비밀번호 확인]란에 임의의 숫자인 '12345678'을 입력하여 제작이 완료되면 제작일자에 현재 날짜가 표시된다.

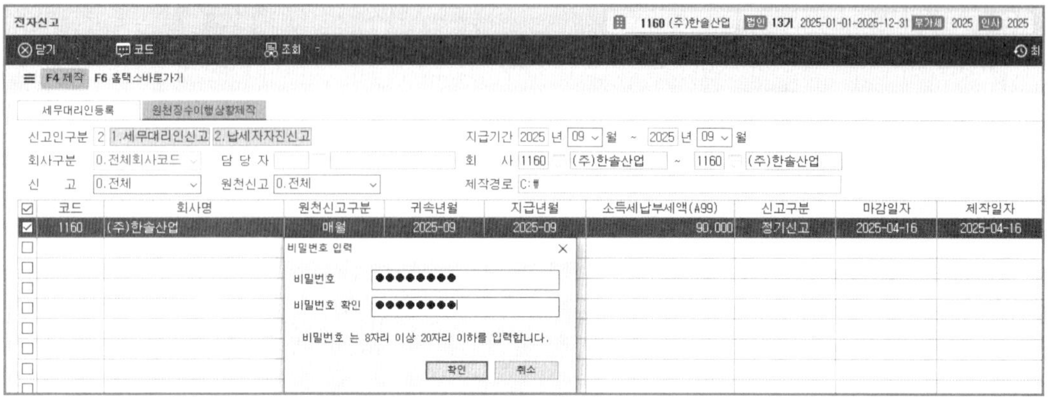

③ 전자신고 파일 제작이 완료되면 내 컴퓨터 C드라이브에 파일이 생성된다. [전자신고] 메뉴에서 **F6 홈택스바로가기** 를 클릭한다.

④ [내 컴퓨터]-[C드라이브]에 제작된 파일을 [국세청 홈택스 전자신고변환(교육용)]의 **찾아보기** 기능을 통해 불러온다. 파일을 불러오면 선택한 파일내역에 전자파일명과 파일크기를 확인할 수 있다.

⑤ [국세청 홈택스 전자신고변환(교육용)]의 하단 **형식검증하기** 를 클릭하여 전자파일 제작 시 등록한 비밀번호 '12345678' 입력한다.

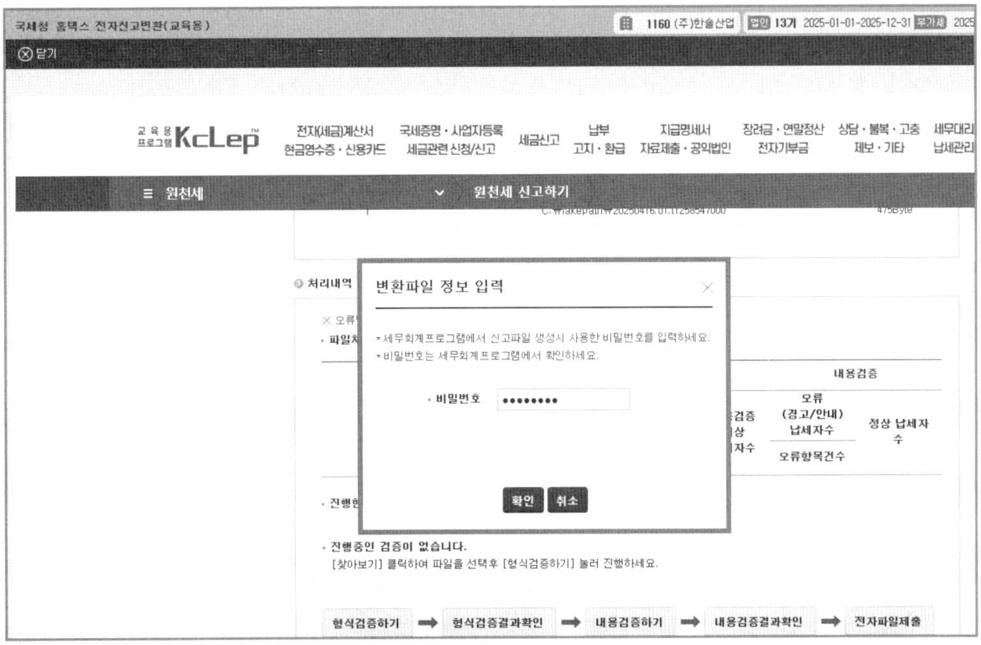

⑥ **형식검증결과확인** → **내용검증하기** → **내용검증결과확인** 순서대로 전자신고파일을 검증한다. **전자파일제출** 을 클릭하면 정상 변환된 제출 가능한 신고서 목록이 조회된다. **전자파일 제출하기** 를 클릭하여 전자신고파일을 제출한다.

PART 05

116회 기출문제

문 5 법인세무조정

[1] [수입금액조정명세서] 및 [조정후수입금액명세서]

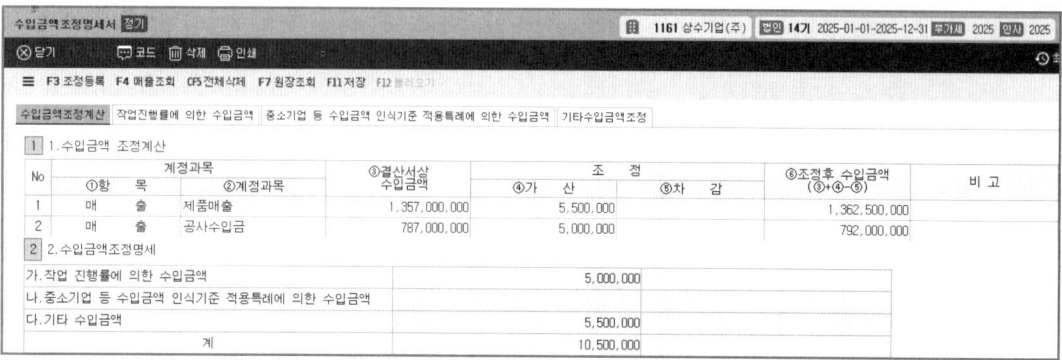

① [수입금액 조정 명세서]

• [수입금액 조정 계산] 탭

수입금액조정명세서 정기 | 1161 상수기업(주) 법인 14기 2025-01-01~2025-12-31 부가세 2025 인사 2025

ⓧ닫기 코드 삭제 인쇄

F3 조정등록 F4 매출조회 CF5전체삭제 F7 원장조회 F11저장 F12 불러오기

수입금액조정계산 | 작업진행률에 의한 수입금액 | 중소기업 등 수입금액 인식기준 적용특례에 의한 수입금액 | 기타수입금액조정

1 1. 수입금액 조정계산

No	계정과목 ①항 목	계정과목 ②계정과목	③결산서상 수입금액	조정 ④가 산	조정 ⑤차 감	⑥조정후 수입금액 (③+④-⑤)	비 고
1	매 출	제품매출	1,357,000,000	5,500,000		1,362,500,000	
2	매 출	공사수입금	787,000,000	5,000,000		792,000,000	

2 2. 수입금액조정명세

가. 작업 진행률에 의한 수입금액	5,000,000	
나. 중소기업 등 수입금액 인식기준 적용특례에 의한 수입금액		
다. 기타 수입금액	5,500,000	
계	10,500,000	

• [작업진행률에 의한 수입금액] 탭

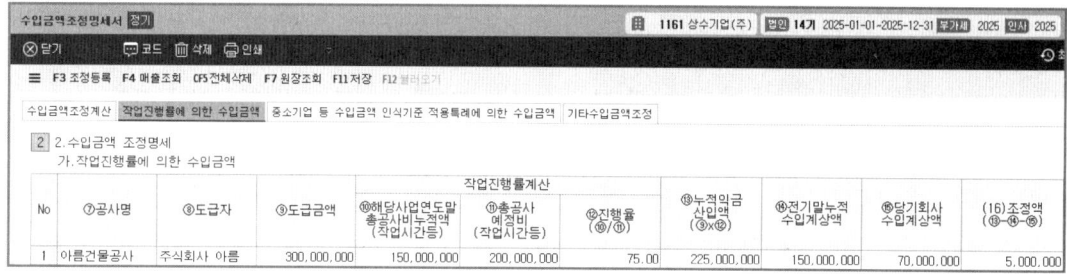

수입금액조정명세서 정기 | 1161 상수기업(주) 법인 14기 2025-01-01~2025-12-31 부가세 2025 인사 2025

ⓧ닫기 코드 삭제 인쇄

F3 조정등록 F4 매출조회 CF5전체삭제 F7 원장조회 F11저장 F12 불러오기

수입금액조정계산 | 작업진행률에 의한 수입금액 | 중소기업 등 수입금액 인식기준 적용특례에 의한 수입금액 | 기타수입금액조정

2 2. 수입금액 조정명세

가. 작업진행률에 의한 수입금액

No	⑦공사명	⑧도급자	⑨도급금액	작업진행률계산 ⑩해당사업연도말 총공사비누적액 (작업시간등)	작업진행률계산 ⑪총공사 예정비 (작업시간등)	작업진행률계산 ⑫진행률 (⑩/⑪)	⑬누적익금 산입액 (⑨x⑫)	⑭전기말누적 수입계상액	⑮당기회사 수입계상액	(16)조정액 (⑬-⑭-⑮)
1	아름건물공사	주식회사 아름	300,000,000	150,000,000	200,000,000	75.00	225,000,000	150,000,000	70,000,000	5,000,000

상단 툴바의 **F3 조정등록**을 클릭한 후 수입금액 관련 세무조정사항을 다음과 같이 입력한다.

〈익금산입〉 공사수입금 과소계상 5,000,000원(유보 발생)

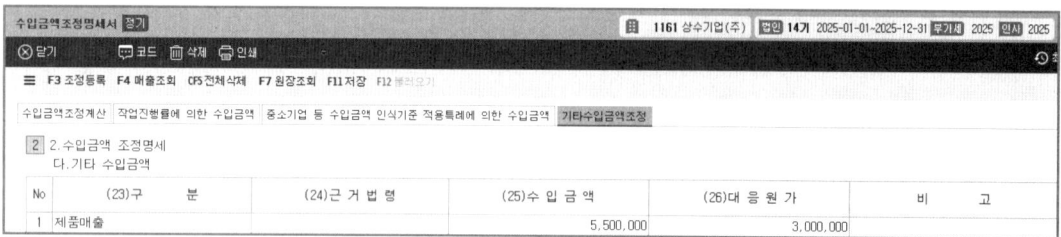

• [기타 수입금액 조정] 탭

수입금액조정명세서 정기 | 1161 상수기업(주) 법인 14기 2025-01-01~2025-12-31 부가세 2025 인사 2025

ⓧ닫기 코드 삭제 인쇄

F3 조정등록 F4 매출조회 CF5전체삭제 F7 원장조회 F11저장 F12 불러오기

수입금액조정계산 | 작업진행률에 의한 수입금액 | 중소기업 등 수입금액 인식기준 적용특례에 의한 수입금액 | 기타수입금액조정

2 2. 수입금액 조정명세

다. 기타 수입금액

No	(23)구 분	(24)근 거 법 령	(25)수 입 금 액	(26)대 응 원 가	비 고
1	제품매출		5,500,000	3,000,000	

상단 툴바의 **F3 조정등록**을 클릭한 후 수입금액 관련 세무조정사항을 다음과 같이 입력한다.

〈익금산입〉 제품매출 누락 5,500,000원(유보 발생)
〈손금산입〉 제품매출원가 누락 3,000,000원(유보 발생)

② [조정 후 수입금액 명세서]

• [업종별 수입금액 명세서] 탭

조정후수입금액명세서 정기 | 1161 상수기업(주) 법인 14기 2025-01-01~2025-12-31 부가세 2025 인사 2025

⊗닫기 코드 삭제 인쇄 조회 최근

≡ F3 조정등록 F4 전기서식 CF5 전체삭제 F7 원장조회 F8 수입조회 F11저장 F12 불러오기

업종별 수입금액 명세서 | 과세표준과 수입금액 차액검토

1 1.업종별 수입금액 명세서

①업 태	②종 목	순번	③기준(단순)경비율번호	수입금액			
				수입금액계정조회	내 수 판 매		⑦수 출(영세율대상)
				④계(⑤+⑥+⑦)	⑤국내생산품	⑥수입상품	
제조,도매업,건설업	전자부품	01	321012	1,362,500,000	1,362,500,000		
건설업	기타 비주거용 건물 건설업	02	451104	792,000,000	792,000,000		

• [과세표준과 수입금액 차액검토] 탭

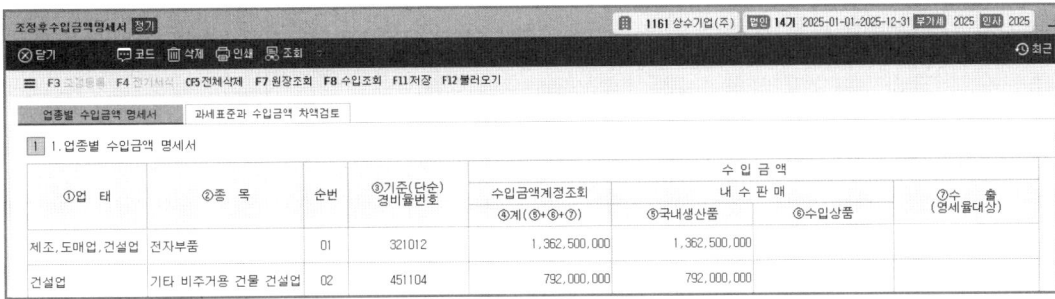

상단 툴바 F12 불러오기를 클릭하여 부가가치세 과세표준과 수입금액을 불러온 후 다음과 같이 입력하고 해당 서식을 저장한다.

조정후수입금액명세서 정기 | 1161 상수기업(주) 법인 14기 2025-01-01~2025-12-31 부가세 2025 인사 2025

⊗닫기 코드 인쇄 조회 최근

≡ F3 조정등록 F4 전기서식 CF5 전체삭제 F7 원장조회 F8 수입조회 F11저장 F12 불러오기

업종별 수입금액 명세서 | 과세표준과 수입금액 차액검토

2 2.부가가치세 과세표준과 수입금액 차액 검토 | 부가가치세 신고 내역보기

(1) 부가가치세 과세표준과 수입금액 차액

⑧과세(일반)	⑨과세(영세율)	⑩면세수입금액	⑪합계(⑧+⑨+⑩)	⑫조정후수입금액	⑬차액(⑪-⑫)
1,799,500,000		380,000,000	2,179,500,000	2,154,500,000	25,000,000

(2) 수입금액과의 차액내역(부가세과표에 포함되어 있으면 +금액, 포함되지 않았으면 -금액 처리)

⑭구 분		코드	(16)금 액	비 고	⑭구 분	코드	(16)금 액	비 고
자가공급(면세전용등)		21			거래(공급)시기차이감액	30		
사업상증여(접대제공)		22			주세 · 개별소비세	31		
개인적공급(개인적사용)		23			매출누락	32		
간주임대료		24				33		
자산매각	유형자산 및 무형자산 매각액	25	30,000,000			34		
	그밖의자산매각액(부산물)	26				35		
폐업시 잔존재고재화		27				36		
작업진행률 차이		28	-5,000,000			37		
거래(공급)시기차이가산		29			(17)차 액 계	50	25,000,000	
					(13)차액과(17)차액계의차이금액			

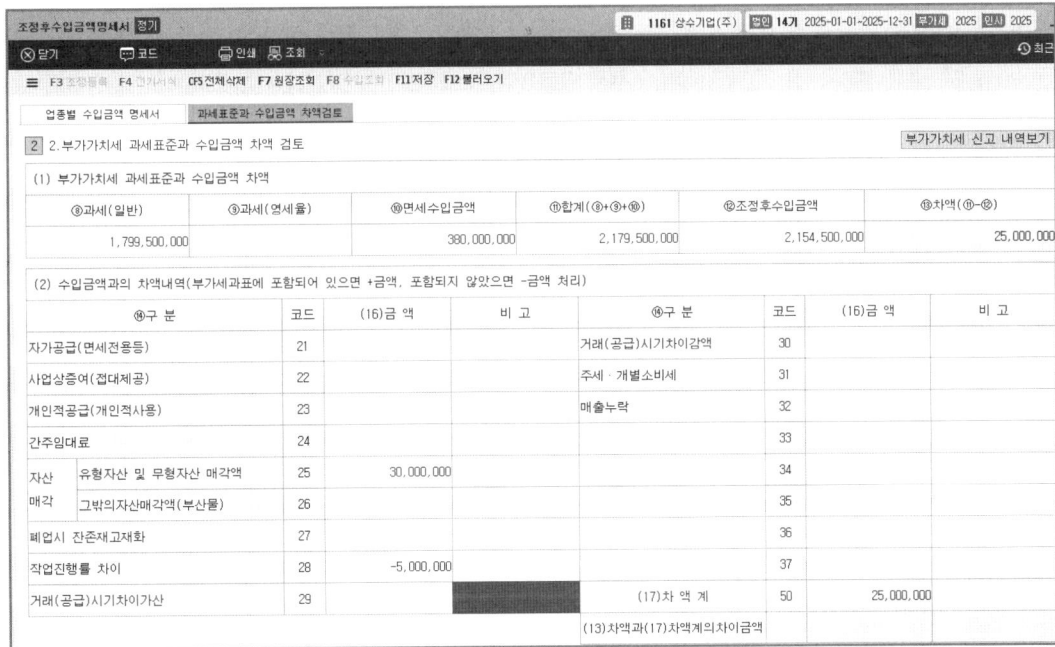

– 작업진행률에 의해 가산되어야 하는 공사수입금액은 세무조정을 통해 수입금액에는 포함이 되었으나 부가가치세 과세표준에 포함되어 있지 않다. [28. 작업진행률 차이]란에 부가가치세 과세표준에 포함되지 않았으므로 금액 –5,000,000원을 입력한다.

– 유형자산 매각금액은 수입금액에는 포함되어 있지 않지만 부가가치세 과세표준에 포함된 금액이므로 [25.자산매각–유형자산 및 무형자산 매각액]란에 30,000,000원을 입력한다.

[2] [세금과공과금 명세서]

① 상단 툴바의 F12 불러오기를 클릭하면 나타나는 '전표자료 불러오기' 창에서 기간(1월 1일~12월 31일)을 입력하고 확인(Tab)을 클릭한다.

전표자료 불러오기

기 간 2025 년 1 월 1 일 ~ 2025 년 12 월 31 일 조회(F12)

☑	일자	코드	계정과목	적요	거래처	금액
☑	2025/01/20	0817	세금과공과금	업무용 승용차 자동차세		387,000
☑	2025/01/21	0817	세금과공과금	본사 토지 취득세		8,910,000
☑	2025/03/16	0817	세금과공과금	법인지방소득세		1,054,000
☑	2025/09/05	0817	세금과공과금	주민세 사업소분		55,000
☑	2025/09/07	0817	세금과공과금	본사 건물 재산세		3,420,000
☑	2025/10/09	0817	세금과공과금	국민연금 회사부담액		789,000
☑	2025/11/15	0817	세금과공과금	원천징수 등 납부지연가산세		87,000
☑	2025/12/22	0817	세금과공과금	폐기물처리부담금		566,000
☑	2025/12/26	0817	세금과공과금	업무용 승용차 자동차세		420,000

확인(Tab)

세금과공과금명세서 정기 | 1161 상수기업(주) 법인 14기 2025-01-01~2025-12-31 부가세 2025 인사 2025

닫기 코드 인쇄 조회

F3 조정등록 F4 과목추가 CF5 전체삭제 F6 손금불산입표시 F7 원장조회 F8 잔액조회 F11 저장 F12 불러오기

□	코드	계정과목	월	일	거래내용	코드	지급처	금액	손금불산입표시
□	0817	세금과공과금	1	20	업무용 승용차 자동차세			387,000	
□	0817	세금과공과금	1	21	본사 토지 취득세			8,910,000	손금불산입
□	0817	세금과공과금	3	16	법인지방소득세			1,054,000	손금불산입
□	0817	세금과공과금	9	5	주민세 사업소분			55,000	
□	0817	세금과공과금	9	7	본사 건물 재산세			3,420,000	
□	0817	세금과공과금	10	9	국민연금 회사부담액			789,000	
□	0817	세금과공과금	11	15	원천징수 등 납부지연가산세			87,000	손금불산입
□	0817	세금과공과금	12	22	폐기물처리부담금			566,000	
□	0817	세금과공과금	12	26	업무용 승용차 자동차세			420,000	
					손금불산입계			10,051,000	
					합계			15,688,000	

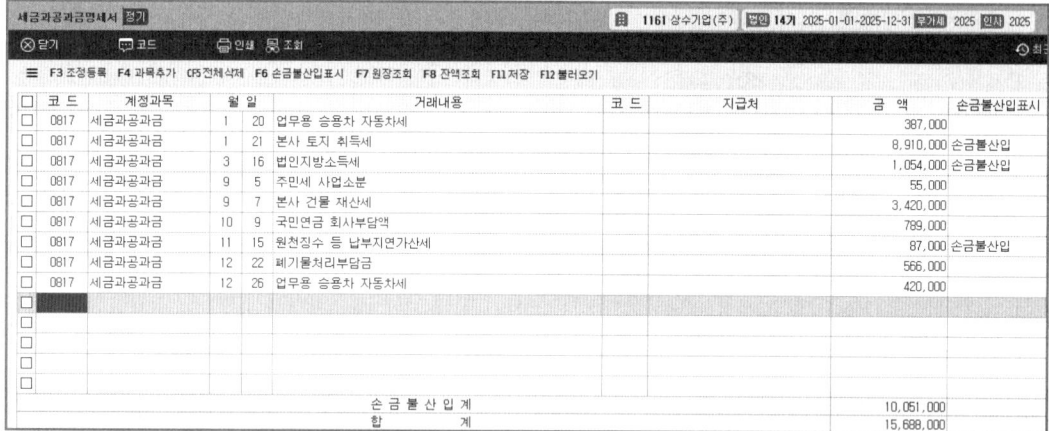

• 손금불산입 항목인 경우 [손금불산입표시]란에 키보드의 '1:손금불산입'을 누르면 손금불산입으로 표시된다.

② 상단 툴바의 F3 조정등록을 이용하여 다음과 같이 세무조정한 후 해당 서식을 저장한다.

〈손금불산입〉 본사 토지 취득세 8,910,000원(유보발생)
〈손금불산입〉 법인지방소득세 1,054,000원(기타사외유출)
〈손금불산입〉 원천징수 등 납부지연가산세 87,000원(기타사외유출)

[3] [소득금액조정합계표 및 명세서]

소득금액조정합계표및명세서 정기 | 1161 상수기업(주) | 법인 14기 2025-01-01~2025-12-31 | 부가세 2025 | 인사 2025

익금산입 및 손금불산입			손금산입 및 익금불산입		
과 목	금 액	소득처분	과 목	금 액	소득처분
매도가능증권평가이익	2,000,000	기타	매도가능증권	2,000,000	유보발생
자기주식처분이익	5,000,000	기타			
대손상각비	20,000,000	기타사외유출			
건물관리비	5,600,000	상여			
법인세비용	9,540,600	기타사외유출			

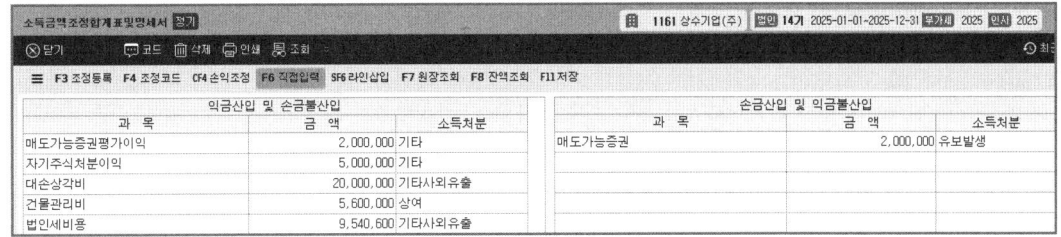

〈손금산입〉 매도가능증권 2,000,000원(유보발생)
〈익금산입〉 매도가능증권평가이익 2,000,000원(기타)
〈익금산입〉 자기주식처분이익 5,000,000원(기타)
〈손금불산입〉 대손상각비 20,000,000원*(기타사외유출)
〈손금불산입〉 건물관리비(사택관리비) 5,600,000원(상여)
단, 주주 등이 아닌 임원의 사택유지비 및 관리비는 업무와 관련 없는 지출에 해당하지 않은 것인데, 문제의 조건에서 대표이사의 주식보유상황에 대하여 명시하지 않고 있으므로 사택관리비를 손금으로 보고 세무조정하지 않은 답안도 정답으로 인정됨
〈손금불산입〉 법인세비용 9,540,600원(기타사외유출)

* 장부: (차) 대손상각비 20,000,000원 (대) 가지급금 20,000,000원
법인세: (차) 사외유출 20,000,000원 (대) 가지급금 20,000,000원
세무조정: 〈손금불산입〉 대손상각비 20,000,000 (상여)

[4] [원천납부세액명세서]>[원천납부세액(갑)] 탭

다음과 같이 직접 입력한 후 해당 서식을 저장한다.

원천납부세액명세서 정기 | 1161 상수기업(주) | 법인 14기 2025-01-01~2025-12-31 | 부가세 2025 | 인사 2025

원천납부세액(갑) | 원천납부세액(을)

No	□	1.적요 (이자발생사유)	2.원 천 징 수 의 무 자			3.원천 징수일		4.이자·배당금액	5.세율(%)	6.법인세	지방세 납세지
			구분	사업자(주민)번호	상호(성명)						
1	□	정기예금이자	내국인	113-81-02128	국민은행	6	30	3,000,000	14.00	420,000	종로구
2	□	정기적금이자	내국인	210-81-87525	신한은행	9	30	12,000,000	14.00	1,680,000	강남구
3	□	비영업대금이익	내국인	603-81-02354	(주)신흥산업	11	30	2,500,000	25.00	625,000	해운대구

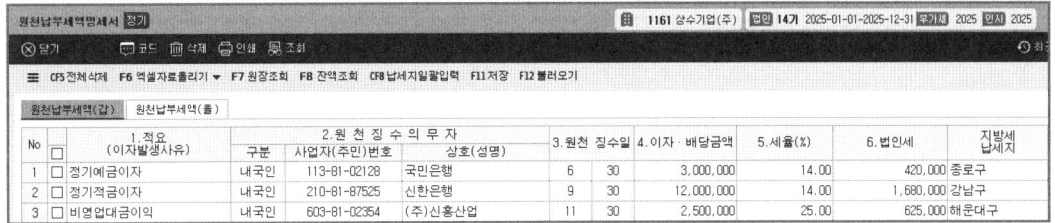

- 지방세 납세지 입력란에서 F2를 누르면 [동코드도움]이라는 입력창이 열린다. [검색]란에서 가회동, 대치동, 중동으로 입력하여 서식을 작성한다.
- 비영업대금이익에 대한 원천징수세율은 25%이므로 '14%'를 '25%'로 수정한다.

[5] [업무용승용차관련비용명세서]

상단 툴바의 [CF12 새로불러오기 ▾]를 클릭하여 기장된 자료를 반영시킨 후 지문에 제시된 자료에 따라 추가로 입력한다.

① 산타페(157고1111)

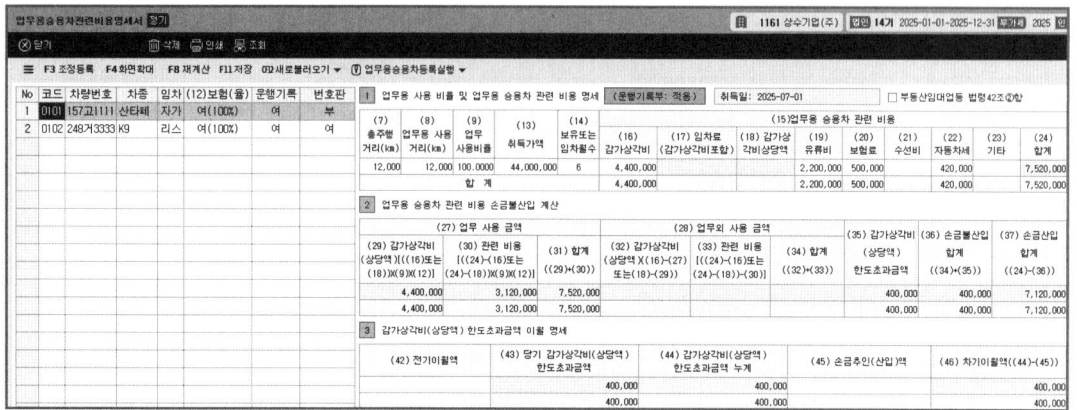

업무용승용차관련비용명세서 정기 | 1161 상수기업(주) 법인 14기 2025-01-01~2025-12-31 부가세 2025 인

ⓧ닫기 삭제 인쇄 조회

≡ F3 조정등록 F4 화면확대 F8 재계산 F11 저장 CF12 새로불러오기 ▾ ⓥ 업무용승용차등록실행 ▾

No	코드	차량번호	차종	임차	(12)보험(율)	운행기록	번호판
1	0101	157고1111	산타페	자가	여(100%)	여	부
2	0102	248거3333	K9	리스	여(100%)	여	여

1 업무용 사용 비율 및 업무용 승용차 관련 비용 명세 (운행기록부: 적용) 취득일: 2025-07-01 □ 부동산임대업등 법령42조②항

(7) 총주행 거리(km)	(8) 업무용 사용 거리(km)	(9) 업무 사용비율	(13) 취득가액	(14) 보유또는 임차월수	(15)업무용 승용차 관련 비용 (16) 감가상각비	(17) 임차료 (감가상각비포함)	(18) 감가상각비상당액	(19) 유류비	(20) 보험료	(21) 수선비	(22) 자동차세	(23) 기타	(24) 합계
12,000	12,000	100.0000	44,000,000	6	4,400,000			2,200,000	500,000		420,000		7,520,000
합 계					4,400,000			2,200,000	500,000		420,000		7,520,000

2 업무용 승용차 관련 비용 손금불산입 계산

(27) 업무 사용 금액 (29) 감가상각비 (상당액)[((16)또는(18))X(9)X(12)]	(30) 관련 비용 [((24)-(16)또는(24)-(18))X(9)X(12)]	(31) 합계 ((29)+(30))	(28) 업무외 사용 금액 (32) 감가상각비 (상당액)((16)-(27) 또는(18)-(29))	(33) 관련 비용 [((24)-(16)또는(24)-(18))-(30)]	(34) 합계 ((32)+(33))	(35) 감가상각비 (상당액) 한도초과금액	(36) 손금불산입 합계 ((34)+(35))	(37) 손금산입 합계 ((24)-(36))
4,400,000	3,120,000	7,520,000				400,000	400,000	7,120,000
4,400,000	3,120,000	7,520,000				400,000	400,000	7,120,000

3 감가상각비(상당액) 한도초과금액 이월 명세

(42) 전기이월액	(43) 당기 감가상각비(상당액) 한도초과금액	(44) 감가상각비(상당액) 한도초과금액 누계	(45) 손금추인(산입)액	(46) 차기이월액((44)-(45))
	400,000	400,000		400,000
	400,000	400,000		400,000

② K9(248거3333)

업무용승용차관련비용명세서 정기 | 1161 상수기업(주) 법인 14기 2025-01-01~2025-12-31 부가세 2025 인

ⓧ닫기 삭제 인쇄 조회

≡ F3 조정등록 F4 화면확대 F8 재계산 F11 저장 CF12 새로불러오기 ▾ ⓥ 업무용승용차등록실행 ▾

No	코드	차량번호	차종	임차	(12)보험(율)	운행기록	번호판
1	0101	157고1111	산타페	자가	여(100%)	여	부
2	0102	248거3333	K9	리스	여(100%)	여	여

□ 부동산임대업등 법령42조②항

(7) 총주행 거리(km)	(8) 업무용 사용 거리(km)	(9) 업무 사용비율	(13) 취득가액	(14) 보유또는 임차월수	(15)업무용 승용차 관련 비용 (16) 감가상각비	(17) 임차료 (감가상각비포함)	(18) 감가상각비상당액	(19) 유류비	(20) 보험료	(21) 수선비	(22) 자동차세	(23) 기타	(24) 합계
8,000	6,400	80.0000		12		15,600,000	12,741,000	4,500,000					20,100,000
합 계					4,400,000	15,600,000	12,741,000	6,700,000	500,000		420,000		27,620,000

2 업무용 승용차 관련 비용 손금불산입 계산

(27) 업무 사용 금액 (29) 감가상각비 (상당액)[((16)또는(18))X(9)X(12)]	(30) 관련 비용 [((24)-(16)또는(24)-(18))X(9)X(12)]	(31) 합계 ((29)+(30))	(28) 업무외 사용 금액 (32) 감가상각비 (상당액)((16)-(27) 또는(18)-(29))	(33) 관련 비용 [((24)-(16)또는(24)-(18))-(30)]	(34) 합계 ((32)+(33))	(35) 감가상각비 (상당액) 한도초과금액	(36) 손금불산입 합계 ((34)+(35))	(37) 손금산입 합계 ((24)-(36))
10,192,800	5,887,200	16,080,000	2,548,200	1,471,800	4,020,000	2,192,800	6,212,800	13,887,200
14,592,800	9,007,200	23,600,000	2,548,200	1,471,800	4,020,000	2,592,800	6,612,800	21,007,200

3 감가상각비(상당액) 한도초과금액 이월 명세

(42) 전기이월액	(43) 당기 감가상각비(상당액) 한도초과금액	(44) 감가상각비(상당액) 한도초과금액 누계	(45) 손금추인(산입)액	(46) 차기이월액((44)-(45))
	2,192,800	2,192,800		2,192,800
	2,592,800	2,592,800		2,592,800

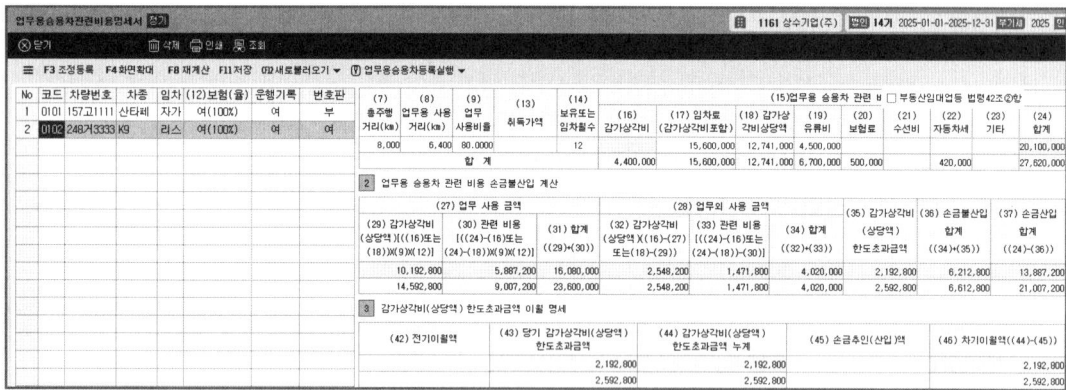

③ 상단 툴바의 [F3 조정등록]을 이용하여 다음과 같이 세무조정을 입력한 후 해당 서식을 저장한다.

〈손금불산입〉 업무용승용차 업무미사용분 4,020,000원(상여)
〈손금불산입〉 감가상각비한도초과액(산타페) 400,000원(유보발생)
〈손금불산입〉 감가상각비한도초과액(K9) 2,192,800원(기타사외유출)

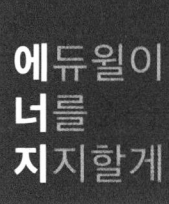

당신이 상상할 수 있다면 그것을 이룰 수 있고,
당신이 꿈꿀 수 있다면 그 꿈대로 될 수 있다.

– 윌리엄 아서 워드(William Arthur Ward)

에듀윌이
너를
지지할게

ENERGY

내가 꿈을 이루면
나는 누군가의 꿈이 된다.

– 이도준

memo

memo

memo

실무편+최신기출 8회분

정답 및 해설

2025 최신판

에듀윌 전산세무 1급

한권끝장 이론+실무+최신기출 8회분

+무료특강

고객의 꿈, 직원의 꿈, 지역사회의 꿈을 실현한다

에듀윌 도서몰
book.eduwill.net

• 부가학습자료 및 정오표: 에듀윌 도서몰 > 도서자료실
• 교재 문의: 에듀윌 도서몰 > 문의하기 > 교재(내용, 출간) / 주문 및 배송